रेणु रचनावली-3

[पल्टू बाबू रोड, जुलूस, कितने चौराहे,
कलंक मुक्ति, रामरतन राय (अधूरा उपन्यास)
गोत्रांतर अर्थात् एक अधूरी कहानी]

रेणु रचनावली

3

संपादक

भारत यायावर

राजकमल प्रकाशन

ISBN : 978-81-7178-740-1

मूल्य : ₹4000
(पाँच खंडों का सम्पूर्ण सेट)

पहला संस्करण : 1995
आठवाँ संस्करण : 2026

प्रकाशक : राजकमल प्रकाशन प्रा. लि.
1-बी, नेताजी सुभाष मार्ग, दरियागंज
नई दिल्ली-110 002

शाखाएँ : अशोक राजपथ, साइंस कॉलेज के सामने, पटना-800 006
पहली मंज़िल, दरबारी बिल्डिंग, महात्मा गांधी मार्ग, प्रयागराज-211 001
1, अनमोल सोराबजी संतुक लेन, धोबी तलाव, मरीन लाइंस, मुम्बई-400 002
वेबसाइट : www.rajkamalprakashan.com
ई-मेल : info@rajkamalprakashan.com

मुद्रक : बी.के. ऑफसेट
नवीन शाहदरा, दिल्ली-110 032

RENU RACHANAWALI-3
Edited by Bharat Yayawar

▲ *रेणु की एक मोहक मुद्रा*   फोटो सौजन्य : सुरेश शर्मा

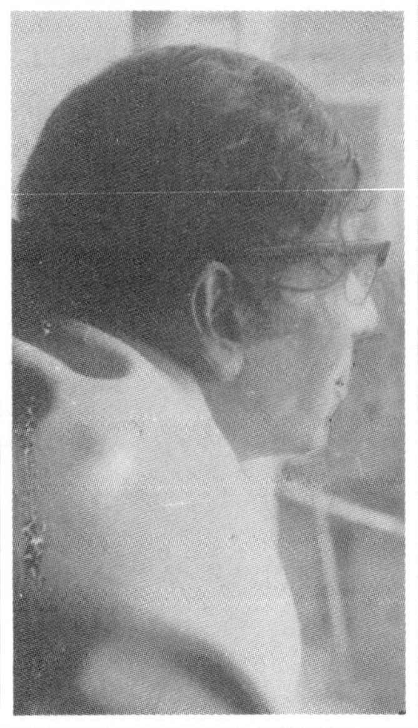

▲ रेणु का केश-गुच्छ

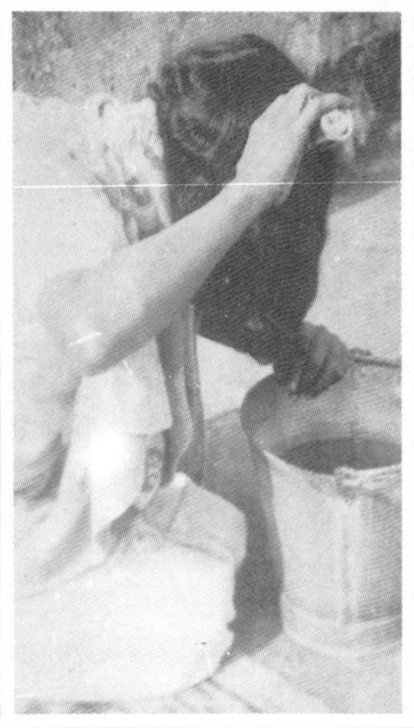

▲ ...और बालों की नियमित सफाई भी

दोनों फोटो : राबिन शॉ पुष्प

▼ लेखन कार्य में व्यस्त रेणु   फोटो सौजन्य : राजेश राज

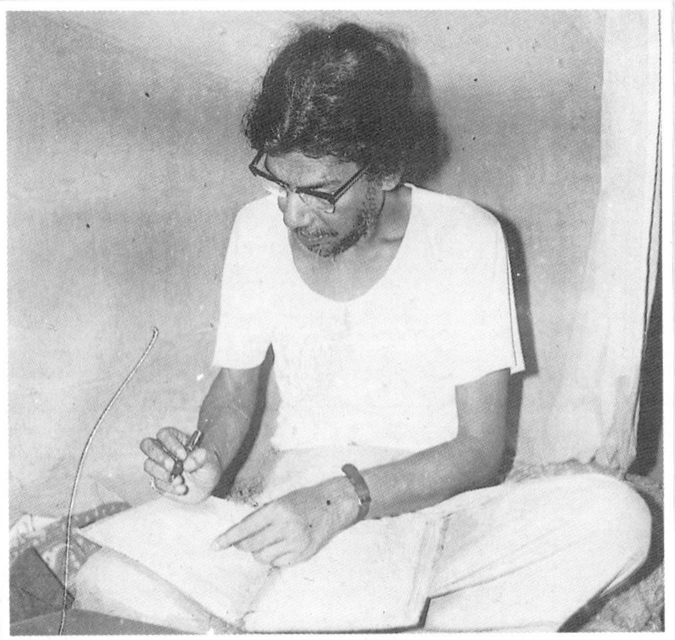

▲ *नेपाली वेश में*   फोटो सौजन्य : राजेश राज

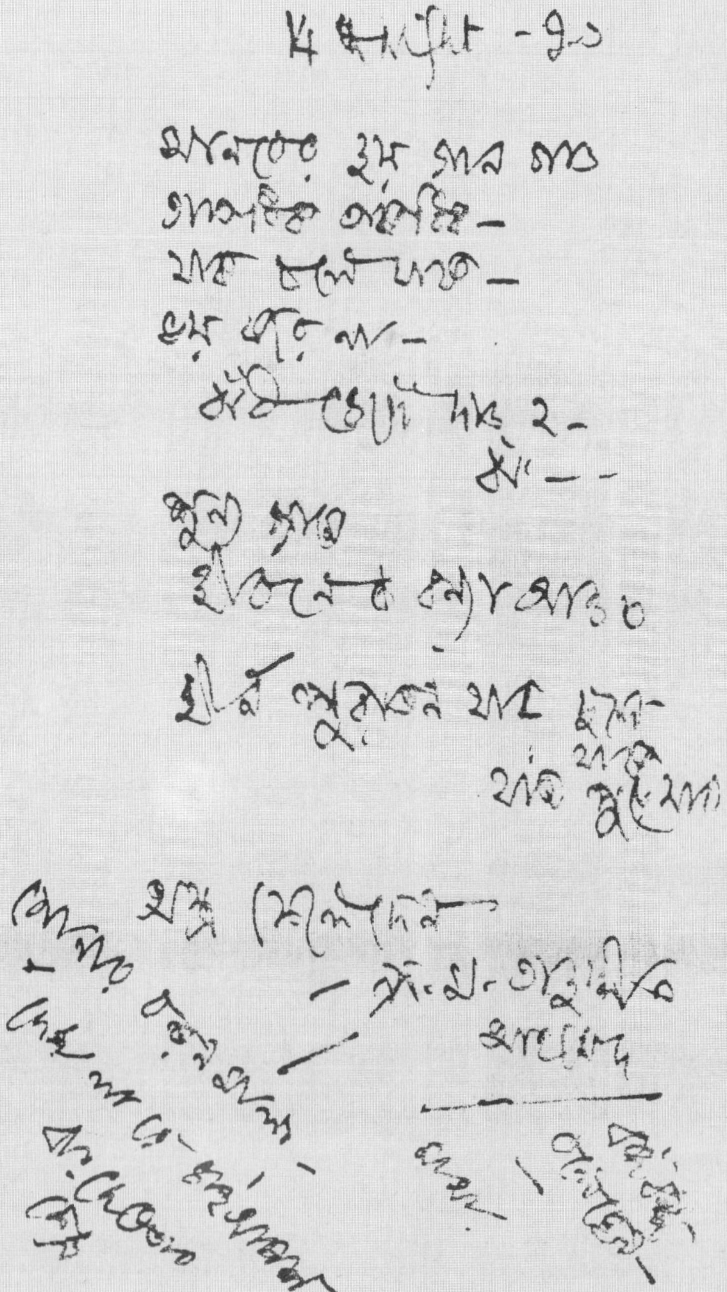

▲ रेणु की बंगला हस्तलिपि का नमूना

संपादकीय

'रेणु रचनावली' के तीसरे खंड में उनके सभी लघु उपन्यास संकलित हैं। ये उपन्यास हैं–'पल्टूबाबू रोड', 'कलंकमुक्ति', 'जुलूस' और 'कितने चौराहे'। साथ ही रेणु का अधूरा उपन्यास–राम रतनराय भी। 'पल्टूबाबू रोड' पटना से प्रकाशित मासिक पत्रिका 'ज्योत्स्ना' के दिसंबर, 1959 से दिसम्बर, 1960 के अंकों में धारावाहिक रूप से प्रकाशित हुआ था। इसका पुस्तकाकार प्रकाशन रेणु के निधन के बाद पटना के अनुपम प्रकाशन से 1979 में हुआ। 'कलंकमुक्ति' पहले 'दीर्घतपा' नाम से बिहार ग्रंथ कुटीर, पटना से दिसम्बर, 1963 में प्रकाशित हुआ था। बाद में इसका परिवर्द्धित संस्करण हिंद पॉकेट बुक्स, दिल्ली के द्वारा 1972 में 'कलंकमुक्ति' के नाम से प्रकाशित हुआ। (इसीलिए, इसके अंतिम स्वरूप को ही यहाँ संकलित किया गया है।) इस उपन्यास का नवीन संस्करण राजकमल पेपर बैक्स के द्वारा 1986 में प्रकाशित हुआ। 'जुलूस' उपन्यास 1965 में भारतीय ज्ञानपीठ से प्रकाशित हुआ। 'कितने चौराहे' अनुपम प्रकाशन, पटना से 1966 में प्रकाशित हुआ। इस उपन्यास के वृतान्त में रेणु ने अपने जीवन की कई घटनाओं को संयोजित किया है। 'रामरतन राय' रेणु का अधूरा उपन्यास है, जिसकी रचना रेणु 1971 में कर रहे थे। इसके 52 पृष्ठ उनके हस्तलेख में अनुपम प्रकाशन से उपलब्ध हुए हैं। रेणु ने इस उपन्यास को पूरा कर लिया था एवं यह लगभग साढ़े तीन सौ पृष्ठों का उपन्यास था, पर उनकी अनेक पाण्डुलिपियों के साथ यह उपन्यास जून, 1975 में चोरी चला गया था, जो आज तक नहीं मिल पाया।

रेणु 'मैला आँचल' और 'परती:परिकथा' जैसे युगान्तरकारी उपन्यास बाद में क्यों नहीं लिख सके ?–यह प्रश्न रेणु-अध्येताओं के मन में उठ सकता है। रेणु के बाद के चारों उपन्यास अपनी काया में ही सिर्फ लघु नहीं हैं, बल्कि उनकी परिव्याप्ति भी बहुत सीमित है। यह बात गहरी पड़ताल की माँग करती है।

रेणु अपने समय, समाज और जीवन का चित्रण करनेवाले सजग कथा-शिल्पी थे। वे सिर्फ कथ्य के स्तर पर ही नहीं, बल्कि कथा-कृति की संरचना के प्रति भी बेहद सजग दिखाई देते हैं। यह सजगता उन्हें दुहराव से बचाती थी। वे अपनी कथा-कृतियों में किसी बात को नाम-धाम बदलकर दुहराते नहीं थे। 'मैला आँचल'

और 'परती:परिकथा' को ही यदि ध्यान से देखा जाए, तो दोनों में कहीं भी किसी कथ्य, लोक-तत्त्व, पात्र और शिल्प का दुहराव नहीं मिलेगा। जबकि अधिकांश कथाकारों में रूप और नाम बदलकर एक ही पात्र या कथ्य आगे की कृतियों में दिखाई पड़ते हैं। रेणु का जो अपार जीवनानुभव था, ग्रामीण समाज के प्रति उनकी समझ और दृष्टि थी, लगता है, वह पूरी की पूरी दोनों उनके प्रारंभिक उपन्यासों में मिल जाती है। कहा जा सकता है कि गाँव में ऐसा कुछ भी नहीं, जिसका चित्रण रेणु ने इन उपन्यासों में न किया हो। इसीलिए, बाद के उपन्यास-लेखन में वे अपनी कथा-भूमि को बदलते हैं। 'पल्टूबाबू रोड' में एक कस्बे को अपनी कथा का आधार बनाते हैं और 'कलंकमुक्ति' में पटना शहर के वर्किंग वुमेंस हॉस्टल को। यहाँ रहने वाले नैतिक रूप से पतनशील पात्रों के जीवन की विसंगतियाँ संपूर्णता में उभारी गई हैं। लेकिन रेणु का संवेदनशील मन इसमें नहीं रमता। लघु उपन्यासों में उनका मन अगर कुछ कहीं रमता है तो, 'जुलूस' की रचना में। इसीलिए, 'जुलूस' उनके अन्य लघु उपन्यासों में श्रेष्ठ बन पड़ा है।

रेणु पर आंचलिक उपन्यासकार का ठप्पा लग चुका था। उससे वे इन उपन्यासों में मुक्त होने की कोशिश भी करते हैं। दूसरी बात यह कि 'मैला आँचल' और 'परती:परिकथा' में तमाम निराशा-हताशा के माहौल, जीवन की पतनशीलता, राजनीतिक आदर्शों के क्षरण के चित्रण के बावजूद एक आस्था और विश्वास है कि भविष्य में सबकुछ बेहतर हो जाएगा। इसीलिए वे 'मैला आँचल' में मिट्टी और मनुष्य से मुहब्बत करनेवाले प्रशांत को देखकर आस्थावान होते हैं तो 'परती-परिकथा' में देशभर में हो रहे नव-निर्माण के कार्यों को देखकर उन्हें लगता है कि आदमी सिर्फ कत्ल और बलात्कार ही नहीं करता, वह गढ़ भी सकता है। गढ़ रहा है, बना रहा है, रचना कर रहा है, समाज के लिए, अवाम के लिए, वीरान को बसाने के लिए, वन्ध्या धरती को शस्य-श्यामला बनाने के लिए, जी-तोड़ परिश्रम कर रहा है आदमी। वे गाँव की संकीर्ण राजनीति, दलबन्दी, जाति-पाँति, छुआ-छूत, वैमनस्य, अंधविश्वास, टूटन-अलगाव तथा परती पड़ी हुई मानसिकता को खत्म करने के लिए लोक-सांस्कृतिक जागरण के तहत 'पंचचक्र' जैसे दर्शन को प्रस्तुत करते हैं। 'पंचचक्र' अर्थात् अन्नमय, प्राणमय, मनोमय, विज्ञानमय एवं आनन्दमय। रेणु लोक-जीवन को इस पंचचक्र से पूरित करने का उपक्रम 'परिकथा' में करते हैं और इस 'पंचचक्र' को नाट्य-रूप में लोक-कला-मंच पर अवतरित कर सम्पूर्ण मनुष्य जाति को समरस भूमि पर उपस्थित करने की कोशिश करते हैं। यही वह मुक्ति का मार्ग है, जिस पर समाज को अग्रसर करना उनका अभिप्रेत है। इसके लिए मनुष्य को सामाजिक और समाज को मानवीय बनाना होगा यही रेणु का मूल दर्शन है। और यह तभी संभव होगा, जब 'पंचचक्र' को समझा जाएगा।

'पल्टूबाबू रोड' और 'कलंकमुक्ति' में आकर रेणु ने एक कठोर, विकृत और हासोन्मुख समाज को बड़े ही बेलौस ढंग से अपनी कथा का आधार बनाया है। यहाँ समाज

के इस घृणिंत स्वरूप की पड़ताल रेणु बहुत भीतर जाकर करते हैं, पर उनका मन उस तरह इस चित्रण में नहीं रमता, जिस तरह 'मैला आँचल' और 'परती-परिकथा' की रचना में रमता रहा।

'पल्टूबाबू रोड' में अपने गाँव इलाके को छोड़कर रेणु वैरगाद्दी जैसे कस्बे को अपनी कथा-भूमि बनाते हैं। बैरगाद्दी कस्बा–जिसकी नियति पल्टूबाबू जैसे काइयाँ, धूर्त, कामुक बूढ़े के हाथ में है। पल्टू बाबू ने इस कस्बे के लिए ऐसी राह निर्मित की है, जिस पर राजनीतिज्ञ, ठेकेदार, व्यापारी, वकील–यानी पूरे कस्बे के लोग–चल रहे हैं, इस तरह जैसे वे शतरंज के मोहरे हों और पल्टू बाबू उनके संचालक।

एक कस्बे में रह रहे उच्च वर्ग के अन्तर्विरोधों, उसकी गिरावट, राजनीतिक और आर्थिक संबंधों में यौन-व्यापार आदि का चित्रण इस उपन्यास का अभिप्रेत है। इस उपन्यास में निम्न वर्ग का बहुत ही कम प्रवेश हो पाया है। आदर्शवादी पात्र एक-दो ही हैं, वे हाशिये पर खड़े उदासीन-से दिखाई पड़ते हैं।

'कलंकमुक्ति' उर्फ 'दीर्घतपा' की कथावस्तु का निर्माण 'वर्किंग वुमेंस हॉस्टल' को लेकर किया गया है। 'कलंकमुक्ति' का संसार, नारी-जीवन के क्रूरतम अन्तर्विरोधों का संसार है, जिसे रेणु ने बड़ी ही सहजता के साथ रचा है। इसमें चित्रित 'वर्किंग वुमेंस हॉस्टल' का चकलाघर में बदल जाना भारतीय समाज के नियंता वर्ग के दुहरे चरित्र और झूठे लोकतंत्र की विडंबनाओं का कच्चा-चिट्ठा है। प्रश्न उठता है, कि इस सबके लिए जिम्मेदार कौन है ? और उपन्यास की प्रत्येक पंक्ति इस प्रश्न का उत्तर देती है।

'दीर्घतपा' के पहले संस्करण की भूमिका में रेणु ने लिखा है–"यह उपन्यास 30 दिसम्बर, 1961 को ही पूरा हो चुका था। तब सोचा गया था कि वर्षों से दिन-रात सिर पर सवार पाँच (प्रेतनियों) देवियों को अलग-अलग रूपायित करके एक अलबमनुमा उपन्यास –संक्षिप्त वक्तव्यों से (कमेंट्री) गूँथ-गाँथकर 'पंच कन्या' के नाम से प्रस्तुत किया जाये। अंततः वह योजना–अनेकानेक कारणों से सफल नहीं हो सकी। अब इन्हें अलग-अलग ही पेश करने के क्रम में यह पहली दीर्घतपा-नारी ! (हाँ, चार और हैं। आ रही हैं एक-एक कर !)" पर पहली 'दीर्घतपा' के बाद अन्य चार पंच-कन्याओं पर रेणु ने कोई उपन्यास नहीं लिखा। उनकी योजना अधूरी ही रह गई। इस उपन्यास में वे पंच-कन्याओं के बारे में विवरण देकर ही रह जाते हैं। बेला गुप्त के अलावा अन्य चार कन्याएँ हैं–यूथिका, फातिमा, सरस्वती देवी और आयसा।

रेणु 'पंचकन्या' को यदि पूर्ण कर पाते तो वह हिन्दी साहित्य की अमूल्य निधि होती, क्योंकि जब बेला गुप्त लेखक को चुनौती-सी देती हुई कहती है–"इस बात का हमेशा खयाल रखिएगा–"नारी-हृदय को यथार्थ-रूप से पहचानना, किसी पुरुष के लिए सहज नहीं। और यदि वह नारी बेला गुप्त जैसी धीर-स्थिर-शांत हो तो उसे समझ पाना और भी कठिन है।" इस पर रेणु का वक्तव्य उनके आत्म-विश्वास और

आत्म-गौरव का परिचायक है। वे कहते हैं–"मैं मानता हूँ। और यह भी जानता हूँ कि जीवन और संसार की मंगल कामना मेरे मन में प्रबल रहे तो··· तो··· नारी क्या ··· मैं सिरजनहार के हृदय को भी··· ।"

रेणु 'पंचकन्या' सिरीज के उपन्यासों को पूर्ण नहीं कर पाए, पर बेला गुप्त के समानान्तर एक और नारी-पात्र पवित्रा चटर्जी को केंद्र में रखकर उन्होंने 'जुलूस' की रचना की।

हिंदी में देश के विभाजन की त्रासदी पर अनेक महत्त्वपूर्ण कथा-कृतियाँ लिखी गई हैं, पर वे सभी कथा-कृतियाँ प्रायः पश्चिमी शरणार्थियों पर लिखी गई हैं। पूर्वी बंगाल के शरणार्थियों पर हिंदी में रेणु का इकलौता उपन्यास 'जुलूस' है। पश्चिम के पंजाबी शरणार्थियों की दशा धीरे-धीरे बेहतर होती गई, पर बंगाली शरणार्थियों की स्थिति अब तक सर्वहारा की बनी हुई है। विभाजन की त्रासदी को व्यक्त करने वाली 'परती-परिकथा' में इरावती जैसी महत्त्वपूर्ण नारी है, जो आजाद भारत में भी बलात्कार और यंत्रणा का शिकार होती है। उसके भीतर के प्रेम का स्रोत धीरे-धीरे सूख गया है। इरावती का ही अगला चरण है पवित्रा। पवित्रा, जगह-जगह अनेक लोगों की आँखों में कासिम को झाँकता हुआ पाती है, पर उससे त्रस्त नहीं होती, उसका इस्तेमाल करती है। रेणु ने पवित्रा के रूप-सौंदर्य के बारे में एक ग्रामीण पात्र के मुख से इस तरह कहलाया है : "तालेवर गोढ़ी के दरबार के सभी मुँह-लगुवे जब चले गये, तो जयराम सिंह ने लंबी साँस छोड़कर, नाटकीय अंदाज में कहा–इस्स ! मालिक, सीटी फूँक दिहीस था कि।··· तालेबर गोढ़ी ने पूछा–क्या सीटी फूँक दिहीस ? जयरामसिंह ने बताया–वही पाकिस्थनियाँ सब ! कहते हैं कि रात में, माने कॉलोनी में आना मना है। बहुत बड़ा कानून है। लेकिन, एक बात सवा सोलहो आना ठीक है कि जो असली बंगालिन है, उसको एड़ी तक केश है।" राजकमल चौधरी ने लिखा है–"चोटी से एड़ी तक लंबे केश वाली यह असली बंगालिन, पवित्रा है–पवित्रा देवी, जिसके व्यक्तित्व में फणीश्वरनाथ रेणु ने बीते हुए जमाने की बीती हुई स्त्रियों को 'मिक्स' करने की कोशिश की है। बंकिमचंद्र और शरत्चंद्र की स्त्रियाँ न सही, लेकिन फिर भी, बीते हुए जमाने की स्त्रियाँ।··· ऐसी पवित्र और ऐसी संतुलित स्त्रियाँ क्रय-शक्ति और विक्रय शक्ति के इस संकट-युग में आकर अपवित्र, असंतुलित और जर्जर हो गई हैं, अपनी वय से अधिक अस्वस्थ, अपने शरीर से अधिक असमर्थ।

पवित्रा भी कथानक के अंत तक अकेली, उदास, आत्मकेंद्रित होती जाती है। रेणु उसमें जीवन और प्राण का संचार करने के लिए उससे अंत में यह वक्तव्य दिलवाते हैं : "मै जी गयी फिर। मैं अकेली नहीं। मैं निस्संग नहीं। मैं कहीं निर्जन में नहीं। मैं एक विशाल परिवार की बेटी हूँ।··· इन आत्मीय-स्वजनों के बीच पारस्परिक सहानुभूति और सहयोगिता को फिर से पनपाऊँगी मैं।··· अपने गाँव-समाज में–लोगों के वीरान हृदय में–आनंद-मुखर स्वर फिर से भरना होगा।··· खोयी हुई चीजों का उद्धार करना होगा।··· अपरिचय, अजनबीपन, उदासीनता, अकेलापन, आत्मकेंद्रिकता, विच्छिन्नता को दूर करके भूले-भटके लोगों को, अपने लोगों के पास लौटाकर लाना

होगा।··· मैं अपनी सत्ता को समाज में विलीन कर रही हूँ। लोक-संस्कृतिमूलक समाज के गठन के लिए-आमि आमा के उत्मर्ग कोलमि ! आमि आज जीवने प्रथम बार धन्य हइ लाय !" कहने की आवश्यकता नहीं कि पवित्रा के मुँह से स्वयं रेणु बोल रहे हैं।

लोक-संस्कृतिमूलक समाज की संरचना रेणु का ध्येय और स्वप्न था। इसकी विस्तृत रूप-रेखा उन्होंने 'परिकथा' में 'पंचचक्र' वाले रूपक के द्वारा प्रस्तुत किया है। 'जुलूस' में रेणु पुनः अपनी जड़ों की ओर लौटते हैं–'पल्टूबाबू रोड' और 'कलंकमुक्ति' में जिसे छोड़ चुके थे।

'कितने चौराहे' रेणु ने आजादी के लिए संघर्ष करने और अपना बलिदान देनेवाले युवकों को केंद्र में रखकर आज के किशोरों में देशप्रेम, सेवाभाव, त्याग आदि आदर्शों को स्थापित करने के लिए लिखा। इस उपन्यास में उन्होंने अपने ही जीवन की कई घटनाएँ जोड़ दीं।

अध्यायों में वर्णित 'कितने चौराहे' उपन्यास का मूल उद्देश्य व्यक्तिगत दुख-सुख, स्वार्थ-मोह से ऊपर उठकर देश के लिए आत्मोत्सर्ग करनेवालों के मानवीय, संवेदनशील रूप को उभारना और पाठकों के मन में उनके प्रति श्रद्धा जगाना है, ताकि वह परम्परा कायम रह सके ! चारों तरफ़ फैले हुए आज के भ्रष्टाचार को, व्यक्ति-सीमित स्वार्थपरता को देखते हुए उस परंपरा की आवश्यकता का और तीखा बोध जाग उठता है पाठक के मन में। और, किशोरों के लिए लिखा हुआ होने पर भी–'आंचलिकता का विश्वसनीय पुट, ज्वलंत चरित्र-सृष्टि, मार्मिक कथा-वस्तु, फड़कती हुई चरित्रानुकूल भाषा और साधारण में निहित असाधारणता का उन्मेष--रेणु के उपन्यास-शिल्प की आधारभूत विशेषताएँ 'कितने चौराहे' में भी विद्यमान हैं।'

रेणु के अधूरे उपन्यास के उपलब्ध कुछ पृष्ठ भी यहाँ संकलित हैं। सुविधा के लिए मैंने इस अधूरे उपन्यास का शीर्षक 'रामरतन राय' दे दिया है। रामरतन राय इस उपन्यास का प्रमुख पात्र है। इस उपन्यास के प्रारंभिक पृष्ठों को एक ड्राफ्ट रेणु की मृत्यु के बाद 'सारिका' के 'रेणु स्मृति अंक' में 'जाहिद अली' के नाम से छपा था। इसी का एक अंश रेणु ने 'दसगज्जा के इस पार-उस पार' नाम से कहानी के रूप में छपवाया था। रेणु रामरतन राय नामक एक तस्कर की आत्मकथा के रूप में यह उपन्यास लिख रहे थे। हिंदी उपन्यास के क्षेत्र में यह एक बिल्कुल नया विषय होता। इस उपन्यास के उपलब्ध पृष्ठों में भारत-नेपाल-सीमा के आस-पास का चित्रण बहुत ही बारीकी से हुआ है। रामरतन राय के बचपन के वृतान्त में उस इलाके का पूरा इतिहास बोलता है।

फणीश्वरनाथ रेणु लिखित 'एक अधूरी कहानी' एक फिल्म की पटकथा है। फिल्म अरुण कौल ने बनाई थी। मृणाल सेन ने इस फिल्म का निर्देशन किया था। यह बँगला कथाकार सुबोध घोष की 'गोत्रांतर' नामक एक कहानी पर आधारित है। पर रेणु

ने अपनी कलम के जादू से इसमें जान डाल दी है। इस पटकथा पर बनी फिल्म में काफी फेरबदल किया गया था। इसलिए इस पटकथा पर पुनः फिल्म बनने की गुंजाइश रह ही जाती है। 22-5-1970 को अरुण कौल को लिखे एक पत्र में रेणु ने इसके प्रारूप के बारे में लिखा था–"गोत्रांतर के नायक की काया में पैठकर कई बार कहानी को भोगने की चेष्टा की है··· मैं मैला आँचल के कई अंशों को इसमें समेटना चाहता हूँ। डॉक्टर प्रशान्त ने गाँव पहुँचकर–'खलिहान'-खुलने के दिन 'बिदापत नाच' देखा था, संजय भी देखेगा।··· गाँव की औरतें 'जाट-जट्टिन' खेलती हैं (मैला आँचल) अथवा 'सामा चकेवा' पर्व मनाती हैं (परती:परिकथा')–रुक्मिणी या रुकनी वैसे आनंद-उत्सवों में क्यों नहीं भाग लेगी ?··· कुल मिलाकर–'गोत्रांतर' में सुबोध बाबू की सिर्फ (बम्बइया भाषा में) आइडिया भर रह जाती है।" बाद में रेणु ने 'बिदायत-नाच' आदि की जगह 'ननदी-भउजिया' लोक-नृत्य का समायोजन इसमें किया। उन्होंने अरुण कौल को इस संबंध में एक पत्र में लिखा–"नाच में मैंने 'ननदी भउजिया' रख दिया है। इसमें 'बिदायत-नाच' अथवा अन्य कोई लोक-नृत्य भी रखा जा सकता है। असल में, नाचवाला प्रारूप आवश्यकता के अनुसार लिख लिया जाएगा।"

'एक अधूरी कहानी' की पटकथा पर रेणु ने 1970 के मई महीने से काम करना शुरू किया था और यह अगस्त, 1970 में पूरा हुआ। इस पर निर्मित फिल्म 1972 में प्रदर्शित हुई।

इस पटकथा की भाषा और शिल्प का विन्यास औपन्यासिक है–उनकी अन्य कथा-कृतियों की तरह सुगठित एवं प्रवाहपूर्ण। रेणु ने इसके नायक संजय की भाषा को बंगाली-हिंदी यानी एक बंगाली के द्वारा बोली गई हिंदी के करीब रखा है। शेष पात्रों की भाषा उनकी मनोरचना एवं जीवन-स्तर के करीब है। कुल मिलाकर पूरी पटकथा रेणु की अन्य कथाकृतियों की तरह ही सरस, पठनीय और ग्राह्य है।

इस पटकथा का कॉपीराइट अरुण कौल प्रोडक्शन का है। अरुण कौल ने इसकी पाण्डुलिपि प्रकाशन के लिए दी, इसके लिए उनका आभार।

27-9-1993 **भारत यायावर**

बोकारो स्टील सिटी

अनुक्रम

पल्टू बाबू रोड

राय-परिवार के रेडियो-सेट का कोई आंतरिक यंत्र बिगड़ा हुआ है, शायद। घिघियाई हुई आवाज़ निकलती है। परिवार के प्रत्येक सदस्य को इस घिघियाहट से चिढ़ है। इसलिए, सिर्फ बुधवार की रात को बँगला-ड्रामा सुनने के लिए ही ट्यून किया जाता है। उस दिन पास-पड़ोस की दो-चार 'मासी-पीसी' भी आ जाती हैं। गृहस्वामिनी, घर की माँ, हर बुधवार को यह दुहराना नहीं भूलतीं कि कीमती रेडियो है, इसलिए घिघियाई आवाज भी निकल रही है–किसी तरह।

रेडियो-ड्रामा शुरू हो गया है। किन्तु, गृहस्वामिनी अपनी पड़ोसिनों के साथ, कस्बे के दूसरे मुहल्ले में घूमने गयी हैं। परिवार की सबसे बड़ी और अरक्षणीय कन्या बिजली अपने ऊपरवाले कमरे में अकेली कुछ कर रही है। दोनों प्राप्तवयस्क लड़के, घंटा और फेला (ये उनके 'डाकनाम', यानी पुकारने के नाम हैं) अपनी कोठरी में किसी गंभीर और गुप्त बहस में लीन हैं। रेडियो की घिघियाती आवाज की आड़ में जरा खुलकर बात करने का मौका मिला है। और, तीनों किशोरियाँ रेडियो को घेरकर बैठी, जी खोलकर ड्रामा उपभोग कर रही हैं। आस-पास कहीं कोई गुरु-जन नहीं।

रेडियो-ड्रामे में, अबला नायिका के कमरे में खलनायक घुस आया है। नशे में लड़खड़ाता हुआ संवाद, घिघियाहट के बावजूद, रह-रहकर कुछेक क्षण के लिए स्पष्ट हो जाता है। नायिका, नकियाई हुई आवाज में लगातार भगवान की दुहाई दिये जा रही है। तीनों किशोरियाँ एक-दूसरे की ओर देखती हैं। खलनायक ठठाकर हँसता है–हा-हा-हा-हा··· कड़-कड़-कड़-कड़। रमा कानों में उँगलियाँ डालकर मुँह बनाती है–की भीषण··· खलनायक की आवाज क्रमिक कड़कड़ाहट के साथ पुनः तीव्र हुई–इसके पहले भी, कम-से-कम पचीसों लड़कियों को, इसी तरह पुकारते सुना है। मगर कभी नहीं आया भगवान। वरना–हा-हा-हा-हा-कड़-कड़-कड़-कड़··· मैं भी दर्शन करके··· कड़-कड़···।

अंदरवाली सीढ़ियों पर एक जोड़ी ज़नाना चप्पल की, एक तरंगवाली ध्वनि सुनायी पड़ी–ऊपर से उतरती हुई। रेडियोवाले कमरे में नायिका की चीख मँडरा रही है। रेडियो की खड़खड़ाहट तीव्रतर हुई और फिर–कर्रक्ट्ट रेडियो का गला टीप दिया गया।–जत सब।[1]

---

1. सारा कुछ।

क्षण-भर का सन्नाटा।

रेडियो अगोरकर बैठी हुई–रमा, छबि, कना–तीनों किशोरियों पर एक साथ डाँट पड़ी–लाज नहीं आती। अगले सप्ताह से इम्तहान है न तुम लोगों का ? पढ़ाई-लिखाई तो खटाई में गयी। ड्रामा शोना हच्छे।[1]

अंदरवाली सीढ़ियों पर, चप्पलों की आवाज, ऊपरवाले कमरे तक पहुँचकर अस्पष्टतर हो गयी। और, कमरे का दरवाजा सशब्द बंद हो गया। तीनों किशोरियों ने ऊपर की ओर देखकर–एक साथ मुँह बिदकाये–की जाला।[2]

गृहस्वामिनी अपनी पड़ोसिनों के साथ लौटी–ए की ? ड्रामा शेष ? यह क्या, रेडियो बंद क्यों है ?

किशोरियाँ, अपनी-अपनी किताब-कापियों पर नजर गड़ाकर चुप रहीं। ऊपरवाले कमरे का दरवाज़ा खुला। सीढ़ियों पर चप्पल की आवाज पूर्ववत् प्रतिध्वनित हुई। बिजली को फिर नीचे उतरना पड़ा–रेडियो मैंने बंद किया है, काकी। कब से खराब होकर पड़ा है, मरम्मत करवाने की छुट्टी ही नहीं मिलती है, किसी को।··· और, जा बाजे बई।[3]

परितोष उर्फ घंटा ने घटना-स्थल पर नाटकीय ढंग से प्रवेश करते हुए कहा–किन्तु, ड्रामे का डायलॉग तो स्पष्ट···।

बिजली ने उसको अपना 'संवाद' पूरा नहीं करने दिया। बीच में ही भौं चढ़ाकर बोली–अतिरिक्त काबिल हो गये हो, आजकल ! इसीलिए डायलॉग स्पष्ट··· !

–बात पर बात उठती है !··· एक प्रख्यात लेखक के नाटक को 'बाजे-बई' कहे कोई तो, उसको···।

–मैं तुमसे बात नहीं करती।

–यह दूसरी बात है।

गृहस्वामिनी, पड़ोसिनों के सामने घर के लड़के-लड़कियों का इस तरह लड़ना पसन्द नहीं करती। वह बिजली से, इधर कई दिनों से, मन-ही-मन असंतुष्ट भी रहती है। बोली–अच्छे-बुरे नाटक की बात मैं नहीं समझती। मेरे पेट में तुम्हारे बराबर विद्या नहीं। लेकिन, साँझ की पहली बेला में, सो भी बुधवार को, बेवजह की अशांति और झगड़ा-बखेड़ा उचित नहीं। यह मैं सौ बार कहूँगी।

गृहस्वामी, परिवार के कर्ता बाहर से आये–यह कौन-सा ड्रामा हो रहा है ? बात क्या है ?

गृहस्वामिनी मुँह लटकाये, पड़ोसिनों के साथ अंदर चली गयी। सभी अपने-अपने कमरे की ओर भागे। बिजली, किन्तु, चुपचाप खड़ी रही। गृहस्वामी ने अपने कमरे में पहुँचकर आवाज दी–बिजली !

गृहस्वामिनी को घर पहुँचकर अचानक याद आयी, एस्प्रो लाना भूल गयी।

---

1. ड्रामा सुना जा रहा है, 2. कैसी मुसीबत है, 3. और, ऐसा रद्दी नाटक।

परिवार का 'पुरातन-भृत्य' रामटहल अपनी झड़ियल साइकिल पर सवार नहीं होना चाहता, आजकल। कुछ बुदबुदाता-बड़बड़ाता हुआ, 'फल-बागान' का फाटक खोलकर बाजार की ओर चला जाता है—रोज सिर में दर्द और रोज इसफरोस···।

परितोष उर्फ घंटा अपने कमरे में दाखिल हुआ, नाक फुलाता हुआ। कुछ बकने या उगलने को आतुर-जैसा। सत्यव्रत उर्फ फेला ने इशारे से पूछा—क्या हुआ ?

फेला के सवाल का कोई जवाब नहीं दिया, घंटा ने। वह इधर-उधर कुछ ढूँढ़ता हुआ बोला—न्यूरेटिक !

फेला मुँह बाकर देखता रहा—माने ?

घंटा को अपनी बुझी हुई आधी सिगरेट मिल गयी तो वह जरा नरम हुआ। पास की कुर्सी पर बैठते हुए बोला—समझे ? कुछ समझ में आयी बात ?

फेला का मुँह पूर्ववत् खुला देखकर घंटा विरक्त हुआ। बोला—नः, यह तुम्हारा दोष नहीं। तुम्हारे नाम का कसूर है।··· अरे मूरखराज, समझे नहीं, इसमें भी··· यह रेडियो बंद करने के पीछे भी 'सेक्स' है।

बच्चे का अँगूठा चूसने से लेकर बूढ़े के पैर हिलाने तक तो खैर, किसी तरह समझ गया था फेला—कि इसके पीछे सेक्स हो सकता है। अब, रेडियो बंद करने में भी सेक्स ? उसने सिर खुजलाते हुए कुछ आश्चर्यित और कुछ दुखित भाव से कहा—तब तो··· यह साला सेक्स, सर्वव्यापी है, घंटा-दा ? है न ?

घंटा ने बुझी हुई आधी सिगरेट को जलाने के लिए लाइटर को दो-तीन बार खच्च-खच्च कर अँगूठे से चलाया। फिर, मसहरी के ऊपर दियासलाई की डिब्बी टटोलता हुआ—नहीं तो, वर्तमान साहित्य-गगन के एक वेगवान नक्षत्र की प्रसिद्ध रचना को इस तरह कर्रकट्ट कर ऑफ कर दे कोई ?

—अब तो, तू भी सेकेन्ड ईयर में आ गया। तुमने भी सुना होगा, नटचंद्र और नाट्यालंकार और न जाने क्या-क्या कहते हैं लोग श्री नवीनचंद्र को। तब, बताओ तुम्हीं, इस तरह रेडियो ऑफ करना, नवीनचंद्रजी की गरदन मरोड़ने की वासना की पूर्ति जैसी बात नहीं लगती तुमको ? अरे, यह तो सीधा 'डेथ-इंसटिंक्ट' है। शेषे, अमनि कर्र-कट्ट करे ओ निजेके ना ऑफ करे फेले कोनो दिन ![1]

—किंतु, घंटा-दा, संभव है, नाटक में ही कुछ ऐसी बात हो जिसने इस इंसटिंक्ट को उकसाया।

घंटा, किसी की पूरी बात सुनने के लिए अपने उमड़ते हुए विचार-प्रवाह को बाँधकर नहीं रख सकता। खासकर सेक्स के मामले में, फेला की पूरी बात वह कैसे सुन सकता है ? रुखाई से बोला—बिना समझे-बूझे सीधी बात में 'संभव-असंभव' लगाकर पेंचदार बनाने की आदत बुरी है, फेला। तुम लेखक को किस बूते पर

---

1. अंत में इसी तरह कर्र-कट्टकर अपने को किसी दिन ऑफ न कर डाले !

दोष लगाना चाहते हो ?

–सो क्यों ? तुमने तो कहा था कि सही साइकोएनालाइज़[1] करने पर पुरुषोत्तम भगवान में भी बहुत सारी ग्रंथियाँ मिलें। घंटा ने सिगरेट की ठूँठ को दीवार के छेद में डालकर बुझा दिया। इस छेद को वह 'दीवाल-ऐशट्रे' कहता है। दीवाल-घड़ी हो सकती है तो, ऐशट्रे क्यों नहीं ? उसने जीभ से सटी तम्बाकू की पत्तियों को दो-तीन बार थुकथुकाकर छुड़ाने की चेष्टा की। फिर, उँगली से जीभ की नोक को छूकर बोला, तनिक दुखित होकर–हूँ। मुश्किल तो यह है कि तुम कुछ पढ़ते-लिखते नहीं। इस सिरीज की किताबें मेरे पास पड़ी हैं, बेकार। जगह-जगह अंडरलाइन की हुई, ऐसी किताबें तुमको और कहाँ मिलेंगी ? और, देगा ही कौन ? एक बार डेथ-इंसटिंक्ट[2] वाला अध्याय पढ़ जाओ। घंटा को अचानक याद आयी–अरे हाँ। काकी से आज भी तू पैसा नहीं झीट सका न ? कल तक तुम्हारी किताब की वी. पी. आ धमकेगी।

फेला ने तकिये के नीचे से पाँच रुपये का एक नोट निकालकर दिया तो घंटा महाप्रफुल्लित हो गया–वाह रे फेलू भाय ! चाबास-चाबास ! (घंटा, शाबास नहीं, चाबास ही बोलता है।)

घंटा ने अपने सूटकेस से कुछ निकालकर कहा–अब मैं तुमको सरप्राइज़ कर दूँ ! लो, वी. पी. कल ही आ गयी थी। यह देखो।

फेला ने उछलकर घंटा के हाथ से किताब छीन ली। आवरण-चित्र देखकर वह तनिक आतंकित हुआ। बोला–मलाट माने गेटअप की तसवीर किन्तु मारात्मक है। सात ताले में बंद करके रखना होगा। रामटहल को अक्षर का ज्ञान नहीं। किन्तु, यह तसवीर तो ऐके बारे जाच्छेताई।

–नॉनसेन्स। चीज नहीं समझते ? यह तो आर्ट है। फेला ने पहला पृष्ठ उलटाया–हेल्थ।

गृहस्वामी श्री अमलेन्दु राय उर्फ लट्टू बाबू ने अपने चमड़े के बैग से कागज़-पत्तर निकालते हुए कहा–शरीर भालो तो ? रात में जगकर टाइप करना होगा। कल ही सुबह की गाड़ी से पूर्णिया जाना पड़ेगा।

बिजली अपने काका बाबू की पर्सनल-एसिस्टेन्ट ही नहीं, राय ऐंड ब्रदर्स, कंट्राक्टर ऐंड आर्डर सप्लायर–बैरगाछी, जिला पूर्णिया के छपे लेटर-पैड की तरह वह एक अंग है। शरीर भालो रहे या मन्द, कल सुबह की गाड़ी से पूर्णिया जानेवाले कागज़ातों को रात में जगकर टाइप करना ही होगा। वह काका के हाथ से सरकारी कागज़ लेकर पढ़ने लगी।

लट्टू बाबू अब तक कोट-कमीज़ उतार चुके थे। बाँह पर डोरे में बँधे ताबीज

1. मनोविश्लेषण, 2. मृत्यु-वृत्ति

और रुद्राक्ष को उँगली से यथास्थान फिट करते हुए उन्होंने बिजली की ओर देखा··· आँखों के पास की रेखाएँ, टेबल-लैम्प की रोशनी में स्पष्ट हो गयी हैं। नाइंटीन ट्वेंटी–1920; लट्टू बाबू ही नहीं, परिवार के प्रायः सभी सदस्यों को बिजली का जन्म-साल मालूम है। कम-से-कम गृहस्वामी और गृहस्वामिनी को तो खूब याद है। 1920 में ही उनकी शादी हुई थी और उनकी शादी के पाँच दिन बाद बड़े दादा को बेटी हुई थी। उसी साल बड़े दादा और बड़ी भाभी का स्वर्गवास हुआ। इसलिए परिवार के लोग, जब कभी 'बीस' बोलना होता है तो 'विष' कहते हैं।··· तीन साल की बिजली।

बिजली बोली–किन्तु, काका बाबू ! हरनाम सिंघ का ड्राइवर आकर कह गया है, चेक नहीं बना है।

–मालूम है। लट्टू बाबू सदा पासिंग शो सिगरेट पीते हैं। सिगरेट सुलगाकर बोले–साला सिंघ, बज्जात नम्बर वन।··· हाड़बज्जात !

लट्टू बाबू मन-ही-मन सोचते हैं–इस हरनाम सिंघ को किसी तरह उल्लू नहीं बना सकी, बिजली। या, आँखों के पास उभरी हुई रेखाएँ···?

–धनीराम आया था ? लट्टू बाबू ने पूछा।

बिजली बोली–आयेगा भला नहीं। चार बजे दिन तक बैठा, बक-बक करके गया है। कहता था, खाली हाथ वापस लौटने पर सभी मजदूर उसका भुर्ता बना देंगे।

धनीराम की ओर से लट्टू बाबू निश्चिंत हैं। साला जाबे कोथाय ?

बिजली ने सबकुछ समझ लिया, क्योंकि सबकुछ समझने से लेकर कागज़ पर उचित व्यावसायिक ढंग से प्रस्तुत करने का काम उसी का है। वह अपने कमरे की ओर जाने लगी तो लट्टू बाबू ने पूछा–गांगुली अब नहीं आता ?

उत्तर बिहार-बैंक की स्थानीय शाखा का नया एजेंट, गांगुली··· ··· भाल छेले।

बिजली ने मन-ही-मन कहा–भाल छेले ना हाथी !··· व्हाइट एलिफेंट ! उसने कोई जवाब नहीं दिया।

दालान में गृहस्वामिनी रामटहल की पाँच पीढ़ियों का उद्धार कर रही थी–हतभागा। डाक्टर बाबू हुआ है। कहता है, ज्यादा एस्प्रो मत खाइये··· हार्ट खराब हो जायेगा। एस्प्रो ती नहीं, इसफरोस। मेरा हार्ट खराब हो या माथा, तुमको इससे क्या ? एक घंटा कहीं से अड्डा मारकर लौटा है और कहता है, दुकान बंद हो गयी··· इस घर के सभी समान हैं–क्या मालिक, क्या नौकर।

ठाकुर अर्थात् मैथिल ब्राह्मण रसोइया बौबजन झा पूछने आया है, बड़े बाबू की आसनी रसोईघर में लगेगी, या ऊपर कमरे में ही खायेंगे ?

गृहस्वामिनी ने झुँझलाकर कहा–मैं कुछ नहीं जानती।

बिजली ने दालान की ओर खुलनेवाली खिड़की से कहा–ठाकुर ! काका आज नहीं खायेंगे। दूध दे जाओ।

गृहस्वामिनी ने एक अद्‌भुत मुद्रा बनायी, पान से काली दंत-पंक्तियाँ और भी वीभत्स हो गयीं। सिर में बहुत दर्द है।

किशोरियों ने रसोईघर में कुहराम मचा दिया—ठाकुर समय पर खाना नहीं देता। गंदी बातें बोलता है··· भाँग पीकर धुत रहता है।

ठाकुर ऊपर से उतरा—फेला बाबू चा माँगते हैं।

गृहस्वामिनी ने पूछा—फेला माँगता है या घंटा ?

—दोनों।

गृहस्वामिनी को बड़बड़ाने का मसाला मिला—कॉलेज में क्या पढ़ने गया है, माथा खरीद लिया है। रात में बारह बजे चाय चाहिए राजकुमारों को !

बिजली ने दालान की ओर खुलनेवाली खिड़की से फिर कहा—ठाकुर ! अभी चाय नहीं बनेगी। बाबू लोगों को खाना खाने को बोलो।

गृहस्वामिनी ने पुनः अद्‌भुत मुद्रा बनायी और ठाकुर को चाय-चीनी की अलमारी की चाबी देकर बोली—एक कप मेरे कमरे में भी दे जाना।··· कानून··· कानून, सब जगह कानून ! इस हुकुम और कानून की ज्वाला से मैं···।

गृहस्वामिनी बड़बड़ाती हुई चली गयी।

बिजली की उँगलियाँ टाइपराइटर पर नाच रही हैं। गृहस्वामिनी सपने में देखती है—बिजली नाच रही है।··· घंटा और फेला को नींद आ रही है। बाहर, बरामदे पर रामटहल मच्छरों को भद्दी गालियाँ दे-देकर करवटें लेता है।

ट्रेजरी का घड़ियाल दो बार ढुग-ढुग कर बजा। पनार नदी के किनारे श्मशान घाट पर सियार ने, घड़ियाल के सुर में सुर मिलाकर पहली आवाज दी। बैरगाछी के सपाट मैदान को पार कर··· दूर से आती हुई हवा सीधे बिजली के कमरे में गयी। दीवार पर टँगे कलैंडर के पन्ने फड़फड़ा उठे।··· सन् 1950 मार्च का कलैंडर ! हिलता-डुलता 1950 !

बिजली उँगलियों को चटखाती चुपचाप कलैंडर की ओर देखती है। 1950 का शून्य, हिलता-डुलता, धीरे-धीरे बड़ा होता चला गया। विशाल शून्य ! अनेक शून्य··· टाइपराइटर के 'की बोर्ड' जैसे शून्यों पर बिजली की उँगलियाँ। 19,500 ··· भगवान जाने, टेंडर का क्या होगा ?

बिजली, अब सीमेंटवाली फाइल को अप-टु-डेट करके ही सोयेगी। मार्टिनगंज के मारवाड़ी पार्टनर छोगमलजी की बातें बिजली कभी नहीं भूल सकती—दीदीजी ! आपनि लट्टू बाबू को कागज-पत्तर ठीक राखून आर सब जिनिस माने टीप-टाप अप-टु-डेट राखून बस, तारपोड़े कोनो हाकिम किस्सू ! छोगमल ने 'किस्सू' कहने के बाद ठूँठ-अँगूठा नचाकर अपनी बात पूरी की थी। छोगमल से थोड़ी देर बातें करने के बाद बिजली को लगता है कि उसकी देह छलनी हो गयी है। बुरी नजर छोगमल की ! नुकीली-विषैली !! टीप-टाप अप-टु-डेट कहते समय उसकी मुसकराहट

और भी अभद्र हो गयी थी। और, उसकी आँखें उस समय ?···

छोगमलजी द्वारा प्रेज़ेन्टेड 'पार्कर-51' से बिजली ने एक कागज़ पर लिखना शुरू किया–टु द मैनेजिंग डिरेक्टर, सीमेन्ट सप्लाइंग···।

सीमेंट सप्लाइंग कंपनी का मैनेजिंग डिरेक्टर··· छोगमल कुनकुनियाँ।

बौबजन झा···। बाबाजी हार्निया रोग का पुराना रोगी है। अचानक दौरा होता है। और, बौबाजन झा किलकिलाकर रो पड़ता है··· अ-रा-बा-प ! ओ-गो-मा-य !!

बौबजन झा की इस आकस्मिक चीख से सभी की नींद टूट जाती है। गृहस्वामिनी विरक्त होकर कहती है–ठाकुरेर आबार शुरू होलो। ओ बिजली !

बिजली 'पारिवारिक चिकित्साशास्त्र' में हार्नियावाला अध्याय खोज रही है। लट्टू बाबू अपने कमरे से ही पूछते हैं–ठाकुरेर की होलो ?

रामटहल जवाब देता है–होबे आर की ! ओही हरमुनियाँ रोग !

घंटा, फेला को जगाकर कहता है–ऐ फेला, उठो ! ठाकुर का वो 'असभ्य रोग' फिर शुरू हुआ है। जरा ध्यान से सुनना, अभी बिजू-दी क्या-क्या सवाल करती है।

दालान में पड़ा बौबजन झा छटपटा रहा है। गा-गाकर रो रहा है–आ··· गो··· माय, आरे बाप !

फेला, अपनी छाती पर पड़ी हुई किताब को हटाकर उठ बैठता है–ठाकुर ऑपरेशन क्यों नहीं करवा लेता ?··· असभ्येर मतन पूषछे ![1]

बिजली के पैरों की आहट सुनकर बौबजन झा की छटपटाहट और भी बढ़ जाती है। रामटहल उसकी देह को बार-बार कपड़े से ढँक देता है। बिजली, दवा का छोटा बक्स हाथ में लेकर आती है और पूछती है–ए ठाकुर ! रोने-चिल्लाने से दर्द घटेगा नहीं और बढ़ेगा। बोली–इसका अगाड़ीवाला दर्द कै महीना पहले हुआ था ? बोलो ना ! ए ठाकुर ! ठीक-ठीक बोलना होगा। नहीं तो दवा कुछ काट नहीं करेगा। समझा ?

बिजली के सवालों का जवाब भी रो-रोकर ही देता है, ठाकुर–हमको याद नहीं। सावन होगा या भादो··· आ गो मैया !

रामटहल अब डाँटकर कहता है–देह पर कपड़ा क्यों नहीं रहने देता है ?

बिजली पूछती है–दस्त-कब्जियत है ?

ठाकुर कुहरकर जवाब देता है–हे-ए-हे-ए-दस्तकब्जी है इसी से तो··· आहि रे। बाप··· प !

–किधर में जास्ती दर्द है !

–एँ-एँ-एँ-एँ-आ गो मा··· य !

---

1. असभ्यों की तरह पाल रहा है।

लट्टू बाबू अपने कमरे से पुकारकर कहते हैं—उतना सवाल-जवाब करने की क्या जरूरत !··· एक डोज बेलाडोना थाट्टी खाई दे हत्तभागा के।

अब गृहस्वामिनी बिछावन छोड़कर बाहर आयी। ठाकुर फिर जोर-जोर से रोना शुरू कर देता है। गृहस्वामिनी तनिक सहानुभूति-भरे स्वर में कहती है—दवा-दारू से कुछ नहीं होगा। मैं जानती हूँ। रामटहल पानी गर्म करो। गर्म पानी का बोतल लाओ।

—हाँ, मायजी ! गर्म पानी का बोतल ओ··· गो माय···। ठाकुर दवा नहीं खाना चाहता। उसको इस दवा पर विश्वास नहीं। कहता है—उस बार गर्म पानी के बोतल से ही औसान हुआ था।··· ई हिमापोथी दवा से क्या होगा··· आ··· आ··· आ !

बिजली कहती है—ठाकुर, मुँह खोलो। आँ करो !

ठाकुर मुँह खोलकर दवा पी लेता है और नये तर्ज़ में रोना शुरू करता है। बिजली जाते-जाते चेतावनी दे जाती है—अभी डेढ़-दो घंटा खैनी-तम्बाकू कुछ नहीं खाना। अच्छा ?

घंटा और फेला, आजकल संसार की प्रत्येक बात को यौन-वैज्ञानिक विश्लेषणात्मक दृष्टि से देखता-परखता है। घंटा कहता है—देखना फेला, मार्क करना। ज्योंही गर्म पानी का बोतल काकी माँ ने अपने हाथ से दिया कि सब रोना-चिल्लाना बंद हो जायेगा, ठाकुर का।

फेला के दिमाग पर नयी किताब की तसवीरों की छाया छायी हुई है। किताब पढ़ते समय उसे लगा, उसके सिर के ऊपर से एक आँधी गुजर रही है। ऐसा सुन्दर स्वास्थ्य किस उपाय से बन सकता है ? स्वस्थ स्त्री-पुरुष की तसवीरों को देखकर उसका जी छोटा हो गया था। उसने कहा—घंटा-दा ! आर किछु भाले लागछे ना।

फेला को अब कुछ भी अच्छा नहीं लगता। अपनी दुबली-पतली काया की प्रतिच्छवि, बार-बार आँकने की चेष्टा में उसने घृणा से मुँह विकृत किया।··· बिजली ··· बिजू-'दी' का स्वास्थ्य इतना सुन्दर कैसे हुआ ! दूध-घी-अंडा-मांस—कुछ भी नहीं खाती, फिर भी···।

घंटा ने उस दिन के अनुसार अपनी गुप्त डायरी में लिखा—आज के अनुमान : लक्षणों से प्रतीत होता है कि कल द ग्रेट छोगमल का आगमन होनेवाला है। क्योंकि, कल काका का पूर्णिया जाना निश्चित है। छोगमल को छोड़कर गाजर का हलुवा और किसके लिए बन सकता है ? छोगमल हाल ही कलकत्ता से लौटा है। इस बार भी कोई प्रेजेंट लायेगा क्या ? इस बार वह मुझे 'खोका' कहकर पुकारने का साहस नहीं कर सकता।··· दूधवाले की बेटी सुदमिया गौना के बाद पहली बार ससुराल से आयी है··· उसके स्वभाव के क्रमिक परिवर्तन का ग्राफ़ तैयार करना है। आज के अनुभव : बिजू-'दी' और काकी माँ में मौन-युद्ध चल रहा है। आजकल

काकी माँ बहुत उदार हो गयी हैं। बिजू-दी से झगड़नेवाले सदस्य को एक टुकड़ा मछली अतिरिक्त प्राप्त होता है, उनके कर-कलछुल से। सही साइकोएनालिसिस के लिए घर ही उपयुक्त लेबरेटरी है।

बिजली सो गयी। गृहस्वामिनी, गृहस्वामी के कमरे में सिसकियाँ लेकर रो रही थी और गृहस्वामी लट्टू बाबू दबी आवाज़ में समझा रहे थे–तुम पगली हो···।

फूलबागान !

लट्टू बाबू उर्फ अमलेन्दु राय की कोठी का नाम है–फूलबागान। लट्टू बाबू के बड़े भाई, बिजली के पिता विमलेन्दु बाबू ने बहुत सोच-समझकर अपने घर का नाम रखा था। किंतु, फूलबागान के वे दो फूल–विमलेन्दु बाबू और उनकी पत्नी–बहुत कम समय में ही झर गये। परिवार के कर्त्ता लट्टू बाबू हुए जो मछली फँसाने और शतरंज खेलने के सिवा संसार के और किसी कर्म से परिचित नहीं थे। किंतु, मछली फँसाने की बुद्धि से ही उन्होंने राय-परिवार की नाव को सँभाल लिया।

राय-परिवार के संबंध में कुछ जानने के पहले यह जान लेना आवश्यक है कि इस बैरगाछी कस्बे की उम्र सिर्फ साठ साल की है। और जिस दिन इस कस्बे की पहली ईंट गड़ी, राय-परिवार की बुनियाद भी उसी दिन डाली गयी। इसलिए, राय-परिवार को बुनियादी परिवार मानना ही होगा।

पल्टू बाबू से पूछिए, विस्तारपूर्वक बतला देंगे–पनार नदी के किनारे परपट परती पर दो-चार गरुड़ जैसे लम्बे साहबों को देखकर पल्टू बाबू की पिलही चमक गयी थी। पल्टू बाबू तुरत ही जवान हुए थे, उस समय। किन्तु, साहेब-सुब्बा के डर से तो बड़े-बूढ़े भी थर-थर काँपते थे। सो, जब पल्टू बाबू ने साहबों को देखा तो घाट-घटवारी का सारा हिसाब-किताब भूल गये। पल्टू बाबू पनार नदी के बैरगाछी घाट की ठेकेदारी करते थे। आज, यह कहनेवाला कोई माई का लाल जीवित नहीं कि पल्टू बाबू ठेकेदार की चौकीदारी करते थे ! पचासी वर्ष के बूढ़े पल्टू बाबू !

पल्टू बाबू के कथनानुसार उन तीन-चार साहबों में थे, लट्टू बाबू के पिता कमल बाबू। कमल बाबू ओवरसियर। दूसरे सभी साहब चले गये, कमल बाबू का खेमा गड़ गया, घाट के पास ही। कमल बाबू से ही मालूम हुआ था कि यहाँ सब-डिविज़न शहर बसेगा। अदालत, फ़ौजदारी, जेल–सबकुछ एक साल में बनकर तैयार हो जायेगा।

पल्टू बाबू स्वीकार करते हैं–कमल बाबू की कृपा से ही पल्टूसिंह पल्टू बाबू हुए। जब तक जीवित रहे, कमल बाबू ने पल्टू बाबू को पुत्र से बढ़कर प्यार किया।··· उनके वकील-पुत्र विमलेन्दु बाबू ने पल्टू बाबू का सदा तिरस्कार किया।

किन्तु, कमल बाबू की विधवा को पल्टू बाबू ने ही अंत में काशीधाम पहुँचाया था। वर्तमान कर्त्ता लट्टू बाबू तो उनका सदा अनुगत रहा है। पाँचवें दर्जे में दो बार फेल करने के बाद लट्टू ने पल्टू बाबू से कहा था—काका ! आमि पोड़बो ना।··· बाबा को कह दीजिए।

लट्टू बाबू दिन-रात पल्टू बाबू के साथ ही रहता। कमल बाबू कहते, ओ छेले पाल्टू का ! इतना ही नहीं, पल्टू नाम से ताल-मेल रखकर ही लट्टू का नाम रखा गया था। पल्टू बाबू अपने धर्म-पुत्र लट्टू बाबू को अपनी पद्धति से शिक्षा देने लगे। तीन-चार महीने में ही लट्टू तीन भाषाओं का पंडित हो गया—मैथिली, भोजपुरी और खड़ीबोली (जिसे बैरगाछी की भाषा में कचराही बोली कहा जाता था, उन दिनों)। छः महीने में ही, सहसा गालियाँ देना सीख गया। लट्टू बाबू बैरगाछी घाट का उस्ताद व चर्खी-बंसी खेलनेवाला हो गया। डेढ़ मन की मछली को पानी में हँसा-खिलाकर फँसाया था—तीन घंटे में। अपने से भी ज्यादे वजन की मछली को किनारे लाकर लट्टू बाबू ने पुकारा था—काका, दौड़ो !

बंसी के बाद शतरंज ! पल्टू बाबू का दावा है, बैरगाछी में उसके शिष्य लंट्टू-जैसा शतरंज-खिलाड़ी दूसरा पैदा ही नहीं हुआ, आज तक। बैरगाछी के दानों क्लबों के पुराने मेम्बर गवाह हैं कि तेरह साल की उम्र में लट्टू ने तत्कालीन मुंसिफ मौलाना फ़रज़ंद अली को फीलचक्कर में डाल दिया तो मुंसिफ साहब ने सुफेद दाढ़ी पर हाथ फेरते हुए ताज्जुब जाहिर किया था—लाहौल बिला ! यह छोकरा तो जादूगर है।

और, आज बैरगाछी ही नहीं—सारे जिले के लोग मानने लगे हैं, लट्टू बाबू जादू जानते हैं। पन्द्रह साल वकालत करने के बाद विमलेन्दु राय ने जितना जमा किया, उतने रुपयों का कारबार लट्टू बाबू एक सप्ताह में ही करते-कराते हैं। लट्टू बाबू ब्रह्मवाक्य मानते हैं, पल्टू बाबू की बात को।

पल्टू बाबू—अंत में पोपली मुसकराहट के साथ अपनी बात समाप्त करेंगे—अरे, नहीं, नहीं। सब उसकी किस्मत है। मैं या कोई क्या कर देगा ?

पल्टू बाबू आज भी नियमपूर्वक साढ़े चार बजे भोर में फूलबागान के फाटक पर आवाज देते हैं—लट्टू रे ! लट्टू बाबू को नित्य वायु-सेवन के लिए साथ ले जाते हैं। लौटकर, थोड़ी देर फूलबागान में बैठते हैं, चाय पीते हैं। फिर, दस बजने के पहले घर लौट जाते हैं।

राय-परिवार के बच्चे पल्टू बाबू को गुरूदादू कहते हैं। परिवार का प्रत्येक सदस्य गुरूदादू को प्रसन्न रखना चाहता है।

पल्टू बाबू जानते थे, लट्टू आज पूर्णिया गया है। इसलिए साढ़े चार बजे भोर में उन्होंने फाटक पर आवाज नहीं दी। लौटकर आये तो रामटहल ने बतलाया—मालकिन के सिर में रात-भर दर्द रहा। तिस पर रात में ही ठाकुर का दर्द शुरू हुआ। रात-भर सेवा करती रही, बाबाजी का इसलिए और भी जी खराब हो गया। बिजू-दी पढ़ाने गयी है। खोका बाबू लोग ऊपर हैं।

रामटहल, गुरूदादू का विशेष संवाददाता है। रमा, छबि और कना ने बारी-बारी से गुरूदादू को नमस्कार किया। गुरूदादू आज दालान के बरामदे पर नहीं, ऊपर के कमरे में बैठेंगे। सीढ़ी पर लाठी टेककर चलते हुए पल्टू बाबू ने पूछा–बिजू किसको पढ़ाने जाती है, सुबह-सुबह ?

छबि ने कहा–पढ़ाने नहीं, पढ़ने जाती है। हिन्दी मास्टरमशाई के घर।

–भालो, भालो !··· पल्टू बाबू ने पूछा–तुम लोगों की परीक्षा कब से है ?

घंटा ने खिड़की से देखा, गुरूदादू इधर ही आ रहे हैं। उसने फेला को ठेलकर जगाते हुए कहा–उठ, फेला। गुरूदादू !

किंतु, गुरूदादू फेला के जगने के पहले ही कमरे में पहुँच गये। फेला हड़बड़ाकर उठा और उसकी नयी किताब बिछावन से नीचे, ठीक पल्टू बाबू के पैरों के पास गिर पड़ी। गुरूदादू के पैर पर पड़ी, नंगी औरत की खुली तसवीर ! पचासी वर्ष के वृद्ध की आँखें मानो चौंधिया गयीं। यह क्या ?

लट्टू बाबू के एकमात्र पुत्र फेला को गुरूदादू बहुत स्नेह करते हैं। घंटा, लट्टू बाबू के स्वर्गीय मँझले भाई का बेटा है। राय-परिवार का सबसे नालायक लड़का समझा जाता है घंटा। घंटा के पिता के बारे में भी यही कहते हैं, लोग। जासूसी उपन्यास और शराब की आदत ने निर्मलेन्दु राय को निकम्मा बना दिया था। इतना ही नहीं, उसकी पत्नी को गले में रस्सी लगाकर, आत्म-हत्या करने के बाद ही मुक्ति मिली। घंटा की छोटी बहन छबि पन्द्रह साल की है। रमा और कना, लट्टू बाबू की युग्म-कन्याएँ हैं। दोनों एक ही साथ बीमार पड़ती हैं।

रमा, छबि और कना के मुँह से एक साथ निकला–छिः !

पल्टू बाबू ने फेला की ओर देखा, चेहरा लाल हो गया है। ओठ काँप रहे हैं। घंटा मौका पाकर बाहर निकलना चाहता था कि गुरूदादू की गंभीर वाणी सुनायी पड़ी–घंटा ! भागोगे नहीं !!

घंटा को लगा, ट्रेजरी के घड़ियाल में असमय ही एक बज गया। पल्टू बाबू ने झुककर किताब उठा ली–यह किसकी किताब है ?··· छबि, तुम लोग नीचे जाओ ! बोलो, यह तो फेला की किताब नहीं हो सकती।

घंटा ने तुतलाकर जवाब दिया–मैं क्या जानूँ ?

–तब कौन जानेगा ? तुम नहीं जानोगे भला ?

कहते हुए पल्टू बाबू ने अजीब आवाज निकाली मुँह से–आवारा कोथाकार ?

बिजली लौट आयी है। गुरूदादू किताब लेकर चले। बिजली ने हँसकर नमस्कार किया। गुरूदादू की गंभीरता तनिक दूर हुई। बिजली ने पूछा–दादू ! कौन-सी किताब है ?

गुरूदादू ने उत्तेजित होकर कहा–किताब ?··· यह किताब है ? इसको तुम किताब कहती हो ? उन्होंने किताब खोलकर दिखलाना चाहा। फिर, रुक गये। बड़बड़ाते हुए नीचे उतरे–आवे लट्टू, पूर्नियाँ से। मैं पूछूँगा कि यह कौन-सी विद्या पढ़ रहे हैं उनके गुणधर लड़के !··· यह घंटा पुराना पाजी है। फेला को बरबाद

करके छोड़ेगा।

हठात् घंटा दौड़ता हुआ सीढ़ी से नीचे उतरा और गुरूदादू के हाथ से किताब छीनते हुए बोला–इस विद्या का नाम आप नहीं जानते। नाम सुनने पर मतलब गुल्ला भी नहीं समझिएगा। फ्रायड साहब का नाम सुना है ? आस-पास उपस्थित सभी के मुँह से एक साथ निकला–घंटा !

किन्तु, घंटा चुप नहीं रह सकता आज। वह आवेश में कहता गया–गुरूदादू ना कच्चू दादू !··· सभी बात में नाम घुसाने आता है। मैं ऐसी बेइज्जती नहीं बर्दाश्त कर सकता। चाहे इस घर में रहूँ या निकाल दिया जाऊँ।

बिजली लपककर आगे बढ़ गयी और उसने घंटा का हाथ पकड़कर धमकी दी–घंटा ! की हच्छे ?··· पागल हो गये हो ?

पल्टू बाबू अवाक् होकर देखते रहे। घंटा की आँखों से चिनगारी निकल रही थी। गृहस्वामिनी हो-हल्ला सुनकर बाहर आयी। घंटा ने अँगरेजी में गाली दी–ओल्ड डौग ! आमाके आवारा कहनेवाला हुआ है।

बिजली ने घंटा को फिर धमकी दी–घंटा ! चलो ऊपर। किन्तु, घंटा इस तरह ऊपर नहीं जाना चाहता। वह आज कुछ कर गुजरना चाहता है। बिजली उसको दोनों हाथों से अँकबार में भर सीढ़ी पर चढ़ाने लगी। उसने धीरे-से अनुनय के स्वर में कहा–लक्खी भाई ! माथा ठांडा कोरो।

घंटा का माथा ठंडा नहीं हुआ। उसने बिजली से स्पष्ट शब्दों में कहा–तुम लोगों के कारण, हम लोग कहीं मुँह दिखाने के काबिल नहीं रह गये। क्या होगा इस घर में रहकर ? इस घर का असल मालिक है–पलटू सिंह। इस घर का देवता है–छोगमल। इस घर का पूज्य है···।

न जाने क्यों, बिजली हँस पड़ी। वह बोली–इस घर का पूज्य है–घंटा बाबू ! बिजली सबकुछ समझती है। अचानक माथा गर्म क्यों हुआ है घंटा का ? घंटा की माँ को भी यह रोग था। छबि बहुत शांत लड़की है। किन्तु अचानक माथा गर्म होने पर वह भी कुछ से कुछ कर बैठती है। लट्टू बाबू ने दोनों का नाम रखा है–पागला-पागली।

बिजली ने बहुत देर तक, मीठी-मीठी बातें करके, घंटा को चाय पिलायी। घंटा ने चाय में चुस्की लेकर कहा–बिजू-दी, तुम नहीं जानतीं। लज्जा और अपमान से··· !

बिजली ने इस बार फिर डाँटते हुए कहा–चुप रह ! लज्जा और अपमान की ऐसी क्या बात हुई है ?··· गंदी-गंदी किताबें पढ़ते समय लाज नहीं आती ? गुरूदादू का अपमान किया है तुमने। जो आज तक कभी नहीं हुआ–वही तुमने किया आज।

–हाँ, जो किसी ने नहीं किया, वह मैं ही करूँगा। वह मुझे ही करना होगा।

बाहर मोटर का हॉर्न बजा। बिजली चौंकी। घंटा की आँखें फिर जल उठीं। उसने मुँह बिदकाकर कहा–जाओ, तुम्हारे देवता छोगमल भगवान आ गये !

बिजली ने उठते हुए कहा–देखो, डिरेक्टर साहब के साथ··· ।

घंटा ने मुँह बनाते हुए कहा–तुम निश्चिन्त रहो, खूब अच्छा व्यवहार करूँगा। तुम जाओ, जाओ··· सब जहन्नुम में जाओ। आइ डोंट केयर दिस पलटू सिंह ऐंड छोगमल !

छोगमल के पहले, गाड़ी से उतरा छोगमल का ड्राइवर। तब तक बिजली और छोगमल की आँखें चार हो चुकी थीं।

ड्राइवर के हाथ में नया रेडियो-सेट देखकर रमा, छबि, कना–एक ही साथ हर्ष से तालियाँ बजाकर चिल्ला उठीं–नूतन रेडियो।

गृहस्वामिनी जल्दी-जल्दी साड़ी बदलकर बाहर आयी–एसो बाबा !

छोगमल गाड़ी से नीचे पाँव नहीं रखना चाहता। लट्टू बाबू घर में नहीं हैं, पूर्णिया गये हैं–उसे मालूम है। फिर भी वह बार-बार पूछता है–बाबू बाड़ी में नहीं ?

बिजली आगे बढ़कर गाड़ी के पास जाती है। अधिकारपूर्ण स्वर में कहती है–उतरिए। इसके बाद छोगमल चुपचाप गाड़ी से बाहर निकल आता है। उसने इसके पहले बिजली के ओठों पर ऐसी मुसकराहट कभी नहीं देखी।

गृहस्वामिनी की चरणधूलि लेने के बाद छोगमल सीधे बिजली के कमरे में चला गया–ऊपर। वह आज जरा जल्दी में है। दो बजे दिन के पहले उसे पूर्णिया पहुँच जाना चाहिए। बिजली मुसकराती हुई कहती है–अभी तो आठ ही बजे हैं।

कहने का मतलब छोगमल समझता है। मतलब यह कि दोपहर के भोजन के बाद ही छुट्टी मिल सकती है।

जैनी छोगमल चुराकर मछली-मांस खाता है। रामटहल पनारघाट से भारी झोली लेकर लौटा है। एक रेहू मछली, पाँच सेर !

गृहस्वामिनी प्रायः उत्तेजित होकर चिल्लाती है–आज के मुड़िघंट होबे।

मुड़िघंट ! मसालेदार चने की दाल में रेहू मछली का सिर डालकर मुड़िघंट बनाया जाता है। छोगमल को अपने हाथ से मुड़िघंट बनाकर खिलायेगी गृहस्वामिनी।

बिजली कहती है–आज काकी माँ खुद रसोईघर में गयी हैं।

नीचे, नये रेडियो-सेट की ध्वनि प्रतिध्वनित होती है–यह आकाशवाणी है। अब आप अँगरेजी में समाचार सुनेंगे।

और सब क्या हाल समाचार है ?–छोगमल आराम से सोफा पर बैठते हुए पूछता है–की खबर ? सब ठीक है। बिजली सामने की कुर्सी पर बैठती हुई पूछती है–यह क्या ? रेडियो लाने की क्या जरूरत थी ?

–जरूरत थी ! छोगमल हँसकर जवाब देता है–काकी-माँ कहती थी, नाटक नहीं सुन पाती है, हा··· हा··· हा··· ताई बलाम एक्टा लोतून रेडियो ?

–रामप्रसाद ! छोगमल ने ड्राइवर को पुकारा।

बिजली ने पूछा–रामप्रसाद को बुला दूँ ?

छोगमल बोला–रामप्रसाद के बोलून, गाड़ी थेके आमार बाक्सा निये आसबे।

रामप्रसाद बक्स ले आया। छोगमल ने आदेश दिया–खोलो।

रामप्रसाद ने बक्स खोल दिया। छोगमल ने पुनः आदेश दिया—तुम जाओ।

रामप्रसाद चला गया।

—बिजोली··· रानी ! तुमी जे बोलबे, सेई होबे। सेई होबे !! ··· छोगमल ने बिजली के गले में एन. सी. सरकार ऐंड कम्पनी, कलकत्ता द्वारा निर्मित कलापूर्ण आधुनिक स्वर्णमाल्य पहनाते हुए कहा—सेई होबे।

छोगमल ने आज, पहली बार साहस करके बिजली को अचानक चूम लिया—तुम जो कहोगी वही होगा।

बिजली, छोगमल के बाहुबंधन से छिटककर अलग खड़ी हो गयी—यह आपने क्या किया ?

अब छोगमल कवि हो गया। हालावादी कवि ! बच्चन की 'मधुशाला' की कई सुनी हुई पंक्तियाँ उसने याद करने की चेष्टा की।—क्षण-भर तक ही खुली रहेगी इस जीवन की मधुशाला ! बिजली रानी, मुझे माफ करो ! मुझे माफ करो !! माफ करो !!

छोगमल के बाहुबंधन में बिजली ने फिर अपने को बँध जाने दिया।

घंटा को कथोपकथन नोट करने का अवसर मिला। 'मुझे माफ करो' के बाद करीब एक मिनट तक कोई आवाज नहीं सुनी गयी। घंटा ने खिड़की के छेद से आँखें सटाकर देखा, बिजली के विरोध के बावजूद, छोगमल के भोंड़े-मोटे चुम्बनोद्धत ओठ आगे बढ़ रहे हैं···।

छोगमल ने पक्की बात की—लट्टू बाबू का टेंडर जिस तरह हो, मंजूर करवाकर दम लूँगा।

छोगमल मतवाला हो गया है, दो ही घूँट पीकर। वह बिजली की गुलामी करने को तैयार है। किन्तु, बिजली जानती है कि छोगमल अभी नशे में बड़बड़ा रहा है।

सिर्फ रेडियो ही नहीं, घंटा के लिए आग्फा कैमरा, फेला के लिए शेफर्स कलम और गृहस्वामिनी के लिए सदासुहागिन शांतिपुरी साड़ी भी ले आया है छोगमल, इस बार कलकत्ता से। बिजली के गले में नये पैटर्न की स्वर्णमाला जगमगा रही है। रामटहल को नयी धोती मिली है।··· राय-परिवार में छोगमल का जय-जयकार हो रहा है।

मुड़िघंट चखकर छोगमल, गृहस्वामिनी से आँखें मिलाते हुए कहता है—खूब भालो, काकी माँ। खूब सुन्दोर एई मुड़िघंटो ! वाह !!

काकी-माँ निहाल होकर कहती है—पता नहीं, जल्दीबाजी में कैसा हुआ !

खूब भालो। खूब भालो !!

शाम को, शहर की बँगला-कीर्तन-मंडली के मूलगैन पाँचूदास ने, पाँच ही मिनट में सारे कस्बे में बात फैला दी—पनार पुल में आठ आना लट्टू बाबू का··· पास हो गया है··· काम चाँदी ! हरि बोल !!··· कीर्तक होगा सारी रात।

पल्टू बाबू, किन्तु, इस आकस्मिक पूजा में नहीं आये। लट्टू बाबू ने रामटहल को फिर भेजा। लेकिन, पल्टू बाबू नहीं आये।

–भालो, भालो। खूब भालो !!

–हरि बोल···।

सारा फूलबागान आनन्द-विभोर है। लट्टू बाबू ने दाँव मार लिया। बहुत बड़ी मछली फँसी है।

किन्तु, इस आनन्द-उत्सव से अलग, घंटा अपने कमरे में बैठकर अपना जवाब तैयार कर रहा है। गृहकर्त्ता लट्टू बाबू ने जवाब-तलब किया है–क्यों नहीं उसको घर से निकाल दिया जाये ?··· शो काज !

फेला को घंटा के कमरे में अब नहीं सोने दिया जाता। घंटा के साथ लट्टू बाबू का इकलौता बेटा भी 'गुल्ला' में चला जायेगा।

घंटा पर कई अभियोग लगाये गये हैं। सबसे बड़ा अपराध, गुरूदादू का अपमान। दूसरा अभियोग–रामटहल के कथनानुसार–घंटा ने दूधवाली की बेटी के साथ भद्दी दिल्लगी की है। दूधवाली की बेटी रोती हुई घर गयी तो दूधवाली का घरवाला गुस्सा से पागल हो गया···।

घंटा सबकुछ समझता है। यह रामटहल, पलटूसिंह का आदमी है। बात जोड़ने में उस्ताद है। लेकिन दूधवाली की बेटी सचमुच बुरा मान बैठी थी, घंटा की बात का। बात कुछ वैसी नहीं थी। घंटा उससे ससुराल के बारे में पूछना चाहता था। पर उसके मुँह से निकल गया–कहो, ससुराल का कैसा मजा···? इतनी-सी बात पर ही वह छौंड़ी रोने-चिल्लाने लगी। घंटा क्या करे ? वह तो, उस लड़की में होनेवाले 'क्रमिक परिवर्तन' का ग्राफ तैयार करना चाहता था।

रामटहल आज भी बोल रहा था–दूधवाली का घरवाला हाथ में डंडा लेकर घूम रहा है कई दिनों से। उसके सिर पर खून सवार है··· गरीब है तो क्या ? सबकी इज्जत बराबर है। गरीब-अमीर सभी की।

घंटा मन-ही-मन सोचता है–इज्जत सबकी बराबर कैसे हो सकती है ? यह दूधवाली वाला सवाल जरा कमजोर है। किन्तु, पलटूसिंह वाले सवाल के जवाब में डटकर बोलेगा। निकाल दिया जाये घर से, कुछ परवाह नहीं। वह जवाब देगा–हाँ ! वह भी पलटूसिंह को गुरूदादू कहता था, श्रद्धा करता था। लेकिन, जब से उसने पलटूसिंह की हरकतों का 'वैज्ञानिक विश्लेषण' करके देखा है, उसका मन कुपित हो गया है।··· –वह बुड्ढा बीमार है। उसकी इन हरकतों पर कभी किसी ने आँख-कान नहीं दिया।

यथा–(1) रमा-छबि-कना अब बड़ी हो गयी हैं। उनके अंग के गठन-गढ़न में भी अब परिवर्तन होना शुरू हो गया है। लेकिन, वह बुड्ढा अब भी उन्हें पकड़ कर अपनी दाढ़ी से गुदगुदी लगाता है–उनकी देह में। (2) नीचे, बरामदे पर 'गुरूदादू

की गद्दी (आराम-कुर्सी) पिछले दस-बारह साल से एक ही जगह पर क्यों रहती है–इसका भी कारण है। थोड़ा-सा भी स्थान परिवर्तित कर दिया जाये, बुड्ढा खुद अपनी कुर्सी खिसकाकर पुरानी जगह पर ले आता है। घंटा ने परीक्षा करके देखा है। कारण ? सिर्फ घंटा ही जानता है। बात यह है कि उस स्थान से बाथरूम का एक हिस्सा दिखलायी पड़ता है। सुबह-सुबह सद्यःस्नाता नारी-देह की एक झलक देखने की वासना उसकी पूरी होती है। फेला की माँ··· यानी काकी माँ के हाथ का पान ही वह क्यों खाता है ? बिजू-दी की पीठ पर हाथ क्यों फेरता है ?

घंटा का मन तिक्त हो गया है।··· पंचतिक्त !

यह पलटूसिंह, यह छोगमल और वह–वह मुरलीमनोहर मेहता! कहाँ है–मुरलीमनोहर आजकल ?

घंटा विरक्त मुद्रा बनाकर न जाने क्यों रामटहल को पुकारने लगा।

–मुरलीमनोहर मेहता को आप जानते हैं ? छोगमल के इस प्रश्न पर बिजली और लट्टू बाबू की आँखें चार हुईं। छोगमल बोला–यह बेटा मुरलीमनोहर, एक ही साथ सबकुछ है–कांग्रेसी भी, सोशलिस्ट भी, मजदूर-लीडर और अखबारवाला भी। साला बोलता कम है, काटता है ज्यादा। सो इसको यदि किसी तरह काबू में लाया जा सके तो··· समझिए कि उत्तर-दक्खिन, पूरब-पश्चिम–सब ओर से निश्चिन्त ! क्योंकि नया एस. डी. ओ. जो आ रहा है, उसके बारे में खबर मिल चुकी है कि आदमी 'खाने-पीनेवाला' है। लेकिन, कांग्रेसियों से बहुत डरता है।

लट्टू बाबू ने सारे बैरगाछी सब-डिविजन की चौहद्दी देख ली, मन के पर्दे पर।··· उत्तर, नेपाल की सीमा। नेपाल की सीमा का अर्थ–नमक, कपड़ा, किरासन तेल, चीनी और सीमेंट की दसगुनी कीमत। पूरब बंगाल की सीमा। मुरलीमनोहर मेहता ? ··· लट्टू बाबू बोले–मुरली बाबू को जानता हूँ।–भाई, उसका बाप हम लोगों का पुराना मवक्किल था। याने, भैया का मवक्किल।

लट्टू बाबू ने बिजली के चेहरे पर कुछ देख लिया। प्रसन्न हो गये, अचानक। उत्साहित होकर बोले–मुरली तो इस घर के लड़का-जैसा हो गया था।··· जब वह यहाँ पढ़ता था।

छोगमल प्रायः उछल पड़ा–अच्छा ? तब तो··· तब तो। वह कुछ कहते-कहते रुक गया। उसने लक्ष्य किया कि बिजली आँखों से ही अपने काका को मना कर रही है। बिजली बोली–लेकिन, अब तो बड़ा आदमी हो गया है।

छोगमल ने सिगरेट सुलगाते हुए कहा–हाँ, बड़ा आदमी हो गया है। उसको छोटा बनाना होगा। इतना छोटा कि पाकेट में अँट सके। पाकेट-गीता होती है न ? वैसा ही इसको पाकेट-लीडर बनाना होगा। बिजली को छोगमल के सिगरेट की गंध बड़ी अच्छी लगती है।

लट्टू बाबू ने पासिंग-शो सुलगाते हुए सोचा–बिजली ने भौं को सिकोड़कर निरुत्साह किया है, निश्चय ही कोई कारण है। लट्टू बाबू ने जवाब दिया–बहुत

कठिन काम है।

छोगमल अब झुँझलाया–कठिन काम है, मालूम है। लेकिन पत्थर को भी पीस कर आटा बनाया जा सकता है। यह तो आदमी है।··· छोगमल ने जाते समय कहा–इस मुरलीमनोहर को हाथ में लाये बिना, अब 'सप्लाई' चलाना मुश्किल है। कोई उपाय करना ही होगा।

छोगमल के जाते ही बिजली और लट्टू बाबू गुप्त व्यापारिक-वार्तालाप करने के लिए बगल के कमरे में चले गये।

लट्टू बाबू समझें या न समझें–बिजली सबकुछ समझ गयी थी। छोगमल बिजली को 'कुमकी हाथी' बनाना चाहता है। वह बोली–काका यदि यह मुरलीमनोहर मेहता वही–पुराने मुवक्कल का मूर्ख बेटा–मुरली है तो, सचमुच खुशी की बात है। लेकिन, तब छोगमल को 'पुल' वाले व्यापार में अपना पूरा हिस्सा छोड़ना होगा।

–ताई तो ! ताई तो !! लट्टू बाबू की बाँछें खिल पड़ीं। बाहर गृहस्वामिनी की खनखनाती हुई बोली सुनी गयी–दिन-भर खाना अगोरकर मैं नहीं बैठ सकती। ठाकुर ! ऊपर के कमरे में दे आओ।

लट्टू बाबू ने नाक सिकोड़कर धीरे-से कहा–की बोली !

बिजली ने कहा–काकी माँ ! आमार मरन··· शुरू हयेछे। रमा-छबि-कना ने एक ही साथ एक-दूसरे की ओर देखा। इस 'मरन' का मतलब वे समझने लगी हैं। अब, उन लोगों ने इस 'कोडवर्ड' का व्यवहार करना शुरू कर दिया है। क्योंकि 'मरन' शुरू हो गया है, उनका भी।

बिजली तीन दिनों तक पूरा विश्राम लेती है, ऐसे समय। इन दर्दनाक दिनों की कोई दवा नहीं लेडी-डॉक्टर के पास। कहती है, कलकत्ता जाकर इलाज करवाओ। बिजली ने देखा है, पूरा विश्राम लेने से तकलीफ जरा कम होती है।

बिजली लेटी हुई, मुरली को याद कर रही है···।

वही मुरली ? बिजली को एक नजर देखने के लिए रोज मोड़ पर खड़ा रहता था।··· झूठी बातें बनाकर गाँव से लाया हुआ सौगात पहुँचाता था। अरवा चावल, दही, घी, खजूर का गुड़, कच्चा नारियल, ऊख···।

उन दिनों बिजली फ्राक पहनती थी। सातवें दर्जे में पढ़ती थी। यह 'मरन' शुरू होते ही, फ्राक छोड़कर साड़ी पहनने लगी थी। मुरली जब आता, बिजली की ओर एकटक निहारता रहता। बिजली को याद है, पहली बार साड़ी में देखकर मुरली का मुँह अचरज से खुल गया था। मेमना-जैसा मुरली इतना बड़ा 'सिंह' हो गया है कि इलाके का सबसे बड़ा सेठ, सब-डिविजन के सबसे बड़े हाकिम भी उससे डरते हैं !

बिजली ने मुरली को पिछले आठ-दस वर्षों से नहीं देखा है।

आज काकी माँ प्रसन्न है, क्योंकि काकी माँ को सुनाकर ही बिजली से छोगमल ने कहा था–कल सुबह गाड़ी भेज दीजिएगा। हम लोग पूर्णिया जायेंगे··· बँगला

सिनेमा देखने। काकी माँ को दिन-रात सिनेमा दिखाया जाये, फिर भी नहीं अघायेगी, कभी।

काकी माँ बिजली के कमरे में आयी। बिजली ने पूछा–काकी माँ ! तुमको मुरली की याद है ?

–कौन मुरली ? मवक्किल का बेटा ?

–हाँ। अब वह बहुत बड़ा आदमी हो गया है।

–खूब टाका कोरेछे, बूझि ?

बिजली हँसी–छोगमल से भी बड़ा ! एस. डी. ओ. साहब से भी बड़ा !

काकी माँ विस्मित होकर बोली–ओ हरि ! वही मुरली ? जिसको हम लोगों का रामटहल डाँट देता था तो थरथरी लग जाती थी।··· तोमाके किन्तु बड्डे भालो बासत, छेलेटा। सत्ती ![1]

बिजली समझ गयी–काकी माँ बहुत प्रसन्न है। जब बहुत प्रसन्न होती है तो ऐसी ही हलकी-फुलकी बात करती है बिजली से।

लेटी हुई बिजली की देह पर असामी अंडीचादर भी कितनी भली लगती है। बिजली को देखकर गृहस्वामिनी का मन, कभी-कभी न जाने कैसा-कैसा करने लगता है ! बिजली को अब उन दिनों की याद आ रही है जब वह काकी माँ की छाती से सटकर सोती थी।··· काकी माँ-बिजली के कमरे में दो-तीन अदृश्य व्यक्तियों की आत्माएँ चक्कर काट रही हैं। रह-रहकर मुरलीमनोहर मेहता की याद आती है।··· बाबाजी बार्ली बनाकर ले आया है।

बिजली ने अपने अस्त-व्यस्त कपड़े को ठीक करने की चेष्टा नहीं की। बाबाजी के पीछे-पीछे आया रामटहल, डाक लेकर।

बिजली उठ बैठी। व्यापारिक चिट्ठियों को एक ओर करके, व्यक्तिगत पत्रों को पढ़ने लगी। एक पत्र काशी से नानी ने लिखा है। दूसरा है–एक दवा-कंपनी का। बीमारी का विस्तारपूर्वक वर्णन लिख भेजने को कहा है। सारी बातें गुप्त रखी जाती हैं–इसकी गारंटी दी है मैनेजर ने।

नानी को दस रुपये का मनिऑर्डर कल ही भेजना होगा।··· बिजली बार्ली पीने लगी।

रमा-छबि-कना स्कूल से आकर हल्ला मचाने लगी–ठाकुर ! टीफीन कोथाय ?[2]

रामटहल ने ऊपर की खिड़की से झाँककर कहा–दीदी डाकछे उपरे।[3]

तीनों लड़कियाँ बिजली के कमरे में आयीं।

–क्यों, आज डेढ़ बजे ही छुट्टी हो गयी ?

–तीन दिन की छुट्टी है।

–काहे की छुट्टी ?

---

1. लेकिन लड़का तुमको बहुत चाहता था। सच ! 2. नाश्ता कहाँ है ? 3. दीदी ऊपर बुला रही है।

–जिला कांग्रेस मीटिंग होबे, एखाने।[1]

जिला कांग्रेस कमेटी की आम बैठक होनेवाली है। स्थानीय हाई-स्कूल और कन्या विद्यालय में मेम्बरों के ठहराने का प्रबंध किया गया है।··· इसीलिए छुट्टी। रमा-छबि-कना ने हँसकर कहा–आमरा बंदेमारतम् गाइबो मिटिंगे।[2]

पर्चा पढ़कर बिजली बोली–काकी माँ। तुम्हारा मुरली इस मीटिंग में आवेगा। इसमें नाम छपा है।

काकी माँ हँसी–मेरा मुरली ? ना, तुम्हारा !

लट्टू बाबू का परिवार–बैरगाछी कस्बे का एक बदनाम-परिवार समझा जाता है। इस परिवार की बहुत-सारी सच्ची-झूठी कहानियाँ कहते-सुनते हैं लोग।··· घंटा की माँ आत्महत्या करके मरी। लोगों ने कहा–एक मुसलमान मुहर्रिर के प्रेम में पड़ गयी थी···। बिजली की माँ (अर्थात वकील साहब की स्त्री) बहुत सतवती थी। लेकिन उसको बिगाड़ा खुद बिजली के बाप ने। महाराजा कुनौली का वकील बनने के लिए महाराजा के जनरल-मैनेजर को खुश करना जरूरी था।··· कस्बे के सभी बंगाली अंदर-ही-अंदर राय-परिवार की छाया से दूर रहने की सलाह देते हैं, अपने लड़के-लड़कियों को।

बिजली के बारे में तो यहाँ तक बात फैल गयी थी कि वह जल्दी ही क्रिश्चियन होनेवाली है। वह किसी अँगरेज से शादी करेगी।

किन्तु, मुँह पर आज तक किसी ने निंदा नहीं की। सामाजिक उत्सव या भोज में राय-परिवार को हमेशा ऊँची जगह मिली। अब तो खैर···।

लट्टू बाबू शहर से संवाद ले आये हैं–स्वागतकारिणी के सदस्य में मेरा भी नाम है। इसलिए, मोटी रकम माँग रहे हैं, कांग्रेसवाले।··· कांग्रेसवाले, माने लाल मोदियाइन का बेटा।

बिजली ने पूछा–कितना माँगते हैं ?

लट्टू बाबू ने एक उँगली दिखलाकर कहा–पूरा ! पूरा माने एक हजार।

बिजली बोली–सो, हम लोग देंगे। लेकिन, मंत्री को हमारे घर पर ठहराना होगा।

लट्टू बाबू विहँसकर बोले–वह कहना नहीं होगा, तुमको। मैंने यह शर्त मनवा ली है, पहले ही। मंत्री मुरलीमनोहर मेहता आमादेर एखानेई थाकबे !

बिजली मन-ही-मन हँसी–इस छोगमल को अब सर्कस के जोकर की तरह नचाने में आनन्द आवेगा।

–इतना ही नहीं। मैंने तो कह दिया है कि दिन के खाने का पूरा प्रबंध, सभी मेम्बरों का··· राय-परिवार की ओर से किया जायेगा।··· अच्छा किया न ?

बिजली बोली–ठीक है।

---

1. यहाँ जिला कांग्रेस की मीटिंग होगी। 2. हम मीटिंग में बन्देमारतम् गायेंगे।

रमा-छबि-कना एक साथ मिलकर 'बंदेमातरम्' का रियाज कर रही थीं—हारमोनियम पर।

—सुखदाम्... वरदाम्... मातरम् !

घंटा घर से भाग गया—निरुद्देश्य !

फेला सदा उदास रहता है। घंटा-दा के बिना वह कैसे जी सकेगा ? वह दिन-रात छिपकर रोता है, घंटा के लिए। परिवार का कोई सदस्य घंटा के पलायन को गंभीरतापूर्वक नहीं विचारता। सभी समझते हैं कि वह जायेगा कहाँ ?... कलकत्ता गया होगा अपनी मौसी के घर !

फेला की देह पीली पड़ गयी, घंटा के वियोग से। उसकी ओर कौन ध्यान देता है अभी ! आजकल, इस परिवार के तुच्छतम व्यक्ति के पास भी फालतू समय नहीं। सभी व्यस्त रहते हैं। लाखों का कारोबार हो रहा है...।

घंटा के बाद ही, पल्टू बाबू की अचानक काशी-यात्रा की बात सुनकर फेला के मन में हुआ—शायद, गुरूदादू खोजने निकलेंगे, घंटा-दादा को।

—बंदेमातरम् !

फेला ने अचरज से देखा—कांग्रेस-सभापति की गाड़ी से घंटा-दा भी उतरा !

मुरलीमनोहर मेहता ने हाथ जोड़कर सभी को प्रणाम किया। फिर, घंटा के कंधे पर हाथ रखकर कमरे के अंदर चला गया।

—वाह रे, घंटा-दा ! वाह रे, घंटा-दा ! फेला की पीली देह अचानक लाल-रक्त-कणिकाओं से भर गयी। उसका चेहरा प्रसन्नता से लाल हो गया।

मुरलीमनोहर मेहता, जिला कांग्रेस कमेटी के मन्त्री हैं। जिला कांग्रेस के सभापति जी का दाहिना हाथ ही नहीं, हाथ-पाँव—सबकुछ हैं मुरलीबाबू।

लट्टू बाबू ने जीवन में पहली बार खद्दर की धोती पहनी है। अंदर सूती गंजी है तो क्या हुआ ! ऊपर कुर्ता है खादी का।

बड़े कमरे में मुरली बाबू के रहने की व्यवस्था की गयी है। देश के नेताओं की बड़ी-बड़ी तसवीरें कल ही टाँगी गयी हैं। दरवाजे और खिड़कियों पर भी खद्दर के ही पर्दे लगाये गये हैं। दो रात जगकर बिजली ने तकियों के खोल तैयार किये हैं। स्वप्नलोक की परी... 'मधुर स्वप्न' का संदेश लेकर आसमान से उतर रही है !

स्वीट ड्रीम ! मधुर स्वप्न ! मीठे सपने !!

मुरलीमनोहर बाबू अल्पभाषी व्यक्ति हैं। चुपचाप खिड़की से बाहर की ओर देख रहे हैं।... डाकबँगले के पास वह पुराना पीपल का पेड़ आज भी है। याद आती है, इसी पीपल के पास खड़ा होकर वह बिजली के लौटने की प्रतीक्षा करता। ... गर्ल्स स्कूल की घंटी बजती—टुन-टुन-टुन ! छुट्टी ! मुरली का कलेजा धड़कने लगता। उसका चेहरा तमतमा जाता और कान के पास गर्म खून दौड़ने लगता था।... वह ! वही आ रही है। राजहंस के डैने जैसे सुफेद फ्राक में... छाती से किताब चिपकाकर... धीरे-धीरे आती हुई बिजली...।

बिजली कमरे में आयी–आपनी माछ-मांस खान तो ?[1] मुरली का सपना टूटा। वह बिजली की ओर देखता रहा। बिजली के पीछे आयी काकी माँ !

–केमन आजो, मुरली बाबू ? मने आछे ?[2]

मुरली ने उठकर काकी माँ की चरण-धूलि ली। काकी माँ निहाल हो गयी। बिजली मुसकराती रही ! काकी माँ ने पूछा–माछ-मांस खाउन तो !

अब मुरली ने जवाब दिया–हाँ, काकी माँ !

उधर, रसोईघर में घंटा तूफान मचा रहा है। रामटहल और बाबाजी बौबजन झा परीशान हैं। काकी माँ बोली–बिजू ! तुम मुरली बाबू को चाय पिलाओ। मैं उधर देखूँ, घंटा क्यों···?

घंटा क्यों नहीं आसमान सिर पर उठाये ? यदि वह घर से भागकर पूर्णियाँ नहीं जाता और मुरली बाबू से अपने घर पर ठहरने का अनुरोध नहीं करता तो, एक हजार रुपया चंदा देने पर भी मुरली बाबू 'फूलबागान' में नहीं ठहरते। उन्होंने, लाल मोदियाइन के लड़के को स्पष्ट शब्दों में कह दिया था–नहीं, चौधरीज़ी। मैं कांग्रेस के दफ्तर में अथवा डाकबँगले में ठहरूँगा, सभापतिजी के साथ !

ठीक, उसी समय घंटा उपस्थित हुआ। मुरली बाबू पहचान ही नहीं सके। परितोष ?··· घंटा ने अपना डाकनाम धीरे से बताया–आमि घंटा !

बस, इसके बाद मुरली बाबू का विचार बदल गया। बोले–तुम मुझे लेने आये हो ? तब तो मैं फूलबागान में ही ठहरूँगा।

मुरली बाबू–इलाके का सबसे बड़ा सेठ जिनसे एक मिनट बात करने के लिए पाँच दिन चक्कर मारता है। जिनकी बातों पर जिला-मैजिस्ट्रेट से लेकर सबडिविजनल ऑफिसर तक आँख मूँदकर अमल करते हैं। जिनको अपने घर पर ठहराने के लिए लट्टू बाबू एक हजार की थैली भेंट कर सकते हैं। वैसे मुरली बाबू ने घंटा को दो दिनों तक अपने साथ रखा। बहुत-सारी पुराने बातें पूछते रहे, खोद-खोदकर। बिजली की शादी नहीं हुई है ?

घंटा ने एक ही गोली से तीन-चार शिकार किया है। पलटूसिंह, छोगमल, काका बाबू, बिजू-दी–सबको उसने चमत्कृत कर दिया है। घंटा को पूरा भरोसा है··· बीजमंत्र आज भी काम कर रहा है। मुरली बाबू को मोहने का मंत्र··· बीजमंत्र–बिजू-दी। बिजली !!

घंटा को कितना प्यार करते थे मुरली बाबू !··· लेमनचूस, मिठाई, गुड्डी, पतंग–रोज कुछ-न-कुछ खरीद देते थे। घंटा सब समझता था। वह पूछता–बिजू-दी को लेमनचूस दूँगा ?–बिजू-दी लेमनचूस भालोबासे ! उसे जिस चीज की जरूरत होती, बिजू-दी के भालोबासा[3] के नाम पर वसूल लेता, मुरली बाबू से। किन्तु, काका और काकी माँ ने झुँझलाकर एक दिन कहा था–एतना काहे आता है हमार घर में ? उसी दिन से मुरली बाबू ने इस मुहल्ले में आना छोड़ दिया था···।–एक्टू मात्र 'भाव'

---

1. आप मांस-मछली खाते हैं न ? 2. कैसे हो, मुरली बाबू ? याद है ? 3. प्यार।

हयेछिलो बिजूदीर संगे। बिजू-दी ने एकाध दिन बातें भी की थीं, मुरली बाबू से। ··· और यह रामटहल ! इसी ने सबसे भद्दी भाषा में कहा था–एई ठाम कि सोहल सूथनी लेब ?

आज घंटा से सभी बात करना चाहते हैं–काका बाबू ने दो-तीन बार प्यार से पूछा–की रे घंटा ?··· मुरली बाबू दोनों दिन यहीं रहेंगे तो ?

पलटूसिंह भी उससे बात करना चाहता है। लेकिन, घंटा निगाह उठाकर भी उसकी ओर नहीं देखता।

बिजली आयी–घंटा ! तुम रसोईघर में क्या रहे हो ? मुरली-दा के पास जाओ।

घंटा बोला–तुम क्यों नहीं बैठतीं, मुरली-दा के पास ? मैं यहाँ बाबाजी के सिर पर सवार नहीं रहूँगा तो इसका 'हरमुनियाँ रोग'···।

बिजली ठठाकर हँस पड़ी। बाबाजी भी हँसा। रामटहल ने आकर कहा–घटा बाबू !··· बुला रहे हैं।

घंटा के साथ बिजली भी गयी। स्टोर-रूम के पास बिजली ने घंटा से पूछा, धीरे-से–क्यों, घंटा, मुरली बाबू को पुरानी बात··· माने··· काकी या काका की बातें अब भी याद हैं ?

घंटा ने दुष्टता-भरी हँसी हँसकर कहा–पुरानी बातों में एक ही बात याद है मुरली बाबू को।··· समझती हो, बिजू-दी ? बस एक ही बात।

बिजली लजा गयी।

मधुर स्वप्न ! मीठे सपने !!

रमा-छबि-कना ने मुरली बाबू को घेर लिया है।

मुरली बाबू हँस-हँसकर बातें कर रहे हैं, तीनों से।

रामटहल ने, मद्धिम आवाज़ में बाबाजी से कहा–अंयइयौ बाबाजी ! ई तअ बड़का जमाई बाबू सन आदर सत्कार ···? बाबाजी ने आँख टीपकर मना कर दिया।

दोनों एक-दूसरे को देखकर मंद-मंद मुसकराते रहे। बिजली ने आज खद्दर की साड़ी निकालकर पहनी है।

··· छोगमल आवेगा ?

एम. एम. एम. ?

'हाई क्लास लंच' खाने के बाद मुरलीमनोहर मेहता ने थोड़ा विश्राम भी नहीं किया।··· फुर्सत कहाँ ? आध घंटे के बाद ही कार्यकारिणी कमेटी की बैठक शुरू होनेवाली है। गृहस्वामिनी स्वयं पान की तश्तरी लेकर सामने खड़ी हुई। कना मुस्कराती हुई आती है–क्या बात है, कना ? कना ने मुरली बाबू के हाथ में खद्दर का एक रूमाल देकर कहा–बिजू-दी ने दिया है।

एम. एम. एम. ?

मुरलीमनोहर मेहता ? उसने अपने नाम के मोनोग्राम की ऐसी कल्पना भी

नहीं की थी।

—बिजू कोथाय ? गृहस्वामिनी ने कहा—और दिते लज्जा होलो बुझि ![1] ··· लाज किस बात की ? मुरली बाबू कुछ कहने ही वाले थे कि बिजली ने कमरे में प्रवेश किया। बोली—किसको किसकी लाज ? काके कर लज्जा ? गृहस्वामिनी बोली—मैंने समझा तुम लाज से लुकी-छिपी हो।··· क्या तुम भी जाओगी मीटिंग में ? अभी ही ?

मुरली बाबू बोले—सार्वजनिक सभा तो साढ़े चार बजे दिन में होगी। जाकर क्या करेंगी ?

मुरली बाबू का मुँह लाल हो गया है, बिजली को देखकर। सुबह देखा, एक रूप—चाय के समय। दोपहर को लंच के समय—इस रूप की दूसरी छवि। और अभी, यह भोजनोपरांत इलायची चबाती हुई, खद्दर की छपी साड़ी और छींट की अँगिया में—यह तीसरी बिजली।

बिजली कुर्सी पर बैठ गयी—काकी माँ, तुम भी चलोगी तो सार्वजनिक सभा में ?

—केन ? आमार की हयेछे जे जाबो ना ?[2] बिजली हँसी—मैं किन्तु, नहीं जा सकूँगी। मैनेजिंग-डिरेक्टर आवेंगे—तीसरे पहरी।

—कौन ?··· मुरली बाबू के मुँह से निकला—कौन मैनेजिंग-डिरेक्टर ?

—हम लोगों की सीमेंट सप्लाइंग कम्पनी के मैनेजिंग-डिरेक्टर, मिस्टर सी. मल।

गृहस्वामिनी बोली—कौन मल बललि ?··· उसका नाम तो छोगमल है।··· सीमोल आबार की ? मुरली बाबू गंभीर हो गये, अचानक। फिर पूछा—क्या मैनेजिंग-डिरेक्टर को कांग्रेस की मीटिंग में जाने देने में···. कोई एतराज है ?

—एतराज आबार की ? गृहस्वामिनी बोली—छोगमल को क्यों एतराज होगा भला !

बिजली ने कहा—एतराज नहीं। ठीक उसी समय से मैनेजिंग-कमेटी की भी मंथली मीटिंग है। इसलिए।

गृहस्वामिनी कुछ बोलना चाहती थी कि बाहर मोटर का हॉर्न बजा।··· छोगमल आ गया ? रामटहल दौड़कर नीचे गया। बिजली ने पुकारकर कहा—ऑफिस-घर खोल दो, रामटहल !

मोटर का दरवाजा खुला, फिर बंद हुआ। बिजली माफी माँगकर चली गयी—एक्सक्यूज़ मी !

मुरलीमनोहर मेहता ने अपनी घड़ी देखी। ठीक इसी समय जिला कांग्रेस की जीप भी आ लगी, फूलबागान के फाटक पर··· कों-कों-कों !!

मुरली बाबू फाटक से बाहर निकले, तो बिजली के साथ छोगमल भी श्रद्धापूर्ण प्रणाम करने आया, फाटक पर। बिजली ने परिचय करवाते हुए कहा—यही हैं

---

1. बिजू कहाँ है ?··· उसे देने में शायद शरमा रही है। 2. क्यों, मुझे क्या हुआ कि न जाऊँ ?

हमारे मिस्टर सी. मल।

मुरलीमनोहर मेहता ने फाटक से बाहर होते ही अपना सार्वजनिक रूप धारण कर लिया है। जिला कांग्रेस के मंत्री-पद के अनुकूल आचरण और व्यवहार में कोई चूक नहीं होनी चाहिए। छोगमल के बनावटी विनय और मुसकराहट का जवाब कृत्रिम हँसी हँसकर दिया। बोले–भला इनको नहीं पहचानूँगा ? इनकी कृपा रही है, मुझ पर।

जिला कांग्रेस की जीप का ड्राइवर चतुर है। कहाँ और किस समय किस अंदाज से गाड़ी को रोकना और चलाना चाहिए, वह जानता है। कांग्रेस की जीप चली गयी ! छोगमल ने बिजली से पूछा–क्या बोले ? क्या रही है ? कृपा क्या ?

बिजली बोली–आपने कोई उपकार किया होगा जिसको···।

–उपकार ? छोगमल ने मुँह चटपटाया।

–उपकार तो नहीं। तब, राइस-मिल में एक बार गैरकानूनी हड़ताल करवाने आये थे तो कुछ···। लेकिन··· क्यों ऐसा बोले ?

बिजली पलक मारते ही समझ गयी, छोगमल घबरा गया है किसी कारणवश। उसने बड़ी चतुराई से विस्मय प्रकट किया–ओ ! यह बात है। तभी जब-जब आपका नाम लिया, गुस्सा से आँखें लाल हो गयीं।

छोगमल ने स्वीकार किया–हाँ, तुमने झूठ क्या कहूँ ? राह चलते ठुकाई इनकी हम लोगों ने ही करवायी थी !

बिजली द्विगुन विस्मित हुई–अच्छा ?··· तब तो··· भूले नहीं होंगे ?

अचानक छोगमल की छाती के अंदर कुछ दपदपाकर जल उठा। उसने सिर को एक झटका देकर अपनी घबराहट दूर की। फिर सुगंधित सिगरेट सुलगाकर बोला–मिस बिजोली ! मनी इज़ द मेन थिंग··· रुपया से आजकल सबकुछ भुलाया जा सकता है, याद दिलाया जा सकता है। तुम यदि सहायता करो तो तुम्हारे सामने इसको भालू की तरह नाच नचा दूँ। बस, तुम्हारी और लट्टू बाबू की सहायता चाहिए।

बिजली ने अपनी माला की ओर देखा। छोगमल कुछ कहते समय लाकेट पर आँख गड़ा देता है, तब···। वह एक फाइल को खोलती हुई बोली–सार्वजनिक सभा में आने के लिए कह गये हैं।

छोगमल ने उत्साहित होकर कहा–जरूर जाओ !

–मैंने तो कह दिया है, मीटिंग है।

–कहना, मीटिंग पोस्टपोन्ड···।

गृहस्वामिनी ने पुकारकर कहा–बिजू ! रामटहल को भेजकर दुकान से कुछ मँगा लेना बाजार से, जलखाबार। आज उस बेला सभी मीटिंग देखने माँगेगा। ठाकुर, रामटहल सबाई जाबे !

घंटा, इस ऑफिसघर के दूसरे कमरे में न जाने कब से सोया था। आज उसने

ऐन मौके पर खाँस दिया। छोगमल के चुम्बनोद्यत मुँह की तनी हुई कमानी उतर गयी, तुरत।—उधर कौन है ?

बिजली बोली—घंटा आज यहीं सोया है खाकर !··· और, आप दया करके इस हार और रेडियो का बिल भेज दीजिएगा।

—क्यों ! क्यों !! छोगमल का चेहरा और भी उतर गया। क्या बात हुई ?

घंटा को आज फिर एक नाटकीय कांड करने का अवसर मिला है। प्रकट होकर बोला—और कैमरे का भी ! फिर कमरे से बाहर निकलते हुए बँगला में कह गया अपनी बिजू-दी से—आर तोमार मैनेजिंग-डिरेक्टर साहब के बोलो, माछ खाबार अन्य कोन जन्य जाइगा तल्लास करेन हेन।

बिजली ने झिड़की दी—जा-जा !!

छोगमल अब सचमुच भयभीत हो गया। बार-बार पूछता रहा—क्या हुआ ? क्या हुआ ? क्या बात है···?

बिजली ने लजाते हुए धीरे से कहा—बात यह है कि··· उस दिन घंटा ने देख लिया था।··· और आप घंटा के स्वभाव से परिचित ही है।

छोगमल समझ गया, आज इस फूलबागान का प्रत्येक प्राणी आदर्श और नैतिकता की बोली बोलेगा। वह चुपचाप बिजली को देखता रहा, अपलक। बिजली ने दो-तीन व्यापारिक पत्रों पर दस्तखत करवा लिया और बोली—आप सभा में नहीं जाइएगा ?

छोगमल ने सिर हिलाकर कहा—नहीं।··· उसने अपने ड्राइवर को पुकारकर कहा—गाड़ी ले आओ।

लट्टू बाबू लौट आये हैं। छोगमल को देखते ही समझ गये लट्टू बाबू, निश्चय किसी चीज का भाव 'डाउन' हुआ है, कहीं। उन्होंने पूछा—सेठजी सभा में न चलियेगा ?

सेठ छोगमल की गाड़ी चली गयी।

मुरलीमनोहर मेहता जब भाषण देने के लिए मंच पर खड़े हुए तो कुछ देर तक उनकी आँखें किसी को खोजती रहीं—महिलाओं की मंडली में।

—प्यारे भाइयो तथा बहनो !

बिजली पर नजर पड़ी ! मुरली बाबू मूड में आ गये। पूरे नब्बे मिनट तक धाराप्रवाह बोलते रहे। ऐसा पुरजोर और सारगर्भित भाषण इसके पहले कभी नहीं दिया।··· सभापतिजी गद्गद होकर बोले—अब क्या बोलना बाकी है जो मैं बोलूँ ?

सभा खत्म होने के बाद मुरलीबाबू ने सभापतिजी से लट्टू बाबू तथा परिवार के अन्य लोगों का परिचय करवाते हुए कहा—इस कस्बे का एकमात्र पोलिटिकल परिवार है।

रात में, सभापतिजी ने अन्य सदस्यों के साथ फूलबागान में ही भोजन किया। रात में ही, बातचीत के सिलसिले में यह तय हो गया कि बिजली कांग्रेस कमेटी के महिला-विभाग का भार अपने ऊपर लेगी।··· लट्टू बाबू जीवन में पहली बार

चौअनियाँ सदस्य हुए—कांग्रेस के। मुरली बाबू को रात-भर नींद नहीं आयी।

सोने के पहले बिजली पानी पिलाने के लिए आयी थी। हाथ से गिलास लेते समय बिजली की उँगलियों का स्पर्श, खुले-बिखरे बाल··· आँखों की मूक भाषा, भीनी-भीनी खुशबू रजनीगंधा की करवट ले-लेकर रात कटी, मुरली बाबू की।

आकाश में भोर का तारा झिलमिला उठा। मुरली बाबू उठ बैठे। कमरे से बाहर निकलते ही बिजली की छाया पर नजर पड़ी।··· बिजली क्यों खड़ी है ? क्या उसे भी रात में नींद नहीं आयी ? मुरली बाबू ने साहस से काम लिया। छत पर चहलकदमी करते हुए बिजली के पास पहुँचे। बिजली चौंकी—अरे, आप !!

—क्यों, नींद नहीं आयी ?

भुरकुवा तारा[1] की रोशनी में बिजली की मुसकराहट स्पष्ट नहीं दिखलायी पड़ी। बिजली बोली—चाय तैयार करके ले आऊँ ?

मुरलीमनोहर मेहता को अभी कुछ नहीं चाहिए। उन्होंने कहा—अभी नहीं। मैं आपसे एक बात पूछना चाहता हूँ। मुझे भी रात नींद नहीं आयी है।

बिजली ने अपनी बोली में नींद की खुमारी मिलाकर कहा—आप ,मुझे 'आप' क्यों कहते हैं ?

मुरलीमनोहर प्रसन्नचित्त होकर कहने लगा—और आप भी मुझे आप मत कहिए !

बिजली लजा गयी। नीचे रामटहल ने मगन होकर प्रातः की कड़ी उठायी।

मुरली बाबू को अपने कमरे में ले गयी बिजली।

—कहिए, क्या पूछ रहे थे ?

—पहले यह बताओ कि छोगमल सेठ से व्यापारिक संबंध कैसे हुआ लट्टू बाबू का ?

बिजली स्टोव जलाकर चाय बनाती रही और मुरलीमनोहर मेहता छोगमल सेठ की नीचता-भरी कहानियाँ सुनाते रहे।

चाय की प्याली हाथ में देते हुए बिजली ने सारी बातों का एक ही जवाब दिया—बिज़नेस इज़ बिज़नेस।

—लेकिन, तुमको इस बिज़नेस में क्यों डाल रखा है, लट्टू बाबू ने ?

—मुझे किसी ने डाला नहीं है।

—सुना है कभी, इलाके के लोग कैसी-कैसी बातें करते हैं, इस बिज़नेस को लेकर ?

—सुना नहीं है कभी। लेकिन, अंदाज कर सकती हूँ।

—तब फिर ?

बिजली ने कोई जवाब नहीं दिया। उसने एक लम्बी साँस ली—लाचारी और मजबूरी की साँस। मुरलीमनोहर मेहता ने लक्ष्य किया, बिजली उदास हो गयी है

---

1. शुक्र तारा

अचानक !

उन्होंने बिजली का हाथ पकड़कर कहा–बिजली, तुम मुझे वचन दो ! छोगमल के व्यापार से तुम अपने को···।

बिजली ने हाथ नहीं छुड़ाया। बोली–मुरली बाबू, यह कैसे हो सकता है ?

–हो सकता है।

–असम्भव !

–बिजली···।

–कहो।··· चुप क्यों हो गये ? क्या बात है ?

–बिजली··· बिजली··· बिजू··· बि··· !!

बिजली मुरलीमनोहर का हाथ छुड़ाकर, धीरे से खड़ी हो गयी–मुरली, मैं लोहा-सीमेंट और पत्थर का कारबार करती हूँ।··· और कोई व्यापार नहीं जानती।

मुरली ने उसे फिर बैठाया, अपने सामने कुर्सी पर। साहस करके उसने कहा–मुझे लोहा और सीमेंट ही समझो।

बिजली को हँसी आ गयी। एम.एम.एम. !!

घंटा की बात ही ठीक निकली ! उसने फेला से कहा था–मुरली बाबू का 'फूलबागान' में आकर ठहरना छोगमल को बुरा लगेगा। उसके दिल में ईर्ष्या की आग दपदपाकर जल उठेगी। तब देखना, कैसा तगाशा लगेगा !

फेला की कापुरुषता से नाराज होकर घंटा नें उससे बोलना बंद कर दिया था। फेला रोज घंटा से बात करना चाहता। लेकिन, घंटा मुँह गंभीर बनाकर दूसरी ओर देखने लगता।

फेला ने इधर कई दिनों से लगातार चेष्टा करके घंटा को मना लिया है। बहुत दिनों के बाद घंटा अपना–'शास्त्र' सुना रहा है, फेला को। उसने अपनी बात को जारी रखते हुए कहा–अब उस दिन की बात ही लो। जब तक बिजू-दी सभा में नहीं आयी थीं मुरली बाबू का मुँह चटपटाता रहा··· इधर-उधर देखते रहे चौंक-चौंककर। और ज्योंही बिजू-दी पर नजर पड़ी कि एकदम बदल गया चेहरा। ··· मैंने पूरे दो घंटे तक अध्ययन किया। सच कहता हूँ, फेला भाषण देने के समय मुरली बाबू की आँखें बिजू-दी की आँखों से बँधी हुई रहीं लगातार।··· इसको क्या कहते हैं, जानते हो ? इसको कहते हैं–दृष्टि-भोग !

फेला को ऐसी बातों में रस नहीं मिलता है, अब। घंटा की कई बातों को उसने काटने की कोशिश की, किन्तु घंटा ने उसे बोलने का मौका ही नहीं दिया। फिर भी, फेला ने अनुनय किया–घंटा-दा, अपने घर के लोगों के बारे में··· माँ-बहन के बारे में ?

–तुम मूरख हो। यौन-विज्ञान का मूल दर्शन कहता है, हम लोग सभी जानवर हैं···।

बिजली घंटा को खोजती आयी–एइजे घंटा !··· मुरली बाबू की चिट्ठी आयी है ! तुमको याद किया है।

घंटा ने कहा–मेरी बात ठीक निकली न ? मैंने कहा था न, मुरली बाबू पहुँचते ही पत्र देंगे।

इतना कहने के बाद घंटा कीर्तन की एक कड़ी गाने लगा–भालो कोरे बेंधेछी, बंधुआ के प्रेमेर बाँधने बेंधेछो··· ।[1] बिजली ने घंटा के सिर के बालों को पकड़कर, ताज पर ही हिलाते हुए कहा–तोमार मतन बांदर के बेंधेई[2] हाहा, हाहा··· !!

बिजली इतना जी खोल कभी नहीं हँसी। सभी अवाक् हो गये। गृहस्वामिनी ने रामटहल से पूछा–के हाँसछे रे ?[3]

रामटहल बोला–बिजू-दी !

गृहस्वामिनी बड़बड़ायी–तीन दिन से मुँह लटकाकर सोयी थी। आज हँसती है हठात्···?

रामटहल बोला–कोनो चिठी एसेछे एखन। डाक लेकर गया तो सोयी हुई थी।

गृहस्वामिनी और रामटहल ने एक-दूसरे को देखा।

–हाहा···हाहा !!

सचमुच, बिजली को कुछ हो गया है। एक नयी अनुभूति–नया-जैसा सबकुछ लग रहा है। किसी के नाम में भी इतना जादू हो सकता है, बिजली को नहीं मालूम था।··· वह घंटा से एकांत में बहुत सारी बातें करना चाहती है। वह अब सीमेंट और लोहे से समय बचाकर कविता की किताब पढ़ना चाहती थी। वह घंटा से कोई ऐसी किताब माँगना चाहती है जिसमें··· पुरुष··· पुरुष··· पुरुष···मुरली ··· मुरली··· !! घंटा उससे दो-तीन साल छोटा है। पिछले कई वर्षों से बिजली ने घंटा से जी खोलकर कोई बात नहीं की। इसके पहले, दोनों को एक-दूसरे का इतना खयाल था, दोनों में इतना मेल था कि रामटहल ने पल्टू बाबू से जाकर कहा था–बड़े घिनौने होते हैं, ये लोग ?··· घिना देलक।

फेला को माँ ने नीचे बुलाया–आकर मेरी एक चिट्ठी लिख दे।

फेला जब नीचे गया तो दोनों जी खोलकर हँसने लगे। घंटा ने कहा–ओ बाबा ! मुरली बाबू के लेमनचूस का प्रभाव इतने दिनों के बाद पड़ा है !

बिजली ने जवाब दिया–तुम्हारा मुरली-दा मूर्ख है। महामूर्ख !! घंटा बोला–क्यों, प्रीत की रीति जाने ना !

–एकदम नहीं जानता।

–तुमी जानो ?

–ना ! तुम्हारी किताब कहाँ है ?

---

1. बन्दी को अच्छी तरह प्रेम के बन्धन में बाँधा है। 2. तुझ-से बंदर को बाँधकर। 3. कौन हँस रहा है ?

घंटा ने निकालकर दिया–'यौवन पथे'।

बिजली अपने कमरे में लेटी, चुपचाप अपनी तसवीर बना रही है, अपने मानसपट पर ! कांग्रेस कमेटी के महिला-विभाग की इंचार्ज–बिजली ?··· देशनायिका बिजली–··· हजारों-हजार जनता के सामने खड़ी होकर भाषण दे रही है।··· वह, हजारों-हजार जनता को जिधर चाहती है, मोड़ देती है।··· वह देश की दुर्दशा पर रोती है तो सब रो देते हैं, और जब हँसती है तो सब हँस पड़ते हैं।··· हजारों-हजार जनता, हजारों-हजार मुरलीमनोहर के मुखड़े···।

लट्टू बाबू एक बार फिर आश्वस्त होना चाहते हैं··· कांग्रेस का सक्रिय सदस्य होकर बिजली-सीमेंट सप्लाइंग कंपनी के उद्देश्यों की ही पूर्ति करेगी तो ?–ओ ! बिजली !

बिजली हड़बड़ाकर उठ बैठी। लट्टू बाबू के हाथ में दैनिक समाचारपत्र को देखकर उसे तनिक अचरज हुआ। काका को देश-विदेश की खबर जानने की कौन-सी आवश्यकता पड़ गयी ?

लट्टू बाबू ने हँसते हुए कहा–तोमार नाम बेरिये छे, कागजे।[1] ··· जिला कांग्रेस कमेटी में एक महिला विभाग खोला गया है, जिसकी संयोजना सुश्री बिजली राय कर रही हैं !

आज की डाक से ही मुरली बाबू की चिट्ठी आयी है–ग्रामवासिनी दुखी माँ-बहनों को देखकर तुम्हारी याद आती है। क्या तुम इन दुखिनियों की पुकार सुनकर अपने को उनकी सेवा के लिए उत्सर्ग नहीं कर सकतीं··· ?

बिजली के सिर पर मुरलीमनोहर की महानता का जादू चढ़ गया है। मुरली बाबू की चिट्ठी रोज आती है। बिजली रोज एक-न-एक गलती कर बैठती है। गृहस्वामिनी बीच-बीच में व्यंग्य-बाण छोड़ती है–इतना क्यों है ? हर बात की एक सीमा होती है।

लट्टू बाबू ने टटोलकर देखा–बिजली-सीमेंट सप्लाइंग कंपनी के भविष्य को उज्ज्वलतर करने के लिए ही देश-सेवा का व्रत ले रही है। यही चाहिए। उन्होंने उत्फुल्ल होकर कहा–ना ! एकटा जीप ना किनले तोमार काज भालो कोरे होबे ना।[2] कल ही बात करूँगा।

बिजली अब अपने को जीप पर सवार देखती है। मुरली दूर देहातों की अली-गली में अलख जगाता फिर रहा है। वह उसको खोजने निकली है। जन-जन से वह मुरली के बारे में पूछती है। ग्राम से ग्रामांतर, सारे प्रांतर में उसकी जीप गुर्राती हुई दौड़ रही है।··· सामने झंडा लहरा रहा है !!··· महात्मा गांधी की जय।

–कौन है ?

रामटहल ने कहा–दु-तीन तो कंगरेसिया भोलंटियर एसेछे। बोलछे, बिजली दीदी के बोलाओ।

---

1. अखबार में तुम्हारा नाम छपा है। 2. एक जीप खरीदे बगैर तुम्हारा काम अच्छी तरह न चलेगा।

बिजली डरकर बाहर आयी। तीन-चार ग्रामीण कार्यकर्ता कंधे पर झोली-झंडा लेकर आगे बढ़ आये—जय हिंद !··· मायजी ! हमारे इलाका में एक भी कुआँ नहीं है किसी हरिजन-टोली में। दर्खास्त लिख दीजिए, डिस्टीबोट के चेयरमैन के पास।

बिजली दर्खास्त लिखने लगी। काम करने का यह आनंद, काम का यह स्वाद भी नया है। लगता है, अपने परिवार का कोई आवश्यक और करनीय काम वह कर रही है। ये लोग मुरली के लोग, मेरे अपने लोग !!

अंदर हवेली में रमा-छवि-कला के साथ गृहस्वामिनी भी हँस रही है। रमा-छबि-कना बारी-बारी से अभिनय करके दिखला रही हैं, देहाती उजड्डों के बीच में बिजू-दी किस तरह बैठी है ? ··· किस तरह मुँह बाकर वे बिजू-दी की ओर देख रहे हैं ? गृहस्वामिनी कहती है—अभी क्या हुआ है ? देखना, दुनिया-भर के छोटे लोगों का अड्डा होगा यह फूलबागान··· जत सब हाड़ी-मूची-डोम। सब आसबे !!

बिजली ने देहाती कार्यकर्ताओं को भर-पेंट खिला-पिलाकर विदा किया। अंदर आते ही गृहस्वामिनी ने टोका—तोमार ससुरबाड़िर लोक सब चले गैछे ?··· ससुराल के लोग ?

बिजली लजा गयी। रामटहल हँसते हुए कहता है—अपने हाथ से जूठा पत्ता उठाया है, दीदी ने।

बाबाजी ने कहा—दीदी !··· चौकाघर में किसी दिन खिलाने की कृपा नै करब ! हाथ जोड़े छी !

बिजली चुपचाप मुसकराती हुई चली गयी।··· मुरली ने बुरी तरह झकझोर दिया है उसको।··· एक शांत सरोवर के जल को मानो उसने मथ दिया है—हिलोर-हिलकोरा हिल्लोल··· कलकल सुर में जल बजता है···।

बिजली की आँखों से न जाने क्यों आँसू टपकने लगे। उसका मन एक अज्ञात वेदना से कातर हो गया !··· वह इतना स्खलित क्यों हो रही है ? क्यों··· क्यों ··· मुरली क्यों आया लौटकर, फिर उसके जीवन में !

घंटा को मानो स्वर्ग मिल गया। बिजली की नम आँखों को देखकर उसे अपने शास्त्र के अनेक वचन याद हो आये।

—बिजू-दी ! तुमी कांदछिले ?[1]

—दुत पागला ! रोऊँगी क्यों ?

—मुरली बाबू की कसम ?

—तुमी एबार भालो कोरे मार खाबे।[2]

—उसके बाद लेमनचूस भी खाऊँगा।

घंटा विस्मय से आँखें विस्फारित करके बिजली के आरक्त गालों को देखता है।··· तमतमाया हुआ चेहरा ऐसा कभी नहीं देखा बिजू-दी का।··· वह बिजू-दी

1. तुम रो रही थीं। 2. इस बार तुम अच्छी तरह मार खाओगे।

के चेहरे का–ताप' जानना चाहता है। वह, वह कैसे छुए बिजू-दी के मुखड़े को?

घंटा ने पूछा–किताबें पढ़ रही हो तो, बिजू-दी?

बिजली बोली–हाँ, गुरु महाराज!

–तब, गुरु महाराज की एक बात मानोगी? बोलो? बिजू-दी! अपनी कोई बात मुझसे छिपाओगी तो नहीं? मेरा बड़ा उपकार होगा··· दुहाई!

बिजली आँख-मूँदकर पड़ी रही।

घंटा ने पास जाकर कहा–बिजू-दी!

बिजली लेटी रही। घंटा ने देह पर हाथ रखकर हिलाया–क्या हुआ?

घंटा अब बिजली के पास बैठ गया सटकर–बिजू-दी, सुनो! उठो न!!··· क्या हुआ? कितना गर्म है तुम्हारी देह?

नीचे छोगमल की गाड़ी का हार्न बजा! बिजली उठ बैठी। घंटा ने कहा–नहीं। तुम नहीं जाओगी नीचे। मैं जा रहा हूँ।

बिजली ने उठकर कपड़े को ठीक किया। बोली–पड़ेछी मोगलेर हाथे, खाना केते होबे साथे।

छोगमल नहीं, छोगमल का ड्राइवर आया है।

आज छोगमलजी के घर पर अष्टयाम संकीर्तन है।··· गृहस्वामिनी और बिजली को··· परिवार-भर के लोगों को लेने के लिए भेजा है।

गृहस्वामिनी सदा तैयार रहती हैं, जहाँ कहीं भी इस फूलबागान से बाहर जाने को। किन्तु बिजली और घंटा?

घंटा कहता है–खबरदार बिजू-दी!

बिजली चुपचाप मुरली के प्रतिनिधि घंटा की ओर देखती रहती है। घंटा के स्वर में मुरली का शासन?

वह फूट पड़ी–घंटा रे! एक बार तोमार मुरली-दा के डाक।[1] मैं अब नहीं सह सकती।

घंटा ने झिड़की दी–इतनी किताबें पढ़कर भी तुम इस तरह भावुक हो रही हो?

छोटा-सा कस्बा बैरगाछी–कुंतलकुमारी के आते ही एक बार डोल गया, मानो घर-घर में कुंतलकुमारी की चर्चा हो रही है, तीन दिनों से। है तो छोटा-सा कस्बा। लेकिन, सब मिलाकर बारह बाजार और कम-से-कम तीस टोले तो जरूर हैं। डेढ़-दो माइल लम्बा-चौड़ा कस्बा अब हर रोज बढ़ता ही जा रहा है–उत्तर-दक्खिन, पश्चिम-पूरब नहीं। पूरब परमान नदी है और उसके चाल-चलन की एक अलग और लम्बी ··· टेढ़ी-मेढ़ी धारा जैसी कहानी है। औरत की बात!··· यह परमानो नदी!

---

1. एक बार अपने मुरली-दा को बुला दो।

लक्ष्मी बाजार, दुर्गा बाजार, काली बाजार, ताजिया बाजार, कचहरी बाजार, कलाली बाजार–बारह बाजार ! राय-परिवार का फूलबागान दुर्गा बाजार में है। काली बाजार की बात यदि कोई दुर्गा बाजार में पहुँचाना चाहे और साइकिल से भागता हुआ भी जाये, तो पन्द्रह मिनट जरूर लग जायेंगे। ताजिया बाजार सबसे दच्छिन छोर पर है। ताजिया बाजार के मस्जिद से प्रज़ान की आवाज··· सबसे उत्तर–दुर्गा बाजार में सिर्फ भोर को सुनी जाती है। पुरवा अथवा पछिया हवा जिस दिन बहती है, उस दिन भी।

भोलासाही बाबू की तेतरी बेटी कुंतलकुमारी के बैरगाछी आने की खबर सारे कस्बे में, कस्बे के हर बाजार और टोले में दस मिनट के अंदर ही फैल गयी। ··· आजकल बैरगाछी कोर्ट रेलवे-स्टेशन से भगवानपुर तक 'बस' चलने लगी है। पहला बस-पड़ाव काली बाजार के नुक्कड़ पर है, दूसरा ठहराव दुर्गा बाजार में–लम्बा ठाकुर के 'पवित्र मैथिल होटल' के सामने। सबसे पूरब कलाली बाजार के पास दस मिनट रुकती भी है। बैरगाछी कोर्ट स्टेशन से लेकर कचहरी तक की घटनाओं की खबर डेढ़ घंटे में भगवानपुर पहुँच जाती है।

भगवानपुर के हीरालाल महाजन के 'मशहूर आवारा' पुत्र गोधनलाल को कुंतलकुमारी के बैरगाछी आने की सूचना डेढ़ घंटे के बाद ही मिल गयी। बिना ताड़ी पिये ही उस पर नशा सवार हो गया ! कुंतलकुमारी !

बैरगाछी कस्बे के मशहूर रईस और फौजदारी के नामी वकील बाबू भोलासहाय की बेटी कुंतलकुमारी ! सात साल के बाद आयी है। कुंतलकुमारी नहीं, कलकत्ते में जाकर नाम भी बदल गया है–कुमारी कुंतला सहाय !

बाबू भोलासहाय पर माँ षष्ठी की असीम कृपा है। नौ पुत्र-रत्न और मणिमालाओं-जैसी चार पुत्रियाँ। सबसे बड़ी उमा, तब श्यामा, अभिरामा और कुंतलकुमारी। उमा, श्यामा और अभिरामा के ब्याह में बाबू भोलासहाय को भगवानपुर के हीरालाल महाजन की सहायता लेनी पड़ी थी–कड़े सूद पर। वकील साहब प्रसिद्ध पुजारी हैं, इसलिए भगवान उन पर प्रसन्न रहते हैं। नहीं तो तीस हजार की डिग्री अदा करने में उनकी सारी चल और अचल सम्पत्ति बिक जाती। हीरालाल महाजन का बेटा गोधनलाल बैरगाछी हाई स्कूल में पढ़ता था। वकील साहब की किशोरी कन्या कुंतलकुमारी ने ठीक 'तेतरी बेटी' के योग्य काम करके दिखला दिया, सन् उन्नीस सौ चालीस ईस्वी की पहली जनवरी को··· !

गोधनलाल ने प्रतिज्ञा की थी, कुंतलकुमारी की देह छूकर–ठीक पहली जनवरी को डिग्री के सारे कागजात ही क्यों, यदि कुंतलकुमारी कहे तो अपने बाप के कागज़ों की गठरी ही लाकर उसके हाथ पर रख देगा, गोधनलाल !··· डिग्री के कागजात के साथ दस-भर सोने की एक हँसली भी गोधनलाल ने दिया था, ठीक पहली जनवरी को।

हीरालाल महाजन को, पन्द्रह जनवरी को, जब यह बात मालूम हुई तो उसने सदा के लिए आँखें मूँद लीं, छाती पर मुक्का मारकर–पुकारकर–जा रे साला

हीरालाल !··· गोधनलाल अपने बाप का श्राद्ध करके बैरगाछी लौटा, पढ़ने के लिए नहीं··· ।

लेकिन, शीरी-फरहाद नाटक देखते-देखते वह खुद फरहाद हो गया। कुंतलकुमारी का बाप भी निठुर निकला। वह दुर्गा बाजार की हर गली में चक्कर लगाता, लम्बाठाकुर के होटल में बैठकर नौटंकी की किताब गा-गाकर पढ़ता और कुंतलकुमारी की एक झलक देखने के लिए तरसता रहता। और, एक दिन उसने सुना कि कुंतलकुमारी अपने बड़े भाई के पास चली गयी है। सेन्ट्रल एक्साइज़ का बड़ा हाकिम है, कुंतलकुमारी का बड़ा भाई।··· गोधनलाल कुंतलकुमारी का नाम रटता हुआ कलकत्ता भी पहुँचा था। लेकिन, हबड़ा पुल पार करने के बाद ही उसकी सारी पूँजी लुट गयी थी··· ।

हीरालाल महाजन के एकमात्र पुत्र गोधनलाल ने बदला लेने के लिए सबकुछ किया। लेकिन किस्मत बाबू भोलासहाय वकील की ! बड़े जमाता, पुलिस के सुपरिन्टेंडेंट होकर पूर्णिया आये। और गोधनलाल बी. एल. केस के चपेट में आ गया !··· चपेट से निकलने के लिए फिर बीस हजार की थैली चढ़ा आया बाबू भोलासहाय वकील साहब के पैरों पर। इसके बाद गोधनलाल ने मिर्जाभाग गाँव की एक तबायफ का नथिया उतारकर अपना हौसला पूरा किया। उसने अपनी तवायफ का नाम रखा—कुंतलकुमारी ! लोग कहते—नकली कुंतलकुमारी !

असल कुंतलकुमारी, कलकत्ता में रहकर कुमारी कुंतला हो गयी है। गोधनलाल ने सामने भरी हुई लबनी को देखा। ताड़ी नहीं पीयेगा अभी। वह बैरगाछी जायेगा। कलकत्ते की मिस कुंतला को एक नजर देखने के लिए।··· उसको दस-ग्यारह साल पहले की घटनाएँ याद आ रही हैं··· एक-एक कर। गोधन ! आई लव यू !!··· लव का माने जानते हो ?

मिस कुंतला सहाय बी. ए. !

बैथून कॉलेज की बनायी हुई··· मेड इन बैथून··· कुंतला। जब बँगला बोलने लगती है, बंगालियों का मुँह छोटा हो जाता है। खाँटी बँगला बोलती है।··· हाई स्कूल के हिन्दी शिक्षक की पाँच पंक्तियों की एक चिट्ठी में आठ गलतियाँ निकाल बैठी !··· शहर के सबसे प्रवीण पंडित बालमुकुंद उपाध्याय से तिलक के 'गीतारहस्य' पर घंटों बातचीत करती रही··· !

साधारण-जन उसको अचरज-भरी निगाह से देखते। गरदन तक कटे-छँटे केश-गुच्छ, नाखूनी-नीली कोर की सुफेद साड़ी, सुफेद अँगिया का नीला मुख-बंद। ··· बड़ी-बड़ी आँखों में बँगला पानी··· !

वह जिस बाजार से गुजरती, लोगों की आँखें टंग जातीं।

काली बाजार के पुराने खलीफा फत्तू ने अपनी पुरानी सिंगर मशीन को फटफटाते हुए कहा—सो सब तो ठीक है। लेकिन इस बनबिलार के मुँह से बचे तो समझूँ जक्का-कबूतर !

—कौन बनबिलार ?

—नया एस. डी. ओ. !

—सच ?

—सच नहीं तो क्या ? एक महीना भी नहीं हुआ है, अभी। तीन-तीन कबूतरी को चट कर गया।

फत्तू खलीफा ने अपनी पीली-गंदी आँखों को नचाकर धीरे-से कहा—पहला नम्बर—लट्टू बाबू की कबूतरी। दूसरा नंबर—अस्पताल की डाक्टरनी; और तीसरी है—मार्टिनगंज की स्कूलमास्टरनी !

फुलगेंदा साह हलवाई ने जलेबी को चासनी की कड़ाही में डालते हुए कहा—एकदम बाग बाजार का रसगुल्ला ही समझो ! कलकत्ता का पानी अंग-अंग से चूता है।

फुलगेंदा साह के काने कारीगर ने कहा—सुनते हैं, अँगरेजी डानस करती है। गेंद खेलती है।··· फुटगोल ?

साह के अधपगले नौकर ने, काठ के कठौते में आँटा गूँधते हुए दुहराया—फुटगोल-हेंच्-बूटगोल-हेंच्-गो-गोल-हेंच।

आध सेर पूड़ी, जलेबी माँगकर पत्ता फैलाये बैठे हुए गाहक ने पूछा—डानस करती है तो दारू भी पीती होगी ? ब्रांडिल !

फत्तू खलीफा का बेटा एक आने का उधार निमकी लेकर, खाता हुआ बोला—भगवानपुर के महाजन के बेटे को आज देखा था।

फुलगेंदा साह ने अँगूठा दिखलाकर कहा—अब कच्चू लेगा आकर ? सामने खड़ा भी हो सकेगा, रू-ब-रू हो सकेगा गोधनलाल ?

लेकिन, यूनुस मियाँ कोचवान रास्ता रोककर खड़ा हो गया, कुंतलकुमारी का। ठीक फुलगेंदा साह हलवाई की दुकान के सामने से गुजर रही थी। यूनुस मियाँ ने सलाम किया—सलाम, तेतरी दीदी !

—अरे, यूनुस ? तुम··· जिंदा हो ? क्या करते हो आजकल ? कुंतला की बोली में शहद है ! बूढ़े यूनुस के झुर्रीदार चेहरे पर एक चमक दौड़ गयी··· तेतरी दीदी का दिल जरा भी नहीं बदला है !

यूनुस मियाँ चार साल पहले तक बाबू भोलासहाय की कोचवानी करता था। सुराज के दूसरे ही दिन वकील साहब ने जवाब दे दिया।··· बाइस साल की नौकरी !

कुंतला ने यूनुस से उसके लड़के-बच्चों के बारे में पूछा। फिर बोली—एक दिन आऊँगी तुम्हारे यहाँ !

—सच ? आप आइएगा ? यूनुस मियाँ ने अचरज से पूछा। कुंतला, फुलगेंदा साह की दुकान के पास रुककर नया साइन-बोर्ड पढ़ने लगी—असली फुलगेंदा साह की यही दोकान है ! खाँटी घी··· ! कुंतला ने मुसकराकर पूछा—क्यों साहजी ! हींग की कचौड़ी अब बनती है या नहीं ?

फुलगेंदा साह तोंद के ऊपर खिसकी हुई गंजी को खींचकर ठीक करने लगा। कोई जवाब नहीं दे सका वह। काने कारीगर ने कहा—बनती है। कितना चाहिए ?

कुंतला कह गयी—लौटकर आती हूँ। पाव-भर कचौड़ी निकालके रखना, गरम-गरम !

साह के अधपगले नौकर को फिर एक टेक मिली—गरम-गरम हेंचू, नरम-नरम-हेंचू, चरम-चरम-हेंचू···।

फुलगेंदा साह के मुँह में इतनी देर के बाद बोली लौट आयी, मानो। अचरज-भरी साँस छोड़ता हुआ बोला—हः, मुझे तो ऐसा लगा कि बायस्कोप देख रहा हूँ। ठीक बायस्कोप में पाट करनेवाली जैसी है न ?

काने कारीगर ने नकियाई हुई आवाज में भेद की बात की—इस बनबिलार के मुँह से बचे तब न समझें !

'इस बिलार' अथवा 'बनबिलार' का अर्थ हुआ—नया एस. डी. ओ.। सारे कस्बे में यह बात फैल चुकी है कि नये एस. डी. ओ. को दो चीजें बहुत पसंद हैं—मुर्गी और मागी।··· मागी माने औरत !··· कपड़ा, चीनी, तेल, सीमेंट—जिस चीज का लाइसेंस लेना हो मुर्गी और मागी को सामने कर दो। काम पक्का ! लट्टू बाबू के घर से डाली जा चुकी है !··· खाना-पीना-गाना-बजाना भी हुआ है। अब, भोलासाही बाबू की किस्मत देखिए ! क्या होता है ?··· नजर पर तो चढ़ चुकी होगी, जरूर !

फुलगेंदा साह ने अपने काने कारीगर को डाँटकर कहा—बेसी मेचर-मेचर मत बको ! छोटी-सी जीभ से लम्बी-लम्बी बात निकालते हो ?··· बात उड़कर किसी तरह पहुँच गयी तो हवा खाने चले जाओगे।

फुलगेंदा साह की आँखों के सामने कुंतला की छाया रह-रहकर खड़ी हो जाती है। बायस्कोप में पाट करनेवालियों-जैसी कुंतलकुमारी को देख !··· कमानीवाली अँगिया पहनती है, शायद ! कुंतल जब लौटी, तो फुलगेंदा साह ने हाथ जोड़कर दाँत निपोड़ दिया—बहुत दिन के बाद हे-हे-हे हींग की कचौड़ी की याद है आपको ? धनभाग, धनभाग !!

—बिजू !

—के रे ? कुंतल··· कब आयी ?

कुंतल ने झाँककर देखा, कमरे में एक खद्दरपोश आदमी बैठा है। बिजली बोली—अंदर आओ ! इन्हें नहीं पहचानती ? मुरलीमनोहर बाबू !

कुंतला अचरज से मुँह बनाकर बोली—ओ ! राम-बनवास में सीता बननेवाला मुरली।

—नमस्कार ! आइए। मुरलीमनोहर मेहता कुर्सी छोड़कर उठे।

कुंतला लजायी नहीं। नमस्कार का जवाब देकर बोली—तो, आजकल कौन नाटक होता है ?

मुरलीमनोहर मेहता को कुंतला का यह सवाल अच्छा नहीं लगा। बात करने का उचित ढंग भी नहीं जानती है !

बिजली बोली–आजकल श्रीमान् कांग्रेस के सेक्रेटरी का पार्ट कर रहे हैं।

बिजली की बात पर मुरली बाबू ठठाकर हँसे।··· इसको कहते हैं अनुचित बात को उचित ढंग से काटने की कला !

कुंतला ने बिजली से कहा–चलो अंदर ! जरा काकी माँ को प्रणाम कर लूँ। ··· कुंतला और बिजली अन्दर चली गयीं !

कुंतला को देखते ही काकी माँ हँस पड़ी–ऐसो ! ऐसो ![1] ··· कैसी हो ? कब आयी ? सुना है, तुम्हारे साथ कोई संन्यासी-ठाकुर आया है ?

कुंतला हँसकर बोली–काकी माँ ! इतने सवालों का जवाब देने के पहले एक कप चाय चाहिए।

चाय पीकर कुंतला बोली–बिजू ! सुना है, तुमने कांग्रेस ज्वायन किया है ? ··· ठीक है, अब तो जेल जाने का डर नहीं है।

बिजली बोली–मैं तो बी. ए., एम. ए. पास नहीं कि वकालत पढ़ने की बात सोचूँगी।

कुंतला समझ गयी, उसके लॉ पढ़ने की बात यहाँ तक पहुँच गयी है। काकी माँ बार-बार कहती है–तुमी फिलिमें केन जाउना ?[2] अभिनेत्री !

फुलगेंदा साह की तरह काकी माँ भी कुंतला की देह में फिल्म-ऐक्ट्रेस के सभी लक्षण देखती है।··· कुंतलबाला।

रामटहल ने आकर सलाम किया–दीदीजी ! बैठक-घर में एगो संन्यासी ऐलछथिन।··· तेतरी दीदी को खोज रहे हैं।

बैरगाछी कस्बे में कुंतला को सभी 'तेतरी' के नाम से जानते हैं। कुंतला चौंक पड़ी। बिजली ने धीमे स्वर में पूछा–यह संन्यासी कौन है, कुंतल ?

कुंतला तनिक अप्रतिभ हुई–संन्यासी नहीं। वह अनूप है।

बैठक-घर में मुरलीमनोहर मेहता और अनूपचंद्र सान्याल, एक-दूसरे से परिचित हो चुके थे। एक कुर्सी पर सफेद खादीपोश, दूसरी पर गेरुआधारी !

कुंतला के साथ काकी माँ और बिजली भी आयीं। काकी माँ संन्यासी ठाकुर की चरण-धूलि लेने लगी तो कुंतला चिल्ला उठी–काकी माँ ! क्या कर रही हैं !

अनूप ने हाथ जोड़कर क्षमा-याचना की–आमार कापड़··· मेरे कपड़े को देखकर लोग संन्यासी समझ लेते हैं, मुझे।

मुरली बाबू ने पूछा–तो, आप संन्यासी नहीं हैं ?

अनूप ने कहा–ऊपर से तो जरूर हूँ। अंदर अभी नहीं रँगा है।

कुंतला बोली–तुम किसी दिन चार-सौ-बीस दफा में पकड़े जाओगे, अनूप। ··· ठग-संन्यासी। रंगीन ही पहनना हो तो, कोकटी खादी पहनो !

बिजली तभी से अनूप की आँखों में कुछ ढूँढ़ रही है !

अनूपचन्द्र सान्याल। कुंतला के बड़े भाई के मित्र का छोटा भाई। कुंतला

---

1. आओ, आओ ! 2. तुम फिल्म में क्यों नहीं जाती ?

के साथ आया है ! संन्यासी नहीं है, फिर भी गेरुआ वस्त्र ही पहनता है।

कुंतला बोली–इस रँगे-सियार की लम्बी कहानी है, काकी माँ ! किसी दिन आकर सुना जाऊँगी। आज चलती हूँ।

अनूप ने कहा–लेकिन, लेकिन मैं नहीं चलती हूँ।

सभी ठठाकर हँस पड़े, अनूप की बात पर। रमा-छबि-कना हिंदी पढ़ती हैं। कना बोली–बेटाछेले स्त्रीलिंग ?

कुंतला ने कना को प्यार करते हुए कहा–ठीक कहा तुमने। बेटाछेले स्त्रीलिंग !

मुरलीमनोहर मेहता ने एस. डी. ओ. के चपरासी को पुर्जा देते हुए कहा–साहब को बोलो, जल्दी मिलना है।

एस. डी. ओ. साहब ने मुरली बाबू का स्वागत किया--आइए, मेहताजी ! कहिए, क्या समाचार है ?

मेहताजी नाप-तोलकर मुसकराते हैं, हाकिमों से बात करते समय। बोले–मैं यह पूछने आया हूँ कि आखिर सब-डिविजनल विजिलेंस कमेटी की मीटिंग कभी बुलायी जायेगी, अथवा इसी तरह अंधाधुंध कारबार चलता रहेगा ?

इतने बड़े वाक्य को सुन एस. डी. ओ. साहब समझ गये कि मुरलीमनोहर मेहता क्या चाहते हैं। उन्होंने कहा–देखिए, मुरली बाबू ! जब तक विजिलेंस कमेटी में दो और मेम्बर नहीं लिये जाते हैं, मीटिंग बुलानी बेकार है।

–मेम्बर कब तक चुना जायेगा ?

–आप ही दो नाम दीजिए न।

मुरली बाबू ने अपने पोर्टफोलियो-बैग से एक डायरी निकाली। फिर दो नाम बोले–एक, रामजतनसिंघ का नाम लिख लें और दूसरा जमील उद्दीन !

डायरी देख कर ही दूसरा प्रश्न किया मेहताजी ने–कौआखोम गाँव के केस का क्या हुआ ?

एस. डी. ओ. साहब ने कहा–पुलिस-रिपोर्ट नहीं आया है अभी।

–पुलिस-रिपोर्ट ? लेकिन, थाना कांग्रेस के सभापति ने तो रिपोर्ट दे दिया है।

एस. डी. ओ. साहब मन-ही-मन कुढ़ रहे थे। इस बार बोले–मेहता जी, हम लोग तो पुलिस-रिपोर्ट को ही···।

–लेकिन, पुलिस झूठा रिपोर्ट देगी।

एस. डी. ओ. साहब कुछ क्षण तक मुरलीमनोहर मेहता का मुँह देखते रहे। क्या समझता है यह आदमी अपने को ? एस. डी. ओ. साहब के अंदर का हाकिम जगा। बोले–देखिए, मेहताजी ! कोर्ट की बात मैं अपने डेरे पर नहीं करता। पुलिस के रिपोर्ट को झूठ कहने से तो नहीं होता है। साबित करना होगा कि पुलिस···।

मुरली बाबू गरम हो गये। बोले—मुझे सबकुछ मालूम है ! इस मुकदमे को सभी मिलकर खराब करना चाहते हैं, पुलिस और हाकिम सभी।

मुरली बाबू को तुरंत पूर्णिया जाना है। उठते हुए बोले—लेकिन, इसका नतीजा क्या होगा सो समझ लीजिए !

एस. डी. ओ. साहब ने मेहताजी को समझाने की चेष्टा की। किन्तु, मुरली बाबू का बिगड़ा हुआ मूड सही नहीं हुआ।

एस. डी. ओ. साहब मन-ही-मन कांग्रेस और कांग्रेसियों को कोसने लगे—गवर्नर समझते हैं सभी अपने को। यह राज नहीं चलेगा ! उन्होंने कुढ़ते हुए मन को शांत किया—देखना है इस मेहता को !

कौआखोम में किसान-संघर्ष छिड़ा हुआ है। बकाश्त आंदोलन। जमींदार और किसानों के बीच में हैं कांग्रेस और सोशलिस्ट पार्टीवाले।··· पुलिसवाले अभी तक किसानों के पक्ष में हैं। जमींदार मुरलीमनोहर बाबू का संबंधी है। उनका कहना है, इसलिए सोशलिस्टों ने यह बखेड़ा खड़ा किया है।

कोर्ट में दोनों ओर से मुकदमे दार किये जा रहे हैं, रोज। घटनास्थल पर दफा 144 लगा हुआ है। पुलिस तैनात है। इसके बावजूद रोज कोई-न-कोई घटना घट ही जाती है। कल किसानों की ओर से मुकदमा किया गया है—जमींदार ने खलिहान में आग लगवा दी है। कलक्टर साहब को तार दिया गया है।

आज जमींदार का कारिंदा आया है—जमींदार साहब का सरेसा घोड़ा चुरा ले गया है···।

उत्तर सीमा पर, कालेबाजारियों ने मिलकर मार्केटिंग इंस्पेक्टर को पीटा है। मार्टिनगंज अस्पताल में पड़ा हुआ है बेचारा इंस्पेक्टर।

भंगहा के महाजन के घर डकैती हो गयी है। बंदूकवाले डकैत थे !

कदवा गाँव में दंगा होते-होते रह गया। गोकशी करने जा रहे थे वहाँ के मुसलमान।

एस. डी. ओ. साहब इन सारी घटनाओं को एक सूत्र में बाँधते हैं। सोच रहे हैं—यह राज कैसे चलेगा !

अभी-अभी खबर मिली है—कौआखोम में पुलिस को गोली चलानी पड़ी। एस. डी. ओ. साहब बिना कुछ खाये-पीये दौड़े, आर्म्ड फोर्स लेकर डी. एस. पी. साहब भी चले।

कचहरी के मैदान में भीड़ लगी है।

कौआखोम में पुलिस ने नहीं, जमींदार ने गोली चलायी है। तीन आदमी मरे हैं, पाँच घायल है।

कौआखोम का जमींदार फरार है।

पल्टू बाबू तीर्थ-यात्रा से लौटे हैं, तीन महीने के बाद··· !

रामटहल दौड़कर, फूलबागान के फाटक के पास जाता है चरणधूलि लेने के लिए, पल्टू बाबू के हाथ से गठरी-गंगाजल आदि लेकर अंदर हवेली की ओर चला जाता है–गुरूदादू आवि गेल ![1]

रमा-छबि-कना दौड़ी आती हैं, एकसाथ। गुरूदादू बारी-बारी से सबकी ठुड्डी पकड़कर प्यार करते हैं। गृहस्वामिनी नमस्कार करती है। बिजली हँसती आती है–ताइतो गुरूदादू जे ![2]

विभिन्न तीर्थ-क्षेत्रों से लाये हुए प्रसाद-फूलों की गठरी खुली। सभी ने श्रद्धा से सिर झुकाया। लेकिन घंटा नहीं आया।

फेला जब हाथ में एक पेड़ा और गले में एक रंगीन बद्धी लटकाये कमरे में आया, तो घंटा हँस पड़ा ठठाकर–तू सब दिन रह जायेगा इसी तरह गोरू !

फेला बोला–घंटा-दा ! गुरूदादू आपको खोज रहे थे। पूछ रहे थे बार-बार–घंटा घर में नहीं है क्या ? घंटा अभी कार्यव्यस्त है। किसी की बात सुनने की छुट्टी कहाँ··· ?

खड़ाऊँ की खटपटाहट सुनकर दोनों सतर्क हुए। गुरूदादू !

घंटा सिर झुकाकर खड़ा रहा, मूर्तिवत्। गुरूदादू की मंद मुसकराहट को चुपचाप परखता रहा। पल्टू बाबू थोड़ी देर तक चुप रहे। फिर बोले–बैठो।

घंटा ने मन-ही-मन महसूस किया–इस बुड्ढे के पास बस यही एक बड़ा अस्त्र है। मुसकराहट ! न जाने क्या हुआ कि घंटा अचानक तेजी से उठा और पल्टू बाबू की चरण-धूलि लेने के लिए झुक गया।··· फेला अवाक् खड़ा रहा।

पल्टू बाबू ने फेला से कहा–बिजू के ऊपर डाक ![3] बिजली के साथ गृहस्वामिनी भी आती है। रामटहल भी। पल्टू बाबू हँस रहे हैं। कहते हैं–इसके सिर पर सवार भूत उतर गया। लेकिन इसकी 'दुष्टुमी' नहीं जायेगी। इतनी भक्ति अचानक इसके दिल में उमड़ी है, गुरूदादू के लिए···।

घंटा कहता है–गुरूदादू ! आपको मालूम है, बिजू-दी कांग्रेस की प्रसिद्ध लीडरानी हो गयी है ? लीडरानी ! सभी हँस पड़े। किन्तु, बिजली नहीं हँसी।

पल्टू बाबू बोले–मुझे सब मालूम है। अखबार में खबर छपती है इसकी, अब तो !

इस प्रसन्न वातावरण में, लट्टू बाबू मुँह लटकाये आते हैं। पल्टू बाबू की चरण-धूलि लेने के बाद उसने दुसंवाद सुनाया–छोगमल ने साझीदारी तोड़ दी। दीवानी कचहरी में नालिश भी किया है, न जाने कितने का ?··· काका ! ए माछ तो पालालो !![4]

–पालिये जाबे कोथाय ![5] पल्टू बाबू का चेहरा तमतमा गया। उन्होंने कहा–

---

1. गुरूदादू आ गये। 2. हाँ, गुरूदादू ही तो हैं। 3. बिजू को ऊपर बुला। 4. यह मछली तो निकल गयी। 5. भागकर जायेगी कहाँ ?

छोगमल के सिर पर भी भूत सवार हुआ है।

पल्टू बाबू ने गंभीर स्वर में पूछा–नये एस. डी. ओ. साहब से मिले हो ? कैसा आदमी है ?

–खूब खाने-पीनेवाला।

पल्टू बाबू ने एक बार रामटहल की ओर देखा। रामटहल नीचे चला गया। गृहस्वामिनी को भी किसी काम की याद आयी। रमा-छबि-कना ने नीचे शोरगुल शुरू किया–ठाकुर खाने नहीं देता। ऊपर के कमरे में पल्टू बाबू का दरबार लगा हुआ है। पल्टू बाबू ने बिजली से पूछा–मुरली बाबू कब आ रहे हैं ?

–कल या परसों तक।

–कौआखोम के मुकदमे का क्या हुआ ?

–चल रहे हैं। दोनों ओर के लोग गिरफ्तार हुए हैं।

पल्टू बाबू गंभीर हो गये। उन्होने घंटा से कहा–घंटा, साइकिल लेकर जाओ और जगन्नाथ बाबू को मेरे घर पर भेज दो।

पल्टू बाबू कह गये–घबराने की बात नहीं। पुल की सिक्युरिटी जमा करने के लिए पैसे की कमी नहीं होगी !

लट्टू बाबू की डगमगाती हुई नाव का खिवैया आ गया ! रामटहल आज प्रसन्नता के मारे पागल हो गया है।··· फूलबागान का कुछ नहीं बिगड़ सकता, जब तक पल्टू बाबू जिंदा हैं !

कस्बे के लोगों ने अचरज से सुना–छोगमल ने सभी मुकदमे उठा लिये हैं ! लट्टू बाबू से उनकी साझेदारी टूटी नहीं है।··· ठेकेदार और कुलियों को भी भरोसा हुआ कि बाकी पैसा हज़म नहीं होगा।

सचमुच, पल्टू बाबू खिवैया हैं। जहाज़ का कप्तान !··· बैरगाछी से नेपाल की सीमा तक लट्टू बाबू निश्चिंत हो गये !

तीन ही दिन के अंदर तीन लाख का कारबार बिना किसी के देखे-सुने-जाने हो गया !

गोधनलाल ?

कुंतला ने गोधनलाल को देखा और उसके मुँह से एक हल्की-सी चीख निकल पड़ी। अनूप ने पूछा–क्यों, क्या हुआ ? कुंतला की आँखों में अनूप ने पहली बार एक अज्ञात भय की छाया देखी।··· कुंतला डर गयी है। डरी हुई कुंतला, कितनी भली लगती है ! अनूप की दृष्टि गोधन पर पड़ी–कौन है यह ? परमान नदी के इस घाट पर, बचपन की बहुत सारी स्मृतियाँ बिखरी पड़ी हैं।··· यह कुटिया घाट है !

अनूप ने देखा, कुंतला कुछ कहते-कहते रुक गयी। वह बोला–इसको कुटिया घाट क्यों कहते हैं।

—वहाँ, उस टीले के पास एक मौनी साधु की कुटिया थी। हम लोग हर रविवार को कुटिया में जाते थे, माँ के साथ !··· अनूप ने फिर लक्ष्य किया, कुंतला कुछ कहते-कहते रुक जाती है। उसने घाट को पार करती हुई सम्पनी गाड़ी को देखा, कुटिया के टीले की ओर दृष्टि फेरी और फिर कुंतला के मुखमंडल को निहारता रहा।··· डरी-डरी आँखें, उदास हो गयी हैं ! हठात् कुंतला बोली—आज यहीं तक, इससे आगे नहीं चल सकूँगी।

कुटिया के पास बैरबन्ना से एक अद्‌भुत हँसी हँसा कोई ठठाकर—हा-हा-हा-हा !!

इस हँसी को सुनकर कुंतला फिर डर गयी—मौनी बाबा भी इसी तरह ठठाकर हँसे थे।··· कुंतला और गोधन ने पहली बार मौनी बाबा को हँसते देखा था। पहली बार मौनी बाबा की बोली सुनी थी दोनों ने—'यह क्या दैवी माया ?' और, दूसरे ही दिन बैरगाछी के लोगों ने सुना था, कुटिया के मौनी बाबा कुटिया छोड़कर कहीं चले गये। रमता जोगी, बहता पानी। दूसरे दिन गोधन ने कहा था—साधु बाबा क्यों चले गये, जानती हो ?··· शायद। किंतु, कुंतला ने हँसकर कहा था—दुत् पागल ! साधु-वैरागी का क्या ठिकाना ? रमता योगी, बहता पानी।··· उजड़ी हुई कुटिया को देखकर कुंतला इसी तरह डर गयी थी। आज गोधन को देखकर जैसा डर उसके मन में समा गया, वैसा ही एक अज्ञात भय हुआ था उस दिन भी। शायद, मौनी बाबा के चले जाने का कारण वे ही हैं। वे दोनों ही।··· शायद गोधन की इस दुर्दशा का कारण वही है, वह अकेली !

अनूप ने समझ लिया, कुंतला को कोई दुख देनेवाली बात याद आयी है। लेकिन, उस सम्पनी गाड़ी पर बैठे हुए आधा-पागल नौजवान से दुख देनेवाली बात का क्या संबंध हो सकता है ?

अनूप ने लौटते समय पूछा—अच्छा, घाट के उस पार कौन-कौन-से गाँव हैं ?

कुंतला को सबसे पहले भगवानपुर गाँव की याद आयी। इसके बाद ही अनूप ने पूछ लिया—उस समय, गाड़ी में बैठकर जाते हुए आदमी को तुमने देखा था ?

—कौन ? इस बार कुंतला को पकड़ लिया अनूप ने—निश्चय ही उस व्यक्ति से दुख देनेवाली बात का कोई संबंध है।

कुंतला की आँखों के सामने से गोधन हटता नहीं !

क्या यह भी संभव है ? इतना बदसूरत कैसे हो सकता है कोई ? गोधन मूर्ख था, लेकिन कुरूप नहीं। आज जिस गोधन पर नजर पड़ी है, वह गोधन का भूत हो सकता है। गोधन नहीं।··· गोधन !!

रात-भर जगी रही कुंतला।

दूसरे दिन सुबह को वह अपनी मौसी के घर गयी, ताजिया बाजार। मौसी का बेटा सनेही का दोस्त था। उससे गोधन के बारे में थोड़ा-बहुत पता चलेगा।

मौसी के घर जाकर उसने देखा, गोधन वहाँ पहले से ही आकर जमा हुआ है। कुंतला को देखकर गोधन के मुँह से भी एक हलकी चीख निकली थी—आ ?

सनेही की स्त्री ने कुंतला का स्वागत किया–आइए, दीदी !

सनेही ने अपने मित्र से आँखों में बातें कीं–तुम यहाँ से जल्दी खिसको, अभी !

सनेही और गोधन बैठकर ताड़ी पी रहे थे, सुबह-सुबह। अचानक कुंतला आकर उपस्थित हुई।··· दोनों के हाथ में गिलास और दोनों के कठाये हुए चेहरे ! गोधन चला गया।

सनेही की स्त्री बहुत देर तक अपना रोना रोती रही। सनेही और गोधन की संगत से यह दुखी थी। लेकिन, वह क्या करे··· ?

सनेही की स्त्री से ही मालूम हुई, गोधन की संक्षिप्त कहानी–शराबी, जुआरी से लेकर डकैत गोधन का किस्सा वह सुनती रही। सनेही की स्त्री ने डरते हुए कहा–दीदी, अपने भाई को समझाकर किसी तरह उसकी संगत छुड़वाइए। नहीं तो··· नहीं तो···। सनेही की स्त्री इससे आगे कुछ नहीं बोल सकी थी। फफककर रो पड़ी थी। और उस दिन कुंतला अपराधों के बोझ से दबी हुई-सी घर लौटी।

हाँ, वह स्वीकार करती है–गोधन की ऐसी दुर्दशा का कारण वही है। कुटिया के मौनी बाबा के चले जाने के कारण··· गोधन के गले में हाथ डालकर वह कह रही थी–गोधन, आई लव यू ! और, भेड़-जैसा गोधन चुपचाप उसको निहार रहा था··· गंधराज फूल की झाड़ी के पास ! कुंतला ने उलटकर देखा था–मौनी बाबा ? गोधन डर से और भी सिमट गया था।··· मौनी बाबा हँस रहे थे··· अचानक बोल पड़े–क्या दैवी माया !··· न जाने कब से कुटिया बनाकर नदी के किनारे रहनेवाले इस साधु को किसी ने कभी बोलते नहीं सुना था। किसी ने उसका कंठ-स्वर नहीं सुना था। कुंतला को याद है··· बहुत मधुर और हलकी बोली–क्या दैवी माया !

कुंतला ने मौनी बाबा को कलकत्ता में देखा था, पहचाना भी था और जल्दी-जल्दी गली में भागकर छिप गयी थी–यह क्या दैवी माया ?

कुंतला ने अनूप से कहा–अनूप, चलो !

–कहाँ ?

–कलकत्ता !

–क्यों ? तुमने तो कहा था कि···।

कुंतला बात काटकर बोली–नहीं। यहाँ रहना अब मेरे बूते की बात नहीं !

अनूप ने कहा–ओ ! मैंने समझा कि तुम सिरियसली कह रही हो।

कुंतला चिढ़कर बोली–तुमने कैसे समझा कि मैं सिरियसली नहीं कह रही हूँ !

गोधन की बात अनूप नहीं जान पाये। कुंतला डरती है कि अनूप को वह मशहूर कहानी न सुना दे कोई। वह बोली–रोज डकैती हो रही है।

अनूप बोला–कलकत्ते में तो रोज कहीं-न-कहीं छुरा-छुरी चल जाती है, तो क्या इसी डर से कोई कलकत्ता छोड़कर चला जायेगा ?

कुंतला बोली–तुम सचमुच मूर्ख हो !

–यह तो तुमने दो साल पहले ही जान लिया है।

–उस दिन तुमने देखा था उसको ?

–किसको ?

–गोधनलाल को !

–यह किस राष्ट्र का प्रधान··· ?

कुंतला चिढ़ती हुई बोली–उस दिन कुटिया घाट के पास, सम्पनी गाड़ी पर गोधनलाल ही था।

–होगा।

–वह इस इलाके का नामी डकैत है ?

–है, या हो गया है ?

–क्या मतलब ?

–मतलब यह कि आज से सात-आठ वर्ष पहले वह सिर्फ गोधन था। अब डकैत हो गया है।

कुंतला हँसी–ठीक समझा है तुमने।

–मैंने खाक समझा है ! अनूप ने मुँह बिदकाया। बाहर साइकिल की घंटी बजी। ट्रिं-ट्रिं !! दोनों का ध्यान भंग हुआ।

सनेही आया है !

कुंतला, सनेही को लेकर आँगन में चली गयी। इसी सनेही की मदद से गोधनलाल पर डोरा डाला था कुंतला ने।··· सनेही आज भी जस का तस है। बुलाओ, हाजिर।

कुंतला ने एक बार युवक सनेही की आँखों में आँखें डालने की चेष्टा की। लेकिन, आँखें चुराता है। कुंतला की मुसकराहट को देखकर सनेही को अब डर लगता है शायद। कुंतला से दो वर्ष बड़ा है उम्र में, लेकिन बचपन से ही दीदी कहता है सनेही। पुरानी दीवार-घड़ी की ओर देखते हुए सनेही बोला–तो दीदी ! क्यों बुलाया है ?

–तुम जल्दी में हो ? कुंतला पूछती है।

–हाँ, आजकल हाकिम दस बजे ही इजलास में आ जाते हैं।

सनेही, फौजदारी कचहरी में मुहर्रिर है।··· कलमजीवी !··· जनाबआली गुजारिश है कि···।

कुंतला कहती है–महीने में कितनी आमदनी हो जाती है कचहरी से ?

सनेही का चेहरा हठात् लाल हो गया लाज से। हकलाता हुआ बोला–आमदनी क्या होगी··· कोई सीनियर वकील ही नहीं यहाँ। नये वकील-मुख्तार लोग तो खुद ही मुहर्रिरी करते हैं।

कुंतला को अब मौका मिला–तो, कोई बाहरी··· माने ऊपरी आमदनी का हिला क्यों नहीं लगाते ?

–ऊपरी आमदनीवाला कोई काम कहाँ मिलता है ?

कुंतला बोली–सप्लाई डिपार्टमेंट में क्यों नहीं कोशिश करते ?

सनेही एक सूखी हँसी हँस कर बोला–बिना बैकिंग के कुछ नहीं होता है, दीदी, आजकल !··· जगह तो अभी भी खाली है मार्केटिंग ऑफिसर का। लेकिन···।

–तुमने दर्खास्त दिया है ? कुंतला पूछती है।

–दर्खास्त डालना मैं कभी नहीं भूलता।

–किसके हाथ में है ?

–एस. ओ. के हाथ में।··· सप्लाई ऑफिसर !

कुंतला कुछ क्षण चुप, कुछ सोचती रही। फिर बोली–अच्छा, गोधन का क्या हाल है ?

सनेही सोच में पड़ गया। क्या जवाब दे ? क्यों पूछ रही है ? बेचारे गोधन का सर्वनाश करके ही छोड़ेगी ?

कुंतला ने फिर पूछा–सुना है, चोरी-डकैती पर उतर आया है अब ?

सनेही को बात लग गयी, कहीं। उसने सिर हिलाते हुए कहा–सब झूठ··· पास में बाप का कच्चा पैसा है। इसलिए, बीच-बीच में पुलिसवाले एक 'लंगर' इसका लगा देते हैं।

कुंतला ने इस बार सनेही की आँखों को पकड़ लिया··· झूठ की झलक ! उसने इधर-उधर देखकर अपने घुँघराले बालों को एक झटका दिया। फिर बोली–सनेही ! गोधन मुझसे नाराज है ?

–नाराज ?··· नहीं-नहीं, गोधन नाराज नहीं किसी से।

–मुझे एक बार··· माने गोधन से मैं एक बार मिलना चाहती हूँ।

सनेही जरा घबरा गया।··· भगवान जाने अब कौन-सा खेल खेलेगी ? उसके यार गोधन की अब खैरियत नहीं।

उसने अपनी मुहर्रिरी बुद्धि लगायी इस बार। बोला–दीदी, सुनी हुई बात पर यकीन मत कीजिए।··· वह आपका कोई अपकार नहीं कर सकता।

कुंतला ने एक बार बात पकड़ ली है, अब सनेही की कोई बुद्धि काम नहीं देगी। इस बार तनिक अधिकार-भरे स्वर में बोली–मैं कल ही उससे बात करना चाहती हूँ। तुम सोच लो, उससे कहाँ मिल सकती हूँ ?

अब सनेही ने हथियार डाल दिया। उठते हुए बोला–कल, किस समय ?

–शाम को।

चलते समय सनेही को पंचतंत्र के उस गदहे की याद आयी जो एक बार कान नुचवाने के बावजूद सिंहनी-रानी का संदेश सुनकर मस्त हो गया था।

–घंटा रे !

–की ?

–क्या कर रहे हो ?

–कच्चू सेद्ध करछी ![1]

बिजली ने कहा–तुम्हारी नयी किताब कब आयेगी ? घंटा ने समझ लिया है, किताब का नशा बिजू-दी के सिर पर है, अभी। वह अपना पैकेट सँभालता है। फ्रेंच-आर्ट… तीन दर्जन कार्ड… प्रकृति की ओर लौटते हुए प्राणियों की तसवीरें। घंटा ने जान-बूझकर उस पैकेट को ऐसी जगह छिपाया जहाँ बिजली के हाथ आसानी से पहुँचते हैं।

घंटा अपने से बाहर निकलकर पूछता है–क्यों ? क्या काम है घंटा का ?

–तुम कभी अली बाजार जाओगे ?

–नहीं तो।

–एक बार जा सकते हो ?

–वैसे काम हो तो सौ बार जा सकता हूँ।

–एक बार अनूप-दा के डेके आन ना।[2]

–उस रंगीन संन्यासी के पास क्या है ?

–सूखी लकड़ियाँ !

–माने ?

–होम में काम आनेवाली लकड़ी !

–कुंतला यों ही दे देगी ?

जब से कुंतला इस कस्बे में आयी है, बिजली के मन में एक हलचल मचा हुआ है। न जाने क्यों, उसको लगता है कि कुंतला सबकुछ छीन लेना चाहती है।… अनूप को देखकर बिजली का हृदय दया से आर्द्र हो जाता है। बेचारा, पहली बार कलकत्ता से बाहर निकला और एक चालबाज औरत के फाँस में फँस गया। इसको निकालना होगा। बेचारा अनूप !

घंटा बोला–थोड़ी देर के बाद जाऊँगा।

नीचे, रसोईघर के बरामदे पर कुछ हुआ !… गृहस्वामिनी मद्धिम आवाज में कुछ बोल रही है, रामटहल उत्तेजित है।… रमा रो रही है।

बिजली नीचे गयी।

दुर्गा बाजार के नुक्कड़ पर… सायकिल की दूकान के उस लड़के ने छेड़ा है, रमा को !

बिजली डाँटकर कहती है–तू अकेली क्यों आयी ? छबि और कना कहाँ है ?

रमा रोती रही।

लट्टू बाबू का कारबार फिर धूमधाम से चलने लगा है। जिला कांग्रेस के दफ्तर में बिजली के लिए एक कमरा रिज़र्व है। लट्टू बाबू जब सदर जाते हैं, एक बार कांग्रेस के दफ्तर में जरूर जाते हैं। जिला सप्लाई ऑफिस के बड़े बाबू ने कहा है, दफ्तर में आने की जरूरत नहीं। लट्टू बाबू के सभी काम घर पर

---

1. अरबी पका रहा हूँ। 2. जरा अनूप-दा को बुला लाओ न।

ही किये जाते हैं। और सबडिविज़नल ऑफिसर साहब आँख मूँदकर उनके कागज़ात पर दस्तख़त करते हैं। लेकिन आज ?

··· आज एस. डी. ओ. साहब का रुख देखकर लट्टू बाबू तनिक चिंतित हैं। हाकिम ने बार-बार कहा, विजिलेंस कमेटी में एक महिला का होना बहुत जरूरी है। लट्टू बाबू ने दबी आवाज़ में बिजली का नाम लिया तथा हाकिम ने मानो कुछ सुना ही नहीं।··· बिजली, इधर कई सप्ताह से मौसी (हाकिम की स्त्री) से मिलने नहीं आयी है। आज ही कहना होगा।

छोगमल का काम जिला कांग्रेस के दफ्तर में अटका हुआ है। टिम्बर कम्पनी खोलने के लिए जोगबनी में जो ज़मीन उसने ख़रीदी है, उसमें मजदूरों के झोंपड़े हैं। दफा 144, 145 की कार्रवाई के बाद सबडिप्टी-मैजिस्ट्रेट साहब ने मामला जिला कांग्रेस के सभापति के नाम 'असेसरी' दे दिया है। इस मामले को बिजली ही सलटा सकती है···।

बिजली किसकी बात सुने ? बाहर निकलती है तो सैकड़ों आदमी की भीड़–दीदी जी··· कपड़ा चाहिए··· दीदीजी··· शादी है बड़ी बेटी की··· दीदीजी··· दीदीजी···!

बिजली परेशान रहती है। आज ठाकुर ने भात की थाली सामने रखते हुए कहा–दीदीजी ! मेरा एक भतीजा मिडल पास करके घर में बैठा हुआ है। कोई नौकरी··· चपरासी-उपरासी में कहीं किसी हाकिम के यहाँ रखवा दीजिए।

बिजली चुपचाप सोच रही है, वह क्या करे ?

मुरली बाबू ने घुमा-फिराकर वचन ले लिया है बिजली से कि किसी (पर !) पुरुष से बिजली हँसकर नहीं बोलेगी, क्योंकि मुरली बाबू जानते हैं कि बिजली की मुसकराहट में ही सबकुछ है। वह मुसकराहट मुरली बाबू के लिए सुरक्षित रहना चाहिए।··· मुसकराहट ही नहीं, मुरली बाबू बिजली की आँखों में आँख डालकर किसी का बोलना पसन्द नहीं करते। हुक्म है, आँख पर काला चश्मा लगाकर बाहर निकलो। इससे व्यक्तित्व···। मुरली बाबू कल ही आये हैं।

इधर कई महीने से मुरली बाबू इसी सबडिविज़न में अपना अधिकांश काम करते हैं। हर सप्ताह जिला कांग्रेस की गाड़ी 'फूलबागान' के फाटक पर आकर लगती है। मुरली बाबू अपने स्टेनों को एक पत्र लिखवा रहे हैं, सुपरिन्टेन्डेंट ऑफ़ पुलिस के नाम, मीरगंज के बड़े थानेदार के विरुद्ध। सभी टेढ़े हाकिमों को ठीक करना होगा।··· कॉपी फ़ारवार्डेड टु द डी. आई. जी., कॉपी टु··· !! बिजली की बुलाहट हुई। रमा ने पुकारकर कहा–बिजू-दी ! मुरली-दा।

अब 'डाकछे' कहने की जरूरत नहीं। 'बिजू-दी ! मुरली-दा' कहने से ही काम चल जाता है।

मुरली बाबू जब कभी किसी हाकिम के विरुद्ध कोई कार्रवाई करते हैं, तो बिजली को इसकी सूचना देना आवश्यक समझते हैं।

–बिजू ! मीरगंज का दारोगा का बच्चा अब समझेगा।

–क्यों, क्या हुआ ? बिजली पास की कुर्सी पर बैठ गयी।

मुरली बाबू का स्टेनो ऐसे समय में कमरे से बाहर चला जाता है। और, मुरली बाबू गैर-राजनीतिक बातें करने लगते हैं, बिजली से। यथा--क्या नाम कहा इस अँगिया का ? ब्रेसरी ? तो इस ब्रेसरी का नाम क्या है ? वाइल्ड गूज़ ? बनहंसी ? हा-हा-हा-हा !!

बिजली लजाकर लाल होने का अभिनय करती है–असोब्ब ![1] फिर, मुरली बाबू की 'असोब्ईता' धीरे-धीरे बढ़ती जाती है।

आज बिजली ने हठात् पूछ दिया–तुमने कुंतला को देखा है ? भोलासहाय वकील की बेटी, कुंतला !

मुरली बाबू बोले–संन्यासी ठाकुर की संन्यासिनी ?

बिजली बोली पूछती हूँ, उसको देखा है ?

मुरली बाबू बिजली का मतलब समझते हैं। हँसकर कहते हैं–देखा है। अच्छा, बिजू ! कुंतला कौन ब्रेसरी पहनती है ? प्रोवोकेटिव ?

मुरली बाबू की तलहथी एक सीमा तक जाकर 'परसभूख' मिटा लेती है। मुरली बाबू के चेहरे पर एक चमक दौड़ जाती है, फिर उनकी बोली काँपने लगती है। इसी मौके पर बिजली को कोई बाहर पुकार लेता है।

मुरली बाबू कुछ देर तक भीषण बेचैन रहते हैं। फिर, मीरगंज के दारोगा अथवा परसाही के ओवरसियर पर गुस्सा उतारने के लिए बहाना ढूँढ़ने लगते हैं।

मुरली बाबू ने समझ लिया है, बिजली ने एक सीमा बाँध ली है। इससे आगे नहीं !··· आज नहीं !··· तब ? कब ?? और क्या चाहिए बिजली को ?··· एक ऐसा प्रोग्राम बनाया जाये दूर देहात का··· ?? इस मूर्ख अनूप को अभी ही आना था !

मुरली बाबू ने देखा, अनूप सीधे अंदर हवेली में चला गया। मुरली बाबू सीधे अंदर हवेली में जाने का साहस अभी तक नहीं बटोर सके हैं। और यह छोकरा सीधे अंदर हवेली में चला गया।

अनूप जब तक अंदर हवेली में रहा, बिजली बैठक में नहीं आयी। अनूप ने जाते समय, मुरली बाबू से बातें नहीं कीं।

··· अच्छा हुआ। साला ! कलकतिया व्यंग्य करता है, सो जल्दी से समझ में ही नहीं आता है मुरली बाबू की। और बिजली बाद में हँस-हँसकर समझाती है तब मुरली बाबू को और भी बुरा लगता है।

आज अनूप के चले जाने के बाद भी बिजली नहीं आयी बैठक में। मुरली बाबू मन-ही-मन रूठते जा रहे हैं। छबि आयी–मुरली-दा ! चाय भेज दूँ ?

–उँहूँ !

–पान ?

–उँहूँ !

---

1. असभ्य !

मुरली बाबू ने देखा, छबि भी 'प्रोवोकेटिव अँगिया' पहनने लगी है। मुरली बाबू कहते हैं–जरा मेरी उँगलियों को चटखा दो तो !

सारे परिवार में यह बात मशहूर है, छबि बहुत सुन्दर सिर टीपना जानती है। सिर-दर्द से आँखें नहीं खुलती हों, छबि से कहिए। पाँच मिनट में सब दुख दूर। गृहस्वामिनी का सिर-दर्द एनासिन और एस्प्रो के सिवा और किसी दवा से दूर नहीं होता।

छबि, मुरली-दा के बालों में उँगलियाँ डालकर टीपने लगी।··· मुरली बाबू के सिर पर सवार गुस्सा धीरे-धीरे उतरने लगता है।··· छबि की उँगलियाँ शिथिल होने लगीं··· छबि काँपने लगी–मुरली-दा !!

दरवाजे पर खड़ी बिजली की आँखों से मानो आग की चिनगारी निकल रही है–छबि ! माँ बुला रही है।

मुरली बाबू निगाह ऊपर नहीं उठा सके।

घंटा, धाराप्रवाह बोलकर अथवा यौन-विज्ञान की परिभाषाएँ सुनाकर फेला को प्रभावित नहीं कर सकता। यह बात घंटा भी समझता है। लेकिन, आज उसने अंतिम चेष्टा की···। घंटा समझा रहा है–देखो, फेला ! अब तुम्हीं बताओ यह मुरली बाबू जिसको देखते ही मैं, तुम और हमारे परिवार-भर के लोग श्रद्धा से, आदर से सिर झुका लेते हैं, जिसके भाषण को सुनने के लिए दूर-देहात के लोग उमड़ पड़ते हैं, जिला कांग्रेस में जिसको नये खून का नेता माना जाता है, वही मुरली बाबू··· चोली-अँगिया, ब्लाउज-ब्रेसरी की समस्या पर बिजू-दी से बात करता है। छबि के साथ अभद्रता कर सकता है। लेकिन, सारे समाज की समस्याओं को सुलझाने का सूत्र भी यही देते हैं। आश्चर्य की बात है न ? तो, तुमने देख लिया कि किस तरह व्यक्तिगत रूप सें, एक विकारग्रस्त व्यक्ति सामाजिक कल्याण की बातें सोच सकता है। कर सकता है···।

फेला आजकल नियमपूर्वक रामकृष्ण मिशन में जाता है। व्यायाम करता है। किताबें ले आता है। वह घंटा को ही नहीं, अपने परिवार के सभी सदस्यों को बीमार समझता है। वह अपने चारों ओर एक उदास वातावरण देखता है, सदैव ! उसने अपने कोल्हापुरी चप्पल में पाँव डालते हुए कहा–घंटा-दा ! आश्चर्य की कोई बात नहीं। इस संसार में ऐसा ही होता है। जिसके साथ एक क्षण रहने का मन नहीं करता, उसके साथ जीवन काटना पड़ता है।

घंटा जब आश्चर्यित होता है, तो उसके कान हिलने लगते हैं। उसने फेला को गौर से देखते हुए पूछा–तुम भी आँख मूँदकर ध्यान करते हो, मिशन में ? आँख को खुला रखकर ध्यान करना चाहिए।

फेला तनिक नाराज हुआ–की आजे बाजे बोकछो···?[1]

---

1. क्या बेहूदा बक रहे हो ?

घंटा चुप हो गया–फेला टार की होलो,[1] हठात् ?

बिजली ने सीढ़ी से नीचे उतरते हुए फेला से कहा–आश्रम में अनूप से तुम्हारी भेंट हो तो··· ।

फेला ने कहा–आश्रम में मैं किसी का संवाद नहीं पहुँचा सकता !

बिजली अवाक् हुई–फेला टार की होलो ?

माँ ने अपने कमरे से पुकारकर कहा–आसिवार समय[2] ··· सोस्टी की स्त्री से मेरी किताब ले आना, फेला।··· भूलना मत !

फेला ने जवाब दिया–सात-आठ बजे रात में मैं किसी के घर का दरवाजा नहीं खटखटाने जाऊँगा।

गृहस्वामिनी बड़बड़ाने लगी–इस घर का कोई भी प्राणी उसकी बात जो माने कभी !

रात में बहुत देर तक प्रतीक्षा करता रहा घंटा। लेकिन, फेला नहीं आया।··· फेला के आश्रम में आज कोई विशेष आयोजन होगा··· !

फेला साढ़े आठ बजे रात को घर लौटा। किसी की हिम्मत नहीं हुई कि उससे देरी का कारण पूछे।

फेला ने ठाकुर से पूछा–मेरे लिए रोटी बनी है या नहीं ?

ठाकुर गृहस्वामिनी से दबी आवाज में कहता है–खोखा बाबू तो मांस-मछली-डिम[3]-दूध कुछ नहीं खाते हैं।

गृहस्वामिनी झुँझलाकर कहती है–मैं कुछ नहीं जानती !

थोड़ी ही देर में सारा फूलबागान निःस्तब्ध हो गया।

बारह-साढ़े बारह बजे रात में घंटा के कमरे में एक गुर्राहट-जैसी आवाज हुई। फेला चिल्ला उठा–तुम जानवर हो, घंटा-दा। तुम्हीं जानुआर एकटा··· हिंस्र जोन्तु !!

फेला अपनी सतरंजी-मसहरी और तकिया को लपेटकर कमरे से बाहर निकल आता है।

बिजली चुपचाप अपने कमरे से बाहर निकलकर खड़ी थी। उसने फेला से कुछ नहीं पूछा। फेला चुपचाप सीढ़ी के नीचेवाली कोठरी में सोने चला गया।

तीन बजे भोर को ठाकुर का पुराना रोग फिर उभरा। वह चिल्लाने लगा–आगो माय !··· बाबा··· हे··· नारायण··· अरो बाप !

रामटहल कुनमुनाकर उठा–शुरू भेल हरमुनियाँ-रोग···। गृहस्वामिनी ने निंदाई हुई आवाज में पुकारकर कहा–'ओ बिजली ! ठाकुरेर आबार शुरू होलो !

घंटा कहता है–यह असभ्य रोग पाले हुए हो क्यों ? ··· ठाकुर दर्द से पागल

1. उसको क्या हुआ ? 2. आते वक्त। 3. अंडा।

हो रहा है। घंटा पूछता है–बोलो, इस बार कटावेगा या नहीं ? अभी हम तुमको अस्पताल ले जायेगा। छोड़ेगा नहीं, इस बार हम कटा देगा सब रोग का जड़ी में जो कुछ है तुम्हारा···।

आश्चर्य ! ठाकुर का रोने-चिल्लाने का वेग हठात् कम हो गया।

गोधन नहीं आया !

वादा करके भी नहीं आया। सनेही क्या करे ?

बारह बजे रात तक बैठी रही कुंतला। गोधन की सम्पनी गाड़ी नहीं आयी। सनेही की स्त्री बार-बार कहा–दीदी ! कुछ खा लीजिए। लेकिन, कुंतला ने कुछ नहीं खाया।

लौटते समय घोड़ा-गाड़ी पर उसने सनेही से इतना ही कहा–मैं उसका बुरा नहीं चाहती। मैं अपना बुरा भी नहीं चाहती।··· मुझे एक मिनट का समय चाहिए। मैं एक ही बात उससे पूछना चाहती हूँ !

अनूप ने हँसकर स्वागत किया–मौसी के घर से निश्चय ही भूखी नहीं लौटी हो। लेकिन, इधर अकारण ही एक आदमी कब से भूखा बैठा है।

कुंतला बोली–क्यों ? आज आश्रम में खिचड़ी नहीं बँटी थी ?

अनूप ने कहा–खिचड़ी मत कहो। खेचरान्न !

कुंतला के यहाँ रसोई बनानेवाली बूढ़ी बंगालिन को, परिवार के सभी पीसी कहते हैं।

पीसी का शासन भी चलता है, अधिकांश सदस्यों पर। कुंतला को डाँटती है–रात-बेरात कहाँ घूमती हो ? यह तुम्हारा 'कोलकाता' नहीं कि राह में सुई पड़ी हो तो देख लो ?

कुंतला पुकारती है–अनूप, आओ।

पीसी निहाल हो गयी। वह जानती है, पीसी के हाथ का भोजन छोड़कर वह मौसी की फूहड़ पतोहू के हाथ की रोटी कभी नहीं खायेगी, कुंतल।

खाते समय अनूप ने कहा–पीसी ! आज के एकटू झाल बेसी हयेंछे।[1]

कुंतला बोली–किस चीज में झाल ज्यादा है ?

अनूप ने अचरज से पूछा–तुमको जरा भी झाल नहीं लगी यह तरकारी ? तो फिर तुम्हारी आँखें इस तरह डबडबायी क्यों हो गयी हैं ?

कुंतला सूखी रोटी चबाती रही बहुत देर तक !

अनूप ने कहा–'लोग मुझे यहाँ के स्कूल में व्यायाम-शिक्षक रखना चाहते हैं। तुमने सुना है ?

कुंतला ने कोई जवाब नहीं दिया।

---

1. आज मिर्चा थोड़ा ज्यादा हो गया है।

अनूप ने तनिक झिड़की भरे स्वर में कहा–पेट भरा हुआ है तो खाने क्यों बैठीं ? अन्न को बरबाद क्यों किया ?··· जाओ, मुँह धो लो। कुंतला उठ गयी। मुँह धोने चली गयी।

पीसी ने आश्चर्य से देखा–अनूप ने कुंतला की थाली की जूठी रोटी को अपनी थाली में ले लिया। दूध-दाल-तरकारी सब लपेट-सपेटकर खा गया, केला भी, अमड़ा की चटनी भी !

कुंतला नाराज हुई–अनूप ! तुम्हारी यह आदत, गंदी आदत मुझे पसंद नहीं। जूठ पत्तल से इस तरह··· ?

अनूप ने कहा–अन्न कभी जूठा नहीं होता। माँ अन्नपूर्णा !

इस बार कुंतला ने कड़ी बात कह दी–तो डस्टबिन में कुत्तों से लड़कर अन्न क्यों नहीं खाते ?

हमने वह भी खाया है, देवि ! हमने, आदमी के बच्चों ने। अनूप कहता गया–और जिस दिन डस्टबिन और रसोईघर में कोई अंतर नहीं रह जायेगा··· आह, दीदी ··· वह दिन कब आयेगा ?

कुंतला रूखी हँसी हँसकर बोली–रखो अपना वेदान्त-ज्ञान··· कल से तुम मेरे साथ नहीं बैठोगे, रसोईघर में, समझे ?

जो आज्ञा ! अनूप जाने लगा।

अरे-रे जाते कहाँ हो ? जरा बैठो न ! कुंतला ने अनुनय-भरे स्वर में कहा।

अनूप बैठ गया। कुंतला अपने मन की बात को छिपा नहीं सकती अनूप के सामने। खुल पड़ती है–"अनूप ! आज मेरा जी अच्छा नहीं··· कल से तुम आश्रमवासी जीव हो जाओगे न ?

अनूप ने कहा–जी तो कभी अच्छा नहीं रहता। कलकत्ते में होती तो कहता, होमसिकनेस। लेकिन···।

कुंतला बात काटकर बोली–मेरा 'होम' यहाँ नहीं, संन्यासी ठाकुर। हम भी यहाँ परेदशी हैं।

अनूप बोला–पटना-गया तो बिहार ही में हैं।

कुंतला बोली–मेरा जन्म इसी घर में हुआ है। लेकिन, मैंने इस बैरगाछी कस्बा को अपनी जन्मभूमि नहीं माना। ··· कुंतला को अपनी दादी के मुँह से सुनी हुई पटना-राँची सड़क के किनारे रजौली गाँव की अनेकों सुनहरी कहानियों की याद आयी।

वह कहने लगी–अनूप !··· जब मेरे पिताजी ने पूर्णिया में वकालत शुरू करने की बात की, तो पूरे घर में मातम छा गया था। पूर्णिया जिला ? जब किसी सरकारी कर्मचारी को दंड देना होता तो उसकी बदली पूर्णिया ज़िला कर दी जाती थी। जिस दिन वह ऑफिसर साहब पूर्णिया जिला की ओर प्रस्थान करते, उस दिन सारे गाँव-मुहल्ले के लोग आकर जमा हो जाते मातमपुर्सी के लिए। कोई हिदायत देता–पानी गर्म करके पीना रोज।···देह में बिना तेल लगाये एक मिनट

भीं वहाँ रहना अच्छा नहीं।··· रात में देह में किरासन का तेल का मालिश करवाना, आदि-आदि ! जब ऑफिसर साहब पूर्णिया जिला पहुँचते, तो कुछ दिनों के बाद ही उनका भय दूर हो जाता। मैलेरिया, काला आजार का देश ! अथवा अन्नपूर्णा का आँचल। इतनी सस्ती जमीन ? आठ आने बीघा ? इतना सस्ता दूध ? इतना अच्छा घी ? पान ? महीन, सुगंधित चावल की गंध जहाँ के खेतों में फैली रहती है, अगहन में। साहब बहादुर जब लम्बी छुट्टियों में घर जाते, तो उन्हें घरवाले भी बहुत देर बाद पहचान पाते। लाल-लाल गाल और भरा-पूरा पॉकेट। यहाँ के सभी प्रमुख कस्बे और शहर अन्य जिला और प्रान्तों के रहनेवालों ने इसे बसाया है।

अनूप ने कहा–तुमको भी भ्रम है कि तुम उस रजौली गाँव को अपनी जन्मभूमि मानती हो। तुमको इसी कस्बे से, इसी बैरगाछी कस्बे से प्यार है। नाड़ी का टान समझती हो ? नाल का आकर्षण ? जन्मभूमि का प्यार ? उस रजौली गाँव में तुमको छोड़ दिया जाये तो तुम छटपटा कर मर जाओगी।

कुंतला चुप हो गयी।

अनूप ने पूछा–तुम्हारे मिशन का क्या हुआ ?

कुंतला बोली–बुलेटिन निकालूँगी तो पढ़ना।

अनूप उठ खड़ा हुआ–गोधनलाल को मैंने शाम को देखा था। पच्छिम मैदान वाली सड़क पर।

कुंतला गुमसुम बैठी रही। महाराजिन ने आकर सूचना दी–मालिक बाबू बुला रहे हैं दोनों को अपने कमरे में।

बिजली ने मुरलीमनोहर मेहता को क्षमा कर दिया।

मुरली बाबू निहाल हो गये। पूरे तीन सप्ताह तक बिजली रूठी रही। मुरली बाबू ने पत्र दिया–लज्जित हूँ ! ग्लानि से तुम्हारे सामने आने की हिम्मत नहीं होती।

इस बार फिर बिजली ने पूर्ववत व्यवहार किया। क्षमा कर दिया है बिजली ने, मेहता जी ने मारे प्रसन्नता के वर माँगने को कहा, 'मानो बिजली, तुम्हारे काम से प्रसन्न होकर जिला सभापति ने इस बार···।

–क्या, इस बार ?

–इस बार तुमको एम. एल. ए. का टिकट दिया जायेगा।

मुरलीमनोहर मेहता ने बड़े प्यार से यह शुभ-संवाद सुनाया–महिलाओं के लिए रिजर्व-सीट है।

बिजली की बुलाहट हुई, नीचे।

लट्टू बाबू ने बाहर जाते समय कहा–बिजू ! उस छोगमल का उद्धार कर दो, आज। समझी ?

बिजली बोली–अभी ही बात बोलूँगी। तुमी निश्चिन्दी थाको।[1]

बिजली ने घुमा-फिराकर छोगमल की बात चलायी–जो भी हो, आदमी छोगमल भला है।

और अंततः यह बात तय पायी कि जोगबनी वाले मामले में छोगमल की सहायता की जा सकती है, यदि वह जोगबनी में एक आश्रम बनवा दे !

बिजली ने कहा–मुझे विश्वास है, वह पीछे नहीं हटेगा।

मुरलीमनोहर मेहता ने अपनी अन्य समस्याओं की चर्चा की कि किस तरह घर-गृहस्थी का झंझट भी उनके सिर आ गिरा है। किस तरह सगे-संबंधियों की सहायता करनी पड़ती है, आदि-आदि।

बिजली ने बड़े प्यार से कहा–शरीर की ओर ध्यान दो, तुम।

भोलासाही बाबू की तेतरी बेटी ने वकालत पास कर लिया ! सारे बैरगाछी कस्बा में यह खबर तुरत फैल गयी।··· जनाना वकील !··· हाकिम के रू-ब-रू बहस करेगी ?··· जिरह करेगी ··· जुल्म हो गया !

गोधनलाल आजकल 'बाई' के झोंक पर सभी काम करता है, मानो। उसकी 'खनगिन' कहती है अपनी बूढ़ी फूफी से–फूफी ! इस मरद को क्या हो गया है, पता नहीं। रोज मार-पीट करता है। छोटी-छोटी बात पर गाली देता है।

फूफी ने आवाज मद्धिम करके पूछा–आजकल तुमको कुंतलकुमारी कहकर पुकारता है, या नहीं ?

–नहीं, फूफी। कुंतलकुमारी और प्यारी रानी अब कहाँ ? अब तो दिन-रात छिनाल और रंडी को छोड़कर मुँह से दूसरी बात ही नहीं आती है उसके।

फूफी ने भेद-भरी बात बतायी–अच्छा, दो-तीन दिन और देखो। तब मैं एक उपाय बताऊँगी।··· गोधनलाल का गाड़ीवान, मंगलदास आया।

–क्या है, मंगल ? बूढ़ी ने पूछा।

मंगल ने कहा–होगा और क्या ? मालिक आज रात बैरगाछी से लौटेंगे तो ··· कहिन है··· थाने का कोई सिपाही नहीं रहे।

–थाना का सिपाही ?

'कुंतल कुमारी' बोली–अब समझ में आयी बात। समझती हो, फूफी ! कल, उस सिपाही को देखकर मन में पाप समाया है।

फूफी तुनककर बोली–इतना 'तेख' है तो अपनी हवेली के अंदर क्यों नहीं रखते ? हाय भगवान, मैं पहले ही जानती थी।··· झूठ बोलूँ तो ऊपर बैठा है, सबकुछ देखनेवाला। वही इंसाफ करेगा।··· मेरे इसी पैर पर माथा रखकर महाजन का रोना रोया था, फूफी ! मुझसे लिखवा लो। अपनी ब्याहता बीवी से बढ़कर

---

1. तुम निश्चिन्त रहो।

मुहब्बत है मुझको। तीस बीघा जमीन लिख दूँगा, तो कमलबाग दे दूँगा, तो मालकिन बना दूँगा, तो रानी बनाकर रखूँगा··· कितनी बातें ! और अब साँप का पाँचवाँ पैर देखकर मन बदल गया··· अच्छा ! अच्छा !

मंगलदास चुपचाप खैनी चुनियाता रहा। सहानुभूति-भरे स्वर में बोला, इधर-उधर देखकर–उसी समय हाथ काटकर क्यों नहीं रख लिया ?

हाथ काटकर रखना माने कागज बनवा लेना। मंगलदास को गोधनलाल अपना विश्वासपात्र और सीधा नौकर समझता है। किन्तु, इधर कुछ दिनों से मंगलदास का मन भी बदल गया है। वह अपने मालिक की 'खनगिन' को अब दूसरी नजर से देखने लगा है !··· वह उससे एकांत में कोई बात करना चाहता है। मौका मिलते ही उसने कनखी दी। फूफी चली गयी, तो उसने शुरू किया। खैनी मुँह में लेते हुए उसने कहा–आजकल नया ठेठर शुरू हुआ है।

–भोला साही बाबू की बेटी की जूती चाटने जाता है ?

–नहीं, नहीं ! भोलासाही की बेटी नहीं··· वह लट्टू बाबू हैं न ! उसी की बेटी आजकल सपने में तंग करती है। हूँ··· !

–लट्टू बाबू की बेटी ? वह कांग्रेसवाली ?

–नहीं । वह नहीं। जो स्कूल में पढ़ती है।

मंगल ने ठीक कहा है। छबि और कना उस दिन स्कूल से लौट रही थीं। डाकबँगले के पास गोधनलाल सम्पनी गाड़ी में बैठा था।··· बहुत देर तक गोधनलाल छबि को देखता रहा। इसके बाद जब भी बैरगाछी जाता गोधनलाल, अपने गाड़ीवान से कहता–सम्पनी डाकबँगले के पास खोलना। और, ठीक चार बजे गोधनलाल अपनी सम्पनी गाड़ी पर आकर बैठ जाता।

रोज छबि की एक झलक निहारकर शांति मिलती है। इतना ही नहीं, जिस पल्टू बाबू से गोधनलाल के बाप की पुश्तैनी दुश्मनी थी, उसी पल्टू बाबू के पैर पर अपना सिर रख दिया···।

पल्टू बाबू ने अचरज से गोधनलाल को देखा–ओ ! गोधनलाल, कहो बेटा ! क्या समाचार है ?

गोधनलाल बात बनाना जानता है, बोला–बाबूजी ! मैं आपका आशीर्वाद लेने आया हूँ।

पल्टू बाबू ने परख लिया, इतने दिनों के बाद लोहा लाल हुआ है। उन्होंने आह्लादित होकर गोधनलाल को उठाया–जीते रहो, बेटा !

गोधनलाल ने सुनाया–पुलिसवाले मेरे पीछे लगे हुए हैं। किसी तरह मुझे एक बार किसी भारी केस में फँसाना चाहते हैं। उस बार भोलासाही बाबू ने कहा था, अब कोई उँगली नहीं उठावेगा। और छः महीने के बाद ही फिर बदमाशी शुरू कर दी है यहाँ के दारोगा ने !

पल्टू बाबू ने पूछा–भोलासाही की बेटी से भेंट हुई है ?

गोधन जरा लजा गया–नहीं।

गोधनलाल ने गिड़गिड़ाकर कहा–बाबूजी, मैं कोई व्यापार करना चाहता हूँ अब। नहीं तो ये पुलिसवाले मुझे चैन से सोने नहीं देंगे।

पल्टू बाबू ने कहा–जमुना बाबू से तुम्हारी जान-पहचान है ?

–कौन जमुना बाबू ?

–सोशलिस्ट पार्टी के जमुना बाबू ! जमुनालाल 'निडर'।

गोधनलाल ने कहा–नहीं, बाबूजी।

पल्टू बाबू ने गंभीरतापूर्वक कहा–व्यापार नहीं। तुम्हारे कपाल में लीडरी लिखी हुई है। लीडर…।

गोधन ने अचरज से पल्टू बाबू की ओर देखा।

जिला समाजवादी किसान-सभा की विशेष बैठक बैरगाछी में हो रही है। जिला-भर के नेता और कार्यकर्ता आ रहे हैं। बैठक के बाद आम सभा होगी। शहर के कोने-कोने में ऐलान किया जा रहा है–आइए, आइए, जरूर आइए ! गर्मागर्म भाखण सुनिए… ऐसा मौका फिर हाथ नहीं आवेगा।

गोधनलाल ने आज सोशलिस्ट-काट कुर्ता और पाजामा पहना है। जिला-मंत्री साथी जमुनालाल 'निडर' ने खुद कागज पर दस्तखत करवाया है गोधनलाल से। सिर्फ सोशलिस्ट-काट ही नहीं, गोधनलाल ने मूँछ भी सफाचट मुड़वा ली है… मूँछ रखकर कोई सोशलिस्ट कैसे हो सकता है भला !

इस बैठक और सभा का सारा खर्च गोधनलाल ने अपने सिर पर लिया है। फुलगेंदा साह हलवाई को हुक्म दिया है गोधनलाल ने–कड़ाही हमेशा चढ़ी रहे। पान और सिगरेट की फ्री। जिसको सोशलिस्ट-काट कुर्ता देखो, या मूँछ सफाचट देखो, उससे पैसा मत माँगो।

सारा बैरगाछी शहर दलमला गया है, मानो। हर जगह इसी सभा की चर्चा चल रही है। सामने से पहले घोड़ागाड़ी गुजरी और आसपास खड़े लोगों ने कहा :

–यही है दयानाथ बाबू।… सन बियालिस में तेरह खून किया था दयानाथ बाबू ने अपने हाथ से।… गर्म पार्टी… गर्म नेता !!

दूसरी घोड़ागाड़ी पर हैं कृपाशंकर बाबू। गोपालपुर इस्टेट के मालिक। दरवाजे पर दो-दो हाथी झूमते हैं। लेकिन, कृपाशंकर बाबू को देखिए… गरीबों के लिए जान हथेली पर लेकर घूम रहे हैं।… बिंदा बाबू… अनोखेजी गवैया–क्रान्तिकारी गीत गानेवाला… रामभरौसा प्रसाद–कटिहार में मजदूरों का संगठन करनेवाला… नगीनालाल–जेल से तीन बार भागनेवाला… और अब पैदल जत्था… नारों से शहर का कोना-कोना गूँज रहा है।… लगता है, आज कुछ होकर रहेगा।

पुलिस-इन्सपेक्टर साहब को लगा–सोने का अंडा देनेवाली चिड़िया हाथ से निकल गयी।… फुर्र !

गोधना साला तो सोशलिस्ट लीडर हो गया ? पल्टू बाबू मन-ही-मन मुसकरा रहे हैं–कठपुतली नाच के सूत्रधार की तरह। उनकी प्रत्येक उँगली में एक सूत बँधा हुआ है।

लट्टू बाबू आये–गुरूदादू ! अब क्या होगा ?··· सोशलिस्ट-पार्टीवाला तो यहाँ भी आ गया।

पल्टू बाबू ने कहा–तो क्या हो गया ?

पल्टू बाबू की मुद्रा देखकर ही समझ गये लट्टू बाबू कि खतरे की कोई बात नहीं। बल्कि, कुछ लाभ···।

पल्टू बाबू ने कहा--घंटा कहाँ है ? उसको भेज दो यहाँ।

घंटा आया–आपने मुझे बुलाया है, गुरूदादू !

पल्टू बाबू ने मुसकराते हुए कहा--तुम तो मुझसे हमेशा नाराज रहते हो, घंटा।

घंटा बात काटते हुए बोला–नहीं, गुरूदादू।

पल्टू बाबू प्यार से उसकी पीठ पर हाथ फेरने लगे–हाँ रे ! तुम मुझसे क्यों नाराज हो, मैं जानता हूँ।··· बड़े-बूढ़े में अवगुण हों तो नये नौजवान नाराज होंगे ही।

घंटा को दस-बारह साल पहले की कदर्य घटनाएँ याद आयीं।··· गुरूदादू इसी तरह पीठ पर हाथ फेरते-फेरते उत्तेजित हो जाते थे। फिर, गुरूदादू जानवर हो जाते थे। किन्तु आज गुरूदादू ने पीठ पर हाथ फेरने के बाद घंटा से पूछा–क्यों ? बैठा-बैठा क्या करता है ? पढ़ाई-लिखाई तुमसे होगी नहीं।··· लीडरी करेगा।

घंटा ने आश्चर्य से पल्टू बाबू से आँखें मिलायीं। पल्टू बाबू अपनी थैली से मसाला इस तरह निकालने लगे, मानो थैली में लीडरी हो। अभी कुछ देर पहले जुलूस को देखकर घंटा के मन में सोशलिस्ट पार्टी में काम करने की बात जगी थी। फिर, तुरत ही बिला गयी थी। पल्टू बाबू ने कहा–बोलो ?

घंटा ने कहा–लेकिन सुनते हैं खून से दस्तखत करवाता है।

–करवाता है तो कर देना। एक बूँद खून ही लगेगा न। और क्या ?

पल्टू बाबू ने पन्द्रह मिनट के अन्दर ही घंटा के मन में समाजवाद की मोटी बातें बैठा दीं। घंटा तैयार हो गया। आज से वह भी काम का आदमी हो जायेगा। चलते समय पल्टू बाबू ने कहा–मैंने लट्टू से कह दिया है। छबि तो वह गीत खूब जोश में गाती है–ऊर्ध-गगने बाजे मादल। उसको अपने साथ ले जाना।

ऊर्ध-गगने बाजे मादल
निमूने-उतला-धरणी तल
अरूण-प्रांतेर तरूण दल
चल रे-चल रे-चल !

सुफेद सलवार और सुफेद खादी के कुर्ते पर सुफेद दुपट्टा। दुपट्टे को कमर

में लपेटकर छबि खड़ी हुई माइक के सामने। घंटा भी मंच पर बैठा था। उसने पीछे से कहा–देख छबि ! नारवास हबिना। ताले-ताले गा।

गीत गाते समय छबि अपनी देह को ताल पर हिलाने लगी–ऊर्ध-गगने बाजे मादल ! इस पंक्ति को गाते समय वह ऊपर आकाश की ओर देखती। दूसरी पंक्ति–धरती की ओर देखकर। देह किन्तु ताल पर ही नबती-झुकती थी उसकी !

इस गीत ने सभी कार्यकर्ताओं को उत्तेजित कर दिया। गीत के बाद पन्द्रह मिनट तक नारे ही लगते रहे। एक चुप होता तो दूसरा उठकर खड़ा हो जाता और मुट्ठी बाँधकर नारा लगाना शुरू कर देता। साथी जमुनाप्रसाद 'निडर' ने बहुत मुश्किल से अपने उत्तेजित साथियों को शांत किया–साथियो ! साथियो !!… अभी आपने सुना कि किस तरह आकाश-पाताल में एक सरगर्मी है, एक हरकत है, एक वलवला है।… आपको मालूम होना चाहिए कि हमारी पार्टी इसी गुस्से का एक इजहार है…।

शाम को गोधनलाल, पल्टू बाबू के पैरों पर जा गिरा, मारे प्रसन्नता से। घंटा और छबि ने मिलकर गोधनलाल को उठाया। पल्टू बाबू ने पीठ पर हाथ ठोंकते हुए कहा–वाह, बेटा !

मुरली बाबू आये हैं !

आये हैं, लेकिन इस बार 'फूलबागान' में नहीं ठहरेंगे। सबडिविजनल-कांग्रेस के दफ्तर में रहेंगे। बिजली की बुलाहट दफ्तर में ही हुई है। दफ्तर का स्वयंसवेक (चपरासी) बाजाप्ता-चिट्ठी ले आया है : सेवा में, कुमारी बिजली–इंचार्ज, महिला-विभाग। मंत्री श्री मेहताजी आवश्यक कार्य से आये हैं…।

बिजली ने दफ्तर की सीढ़ी पर पैर रखते-रखते पूछा–कहाँ हैं ?

–अंदरवाले कमरे में।

फिर, अंदरवाले कमरे में प्रवेश करती हुई अधिकार-भरे स्वर में बोली–क्यों ! क्या बात है ? यहाँ क्यों ? दफ्तर में क्यों ठहरे हैं ?

मुरली बाबू ने अपने को संयत करते हुए कहा–असली जगह तो यही है हमारे ठहरने की।

बिजली बैठी नहीं। बोली–उठिए, चलिए, काकी माँ चाय लेकर बैठी हैं। नहीं, नहीं, मैं कुछ नहीं सुनूँगी।

आस-पास एकत्र अन्य कार्यकर्ताओं ने भी कहा–इतना जिद्द करती हैं, जाइए, मंत्री जी…।

मंत्रीजी ने अचानक चिढ़कर कहा–आप लोग अपना काम देखिए जाकर। यहाँ क्यों ?

सभी कार्यकर्ता अपना काम देखने चले गये। अँगनाई में रह गया सिर्फ पुराना वालेंटियर–सनतीसा ! 'सनतीसा' उसका उपनाम है। वह सन उन्नीस सौ तीस से ही कांग्रेस का वालेंटियर है। पाँच बार कैम्प-जेल-सेल हो आया है। सन तीस

में 'बानर सेना' में था। बचपन से ही जरा 'टर्रबाज' है, यानी टेढ़ी-बाँकी बोलने वाला दबंग प्राणी है। सच्ची बात ही नहीं, अभद्रतापूर्वक सच्ची बात कहने के लिए वह प्रसिद्ध है। इधर कई वर्षों से वह अपने को सनतीसा कहने लगा है–हाँ-हाँ ! हम लोग बरसाती मेढ़क नहीं हैं जिनको रास्ते चलते पकड़ लिया मिलेटरीवालों ने–सो साले लोग भी अपने को कांग्रेसी कहते हैं।··· बंदा साइमन कमीशन का बायकाट किया है, लाठी खाया है।··· हिंदुस्तान में उधर जवाहरलाल नेहरू और पुरेनियाँ डिस्टी में मेवालाल काफरी··· हम सनतीसा हैं।

मंत्रीजी ने देखा, सनतीसा ट्यूबबेल पर कपड़े में साबुन लगा रहा है। उसकी मुद्रा को देखकर महेताजी ज़रा हिचकिचाए, फिर कुछ कहते-कहते रुक गये।

मुरली बाबू ने बिजली को बैठाकर अँगनाई की खिड़की का एक पल्ला हौले हाथ से सटा दिया। सनतीसा सब देख रहा है !

सनतीसा समझता है, कमरे में मान-अभिमान का खेल हो रहा है ! उसने सुना :

–नहीं ! मैं अब फूलबागान में पैर नहीं रखूँगा।

–क्यों ?

–यों ही।

–चलिए जो कुछ कहना है, वहीं चलकर कहिए।

–उँहूँ !

–उँहूँ !

–??··· ??

सनतीसा के कान खड़े हुए··· खटिया चरमरायी··· ? कुछ खटखुटा हुआ न ? और, तब सनतीसा ने कपड़े को पटक-पटककर ताल देते हुए शुरू किया :

अरे, की करैछी काचुर-माचुर
किये बोलेछौ टाटी
अरे मुनहर-घर में बेंग बोलेछौ
मूस कौड़ेछो माटी, मुसवा डंड पेले रे
मुसवा डंड पेले रे
(दिन-देहाड़े मुसवा साला) डंड पेले रे !

ऐसे अभद्र गीतों में बिना 'साला' पच्चर लगाये सनतीसा कभी नहीं गाता। हर मौके के लिए कई मौजूँ गीत उसके पास मौजूद रहते हैं।

इस बार उसने दूसरा गीत शुरू किया है :

अजी कोटलिया में जाकर बदल जांइए-जी-ई···।

मुरलीमनोहर मेहता ने सनतीसा का नाम लेकर पुकारा–ऐ ! ऐ मेवालाल ! क्या सब ऊल-जलूल गीत गाते हो ?

मेवालाल आज अभद्रता करने पर तुला हुआ है, शायद। उसने एक अजीब

मुद्रा बनायी–हम ऊल-जलूल गाते हैं ? हम ऊल-जलूल गाते हैं ?

मुरली बाबू को नरम होना पड़ा। बोले–हल्ला मत करो ! इसके बाद मुरली बाबू, बिजली के साथ बाहर निकले।

मेवालाल उर्फ़ सनतीसा ने अब लोककथा बाँचने के सुर में गा-गाकर शुरू किया–हें, तब इसके बाद जाकर के चननिया ने क्या किया है जाकर के सो देखिए कि जाकर के सोलहो सिंगार करके पोर-पोर में गहना गूँथ लिया है जाकर के सो मारे मोहनमाला···।

जब जीप-गाड़ी सबडिविजनल कांग्रेस के दफ्तर से निकलकर सड़क पर चली गयी, तो अन्य कार्यकर्ताओं ने सनतीसा की बहादुरी पर हँसते हुए कहा–वाह रे सनतीसा ! वाह रे सनतीसा !! वे बहुत देर तक जी खोलकर हँसे।

'फूलबागान' में पहुँचकर मुरली बाबू ने देखा, कई सप्ताह के अंदर बहुत परिवर्तन हुए हैं। फाटक के बगल में एक लाल झंडा लहरा रहा है। और बात झंडे से ही शुरू हुई। मुरली बाबू झंडा देखकर चौंके–तो सोशलिस्ट पार्टी का दफ्तर फूलबागान में ही खुला है।

बिजली बोली–नहीं। दफ्तर अभी नहीं खुला है। नयापाड़ा के पास जो मैदान है, वह गोधनलाल की जमीन है। सुना है, गोधनलाल ने वह जमीन पार्टी के नाम रजिस्ट्री कर दी है। और, शायद इसी महीने में पक्का मकान भी बनवा देगा।

मुरली बाबू ने घंटा को बुला भेजा–देखूँ नये सोशलिस्ट लीडर साहब को।

घंटा आया और उसने जान-बूझकर 'लाल सलाम' किया, मुट्ठी बाँधकर–लाल सलाम ! कामरेड मुरली-दा !

मुरली बाबू हँसे तो घंटा गंभीर हो गया।–उसने पूछा–क्यों ? हँसते क्यों हैं ? इसमें हँसने की क्या बात है ?

मुरली बाबू ने साहस बटोरकर घंटा को समझाना शुरू किया–देखो घंटा, सोशलिस्ट···।

किंतु, घंटा ने कुछ भी सुनने से इंकार कर दिया–मुरली-दा ! प्रोलेतारियत यानी सर्वहारा वर्ग के विरोधियों से मुझे कोई सीख नहीं लेनी है।

घंटा चला गया। उसके सिर पर बहुत-बहुत जिम्मेदारियाँ हैं। वह विद्यार्थी संगठन का इंचार्ज है और छबि है सहायिका।

मुरली बाबू बिजली की ओर देखकर बोले–वाह ! खूब हिसाब लगाया है। आधा घर कांग्रेसी और आधा घर सोशलिस्ट···।

बिजली ने असहाय-भाव दिखलाकर कहा–आप शायद नहीं जानते कि इस फूलबागान की सम्पत्ति में बारह आना हिस्सा घंटा का ही है !

मुरली बाबू ने चेतावनी दी–किंतु, छबि को··· छबि को··· मैं कहे देता हूँ उस गोधनलाल से जरा होशियार रहना। काका बाबू से भी कहूँगा मैं। वह नामी डकैत···।

मुरली बाबू को क्या मालूम कि गोधनलाल बगलवाले कमरे में बैठकर पार्टी-ऑफिस का प्लान बनवा रहा है, ओवरसियर रबी बाबू से ! अपना नाम सुनकर गोधनलाल के कान खड़े हुए। डकैत ? उसने बारी से छबि और घंटा को देखा। आँखों ही में बातें हुईं और घंटा के साथ गोधनलाल ने बिजली के कमरे में प्रवेश किया, नाटकीय अंदाज से।

घंटा ने कहा–कॉमरेड मुरली-दा ! अँगरेजी में कहावत है कि शैतान का नाम लो और वह हाजिर ! तो यह रहा आपका डकैत गोधनलाल !

मुरली बाबू ने गोधन को पहली बार देखा है–गौरवर्ण का शांत-सुशील-जैसा युवक ! मुरली बाबू ने अपने श्यामल शरीर को देखा। छबि आकर गोधनलाल के पास ही बैठी। मुरली बाबू का दिमाग चकराने लगा··· ये लोग क्या करेंगे। उन्होंने बिजली की ओर देखकर कहा–मैं इसलिए यहाँ नहीं आना चाहता था, तुम मुझे बेइज्जत करवाने के लिए ले आयी हो ?

बिजली ने घंटा से कहा, अनुनय-भरे स्वर में–घंटा ! दया करके 'सीन क्रियेट' मत करो। हमें काम करना है।

घंटा के बदले इस बार छबि बोली–किंतु, किसी को कोई बेवजह गाली क्यों देगा ? मुरली-दा ने डकैत क्यों कहा गोधन-दा को ?

बिजली ने छबि को डाँट दिया–तुमी चुप कर।

घंटा बोला–केन ? छबि केन चुप कोरबे ?

काकी माँ हल्ला-गुल्ला सुनकर आयी–की ? की ? की ? होलो ?··· बाबा ! सभी तो देश का ही काम करते हो। फिर, आपस में यह लड़ाई क्यों ? एक घर में वैष्णव और शाक्त रहते हैं, लड़ाई तो नहीं करते ?

घंटा बोला–यदि वैष्णव की बिल्ली, शाक्त की मछली चुराकर खा ले–तब भी नहीं ?

इस बार काकी माँ ने घंटा को डाँट बतायी–घंटा !

रामटहल चाय लेकर आया। छबि बोली–दो प्याला और ले आओ। और पाँपर भाजा भी। समझा ?

गोधन चुप रहा ! उसके मन में हमेशा छबि की वह छवि नाचती रहती है–उचक-उचककर, ताल पर गाती हुई छबि–ऊर्ध-गगने बाजे मादल ! बिजली बड़बड़ाती हुई कमरे से बाहर गयी और फिर वापस आयी–रामटहल ! ऑफिस-घर खोल दो। डिरेक्टर साहब आये हैं।

छोगमल भी आया है ? बाहर, दो बार हॉर्न बजा।

घंटा ने कहा–सेठजी की गाड़ी का हार्न भैंस के बच्चे की तरह बोलता है।

मुरली बाबू को छोड़कर सभी हँसे।

मुरली बाबू इस बार न जाने किस कुलग्न में चले गये थे। छबि ने गोधन के कान में कुछ कहा। मुरली बाबू मन-ही-मन जलकर रह गये।

कुंतला को लगा, किसी ने उसके गाल पर जोर से तमाचा मार दिया। !··· गोधन ? उसका पहला प्यार ?··· उसके अंदर कुछ टूट रहा है ! तोड़फोड़ मचा हुआ है। ··· आज सुबह होते ही उसके दरवाजे पर ढोल बजेगा। पूजा होगी। दस बजे वह यात्रा करेगी। अनूप साथ रहेगा। बाबूजी साथ रहेंगे। मुंसिफ साहब और सब-डिविजनल ऑफिसर से, बार-लाइब्रेरी के सेक्रेटरी अनिल बाबू परिचय करवायेंगे। ··· और, शाम में जो खबर मिली है, वह यदि सच हो तो, पहला मुकदमा गोधनलाल लेकर आवेगा, वकालतनामे पर दस्तखत करवाने ? या, कोई तमाशा तो नहीं खड़ा करेगा ?

एलार्म घड़ी अचानक घनघना उठी। कुंतला डर गयी। हड़बड़ाकर उठ बैठी। चार बज गये। सारी रात जगी रही।··· ओ गोधन ! यह तुमने क्या किया ! तुम शराबी हुए, जुआरी हुए, डकैत हुए–मेरे ही लिए तो ? लेकिन, यह तुमने क्या किया ? छबि ? वह छोकरी ? राय-परिवार की उस लड़की को तुमने बचपन में यदि देखा होता ! सारे सिर में घाव, पिचपिचाती हुई आँखें और गंदे फ्राक में–गंदी लड़की, और उसका नाम छबि ! हूँ छवि !

कुंतला के सामने से सोलह साल पुरानी छबि की तसवीर को किसी ने हटा-कर, तुरत जवान हुई छबि की छवि आँक दी–शुभ्र, खादी-परिधाना··· रजनीगंधा की टटकी कली-जैसी ! तेज छुरी-जैसी नाक··· कुंतला की छाती पर छुरी रख कर छबि खड़ी मुसकरा रही है। छबि ?··· कुंतला चौंक उठती है··· नहीं, छाती पर उसका अपना ही हाथ है। और हाथ में है उसकी अपनी कलम। वह एलार्म लगाकर सोयी थी। जगकर, ब्राह्मवेला में नयी जिन्दगी की डायरी का पहला पृष्ठ लिखेगी। क्या लिखे कुंतला ? किससे पूछे ? अनूप होता तो जाकर पूछती, जगकर–अनूप ! बोलो तो, क्या लिखूँ अनूप आँखें मलता हुआ, झुंझलाकर जवाब देता--मेरा सिर ! लेकिन, कल उसने भी सिर मुड़ा लिया। सचमुच संन्यासी हो गया, गाँव में होमियोपैथी दवा बाँटकर लोक-कल्याण करेगा ? दरिद्रनारायण की सेवा करेगा ? गोधन जनता की सेवा करेगा ? बिजली देश की सेवा करेगी··· छबि गोधन की सेवा करेगी ··· सेवा··· सेवा··· सेवा ! गोधन सेवा करेगा राय-परिवार के हर प्राणी की। बिजली की काकी माँ के मुँह में पान-दोख्ता डालकर कुंतला से कहेगी-तुमी उकालती केन कोरछो; तुमी अभिनेत्री हउ, फिलिमें आउ[1] हूँ ! वह फिलिम में जायेगी और राय-परिवार की छोकरियाँ स्वर्ग की रचना करेंगी–बैरगाछी में। इन्द्रपुरी··· इन्द्र !

काली बाज़ार का पगला किकिया उठा ! अब मुर्गा बाँग देगा। कुंतला उठ बैठी। गोधन क्या जाने, उसको क्या पता कि कुंतला आज तक अपने को गोधन के नाम पर ही बचाकर रखती आयी है। वह जिस दिन चाहती··· नहीं, गोधन का क्या कसूर ? सारा दोष उसके पिता का है। नहीं, बड़े भैया का ! नहीं, बड़ी भाभी का !··· नहीं, नहीं। दोष किसी का नहीं ! सिर्फ, कुंतला दोषी है। गोधन,

---

1. तुम वकालत क्यों कर रही हो ? तुम अभिनेत्री बनो–फिल्मों में जाओ।

तुमने यह क्या किया ? तुम सबकुछ होते, लेकिन तुम सोशलिस्ट क्यों हुए ? नहीं, सोशलिस्ट होना पाप नहीं। तुम··· तुम··· यह क्या हो गये ?

कुंतला अब फूट-फूटकर रो पड़ी !··· उसका सबकुछ लुट गया। उसके लिए पागल होकर मारा-मारा फिरनेवाला, बरबाद होनेवाला, बदनाम होनेवाला गोधन, अब उसका नहीं !

ट्रिंग-ट्रिंग··· दीदी !

सनेही आया है, सुबह-सुबह। कुंतला का दिल धड़क उठा, शायद गोधन की कोई खबर लेकर आया। नहीं, नहीं, सनेही आया है पंडितजी को लेकर। पूजा होगी न। और, सनेही ही उसका मुहर्रिर होगा। बाबूजी ने कहा–आओ, सनेही !

पल्टू बाबू अपने दाँत के सेट को साफ कर रहे हैं।

आज न जाने क्यों उनको बार-बार उस चीनी डॉक्टर की याद आती है। दाँत बनानेवाला डॉक्टर। कुंतला के साथ में जो नौजवान आया है, वह क्या नाम है उसका··· अनूप ! उसका मुँह उस डॉक्टर से मिलता-जुलता है न ! संन्यासी हो गया ? अखिलानंद··· स्वामी अखिलानंद। फेला भी संन्यासी हो जायेगा शायद। दिन-रात आश्रम में ही रहता है, सुना है।··· कोई कुछ हो। पल्टू बाबू ने मुँह में दाँत के सेट को बिठा लिया।

अभी भोलासाही बाबू के यहाँ जाना है। कुंतला आज पहली बार कचहरी जायेगी। पल्टू बाबू भी निमंत्रित हैं। भोलासाही बाबू ने बार-बार कहा है–भाई रे, आना जरूर। पल्टू बाबू जरूर जायेंगे। उत्सव के उपयुक्त वस्त्र क्या होगा ? बंद गले का कोट ? धोती··· ?

पल्टू बाबू जूतों पर पालिश करने बैठे हैं। कुंतला काला गाउन पहनेगी तो ? देहात के मुकदमेबाज जब औरत-वकील को देखेंगे तो आँख फाड़कर देखते ही रहेंगे। गवाह बेचारा रटाया हुआ जवाब भूल जायेगा। वादी-फरियादी के साथ हाकिम की कलम भी जिरह के समय इधर-उधर बहक जायेगी।

पल्टू बाबू मन-ही-मन हँसे। खूब होगा ! कुछ दिनों तक एक तमाशा रहेगा। इस सब-डिविजनल कोर्ट में क्या धरा है जो यहाँ वकालत शुरू करने जा रही है ? और यहाँ के फौजदारी मुकदमे–चोरी से लेकर चमचोरी तक। कैसे ठठेगी, ऐसे मुकदमों में ?··· फैजू बाबू मुख्तार की तरह वह जिरह कर सकेगी ?··· हाँ। इधर देखकर बोलो। जब वह तुम्हारे घर में घुसा तब तुम क्या कर रही थीं ? ठीक है, सोयी थी न। नींद से, या··· ? तुमको कैसे मालूम हुआ कि तुम्हारे घर में आदमी घुसा है ? घर में रोशनी नहीं थी। तब ? तुम्हारी देह पर हाथ दिया ? कहाँ हाथ दिया ? चुप क्यों हो, बोलो ! तब क्या हुआ ? और क्या ?

पल्टू बाबू पुराने शौकीन माने जाते हैं, इस शहर के। आज उनको देखकर नौजवानों के दिलों में फिर खुजली होगी। पल्टू बाबू नहीं, इन्द्र ! हाँ, हाँ, पल्टू

इन्द्र है। यह शहर इन्द्रपुरी हो या नहीं, यह परियों का नगर जरूर रहा है। शुरू से ही।··· अस्पताल की लेडी डॉक्टर··· प्रमोद बाबू की बेटियाँ··· भोगेश्वरी बाबू की स्त्री··· हारान बाबू की बेटियाँ और बेटों की स्त्रियाँ··· राय-परिवार की···।

पल्टू बाबू पर आँखें गड़ी हैं, उँगलियाँ नहीं उठी हैं कभी। हाँ, एक बार। स्कूल के हेड-पंडित ने उनको जानवर कहा था। उन दिनों की बात ? पल्टू बाबू मन-ही-मन लज्जित होते हैं उन दिनों की बात याद करके। न जाने क्या हो गया था कि कोई औरत अच्छी ही नहीं जँचती थी। औरतें जी से उतर गयी थीं। ··· हेड-पंडित था हॉस्टल-सुपरिंटेंडेंट। बहुत बड़ा गार्जियन। लेकिन, पल्टू बाबू ने उसकी आँखों में धूल झोंककर···।

हेड-पंडित ने उनको गाली दी थी। लेकिन, उसी सप्ताह बोरिया-बिस्तर बाँध कर भागना पड़ा था हेड-पंडित को।··· बदनाम होकर ! मार खाकर !!··· बेचारा !

यह, कुंतला ! इस बार, न जाने क्या बात है कि कुंतला सपने में सताने लगी है, पल्टू बाबू को ! रोज इधर से एक चक्कर लगाकर घर लौटते हैं। वह, क्या नाम है उस संन्यासी लड़के का··· अनूप ! वह भी आवेगा आज ?··· हजूर !

रमजनवाँ टमटम लेकर आ गया।

पल्टू बाबू को देखकर आज रमजनवाँ भी अवाक् हो गया है।··· एकदम दूल्हा बाबू !

बिजली कहती है छबि से–देख, छबि ! तुमसे एक बात कहनी है। यों, काका बाबू ने तुमको और घंटा से कभी कुछ नहीं कहा। लेकिन, तुम दोनों से इस घर का कोई भी खुश नहीं। गोधन के चलते, घंटा भी पुलिस की निगाह पर चढ़ गया है। मैं इतने दिनों से कांग्रेस का काम कर रही हूँ। कभी तो मुरली-दा के साथ देहात की सभा में नहीं गयी। और तुम एक महीने में ही सारे जिले का दौरा कर आयीं।··· सारे जिले में हमारे परिवार की बदनामी।

छबि अब बोलने लगी है, बात काटकर–बदनामी आज से नहीं··· बहुत पुरानी बदनामी है, यह तो। यह नहीं होता तो तुम बैरगाछी में पड़ी नहीं रहतीं आज। किसी कोयला-खान के मालिक की बहू बनकर घर-गृहस्थी सँभालती।

बिजली अवाक् होकर छबि की बात सुन रही है।··· कुछ ही दिनों में क्या से क्या हो गयी है यह लड़की ! ठाकुर-देवता नहीं मानती है। कहती है–मनुष्य के मानसपुत्र हैं ये। नये-नये शब्द व्यवहार करती है, बातचीत के सिलसिले में। ··· और कुछ हो या न हो, गोधन की कृपा से एक छोटी-सी लायब्रेरी तो घर में जरूर हो जायेगी। रोज पाँच-सात किताबें आती हैं वी. पी. से। बाहर जाते समय हाथ में एक किताब जरूर ले लेती है, छबि। विदेशी सेन्ट लगाती है। घंटा ने पाइप पीना शुरू किया है और दिन-रात खद्दर का सूट पहने रहता है।··· अद्‌भुत !

छबि बोली–की अद्भुत ? निजेर बेला लीला-खेला, आमादेर बेला पाप ![1] छबि चली गयी। बिजली चुपचाप खड़ी रही। काकी माँ पुकारती है–बिजू ! जाबिना कुंताभा के देखते ?[2]

फूलबागान के फाटक पर एक नयी जीप-गाड़ी का हॉर्न बजा··· कर्कश सुर में। गोधन ने पार्टी के लिए गाड़ी-जीप खरीदी है ! छबि दौड़ी आयी–गोधन-दा उतरोगे नहीं ?

गोधन के साथ कॉमरेड निडर भी उतरे। घंटा, आजकल पाइप पीता है।

गोधन ने छबि से पूछा–काका बाबू कहाँ हैं ?

छबि ने जवाब दिया–हठात् काका बाबू को क्यों खोज रहे हो ?

–काम है।

–मैं जानती हूँ।

दूसरे कमरे में घंटा और कामरेड निडर में किसी बात पर बहस हो गयी। रमा और कना आँगन के बरामदे पर 'साँप-सीढ़ी' खेल रही हैं। काकी माँ मछली खरीद रही है। रामटहल झग्गर में रस्सी बाँध रहा है–कुएँ से बाल्टी निकालनी है।··· रमा और कना दौड़ी–झग्गर से बाल्टी निकालने की विधि देखने के लिए !–देखबि एखन, कान धरे टेने आनबे बाल्टीर ![3] रमा बोली धीमे स्वर में–कना ! उइ देख ··· वह देखो। उधर किस तरह झग्गर कान पकड़कर ला रहा है !

कना ने देखा, छबि के पीछे-पीछे गोधन ऊपर की सीढ़ी पर चढ़ रहा है। कना हँसी–झग्गर ! किन्तु, तुरत ही वह उदास हो गयी ! रमा भी उदास हो गयी। दोनों ने एक-दूसरे को देखा और फिर 'साँप-सीढ़ी' खेलने बैठ गयीं।

छबि समझा रही है गोधन को–गोधन-दा ! क्यों बेकार फेंक रहे हो 'टाका' ?

गोधन ने कहा–काका बाबू ने बार-बार उस दिन सुनाया कि··· रुपये की 'भीषण' जरूरत है। और, काका बाबू को दस हजार रुपया देने का मतलब फेंकना कैसे हुआ ?

छबि बोली–पीछे मुझे दोष मत देना।

छबि किसी का पैसा बरबाद होता नहीं देख सकती।··· अपना पैसा ? छोटी उम्र से ही उसको पैसे बटोरने का शौक है। जब कभी एक-दो आने पैसे मिले, छबि ने उसमें से कुछ-न-कुछ जरूर बचाया है। पहले मिट्टी का एक अंधा बक्सा था। इसके बाद, लकड़ी का। फिर, लोहे का। छबि ने हजारों बार कल्पनालोक में देखा है–उसका मिट्टी का अंधा बक्सा धीरे-धीरे इतना बड़ा हो गया है मानो धान रखने का 'बखार' हो। बखार-भर रुपये !!··· सुना है, गोधन का बाप बखार-भर

---

1. अपनी दफा लीला खेल, हमारी बार पाप। 2. बिजली, कुंता को देखने नहीं जायेगी। 3. अभी देखेगी, बाल्टी का कान पकड़ कर ले आयेगा।

रुपया छोड़ गया है।

गोधन ने काम की बात शुरू की–छबि ? आज··· अभी··· अभी। वह तुतला कर चुप गया। उसने जेब से एक डिबिया निकाली और छबि की ओर देखा।

–क्या है ? छबि गोधन की आँखों को ही देखती है, हमेशा !··· आंग्टी ? किसके लिए ? किसलिए ??

गोधन ने कहा–लो, पहन लो। देखो, इस पर अपनी पार्टी का चिह्न अंकित करवा दिया है–हलचक्र !

छबि, अँगूठी देखकर चमत्कृत हुई। चक्र में छोटे-छोटे पत्थर जड़े हुए हैं। वह बोली–तुम क्यों नहीं पहना देते ?

गोधन का पुरुष इस बार जगा। उसने पूछा–पहना दूँ !··· पहना दूँ ? छबि ने बढ़ते हुए हाथ को हठात् समेट लिया। बोली–नहीं, नहीं। मैं अँगूठी नहीं लूँगी।

सीढ़ी पर किसी का पदचाप सुनायी पड़ा और छबि जरा दूर हटकर कुर्सी पर बैठ गयी। गोधन को पॉकेट में डिबिया डालते हुए देख लिया लट्टू बाबू ने ··· किन्तु।

लट्टू बाबू को देखते ही गोधन उठ खड़ा हुआ।

–प्रणाम, काका बाबू !

छबि विहँसकर बोली–उई देखो··· गोधन-दा ने क्या किया है ! तुम उस दिन इनके सामने क्या बोले और आज हाजिर हैं तुम्हारी सेवा में !

लट्टू बाबू ने समझा ही नहीं, मानो। बोले–की बोललाम आमी ?[1]

गोधन ने सलज्ज-भाव से कहा–उस दिन आपने कहा था न ? तो, अभी तो दस हजार ही हैं मेरे हाथ में।

लट्टू बाबू का चेहरा गुलाबी हो गया तुरंत–आरे ?

गृहस्वामिनी ने नीचे से पुकारकर कहा–छबि ! गोधन को अभी जाने मत देना। मछली की भाजी बन रही है !

गोधन अभी एक जरूरी काम से जा रहा है। लौटकर आवेगा, तो दोपहर का भोजन यहीं करेगा।··· काम ? याने, पार्टी की ओर से एक बकाश्त-आन्दोलन के मुकदमे के वकालतनामा पर महिला-वकील से दस्तखत करवाना है। जिस कलम से वह दस्तखत करेगी वह गोधनलाल के पास है। नयी कलम–पार्कर-51 !!··· इसलिए, वहाँ जाने के पहले छबि को अँगूठी देने के लिए वह आया था। लेकिन, छबि तो नीचे चली गयी। लट्टू बाबू ने कहा–काम है तो जाओ। लेकिन, मछली की भाजी तो तैयार हो गयी है, शायद। चाय के साथ··· अरे ओ छबि ! कहाँ गयी ? अच्छा, तुम बैठो। मैं छबि को भेज देता हूँ।

रामटहल ने प्रसन्न होकर कहा–ई झग्गरो खूब है !··· बाल्टी के साथ, हे-हे देखिए

1. मैंने क्या कहा था ?

कब की डूबी हुई पीढ़ी। बाबाजी ! बाल्टी निकैल देलौं। हे-लि य ! फाव में पुरनका पढ़ियों ऊपर भअ गेल !!

छबि ऊपर आयी। गोधन ने डिबिया निकालकर फिर पूछा—बोलो ? पहना दूँ।

—आमी जानी ना ![1]

सुफेद जरीदार साड़ी पर काले अलपाका एक कोट ! गले में सुफेद पट्टा नहीं बाँधेगी कुंतला। उसने अनूप के साथ मिलकर अपने पोशाक की परिकल्पना की है।

पल्टू बाबू एकटक देख रहे हैं कुंतला को। कुंतला बार-बार सिहर जाती है। कई बार उसकी आँखें टकरा गयीं। एकाध बार उसने अपने क्रोध को नथुने पर लाकर कुछ कहा भी। लेकिन, पल्टू बाबू की नजर ?··· अजगर की आँखें ??

पंडितजी ने शंख बजाकर शुभ-क्षण की घोषणा की। पल्टू बाबू ने कहा—कुंतला ! मैंने देख लिया है, तुम्हारा भविष्य ! मैं कहूँ ? तुम चाहो तो इस इलाके का ही नहीं, इस जिले का, इस प्रांत के बड़े वकीलों में···।

भोलासाही बाबू ने गद्गद होकर कहा—यही आशीर्वाद दो, भाई रे !

—आशीर्वाद ? पल्टू बाबू बोले—इसको कौन आशीर्वाद देगा, भोलासाही बाबू ? यह तो सब आशीर्वाद है।··· सुनो, कुंतला ! तुम्हारा यह मुहर्रिर, जो तुम्हारा भाई ही है, इसको भी रखो। लेकिन, एक प्रचारक··· एक करपरदराज ऐसा रखो कि मुवक्किल दूर देहात से तुम्हारा नाम लेकर ही घर से चले।

—प्रचारक या करपरदराज मैं कहाँ ढूँढ़ने जाऊँगी ? यह सब तो आपको ही करना है, का···।

कुंतला को 'काका' कहने का अवसर नहीं दिया पल्टू बाबू ने। बात को काटते हुए बोले—ठीक है ! इसका जिम्मा मैं लेता हूँ।

बाहर गोधन की जीप-गाड़ी आकर लगी !

गोधन को देखते ही कुंतला कुछ उद्विग्न-सी हो गयी। एक अद्भुत अवस्था हो गयी उसकी। वह क्या करे ? यह गोधन··· उसका ही गोधन ! पल्टू बाबू फिर आँखें गढ़ाए हुए देख रहे हैं !

गोधन ने पल्टू बाबू की चरण-धूलि ली। कुंतला के मन में हुआ, वह दौड़कर गोधन की चरण-धूलि क्यों नहीं ले लेती ? गोधन चुप खड़ा रहा। पल्टू बाबू ने कहा—देखो, कुंतला ! गोधन क्या कांड करने आया है ! न जाने कहाँ से इस गँवार लड़के की बुद्धि में ऐसी-ऐसी बातें फलती हैं ? लो, इस कलम से दस्तखत कर दो वकालतनामा पर और यह कलम तुम रखो अपने पास !

भोलासाही बाबू ने अपनी प्यारी बेटी को बढ़ावा दिया—लो ! शुभ काम में

---

1. मैं नहीं जानती।

देरी नहीं करनी चाहिए। कर दो दस्तखत।··· क्यों बाबू ! वकालतनामा पर टिकट है न ?

यह क्या तमाशा है ?··· कुंतला नर्वस हो गयी है। वह गोधन की आँखों से आँखें मिलाकर, आँखों से ही पूछती है–यह क्या तमाशा है ? कुंतला ने देखा, कांग्रेस कमेटी की गाड़ी से बिजली और काकी माँ उतर रही हैं।··· मिठाई की हाँडी है ? कुंतला को छबि की याद आयी। उसने गोधन के हाथ से कलम लिया। उसकी उँगलियाँ तनिक थरथरायीं, फिर उसने वकालतनामे पर दस्तखत कर दिया। ··· ठीक इसी समय। 'दुर्गा-दुर्गा' करता हुआ, अनूप··· संन्यासी आया।

बिजली उदास है··· !

गुरूदादू ने कुंतला पर नजर फेरी है। अनूप संन्यासी हो गया। फेला अपने परिवार के हर प्राणी को पतित समझने लगा है। छबि सोशलिस्ट पार्टी की हर सभा में गीत गाने जाती है। काका बाबू, अब जूट-मिल खोलने की योजना बना रहे हैं ? छोगमल इधर कई दिनों से बैरगाछी में ही है। 'काम-ज्वर' से पीड़ित है··· आता है, ऑफिस में बैठता है और हठात् 'बिजली रानी' कहकर बिजली के पैर पर गिर पड़ता है। बिजली क्या करे ? मुरली बाबू अब शायद फूलबागान में पैर नहीं रखेंगे। सबकुछ इस कुंतला के कारण हो रहा है ! औरत, फिर वकील !··· छबि मरेगी। बिजली जानती है, यह छबि मरेगी।

–छबि रे ! बिजली पुकारती है–अच्छा, छबि ! बोल तो यह क्या हो रहा है ? गोधन ने कुंतला को दामी कलम खरीद दी है। वकालतनामे पर दस्तखत तो नहीं, पुराने संबंध को फिर जगाना है, उसे। और, तुम सभा में गीत ही गाती रहोगी। कुंतला वकील है। वह वकालत करेगी।··· तू मरेगी, छबि !

छबि भी उदास थी। गोधन-दा आज भी नहीं आये। घंटा-दा भी नहीं लौटा है। 'उदयेर पथे' तसवीर एक सप्ताह से पूर्णिया में चल रही है। गोधन-दा गाड़ी लेकर नहीं आये। छबि कैसे जायेगी ? गोधन-दा ने माँ से कहा था–काकी माँ ! तैयार रहना तुम लोग, मैं जरूर आ जाऊँगा, समय पर। अभी तक नहीं आये हैं। और, बिजू-दी आजकल छबि के पीछे क्यों पड़ी हुई है हाथ धोकर ? जब-न-तब, बुला भेजती है। मानो, छबि को कोई काम ही नहीं, जवाब देने के सिवा।

बिजली ने कहा–देखूँ तुम्हारी अँगूठी।

छबि चुप खड़ी रही। बिजली ने छबि की उँगली से अँगूठी को निकाल लिया–हलचक्र !

बिजली ने अनुनय-भरे स्वर में कहा–छबि ! एक बार वह गीत मुझे नहीं सुनाओगी–ऊर्ध्व गगने बाजे मादल ?

छबि बोली–आमार किछुई भालो लागछे ना।··· मैं अभी कोई गीत नहीं गा सकती।

बिजली समझ गयी, क्यों नहीं गा सकती है छबि अभी कोई गीत ! वह जरा मुसकराकर बोली—अच्छा ! वह गीत भी नहीं ? वह नया रेकार्डवाला आधुनिक गीत—से केन एलो ना !

—दुत् ! तोमार की हये, बिजू-दी, आज के ? क्यों ऐसी बातें करती हो ? ··· अरे रे। बिजू-दी !··· ए की ?

बिजली ने लपककर छबि को छाती से लगा लिया। और इसके बाद चुम्बनों की वर्षा कर दी बिजली ने, छबि के ललाट पर, गाल पर, ओठ पर··· !! दोनों कुछ देर तक निश्चेष्ट पड़ी रहीं, एक-दूसरे की बाँहों में जकड़कर। छबि के हाथ ढीले हो रहे हैं। उसने धीरे-धीरे अपना बंधन ढीला कर दिया। बिजली आँख मूँद कर सिसकियाँ लेने लगी। इस बार छबि ने बिजली को चूमकर प्यार किया। बिजली के हाथ भी शिथिल हुए। छबि लेटी रही। उसका जी हलका हो गया। गीत स्वयं उसके कंठ से फूट पड़ा—बोलो ना-बोलो ना ! से केन ऐलो ना ? सखि, कथा दिये केन ऐलो ना, से जे कथा दियेउ एलो ना··· !![1]

रामटहल ने बाबाजी के कान में कहा—इयो बाबाजी ! आब ई दुनियाँ सार रसातल··· जुलूम बात। एहनो होइछै भला ? हम अपन आँखि से देखल बात कहैछी, अप्पन सत्पथ ! बाप रे बाप !!

बाबाजी ने उसकी बात पर विश्वास करते हुए कहा, धीरे-से कहा—रोज एक्टाके मुर्गी के अंडा जे चलै छै से कतै जैते हो ?

बिजली ने बाबाजी को पुकारकर कहा—चाय का पानी चढ़ा दो !

सब-डिविज़नल ऑफिसर साहब ने बिजली को सब-डिविज़नल विजिलेंस कमेटी का मेम्बर चुन लिया है।

कपड़ा, चीनी, तेल, सीमेंट, पेट्रोल का कोटा देनेवाली कमेटी—विजिलेंस कमेटी !

गोधनलाल ने इस नयी विजिलेंस कमेटी का विरोध किया है—इसमें जनता का एक भी प्रतिनिधि नहीं है। अखबारों में सम्पादक के नाम पत्र प्रकाशित हुए हैं उसके हस्ताक्षर से। सब-डिविजन की जनता के साथ घोर अन्याय !!

घंटा ऐलान कर रहा है—इस नकली विजिलेंस कमेटी के विरोध में—विद्यार्थियो, मजदूरो, किसानो, दुकानदारो, एकजुट होकर नारा बुलंद करो—यह विजिलेंस कमेटी नकली है। इसको तोड़ दो !

—तोड़ दो-तोड़ दो !!

—तोड़ दो-तोड़ दो !!

दो दर्जन विद्यार्थियों का एक जत्था बनाकर घंटा शहर के कोने-कोने में नारा लगाता फिर रहा है—तोड़ दो, तोड़ दो !! हर आदमी के कानों में एक ही आवाज—तोड़ दो, तोड़ दो !!

छबि इस जुलूस में नहीं सम्मिलित हो सकी। गोधन-दा ने मना किया है। वह गोधन-दा के साथ आज पूर्णिया जायेगी, 'उदयेर पथे' देखने। गुरूदादू आये हैं!

गुरूदादू बहुत दिनों के बाद फूलबागान में आये हैं। बिजली मुँह फुला कर रूठने का अभिनय करती है। पल्टू बाबू सबकुछ समझते हैं।

–मेहता कब आवेगा ? पल्टू बाबू ने पूछा।

–आमी की जानी ?

–तब कौन जानेगा ?

बिजली चुप रही। पल्टू बाबू ने कहा–आज ही, अभी एक टेलिग्राम लगा दो। जरूरी काम है !

छबि और गोधन ने आकर प्रणाम किया–गुरूदादू !

पल्टू बाबू ने पूछा–क्या है, छबि ?

छबि ने कहा–तुमी कुंतलार मुहर्रिल होयेछो सुनलाम।[1]

बिजली अवाक् हो गयी··· यह छबि आजकल इतना निडर हो गयी है ? बेलौस बात सुना दिया ?

पल्टू बाबू भी अवाक् हुए। लेकिन, उनकी मुसकराहट मंद नहीं हुई। बोले–ठीक ही सुना है तुमने। मैंने मुहर्रिरी शुरू की है कुंतला की। तुमने ड्राइविंग सीख लिया, या सीख ही रही हो ?

पल्टू बाबू ने गोधन से कहा–यह तुम्हारी पार्टी की सरासर गलती है। एक ओर तो तुम लोगों का कहना है कि हमारी पार्टी इस 'कोटा-परमिट' के मोह में अपने को नहीं फँसाना चाहती। दूसरी ओर, जब कोई कमेटी बनती है तो उसका विरोध करते हो ! यह कैसी बेतुकी बात है !

गोधनलाल ने कहा–हर अन्याय के विरुद्ध नारा लगाना हमारा कर्तव्य है।

पल्टू बाबू कुछ कहते-कहते रुक गये। बोले–पूर्णिया जा रहे हो ? मेरा एक काम करते आना···।

पल्टू बाबू बिजली को सबकुछ खोलकर समझा रहे हैं–सारे जिले में कहीं भी, किसी भी सब-डिविज़न में कोई जनाना वकील है ? तो, जब बैरगाछी सब-डिविज़न में पहले-पहल एक जनाना-वकील हुई है तो उसकी मदद करना हमारा काम है। कुंतला की जगह पर कोई और होता, तब भी मैं मदद करता। और मदद क्या करता हूँ !

बिजली बोली–गुरूदादू, एक बात कहूँ ? बुरा तो नहीं मानोगे ? वह कुंतला तुम्हारा सर्वनाश करेगी। मैं अच्छी तरह जानती हूँ उसको।

पल्टू बाबू हँसे–तुम उसको जानती हो··· और मैं उसकी नानी और दादी तक को जानता हूँ।

गृहस्वामिनी सिर पर आँचल डालकर कमरे में आयी–बिजू ! गुरूदादे के चा

---

1. सुना है कि तुम कुंतला के मुहर्रिर बन गये हो ?

एने दाऊ।

बिजली चाय लाने गयी। वह समझ गयी, आज काकी माँ भी अपने मन का बुखार उतारेगी।

बिजली के जाते ही गृहस्वामिनी के सिर का आँचर खिसककर नीचे आ गया। वह बोली–गुरूदादू ! शेषे तुमी उ··· तुम भी उस कुंतला और भोलासाही के चक्कर में पड़ जाओगे, इसकी उम्मीद नहीं थी। केन ? केन ? हमने क्या गलती की है ? क्या त्रुटि हुई है, हमारी ओर से।··· तुम्हारी कौन-सी इच्छा नहीं पूरी की इस फूलबागान ने ? तुम, तुम··· गुरूदादू ! बिजली से तुम नाराज हो। लेकिन, हमने क्या बिगाड़ा है तुम्हारा ? बिजली ने तुम्हारा अपमान किया। तुम उस अपमान को पी गये, और आज, इतने दिनों के बाद उस अपमान का बदला ले रहे हो ?··· बोलो अब किसकी पूजा चाहिए तुम्हें !!

गृहस्वामिनी बोलती गयी। बोलते-बोलते रो पड़ी।

पल्टू बाबू चुपचाप आराम-कुर्सी पर लेटे रहे।

गृहस्वामिनी आँखें पोंछती हुई चली गयी।

रामटहल कह रहा है बाबा से–बाबाजी ! गुरूदादू इस फूलबागान का लक्ष्मी हैं। जहाँ इस तरह कुकरम कांड होगा वहाँ लक्ष्मी कैसे रहै ? है कि नहीं ?

बाबाजी ने दाल छौंकते हुए कहा–हौ रामटहल, ई कूपक पानिये खराब !

रामटहल ठीक ही कहता है। फूलबागान के स्वामी और गृहस्वामिनी दोनों को विश्वास है–गुरूदादू लक्खी ! गुरूदादू की सेवा में कोई त्रुटि नहीं की है, फूलबागान के प्राणियों ने। लट्टू बाबू की बात क्या, लट्टू बाबू के माँ-बाप ने ही पल्टू बाबू को 'लक्खी' समझा था। लेकिन पहली बार गुरूदादू का अपमान किया बिजली ने ! पल्टू बाबू भूले नहीं हैं। कोई कैसे भूल सकता है, उतनी बड़ी घटना को ?

बिजली किशोरावस्था की सीमा पार कर जवानी में पाँव रख रही थी। फूलबागान में अनार के फले पेड़ के पास बिजली खड़ी थी। छोटी-छोटी पत्तियाँ··· लाल-लाल छड़ी-जैसी डालियाँ··· और बिजली खड़ी ! पल्टू बाबू को प्यास लग गयी थी, शीतकाल में भी।··· बिजली···!

इसके बाद पल्टू बाबू की कनपटी हमेशा गर्म रहने लगी। यह जलन··· ऐसी जलन··· पल्टू बाबू के कनपटी के पास आजकल वैसी ही जलन शुरू हुई है, कुंतला को देखकर।··· इस जलन पर कोई सद्यः-प्रस्फुटित पुष्प··· कौन फूल··· कमल··· नहीं, देह का फूल··· देह-पुष्प !!

कनपटी पर देह-पुष्प नहीं–दो चोटें !!··· बिजली को छूते ही पल्टू तड़प उठे–तड़ाक-तड़ाक !!··· असब्बो··· नीच-पाजी··· बदमाईश छूछों !!

पल्टू बाबू की कनपटी आज भी जल रही है। गृहस्वामिनी जो अभी तिरिया-चलित्तर दिखा गयी, इसका कोई असर नहीं हुआ पल्टू बाबू पर। पल्टू बाबू उठ खड़े हुए।

रमा आयी–गुरूदादू ! बिजू-दी डाकछे तोमा के उपरे !

पल्टू बाबू ने मन-ही-मन कुछ सोचा। फिर सीढ़ी से ऊपर चले गये। आज फूलबागान के प्राणियों ने प्रतिज्ञा कर ली है शायद–गुरूदादू को प्रसन्न करने के लिए जो कुछ भी न्यौछावर करना पड़े।

बिजली जानती है, पुरातन अभिनय के सुर में कुछ कहते ही गुरूदादू सतर्क हो जाते हैं। पुरातन बँगला स्टेज की पात्रियों की भाषा में पल्टू बाबू ने इसी फूलबागान में, बहुत संवाद सुना है। इसलिए बिजली ने सीधी बातें कीं–गुरूदादू ! तुमी आमार उपर जाओ नाराज ! आज तक नाराज हैं ? लेकिन, लेकिन मैं तो चाहती थी कि तुम दो के बदले चार थप्पड़ मेरे गालों पर मारकर मुझे··· ।

पल्टू बाबू पास की कुर्सी पर बैठ गये। ढेला मारकर आम तोड़ सकता है कोई, अनार नहीं ? क्या कह रही है यह लड़की ?–गुरूदादू ! तुमने तो फिर कभी···?

–चुप रहो ! पल्टू बाबू का स्वर बदल गया। इस सुर में जब कभी बोलते हैं पल्टू बाबू, लोग उनका जवाब नहीं देते। चुप हो जाते हैं। बिजली ने किंतु, बोलने की चेष्टा जारी रखी–गुरूदादू ! सिर्फ मेरी उस गलती के कारण आज तुम फूलबागान में आग लगाना चाहते हो ?

–मैं क्या कर रहा हूँ ? यह तुम लोगों को क्या वहम हो गया है ? यह मेरी समझ में नहीं आ रहा। कुंतला के यहाँ नहीं जाऊँ ? लेकिन क्यों नहीं जाऊँगा, क्यों ? और कुंतला के यहाँ जाने का मतलब फूलबागान में आग लगाना कैसे हुआ ?

पल्टू बाबू के सामने बिजली चुपचाप खड़ी है, रौंदा हुआ फूल ! छोगमल ··· मुरलीमनोहर मेहता और गोधन ? हाँ, गोधन भी। चाँद-सूरज नहीं जानें, लेकिन पल्टू बाबू जानते हैं। बिजली ने गोधन को भी अधरामृत··· !!

गुरूदादू ? यह क्या ? बिजली ?– बिजू, क्या कर रही हो ? अच्छा, सुनो ! एक बात कहोगी, सच-सच ?

–कैसी बात ? पूछो ?

–गोधन तो सोशलिस्ट हो गया है। जब हो गया है, तो हो गया। ऐं ? तो वह हुआ सोशलिस्ट ! ऐं ? तुम हुई कांग्रेस की सदस्या या क्या, जो कुछ भी तुम हो। ऐं ? छबि ने एक दिन मेहता का सिर दबा दिया दर्द में, तो तुमने बेचारे को दो महीने का बनवास दिया। और, बेचारी छबि को तुमने पता भी नहीं लगने दिया कि गोधन साँझ से ही तुम्हारे साथ छत पर बैठा है।

बिजली अचरज और लाज के मारे थर-थर काँपने लगी। पल्टू बाबू रुके नहीं–बिजू ! तुमने मुझे तमाचा मारकर जितनी गालियाँ दी थीं उतनी गालियों को मैंने रट लिया है। असब्बो··· नीच··· पाजी बदमाईश··· छूँछो ! छोगमल तो सुसभ्य है, मेहता महान है, गोधन··· ।

–गुरूदादू ! तुम्हारे पैरों पड़ती हूँ। खमा कोरे दाउ !!

रामटहल ने बाहर से ही कहा—तेतरी दीदी का नौकर आया है··· तेतरी ? कुंतला का नौकर आया है पल्टू बाबू को बुलाने। अब पल्टू बाबू यहाँ एक मिनट भी नहीं ठहर सकते।

पल्टू बाबू फाटक से बाहर हुए। सारे फूलबागान ने एक लम्बी साँस ली। लक्खी चले जाच्छे !

घंटा आजकल मौलिक विचारों के फेर में पड़ा हुआ है। विद्यार्थियों के संगठन से छुट्टी मिलते ही वह 'चिंतन' करता है। अब तो प्रतिदिन एक घंटा चुपचाप बैठ कर सोचता है। डेमोक्रेटिक सेक्स वेल्यू !··· न, न, डेमोक्रेटिक वेल्यू ऑफ़ सेक्स ··· यौनविज्ञान डेमोक्रेसी के प्रकाश में··· बगैर नये सिरे से सोचे, कोई हल नहीं निकलेगा। आम्रपाली··· तो, फिर आम्रपाली युग या परम्परा··· न; नः। बीच में यह मद्धममार्गी बुद्ध बेकार क्यों आता है··· तो, बिजली और कुंतला और छबि या कोई भी सुन्दरी, नगर-सुन्दरी हो सकती है जिस पर सबका अधिकार··· जिस पर सभी अपना अधिकार समझें। लेकिन, प्राप्त हो सिर्फ बलशाली को। बल माने शारीरिक-आर्थिक-सामाजिक, माने वोट ! उँहूँ, सब गड़बड़ा गया। फिर मूलाधार पकड़ना होगा। जनतांत्रिक यौन-दृष्टि ! डेमोक्रेटिक सेक्स वेल्यू···।

नीचे, कुत्ता काँ-काँ-काँ-काँ कर चीखा। उसके बाद बाबाजी की किकियाहट—आहि ऐ बाप ! मरि गैलों, मरि गैलों !!··· फेला ने बाबाजी को मारा है, डंडे से तड़ातड़ ! फेला, बगल के कमरे में दौड़कर घुस जाता है और कना को पीटना शुरू करता है। कना चीख उठती है—बिजू-दी ई-ई-ई··· ! ओ माँ ओं-आँ !! घंटा दौड़कर नीचे आता है—फेला ! ऐ शोन··· शोन··· अरे पागल हौली··· बली··· बलीशोन। घंटा ने फेला के हाथ से डंडा छीन लिया। फेला पागलों की तरह बड़बड़ाता रहा—घंटा-दा ! लाठी दाओ।··· इसी लाठी से मैं सब गलत को सुधारूँगा। इसी लाठी से ··· जतसब··· !!

कना की पीठ लहूलुहान हो गयी है। वह पलँग के पास खड़ी हिचकियाँ ले-लेकर रो रही है।

बिजली सीढ़ी से नीचे नहीं उतरी। गृहस्वामिनी को रामटहल कुछ कह रहा है, समझा कर ! फेला फूलबागान के फाटक से बाहर हो गया।

रमा ने रामटहल की ओर भय-भरी आँखों से देखा !

कुंतला सहाय, बी. एल. !

सनेही मुवक्किलों को समझा रहा है—देखो ! फीस का एक रुपया बाकी रखोगे—मुकदमा का एक नुक्स बाकी रख लेगा वकील। चाहे कोई भी वकील हो।

कुंतला चाय पी रही है पल्टू बाबू के साथ अंदर कमरे में।

कुंतला रोज पल्टू बाबू में एक नया गुण देखती है !

पल्टू बाबू की राय मानकर, कुंतला फिटन पर कचहरी जाती है। ट-ड़-रं-ग ! ट-ड़-रं-ग !! जनाना वोकील की गाड़ी जा रही है। पल्टू बाबू ने कोचवान युनूस को समझाकर कह दिया है–देखो ! कंपाउन्ड से बाहर निकलते ही, तीन बार बेल बजाओगे। इसके बाद ठीक 'लम्बा ठाकुर' के होटल के पास एक बार। लोकल बोर्ड के मोड़ पर दो बार, थाना के पास तीन बार। कचहरी कम्पाउन्ड में एक बार। बार-लाइब्रेरी के पास एक बार ! समझे ! टड़रंग।··· टड़रंग !!

सभी की निगाहें फिटन की ओर मुड़ीं। लम्बा ठाकुर के होटल में ठहरे हुए देहाती मुकदमेबाज मुवक्किल नहाते, मुँह धोते हुए पैरवीकार–सभी देखते इस जनाना-वकील को। और, कोई तारीफ का पुल बाँधना शुरू कर देता–कमाल की जेहनवाली है।–उस दिन बहस कर रही थी। तारा बाबू वकील को पानी-पानी कर दिया।

टड़रंग !

जनाना वकील। कुंतला देवी··· तेतरी दीदी···।

टड़रंग ! टड़रंग !!

–हटो सामने से ! भीड़ क्यों लगाते हो सड़क पर ! युनूस, देहाती मुवक्किलों को डाँटता है–टुकुर-टुकुर मुँह देख्ता है बीच सड़क पर खड़ा होकर ?

कुंतला मुसकराती रहती है। कृत्रिम बोली में और भी मिठास डालकर कहती है–सड़क पर ठिकाने से चलिए, भाई साहब !

–धन्न है ! धन्न है !!··· भाई साहब कह दिया ?

–नहीं, फेला ! इतना उदास होने से काम नहीं चलेगा। अनूप सहानुभूतिपूर्ण भाषा में 'विरक्त फेला' को समझा रहा है–रहना है तो सहना होगा ! काका बाबू ने सबसे बड़ी गलती की है, तुम दोनों को कभी हॉस्टल में नहीं रखा।

फेला ने कहा–पढ़-लिखकर ही क्या होगा, अनूप-दा ?

अनूप ने कहा–हाँ, यह प्रश्न तुम्हारा सही है। जब मनुष्य अंधगुहा में था तब उसने प्रकाश की कामना की, प्रकाश दो ! और, आज प्रकाश के चकाचौंध से ही जब धरती विनष्ट हो सकती है तो··· फिर गुहा की ओर !

दोनों हँसे। फेला का जी तनिक हलका हुआ।

–नहीं रे फेला, सब बुरा ही नहीं हो रहा। कुछ अच्छाई भी कहीं-न-कहीं जरूर रही है··· पनप रही है।

–नहीं, अनूप-दा ! इस गड्डलिका-प्रवाह[1] में।

---

1. भेड़िया-धसान बाढ़ में।

—इस गड्डलिका-प्रवाह में ही नीलिमा जी रही है, दशरथ बाबू का पूरा परिवार पल रहा है। डॉक्टर हफीज, गाड़ीवान टोले का अकबर और मणि बाबू जी रहे हैं।

फेला का चेहरा अचरज से चमक उठा। बोला—अनूप-दा ! कल ही हेरम्ब बाबू का बड़ा बेटा गोरा डेढ़ लाख लेकर आया है, सिर्फ पाँच महीने में, आबकारी का हवलदार था। जिस गोरा ने मैट्रिक तक पास नहीं किया, लखपति हो गया है। मामा सबसे बड़ा ऑफिसर था। हिम्मत से काम किया और अब नौकरी रहे या नहीं रहे, वह लखपति तो हो गया।··· क्यों नहीं पढ़ेगा ?

अनूप ने कहा—तुम नीलिमा को जानते हो ?

—देबू बाबू की बेटी तो ? वह तो पगली है, किंतु ! फेला ने कहा

—तुमने कभी उसको कोई पागलपन करते देखा है ? अनूप ने पूछा।

फेला बोला—देखा नहीं, सुना है। हाँ, देखा भी है। एक बार परमान के किनारे टहल रहा था। वह बालू पर कुछ खोजती जा रही थी। हँसती जा रही थी, बहुत दूर तक चली गयी। ऐसा लगता था कि किसी के पैरों की छाप··· ?

अनूप हँसा—तुमने ठीक समझा है। वह कह रही थी, बालू पर लोमड़ी अथवा किसी रेंगनेवाले, पाँववाले कीड़े के पद-चिह्नों का पीछा करना उसे बहुत प्रिय है ! लेकिन, यह पागलपन कैसे हुआ ?

फेला ने हिम्मत से काम लिया—अच्छा, अनूप-दा ! एक बात बताओ तो। एक ओर तो तुम संन्यासी का बाना धारे हुए हो। दूसरी ओर, इस 'आय-माय' जाति से इतना हेल-मेल ! मेरी बुद्धि में जितना अँटेगा, उतना-सा ही समझूँगा न··· मैं समझ नहीं पा रहा हूँ।

अनूप हँसा—यदि 'आय-माय' से हेल-मेल नहीं रखूँगा, तो भीख कौन देगा ? पुरुष ? और तुम्हारे जैसे विरक्त छोटे भाइयों को कौन समझाएगा, कैसे समझा सकूँगा कि सबकुछ बुरा नहीं हो गया ! फिर, मैं संन्यासी हो गया हूँ··· यह कहना तो गलत है। संन्यासी होना खेल नहीं। आश्रम के नियमों का पालन करने में मैं असमर्थ हूँ। इसलिए स्वतंत्र हूँ, गाँव में होमियोपैथी दवा बाँटूँ अथवा रामायण-पाठ करूँ। लेकिन नीलिमा के घर एक दिन तुमको ले चलूँगा।

फेला ने कहा—चलूँगा।

अनूप गंभीर हो गया। थोड़ी देर तक कुछ सोचने के बाद उसने कहा—और हम-तुम साक्षी रहें ! एक बहुत बड़ी बात के !

—किस बात की साक्षी ?

—आज नहीं बताऊँगा ! बिजली से कह देना, मैं कल नहीं आ सकूँगा उधर।

पल्टू बाबू ने जब बिजली को इस्तीफा देने की सलाह दी तो बिजली तिलमिला उठी—ना, ना ! आमि मेहता के बिना··· मेहताजी से पूछे बिना मैं कुछ नहीं कर सकती।

पल्टू बाबू ने समझ लिया, बिजली क्यों बार-बार मेहता का नाम ले रही है।

—तो, मैंने तो उसी दिन तुमसे कह दिया था, मेहता को एक टेलीग्राम लगा दो। सुनो बिजली ! कल या परसों, किसी दिन गोधन आम-सभा बुला रहा है। सभा में इस विजिलेंस कमेटी पर अविश्वास प्रकट किया जायेगा। प्रस्ताव पास होगा। और, तुम्हारा उदाहरण उनकी बात को बल देगा। सीमेंट-लोहा-कोयला की एक प्राइवेट कंपनी के साझीदार की भतीजी हो तुम। उस कंपनी में काम भी करती हो। इधर विजिलेंस कमेटी में भी सदस्य रहोगी, यह संभव नहीं। तो, बाध्य होकर निकलने से पहले स्वयं निकल आना बुद्धिमानी है।

पल्टू बाबू उठे। पाँच बज रहे हैं। कुंतला कोर्ट से वापस आ गयी होगी। ··· चाय पिये बगैर बैठी रहेगी जब तक पल्टू बाबू लौटकर न जायेंगे।

बिजली टेलीग्राम लिखने बैठी—कम शार्प···।

फेला कना को आज बहुत प्यार से बुला रहा है।

—ओ कना !

कना लाज और डर से सिमटी खड़ी है। फेला की आँखें डबडबायी हुई हैं; उस दिन मारकर आज पछता रहा है—देखूँ; पीठ में दाग ! लेकिन, कना रे ! तोमरा सवाय गोल्लाय चले जाबे··· यह कैसे देख सकता हूँ ?

रमा आयी—फेला-दा ! आमादेर··· हम लोगों को भी आश्रम में ले चलो न एक दिन !

फेला ने पूछा—अच्छा ! तुम लोगों ने रामायण-महाभारत पढ़ा है ?

रमा चुप रही। कना ने पूछा—कौन रामायण !

फेला बोला—कृतिवास अथवा तुलसीदास का नाम सुना है तुम लोगों ने ?

—नहीं। दोनों ने एक सीधा-सादा जवाब दे दिया।

फेला हँसा। महाभारत की बात अब क्या पूछे ? उसने कहा—देखो कल से मैं रोज रामायण और महाभारत पढ़कर सुनाऊँगा। एक दिन रामायण और दूसरे दिन महाभारत !

फेला ने अपने पॉकेट से एक छोटी-सी किताब निकाली—अच्छा यह तसवीर किसकी है, पहचानो तो ?

—साधु की। दोनों ने फिर सीधा-सा जवाब दिया। दाढ़ीवाला साधु ही हो सकता है।

फेला ने किताब का दूसरा पृष्ठ उलटाया—और, इन्हें तो जरूर पहचानती होगी तुम ?

दोनों लड़कियों ने तसवीर को गौर से देखने की मुद्रा बनायी—हाँ, हाँ। पहचानती हूँ··· क्या नाम भला, विवेकानन्द··· सामीजी !

फेला का मुरझाया हुआ मुखड़ा जरा चमका। बोला—खैर। गुरु को नहीं, शिष्य को तो पहचाना तुमने। तुम-लोगों ने परमहंसदेव रामकृष्ण का नाम कभी नहीं सुना ?

ठीक कहते थे अनूप-दा।··· हम साक्षी हैं, प्रवासी-बंगालियों के इतिहास के। क्रमशः ह्रास होनेवाले एक चरित्र का यह चल-चित्र !··· आज से सत्तर-अस्सी साल पहले, इन इलाकों पर बंगालियों का राज था। हाकिम-हुक्काम, डॉक्टर-मास्टर-वकील, दुकानदार-व्यवसायी, स्टेशन-मास्टर से लेकर डाक-बाबू—सभी बंगाली। जिले के सभी सब-डिविजन पर बंगाली-शासन। इस इलाके के लोग बंगालियों को गोरी चमड़ीवाले अंग्रेजों से एक दर्जा ही कम समझते थे। शहर के इन हाकिम-हुक्कामों ने दूर-देहात तक की सीमा तक अपना प्रभाव फैला रखा था। गाँव और जमींदारियाँ भी इन्होंने खरीदीं। और तम्बाकू का व्यापार तक नहीं छोड़ा। स्वदेशी-आन्दोलन के युग में रहनुमाई भी इसी वर्ग ने किया, पहले-पहल।··· रेलवे का नाम था ईस्टर्न-बंगाल, और रेलवे के हर विज्ञापन में अँगरेजी के बाद बँगला का स्थान होता। अँगरेजी और बँगला में शुद्ध-शुद्ध लिखकर हिन्दी-उर्दू विकृत और भ्रष्ट करके इश्तहार टाँगते थे—अपना टीकट आप खरीद। माल का उपर नजर राख। जुयाचोर, चोर आउर पाकेटमार नजीक हाय।··· अँगरेजों की तरह, बंगाली-भाइयों ने भी यहाँ के साधारण-जन को 'जानवर' से अच्छी कोई दूसरी संज्ञा नहीं दी। और, जहाँ भी ये बसते वहाँ अपना निजी संगठन सुदृढ़ रखते। दुर्गा-पूजा, काली-पूजा तथा अन्य अवसरों पर कोलाकोली[1] किसी स्थानीय व्यक्ति से कभी नहीं करते। ··· एक बंगाली परिवार के लड़के-लड़की का अभिभावक हर बंगाली होता। शाम को अकेले इधर-उधर घूमनेवाले लड़के पर यदि धन्नू (जो म्यूनिसिपिलटी में मशालची का काम करता) की भी निगाह पड़ जाती, तो वह डाँटकर कहता—की रे ! एदिके कोथाय ?··· थामो, तोमार बाबा के बोलते होबे। सारे बंगाली-समाज का पिद्दी यह धन्नू, यह भी किसी लड़की को रास्ते में हँसते देखकर झिड़की दे सकता था—की रे ! हाँसछिस जे बड्ड।··· बेसी हाँसले, दाँत पोड़े जाबे··· माने हँसने से दाँत टूट जायेगा··· मारकर दाँत तोड़ दूँगा।

किंतु, कहते हैं कि यहाँ के बड़े और विज्ञ बंगालियों का कहना है कि राय-परिवार के फूलबागान ने ही, ऐसे परिवारों ने उस 'इंटिग्रिटी' को समाप्त किया।··· पल्टू बाबू के हमारे परिवार में प्रवेश को ही बैरगाछी-बंग-मिलन-संघ के भंग होने का प्रथम कारण मानते हैं। लेकिन, पूर्णिया-कटिहार-किसनगंज में ? वहाँ किसने इस संघ के कार्यक्रम में बाधा डाली ? नीलिमा-दी को यहाँ के एक मैथिल युवक से प्रेम हो गया ! घरवालों ने प्रेम को पनपने का मौका दिया। फिर, एक दिन हाथ में खड्ग लेकर खड़े हो गये—नीलू ! तुमी क्रिस्तान हऊ मोछलभानेर संगे बिये कोरो, तुमी ब्राह्मो हये जाउ। लेकिन, इस मैथिल ब्राह्मण के गँवार लड़के से संबंध ! हरि बोल, हरि बोल !! वह नीलिमा-दी आज तक उस प्रेम की ज्वाला में जल रही है। प्रेम के पवित्र नाम को उन्होंने आज तक कलंकित नहीं होने दिया। आज भी, सुशील झा की तसवीर से जी बहला रही है। आजीवन कौमार्य ? सुशील

1. गले से गले मिलना।

झा के दोनों लड़के, जो यहाँ के स्कूल में पढ़ते हैं, उनकी आँखों की मणि हैं। रोज एक बार से जी नहीं भरता है। कहती है–सुबह-शाम आया करो, तुम दोनों ! सुशील झा को फेला ने देखा है। मदनपुर मिडिल स्कूल का हेडमास्टर सुशील झा। कुमारी नीलिमा दास गुप्ता उसकी तथा उसके परिवार के हर प्राणी की मंगलकामना करती है, रोज। सुशील झा आनन्द से है। आज हर क्षेत्र से हमें उखाड़ा जा रहा है। उखड़ रहे हैं हमारे भाई लोग। जमीन में जड़ नहीं तो उखड़ेंगे ही। बंग-प्रभुत्व के दिन लद गये, इसे लदना था। कब तक यह चलता ?··· लेकिन, लेकिन··· कोई बंगाली परिवार अपने बच्चों को कृतिवास रामायण का नाम तक नहीं सुनने का अवसर दे और, इतने दिनों तक बिहार के इस भूखंड का रस चूसकर भी जो तुलसीकृत रामायण के रस से वंचित रहा, ऐसी जाति ?··· सारे जिले में बस एक या दो सज्जन मिलेंगे जिन्होंने तुलसीकृत रामायण का अध्ययन किया हो ! लेकिन, हमारे पास इसके प्रमाण हैं कि दूर देहात में कृतिवासी और काशीरामदासी महाभारत की पंक्तियाँ आज भी लोगों के कंठों में है–अर्थ के साथ !!··· फूलबागान पर ही सारा दोष मढ़कर अपने को पापमुक्त समझनेवाले लोगों से फेला एक दिन जमकर बहस करना चाहता है।

फेला ने निश्चय किया है, वह हॉस्टिल में रहेगा। यह डेली-पैसेंजरी अब नहीं होगी। बस से भी नहीं जायेगा। वह कॉलेज-हॉस्टिल में रहेगा। घंटा की बात घंटा जाने।

घंटा अपनी बात कहता है–मैं अब नहीं पढ़ूँगा। सिर पर इतने कामों का बोझ लेकर पढ़ना अब असंभव है। और, पढ़कर होगा भी क्या ? विद्यार्थियों का संगठन मेरे हाथ में। प्रिंसिपल और प्रोफेसर लोग मुझसे डरते हैं। जिस दिन चाहूँ, जिनको चाहूँ 'मुर्दाबाद' बना सकता हूँ, तो अब पढ़कर होगा क्या ? प्रोफेसर बोलेगा–मैं जो अर्थशास्त्र पढ़ाता हूँ, वह ठीक है। मैं कहूँगा–सब पूँजीवादी-अर्थशास्त्र के सिद्धांत गलत हैं। बहस करूँगा और हारूँगा नहीं। फिर लड़ाई हो या संधि··· कुछ होकर रहेगा। तो, अब पढ़कर क्या होगा ?

मेहता ने कहा–पल्टू बाबू ने ठीक ही कहा है। तुमको इस्तीफा देना पड़ेगा, चाहे विजिलेंस कमेटी से दो, अथवा सप्लाइंग कम्पनी से। लेकिन, तुमने देरी क्यों कर दी ? आज सोशलिस्ट पार्टीवालों की सभा है। इस सभा के बाद तुम्हारा त्याग-पत्र देना···।

बिजली बोली–यही तो मैं भी कह रही हूँ कि अब इस्तीफा देना ठीक नहीं होगा।

मेहता ने सिर खुजलाते हुए कहा–नहीं, बिजू रानी ! इस्तीफा तो देना ही होगा। और एक बात। काका बाबू को तुम जरा समझा देना !··· हर जगह वह मेरे नाम को एक्सप्लाइट करते हैं। यह अच्छी बात नहीं।

—काका बाबू ने क्या किया ? बिजली ने अचरज-भरे स्वर में पूछा।

—यह काका बाबू से ही पूछना। मेहता के चेहरे पर अप्रसन्नता की झलक स्पष्ट हो गयी।

बिजली कुढ़कर बोली—मैं बुझौबल नहीं बूझना चाहती। जो बात है, साफ-साफ खोलकर कहते क्यों नहीं ?

—साफ-साफ क्या कहूँ ? वह मेरे नाम का नाजायज फायदा उठाने से कहीं बाज नहीं आते। सरकारी दफ्तरों से लेकर प्राइवेट कंपनियों और रेलवे-दफ्तर तक में मेरा नाम लेकर वह काम करवाते हैं। यह क्या अच्छी बात है, तुम्हीं बोलो ! मेहता ने अंतिम वाक्य समाप्त करते हुए बिजली की पीठ पर हाथ रखा। बिजली छिटककर अलग बैठ गयी।

—कौन बात अच्छी है या कौन-सी बात बुरी—यह हम क्या जानें ?··· तुम्हारे कारण मेरी बदनामी, हमारे परिवार की बदनामी सारे जिले में हो रही है। हमने तो कभी अच्छी-बुरी बात का सवाल नहीं उठाया।

मेहता ने समझ लिया, बिजली बहुत दुखी है, किसी कारण से। बिजली के व्यवहार से उसे अचरज हुआ। बिजली उठी और जाने लगी कमरे से। मेहता ने चतुराई से बात को बदलने की कोशिश की। लेकिन बिजली की आँखें डबडबा आयीं। मेहता से नहीं देखा गया, यह मुख बिजली का। उसकी निगाहें झुक गयीं।

फुटबाल मैच में जीतने के बाद जो 'हुर्रा' का नारा लगाया जाता है, उसी वजन का नारा फूलबागान के फाटक पर लगा—हुर्रे-रे-रे-रे-रे !!

घंटा उच्च स्वर में ऐलान करता है—एस. डी. ओ. को हमारी माँग के सामने झुकना पड़ा !··· घुटने टेक दिये। विजिलेंस कमेटी भंग हो गयी। हुर्रे-रे-रे-रे-रे !!

मेहता के ललाट पर पसीने की बूँदें जगमगा उठीं !

बिजली रो पड़ी !

इसी अवसर पर पल्टू बाबू दिखलायी पड़े—मैं जरा समाँ देखने आ गया !

गृहस्वामिनी ने सुना—'तमाशा देखने आ गया' तो बिना कुछ समझे-बूझे बड़बड़ाने लगी पल्टू बाबू को बुलाकर—तमाशा ! बड्ड तमाशा देखनेवाला एसेछेन !··· फूलबागान नहीं, थियेटर समझते हैं।

पल्टू बाबू अपनी कुर्सी पर बैठते हुए बोले—हाँ, इधर कुछ दिनों से थियेटर नहीं, एकदम जात्रा-नाच शुरू हो गया है।··· मैं देखने आया हूँ कि एक ही परिवार में, साँप-मोर-बकरी-बाघ किस तरह दिन काट रहे हैं ! ऊपर के एक कमरे में रहती है कांग्रेस की··· क्या है बिजली सो वही जाने। दूसरे कमरे में घंटा राम नारा लगाता है सोशलिस्ट पार्टी का। तीसरे में रामकृष्ण परमहंसदेव को लेकर फेला 'जप-ध्यान' में मग्न है। वाह ! बँगला खूब बना सरकार, जिसमें लगे हैं दस दरवाजे।

गृहस्वामिनी ने कुछ नहीं समझा लेकिन, सिर से आँचल उन्होंने कुछ समझकर खिसकाया··· पल्टू बाबू गृहस्वामिनी को खुला सिर देखते ही पिघल जाते हैं, सदा से। जब पहले-पहल आयी थी; याद है गृहस्वामिनी को, ठीक इसी चौखट के पास वह खड़ी थी, सिर खोलकर नयी दुल्हन··· गुरूदादू आये। सिर ढँकने लगी हड़बड़ाकर तो गुरूदादू ने सिर पर हाथ रख दिया—क्यों ढँकती हो ? कितना सुन्दर लगता है, तुम्हारा यह खुला सिर !··· उन दिनों गुरूदादू को लोग बाघ समझते थे फूलबागान में। उनकी उपस्थिति में कोई चीं-चूँ भी नहीं कर सकता। और··· और गुरूदादू की सबल बाँहों में पड़ी उसने कहा था—अब सिर नहीं ढँकूँगी आपके सामने। ··· रात में डेढ़ बजे गुरूदादू के पैरों की आवाज सुनकर ही उसके पति की नींद खुल जाती और अचानक पलँग छोड़कर कमरे से भागते। और, गुरूदादू निर्भय, निश्शंक उसके कमरे में आ जाते। चुपचाप, गुमसुम। वह जिस तरह भी लेटी रहे, गुरूदादू सिर से कपड़ा सरकारकर, सिर में उँगलियाँ जरूर चला देते थे। और कुछ नहीं। और कभी कुछ नहीं। पल्टू बाबू बहुत देर तक खुले सिर पान लगाती गृहस्वामिनी को देखते रहे। पान लेते समय पल्टू बाबू ने हँसकर कहा—चूना ज्यादा तो नहीं दे दिया है ?

इस बार गृहस्वामिनी हँस पड़ी। याद है गुरूदादू को ? शादी के बाद पहली बार पान सजाकर दिया बहू ने, तो मुँह जल गया।—ओ बौ ! आमर मुख पुड़िये, मुखपोड़ा कोरे दिले जे ![1] नयी दुल्हन हँसते-हँसते लोट-पोट हो गयी थी, अपने कमरे में।··· गृहस्वामिनी अपने कमरे में हँसते-हँसते लोट-पोट हो रही है।

भरी दोपहरी में आज गुरूदादू गृहस्वामिनी के कमरे में निर्भय, निश्शंक होकर आ रहे हैं।··· बौ ! बौ !! मुँह में पान लेकर बोलते समय पल्टू बाबू की बोली जरा विकृत हो जाती है। बौ यानी गृहस्वामिनी ने सिर ढँक लिया, सुफेद-काले बालों से भरा हुआ सिर। गृहस्वामिनी डर और अचरज से सोच रही है, यह आदमी क्या है ? आदमी, या देवता, या राक्षस ?··· इसकी भूख आज तक नहीं मिटी ?··· कुंतला ?

फूलबागान के फाटक पर होनेवाला कोलाहल अचानक फिर तीव्र हो गया। पल्टू बाबू ने अँगनाई से निकलकर डाँटा—क्या हल्ला मचा रहे हो !

सन्नाटा। घंटा की बोली ही बंद हो गयी।

पल्टू बाबू की गंभीर वाणी सुनी गयी—तमाशा कर रहे हैं, सब !

बिजली ने कहा—गुरूदादू ! मेहता तुम्हें बुला रहा है।

—मुझसे क्या काम है अब मेहता को ? मैंने कहा था न, समय रहते तुम इस कमेटी से निकल आओ···।

—हाँ, गुरूदादू ! तुमने ठीक कहा था।

—यह तुमने मेहता के कहने पर समझा है कि मैं ठीक ही कह रहा था उस

---

1. मेरा मुँह जलाकर मुँहजला कर दिया।

दिन ?

मेहता का चेहरा देखकर ही पल्टू बाबू समझ गये। अभी तुरत कुछ पिया है इसने ओठों से ! पल्टू बाबू ने कहा–मेहताजी ! डिस्ट्रिक्ट बोर्ड में जो एक जगह खाली पड़ी हुई है, बिजली को उस जगह पर नोमिनेट क्यों नहीं करवा देते ?

मेहता के दिमाग के बंद दरवाजों को किसी ने जोर से खोल दिया–ठीक ही तो ! पल्टू बाबू ठीक ही तो कह रहे हैं। विजिलेंस कमेटी के इस दुख को दूर करने के लिए कोई उपाय ही नहीं सूझ रहा था–आप ठीक कहते हैं।

बिजली चुपचाप खड़ी देख रही है पल्टू बाबू को। गुरूदादू जो कुछ कहता है, ठीक ही कहता है। मेहता का हतप्रभ चेहरा। मुरली नहीं, भेड़ ! मुरली, गोधन–सभी गुरूदादू के सामने भेड़ा हो जाते हैं। मेमियाते हैं। और ऐसा गुरूदादू खुद कुंतला के सामने भेंड़ा कैसे हो जाते हैं ? आश्चर्य !

मेहता ने कहा–मैं आज ही, अभी ही जा रहा हूँ। बिजू, तुम दुख मत करो। देखो, गुरूदादू की कृपा से··· ।

गुरूदादू की कृपा ! पल्टू बाबू की कृपा !!

बिजली जहाँ खड़ी है, उसके पास ही कैलेंडर पर किसी अभिनेत्री की तसवीर अंकित है। उसके सामने बिजली बूढ़ी-लगती है। बूढ़ा··· बूढ़ी··· जवान···! पल्टू बाबू मन-ही-मन हँसते हैं। उम्र से आदमी को मापने की मूर्खता कब तक करते रहेंगे, लोग ? पल्टू बाबू की इस मुसकराहट को देखकर बिजली को डर हुआ, कहीं आज फिर कोई बात न गड़ा बैठें।

किंतु पल्टू ने कोई बात नहीं गड़ायी। उन्होंने धीरे-धीरे कुंतला की चर्चा शुरू कर दी··· उसकी कुशाग्र बुद्धि··· उसकी बोली, फर्राटे से अँगरेजी बोलती है–अब तक पन्द्रह मुकदमे हाथ आये, बारह में जीत हुई है··· चमक जायेगी··· विदुशी है कुंतला, आदि-आदि।

बातें गड़ी नहीं। तेज छुरे की तरह इस पार से उस पार हो गयीं मानो। कुंतला, कुंतला, कुंतला ! वह झुंझला कर बोली–कुंतला के सिवा आजकल··· ?

पल्टू बाबू ने बीच में ही उसके वाक्य को पूरा करते हुए जवाब भी दे दिया–कुछ नहीं देखता हूँ उसके सिवा, बिजली। तुम लोगों ने कुंतला को गलत समझा है। वो तुम्हें बहुत प्यार करती है, किंतु ? और, यह डिस्ट्रिक्ट बोर्ड की मेम्बरी के लिए नोमिनेट करवाने की बुद्धि भी उसी के दिमाग की है।

बाहर छबि की खिलखिलाहट सुनकर ही पल्टू बाबू समझ गये, गोधन भी आया है। उन्होंने मुसकराकर कहा–अब जरा इस लीडर साहब को सुबुद्धि दे दूँ। ··· अखिल भारतीय अधिवेशन में गोधन को डेलिगेट होना चाहिए !

विक्ट्री डे !

सोशलिस्ट पार्टी की स्थानीय शाखा ने 'विजय दिवस' मनाने का निश्चय किया

है। सब-डिविज़नल ऑफिसर ने विजिलेंस कमेटी को 'डिज़ॉल्व' कर दिया है। दूसरी कमेटी बनेगी। सोशलिस्ट पार्टीवाले इसको अपनी जीत मानते हैं। भाइयो ! आइए, इस नकली कमेटी के टूटने की खुशी में हम लोग मिलकर आनंद मनावें। नव-सांस्कृतिक संघ की ओर से जननृत्य का प्रदर्शन !

जननृत्य !

बलवाही, विदेशिया, सावित्री, बेहुला, कसला तथा नन्हीं-विन्हीं नाच-पार्टीवालों को जीप पर लादकर ला रहा है घंटा।

स्कूल के पासवाले मैदान में मुक्त आकाशी-मंच बनाया गया है।

छबि ने कहा—बिजू-दी, तुम तो नहीं जाओगी देखने।

बिजली बोली—क्यों नहीं जाऊँगी ? जरूर जाऊँगी।

छबि अचरज से बोली—मुरली-दा भी जायेंगे ?

बिजली ने कहा—मुरली-दा बाहर गये हैं।

बाबाजी और रामटहल तैयार होकर छुट्टी लेने आया तो गृहस्वामिनी बोली—सभी जा रहे हैं तो घर में कौन रहेगा ?

बाबाजी बोला—बिजू-दी रहेंगी।

छबि ने पुकारकर कहा—बिजू-दी भी जायेंगी।

इस बार बिजली ने हँसकर कहा—नहीं रे। मैं नहीं जाऊँगी।

छबि चली गयी। फूलबागान में रह गयी सिर्फ बिजली। अकेली नहीं, वह रूपन को ले आयी।

रूपन तोता !

लट्टू बाबू के पिता के समय से ही रूपन पिंजड़े में है। बूढ़ा हो गया है। आजकल उपेक्षित अवस्था में दिन काट रहा है। लेकिन एक समय था जबकि घर के मालिक सुबह उठकर सबसे पहले रूपन से बातचीत करते थे—की रूपन। भालो कोरे घुमिये छिले ? नींद अच्छी तरह आयी थी। राधे-राधे, राधे-श्याम बोलो, रूपन ! पिछले तीन-चार साल से उससे कोई नहीं बोलता। उसने भी बोलना बंद कर दिया है। समय-असमय में, कभी-कभी राधेश्याम का नाम ले लेता है। कल ही, कल ही तो, छत के कोने में जब छबि रूठी बैठी और गोधन मनाने आया था तो रूपन बोल उठा था—राधे-राधे !!

बिजली ने सेब का एक टुकड़ा दिया। रूपन की आँखें छलछला आयीं शायद। ··· अहा, बिजू-दी ! एक युग हो गया सेब खाये। भगवान भला करे तुम्हारा।

—रूपन ! खाओ।

—खा लो तो राधे-राधे रटना।

रूपन ने इस बार सीटी दिया। सारा फूलबागान उसकी सीटी से गूँज उठा। ··· राधे-राधे। राधेश्याम। बोलो।··· के-के-के ? कुत्ता-कुत्ता-कुत्ता।··· आ तू-तू-तू !

—कहाँ है कुत्ता, रूपन ?

—आ तू-तू-तू !! कुत्ता-कुत्ता-कुत्ता !

कुत्ता नहीं, गोधन !

गोधन आया है बिजली को लिवाने–बिजू-दी ! चलिए, ऐसा आयोजन फिर कभी नहीं होगा। कहीं तिल धरने की जगह नहीं।··· अभी छबि बोली कि बिजू-दी भी आना चाहती थीं। चलिए, मैं दो कामरेड साथ ले आया हूँ। वे यहाँ रहेंगे। चलिए··· ।

–कुत्ता-कुत्ता-कुत्ता ! आ-तू-तू-तू !!

–नहीं, मेरा जी अच्छा नहीं।

–क्या हुआ है ?

–सिर में दर्द है ?

–हाँ।

–लाइए, मैं टीप दूँ।

–छिः ! आप जाइये।

गोधन, फूलबागान पर अपना एकछत्र राज्य समझता है। जिसको चाहे प्रसन्न कर सकता है। जूट-मिल खोलने के लिए बैरगाछी-मैदान पर डेढ़ सौ बीघे जमीन की रजिस्ट्री बना देगा, लट्टू बाबू के नाम।··· पल्टू बाबू के बाद, गोधन को ही 'लक्ष्मी' मानते हैं फूलबागानवाले। ··· मुरली बाबू का मान-आदर धीरे-धीरे कमने लगा है।

बिजली आज बहुत दुखी है। उसको अपनी माँ की याद आ रही है आज। वह गोधन को नाराज नहीं करना चाहती लेकिन, क्या करे ? वह जानती है, गोधन उसको बुलाने नहीं आया है। वह क्यों आया है, जानती है बिजली। किन्तु, किन्तु··· ।

–मारिये गोली इस तोता को। इधर आइए !! गोधन ने बिजली का हाथ पकड़ लिया।

–कुत्ता-कुत्ता-कुत्ता !

बिजली रोने लगी, फूट-फूटकर। गोधन डर गया। उसके सिर पर सवार भूत तुरत उतर गया। क्या हुआ बिजली को ? क्यों रोने लगी ? उसने समझाने की चेष्टा की–बिजू-दी ! क्या हुआ ? देखिए, रोइए मत। मुझे कहिए, क्या हुआ ?

बिजली क्या कहे ? उसे अपने-आपसे घृणा हो गयी है। वह अपनी देह पर किरासन-तेल डालकर आग लगा लेना चाहती है। छिः, छिः ! यह भी कोई जिन्दगी है ? ऐसी जिन्दगी से मौत भली। राह चलते लोग थूकेंगे, फूलबागान के हर प्राणी पर··· !

गोधन बिजली की आँख पोंछना चाहता था कि छबि की छाया छत पर दिखायी पड़ी–छबि ! तुम भी आ गयीं। देखो न, बिजू-दी रो रही हैं।

छबि जानती थी, बिजू-दी अब गोधन को पकड़ेगी। और, गोधन ? इसकी बात का क्या परतीत ? यह तो पुरुष है। लेकिन, बिजू-दी को क्या हो गया है, जरा भी संतोष नहीं। वह बोली–वहाँ घंटा-दा बार-बार तुमको खोज रहा है और

तुम यहाँ 'कलंक-भंजन' लीला कर रहे हो !

बिजली समझती है, छबि कोई मौका खोज रही है। एक दिन वह बरसेगी। छबि, बरसी नहीं। वह आकर बिजली के पास बैठ गयी। रूपन के पिंजड़े को देखकर उसे भी बचपन की बातें याद आ गयीं। रूपन ने फिर एक बार 'राधे' का नाम लिया।

गोधन जाने लगा तो रूपन ने पुकारकर कहा–कुत्ता ! तू-तू-तू !!

छबि ने डाँटते हुए कहा–छिः, ए की ! रूपन, किसको कुत्ता कहते हो, वह गोधन-दा है। बोलो, ऐसा-ऐसा !!

रूपन 'ऐसा-ऐसा' नहीं कहेगा। वह कुत्ते को पुकारेगा–तू-तू-तू ! कुत्ता-कुत्ता-कुत्ता !! छबि हँसने लगी।

बिजली ने कहा–तुम नहीं जाओगी अब ?

छबि ने कहा–नहीं। चलो, बिजू-दी ! तुम्हारा सिर टीप दूँ।

पल्टू बाबू एस. डी. ओ. साहब को समझा रहे हैं–हुजूर ! सारे इलाके में आपका नाम हो गया है। जनता की माँग पर आपने कमेटी को तोड़ दिया। लेकिन, अब जो भी कमेटी बनाइएगा, उसका क्या आधार होगा ? याने, इसमें कैसे लोगों को लीजिएगा ?··· और··· और···!

एस. डी. ओ. साहब ने कहा–आपसे बहुत बातें करनी हैं। थोड़ी देर बैठिये···।

पल्टू बाबू की नजर में, सभी शतरंज के प्यादे हैं–फीले हैं, घोड़े हैं, किश्ती हैं। लट्टू बाबू, बिजली, गोधन, मेहरा, कुंतला, फेला, छबि–सभी। सारी दुनिया शतरंज के काले-सादे घर, चौकोर स्क्वायेरों में विभक्त। कहीं बिजली है, कहीं गोधन।

लेकिन, इस बार उन्हें लगता है, वह खुद भी कुछ हैं··· बादशाह ! नहीं-नहीं, वह मात नहीं खा सकते···।

युगों से पल्टू बाबू ने इस इलाके पर अपना प्रभाव प्रसारित किया है।··· बैरगाछी कस्बा को बसते देखा है पल्टू बाबू ने। उन्होंने बसाया है यह कस्बा। परमान नदी के सात घाट की ही नहीं, बारह घाटों की ठेकेदारी की है। जिले-भर के मशहूर लोगों को बरसात के दिनों में पन्द्रह साल तक नावों पर खेकर इस पार से उस किनारे तक पहुँचाया है। लट्टू बाबू के पिता ने सभ्य समाज में जगह दी। फिर पल्टू बाबू ने अपनी पहुँच के मुताबिक 'फूलबागान' की प्रतिष्ठा के लिए काम करना शुरू किया था।··· इलाके का मशहूर डकैत, पल्टू बाबू का शिष्य। मशहूर पहलवान, पल्टू बाबू का चेला। मशहूर मूर्ख-अमीर, पल्टू बाबू का मित्र। ··· बसते हुए कस्बे के लोगों को मालूम था, पल्टू की नाराजगी का क्या अर्थ हो सकता है ?··· प्रसाद बाबू मुख्तार ने खुलेआम विरोध किया था–नहीं-नहीं। इस आदमी से बात करना भी मैं अपनी शान के खिलाफ समझता हूँ। पल्टू बाबू सुनकर

मुसकराते रहे–मुख्तार साहब बात से समझनेवाले देवता नहीं हैं। पल-भर के अंदर ही परसाद बाबू मुख्तार का भ्रम दूर हो गया था। गिड़गिड़ाकर बोले थे–माफ करो, पल्टू···!

इस कस्बे के किस परिवार का ऊँच-नीच उनसे छिपा है ? आज भी, किस घर की हाँडी में क्या पकता है, कोई पल्टू बाबू से पूछे।··· अब तो, सब-डिविज़न के सबसे बड़े अफसर तक उनसे पूछकर राह चलते हैं। यों, हाकिम-हुक्कामों के घर के चोर-दरवाजों से बहुत पहले से ही परिचित हैं। कौन कहता है कि अँगरेज अफसर घूस नहीं लेते थे ? पल्टू बाबू ने अपने हाथ से मुहरों से भरी हुई थैली दी है, खाँटी अँगरेज साहब बहादुर को। मुल्की मल्लाहवाले मामले में ! पचास साल पहले की बात है। मुल्की को बेदाग बचा लिया था पल्टू बाबू ने। एक अँगरेज एस. पी. ने आते ही सबसे पहले पल्टू बाबू को किसी तरह फँसाना चाहा था। अंत में संथालों के द्वारा उसका शिकार किया था पल्टू बाबू ने। लाश ही गायब !

लेकिन, अंतिम समय में उनके पाँव डगमगा रहे हैं, क्यों ? कुंतला ने उनको झकझोर दिया है। कुंतला नहीं, आँधी !

आज तक कभी घर-गृहस्थी बसाने की वासना जिस व्यक्ति के दिल में नहीं जगी, वह प्रजा-काम हो गया है। इस उम्र में विवाह का प्रस्ताव किस मुँह से कोई कर सकता है ? कुंतला-जैसी युवती से ?··· लेकिन पल्टू बाबू प्रस्ताव रखेंगे। उन्होंने निश्चय कर लिया है।

कुंतला बदला लेगी। सभी से। अपने भाई-बाप से, समाज से, गोधन से, बिजली से, छबि से। प्रतिहिंसा की आग अब धुधुआ उठी है उसके अंदर। सभी को झोंकना चाहती है इस आग में। उसके पिता ने इधर कई दिनों से कहना शुरू किया है घुमा-फिराकर–पल्टू बाबू को लेकर लोग तरह-तरह की बातें फैला रहे हैं।

आज कुंतला ने स्पष्ट शब्दों में जवाब दे दिया है–तुम सारा दिन घर में पड़े रहते हो और दुनिया-भर की बातें तुम्हारे कानों में पड़ जाती हैं। मैं दिन-भर बाहर रहती हूँ, लेकिन कभी तो किसी से कुछ नहीं सुना।

पुलिस-सुपरिंटेन्डेन्ट ने पत्र लिखा है, व्यंग्य-भरा। जवाब दिया है कुंतला ने, प्रेम-भरा !··· सभी से बदला लेगी कुंतला··।

यह नया सब-डिप्टी-मजिस्ट्रेट अपने को युसुफ समझता है। हूँ··· इससे भी बदला लेगी, कुंतला ! आज बहस के समय वह अभद्र हँसी क्यों हँस रहा था ? पिद्दी हाकिम !

क्रिं ! कॉल-बेल की इस प्रकार को पहचानती है, कुंतला। इस कॉल-बेल का अर्थ है–आज पल्टू बाबू देर तक बैठेंगे। आज कुंतला देर तक बैठावेगी पल्टू बाबू को।

–मुँह लटका हुआ है जो ?

कुंतला और भी उदास हो गयी। कुछ बोली नहीं।

–आज बहस में क्या हुआ था ?

–कुछ नहीं।

–सिर-दर्द है ?

–नहीं।

गृद्ध और हिरणी की आँखें आपस में मिलीं। हिरणी की आँखों में माया के आँसू उमड़े।··· किस पर वज्र गिरनेवाला है ? भोलासाही बाबू लाठी टेकते हुए कमरे में बिना खाँसे-खखारे आ गये। कुंतला ने चिल्लाकर कहा था–बाबू ! तुम यहाँ क्यों आये हो ? तुमको चलना-फिरना मना है न ?

–नहीं, मैं चलूँगा। जब तक मेरी सारी देह में लकवा नहीं मार देता, तब तक चलूँगा। भोलासाही बाबू पास के मोढ़े पर बैठ गये। खाँसकर बोले–माय रे !

कुंतला कमरे से बाहर निकल गयी और सनेही को पुकारने लगी–सनेही ! बाबूजी को ले जाओ।

सनेही आकर भोलासाही बाबू को समझाने लगा–कविराजजी ने चलना मना किया है आपको। चलिए, आराम कीजिए, आराम कीजिए।

कुंतला ने आज प्रथम बार 'तुम' कहा पल्टू बाबू को बड़े प्यार से–बाबू को देखकर तुम इस तरह सकपका क्यों जाते हो ? मैं तुम्हें किसी के सामने इस तरह सकपकाया हुआ नहीं देख सकती।

प्रसिद्ध-दिलेर पल्टू बाबू का दिल काबू से बाहर होकर धड़क रहा है–कुंतल ! मैं चाहता हूँ कि तुम··· मैं··· तुम्हारे साथ दिन-रात रहूँ।

भोलासाही बाबू अपने कमरे में जोर-जोर से रो पड़े–मुझे देखनेवाला कोई नहीं। मेरे मुँह पर कालिख लगनेवाला है। सनेही रे !

बिजली, डिस्ट्रिक्ट बोर्ड का सदस्य नामजद हो गयी। फूलबागान में आज फिर धूम-धाम से पूजा-पार्टी का आयोजन हो रहा है। समाजियों के लिए पूजा और साहब-समाजियों के लिए पार्टी।

घंटा इस पार्टी में नहीं भाग ले सकता। इसलिए वह आज 'टूर' पर निकल गया है, साइकिल से।

फेला अब घर नहीं आता है कभी।

रमा और कना हर सप्ताह फेला-दा को पत्र लिखती हैं।

बाबाजी बौबजन और रामटहल युगों के बाद लम्बी छुट्टी लेकर घर गये हैं। गृहस्वामिनी रोज कहती है–बिजू ! ठाकुर और रामटहल को तार लगा दो। मैं अब नहीं खट सकती, आर पारि ना।

बिजली का दिन भी बार-बार पुकारकर कहता है–आमि आर पारि ना।··· पारि ना। नहीं ढो सकती अब ऐसी जिंदगी··· !

लट्टू बाबू कहते हैं–इस बार तो बिना गाड़ी के तुम्हारा काम नहीं चल सकता। कल ही कलकत्ता जाता हूँ।

बिजली हँसती है–काका बाबू भी खूब हैं। उन्होंने हिसाब करके देख लिया है। गाड़ी के बिना अब नुकसान ही होगा।··· बिजली मन-ही-मन गाँठ बाँध रही है किसी बात में। वह भी बदला लेना चाहती है किसी से क्या ?

हाँ। बिजली भी बदला लेगी, मुरलीमनोहर मेहता से। और किसी से नहीं। कुंतला से भी नहीं। सिर्फ मुरलीमनोहर मेहता की उजली टोपी को कीचड़ में घसीटना चाहती है। वह लेगी बदला।

बिजली बड़बड़ायी–का पुरुष !

रूपन चिल्लाया–कुत्ता !

बिजली हँसी–रूपन ने ठीक पहचाना है। सभी कुत्ते !! छोगमल, मुरलीमनोहर, गोधन, पल्टू बाबू··· !

पूजा-पार्टी समाप्त होने के बाद गृहस्वामिनी दौड़ती-हाँफती आयीं, बिजली के कमरे में। तुतलाती हुई बोली–बि-बि-बिजू-रे ! सुनेछिस ? गुरूदादू कुंतला के लिए कोरबे।[1]

–एँ ?

काँच का कोई बर्तन अचानक झनझनाकर टूटा, फूलबागान के किसी कोने में।

–कुंतला से शादी करेंगे पल्टू बाबू ?

–गुरूदादू ?

–हाँ। आमि। खबर सही है। कल ही रजिस्ट्री होगी। तुमको साक्षी के लिए कहने आया हूँ।

भोलासाही बाबू पागल हो गये हैं। उन्हें लगता है, उनके मुँह पर कालिख पुता हुआ है। सनेही के सिवा और कोई भी उनको समझा नहीं सकता। लेकिन, आज शाम को वह हठात् शांत हो गये हैं, नॉर्मल !

–बेटी ! कुंतला को पुकार वह चुप हो गये।

–क्या है, बाबूजी !

–पल्टू से लिखा-पढ़ी हो गयी ?

–कैसी लिखा-पढ़ी ? रजिस्ट्री ?

–नहीं। रजिस्ट्री के पहले कोई लिखा-पढ़ी नहीं करोगी ?

कुंतला समझ गयी। बोली–रजिस्ट्री के अलावा और किसी लिखा-पढ़ी की बात मैंने कभी नहीं सोची।

आहत स्वर में भोलासाही बाबू बोले–तो, हमारी एक बात भी नहीं मानोगी

---

1. सुना **है** ? गुरूदादू कुंतला से शादी करेंगे।···

तुम ?

सनेही ने समर्थन करते हुए कहा–तेतरी-दी, कम-से-कम लिखा-पढ़ीवाली बात तो तुम मान लो।

कुंतला बोली–इस लिखा-पढ़ी की बात पी. बी. से मैं नहीं कहूँगी। कुंतला पल्टू बाबू को आजकल संक्षिप्त नाम से पुकारती है–पी. बी.। पीबी !!

सनेही बोला–कहो तो, मैं बात करूँ उनसे ?

कुंतला ने चुप रहकर अपनी सहमति प्रकट की और सनेही साइकिल लेकर निकला। कुंतला ने बुलाकर कहा–लेकिन मेरा नाम इस प्रस्ताव में मत जोड़ना।

–तुम निश्चिंत रहो।

पल्टू बाबू ने बात मान ली।··· रजिस्ट्री के पहले कागज बना देंगे। सारी सम्पत्ति कुंतला के नाम लिख देंगे। फिर रजिस्ट्री का कागज लिखा जायेगा। रजिस्ट्री कल नहीं होगी।

सारे शहर में बात फैल गयी–रजिस्ट्री कल नहीं होगी। कल कागज बनेगा। ··· वसीयतनामा !

फुलगेंदा साह हलवाई की दुकान पर, कचौड़ी की तरह बातें छानी जा रही हैं। फत्तू खलीफा ताजा रिपोर्ट ले आया है–रजिस्ट्री कल नहीं होगी। पहले वसीयतनामा, तब रजिस्ट्री।

–कागजी शादी इसी को कहते हैं।

–कोई पुरोहित या मंत्र-तंत्र नहीं पढ़ाया जाता रजिस्ट्री-शादी में !

–शादी के बाद, क्या कहते हैं, सो ही करने दारजिलिंग जायेंगे पल्टू बाबू।

–क्या करने जायेंगे ? सो ही।

–सो ही वही, हनिबूल।

–यह क्या होता है ?

–हनिबूल नहीं, हनिमून।

–अँगरेजी में इसका क्या माने होता है ? फत्तू खलीफा ने कचौड़ी खाते हुए स्टुडेंट से पूछा–कहिए तो बाबू, हनिमून का क्या माने होता है अँगरेजी में ?

विद्यार्थी ने कहा–हनी माने शहद, और मून माने चाँद।

–तो टोटल माने हुआ जाकर के–शहदचाँद ?

–शहदचाँद।

–क्या कहा ? कुंतला क्रिस्तान हो जायेगी ?

–कौन कहता है ?

–अच्छा ? सरकार के हाथ में इस शादी को कंट्रोल करने का कोई कानून नहीं ? बाल-विवाह के लिए तो कानून है, लेकिन···।

–कौन कंट्रोल करवाना चाहता है, भाई ?

–बाल-विवाह करना कसूर है तो बूढ़ा-विवाह क्यों नहीं ?

–कौन है बूढ़ा ? अरे, पल्टू बाबू अभी पाँच जवान पर भी भारी हैं।

–कौन साबित करेगा कि बूढ़ा है ? अस्पताल की डागडरनी ?

जोरों का ठहाका लगा।

साइकिल से जाते हुए सनेही ने ब्रेक लगाया। एक भीड़ शोभाचंद मारवाड़ी की दुकान के पास जमी थी। सभी इसी शादी की चर्चा कर रहे थे। सनेही को देखकर शोभाचंद के बड़े लड़के बैजनाथ ने कहा–सनेही ? क्या हुआ इस मैरेज में ? पोस्पोन्ट हो गया, सुनते हैं ?

–पोस्टपोन्ड नहीं हुआ है। परसों होगा।

–तुम्हारे दोस्त का क्या हाल है ?

–कौन दोस्त ?

–गोधनलाल का ?

लिखा-पढ़ी हो गयी !

और, आज शादी का कागज भी तैयार हो गया।

रजिस्ट्री-ऑफिस में आज भीड़ लगी हुई है। तिल धरने की भी जगह नहीं।

पल्टू बाबू गुलाबी अचकन पहनकर आए, फिटन गाड़ी पर।

कुंतला टमटम पर आयी !··· साड़ी सफेद क्यों ?

ऑफिस के बाहर खड़ी भीड़ को कुछ पता भी नहीं चला। आध घंटा के अंदर ही पल्टू बाबू अपनी विवाहिता स्त्री कुंतला देवी के साथ ऑफिस से बाहर निकल आये।

दोनों, फिटनगाड़ी पर सवार होकर चले गये !

–वाह रे शादी !

–इसी को कहते हैं, सरकारी शादी !

–न ढोल, न ढाक, न बाजा, न शहनाई–हो गई शादी। वाह रे शादी !

–ऐसी शादी ही ठीक।

–अखबार में तो यह खबर जरूर छपेगी ?

–फोटू भी छपेगा।

–छपने दो साले को।

–लेकिन, देखना–मैं कहता हूँ, एक महीने में ही सिठ्ठी निकालकर छोड़ देगी ! भोलासाही की बेटी है, खेल नहीं !!

पल्टू बाबू के घर पर पार्टी है रात में !

फूलबागान के सभी सदस्य निमंत्रित हैं। गृहस्वामिनी से लेकर रमा और कना तक को पल्टू बाबू ने वस्त्र और आभूषण दिया है, इस शादी के अवसर पर। रामटहल और बौबजन बाबाजी को भी मोहर छाप धोती और रेशमी कुर्ता मिला।

युनूस गाड़ीवान को रेशमी पगड़ी का शौक था, सो भी पूरा हो गया है।

रात के ग्यारह बजे तक, पल्टू बाबू के घर पर भोज चलता रहा। लाउड-स्पीकर पर रेकार्ड बजते रहे, बारह बजे रात तक। इसके बाद, कोलाहल धीरे-धीरे शांत हुआ। गृहस्वामिनी ने, बिजली ने, रमा-छबि-कना ने मिलजुलकर 'बासर घर' को सजाया है। फूल-ही-फूल–चारों ओर !

डेढ़ बजे रात में गृहस्वामिनी मुसकराती हुई, अकेले बैठे हुए पल्टू बाबू से कहने गयी–एक बार ताहले।

दोनों की आँखें चार हुईं और हठात् झुक गयीं।

पल्टू बाबू ने जब 'बासर घर' में प्रवेश किया, तो बिजली ने शंख बजाया। 'बासर घर' का दरवाजा धीरे-धीरे बंद हो गया।

सजी-सजायी दुलहिन–कुंतला ! अप्सरा !

पल्टू बाबू का कलेजा धड़क रहा है। अपूर्व आनंद !

कुंतला देखती है, एकदम नया पी. बी. ! चेहरा एकदम बदल गया है। लगता है, लगता है भोला-भोला शिशु जैसा उसका यह स्वामी ! आँखें फाड़कर उसको देख रहा है। एकदम चेंज्ड मैन ! कुंतला ने ही मौन भंग किया। 'बासर घर' में पहले उसी की बोली हौले-हौले सुनायी पड़ी–पी. बी. !

–?? ??

–बैठो, पी. बी. ! कुंतला ने पहली बार अपने पति को स्पर्श किया।

अपूर्व आनंद ! मुँह में बोली क्यों नहीं आ रही ? पल्टू बाबू कुछ बोलना चाहते हैं। लेकिन, यह क्या ? बोली आती नहीं जीभ पर।··· कुंता ! रानी कुंता।

कुंतला ने ही बाहु-बंधन में बाँधा। आह ! इतने दिनों के बाद··· युगों के बाद आज अपने मन की अपनी··· अपनी ही पत्नी··· अपनी स्त्री··· सुगंध का सागर उमड़ा है··· कुंता··· रानी कुंता··· पी. बी., मेरे राजा रो क्यों रहे हैं ? पीबी ? पी बी ?? पी··· बी ! अरे ???

–हाल्ट हुकुमदार !

ट्रेजरी के पहरेदार की आवाज गूँज उठी !

काकी माँ !

–काकी माँ !! कुंतला डाकछे।

–काकी माँ। काकी माँ !

–ऐं ? क्या हुआ ?

–जल्दी डॉक्टर को बुलाओ। पीबी को क्या हो गया ?

–एँ, डॉक्टर ? डॉक्टर ? डॉक्टर ? केन··· केन डाको डॉक्टर ?

कोहराम मच गया, छन में ही।

—पल्टू बाबू शेष ?

—शेष ? अँ ?

—गजब हुआ।

डॉक्टर ने आकर देखा—सजे-सजाये पलँग पर पल्टू बाबू सोये हैं।··· अभी कुछ देर पहले आँखें खुली थीं।··· पानी ? हाँ, पानी लिया है··· कुंतला कहती है डॉक्टर, प्लीज़ सेव माई पीबी !

डॉक्टर ने नाड़ी पर हाथ रखा। छाती पर स्टेथस्कोप लगाया और एक लम्बी साँस लेकर उठ खड़ा हुआ।

इस बार दहाड़ मारकर कुंतला डॉक्टर के पैर पर गिरी—मेरा सर्व··· नाश !!

गृहस्वामिनी ने आगे बढ़कर कुंतला को सँभाला।··· कुंतला नंगी हो गयी है ··· कपड़े-गहने नोंच-नोंचकर फेंक रही है, देह से—यह क्या हुआ, काकी माँ ? ए कि होली ?

कौन जवाब दे ? क्या जवाब दे ?

सुबह पुलिस-इंसपेक्टर ने आकर लाश पर कब्जा कर लिया, पोस्टमार्टम किया जायेगा !

—लेकिन, क्यों ?

कुंतला ठठाकर हँस पड़ी—ठीक है। ठीक है !! मैं समझ गयी।··· ले जाओ, काटो-चीरो-फाड़ो, पता लगाओ, चला गया यह पीबी मेरा··· कैसे चला गया ? ले जाओ !

पुलिस-सुपरिन्टेन्डेन्ट ने आकर जिरह करना शुरू किया तो कुंतला फिर पगली हो गयी—आई हेट टु टॉक !

—लेकिन, जवाब आपको देना ही होगा।

—क्यों ?

—क्योंकि, पल्टू बाबू की मृत्यु बड़े नाटकीय ढंग से हुई है।

—जासूसी नाटक··· हैं-हैं-हैं··· जासूसी··· जासूसी··· जासूसी !!

जुलूस

नलिनजी की याद में

भूमि...

पिछले कुछ वर्षों से मैं एक अद्‌भुत भ्रम में पड़ा हुआ हूँ ! दिन-रात–सोते-बैठते, खाते-पीते–मुझे लगता है कि एक विशाल जुलूस के साथ चल रहा हूँ। अविराम !

यह जुलूस कहाँ जा रहा है, ये लोग कौन हैं, कहाँ जा रहे हैं, क्या चाहते हैं–मैं कुछ नहीं जानता। इस महाकोलाहल में अपने मुँह से निकला हुआ नारा–मुझे नहीं सुनाई पड़ता। चारों ओर एक बवण्डर मँडरा रहा है, धूल का।...

इस भीड़ से निकलकर, राजपथ के किनारे सुसज्जित 'बॉलकॅनी' में खड़ा होकर जुलूस को देखने की चेष्टा की है। किन्तु इस भीड़ से अलग होने की सामर्थ्य मुझमें नहीं। इस जुलूस में चलनेवाले नर-नारियों से–अपने आस-पास के लोगों से मेरा परिचय नहीं। लेकिन उनकी माया... ममता... मैं छिटककर अलग नहीं हो सकता !

मेरे इस उपन्यास 'जुलूस' पर मेरे इस अद्‌भुत मानसिक विकार का प्रभाव अवश्य पड़ा होगा !

–फणीश्वरनाथ 'रेणु'

आज वह 'हल्दी चिरैया' फिर आयी है ?

बरसात-भर यह रोज इसी तरह समय-असमय आयेगी और किसी पेड़ की डाली पर भीगती हुई या पंख सुखाती हुई सुरीले स्वर में एक लम्बी पंक्ति दुहरायेगी। संस्कृत श्लोक की कड़ी–'का कस्य परिवेदना !' स्पष्ट ! हू-ब-हू !··· पता नहीं क्या बोलती है ! पवित्रा को अचरज होता है, यहाँ के लोग इस 'पाखी' का नाम नहीं जानते। पूछने पर मुँह बिदकाकर कहेंगे–पता नहीं क्या नाम है। हल्दी-चिरैया नाम पवित्रा ने ही गढ़ लिया है।

यही एक पखेरू है जो उसके देश में नहीं होता। या होता भी हो तो पवित्रा ने कभी नहीं देखा। सचमुच, इस 'देश' में कुछ भी ऐसा नहीं जो पवित्रा के 'देश' में नहीं था। पेड़, फल, फूल, फसल, जानवर, पंछी··· सिर्फ इस 'हल्देपाखी' को छोड़कर। 'माछराँगा' को यहाँ के लोग 'मछलोकनी' कहते हैं। पवित्रा के गाँव का–अर्थात् 'पूर्वबंग' का–'पेंचा' ही यहाँ का उल्लू है, यह उसने यहाँ आकर जाना। उल्लू को 'भल्लुक' के जैसा कोई जानवर समझती थी। लोगों के नामों में 'लाल', 'प्रसाद' और 'झा' तथा 'नारायण' लगा देने से क्या होता है, चेहरे तो नहीं बदलते ? लेकिन इस (नबीनगर गाँव) के सैकड़े निन्नानबे लोग ऐसे हैं जो पवित्रा की राय से सहमत नहीं। वे कहेंगे–की मुश्किल दीदी ठाकरुन।··· परछाद टाइटेल अपने गाँव के किसी आदमी के नाम में लगा दो, देखोगी फिट ही नहीं करेगा।

–नाम के माफिक चेहरा भी होना होगा।

–'आपना' देश फिर 'आपना' देश !··· पर-भूमि कैसी भी हो, आखिर पर-भूमि ही है।

गाँव बसने के बाद पवित्रा एक दिन गाँव के लोगों को समझा रही थी–हम लोगों का भाग्य अच्छा है कि इस जिले में हमें बसाया गया। यहाँ धान और पाट की खेती होती है, हम भी अपने देश में धान और पाट की खेती करते थे। यहाँ के लोग भी मछली-भात खाते हैं। गाँव-घर, बाग-बगीचे, पोखरे और नदी–सब कुछ अपने देश-जैसा···।

सूखी देहवाले हरलाल साहा ने तीखी आवाज में विरोध किया था–सी हुति पारे ना (ऐसा होना असम्भव है !)··· कहाँ अपना देश और अपने देश की मिट्टी और अपने देश का चावल, और कहाँ इस अद्‌भुत देश का 'आजगुबी व्यापार'। ··· पता नहीं तुमने क्या देखा है पोत्रादी ! यहाँ की मछली में क्या वही स्वाद है जो 'पद्दा के इलिच' में··· ?

हरलाल साहा की बात पर सभी इस तरह मुसकराये मानो वह सबके दिल की बात कह रहा हो।

पवित्रा बोली थी–पूछती हूँ अपने गाँव में 'पद्दा का इलिछ'–माछ रोज खाते थे क्या ?

–एक दिन खाये कोई या तीस दिन। 'शाद' (स्वाद) तो 'शाद' ही है ! अपने देश की चीजों का···।

उस दिन गाँव में ट्यूबवेल गाड़ने के लिए सरकारी आदमी अपने मजदूरों को लेकर आया था। बंगाल से आये हुए शरणार्थियों के लिए कई गाँव बसा चुका था, ट्यूबवेल लगवा चुका था वह सरकारी कर्मचारी। इसलिए 'पूर्वी बंगाल' की बोली 'कुछ-कुछ' समझने का दावा करता था। उसे देखते ही हरलाल साहा ने आँख टीपकर अपनी बात बन्द कर दी। सभी चुप हो गये।

किन्तु सरकारी कर्मचारी चुप नहीं रहा। उसने मुसकराकर सीधे पवित्रा से पूछा था–यह आप लोग 'अपना देश-अपना देश' क्या बोलते हैं ? देश का क्या मतलब ? क्या माने ?

–देश का माने आर केया होगा–देश का माने देश ! हरिधन मोड़ल को इस ट्यूबवेल गड़वानेवाले 'खुदे मनिब' (क्षुद्र-अधिकारी) से न जाने क्यों चिढ़ है··· 'माइयाँ छापला' देखते ही बात करने के लिए 'खुदे मनिबों' की जीभ सुड़सुड़ाती रहती है मानो।

–देश का माने देश तो क्या हिन्दुस्तान अपना देश नहीं है ? आप लोगों का देश नहीं है ?

–हिन्दुस्तान कैसे आपूना देश होगा ?

कालाचाँद घोष चतुर नौजवान है। उसने अपनी भारी और मोटी हँसी से बात को हलका करने की चेष्टा की–हे-हे-हे-हे ! आरे बाबू ! आप देश का जो माने बूझता है आसल में हम लोगों का देश का माने वो नेंही है। देश का माने जैसे बाँगला देश, बिहार देश, उड़ीसा देश वैसे माफिक। हे-हे-हे-हे !

–तो प्रदेश बोलिए ! प्रान्त कहिए।

छिदामदास सरकारी कर्मचारियों से बातें करने का अवसर ढूँढ़ता रहता है। उसने दाँत निपोड़कर कहा–ओवर्सियेर बाबू, देश बोलिए, प्रदेश बोलिए कि प्रान्त कहिए–अब तो जो है सो यही नोबीन नगर ग्राम !

सरकारी कर्मचारी भी न जाने क्यों ठठाकर हँस पड़ा था। छिदामदास की बुद्धिमानी देखकर पवित्रा मुसकरायी थी और ट्यूबवेल-फ़िटर साहब की नज़र शुरू से अन्त तक उसी पर गड़ी हुई थी।··· जेब से बीड़ी निकालकर सभी को बाँटने के बाद सभी के मुँह के सामने 'खच्च-खच्च' लाइटर जलाकर बीड़ी सुलगा दिया फ़िटर साहब ने।

वह अपने काम पर चला गया। छिदामदास ने कहा–देखा ? फ़िटर साहेब को ओवर्सियर बाबू कह देने से कितना खुश हुआ ? स्साला···

सभी एक साथ अपने देश की हँसी हँसे थे, जी खोलकर। पवित्रा भी हँसी थी। किन्तु बोली थी–जो भी कहो, वह आदमी ठीक ही कहता है। देश माने हिन्दुस्तान !

–दीदी ठाकरुन ! देश माने हिन्दुस्तान की करे हम बुझाइया दिन ?··· कैसे देश माने हिन्दुस्तान हो ? हम लोगों के गाँव का नाम है नोबीननगर और यहाँ के लोग कहते हैं पाकिस्तानी टोला ?··· आमरा की मोछलमान ?··· तो हम पाकिस्तानी कैसे हुए ?–कालाचाँद घोष की माँ वाजिब बात कहती है।

गोपाल पाइन बहुत कम बोलनेवाला आदमी है। पढ़ा-लिखा आदमी है और गाँव में स्थापित होनेवाली 'प्रस्तावित-पाठशाला' का उम्मीदवार मास्टर है। उसने टोका था–काला की माँ, साइनबोर्ड लगाने दो गाँव के बाहर ! स्कूल चालू होने दो, तब देखना फिर कैसे लोग पाकिस्तानी टोला कहते हैं हमारे इस नोबीननगर को !

पवित्रा ने कहा था–साइनबोर्ड लगे या स्कूल खुले। गाँव का नाम पाकिस्तानी टोला ही कहेंगे–यहाँ के लोग।

–कैसे कहेंगे ? डाकघर में चिट्ठी आयेगी नोबीननगर के नाम से, सरकारी रुपये आवेंगे नोबीननगर के नाम से और बोलेंगे पाकिस्तानी टोला ?

–हाँ, बोलेंगे पाकिस्तानी टोला।–पवित्रा ने कहा था।–चाहे जो कुछ भी करो, नाम पाकिस्तानी टोला ही कहेंगे।

–क्यों ?

–क्योंकि हम लोगों का देश पाकिस्तान में पड़ गया। हम लोग पाकिस्तान से आये हैं···

–इसीलिए हम लोग मोछलमान हो गये ? हम लोगों का देश ही पाकिस्तान में गया। हम लोग तो हिन्दुस्तान में आ गये !

पवित्रा बोली–नाम को लेकर आखिर होगा क्या ?

–दीदी ठाकरुन, तुम 'पढ़वा-पण्डित' हो। तुम्हीं ऐसी बात कहती हो ? देश को लेकर आखिर होगा क्या ? नाम को लेकर आखिर होगा क्या ? तब क्या लेकर क्या होगा ?··· बोलून ?

पवित्रा कोई जवाब दे इसके पहले ही छिदामदास अपने पेट पर से गंजी हटाकर सटे हुए पेट पर हाथ फेरते हुए बोला था–'आसल' चीज है यह बेटा पेट !··· ई साला पेट का वास्ते जो कुछ बोलना पड़े–करना पड़े !

हल्दी चिरैया फिर बोली–का कस्य परिवेदना।

सामूहिक देवस्थान (ठाकुरतला) में योगेशदास की कुमारी कन्या सन्ध्या ने शंख फूँक 'साँझ-बाती' की घोषणा की। सभी ने ठाकुरतला की ओर मुड़कर भक्ति-भाव से प्रणाम किया। हर मंगलवार को ठाकुरतला में कीर्तन होता है–दस बजे रात तक !··· आज तो शनिवार है !

दो

नोबीननगर नहीं–नबीननगर !

न नोबीननगर न नबीननगर, इस गाँव का सही नाम है नबीनगर।

राज्य के पुनर्वास उपमन्त्री मुहम्मद इस्माइल नबी ने इस गाँव के शिलान्यास समारोह के अवसर पर बोलते हुए कहा था–यह सब कुछ उस बापू की महिमा है कि मेरे-जैसा अदना ख़िदमतगार, कि जनता के इस छोटे सेवक, के नाम पर आज नगर बसाये जा रहे हैं।...

इसके बाद डिप्टी मिनिस्टर नबी साहब ने वीराने को बसाने और बसे को उजाड़नेवाली बात पर एक शेर पढ़ा था जिसपर तालियाँ बजी थीं। गाँव के अधिकांश लोगों ने उस शेर का कोई अर्थ नहीं समझा। लेकिन, मंच पर बैठे हुए लोगों ने तालियाँ बजायीं। यहाँ तक कि कलक्टर और एस. पी. साहब ने भी ! इसलिए गाँववालों ने जरा देर से ताली बजायी। ताली बजाने का दूसरा मौका भी आया। तब गाँववालों ने जी खोलकर सबसे पहले तालियाँ बजायीं। अपने भाषण में नबी साहब ने कहा–"और दोस्तो ! यह भी बापू के नाम से मशहूर हमारे उन्हीं महात्माजी की महिमा है कि जहाँ जिना साहब के चेले गाँव उजाड़ते हैं, हिन्दुओं को बे-घरबार कर रहे हैं–पाकिस्तान में–वहीं हिन्दुस्तान में दूसरा मुसलमान मगर गान्धी का अदना चेला उजड़े हुए हिन्दुओं के लिए नगर बसा रहा है... !"

गाँव से बाहर सड़क पर गाँव के नाम की एक तख़्ती गाड़ दी गयी–नबीनगर।

लेकिन वह तख़्ती एक सप्ताह भी नहीं टिक सकी। पास के गाँव के अमीर किसानों के चरवाहों ने किसी रात उसे उखाड़ फेंका।... तख़्ती टाँगनेवाले लोहे के हुक–भैंस की डोरी में बाँधकर वे रोज इसी राह से गुजरते हैं। किन्तु गाँव के किसी व्यक्ति में इतना साहस नहीं कि उनसे कुछ पूछे।

गोपाल पाइन का विश्वास है कि गाँव के नाम से चिढ़कर यहाँ के अमीर किसानों ने ही नोबीननगर गाँव की तख़्ती उखड़वा दी है। एक 'पोख़्ता साइनबोर्ड' लगवाने की प्रार्थना करते हुए उसने दो आवेदनपत्र भेजे। फिर उसके बाद से रिमाइण्डर पर रिमाइण्डर भेजता जा रहा है। न कोई जवाब आता है और न कोई उस तख़्ती और पोख़्ता साइनबोर्ड की चिन्ता ही करता है इस गाँव में। गाँव के नाम के बारे में कोई सोचता भी नहीं कुछ कि यदि एक बार बिगड़ गया तो सदा के लिए उस बिगड़े हुए नामवाले गाँव में ही रहना पड़ेगा।

गोपाल पाइन अपने पेट की बात किसी से नहीं कहेगा। वह पेट काटकर खुद साइनबोर्ड बनवायेगा। सिमेण्ट और कंक्रीट के बोर्ड पर वह नाम खुदवाकर रहेगा।

एक बार स्कूल तो खुल जाये !

मंगलवार की साँझ में ठाकुरतला नामक झोपड़े में सभी स्त्री-पुरुष जमा होते हैं, और कीर्तन गाते हैं। कीर्तन के बाद गाँव की समस्याओं पर, व्यक्ति की समस्याओं पर बातें होती हैं। तब औरतें उठकर अपने-अपने घरों में चली जाती हैं। सिर्फ पवित्रा रहती है। रहती है, कहना ठीक नहीं हुआ। पवित्रा ही उस बैठकी का संचालन करती है। जिस दिन पवित्रा नहीं रहती है उस दिन बैठकी में ये लोग यहाँ के निवासी—यहाँ की मरी हुई मिट्टी और यहाँ के सूरज-चाँद-तारों तक की निन्दा करते हैं अघाकर।··· ए देशेर सब किसू आजगूषी !

पवित्रा को बस इसी एक बात का बहुत गहरा दुख है—गाँव के लोगों का यहाँ की मिट्टी से मोह क्यों नहीं हो रहा ! वह कौन-सा दरवाजा है इनके दिल का जिसे खोलने के लिए पवित्रा कुण्डी खटकावे ? किस दरवाजे की··· ?

राखाल विश्वास का लड़का अन्दू इस तरह मुँह लटकाये क्यों आ रहा है। पवित्रा ने हाथ की सिलाई से निगाह उठाकर देखा, गोपाल पाइन और छिदामदास भी आ रहे हैं।··· कुछ हुआ कहीं !

अन्दू आकर चुपचाप खड़ा हो गया।

—की ?

गोपाल पाइन बोला—आमि जा बोल्सिलाय !··· कहो न, मुँह क्या देखता है, अन्दू ! चौधरी बाबू के बेटा ने तुमसे जो कुछ भी कहा है, साफ-साफ कह दे दीदी ठाकरुन को। डरना मत !

छिदामदास ने कहा—उसके मुँह से सुनने की जरूरत नहीं। ऐसी बातें तो यहाँ के लोग दिन-रात करते हैं।

गोपाल पाइन ने कहा—बंगाली-कंगाली कहे, हम सह लेंगे। जब कंगाल हो गये हैं तो लोग कंगाल ही कहेंगे। पाकिस्तानी बोलते हैं—यह भी सहा जा सकता है। लेकिन यह सरासर गोमांस खाने की बात कहना—इसको कैसे सहा जा सकता है ? आप ही लोग विचार कीजिए।··· दीदी ठाकरुन, आप तो जानती हैं कि मैं छोटी-छोटी बातों पर ध्यान नहीं दिया करता।

गोपाल पाइन जरा कम सुनता है। इसलिए रसिकता करते हुए अपनी बधिरता को इसी बात से गौरव प्रदान करता है—मैं छोटी बातें नहीं सुनता, कान में लेता ही नहीं।

—किसने क्या कहा ?

—चौधरी बाबू के बेटा ने।

—क्या कहा ?

—कहा कि तुम लोग गोमांस खाते हो। मुर्ग़ी खाते हो !

—तुम चौधरी बाबू के बेटा के पास किसलिए गये थे ?

—गाँव में बिस्कुट बेचने गया तो चौधरी बाबू के लड़के ने सभी से कहा कि इसके हाथ का बिस्कुट खाओगे ? ये लोग गोमांस खाते हैं। तिसपर मैंने टोका

तो बोले—हाँ-हाँ, हम लोगों को सब पता है। सभी को भागते समय गोमांस खिलाया गया है पाकिस्तान में। और एक बार जो चख लिया है तो वह खाये बगैर रहेगा ?

पवित्रा कुछ सोचने लगी। फिर बोली—चौधरी का बेटा दुकान-उकान तो नहीं करता है ?

गोपाल पाइन ने कहा—इससे दुकान का क्या सम्बन्ध ?

अन्दू ने कहा—दुकान करता है तभी तो ऐसा कहता है, दीदी ठाकरुन। उसकी दुकान का सड़ा हुआ बिस्कुट कोई छूता नहीं। इसी से तो···।

पवित्रा ने मुसकुराकर गोपाल पाइन की ओर देखा। फिर अन्दू से बोली—जब तू सब कुछ समझता ही है तो रोने क्यों आया ?

—सोचा जो दीदी ठाकरुन को रिपोर्ट कर दूँ।

गोपाल पाइन की दृष्टि डाक-पियन पर पड़ी और वह आगे बढ़कर अगुवानी करने के लिए पहुँचा। सारे गाँव की चिट्ठी उसके हाथ में देने में डाक-पियन ने शुरू-शुरू में आनाकानी की थी। किन्तु पवित्रा ने कहा था कि सारे गाँव की चिट्ठी गोपालन पाइन ही पढ़ता-लिखता है। उसके जिम्मे यही काम है। इसलिए उसके हाथ गाँव-भर की चिट्ठी डाकिया जहाँ कहीं भी दे देता है—हाट में, घाट में, बाट में।

किन्तु आज बीच गाँव में डाकिये से गोपाल पाइन लड़ पड़ा। बाँग्ला और अँगरेजी में पता लिखे हुए पत्रों पर अपनी सुविधा के लिए कैथी लिपि में पेन्सिल से 'पाकिस्तानी टोला' लिख दिया करता है डाकिया। गोपाल पाइन हिन्दी नहीं जानता तो क्या हुआ कैथी लिपि में लिखे हुए इस शब्द को पढ़ने में उसे कोई कठिनाई नहीं हुई। उसने डाकिया से कहा—पियोन साहेब, यह क्या बात है। 'इंग्रेजी' और 'बांग्ला' में साफ-साफ लिखा हुआ है नोबीननगर और आप उसके ऊपर से 'अपाना-फरमान' लिखा है—पाकिस्तानी टोला ? आप ही लोग माने सरकारी 'कम्मोचारी' होकर ऐसा कीजिएगा तो यह राज कैसे चलेगा ? एँ ? बोलिए ? यहाँ मिनिस्टर साहब आये थे ? आपको मालूम है ? गाँव का क्या नाम हुआ यह भी मालूम है ? तख़्ती लटका था, यह भी मालूम है···।

डाक-पियन ने झल्लाकर कहा—चलिए-चलिए, सब कुछ मालूम है। हम 'दू अच्छर' कैथी में पाकिस्तानी टोला लिख दिया तो आप लड़ाई करते हैं और उधर दुनिया-भर के लोग पाकिस्तनिया टोला कहते हैं। आप किससे-किससे लड़ते चलिएगा ?··· लीजिए मनीआर्डर तामील कीजिए।

—किसका मनीआर्डर है ?

—श्रीमती पवित्रा। पचास रुपये।

गोपाल पाइन ने भेजनेवाले का नाम और पता पढ़ा—हरिप्रसाद जादव, विलेज ऐण्ड पोस्ट : सुक्की बलाही।··· देखें कूपन में क्या लिखा है ? अरे बाबा, यह तो वही 'कैथी ना क्या' है ?

पवित्रा के कहने पर डाकिया ने पढ़कर सुनाया—आगे आपको मालूम हो कि

उस दिन हम आपके गाँव में गये। आपको देखकर और आपके गाँव की बेअवस्था को देखते हुए हम अपनी ओर से आपको यह मो. पचास रुपये जिसका निस्फ पचीस रुपया होता है, भेजा। इसको आप चाहे जिस काम में खरच करें। आपका शुभचिन्तक–एच. पी. जादव।

–कौन है यह हरिप्रसाद जादव ? पवित्रा ने सभी के चेहरे की ओर बारी-बारी से देखकर पूछा।

गाँव-भर के बैठे-ठाले लोग जमा हो गये।

कालाचाँद ने कहा–दीदी ठाकरुन, कोई भी हो यह हरिप्रसाद जादव, आपको इससे क्या ? गाँव की 'बेअवस्था' देखकर किसी ने पचास 'टाका' भेज दिया है। आप 'साइन' करके ले लीजिए।

पवित्रा ने मुँह बिदकाकर कहा–वाह, जानू नहीं, पहचानूँ नहीं–साइन करके रुपया ले लूँ ?··· 'बेअवस्था' माने क्या ?

–बेअवस्था माने खराब अवस्था। है न पियोन साहेब ?

डाक-पियन ने खैनी थूकते हुए कहा–बेअवस्था माने खराब अवस्था ? यह कौन सिखाइस है आपको ? अरे बेअवस्था माने खूब बढ़िया 'इन्तजाम-बाद'।

पवित्रा ने डाक-पियन की ओर असहाय दृष्टि से देखकर पूछा–ये 'इन्तजाम-बाद' क्या !··· ओ ! व्यवस्था तो नहीं ?

डाक-पियन का खिसियाया हुआ मन जरा पसीज गया। बोला–देखिए। रुपया छुड़ाने में कोई हर्ज नहीं है। हरिप्रसाद जादव को सभी जानते हैं। कीर्तन के पीछे पागल रहता है। थोड़ी बदनामी भी है तो इसको लेकर आप क्या कीजिएगा। चाल-चलन उसका ठीक नहीं है तो क्या हुआ–कीर्तन का पक्का भगत है। पैर में घुँघरू बाँधकर नाचता है। नाचते-नाचते बेहोश हो जाता है।

कालाचाँद घोष कुछ याद करने की कोशिश करते हुए कहता है–कीर्तन करता है ? नाचता है ? तब हम समझ गये कि कौन है यह हरिप्रसाद जादव। एक दिन हम लोगों के कीर्तन में भी वह आया था। दीदी ठाकरुन, वह जो घोड़ा पर चढ़कर आया था, पान बहुत खाता है–वही।··· उसने जरूर ही कीर्तन पार्टी के लिए रुपया भेजा होगा।

पवित्रा कुछ सोचकर बोली–ना बाबा, मैं मनीआर्डर नहीं छुड़ाऊँगी।··· आप लौटा दीजिए पोस्टमैन साहब।

पाइन ने कहा–हो सकता है, स्कूल के लिए चन्दा भेजा हो भले आदमी ने। मनीआर्डर लौटाना ठीक नहीं जँचता।

पवित्रा ने किसी की राय पर ध्यान नहीं दिया।

पवित्रा ने याद करने की चेष्टा की–घोड़ा पर चढ़कर कौन आया था, कब ? पान बहुत खाता था ? होगा कोई। लेकिन उसने मेरे नाम से ही रुपये क्यों भेजे ?

मनीआर्डर के तामील करने और वापस करने के झमेले में गोपाल पाइन आज की डाक से आये हुए पत्रों की बात भूल गया था। उसने एक-एक चिट्ठी का

पता-ठिकाना पढ़ना शुरू किया। एक सरकारी लिफाफे पर अपना नाम देखकर उसका कलेजा धड़क उठा था। अचानक वह चीख पड़ा--दीदी ठाकरुन !! स्कू··· ल !!··· हो गया··· स्कूल हो गया। मेरा काम भी हो गया।··· लेकिन··· बाँग्ला मास्टर काहे ? हम 'इंग्रेजी' भी जानते हैं। हमको खाली बाँग्ला टीचर काहे···। हो गया, स्कूल मंजूर हो गया–सभी भाई-बहन सुन लीजिए !

पवित्रा को अचरज होता है, बहुत कम बोलनेवाला, कम सुननेवाला, कम सोनेवाला यह गोपाल पाइन इधर इतना 'बकबक' क्यों करने लगा है ? स्कूल तो होना ही था। इस तरह चिल्लाने की क्या ज़रूरत ?

पवित्रा ने गोपाल पाइन के सारे उत्साह को अचानक बुझा दिया मानो–पाइन मॅशाय, स्कूल तो हुआ मगर आपके पोख़्ता-साइनबोर्ड का कुछ हुआ ?··· स्कूल का नाम पाकिस्तानी स्कूल तो नहीं रख देंगे, अधिकारी लोग ?

गोपाल पाइन ने ध्यान से पत्र को पढ़ते हुए कहा–कर्ता लोगों की मति-गति देखकर कुछ ऐसा ही लगता है।··· आपने ठीक ही कहा है दीदी ठाकरुन–देखिए, लिखा है--गोड़ियर गाँव के पाकिस्तानी टोला में स्कूल खोलने के प्रस्ताव पर विचार करते हुए···।

इससे आगे कुछ नहीं पढ़ सका गोपाल पाइन। उसका गला भर आया–सचमुच, यह 'पाकिस्तानी टोला' नाम अब कभी नहीं मिटने का ? गोड़ियर··· गोड़ियर··· चूल्हे में जाये यह गोड़ियर गाँव !

–नहीं पाइन मास्टर ! ऐसा नहीं कहते। सभी गाँव फूलें-फलें। पवित्रा ने समझाया–गोड़ियर गाँव के साथ आपका नोबीननगर भी चूल्हे में जो चला जायेगा !

–हम लोगों का नोबीननगर भी गोड़ियर गाँव में !

–नोबीननगर नेंई बाबा–नबीनगर बोलो ! पाकिस्तानी टोलार नामे स्कूल का रजिस्टर खोलो ! बोलो हरि बोलो !!

कालाचाँद के इस कीर्तन पर गोपाल पाइन को छोड़कर सभी हँसे ! वह रह-रहकर एक ही बात बोलता–साला ! गोड़ियर गाँव का पाकिस्तानी टोला !! गोड़ियर !

तीन

गोड़ियर गाँव !

पन्द्रह घर मैथिल, चार परिवार राजपूतों के–यह है गोड़ियर गाँव का बाबू टोला। बीस घर ग्वाले, आठ धानुक, तेरह घर गोढ़ी–गोड़ियर गाँव का असल नाम इसी गोढ़ी टोला से हुआ–जहाँ गोढ़ी (मछली मारनेवाली जाति) लोग रहते

हैं–गोढ़िहार। गोढ़िहार से गोड़ियर !

गोड़ियर गाँव का सबसे सुखी-सम्पन्न और शिक्षित परिवार गोढ़ी का ही है। तालेवर गोढ़ी के यहाँ रुपया गन्ध करता है। अर्थात् सूखी हुई मछलियों (सुगंठी) की तरह जमे हुए रुपयों से गन्ध निकलती है। तालेवर गोढ़ी का बड़ा बेटा रामजी गोढ़ी मैट्रिक तक पढ़ा हुआ है। पहले पाट का कारोबार करता था। आजकल गाँव में आँटा-धानी का एंजिन चलाता है। दिन-भर उसकी मशीन चलती रहती है। चैत महीने में बोलनेवाली उस चिड़िया की तरह एक बँधे हुए ताल पर तु-तु-तु-तु-तु-तु आवाज सारे इलाक़े में प्रतिध्वनित होती रहती है। लोग कहते हैं–रामजी अब अररिया-कोर्ट शहर में भी मिल बैठावेगा।

तालेवर गोढ़ी का सबसे छोटा यानी दूसरा लड़का लहेरियासराय में डॉक्टरी पढ़ता है–कृष्णजी गोड़े। कृष्णजी ने मैट्रिक की परीक्षा में विश्वविद्यालय-भर में सर्वप्रथम स्थान प्राप्त किया था। इसलिए जिले-भर में उसके नाम की धूम मच गयी थी–कृष्णजी गोड़े या गोरे··· गौड़ ? जिला मल्लाह संघ की ओर से इस तेजस्वी विद्यार्थी को सम्मानपत्र देते हुए कुलदीप माँझी मुख्तार साहब ने कहा था–मुझे विश्वास है हमारी जाति का यह तेजस्वी विद्यार्थी प्रान्त में ही नहीं, सारे भारत में हम लोगों का मुख उज्ज्वल करेगा; धन्य है वह माता··· धन्य है वह गाँव··· !

पिछले साल कुलदीप माँझी की बड़ी कन्या का शुभविवाह कृष्णजी के साथ धूमधाम से अररिया कोर्ट शहर में हुआ। बड़े-बड़े हाकिम-हुक्काम वर-वधू को आशीर्वाद देने के लिए आये थे। निमन्त्रण-पत्र में मुख्तार साहब ने खास तौर से लिखवाया था–स्मरण रहे कि इसी तेजस्वी कृष्णजी ने 1962 ई. में उत्तरांचल विश्वविद्यालय की प्रवेशिका परीक्षा में सर्वप्रथम स्थान प्राप्त किया··· ।

ब्राह्मण टोली में चौधरी-परिवार और राजपूतों में गिन-गूँथकर एक घर बाबू साहब ! बाकी लोग यजमानी, पहलवानी, गाड़ीवानी, घोड़ा लदाई, दुकान, नौकरी, खेती-मजदूरी, और चोरी करके जीवन-यापन करते हैं ?

चौधरी के घर की ही सारी सम्पत्ति धीरे-धीरे तालेवर गोढ़ी के घर में चली गयी है। जमीन, पोखरे, बाग-बगीचे और मवेशी–बड़े मुकदमे में सभी रेहन-बन्धकी गिरवी के रूप में तालेवर गोढ़ी ने लिखवा लिया।··· पण्डित रामचन्द्र चौधरी अब चार पेड़ आम और दो गाछ कटहल अगोरकर बैठे हैं। परिवार की सम्पत्ति को स्वाहा करनेवाला बड़ा बेटा तेल-नून की दुकान चलाता है। मँझला अररिया कोर्ट में श्याम सुन्दर बाबू मुख्तार के घर रसोई-पानी करता है। सँझला घर से लापता है। पण्डित रामचन्द्र चौधरी जिस दिन भंग ज्यादा पी लेते हैं उस दिन चाणक्य नीति से शुरू करके हितोपदेश और पंचतन्त्र के श्लोकों को दुहराकर अपने ज्येष्ठ पुत्र कामदेव चौधरी को कोसते हैं।··· कामदेव चौधरी नाम रखते समय ही मेरा माथा ठनका था। किन्तु ज्योतिषी भाई को ककारवर्ण में कामदेव ही सूझा। सो कामदेव का साला एक दिन ऐसा प्रबल होगा–किसे मालूम था ! कानी मुसहरनी-छौंड़ी

(लड़की)–जिसको देखने पर पानी भी नहीं रुचे–उसमें न जाने कौन रूप झरते देखा मेरे ब्राह्मण-पुत्र ने–हो राम, हो राम ! बलात्कार और हत्या ! खूब मुँह उज्ज्वल किया मेरे पुत्र ने। और उधर वह तालेवर गोढ़ी का बेटा रामजी गोढ़ी है–मिट्टी छूता है तो सोना हो जाता है। पूर्वजन्म में खूब पुण्य किया था तालेवर गोढ़ी ने–शिवाला बनाकर शिवलिंग स्थापित करनेवाला है। हरिद्वार, ऋषिकेश से पिछले ही साल पुण्य करके लौटा है, इस बार तीर्थ-स्पेशल-ट्रेन से सभी धाम का दर्शन करने जा रहा है ! हो राम, हो राम !!···

राजपूतों के चार परिवारों में एक का मुसम्माती कारबार है। अर्थात् घर-मालकिन बेवा है, नाबालिग लड़का भी नहीं कोई–एक पाँच साल की लड़की है जिसे वह धोती-कुरता पहनाकर रखती है। नाम भी मर्दाना रखा है मुसम्मात ने–कुलदीप ··· कुलदीपिया··· दीपा !

बाकी तीन में एक–ठाकुर रणवीर सिंह इलाके के नामी पहलवान रह चुके हैं। अस्सी वर्ष की उम्र में भी एक सेर चना-चबेना फाँककर पानी पीते हैं। गठिया के कारण छाने हुए घोड़े की तरह लाठी टेकते हुए डगमगाकर चलते हैं। पाँचों लड़के शहर में कमाते हैं। हर महीने दस रुपये के हिसाब से पाँच मनीआर्डर आते हैं ठाकुर साहब के नाम। और इन मनीआर्डरों के आते ही पाँचों पुत्रवधुओं से उनका वाग्युद्ध शुरू हो जाता है। सारे गोड़ियर गाँव में ठाकुर साहब की पाँचों पतोहुओं की बहादुरी की चर्चा दिन-रात होती रहती है। दिन-दहाड़े भूले-भटके छागल और बकरे को तरकारी काटनेवाले हँसुआ से ऐसी सफाई से साफ़ कर देती हैं कि बकरे की मेंमियाहट भी नहीं निकल सके कण्ठ से !

दो घर राजपूत, सौतेले भाई हैं–दोनों खेती करने के अलावा झूठी गवाही देते हैं और लठैत का काम करते हैं।

बीस घर ग्वाले हैं। किन्तु न किसी के पास एक भैंस है और न गाय। खेती-मजदूरी के सिवा और क्या कर सकते हैं, बेचारे ! किसी के पास एक धुर भी जमीन नहीं।

धानुकों का भी वही हाल है। गोड़ियर गाँव की लक्ष्मी तालेवर गोढ़ी के घर विराजती है। सभी टोले और सभी जाति के लोगों की तालेवर गोढ़ी की कृपादृष्टि पर भरोसा रहता है। इसलिए उसके दालान पर गाँव और इलाके-भर के लोग 'मुँहलगुआगिरी' करने के लिए जमा होते हैं। रामजी को आटा-घानी से कभी छुट्टी मिलती नहीं। फिर उसके पास 'दरबार लगाने' से क्या फायदा ? तिजोरी की चाबी तालेवर गोढ़ी के पास रहती है। बिना बाप से पूछे वह किसी को एक 'नया पैसा' भी नहीं दे सकता।··· चाबी ! मरते समय ही वह किसी को देगा। क्योंकि हर बात के पहले तालेवर गोढ़ी यह कहना नहीं भूलता–मेहनत का पैसा ! मेहनत करो और पैसा कमाओ, फिर देखो वह धन जो कभी घटे। मेरे घर में कोई बाढ़ का पैसा नहीं और न बाढ़ में आयी हुई मँछलियों के पैसे हैं। अग्रिम नगद भुगतान देकर जमींदारों से जल-कर की बन्दोबस्ती लेता था। तिसपर गाँव के बाबू लोगों

के 'जोर जुलुम'। सिपाहियों को घाट पर भेजकर रोज एक पसेरी मछली 'तलबाना' में ही तलब करनेवाले ऐसे मालिकों के जलकरों से मछली, काछू (कच्छप), केंकड़ा, घोंघी, निकालकर–पुरइन के पात और कमलगट्टा बेचकर मैंने किस तरह पाई-पाई बटोरा है–इसे देखा है इलाके के लोगों ने।··· रात में पहले सिर्फ चोरी होती थी जलकरों की, बाद में डकैती करने लगे लोग। दल बाँधकर भाला-फरसा लेकर आते और एक ही रात में जलकर साफ ! मार-पीट और मामले-मुक़दमे के झंझट-फाव में !!··· तो, हमारा कहना है कि मेहनत करो और बाबा बमभोलेनाथ पर भरोसा रखो–सब कारज सिद्ध !!

तालेवर गोढ़ी के दरबार में भीड़ लगी हुई है। गाँव-भर के मुँहलगुवे चापलूसों को आज एक बात बताने लायक़ बात मिली है। धानुक टोली का मोहन दफ़ादार चूँकि सरकारी आदमी है, इसलिए वह ग़ैर-क़ानूनी बातें नहीं करता कभी। मोहन दफ़ादार ने कहा–गाँव के लोग दस साल से चिल्ला रहे थे स्कूल-स्कूल, मगर स्कूल के नाम पर एक चटसार भी नहीं खुला कभी। उधर देखिए–पाकिस्थनियाँ सबको आये हुए छह महीने भी नहीं हुए हैं, मिडल स्कूल खोलने का औडर पास हो गया।

सभी ने एक ही साथ अचरज से आँखें फाड़ते हुए पूछा–क्या-या-या ? स्कूल ? पाकिस्थनियाँ टोले में ?

इसके बाद थोड़ी देर खामोशी छायी रही। सभी की निगाहें तालेवर गोढ़ी पर जा अटकीं। तालेवर गोढ़ी ने हाथ की 'सुमिरनी' पर 'सतनाम-सहसर नाम' आदि मन्त्र कहकर विराम दिया। फिर–खखारकर झोली से हाथ निकालकर बोला–क्या हुआ ?

–स्कूल खुल गया, पाकिस्थनियाँ टोली में। मिडल स्कूल !

–मिडल ही क्यों, हाई स्कूल भी खुल सकता है।–तालेवर गोढ़ी ने निर्विकार भाव से कहा–जो सचमुच अपने बच्चों को पढ़ाना चाहते हैं, सरकार उनके लिए स्कूल जरूर खोलेगी। इसमें अचरज करने की क्या बात है ?

–हम लोगों का दर्ख़ास्त दस साल से खटाई में···।

–क्या बात करते हो बेंगाईदास ! दस साल से दर्ख़ास्त खटाई में फूलने किसने दिया ? गाँववालों ने ही तो। जब जाँच में अफ़सर साहब आये तो सभी ने रामजी के ऊपर सारी जिम्मेवारी फेंक दी–स्कूल की बात जानें रामजी बाबू !··· रामजी बाबू को मुसम्मात का बेटा समझा गाँववालों ने। चलो–'परसिडण्ट' बना दिया बाबू को, बाबू फूलकर 'फोकचा मछली' (बॉल फिश) हो गये और चन्दा में कड़कड़ाकर 'नम्बरी-नोट' गिन देंगे।··· वह गुड़ नहीं जो चींटी खाये ! मेहनत करो ! मेहनत का फल चखोगे तो बूझोगे।

–वाजिब बात, वाजिब बात !

–सही कहते हैं आप।

–असले कहते हैं।

–हाँ भाई, बात तो तालेवर भाई साढ़े सोलह आने सही कहते हैं।

तालेवर गोढ़ी की वाजिब बात सुनकर सभी के चेहरे मुरझा गये।··· आज बुढ़वा खखुवाया हुआ है शायद ? आज कोई काम बनेगा नहीं।

तालेवर गोढ़ी ने लोगों के मुरझाये हुए चेहरों को फिर खिला दिया। बोले–भैया, तुम लोग कहाँ हो ? पाकिस्थनियाँ सब बसेगा ? बस सकेगा ? बसने का होता तो ये जहाँ बसे हुए थे वहाँ से भागते ही क्यों ?

दोनों सौतेले भाई जयराम सिंह और रामजय सिंह आजकल तालेवर गोढ़ी के बिना पैसा के लठैत हैं। जयराम सिंह बोला–जहाँ-जहाँ कोलनी बसाया, वहाँ जाकर देखिए। ई बंगलिया सब देखने में 'निबोलिया' लगते हैं लेकिन भीतर से बड़ा 'मारखू' होते हैं। रातोंरात सिमेण्ट-लोहा-लक्कड़ बेचकर गाँव के गाँव–परेट (अर्थात् भाग गये)। सिसुआ में, महिचन्दा में–सब जगह कोल्नी का यही हाल हुआ।

–कामचोर हैं सब।

–फैसन देखा है ?

–साला, जनानी भी खड़ाऊँ पहनकर चलेगी। धरती पर पैर नहीं देगी।

–धरती पर पैर कैसे दे ? सरकार बहादुर का रुपया है–घर की मुर्गी है चाहे दाल बनाओ··· !

इस बार तालेवर गोढ़ी फिर खखुवाया–अरे, सरकार बहादुर ! अब सरकार बहादुर कहाँ ? अब कंगरेस बहादुर कहो। अपना राज है–मन का मौज है। नेहरूजी को लगता है क्या–रुपया खर्च होता है हो। मरेगी पबलिक !

इस बार मोहन दफ़ादार को तालेवर गोढ़ी की बात को काटने का अवसर मिला–नेहरूजी को काहे दोख देते हैं ? और सरकार का ही क्या कसूर है ?

तालेवर गोढ़ी आज डरा नहीं। उसने बात को सिर्फ़ पलट दिया–अजी, नेहरूजी को कौन 'दोख' देता है ! सब कसूर है ई 'चोरवा' सबका।

–चोरवा ?

तालेवर गोढ़ी स्थानीय काँग्रेसियों को 'चोरवा' कहता है। जब मोहन दफ़ादार ने पूछ दिया तो बात के रुख को फिर मोड़कर जवाब देना होगा–चोरवा माने जो लोग सरकारी रुपये इस तरह धोखा देकर ले भागते हैं उनको क्या कहोगे ?

–ओ !

तालेवर गोढ़ी आज कोई राजनीतिक बात नहीं करना चाहता। वह शुरू से ही प्रसंग को बदलना चाहता था। लेकिन मुँह से दो बातें निकल ही गयीं। अब कहीं जो मोहना दफ़ादार जाकर लगा दे थाना में तो हुआ–मुफ्त में एक नम्बरी···।

तालेवर गोढ़ी, ठाकुर रणवीर सिंह पहलवान से बीस बरस छोटा है तो क्या हुआ–साठा पर पाठा है। ऐसे अवसरों पर औरतों से सम्बन्धित कोई गप्प शुरू कर देता है। हाथ किन्तु सुमरनी पर ही रहता है–छाजा-बाजा केश–तीन बंगाला

देश। तो, क्या सभी पाकिस्थनियाँ औरतों के केश ऐड़ी तक लम्बे हैं।

कुताय धानुक ने कहा–केश एड़ी तक तो नहीं, पर केश सभी को है। देखने 'जोग' केश···।

मुँहलगुआ-गोष्ठी हठात् चौंक उठी–पण्डित रामचन्द्र चौधरीजी !··· चौधरीजी !!

तालेवर गोड़ी ने उठकर प्रणाम किया।

–गोड़ लगता हूँ चौधरीजी।

–परनाम ! परनाम !!

–जीयऽ जीयऽ जीयऽ···

पण्डित रामचन्द्र चौधरी ने बारी-बारी से सभी को आशीर्वाद दिया और भेदभरी दृष्टि से एक-एक की ओर देखा।··· सिर्फ पाँच वर्ष ! बस इतने ही दिनों में क्या से क्या हो गया। वे सभी मुँहलगुए चौधरी के दरबार के हैं। बड़े मुकदमे में सभी चौधरी के गवाह थे। मोहन दफ़ादार भी। खूब लूटा इन लोगों ने मिलकर चौधरी को।··· 'गुड़ पर मक्खी दौड़ल जाय' !

चौधरी ने कहा–कहाँ की बात हो रही थी ?

–इसी पाकिस्थानी टोला की। कोलनी में स्कूल खोलने का औडर पास हो गया।

–यदि स्कूल का पैसा खाकर बंगलिया सब नहीं भागे तो मेरा नाम रामचन्द्र चौधरी नहीं, कुकुरचन्द्र चौधरी कहना। जितने निठल्ले और कामचोर लोग थे सब रिफ़ूजी हो गये हैं। मगर पंजाबी-रिफ़ूजी ऐसे नहीं। पटना में जवीशन रोड के बगल में लौलोसेन के सामने एक पंजाबी-रिफ़ूजी की पकौड़ी की दुकान थी। बालिस्टर साहब के बासा से सटे हुए ही। बूढ़ा-बूढ़ी दिन-रात पकौड़ी और घुघनी बेचते–जब हम लोग पहली बार गये थे। और जब मुकदमा का जजमिंट सुनने गये तो देखा कि न पकौड़ी है न पकौड़ी की दुकान और न पकौड़ी बनानेवाले बूढ़े-बूढ़ी··· ?

–कहाँ चले गये सब ? सरकारी कर्ज़ा खाकर भाग गये ?

–नहीं भाई, वे क्यों भागेंगे ? भागें ये बंगाली-रिफ़ूजी। अजी, क्या बतलावें। देखकर दंग रह जाना पड़ा। कहाँ वह टीन की छत्ती और कहाँ तीन मंजिला बिलडिंग। सुनोगे, किसकी बिलडिंग··· ?

–बिलडिंग क्या ?

–बिलडिंग माने आलीशान पोख्ता मकान !–मोहन दफ़ादार ने पूछनेवाले को समझा दिया।

जयराम सिंह ने समझ लिया किसका मकान होगा। बोला–वही पकौड़ी बेचनेवाले की बिलडिंग होगी। है न चौधरी मौसा !

–तुमने ठीक समझा है। अब सोचो कि कहाँ पंजाबी-रिफ़ूजी और कहाँ बंगाली-रिफ़ूजी !

मोहन दफादार ने भी ताईद की–चौधरीजी ठीक कहते हैं। मेहनत के नाम से इनका भूत भागता है और दिन-भर एक जगह झुण्ड बाँधकर बैठे-बैठे लोग

बीड़ी थूकते हैं और हमेशा कचर-पचर करके न जाने क्या-क्या बोलते रहते हैं—और 'सालार बेटा साला' सभी को कहेंगे।

चौधरी बोले—कल का किस्सा बतलाता हूँ। एक बंगलियँ छौंड़ा फेरी करने के लिए गाँव पर आया। तो, जैसा कि बच्चे कहते हैं, कहने लगे—'दाल पकाया भात पकाया परवल की तरकारी—मीन मारकर भोग लगावे अधम जात बंगाली।' कि बस, उस रत्ती-भर लौंडे को यह छोटी-सी बात इस तरह लगी कि आँखें लाल करके दाँत कटकटाने लगा और अपनी भाषा में बच्चों को गाली देने लगा।

—क्या कहा ? सालार बेटा साला ?

—नहीं जी, उसने तो समझा कि यहाँ हमारी भाषा समझनेवाला कोई है नहीं।··· यहाँ सारी उम्र पूरब-बंगाल में ही कटी है। उसने सालार बेटा साला नहीं कहा—क्योंकि साला तो जैसे बिहार में, वैसे बंगाल में। साला कहने से तो सभी समझेंगे। उसने कहा—असब्बो, जोंगली, खोट्टा··· !!

तालेवर गोढ़ी की उँगली सुमरनी पर चल रही थी। उसने 'सतनाम सहसर नाम' कहकर जाप में विराम दिया। पूछा—असब्बो तो बहुत खराब गाली मालूम होता है पण्डितजी ?

चौधरीजी ने कहा—ऐसा-वैसा खराब नहीं। असब्बो माने असभ्य, जोंगली माने जंगली, खोट्टा माने राड़-बदमाश। 'साला-हरामजादा' तो व्यक्तिगत-गाली है। लेकिन ये गालियाँ ऐसी हैं कि एक को दीजिए तो सारे गाँव-टोला-समाज पर पड़े।

—हह, तब तो बड़ा 'शबदभेदी' गाली जानते हैं ये लोग ?—तालेवर गोढ़ी ने अपने पोपले मुँह को संकुचित करके कहा।

—तालेवर बाबू, अभी किस्सा खतम कहाँ हुआ है ! जब कामदेव ने उसको टोका तो कहने लगा—हाम को कुछ बोलेगा तो हाम हांगर-इस्टराइक करेगा तुम्हारा घर पर।

—इतनी बड़ी धमकी उस लौंडे ने दी ?

तालेवर गोढ़ी को फिर पूछना पड़ा—हांगर क्या ?

मोहन दफ़ादार ने इस बार अर्थ नहीं समझाया। पण्डितजी ने ही कहा—अनशन।

—अनशन क्या ?

—बिना खाये-पीये मर जाना। यह तो आत्महत्या के बराबर है। बिना सरकारी-परमिशन से कोई हंगर-इस्टरायक नहीं कर सकता। महात्माजी भी जब करते थे तो पहले सरकार से हुक्म ले लेते थे।

उस दिन जब सभी उठकर चले गये तो तालेवर गोढ़ी ने जयराम सिंघ से एकान्त में पूछा—तुम कोलूनी में गये हो कभी ?

—गया तो हूँ।

—कैसे लोग हैं ? तुमने किसी से दोस्ती नहीं की अब तक ?

—जयराम सिंघ इस प्रश्न का 'भीतरी मतलब' समझता है। तालेवर मालिक जानना चाहते हैं कि कोई लठैत-बठैत या गुण्डा-बदमाश कोलूनी में है या नहीं।

जयराम सिंघ ने बड़े-बड़े दरबारों में काम किया है। इसलिए ऐसे अवसर पर क्या कहना चाहिए, जानता है। उसने कहा—पाकिस्थानी हो या हिन्दुस्तानी, आदमी हर किस्म के होते हैं और सभी जगह होते हैं।

तालेवर गोढ़ी ने जयराम सिंघ को एक रुपया दिया—गाँजा की खुराकी।

—और केश क्या सचमुच एड़ी तक होता है बंगालिनों का ?

—मालिक, ये भी कोई बंगाली हैं। झर-बंगाली हैं सब। देखने में न किसी का मुँह न किसी की नाक। 'अरजल-खरजल' सब हैं।

जयराम सिंघ को अचरज हुआ—आज बूढ़े ने दो-दो बार बंगालिन के एड़ी तक लम्बे केश के बारे में पूछा, क्यों पूछा ?··· छाजा-बाजा-केश, तीन बंगाला देश !

चार

छाजा-बाजा··· !

बाजे में बाजा एक खोल और बंगला देश की सारंगी—एक हाथ की। और उसी पर जब 'गान' करने लगते हैं ये तो कॉलॅनी के बाहर सड़क पर गोड़ियर गाँव के एकाध रसिक ठिठककर सदा खड़ा हो रहते हैं··· सचमुच, कीर्तन गाना जानते हैं बंगाली ही ! लेकिन रात में कॉलॅनी में जाते डर लगता है। बड़े कानूनची लोग हैं। कॉलॅनी का कानून न जाने कैसा है कि सभी कहते हैं—कॉलॅनी का कानून नहीं जानते ?

—सारंगी से मिल जाता है गला, सुनते हो ?

—औरत गाती है। मुलगैन ही जनाना है।

कारे मण्डल और रब्बी पासमान दोनों को बचपन की याद आती है—'बाला लखिन्दर-बेहूला' नाच में दोनों नटुआ थे। करीब तीस साल पहले इस इलाके में यह नाच खूब चला था। बंगला—पाला। रब्बी पासमान वाला लखिन्दर बनता था और कारे मण्डल बेहुला ! वही पुरानी दोस्ती आज तक निभा रहे हैं—दोनों।

कारे मण्डल ने कहा—पालवेत (मित्र !) कुछ याद आती है ? अभी जो गीत हो रहा था उसका 'भास' (लय) ठीक 'बेहुला-विलाप' से नहीं मिलता ?

इतना कहकर कारे ने गुनगुनाना शुरू किया—

—अ-की दूख लिखिलो आमार कपाले हो भगवान् की दूख लिखिलो आमार कपाले !

रब्बी पासमान बोला—खोल का ताल भी वही है।

—पालवेत ! चलोगे ?

—नहीं पालवेत, कोलूनी का कानून बहुत खराब है।

—किसी दिन सूरज रहते ही आकर कोलूनी के सरगना से मिलकर हेलमेल बढ़ाना चाहिए। क्यों पालवेत ?

टॉर्च की रोशनी पीछे से पड़ी तो दोनों चौंक गये।

गोपाल पाइन डर गया। वह टॉर्च की रोशनी बुझाकर खड़ा रहा। बहुत साहस करके उसने पूछा—के ?

रब्बी और कारे ने एक ही साथ कहा—हम लोग ! भैंस खोज रहे हैं··· मोंइस ··· मोंइस बंगाली मोसाय !

—भैंस ?··· मोंस ? तो, इधर में काहे वास्ते ?

गोपाल पाइन की भर्रायी हुई आवाज सुनकर दोनों को साहस हुआ। तीस साल पहले बेहुला नाच में सीखी हुई अद्भुत और खिचड़ी बंगला-वार्ता-ज्ञान के बल पर कारे मण्डल कभी-कभी अपने पालवेत से बंगला में ही बातें करता है। आज वह ज्ञान काम में आया। कारे ने कहा—नोमोस्कार हे कत्ता ! हामी मोंइस खोजै यांछी। इ दिके आईंयाछी तो मिष्टी-गान सुनीया मन लोभैंयाछी ताहि से एइखान दांड़ैयाछी तो कोई बेजाइ करैयांछी ?··· नोमोस्कार।

गोपाल पाइन का धड़कता हुआ दिल सहज-गति से चलने लगा··· नोमोस्कार हे कत्ता ?··· हामी मोंस खोजैयांछी ?

गोपाल पाइन के टॉर्च की धुँधली रोशनी में भी एक पालवेत ने दूसरे को 'कनखी-नजर' से देखा··· धसको अब ! शायद बिगुल फूँकेगा।

गोपाल पाइन जेब से बीड़ी निकालकर सुलगाने लगा तो रब्बी चिल्लाया—ना-ना। ओइ सीठी ना बजैयाँ। सीठी हरगिस ना बजैयाँ। हामरा भालो-नोक। बदनोक नाहीं।

गोपाल पाइन समझ गया, दोनों 'आपन-पाटी' का 'मानुस' है। वह कहा करता है—दीदी ठाकरुन, दूसरे देश का आदमी भी 'आपन-पाटी' का हो, यह इसी जिला में आकर देखा—'सोमोस्त हिन्दुस्तान' में। यहाँ पर कुछ लोग ऐसे भी मिले हैं जो हम लोगों की बोली में बात करना चाहते हैं। बंगला देश की और बंगला देश की सभी चीज की तारीफ़ करते हैं और अपने देश को 'भुच्च' अर्थात् मूर्ख कहते हैं।··· गोपाल पाइन 'आपन पाटी' के लोगों से ठीक ऐसी ही खिचड़ी बोली में बातें किया करता है। बोला—बदनोक नाहीं तो ठाकुरतलाय गिया गान सुनो। चलो ! हामार देश का गान बुझता है ?

हें-ए-ए ! गान बुझी की—हामी आपको देशेरे गान गाही—बेहुला-लखिन्दर करीताम हामी, कलंक भंजन, दाता करन, गुरुदखिना सँब गाही।

—अच्छा ? तब तो खूब भालो।

—भालो की भालोर जैसा ! हामो बनीताम बेहुला। होई बोनितो—नखिन्दर।

—अच्छा ? तब तो हम लोग का कीर्तन भी खूब गा सकता है। ठीक है, चलो। दीदी ठाकरुन को बोलकर कीर्तन में हम···।

सामने की सड़क पर टॉर्च की बहुत तेज रोशनी लपलपायी और दूर से ही किसी ने पूछा–कौन लोग हैं हो ?

रब्बी ने पहचाना, जयराम सिंघ ?··· जयराम सिंघ भी कीर्तन सुनने आया है या उसका भी कुछ 'भुला' गया है ?

–कौन ? मामा ? हम लोग हैं। पालवेत हैं और कोलूनी के···

गोपाल पाइन ने धीरे से कहा–इंग्रेजी मास्टर।

–कोलूनी-स्कूल का इंग्रेजी मास्टर !

जयराम सिंघ ने आकर कहा–तो तुम लोगों ने इस बेचारे मास्टर को यहाँ चौरास्ता पर काहे घेरा है ?

गोपाल पाइन ने परख लिया–यह आदमी भला नहीं। यह 'अपना पाटी' का नहीं 'उस पाटी' का है। हुँ ! बेचारे मास्टर ! गोपाल पाइन बेचारा नहीं। होनेवाले सरकारी स्कूल का अँगरेजी टीचर है।··· सचारा है गोपाल पाइन।

रब्बी के जी में आया कि वह कॉलॅनी के इस बेचारे मास्टर को बंगला में ही चेतावनी दे दे। तब तक जयराम सिंघ एकदम करीब आ गया–अरे तुम लोगों ने इधर मेरी भैंस देखी है ?

गोपाल पाइन को अचरज हुआ–सभी की भैंस ही खोती है यहाँ ?

उसने रब्बी और कारे से विदा लेते हुए घुनघुनाकर कहा–देखा हबे एक दिन।

कारे ने कहा–जरूर हौबे।

गोपाल पाइन चला गया तो जयराम ने गंजी की 'भीतरजेबी' में हाथ डालकर तम्बाकू-खैनी की टिकिया निकाली। वह जानता है, दोनों खैनी भी खाते हैं और चिलम के भी भक्त हैं।

जयराम सिंघ ने पूछा–खैनी खाओगे ?

रब्बी बोला–मामा, तुम पूछकर खैनी कब से खिलाने लगे ? खैनी नहीं, पीनी की बात पूछो।

जयराम सिंघ के बटुए में तीन खुराक खैनी और एक चिलम गाँजा हर वक़्त तैयार रहता है। चिलम सुलगाने के लिए पाट की सुतली का गाँठदार हार बनाकर रखता है।··· एक गिरह काटकर माचिस दिखला दो, आग की गुल्ली तैयार।

तीनों एक स्थान पर बैठ गये। यहीं इस नबीनगर गाँव की तख़्ती गाड़ी गयी थी।

चिलम का पहला फेरा पड़ने के बाद जयराम सिंघ ने ही पूछा–तुम लोगों को कोल्नीवालों से हेलमेल हो चुका है क्या ?

रब्बी ने धुएँ को अन्दर दबाते हुए सिर हिलाया–नहीं मामा ! कोल्नी का कानून बहुत खराब ! बाहरी लोगों का गाँव में आना और हेलमेल बढ़ाना उन्हें पसन्द नहीं।

कारे अब तक चुप था। उसे इस जयराम सिंघ नामक आदमी को देखते ही मितली आने लगती है।··· आदमी नहीं पिशाच है। पता नहीं किधर चला है ?

पालवेत ने खूब सँभलकर बात की। वाह रे पालवेत !

–तो इस मस्टरवा से क्या बतिया रहे थे ?

कारे ने कहा–पूछ रहे थे कि उन लोगों के पास कोई पुराना-धुराना खोल 'बिकरू' (बिकाऊ) है ?

वाह रे पालवेत ! रब्बी मन ही मन अपने मित्र पर प्रसन्न हुआ।

जयराम सिंघ ने कहा–सुनते हैं इस कोल्नी में दमा की जड़ी जानता है कोई ?

–सो सब तो अब दिन उगने पर··· ।

जयराम सिंघ की 'ठकुराई' पर आँच पड़ी। उसने कहा–कोल्नी के कानून की ऐसी-तैसी। रात में गाँव में नहीं जायेगा कोई ? यह भी कोई कानून है ?

गरमागरम चिलम में कपड़े की 'साफी' लपेटकर बटुए में रखते हुए उसने कहा–हमारी भैंस इसी टोले में 'भुला' कर गयी है।

रब्बी और कारे टुकुर-टुकुर देखते रहे और जयराम सिंघ कन्धे पर लाठी रखकर कॉलॅनी की ओर चला गया।

पालवेत ? क्या समझा ?

–यही कि अब यह कोल्नी उमड़ी। यहाँ से भी सब कुछ बेच-बाँचकर, भागेंगे लोग।

छाजा-बाजा··· !!

आज पवित्रा कीर्तन में नहीं है। महीने में एक कीर्तन नागा करती है। उस दिन अपने झोंपड़े में पड़ी-पड़ी दूर से ही कीर्तन सुनती है और मैमनसिंघ ज़िला के जुमापुर गाँव में पहुँच जाती है। अपने गाँव में !··· और किसी भी दिन, एक क्षण के लिए भी, गाँव की याद को नहीं आने देती है पवित्रा !

कुमारी पवित्रा चटर्जी।

सरकारी कागज़ और रजिस्टर में यही नाम लिखा हुआ है। नाम के साथ जुड़ी हुई रानी··· ? पवित्रारानी। पबी, पोदा, पोत्रा, पाता–कितने नाम ! किन्तु माँ कहती–'बूलू'। बाबूजी–'पाता' !

–माँ पाता !

–बलि कऽपाता होलो ?··· पूछती हूँ कि कितने पन्ने हुए कि पाता को पुकार रहे हो–पवित्रा की माँ को यह 'लाड़-दुलार' पसन्द नहीं।··· तुम 'पण्डित-मानुस' ठहरे–क्या तुम्हारी बेटी भी तुम्हारे-जैसा पण्डित है जो उसे बुलाकर सुनाये बिना तुम्हारी कीर्तन-रचना नहीं होती ? ··· और, कौन गायेगा तुम्हारा रचा हुआ कीर्तन ? देश में क्या कीर्तन की किताब का अभाव है ?

··· बंगला देश में कीर्तन का अभाव हो या नहीं–पवित्रा के पिता काशीनाथ चटर्जी के मन के कोने में नये-नये भाव सदा उमड़ते रहते–बरसाती बादलों की तरह। पद सुनाते समय आँखें झरने लगतीं, गले में कँपकँपी ! सुननेवाले-समझनेवाले

का अभाव वह अवश्य अनुभव करता।

फिर वह हल्देपाखी आयी है। कृष्णचूड़ा पर ही आकर बैठी है–का कस्य परिवेदना !

पवित्रा के पिता–जुमापुर गाँव के एकमात्र हिन्दू-जमींदार। एकमात्र ब्राह्मण-परिवार। एकमात्र सवर्ण हिन्दू !

··· गाँव में तीन और जमींदार थे। तीनों मुसलमान। मुसलमानों की तेरह टोली और हिन्दुओं के सब मिलाकर ढाई मुहल्ले। गाँव के सभी लोग, हिन्दू-मुसलमान, पवित्रा के पिता को 'पिताठाकुर' कहते थे। और पवित्रा की हवेली का नाम मशहूर था–ठाकुर बाड़ी।

काशीनाथ चटर्जी, बंगला और संस्कृत के ही पण्डित नहीं–उर्दू और फारसी के भी अच्छे जानकार थे।··· जुमापुर की 'मजलिस में दूर-दूर के मौलवी और मुल्ले आते थे और काशीनाथ चटर्जी उन लोगों से घण्टों इस्लाम मजहब की बारीक बातों पर बहस करते। घर में जब किसी बात पर उन्हें तरस आती तो वे प्रायः फारसी का कोई पद्य दुहराते थे। उस समय सारे घर में एक दबी हुई हँसी खेल जाती। किन्तु जब उसका अर्थ ठेठबंगला में सुनाया जाता तो··· व्यंग्यबाण का शिकार-व्यक्ति छटपटाकर रह जाये ! माँ कहती–दिन नहीं, रात नहीं–हमेशा 'कलमा' !

दिन-रात कलमा !

··· अरबी या फारसी के चन्द जुमले ! अल्ला हो अकबर !! और–शिकार छटपटा रहा है। लाशें तड़प रही हैं ?··· बड़दा के धरेछे ? बड़े भैया को पकड़ लिया ? सर्वनाश ! अल्ला हो–मानिक के धेरेछे ? मानिक भी पकड़ा गया ? सर्वनाश ! आग में झोंक दिया ? बाबा कोथाय ? बाबा ? माँ गो ? तुमी कोथाय ?··· साला बूड़ा कोथाय ? सालार बिटी कोथाय ? उर बिटी के आमी··· ? ना, आगे आमी ? जे धरबे से आगे ! धर-धर !! खोज-खोज। आगुन लागा। अल्ला हो अकबर ! कर्मफर सालार बिटी कोय ?···

–दीदी ठाकरुन !

··· का कस्य परिवेदना !

··· नहीं। मैं क्या करूँ ? आमि धरा देबो ना ? मैं मानूँगी ? आमि बाँचबो। मैं जीना चाहती हूँ !

–दीदी ठाकरुन ?

–आमि बाँचते चाय··· ?

–सोपोन देख सो ? कालाचाँद की माँ ने कहा–कीर्तन तो समाप्त हो गया। उस गाँव से एक आदमी आया है। कालो-कुलो ! खूब गेंट्टा-सेंट्टा !! हाथ में पाँच हाथ की लाठी है। कहता है–मिलवाले का 'कारपोरदार ना कारपोद्दार' क्या है ?

–कहाँ आया है ? मुझे खोजने ? ना-ना ! वे मुझे मार डालेंगे। मुझे···मुझे ···

खोजने क्यों ?

–नहीं, वह कहने आया कि हम लोगों की गाय जिस जमीन पर चरती है यह कोलोनी की नहीं। मिलवाले की है। जो गाय चरावेगा उसे 'खाजना' देना होगा।

··· टु-टु ! टु-टु !!

शारदा बर्मन 'कोलनी-रक्षा-दल' का नायक है। समय पड़ने पर सीटी बजाकर रक्षा दल के नौजवानों को बुलाता है।

कालाचाँद की माँ बोली–वही सुनिए··· बाँसी बाजलो !

पवित्रा को रक्षादल से कोई सम्बन्ध नहीं। फिर भी वह रक्षादल के 'वालेण्टियर' की तरह तुरन्त उठकर खड़ी हो गयी–न मालूम क्या हुआ ?

'ठाकुरतला' के बाहर गोपाल पाइन की आवाज सुनाई पड़ रही है–अभी रात में खाजना तागादा होता है ? इस देश का यही कानून है ? आप 'अगाड़ी में बोला' (पहले बोले) कि मोंस (भैंस) खोजने आया है। इसके बाद खाजना··· ?

–की ? की ? होलो टा की ?··· आखिर हुआ क्या ?

–होबे आर की ?··· जिस देश का जो रिवाज। इस देश में राज-काज, खाजना-तागादा–सब साला रात में होता है ? मोंस भी साला रात में खो जाता है।···

दस-ग्यारह साल से बिहार के विभिन्न इलाकों में रहकर दल की दीदी ठाकरुन पवित्रा ने बोलचाल की हिन्दी सीख ली है। सदा शुद्ध ही बोलने की चेष्टा करती है और स्थानीय शब्दों और मुहावरों को बहुत सतर्कता से सुनती और व्यवहार में लाती है।

पवित्रा ने रक्षादल के घेरे के बीच लाठी लेकर खड़े जयराम सिंघ से पूछा–क्या है भाई साहब ?

जयराम सिंघ ने आज पहली बार देखा है पवित्रा को। गाँव के लोग ठीक ही कहते थे–पाकिस्तानी टोला में एक ही बंगालिन है, बाकी सब अरजल-खरजल। एक झुण्ड पनकौड़ों और पनकौओं के बीच एक··· एक··· हंस ?

जयराम सिंघ ने इस जिला के कई 'दरबार' में नौकरी की है। लेकिन, मर्दाना औरत से पहली बार मुकाबला हुआ है। उसने झुककर बन्दगी करते हुए कहा–माताराम जयहिन्द ! देखिए–माताराम !···

–दीदी ठाकरुन बोलिए। 'बामून' की लड़की है फिर 'जै हिन्द' क्यों बोलते हैं ?–कोलोनी के किसी व्यक्ति ने टोका।

–देखिए–दीदी-राम !···

इस बार कई बच्चे हँस पड़े। वातावरण थोड़ा हल्का हो गया। बच्चों पर डाँट पड़ी। वे चुप हो गये तो जयराम सिंघ ने फिर अपना बयान जारी किया–बात यह है कि हम ठहरे नौकर। हमको तो जैसा हुकुम मालिक का होगा वैसा ही करना होगा।

–चौरस्ता पर आप बोले कि 'मोंस' खोजने आया··· ?

–देखिए मास्टर साहब ! जयराम सिंघ ने खुशामद के सुर में कहना शुरू किया–यह आप लोगों का बंगला मुलुक तो नहीं है कि आदमी जिस काम से निकले बस वही एक काम करे। हम लोगों के बिहार में एक आदमी जब किसी तरफ निकलता है तो उधर का सभी काम करके वापस लौटता है। हमारे देश में लोग गंगा स्नान भी करने जाते हैं और सुँगठी (सूखी मछली) का व्यापार भी ! आप लोगों की तरह 'अकिल-ज्ञान' और 'संगठन' यदि इस देश में रहता तो फिर··· ?

गोपाल पाइन असमंजस में पड़ गया··· यह आदमी भी 'आपन-पाटी' का मालूम होता है ? तब इतनी देर से क्यों फिजूल बकबक कर रहा था ?

पवित्रा को एक नया मुहावरा मिला–गंगा स्नान और सुँगठी का व्यापार एक ही साथ।

–तो मालिक बोले कि उधर भैंस खोजने जाते हो तो जरा पाकिस्थानी टोला···।

–ए सिंघ जी। पाकिस्थानी टोला मत बोलिए। इस गाँव का नाम नोबीननगर है। जान लीजिए, नहीं, जानते थे तो !··· 'अगाड़ी' से नोबीननगर ही बोलिए।

–कौन नगर ?

पवित्रा बोली–देखिए भाई साहब, पूर्णियाँ में दस तारीख को कोलोनी कमिटी की मीटिंग है। मैं उसमें इस सवाल को रखूँगी कि नबीनगर कालोनी के आस-पास की परती जमीन पर मवेशी चराने के लिए खाजना देना होगा क्या ? यदि देना होगा तो किस फण्ड से और किसको ?

जयराम सिंघ का मुँह सूख गया। उसने जीभ से मुँह की खैनी को मुँह में ही घुलाते हुए कहा–इसमें मिटिंग-उटिंग के झंझट में क्यों पड़ने जाइएगा आप ?

–कैसे ?

–आप लोग मालिक से मिलकर 'इस्तदुआ' कीजिए कि परती की 'चराई' माफ हो जाये। बहुत 'धर्मी' और नेमी आदमी हैं तालेवर बाबू। जाति के गोढ़ी हैं तो क्या हुआ–ऐसा दयावान इस 'एतराफ' में कोई नहीं मिलेगा।

मालिक से मिलकर क्या होगा सिंघजी। मालिक तो अपना घर में है। हमारे वास्ते तो आप ही मालिक हैं। आप ही 'दोया' कर दीजिए तो फिर···। छिदामदास ने 'फिर' कहकर अपने साथियों की ओर देखा। पवित्रा सब समझती है··· यह ट्यूबवेल-फिटर नहीं।

पवित्रा हँसी।

जयराम सिंघ भी हँसा। इस बार खैनी थूकते हुए बोला–ऐसी बात करते हैं तो जाइए, आप लोगों की 'चरी-चराई' एकदम 'फिरी'। बात यह है कि प्रेमभाव से यदि कोई बात बोला जाय तो उसका जवाब भी प्रेमभाव से देते हैं लोग। हम लोगों को इतना मत समझिए कि प्रेम का बर्ताव करना नहीं जानते। चलिए अब

तो हुआ। एकदम 'फिरी'–चराइए जहाँ मन आवे अपनी गाय और बकरी। कोई कुछ नहीं बोल सकता। बात यह है कि असल चीज है मन का प्रेम···।

पवित्रा ने आज शाम को नहाया है। उसके बाल खुले हुए हैं। जयराम सिंघ ने चलते समय कनखी निगाह से पवित्रा के लम्बे बालों की ओर देखा–सचमुच। एड़ी तक केश है !

··· इस्स ! कहाँ आकर फँस गया था जयराम सिंघ ? जब बंगलिया कानून से 'जलजल' करता है !··· सीटी फूँकने लगा तो जयराम सिंघ की देह में कँपकँपी दौड़ गयी थी ! इस्स !!

पाँच

हरिप्रसाद जादब आया है, घोड़े पर।··· सचमुच बहुत पान खाता है यह आदमी !

कॉलॅनी से बाहर ठीक चौरास्ता पर जहाँ गाँव के नाम की तख्ती गाड़ी गयी थी–योगेशदास से भेंट हो गयी हरिप्रसाद जादब की–नमस्कार जोगेश बाबू !

हरिप्रसाद जादब घोड़े से नीचे उतरा।··· इस इलाके में घुड़सवार आदमी गुरुजनों के प्रति आदर और सम्मान दिखलाने के लिए घोड़े से उतरकर बातें करता है।

योगेशदास चौंका··· बेटा, यहाँ भी पता लगा लिया ?

–हम एक दिन और भी आये थे। आप कस्बा चले गये थे, मालूम हुआ।

योगेशदास ने हँसने की चेष्टा की और अचरज से बोला–अच्छा ? हमको तो कुछ भी नहीं मालूम।

··· तो, सन्ध्या ने कुछ भी नहीं कहा अपने बाप से ? इतना भी नहीं कि हरि आया था ?

योगेशदास को ही पूछना पड़ा–तब ? इधर किस काम से ?··· देखिए हरि बाबू ! योगेशदास ने इधर-उधर देखकर कहा–आपका रुपया हम भूला नहीं है। जोगाड़ में लगे हुए हैं। अभी लोन का औरडर आ गया है। हजार-पाँच सौ जरूर मिलेगा, तब आपका रुपया हम आपके घर पर 'चुकाय' देगा। जैसा माफ़िक़ 'चुपीचुपी' लिया था वैसा माफ़िक़ 'चुपीचुपी' दे आवेगा। कोलोनी में यह बात मालूम होने से जरा···।

हरिप्रसाद ने कहा–नहीं जोगेश बाबू। हम रुपया के तागादा में नहीं आये हैं। हम आये थे··· जरा··· कोल्नी-मेम्बर से··· क्या नाम है उनका··· श्रीमती पवित्रा देवी से मिलना चाहते हैं।

–ओ ? दीदी ठाकरुन से ?··· क्या काम है ?

–ऐसे ही। जरा दर्शन और सत्संग ! बहुत नाम सुना है उनका।

–कहाँ सुना है ?

अब हरिप्रसाद चुप हो गया। वह कस्बा-कोलोनी के गौरांग सरकार का नाम कैसे ले ?

कालाचाँद ने दूर से ही पहचाना–वही है मनिआर्डर भेजनेवाला।

गोपाल पाइन को अचरज होता है–सभी उसी जगह चौरास्ते पर जहाँ गाँव के नाम की तख्ती टँगी थी–क्यों खड़ा होते हैं।··· जगह थोड़ी ऊँची है ?

शारदा बर्मन के बड़े भाई आनन्द बर्मन का यह विश्वास पक्का है कि चौरास्ते पर एक चाय की दुकान धूमधाम से चल सकती है।··· न मालूम लोन के पैसे कब मिलते हैं !

कालाचाँद ने आगे बढ़कर नमस्कार किया और योगेशदास से पूछा–आगेकार जाना लोक ?··· जान-पहचान पहले से ही है क्या इनसे ? क्यों जोगेश दा ?

योगेशदास के पहले ही जादब ने कहा–नमस्कार-नमस्कार ! हाँ, योगेश बाबू से महिचन्दा कोल्नी से ही जान-पहचान है।

योगेशदास तनिक डर गया, शायद।

महिचन्दा कॉलॅनी में रहता था योगेशदास। जब महिचन्दा कॉलॅनी के सभी सदस्य, सब कुछ बेचकर कलकत्ता भाग रहे थे तो एक बैलगाड़ी के अभाव में योगेशदास उन लोगों के साथ नहीं जा सका। और तीसरे दिन जब बात फैली, इधर-उधर तार और टेलिफोन किये गये तो पूर्णियाँ स्टेशन पर सिर्फ योगेशदास ही सपरिवार पकड़ में आ सके !··· बहुत दिनों तक मामला-मुकदमा, थाना-कचहरी करना पड़ा था योगेशदास को। कॉलॅनी-कमिटी ने योगेशदास को सभी जुर्मों से बरी कराकर नबीनगर कॉलॅनी में बसाया था। कॉलॅनी के कई कूट और व्यंग्य करनेवाले यदा-कदा तीर छोड़ ही देते हैं–की जुगीदा ?··· फिर कोई हाथ मारने का इरादा है क्या ? महिचन्दा गाँव के कई बनियों ने आकर उसे बेपानी कर दिया है एक दिन।··· सूद सहित डेढ़ सौ रुपये लिये बिना टलेंगे नहीं इस गाँव से ! दीदी ठाकरुन ने एक सौ रुपये 'फण्ड' से देकर योगेश का पिण्ड छुड़ाया था। बाद में कॉलॅनी-मीटिंग में दीदी ठाकरुन को जवाब देना पड़ा था–बिना बूझे इतने रुपये क्यों दिये गये !···

योगेशदास डरा, कहीं हरिप्रसाद जादब ने यह तो नहीं सुन लिया है कि योगेश के सभी कर्जे, दीदी ठाकरुन ही चुकाती हैं ? महिचन्दा हाट की मछलीवाली बूढ़ी उस दिन आयी थी, योगेशदास घर में नहीं था। पवित्रा ने ढाई रुपये उसके भी चुका दिये हैं।

उस दिन कालाचाँद और शारदा बर्मन ने कहा–मौज में हैं हमारे जुगीदा। बनिया से लेकर मछलीवाली तक से दोस्ती है।··· हाँ, जुगीदा। वह बुढ़िया कह रही थी कि जोगेश हमारा 'दोस्त-दामाद' है, उसकी स्त्री मेरी 'दोस्त-बेटी' है और संझा दोस्त-नातिनी ! ठीक है क्या ?

पता नहीं, यह कालाचाँद आज क्या-क्या बोल बैठे ? योगेशदास डरा।

कालाचाँद कुछ वैसी बात नहीं बोला। उसने योगेशदास से कहा–जुगीदा, जान-पहचान के लोगों को घर पर ले जाकर बात कीजिए। यहाँ सड़क पर भले आदमी को क्यों खड़ा किये हो ?

योगेशदास बोला–यह दीदी ठाकरुन से मिलना चाहते हैं।

कालाचाँद ने पूछा–पचास 'टाका' का मनिआर्डर आप ही भेजा था ? जादब ने लजाकर कहा–जी हाँ।

–फिर देने आये हैं क्या ? देखिए, इस तरह देने से दीदी ठाकरुन एक नया पैसा भी नहीं लेंगी। आप बतला दीजिए कि फलाने काम में खर्च कीजिए। देखिए कि रुपया लेती हैं या नहीं।··· आप हमारा नाम मत लीजिएगा।

योगेशदास को मनिआर्डर की बात समझ में नहीं आयी। कालाचाँद ने उसे समझाया।

हरिप्रसाद जादब ने स्वीकार किया–कीर्तन-पार्टी के लिए ही रुपये भेजे गये थे।

कालाचाँद ने कहा–सुनते हैं, मास्टर दादा।

गोपाल पाइन कुछ नहीं सुनता। वह अभी मन में 'एस्टिमेट' कर रहा है–एक पोख्ता-साइनबोर्ड बनवाने में कितना सिमेण्ट और चूना लगेगा।

हरिप्रसाद जादब को दुख हुआ, योगेश बाबू ने उसे गलत समझा। इसीलिए इस तरह बेरुखी से 'बतिया' रहे हैं। नहीं तो, आदमी इतना जल्दी बदल जाता है, क्या ? दिन-भर महिचन्दा कॉलॅनी में हरिप्रसाद जादब का घोड़ा चरता रहता था और योगेशदास की झोपड़ी में हरिप्रसाद जादब योगेशदास की पत्नी के हाथ की बनी एक से एक मिठाई··· छेना की जलेबी··· पन्तुआ।··· कण्ठी भी हरिप्रसाद की टूटी योगेशदास के ही घर में। योगेशदास की पत्नी गिरिबाला देवी ने कहा था–वैष्णव ! कैसा वैष्णव हो तुम ? मछली नहीं खाते ? यह तो जल की 'तरोई' है ! जल-तरोई !

··· योगेशदास ने भी कहा था, अरे हरि बाबू ! आप नहीं जानते ? हमारे देश में कहावत है–माँगुर माछ खा बेटा, हरि हरि बोल !

··· और आज तीन-चार महीने के बाद ही योगेशदास अजनबी की मुद्रा बनाकर इस तरह खड़ा है ?

–दीदी ठाकरुन ! एइजे··· हरिप्रसाद जादब। पूछिए, इन्होंने कीर्तन के लिए ही मनिआर्डर भेजा था कि नहीं !

पवित्रा के पास बैठकर सन्ध्या सिलाई सीख रही थी। हरिप्रसाद को देखकर उसके चेहरे पर जो आँधी आयी और तूफान खेल गये–उसे पवित्रा ने देख लिया। वह उठकर जाने लगी तो पवित्रा ने याद दिलाया–कैंची उस तरह खोलकर कहाँ दौड़ी ?··· लगता है किसी की 'टिकी' काटने जा रही है।

पवित्रा ने हरिप्रसाद जादब के मुखड़े पर हवाई उड़ते देखकर स्वयं पूछा–आपने

मेरे नाम से क्यों भेजा रुपया ? कॉलॅनी-कमिटी के नाम से भेजना चाहिए।

हरिप्रसाद जादब न जाने कहाँ खोया हुआ था !

कालाचाँद ने मैमनसिंघ की बोली में कहा–एक ही बात है दीदी ठाकरुन। ··· हम लोगों के 'एसराज' के दाम में सिर्फ पचास रुपये की कमी है। यदि··· यदि··· ।

पवित्रा की गम्भीर मुद्रा देखकर कालाचाँद की मुसकुराहट दन्त-पंक्तियों से निकलकर ओठों पर संकुचित हो गयी। उसने बात के प्रसंग को बदलने के लिए कहा–जुगीदा से परिचित हैं। महिचन्दा के पास ही है–सुक्की बेलाही।

पवित्रा चौंकी, तनिक !

हरिप्रसाद जादब ने कहा–वहाँ की कोलूनी में हमेशा जाते थे, हम। योगेश बाबू की स्त्री गिरिबाला देवी को मैं मौसी कहता हूँ। संझा को हमने मैथिली कीर्तन सिखाया है।

पवित्रा हँसी··· 'जय-जय भामिनी, असुर भयावनि' गीत सन्ध्या ने इसी गुरु से सीखा है !

योगेशदास की पत्नी ने कोई परायापन नहीं दिखाया। देखते ही हुलसकर बोली–आमार बोनयो।··· मेरी बहन का बेटा !··· हरि रे ! तुम एक दिन और भी आये थे। सन्ध्या के बाबू के साथ मैं कस्बा गयी थी। चलो, दीदी ठाकरुन से बाद में बातें करना। मुँह-हाथ धोकर एक गिलास चाय तो पी लो !

हरिप्रसाद जादब 'किन्तु-परन्तु' करके उठते समय बोला–हम दीदी ठाकरुन से थोड़ा 'सत्संग' करना चाहते हैं।

–हबे तोमार सोत्सोंग ! सन्ध्या की माँ, गिरिबाला देवी उसे साथ ले चलो।

कालाचाँद हँसकर बोला–बारिसाल जिला के लोग दोस्ती गाँठने में सबसे आगे रहते हैं। कस्बा कोलोनी का गौरांग सरकार भी बारिसाल का रहनेवाला है। और हम लोगों के जुगी भाई भी।··· उस्ताद एकेबारे !

पवित्रा ने पूछा–दोस्ती करना बुरा है क्या ? गौरांग सरकार आज पाँच सौ रुपये पाता है मारवाड़ी के मिल में। जानते हो ?

–जानि दीदी ठाकरुन !··· गरीबों से कोई दोस्ती भी तो नहीं करना चाहता।

सन्ध्या की माँ–गिरिबालादासी–हरिप्रसाद जादब को चाय पिलाकर साथ ले आयी।

पवित्रा आज सुबह से ही अपने पिता के रचे और लिखे हुए कीर्तन की पुरानी पाण्डुलिपि की नकल करने बैठी है–एक पन्ना भी नहीं कर पायी।··· आज नहीं हो सकेगा कुछ।

हरिप्रसाद जादब की ओर से गिरिबाला ने दीदी ठाकरुन से 'अर्ज' किया–जादोब खूब भालो छेले··· किसी बात की कमी नहीं घर में–फिर भी मारा-मारा फिरता है सिर्फ कीर्तन के पीछे। कह रहा है कि बंगाल का कीर्तन सुनकर होश-हवाश नहीं रहता है···।

–होश-हवाश नहीं रहता ! यह तो बहुत बुरी बात है। छिदामदास और गोपाल पाइन फिर से आ जुटे हैं !

गोपाल पाइन को विश्वास हो गया है–यह हरिप्रसाद जादब एकदम 'अपना-पार्टी' का आदमी है। इस बार उसने हरिप्रसाद जादब का ध्यान आकर्षित करने के लिए दो बार अपने पॉकेट को टटोला। फिर बोला–जादोब बाबू ! आप लोगों के जैसा हीरा आदमी हर स्थान पर नहीं मिलता। आपकी बात छोड़िए–मगर आपके देश के लोगों को क्या कहें ? किस आदमी से कैसे बात किया जाये–यह भी नहीं मालूम ! हम लोगों को 'बंगलिया' बोलता है बोले–मगर जनाना लोगों को भी 'बंगलिनियाँ' कहता है। कहने पर मुँह गोल बनाकर जवाब देंगे–'आर्रे-तोरी ! बंगलिनियाँ को बंगलिनियाँ नहीं कहें तो और क्या बोलें–संथलिनियाँ !'

गिरिबाला बोली–मास्टर मोशाय, जादोब को वैसा मत समझिए। माँ है, बाप है–सब कोई है घर में, फिर भी हम लोगों को याने मौसी और मौसा के देखे बिना चैन नहीं। कैसे-कैसे पता लगाकर चला आया, देखते नहीं ?

इतनी देर के बाद योगेशदास दिखलाई पड़े–खिन्न और चिढ़े हुए।··· गिरिबाला की यह वकालत उसे जरा भी पसन्द नहीं। महिचन्दा से ही योगेशदास इस पागल आदमी से पीछा छुड़ाना चाहता है, मगर छोड़ता ही नहीं।··· नाछोड़बन्दा ! योगेशदास ने एक साथ तीन सौ रुपये कर्ज माँगे थे, इसीलिए। रुपया नहीं दे सकेगा तो नहीं आवेगा। जादब ने दूसरे ही दिन वादा के मुताबिक रुपये गिन दिये। उसके बाद, दस-बीस, पचीस-पचास–जब जैसा मौका मिला–योगेशदास माँगता गया और जादब देता गया।··· मगर, पीछा नहीं छोड़ा। आज कहता है, उसे रुपये वापस नहीं चाहिए।

योगेशदास बोला–लेकिन एक बात है। जादोबा तुम्हीं से कह रहा हूँ। मैंने तुम्हारे बाबूजी का गुस्सा देखा है। मुकदमाबाज भी नम्बर एक के हैं। इसलिए बाद में कहीं कुछ बखेड़ा उठे तो, सो तुम जानो।

जादब ने हिम्मत करके पूछा–क्या बखेड़ा उठ सकता है ?

–यही कि हिन्दुस्तानी कीर्तन छोड़कर बंगाली कीर्तन सीखने जाता है···।

हरिप्रसाद जादब, जो अब तक धोती के खूँट को उँगली से लपेटता हुआ, दाँत निपोड़कर सबकी ओर बारी-बारी से देखता था, तैश में आ गया। बोला–मौसा ! कीर्तन सीखने की बात तो जाने दीजिए, यदि हम किसी 'बंगालिन' से शादी कर लें–इसपर भी कोई बखेड़ा नहीं···।

जादब को होश हुआ, शादी की बात अभी ही बोलना उचित नहीं हुआ। उसने बिगड़ी हुई बात को सँभालने की चेष्टा की–माने, हम एक बात कहते हैं।··· अर्थात् मैं यों ही कह रहा हूँ।

पवित्रा ने कहा–भाई साहब, कीर्तन का मालिक कालाचाँद है। आप उसी से बात कर लीजिए।

वह उठी। जादब ने हड़बड़ाकर कहा–और यह चन्दा ?

—वह कीर्तन के सेक्रेटरी को दे दीजिए।

पवित्रा जब 'कॉलॅनी ऑफ़िस' से बाहर निकली तो उसने देखा—बाँस की खपच्ची की आड़ में सन्ध्या चुपचाप खड़ी है।

उसने सुना, कीर्तन का सेक्रेटरी कालाचाँद कह रहा था—ठीक है, कल ही तो मंगल है। कल से ही आइए। भगवान् का नाम गाने के लिए भी कहीं मनाही है ?

पवित्रा को लगा—कोई सन्ध्या को उससे छीनने आया है।··· किशोरी सन्ध्या ने उसपर अधिकार कर लिया है, मानो।

सन्ध्या रात में दीदी ठाकरुन के पास सोती है। एक ही बिछावन पर। पवित्रा उदास हो गयी।

छह

तालेवर गोढ़ी के दरबार के सभी मुँहलगुवे जब चले गये तो जयराम सिंघ ने लम्बी साँस छोड़कर, नाटकीय अन्दाज में कहा—इस्स ! मालिक, सीटी फूँक दीहिस था कि !

तालेवर गोढ़ी ने पूछा—क्या सीटी फूँक दीहिस ?

—वही पाकिस्थनियाँ सब कहते हैं कि रात में गाँव में माने कोलॅनी में आना मना है। बहुत कड़ा कानून है।··· लेकिन, एक बात सवा सोलहों आना ठीक है कि जो असली बंगालिन है उसको एड़ी तक केश है।

—एड़ी तक केश है ?

—हाँ मालिक। हम अपने 'चस्म' से देख आये हैं। जैसी 'खपसूरती' वैसा केश !

तालेवर गोढ़ी सोच में पड़ गया !

आज जयराम सिंघ ने पूछ दिया—क्यों, क्या बात है मालिक ? कोई बात हो तो हुकुम फरमाइए···।

तालेवर गोढ़ी के हाथ में अभी सुमरनी नहीं, सचमुच कतरनी है। सरौता से सुपारी के टुकड़ों को महीन करते हुए वह मुसकुराया। पोपले मुँह की ऐसी मुसकुराहट को जयराम सिंघ ने पहले भी देखा है। लेकिन इधर दो-तीन साल से तीरथ-धर्म, नेम-टेम देखकर उसने सोचा था कि अब··· ?

जयराम सिंघ को बहुत दिनों से एक साइकिल खरीदने का शौक है।··· लगता है, भगवान् ने इस बार उसकी प्रार्थना सुन ली। एक बार तलवार का शौक हुआ था तो तालेवर मालिक ने ही दाम दिया था। पोखरवाले 'कामत घर' में 'डायन

का मन्त्र' सिखाने के लिए बभन टोली से एक 'तेलबाभिन' लड़की को ले आया था–तालेवर गोढ़ी के लिए।··· दूसरी बार तालेवर गोढ़ी के चक्र के लिए गोप टोला का माल–हारमोनियम का दाम लेकर पहुँचाया था उसने। जयराम सिंघ जानता है, तालेवर गोढ़ी को 'सवर्ण' छोड़कर–अपनी जाति या अपने से छोटी जाति की औरतों पर कोई लोभ नहीं।··· इस बार साइकिल की कीमत पहले ही वसूल लेना होगा।

तालेवर गोढ़ी बोला–बात यह है जयराम कि तुमसे क्या छिपाना ? इस बार 'हरदुआर' जी में हम एक साधू बाबा के पास जाकर बैठे। हाथ की रेखा देखकर साधू बाबा ने बहुत कुछ कहा। जब मैंने पूछा कि बाबा यह संसार का माया-मोह कब कटेगा तो बोले–बच्चा ! अभी हड़बड़ाता क्यों हैं ? अभी तो एक एड़ी तक केशवाली का तलवा सहलाना बाकी है।

–एकदम ठीक बोले हैं साधू-बाबा ! आप हुकुम दीजिए तो हम लग जायें।

–अरे नहीं-नहीं। मैं तो, यों ही एक बात कह रहा था।

जयराम सिंघ जानता है–इस बूढ़े कामी के हुकुम देने की यही भाषा है। इससे पहले भी हर बार इसने इसी तरह मुसकुराकर कहा था–हम जो साधना करते हैं उसके लिए औरत बहुत जरूरी है। तन्त्र सिद्ध करने के लिए 'भैरवी' का होना बहुत जरूरी है।

जयराम सिंघ ने कहा–मालिक ! आपकी साधना इस बार एकदम सिद्ध समझिए ! बंगाला-मुलुक का तन्त्र···।

तालेवर गोढ़ी गम्भीर हो गया–तुमने मेरे मन की बात पढ़ ली जयराम। 'साधना' के बारे में ही साधू बाबा ने कहा था कि तलवा सहलाना बाकी है। याने, बंगाल का तन्त्र सिद्ध करना बाकी है। इसके लिए हम कामरूप-कामच्छा जानेवाले थे।

–नहीं मालिक ! जब संग में ही जाल तो मछली का अकाल ? घर बैठे आपको कामरू···।

तालेवर गोढ़ी ने किसी की छाया देखकर पूछा–कौन है उधर ?

रामजी ने जवाब दिया–मैं। रामजी !

–क्या बेटा ! क्या बात है ?

–कृष्णजी का तार आया है।

–तार ?···

–रुपये के लिए लिखा है !

–रुपये के लिए तार ?

–हाँ, परीक्षा फीस···।

तालेवर गोढ़ी का जी खट्टा हो गया।··· उसके समधी मुख्तार साहब कुलदीप माँझी, बात पर 'मंझा' लगाना खूब जानते हैं। शादी के पहले एकदम 'लाट-गवर्नर-मनिस्टर-बालिस्टर' तो 'अलान' तो 'ढेकान' बोलकर ढेरी कर गये। कहते थे कि कृष्णजी 'नन्दन' में पढ़ना चाहें या रूस चाहे अमेरिका में–सभी पैसा

सरकार देगी। सरकार से वसूल करेंगे–लाठी के हाथ। केवट-संघ, निषाध-सभा, मल्लाह-सभा–मुख्तार साहेब सभी कमिटी के 'परसिडण्ड' हैं और बात एकदम 'फैलियर'।··· आदमी की बात का एक 'भैलू' होना चाहिए !···

तालेवर गोढ़ी ने बौखलाकर कहा–तार आये या बेतार, पैसा नहीं जायेगा ! आज किताब तो कल कपड़ा तो परसों परीक्षा-फ़ीस ! ! एक पैसा भी नहीं–'पोस्काट' लिख दो साफ-साफ।

जयराम सिंघ ने रामजी बाबू की ओर देखा। रामजी बाबू के मुँह से कृष्णजी की फ़िज़ूलख़र्ची के क़िस्से सुन चुका था। फिर भी उसने अपने कर्तव्य का पालन करना अपना धर्म समझा। कृष्णजी से जयराम सिंघ का 'हेलमेल' है–गुप्त बात कोई भी हो, जयराम सिंघ को छोड़कर किसी से नहीं कहता कृष्णजी। इसलिए जयराम ने कहा–मालिक ! डागडरी पढ़ने में बहुत ख़र्च, यह तो मशहूर है। डागडरी पास करने के बाद तो देखते ही हैं कि किस तरह रुपये की बरखा होती है !

रामजी कुछ कहना चाहता था। तालेवर गोढ़ी ने उसे चुप कर दिया–रामजी बेटा ! रुपये की 'बरखा' की बात सुनकर तुम भी भूल गये··· मेहनत का पैसा जिसका है वह कैसे भूल सकता है कि 'बरखा' का रुपया जाता भी है बाढ़ के पानी की तरह। जो घर में जमा था उसे भी ले-देकर साफ़। जाओ, अपना काम देखो।

रामजी चला गया तो तालेवर गोढ़ी बहुत देर तक मुँह विकृत करके गुमसुम रहा। जयराम सिंघ ने उसी मुख-मुद्रा के अनुसार अपने चेहरे पर एक परेशानी का मुखौटा डाल लिया।

तालेवर गोढ़ी ने कहा–हो जयराम ? तुम भी खूब हो। कहते हो डागडरी पास करने पर रुपये की बरखा होती है। मैंने कौन-सी डागडरी पास की है अपने जमाने में; जैसा हम कमाते थे सो तो तुमने देखा ही है। सिर्फ़ 'चिरागी' का पैसा लेकर 'चक्कर' पूजने पर इतनी आमदनी होती थी। यदि हम भी बेमारी देखने की फ़ीस लेते, फ़ी 'मन्तर' पाँच रुपया और एक-एक 'जन्तर' का दाम दस रुपया लेते तो··· खुद हिसाब करो कि आज रुपये रखने की कहाँ जगह थी ?

जयराम सिंघ ने कहा–मालिक ! आपकी और तन्त्रविद्या की बात निराली है !

सिर्फ़ मछली की बिक्री से तालेवर ने पैसा नहीं जमा किया है। तालेवर गोढ़ी अपने जमाने का बहुत मशहूर 'ओझा-गुणी' था।··· भूत-प्रेत, जिन-पिशाच, देव-दानव किसी की भी हवा लग जाये–तालेवर गोढ़ी के हाथ की एक चुटकी धूल पड़ते ही बाप-बाप करके भूत भागते थे।··· खुट्टी-खरैइहा में एक साथ चार डाइनों को नंगा नचाया था–तालेवर गोढ़ी ने। मरे हुए लड़कों को जिलाने के बाद चारों डाइनों का 'गुण' खींचकर अपनी चुनौटी में रख लिया था। मशान की हड्डी जिसके घर में गाड़ दे उसके घर में ऐसा 'बनरभूता' लग जाता था कि एक ही साल में सब हहाकर साफ !

जयराम सिंघ को एक पते की बात याद आयी–अच्छा, मालिक ! किसुन

बाबू जो बक्सा-भर 'हाड़-गोड़-मुण्डी-खोपड़ी' ले आये हैं—उनको जगाकर आपका काम माने 'तन्त्र' का काम नहीं हो सकता ?

—तुम भी खूब हो जयराम ! पूछता हूँ—फेनायल से धोयी हुई हड्डियों से मेरा क्या काम हो सकता है ? उसपर कोई 'गुण' काम कर सकता है भला ?

जयराम सिंघ ने मन में सोचा—तब तो इस कीड़ा मारनेवाले तेल (फिनाइल) में बहुत गुण है। भूत-प्रेत भी इसकी गन्ध से भागता है ?

··· पण्डित रामचन्द्र चौधरी हमेशा हँसते थे—अरे, इस गोढ़ी के पास 'ढोढ़ा-साँप' का भी मन्त्र नहीं। भेड़ियाधसान इसी को कहते हैं।··· क्या है उसके पास में ?—लेकिन, तालेवर गोढ़ी ने आखिर-आखिर में ऐसी हड्डी गाड़ी दरवाजे पर कि चौधरी की सारी सम्पत्ति के साथ 'लछमी' नाचती हुई तालेवर गोढ़ी के घर में आकर बैठ गयी। बस, उसी चक्कर के बाद से तालेवर गोढ़ी ने 'तन्त्र-मन्त्र' ऐलान करके छोड़ दिया ! अब, इतने दिनों के बाद फिर नया चक्कर साधना चाहता है। जयराम सिंघ को लोभ हुआ—क्यों न इस बार सायकिल की कीमत के बदले एकाध 'मन्त्र' सीख लिया जाये।··· वशीकरण का 'काम' तो इसी बार बूढ़े को करना है। पहले की 'भैरवी' सब तो रुपये और कपड़े के लोभ में पड़कर चक्कर में आती थीं। कोई-कोई सचमुच 'डाइन' का मन्त्र सीखने के लिए आती थी। जैसे आयी थी मोरंग की खत्रानी—उसने तो सोने और चाँदी की 'गुरुदच्छिना' दी थी।··· जयराम सिंघ को अब पछतावा हो रहा है। उस समय वह सोचता था कि सिर्फ 'बदमाशी' करने का बहाना है यह सब। यदि इस बार भी जयराम सिंघ चूक गया तो हमेशा पछतावा लगा रहेगा। यह आखिरी चक्कर जिसमें एड़ी तक लोटते हुए केशवाली 'बंगाला-मुलुक' की भैरवी बैठेगी··· !!

जयराम सिंघ को बीस साल के बाद अभी अचानक ज्ञान हुआ। उसने लपककर तालेवर गोढ़ी का पैर पकड़ लिया। तालेवर गोढ़ी अकचकाकर बोला—हैं हैं, यह क्या जयराम ? यह पाप क्यों चढ़ाते हो ?··· कोई देख लेगा !

—नहीं मालिक ! इस बार हमको चेला बनाना ही पड़ेगा। अपनी झोली का 'चूर-घून' भी दे दीजिए तो···

—सुनो जयराम ! पैर छोड़ो।

—पैर नहीं छोड़ूँगा। जिस तरह 'केवट' ने रामजी का पैर तब तक नहीं छोड़ा था जब तक कि पैर पखारने··· मैं आपका पैर पखारूँगा। चूल्हे में जाये जाति ? गुण से बढ़कर क्या जाति ही है !

तालेवर गोढ़ी प्रसन्न हुआ।

—तो तुम सचमुच··· ?

—वैसे भी जो हुकुम देते हैं—आग में, पानी में जहाँ भी जाने को—तैयार ही रहते हैं। अब चेला बनाकर देख लीजिए।

—तो आज बहुत बढ़िया दिन है। मंगल ! बहुत खरा दिन है। आज से ही शुरू कर दो।··· यह मिट्टी उस एड़ी तक केशवाली की एड़ी के नीचे पड़ जाये

तो समझो कि इसी अमावस्या की रात चक्कर लग जाये।

—आज मंगल है। तब सब काम का मंगल ही मंगल समझिए। पाकिस्थनियाँ-टोली में मंगल की साँझ में कीर्तन होता है।··· मेरे माथा पर हाथ रखकर 'आशीख' दीजिए और हाथ में दीजिए—'मन्तराई' हुई मिट्टी।

'सतनाम-सहसर नाम'—कहकर जिस झोली से मिट्टी निकाली उसी में सुमरनी रख दी तालेवर गोढ़ी ने—अब यह सुमरनी रहे, कुछ दिन के लिए आराम करे। ··· तिजोरी के निचले तल्ले से सिन्दूर से रँगी हुई एक हड्डी निकालकर अपनी गद्दी पर, मसनद के नीचे रख लिया तालेवर गोढ़ी ने।

गुरु तालेवर गोढ़ी ने कहा—जै हो औघड़दानी की ! बोलो जयराम—औघड़दानी की जै कहो !

—जै हो बाबा औघड़दानी की !

—मुट्ठी बाँधो। पीछे से कोई कहीं पुकारे, उलटकर मत देखना।

जयराम सिंघ चला—जै हो औघड़दानी की ! जयराम इतने दिनों तक भ्रम में था। तन्त्र-मन्त्र यदि झूठ होता तो अररिया-कोठ की सभा में जो मन्त्रीजी आये थे—उनकी बाँह में उतने ताबीज क्यों लटक रहे थे—गोल, चिपटे, चौड़े। लाल मूँगावाले तावीज !··· मन्त्र के बल से ही मन्त्री हुए हैं मन्त्रीजी ! जयराम अब सबकुछ समझता है। यदि मन्त्र की कोई महिमा नहीं होती तो कोशी—बाँध खोलने के समय उस तरह धूप-दीप देकर कलश सजाकर काशीजी और पटना से आये हुए पण्डितों ने क्यों मन्त्र पढ़ा था ?

तालेवर गोढ़ी के मन की बहुत पुरानी लालसा पूरी होनेवाली है। उसके गुरु ने खास 'बंगाला' में जाकर—तारापीठ के औघड़दानी को मनों 'भाँगुरमाछ' खिलाकर, तारापीठ श्मशान के युग-पाकड़ और दो सौ साल पुराने सेमल के नीचे—गुरु के चरण के नीचे थोड़ी-सी जगह पायी थी। कामरूप-कामच्छा में देह रखने जा रहे थे गुरुजी, तब तालेवर ने भी 'मिनती' की थी। मगर गुरु ने कहा था—गृहस्थी धर्म का पालन पहले, बाद में और कुछ। अभी जितना मिला है उससे जो पैदा हो—उसमें से 'दान' का अंश निकालकर अपनी गृहस्थी में लगाओ। हर जोतो और हरि भजो—यथाशक्ति, जो बन पड़े दो··· !

उसके गुरु भी किसी उच्चकुल के नहीं थे !

गुरु ने कहा था—औघड़दानी के तन्त्र में कोई मिलावट नहीं। इनके मन्त्र पर ब्राह्मणों का कोई प्रभाव नहीं पड़ा, कभी। इसका सबूत यह है कि जहाँ दूसरे तान्त्रिक—भैरवी के रूप में ब्राह्मण और गुरुकन्या को छोड़कर बाकी सभी जाति की विवाहिता लड़की को 'चक्र' में लाने को कहते हैं—वहाँ औघड़दानी कहते, सोलह साल से पचास तक किसी उम्र की और किसी जाति की नारी को 'भैरवी' बनाया जा सकता है !

इसीलिए तालेवर गोढ़ी अपने 'चक्कर' के लिए खास-तौर से 'सवर्ण' औरतों को मँगवाता !··· जयराम सिंघ ने तो कहा कि बंगाल की बाभिन है ?

—तालेवर गोढ़ी ने कण्ठी तोड़ ली !

—एँ ?··· मछली खायी हुई जीभ भला माने तुलसी की कण्ठी ?

दूसरे ही दिन सारे गोड़ियर गाँव में यह खबर कानोकान फैल गयी कि तालेवर गोढ़ी का सब 'तीरथ-धरम' और 'पुण्य-प्रताप' ख़तम ! कल रात को ठीक बारह बजे एक जोड़ा काला छागल (बकरी के बच्चे) काटकर खाया तब नींद आयी। ··· काटकर खाया नहीं—काली माई को चढ़ाया कहिए। बात यह ठीक है कि तालेवर गोढ़ी ने कण्ठी तोड़ दी।

जयराम सिंघ अपने सौतेले भाई को समझा रहा है—तुम चौधरी के बहकावे में मत पड़ो। उसकी बात सुनोगे तो उसी के जैसा हो जाओगे। तुमसे यह किसने कहा कि तालेवर मालिक 'बेधर्मी' हो गये हैं ? सुनी हुई बात दूनी होती है।

—सुनते हैं फिर से 'ओझाई' शुरू करनेवाला है ?

—'ओझाई' मत कहो रामजय—साधना।

रामजय हँसते-हँसते लोटपोट हो गया—

—अरे वही साधना ?··· आप भी भाई साहब सब दिन यही 'गोबर-घिचोड़' काम करते रह जाइएगा। अरे, साले गोढ़ी के पास पैसा जमा हो गया है। कोई ऐसा 'फितरत' लगाइए कि एक सेशन केस उठे तो देहात के लोगों का गुज़ारा हो।··· यह अबोले छागलों, कबूतरों और 'छिनाल' औरतों को हलाल करवाके क्यों पाप बटोरते हैं ?

जयराम सिंघ ने अपने मूर्ख सौतेले भाई से और बात करना उचित नहीं समझा। उसने साइकिल सँभालते हुए कहा—तुमसे फिर कहता हूँ, रामजी बाबू को काम के बहाने···।

—देखिए भाई साहब, गोढ़ी की नौकरी मैं नहीं कर सकता। उसको 'फुसला' कर, ठगकर चार पैसा लेना और बात है।··· फिर, दोनों भाई एक ही नाव पर पैर क्यों दें ?

रामजय चतुर है। जयराम गँवार। रामजय का कहना है, साल-भर किसी की ताबेदारी करने में क्या फ़ायदा ! साल में एक बार 'लाठी' का 'कंट्रैक' हो जाये, इसी में पाँच सौ रुपये की आमदनी हो जाती है। एक सेशन मुकदमा चल जाये—तीन साल के खर्च से निश्चिन्त ! तब, नौकरी क्यों करे आदमी ? सो भी उस मरकट-मशान-तालेवर गोढ़ी की ?··· धन धरावे तीन नाम—धन्नू, घनुआँ, धनेसर राम !

··· रामजय ने शुरू-शुरू में सौतेले भाई जयराम के साथ छागल और बदचलन औरतों की 'सप्लाइ' का काम किया है। एक बार जब कहीं कोई नहीं मिली तो

रामजय ने अपनी चहेतिन गुनमन्ती गोरनियाँ की बलि दी थी। गुनमन्ती-गोरनियाँ को डाइन का गुण सीखने का लोभ और रामजय को रुपये का।··· गुनमन्ती से ही उसे मालूम हुआ था कि चक्कर में क्या-क्या होता है। मांस-मछली, कबूतर, शराब, खीर-पूरी, मिठाई, चना-चबेना से लेकर सभी तरह की चीज। 'इरिंग-बिरिंग' मन्तर पढ़ने के बाद, भोग। तब, महाभोग !··· गुनमन्ती ने हँसकर कहा था—दुत्त, उस बूढ़े को 'क्या' है जो 'क्या' करेगा ? 'इनुआ' (नपुंसक) है।

रामजय ने गुदगुदाते हुए पूछा था—पन्द्रह दिन तक चक्कर में गयी, कुछ नहीं··· ?

—तुम्हारी सपथ। सच कहती हूँ।

—जब ऐसी बात है तो औरत के लिए इतना क्यों वह भूखा 'नाकर' (भेड़िया) की तरह··· ?

उस जमाने में दो सौ रुपये, पन्द्रह दिन की मजदूरी कुछ कम नहीं। उसमें से रामजय ने आधा हिस्सा काटकर अपने पॉकेट में रख लिया गुलाबबाग मेला का खर्च।··· सो, स्टेशन पर ही काट लिया—डिल्ली के पाकिटमारों ने। उस बार डिल्ली से पॉकिटमारों का एक जबर्दस्त दल आया था न !

रामजय ने धरती पर थूकते हुए मन में कहा—थूक है ऐसे पैसे पर और पेशे पर। लेकिन, उस जमाने का दो सौ, इस जमाने में पाँच सौ ?··· देखें, इस बार किस गाँव की 'हरजाई-औरत' फाँसी जाती है। साला, इस बार चक्कर जहाँ भी पूजे—पुराने श्मशान में या ब्रह्मस्थानवाले श्मशान में—रामजय इस बूढ़े गिद्ध की शैतानी सटकावेगा।

··· लेकिन, रुपये के बिना कुछ नहीं इस दुनिया में। भाई साहब आजकल चाँदी काट रहे हैं। ऐसी दरियादिली से गाँजे की पुड़िया खोलते इसके पहले नहीं देखा किसी ने। रामजी ने अपनी साइकिल ही दे दी है।

तालेवर गोढ़ी ने अपने मुँहलगुओं के बीच बयान देने के अन्दाज़ में कहा—शिवाला नहीं, अब छिन्नमस्ता भवानी का मन्दिर बनेगा। गुरु की कृपा से मैं सही राह पर आ गया।··· हम सपना देखे कि 'सरगपुरी' में हम मर्दाना फाटक से मर्दाना 'कम्पाट' में जा रहे हैं। इसी समय एक सिपाही आकर बोला—ए ! ए !! यह सब माता के दरबार का आदमी है। बाबा की इयोढ़ी में क्यों आया है ? उधर ले जाओ। उधर जाकर देखा तो छिन्नमस्ता भवानी खिलखिलाकर हँस रही थी··· !

उपस्थित मुँहलगुओं ने इस सपने का कोई मतलब नहीं समझा।

जयराम सिंघ ने पूछा—इस सपने का अर्थ समझे ?

मोहन दफ़ादार ने चेष्टा की—इसका माने तो हम लोग यही लगाते हैं कि शिवाला में आप एक ही दरवाजा बनाना चाहते थे··· ।

तालेवर गोढ़ी हँसा। जयराम सिंघ ने समझाया—माता माने देवीदुर्गा काली !

बाबा माने बमभोलेनाथ ! सो, जिन्दगी-भर तो मालिक भगवती का 'गोचर' (देवी के गीत) गाते रहे और अन्तिम समय में 'निरगुनियाँ' लोगों के संगत में पड़कर ग़लती से वैष्णव हो गये। भला गुनी आदमी 'निरगुनियाँ' कैसे हो ? शिवाला बनाने के पहले काली मन्दिर बनवाने का हुकुम समझिए–सपना थोड़ो था !

कुताय धानुक ने कहा–सब 'इस्सरी माया' !

सात

पण्डित रामचन्द्र चौधरी जब भंग के नशे में रहते हैं, पुत्र कामदेव को फूटी नजर से भी नहीं देख सकते।··· सभी लज्जा, ग्लानि, अपमान का जड़ यह कामदेव··· एक घड़ी को मस्तानी और जन्म-जन्म पछतानी–इसी को कहते हैं। बलात्कार के बाद हत्या !

कामदेव दुकान करता है। तेल, नून, हल्दी, मिर्चा, धनियाँ की सम्मिलित-गन्ध उसकी देह से हमेशा निकलती रहती है। पिता के पास जाने के पहले वह अपनी माता का मन टटोलता है, जाकर–मैया ! 'अखतिया' (पहले ही तैयार होनेवाला) पाट अभी माटी के मोल बिक रहा है। दस रुपये की भी पूँजी दे दें बाबूजी तो···।

–पूँजी ? तुम्हारी दुकान की पूँजी क्या हुई ?

दुकान की पूँजी से तो दुकान भी नहीं चलती। फिर इतने बड़े परिवार का खर्च भी दुकान से ही···।

–आज यदि माँगोगे एक लाल पैसा भी नहीं मिलेगा, ऊपर से एक हजार सुनोगे।

–तब आज नहीं कहूँगा।

उस दिन पण्डित रामचन्द्र चौधरी का मन प्रसन्न था।··· तालेवर गोढ़ी ने कण्ठी तोड़ दी। सभी उसके नाम पर हँस रहे हैं।··· साला गोढ़ी, भगत बनने चला था। शिवजी रहेंगे उसके शिवाला में–जहाँ कबय-मछली चुलबुलायेगी ?

कामदेव अवसर देखकर पिता के सामने जा खड़ा हुआ।

–क्या है ?

–एक बात है।

रुपये-पैसे की बात हो तो मत करो। अभी रुपये जोगाड़ करने का मतलब है उस साले गोढ़ी की खुशामद करना और···।

–नहीं बाबूजी, रुपये की बात नहीं। एक गुप्त···।

–गुप्त ?··· फिर कहीं कोई··· ?

कामदेव लजा गया और डरा भी··· शुरू हुई गाली।

कामदेव ने हिम्मत बाँधकर, गला साफ किया–बात गुप्त है और गुप्त ही रहना चाहिए। आप यदि आज्ञा दें।

–किस बात की आज्ञा ?

–एक··· एक··· एक व्यापार करना चाहते हैं।

–व्यापार के लिए पूँजी कहाँ से आवेगी ?

–पूँजी की जरूरत नहीं है।

–तात्पर्य ?··· गाँजा-वाँजा तो नहीं पीने लगे हो, इधर ? बिना पूँजी के, ऐसा कौन व्यापार··· ?

कामदेव इधर-उधर देखकर धीमी आवाज में, गला दाबकर बोला–गाँजा का !

अब चौधरी की बोली भी कण्ठ में समा गयी। उसने और भी धीमी आवाज में पूछा–गाँजा का ?

कामदेव ने बतलाया, न पूँजी लगाने की जरूरत और न कोई बखेड़ा। और यदि एक साल भी कारबार किया जाये तो सभी जमीन, सारी सम्पत्ति उस गोढ़ी के घर से वापस आ सकती है।··· अभी दस सेर से ही शुरू किया जाये। दस सेर के दस रुपये। माल बिकेगा–दस-सत्ते सत्तर। साठ रुपये हाथ में रहे। फिर, दूसरे खेप में हाथ में साठ आवेंगे–और एक सौ बीस। और एक महीने में सात खेप तो हिसाब कीजिए न–आठ-सत्ते··· चार सौ बीस ? मान लीजिए कि एकाध खेप की आमदनी या मुनाफा साला जर-जमादार, हर-हवलदार, दर-दरोगा वगैरह को भी देना पड़े !

पण्डित रामचन्द्र चौधरी चौंधिया गये, क्या कहता है उसका सुपुत्र ? फिर किसी सेशन-मुकदमा में फँसने की तैयारी तो नहीं कर रहा है ?

–बाबूजी, इसमें डर की कोई बात नहीं। सीमा पर (भारत-नेपाल सीमा) जाने की जरूरत नहीं, न सीमा के उस पार।

–यदि पकड़े गये ?

–तो कितनी सजा होगी ?··· चार या पाँच महीने ? डेढ़ साल जेल में रहकर जेल का डर भी भाग गया है।··· और, हमेशा दस सेर का ही कारबार करते रहेंगे, यह क्या जरूरी है। हो सकता है, दस मन फी खेप का भी महाजन मिल जाये।

–दस मन ? इसका मुनाफा ?

–एक साथ एक खेप में चालीस मन का कारबार भी लोग करते हैं।··· आप सिर्फ आज्ञा दे दीजिए।

पण्डित रामचन्द्र चौधरी ने समझा, कामदेव उनकी बोली सुनते-सुनते अब तुल गया है। उसके चलते सारे सम्पत्ति गयी है, वही वापस लावेगा। चौधरी ने कहा–इसका जवाब मैं तुमको कल दूँगा।

–कल से ही शुरू करना चाहते हैं।

—कहाँ जाना होगा ?

—फारबिसगंज।

—बाजार में, गोला पर होने लगा अब गाँजा का कारबार ?

—बाजार के बीच में··· अली-गली की बात नहीं। नाम का असर है कि! फरेबगंज नाम जो पड़ा है सो यों ही नहीं।

पण्डित रामचन्द्र चौधरी चुप हो गये।

प्रातःकाल पण्डित रामचन्द्र चौधरी ने कहा—यदि झोली में ही लाना है तो चलो दस सेर की झोली तो मैं भी ढो सकता हूँ।

कामदेव प्रसन्न हुआ—एक खेप में, बीस सेर ? बीस सत्ते··· ?

—प्रणाम चौधरीजी। जयराम सिंघ ने आकर प्रणाम किया। पण्डित रामचन्द्र चौधरी को इस व्यक्ति की सूरत से ही चिढ़ है। लेकिन, क्या किया जाये।

—किधर जयराम ?

—ज़रा पतरा में देखकर एक 'दिन' उचारिए तो, आज से लेकर शनिवार तक।

—कैसा दिन ?

—कोई नया काम शुरू करने का ?

—कौन-सा नया काम हो रहा है ?

—काली-मन्दिर की नींव देने के लिए। इसी सप्ताह में होना चाहिए लेकिन ?

पण्डित रामचन्द्र चौधरी न ज्योतिषी हैं और न उन्हें पाँजी-पत्रा से विशेष सम्पर्क रहता है। फिर भी, यह तालेवर गोढ़ी उसे मुफ्त का पुरोहित बनाये हुए है। जब न तब, यात्रा का सगुन, एकादशी का हिसाब और अमावस्या के निशिपालन की बात पूछता-पुछवाता रहेगा !··· साले गोढ़ी को और कोई दिन, समय नहीं मिला था—दिन उचरवाने का ?

—शिवाला की नींव पड़ी थी किस महीने में ?

—शिवरात्रि के दिन ?

—तो, सीधा हिसाब तो है। अभी हड़बड़ाने की क्या जरूरत। काली-मन्दिर की नींव काली-पूजा के समय क्यों नहीं डालने को कहते तालेवर से ?··· पत्रा तो मेरा श्यामदेव लेकर अररिया-कोट चला गया है।

कामदेव ने कहा—दिन उचरवाना है तो चले जाइए सीधे पाकिस्थानी-टोली। एक जनाना है··· ?

जयराम सिंघ को कामदेव की बात में व्यंग्य की गन्ध लगी।··· कामदेव को अब, जनाना को लेकर, दिल्लगी करने का साहस हो गया है ? यदि जयराम सिंघ ने डटकर गवाही नहीं दी होती तो आज 'चुनमुन पण्डितजी' (कामदेव) का दिन उचार चुकी थी—मुसहर-टोली की जनाना। जयराम को किस बात का डर ? किसका डर ? उसने हँसकर जवाब दिया—अब किसी दिन सुनाओगे कामू कि दिन 'उचरवाना'

है तो जाइए मुसहर-टोली ? हे-हे-हे-हे !

बाप और बेटा, दोनों एक साथ तिलमिला उठे। पिता ने पुत्र को आँख टीपकर संकेत दिया—किससे लगते हो ?

कामदेव ने गम्भीर होकर कहा—आप दिल्लगी कीजिए। मैं आपसे कैसे दिल्लगी कर सकता हूँ जयराम भैया ! मैं सच कहता हूँ, फारबिसगंज और कस्बा से लोग आकर दिन उचरवाते हैं—बंगाली, बिहारी, मारवाड़ी सभी। पाँच-पाँच देश के पत्रे हैं उसके पास—बंगला का नदिया-शान्तिपुरी, बिहार का तिरहुता, और काशीजी की पाँजी—सब हैं उसके पास।··· धर्मास्ती ! (धर्म से कहते हैं !)

जयराम को विश्वास हो गया—कौन जनाना ?

उसका नाम दीदी ठकुराइन है।

—सच ?

जयराम सिंघ साइकिल की घण्टी बजाता हुआ चला गया !

कल रात कीर्तन के समय सारी कॉलनी के लोगों पर वह अपना रौब जमा आया है। यदि सुक्की बेलाही का वह 'लड़की-मुँहा' ग्वाला नहीं रहता तो रंग और भी जमता। क्या करे, जयराम सिंघ गले से लाचार है। गाँजे ने उसके सुरीले स्वर को जर-जर कर दिया है। सिर्फ, हारमोनियम बजाकर कहाँ तक लोगों को रिझाया जाये ?···

ठीक कीर्तन शुरू होने के समय जयराम सिंघ कॉलनी के ठाकुरतला के सामने पहुँचा और भूमिष्ठ होकर प्रणाम किया। वह अपने मालिक की ओर से सन्देश लेकर आया है कि कॉलनी के आस-पास जो परती जमीन है, मालिक की—उसमें आप लोग अपने मवेशी मुफ्त चरा सकते हैं।··· जब 'हरिनाम' के बेला में आ गये हैं तो थोड़ा पुण्य हमको भी··· दीदी ठकुराइन के दरबार में ठाकुर जयराम सिंघ की 'अरजी' है—अब आगे आपकी जैसी 'मरजी' हो···।

जयराम ने कॉलनी में प्रवेश करने के पहले दो-चिलम चढ़ा लिया था !

सभी बंगाली हँस पड़े थे—औरत-मर्द-बच्चे—मानुस टा भीतरे भालो। अन्दर से यह आदमी अच्छा है, लाठी और मूँछ देखकर बेकार भ्रम हो जाता है।

पवित्रा ने कालाचाँद की ओर उँगली उठाकर दिखलाते हुए कहा—कीर्तन का सेक्रेटरी···।

—अरे, सब सिकरेटरी के एक परसिडण्ट आप। अब आप ही के दरबार में जब··· ?

सभी शरणार्थियों ने प्रायः एक ही साथ हँसते हुए जयराम सिंघ का स्वागत किया।

सिर्फ सुक्की बेलाही के उस 'गुअरवा' के चेहरे पर हँसी नहीं थी। उसने तालेवर मालिक के सन्देश को सुनकर कहा था—इसमें क्या बड़ी बात है ? हम लोगों के

गाँव के पास महिचन्दा कोलोनी के आस-पास जिसकी भी जमीन परती थी, सभी ने मुफ्त में चराने के लिए छोड़ दिया था—क्या गरीब, क्या अमीर !

ऐसे-ऐसे निमोंछिये जवानों को समय पर सही जवाब देना जानता है जयराम सिंघ। उसने कहा था—इसीलिए महिचन्दा कोलोनी में आजकल दिन में ही बिजली-बत्ती भुकभुकाती रहती है। क्यों, जादबजी ?··· न जाने कैसे और कब आकर इस कोल्नी में समा गया है यह 'अवरवा गुअरवा' ! सभी उसे कहते हैं जादोब ! एक अधेड़ औरत 'जादू' कहकर बहुत प्रेम से बुलाती थी—जादू ! तुमी एकठो गानो कोरो !

बहुत देर तक बंगला कीर्तन होने के बाद जब कॉलॅनी के कीर्तनियाँ लोग दम लेने लगे, जयराम सिंघ को फिर एक मौका मिल गया दीदी ठकुराइन से अरजी करने का—दीदी ठकुराइन। अब एक 'अरजी' और। इतनी देर तक बंगला कीर्तन हुआ, अब एकाध हिन्दी कीर्तन भी होना चाहिए।

—हिन्दी कीर्तन कौन गायेगा ? कोई नहीं जानता।

—कोई नहीं जानता तो हमको ही हुकुम हो।

यह कहते हुए जयराम सिंघ ने हारमोनियम खींचकर सामने किया और नौटंकी की एक धुन छेड़कर सभी की ओर देखने लगा। सभी की ओर एक चलती निगाह से और 'दीदी ठकुराइन' की ओर प्रश्न-भरी दृष्टि से। कालाचाँद ने कहा—हाँ-हाँ। गाइए। भगवान् का नाम जिस भाषा में गाइए—भगवान् समझ लेते हैं।

सुक्की-बेलाही के ग्वाले को 'जादू' कहनेवाली अधेड़ महिला ने अपनी फटी हुई आवाज में कहा—हामार जादू भी भालो कीर्तन गाये। गाओ जादू !

जयराम सिंघ ने तब तक 'मेरा तन डोले-मेरा मन डोले' तर्ज पर अपना गीत शुरू कर दिया था—मेरा मन बोले, मेरा तन बोले—मेरे किस्न से हो गया प्यार रे—मोरा कौन ओढ़ावे चादरि-या-या !!

और सुक्की-बेलाही के उस गोप को यह गीत सुनकर ऐसी तिलमिली लगी कि कमर में चादर बाँध उठकर खड़ा हो गया और नागिन का 'डानस' करने लगा। ··· जो कुछ भी हो, डानस करना जानता है गुअरवा !··· जयराम सिंघ रह-रहकर हारमोनियम पर 'चलंती' देता और हर चलंती पर जादब ऐसा नाचता कि हू-ब-हू 'सनीमा' का 'डानस' !

··· मिट्टी फेंकने में कोई गफ़लत नहीं होने दिया है। अब देखा जाये कि रात-भर में क्या असर हुआ है ?···

जयराम सिंघ साइकिल की घण्टी बजाता हुआ कॉलॅनी के अन्दर दाखिल हुआ। सभी खेतिहर काम पर चले गये थे—बिस्कुट, सिन्दूर-आलता, चिनिया-बादाम की फेरी करनेवाले लड़के भी ट्रेन और बस पकड़ने की जल्दीबाजी में थे। किसी ने उसकी ओर नजर उठाकर देखा भी नहीं। दिखलाई पड़ी एक लड़की—जो उस 'गुअरवा' के साथ 'दीदी ठकुराइन' के 'महापिसखाना' (ऑफिस) से निकली, हँसती हुई।··· साला, दिन-रात कोलोनी में ही रहता है ? दूसरे गाँव का आदमी आकर हम लोगों की कोलोनी में रात काटता है ?

जयराम सिंघ ने अभिवादन के लिए नये शब्द का व्यवहार किया—पाँवलागी दीदी ठकुराइन !

इस व्यक्ति को देखते ही पवित्रा को यहाँ के बहुत-सारे मुहावरे याद हो जाते हैं—गंगा का स्नान और सुंगठी का वाणिज्य—एक ही साथ !

—पाँवलागी ?

—हाँ, हमको कल पता चला कि आप बाभिन हैं। तिस पर कुमारी—आपके चरण में हम लोग पड़ें तो क्या हरज है !

यह कहकर जयराम सिंघ ने सचमुच पवित्रा के दोनों पैरों को पकड़ लिया—तालेवर के पैरों को जिस तरह जकड़कर पकड़ा था।··· लगा, देह में 'करण्ट' मार दिया। रामजी बाबू की 'मिल' में एक दिन ऐसा ही 'करण्ट' लगा था जयराम को !

पवित्रा ने झटककर पाँव छुड़ाया—क्या करते हैं आप भाई साहब ? देखिए, मैं आपकी छोटी बहन हूँ ! आप भाई हैं···।

पत्थर-जैसा जयराम सिंघ का मन गलकर तुरत पानी-पानी हो गया। उसकी आँखें डबडबा आयीं। जयराम सिंघ को बहन नहीं, जन्मते ही एक को उसकी माँ ने मार डाला था।

—मालिक ने आपके पास भेजा है। हम लोग तो नौकर-चाकर ठहरे, जहाँ भेजेंगे, जाना ही पड़ेगा। लेकिन अपना धर्म अपने साथ है, सभी के। है कि नहीं ? ··· मालिक बोले कि पाकिस्थानी-टोला में ऐसी पण्डिताइन आयी है कि अपने 'जिला-जैवार' में नहीं। जरा मेहरबानी करके एक दिन उचार दीजिए। दच्छिना हम लेते आये हैं, साथ में।

—कैसा दिन ?

—तालेवर मालिक इसी सप्ताह काली मन्दिर की नींव डालना चाहते हैं। सबसे बढ़िया और 'शुद्ध' दिन देख दीजिए।··· देश तो है, बंगाला। हम लोगों का बिहार भी कोई देश है ?··· साला, यह 'निमोछिया गुअरवा' फिर कहाँ आ रहा है ?

हरिप्रसाद जादब ने आकर कहा—परनाम, दीदी ठाकरुन। आज चलते हैं ! ··· नमस्कार सिंघ जी। कभी सुक्की-बेलाही की ओर भी आइए। खूब बाजा बजाते हैं—आप !

जयराम सिंघ गम्भीर बना बैठा रहा।

पवित्रा पाँजी ले आयी, आलमारी से निकालकर।—इसी सप्ताह में ?

—हाँ, नींव डालकर तीरथ पर निकलेंगे मालिक—कालीघाट कलकत्ता ! कलकत्ता से 'कसौटी पत्थर' की काली माई की मूर्ति बनाने का 'औडर' देकर काशीजी जायेंगे। उसके बाद मन्दिर में राजमिस्तरी लग जायेगा।

सन्ध्या आयी—दीदी ठाकरुन। अन्दू को बुखार है। उसकी माँ ने पूछा है, देह पोंछ देने से कोई हर्ज तो नहीं ?

—कितनी बार कहूँ कि तेज बुखार हो या मद्धिम, देह पोंछने में कोई हर्ज नहीं। घर के अन्दर ही, लेकिन।

सन्ध्या जाने लगी, पवित्रा ने पुकारा—माना ! एकटा फूलेर नाम कर तो !

—केया फूल। सन्ध्या ने मुस्कुराकर एक फूल का नाम लिया—केया। केवड़ा !

··· ककारवर्ण सर्वांगी-क्रिंकारी कमला-कला··· मालिक का क्या नाम ?

—तालेवर गोढ़ी।

··· त्रपा, त्रपावती··· घर से किधर होगा मन्दिर ?

—लः, यह तो मैंने पूछा ही नहीं। जाकर पूछ आवें ?

नहीं !

पवित्रा कागज पर कोई हिसाब करने लगी। फिर बोली—शनिवार को। अपने मालिक से कहना, यह पुण्य कर्म शनि की प्रेरणा से ही कर रहे हैं वह। लेकिन शुक्र प्रबल है तुम्हारे मालिक का। इसलिए शनिवार को छोड़कर और किसी दिन यह शुभकार्य सम्पन्न न करें।

जयराम सिंघ का मुँह बहुत देर तक खुला ही रह गया ! इतनी बड़ी पण्डिताइन ? कामदेव चौधरी ने दिल्लगी नहीं की थी !

मालिक का काम हो गया !

जयराम सिंघ ने अब अपनी तलहथी फैला दी।—ज़रा हमारा भी देख देते।

—भाई साहब, मैं हाथ देखना नहीं जानती।

पवित्रा उठकर खड़ी हो गयी !

जयराम सिंघ कॉलनी से लौटे। उनकी दृष्टि दूर जाते हुए पिता-पुत्र पर पड़ी। रामचन्दर चौधरी और कामदेव की यह जोड़ी ! अँधेरे में भी देख ले जयराम, पहचान लेगा।

उसने जोर-जोर से 'पैडिल' मारना शुरू किया।

पिता-पुत्र को बायें छोड़कर घण्टी बजाता हुआ जयराम निकल जाना चाहता था। कामदेव ने ही टोका—उचरवाये दिन जयराम भैया !

जयराम सिंघ तुरत साइकिल से उतर गया—नहीं बाबू, तुमने ठीक ही कहा था।··· चौधरीजी, समझिए कि बंगाल मुलुक का 'जोतिस से लेकर पंचांग' का ज्ञान अब अपने भी गाँव में आ गया है !··· आप लोग किधर चले हैं ? शनिवार तक लौटिएगा तो ? ब्राह्मण-भोजन भी होगा उस दिन।

जयराम सिंघ साइकिल पर सवार होकर चला गया।

चौधरी ने पूछा—तुमने भी उसी से दिन और सगुन 'उचरवाया' था ?

—हाँ बाबूजी !

आठ

जिला मैंमनसिंघ, गाँव जुमापुर !

नबीनगर कॉलनी के सैकड़े पचहत्तर निवासी एक ही जिला और गाँव के रहनेवाले हैं। पवित्रा को छोड़कर सभी पिछड़ी जाति के लोग हैं ? सतगोप, काँदू, नमःशुद्र और कैवर्त।

योगेशदास वारिसाल से आया है और शारदा बर्मन और माखन दोनों त्रिपुरा ज़िला के निवासी थे—बेतिया केम्प में जुमापुरवालों के दल में आ मिले इनके परिवार !

पवित्रा 'गोलपार्क' के दक्षिण में कटहल के नये पेड़ के पास खड़ी है।··· जुमापुरवालों को बुलाकर दिखलाना होगा ! कॉलनी के एक किनारे 'गोलपार्क' बनाया गया है। इसी के सामने स्कूल के लिए मकान बनेगा।··· पवित्रा न जाने कहाँ देख रही है।

गोपाल पाइन ने पवित्रा का ध्यान भंग किया—की देखसेन ?··· स्कूल का स्थान देख रही हैं। और देखना नहीं होगा। हम लोगों के नोबीनगर के स्कूल का साइट—फर्स्ट क्लास···।

—नहीं, पाइन मास्टर। मैं कुछ और ही देख रही हूँ।

—क्या ?

पवित्रा हँसी। बोली—इधर आइए पाइन मास्टर !··· यहाँ खड़ा होइए। अब देखिए, वहाँ दूर उस टेढ़े पेड़ को।··· देख रहे हैं न ? अब उससे भी दूर वह काला जंगल दिखलाई पड़ रहा है, टाइल-खपड़े के वे घर ! खजूर के दोनों पेड़ों से उस पार—देखा ?··· अच्छा, बोलिए तो पाइन मास्टर, अछिमुद्दीनपुर हाट हम लोगों के जुमापुर से जैसा दिखलाई पड़ता था।··· मान लीजिए आप जुमापुर के 'ठाकुर पोखरे' पर पूरब मुँह खड़े हैं और दूर दिखलाई पड़ रहा है अछिमुद्दीनपुर हाट का काला जंगल। वह पेड़, ठीक इसी तरह टेढ़ा पेड़ उस रास्ते में भी था। आपको याद है ? देखिए तो ! बोलिए तो !!

गोपाल पाइन ने आँखों के ऊपर तलहथी डालकर दूर तक दृष्टि फेरी और अवाक् हो गया !··· ए की लीला ?

—मैं कल से ही देखकर हैरान हूँ।

गोपाल पाइन एक-डेढ़ मिनट तक चुपचाप खड़ा देखता रहा, फिर न जाने कैसे सबकुछ भूल गया। उसे लगा, वह जुमापुर गाँव के ठाकुर पोखरा पर खड़ा होकर पूरब की ओर देख रहा है—अछिमुद्दीनपुर हाट की ओर। पीठ की ओर है ठाकुरबाड़ी—काशीनाथ चटर्जी की इयोढ़ी !··· गोपाल पाइन अभी तुरन्त पाठशाला से लौटा है। कुछ जरूरी बातें करनी हैं सेक्रेटरी (पिता ठाकुर) काशीनाथ चटर्जी से। बागदीपाड़ा में पाठशाला खोलने की बात हो रही है और मुसलमान जमींदार

कादिर का बेटा कासिम विरोध कर रहा है। लोगों को भड़का रहा है। पिता ठाकुर अछिमुद्दीनपुर हाट पर एक कमिटी में गये हैं, 'गोरूगाड़ी' पर।··· टेढ़े पेड़ के पास गोरूगाड़ी (बैलगाड़ी) देखकर गोपाल पाइन का दिल धड़क उठा था–पता नहीं कमिटी में किसकी जीत हुई। पिता ठाकुर का कोई प्रस्ताव कभी गिरता नहीं–इस बार देखा जाये। 'ठाकुरबाड़ी' के चबूतरे पर खड़ी पवित्रा पुकार रही है–पाइन मास्टर, बाबूजी अब आ ही रहे हैं। यहाँ आकर बैठिए न··· !

–पाइन मास्टर ? की होलो ?

–पाठशाला यदि नहीं खोलने दिया तो··· आमि हांगर स्ट्राइक कोर्बो।

–लेकिन स्कूल की मंजूरी तो मिल गयी है। कल से मकान बनाने के लिए ठेकेदार भी आ रहा है, जन-मजदूरों को लेकर।

–कोथाय ? सालार बेटा साला–कादिरेर बेटा कासिम तार साला जालिम··· ! आमि हांगर-स्ट्राइक कोर्बो !

–क्या बक रहे हो ?

–मैं बक रहा हूँ ?

अचानक गोपाल पाइन को किसी ने नोबीननगर की कॉलनी में, गोलपार्क के सामने, लाकर पटक दिया।··· उसकी आँखें झरने लगीं–दीदी ठाकरुन ! ए की देखा ले ? यह क्या दिखलाया तुमने ? अपने गाँव की छवि देखकर कलेजा स्थिर रह सकता है भला। मैं एकदम जुमापुर पहुँच गया था।

··· इस देश में सिर्फ आदमी ही 'आपन पार्टी' का नहीं, दिशाएँ भी 'आपन देश और आपन पार्टी' की हो सकती हैं।

–सोचती हूँ, गाँव का रुख ही इस ओर कर दिया जाये–जैसे जुमापुर में था।

गोपाल पाइन ने कहा–'आलबत्त' बदल दीजिए।

गोपाल पाइन को इतनी बड़ी बात मिल गयी, वह कैसे चुप रह सकता है ? उसने एक-एक जुमापुर के निवासी को नाम ले-लेकर पुकारा–देखे जास··· देखे जास··· देख जाओ, एक झलक अपनी जननी-जन्मभूमि की !

छिदामदास, कालाचाँद घोष, हरेराम, हरिधन, राखाल विश्वास, हरलाल साहा, लखीकान्त सरकार–सभी दौड़े आये। खेत-खमार से लौटे हुए और हाट-बाजार से आये हुए लोगों को गोपाल पाइन चौरस्ता पर, कॉलनी के बाहर ही, चेतावनी दे देता–एक अद्‌भुत चीज दिखलायेगी दीदी ठाकरुन। चल, चल !

पवित्रा ने कालाचाँद से भी उसी तरह खड़ा होने को कहा। फिर बोली–उस टेढ़े पेड़ को देख रहे हो ? खजूर के दोनों पेड़ दिखलाई पड़ रहे हैं न ? उसके बाद वह काला जंगल और टाइल-खपड़े के वे घर। देखा ? अच्छा, अब तुम आँख मूँदकर एक बार कल्पना करो कि तुम जुमापुर के 'ठाकुर पोखरे' के पूर्वी मेंड़ पर खड़े सामने की ओर देख रहे हो–अछिमुद्दीनपुर हाट की ओर। फिर आँखें खोलो। आँखें बन्द करो !

कालाचाँद हँसा–आँख बन्द करने से क्या होगा–पैर जो इस 'पर-भूमि' पर

है दीदी··· ।

—तुम मूँदो भी। और जैसा कहा—वैसा सोचो !

कालाचाँद का चेहरा पीला पड़ गया।··· उसी खजूर के पेड़ पर चढ़कर—'टीया' (तोता) के दोनों बच्चों को उतारा था—रामलखन ! अछिमुद्दीनपुर हाट में आलूचौप खाने के लिए वह हर हाटबार को मामा के साथ भाग जाता था··· । वह—वहाँ—बगुले उड़ रहे हैं; वही है 'बीबी दीधी'—मछली से भरी हुई छोटी नदी। उसी के किनारे मुहर्रम का मेला लगता है !··· अछिमुद्दीनपुर हाट स्कूल में सभी मास्टर मुसलमान थे। इसलिए कालाचाँद अपने साथियों के साथ 'बीबी दीधी' की ओर भाग जाता और शाम को सेर-डेढ़ सेर मछली लेकर लौटता। बाबूजी खुश होकर कहते—सतगोप का बेटा पढ़कर क्या करेगा ? अन्त में खेती ही करनी होगी।··· जंगल के उस पार ही अछिमुद्दीनपुर गाँव है। उस गाँव के शेख मन्सूर आलम साहब मिनिस्टर हैं। कितना शानदार घर बनवाया था ! दरवाजे पर रोज 'सिनेमा' होता था—'भूलिनाई' बंगला सिनेमा कालाचाँद ने मंसूर साहब के दरवाजे पर ही देखा—भूलिनाई ! रात में लौटते समय उसके मामा ने कहा था—इस जंगल को एकदम चुपचाप पार करना। खाँसी-छींक कुछ नहीं होने पाये।··· दरगाह में अभी जिन्नात की बीबी निकली होगी। ··· जंगल से निकलकर एक दिन जिन्नात की बीबी नहीं, शैतान आये थे··· हजारों लोग जुलूस बनाकर आ रहे हैं—झण्डा, बाजा-गाजा। मुहर्रम नहीं ! जुलूस !··· जुलूस जुमापुर के पास आकर रुका ! कई लोग आ रहे हैं—मोटर साइकिल पर, घोड़े पर !··· तोमरा मोछलमान हइते, इस्लाम कबूल कोरते राजी ?··· की बल से साला मोछला ? इस्लाम कबूल ? कभी नेंही, कभी नेंही। जान दे देगा—धरम नहीं छोड़ेगा। खूब धोखा देकर जुलूस ले आये हो ! फिर इसके बाद जुलूस आगे बढ़ता आया—आग की नदी में बाढ़ आयी—नदी गाँव में घुस गयी।··· आगुन ! आगुन ! ! मारो-मारो !!

कालाचाँद को एक ओर ठेलते हुए पवित्रा बोली—साँझ हो जायेगी ! जरा इन्हें भी देखने दो।

कालाचाँद ने भरे गले से कहा—दीदी ठाकरुन, पर-भूमि में रहकर भी जुमापुर पहुँच गया। देखो, मेरी देह, सभी रोयें खड़े हैं।··· यह तो, सचमुच जुमापुर में ही हैं हम लोग।··· जुगीदा आप नहीं समझिएगा। बारिसाल नहीं—जुमापुर गाँव का छवि जिसको देखना है, वह 'हियाँ पर' आ जाये !

पचीस साल और इससे अधिक के उम्रवालों ने उस दिन बार-बार जुमापुर गाँव की—अपने देश की छवि देखी !

लखीकान्त सरकार मन्सूर साहेब की दुकान में नौकरी करता था। रोज सुबह उठकर हाट पर जाने के पहले पूरब की ओर देख लेता—'ठाकुर साँड़' कहीं है या नहीं। पता नहीं क्यों 'ठाकुर साँड़' लखीकान्त को देखकर ऐसा चिढ़ता था। ··· लाल कपड़ा नहीं, लीग के झण्डे के लिए मन्सूर साहब की दुकान में गाँठ की गाँठ कपड़ा आया था—लीगी रंग का कपड़ा। उसी कपड़े का कुरता लखीकान्त पहरता था। और उस कपड़े को देखते ही 'ठाकुर साँड़' आगबबूला ! एक बार

भागकर उस दाहिनेवाले खजूर पर किसी तरह चढ़कर लटका रहा था लखीकान्त दो घण्टे तक।··· पिता ठाकुर ने अपनी माँ के श्राद्ध में साँड़ छोड़ा था। बोले थे–लखी, तुम उस रंग का कपड़ा छोड़ो !··· आखिर उस साँड़ को अछिमुद्दीन हाट पर कुर्बानी में जिबह कर दिया मन्सूर साहब के चचा और ससुर दाऊद साहब ने !··· लीगी रंग का कपड़ा छोड़ देने पर फिर कभी नहीं चिढ़ा ठाकुर-साँड़। आश्चर्य !

पन्द्रह साल के लड़के-लड़कियों की बुद्धि में कोई बात नहीं आ रही। इनमें से अधिकांश का जन्म भागते समय विभिन्न कैम्पों में हुआ है–मालदह, कटिहार, पटना, बेतिया। फिर भी वे उन खुले खेतों की ओर, खजूर के पेड़ों को, काले जंगल को लाल खपरैलवाले घरों की ओर टकटकी लगाकर देख रहे हैं–यह तो परवाहा गाँव है, अछिमुद्दीनपुर नहीं। कल ही उस गाँव में बिस्कुट बेच आया है अन्दू।

जुमापुर-निवासी शरणार्थियों को रात-भर नींद नहीं आयी–यह क्या दिखला दिया दीदी ठाकरुन ने ?··· आश्चर्य ! रात के अन्धकार में रंग भी उस 'दिक्' (दिशा में) देखो–हू-ब-हू अछिमुद्दीनपुर हाट की रोशनी ! दूर से झिलमिलाती हुई रोशनी !··· रात-भर जबतक जगे रहे, जुमापुर में ही रहे। वहीं की याद, चर्चा। किसी ने खाया, कोई यों ही लेट रहा !

रात में तीसरे पहर नींद के साथ सपने आये–सभी को।

सुबह में एक दूसरे के सपने की बात सुनते और लम्बी साँस लेकर चुप हो जाते। राखाल ने कहा–आज वह खेत पर नहीं जा सकेगा। रात-भर उसकी 'खुड़ी' (दादी) पुकारती रही है–ओ रे राखाल !

तीस जुमापुर-निवासियों में बीस स्त्री-पुरुषों ने आज बेवजह हड़ताल कर दी। ··· फेरीवाले नौजवानों ने समय पर अपना काम किया, एक-दूसरे को पुकारकर बुलाया। नहाया-धोया और अपनी-अपनी झोली-टोकरी, कनस्तर और बक्से लेकर निकले–चल रे साढ़े आठ टा बाजलो।··· गाड़ी फेल हो जाने पर 'बस' नहीं है आज !

फेरी करनेवाले नौजवानों का 'दलपति' है–बिश्टू। ट्रेन में, चेकर या गार्ड से मिलकर अपने साथियों के दुख-दर्द की कहानी सुनाकर–मौखिक औडर लेना, 'बस' के ड्राइवर और कण्डक्टरों को खुश रखना, सामूहिक खर्च का हिसाब रखना–बिश्टू का काम है। महाजन भी उसी की 'जामिन' [जमानत] माँगते हैं।

बिश्टू ने आज कॉलनी से निकलने के पहले अपने साथियों से कहा–तुम लोग चौरास्ते पर ठहरना। मैं जरा दीदी ठाकरुन से दो बातें कर लूँ।

–दीदी ठाकरुन। मिछे-मिछे··· झूठमूठ कल आपने क्या कह दिया सभी से कि आज सारी कॉलनी में हड़ताल है। कोई काम पर नहीं जा रहा आज। गाय और गोरू सब खूँटे पर हैं। मैं और लोगों की बात नहीं जानता, मेरे बाबा और

माँ यदि इस तरह सोये रहेंगे झोंपड़े में तो आज खेत में धान की 'बोआई' नहीं हो सकेगी। जबतक खेत में पानी है··· ।

–क्यों ? काम पर क्यों नहीं जा रहे लोग ?

–की जानी ?··· आप जानें।

–मैं जानूँ ? मैंने उनसे काम-धन्धा छोड़कर मातम मनाने के लिए कहा है ? तुम क्या कहना चाहते हो बिश्टू–यह हड़ताल मैंने करवायी है ?

··· दीदी ठाकरुन इस तरह चिढ़ क्यों गयी अचानक ? ऐसी बात पर इतनी जल्दी गरम नहीं होती, दीदी ठाकरुन।

–नहीं, दीदी ठाकरुन। मेरे कहने का माने··· ।

–खूब समझती हूँ मतलब ? तुम जरा अधिक चालाक हो गये हो।··· मैं नहीं रहना चाहती कॉलनी-मेम्बर। बार-बार 'रिजाइन' लिखकर दिया है, इस बार भी दे देती हूँ। कॉलनी-मेम्बर चुनो अपना।

बिश्टू समझ गया, बात बढ़ी तो उधर गाड़ी छूट जायेगी। वह कुछ भी नहीं बोला और वहाँ से चलने लगा। पवित्रा ने कड़े स्वर में कहा–बिश्टू ! तुम आज फ़ेरी करने नहीं जाओगे। पहले··· ।

बिश्टू चला गया।

पवित्रा का क्रोध अचानक उतर गया–यह क्या हुआ ? वह क्यों अचानक गरम हो गयी बिश्टू पर ? वह बेचारा तो ठीक ही कह रहा था।··· काम पर नहीं जाने का क्या मतलब ?

पवित्रा एक-एक को पुकारती हुई कॉलनी ऑफिस की ओर चली।···

दोपहर को 'ऑफिस-घर' में एकत्रित शरणार्थियों को समझा रही है पवित्रा–यह तो अजीब बात हुई।··· भगवान् ने देखा कि अपनी जन्मभूमि की याद करते-करते हमारा हृदय कुण्ठित हो गया है। किसी काम में जी नहीं लगता इनका। किसी चीज से प्यार नहीं–न यहाँ के लोगों से, न यहाँ के पशु-पक्षी से। किसी पर विश्वास नहीं जमता इनका। इसलिए भगवान् ने सोचा कि चलो इन्हें अपनी लीला दिखला दें। सात-आठ महीने हो गये हमें यहाँ आये। कभी तो हमारी नजर में यह 'चौर' अछिमुद्दीनपुर हाट की झलक लेकर नहीं पड़ा ! फिर, कल··· क्यों ? जानते हो–ठाकुर (भगवान् का) का आदेश है–यहाँ की मिट्टी को प्यार दो !··· जुमापुर और नबीनगर एक ही है।

दोपहर के बाद सभी काम पर गये।

घनघोर वर्षा शुरू हुई। पेड़ पर फिर वह 'हल्देपाखी' आयी–का कस्य परिवेदना !

पवित्रा अपने काम का लेखा-जोखा ले रही है–चार टेबुल-क्लाथ, दो आसनी, दो दर्जन गिलास ढँकनेवाले नेट-कवर, पाँच बटुए ! दो महीने में बस यही उत्पादन !··· बिश्टू के हाथ कल 'खादी प्रतिष्ठान' के मैनेजर को भेज देना है और पिछला हिसाब साफ करके पैसे··· ?

सन्ध्या की माँ गिरिबाला दासी आयी–दीदी ठाकरुन। बिश्टू का कोई दोष नहीं।

सभी के जड़ में है वह–शारदा बर्मन। वही सबको 'उचकानी' देता रहता है कि औरत कॉलोनी-मेम्बर जहाँ रहे वहाँ के मर्द की बात का क्या भैलू ?

–नहीं सन्ध्या की माँ, किसी का कोई दोष नहीं। न बिश्टू का न शारदा बर्मन का।··· बिश्टू ने ठीक ही कहा था !

··· सन्ध्या को प्राणों से बढ़कर प्यार करती है पवित्रा। इसीलिए उसकी माँ गिरिबाला दासी की सभी बातों पर ध्यान दे, ऐसी नहीं है, पवित्रा। गिरिबाला कभी-कभी नाजायज बातें कर बैठती है। पवित्रा का नाम लेकर लोगों से बेवजह तर्क-वितर्क करती फिरती है–दीदी ठाकरुन आग में खड़ा होने कहे–खड़ा होना होगा।

–नहीं सन्ध्या की माँ। तुम नहीं समझोगी।

··· कल ही सन्ध्या की माँ कह रही थी, 'जादू' [जादब] को दीदी ठाकरुन ने हुकुम दे दिया है ! वह जब चाहे कोलोनी में आ सकता है। रात रह सकता है। कोई कुछ बोल नहीं सकता।

–नहीं, सन्ध्या की माँ, मैंने ऐसा नहीं कहा है किसी से !

··· सन्ध्या उस दिन सोने आयी। एक ऐसी खुशबू ले आयी अपने साथ जिसकी जरा-सी गन्ध लगते ही पवित्रा का लहू गरम हो जाता है।··· कादिर का बेटा कासिम ! कादिर नहीं, कादिर अब्बा का बेटा कासिम भाई ! ! पोत्रा आमि हिन्दू हुते पारि, तुई हाँ बोल। एक बार 'बोसा' तुमसे बगैर पूछे लिया। एक बार तू खुद··· ना-ना कासिम भैया, मैं 'अम्मा' से कह दूँगी। तुम बहुत 'दिक' [तंग] करते हो। मैं अब नहीं आऊँगी।

–कैसे नहीं आओगी ? मैं लिवाने आऊँगा, तब भी नहीं।

–कादिर अब्बा भी जायेंगे बुलाने, तब भी नहीं।

–तो किसके बुलाने पर आओगी ? लखिमपुर के उस विनोद मुखर्जी···।

··· विनोद मुखर्जी। लखिमपुर के जमींदार–राय साहब विकास मुखर्जी का बेटा। जिसके साथ पवित्रा की मँगनी हो चुकी थी।··· विनोद और कासिम एक ही कॉलेज में एक ही दर्जे में पढ़ते थे !

··· कासिम भाई ने हठात् उसकी बाँह पर कुछ डालकर मल दिया था–जोर से। पवित्रा और भी नाराज हुई तो हँसने लगा था–पोत्रा ! साढ़े तीन सौ टाका भरी–एई खास लखनऊ का आतर··· !

··· लखनऊ का इत्र ! ऐसी मारात्मक गन्ध ??

–की रे सन्ध्या, की मेखेछिस··· क्या लगाकर आयी है ?··· खास लखनऊ का आतर ?

सन्ध्या अचरज से मुँह देखने लगी थी··· दीदी ठाकरुन सचमुच सबजाँता (सब कुछ मालूम हो जिसे) हैं। नहीं तो, खास लखनऊ का इत्र ?

—कहाँ लगाया है, बाँह पर ?

सन्ध्या की आँखें अब गोल हो गयीं··· सचमुच !

—बोलती क्यों नहीं।··· बिछावन झाड़ना नहीं होगा। मैंने सबकुछ कर लिया है। तू एक बार अपनी किताब ले आ। और सुन–'लखनऊ का आतर' की गन्ध से मुझे सिरदर्द होता है। आज तू माँ के साथ ही सोना।

—मैं धो आती हूँ ! सन्ध्या बोली।

··· धोने की क्या बात, सन्ध्या नहा आयी। साबुन से दस बार बाँह को धोया है। फिर भी गन्ध लगेगी दीदी ठाकरुन को ? दीदी ठाकरुन को बात की भी गन्ध लगती है ?

—किताब ले आयी ?

—अग्येहाँ !

—पहले हिन्दी किताब निकालो।

··· दीदी ठाकरुन जानती हैं, सन्ध्या हिन्दी पढ़ना ज्यादा पसन्द करती है।

··· सचमुच, सन्ध्या ठेठ-बिहारियों की तरह हिन्दी पढ़ती है—भारतवर्ष को 'भारतवर्ख' पढ़ती है, संयुक्त को 'संजुक्त'–

··· पता नहीं क्यों, जिस दिन इस लड़की को देखा—पवित्रा मुग्ध हो गयी—देखते ही। सन्ध्या की माँ ने कहा था—यह आपके साथ रहे। यह आपकी ही बेटी है—दीदी ठाकरुन। निगोड़ी ने जन्म के बाद से ही मुझे सताया है। अब आप इसे अपनी शरण में लीजिए।··· किशोरी सन्ध्या ! बहुत मीठा गला है। गीत गाते समय 'शब्दों' को समझकर गाती है।

··· सन्ध्या को पढ़ाते समय ऐसा लगता है मानो पवित्रा स्वयं सन्ध्या होकर बैठी है और पवित्रा के आसन पर बैठे हैं—बाबा ! काशीनाथ चटर्जी ! पिता ठाकुर !

—आज एक नया कीर्तन सीखो !

··· नया, कीर्तन ?

—नहीं आज कीर्तन नहीं। एक कहानी सुनाऊँगी। तुम 'हाँ' 'हाँ' कहती रहोगी तो सुनाऊँगी।··· बुझलि माना ?

··· सन्ध्या को पवित्रा 'माना' कहती है—तुई आमार मा ना ?··· तू मेरी माँ है न ? माँ ना !··· माना।

··· पवित्रा को माँ का लाड़-दुलार कभी नहीं मिला ! चटर्जी वंश की कन्या जब ब्याहने योग्य होती है, परिवार पर एक आफत ढाकर चली जाती है।··· पवित्रा की बड़ी फुआ नदी में डूब मरी। मँझली—मौलवी वदूद के 'जिन्नों' के फेर में पड़कर पागल हुई, फिर मर गयी। पवित्रा की माँ कहती—यह तो जान-बूझकर साँपिन पालना है। तीन पुश्त से जो होता आया है वह एक दिन होकर रहेगा।

··· पवित्रा की माँ को बेकार बक-बक करने का रोग था। बचपन से ही दोनों

छोटे भाइयों की देख-रेख, रसोई-घर की सहायता, पूजा-घर की तैयारी, छोटे-मोटे बरतन-बासन की धुलाई—सबकुछ पवित्रा के सिर पर। इसमें कहीं और कभी तनिक-भर त्रुटि हुई कि माँ की गालियाँ और कभी-कभी तमाचे !

··· बाबा कहा करते—उसे मारकर हार जाओगी, वह कभी रोयेगी नहीं। मेरी आनन्दमयी माँ की आँखों में आँसू आ ही नहीं सकते।

—अपनी आनन्दमयी को लेकर घर बसाओ !

—गिन्नी ! पागल हो गयी हो ?

—पागल तुम हुए हो। जवान लड़की को बगल में लिटाकर कहानी सुना रहे हो ? यही क्या ढंग है बेटी और बाप के बैठने-लेटने का ? तुम बुढ़ापे में बुढ़भस कराओगे ! पूछती हूँ, यह कहाँ का लाड़-दुलार है ? जवान बेटी का सिर छाती पर रखकर सहलाते हुए कहानी कहना ! मैं सबकुछ देख रही हूँ।

—इसे तुम 'जुबती-मेये' कहती हो। मेरी इस पिद्दी-भर की बेटी को ?

—जुबती आर काके बले ? तुम पण्डित-मानुस हो। तुम्हारा यह काम··· ?

··· बाबा माँ के कोलाहल से बहुत घबराते थे। पूजा करने के घर में घण्टों बैठकर 'पद्य रचने' के सिवा और क्या कर सकते थे। माँ ने पवित्रा के बड़े भाइयों के मन में भी यह बात पैठा दी थी—बूढ़ा किसी को भी प्यार नहीं करता, उसी डायन के कारण !

··· पवित्रा माँ से कभी नहीं डरी। बचपन में वह पहली बार नारायण गंज काली-मेला में गयी थी। मूर्ति देखकर वह डरी। बाबा ने कहा—क्यों माँ, डरती क्यों है ?··· हाथ में क्या है वह, जीभ क्यों निकली हुई है उस तरह ? गुस्सा है ?—इसमें डरने की क्या बात ? माँ गुस्सा में रहे या खुशी में—माँ से कभी कोई डर नहीं !

··· युवती हुई पवित्रा एक दिन ! माँ ने स्पष्ट कह दिया—बाहर दालान पर पैर रखोगी तो काट दूँगी—इसी तरकारी काटनेवाली 'बैठी' से। रेत दूँगी गला—हाँ। बेटी न हुई सौत !

··· पवित्रा मन-ही-मन खूब हँसती। माँ को चिढ़ाने के लिए नहीं, वह हर रोज भोजन के समय पिता के पत्तल के पास जाकर बैठती—पंखा लेकर। बाबा आँखें थाल पर गड़ाये रहते—तोमार शरीर केमन ? 'जर' नेइ तो ?

—शरीर की बात पूछते हो ?··· तुम्हारी लाड़ली को भूखी रखती हूँ ?··· मछली खाते नहीं क्यों ? तुम्हारी बेटी के लिए पूरा 'माथा' ही रख दिया है रेहू का।

··· और भोजन करते समय गुस्से में कभी, बड़े भैया के हिस्से की 'मूड़ी' (मछली का सिर) परोस देती माँ—पवित्रा कभी आनाकानी नहीं करती। खा लेती। तब माँ चिल्ला-चिल्लाकर सारे दालान को दलमला देती—देख लो आकर, चार सेर के रेहू की मूँड़ी तुम्हारी बेटी ने किस तरह चट कर दिया है। राक्षसनी और किसको कहते हैं ?

··· बड़े भैया मछली की परोसी हुई कटोरी झन्न से फेंककर मुँह पोंछते हुए

उठ जाते–यह भी उसी को परोस दो !

··· कादिर अब्बा के घर हर साल ठाकुरबाड़ी से दो बार सौगात भेजी जाती। ईद और दुर्गापूजा में। अपने पिता के साथ पवित्रा बचपन से ही ईद के मौके पर कादिर अब्बा की हवेली में जाती। कासिम, शमीम, शबनम–कादिर अब्बा के सभी बच्चे–दुर्गापूजा में ठाकुरवाड़ी आते थे।

··· किन्तु उस बार 'ईद' के दिन पवित्रा नहीं गयी। कासिम दादा खुद आये। पवित्रा ने हँसकर कहा था–ईद मोबारक कासिम दादा !

··· कासिम दादा ने इधर-उधर देख कहा था–चाँद तो मैंने अभी देखा है।

–कासिम दादा क्या बक रहे हो ?

–तुमी आमार चाँद···।

–किन्तु कासिम दादा चाँद सदा आकाश में रहता है।

–आमि धोर्बो···।

··· कासिम ने पवित्रा को चूम लिया था पकड़कर।

–कासिम दादा। की··· ?

–ना, कासिम दादा ना। तोमार 'नोक' (पति)···।

··· उसी बार पवित्रा ने अपने पिता से स्पष्ट शब्दों में कह दिया था–बाबा, यह कासिम दादा बड़ा फाजिल··· याने बदमाश हो गया है।

··· बाबा उन दिनों गान्धीजी की तरह सप्ताह में एक दिन मौनव्रत रखते थे। उन्होंने कागज के एक टुकड़े पर लिखकर उत्तर दिया था–बदमाश हो या शैतान, प्रेम से सभी को जीता जा सकता है। प्रेम सदा विजयी होता है।··· आसल जिनिस होलो भालोवासा। गान्धीजी बलेछेन···।

··· किन्तु उसी बार बाग्दी-पाड़ा की कुबड़ी बूढ़ी की मारफत कासिम ने खबर भेजी थी–इस बार ईद के बाद फिर दूसरा ईद होगा–जशन ! वह पवित्रा को लेने आवेगा। पवित्रा सज-धजकर तैयार रहे उस दिन।

··· ईद का जशन। आग की लपलपाती हुई लपटों की रोशनी में पवित्रा ने देखा था–कासिम ढूँढ़ रहा है ?··· कोथाय··· कोथाय··· कोथाय से ?

··· आग··· मार-काट··· बन्दूकों की आवाजें··· ईद का जशन··· फुलझड़ी··· बन्देमातरम्··· गान्धीजी की जय–पवित्रा के पिता की आवाज ठाकुरबाड़ी में मड़रा रही है।··· कासिम ढूँढ़ रहा है–साला बूड़ार बिटी कोथाय ?··· आमार चाँद !

··· फिर, पवित्रा ठाकुरबाड़ी से निकलकर कैसे बाग्दीपाड़ा पहुँची, वह नहीं जानती। उसकी आँखें खुली थीं–हिन्दुस्तान के एक शरणार्थी कैम्प में, कटिहार स्टेशन पर। होश में आते ही पवित्रा ने पूछा था–बाबा कहाँ हैं ? माँ कहाँ ? और लोग कहाँ हैं ?··· किसी ने कोई जवाब नहीं दिया। उसने फिर कोई सवाल नहीं किया। एक लम्बी साँस लेकर वह चुप हो गयी। तभी से वह चुप है।··· घर से भागते समय–बाबा के रचे हुए कीर्तन की पोथीवाली झोली वह कलेजे से सटाकर निकली थी।

··· काला की माँ ने बेतिया कैम्प में चुपचाप बतलाया था–कासिम भाले की

नोक पर 'विनोद' का कटा हुआ सिर लेकर सबसे आगे था।··· विनोद मुखर्जी। लखिमपुर के राय साहब विकास मुखर्जी का बेटा–पवित्रा का होनेवाला दुल्हा–जो 'पिता ठाकुर' के नाम अपने बाप का कोई गुप्त सन्देश लेकर आ रहा था। अथवा–उसके मन में जो बैठी हुई थी उसी की सुधि लेने आ रहा हो।··· अछिमुद्दिनपुर हाट पर कासिम ने विनोद को देखा और भुलावा देकर अपने घर पर ले गया–साला, तुई पवित्रा के बिये कोर्बे।··· विनोद का सिर कटकर धरती पर गिर पड़ा।

–की रे माना, जादब केमन लोक ?

–लोकटा बदमाइश ?

–बदमाइश ? क्या बदमाशी करता है ?

–मासी माँ, वह मुझे बहुत 'दिक' (तंग) करता है।··· आज भी जबर्दस्ती इत्र लगा दिया बाँह पर।

–सिर्फ इत्र लगाया ? इसमें क्या बदमाशी हुई ?

–आमा के खूब जोरे चूमू खाय।··· मुँह में पान भरकर !

–तुझे अच्छा नहीं लगता। माँ-बाबा से क्यों नहीं कहती ?

–बाबा ने उससे बहुत 'टाका' लिया है।

–टाका ? क्यों ?

–मेरी शादी की बात पर। बाबा कहते हैं, हम लोग भी सतगोप हैं और 'जादब' भी गोप है।

··· तो, हरिप्रसाद जादब सन्ध्या का होनेवाला दुल्हा है ?

–मासी माँ ? ··· सो गयी क्या ?

नौ

पण्डित रामचन्द्र चौधरी को विश्वास हो गया है, कामदेव सारी सम्पत्ति लौटाकर दम लेगा। रुपये सेर का माल, पहली बार में ही नौ रुपये सेर बिका। सचमुच, पूँजी की कोई जरूरत नहीं हुई। पिता-पुत्र दोनों महाजन के दलाल से मिले–नामधाम लिखने के बाद, दस-दस सेर माल दे दिया। नब्बे रुपये का माल बेचकर, दस रुपये चुका आया। फिर, दस-दस बीस सेर। दो खेप में ही एक मन का मुनाफा साढ़े तीन सौ··· एक सप्ताह में !

चौधरी लोगों से कहता है–बीरपुर में कोशी के साहबों की कोलूनी बनी है।

सभी साहब की जनाना पूजा-पत्तर करनेवाली। ब्राह्मण का और काम ही क्या है? पिता-पुत्र दोनों को दिन-रात पूजा करने और कराने से ही छुट्टी नहीं मिलती। अररिया कोर्ट में रसोई-पानी करके–स्कूल में पढ़नेवाले श्यामदेव को भी चौधरी ने संवाद भेजा–खाये अररिया कोर्ट में और हाथ सुखावे गोड़ियर में···।

तीसरी खेप में तीन जन–तीस सेर माल–बिका चौदह रुपये फी सेर की दर से! एक ही खेप में तीन सौ नब्बे मुनाफा–लागत पूँजी काटकर!

चौथी खेप में कामदेव ने प्रस्ताव रखा–बाबा! घर में तो फूफू रहती ही है। पहलवान की छोटकी-पुतोहु भी आकर रह सकती है, दर-दुकान भी चला सकती है।··· यदि इस खेप में माय को अस्पताल ले जाने का बहाना बनाकर भैंसागाड़ी लेकर चला जाये?···

कामदेव के किसी प्रस्ताव को अब पण्डित रामचन्द्र चौधरी 'नकार' नहीं सकते–ठीक है। तैयार करो भैंसागाड़ी!

पहलवान की छोटी पुतोहु कामदेव की दुकान पर दिन में दस बार फेरा देकर जाती है।··· अजब बात! गाँजा-भाँग-अफीम-शराब-चाय बीड़ी-पान के नशे के बारे में कामदेव जानता था कि लत जिसे पड़ी, वह नशे का गुलाम हुआ। किन्तु लेमनचूस का नशा भी ऐसा हो सकता है?

··· सुबह से एक बार भी नहीं आयी पहलवान की छोटी पुतोहु? कामदेव वसूल-तगादावली बही हाथ में लेकर निकला। पहलवान रनबीर सिंध के दरवाजे से दस रस्सी दूर ही कामदेव को पता चल गया–आज तीन पुतोहु एक ओर हो गयी हैं, पहलवान की ओर दो ही हैं। छोटी पुतोहु सदा पहलवान की ओर से झगड़ा करती थी। 'पुतोहु-पाटी' में उसके मिल जाने से बहुमत के साथ बहुबल भी हो गया है!

पहलवान चिल्ला रहे थे–एक पाई नहीं। एक लाल-पैसा भी नहीं दूँगा।··· तुम लोग··· तुम लोग कोई भी असल राजपूत की बेटी नहीं। तब कैसी पुतोहु?··· रखेलिनों को मनिआडर में क्या हक?

बड़ी पुतोहु 'पुतोहु-पाटी' की 'लीडरानी' है। कहती है–अपने कौन उत्तिम राजपूत हैं यह सभी को मालूम है। इससे तो गहलोत राजपूत (दुसाध) भला!

–क्या बोली? पहलवान तारस्वर में चिल्लाने लगे–क्या बोली? फिर से बोलो एक बार। जीभ बाहर खींच लूँगा।

छोटी पुतोहु बोली–बैठा खाय तुरंग!··· इन कमानेवालों को भी तनिक लाज नहीं। साल-भर बाहर नौकरी करेगा–दो महीने के लिए घर आकर साल-भर का हिसाब वसूल करेगा··· उस बार इतना रुपया भेज दिये। फलाने महीने में बाबूजी को लिख दिया था कि फलानी को दो रुपया हाथ-खर्च दे दीजिएगा–सो क्या हुआ? मैं आज ही कामदेव से चिट्ठी लिखवाती हूँ उस 'सिपाही-मरदुए' को कि घर में आकर कमर तोड़ोगे बहू की–मनिआडर भेजते हो बाप के नाम! अफीम खाने के लिए?

पहलवान की दृष्टि अचानक कामदेव पर पड़ी। बोला–जाओ कामदेव, लिख दो। आँगन में बुला रही है !

–कामदेव को आँगन में नहीं बुलाऊँगी। खुद कामदेव के घर जाकर लिखवाऊँगी।

–जा चुड़ैल की बेटी, जहाँ चाहे जाकर चिट्ठी लिखा या जो खुशी में आवे कर !··· हम किसी को राजपूत की बेटी नहीं मानते ? हमने अपने किसी बेटे से तुम लोगों की शादी नहीं की। रखेलिन सब !

–क्या बोला बुड्ढा ? जो खुशी में आये कर ? तब तुम्हारी पगड़ी कहाँ जायेगी–मुँहझौंसे ?

–गरदन काट लूँगा, छिनाल !

–आज रात यदि बरामदे पर बैठकर पेशाब किया है तो देखना–बुड्ढे !··· कहता है जहाँ जो खुशी में आवे, कर ?

–कामदेव, तुम गवाह रहना। यहाँ आज खून होगा। समझे ?

कामदेव बोला–मैं तगादा में आया हूँ। ऐसी गवाही की ऐसी-तैसी ! आप भी पहलवान काका खूब हैं। इन लोगों को बेकार मुँह क्यों लगाते हैं ?

–तुम भी 'बभने' आये हो, चूड़ा की गवाही दही से देने !

–मेरा दाम···।

छोटी पुतोहू ने इशारे से पूछा–'लेमनचूस आया है दुकान में ? साथ में भी है ?'

सबसे छोटी पुतोहू, झगड़ा के समय ससुर की चौकी से सटकर खड़ी रहती है और फुसफुसाकर बीच-बीच में ससुर से कुछ-न-कुछ कहती रहती है।··· बोली–कामदेव से इशाराबाजी करके कुछ कहा छोटी ने।

–क्यों कामदेव, तुम तगादा करने आये हो या इशाराबाजी करने ? हम कहते हैं, एक दिन यहाँ एक नहीं कई खून होंगे !

कामदेव बोला–छोटी का बकाया तीन रुपये आप मुझे दे दीजिए। अदालत भैया ने लिखा है !

पहलवान रनबीर सिंघ के पाँचों पुत्रों के नाम उनके तत्कालीन मालिक राजा नागेश्वर सिंह ने रखे हैं। उसी दरबार में पहलवानी करते समय ये पाँचों 'लाल' हुए–खंजर सिंघ, पेस्तौल सिंघ, बन्दूक सिंघ, अदालत सिंघ, फौजदारी सिंघ। पहलवान ठाकुर रनबीर सिंघ का नाम भी राजा नागेश्वर ने ही रखा था। बाप-माँ का रखा हुआ नाम था–लूटन सिंघ !

पहलवान की आँखों से चिनगारी निकलने लगी–किसने लिखा है ? अदालत नें ? ले जाय साला अपनी रखेलिन को ! मैं अपने इस घर में उसकी 'हरजाई-औरत' को नहीं रख सकता !··· हमको नहीं लिखकर तुमको लिखा ?

–क्यों नहीं लिखेगा ? छोटी बोली–तुमको लिखने पर तुम देते नहीं !

हर महीने में बारी-बारी से अथवा एक ही दिन पाँच मनीआर्डर आते हैं और ऐसे झगड़े होते रहते हैं। कामदेव ने इशारे से छोटी बहू को अपनी दुकान पर

आने को कहा और मोढ़े से उठ गया।

चलते समय पहलवान ने कहा—अपने रुपये लेते जाओ कामू !

कामदेव के जाते ही छोटी बहू ने चुनौती देकर अपने ससुर से कहा—लो, मैं जाती हूँ। फिर यदि कोई बुलाने गया है, तब उस मुँहझौसे से पूछूँगी।

कुलदीपा (दीपा) की मुसम्मात माँ पहलवान के पड़ोस में रहती है। बहुत 'नियम-धरम, बरत-उपवास' करनेवाली औरत है। वह झगड़ा होते समय किसी पक्ष से कोई बात नहीं करती। पहलवान रिश्ते में उसका जेठ हैं, इसलिए 'मुँहामुँही' नहीं बोलती। लेकिन टट्टी की आड़ से बोलने में क्या हर्ज ?

झगड़ा बुझ जाने के बाद वह टट्टी के पास आ खड़ी होती है और यथासाध्य सभ्य और 'सधुक्कड़ी-भाषा' में वार्तालाप करती है—सो पहलवान-जेठ को कौन समझावे ? हाय-हाय, जिसका नाम एक जमाना में तिरहौत से लेकर मुलतान तक फैला हुआ था। राजा-महाराजा तक जिसकी बहादुरी देखकर दाँत के नीचे उँगली दबाते थे, उसको हर महीने ऐसी-ऐसी गन्दी गाली ? हरे राम हरे राम ! सो पहलवान जेठ से कहती हूँ कि एक बार कष्ट करके दिल्ली जाकर एक क्षण के खातिर नेहरूजी के रू-ब-रू होकर 'अरजी' क्यों नहीं लगाते ? सभी को 'पेनसिलन' बाँट रहे हैं नेहरू बहादुर—क्या पहलवान-जेठ को लौटा देंगे दरबार से ?

इतना सुनते ही पहलवान बच्चों की तरह फूट-फूटकर रो पड़ता है दीपा की मा··· य ! कौन बूझेगा उस दुख को।··· खुद लाट साहब पीठ ठोक चुके हैं। आज इन दुसाधिनों, धाँगड़िनों की लात खा रहा हूँ।

—सब दिन का फेर है पहलवान-जेठ ! रोइए मत !

इस वार्तालाप के समय कोई पुतोहू—पक्ष या विपक्ष की—कुछ नहीं टोकती। पहलवान अपना आँसू खुद पोंछता है और बार-बार कहता है, ले जाओ अपने-अपने रुपये। अपने-अपने भतार की कमाई। नहीं चाहिए रुपये !

इस बार दीपा ने अपनी माँ की बात को दुहराया—पहलवान बाबा ! चाह पीने के लिए यहीं आइएगा।

जब से गठिया ने पैरों को बेबस किया है, पहलवान ने दीपा की माँ के कहने से चाय पीना शुरू किया—अफीम छोड़कर। और दीपा की माँ जैसी पड़ोसिन नहीं होती तो पाँचों पुतोहु मिलकर एक ही दिन में पहलवान को 'पेनसन' दे देतीं—बहुत पहले ही।

मुसम्मात ठकुराइन से कोई नहीं झगड़ती—सभी को भय है, मुसम्मात डायन है। पाँचों पुतोहु अपनी अनुर्वरता का दोष उसी के सिर मढ़ती है। सभी उसे प्रसन्न रखना चाहती हैं। जिस दिन 'ढर' जायेगी—'कोख' दे देगी वापस !

कारे मण्डल मुसम्मात की भैंस चराता है और रब्बी पासमान पण्डित रामचन्द्र चौधरी की बची-खुची खेती-बारी करता है।··· दोनों 'पालवेत' उदास हैं आजकल ! इधर कई महीनों से दोनों एक नशे में थे। बी. डी. ओ. साहब के किरानी बाबू मुसम्मात ठकुराइन का बहन-बेटा है। उसने एक बार कहा–पुराना नाच-गान जाननेवालों को सरकार 'पेनसिलन' बाँटेगी।··· बेहुला-बाला लखिन्दर आज का नाच है ?

दोनों पालवेत एक बार समय निकालकर बी. डी. ओ. साहब के पास गये। बी. डी. ओ. साहब ने कुछ समझा ही नहीं !··· मुसम्मात के बहन-बेटा की बदली–दूसरे 'बलौक' में हो गयी–न जाने कहाँ ! कहाँ-कहाँ जायें दोनों पालवेत !···

··· बंगला-गान और बंगला बोली जानते हुए भी बंगाली टोला में रब्बी और कारे से किसी ने बंगला में गप नहीं की। जयराम सिंघ ने आकर सुनाया कोलूनी के कीर्तन में हम सभी बंगाली-बंगालिन को पानी पिलाकर छोड़ दिया ! दोनों पालवेत दूसरे दिन साँझ होते ही कोलूनी में पहुँच गये।

–कौन है ?

–हामी !

–कौन हामी !

–हाम बोंगला गान करैंयाछी। उ खोल बजैंया खुब भालो पारे। वही गान सुनैयाँर जन्नो हामी कोलूनी में आसेछी। कत्तालोक के गान सुनैयाँ···।

–अरे, ई कौन मुलुक का बोली बोलती है ?

–बोंगला बाबू, बोंगला !

गोपाल पाइन ने छिदाम को मैमनसिंघ की बोली में बताया–ये लोग 'आपन-पाटी' के 'मानुस' हैं।

–हें-हें। ओही तो आछेन मास्टर मुसाई। सोहिर दिन चौरस्ते पर भेंट हुइयाछी न। माने नेंही ?

–क्या काम है ? पहले काम की बात बोलो।

–एही गान !

··· सब साला ए खाने गानई सुनते आइसे !

रब्बी ने कान पर हाथ कर शुरू कर दिया–बाला भाँसे-भाँसे-भाँसे सागड़ेरे जोले। ··· ओइ भाँसिते–भाँसिते बाला रे··· !

–थामो बापू, थामो ! रात में बेहुला गान मत गाओ।

कीर्तन के सेक्रेटरी कालाचाँद ने डाँटकर कहा–क्या ? कोलूनी को 'गानबाजना' का अड्डा समझ लिया है ? जो आता है वह 'गान-बाजना-नाचना' शुरू कर देता है !

दोनों पालवेत हतोत्साहित लौटे–पालवेत ! इन लोगों में भी ऊँच जाति और नीच जाति का 'विचार' है। जयराम सिंघ और सुक्की-बेलाही के बाबू लोगों की ही पैठ यहाँ हो सकती है !

कारे मण्डल भैंस दुहकर ले आया–झुटपुटा होते ही। आज पहलवान काका

चाय ही नहीं, रात में भी यहीं खायेंगे—इस उम्र में भी पहलवान काका दो जोड़ा कबूतर खा जाते हैं। मुसम्मात ने कारे से कहा—कारू, जरा धनुकटोली की सुगनी के घर जाकर कबूतर ले आओ। आज पहलवान-जेठ ने दिन से ही मुँह में अन्न नहीं दिया है।

पगहिया में बँधे हुए घोड़े की तरह खड़ाऊँ खड़बड़ाते लाठी टेकते हुए पहलवान रनबीर सिंघ आये—दीप्पा। कहाँ रे ? ले जा—कामदेव की दुकान में खाक-पत्थर भी नहीं—पाकिस्थनियाँ टोला से जाकर ले आया। ले ! ले जा बेटी--दीपा !

पहलवान लेमंचूस ले आया है दीपा के लिए।

दीपा कहती है—अर्थात् माँ की सिखायी हुई बात तोते की तरह दुहराती है—पहलवान बाबा, आपने क्यों कष्ट किया ? कारे को पैसा दे देते, वह दौड़कर ला देता।

—बैठे-बैठे गिरह 'दुखाने' लगता है बेटी। दस कदम चल लेने से ठीक रहता है।

दीपा के मुँह से शुरू करवाने के बाद मुसम्मात स्वयं अपनी बोली तेज कर देती है—महानारायण तेल का पार्सल आ गया क्या ?

—ई धनुका जब से पोस्टमास्टर हुआ है तब से न किसी मनिआडर का ठीक है और न चिट्ठी मारसल का। डाकपन से रोज पूछते हैं।··· पता-उता तो गड़बड़ नहीं लिख दिया गया ?

—कहो दीपा कि पता हम अपने हाथ से अँगरेजी में लिखे थे। उस कम्पनी से बराबर दीपा के लिए 'किशोर-सुधा' मँगवाती रहती हूँ।

—तुम अपने पते से ही क्यों न मँगाया।

—अपने पते से ही मँगाया है। कहो दीपा, कि अपने पते पर मँगाने से कमीशन ज्यादा मिलेगा।

दीपा के गुरुजी आ गये। दीपा के गुरुजी—पारसप्रसाद।

पारसप्रसाद ने कहा—आ गया भीपी !

—आ गया ? कहो दीपा कि पहलवान काका, भीपी आ गया।

—क्या आ गया ?

—पारसल। कितने का है, पूछा ?

—हम 'इन्टिमेसने' लेते आये हैं—दस रुपये अस्सी नये पैसे।

दीपा की माँ मन ही मन हिसाब जोड़कर बोली—एक सौ पचास नये पैसे कमीशन दिया।

पारस का नाम गाँव में पड़ गया है—पारसलप्रसाद ! बचपन से ही उसे पारसल मँगाने का शौक है। ओटो दिलबहार के खुशबूदार कार्ड का सेट मुफ्त में पाने के लिए बीस लोगों के नाम लिखकर भेजना पड़ता था। मुसम्मात ने ही पारस

का नाम-पता लिख दिया था। पारस को भी एक कार्ड आया और उससे भी बीस नाम मय पता-ठिकाना के साथ माँगा गया—इसके बाद पारस को भी सुगन्धित-रंगीन कार्ड का सेट आया। फिर दुनिया-भर के सूचीपत्र—तरह-तरह की चीजों के—आने लगे पारस के नाम और दीपा की माँ के नाम।··· दीपा की माँ उस समय मिडिल-इंगलिश पास करके गाँव की कन्या-पाठशाला में पढ़ाती थी—कुमारी सरस्वती देवी, अध्यापिका, रामगंज-पिपरा कन्या पाठशाला !!

रामगंज-पिपरा पोस्ट ऑफिस में दो ही नाम से पार्सल आते—सरस्वती देवी अथवा पारसप्रसाद के नाम। सरस्वती देवी तरह-तरह की किताबें मँगवातीं। कभी हिमसागर तेल और कभी बालों की जूँ मारने की दवा ! किन्तु पारस तो पार्सल का व्यापार ही करने लगा। गाँव में किसी को कोई रोग हो—सीधे पारस के पास हाजिर। सबकुछ 'खुलासा हाल' चिट्ठी में लिखकर लुधियाना-पंजाब के हबीबुल हक हकीम को भेजते ही वाजिब दवा का पार्सल आ जाता !

··· कलकत्ता, बनारस, लखनऊ, अलीगढ़, मथुरा, बम्बई की कई कम्पनियों से वह माल मँगाता था। कलकत्ता से कल-पुरजेवाली चीजें, बनारस से सुर्ती-जर्दा, लखनऊ से काला पत्ती जर्दा, अलीगढ़ से ताला और सरौता, मथुरा से नाटक का सामान !··· किन्तु माल के साथ वह व्यक्तिगत अनुरोध भी लिख भेजता—प्रिय महाशय, आप तो जानते ही हैं कि हम आपका पुराना गाहक हैं।··· माल के साथ यदि कालीघाट-काली-माई के मन्दिर के आँगन में गिरे हुए—कुचले हुए भी हों हर्ज नहीं—अड़हुल के फूल भेज दें तो भगवान्-कसम आपकी कम्पनी को छोड़ कलकत्ता की किसी कम्पनी से कोई माल नहीं मँगाऊँगा।··· बनारस से गंगाजल और विश्वनाथजी का प्रसाद !

··· अपने नाम का एक साइनबोर्ड भी मँगवाया एक कम्पनी से।—पारस ऐण्ड फ्रेण्ड कम्पनी, रामगंज-पिपरा। गाँव के लड़कों ने चिढ़ाया तो साइनबोर्ड उतारकर रख दिया पारस ने। लेकिन कारबार बन्द नहीं किया।··· मशहूर हकीम, वैद्य और डॉक्टर के अलावा उसे असली-नकली चीजों का पारखी समझते लोग। सभी उससे सलाह लेने आते—जमाई को घड़ी देनी है, किस कम्पनी की घड़ी दें ?··· लड़की की जन्म-पत्री काशीजी के पण्डित से बनवाना चाहते हैं—कैसे होगा ?

··· एक बार गाँव के एक खोये हुए लड़के का बाप रोता-कलपता हुआ आया—पारस बाबू ! कैसे क्या होगा ? पारस ने कुछ सोच-समझकर—'पूर्णियाँ समाचार' में एक विज्ञापन लिखकर भेज दिया। बोला—तीन रुपये का मनिआर्डर भेजना होगा आज ही। दूसरे ही सप्ताह 'पूर्णिया समाचार' में खबर छप गयी··· भगेलूप्रसाद उर्फ भोगेन्द्र मण्डल, उम्र बारह साल, होंठ के ऊपर कटा हुआ, तुतलानेवाला, साँवला लड़का—12 ता. से ही लापता है !··· भगेलू, तुम जहाँ भी हो घर चले आओ—बाबूजी डाँटेंगे नहीं, माँ रो-रोकर अन्धी हो रही है।

··· एक सप्ताह बाद ही भगेलू घर वापस आ गया। उसी बार गाँव के नौजवानों ने नाम रख दिया—यह पारसप्रसाद नहीं—सचमुच पारसलप्रसाद··· ?

··· एक बार पारस चूक गया, किन्तु ! गर्भनिरोधक बटी पार्सल से मँगवानेवाले नौजवान ने अपनी भाभी के लिए नहीं, किसी और के लिए मँगवायी थी। बटी की छपी हुई सेवन-विधि में 'सावधान' लिखकर चेतावनी दी हुई थी–गर्भवती स्त्रियों को यह दवा मत दो ! तिस पर कोई गर्भवती को खिला दे यह बटी–डबल खुराक–तो उसका दोष किसे दिया जाये ?··· पंचायत में दोष पारस के मत्थे ही मढ़ा गया। ··· किसी लड़की को 'असली कोकशास्त्र' मँगवा देने का भी इलजाम किसी ने लगाया। लेकिन वह प्रमाणित नहीं हो सका।

··· सरस्वती का विवाह हुआ। ससुराल चली आयी। पार्सल मँगाने का शौक लगा रहा।··· दीपा के बाबू की बीमारी में पार्सल से ही दवा मँगायी गयी थी। उनकी मृत्यु के बाद बहुत दिनों तक सरस्वती देवी ने कोई पार्सल नहीं मँगवाया। दीपा के लिए 'किशोर सुधा' मँगवाने लगी। पुरानी आदत कहाँ जाये ? हर महीने कोई न कोई चीज आती ही रहती है–फूल के बीज, अष्टधातु की अँगूठी ! जादुई आईना !

··· अजब संयोग ! पारस का भी विवाह गोड़ियर में हुआ। सरस्वती देवी के विधवा होने के बाद पारस भी अपनी सास के यहाँ 'घरजमाई' होकर आ गया।

··· दीपा को रोज सुबह पढ़ाने के लिए पारस को मास्टर रख लिया है–शाम को एक चक्कर रोज दे जाता है। किसी पार्सल का इण्टिमेशन, कोई सूचीपत्र अथवा किसी कम्पनी की बेईमानी की बात लेकर पारस जरूर आ जायेगा। किसी रात को देर हो जाती है, कारे साथ जाता है पहुँचाने–मुनकीवाली लाठी बजाता हुआ।

गोड़ियर गाँव के पंचायत का फैसला है–साँझ को कितना भी अँधेरा क्यों न हो, गाँव में चलते-फिरते कोई टार्च नहीं जला सकता।··· गाँव की 'लाज' की बात है !

आज पारस अधिक देर तक नहीं ठहरेगा !

पारस चला गया। पहलवान ने इधर-उधर देखकर पूछा–दीपा ? सो गयी क्या दीपा ?

–सोयी नहीं है। मास्टर के डर से चुप थी।

–दीपा की माँ, कोई ऐसी दवा नहीं किसी कम्पनी में कि खिलाते ही···।

कारे मण्डल कबूतर ले आया–एक ही मिला। सभी कबूतर तालेवर गोढ़ी के लिए 'रिजरब' हैं। कल काली मन्दिर की ईंट पड़ेगी–गाँव-भर की कबूतरवालियों को दाम धरा दिया है रामजी बाबू ने।

–एक से क्या होगा ?

पहलवान रनबीर सिंघ ने सन्तोष की साँस लेते हुए कहा–ठीक है। तरद्दुद करने की जरूरत नहीं। पोस्तादाना के 'बड़े' बना देना।··· लेकिन दीपा की माँ, यह छोटकी सचमुच कामदेव के घर चली गयी है। दुकान चला रही है। अब बोलो, इसको क्या कहा जाये !

पहलवान जेठ को भोजन कराने में एक अद्भुत सुख का अनुभव करती है–दीपा

की माँ।··· विशालकाय आदमी के सामने भात की ढेरी।··· एक-एक अन्न को बहुत प्रेम से मुँह में डालते हैं पहलवान जेठ। एक दाना भी बरबाद नहीं करते।

—दीपा, पहलवान बाबा से कहो कि लोग जो कुछ कहें, मैं दीपा को लड़के का लिबास पहनाती हूँ। पहनाऊँगी। बनस्थली विद्यापीठ में भेजकर लाठी, भाला, घुड़सवारी की ट्रेनिंग दिलवाऊँगी। अब लोग जो भी बोलें।

—लोक साला क्या बोलेगा ? मारते झापड़ से 'थूथना' झाड़ देंगे।

पहलवान को खिला-पिलाकर विदा किया दीपा की माँ ने। अब कारे को समझाने लगी—पाकिस्तानी टोली में क्या है ? तुम और तुम्हारे पालवेत—एक अन्धा और दूसरा कोढ़ी !

कारे का पालवेत रब्बी—नाम लेते ही हाजिर !

—खाये पालवेत ?

—बैठिए दरवाजे पर, आ रहे हैं ?

दीपा की माँ ने कहा—खाने-पीने में हड़बड़ी कभी नहीं करनी चाहिए। अपने पालवेत को अन्दर आँगन में ही बुला लो। खाओ और बात भी करो—कोई नहीं सुनेगा तुम्हारी गप।

—आइए पालवेत, आँगन में ही आ जाइए।

रबिया ने आते ही सूचना दी—एक खबर जानते हैं ? कल तालेवर गोढ़ी के पोखर पर 'पुरोहिताई' करने आवेगी—वही पाकिस्थनियाँ टोली की गोरी सर्दारनी—दीदी ठकुराइन !

—अच्छा ?

—और पाकिस्थनियाँ टोले से ही कीर्तन-पाटी आयेगी।

—यह अन्याय की बात है। गाँव की कीर्तन-पाटी, चाहे जैसी भी हो, टूटी-फूटी, फिर भी अपने गाँव की है।

—गाँव की पाटी भी रहेगी।··· और सुनोगे ?

—क्या ?

तालेवर मूलगैन हम लोगों को 'बिसरे' नहीं है। कहा है, तुम लोगों को 'बेहुला बाला लखिन्दर' का नाच, जैसे भी हो—करना पड़ेगा। नहीं कोई मिले, मैं ही मूलगैनी करूँगा।

बेहुला-नाच के पुराने मूलगैन हैं तालेवर गोढ़ी !

—रहिए ! आप घबराइए मत मीता। इसी बार बंगलिया कीर्तनियों का छक्का नहीं छुड़ा दिया तो कारे नाम नहीं। बेहुला और सावित्री—दोनों 'पाला' एक साथ गावेंगे। देखें, पकड़ सकता है या नहीं।

—दोनों पाला कैसे गाओगे मीता ?

—इसका 'दिष्टान्त' उसमें देंगे और उसका 'दिष्टान्त' इसमें। है न मालकिन ?

दीपा की माँ ने कहा—मालकिन से क्या पूछते हो। मालकिन क्या तुम्हारे नाच की मूलगैन है ?

—आप ही ने कहा कि इसका 'दिष्टान्त' उसमें··· ।

दीपा की माँ हँसी—मुझे क्या दोगे ? मैं क्यों बताऊँ ?

रबिया ने मन ही मन कहा—पालवेत तकदीर का सिकन्दर है, ऐसी भली मालकिन मिली है। यहाँ कामदेव बाबू के मुँह से कभी एक मीठी बोली भी नहीं निकलती। ··· बनिया-बाभन !

रबिया बोला—मालकिन, हम लोग गरीब हैं। हम लोगों के पास क्या है जो देंगे।··· देह है सिर्फ ! अगले साल से हल-बैल कीजिए अपना—रबिया आपके 'खिजमत' में हाजिर है।

—दृष्टान्त देकर पाला करना चाहते हो ? दीपा के मास्टर को पकड़ो।

—दीपा दाई के मास्टर के पेट में इतना गुन है ?

—दीपा दाई मत कहो—दीपा बाबू, कुलदीप सिंघ कहो। दीपा बेटी नहीं, बेटा है !

रबिया अवाक् होकर कारे की ओर देखने लगा—पालवेत, यह बात आपने कभी बताया नहीं। हम लोगों को तो मालूम है कि लड़की है ! मगर असल में लड़का ही है क्या ?

दीपा की माँ हँसने लगी—कारे, तुम्हारा पालवेत पड़मान नदी के उस पार का रहनेवाला है क्या ?··· जो बेटी, वही बेटा ! नेहरूजी को नहीं जानते ? एक ही बेटी है, मगर एक सौ बेटे का मुकाबला कर रही है। जानते हो ?

—हम लोग क्या जानें, मालकिन। नया-नया सब कानून होते रहता है।

दीपा के मास्टर फिर आये !··· दीपा की माँ जानती थी, पारस फिर लौटकर आवेगा। पहलवान जेठ की बोली सुनकर उसकी बोलती बन्द हो जाती है।

—बैठो मास्टर। भोजन करोगे ?

—नहीं। भोजन मैं कर चुका हूँ। मैं एक प्रस्ताव लेकर आया हूँ।

दोनों पालवेत कुछ देर तक मास्टर से कुछ 'विनती' करने के लिए हाथ जोड़े खड़े रहे। फिर दोनों आँगन से बाहर चले गये।

दीपा की माँ ने अपनी चचेरी सास से कहा—आप भोजन कर लीजिए। मैं आज नहीं खाऊँगी !··· क्या प्रस्ताव है मास्टर ?

—गाँव में औरतों को बहुत तरह की गुप्त बीमारी है। मैं कहता हूँ कि एक पर्चा छापकर हर हाट में बँटवाकर—एक साइनबोर्ड लगाकर—आप डॉक्टरी शुरू कर दीजिए।

—क्या-क्या सोचते रहते हो मास्टर ? मैं क्या जानती हूँ··· ?

—आपके जानने और नहीं जानने से क्या होता है। असल चीज है—प्रचार। आप तैयार होइए, मैं सबकुछ कर दूँगा। हर मंगलवार या हर महीने में पूर्णिमा के दिन दमा या किसी असाध्य रोग की जड़ी मुफ्त देने का एक बार ठिकाने से ऐलान हो जाये—फिर देखिएगा, आपके दरवाजे पर लोगों को जगह नहीं मिलेगी।

—लेकिन मुफ्त में जड़ी देने से आमदनी कहाँ से आयेगी डाक्टरनी को ?

उसका इन्तजाम भी हो जायेगा।···

इसके बाद पारस मास्टर ने अंग्रेजी में कहा—आइ एम योर ओबिडियेण्ट सर्वेण्ट—औलवेज ! बोलिए—रुपये जब बरसने लगेंगे, तब मुझे क्या दीजिएगा ?

दीपा की माँ धीरे से चिकोटी काटकर मुसकुराती हुई बोली—जो कभी नहीं दिया—वही दूँगी।

—सच ?

—लेकिन तुम्हीं भाग जाओगे।

—कभी नहीं।

··· बचपन की दोस्ती !

··· अपाहिज और अपंग पति से मुक्ति भी पारस ने ही दिलायी है—सरस्वती को !··· चाँद-सूरज को भी नहीं मालूम।··· लूले ने विवाह के बाद ही बायें हाथ से पेट टटोलकर कहा था—चालाकी ? यह 'सनेशा' कहाँ से लेती आयी हो ?

··· किन्तु दीपा के बाबू देवता आदमी थे।··· दीपा की माँ ने सबकुछ बता दिया—खुलासा करके ! कुछ भी नहीं छिपाया। सारी जिन्दगी की कमाई—मशीन में हाथ कटने का हर्जाना मिलाकर—पाँच हजार रुपये नगद देकर सरस्वती को खरीदा था दीपा के बाबू ने।··· दीपा के बाबू ने सबकुछ माफ कर दिया। लेकिन घर में घुसे तो बाहर नहीं हुए। उनकी लाश ही निकली !

··· पापी स्कूल इन्स्पेक्टर ने फिर कभी खबर भी नहीं ली ! पारस नहीं होता तो दीपा की माँ पागल हो जाती।··· बुखार से देह तपी हो या खाँसी से परीशान—दीपा के बाबू कभी अपनी देह से अलग नहीं होने देते। नरक में बीते आठ महीने—दीपा की माँ को अब भी मितली आने लगती है।··· रात-भर—जानवर ! कहता—मैं 'मशीन मैन' था जूट मिल में, सो जानती ही हो।··· तुम मेरे लिए मशीन ही हो—हे-हे-हे-हे ! इतना रूप मैं कैसे समेटूँ—एक हाथ से 'हीन' हूँ—हे-हे-हे-हे !···

—पारस ?

—हूँ।

—मैं डाक्टरनी नहीं, लीडरानी होना चाहती हूँ।

—लीडरानी ?

—हाँ जी, हाँ ! क्या मैं भाषण नहीं दे सकती ? मीटिंग में जाने के योग्य मेरा चेहरा नहीं ?

—भला कहिए ! लीडरानी बनने के लिए चेहरा ? आप कभी-कभी ऐसी बातें करती हैं !··· किस पाटी में भर्ती होने का इरादा है ? आजकल सभी पाटी का भाव मन्दा ही है।

—देश का काम करना सबसे बड़ा काम है। नेहरूजी की पार्टी ही असली पार्टी है।

—कौमनिस्ट ?

—कौमनिस्ट पार्टी 'कमसिन' है अभी। स्कूल के लड़के-लौण्डों की पार्टी है।

··· पारस, तुम एक काम करोगे ? फारबिसगंज के छोटन बाबू को जानते हो न ? ··· स्कूल इन्स्पेक्टर के साथ 'जीप' पर वह भी आता था–वहाँ। कौन नहीं पहचानता उसको ?

··· वहाँ, अर्थात् रामगंज-पिपरा में ?

–हाँ-हाँ। पहचानता हूँ।

–तुम उससे मिलकर महिला-मेम्बर बनने की नियमावली ले आओ। पूछे तो कहना–याद कर लो क्या कहना है··· ।

–ठहरिए, मैं लिख ही क्यों न लूँ।··· बोलिए।

–कहना–'मीठी-मीठी बातों से फुसलाकर, रामगंज-पिपरा के कांग्रेस-डेलिगेट चुनाव के समय जिस मास्टरनी से घर-घर प्रचार करवाया।··· स्कूल-इन्स्पेक्टर से मिलकर प्रधान अध्यापिका बनवा देने का लोभ··· ।'

–छोड़िए··· उन बातों को उठाने से क्या फायदा ?

–नहीं पारस। तुम नहीं जानते उसको। सीधी बातों से वह कुछ नहीं सुनता। मुँह पर बात बनाकर तुमको सोलह आने विश्वास दिला देगा–फलाना काम ? वह तो मेरी चुटकी में है। कल ही हो जायेगा। मगर उसने सच नहीं बोलने की कसम खा ली है। रामदेव बाबू लोकल बोर्ड के चेयरमैन और यह शैतान उसका दलाल। कितनी मास्टरनियों को 'डाक बँगला' तक भुलावे में डालकर ले गया–इसका हिसाब उससे किसी दिन भगवान् ही पूछेंगे।

–लीडर तो मगर 'जब्बड़' हो गया है।

–ऊपर अमीन बाबू और नीचे रामदेव नारायण–छोटन के दो पाये हैं।··· जो भी हो, उससे काम लेना है। उसको बाप भी कहना पड़े–सरस्वती कहेगी। तुम कल जा सकोगे ?

–कल ?··· कल··· एक पार्सल मेरा भी आनेवाला है।

–पार्सल आनेवाला है, आयेगा !

पारस कुछ सोचने लगा। कुछ ही क्षण पहले सरस्वती उसके दिल के जितना निकट थी, लीडर-लीडरानी की बात करते समय उतनी ही दूर चली गयी।··· हाथ से निकल गयी सरस्वती ?

–क्या सोच रहे हो, पारस ?··· मैं समझ गयी। इस गोड़ियर गाँव में आकर तुम्हारी बुद्धि पर भी गोबर पड़ गया। क्या चाहते हो तुम लोग ? मेरे रहते इस गाँव में एक बंगालिन आकर लीडरी करेगी ?··· मीटिंग में जाती है पूर्णियाँ–हाथ में चमड़े का थैला लटकाकर। लोग क्या कहते होंगे ? गोड़ियर गाँव में कोई बिहारी औरत पढ़ी-लिखी नहीं है क्या ? सो इस गाँव पर तो राज है गोढ़ी और गुडाम् का। लाज आवे तो किसे ?··· हुँ ! दीदी ठकुराइन !··· मेरा भी नाम सरस्वती ठकुराइन है !

··· पारस के सामने चुनाव के कई पोस्टर नाच गये–वोट दो ! ठकुराइन सरस्वती को वोट दो !! या, सरस्वती ठकुराइन को··· ?

पारस बोला–सरस्वती ठकुराइन नहीं–श्रीमती सरस्वती ठकुरानी !

एक नहीं, दो ! गोड़ियर गाँव में दो पढ़ी-लिखी औरतें हैं–अव्वल, श्रीमती सरस्वती ठकुरानी और श्रीमती हरिमाया पारसप्रसाद ! लेकिन ठकुरानी बहुत 'फोरवर्ड' है, पारस की स्त्री हरिमाया–बैकवार्ड !

दस

चौदह वर्ष बनवास के··· ।

··· चौदह वर्ष हुए स्वराज्य के।··· लगता है कल की बात हो। जुलूस की याद ताजा है अभी भी। दो-दो बार आम चुनाव हो चुके हैं। देश में बड़े-बड़े काम हो रहे हैं। ब्लौक, कम्यूनिटी हॉल, बी. डी. ओ., डी. एल. डब्ल्यू, सोशल आर्गनाइजर, एम. ओ., पी. ओ.–बहुत सारे 'ओ' वाले शब्दों का प्रचलन हो गया है। हर मैट्रिक-फेल नौजवान राजनीति में दाखिल हो गया है और प्रत्येक मिड्ल-पास कण्ट्राक्टरी के सपने देखता है–सोते-जगते, उठते-बैठते किसी कांग्रेसी बाबू का गुण-गान करता है।··· आम चुनाव सामने है। प्रत्येक खादीधारी उम्मीदवार है और टिकट की पैरवी के लिए देश के कोने-कोने में पैंतरे बाँधे जा रहे हैं। ··· समय पर वर्षा नहीं होती। असमय में बाढ़ आती है। ऋतुओं की 'महिमा' नष्ट हो चुकी है। सूरज-चाँद-तारों का भी कोई विश्वास नहीं–क्या जाने किस दिन अचानक उगना बन्द कर दें, कुछ कहा नहीं जा सकता। कोई कहता है, देश आगे बढ़ा है। कोई इसे योजन-भर पीछे खिसका हुआ देखता है।··· ज्योतिषियों ने अष्टग्रह योग के बड़े भयावह भविष्य की गणना की है। बड़े और पुराने नेताओं की अकाल मृत्यु से देश हर महीने अनाथ होता है। नेहरूजी अकेले पड़ते जा रहे हैं। उनके सभी पुराने और सच्चे साथी, बहादुर कॉमरेड, प्रस्थान कर रहे हैं। ··· रोशनी बुझ रही है–एक-एक कर।

··· तीर के वेग से एक 'तारा' चल रहा है आकाश में रूस का स्पुतनिक !!

··· एक अज्ञात भय से सारा देश भयभीत है।

··· आठ-आठ ग्रह ? गरह !

–ग्रह-शान्ति के लिए 'अष्टयाम' कीर्तन कीजिए ! दान-पुण्य, दया-धर्म जो कुछ करना हो, कर लीजिए इस साल। अगले साल के मालिक भगवान् !

–और इस साल के मालिक कौन हैं ?

–इस साल के ? इस साल के मालिक–तालेवर मालिक। हा-हा-हा-हा-हा !

जयराम सिंघ का यह 'दिलखोल-ठहाका', दिन में दो बार और साँझ में दो बार हर दिन गूँजता है कोलोनी में–आजकल।

–कहिए मास्टर मोशा, ठीक है न ? इसी बात पर 'रमैन' में गोसाँईजी कहिन हैं कि 'जहाँ रहिए सोहि सुन्दर देशू, जो प्रतिपालहिं सोहि नरेशू'··· बोलिए सियावर्रामचन्द्र की जै !

पवित्रा का मुखड़ा खिल गया–फिर से कहिए, क्या बोले हैं गोसाँईजी ?–गोसाँई माने तुलसीदास तो ?

इस बार जयराम सिंघ ने ऊँचे स्वर में सुर चढ़ाकर गाया।

–सिंघजी ! तुलसी रामायण आप जानते हैं ?

–दीदी ठकुराइन, किस्सा हमको सभी मालूम है रमैन का। लेकिन वही जो कहा है, काला अच्छर भैंस बराबर, चढ़िके पढ़े सुजान ! अर्थ हुआ कि काला अच्छर उस भैंस के समान है जिस पर चढ़कर सुजान लोग ज्ञान की बात पढ़ते हैं। और यहाँ भैंस की पीठ पर ही मेरी सारी पढ़ाई हुई–हे-हे-हे-हे-एमे-एफे-एले-मेले–सब पास भैंस की पीठ पर हे-हे-हे-हे !!

कालाचाँद घोष ने पूछा–ई कौन गोसँई बोले हैं ?

जयराम को कालाचाँद के इस सवाल में दिल्लगी की गन्ध लगी। वह सारी कोलूनी में एक ही आदमी को आदमी समझता है। दीदी ठकुराइन को छोड़कर बाकी सभी 'अधम जाति' के लोग हैं–काले-कलूटे। लेकिन बात करेंगे सभी 'कूट' भरी !

जयराम सिंघ बोला–यह गोसाँई जी का वचन नहीं, यह जयराम सिंघ की 'बानी' है। अभी आपको इस देश में आये हुए ही कितने दिन हुए हैं ? सुनिएगा तो माथा चकराने लगेगा और मछली आजकल महँगी है।··· कबीरदास की बानी कभी सुनी है ? लीजिए बतलाइए तो क्या अर्थ हुआ ? कबीरदास की उलटी बानी–बरखे कम्बल भीजे पानी ?

पवित्रा जबतक हँसती रही, जयराम सिंघ एक न एक हँसनेवाली बात का प्रसंग छेड़ता गया। अन्त में बँगला बोली की नकल करके बंगला में भी एक पद्य सुनाया–'अर की कोरेछो खाबुर-खुबुर–की बोलैछो घाँटी–मानार भीतर बेंग बोलैछो–मूस कौड़ेछो माटी–मुशाके मारिलोरे मुशाके··· !'

सभी लोट-पोट हो गये हँसते-हँसते !

–अलबत्त हैं सिंहजी आप ?

पवित्रा ने पूछा–भाई साहब, आपके मालिक 'पुरी' भी जायेंगे ?

–हाँ। कोई हुकुम ?

–अरे नहीं-नहीं। आपके मालिक को भला मैं हुकुम दूँगी ?

–हाँ, आप दे सकती हैं ! आप चाहें तो हुकुम देकर देख लीजिए···।

–सन्ध्या के लिए एक शंख मँगवाना है। मैं रुपये देती हूँ।

—रुपये ? रुपये से कहीं शंख खरीदा जाता है दीदी ठकुराइन। आप इतनी पढ़ी-लिखी होकर भी नहीं जानतीं ?

—तब ? किस चीज से··· ?

—दिल से ! जयराम ने अपनी छाती पर हाथ रखकर आँखों को तनिक झुका लिया। उसकी मूँछों पर उसके मन की शरारत दौड़ गयी।··· पवित्रा ऐसी मूँछों को पहचानती है। बेतिया कैम्प के सुपरवाइजर की मूँछें ऐसी ही थीं।

—दाम नहीं लीजिएगा ? शंख का कोई खास काम नहीं अभी।

—अच्छी बात, हम मालिक से पूछकर कहेंगे कि मालिक दाम···।

—नहीं-नहीं। मालिक से कुछ मत कहिए।

—आप मेरे मालिक से इतना डरती क्यों हैं ?

—नहीं, डरती नहीं।

सन्ध्या ने भेद खोल दिया—उस दिन छागलों और कबूतरों को बलि देते देखकर, मासीमाँ डर गयी हैं।

सन्ध्या की माँ ने बेटी को डाँटा—नहीं-नहीं, तू क्या जानती है ?

पवित्रा बोली—उसे क्यों डाँटती हो ? वह सच कह रही है।··· ओ लोकटा कै देखे आमार भीषण भय कोरे !

जयराम सिंघ समझ गया—देखिए दीदी ठकुराइन, ऊपर से देखने में काला-कोयला है, मगर दिल मेरे तालेवर मालिक का एकदम बगुला-जैसा सादा है। आप बेकार घबराती हैं।

—अच्छा ? आपके मालिक तन्त्र-मन्त्र भी करते हैं ?

—तन्त्र-मन्त्र ?··· यह··· यह कैसे ?

—लोकटार चोख देखेछिले सन्ध्या ?

जयराम सिंघ इस बात का कोई अर्थ नहीं निकाल सका। वह बोला बेकार··· !

··· मन्त्रायी हुई मिट्टी का असर शुरू हुआ लगता है।

—मालिक कह रहे थे, जयराम हम इतना देश-विदेश में घूमे हैं, ऐसी पवित्र जनाना कहीं नहीं देखा। वह जनाना नहीं—गंगा है गंगा !

··· पवित्रा के पिता ने भी यही कहा था, तुम कभी अपवित्र नहीं हो सकती माँ !

पवित्रा को गुमसुम देखकर जयराम सिंघ ने अपनी बैठकी तोड़ी—सभी भाई-बहिन से भूल-चूक माफी के लिए 'इकट्ठे' ही हाथ जोड़ते हैं। पहली बार तीरथ करने जा रहे हैं हम। आप लोगों को और क्या कहें ?

राखाल के घर की आड़ में खड़ी सन्ध्या की माँ गिरिबाला ने जयराम सिंघ को रोका—सिंघजी, हमारे लिए एक चीज लेते आइएगा—पान का साज रखनेवाला बड़ा पान-डिब्बा !

—जरूर लेते आवेंगे ?

–और ?

–'कोलाकाता' होकर लौटिए तो खेजुर गुड़ का 'सन्देश'।

–चलिए, यह भी आ जायेगा। और हुकुम !··· जयराम सिंघ की मूँछों पर दौड़ जानेवाली शरारत को सन्ध्या की माँ गिरिबाला भी परखती है। मन ही मन बोली··· और तोमार मुण्डू !

–नहीं, बस !

चौरास्ते के पास गोपाल पाइन मिले–सिंघजी, कलकत्ता से मेहरबानी करके हमारे वास्ते एक चीज लेते आइएगा। बांगला-हिन्दी टीचर माने बांगला-भाषा में हिन्दी सिखानेवाली किताब-शिक्खोक !

–एक कागज के टुकड़े पर लिख दीजिए। लिखायी-पढ़ायी वाली बात मुझे याद नहीं रहेगी।

गुणमन्ती, रेशमी, सिंगारो, गौरी !

तालेवर गोढ़ी–ओझा तालेवर गुणी–की पुरानी भैरवियों का झुण्ड !

जयराम सिंघ ने देखा, आज चारों 'जोगिनियाँ' एक ही साथ निकली हैं साग खोंटने। पाट का साग !··· पाट के खेत में साग खोंटनेवाली औरतों को देखते ही जयराम को 'कामदेव चौधरी बनाम मुड़ली मुसहरनी' वाले केस की याद आ जाती है।··· ऐसे ही मुड़ली मुसहरनी अकेली साग तोड़ रही थी पाट के खेत में ! और कामदेव पाट के खेत में पहले से ही 'तैयार' बैठा था–!··· दारोगा साहब ने खोंटे हुए साग को भी समेटकर झोली में बँधवा लिया था और उस पर एक कागज का पुर्जा लगा दिया–सबूत के लिए ! जयराम सिंघ, कामदेव का सफाई-गवाह था।··· जज साहब को समझाते हुए सरकारी वकील ने कहा था–पाट साग, गुड टेस्ट। वेरी गुड साग।··· बहस के समय दोनों पक्ष के वकीलों ने एक ही बात को करीब एक हजार बार दुहराया था–एण्ड मुड़ली मुसहरनी एण्ड पाट साग एण्ड कामदेव एण्ड चौधरी एण्ड···।

··· उस मुकदमे के बाद से इन साग तोड़नेवालियों के लिए सुराज हो गया है।

जयराम सिंघ ने दूर से ही हाँक लगायी–अ-री-कौ-न सब है-ए-ए-ए-साग तोड़नेवाली -ई-ई-ई··· पाट की मूड़ी नोच रही है। ऐ-ऐ-ऐ ?

चारों भैरवियों को किसी बात पर हँसी आ गयी और वे एक ही साथ खिलखिलाकर हँस पड़ीं।

सिंगारो बात बनाना जानती है। जयराम की पुकार सुनकर बोली देखती हो, अब इस 'कोढ़िए' को दोपहर-दिन में ही रतौंधी लगने लगी। पाकिस्थनियाँ टोली से आँख में आँजन लगा आया है फिर भी नहीं सूझता है इस 'मुड़कटवे' को। हम लोग पाट की मूड़ी तोड़ रहे हैं, यह देख लिया 'दुरबिन' लगाकर।

—सुना है, ओझा फिर गुण-मन्तर का कारबार शुरू कर रहा है।

—जिन्‌गी-भर छुछुआता रहेगा यह छुछूँदर।

—तू ऐसा मत बोल रेशमी। तालेवर गोढ़ी ने तुझे अपनी मरी हुई जोरू के गले का हैकल दिया था।

—मरी हुई जोरू का नहीं, मरी हुई नानी का। एकदम गिलट।···

—बंगलिनियाँ छौंड़ी को देखा है ?

—देखा है। कोई वैसी 'गोरी-नारी' तो नहीं। दीपा की माँ से अठारह ही पड़ेगी। और देह की गढ़न की बात पूछती हो तो गोड़ियर गाँव में बहुत लोगों की गढ़न ऐसी है कि··· !

गौरी साँवली है। लेकिन सबसे गठी हुई देह उसी की है। रामजय सिंह आजकल गौरी के 'मचान' पर ही सुबह-साँझ 'उठ-बैठ' करता है। गौरी को रामजय की बात याद आयी। कल ही रामजय कह रहा था—गौरी, तुम्हारी देह की गढ़न ? खुद भगवान् ने अपने हाथ से तुमको गढ़ा है !

गौरी बोली—जानती है ? राजपूत होकर गोढ़ी की देह में तेल लगाकर मालिश करता है ?

—कौन ?

—जयराम।

गौरी बोली—भाई ने [अर्थात् रामजय ने] अपनी आँख से उस दिन देखा। पूछा तो बोला कि हमारा गुरु है तालेवर। देह क्या, पैर में भी तेल लगा सकते हैं। ··· सो, उसी दिन से भाई से बोल-चाल बन्द है।

गुणमन्ती बोली—रामजय इसके जैसा लोभी नहीं।

गौरी बोली—असल राजपूत का बूँद है उसमें !

सिंगारो बोली—तू कब असल राजपूतनी बन रही है, गौरी ?

··· असल राजपूतनी बनने की बात पर, पहलवान की 'पुतोहुओं' की बात उठी। सभी 'नीच-कुल' की हैं मगर अब असल राजपूतनी हो गयी हैं।

रेशमी उम्र में सबसे बड़ी है। वह बोली—अरी, अब कौन जात ऊँच और कौन जात नीच ? सब जात बराबर हो गया है, सुराज के बाद से।

—सो ठीक है ! सो ठीक है !!

बात होने लगी, दीपा की माँ की।

सिंगारो बोली—दीपा की माँ अपने नौकर से देह टिपवाती है, सो ?··· एक दिन मैं सिर-दर्द की गोली माँगने गयी दोपहर को। देखा तो, मुसहरी के अन्दर सोयी हुई है। और कारे उसकी कमर की हड्डी 'ससार' रहा है, तेल लगाकर।·· कुहर रही थी। मैं उलटे पाँव चली आयी।

गुणवन्ती बोली—डूबकर पानी पियो, एकादशी का बाप भी न जाने ! पहले तो एक तालेवर गोढ़ी का ही किस्सा मशहूर था कि बड़ी पुतोहू से 'लाट साट' है। अब तो 'भैया-बहिन' में भी शुरू हो गया ?

—कहाँ ?

सभी एक साथ आश्चर्यित हुईं। पाकिस्तानी टोला की सरदारनी कहाँ जा रही उधर—गाँव की ओर ?··· तालेवर गोढ़ी के घर की ओर ही जा रही है।··· साथ में वह कौन है उसकी ? बेटी··· नहीं, भतीजी है शायद !

सभी ने साग खोंटना बन्द किया और धीरे-धीरे पगडण्डी पकड़कर—पवित्रा का पीछा किया।

जयराम सिंघ की नजर पवित्रा पर पड़ी और उसका मुँह अचरज से खुल गया··· अभी तुरत वह कोलोनी से आया है और अभी तुरत ही ऐसी क्या बात हो गयी जो आ रही है।··· धन्न है ! धन्न है ! गुरु के गुण में इतना तेज असर ? वह दौड़ा हुआ, तालेवर गोढ़ी के पास गया—मालिक··· गुरुजी जुलुम हो गया। वह 'केशवती-कन्ना' आ रही है—खुद-ब-खुद ! धन्न है, धन्न है !! और पीछे-पीछे आपकी पुरानी जोगिनियाँ चारों !

तालेवर गोढ़ी, गटगटाकर एक ही साँस में कुल्हड़ का दारू पी गया और बटुए से सौंफ की बुकनी निकालकर चबाने लगा—जै हो औघड़दानी की !!

जयराम सिंघ की देह न जाने क्यों थर-थर काँपने लगी। दोनों हाथ पसारे वह अगुवानी को दौड़ा—धन्न है, धन्न है ! दीदी ठाकरुन की चरणधूलि हम लोगों के गाँव में पड़ी—धन्न है, धन्न है !

आनन्द-विह्वल जयराम सिंघ आज गाँव के चौरास्ते पर सभी के सामने, पवित्रा के पैरों पर गिर पड़ा। पवित्रा फुर्ती से एक ओर हट गयी—देखिए भाई साहब, मुझे यह एकदम पसन्द नहीं है।··· उस दिन जयराम ने पैर पकड़ा तो बहुत देर तक छोड़ा नहीं !

पवित्रा के तमतमाये हुए चेहरे को देखकर जयराम सिंघ तनिक अप्रतिभ हुआ। किन्तु उसका उत्साह कम नहीं हुआ। इस बार वह 'कालीमाई की जय' का नारा लगाने लगा।

तालेवर गोढ़ी अपने घर से बाहर निकला—दोनों हाथ जोड़े !··· वृद्ध की आँखों से आँसू क्यों झर रहे हैं ?

सारे गाँव में कुहराम मच गया।··· पाकिस्तानी टोले की सरदारनी को गुण से खींचकर तालेवर गोढ़ी ने मँगवा लिया है।··· नाचती हुई आयी है !··· नंगी या कपड़ा पहनकर ? ··· दौड़ दौड़। चल चल !!··· अरे नहीं, तालेवर क्या खाकर उसको मँगवायेगा ? वह तो खुद गले में 'कफन' लेकर खड़ा है उसके सामने !

औरत-मर्द-बच्चे जो जहाँ थे, दौड़े !

दीपा बोली—माँ चलो नाच देखने !

दीपा की माँ बोली—नाच अपने दरवाजे पर भी होगा एक दिन।

तालेवर गोढ़ी के दरवाजे पर भीड़ लग गयी।

सभी ने देखा—पाकिस्थानी टोला की सरदारनी मर्दों की तरह कुरसी पर बैठी है। और तालेवर गोढ़ी हाथ जोड़े खड़ा है मानो पुलिस दारोगा के सामने खड़ा हो।

पवित्रा बोली—पहले बैठिए आप ! इस तरह खड़ा रहिएगा तो··· मैं··· !

—लीजिए, आपका हुकुम है तो बैठते हैं।

यह कहकर तालेवर गोढ़ी पवित्रा के पैर के पास जमीन पर जा बैठा।

पवित्रा उठ खड़ी हुई··· मुश्किल व्यापार तो ?

पवित्रा बोली—मैं आपसे एक प्रार्थना करने आयी हूँ।

पवित्रा के हाथ स्वयं जुड़ गये।

उपस्थित जन-समुदाय को विश्वास हो गया, तालेवर गोढ़ी के 'गुण' पर ही वह दौड़ी आयी है।··· हाथ जोड़ती है, देखते नहीं ?

पवित्रा बोली—आपसे ही नहीं, इस गाँव के सभी भाई-बहनों से मेरी अरजी है एक !··· कोलोनी में मिडल-स्कूल की मंजूरी मिली है। घर बनकर अब तैयार है ? मगर मैं यह कहने आयी हूँ कि यह स्कूल सिर्फ कोलोनीवालों के लिए ही नहीं, सभी के लिए है।

तालेवर गोढ़ी ने सिर हिलाकर कहा—वाजिब बात ! वाजिब बात !!

भीड़ से निकलकर रामजय ने लेकिन दूसरा ही जवाब दिया—नहीं, सभी के लिए नहीं। वह सिर्फ आप लोगों के बच्चों के लिए खुला है। पूछिए, कैसे ? तो सुनिए—आप लोगों के स्कूल में सब बँगला चाल-ढाल, बोली-भाखा पढ़ाया-सिखाया जायेगा। वह पढ़ाई हम लोग पढ़कर क्या करेंगे जिससे कि सभी बंगाली हो जायें और आप लोगों की तरह 'रिफूजी' बनकर इस जिला से उस जिला में 'खोपड़ी' तानते फिरें।··· हुँ। जो न किया पुरखा, सो कर रे मुरखा !··· इस गाँव का एक बच्चा भी नहीं जायेगा आप लोगों के स्कूल में। आप खिलाफ बात बोलने आयी हैं ?···

गुअरटोली का जोगिया बोला—आप लोगों के स्कूल में इस गाँव का बच्चा किस लिए जायेगा ? बँगला में गाली सुनने के लिए ?

रबिया और कारे—दोनों पालवेत को मौका हाथ लगा है। कारे बोला—सो ही दिन हामी पालवेत के संग बंगाली टोला में गान गाहिते गेलाम तो हामादिग के तो खूब भगाइयाँ दिलो—एखोन स्कूल के वास्ते एईखाने कैन आइयाँ छि··· ?

तालेवर ने कारे को रोका—क्या बक-बक कर रहा है करिया। बड़ा बँगला छाँटता है !

कारे चुप नहीं हुआ। बोला—आप कहते हैं बक-बक कर रहा है ? बिहुला, सावित्री बँगला पाला की मूलगैनी करके भी आप ऐसी बात कहते हैं ?

पवित्रा मुसकुराती रही। वह बोली--यह किसने कह दिया है कि उस स्कूल में सिर्फ बँगला पढ़ाया जायेगा ? बल्कि कोलोनी के बच्चे हिन्दी में ही सबकुछ पढ़ेंगे। बँगला पढ़नेवाले को भी हिन्दी पढ़ना होगा।

इस बार तालेवर गोढ़ी ने मालिकाना-तेवर दिखाकर बातें कीं–रामजय, जो बात जानो नहीं उसके बारे में बोलो नहीं। यह तुमसे किसने कह दिया ? झूठ-मूठ की बातें क्यों फैलाते हो ? तुम लोग 'अकिल-समझ'वाले भी इस तरह करोगे तो 'राड़' लोग क्या करेंगे ?

रामजय पर इस वचन का तुरत प्रभाव पड़ा। वह सकपकाते हुए बोला–मोहना दफ़ादार बोल रहा था।

इस बार जयराम की बारी थी। उसने कहा–मैंने तुमसे एक सौ बार कहा है रामजय, मगर तुम तो ऐसे लोगों के फेर में हो आजकल कि इस दरबार से दस कोस दूर ही रहते हो। इसीलिए तुम्हारा यह हाल है। गँवारों की तरह सुनी हुई बात पर गंगा और गाय-जैसी इस बाभिनी से 'बतकुट्टी' करने लगे ! ऐं ? ... अरे, तेरा बड़ा भाई जिसकी चरणधूर लेता है !...

रामजय लजा गया। किन्तु कारे और रबिया ने कहा–स्कूल में इस गाँव से बच्चे जायेंगे तो बँगला-कीर्तन में भी लोग जायेंगे !

–तो किसने मना किया है ?

अब रबिया ने बँगला में कहा–तोमार कोनो दोख नाहीं। सब दोख कीर्तन सिक्रेट्री को आ छे। उ पैसा घूस लैयाँ सुक्की-बेलाही को होरी जादोब की कीर्तन सिखैंया छे–गँवैयाँ छे–नचैइयाँ छै... !

जयराम ने कड़ककर कहा–और हम तो हर कीर्तन में जाते हैं। हारमोनियम बजाकर गाते हैं। हमको तो कोई मना नहीं किया कभी !

तालेवर गोढ़ी ने अचानक एक सूचना दी–गाँव के सभी भाई-बहनो, सुन लीजिए–आज रात आप लोग यहीं पत्तल जूठा कीजिए।... तीरथ में जा रहा हूँ। ... धन्न भाग... !!

तालेवर गोढ़ी फूट-फूटकर रो पड़ा !

... धन्न है ! धन्न है !!

कारे ने नारा लगाया–मूलगैन गुरु की जय हो। भोज के साथ आज बिहुला नाच हो जाये। है कि नहीं ?

–ठीक है, हो जाये !

तालेवर गोढ़ी के बड़े बेटे रामजी गोढ़ी के चेहरे पर खुशी की एक पतली रेखा भी नहीं, कहीं। उसने कुनमुनाकर कहा–रात में भोज होगा और अभी एलान हुआ है। कैसे प्रबन्ध होगा ?... उधर मिल का ड्राइवर भी आज नहीं है। मुझे रात में छुट्टी होगी देर से।

तालेवर ने घुड़की दी–धत्तेरे मिल की ऐसी-तैसी ! 'परमारथ' में 'सुआरथ' ? मिल आज बन्द रहेगा।

पवित्रा कुछ समझ नहीं पा रही थी ! वह बोली–ठीक है, मैं यही कहने आयी थी !

–नहीं, आप थोड़ा और बैठिए।

जयराम सिंघ ने बात का खुलासा किया—तो मालिक ! भोज···माने···पाकि··· कोलोनी के लोगों को लेकर होगा या बाद देकर ?

तालेवर बोला—तुम भी कभी-कभी बच्चों-जैसी बातें करने लगते हो। अजी, कोलोनी के लोगों के लिए ही यह भोज, और पूछते हो··· ?

—समझ गये ! मैं बात को साफ कर लेना चाहता था। बाद में फिर कोई बात नहीं उठे।

बाद में नहीं, बात उठी शुरू में ही।

पहलवान ने प्रस्ताव किया—हमारी भी एक अरजी है, पंच परमेश्वर से कि जब यह भोज कोलोनी के लोगों को लेकर हो रहा है तो यह भोज कोलोनी में ही हो।

पहलवान ने लाख टके की बात कह दी !··· आखिर, राजा-महाराजा के दरबार में रहा हुआ आदमी है। ठीक कहता है।··· पकाना-बनाना सब वही लोग करें। ··· हाँ सुना है, 'बंगाला-मुलुक' की जनाना बहुत बढ़िया खाना बनाती है। किसिम-किसिम का··· ।

जयराम सिंघ ने इस प्रस्ताव पर जनमत जानने के लिए पूछा—बोलिए भाई, इस बात पर जिनको एतराज करना हो, पहले कर दीजिए। बाद में यदि कहिएगा कि उन लोगों के हाथ का पकाया नहीं खायेंगे, सो नहीं होगा। खाना ही पड़ेगा।

—ठीक है, ठीक है ! किसी को एतराज नहीं। मगर खाना क्या होगा—कच्ची या पक्की ?

—सालन-सगौती भी होगा या सिर्फ··· ?

जयराम सिंघ ने रामजी गोढ़ी से एकान्त में बात की—रामजी बाबू, देखते क्या हैं ? बुढ़ऊ पर सनक सवार हुआ है। मानेंगे नहीं ! आप चुपचाप रहिए !

जयराम सिंघ ने भोज का ब्योरा दिया—भोज कच्ची नहीं, पक्की होगा। याने—पूड़ा, मांस, तरकारी, बुँदिया, दही।

पवित्रा कुछ बोली, शायद ? तालेवर गोढ़ी ने जोर से कहा—जयराम !··· ठाकरुन क्या कहती हैं सो सुन लो।··· इस बार 'पोलाव' भी पकेगा ?

··· क्या ? पोलाव ? धत्त, वह तो मुसलमानी खाना है, कौन खायेगा भला ! नहीं नहीं।··· पोलाव नहीं। मुसलमानी खाना बनवाइएगा तो कोई नहीं खायेगा। वह सब पाकिस्थानी खाना यहाँ नहीं चलेगा।

पवित्रा ठठाकर हँस पड़ी। उसके साथ जयराम सिंघ, रामजय सिंघ, रामजी गोढ़ी और तालेवर गोढ़ी भी हँसे—अरे क्या पूछते हैं। बुद्धि का जहाज है यहाँ एक-एक आदमी। कहता है, पोलाव मुसलमानी खाना है।

जयराम ने इस बात का भी खुलासा करवा लिया—अच्छा दीदी ठाकरुन, पोलाव किस चीज से बनता है ? जरा कह दीजिए तो हम लोगों को समझा दें।

—सुन लीजिए भाई लोग, आप लोग नाहक हर बात में 'लेकिन' लगाते रहते हैं। सुनिए, इस बार और पहली बार इस गोड़ियर गाँव के भोज में पोलाव पकेगा।

और पोलाव किस चीज से पकता है, जानते हैं ? अरवा चावल और घी से ! उसमें 'वगैरह-मसाला' भी पड़ता है !

तय हुआ, जयराम और रामजय के साथ रामजी गोढ़ी अभी ही स्टेशन जाकर सामान ले आवे–हिसाब करके। मोहना दफ़ादार ने मांस का जिम्मा लिया··· वह एक मन मांस दो बजते-बजते पाकिस्थानी टोला में 'सप्लाइ' कर देगा।··· दही के लिए गुअरटोलीवालों ने दाम ले लिया–भोज के एक घण्टा पहले ही दही की हँड़ियाँ पहुँच जायेंगी।

–जै हो। जै हो !!

ग्यारह

नाच शुरू होने के पहले ही रबिया और कारे ने नाच के समाजियों को समझा दिया था कि एक ही नाच में दो नाच होगा। अर्थात् बेहुला का 'दिष्टांत' देंगे 'सावित्री' में और 'सावित्री' का 'दिष्टान्त' बेहुला में। सो तुम लोग कहीं घबराकर 'ताल-माल' तोड़ मत देना !

सारी कॉलॅनी मह-मह कर रही है–बासमती चावल और मसाले की गन्ध, लोगों को मत्त बना रही है।

पवित्रा स्वयं पाकस्थल पर खड़ी है, चार बजे साँझ से ही। काला की माँ सालन पका रही है। पोलाव बना रही है सन्ध्या। पवित्रा ने उसे सिखाया है आखिर किस दिन के लिए !

ठाकुरतला के पास शामियाने में लोग भर गये हैं। पाँच-पाँच पेट्रोमेक्स की रोशनी में कॉलॅनी की एक-एक झोपड़ी नहा रही है। चारों ओर प्रसन्नता !

फेरी से लौटनेवाले नौजवानों ने दूर से ही देखा–यह क्या ? कोलोनी में अचानक इतनी रोशनी क्यों हो रही है ? इतना गुलगपाड़ा ? सभी के कलेजे धड़क उठे एक साथ।

बिश्टू ने कहा–लगता है कोई बारात ?

रास्ते में ही शंकाओं का समाधान हो गया। जयराम सिंघ घी का कनस्तर लेकर जा रहा था। उसने फेरी से लौटनेवाले नौजवानों को सारा किस्सा सुना दिया। बोला–इसी को कहते हैं 'चट मँगनी और पट ब्याह' !

बिश्टू ने पूछा–ब्याह किसका ?

जयराम सिंघ ने कहा–रह गये सब दिन···

बिश्टू को बात अच्छी नहीं लगी··· दीदी ठाकरुन अब न जाने क्या-क्या करने

लगी ?

शारदा बर्मन की भी यही राय है–इस भोज का क्या मतलब ? इन लोगों के पास 'खिलान-पिलान' और इन लोगों के साथ 'मिलान' यह कैसी बात ?

कालाचाँद हँसते-हँसते लोट-पोट हो रहा है। वह आजकल हरि यादव से दिल्लगी भी करने लगा है। उसने कहा–पुलाव की महक तो सुक्की-बेलाही तक पहुँच गयी है। देखिए, वहाँ का आदमी आकर हाजिर हो गया।

सभी हँसे।··· बंगाली लोग भी खूब रसवाली बोली बोलते हैं।

जयराम सिंघ ने आज पवित्रा की देह का स्पर्श करीब पन्द्रह बार किया। और प्रत्येक बार उसकी देह धन्य-धन्य हो गयी !

रबिया ने कालाचाँद से कहा–सिक्रट्री दादा, हमार लोग के खोल भालो ना बोले, अपानादेर खोल दया कोरे देबेन ?

तालेवर गोढ़ी आज रेशमी कुरता पहनकर आया है। उसने कहा–देखो रबिया, सारा पाला करने का समय नहीं मिलेगा। उधर 'पंगत' में अब ज्यादा देर नहीं। इसलिए बाला लखिन्दर की शादी बेहुला से कराकर–आज यहीं तक··· !

··· ठीक है, जब सिर्फ शादीवाला हिस्सा ही करना है तो सजे ठीक से बारात !

रबिया और कारे नाच के समाजियों के साथ और एक-डेढ़ दर्जन लोगों को लेकर कॉलूनी से निकल आये। गाँव के बाजेवालों को ठीक किया और करीब बीस गाड़ियों, दस-ग्यारह टट्टू-घोड़ों पर बर-बाला लखिन्दर और बारात को लेकर चला !

उधर, समाजियों ने मूलगैन कारे के साथ-साथ गीत शुरू किया : खोल और करताल बजने लगे।

> चाँदो बनिया साजिलो बारात ओ-रे-चाँदो
> बनिया रे-ए-ए-ए-ए !
> अरे, एक लाख हाथी साजिलो, दुई लाख घोड़ा–
> हाथीर ऊपर हौथा साजे चाँदो अधिकारी–
> ओ-रे-चाँदो बनिया-रे-ए-ए-ए-ए !

बारात पार्टी कॉलॅनी के पास पहुँची। सभी लोग दौड़कर वर और बारात को देखने गये।··· लखिन्दर बना है, धानुकटोली का अनूपलाल।··· एकदम सचमुच बारात !

चूँकि बारात के लोग भी नाच के समाजी हैं, इसलिए गीत की लय पर, खोल के ताल पर सभी नाच रहे हैं। गाड़ी हाँकनेवाले भी ताल पर ही गाड़ी हाँक रहे हैं। घोड़े पर बैठे लोग ताल पर ही देह हिला रहे हैं।

कालाचाँद ने सबकुछ देख-सुनकर पवित्रा से कहा–दीदी ठाकरुन, यह बाला-लखिन्दर का बरात है या शिव ठाकुर का ?

पवित्रा की हँसी झिलमिला उठी। किन्तु बिश्टू बोला–किन्तु ये लज्जार कथा !

पवित्रा ने पूछा–इसमें लाज की क्या बात है बिश्टू ?

शारदा बर्मन ने जवाब दिया—अभी चौधरी और चौधरी का बेटा मुझे रास्ते में मिला। पूछा कि तुम्हारे गाँव में कोई शादी हो रही है ? मैंने कहा, नहीं। शादी नहीं भोज है। तालेवर बाबू ने गाँव-भर के लोगों को भोज दिया है। तो, चौधरी बोला कि पहले भोज दिया है, बाद में शादी भी करेगा।···

—कौन चौधरी ?

—वही, जिसका बेटा दुकान करता है।··· ब्राह्मण-बनिया !

पवित्रा ने उलटकर देखा—सन्ध्या कहाँ गयी ? सन्ध्या !

बिश्टू ने अपना सारा साहस बटोरकर कहा—और, वह 'जादोब', वह तो अब साफ-साफ कहता है लोगों से कोलोनी हमारा ससुराल है।

पवित्रा उनकी बातें सुन रही है। सन्ध्या दौड़ी आयी। पवित्रा ने सन्ध्या को झिड़की दी—कहाँ गयी थी ?

—बरजात्री देखने।

—चूल्हे पर पुलाव चढ़ाकर 'बरजात्री' देखने गयी थी ?

कालाचाँद की माँ चिल्ला रही है—टॅकेर [खटमिट्ठीर-चटनी] की बेबस्था आछे ?

'बेहुला-बाला लखिन्दर' नाच के बाराती नाचते-कूदते 'कोलोनी' में आ गये।

··· बाजे बज रहे हैं ?

··· रह-रहकर 'सिंघा' की बोली गूँजती है।

··· बाला लखिन्दर, गोड़ियर गाँव के दुल्हा के वेष में 'सम्पनी गाड़ी' से नीचे उतर रहा है।

··· नाच के समाजी खोल-करताल बजाकर 'पाला' गा रहे हैं—बारात लागिलो दुआर रे-ए-ए-हो चाँदो बनिया-रे-ए-ए

ओरे हाथी बोले कूँकूँ-कूँकूँ
घोड़ा हिनहिन कोरे
बारात देखैंया सब ग्रामवासी दौड़े-कि-चाँदो बनिया रे !
कन्ने देखे, और देखो कन्ने केर माई
दुल्हा के देखैंया दौड़े सब आइ-माई कि चाँदो बनिया रे !

रबिया और कारे आनन्द से पागल हो गये हैं, शायद। वे दोनों हाथ में चँवर लेकर नाच रहे हैं और कोलोनी की स्त्रियों से गा-गाकर बातें भी करते हैं, नाच के ताल पर। कारे कहता :

'अरे की देखैछी आइ-माइ दुल्हा केमन लागे ?' रबिया पूछता :

'दुल्हा के देखैछी दीदी मोने की-की जोग ?'

कारे ने कहा : 'आसल दुल्हा भी हामी लेके एक दिन आबे !

··· कि चाँदो बनिया रे-ए-ए-ए !!'

रात के तीसरे पहर में भोज खत्म हुआ। ऐसा भोज गोड़ियर-गाँव में कभी नहीं

हुआ ! गाँव के लोगों ने पहली बार 'पुलाव' चखा है। इसलिए चटखारे ले-लेकर बातें कर रहे हैं। लेकिन मांस मीठा था। शायद गुड़ डाल दिया था !

और ऐसा नाच भी कभी नहीं हुआ पहले। कारे और रबिया ही नहीं, हरिप्रसाद यादव ने एक मैथिल भोजनभट्ट की नकल उतारी और कालाचाँद ने खिसियाहा स्टेशन मास्टर साहब का कैरिकेचर दिखाया।

और इस भोज और नाच के सिलसिले में उस दिन एक नया रिश्ता कायम हुआ। उस दिन अनायास पवित्रा के मुँह से निकल गया—ताले काका !

तालेवर गोढ़ी की आँखों से झर-झर आँसू झरने लगे। भरे गले से बोला—मेरी कोई··· बेटी नहीं।

मालिक को रोते देखकर जयराम सिंघ भी सिसकियाँ लेने लगा।

सन्ध्या से हरि यादव ने एकान्त में पूछा था—बारात देखकर··· ?

बारह

तीन-चार शरणार्थी कैम्पों में कई वर्षों तक जुमापुरवालों का दल, पवित्रा के बल पर ही टिका रहा। जुमापुर का एक बच्चा भी दल से बिछुड़कर कहीं जाना नहीं चाहता। और पवित्रा के कारण ही उन्हें कोई कष्ट नहीं हुआ, कहीं भी। जुमापुरवालों के सारे अभाव-अभियोगों की सुनवाई सबसे पहले होती। दीदी ठाकरुन की आज्ञा के बिना न तो कोई राशन का एक दाना छू सकता था और न सरकारी सहायता का एक पैसा। वे कहते—जाने दीदी ठाकरुन !

··· और हर जगह पवित्रा को एक जोड़ी आँखें घूरती रहतीं। उन आँखों से कासिम झाँककर कहता—यहाँ है मेरा चाँद ! पवित्रा सुनती; कासिम कह रहा है—तुम जो कहोगी, करने को तैयार हूँ। आग में कूदने को कहो, पानी में डूबने को कहो।

··· पवित्रा हुक्म देती—चावल, दूध, बिस्कुट, दवा, कपड़े जल्दी भेजो !··· कैम्प सुपरवाइजर की बदली करो।··· रिलीफ क्लर्क को बरखास्त करो !··· कासिम कहता—जो हुक्म। जैसी मर्जी।··· लेकिन मेरी अर्जी ? यानी कम से कम एक बोसा भी नहीं ?

ऐसे सवालों पर पवित्रा मुँह बिदकाकर हँस देती। अर्थात्—नॉनसेन्स !

किन्तु बेतिया कैम्प के इन्स्पेक्टर की आँखों में झाँकता हुआ कासिम अधीर होकर टूट पड़ा था—चाँद को पकड़ने।··· पवित्रा चुपचाप मुसकुराती रही और एक दर्जन जुमापुरी शरणार्थियों ने मिलकर इन्स्पेक्टर का सिर मूड़ दिया, मुँह पर कालिख और चूना पोतकर कैम्प से बाहर निकाल दिया था—समारोह के साथ !

··· इसके बाद सबसे बड़े अफसर की आँखों में कासिम की झलक पाते ही

पवित्रा ने हुक्म दिया था–जुमापुरी शरणार्थियों को ऐसी जगह में भेजो जहाँ वे मछली-भात पेट-भर खा सकें। धान उपजा सकें, पाट की खेती कर सकें।

सबसे बड़े अफसर ने कहा–जो हुक्म। सभी जुमापुरी शरणार्थी पूर्णियाँ जायेंगे। ··· आँखों की खिड़की से कासिम ने झाँककर कहा–किन्तु तुमको मेरे साथ जाना होगा। मेरे दिल में एक वीरान जगह है, तुम अपना घर वहीं बाँधो।··· पवित्रा मुसकुराती रही, गाड़ी पूर्णियाँ की ओर चली–सभी जुमापुरवालों को लेकर।

··· और, पूर्णियाँ पहुँचकर 'रीहैबिलिटेशन ऑफिसर' (आर. ओ.) के 'पर्सनल असिस्टेण्ट' (पी. ए.) की आँखों में देखा–कासिम विराजमान है, पहले से ही।

··· इसलिए, सबसे अच्छी जगह और अच्छे इलाके में जुमापुरवालों की 'कोलोनी' बसायी गयी। जहाँ धरती उपजाऊ है। जहाँ की नदियों में हर किस्म की मछलियाँ हैं।

लेकिन तालेवर गोढ़ी की आँखों में कासिम की नहीं, पवित्रा को अपने पिता काशीनाथ चटर्जी की झलक मिली है !··· बाबा भी इसी तरह आँखों में प्यार भरकर देखते थे !

पवित्रा को माँ, मौसी, दीदी, नानी–किसी का भी प्यार कभी नहीं मिला। उसके किसी भाई ने भी उसको कभी प्यार नहीं किया। इस संसार में सिर्फ पिता का प्यार उसे मिला है··· न जाने क्यों, पवित्रा का मन रह-रहकर तालेवर गोढ़ी के पास भाग जाता है !

किन्तु सारी कॉलनी में एक दबा हुआ असन्तोष छाया हुआ है, कई दिनों से। गोपाल पाइन, शारदा बर्मन और हरलाल साहा ने आपस में सलाह करके तय किया है कि इस बार हरि जादब आया कि मिलकर पकड़ो और इसके बाद 'तेरहवाँ-विद्या' अर्थात् मारपीट करो। योगेशदास को भी पीटो !··· अर्धचन्द्र !

बिश्टू सभी को सुना रहा है–कस्बा कोलोनी में उसकी मौसी आयी है। मुझे कस्बा कोलोनी में बुला रही है।

अन्दू कहता है–सुक्की-बेलाही की ओर अब बिस्कुट बेचने के लिए कोई मत जाना दादा। वहाँ के लोग अब खूब खराब-खराब गाली देकर दिल्लगी करते हैं। और कहते हैं कि गोड़ियर कोलोनी के लड़के, सुक्की-बेलाही गाँव के लड़कों के साले हैं। इसलिए 'बहन' और 'बीबी' के नाम गाली देने का हक है हम लोगों को।

सभी असन्तुष्ट व्यक्तियों की जीभ पर एक बात आकर अटक जाती है–सब दीदी ठाकरुन के चलते हो रहा है !··· कोई बोलता नहीं। लेकिन सभी यही सोचते हैं।

औरतों में कालाचाँद की माँ, सन्ध्या की माँ को छोड़कर बाकी सभी नाराज हैं। कालाचाँद की माँ, उस रात को मुँह देखकर मांस और बुँदिया परोस रही थी।

··· अपने घर में एक कड़ाही मांस चुराकर रख लिया काला की माँ ने।··· लोग इधर नाच रहे थे और सन्ध्या की माँ, दही की हँड़ियों से मलाई निकालकर ले गयी।··· दीदी ठाकरुन अब बदल गयी है ! एकदम !!··· एकेबारे !!

हरलाल साहा की स्त्री कनकबाला हमेशा घूँघट काढ़े रहती है। किन्तु बात बोलती है बहुत कँटीली। वह कहती है–उस रात को यहाँ क्या-क्या हुआ है, सो किसी को मालूम है ?··· जब नाचवाले बारात लेकर आये तो सभी दौड़े देखने। उस भीड़ में शोभना को एक लड़के ने पकड़कर 'चुमू' खा लिया।··· उई, जोयराम सिंघ का भाई रामजोय सिंघ, शेफाली से क्या कह रहा था, पूछे कोई !··· शेफाली कह रही थी–रामजोय कह रहा था, हम तुमसे शादी करेगा ! बहुत 'टाका' देगा। ऐसा ही माफिक बारात आनेगा।···

गोपाल पाइन की घरवाली गठिया से पीड़ित है। लँगड़ाकर चलती है। भोज में दही खाकर इधर दर्द और भी बढ़ गया है। वह कराहती हुई बातें करती है–सब गेलो ! सब गेलो।··· सब गया, अब। देश गया, गाँव गया–जाति-धर्म बाकी था सो यहाँ अब··· समझो गया !··· सुनती हो, बँगला नहीं, सभी के बच्चों को हिन्दुस्थानी भाषा पढ़ना होगा।··· अपने (अर्थात् गोपाल पाइन) कह रहे थे कि स्कूल की नौकरी इस शर्त पर मिली है कि पहले खुद हिन्दुस्थानी भाषा पढ़कर 'परीक्खा' देना होगा। अब समझो, जिस देश में मास्टर को भी 'परीक्खा' देना पड़े वहाँ कोई मास्टर क्या पढ़ायेगा ?··· सब गेलो ! सब गेलो !!

–सन्ध्या को एक छापेदार साड़ी मिली है।

–किसने दिया ? जादोब ने ?

–नहीं, ताले काका ने। ताले काका ने जीवन में पहली बार मांस-पुलाव खाया सो बोले कि जिसने पुलाव पकाया है उसको 'बकसीस' मिलना चाहिए।

सभी पवित्रा से असन्तुष्ट हैं। किन्तु पवित्रा के जोड़े हुए नये रिश्ते के अनुसार सभी तालेवर गोढ़ी को 'ताले काका' कहने लगे हैं। और कोलोनी के सैकड़े-पंचान्बे प्राणी ताले काका की 'कृपादृष्टि' अपनी ओर फेरने की चेष्टा में लगे रहते हैं।

कालाचाँद की दोस्ती हरिप्रसाद जादब से अब बहुत गहरी हो गयी है। भोज के बाद जादब अपने साथ कालाचाँद को भी अपने गाँव, अपने घर पर ले गया।··· कालाचाँद आज लौटा है, बैलगाड़ी पर। साथ में–पाँच बोरे। एक बोरा चावल, एक बोरा चूड़ा, एक बोरा आलू, एक बोरा मूँग की दाल।··· धोती भी नयी दी है जादब ने–बिदाई में !!··· सब टाका का खेला !··· सब गेलो, सब गेलो !!

कॉलॅनी और गोड़ियर गाँव के सहभोज से गोड़ियर गाँव के सभी लोग प्रसन्न नहीं। पण्डित रामचन्द्र चौधरी का परिवार, पहलवान की पुतोहुएँ, दीपा की माँ–सभी इस असामयिक तथा अचानक भोज और 'सर्वसंघठन' से नाखुश हैं।··· पारस पहले प्रसन्न था। किन्तु जब उसको मालूम हुआ कि दीपा की माँ श्रीमती सरस्वती देवी

का 'बंगाल-बिहार-मिलन-भोज' का 'बाइकाट' करती है तो पारस ने भी भोज को बाइकाट कर दिया।

पहलवान की पुतोहुओं ने मिलकर पहलवान की दुर्गति कर दी !

पहलवान के प्रस्ताव पर ही यह भोज 'कोलोनी' में हुआ और बंगालियनों के हाथ का मांस-पुलाव सभी ने खाया।··· और इस भोज में बहुत दिनों के बाद पहलवान ने पेट-भर और जी भरकर खाया।··· जयराम सिंघ परोस रहा था। उसका हिसाब है–बासठ पूरियाँ, बारह डब्बू मांस, बीस कलछुल दही, बत्तीस चम्मच बुँदिया और करीब एक सेर टमाटर की खटमिट्ठी-चटनी, पहलवान पत्तल पर चाट-पोंछकर उठ गया !

दूसरे दिन सुबह आठ बजे से पहलवान का पेट और मुँह चलने लगा। जब तक देह में शक्ति रही, हाथ से लोटा लेकर कूप से पानी भर-भरकर पिछवाड़े की झाड़ी में गये। जब असमर्थ हो गये तो बिछावन पर ही सब कर्म।

बड़ी पुतोहू चिल्लायी–और जाओ, खूब खाओ भोज !··· रगटुटवे, सब भोज तेरा निकल रहा है !!

छोटी हँसती रही–भेद-वमन की आवाज सुनकर वह हँसती हुई कहती–पुलाव निकला।

लेमंचूस चूसती हुई छोटी बहू एक बार झाँककर देखने आयी–कोढ़िया मर गया या जिन्दा है ?··· ए दीदी, ए दीदी ! बुढ़वा तो भरसक टें बोल गया।

–एँ ? ··· हैजा ?

–एकदम मर गया या··· ?

पहलवान लड़ रहा था।··· उसने यमराज के दूत को कसकर 'धोबिया-पाट' दावँ लगाया। धोबिया-पाट दावँ की 'काट' यमराज के दूत के पास कहाँ ? वह भीतर से ही नागफाँस लगा रहा है, पहलवान के गले में। पहलवान गरदन तानकर जाँघ और घुटने में यमदूत को मिट्टी में रगड़ रहा है !··· उ-य-य-य-हा-य !!

दीपा की माँ ने सुना तो वह भी जल-भुन गयी। बोली–पहलवान जेठ की जीभ ही एक दिन यमदूत को बुला लावेगी, यह मुझे मालूम था।··· मरे, कोई क्या कर सकता है ?

किन्तु दीपा की माँ को दया आ गयी। दीपा के बाप की मृत्यु के बाद से उसके मन में जीव के प्रति दया का भाव पैदा हो गया है। मरते हुए पशु-प्राणियों की रक्षा करने को धर्म मानने लगी है।··· तिस पर पहलवान जेठ ! पहलवान जेठ ने दीपा की माँ का भला छोड़कर कभी बुरा नहीं किया !··· दीपा की माँ के कहने पर पहलवान जेठ ने ऐसा भी काम किया जो उनको नहीं करना चाहिए। वह 'प्राण-बिन्दु' की शीशी लेकर आँगन से बाहर निकली और सीधे पहलवान के घर में गयी।

पहलवान लड़ रहा था। नागफाँस को छुड़ाने की चेष्टा कर रहा है। यमदूत ने दूसरा दावँ लगाया–पेशाब बन्द ? नाड़ी बन्द ? देह में ठण्ड और ऐंठ ?

दीपा की माँ ने पूछा–घर में चीनी है ? बतासा ? कुछ भी नहीं ?

छोटी बहू बोली–लेमनचूस है।

–लाओ, लेमंचूस ही दो।

दीपा की माँ ने लेमंचूस पर दो बूँद 'प्राणबिन्दु' की गिराकर पहलवान के मुँह में डाल दिया। वह बोली–लच्छन अच्छे नहीं।··· लड़कों में से किसी एक को तार भेजवा दो, बहू !

–तार कौन लगाने जायेगा ?

–पारस जा रहा है शहर।

–कितना लगेगा ?

–तीन-चार रुपये से कम क्या लगेगा।

तीनों पुतोहुओं ने मिलकर पैसा जमा किया और तय हुआ कि तीनों बेटों को बुलाया जाये। बन्दूक सिंघ, अदालत सिंघ और फौजदार सिंघ, तीनों के नाम तार दिया गया है–बाप लबेजान है, जल्दी आओ।

छोटी बहू कामदेव की दुकान की ओर चली गयी।··· इस बार वह अपने पति अदालत सिंघ से कहेगी–नौकरी छोड़ दो और यहीं गाँव में दुकान करो !

वह एक गीत गुनगुनाती हुई जा रही थी–हो राजा, छोड़ि दे रे नौकरिया या-या !!

पण्डित रामचन्द्र चौधरी की स्त्री, छोटी को बुलाने जा रही थी। बूढ़े का क्या हाल है ?

–नरक भोग रहा है, और क्या ?

पण्डित रामचन्द्र चौधरी और उनके पुत्र कामदेव चौधरी ने इस बार डेढ़ हजार रुपये का मुनाफा किया है। इसलिए दोनों ने परामर्श किया है–यदि कुछ दिलेर औरतों को अपने गिरोह में रख लिया जाये तो··· ?

पहलवान की छोटी पुतोहू ने सबकुछ सुनकर कहा–ठीक है। इस बार कामदेव की माँ के साथ वह भी जायेगी। लेकिन तार पाकर घरवाला घर आवेगा।··· और बुढ़वा का क्या होता है।

–ठीक है, अभी इस 'खेप' में देरी है।

पण्डित रामचन्द्र चौधरी को पक्का विश्वास हो गया है, उसकी गयी हुई सम्पत्ति फिर लौट आयेगी।··· पास में पैसा रहने पर बात भी बुलन्दी से निकलती है।

अपने दरवाजे पर बैठकर चौधरी किसको क्या सुनावे ? वह गाँव से बाहर निकलकर 'गुअरटोली' की ओर चला जाता है। वह कल से ही, जब से गाँव लौटकर आया है, इस भोज और मेल-मिलाप के खिलाफ बातें करता फिरता है–मैं कहता था न ? खिलाया न सभी को मुसलमानी खाना ! कौन कहता है कि पोलाव मुसलमानी खाना नहीं ? हिन्दू खाना है खीर-पूरी ! सबकी जाति मारी गयी। अरे, इस गोढ़िया की बुद्धि बुढ़ापे में भ्रष्ट हो गयी है। खुद कण्ठी तोड़कर मछली खाना शुरू किया

और सारे गाँव के लोगों को पाकिस्थनियाँ टोले की औरतों के हाथ पकाया हुआ मुसलमानी खाना खिला दिया। सबको 'पतिया-प्रायश्चित' करना होगा। गोबर, बालू और तुलसी का पत्ता निगलना होगा।

लेकिन गुअरटोली में पहुँचकर रामचन्द्र चौधरी अवाक् हो गया।··· यह क्या है ? यह कौन है ? यही है वह··· पाकिस्थानी-टोला की सरदारिन ? गुअरटोली में क्या करने आयी है ?··· लेकचर दे रही है ?

पण्डित रामचन्द्र चौधरी को सभी ने पाँव लागी की और पवित्रा ने हाथ जोड़कर नमस्कार किया। पण्डित रामचन्द्र का मन पानी-पानी हो गया। पवित्रा को देखने के बाद सभी का मन इसी तरह बदल जाता है। पाकिस्थानी और शरणार्थियों पर खिजाया हुआ आदमी जब पवित्रा को देखता है, उसकी राय बदल जाती है। ··· कोई जादू तो नहीं जानती ? जब ज्योतिष जानती है तो जादू भी जरूर जानती होगी।··· 'दिन' तो ऐसा 'उचार' दिया कि जहाँ अढ़ाई सौ रुपये की उम्मीद थी वहाँ एक हजार का मुनाफा हुआ।··· नहीं, इससे बैर मोल लेना ठीक नहीं होगा।

पवित्रा गुअरटोली के लोगों को समझा रही है, बंगाल में ब्राह्मण, कायस्त, गोप, कुर्मी, कैवर्त सभी जाति और वर्ण के लोग रहते हैं।

–लेकिन बंगाली तो बंगाली है। वह ब्राह्मण या कायस्त कैसे होगा ?

पवित्रा हँसती है–बिहार में रहनेवाले को क्या कहते हैं ? बिहारी। उसी तरह बंगाल प्रदेश में रहनेवाले···।

पण्डित रामचन्द्र चौधरी को इस बार बोलने का मौका मिला। हँसते हुए बोले–देवीजी, ये लोग तो 'लिख लोढ़ा, पढ़ पत्थर' हैं। ये क्या समझेंगे आपकी ?··· अजी, बंगाल के कारण ही हिन्दू धर्म का 'नेम' बचा हुआ है। बेसी दूर नहीं, जाकर अररिया-कोट में देखो। बंगाली के घर-घर में साँझ को शंख फूँका जाता है। रोज कोई न कोई पूजा होती ही रहती है।··· क्या जनाना, क्या मर्दाना और क्या बच्चे जितनी बार 'दिशा-मैदान' से आवेंगे, कपड़ा जरूर बदलेंगे। नहावेंगे जरूर।··· बंगाला मुलुक नहीं होता तो न काली माई रहती कहीं और न दुर्गा माता !

काली माई और दुर्गा माता का नाम लेकर पण्डित रामचन्द्र चौधरी ने शून्य में दो बार नमस्कार किया हाथ जोड़कर। फिर अपना परिचय देते हुए बोले–देवीजी, मेरा नाम है पण्डित रामचन्द्र चौधरी। इस गोड़ियर गाँव का पुराना जमींदार। ··· दुर्दिन और दुश्मनों ने मिलकर यह दिन दिखलाया है कि अपनी ही जमीन पर दूसरों के हल चलते देखकर··· अब क्या बतावें देवीजी !··· मेरा लड़का कामेश्वर आपसे दिन 'गनना' करवाकर आया सो यात्रा ऐसा शुभ हुआ कि··· अब क्या बतावें ! किसी दिन इस गरीब ब्राह्मण के घर भी श्रद्धा करके आइए !

पवित्रा आयी थी गाँव के बच्चों को स्कूल भेजने की 'पैरवी' करने। लोगों ने कहा–बच्चे पढ़ने जायेंगे तो गाय-भैंस की रखवाली कौन करेगा ?··· पढ़ने से बाबू हो जायेगा। फिर फुटानी छाँटेगा। खेती-बारी कौन देखेगा ?

यों, गोड़ियर गाँव का हर टोला गन्दा है। लेकिन गुअरटोली की गन्दगी ? हर कूप के पास कीचड़ से भरा हुआ गड्ढा। गड्ढे में बैठी हुई भैंस ! पोखरा एक था, सो सूख गया।··· सूखेगा कैसे नहीं ? पोखर के किनारे–दस रस्सी जमीन चारों ओर–नरक की धरती !···

गुअरटोली से पाँच बच्चे जायेंगे ! तीन लड़के और दो लड़कियाँ। पवित्रा ने पाँचों को बुलाकर प्यार से नाम-धाम पूछा। एक लड़के ने साफ-साफ कह दिया, वह स्कूल नहीं जायेगा पढ़ने।··· गुरुजी बेंत से मारते हैं।

पवित्रा ने उसे दुलारते हुए कहा–गुरुजी नहीं, तुझे मैं पढ़ाऊँगी। तब तो जायेगा स्कूल ?

दँतटुट्टे लड़के ने लजाकर हँसते हुए हामी भरी–जायेगा !

पण्डित रामचन्द्र चौधरी घर लौटे। उसके जी में आया, एक बार तालेवर गोढ़ी से नहीं मिलना ठीक नहीं। तीरथ में जा रहा है। इसके अलावा, साला गोढ़ी सचमुच थोड़ा गुण-मन्तर जानता है। नहीं तो आज तक कोलोनी की जिस जादू जाननेवाली बंगालिन से कोई भर-मुँह बात नहीं कर सके–उसको गुण-मन्तर से काबू में कर लिया !

··· रामजय इस तरह झटपटाता हुआ कहाँ आ रहा है ?

रामजय ने पण्डित रामचन्द्र चौधरी को सूचना दी–दीपा की माँ तो सिविल सर्जन का कान काटती है। पहलवान एकदम मर गया था। नाड़ी डूब गयी थी। ऐसी दवा चलायी कि पहलवान को जाकर देखिए–भूख से भात-भात चिल्ला रहा है।

तालेवर गोढ़ी 'यार्त्रा' से दो दिन पहले हर मिलनेवालों को सुनाकर कहता है–बेटी कहती है कि जगन्नाथपुरी से लौटकर आइए तब एक बार 'दुआरिका जी' ले जाऊँगी··· बेटी का कहना है, काका आप गाँव से जा रहे हैं। एकदम अन्धकार हो जायेगा–गाँव। मैंने कहा कि नहीं बेटी, तुम हो तो समझो तीसों दिन चाँदनी !

तालेवर गोढ़ी के दरबार में बैठे लोगों ने कहा–वह जनाना नहीं। साच्छात देवी है, देवी।··· बाभन की बेटी है और गोढ़ी-गुआर को 'काका-दादा' कहती है ?··· हरदम हँसती रहती है।··· बच्चों से तुरत हेलमेल कर लेती है।

पण्डित रामचन्द्र चौधरी ने आज स्वीकार किया–तालेवर बाबू, हम बहुत बड़ा भारी भ्रम में थे। सो, आज हम अपने चश्म से देखकर समझ गये–वह सचमुच देवी है। उसमें भगवती का अंश 'जरूर से जरूर' है।

तालेवर गोढ़ी की आँखों में फिर आँसू उमड़े–देखा न ? देखा न पण्डितजी, मेरी बेटी को ?–धन्न रे मेरा भाग !!

तेरह

जिला कॉलॅनी कमिटी की बैठक में इस बार पवित्रा के विरुद्ध कई दरख्वास्त पढ़ी गयीं। और दोनों शिकायत-पत्र गुमनाम !

एक पत्र में कहा गया है, 'पवित्रा देवी कालोनी-मेम्बर के पद के योग्य नहीं। ··· उसका दिमाग ठीक नहीं। कोलोनी के बाहर के लोगों से हेलमेल बढ़ाती है। ··· कोलोनी के लिए मंजूर हुए स्कूल में कोलोनी के बाहर के बच्चों की भर्ती करवाती है।··· '

दूसरे पत्र में इल्जाम लगाया गया है–'पवित्रा देवी योगेशदास की लड़की सन्ध्या की शादी 'हिन्दुस्थानी' से करवाने के लिए तुली हुई है।··· वह कहती है, गाँववालों के साथ रोटी-बेटी होना बहुत जरूरी है।'

कॉलॅनी कमिटी के अधिकांश सदस्य इन पत्रों को पढ़कर हँसे। किन्तु जिले के कोने-कोने से आये हुए कॉलॅनी मेम्बरों के चेहरे संकुचित हो गये !

बैठक से आर. ओ. साहब और गैर बंगाली सदस्यों के जाते ही वे पवित्रा पर टूट पड़े–यह क्या सब कर रही हैं आप ? लड़कपन नहीं तो और क्या ?··· छेलेमानुषी !

कस्बा कॉलॅनी के मेम्बर नोगेन बागची ने कहा–आप यदि अपनी शादी किसी हिन्दुस्थानी से करना चाहती हैं तो शौक से कीजिए। मगर किसी को जबर्दस्ती··· ?

··· नोगेन बागची जुमापुर का शरणार्थी नहीं और न नबीनगर कोलोनी का वासी। वह नारायणगंज का रिफ्यूजी है। सतगोप, बागदी नहीं–वह ब्राह्मण है। नोगेन बागची के सामने पवित्रा की 'दीदी ठाकुराइनी' नहीं चलेगी। वह जानता है, पवित्रा जब भी कोलोनी-कमिटी की बैठक में पूर्णियाँ–सदर आती है तो दो दिनों तक कहाँ-कहाँ किसके साथ रात-दिन रहती है ! रेण्डी आर काके बले ?

पलासी-पटेंगना कोलोनी के गोणेश पाइन ने एक नयी सूचना दी–'एबार एकटा मोटा आसामी··· ! एक बूढ़े जेले' (मछुआ) को पकड़ा है। पैसावाला आदमी है, मछुआ है तो क्या ! बूढ़ा है तो क्या !··· और कहती है अपने को 'बामुनेर मेये' ? छिः छिः···

भूना-मछेला कोलोनी के किश्टो मोड़ल ने कहा–उई देखून।··· साली का यार आ गया, फटफटिया लेकर।

पवित्रा स्कूटर (फटफटिया) की आवाज सुनकर दफ्तर से बाहर आयी, मुसकुराती हुई ! स्कूटर पर आये हुए युवक ने पूछा–मुझे बहुत देरी हो गयी क्या ?

पवित्रा ने अपना थैला स्कूटर के सामने लगी टोकरी में डाल दिया और साड़ी के आँचल को कमर में लपेटकर स्कूटर की पिछली गद्दी पर जा बैठी युवक की

पीठ पर एक हाथ डालकर।··· गर्र-र्र-र्र-र्र-र्र। कें ! कें !!···

बरामदे पर खड़े सभी कोलोनी सदस्यों ने बारी-बारी से अपने मुँह में जमे हुए थूक को सशब्द बाहर फेंका—आ-क-थू-उ-उ !··· आमार रोक्तो माथाय उठे जाय।··· छिनाल !

—ए फटफटियावाला के ?

—बर्मा !··· सभी बर्मा कहते हैं। मिस्टर बर्मा।

—खबरेर कागजेर लोक !

—उरा उदिके कोथाय गेल ?

—लीला-खेला खेलते।

—कृत्यानन्दनगर की ओर गया है।··· निर्जन !

पूर्णिया-कृत्यानन्दनगर रोड ! निर्जन-सड़क !!

स्कूटर की चाल धीमी करके युवक ने अपनी पीठ पर लदी युवती से पूछा—आज इतना चुप क्यों हो, क्या बात है ?··· पीठ पर कई बार लम्बी और गरम साँसों के मृदु स्पर्श !

—जानती हो, सिनहा साहब क्या कह रहे थे ?··· बोले कि यार, तुमने तो इस मुफस्सिल पूर्णियाँ में भारत की राजधानी नयी दिल्ली का समाँ बाँध दिया है !

—तो तुमने क्या जवाब दिया ?

—मैंने कहा सिनहा साहब, आप जानते हैं मेरा ताल्लुक 'इनकलाब' नामक अखबार से है। और मैं अपने को जन्मजात इनकलाबी मानता हूँ···।

पवित्रा ने नरेश वर्मा की पीठ पर एक हलकी चपत लगाकर टोका—ए, ए रकम गुरुचाण्डाली भाषा केन बोलो ?··· जन्मजात इनकलाबी ?

··· अरबी-फारसी के जुमले ! इनकलाब !!··· पवित्रा की देह सिहर उठती है।

—क्यों क्या हुआ ?

—होबे आर की ?

—अजीब बात है। स्कूटर के पीछे कोई लड़की या औरत का बैठना बेहयाई है ! अनैतिक व्यापार है ! हा-हा-हा अश्लीलता है··· हा-हा-हा-हा।

—ए ! पागलेर मत हाँसो केन ?

—हँसना भी गुनाह ?··· लाहौल !

—तुमी तोमार लाहौल-माहोल बन्द कोर्बे ?

—आमि इंजिन बन्द कोर्लाम। नामो !

—एखाने केन ?··· इस धाँगड़ टोली में क्या है ?

—एक वी. आई. पी. हैं यहाँ ?

—वी. आई. पी. !

–हाँ, हम अखबारवाले 'वेरी इम्पार्टेण्ट परसन' से ही मिलने··· !!

आध दर्जन धाँगड़ बच्चे-बच्चियाँ नरेश वर्मा को देखकर एक ही साथ 'हुर्रे-रे-रे' कहकर किलक उठे।

··· बच्चों की किलकारी के पीछे औरतों की हँसी की हिलोरें !

··· तरुण-तरुणियाँ-श्याम-बदनियाँ !!

–नमस्कार भैयाजी !

–मोतिया ? बाबूजी कहाँ ?

–भैंसे खोजने गये हैं। आइए न ?

एक स्वस्थ किशोर ने आगे बढ़कर हँसते हुए धीरे-से पूछा–भैया ? यही··· ?

–हाँ रे गंगू हाँ ! यही हैं पवित्रा देवी। और पोबी, आओ इनसे परिचय करा दूँ।··· यह है गंगू। हमारे गुरु माने वी. आई. पी. श्री नूना माँही का बेटा। यह उनकी बेटी मोतिया और यह जोगिया, यह थारू, यह लगमा, यह पुरैनी और यह-यह ··· क्या नाम है इसका–बिटनी !!···

नूना माँही की अधेड़ औरत हँसती हुई आयी–हाथ में सफेद जंगली फूलों का गुच्छा लेकर। पवित्रा के जूड़े में खोंस दिया माँही गृहिणी ने।··· सभी खिलखिलाकर हँस पड़े।

नरेश वर्मा पटना के प्रसिद्ध अंग्रेजी साप्ताहिक 'इनकलाब' का प्रतिनिधि है। ··· लोकगीत गाता है और पिछले साल उसने यहाँ के धाँगड़ों का एक 'नाच दल' संगठित किया।··· 'नाच दल' इस बार दिल्ली से 'रिपब्लिक डे शील्ड' जीतकर ले आया है।··· पूर्णियाँ जिले में युगों से बसे हुए इन धाँगड़ों ने कभी किसी 'दिक्कू' [गैर धाँगड़] को अपने नाच में शरीक नहीं किया। किन्तु नरेश वर्मा ने इस धाँगड़ टोली के मुखिया नूना माँही और उसकी स्त्री रुपिया के दिलों को न जाने कैसे जीत लिया। धाँगड़ टोली का एक-एक बच्चा उसे अपना सगा-भैया समझता है। गाँव के पशु-पक्षी तक उसे अपना समझते हैं। किराये का काला कुत्ता धाँगड़ टोली में किसी 'बाहरी' आदमी को घुसने नहीं देता।··· नरेश की बोली सुनते ही दुम हिलाने लगता है।

नूना माँही भैंसे को डोरी में बाँधे आया और स्कूटर देखकर आनन्द विह्वल हो उठा–नरेश आया है।

–पोबी, यही हैं मेरे गुरु–वी. आइ. पी. श्री नूना माँही।··· पवित्रा देवी !

नूना माँही कुछ बोलता नहीं, बतीसों-दाँत निकालकर हँसता है। हँसता ही जाता है।

मोतिया चाय ले आयी !

··· आज भोज !··· मेहमान ! पवित्रा दीदी आयी है !

··· आज नाच ! !··· नरेश भैया आये हैं !

पवित्रा दीदी भी नाचेगी ?

जोगिया और थारू 'रिपब्लिक डे शील्ड' ले आया।

मोतिया एक अलबम ले आयी !

पवित्रा फोटोग्राफ देखने लगी। रंगीन ग्रुप-तस्वीर को देखते समय वह मुसकुरा कर एक-एक को पहचानने लगी !··· प्रधानमन्त्री पण्डित नेहरू बीच में प्रसन्न मुद्रा में खड़े हैं। दाहिने सजी-धजी सटकर खड़ी है मोतिया··· यह सरदार नूना माँही··· मादल गले में लटकाये–जोगिया··· बाँसुरी टेरता हुआ थारू··· यह 'बिकटा' किराय··· लगमा··· पुरैनी··· बिटनी।··· ओही, पण्डितजी के हाथ में बाँसुरी है एक ?

–हाँ, उनके लिए स्पेशल बाँसुरी बनाकर ले गये थे गुरुजी।

मोतिया इतना शीघ्र पवित्रा से घुल-मिल गयी है ! वह मन्द-मन्द मुसकुराती हुई बोली–पोवीदी, एक 'जन' को पहचाना ? यह रंगीन पगड़ी बाँधे··· ? हिहिहिहिहि !!

··· रंगीन पगड़ी बाँधे··· अरे, यह नरेश ?

सभी खिलखिलाकर हँस पड़े !

–तूहू नाचबे आज पोबी दी। नरेश भैया भी नाचबे। सब नाचबे !! है है है है !!··· आज नाच !

नरेश ने पवित्रा को 'नाच दल' गठन करने का किस्सा बताया–किस तरह उसके दिमाग में बहुत दिनों से एक योजना थी। फिर किस तरह नूना माँही से भेंट हुई, सौभाग्यवश। किस प्रकार महीनों वे बैठकर गीत और नाच के टुकड़ों को लेकर बहस करते रहे। अन्त में किस तरह दल के सदस्यों का चुनाव किया गया। दिल्ली में हमारे 'नाच दल' के एक-एक सदस्य की अलग-अलग कितनी तस्वीरें लोगों ने उतारीं इसका पता नहीं। विदेशी पत्रकारों के झुण्ड केमरा लटकाये इस मोतिया की हँसी को तरह-तरह से पकड़ने के लिए चक्कर मारते फिरते थे।··· मोतिया की रंगीन तस्वीर 'लाइफ' के मुख पृष्ठ पर छप चुकी है। 'धर्मयुग' में रंगीन ग्रुप-फोटो-ग्राफ···।

रंगीन ग्रुप-फोटोग्राफ–'नाच दल' का।

··· मादल बजा नाच दल का !

··· बाँसुरी बोली।

··· रंगीन ग्रुप-फोटोग्राफ में खड़े लोग··· बिखर गये !

··· विभिन्न रंगों में डूबी मूर्तियाँ हँसती हैं ?

··· युवतियाँ एक-दूसरे के कन्धे पर हाथ रखकर एक घेरा बनाती हैं।

··· पुरुष सामने की पंक्तियों में, विभिन्न वेष में।

··· मादल और बाँसुरीवाला बीच में–सिर में मोरपुच्छ खोंसे।

··· नरेश ?··· पोबी नाचबे ?

··· पोबीदी आ ना रे-ए-ए !

–डाडिगा-डाडिगा-डाडिगा··· !

··· है रे। है रे !

कौने बने किश्ना बँसिया बजावे

कौने बने गइया चराबे मोहना—है रे ! है रे-है रे !!
डाडिगा-डाडिगा···
··· मोतिया। दिल खोलि के नाच। झामर-झामर··· ?
गोपाल बेटा हाम्रा बोलाये।
नाम धरि शाम-सुन्नर हाम्रा बोलाये—है रे ! है रे-है रे !!
··· जोगिया ! ताल न टूटे। नाच-नाच के बजा बेटा !
··· द्रुत !
··· हैरे हैरे ! हैरे हैरे ! !
बाप माई कूल पलिवारे-ए-ए-ए
सब छोड़ि किश्ना एलूँ जमुना किनारे-ए-ए
होय—भाई घटवारे।
होय राज रखवारे !
एहि ठाम किश्ना की बँसिया बजाये ?
एहि ठाम किश्ना की गइया चराये ?
हैरे-हैरे··· !
··· द्रुत ! द्रुततर !!
डिगडिगडा—डिगडिगडा··· ।
··· आ ना रे पोबी दी !
··· पोबीदी तोर नाम धरे··· किश्ना बोलाये !

पवित्रा किसी दूसरे लोक में पहुँच गयी है। मादल और डिग्गा की आवाज खोल और करताल के सुर में खो गयी है। कीर्तन गा रही कमला झरिया··· के, चि. सी. डे··· सहगल··· युथिका राय··· मन्नाडे··· सचिनदेव बर्मन··· सभी मिलकर गा रहे हैं।··· गौर-निताई की जोड़ी··· कोथाय काला किश्न आमार—मोहनी मूरतवाला··· सखि गो-ओ-ओ-ओ-ओ !

··· पोबी !

··· पोबीदी ?

··· बेटी !

··· ओ ! नूना माँही ने उसे बेटी कहा या उसकी स्त्री ने ?

—रो रही है ?

—क्या हुआ पोबीदी को ? क्यों रो रही है ?

—बोलो न नरेश भैया, क्या हुआ··· ?

—होगा क्या ?··· कुछ लोगों को हर बात में रोना आता है।

··· पवित्रा हँसी··· रोयी। हँसती रही, रोती रही !

··· नूना माँही की स्त्री रुपिया ने पवित्रा को अँकवार में भरकर पुकारा—बेटी ! काँदोना··· तोरा नाच सिखाय देबौ।

··· नरेश !

जिस लड़की ने जन्म के बाद सिर्फ 'गंजना' ही सहन किया। जिसे जन्मते ही माँ ने लात मारकर एक ओर कर दिया था। माँ, मौसी, दादी किसी ने प्यार नहीं किया। अशुभ और अमंगल की साक्षात् प्रतिमा समझी जाती।··· बाबा अपना सारा प्यार लुटाना चाहते। और एक दिन माँ ने देवतुल्य उस महात्मा पर 'कलंक' लगा दिया। भाइयों ने–बड़े और छोटे–मिलकर जलील किया। हवेली के अन्दर ओठ सीकर नौकरानी की तरह खटती रही।··· कालाचाँद की माँ ने देखा है, सबकुछ। ··· नरेश, तुमने ठीक कहा है। कुछ लोगों को हर बात में रोना आता है। नाच देखकर मुझे क्यों रोना आया–मैं नहीं जानती, किन्तु कालाचाँद की माँ के बाद मेरी यह रुपिया माँ–दो माताएँ··· इन्हीं दो महिलाओं के मुँह से मैंने प्यार-भरा सम्बोधन सुना–बेटी !!··· नरेश, बोलो ना ! आमि की ?··· मैं न जाने क्या हूँ··· जिसे प्यार करती हूँ वही डंक मारते हैं।··· अब वे मुझे नहीं चाहते !

–कौन वे ?

–नबीनगर कोलोनी के निवासी।

–क्यों ?

–पता नहीं ?··· कोलोनी मेम्बर नहीं रहना चाहती।

··· गर्रर्रर्र··· कें कें कें क !

··· ले उड़ा, ले उड़ा !

··· जुलुम !

··· हद है !!

एक तरकारी बेंचनेवाली सिर की टोकरी नीचे रखकर पगली जैसी नाचने लगी–आ अल्ला ! अब का का देखना बाकी है।··· 'उड़नछौंड़ी' इसी को कहते हैं ? देख ले, देख ले–जमाने को देख ले। गजब हो गया ! है रे उड़नछौंड़ी रे-ए-ए !!

इस बार पवित्रा के लौटने के पहले ही, पवित्रा की 'लीला-खेला' की बात नबीनगर पहुँच चुकी थी। कस्बा कोलोनी के नोगेन बागची ने एक गाड़ी फेल करवाकर, बिश्टू को विस्तारपूर्वक सुनाया है··· बिश्टू का माथा झुक गया लाज से !

पवित्रा ने लौटकर देखा, सन्ध्या उदास है। सन्ध्या की माँ किसी से झगड़ने की तैयारी कर रही है और कालाचाँद की माँ के चेहरे पर गम्भीरता का मुखौटा चढ़ा हुआ है।··· इसका अर्थ पवित्रा समझती है ! काला की माँ को कुछ कहना है एकान्त में।

–क्या है काला की माँ ?

–किस्सु ना तो !

कालाचाँद की माँ ने एक चिट्ठी दी।

–किसने दी ?

–जादोब ने।

"··· परम पूजनीया दीदीजी। आगे मालूम हो कि अब मैं ज्यादा दिन नहीं सह सकते हैं इसलिए दिल खोलकर साफ-साफ बात लिखते हैं। आगे मालूम हो कि सन्ध्या से मेरा शुभविवाह 'अतिशीघ्र' 'शीघ्रातिशीघ्र' नहीं हुआ तो मैं कनैल का बीज खाकर मर जाऊँगा। मैं दिन-रात 'हाय सन्ध्या, हाय सन्ध्या' करता रहता हूँ। मेरे बाबूजी और मेरी माता सब लोग तैयार हैं। सिर्फ 'मांस-मछली' खाने में तकलीफ होगी सन्ध्या को कुछ दिन। याने—जबतक बूढ़ा-बूढ़ी जीवित हैं। आप कहिए तो हम रजिस्ट्री शादी करने को तैयार हैं, ताकि यदि कभी हम चाल से बेचाल हुए या सन्ध्या को दुख दें किसी किस्म का तो हमको जेरबार कर सके। इस बात का हम चन्दकलमा लिख देना चाहते हैं और आप लोग कहें तो 'फण्ड' में कुछ रुपया जमा दे दे सकता हूँ। लेकिन अब बगैर सन्ध्या के यह जिन्दगी—कुछ नहीं। सन्ध्या भी अब मिलन की बेला के लिए आकुल-व्याकुल हो रही है। नहीं पतियाते हैं तो सन्ध्या से एकान्त में पूछ देखिएगा। ज्यादा क्या लिखें आप खुद सज्ञानवती हैं।··· एच. पी. जादब।"

प्रत्येक बार कॉलॅनी कमिटी की बैठक से लौटने के बाद पवित्रा शाम को कॉलॅनी-निवासियों को बैठाकर कमिटी की कार्यवाही विस्तारपूर्वक सुनाती है।··· आवेदन-निवेदन-पत्रों और अभाव-अभियोग के बारे में क्या-क्या हुआ—सुनाती हैं।

आज शाम को भी 'बैठकी' बुलायी गयी !

कालाचाँद लौट आया—बिश्टू आसिबे ना !

—क्यों ?

—वह कहता है कि बैठकी में जाकर क्या सुनना है। जो सुनना था सुन चुके हैं, हम लोग !

किन्तु पवित्रा ने देखा—बिश्टू बैठकी में आया है !

गोपाल पाइन ने पूछा—दीदी ठाकरुन हेडमास्टर कब तक आवेंगे ?

राखाल की दर्खास्त का क्या हुआ—लोन के लिए··· ?

बिश्टू बोला—नोगेन बागची बोला है कि कल यहाँ एक मिटिंग होगी। बाहर से, माने दूसरे कोलोनी से भी लोग आवेंगे।

शारदा बर्मन ने बिश्टू को इशारे से कहा—पूछें ?

बिश्टू ने भी कनखी से जवाब दिया—पूछो !

—दीदी ठाकरुन, क्या सचमुच सन्ध्या की शादी जादोब से हो रही है ? माने, आपने हुकुम दे दिया है ?

—मुझे किसी की शादी के बारे में नहीं मालूम।

बिश्टू कुछ कहना चाहता था। किन्तु चुप रहा।

हरलाल साहा ने कहा—कालाचाँद कहाँ है। वही जानता है असली बात। इस शादी का 'घटक' वही है। नयी धोती पहन आया है, जादोब के घर से। धान, चावल और चूड़ा-दही ले आया है।

कालाचाँद पहले से ही तैयार बैठा था। बोला—हाँ पूछिए। किसको क्या पूछना है किसकी शादी के बारे में ?

किसी ने कुछ नहीं पूछा।

तब कालाचाँद का साहस और बढ़ा। उसने कहा—और किसी की शादी के बारे में कुछ नहीं कह सकता। लेकिन अपनी शादी के बारे में जरूर बतला सकता हूँ।...

कालाचाँद की माँ बोली—तुम क्यों बोल रहे हो ?

—क्यों नहीं बोलूँगा।... आमि कि दालाल ? और धोती और चावल-चूड़ा की बात पूछते हैं। शारदा बर्मन मोसाय, हमको ता प्रेम से जो दे दिया है, ले लिया। लेकिन आपने रामजय सिंघ से किस बात के लिए पचीस रुपये लिये हैं ?

कालाचाँद की माँ बोली—बिश्टू की चाची गाँव से 'मूढ़ी' माँग लायी थी एक दिन, सो ?

पवित्रा आज किसी को रोकती-टोकती नहीं। वह उठकर चली जाती है।

सन्ध्या की माँ गिरिबाला और पिता योगेशदास आज इस बैठकी में अनुपस्थित रहे—जान-बूझकर। सन्ध्या बैठकर पवित्रा के सिखाये हुए गीत का रेयाज कर रही है, हारमोनियम पर—देशे-देशे मोर घर आछे। आमि सेई घर खूजि मरिया।...

सन्ध्या की माँ गिरिबाला का स्वभाव विचित्र है। लोगों की चुगली करना, झूठमूठ की बातें गढ़कर बोलना और सदा अपने स्वार्थ की बातें करना।... वह जानती है कि बिश्टू असल में क्यों असन्तुष्ट है।... असल में उसकी नजर सन्ध्या पर है। शुरू से ही। और यह 'छूँड़ी' उसकी ओर कभी देखती ही नहीं आँखें उठाकर। ... सन्ध्या की माँ सतगोप है, बिश्टू कैवर्त। कैवर्त से शादी कैसे हो भला ?

किन्तु आज सन्ध्या की माँ का दिल थोड़ा दहल गया। कोलोनी में कई दिनों से लोग 'गुप्त मिटिंग' कर रहे हैं ? दूसरे कोलोनी से भी मेम्बर लोग आनेवाले हैं कल। पता नहीं, बिश्टू और शारदा बर्मन और क्या-क्या बदमाशी करें।

सन्ध्या की माँ, बिश्टू और शारदा बर्मन को प्रसन्न रखना चाहती है। आज उसने बातचीत के सिलसिले में कई लोगों से ऐसी बातें घुमा-फिराकर की हैं जिनका स्पष्ट अर्थ यही हो सकता है कि वे लोग नहीं चाहते कि सन्ध्या का विवाह किसी 'हिन्दुस्तानी-गोप' से हो। लेकिन दीदी ठाकरुन...।

सन्ध्या की माँ ने सन्ध्या को पुकारकर कहा—मैं तुझे पुकारते-पुकारते मर रही हूँ और तुम इधर 'घर खूजी मरिया' गा रही हो।... इधर सुन।

सन्ध्या अनमनी-सी उठी।

—टॉर्च लेकर जा। पहुँचा आ जरा !

—क्या है ? किसको ?

—बेगुन-चिंगड़ी !

सन्ध्या की माँ ने फिसफिसाकर कहा—बिश्टू के दिये आय।... हरलाल के घर से अपनी 'बैठी' लेती आना। देरी मत करना। शायद, दीदी ठाकरुन को कोई

काम···।

पवित्रा अपनी झोंपड़ी के अन्दर से ही बोली–नहीं, मुझे कोई काम नहीं।

सन्ध्या बोली–मुझे अभी पढ़ना है।

सन्ध्या की माँ ने तेवर चढ़ाकर कहा–पढ़ना !

··· सन्ध्या ?

बिश्टू चौंका !

–बेगुन-चिंगड़ी। माँ पाठिये से !

–सन्ध्या !

बिश्टू अवाक् हुआ–यह अचानक तरकारी की सौगात क्यों ?

··· सन्ध्या की माँ जानती थी, बिश्टू की बहरी चाची अभी आँगन में नहीं। माखन के घर गयी है। बिश्टू अकेला होगा ?

–सन्ध्या !··· सुनो सन्ध्या !

–की ?

–तुम··· तुम क्या सचमुच उस हिन्दुस्थानी गोप से ब्याह करने जा रही हो ?

–किसने कहा तुमसे ?

–जो सुन रहा हूँ लोगों के मुँह से···।

–तो सुनो लोगों के मुँह से। मुझसे क्यों पूछते हो ?

··· हें हें–तुम नाराज तो नहीं। मैं तुम्हारे लिए कब से एक 'जिनिस' लाकर रखे हुए हूँ।

–की जिनिस ?

–नॅकली मुक्तोर माला !

सन्ध्या हँसी–मैं कोई नकली 'जिनिस' नहीं लेती।

बिश्टू अप्रतिभ हुआ। बोला–आमरा गॅरीब मानुष···।

–तो गरीब मानुष मुक्तोर माला का शौक ही क्यों करे।

बिश्टू के पुरुषत्व को हलकी चोट लगी।

–कौन कह सकता है कि किसी दिन असली नहीं 'कर' सकूँ। ठाकुर की कृपा से···।

सन्ध्या बोली–ठाकुर की कृपा से जब असल मुक्ता की माला खरीदोगे तो कहना···।

सन्ध्या हँसती हुई चली गयी और माखन की स्त्री को पुकारने लगी–ओ रूलो बौदी ! बौदी ! ओ रूली बौदी ! बैंठी दिन आमार।

–एखन··· बैठी क्या करेगी सन्ध्या ? हरलाल साहा की स्त्री ने पूछा।

सन्ध्या हँसकर बोली–एक प्राणी को 'हलाल' करना है।

बिश्टू ने शायद इसका कोई मतलब नहीं समझा। किन्तु हरलाल साहा की

स्त्री समझ गयी।··· सन्ध्या को बिश्टू के घर की ओर जाते देखकर, टट्टी में छेद करके वह देख-सुन रही थी सबकुछ।

बिश्टू ने मन ही मन एक प्रतिज्ञा की–एक अश्लील प्रतिज्ञा–साली यदि तुमको यह बिश्टू··· !!

पवित्रा धाँगड़ टोली के नाच के सपनों में खोयी हुई है। मादल, डिग्गा···

··· है रे है रे ! है रे है रे !!

बाप-भाई कूल पलिवारे
सब छोड़ि किश्ना एलूँ जमुना किनारे-ए-ए
होय भाई घटवारे !
होय राज रखवारे !···

··· द्रुत। द्रुततर !!

डिगडिगडा-डिगडिगडा-है रे-है रे !!

··· आना पोबी दी ! आ···

–मोतिया ! मोतिया–मैं भी नाचूँगी !···

सन्ध्या को अचरज हुआ। यह मोतिया कौन है जिसे दीदी ठाकरुन सपने में याद कर रही है ?

–मोतिया।··· के मोतिया ?

–ना, आमी सन्ध्या।

–अः

–दीदी ठाकरुन ?

–उँ।

–खाबे ना ?

–ना।

दीपा की माँ, अन्त में पारस की बात पर सोचने लगी।··· पारस, छोटन बाबू से मिलने गया था। इसी को कहते हैं दुनिया। इन्स्पेक्टर के साथ जब आते थे तो कैसी मीठी-मीठी बातें करते थे। अब उनको याद ही नहीं है–कौन सरस्वती देवी ? ··· बहुत याद दिलाने पर भी जब उन्होंने सरस्वती देवी को नहीं पहचाना तब पारस को 'गुप्त बात' कहनी पड़ी··· वही जिसको स्कूल-इन्स्पेक्टर··· प्रेगनेण्ट··· माने। तब छोटन बाबू को याद आयी। और बोले–तो अब क्या चाहती है ? किसी लीडर से··· ?

सबकुछ सुनकर दीपा की माँ ने एक भद्दी गाली दी थी–छोटन बाबू के नाम, छोटन बाबू के नाम परोक्ष में ऐसी न जाने कितनी गालियाँ लोग देते हैं।··· बेचारे छोटन बाबू भी क्या करें ? उन्होंने आजकल पटना में रहकर एक शहरी कहावत सीखी है–मैं क्या करूँ ? एक अनार सौ बीमार !! अकेला एक एम. एल. ए.

सारे इलाके के लोगों के अभावों की पूर्ति कैसे करवा दे सकता है ? और चूँकि चुनाव में बार-बार जीतना है, इसलिए किसी को निराश भी नहीं करना है।··· एक झूठ को दूसरे झूठ से, दूसरे को तीसरे से, तीसरे को चौथे से ढँकते-ढँकते मूल झूठ की जड़ मजबूत हो जाती है।

··· छोटन बाबू क्या करें ?

पारस ने कहा—आप मेरे प्रस्ताव पर गौर-विचार करके देखिए। देखिएगा, जिले की बड़ी-बड़ी लीडरानी आपका पानी भरेंगी।···

रामजय सिंघ से उस दिन दीपा की माँ की आँखें चार हो गयीं—अचानक। ··· दीपा की माँ पहलवान की सेवा कर रही थी। बिछावन, कपड़ों को निकालकर, साफ कपड़ा बिछाकर पहलवान को सुला दिया—दीपा की माँ ने। रामजय बहुत देर से बैठा सबकुछ देख रहा था। और जब पहलवान ने आँखों को खोलकर पानी माँगा--रामजय जयजयकार करने लगा—जै हो ! पिपरावाली भाभी, सौ लेडी डॉक्टर और पाँच सौ सिविल सर्जन पर एक डाक्टरनी है।··· इसी को कहते हैं—मुरदे को जिलाना !··· जै हो !!

उसी दिन से वह दीपा की माँ के आँगन में रोज एक-दो घड़ी आकर बैठ जाता है। दीपा की माँ जब से इस गाँव में आयी, रामजय से कभी मुँहामुँही नहीं बोली थी।

··· रामजय अब 'इधर-उधर' अर्थात् किसी के मचान पर या बथान पर सोने नहीं जाता। क्योंकि आजकल रोज दो-चार ज्ञान की बातें चली ही जाती हैं कान में।

—रामजय बाबू, कहा है कि परदारा निज माता जान। सो परदारा को जो माता नहीं समझते हैं वह···।

रामजय ने 'परदारा' का अर्थ पूछा। पारस ने समझा दिया—दूसरे की स्त्री !

··· रामजय अब पारस से चिढ़ने लगा है।

आज मौका पाकर उसने दबी-जबान से पूछा—भौजी !··· वह पारस··· !

··· रामजय समझ गया—पारस के खिलाफ कुछ नहीं सुनना चाहतीं।··· दुनिया-भर के गुण बतला गयीं—।···

रामजय सिंघ ने अभी आते ही कहा--भौजी, उस पारस से कहिए कि जल्दी आपका साइनबोट बनवाकर ला दे। और परोपगण्डा ? आज हाट में चौराहा पर खड़ा होकर दवा बेचनेवालों की तरह मैं कैसा भाखन दे आया हूँ, यह पूछिए आप अपने नौकर कारे से।··· कहो जी कारे ?

कारे बोला—हद भाखन दिया आपने मालिक।

कारे पर इधर कई दिनों से मालकिन अप्रसन्न हैं। कॉलनी के भोज के बाद कारे ने पवित्रा की बड़ाई, अपने 'पालवेत' रबिया के साथ मिलकर की थी, पछियारी टोले में। वह बात उड़कर न जाने कैसे आयी और मालकिन के कान में चली गयी। तब से नाराज हैं। हर बात में झिड़की देती हैं।

दीपा की माँ बोली–और तुम ? तुमने कोई भाखन नहीं दिया कि कोलोनी में एक देवी आयी है, एक दुर्गा आयी है··· ।

कारे रो पड़ा–इस्स, मालकिन ! एक ही बात का गुस्सा इस तरह मन में पालकर रखिएगा और रह-रहकर 'गुँगुआइएगा' तो कैसे काम चलेगा ?··· हमको क्या मालूम कि 'बंगाली-बिहारी' का 'रेसा-रेसी' हो रहा है। आपने ही कहा था कि इसका 'दिष्टान्त' उसमें और उसका··· ।

–रखो अपना दिष्टान्त ! जरा मेरे बेटे को कन्धे पर चढ़ाकर घुमा-फिरा लाओ !

कारे समझ गया–मालकिन खुश हो गयी। जब प्रसन्न होती है, अपनी बेटी को कन्धे पर चढ़ाकर हवा खिलाने को कहती है अथवा कोठरी में बुलाकर कहेगी–जरा पीठ की रीढ़ 'ससार' दो, तेल लगाकर।

कारे दीपा को कन्धे पर बैठाकर दुलकी चाल दौड़ता हुआ बोला–हट जाओ ! कुमार सन्नी बाबू का घोड़ा 'फर्दवाल' चाल में चलेगा··· ।

रामजय ने इस बात का भी विरोध किया–भौजी, दीपा बड़ी हो गयी है अब। इस तरह कन्धे पर··· !

–रामजय बाबू, दीपा बेटी नहीं। मेरा बेटा है।

–सो तो ठीक है। मगर है तो आखिर··· ।

दीपा की माँ की रीढ़ में दर्द चिनचिना उठा !··· मुरदा, अपने तो चला गया। लेकिन दीपा की माँ को जिन्दगी भर के लिए यह दर्द दे गया। 'अंगभंग' आदमी की पकड़ ! दीपा के बाबू का दाहिना हाथ कट गया था इसलिए बायें हाथ में ही दोनों हाथों की ताकत आ गयी थी। सो उस बार इस तरह 'हथिया सूँड़'–की तरह कमर में बाँह लपेटकर ऐंठ दिया कि दीपा की माँ बेहोश हो गयी।··· तभी से यह दर्द !

··· और यह दर्द जब 'चिनचिना' उठता है तो दीपा की माँ सब लाजलिहाज भूल जाती है और कारे को कोठरी में बुला लेती है–जरा ससार दो, तेल लगाकर ! सबसे पहले उसने 'पारस' से 'ससरवाया' था। लेकिन पारस की उँगलियों में जोर ही नहीं। तब से कारे भैंसवार से ही इस दर्द का इलाज करवाती है।···

··· आश्चर्य ! किसी हट्टे-कट्टे नौजवान से एकान्त में आमने-सामने हुई कि यह दर्द चिनचिनाया।··· पहलवान जेठ को हर सप्ताह शनिवार की रात में कबूतर खिलाती है। इस बीमारी में ऐसी सेवा की, दीपा की माँ ने।··· पहलवान जेठ जिस दिन उसकी रीढ़ की हड्डी पर उँगली देता है–सप्ताह-भर दर्द नहीं होता फिर ! ··· पहलवान जेठ ने दीपा की माँ के अनुरोध पर वह काम किया जो नहीं करना चाहिए। फिर उसके लिए दीपा की माँ जो कुछ करे, थोड़ा है।

–रामजय बाबू। जरा इधर आना।··· अन्दर !

··· रामजय ने इस बात का विरोध नहीं किया !

··· रामजय की उँगलियों में पहलवान जेठ की उँगलियों से भी अधिक ताकत है ?

··· रामजय··· देवर··· रामजय बाबू।

··· हाँ, रामजय बाबू–मैं डाक्टरनी हूँ।

··· रामजय बाबू,–तुम मेरे डाक्टर बनो !

··· पारस को 'जवाब' दे दूँगी।

··· कारे को भी !

उस दिन शाम को सभी ने अचरज से देखा–रामजय, अपना बोरिया-बिस्तर लेकर दीपा की माँ के दालान की ओर जा रहा है। रामजय का वक्तव्य है : भाई, मुसम्मात आखिर मुसम्मात है। एक मर्द-पुरुख घर में नहीं रहे तो नौकर-चाकर के भरोसे काम कैसे चल सकता है ? इसलिए भौजी बोली कि रामजय बाबू, देवर बेटा-बराबर होता है।··· भौजी असल सती नारी है। उसके हाथ में गुण और जस दोनों है। वाक् में भी सत्त है।···

कारे को दीपा की माँ ने नहीं, रामजय सिंघ ने 'जवाब' दिया अर्थात् बर्खास्त कर दिया।

कारे को अचरज हुआ। वह बोला–आप जवाब देनेवाले कौन होते हैं। मैं मालकिन के मुँह से सुनना चाहता हूँ कि आखिर किस कसूर पर मुझे··· आप बिला कसूर··· ।

तब दीपा की माँ अन्दर से बोली–कारे, कल आकर हिसाब ले जाना।··· अभी तुम्हारा भात यहीं बना है। खा लेना।

–रखिए अपना भात। कुत्ता को··· ।

–क्या बोला रे साला राड़··· ।

–गाली मत दीजिए।

रामजय सिंघ ने कारे के गाल पर एक तमाचा जड़ दिया। आश्चर्य ! कारे न रोया, न चिल्लाया। अचरज से वह रामजय की ओर बहुत देर तक देखता रहा। फिर, चुपचाप आँगन से निकल गया।

दीपा की माँ को रामजय का गुस्सा अच्छा लगा।··· उसके मन में हुआ, रामजय उसको भी ऐसा ही एक तमाचा क्यों नहीं लगाता।··· रामजय का दाहिना हाथ। ··· हस्तरेखा-ज्ञान दीपा की माँ को विवाह से पहले ही हो गया था। लेकिन इसी को कहते हैं भाग्य का खेला। घरवाला ऐसा मिला जिसको दाहिनी हथेली ही नहीं ! ··· रामजय बाबू की हथेली में शुक्र का स्थल कितना उच्च है !

कारे के पालवेत रबिया ने पूछा–आखिर बात क्या हुई ?

–पालवेत ! वही नाच और बंगालिन देवीजी !

–तो, रामजय की पैठ वहाँ कब से हुई ?

–उसी नाच की रात में।

–क्या लच्छन है ?

इस सवाल का जवाब कारे ने एक चुटकुले से दिया। बोला–पालवेत, वह किस्सा नहीं जानते हैं। एक बेवा औरत, एक रँड़वा मरद ! मरद ने कहा :

तोहरा न घरवाला, हमरा न बहू–
ऐसन कुछ काज करू कि एकहि ठाम रहू।

दोनों पालवेत ठठाकर हँस पड़े।

कारे बोला–साले ने थप्पड़ मारा है। हम जूता मारेंगे।

रबिया ने कहा–जाने दीजिए पालवेत–लाख टका की चीज तो आप लूट लाये। ... खूब मौज किया। है कि नहीं ?

–सो तो ठीक। लाख टका की चीज...।

–उसकी बेटी, देखिएगा–अगले साल से ही 'कहर' मचायेगी इलाके में। कहर !

–अगले साल से ?... पालवेत आप कहाँ हैं ?

–अच्छा ?

–रामजैवा साले ने उस दिन शायद कुछ देख लिया था। इसी से साले ने जब मारा तो... !

रबिया ने कहा–पालवेत ! मैं भी एक जगह लटपटा गया हूँ !

–कहाँ ?

–पाकिस्थानी टोला में।... वह हरलाल है न–उसकी बेवा बहन है।... रोज़ मछली पहुँचाता हूँ।

कारे और रबिया 'बेहुला' नाच का एक गीत बहुत देर तक गाते रहे:

ओ रे की दूध लिखिलो आमार कपाले हो भगवान
की दूख लिखिलो आमार कपाले-ए-ए-ए-ए !
ओ रे सूख भोगिलौं एहि संसारे हो भगवान
की सूख भोगिलौं एहि संसारे-ए-ए-ए-ए ! !

दोनो पालवेत जाल लेकर मछली पकड़ने चले गये।

चौदह

नरेश वर्मा !

पवित्रा की याद आती है, नरेश को पहली बार देखकर उसकी कैसी दशा हुई थी।... कॉलॅनी कमिटी की पहली बैठक में गयी थी पवित्रा। पूर्णियाँ, कोर्ट स्टेशन के सामनेवाली चाय की दुकान पर नरेश को देखकर उसका कलेजा धड़क

उठा–विनोद !··· पवित्रा ने घोड़ा-गाड़ी के कोचवान से कहा–ए, एक्का रोका ज़रा ! ··· हाँ, विनोद ही है।··· हँसी देखकर और भी विश्वास दृढ़ हो गया। कोचवान ने पूछा–क्या लेना है दीदी जी। पवित्रा चाय पीने का बहना करके उतरी।

··· अजीब हालत हो गयी, पवित्रा की। वह दुकान पर गयी। भीड़ थी। किन्तु वह सीधे चली गयी। आँखे चार हुईं। पवित्रा के ओठों पर मुसकुराहट थी। लेकिन ··· विनोद ज़रा भी नहीं मुसकुराया। पवित्रा ने पूछा–चिनते पार्छो ना ?

–हाँ ! चिनते पेरेछी आपनार एई 'बैज' देखे।··· बैज पर लिखा हुआ है, मेम्बर डिस्ट्रिक्ट कॉलॅनी कमिटी।··· और ज़िला कॉलॅनी कमिटी की एकमात्र महिला सदस्य का नाम मुझे बहुत बार लिखना पड़ा है।··· मिस पवित्रा चटर्जी।··· और अखबारों में यह 'चाटुर्ज्या' जो छपता है वह मेरे ही कारण।··· हम लोग सुनीति बाबू के नाम के साथ 'चाटुर्ज्या' ही जोड़ते हैं।··· आपके बारे में सुन चुका हूँ।

पवित्रा ने देखा, यह आदमी विनोद की तरह हँसता-बोलता है, तुतलाता भी उसी तरह है। नाक के पास तिल भी है। बाल भी घुँघराले हैं। नाक-नक़्शा भी वही।··· और वह कहता है, बैज देखकर पहचानता हूँ !

–आमि नरेश वर्मा ! पत्रकार ! इनक़लाब !

–तुमि नरेश वर्मा होते जाबे केन ?··· तुम क्यों होने लगे नरेश ? मुझे धोखा देना चाहते हो ?··· तमि··· तुमि··· आमार··· आमादेर विनोद !

··· पवित्रा की आँखें छलछला गयी··· राजन ! आबार तुमि तोमार शकुन्तला के भूले गेले ? चिनते पार्छो ना ?··· एई जे तोमार अंगुरीय··· ?

··· पवित्रा की अवस्था देखकर नरेश घबरा गया था तनिक।

–ना, आमि नरेश वर्मा। आपनि भूल··· ?

··· आमार भूल ना, बिधातार भूल ?

–चलून।··· मुझे भी भट्टा बाज़ार जाना है।

नरेश वर्मा, सचमुच नरेश वर्मा ही है। किन्तु पवित्रा के लिए वह विनोद ही है। विनोद मुखर्जी।... लोगों ने झूठ ही अफ़वाह फैला दी थी कि विनोद मुखर्जी मारा गया। विनोद–पवित्रा का विनोद जीवित है। सिर्फ़ उसने नाम बदल लिया है।

··· नरेश वर्मा, पूर्णियाँ के प्रसिद्ध 'वर्मा-परिवार' का लड़का है। नरेश का बड़ा भाई टीकापट्टी कॉलेज का प्रिन्सिपल है। मँझला भाई छोटानागपुर में 'फ़ॉरेस्ट-रेंजर' है। मँझली भाभी ऑल इण्डिया रेडियों में असिस्टेण्ट स्टेशन डाइरेक्टर हैं। मँझले भैया इम्पीरियल टोबैको की बड़ी नौकरी करते हैं–बम्बई में।··· चचेरा भाई दिनेश वर्मा बिहार का मशहूर क्रिकेट खिलाड़ी है। एक चचेरी बहन नेपाल एयरलाइन्स में 'एयर होस्टेस' है।··· और यह दासानुदास–नरेश वर्मा··· !

··· नरेश धाँगड़ !

··· हाँ, अब उसे लोग 'धाँगड़' ही कहते हैं। बहुत-से लोग समझते हैं कि वह सचमुच धाँगड़ ही है। कुछ ओछे लोगों ने यह शिकायत भी फैला दी है कि नरेश

।किसी धाँगड़नी से शादी करनेवाला है।

··· किसी धाँगड़नी से ? किस धाँगड़नी से ?···

··· मोतिया से ?

··· पोबी दी आ ना रे। आ ! नाच !

··· पण्डित नेहरू से सटकर मुसकुराती खड़ी मोतिया !

··· मोतिया ! मोतिया !!··· मोतिया, आमि नाचबो !

सन्ध्या डर गयी।··· निश्चय ही दीदी ठाकरुन को कुछ हो गया है। सब दिन सपने में बड़बड़ाती है–किसी मोतिया का नाम लेकर ! और कहती है–आमि नाचबो···

सन्ध्या की माँ ने सबकुछ सुनकर कहा–उई ताले काका निश्चय कोनो मन्तर··· !

··· मन्तर ?

··· जादोब भी कोई मन्तर जानता है क्या ?

··· जादोब, जादोब। ··· तुम क्यों नहीं आते ?

··· बारह दिन हो गये, जादब नहीं आया है। क्यों नहीं आया है ? वह नहीं जानता कि सन्ध्या हर सातवें दिन पच्छिम की सड़क पर नजर गड़ाये बैठी रहती है ?··· कोई घोड़ावाला··· कोई घुड़सवार क्यों नहीं आता ?

··· घुड़सवार नहीं। घोड़ागाड़ी !!

घोड़ागाड़ी पर पलासी-पटेगना, कस्बा जलारूगढ़ और भूना-मछेला कोलोनी के मेम्बर आये हैं।··· गोणेश पाइन–गोपाल पाइन का भांजा–नोगेन बागची, प्रताप आइच और किश्टो मोड़ल।

सन्ध्या ने आज यहाँ के गाँव की लड़कियों की तरह साड़ी पहनी है।··· गहने भी ? कड़ा-छड़ा, बाजूबन, जादव ने गढ़वा दिया है।··· शादी में सभी गहने सोने के। जादब कहता है–मैं तुमको सोने के गहनों से 'छा' दूँगा–माने–ढँक दूँगा। ··· जादोब ! जादोब !!

··· हे भगवान !··· जादोब एसेछे ?

··· हे भगवान ! जादोब आज के केन एल ?

··· इसको आज ही आना था ?

हरिप्रसाद जादब का घोड़ा हिनहिनाया और··· असभ्य··· जानवर··· घोड़ा··· घोड़े की यह आदत बहुत बुरी ! मंजिल पर पहुँचकर एक घड़ा पेशाब करेगा और इसके बाद··· !! छिः असभ्य !!

गोणेश पाइन, नोगेन बागची, प्रताप आइच और किश्टो मोड़ल–सभी ने इस हरिप्रसाद को गौर से देखा।··· साला निजे-जेम्नि-तेम्नि सालार घोड़ा टा खच्चड़ !

जादब, सीधे योगेशदास के घर के अन्दर चला गया !

बलून, की करा जाय ?··· क्या किया जाये।

–मिटिंग में ही सब फैसला हो जायगा।

–आज ही हो जाना चाहिए।

–निश्चोय !

शाम की बैठकी में कालाचाँद कहीं से गाँजा पी आया है शायद। बैठकी में शुरू से ही उसकी आवाज जरा तेज है आज।

भूना-मछेला के किश्टो मोड़ल ने कहा--कालाचाँद किसका नाम है ? कालाचाँद स्कूल के विद्यार्थियों की तरह उठ खड़ा हुआ। मानो हाजिरी दे रहा हो–प्रेजेण्ट सर !

–तुमी कालाचाँद ?

–तोमार लज्या नेई ?

–आछे ! आपनार आछे ?

कालाचाँद ने दुबारा पूछा–आपको लाज है ? बोलिए।··· मोड़ोली कोर्ते एइसेचेन एखाने बड्ड।··· सॅब जानि···।

इस बार पवित्रा को बोलना पड़ा–कालाचाँद, तुम्हारा माथा खराब हो गया है, क्या ?

–हाँ, मेरा माथा खराब हुआ है। ऐसी-ऐसी बातें सुनकर किसका माथा खराब नहीं होगा ?··· आमार किसेर लज्या होवे ? लज्या नेई ?

पवित्रा ने कालाचाँद को शान्त किया। वह बाहर से आये हुए मेम्बरों की ओर मुखातिब हुई। बोली–मोड़ल मोसाय ! आप कालाचाँद से क्या पूछना चाहते हैं ?

मोड़ल के बदले, नोगेन बागची बोला–पूछना और क्या चाहेंगे।··· देश गया, धन गया मगर धरम बचाकर हम लोग इस पर-भूमि में किसी तरह–दाँतों के बीच जीभ-जैसे–बास कर रहे थे। लेकिन नोबीननगर कोलोनीवालों के चलते अब वह बचा हुआ धर्म भी जाने बैठा है।··· पूछना और क्या है। जो देखना था सो देख ही रहे हैं।

पवित्रा की मुसकुराहट देखकर नोगेन बागची के साथ गोणेश पाइन को भी क्रोध हुआ।

पवित्रा बोली–नोबीनगर कोलोनीवालों को क्यों दोष देते हैं।···

नोगेन बागची ने पवित्रा को नहीं बोलने दिया। वह चिल्ला उठा। वह अब हिन्दी में बोलने लगा–ठीक बात। नोबीनगर कोलोनी के लोगों का कोई दोष नहीं। सब आपका कसूर है।··· छिः छिः उस 'माफिक' निर्लज्जता··· कोलोनी-मेम्बर होकर, बाँगाली की 'लेड़की' होकर उस माफिक हिन्दुस्थानी-छोकरा के साथ 'मोटरबाइक' को 'पाछाड़ि' में बैठकर··· आपका 'करतोब' से हम लोग का माथ 'नीचू' होता है ··· हुआँ ऐसा और 'हियाँ' पर एक हिन्दुस्थानी-गोप का साथ एक सतगोप की 'लेड़की' का जबर्दस्ती से···।

··· मोटरबाइक पर कौन आ रहा है, रात में ?

पवित्रा ने समझा, नरेश आया।

नरेश नहीं, मोटरबाइक पर आया है पूर्णिया-सिटी से खुदोबाबू।··· तीन-चार पीढ़ी से पूर्णियाँ जिले में है, खुदोबाबू का परिवार। किन्तु खुदोबाबू—आज तक खुदोबाबू ही हैं।

इस बार पूर्णियाँ में खुदोबाबू ने खुद यह बात कही थी पवित्रा से—तीन पुश्त से हम लोग यहाँ हैं। लेकिन, आज तक खुदोबाबू, खुदोबाबू ही हैं। खुदोप्रसाद या खुदो सिंघ चाहे खुदो वर्मा तो नहीं हो गये ?

खुदोबाबू ने किश्टो मोड़ल से कहा—बस फेल हो गया मेरा। नहीं तो, साथ ही आते।··· ठीक है, मिटिंग हो। चले, कर्रवाई।··· होक मिटिंग !

—कार्रवाई और क्या चलेगा ? यहाँ का सब व्यापार 'आजगुबी' है।··· कहते हैं, ये लोग भी हिन्दू हैं।

नबीनगर कोलोनी के अन्य लोग अब तक चुप थे। अब हरलाल साहा ने कहा—क्या 'आजगुबी' व्यापार है ?

खुदोबाबू ने बीड़ी सुलगाते हुए कहा—देखिए, एक बात हम पूछते हैं, सबसे पहले। यहाँ का लोग, माने बिहारी चाहे हिन्दुस्थानी भी हिन्दू है। ठीक बात है। और पंजाब में भी हिन्दू है, मद्रास में भी हिन्दू है। लेकिन, इस पुरनियाँ में क्या 'होल' बिहार में बतलाय दीजिए कि कितना बिहारी का 'जोरू' मद्रासी है बा पंजाबी है ?··· ठीक बात है। शादी जिसको करना है, यहाँ पुरनियाँ में क्या बंगाली लड़के का अभाव है ?··· अभी चार साल पहले एक कैवर्त लड़का कलकत्ता से एक लड़की को भगाकर ले आया था। मालूम है, बंगाल सरकार मुकदमा अपना हाथ में लेकर, बिहार सरकार को 'धमक' दिया।··· आखिर, उस लड़की की दुर्दशा भी इसी खुदोबाबू को देखनी थी !··· सो, पवित्रा देवी यदि शादी करना ही चाहती हैं तो नरेश वर्मा से काहे, और भी 'चालू-पुर्जा' लड़के हैं—बंगालियों के घर में। नरेश से भी तेज ! जैसा नाच में, वैसा गान में, वैसा फुटबाल में—जैसा खोजिए।··· नरेश तो धाँगड़ टोली में लड़कियों से 'फस्टी-नस्टी' करने और 'पचाय' (भात की शराब) पीने जाता है !

सन्ध्या, पवित्रा से कुछ कहने आयी !

वह चली गयी तो खुदोबाबू ने पूछा—ए मेयेटि के ?

—एई तो···। बिश्टू ने कहा—एई !

—योगेशदास की लड़की।

—बांगाली··· माने उदवास्तु-मेये ?

—हाँ।

—तब उस तरह माने इस देश की लड़कियों-जैसी साड़ी क्यों पहनी है ? गहने भी सभी 'एदेशीय' ?··· ताज्जुब-व्यापार ! इसी लड़की से यहाँ के किसी गोप की शादी हो रही है ?

नबीनगर कोलोनी और बाहर के आये हुए सदस्यों को उम्मीद थी, योगेशदास अथवा उसकी स्त्री अस्वीकार करेंगे–नहीं, झूठी बात है। अफवाह है !

योगेशदास चुप रहा। उसकी स्त्री भी चुप रही।

तब, शारदा बर्मन ने कहा–वह जादोब आज आया है। देखिए, सब लोग यहाँ हैं और उधर वह अकेला उसके साथ बैठा है।··· माने सन्ध्या के साथ।

पवित्रा बोली–सन्ध्या मेरी रसोई पका रही है।

··· खुदोबाबू, डिस्ट्रिक्ट बोर्ड में रोड-सरकार हैं। खाकी हाफपैण्ट और हैट और भारी-भरकम देह और मोटर साइकिल के चलते दूर देहात में लोग उसे पुलिस-इन्स्पेक्टर समझते हैं। और, लोगों की इस अज्ञानता से काफी लाभ भी वे उठाते हैं।··· मछुवा लोगों को 'बन्दर घुड़की' देकर मछली मुफ्त में वसूल करने के लिए वह रोज कारीकोसी की ओर जाता है।··· खुदोबाबू को कोलोनी के कई लोगों ने और नोगेन बागची ने 'धमकी' घुड़की देने के लिए बुलाया था।

और, जब खुदोबाबू ने सुना कि आसामी नम्बर दो गाँव का गँवईगोप बालक है तो उनके अन्दर बैठा हुआ छद्म पुलिस इन्स्पेक्टर जगा। बोले–वह यहाँ-ा-ा-ा है–ए-ए-ए ? और, तुम लोग अब तक चुप थे ? तुम लोग क्या हो जी ?··· बुलाओ उसको, जरा उसकी सूरत देखूँ !

बिश्टू उठा। लेकिन, योगेशदास ने कहा–वह यहाँ नहीं आवेगा।

–क्यों नहीं आवेगा ?

–वह काहे आयेगा ?

खुदोबाबू का क्रोध भड़का–ओ, तोमार बड़ जमाय ? ताय आसबे ना ?

योगेशदास ने कहा–तुई-तुकारी··· 'तुमताम' मत बोलिए। हाँ, है वह मेरा जमाय। तब ? चोर तो नहीं।··· ठग तो नहीं ?

–तुम कैसे जानते हो कि वह ठग-चोर नहीं ?

कालाचाँद बोला–जैसे आपको देखकर कह सकते हैं कि आप··· ।

–हम क्या हैं ? हाँ, हमको देखके क्या कह सकते हो ? बोलो ?

हरिप्रसाद जादब खड़ाऊँ खटखटाता हुआ खुद, खुदोबाबू की खिदमत में हाजिर हुआ–क्यों, मेरी बुलाहट हुई है, क्या ?··· मुझसे क्या पूछना है ? मुझे जो कुछ कहना था दीदी ठाकरुन को उसका 'चन्द कलमा' लिखकर दे दिया है।

हरिप्रसाद जादब को देखकर खुदोबाबू का तमतमाया हुआ चेहरा बुझ गया। ··· चेहरे पर घबराहट की एक हलकी छाया छा गयी।··· अरे, यह तो शिवनारायण बाबू मिनिस्टर का भांजा है–हरिप्रसाद जादब–कीर्तनियाँ !··· बहुत बड़े काश्तकार का बेटा है। बहुत बड़े मुकदमेबाज का बेटा है। खुदोबाबू हर साल इसके यहाँ घास और बाँस की मँगनी करने आता है और जादब के बूढ़े बाप को रिझा-बुझाकर एकाध बोरे चावल-चूड़ा भी ले जाता है।··· खुदोबाबू ने खँखारकर गला साफ किया।

–के, हरिबाबू ना कि ?

–कौन ? खुदोबाबू ?

इसके बाद खुदोबाबू–जो एकमात्र कुरसी पर अब तक बैठकर घुड़की और धमकी-भरी बातें कर रहे थे, उठ खड़े हुए–आइए। बैठिए··· हम समझा कि कोई दूसरा आदमी है।

इसके बाद खुदोबाबू की यह 'धर्म-रक्षिणी बैठकी' खुद-ब-खुद खत्म हो गयी।

बैठकी समाप्त होने के बाद खुदोबाबू ने हरिप्रसाद जादब को एकान्त में बुलाकर कहा–आप शादी करना चाहते हैं तो जल्दी ही कर लीजिए। क्योंकि शुभ काम जितना जल्दी हो।··· और कोलोनी के लोग थोड़ा कुनमुना रहे हैं सो इन लोगों को कुछ रुपया दे दीजिएगा। समझे ?··· हमने भी थोड़ा मेहनत किया है। और जब तक शादी नहीं हो जाये, मेहनत करते रहेंगे। इस कोलोनी में नहीं हुआ तो किसी दूसरी कोलोनी में।··· लड़की का अभाव है ?

बिश्टू और शारदा बर्मन ने मेम्बरों को बुलाया था। किन्तु इनके खाने-पीने की व्यवस्था पवित्रा की रसोई में हो रही थी।··· बाहर से आये हुए अतिथि-अभ्यागतों के आदर-सत्कार की सारी जिम्मेदारी सदा उसके सिर पर रही है।

भोजन करते समय अभ्यागतों ने देखा–पंक्ति में हरिप्रसाद जादब भी है।

खुदोबाबू ने गौर से देखा··· जादब बंगला भोजन करने का भेद जान गया है। सबसे पहले धुजिया मुँह में दिया।··· साला सब सीखे भूत हये आछे !

··· कालाचाँद के साथ यह कौन आ रहा है ?

–दीदी ! यह हरलाल साहा मेरे बारे में खूब जोर गले से झूठी बातें कहता है, मिटिंग में।··· पूछिए इस बेहुला नाचवाले से–मछली लेकर कहाँ आया है !

रबिया रोज हरलाल साहा के घर मछली पहुँचा जाता है। माँगुर, कबई, मिरका, रेबा !··· उसने सुना है कि कोलोनी में एक मिटिंग हो रही है जिसमें हरि जादब की शादी का फैसला होनेवाला है। इस मिटिंग में सभी का फैसला होगा–जो भी शादी करना चाहे।··· रबिया इसीलिए आया है। और कालाचाँद ने जब पूछना शुरू किया तो उसने कहा–पान-सुपाड़ी खाने के लिए आपको भी कुछ देंगे। किसी तरह यह शादी करवा दीजिए !···

खुदोबाबू ने खीर खाते हुए पवित्रा की ओर देखा।

हरिप्रसाद जादब की मूर्खता जग गयी। उसने झुँझलाकर रबिया से कहा–पूछता हूँ, तुमको प्रेम हुआ है किसी से ?··· यहाँ, जो प्रेम करेगा उसी की शादी हो सकती है।··· प्रेम को बंगला में क्या कहते हैं, जानता है तू ? भालो बासा–माने अच्छा घर ?··· तुमको तो अपना झोपड़ा भी नहीं···।

पवित्रा खिलखिलाकर हँस पड़ी।

कालाचाँद–सब साला एखाने बिये कोर्ते आसे।

'धर्म-रक्षिणी सभा' के बाद नबीनगर कॉलॅनी में बाबू हरिप्रसाद जादब की इज्जत बढ़ गयी।··· खुद खुदोबाबू जिसको देखकर पानी-पानी हो गये।··· मिनिस्टर का

भानजा ! और इज्जत के साथ हरिप्रसाद जादव की मूर्खता भी बढ़ती गयी। वह गाँव की हर लड़की से दिल्लगी करने लगा।··· सभी उसकी सालियाँ हैं।··· एक दिन गिनकर पचीस ढाकाई साड़ी खरीद लाया, सभी सालियों के लिए। कहता है, शादी में पाँच दिनों तक भोज होगा। सिनेमा-कम्पनी ही उठाकर ले आवेंगे, साले को !

पवित्रा ने त्यागपत्र भेज दिया है। वह अब नहीं रहेगी कोलोनी-मेम्बर।··· वह अब सेवा नहीं करेगी किसी की।

कॉलॅनी के स्कूल में ब्लाक की ओर से एक मुसलमान हेडमास्टर को भेजा गया। गोपाल पाइन यह देखकर पागल हो गया। वह समझ गया—सब बदमाशी इस पवित्रा की है।··· बदमाशी नहीं भी हो—लापरवाही तो जरूर कहेंगे।··· कोलोनी-मेम्बर होकर जो यह भी नहीं देखे कि उसके स्कूल में किस जाति का हेडमास्टर बहाल होता है ?··· आमि हांगर स्ट्राइक कोर्बो।

गोपाल पाइन ने स्कूल के बरामदे पर लेटकर अनशन शुरू कर दिया—हेडमास्टर साहब वापस चले गये। क्योंकि एक-डेढ़ घण्टे के अनशन से ही सारी कोलोनी में सनसनी फैल गयी। सभी की आँखों में लाल डोरे उतर आये।

कॉलॅनी के लोगों ने एक स्वर से माँग की—इस्तीफा ! और पवित्रा बोली—मैंने त्यागपत्र भेज दिया है।

नबीनगर कॉलॅनी के किसानों की खेती देखकर सारे गोड़ियर गाँव के लोगों को अचरज होता है। जिन खेतों में कभी कोई फसल न लगी उनगें धान के पौधे लहरा रहे हैं ! पाट की खेती ऐसी, किसी ने नहीं देखी कहीं आज तक।··· जी-तोड़ मेहनत के साथ खेती की तरकीब जानते हैं ये लोग।

—तरकीब नहीं। वह दीदी ठाकरुन जो है न, समझो सब मिठाई का गाछ, ऊख ! वही सबकुछ करती है। पतरा देखकर दिन उचारती है तब गाँववाला हल जोतने जाता है, बीज बोता है।

—खेती की तरकीब की बात पूछते हो ?··· एक दिन मैं टीशन-हाट से जरा देर करके लौट रहा था। दिया-बाती हाट पर ही जल गयी थी। अँधेरे में मैं कोलोनी के बगल से आ रहा था। देखा, गाँव से बाहर कई लोग हड़बड़ाये जा रहे हैं। मैं डर गया। लेकिन फिर सोचा 'संझरतिया' से और गाँव के पास, काहे का डर ? कलेजा कड़ा करके पूछ दिया—कौन लोग हैं ? देखा, सभी कोलोनी के काश्तकार हैं, कन्धे पर कुदाली लिये। मैंने पूछा—कहाँ जा रहे हैं आप लोग ? पानी-बुन्नी का कहीं नाम नहीं, आप लोग कुदाली लेकर कहाँ जा रहे हैं ? बस, सभी खिलखिलाकर हँसने लगे। एक बूढ़ा—वही कण्ठीवाला बूढ़ा बोला कि रात में 'घमाघम' पानी होगा। हम समझ गये, बुढ़वा साले ने कसकर गाँजा चढ़ाया है—'टहटह' आकाश में 'सहस्सर' तारे झलक रहे हैं, कहीं एक चुटकी मेघ नहीं और कहता है 'घमाघम बर्खा' होगी ?

इस पर वह कालाचाँद बोला—साँझ को सूरज की लाली के पास 'तितिरबर्नी' माने तितिर के पंख के रंग का एक रत्ती मेघ दिखलाई पड़ा था—दीदी ठाकरुन ने पाँजी में देखकर देखा, आज पंचमी है। बस, सभी को पुकारकर कहा—अपने-अपने खेतों के 'आल' अभी जाकर बाँध आओ। रात में घनघोर 'बिश्टी' होगी।··· लेकिन हमको 'परतीत' नहीं हुआ। समझ गये, साला सब किसी जानवर का शिकार करने जाता है—सनगोही-उनगोही देखा होगा कहीं, चाहे 'शाही-चिरैया' का काँटा देख लिया है।··· सो भैया उस रात की 'बर्खा' की याद सभी को होगी ? हाँ, जिस रात की 'बर्खा' में बुधनी मुसम्मात का घर गिर गया था। 'प्रलै-बर्खा !'···

तुत-तुत, तुत-तुत, तुत-तुत···।

तालेवर गोढ़ी का मिल चल रहा है। आजकल वह अपने गोदाम में जमे हुए धान को कूट रहा है—दूने दाम में चावल बिक्री करने का यही समय है।

चारों ओर धान और पाट के खेत—हरे-भरे ! लछमी खेतों में सजी-धजी खड़ी है धानी रंग की साड़ी पहनकर। मन्द-मन्द हासिनी। खेतिहर-किसानों के बैठे-बैठे मलार गाने के दिन हैं ? खेतों में लछमी हँसती है, घर में लछमी हँसती है।··· लेकिन जब तालेवर गोढ़ी का मिल चलने लगता है तो लछमी के चेहरे पर एक आतंक की छाया छा जाती है। हँसी बिला जाती है ! गीत रुक जाता है। तुत-तुत, तुत-तुत, तुत-तुत—इस ताल पर सभी का गीत 'बेताला' हो जाता है। ताल पर चलता है सिर्फ तालेवर गोढ़ी का बेटा रामजी गोढ़ी !! वह एक मिल अररिया-कोट में भी बैठायेगा।

तुत-तुत, तुत-तुत··· !

पण्डित रामचन्द्र चौधरी को इस बार फिर एक हजार मुनाफा हुआ है।··· साले गोढ़ी के मिल को देखना है ! पण्डित रामचन्द्र चौधरी सिर्फ धान कूटनेवाला और आटा पीसनेवाला 'मिल' नहीं—चूड़ा कूटनेवाला, तेल पेरनेवाला 'मिल' बैठावेगा !

तुत-तुत, तुत-तुत··· !

रामजय आजकल अकेला ही दीपा की माँ का सभी काम करता है। भैंस चराना, भैंस दूहना, दीपा को कन्धे पर बैठाकर घुमाना। और··· आजकल दीपा की माँ का दर्द नहीं चिनचिनाता। दीपा की माँ रामजय को डॉक्टर कहती है और रामजय दीपा की माँ को लेडी डाक्टरनी कहता है।··· पारस ने साइनबोर्ड का ऑर्डर दिया था, मगर एडवान्स नहीं दिया था। इसी बात पर रामजय ने पारस को भी 'जवाब' दे दिया एक दिन। और 'डबल-फीस' देकर बारह घण्टे के अन्दर ही साइनबोर्ड बनवाकर ले आया। गौशाला के छापीखाना से पर्चा छपा लाया। हाट-बाजार से लेकर गाँव की गली-गली में पर्चा चिपकाया और बाँटा—खुल गया ! खुल गया !! डॉक्टर श्रीमती सरस्वती देवी लेडी हेमोडाक्टरनी का दि हरखचन्द दातव्य दवाखाना मोकाम गोड़ियर में—खुल गया ! सभी गुप्त रोगों का इलाज शर्तिया, गरीब औरतों

को मुफ्त और अमीरों से यथाशक्ति तथा भक्ति··· दवा के अलावा कई गुप्त रोगों के हुक्मी टोटके··· आइए-आइए ! खुद आजमाइए··· हाथ कंगन··· !!

··· दीपा के बाप के नाम पर दवाखाना खोलकर जिस दिन बैठी दीपा की माँ–सबसे पहला केस आया 'आत्महत्या' का। पारस ने चूहा मारने की गोलियाँ खा लीं–गिनकर पन्द्रह गोलियाँ ! दीपा की माँ ने पन्द्रह मक्खियों को मारकर पान के साथ खिला दिया और उसके बाद पारस का पेट-मुँह, दोनों चलने लगा। नाड़ी मन्द थी तो बिल्ली का 'पुरैन' गोबर में घिसकर पिलाया और पारस की जान वापस आ गयी–लौटाये हुए पार्सल की तरह।··· मोहना दफ़ादार ने एक सौ रुपया वसूल किया था बाद में। लेकिन पारस सचमुच 'सगुनियाँ' आदमी है।··· पहले ही दिन पाँच रोगी–पचीस रुपये–लागत मात्र पाँच नये पैसे ! दीपा की माँ का दवाखाना चल गया है खूब।··· सब, इस रामजय के चलते।··· पारस का नाम कौन लेता है। अब उसका 'पार्सल' इस गाँव से जल्दी ही होनेवाला है। दीपा की माँ के नाम 'जोही-सोही' बोलते फिरता है, साला ?··· जयराम एक दिन पूछेगा। पर्चा लिख दिया तो दवाखाना का मालिक ही हो गया ?··· जयराम इसी साल गाँव में मुसम्मात के मिल का 'खुट्टा' गाड़कर दिखला देगा !

तुत-तुत, तुत-तुत··· !!

कॉलॅनी के लोग भी तालेवश्वर गोढ़ी की मिल के बोल पर पैर मिलाकर चलते हैं।··· बिश्टू अब फेरी छोड़कर हाट में दुकान लगायेगा। पूँजी बढ़ायेगा। पूँजी बढ़ते-बढ़ते-बढ़ते-बढ़ते··· !

तुत-तुत, तुत-तुत··· !!

पुरी से लौटते हुए तालेश्वर गोढ़ी ने दूर से ही सुना–मिल चल रही है। मिल चल रही है, माने काम हो रहा है। लोग बैठे नहीं हैं ?–जयराम ! मिल चल रहा है।

–रामजी बाबू बैठनेवाले आदमी थोड़े हैं।

जयराम ने समुद्रस्नान के बाद दाढ़ी बनाना छोड़ दिया है। पन्द्रह-बीस दिनों में दाढ़ी 'गुलजार' हो गयी है।··· गाँव की सीमा में प्रवेश करते ही जयराम ने अपना 'पट' (जगन्नाथजी की तसवीर) और बेंत की छड़ी को सँभालकर बगल में और फटी और बुझी हुई आवाज में 'जगरनथिया गीत' शुरू कर दिया–

जागरनथिया रौ भाय,
बाबा रौ बिराजे उड़िया देस में एँ-एँ-एँ।
अरे कौन गाँव के बड़का बाबू,
कँहबा बड़का पूल,
अरे कौन गाँव में पाँच पोखरिया
कँहवा अड़हुल फूल-जागरनाथियो-यो-यो !

जगरनथिया गीत सुनते ही सभी समझ गये, तीर्थ-यात्री लोग सकुशल लौट आये हैं। सभी दौड़े–आ गया जगरनथिया सब !

··· तुत-तुत, तुत-तुत, तुत-तुत।

मिल बन्द हो गयी। तब, जगरनथिया गीत सारे गाँव में गूँज उठा :

अरे गोड़ियर गाँव के तालेबाबू–
मोकामाह केह पूल
अरे भिखमगाम में पाँच पोखरिया
बेलुड़ अड़हुल फूल–जागरनाथियो-यो-यो-यो।
जागरनाथियो रे भाय–
बाबा रौ बिराजै उड़िया देस में ए-ए-ए-ए !!

गीत समाप्त करने के बाद जयराम ने पैर भी नहीं पखारा और सीधे कोलोनी की ओर झोली-झण्डा लेकर चला गया।

कोलोनी में एक ही साथ दो शंख बज उठे।··· जोड़ा शाक !!

तू-उ-उ-उ-उ। धू-उ-उ-उ-उ !!

सन्ध्या के ब्याह की बात आज एकदम पक्की हो गयी। योगेशदास उसके साथ अररिया-कोर्ट के हरिलाल झा वकील से शादी का 'मिसिल' बनवाकर ले आया है। शादी के एक दिन पहले रजिस्ट्रार खुद गाँव में आकर रजिस्ट्री कर देगा।

··· साला, औरत न हुई–धनहर-जमीन हुई। रजिस्ट्री करके तब 'दखल देहानी' 'टाइटिल सूट'··· बेदखली ?

जयराम सिंघ ने पवित्रा को सुनाया–मालिक कहते हैं कि हमारी बेटी बाँस फूस के घर में रहती है–मुझे पक्का मकान में नींद आये भला। इसी बार बेटी को पक्का मकान बनवा दूँगा।··· दीदी ठाकरुनजी–कलकत्ता में मालिक का ऐसा हाल हुआ कि क्या कहें। जिधर मालिक देखते उधर बस आपको ही देखते। कहते, देखो जयराम–मेरी बेटी जैसी है न ? वहाँ, 'पुरीजी' में भी कई लड़कियों को देखकर भ्रम हुआ उनको।

··· गाँव के लोगों को बाद में पता चला कि पुरी-तीर्थयात्रियों में दो महिलाएँ भी थीं। गुणवन्ती और सिंगारी !··· इस्स ! गाँव में किसी को पता ही नहीं लगने दिया और दो-दो औरत को 'तीरथ' करवा लाया।

··· पुरी में समुद्र-स्नान के बाद तालेवर गोढ़ी ने 'मन्तर' पढ़ते हुए कहा था–समझे जयराम। बस, अब यहीं किस्सा 'खत्तम'। इसके बाद अब किसी स्त्री से कोई प्रसंग नहीं। एकदम 'लँगोटाबन्न'। इसीलिए, मैंने कहा था··· !

··· चौड़े पाड़ और अँचरावाली कटकी साड़ी खरीदते समय सिंगारो और गुणवन्ती ने ऐसा नखरा पसारा कि ताले के साथ जयराम का भी सब 'ताल-माल भुतला' गया।

··· गुणवन्ती और सिंगारो की मनचाही चीजें खरीदकर तालेवर गोढ़ी ने कीमती साड़ी निकालने को कहा। एक रामजी की स्त्री के लिए, दूसरी पवित्रा के लिए,

तीसरी सन्ध्या के लिए। एक साड़ी सबसे कीमती !··· इतना सुनते ही गुणवन्ती घुनघुनाने लगी। इसके बाद सिंगारो ने भी गाल फुला लिया। तालेवर गोढ़ी ने सबकुछ समझकर भी कुछ नहीं समझने का बहाना किया। तब दोनों औरतों ने जयराम से साफ-साफ कह दिया—सभी साड़ी एक किसिम की होनी चाहिए।··· इज्जत लेने के बेर गुणवन्ती-सिंगारो की और कीमती साड़ी बंगलनियाँ-छोड़ियों के लिए। ··· ओझा से कह दीजिए, मुँहदेखी करेंगे तो यहीं सबकुछ खुल जायेगा।··· धर्मशाला के सिपाही को थोड़ा सन्देह हो चुका है !

··· गोड़ियर गाँव में तीन कटकी साड़ियाँ ?

··· कोलोनी में, दो साड़ियाँ ?

रामजी गोढ़ी का खून खौल उठा ! वह अब नहीं सहेगा। दो में-से एक का खून वह जरूर करेगा। या तो अपनी बन्ध्या बीवी की हत्या करेगा अथवा पितृ-हत्या··· !!

जयराम समझाता है—रामजी बाबू।··· हम आपको 'गौरंटी' से कहते हैं कि मालिक अब वह सब 'लन्द-फन्द' एकदम बन्द कर देंगे।··· समुन्दर में स्नान करने के बाद मालिक ने 'प्रन' किया है। आप अब निश्चिन्त रहिए ! एकदम लँगोटाबन्न !

—लेकिन, बंगलिनियाँ को पोख्ता मकान तैयार करवा देंगे—यह मैं हरगिज नहीं होने दूँगा।··· पहले बाँट-बखरा कर लें तब जिसको चाहें 'हवेली' बना दें या कोठा। ··· बुढ़ौती में घिना दिया !

मिल का 'फिटर' दौड़ा आया—मालिक, जल्दी चलिए—डलेबर साहब बेहोश हैं। फीता टूटकर एकदम कलेजे पर··· !

दीपा की माँ सचमुच लेडी-डाक्टरनी हो गयी है !··· रामजी बाबू के 'डलेबर' की उसने ऐसी दवा दी कि तुरत उठकर 'मिल' चालू कर दिया 'डलेबर' ने ?··· रामजी बाबू ने एक 'नम्बरी' दिया—'बकसीस' में ?

रामजय आजकल 'हवाई-शर्ट' और 'हवाई चप्पल' पहनकर चलता है और गाँव-घर, हाट-घाट और बाट में 'हवाई-प्रचार' करता फिरता है—नढ़ौवा डौढ़ी की रानी ने अपने गुप्त रोग की दवा 'पोस्काट' लिखकर मँगवाया है।··· डाक्टरनी-भौजी बम्बै से एक ऐसा 'मिशिन' मँगा रही है कि जिससे इलाज करने पर 'कागबन्ध्या' को भी बच्चा होने लगेगा।··· नाड़ी पर हाथ रखते ही डाक्टरनी-भौजी रोगी का 'भितरिया-रोग' समझ जाती है।

जयराम ने एक दिन पूछ दिया—क्या छोटकू ! क्या इरादा है ?

रामजय बोला—अब आप लोग जो कुछ भी समझिए ! लेकिन मैं मुसम्मात को अकेली··· !

रामजय अपनी बात पूरी नहीं कर पाया। दीपा दौड़ी आया—रामबाबा ! ··· माँ रो रही है दर्द से। चलिए जल्दी !

जयराम को जो कुछ समझना बाकी था–सब समझ गया अब।··· चलो, इस बेढंगे का भी एक 'हिल्ला' लग गया ! सुख-चैन से रहे, कहीं भी रहे। किसी के साथ रहे।

कारे कई दिनों से जयराम सिंघ को खोज रहा है, एकान्त में। कारे जानता है–जयराम बाबू बंगाली-पाटी में हैं। बंगाली औरत की तारीफ करने के कसूर में कारे की नौकरी छूटी है। एक साल का दरमाहा बाकी है। माँगने जाते हैं तो–आजकल रामजय बाबू चट्टी-जूता पहनने लगे हैं न··· !

जयराम सिंघ बोला–जूता पहनने लगा है तो तेरे बाप का क्या पहनता है ? ··· साले, तू मुसम्मात की बेटी को छाती से सटाकर उस तरह दाँत काँटकर चुम्मा क्यों लिया था रे-ए-ए ! साला, मैं गाँव में नहीं था तो क्या समझता है कोई बात मुझसे छिपी हुई है ? साला, मेरे पैर में जूता नहीं है तो क्या··· साले बिना जूता पहने भी तुझे पचास जूते लगा सकता हूँ। खच्चड़, राड़ ! आग में हाथ देते डर नहीं लगता, साले ? बाभन-छत्री की इज्जत पर हाथ देता है ?··· गल जाओगे साले ! तीरथ से आने के बाद 'सराप' दिया है–याद रखना !

जयराम सिंघ को अचानक ज्ञान हुआ, उसने अनुचित क्रोध किया है।··· मुसम्मात जान-बूझकर इतनी बड़ी लड़की को कन्धे पर बैठाकर 'घुमाने-टहलाने' कहेगी तो 'राड़-रोहिया' लोग क्या करेंगे ?··· भूखे आदमी के हाथ में लालमोहन-खीरमोहन की चँगेरी हो या बतासा का एक टुकड़ा !··· जयराम ने उचित नहीं किया। उसने कारे को बीड़ी निकालकर देते हुए कहा–जा 'सराप' नहीं लगेगा। मगर ऐसा काम फिर कभी मत करना।

दीपा ने दूर से पुकारकर कहा–जय बाबा ! माँ कहती है, आज यहीं भात खाइएगा।

–नहीं बेटी। मैं अब जनाना का बनाया-पकाया भात नहीं खाता। अपने से बना-पकाकर खाता हूँ।

कारे ने कहा–इस ! तब तो बड़ा 'जब्बड़-हठजोग' का साधन कर रहे हैं आप, जय मालिक ?

कारे ने जयराम सिंघ को दण्डवत् किया–धरती पर लेट करके। साले ने तीरथ से आकर 'सराप' दिया है। वैसे, लौटा लिया है। मगर कहीं लग जाय तो ? इसलिए ठिकाने से 'सराप' कटा लेना अच्छा है।

–उठ कारे !··· धरम छोड़ जो अधरम करहि, सो सठ 'सुँगठी' होकर मरहि !! सियाबर्रामचन्द्र की जै !!

तुत-तुत, तुत-तुत, तुत-तुत··· !!

पन्द्रह

कॉलॅनी में अब कीर्तन नहीं होता !

साप्ताहिक गोष्ठी भी नहीं होती। शाम की बैठकी भी नहीं जमती। रात्रिपाठशाला भी बन्द।··· आपस में बैठकर बोलना-बतियाना भी रुक गया। गाँव एकदम बदल गया !

दिन-भर काम-काज करने के बाद अब सभी अपने-अपने घरों में बन्द हो जाते हैं। सामूहिक गायन अब नहीं होता। कालाचाँद अपनी झोपड़ी के कोने में लेटा हुआ कभी-कभी एकाध कड़ी गुनगुना लेता है। गोपाल पाइन आजकल दिल हलका करने के लिए अँगरेजी गीत गाता है अपने आँगन में बैठकर—आसमान की ओर देखता हुआ—ट्विंकिल-ट्विंकिल लिट्ल स्टार, हाउ आइ वण्डर ह्वॉट यू आर—ह्वाट यू आर—ह्वाट यू आर ?

कारे एक दिन आया—जखन आपना लोग सॅब केत्तो न बन्द करैयांछि तो खोल राखियाँ की करैयांछी। जोदो बेचैयांछी तो हामी किनैयांछी।

कालाचाँद ने धमकाते हुए कहा—कौन बोला कि कीर्तन बन्द हो गया ?

लेकिन कारे अब खोल खरीदकर क्या करेगा ? 'तीरथ' पर जाने के पहले तालेवर-मूलगैन ने कहा था—ठीक है, फिर नाच शुरू करो। सब खर्चा देंगे। और 'तीरथ' से आने के बाद एकदम उलटी बात ? कारे ने उस दिन हँसकर याद दिलाया तो कड़ककर बोले—नहीं। नाच-तमाशा के लिए कुछ नहीं मिलेगा !··· और, कौन लोग हैं नाचवाले ? जानते हो, नया सरकारी कानून ? बिना लाइसेन्स के 'नाच-पाटी' तैयार किया कि गये पाँच साल—हवा खाने। मालूम है ? आजकल कोई काम बिना सरकारी लाइसेन्स का होता है कहीं ? भकुवा सब कहीं के—मुझे भी भकुआ समझता है ?

तालेवर गोढ़ी ने बहुत सोच-समझकर यह फैसला किया है। उसने 'जगरनाथजी' में 'नाचपाटी' के लिए 'पर्दा-पोशाक' खरीदने का विचार किया कि उसी रात में 'सपनौती' हुआ कि रे मूरख, तू अपने पैर में आप ही कुल्हाड़ी मारता है ? 'नाच-पाटी' वालों को मदद करता है ? जरा गौर से विचार करके देख।···

··· सचमुच ! तालेवर गोढ़ी को ज्ञान हुआ। जब गाँव और इलाके पर 'बाभन-राजपूतों' का राज था, तालेवर गोढ़ी ने बेहुला-नाच-पाटी अपनी बीवी के गले की हँसुली बन्धक देकर शुरू की थी। इलाके-भर में तालेवर की मूलगैनी मशहूर हो गयी थी। किन्तु सबसे बढ़कर जो बात हुई उसपर किसी ने कभी सोचा ही नहीं। नाच-पाटी के कारण ही गोढ़ी-गुआर, कमार-कहार, कुर्मी-धानुक, केवट-कैवर्त आदि 'पिछड़ी जाति' का एक ठोस संगठन हो गया। इलाके में एक से एक अगिया बैताल—बाभन और पनियाँ—दरार साँप-राजपूत !··· सभी इस संगठन के सामने—फुस्स !

··· लेकिन अब जो नाच-पाटी बनेगी और इसके चलते जो संगठन होगा उसके सामने खुद तालेवर गोढ़ी 'फुस्स' हो जायेगा।

··· इलाके में कोई बाजा नहीं बजेगा–'मिल' की बोली के सिवा।

··· अब जो गाने-बजाने में समय बरबाद करे बेकार–उसको पकड़कर फाँसी पर लटका देना चाहिए।

··· मिल की बोली की ताल पर 'सलिमा' का गाना खूब जमता है लेकिन!

··· तुत-तुत, तुत-तुत, तुत-तुत।

··· गोरी-तोरे-गोरे-गाल-पर गोदना!

हो गोदना-हो गोदना-हो गोदना

··· तुत-तुत, तुत-तुत···।

जयराम सिंघ ने आकर सूचना दी–मालिक, ई गुअरवा तो बड़ा भारी अन्याय करने पर तुला हुआ है!

–कौन?

–वही, सुक्की-बेलाही का हरि जादब?

–क्या किया? क्या करनेवाला है?

–हम सभी पाकिस्थानी टोला से आ रहे हैं।··· वह तो 'ट्रक' ले आया है।

–काहे वास्ते?

–एकदम खोप सहित कबूतराय नमः करना चाहता है।··· लड़की मय उसके बाप और माँ, कहता है, सभी को ट्रक में लादकर ले जायेंगे?

–कहाँ?

–सुक्की–बेलाही।··· घरजमैया तो सुना था। मगर यह 'घर-ससुरा' और 'घरसास' नहीं सुना था।··· दीदी ठाकरुन जार-बेजार रो रही है। हमसे बरदाश्त नहीं किया गया तो दौड़ा आया हूँ आपके पास।

–क्या? मेरी बेटी रो रही है जार-बेजार?

–मैं झूठ बोलूँगा।··· तीरथ से लौटने के बाद भी?

तालेवर गोढ़ी नंगे पाँव ही कॉलॅनी की ओर दौड़ा। पीछे-पीछे जयराम सिंघ!

–अरे-रे! ताले मालिक को क्या हुआ?

–कहाँ भागा जा रहा है?

–ले, ले गिर पड़ा बुड्ढा। उसके पीछे दढ़ियल-जयराम सिंघ? क्या हुआ है इन लोगों को?

–होगा क्या? उस बार 'गुण' मारकर कोलोनी की जादू जाननेवाली को अपने दरवाजे पर बुला लिया तो समझा कि बहुत बड़ा गुणी है। अब देखिए, कैसा 'गुण' वहाँ से बैठकर छोड़ा है कि बुढ़वा गिरते-पड़ते दौड़ा जा रहा है।··· देखिए, आँख खोलकर देख लीजिए–बंगाले के जादू का खेला।

तालेवर गोढ़ी और जयराम सिंघ के पीछे सारे गोड़ियर गाँव के लोग दौड़े। ··· चलो, फिर लगता है एक भोज हाथ लगेगा–मांस-पोलाव का!

योगेशदास कहता है—जब मेरे कारण सारी कोलोनी की इज्जत जा रही है, धर्म जा रहा है, तो हम लोग यहाँ से चले जाँय यही ठीक है। क्या होगा 'कोलोनी' में रहकर ?··· मिछे-मिछे रोज झगड़ा।

लखीकान्त सरकार चिल्ला रहा है—ठीक है। जाना है जाइए। मगर हम लोगों के 'फण्ड' से दीदी ठाकरुन ने रुपये देकर आपका कर्जा चुकाया था, सो देते जाइए !

—तुम रुपया माँगनेवाला कौन ?

—हम सब होता है।

इस बार हरिप्रसाद जादब ने कहा—बाबूजी, आप इन लोगों से मुँह क्यों लगाते हैं। जब दीदी ठाकरुन ने हुक्म दे दिया तो अब जो साला कुछ बोला कि··· हम भी तैयार होकर आये हैं। आज यहाँ आल्हा ऊदल···।

तालेवर गोढ़ी और जयराम सिंघ हाँफते हुए आये। हरिप्रसाद जादब ने देखा, करीब एक सौ लोग उनके पीछे दौड़े आ रहे हैं।

तालेवर ने आते ही हरिप्रसाद जादब की ओर हाथ उठाकर कहा—तुम अपने को मिनिस्टर का भांजा समझते हो ? तुम बहुत बड़े मुकदमेबाज का बेटा हो ? ··· हमारी बेटी को रुला-कलपाकर, हमारे ही गाँव से तुम माँ-बाप सहित लडकी को ट्रक पर उड़ाकर ले जाओगे ?

जयराम सिंघ ने नारा लगाया—रघुकुल रीत सदा चलि आँहि, प्रान जाहि बरु बचनोनि जाँहि।··· प्रान चला जाय मगर ऐसा अन्याय नहीं होने देंगे।

पवित्रा ने तालेवर गोढ़ी को समझा-बुझाकर ठण्डा किया—ताले काका ! योगेश का चला जाना ही अच्छा है। एक तो, शुरू से ही इस कोलोनी के लोग 'वारिसाल' का आदमी कहकर परायेपन का बरताव करते थे उससे। इधर, जब से शादी की बात तय हुई है, कोई इनसे बात ही नहीं करता।

तालेवर ने पूछा—तुम रोती क्यों थी बेटी ?

सन्ध्या की माँ बोली—ताले काका ! सन्ध्या तो नाम के वास्ते हम लोगों की बेटी है। असल बेटी तो दीदी ठाकरुन की ही है। इसीलिए···।

तालेवर गोढ़ी ने शान्त चित्त से कहा—बेटी तो पराये घर की होती ही है। एक-न-एक दिन जाती ही है। मगर इस तरह नहीं ?··· शादी कब है ?

हरिप्रसाद जादब और योगेशदास ने एक ही साथ कहा—पाँच तारीख को चार दिन के बाद।

—हाँ, आज तो पहली तारीख है ?

तालेवर गोढ़ी ने कुछ सोचकर कहा—ठीक है। तुम बारात लेकर आओ।

—लेकिन मैं कोलोनी में शादी नहीं करूँगा, अपनी बेटी का।—योगेशदास बोला।

—ठीक है, शादी मेरे घर पर होगी।··· जाओ बारात की तैयारी करो। तब तक ये लोग मेरी हवेली में···।

हरिप्रसाद जादब ने जोर देकर कहा—नहीं। हम वकील साहब की सलाह के खिलाफ कोई काम नहीं कर सकते।··· हरलाल झा वकील का बनाया हुआ मिसिल

है कि जब तक शादी नहीं हो जाय लड़की किसी ग़ैर के घर नहीं जाने पावे।

हरिप्रसाद जादब ने अपने चमड़े के पोर्टफ़ोलियो बैग से टाइप किया हुआ 'मिसिल' निकालकर दूर से ही दिखलाया।

गोड़ियर गाँव के तमाशा देखनेवालों की बुद्धि में कोई बात नहीं आ रही थी। ··· पूछने पर कोई कुछ कहता नहीं। क्या बात है ?··· सुक्की-बेलाही के हरिबाबू का रुपया ठगकर ले लिया है कागज बनाकर–अब कहता है शादी नहीं होगी।

रबिया भीड़ के पीछे था। वह आगे आया–ताले मालिक, मेरा भी फैसला हो जाना चाहिए। जरा मेरा भी हिसाब।··· तीन रुपये सेर के दर से तीन मन मछली का कितना दाम हुआ ?

तालेवर गोढ़ी ने तुरत जवाब दिया–सात सौ बीस।··· क्यों, तुम्हारा इतना दाम बाकी है ?··· क्यों जी हरिप्रसाद, इस गरीब का दाम कौन देगा ?

–सो मैं क्या जानू ?

रबिया बोला–नहीं मालिक, वह हरलाल साहा है न। उसो के पास।··· दो सेर के रोजाना के हिसाब से लगातार चार महीने से मछली हमको फुसलाकर खाया। ··· कभी हमको एक शाम खाने के लिए भी नहीं पूछा और जब काम की बात चलाये तो हरलाल साहा और उसकी बीवी बँगला में गाली देने लगी।

तालेवर गोढ़ी का चित्त अब शान्त है। उसकी मुँहबोली बेटी के ओठ पर फिर देवी-दुर्गा के मुँह की हँसी लौट आयी है।··· कोई कहीं जाय। उसने अब वह सब छोड़ दिया है–समुद्र-स्नान के बाद से ! नहीं तो, आज ही इस निमोंछिये जवान हरिप्रसाद जादब को दिखला देता तालेवर गोढ़ी कि शादी के पहले लड़की ग़ैर के घर कैसे जाती है।

सभी देखते रहे और योगेशदास अपने घर का सारा सामान बाहर निकालने लगा।

हरिप्रसाद जादब ने तालेवर गोढ़ी को सुनाकर कहा–जिस दिन मेरी शादी है उसी दिन मेरा मिल भी बैठेगा। मेरे मिल का नाम जानते हैं–दि सन्ध्या राइस एण्ड आइल मिल, दि सुक्की बेलाही, दि पूर्णियाँ डिस्टीट !··· खुद मामा ने लायसेंस करवाकर नाम रजिस्ट्री करवा दिया है, जानते हैं ? और हमारा डलेबर हिन्दू-मुसलमान नहीं–खाँटी क्रिस्थान है !

पवित्रा ने अपने दिल को पत्थर बना लिया। वह उठकर ताले काका के लिए चाय बनाने गयी।

सन्ध्या ने पैर छूकर प्रणाम किया और सिर झुकाये खड़ी रही। पवित्रा बोली–शादी के बाद एक बार आना, तुम दोनों।

सन्ध्या रोने लगी और पवित्रा स्टोव में हवा देने के बहाने कमरे के अन्दर चली गयी !··· सन्ध्या की शादी में देने के लिए कई चीजें उसने अपने हाथ से तैयार की हैं।

पवित्रा के घर से निकलकर सन्ध्या हरिप्रसाद जादब के साथ ट्रक पर जा

बैठी।··· जादब ने योगेशदास और उनकी स्त्री को ट्रक के पीछे बैठाया और सन्ध्या को अगली सीट पर—अपनी बगल में सटाकर !

पवित्रा ने सुना, कालाचाँद की माँ सिसकियाँ लेकर रो रही है।··· पवित्रा ने अपनी छोटी आलमारी की ओर देखा—सन्ध्या अपने साथ दोनों शंख ले गयी !

ट्रक घरघराता हुआ गोड़ियर गाँव की सीमा से ओझल हो गया !

तालेवर गोढ़ी ने चाय पीते हुए जयराम से पूछा—ठीक कलकत्ता टीशन पर जैसी चाय पिये थे वैसा ही स्वाद है या नहीं ?

जयराम ने सन्तों-जैसी मुद्रा बनाकर कहा—है !

और, पाँचवें दिन जयराम सिंघ ने ही सूचना दी—जादब की शादी हो गयी। सचमुच, रजिस्ट्रार साहब आये थे, खुद !··· लेकिन, हरिप्रसाद जादब की माँ ने अपने आँगन में घुसने नहीं दिया है।··· दालान से बाहरवाले घर में रखा है तीनों प्राणी को।··· जयराम, मालिक के वसूल—तकादा के बहाने सुक्की-बेलाही जाकर रजिस्ट्री-शादी देख आया है।

वह यह शुभ संवाद, दीदी ठाकरुन को देने के लिए कॉलॅनी की ओर चला। उसको एक बहुत पुराने गीत की याद आयी। वह गुनगुनाने लगा—झौवा बूड़ल रौ भाय—सब छौड़ी सब जाइछौ ससुराल।··· सचमुच, किसी लड़की को ससुराल जाते देखकर चिरकुमार जयराम का जी उदास हो जाता है। बेवजह रोने का मन करता है।

कॉलॅनी के पास पहुँचकर उसकी नजर खून से लथपथ हरलाल साहा पर पड़ी—अरे-रे-रे ! क्यों साहाजी ?··· ई कैसे ?

रबिया और कारे ने मिलकर हरलाल साहा का सिर फोड़ दिया है, लाठी से। ··· रबिया ने खराब गाली दी और जब हरलाल ने बँगला में जवाब दिया गाली का तो दोनों ने मिलकर हरलाल को पटक दिया।

खून देखकर जयराम सिंघ का खून गर्म हो जाता है। उसने कॉलॅनी के लोगों को पुकारकर कहा—कहाँ हैं आप लोग ? देखिए, कितना बड़ा अन्याय हो गया इधर। आप लोगों को 'धिरकार' है कि इस गाँव का 'चोर-चुहाड़' सब मिलकर दिन-दहाड़े 'खूनी-खूनी' करता है और आप लोग चुप हैं।

किसी ने हरलाल साहा की हालत से हमदर्दी नहीं दिखलायी। तब जयराम ने कहा—आप मालिक के पास चलिए, हरलालजी। मालिक अभी पंचायत बुलवावेंगे।

सभी को हमेशा हँसानेवाला हरलाल साहा रोता हुआ अपने आँगन में चला गया। क्या होगा पंचायत करवाकर ? साला, कहता है सात सौ बीस रुपये दाखिल करो, नहीं तो तुम्हारी बहन एक दिन गायब हो जायेगी !··· इस कोलोनी में अब नहीं रहेगा हरलाल साहा !

जयराम, पवित्रा के ओसारे पर बैठकर सन्ध्या की शादी का किस्सा सुनाने लगा।

किन्तु पवित्रा रह-रहकर सामने के पेड़ की ओर देखती–भाई साहब, कौन हवा चल रही है, पुरवा या पछिया !··· आसिन में पुरवा हवा ?

–क्यों, क्या बात है दीदीजी ?

–कल साँझ को पछिया हवा चल रही थी।

–क्यों, क्या बात है दीदीजी ?

–आसिन महीने के ये लक्षण अच्छे नहीं ?

–लच्छन ? कैसा लच्छन ?

गोपाल पाइन इतनी देर के बाद उत्तेजित होकर घर से बाहर आया–ए सब की होच्छे ?··· यह सब क्या हो रहा है ? दीदी ठाकरुन, आप क्या अब यही सब करवाने लगी हैं।··· गाँव के सभी लोगों से हेल-मेल बढ़ाकर–कोलोनी के लोगों को पिटवाती हैं ?

जयराम सिंघ ने कहा–ए मास्टर, अब हम भी थोड़ा-थोड़ा बँगला बूझने लगे हैं। समझे ?··· दीदीजी का इसमें क्या कसूर है।

गोपाल पाइन तुरत अपने आँगन में वापस चला गया।··· सिंघ साला गाँजा टेनेछे निश्चोय !

पवित्रा ने कहा–भाईजी, आपकी खेती कैसी हुई है ?

जयराम सिंघ को अचरज हुआ, दीदीजी, आज इस तरह 'बे-सिलसिले' की बातें क्यों करती हैं ? कभी पूछती हैं, कौन हवा चल रही है ? कभी पूछती हैं, इस बार आपकी खेती कैसी हुई है ? उसने जवाब दिया–दीदीजी, मेरे पास जमीन कहाँ ?··· हाँ, मालिक की खेती की बात पूछती हैं तो, खेती अच्छी है। और, खेती अच्छी हो या खराब, मालिक को इससे क्या ? एक मिल अररिया-कोट में भी चलायेंगे। अब खेती में क्या ? 'बिचनेस' और 'मिल' चलानेवाले के हल आसमान में चलते हैं।

पवित्रा हँसी। बहुत दिनों के बाद फिर एक नया मुहावरा सीखा उसने–आसमान में हल चलते हैं ?

–दीदीजी, एक 'इस्दुआ' है आपसे।

–कहिए।

–मुझे आप अपने हाथ से पकाकर एक दिन मछली-भात नहीं खिलाइएगा ?

–लेकिन आप तो उस दिन कह रहे थे कि तीरथ से लौटकर जनाना-जाति के हाथ की पकी रसोई नहीं खाता।

–तो आप जनाना थोड़ी हैं ?··· आप··· आपको जो जनाना कहेगा उससे बढ़कर 'बेकूफ' और कौन होगा ?

कालाचाँद की माँ आयी–काला टा काल थेके जानि ना कोथाय··· ?

जयराम सिंघ को इतनी देर के बाद ख्याल हुआ कि कालाचाँद सुक्की-बेलाही में है और उसने आते समय अपनी माँ के नाम 'संवाद' भेजा है कि अभी दो-चार दिन वह सुक्की-बेलाही में मेहमानी करेगा !

कालाचाँद की माँ बोली–काला की मति-गति आजकल न जाने कैसी हो गयी है।··· कहता था, चलो हम लोग भी सुक्की-बेलाही में जाकर रहें।

फेरी करनेवाले लड़कों के साथ बिश्टू चिल्लाता हुआ आया–अब इस कोलोनी में कोई नहीं रहेगा।··· दिनदहाड़े यहाँ आदमी की जान चली जायेगी किसी दिन!

फेरी करनेवाले लड़कों ने अपना अलग संगठन बनाकर तय किया है–इस कालाचाँद को और उसकी माँ को और पवित्रा को कोलोनी से निकालकर ही वे पानी पीयेंगे।··· बिश्टू ने आज एक तुकबन्दी की है। सभी रह-रहकर इस तुकबन्दी को जोर-जोर से दुहराते हैं–'लुकिये करि अभिसार, सामने करि सेवार काज–आमार आबार किसेर लाज ?'

छोटे अन्दू ने एक पंक्ति और जोड़ी–दिनेर बेला खँई भाजि–रातेर बेला रानी साजी।

हरिधन मोड़ल के बेटे ने 'ठेठ हिन्दुस्तानी' में गाना शुरू किया–भीतर में छुपाय के, सत्तर चूहा खायके,–हज चली बिल्ली–हो–हज चली बिल्ली–हो भगतिन बिल्ली··· !!

बिश्टू ने शारदा बर्मन को जोर से सुनाकर कहा–दादा, नोगेन बागची ने क्या कहा जानते हैं। बोले, एक शीशी 'चुलकोनी' (खुजली) की दवा खरीदकर ले आओ।

··· हैं-हैं-हैं-हैं-हैं।··· ए-ए। धीरे-धीरे।

–धीरे से काहे ? किसी का डर है !

–आमरा सब जेने गेछि।

–खून का बदला खून !

–हरलाल, परवाह मत करो ?

–डाइनी !

–पवित्रा के कानों में हँसी और गालियाँ समाती जाती हैं।··· काला की माँ सो गयी है।··· ये लोग मुझे मेरे आँगन में आकर गाली-गलौज करेंगे–ऐसा लगता है।

आधी रात को जब सारी कॉलॅनी सो गयी, पवित्रा हिचकियाँ लेकर रोने लगी–उसका कोई नहीं, इस दुनिया में ? इतनी अकेली··· ?? माँ-आ-गो ! बाबा-आ-आ !!

··· गड़गड़ गुड़म-गुड़म !

··· कड़कड़–कड़-कड़–गुड़म-गुड़म !

··· सुई-सि-ई-ई-ई !!

काला की माँ जगी ! कॉलॅनी के लोग जगे !!··· यह क्या ? मेघ, हवा ? ··· आसिन महीने में 'कालबैशाखी' के लक्षण ?

··· गड़गड़ गुडम !

··· सुई-सि-ई-ई !!

··· माँ-आँ-गो।··· तुमने किसी दिन प्यार नहीं किया। जीवन में कहीं प्यार

नहीं मिला।··· बाबा !!

··· कड़कड़–गुड़म-गुड़म !

··· आँधी ! आँधी ! तूफान।··· झड़। झड़ एलो रे ?

आसिन महीने में यह आँधी-तूफान ? देखते ही देखते, हवा का पहला झोंका आया और सामने का पेड़ धराशायी !··· अरे बाप !

पहले झोंके के बाद–प्रलय ! लगा, अब धरती पर एक तिनका भी नहीं रह पायेगा। सभी उड़ जायेंगे–बिखर जायेंगे।··· ठाकुर ! ठाकुर !!–धरती और आकाश प्रकम्पित !

कालाचाँद की माँ ने देखा–दीदी ठाकरुन लेटी ही हुई है। करवट भी नहीं लेती ?

–दीदी ठाकरुन।··· उठून। प्रलय !

दस मिनट तक ताण्डव-नृत्य चलता रहा। इसके बाद वर्षा–ओले–एक-एक सेर, डेढ़-दो सेर वजन के ओले ! और, हर एक मिनट के बाद बिजली गिरती !···

··· कड़कड़-चर्र-र्र-र्र-गुड़ाम गुड़म !

··· सुई-सि-ई-ई !!

रात-भर वर्षा हुई !

सुबह को लोगों ने देखा–चारों ओर सिर्फ़ पानी !

··· गोड़ियर गाँव के सैकड़े-पचहत्तर झोंपड़े उड़ गये हैं।

··· कोलोनी के नये स्कूल-घर के सभी टीन उड़ गये।

··· दस आदमी की मृत्यु हुई। दस नहीं, पन्द्रह !

··· एक चुटकी धान भी इस साल नहीं होगा। और न पाट का कोई पौधा साबुत है। लगता है, किसी ने धान और पाट के पौधों को पत्थर से पीस दिया है–हल्दी-मिर्च की तरह। सड़क पर कमर-भर पानी बह रहा है।

··· शस्य श्यामला धरती की लाश ?

··· यह किस अपराध का दण्ड दिया भगवान् ने ?

··· ठीक ओठ तक आये हुए कौर को छीन लिया ?

··· होगा नहीं ? रीत छोड़कर 'अनरीत' करने का फल !

··· सभी की आशाओं पर–कमर भर पानी !

सभी की आशाओं पर कमर-भर पानी ! लेकिन तालेवर गोढ़ी इस दैवी-प्रकोप से भी फायदा उठावेगा। इस बार, पौबारह।··· पानी पड़े, 'बज्जर' गिरे, भूकम्प हो, अकाल पड़े अथवा बाढ़ आवे–पैसेवालों की चाँदी है। गहना-जेवर, गाय-भैंस, जमीन बन्धक लेकर कड़े सूद पर रुपया कर्ज देगा ! इस बार गोड़ियर गाँव की सारी जमीन तालेवर के पेट में चली जायेगी।··· तालेवर के हल आसमान में चलते हैं।

पण्डित रामचन्द्र चौधरी प्रसन्न हैं।··· रोज अपनी जमीन में तालेवर गोढ़ी की फसल देखकर देह में आग 'लहक' जाती थी। इस बार पण्डित रामचन्द्र चौधरी

भी रुपये लगावेगा–ड्योढ़े के सूद पर !

सिर्फ पैसेवाले ही नहीं, इन दैवी-प्रकोपों में और भी एक वर्ग के लोग फायदे में रहते हैं–'पबलिक-वर्कर' अर्थात् 'देश-सेवा' करनेवाले। ऐसी विपत्तियों के समय–सरकारी रिलीफ और सार्वजनिक-चन्दे के रुपये, कपड़े, अनाज, तेल-दवा इत्यादि बाँटने का मौका मिलता है उन्हें ! बाँट-बँटवारा में नगद लाभ होता ही है, इसके अलावा वोट माँगने के समय उनको तथा उनके प्रचारकों को बोलने में बल मिलता है–भाइयो, आपको याद होगा–आप भूले नहीं होंगे कि फलाने बाबू ने बाढ़-पीड़ितों की सहायता नहीं की होती तो सारे इलाके के लोग डूबकर मर जाते··· इसलिए ऐसी विपत्तियों की ख़बर सुनकर वे प्रसन्न हो जाते हैं।··· भगवान् का वरदान !

लेकिन देशसेवकों की टोली के पहले पहुँचा संवाददाताओं का दल।··· अख़बार वाले बाबू लोग !

इसके बाद थानेदार साहब दल-बल के साथ आये··· पन्द्रह लाशें ?

··· एक-एक लाश का हुलिया थानेदार साहब ने अपनी डायरी में दर्ज़ किया। ··· घायलों को अररिया–अस्पताल भेजने की व्यवस्था की गयी है।

–पोबी ?

–के ? विनोद ?

–नरेश उर्फ़ विनोद !'

पवित्रा को लगा, कोई देवदूत आया है उसे अपने साथ ले जाने के लिए !

··· आश्चर्य ! इस दैवी-प्रकोप के चपेट में सिर्फ़ दस गाँव के लोग पड़े हैं। सारे जिले में कहीं न एक बूँद पानी पड़ा और न हवा चली।··· गोड़ियर, कुपाड़ी, परमानपुर, सिमराही, ननपुर, सुक्की-बेलाही, ढोल-बाजा, परवाहा, काला-बलुवा गाँव !

गोड़ियर गाँव के निवासियों को विश्वास हो गया है, भगवान् का यह गुस्सा जायज है।··· रीत छोड़कर 'अनरीत' करने का फल सारे गाँववालों को भोगना पड़ रहा है।

··· रीत छोड़कर अनरीत ?

··· तालेवर गोढ़ी कण्ठी तोड़कर मांस-मछली खाने लगा है।··· तालेवर गोढ़ी का अपनी बड़ी पुतोहू के साथ 'लाट-साट' है।··· तालेवर गोढ़ी ने बगांलिन बाभिन की इज़्ज़त खराब की है !··· तालेवर गोढ़ी तीरथ करने गया तो साथ में दो औरतों को ले गया !··· दीपा की माँ जयराम के साथ 'लटपटा' गयी है। अब तो सिन्दूर भी पहनने लगी है दीपा की माँ !

सुक्की-बेलाही के लोगों ने कहा–हरिबाबू के कारण ही यह प्रलय हुआ है। रोज शंख फूँककर पूजा करनेवाली बंगालिन कुमारी-कन्या से उसने विवाह किया।

··· इसलिए कलकत्तावाली काली मैया ने क्रोध किया है।

—पोबी !

—नरेश, मुझे समझा दो। मैं कुछ भी नहीं समझ पा रही हूँ। यह सब क्या हो रहा है ?

नरेश हँसा··· अब सही पवित्रा सामने आ रही है। उसने पूछा—क्या समझा दूँ ?

—क्यों ऐसा हुआ ? यह सब क्या हो रहा है ?

—प्रकृति की लीला ?

—विज्ञान ने कुछ ऐसा आविष्कार नहीं किया ?··· नरेश ! मुझे समझाओ, सूखी धरती को सींचने के लिए सुना है कृत्रिम-मेघ उमड़ते-घुमड़ते हैं—वैज्ञानिकों की कृपा से। किन्तु असमय के प्रलयंकारी बादलों को दूर करने के लिए कोई 'गैस'··· कोई उपाय··· कुछ··· ?

—पोबी, मुझे भूख लगी है।

कालाचाँद की माँ चूड़ा भूजकर ले आयी। नरेश बाबू को ऐसे दुर्दिन के समय देखेगी कालाचाँद की माँ, इसकी उसने कल्पना भी नहीं की थी।··· सचमुच हू-ब-हू विनोद बाबू !

कालाचाँद की माँ जानती है, दीदी ठाकरुन नरेश बाबू को विनोद कहकर ही पुकारती है।

कालाचाँद की माँ 'ठाकुरबाड़ी' (पवित्रा के पिता की हवेली) की नौकरी करती थी। पवित्रा के घर की बहुत-सी बातें जानती है। वह यह भी जानती है कि जुमापुर की विनाश-लीला के पिछे सिर्फ धर्म और जाति का 'पागलपन' ही नहीं था। क्योंकि इलाके-भर के मुसलमानों ने अपने 'पिता-ठाकुर' को एक दिन पूर्व तक यह विश्वास दिलाया था, आप निश्चिन्त रहें। यहाँ कुछ नहीं होगा। काला की माँ ने ही बेतिया कैम्प में चुपचाप बतलाया था—

कासिम भाले की नोक पर विनोद का कटा हुआ सिर लेकर सबसे आगे था !

कालाचाँद की माँ ने इस बार, जब पवित्रा कॉलॅनी कमिटी की बैठक से लौटी, पूछ दिया था—

दीदी ठाकरुन, एक बात पूछूँ ?··· बुरा न मानिएगा। आप पढ़वा-पण्डित हैं। भूल-चूक हो, माफ कर दीजिएगा। ··· पूछती हूँ, सबकुछ तो मिला। अपने देश का अन्न, 'चास-बास', माछ, तरी-तरकारी सबकुछ अपने जुमापुर गाँव में जैसा मिलता था—यहाँ भी मिलता है। हवा-पानी भी वही है।··· लेकिन, 'मन के मानव' के जैसा—कोई यहाँ नहीं ?··· तुमने एक बार कहा था—यहाँ भी सैकड़ों कासिम हैं।··· सैकड़ों कासिम हैं, एक भी 'विनोद' नहीं ?

पवित्रा समझ गयी थी, कालाचाँद की माँ क्या कहना चाहती है। पवित्रा को लगा था, कालाचाँद की माँ ने उसके हृदय के सबसे 'स्पर्श-कातर' स्थल को छू दिया।

पवित्रा ने अपने को सँभाल लिया था। उसने मुसकुराने की चेष्टा की थी–काला की माँ, अचरज की बात ! 'मन के मानुस'-जैसा भी 'मानस' है यहाँ। अपने मन की बात आँखों में लिखकर वह भी ले आता है।··· आँखों से ही जवाब उसे मिलता है !

काला की माँ बोली थी–देखने में हू-ब-हू विनोद बाबू जैसा है न ? मैं बतलाऊँ ? वह··· वह··· 'खबर के कागज' का बाबू ?

पवित्रा हँस पड़ी थी। कालाचाँद की माँ ने कहा था–मैंने ठीक ही पकड़ा है ··· किन्तु विनोद बाबू की तरह··· माने··· उसने कुछ कहा नहीं है ? आपने··· आपने ··· दीदी ठाकरुन··· सब भगवान् की लीला है। लेकिन बात आँखों में रखने से कैसे क्या होगा। जीभ पर लानी होगी बात··· ।

–काला की माँ सबसे अचरज की बात सुनोगी ? विनोद की तरह हँसता-बोलता है, तुतलाता है।··· मिठाइयों में इसको भी सर्वप्रिय है–चन्द्रपुलि !

–दीदी ठाकरुन, मैं तुम्हारे पाँव पड़ती हूँ। भगवान ने शायद उन्हें ही फिर भेजा है, मन की बात कहने के लिए।

–मन की बात वह कह चुका है।

–एँ ? तुमने क्या जवाब दिया दीदी ठाकरुन ?

पवित्रा ने डबडबायी आँखों से जवाब दिया था–तुम पागल हो गयी हो काला की माँ ? तुम क्या चाहती हो काला की माँ–खोये हुए धन को पाकर मैं फिर खो दूँ ?··· मैं सिर्फ पवित्रा नहीं, मैं आग हूँ··· मैं··· मैं··· तलवार हूँ, मैं बर्छी हूँ, मैं जहर हूँ··· साँपिन हूँ। वह मुझे पाकर कितनी देर तक जी सकेगा ? कासिम उसे मार डालेगा। भाले की नोंक पर उसका सिर लेकर जुलूस के आगे-आगे नारा लगायेगा।··· और तुम लोगों को छोड़कर मैं कहाँ जाऊँगी ? कौन है मेरा ? तुम लोग मुझे अपने दरवाजे से इस तरह ठेलकर बाहर नहीं फेंक देना। और··· तुम ··· तुम··· काला की माँ मेरी माँ हो। माँ के बदले, बचपन से ही मैंने तुम्हारा दुलार पाया है।··· तुमने देखा है सबकुछ।··· मैं जन्म से लेकर आज तक सिर्फ दुख भोग रही हूँ। मैं जहाँ जाती हूँ अपने साथ प्रलय ले जाती हूँ।··· मौत ! मुझे प्यार करनेवाला ज़्यादा दिनों तक जीता नहीं। भगवान् के लिए, फिर कभी ऐसी बात मुँह से न निकालना। उसे इस बात की भनक भी नहीं लगे··· दुहाई। उसे जीने दो··· ।

पवित्रा दहाड़ मारकर रो पड़ी थी।

कालाचाँद की माँ उसके उमड़ते हुए आँसू को पोंछते हुए खुद रो पड़ी थी।–नहीं माँ, मैं तुझे अपने कलेजे से सटाकर रखूँगी। अपनी 'खुकुमणी' (बिटिया) की आँखों में बिठाकर रखूँगी !··· तुमी जे आमार प्राण !

विनोद जानता है, पवित्रा ने पिछले कई दिनों से कुछ भी नहीं खाया है। इसीलिए उसने कहा था, मुझे भूख लगी है।··· इस गोड़ियर गाँव की दुर्दशा देख किसी को मुँह में अन्न डालने का साहस नहीं होगा।

–तुम भी खाओ !

—नहीं विनोद। मुझसे कुछ भी नहीं खाया जायेगा।

काला की माँ बोली—विनोद बाबू···।

इस बार नरेश ने, वातावरण को तनिक हलका करने के लिए कहा—अच्छा, यह विनोद कौन था ?

पवित्रा ने आज तक विनोद के बारे में कुछ नहीं बतलाया है उसे ! उसने एक दिन कहा था—उसके गाँव का विनोद देखने में ठीक नरेश के जैसा था।

काला की माँ ने पवित्रा की ओर देखा—क्यों, दीदी ठाकरुन ? बतला दूँ ?

पवित्रा ने मानो कुछ सुना ही नहीं।

—विनोद बाबू से दीदी ठाकरुन की मँगनी हो चुकी थी।

कालाचाँद की माँ हँस पड़ी।

नरेश बोला—पोबी, मैं अभी आता हूँ लौटकर। ज़िला मैजिस्ट्रेट आनेवाले हैं। रिलीफ़ की कोई व्यवस्था नहीं हुई है, अब तक !

जिला मैजिस्ट्रेट ने सबकुछ देख-सुनकर, कांग्रेस के सब-डिविज़नल लीडर छोटन बाबू से कहा—अभी तो रिलीफ़ फण्ड में एक पैसा भी नहीं है। मैं 'वायरलैस' से मिनिस्टर साहब से बातें करके ही कुछ व्यवस्था करवाने की कोशिश करूँगा।

छोटन बाबू ने तालेवर गोढ़ी के दरवाजे पर धरना देने का निश्चय किया है।··· गाँव के लोग मर रहे हैं और आपकी मिल चालू है। निकालिए एक हजार रुपया चन्दा। नहीं तो, इसी बार आपका लाइसेन्स कैन्सिल नहीं करवाया तो मेरा नाम छोटन बाबू नहीं।

तालेवर गोढ़ी ने भी प्रतिज्ञा कर ली है—इस तरह धमकी देकर उससे एक दमड़ी भी कोई नहीं वसूल सकता। धरना दीजिए या अनशन कीजिए !

··· देखना है किसकी जीत होती है। छोटन बाबू हारते हैं या तालेवर गोढ़ी।

तालेवर गोढ़ी के दरवाजे पर भीड़ लगी हुई है—दुख, पीड़ा, आतंक, भय और भूख से कातर लोगों के झुण्ड !

—ताले काका !

—कौन ?··· मेरी बेटी ?

पवित्रा अपना आँचल पसारकर खड़ी है !

कालाचाँद की कीर्तन पार्टी के लोगों ने करुण सुर में गीत शुरू किया—भिक्खा दाउ गो, भिक्खा दाउ गो एसेछि भिक्षा कोरिते आज। धन-जन-प्राण जादेर—गेछे··· !

तालेवर गोढ़ी नहीं देख सकता है अपनी बेटी की ऐसी हालत।··· भिखारिनी ? मेरी लछमी बेटी भीख माँगती है ?

जयराम सिंघ सिर्फ़ रोता है। रोता ही जाता है।

तालेवर गोढ़ी पर मानो कोई देव सवार हो गया। वह दौड़कर अपनी हवेली

में गया और थोड़ी देर के बाद नोटों के कई बण्डल हाथ में लेकर लौटा। पवित्रा के आँचल की झोली भर गयी—पाँच हजार !

—जै हो ! जै हो ! बोलिए एक बार प्रेम से तालेवर···

—ए ! ए ! चुप रहिए। मेरा जय नहीं। मेरे-जैसा 'पापी-तापी' की जय कभी नहीं हो सकती। कभी नहीं। मुझे तो भगवान् नरक में भी मुश्किल से जगह देंगे। ··· जै बोलो—देवी पवित्रा की !

भिखारियों का दल अब गाँव से शहर को चला—जुलूस बनाकर !··· भूखे, नंगे और पीड़ितों की टोली !

··· शहर के आत्मकेन्द्रिक लोगों की देह भी सिहर उठी !

गृहहीनों की टोली शहर की अट्टालिकाओं की खिड़कियों की ओर देख रही है।··· एकन्नी, अठन्नी, रुपया, कपड़ा, चावल, दाल यथा शक्ति तथा भक्ति !

पूर्णियाँ-सदर में इन पीड़ित-गाँवों की सहायता के लिए, सांस्कृतिक कार्यक्रम का आयोजन किया है नरेश ने। चैरिटी-शो !··· नाच-दल !

··· आज नरेश ही नहीं, पवित्रा भी नाचेगी !

··· मादल बजा नाच दल का।

··· बाँसुरी बोली—करुण सुर में।

··· रंगीन फोटोग्राफ में खड़े लोग—बिखर गये।

··· है रे ! है रे !!

··· आज किश्नलीला का गिरि-गोबरधन पाला

··· है रे ! है रे !!

बहि गेला—गोकुला नगरे ए-ए
डूबि गेला माल-जाल-खेत-रे-खमारे
कहाँ किश्न नन्दे-रे-दुलारे !
रक्खा कॅर—रक्खा कॅर मदन-मुरारे—
है रे ! है रे !!

··· मोतिया रो रही है।

··· नूना माँही रो रहा है।···

··· पवित्रा नाचती नहीं—हाथ में झोली लेकर दर्शकों की भीड़ में भीख माँग रही है।

है रे ! है रे !!
घर ना दुआर ना हमार कोई ठाम
एक रे सहारा बस किश्ना तोरे नाम
रक्खा कॅर—रक्खा कॅर सकल-समाजे
है रे ! है रे !!

··· पोबी दी !

–मोतिया काँदे ना। रोओ मत।

··· पोबी दी रे···।

–नरेश ?

–पवित्रा।

–मैं जी गयी फिर। मैं अकेली नहीं। मैं निस्संग नहीं। मैं कहीं निर्जन में नहीं। मैं एक विशाल परिवार की बेटी हूँ।··· इन आत्मीय-स्वजनों के बीच पारस्परिक सहानुभूति और सहयोगिता को फिर से पनपाऊँगी मैं।··· अपने गाँव समाज में–लोगों के वीरान हृदय में–आनन्द मुखर स्वर फिर से भरना होगा।··· खोयी हुई चीजों का उद्धार करना होगा।··· अपरिचय, अजनबीपन, उदासीनता, अकेलापन, आत्मकेन्द्रिकता, विच्छिन्नता को दूर करके भूले-भटके लोगों को, अपने लोगों को पास लौटाकर लाना होगा।··· मैं अपनी सत्ता को इस समाज में विलीन कर रही हूँ। लोक-संस्कृतिमूलक समाज के गठन के लिए–आमि आमा के उत्सर्ग कोर्लाम ! आमि आज जीवने प्रथम बार धन्य हइलाम !)

–पोबी दी !

–मोतिया।

–एक गीत सिखा दो। बंगला गीत।··· रोबी ठाकुरेर गीत।

पवित्रा गीत सिखाने लगी, अपनी प्यारी मोतिया को–

'आमि बिकाब ना किछु ते आर, आपनारे।

आमि दाँड़ाते चाई सभार तले-सबार साथे एक सारे···

कितने चौराहे

किशोर शहीद ध्रुव कुण्डू को–

उन्होंने कहा–आगे मत बढ़ो, लौट जाओ।
तुमने कहा–झंडा फहराकर ही लौटूँगा।
उन्होंने कहा–गोली मार दूँगा।
तुमने छाती तान दी।
झंडा तुमने फहराया,
उन्होंने गोली दागी–
गोली दाग दी !...

–'रेणुदा'

एक

अगहन का महीना है। सुबह का समय। खलिहान में धान की दवनी हो रही है। जाड़े की रात बड़ी होती है, इसलिए सभी प्राणी सूरज उगने के दो घड़ी पहले ही जग जाते हैं। अलाव के पास सकरकंद पकाने के लिए बच्चे आ रहे हैं–एक-एक कर। चारों ओर कुहासा छाया हुआ है। लोग कुछ बोलते हैं तो मुँह से भाप निकलती है, मानो हर आदमी बीड़ी या हुक्का पी रहा हो···।

मनमोहन को अपने पिता की याद आई। उसके पिता ने बार-बार कहा है, "शहर जाकर 'शहरी लड़का' मत बन जाना। बीड़ी-सिगरेट मत पीना।"

मनमोहन को इस बार अपर प्राइमरी की परीक्षा में छात्रवृत्ति मिली है–स्कॉलरशिप! आज वह अपने पिता के साथ अररिया-कोर्ट हाई-स्कूल जायगा, नाम लिखाने!

मनमोहन मन-ही-मन सोचने लगा··· शहरी? शहर जाकर 'शहरी' मत बन जाना! तो फिर शहर के स्कूल में भेजते ही क्यों हैं? फूफा और फूफी ने कितना कहा कि सिमरबनी स्कूल–यानी उनके गाँव के स्कूल का जिला-भर में नाम है। बाबूजी ने हँसकर उड़ा दिया, "स्कूल का नाम जिला-भर में हो जाय, मगर रहेगा हमेशा 'गँवई' स्कूल ही।"··· मनमोहन ने भी एक बार दबी जुबान से कहा था कि वह सिमरबनी स्कूल में ही पढ़ेगा। इस बात पर मनमोहन के काका ने झिड़ककर कहा, "कोसी के किनारेवाले गाँव में जाकर बनैला सूअर बनेगा?" बनैला··· घैला··· ··· शहरी··· गँवई?

मनमोहन अपने बिछावन पर बैठा हुआ सोच रहा था, शहर के स्कूल की कल्पना कर रहा था। रह-रहकर एक डर समा जाता है उसके मन में।··· मोहरिल मामा की चेतावनी उसको याद आती है–"अँगरेजी में सवाल का जवाब दे सकोगे तो?··· वहाँ तुमसे भी छोटे बच्चे अँगरेजी में तुमसे नाम-धाम पूछेंगे।"

मोहरिल मामा मनमोहन के अपने मामा नहीं। उनका कोई नहीं। जाति के भी नहीं। 'परजात-परमिन' हैं। न जाने किधर का रिश्ता जोड़कर बाबूजी को 'पाहुन' और माँ को 'दीदी' कहते हैं। बाबूजी कचहरी जाते हैं और कभी रात में रह जाना पड़ता है, तो मोहरिल मामा के बासा पर ही ठहरते हैं। अगहनी-भदई और रब्बी

फसल तैयार हो जाने के बाद मोहरिल मामा गाड़ी लेकर आते हैं–धान, चूड़ा, कुलथी, अरहर, घास, चूनी-भूसी अथवा बाँस माँगने। काका कुनमुनाते हैं, कभी-कभी। मगर बाबूजी उनको समझा देते हैं–'कर-कचहरी' के बहुत सारे जरूरी काम मोहरिल बिना पैसे के सँभाल देता है।

इस बार आये तो बाबूजी ने कहा, "हम लोगों का विचार है मनमोहन को अररिया-कोर्ट स्कूल में भर्ती करवाने का। बोर्डिंग में कितना खर्चा पड़ेगा हर महीना··· ?"

मोहरिल मामा ने दाँत से जीभ को दबाकर, आँखें 'बचाकर' कहा, "राम ! राम !! बोर्डिंग ? अपना घर रहते भला बोर्डिंग में रहेगा ? आप भी कैसी बात करते हैं पाहुन ? बोर्डिंग में लड़के को देने का मतलब है लड़के को 'फाटक', माने 'अड़गड़' में डाल देना। मास्टर और रसोइया और नौकरों के पेट से जो फाजिल बचता है, बेचारे बोर्डिंग के लड़के वही पाते हैं। बोर्डिंग में जाकर देखिएगा। सभी लड़कों की छाती की हड्डियाँ निकली हुई हैं। राम ! राम !!"

माँ अन्दर से सिहरकर बोली थी, "नहीं-नहीं। जब अपना घर है वहाँ, तो फिर 'बोटिन-फोटिन' में काहे ? भैयाजी ठीक ही कहते हैं।··· "

मनमोहन अपनी माँ को 'मौसी' कहता है। बचपन में ननिहाल में वह पला है, मँझली मौसी के बच्चे उसकी माँ को मौसी कहते थे। मनमोहन ने तभी से 'मौसी' कहना शुरू किया था। मनमोहन को हँसी आती है। मौसी ऐसी ही बोली बोलती है। बोर्डिंग को बोटिन, विराटनगर को विलासनगर, रामनगर को लामनगर !

मनमोहन बिछावन पर बैठकर ओसारे पर धूप आने की प्रतीक्षा कर रहा था। उसके काका ने अलाव के पास से पुकारकर कहा, "क्या मुनीजी, शहर जाकर भी इसी तरह चादर ओढ़कर बैठे रहोगे ? नया 'कोट-जूता' पहनकर जरा बाहर निकलो–'जंटूलमन-इश्टूडंट' बनकर।"

मनमोहन मन-ही-मन हँसता है। काका भी खूब हैं–जेंटिलमैन को जंटूलमन और स्टूडेंट को इश्टुडंट। न जाने कहाँ से सीख आये हैं एक अँगरेजी 'फकड़ा' (फिकरा)–'सनी मनी बनी टू–डनी पीटा वेरी डू-बी-कनी सूगर हू–कीकरता है कीकरटू···।' इसका अर्थ भी वे अन्वय-सहित समझाते हैं–'सनी याने पटसन, मनी माने रुपया, बनी ऊँची दर, डनी माने दंड-बैठक, पीटी माने छाती, वेरी डू माने बहुत ताकत, अर्थात् पटसन का भाव तेज हो तो हर आदमी की छाती में पहलवान की ताकत आ जाती है और बनी याने··· उसको फिर कौन सूगर माने खराब गाली दे सकता है ?' सारांश समझाते हुए अंत में कहेंगे, "मोटा बात–टका धरमो, टका करमो।"

लेकिन आज उसके काका ने ऐसा कोई फिकरा नहीं कहा। बाबूजी 'दिशा-मैदान' से लौटकर 'दतुअन' करने लगे, तो मनमोहन बाहर आया।

कुछ क्षण के लिए धूप में उसका मन उदास हो गया। खलिहान में धान के बोझों पर धूप ! अलाव के पास सकरकंद पकाते हुए बच्चे ! फूले-फुलाए सरसों

के पीले खेत पर ओस की सफेद चादर बिछी हुई है।··· क्या शहर में भी ऐसा ही होगा सब कुछ ? सिमरबनी में तो सब कुछ ऐसा ही है।

मनमोहन के बाबूजी ने कहा, "अपनी किताब-कापी, कलम-पेंसिल, 'उरदुल-खुरदुल-अगड़म-बगड़म' चीजें छोटी 'पेटी' में बंद कर लो।" मनमोहन ने अपनी हँसी को मन में दबा लिया। बाबूजी छोटी-छोटी चीजों को 'उरदुल-खुरदुल-अगड़म-बगड़म' कहते हैं। मनमोहन भी कहता था। लेकिन स्कूल के हेड पंडितजी ने पन्द्रह नम्बर काट लिया था–'रचना' की कापी में। मनमोहन को आज तक याद है–वे पंद्रह शब्द। रचना की पूरी पंक्ति याद है। उसने लिखा था–"हम लोग घर के 'उरदुल-खुरदुल-अगड़म-बगड़म' चीजों का कोई 'वैलू' नहीं लगाते हैं। किन्तु विलैत में ऐसा नहीं होता। वे लोग हम लोगों की तरह फोरट्वंटी नहीं, फोकट के माल में भी इनकम करते हैं। हम लोग अपना ज्यादा टैम···।"

मनमोहन की छोटी बहन पुष्पा कहने आई, "मूँदी। भैया ओले।"

उसने बहन को गोद में उठा लिया। पुष्पी मुनीजी नहीं कह सकती, कहती है–मूँदी।

घर में सभी मनमोहन को मुनीजी कहते हैं। नाना का दिया हुआ नाम है। उन्होंने ही 'मानत' करके मनमोहन के सिर में 'जटा' रखवा दी थी, सदनपुर के महादेव मेले में 'मुंडन' हुआ था। मनमोहन को याद नहीं, कुछ। सिर में इमली की तरह लटकती हुई जटाओं के कारण ही 'मुनीजी' कहा होगा उसके नाना ने–ऐसा उसका विश्वास है।

देखते-ही-देखते गाड़ी का समय हो गया। बैलगाड़ी पर बिछावन और बक्स और बोरे लदे। अचानक मनमोहन का मन उमड़ आया। वह माँ से विदा होते समय रो पड़ा। माँ भी रोने लगी। पुष्पा भी। कुसमलाल नौकर भी। सभी रोने लगे।

काका ने आँगन में आकर झिड़की दी, "हे देखो यहाँ की लीला ! अरे, सब-के-सब इस तरह रोता है क्यों ? और मुनीजी तू भी ? स्कौलरसिफ-होल्डर होकर भी ऐसी 'गोबरगनेसी' करता है रे ?"

जब गाड़ी चली तो मनमोहन ने देखा, काका की आँखें भी छलछला आई हैं। काका ने कहा, "अगले एतवार को मैं ऊख और गुड़ लेकर आऊँगा। मन लगाकर पढ़ना मुनीजी !"

स्टेशन पहुँचते-पहुँचते मनमोहन का जी कड़ा हो गया था। स्टेशन-मास्टर को तार खटखटाते देखकर उसको अचरज नहीं हुआ। इसी बार परीक्षा में पूछा गया था–टेलीग्राफ का आविष्कार किसने किया था ?

टेलीग्राफ ही क्यों, इंजन और हवाई जहाज के आविष्कर्ताओं के नाम भी बता सकता है वह !

गाड़ी आई। मनमोहन के बाबू ने कहा, "नया जूता है। सँभलकर पैर रखना पाँवदान पर। फिसल मत जाना।"

बाबूजी ने खुद चढ़ते हुए हाथ पकड़कर उसे भी रेल के डिब्बे में चढ़ाना चाहा। किन्तु मनमोहन खुद हैंडल पकड़कर पाँवदान पर चढ़ गया। गार्ड की सीटी सुनकर मनमोहन ने प्लेटफार्म की ओर झाँककर देखा–सफेद टोप और सफेद कोट-पतलून और सफेद जूता पहले गार्ड साहब ! हाथ में हरी झंडी हिलती हुई ! गाड़ी सीटी देकर खुली। फिर छक्-छक् करती हुई भागी। मनमोहन ने दाहिनी ओर खिड़की से देखा–'खेत-मैदान, पेड़-पौधे, गाँव-घर–सब भाग रहे हैं··· पीछे की ओर।··· वह, वहाँ रहा अपने गाँव का पेड़ !

दो

"एक सवारी··· एक सवारी !"

"टमटम होगा बाबूजी ?"

पोंपों ! टनटन ! टड़रंग !

"ए भैया बचके !"

अररिया-कोर्ट स्टेशन पर पहुँचकर टमटम और बग्घीवालों की चीख-पुकार और छीना-झपटी देख-सुनकर मनमोहन थोड़ा डरा जरूर। लेकिन, उसको अपने काका की चेतावनी याद आई, "तू तो अब स्कौलरसिफ-होल्डर है। डर किस बात का ? कोई पूछे तो अँगरेजी में ही जवाब देना। नहीं समझे तो उर्दू में माने 'काह-कूहे' में बतियाना, माने 'कचराही-बोली' बोलना। गाँव की बोली में जवाब मत देना। नहीं तो कहेगा कि 'देहाती भुच्च' है।"

मनमोहन ने पहली बार ट्रेन की सवारी की है। पहली बार घोड़ा-गाड़ी पर चढ़ा है और पहली बार अररिया-कोर्ट जा रहा है। किन्तु उसे लगता है कि वह बहुत आ चुका है। कुछ भी नया नहीं लगता है। उसका सब कुछ देखा-सुना है। मोड़ के बाद ही मोदी की दुकान होगी। उसके बाद ठाकुरबाड़ी। बाबूजी और काका के मुँह से वह सैकड़ों बार सुन चुका है। उसने जैसी कल्पना की थी, वैसा ही सब कुछ···। हाई-स्कूल ? दूर से ही देखकर पहचान लिया, मनमोहन ने। सैकड़ों लड़के मैदान में ड्रिल कर रहे हैं, कतार में !

मनमोहन के रोंगटों पर एक फुरहरी-सी लगती है। उसका कलेजा जोर-जोर से धड़कने लगा और चेहरे पर एक तमतमाहट दौड़ गई।

स्कूल की सीढ़ी पर पहली बार पैर रखते समय उनको बाबूजी की चेतावनी याद आई, "फिसल मत पड़ना।"

हेडमास्टर साहब को देखकर मनमोहन डर गया। ऐसा आदमी उसने पहले कभी नहीं देखा। गोरा चेहरा, गोल-मटोल ! भरा-पूरा। सिर पर गिने-चुने केश। दाढ़ी-मूँछ सफाचट मुड़ाये हुए, किन्तु सभी सफेद। उन्होंने जब आँख उठाकर देखा,

तो चश्मे के अन्दर उनकी आँखें छोटी-छोटी 'चित्ती' कौड़ियों जैसी दिखलाई पड़ीं। ··· इतने बड़े और विशाल आदमी की आँखें इतनी छोटी ? नहीं, मनमोहन ने दूसरे क्षण देखा, आँखें बड़ी-बड़ी हैं, लेकिन चश्मे के अन्दर, माने सामने से देखने पर छोटी दिखलाई पड़ती हैं। चश्मे का शीशा··· काँच के गिलास की पेंदी जैसा मोटा है।

"नाम की ?"

"माइ नेम इज···।"

"थामो बापू। हम इंग्रेजी में पूछा ? ऐं ? बोलो ?"

मनमोहन कुछ कहे, इसके पहले ही उसको अपने हेड पंडितजी की चेतावनी याद आयी, "सभी मास्टरों को 'सर' कहना।"

"सर··· !"

"फिन इंग्रेजी ?"

अब मनमोहन के बाबूजी भी घबड़ा गए। उन्हें लगा, हेडमास्टर साहब मनमोहन का नाम नहीं लिखेंगे; क्योंकि वह नाम भी नहीं बता सका अपना ! बोले, 'हुजूर ! देहात का लड़का है। कभी शहर आया नहीं। इसकी उम्र ही क्या··· ?"

मनमोहन को यह अच्छा नहीं लगा। उसने कहा, "महाशय, मेरा नाम मनमोहन राय है।"

"ठीक, ऐसा माफिक बोलो !"

मनमोहन के बाबूजी ने कुछ कहना चाहा तो हेडमास्टर साहब ने मुस्कराकर कहा, "अहिंक बालक थीक ?"[1]

मनमोहन के साथ उसके बाबूजी भी चौंके। फिर हँसे। हँसकर जवाब दिया मनमोहन के बाबू ने, "आब हमर नहि। अपनेहिक बालक !"[2]

हेडमास्टर साहब के साथ ऑफिस में बैठे हुए सभी लोग हँसे। मनमोहन को यह बहुत अच्छा लगा। हेडमास्टर साहब ने उसके बाबूजी को कुर्सी पर बैठने को कहा।

"टैंगर !"

मनमोहन समझ गया, टेंगर यहाँ के चपरासी का नाम होगा।

एक नाटा-भूटा आदमी आया–ठीक मनमोहन के गाँव के शिवलाल महतो जैसा–गले में ठीक वैसी ही कंठी !

"टेंगर ! इस लैड़का को एइट्थ क्लास में पहुँचा यदो। जा बेटा ! हाँ, इधर सुनो। भालो से पड़ा-सोना कोरने से नहीं होगा–बदमाइशी कोरेगा तो हम छोड़ी से पिटाय के बाड़ी पाठाय देगा। बूझा !!"

मनमोहन ने कहा, "जी सर !"

---

1. आप ही का लड़का है ?

2. अब मेरा नहीं, आपका ही लड़का है !

"क्या बूझा ?"

और चलते समय मनमोहन के बाबूजी ने कहा–"तुम पढ़ने जाओ, मैं कचहरी का काम करके तीन बजे आ जाऊँगा। घबराना मत।"

टेंगर के पीछे-पीछे चलते हुए मनमोहन ने हर क्लास की तख्ती की ओर देखा–एलेवन्थ, टेन्थ··· नाइन्थ, एइट्थ।

"आइए जनाबआलू, खाइए सप्तालू··· ।"

सारा क्लास हँस पड़ा। और, अचरज की बात मनमोहन भी अप्रतिभ होने के बदले हँस पड़ा। मास्टर साहब ने लड़कों को डाँटकर चुप करते हुए मनमोहन से पूछा, "क्या नाम है आपका ?"

"सर, मनमोहन राय।"

"सर मनमोहन··· ?"

इस पर फिर हँसी छूटी। लड़कों को शान्त करने के बाद मास्टर साहब ने कहा, "जाइए सर मनमोहन साहब, आप उस बेंच पर बैठ जाइए !"

मास्टर साहब ने अब गम्भीर होकर सब कुछ पूछा। यह सुनकर कि मनमोहन एक स्कॉलरशिप लेकर आया है, बोले, "जनाब, आते तो हैं सभी मयूर का डैना लगाकर, मगर यहाँ आकर सभी कौए साबित होते हैं।··· ठीक है। सुनिए, हिस्ट्री का क्लास है और नूरजहाँ के बारे में पढ़ाई हो रही थी। हाँ तो मैं क्या कह रहा था ?"

दो-तीन लड़कों ने एक साथ कहा, "सर, नूरजहाँ के बारे में।"

"मगर क्या ?"

एक लड़के ने कहा, "सर, आपने इस नये लड़के से तो नहीं पूछा कि यह फुटबाल··· ।"

मास्टर साहब ने फिर मुँह और आँख को पहले की तरह गोल करते हुए कहा, "अरे हाँ-आँ-आँ, यह तो पूछना भूल ही गया। हाँ जी, क्या नाम कहा मनमोहन मुरलीवाले··· ।"

इस पर सारा क्लास फिर ठठाकर हँस पड़ा। मनमोहन को अब बुरा लगने लगा। उसकी आँखें छलछला आईं, चेहरा लाल हो गया। उसने कहा, "सर, मैं फुटबाल खेलना नहीं जानता।"

"जानना होगा।" मास्टर साहब ने टेबुल पर मुक्का मारते हुए कहा, "समझे ? जानना होगा··· ! अच्छा, तो मैं क्या पढ़ा रहा था ?"

दो-तीन लड़कों ने एक ही साथ जवाब दिया, "सर, नूरजहाँ के बारे में।"

"नानसेन्स ! नूरजहाँ के बारे में ! आखिर मैं··· कह क्या रहा था ?"

"सर ! सुना है, इस बार हम लोगों के स्कूल की 'टीम' 'लूकस कप' में नहीं खेलेगी।"

"··· किसने कहा ?" मास्टर साहब चौंके और नाराज़ होकर बोले, "तुम लोग कहाँ से बेबात की बात सुन लेते हो ? अपनी टीम इस बार 'लूकस कप' में ही नहीं, 'वनैली-शिल्ड' में भी एंटर करेगी।"

मनमोहन ने देखा, मास्टर साहब पढ़ाना छोड़कर फुटबाल के बारे में गप करने लगे। बरामदे पर टेंगर को देखकर वे सतर्क हो गए। फिर बोले, "हाँ, तो मैं नूरजहाँ के बारे में क्या कह रहा था ?"

एक दुबले-पतले लड़के ने, जो अब तक एकदम चुप था, कहा–"सर, आप कह रहे थे कि नूरजहाँ जब पान··· "

"हाँ-आँ-आँ। गू-ड, वेरी गूड। तो नूरजहाँ जब पान खाती थी तो कंठ यानी ··· यहाँ··· (अपनी कंठनली को दिखलाते हुए) लाल-लाल परछाईं दिख पड़ती थी। साफ-साफ ! अब समझो, कैसी खूबसूरत थी !··· होगी नहीं ? जिसका नाम ही नूरजहाँ यानी जहाँ का नूर।··· "

··· टन ! टन !! टन !!!

घंटी बजी तो मास्टर साहब अचानक गुस्सा हो गये, "तुम लोग बेवजह की बात में समय खराब करके मेरा भी समय बरबाद करते हो। अगले दिन नूरजहाँ रटकर आना।"

क्लास से मास्टर साहब के निकलते ही लड़कों ने मनमोहन को घेर लिया।

मनमोहन के बाबूजी ने हेडमास्टर साहब से कहकर उसे छुट्टी दिलवा दी।

मनमोहन के बाबूजी ने पूछा, "कहो मास्टर क्या बोला ? क्या पढ़ाई हुई ? जवाब दे सके या नहीं ?

मनमोहन ने कुनमुनाकर जवाब दिया, "मास्टर साहब बोले कि फुटबाल खेलना जानना होगा।"

मोहरिल मामा को खड़ा देखकर मनमोहन समझ गया कि यही घर है मोहरिल मामा का, जहाँ अब उसे रहना है।

सड़क के किनारे पतली-सी गली में खपरैल के कई अध-उजड़े घर। सामनेवाले घर में एक बीमार-सा घोड़ा मनों लीद के ढेर पर बँधा था। राख की ढेरी के पास कुत्ते और सूअर आपस में लड़ रहे थे और मोहरिल मामा के दरवाजे पर करीब एक दर्जन बच्चे बेवजह शोरगुल मचा रहे थे।

मनमोहन को अच्छा नहीं लगा।

मोहरिल मामा ने बच्चों को डाँटते हुए एक भद्दी गाली दी, फिर मेहमान यानी मनमोहन के बाबूजी की आवभगत करने लगे, "आइए पाहुन, हो गया नाम लिखाना ? 'घूस-ऊस' तो नहीं लिया ?"

मनमोहन के बाबूजी ने कहा, "हेडमास्टर साहब बहुत अच्छे आदमी हैं।"

मोहरिल मामा बोले, "अच्छा ! अरे, भारी 'सनकाहा' है। उसका तो अजीब-अजीब

किस्सा कहते हैं लोग !"

मनमोहन ने देखा, एक काला-कलूटा लड़का दरवाजे के उस पार से उसको जीभ निकालकर दिखला रहा है। मुँह चिढ़ा रहा है।

मनमोहन का मन घर के लिए छटपटा उठा, अचानक !··· मौसी इस समय कलेवा लेकर खड़ी होगी।

तीन

मोहरिल मामा के घर में मच्छरों और खटमलों के अलावा छछून्दरों और चमगादड़ों का भी बड़ा भारी अड्डा था। मनमोहन के बाबूजी रात की गाड़ी से घर वापस चले गये तो मनमोहन बहुत देर तक अंधकार में लेटा रोता रहा। उसे रह-रहकर घर की याद, माँ की याद, छोटी बहन पुष्पी–सभी की याद आई। ट्रेजरी-कचहरी पर पहरा देनेवाले बंदूकधारी सिपाही को दिन में ही देखकर मनमोहन तनिक डरा था। रात में रह-रहकर ट्रेजरी-कचहरी की ओर से एक खौफनाक आवाज आती ··· शहर के चौकीदारों की कर्कश और डरावनी बोली, चमगादड़ों की छटपटाहट, छछून्दरों की कचर-पचर और हजारों-हजार मच्छरों के हजारों-हजार सुइयाँ गड़ानेवाले गीत ! सामनेवाले घर में बँधा हुआ बीमार घोड़ा नाक झाड़ता–फड़र्रर !

रात-भर जगा रहा मनमोहन। भोर को न जाने कब नींद आ गई। वह सपना देखने लगा। सपने में उसने देखा कि वह अपने धान के खेत में खड़ा है। धान की कटाई हो रही है। फिर उसने देखा वह अपने बगीचे में है, जहाँ बहुत-से आम हैं। वह एक आम तोड़ता है, ढेला मारकर। आम गिरा जमीन पर। लेकिन गेंद की तरह जमीन पर उछलने लगा। बहुत बड़ी गेंद। मनमोहन ने गेंद को पैर से तनिक छू दिया और गेंद बहुत दूर आसमान में उड़ गई।··· लाल गेंद।··· मनमोहन की माँ हँसती। काका हँसते हैं–"मुनीजी, अरे मुनीजी, तू तो लूकस-कप का पिलियर हो गया एक ही दिन में।"

एक झटका खाकर मनमोहन का सपना टूट गया। उसने आँख खोलकर देखा, मुँह चिढ़ानेवाला लड़का यानी मोहरिल मामा का बड़ा बेटा मटरू दुष्टताभरी हँसी हँस रहा है।··· मटरू ने मनमोहन की नाक में सुतली का 'पलीता' दे दिया था। इसलिए मनमोहन ने उठते ही छींकना आरम्भ किया। मटरू हँसते-हँसते धरती पर लोट-पोट होने लगा और मटरू की माँ यानी मनमोहन की मुँहबोली 'मामी' उधर आँगन में कोसने लगीं, "कैसा है ई लड़िका कुलच्छन कि भोरहि-भोर उठके छींके लगा है। आज एक्को मुअक्किल जो आवे··· 'दलिद्दर' लड़िका कहाँ से उठाके ले ऐलन··· अरे-रे मटरुआ-आ-आ-आ तनि बँगड़वा के खोल दे रे-ए-ए, अरे-रे-मटरुआ--आ-आ !"

मटरुआ अपने बहके हुए बँगड़वा यानी बाँगड़ को लेकर मनमोहन की चौकी के पास अपने करतब दिखला रहा था। उसने बाँगड़ को ललकारकर अपने दोनों हाथों को पहलवान की तरह फैलाया। बाँगड़ अपने अगले दोनों पैरों को उठाकर उससे भिड़ गया। मटरू उछलकर मनमोहन की चौकी पर चढ़ गया और साथ ही बाँगड़ भी। मटरू के बदले बाँगड़ ने मनमोहन को ही दो-तीन 'हुँत्था' लगाकर चौकी से नीचे गिरा दिया।

मटरू हँसता हुआ आँगन की ओर भागा। इधर बाँगड़ ने मनमोहन की नई कापी को चबाना शुरू किया। वह जमीन से उठे-उठे कि बाँगड़ ने उसके बिछावन पर मल-मूत्र त्याग करना शुरू कर दिया था। उसने पास पड़े एक डण्डे से बाँगड़ को डराया। मगर बाँगड़ बड़ा निडर था; आगे बढ़ आया और अपने ओंठ के ऊपरी हिस्से को संकुचित करते हुए, मुँह उठाकर अपनी बोली में न जाने क्या बोलने लगा। मनमोहन को लगा, बाँगड़ ने निश्चय ही कोई चिढ़ानेवाली, भद्दी गाली दी है।··· वह मुँह चिढ़ा रहा है।

उधर मटरू चिल्लाया–"अरे भैया रे-ए-ए ! बँगड़वा के मार डण्डन के मुआ देलकऊ रे ए-ए-अरे-मै-या-या !"

और अचरज की बात ! अचानक बाँगड़ ने भी इस तरह मिमियाना शुरू किया, मानो उस पर बहुत मार पड़ी हो।

मटरू की माँ ने मनमोहन को पहली चेतावनी दी, "यहाँ रहना है तो बाँगड़, बत्तख या बच्चे पर कभी हाथ न उठाना। देहात नहीं है यह। और रोज सुबह 'किरिन' उगने के पहले ही यहाँ से बिछावन समेटकर बाहर में रखना होगा; क्योंकि मुअक्किल लोगों के बैठने की यही जगह है।"

मोहरिल मामा हाथ में लोटा लटकाये हुए आये। मटरू की माँ को इस तरह झिड़कते हुए देखकर ठिठक गये। फिर बोले, "क्या बात है ?"

फिर मोहरिल मामा ने उससे कहा, "सब कुछ साथ लाये, मगर एक लोटा नहीं होने से कैसे काम चलेगा ?··· वह, वहाँ देखो। वह अलमुनियम का लोटा है, चाहे वह 'डिब्बा' है–पानी भरकर सरकारी 'बमपुलिस' में चले जाओ या मन हो तो नदी की ओर जाओ। दिशा-मैदान से हो आओ।"

काका के मुँह से कई बार मनमोहन अररिया-कोर्ट के सरकारी 'बमपुलिस' का किस्सा सुन चुका था। इसलिए उसने नदी की ओर जाना ठीक समझा।

मोहरिल मामा ने अपने बड़े बेटे को पुकारकर कहा, "मटरू, ले जा मनमोहन भैया को नदी की ओर।"

वह मटरू को अपने साथ नहीं लेना चाहता था, किन्तु मटरू चाहता था। कुछ दूर तक चुपचाप चलने के बाद मटरू ने कहा, "बीड़ी पीते हो ?"

"नहीं। और तुम ?"

"दुगो पैसा दोगे ?"

"क्या करोगे ?"

"बीड़ी खरीदूँगा।"

"नहीं, बीड़ी क्यों पीते हो ?" तुम्हारे बाबूजी··· मोहरिल मामा जानते हैं ?"

"नहीं, चुराकर पीता हूँ, आदत लग गई है।"

"तुम किस दर्जे में पढ़ते हो ?"

मटरू ने कहा, "अब खुद चले जाओ। पूरब ओर नदी है।"

मटरू उसी गली से अपने किसी यार को आवाज देने लगा, "टेंगना है रे-ए-ए ! आ देख, ए गो 'देहाती भुच्च' आया है। आके देख जरा।"

मनमोहन को नदी का किनारा बहुत अच्छा लगा। दूर तक बालू का बिछावन। बिछावन पर पड़ी हुई यह पतली-सी परमान नदी की धारा। चारों ओर कुहासा है। सूरज बाँस-भर ऊपर उग आया है, लेकिन कुहरे में दुबका ऊँघ-सा रहा है।

मनमोहन ने पानी छूकर देखा, गर्म है। उसने कुल्ली की, दातोन किया। बहुत देर तक घाट पर बैठा रहा। अचानक अपना नाम सुनकर वह चौंका। उसने उलटकर देखा, उसके क्लास का एक लड़का जो बहुत चुपचाप रहता है, जिसने कल मास्टर साहब को याद दिलाया था कि नूरजहाँ जब पान खाती थी···।

उसने पूछा, "यहाँ क्यों बैठे हो ? इधर ही रहते हो तुम ?"

मनमोहन ने सब कुछ बतलाया। उस लड़के ने कहा, "मेरा नाम रवीन्द्र है–रवीन्द्र खत्री। पुकारते हैं 'रोबी' कहकर।"

मनमोहन को अपने बाबूजी तथा काका की कही हुई बातें याद आईं। खत्री साहेब वकील की बहुत-सी कहानियाँ सुन चुका था। उसने पूछा, "खत्री साहब वकील आपके कौन लगेंगे ?"

रोबी ने कहा, "मुझे 'आप' क्यों कहते हो ? मेरे पिताजी हैं··· क्यों··· ?"

"ऐसे ही पूछ रहा था। उनका खूब नाम है।"

"तुम्हारे बाबूजी खेती करते हैं ? कितनी दूर है तुम्हारा गाँव यहाँ से ?"

"··· बस, चार स्टेशन।"

तेज सीटी की आवाज आई तो रोबी ने कहा, "कालू आ रहा है। काली-प्रसन्न घोष। वही लड़का, कल हफीज साहब को फुटबाल की बात में उलझा रखनेवाला···।"

"कौन हफीज साहब ?"

"हिस्ट्री और गेम्स-टीचर !"

मनमोहन को अब मालूम हुआ कि कलवाले मास्टर साहब को हफीज साहब कहते हैं।

कालू, ठीक रोबी का उल्टा। रोबी कम बोलता है, शान्त स्वभाव का है, किन्तु कालू ने आते ही चुटकी ली, "क्या जी मनमोहन मुरलीवाला ! तुम्हारा 'बासा' इधर ही है ?··· किस··· मुहरिल के यहाँ ? सोखालाल मुहरिल तुम्हारा मामा है ? अपना मामा हो या पराया मामा–सोखालाल को लोग यहाँ धोखालाल कहते हैं। नम्बरी चार सौ बीस। और, उसके घर में जगह कहाँ है ? हमने तो देखा है।

हमारे बाबूजी का भी काम करता था···।"

मनमोहन को मालूम हुआ कि कालू के पिता भी वकील हैं। बड़े भाई लोग डाक्टरी, वकालत और साइंस पढ़ रहे हैं। कालू के साथ उसका कुत्ता भी था। मनमोहन को कुत्ते के नाम पर हँसी आई–भालू !··· कालू का कुत्ता भालू !

मनमोहन को थोड़ी ही देर में अपने स्कूल और क्लास के बारे में बहुत कुछ मालूम हो गया··· हेडमास्टर साहब 'तीन एम. ए.' पास हैं, मगर थोड़ा सनकी हैं। अंग्रेजी जिसको ठिकाने से पढ़ा दें, वह अंग्रेजों की भी गलती निकाल दे। हफीज साहब का विषय 'हिस्ट्री' है। किताब देखकर अक्षर-अक्षर रटकर जवाब देनेवाले को पूरा नम्बर देते हैं। अपनी भाषा में सही लिखने पर भी नम्बर काट लेते हैं। ··· पढ़ाने से ज्यादा फुटबाल का किस्सा सुनते-सुनाते हैं। स्कूल के सेक्रेटरी के अपने आदमी हैं, नहीं तो···।

'क्लास-टीचर' के बारे में रोबी और कालू ने बतलाया, "प्रमोद बाबू एक मिनट भी देर से जाने पर–'अबसेंट'। ऐसा कड़ा टीचर एक भी नहीं सारे पूर्णिया जिले में।··· मारते नहीं हैं, मगर एक बार जिसको ठिकाने से घुड़क दें, उसको दाँती लग जाय।"

कालू ने चलते समय मनमोहन को चेतावनी दी थी, "मुरलीवाले ! एक बात, क्लास के दो-तीन लड़कों से हमेशा होशियार रहना। जुगल भारी चोर है। अरे, वही जो कल तुमको बार-बार 'जनाबआलू' कहता था। और इस्माइल···।"

मनमोहन ने पूछा, "यह 'जनाबआलू' क्या है ? कल मास्टर साहब ने भी कहा था।"

"जनाबआलू, माने घोड़े का डिम !" कालू बोला, "हफीज साहब सभी लड़कों से इसी तरह 'जोक' करते हैं।"

"जोंक ?"

"जोंक नहीं जोक जी–माने दिल्लगी !"

मनमोहन अपने डेरे पर लौट आया। उसको अचरज हुआ। थोड़ी देर पहले मटरू का जो रूप उसने देखा था, ठीक उसका उल्टा। मटरू ने कहा, "भैया आप कहाँ थे ? बाबूजी आपको खोजने के लिए गये हैं। चलिए, नाश्ता कर लीजिए।"

सुबह चेतावनी देनेवाली मामी का मन भी बदला हुआ था। मनमोहन को अन्दर बुलाकर बहुत प्यार से बोलीं, "बबुआ, बाहर मुअक्किल लोगों की जगह है। तुम्हारा बिछावन आँगन में ही लगा देने को कहा है तुम्हारे मामा ने। मुँह-हाथ धो चुके ? आओ कलेवा कर लो।"

मनमोहन ने देखा, उसके घर से आई हुई चूड़ा और चावल की बोरियाँ खुली हुई हैं। मामा की बड़ी बेटी शरबतिया पसेरा-तराजू लेकर तौल रही है।··· मनमोहन की माँ ने सबसे महीन चावल, मूँग की दाल, आलू और पाँच सेर 'तेजपत्ता' दिया था। मनमोहन के बगीचे में तेजपत्ता यानी 'पतरस' का पेड़ है।

शरबतिया दीदी ने पूछा, "पतरस का पेड़ होता है या लत्ती ?"

मनमोहन कलेवा करके बाहर जाने लगा तो शरबतिया दीदी बोली, "बाहर क्यों जाते हो ? अपनी कोठरी या बरामदे पर बैठकर पढ़ो।"

मनमोहन को बार-बार हर बात पर अचरज होता है। बाहर इतना गंदा और भीतर इतना साफ ? अपनी कोठरी को देखकर उसका मन प्रसन्न हो गया। चौकी पर बिछावन बिछा हुआ है। खिड़की के पास एक छोटे टेबुल पर उसकी किताबें सजाई हुई हैं। शरबतिया दीदी ने कहा, "अपना ही घर समझना। किसी चीज की जरूरत हो तो लजाना मत।··· मटरुआ बदमाशी करे तो तमाचे लगा देना।"

मामी बोलीं, "बेटा ! मेरे कहे का बुरा मत मानना। मुझे क्या मालूम ? जब तुम्हारे मामू ने बतलाया तो लाज के मारे मैं 'कठा' गई !··· मांस-मछली खाते हो या नहीं ?"

शरबतिया दीदी की हँसी ! हरदम हँसती रहती है। लगता है, शरबतिया दीदी से जाने कितने दिनों की जान-पहचान है।··· न जाने कितने दिनों की।

नहाने के बाद मनमोहन धूप में बैठा हुआ था। शरबतिया दीदी बोली, "साढ़े नौ बज रहे हैं। अब तैयार हो जाओ। डेढ़ बजे टिफिन में आकर 'भात' खाओगे या अभी ?"

शरबतिया दीदी कंघी से मनमोहन का केश सँवारने लगी। मनमोहन लजाया तो वह ठठाकर हँस पड़ी, "अरे ! बहिन से लजाता है, पगला !··· भैया, देख कैसा घुँघर-घुँघर केश है ?"

मनमोहन आईने में अपना मुँह और शरबतिया दीदी के हाथ की कंघी को देखता रहा।··· शरबतिया दीदी की शादी नहीं हुई है, शायद। सिन्दूर नहीं, टीका लगाती है सिर्फ !

स्कूल आते समय मनमोहन ने उलटकर देखा। शरबतिया दीदी दरवाजे के पास खड़ी मुस्करा रही थी और मटरू चुपचाप खड़ा था। उसने सुना, मटरू पूछ रहा था, मोहन भैया फिर आयेंगे न दीदी ?

चार

रविवार को तड़के ही उठकर मनमोहन बाहर निकला। उसने देखा, मामी अँगीठी ताप रही हैं और हुक्का पी रही हैं। मनमोहन बोला, "आज काका आयेंगे, शायद। इसी गाड़ी से।"

मटरू आँख मलता हुआ बाहर आया। उसने शाम को ही मनमोहन से कहा है, सुबह को चौराहे पर वह भी भैया के साथ जायगा।

दोनों चौराहे की ओर चले। पोस्ट ऑफिस के पास खड़े होकर बहुत देर तक घोड़ागाड़ियों के आने की प्रतीक्षा करते रहे दोनों।

एक बोझा 'ऊख' और एक बोरा भेली-गुड़ और एक हाँड़ी दही !

मामा के आँगन में शोर भर गया। बच्चे-बच्चियों को लेकर पास-पड़ोस की औरतें जुटने लगीं। शरबतिया ने ऊख के टुकड़े और भेली-गुड़ देकर सभी को विदा किया।

एक पड़ोसिन ने कहा, "और दही ? दही नहीं बाँटोगी ?"

इस बार मामी ने टोका, "बहिन, 'परजात-परमिन' का बच्चा है। माँ-बाप ने अपने लड़के के लिए भेजा है और मैं यहाँ 'सदाबरत' कर दूँ ! ऊख और गुड़ तो दिया सभी को।"

मनमोहन के काका ने सुना तो कहा, "मुनीजी अकेले एक हाँड़ी दही खाएगा ? बाँट दीजिए न। दही का अकाल है, भला ? आ जाएगी फिर एक हाँड़ी।'"

मामी ने तुरत-परिचित मनमोहन के काका को आँख की 'मटकी' से बतला दिया कि ये लोग अपने कोई नहीं।

बाद में बोली, "दही मैं सबसे पहले 'बबुआ' को परोसूँगी, तब किसी और को। इन लोगों को क्या, गंध लेती रहती हैं। आकर जुट जाएँगी।"

मनमोहन ने देखा, काका ने तुरत मामी से हेल-मेल कर लिया। मामी कहती हैं–'छोटके पाहुन !'

बहुत देर तक मनमोहन अपने काका को अपने छह दिनों का अनुभव सुनाता रहा।··· हेडमास्टर साहेब के बारे में··· हफीज साहब की नकल··· क्लास के बदमाश लड़के इस्माइल की हरकतें··· थोथना पंडित के किस्से··· !

मनमोहन के काका की हँसी एक बार छूटी तो घंटों हँसते रहे, "अरे मुनीजी ! यह हाई-स्कूल सचमुच पढ़ने के काबिल है। मेरा भी मन नाम लिखा लेने को करता है। वाह ! क्या-क्या नाम हैं। हाफिज साहब और थोथना पंडित ! वाह !"

मनमोहन ने धीरे-से कहा, "काका ! जोर से मत बोलिए। कोई सुन लेगा।"

मनमोहन ने बतलाया, "असल में थोथना पंडितजी का नाम बनखंडी ओझा है। मगर, खैनी बहुत खाते हैं और हमेशा ओठों में भरकर बतियाते हैं। और बस एक ही धमकी देते हैं, लड़कों को–'थोथना चूर देंगे।' बस, इसीलिए क्लास के सभी लड़के उनको 'थोथना पंडित' कहते हैं।"

"कोई खोखना मास्टर भी है ?'

अब मनमोहन की बारी थी। ऐसी खिलखिलाहट के साथ पेट में बल पड़ जानेवाली हँसी मनमोहन को बहुत दिनों के बाद आयी थी। वह चौकी पर लोट-पोट हो गया। तब तक शरबतिया दीदी आ गई थी, "वाह ! दोनों चाचा-भतीजा, मिलकर फुलझड़ी उड़ा रहे हैं, यह क्या बात है ?"

मनमोहन ने अपनी हँसी को सँभालकर कहा, "हाँ ! खोखना मास्टर भी हैं। एक मौलवी साहब हैं। उर्दू पढ़ाते हैं। काले हैं, मगर सफेद दाढ़ी, एकदम सफेद कुर्ता, सादा पैजामा और जूता भी सादा। इतने कड़े हैं कि उर्दू पढ़ाते समय बहुत लड़कों को 'खाँसी-उकासी' करवा देते हैं। कहते हैं कि 'हलक' से आवाज निकालो

और 'हलक' से आवाज निकलते समय लड़के खाँसने लगते हैं। इसलिए खोखना मौलवी नाम चालू कर दिया है, लड़कों ने।"

··· शरबतिया दीदी जब हँसती है तो उसके दाँत और भी अच्छे लगते हैं। शरबतिया दीदी ने पूछा, "छोटके फूफा ! आप मांस-मछली खाते हैं, तो ?"

"हम सरबभच्छी हैं।"

मामी आईं और बैठ गईं। फिर मुस्कराकर काका से पूछने लगीं, "छोटके पाहुन का गौना हुआ या नहीं ?"

मनमोहन ने ताड़ लिया–काका लाज के मारे गड़ गये ! इसलिए उसी ने कहा, "काकी का स्वर्गवास हो गया।"

"अरे !··· कब ?"

"पिछले साल !"

"गौना के पहले ही ?"

"हाँ !"

"कहाँ शादी हुई थी ?"

"कटिहार के पास एक गाँव है, पाँकी-टिकैली।"

'चः चः' करती हुई मामी बोले, "आदमी की जिन्दगी का क्या ठीक !"

काका ने बहुत देर के बाद हुँकारी भरी, "सो तो ठीक है।"

मामी अब अपने दुःख और अपनी इकलौती बेटी के फूटे हुए कपाल की कहानी सुनाने लगीं, "छोटके पाहुन, जब बेटी की खाली 'सींथ' पर नजर पड़ती है तो लगता है, कलेजे पर किसी ने गरम लोहा रख दिया··· "

मामी इससे आगे कुछ नहीं बोल सकीं। गला भर आया और आँखों से आँसू झरने लगे। अपने काका के साथ मनमोहन ने भी सुना शरबतिया की शादी का किस्सा ! किस तरह 'सहुआइन-धर्मशाला' में बराती खचाखच भर गये थे। अँगरेजी बाजा–खास दानापुर का–बाजेवाले की वर्दी ऐसी थी कि लोग देखते ही रह जाएँ, दूल्हा इन्ट्रेंस में पढ़ता था, इसलिए बराती में उसके स्कूल के सभी मास्टर और लड़के आये थे और बराती और शहरवालों में भारी 'मैच' हुआ था, जिसे देखने के लिए शहर-भर के लोग उमड़ पड़े थे।··· मगर, इसी को कहते हैं भगवान् की मार ! शादी के बाद ही दूल्हा की 'मति' मार दी 'गन्हींबाबा' के चेलों ने। पढ़ाई-लिखाई छोड़कर 'मोटिया खद्धड़' पहनकर 'सुराजी' काम करने लगा। अंग्रेज बहादुर से वैर मोल लेकर कौन पार पा सकता है ?··· सो, पुलिस-दारोगा ने पकड़कर इतना मारा कि 'जेहल' पहुँचते-पहुँचते··· !

मामी फिर रोने लगीं। शरबतिया दीदी ने आकर झिड़की दी, "मैया ! तू यहाँ बैठकर किस्सा सुना रही है। उधर, सालन चढ़ा हुआ है चूल्हे पर।"

मामी आँख पोंछती हुई उठीं। मनमोहन ने इस बार शरबतिया को गौर से देखा। माँ कहती थी, जिस लड़की का कपाल चौड़ा हो, वह जवानी में ही बेवा हो जाती है··· गाँव की मैनी, दयावती, महावती ! सभी बहनों के कपाल चौड़े हैं

और सभी बेवा !··· मनमोहन ने देखा, काका भी शरबतिया को बहुत 'दयाभाव' से देख रहे हैं। गाँव के बाबाजी रामगोसाईं भी दुःखी आदमी को इसी तरह देखते हैं।

काका साँझ की गाड़ी से वापस चले गये। जाते समय कह गये "मुनीजी, होली की छुट्टी में मटरू और शरबतिया को अपने साथ लेते आना।"

मामा ने कहा, "ठीक है।"

मनमोहन बहुत देर तक उदास खड़ा देखता रहा। टमटम जब आँख से ओझल हुआ तो उसने उलटकर देखा–शरबतिया चुपचाप खड़ी है। बोली "बस, अब और एक ही महीना रह गया है, होली पर्व को···।"

पाँच

उस दिन मनमोहन जब क्लास में पहुँचा तो उसने देखा 'सीनियर क्लास' का लड़का डेस्क पर छोटी-सी प्याली में 'तकली' चला रहा है, लड़के उसको घेरकर खड़े हैं और वह 'दनादन' महीन सूत कातता और लपेटता जा रहा है। उसकी खद्दर की कमीज पर नजर पड़ते ही मनमोहन को मामी की बात, शरबतिया के दूल्हे की बात याद आ गई।

कालू ने कहा, "प्रियोदा हैं। सेकेण्ड मास्टर साहब का सबसे छोटा बेटा। पढ़ने में बहुत तेज और भीषण साहसी···।"

मनमोहन की आँखों के आगे बहुत देर तक 'प्रियोदा' के कुर्ते पर टँकी हुई 'गोल चकत्ती' की तस्वीर छाई रही–जंजीर में जकड़ी एक देवी की मूर्ति। नीचे लिखा हुआ था–बन्दे मातरम् !

प्रमोद बाबू ने उस दिन मनमोहन की ओर पहली बार घुड़ककर देखा। जुगल के कारण उसको हफीज साहब ने भी झिड़की दी थी–शुक्रवार को। इस्माइल ने उसे चिढ़ाना शुरू किया और सोमवार को इस्माइल के चलते ही प्रमोद बाबू ने दो मिनट तक उसकी ओर आँखें फाड़-फाड़कर देखा। मनमोहन की देह में कँपकँपी समा गई। उसने हकलाते हुए कहा, "सर ! इस्माइल मुझे चिढ़ाता है।"

प्रमोद बाबू ने कहा, "तुम दोनों बेंच पर खड़े हो जाओ।"

इस्माइल रोज किसी-न-किसी 'घंटी' में बेंच पर खड़ा होता था, इसलिए वह तुरन्त हाथ में किताब लेकर बेंच पर खड़ा हो गया, किन्तु मनमोहन चुपचाप अडिग खड़ा रहा। प्रमोद बाबू ने कड़ककर कहा, "स्टैंड अप ऑन दि बेंच।"

मनमोहन फूट-फूटकर रो पड़ा। प्रमोद बाबू और जोर से चिल्लाने लगे–"खड़ा होता है या नहीं ?"

उस दिन जब मनमोहन लौटा तो शरबतिया दीदी और मटरू उसकी सूरत देखकर अवाक् रह गये।··· सूजी हुई आँखें लाल-लाल! आँखें चार होते ही मनमोहन फफककर रोने लगा। मामी दौड़ी आईं। शरबतिया पूछती रही, मगर मनमोहन बस एक ही जवाब देता, "मैं यहाँ नहीं पढ़ूँगा। मैं आज ही घर जाऊँगा। अभी···।"

मोहरिल मामा उसे समझाने लगे, "बबुआ, कहावत है न–'जौ गूड़ गंजन सहै तो मिसरी नाम धराय'–गुरु का गंजन तो आशीर्वाद है। जिला-भर में इस स्कूल का नाम है। यहाँ नहीं पढ़ोगे तो फिर कहाँ··· ?"

मटरू ने आकर कहा, "फूफाजी आये हैं।"

फूफाजी अर्थात् मनमोहन के पिताजी।

मोहरिल मामा दौड़कर बाहर गये। तब शरबतिया मनमोहन के पास आकर बड़े प्यार से बोली, "मोहन! छिः! आँखें पोंछो। जाकर बाबूजी को प्रणाम करो, इस तरह नहीं रोते।"

मनमोहन को शरबतिया के आँचल की गन्ध लगी। माँ के आँचल से भी ऐसी ही गन्ध आती है–नमकीन गन्ध!

मनमोहन जब आँगन से बाहर आया तो उसने देखा, उसके बाबूजी मंद-मंद मुस्करा रहे हैं। बोले–"क्यों? मास्टर साहब ने मारा था क्या? क्यों मारा था?"

मनमोहन कुछ बोले, इसके पहले ही मोहरिल मामा ने जवाब दिया, "यहाँ के मास्टरों की यही आदत है। जहाँ कोई देहाती का धनी लड़का आया कि बेवजह मारपीट करने लगते हैं ताकि 'ट्यूशन' पढ़े। और जो ट्युशन पढ़ता है उसको इम्तिहान का सवाल पहले ही बता देते हैं।"

मनमोहन के बाबूजी ने कहा, "घर में क्या करोगे? भैंस चराओगे?"

रात में बहुत देर तक उसके बाबूजी ने समझाया कि बिना पढ़े-लिखे आदमी सब दिन बैल रह जाता है। "··· देखते नहीं, चार अच्छर अंग्रेजी में कुछ लिखवाना या पढ़वाना होता है तो पाँच रुपये बतौर फीस के पहले ही देने पड़ते हैं।··· बदमाश लड़कों की संगति ठीक नहीं। तुम्हारे मास्टर साहब ने सजा दी–ठीक ही किया है। मन लगाकर पढ़ोगे, तो सभी मास्टर प्यार करेंगे।"

दूसरे दिन प्रमोद बाबू के एक सवाल का जवाब क्लास के किसी लड़के ने नहीं दिया–मनमोहन को छोड़कर। प्रमोद बाबू की आँखें, जिनसे हमेशा चिनगारी निकलती रहती है, एकदम बदल गईं। उन्होंने प्रसन्न होकर कहा–"तुम सबसे अगली बेंच पर बैठा करो।"

अचरज की बात! सभी शिक्षकों के क्लास में मनमोहन ने सही-सही जवाब दिये, सिर्फ हफीज साहब ने कहा, "पढ़ाई-लिखाई ही नहीं, खेल-कूद में भी बढ़िया करना होगा।"

बाबूजी स्कूल आये। मनमोहन ने धीरे-से कहा, "बाबूजी, आपने ठीक ही कहा

था।"

मनमोहन ने देखा, उसके बाबूजी का मुरझाया चेहरा अचानक खिल गया। बोले, "मैंने कहा था न !"

डेरे पर लौटकर मनमोहन को मालूम हुआ कि बाबूजी उसको 'बोर्डिंग' में रखना चाहते हैं। शरबतिया बोली, "फूफाजी से मास्टरों ने कहा है कि बाहर रखने से लड़का बिगड़ जायगा।"

मामी उदास थीं। मटरू को शायद मार पड़ी थी, इसीलिए वह चुपचाप बैठा था। बाँगड़ को पड़ोसी रघु मोहरिल के लड़के ने फाटक में दे दिया है–मोहरिल मामा पंचायत करवाने गये हैं। शरबतिया भी उदास थी।

मनमोहन के बाबूजी वकील के घर से लौट आये। बोले–"बबुआ, पन्द्रह तारीख से बोर्डिंग में रहने का इन्तजाम कर दिया है···।"

मनमोहन ने बीच में बात काटते हुए कहा, "नहीं बाबूजी, मैं बोर्डिंग में नहीं रहूँगा।"

"लेकिन हेडमास्टर साहब कह रहे थे कि बाहर रहने से···।"

"ठीक है, इम्तहान में फेल करूँगा, तब जहाँ चाहें भर्ती करवा दीजिएगा।"

मनमोहन के बाबूजी को अपने बेटे की बात सुनकर आनन्द हुआ।··· इतने ही दिनों में किस तरह समझदारी की बातें करने लगा है ! और, कल रो रहा था कि यहाँ नहीं पढ़ूँगा !

साइकिल से दो लड़के उतरे। मनमोहन के बाबूजी ने पहचाना–खत्री साहेब वकील का बेटा है।

रवीन्द्र और कालू ने आते ही कहा, "मोना ! जल्दी करो, समय हो गया है।"

मनमोहन ने बाबूजी ने पूछा, "ये लोग तुमको 'मोना' कहते हैं ?"

मनमोहन ने मुस्कुराकर जवाब दिया, "जी ! कभी मोना, कभी मोहन मुरली-वाला··· "

तीनों को एक साथ जाते देखकर मनमोहन के बाबूजी की आँखें न जाने क्यों भर आईं ! पास खड़ी शरबतिया ने कहा, "फूफाजी ! मोहन की भी एक साइकिल खरीद दीजिए !"

छह

शरबतिया को यह क्या हो गया ? मनमोहन जब से आया है, वह एकदम बदल गई है। पहले किसी काम में जी नहीं लगता था; दिनभर पड़ी रहने को जी करता था। पड़ोस की सहेलियाँ तानें देतीं। माँ गालियाँ सुनातीं और कभी-कभी बाप भी बरस पड़ते, "इस तरह दुःख-सन्ताप और बढ़ेगा, घटेगा नहीं।"

लेकिन मनमोहन के आने के बाद से वह दिन-भर फिरकी की तरह काम करती रहती है। सुबह उठकर कलेवा तैयार करना। फिर रसोई बनाकर मनमोहन और बाबूजी को खिला-पिलाकर थोड़ी देर के लिए छुट्टी। इसके बाद गन्दे कपड़े मटरू, मनमोहन और बाप के साफ करने में जुट जाती। दोपहर में कुछ क्षण मनमोहन की चौकी पर लेटकर आराम करती। दिन ढलने के पहले फिर घर के काम में जुट जाती।

जिस दिन मनमोहन रोता हुआ घर वापस आया था, शरबतिया की इच्छा हुई थी कि वह बार-बार मनमोहन को चुप कराके शान्त करे। मगर मन में जो कुछ होता है, उसे किया नहीं जा सकता।··· थोड़ी देर पहले उसके जी में आया था कि वह भी मनमोहन के साथ चली चले। वे लोग संन्यासी-आश्रम' में गये हैं। वहाँ कोई स्वामीजी आये हैं, उपदेश देने के लिए।

··· शरबतिया को कभी-कभी लगता है, मनमोहन उसका··· उसका··· बेटा है!

मनमोहन के बाबूजी बोले, "बेटी ! मैं रात की गाड़ी से ही चला जाऊँगा। मोहरिल तो अभी तक लौटा नहीं। ये रुपये रख लो। बबुआ के कपड़े के लिए। कह रहा था 'स्काउट' का ड्रेस पन्द्रह तारीख के पहले ही तैयार करवाने की नोटिस दी गई है।

शरबतिया बोली, "मोहन तो अब लौट ही रहा होगा। रात में क्यों जाइएगा ? सुबह की गाड़ी··· ।"

शरबतिया की माँ आँगन से सुन रही थी। बोली, "ठीक ही तो कहती है सरो, रात में क्यों जाइएगा ?"

मनमोहन के बाबूजी बोले,··· "सप्ताह में तीन-चार दिन तो यहीं रहता हूँ। फिर परसों आऊँगा पोखर की मछली लेकर।"

शरबतिया की माँ बोली, "जब बेटा वकालत पास कर लेगा, "मामला-मुकदिमा के झंझट से तभी छुट्टी मिलेगी।"

"सब भगवान के हाथ में है।"

मनमोहन के बाबूजी का टमटम चौराहे पर नहीं गया होगा कि मनमोहन दल-बल के साथ लौट आया। शरबतिया ने कहा, "फूफाजी राह ताककर चले गये। भेंट करनी है तो अपने सभी लोगों से कहो, साइकिल से··· ।"

मनमोहन ने ओठों को बिदकाकर कहा, "भेंट क्या करनी है ! हर तीसरे दिन तो आते ही हैं।"

शरबतिया ने चुटकी ली, "तीन दिन पहले कौन 'भूत' सवार हुआ था ? गाँव का 'जीन-पीर'··· ? घर जाएँगे, घर जाएँगे। अभी जाएँगे।"

मनमोहन ने लाज छिपाने के लिए शरबतिया के हाथ में चिकोटी काटी।

शरबतिया हँसती हुई चीखी··· "इस्स" !

लेकिन मटरू को यह अच्छा नहीं लगा।

मटरू जब मनमोहन के पास अकेला होता है, मोहन भैया का आज्ञाकारी छोटा

भाई हो जाता है। ज्यों ही शरबतिया आई कि दिल बदल जाता है। जी में होता है कि मनमोहन की किताबें चुराकर नदी में फेंक आये; बाँगड़ को उसके बिछावन पर बाँध दे। और जब शरबतिया मनमोहन के बालों को सँवारने लगती है, तो उसका जी जलने लगता है।··· कहीं से एक कैंची लाकर एक रात मनमोहन के बाल काट देगा। अभी जब मनमोहन ने शरबतिया दीदी को चिकोटी काटी, मटरू की कनपटी गरम हो गई।

शरबतिया ने पूछा, "क्या कहा स्वामीजी ने ? परसाद-उरसाद भी मिला ?"

मनमोहन बोला, "दीदी ! स्वामीजी की सभी बातें तो समझ में नहीं आईं। लेकिन, बार-बार उन्होंने जोर देकर जो बात कही, उसका यही मतलब था कि कमजोर शरीर से दुनिया में कोई काम नहीं होगा।"

मटरू ने आँगन में अपनी माँ को चुपके से बतलाया, "मोहन भैया ने दीदी को चिकोटी काट ली।"

माँ बोली, "तो तेरा क्या बिगड़ा ?"

मटरू ने उदास होकर कहा, "दीदी मुझ पर हमेशा गुस्सा करती है और मोहन भैया से हँस-हँसकर बोलती है।"

माँ ने हँसी को दबाकर पुकारा, "सुनती है सरो, मटरू क्या कहता है ?"

शरबतिया ने जवाब दिया, "मटरू आजकल दिन-भर टेंगनवाँ के साथ बीड़ी धौंकता रहता है। उसका मुँह सूँघकर देख !"

मटरू ने मन-ही-मन कहा, "तुम मना करोगी तो और भी पीऊँगा।"

मनमोहन मुँह-हाथ धोकर पढ़ने के लिए बैठा। शरबतिया पास में ही बैठी मटर की छीमी छुड़ाने लगी। बोली, "स्काउट में नाम लिखाये हो तुम ?"

"क्यों ? सभी को भर्ती होना पड़ता है।"

"स्काउट बनकर क्या करते हैं ?"

"काम क्या करना होगा ? ड्रिल करते हैं और मेला-बाजार लगता है, तब लोगों की सेवा करने के लिए जाते हैं।" असल में मनमोहन भी पूरी तरह नहीं जानता कि 'स्काउट' का क्या-क्या काम है।

शरबतिया बोली, "उसके लिए ड्रेस बनवानी होगी ?"

"हाँ, बाबूजी से कह दिया है।"

"बाबूजी ने दाम दे दिया है।"

"दिया है ? ठीक है, कल ही कपड़ा खरीद लूँगा। प्रियोदा ने कहा है, खादी कपड़ा खरीदना।"

"कौन प्रियोदा ?"

"सैकेण्ड मास्टर साहब के छोटे लड़के। तकली कातते हैं। अपने हाथ से कते हुए सूत का ही कपड़ा पहनते हैं···।"

हठात् शरबतिया के चेहरे का रंग बदलते देखकर मनमोहन को ख्याल हुआ कि शरबतिया का दूल्हा भी खादी पहनता था। उसने बात को मोड़ने के लिए

कहा, "जानती है दीदी, सरस्वती-पूजा में 'भक्त ध्रुव' नाटक होगा, हम लोगों के स्कूल में।"

"तुम भी 'पाट' करोगे ?"

"कल बतलाऊँगा।"

"क्यों ?"

"कल चुनाव होगा। गाना और 'पाट' पढ़वाकर। तब 'पाट' बँटेगा।"

मनमोहन ने 'भक्त ध्रुव' की कहानी सुनाई। किस्सा सुनते-सुनते शरबतिया कई बार रोने-राने को हुई, लेकिन उसने मन पर काबू पा लिया। मटरू न जाने कब आकर किस्सा सुनने में मगन हो गया था। कहानी समाप्त होने पर उसने कहा, "मोहन भैया कितना बढ़िया किस्सा जानते हैं। और तू तो दीदी, बस 'एक था बकरचरवाहा और एक था लकड़सुँघवा' का किस्सा ही जानती है।"

"जा-जा ! बकरचरवाहा को बकरचरवाहा का किस्सा न सुनाया जायगा तो राजा-रानी का ?" शरबतिया मुस्कुराकर मटरू की पीठ पर हाथ फेरने लगी। बहुत दिनों के बाद दीदी ने उसको इस तरह प्यार किया है।

बाहर पैर की आहट सुनकर ही मटरू समझ गया, बाबूजी लौटे हैं। वह दौड़कर बाहर चला गया। शरबतिया ने नाक सिकोड़ ली। वह जानती है, बाबूजी झोली में बोतल लेकर लौटे हैं।··· आज फिर कुहराम मचेगा।

शरबतिया उठकर माँ के पास गई। बोली, "मैया, बाबूजी दारू लेकर आये हैं। लगता है, साथ में कालिका मोहरिल भी है।··· मोहन को इसीलिए बोर्डिंग में देना चाहते हैं फूफाजी।"

माँ नाराज हो गई, बोर्डिंग में देना चाहते हैं तो दें। कौन मना करता है ? दिन-भर थकने के बाद आदमी घर में थोड़ा 'शौख-मौज' नहीं करेगा तो कहाँ जायगा ? इतने दिनों की आदत कैसे छूटेगी भला ?"

शरबतिया के बाबू ने अपनी कोठरी से हाँक दी, "सरो ! माँ से कहो 'चाट-चखना' कुछ तैयार हो तो लेती आये।"

शरबतिया समझ गई, साथ में कोई नहीं, इसलिए आज माँ की बुलाहट हो रही है, कमरे में।··· आज माँ भी एकाध प्याली पीयेगी··· मटरू भी एकाध घूँट पी लेगा। इसके बाद, किसी बात पर बाबूजी नाराज हो जाएँगे, माँ से। फिर, मटरू को बाहर निकालकर माँ को पीटने लगेंगे। माँ अन्दर रोएगी और मटरू बाहर।··· तमाशा शुरू हुआ।

शरबतिया की माँ बोली, "सरो ! तू आकर भात देख जरा।"

शरबतिया ने मटरू से धीरे-से कहा, "मट्टू ! तू मत जाना कोठरी में।"

मटरू बोला, "क्यों, मोहन भैया दारू नहीं पीएगा ?"

शरबतिया भात का माँड़ निकालने लगी। मटरू मनमोहन के पास गया और धीमे-धीमे बोला, "मोहन भैया, जानते हो, बाबा अभी क्या पीयेंगे ? दारू··· हि हि हि··· तुम पीयोगे ?"

मनमोहन ने डाँटते हुए कहा, "तू यहाँ चुपचाप बैठ तो।··· ले, तस्वीरें देख।"

शरबतिया के बाप ने दो चुक्कड़ पीने के बाद कहा, "सरो की माँ, एक जगह से सरो के 'चुमौना' की बात आई है। लड़के की उम्र जरा ज्यादा है, 'दो-ब्याहू' है तो क्या हुआ ? किशनगंज रजिस्ट्री ऑफिस का सीनियर मोहरिल है। अपना मकान है। पहली से दो बच्चे हैं··· ।"

शरबतिया की माँ दारू गटककर बोली, "नहीं-नहीं, दो-ब्याहू और बच्चेवाले के साथ मैं हरगिज चुमौना नहीं दूँगी, सरो का। चाहे जो हो जाये !"

"पाँच सौ नगद देगा।"

"पाँच सौ क्या, हजार भी दे, फिर भी नहीं।"

"मुझे रुपये की जरूरत है।"

"तो क्या ? बेटी बेचोगे ?"

"धीरे से बोलो, जरा।" शरबतिया के बाबू ने खुशामद के सुर में कहा। एक चुक्कर और पीने के बाद शरबतिया की माँ भी गम्भीर हो गई।

"क्यों, चुप क्यों हो गई ?"

"क्या बोलूँ ?"

"इसी फागुन में··· ।"

शरबतिया की माँ उठ खड़ी हुई, "मैं परमान में डूब मरूँगी, मगर यह कुकर्म अपनी आँखों से नहीं देख सकती।"

शरबतिया भात उतारकर तरकारी छौंक रही थी। मटरू तस्वीरें देखता हुआ सो गया था और मनमोहन चुपचाप खिड़की से बाहर की ओर देख रहा था।

बोर्डिंग में खाने की घंटी बजी।

सात

प्रियोदा !

प्रियव्रत राय। मैट्रिक में पढ़ता है। स्कूल के सभी लड़के और मास्टर उसको प्यार करते हैं। स्कूल ही नहीं, उस छोटे-से कस्बे में उसको प्रायः सभी जानते हैं। हर रविवार की सुबह बगल में झोली लटकाकर 'संन्यासी-आश्रम' के लिए मुठिया वसूलने निकलता है–कभी अकेला, कभी साथियों के साथ। स्कूल का कोई छात्र या शिक्षक बीमार पड़ा कि प्रियोदा अपनी टोली के साथ उसके घर पर हाजिर। जब तक रोगी भला-चंगा न हो जाये, उसका दल सेवा में जुटा रहता है।

रोबी और कालू प्रियोदा के दल में हैं। उन लोगों ने मनमोहन को भी अपने साथ प्रियोदा के दल में शामिल कर लिया।

हर शनिवार को परमान के उस पार 'बालूचर' पर प्रियोदा के दल के सदस्य,

स्कूल की छुट्टी के बाद जमा होते हैं। खेल-कूद, गाने-बजाने के अलावा प्रियोदा दुनिया-भर की खबर सुनाते हैं। रविवार का प्रोग्राम तय करते हैं, किस मुहल्ले में कौन जाएगा मुठिया वसूलने। किस बीमार की सेवा करने कौन-कौन जाएँगे।

उस दिन मनमोहन का परिचय देते हुए कालू ने कहा था, "प्रियोदा ! यह–मोना··· मनमोहन। खूब तेज लड़का है। 'क्लब' का सदस्य होना चाहता है।"

प्रियोदा ने मनमोहन को सिर से पैर तक देखकर पूछा था, "भारतवर्ष के एक ऐसे आदमी का नाम लो, जिसे लोग भगवान का अवतार समझते हैं।"

"महात्मा गांधी।"

"ठीक है।··· तुम पढ़-लिखकर क्या बनना चाहते हो ?" प्रियोदा का दूसरा सवाल।

मनमोहन चुप रहा। फिर बोला, "वकील।"

सभी ठठाकर हँसे। लेकिन प्रियोदा गम्भीर ही रहे। बोले, "ठीक है।··· बीमार लोगों की सेवा करना जानते हो ?"

"सीख लेंगे।"

"शाबाश।··· यदि रोगी हैजा से पीड़ित हो ?"

मनमोहन चुप रहा; क्योंकि हैजा के नाम से ही उसे डर लगने लगता है।

"गाना जानते हो ?"

"जी।"

"तैरना ?"

"जी नहीं।"

प्रियोदा ने सूर्यनारायण नामक सदस्य से कहा, "सूरज ! मोना तैरना नहीं जानता।"

"सीख जाएगा। एक दिन उठाकर पानी में फेंक दूँगा, खुद तैरने लगेगा।"

सभी हँसे। सूर्यनारायण पढ़ने में कमजोर है, लेकिन शरीर उसका मजबूत है। रोज एक सौ 'डंड-बैठक' करता है। उसके साथी 'सूरज पहलवान' कहते हैं, उसको। दल के सदस्यों को तैरना सिखलाना उसी का काम है।

उस दिन सभी ने नये सदस्य मोना, यानी मनमोहन से गीत सुनने की इच्छा प्रकट की। मनमोहन पहले लजाया, किन्तु जब प्रियोदा ने आग्रह किया तो उसने खखासकर गला साफ किया।··· कौन गीत गाये वह ? उसने शुरू किया।

"राम रहीम न जुदा करो भाई
दिल को सच्चा रखना जी··· ।"

गीत समाप्त होने के बाद प्रियोदा बोले, "वाह ! बहुत मीठा गला है तुम्हारा ! कालू, तुम 'प्रभातफेरी' वाले दोनों गीत मोना को सिखा देना।"

सूरज पच्छिम की ओर झुक गया। बालूचर पर लाली उतर आई। परमान की धारा पर डूबते हुए सूरज की अन्तिम किरण झिलमिलाई। पखेरू दल बाँधकर

बाँस-वन की ओर लौटने लगे। प्रियोदा के दल के सभी सदस्य पंक्ति बाँधकर लौटे। पुल के पास एक गाड़ीवान तन्मय होकर गीत गा रहा था–"भोला गरीबक दीन–कहिया हरब भोला गरीब'क दीन।"...

सूरज ने भी उसी सुर में सुर मिलाकर गाना शुरू किया–"एक टा जे लोटा छल, बेटा छल तीन–पनियाँ पीबैत काल लोटा लेलक छीन... "

कृत्यानन्द झा ने कहा, "विद्यापति की 'नाचारी' है।"

"नाचारी ?"

"लाचारी।"

–ट्रट्ठाँय !...

बालूचर के उस पार से किसी ने फायर किया। एक पखेरू बालू पर गिरकर छटपटाने लगा। उसका जोड़ा विकल होकर बहुत देर तक रोता रहा।... मटमैले अन्धकार में एक अर्दलीनुमा आदमी दौड़ा हुआ आया और मरी हुई चिड़िया के डैने को पकड़कर चिल्लाया, "मिल गया हुजूर !"

इब्राहीम बोला, "सब-डिप्टी साहब का अर्दली है। साला, भारी खचड़ा है।"

प्रियोदा के मुँह से अचानक निकला, "हॉल्ट !"

तब इब्राहीम को अपनी गलती का एहसास हुआ। दल का नियम है कोई सदस्य किसी किस्म का अपशब्द या गाली मुँह से नहीं निकालेगा। इब्राहीम ने तुरन्त सिर झुकाकर दल के नायक प्रियोदा और सदस्यों से माफी माँगी, "बात यह है कि साले ने...।"

सभी हँसे। प्रियोदा ने गम्भीर होकर कहा, "इब्राहीम, यह तुम्हारी आठवीं गलती है, 'दस' होते ही हम तुम्हारे साथ नहीं रहेंगे।"

इब्राहीम ने पूछा, "लेकिन सरकारी अफसरों को गाली देने में क्या हर्ज है ?"

"तुम्हारा मुँह खराब होगा। उनका कुछ भी नहीं बिगड़ेगा।"

"मगर वे जो गाली देते हैं ?"

"वे ही क्यों, बहुत लोग गालियाँ बकते हैं।"

"नहीं प्रियोदा, आप इब्राहीम को नहीं समझा सकिएगा। वह महीन बात देरी से बूझता है। मैं समझा देता हूँ।... देखो, इब्राहीम ! यदि 'क्लब' का मेम्बर रहना है तो इसके 'रूल्स' को मानना होगा। नियम है कि कोई सदस्य आपस में बातचीत के सिलसिले में भी कोई खराब शब्द नहीं बोलेगा। जानते हो न ?... बस। बात खत्म।"

'सहुआइन-धर्मशाला' के पास आकर सभी ने एक-दूसरे से विदाई ली। कालू ने कहा, "मोना, तू रास्ते में डरेगा, मैं जानता हूँ। चल, मैं पहुँचा दूँ।"

प्रियोदा ने कहा, "मोना डरता है ? मैं उसे पहुँचा दूँगा। तू घर जा कालू !"

रास्ते में प्रियोदा चुप रहे। एक सूनी जगह पर आकर रुक गए।... सड़क के दोनों ओर बड़े-बड़े पीपल के पेड़। दोनों ओर बहुत दूर तक खंडहर और मैदान। पास के एक उजड़े हुए मकान की ओर इशारा कर प्रियोदा ने कहा, "जानते हो,

इस घर में कभी मुर्दों की चीर-फाड़ होती थी–पोस्टमार्टम-हाउस था यह। इसीलिए, लोगों को डर है कि आसपास के पेड़ों पर भूत-पिशाच किलकिल करते रहते हैं, मैदान में प्रेतनियाँ नाचती हैं–संतालियों की तरह झुंड बाँधकर।··· क्यों, डरने लगा ?"

"जी नहीं।"

"अकेले यहाँ आ सकते हो ?"

"जी नहीं।"

प्रियोदा हँसे। बोले, "देख मोना, भूत-प्रेत ऐसे आदमी को कभी नहीं तंग करता, जो 'दस' का काम करता हो। तुम्हारी उम्र में मैं भी डरता था। मेरे गुरु महाजन ने मुझसे हँसकर कहा कि 'दस' और 'देश' का काम करनेवाला तो खुद 'भूत' होता है–उसको भूत क्या कर सकता है ?··· चलो, शुरू करो तो वह गाना–राम रहीम ना··· "

मनमोहन गाने लगा, "राम रहीम ना जुदा करो भाई, दिल को सच्चा रखना जी-ई-ई-ई !!··· '

आठ

मनमोहन के बाबूजी ने घर लौटकर भोजन करते समय कहा, "बबुआ ने तो इस बार तमाशा खड़ा कर दिया था। जाकर देखता हूँ तो आँखें लाल-लाल अड़हुल के फूल की तरह रोते-रोते··· ।"

मनमोहन के काका ने टोका, "तो लेते क्यों नहीं आये, दू दिन के खातिर ?"

"सुनोगे भी !··· मोहरिल की बेटी शरबतिया एक ओर तो दूसरी ओर मोहरिल की घरवाली समझा रही है। और, बबुआ की बस एक जिद–घर जाएँगे। अभी जाएँगे। यहाँ नहीं पढ़ेंगे।··· मुझे देखकर और फफकने लगा। मैं अवाक् ! बच्चे का जार-बेजार रोना देखकर मेरा भी··· ।"

मनमोहन के काका रोने लगे।

बड़े भाई ने डाँटा–"अब तू क्यों रोने लगा ? पहले बात तो सुन ले।··· अरे ! उसको मास्टर ने बेंच पर खड़ा होने को कहा और यह जिद खा गया–मैंने कोई गलती नहीं की है तो बेंच पर क्यों खड़ा होऊँगा !··· मास्टर आखिर मास्टर है कि–दिया होगा एकाध तमाचा कसके, और यही 'बही-बस्ता' लेकर टिफिन के बाद फिरार !··· मैंने समझाया रातभर। दूसरे दिन विचार हुआ कि बोर्डिंग में रख दें। मगर दूसरे दिन स्कूल से लौटकर आया तो एकदम बदला हुआ। मास्टर ने सबसे आगे बैठाया। जितना सवाल पूछा, सबका सही-सही जवाब दिया। शाम को देखा, खत्री बाबू वकील और घोष बाबू वकील के लड़के आये। पुकारा–मोना !··· जानते हो, उसके साथी उसे प्यार से 'मोना' कहते हैं। चिढ़ाते हैं, 'मोहन

मुरलीवाला' कहकर।"

"मोना ?··· मोना··· मोना··· कितना बढ़िया नाम ? भौजी ! कहाँ है, सुनती है ? अब हमारे कुमार साहेब का नाम क्या से क्या हो गया ? मोना··· मोना··· वाह रे मोना ! अब हम लोग भी मोना ही कहेंगे।" मनमोहन के काका अब खुशी से रोने लगे। उनकी आँखों से आँसू झर रहे हैं और वह हँस-हँसकर बातें कर रहे हैं, "मैं कल ही जा रहा हूँ-दही-मछली लेकर।"

भाई ने टोका, "देखो, इस तरह रोज दही-मछली लेकर जाओगे तो उसका मन उचाट हो जायगा। दिल लगने दो ठिकाने से।··· होली की छुट्टी में तो आयेगा ही। और हर सप्ताह मैं जाता ही हूँ, कचहरी के काम से।"

मनमोहन की माँ न हँसती है, न रोती है। न हुलसकर कुछ पूछती है, न बिलखकर बेटे के बारे में कुछ कहती है।··· जब मनमोहन तीन महीने का था, 'सन्निपात' से लबेजान हो गया। एक दिन तो 'दम' भी खत्म हो चुका था। डाक्टर और वैद, ओझा-गुनी सब हार मान गये थे। मनमोहन की माँ ने देखा-बड़ी-बड़ी दाढ़ी-मूँछोंवाला एक जटाधारी उसकी गोद से बच्चे को झपट्टा मारकर ले भागा। मनमोहन की माँ दहाड़ मारकर रो पड़ी और दौड़ी उस 'बचपकड़ा' के पीछे। जब उसकी घिग्घी बँध गई तो उस भयंकर मूर्ति ने उलटकर डाँटा, खराब-खराब गालियाँ देने लगा और बोला, "यह तेरा बच्चा है ?" मनमोहन की माँ ने कहा, "हाँ बाबा !" इस पर उस विकराल व्यक्ति ने जोर से एक और भद्दी गाली देते हुए कहा, "तब तो अभी ही इसका गला घोंट दूँगा।" और वह बच्चे के कंठ पर दोनों हाथ की उँगलियों के नाखून गड़ाने को तैयार ! मनमोहन की माँ को अचानक ज्ञान हुआ। बोली, "यह आपका ही बच्चा है। मैं तो इसकी 'धाई' हूँ। पालती हूँ इसको।" यह सुनकर वह देव या दानव हँसा। खुश हुआ। बोला, "तो ले जा। मगर याद रखना। इसे अपना बेटा समझेगी, इसे बेटे की तरह लाड़-दुलार करेगी तो मैं इसे लेकर चला जाऊँगा"··· मनमोहन की माँ की आँखें खुलीं तो देखा, चारों ओर लोग घेरकर बैठे हैं। वैद्यजी हैं, मनमोहन के बाबूजी, काका-सभी अचरज से देख रहे हैं। उधर, दिन-भर से 'हुक-हुक' करता दम तोड़ता हुआ बच्चा रोने लगा। वैद्यजी खरल में जल्दी-जल्दी मकरध्वज घोंटने लगे।··· तब से मनमोहन की माँ को उस मूर्ति के कई बार दर्शन हो चुके हैं। हर बार, वह हाथ का चिमटा खनखनाकर चेतावनी दे गया है, 'याद रखना !'··· और, इसी को कहते हैं भगवान की माया ! माँ के बदल मनमोहन को उसके काका ने 'माँ' का लाड़-प्यार दिया है। उसी लड़के के कारण उनके स्वभाव में कुछ स्त्री-सुलभ गुण-दोष आ गये हैं।··· मनमोहन अपनी माँ को मौसी कहता है।

इसलिए बड़े भाई के कहने के बावजूद उन्होंने रात में ही प्रोग्राम पक्का कर लिया, "अब भैया बिगड़ें मुझ पर या जो करें। मैं तो कल दही-मछली लेकर जाऊँगा ही।"

और सुबह को सचमुच वह घर से लापता थे। मनमोहन की माँ हँसकर बोली-"वह

लौंडा जितना रोया है, उससे दसगुना तो ये रास्ते में ही रोएँगे। फिर वहाँ पहुँच-कर··· इस बार मुनीजी से मोनाजी··· !"

अचरज की बात ! मन पर बंधन डालने से सब कुछ हो सकता है, शायद; क्योंकि उस बीमारी के बाद से ही मनमोहन की माँ सौतेली माँ समझने लगी अपने को।··· और इस बेरुखी और बिलगाव के कारण मनमोहन भी माँ को कभी अपनी माँ नहीं समझ सका; उसने 'माँ' कभी नहीं कहा।··· 'दुश्मन' छोड़कर माँ ने कोई दूसरा प्यार-भरा संबोधन नहीं किया ! और मनमोहन ने रोते समय कभी 'माँ-माँ' कहकर नहीं पुकारा। 'रुलाई' शुरू होने के पहले–'का–का··· '

··· दुश्मनी साधने के लिए कभी-कभी मोहन की माँ बेरहमी से पीटती थी। ··· वह भूल गई है कि कभी मनमोहन उसके गर्भ में था। मनमोहन के पहले तीन-तीन बच्चों की मृत्यु–ठीक तीन महीने की उम्र में और 'सन्निपात' से ही हुई। सो, अब सब कुछ भूल गई है कि कौन उसके गर्भ में था और कौन नहीं।

··· पढ़-लिखकर ही क्या कर देगा उसका ? जिसका बेटा है, उसके काम आयेगा।

बड़ी-बड़ी दाढ़ी घुँघराली–जटा-जूट–लाल-लाल आँखें–खराब-खराब गालियाँ, जिन्दगी-भर, देखती-सुनती रहेगी वह !

नौ

मनमोहन के काका ने टमटम से ही ताराबाबू वकील के घर के पास एक दर्जन से अधिक लड़कों को 'खोल-करताल' बजाकर गीत गाते देखा। फिर ध्यान से देखकर पहचान लिया–सबसे छोटा तो मुनीजी माने 'मोना' ही है। उन्होंने टमटमवाले से कहा, "जरा रोकना यहाँ।"

लड़कों का दल कीर्तन गाता हुआ आगे बढ़ गया। गीत की कोई पंक्ति उनकी समझ में नहीं आयी। पूछने पर पता चला कि पश्चिम की ओर कहीं 'प्लेग' की बीमारी फैली है। उन्हीं लोगों की सहायता के लिए वे मुठिया-चन्दा माँग रहे हैं–भीख ? मुनीजी माने 'मोना' भीख माँग रहा है। पढ़ने आया या यही सब करने।

शरबतिया ने लक्ष्य किया, इस बार मनमोहन के काका मुँह लटकाकर टमटम से उतरे। चेहरे पर कहीं हँसी-खुशी की पतली रेखा भी नहीं।

शरबतिया ने प्रणाम किया, तो जवाब में मिनमिनाकर कुछ कहा। शरबतिया बोली, "मोहन अभी 'परभातफेरी' में गया···।"

"देखा है, रास्ते में। क्या कहा ? कौन फेरी ?··· भीख माँगने को 'परभातफेरी' कहते हैं ? तुम्बाफेरी तो सुनी थी, मगर यह··· मैं पूछता हूँ··· यहाँ पर इसी के लिए उसको रखा है कि भोर-हि-भोर उठकर हाथ में झोली-झंडा लेकर भीख माँगे ? एँ ?" मनमोहन के काका ने रुखाई से पूछा।

जवाब दिया शरबतिया की माँ ने, "छोटके पाहुन, बात तो आप ठीक ही कहते हैं, मगर हम लोग तो समझाने-भर को ही समझावेंगे। मार-पीट तो नहीं कर सकते पराये बच्चे को।··· अब देखिए कि बाप दे गया था 'स्कौट' का 'उर्दू' सिलाने के लिए दाम। न मामा को पूछा, न बहिन को। रुपया लेकर बबुआ गये और मारते 'मोटिया-खद्धड़' उठाके ले आये।··· भैया, इस कमोटिया खद्धड़-गाँधी-सुराजी' का नाम सुनते ही मेरी देह में आग लग जाती है। मैं क्या बोलूँ ? फिर भी मैंने कहा कि बबुआ, यह काम तुमने अच्छा नहीं किया।"

शरबतिया दही-मछली उठाकर आँगन में ले गई और एक बाल्टी पानी भरकर ले आई। बोली, "खद्धर खरीदा है तो क्या बेजा किया ? तू तो बेबात की बात बकती रहती है हमेशा।"

"मैं बकती हूँ ?"

"हाँ, तुम चुप रहो··· छोटके फूफा, मोहन प्रभातफेरी में अकेला ही नहीं गया है। बड़े-बड़े वकील-मुख्तार के बेटे और संन्यासी महाराज लोग गये हैं। ··· दस की भलाई के काम से पुण्य होता है। कोई चोरी-चमारी थोड़े करने गया है ?"

मनमोहन के चाचा की 'अकिल' गुम हो गई शरबतिया की बात सुनकर। उस बार तो ऐसी 'टाँय-टाँय' बतियाती थी ?··· कहती है, चोरी-चमारी थोड़े करने गया है !

शरबतिया की माँ अब आँगन में बड़बड़ाने लगी, "भैया, जैसे अपना बच्चा, वैसे पराया। मैं चुप नहीं रहूँगी।··· आज खद्धड़ खरीदकर ले आया है। कल को कहेगा कि डोम-हाड़ी के साथ बैठकर खाएँगे। तो परसों सुनेंगे कि दारू की दूकान पर 'पिकेटिन' करने चला गया। और इसके बाद एक दिन पुलिस-दारोगा आकर मेरा घर कुर्क-नीलाम करे।··· दही-मछली खाया हुआ सब एक ही दिन साफ ! मैं कह देती हूँ··· किसी को भला लगे या बुरा। हाँ-आँ !"

शरबतिया हँसी, "आ गए भिखारी लोग !··· आइए, यहाँ काका मुगदर लेकर बैठे हैं।"

मनमोहन के साथ प्रियव्रत यानी प्रियोदा भी था। काका को देखकर मनमोहन को थोड़ा अचरज हुआ। फिर प्रियोदा से बातें करने लगा।

मनमोहन के काका को भीषण क्रोध हुआ। वह मन-ही-मन सुलगने लगे। प्रियोदा जब चला गया, मनमोहन मुस्कुराता हुआ काका के पास गया। पाँव छूकर प्रणाम करने के बाद काका का कठोर और कर्कश सवाल, "यह लौंडा कौन था रे ?"

"कौन लौंडा ? अरे, वे तो प्रियोदा हैं !" मनमोहन जरा कुंठित हुआ।

"कौन था ?··· देखोजी, मुनीजी ! तुमको यहाँ लोग मोना कहें या सोना—मैं बात जानूँ 'सफासफी'··· चार दिन में ही शहर की हवा तुमको इस तरह लग जायगी, यह जानता तो भैया को हरगिज··· !"

"आखिर हुआ क्या !" मनमोहन ने हँसने की चेष्टा की। क्रोधित काका को

खुश करना वह जानता है। बोला, "किधर है शहर की हवा ? बोलिए न ?"

शरबतिया मुस्कुराई। काका ने मुँह फेरकर कहा, "रुपया तुमको खद्धड़ खरीदने के लिए दिया गया था या वर्दी सिलाने के लिए ?··· और भीख ही माँगनी है तो पढ़कर क्या करोगे ? चलो घर !"

मनमोहन से कब तक नाराज रहेंगे काका ! पाँच मिनट में ही सारा गुस्सा खत्म ! काका ने तुरन्त पूछ दिया, "तुमको किस मास्टर ने 'झापड़' लगाया था मुनीजी–थोथना या खोखना ?"

मनमोहन हँसा। लेकिन उसको अचानक किसी बात की याद आ गई। उसने धीमे से कहा, "थोथना खोखना नहीं, 'देखना'–प्रमोद बाबू न डाँटते हैं, न मारते हैं। सिर्फ आँखें फाड़कर देखते हैं–लगातार पाँच मिनट तक एकदम गुमसुम !"

"खूब हैं तेरे मास्टर सब !"

मनमोहन बोला, "नहीं काका, हमारे सभी मास्टर, पंडित और मौलवी पूज्य हैं।"

"क्या हैं ?"

"पूजने योग्य।"

"यह सब किसने सिखाया तुमको ?"

"प्रियोदा ने।"

शरबतिया, "पहले जलपान कर लीजिए, आप लोग। आज रविवार है, फिर सारा दिन दोनों–काका-भतीजा–गप्प करते रहिएगा।"

मनमोहन ने प्रियव्रत के बारे में जो कुछ सुना और देखा, पहले काका को विस्तार से बतलाया। मनमोहन ही नहीं, प्रियोदा के बारे में सारे कस्बे में इसी तरह लोग पूछते और कहते हैं।

··· सेकेण्ड मास्टर का सबसे छोटा बेटा–प्रियव्रत ! कहते हैं, बच्चों और गाय, बैल, भैंस और कुत्तों से पलक मारते ही हेल-मेल और दोस्ती करने की कला वह भगवान से ही सीखकर आया है। सात साल की उम्र में पड़ोस में आयी हुई बरात के हाथी को लड्डू खिलाकर नहीं, 'चुचकार-चुमकार'-भरी मीठी बोली से उसने मोह लिया था। और, हाथी उसके कहते ही बैठ गया था–सूँड़ सामने बढ़ाकर। प्रियव्रत, महावतों की तरह सूँड़ के सहारे हाथी की गर्दन पर चढ़ बैठा था। जब हाथी उठा और प्रियव्रत के कहने पर चलने लगा तो एकत्रित बालकों के दल ने कुहराम मचाया, "हाथी पगला गया।··· सेकेण्ड मास्टर का छोटका बेटवा पगला गया है।" लोगों ने देखा, बीच बाजार की सड़क पर हाथी मस्त होकर घण्टा हिलाता-डुलाता चल रहा है। रह-रहकर सूँड़ ऊपर उठाकर 'कू-कू' बोलता जाता है, मानो प्रियोदा के साथ खेल रहा हो।··· सेकेण्ड मास्टर साहब ने देखा और चुपचाप आँखें मूँदकर बरामदे में खड़े हो गए। प्रियोदा की माँ बेहोश हो गई। महावत दौड़ा।

तब तक प्रियोदा को लेकर हाथी लालाबाबू के बगीचे से वापस आ गया था।

··· मुहल्ले के ही नहीं, सारे अररिया-कोर्ट कस्बे के छोटे-छोटे बच्चे प्रियोदा को देखते ही किलक उठते हैं। न वह मिठाई बाँटते हैं, न लेमनजूस, पर बच्चे उन्हें हमेशा घेरे रहते हैं। क्या हिन्दू, क्या मुसलमान, गरीब-अमीर सभी के बच्चे प्रियोदा की बोली सुनते ही माँ-बाप को छोड़कर दौड़ पड़ते हैं, 'प्रियोदा आया !'

··· बच्चों और कुत्तों के झुंड के साथ खेलते देखकर, एक दिन 'संन्यासी-आश्रम' के बड़े महाराज को अचरज हुआ था। उन्होंने प्रियव्रत को 'आश्रम' में आने को कहा। तभी से महाराजजी को 'गुरु महाराज' कहता है प्रियव्रत, महाराजजी ने ही उसको 'बच्चों का मेला' और 'किशोर-क्लब' संगठित करने की सलाह दी थी।

.··· सारे कस्बे के लोग 'किशोर' के गुणों पर मुग्ध हैं। वह सारे कस्बे का बेटा है, इसलिए उसके सभी काम में लोग जी खोलकर मदद करते हैं।

बच्चों का मेला साल में एक बार लगता है—संन्यासी-आश्रम में। सभी जाति और वर्ग के बच्चों का यह मिलन देखने योग्य होता है। एक साथ सैकड़ों बच्चे एक ही पंक्ति में बैठकर प्रसन्न होकर खिचड़ी खाते हैं। दोपहर को 'पतंग' का मैच—आकाश में सैकड़ों रंग-बिरंगी पतंगें—ब-काटा, ब-काटा ! खेल-कूद-इनाम, हँसी-हल्ला—गीत-कीर्तन—सारा दिन !

··· 'किशोर-क्लब' की मेम्बरी के लिए कुछ चन्दा नहीं देना पड़ता। सिर्फ इसके नियमों का पालन करना—चन्दा देने के बराबर। क्लब का कोई घर नहीं, न रसीद, न रजिस्टर। सब कुछ मौलिक। लेकिन साल में एक बार 'संन्यासी-आश्रम' में क्लब के सदस्य एकत्रित होते हैं। वाद-विवाद-प्रतियोगिता, व्यायाम-प्रदर्शन तथा क्लब की कार्यवाहियों का साल-भर का लेखा-जोखा—कस्बे के प्रतिष्ठित जन ही नहीं, साधारण जन तक प्रस्तुत करते हैं।··· इस बार इनूस टमटमवाला भी बोला। शिवनाथ झा वकील क्लब के सदस्यों की तहेदिल से तारीफ करके ज्योंही बैठे, इनुस टमटमवाले ने कहा, 'हमारी भी एक अरज है।··· बात यह है कि हम ठहरे शराबी-कबाबी आदमी, मगर प्रियोदा के कहने से हमने एकदम पीना छोड़ दिया। कहिए काहे ? तो, सुनिए एक दिन का किस्सा।—"

मनमोहन के काका ने कहा, "लेकिन, तू पढ़ने आया है या यहीं 'दादा-दादी' का किस्सा सुनने ?"

"काका, एक बात कहूँ ?"

"कहो।"

"तुम रोज एक सौ डण्ड-बैठक करो।"

"सो काहे ? मैं क्या कमजोर हूँ ?"

"और एक बात।"

"बोलो।"

"अपने कलमबाग में जिधर जड़ी-बूटी के पौधे हैं—गोल-गोल पत्तेवाली, जड़ी, जिसको तुम लोग 'भटपुरइन' कहते हो—वह 'ब्राह्मी' है, रोज उसका रस पीयो।"

"इससे क्या होगा ?"

"प्रियोदा कहते हैं, बुद्धि तेज होती है।"

"मारूँगा… !"

शरबतिया खिलखिलाकर हँस पड़ी थी।

दस

सरस्वती-पूजा के बाद मनमोहन को स्कूल-भर के लड़के पहचानने लगे। उसके गीत 'राम रहीम ना जुदा करो' पर सभी मुग्ध हैं। बहुत दिनों तक गली-गली में इस गीत की कड़ियाँ गूँजती रहीं… और, मोहरिल-मुहल्ला में तभी से उसका 'धुरुबजी' नाम चल पड़ा है। अब शरबतिया भी धुरुबजी कहती है।… एक दिन क्लास में हफीज साहब ने कहा, "जनाब धुरुब साहब, आप तो छिपे रुस्तम निकले।" सारा क्लास ठठाकर हँस पड़ा था। हेडमास्टर साहब ने ऑफिस में बुलाकर कहा—"पढ़ा-सोना करके क्या करेगा तुम ? बाप को बोलो, 'उस्ताद' से गान सिखायकर 'उस्ताद' बना देगा।" सुनकर मनमोहन लजा गया था। बोला था, "सर, अब नहीं गाऊँगा।"… हेडमास्टर साहब ने प्यार से कहा था, "तुमि एकटा आस्त गाधा।" अर्थात् 'तुम पूरा गधा हो—अधूरा नहीं !'

त्रैमासिक परीक्षा में मनमोहन क्लास में अव्वल आया, तो हफीज साहब ने कहा, "मुरलीवाले धुरुब साहब, इस बार मैंने नम्बर दे दिया है। छमाही से अगर इस तरह अपने मन से हिस्ट्री के सवालों के जवाब लिखिएगा तो नम्बर के नाम पर 'लड्डू' मिलेगा।"

होली की छुट्टी हुई। लेकिन मोहरिल मामा ने शरबतिया को साथ नहीं आने दिया। बोले, "गरमी की छुट्टी में आम खाने जायगी।"

काका ने कहा, "मैं लेने आ जाऊँगा।" मनमोहन ने मना कर दिया था। इस बार मनमोहन अकेला घर आया। उसके काका को भारी अचरज हुआ, "अरे मुनीजी, तूने टिकट कैसे कटाया अकेले ? अकेले ट्रेन में कैसे सवार हुआ ?"

गाँव आकर मनमोहन को लगा—गाँव के खेत-मैदान, बाग-बगान सभी उसके काका की तरह ही कोई सवाल करते हैं… चने के खेतों और सकरकन्द, मिसरीकंद की बगिया से कोई इशारा करता है—"यहाँ आओ !' पुरवा और पछिया हवा सुबह-शाम पूरब और पश्चिम के टोलों से निमन्त्रण ले जाती है। गाँव के संगी-साथी, लँगोटिया यारों की टोली जमती है। डमरू और नगाड़े बजने लगते हैं। मनमोहन कहता है, इस बार खराब-खराब 'कबीर' नहीं, इस बार नया 'भँड़ौआ' गाओ :

"नी रखनी नी रखनी··· ।
सरकार जाली नी रखनी··· ।"

मनमोहन के बाबूजी ने होली के बाद एक दिन पास बिठाकर उससे पूछा, "खद्दर पहनने से हेडमास्टर साहब तो नाराज नहीं हुए हैं ?"

"नाराज क्यों होंगे; संस्कृत पंडितजी भी खद्दर पहनते हैं और सेकेण्ड मास्टर साहब भी। क्यों ? क्या बात है ?" मनमोहन बोला।

बाबूजी ने कहा, "देखो बबुआ, मैं तुमको खद्दर पहनने से मना नहीं करता, लेकिन वकील बनना है।"

मनमोहन हँसा। बाबूजी ने उसकी इस हँसी का मतलब नहीं समझा। उन्होंने पूछा, "क्यों ? हँसते क्यों हो ?"

मनमोहन को प्रियोदा की बात याद आई। प्रियोदा के सवाल का जवाब उसने दिया था–'वकील बनूँगा।' उस दिन प्रियोदा कुछ नहीं बोले थे। कई दिन बाद उन्होंने कहा था, "मोना ! तू मोना ही क्यों नहीं रहना चाहता ? 'वकील' क्यों बनना चाहता है ?" मनमोहन ने जवाब दिया था, 'बाबूजी चाहते हैं।' यह सुनकर प्रियोदा ने कहा था कि "तुम्हारे बाबूजी यह नहीं जानते हैं कि वकील और डाक्टर अपने माँ-बाप से भी फीस लिये बगैर मुकदमा और रोगी को नहीं छूते !··· खीरोद बाबू वकील का किस्सा नहीं मालूम ? एक बार एक मुकदमा में अपने ससुर से ही जिरह कर दिया था–"क्या यह बात सच नहीं कि मुहल्ले के लोग सुबह-सुबह आपका नाम नहीं लेते ?" मनमोहन हँसा था। तब प्रियोदा ने कहा, "अभी क्या हँसते हो ? ससुर ने क्या जवाब दिया, सो सुन लो। जमाई घाघ वकील, तो ससुर भी पुराना मुकदमाबाज। बहुत स्थिर और शांत स्वर में उन्होंने जवाब दिया, "हाँ, पहले तो नहीं। जब मैंने अपनी गाय जैसी मँझली बेटी की शादी एक कसाई से कर दी, तब से लोग सुबह-सुबह मेरा नाम नहीं लेते !"

मनमोहन ने अपने बाबूजी को अपनी हँसी का कारण और खीरोद बाबू वकील का 'चुटकुला' सुना दिया। बाबूजी भी हँसने लगे। बोले, "सचमुच, खीरोद बाबू कसाई हैं।"

मनमोहन के काका ने न जाने क्या समझा। कहा, "भैया, मुनीजी से आजकल बहस मत करो कोई। तुरन्त 'भटपुरन' की पत्ती पीसकर पीने को कह देगा। कहेगा–ब्राह्मी रस पीने से बुद्धि तेज होती है। इसके प्रियोदा ने कहा है।"

मनमोहन के काका छुट्टी-भर उससे मुँह फुलाये रहे। हर बात में ताना देकर कहते–"तू अब उड़ने लगा है। शहर की हवा लग गई है। तू हम लोग को गधा समझता है। अब तुम भी मण्डलजी मास्टर की तरह अपने बाप-काका के बारे में लोगों से कहेगा, 'ही इज माइ सरवेण्ट।' अभी तो साल भी नहीं पूरा हुआ है।"

लेकिन छुट्टी खत्म होने के एक दिन पहले उन्होंने भरे गले से कहा, "मुनीजी,

हम लोग जाहिल-भट्ट, भैंसवार-गाड़ीवान हैं, मगर हैं तुम्हारे बड़े, इसलिए मेरे कहे-सुने का बुरा मत मानना। जो जी में आये, करो, मगर पढ़ाई में पीछे मत होना किसी से !··· और साधु-संन्यासी लोगों से तनिक दूर-दूर ही रहना। उन लोगों का क्या, कोई ऐसा 'मन्तर' पढ़कर फूँक देंगे कि हम लोगों को पहचानोगे भी नहीं !"

जब मनमोहन स्कूल लौट गया तो उसके काका ने कहा, "भैया, मुनीजी इतना जल्दी इतना निडर हो गया। यहाँ गाँव में जिस दिन कोई 'लाल पगड़ी' वाला आ जाता है, तो दिन-भर घर में छिपा रहता था डर से। अब देखिए कि 'टिकस-चेकर'; से लेकर 'गाट साहब' तक से अंग्रेजी में बतियाता है। सैकड़ों लाल पगड़ीवाले पुलिस के सामने खद्धर की वर्दी पहनकर 'लेफरैट' करता हुआ शान से चला जाता है।"

सैकड़ों लाल पगड़ीवाले तो नहीं, दर्जनों लाल पगड़ीवाले एक दिन मनमोहन के स्कूल में आये···।

··· चैत की उदासी चारों ओर छाई हुई है। गर्मियों की छुट्टी में अभी देरी है। एक दिन ऐसी उदास रात में प्रियोदा साइकिल पर मनमोहन के डेरे पर आये। मनमोहन आँखें मलता हुआ बाहर आया। मोहरिल मामा और मामी की नींद तो नहीं खुली, शरबतिया दीदी जग पड़ी थी।

प्रियोदा बोले, "मोना, जानता है, महात्मा गांधी गिरफ्तार हो गए।"

मनमोहन ने पूछा था–"क्यों ?"

प्रियोदा हँसे थे, "गाँव जाकर बुद्धि जरा मोटी हो गई है तेरी, पूछता है क्यों ?"

मनमोहन लज्जित हुआ। सचमुच यह बात ही ऐसी है कि 'क्यों' का सवाल ही नहीं उठता।

मनमोहन ने हिम्मत करके पूछा, "तब ? माने हम लोग··· आप··· ?"

"हम लोग कल हड़ताल करेंगे–'स्ट्राइक'–स्कूल नहीं जाएँगे–बाजार बन्द रहेगा।" प्रियोदा बोले।

"सरकार··· माने··· पुलिस-दारोगा ?"

"क्या करेगा ? हम कल खाना नहीं खाएँ–स्कूल नहीं जाएँ–कोई चीज खरीदें नहीं, बेचें नहीं, इससे सरकार को क्या सरोकार ?"

"··· मगर 'हड़ताल' के अगुआ लोगों पर वे नजर रखेंगे। सजा और जुर्माना करने की सलाह देंगे, हेडमास्टर साहब को। हाँ, मैं तुमसे पूछने आया था कि तू क्या करेगा। तू तो 'स्कॉलरशिप-होल्डर' है। ऐसी हड़तालों में 'फ्रीशिप' और 'स्कॉलरशिप' वाले लड़के कभी साथ नहीं देते। वकील, मुख्तार और अफसरों के लड़के साथ नहीं देते।··· तू सोचकर देख, क्या करेगा। मैं अभी आता हूँ। सुबह बाजार खुले ही नहीं, ऐसा कुछ करना होगा।"

अंधकार में चुपचाप कई मिनटों तक खड़ा रहा मनमोहन। प्रियोदा साइकिल

पर सवार होकर चले गए।··· चौराहे तक उनकी परछाईं बोलती गई, "तू सोच के देख। तू क्या करेगा ?··· बायें या दाहिने अथवा सीधे ? किधर ?"

"उधर कहाँ जा रहे हो ?"–शरबतिया ने पूछा तो मनमोहन को होश हुआ। शरबतिया धीरे से बोली, "क्या हुआ है मोहन ? क्या बात है ? कौन गिरफ्तार हुआ है ?"

मनमोहन को लगा कि चैत महीने की सारी उदासी शरबतिया दीदी की बोली में उतर आई है। फौजदारी कचहरी के कंगूरे पर चाँदनी ! लगता है, कैथोलिक अस्पताल की मेम सिर से पैर तक सफेद आबा-काबा में सिर झुकाकर फौजदारी-कचहरी की छत पर जा खड़ी हुई है।

शरबतिया और निकट आई, "बोल ना ?"

"महात्मा गांधीजी !"

शरबतिया बोली, "ओ-हो ! गांधीजी की गिरफ्तारी कोई ऐसी-वैसी गिरफ्तारी है ! पिछली बार पकड़कर जेल में रखा। अंग्रेज सार्जेण्ट का माथा खराब हो गया। वह दौड़कर जेल के अन्दर जाकर देखता है तो महात्माजी जेहल की कोठरी में बैठकर चरखा कात रहे हैं। और जेल से बाहर–महात्माजी के घर में जाकर देखा–वहाँ भी वे मौज से चरखा चला रहे हैं। अंग्रेज सार्जेण्ट का माथा खराब हो गया था। चलो सो रहो।"

मनमोहन बिछावन पर लेटा, किन्तु उसे नींद नहीं आई। कुछ देर तक उसकी कनपट्टी गरम रही। बाद में उसका मन रोने लगा।··· इस बार होली की छुट्टी में घर गया तो माँ पुष्पी को लेकर मामा के घर चली गयी थी। बड़ी फूआ ने तरह-तरह के पकवान बनाये थे, लेकिन माँ के हाथ के मालपुए में जो स्वाद होता है···। पुष्पी को देखने के लिए जी छटपटा रहा है। बाबूजी ने कहा था कि होली में मामा के घर चला जा। मगर काका को अकेला छोड़कर वह कैसे जाता ! और काका मनमोहन के 'ननिहाल' नहीं जाते। किसी वजह से रूठे हुए हैं।

··· पुष्पी जब बड़ी होगी, उसे लाकर यहाँ के लड़की-स्कूल में भर्ती कर देना होगा। इस बार कोई खिलौना नहीं ले गया था मनमोहन !

वह चुपचाप रोने लगा–पुष्पी के लिए। अपनी छोटी-सी गुड़िया-जैसी बहन पुष्पी को याद कर··· !

"यह क्या हो रहा है ?" शरबतिया दीदी की गरम-गरम साँस मनमोहन की गर्दन पर पड़ी। उसने सिर उठाकर देखा–शरबतिया दीदी झुककर उसको देख रही है। मनमोहन ने मुँह फेरा तो अपने 'आँचर' से उसकी आँखों को पोंछती हुई बोली, फिसफिसाकर, "मनमोहन भैया ! छिः··· मत रोओ। सुनो··· !"

मनमोहन को लगा, वह धीरे-धीरे छोटा होता जा रहा है। छोटा, छोटा–पुष्पी के बराबर ! उसे लगा, वह पुष्पी–शरबतिया माँ है··· माँ की गोद में पुष्पी ? माँ हौले-हौले पुष्पी को चूमती है–'ना ! ना ! रानी बिटिया। ना रोये–ओहो-हो–चु··· !'

/··· पुष्पी की आँखों में नींद घुल-मिल रही है।

मनमोहन सो गया तो शरबतिया एकटक उसको देखती रही। फिर खुद बिलख-बिलखकर रो पड़ी।

ग्यारह

जैसा कि प्रियोदा ने पहले ही सोचा था, वही हुआ। अफसरों के लड़के, फ्रीशिप और स्कॉलरशिप पानेवाले लड़के, और मुसलमान लड़के ही स्कूल में हाजिर हुए, लेकिन शहर की एक भी दूकान नहीं खुली दिन-भर। और, गर्ल्स-स्कूल में पूरी हड़ताल रही।

सुबह को प्रियोदा ने मनमोहन से पूछा था, "क्या सोचा तुमने ?"

मनमोहन बोला, "इसमें सोचना क्या है। पाँच रुपये महीने वजीफे से क्या आता-जाता है ?"

"आता-जाता तो बहुत-कुछ है, लेकिन तुम्हारा 'लोकल गार्जियन' नाराज तो नहीं होगा ?"

शरबतिया के बारे में प्रियोदा जानते हैं। एक दिन कह रहे थे कि वह लड़की 'साइमन-गो बैक-शहीद' की विधवा है। साइमन-कमीशन जब पूर्णिया आया था तो 'बायकॉट' का नारा सबसे आगे बढ़कर वही लगा रहा था··· यानी उस लड़की (शरबतिया दीदी) का घरवाला।

सारा दिन स्कूल के 'हड़ताली विद्यार्थी' परमान नदी के पास–बालूचर और पुल के पास खेलते-कूदते, नहाते-गाते रहे। दोपहर को पास के गाँव के कई लोगों ने मिलकर चार हाँड़ी दही और कई टोकरे चूड़ा भेजा–प्रियोदा के साथ।

प्रियोदा बोले, "गाँववाले भात भी बनवा रहे हैं।··· भोज की व्यवस्था है !"

किसी ने कहा, "आज तो खूब भोज हो रहा है। कल जब नाम कटेगा तो मालूम होगा।"

एक साथ कई लड़कों ने उस बेचारे को डाँट दिया था, "क्या 'सड़ी-पची' बात करते हैं। ऐसा डर था तो स्कूल क्यों नहीं गये ?"

तीसरे पहर, धू-धू कर पछिया हवा धूल उड़ाती हुई चली। गेहूँ के कटे हुए खेतों में दाने चुनती हुई पतरंगा चिड़िया की जोड़ी रह-रहकर एक लम्बी, किन्तु उदास सीटी बजाती है।··· उस पार, परमान के कगार पर मुर्दा लेकर एक दल आया।··· मनमोहन ने देखा, चिता की आग धीरे-धीरे लहक उठी। लपलपाने लगी।

सभी भोज खाने की खुशी में हो-हल्ला मचा रहे हैं। हर आधा घंटे के बाद शहर से खबर आती है–ताजा खबर··· "अभी एस. डी. ओ. साहब स्कूल आये थे। अभी एस. पी. साहब और संस्कृत-पंडितजी में 'बतकही' हो गई।··· सभी को

'रस्टिकेट' किया जायगा। पुलिस के सिपाहियों का एक जत्था इधर ही आ रहा है।"

पुलिस के सिपाहियों का नाम सुनकर अधिकांश विद्यार्थी घबराये और भागे। जो रह गये, उन्होंने पेटभर 'कड़ही-भात' खाया।

शाम को लौटते समय सूर्यनारायण ने एक चैती गीत शुरू किया :

'चैत महिनवाँ रामा, चैत महिनवाँ
गांधी बाबा गइले जेहलखनवाँ हो रामा'...

प्रियोदा ने बंगला गीत गाया :

आमार जन्मभूमि—से जे आमार
जन्मभूमि...
एमन देश टि कोथाय खूँजे
पाबे नागो तूमी—ई ई
सकल देशेर सेरा से जे
आमार जन्म भू... मि !!

और सबसे अन्त में मनमोहन का—'राम-रहीम ना जुदा करो भाई...'

पुलिसवालों के डर से भागनेवाले विद्यार्थियों में से बहुतों ने स्कूल पहुँचकर माफी माँग ली। होस्टल के लड़कों को पंडितजी ने जुर्माना किया। किन्तु इससे बात दबी नहीं। स्कूल का प्रेसिडेण्ट स्थानीय एस. डी. ओ., एक अंग्रेज था... मिस्टर लूकस। उसने हेडमास्टर से कहा—गैरहाजिर लड़के लिखकर माफी माँगें, गैरहाजिरी का उचित कारण दिखलाएँ, तभी उन्हें क्लास में आने की अनुमति दी जाय।

हेडमास्टर साहब विद्वान् बहुत थे। डबल एम. ए. थे। मगर, डरपोक इतने कि एस. डी. ओ. के चपरासी को भी देखकर कुर्सी छोड़कर खड़े होते हैं। उन्होंने सेकेण्ड मास्टर को भी बुलाकर कहा, "बोलिए, अब क्या करूँ ?... आपनार छेले आमार चाकरी खाबे, आमि जानताम ना !... लेकिन, हमारा चाकरी जायेगा तो हम आपका चाकरी के साथ जायेगा, समझा ?... अपने कीर्तिमान लड़के से लिखवाकर लाइए कि अब ऐसा कभी नहीं करूँगा। जाइए।"

सेकेण्ड मास्टर साहब बहुत मितभाषी व्यक्ति हैं। दाढ़ी रखते हैं और हमेशा गीता की छोटी-सी प्रति पॉकेट में रखते हैं। उन्होंने जवाब दिया, "वह मेरा लड़का है तो क्या। मैं उसका 'क्लास-टीचर' नहीं।"

होस्टल-सुपर संस्कृत-पंडितजी ने कहा, "एक-एक रुपया जुर्माना कर दिया है। और क्या चाहिए ?"

तीसरे दिन करीब-करीब हर दर्जे के हड़ताली छात्रों ने लिखकर माफी माँग ली—सात 'शैतानों' के सिवा।

हेडमास्टर साहब ने क्रोध से दाँत पीसते हुए कहा था, "सातों शैतानों को

मैं स्कूल से निकाल-बाहर करूँगा। एक्केबारे रस्टिकेट !"

··· शैतानों के सरदार प्रियोदा ! और बाकी छह सूर्यनारायण, कृत्यानन्द, इब्राहीम, भोला, अशर्फीलाल और सबसे छोटा मनमोहन !

··· हेडमास्टर साहब ने नोटिस निकालकर दर्जे के शिक्षकों और विद्यार्थियों को सूचना दी–पाँचवीं घंटी के बाद सामने मैदान में इन शरारती लड़कों को बेंत लगाए जाएँगे।

··· प्रियोदा दौड़े आये थे, मनमोहन के पास। हँसते हुए पूछा था–"क्यों रे ! डरेगा तो नहीं ? रोने से अच्छा है कि पहले ही माफी माँग ले। कोई बात नहीं। तुमने अन्त तक हम लोगों का साथ दिया। क्लब का नाम नहीं डुबाया, यही क्या कम है ?··· जा माफी माँग ले !"

मनमोहन के नथुने फड़क उठे थे अपमान से, "प्रियोदा, आप मुझ पर विश्वास क्यों नहीं करते ?"

"तुम जे एक्केबारे बाच्चा !"

"किन्तु, बाघ का बाच्चा···।"

प्रियोदा प्रसन्न हुए थे, "स्वामीजी की वाणी हमेशा याद रखते हो, देखता हूँ।··· बाघेर बच्चा हउ !··· लोहे की देह में–फौलाद की शिराएँ··· अपने को पहचानो ! हे वीर··· बोलो, मैं भारतवासी हूँ··· "

इसके पहले, मारपीट के जुर्म में अनुशासन-भंग करने के अपराध में कई लड़कों को मैदान में खड़ा करके बेंत लगाये गए हैं, मनमोहन ने नहीं देखा है, कभी। ··· सुनते हैं, बेंत पड़ने के बाद स्कूल में छुट्टी दे दी जाती है।

कालू ने गुप्त खबर लाकर सुनाई, "बेंत मारने के लिए कोई टीचर तैयार नहीं हुआ तो सिक्स्थ मास्टर अकराम साहब ने बीड़ा उठाया है।"

हेडमास्टर साहब ने इसकी कल्पना भी नहीं की थी कि तमाशा देखने को इतने लोग जुट जाएँगे। विद्यार्थियों से अधिक जमा हो गए शहर के लोग। थोड़ी देर पहले भी वे ऑफिस से बाहर आते तो कोई रास्ता निकाल सकते थे। आज मुल्तवी कर सकते थे। लेकिन अब ?···

हेडमास्टर साहब ने सभी शिक्षकों को कड़ा आदेश दिया था कि 'केनिंग' के समय उपस्थित रहें, नहीं तो प्रेसिडेण्ट साहब से शिकायत की जायेगी।

वॉली-बाल के मैदान को घेरकर सभी खड़े थे। हठात्, नीली शेरवानी और लाल तुर्की टोपी पहने, हाथ में बेंत लेकर सिक्स्थ मास्टर अकराम साहब आँखें तरेरते हुए आये। भीड़ में किसी ने दबी जुबान से कहा, "आ गया जल्लाद !"

सातों 'शैतान' अब तक होस्टल के एक कमरे में बैठे हुए थे··· प्रियोदा ने पाँच मिनट में 'जलियाँवाला बाग' के मदनगोपाल की कहानी सुनाकर सभी के सर पर 'मदनगोपाल' की आत्मा को सवार करवा दिया था। अन्तिम समय में प्रियोदा ने पूछा, "मोना ! तूमि आमार केनिंग देखबे ना ?··· देखना होगा। तुमने कहा न कि तुम बाघ का बच्चा हो ?"

अकराम साहब ने पुकारा, "पियोबत्तो !"

भीड़ के एक व्यक्ति ने कहा, "यह तो बाजाप्ता तमाशा··· !"

दल के कप्तान की तरह मुस्कुराते हुए प्रियोदा के मैदान में प्रवेश करने का ढंग हमेशा याद रहेगा, लोगों को। नाटक का मुख्य अभिनेता–शैतानों का नेता अपने दोनों हाथों को पीछे बाँधकर, सीना तानकर खड़ा हुआ। बेंत मारने के पहले अकराम साहब ने पान-जर्दा के साथ कुछ अंग्रेजी अल्फाजों को चबाते हुए जो कुछ कहा, उसका मतलब था, 'यदि फिर ऐसी बदमाशी करोगे तो रस्टिकेट कर दिए जाओगे।··· अण्डरस्टैण्ड ?··· स्टैच्योहैण्ड।'

"··· ठीक 'आगा-पारसी थियेट्रिकल कम्पनी' के 'एक्टर' की तरह बोलते हैं।" भीड़ में कोई बोला।

"व-न !"

–सपाक !

"टो-य।"

–सपाक् !

"थ्री-ई"–सपाक् ! "फो-ओ"–सपाक्··· !

"सूजानान। सपाक् !! व-न–सपाक् ! टो-य–सपाक्–थ्री-ई–सपाक्··· !"

मनमोहन ने देखा–सभी शिक्षक सिर झुकाए खड़े हैं। देखनेवाले विद्यार्थियों के चेहरे हर बेंत के साथ बदरंग होते जा रहे हैं। सिर्फ, हेडमास्टर साहब सीधे सूरज की ओर मुँह उठाकर खड़े हैं।··· पाँच बेंत हो गए ? अब कृत्यानन्द··· व-न, टो-य, थ्री-ई, फो-ओ, फाई-ई··· !

मनमोहन ने मन-ही-मन सोचा–अकराम साहब इब्राहीम को किस तरह पुकारेंगे ? इब्बाहों ?··· वह हँसा–सचमुच अकराम साहब ने पुकारा–"इब्बाहों"··· फाई-ई··· भोवा-वा··· फाई-ई··· असफ्फे व-न, टो-य··· फाई-ई··· !

"मम्मोन ! सपाक् ! स्टैच्योहैण्ड !"

मनमोहन मैदान में उतरा और भीड़ में एक हल्की-सी सिहरन दौड़ गई–'आः !'

मनमोहन तब तक अपने दोनों हाथों को दोनों ओर बगल में मोड़कर खड़ा हो चुका था। प्रियोदा चुप नहीं रह सके। बोल पड़े, "क्यों रे मोना ! एक्केबारे स्वामी विवेकानन्देर पोज ?"

मनमोहन हँस पड़ा। अकराम साहब ने दाँतों को किटकिटाते कहा, "आइ से-ए स्टैच्योहैण्ड !"

दोनों भुजाओं को पूर्ववत् समेटे मनमोहन ने पूछा–"व्हिच हैण्ड सर ! लेफ्ट और राइट ?"

"शाबाश !"

"सही सवाल !"

सिक्स्थ मास्टर अकराम साहब को मजबूर होकर कहना पड़ा, "राइट !"

मनमोहन ने दाहिने हाथ की तलहत्थी फैला दी।

"व-न !"

सपाक् !

… वन्दे मातरम् !

"टो-य !"

–सपाक् !

–भारतमाता की जय !

"थ्री-ई !"

–सपाक् !

महात्मा गांधी की जय !

"फो-ओ !"

–अरे रे ! खून… खून ?

महात्मा गांधी की जय ! जय !! जय !!!

भीड़ में उत्तेजना की लहर दौड़ गई। न जाने कहाँ से एक तिरंगा झण्डावाला बाबाजी आया और भाषण देने लगा।… जय ! जय !!

हेडमास्टर साहब ने अपने हाथ से छुट्टी की घंटी बजाई, मगर भीड़ जमी रही। और जब तक लाल पगड़ीवाले पुलिस के सिपाही न आए, 'जयजयकार' होता रहा, स्कूल के मैदान में।

… मनमोहन को किसी ने कन्धे पर बिछा लिया। उसकी देह में गुदगुदी लगती है।… डाक्टर बनर्जी का अधपगला कम्पाउण्डर बोतल से दूध-जैसी दवा एक बर्तन में डालकर पट्टी भिंगो रहा है और हँस रहा है, 'ये सब रोक्तो मिछे नहीं जायेगा।" अर्थात् ये रक्त बेकार नहीं जाएँगे…।

रात में पट्टी बदलते समय शरबतिया दीदी रो पड़ी थी, "मोहन, तुम उन लोगों के संग क्यों जाते हो ?"

मोहरिल मामा साइकिल से गये हैं, मनमोहन के घर। मामी कह रही थीं, "भैया ! हम लोग ठहरे गरीब आदमी…।"

शरबतिया दीदी मनमोहन के पास बहुत रात तक बैठी रही–गरम पानी की थैली लेकर।… मनमोहन का बुखार कम हो रहा है।

बारह

इस्माइल को मियादी बुखार हो गया है। उसकी सेवा का इन्तजाम किया है। प्रियोदा ने 'किशोर-क्लब' के सदस्यों को सूचना दी।

मनमोहन को लेकर मुश्किल खड़ी हो गई है। उसके बाप और काका आये हैं; बिना खाये-पीये पड़े हैं और मनमोहन प्रियोदा का साथ छोड़ने को तैयार नहीं।

वह न तो होस्टल जाएगा और न घर, जिद पर अड़ा हुआ है।

मनमोहन को आते देखकर सूरज ने कहा, "आ रहा है–वीर बालक !"

शहर में मनमोहन का नया नाम मशहूर हो गया है–वीर बालक, बड़े-बूढ़े भी उसको देखकर आदर-भाव दिखलाते हैं। ताराबाबू वकील का मुहर्रिर तो झुककर दोनों हाथ जोड़कर 'प्रणाम' करने लगता है··· लगता है, उसकी छोटी-सी काया के अन्दर कोई 'विज्ञ' व्यक्ति छिपकर बैठा हुआ है··· हफीज साहब कहने लगे हैं–'लांगी मिर्चा !'

"की रे मोना, बाबा बुझलो–ना तुई बुझली ?" किसको··· किसने समझाया ? प्रियोदा ने पूछा।

"बाबा तो समझ गए। मगर काका जरा देर से समझेंगे। उन्होंने अब यहीं रहने का फैसला किया है। 'लम्बा ठाकुर' के होटल में रहेंगे।" मनमोहन हँसता है।

आज क्लब में दो नये 'अतिथि-सदस्य' आये हैं–विश्वनाथ और हरेन्द्र।··· सप्तमहारथी नहीं, अब 'नवरत्न'।

सूर्यनारायण एक छोटे काश्तकार का बेटा है। उसके गाँव में कांग्रेस का शिविर है। उसके बड़े भाई नमक बनाकर जेल गये हैं। बहुत साहसी है। सुन्दर स्वास्थ्य और जरा उग्र स्वभाव ! आठवें दर्जे में पढ़ता है।

कृत्यानन्द के पिताजी जिले के प्रसिद्ध पंडित हैं। संस्कृत और फारसी के बेजोड़ विद्वान्। कृत्यानन्द का परिवार बड़ा है। वे छोटे जमींदार हैं।··· कृत्यानन्द आर्यसमाजी हो गया है ? 10वें का 'फर्स्ट' स्टुडेण्ट।

इब्राहीम है मुहर्रिर का बेटा। फुटबॉल का अच्छा खिलाड़ी। स्कूल क्या, शहर-भर में अपने शरारती स्वभाव के कारण बदनाम था, मगर प्रियोदा के प्यार ने उसको एकदम बदल दिया है। पढ़ने में 'कुंद-जेहन' है। हर क्लास में दो साल रहता है। सूर्यनारायण के साथ पढ़ता है।

भोला और अशर्फी 9वें दर्जे में पढ़ते हैं। एक ही गाँव के लड़के हैं–एक परिवार के नहीं, किन्तु दोनों की दोस्ती बेजोड़ है। दोनों 'नाटक' के पीछे पागल !

शिवनाथ और हरेन्द्र मनमोहन के साथ पढ़ते हैं। उम्र और ऊँचाई भी समान ही है। दोनों जमींदार के लड़के हैं··· 'केनिंग' यानी 'बेंत लगने' के दिन से दोनों ने प्रतिज्ञा की है–खादी पहनेंगे और 'किशोर-क्लब' के सदस्य बनेंगे।

इस्माइल की सेवा के लिए कृत्यानन्द, अशर्फी और भोला की ड्यूटी–दिन में। प्रियोदा और इब्राहीम--रात में। मनमोहन सुबह अस्पताल से दवा ला देगा–रोज।

'संन्यासी-आश्रम' से लौटते समय रास्ते में ही काका से भेंट हो गई मनमोहन की।

काका को देखकर मनमोहन हँसा, किन्तु काका नहीं हँसे। बोले, "कहाँ है तुम्हारा प्रियोदा ! जरा मैं भी उससे बात करना चाहता हूँ।"

मनमोहन के मुँह से उसके काका के बारे में सुन चुका था प्रियोदा। हँसकर

बोला, "क्यों काका, मोना को खोजने आये हैं ?"

मैं आपसे पूछने आया हूँ। सभी से पूछता हूँ कि यह कौन-सा तरीका है ? भले घर के लड़कों को फुसलाकर चौपट करने से आप लोगों को क्या फायदा होता है ? बोलिए ?"

काका ने एक ही साथ प्रियोदा और बड़े महाराज से पूछा, "बोलिए, क्या मिलता है आप लोगों को ?"

बड़े महाराज मन्द-मन्द मुस्कुराते ही रहे। प्रियोदा ने जवाब दिया, "काका ! भले घर के इन 'आवारा' लड़कों ने किसका क्या बिगाड़ा है, कह सकते हैं ?"

प्रियोदा से बड़े महाराज ने कहा, "तुम लोग कहाँ जा रहे थे, जाओ। मैं इनसे बातें करता हूँ।"

मनमोहन इस्माइल के घर गया। काका आश्रम में ही रहे। बड़े महाराज ने कहा, "आइए काका साहेब ! हम लोग उधर चलकर बैठें।"

इस्माइल के मुहल्ले में इससे पहले कभी नहीं आया था मनमोहन। गन्दी बस्ती और छोटे-छोटे घर। इस्माइल का बाप चमड़े का कारबार करता है। कच्चे चमड़े का गोदाम है। पहले तो लगा कि दुर्गन्ध से उसका खाया-पीया सब उलट जाएगा। ... इस्माइल की बदमाशी की याद आई। क्लास में घुसते ही वह किसी-किसी दिन अपने साथ बैठनेवाले पीताम्बर झा से कहता—"झा ! आज मैं 'बड़ा गोश्त' खाकर आया हूँ। 'बड़ा गोश्त' नहीं समझे... ?" अथवा किसी दिन इस बात का झगड़ा शुरू कर देता कि हिन्दू लोग 'पत्थर' को क्यों पूजते हैं।

लेकिन बिछावन से सटा हुआ इस्माइल कोई दूसरा इस्माइल है। मनमोहन को लगा—वह खुद बीमार होकर इस गन्दे कमरे में पड़ा हुआ है।

इस्माइल की आँखें खुलीं। मनमोहन ने कहा—"ईशू ! कैसा जी है ?... बहुत जल्दी आराम हो जाएगा।"

मनमोहन ने अस्पताल से दवा लाकर इस्माइल की माँ को दी, "कच्चे नारियल का पानी पीने को कहा है, डाक्टर साहब ने।"

डेरे पर लौटकर मनमोहन ने देखा, उसके काका प्रसन्नचित्त बैठे हैं। बोले, "आज खाना-पीना नहीं होगा क्या ? एतवार के दिन भी आराम नहीं करोगे जरा ?"

शरबतिया को देखकर लगा, वह खूब रोई है। शायद मामी ने आज गालियाँ दी हैं। मटरू भी रोया है।

किन्तु काका का बदला हुआ मन देखकर उसको अचरज हआ। उसने पूछा, "बड़े महाराज को देखा ?"

काका चुप रहे। फिर बोले, "देखा। साधु-संन्यासियों की क्या बात। कोई मन्तर 'पढ़कर' मन फेर देते हैं।"

"तुम्हारा मन फिरा या नहीं ?"

"मुनीजी ! वहाँ तो ऐसा लगा कि जो कुछ महाराज कहते हैं, ठीक ही कहते हैं। लेकिन तुमको देखते हैं तो लगता है...।"

"काका, एक बात मानोगे ? घर जाकर तीन-चार नारियल ले आओ न–कच्चा नारियल।"

"कच्चा नारियल क्या होगा ? आश्रम में 'दाढ़ीवाले बाबा' की मूर्ति को कच्चा नारियल ही चढ़ाते हैं क्या ?··· ई बंगाली साधू-संन्यासी लोग भी खूब होते हैं।"

"नहीं काका, मेरा एक साथी बीमार है। डाक्टर ने कहा है, और यहाँ मिलता नहीं।"

"कौन साथी ?"

"इस्माइल।"

"यह तो मुसलमानी नाम है।"

"है दोस्त का ही नाम।"

मनमोहन के काका ने उसकी ओर गौर से देखा। मनमोहन ने देखा, काका कमीज पहनकर बिना कुछ बोले तैयार हो गए, "चार से काम चल जायगा ?"

"हाँ काका ! और यह गुड़िया पुष्पी के लिए ले जाओ।"

"इस सबमें फालतू क्यों खर्चा करता है रे ? कितना दाम दिया ?"

"खरीदा नहीं है। प्रियोदा की दीदी ने दिया है–हाथ से बनाकर।"

"प्रियोदा की दीदी ?··· हमारी पुष्पी को उसने कहाँ देखा ?"

"पुष्पी को नहीं। पुष्पी के भैया को तो देखा है।"

काका ने कहा, "सचमुच तू 'लीलधरिया' है रे। 'लीला' पसारता रहता है।"

शरबतिया ने सूचना दी कि मामा और मामी ने सुबह से कुछ खाया-पीया नहीं है। शायद दारोगा साहब ने धमकी दी है।

"कैसी धमकी ?"

मामी आई, काँखती-कराहती हुई बोली, "भैया ! हम लोगों को माफ करो। गरीब आदमी ठहरे। कहीं कुछ हो जाएगा तो···।"

मनमोहन खा नहीं सका।

शरबतिया दीदी बोली, "खा लेने देती तो जो कहना था, कहती···।"

मामी ने एक भद्दी गाली दी शरबतिया को।

मामा आए। बोले, "बाबू ! हमने तो तुमको 'निबोलिया' बच्चा समझा था। मैंने तुम्हारे बाबू को चिट्ठी लिख दी है। कहीं और रहने का इन्तजाम कर लो। जगह की तुमको क्या कमी !"

मनमोहन ने देखा, मामा आज दिन में ही झोली में बोतल लेकर लौटे हैं।

मामा ने आँगन के अन्दर से कहा–"शरबतिया, तू वहाँ क्या कर रही है ? अन्दर आ। जरा मछली भून दे।"

मनमोहन किताब लेकर पढ़ने बैठा। मटरू आया, हाथ में भुनी हुई मछली लेकर। मुँह चिढ़ाकर बोला, "हम दारू पिया है अभी।"

मटरू ने शायद दारू के नशे में कह दिया, "अब तुम्हारा सीट फिर बाहर में लगेगा। समझे मोहन भैया ! बाबूजी कहते हैं कि तुम बदमाश हो, तुम्हारे साथ

में दीदी भी बदमाश हो गई है। रात में तुम्हारे पास सो जाती है।"

मनमोहन को लगा, मटरू ने उसको एक भद्दी गाली दे दी। इस मुहल्ले में लोग दिन-रात भद्दी गालियाँ बकते हैं—औरत, मर्द, बच्चे सभी। मामी जब शरबतिया को गाली देने लगती है, तो मनमोहन कान में उँगलियाँ डाल लेता है।

शाम को काका आए। नारियल ही नहीं, चावल-दाल-दही, मिठाई की बोरियाँ-हँड़िया लेकर।

मनमोहन ने कहा, "काका ! यह सब क्यों ले आए ?··· अब यहाँ नहीं रहने देंगे।"

"कौन नहीं रहने देगा ? मोहरिलजी ?··· अरे, भैया को चिट्ठी दिया था कि चावल-दाल के अलावा दस रुपये महीना भी चाहिए। सो भैया ने जवाब दे दिया है—रुपया-पैसा की कोई चिन्ता नहीं···।"

अचरज की बात ! बाबूजी की चिट्ठी पढ़ते ही मामा एकदम बदल गए। बोले, "अरे, रुपये-पैसे की क्या बात है, छोटके पाहुन ! असल में हमको लोगों ने डरा दिया कि दारोगा साहब मोहन का नाम लिखकर ले गए हैं। सो जब उन्होंने लिखा है तो अब जो हो, लेकिन आप बबुआ को समझा दीजिए कि 'हड़ताल-उड़ताल' न करे।"

काका ने कहा, "मैं आखिर यहाँ किसलिए हूँ 'बोरिया-बधना' लेकर ?"

काका ने कहा, "नई हाँड़ी में दही महाराजजी का है। नये कपड़े में चूड़ा है, वह भी महाराजजी के लिए है। लाइए मैं पहुँचा आता हूँ।"

मनमोहन मुस्कुराने लगा।··· महाराजजी का 'मन्तर' काम कर रहा है !

मामी ने बहुत रोका कि भोजन यहीं कर लें। काका बोले, "उधर 'लम्बा ठाकुर' हाजिरी भर देगा बेकार। मैं सुबह आऊँगा।"

··· काका क्यों घर-बार छोड़कर यहाँ पड़े हुए हैं ?—शरबतिया दीदी इस तरह क्यों देख रही है ?—मटरू ने फिर दारू पीया है या यों ही खुश है !—काका से यह पूछना भूल ही गया कि पुष्पो गुड़िया पाकर खुशी से नाचने लगी थी क्या ? पुष्पी 'भैया' को अब भी खोजती है क्या ?

आज प्रियोदा ने 'खुदीराम' की कहानी सुनाई। 'खुदीराम' का अन्तिम गीत—

'माँ, विदाय दाउ फिरे आसी।
—फिरे आसी ! फिरे आसी !!'

तेरह

"भगवान ! मेरी अरज सुनो··· तुमने कहा, यह मेरा लड़का। मैंने कहा, मैं इसकी 'धाई' हूँ। बोलो, मैंने इसके बाद कभी कहा कि यह बेटा मेरा है ? अपने इकलौते

बेटे को 'सतबेटा' समझती हूँ आह ! ऐसा न करो बाबाजी··· ! बाबाजी··· पैर पड़ती हूँ। मैं मर जाऊँगी—लेकिन यह बच्चा··· ?"

मनमोहन की माँ हड़बड़ाकर उठी।··· फिर वही सपना !

मनमोहन की माँ ने देखा, वही भयंकर आकृति फिर आयी है, झोली में एक छोटा-सा बच्चा ले आयी है और कहती है—"ले, यह रहा तुम्हारा बेटा ! मेरे बेटे का लालच मत करना कभी !"

··· मेरा बेटा !

जगिया चमाइन ने 'सौर-घर' से निकलकर हँसते हुए कहा, "लाइए एक जोड़ी, मालिक बेटा हुआ है।"

मनमोहन के काका गाँव की सीमा के बाहर ही थे कि हलवाहे ने सूचना दी। आँगन से आकर उन्होंने कहा, "एक मुनीजी तो वहाँ पढ़ने के बदले 'हड़ताल' करता है, अब दूसरे मुनीजी आये हैं !··· यह हलवाही करेगा।"

मनमोहन के काका ने अपने बड़े भाई को सुनाया, "भैया, एक बात कहूँ ? ··· मुनीजी जो भी करता है, करने दीजिए। समझ लीजिए कि कोई 'अवतारी आदमी' रास्ता भूलकर हम लोगों के घर में आ गया है।··· संन्यासी-आश्रम के बड़े महाराज को शहर-भर के हाकिम-हुक्काम, अफसर, मास्टर, वकील, मुख्तार पैर छूकर प्रणाम करते हैं। प्रतापी महात्मा हैं। सो बड़े महाराज भी कह रहे थे कि यह लड़का आप लोगों का नहीं।

मनमोहन के बाबूजी बोले, "जिद्दी है !"

"जिद्दी है तो क्या ? सच्ची बात के लिए जिद्द पकड़ता है। एक बात सुनिएगा ? अब तो 'आश्रम' में जाकर आँख-साँस मूँदकर 'योगाभ्यास' भी सीखने लगा है। ··· हाँ, मैं अभी की गाड़ी से ही वापस जाऊँगा।"

मनमोहन के बाबूजी ने कहा, "और, तू क्यों घर छोड़कर शहर अगोरकर बैठा है ?"

गाँव छोड़ने के पहले मनमोहन के काका ने एक रैयत से दस रुपए वसूल कर लिये और कहा, "भैया को अभी मत कहना।"

टमटम से उतरकर मनमोहन सीधे राखालबाबू की दूकान में गया; खादी की धोती खरीदी; खादी का कुर्ता सिलाने को दिया।

लम्बा ठाकुर के होटल में पहुँचकर एक खुशखबरी और सुनने को मिली—मनमोहन को छमाही परीक्षा में 'डबल परमोशन' मिला है !··· छह महीने में ही एक क्लास पास ! अब कौन कह सकता है कि मुनीजी पढ़ने के बदले 'हड़ताल' करता है ?

काका मोहरिल के डेरे पर पहुँचे। मटरू ने पूछा, "दही-मछली नहीं लाए ? मोहन भैया ने 'डबल पास' किया है।"

शरबतिया बोली, "मोहन तो भगवान के घर से ही सब कुछ पढ़कर आया है, लगता है।"

शरबतिया की माँ बेहद खुश थीं। कहने लगीं, "छोटके पाहुन, मटरू के बाबू भी बचपन में ऐसे ही तेज थे पढ़ने में। एक साल में तीन पास करते थे। सो कह रहे थे कि हमारे घर के 'भात-पानी' का इज्जत रख लिया–बबुआ ने।"

काका ने हँसकर कहा, "और, वहाँ एक 'गुनीजी' आ गए हैं।"

"वाह ! तब तो सब जगह 'डबल'··· ।"

सभी हँसे। मटरू भी बिना कुछ समझे हँसा और पूछने लगा, "भैया, कौन गुनीजी ?"

"मोहन भैया को भाई हुआ है। समझे ?"

"भैया, मेरा भाई कब होगा ?"

इस बार सिर्फ काका ठहाका लगाकर हँसे। शरबतिया आँगन में भागी और उसकी माँ आँचल में मुँह छिपाकर हँसने लगी।

बाहर सड़क पर शोरगुल सुनाई पड़ा।

··· जय ! जय !!

'आओ वीरो मरद बनो अब जेहल तुम्हें भरना होगा··· सत्याग्रह के समरक्षेत्र में आ-आकर डटना होगा।··· शूर लड़ाके मर्दाने हो, पैर हटाना कभी नहीं–मरते-मरते माता का अब करज अदा करना होगा।··· महात्मा गांधी की–जै ! कौमी नारा–वन्दे मातरम् ! कौमी नारा··· '

लाल पगड़ीवाले दो बन्दूकधारी पुलिसवाले दोनों ओर, बीच में एक 'नाटा-भूटा' आदमी घुटने तक धोती और गले में फूलमालाओं के गुच्छे–सिर पर टोपी, कन्धे पर झंडा, हाथ में हथकड़ी, कमर में रस्सा, कपाल पर तिलक, पीछे-पीछे सैकड़ों लोग। एक आदमी गीत गाता है, सभी दुहराते हैं। दूसरा आदमी बीच-बीच में नारा लगाता है–कौमी नारा !

बाकी लोग दुहराते हैं–वन्दे मातरम् !

"सुनहु-सुनहु भैया–गांधीजी के बतिया··· ।"

मनमोहन के काका ने गला को पहचान लिया–"यह तो मुनीजी का गला है।"

शरबतिया बोली, "हाँ, मोहन भैया ही हैं।"

जुलूस करीब आया।

'देशवा के करहु आजाद
भारवासियों–यो-यो-यो !
देशवा के खातिर मजहरुल हक
भइले फकीरवा से–
दीन भइले राजेन्द्र प्रसाद
भारतवासियो-यो-यो-यो··· !'

मनमोहन के काका भी जुलूस में शामिल हो गए। लोग गीत गाते, नारे लगाते, झंडा उड़ाते थाने के पास पहुँचे। थानेदार ने लिखा-पढ़ी की। भीड़ बाहर अड़ी रही। थाने के बाद जेल के फाटक तक फिर जुलूस !

जेल का बड़ा फाटक 'ढनढना'कर खुला। संगीनधारी सिपाहियों ने भीड़ को सड़क पर ही रोक दिया। फाटक खुला–'सत्याग्रहीजी' सभी को हाथ जोड़कर नमस्कार करते हुए अन्दर चले गए।

तब मनमोहन के साथ सूर्यनारायण और विश्वनाथ ने नया गीत शुरू किया :

'नमो जेल देवी नमो माँ स्वतन्त्रे···
तेरी ही गोदी में श्रीकृष्ण जन्मे
तुम्हारे ही आँगन में गांधीजी खेले
तुम्हीं ने तिलक को दुलारा-सँवारा
नमो जेल देवी···
··· कौमी नारा–वन्दे मातरम् !'

दारू की दुकान पर रोज धरना देने के लिए एक वालण्टियर जाता है और उसके साथ ही तमाशबीन जमा हो जाते हैं। फिर पुलिस के सिपाही आते हैं। एक सिपाही आगे बढ़कर सत्याग्रही स्वयंसेवक से कहता है–"यहाँ से हट जाइए। आप कानून तोड़ रहे हैं।"

"जान रहते नहीं हटूँगा यहाँ से। मैं अंग्रेजी सरकार का कानून नहीं मानता।"

"हम आपको गिरफ्तार करते हैं।"

और, इसके बाद भीड़ में कोई जोर से नारा लगाता है–'महात्मा गांधी की जय !"

रोज यही होता है। ठीक साढ़े चार बजे दिन में सत्याग्रही-शिविर से धरना देनेवाला स्वयंसेवक निकलता है। स्कूल की छुट्टी हुई और लड़के तमाशा देखने पहुँच जाते हैं !

मनमोहन के काका ने उस साँझ को मनमोहन से पूछा, "मुनीजी, तुम्हारा भी मन जेल जाने को करता है ?"

"करता तो है, मगर बड़े महाराज कहते हैं कि अभी तुम लोगों का समय नहीं आया। अभी पढ़ो-लिखो, देह और मन को मजबूत बनाओ।··· तुम तो आजकल बड़े महाराज से खूब हँस-हँसकर बोलते-बतियाते हो ! क्या-क्या बातें होती हैं ?"

"अरे यह सब सुनकर तू क्या करेगा ?"

रात में बहुत देर तक काका मनमोहन के पास बैठे रहे। शरबतिया ने कहा, "आज यहीं भात बना है आपका। होटलवाले को माँ ने खबर भेज दी है–हाजिरी नहीं भरेगा।"

काका खा-पीकर जाने लगे तो बोले, "मुनीजी, गर्मी की छुट्टी तो पाँच दिन के बाद ही हो जायगी। छुट्टी में घर जायगा या यहीं रहेगा ?"

"घर जाऊँगा।"

"ठीक है।"

–कौमी नारा !

–यह क्या है ! मनमोहन ने 'कलाली' ने पास पहुँचकर देखा–काका 'पिकेटिंग' कर रहे हैं। प्रियोदा बोले, "मैं जानता था। काका किसी दिन नाम लिखाकर चले जाएँगे।"

मनमोहन कुछ देर तक मूढ़ हो गया। वह क्या करे ? हँसे, या रोए ?··· पुलिस के सिपाही आए। काका गिरफ्तार हुए। उन्होंने नजर दौड़ाकर खोजना शुरू किया और मनमोहन पर नजर पड़ते ही हँस पड़े, "मुनीजी–यह देख !"

काका ने हाथ की हथकड़ी दिखाकर कहा, "अब तो खुश हो ?"

खुशी के आँसू झर पड़े मनमोहन की आँखों से ! उसके कण्ठ से अपने-आप यह नया गीत निकल पड़ा !

"खुश हो, खुश हो नौजवानो
मौत का पैगाम है···।"
··· भारतमाता की जय !··· नमो जेल देवी !!

चौदह

'किशोर-क्लब' का सालाना जलसा गर्मियों की छुट्टी के पहले हर साल होता है। प्रियोदा इस बार मैट्रिक की परीक्षा देंगे, इसलिए नए 'संचालक' का चुनाव होगा। पाँच साल तक प्रियोदा ने क्लब का संचालन सुचारु रूप से किया है।

प्रियोदा ने अपने संक्षिप्त भाषण में अपने सहयोगियों और सदस्यों से कहा, "मुझे विश्वास है कि इन 'नवरत्नों' में से कोई भी सदस्य 'क्लब' का संचालन अच्छी तरह कर सकता है।"

सूर्यनारायण ने प्रस्ताव किया, "मैं प्रस्ताव करता हूँ कि मनमोहन क्लब का संचालक चुना जाय।"

शिवनाथ ने समर्थन किया और कृत्यानन्द ने अनुमोदन। बड़े महाराज ने अपने हाथ से 'रोरी' का टीका लगा दिया, मन्त्र पढ़कर।

मनमोहन को लगा–कोई उसकी देह में आकर बैठ गया।··· एक नई शक्ति समा गई आत्मा में।

उसने झुककर बड़े महाराज की चरण-धूलि ली। सभी आपस में गले मिले। इब्राहीम ने तुरत तुकबन्दी कर ली।

'सबसे छोटा वीर-बहादुर
प्यारा साथी मोना,
मिट्टी को भी छू दे तो
हो जाएगी–सोना… ।'

काका को छह महीने की सजा सुना दी गई। एक रविवार को प्रियोदा के साथ मनमोहन अपने काका से मिलने के लिए जेल-गेट पर गया। प्रियोदा ने दर्खास्त देकर मुलाकात करने का हुक्म ले लिया था। नियम है, कैदी को फाटक पर लाया जाता है और मुलाकाती को फाटक के बाहर ही पाँच गज दूर खड़ा होकर बातें करनी पड़ती हैं–जोर-जोर से। पाँच मिनट की मुलाकात कुशल-समाचार पूछने और एक-दूसरे को देखने में तुरत खत्म हो जाती है।

किन्तु प्रियोदा को देखकर जेलर और डाक्टर साहब दोनों ने अचरज से कहा, "तू यहाँ ?"

"एखाने केन रे ?" डाक्टर साहब ने पूछा।

"देखा कोर्ते।"

"किसके साथ ?"

"यह मेरा मित्र मनमोहन है, यह अपने काका से मिलने आया है। यह रही दर्खास्त… ।"

जेलर साहब ने दर्खास्त पढ़कर कहा, "सुपरिण्टेण्डेण्ट साहब के डेरे पर गए थे ?"

"जी।"

डाक्टर साहब ने हँसकर कहा, "जेलर साहब, होशियार रहिएगा।… उई जो आप एक दिन एक दोहा बोला था–जहँ संतन को चरन… ।"

जेलर साहब ने हँसते हुए आवृत्ति की–"जहँ-जहँ चरन पड़े संतन के तहँ-तहँ बंटाढार।"

प्रियोदा ने कहा, "निश्चय किसी 'असंत' की रचना है यह।"

सभी हँसे। तब डाक्टर साहब ने कहा–"अरे, जेलर साहब, प्रियो जब आया है, तो फाटक पर काहे, दोनों को भीतर जाने दीजिए–जरा पहले से देख-सुन लेगा सब कुछ।… और इस पिद्दी… तुम्हारा क्या नाम बोला… मनमोहन… इसको कम मत समझिए।… 'केनिंग' के दिन यही 'छोकरा' नाटक किया था।… अकराम साहब का 'ब्लड-प्रेसर' सात दिन तक 'एक्केबारे' हाई था और सपना में देखता था कि ये ही 'लड़का' को वह खून कर दिया है और सब कोई उसको पकड़ने को

दौड़ा है।"

एक वार्डर को बुलाकर जेलर साहब ने कहा, "दोनों बाबू को अन्दर ले जाओ, ठिकाने से सब-कुछ दिखला देना। और इसके चाचा से बातचीत··· अरे तलाशी-उलासी क्या लेना··· क्यों प्रियो, पॉकेट में 'बोमा-टोमा' तो नहीं ?··· तुम लोगों का क्या ठीक, बाबू।"

मनमोहन को देखकर काका अवाक् रहे कुछ क्षण। फिर दौड़े हुए आए, "कैसे आए ?··· तुम लोगों ने भी पिकेटिंग कर दिया ?··· तो मैंने क्यों··· ?"

उस दिन एकादशी थी। सुराजी कैदियों के लिए 'फलाहार' का प्रबन्ध था–उबला हुआ सकरकंद, केला, पपीता और गुड़।

काका ने जब सुना कि दोनों मुलाकात करने आए हैं तो हँस पड़े। दोनों को अपने वार्ड में ले गये। सभी से परिचय करवाया–"देखिए, यही है मेरा भतीजा और यह प्रियोदा, जिसके बारे में कहता था।··· और देख मुनीजी–यही हैं तिवारीजी।"

दोनों ने प्रणाम किया। बाकी सुराजी लोग दोनों को पहचानते हैं। सभी को–विलायती कपड़े की दूकान और शराब की दूकान से जेल-गेट तक गीत गाकर पहुँचानेवालों को वे नहीं पहचानेंगे भला।

एक ने कहा, "आप लोग पढ़-लिखकर क्या कीजिएगा ? छोड़िए इस्कूल-फिस्कूल···।"

"चले आइए।"

तिवारीजी किन्तु कुछ नहीं बोले। एक चश्माधारी नौजवान ने सुराजी से कहा, "आप लोग 'बानर-सेना' में क्यों नहीं भर्ती हो जाते ?"

प्रियोदा ने कहा, "हम पढ़ाई छोड़ने के मत में नहीं। पढ़ाई बहुत जरूरी है।··· कोई 'राष्ट्रीय स्कूल' होता तो हम जरूर यहाँ से नाम कटाकर चले जाते।"

तिवारीजी ने कहा, "तुम ठीक कहते हो।··· नेशनल स्कूल एक खुला था, लेकिन सरकार चलने नहीं देती।··· कांग्रेस-दफ्तर के साथ स्कूल पर भी जप्ती लगा देते हैं।"

सुराजियों के आग्रह पर मनमोहन ने कहा–"खुश हो, खुश हो नौजवानो' गीत गाकर सुनाया। काका ने पीतल की थाली में फल लाकर दिया, "जब जेल के अन्दर आ ही गए हो तो जेल का 'फल' तो चखते जाओ।"

तिवारीजी हँसोड़ स्वभाव के हैं। बोले, "देखो, नमक और पानी मत देना।"

काका ने दाढ़ी बढ़ा ली है। मनमोहन ने देखा–काका के कम्बल पर 'इंगलिश-टीचर' किताब की एक प्रति पड़ी हुई है। उसने पूछा, "पढ़ते हो ?"

"बैठे-बैठे क्या करेंगे ! चरखा कातते हैं, मन नहीं लगता है तो किताब पढ़ते हैं। 'उर्दू-शिक्षक' भी मँगवा ली है।··· यहाँ एक होमियोपैथी के डॉक्टर भी पिकेटिंग करने आये है। उनसे, 'मेटेरिया मेडिका' माने डॉक्टरी पढ़ता हूँ।··· सुबह से आसन भी शुरू कर दिया है।" काका ने बताया।

प्रियोदा और मनमोहन ने एक ही साथ कहा, "बहुत अच्छा करते हो काका

··· बहुत अच्छा।"

प्रियोदा ने कहा, "रामचरितमानस माने रामायण मैं आज ही भेज दूँगा।"

काका ने पूछा, "क्यों रे मुनीजी, भैया तो मुझसे नाराज होंगे ?"

"तुम्हीं से नहीं। मुझ पर भी बहुत नाराज हैं–बड़े महाराज के कहने का उन पर कोई असर नहीं पड़ा और मुझसे बार-बार कहते रहे 'नाम कटवाकर घर चल–बाप ने मारी मेढकी, बेटा तीरंदाज'।"

काका हँसते हैं, "नहीं रे, भैया कब तक हम लोगों से नाराज रहेंगे !–उनका दिल एकदम साफ है।"

मनमोहन बोला, "ताराबाबू वकील ने उससे कहा कि प्रियोदा 'आवारा' नहीं और उनके 'क्लब' का कोई काम ऐसा नहीं कि पुलिस पीछे पड़े; थोड़ा 'हल्ला-गुल्ला' करता है, खादी पहनता है, तकली चलाता है, 'सुदेशी-गीत' गाता है तो क्या बेजा करता है··· ! यह तो आजकल की 'हवा' है।"

प्रियोदा ने कहा, "और, खत्री साहेब के घर पर··· काका ! क्या हुआ जानते हैं ? बाबूजी बहुत देर तक वहाँ भी मोना के बारे में 'रो-गा' रहे थे। हम दोनों रोबी से मिलने गए तो देखा, वे रोबी के मामा माने खत्री साहेब के चेम्बर में बैठे हैं। मोना लौटना चाहता था कि खत्री साहेब की नजर पड़ गई। पुकारा–'कौन है मोना ? रोबी अंदर में है, अंदर ही चला जा।' तब तक बाबूजी ने भी देखा। बोले–'क्या है ?'··· खत्री साहेब ने पूछा–'आप मोना को पहचानते हैं ?' अरे, जब बाबूजी बोले कि यही है उनका बदमाश बेटा मनमोहन, तो खत्री साहेब ने पाँच बार एक ही सवाल किया–'यह आपका लड़का है ? यही आपका मोना ही आपका बेटा है ? अरे ?··· इसको आप बदमाश कहते हैं ?'··· मोना ने इधर-उधर देखकर लगाई दौड़··· आँगन की ओर। मैं तो पहले ही पिछले दरवाजे से···।"

प्रियोदा ने कहा, "बाबूजी इस बार खुश होकर गए हैं।"

वार्डर ने सिर खुजलाते हुए कहा, "अब चलिए। बड़े साहब के आने का समय हो गया।"

मनमोहन ने चलते समय पूछा, "खाने-पीने के लिए कुछ भेज दूँ ?"

काका ने कहा, "मोना रे ! छह महीने का 'सुयोग' मिला है। इतने दिन तक यदि 'जीभ' पर भी लगाम न लगा सका तो फिर सत्याग्रहियों में नाम लिखाने से क्या फायदा हुआ··· 'जोगाड़ी' लोग 'सुराजी वार्ड' में भी हैं। बाहर से चीजें मँगवाकर खाते हैं। लेकिन तिवारीजी, गांगुलीजी, गोकुल बाबू ऐसी चीज छूते भी नहीं।··· मैं उन्हीं लोगों के वार्ड में हूँ। गांगुलीजी की भागलपुर बदली हो गई। नहीं तो देखते अभी···।"

फाटक के पास काका को याद आई–"हाँ··· 'गुनीजी' का क्या नाम रखा गया है ?"

मनमोहन ने कहा–"और क्या ? तुमने नाम रख ही दिया है–गुनीजी। सभी गुनीजी कहते हैं।··· क्यों, कोई नाम रखे हो क्या ?"

"हाँ, गांगुलीजी से मैंने कहा कि एक बढ़िया-सा नाम दीजिए।··· मैंने तुम्हारे बारे में सब कुछ बता दिया था उनको। और उन्होंने प्रियोदा के बारे में खूब सुन रखा है।··· बोला कि मनमोहन के छोटे भाई को 'जनमोहन' कहिए। मैंने समझा कि दिल्लगी कर रहे हैं। लेकिन उन्होंने कहा, 'बेजोड़ नाम है।"

प्रियोदा बोले, "सचमुच बेजोड़ नाम है··· अब तक नहीं सुना ! खूब भालो नाम !"

मनमोहन ने मुस्कुराकर कहा, "लेकिन तुम उसको 'गुनीजन-मोहन बना दोगे–गुनीजी कहते-कहते।"

"जनमोहन !"

पन्द्रह

गर्मियों की छुट्टी हो गई। अदालत, फौजदारी, रजिस्ट्री-ऑफिस और स्कूल बन्द हो जाने के बाद इस कस्बे की सूरत ही बदल जाती है। चारों ओर सन्नाटा-सा रहता है। न अदालत के चपरासियों की पुकार–'कहाँ फलाना मुदई-हाजिर है ए-ए-ए !' न स्कूल के मैदान में लड़कों का 'ड्रिल'। सिर्फ ट्रेजरी का संगीनधारी सिपाही, जो हर घड़ी बरामदे पर चहलकदमी करता है और घड़ी देखकर बाहर टँगे 'घड़ीघंट' में लकड़ी के हथौड़े से चोट देता है, गिनकर–'एक ! दो ! तीन··· !'

··· रात में उधर होकर कौन जा रहा है अभी ? मनमोहन को जिस रात नींद नहीं आती, चुपचाप कान लगाकर रात में होनेवाली आवाजों को सुनता है। दूर गाँव से भौंकते हुए कुत्ते। नदी के उस पार से हवा के झोंके पर लहराती हुई आती है मृदंग और करताल की ध्वनि··· बरगद के पेड़ से लटकते हुए चमगादड़ों की कचपचाहट··· ठीक, एक-एक घंटे पर बोलनेवाला उल्लू··· बालूचर पर कोई चिड़िया बोलती है या कोई बच्चा रो रहा है··· रात में ट्रेजरी के सामनेवाली सड़क से गुजरनेवाले से सिपाही दूर से गरजकर पूछता है–'हाल्ट ! हुकुमदार··· !'

मनमोहन ने भोर में सपना देखा–एक आदमी को फाँसी दी जा रही है।··· काला भूत··· एक 'चंडाल' लाल-लाल आँखें निकालकर देखता है··· अरे ? यह तो प्रियोदा हैं··· प्रियोदा को क्यों फाँसी··· गांधी महात्मा की जय !··· जय !!

मनमोहन जगा। लेकिन जयजयकार सचमुच हो रहा है।··· कहीं से कोई गिरफ्तार होकर आया क्या ? मनमोहन को किसी ने पुकारा शायद। वह हड़बड़ाकर बाहर आया। कालू के चेहरे पर आतंक स्पष्ट अंकित देखकर उसने पूछा, "क्यों कालू, क्या बात है ?"

"अरे, यतीन–बाधा-यतीन मर गए ! अनशन करके मर गए।" मनमोहन ने बड़े महाराज से 'बाधा-यतीन' के बारे में बहुत सुना है। जिस दिन से अनशन

कर रहे थे, उसी दिन से महाराज कह रहे थे, "मार डालेगा इसको। जरूर मार डालेगा।"

"बासठ दिनों का अनशन !"

"सुने छिस ?–सुना मोला ?" प्रियोदा आए।

मोना की आँखें छलछलाईं। प्रियोदा ने कहा, "रोता क्यों है ? रोता क्यों है ? बात रोने की नहीं, हँसने की है। अब देरी नहीं। स्वराज्य करीब आ रहा है–धीरे-धीरे।–और भी मरेंग। मारे जाएँगे–अभी तू घर चला जा, मोना !"

"तुम नहीं चलोगे ?"

"आम पक जाएँ, तब एक दिन आऊँगा। 'आसन' वगैरह छोड़ना मत।"

मोना दोपहर की गाड़ी से गाँव लौटा।

–आम के बागों में 'मड़ैया' के पास लोग बैठे हैं। शुरू जेठ में पकनेवाले आमों का रंग बदल गया है। रात में पानी पड़ा है। जोते हुए खेतों से सोंधी मँहक आ रही है। बाँस के वन में पछिया हवा साँय-साँय कर रही है। पाट के खेतों में 'कमौनी' करते हुए मजदूर मिल-जुलकर 'लगनी' गीत गा रहे हैं–करुण, उदास गीत :

'कौन बने भीगे राम रे रामचनर कि
कौन बने भींगे लखन-भा-य-य-य
कौन बने भींगे राम रे सीया सुकुमारी
भइया के मन कल-पा-य-य–!'
··· मनमोहन !··· गुनीजी !··· लखन भाय ! पुष्पी !

दो-तीन दिन तक मनमोहन गाँव-घर, खेत-मैदान, बाग-बगीचे में खोया रहा। प्रियोदा की याद नहीं आई, सो बात नहीं। बड़े महाराज के लिए आम ले जाने की बात भी वह नहीं भूला है।··· गाँव आते ही, लगता है, माया, ममता, मोह, स्नेह, प्यार, दुलार लेकर धरती माँ दौड़ी आती है और उसे छाती से लगा लेती है। मनमोहन कई दिन तक बेसुध पड़ा रहता है।

इस बार दस दिन के बाद ही जी उचाट हो गया है। काका नहीं हैं।··· काका को जेठवा आम कितना पसंद था ! एक-दो टोकरी आम काका को पहुँचा आना होगा।

मनमोहन के बाबू अब निश्चिन्त हैं। बड़े-बड़े वकील-मुख्तारों की बात का नहीं, असल में बड़े महाराज की बात का ही असर हुआ है। मनमोहन प्रसन्न हुआ। बाबा ने कहा, "बड़े महाराज जो कहें, वही करना। वह बुरा रास्ता क्यों बतलाएँगे ? ··· तुम्हारे काका के बिना कोई काम यहाँ पड़ा तो नहीं है। वह यहाँ करता ही क्या था ! दिनभर दस दरवाजे से उस चौपाल में बेकार बेबात की बातों में समय

बरबाद करता था।–जेल में तेवारीजी वगैरह के 'संगत' में आदमी बन जाएगा।"

शहर आते समय मनमोहन ने अपने नन्हें भाई को गोद में लिया–गोल-गोल आँखें फाड़कर अचरज से देखता है–अरे, यह हँसता है ! देख पुष्पी, यह हँसता ··· क्यों गुनीजी ? काका को क्या 'संवाद' दूँगा, बोलो ? अरे, हँसता है !

पुष्पी ईर्ष्या से बोली–"यह बिछावन में पेशाब करता है। तुम्हारी गोदी में भी कर देगा।··· इसे गोदी से उतार दो।"

मनमोहन ने माँ की ओर देखा।··· पुष्पी के जन्म के बाद भी मनमोहन को बड़ी लाज लगती थी–माँ के सामने–इस बार तो माँ भी लजाती है।··· माँ ने जलपान के लिए पाँच रुपये देकर पूछा था, "तुम्हारे 'बड़े महाराज' कैसे हैं ? दाढ़ी-जटावाले ?"

"नहीं। एकदम उलटा। माथा, दाढ़ी-मूँछ सफाचट !··· क्यों मौसी ?"

"फिर कब लौटेगा ? अभी तो छुट्टी बाकी है, बहुत दिन। घर में मन नहीं लगता ?"

"नहीं।"

"फिर कब आएगा ?"

"जल्दी ही।"

पुष्पी धरती पर लोट-लोटकर जार-बेजार रोती रही, भैया के लिए। मनमोहन बैलगाड़ी पर जा बैठा··· दूर तक पुष्पी के रोने की आवाज सुनता रहा–भैया आवजी ! भैया आवजी !!···

गाड़ी के पीछे-पीछे आते हुए 'कैला' कुत्ते को मनमोहन ने डाँटकर कहा–"जा घर ! घर जा !··· भाग !"

कैला कुत्ता खड़ा होकर मुँह से जीभ बाहर निकालकर हाँफता हुआ अचरज से कान खड़े कर देखता रहा। फिर पिछले दोनों पाँवों पर बैठ गया···।

सोलह

"हफीज साहब का माथा खराब हो गया !"

डेरे पर पहुँचते ही मनमोहन को शरबतिया दीदी ने कहा, "तुम्हारे कोई मौलवी साहब मास्टरजी पगला गए हैं, सुना है।"

"मौलवी साहेब-मास्टर ?"

"अरे, वही हफीज साहब हैं न !"

मामी बोली, "मगज पर 'अंडा-गोश्त' की गरमी चढ़ी होगी। पगलावेगा नहीं ?"

रोबी आया। उसने भी कहा, "हाँ, हफीज साहब पागल हो गए।"

मनमोहन प्रियोदा के घर गया। प्रियोदा साइकिल लेकर बाहर निकले, "ले, तू आ गया··· मैं आज तुम्हारे गाँव जानेवाला था।··· चलो, हफीज साहब को देखने

चलोगे ?"

"सचमुच पागल हो गए हैं क्या ?"

प्रियोदा कभी-कभी कौतुक करते हैं। बँगला-कीर्तन की एक 'कली' पर सुर चढ़ाकर गाते हुए साइकिल में 'पम्प' देने लगे—"सबाय बोले आमाय पागल, आमि सबाय जे पागल बोली···।"

··· काली-बाजार के 'गुदड़ी-बाजार' पर भीड़, गोल बाँधकर खड़ी है—इनारे के पास। कोई मदारी, एक लड़के को सुलाकर छाती पर ताबीज रखकर पूछता होगा—'कहाँ गए ?' कपड़े से मुँह ढका चित्त सोया लड़का सुर में जवाब देता होगा 'ब-गै-चै-में-एँ-एँ।··· अथवा रूमाल को कबूतर बनाकर उड़ाता होगा—हो सकता है। दाद-दिनाय की दवा ! "अरे प्रियोदा, यह तो हफीज साहब हैं।"

दोनों साइकिल से उतरे।··· चारों ओर भीड़··· बीच में इनारे के जगत पर हफीज साहब 'नंग-धड़ंग' केले के पत्तों की घाँघरी पहने खड़े हैं और हाथ नचाकर भाव बतलाकर कह रहे हैं—"हँसो। हँसो। खूब हँसो ! एक दिन तुम्हें, तुम्हारी औरतों को केले का पत्ता भी मयस्सर नहीं होगा। नंगे-मादरजात नंगे हो जाओगे।··· मैंने तो फिर भी अंदर लँगोटी पहन रखी है।—पागलो ! चर्खा कातो, कपास उपजाओ इसी बात पर··· इस नाचीज बंदे हफीजसाह-सुथरा ने फरमाया है—।"

··· घनी दाढ़ी-मूँछों में हफीज साहब के चमकते हुए दाँत ! ऐसी हँसी पहली बार देख रहा है मनमोहन। हफीज साहब ने अपनी आवाज को तेज करके पूछा—'क्या फरमाया है ?' फिर तुरन्त अपनी आवाज को मद्धिम करके शुरू किया :

'मोरा चरखा के ना टूटे तार
चरखवा चालू रहे
मोरा चरखा के ना टूटे तार··· '

··· अरे-रे-ये तो नाचने लगे, दोनों हाथों से चरखा चलाने का भाव दिखलाकर—कमर लचकाकर !

'··· चरखा चलावे गंधी महतमा
थर-थर काँपे सरकार-अँगरेजिया
पटलन करे तैयार—जुलुमियाँ
बनियाँ ब्रिटिश सरकार
चरखवा चालू रहे—मोरा चरखा के
ना-टूटे ना-टूटे ना-टूटे हो—
ओ-ओ-भैया तार-तार-तार
कि बाजे सितार यार
दादिड़दा—दादिड़दा··· अरे-ए
कहे साह-सुथरा फकीरा

बन्दा हफीज, जोलहा कबीर
की मैली न होवे चदरिया–
चदरिया-या-या…'

हफीज साहब के भाई और भतीजों ने उन्हें पकड़कर 'टमटम' पर बिठाया। भाई ने डराया, "दरोगा साहब आ रहे हैं।"

"अरे पागलो, मुझे छोड़ दो।… मैं अभी तार करता हूँ सरोजिनी नायडू को। छोड़ो !" हफीज साहब चीखते-चिल्लाते रहे। टमटमवाले ने घोड़े को दौड़ाना शुरू कर दिया।

"की रे मोना !… क्या देखा !"

"लोग पागलखाने में भेजना चाहते हैं, लेकिन उनका कहना है जेलखाना ले चलना हो तो ले चलो।"

"एक बात पर ध्यान दिया तुमने प्रियोदा !… पहले हफीज साहब हमेशा महात्मा गांधी को 'मिस्टर गांधी' कहते थे। अब 'गांधी महातमा' कहते हैं।"

मनमोहन का मन फिर उदास हुआ।… पुष्पी की याद आई। प्रियोदा ने एक बढ़िया समाचार सुनाया। संन्यासी-आश्रम में छुट्टी के बाद से एक 'स्टुडेण्ट्स-होम' खुल रहा है। मद्रास-आश्रम से एक 'महाराज' इसी काम के लिए आए हैं। सब ठीक हो चुका है। अभी सिर्फ पन्द्रह 'सीट' हैं… ।"

"सिर्फ पन्द्रह !"

"कहता है सिर्फ पन्द्रह ! दस लड़के भी मुश्किल से जुट पाएँगे–देखना !"

"क्यों !"

"स्टुडेण्ट्स-होम' माने 'ब्रह्मचर्याश्रम'–सभी नियम-कानून अपने ही ढंग के–साढ़े तीन बजे भोर में उठना, शौच-स्नान आदि से निवृत्त होकर प्रार्थना, कसरत, आसन, सफाई, बागवानी, भिक्षाटन और विशेष अवसरों पर समाज सेवा।… और भी शर्तें हैं। जैसे 'स्टुडेण्ट्स-होम' में दाखिल होने के बाद जब तक मैट्रिक पास न कर ले, घर नहीं जा सकते। इसीलिए नीचे दर्जे के कम उम्र के विद्यार्थियों को ही पहला मौका दिया जाएगा। पाँच सीट हैं ऊपर दर्जे के विद्यार्थियों के लिए। लेकिन उसमें भी शर्त है–अविवाहित और सोलह के नीचे उम्र !… तो बोलो न कितने लड़के आएँगे !"

'बड़े महाराज' बहुत दिनों से 'स्टुडेण्ट्स-होम' की बात करते थे।… रिसड़ा; चौबीस परगना और मलयपुर के 'स्टुडेण्ट्स-होम' के बारे में… मनमोहन का रोम-रोम पुलकित हो गया इस समाचार को सुनकर। उसने कहा, "घर नहीं जाने देंगे, क्यों !"

प्रियोदा ने पूछा, "अच्छा, एक बात पूछूँ ! बुरा मत मानना।… तुम्हारा 'मोहरिल मामा' तो मुहल्ले का नामी पियक्कड़ है और तुम्हारी 'मोहरिल मामी' मुहल्ले की झगड़ालू। वैसे घर में वैसे लोगों के साथ… माने तुमको 'डिस्टर्बेन्स'… पढ़ने-लिखने

में ही नहीं, रहने-सहने में, कोई दिक्कत नहीं होती ?"

मनमोहन ने कहा, "नहीं तो !"

रात में मनमोहन बहुत देर तक प्रियोदा के इस अजूबा सवाल पर सोचता रहा। ऐसा क्यों पूछा प्रियोदा ने ?

शरबतिया दीदी आई और किशनभोग आम की तारीफ करने लगी, "इतना मीठा आम मैंने 'जिन्दगी' में कभी नहीं खाया।··· मोहन भैया, तुम्हारे बाग में कोई मोहनभोग आम का पेड़ भी है ?"

"नहीं।··· लेकिन तुम 'परतीत' नहीं करोगी मेरी बात–चलकर देखना–एक पेड़ बीजू आम का है, जिसका नाम है शरबतिया। आषाढ़ में पकता है। ले आऊँगा। सिर्फ रस होता है–पानी की तरह, शरबत की तरह–कहीं गूदा नहीं। बहुत मीठा।"

शरबतिया दीदी लजाई। तब मनमोहन को लगा, 'बहुत मीठा' कहते समय उसने 'बहुत' पर अधिक जोर दे दिया–'बहुत मीठा !'

मामी ने पुकारा, "अरी शरबतिया, बाँध इस बाँगड़ को।"

मनमोहन ने सुना, मामी ने एक भद्दी गाली दी शरबतिया दीदी को–मनमोहन का नाम लेकर। मनमोहन के कान गर्म हो गए।

··· डिस्टर्बेन्स··· दिक्कत ? मनमोहन सोचने लगा–प्रियोदा ने क्यों वैसा सवाल किया ?··· ठीक ही तो ? मनमोहन ने कह दिया कि कोई दिक्कत नहीं होती। लेकिन होती है।

··· मामा घुघनी-चाट-चटपटी लेकर दारू की बोतल सामने रखकर पीते हैं–घर के अन्दर। मामी भी अन्दर चली जाती हैं। मटरू एक घूँट पीकर उसके पास चला आता है। हठात् मामी और मामा आपस में लड़ने लगते हैं। शरबतिया आँगन का दरवाजा बन्द कर देती है। मटरू ओसरे पर 'उलटबाजी' उलटता-पलटता सो जाता है। मामी घर में किकियाती है। शरबतिया धीरे से मनमोहन के कमरे में आकर दरवाजा बन्द कर देती हैं। मनमोहन आँख मूँदकर सोने का बहाना बनाकर लेटा रहता है। शरबतिया बिछावन के पास आकर धीरे से पूछती है, "सो गए मोहन भैया ?" फिर धीरे से पास में बैठकर बालों पर हौले-हौले हाथ फेरती है और गाल-कपाल, होंठ पर बारी-बारी चूमती है। तब··· तब··· ? क्यों उसने कह दिया कि दिक्कत नहीं होती ?··· और, घर से इतना जल्दी वह क्यों भाग आया है ? काका को आम पहुँचाने अथवा शरबतिया को खिलाने ?··· नहीं, 'डिस्टर्ब' होता है ! बहुत होता है। आज शरबतिया जरूर किसी समय एक बार इधर आवेगी। ··· नहीं, वह, आँख मूँदकर सोएगा, बहाना बनाकर।··· लेकिन, उस दिन स्टेशन पर फोरबेस साहब की बेटी अपने भाई को प्लेटफार्म पर, उतने लोगों के सामने जो इस तरह चूम रही थी।··· वे अंग्रेज हैं, सही ! मगर आदमी ही हैं।··· प्रियोदा कह रहे थे कि शरबतिया को देखकर बहुत दया आती है–'साइमन-बायकॉट-शहीद' की विधवा है··· मनमोहन को 'दया' ही नहीं, 'माया' भी होती है शरबतिया को देखकर।··· एक ही साड़ी-कुर्ता है, मगर रोज नहाती है और साफ-सुथरी रहती

है।··· मामी आज क्यों इतना 'किकिया' रही है ?

हफीज साहब की याद आई।

अब 'हिस्ट्री' कौन पढ़ाएँगे–नूरजहाँ जब पान खाती थी।··· प्रियोदा की माँ पान खाती है–उनको पान खाते देखकर मनमोहन को सदा हफीज साहब की बात याद आ जाती है··· नूरजहाँ जब पान खाती थी··· आज आम खाकर प्रियोदा की माँ बोली थी–"ठीक तुम्हारी तरह मीठा और सुगन्धित तुम्हारे बगीचे का आम भी है, सेकेण्ड मास्टर साहब ने कहा था–'कलम आम बेसी खाबे ना। बीजू आम खाबे। बुझले ?' प्रियोदा से कहना, 'डिस्टर्ब' होता है।··· लेकिन, छुट्टी के बाद वह 'स्टुडेण्ट्स-होम' में जरूर चला जाएगा।··· नहीं तो··· नहीं··· तो किसी दिन वह एक घूँट दारू पी लेगा, घुघनी खाकर··· किसी दिन··· किसी दिन··· हे वीर ! विवेकानन्द स्वामी की मूर्ति··· जागो, उठो, बढ़ो, लोहे की देह में बिजली··· !

मनमोहन ने उठकर लालटेन की रोशनी को तेज किया और 'विवेकानन्द-वाणी' खोलकर पढ़ने लगा। नहीं, तस्वीर देखने लगा।··· बहुत देर तक एकटक देखता रहा।··· नहीं, दुर्गा आर्य की बात ठीक नहीं।··· मूर्ति और तस्वीर··· प्रतिमा··· तब ··· बाधा-यातीन की तस्वीरवाली किताब को सरकार ने क्यों जब्त किया ? वह तस्वीर जिसके पास पाई जाएगी, छह महीने की सजा होगी, पाँच सौ रुपए जुर्माना !

"सोओगे नहीं आज··· मोहन भैया ?"

"नहीं।"

"पानी पियोगे ?"

"नहीं।"

सत्तरह

रविवार की सुबह कंधे से झोला लटकाकर 'भीख' माँगने निकले हैं–'किशोर-क्लब' के सदस्य। पाँच-सात महीने में मनमोहन इस कस्बे के हर मुहल्ले के घर-घर में 'मुठिया' के लिए 'हाँक' लगा चुका है। हर गली के लोगों को वह पहचान गया है।

नए लोगों को समझाना पड़ता है।

मनमोहन मुजफ्फरपुर से आए हुए एक परिवार के लोगों को समझा रहा है–"आपका यह एक मुट्ठी चावल देश के हजारों पीड़ितों, दुखियों के लिए 'वरदान' है।··· बाढ़, महामारी में तबाह लोगों को दवा, कपड़ा और सेवा··· दे दे माई, एक मुट्ठी चावल !"

मनमोहन सोचता–हम लोगों के 'स्टुडेण्ट्स-होम' के लिए भी, देश के एक भाग में, उत्तर भारत के शहरों में मनमोहन की उम्र के विद्यार्थी हर दरवाजे पर झोली

पसारकर भीख माँग रहे होंगे–'दे दे माई !'

··· मुँह के ग्रास से निकालकर दिया हुआ अन्न ! इकन्नी-दुअन्नी, पैसे··· पन्द्रह विद्यार्थियों के लिए–'स्टुडेण्ट्स-होम'··· मद्रास के महाराज जी भाषण दे रहे हैं–कुछ चुने-चुनाये प्रतिभावान् बालकों को बचपन से ही अच्छे परिवशे में रखकर 'गढ़ना' ही स्टुडेण्ट्स-होम का काम होगा।··· और आप देखेंगे कि ये 'कुछ' लोग ही समय पड़ने पर बहुत कुछ कर दिखाएँगे।

मनमोहन ने अपने बाबूजी को, माँ को राजी कर लिया है, "घर नहीं आने देंगे तो क्या हुआ ? बाबूजी हमेशा जाते ही हैं। माँ भी पुष्पी और गुनीजी को लेकर आ जाएगी–भेंट-मुलाकात करने।"

बड़े महाराज ने मनमोहन से पूछा, "बाबूजी ने यह तो नहीं कहा कि खर्च नहीं देंगे।"

"नहीं महाराजजी, पूरा खर्च देंगे।"

पन्द्रह विद्यार्थियों की टोली !

पाँच विद्यार्थियों को 'पूरी माफी' मिली है, यानी रहने-खाने के लिए कुछ भी नहीं देना होगा। दो 'आधे-माफी' वाले विद्यार्थी ऊँचे दर्जे के हैं–जिन्हें सिर्फ दो वर्ष रहना है।

'स्टुडेण्ट्स-होम' में जाने के पहले मामी रोई थी, मटरू भी रोया था। शरबतिया ने पूछा था, "भेंट-मुलाकात भी नहीं करने देंगे किसी से ?"

"हर रविवार को मुठिया वसूलने के लिए तो आना ही पड़ेगा–मनमोहन ने जवाब दिया था।

मनमोहन ने स्टुडेण्ट्स-होम में पहुँचकर अनुभव किया–खाना-पीना, हँसना-बोलना, सोना-जागना, चलना-फिरना सबकुछ नये ढंग से जानना होगा। अब तक जो कुछ भी करता था, गलत करता था।

बड़े महाराज भोजन के समय लड़कों के साथ बैठकर ही भोजन करते हैं। एक लड़के को पहले ही दिन टोक दिया–इतना जल्दी-जल्दी क्यों निगलता है ? गाड़ी से कहीं जाना है, क्या ?··· सुन लो ! खाते समय हमेशा यही ध्यान में रखना कि तुम 'पूजा' कर रहे हो··· हाँ, 'पेट-पूजा' ही असल पूजा है।

दूसरा, किताब के पन्ने उलटते समय मुँह में उँगली डालकर गीली उँगली से पृष्ठों को पलटता है।··· तीसरा, हर बात का जवाब इस तरह देता है, मानो झगड़ा कर रहा हो।···

इब्राहीम और सूर्यनारायण ने पढ़ना छोड़ दिया और दोनों एक साथ 'कांग्रेस-शिविर' में रहते हैं। बड़े महाराज ने उन दोनों के लिए भी 'जगह' रखी थी। किन्तु बहुत समझाने पर भी वे पढ़ने को तैयार नहीं हुए। कांग्रेस-शिविर के एक वृद्ध सज्जन ने महाराजजी से कहा, "आप देशप्रेमी लड़कों को भटकाते

हैं। जरूर आप अंग्रेज-सरकार के 'पिट्ठू' हैं।

महाराजजी हँसते रहे। लगता है, कभी किसी बात पर क्रोध और दुख उन्हें होता ही नहीं।

लौटकर उन्होंने मनमोहन को बुलाया था, "मोना, तुमने, रामायण-महाभारत पढ़ा है ?"

"जी महाराजजी !"

'देखो मोना, तुम्हारे ऊपर मुझे बहुत भरोसा है। कभी 'झोंक' में आकर तुम भी पढ़ना-लिखना मत छोड़ बैठना।··· अभी सीधे बढ़े चलो। राह में छाँव में कहीं बैठना नहीं है। कितने चौराहे आएँगे। न दाएँ मुड़ना, न बाएँ, सीधे चलते जाना।" बड़े महाराज बोलकर बहुत देर चुपचाप बाहर की ओर देखते रहे।

मनमोहन को लगा, बड़े महाराज के अन्दर 'माँ और बाप' दोनों एक साथ··· !

महाराजजी ने पूछा–"प्रियोदा आज आया था ?"

"जी !"

"क्लास लिया था ?"

"जी !"

प्रियोदा तथा शहर के दो लड़कों ने रोज एक घण्टा 'स्टुडेण्ट्स-होम' में पढ़ाना स्वीकार किया है।··· बड़े महाराज स्वयं अंग्रेजी, बँगला और हिन्दी पढ़ाते हैं।

आश्रम के बाहर सड़क पर हो-हल्ला सुनकर महाराजजी ने पूछा, "देख तो, क्या हुआ ?"

मनमोहन सीढ़ी से नीचे उतर ही रहा था कि फाटक खोलकर हफीज साहब दौड़ते हुए अन्दर आ गए, "महाराजजी !··· महाराजजी ! मुझे बचाइए। सभी नापाकों ने मिलकर मुझे··· या अल्ला··· !"

साइकिल पर प्रियोदा आए। उन्होंने हफीज साहब को सँभाला, "मास्साहब ! इस तरह हल्ला कीजिएगा, तो लोग जरूर पागल कहेंगे।"

हफीज साहब तुरत सहज हो गए, "अरे प्रियो ? बेटा !··· तुम्हारी बलैयाँ लूँ। मेरी आँखों के नूर हो तुम··· !"

हफीज साहब ने महाराजजी को प्रणाम किया, "दण्डवत महाराजजी ! सुना है आपके यहाँ कोई स्टुडेण्ट्स-होम खुला है और उसमें हिस्ट्री के टीचर की जरूरत है। आइ एम एट योर सरविस। पूछिएगा लड़कों से–मेरी पढ़ाई हुई तवारीख कॉलेज में जाकर भी काम आती है।"

महाराजजी ने कहा, "आप तो चर्खा-कर्घा के प्रचार का काम करते हैं।"

"वह तो करता ही हूँ। यह 'प्राइवेट' काम करूँगा। सरोजिनी नायडू ने महात्मा गांधीजी को लिखा है, गांधी महात्मा ने लार्ड इरविन को तार दिया है··· तार-तार-तार-तार कि टूटें न चरखा के तार–चरखवा चालू रहे··· !"

हफीज साहब हाथों को नचा-नचाकर खुद नाचने लगे। बड़े महाराज ने उन्हें शान्त किया, "अच्छी बात। आप रोज आकर पढ़ाइए।"

"मैं पढ़ाऊँगा नहीं, इबादत करूँगा।"
"ठीक है।"
"मैं यहाँ नमाज पढ़ूँगा।"
"ठीक है।"
"मैं यहाँ नमाज पढ़ूँगा।"
"महाराजजी !"
"कहिए।"
"मजहब नहीं सिखाता आपस में बैर रखना।"
"सही बात !"
"मन्दिरों में है खुदा और मस्जिदों में राम है ?"
"है ! ठीक कहते हैं आप।"
"दोनों का एक ही काम है। है न ?"
"है।"
"तब मुझे क्यों पागल कहते हैं लोग ?"
"लोग खुद पागल हैं।"
"हैं-ए-ए ! आप सचमुच बड़े महाराज हैं। कहाँ रे ! प्रियो बेटे, हाँ, जरा वह गीत गा तो। अभी रास्ते में तुमने सुनाया था। गा बेटे !"
प्रियोदा ने गा दिया, 'सबाय बोले आमाय पागल आमि सबाय के पागल बोली।"
हफीज साहब गाने लगे, "आमि सबाय के पागल बोली–आमि सबाय के पागल बोली–आमि सबाय के पागल बोली।"
प्रियोदा ने हफीज साहब को समझा-बुझाकर अपने साथ कर लिया, "चलिए, सरोजिनी नायडू का तार आ गया।"
"आ गया ? तार ?–अरे तार-तार-तार-तार टूटें न चरखा के तार, चरखवा चालू रहे, मोरा चरखा के··· ।"
"कितना भला आदमी ! बेचारे की कैसी दुर्दशा हो गई !" महाराजजी बोले।
मनमोहन ने कहा, "कभी-कभी ऐसी बातें करते हैं कि पता नहीं चलता··· मुझे देखते ही 'लौंगी मिर्च' कहना नहीं भूलते।"
"देखते चलो।" महाराजजी मुस्कुराए।

अट्ठारह

मनमोहन को लगता है, पूर्वजन्म में वह किसी 'आश्रम' का विद्यार्थी ही था। स्टुडेण्ट्स-होम में आने के बाद उसे लगा कि बहुत दिनों तक इधर-उधर भटकने के बाद वह अपने 'घर' लौटा है।

आजकल वह 'तितलियाँ बनाता है। सुनील महाराज–जो 'ठाकुर रामकृष्ण' की पूजा-आरती करते हैं और 'श्यामा-संकीर्तन' गाते हैं–को वह 'दादा-महाराज' कहता है। सुनील महाराज ने ही उसे तितलियाँ बनाने का भेद बतलाया है।... फूल के पौधे अथवा बेल या शहतूत के पेड़ पर किसी 'भूआ कीड़े' को रेंगते देखकर वे पुकारते, "मोना रे, शिग्गिर आय... जल्दी आओ। इस 'कीट' से 'कैसरे-हिंद' तितली बनेगी–पीले और हरे रंग की बूटेवाली तितली ! इसको पपीते का पत्ता खिलाओ।... लेकिन, खाने में यह राक्षस है।"

लकड़ी के एक डिब्बे में मनमोहन उस कीट को पकड़कर आहार के साथ डाल देता है। भर-पेट भोजन करने के बाद वह धीरे-धीरे एक स्थान पर स्थिर होकर बैठ जाता है। सुनील महाराज हँसकर कहेंगे–अब यह समाधि में लीन हो जाएगा। अब 'कैटरपिलर' नहीं, अब 'प्यूपा' हो गया। मूक कीट ! इस अवस्था में कई दिन तक रहने के बाद उसके चारों ओर एक कड़ा और चमकीला खोल लग जाता है। खोल के अन्दर भी कई दिन तक वह सोया रहता है... ध्यान-मग्न ! एक दिन खोल फट जाता है और उसमें से सतरंगे पंखोंवाली सुन्दर तितली निकलकर बाहर आती है; थोड़ी देर तक पंख सुखाने के बाद हवा में उड़ जाती है।

आज सुनील महाराज ने कहीं से दो कीड़े लाकर देते हुए कहा, "यह लो। दोनों एक ही साथ मिल गये। एक से निकलेगा 'राजा' दूसरे से 'नवाब'...।"

अब तक मनमोहन ने एक दर्जन से अधिक 'शिशुकीटों' को पालकर, तितलियाँ बनाकर उड़ाया है। हर तितली के बारे में अपनी डायरी में वह लिखता जाता है और सुंनील महाराज सामनेवाले पृष्ठ पर हू-ब-हू उस तितली को अंकित कर देते... कभी-कभी सुनील महाराज पहले से ही मूक कीटावस्था में ही चित्र बनाकर रख देते हैं–'देखना, ठीक ऐसी ही तितली निकलेगी, और यदि शहतूत का पत्ता थोड़ा भी खाने को दिया हो तो 'स्वर्णधूलि' के असंख्य बूटे लगेंगे।"

तितलियों के उड़ जाने के बाद उसे अपूर्व संतोष और प्रसन्नता होती।... सुनील महाराज कहते हैं, 'अब गुलाब बनाओ।'

तितलियां उड़ जाती हैं। गुलाब की पंखुड़ियाँ झर जाती हैं। मनमोहन उदास नहीं होता। उसके मन की तितली नाचती रहती है, गुलाब सदा खिला रहता है।

'स्टुडेण्ट्स-होम' से 'भाई-चारे' की सीख सबसे पहले दी जाती है, इसलिए सभी विद्यार्थी अपने को एक ही परिवार की संतान समझते हैं। लड़ाई-झगड़ा, वैर-विरोध, ईर्ष्या-डाह–कहीं कुछ नहीं। एक-दूसरे की सहायता करने के लिए सदैव तत्पर।

किन्तु, ऊँचे दर्जे के दो विद्यार्थियों में एक है पूरन विश्वास, जिसको यहाँ की किसी बात पर पूर्ण विश्वास नहीं।

पूरन दसवें दर्जे में पढ़ता है। उसे भी दो बार 'डबल प्रमोशन' मिला है। 'स्कॉलरशिप' पाता है। खाते-पीते घर का लड़का है। होस्टल में रहता था, लेकिन जब उसने सुना कि 'होम' में दो सीट ऊँचे दर्जे के लड़कों के लिए भी सुरक्षित

हैं, तो दर्खास्त लिखकर ले आया और रो-रोकर अपनी गरीबी के किस्से सुनाने लगा। महाराजजी ने 'हाफ-फ्री' कर दिया।

कुछ दिनों तक वह 'आज्ञाकारी बालक' बनकर रहा। किन्तु तीन महीने के बाद से ही वह हर बात पर तरह-तरह के सवाल उठाने लगा। उसकी बुद्धि में यह बात नहीं आती है। कि बिना किसी 'स्वार्थ' के कोई मनुष्य किसी की भलाई क्यों करने जायगा ? संन्यासी-महाराजों और बड़े महाराज तक की नीयत पर वह यदा-कदा शंका प्रकट करने लगा।··· कोई बीमार पड़ता तो उसकी सेवा से कतराता, परीक्षा का बहाना बनाकर 'सेवकों' की सूची से अपना नाम कटवा लेता। और जब खुद बीमार पड़ा तो दिन-रात उसके पास हमेशा कोई क्यों नहीं रहता–शिकायत करने लगा।··· ऊँचे दर्जे के लड़कों के साथ एक शर्त थी, उन्हें सप्ताह में कम-से-कम तीन 'ट्यूटोरियल क्लास' लेने पड़ेंगे। पूरन ने इसपर भी एतराज किया–'इतना समय देकर बाहर ट्यूशन' पढ़ाऊँ तो बीस रुपए महीना देंगे !'–'संध्या-आरती' के समय उसे लगता कि उसका समय व्यर्थ ही नष्ट हो रहा है।··· जिस दिन पूजा के लिए फूल चुनने की उसकी ड्यूटी होती, सुनील महाराज को स्वयं यह काम करना पड़ता। उसका विश्वास है कि 'स्टुडेण्ट्स-होम' से निश्चय ही कोई-न-कोई कुछ-न-कुछ फायदा संन्यासी-महाराजों को होता होगा। नहीं तो बिना 'स्वार्थ' के इस तरह कोई किसी की भलाई क्यों करेगा ?··· उसका ख्याल है कि महात्मा गांधी के कारण ही महँगाई होती है और अकाल पड़ता है और अंग्रेजी सरकार को खत्म करने की बात, स्वराज्य की बात, पागलों का प्रलाप है।··· वह रोज बाजार में चावल और सब्जी का दर-भाव पूछता है और हिसाब लगाकर कहता है–"दीनू महाराज 'सौदा' खरीदने जाते हैं और 'हाथ मारते' हैं !" यानी पैसा बचाते हैं।

पूरन अपने घर से पूरा खर्चा ही मँगाता है। स्कॉलरशिप के पैसे तथा घर से आया हुआ खर्च वह सूद पर 'पान' और सब्जीवालों को देता है–बीस रुपये सैकड़ा की दर से।

बड़े महाराज को यह बात मालूम हुई। उन्होंने पूछा तो पूरन ने 'भगवान-कसम' खाकर कहा, "नहीं महाराजजी, सब झूठ बात है।"

छानबीन करने पर पता चला कि पूरन की 'महाजनी' के कारण कई मुहल्लों में यह बात फैल गई है कि संन्यासी-आश्रम के लड़के 'काबुली' से भी अधिक ज्यादा सूद पर रुपये लगाते हैं।

प्रियोदा ने सूचना दी, पूरन ने कई शिक्षकों से भी 'स्टुडेण्ट्स-होम' के संबंध में झूठी बातें कही हैं।··· थर्ड मास्टर साहब पूछ रहे थे कि 'स्टुडेण्ट्स-होम' में बिहारी लड़कों का ज्यादा ख्याल नहीं किया जाता है क्या ?··· महाराज लोग भी 'बंगाली-बिहारी' का भेद-भाव रखते हैं, सुना है। पूछने पर बोले–आश्रम के ही किसी लड़के से उन्हें ये बातें मालूम हुई हैं।

पूरन ने कहा, "प्रियोदा झूठ बोलते हैं। इन्होंने मुझसे एक दिन पाँच रुपये उधार माँगे। मैंने नहीं दिये। मेरे पास पैसे थे नहीं, कहाँ से देता ! इसलिए

गढ़कर··· ।"

बड़े महाराज को अचरज हुआ–"प्रियोदा ! तुमने उधार पैसे माँगे थे ?"

"हाँ महाराज !"

"किसलिए ?"

"सूद पर रुपया लगानेवाले से बिना सूद पर रुपये मिल सकते हैं समय पड़ने पर, या नहीं, यही जानने के लिए।··· इनके बैग में अभी भी दस रुपये हैं। पूछिए।"

"तुमको मालूम है, यहाँ कोई अपने पास पैसा नहीं रख सकता; सभी दीनू महाराज के पास जमा कर देते हैं।"

पूरन चुप रहा। प्रियोदा से कहा, "यदि दीनू महाराज रुपया हजम कर लें ?"

पूरन उबल पड़ा, "आप चुगलखोर हैं।"

बड़े महाराज को अचरज हुआ। प्रियो ने ही पूरन की 'पैरवी' और सिफारिश करके उनको राजी किया था–"महाराज ! पूरन खूब प्रतिभावान लड़का है। उसे रखना ही होगा।"··· पिछले साल परीक्षा-फीस घर से नहीं आयी तो प्रियो ने ही व्यवस्था कर दी। इधर-उधर से किताबें बटोरकर पूरन को पहुँचाता रहता है। ··· और, उसने आज प्रियो को गाली दे दी ?

बड़े महाराज ने उसको स्टुडेण्ट्स-होम से नहीं निकाला, किन्तु ऊँचे दर्जे के विद्यार्थियों के लिए सुरक्षित दोनों स्थानों को रद्द कर दिया। अब मनमोहन भी पूरन के बारे में कुछ कहना चाहता था, पर चुप रहा। वह जानता है कि पूरन क्रूर और निर्मम भी है।··· दीनू महाराज ने एक नेवले का बच्चा पाल लिया था। वह सभी से इस तरह हिल-मिल गया था कि नाम लेकर पुकारने पर दौड़ आता था।··· एक दिन वह घूमता-फिरता पूरन के कमरे में चला गया। पूरन ने खड़ाऊँ से उसे मारकर कुचल दिया, 'साला ! और खाओ मुफ्त का दूध और मछली !' शाम को 'नवल' बहुत पुकारने पर भी नहीं आया तो मनमोहन को याद आई–पूरन के कमरे में एक बार 'नवल' के चीखने की आवाज आई थी, किन्तु पूरन ने कहा कि उसने नहीं सुना।··· दूसरे दिन काग-चील नवल की पूँछ को लेकर आपस में लड़ रहे थे।

बड़े महाराज ने कहा, "देखते चलो।"

मनमोहन देख रहा है ! सुनील महाराज की बात वह सदा याद रखता है–"किसी से 'अधिक' की आशा मत करो !"

उन्नीस

भगतसिंह तथा उसके साथियों को फाँसी हो गई।

इस बार किसी को कुछ कहना नहीं पड़ा। खुद पूरी हड़ताल हो गई। इस

बार न हेडमास्टर ने और न स्कूल के प्रेसिडेण्ट एस. डी. ओ. साहब ने किसी छात्र को धमकी दी। वे चुप रहे।

प्रियोदा ने कहा था, "मोना, लगता है, स्कूल छोड़ने से पहले एक बार फिर अकराम साहब के हाथ की 'पिटैया' लिखी हुई है।"

"नहीं, प्रियोदा !"

"तुमने कैसे जाना ?"

"उस 'बेंत-काण्ड' के बाद हेडमास्टर साहब कभी हम लोगों से आँख मिलाकर बात नहीं कर पाते हैं। अकराम साहब तो मेरी ओर ताकते भी नहीं।··· देखना, इस बार यदि सजा भी दी गई तो बेंत मारने को तैयार नहीं होगा।"

"बड़ा ज्ञानी हो गया है तू ?"

इब्राहीम और सूर्यनारायण के बारे में खबर मिली है कि वे 'क्रांतिकारी-दल' में चले गए हैं; उन पर 'वारण्ट' है और वे दोनों फरार हैं।··· कुर्की और जब्ती हुई है।

··· मनमोहन अभी इधर-उधर नहीं देखेगा। सीधा चलता जायगा। किसी चौराहे पर मुड़ेगा नहीं–न दाहिने, न बाएँ··· ?

··· हफीज साहब को पागलखाने में भेज दिया गया। शरबतिया से उस दिन भेंट हुई थी। मनमोहन कुछ बोल नहीं सका। शरबतिया भी टुकुर-टुकुर देखती रह गई। मटरू ने पुकारकर कहा था, "मोहन भैया, दीदी रोज रोती है। आओ न !"··· बाबूजी एक दिन 'पुष्पी' को ले आये थे। बड़े महाराज ने मना कर दिया, 'बच्चे-बच्चियों को लेकर मुलाकात करने मत आइएगा।'··· बाबूजी लजा गये थे। और पुष्पी अचरज से अपने भैया को बहुत देर तक अवाक् देखती रही–भैया न हँसता है, न बोलता है, न गोदी में लेकर प्यार करता है !··· वह रोने लगी थी, अपमानित होकर। मनमोहन को याद है–पुष्पी के ओठ किस तरह 'फड़क' रहे थे। पुष्पी के मर्मस्थल में चोट लगी थी शायद। घर से मंसूबे बाँधकर चली होगी–भैया गोदी में लेंगे, मिठाई देंगे, खिलौने खरीद देंगे··· !

काका जेल से सजा काटकर निकले। सीधे आश्रम में आये। बड़े महाराज ने कहा, "अब आपको यहाँ आने की जरूरत नहीं।··· अपना काम देखिए।"

काका उदास होकर बोले, "एकदम जेल की सजा ?"

प्रियोदा परीक्षा देने के लिए गये हैं। जाने से एक दिन पहले स्टुडेण्ट्स-होम के विद्यार्थियों को लेकर उस पर बालूचर पर 'पिकनिक' करने गये थे। बोले थे, 'किशोर-क्लब के काम में ढिलाई न आने पाये। कृत्यानन्द, अशर्फी और भोला–तीनों उत्साही सदस्यों से जितनी सहायता चाहोगे, मिलेगी।··· फिर बड़े महाराजजी तो हैं ही।"

उसी दिन प्रियोदा का एक चमत्कार देखा सभी ने।··· पिकनिक से लौटते समय वे एस. डी. ओ. साहब मि. लूकस के बँगले के पास से गुजर रहे थे। एस. डी. ओ. साहब का खानसामा कुत्ते को टहला रहा था और आसपास के खेलनेवाले

लड़कों पर कुत्ते को दौड़ा देता था, सीटी बजाकर। प्रियोदा पर भी उसने कुत्ते को 'हलकाया'। कुत्ता भौंकता हुआ झपटा, किन्तु पास आते ही दुम हिलाकर प्रियोदा को देखने लगा। फिर धीरे-धीरे पास आया, सूँघने लगा और प्रसन्न होकर खेलने लगा–अगले दोनों पैर उठाकर। खानसामा कुत्ते को पुकारता रहा। लेकिन कुत्ता प्रियोदा के पीछे-पीछे दौड़ता हुआ चला आया–आश्रम तक। बाद में प्रियोदा ने ही कुत्ते को पहुँचा दिया।··· तब तक खानसामा हण्टर की मार खा चुका था।

··· किसी अंग्रेज को देखते ही मनमोहन को खुदीराम बोस की कहानी याद आती है। कम उम्र के लड़के भी देश के लिए जान 'निछावर' कर सकते हैं, बहादुरी दिखला सकते हैं।··· वह सपने देखता है, कल्पना करता है–मि. लूकस को मारने का भार उसको सौंपा गया है। वह परमान नदी के उस पार बालूचर में झरबेरी की झाड़ियों में छिपकर बैठा है। मि. लूकस की गाड़ी पुल के पास आ गई। वह बम फेंकता है। न जाने कैसे मि. लूकस बाल-बाल बच जाता है और मनमोहन पकड़ लिया जाता है। उसे फाँसी की सजा सुना दी गई है। चारों ओर उसका नाम बच्चे-बूढ़े-जवानों के मुँह पर है। बड़ी-बड़ी तस्वीरें छपती हैं उसकी। फाँसी का फंदा ?–कूप में घड़ा–घड़े के गले में फंदा। मनमोहन को लगता है, वह मिट्टी का घड़ा है !

–अचरज होता है मनमोहन को। बड़े महाराज ने रविवार की शाम को 'धर्मनीति' पर बोलते हुए आदमी की देह की तुलना मिट्टी के घड़े से की है।

–हफीज साहब के बारे में, सूर्यनारायण तथा इब्राहीम के बारे में प्रियोदा ने पूर्णिया से पक्की खबर भेजी है, बड़े महाराज को··· हफीज साहब को पागलखाने के डाक्टरों ने 'पागल' नहीं माना। उन्हें रात में अच्छी नींद आती है। भूख भी लगती है। समझदारी की बातें करते हैं। सिर्फ 'चरखवा' वाला गीत का तार नहीं टूटता और सरोजिनी नायडू की मार्फत–दुनिया के सभी बड़े लोगों को खत और तार भेजने की बात नहीं भूलते ! इसलिए उन्हें कैम्प-जेल पटना भेज दिया गया है।–सूरज और इब्राहीम पर कोई 'वारण्ट' नहीं और न वे किसी 'क्रांतिकारी-दल' में गये हैं। वे अपने बारे में खुद ही तरह-तरह की कहानियाँ गढ़कर सुनाते फिरते हैं और अपने को 'फरार' कहकर परिचितों से मोटी रकम वसूलने की कोशिश करते हैं।

सूरज और इब्राहीम ने ऐसा क्यों किया ? क्या फायदा हुआ ? मनमोहन सोचता है अपने बारे में–वह क्यों इस तरह के सपनों और कल्पनाओं में बेकार समय बर्बाद करता है ? लोग उनका नाम लें, जय-जयकार करें, बहादुर कहें, उनकी तस्वीर छपे, गीतों में उनके नाम का जिक्र हो–ऐसा वह क्यों चाहता है ?

मनमोहन ने तय किया, अब वह ऐसे सपने नहीं देखेगा।··· लोग उसके लिए छाती पीट-पीटकर रोएँ, ऐसा क्यों चाहता है ?··· वह अपने को बड़ा भारी चालाक समझता है। स्वामीजी ने कहा है–'चालाकी से कोई बड़ा काम नहीं होता है।'

प्रियोदा परीक्षा देकर लौट आये हैं। साल लौटते देर नहीं लगती। इस एक

साल में ही मनमोहन ने कितने चौराहे पार किये–बिना अगल-बगल देखे आगे बढ़ आया है। बढ़ता जाता है !–

··· रोज सुबह साढ़े तीन बजे, जागने की घण्टी बजती है। सामूहिक प्रार्थना के स्वर गूँजते हैं। पढ़ने की घण्टी, नहाने की घण्टी, स्कूल की घण्टियाँ, ट्रेजरी का घड़ियाल–टन-टन-ढन-ढन–टन-ढन-ढँ-ढँ-ढँ-ढँ-ढँ-ढँ-तू-ऊ-ऊ-ऊ-ऊ··· ॐ··· सर्व मंगलमांगल्यं वरेण्यं वरदं शुभम्··· !!

"आज दुर्गाबाजार कौन जा रहा है–'मधुकरी' के लिए ?" बड़े महाराज पूछते हैं।

"मनमोहन और शिवनाथ।"

मनमोहन ने कहा, "मुझे कालीबाजार की ओर जाने दीजिए।"

"क्यों ?"

मनमोहन चुप रहा। फिर धीरे से बोला, "महाराजजी··· मोहरिल मामा की बेटी शरबतिया खाने-पीने के लिए जिद्द करने लगती है। नहीं खाता हूँ तो रोने लगती है।"

"ठीक है, तुम कालीबाजार ही जाओ।"

मनमोहन और हरेन्द्र झोली लेकर निकले। धीरेन बाबू की कोठी के पास जाकर दोनों दो ओर चले गये।

कालीबाजार की ओर 'भिक्षाटन' के लिए बहुत दिनों के बाद आया है मनमोहन, इसलिए लोग उसको देखकर चकित होते हैं, पूछते हैं–'तुम अभी तक हो ? हमने सोचा कि बानर-सेना में नाम लिखाकर चले गये ससुराल !'

ससुराल–जेल !

शशिभूषण बाबू होमियापैथी के बहुत नामी डॉक्टर हैं। उनके दोनों जुड़वाँ लड़कों से मनमोहन की गहरी दोस्ती है। दोनों भाई दीपू-तपू उसे मोनादा कहते हैं। वे देखते ही किलक उठे–'मोनादा ?'

भिक्षार्थी को कहीं बैठना, बेकार की बातें, बहस, झगड़ा करना मना है। मनमोहन मुस्कुराकर कहता है, "माँ से मेरा प्रणाम कहो जाकर और जल्दी भिक्षा ला दो।"

भिक्षा लेकर जो लड़की आई, उसको देखकर मनमोहन देखता ही रह गया–साक्षात् भगवती दुर्गा की प्रतिमा-जैसी यह लड़की कौन है ? लड़की ने झोली में अन्न डाल दिया। किन्तु मनमोहन झोली का मुँह खोले खड़ा रहा। तब लड़की हँस पड़ी, "और क्या चाहिए आलू-बैंगन भी ?–सीधा ?"

मनमोहन को होश हुआ। लजाया। बोला, "नहीं। सीधा की क्या जरूरत ?"

दीपू बोला, "मेरी बड़ी दीदी की बेटी है, नीलिमा। यहाँ पढ़ने आई है, बर्दवान से। चौथे दर्जे में पढ़ती है।"

तपू बोला, "वन्दे मातरम् गान इतना बढ़िया गाती है कि सुनोगे तो मोनादा–ईमान से तुम रोने लगोगे।"

दीपू ने पूछा, "सुनोगे ?"

"आज नहीं।"

··· यह किसको देखा मनमोहन ने आज ? 'और क्या चाहिए ? सीधा ? –आलू-बैंगन ?'–नीलिमा नाम क्यों ? नाम होना चाहिए–लालिमा ! एकदम लाल है चेहरा ! ठीक दुर्गा की प्रतिमा के ओठों पर जितनी-सी मुस्कुराहट छाई रहती है, आँखें भी वैसी ही तनी-तनी !

स्कूल की छुट्टी के बाद मनमोहन तपू-दीपू के साथ चला। तपू बोला, "माँ सुबह 'पूजा-घर' में थी। निकलकर बोली, 'मोना' इतना जल्दी चला गया ?··· चलो, तुमको देखकर बहुत खुश होगी।"

दीपू ने जोड़ा, "और दीदी भी। और नीलू भी।"

दोनों भाई एक ही जैसे हैं।–एक की गलती के लिए दूसरे पर डाँट पड़ती है। दीपू का 'प्राइज' तपू को मिल जाता है। दोनों को लेकर कभी-कभी हेडमास्टर साहब मुश्किल में पड़ जाते हैं।··· और बीमार दोनों एक ही साथ पड़ते हैं, अच्छे भी एक ही साथ होते हैं। दोनों बहुत मीठी बोली बोलते हैं।

मनमोहन ने नियम भंग किया। दीपू-तपू की माँ ने जिद्द करके हलुआ खिला दिया। नीलिमा ही लेकर आई थी। किन्तु उसने लौटा दिया था। तब माँ आई थी, "क्यों, इतने दिन के बाद आया है और यों ही चला जायगा ? ले खा !"

मनमोहन ने नीलू के हाथ से तश्तरी ले ली। नीलू मुस्कुराई, मानो कह रही हो कि मैंने दिया तो लौटा दिया।

–सचमुच रोने लगा 'वन्देमातरम्' गीत सुनकर मनमोहन। गीत समाप्त करके नीलू हँसी, बोली, "किसी को रुलाने के लिए गीत मैं नहीं गाती।" और भागकर भीतर चली गई।

··· पुष्पी भी ऐसी होगी ? इसी तरह उसका चेहरा भी लाल हो जाएगा ? वह भी गीत गाएगी ?··· शरबतिया साँवली है, लेकिन मन कितना साफ है !··· पता नहीं, नीलू का मन कैसा ?··· शरबतिया की हँसी ?

पन्द्रह दिन के बाद रविवार को फिर कालीबजार में भिक्षाटन के लिए मनमोहन और हरेन्द्र को ही जाना था। मनमोहन ने बड़े महाराज से कहा, "महाराजजी, मुझे कालीबाजार नहीं, गाड़ीवानपट्टी में जाने दीजिए।"

"कालीबाजार में क्या हुआ ?"

मनमोहन की आँखें झुक गईं। वह कोई उत्तर नहीं दे सका। चुपचाप खड़ा रहा। तब महाराजजी ने तनिक भौंह पर बल डालकर कहा, "ठीक है। अब तुमको कहीं नहीं जाना है भिक्षाटन के लिए।"

दिन-भर उदास रहा मनमोहन। किसी काम में जी नहीं लगा।··· उसकी क्यारी का वह गुलाब, जिसकी प्रतीक्षा में वह तीन महीने से बैठा था, जिसके रूप-रंग के बारे में उसने तरह-तरह की कल्पनाएँ की थीं, जिसे सींचते और गोड़ते समय

उसे लगता था कि वह स्वामीजी की मूर्ति की पूजा कर रहा है; देहरादून के बड़े महाराज ने बड़े 'जतन' से ज़िसकी कलम कृपापूर्वक भेज दी थी, वह गुलाब–पीला गुलाब–'दि ग्रेट संन्यासी'··· आज खिला है।

सुनील महाराज ने पुकारकर कहा, "मोना ! ऐसे छे 'महासंन्यासी' तोमारि द्वार ··· खोलो, खोलो द्वार··· दौड़ के आ।··· शंख ले आ आविर्भाव हुआ···।"

भगवान की लीला ! मनमोहन बाहर आया। उसने देखा, उसकी क्यारी में एक गैरिक वस्त्रधारी संन्यासी खड़ा हँस रहा है। उसने भक्ति-भाव से आँखें मूँदकर नमस्कार किया। आँखें खुली तो देखा, फाटक पर दीपू और तपू के साथ नीलिमा खड़ी मुस्कुरा रही है।

तपू ने पुकारा, "मोनादा, माँ ने बड़े महाराज के लिए नींबू भेजा है।"

दीपू पास आया, "मोनादा, आज तुम 'दे दे माई' करने नहीं गये। हम लोग तुम्हारी राह तकते रह गये।"

नीलू ने अपने छोटे मामाओं को हल्की झिड़की दी, "बड़े महाराजजी के पास चलो न !"

मोना अपनी क्यारी में चुपचाप खड़ा रहा। वे लौटे, तब नीलू बोली, "वाह ! कितना सुन्दर गुलाब !"

दीपू, तपू, नीलू तीनों ने बारी-बारी से मोना से पूछा, "इसका नाम 'दि ग्रेट संन्यासी'।"

··· नीलू ललचाई निगाह से फूल को देख रही थी। यदि माँग बैठती तो मनमोहन क्या करता ? क्या कहता ? दे देता ?··· दूसरा खिलेगा तो जरूर नीलू को भेज देगा वह। दे आएगा, खुद !

शाम को 'आरती' के बाद मनमोहन बड़े महाराज के पास गया।

"क्या है मोना ?"

"महाराजजी, मैंने गलती की है।"

"क्या हुआ ?"

"मैं आज सुबह कालीबाजार नहीं गया।··· बात यह है कि··· महाराजजी, दीपू और तपू की बड़ी दीदी की बेटी नीलू, जो आज सुबह आई थी वह बहुत बढ़िया गाती है। 'वन्देमातरम्' गीत सुनकर मुझे रोना आया। महाराजजी, मैंने अपराध किया–स्कूल से दीपू-तपू के साथ चला गया–हलुआ खा लिया··· उसके बाद रोज-रोज उधर जाने को जी चाहता है।··· हलुआ खाने को मन ललचाता है।··· गीत सुनने की इच्छा होती है।··· गीत सुनकर मुझे··· नीलू को देखकर माँ की याद आती है, पुष्पी की याद आती है। घर भागने को मन करता है।··· महाराजजी मुझे क्षमा कर दें !"

बड़े महाराज बहुत देर तक चुपचाप उसके चेहरे की ओर देखते रहे। बोले, "तोर भैय नई··· डरने की जरूरत नहीं।··· भैय नहीं !"

··· मा भैः ! मा भैः !!

बीस

मनमोहन कभी नहीं डरा।

रोज सुबह साढ़े तीन बजे जागने की घंटी बजती है। प्रार्थना की घंटी, स्कूल की घंटी, ट्रेजरी का घड़ियाल एक साथ बजते हैं। शीतकाल समाप्त हो जाता है, गर्मी शुरू होती है ! धू-धू कर चलती हुई पुरवैया और पछिया हवा में सूखे पत्ते झड़ते हैं, उड़ते हैं–बालू पर परमान नदी के उस पार धूल की आँधी धूम मचाती रहती है, कोयल कूकती है, आम फलते हैं, आकाश झरता है–धरती भीगती है, डूबती है··· घंटे, घंटियाँ, घड़ियाल एक साथ बजते रहते हैं, खेतों में अन्नपूर्णा मुस्कुराती है, 'दुर्गाबाड़ी' में मिट्टी की प्रतिमा के ओठों पर कारीगर बहुत सावधानी से लाल-लाल मुस्कुराहट अंकित करता है; ढोल बजते हैं–हरसिंगार झरते हैं--कापी-किताबों के पृष्ठ-पन्ने फड़फड़ाते हैं–उड़ते हैं। कैथोलिक चर्च की फुनगी पर 'क्रॉस' बाँहें पसारकर खड़ा होता है। बड़ा दिन आता है और कैलेंडर को हटाकर नया साल शाल-दुशाल ओढ़कर प्रकट होता है, हाथ जोड़कर अभिवादन करता है··· !

प्रियोदा कलकत्ता में पढ़ते हैं। पूरन ने प्रथम श्रेणी में मैट्रिक पास किया। सूर्यनारायण और इब्राहीम फिर लौट आए। हेडमास्टर साहब ने अवकाश ग्रहण किया। नये हेडमास्टर आए। प्रमोद बाबू को बुढ़ापे में लड़का हुआ। हफीज साहब जेल से निकलकर भी पागल ही रहे। मनमोहन बड़ा हो गया, लम्बा हो गया। दाढ़ी-मूँछ उग आई है। मगर देखते ही 'लौंगी-मिर्चा' कहना नहीं भूलते। ··· पढ़ो बेटे। मैं सरोजिनी नायडू को लिख दूँगा।··· तार-तार-तार !···

··· माँ, पुष्पी, शरबतिया और नीलू की सूरतों को लीप-पोतकर दो बड़ी-बड़ी आँखें सदा मनमोहन के मानस-पटल पर अंकित हो जाती हैं। बाबा आते हैं। काका आते हैं, मनमोहन चुपचाप उन्हें देखता है। 'दे दे माई'··· उसके स्वर को सुनकर शरबतिया दौड़ी आती है। हँसती है–'गले की आवाज ही नहीं, चेहरा भी बदल गया है !··· राह में चौराहे पर स्कूल जाती और लौटती नीलू आँखें उठाकर देखती नहीं; चुपचाप चली जाती है··· टमटमवाला घोड़े की रास खींचता है मोड़ पर–बचके !'··· मनमोहन बच जाता है, बाल-बाल !

"बचो-बचो, भागो-भागो··· !"

धरती ढोलती है !

"भूकम्प !"

"भू-मि-कं-प !"

··· 1-9-3-4, 15 जनवरी !

प्रलयंकारी भूकम्प की विनाश-लीला की खबर चारों ओर से आती है। मुंगेर, मुजफ्फरपुर, दरभंगा में हजारों लाशें पड़ी हुई हैं। मलबे के नीचे हजारों जानें दम तोड़ रही हैं। रेलगाड़ियों का आना-जाना बन्द है। धरती फोड़कर पानी की धाराएँ निकली हैं। असमय में ही चारों ओर बाढ़··· ! आकाश में गिद्धों के दल मँड़राते हैं। कुत्ते और सियार धरती पर लड़ते हैं। महाश्मशान··· सारे उत्तर बिहार में त्राहि-त्राहि मची हुई है !–

"महाराजजी, 'सेवादल' में हम लोग भी जाएँगे–हम सभी···।"

प्रियोदा की चिट्ठी आई है। वे कलकत्ता से मुंगेर के लिए रवाना हो चुके हैं–'सेवा-समिति' के साथ !··· सूर्यनारायण और इब्राहीम ने भी 'सेवा दल' में नाम लिखाया है।

कस्बे के लोगों ने जी खोलकर मदद दी है, भूकम्प-रिलीफ-फंड में।··· रुपये, अठन्नी, चवन्नी, दुअन्नी, चावल, कपड़ा, दवा, बार्ली, माचिस की डिब्बियाँ !

··· महात्मा गांधी को रिहा कर दिया गया। सभी राजनीतिक बंदियों को और क्रांतिकारियों को रिहा कर दिया गया है।

··· महात्माजी सीधे बाहर आ रहे हैं !

बीस स्वयंसेवकों को लेकर बड़े महाराज का जत्था चला।··· चलते समय सुनील महाराज ने मनमोहन से कहा, "आदमी की सेवा नहीं, भगवान की सेवा करने जा रहा है। याद रखना !"

··· कालीबाजार की सड़क से गुजरते समय मनमोहन का दिल धक्-धक् करने लगा।··· नीलू ? हाँ, नीलू ही है··· इतनी बड़ी हो गई ?··· शायद बड़े महाराज इधर ही देख रहे हैं, मनमोहन की ओर। मनमोहन की आँखें बार-बार नीलू की ओर उठतीं। नीलू चुपचाप युक्लिप्टस के तने से सटकर खड़ी रही···।

··· मुजफ्फरपुर !

तस्वीरों से भी भयंकर दृश्य, जिसकी कल्पना भी नहीं की थी मनमोहन ने ! चारों ओर खँडहर··· आह-कराह, दुर्गन्ध··· महाश्मशान !

मनमोहन की ड्यूटी अस्पताल में पड़ी है !··· हर अधेड़ के चेहरे पर वह अपने बाबूजी के मुखड़े की छाया देखता है। सभी घायल, बीमार औरतें उसकी माँ हैं ··· कितनी पुष्पी, नीलू, गुनीजी, शरबतिया दीदी, प्रियोदा··· कितने-कितने··· आह ! चीख-पुकार··· !

"बेटा रे बेटा, कहाँ गया रे बेटा !"

"हाँ माँ, मैं यहाँ हूँ।"

"पानी पिला।"

"भैया ! भै-या-या-या !"

"क्या है दीदी ?"

"बाबू रे-ए-ए-ए !"

"दवा पी लो भैया !"

"स्वयंसेवक ! यहाँ 'बेड-पैन'।"

"हाँ, डाक्टर साहब !"

"ब्रह्मचारीजी !–इधर बार्ली।"

"येस सर !"

"गया-गया-गया-गया-गया···।"

"नानी, रोओ मत।"

"हमको रोटी कौन देगा ?"

"भै-या-या-या !"

"स्वयंसेवक !··· 'मृतक-संस्कार' वाले कहाँ हैं ?"

"बाबू-रे-ए-ए-ए !"

"लीजिए। फल का रस पी लीजिए।"

–दिन-रात सभी मशीन की तरह खट रहे हैं। धरती खोदकर मलबे के नीचे से अधमरे लोगों को, मरे हुए लोगों की लाशों को निकाला जाता है। हजारों झोपड़ियों में लोग भरे पड़े हैं। विभिन्न सेवा-संस्थाओं के स्वयंसेवक अथक परिश्रम कर रहे हैं–आदमी की नहीं, भगवान की सेवा !

"महात्मा गांधीजी की जय !"

हजारों अभागों के चेहरे पर एक हल्की-सी आभा छिटक जाती है, "गांधीजी आए हैं।"

मनमोहन ने पहली बार इस महामानव को देखा। वह अपने वार्ड में रोगियों को पथ्य बाँट रहा था। अचानक स्वयंसेवकों की एक टोली के साथ महात्माजी उसके वार्ड में आए। मनमोहन के जी में आया, दौड़कर चरण छू ले, किन्तु बड़े महाराज की बात याद आई–गांधीजी चरण छूनेवालों को डाँटते हैं। वह चुपचाप बार्ली बाँटता रहा।··· भगवान की सेवा।

गांधीजी उसके पास आए। धीरे से पूछा, "क्या बाँट रहे हो ?"

"बार्ली।"

"बाँटो। बाँटो।··· सेवा करो ! परमेश्वर की सेवा है यह तो।"

कुछ देर तक दोनों हाथों को जोड़कर गांधीजी वार्ड के बीच में खड़े रहे।

"स्वयंसेवक ! यहाँ बेड-पैन···।"

मनमोहन जब तक रोगी के पास पहुँचे, गांधीजी 'बेड-पैन' उठाकर रोगी के पलंग के करीब पहुँच गए···।

मुंगेर से प्रियोदा भी गांधी के दल के साथ आये हैं। उन्होंने राजेन्द्र बाबू से खूब हेलमेल कर लिया है। कह रहे थे, "राजेन्द्रबाबू से कह-सुनकर महात्माजी के प्रोग्राम के लिए भी तय करवा दिया है।"

"स्वयंसेवक !"

डेढ़ महीने के बाद मनमोहन सेवादल के साथ जिस दिन लौट रहा था, उसे लगा–न जाने कितने आत्मीय स्वजनों से बिछुड़कर वह परदेश जा रहा है।··· वॉर्ड के एक-एक रोगी का चेहरा सामने आता है, मिट जाता है।··· कितनी आँखें, आँसुओं से डबडबाईं–कितने मुरझाए ओंठ, दम तोड़ती, आत्माएँ, सभी मिलकर मनमोहन को घेर रहे हैं–'मत जाओ ! मत जाओ !'

लौटकर मनमोहन ने देखा, उसकी क्यारी में सुनील महाराज ने 'जवाकुसुम' का पौधा लगा दिया है। उसको श्यामा-संकीर्तन की एक पंक्ति याद आई–'जवा होये फूटबो माँ गो तोमार चरण-तले !'

··· ओ माँ ! तुम्हारे चरण-तल में जवा-फूल बनकर खिलूँगा।··· लाल अड़हुल !!

इक्कीस

गुनीजी तीन वर्ष का हो गया।

··· तीन साल के बाद मनमोहन ने अपने छोटे भाई को देखा। बाबूजी, काका, माँ, पुष्पी परिवार के सभी लोगों के साथ गुनीजी मदनपुर के महादेवजी के मेले में जा रहे हैं–'मुंडन' करवाने। सिर में जटाए हुए घुँघराले केश ! भोला-भाला मुखड़ा ! किन्तु मनमोहन की गोद में नहीं आया। मनमोहन को माँ से बातें करते देखकर नाराज हुआ और गुस्से से ओठों पर दाँतों को बैठाकर आँखें तरेरकर मनमोहन को देखने लगा। मनमोहन हँसा, "देखो मौसी, यह किस तरह मुझे डरा रहा है।"

माँ ने कहा, "गुनी, भैया को डाँटता है रे !··· वहाँ तो खूब भैयाजी पुकारता था।"

पुष्पी बड़ी हो गई। फर्स्ट बुक में मेढ़क की तस्वीर के पास पढ़ती है।

"अच्छा बता तो, तुम्हारे देश का क्या नाम है ?"

"भारतवर्ष।"

"वाह !"

गुनीजी ने भी कोई जवाब दिया।

माँ बोली–"इससे भी कुछ पूछ।"

गुनीजी बिना कुछ पूछे ही बोलने लगा, "नीते-दौले लेल, ऊपल उले हवाजाज, लेल बोले जै जै काली··· !"

काका ने मतलब समझाया, 'नीचे दौड़े रेलगाड़ी, ऊपर उड़े हवाई जहाज। रेल बोले जै जै काली···।'

बड़े महाराज ने गुनीजी को देखकर कहा, "यह तो दूसरा मोना है !"

"मोना ना ! जनमोन···।"

गुनीजी ने कहा, "मोना नहीं, जनमोहन !"

सभी हँसे।

इस बार गुनीजी ने महाराज की ओर देखकर माँ से कुछ पूछा। माँ हँसने लगी, "··· कहता है कि इनका भी 'मुण्डन' हुआ है ?"

बड़े महाराज जी ने गुनीजी को 'प्रसाद' दिया।

··· आशीर्वाद दीजिए महाराजजी !

मनमोहन को याद आई, मुजफ्फरपुर में मलबे के नीचे से ठीक गुनीजी जैसे घुँघराले और जटाए हुए बालोंवाले एक लड़के की लाश निकली थी।··· ठीक ऐसी ही सूरत !

वे चले गये। बड़े महाराज ने मोना से कहा, "तू क्यों नहीं गया ? मैंने तो छुट्टी दे दी थी !"

··· छुट्टी ? न जाने कितनी छुट्टियाँ हुईं। मगर मनमोहन स्टुडेण्ट्स-होम से छुट्टी लेकर कहीं नहीं जाना चाहता। बाहर जब तक रहता है, जी उचाट रहता है। आश्रम की सीमा में पैर रखते ही सब दूर हो जाता है।

··· फिर वही चक्र ! ऋतुओं का, मौसम का, महीने का, दिन का !··· स्कूल से हर साल एक दर्जन से अधिक विद्यार्थी पास होकर निकलते हैं। दो-तीन ऊँची पढ़ाई पढ़ने के लिए जाते हैं। बाकी इन्हीं अदालत, फौजदारी, रजिस्ट्री-आफिसों में किरानी, पेशकार, मुहर्रिर का पेशा शुरू कर देते हैं।··· हर साल मलेरिया और काला-आजार अनेक प्रतिभावान् लड़कों को लीलते हैं।··· महँगाई, अकाल, अनावृष्टि के मारे हुए किसानों पर जमींदारों का जोर-जुल्म, अत्याचार होता है ! अदालत में कुर्क किए माल-मवेशी की नीलामी होती है। जमीनें छीनी जाती हैं। फसल लूटी जाती है। मुँह पर पट्टी बँधे गुलामों की टोली सिर झुकाकर आगे बढ़ रही है··· क्रूर नौकरशाही चाबुक फटकारकर पीटती है—जानवरों को।

··· राजा की 'सिलवर-जुबली' पंचम जार्ज की 'जुबली'—धूम-धाम से मनाने का हुक्म हुआ है। आनन्द मनाने का सरकारी आदेश !

··· मनमोहन तथा उसके साथियों ने छोटे-छोटे 'यूनियन जैक' खरीदने से इनकार कर दिया। हेडमास्टर साहब ने जुर्माना कर दिया।

··· स्कूल के मैदान में किसी ने रात में तिरंगा झंडा फहरा दिया। हेडमास्टर साहब ने मनमोहन तथा उसके साथियों पर संदेह किया; स्कूल से निकाल देने की धमकी देने लगे ! मनमोहन ने कहा, "सर, हम चुराकर कुछ नहीं करेंगे। जिस दिन झंडा फहराना होगा, खुले आम विधिपूर्वक फहराएँगे।"

आफिस के बाहर, मैदान में किसी की आवाज सुनाई पड़ी। हफीज साहब कह रहे थे—"हेडमास्टर साहब ! झंडा मैंने फहराया है। जो सजा देनी हो, मुझे दीजिए।"

हफीज साहब ने तब तक भाषण शुरू कर दिया था अपना, "जसन मनाओ।

फुलझड़ियाँ उठाओ, मिठाइयाँ बाँटो, सिलवर जुबली मनाओ ! मगर, हफीज साहब सुथरा की बात गाँठ बाँध लो।··· क्या बात ? तो सुनो–'जाये के पड़ी तोहरा जाये के पड़ी–एक दिन छोड़ि के भरथवा तोहरा जाये के पड़ी-ई-ई-ई ! सात समन्दर पार तोहरा जाये के पड़ी–और गांधी बाबा कहें प्रेम से, तू न सुने कुछ बतिया उनकी–घन-घन-घन-घन चरखा जब चलिहै–लन्दन के लुटिया डुबोये के पड़ी-ई-ई··· ।"

हफीज साहब नाचते-गाते चले गए।

हफीज साहब के बारे में एक अफवाह फैली है कि वे सरकार के सी. आई. डी. हैं। लेकिन मनमोहन एक दिन हफीज साहब को अपने हाथ से पेट-भर भोजन कराना चाहता है। उनको देखते ही लगता है, न जाने कब से हफीज साहब ने पेट-भर खाया नहीं है।

प्रियोदा ने कलकत्ता से लिखा है–पुलिस मेरे पीछे बेकार ही पड़ी है !

हरेन्द्र के पिताजी ने स्टुडेण्ट्स-होम को पाँच सौ रुपये और पाँच बीघे जमीन दान में दिये हैं··· सुनील महाराज देहरादून चले गए।

··· पिछले पाँच साल से सुनील महाराज इस आश्रम में थे। पेड़-पशुओं को प्यार करनेवाले सुनील महाराज की आँखें, आश्रम छोड़कर जाते समय तनिक छलछलाईं भी नहीं। कम्बल लपेटकर बगल में लिया और 'ठाकुर' को प्रणाम करके चल पड़े।··· हिसाब में एम. ए. हैं सुनील महाराज !

जाते समय बोले, "और क्या है मोना ! अब तो किनारे पर पहुँच गया। तीन साल कटते देर नहीं लगेगी।"

सुनील महाराज की जगह पर आए हैं मोती महाराज ! लगता है, सभी एक ही साँचे के ढले हुए हैं। संस्कृत और अंग्रेजी के प्रकाण्ड पंडित हैं, किन्तु बातें करते हैं, तो लगता है वज्र देहाती हैं।

मोती महाराज तरकारी की खेती के पीछे पागल रहते। हरेन्द्र के पिताजी ने जो जमीन खरीद दी है, उसकी जुताई और सिंचाई की बात छोड़कर आजकल और कोई बात नहीं करते मोती महाराज। आश्रम के आसपास के लोग उन्हें 'तरकारी महाराज' कहने लगे हैं।

मनमोहन ने एक दिन देखा, मोती महाराज किसी से बातें कर रहे हैं और पिछवाड़े में जाकर देखा, 'कद्दू' के बीजों को जमीन में बो रहे हैं और कह रहे हैं–"मिट्टी-माँ को दाँतों से पकड़ना।··· समझा ? छोड़ना मत।··· जिस दिन तुम्हारा अंकुर फूटकर निकलेगा–देखना, यह दुनिया कितनी सुन्दर है। फूलोगे, फलोगे और एक दिन मैं कहूँगा–भूख लगी है मुझे···।"

मनमोहन हँस पड़ा। मोती महाराज ने अचकचाकर देखा, "क्यों मोना, कद्दू की तरकारी तुझे अच्छी नहीं लगती ?"

"जी।"

"कद्दू बेचारा सबसे सीधा-सादा होता है। इसीलिए इस इलाके के लोग सीधे-सादे

लोगों को 'कद्दूदास' कहते हैं। और कद्दू नाम के आदमी को बच्चे चिढ़ाते हैं—'जद्दू बेचे कद्दू···'।"

मनमोहन के काका से मोती महाराज की खूब घनिष्ठता हो गई है। काका ने 'रत्ती' का बीज लाकर दिया है। मोती महाराज ने एक बीज हाथ में लेकर पूछा था, "जानता है, इससे सोना तौला जाता है। यह है रत्ती।··· और इसकी तरकारी खाओगे तो मोना से सोना हो जाओगे।"

"लेकिन यह तो जंगली तरकारी है।"

"अब घरेलू हो जायगी।"

काका के साथ मोती महाराज और मनमोहन गाँव से हो आए। आकर बोले, "इस इलाके के लोग तरकारी बहुत कम खाते हैं। दाल-भात के साथ दो टुकड़ा तरकारी का 'नमो-नमो' करके भात पर रख देते हैं—अचार की तरह।"

जिस दिन मोती महाराज की बगिया की तरकारी पहली बार रसोई में बनी, मनमोहन ने एक तुकबन्दी सुनाई थी—'मोती बाबा की बगिया की आज बनी तरकारी···।'

··· हर मौसम की सब्जी और तरकारी मोती महाराज की कृपा से अब आश्रम में ही होती है। लगता है, सभी मौसम तरकारी की टोकरी लेकर आता है। जाड़े के बाद गर्मी, बरसात, आलू के बाद घुइयाँ, फिर रामतरोई, परवल। इसके बाद कद्दू-कोंहड़ा, झिंगुनी-करैला।···

मोती महाराज ने यहाँ के हर मौसम की हवा को परख लिया है, मिट्टी के चप्पे-चप्पे को पहचान लिया है।

साल-भर का लेखा-जोखा जिस दिन लगाया गया, सभी अचरज में पड़ गए। ··· इतने रुपए की बचत, सिर्फ तरकारी से ?

मनमोहन से दीपू ने आकर कहा, "नीलू जा रही है बर्दवान।··· उस गुलाब का एक पौधा चाहती है, 'दि ग्रेट संन्यासी' का।"

"इसके लिए भी बड़े महाराज से कहना होगा ?"

"हाँ रे।··· नीलू फिर नहीं आयेगी लौटकर ?"

"आएगी क्यों नहीं !"

मनमोहन ने देखा, क्यारी में एक बड़ा-सा फूल खिला है··· किन्तु वह नीलू को फूल नहीं भेज सकेगा।

बाईस

ढोल बजाकर, लोगों को जमा करके स्कूल के मैदान में विधिपूर्वक 'तिरंगा झंडा' फहराया गया। गांगुलीजी ने झंडे की रस्सी खींची। पुष्प-वृष्टि के साथ तिरंगा

झंडा अररिया-कोर्ट के आकाश में लहराने लगा ! स्काउटों ने सलामी दी। हेडमास्टर साहब के साथ सभी शिक्षक और विद्यार्थियों ने 'झंडा ऊँचा रहे हमारा' गीत गाया; 'महात्मा गांधी' और 'भारत-माता' का जय-जयकार किया।··· मनमोहन ने नए नारे लगाए—"अमर शहीद यतीनदास—जिंदाबाद ! अमर बलिदानी भगतसिंह—जिंदाबाद !!"

1936.··· दो ही वर्षों के बाद मनमोहन की बात फैल गई। उसने हेडमास्टर साहब से कहा था, "सर, हम चुराकर कुछ नहीं करेंगे। जिस दिन झंडा फहराना होगा, खुले आम, विधिपूर्वक ही झंडा फहराएँगे।"

··· हेडमास्टर साहब भूले नहीं हैं, इसलिए जब प्रांत में कांग्रेसी मंत्रिमंडल बना और शिक्षा-मंत्री का प्रोग्राम अररिया-कोर्ट के लिए भी तय हुआ, तो उन्होंने मनमोहन को बुलाकर कहा, "मनमोहन, सबकुछ तुम्हीं लोगों को करना है—वंदेमातरम् गीत, स्वागत-गान से लेकर सभा की कार्रवाई तक; हम कुछ नहीं जानते।"

शिक्षा-मंत्री जी आए ! स्कूल के मैदान में सभा हुई।··· नीलू बर्दवान से लौट आई थी। उसने अपनी दो सहेलियों के साथ 'वंदेमातरम्' गीत गाया। 'सारे जहाँ से अच्छा हिन्दोस्ताँ हमारा' मनमोहन और कृत्यानंद ने और अन्त में फिर नीलू ने एक गीत गाया—क्रांतिकारी खुदीराम वाला गीत··· 'एक बार विदाय दाउ माँ फिरे आसी।'··· नीलू अब साड़ी पहनने लगी है। तीन लड़कियाँ तीन रंग की साड़ियाँ—सफेद-हरी-केसरिया। नीलू सादा साड़ी में और भी सुन्दर लगती है।

स्थानीय कांग्रेसी कार्यकर्त्ताओं ने मन्त्री महोदय के हाथ से 'शहीद-बालिका-विद्यालय' का शिलान्यास करवाने का कार्यक्रम बनाया था। कांग्रेस ऑफिस के सामने 'अनुष्ठान' के आयोजन के बाद सभा होनेवाली थी।

शिलान्यास के पहले जिला-कांग्रेस के सभापति ने पूर्णिया के शहीदों की वीरता और शहादत पर एक सारगर्भित भाषण दिया और प्रस्ताव किया कि मंत्री महोदय अपने पुनीत कर-कमलों से शहीदों की स्मृति में स्थापित इस बालिका-विद्यालय का शिलान्यास करें।

तालियों की गड़गड़ाहट में समर्थन और अनुमोदन किया गया। मंत्री महोदय अपने भारी-भरकम शरीर को तौल ही रहे थे कि दर्शकों के बीच से आवाज आई, "मैं 'संशोधन' करता हूँ।"

··· कौन हैं ?··· अरे ? मनमोहन ! क्या कह रहा है ? ऐ ! ऐ बैठिए। बैठ जाइए !

कांग्रेस के कई स्वयंसेवक एक साथ दौड़े। दारोगा साहब भी सतर्क हुए, किन्तु मनमोहन खड़ा रहा। शोरगुल थमने के बदले बढ़ता गया।

—बैठ जाइए। क्यों खड़े हुए ? क्या कहना है ?

—बड़ा झंझटिया है यह लड़का !

"दोस्तो ! पहले सुनिए कि यह लड़का क्या कह रहा है ?" हफीज साहब की बात का तुरन्त असर हुआ।

··· हफीज साहब को अब लोग 'चरखबाजी' कहने लगे हैं—"ठीक कहते हैं

चरखबाजी ! पहले सुनिए कि क्या··· ”

कांग्रेस के सभापतिजी ने विरक्त होकर कहा, “क्या कहना है आप··· तूमको ?”

मनमोहन ने शांत और नम्र भाव से कहा, “मेरा एक संशोधन है।··· निवेदन है कि जैसा कि आपने अभी कहा कि शहीदों की शहादत के चलते ही हम आज यहाँ तक पहुँचे हैं··· उनकी पुण्य स्मृति में जो कुछ भी किया जाए, थोड़ा है। ··· आपने शिलान्यास के लिए माननीय मिनिस्टर साहब से अनुरोध किया है। मेरी उनसे यानी मन्त्री महोदय से प्रार्थना है कि वे इस पुण्य कार्य के लिए श्रीमती शरबती सहाय से अनुरोध करें··· ।”

“ऐ ! ऐ ! बैठ जाइए, बैठो।”

“पागल मास्टर का पागल चेला !”

“कौन हैं यह श्रीमती शरबतिया सहाय ?”

“बैठ जाइए !””

मनमोहन हँस पड़ा ! फिर कहने लगा, “श्रीमती शरबतिया सहाय एक ऐसे शहीद की विधवा हैं, जिन्होंने ‘साइमन लौट जाओ’ का नारा सबसे आगे बढ़कर लगाया था और उन्हें पुलिस ने डंडों से पीटकर वहीं ढेर कर दिया था। शायद आपको उनका नाम याद हो··· शहीद सुन्दर सहाय का नाम आपने कभी सुना हो ! उन्हीं की पत्नी यहाँ महिला दर्शकों की भीड़ में उपस्थित हैं।”

जादू कर दिया मनमोहन ने ! मंत्री महोदय ने सभापतिजी से कानाफूसी की। मंच के एक किनारे बैठे गांगुलीजी के चेहरे पर प्रसन्नता झिलमिलाने लगी। मंत्री महोदय ने उठकर कहा, “भाइयो !··· सबसे पहले मैं इस लड़के को धन्यवाद देता हूँ, जिसने इस मौके पर इतना कीमती और मौजू सुझाव दिया है।··· जब यहाँ शहीद सुन्दर सहाय की विधवा मौजूद हैं और ‘शहीद बालिका-विद्यालय’ की नींव डाली जा रही है, तो··· तो जाहिर है कि··· उनके हाथों ही शिलान्यास होना चाहिए। मैं··· मैं··· श्रीमती शरबती देवी से अनुरोध करता हूँ कि वे कृपापूर्वक इस पुण्य-कार्य में हाथ बँटाएँ।”

तालियों की गड़गड़ाहट !

“महात्मा गांधी की जय !”

“भारतमाता की जय !”

··· मनमोहन और रोबी महिलाओं के बीच से शरबतिया को ले आए। वह थर-थर काँप रही थी, ‘मोहन भैया ! मैं नहीं··· तुमने यह क्यों··· बाबूजी माँ क्या··· ।’ मनमोहन पाँच साल के बाद शरबतिया दीदी से बात कर रहा है, पहली बार। “दीदी ! चलो देर हो रही है।”

दूसरे दिन ‘पूर्णिया-समाचार’ के मुखपृष्ठ पर बड़ी-सी तस्वीर छपी··· शिक्षामंत्री, कांग्रेस के सभापति, जिला मजिस्ट्रेट, एस. पी., दारोगा, वकील-मुख्तारों से घिरी श्रीमती शरबती देवी··· हाथ में चाँदी की ‘करनी’ से ईंट पर सीमेंट डाल रही हैं। ··· चेहरे पर सलज्ज मुस्कुराहट अंकित है।

उस दिन कस्बा अररिया-कोर्ट की गली-गली में सिर्फ शरबतिया की चर्चा। ··· दूसरे मुहल्ले की औरतें दल बाँधकर उससे मिलने आतीं !

मोहरिल मामा से वकील-मुख्तारों ने ही नहीं, मुंसिफ साहब ने भी पूछा, "मुंशी सोखालाल, तुम्हारी ही लड़की की तस्वीर छपी है न ?"

मटरू अब बड़ा हो गया।··· उसको यह बात अच्छी नहीं लगती कि हर आदमी उसकी ओर उँगली उठाकर बतलाए और उसकी 'दीदी' का नाम ले।

मामी कहतीं, "फोटो छपा तो क्या हुआ ? पिनसिन तो नहीं दिया कुछ।"

पड़ोसी की स्त्री ने 'दोधारी बात' कही, "तुम्हारा भांजा मोहन चाहेगा तो वह भी एक दिन मिल जाएगा··· नमक का बदला चुकाना वह नहीं भूलेगा।"

महिलाओं के बीच से शरबतिया को बाहर निकलते समय मनमोहन ने देखा था। पास ही खड़ी नीलू उसकी ओर प्रसन्न नेत्रों से देख रही थी; कुछ नहीं बोलकर भी कह रही थी, 'तुमको बहुत-बहुत धन्यवाद !'

··· धीरेन बाबू के यहाँ 'प्रीति-भोज' में भी नीलू की आँखें इसी तरह चुपचाप मनमोहन को आशीर्वाद दे रही थीं··· सभी संन्यासियों और स्टुडेण्ट्स-होम के विद्यार्थियों को निमंत्रित किया था, धीरेन बाबू ने।··· कालू की माँ और धीरेन बाबू के छोटे भाई–संन्यासियों और छात्रों को परोस रहे थे। नीलू बच्चों की पंक्तियों में पूड़ी परोस रही थी और बार-बार मनमोहन और उसके साथियों की ओर देखती थी। बच्चों की पंक्ति शोर मचाती खा-पीकर उठी। नीलू चुपचाप खड़ी रही बरामदे पर। कालू की माँ ने कहा, "खड़ी क्यों है, इधर 'खटमिट्ठी चटनी' दो ब्रह्मचारियों को।"

लगा, इसी आदेश की प्रतीक्षा में थी वह। हुलसती हुई अन्दर गई और चटनी का कटोरा ले आई। मनमोहन ने न जाने क्यों पूछ दिया, "क्या है यह ?"

"खटमिट्ठी चटनी, टोमेटो।··· दूँ ?"

"बाप रे, खट्टा भी, मीठा भी ?" मनमोहन के मुँह से निकल पड़ा। नीलू खिलखिलाकर हँस पड़ी। मनमोहन को जब किसी बात पर अचरज होता है, तो उसके मुँह से 'बाप रे' अनायास निकल जाता है।

मोती महाराज अपनी पंक्ति में बैठे पुकारकर कह रहे थे, "लड़कों को पालक का साग एक बार और परोस दीजिए।"

नीलू इस बार साग ले आई और मनमोहन को सुनाकर बोली, "इस बार 'घास।··· '

शिवनाथ ने कहा, "मोनादा को दीजिए। वह कच्चा ही चबाकर खाते हैं।"

"क्या ?"

"पालक की पत्ती।"

"ओ !··· मैंने समझा।··· "

··· क्या समझा नीलू ने ? हँसती हुई भागी क्यों ?

··· भोजन के बाद मुँह धोते समय बड़े महाराज ने पूछा था, "क्यों मोना, पेट-भर

खाया तो ?"–क्यों पूछा महाराज ने ?–नहीं, महाराज इसी तरह पूछते हैं सभी से–"छोले की दाल अच्छी बनी थी ?"

पान की थाली लेकर नीलू फिर आई। लेकिन पान कोई नहीं लेता। इधर पान खानेवाले कोई नहीं। नीलू भूली हुई कोई बात कहने लगी, "मौनादा, हमलोगों के बाग में भी 'दि ग्रेट संन्यासी' खिला है।"

तेईस

'धुतु तुतु-तुतु-तु-ऊ-ऊ–!'

स्काउट-मास्टर साहब का बिगुल ? खतरे का बिगुल !–कहीं आग लगी ?

'टू-टू-ऊ-ऊ-ऊ !'

मनमोहन ने सीटी फूँककर क्लब के सदस्यों को पुकारा, "दौड़ो ! आग लगी गाड़ीवान-पट्टी में !"

··· रात के अंधकार में लाल-लाल लपटें आकाश को छू रही हैं। बाँस और सरकंडों की चटकती आवाजें··· आग !··· मार-काट !

गाड़ीवान-पट्टी में पहुँचकर लोगों ने देखा, आग लगी नहीं–लगाई गई है। लगाई जा रही है। घर फूँके जा रहे है।–मार-काट हो रही है !

मनमोहन ने कहा, "कृत्यानंद, यह 'दंगा' हो रहा है रे-ए··· दंगा ! दंगा !·· हिन्दू-मुस्लिम दंगा !"

··· मारो-मारो ! काटो ! भागने न पाए। आग लगाओ।··· बचाओ ! बचाओ। अल्ला-हो-अकबर !··· हर-हर महादेव !··· मारो··· मारो !! ठाँय-ठाँय !!–दुर्गाबाजार में आग लगी–रे-ए-ए ! दौड़-दौड़कर–मारो-मारो, उधर भागा।··· बचाओ··· अल्ला-हो-अकबर··· हे भगवान !··· दुहाय बाबू-ऊ-ऊ ! मेरा बच्चा !! ··· भाइयो ! भाइयो !!··· मारो साला को··· आह ! भागो-भागो !··· हाय रे ए-ए-ए !···

एस. पी. साहब दो दर्जन मिलिटरी लेकर आए। धड़ाधड़ आसमानी फायर होने लगे। लोग तितर-बितर हुए। सेवादल, स्काउटों की टोली आग बुझाने में लगी हुई है।··· गुंडे आग लगा रहे हैं।··· ठाँय··· ठाँय··· भाइयो !··· भाइयो !!

सुबह को सारे शहर में सन्नाटा !

हफीज साहब और सूर्यनारायण घायल हुए हैं।··· सैकड़ों आदमी पकड़े गए हैं; पकड़े जा रहे हैं।··· सूर्यनारायण की हालत शोचनीय है। एक औरत को बचाते समय छुरा मार दिया गया उसे। हफीज साहब की देह पर किरासन डालकर आग लगा दी गई···।

सुबह को मनमोहन ने बड़े महाराज से कहा—महाराजजी ! मैंने... मैंने... रात में गणेशशंकर विद्यार्थी की ... छाया... या... पता नहीं क्या—लेकिन, मैंने साफ-साफ देखा... ठीक गणेशशंकर विद्यार्थी जैसा आदमी इस शहर में तो कभी नहीं देखा... !"

बड़े महाराज ने अचरज से कहा, "तुमने देखा ?"

"हाँ महाराज !"

"सूरज ने कुछ वैसा काम किया है।"

... सूर्यनारायण ने अस्पताल में मनमोहन का हाथ पकड़कर कहा था, "मोना, प्रयोदा से कह देना, मैंने अपना 'वादा' पूरा कर दिया।... मोना रे, मैंने ऐसी ही मौत माँगी थी। छिः रो मत भैया !... अभी भी बहुत दूर जाना है। बहुत काम करना है। बहादुर बनो ! लोहे की देह में इस्पात की पेशियाँ... एक बार गा दे भाई, वह राम-रहीम... ।"

मोना की आँखों से आँसू और कंठ से गीत एक ही साथ बहने लगे !

राम-रहीम ना जुदा करो भाई
दिल को सच्चा रखना जी ई-ई-ई !

... प्रसन्न-मुख सूर्यनारायण धीरे-धीरे आँखें मूँद लेता है।... सूरज डूब गया। ... अर्थी पर प्रसन्न-मुख सूर्यनारायण सोया है—फूल-मालाओं के ढेर पर, तिरंगा कफन ओढ़े, मानो ध्यान से मोना का गीत सुन रहा है। मोना बेसुध गा रहा है।... चौराहे पर दूसरी अर्थी आकर मिल गई इस 'मौन जुलूस' के साथ—हफीज साहब का जनाजा—फूल-मालाओं से ढकी देह, तिरंगे झंडे के कफन के पास उसका प्यारा चरखा... 'किसान-चक्र'... भारतमाता की जय ! महात्मा गांधी की जय !... हिन्दू-मुस्लिम भाई-भाई !... राम-रहीम ना जुदा करो भाई—तब मनमोहन ने शुरू किया, 'मोरे चरखा के ना टूटे तार, चरखवा चालू रहे... ।'

उसी दिन प्रियोदा आए, शाम की गाड़ी से। उन्हें बंगाल से निकाल दिया गया है। यहाँ पहुँचते ही बिहार की पुलिस ने नोटिस तामिल कर दी है—शहर छोड़कर बाहर जाने के पहले पुलिस को खबर देनी होगी। रोज थाने में आकर हाजिरी देनी होगी।

प्रियोदा ने यह सब कबूल नहीं किया और पुलिस उन्हें पकड़कर ले गई। जाने से पहले मोना को कई किताबें दे गए। कह गए, "और ज्यादा दिन नहीं।"

... सुबह साढ़े तीन बजे प्रार्थना की घंटी बजती है... नहाने की घंटी, खाने की घंटी, ट्रेजरी का घड़ियाल—सभी एक साथ घनघनाकर बजते हैं।... परमान नदी में बाढ़ आती है।... कचहरी के लोगों की भीड़ लगती है, छँटती है... हिमालय के पंछी हिमालय को लौट जाते हैं दल बाँधकर। गर्मी आती है, बरसात होती

है, जाड़ा पड़ता है–पुराने कैलेंडरों को समेटकर नया साल शाल-दुशाले ओढ़कर, मुस्कुराता हुआ उपस्थित होता है, नये साल का अभिवादन··· !

–मनमोहन परीक्षा देने के लिए जा रहा है। अररिया-कोर्ट कस्बे को, स्टुडेण्ट्स-होम को और अपने प्यारे स्कूल को छोड़कर जाने का मन नहीं करता।

विदाई के दिन बड़े महाराज ने कहा, "मोना, यह परीक्षा तो देने जा रहे हो–सबसे बड़ी परीक्षा में कभी 'फेल' नहीं होना, यही शुभकामना है और प्रार्थना··· ।"

उस दिन मनमोहन की आँखें बार-बार कालीबाजार की सड़कों पर दौड़ती रहीं।–नहीं, मनमोहन धीरेन बाबू के घर के पास चौराहे पर नहीं रुकेगा।

किन्तु उसे रुकना पड़ा। दीपू और तपू के साथ नीलू खड़ी थी, "हम लोगों की शुभकामनाएँ–तुम्हारे ही दिए हुए पौधे के फूल–'दि ग्रेट संन्यासी !' "

··· विदा ! बाललीला-भूमि !

··· परमान की धारा के उस पार बालूचर पर प्रतीक्षा करनेवाले मित्रो ! मैं फिर आ रहा हूँ।

··· शरबतिया दीदी प्रणाम !

··· सूरज ! हफीज साहब ! सलाम !

··· आ रहा हूँ। बहुत जल्दी ही !

चौबीस

किन्तु मनमोहन चार साल के बाद लौटा। चार वर्ष में कुछ बदला नहीं है, ऐसी बात नहीं। किन्तु मनमोहन को लगता है, पिछले महीने ही वह यहाँ से गया था।

··· परीक्षा देने के बाद तीन महीने तक वह घर में रहा। कहीं नहीं गया। खेत-खलिहान, बाग, मैदान, नदी-पोखर, हाट-बाट और घाट में वह अपने छोटे भाई जनमोहन और बहन पुष्पी के साथ घूमता, दौड़ता, खेलता रहा।

··· माँ ने एक दिन पूछा था, "तू दिन-भर इसी तरह मारा-मारा क्यों फिरता है ?"

"देखती नहीं, कितने दिनों के बाद आया हूँ। गुनीजी को अब तक न किसी ने नदी में स्नान कराया था, न पोखरे में··· ।"

"अररिया-कोर्ट नहीं जाएगा ? बड़े महाराज को दही पहुँचाने कौन गया ?"

"काका।··· मैं परीक्षा-फल निकलने के बाद जाऊँगा।"

गुनीजी ने आकर सूचना दी, "भैया, कलमबाग में एक सियार है, जिसके गले में मिट्टी की हाँड़ी की गर्दन··· ।"

"चलो देखें। इसी सियार का किस्सा मैंने तुमको सुनाया था।"

माँ अपलक देखती रही, किन्तु उसे तुरन्त ही सपने का खयाल हुआ–"अपने

बच्चे को सँभालो। मनमोहन उसको भी ले जाएगा।"

परीक्षा-फल के बाद मनमोहन बड़े महाराज को प्रणाम करने गया। महाराज ने आशीर्वाद देने के बाद कहा, "अचरज की बात ! जिस दिन के अखबार में तुम्हारा 'परीक्षा-फल' निकला है, उसी में एक खबर और छपी है। पढ़ा है ?··· पूरन की याद है न ? पूरन विश्वास 'ओवरसियर' हो गया था। सरकारी नौकरी मिली थी। लेकिन नौकरी के छह महीने भी नहीं हुए, एक ठेकेदार से डेढ़ हजार घूस लेता हुआ पकड़ा गया।··· आश्चर्य !!

चार वर्ष तक भागलपुर में रहा मनमोहन। किन्तु मन सदा अररिया-कोर्ट कस्बे की गलियों में भटकता फिरता। घर की याद बाद में आती। छुट्टियों में घर आता तो गाँव से बाहर कहीं जाने की तबीयत नहीं होती।··· अररिया-कोर्ट आने का साहस नहीं होगा कभी।··· शरबतिया, नीलू··· उसको लगता कि अब वह यदि अररिया-कोर्ट-कस्बा जाएगा··· तो··· तो··· फिर आगे बढ़ना सम्भव नहीं होगा।··· नीलू को वह कुछ ऐसी बात कह देगा, जिसे सुनकर वह चुपचाप खड़ी रहेगी। मनमोहन··· उसके उत्तर की प्रतीक्षा में चुपचाप खड़ा रहेगा।··· खड़ा रह जाएगा वहीं।

चार साल के बाद, स्टुडेण्ट्स-होम में अतिथि होकर आया है मनमोहन। प्रियोदा जेल से छूटकर आए, फिर गए। फिर आए हैं, कुछ दिन पहले 'पैरोल' पर। माँ बीमार है उनकी।

–मनमोहन को प्रियोदा ने ही बुलाया है आवश्यक पत्र लिखकर··· प्रियोदा ने कहा, "जानते हो, इस बार हिमालय को फोड़कर आग निकलनेवाली है। गांधीजी से अभी हाल ही में मेहरअली साहब मिलकर आए हैं। कह रहे थे–इस बार कुछ होकर रहेगा।··· वर्किंग कमेटी की बैठक चल रही है बम्बई में। इसके बाद जो होगा, उसके कार्यक्रम का आभास मिल चुका है। इसलिए अपने-अपने क्षेत्र में सभी को तैयार रहना है···।"

नीलू मिली। मनमोहन ने हँसकर 'खटमिट्ठी' की याद दिलाई। नीलू ने कहा, "ठीक है, बहुत दिन बाद तुम सभी साथी इकट्ठे हुए हो !··· कल यहीं भोजन करो न। माँ भी कह रही थी।··· किन्तु पालक का साग अभी नहीं मिलेगा।"

"तू पकाना-बनाना जानती है ?" प्रियोदा ने पूछा था।

किन्तु नीलू का निमंत्रण वह पूरा नहीं कर सका। कोई नहीं कर सका। वह भोजन बनाकर बैठी प्रतीक्षा करती रही···।

शरबतिया का चुमौना हो गया, ससुराल चली गई। मामी बोली, "तुमको बहुत याद करती थी।"

सूरज और हफीज साहब की समाधि पर फूल चढ़ाकर वे लौट रहे थे–कृत्यानन्द, शिवनाथ, हरेन्द्र, अशर्फी, प्रियोदा, मनमोहन ! विमल नाम के एक लड़के ने दौड़कर सूचना दी, "गांधीजी गिरफ्तार हो गए। नेहरूजी भी।··· बंबई में गोली चली है।"

"शुरू हुआ !" प्रियोदा ने सभी की ओर बारी-बारी से देखा, "तैयार !"

"बंबई से आई आवाज !"

"करो या मरो !"

··· पूरब-पश्चिम, उत्तर-दक्षिण चारों ओर बिखर गए सभी साथी। तय हुआ, परसों हर सदस्य अपने साथ स्कूल के विद्यार्थियों के जत्थे लेकर अररिया-कोर्ट आएगा–दस बजे से पहले !··· ट्रेजरी और कचहरी पर झंडा फहराना होगा।··· ऐ अंग्रेजो, भारत छोड़ो !

–चारों ओर से सैकड़ों विद्यार्थियों के जुलूस लेकर लोग पहुँचने लगे। स्कूल के सामने मैदान में 'केनिंग-ग्राउण्ड' में हजारों विद्यार्थी एकत्र हुए हैं। प्रियोदा भाषण दे रहे हैं।··· रेल-तार काटे जा चुके हैं। पोस्ट-ऑफिस पर कब्जा हो चुका है।··· ट्रेजरी का झंडा फहराना है।

–ऐ अंग्रेजो, भारत छोड़ो !

–क्रांति अमर हो !

–आगे बढ़ो !

–मोना, तू दाहिनेवाली सड़क से जुलूस लेकर बढ़।··· कृत्या, तुम मेरे साथ चलोगे !

–आगे बढ़ो !

–ठहर जाओ ! लौट जाओ !

–हम झंडा फहराकर ही लौटेंगे।

–आगे बढ़ोगे तो गोली मार दी जायगी।

–कृत्या !··· मेरे बाद तुम हो। झंडा जमीन पर गिरने मत देना।

–महात्मा गांधी की जय !

–प्रियोदा !···

–खबरदार ! गोली मार दी जायगी।

–प्रियोदा ने छाती तानकर कहा–मारो। मैं आगे बढ़ूँगा··· !

–फायर !

–ट्रट्ठाँय ! ट्रट्ठाँय !

–कृत्या-या !

–प्रियोदा !

–खबरदार ! गोली मार दी जायगी।

–मारो !··· महात्मा गांधी की जय !

–ट्रट्ठाँय ! ट्रट्ठाँय !!

–वंदे···

··· मोनादा ! मोनादा !! तपू मामा कोथाय ? दीपू मामा कोथाय ?···

तपू मामा-आँ आ ! दीपू-ऊ-ऊ-ऊ !··· नीलू ! तू घर जा। गोली चल रही है।

··· कृत्या ने पुकारा–मो··· ना··· !

··· अब मोना की बारी है। नीलू मुझे छोड़ो··· ना छोड़बो ना–दीपू मा-मा-मा !

··· अशर्फी आगे बढ़कर झंडा सँभालता है।··· ट्रट्ठाँय ! ट्रट्टाँय !!–मो-ना ·· झंडा न झुके !!

··· मोना कहाँ ? भोला ने झंडा सँभाला। आगे बढ़ता है।

–ट्रट्ठाँय ! ट्रट्ठाँय !!

–तपू-ऊ-ऊ-ऊ !

–पीछे हट जाओ ! खबरदार !

··· तपू चढ़ गया ट्रेजरी के ऊपर ! झंडा लहराने लगा–तिरंगा झंडा ! राष्ट्रध्वज ! वन्देमातरम् ! ट्रट्ठाँय !··· तपू नीचे गिरा।

··· प्रियोदा, कृत्यानंद, अशर्फी, भोला और तपू–एक गिरता, दूसरा आगे बढ़कर उसके हाथ से झंडा ले लेता; दूसरा गिरता, तीसरा झंडा थामता। चौथे ने गिरने के पहले मोना को आवाज दी–अपने 'जोड़ीदार' को। किन्तु मोना को पकड़कर नीलू पागलों की तरह चिल्ला रही थी–नहीं-नहीं। मोना न होता तो झंडा कौन सँभालता ?··· भोला के बाद तपू··· तपू का लिस्ट में नाम नहीं था···।

··· परमान के किनारे पर एक साथ पाँच चिताएँ धू-धूकर जल उठीं। हजारों आँखें एक साथ बरस पड़ीं।··· पाँचों की चिताओं में 'मोना' ने ही 'अग्निदान' किया। ··· यही अन्तिम कामना थी प्रियोदा की··· 'जो बचेगा, वही हमारा अंतिम संस्कार करेगा।··· चिता में आग देने के समय मोना ने कहा था, 'मैं जिंदगी-भर जलता रहूँगा तुम्हारी चिताओं की आग कलेजे में लेकर··· तुमने मुझे पुकारा। कमांडर ! तुम्हारी पुकार पर, तुम्हारे हुक्म पर–मैं··· मैं दोषी हूँ।··· अनुशासन भंग किया है मैंने। मुझे गलत मत समझना प्रियोदा, कृत्या, अशर्फी, भोला।··· तपू ! तू क्यों आता था ?···

श्मशान में ही मनमोहन और इब्राहीम को गिरफ्तार कर लिया गया।

पाँच-पाँच चिताओं की आग में झुलसता हुआ मनमोहन, पाँच साल तक जेल और सेल में यही बुदबुदाता रहा–नीलू नहीं आती··· नीलू नहीं होती तो इस ग्लानि की आग में क्यों तपता ?··· मुझे क्षमा करना साथियो, मैंने गद्दारी नहीं की।···

जेल से रिहा होने के बाद भागलपुर स्टेशन के प्लेटफार्म पर मनमोहन चहलकदमी करता रहा।–एक गाड़ी गई, दूसरी गई। किन्तु उसे साहस नहीं हुआ। एक बार गाड़ी में बैठ भी गया। गाड़ी चलने लगी तो उतर गया।

–नहीं। वह घर नहीं जायगा लौटकर ! वह मुड़ेगा नहीं। उधर मुँह नहीं करेगा। ··· नीलू के कारण वह मुँह दिखाने के योग्य नहीं रहा।··· नीलू का क्या दोष ? दोष मनमोहन का ही है।–खट्टा भी, मीठा भी !

उसने बाबूजी और काका के नाम एक चिट्ठी लिखी। पत्र में उसने स्पष्ट लिख दिया–"अब लौटकर नहीं आना है। मुझे क्षमा करें। मैं 'गृहस्थ' होने योग्य नहीं। इसलिए 'राजनीति' भी मुझसे नहीं हो सकेगी··· मैं अपना नाम, गोत्र, जाति, जाति-संस्कार सबकुछ का परित्याग कर दूसरी बार जन्म लेने जा रहा हूँ।··· आग

में झुलस रहा हूँ।··· गुनीजी··· जनमोहन रहा। देश शीघ्र ही आजाद होगा।··· गुनीजी की पढ़ाई-लिखाई मेरे कारण बन्द न हो। पुष्पी··· !"

पच्चीस

काल : 1965, सितम्बर !

स्थान : देहरादून स्टुडेण्ट्स-होम

तीन सौ किशोर बालकों की सामूहिक प्रार्थना का स्वर गूँज रहा है। स्टुडेण्ट्स-होम सेक्रेटरी स्वामी सच्चिदानन्द अपने दफ्तर में बैठकर एक सचित्र साप्ताहिक पत्रिका पढ़ रहे हैं। रेडियो से 'अमर वाणी' कार्यक्रम में स्वामी विवेकानन्द की वाणी प्रसारित की जा रही है।··· राष्ट्रीय संकट की घड़ी में स्वामीजी की वाणी का सही अर्थ समझ में आता है।··· लड़ाई थम गई है। भारत के वीर जवानों की बहादुरी की कहानियाँ सुनकर भरोसा होता है। भारत के उन महान् पुरुषों ने ऊसर में बीज नहीं बोए थे।···

सच्चिदानन्द महाराज लड़ाई में वीरगति पाए हुए कच्चे-कच्चे नौजवानों की तस्वीर··· नहीं देख सकते। आँखें छलछलाकर भर आती हैं और तस्वीरें अस्पष्ट हो जाती हैं।

वे समाचार पढ़ रहे हैं। एक तस्वीर के नीचे लिखा है—"15 सितम्बर फ्लाइट-लेफ्टिनेण्ट जे. मोहन ने शत्रु के व्यूह पर आक्रमण किया। शत्रु के विमानबोधी ने उसके विमान को क्षतिग्रस्त कर दिया। वह चाहते तो 'बेलआउट' करके, 'कॉकपिट' से कूदकर अपनी जान बचा सकते थे। किन्तु अपने विमान को खोना नहीं चाहते थे। जैसे भी हो, विमान की रक्षा करनी होगी। अपनी रही-सही ताकत लगाकर उन्होंने विमान को भारत की मिट्टी पर उतारने की चेष्टा की··· उन्हें इस बात का संतोष था कि दुश्मनों के तीन-तीन टैंकों का सफाया उन्होंने कर दिया है। अब कई लाख रुपए का यह विमान।··· 'फोर्स्ड-लैण्डिंग' करते समय उन्होंने देखा—नीचे मकान, सड़क और चौराहे हैं—भीड़ है। यहाँ विमान उतारने का मतलब है अनेक असैनिक नागरिकों की मृत्यु।··· वे लौटे अपने अड्डे की ओर, किन्तु विमान में विस्फोट हुआ। और, एक ही 'प्राण' की हानि हुई—और उस एक 'प्राण' को सभी जनमोहन कहते थे।··· अब उनकी लाश उनकी जन्मभूमि पर···।"

स्वामीजी के अन्दर आग की लपटें नाचने लगीं। उन्होंने तस्वीर पर दृष्टि दौड़ाई··· "अँ !··· गु-नी-जी !"

—प्रार्थना की घंटी, नहाने की घंटी, भोजन की घंटी, स्कूल की घंटी, ट्रेजरी का घड़ियाल··· असंख्य घड़ी-घण्ट-झाँझ-करताल एक साथ बज उठे। बजने लगे। शंख-ध्वनि होने लगी··· गुनीजी, तुम भी··· माँ को छोड़कर··· जनमोहन··· माँ···।

स्वामीजी ने अपने को सँभाला। उन्होंने आँखें मूँद लीं।··· नीचे आकाश में कोई सफेद पंछी तीर के वेग से निकल गया–सशब्द–'स-यों-यों-यों-यों !'··· भैया के मन की ग्लानि को 'छू-मंतर' कर दिया गुनीजी ने !··· आह ! पाँच-पाँच चिताओं की आग में एक युग से झुलसते हुए हृदय पर चन्दन लेप रहा है कोई !

··· कहीं नहीं। अभी ही··· अब उन्हें माँ के पास दौड़ जाना चाहिए अब··· मुड़ना होगा··· माँ के पास··· आ रहा हूँ माँ !

··· नहीं। गुनीजी··· कौन गुनीजी ? कौन जनमोहन··· कौन मनमोहन··· कौन माँ ?··· इतने-इतने जनमोहन··· सच्चिदानन्द ! सच्चिदनान्द !!··· सर्वशान्तिकरो भव–सच्चिदानन्द !

"मौना महाराज !"

स्वामी सच्चिदानन्द का ध्यान भंग हुआ। उनकी आँखों में आँसू और ओठों पर हँसी देखकर अष्टवर्षीय बालक ठिठक गया।

"कौन ? श्रीमन्त, क्या है ?"

"आज आप हमें कोई कहानी नहीं सुनाएँगे ?··· हॉल में सभी बैठे हैं।"

"ओ ! आज बुधवार है न ?"

"जी !"

"चलो !"

सच्चिदानन्द परम प्रसन्न मुद्रा में बालक श्रीमन्त के साथ चले गये।

कलंक मुक्ति

"अजीत भाई··· अजीत भाईजी ई-ई··· !"

अबुल हास लेन की अँधेरी दरगल्ली में रात के दस बजे एक नारी-कण्ठ की पुकार सुनकर हठात् रुक जाना पड़ा। पुकारनेवाली रिक्शा से उतरी और सामने आकर चुपचाप मुस्कराती खड़ी रही··· पहचानिए तो ? फिर मेरे चेहरे पर उड़नेवाली हवाइयों को भाँपकर हँस पड़ी–"आप तो इस तरह डर गये मानो किसी 'डाकिन-पिशाचिन' ने घेर लिया हो !"

"अरे ! रामरति··· तुम ?"

"फिर से देख लीजिए, गौर कर। यह देखिए, मेरे पाँव सीधे ही हैं।"–रामरति ने हँसने-हँसते, बारी-बारी से अपने दोनों पैरों पर 'पेन टॉर्च' की रोशनी डालकर दिखलाया।

समझने में देर नहीं लगी कि रामरति किस फिल्म के डायलॉग बोल रही है। अतः मैंने उसके पाँव देखकर गम्भीरतापूर्वक कहा–"इस्स !"

वह खिलखिलाकर हँस पड़ी।

"कब लौटी ? मतलब, कब रिहा हुई ?"–मैंने ही पूछा।

मेरा सवाल पूरा नहीं हो पाया, रामरति बीच में ही मेरी बात को काटती हुई बोली–"आज अपनी बात बताइए कि इस छोड़ी हुई नगरी में आप कब लौटे ? हमें तो पाँच साल की ही सजा हुई थी। आप दस वर्षों के बाद दिखलायी पड़े हैं।"

"तुम्हारी बेला दीदी ?"

मैंने लक्ष्य किया, रामरति मेरे प्रश्न से तनिक अप्रतिभ हुई। किन्तु, तुरंत ही सहज हो गयी–"मेरी बेला दीदी ! अर्थात् आपके उपन्यास को असफल बनानेवाली आपकी ही प्रधान नायिका।"

रामरति के इस सम्वाद ने मुझे हैरत में डाल दिया। मैंने पूछा–"तुम उपन्यास की बात कैसे समझने लगीं ?"

"जेल में, चक्की पीसने के बदले मुझे पढ़ने का 'कमान' मिला था। और, पाँच साल में बेला दीदी इस मिट्टी के गागर में जितना-सा सागर भर सकी··· ।"–रामरति अपनी काया की ओर 'सधुक्कड़ी' मुद्रा में संकेत करती बोली।

मैंने अब हथियार डाल दिया।

··· दस वर्षों के अन्तराल में क्या नहीं हो सकता है ? इसमें अचरज की क्या बात ? रामरति ने पढ़ना-लिखना सीखकर, कहानियों और उपन्यासों पर बहस करने

की हैसियत हासिल कर ली है··· अचरज की बात नहीं।

अँधेरी दरगल्ली में रामरति की मुस्कराहट रह-रहकर बिजली की तरह कौंध जाती।

"आप किदवईपुरी जाइएगा न ? आइए, बुद्धमूर्ति के पास उतर जाइएगा।"–रामरति ने कहा।

मुझे लगा, रामरति ने मुझे चिढ़ाने के लिए, शायद मुझे तौलने के लिए अथवा सिर्फ चुहल के लिए यह प्रस्ताव किया था। यद्यपि लोहियानगर में मुझे एक मित्र से मिलना था, मैंने रामरति के प्रस्ताव को स्वीकार कर लिया।

"तो मेरी प्रधान नायिका कहाँ है ?"–मैंने रिक्शा पर बैठते ही पूछा।

"इससे पहले कभी कहीं पूछताछ नहीं की ?"

सचमुच, पहली बार पूछताछ कर रहा था। मैंने हकलाते हुए अपनी सफाई देने की चेष्टा की–"असल में, मैं इस शहर को छोड़कर एक अर्से तक बाहर रहा। इलाहाबाद, बम्बई, कलकत्ता और फिर गाँव··· ।"

"लेकिन, पिछले तीन साल से तो आप लगातार इसी शहर में हैं। और, हम लोग चार वर्ष तीन महीने के बाद यानी जेल से रिहा होने के बाद से बराबर यहीं हैं।"

मैंने बात को टालने की कोशिश की–"तुम तो एकदम बदल गयी हो रामरति !"

वह फिर हँसी–"बदल गयी हूँ ? बदलकर एकदम आपकी हीराबाई जैसी हो गयी हूँ क्या ? हा-हा-हा··· ।"

मैं अपनी हँसी को जब्त नहीं रख सका। वह बोली–"कहाँ बदली हूँ ! जैसी-की-तैसी हूँ ! काली-कलूटी। आपने लिखा था न··· ।"

"नहीं, मुझे याद है कि मैंने तुमको कभी काली-कलूटी नहीं लिखा। साँवली-सलोनी··· ।"

"एक ही बात है। आपने लिखा था–'रामरति हमेशा खरी बात बोलती है, किसी को भली लगे या बुरी। लेकिन, उसे शराबी का बहुत डर है'··· ।"

"घबराओ मत, मैंने छोड़ रखी है।"

"मुझे पता है। वरना रात के वक्त क्या, कभी दिन में भी आपके साथ रिक्शा में बैठने की हिम्मत नहीं करती।"

"लेकिन तुमने कैसे जाना··· ?"

"देखिए अजीत भाई ! कहने को आपको भाईजी कहती हूँ। लेकिन, हमें कहना चाहिए–सिरजनहारजी, पिताजी। अपने स्रष्टा को हम कैसे भूल सकते हैं ?"

"किन्तु, बेला गुप्त ने मुझे छला है··· ।"

"सुनिए अजीत भाई ! मैं जानती हूँ, 'खगड़ा-मंजिल' से लेकर किशनगंज, फिर पेशावर के प्रसिद्ध होटल का चक्कर आप लगा आये थे। आपके ही शब्दों में, आपने उस 'दीपकली' के प्रकाश में बैठकर बड़ी-बड़ी आशाएँ पाल रखी थीं। लेकिन, खिली दीपकली बेला गुप्त अचानक बुझ गयी, आप निराश हो गये और आपका

उपन्यास असफल हो गया। यही है न आपका अभियोग ? किन्तु, बेला गुप्त बुझ नहीं गयी है। अगर वह दीपकली थी तो आज उसकी निष्कम्प लौ आँधी-तूफान में निर्भय चित्त··· ।"

मैंने टोका–"तुम लिखती भी हो ? मतलब, कविता-कहानी··· ?"

रामरति बोली–"आप जो चाहें बना दें। मगर, आपने अब तक जो कुछ भी बनाया है, मैं उसकी बात कर रही हूँ। बेला दीदी ने आपके उपन्यास को अप्रत्याशित ढंग से असफल नहीं बनाया। आप कहानी पूरी होने तक सब्र नहीं कर सके–यह मेरी राय है, आपकी प्रधान नायिका बेला गुप्त की नहीं।"

"उसकी क्या राय है ?"

"वह आप स्वयं जाकर क्यों नहीं जान लेते ? मैं इससे ज्यादा नहीं बताऊँगी कि बेला दीदी इसी शहर की बेली रोड के 'नूक' नाम के बँगले में रहती है।"

बुद्धमूर्ति के पास रिक्शाचालक ने रिक्शा रोक दिया। मैंने पूछा–"तुम अब उसके साथ नहीं रहतीं ?"

"अजीत भाईजी, मुझे जिसके साथ रहना चाहिए, रह रही हूँ।"

"अर्थात्, तुम्हारे पतिदेव ने भी शराब छोड़ दी··· ?"–मैंने रिक्शा से नीचे उतरते हुए पूछा।

रामरति इस तरह ठठाकर हँस पड़ी कि मैं डर गया। रात के ग्यारह बजे, बुद्धमूर्ति के पास किसी औरत का इस तरह ठठाकर हँसना !

"मेरी माँ–मुनिया–मरी नही है। लेकिन, आपने उनके बारे में कुछ नहीं पूछा।"

"अरे ! मैं तो भूल हो गया। कैसी है तुम्हारी माँ ?"

"मैंने कहा न, मरी नहीं है। आप पहले अपनी प्रधान नायिका की सुधि तो लीजिए, फिर सुखमय घोष से लेकर तारा, कुन्ती···।"

मैं डरा, रामरति फिर अस्वाभाविक ढंग से हँस न पड़े। मेरे हाथ स्वयं जुड़ गये, जिसका एक अर्थ विदा-सम्भाषण और दूसरा मतलब क्षमा-निवेदन भी था। रिक्शाचालक ने पैडिल पर पाँव रखा। रामरति ने रोक दिया–"एक मिनट रुको !"

वह मेरे करीब आ गयी और मुझसे सटकर बोली–"बेला दी ने आपको चरण छूकर नमस्कार किया था। मुझे आपकी चरणधूलि की कतई जरूरत नहीं थी। लेकिन, आपने हम पर अभियोग लगाकर जिस अवस्था में छोड़ दिया है उसके निस्तार के लिए आपके पैर पकड़कर प्रार्थना भी कर सकती हूँ–दुहाई ! हमें इस कैदखाने से निकालिए आप। कलंक-मुक्त कीजिए हमें। दुनिया हमें हमेशा गालियाँ देती रहेगी कि हमने मिल-जुलकर आपके उपन्यास को असफल किया है।"

रामरति सचमुच मेरा पैर पकड़कर इस तरह बैठ गयी जैसे मेले में आयी हुई कोई 'बहुरिया' अपने बाप से मिलते ही पैर पकड़कर बैठ जाती है और रोने लगती है। मुझे लगा, रामरति भी सुर में गा-गाकर उसी तरह रो पड़ेगी। मैंने कहा–"ठीक है।··· वचन देता हूँ !··· कसम खाता हूँ। तीसरी नहीं, चौथी ! अब उठो··· ।"

"नहीं, मैं 'तिरिया-चलित्तर' का खेला नहीं कह रही। जो कुछ भी कह रही हूँ, बहुत दर्द से कह रही हूँ।"

रामरति चली गयी तो बहुत देर तक मैं बुद्धमूर्ति के पास खड़ा होकर सोचता रहा, 'डाकिन-पिशाचिन' नहीं, यह मेरी ही रची हुई रामरति थी।

डेरे पर लौटकर मैंने अनुभव किया, मेरा मन बहुत अशान्त है। मन के किसी कोने में रामरति की प्रार्थना बार-बार गूँजती रही–'हमें कलंक-मुक्त कीजिए !'

अन्ततः रात के तीसरे पहर मैंने ढूँढ़कर एक पुरानी फाइल निकाली और 'स्टेट बनाम बेला गुप्त वगैरह' वाले मामले की पूरी 'केस हिस्ट्री' का अध्ययन करता रहा। मन के पर्दे पर, दस साल पहले की घटनाएँ उभरने लगीं, 'फ्लैश बैक'··· गणपतसिंह लेन स्थित 'खगड़ा-मंजिल' उर्फ 'वर्किंग-विमेन्स होस्टल'··· !!

वर्किंग-विमेन्स होस्टल का फाटक ग्यारह बजे रात में अस्वाभाविक ढंग से ढनढना उठा।··· नहीं, जानवर नहीं, कोई आदमी ही फाटक पीट रहा है। ढन-ढन, ढन-ढन··· !

गली की स्वान-मण्डली ने एक स्वर से इस हरकत का विरोध किया। तब, फाटक पर रुकी स्टेशन-वैगन का एक हार्न बजने लगा। कुत्ते और भी झुँझलाए।

"खो-लो-ओ-ओ !'–फाटक पीटनेवाले की फटी हुई आवाज कुत्तों के कलरव में डूब-डूब जाती थी। और, अन्तर से आता हुआ पतला जवाब, फाटक की ढनढनाहट में जाने कहाँ खो जाता–'के-है-ए-ए ?'

··· खो-लो-ओ-ओ ! ढन-ढन-ढन-ढन ! कें-कें-कें-कें ! भौं-भौं ! के-है-ए-ए ?–कई मिनटों तक इसी ताल पर सबकुछ होता रहा।

बूढ़ी मुनिया दाई ने फाटक खोलकर पूछा–"के है एत्ती बेर ?"

मुनिया ने बड़ी मेम साहब के ड्राइवर का चेहरा देखा और चिहुँक पड़ी–एं ? इसके बाद गाड़ी से उतरती हुई बड़ी मेमसाहब को देख उसकी धुकधुकी तेज हो गयी, कलेजे की।···

कलेजा धुकधुका देनेवाली ही बात है। बड़ी मेम साहब ने मुनिया का सलाम नहीं कबूल किया। अहाते के अन्दर पैर रखते ही लगा, बड़ी मेम अब धरती पर पैर नहीं रखेगी–क्यों री बुड्ढी ! क्या समझ लिया है ? हराम का पैसा खाती है और शाम को ही सो जाती है ? ठहरो, सबको, एक-एक कर खलास करवाती हूँ। तुम्हारी बेटी कहाँ है ? चलो, बेला मिस साहेब को जगाओ–नहीं, पहले औफिस खोलो। रोशनी जलाओ।··· सबको खलास करवाती हूँ–देखना।

बूढ़ी मुनिया अँधेरे में दौड़कर चलने लगी और किसी चीज से टकराकर गिरी। बड़ी मेम ने झिड़की दी–'अन्धी है क्या तू ?'

मुनिया दफ्तर के बरामदे में गयी। लेकिन, बड़ी मेम साहब अँधेरे में ही बेला मेम साहब के क्वार्टर की ओर बढ़ गयी। मुनिया की आँखों के आगे सैकड़ों जुगनू उड़ने लगे। क्या हुआ है बड़ी मेम साहब को ? गुस्से से 'जल-जल' क्यों कर रही है ?

किन्तु, बेला मेम साहब के बरामदे में सोई हुई, बूढ़ी मुनिया की जवान बेटी रामरति ने बड़ी मेम को देखते ही सबकुछ भाँप लिया। वह 'कपटखाँसी' खाँसती हुई उठी। सलाम करने का मौका भी तो मिले।··· बज्जात ! नमकहराम सब। क्यों रे, तुम माँ-बेटी ने क्या समझ लिया ? बाप की जमींदारी है ? हराम का पैसा खाती है और शाम को ही सो जाती है ? ठहरो, सबको खलास करवाती हूँ।··· कहाँ है तुम्हारी मेम साहब ? बुलाओ !

मिस बेला गुप्त बिना बुलाये ही बाहर आ गयी–नमस्···।

–सुनो बेला, मैं तुमसे साफ-साफ पूछने आयी हूँ कि तुम क्या चाहती हो ? अभी जानना चाहती हूँ–अभी-ई-ई। समझीं ?

बड़ी मेम अर्थात् श्रीमती ज्योत्स्ना आनन्द एक-एक शब्द को चुभलाती हुई बोली–बोलो ना क्कुमारी बेल्ला रान्नी गुप्ता ! तुम विमेन्स वेलफेयर बोर्ड की सेक्रेटरी होना चाहती हो ?

–ज्योति दी···।

बेला गुप्त इसके आगे कुछ नहीं बोल सकी। श्रीमती ज्योत्स्ना आनन्द तड़प उठी–मैं किसी की दीदी या मौसी नहीं। आइ हेट !··· मैं पूछने आई हूँ कि अब तुमसे हुक्म लेकर काम करना पड़ेगा ? मैं तुम्हारी नौकरानी हूँ ?

रामरति बरामदे में कुर्सी रख गयी। ज्योत्स्ना आनन्द ने कुर्सी को खींचकर एक ओर कर दिया–खड़-र-र-र !!

होस्टल के कमरों की रोशनी एक-एक कर जलने लगी।

मिस बेला गुप्त को हँसी आ गयी।··· क्यों क्कुमारी बेल्ला रानी ? ऐसी भीषण मुखमुद्रा ? वह बोली–जी, नौकरानी हम हैं। कहिए हमसे क्या गलती हुई ?

–बड़ी भोली बनी है ! गलती क्या हुई, पूछती है ! बच्ची बनती है ! मैं पूछती हूँ कि मेरा घर क्या है ? बोलो, क्या है मेरा घर ? शराबियों और जुआड़ियों का अड्डा ?

–किसने कहा है आपके घर को शराबियों का अड्डा··· ?

–किसने कहा है ? तुमने कहा है और तुम्हारी इस महारानी-नौकरानी ने कहा है।··· क्यों री रामरतिया ! तुम्हारी जीभ बहुत लम्बी हो गयी है ? ठहरो, सबको खलास करती हूँ।

श्रीमती आनन्द दाँत पीसने लगीं।

बेला गुप्त ने कहा–देखिए, ज्योत्स्नादि···।

–फिर ज्योत्स्नादि ?

बेला गम्भीर हो गयी। बोली–एक वर्ष की आदत अभी··· इतनी जल्दी कैसे

छूटेगी ?

—मैं जानना चाहती हूँ ! श्रीमती आनन्द पर रह-रहकर गुस्से का दौरा आता है, मानो—जवाब दो, अंजू-मंजू को मेरी कोठी पर आने की छुट्टी तुमने क्यों नहीं दी ? गाड़ी क्यों लौट गयी वापस ?

बेला गुप्त ने जवाब दिया—सेक्रेटरी साहिबा, मुझे क्षमा करें—मैं होस्टल के नियम के विरुद्ध कोई छुट्टी नहीं दे सकती किसी को। आप नियम में संशोधन कर दीजिए। फिर, जिसको जब कहिए छुट्टी दे दूँगी।··· और, आप क्लर्क को, अंजू-मंजू के पास दिन में पाँच बार इस तरह न भेजा करें तो अच्छा···।

श्रीमती आनन्द ने बेला गुप्त को इस तरह देखा मानो अभी निगल जायेगी—बड़ी नियमवाली बनी है ! तुम कोई नियम नहीं तोड़ती ?

—नहीं।

—नहीं ?

—तुम रात में देर तक शहर में चक्कर नहीं मारती हो ?

इस प्रश्न पर रामरति ने दाँत-पर-दाँत बैठाकर सिहरने की मुद्रा बनायी। अर्थात् झूठ की भी सीमा होती है।

बेला ने लम्बी साँस लेकर कहा—मुझे शहर में चक्कर लगाने की छुट्टी कहाँ ?

—मिल जायेगी छुट्टी, घबराओ नहीं। तुम होस्टल की दाइयों से अपना काम क्यों करवाती हो ? मिल्क-सेण्टर के चूल्हे पर तुम्हारा खाना नहीं पकता है ? बोलो ! ये दोनों माँ-बेटी तुम्हारी दाई-बाँदी नहीं—सरकारी दाई हैं। समझी !

इस बार बेला गुप्त चुप हो गयी। किन्तु, बोली बढ़कर रामरति—ईह, बाप रे बाप ! एतना अन्याई बात ? दूधवाले चूल्हे पर तो मेमसाहब की चाय की केतली भी नहीं चढ़ती है, कभी। हः-हः एतना अन्धेर··· ?

—तू चुप रह बज्जात ! मुँह लगती है ! जबान लड़ाती है मुँह पर ! ठीक है, सबको खलास करती हूँ।

रामरति बोली—जरूर बर्खास कीजिए। गलती करेंगे तो एक बार नहीं एक सौ बार बर्खास कीजिए। मगर, किसी की देह पर झूठा अकलंग···।

बेला गुप्त ने कहा—रामरति ! बक-बक मत कर।

बेला गुप्त अपने कमरे में चली गयी··· होस्टल ही नहीं, पास की गली में भी लोग जग गये हैं। श्रीमती आनन्द स्वर के चढ़ाव-उतार पर कुत्ते भूँकते और चुप होते हैं। जब वह रामरति को डाँटती और धमकाती है, गली और फाटक पर एकत्र कुत्ते एकसाथ भूँकने लगते हैं।

··· अच्छा ! तुम्हारी इतनी हिम्मत ? मुँह फिराकर कमरे में चली गयी ? परवाह ही नहीं करती ?··· ठीक है, कागज-कलम से बात करना चाहती है। अब कागज-कलम से ही बात की जायेगी।

—अब्दुल !

अब्दुल ने गाड़ी का दरवाजा खोल दिया। श्रीमती आनन्द गाड़ी में जा बैठी।

किन्तु, अब्दुल होस्टल के खुले फाटक की ओर देखता रहा··· नहीं, अब और कोई नहीं आ रही।

गाड़ी स्टार्ट होने के पहले ही होस्टल का फाटक सशब्द बन्द हो गया।

श्रीमती आनन्द दाँत पीसकर कुछ बड़बड़ायी। इंजन की घरघराहट में कुछ सुनायी नहीं पड़ा।

कुत्ते अंतिम बार भूँककर चुप हो गये।

श्रीमती आनन्द का गर्जन-तर्जन सुनकर, होस्टल के सभी कमरों में रोशनी जल गयी थी। बेला गुप्त ने मुनिया को पुकारकर कहा—मुनिया-या-या ! रोशनी बन्द करने कहो दीदीजी लोगों को !

बेला गुप्त के ऐसे आदेशों का पालन करने के लिए मुनिया को दुमंजिले की सीढ़ियों पर नहीं चढ़ना पड़ता। बेला गुप्त, मुनिया को पुकारती है और रोशनियाँ बुझ जाती हैं, एक-एक कर।

आज भी ऐसा ही हुआ। एक कमरे को छोड़कर बाकी सभी कमरों की रोशनी बन्द हो गयी।

··· अन्नपूर्णा पढ़ रही है। कल से ही उसकी परीक्षा है।

··· रामरति कहाँ गयी ? चुड़ैल, होस्टल में समाचार प्रसारित करने गयी होगी। अभी एकाध घण्टे तक होस्टल के बोर्डरों की बैठकी होगी।

बेला गुप्त बिछावन पर लेट गयी। सारी देह झनझना रही है। दिसम्बर की सर्दी में भी चादर भारी लग रही है।··· अच्छा, मिसेज आनन्द जब गुस्साती हैं तो इनके 'केनाइन टुथ' इस तरह बाहर क्यों निकल आते हैं ? ठीक मछुआ टोली की गोरी मछुआइन-जैसी उँगलियाँ नचाती हैं !

दीदीजी ! —रामरति होस्टल का चक्कर लगा आयी, शायद। बेला गुप्त ने कोई जवाब नहीं दिया।

रामरति जानती है, दीदी सोयी नहीं हैं। कथरी ओढ़ती हुई वह बोली—अरे बाप ! बड़ी मेम तो आज मार-पीट करने आयी थी जैसे···।

बेला गुप्त ने इस बार भी कोई उत्तर नहीं दिया तो रामरति अपने-आप बड़बड़ाने लगी—सबको आँख दिखाकर डरावें, रामरति किसी से नहीं डरती। बोलना नहीं जानती है तो क्यों बोलती है कोई बात ? खलास-खलास बोलते जरा लाज भी आये इस 'बूढ़ी मौगी' को ! 'जिनगी' भर खलास करवाती रही है इसलिए खलास नहीं भूलती है।··· रामरतिया को न बाघ का डर, न भूत का भय—रामरतिया सिर्फ 'मनुस पीटना' से डरती है।···

बेला गुप्त को हँसी आ गयी। रामरति के मुँह से यह 'मनुस पीटना' का चुटकुला सुन चुकी है।

रामरति कम्बल पर लेटी बड़बड़ाती रही—हूँ ! आज न बनी है बड़ी मेम—रमला दीदी का मुकाबला करने चली है। सौ जनम में भी रमला दीदी का 'परतल' नहीं

कर सकेगी।···

फिर जम्हाई लेती बोली–हँ-हँ, ख-ला-स, खलास-स् बड़ी आयी है खलास करनेवाली।

एक का घण्टा बजा या साढ़े बारह ?

··· अन्नपूर्णा के कमरे की रोशनी भी बुझ गयी। दो-तीन बार खाँसने के बाद रामरति सो गयी।

सन्नाटा !··· अब बेला गुप्त के मन का बाँध हहराकर टूट गया। बहुत दिनों के बाद, दिल को चकनाचूर कर देनेवाली चोट लगी है, फिर।··· प्रत्येक आघात को, जीवन में–इसी तरह छुप-छुपकर, रो-रोकर–सहा है, बेला ने।

··· पिछले सप्ताह से ही नहीं, मिसेज आनन्द बहुत दिनों से उस पर नाराज हैं। रमला मौसी के समय से ही। जब से बोर्ड की सदस्या हुईं, हर बैठक में मिसेज आनन्द बेला गुप्त के कार्यों की, कोई-न-कोई त्रुटि निकालती रहीं। और, रमला मौसी की मृत्यु के बाद सेक्रेटरी हुई हैं, तब से बेला गुप्त के पीछे पड़ी हुई हैं।

··· आज यदि रमला मौसी होती तो बेला अभी दौड़ी जाती किचनर रोड–सीधे। सबकुछ सुनकर मौसी कहती–इस तरह टूट जानेवाली लड़कियों को समाज-सेवा का कोई व्रत नहीं लेना चाहिए। तुम यह क्यों भूल जाती हो कि तुम लड़ाई के मैदान में खड़ी हो। लड़ना है। कष्ट भोगना ही नहीं–मर जाना है यहीं··· !

बेला भोग रही है कष्ट। लेकिन, रमला मौसी के बिना कष्ट को झेलने की क्षमता बेला में नहीं।··· मौसी ! तुम थीं–सारे आघातों और आक्रमणों को अपनी देह पर ओढ़ लेती थीं।··· आज तो चाबुक से पीट गयी मिसेज आनन्द···

बेला गुप्त के मन में बसी रमला मौसी हँसी–बेली ! एक बार, 'सिस्टर निवेदिता' के पृष्ठों को खोलकर पढ़ो !

··· मौसी, रखो अपना यह सर्व-दर्दहर ग्रन्थ !

··· गले में कण्ठी, ललाट पर टीका ! सिस्टर निवेदिता की मूर्ति बेला गुप्ता की सजल आँखों में उतर आती है···

And the majesty of the soul comes forth
Only when someone is wounded to his depths.

घायल बेला सो गयी।

श्रीमती आनन्द रात-भर छटपटाती रही, मछली की तरह।

··· देखना है इस बेला गुप्त को ! गुप्त से प्रकट करके छोड़ेगी श्रीमती आनन्द। लेकिन··· कैसे क्या किया जाये ? बोर्ड के अधिकांश सदस्यों की बद्धमूल धारणा है कि बेला गुप्त-जैसी संगठन करनेवाली या व्यवस्थापिका–किसी संस्था में नहीं। ··· हूँ ! दूध की धोई है, बेला। बेला के गोरे गाल पर काला 'मासा' जो है। सभी बूढ़ों की आँखें उसके गाल पर ही अटक जाती हैं··· इन भूखे और खपे हुए बूढ़ों को क्या मालूम कि उनकी बेला दूध की धोई नहीं–न जाने कितनों के साथ सोयी

है !

··· हुँह ! कुमारी, बेला कुमारी !! कुमारी हो या बेवा, पुरुष के साथ वह जरूर सोयी है। श्रीमती आनन्द की आँखें इस मामले में धोखा नहीं खा सकतीं।

श्रीमती आनन्द की कोठी पर एक छोटी-सी पार्टी थी। दिल्ली से मिस्टर आनन्द के कई मित्र आये थे, एक 'ऑडिट-पार्टी' में। श्रीमती आनन्द ने होस्टल से अंजू और मंजू को 'लोकगीत' गाने के लिए बुलाया था। मेहमानों को उन्होंने निमंत्रित करते हुए कहा था–बिहार का लोकगीत सुनिएगा तो बिहार से वापस जाने का जी नहीं करेगा।

प्रधान अतिथि मिस्टर नाथ ने अपनी रसिकता का परिचय देते हुए कहा था–मिसेज आनन्द ! एक तो यों ही हमारा मन डगमगा रहा है, लोकनृत्य या गीत दिखलाइएगा-सुनाइयेगा तो हमारा बिस्तर ह-ह-ह-ह !!

इसलिए, आज आते ही मिस्टर नाथ ने श्रीमती आनन्द को याद दिलाया–बिस्तर बिछवाने का इरादा है क्या ?

श्रीमती आनन्द ने किशोरी कन्या की तरह जीभ काटकर लज्जित होने का सफल अभिनय किया।

–क्योंकि गीत सुनने के बाद तो बिस्तर बिछाना भी भूल जाऊँगा।

भोजन के पूर्व 'पान' का छोटा-सा आयोजन था।

गिलास टकराते समय भी बिस्तर की चर्चा हुई–चियर्स फॉर बिस्तर··· !

एक घूँट लेने के बाद मेहमानों की बातचीत का प्रसंग स्थानीय राजनीतिक दंगल की ओर मुड़ा। श्रीमती आनन्द ने अपने ड्राइवर अब्दुल को बुलाकर कहा–गाड़ी लेकर जाओ। होस्टल से अंजू-मंजू को तुरन्त ले आओ। जल्दी··· !

दो दौर के दर्म्यान बात घूमकर फिर किसी लड़की या महिला पर आ गयी थी। महिला के बाद 'बाँकीपुर-प्रिंस' 'फिश-फ्राइ' की विशेषताओं पर बातें हुईं, कुछ देर तक। इस बीच जब-जब श्रीमती आनन्द कमरे में आयी, मिस्टर नाथ ने उत्फुल्ल होकर पूछा–क्यों मिसेज आनन्द, आ गयी आपकी दोनों फौक्सी ?

–फौक्सी ?

··· हा हा हा हा हा हा हा !

हर बार श्रीमती आनन्द ने लाज से गड़ जाने का अभिनय किया। मिस्टर आनन्द बार-बार कहते–कोई बात नहीं ज्योति !··· डैट्स-आड़ड़ा ! हा-हा फौक्सी !!

–अरे मँगाइए जल्दी, वर्ना गीत सुनने के पहले ही यहाँ सब सो जायेंगे।

–आ गयी ! आ गयी !

गाड़ी आयी। सभी चुप हो गये।··· आ गयी फौक्सी ?

श्रीमती आनन्द बरामदे में गयी। बाहर की रोशनी जल उठी।

–क्यों, क्या हुआ ?

–बेला मेम साहब ने छुट्टी नहीं दी।

–छुट्टी नहीं दी ? क्या बकता है ! तुमने कहा नहीं कि बड़ी मेम साहब ने

बुलाया है ?

–सबकुछ कहकर हार गया मेम साहब ! मगर वह तो इस तरह बात कर रही थीं जैसे··· ।

–ठीक है। चुप रहो। मैं जानती थी, औरतों के सामने तुम्हारे मुँह से बोली ही नहीं निकलती।

हमेशा बे-बात की बात बतिआनेवाले अब्दुल को इस बात की आँच लगी। बोला–हजूर, अब क्या बतावें। जैसे ही मैंने कहा कि कोठी पर पाटी है कि चिढ़कर बोलीं–अंजू और मंजू नहीं जायेंगी। मैंने कहा कि एकदम 'अरजण्टी बुलाहट' है तो··· ऐसा जवाब दिया कि अब क्या बतावें।

–ठीक है। बताने की जरूरत नहीं। मैं जानती हूँ।

–उनको यकीन ही नहीं हुआ कि मेम साहब बुलाती हैं। बार-बार पूछती रहीं–मेम साहब ने नहीं, बुलाया है तुम्हारे साहब ने।··· और वह ससुरी रमरतिया तो अलगे कूद रही थी।

मिस्टर आनन्द ने अन्दर से पुकारा–क्यों ज्योति ! क्या हुआ ?

श्रीमती आनन्द के कानों के पास बेला गुप्त की बोली गूँज रही थी··· मेम साहब ने नहीं, बुलाया है तुम्हारे साहब ने।

–नहीं आयी !

–हाय-हाय !!

–अब बिस्तर का क्या होगा मिसेज··· ?

मिस्टर आनन्द ने बात ताड़ ली–ज्योति ! इस बेला गुप्त के बारे में मैंने तुमसे पहले ही कहा था। यह ट्रबल देगी तुमको, मैं जानता था। मैं कहता हूँ गेट रिड ऑफ दीज गुप्ताज मुखर्जीज चौधरीज।··· वह एक रोग है तुम्हारे बोर्ड का। नारसिसस !

एकमात्र नौजवान मेहमान मि. बागे, जो अब तक चुपचाप मुस्करा रहा था, बोला–मैं परसताब करता हूँ कि हम यहाँ से उठकर सीधे चलें और उस संगदिल बेला गुप्त के दर के सामने बिस्तर बिछाकर आरजू पूरी करें··· ।

–हम तो लोकगीत सुनकर ही यहाँ से उठेंगे।

–श्रीमती ज्योत्स्ना देवीजी हमें कल से ही ललचा रही थीं।

मिस्टर आनन्द ने अपनी गंजी खोपड़ी पर एक बार हाथ फेर लिया। फिर, इधर-उधर देखकर उसने सूचना दी–आप लोगों को शायद यह नहीं मालूम कि ज्योति खुद बढ़िया लोकगीत गा लेती है।

–अच्छा ! प्रायः सभी मेहमानों ने एकसाथ आश्चर्य प्रकट किया–तब क्या जरूरत थी फौक्सी लड़कियों की ?

–शुरू हो जाय भाभी। बागे मोढ़े पर आ बैठा।

श्रीमती आनन्द के पास बागे को इस तरह बैठते देखकर सभी को हँसी आयी। मिस्टर आनन्द ने कहा–ज्योति ! डार्लिंग··· देरी हो रही है। शुरू कर दो··· ।

मिस्टर आनन्द ने स्वयं गुनगुनाना शुरू किया–अरे, सोने की थाली में जेवना

परोसी··· अजी हाँ··· सोने की थाली में भोज··· ना-परो-ओ-ओ-सी राम–हाय ! खाये ना मोरे राजा मैं क्या करूँ राम···

–जेवना या जोवना ?

हहहहहहह ! हहहहहहह !!··· श्रीमती आनन्द नहीं हँसी इस बार।

मेहमानों को खिला-पिलाकर विदा करने के बाद श्रीमती आनन्द ने अब्दुल को पुकारा। ग्यारह बजे रात में–सीधे होस्टल गयी, गुस्से में चूर–!

और, बारह बजे रात में लौटी तो गुस्से से उबल रही थी। दरबान जगा हुआ था। फिर भी उसे झिड़की सुननी पड़ी–इस तरह फाटक खोलकर बैठा क्यों हैं ?

सीढ़ी पर पैर रखते ही मिस्टर आनन्द के खर्राटे की आवाज कान में पड़ी। उबलता-सुलगता हुआ मन धधक उठा। श्रीमती आनन्द ने जोर से दरवाजा खोला और बन्द किया। मिस्टर आनन्द के खर्राटे का लय भंग नहीं हुआ। किन्तु पलँग पर पड़ी हुई, अपने पति की धनुषाकार काया को वह नाक सिकोड़कर देखती रही।··· अस्त-व्यस्त पाजामा, रक्तहीन सूखी टाँगें–दो ओर छिटकी हुई, पोपला मुँह खुला हुआ, गंजी खोपड़ी पर–ठीक ब्रह्मतालु के पास गिने-चुने दो-चार सुफेद केश !!

ड्रेसिंग-टेबुल के आइने में अपनी प्रतिच्छवि पर दृष्टि पड़ी और श्रीमती आनन्द ने अपने ललाट पर लटकते हुए घुँघराले केशगुच्छ को उँगलियों से हटाने की चेष्टा की।··· बेला गुप्त को अपने सुन्दर स्वास्थ्य और देह की गढ़न का अभिमान है। उम्र कम नहीं बेला गुप्त की। श्रीमती आनन्द से छोटी तो किसी भी हालत में नहीं हो सकती है, वह।··· मिस्टर बागे ने आज दिल्लगी में ही बड़ी बात कह दी है–भाभी, बंगालिनों में सबकुछ हो, किन्तु चेहरे पर दक्षिणी लावण्य वे कहाँ से लावेंगी ? आपको देखकर मुझे दक्षिण के मन्दिरों की याद आती है।··· शैतान है बागे !··· इन्हीं 'वक्षगण्डों' के कारण श्रीमती आनन्द को सदा लज्जित होना पड़ता है। बागे की नजर शुरू से अन्त तक श्रीमती आनन्द की छातियों पर ही थी। बार-बार उस तरह टाई के नॉट को क्यों छूता था ? असभ्य है, बागे ! छिः-छिः, उसकी देह में सिर्फ यही अंग इतना अश्लील-स्थूल क्यों है ?··· उस दिन सब्जी बाग में बूढ़े फलवाले के जवान बेटे ने श्रीमती आनन्द को देखकर ही आवाज लगायी थी–लेते जाना, लेते जाना, राँची के पपीते खाते जाना, लेते जाना–आठ-आठ आना !!

ड्रेसिंग-टेबुल के पास ही तिपाई पर रखी कटोरी में–तरल सुफेद लोशन में रखे हुए दाँतों के सेट ! श्रीमती आनन्द के पति की परिचित हँसी का पथराया टुकड़ा–हि-हि-हि-हि !!

हि-हि-हि-हि-डार्लिंग, मैं तुम्हारा दूध-पीता बच्चा हूँ।

हि-हि-हि-हि-ज्योति–ये फ्लावर ऑफ फ्लेश··· !!

श्रीमती ज्योत्स्ना आनन्द रात-भर जगी रही।

बाँकीपुर की समाज-सेवी संस्थाओं में 'विमेन्स वेलफेयर बोर्ड' की बड़ी प्रतिष्ठा है। स्थानीय पत्रों में इसके कार्यक्रम और गतिविधियों के सचित्र संवाद छपते रहते हैं। राज्य के मुख्यमन्त्री बोर्ड के प्रेसिडेण्ट हैं। वाइस-प्रेसिडेण्ट लेडी सलाम के अलावा बोर्ड की 'कमिटी' में बारह महिला-सदस्य हैं। पुरुष-सदस्यों में–हाईकोर्ट के एक रिटायर्ड जज, दो वकील और स्त्री-रोग के पुराने विशेषज्ञ वृद्ध डाक्टर दूबे के नाम उल्लेखनीय हैं।

इसकी अधिकांश सदस्याओं को यहाँ के किसी भी सांस्कृतिक अथवा सरकारी उत्सव में–प्रथम पंक्ति की कुर्सियों पर देखा जा सकता है।··· हाथ में बड़ा बटुआ लटकाए कोकिल दीदी–शिशु-संसार नामक विद्यालय की संचालिका हैं। वह हैं लेडी सलाम। वह कोई बंगालिन नहीं, मिस हफीजा सलाम हैं, फर्राटे से बंगला बोलती हैं।··· पाटलिपुत्र महिला कालेज की प्रिंसिपल मिस रोजी वर्गिस। जेनरल हॉस्पिटल की मेट्रन टुडु। श्यामा सान्याल (बैरिस्टर डी, सान्याल के प्रथम पक्ष की पुत्री), नमिता घोषाल, मिसेज दूबे, बन्दना वर्मा, भुवनमोहिनी, मिश्रा, मिस कुजूर, मिसेज केरकेटा और ब्रह्मा कुमारी, मिस सत्य पाल !···

वेलफेयर बोर्ड की ओर से हर साल–बेबी-शो, महिला-शिल्प मेला, फ्लावर शो के आयोजन किये जाते हैं।

पिछले चार-पाँच वर्षों से विमेन्स वेलफेयर बोर्ड के तत्त्वावधान में एक वर्किंग-विमेन्स होस्टल चलाया जा रहा है। नवाब खगड़ा के विशाल 'खगड़ा-मंजिल' में ही होस्टल, मेटेरनिटी सेण्टर, शिल्प-केन्द्र और मिल्कसेण्टर हैं। सभी संस्थाओं का संचालन विमेन्स वेलफेयर बोर्ड द्वारा होता है।

मिस बेला गुप्त, होस्टल की सुपरिण्टेण्डेण्ट ही नहीं–इन सभी संस्थाओं की 'केयर टेकर' है।

मेटेरनिटी सेण्टर का फाटक पच्छिम ओर है (नवाब खगड़ा की अन्दर हवेली का फाटक !), किन्तु, हेल्थ विजिटर रात में 'कॉल' पर जाती हैं तो मिस गुप्त को सूचित करना पड़ता है। रजिस्टर में खानापूरी करनी पड़ती है। शिल्प-केन्द्र की अध्यापिका मिस बेला गुप्त के 'द्वारा' ही कोई आवेदन-पत्र भेज सकती हैं।

होस्टल में, नौकरी करनेवाली महिलाएँ ही रहती हैं।··· लेडी-टाइपिस्ट, टेलीफोन में काम करनेवाली, खादी प्रतिष्ठान की सेल्स-गर्ल, नर्स, महिला गाइड, प्रोफेसर, अध्यापिका और रेडियो स्टेशन की लेडी अनाउन्सर ! हर साल तीन-चार सीट की बढ़ोत्तरी की जाती है, फिर भी दर्जनों आवेदन-पत्र लौटते हैं–स्थानाभाव के कारण।

होस्टल के नियम-कानून वही हैं जो ऐसे होस्टल में होते हैं। पर, इस होस्टल में रहने के लिए कई विशेष नियमों को मानना आवश्यक है।··· बोर्ड ने, राजनीतिक पार्टी में काम करनेवाली महिला को 'वर्किंग-विमेन' की मान्यता नहीं दी है। मिसेज रमला बनर्जी हँसकर कहा करती–सिर्फ 'वर्किंग-विमेन' को सँभालना ही तो एक

कठिन व्यापार है–तिस पर पोलिटिकल पार्टी की औरत !··· बाबा ! तब तो किसी 'महाभैरवी' को इस होस्टल का चार्ज देना होगा !

मिसेज रमला बनर्जी–बाँकीपुर शहर की मौसी !

करीब तीन वर्षों तक यह संस्था, इसके कार्यक्रमों की परिकल्पना, मिसेज रमला बनर्जी के हैण्डबैग में ही रही। पूरा समय देकर काम करनेवाली योग्य कार्यकर्त्री के अभाव में वह हाथ-पर-हाथ धरकर बैठी नहीं थी। बैठक, प्रस्ताव और कोष जमा करने के लिए चेरिटी-शो का 'जोगाड़' लगाती फिरती। जिससे मिलती, बस बोर्ड की ही बातें करती। और, अथक परिश्रम के बाद एक दिन उसकी कल्पना साकार हुई !

इसलिए, इस संस्था का परिचय देते समय स्वर्गीय मिसेज रमला बनर्जी के सम्बन्ध में कुछ कहना आवश्यक हो जाता है।

1936 की बात है।

राज्य के कांग्रेसी स्वास्थ्य मन्त्री ने बाँकीपुर मेडीकल कॉलेज की नर्सेज सेलेक्शन कमिटी की सदस्यता के लिए एक महिला सदस्य का नाम प्रस्तावित किया। कमिटी के सदस्यों को अचरज हुआ था।··· कौन है यह मिसेज रमला बनर्जी ? कोई कांग्रेसी महिला है क्या ?

स्वास्थ्य मन्त्री ने, मिसेज बनर्जी का परिचय देते हुए संक्षिप्त भाषण ही दे दिया था–बाँकीपुर के बैरिस्टर श्री नगेन्द्र बनर्जी की पत्नी को मैं उस समय से जानता हूँ, जब वह भागलपुर कॉलेज में पढ़ती थी। खेलकूद से लेकर समाज-सेवा और सार्वजनिक कार्यक्रमों में धूम मचानेवाली मिस रमला चटर्जी को लोग भूल गये हैं।··· 1934 के भूकम्प-पीड़ितों की सेवा के लिए स्वयं राजेन्द्र बाबू ने जिसकी भूरि-भूरि प्रशंसा की थी।

सेलेक्शन कमिटी के सदस्यों ने सर्वसम्मति से मिसेज बनर्जी के नाम का समर्थन किया।··· लेक्चर देने की क्या जरूरत थी ? मिनिस्टर द्वारा प्रस्तावित नाम का कौन विरोध करेगा भला ?

कई मनचले सदस्यों ने, आपस में, आँखों-ही-आँखों में बातें की थीं–देखने में बमभोलानाथ हैं मन्त्रीजी, लेकिन नजर 'रसगुल्ला' पर ही रहती है।

किन्तु, दूसरी बैठक में सभी मेम्बर अवाक् हो गये।

··· जिस महिला का गुणगान स्वयं मन्त्रीजी ने किया है, कैसी है वह मिसेज बनर्जी ?··· कहाँ बैठेगी ? मेट्रन के पास या मन्त्रीजी के बगल में ? अपनी गाड़ी पर आवेगी या··· ?

मिसेज रमला बनर्जी नहीं आयी। आये हैं उसके दो पत्र। एक पत्र और एक आवेदन-पत्र।

मिसेज रमला बनर्जी ने कमिटी के चेयरमैन को धन्यवाद देकर लिखा है–इस पद के योग्य वह अभी अपने को नहीं समझती।

आवेदन-पत्र था–ट्रेनिंग के लिए !

··· मिसेज रमला बनर्जी ? बैरिस्टर बनर्जी की स्त्री, नर्स की ट्रेनिंग लेगी ? माथा खराब है क्या ?··· जरूर कोई बात है ! स्वामी-स्त्री में कुछ गड़बड़ है।··· गजब !

बैरिस्टर नगेन्द्र बनर्जी ने, एक दिन अपनी स्त्री को बोरिया-बिस्तर के साथ 'नर्सेज-क्वार्टर' में पहुँचा दिया।

–रमला, रविवार को मैं आकर ले जाऊँगा।

–यदि उस दिन मुझे यहाँ छुट्टी नहीं मिली तो ?

–ताहले !

पाँच वर्षों तक घर-गृहस्थी छोड़कर नर्सेज-क्वार्टर में रही रमला बनर्जी।··· सुफेद कैप और एप्रॅन में बैरिस्टर बनर्जी की गृहिणी खो गयी।··· सर्जिकल, मेडिकल, आइ हॉस्पिटल, बेबी वार्ड, फिमेल वार्ड और टी. बी. वार्ड के मरीज उसकी पग-ध्वनि सुनकर प्रफुल्लित हो जाते–आ गयी ! आ गयी दीदीजी !!

ट्रेनिंग समाप्त करने के बाद, पति की अस्वस्थता के कारण कई वर्षों तक किसी सार्वजनिक काम में सक्रिय रूप से भाग नहीं ले सकी। पति की मृत्यु के बाद उसने अपने को पूर्णरूपेण समर्पित कर दिया–समाज-सेवा के लिए।··· राज्य-भर में घूम-घूमकर मेटरनिटी सेण्टर खुलवाती फिरी–दो वर्षों तक।

बाँकीपुर के गर्ल्स स्कूल, कन्या पाठशाला, बालिका विद्यालय या महिला कॉलेज के 'एनुअल स्पोर्ट्स' और 'प्राइज डिस्ट्रिब्युशन' के उत्सव में मिसेज रमला बनर्जी, प्रति वर्ष अवश्य पहुँचती। उसकी आँखें लड़कियों के झुण्ड में कुछ ढूँढ़ती फिरतीं। ··· क्या नाम है, तुम्हारा ? वीणा ! वाह ! खूब कूदती हो तुम। तुम 'पाइलट' बनोगी। हवाई जहाज उड़ाओगी–उड़नचण्डी !

··· शारदा 'डिबेट' में फर्स्ट हुई है ? बातूनी लड़की ! खूब तर्क करती है। ··· अरी-री-ओ–जी. ओ. सी. इधर-उधर–आइज फ्रण्ट !!

पिछले साल बिहार की सर्वप्रथम महिला-पाइलट कुमारी वीणा प्रसाद का अभिनन्दन करते समय मिसेज रमला की आँखें सजल हो गयी थीं–यह मेरी 'उड़नचण्डी' बेटी है···।

कुमारी वीणा ने जवाब दिया था–रमला मौसी नहीं होतीं तो अब तक मैं किसी साहुजी के आध दर्जन बच्चों की बीमार माँ होती और रमला मौसी के किसी मेटेरनिटी सेण्टर में दवा के लिए रिरियाती फिरती।···

गत वर्ष, बाढ़-पीड़ितों की सहायता के लिए आयोजित एक सांस्कृतिक उत्सव में ही उनकी मृत्यु हुई।··· सियाराम तिवारी देश गा रहे थे। अगली पंक्ति की कुर्सी पर बैठी मिसेज रमला बनर्जी, तनिक थकी-थकी बैठी थी। संगीत के ताल पर गर्दन हिला रही थी। हठात्, गर्दन एक ओर लुढ़क गयी।··· ताल टूट गया। गीत रुक गया।

बाँकीपुर की ममतामयी मौसी चली गयी !

विमेन्स वेलफेयर बोर्ड, महिला शिल्प कला विद्यालय, शिशु-कल्याण केन्द्र,

मातृमंगल मन्दिर, वर्किंग-विमेन्स होस्टल, महिला भवन आदि संस्थाओं की जननी–माँ, मौसी, दीदी, मायजी, देवीजी··· मिसेज रमला बनर्जी !

श्रीमती ज्योत्स्ना आनन्द को इन 'दीदी-मौसी' जैसे झूठे रिश्ते से चिढ़ है।··· वह रमला बनर्जी नहीं। वह किसी की दीदी या मौसी या नानी-दादी नहीं। वह ऑनरेरी सेक्रेटरी है–विमेन्स वेलफेयर बोर्ड की। उसके काम करने का अपना ढंग है। पिछले ग्यारह वर्षों से क्या किया रमला बनर्जी ने ? बोर्ड के नाम पर, सरकार के विभिन्न विभागों से पैसे वसूल करके–दुनिया-भर की बदचलन बंगालिनों का उपकार किया। ··· श्रीमती आनन्द ने एक वर्ष में जितना काम किया है–रमला देवी उम्र-भर में नहीं कर सकी।

अभी हाल में ही, 'हेल्थ सर्विसेज' की ओर से चालीस हजार रुपये का अनुदान मिला है। शिक्षा विभाग से भी इतने ही पैसे की उम्मीद है। रमला बनर्जी होती तो पाँच हजार का अनुदान पाकर ही गली-गली में ढिंढोरा पीट आती। गली-गली में नहीं, सभी बंगालिनों में।··· हेल्थ सर्विसेज के इस छोकरे डाइरेक्टर को यदि हाथ में कर सकी तो, फिर क्या है। उसने मिस्टर बागे को लगा दिया है इसके पीछे। किन्तु, उस दिन दूध के हिसाब को लेकर हेड-क्लर्क को बार-बार क्यों डाँट रहा था ? श्रीमती आनन्द की ओर आँखें उठाकर देखता क्यों नहीं था ?··· मिसेज रमला का प्रभाव तो नहीं उसके ऊपर ?

··· उँहु ! श्रीमती आनन्द अभी कुछ दिनों तक और कोई काम नहीं करेगी। बस, रमला बनर्जी के विषैले प्रभाव को दूर करेगी। एक-एक व्यक्ति के दिल-दिमाग से उस चुड़ैल की छाया को पोंछ फेंकना है।··· देह जलने लगती है श्रीमती आनन्द की। किसी भी काम से कहीं जाओ, सबसे पहले रमला बनर्जी की रामायण–ऐसी थी तो, वैसी थी। बाबा, जब थी तब थी। अब क्या ? और क्या थी, सो भी बतला देगी खोलकर यह ज्योति ! ··· इन मूरख बिहारियों को कौन समझावे ?

··· रमला बनर्जी औलाद छोड़ गयी है, लेकिन !

बेला गुप्त !

यदि बेला गुप्त ने खुद ही अपना नाग विथड्रा नहीं किया होता तो ? कमिटी के सभी सदस्य उसके नाम पर एकमत थे ! आश्चर्य !!

–ट्रिं-ट्रिं ! ट्रिं-ट्रिं !! ट्रिं···।

–डबल नाइन ओ नाइन। जी ? जी नहीं। बेला गुप्त यहाँ नहीं रहती। मैं ··· विमेन्स वेलफेयर बोर्ड की सेक्रेटरी बोल रही हूँ–ज्योत्सना आनन्द ! आप कौन साहब बोल रहे हैं ? ओ-हो, नमस्कार।··· जी नहीं, था तो पहले सिर्फ वर्किंग-विमेन्स के लिए ही ! लेकिन, हाल ही करीब दो महीने से–हेल्थ सर्विसेज की ट्रेनिंग के लिए आयी हुई दस लिटरेट दाइयो को भी रखा गया है। जी हाँ। जाहिर है। बात यह है कि बेचारी एक तो देहात की थोड़ी पढ़ी-लिखी गरीब लड़कियाँ··· हाँ ··· कुल तीस रुपये तो मिलते हैं उन्हें, इतना पैसा कहाँ से दे सकेंगी ? हाँ, होस्टल

के पिछवाड़े में सर्वेण्ट्स क्वार्टर–जिसमें स्टोर वगैरह था–खाली करवाकर··· । बात यह हुई है पाण्डेजी कि मिसेज बनर्जी सारा हिसाब-किताब इस कदर गोलमाल करके मरी है कि··· जी हाँ, जी हाँ··· अब मैं मर रही हूँ। जी ? जी ! जी ! सो तो ठीक है। बेला गुप्त ? जी नहीं, उसकी अपनी 'नीस' नहीं। गलत सुना है आपने। क्यों, कोई खास बात ? वह तो होस्टल में–खगड़ा-मंजिल के कम्पाउण्ड में ही रहती है। जी ? जी।··· नमस्कार।–खटक् !

··· हुँ ! दैनिक 'देश-विदेश' पत्र के सम्पादकजी हैं और यह भी पता नहीं इन्हें कि इनके शहर की मशहूर संस्था विमेन्स वेलफेयर बोर्ड की सेक्रेटरी कौन है ? ··· देश-विदेश। हूं बेला गुप्त, बेला गुप्त, बेला गुप्त ! क्या है इस बेला गुप्त में ? ··· कुछ नहीं, भ्रम है लोगों को कि बेला गुप्त रमला बनर्जी की बहन-बेटी है। फ्राड सब। मुफ्त में दुनिया-भर के लोगों की हमदर्दी बसूल रही है !

–ट्रिं !

–जे !

–सुनो, बेला ने पिछली रिपोर्ट भेजी है ?

–जे, भेजा तो था किन्तु, फिन हँम लौटाया दिया है।

–भालो किया है।

–तुम कल गया था ?

–हेंहें-जे गेया था। आप जैसा माफिक बोला वैसा माफिक करा, किन्तु–हेंहें···।

–क्या करा ?··· पर्दा खींच दो। धीरे-से बोलो।

–जे-हेंहें हँम ओंजु-मोंजु को आप्ना दुई दिक में बैठाय कर···।

–कहाँ बैठायकर ?

–बाहिर का बेंची पँर।

–तब ? तब क्या हुआ ?

–फिन हँम ओंजू को कान में आपना मुख-सटाय करके, खूब नगीच से इस माफिक···।

–ए बुड्ढा खोखा ! इधर क्यों सट रहा है ?··· तो तुम्हारी बेला दीदी क्या बोली ?

–ऊ तो कुछ नेंही बोली। ऊ रामरोतिया साली आयकर बोली··· !

–सुनो !–एक चिट्ठी लिखो।··· टु दि सुपरिण्टेण्डेन्ट, डब्ल्यु, डब्ल्यु, होस्टल ··· रामरति की नामंजूर छुट्टी के पैसे काटकर बिल भेजो··· और बूढ़ी मुनिया को आँख जँचवाने की नोटिस आज ही दे दी जाये।

–आभी भेज देता है।

–तो क्या बोली रामरतिया ?

–बोली कि मेम साहब बोलती हैं कि ओंजु-मोंजु को लेकर आप बाहिर में कहूँ जा सकते हैं बातचीत करने को वास्ते।

–तब ?

–तब हँम इंग्रेजी में उसको गालागाल देकर चला आया। खूब गुस्सा होके। ··· बेला मेम साहब तो हमारा अगाड़ी में आयी नहीं। आने से हँम जरूर इनसाल्ट करता।

–अच्छी बात है बुढ्ढा खोखा ! अब एक काम और करना है। कान मत खुजाओ। मैं तुम्हारा दर्खास्त 'लोन' के लिए हायली रेकोमेण्ड करके भेज दूँगी। समझा ?··· सुनो, ट्रेनिंग के लिए आयी हुई दो-तीन दाइयों को ठीक कर सकते हो ?

–मेम साहेब, आपका 'आकबल' से कँहिए तो सब ठो को ठीक कर सकता है।··· आरे, ऊ सब तो बुझिए कि छागली है छागली।

–क्या है ? छागली क्या ?

–जे, छागली ? छागली माने, बोक्री।

–बोक्री ?

–जे–उई जे महात्ता गांधी जिसका दूध पीता था शि-गोट !

इस बार श्रीमती आनन्द खिलखिलाकर हँस पड़ी। घर से बाहर–दफ्तर या किसी सार्वजनिक स्थान में वह इस तरह खिलखिलाकर–जी खोलकर कभी नहीं हँसती। जोर से हँसते समय उसकी देह असाधारण ढंग से हिलने लगती है। अंग-अंग कूदने लगते हैं मानो।

क्लर्क सुखमय घोष के बीड़ी से जले हुए काले-पतले-नुकीले ओंठों पर उसकी जीभ कई बार लपलपायी।··· हँरिबोल !

–ए बुढ्ढा खोखा ! इस तरह क्या देखता है ?

–आगें ना··· आगें हाँ। हँम ठीक कँर देगा किन्तु हमारा काम··· हजुर, एक 'लामसाम' मिलने से दु-दु जोवान बोन है घर में। उसको शादी··· आपका पैर पकड़ता है हँम···।

–ए-ए ! क्या करता है ? पागल है !··· सुनो घोष्ट ! तुम्हारी दोनों जवान बहन घर में बैठी क्या करती है ? दाई की ट्रेनिंग में क्यों नहीं डाल देता है ?

–आगें ना। उसमें तो नहीं डाल सकेगा।

–क्यों ?

–जे, हँम लोग के घर का लेड़की ए काम नेंही करेगी।

–यह काम नहीं करेगी। हुँ··· शादी करके पेट में बच्चा रखेगी और उसको निकालने का काम सीखने में तुम्हारी जाति मारी जायेगी। अभागा बंगाली !

इस बार घोष लज्जित हुआ; किन्तु उसने कोई जवाब नहीं दिया।

श्रीमती ज्योत्स्ना आनन्द को, असमय में ही बूढ़ा दीखनेवाले इस युवक सुखमय घोष के सामने तनिक भी लाज नहीं आती, किसी बात की। न जाने क्यों ! और, इसे बुढ्ढा खोखा, भूखा बंगाली, मछली का पोकर, बांगाल का बोका, चच्चड़ी का चाचा, घोष्ट–जब जो जी चाहा–कहती है। तरह-तरह के भौंड़े नामों से पुकारने

में आन्तरिक आनन्द आता है श्रीमती आनन्द को। आज फिर एक नया नाम मिला है।

–अच्छा बोक्री का दादा! अब यह तो बतलाओ कि तुम अंजु-मंजु से छिप-छपकर क्यों मिलने जाता था ? अरे, मैंने तो समझा था कि तुम एकदम 'बुड़बक-बंगाली' है।··· तुम बेला से कहते थे कि बड़ी मेम के काम से आया है ? मैंने तो तुमको एक ही दिन भेजा था और··· कल से तो तुमको लाइसेंस ही मिल गया है। क्यों ?

–बोलो, क्यों जाता था दिन में पाँच बार ?

–आगें, सँब दिन नेंही। खाली रॅब्बार में।

–और, 'रोब्बार' को भी मेरे काम का बहाना बनाता है! एँ ? बुड्ढा पापी! ए··· तुम अंजु से शादी करेगा ? बोलो!··· हँसता क्यों है ?

–जे, उससे हमारा शादी कैसे होगा ? ऊ हिन्दुस्थानी है···।

–और तुम क्या है ? बिलायती बैगन है ? तुम उसके पास जाता क्यों था ?

सुखमय घोष ने दाँत निपोड़कर स्वीकार किया–आगें, बात है कि हँम थोड़ा-थोड़ा बेहाला बजाता है कि ना! एहि बास्ते, लोकधुन सुन कॅरके थोड़ा रेवाज करने को बास्ते··· !

–हूँ-ऊँ-ऊँ-ऊँ !

श्रीमती आनन्द, प्रायः सभी भाषाओं के एकाध अश्लील कहावत, अश्लील शब्द और अश्लील आशय के वाक्य जानती है। और, अवसर देखकर उसका प्रयोग भी करती है। यों भी, तनिक वल्गर बोले बिना उसके मुँह में लज्जत ही नहीं आती है। बोली–रेयाज करने जाते हो या सुख पाने ?··· सुख पाच्छो, बुड्ढा खोखा ?

घोष की देह में एक फुरहरी-सी लगी।··· सुख पाच्छो ?

–तुम वहाँ गाना सुनने जाता है ? आज ही तुमको नोटिस दी जायेगी, समझे ? एक महीना के अन्दर तुमको अपनी शादी करनी होगी। फिर अपनी बोक्री-बहनों की फिक्र करना। समझे ? जाओ।

जवान सुखमय घोष के अन्तर में बैठे हुए सतर्क और चालाक वृद्ध बंगाली ने मेम साहब के इस दुर्लभ, हल्के सुर में बँधे हुए मन का तत्काल लाभ उठाया। वह सबकुछ जान-बूझकर भी चिरौरी करने लगा। चिरौरी नहीं–अभिनय ! उसने लपककर श्रीमती आनन्द का पैर पकड़ लिया–मेम साहेब! आगें–ऐसा मत बोलिए। हमको सब बात बोलिए उई शादी ठो मत करने को बोलिए। मेम साहब···।

–ए-ए ! क्या करता है ?

सुखमय घोष ने श्रीमती आनन्द का पैर छोड़ा नहीं, किन्तु।··· पागिर पायेर मांसउ सांला जेन डनलोपिलोर पैड !

–सुनो घोष्ट ! बेला से शादी करेगा ? वह तो पियोर बंगालिन है।

–आगें, ऊ क्या है, क्या नेहीं है, ये भॅगवान को भी नेंहीं मालूम। बाँकीपुर के लोग का साथ में खाण्टी-बाँकीपुरिया बोलती है। भोजपुरे से भी भोजपुरे का माफिक बोलती है। मैथिली तो···।

—अरे रखो-रखो।···

यह क्या ? बेला आ रही है ?

मिस बेला गुप्त ने आकर नमस्कार किया।

श्रीमती ज्योत्स्ना ने नमस्कार का कोई जवाब नहीं दिया। सिर भी नहीं हिलाया और न मुँह से कोई शब्द निकला।

बेला खड़ी रही। श्रीमती आनन्द ने कुछ सोचकर कहा—बैठो।··· घोष ! तुम जाओ, लेटर टाइप कर लो जल्दी।

—आगें, आभी तुरत ! सुखमय घोष जान बचाकर भागा, मानो।

बेला गुप्त बैठी नहीं। बोली—मुझे घोष बाबू से काम है।

—क्या काम है ? घोष को यहीं बुला देती हूँ।

श्रीमती आनन्द ने इलेक्ट्रिक-कॉलिंग बेल का बटन दबाया।

सुखमय घोष प्रकट हुआ—जे ?

बेला गुप्त ने पूछा—घोष बाबू ! आप बेबी-शो का हिसाब फिर क्यों माँग रहे हैं मुझसे ? मैंने पाँच महीना पहले ही दे दिया है।

बेला गुप्त ने आज घोष से हिन्दी में बात की। घोष ने खँखारकर अपनी कण्ठनली को साफ किया।··· वह किस भाषा में जवाब दे ? आखिर, उसने हिन्दी में ही जवाब दिया—दिया होगा, किन्तु हमारा ऑफिस में नेंहीं है।

—नहीं है माने ? सेक्रेटरी साहिबा ने खुद पियन-बुक पर दस्तखत बनाकर 'रिसीव' किया है।

—किया होगा किन्तु हमारा ऑफिस में नेंहीं है।

—आपके ऑफिस में नहीं है तो आप मुझसे डुप्लिकेट कॉपी माँगिए। आपने तो लिखा है कि··· चूँकि अभी तक आपने बेबी-शो के खर्च का कोई···।

अब श्रीमती ज्योतसना आनन्द ने बाधा डाली—देखो बेला, उसने सिर्फ खत टाइप किया है। हिसाब मैंने माँगा है। जो कुछ कहना हो मुझसे कहो।··· तुम जाओ घोष !

—नहीं, घोष बाबू को जाने को मत कहिए।

—क्यों ?

—घोष बाबू ! आपके मुहल्ले में कोई ड्रामा होने जा रहा है ?

—आगें ?

—आपने किसी ड्रामा में पार्ट लिया है क्या ? सेक्रेटरी साहिबा, घोष बाबू तो, लगता है, किसी नाटक का रिहर्सल करने होस्टल में जाते हैं। यह आपकी अंजू-मंजू को, होस्टल के पिछवाड़ेवाले बरामदे में—जिधर ट्रेनिंग में आयी हुई लड़कियाँ हैं···।

कई दिनों से धुधुआता हुआ क्रोध एक ही बार दपदपाकर जल उठा—आपकी अंजु-मंजु का क्या मतलब ?··· ठीक है, क्या किया मेरी अंजु-मंजु को घोष ने बरामदे में ?··· उनके साथ बैठा होगा। सोया तो नहीं था ? बोलो, सोया था ?

बेला ने अपने को सँभाला। बोली–यही हाल रहा तो ये वहाँ जाकर सोयेंगे भी।

–तुम्हारे साथ ही सोयेंगे।

बेला गुप्त कुर्सी छोड़कर उठी–श्रीमती आनन्द, आप गाली बक रही हैं।

–मैं गाली बकती हूँ और तुम आकर फूल बरसा रही हो मुझ पर ? देखो बेला, काम करना है तो सीधे मन से करो...।

–श्रीमती आनन्द, आप अपने घर की नौकरानी से नहीं बात कर रही हैं।

श्रीमती आनन्द अप्रतिभ हो गयी। उसे अचानक ख्याल हुआ कि वह गुस्से में बहुत बहक गयी है। उसने बेला गुप्त के चेहरे पर कोई ऐसी बात देखी कि वह तुतलाने लगी–तु-तु-तुम बेला, तुमने उस रात को मेरा अपमान किया है। मेरे मुँह पर तुमने धमाके से फाटक बन्द करवाया। तुमने मेरे पति को और मुझे गालियाँ नहीं दीं ? तुम-तुम...।

इस बार बेला गुप्त हँस पड़ी।

श्रीमती आनन्द ने अचरज से देखा... हँसती है ?

–तुम मुझे चिढ़ाने आयी हो और मैं फूल-चन्दन से तुम्हारी पूजा करूँगी ? क्यों ?

–आपने कैसे समझा कि मैं चिढ़ाने आयी हूँ ?

–तुम हँसती क्यों हो ?

–आपको, असल में अचरज हो रहा है कि मैं रो क्यों नहीं रही हूँ।... घोष बाबू, आप जाइए।

श्रीमती आनन्द चुप रही। घोष चला गया।

–मैंने कब गाली दी ?

–तुमने अब्दुल से क्यों पूछा कि अंजु-मंजु को मेम साहब बुला रही हैं या साहब ? क्या मतलब ? मेरा साहब क्या है ? शराबी ? रण्डीबाज ? एँ ?

–श्रीमती आनन्द, आपके साहब के बारे में हमने कुछ नहीं कहा है कभी। वे कई बार अंजु-मंजु से मिलने आये हैं। उन्हें साथ लेकर बाहर गये हैं। इसलिए मैंने अब्दुल से पूछा था।

–बेला ! क्या बात कर रही है ?

–क्यों ?

–आनन्द अंजु-मंजु से होस्टल में मिलने जाता है... उन्हें साथ लेकर बाहर जाता है... कहीं आवे, कहीं जाये आनन्द–तुम बोलनेवाली होती कौन हो ? झूठी ! फ्राड–हाँ, हाँ, जायेगा–आनन्द जायेगा ! एक सौ बार जायेगा, हजार बार जायेगा। तब ? क्या कर लेगी तू ?

बेला फिर हँसी। बोली–मैं चलूँ, मुझे जी. पी. ओ. में काम है।... ज्योत्स्नादि, एक बात कहूँ... लगता है, इधर आपने बहुत दिनों से अपना ब्लड-प्रेशर नहीं चेक करवाया है। नमस्कार !...

–ट्रिं-ट्रिं ! ट्रिं-ट्रिं। ट्रिं··· ।

–येस ! बोलिए··· रौंग नम्बर।–खटक्।

··· तो, आज लड़ने के लिए ही आयी थी यह चुड़ैल ?

–ट्रिं-ट्रिं ! ट्रिं··· !!

–हॅलो।··· गलत नम्बर। गलत नम्बर।–खटक्।

··· आनन्द ने फिर शुरू किया ? बेला उसको फिर पछाड़कर चली गयी ? इस आनन्द के कारण उसे फिर जलील होना पड़ा।··· आज पूछती हूँ।

–ट्रिं-टिं ! ट्रिं··· !!

–देखिए, भाई साहब ! आप बार-बार गलत नम्बर··· कौन ? बागे ?··· अरे-रे ! तो, तुम तभी से बाईजी, बाईजी क्या कर रहे थे ? ओ ! भाभी जी-ई ! माफ करना बागे, मैंने तुम्हारी आवाज नहीं पहचानी। अच्छा ! तो, आओ न ! आज शाम को ? नहीं, कल सुबह नहीं आ सकते ? ठीक है।··· नमस्कार।

··· बागे ने कहा कि टॉप-सेक्रेट बात करनी है ?

··· कहाँ गया वह बोक्री का दादा ?

··· बोक्री-बोक्री-बोक्री।

गणपतिसिंह लेन में–जिस गली में 'खगड़ा-मंजिल' है–इधर कई दिनों से पतंगबाजी हो रही है।··· ब-काटा ! ब-काटा !!

पिछवाड़े की तंग गली में, भद्दे गीत जोर-जोर से गाये जाते हैं। शाम को गली में मण्डली जुटती है।··· आवाज दो कहाँ हो !

–यहाँ हूँ !

खगड़ा-मंजिल के अहाते से, पतली आवाज में किसी ने जवाब दिया। गली में जमी मण्डली पागल हो गयी–मार डाला, हाय-हाय, आजा मेरी जान।··· एक साथ दर्जनों सीटियाँ बजने लगीं।

–रामरति ! देख तो, किस लड़की ने जवाब दिया है।

रामरति बड़बड़ाती आयी–दीदीजी, आप ही जाकर पूछिए। अब तो यहाँ रोज नया तमाशा होगा। 'गुरटिरेनीवाली' लड़की सब कहती हैं कि कोई ऊपरवाली ही बोली है।

ऊपरवाली अर्थात् होस्टल में रहनेवाली।

रामरति ट्रेनिंग में आयी हुई लड़कियों को गुरटिरेनीवाली कहती है।

··· हेल्थ सर्विसेज के डायरेक्टर ने, जिस दिन इन लिटरेट दाइयों के रहने की व्यवस्था 'खगड़ा-मंजिल' में करने का प्रस्ताव किया, बेला गुप्त ने उसी दिन एतराज किया था–दस हों या पाँच, उनके लिए कुछ अतिरिक्त नियम-कानून की जरूरत होगी।

डाइरेक्टर साहब को बेला की बात अच्छी नहीं लगी थी–अतिरिक्त नियम-कानून की जरूरत क्यों होगी ?

—सर ! होस्टल में रहनेवाली बोर्डर और इन लड़कियों में··· फर्क है न !

—देखिए मिस गुप्त ! नियम-कानून जो कुछ ही बनाना है, पीछे बनाते रहिएगा—मिल-जुलकर। शुरू में ही कोई झंझट मत लगाइए। अभी स्मूथली सबकुछ होने दीजिए।

··· डायरेक्टर साहब की बातों में, हेल्थ सर्विसेज के अनुदान की झाँस भी थी। इसलिए, बेला गुप्त मीटिंग में चुप लगा गयी उस दिन। इसके बाद बेला गुप्त ने, श्रीमती आनन्द से इस विषय पर बातें करने के लिए समय माँगा। वह टालती गयी।··· और, अब तो स्वयं श्रीमती आनन्द ने ही होस्टल के पुराने नियम-कानून को तोड़ना-तुड़वाना शुरू कर दिया।

··· नियमानुसार अंजु और मंजु को इस होस्टल में जगह नहीं मिलनी चाहिए। बेला गुप्त ने घोर विरोध किया था। और, श्रीमती आनन्द इसके बावजूद अपने हाथ में दोनों के नाम रजिस्टर में लिखकर चली गयी थी।

··· समस्या क्रमशः जटिल होती जा रही है।

··· प्रोफेसर निगम को आज फिर क्या हुआ ? आज किससे लड़ रही हैं ?

वर्किंग-विमेन्स होस्टल में कई दिनों से असन्तोष छाया हुआ है।··· प्रोफेसर रमा निगम, रेडियो की अनाउन्सर रेवा वर्मा, रेलवे-गाइड पटनेश्वरी देवी और खादी प्रतिष्ठान की शिप्रा मजुमदार—कहाँ आ रही हैं, दल बाँधकर ?

—मिस गुप्त, अब तो यहाँ रहना मुश्किल है।

—टेरिब्ल।

—न मालूम, किस जंगल में इन्हें फँसाकर लाया गया है। कहाँ की हैं सब ?

—मिस गुप्त ! अब यहाँ भी किसी दिन छुरा चलेगा। सहसराम की लेडी डॉक्टर का मर्डर भी ऐसे में ही हुआ था।

रेलवे-गाइड पटनेश्वरी देवी इन लड़कियों को देखते ही जल उठती है। हमेशा खाँव-खाँव करती रहती है—ए ! इधर क्यों आती है, तुम लोग ?··· ए। इधर साड़ी किसने पसारा है ?

—अब यहाँ चोरी-चपाटी और 'छिनरपनी' भी होगी।

प्रोफेसर निगम की आवाज बहुत सुरीली है और वह हमेशा एक खास लय में बोलती है--मिस गुप्त··· देखती हूँ कि··· बिहार की सब बातें··· बिहार-जैसी ही ··· हैं।···

—होनी ही चाहिए। बेला गुप्त ने जवाब दिया।

प्रोफेसर निगम का लय टूट गया मानो। तमककर बोली—मैं सिरियसली कह रही हूँ मिस गुप्त ! ऐसी गन्दी लड़कियाँ मैंने कहीं नहीं देखीं। ओह, दे आर टेरिब्ल। चलकर देखिए, ठीक सीढ़ी के पास एक टोकरी गन्दे चीथड़े बिखरे पड़े हैं।

अनाउन्सर रेवा वर्मा अब तक चुप थी। प्रोफेसर निगम से उसकी बातचीत कई महीने से बन्द है। वह पटनेश्वरी देवी से बोली—पटनदीदी, बात हम करने आयी हैं होस्टल के बारे में या बिहारी-बंगाली और पंजाबी सूबे के बारे में ?

··· गन्दगी कहाँ नहीं है ? सारा हिन्दुस्तान गन्दा है।

पटनेश्वरी देवी बोली–सो तो ठीक है।

शिप्रा मजुमदार बोली–देखिए भाई, आपस में झगड़ा अभी रखिए।

प्रोफेसर निगम ने शिप्रा मजुमदार से कहा–सुन रही हो शिप्रा ?

बेला गुप्त ने कहा–देखिए।··· हेल्थ सर्विसेज वाले पूरा होस्टल ही खाली करवाना चाहते हैं। इस ट्रेनिंग के बाद लेडी हेल्थ-विजिटर की ट्रेनिंग में पचीस लड़कियाँ आ रही हैं।

इस संवाद को सुनकर सभी के चेहरों के रंग उड़ गये।

किन्तु, रेवा वर्मा मुस्कराने लगी–उम्मीद है, मैं उसके पहले ही यहाँ से क्विट कर जाऊँगी।

शिप्रा ने पूछा–क्यों ? क्वार्टर मिलनेवाला है ?

–नहीं जी। हमारे बड़े-बड़े प्रोड्युसर और पी. ए. बाँकीपुर और महेन्द्रू की गालियों की हवा खा रहे हैं। हम अनाउन्सरों को क्वार्टर मिलेगा ?··· उम्मीद है, तब तक कुछ ऐसा हो जायेगा कि मुझे होस्टल छोड़ना पड़े।

प्रोफेसर रमा निगम मन-ही-मन कुढ़ी।··· कुछ ऐसा नहीं, वैसा हो जायेगा। डेढ़ साल से सभी को अपनी प्रेम-कहानी और अपने प्रेमी की बात, चाय पिला-पिलाकर सुना रही है मिस वर्मा। कभी कहेगी–वह कहता है, नौकरी छोड़ दो। मैं क्या करूँ, कुछ तय नहीं कर पा रही हूँ।··· कभी सुनावेगी–भाई, ये मर्द लोग इतने ईर्ष्यालु होते हैं, मैं नहीं जानती थी। अब कहता है, रेडियो-ड्रामा में हिरोइन का पार्ट मत लो। कोई तुमको उस तरह 'रानी' और 'डार्लिंग' कहे–यह मैं नहीं सह सकता।··· आज कह रही है–उम्मीद है तब तक कुछ ऐसा हो जायेगा। साफ-साफ क्यों नहीं कहती, मेरी शादी हो जायेगी··· अपने को सिनेमा-स्टार समझती है।

पटनेश्वरी देवी ने बात का सूत्र फिर पकड़ा–जब बन्द हो जायेगा होस्टल तो बन्द ही हो जायेगा। लेकिन, अभी तो कुछ करना ही होगा।

रेवा वर्मा बोली–पटनदीदी, क्या करना चाहती हैं आप ? कोई उपाय नहीं है। यदि कुछ करना चाहती हैं तो पहले अपने को सुधारना होगा।

–क्या सुधारना होगा ? प्रोफेसर निगम ने चार महीने के बाद रेवा वर्मा से बात की–इसमें अपने को सुधारने की क्या बात है ?

रेवा वर्मा ने नाटकीय अन्दाज में कहा–देवी जी ! थोड़ा लिपस्टिक का व्यवहार कम करना होगा। और कुछ नहीं।

–और, नुकीली ब्रेसरी··· प्रोफेसर निगम ने पूछा।

बेला गुप्त ने देखा, प्रोफेसर निगम और मिस वर्मा में अब गुत्थमगुत्थी होगी। बोली–यह क्या कर रही हैं आप लोग ?

रेवा वर्मा को बात लग गयी, क्योंकि नुकीली ब्रेसरी वही पहनती है। इस बार उसने सीधी चोट की–बिना ब्रेसरी पहने ही लोगों के नाम से पर्चे छपते हैं। और···।

बेला गुप्त गम्भीर हो गयी।

··· बाहर रामरति और मुनिया–दोनों माँ-बेटी मिलकर किसी 'ट्रेनी-लड़की' को डाँट रही हैं–यह बाँकेपुर है, गाँव नहीं। यहाँ एक-से-एक छुरेबाज बाँके रहते हैं। ··· हमेशा फिरकी-जैसी नाचती फिरती है।

सभी का ध्यान बाहर चला गया। रामरति चिंचियाती हुई आयी–दीदीजी, देखिए तो···।

–क्या देखेगी दीदीजी ? इस तरह चिल्ला रही हो क्यों तुम दोनों ?

–हजार बार बाहर जाती हैं, सब। मिलिट-मिलिट पर कौन फाटक खोले ? जब से ई लोग···।

बेला गुप्त ने मुनिया को झिड़की दी–मुनिया !

रामरति ने देखा, दीदीजी सचमुच गुस्सा गयी हैं।

–क्या है ?

दाई-ट्रेनिंग में आयी हुई गौरी देवी बोली–दीदीजी, सौदा लेने के लिए दुकान पर जाना है।

–देखिए, आप लोगों को जो कुछ सौदा-सामान लाना हो, दिन रहते ले आया कीजिए।

··· यह साँवली लड़की, गौरी देवी हमेशा मुस्कराती रहती है। अभी भी मुस्करा रही है। तनिक चंचल है। दौड़-दौड़कर चलती है। कमरे में झाड़ू लगाते समय और कपड़ा धोते समय वह अपने गाँव का कोई करुण गीत गुनगुनाती रहती है।

प्रोफेसर निगम ने, न जाने क्यों, हठात् गौरी देवी से पूछा–सुनिए ! आप हरिजन हैं ?

गौरी देवी खिलखिलाकर हँस पड़ी। उसकी हँसी झिलमिला उठी–सुफेद दन्तपंक्ति–जी नहीं, दीदीजी !

बेला गुप्त ने पूछा–क्या लाना है दुकान से ?

–जी, दीदीजी–सरसों का तेल–दो आने का। बहुत मच्छड़ है, रात में सोने नहीं देता है।

··· तेल मलकर सोयेगी देह में ?

–रामरति ! तेल ला दो बाहर से।

होस्टल की महिलाएँ दल बाँधकर चली गयीं। गौरी देवी खड़ी रही। रामरति उसके हाथ से तेल की शीशी और पैसा लेकर बाहर चली गयी, मटकती हुई। मुनिया अपने बरामदे में रोशनी बुझाने गयी। बेला गुप्त ने गौरी देवी से कहा–तब तक बैठिए।

साँवली लड़की, गौरी देवी मुस्कराकर रह गयी।

–सुनिए, अभी पिछवाड़े से गली के लड़कों को किसने जवाब दिया था ?

गौरी देवी की आँखें झुक गयीं। वह चुप रही। मुस्कराहट अंकित रही ओठों पर। सिर्फ, लाज की एक पतली रेखा फिर उभर गयी।

—आप जानती हैं, किसने··· ?

इस बार गौरी देवी ने आँखें चार कीं—दीदीजी, भूल से क़सूर हो गया। इस बार माफ कर दीजिए, पहला क़सूर···।

तो, आपने ही··· ?

—जी, दीदीजी—मेरा छोटा भाई चुनमुन बड़ा नटखट है। मुझे जब किसी काम से घर में खोजता तो यही गीत गाता था—दीदी, आवाज दो कहाँ हो ? और मैं भी हँसकर जवाब देती थी··· सो, भूल से आज···।

··· नहीं, यह लड़की झूठ नहीं बोल रही। इसकी आँखें, अपने नटखट भाई चुनमुन की याद में, छलछला आयी हैं।··· भैया दूज के दिन यही रो रही थी ! बेचारी !!

रामरति तेल लेकर आ रही है। बेला गुप्त ने मुस्कराकर पूछा—और, कोयल जब कूकती थी तो उसे भी चिढ़ाती थी, गाँव में ?

गौरी देवी की हँसी छलक पड़ी—जी, दीदीजी !

—यहाँ ऐसा मत कीजिएगा। यहाँ फागुन महीने में नहीं, हर महीने और हर मौसम में कोयल कूकती रहती है। कभी जवाब मत दीजिएगा !

—नहीं, दीदीजी।

तेल की शीशी लेकर गौरी देवी बाहर गयी। बरामदे से नीचे उतरते ही सरपट दौड़ी।

—ए-ए ! सुनिए···।

गौरी रुकी। बेला गुप्त ने बरामदे में आकर कहा—आप इस तरह दौड़कर क्यों चलती हैं, हमेशा ? किसी चीज में ठोकर लग जायेगी।··· यहाँ तुरन्त ही 'टिटेनस' हो जाता है।

गौरी देवी सहज चाल से होस्टल के पिछवाड़े की ओर चली गयी।

··· उधर, एक बल्व देना होगा।

रामरति बोली—यह गौरी देवी बहुत 'हरपटाही' है। पेंड़ पर चढ़कर अमरूद तोड़ती और कुतरती है। औरत है कि गिलहरी···।

··· गिलहरी नहीं, हिरणी !

जिधर ट्रेनी-लड़कियाँ रहती हैं, उसे यहाँ पिछवाड़ा कहा जाता है। खगड़ा-मंजिल के नौकर-बावर्ची जहाँ रहते थे, उन्हीं तीन दरबों में दस लड़कियाँ रहती हैं। इधर, होस्टल की महिलाओं ने इस हिस्से का नाम 'दाईकित्ता' चला दिया है।

'दाईकित्ता' के बाद दीवार है। दीवार के उस पार है मेटेरनिटी-सेण्टर, शिल्प-केन्द्र। यहाँ उस हिस्से को सिर्फ सेण्टर कहते हैं। होस्टल का रसोईघर और शौचालय अलग है। रसोईघर से सटे हुए कमरे में होस्टल की महराजिन रहती है। महाराजिन तो मिस निगम ने नाम रख दिया है। असल में, वह नानवाइन है। चूल्हा-चौका, रसोई-पानी-बर्तन-बासन और हाट-बाजार वही करती है—अकेली। महराजिन ही मेस इन्चार्ज है। मेस में, होस्टल की महिलाओं के अलावा सेण्टर

की दो-तीन महिलाएँ खाती हैं। बेला गुप्त कुकर पर अपना भोजन बनाती है। एक जून ही खाती है बेला गुप्त।··· बेला गुप्त जिस हिस्से में रहती है, उसका पुराना नाम मेम-हेवली। खगड़ा के नवाब ने मेम-हवेली बनाने के बाद मेम से शादी की थी।

मेम-हवेली के दो कमरे, दो बाथरूम और एक किचन बेला गुप्त के अधिकार में है। बाकी हिस्से में दफ्तर है, गोदाम है।··· श्रीमती आनन्द बेला गुप्त के क्वार्टर पर कई बार मन्तव्य प्रकट कर चुकी है–सिर्फ इस क्वार्टर में रहने के लिए भी बोर्ड की नौकरी कबूल कर सकती हूँ।··· इस क्वार्टर का भाड़ा कम-से-कम डेढ़ सौ रुपए माहवार होना चाहिए।

गौरी देवी 'दाईकित्ता' में पहुँची तो हँसी के मारे उसका दम फूला जा रहा था। कित्ते की सभी लड़कियाँ बना-पकाकर खा चुकी थीं और बाहर, नीचे थोड़ी सूखी लकड़ियाँ, पुआल, कागज और कण्डे बटोरकर–लहकाकर अलाव ताप रही थीं।

–क्या हुआ गौरी ?··· ले, ले–यह तो खुद मरी जा रही है हँसते-हँसते। अरी, बताओ भी ! बीड़ी लायी है या··· ?

बीड़ी का नाम सुनते ही गौरी की हँसी रुक गयी··· जः !!

वह बोली–बीड़ी कैसे लाती ? तेल तो, दीदीजी ने रामरति के हाथ से मँगवा दिया है।··· साँझ होने के बाद अब एकदम फाटक बन्द !

–रामरति और उसकी माँ बड़ी लालची है। हर महीने में हम लोग 'परबी' कहाँ से लावें ? बोलो तो, पैसा नहीं पाती है तो सताती है, छिनाल !

कुन्ती देवी बीड़ी नहीं पीयेगी तो डकार ही नहीं होगा।··· छोटी मेम बिगड़ें या जो करें–बीड़ी की पुरानी आदत इस उम्र में कुन्ती देवी नहीं छोड़ सकती–तो बीड़ी भी क्यों नहीं मँगवा लिया ?

–राम-राम ! दीदीजी के सामने कैसे देती ? और वहाँ अकेली दीदीजी ही तो नहीं–ऊपरवाली सब थीं।

–तो, तू हँस रही थी काहे ?

गौरी देवी की हँसी फिर लौट आयी–वही तो बता रही थी। वह सुरती सहुआइन ने मुझसे क्या पूछा जानती हो ?

वह फिर हँसते-हँसते लोटपोट हुई। गौरी देवी ने 'दाईकित्ता' में प्रोफेसर रमा निगम का नाम मशहूर कर रखा है–सुरती सहुआइन ! कहती है, उसके गाँव की सुरती सहुआइन भी ऐसी ही है। इसी तरह चलती है, मानो फुटबॉल लुढ़के। ऐसी ही लय में बोलती भी है–रो-रोकर। गर्दन भी ठीक सुरती सहुआइन-जैसी।

–बोल न, क्या बोली सुरती सहुआइन ?

–बोली कि··· सुनिए-ए-ए-ए-आ-ा-ा-ा-प-ह-रि-ज-न-हैं-एँ-एँ ?

इसमें हँसने की क्या बात थी, पता नहीं। लेकिन सुरती सहुआइन की नकल सुनकर सभी हँस पड़ीं।

–अरी चुप ! दीदीजी।

–यह धुआँ क्यों हो रहा है, इधर ?··· ओ, आप लोग अलाव ताप रही हैं ?

धुआँ ही नहीं, चिड़ाइन गन्ध भी। न जाने क्या-क्या झोंक दिया है सभी ने बटोरकर !··· रबर के टुकड़े, जूते का तल्ला, बाँस की टूटी खपच्चियाँ !

सभी लड़कियाँ खड़ी हुईं। बेला गुप्त ने कहा–अब आप लोग अन्दर जाइए। ··· और, इस तरह इधर-उधर आग मत सुलगाइए।

लड़कियाँ अपने-अपने दरबों में गयीं :

तारा देवी, जानकी और कुन्ती देवी को छोड़कर बाकी सभी की उम्र बाइस-तेइस के नीचे ही होगी।

तीनों अधेड़ महिलाएँ अनिच्छा से आग छोड़कर उठीं। कुन्ती देवी कुनमुनायी–बाँकीपुर में जैसा जाड़ा वैसा ही मच्छड़।··· धुआँ से मच्छड़ भागता है तनिमनि।

बेला गुप्त 'दाईकित्ता' में पहली बार आयी है।

··· बाहर की रोशनी जल रही है। बरामदे पर कई छोटे-छोटे चूल्हे हैं। सिगड़ियाँ भी हैं।··· पानी का नल ठीक से नहीं बन्द किया गया है। बेला गुप्त नल बन्द करने गयी।

शारदा कुमारी ने कहा–दीदीजी, इस कलटेरी का 'अथि' खराब है। कितनी 'अथि' करते हैं, अथिए न होता है।

··· सचमुच खराब हो गया है। वासर कट गया है, शायद। कल ही ठीक करवाना होगा। बेला गुप्त को इस तरह छर-छर कर चूते हुए नल से चिढ़ है।

उधर गौरी देवी फिर हँसने लगी। शारदा कुमारी की 'अथि' भरी बोली बेला गुप्त के कानों में भी खटकी थी। उसका जी भी गुदगुदाया था। जब गौरी देवी हँसने लगी तो उसकी हँसी भी प्रकट हुई–क्यों गौरी देवी। जब कल का 'अथि' खराब है तो हमको 'अथि' करना चाहिए न ?··· कलटेरी !

लगा, इस बार गौरी देवी हँसते-हँसते मर जायेगी।

··· शारदा कुमारी मिडवाइफरी क्लास में भी इसी तरह बोलती है। डाक्टर चाको मेम साहेब ने पूछा–शारदा कुमारी, 'पीजी' का बेड कैसे तैयार करेगी ! शारदा कुमारी ने जवाब दिया–जी मेम साहब ! 'अथि' पर पहले 'अथि' बिछा दूँगी, फिर 'अथि' डालकर 'अथि' से 'अथि' को ढाँक दूँगी··· ! डाक्टर चाको मेम साहेब बोली–यह अथि क्या है, बापू ?

बेला गुप्त तीनों कमरों में गयी।

एक कमरे में रहती है–तारावती देवी, श्यामा और सबसे दुबली लड़की शिव कुमारी।

तारावती देवी की उम्र, चालीस के करीब होगी। सामने के दो दाँत लम्बे हैं। आँखें कुर्री। आवाज फटी हुई। चेहरे पर सदा असन्तोष और शिकायत ! बोली–छोटी मेम साहेब ! बड़ी मेम साहेब के बाबू ने तो कहा कि आप लोगों के लिए अलग चपरासी का सैंगसन हो गया है।··· हाट-बाजार करने में लड़कियों को बहुत तकलीफ

होती है।

तारावती देवी अपना घर डालटेनगंज के पास कहीं बतलाती है। सधवा है। पति ने दूसरी शादी कर ली है। तारावती देवी को दो अक्षर का ग्यान था, इसलिए ट्रेनिंग में आयी है। पास कर जायेगी तो फिर जाकर बतावेगी अपनी सौत को। 'बलौक' में काम करेगी तो 'बलौक-अफिसर' उसका जरूर मदद करेगा।

शिवकुमारी पटना जिले की लड़की है। चचा बिहारशरीफ रजिस्ट्री-ऑफिस में मुहर्रिर है। शिवकुमारी मिड्ल पास करके गाँव की पाठशाला में पढ़ाती थी। चचा ने कहा—स्कूल की पढ़ाई में क्या मिलनेवाला है ? ट्रेनिंग लेने के बाद तो 'बलौक' में सवा सौ की नौकरी धरी हुई है।

श्यामा, भागलपुर जिले के मन्दार-पर्वत की तलहटी के किसी गाँव की बेटी है। नाटी-ठिगनी किन्तु सुश्री। गठी हुई देह। किन्तु··· अहा-हा-हाथ के रोयें लम्बे हैं—काले-काले। मैट्रिक में पढ़ती थी। पर, अपने पैरों पर खड़ी होकर दो छोटे भाइयों को पढ़ाना चाहती है। बाप की बड़ी बेटी··· श्यामा !

दूसरे कमरे में—गौरी, शारदा कुमारी और जानकी देवी।

गौरी, सहर्षा जिले की—कोसी-कछार पर रहनेवाली लड़की है। गाँव के चर्खा सेण्टर में अम्बर की ट्रेनिंग ले चुकी है। रानी पट्टी आश्रम के महिला-विभाग में भी रही है। वहीं, एक भूदानी-बहिनजी से दाई-ट्रेनिंग के बारे में मालूम हुआ ! आश्रम के मेटेरनिटी-सेण्टर की ओर से ट्रेनिंग के लिए भेजी गयी है।··· कमरे में झाड़ू देते समय और कपड़ा धोते समय कौन गीत गाती है गौरी देवी करुण राग में ?··· जँतसार। चक्की पर गाती हैं—गाँव की औरतें !

जानकी देवी के उत्साहित करते ही वह गाने लगी—गुनगुनाकर। बेला गुप्त चुप खड़ी सुनती रही।··· गीत सुनते समय, एक ग्रामीण बालिका-वधू की छवि उतर आयी आँखों के सामने। चंगेरी-भर गेहूँ लेकर पीसने बैठी है, चक्की पर। हमदर्द पड़ोसिन पूछती है—ओ, सुकुमारी ! किस पत्थरदिल सास ने तुझे चंगेरी-भर गेहूँ दिया है तौलकर, किस ननद ने तुझे अकेली नौ मन की चक्की चलाने को भेजा है। हाय-हाय, चक्की का हत्था पकड़कर, झमाई हुई निहुरी-सी घूँघट के अन्दर ही रोती है, छोटी गुड़िया-जैसी दुलहिन···

के तोरा देलकउ सुन्दरि दस सेर गेहुँआ
के तोरा भेजलकउ एकसरि जँतसारे-ना-कि।
कौन रे निदरदो के तेहुँ रे पुतौहिया
कौन रे मुरुखवा-पुरुखवा तोर भतार ना-कि।
'हथड़ा' पकड़ि सुन्दरि झमरि... !

बेला गुप्त बहुत देर तक इस गीत की चक्की-जैसी घूमती गति पर चक्कर खाती रही !··· इसको कहते हैं, लोकगीत। अंजू-मंजू तो फिल्मी लोकगीत गाती हैं—हजी हो-ओ-औ, हजी-ओ-ओ और हैयो-रे-हैयो जोड़ देने से ही लोकगीत नहीं हो जाता··· वाह गौरी !

जानकी देवी, चनपटिया विधवाश्रम में बहुत दिनों तक 'पापड़-मुरब्बा-अचार-विभाग' में रह चुकी है। अब दाई-ट्रेनिंग लेने आयी है।··· बेला गुप्त को इस महिला के हाव-भाव पसन्द नहीं। गौरी के गीत के बाद ही जानकी देवी ने पूछा—मेम साहेब, आपके साहेबजी कहाँ रहते हैं ?

शारदा कुमारी भी सहरसा की है। एक कांग्रेसी-कार्यकर्ता की लड़की है। हर बात में 'अथि' लगाकर बोलती है। बड़ी सीधी है। सभी लड़कियाँ प्रणाम, नमस्ते या सलाम करती हैं, बेला गुप्त को। यह सभी को कहेगी—गोड़ लगती हूँ। बेला गुप्त को, श्रीमती आनन्द को और लेडी डाक्टर का चाको को—सभी को—गोड़ लगती हूँ कहकर सिर झुका देती है।

चन्द्रमोहिनी, विभावती, रुक्मिणी और कुन्ती देवी सबसे बड़े कमरे में रहती हैं।

चन्द्रमोहिनी शरणार्थी बंगालिन है। मोतिहारी-शरणार्थी कैम्प से आयी है।·· बँटवारे के समय देह पर अमानुषिक अत्याचार झेल चुकी है। चेहरा एक ओर जला हुआ है।

विभावती, खद्दर पहनती है। सलवार और कमीज ! पूर्णियाँ जिले के किशनगंज सब-डिविजन में रहती है। डालिमगंज गाँव में। बाप, स्कूल का शिक्षक है। विभावती सेवा की भावना से प्रेरित होकर ट्रेनिंग ले रही है। ··· उसके गाँव में, आसपास के गाँवों में बहुत-सी माताएँ, सौरगृह में ही मर जाती हैं, बच्चे रोग के शिकार होते हैं। इसलिए, ट्रेनिंग लेकर वह गरीब माताओं की सेवा करेगी। सबसे बड़ी सेवा है यह, उसके बाप का भी यही कहना है।··· चेहरे पर एक विशेष चमक है, विभावती के !

बेला गुप्त ने ध्यान से इस लड़की को देखा। निर्विकार आँखें, निर्भय चेहरा, सुडौल ललाट और घुँघराले बाल।··· साँवली-सलोनी यह विभावती ? यह भी किशनगंज की लड़की ? यह भी शिक्षक की बेटी ?

रुक्मिणी पूर्वी बाँकीपुर की रहनेवाली है। माँ, होली फेमिली अस्पताल में दाई का काम करती है। घरवाला फटफटिया का ड्राइवर है। हर शनिवार की सुबह में फटफटिया लेकर झड़झड़ाता-भड़भड़ाता हुआ आता है और रुक्मिणी को ले जाता है। फिर सोमवार को पहुँच जाता है।

कुन्ती देवी, एक युवक द्वारा उद्धार करके अपनायी गयी अधेड़ महिला है। स्वामी, छपरा कचहरी में किताबों की दुकान करता है। कुन्ती देवी के बिछावन पर 'लाल दुपट्टा मलमल का' रंगीन पुस्तक की एक प्रति पड़ी हुई थी।··· बेला गुप्त अपने को नहीं रोक सकी। पूछ बैठी—क्यों कुन्ती देवीजी, आपके स्वामी इन्हीं किताबों की दुकान करते हैं ?

कुन्ती देवी ने सगर्व स्वीकार किया—जी, और भी हैं। डाकू मानसिंह दिलेर, अफीम-सुन्दरी, लाला छुछुन्दर राम और फिलिम के गाने···।

बेला गुप्त को लगा, कमरे की तीनों लड़कियाँ कुन्ती देवी से नहीं बोलतीं।

··· कुन्ती देवी की चौकी एक कोने में है। और, वह कोना सबसे गन्दा कोना है—कमरे का।

बेला गुप्त ने सभी कमरों में—यहाँ के नियम-कानून और साधारण आचार-व्यवहार के पालन की बात बतायी। और हर कमरे की अधेड़—कुन्ती देवी, जानकी देवी और तारा देवी ने कोई-न-कोई सवाल उठाया—बेतुका।··· मच्छड़ों को भगाने के लिए धुआँ करना जरूरी है।··· महीना लेने के लिए बड़ा बाबू सुबह बुलाते हैं। दिन-भर बैठा रखते हैं। रिक्शा-भाड़ा में ही एक रुपया लग जाता है। इसलिए चाहती हैं कि 'महीना' मनिआर्डर से मिले।

—डाइरेक्टर के पास लिखिए !

··· लड़कियों के छोटे-छोटे चूल्हे, छोटी केतली, सस्ती टूटी-फूटी प्यालियाँ ! सस्ते गमछे, छोटा-संसार !··· मशहरी किसी के पास नहीं। विभावती के पास मशहरी है, पर लगाती नहीं।

··· विभावती भी किशनगंज की रहनेवाली है ?

··· विभावती के पिता भी स्कूल के शिक्षक हैं।

··· विभावती भी सेवा की भावना से प्रेरित होकर घर से बाहर आयी है ?

··· किशनगंज का इस्लामपुर गाँव !

··· इस्लामपुर स्कूल के व्यायाम-शिक्षक की पुत्री—बेला !

पढ़ने-लिखने में ही नहीं, खेल-कूद में भी वह किसी लड़के से पीछे नहीं रही, किसी दर्जे में। लाठी, भाला, तीर, तलवार चलाने से लेकर महानदी में तैरने तक की प्रतियोगिताओं में वह सर्वप्रथम होती··· ।

स्कूल के वार्षिकोत्सव में, हर वर्ष कोई नया करतब दिखाती अपना। दुर्गापूजा मेले में, गाँव की लड़कियों को लेकर स्वयंसेविका दल बनाती··· । फिर जिन्दगी में कैशोर्य-सुलभ रहस्य-रोमांच की लहरें आयीं !···

क्रान्तिकारियों की कहानियाँ सुनते समय देह बार-बार सिहरती !··· जालियाँ बाग में मदन गोपाल को टिकटी में बाँधकर, चूतड़ पर बेंत लगाते हुए चाण्डालों की वह रंगीन तस्वीर जिस दिन मिली, बेला रो पड़ी थी।··· उस तस्वीर को देखकर घण्टों रोती रहती··· चूतड़ की चमड़ी उधड़ गई है। रक्त की धारा !!

··· और, वह गीत ? शहीदों की टोली निकली, सिर बाँधे कफनियाँ जी ! अजी-ई-ई, डायर के फायर से जबकि भूमि हुई थी लाल—भाइयो, भूमि हुई थी लाल, कि जलियाँवाला बाग में जूझे प्यारे म-द-न-गो-पा-ल—है-है कलेजे बीच, हाय-कलेजे बीच, गोली निकली-ई-ई-सिर बाँधे कफनियाँ जी !!

··· आर्यसमाजी कीर्तन में ढोलक बजानेवाला फेकू आर्य ढोलक पर थाप देता और बेला की आँखों के आगे लहरें आने लगतीं। लहरें उसके मन-प्राण में, कण्ठ में उतर आतीं, वह मुट्ठी तान लेती और गाती—कुँवर सिंह ने जब बिहार में किया महाहुंकार—भाइयो दिया एक ललकार—कि तब झाँसीवाली रानी निकली, लिये हाथ तलवार—जै दुर्गे ! जै दुर्गे !!··· बृटिश की ठिठोली निकली—है-है अंग्रेजों की ठिठोली

निकली।

इस गीत को सुनते ही गाँव के बड़े-बूढ़े, बच्चे-जवान, स्त्री-पुरुषों की भीड़ लग जाती। सभी इसके जुझारू-लय पर गर्दन हिलाने लगते। सभी सुर में सुर मिलाते।··· गाँव में किसी सार्वजनिक कार्य के लिए चन्दा वसूलना होता, बेला की बुलाहट होती ! स्कूल के प्रेसिडेण्ट, स्थानीय यूनियन-बोर्ड के मिम्बर, अमन-सभा के सदस्य हाजी अब्दुल वदूद साहब ने एक बार बेला के पिता को बुलाकर चेतावनी दी थी–मास्टर साहब, अपनी बेटी को अब जरा सँभालिए। 'बम-बम'-खेल खेलती है और वही कफनियाँवाला गीत गाती है स्कूल में। लड़की को सँभालिए वर्ना मामला एक दिन बे-सम्हाल भी हो जा सकता है···

हाजी साहब की बात सच निकली। बेला, अपने बाप के 'सँभाल' से बाहर हो गयी एक दिन।···

पिता का प्रिय छात्र–प्रियदर्शन, स्वस्थ तरुण बाँकेबिहारी जो उन दिनों काशी में पढ़ता था, जब गाँव आता, बेला के घर आकर दर्जनों क्रान्तिकारी कहानियाँ सुना जाता। किताबें लाता और नये गीत सुनाता–हारमोनियम बजाकर। कितने अच्छे, बाँके भैया !··· क्रान्तिकारी पार्टी में हैं ?

इस बार, बाँकेबिहारी भैया आये तो शुरू से ही गम्भीर थे।··· दिनभर छटपटाती रही थी बेला और बाँके भैया आये थे शाम को। वह भी दस मिनट के लिए। बेला मर्माहत हुई थी। क्या हो गया है इस बार बाँकेबिहारी भैया को ? दूसरे दिन बाँकेबिहारी ने गम्भीर होकर कहा था–उसकी क्रान्तिकारी पार्टी को महिला-कार्यकर्ता की सख्त जरूरत है।··· बेला-जैसी लड़की घर में कैद रहेगी तो 'भारत-माता' की बेड़ी कैसे टूटेगी ?

··· बाँके ने एकान्त में बेला को पिस्तौल दिखाया था।

··· बेला ने जीवन में पहली बार बाँके से एकान्त में, छुप-छुपकर मुलाकात की थी। बेला ने जिन्दगी में पहली बार एक असली पिस्तौल को आँखों से देखा ! लहरें आयीं !!··· उसने स्पर्श किया–ठण्ढा लोहा ! लहू में गर्मी !! रिवॉल्वर ? उसने पूछा था–बाँके भैया, इसमें गोली भरी हुई है ?

बाँकेबिहारी फुसफुसाकर बोला था–इसको मरम्मत करवाना है।

बेला ने अपनी उँगली के लहू से हस्ताक्षर कर दिया था एक सादा कागज पर। सादा कागज नहीं बाँके ने कहा था–प्लेज !

प्लेज लेने के बाद पार्टी की हुक्म-उदूली कैसे कर सकती थी ?··· एक दिन बाँके तूफान की तरह आया और बोला–पार्टी का हुक्म है, तुरत घर छोड़कर चलो। बेला को कुछ सोचने का अवसर भी नहीं दिया बाँके ने।··· तुरत ? कहाँ··· यह सवाल मत करो। कोई सवाल नहीं !

बाँकेबिहारी की बिहार क्रान्तिकारी पार्टी का हेडक्वार्टर बनारस !··· पार्टी के 'भाईजी' को पहली बार बेला ने देखा–कानपुर में। रक्त-मांस के बने सजीव क्रान्तिकारी-नेता 'भाईजी'। जिनकी दर्जनों कहानियाँ बेला सुन चुकी थी, उन्होंने

पीठ थपथपाते हुए कहा था··· स्वतंत्र भारत में सबसे पहले तुम्हारी आरती उतारी जायेगी !

··· पार्टी के काम से बाँकेबिहारी के साथ बेला को पेशावर जाना है। ··· फ्रण्टियर मेल ! बाँकेबिहारी बनारस-बुलानाला के एक फल के व्यापारी का बेटा कहता है अपने को ! बेला उसकी नववधू है। व्यापार के सिलसिले में ही वह जा रहा है—पत्नी को देश-विदेश देखने का शौक है।··· हाँ, हनिमून ही समझिए !!

··· घर से निकलने के बाद ही बाँकेबिहारी के 'सतीत्व' पर, पाप-पुण्य और देश की गुलामी पर बातें करते हुए कहा··· सतीत्व क्या है ? कुछ नहीं।··· पाप क्या है ? पुण्य क्या है··· देश को स्वतन्त्र करना ही सबसे बड़ा पुण्य है।··· भूख लगती है। वैसे ही, देह की भूख है।

··· यदि उस रात को, कानपुर में, मनसूर साहब नहीं आ जाते तो, बाँके उसी दिन—पेशावर-यात्रा की रात में ही अपनी भूख मिटा लेता।

··· बाँके ने अपनी भूख मिटायी, बाद में।

··· सबकुछ सह गयी बेला, देश की आजादी के नाम पर ! झेल गयी ! किन्तु, बाँके की कायरता का फल बहुत दिनों तक भोगती रही, बेला !

··· सरफराज खाँ, जिससे बाँकेबिहारी अपनी पार्टी के लिए 'आर्म्स' खरीदता था—रोज आने लगा। रोज, सामान आते—दाम चुकाये जाते। फलों की टोकरियों में पैक किये जाते। सबकुछ होता, किन्तु सरफराज खाँ की आँखें बेला के आसपास ही मड़राती रहतीं।

··· आखिरी किश्त ! उस दिन बाँके, बेला को समझा रहा था—पार्टी का काम जिससे बिगड़े नहीं—हमें इसके लिए सबकुछ सहना होगा। बेला तर्क कर रही थी—हम पति-पत्नी होने का बहाना बनावें, यहाँ तक तो ठीक है। पर, हम पति-पत्नी हो जायें सचमुच—यह और बात है।···

—तर्क मत करो !

··· तर्क मत करो। बाँके पुरुष है। तुम स्त्री··· उसके जब जी में आवेगा—तुम्हारा उपयोग करेगा।··· उसका चमड़े का पोर्टफ़ोलियो-बैग है—उसे वह जब चाहता है खोलता है, बन्द करता है। चमड़े का थैला तर्क नहीं करता। बेला क्यों तर्क करती है।··· बाँके का हाथ बेकार बैठा नहीं रह सकता। आश्चर्य ! जब उसको डर होता है किसी बात का—तब भी वह बेला को···।

··· दरवाजे पर दस्तक ! बाँके ने दरवाजा खोल दिया। सरफराज ! सरफराज ने आते ही हुक्म दिया बाँके को—तुम बाहर जाओ।··· बाँके ने चूँ शब्द नहीं किया। उसने उलटकर बेला को देखा भी नहीं। कमरे से चुपचाप निकल गया।

··· दरवाजा बन्द हुआ।

··· कमरे में, बर्बर अफ्रीदी सरफराज की आँखें ! आँखें-ही-आँखें !

··· एथोलेटिक्स··· फिजिकल··· डिमांस्ट्रेशन··· हाइजम्प··· तालियों की गड़गड़ाहट ··· बेला जीत गयी !!

··· शॉट पुट··· डिसकस-थ्रो··· जेवेलिनथ्रो··· जीत गयी, जीत गयी बेला !!

··· कुश्ती ! ··· नहीं, बॉक्सिंग··· फिर, हौप-स्टेप एण्ड जम्प··· तालियाँ !!

··· बेटी ! अबला नहीं, शक्ति की अराधना करके सबला बनना है तुम्हें !

··· फिल्ड इवेण्ट में सर्वप्रथम हुई बेला ?

··· बर्बर, दुर्निवार, अफ्रीदी जानवर से वह न जाने कब तक लड़ती रही।

–अन्त में, दाँत और नाखून··· किन्तु, अन्ततः वह हार गयी। खून से लथपथ सरफराज, घायल भेड़िये ने उसे दबोच लिया अपने जबड़ों में।··· नरक के चूल्हे ··· कढ़ाही में तेल खौल रहा है··· बेला के अंगों को काट-काटकर कड़ाही में डालता गया··· सिर पर आरा चला··· कलेजे पर कीलें··· कोल्हू में पेरी गयी··· भाले में भोंककर झुलसायी गयी !

··· कुमारी बेला रानी मर गयी, कोरोनेशन होटल, पेशावर के सोलह नम्बर कमरे में !

··· फ्रण्टियर मेल भागी जा रही है। बुलानाला-बनारस के व्यापारी का बेटा वापस लौट रहा है। उसकी नवविवाहिता वधू परदेश में आकर बीमार पड़ गयी है। तेज ज्वर में बड़बड़ा रही है।

··· मरी हुई बेला प्रार्थना कर रही है, बाँके बाबू इस लाश को यहीं फेंक जाओ। बाँकेबिहारी बर्फ की थैली सिर पर डाल रहा है–घबराओ मत। ठीक हो जाओगी।

··· बेला के दिमाग का कोई अंश उसी दिन शून्य हुआ। अब भी शून्य है। कभी-कभी घण्टों बेवजह बैठी रहती है चुपचाप।

··· वह क्यों पढ़ने बैठी है, जिन्दगी के उन पृष्ठों को ?

··· विभा किशनगंज की लड़की है।

किन्तु, बेला का किशनगंज में अब कोई नहीं। बेला फिर कभी नहीं लौटी। कहाँ लौटती ? किस मुँह से ?···

बाढ़ से हहाती-फुफनाती महानदी में बेला तैरने गयी है। लहरों से खेलती हुई बेला को बाप बुलाता है–बेटी, अब लौट आओ ! दूर मत जाओ।··· लौटो-ओ-ओ-ओ ! बे-ला-आ-आ-आ !

बाप पुकारता रहा–बेटी नहीं लौटी, किन्तु !

··· बाबा ने आत्महत्या कर ली–महानदी में डूबकर। अध-पगली माँ न जाने कहाँ चली गयी। बाँकेबिहारी ने, कृपापूर्वक यह सूचना बहुत बाद में दी थी। उस दिन बेला रो नहीं पायी थी। उस दिन के जमे हुए आँसू कलेजे पर लदे हैं। जीवन-भर समय-असमय इसी तरह झरेंगे, ढरेंगे। बे-मोल··· !!

··· पापिनी ! अभी क्या हुआ है ? तेरी दुर्गति अभी बाकी है। तुमने अपने गौ-जैसे बाप को कलपाया है।··· देश-सेवा-वा-वा-हा-हा-सेवा··· तुम्हारी आरती उतारी जा रही है स्वतन्त्र भारत में बेला देवी··· सुकुमार घोष तुम्हारे पास सोयेगा··· आनन्द सोयेगा··· डाइरेक्टर सोयेगा··· डाइरेक्टर का किरानी सोयेगा–सभी सोयेंगे। तुम सेवा करोगी। तुम कुछ नहीं बोल सकतीं।···

बेला चीख रही है–श्रीमती आनन्द, आप गाली बक रही हैं !

रामरति हड़बड़ाकर उठी–दीदीजी, दीदीजी-ई-ई। सपना रही है दीदीजी ? ··· उठिए, पानी पीजिए।

··· ओ ! पसीने से भीग गयी है बेला गुप्त। प्यास से कण्ठ सूख रहा है–रामरति, खिड़की खोल दे।

··· जाड़े में यह 'नाइट-स्वेट' ? रात में पसीना ?

क्यों ऐसा होता है ?

अन्नपूर्णा, काशी की लड़की है। बेसेण्ट स्कूल में पढ़ाती है। यहाँ बाँकीपुर विश्वविद्यालय से बी. ए. की परीक्षा देने आयी है। जब से अन्नपूर्णा आयी है, उसको देखते ही बेला गुप्त को काशी के केदार घाट की याद आती है।··· कचौड़ी गली की सोंधी गन्ध और विश्वनाथ गली की पवित्र मनोहर गन्ध छा जाती है चारों ओर। काशी के, कष्ट के दिनों की याद भी सुख दे जाती है··· सट्टीवाली–बुआ, कालिका की बेटी, सुपारी-दीदी··· गंगा··· गंगा··· महानदी !!

अब, विभावती को देखते ही, आँखों के सामने महानदी उभड़ने लगती है। धान-पाट के हरे-भरे खेत··· उत्तर हिमालय के शिखर पर सोने के ढेर··· दुर्गापूजा के बजते हुए ढोल–आओ अम्बे, आओ अम्बे–जै जगदम्बे !!

··· अन्नपूर्णा पन्द्रह तारीख को चली जायेगी ?

मिस्टर बागे ने लम्बी-चौड़ी भूमिका बाँधी। श्रीमती आनन्द धीरज खो बैठी–देखो, बागे ! मुझे ठीक साढ़े नौ बजे बाहर जाना है।

बागे ने चटपट अपना प्रस्ताव सामने रख दिया।··· श्रीमती आनन्द की तीन पीढ़ी को जानता है, वह। और, मिस्टर आनन्द ? पुराना घाघ है, बूढ़ा। बात समझाने के लिए इसको 'मूड' में लाना होता है। और, दूसरे के सिर पर पीते समय, डिम्पल स्काच के पाँच पेग पीकर भी मूड में नहीं आता है। एक पाइण्ट 'ओल्ड स्मग्लर' व्हिस्की उदरस्थ करने के बाद बोला–ठीक है, बागे ! मुझे एतराज नहीं। तुम ज्योति को बोलो। मेरा नाम मत बोलना।

··· पाउडर मिल्क, विटामिन बी कम्प्लेक्स की गोलियाँ लिवर-एक्स्ट्रेक्ट, पेनिसिलिन, स्ट्रेप्टोमाइसिन, सल्फागुनाडिन··· मार्किन कपड़ों की गाँठ ?··· पच्चीस हजार रुपये ?

··· क्या कहता है यह बागे ?

–भाभी, पच्चीस हजार क्या ? आप यदि 'सहाय' हों तो बाँकीपुर सेक्रेटेरियट के हर सेक्शन के हर बड़े साहब को, आपका यह बागे–उँगली पर नचाकर दिखा दे। पच्चीस हजार की क्या बात ?

–अच्छी बात। मान लो मैं 'सहाय' हूँ। मुझसे कैसी, कौन-सी सहायता चाहते हो तुम ?

बागे ने हाथ मलना शुरू किया—भाभी !··· आपके जिम्मे में तो विशुद्ध गृह-उद्योग के माल हैं। हेंहें··· भा··· भी··· !

—फिर, बुझौवल ? खुल्लमखुल्ला क्यों नहीं बोलते ?

—दास साहब कह रहे थे कि आपके कब्जे में देहात की कुल लड़कियाँ आयी हुई हैं ? किसी ट्रेनिंग में ?

—आयी तो हैं।··· दास साहब माने, बड़े दास साहब ?

—बागे किसी छोटे दास साहब से रिश्ता नहीं रखता। दास साहब ही क्यों, सभी साहबों को खबर है। ऐसी खबर भला छिपी रहती है ?

श्रीमती आनन्द का चेहरा लाल हो गया। पता नहीं, लाज से अथवा उत्तेजना से। बागे बोलता गया—कंकड़ बाग के कान्ति चटर्जी को जानती हैं ? फूड डिपार्टमेण्टवाला के. चटर्जी। पुराना हिन्दुस्तान-टेन लेकर 'बाइपास' के रास्ते आपके सिटी सेण्टर में भी जाता है। वहाँ भी उसके कई 'शिकार' हैं।··· गाड़ी में आधा दर्जन 'शिकार' लाद लेता है और बेली रोड से शुरू करके कर्जन पार्क के बँगलों में अथवा पहले से तय की हुई जगहों पर पहुँचा आता है।··· भाभी, जहाँ सभी बालू की दीवार बना रहे हैं वहाँ ईंट-सिमेण्ट का घर कोई पागल ही बना देगा। सदर-बाजार का जमाना चला गया।

भाभी, अब आपका क्या ?

श्रीमती आनन्द को अब अधिक नहीं समझाना होगा। आगे की भूमिका के पहले ही सबकुछ समझ गयी थी।··· अब तक 'अंजु-मंजु' के लोकगीत का लोभ बना देकर—जो व्यापार वह छिटपुट तौर पर कर रही थी—उसी को अब बड़े पैमाने पर—पार्टनर रखकर, कम्पनी बनाकर करना होगा। मिल्क पाउडर, विटामिन बी काम्प्लेक्स, स्ट्रेप्टोमाइसिन··· ? पच्चीस हजार रुपये ?

··· लकड़ी के बाद, यह लड़की का व्यापार !

श्रीमती आनन्द ने कहा—मुझे सोचने का समय दो, बागे !

—इसमें सोचना क्या है, भाभी ?

—बागे, तुम आनन्द को नहीं जानते।

बागे चला गया—शुभ संवाद देकर। लाभ की योजना बतलाते समय, चतुर-चालाक आदिवासी-सन्तान बागे ने स्पष्ट शब्दों में कहा—मुझे अपने को 'दलाल' कहने में कोई शर्म नहीं। मैं इसी की कमाई खाता हूँ। दलाली मेरा पेशा है।···

··· बागे ही क्यों, सभी दलाल हैं। यह दलालों की ही दुनिया है।···

श्रीमती आनन्द को नेपाल-तराई के दिन याद आये।

··· ईस्टर्न-टिम्बर कम्पनी, कलकत्ता के पर्चेज-ऑफिसर मिस्टर महान्ती ने नेपाल की तराई में पहुँचकर देखा—यहाँ ईस्टर्न-टिम्बर कम्पनी के पैसे से ही, दो और पॉकेट-कम्पनी बनाकर कारबार करना आसान है।

··· राणाशाही-शासनकाल में, वन-विभाग का एक साधारण सुब्बा भी अपने को तीन-सरकार—प्रधानमन्त्री—समझता था। और, सारी पूर्वी तराई का एकमात्र

कर्ताधर्ता-'बनजाँच' का खरदार, जेनरल नरबहादुर ? जिसे चाहे, ठेका दे या तोड़ दे ! सारे भारत के लकड़ी के व्यापारी, महीनों पड़े रहते, दल बाँधकर।··· हुजूर मर्जी होस !··· कृपा कीजिए प्रभु ! दयानिधे !

··· दि कलिंग टिम्बर कम्पनी से 'झापा-झिलमिलिया' और 'बनखण्डी' के जंगलों का टेण्डर दिया है। दि कलिंग टिम्बर कम्पनी ने, अर्थात् मिस्टर महान्ती ने। यदि त्रैवार्षिक ठेका मिल जाये तो फिर मिस्टर महान्ती ईस्टर्न-टिम्बर की ताबेदारी क्यों करेगा ? वह हेलिकोप्टर खरीदेगा।··· किन्तु, जेनरल नरबहादुर की शर्त सुनकर मिस्टर महान्ती के चेहरे का रंग उड़ गया।

··· शराब में भारतीय 'रम' और औरतों में साँवली, मोटी। ब्लेक एण्ड व्हायट, व्हायट हार्स, डिम्पल, हेग, ओल्ड स्मग्लर—कुछ नहीं पीता नरबहादुर। देवदुर्लभ इन अन्तर्राष्ट्रीय ख्याति की शराबों को वह 'रद्दी ड्रिंक' कहता है।··· बंगाल, मिथिला और काश्मीर की सुंदरता को देखकर वह 'ठण्ढा' ही जाता है। उसे साँवली औरत चाहिए। लड़की नहीं, औरत। पीले, लाल और गोरे चेहरे से नरबहादुर को अरुचि हो गयी है, शायद।··· कैसी औरत ? बताऊँ ? ठीक, आपकी मिसेज जैसी है, वैसी ही। हू-ब-हू वैसी नहीं होने से काम नहीं चलेगा। समझे मिस्टर महान्ती, लाखों का कारबार ?··· हजारों-हजार सिल्लियाँ, लकड़ियाँ··· सोने के बार··· गिन्नियाँ ! ··· उम्दा औरत चाहिए—मन के माफिक।

अपने दलाल-मित्र मिस्टर आनन्द के प्रस्ताव को सुनकर मिस्टर महान्ती ने कहा था—मुझे सोचने के लिए समय दो, आनन्द !··· तुम ज्योति को नहीं जानते आनन्द !

··· आनन्द मन-ही-मन हँसा था। ज्योति को तुम ही कितना जानते हो मिस्टर महान्ती !··· दो वर्ष पूर्व, जब वह महापात्र की पत्नी थी, मिस्टर आनन्द उसी समय से जानता है, ज्योति को। महान्ती साहब को क्या मालूम कि श्रीमती ज्योत्स्ना महान्ती ने, मिस्टर सोम सुन्दर आनन्द के साझे में—दि फायरवुड-सप्लायर्स नामक कम्पनी खड़ी कर ली है।··· छः महीने तक तराई के भीतर रहनेवाले महान्ती साहब—ईस्टर्न-टिम्बर के पर्चेज-ऑफिसर और कलिंग टिम्बर के प्रतिष्ठाता महान्ती साहब··· पूरे चार लाख का प्रोफिट !

—डार्लिंग, पूरे चार लाख रुपये-चार ला-ा-ा-ख ?

—तुमने मुझे वेश्या समझ लिया है ? महापात्र को छोड़कर तुम्हारे साथ आयी—इसका यह मतलब नहीं कि मैं अब किसी नेपाली-भूपाली···।

—ज्योति ! मुझे गलत न समझो।

—गलत नहीं, मैंने ठीक ही समझा है तुमको। कहाँ है आनन्द ? उसी के साथ जाना है न, नरबहादुर के कैम्प में ? ठीक है, मैं तुम्हारा टेण्डर मंजूर करवाने जा रही हूँ।··· बनखण्डी और झापा-झिलमिलिया के जंगलों के ठेके··· चार लाख का मुनाफा चाहिए तुम्हें ?

··· सचमुच, नरबहादुर को गोरी चमड़ी से अरुचि हो गयी थी। अपनी रुचि

की चीजों को सामने देखकर वह टूट पड़ा था।··· कौन-कौन जंगल चाहिए ? बनखण्डी ! ठीक है मिल जायेगा। समझो, मिल गया। और ? झापा-झिलमिलिया ? वह भी मिल जायेगा।··· जेनरल नरबहादुर असल छत्री है। जो बोलेगा, करेगा। सिर्फ, तुम्हारे लिए !

··· बनखण्डी और झापा-झिलमिलिया के जंगलों के ठेके मिल गये। दि कलिंग टिम्बर कम्पनी को नहीं··· दि फायरवुड-सप्लायर्स को ? महान्ती साहब की ईस्टर्न कम्पनी को इस बार एक भी टेण्डर मंजूर नहीं हुआ।

··· मिस्टर महान्ती ने तराई के अन्दर ही यह संवाद सुना। किसी फायरवुड-सप्लायर्स ने बाजी मार ली।··· ज्योति से भी ज्यादा उम्दा औरत मन के माफिक कहाँ से ले आया यह फायरवुड-सप्लायर्स ? त्रैवार्षिक ठेका ?

··· महान्ती फिर तराई से लौटकर आबादी में नहीं आया कभी।··· कभी नहीं आवेगा।

किन्तु श्रीमती ज्योत्स्ना महान्ती और सोम सुन्दर आनन्द का 'फायरवुड-सप्लायर्स' वाला कारोबार तीन वर्षों तक नहीं चल सका। दो ही वर्षों के बाद 1950 में राणाशाही के खिलाफ सशस्त्र क्रान्ति हो गयी।

अपना और अपने पति का सारा कारोबार समेटकर वह सोम सुन्दर आनन्द के साथ कानपुर गयी। वहीं, श्रीमती महान्ती से श्रीमती आनन्द भी हुई।···

पाँच वर्ष हुए यहाँ आकर मिस्टर आनन्द ने 'उत्तरांचल ट्रांसपोर्ट सर्विस' शुरू की है। कलकत्ता, दिल्ली, पटना, बनारस से काठमाण्डू, माल ढोनेवाली सर्विस ! नेपाल में, पुराने अफसरों से रिश्ते कायम हैं।··· इसलिए, बाँकीपुर के प्रथम श्रेणी के नागरिकों में जगह बनाते देर नहीं लगी मिस्टर आनन्द को।

बातचीत करते समय, बागे की उलझी हुई आँखों को अपनी छातियों से परे हटाया, कई बार।··· सबकुछ कहने के बाद भी, बागे ने कोई बात मन में रख ली है, शायद।

—और कुछ ?

—और··· और··· आपकी वह बेला गुप्त !

—क्यों, उसकी क्या जरूरत पड़ी ?

—एक सेण्ट्रलवाला मामला है। हबीब साहब, बस सपने में भी बेला गुप्त को ही देखते हैं। कहते हैं··· उसको देखते ही एक सुरूर छा जाता है।

—अच्छा ? लेकिन··· तुम्हारे इस प्रपोज्ड-बिजनेस में सबसे ज्यादा डर बेला गुप्त का है। समझे ?

—वह तो आपके हाथ में है। वह आपका काम है।

—मेरा काम ?

—हाँ ! नहीं तो, काम तो स्टोर और ट्रांजिट के बीच ही हो जायेगा।··· कुछ इन्क्रीमेण्ट का लोभ दिखाइए, तरक्की की उम्मीद, इनाम··· आप तो जानती ही हैं।

श्रीमती आनन्द सोच में पड़ गयी।··· फिर बेला गुप्त ?

–उसको खुश रखिए, अभी कुछ दिन। बाद में, फिर देखा जायेगा !

··· बोक्री का कारबार ?

–अब्दुल !

–हजूर।

–गाड़ी निकालो।

मिस्टर आनन्द, किसी अवैध व्यापार के सिलसिले में ही काठमाण्डू गया है। ··· सत्यमेव जयते। सरकारी कैलेण्डर के राज्यचिह्न के ऊपर लिखित इस आर्षवाक्य को पढ़कर श्रीमती आनन्द हँसती है–सत्यमेव जयते, सत्यमेव···।

··· बेला को खुश रखना होगा ?

··· श्रीमती आनन्द ने सुखमय घोष को सिखा-पढ़ाकर बेला को 'इनसल्ट' करने के लिए भेजा था।··· घोष ने कहा है, ट्रेनिंग में आयी हुई लड़कियों को वह ठीक कर देगा।

··· किन्तु तंग करने पर भी यह चुड़ैल इस्तीफा देकर नहीं भागेगी।··· भागेगी कैसे ? ऐसा क्वार्टर कहाँ मिलेगा ?

गाड़ी होस्टल के फाटक पर पहुँची। श्रीमती आनन्द को बागे की बात याद आयी है–उसको खुश रखिए, अभी कुछ दिनों तक।

बेला गुप्त को अचरज हुआ। श्रीमती आनन्द आज असमय में क्यों आयी है–सीधे बेला गुप्त के क्वार्टर में फिर ? गाली··· ?

–बेला, एक गिलास पानी पिलाओ।

रामरति और मुनिया भी अचरज में डूब गयी।··· आज तो बड़ी मेम का मन-मिजाज एकदम बदला हुआ है।

पानी पीने के बाद, रूमाल से ओठों को पोंछती हुई, श्रीमती आनन्द बोली–बेला, तुमने ठीक ही कहा था। काम के साथ ही, ब्लड-प्रेसर इतना बढ़ेगा–मुझे क्या मालूम ?

बेला गुप्त ने कहा–मैं आज ही आपके पास जा रही थी।

–क्यों, कोई जरूरी काम··· ?

–जी, इन ट्रेनी-लड़कियों के आने के बाद रोज एक-न-एक समस्या खड़ी हो रही है। डाइरेक्टर साहब ने कहा था, बाद में अतिरिक्त नियम-कानून···।

–देखो बेला, मीटिंग और बैठक में पास करवाने के भरोसे रहोगी तो कुछ नहीं कर सकोगी। जो उचित समझो, करती जाओ। बैठी मत रहो।··· और सुनो। घोष को मैंने मना कर दिया है, वह नहीं आवेगा। आनन्द, अंजु-मंजु को डाक्टर के पास ले गया था। अब वह भी नहीं आवेगा।··· मैंने उस दिन तुम्हारे जीजा को कम डाँटा है ? लेकिन, बेला ! वह तुमसे मिलने जरूर आवेगा। कह रहा था, बेला-जैसी साली··· हँ हँ हँ हँ !

श्रीमती आनन्द हँसी। बेला के ओठों पर मुस्कराहट अंकित रही–पूर्ववत्।

–और, लगता है तुमने डाइरेक्टर साहब पर भी जादू कर दिया है। कह रहे थे–बेचारी का काम इतना बढ़ गया है !

रामरति और मुनिया के बारे में श्रीमती आनन्द बोली–मैंने यों ही धमकाने के लिए नोटिस दी थी।··· देखो, इन दाई-मेहतरानियों को बीच-बीच में धमकाना बहुत जरूरी है।··· रामरति को छुट्टी के पैसे दे देना और यह बूढ़ी मुनिया इस बुढ़ापे में कहाँ जायेगी ? आँख जँचवाने की जरूरत नहीं।

श्रीमती आनन्द, बेला गुप्त के साथ 'दाईकित्ता' में गयी। छुट्टी का दिन है। रुक्मिणी को छोड़कर सभी ट्रेनी-लड़कियाँ कित्ते में ही हैं।

तीनों अधेड़ महिला एक ही साथ आगे बढ़ आयीं–सलाम बड़ी मेम साहब !

कुन्ती देवी ने कहा–बड़ी मेम साहब, रात में अलाव लगाने का हुकुम नहीं दीजिएगा तो मच्छड़ धुनकर खा जायेगा हम लोगों को। धुआँ से मच्छड़ तनिमनि हटा रहता है। औडर दिया जाये···।

–औडर बड़ी मेम नहीं, छोटी मेम से माँगो।

–छोटी मेम कहती है बड़ी मेम···।

श्रीमती आनन्द ने मुँह विकृत करके कुन्ती देवी की बात अनसुनी कर दी। मुस्कराती हुई गौरी देवी पर श्रीमती आनन्द की दृष्टि पड़ी और बड़े दास साहब की बात याद आयी। बागे की बात··· आपके पास विशुद्ध ग्रामोद्योग के माल हैं।

–क्या नाम है तुम्हारा ?

बेला गुप्त को इन लड़कियों से हमदर्दी है। हुँ, सारी हमदर्दी निकालेंगी–यही लड़कियाँ। ठहर जा।··· अभी तो तुमको खुश रखना है।

··· बागे, ठीक ही कहता था। गाँव की इन भोली-भाली दीखनेवाली लड़कियों को देखकर पुराने पापियों के मुँह में जरूर राल भर जाती होगी।··· गौरी देवी, विभावती, श्यामा !!

··· क्या हो गया है श्रीमती आनन्द को ? आज तो लगता है, रमला मौसी ही उसकी जीभ पर आ बैठी है। जाते समय कह गयी–बेंली ! अपने जीजा को एक दिन स्टू बनाकर क्यों नहीं खिलाती ? बेचारा रोज बोलता है–स्टू तो बेला ही बना सकती है।

मुनिया कहती है–जो भी कहो, बड़ी मेम का भीतर एकदम साफ है। सादा दिल !

रामरति बोली–सादा दिल नहीं, और कुछ। इस मौगी के मन का थाह तुम पाओगी ?

जमादारिन चिल्ला रही है–फैनाइल खतम हो गया।··· महीना नहीं बढ़ाइएगा तो अब हमसे काम नहीं होगा। हाँ, मैं कह देती हूँ।

बेला गुप्त ने देखा, विभावती खड़ी है।

–क्या है विभा ? अन्दर आओ।

विभावती अन्दर आयी–दीदीजी···।

–क्या है ?

–वह कुन्ती देवी··· बहुत··· वैसी है।

–क्या है ? कैसी है ?

–उसकी आदत ठीक नहीं। या तो हम लोगों को दूसरे कमरे में भेज दीजिए या कुन्ती देवी को।··· रात में वह सोने नहीं देती है।

–क्या करती है ? धुआँ करती है ?

विभावती का मुखड़ा तमतमा गया–जी··· जी नहीं। वह हम लोगों के पास आकर सो जाती है। फिर···। मेरे पास और चन्द्रमोहिनी के बिछावन पर भी। रुक्मिणी और कुन्ती देवी हमेशा खराब-खराब बातें बोलती रहती हैं।

बेला गुप्त को तुरत, बाँकीपुर नर्सेस-क्वार्टर की घटनाएँ याद आयीं। स्टाफ मेस भी इसी तरह अपने कमरे की लड़कियों को तंग किया करती थी।

बेला गुप्त चुप रही। फिर बोली–कुन्ती देवी को भेज दो जाकर। नहीं, तुम जाओ।··· रामरति ! कुन्ती देवी को बुलाना।

कुन्ती देवी आयी।

–कुन्ती देवी ! आपके कमरे में चार लड़कियाँ हैं न ? आप और रुक्मिणी बगलवाले कमरे में जाइए। अभी खुलवा देती हूँ।

कुन्ती देवी बोली–क्यों, क्या बात हुई छोटी मेमजी ?

–कुछ नहीं। जाइए। अपना सामान निकालिए।

–किसी दूसरी लड़की को भेज दीजिए। मैं जहाँ हूँ, वहीं रहूँगी।

–नहीं, दूसरी लड़की नहीं जायेगी। कोई नहीं जायेगी। रुक्मिणी भी नहीं। आप अकेली···।

–यह अन्याय है।

–चुप रहिए। लाज नहीं आती ?

–लाज किस बात की आवेगी ?··· मेरा क्या पेट फूला है ?

–कुन्ती देवी !

–वह लौंडिया, विभावती आपके कान में फुसफुसाकर न जाने क्या-क्या लगा गयी और आपको परतीत हो गया ? एकतरफा बात सुनकर किसी को जरेबार नहीं करना चाहिए।

बेला गुप्त बोली–उस कमरे में नहीं जाइएगा तो फिर यहाँ कहीं जगह नहीं मिलेगी।

–सो काहे ? इस बार कुन्ती देवी का गला तेज हुआ।

बेला गुप्त ने कहा–आप रात में लड़कियों को तंग करती हैं ?

–क्या तंग करती हूँ।··· जुलुम बात ! जनाना होकर जनाना को क्या तंग करेगी कोई ? देखिए, छोटी मेम–यह सब शहरी चाल-चलित्तर हम लोगों को नहीं मालूम है। यहाँ होता होगा वह सब। हम लोग देहात की हैं।··· जरा सुने न–क्या

तंग करती हूँ।

घृणा से बेला गुप्त ने मुँह विकृत कर लिया।

–रामरति ! रुक्मिणी आयी है ? बुलाओ।

कुन्ती देवी बोली–हाँ, बुलाइए रुक्मिणी को। पूछिए।

रुक्मिणी आयी–क्या है दीदीजी ?

बेला गुप्त के कुछ कहने के पहले ही कुन्ती देवी बोली–सुनती हो रुक्मिणी ! तुम और मैं मिलकर रात-भर उस मुँहजली बंगालिन और 'चूतड़-चालाक' विभावती को तंग करती हूँ। सुनोगी और कुछ··· ?

–आप चुप रहिए।··· रुक्मिणी, तुम और कुन्ती देवी मिलकर क्या सब गन्दी बातें बोलती रहती हो ?

रुक्मिणी पूर्व बाँकीपुर की लड़की है, पुरैनियाँ जिला के गाँव की नहीं। उसने ऐसा मुँह बनाया मानो आकाश से गिरी हो–गन्दी बातें ? कौन कहती है ? विभावती ? चन्द्रमोहिनी ?··· तो, सुनिए, मेम साहब ! विभावती रोज क्लास में गलती करती है। पीजी, पीभी, पीआर सब गड़बड़ा जाती है। इसलिए, उसको मैं माने बतला रही थी। पीभी का माने।

विभावती और चन्द्रमोहिनी बाहर खड़ी थीं।

चन्द्रमोहिनी बोली–यह झूठ बोलती है, दीदीजी ! यह हर सोमवार को घर से आते ही अपने-आप बकना शुरू करती है।

–क्या बकती हूँ ?

–अभी क्या बोल रही थीं तुम ?

–अरी वाह रे लड़की ! अब कमर में दर्द हो तो नहीं बोलूँगी कि कमर में दर्द है ? बड़ा आयी है किसी का मुँह बन्द करने। मेरा मुँह मत खुलवाओ नहीं तो खोलकर रख दूँगी, सबकुछ। हाँ ! छोटी मेमजी, पूछिए इस चन्द्रमोहिनी से, यह बस-ड्रैबर के बगल में–सटकर क्यों बैठती है रोज आगे में–पूछिए, सभी लड़कियों से।

कुन्ती देवी रोने लगी–आज ही लिखती हूँ उस मर्द को। खूब ट्रेनिंग के लिए भेजा है ? नहीं लूँगी ऐसी ट्रेनिंग···।

बेला गुप्त ने कहा–रुक्मिणी, तुम और कुन्ती देवी बगलवाले कमरे में अपना डेरा ले जाओ।··· कुछ नहीं। मैं कुछ नहीं सुनना चाहती।··· रामरति, तीन नम्बर कमरा खोल दो, जाकर।

–कुछ नहीं सुनिएगा और किसी को बिला-कसूर हलाल कर दीजिएगा ? मैं अभी बड़ी मेम के पास जाती हूँ। हम लोग गरीब हैं तो क्या एकदम गुड़हट्टा की कस्बिन हैं ?

रामरती अब तक चुप थी। इस बार बोली–हल्ला-गुल्ला, रोना-पीटना अपने कित्ता में जाकर कीजिए।··· गुड़हट्ट की कस्बिन सब भी अब आवेगी, ट्रेनिंग में। देखियेगा।

बेला गुप्त के क्वार्टर से बाहर निकलकर कुन्ती देवी विभावती पर टूटी। फूहड़ मुद्रा बनाकर बोली—चुगली खाती है ? छोटी मेम से यह क्यों नहीं कहा कि कुन्ती देवी औरत नहीं मर्द है !···

—कुन्ती देवी ! बेला गुप्त चीख पड़ी इस बार।

प्रोफेसर रमा निगम ने आज नये डिजायन का कुण्डल पहना है, कान में। हवा में हिलता-डुलता रहता है, हमेशा।··· काँपता हुआ व्यक्तित्व !

मिस रेवा वर्मा से उसकी बातचीत बन्द थी। उस रात को पटनेश्वरी देवी और शिप्रा मजुमदार ने मिलकर दोनों में मेलजोल करवा दिया है।··· पहले तो, एक पान को दो टुक करके खाती थीं, आपस में।

प्रोफेसर रमा निगम और रेवा वर्मा में बहुत घनिष्ठता थी। दोनों एक ही कमरे में रहती थीं। एक-दूसरे की चीजों का व्यवहार करती थीं। प्रोफेसर निगम, रेवा वर्मा के प्रेमी के पत्रों को बिना पूछे खोलकर पढ़ती थी। फिर, पत्र का उत्तर लिखने में मदद भी करती थी। दोनों एक-दूसरे को अपनी प्रेम-कहानियाँ सुनाती थीं। इधर कई महीने से हठात् दोनों में बोलचाल, न जाने क्यों, बन्द हो गयी।

—कारण-वारण कुछ नहीं। मिस वर्मा कहती—अब बतलाइए, रेडियो का प्रोग्राम देना मेरे हाथ में तो नहीं। मैंने 'नारी-संसार' की इन्चार्ज मिसेज शर्मा से कई बार कहा। उन्होंने कुछ ध्यान ही नहीं दिया··· कौन है यह प्रोफेसर निगम ? अब मैं क्या करूँ ? मैं एस. डी. तो नहीं कि इनको प्रोग्राम का कण्ट्रेक्ट देकर खुश करूँ।

प्रोफेसर निगम हाथ में एक बादामी कागज लेकर आयी—रेवा ? देखो तो—इसमें कहाँ क्या लिखना है और कहाँ क्या काटना है ?

—क्या है ? अरे, यह तो कण्ट्राक्ट है !

प्रोफेसर निगम बोली—हाँ, अभी आया है डाक से। इसको डाक से ही भेजूँ या तुम्हारे हाथ ?

रेवा वर्मा कण्ट्राक्ट पढ़ने लगीं—स्कूल-प्रोग्राम··· सरल-भाषा में पंचतन्त्र की एक कहानी। समय—पाँच मिनट, फी—पन्द्रह रुपये मात्र !

प्रोफेसर निगम मन्द-मन्द मुस्करायी। अर्थात्—देखो, घर बैठे रेडियो-प्रोग्राम मिला या नहीं ?

मिस रेवा वर्मा ने अपने मन की बात छिपा ली। बोली—चलिए। बहुत दिनों से आप प्रोग्राम-प्रोग्राम रट रही थीं !··· तो, मोदी से आपकी जान-पहचान कब हुई ?

—कौन मोदी ?

रेवा हँसी—रेडियो स्टेशन के 'बाल-गोपाल' प्रोग्राम के 'लाल भाई'।

—अच्छा ? लाल-भाई का नाम मोदी है ?

—पहले यह बतलाइए कि लाल-भाई से कहाँ भेट हुई ?

—हमारे कॉलेज के उत्सव में रेकार्ड करने आये थे।··· लेकिन, तुम इस तरह खोदकर क्यों पूछ रही हो ?··· हँसती क्यों है ?

—लाल-भाई का एक नाम और है—रजिस्ट्रार साहब। इसीलिए पूछ रही थी। ··· खैर, अब चिन्ता की कोई बात नहीं। उनके रजिस्टर में नाम चढ़ गया है, अब बराबर प्रोग्राम मिलता रहेगा।

प्रोफेसर निगम आज बहुत प्रसन्न है। बात-बात पर हँसती है—लेकिन, वे तो प्रोड्युसर हैं।

—प्रोड्युसर नहीं, डाइरेक्टर जेनरल ! भाई, यह महज मामूली स्टाफ-आर्टिस्ट है।

—तुम भी तो स्टाफ-आर्टिस्ट हो ?

—हमारे प्रोड्युसर लोग भी स्टाफ-आर्टिस्ट हैं। और, सारंगी बजानेवाला शुबराती खाँ भी। बात यह है रमा बहन कि वह पुराना है, लोकल है और सभी कामों को अच्छी तरह जानता है। रेकार्डिंग, डबिंग, अनाउंसिंग से लेकर इफेक्ट—सभी कामों में माहिर !

प्रोफेसर निगम को विश्वास नहीं हुआ। निश्चित ही रेवा, मन में जलकर खाक हो रही है।

अचानक रेवा वर्मा को मानो कुछ खयाल हुआ। धीमे-से बोली—देखो रमा बहन, उससे कुछ मत कहना।

—क्या नहीं कहूँगी ?··· देखो रेवा, इसी बात पर अभी कुछ कह बैठूँ तो तुम नाराज हो जाओगी। आधी बात जीभ पर और आधी पेट में—यह अच्छी बात नहीं।

प्रोफेसर निगम की आत्मीयता-भरी बोली सुनकर रेवा वर्मा बोली—जब इतना पूछती हो तो कहती हूँ। लेकिन, उससे कहना मत।··· वह मोदी मशहूर 'हण्टर' है।

—अच्छा-आ-आ ? देखने में तो एकदम इन्नोसेंट-जैसा लगता है !

—एकदम इन्नोसेंट ! उसको तो नरक में भी जगह बहुत मुश्किल से मिलेगी। जानती है रमा बहन, आजकल पाँच प्रेमिकाओं की आँखों का अकेला नूर है, वह।

प्रोफेसर निगम हँसने लगी। बिछावन पर लुढ़क गयी।

—रेवा, तुमको तो 'पोयेटेस' होना चाहिए।

—रमा बहन, मोदी के काण्ड-कारबार का पुंखानुपुंख-वर्णन किया जाये तो एक महा-उपन्यास हो जाये।

—तो लिख क्यों नहीं डालती ? महान उपन्यास-लेखिका बन जायेगी मुफ्त में ही।

रेवा ने चुटकी ली—रमा बहन, वह काम तुम्हारे लिए छोड़ दिया है।

··· हँहँहँहँ !! प्रोफेसर निगम लय और ताल में हँसी।

मिस रेवा वर्मा ने—देर से ही सही—समझ लिया—'लाल-भाई' दूर नहीं, प्रोफेसर निगम के पहलू में बैठे हैं—यहीं।··· आज जाते ही मोदी को मुबारकबाद देगी, रेवा।

—तो, पाँचों रेडियो स्टेशन की ही हैं ?

—रेडियो स्टेशन की माने ? हाँ, प्रोग्रामों में आती हैं। जैसे अब आप जाया करेंगी।

—मार खायेगी, रेवा !

— मार नहीं, मैं मिठाई खाऊँगी।

··· सचमुच मिठाई मँगा रही हैं प्रोफेसर निगम ?

कमरे में पटनेश्वरी देवी और शिप्रा मजुमदार ने एक ही साथ हड़बड़ाकर प्रवेश किया—अरे जानती हो ? डोरोथी की शादी हो गयी !

—डोरोथी की शादी ? कौन डोरोथी, हम लोगों की 'नम्बर प्लीज' डोरोथी ?

—इसीलिए छुट्टी लेकर गयी है—लम्बी ?

—किससे ? कहाँ ?

—रेलवे गार्ड है। गया में···।

—चलो, एक यहाँ बाँकीपुर में ट्रंक-कॉल का नम्बर भिड़ावेगी और दूसरा उधर लाल-हरी झण्डी हिलाकर गया से मुगलसराय संटिंग करेगा—इंजन !

रेवा वर्मा की बात पर सभी हँस पड़ीं।

रेवा वर्मा बोली—चलो, इसी बात पर यहाँ आज मिठाई बँटके रहेगी।··· रामरति ! रमा बहन बुला रही हैं।

—पाँच रुपये की मिठाई ले आओ। क्यों रेवा, नमकीन भी ?

रामरति चली गयी। तब प्रोफेसर निगम ने कहा—अच्छा रेवा, जब कोई बेचारा वहाँ जमशेदपुर में नाइट-कॉलेज में पढ़ाता रहेगा और यहाँ कोई कहेगी—'यह आकाशवाणी है', तब ?

—तब, आप 'लाल-भाई' से मिठाई वसूल कर मुझे खिलायेंगी।

पटनेश्वरी देवी और शिप्रा मजुमदार को आश्चर्य हुआ··· यह 'लाल-भाई' कौन है ?

'दाईकित्ता' में भी इस शादी की सूचना पहुँची।

जानकी देवी बोली—सुनते हैं कि ऊपरवाली में से किसी एक की शादी हुई है, आज। रामरतिया, एक टोकरी पूरी-कचौरी और मिठाई ले जा रही थी।

कुन्ती देवी आजकल दिन-रात सभी से कुढ़ी रहती है। उसने बड़ी मेम के पास जाकर शिकायत की। बड़ी मेम ने भी कुछ नहीं सुना। रुक्मिणी छुट्टी लेकर घर गयी है। कुन्ती देवी अकेली रहती है। किसी से नहीं मिलती। किन्तु, दिन-भर सभी को लक्ष्य करके बातें फेंकती रहती है। वह अपने-आपसे बातें करने लगी—शादी हुई तो तुम लोग जाकर नाचो। मिठाई बँट रही है। जाओ, मिलेगी सभी को। ऐसी जीभ में आग लगे। मैं किसी से नहीं कहती।··· शादी तो इस कित्ते में भी होगी। देखना, आँखें खोलकर।

जानकी देवी हँस पड़ी। कई दिनों से कुन्ती देवी से कोई गप नहीं हो सकी है। बोली—ले-ले। ले भला। तो, मुझसे क्यों झगड़ती है कुन्ती देवी ?

तारा देवी पहले से ही कुन्ती देवी के पास बैठी थी। असल में, बड़ी मेम के किरानी बाबू ने जो कुछ भी कहा है, उस पर अमल करने के पहले कुन्ती देवी का मन टटोलने आयी थी। इसी बीच जानकी देवी आ गयी। ··· इस जानकी देवी का कोई ठीक नहीं। कभी इधर, कभी उधर। डगरे का बैगन है !

जानकी बोली–विभावती को छोटी मेम बहुत मानने लगी है। आज चाह भी पिलाया है।

तारा देवी ने कहा–और, गौरी ? वह तो तरकारी खा आयी है, मछली की !

कुन्ती देवी से भी बड़ी मेम के किरानी बाबू ने कुछ कहा है ! वह अभी मन में ही रखेंगी, उस बात को। वह बोली–बड़ी मेम दिल्ली जा रही है। दिल्ली से बम्बै–एक महीने का सफड़।

–तो, एक महीना यह छोटी मेम ही राज चलावेगी ?

–नहीं तो, तुमको दे जायेगी राज-पाट। कुन्ती देवी हँसी।

जानकी देवी धीमे स्वर में बोली–अच्छा छोटी मेम का कुछ पता चला कि कुमारी है या बेवा या क्या है ?

–न कुमारी न बेवा, सदा सुहागिन।

हल्की हँसी, एकान्त में कुछ देर तक हिलकोरें लेती रही। तारा देवी बोली–देखती नहीं है, रोज शाम को एक घण्टा-डेढ़ घण्टा गायब रहती है।··· अण्डा-मछली की गर्मी उतारे बिना बाँकीपुर की गर्मी कैसे बर्दाश्त कर सकती है।

जानकी देवी ने कहा–साँझ में तो, सुनती हूँ कि किसी संन्यासी-आश्रम में जाती है। रामरति बोलती थी।

–संन्यासी-आश्रम में ही तो भोग··· ।

कुन्ती देवी बात नहीं पूरी कर सकी। सभी हँस पड़ीं।

तीनों अधेड़ महिलाओं के मन से दुराव-छिपाव का भाव दूर हो गया। कुन्ती देवी ने बीड़ी-माचिश निकालकर सामने रख दिया। तीनों महिलाओं ने बारी-बारी से बीड़ी सुलगाया।

तारादेवी बीड़ी पीते समय बहुत थूक फेंकती है। एकदम लगावेगी, फिर खाँसेगी और थूकेगी। जानकी देवी को यह आदत बड़ी घिनौनी लगती है। लेकिन, आज इस ओर उसका ध्यान नहीं गया।

–बड़ी खटांस है !

–नम्बरी मक्खीचूस !

–ऐसी औरत 'भितर-छिनाल' होती है।

–'चूतड़-चालाक' भी है।

–इससे ऊपरवाली सब भी चिढ़ी रहती हैं।

–बूढ़ी मुनिया और उसकी बेटी रामरतिया दोनों माँ-बेटी ने तो मानो मुट्ठी में कर रखा है, इसको।

–अन्दर-ही-अन्दर हिस्सादारी होगी।

—चुप ! गौरी आ रही है।··· गौरी के हाथ में क्या है ?

गौरी हँसती आयी—सुरती सहुआइन का परसाद है। सभी के लिए एक-एक सिंघाड़ा और मेंहींदाना।

कुन्ती देवी ने गौरी की ओर आँखें उठाकर देखा भी नहीं।

कुन्ती देवी को डर है, यह लड़की भी किसी दिन कुछ कह दे सकती है। पाँच-सात दिनों तक कुन्ती और गौरी देवी अकेले ही थीं—ट्रेनिंग शुरू होने के समय।··· यह लौंडिया इतनी चालाक कि रात में बगल के कमरे में सोने लगी।···

कुन्ती देवी बोली—मैं नहीं खाती वह सब।

गौरी बोली—तो, सुरती सहुआइन ने तेरा क्या बिगाड़ा है, कुन्ती मौसी ?··· हरिजन तो वह मुझे समझती है।

—मुझे मौसी-पीसी मत कहे कोई।

—क्यों री गौरी ! छोटी मेम के घर कोंहड़े के लत्तर की भाजी कैसी बनती है—सूखा या रसदार ? छोटी मेम खुद बनाती है।

—उँहु ! खुद नहीं बनाती है—बनाता है उनका वह डिब्बावाला··· क्या नाम है भला—कूकड़ ! सभी चीजें डाल देती है, एकसाथ। और जब उतारती है तो भात अलग, दाल अलग, तरकारी अलग।

गौरी देवी भाँप गयी··· यहाँ कोई अदगोई-बदगोई चल रही थी। जहन्नुम में जायें। वह हँसती आयी थी और मुस्कुराती वापस गयी।

जानकी बोली—एक बात पर तुम लोगों की नजर गयी है ?

—किस बात पर ?

—वहाँ जनाना अस्पताल में ?

तीनों महिलाएँ फिर हँसीं—ओ-ओ !

ट्रेनी-लड़कियों के कई क्लास जनाना अस्पताल में होते हैं। वहाँ के कई मर्द डाक्टर और स्टुडेण्ट गौरी देवी के इर्द-गिर्द मँडरा रहे हैं।··· यही न ? देखा है, देखा है। सभी की नजर गयी है। यहाँ तक कि डाक्टर चाको मेम साहब की भी···।

—रुक्मिणी का घरवाला यहाँ का नामी छुरेबाज है।

रुक्मिणी छुट्टी लेकर घर गयी है।··· अब यहाँ नहीं रहेगी, शायद। बच्चों की किलकारियों से सेण्टर का एक कोना मुखरित है।

सुबह आठ बजे के पहले ही, मिल्क-सेण्टर में दूध पीनेवाले बच्चे जमा हो जाते हैं। बेला गुप्त को सभी नये-पुराने बच्चों के नाम याद हैं।

आठ बजे से साढ़े-नौ बजे तक इन्हीं बच्चों के पीछे लगी रहती है—अरी ओ किशोरी, अपने भाई को सँभाल। गिर पड़ेगा।··· लतीफ, फूल नहीं तोड़ते। बेंच पर बैठो जाकर।··· जहाना, कटोरी ले आ। गोली मिली है न ? ले आ शीशी। इधर।··· ए-ए राधेश्याम—तू मार खायेगा। ला, रामरति राधेश्यमवाँ को कोई यहाँ ले आ। कल से तू मत आना। लड़कियों को गाली देता है ?···

फूलपतिया की छोटी बहन–पाँच साल की बुलबुलिया अपने कुत्ते के बच्चे को ले आयी है, गोदी में। दुबला-पतला रोगी पिल्ला–ए बुलबुल ! हँटा उस गन्दे पिल्ले को।

बुलबुल बहुत निडर लड़की है। तुतलाकर कहती है–इथ, काहे हन्ताम। पैथा लेके कात बना दिदिए न हमाले लाकेत कुमाल को।

–क्या नाम है इसका ? क्या कहा–कौन कुमार ?

फुलपतिया हँसती है, बतीसों दाँत निकालकर। हँसती हुई बोली–जी, रॉकेट कुमार !

–ए-ए-हे-राकेट कुमार ना रिकेट कुमार। कार्ड बना दीजिए ! ला, कहाँ है पैसा देखूँ ?

बुलबुल सचमुच हाथ में इकन्नी ले आयी।

फुलपतिया बोली–बगल के पगलू दादा ने नाम रख दिया है।

बेला गुप्त ने हँसकर कहा–दे-दे रामरति आधा डब्बू दूध इसके रॉकेट कुमार को।

बुलबुल तुनुककर बोली–आधा दब्बू काहें··· ?

–अरी भाग ! पगलू दादा इसे भी पगली बनावेंगे।

बुलबुल अपने रॉकेट कुमार के लिए बर्तन ले आयी है। रामरति ने आधा डब्बू दूध डाल दिया। चटर-चटर करके तुरत पी गया। और रामरति की ओर नहीं--बेला गुप्त को देखने लगा।

–नहीं। और नहीं। कड़ाही-भर दूध पी जायेगा फिर भी तेरा पेट नहीं भरेगा। ··· बुलबुल, इसे सुपारी जलाकर खिला। पेट निकला हुआ है इसका।

दूध बाँटने के बाद ही बेला गुप्त, हेल्थ-विजिटर और मिडवाइफ की टोली के साथ 'एरिया' के राउण्ड में जाती है। हेल्थ-विजिटर नयी 'पीजी मदर' (गर्भवती माता) खोजेगी। बातें करेगी।··· कहीं स्वागत होगा। कहीं झिड़की सुनेगी। हँसेगी, सहेगी। शान्त-शिष्ट होकर समझावेगी। ··· मिडवाइफ और मेटेरनिटी-सेण्टर से मिलनेवाली सुविधाओं के बारे में बतावेगी। कभी, मुहल्ले की गन्दी धाई-चमाइनों की गालियाँ सुनेगी–आ गयी मेमिनियाँ-सब। खूब कोख खाती फिरो घूम-घूमकर डायन सब–कहती है बच्चा कम पैदा करो।···

बेला गुप्त साथ में रहती है तो चमाइनें चुप रहती हैं।

बेला गुप्त, मिल्क सेण्टर में दूध पीनेवाले बच्चों के घर जाती है। बीमार बच्चों को सेण्टर में–शनिवार के दिन आने को कहती है। डाक्टर चाको, अगस्त महीने से सप्ताह में एक दिन चिल्ड्रेन्स-क्लिनिक लेने लगी हैं, सेण्टर में।··· शिल्प-केन्द्र में मुफ्त में सिलाई-कटाई सीखने के लिए–महिलाओं को बुलाती है।

··· दोपहर को लौटकर एक घड़ी में भी जो शान्ति मिले बेला गुप्त को।

–रामरति ! कौन है ?

–रुकमिनी का घरवाला है। आपसे बात करना चाहता है।

–रुक्मिणी का पति फटफटिया-गाड़ी चलाता है। उसने आकर भद्रतापूर्वक नमस्कार किया। बोला–हुजूर ! हमारी वाइफ आज सतनारायन-कथा करवा रही है। सो, कुन्ती देवी, जानकी देवी और गौरी देवी को कथा सुनने के लिए बुलायी है।

बेला गुप्त बोली–देखिए, उन लोगों की छुट्टी डाक्टर चाको मेम साहब से जाकर लीजिए।

–हुजूर हैं तो फिर डाक्टर चाको···।

–नहीं। डाक्टर चाको ने कहा है कि बिना उनके पुर्जे के किसी लड़की को छुट्टी नहीं दी जाये। आप पुर्जा ले आइए।

रुक्मिणी का पति कुछ कहना चाहता था। बेला गुप्त अपने कमरे में चली गयी।

–दीदीजी ! शारदा कुमारी का मुलाकाती आया है।

–कौन है शारदा का ?

–कहती है कि चाचा है।··· चाचा ही होगा। एकदम देहाती है। कम्बल-लोटा वाला···।

–शारदा कुमारी को भेजो।

–जी, दीदीजी, गोड़ लगती हूँ, दीदीजी !

शारदा कुमारी इस तरह थर-थर क्यों काँप रही है ?

–जी दीदीजी, काका आये हैं गाँव से दही-चूड़ा लेकर।··· अथि में अथि लगा हुआ है यहाँ।···

–फिर अथि ? किसमें क्या लगा हुआ है ?··· तुम इस तरह थर-थर क्यों काँप रही हो ?

–दीदीजी, काका ! यहाँ अथि में··· हाईकोर्ट में मोकदमा लगा हुआ है

–वहाँ बड़े कमरे में ले जाओ–बैठाओ।

कूकर के डिब्बों से गर्म भात और आलू निकालकर खाने बैठी बेला गुप्त। रामरति आयी–दु-तीन गो क्रिस्थान साहब लोग 'टेलिफोनी-दीदी' को फूल देने आये हैं।

–तो, कह क्यों नहीं दिया कि डोरोथी दीदी छुट्टी में हैं। और, शादी यहाँ–नहीं–गया में हुई है।

–बोली तो, कहते हैं कि अब यह फूल का गुलदस्ता कहाँ ले जायेंगे लौटाकर। मेम साहब को दे देंगे।··· छोड़का साहेब लोग हैं–राँची के काले साहब लोग। 'पीयले' है, भरसक।

–फाटक बन्द कर।··· दिल्लगी करने आया है !

–कंकड़बाग सेण्टर से ड्राइवर आया है दूध लेने।

–कागज ले आया है ?··· गोदाम खोलो, मैं आती हूँ।

··· उँहु ! बेला गुप्त अब नहीं सह सकेगी !

··· यह किसकी सेवा कर रही है–वह ?

युथिका, सही जगह पर चली गयी–जमशेदपुर में, रामकृष्णमिशन द्वारा परिचालित टी. बी. सेनिटोरियम में काम कर रही है।···

युथिका ने स्टाफ की ट्रेनिंग पूरी कर ली थी।··· बेला गुप्त सेकेण्ड-इयर में ही थी कि नर्सेस-क्वार्टर छोड़ना पड़ा। ट्रेनिंग छोड़नी पड़ी।

··· बेला देवी ! गुजरी हुई जिन्दगी, फटी-पुरानी कथरी नहीं कि उतारकर फेंक दिया। यह कथरी उतरनेवाली नहीं।··· फिल्म का रील नहीं कि कैंची चलाकर 'एडिट' कर दिया–कलापूर्ण ढंग से !··· निस्तार नेई, निस्तार नेई !!

··· बेला गुप्त के साथ उस रात को पाँच लड़कियों ने नर्सेस-क्वार्टर छोड़ा था–विरोध में 13 सितम्बर, 1943 की रात को !

··· युथिका, फातिमा, सरस्वती देवी और आयसा !

युथिका–धनबाद कॉलेज के प्रोफेसर की जिद्दी बेटी।

फातिमा–सोनपुर के एक नेशनलिस्ट मौलवी साहब की पगली बेटी। बुर्का-पर्दा मुर्दाबाद करके–इनकलाब करके घर से निकल आयी थी !

सरस्वती देवी–भागलपुर के एक सनातनी-परिवार की बाल-विधवा वधू।

आयसा–जन्म से पंजाबी, स्वभाव से बंगाली। बंगाली पढ़ती-बोलती थी। ढाका से आयी थी।

और, बेला गुप्त ?

··· बेला गुप्त, बाँकेबिहारी के दोस्तों के पॉकेट-क्रान्तिकारी-दल के आवर्त से उबरकर–लहरों पर तैरती, बनारस की गलियों और काल-कोठरियों से निकलकर गंगा में पाप धोकर कलकत्ता के मातृ-कल्याण-संघ के किनारे लगी। किनारे नहीं लगी–फिर जाल में फँसी। निकली और युथिका के साथ–1940 ई. में कलकत्ता से बाँकीपुर मेडिकल कॉलेज में ट्रेनिंग के लिए आयी।

दो ही वर्षों में बेला गुप्त ने, बाँकीपुर जेनरल हॉस्पिटल में अपनी जगह बना ली। साढ़े-तीन सौ लड़कियों के बीच–पाँच लड़कियों की एक अलग टोली।··· ऐसी टोली, जिसमें हर वार्ड के मरीज, कुली, जमादार, नर्स, डाक्टर और मरीजों के एटेण्डेण्ट–अपने ही वार्ड में हमेशा देखना चाहते थे।

··· बेला की देह स्पन्दित हो उठती है।

··· सबकुछ भूलकर, बेला ने नयी जिन्दगी शुरू की थी। जीवन पर फिर विश्वास जमा था–एक नन्हा-सा पौधा प्यार का फिर पनपा था–झुलसे हुए बाग में !

··· वे दो वर्ष–जीवन के उज्ज्वल वर्ष !

··· 1943 में फिर भावुकता के चंगुल में··· इस बार की पकड़ में एक अद्‌भुत जादू था। वह इससे निकलना नहीं चाहती थी।

··· प्रिजनर-पेसेण्ट, राजनीतिक-बन्दी-रोगी–राइटिस्ट, लेफटिस्ट, क्रान्तिकारी–पेयिंग-वार्ड, कमरों में, सभी केबिन में और प्रिजनर वार्ड में भरे पड़े थे।

··· उनमें–रमाकान्त ही एक देशभक्त तो नहीं था। फिर, उसके लिए बेला को क्यों रात-भर नींद नहीं आती थी ?

··· बाँकेबिहारी की पार्टी नकली क्रान्तिकारी पार्टी थी। बाँकेबिहारी नकली क्रान्तिकारी था। और, रमाकान्त ? उसकी पार्टी प्यारी थी बेला को या रमाकान्त स्वयं ?

··· बाँकेबिहारी का उसने सदा विरोध किया। उससे लड़ी-झगड़ी। उसकी मृत्यु का संवाद सुनकर बोली–धरती माता का भार हल्का हुआ। और, रमाकान्त में कौन-सा खोया धन मिला था। जो हमेशा कलेजा से चिपकाये रखना चाहती थी। बेला ?··· रमाकान्त की बात–ब्रह्मवाक्य !

··· और, रमाकान्त ने एक दिन केबिन से भागने की असफल चेष्टा की।

··· नहीं-नहीं ! बेला कुछ नहीं जानती थी रमाकान्त की योजना के बारे में। यदि जानती तो निश्चय रोकती, समझाती और अन्त में पुलिस को सूचित कर देती। उसके दोनों फेफड़े जर्जर थे। दाहिने में ए. पी. दी जा रही थी। कम-से-कम पाँच महीने सम्पूर्ण विश्राम की आवश्यकता थी, उसे।

··· नहीं-नहीं ! उसे क्या मालूम कि रामसिंह बुक्सेलर की दुकान से जो रामायण वह ले आयी थी उसकी जिल्द में ही–बाहर से बनकर आयी हुई–भागने की योजना छिपी हुई थी। उसे कुछ नहीं मालूम !

··· नहीं। रमाकान्त की मृत्यु का संवाद सुनकर बेहोश नहीं हुई थी। उसे अपने बाप की याद आयी थी–अपनी माँ की याद आयी थी–इसलिए वह हिचकियाँ लेकर रो रही थी।··· वह भागा क्यों ? मरने के लिए ही तो भागा था। मृत्यु उसे घसीट ले गयी–गंगा के किनारे। बीच गंगा में–तैरता हुआ पकड़ा गया। किन्तु, नाव पर आकर फिर ऐसा भागा कि··· सभी धर-पकड़ से बाहर। मुक्ति !!

··· अहा-हा ! उसने मरते समय यों ही··· हाँ··· यों ही बेला का नाम ले लिया होगा। क्योंकि बेला उस दिन सुबह··· हँसी-हँसी में उसको बिछावन पर बेल्ट से बाँध रही थी। डाक्टर हई ने कम्पलीट रेस्ट कहा था और वह केबिन में चक्कर लगा रहा था–रमाकान्त चिढ़कर बोला था–बन्धन ? तुम्हारी सरकार का बन्धन, तुम्हारा बन्धन–किसी का बन्धन रमाकान्त कभी कबूल नहीं करेगा !··· बेला ने चिढ़कर कहा था–नहीं कबूल करेगा तो, मरेगा !

··· इसीलिए उसने मरते वक्त कहा होगा–बेला, मैं कोई बन्धन नहीं मानूँगा !

··· क्या कहा था ? और क्या बोला था रमाकान्त अन्तिम साँस लेने के पूर्व ? क्या ? हा-हा-हा !!

बूढ़ी मैट्रन मिस कुरियन की घुड़कती हुई नीली आँखों में बिजली कौंधी थी। उसने खप से बेला की कलाई पकड़ी–बेला लड़की ! तुम झूठ नहीं बोलतीं। तुम उसको देश के वास्ते 'लव' नहीं करती थीं ? है न ? अपने वास्ते लव करती थीं। लेकिन, पुलिस को शक है।··· ठीक है।

··· नहीं-नहीं !

—बेला लड़की ! तुमको हर हालत में क्वार्टर छोड़ना होगा। बाहर जाओ—पुलिस अपना काम करेगी। कानून अपना काम करेगा। मुझे दुःख है लेकिन··· यहाँ कोई गड़बड़ी नहीं होने दूँगी।··· अभी जाओ, इसी रात में।

मैट्रन की इस आज्ञा के विरोध में चार लड़कियों ने नर्सेस-क्वार्टर छोड़ा था—उस रात को।

··· पाँचों, मखनियाँ-कुआँ में—मुनिया के खपरैलवाले घर में जाकर ठहरी थीं।

··· इसके बाद—पूछताछ, पुलिस-सी. आई. डी. और बदमाशों की रोज आवाजाही शुरू हुई। रात में डेढ़ बजे एस. पी. साहब पहुँचते, तीन बजे भोर में डी. एस. पी.।··· जितनी पूछताछ सब रात में ही। फातिमा ने कहा था—रात में अब आइयेगा तो दरवाजा नहीं खोलेंगी। आप हमें गिरफ्तार कीजिए, हमें कबूल है मगर रात में आपकी सूरत···।

तीसरे दिन हँसती हुई आयी थी एक महिला—कहाँ हैं वे पंचकन्याएँ ?··· की, कोथाए गो पंचकन्यारा ?

··· मिसेज रमला बनर्जी !

रमला मौसी ने सबकुछ सुनने के बाद कहा था—कोनो भय नेई।··· डरने की कोई बात नहीं।

रमला मौसी ने सभी झंझटों को दूर किया।

··· युथिका और फातिमा को रमला मौसी ने फिर से ट्रेनिंग की सुविधा दिला दी। सरस्वती देवी, आयसा और बेला गुप्त—रामरति की माँ—गरीब विधवा मुनिया का घर किराये पर लेकर रहने लगीं। रमला मौसी ने 'नारी शिल्प-केन्द्र' के फण्ड से डेढ़ हजार रुपये की सहायता दी थी—आसनी, टेबुल-क्लाथ, स्वेटर आदि तैयार करने के लिए।

··· फिर, एक दिन हँसती हुई आयी थी—बेला, हो गया। तुम्हारे योग्य काम का इन्तजाम हो गया। अब हमारा वर्किंग-विमेंस बोर्ड का काम बाजाप्ता शुरू हो जायेगा।

··· डेढ़ सौ रुपये मासिक पारिश्रमिक पर फिल्ड-आर्गेनाइजर का काम करने लगी। आज तक वह फिल्ड-आर्गेनाइजर है और पारिश्रमिक भी वही है। बेला गुप्त ने इसके लिए कभी कोई आवेदन-निवेदन नहीं किया।

··· युथिका, स्नेहलता, शिवानी, फातिमा, ओलिव-लिवाय, मिस बाड़ला, सरस्वती देवी, कंचनलता, आयसा, पारूल और बेला।

तब, रमला मौसी कहने लगी—एकादशी-संघ !

युथिका ने लिखा है, जमशेदपुर से—रमला मौसी के बाद फिर हमारे सेण्टर पर और खासकर मुझपर क्या बीती, इसको लिखने का साहस मेरे पास नहीं। जो नहीं हुआ, उसके लिए भगवान को असंख्य धन्यवाद।··· यहाँ पहुँचा दिया भाग्य ने। पूर्वजन्म में निश्चय ही मैंने थोड़ा पुन्य किया—पहली बार जीवन में—परिपूर्ण आत्मतृप्ति।

··· और बेला ? जीवन-भर जलती रहेगी ?

अन्नपूर्णा आज चली गयी।

अंजु-मंजु—जुड़वाँ बहन !

श्रीमती आनन्द की कोई नहीं; अंजु-मंजु। लेकिन, श्रीमती आनन्द लोगों से कहती है—मेरे स्वर्गीय मामा की लड़कियाँ हैं। खड्गपुर से ले आयी है इन्हें। पाटलिपुत्र महिला कालेज में पढ़ती हैं और वर्किंग-विमेंस होस्टल में ही इन्हें रखा है श्रीमती आनन्द ने—बेला गुप्त से लड़-झगड़कर।

अंजु-मंजु लोकगीत गाकर नाचती हैं।

नृत्य-गीत के जानकार उनके नाच-गान में अनेक त्रुटियाँ निकाल सकते हैं। किन्तु, दोनों बहनों में—ईश्वरप्रदत्त कोई विशेष बात थी कि स्टेज पर उतरतीं और ऑडिटोरियम में लोग पागल हो जाते।··· इतनी कम उम्र की लड़कियों की ऐसी विकसित देहयष्टि। मछुवारिन-नाच में दौड़-दौड़कर, ताल पर मछलियों को बाँहों में भरने का भाव दिखातीं तो मिस्टर आनन्द जैसे गंजी खोपड़ीवालों के भी सिर के गिने-चुने बाल खड़े हो जाते।··· अब यह तो अंजु-मंजु ही बता सकती हैं कि किस प्रदेश की मछुवारिनें बाहुबन्धनों में मछलियाँ पकड़ती हैं, उस तरह ? लेकिन, इस नाच को देखकर बाँकीपुर के सैकड़ों प्राणियों के मन की मीन जल के बिना तड़प उठती थी।··· औरतें चिल्लातीं—ए ! आइसक्रीम—इधर से लाओ !

कॉलेज के विद्यार्थियों ने नाम दिया है—अंजन और मंजन !···

श्रीमती आनन्द गर्व से कहती है—यदि हमारे-जैसा लोकल-गार्जियन नहीं होता तो बाँकीपुर के लोग दोनों बहनों को कच्चा ही चबा देते।···

वर्किंग-विमेंस होस्टल के कमरा नम्बर दो में रहती हैं। बहुत चुपचाप रहती हैं, दोनों बहन। किसी से नहीं बोलतीं। लेकिन, कोई पुरुष आ जाये—दोनों थिरकने लगती हैं।··· मिस्टर आनन्द को देखकर कूक उठती हैं दोनों, एकसाथ।··· गौरी देवी को बुलाकर बातें करने लगी हैं, इधर कई दिनों से।··· सुखमय घोष अब 'रेवाज' करने नहीं जाता।

··· सुखमय घोष के अन्दर के चोट खाये हुए—कुण्ठित कलाकार ने एक राह निकाली है। वह श्रीमती आनन्द के सामने, प्रस्ताव रखने में हिचकिचा रहा है ··· किन्तु ! सिर खुजलाता है और दाँत निपोड़कर चुप हो जाता है।

—क्या है घोष ?

··· श्रीमती आनन्द गम्भीर हैं ? घोष्ट नहीं, घोष कहती हैं ?

—आगें, एक ठो अर्जी है हमारा···।

—बाबा, कह तो दिया कि तुम्हारी दर्खास्त··· ?

—आगें, ओ बात नहीं, दूसरा है।

सुखमय घोष ने 'वाइफ एण्ड हजबैण्ड' नामक एक नाच की परिकल्पना की

है। नाच का थीम, स्वर, शब्द और सुर सभी सुखमय घोष के हैं। सिर्फ, नाच के लिए वह प्रार्थना कर रहा है श्रीमती आनन्द से–यदि अंजु-मंजु उसके इस नृत्य को प्रस्तुत करें तो सुखमय घोष··· बड़ी मेम जो कहेगी–करेगा। सारी जिन्दगी गुलामी करने को तैयार है, वह।

अब श्रीमती आनन्द मूड में आ गयी–अरे बुड्ढा खोका ! तुम्हारे पेट में इतनी विद्या है ?··· शैतान ! अंजु बनेगी वाइफ और तुम बनेगा हजबैण्ड ?

–आगें नेहीं। मंजु बनेगी हजबैण्ड।··· हॅम खाली डाइरेक्ट करेगा। ··· उस दिन बेला गुप्त बोली जे आप क्या हुआँ ड्रामा करने जाता है। बस, मेम साहब–हमको उसी घड़ी मन में ऐसा राग हुआ···।

–अच्छा, सुनाओ–क्या है इस वाइफ एण्ड हजबैण्ड में। बढ़िया हुआ तो इसी बार, छब्बीस जनवरी को ही 'शो' दिलवा दूँगी। सुनाओ !

सुखमय घोष के जीवन में ऐसे सुखमय अवसर बहुत कम आये हैं। उसकी सूखी काया के भीतर न जाने कब से घुटती हुई–कलाकार की आत्मा पुलकित हुई। उसके चेहरे पर एक अपूर्व आभा छा गयी। उसने प्रारम्भ किया–देखिए मेम साहब ! मन में बुझिए कि··· स्टेज पर घनऽअंधऽका-ा-ा-ा-ा-र है। एक ठो तारा जॅलजॅल करता है आकाश में··· करता है कि नहीं ? एई बार··· थोड़ा-सा 'आलो' हुआ कि हॅम पीछू से बेहाला पर मुर्गा की बोली बजाबेगा–फिन थोड़ा-सा आलो–हॅम बेहाला पर कोकिल का डाक देगा, फिन पाखी का चूँ-चूँ बजाबेगा–फिन थोड़ा आलो-अंधऽकार में एक ठो लेकड़ी सोयी है···।

–कहाँ सोयी है ?

–आपना घर में।

–तब ?

–तब ? तॅब··· हाँ, फिन आलो–लेड़की आस्ते-आस्ते पास फिराये के चित्त हो जायेगी··· सब ठो ताल पर होगा, किन्तु··· फिन आलो, हॅम बेहाला पर 'अकेली मति जैइयो राधे' भैरवी सुर में बजावेगा–खूब दूर में–फिन आलो···।

–अरे, कितना 'फिन आलो' करेगा घोष्ट ?

श्रीमती आनन्द अपनी हँसी को नहीं रोक सकी। बोली–चलो, आगे बढ़ो। ··· फिन आलो, तब ?

–तॅब, इस बार आलो ठो एकदॅम बुक पर आये के ठिकराये कर–थाम जायेगा। फिन, उधर बैकग्राउण्ड में पर्दा पर हिमालय को चुड़ा पर आलो देगा–इधर में दु-तीन लोक–एक-दु ठो लेड़की होने से चमत्का-ा-ा-र–एक ठो लोकगीत गावेगा–जागो रे जागो रे जागो रे-ए-ए भै-या-फिन से हुआ बिहान जागे रे जागो रे-ए-ए-ए-कि फिन आलो··· एकदम सब आलो··· !!

–भालो-भालो ! फिन आलो !!

–आगें, आलोक-सम्पात में ही तो सब खेला है।

श्रीमती आनन्द को हठात् किसी बात की याद आयी। बोली–ठीक है

घोष–अंजु-मंजु नाचेंगी। लेकिन, उसके अपने साजिन्दे हैं।···

–उन लोगों को हॅम ठीक कर लेगा। मेम साहेब··· ।

घोष, श्रीमती आनन्द के आगे झुक गया। आज भी उसने लपककर श्रीमती आनन्द का पैर पकड़ लिया। आज श्रीमती आनन्द ने पैर छुड़ाने की चेष्टा नहीं की।··· अच्छा लगता है।

–ठीक है, तुम्हारा 'वाइफ एण्ड हजबैण्ड' होगा।

–हॅम जीवॅन-भोर आपका चाकरी करेगा।

–जीवन-भर चाकरी करने की जरूरत नहीं, घोष ! जो काम तुम्हारे जिम्मे है उसको चतुराई से कर दिखाओ।

–आगे हॅम देखाये देगा आपको। हम बेला गुप्त को झाड़कर कापड़ पहराय देगा।

श्रीमती आनन्द ने मुस्कुराकर दाँतों से जीभ को दबाया–अरे-रे ! ऐसा मत करना।

–हम लोगों का भाषा में एक फ्रेज है कि 'झेड़े-कापड़ परिए देउया' माने झाड़कर कापड़ पहिराये देगा। हॅम वही करेगा।

–जाओ तुम। आज छुट्टी !

··· पता नहीं, बागे को कहाँ देरी हो गयी ! डेढ़ बजे आनेवाला था, ढाई बज रहे हैं। टेलिफोन तो करना चाहिए भले आदमी को कम-से-कम। कुछ गड़बड़ तो नहीं हुआ कहीं ?··· नहीं, आ गया। बागे की गाड़ी का ही हॉर्न है।

··· बागे ने आज कीमती टाई बाँधी है। साथ में यह किस छोकरे को लिए आ रहा है ?

बागे ने काला चश्मा उतारकर दाहिनी आँख मींची–भाभी ! आइए आपको बाँकीपुर की एक बड़ी हस्ती से मिलाऊँ। मनोरंजन झा, बाँकीपुर-टाइम्स के स्टाफ-रिपोर्टर और आप– श्रीमती आनन्द।

–नमस्कार।

–नमस्कार जी।··· अच्छा, बाँकीपुर-टाइम्स में कितने स्टाफ-रिपोर्टर हैं ? मेरे पूछने का मतलब है कि हमारे बेबी-शो की रिपोर्टिंग किसने की थी ? आपने ही ?

झा ने कमरे में प्रवेश करते ही ऐसे आक्रमण की कल्पना नहीं की थी। वह तुतलाया तनिक–जी ? जी हाँ। क्यों ?

न जाने क्यों, श्रीमती आनन्द ने बहुत हल्के अन्दाज में–झा से बातें शुरू कीं–अच्छा। तो, आपकी ही थी वह रिपोर्टिंग ? आप बिहारी हैं ?

–जी। परदादा मैथिल थे। मेरा जन्म पूना में हुआ। पढ़ाई-लिखाई इलाहाबाद में हुई।··· कह नहीं सकता, मैं कितना परसेण्ट बिहारी हूँ।

–इसी से,ए-ए !

–क्यों, क्या बात है उस रिपोर्टिंग में ?

–उस बेबी-शो में किस बेला गुप्त ने क्या किया था जो आपने डेढ़ कॉलम

में उसकी तारीफ लिख मारी ?

—तारीफ करने योग्य काम कोई भी करे...।

—गलत। संस्था के सामने व्यक्ति का कोई मूल्य नहीं।

रटे हुए तोते की तरह श्रीमती आनन्द बोल गयी।

... तो, यह छोकरा भी बागेवाली निगाह से देखता है, श्रीमती आनन्द को ? अपनी देह के जिस अंग से उसे चिढ़ है, जिसके लिए उसे लज्जित होना पड़ता है—उस अवांछनीय अंग की ओर प्रशंसा की दृष्टि से देखनेवालों की आँखों को पकड़ने में वह कभी गलती नहीं करती। वह मन-ही-मन, ऐसी ललचाई निगाह से देखनेवालों को चाहने लगती है।... महान्ती, आनन्द, बागे, तुलपुले, देसाई और यह मनोरंजन झा !

... छोकरा छँटा हुआ बदमाश है। बेला से निश्चय ही इसका परिचय होगा। सम्भवतः दीदी भी कहता हो। ऐसे ही भाइयों के बल पर बेला, श्रीमती आनन्द को अपमानित करने का साहस कर सकती है—भरी मीटिंग में।

श्रीमती आनन्द ने मिट्टी पहचानकर, खुरपी चलायी—खैर, आप अपने को असल बिहारी नहीं कहते। लेकिन, जो असली बिहारी हैं, उन्हें भी लाज नहीं।... देखिए, मैं बिहारी नहीं—मेरे माँ-बाप-पति कोई बिहारी नहीं। लेकिन, बिहार में—खासकर इस बाँकीपुर में—बहुत-से बिहारी नौजवानों को देखा है जो सूखी 'चच्चड़ी' और सड़ी हुई मछली के लिए जान देते हैं। जो, छोटी-छोटी पकी हुई बंगालिन लड़कियों को 'रोसोगोल्ला' खिलाकर उनके 'मिष्टी-मुख' से एक बार 'दादा' सुनकर धन्य हो जाते हैं।... आपने बंकिमनाथ, रवीन्द्रनाथ, शरदनाथ या किसी भी बंगाली राइटर की किताब पढ़ी है ? मैंने भी नहीं पढ़ी कोई। आनन्द कहता है कि 'गुरुदेवा' से लेकर 'चेलादेवा' तक—सभी बँगाली राइटर ने बिहारियों को उजड्ड, गँवार, गुण्डा, खोट्टा, मूर्ख ही लिखा है।—बाड़ी ते एकटा हिन्दुस्थानी चाकर, एकटा भोजपुरे लठेल, एकटा खोट्टा दरबान छिलो !... हुँ, मानो बंगाल, हिन्दुस्तान से बाहर कहीं आस्मान में टँगा हो।... सोनार बाँगलावाले, बिहार को 'आमार कानीकौड़ी-बिहार' भी नहीं कहते कभी। बिहार का यंगर-जेनरेशन तो और भी रीढ़हीन है—न अपना कलचर, न अपना कुछ—गाये जा रहे हैं बेसुरा रवीन्द्र गीत।... बंगालिन माई की चरणधूलि पाकर पवित्र होते हैं !

—मिसेज आनन्द ! मैं आपकी बात को समझता हूँ। बंगवासियों और फ्रांसवासियों में बहुत बातों में साम्य है।...

—तब तो कलकत्ता आपके लिए पेरिस से बढ़कर होगा ?

—मैं दूसरी बात कह रहा हूँ। मैं चरित्र के बारे में कह रहा था—दोनों ही लम्बी नाकवाले। कलाकार की जाति। पड़ोसियों को हीन समझनेवाले, एकमात्र अपने को सुसंस्कृत माननेवाले ! अहंकारी कलाकार—फ्रेंच और बंगाली !...

बागे बाथरूम से आ गया।

—क्यों भाभी ! आते ही आते झा जी से किस बात पर ?

बागे ने आँख मींचकर फिर संकेत किया—छोड़िए भी !

—अरे, मैं तो यों ही बाइ-द-वे इनसे कह रही थी कि बिहार की नयी पीढ़ी भी रीढ़हीन साबित हो रही है।··· बुद्धि बंगालियों के घर में बन्धक पड़ी है इनकी, अभी भी।

मनोरंजन झा ने घड़ी देखी। बोला—अच्छी बात। आपसे फिर कभी मिलकर इस सवाल पर बातें करूँगा।··· आपसे परिचय प्राप्त करके—खासकर, आपसे बातें करके मुझे बहुत प्रसन्नता हुई है। फिर आने का लोभ लेकर आज···।

श्रीमती आनन्द ने फिर झा की आँखों की चोरी पकड़ी। बोली—बागे, एक दिन आनन्द से झा जी को मिलाओ।··· काठमाण्डू से आ जाये आनन्द !

—मैं स्वयं ही किसी दिन सेवा में उपस्थित हो जाऊँगा।

बागे ने कहा—भाभी, आपने तो इसकी बोली ही बन्द कर दी। यों, तेज लड़का है।

—मेरे मन में पुराना गुस्सा था। कमबख्त ने बेबी-शो की रिपोर्टिंग में—मिस बेला गुप्त, निःस्वार्थ समाज-सेविका, अटूट लगनवाली शान्त-सौम्य और न जाने क्या-क्या लिखा था। इसके सिर पर भी रमला बनर्जी की प्रेतनी सवार है।

—अंजु-मंजु का सचित्र परिचय छापना चाहता है।··· वह खुद आवेगा एक दिन। एक दिन नहीं, अनेक दिन।

—आवेगा तो आवेगा। तुम लड़कपन मत करो।

इधर कई दिनों से बागे एक नाटकीय अन्दाज में बातें करने लगा है श्रीमती आनन्द से—तुम इस भरी दोपहरी में कहाँ से पी आये ?

—भाभी, आज एक 'ऊँची महफिल' में भटकता हुआ पहुँच गया। वहाँ लंच के पहले जापानी 'साके' चला···।

—यह साके क्या है ? बीयर-जैसी कोई चीज़ ?

—जी, अन्न से बनी हल्की शराब। जाड़े में गर्म करके पीते हैं।··· .लेकिन मुझे मतली आ रही है।

—इसीलिए, आते ही बाथरूम में जा घुसे।

—भाभी, मिठाई खिलाइए।

—क्यों ?

—शुभ संवाद है। विमेन्स-वेलफेयर बोर्ड को मिसेज रमला बनर्जी के देवर ने पन्द्रह हजार रुपये का अनुदान दिया है। डाइरेक्टर साहब कह रहे थे।

—मालूम है। अनुदान देकर खुद बोर्ड-कमिटी का मेम्बर बनना चाहता है, या किसी बंगालिन को घुसाने की कोशिश करेगा।··· हुँ ! रमला बनर्जी के नाम पर स्कालरशिप और पुरस्कार बाँटेंगे ये !··· फ्राड सब।

—इस बात पर नहीं तो··· मिठाई खिलाने की और बातें सुनाऊँ ?

बागे ने इधर-उधर देखा। श्रीमती आनन्द बोली—घोष को मैंने छुट्टी दे दी है। क्या बात ?

बागे ने धीमी आवाज में, प्रायः फुसफुसाकर कहा–भाभी ! जुट-कॉटन मिल और माइका–मेरी तीनों पार्टी के काम एक ही साथ हो जाने की उम्मीद है।··· अच्छा, भाभी, रुपये तो 'उत्तरांचल-ट्रांसपोर्ट' के नाम जमा होगा ? भाई साहब तो यही कह गये थे, अब आप जैसा कहिए–करवा दूँ !

–आनन्द ने जैसा कहा है, वही करो।

–और, आप··· आपको··· ?

–मुझे क्या ?

–मैंने आपके लिए··· ठीक है, रहने दीजिए अभी। बाद में बताऊँगा।

–क्या, मेरे लिए क्या ?

–कुछ नहीं, भाभी !··· थोड़ा झंझट है, लेकिन।

–क्या ?

–अव्वल तो यह कि डीसाहब और पीसाहब की बातों से ऐसा लगा कि अंजु-मंजु अब नहीं–ग्रामोद्योगी माल चाहिए। दूसरी बात–माल पहुँचना चाहिए उनके पास, कान्ति चटर्जी के थ्रू ही। के. चटर्जी को ही उनके अड्डे मालूम हैं।

श्रीमती आनन्द बोली–लेकिन, ग्रामोद्योग का माल अभी कैसे मिल सकता है, बागे ?

–अभी नहीं, पाँच दिन बाद सही। चाहिए लेकिन ढेंकी का चावल और गाँव का घी।

–तुम्हारी पार्टी कलकत्ता तो नहीं भागेगी ?

–भागकर कहाँ जायेंगे बेचारे।

–सतर्क रहना।

–भाभी, बागे को नहीं कहना होगा।

–बाबा, मैं दिल्ली में रहूँगी। इधर तुम्हारे जो जी में आवे करना। पर, कुछ करने के पहले आनन्द को जरूर सूचित कर देना।

–भाभी, आज रात मारवाड़ी होटल की मेसी-रोटी मुझसे नहीं खायी जायेगी।

श्रीमती आनन्द देख रही है, जापानी साके ने बागे को आज निडर बनाया है अथवा व्यापार के लाभ की खुशी से इतना चंचल हो गया है ? ··· वह एकटक, भीख माँगती हुई निगाह से श्रीमती आनन्द को देख रहा है। वह आमिष आहार चाहता है। वह किशोरी कन्या-जैसी लजाई। फिर, साँस लेकर बोली–तुम आनन्द को नहीं जानते, बागे !

–भाभी ! आज ऊँची महफिल में डीसाहब ने, मूड में आकर बहुत बड़ी बात कह दी। बोले–सुनो पी ! कोई भी पार्टी पावर में आवे, जातीयता फूलेगी-फलेगी। फेवरटिज्म मिटेगा नहीं ! भाई-भतीजावाद भी कायम रहेगा।··· रूलिंग पार्टी का अदना कार्यकर्ता जिला के कलक्टर की कलम पकड़ने का साहस, तब भी करेगा। ··· तो, तुम और हम ही क्यों मरेगा ? राज्यधर्म पालन करते चलो। डरने की जरूरत नहीं–सत्य की विजय नहीं होती है कभी, इसलिए 'सत्यमेव जयते' लिखकर

टाँगनेवाला वाक्य हो गया है ! इस वाक्य का प्रथम अक्षर 'अ' लुप्त है। इसी छेद से निकलकर हम और तुम भगवान के पास··· !

··· अरे, ये लड़कियाँ कहाँ आ रही हैं ?—देखो बागे, तुमने चर्चा की और ग्रामोद्योग-भण्डार ही हाजिर।··· बोक्री सब !

कुन्ती देवी ने आज आकर सबसे पहले पैर छूकर प्रणाम किया। विभावती को छोड़कर सभी लड़कियों ने श्रीमती आनन्द को पैर छूकर प्रणाम किया। शारदा कुमारी पैर छूकर बोली—गोड़ लगती हूँ बड़ी मेम साहेबजी।

विभावती ने हाथ जोड़कर नमस्ते कहा। श्रीमती ज्योत्स्ना आनन्द ने विभावती को आँखों की कनखियों से देखा।··· यह छोकरी अपने को लगाती है—खद्दर पहनती है न !

विभावती को बचपन से ही शिक्षा मिली है—पाँव छूकर सभी को प्रणाम करना चाहिए।

कुन्ती देवी बोली—बड़ी मेम साहेब ! आपके पास एक इस्तदुआ लेकर आयी हूँ। कहना यह है बड़ी मेम साहेब कि हम लोगों को अब एक चपरासी के बिना बहुत तकलीफ हो रही है। मुनिया बूढ़ी फाटक खोलने और बन्द करने के सिवा और कोई काम नहीं करती। रामरति है, सो उसे छोटी मेम से आगा-पीछा से ही छुट्टी नहीं मिलती।··· दोयेम बात के ऊपरवाली सब हम लोगों को बहुत नीच-नजर से देखती हैं।··· यह गौरी देवी बाभिन है, इसको हरिजन कहती है। कहिए भला। और छोटी मेम साहब अब छुट्टी देने में इतना बखेड़ा करती है कि रुकमिनी तो अब घर चली ही गयी। बाकी लड़कियाँ भी घर भागेंगी कुछ दिन में। जेहलखाना से भी बढ़कर !··· कहीं जाने की छुट्टी नहीं देती। सभी लड़कियाँ, जब से आयी हैं सलिमा देखने के लिए छटपटा रही हैं। कहती है, तीस रुपया ही पाती है, सलिमा देखेगी ? जब छुट्टी माँगिए, डाक्टर चाको मेम साहब जाने। और, डाक्टर चाको मेम साहब की कोठी पर जाने की छुट्टी माँगिए तो छुट्टी नहीं देती।

श्रीमती आनन्द ने बागे से अंग्रेजी में कहा, देखते हो। कितना असंतुष्ट हैं सभी बेला गुप्त से।

बागे, तभी से काले चश्मे के नीचे से ही इन लड़कियों को देख रहा था।

··· यह तो एकदम हिरनी है हिरनी।

बागे की आँखें घूम-फिरकर श्रीमती आनन्द के पास लौट गयीं।

श्रीमती आनन्द ने लड़कियों से कहा—ठीक है। मैं डाक्टर चाको से बोलूँगी। और चपरासी भी मिल जायेगा।

कुन्ती देवी ने हाथ जोड़कर कहा—बड़ी मेम साहेब ! आपके पास आती हूँ तो यहाँ से जाने का मन नहीं होता है।··· मैं चुगली नहीं करती। मगर इतना जरूर कहूँगी कि छोटी मेम का शील-सुभाव ऐसा रहेगा तो एक दिन मेरे मुँह से कुछ निकल जायेगा। बस, यही दो-तीन लड़कियों से बोलती है। और, वह रामरतिया हम लोगों में झगड़ा लगाती है—आपस में। मुनिया पैसा माँगती है, हर बात में।

—ठीक है, मैं आज शाम को होस्टल में आऊँगी।

लड़कियाँ चली गयीं तो श्रीमती आनन्द ने पूछा—क्या हाल है मिस्टर बागे! आप कहाँ हैं ?

—आपके चरणों पर !··· डीसाहब ने निश्चय ही उस गौरी देवी को कहीं देख लिया है। मैं बाजी बद सकता हूँ।

—तुमको कौन-सी पसन्द हुई ? वह सलवारवाली—खादीधारी छोकरी ?

—भाभी, मेरी पसन्ददीदगी की बात मत पूछिए !

—क्यों ?

—क्योंकि मैं··· आनन्द को नहीं जानता !

श्रीमती आनन्द अब समझ गयी, बागे दुखी है। बागे को आन्तरिक कष्ट हो रहा है।··· सचमुच, लड़कियों में से कोई भी नहीं पसन्द आयी बागे को ?

··· बागे की आँखों में चिनगारी ?

श्रीमती आनन्द ने कहा—तो, आज रात में मेरे साथ खाओगे ?

··· आमिष आहार !

—बेला ! मैंने डाक्टर चाको से मिलकर ट्रेनी-लड़कियों के प्राब्लेम्स पर बातें कर ली हैं।··· और देखो, इन लड़कियों की छुट्टी-छपाटी को लेकर तुम अपना माथा मत खराब करो। ये हेल्थ-सर्विसेज की हैं। इनसे हमारा क्या लेना-देना···।

—लेकिन, रहती तो हैं हमारे होस्टल में। नियम के अनुसार यहाँ रहनेवाली सभी बोर्डर अपने दफ्तर से लिखवाकर ले आती हैं ऐसी छुट्टियों के लिए। नाइट-ड्यूटी, नाइट-पास और इस तरह की छुट्टियाँ हम बिना समुचित प्रमाण के···।

श्रीमती आनन्द की सतर्कता के बावजूद, नियम-कानून की बात सुनकर, अन्दर से गुस्से की चिनगारी निकल ही पड़ी—बेला ! तुम हर बात में नियम-कानून की दुहाई मत दिया करो।··· मैं पूछती हूँ कि इन्हें नियम-कानून में बाँधने में कौन-सा सुख मिलता है तुमको ? ट्रेनिंग लेकर जायेगी, ब्लॉक के कर्मचारियों के साथ रहेगी—सोयेगी। तुम वहाँ भी जाओगी, पहरा करने ?

··· फिर श्रीमती आनन्द सोने-सुलाने की बात करने लगी ?

बेला गुप्त बोली—इसीलिए मैंने शुरू में ही विरोध किया था।

श्रीमती आनन्द ने अपने को सँभाल लिया तब तक। बोली—तुम्हारे या मेरे विरोध करने से कुछ नहीं होता है और न होगा !··· अंजु-मंजु को बुलाना जरा। नहीं, रहने दो।

श्रीमती आनन्द चली गयी। कह गयी—बेली ! हेवी रिस्पांसिवलिटि—जबर्दस्त उत्तरदायित्व के लिए तैयार रहो। तुम्हारी रमला मौसी ने जो चांस कभी नहीं दिया—वह मैं दूँगी। और, यदि जिम्मेवारी को ठिकाने से निबाहा तो—मेरी प्यारी बेली रानी—सीधे केनाडा भेजी जाओगी !

··· सीधे कनाडा नहीं, जहन्नुम में !

कल से गली के लड़कों ने फिर उपद्रव प्रारम्भ कर दिया है। बेला गुप्त सोच रही है, क्या किया जाये। एक बार करीम भाई से कहकर देखूँ ? करीम भाई बड़े शरीफ हैं।··· ऐसी बदमाशी तो कभी किसी ने नहीं की, आज तक ?

युगों से इन गलियों पर छाया हुआ, खगड़ा-मंजिल का आतंक, होस्टल और सेण्टर खुलने के बाद ही दूर हुआ था। फातिमा ने करीम भाई से परिचय कराया था। उसके बाद जब कभी गली में मिलते हैं, झुककर सलाम करते हैं।··· सेण्टर की महिलाओं की इज्जत गली के बच्चे तक करते थे। अचानक यह क्या हो गया कि हर लड़की छेड़ी जा रही है।

मिस रेवा वर्मा आकर बोली–अब तो इस गली में, दिन में भी अकेली चलने का साहस नहीं होगा किसी को। बीड़ीवाले छोकरे ने क्या कहा आज जानती हैं ?

प्रोफेसर निगम झुँझलायी–यहाँ तो किसी के पास नालिश-फरियाद करना भी फिजूल है। बेला दीदी एक कान से सुन लेती हैं और दूसरे से निकाल देती हैं। ··· हरामजादा बाँह पर नाखून से बन्दर की तरह नोंच भागा। शिप्रा, तुम्हारे पास डेटोल है ?

शिप्रा डेटोल की शीशी ले आयी–अब इस गली में भी किसी दिन एसिड फेंका जायेगा।··· मुझे तो बेपानी कर दिया आज।

पटनेश्वरी देवी कहती है–हम लोगों को अब पिस्तौल मिलनेवाला है।

रामरति का दूसरा मत है–सिर्फ गली के बदमाशों को ही दोख मत दीजिए। वह रेडियोवाली दीदी तो कान में झुमका हिलाकर खूब छमक गयी। रोज रात में दोस्त के साथ रिक्शा में बैठकर आती है–रिक्शावाले को पैसा देने के बाद–आधा घण्टा-पौन घण्टा तक फाटक के पास खड़ी बतियाती है–हँसती है। इधर कई दिनों से रमा बहिन के संग में भी एक काला कोट-पतलूनवाले बाबू आने लगे हैं। रमा बहिन भी वही करती है।··· फाटक पर खड़ा होकर बतियाने की क्या जरूरत ? गली के लड़के सभी चलित्तर देखते-देखते अब छुछुआने लगे हैं और, खादी-दीदी को इतना होश तो रखना ही चाहिए कि जब 'टैम' का दिन है तो होशियारी से चलें। आज मोड़ पर ही रिक्शे से उतरकर पैदल आ रही थी। पीछे-पीछे छुछुन्दरों का दल ! कोई कहे कि–नहीं रे नहीं, लाल रोशनाई है तो कोई बोले कि नहीं रे पान का दाग है।··· सब्जी लेकर लौटी आ रही थी। देखा तो खादी-दीदी की साड़ी पीछे से एकदम भुभुक्का ! मैंने तुरत आड़ कर लिया और हरामियों को गलिया के भगाया।··· अब कहिए कि गली के लड़कों को ही सिर्फ क्यों दोख दिया जाये ? रोटी दोनों हाथ से पकती है, दीदीजी !··· लीलाखेला देखकर बदमाश लोग जरूर बमकेंगे !

मुनिया और उसी बेटी रामरति !

बेला गुप्त को ही नहीं–पाँचों लड़कियों को, होस्टल छोड़ने के बाद, सबसे पहले अपने घर में आश्रय मुनिया ने ही दिया था–सो भी, 1943-44 में। पुलिसवालों

की धमकी से न मुनिया कभी डरी और न उसकी बारह साल की बेटी रामरति।

गरीब विधवा मुनिया को एक गाय और एक खपरैल के घर का सहारा था। गोतिया-पट्टीदारों ने उससे भी बेदखल कर दिया। तब से बेला गुप्त के साथ ही रहती हैं दोनों—माँ-बेटी।

रामरति की शादी बचपन में ही हुई थी। जवान होने के बाद गौना हुआ। बस, गौना में ससुराल से लौटी तो फिर नहीं गयी कभी। आज तक अपने प्रण पर डटी हुई है।··· घरवाला या तो दारू छोड़े या उसका मोह ! रामरति की एक ही बात।

··· दारू की महक से ही रामरति को उलटी होने लगती है। उसे शराबी का बहुत डर है। इसलिए कहती है—रामरति को न बाघ न डर न भूत का भय। सिर्फ, मनुसपीटना से डरती है रामरति।··· मनुसपीटना माने शराबी !

रामरति हमेशा खरी बात बोलती है, किसी को भली लगे या बुरी। बेला गुप्त को भी सुना देती है—खाइयेगा सिर्फ आलू का भर्ता और भात और दिन-रात काम कीजियेगा। देह आखिर देह है।

मुनिया कहती है—क्या चेहरा था सो क्या हो गया ! तू जोर करके मछली-मांस क्यों नहीं खिलाती रमरतिया, दीदीजी को ?

बेला गुप्त ने कहा—करीम भाई आजकल यहीं हैं या छपरा गये हैं ?

—अब, रहीम भाई करीम भाई के यहाँ आपको जाने की जरूरत नहीं। जाने जौ और जाने जाता। आप कितने लोगों से लड़ती रहियेगा। जैसा चाल, वैसा हाल होगा।··· हैं-हैं··· दीदीजी, यह क्या कर रही हैं आप ? बर्तन-बासन क्यों उठाती हैं। छोड़ दीजिए ! क्या हो गया है आपको ?··· अब देखिए दीदीजी, ऐसा कीजियेगा तो मैं माथा कूट लूँगी अपना।··· बड़ी मेम के कहने से किसी दिन आप मुझे भी छोड़ दीजियेगा ?···

रामरति का गला भर आया।

—तू नखरा पसारना बन्द करके, एक बार देख आ कि करीम भाई कहाँ हैं ? नहीं हैं तो, कब आवेंगे !

करीम भाई ने सबकुछ सुनकर दाढ़ी पर हाथ फेर लिया। असहाय मुद्रा बनाकर बोले—बेला दीदी ! जमाने ने कुछ ऐसा अजब मोड़ लिया है।···

करीम भाई के बदले आगे बढ़कर बोला—रामगुलाम हलुवाई, जो खजूर की ताड़ी पीने के बाद मूँछ से झाग भी नहीं पोंछ पाया था—करीम भाई से क्या कह रही हैं मेम साहब ? आपके चिड़ियाखाना में तो अब ऐसी-ऐसी लक्का कबूतर आ गयी हैं कि इस गली में जो न हो जाये, थोड़ा है।··· वह आपकी अजनू-मजनू दोनों बहन जो हैं—स्कूल की गाड़ी से उतरकर गली के लड़कों को मुँह चिढ़ाती हैं, गन्दे इशारे करती हैं।··· फाटक पर रात में जोड़ा-का-जोड़ा खड़ा रहता है। दूसरी गली का कुत्ता इस गली में आवे और इस गली के कुत्ते भौं-भौं नहीं करें—यह

कैसे मुमकिन है।

··· रामगुलाम शाह खजूरी-ताड़ी पीकर और न जाने क्या-क्या बकता रहा।

बेला गुप्त चुपचाप वापस आ गयी।

प्रोफेसर निगम अब दिन में पाँच बार टेलीफोन पर बात करती है, लाल-भाई से। साथ काम करनेवाली महिलाओं को सुनाकर, टेलीफोन पर नखरा पसारती है–नहीं-ई-ई लाल-भाई ! गीत-ऊत मुझसे नहीं हो सकेगा कोई। गला मीठा होने से क्या हुआ ?··· आज नहीं आ सकूँगी। क्या, नहीं बोलियेगा ? अच्छी बात, तब तो आना ही पड़ेगा। कॉफी पिलाइयेगा ? अच्छी बात !

वह सभी को सुनाती रहती है–देखिए, अब मैं क्या करूँ ? लाल-भाई कहते हैं कि तुम लोकगीत बढ़िया गा सकती हो। कहिए भला ! मानते ही नहीं हैं।

··· लाल-भाई कहते हैं कि तुम्हारी आवाज रेकार्ड होकर दिल्ली गयी है।

··· लाल-भाई जिद्द कर रहे हैं, अब ड्रामा आडिशन के लिए दर्खास्त दे दो।

मिस रेवा वर्मा अब क्या बोले ?

अब तो, प्रोफेसर रमा निगम के बोलने और सुनने के दिन हैं।··· इतनी जल्दी आग भड़कते कभी नहीं देखी है रेवा वर्मा ने।

पहला टॉक जिस दिन देकर आयी थी प्रोफेसर निगम ! रेवा वर्मा ने खोद-खोदकर पूछना शुरू किया था–रात में।

–क्यों रमा बहन ! ठीक रिहर्सल करवाया था लाल-भाई ने या··· ?

–भाई, तीन बार पढ़वाया उन्होंने। फिर, एक बार खुद पढ़कर सुनाया।

–तब ? रजिस्ट्री-फी लगी या नहीं ? वह तो रजिस्ट्रार है न !

–क्या रजिस्ट्री-फी ! ··· तुमसे जरूर किसी ने कुछ कहा है। वह लड़का-अनाउंसर बहुत मुस्कुरा रहा था, न जाने क्यों ? तुम कहाँ चली गयी थीं ?

–रमा बहन, मैं जरा कॉलेज चली गयी थी।

–अच्छा रेवा ! लाल-भाई पीते भी हैं क्या कभी-कभी ?

–क्यों, कुछ बहक-बहक गया था रिहर्सल के समय क्या ?

प्रोफेसर निगम के कुण्डल हिले-डुले।

मिस रेवा वर्मा और भी करीब चली गयी थी खिसककर।

–सच बताना रमा बहन, तुम्हें मेरी कसम। झूठ मत बोलना।

–रेवा, तुम भी कसम खाओ कि झूठ नहीं बोलोगी।

··· अच्छा ? तो इन्हें भी कुछ पूछना है ! कान में डाल दिया है–मोदी ने ?

–लीजिए, पूछिए। क्या पूछना है ? आप मत पूछिए, आपके सवालों के जवाब दे रही हूँ–सुनिए। पहली बार जब 'बाल-गोपाल' प्रोग्राम में गयी थी तब से लेकर स्टाफ-आर्टिस्ट बनने तक–दस साल से देख रही हूँ, मोदी के रिहर्सल कराने की बस एक ही टेकनिक है–और उसका एक ही बूथ है, नम्बर छै।··· लो मैं बताऊँ ?

तुमने पढ़ा होगा, मान लो··· एक राजा के पाँच लड़के थे। तो, लाल-भाई ने कहा होगा—नहीं रमा, इस तरह पढ़ो ! और, 'इस तरह' कहकर स्क्रिप्ट लेते समय उँगलियों को मसलकर, मुस्कुरा दिया होगा—जो मोदी की टेकनिक है—ठीक, सिनेमा के हीरो की तरह। दूसरे रिहर्सल तक टेबुल के नीचे लाल-भाई के पैर···।

प्रोफेसर रमा निगम हँसते-हँसते लोटपोट हो गयी।

··· तो रिहर्सल हुआ है, डटकर ?

मिस रेवा वर्मा ने अन्त में कहा था—आदमी भला है वैसे।··· तब, कभी-कभी वह टिप्स भी माँगेगा ?

—टिप्स ?

इस बार प्रोफेसर निगम रुष्ट हो गयी—तुमने मुझे क्या समझ लिया है रेवा ? मैं इतना गिर गयी हूँ ?

··· कानपुर से वह नौजवान प्रेमी आकर पर्चा जो बाँट गया था सो गलत नहीं ? प्रोफेसर निगम ने सचमुच वहाँ वह सब काण्ड किया होगा। कहती है, मैं इतना गिर गयी हूँ ?

—भगवान से यही प्रार्थना है रमा बहन, कभी नहीं गिरो।··· अब सोने दो। जमशेदपुर से मेरा 'टेलिपैथी-कॉल' आ गया !

दोनों बहुत देर तक अपने-अपने बिस्तर पर 'उस-खुस' करती—करवटें लेती रहीं।

श्रीमती आनन्द ने गाड़ी का हार्न सुनकर घड़ी की ओर आँखें उठायीं—एकदम सही समय पर आ रहा है, बागे।

—बड़े पंक्च्युल हो आज ?

··· बागे इतना गुमसुम क्यों है ? इधर-उधर देखता क्यों है ?··· आखिर यह आदिवासी मूरत ही रह गया सब दिन। श्रीमती आनन्द बच्चियों जैसी लजाती है। किन्तु, बच्ची नहीं वह।

—इसमें क्या है ? अरे··· !

—कुछ नहीं भाभी, महँगू की दूकान का सींककबाब है। सारे भारतवर्ष में और कहीं नहीं मिलता।

—क्यों, यह सब लाने की क्या जरूरत थी ?··· और, यह ? किसके लिए ?··· छि··· मैं ड्रिंक नहीं करती।

—भाभी, यह तो वैट-सिक्सटी नाइन है, स्कॉच !··· ड्रिंक से इसका कोई ताल्लुक नहीं।

··· आश्चर्य। बिराटनगर-नेपाल में आनन्द ने भी पहली बार 'वैट-सिक्सटी नाइन' की ही बोतल खोली थी—महान्ती की अनुपस्थिति में।··· ठिंगनी बोतल !

श्रीमती आनन्द उठकर पर्दों को सरका आयी। बाहर की रोशनी बुझ गयी। अन्दर का नीला चाँद जला।··· मिस्टर आनन्द की बड़ी तस्वीर में माला लटक रही है। तस्वीर के पास, दीवार पर एक छिपकली दौड़कर पतंगों को पकड़ रही

है।

अपने पति मिस्टर आनन्द को छोड़कर और किसी पुरुष के सामने श्रीमती आनन्द ने कभी ड्रिंक नहीं किया। मिस्टर आनन्द के मित्रों के सामने वह शराब के गिलास को छूती तक नहीं। मिस्टर आनन्द मौज में आकर कभी-कभी दुराग्रह करने लगते हैं, अपने मित्रों की ओर से–ज्योति ! आज तक नहीं पी। ठीक है। अब ये कहते हैं तो एक घूँट !···

तब, श्रीमती आनन्द डरी-दुबकी उठकर भाग जाती है।

किन्तु, मिस्टर आनन्द के साथ 'सोलन' व्हिस्की ही पीती है–और तीन-चार पेग पीकर भी होश में रहती है।

श्रीमती आनन्द ने एक गिलास लाकर सामने रख दिया।

बागे ने भौंहों को चढ़ा लिया–भाभी ! नखरा मत कीजिए। ले आइए गिलास।

··· बोतल खुलने के पहले ही यह कैसा नशा छा गया ?

–बागे, तुम यह बोतल अपने साथ लेते जाना, याद करके। तुम आनन्द को नहीं जानते।

श्रीमती आनन्द गिलास ले आयी–बागे, तुम बहुत लड़कपन करते हो। तुम आनन्द को नहीं जानते। सूँघकर जान लेता है सबकुछ।··· तुम्हारी बात रख लूँगी। बस, एक ड्राप !

बागे ने, अपनी भाषा में कुछ बुदबुदाकर–वैट की ठिंगनी बोतल को खोला। श्रीमती आनन्द ने तुरत बोतल में नाक लगाकर सूँघ लिया।

–सोडा लोगे या पानी ?

–पानी।··· और आप ?

–अरे-रे, यह तुमने क्या किया ? पूरा डबल पेग डाल दिया तुमने ?

–माप-तौल का अन्दाज तो बहुत सही करती हैं भाभी !

गिलास टकराये–तुनुक टुँ-टुँ शब्द के साथ–!

श्रीमती आनन्द दो घूँट में ही गटक गयी और गला पकड़ बैठ गयी, मानो कण्ठनली जल गयी उसकी। पहली बार पी रही हो, जैसे।

··· इसको कहते हैं औरत !

··· ठिंगनी बोतल पर दो बदसूरत चेहरे प्रतिबिम्बित हुए।

ठिंगनी बोतल झुकती गयी।··· 69 नम्बर का असली स्कॉच !

बागे ने फिर ग्रामोद्योगी-माल की चर्चा चलायी।

··· आश्चर्य ! श्रीमती आनन्द पीने के बाद इतना 'सॉबर' हो जाती है ?

–बागे, इस समय भी तो उन्हें भूलो।

–क्षमा कीजिए !

बागे, सचमुच लजा गया।

ठिंगनी बोतल खाली होती गयी धीरे-धीरे।

··· बागे ! बागे··· लड़कपन मत करो। मुझे अब मत दो। मुझे पिलाकर बेहोश

क्यों करना चाहते हो आखिर ? क्यों ?

आपको पिलाकर बेहोश नहीं कर सकता कोई !

–तब ?

··· बागे ! बागे ! तुम आनन्द को नहीं जानते।

··· आनन्द को बागे नहीं जानेगा तो और कौन जानेगा श्रीमतीजी ! बागे यह भी जानता है कि बुड्ढा वहाँ हिमालय होटल में क्यों पड़ा हुआ है, दो सप्ताह से। पार्टी से, नेपाली-रक्सी और 'कांछी' का पूरा पैसा, हिसाब करके लेगा।

बागे अब इधर-उधर नहीं देखता, कुछ। एकटक, श्रीमती आनन्द में खो गया है।

··· आदिवासी, घोर श्याम वर्ण युवक !

··· ठिंगनी बोतल, घुटनों के बल खड़ी है। आ··· ह ! बा··· गे !!

··· वैट-सिक्सटी नाइन।

··· सिक्सटी नाइन ?

··· दो जाम !

··· दो आँखें !

···6···9···69 !!

··· फिन आलो, बेहाला पर लोकधुन बजा रहा है, घोष ?

··· फिन आलो, फिन आलो, फिन-फिन··· !

··· बागे··· बागे ! ··· एकदम सब आलो।

··· सि-ई-ई-सि···।

बागे को चलते वक्त याद आया–एक उपहार वह ले आया था श्रीमती आनन्द के लिए।

श्रीमती आनन्द ने वैट-सिक्सटी नाइन की खाली बोतल हाथ में थमाते कहा–तुम आनन्द को··· ! यह क्या ?

··· बागे !

··· आप दिल्ली जा रही हैं, कान्फ्रेंस में। वहाँ देश-विदेश की महिलाएँ आवेंगी। ··· आपके गले में यह मेरी याद, आज की, झूलती रहे !

बागे, आनन्द को जान गया है, शायद।

··· स्खलित औरत ? खाली बोतल ?

सेण्टर की लेडी हेल्थ-विजिटर रानीबाला, एरिया-विजिट करके लौटते समय उदास होकर बोली–बेला दी, मुझे तो न जाने, कैसी शंका हो रही है !

–क्या ?

–बिरजू के रोग के अद्‌भुत लक्षण देखकर ही मेरा माथा ठनका था।··· बिरजू को लेकर, यह तीसरा केस हुआ, ऐसा।

—क्या अनुमान है तुम्हारा ?

—बात समझ में नहीं आती है। हँसता-खेलता हुआ बच्चा हठात् काँपने लगता है। आँखें मूँद लेता है। आश्चर्य ! देह की ताप, बड़ी स्वाभाविक रहती है और धीरे-धीरे रोगी सिंक कर जाता है।··· बेचारा बिरजू कल ही कह रहा था, अगले साल बेबी-शो में मेरी छोटी बहन को इनाम मिलेगा।

—तुमने डाक्टर चाको को रिपोर्ट दी है ?

—डाक्टर चाको कहती हैं, कुछ नहीं है। गन्दगी, पौष्टिक भोजन के अभाव में अखाद्य-कुखाद्य खाकर जो रोग न हो जाये।

··· पौष्टिक भोजन ? हुँ ! पेट-भर खाने को मिल जाये, गनीमत है।

—नहीं रानी, तुमको जो शंकाएँ हो रही हैं, लिखकर भेजो हेल्थ-ऑफिसर को। तीनों बच्चों की केस-हिस्ट्री विस्तारपूर्वक तैयार करके दो।

··· गुलबी, शौकत और बिरजू !

मिल्क-सेण्टर के बच्चों में मायूसी छायी हुई है। सेण्टर का सदा मुखरित रहनेवाला कोना आज गुमसुम है। बिरजू की मीठी शैतानी की याद आती है, कोमल-मति बच्चों को। दुनिया-भर के बुझौबल थे, उसके पेट में। आते ही चिल्लाता—बूझो तो ?··· एक चिरैया ऐसी, खूँटें पर बैठी, मुँह में न बोली, न आँख से रोती, बैठी-बैठी काली बुढ़िया की गोटेवाली चुनरी धोती। बोलो, क्या है ?

बच्चों से लेकर बूढ़ों की नकल वह अविकल उतारता। एक बार गूँगा बनकर डाक्टर चाको को अचरज में डाल दिया था, बिरजू ने।···

उसकी जगह पर कोई नहीं बैठ सकता था··· ए ! ए !! बाबू बिजेन्द्रलाल की जगह पर कौन बैठा है ?

··· बाबू बिजेन्द्रलाल की जगह खाली है !

रामरति ने उसका कार्ड निकालकर एक ओर रख दिया है। लेडी हेल्थ-विजिटर ने लाल रोशनाई से लिख दिया—डायड !

सबसे डरनेवाली, गोलमटोल गुलबी की बड़ी-बड़ी आँखें थीं।

और, शौकत जो हमेशा किसी गीत की कड़ी गाता-गुनगुनाता रहता था, लट्टू में डोरी लपेटता हुआ—अजमेरवाले-ए-ए ओ अजमेरवाले, मेरी सुन लेना अरजी, फिर मानो नहीं मानो है तुम्हारी मरजी !···

बुलबुल के रॉकेट कुमार को कोई चुरा ले गया। जली हुई सुपारी और सेण्टर का दूध पीकर रॉकेट तन्दुरुस्त हो गया था। उसकी याद आते ही बुलबुल रोनी सूरत बनाकर कहती है—टुथमन थब की नदल लग गयी !

दुश्मन की नजर ?

··· मिल्क-सेण्टर में एकत्रित बच्चे खेल रहे हैं।

··· छोटे-छोटे चूजों का चुनमुन-कूजन !!

पेड़ पर बैठे हुए चील की नजर झुण्ड पर लगी हुई है। घात लगाकर बैठा है।

··· हाहास ! चें-ए-चेंए !! ले गया, ले गया !!

··· सभी पंछियों की आँखों में आतंक, पंखों में कम्पन !

··· एक चिरैया ऐसी, खूँटे पर बैठी !

··· गुलबी बेटी रे-ए-ए !

हाय-हाय, तुमने खूब सुनी अरजी। ओ अजमेरवाले !

बेला गुप्त को लगता है, सभी सन्तानहारा माताएँ उसी को ढूँढ़ रही हैं, पागल होकर। अपने खोये हुए शिशुओं को, छाती पीट-पीटकर खोजनेवाले सभी पिता–उसके बाप हैं··· बेटी ! लौट आओ-ओ-ओ ! बे-ला-आ-आ !!

–दीदीजी, कुछ खाइयेगा नहीं तो थोड़ा दूध ही पी लीजिए !

··· रामरति क्या कहे ? सारे एरिया के बच्चों के लिए इतना मोह बेकार करती हैं। मरना-जीना तो लगा ही हुआ है। देह आखिर देह है।

बेला गुप्त, मिल्क-सेण्टर के ग्रुप-फोटोग्राफ को देख रही है··· बिरजू, गूँगे-जैसा हाव-भाव बनाकर कैमरे की ओर देख रहा है।··· गोलमटोल गुलबी बाँकी निगाह से देख रही है।··· और, फैज पहने शौकत की यह मुद्रा ! लगता है, अभी शुरू कर देगा–ओ, अजमेरवाले-ए-ए···।

··· कोई अरजी नहीं सुनता, शौकत ! यहाँ, अरजी सुननेवाला कोई नहीं !

कुन्ती देवी दाईकित्ता की 'मेंट' हो गयी है, अब।

किसी ने उसे चुना नहीं है। वह अपने मुँह के जोर और बुद्धि के बल से सब ट्रेनी-लड़कियों की प्रतिनिधि बन गयी है। बड़ी मेम से मुँहामुँही बात करती है। बड़ी मेम भी उसको मानने लगी है। हँसकर बोलती है, कुन्ती देवी से।··· देखा नहीं, उस दिन आते समय कुन्ती देवी ने कहा, मेम साहब, रिक्सा-भाड़ा का पैसा नहीं है। बड़ी मेम ने तुरत अपने बटुआ से दो रुपये का नोट निकालकर दे दिया–रिक्सा से जो बचे तुम लोग चाय पीना। कुन्ती देवी ने न किसी को रिक्से पर चढ़ाया और न चाय पिलाया–दोनों रुपये हड़प गयी।··· कौन बोले ?

विभावती पर बड़ी मेम नाराज हैं, मन-ही-मन। बड़ी मेम के किरानी साहब कह रहे थे, यदि विभावती 'अफिडिफिट' नहीं करवायेगी तो ट्रेनिंग से निकाल दी जायेगी और जो स्टाइपन मिला है, जोड़कर वसूल कर लेगी सरकार।··· सरकारी काम है कि खेल है ? स्कूल-सार्टिफिकेट के मुताबिक विभावती की उम्र होती है–चौदह साल आठ महीने। फार्म में भरी है, उन्नीस साल।

–अफिडिफिट कैसे करवायेगी ?

–कचहरी में हलफ लेकर कहेगी कि मैं विभावती देवी, वल्द··· हलफ लेकर कहती हूँ कि जो कुछ कह रही हूँ होश में···।

–उतना कहने की क्या जरूरत ?

··· तारा देवी भी आजकल मजेदार गप करने लगी है।

–तब क्या कहेगी ?

–अरे, दुकान पर जाकर रबड़ का गेंदावाली तीन लम्बर की चोली खरीदकर पहन ले, फिर काहे का अफिडिफिट और काहे का हलफ··· ? डाक्टर चाको को नहीं देखती, लगता है जैसे असली है एकदम !

–गौरी ने जूती खरीदी है। एँड़ीवाली।

–देखा है।

–खरीदी है या··· किसी ने खरीद दिया है ?

–भगवान जाने।

–उस दिन देखा उस चश्मावाले 'इश्टूडण्ट' को, गौरी देवी को कितना बढ़िया 'कलण्डर' लाकर दिया ?

कुन्ती देवी बोली–अरे वह शुरू-शुरू में मेरे आसपास बड़ा चक्कर मारता था। मैंने एक दिन कसके सुना दिया··· रिपोर्ट कर दूँगी जाकर चाको मेम साहब के पास।

तारा देवी बोली–अच्छा जानकी बुआ, उस दाढ़ीवाले 'कम्पोटर' से आपकी पहले से जान-पहचान है क्या ?

–हाँ, पहले चनपटिया अस्पताल में था। क्यों ?

–पूछ रही हूँ।··· आदमी बड़ा भला है, लेकिन। है कि नहीं ?

जानकी देवी दाँत में दियासलाई की तीली डालती हुई बोली–अपने भला रहो तो सब भला।··· देखो न, दुनिया-भर का टिंगचर-आयडिन बोतल में भरकर दे गया है, कल।

–दे गया है ? मुझे भी देना एक छोटी शीशी-भर।

–मुझे भी।

–और, स्प्रिट भी तो दे गया है एक बोतल ! नीला स्प्रिट है या सादा ?

नीला स्प्रिट !

कहते हैं कि बाँकीपुर जेनरल हॉस्पिटल की ऑडिट-रिपोर्ट में एक साल स्प्रिट की खपत पर भीषण आश्चर्य प्रकट किया गया। स्वास्थ्य-विभाग के अधिकारियों की आँखें खुलीं। सचमुच ! एक वर्ष में तीस ड्राम स्प्रिट यहाँ के कुली-जमादार वगैरह मिलकर सोख गये। इसके बाद, स्प्रिट में कोई नीला पदार्थ, शायद तूतिया मिलाया जाने लगा।··· बाद में नीले स्प्रिट को विषरहित करने का भेद भी लोग जान गये। स्प्रिट में रूई भिगोकर चूसने लगे हैं।··· नीलकण्ठ लोग ईथर भी पीकर पचा जाते हैं।

–क्यों, नीला-पीला क्यों पूछ रही है ?

–पीयेगी क्या ?

–तुमने मँगाया है काहे ?

–मैंने अपने 'झंझट' के समय के लिए मँगाया है। दो चमचा निकालकर, पानी में डालकर पी लेती हूँ तो चैन रहता है।··· पीयेगी ?

—कुछ होगा तो नहीं ?

जानकी देवी ने दरवाजा बन्द कर दिया।

तीनों ने स्प्रिट में पानी मिलाकर पीया।··· ए ! होशियारी से। बीड़ी मत पीना अभी।

तीनों अधेड़ महिलाओं ने बाहर आकर बीड़ी सुलगायी। नशा सिर पर सन्न से सवार हो गया—मानो बारूद में पलीता ! तीनों के चेहरे जलने लगे—दप-दप !

तीनों ने कबूल किया—चीज अच्छी है।

फिर, तीनों ने स्वीकारोक्ति की—अच्छी-से-अच्छी चीज भी पी है उन लोगों ने।

कुन्ती देवी बोली—मैं चाहूँ तो रोज मँगा सकती हूँ, पी सकती हूँ—किसी की नानी भी नहीं परख सकेगी। लेकिन, मैं इसलिए नहीं मँगाती-पीती कि पीने के बाद मेरा मन काबू में नहीं रहता है।

—पीने के बाद किसी का मन काबू में नहीं रहता।

—जानती हो, ऊपरवाली सुरती सहुआइन को ? नहाने की कोठरी की इधरवाली खिड़की खोलकर नहाती है। और जैसे ही वह नहाने के घर में आयी कि उधर गली के दुमंजिले पर एक जैण्टल मैन बाबू आकर खड़ा हो जाता है और टक-टक—एकटक देखता रहता है। और यह खिड़की के सामने ही देह रगड़ेगी—पर्दा खिसकाकर।

—ओ-हो, रविवार के दिन मैंने भी देखा था।

—जानबूझकर खिड़की खोलती है।

—अरी, मैं तो उस दिन हँसते-हँसते मर गयी। कहती हूँ कि··· टकटकी लगाकर बैठे हुए उस जैण्टुल मैन का मुँह देखकर—हा-हा-हा-हा !

—सुरती सहुआइन के साथ भी एक 'दुम' ?

—दुम यहाँ सभी के हैं।

—एक हम्हीं लोग हैं कि बेदुम—हा-हा-हा !

—ए, जानकी देवी, जोर से मत हँसिए। छोटी मेम की बच्ची सब बगल में ही है।

—मैं हँसूँगी, मैं रोऊँगी अपने कमरे में। कोई क्या कर लेगी, देखूँ।

—देखना, इस छिनाल छोटी मेम से बदला नहीं लिया तो कुन्ती देवी नाम नहीं।

—रुकमिनी को मौज हुआ। अब घर में ही रहती है।

—रामरतिया का घरवाला आया था, सुनती हूँ।

—तो, रामरतिया इस बार जायेगी ससुराल ?

—रामरतिया ससुराल जायेगी तो यहाँ फिर रामगुलाम हलवाई, रस में जिलेबी को छनौटा से कैसे तर करेगा ?

—ईह ! खचड़ी रात में फाटक खोलकर चरने चली जाती है, रोज। ··· कान

में सोने के झुमके ऐसे ही नहीं झूलते हैं। कस्बिन ! खेला करती है और कुन्ती देवी की चुगली लगाती है। सब खेला निकालूँगी–यहाँ जवानी··· पुलिस-हवलदार और जमादारों के साथ काट चुकी है कुन्ती देवी। देखना !

जानकी देवी के मन में भक्ति-भाव जाग उठा। वह गुटका ब्रह्मनन्दी-भजन खोलकर गाने लगी, धीरे-धीरे–राग बनजरा··· इस दुनिया का सबकुछ खेला-आ-आ, यह दो दिन का है मेला-आ-आ, यह चलाचली का बेला।

–मेला की याद मत दिलाओ जानकी देवी !

–क्यों कुन्ती देवी, मन काबू से बाहर हो रहा है ?

विभावती और गौरी अपने कमरे में कैरमबोर्ड खेल रही थीं। गौरी चिल्लायी–गिरी है कुइन इस बार !

··· विभावतिया ! तुमको भी देखेगी कुन्ती देवी !

प्रोफेसर निगम बाहर से आयी और दरवाजा बन्द कर अपने बिछावन पर लेट गयी। रेवा वर्मा समझ गयी, सीधे रेडियो से आ रही है, प्रोफेसर निगम। आज रविवार था न ?··· क्या हुआ इसको आज ? फिर कोई ढंग पसारेगी क्या ? ·· अरे, यह तो रो रही है ?··· दरवाजा क्यों बन्द किया ?

रेवा वर्मा प्रोफेसर निगम के पास गयी–रमा बहन ! क्या हुआ ?

–मैं लुट गयी रेवा···।

–कहाँ ?··· पर्स ?

··· अच्छा ? तो ये आनन्द के आँसू हैं ? यह छटपटाहट··· रिफ्लेक्स-एक्शन ? ··· इक्सटेटिक ?··· इक्साइटमेण्ट ?

–रमा बहन, इस तरह तकिया में मुँह गड़ाकर बोलेगी तो मैं क्या समझूँगी ?

–तुम्हारे लाल-भाई ने···।

–देखो, रमा बहन, मैं कह दूँ ! वह मोदी सभी का लाल-भाई है, पर मेरा कोई नहीं। अब बोलो ! क्या किया लाल-भाई ने ? तुम भी रमा बहन, इस जमाने में रहकर भी प्लेटोनिक-लव को···।

–प्लेटोनिक नहीं रेवा···।

–तो ?

इसके बाद प्रोफेसर निगम ने विस्तारपूर्वक अपने लुट जाने की घटना का वर्णन शुरू किया–सिसकियाँ ले-लेकर। कैसे उसका कलेजा धड़क रहा था··· स्टुडियो में पोग्राम चल रहा है और इधर बूथ नम्बर छै में लाल-भाई ने 'फेडर' ऑन करके,··· मैं क्या जानूँ उनके मन की बात···।

रेवा ने रोका–बस, बस–रमा बहन, यहीं तक। इससे आगे लोग न कुछ कहते हैं, न सुनते हैं।··· और, इस खेल में लुट जाने के बावजूद लोग मिठाई खिलाते हैं। बुलाऊँ रामरति को ?

··· प्रोफेसर निगम मुँह छुपाकर रो रही है या हँस रही है ?

–रेवा !

–क्या ?

–मैं मर जाना चाहती हूँ।

रेवा वर्मा ने घृणा से मुँह विकृत कर लिया··· जब 'गुरूआइन' का यह हाल है तो 'चेलाइनों' के मालिक भगवान ही हैं।

रेवा वर्मा टेबुल-घड़ी की ओर देखकर हठात् चिहुँक पड़ी–अरे हाँ रमा बहन, छै बज रहे हैं ? आज तो सिफ्टन-हॉल, में अंजु-मंजु का नाच है। चलोगी ?

रेवा वर्मा ने अपने बैग से एक रंगीन कार्ड निकालकर पढ़ा–श्री सुख्मय घोष के निर्देशन में–जुड़वाँ बहन अंजु-मंजु का नया लोकनृत्य–वाइफ एण्ड हज़बैण्ड–स्थान, सिफ्टन-हॉल, समय, साढ़े छै बजे···।

रमा निगम बोली–नहीं रेवा, मैं कहीं नहीं जाऊँगी।

रेवा वर्मा ने झिड़की दी–रमा बहन, अब नखड़ा छोड़ो !

बेला गुप्त को अचरज हुआ, श्रीमती आनन्द ने अपने हाथ से अंग्रेजी में पुर्जा लिखकर भेजा है–आज सभी ट्रेनी-लड़कियों को 'नाइट-पास' दे देना।···

कुन्ती देवी बोली–बड़ी मेम साहेब कहिन हैं कि यदि छुट्टी नहीं मिले तो तुरंत टेलिफून कर देना।

बेला गुप्त ने मुस्कुराकर पूछा–क्यों ? आप लोग रात में कहाँ रहेंगी ?··· सिनेमा ?

–जी नहीं, अंजु-मंजु मिस साहेब का नाच है। सबको 'काट' मिला है।··· आपको तो काट भेजिन थे बड़ी मेम साहेब के बड़ा बाबू !

बेला गुप्त पूर्ववत् मुस्कुराती रही–जाइए।

कुन्ती देवी दाईकित्ता में जाकर हाथ चमका-चमकाकर भाषण देने लगी–आज यदि छुट्टी नहीं देती छोटी मेम तो–एकदम हड़ताल हो जाता। इसी को कहते हैं–तुम्हारा डर नहीं, डर तुम्हारे गोसैंया का। देखा ? जैसे ही टेलिफून का नाम लिया··· !

रेवा वर्मा और रमा निगम के बाद होस्टल की अन्य महिलाओं ने भी छुट्टी माँगी और बेला गुप्त ने सभी को ठीक इसी अन्दाज में मुस्कुराकर कहा–जाइए।

–रामरति ! देख तो, रानी एरिया से लौटकर आयी है या नहीं ? कहना, एक बार बच्चों के कार्ड और रजिस्टर लेकर इधर आये।

बिरजू, शौकत, गुलबी, रामचन्दर, पिण्टो, कलावती, मुरुल, नाथू, गोबिन्द··· सब मिलाकर पन्द्रह बच्चों की मृत्यु हुई है !

इस नये और अनजाने शिशु-रोग के बारे में, हेल्थ-सर्विसेज के मेडिकल-ऑफिसर को एक आवश्यक पत्र लिखवाना चाहती है, बेला गुप्त। कल वह स्वयं जायेगी, एम. ओ. के बँगले पर। डाक्टर चाको ने तो आज लेडी हेल्थ-विजिटर रानीबाला से स्पष्ट शब्दों में कह दिया–अपनी बेला दीदी से अपना काम देखने को कहो।

··· इस देश का अजब हाल है। जिसे देखो वही मेडिकल-सायंस में नाक घुसाने की कोशिश कर रहा है !···

लेडी हेल्थ-विजिटर रानीबाला आयी–बेला'दी ! दो केस··· सीजर··· नयी-सड़क का रमेश और गोरपाड़ा का कुन्दनलाल !

बेला गुप्त पत्र लिखवाने लगी–लिखो··· सिर्फ एक सप्ताह में पन्द्रह बच्चों की मृत्यु, इस अनाम शिशु-रोग से हो चुकी है। दो नये केस की सूचना, पत्र लिखते समय मिली है। हमने अपनी 'चिल्ड्रेंस क्लिनिक' की ऑनररी डॉक्टर को लिखकर इसकी सूचना दी है। आपसे निवेदन है कि शीघ्र ही···।

नयी-सड़क से रमेश की माँ दौड़ी आयी–बेला दीदी ! आप एक बार चलकर रमेश के माथे पर हाथ रख दीजिए। आपका नाम लेकर पुकारता है–होश में आते ही। आपके पैर पड़ती हूँ···।

बेला गुप्त और रानीबाला ने पहुँचकर देखा, रमेश लड़ रहा है। रह-रहकर वह मुट्ठी बाँधकर देह को झाड़ता है। आँखें खोलता है और बड़बड़ाता है।

रमेश की बूढ़ी दादी कहती है–बाय है बाय ! जब से अदरख के रस में चाँदमड़वा की जड़ घिसकर दिया है, देह में गर्मी आ गयी है।··· आप लोग कोई दवा अभी मत दीजिए।

बेला गुप्त को अचरज हुआ, बूढ़ी शान्त चित्त से हुक्का गुड़गुड़ा रही है। रमेश की माँ का दिल स्थिर नहीं। वह देवी-देवताओं को मनौती कबूलती जा रही है, भरे गले से–जै गंगा मैया !··· काली माता, काला छागल चढ़ाऊँगी··· भगवती··· ! बूढ़ी डाँटती है–बहू ! तू हट जा यहाँ से। मनौती-चढ़ावा जाकर उस घर में कबूल करो। अरे बाय है बाय। अभी तुरत ठीक हो जायेगा लल्लू मेरा। तू कुलच्छन-भरी बातें मत बको।

बूढ़ी ने पुकारा–बेटा लल्लू !··· रमेश ! आँखें खोलो भैया !··· हाँ, अब आँखों में लाली नहीं। देख, कौन आयी है। बेला दीदी आयी है तुम्हारी।

रमेश का बाप एक ओझा को साथ लेकर आया–मैया ! घर खाली कर दो। ओझाजी चक्कर पूजेंगे।

–क्या होगा चक्कर पूजकर ? अरे, बाय है बाय। इसमें ओझा-गुनी और डागडर-बैद का क्या काम ? अभी तुरत ठीक हो जायेगा।

बेला गुप्त ने रानीबाला से कहा–नाड़ी देखो तो।

रानीबाला नाड़ी पर हाथ रखकर चौंकी–नार्मल ?

अब बेला गुप्त को बूढ़ी की बात पर थोड़ा विश्वास हुआ। उसने पूछा–रमेश की दादी ! चाँदमड़वा की जड़ कहाँ मिलती है ?

–यहाँ तो पंसारियों के पास ही मिलती है। गाँव में अली-गली और जंगल-मैदान में इसकी झाड़ी फलों से भरी रहती है–बारहों मास। जड़ ही नहीं, इसके पत्ते में भी बहुत गुन !

–आपने इस 'बाय' को कैसे पहचाना ?

बूढ़ी हँसने लगी–लच्छन देखकर।··· एक बार, हमारे नैहर का एक टोला ही 'समापत्त' हो गया था इस रोग से।

–यह छुतैला रोग है ? रानीबाला ने प्रश्न किया।

रमेश उठकर बैठ गया–अम्माँ !

बेला गुप्त ने रमेश को पुकारा–रमेश !

रमेश ने उलटकर देखा और अपनी नंगी देह को कपड़े से ढँकने लगा। उसके मुर्झाये हुए होंठों पर मुस्कुराहट की एक पतली रेखा खिंच गयी।

बेला गुप्त ने रानीबाला से कहा–रानी, तुम एक बार कुन्दन के घर जाकर बूढ़ी अम्माँ की बतायी हुई दवा दे आओ।

रमेश की दीदी ने चाँदमड़वा की जड़ी अपनी पिटारी से निकालकर दी–पहले अदरख को पीसकर रस निकालने कहियेगा··· और हाँ, अदरख में एक बूँद भी पानी न पड़े। इसके बाद जड़ी को उसी सिलवट पर घिसकर बराबर दो बार पिला दे !

रानीबाला बोली–पंसारी की दुकान में यह जड़ी मिलेगी तो ?

रमेश ने कहा–अम्माँ, मुझे भूख लगी है।

बेला गुप्त और रमेश की माँ ने बूढ़ी की ओर देखा।

बूढ़ी ने कहा–भूख लगी है ? पुराने चावल का भात, एक मुट्ठी जल्दी पका दो और ओझा-गुनी बुलाकर लानेवाले से कहो–कहीं से कागजी नीबू ले आवे, एकदम हरा !

बेला गुप्त बहुत देर तक रमेश के साथ बैठी रही।

रमेश ने बहुत रुचि से नीबू और नून के साथ भात खाया।

··· यमराज को नीबू-नून चटा दिया, बूढ़ी ने ?

सिफ्टन-हॉल खचाखच भर गया है।

सुखमय घोष ने, कार्ड बाँटने के समय हॉल की कुर्सियों की संख्या का लेखा-जोखा लेने की कोई आवश्यकता नहीं समझी। किन्तु, ऊपर बालकनी को 'सिर्फ महिलाओं के लिए' सुरक्षित रखने के लिए, अंग्रेजी के अलावा दो प्रमुख भारतीय भाषाओं की तख्तियाँ लटकायी गयी थीं··· सब बेकार !

अकेला सुखमय घोष क्या करे ? बाहर आकर लोगों का स्वागत करे या भीतर में 'मेकअप' पर नजर रक्खे ! दफ्तर के दोनों चपरासी और माली ने एन मौके पर विद्रोह कर दिया–यदि उनके साथ आये हुए लोगों को अन्दर नहीं होने दिया गया तो वे कोई काम नहीं करेंगे। और, हर आदमी के साथ पन्द्रह से लेकर बीस औरत-मर्द-बच्चे !

सुखमय घोष उत्तेजित होकर धमकी दे रहा है–तुम लोग क्या लाट साहब से भी बढ़कर पोजिशनवाला है ? अगाड़ी का सभी कुर्सी खाली कराने बोलाता

है ? खूब अस्पोर्धा हुआ है तुम लोगों का, ठहरो, अभी बोलता है मेम साहब को !

श्रीमती ज्योत्स्ना आनन्द ने सुखमय घोष को बुलाकर झिड़की दी—क्या हो रहा है घोष ? देरी क्या··· ?

सुखमय घोष तुतलाया—आगे ड्रैसिंग में थोड़ा देरी है और थोड़ा फौक्सिंग का वायरिंग में !

श्रीमती आनन्द के पास बैठे हुए बागे ने धीरे-से चुटकी ली—फौक्सी ?

श्रीमती आनन्द ने आँखों से ही बागे को डाँट दिया—शैतानी मत करो। डी. साहब देख रहे हैं।

कुन्ती देवी भीड़ को चीरती हुई बड़ी मेम के पास इस्तदुआ लेकर पहुँची—मेम साहब ! ऊपर में सभी लड़कियों की देह लड़कों की धकमधुक्की के मारे—छिला रही है। दुनिया-भर के गुण्डे...।

श्रीमती आनन्द ने बागे को ऊपर भेजा—बागे, सभी ट्रेनी-लड़कियों को यहीं ले आओ !

बागे, लड़कियों का उद्धार करने ऊपर की ओर भागा और हॉल की रोशनी बुझ गयी।

··· स्टेज पर घना अन्धकार। नील आकाश में एक नक्षत्र जगमगा रहा।

··· हल्की रोशनी के साथ बेहाला पर—कु-क-कड़ू-कूँ-ऊँ ! दर्शकों ने एक स्वर में बाँग देना शुरू किया—कु-क्-क-ड़ूँ-कूँ-ऊँ !!

··· बेहाला पर कोयल की कूक ! नील-गगन का तारा बुझ गया। हल्के-हल्के अंधकार में एक लड़की सोयी है। लड़की धीरे-धीरे करवट लेती है।··· हॉल में जनता कूकती है—एकसाथ सैकड़ों कुहू ! पीली रोशनी की एक चंचल छटा, वक्षस्थल पर,··· चोटियों पर स्थिर हो गयी।

ऊपर बालकनी में कोलाहल शुरू हुआ।

··· मारो-मारो ! पकड़ो !! रोशनी जलाओ··· ए-ए, कौन है—मैया री मैया, ए शान्ति··· !!

··· मेन स्विच ऑफ ?

हॉल के अन्धकार में—पीली रोशनी में प्रदर्शित दृश्य विभिन्न रंगों में तैरने लगे। अन्धकार के पर्दे पर—कम्मलिमेण्टरी-कलर्स में प्रतिफलित छाया ! रेखाएँ-त्रिभुज, वृत्त, चक्र···।

कोलाहल को चीरती हुई कुन्ती देवी के कर्कश कण्ठ की पुकार हॉल में गूँज रही है—बड़ी मे-ए-म सा-आ-आ-हे-ब !

भगवान भला करें लाल-भाई का। वे नहीं होते तो रेवा वर्मा और रमा निगम की भी वही दुर्दशा होती जो विभावती और गौरी की हुई है। पटनेश्वरी और शिप्रा को भी लाल-भाई ने ही बचाया—गुण्डों के हाथ से। लाल-भाई को देखते ही गुण्डों का घेरा टूट गया। सभी एक-एक कर गायब हो गये।

रात के तीन बजे श्रीमती ज्योत्स्ना आनन्द के ड्राइवर अब्दुल ने आकर फाटक ढबढबाया। गाड़ी से कुहरती हुई विभावती उतरी, कुन्ती देवी का सहारा लेकर। गौरी सिसकियाँ ले रही थी और गाड़ी में बैठे हुए मिस्टर बागे उसे समझा रहे थे—देखो, नासमझ मत बनो। चुप रहो। चुप रहो···।

बेला गुप्त को कुन्ती देवी ने सूचना दी, विभावती और गौरी अँधेरे में सीढ़ी से फिसलकर गिर पड़ी हैं। बड़ी मेम साहब ने अपने हाथ टिंचर-आयडिन लगा दिया है। अंजु-मंजु को बड़ी मेम अपने बँगले पर ले गयी हैं। बेला गुप्त के दिमाग के पर्दे पर अभी सिर्फ मरते-मरते जी उठनेवाले शिशु रमेश का मुखड़ा नाच रहा है। रमेश सचमुच जी गया! तो, अदरख के रस में इतना गुण है? जहाँ कोरामिन की सूई का कोई असर नहीं होता, नाड़ी मन्द पड़ती जाती है—वहाँ एक चम्मच अदरख के रस से ही देह में गर्मी आ जाती है?

—दीदीजी!—रामरति ने पुकारा—बड़ी मेम साहब आयी हैं!

श्रीमती ज्योत्स्ना आनन्द अभी पाँच बजे भोर में ही क्यों आयी हैं?

—बेला! माफ करना, मैंने तुमको असमय में ही आकर जगा दिया। सुनो, आज युनिसेफ के एक अमेरिकन आफिसर आ रहे हैं। लेकिन, आज मैं राजगीर जा रही हूँ। और यह तो अन्याय है। बिना किसी सूचना के इस तरह टेलीग्राम दौड़ाने का क्या मतलब है? दिन-भर उनके साथ सेण्टरों में चक्कर काटने के लिए मेरे पास समय नहीं। मैं राजगीर के प्रोग्राम को पोस्टपोण्ड नहीं कर सकती। ··· देखो, हेल्थ-सर्विसेज वाले उन्हें यहाँ ले आवेंगे। तुम कह देना कि स्टॉक-रजिस्टर सेक्रेटरी के पास है। दिखलाना मत।··· बात यह है बेली, इस अभागे सुखमय घोष ने नये स्टॉक को कहीं इण्टर ही नहीं किया है। मैं इसी बार उसको भी खलास करवाती हूँ।··· जानती हो, रात में उस अभागे के कारण हमारी जान कैसी साँसत में पड़ गयी थी। मत पूछो—मैंने तय कर लिया है, अंजु-मंजु को कभी स्टेज पर उतरने नहीं दूँगी। और हाँ, अब वे मेरे ही बँगले पर रहेंगी··· तुम्हारा सिरदर्द दूर हुआ!

कुन्ती देवी बड़ी मेम की बोली सुनकर खड़ाऊँ खटखटाती हुई आयी, आँखें मलती—परनाम बड़ी मेम साहब!

—क्या है? श्रीमती आनन्द ने रुखाई से पूछा।

कुन्ती देवी बोली—आपसे एक प्रायविटी बात है।

—क्या प्रायविटी?

कुन्ती देवी ने आँखें मटकाकर इशारा किया। अर्थात्—मामला गड़बड़ है। श्रीमती आनन्द पर इसका तुरत असर हुआ। वह बोली—रात के भगदड़ में शायद दो लड़कियों को चोट आ गयी है। तुमने देखा है उन्हें?

बेला गुप्त की समझ में कोई बात नहीं आ रही है। वह रात-भर जगी है।

एक गली से दूसरे मुहल्ले में, बीमार बच्चों को देखती फिरी है–रात-भर। सुबह उठकर ही हेल्थ-सर्विसेज के डाइरेक्टर के पास जाने का प्रोग्राम बनाया है उसने–रात में ही।··· युनिसेफ के औफिसर आ रहे हैं ?··· अंजु-मंजु रात में नहीं लौटी थीं ? पता नहीं–कौन-कौन लड़कियाँ घायल हुई हैं ?

वह बोली–ज्योतिदी, एक अजीब रोग फैला है। बच्चों की बीमारी ! पिछले कई दिनों में ही सोलह बच्चे···।

श्रीमती आनन्द का ध्यान कुन्ती देवी की ओर था–मैं उन्हें देख आऊँ जरा। क्या बताऊँ–इस अभागे घोष के कारण···।

श्रीमती आनन्द कुन्ती देवी के पीछे-पीछे चली–दाईकित्ता की ओर।

रामरति ने आकर पूछा–दीदीजी, बड़ी मेम के लिए भी चाय बनावें ?

बेला ने कहा–बनाओ। और जरा हेल्थ-विजिटर को बुलाना।

मुनिया दाईकित्ता में सोयी थी। बड़ी मेम की झिड़की खाकर ओठों से कुछ बुदबुदाती हुई आयी। रामरति ने पूछा–भोरे-भोर इस तरह साँप का मन्तर क्यों पढ़ रही हो ? क्या हुआ ?

–होगा क्या ? इस कुन्ती देवी को सिंग हुआ है। खुजाती फिरती है।

–दाईकित्ता में तू जाती ही क्यों है ? यहाँ इतनी जगह छोड़कर–दाईकित्ता में मरने जाती है ! किसी दिन कोई अकलंग लगा देगी–तब बूझना मजा।

शिशु-रोग के पुराने विशेषज्ञ तथा हेल्थ-सर्विसेज के मेडिकल-ऑफिसर डाक्टर मिंझ ने मिस बेला गुप्त को घुड़कती हुई निगाह से देखा–कहिए, क्या है ?

–सर ! पिछले सप्ताह से एक अद्भुत रोग फैला है बच्चों में···।

हेल्थ-विजिटर की बात को डाक्टर मिंझ ने बीच में ही काट दिया–डाक्टर चाको ने मुझे इसकी सूचना दी है। अब आपको क्या कहना है ? कोई खास बात ?

–सर ! मुझे लगता है कि यह कोई संक्रामक रोग है।

–मान लेता हूँ, संक्रामक रोग है। फिर ?

इस बार मिस बेला गुप्त ने जवाब दिया–डाक्टर साहब ! यह रोग संक्रामक ही नहीं, इसके लक्षणों से यह साफ हो गया है कि तीस-चालीस मिनटों में ही जान ले लेता है। कोई दवा काम नहीं करती। हम आपके पास···।

डाक्टर मिंझ ने कहा–जब दवा ही काम नहीं करती कोई तो, मेरे पास क्यों आयी हैं ? दुआ कीजिए।

बेला गुप्त अब अपने को जब्त नहीं रख सकी। बोली–डाक्टर साहब, आप इस तरह नाराज क्यों हो रहे हैं हम पर ? क्या किसी अजूबा रोग की सूचना देना–अन्याय है ?

बाहर सड़क पर, सुबह का ताजा अखबार लेकर हॉकर चिल्लाया–पढ़िए-पढ़िए ! नेपाली कोठी में पचास जुआड़ी रँगे हाथों पकड़े गये। पचास जुआड़ी कौड़ियों के

साथ गिरफ्तार। पढ़िए-पढ़िए–ताजा खबर–देश-विदेश का गर्म-गर्म समाचार–ताजा खबर–जमशेदपुर, भागलपुर और दुमका में एक अजूबा रोग। बच्चों की एक अजब बीमारी फैली है–अजब बीमारी…।

डाक्टर मिंझ की खुमारी टूटी। अतिरिक्त पान के कारण सुबह उठते ही सिर में दर्द चिनचिना उठा। बेला गुप्त की बदली हुई मुखमुद्रा और अखबार बेचनेवाले की पुकार ने उन्हें झकझोरकर जगा दिया मानो। बोले –नहीं, नाराज नहीं। मैं जानना चाहता था… मेरे कहने का मतलब है कि अब तक मुझे बजाप्ता सूचना क्यों नहीं दी गयी ?

–बजाप्ता सूचना ? हमने डाक्टर चाको से हर रोज निवेदन किया। लेकिन, उन्होंने हमारी बात पर ध्यान ही नहीं दिया।

हेल्थ-विजिटर ने कहा–मैंने तो डाक्टर चाको को लिखकर भी रिपोर्ट दी है।

डाक्टर मिंझ ने अखबार के पृष्ठों को जल्दी-जल्दी उलटते हुए कहा–डाक्टर चाको भी अजीब हैं। उन्होंने मुझे कल मजाक में हँसते हुए कहा कि गनपत सिंघ लेन सेण्टर की लेडी हेल्थ-विजिटर और वर्किंग-विमेंस हॉस्टल की सुपरिण्टेण्डेण्ट ने एक नयी बीमारी की खोज की है।… इसलिए मैंने तो समझा कि…।

… जमशेदपुर में बीस बच्चों की मृत्यु !

… दुमका में–तेरह !

… सुलतानगंज में–पन्द्रह ! डाक्टर परीशान हैं। कोई दवा काम नहीं करती।

बेला गुप्त ने कहा–सर ! हमारे क्षेत्र में अठारह बच्चों में सोलह बच्चों की मृत्यु हो गयी। सिर्फ दो बच्चे रोग-मुक्त हुए हैं।

–हुए हैं ? किस दवा से ? किसके इलाज से ?

बेला गुप्त ने उत्साहित होकर कहा–डाक्टर साहब ! कल रात में हम एक केस देखने गये थे। बच्चे की दादी ने उसे एक जड़ी घिसकर पिला दी थी और निश्चिन्त बैठी हुक्का गुड़गुड़ा रही थी।

–तो, आपने उस जड़ी के बारे में पूछा नहीं ?

–जी हाँ, चाँदमड़वा और अदरक को घिसकर…।

–यह चाँमड़वा क्या है ? कहाँ मिलता है ?

–जी, यह जड़ी हर पंसारी की दुकान पर पायी जाती है।

हेल्थ-विजिटर ने अपनी झोली से जड़ी निकालकर दिखलाते हुए कहा–यह देखिए सर ! यही जड़ी है।

–आप लोगों ने इसका प्रयोग किया है ?

–जी सर ! उस बच्चे की सुधरी हुई हालत को देखकर हम लौटे और एक नये केस में यही दवा दी। तत्काल फायदा हुआ।

हेल्थ-विजिटर ने हँसते हुए कहा–एक अजीब बात है। रोग-मुक्त होते ही बच्चे भूख से छटपटाने लगते हैं।

बेला बोली–और, जैसाकि रमेश की दादी ने बताया, रोग-मुक्त होने के बाद

भात के साथ कागजी नीबू का रस देना चाहिए।

डाक्टर मिंझ ने अपनी डायरी में कुछ नोट करते हुए कहा–ठीक है। आप लोग जाइए। धन्यवाद !

दूसरे ही दिन बिहार के सभी प्रमुख पत्रों में 'डाक्टर मिंझ का फार्मूला' बड़े-बड़े अक्षरों में प्रकाशित हुआ–अखबार बेचनेवाले ने सुबह को आवाज लगायी–पढ़िए-पढ़िए–ताजा समाचार–बाँकीपुर के पुराने डाक्टर का चमत्कार–अजूबा रोग की दवा निकल गयी। जरूर पढ़िए !

चाँदमड़वा की जड़ी और अदरख के रस ने सैकड़ों अबोध और प्यारे बच्चों की जान बचा ली।

रेवा वर्मा आज बहुत उदास है।

प्रोफेसर निगम ने आते ही पूछा–क्यों रेवा, क्या बात है ? आज इस तरह मुँह लटकाकर क्यों बैठी हो ? जमशेदपुर की डाक आज नहीं आयी क्या ?

रेवा मानो निगम के लिए ही बैठी थी। निगम के ऐसे सवालों का जवाब वह हमेशा कूट करके देती है। लेकिन, आज एक लम्बी साँस लेकर वह चुप रही। अब निगभ ने ताड़ लिया, जरूर कोई वैसी बात हुई है ! उसने गम्भीरता से पूछा–क्या बात है रेवा ? बतलाओ–क्या हुआ ?

रेवा की आँखों से आँसू टपक पड़े। वह सुबक-सुबककर रोने लगी। प्रोफेसर रमा निगम ने उसे बाँहों में भरकर पूछा–छिः-छिः रेवा ! इस तरह रोने से मैं क्या समझूँगी ! बोलो न, क्या हुआ ? बोलो··· रेवा··· जी छोटा न करो ! कोई चिट्ठी आयी है ? कहाँ आयी है ? कहाँ है चिट्ठी ? लाओ देखूँ ! अरी–बोलती क्यों नहीं कुछ ? रोये जा रही है। देखो पटनेश्वरी आ रही है। क्या समझेगी, सुनो···।

रेवा ने अपने तकिये के नीचे से एक लिफाफा निकालकर दे दिया। प्रोफेसर रमा निगम लिफाफे से पत्र निकालकर पढ़ने लगी। रेवा वर्मा के प्रेमी का ही पत्र है। शुरू में ही आर्षवाक्य की तरह एक प्रचलित संस्कृत श्लोक की गलत पंक्ति लिखी हुई है–त्रिया-चरित्रे पुरषस्य भाग्ये··· ! और इसके बाद लिखा है–मुझे हमेशा छलनेवाली रेवा !··· यह क्या ?

रेवा ने आँसू पोंछते हुए कहा–जानते हैं भगवान। इस आदमी के लिए मैंने माँ-बाप, भाई-बहन, कुल-परिवार सभी को छोड़ा ! और आज यही लिखता है कि मैंने उसके साथ विश्वासघात किया है। रमा बहन, तुम गवाह हो। इस आदमी के चलते मैंने कम-से-कम आध दर्जन लोगों का इन्सल्ट किया। अपने रेडियो स्टेशन के कितने सहकर्मियों से झगड़ा मोल लिया और आज यही लिखता है कि मैंने उसके साथ चालबाजी की है !

रेवा फिर रोने लगी। रमा निगम ने एक ही साँस में चिट्ठी पढ़ ली। बोली–देखो रेवा ! घबराने से काम नहीं चलेगा। इसकी सभी चिट्ठियाँ तुम्हारे पास हैं तो ?

रेवा बोली–उन चिट्ठियों का अब क्या होगा ?

–सबकुछ होगा।

–नहीं, रमा बहन ! मेरा दिल टूट चुका है।

–तुम मूर्ख हो। इन मर्दों को तुम नहीं जानतीं। सीधी उँगली से घी नहीं निकलता। तुम घबराओ मत।

–नहीं, रमा बहन ! अब नहीं···

–देखो रेवा, मैं तुमसे उम्र में बड़ी हूँ। मैं जो कुछ भी कहती हूँ, सुनो। मैं इस आदमी को पानी पिलाकर छोड़ूँगी।

–लेकिन··· ।

–लेकिन-वेकिन कुछ नहीं। मैं जैसा कहती हूँ, करो। फिर देखना। अरे–हाँ ! यह तो बताओ··· किसी ने तुम्हारे खिलाफ कुछ लिख तो नहीं दिया है उसे ? हो सकता है किसी ने दुश्मनी साधने के लिए उसको झूठ-फरेब गढ़कर कुछ लिख दिया हो, क्योंकि उसने एक बात लिखी है–मेरे पास सभी प्रमाण हैं। अब तुम मुझे अँधेरे में नहीं रख सकतीं। क्या बात है ? क्या प्रमाण हो सकता है उसके पास !

अब रेवा ने तनिक दिल को कड़ा किया। बोली–रमा बहन, मैं अब इस बेईमान से कोई सम्बन्ध नहीं रखना चाहती। मुझे शुरू से ही इसके चाल-चलन पर सन्देह था।

–अच्छा, एक बात बतलाओगी ?

प्रोफेसर निगम ने फिसफिसाकर पूछा–उसने कभी माने··· कभी··· मतलब··· तुमने कभी अपने को एकदम··· माने··· !

रेवा ने कपाल पीटकर कहा–रमा बहन ! मैं आखिर रो क्यों रही हूँ। इसलिए तो··· ।

–मूर्ख लड़की ! यही वजह है। वह इतना बढ़कर बातें लिखेगा नहीं ? तुमने शुरू में ही गलती की। यह तुम जान लो रेवा, और कोई कारण नहीं। यदि तुमने अपनी कमजोरी नहीं दिखलायी होती–अछूती रहतीं तो, देखतीं। अब तो वह यही कहेगा कि शादी के पहले जब तुमने मेरे साथ वैसा किया तो क्या सबूत कि दूसरे के साथ··· ।

–ठीक यही बात उसने दूसरे ढंग से कही है, अपनी पिछली चिट्ठी में।

–लाओ देखूँ, सभी चिट्ठियाँ निकालो। तुम इतना मूर्ख हो, यह मुझे क्या पता। नहीं तो शुरू में ही तुमको चेतावनी दे देती।

बाहर शिप्रा और पटनेश्वरी की बातचीत सुनायी पड़ी। रेवा वर्मा ने उठकर कमरे का दरवाजा बन्द कर दिया। पटनेश्वरी ने दरवाजे पर दस्तक दी–दरवाजा खोलो ! कौन है अन्दर, खो-लो··· ।

–क्या है ?

–तुम्हारा मुलाकाती आया है।

–मुलाकाती ?

रेवा ने दरवाजा खोल दिया। पटनेश्वरी देवी हँसती हुई आयी–मिठाई खिलाओ। तुम्हारे उनको स्टेशन से पकड़कर ला रही हूँ। बेचारा न जाने कब से वर्किंग-विमेन्स होस्टल का टेलीफोन डायल कर रहा था। यहाँ किसी ने उठाया ही नहीं।··· मैंने तो तुम्हारे हाथ से बुने हुए स्वेटर से उनको पहचाना।··· जाओ, बेचारे बहुत हड़बड़ाए हुए हैं।

–देखो पटन दीदी, दिल्लगी मत करो।

–मैं दिल्लगी करती हूँ ? लो भला, जाकर देखो, फाटक पर चहलकदमी कर रहा होगा। मेरा विश्वास नहीं होता तो शिप्रा से पूछो।

जब शिप्रा ने कहा तो रेवा को विश्वास हुआ। उसने प्रोफेसर रमा निगम की ओर अर्थपूर्ण दृष्टि से देखा। अर्थात्–अब ?

रमा निगम ने आँखों से ही जवाब दिया–ठहर जाओ।

पटनेश्वरी देवी और शिप्रा अपने कमरे में चली गयीं तो रमा निगम ने फुर्ती से रेवा के पास आकर हाथ पकड़कर बिछावन पर बैठा दिया–कहाँ चलीं ? बड़ा लाट साहब आया है ? तुम भी खूब हो। खबर मिली और दौड़ चलीं। इसीलिए तो उसकी इतनी हिम्मत बढ़ गयी है। ठहरो, पहले रामरति के हाथ पुर्जा भेजने दो। देखूँ क्या लिखता है।

रेवा ने कहा–लेकिन यदि···

–लेकिन, परन्तु कुछ नहीं। तूने यदि इस बार गलती की तो जिन्दगी-भर रोयेगी। मैं जानती हूँ वह क्यों दौड़ा आया है। शैतान !

रामरति नहीं, आयी उसकी माँ मुनिया बूढ़ी–रेवा दीदी, रेवा दीदी। ए गो बाबू आये हैं।

निगम ने पूछा–पुर्जा ले आयी है ?

–पुर्जा तो नहीं दीहिन। माँगे जाकर ?

–बिना पुर्जे लिये तुम क्यों बुलाने आयी ?

मुनिया बड़बड़ाती हुई सीढ़ी से उतरने लगी–एतना दिन तो बिना पुर्ज़ा-पुर्जी के ही घण्टों भेंट-मुलाकात करती थी और आज नया कानून···।

कुन्ती देवी के घर से तार आया है। छोटी मेम है नहीं। दाईकित्ता में कोई लड़की अंग्रेजी पढ़ना नहीं जानती। इसलिए ऊपरवालियों से पढ़वाने आयी है।

शिप्रा ने तार पढ़कर कहा–लिखा है, घरवाला बीमार है–तुरत आओ।

कुन्ती देवी रोने लगा–मैं अब क्या करूँ ? परसों से इम्तिहान है और उधर घरवाला बीमार। हे भगवान ! छोटी मेम साहेब दोपहर से ही न जाने कहाँ चली गयी हैं। छुट्टी के लिए बड़ी मेम के यहाँ जाना होगा। हाथ में एक भी पैसा नहीं। मैं क्या करूँ ?

मुनिया बूढ़ी पुर्जा ले आयी–मिस रेवा वर्मा। मुलाकाती–सक्सेना !!!

रमा निगम ने रेवा के हाथ से पुर्जा लेकर कहा–तुम ठहरो। पहले मैं मिल

आती हूँ।

मुनिया बूढ़ी को अचरज हुआ–पुर्जा किसी के नाम से और मिलने जाती है कोई और !

रेवा बोली–रमा बहन, मैं भी चलूँ। मैं फाटक के इस पार में रहूँगी।

प्रोफेसर रमा निगम ने डाँटते हुए कहा–फिर पागलपन ? मुझे पहले देखने तो दो कि हजरत का दिमाग सही दुरुस्त है या फिर कोई झमेला लगाने आये हैं। हो सकता है वह अपनी चिट्ठियाँ वापस लेने आया हो !

रेवा चुपचाप अपनी उँगलियों से साड़ी के खूँट में गिरह लगाती और खोलती–खड़ी रही। रमा निगम जल्दी से एक पाउच पाउडर का मुँह पर फेरकर तैयार हो गयी–अभी देखना, मैं किस तरह जनाब को आसमान दिखलाती हूँ।

रमा निगम चप्पल खिसकाती हुई चली गयी।

विभावती को तेज ज्वर है। ज्वर में वह बड़बड़ा रही है–मुझे छोड़ दीजिए। मैं आपके पैर पड़ती हूँ। मैं आपकी बेटी हूँ।··· बाबूजी, बाबूजी–यह क्या कर रहे हैं ?··· हे भगवान, लाज रखो। दुःशासन मेरी साड़ी खींच रहा है।··· मैं नंगी हूँ ! मैं मर गयी··· !!

गौरी रात से ही रो रही है। तारा देवी उसको समझा रही है–देखो गौरी, जो होना था सो हो गया। अब मुफ्त में रोने से क्या फायदा ? शहर में यह सब होता ही है। रोयेगी भी तो बात फैलेगी और बेकार की बदनामी होगी। ट्रेनिंग भी नहीं पूरी कर सकेगी।

विभावती चिल्ला रही है–मैं नहीं लूँगी ट्रेनिंग। न··· बाबूजी, मुझे घर भेज दीजिए। बाबूजी, मेरी माँ को बुला दीजिए।···

हॉस्पिटल से ऐम्बुलेन्स-गाड़ी आयी और विभावती को स्ट्रेचर पर सुलाकर लोग ले गये। अब गौरी देवी चीख-चीखकर रोने लगी।

रामरति ने बेला गुप्त को सूचना दी–जानती हैं दीदीजी ! रात में तो अंनर्थ हो गया है ! गौरी और विभावती सीढ़ी से गिरी नहीं हैं। जानवरों ने···।

इसके बाद रामरति ने संकेत करके कुछ कहा जिसका अर्थ बेला गुप्त नहीं समझ सकी। उसने पूछा–क्या बकती है ! कौन जानवर ?

अब रामरति ने साफ-साफ़ बतलाया–दीदीजी, दोनों को जबर्दस्ती एक कोठरी में बन्द करके बेइज्जत किया है–बड़ी मेम के दोस्तों ने !

बेला गुप्त मानो आसमान से गिरी–जबर्दस्ती बेइज्जत किया है ? ··· बड़ी मेम के दोस्तों ने ? क्या कहती है यह रामरति ?

रामरति बोली–गौरी रो रही है जार-बेजार, उनसे जाकर पूछिए न। सब मालूम हो जायेगा कि कैसे-कैसे उन लोगों को गाड़ी में चढ़ाकर–कहाँ-कहाँ ले गये शैतान लोग।

बेला की आँखों के सामने एक बार फिर पेशावर के कोरोनेशन होटल के दृश्य नाच गये।··· उसे लगा, कल रात में जानवर सरफराज ने फिर उसकी देह को नोचा-खसोटा है। उसकी देह जल रही है।

बेला गुप्त गौरी के कमरे में गयी–गौरी !

गौरी का चेहरा देखकर वह सिहर पड़ी। गौरी ने आँखें खोलकर बेला गुप्त को देखा और धार मारकर रोने लगी–दीदीजी, मैं जहर खाकर मर जाऊँगी। दीदीजी, मुझे आज ही घर भेज दीजिए।

बेला गुप्त, गौरी की चौकी पर बैठ गयी। उसने धीरे-से गौरी के सिर पर हाथ रखकर कहा–गौरी ! रोओ मत ! दिल को मजबूत करो–भगवान पर भरोसा करो।

लेकिन, गौरी रोते-रोते बेहोश हो गयी। दाँत-पर-दाँत बैठ गये। रामरति ने मुँह पर पानी का छींटा मारकर उसे होश में लाया।

बेला ने पूछा–विभावती अस्पताल चली गयी !

रामरति ने फिर इशारे से बताया कि विभावती की हालत नाजुक है। तेज बुखार में अनाप-सनाप बक रही है।··· कपड़ा खून से तरबतर !

बेला गुप्त का–वर्षों का जमा हुआ आक्रोश मानो एक ही बार धुधुआकर सुलगा। उसने तारा देवी को बुलाकर पूछा–क्यों तारावती देवी–कुन्ती देवी कहाँ है ?

–जी, उसके घर से तार आया था। घरवाला उसका लबेजान है। चाको मेम साहेब से छुट्टी लेने गयी है। आप बाहर थीं इसलिए···।

बेला गुप्त ने पूछा–रात में आप भी गयी थीं नाच देखने ?

–जी, मेम साहेब !

बेला गुप्त ने रामरति से कहा–सभी लड़कियों को बुलाओ।

रामरति चली गयी तो तारावती देवी बोली–मेम साहेब, हमको 'कुछो' नहीं मालूम है। हल्लागुल्ला जब हुआ तो मैं–

बेला गुप्त ने उसे बीच में ही रोक दिया–आपको क्या नहीं मालूम है ?

–यही, विभावती गौरी के बारे में।

–विभावती और गौरी को क्या हुआ है ?

–हमको क्या मालूम ?

गौरी ने रो-रोकर कहा–दीदीजी, इसी डायन ने मुझे पकड़कर कोठरी में बन्द किया था और विभा दीदी को उस कुन्ती देवी ने अपने हाथ से मुँह में कपड़ा ठूँसकर···।

तारावती देवी चिल्लाने लगी–खबरदार ! हमको अकलंग लगाया तो सबकुछ खोलकर रख दूँगी। हा ! बड़ी चली–महीन सूत कातने। सुनिए छोटी मेम ! इससे पूछिए कि नयी रेशमी साड़ी और एँड़ीवाली जूती किसने खरीद दिया है। छिनाल–यार लोगों से आँख लड़ाकर चीज वसूल करेगी–मौज उड़ावेगी और दोख लगाने के

बेर–कुन्ती देवी और तारावती देवी के सिर···।

बेला गुप्त ने डाँटकर कहा–तारावती देवी, आप चुप रहिए !

दाईकित्ता की सभी लड़कियों ने एक-एक कर जो बयान दिया, उसे सुनकर बेला गुप्त पागल हो गयी। उसने रामरति से कहा–आज ये लड़कियाँ कहीं भी नहीं जायेंगी। अस्पताल भी नहीं–ट्रेनिंग-क्लास में भी नहीं। मैं अभी आती हूँ।

बेला गुप्त दाईकित्ता से बाहर निकल रही थी कि कुन्ती देवी पर नजर पड़ी। वह नजर बचाकर, पिछवाड़े के दरवाजे से कित्ता में जा रही थी। बेला गुप्त ने पुकारकर कहा–कुन्ती देवी, यहाँ आइए।

कुन्ती देवी की आँखों से आँसू झरने लगे। हाथ में तार लेकर वह आगे बढ़ आयी–छोटी मेम, पता नहीं मेरा घरवाला है या···। देखिए न, यह तार !

–आप कहाँ गयी थीं ?

–चाको मेम साहब से छुट्टी लेने के लिए।

–मिल गयी छुट्टी ?

–जी हाँ, अभी कोई ट्रेन नहीं है। मैं बस से जाऊँगी।

–नहीं। आप नहीं जा सकतीं।

–क्यों ?

–यहाँ जो काण्ड आप लोगों ने किया है, जब तक इसकी जाँच नहीं हो जाती किसी को छुट्टी नहीं मिलेगी !

–कौन काण्ड ?

बेला गुप्त ने घृणा से मुँह फेर लिया। कुन्ती देवी ने कड़ककर पूछा–बोलिए न, कौन काण्ड ? मैंने क्या किया है ?

–आपने जो कुछ भी किया है वह विभावती और गौरी के बयान से मालूम होगा। जाइए।

–मैं तो अभी ही घर जाऊँगी। मुझे चाको मेम साहेब ने छुट्टी दे दी है। देखें कि हमको कौन रोकता है !

–रामरति ! फाटक में ताला लगा दो।

–मैं दीवार लाँघकर जाऊँगी। रखिए ताला लगाकर।

इस बार रामरति ने कहा–कुन्ती देवी, आपकी चालाकी नहीं चलेगी और···।

–चुप कुतिया ! मुझसे मुँह लगायेगी तो मुँह तोड़ दूँगी !

कुन्ती देवी रामरति पर झपटी। रामरति ने अपने को बचाकर–उसकी कलाई पकड़ ली। कुन्ती देवी जोर-जोर से चिल्लाने लगी–दौड़ो हो लोगो-ओ-ओ-ओ, यह छिनाल सब मिलकर मेरी जान ले रही है-ए-ए-ए ! अरे बाप ! मेरा घरवाला मर रहा है उधर और इन कस्बिन ने···।

रामरति ने जोर से दाईकित्ता का दरवाजा बन्द करके ताला लगा दिया।

ठीक, इसी समय होस्टल के फाटक पर युनिसेफ की गाड़ी आकर लगी। बूढ़ी

मुनिया दौड़ी आयी—दीदीजी, साहब लोग आये हैं। खाँटी साहेब—मेम··· !

बेला गुप्त को याद आयी, आज युनिसेफ के कोई ऑफिसर आनेवाले हैं। हेल्थ-सर्विसेज के डिप्टी डायरेक्टर के पीछे-पीछे युनिसेफ के अधिकारियों का दल होस्टल में आया। सबसे पहले वे मिल्क सेण्टर देखेंगे।

बेला गुप्त ने अपने को सम्हालने की चेष्टा करते हुए—डिप्टी डायरेक्टर ऑफ हेल्थ-सर्विसेज को नमस्कार किया।

डिप्टी डायरेक्टर ने पूछा—क्यों मिस गुप्त ! मिसेज आनन्द नहीं आयी हैं, अब तक ?

—जी, वह तो शायद राजगीर गयीं।

—राजगीर ? लेकिन, उनके क्लर्क ने तो कहा कि सेण्टर में ही गयी हैं।

—जी, नहीं तो ! वह मुझसे कल कह गयीं कि राजगीर जा रही हूँ।

—युनिसेफ के ऑफिसर आये हैं। स्टॉक चेक करने के लिए। सब ठीक तो है ?

—जी, सब ठीक ही है··· माने नये स्टॉक को छोड़कर पिछला सबकुछ ठीक है।

—नये स्टॉक को छोड़कर ? मतलब ? स्टॉक-रजिस्टर कहाँ है ?

—जी, स्टॉक का रजिस्टर श्रीमती आनन्द के पास ही रहता है।

डिप्टी डायरेक्टर को आश्चर्य हुआ—तो फिर हम इनको क्या दिखलायेंगे ? जब स्टॉक-रजिस्टर ही नहीं है तो हिसाब कैसे मिलेगा ? श्रीमती आनन्द के क्लर्क को बुलवाइए।

युनिसेफ के अमेरिकन अफसर ने हेल्थ-विजिटर से पूछा—दूध और विटामिन की गोलियाँ आपको मिल गयी हैं तो ?

—सर, पिछला स्टॉक खत्म होने के बाद फिर दूध हमें नहीं मिला है। युनिसेफ की ओर से भेजी गयीं विटामिन बी की गोलियाँ भी खत्म हो गयी हैं।

अफसर ने अचरजभरी निगाह से डिप्टी डायरेक्टर की ओर देखा—क्या कह रही हैं यह ?.. नया स्टॉक अभी तक इन्हें नहीं मिला ?

डिप्टी डायरेक्टर ने हकलाते हुए कहा—सर ! बात यह है कि अभी सेण्टरों में बाँटा नहीं गया है।

—लेकिन, स्टॉक आये हुए तो तीन महीने हो रहे हैं ?

—जी, बात यह है कि···।

—फनी ! स्टॉक किसने रिसीव किया है ?

—सर, मिसेज आनन्द—आनररी सेक्रेटरी ने।

—वह कहाँ हैं ?

—वह टूर पर गयी हैं।

—क्या उन्हें मेरे आने की सूचना नहीं दी गयी थी ?

अमेरिकन ऑफिसर ने भेदभरी दृष्टि से मिस बेला गुप्त की ओर देखते हुए पूछा—और यह कौन है ? यह क्या करती हैं ?

डिप्टी साहब ने बतलाया कि मिस बेला गुप्त शिशु-कल्याण-केन्द्र तथा वर्किंग-विमेन्स-बोर्ड की ऑरगनाइजर हैं।

—क्यों मिस गुप्त ! अमेरिकन ऑफिसर ने पूछा—आपकी सेक्रेटरी को मेरे आने की सूचना नहीं मिली थी क्या ?

—जी ? मुझे··· मेरा खयाल है कि उन्हें सूचना जरूर मिली होगी।

—तब ? वह गैरहाजिर क्यों हैं ?

—वह राजगीर गयी हैं।

—कब तक लौटेंगी ? आज उनके लौटने की उम्मीद है ?

—कह नहीं सकती।

—कल तक ?

—जी, मैं नहीं जानती।

—तब, आप क्या जानती हैं ?

अमेरिकन ऑफिसर हँसा। उसने लेडी हेल्थ-विजिटर से नये शिशु-रोग के सम्बन्ध में पूछा—क्या आपके यहाँ भी वह रोग फैला है ?

—जी, फैला तो था।··· लेकिन, हम लोगों ने उस पर काबू पा लिया है।

—अच्छी बात है। क्या आप मुझे उन बच्चों के टिकट दिखलावेंगी ?

—निश्चय।

हेल्थ-विजिटर के साथ अमेरिकन ऑफिसर साहब सेण्टर में चले गये। डिप्टी डायरेक्टर ने मिस बेला गुप्त से कहा—मिस गुप्त ! आपने क्या कह दिया कि श्रीमती आनन्द को उनके आने की सूचना मिल गयी थी ?

—मैं झूठ कैसे बोलती ? वह खुद मुझसे कह गयी हैं···।

—सो तो ठीक है; लेकिन, इन्होंने क्या समझा होगा। अपने देश की बात नहीं।··· विदेशी लोग बहुत शंकालु होते हैं।

अमेरिकन ऑफिसर हेल्थ-विजिटर के साथ वापस आये। उन्होंने गोदाम जाँच करने की इच्छा प्रकट करते हुए व्यंग्य किया—गोदाम की चाबी भी क्या आनररी सेक्रेटरी के जिम्मे है ?

मिस बेला गुप्त ने कहा—जी नहीं। गोदाम की चाबी मेरे पास है।

रामरति ने गोदाम-घर खोल दिया।

अमेरिकन ने गोदाम में रखी हुई चीजों की जाँच करने के पहले स्टॉक रजिस्टर की माँग की। बेला गुप्त ने जब बतलाया कि स्टॉक-रजिस्टर श्रीमती आनन्द के पास है तो वह ठठाकर हँस पड़ा। बोला—मैंने कहा था न ! चाबी आपके पास और स्टॉक-रजिस्टर मिसेज आनन्द के पास ! अचरज की बात है ! सिर्फ बाँकीपुर की बात नहीं।··· हर जगह ऐसा ही हुआ है !··· हा-हा !!

अमेरिकन ऑफिसर ने विजेट-बुक में लिखा—तीन महीने पहले जो स्टॉक भेजा गया है उसका कोई हिसाब सेण्टर के अधिकारियों ने नहीं दिखलाया।··· मेरे आने की सूचना पाने के बावजूद सेण्टर की सेक्रेटरी अनुपस्थित रही।··· स्टॉक का कोई

पता-ठिकाना नहीं लगा।··· आदि-आदि।

बागे ने श्रीमती आनन्द को गुदगुदाते हुए कहा–भाभी ! बोलो, मेरे लिए दिल्ली से क्या लेती आओगी ?

राजगीर के सरकारी रेस्ट-हाउस में श्रीमती आनन्द के साथ बागे चुहल कर रहा है। आज श्रीमती आनन्द सोलन का पूरा पाइण्ट पी गयी है। आज उसने कोई नखरा नहीं किया। बागे ढालता गया और वह पीती गयी। श्रीमती आनन्द ने कहा–पता नहीं, आनन्द कब तक लौटे। मैं तो परसों सुबह की गाड़ी से ही दिल्ली चली जाऊँगी। पता नहीं उस घोष्ट ने रिजर्वेशन का क्या किया !

–भाभी, बागे के रहते रिजर्वेशन की फिकर मत कीजिए। मैं सब ठीक कर दूँगा। गाड़ी खुलने के पाँच मिनट पहले तक मैं रिजर्वेशन करवा सकता हूँ।

श्रीमती आनन्द पर ऐसा नशा कभी नहीं सवार हुआ था। सामने विपुला-पहाड़ी की सिलहुट-छवि–आकाश में असंख्य तारे–डॉरमेटरी में रह-रहकर घड़ी-घण्ट बोलता है–इस समय भी सामूहिक प्रार्थना कर रहे हैं।

बागे के दिये हुए उपहार को उसने आज पहली बार पहना है। बागे ने जब गुदगुदाना शुरू किया तो वह अपने को जब्त नहीं रख सकी। उसने बागे के गले में अपनी बाँहें डाल दीं। बागे निहाल हो गया। बागे ने पूछा–एक पेग और ढालूँ ?

--नहीं डियर··· प्यारे··· बागे··· नो मोर वाइन··· नाउ··· नाउ !!

बागे समझ गया श्रीमती आनन्द क्या चाहती है। लेकिन आज वह खेलने के मूड में था।

–नो-नो ! बागे–इस तरह नहीं··· इस तरह··· ! बात अधूरी रखकर श्रीमती आनन्द ने बागे को बतला दिया–ऐसे !! हाँ, ऐसे !!··· बागे ने हल्की सिसकी ली–भाभी !

–नो ! नाट दिस हेल भाभी !

–तब ?

–डार्लिंग !··· मैं तुम्हारी हूँ–तुम्हारी ही। वनली योर्स–आह, हेट दैट ओल्ड हॉग !

बागे चुपचाप इस अधेड़ औरत को अंकवार में भरकर पलँग पर लेटा रहा और वह आनन्द-विह्वल बड़बड़ाती गयी–बागे··· डियर··· किल मी··· किल मी··· ! ··· तुम··· बागे··· तुम··· सचमुच फरिश्ता हो··· तुम··· ओह··· तुम··· तुम··· मुझे इतना प्यार करते हो ?··· मुझे उस बुड्ढे के चंगुल से छुड़ाकर अपना क्यों नहीं बना लेते बागे ? एकदम अपना··· एकदम अपना··· आह··· किल मी··· किल मी दिस नाउ··· !!

एक पहाड़ी चिड़िया अचानक कचपचा उठी। दूर, चौकीदार की आवाज सुनायी पड़ी। श्रीमती आनन्द बेहोश पलँग पर पड़ी रही। बागे ने उसके अस्त-व्यस्त कपड़ों को सहेजकर उसके सिर को तकिये पर ठिकाने से रख दिया।

बागे ने सामने के आईने में अपना चेहरा देखा और घृणा से मुँह विकृत कर बाथरूम में चला गया।

बागे सोचने लगा–क्या है यह औरत ? औरत का यह कौन-सा रूप है ? उस बुड्ढे को छोड़कर अब यह मुझे फाँसना चाहती है ?··· बागे इतना अहमक नहीं !

सुबह को जब श्रीमती आनन्द की आँखें खुलीं तो बागे हाथ में कॉफी की प्याली लेकर खड़ा था–उठिए।

श्रीमती आनन्द मुस्कुराई–उठा नहीं जाता !

बागे ने तिपाई पर प्याली रख दी और उसने दोनों हाथ बढ़ाकर श्रीमती आनन्द को उठाना चाहा, लेकिन श्रीमती आनन्द अपने दोनों हाथों को उसके गले में डालकर लटक गयी। उसकी खुली अँगिया से उसकी ढीली छातियाँ खिसककर लटक गयीं। ··· बिनाई की थैली से भूरे रंग के ऊन के दो गोले बाहर लटक गये, मानो !

–बागे ! मुझे अपनी गोदी में बैठा लो।

–मैडम, यह रात नहीं, सुबह है।

–हुआ करे। तुम्हारे साथ क्या रात, क्या दिन, सब बराबर है।

बरामदे पर बैरा के पैर की आहट सुनायी पड़ी। श्रीमती आनन्द को साड़ी सहेजते समय खयाल हुआ–उसकी ढीली छातियाँ खुली लटकी हुई हैं, बागे की जाँघ पर। वह सचमुच लजा गयी।

बैरा ने आकर कहा–हुजूर, टेलिफोन है।

–टेलिफोन ?

–हाँ साहब ! बाँकीपुर से आया है।

बागे ने कहा–आप कॉफी पीजिए, मैं देखता हूँ।

–देखो, यदि घोष्ट हो तो उसको कहना, आनन्द को एक टेलिग्राम लगा दे।

बागे जब चला गया तो श्रीमती आनन्द को होश हुआ··· युनिसेफ के ऑफिसर आनेवाले थे। सम्भव है, डायरेक्टर साहब ने टेलिफोन किया हो !

बागे लौट आया। उसके पैर की आहट से ही श्रीमती आनन्द समझ गयी–मामला गड़बड़ है।

–भाभी ! डिप्टी डायरेक्टर का फोन है।

श्रीमती आनन्द हड़बड़ाती हुई उठी और कमरे से बाहर चली गयी।–हैलो ! हाँ, मैं बोल रही हूँ। जी ? तो उसने क्या कहा ?··· एँ ?··· अच्छा ? लेकिन स्टॉक-रजिस्टर तो उसके पास होगा। क्या कहा उसने ? झूठी है वह। रजिस्टर सभी उसी के पास होंगे। मुझे लगता है, उसने जानबूझकर झूठ कहा है।··· क्या उसने यह भी कह दिया है ? ठीक है। मैं आ रही हूँ।··· आप गवाह हैं।

रिसीवर रखकर श्रीमती आनन्द ने बागे की ओर अर्थपूर्ण दृष्टि से देखा।

बागे ने पूछा–क्या ?

–चलो, कमरे में बतलाती हूँ।

दोनों रेस्ट-हाउस के कमरे में चले गये। श्रीमती आनन्द ने बतलाया–जानते हो बागे ! उस चुड़ैल ने युनिसेफ के ऑफिसर से क्या कहा ? कह दिया कि श्रीमती आनन्द को आपके आने की सूचना थी और इसके बावजूद वह चली गयीं। इस

शैतान को क्या किया जाये ?

—भाभी, आप निश्चिन्त रहिए। वह आपका कुछ भी नहीं बिगाड़ सकेगी। डी साहब और पी साहब रहते आपका···।

बागे जो मुहावरा व्यवहार करना चाहता था—नहीं कर सका। उसने बात को बदलते हुए कहा—कहिए, ब्रेकफास्ट के लिए क्या आर्डर दूँ ?

—बागे ! न जाने क्यों मुझे संदेह हो रहा है, इस बेला ने कहीं और कोई बदमाशी न की हो।

—और क्या कर सकती है वह ?

—देखो, बागे ! मैंने सबकुछ तुम्हारे भरोसे किया है। आनन्द को भी कुछ नहीं मालूम।

बैरा ने आकर फिर सूचना दी—मेम साहब, फिर टेलिफोन··· !

—हैलो ! कौन ? घोष ? क्या है ? आनन्द की कोई चिट्ठी आयी ? अंजु ? मंजु, दोनों ? कहाँ गयीं ? कब ? कब से लापता हैं ? दरबान ने क्या कहा ? होस्टल में देख ! क्या ? वहाँ भी नहीं हैं ? पुलिस को खबर करो। और देखो ! आज एक टेलिग्राम मेरे नाम से लगा दो आनन्द को—मैं कल दिल्ली जा रही हूँ। क्या मीटिंग पोस्टपोण्ड हो गयी ? किसने कहा ? कब आयी है चिट्ठी ? ठीक है। मैं आ रही हूँ शाम तक।

श्रीमती आनन्द ने घबरायी हुई निगाह से बागे को देखा। बागे की आँखों ने उसे तसल्ली देने की चेष्टा की।

कमरे में आकर श्रीमती आनन्द पलँग पर धम्म से गिर पड़ी—बागे ! अब क्या होगा ? अंजु-मंजु न जाने कहाँ चली गयीं !

—कहाँ जायेंगी ? बाँकीपुर में ही होंगी कहीं।

—दिल्ली की मीटिंग पोस्टपोण्ड हो गयी।

—होने दीजिए—हम दो दिन यहाँ और बिता सकेंगे।

—नहीं, बागे ! मुझे आज शाम तक लौटकर जाना ही पड़ेगा। उधर होस्टल में न कोई गड़बड़ी हुई हो, मुझे इसी का डर है।

—होस्टल में क्या गड़बड़ी हो सकती है ? आप बेकार चिन्ता करती हैं।

—नहीं। मुझे लगता है, कहीं कुछ हुआ है।

—कुन्ती देवी को मैंने ढाई सौ रुपये दिये हैं। वह बाकी लड़कियों को ठीक कर लेगी।

रेस्ट-हाउस के बैरा को अचरज हो रहा है, पाँच-पाँच मिनट के अन्तर पर मेम साहब का टेलिफोन आ रहा है। उसने इस बार मुस्कुराकर कहा—मेम साहब, फिर···।

—क्या ? फिर टेलिफ़ोन ?

—जी।

बागे ने कहा—आप बैठिए। मैं देखूँ, इस बार कौन है ?

—नहीं, मैं खुद जाती हूँ।

—हैलो ! कौन ? बेला, यह तुमने क्या कह दिया युनिसेफ के अफसर को ?··· तुमने क्या समझ लिया है अपने को ? क्या चाहती हो तुम ?··· क्या ? किसने··· कैसे ? क्या हुआ ? अरे ! तो तुम कहाँ थीं ? टेरिबल ? आखिर, तुम वहाँ किस काम के लिए हो ? मर गयी या··· ? कहाँ, अस्पताल में ?··· क्या बक रही हो ? खबरदार !··· लेकिन,··· लेकिन मैं तो यहाँ हूँ··· झूठ, सब झूठ···। तुम जिम्मेदार हो—हाँ, तुमने सबकुछ किया है।··· शट अप !!

इस बार श्रीमती आनन्द का चेहरा एकदम काला पड़ गया। वह भागी हुई कमरे में आयी—बागे, बागे ! जुल्म हो गया ! अब क्या होगा ? बागे, तुम जानो अब। मेरा सिर चकरा रहा है। भगवान जाने क्या होगा अब !

—क्या हुआ ?

—उस गौरी ने··· वह··· उसने कपड़े में किरासन तेल डालकर आग लगा ली। अस्पताल में है। सुनती हूँ, उसने कोई बयान भी दिया है। पता नहीं क्या बयान दिया है !

इस बार बागे के चेहरे पर भी भय की रेखाएँ खिंच गयीं।

श्रीमती आनन्द ने सिर पीटते हुए कहा—और पता नहीं अंजु-मंजु कहाँ गयीं ! बेला कह रही थी कि पुलिस ने होस्टल की सभी लड़कियों का अलग-अलग बयान लिया है। पता नहीं, बेला ने क्या-क्या और लगाया है, हमारे नाम !

बेला कल से ही भूखी है। अन्न मुँह में डालने की इच्छा ही नहीं होती। चाय भी अच्छी नहीं लगती। गौरी के पास अस्पताल में रात-भर बैठी रही। अभी, सुबह को पुलिसवालों ने एक-डेढ़ घण्टे तक उसे परेशान किया है। होस्टल के सभी नियम-कानून को श्रीमती आनन्द ने ही तोड़ा है और भुगतना पड़ रहा है, उसे।

··· रामरति ने डटकर बयान दिया है। उसने निडर होकर सभी सवालों का जवाब दिया है। फिर भी पुलिस ने उसे क्यों गिरफ्तार किया ? कुन्ती देवी रात में ही भाग गयी। विभावती ने भी बयान दिया है। पता नहीं क्या बयान दिया है !

पुलिस इन्स्पेक्टर ने तो साफ-साफ कह ही दिया है, हम श्रीमती आनन्द को नहीं जानते। होस्टल की सुपर आप हैं। हम तो आपसे ही पूछेंगे।··· तब ? उधर उस घोष ने तो सारी जिम्मेवारी बेला के ही सिर थोपी है। उसने स्पष्ट कहा कि होस्टल के बारे में श्रीमती आनन्द कुछ भी नहीं जानती। सब बेला गुप्त···।

—कौन ? रामरति ? आ गयी तू ? कैसे आयी ? मैंने तुम्हारे जमानत के बारे में पूछा तो पुलिस इन्स्पेक्टर ने कहा कि जमानत नहीं हो सकता।

रामरति और मुनिया रोती हुई आयीं—दीदीजी ! इस डायन बड़ी मेम ने हम

लोगों को ही··· ।

रामरति इससे आगे और कुछ नहीं बोल सकी।

गौरी की मृत्यु हो गयी ?

बेला गुप्त फूट-फूटकर रो पड़ी। होस्टल से रेवा वर्मा और रमा निगम, पटनेश्वरी देवी सभी आयीं। उन लोगों ने एक स्वर से कहा–हम लोग अब होस्टल में नहीं रहेंगी। रात-रात-भर पुलिसवालों की जिरह का जवाब कौन दे ?

रमा निगम ने कहा–बेला दी ! आपने–इधर–बहुत–ढील दे दिया था–नियम-कानून में।

फाटक पर पुलिस-वैन रुकी।

आध दर्जन सिपाहियों के साथ, इन्स्पेक्टर साहब फाटक को ठेलकर अन्दर आये।

बेला गुप्त गिरफ्तार !··· रामरति भी !

सारे होस्टल की तलाशी ली जा रही है।

बेला गुप्त के क्वार्टर से कुछ कागजात और होस्टल के एक कमरे से 'एफ-एल' के कई पैकेट पुलिसवाले अपने साथ ले गये !

गणपतसिंह लेन के निवासियों ने अवाक् होकर देखा–एक-दूसरे से पूछा और दूसरे दिन सुबह को अखबार में सारा किस्सा ही छप गया।··· ओ ? तो, ऐसी थी वह बेला गुप्त ?

हाँ, बेला गुप्त की 'पास-बुक' में अर्थात् बाँकीपुर बैंक में बेला गुप्त के नाम साढ़े-पन्द्रह रुपये जमा हैं। तब इतना पैसा··· इतनी आमदनी कहाँ रखती थी ? किसके नाम ? मामले की छानबीन हो रही है।

लेखक की स्वीकारोक्ति

एक हीन मनोवृत्ति का कुहरा–युद्ध के बाद से ही घना होकर–सारे समाज पर छा रहा है। इस धुन्ध में, दीपकली की तरह खिली बेला गुप्त अचानक बुझ गयी··· ।

मेरे कृपालु पाठक मुझे क्षमा करें, मेरे इस उपन्यास की प्रधान नायिका ने

ही मुझे छला है। खगड़ा-मंजिल की गली से लेकर किशनगंज और पेशावर के प्रसिद्ध होटल का चक्कर लगा आया। इस दीपकली के प्रकाश में बैठकर बड़ी-बड़ी आशाएँ मन में पालता रहा। किन्तु, किसे पता था कि मिस बेला गुप्त इस तरह मेरे उपन्यास को असफल बना देगी ?

मिस बेला गुप्त गिरफ्तार हुई। स्थानीय समाचारपत्रों में सनसनीखेज खबरें छपीं। तरह-तरह के अभियोग लगाये गये। और, मैंने सोचा कि अब 'क्लाइमेक्स' पर आ गयी कहानी।

मैंने सोचा था, बेला देवी कचहरी में कोई लम्बा-चौड़ा बयान देगी–नाटकीय ढंग से। बाँकीपुर के हर वर्ग के प्रतिष्ठित और न्यायप्रिय लोगों की दुहाई देगी, प्रशंसा-पत्रों की मूल प्रतिलिपियाँ प्रस्तुत करेगी। सफाई-गवाह होंगे यहाँ के प्रतिष्ठित समाज के···।

मेरा विश्वास था कि (वर्तमान सामाजिक जीवन की कलुषताओं के बीच भी) जीने की प्रबल इच्छा कुछ लोगों को 'सत' बना देती है। इसलिए मैंने आशा की थी कि मिस्टर बागे, श्रीमती आनन्द, तारा देवी अथवा मिस्टर आनन्द, इनमें से कोई भी, किसी समय रहस्य के आवरण को चीरकर सामने आ सकते हैं, स्वीकारोक्ति कर सकते हैं–'बेला एकदम निर्दोष है··· !'

अथवा, फैसले के दिन कचहरी में बाँकेबिहारी, संन्यासी के वेष में प्रकट होकर कह सकता है–'बेला, मैं जीवित हूँ। मुझे क्षमा करो। चलो, मैं तुम्हारे साथ हूँ···।'

मैंने यह भी कल्पना की थी–बेला गुप्त अपने 'पेसेण्ट-प्रिजनर' रमाकान्त को याद कर 'मोनोलॉग' में बातें करेंगी–रमाकान्त ! तुम चले गये वरना मैं तुम्हारे आदर्शों की इस सड़ी-गली हुई लाश को तुम्हारे कन्धे पर डालकर पूछती–यही है तुम्हारी आजादी, यही है तुम्हारे समाजवादी समाज की रूपरेखा ?··· सच्चाई नामक गुण मनुष्य के हृदय से धीरे-धीरे लोप हो रहा है।··· स्वार्थसिद्धि के लिए आदमी किसी भी शर्त पर अपनी आत्मा को बेच सकता है।··· जहाँ जीवन में कोई अवलम्ब नहीं, आधार नहीं, विश्वास नहीं। चारों ओर व्यर्थता का राज··· !

किन्तु, मैजिस्ट्रेट ने पूछा–कसूर किया ?

जवाब में बेला गुप्त ने पहले सिर हिलाकर, फिर स्पष्ट शब्दों में स्वीकार कर लिया–जी हाँ, मैंने कसूर किया। सभी अभियोग सच हैं।

सभी अभियोग सच हैं ?

अर्थात्–बेला गुप्त ने बच्चों के लिए विदेश से आयी हुई दवा और दूध के सैकड़ों बक्से की बिक्री की ?··· वर्किंग-विमेन्स होस्टल को एक चलता-फिरता चकला बनाया ?··· व्यभिचार के बड़े अड्डे की वह मालकिन थी ?

बेला गुप्त के सभी शुभचिन्तकों के चेहरे एक ही साथ बुझ गये–यह क्या··· ?

बेला ने किसी की ओर आँखें उठाकर नहीं देखा। वह चुपचाप कठघरे में

खड़ी रही–ओठों पर एक हल्की और स्वाभाविक मुस्कान की रेखा लेकर।

और, रामरति ने भी कबूल किया–हाँ हुजूर ! कसूर किया।

पाँच वर्ष की सजा हुई, दोनों को।

कचहरी के निस्तब्ध वातावरण में कई दीर्घ-निःश्वास स्पष्ट सुनायी पड़े–ओ··· ह !

मेरे उपन्यास को अप्रत्याशित ढंग से असफल बनाकर बेला गुप्त कठघरे से धीरे-धीरे उतरी और पुलिस के घेरे में जेल की ओर चली गयी। 'मामले-मुकदमे' की रिपोर्टिंग के लिए आये हुए मेरे पत्रकार मित्रों ने चुटकी ली–क्यों लेखक महोदय ! अब आपके उपन्यास का क्या होगा ?

बैरिस्टर सिन्हा साहब हड़बड़ाते हुए आये। मुझे देखकर बोले–राइटर ! बेला ने तुम्हीं को नहीं–मुझे भी 'फाँकी' दिया। कल घण्टों उसे समझाया, लेकिन वह डिफेन्स के लिए तैयार ही नहीं हुई। बार-बार बस एक ही बात दुहराती रही–मुझे क्षमा कीजिए। मैं शान्तिपूर्वक हूँ यहाँ···।

मैं जेल-गेट पर बेला गुप्त से मुलाकात करने गया–पाँच नहीं, दस मिनट नहीं–पूरे डेढ़ घण्टे की आज्ञा लेकर।

–यह क्या किया तुम··· आपने ?

–क्या करती ?

–सबकुछ आपके पक्ष में था। सारे प्रमाण, हर तरह के सबूत हमारे पास हैं। क्या राजगीर रेस्ट-हाउस की उस रात की टेपरेकार्डिंग और फिल्म के नेगेटिव्स ··· मिसिज आनन्द के हाथ के लिखे हुए पुर्जे··· चश्मदीद गवाह··· !!

–अब बन्द करो अपना तमाशा ! बहुत नाच चुकी ! गौरी को मिल-जुलकर मार डाला लोगों ने। अब विभावती रह गयी है। भरी कचहरी में घाघ वकीलों से जिरह करवाना चाहते हो न ?··· कचहरी में उस दिन तिल धरने की भी जगह नहीं रहेगी और··· और··· तुम्हें··· रस मिलेगा जब वकील पूछेगा–बोलो, तुमको कैसा लगा था ? स्टॉक की गड़बड़ी, चोरी और दूसरे अभियोगों से अपने को बरी साबित करने के लिए··· मैं सफाई पेश करूँगी। और, तब मेरी कहानी तुम नहीं–लिखेंगी मिसेज आनन्द, कुन्ती देवी, तारा देवी··· । एक-से-एक दिलचस्प कहानियाँ।··· तब तुम अपने उपन्यास को सफल मानोगे ?

··· और देखो, मेरे मन में एक युग से 'पाप-बोध' पल रहा था। यह सजा भोग लूँगी तो लगेगा–गंगा नहाया है।··· और तुम्हारा उपन्यास एकदम असफल नहीं हो इसलिए कुछ सूचनाएँ दे दूँ–सूचना ही नहीं–प्रार्थना !···

–मेरी बेटी पर नजर रखना।

–आपकी बेटी ?

–हाँ, मेरी बेटी। मेरे गर्भ में पली–अन्नपूर्णा।

–कौन अन्नपूर्णा ?

–वह, जो काशी से आयी थी–परीक्षा देने। बेसेण्ट स्कूल की संगीत-अध्यापिका।

—यह क्या हुआ ?

—आपके उपन्यास के लिए !··· और, विभावती मेरी मौसेरी बहन है। अन्नपूर्णा, बाँकेबिहारी की बेटी है। और, मैं बंगाली नहीं बिहार की लड़की हूँ।··· आपके पाठक भ्रम में हैं ! हालाँकि, इसमें आपका कोई दोष नहीं।

—क्या सबूत है कि अन्नपूर्णा आपकी बेटी है ?

—आप पता लगा लीजियेगा।··· और, एक प्रार्थना ! इस बात का हमेशा खयाल रखियेगा—नारी-हृदय को यथार्थ रूप से पहचानना, किसी पुरुष के लिए सहज नहीं। और यदि वह नारी बेला गुप्त जैसी धीर-स्थिर-शान्त हो तो उसे समझ पाना और भी कठिन है !

—मैं मानता हूँ। और यह भी जानता हूँ कि जीवन और संसार की मंगलकामना मेरे मन में प्रबल रहे तो··· तो··· नारी क्या··· मैं सिरजनहार के हृदय को भी···।

बेला गुप्त ने मुझे चरण छूकर नमस्कार किया और चली गयी··· और मेरा उपन्यास असफल-का-असफल ही रहा !!···

वर्किंग-विमेन्स होस्टल का फाटक अस्वाभाविक ढंग से ढनढना उठा। सरकारी चपरासियों ने फाटक पर एक बड़ा-सा ताला लटका दिया—'चलो खिस्सा खतम !'

गली में एकत्रित भीड़ में से किसी ने कहा—चिड़ियाखाना बन्द हो गइल ?

भीड़ छँटने के बाद एक ग्यारह वर्षीय किशोर ने इधर-उधर देखकर कोयले के टुकड़े से फाटक पर एक अश्लील वाक्य लिख दिया··· !!

एक दशक बाद, रात-भर बेला गुप्त वगैरह के दस्तावेज पढ़ते समय अनेक पात्र-पात्रियों के बीच रहा। सुबह लगा, सारी रात स्नेह-सरिता में नहाकर मन शान्त हो गया है।

सुबह तैयार होकर सबसे पहले गणपतसिंह लेन की ओर गया। 'खगड़ा-मंजिल' के एक हिस्से में रेलवे का सिटी बुकिंग ऑफिस खुल गया है। दूसरे हिस्से में, दुकानें चल रही हैं। वर्किंग-विमेन्स होस्टल का कहीं नाम-निशान तक नहीं।

गली के बुजुर्ग करीम भाई अब भी हैं, सन की तरह सुफेद हो गयी है उनकी दाढ़ी। रामगुलाम शाह हलुवाई जीवित है। सभी लड़के जवान होकर, शादी-ब्याह करने के बाद बाप को छोड़कर अलग हो गये हैं। गठिया के कारण चल-फिर नहीं सकता। होस्टल के बारे में पूछने पर, मुँदी हुई आँखों को फाड़ते हुए वह बोला—"आपको कोई 'सपनौती' हुआ है ? अरे, उस चिड़ियाखाना को बन्द हुए तो एक युग हो गया है।"

मैं फिर बेला गुप्त से मिलने नहीं गया। साहस नहीं बटोर पाया हूँ, अब तक। हाँ, इतना लिखकर बता देना आवश्यक समझता हूँ कि मेरे उपन्यास को बेला

गुप्त वगैरह ने असफल नहीं बनाया। उसकी सफलता अथवा असफलता की सारी जिम्मेदारी मेरी है। और, अपने अनुभव के आधार पर कह सकता हूँ कि कुछ ऐसे चरित्र होते हैं जो प्राण-प्रतिष्ठा पाते ही अपने सिरजनहार के बँधे-बँधाये नियम-कानून, नीति अथवा 'फार्मूले' को तोड़कर बाहर निकल आते हैं और अपने जीवन को अपने मन के मुताबिक गढ़ने लगते हैं। उनके अन्दर, जिन्दगी को बार-बार तोड़कर गढ़ने के लिए अगाध स्नेह की संजीवनी धारा सदैव बहती रहती है–पुण्या··· पवित्रा··· पुण्यमयी··· पापहरा धारा··· !!

रामरतन राय

सुना है, पच्छिम में कई खूँखार और भयानक असामाजिक-अपराधियों ने जेल की काल-कोठरियों में बैठकर भोगी हुई जिंदगी और किए हुए कर्मों के नंगे अनुभव लिखकर रातोंरात प्रसिद्धि प्राप्त कर ली है। मैं अब तक किसी अपराध में पकड़ा नहीं गया हूँ और खुले आकाश के नीचे 'नो मेन्स लैंड' के कछार पर (नेपाल की ओर) बैठकर 'यह सब' लिख रहा हूँ। किंतु, इस 'दसगज्जा' यानी 'नो मेन्स लैंड' के 'इस पार' या 'उस पार' मुझे जीवित या मृत 'कैपचर' करने अथवा करवा देनेवाले को इनाम में अच्छी रकम मिल सकती है। संभव है, कोई सरकारी खिताब अथवा वीरता की कोई राष्ट्रीय 'पदवी' भी प्राप्त कर ले।···

यदि मुझे जीवित पकड़ा गया तो मेरी गिरफ्तारी के बाद अपराधों की एक लंबी फेहरिश्त मेरे नाम के साथ नत्थी कर दी जाएगी। देशद्रोह या शत्रुपक्ष की जासूसी के इल्जाम भी लगाए जा सकते हैं। और कोई अजब नहीं कि मुझे किसी नई और उग्रतम राजनीतिक पार्टी का एकमात्र नेता मशहूर कर दिया जाय अथवा कई कुख्यात अंतर्राष्ट्रीय गिरोह से मेरा संबंध जोड़कर, मुझसे कबूल करवाने की हर कोशिश की जाय।···

ज्यादा उम्मीद तो इसी बात की है कि मुझे देखते ही, 'इस पार' या 'उस पार'–गोली मार दी जाय।···

दोनों ओर के पुलिस तथा गुप्तचर विभाग में कई दर्जन लोग हैं जो मुझे पहचानने के दावे कर सकते हैं। बहुत बार उन्होंने मुझे पहचाना है। पहचानकर भी वे भ्रम में पड़ गए हैं और मुझे 'कोई और आदमी' समझकर निश्चिंत हो गए हैं।···

इस बार मैं हर अंजाम के लिए तैयार होकर बैठा हूँ–अब जो भी हो। जो कुछ भी होगा, इसी दसगज्जा के कछार पर ही··· !

और, मैं यह सब क्यों लिख रहा हूँ ? क्यों ?··· क्यों ? ठीक-ठीक बता नहीं सकता। किंतु, प्रसिद्धि के लोभ में हर्गिज नहीं। और न अपनी सफाई देने के लिए ही। असल में, मैं इस 'दसगज्जा' के बारे में, इसके 'इस पार' और 'उस पार' के गाँवों, लोगों और जानवरों के संबंध में कुछ लिखे बगैर नहीं रह सकता, अब।··· शायद, मन के किसी कोने में यह उम्मीद भी छिपी हुई हो कि जिस दिन–कभी भी–यह किसी तरह प्रकाश में आएगा–आदमी को लेकर 'कारबार' करनेवालों को मानव-चरित्र के कुछ अद्भुत उदाहरण, कई विचित्र नमूने मिल जाएंगे।...

मैंने जीवन में कभी एक दिन की डायरी भी नहीं लिखी। सचमुच, लिखना

मेरा काम कभी नहीं रहा। किंतु, इस क्षण–प्रतिपल मृत्यु की प्रतीक्षा करते हुए लिखने में एक अपूर्व आनंद का अनुभव हो रहा है। हमेशा, दसगज्जा के पास आते ही मेरे अंदर एक तूफान घुमड़ने लगता था। इस बार, लगता है, उस तूफान को कोई दिशा मिल गई है।

दसगज्जा !

भारत और नेपाल की सीमा-रेखा की दस गज धरती–नो मेन्स लैंड ! पूर्णिया जिले का, उत्तरी-पच्छिमी हिस्सा-चक्करघट्टी ! मौजा–चक्करघट्टी, थाना-जोगबनी। कटिहार-जोगबनी लाइन की गाड़ी जहाँ पहुँचकर वापस हो जाती है।···

रेलवे स्टेशन से हमारा गाँव पाँच कोस दूर था। किंतु, दसगज्जा से ठीक 'दस रस्सी' दूर। हमारे गाँव के पास आकर सीमा-रेखा 'चक्राकार' हो गई है। हो सकता है, इसीलिए इस इलाके का नाम चक्करघट्टी पड़ा हो।···

यदि मेरे घर से दस रस्सी की दूरी पर यह 'दसगज्जा' नहीं होता तो मैं आज जो कुछ भी हूँ–वह नहीं होता। मैं ही क्यों, मेरे इलाके के बहुत सारे 'नामी' लोगों की प्रसिद्धि के पीछे–दो देशों की सीमा-रेखा–इस दसगज्जा के लंबे हाथ हैं।

दो देशों के बीच–दस गज धरती की पट्टी, जिस पर किसी का अधिकार नहीं। न हिंदुस्तान का, न नेपाल का। कहते हैं, चालीस-पचास साल पहले तक 'इस पार' या 'उस पार' में अपराध करके यदि कोई अपराधी दसगज्जा में आकर खड़ा हो जाता तो, उस व्यक्ति को न हिंदुस्तान की और न नेपाल की पुलिस पकड़ सकती, न उस पर गोली ही चला सकती थी।··· हमने कभी ऐसे अपराधी को दसगज्जा में खड़ा होकर आत्मरक्षा करते नहीं देखा। किंतु दसगज्जा में, गिद्ध-सियार-काग-कुत्तों से घिरी लावारिश लाशों को बहुत बार देखा है। औरत-मर्द, जवान-बूढ़े की लाश। कभी 'देसवाली' (भारतीय) कभी गोर्खाली (नेपाली)···। जब-जब दोनों देश के सरकारी अधिकारी मिल-जुलकर जाँच करने पहुँचते, दसगज्जा पर बिखरी हुई हड्डियाँ, कंकाल और नरमुंड के सिवा ऐसा कुछ भी नहीं रह जाता जिसे देखकर लाश की शिनाख्त की जा सके।··· ऐसे अवसरों पर हम बच्चों के कौतूहल का एक विषय था कि कितने सियार, कुत्ते, चील, गिद्ध, काग किस देश के हैं ? यानी, कितने इस पार के, कितने उस पार के ? हम गिनने की चेष्टा करते–दो गिद्ध, एक चील, पाँच कुत्ते, तीन सियार अपने देश के; चार सियार और दो कुत्ते, दस गिद्ध उस पार के।··· याद है, जब कभी अपने देश के इन पशु-पक्षियों की संख्या कम होती तो हमें वैसा ही दुख होता जैसा अपने गाँव के कबड्डी-दल के पड़ोसी गाँव से हार जाने पर। उन लाशों की 'राष्ट्रीयता' ने हमारे मन में कभी कोई ऐसा भाव नहीं जगाया। यानी, किसी 'देसवाली लाश' को देखकर न हमें दुख हुआ और न 'नेपाली लाश' को देखकर सुख।···

अंग्रेजी राज में भी चक्करघट्टी के लोगों ने कानून की कभी परवाह नहीं की। दसगज्जा से दस कोस उत्तर नेपाल की धरती और दक्षिण में बारह कोस (भारत की) तक की परती भूमि, चक्करघट्टी के लोगों को उनकी पगध्वनि से ही पहचान

लेती थी। दसगज्जा को आधार मानकर—लाल रोशनाई से एक वृत्त बनाकर—पुलिस विभाग के नक्शे में आज भी दर्ज है—'क्रिमनल एरिया—मौजा, चक्करघट्टी।'

चक्करघट्टी !

जिसके एक ओर, यानी उत्तर की ओर नेपाल की घनी तराई, धरान-धनकट्टा की पहाड़ियों तक फैली हुई; पच्छिम की ओर कल-कल कर बहती हुई 'कोसी माई'। पूरबी और दक्षिणी हिस्सा कई कोसों तक—आठ महीने अथाह पानी में डूबा रहता और चार महीने खर-पतवार, नरकट-सरकट आदि जंगली घासों से ढँका हुआ—जिसमें हाथी भी डूब जाय ! हिरण, बनैले सूअर और तेंदुए के लिए मशहूर शिकारगाह इलाका। इसलिए, इस अंचल का नाम 'चक्करघट्टी-टापू' भी चालू हो गया। बाद में सिर्फ 'टप्पू' कह देने से ये काम चलने लगा और सन बावन के 'सर्वे' के समय नये सरकारी नक्शे और खलिहान में चक्करघट्टी के बदले 'टप्पू' ही दाखिल हो गया है।

टप्पू इलाके पर असल राज—पाँच-सात साल पहले तक—जाहिद अली का था। जाहिद अली का नाम सुनकर आज भी इधर के लोगों की देह काँपने लगती है। माताएँ अपने रोते हुए बच्चों को चुप कराने के लिए आज भी डराती हैं—"आ रहा है जाहिद अली का सिपाही।"

··· वे कौन हैं ?

नहीं, उनसे कोई खतरा नहीं। बिहार सरकार के 'एक्साइज' यानी आबकारी विभाग के आध दर्जन सिपाही, दसगज्जा के इस पार छोटी-सी चाय की दुकान पर बैठकर चाय पी रहे हैं। एक सिपाही तलहथी पर नेपाली गाँजा मसलता हुआ 'कंकड़' सुलगाने की तैयारी कर रहा है। उसके छोटे अफसर को मैं अच्छी तरह पहचानता हूँ। पंद्रह हजार घूस देकर उसने अपना ट्रांसफर यहाँ करवाया था। हवलदार होकर आया था; अब छोटा इंस्पेक्टर है। हमेशा 'सर-सर' कहकर मुझसे बातें करता था। उसके सबसे बड़े अफसर को मैं 'तुम' कहता था।··· किंतु, अभी उसकी निगाह मुझ पर पड़ी कि वह उत्तेजित हो जाएगा।··· नहीं, मुझे तनिक भी भय नहीं हो रहा। एक ही डाँट में इन सातों को 'डिमोरलाइज्ड' कर दूँगा।··· पुलिस और आबकारी विभाग के सिपाहियों से निपटने के सभी भेद मुझे मालूम हैं।··· नेपाली गाँजा, शराब, चरस के बड़े-बड़े व्यापारियों के सभी एजेंट मुझे पहचानते हैं। मिलते ही 'नजराना' चढ़ाते हैं—एक बोतल नारंगी की शराब और एक सौ एक नकद ! डाकुओं और चोरों के गिरोहों के 'दलपति'—दोनों देशों के—अब भी समय-असमय मदद के लिए मुझे ढूँढते फिरते हैं। काठमांडू से लेकर आसाम तक के चोरबाजारिये, सेठों के कारकून मुझे ही अपना असल मालिक समझते हैं।··· मुझे इन लोगों से कोई खतरा नहीं।

··· खतरा है तो सिर्फ—दोनों देशों के—ऐसे क्रिमनल्स से, जिनके मुखौटे मैं कभी भी उलट दे सकता हूँ।··· उनकी राष्ट्रीयता, उनके देशप्रेम, मानवता की बोलियाँ और नैतिकता की बड़ी-बड़ी बातें ? वे अब जान गए हैं कि मैं उनके काम का

आदमी नहीं रह गया। उन्हें मुझसे खतरा है और इसलिए मैं उनसे सदा सतर्क रहता हूँ। ऐसे क्षणों में मेरे कानों के पास जाहिद अली साहब की वाणी गूँजती रहती है–'जिस समय कोई अपने दुश्मन को मारने का मंसूबा बाँधता रहता है, ठीक उसी समय उसका वह दुश्मन खंजर लेकर उसे मारने के लिए आधी राह तय करता होता है…।'

जाहिद अली !…

जाहिद अली कुल जमा बीस बीघे जोत का मामूली कास्तकार था। लेकिन, उसके सात सौ सिपाही थे। सारे इलाके में किसी की जमीन में अच्छी फसल लगी हो, किसी के बाग में अच्छे फल लगे हों, किसी के पास दुधारू गाय-भैंस, तेज भागनेवाले घोड़े या गाड़ी के बैल और किसी का जवान बेटा पहलवान हो तो, वह सब जाहिद अली का।…

उसके सिपाहियों में मुसलमानों से अधिक हिंदुओं की संख्या थी। दोनों देश–भारत और नेपाल–के फरार, कुख्यात, खूँखार डकैत और हत्यारे जाहिद अली की सेवा में हाजिर होकर–'ईमान-धरम' से अपने बारे में सबकुछ खुलासा बतला दे–फिर, उस पार यानी नेपाल का 'करनल' हो या 'जरनल', चाहे इस पार के कलक्टर, कमिश्नर–किसी का कोई डर नहीं।… छोटे-बड़े सब मिलाकर डेढ़ सौ गाँव के लोग जाहिद अली की मर्जी से खुशी और दुखी होते थे; जीते थे, मरते थे।…

दोनों देश के सरकारी अफसर, हाकिम-हुक्काम, जाहिद अली की कद्र करते थे। अपने देश में वे 'आमन सभा' के मेम्बर थे। 'खाँ बहादुर' का खिताब मिला था। मोरंग (नेपाल) के 'करनल', बन जाँच विभाग के सुब्बा और 'गोस्वारा' (अदालत) के 'सरदार साहब'–हर साल दीवाली के अवसर पर–पाँच दिनों तक जाहिद अली के साथ जुआ खेलते थे। राजबनैली के राजा साहब जब भी शिकार पर आते, जाहिद अली को पंद्रह दिन पहले ही सूचना देना नहीं भूलते। और, कलकत्ते के मशहूर–'दि रूँगटा टिम्बर कम्पनी' के बड़े सेठजी जब कभी व्यापारिक दौरे पर जोगबनी आते–जाहिद अली से अपने 'स्पेशल सैलून' में बैठकर घंटों बातें करते। और, जाहिद अली की सलाह पर ही वह किसी नई तराई के जंगलों का ठेका लेते अथवा छोड़ते…।

मुझे याद है… जब पहली बार जाहिद अली को करीब से देखा था। उस समय मैं नंगा ही खेला करता था। यों, हमारे गाँव के बच्चे–लड़के-लड़कियाँ–आठ-नौ साल की उम्र तक नंग-धड़ंग ही रहते थे।… बड़ी माँ ने उस दिन मुझे नया जाँघिया और नयी गंजी पहनाते हुए कहा था–"अब जा। दादा साहब को हाथ से, इस तरह झुककर सलाम बजाना।"

गाँव की एक बेवा औरत की पंचायत में वे अपने दलबल के साथ–हाथी पर सवार होकर आए थे… लंबा-तगड़ा शरीर, गोरा मुखमंडल, नीली आँखें, गेरुआ चपकन, गेरुए रंग में रँगी दाढ़ी और केश। पैर में लकड़ी की खड़ाऊँ और हाथ में बनबाँस की एक टेढ़ी-मेढ़ी लाठी। उनकी बोली आज तक याद है। आसामी

मंगलसिंघ–(जिसने बेवा पर अत्याचार किया था) को उन्होंने गाँव घर की बोली में ही चेतावनी दी थी। शुद्ध मैथिली में कहा था–"एहन अनर्गल कुकर्म हमर अछैत ?" अर्थात मेरे रहते इस इलाके में ऐसा जघन्य कुकर्म हो ?...

जाहिद अली अपढ़ था। लेकिन, अंग्रेजी, बंगला, नेपाली और मेवाड़ी बोलियों को सुनकर ही मतलब समझ लेता था।

जाहिद अली के बारे में उन दिनों बहुत-सी बातें कानों-कान कही-सुनी जाती थीं। बहुत लोगों का कहना है कि जाहिद अली जन्म से मैथिल ब्राह्मण ही था और किसी 'बाईजी' के पीछे 'फिदा' होकर मुसलमान हो गया था। कुछ लोगों का मत है कि वह हरिपुरी कोठी के पादरी साहब का बच्चा था जिसे एक मुसलमान फकीर ने पाल-पोसकर बड़ा किया...।

जो भी हो, चक्करघट्टी तथा आसपास की सामाजिक जिंदगी पर पिछले साठ-सत्तर साल से इस व्यक्ति की अमिट छाप पड़ी है।...

चक्करघट्टी तथा आसपास के गाँवों में एक भी घर ऐसा नहीं जहाँ कोई-न-कोई अवैध काम न होता हो। एक भी आदमी ऐसा नहीं मिलेगा जिसने छोटा या बड़ा गैरकानूनी काम न किया हो। और कुछ काम तो ऐसे हैं जिनको करते समय 'कानूनी-गैरकानूनी' का सवाल यहाँ के लोगों में कभी नहीं उठा।... जैसे, उस पार की घनी तराई से कीमती लकड़ियाँ काट लाना। इस पार से बीड़ी के बंडल उस पार बेच आना। उस पार से गाँजा लाकर गोदाम में जमा करना। लकड़ी, तंबाकू, पशुधन और गाँजा के अलावा कभी-कभी लड़कियाँ भी ! कभी गंगा-पार की लड़की को भगाकर–पहाड़ पहुँचा देना और कभी पहाड़ी लड़कियों को कलकत्ता पहुँचाकर बेच आना...। यों, 'उढ़री लड़कियाँ' अर्थात् उड़नेवाली... घर से भागनेवाली लड़कियाँ अक्सर चक्करघट्टी इलाके में ही खप जातीं। इस अंचल में जिस पुरुष के दो-तीन औरतें न हों, उसे 'नामर्द' कहा जाता था।...

मेरे बाबूजी बहुत दिनों तक, इलाके की निगाह में, नामर्द और नावल्द ही रहे। अंत में मेरे बाबूजी की पहली स्त्री अर्थात् मेरी बड़ी माँ ने ही एक कम उम्र की पहाड़िन 'एढ़री' (भगोड़ी) लड़की को अपने आँगन में रखकर जाहिद अली साहब के 'दरबार' में खबर भेज दी थी, "बापज़ान ! आपके मुखिया (अर्थात् मेरे बाबूजी) रैयत ने, औलाद के लिए एक रखेलिन पसंद किया है। हुकुम दिया जाए...।"

कहते हैं, उस शादी में जाहिद अली खुद आए थे, कपड़े और रुपए लेकर। उनके मुसाहिब-मुखिया लोगों में मेरे बाबूजी की एक खास जगह थी।...

और मेरी माँ ? अर्थात् वह पहाड़िन... ?

एक ही साल के बाद मेरी माँ ने अपनी ही सूरत के एक बच्चे को भूमिष्ठ किया। और, छठी की रात में ही बच्चे को छोड़कर भाग गई–पता नहीं किधर ?

जाहिद अली के सिपाही चारों ओर चालीस कोस तक खोज आए, कहीं नहीं मिली। कहते हैं कि छोड़कर जाने के पहले एक बार भी उसने कहीं जाने का

न नाम लिया। न कभी रूठी, न कभी झगड़ी और न कभी नखरे पसारे। हमेशा हँसती रहती।··· बड़ी माँ ने उसकी नकल करके बहुत बार सुनाया था, किस तरह वह बाबूजी को मैथिली मुहावरे से चिढ़ाती थी–"बुढ़वा रातियो नै खलक चटनियाँ बिनू ना··· ।" ··· दाल-भात, दूध-दही के बदले मकई के आँटे की लपसी, जिसे वह अपनी भाषा में 'ढिंढ़ो' कहती, प्रेम से खाती थी। लेकिन, मांस और रक्सी (दारू) सप्ताह में एक बार नहीं मिलने पर उसका माथा गरम हो जाता था। सो, मेरे बाबूजी और बड़ी माँ ने ऐसा मौका कभी आने ही नहीं दिया। रक्सी के साथ वह खाने के लिए जब वह अपने ढंग से मांस पकाती, बड़ी माँ, बाबूजी और पास-पड़ोस के लोग गंध से ही जान जाते–पहाड़िन आज अपना 'चाट-चखना' तैयार कर रही है। तैयार कर रही है अर्थात् लकड़ी की आग में झुलसा रही है।··· मछली के बदले मछली की 'सुंगठी' (सूखी मछली) के लिए जान देती थी। आम छूती भी नहीं थी और जामुन के पेड़ पर चढ़कर 'खोंइछा' भर जामुन तोड़ लाती थी। ··· हमेशा हँसती रहती, किंतु जब और जिस दिन किसी पर बिगड़ती, उसके चेहरे को नोच-खसोटकर लहूलुहान कर देती।··· और काम करने में तो 'भूतनी' थी–डेढ़ मन धान दो घंटे में ही कूटकर रख देती।

बड़ी माँ के मुँह से अपनी माँ की सैकड़ों ऐसी कहानियाँ मैंने सुनी थीं।

यों हमारे गाँव में 'थारू' और 'कोच' लोग थे जिनकी नाक चिपटी होती है, भौंहें, पलकें और दाढ़ी-मूँछ के नाम पर सुनहरे-भूरे थोड़े बाल। किंतु, मेरी चिपटी नाक की बात और है।

बड़ी माँ ने बड़े प्यार से मेरा नाम रखा था–रामरतन। मगर, गाँव के लोगों ने 'बच्चा किरवा' कहना शुरू किया तो यही चालू हो गया। 'किरवा' अर्थात् किरात, जो कभी-कभी पीठ पर डोको में पतरस, नारंगी, चिरायता तथा अन्य जड़ी-बूटियाँ लादकर, दल बाँधकर गाँव में आते थे। उस दिन गाँव भर के लोग मुझे चिढ़ाते–"रे किरवा ! चल देख, तेरे नाना और मामा लोग आए हुए हैं।"

मेरी माँ मुझे छोड़कर किधर गई यह किसी ने नहीं देखा था। लेकिन माँ की बात छिड़ते ही मेरा मुँह उत्तर दिशा की ओर मुड़ जाता।··· नीले रंग के पहाड़ की चोटियों पर चमकते हुए सोने और चाँदी के गुंबद !··· सुनते हैं, मेरी माँ की देह पर सब मिलाकर सोलह भर सोने और पचीस भर चाँदी के जेवर थे। किंतु वह एक सूत भी अपने साथ नहीं ले गई। पिटारी से अपना 'चोलो-फरिया' (पूरे बाँह का कुर्ता और साड़ी, जो वह पहनकर आई थी) निकालकर पिछवाड़े में जाकर पहना और नई साड़ी केले के पेड़ से लटकाकर, न जाने किधर··· कहाँ··· ?

'न जाने किधर' कहने के बावजूद बड़ी माँ का विश्वास था कि वह उत्तर की ओर अर्थात् अपने देश नेपाल की ओर ही गई होगी। इसलिए बचपन से ही मैं, अपने गाँव के अन्य बालकों की तरह, 'गंगामुखी' नहीं हो सका। हमारे गाँव में बच्चों को एक 'फिकरा' सुनाकर दिशा-ज्ञान कराया जाता था :

पूरब देखे सूरजमुखी
दक्खिन गंगामुखी…।

मेरा विश्वास है कि बड़ी माँ के बदले यदि मेरे बाबूजी की मृत्यु पहले होती तो मैं कुछ और होता। जो भी होता–आज जिस अवस्था में हूँ–जो भी हूँ–वह नहीं होता।

पचास-पचपन की उम्र में–विराटनगर, धरान, धनकुट्टा, काठमांडु के अलावा कलकत्ता, दिल्ली, बंबई और सिंगापुर तक रिरियाने के बाद–फिर उसी दसगज्जा के कछार पर मरने के लिए आना पड़ेगा, मैंने इसकी कल्पना भी नहीं की थी। मेरे कानों के पास रह-रहकर आजकल जाहिद अली के वे वाक्य गूँज जाते हैं: "चक्करघट्टी की मिट्टी पर पैदा होनेवाला हर आदमी–चाहे वह कहीं भी चला जाए–अंत में मिट्टी चक्करघट्टी का ही पाता है।"

बड़ी माँ यदि जीवित रहती तो मुझे निश्चय ही पढ़ने-लिखने नहीं देती। उनका विश्वास था कि पढ़ने-लिखनेवाला लड़का दुबला-पतला, बीमार और अल्पायु होता है। सो, जब तक वह जीवित रही, मुझे खड़िया भी नहीं छूने दिया।

बड़ी माँ न बीमार हुईं, न खाट पर पड़ीं। एक दिन तनिक सिरदर्द हुआ और चल बसीं। बड़ी माँ की याद करके, अट्ठारह-बीस साल की उम्र तक, मैं रो पड़ता। किंतु, धीरे-धीरे उनकी याद धुँधली पड़ती गई और अब तो, बहुत चेष्टा करके, सिर्फ नाक में लटकती हुई सोने की 'बुलाकी' की हल्की-सी झलक-मात्र…।

बहुत दिनों के बाद–करीब तीस-चालीस वर्षों के बाद–बड़ी माँ की याद फिर इधर कई दिनों से आने लगी है।… मुझे चरवाहे की तरह 'कछनी' पहनाकर हँसती हुई कहतीं :

रामरतन राय
चरावे गाय
पानी पीये कोशी का
बाँसी बजाय–रामरतन राय !

बड़ी माँ को छोड़ और किसी ने मुझे इस नाम से नहीं पुकारा। बाबूजी ने भी नहीं। सभी मुझे अपने-अपने रखे हुए नाम से पुकारते–किरवा, पहड़िया, परबतिया।… हाँ, एक और व्यक्ति–जाहिद अली–मुझे रामरतन कहते थे।

बड़ी माँ की मृत्यु के कुछ महीने बाद से ही मैं गाय चराने के लिए जंगलों में जाने लगा। चरवाहे मुझे चिढ़ाते : बाप करे सरदारी, बेटा चरवाही !

कहते हैं, उड़ती हुई चिड़िया की बोली को भी जाहिद अली परख लेते थे। और चक्करघट्टी के चारों ओर, दस कोस के गिर्दाव में कोई उनके खिलाफ फिसफिसा कर भी कुछ बोले तो बात उनके कान तक पहुँच जाती थी… 'बाप करे जाहिद अली की सरदारी और बेटा चरवाही ?'

जाहिद अली ने मेरे बाबूजी को बुलाकर कहा था–"क्या नाम है तुम्हारे लड़के का ?··· अरे, किरवा नहीं, रामरतन कहो ! तुम अपनी गायों को चराने के लिए कोई चरवाहा रख लो। रामरतन मार्टिनगंज स्कूल में पढ़ने जाएगा। अपने चरवाहे का खर्चा तुम देना, तेरे बेटे की पढ़ाई का खर्च मैं दूँगा–जहाँ तक पढ़ सके··· !"

सारे चक्करघट्टी इलाके में मैं पहला बालक था जिसे जाहिद अली ने पढ़ने का हुक्म, खर्च सहित, दिया था। गाँव के अन्य लड़कों ने, खासकर चरवाहों ने इस 'हुक्म' के बाद मेरी ओर दया और करुणाभरी दृष्टि से देखा था–मानो आजीवन कारावास की सजा पाए हुए कैदी को देख रहे हों।··· और, आज जब लेखा-जोखा लेता हूँ तो 'पढ़ाई' मेरे लिए सचमुच कारावास की सजा साबित हुई।···

मार्टिनगंज स्कूल के शिक्षक, विद्यार्थी अथवा चपरासी–जो भी मेरे गाँव का नाम सुनता, उसके चेहरे का रंग कुछ क्षण के लिए सुफेद हो जाता। फिर, मेरी सूरत को कुछ देर तक एकटक अचरज से देखकर पूछते–"चक्करघट्टी में पहाड़ी लोग भी रहते हैं ?"

बंगाली हेडमास्टर साहब ने बंगला में ही कहा था–"नाम, रामरोतोन··· ग्राम, चोकोरघोट्टी··· गार्जियन, जाहेद अली··· मुख देखते, नेपाली··· तुमी तो सति एकटा रोतोन बाबा !"

ठीक उसी समय जाहिद अली दफ्तर में आए। बोले–"मास्टर साहब, 'रतन' को जौहरी सिर्फ परखता ही नहीं, उसको तराशकर और भी कीमती बना देता है।"

हेडमास्टर ही नहीं, दफ्तर में बैठे सभी टीचर कुर्सी छोड़कर उठ खड़े हुए थे–ऐसा भव्य था जाहिद अली का व्यक्तित्व !

मेरी नाम-लिखाई की फीस के अलावा जाहिद अली ने स्कूल को एक सौ रुपए का चंदा दिया था।

किंतु, चक्करघट्टी के राय-सरदार के पुत्र को किसी ने कभी 'देसवाली' नहीं समझा। उसका नया नाम पड़ा–नेपाली··· नेपलिया !

कुछ ही दिनों में मार्टिनगंज का हर आदमी जान गया कि मेरी माँ नेपालिन थी। बाप 'देसवाली' और गार्जियन मुसलमान है।

पता नहीं, मेरी सूरत में वो क्या था कि लोग मुझे ठिठककर देखते। कभी-कभी अकेले अपनी कोठरी में, आईने में मैं अपनी सूरत देखता रहता। क्यों ? मेरा चेहरा ऐसा क्यों हुआ ?··· भौंहों पर बाल क्यों नहीं ? मेरी नाक चिपटी क्यों हुई ? मेरे केश सुनहले क्यों हुए ? मेरा रंग–हल्दी-रंग–गोरा क्यों हुआ ? मेरी तरह और किसी की सूरत क्यों नहीं ?

और, एक दिन ठीक अपने जैसे चेहरे के एक लड़के को देखकर, अंग्रेजी की फर्स्टबुक में पढ़ी हुई एक पंक्ति मेरे मुँह से अनायास निकल पड़ी थी "ऐज़

आई एम, सो हि इज़।"

जाहिद अली ने चरवाहों की बात सुनकर, मुझे चरवाहा से 'पढ़वा' बनाने के लिए मार्टिनगंज स्कूल में नाम लिखा दिया। बाद में, पता नहीं, फिर उनके कान में किसकी कौन बात पड़ी कि मुझे मार्टिनगंज स्कूल से हटाकर सीधे 'उस पार' अर्थात् नेपाल के नेपालगंज बाजार के राणा जंगबहादुर हा. स्कूल में दाखिल करवा दिया, जहाँ के सभी लड़कों के चेहरे मुझसे मिलते-जुलते थे।

मुझे बड़ी प्रसन्नता हुई थी और फर्स्ट बुक की उस पंक्ति को सुधारकर मैं मन ही मन बुदबुदाया था—"ऐज़ आइ एम सो दे आर।"

किंतु, हाय ! वह प्रसन्नता क्षणिक ही थी। नेपाली लड़कों ने जब मुझसे नेपाली में बातें शुरू कीं तो मैं मैथिली और हिंदी में उनके जवाब··· !!

मेरे झोंपड़े के—अर्थात् जिस झुग्गी में बैठकर अभी यह सब लिख रहा हूँ उसके—मालिक को अब मुझ पर विश्वास हो गया है कि मैं उसके कारबार में खलल डालनेवाला आदमी नहीं। वह मुझे अपने ही गोत्र का समझने लगा है, यानी, उसी की तरह किसी अपराध-कर्म में निमग्न। इसलिए, उसने मुझे कल तुरत सुरक्षित स्थान पर पहुँचा दिया था—थोड़ा-सा खटका पाकर ही। बत्तीस घंटे के बाद फिर अपनी झुग्गी में लौटकर लिखने बैठ गया हूँ।··· पता नहीं कौन है वह, जिसको मैं सबकुछ ईमानदारी से सुना जाना चाहता हूँ ! पता नहीं कौन··· ?

··· नेपालगंज के नेपाली लड़के मेरा जवाब मैथिली में सुनकर बोले थे—"यो मधेसिया पो रहेछ···।"

मधेसिया, मोगलान को मान्छे···।

नेपाली लोग उन दिनों भारत को 'मोगलान' और भारतवासियों को 'मधेसिया' कहते थे। सारे नेपालगंज बाजार का व्यापार इन्हीं मधेसिया लोगों के हाथ में था। इसलिए बाजार और आसपास के गाँव में पचहत्तर प्रतिशत मधेसिया लोग बसे थे। किंतु, बहुमत में होकर भी बहुबल नहीं थे, क्योंकि 'हुक्मीराज' अर्थात् राणाओं के एकतंत्र शासन के समय नागरिक अधिकार नाम की कोई चीज नहीं थी।

अपने जैसे चेहरेवालों ने भी मुझे नहीं अपनाया। उन्हें जब यह पता चला कि मेरी माँ पहाड़िन थी और 'मोगलान' में भागकर मधेसिया से उसने शादी की थी, तो वे मुझे अस्पृश्य भी समझने लगे।··· पता नहीं, इसकी माँ किस जाति की थी—खार्किनी अर्थात् डोमिन थी या किरातिन··· !

जाहिद अली का एक गोदाम—चमड़े का—नेपालगंज में भी था। किंतु जाहिद अली ने मुझे बोर्डिंग में रखवा दिया था। लोगों को जब यह मालूम हुआ कि मेरा अभिभावक जाहिद अली है, तो उन्हें और भी अचरज हुआ। किंतु इससे एक लाभ यह हुआ कि मुझे अपमानित करने का साहस नेपाली लड़के भी नहीं करते। और, मुझे हर महीने जितने रुपए जाहिद अली छात्रवृत्ति के रूप में देते थे, उतने पैसे हमारे स्कूल के हेडमास्टर साहब भी माहवार नहीं पाते थे। यानी, तीन सौ रुपए···। सो, पैसे की कृपा से मुझे कुछ लोग प्यार भी करने लगे थे। मुझसे 'हेलमेल'

करके रहना चाहते थे सभी। रहा भी हेलमेल से हमेशा उनके साथ। लेकिन मैं अपने अकेलेपन से उबर नहीं सका कभी।...

अक्सर मैं छुट्टियों में तराई की ओर, गाँवों में किसी ग्रामीण मित्र के साथ चला जाता। कभी पहाड़ी गाँव की ओर।... शायद, कहीं मेरी माँ मिल जाए और मुझे पहचानकर हुलसती हुई छाती से लगाकर कहे–'मैं ही तेरी माँ ! जन्मा-दायिनी... !'

सारा जीवन खोजता रहा। न माँ मिली और न अपनी मातृभूमि से मेरा कोई संपर्क रहा। किंतु मैं इसके लिए तनिक दुखी नहीं। न मुझे कोई ग्लानि हो रही है। जो कुछ भी किया उसके लिए पश्चात्ताप भी नहीं कर रहा। सिर्फ एक तीव्र इच्छा है–अपने किए हुए को... देखे हुए को... और भोगे हुए को लिपिबद्ध करते जाने की।... टेपरेकर्डर होता तो बोलता जाता... बोलता जाता...। लिखना मेरे बस का काम नहीं।

आज सबसे पहले, इसीलिए, मुझे याद आती है पुष्पराज की। लिखता था वह ! मैं तो सिर्फ सुनता था। आज वह बड़ा भारी लेखक बन बैठा है और बचपन का वह उपनाम भी नहीं रहा अब उसका !...

पुष्पराज नेपाली नहीं था। हमारे गाँव से बीस मील उत्तर एक गाँव का रहनेवाला लड़का। उसके पिता की मैत्री नेपालगंज के प्रसिद्ध श्रीराम उपाध्यायजी से थी। उपाध्याय-परिवार में बहुत बचपन से पलकर उसने अपना उपनाम नेपाली ही रखा था–पुष्पराज। किंतु लिखता-पढ़ता था वह हिंदी ही।...

पुष्पराज ने मेरे दिल के दर्द को तनिक समझा था। उसने एक बार 'खोई हुई माँ' शीर्षक से एक लंबी कविता लिखी थी। सुनकर ऐसा लगता था कि उसने मेरे दिल में पैठकर सबकुछ देख-सुन लिया है।...

हाँ, अब समझ में आई है बात... शायद। यानी मैं शायद यह चाहता हूँ कि मेरा यह लिखा हुआ... यह सब जो लिख रहा हूँ, किसी तरह उसके हाथ में पहुँच जाय।... मैंने कभी उसको कोई खत नहीं लिखा, कभी भी नहीं। लगता है, यह उसी के नाम मेरा लंबा और अंतिम पत्र है...।

पुष्पराज ! तुम्हारे हाथ यदि यह 'कागजात' हाथ लगे कभी, तो सबसे पहले मुझे इसके लिए माफ करना कि मैंने अंत में–तुम्हारे कथनानुसार–'अनधिकार चेष्टा' की है। यों, मेरे जीवन की सारी चेष्टाएँ ही 'अनधिकार' रही हैं। फिर भी, तुम्हारे क्षेत्र में प्रवेश करने का साहस मैंने कभी नहीं किया था। क्यों कर रहा हूँ, यह नहीं जानता। शायद तुम समझ सको कि मैंने क्यों यह सब लिपिबद्ध कर जाना आवश्यक समझा... !

पुष्पराज से मेरी मित्रता के समय से ही एक काँटा उग आया था, किंतु। अर्थात्, मैं पुष्पराज का–नेपाली संस्कृति के प्रति, नेपाली समाज और परिवार और

व्यक्ति के प्रति–संपूर्ण समर्पण का भाव नहीं मानता। वह कहता··· वह अंग्रेजी का एक कहावत कहकर हँस पड़ता–"रोम में रहते समय रोमनों की तरह···।"

··· मुझे अपनी झुग्गी छोड़नी पड़ी।

अब मैं 'दसगज्जा' के उत्तर–यानी, नेपाल की धरती पर आ गया हूँ। यहाँ से दसगज्जा एक कोस दक्षिण है। किंतु, दृष्टिपथ में कोई बाधा-व्यवधान नहीं होने के कारण, दूरबीन से मैं, सीमा के सुफेद गुंबद के पास चरते हुए भेड़ों के झुंड को स्पष्ट देख पा रहा हूँ। गड़रिये के चेहरे को पहचान गया हूँ। वह हमारा ··· हमारा नहीं··· वह मेरा ही आदमी है।···

पता नहीं मेरे संवाद की क्या प्रतिक्रिया हुई ! उत्तर की ओर से जो सूचना मिली है, वह उत्तेजक ही नहीं, खौफनाक भी है। दक्षिण में अब भी यह भ्रम छाया हुआ है कि 'एकमात्र हिन्दू राष्ट्र नेपाल' सबकुछ करे, मगर··· यह नहीं कर सकता···।

कल भीमभार गया था !

भीमभार, भारत-नेपाल सीमा पर स्थित एक छोटा-सा कस्बा है। उस पार भारत में इसके 'काउंटरपार्ट' को जोगबनी कहते हैं।

भीमभार में एक विशाल रिजर्वायर है एक डैम का। डैमसाइट के आसपास एक कोलोनी बस गई है। भारतीय-नेपाली कर्मचारियों की कोलोनी···।

क्वार्टर नं. के/टी/12/20··· भीमभार !

··· यह मुझे क्या हो गया ?

अब इस आखिरी वक्त में प्रेम के 'व्यापार' में भी फँसना पड़ेगा क्या ? मुझे खुद पर हँसी आती है–मुझको यानी अनेक नामोंवाले इस असल 'थ्री आर' अर्थात् रामरतन राय को हँसी आती है अपनी बुद्धि पर। मैं कल जीवन में पहली बार प्रेम में पड़कर आया हूँ। भीमभार से लौटकर सबकुछ बदला-बदला-सा लगने लगा है !···

कामिनी-कांचन का कारबार बहुत कर चुका हूँ। किंतु, कामिनी अथवा कांचन के प्रेम में पड़ने का अवसर कभी नहीं आया। इस बार यदि वह भी हो जाए तो क्या हर्ज है ?···

एक भूतपूर्व नेपाली 'मंत्री' की वर्तमान पत्नी एक 'स्टेनलेस स्टील' का कारखाना खोलना चाहती है। उसे पता है कि 'स्टेनलेस स्टील' का स्पेशलिस्ट हूँ मैं। उसका पति जिन दिनों 'मंत्री' के पद पर था, मैं 'दि नेपाल स्टेनलेस स्टील कंपनी' का काम देखता था।··· देखता था, अर्थात् 'गैरकानूनी विभाग' मेरे हाथ में था, उस कंपनी का।

महिला खूबसूरत है। और, वह समझती है कि मैंने उसको पहली बार देखा है। मैंने उसका भ्रम तोड़ना उचित नहीं समझा। नहीं तो, कह सकता था–'देवीजी ! जब आप काठमांडु के 'बसंत विहार' में फ्राक पहनकर तितलियों के पीछे दौड़ती थीं, 'सेवक' आपको उसी समय से जानता है।··· आपके धीरे-धीरे जवान होने और

उसके साथ ही आपकी सुंदरता की प्रसिद्धि की भनक मेरे कानों तक भी पहुँची थी। इन आँखों ने आपको जवानी के प्रथम चरण में, कलकत्ते के मशहूर होटल में मदहोशी की हालत में भी देखा है।··· उस बंगाली कलाकार से अचानक सारे नेपाल के नौजवान ईर्ष्या करने लगे थे, जिसे आपने सादर वरण किया था। सच, उस बार जी चाहा था कि आपके पास जाकर आपकी स्तुति करूँ।··· किंतु, उस बेचारे भावुक प्राणी को एक दिन मरना ही था–सो, आपकी आग में झुलसकर तीन महीने में ही राख हो गया।··· मैं कलाकार नहीं, किंतु !'

पुष्पराज ! तुम बुरा मत मानना। कलाकारों को मैं कभी बर्दाश्त नहीं कर सका–तुम्हारे सिवा। मेरे ख्याल से, सबसे घटिया किस्म का आदमी अर्थात् बगैर रीढ़ की हड्डी का आदमी ही कलाकार होता है।··· तुमको याद है, मैंने एक बंदर पाला था जिसका नाम 'कलाकार' रखा था। और, तुमने इस बात पर मुझसे उस दिन बोलना पसंद नहीं किया था।···

··· सूचना मिली है अभी-अभी कि गणपतसिंघ को जोगबनी में देखा गया है। तो इसका यह मतलब हुआ कि मेरी सूचना उन्हें मिल चुकी है और वे सतर्क हो गए हैं। किंतु, वे मुझसे संपर्क करना नहीं चाहते। क्यों ?

इधर, विराटनगर से जो समाचार प्राप्त हुए, उसके अनुसार कहा जा सकता है कि वे अब भी अज्ञान के अंधकार में हैं। ऐसी अवस्था में क्या किया जाए ? क्या स्वयं एक बार जोखिम उठाकर 'ऊपर' जाना होगा ?

··· नहीं चाहते हुए भी भीमभार चला गया।

पुष्पराज ! यह तुम्हारे लिए है खासकर। 'बसंत विहार' की उस सुंदरी की प्रशंसा में तुमने न जाने कितनी कविताएँ लिखीं··· भई, मैं क्या जानूँ। तुम्हारे प्रशंसकों ने ही बात उड़ा रखी थी कि पुष्पराज की प्रत्येक कहानी की नायिका वह 'वसंतसेना' ही होती है और उसकी कविताएँ···।

यहाँ उस महिला की बातचीत–एक पर-पुरुष से–का एक अंश तुम्हारे लिए ही लिख रहा हूँ :

"आखिर, आप इस 'स्टेनलेस' के कारबार में क्यों पड़ना चाहती हैं ?··· व्यापार में क्यों आना चाहती हैं ?"–पर-पुरुष ने प्रश्न किया।

"चूँकि यह स्टेनलेस है।" इसके बाद सरगम के सुर में हँसी। "क्यों ठीक कहा न ?"

"लेकिन, आपके पतिदेव अब भी मंत्रिपद पाने की चेष्टा में हैं।"

"तो क्या हुआ ? वह मंत्रित्व करेगा, मैं व्यापार करूँगी।"

"ऐसा होना संभव नहीं।"

"तो फिर, मंत्री को छोड़ दूँगी।"

"यदि व्यापार नहीं चला ?"

"चलेगा कैसे नहीं ? चलना होगा।"

"यह आपकी···।"

"मूर्खता है ! यही कहना चाहते हैं न ? तो सुन लीजिए मि. थ्री. आर.··· मैं स्टेनलेस का कारबार आपकी सहायता से शुरू करने जा रही हूँ और आप विश्वास कीजिए कि आप सहायता दें अथवा न दें, आपकी सहायता मुझे सहज ही उपलब्ध हो जाएगी।"

"अर्थात्··· ?"

"आप ही मि. थ्री. आर. हैं इसका क्या सबूत ?"

"मैं मि. थ्री. आर. हूँ–यह आपसे किसने कहा ?"

"आप घबरा गए ?" व्यंग्यभरी एक कुटिल हँसी।

"देवीजी ! मैं आपको उसी समय से जानता हूँ जब आप काठमांडु के 'बसंत विहार' के बाग में फ्राक पहनकर तितलियों··· ।"

"तो आप अब भी मुझे फ्राक पहनी हुई एक छोटी-सी लड़की ही समझ रहे हैं ?"

"नहीं, मेरे कहने का मतलब है कि मैं आपको बहुत बचपन से ही जानता हूँ··· ।"

"आप इतने बड़े मूर्ख हैं–यह मैं विश्वास नहीं कर पा रही हूँ।··· मुझे बचपन से ही जानने से क्या फर्क पड़ जाता है ?··· आप यह क्यों नहीं कहते सीधे कि आप भी अपने कवि-मित्र की तरह··· ।"

"एकदम गलत।"

"यदि मैं कहूँ–सोलहों आने सच ?"

"पिछले पंद्रह साल में, ऐसी कोई चीज मेरे लिए अलभ्य नहीं रही काठमांडु में–मैं चाहूँ और न मिले।"

'तो, फिर अपने 'कवि-मित्र' की सहायता क्यों नहीं की ?"

"मुझे क्या पता था कि 'बसंत विहार' में पली हुई एक लड़की 'चकले' में पलनेवाली जैसा··· ।"

पागलों की तरह उसकी हँसी गूँज उठती है, गूँजती रहती है।

"अपनी मातृभूमि के प्रति इतना प्रेम कहाँ से ले आए अचानक आप ?"

"आप अपनी कंपनी की बात करें, स्टेनलेस स्टील कंपनी की।"

"जिसके आप प्रधान गुप्त सहायक होंगे।"

"होऊँगा।"

"थ्री चीयर्स फार थ्री आर !"

अगर मैं किसी दूसरी जगह होता और बात आज से दो महीने पहले घटी होती तो 'डायलाग' इतना दूर आगे नहीं बढ़ पाता। वह मायाविनी मेरी कमजोरी को ताड़ गई है।··· मेरी योजना का आभास उसे मिल गया है शायद। अब, तत्काल कल्याण इसी में है कि वह जो भी कहे, उसे आँख मूँदकर कबूल कर लिया जाए !

··· आज अपना ठौर फिर बदलना पड़ा।

मैं अब श्रीमती मंत्री को बसंतसेना ही कहता हूँ।··· बसंतसेनाजी की कृपा

से मैं भीमभार में, उन्हीं के बँगले के एक कमरे में मेहमान हूँ।

कैसी जगह तजबीज करके बँगला बनवाया है, मंत्रीजी ने।··· इधर, जरा भी गड़बड़ हुई कि कूदकर उस पार–हिन्दुस्तान में !

वसंतसेना बोली–"यह रिजर्वायर ? भारत के राजनेताओं की बुद्धि की बलिहारी !"

मैंने मातृभूमि के प्रति अपने प्रेम का कोई प्रदर्शन नहीं किया। कुछ नहीं कहा।

"क्यों, अगर यह रिजर्वायर टूट जाए अचानक तो क्या होगा ?"

"क्या होगा, उत्तर बिहार के कई जिलों के लोग चींटी की तरह बह जाएँगे !"

"देखो, मेरे सामने बनने की कोशिश मत करो !"

"क्या जानना चाहती हैं आप ?"

"मैं जानना चाहती हूँ कि जिस भारत भूमि के लिए आपके दिल में नफरत के सिवा और कुछ भी नहीं था, जहाँ के राष्ट्रीय नेताओं के लिए आपके पास एक-से-एक भद्दी गालियाँ सहेजी हुई थीं, अचानक उसका नमक कब से आपके लहू में घुलने लगा है ?"

"आपको गलत सूचना दी गई है कि मैं भारत सरकार के गुप्तचर विभाग के काम में लग गया हूँ।"

"बहरहाल, मैं विश्वास कर लेती हूँ।"

··· कल गणपतसिंघ का एक दल माल के साथ घेरा गया। दोनों ओर से गोलियाँ चलीं। माल छोड़कर वे भाग खड़े हुए। दो नए ट्रक सहित माल पकड़कर भी आबकारी के अफसर प्रसन्न नहीं दीख रहे हैं।

··· गणपत आकर गिड़गिड़ा गया है–"सालों ने पैसे भी खाए और हमला भी किया।··· आपके रहते यह सब हो रहा है।"

मैं क्या करूँ ?

चक्करघट्टी गाँव में जन्मे हुए इस आदमी को अचानक इस उम्र में आकर अपने देश की कुछ सेवा कर जाने की बात सूझी है। नहीं तो, गणपत इस तरह निराश होकर नहीं लौटता।

मुझे लगता है, मैं रोज-रोज एक विशाल गुंजलक में फँसता जा रहा हूँ।·· दायरा और करीब होता जा रहा है।··· एक फंदा–फाँसी का–मेरी आँखों के सामने आकर झूलने लगता है।

··· इस पार बहुत मुश्किल से आ सका।

जय हो बसंतसेना की ! इस पार आकर मैंने उसके पास संवाद भेजा–"जय हो··· !"

जवाब आया है–"स्टेनलेस जिन्दाबाद !"

स्टेनलेस··· !

'स्टेनलेस' असल में एक देश के नाम के लिए व्यवहार करती है, बसंतसेना।

'स्टेनलेस कंपनी' का मतलब हुआ उस देश-विशेष की सेवा करना···।

··· बहुत मुश्किल से यह काम हासिल किया है। जब बसंतसेना है तो फिर कोई बात नहीं। मुझे डर था कि मामला 'बड़ी हवेली' का भी हो सकता है।

··· 'बड़ी हवेली' वाले सबकुछ कर सकते हैं। जब 'होटल' खोलने में वे पीछे नहीं हैं··· ।

बसंतसेना का मुकाबला 'बड़ी हवेली' वालों से ही है। लगता है, फिर जवान हो रहा हूँ।

इस गुंजलक के सिमटते हुए घेराव का अब मुझे कोई भय नहीं।

जाहिद अली कहा करते थे–पहले से खौफ खाया हुआ आदमी कुछ सोच नहीं सकता। इसलिए, सोचना छोड़ दो। वक्त आने पर देखना, बगैर सोचे हुए ही राह निकल आती है।

बचपन से लेकर अब तक की स्मृतियों के जंगलों में मैंने अपने को भटकाकर रखा अब तक।··· इसके बाद, क्या सुसंयत ढंग से कुछ कर पाऊँगा ?

··· और कुछ कर पाऊँ या न कर पाऊँ–इस रहस्यजाल को तोड़कर ही दम लूँगा।

'बड़ी हवेली' का व्यापार !

'स्टेनलेस' का कारबार !!

'विटायू'···

'नक्सवोमिका' 70 ···

'··· श्री आर !!'

चलो, एक सप्ताह की मुहलत मिली।

··· कल तो ऐसा लगा कि बस अब सबका निबटारा हो जाएगा। किंतु, बसंतसेना के 'स्टेनलेस' की ओर से कोई संवाद आया और फिर 'ऑपरेशन स्थगित'–एक सप्ताह के लिए।

मैं श्रीमती मंत्री को बसंतसेना कहता हूँ। क्योंकि वह काठमांडु के प्रसिद्ध 'बसंत विहार' में जन्मी थी और उसने पहली शादी कलकत्ता के एक कलाकार पी. सेन से की थी, अतः बसंतसेना··· !

बिराटनगर और नेपालगंज का एक चक्कर लगा आना ठीक होगा।

··· बिराटनगर से संवाद आया है, हमारा 'गड़ेरिया' बीमार है। नेपालगंज में अपने कई लोग मुझसे न जाने क्यों फिर मिलना चाहते हैं।

नेपालगंज पहुँचते ही मुझ पर किसी दानव की आत्मा सवार हो जाती है मानो। बचपन की सारी घटनाएँ एक-एक कर आँखों के सामने नाच जाती हैं, चलचित्र की तरह।···

याद आती है, श्रीराम उपाध्याय के विद्यालय का नाम बदलकर 'श्री जंगबहादुर हा. स्कूल' की घोषणा के बाद स्कूल के सभी छात्र और शिक्षक कितने उत्तेजित

हुए थे। दूसरे दिन हड़ताल करने का निश्चय किया गया। सड़कों पर विद्यार्थियों ने पिकेटिंग की व्यवस्था की थी। यानी, वह हड़ताल नेपाल की सबसे बड़ी हड़ताल थी। उस दिन स्कूल में मेरे सिवा एक भी विद्यार्थी उपस्थित नहीं हुआ था। एकमात्र मैं उस हड़ताल में शरीक नहीं हुआ। अतः छात्रों के सम्मिलित क्रोध का शिकार हुआ। स्कूल से निकलने के बाद, चौराहे पर मेरी ऐसी मरम्मत की गई कि अस्पताल पहुँचकर ही होश हुआ।···

इस घटना से मुझे एक लाभ हुआ कि स्थानीय गवर्नर (कर्नल) स्वयं मुझे अस्पताल देखने आए और श्री तीनसरकार (प्रधानमंत्री) के दरबारियों ने मेरी बहादुरी की चर्चा 'सिंहादरबार' में भी चलाई। फलतः मुझे 'सरकार' की ओर से एक खुखरी ईनाम में दी गई, जिसकी मूँठ पर खुदा हुआ था—श्री 3सरकार को मर्जी के मोताबिक···।'

जाहिद अली को जब इस घटना की सूचना मिली, स्वयं आकर मुझे शाबाशी दे गए—"चक्करघट्टी के लड़के हमेशा हवा के खिलाफ ही चलते हैं।··· 'जैसी बहे बयार पीठ तब तैसी दीजै' के कायल वे नहीं।"

तीसरे महीने जब 'लखपतिया–जंगल' की डाक बोली जानेवाली थी, जाहिद अली ने मुझे चुपचाप अपने साथ लिया और 'बनजाँच के खर्दार' (जंगल विभाग के बड़े अफसर) की कोठी पर पहुँचकर 'डाली' भिजवाई।··· खर्दार साहब ने 'लखपतिया जंगल' का ठेका, बिना डाक बोले ही, मेरे नाम से 'पास' कर दिया। और, उसी दिन जाहिद अली ने लोहार के पास जाकर, लकड़ी पर 'मार्का' देनेवाली हथौड़ी बनाने का ऑर्डर दे दिया था। उन्होंने मुझसे पूछा था—"मार्का देवनागरी में रहेगा या अंग्रेजी में ?"

"अंग्रेजी में !"—मैंने बिना कुछ सोचे-समझे जवाब दिया था।

उसी दिन से 'श्री आर' नाम का सूत्रपात हुआ जो आज तक मशहूर है।··· लखपतिया जंगल सारे मोरंग जिले में सबसे अधिक घना और विस्तृत था। 'श्री आर कंपनी' के बारह आढ़त कायम हुए। हर आढ़त पर बीस से पच्चीस कर्मचारी काम करते। आढ़तदार, सिपाही, मुंशी, कारकून और चौकीदारी की एक टोली हर आढ़त पर। और, ये सभी चक्करघट्टी के ही होते।··· जंगल जब खुलता, अर्थात् जब लकड़ी कटने का मौसम आता और सरकारी एलान होता तो हर आढ़त पर रोज पाँच सौ से अधिक बैलगाड़ियाँ लकड़ी लादकर, 'मार्का' देनेवाले की प्रतीक्षा करती रहतीं।

··· मुझे याद है, वह पहला दिन जब मार्का मारने गया था। जाहिद अली ने मुझे ताकीद कर दी थी कि मार्का मारने के लिए खुद जाना। मेरे साथ दो बंदूकधारी सिपाहियों की ड्यूटी लगा दी गई थी।··· फी गाड़ी दो रुपए सिर्फ मार्का मारने का। और इन दो रुपयों में एक रुपया बनजाँच के खर्दार का और एक मेरा। जाहिद अली सिर्फ लकड़ी की कीमत लेते थे।

पहाड़ी घोड़े पर सवार होकर सबसे पहले मैं मधुमाला आढ़त पर गया था।

वहाँ चार दिनों से लोग मेरा इंतजार कर रहे थे। हमारे पहुँचते ही गाड़ीवानों के दल में प्रसन्नता की लहर दौड़ गई थी–"आ गये ! आ गये··· !"

हमारे आढ़तदार ने मुझे एकांत में सबकुछ समझा दिया था कि किस तरह मार्का मारने के पहले गाड़ीवानों के साथ पेश आना चाहिए··· किसी गाड़ी को 'अधिक लदाई' कहकर छाँटना, किसी को 'गैरवाजिब लकड़ी' काटने के कारण कैंसिल करना और किसी को इसलिए रोक रखना कि उसने लकड़ी काटते और लादते समय आढ़त के कर्मचारियों की बात नहीं मानी थी।

'खट-खट, खट-खट् !'

"बाबू ! मेरी गाड़ी पहले··· ।"

'खट-खट, खट-खट··· !'

"हजूर, मैं दस दिनों से बैठा हुआ हूँ।"

'खट-खट, खट-खट··· !'

"दया की जाए··· ।"

खट्-खट, खट्-खट ! मार्का मारने की हथौड़ी हर गाड़ी की लकड़ियों पर पहली–RRR··· और उसके साथ ही चाँदी के रुपए झरते। खट-खट, खट-खट ··· ठन-ठन, ठन-ठन !!

मार्का के रुपए लेकर लौटा, पहली बार। देखा, डेरे पर जाहिद अली साहब बैठे मेरी प्रतीक्षा कर रहे हैं। मैंने रुपए की थैली उनके सामने रख दी। उन्होंने पूछा–"कितना है ?"

"पाँच हजार होंगे !"–मैं अंदर चला गया।

जाहिद अली ने एक-एक रुपए को बजा-बजाकर गिना। फिर, दोनों सिपाहियों के साथ बनजाँच के खर्दार साहब के बँगले की ओर चले गए। एक थैली में ढाई हजार रुपए मेरे लिए रखकर बोले–"ये रुपए तुम्हारे हैं। लेकिन, कहो तो इसे मैं अपने गोदाम के खजाने में डलवा दूँ।"

मैंने कहा था–"नहीं।"

जाहिद अली को अचरज हुआ। अचरज होने पर वे सिर्फ मुस्कुराते रहते थे। मुझे भी विस्मय हुआ कि मैंने कैसे उनके मुँह पर ही 'नहीं' कह दिया।

मैंने कहा–"असल में, चमड़े के कारबार के खजाने में,··· ये लकड़ी··· ।"

"हो हो हो"।–जाहिद अली साहब ठठाकर हँस पड़े थे–"ठीक है, ठीक है। इसे तुम अपने ही पास रखो।"

"नहीं, दादाजी ! आप इसे नेपाल बैंक में जमा कर दीजिए।"

जाहिद अली रुपए की थैली लेकर चुपचाप सिपाहियों के साथ चले गए थे।···

··· गणपत फिर आया था। मैंने उससे स्पष्ट कह दिया–'मैं कोई मदद करने के

काबिल अब नहीं रहा।' लेकिन, वह मानता ही नहीं···।

गणपतिसिंघ का कारबार नेपाल-भारत सीमा पर पाँच 'प्वायंट' पर होता है। पूरब, झापा-झिलमिलिया। इधर, रंगैली बाजार, हनुमाननगर, बिरौली और जोगबनी। दो हजार से अधिक कर्मचारी उसके हैं और सवारियों में ट्रक से शुरू करके टैक्सी, टेम्पो, घोड़ा, हाथी और बैलगाड़ियाँ···।

गणपतसिंह का बेटा राजनेता है। एम. एल. ए. है। गणपतसिंघ हाथ खोलकर 'पार्टी' को चंदा देता है। हर कान्फ्रेंस के समय विशेष चंदा और हर चुनाव के समय पार्टी के 'चुनाव कोष' में एक लाख रुपए देता है। इसलिए अन्य कंपनियों से ज्यादा काम उसकी कंपनी में होता है।

मुझे गणपतसिंघ से जरूरी काम लेना है। इसलिए उसकी मदद करने को तैयार हो जाता हूँ। लेकिन, मुझे क्या पता था कि उसकी सहायता को जाते समय मैं खुद फँस जाऊँगा।

मैंने गणपतसिंघ को भीमभार आइ. बी. में प्रतीक्षा करने को कहा था। वहाँ पहुँचकर देखा—गणपतसिंघ के बदले मेरा दुश्मन नं. 3 ··· कुँअर चौधरी बिराजमान है।

मुझे देखते ही कुँअर चौधरी काँपने लगा। उसने अपने दोनों हाथ ऊपर उठाने का उपक्रम किया। मुझे हँसी आ गई। मैंने कहा—"नहीं चौधरी ! डरो मत।"

कुँअर बोला—"आप··· आप जिंदा हैं ?"

"नहीं।"

"जी ?"

"चौधरी ! तुमने जो सुना है, ठीक सुना है। मैं जिंदा नहीं हूँ। और, जो कुछ देख रहे हो—इसे सपना समझकर भूल जाना।"

"जी ?"

"अगर मैं जिंदा होता तो तुम इतनी देर तक बातें नहीं करते रहते···। अब तक तुम्हारी लाश यहाँ छटपटाती रहती। और मुझसे इस मुलाकात की बात को जिस दिन तुमने सच समझा, यानी किसी और को सुनाया, तो समझ लो, मैं फिर जिंदा हो जाऊँगा।"

"जी ?··· जी हाँ !"

"अब बतलाओ, गणपतसिंघ के साथ क्या बखेड़ा लगवा रखा है तुम लोगों ने ?"—मैंने साधिकार पूछा।

"हम लोगों ने ?··· गणपतसिंघ को तो आप जानते हैं। हमेशा रौब में ही रहते हैं।··· इधर, उनके लड़के की 'पार्टी' जब से 'पावर' से हट गई है, उनका रौब काम नहीं करता।··· हम लोग क्यों बखेड़ा करेंगे ?"—उसने मेरी खुशामद करते हुए कहा।

हमारी बातें समाप्त भी नहीं हुई थीं कि सी. आर. पी. की एक टुकड़ी ने पूरे आइ. बी. को घेर लिया। दरबान दौड़ा आया—"हुजूर ! रेड हो गया···।"

मैंने कुँअर चौधरी की ओर देखा। वह भी सचमुच भयभीत था। मैंने पूछा–"तुम पर तो कोई वारंट वगैरह नहीं।"

"जी नहीं।"

"तुमने अपनी दुश्मनी तो नहीं साधी ?"

"क्या कहते हैं आप ?"

मैं पलक मारते 'किचेन' में दाखिल हुआ। बावर्ची और नेपाली चौकीदार मानो मेरी ही प्रतीक्षा कर रहे थे। उन्होंने मेरे लिए उपयुक्त पोशाक का बैग तैयार रखा था। मैं तुरत अपने नए रूप में किचन का चूल्हा सुलगा रहा था और उधर सी. आर. पी. के सिपाहियों के साथ सबसे बड़ा अफसर, हाथ में एक फोटोग्राफ लेकर, कुँअर चौधरी से जिरह कर रहा था।

अफसर साहब ने गोदाम और किचेन और सभी कमरों की तलाशी ली। मगर 'थ्री आर' कहीं नहीं मिला। किचन में आकर उन्होंने एक-एक आदमी को गौर से देखा। मुझे भी। फिर, वे अपने 'इन्फार्मर' को गालियाँ बकते हुए चले गए।

कुँअर इस खुशी में बीयर की बोतल खोलकर बैठ गया था–"आओ बॉस ! कुत्ते चले गए···।"

"मगर कुँअर, यह कैसे हुआ ?"

"आप विश्वास करें···।"

"मैं अगर विश्वास नहीं करता तो बीयर की बोतल खुलने के पहले तुम्हारी गर्दन खुल जाती, कुँअर ! लेकिन, यह बताओ कि यह कैसे हुआ ?"–बीयर का मग हाथ में लेते हुए मैंने पूछा।

कुँअर कोई जवाब दे, इसके पहले ही दरबान ने आकर सूचना दी–"गणपतसिंघ।"

"भेज दो।"

गणपत घबराया हुआ आया।

"क्यों गणपत, तुम कहाँ थे ?"

"हुजूर ! मैं जब यहाँ पहुँचा तो देखा कि चारों ओर मिलेटरी के सिपाही···।"

"तुम पहले से ही जानते थे।"–कुँअर ने कहा।

गणपत ने कुँअर के मुँह पर जोर से तमाचा जड़ दिया–"साले ! कल तक मेरे तलुवे सहलाकर गुजर करता था और आज तेरी यह हिम्मत हो गई कि मुझ पर···।"

मैंने गणपत को बैठाया। कुँअर चिल्लाने लगा–"मैं··· मैं···।"

"चुप रहो चौधरी !"–मैंने कड़ककर कहा।

"अब बतलाओ गणपत ! तुम कैसे कहते हो कि तुमको पता नहीं था ?"

गणपतसिंघ पुराने खिलाड़ी की तरह तुरंत सँभल चुका था–"आपको विश्वास हो रहा है कि मुझे यह सब पता था और मैंने जानबूझकर आपको यहाँ आने को मजबूर किया ?"

कुँअर चौधरी कुछ बोलना चाहता था। किंतु, गणपतसिंघ ने घुड़ककर कहा–"तुम साले अभी चुप रहो। हराम का माल पीयो चुपचाप।"

और, सचमुच कुँअर चुपचाप बीयर पीने लगा।

मैंने कहा–"असल बात की जानकारी मुझे दस मिनट में ही हो जाएगी।··· खैर, जाने दो। अब कहो, तुम्हारी वह 'पार्टी' कहाँ है, जिससे मुझे बातें करनी हैं ?"

"जी, वह तो–उस पार भीमभार 'मार्बल हाउस' में है।"

"मार्बल हाउस में ?··· श्रीमती मंत्री के घर पर ?"

"जी ?··· श्रीमती मंत्री कौन हैं ?"

"तुम नहीं जानोगे।"

मार्बल हाउस पहुँचा। मुझे देखते ही 'बसंतसेना' चिल्ला उठी–"मैंने··· हाँ, मैंने ही तुम्हें फँसाया था।"

मैंने देखा, वह नशे में थी। उसके पैर डगमगा रहे थे। उसकी जुबान लड़खड़ा रही थी।

"तुमने ? आखिर क्यों ?"

"मजा देखने को।"

मैंने हँसकर कहा–"मजा तुम इस पार भी देख सकती थीं। अभी भी देख सकती हो। मैं हाजिर हूँ।"

अचानक बसंतसेना मानो होश में आ गई। उसके बिखरे बाल, उसकी लड़खड़ाती हुई जुबान सब एकसाथ सहज हो गए। वह बोली–"अगर तुम आज उधर गिरफ्तार हो जाते तो मैं यह मान लेती कि तुम जो कुछ कर रहे हो–या कह रहे हो–वह सब सच है।"

बसंतसेना बैठ गई थी। मैं भी उसके सामने बैठ गया–"अर्थात् ?"

"अर्थात्-वर्थात् मैं नहीं जानती। मैं यह जान गई हूँ कि तुम भारत की ओर से किसी 'शिकार' की टोह में हो।"

मैं चुप रहा

"क्यों, ठीक है न ?"

"टोह में जरूर हूँ, मगर किसी की ओर से नहीं।"

"यह मैं कल तक विश्वास करती थी।"

"मत करो विश्वास।"

"बोलो, क्या मँगाऊँ तुम्हारे लिए ?"

"जहर !"

"बस, हाजिर है।··· बहादोर !"

पिछले तीस-चालीस साल से जंगलों में रहने के कारण, 'जंगलियों' के जैसा व्यवहार करना मेरा स्वभाव हो गया है। इधर कुछ दिनों से अपने अंदर के उस 'जंगली' को मैं किस तरह काबू में रखे हुए हूँ,–यह मैं ही जानता हूँ। मेरे लिए

आदमी को मारना और मच्छड़ को मारना, दोनों बराबर था।

बसंतसेना ने कल एक बात बड़े पते की कही थी। वह बोली थी–"मेरा अनुमान है कि तुम्हारे दुश्मनों ने तुमको खामख्वाह 'हीरो' बना दिया है।"

"तुम ठीक कहती हो"–मैं कल उसकी हर बात में 'ठीक कहती हो' कहता रहा।

"मैं जानती हूँ कि आज मैं जो कुछ भी कहूँगी, उसे तुम ठीक ही कहोगे।"

मैंने उठते हुए कहा था–"श्रीमतीजी ! 'थ्री आर' मर गया है, वह जिंदा नहीं। अगर वह जिंदा होता तो··· ।"

"तो ?··· तो, क्या होता ?"–वह अचानक मुझसे लिपट गई और मुझसे प्यार करने लगी–"बोलो ना··· !"

[अपूर्ण]

गोत्रांतर अर्थात्
एक अधूरी कहानी

जाड़े की सुबह ! चारों ओर कुहरा छाया हुआ है।

कुहरे को चीरती हुई भागी जा रही है–E. B. Rly (ईस्ट-बंगाल रेलवे) की ब्रांच लाइन की एक रेलगाड़ी।

रेलगाड़ी का एक Inter class का कम्पार्टमेंट।

उगते हुए सूरज की मद्धिम रोशनी–खिड़की की 'झिलमिली' से झाँकती हुई किरणें–एक बर्थ पर सोये हुए संजय की छाती पर पड़े कम्बल पर प्रकाश की 'आड़ी-तिरछी' रेखाओं का 'पैटर्न' बुन रही हैं।

रेलगाड़ी के दूसरे किसी कम्पार्टमेंट में कोई फटी हुई आवाज में–गँवई-गीत–प्रातकी गा रहा है। गीत की कड़ियाँ स्पष्ट सुनाई नहीं पड़तीं। बीच-बीच में गीत के कई शब्द सुनाई पड़ते हैं–('अवध अइहैं कौन काम हे जननी–मैं ना जीयब बिनु राम !)

गाड़ी एक हिचकोले के साथ रुक जाती है।

दूसरे बर्थ पर बैठा–गंदा ऊनी चादर ओढ़कर–ऊँघता हुआ अधेड़ व्यक्ति बर्थ पर लुढ़क जाता है। उसके मुँह से एक हल्की चीख-सी निकल पड़ती है–हुस्स !

संजय की नींद खुल जाती है। वह अचकचाकर उठता है और तकिये पर कुहनी टेककर, अधलेटी अवस्था में उस व्यक्ति से पूछता है–"कौन स्टेशन है ?"

वह व्यक्ति फिर ऊँघ रहा था। आँखें मूँदे ही जवाब देता है–"दही भात होगा।"

नाम सुनकर संजय को अचरज होता है। उसके चेहरे पर झुंझलाहट की कई रेखाएँ उभर जाती हैं। वह कुढ़ कर कहता है–"दिल्लगी कर रहे हैं ?"

"दिल्लगी नहीं साहब। ससुरी-टेसन का नाम ही यही है। दही भात।'

अधेड़ व्यक्ति खिड़की की झिलमिली को उठाकर कहता है–"पढ़िए न ! बंगला में भी लिखा हुआ है।"

संजय देखता है, सचमुच स्टेशन का नाम दही भात ही है। अंग्रेजी, हिन्दी, उर्दू और बंगला में लिखा हुआ है–DAHI BHAT दही भात دہی بھات দহি ভাত

"रतनगंज और कितना दूर ?"–संजय पूछता है।

"बस, और तीन टेसन !"

गाड़ी खुलती है।

संजय की दृष्टि कम्पार्टमेंट की लेवेटरी के पासवाली 'चेतावनी-पट्ट' पर पड़ती है–"अपाना टीकट आप खरीद माल का उपर नजर राख। जुयाचोर चोर पकेटमारा नजीक है" (अंग्रेजी, उर्दू और बंगला में भी···)

संजय अधमुँदी आँखों से उस व्यक्ति को देखता है।

"बस, और एक घंटा।"–कहकर वह व्यक्ति अपना पॉकेट टटोलने लगता है।

संजय की आँखें उस अधेड़ व्यक्ति पर टिकी हुई हैं।

उसकी आँखों के आगे उसके पिता की तस्वीर उभरती है··· ।

··· बाजार से लौटकर थैला रखते हुए कहते हैं–"बाजारे आगुन लेगेछे !" बड़े भाई की सूरत विरक्त मुद्रा "जे जार पथ देख !"

माँ की कर्कश आवाज सुनाई पड़ती है– "··· !"

भाभी ताने देती है–"निजे खेते पायना-शंकरा के डाक ! एदिके बिये कॅरबार शॅख आछे सब-रजिस्ट्रार नबीनबाबूर मेयेर संगे। अकेजो··· ।"

बड़े भाई की अष्टवर्षीया पुत्री–"ना चूले हाथ केन बुलिये दिब ? सिल्केर फिते एनेदिले ?"

गाड़ी एक हिचकोले के साथ रुकती है। संजय की नींद फिर खुलती है। अधेड़ व्यक्ति कम्पार्टमेंट में घुसने वालों को चेतावनी देता है–"ए ! ए !! ड्योढ़ा है ड्योढ़ा !"

संजय करवट लेकर पूछता है–"कौन स्टेशन ?"

"सिमराहा।"

संजय की आँखों के आगे पुनः, अपने घर से विदाई के समय के दृश्य उभरने लगते हैं··· ।

पिताजी कह रहे हैं–"इन्टर क्लासेर टिकिट कोरबी। तुमि एकटा सूगर मिलेर कैसियर बाबू हये ओखाने नामबे थार्ड क्लास थेके ?"

माँ तली हुई मछलियाँ टिफिन-कैरियर में डालती हुई कहती हैं–"शॅरीरेर जॅत्न निउ··· ।"

बड़े भाई गंभीर मुद्रा में कहते हैं–"भालो मॅने जाओ ! और मॅने रेख-उद्योगी पुरुषसिंह लक्षीलाभ कोरेई। तुमि एक दिने मिलेर मालिक हये बसते पारो !"

पुतुल रोती है–काका !···

पृष्ठभूमि में प्रातकी की टूटी हुई कड़ी रह-रहकर उभरती है–'सोआरथ को संसार रे मन भजले सीताराम !'

गाड़ी रतनपुर स्टेशन पर पहुँच गई।

रतनपुर स्टेशन का बाहरी-हिस्सा !

दूर दिखाई पड़ती हैं–सुगर मिल की चिमनियाँ !

एक बैलगाड़ी पर संजय का सामान लादा जा रहा है। पास ही खड़ा है–संजय का सहयात्री–वही अधेड़ व्यक्ति। वह हँस कर कहता है–

–"जी, यह आपके कलकत्ते की ट्रामगाड़ी नहीं–गोरुगाड़ी है ?"

वह व्यक्ति गाड़ीवान से कहता है–"मिल के कैसियर बाबू हैं। सीधे मिल के अंदर, सेठजी की कोठी पर ले जाना।"

संजय बैलगाड़ी में बैठता है।

वह व्यक्ति हाथ जोड़कर कहता है–"अच्छा तो··· राम-राम बाबू।"

गाड़ी आगे बढ़ती है।

चारों ओर ऊख के खेत !

ऊख के सफेद फूलों के गुच्छे असंख्य सफेद पताकाओं की तरह दूर-दूर तक दिखाई पड़ते हैं। हवा के हल्के झोंके भी इन खेतों में तरंग पैदा करते हैं।

गाँव की कच्ची सड़क !

सड़क पर, ऊख से लदी गाड़ियाँ जा रही हैं।··· आ रही हैं।

संजय जीवन में पहली बार यह सब देख रहा है–उत्तर बिहार के गाँव, खेत, पेड़-पौधे। वह नहीं जानता था कि ऊख के फूल होते हैं–कास के फूल गुच्छे की तरह–चँवर की तरह !

गाड़ीवान् अपने बैलों को हाँकता हुआ कहता है–"चल भैयन ! सीधे मिल के अंदर–सेठ जी की कोठी पर।"

एक सियार को बायें से दाहिने की ओर जाते देखकर गाड़ीवान् अचानक प्रफुल्लित होकर कहता है–"हुजूर बाबू साहेब !" जातरा बड़ा ठीक है। वह देखिए सियार पंडित को–"बायें से दाहिने जा रहा है।"

संजय मुस्कराकर पूछता है–"और, अगर दाहिने से बायें जाये तो ?"

"बहुत खराब··· ।"

गाड़ी सड़क के एक खड्ड में हिचकोले खाती है–गाड़ीवान् अपने बैलों से कहता है–"जरा सड़क देखकर चल !"

संजय को मुस्कराते देखकर गाड़ीवान् को साहस होता है। वह पूछता है–"हजूर का घर कलकत्ता शहर में पड़ता है ?"

"हाँ !··· क्यों ? क्या बात है ?"

"अब ठीक से चलेगा मिल का कारबार। 'कल-कांटा' का मामला बिना कलकत्ता वाले के ठीक से चले भला ?··· हमारे मामा के साला का बेटा कलकत्ता भाग कर कमाने गया और दो साल के बाद लौटा तो दाढ़ी बनाने का एक ऐसा 'मिसिन' ले आया कि दाढ़ी में लगाते ही तुरत-सफाचट-हजामत··· ।"

संजय हँसकर कहता है–"तुम भी भागकर कलकत्ता क्यों नहीं चले जाते ?"

गाड़ीवान् अप्रतिभ होकर कहता है–"धत् ! भागकर कलकत्ता क्यों जायेंगे ? कहा है कि··· घर की आधी रोटी भली–नहीं बाहर की चार।"

गाड़ी एक मोड़ पार कर, एक बड़े तालाब के बगल से गुजरने लगी। पोखर

के किनारे बड़े-बड़े पेड़ों के नीचे अलाव के पास कुछ लोग आग ताप रहे हैं—बूढ़े, बच्चे, औरतें··· ।

गाड़ीवान कहता है—संथाल लोग हैं। धनकटनियाँ मजदूर।

एक जवान संथालिन हँसती हुई पूछती है—"कहाँ जैते गाड़ी—हो गाड़ीवान भाय !"

गाड़ीवान् गर्व से कहता है—"रतनपुर मिल के अंदर—सीधे सेठजी की कोठी पर !"

संजय संथाल धनकटनियाँ मजदूरों के दल को देखता है। हर व्यक्ति के—बूढ़े-बच्चे-जवान के चेहरे पर एक अपूर्व मुस्कराहट खिली हुई है—तालाब में फूले हुए कुमुदनी (कोका) फूलों की तरह !

रतनपुर बाजार का बाहरी हिस्सा !

संजय देखता है—एक छोटा-सा बाजार। आस-पास कुलियों के क्वार्टर ! कर्मचारियों के बँगले।

बाजार के चारों ओर साग-सब्जी के खेत। खेतों में तरह-तरह के पुतले खड़े हैं—लोगों की बुरी नजर से फसल की रक्षा के लिए, कौओं और जानवरों को डराने के लिए।

इन्हीं पुतलों पर उभरती हैं—मनुष्य की आकृतियाँ। कुछ लोगों की भीड़ ! उत्सुक मुखड़े।

गाड़ी मिल के फाटक पर पहुँचती है। दरबान टोकता है। गाड़ीवान् दुहरा देता है—"सीधे सेठजी की कोठी पर।"

सेठ रतनलाल की कोठी।

बैलगाड़ी बंगले के फाटक पर रुकी हुई है।

सेठ रतनलाल, संजय का हार्दिक स्वागत करते हैं। वे बहुत प्रसन्न दिखलाई पड़ रहे हैं। अपने नौकर से कहते हैं—"बाबू का सामान दो नम्बर बँगला में पहुँचा दो और मेरी कोठी से स्प्रिंगवाला पलंग दो नम्बर बँगले में भेज दो।"

सेठजी संजय की ओर मुखातिब होकर पूछते हैं—"क्या नाम बतलाया ?"

—"जी। संजय !"

—"वाह ! कितना पवित्तर नाम है। गीता में यह नाम बार-बार आता है। है न ?··· जै हो ! जै हो ! !"

संजय के होंठों पर पहली बार मुस्कराहट खिली। सेठजी कहते हैं—"अच्छा तो संजै बाबू, आप चलकर नहाइए-धोइए। थोड़ा जलपान करके आराम कीजिए ··· अरे हाँ, बिना 'चहा' के किसी बंगाली बाबू की थकावट भला दूर हो। यहाँ तो 'चहा' की कोई दुकान नहीं··· (नौकर से) मंगल ! कैशियर बाबू के लिए 'इसपिसिल, चहा भी तैयार करा के भेज देना।

बँगला नम्बर दो !

संजय जलपान करने के बाद, सेठ रतनलाल की कोठी से आई हुई स्पेशल-चाय में चुस्की लेता है। चुस्की लेकर वह चाय के स्वाद को पहचानने की चेष्टा करता है–मसाले की गंध !

सेठजी प्रकट होते हैं। हँसकर कहते हैं–"इसपिसिल चहा ! इसमें तुलसी, गोलमिर्च, तेजपात, इलायची और मिश्री डाली जाती है। (सेठ जी हँसते हैं) एकदम कविराजी-चहा। मलेरिया कभी नहीं होगा।"

सेठजी की नजर अचानक दीवार पर टँगी अपनी बड़ी तस्वीर पर पड़ती है। उनके तैलचित्र पर मकड़ी ने जाली लगा दी है और तस्वीर के पीछ गौरैया-पक्षियों ने बड़ा-सा घोंसला लगा दिया है।

सेठजी नौकर से कहते हैं–"कमरे की सफाई कौन करता है ? (नाराज होकर) उसका एक दिन का तलब कटेगा ! समझे ?"

नौकर गिड़गिड़ाकर कहता है–"हुजूर ! ससुरी गौरैया अंडा दे देले बा ! हुकुम हो तो··· ।"

सेठजी क्रुद्ध दृष्टि से नौकर की ओर देखते हैं। नौकर दूसरे कमरे में चला जाता है।

सेठजी पूछते हैं–"क्यों संजै बाबू ! बँगला पसन्द आया ? इसमें कभी अंग्रेज कैमिस्ट मोबर्ली साहेब रहते थे। खास लन्डन शहर का अंग्रेज। हे-हे-हे-हे !"

नौकर सीढ़ी लगाकर सेठजी की तस्वीर के पीछे से चिड़ियों का घोंसला उजाड़ रहा है। एक गौरैया उड़कर इस खिड़की से उस खिड़की पर जाती है।

संजय की विकृत-मुद्रा को देखकर सेठ रतनलाल को अचानक पंछी पर दया आ जाती है। वह नौकर को डाँटता है–"अरे घोंसला क्यों उजाड़ता है ? मकड़ी के जाले को साफ कर दो।"··· नौकर गमछी से तैलचित्र को झाड़ता है !

सेठजी कुर्सी से उठते हुए कहते हैं–"अभी दो-चार दिन तो जी नहीं लगेगा। (मुस्कराते हुए) हाँ, मैं जानता हूँ। हर बंगाली बाबू अपने 'देश' से लौटकर, दो-चार दिनों तक उदास रहता है। जिसको बंगला में 'मन मरा' कहते हैं। है न ? फिर, एक दिन 'देश' पर किसी के नाम एक लम्बी चिट्ठी लिखकर जी हल्का कर लेता है और काम में जुट जाता है ! मुझे सब मालूम है। हे-हे-हे-हे ! !"

संजय–आपने दुनिया देखी है, सेठजी !

सेठजी–बस, समझ लो कि यह कारखाना तुम्हारा ही है। इसकी तरक्की में ही तुम्हारी तरक्की है। काम दिखाओ फिर देखना कि यहाँ कितना प्रॉस्पेक्ट है। बस, अभी और मैं कुछ भी नहीं कहूँगा। मैं बातें ज्यादा नहीं करता !

सेठजी चले जाते हैं।

संजय उठकर सेठजी के तैलचित्र के सामने जाकर खड़ा हो जाता है और मद्धिम-स्वर में बुदबुदाता है–"मुझे भी सब मालूम है। आप धनकुबेरों की रीति-नीति की सारी खबर मुझे है। आपकी मीठी जुबान में कितना जहर घुला हुआ है–यह

मैं जानता हूँ।··· हिस्स··· तरक्की··· प्रॉस्पेक्ट··· भविष्य··· जॅत-सॅब !

मिल का भोंपा बजता है।

क्रशिंग-मैशीन की घड़घड़ाहट क्रमशः तेज होती जाती है। एक ओर पेरे गये ऊखों की 'सिट्ठियों' की ढेरी लग रही है। दूसरी ओर रस के हौज में सुफेद झाग। तैयार माल--चीनी की बोरियों के अम्बार !

संजय अपने कैश-बुक, लेजर, चालान-रसीद, बही आदि के साथ काम में डूबा हुआ है।

काम में डूबे हुए संजय को दो जोड़ी आँखें–अपलक निगाहों से घूरती हैं। ··· एक जोड़ी आँखें–रायबहादुर सेठ रतनलाल की !

दूसरी जोड़ी आँख–नेमियार की !!

बँगला नम्बर दो–यानी संजय का बँगला !

संजय पत्र लिख रहा है।

बाहर, नेमियार की बोली सुनाई पड़ती है। वह संजय के नौकर सतकौड़ी से कुछ कह रहा है–अधिकार भरे स्वर में।

संजय लिखना बंद कर खिड़की से बाहर की ओर देखता है। नेमियार हाथ उठाकर सलाम करता है–"सलाम बाबूजी।" संजय की मुद्रा हठात् बदल जाती है। झुँझलाहट की रेखाएँ उसके चेहरे पर स्पष्ट हो जाती हैं।

नेमियार मुस्कराता हुआ खड़ा है। कहता है–"बाबूजी ! एक नम्बर कुएँ को छोड़कर और किसी कुएँ का पानी हरगिज मत पीना। मलेरिया पकड़ लेगा। मैंने सतकौड़ी से कह दिया है।"

संजय की तनी हुई भौंहें तनिक झुक जाती हैं।

"अच्छा तो सलाम बाबूजी।"–खाँसता हुआ नेमियार चला जाता है।

संजय दूसरी खिड़की से कुएँ के जगत पर पानी भरते हुए लोगों को देखता है। कई औरतें, जवान लड़कियाँ, बच्चे, अधेड़ मर्द हाथ में लोटा, बाल्टी, घड़े आदि लेकर पानी भर रहे हैं, कपड़ा धो रहे हैं।

कई औरतें घूँघट काढ़े खड़ी हैं।

एक साँवली-सलोनी युवती पानी भर रही है और आँखें नचा-नचाकर बतिया रही है–"हुँ, एक लम्बर ! एक लम्बर कुएँ के पानी में दवा की ऐसी गंध रहती है कि कुछ मत पूछो। मैं तो इसी कुएँ का पानी पीती हूँ चाहे मलेरिया हो या कलेरिया।"

दूसरी युवती पूछती है–"यह कलेरिया कौन बीमारी है रुकनी ?"

रुकनी नामक युवती आँखें मटकाकर कहती है–"कलेरिया नहीं जानती ? (संजय

के बंगले की ओर इशारा करके) कलकतिया बाबू से जाकर पूछ ना।"

युवती लजाकर कहती है–"मैं क्यों जाऊँ पूछने। तू जा के पूछ।" रुकनी घड़े में पानी भरती हुई एक गीत की कड़ी गुनगुना देती है–"सइयाँ गइले कलकतिया-से हमरा छाड़िना !"

सभी औरतें एक साथ खिलखिलाकर हँस पड़ती हैं।

संजय भी हँसता है। उसके पीछे सतकौड़ी आकर खड़ा है, सिर खुजलाते हुए अचानक संजय का ध्यान भंग हुआ।

"बाबू !"

संजय उलटकर उसको जिज्ञासा भरी दृष्टि से देखता है।

सतकौड़ी इधर-उधर देखता है। फिर, संजय के और भी करीब आकर मद्धिम आवाज में कहता है–"बाबू ! ये नेमियार और उसकी बहन रुकनी है न–दोनों से जरा होशियार रहिएगा, बाबू !"

संजय–क्यों ? क्या बात है ?

सतकौड़ी–जी··· बड़ी लटपटिया है।

संजय–लटपटिया माने ?

सतकौड़ी–जी, लटपटिया माने··· माने··· लटपट काम करता है।

संजय–लटपट काम ?

सतकौड़ी लटपट का कोई सही अर्थ नहीं बता सका तो संजय हँस पड़ा। बोला–"ठीक है। समझ गया।"

सतकौड़ी चला जाता है। संजय आधी लिखी हुई चिट्ठी को फाड़कर फेंकते हुए बुदबुदाता है–"जॅत सॅब–लटपट !"

संजय का दफ्तर !

संजय अपने रजिस्टर पर झुका हुआ लिख रहा है।

हाथ में एक झोली लेकर नेमियार प्रकट होता है–"सलाम खजांची बाबू !"

झोली से कई शीशी-बोतल और पैकेट निकालकर टेबिल पर रखते हुए कहता है–"आपके लिए सदर-अस्पताल से ले आया। टिंचर आयडिन है, कैस्टर आयल है और ये हैं कुनैन की गोलियाँ।"

नेमियार पास के स्टूल पर बैठ जाता है और भेद की बात बतलाने के अंदाज में कहता है–"बात यह है खजांची बाबू कि आप अभी नये आये हैं। नया आदमी यहाँ अगर होशियारी से नहीं रहे तो समझ लीजिए कि···।"

संजय झुँझलाकर कहता है–"लटपट का मतलब मुझे मालूम है।"

नेमियार तनिक भी अप्रतिभ नहीं होता। हँसकर उठते हुए कहता है–"तब ठीक है।··· अच्छा तो सलाम !"

संजय अपने काम में लग जाता है।

पास के कमरे में काम करता हुआ एक अधेड़ कर्मचारी संजय के पास आकर कहता है–"बाबू, यह नेमियरवा कहाँ आया था ? आपने ठीक किया। इस आदमी को दफ्तर में घुसने मत दीजिए।"

संजय की गंभीरता देखकर वह रुक जाता है। फिर टेबिल पर रखी हुई दवाओं की ओर इशारा करके कहता है–"भला आपको इन सब वाहियात चीजों की क्या जरूरत होगी ?" संजय कुछ नहीं कहता। वह कर्मचारी दवाओं को अपने पॉकेट में डालते हुए कहता है–"यह नेमियरवा सभी को एक ही बटखरे से तौलता है। हुँ··· ।"

लोडिंग-शेड !

एक विशाल वेईंग मशीन पर ऊख से लदी हुई गाड़ी चढ़ा दी जाती है। हर गाड़ी को वजन करने के बाद नेमियार चिल्लाता है–चालीस मन।··· पैंतीस मन··· । आदि। किसान, गाड़ीवान, कुलियों और ऊख की गाड़ियों के बीच नेमियार का व्यक्तित्व ! सभी उसकी खुशामद करते नजर आ रहे हैं। यदि नेमियार खुश रहे तो चालीस मन पैंतीस सेर को एकतालीस मन मान लेगा–नहीं तो पूरे एकतालीस मन को भी पैंतीस मन कह सकता है।

वह अपने विभाग का 'सर्वेसर्वा' है। सभी उसे 'ओजन बाबू' कहते हैं। ओजन बाबू अर्थात् वजन करने वाला बाबू !

एक किसान नेमियार से कुछ कहता है, धीरे स्वर में। नेमियार हँसकर कहता है–"नया खजांची बाबू 'लटपट' का मतलब समझता है। समझे ?

एक किसान–अभी सिर्फ मतलब ही समझता है। बेचारे को कुछ ही दिनों में पता चल जायगा कि यहाँ बिना लटपट में फँसे गुजारा नहीं।"

दूसरा किसान–रस का कारबार ही ऐसा है कि बिना लटपटाये··· । नेमियार हठात् कर्कश स्वर में चिल्ला पड़ता है–"चलो, चलो ! ! बड़ा आया है रस की बात बघारने !"

एक किसान–ओजन बाबू, मैं सूरज उगने से पहले से ही आकर बैठा हूँ। तीन ही गाड़ी माल है, मेहरबानी करके··· ।

दूसरा–ओजन बाबू, पहले मेरी गाड़ी··· ।

कई किसान नेमियार को घेर लेते हैं। नेमियार दोनों हाथों से भीड़ को दो ओर हटाते हुए कहता है–"मेहरबानी करके आप लोग अपनी-अपनी गाड़ी के पास चले जाइए। जिसका नाम पुकारा जायेगा–वही यहाँ आयेगा।··· हटो यहाँ से।··· लेना ना देना–मुफ्त में मेहरबानी।"

मिल का भोंपा बजता है !

आज सप्ताह की मजदूरी देने का दिन है। मजदूरी जिसे यहाँ की भाषा में 'हफ्ता' कहते हैं।

संजय के दफ्तर के सामने मजदूरों, कार्मकारों, कुलियों की भीड़ लगी हुई। सभी के हाथ में उसका कार्ड है।

रेलमपेल !

खिड़की के उस पार से संजय कहता है–"इस तरह भीड़ लगाने से किसी को कुछ नहीं मिलेगा। मैं खिड़की बंद कर दूँगा।··· एक-एक कर आइए !"

किन्तु शोरगुल में उसकी आवाज खो जाती है ! भीड़ पर इसका कोई असर नहीं पड़ता।

संजय ने सुना–सभी ने सुना–बाहर नेमियार की कर्कश-कंठध्वनि ! वह कह रहा है–"इस तरह भेड़ियाधसान में किसी को 'हफ्ता' नहीं मिलेगा।··· लाइन लगाओ। एक-एक कर ! एक एक कर··· इधर··· !"

नेमियार लोगों को अधिकारपूर्वक लाइन में खड़ा कर रहा है। तुरंत तीन पंक्तियों में लोग खड़े हो जाते हैं।

संजय अचरज से देखता है। आज पहली बार उसने नेमियार को गौर से देखा है। उसके चेहरे का तनाव तनिक ढीला हुआ। नेमियार मुस्कराता हुआ चला जाता है।

मजदूर एक-एककर खिड़की के पास आते हैं। संजय नाम पूछता है। एक चपरासी अँगूठे की टीप लेता है। संजय कागज पर कुछ नोट करके–रुपये, नोट, रेजकारी गिनकर देता जाता है। संजय के व्यवहार से मजदूर प्रसन्न हैं।

एक मजदूर–नये खजांची बाबू सभी को 'आप' कहते हैं।

दूसरा–भला आदमी है।

तीसरा–मगर यहाँ के लोग भला रहने देंगे ?

सेठ रतनलाल की कोठी। सुबह।

सेठ रतनलाल अपने बाग में घूम-घूमकर चीटियों की बाँबियों के पास चीनी बिखेर देते हैं। चीटियों को चीनी खिलाकर पुण्य बटोर रहे हैं। रोज नहाने के पहले सेठजी यह पुण्य कर्म करते हैं। एक नौकर एक थाली में चीनी लेकर उनके पीछे-पीछे चलता है और सेठजी मुट्ठी भर चीनी लेकर चीटिंयों की बाँबियों के पास बिखेर देते हैं।

संजय आता है।

सेठजी उसको देखकर आह्लादित होते हैं–"आओ-आओ-कैसियर बाबू ! तुमसे एक जरूरी बात करनी है।"

सेठजी बगीचे के एक बेंच पर बैठ जाते हैं और संजय को भी अपने पास

इशारे से बैठने को कहते हैं।

नौकर सेठजी का हाथ धुला जाता है।

तौलिये से हाथ को पोंछते हुए सेठजी कहते हैं–"माफ करना बाबू ! मैंने आपको सुबह-सुबह तकलीफ दी। आज रविवार है न ?··· आज छुट्टी का दिन है। मगर मैंने देखा है कि आप रविवार को भी काम करते हो। यह ठीक नहीं। काम करने के लिए आराम भी जरूरी है। है न ?

संजय–जी, सो तो ठीक है। मगर···।

सेठ–हाँ-हाँ··· बोलो··· घबराने की क्या बात है बाबू !

संजय–काम में लगे रहने से··· मतलब··· काम न करूँ तो जी परेशान-सा रहता है।

सेठ–यह कैसी बात ? (कुछ सोचकर) घर की याद आती होगी।

संजय–जी, घर की याद नहीं···

सेठ जी जिज्ञासा भरी आँखों से देखते हैं। संजय कुछ नहीं कह पाता है, मानो··· यह सेठजी को कहकर नहीं समझा सकता। सेठजी हँसकर कहते हैं–"संजै बाबू, हामी बीस साल बंगाला मुलुक में काटियाछी··· हामी बंगाली बाबू लोग के खूब भालो कोरे चीनी।"

··· किसी उदास-बंगाली से उसकी उदासी का कारण पूछो, तो वे कहेंगे–"की जानी मोन केयव केयव कोरे। हा-हा-हा-हा। ठीक ना ? (फिर उपदेश देने के लहजे में कहते हैं) सुनो संजै बाबू ! मन को यहाँ की माटी के रस में नहीं डुबाओगे तो यह हमेशा इसी तरह 'केयव केयव' करेगा। समझे ?"

संजय मुस्कराने की चेष्टा करता है।

संजय का बँगला··· दिन···।

संजय अपनी खिड़की से देख रहा है। मजदूर कॉलोनी के मजदूर सदल-बल कहीं जाने की तैयारी कर रहे हैं। चारों ओर किसी त्योहार का आयोजन ! औरतें सिर पर छोटी-छोटी गठरी लेकर, बच्चों को गोद में लेकर उत्साहपूर्वक कहीं जा रही हैं।

संजय की दृष्टि एक गिरोह पर–उस गिरोह की साँवली-सलोनी रुकनी पर पड़ती है। कई युवतियों के बीच, धुली हुई साड़ी पहने, सिर पर गठरी–रुकनी अपनी सहेलियों से चुहल कर रही है।··· वे किसी की प्रतीक्षा कर रही हैं। एक औरत रह-रहकर किसी का नाम लेकर पुकारती है।··· रुकनी फिर कुछ कहती है और सभी खिलखिलाकर हँस पड़ती हैं !

चिड़ियों का एक झुंड कलरव करता हुआ उड़ गया।

संजय सब कुछ अपलक, चुपचाप देख रहा है।

"बाबूजी ! इसीलिए कह रहा था कि एक बन्दूक का लाइसेंस करवा लीजिए !"

संजय ने उलटकर देखा। उसे ऐसा लगता है, नेमियार ने उसकी कोई चोरी पकड़ ली हो। भेद भरी मुस्कराहट होंठों पर अंकित किये नेमियार खड़ा है–"बंदूक हो जाय तो दोनों जन साथ शिकार पर निकलेंगे। एक से एक चिड़िया, एक से एक खरगोश, हिरण··· ।"

संजय को लगा, नेमियार व्यंग्य कर रहा है। वह तनिक अप्रतिभ हुआ। फिर संभल कर बोला–"मैं चिड़ियों, खरगोशों और हिरण का शिकार नहीं करता।"

"मत कीजिए। गोली मारो उन्हें। चाहें तो बाघ या बनैला भैंसा··· ।"

संजय अचानक गंभीर हो जाता है।

बाहर, पेड़ के पास रुकी रुकनी की टोली किसी बात पर खिलखिलाकर हँस पड़ती है।

इस हँसी की प्रतिक्रिया संजय पर हुई। नेमियार ने परख लिया। वह बाहर जाकर रुकनी को पुकारकर कहता है–"अरी ओ रुकनी। दीया-बाती की बेला से पहले ही लौट अइयो।··· देरी होगी तो मार के ठंढा कर देंगे। हाँ !"

संजय पूछता है–"आज सुबह-सुबह ही लोग कहाँ जा रहे हैं ?"

नेमियार–"आज कोशी-नहान का दिन है। पौष-पूर्णिमा के दिन कोशी में नहाने से गंगास्नान का पुण्य होता है।··· कोशी के कछार पर-बालुचर पर मेला लगता है। चलिएगा ?

संजय सहमत होता है। नेमियार कहता है–"रहिए। मैं किसी सवारी का इंतजाम करूँ··· ।"

संजय कहता है–"कितना दूर है ?"

नेमियार–बस, दो कोस।

संजय–तब पैदल ही ठीक है।

कोशी-मेला !

सफेद बालू पर हजारों औरत-मर्द-बच्चों की भीड़ !

औरतें कोशी-महात्म्य के गीत गाती हैं–

रुकनी की टोली-आईना-कंघी-सिंदूर वगैरह की दुकान पर खरीदारी कर रही है।

मेले में कई बार संजय और नेमियार–रुकनी की टोली के आमने-सामने हुए। कई बार रुकनी की आँखें, संजय की आँखों से टकराईं। नेमियार सब समझता है।

संजय एक बार सारे मेले की भीड़ की ओर देखकर कहता है–"नेमियार ! ये इतने गरीब हैं, मगर इतने खुश कैसे हैं ?"

दीयाबाती के पहले ही पौष पूर्णिमा की साँझ की सर्दी में ठिठुरती हुई टोलियाँ घर की ओर वापस हो रही हैं।

रुकनी की टोली में गीत चल रहा है–

"कौने जइते हाजीपुर
कौने जइते पटना
कौन जइते कलकतवा शहरवा हे ननदी !

'भइया आनते मोतीहार
बापा आनते टिकुली
कि सैयों आनते सिंथी के सिंदुरआ हे ननदी ! ! "

शाम ! नेमियार का क्वार्टर !!

लालटेन की मद्धिम-रोशनी में नेमियार की सूरत डरावनी-सी लगती है। वह चुक्कड़ में मुँह लगाकर महुआ का दारू पी रहा है। पी लेने के बाद कुछ क्षणों तक उसका चेहरा विकृत हो जाता है। वह पुकारता है–"अरी ओ रुकनी ! 'चखना' में और कितनी देर ?"

रुकनी छोटी-सी थाली में कुछ ले आती है।

नेमियार का चेहरा मानो खिल पड़ता है–"वाह ! फिश-फ्राय ! (चखकर) क्या बात ! तुम्हारा जवाब नहीं (चटखारी लेकर) जीओ !" रुकनी मुस्कराती-खड़ी है।

नेमियार चुक्कड़ में दारू डालकर पीना चाहता है किन्तु रुकनी की आँखों में कुछ पढ़कर रुक जाता है–"कुछ कहना चाहती है ?"

रुकनी–कल से मोदी उधार नहीं देगा। पिछला बकाया···

नेमियार नाराज होकर कहता है–कितनी बार मना किया कि कल की बात आज मत किया करो··· ।

रुकनी जाने लगती है। नेमियार उसे रोककर कहता है–इधर सुन। यह नया कैसियर बाबू आया है न, कहता है कि मुझे लटपट का मतलब मालूम है··· ।"

(दरवाजे पर दस्तक ! नेमियार इशारे से रुकनी को कुछ कहता है। रुकनी दरवाजे के छेद से देखती है। लौटकर कहती है–"फोरमैन रग्घू है।")

–नेमियार इशारे से ही रुकनी को जाने का आदेश देकर मद्धिम आवाज में कहता है–"तू इधर मत आना। साला भारी लटपटिया है। इसको टरकाना होगा··· !"

रुकनी अचरज से नेमियार की ओर देखकर अंदर चली जाती है।

नेमियार दरवाजा खोलता है।

फोरमैन रग्घू आता है। उसके आने के ढंग से ही मालूम हो जाता है कि वह बराबर यहाँ आता है।

"सुना, कैसियर बाबू को ले के मेले गये थे ?"–फोरमैन ने पूछा।

नेमियार दूसरे चुक्कड़ में दारू डालते हुए कहता है–"गया था।"

फोरमैन प्यासे की तरह चुक्कड़ एक बार में ही शेष कर देता है। नेमियार को गुमसुम देखकर वह पूछता है—"क्यों उस्ताद ? बात क्या है ? मिजाज कुछ··· ।"

नेमियार बीच में ही काटकर कहता है—"मुफ्त का पीने आया है। माल पी··· घर जा। मिजाज की बात मत पूछ !"

फोरमैन हँसता हुआ चुक्कड़ पीने लगता है। पीकर मुँह पोंछते हुए इधर-उधर देखता है। फिर पूछ देता है—"आज रुकनी नहीं नजर आ रही··· ।"

हठात् नेमियार उसकी कमीज का कॉलर पकड़कर आक्रामक मुद्रा में कहता है—"साले ! रुकनी तेरी बीवी है ? तेरी रखैल है (एक घुस्सा !) ये रंडीपाड़ा है··· साले ! बोल—तू लोगों से क्या कहता फिरता है—रुकनी तुम पर जान देती है ? (एक घुस्सा !) फिर, रुकनी का नाम लेगा··· ?"

फोरमैन अपनी गर्दन छुड़ाकर भागना चाहता है। नेमियार उसे पकड़कर पुनः उसकी जगह पर बैठा देता है—"भागा कहाँ जा रहा है। यह तेरा जूठी दारू कौन पीयेगा। और, पीकर अपना जूठा चुक्कड़ भी साथ लेता जा··· ।"

फोरमैन चुक्कड़ को मुँह लगाकर पीता है और हाथ में खाली चुक्कड़ लेकर चला जाता है।

नेमियार अपने आप बड़बड़ाता है—"कमीना !··· " रुकनी को देखकर नेमियार चुप हो जाता है। फिर हँसकर कहता है—"तू नाराज है रुकनी ? मारो गोली इस फोरमैनवाँ को।··· नया कैसियर बाबू दिलदार आदमी मालूम होता है !···"

संजय का ऑफिस··· दिन··· ।

संजय सिर उठाकर देखता है—सामने खड़ा नेमियार मुस्करा रहा है।

"क्यों खजांचीबाबू। कैसा रहा कल का मेला ? आपको ज्यादा थकावट तो नहीं··· ?"

संजय ने अनमना-सा कोई जवाब दिया जिसका मतलब था कि वह नेमियार की उपस्थिति से प्रसन्न नहीं। काम के क्षण में इस व्यक्ति की बेमतलब की बातें अच्छी नहीं लगती।

नेमियार, संजय की इस उदासी का सही मतलब समझता है। किन्तु वह अप्रतिभ नहीं होता। वह पूर्ववत् मुस्कराता हुआ कहता है—"खजांची बाबू ! पाँच रुपये ··· लोन··· माने कर्जा देंगे ? अगले महीने में छह रुपये आठ आने चुका दूँगा। बहुत जरूरी··· ।"

संजय सिर हिलाकर कहता है—"माफ करना भाई। लेन-देन का कारोबार मैं नहीं करता।"

नेमियार, संजय के इस व्यवहार से दुखित नहीं होता है। वह उसी तरह मुस्कराता हुआ चला जाता है।

नेमियार के जाने के बाद संजय कुछ क्षण तक उधर देखता ही रहता है–उसके चेहरे पर जो भाव है उसका भावार्थ स्पष्ट है– मैं तुमको पहचानता हूँ।··· मैं आदमी को पहचानता हूँ।

रात··· वर्षा हो रही है।

स्थान–संजय का बँगला।

संजय कुर्सी पर चुपचाप लेटा हुआ है। सामने टेबल पर संजय का भोजन ढँका हुआ है। नौकर ढँककर चला गया है। हवा के झोंके के साथ पानी के छींटें खिड़की से आ रहे हैं।

संजय उठकर खिड़की बंद कर देता है। लालटेन की काँपती लौ फिर से सहज हो जाती है।

दरवाजे पर हल्का दस्तक !

संजय सतर्क होता है। किन्तु हवा के झोंके में हुई आवाज समझकर पुनः पढ़ने लगता है।

दरवाजे पर फिर दस्तक। इस बार स्पष्ट !

संजय उठकर पूछता है–"कौन ?"

दरवाजा खोल देता है संजय !

हवा के झोंके के साथ पानी के फुहार और पानी में भीगती रुकनी कमरे में प्रवेश करती है। रुकनी थाली में कुछ ढककर ले आयी है। संजय बहुत अचरज में पड़ गया है।··· वह चुपचाप मुँह बाये खड़ा देखता है। रुकनी थाली को टेबल पर रखकर दरवाजा बंद कर देती है और अपने भीगे हुए बालों को निचोड़ती हुई कहती है–"नेमियार भैया आज मछली के शिकार पर गये थे। बड़ी-सी रोहू मछली मिली। बोले–इतना कौन खायेगा ? खजांचीबाबू को दे आ !"

रुकनी थाली के ढक्कन को खोलती है।

भात और मछली ?

रुकनी कहती है–मैंने कहा कि मछली ही देनी है तो पका कर दूँ। खजांची बाबू का सतकौड़ी तो आलू का भर्ता ही बनाना जानता है सिर्फ !"

रुकनी हँसती है। संजय अवाक् उसको देख रहा है। उसके बोलने-बतियाने के ढंग, उसकी कजरारी आँखें–मोतिया फूल की माला की तरह उसकी दंतपंक्तियाँ··· !

संजय लक्ष्य करता है–मेले में जो साड़ी पहनकर गई थी उससे भी अच्छी साड़ी पहनकर आज आई है रुकनी ! संजय मंत्रमुग्ध-सा बना रहा। अपलक रुकनी के रूप को निहारता रहा। रुकनी कहती है–"आप खाइए बाबू। मैं बैठती हूँ।

संजय भोजन करने लगता है–मंत्रमुग्ध अवस्था में ही।

रुकनी पूछती है–मछली कैसी बनी है ?

संजय मुँह से सी-सी आवाज निकालता है–किन्तु कहता है–"बहुत अच्छी !"

रुकनी कहती है–"अच्छी न सिर। देख तो रही हूँ कि बाबू लाल मिर्च से परेशान हैं··· ।"

संजय कहता है–"नहीं, लाल मिर्च ज्यादा नहीं तो ? ठीक है।"

रुकनी ठुड्ढी पर हाथ रखकर हँसती है।

फिर कहती है–यहाँ का पानी नरम है बाबूजी। बात और भात में थोड़ा मिर्च न डालो तो यहाँ सब दिन नरम ही रहोगे।"

संजय हँसकर पूछता है–बात और भात में झाल ? मतलब समझकर और भी हँसता है।

रुकनी देखने में ही सलोनी नहीं–बातें भी करना जानती है। बुद्धिमती है रुकनीं–संजय प्रसन्नचित्त भोजन करते हुए समझता है, परखता है–रुकनी सचमुच धूल में पड़ी कीमती मणि है।

संजय के भोजन के बाद रुकनी उठकर जूठे बर्तनों को एकत्र करती है और संजय की ओर देखकर कहती है–"अच्छा तो बाबू··· मैं चली··· ।"

संजय तौलिये से हाथ पोंछता हुआ कहता है–"अकेली कैसे जाओगी ?"

"जैसे आई थी"–कहकर रुकनी हँसती है।

उसकी दंतपंक्तियाँ–मोतियाफूल की माला की तरह झिलमिला जाती हैं और संजय बेसुध-सा हो जाता है !

रुकनी हाथ में बर्तन लेकर पैर आगे बढ़ाती है।

संजय उसकी बाँह थाम लेता है।

रुकनी उसकी आँखों में आँखें डाल देती है।

संजय की आँखों में–'प्रणय निवेदन' वह पढ़ती है।

कहती है–मद्धिम स्वर में–"आः ! बर्तन तो रख लेने दो !"

संजय बाँह थामे रहता है।

रुकनी दूसरे हाथ का बर्तन जमीन पर झुककर रखती है।

संजय, झुकी हुई रुकनी को अपने बाहुओं में कस लेता है।

संजय का दफ्तर !

डाकिया आकर डाक दे जाता है। संजय अपनी चिट्ठियों को लेकर टेबल के एक ओर रख देता है।

वह लिखावटों को देखकर समझ लेता है, किसकी चिट्ठी है–बाबा की, भैया की, माँ की··· !

सभी चिट्ठियों में एक ही बात बराबर दुहराई जाती है–केमन आछो ? उन्नतिर कत दूर··· संसारे बड़ टानाटानी··· किछु पाठाओ··· ।'

नेमियार आता है–"राम-राम खजांची बाबू।"

संजय हँसकर–'राम-राम' दुहराता है।

नेमियार इधर-उधर देखता है। फिर पूछ बैठता है–"आपको रोज इतनी चिट्ठियाँ आती हैं ?··· सब निजी चिट्ठियाँ हैं ? (वह कई लिफाफे को उलटता है)

नेमियार देखता है–चिट्ठियाँ खोली नहीं गयी हैं।

नेमियार फिर इधर-उधर देखता है।

फिर, संजय से सटकर, स्वर को मद्धिम करके पूछता है नेमियार–"खजांची बाबू ! तुम रुकनी को प्यार करते हो ? है न ?"

संजय इस प्रश्न के लिए मानो तैयार नहीं था।

उसे अप्रस्तुत देखकर नेमियार कहता है–"तो, इसमें लजाने की क्या बात है। यह तो खुशी की बात है।"

संजय की आँखें झुक जाती हैं।

नेमियार हठात् कहता है–"अच्छा तो मैं चला ! निकालो··· (इशारे से बताता है–रुपये।)

संजय अचकचाकर पूछता है–"क्या ?"

नेमियार हँसकर कहता है–"अरे वाह बाबूजी ! उस दिन कहा था न कि पाँच रुपये··· ।"

संजय अपने मनीबैग से एक पाँच रुपये का नोट निकालकर नेमियार को देता है।

नेमियार उसे पॉकेट में रखता हुआ कहता है–"थैंक यू !··· अब से जब जिस बात की जरूरत हो–कहना !"

संजय का बँगला··· साँझ···

रुकनी स्टोव पर कुछ तल रही है। कड़ाही उतारती हुई कहती है–"अब से जो भला-बुरा खाने को मन हो–कहना। मैं जैसा जानती हूँ–बनाकर खिलाया करूँगी।"

संजय उसको काम में मग्नावस्था में निहारता है। रुकनी का रूप दिन-ब-दिन खुलता जा रहा है। खिलता जा रहा है। चेहरे पर परिवर्तन की रेखाएँ स्पष्ट अंकित हो रही हैं।

हठात् रुकनी पूछती है–इस तरह क्या देखते हो बाबू !

संजय–तुमने आज बंगला-ढंग से साड़ी पहनी है ?

रुकनी (मुस्कराती है)–"क्यों ? ठीक नहीं हुआ ?"

संजय–ठीक ही है। मगर··· ।

रुकनी की आँखें इस मगर का मतलब पूछती-सी लगती हैं।

संजय कहता है–"ठीक ही है बंगला साड़ी। मगर मुझे पसन्द नहीं··· ।"

रुकनी स्टोव की हवा खोलकर स्टोव बुझाती है और घबराई-सी पूछती है–"क्या पसन्द नहीं ?··· इस तरह साड़ी पहनकर मैं बंगालिन जैसी नहीं लगती ?"

संजय, रुकनी के करीब आकर कहता है–"ठीक बंगालिन जैसी लगती हो। लेकिन, तुम तो तुम ही हो। तुम वही अच्छी लगती हो जो तुम हो !"

रुकनी पूछती है–"सच ?"

संजय–हाँ ! तुम्हारे कड़े-छड़े, बाजूबन्द-पायल··· साड़ी-चोली बिंदी-साजसिंगार सभी चीजों में तुम्हारी अपनी झलक मिलती है।

रुकनी, स्थानीय पहनावे में सजी हुई लजाई सी हँसी हँस रही है।

संजय उसके ललाट पर 'टिकुली' लगा देता है।

रुकनी का चेहरा दपदपा उठता है–एक अपूर्व आभा से ! वह अस्फुट शब्दों में कहती है–'खजांची बाबू !"

संजय कहता है–"खजांची बाबू नहीं।"

रुकनी की आँखें पूछती हैं–"तब ?"

संजय उसको दुलारता हुआ कहता है–"संजय। सिर्फ संजय। बाबू भी नहीं।" संजय के बाहुओं में बँधी हुई रुकनी कहती है–"मुझे कलकत्ता नहीं ले जाओगे ?"

संजय का कलेजा धड़क उठता है।

रुकनी ने मानों उस धड़कन को सुन लिया है। पूछती है–"क्यों ? क्या हुआ ?"

संजय अपने को सँभालकर कहता है–"क्यों नहीं। जरूर ले जाऊँगा।"

रुकनी–"तुम झूठ कहते हो ! तुम मुझे कलकत्ता नहीं ले जाना चाहते।"

–संजय कबूल करता है–"हाँ रुकनी। मैं तुमको कलकत्ता नहीं ले जाना चाहता। ··· मैं खुद कलकत्ता नहीं जाना चाहता।"

रुकनी–संजय के कथन की सचाई को समझती है। वह कहती है–"चलो। जी छोटा मत करो।··· मैं कहीं नहीं जाऊँगी।"

संजय प्रसन्न होकर कहता है–"मैं कहीं नहीं जाने दूँगा। मैं कहीं नहीं जाऊँगा ··· तुमको छोड़कर।"

दरवाजे पर दस्तक !

इस दस्तक को रुकनी पहचानती है–नेमियार भैया !

रुकनी उठकर कपड़े सहेजती–दरवाजा खोल देती है।

नेमियार हाथ में एक बड़ी बोतल लेकर प्रवेश करता है और आँखों से ही पूछता है, मानो–"बाबू का मिजाज ठीक है तो ?"

नेमियार रुकनी के हाथ में एक झोला थमाते हुए कहता है–"चिंगड़ी मछली है। जल्दी से घी में भून दे।"

नेमियार, संजय के कमरे में प्रवेश करता है।

संजय उसके हाथ में बोतल देखकर आश्चर्यचकित होता है।

"नम्बरवन माल है। संतरे का शराब··· ।" नेमियार इधर-उधर कुछ ढूँढ़ता है। फिर पॉकेट से चाकू निकालकर बोतल का काग निकालने लगता है–"खास

नेपाली माल है बाबू। इसके सामने देसी-विलायती सब समझो कि पानी··· ।"

बोतल खोलकर नेमियार सूँघता है,··· "आ-हा-हा ! क्या खुशबू है !"

संजय चुपचाप देख रहा है। नेमियार अब अपने दूसरे पॉकेट से हरे बाँस की 'फोंफी' के दो 'पात्र' निकालता है–"अंग्रेजी दारू, काँच के गिलास में–देसी–अलमुनियम के कटोरे में; महुआ–मिट्‌टी के चुक्कड़ में और नेपाली बाँस की फोंफी में ही जमता है।"

नेमियार दोनो पात्रों को सामने रखकर संजय की ओर देखता है।

संजय हकलाकर कहता है–"मैं यह सब··· मैंने जीवन में कभी··· मैं शराब नहीं पीता।"

"इसीलिए तो !"–कहकर नेमियार रसोईघर की ओर मुँह करके पुकारता है–"ओ-ओ-रुकनी देवी ! चिंगड़ी कटलेट में क्या देर है ! (फिर, संजय की ओर मुखातिब होकर कहता है) इसीलिए सोचा कि अच्छा-सा··· माने··· शुभदिन देखकर कोई काम शुरू करना चाहिए।"

रुकनी आती है–दो कटोरे में मछलियाँ लेकर। नेमियार उलाहना देने के स्वर में कहता है–"खजांची बाबू अब तक कोरे ही हैं ?"

संजय कहता है–"मैंने जिन्दगी में कभी··· ।"

"आपकी उम्र ही कितनी होगी, बाबू ? ऐसा बहुत-सा काम है जो जिन्दगी में कभी नहीं किया। मगर करना पड़ेगा।"–नेमियार मुँह में मछली डालकर चखता है–"खूब भालो !"

रुकनी चली जाती है–मुस्कराती हुई।

नेमियार संजय से पूछता है–मद्धिम आवाज में–"जिन्दगी में कभी औरत का स्वाद मिला था ?" ··· कहकर नेमियार ठठाकर हँस पड़ता है–"भला शराब के बिना औरत का क्या स्वाद मिलेगा बाबू··· !"

नेमियार बाँस की फोंफी में शराब डालता है। संजय मना करता है–"बस, एक ही में··· मैं··· ।"

नेमियार का चेहरा कठोर हो जाता है–"क्या नामर्दों की तरह मेंमिया रहे हो बाबू ! यहाँ रहना चाहते हो और ठाठ के साथ रहना चाहते हो तो··· इन सब चीजों से इनकार मत करना।··· रुकनी ?"

रुकनी आती है। नेमियार कहता है–"तू ही समझा अपने बाबू को।"

संजय कहता है–"रुकनी कहती है यहाँ 'बात' और 'भात' के साथ जरा 'झाल' नहीं मिलाने से आदमी हमेशा 'नरम' रहता है।"

"ठीक ही कहती है। सोलह आने सच कहती है।"–नेमियार कहता है।

संजय रुकनी की ओर देखता है। रुकनी इशारे से कहती है–"पीयो न। क्या हर्ज है।"

नेमियार, संजय का पात्र रुकनी की ओर बढ़ा देता है।

रुकनी संजय के हाथ में थमाती हुई कहती है–"दिनरात न जाने क्यों चेहरा

लटकाये रहते हो। पीकर देखो न–सब फिक्र दूर··· ।"

संजय, रुकनी की दंतपंक्तियों की झिलमिलाहट को देखकर सब कुछ भूल जाता है, मानो वह रुकनी के हाथ से 'पात्र' लेकर एक घूँट पीता है और कंठनली पकड़ कर–सिर हिलाने लगता है··· । नेमियार के मुँह से शाबाशी के शब्द निकल पड़ते हैं–'शाबाश !' पात्र में बची हुई शराब रुकनी पी लेती है।

संजय मछली चखकर 'सीं-सीं' करता हुआ कहता है–"रुकनी के हाथ में जादू है।"

नेमियार कहता है–"अभी जादू कहाँ देखा है, बाबू। जब सिर पर चढ़कर बोले–तब जादू।"

नेमियार फिर बोतल से पात्र में शराब डालता है।

संजय इस बार बिना एतराज किये रुकनी के हाथ से पात्र लेकर पी लेता है और पुनः कंठ नली पकड़कर-मुँह विकृत करता है।

नेमियार खाली पात्र में रुकनी के लिए शराब डालता है–"रुकनी ! तू बड़ी भाग्यवती है रे।··· "

"मुझे और मत दो। रसोई बनाने जा रही हूँ।"

संजय के मुखमण्डल पर अपूर्व चमक दौड़ गयी है।

वह रुकनी को रोककर कहता है–"कहाँ जाती है ?"

"आई"–कहकर रुकनी चली गयी।

संजय नेमियार की ओर देखकर कहता है–"नेमियार !"

नेमियार पात्र में शराब डालता हुआ–संजय की ओर जिज्ञासु भाव से देखता है। "नेमियार !"–संजय कहता है–"क्या बताऊँ ! तुम लोगों ने मुझे एक नये बंधन में बाँध लिया है।"

"पुराना बंधन भी है कोई ?"–नेमियार भेदभरी दृष्टि से देखकर कहता है–"तोड़ डालो पुराने बंधनों को। बाबू, इधर देखो (अपनी कमीज को छाती से हटाकर कहता है) इसके अंदर चीर कर देखोगे तो अंदर दिल नहीं–छलनी है छलनी। नेमियार ने अकेला सब कुछ बर्दाश्त किया है। अपने-पराये, हित-मित्र कुटुम्ब–सबके लिए अकेला यह नेमियार चिंता करता रहा। आधी जिन्दगी दुःख में ही गुजर गयी (पॉकेट से अखबार का एक टुकड़ा निकालकर) लो, पढ़कर देखो। एक औरत अपने दो बच्चों के साथ कुएँ में गिरकर खुदकुशी कर लेती है। मगर नेमियार का इसमें क्या कसूर··· ? (कहते-कहते उसका गला भर आता है।)

संजय अखबार की कटिंग को पढ़कर पूछता है–"कौन थी यह स्त्री ?"

नेमियार तब तक एक पेग पी लेता है और सहज स्वस्थ होकर कहता है–"मेरी स्त्री !"

संजय अचरज से नेमियार का मुँह ताकता रहता है। नेमियार उसके हाथ में पात्र देकर कहता है–"बस, यही समझ लो कि सारी दुनिया में दुःख ही दुःख है। धरती का दुःख जिस दिन दूर होगा–नेमियार का दुःख भी दूर होगा और संजय

बाबू का भी।"

संजय पीकर कहता है–"तुमने पते की बात कही है।"

संजय पुनः पीता है–"हाँ नेमियार ! तुम ठीक कहते हो।··· मैंने दुनिया को जितना-सा देखा समझा है··· माँ-बाप, भाई-बहन–सभी को अपने मतलब-से-मतलब है।··· मैं भूल जाना चाहता हूँ सब कुछ। मैं किसी के लिए क्यों चिंता करूँ··· ?"

नेमियार पात्र भर देता है।

संजय पर नशा सवार हो गया है। वह अनवरत बोल रहा है–"नेमियार !" कलकत्ते की याद–घर की याद आते ही मुझे लगता है कि··· अब क्या बताऊँ ··· (हाथ के इशारे से) बस, 'टाका' ही सब कुछ है। रुपया न हो तो··· तुम्हारा कोई नहीं··· मैं सच कहता हूँ··· यहाँ आकर मुझे नयी जिन्दगी मिली है।

नेमियार टोकता है–"नई जिन्दगी को नये सिरे से शुरू करो बाबू !"

संजय, रुकनी को पुकारता है।

रुकनी आती है। खड़ी हो जाती है।

संजय कहता है–"और यह रुकनी !··· मैं क्या बताऊँ कि इस तरह··· निस्वार्थ भाव से आज तक किसी ने मुझे नहीं प्यार किया··· रुकनी को देखकर मैं सब कुछ भूल जाता हूँ··· मैं कभी कलकत्ता लौटकर नहीं जाऊँगा। मैं··· मैं··· हमेशा··· !"

नेमियार पात्र में डालना चाहता है। रुकनी रोक देती है–"आज पहला दिन है। आज, बस इतना ही··· "

नेमियार का हाथ रुक जाता है। वह उठकर लड़खड़ाता हुआ विदा होता है–"दरवाजा बंद कर ले।··· और हाँ–ज्यादा चढ़ जाय तो नीबू खिलाना··· ।

नेमियार चला जाता है।

संजय रुकनी को बाँहों में जकड़कर कहता है–"नहीं, नहीं। मैं नशे में नहीं। ··· लगता है, आज पहली बार होश में आया हूँ।··· रुकनी ! बोल–तू मुझे छोड़कर कहीं चली तो नहीं जायेगी ? मेरी रानी··· मेरी जान··· ।"

रुकनी कहती–"कहाँ जाऊँगी मैं ? तुम्हारे सिवा अब मेरा कौन है ?"

संजय दौड़कर टेबल पर पड़ी हुई चिट्ठियों को उठा लाता है और रसोईघर में घुसकर–एक-एक पत्र को आग में डालता जाता है।

आग की लपट के बीच–माँ, बाप, भाई, और भाभी के चेहरे प्रकट होते हैं और क्रमशः विलीन हो जाते हैं।

सब पत्रों को जला डालने के बाद संजय रुकनी का सहारा लेकर लड़खड़ाती आवाज में कहता है–"बहुत जोरों की नींद आ रही है।"

सेठ जी का बँगला··· दिन···

सेठ अपने मुनीम से कोई गुप्त बातें कर रहा है।

मुनीम–"सिर्फ नेमियार ही नहीं–उसकी बहन से भी बंगाली बाबू की गहरी दोस्ती

हो गयी है।··· अब तो वह बंगले में रात भी काटती है।"

सेठ जी कहते हैं—"तब ठीक है !"

मुनीम मुँह बा कर देखता है। वह समझ नहीं पाता कि सेठजी ने "तब ठीक है"—क्यों कहा।

सेठजी—समझे मुनीम जी ! नेमियार से दोस्ती की बात सुनकर मेरा माथा भी ठनका था। इसलिए, मैंने तुमको उस पर नजर रखने के लिए कहा था।··· लेकिन, जब रुकनी के फेर में पड़ गया है तो ठीक है। अब कोई डर नहीं।

मुनीम कहता है—"मगर बदचलन औरत के साथ रहनेवाला आदमी खजांची का काम करे···।"

सेठ जी—तुम नहीं समझते मुनीम जी। बेकार और कुँआरा बंगाली यानी जो नौजवान बंगाली, औरत से दूर रहे तो उसका डर मानना चाहिए।··· सरकार भी ऐसे नौजवानों से डरती है।··· जब औरत के फेर में पड़ गया है, तो डरने की कोई बात नहीं। हे-हे-हे-हे !!··· सब जहर उतार देती है औरत।

संजय का दफ्तर !

संजय लेजर पर झुका लिख रहा है।

सेठ रतनलाल का चपरासी आकर सलाम करता है—"हुजूर ! सेठजी ने सलाम भेजा है।"

संजय आँखें उठाकर देखता है। चपरासी कहता है—"कोठी पर !"

संजय अपने सहकर्मी को कोई हिदायत देकर—कुर्सी छोड़कर खड़ा होता है।

बाहर निकलकर संजय ने देखा—सैकड़ों गाड़ियों की कतार—ऊख से लदी हुई गाड़ियाँ !

क्रशिंग-मशीन की गड़गड़ाहट के साथ दोपहर का भोंपा बजता है !

लोडिंग-शेड से नेमियार के गले की आवाज आती है—"एक-एक कर ! भीड़ मत लगाओ।··· तैंतीस मन !··· चलो, आगे बढ़ो !"

गोदाम का फाटक खुला हुआ है। अंदर, चीनी की बोरियों की छल्लियाँ लगी हैं···।

राह चलते कर्मचारी सम्मानपूर्वक नमस्कार करते हैं—संजय को।

मुनीमजी, सेठ के बंगले से निकलता है।

संजय सेठ के बंगले में प्रवेश करता है।

सेठजी—"आओ संजै बाबू !··· बैठो !"

सेठजी संजय की ओर गौर से देखकर कहते हैं—"अब ठीक है ! चेहरा देखकर ही पता लग गया कि अब बंगाली बाबू का 'मोन' 'केमोन-केमोन' नहीं करता है हाहा-हाहा···।"

संजय भी हँसता है।

सेठजी कहते हैं–"कैसियर बाबू ! आपको एक खास काम के लिए बुलाया है।··· बात यह है कि हमारा केन इन्स्पेक्टर छुट्टी पर गया है, तो अब तक वापस नहीं लौटा और इधर सारा-का-सारा काम उसके बिना पड़ा हुआ है।"

संजय चुपचाप सुनता है–जिज्ञासु भाव से।

सेठजी फाइल उलट-पलटकर कहते हैं–"आगामी 'सीजन' के लिए फसल का 'सर्वे' अब तक हुआ नहीं।··· मैं चाहता हूँ कि आप आसपास के गाँवों में एक सप्ताह घूमकर आँकड़ा लीजिए। कितने एकड़ में, किस जाति का ऊख लगा है और गाँव में खुद ऊख पेर कर शक्कर और गुड़ बनानेवाले किसानों की संख्या–इन सारी बातों का पता आपको करना होगा।"

संजय कहता है–"मगर मैं यहाँ के गाँवों से वाकिफ नहीं। असल में मैं कभी गाँव में गया ही नहीं।"

सेठजी हँसते हैं–"वाकिफ नहीं हैं इसीलिए तो आपको भेज रहा हूँ।··· साथ में किसी जानकार आदमी को··· (अचानक याद आती है !) अरे हाँ ! वह नेमियार है न ! वह यहाँ के गाँवों का चप्पा-चप्पा जानता है। उसे साथ कर दूँ ?"

संजय कोई जवाब नहीं देता–उसकी हिचकिचाहट देखकर सेठजी कहते हैं–"देखिए संजै बाबू ! यह नेमियार आदमी थोड़ा 'उज्जड़' है, बदमाश भी है मगर है बड़ा काम का।··· अपने को काम से काम है।··· और, आपके साथ रहकर, मुझे उम्मीद है, वह बदल जायेगा।··· पारस तो लोहे को भी सोना बना देता है। हेहे-हेहे !"

संजय का बँगला।

बाहर दो साइकिल लगी हुई हैं।

संजय तैयार हो रहा है। नेमियार कह रहा है–"बाबू यह बात मेरे समझ में नहीं आ रही है कि सेठजी ने मुझे काम का आदमी कब से और क्यों कर समझना शुरू कर दिया ?"

संजय–(हँसकर कहता है) "ऐसा मत कहो। सेठजी को तुम पर बहुत विश्वास है।"

नेमियार हँसता है–"विश्वास ? आप भी क्या बात करते हैं, बाबूजी। सेठ को इस सारी दुनिया में किसी पर विश्वास नहीं–उस एक मुनीम के सिवा। आप इस मुगालते में मत रहिए कि वह आप, यानी–कैसियर बाबू पर भी विश्वास करता है।··· और, सेठजी का मुझ पर विश्वास हो–यह मेरे लिए लाज की बात है ?"

संजय अचरज से पूछता है–"लाज की बात ?"

रुकनी अंदर से हाथ में बैग लेकर आती है–संजय के कपड़े। कहती है–"मच्छरदानी भी डाल दिया है।"

नेमियार बैग लेकर बाहर चला जाता है।

रुकनी दूसरे कमरे में संजय को बुलाती है। वह संजय के बटन को ठीक

करती हुई पूछती है–"कब तक लौटेंगे।"

संजय–पाँच-सात दिन लग ही जायेंगे।··· क्यों ?

रुकनी उदास है। कहती है–सात दिन ? सात दिन मेरे लिए सात वर्ष··· संजय ··· लगता है··· लगता है, तुम मुझसे हमेशा के लिए··· ।

रुकनी का गला भर आता है। वह कुछ नहीं बोल सकती। उसकी आँखें डबडबा आयी हैं। संजय उसको खींचकर अपने बाहुओं में समेट कर कहता है–"पगली ! कैसी बातें करती है।"

"गाँव में तुमको मुझसे भी अच्छी लड़कियाँ मिलेंगी।"

"तो क्या होगा ?"

"तुम मुझे भूल जाओगे··· ।"

"तुमको भूलना इतना सहज नहीं रुकनी।"

नदी का किनारा।

एक पेड़ के नीचे संजय और नेमियार बैठे हैं।

नेमियार दूर एक काले जंगल की ओर दिखलाकर कहता है–"वह जो देख रहे हैं न–काले जंगल में खंडहर··· यहीं नीलहा-साहेब बार्कर की कोठी थी। एक जमाना था जब बार्कर साहब का नाम सुनते ही इलाके के लोगों के कलेजे की धुकधुकी तेज हो जाती थी। साला नम्बर एक जुल्मी था और भारी खच्चर"।

पृष्ठभूमि में एक ग्राम्य-गीत की कड़ी उभरती है।

दोनों उलटकर देखते हैं। एक पागल किस्म का आदमी, खिचड़ी-दाढ़ी–हाथ में एक बाँस की पतली कमानी में एक अखबार–झंडे की तरह। वह इन्हीं लोगों की ओर आ रहा है।

नेमियार कहता है–"पगला माधो गुसाँई है। पढ़ा-लिखा है। सुराजी काम में एक बार जेल भी हो आया है। गीत गाता है–खंजड़ी बजाकर। जेल में ही दिमाग खराब हुआ सो अब तक खराब है··· ।"

पगला माधो गा रहा है–

गंगा रे जमुनवाँ की धार नयनवाँ से नीर बही।
फूटल भारतीया के भाग, भारत माता रोई रही।।
तीन ओर सिंधु रखवरवा अधीर होई गरज रहे।
उत्तर हिमालय कोतवाल देखि दुःख बिलख रहे।।
देशवा के सब धन धान विदेशवा में जाय रहे।
महँगी पड़त हर साल कृषक अकुलाय रहे।।
कहाँ गइल अरजुन, भीम, नकुल सहदेव नहीं।
कहाँ कृप, द्रोण, हरिश्चन्द्र, युधिष्ठिर धीर नहीं।।

देखि जाहु आजु दुर्योधन भारतीया के भाग यही।
जहाँ तु रचौले महाभारत–सो भारत नहीं।।
पढ़ि पढ़ि लोग अंगरेजिया विदेशिया के ठाठ गहे।
हैट कोट बूट पतलून गुलमियाँ के साज सजे।।
का करें गांधी जी अकेले तिलक परलोक बसे।
कवने सरोजनी के आस अवहिं परदेस रही।।
सुनू सुनू गाँधीजी के बतिया···

पगला माधो का गीत दोनों मंत्रमुग्ध होकर सुन रहे हैं।

पगला माधो गीत बंदकर–इनकी ओर देखता है। उसकी गोल-गोल घुड़कीली आँखें देखकर संजय को तनिक भय होता है। नेमियार हँसकर कहता है–"अरे माधो बाबा ! कहाँ से आ रहे हो ?"

"सीधे लंदन से। पंचम जारज ने बुलाया था। बोला–देखो माधो गुसाँई, तुम लंदन में रह जाओ। हम बोला–तुम्हारा लंदन का लंद-फंद हमको मालूम है। हम अपना मुलुक में रहेगा। भूख से मरेगा–धूप में जरेगा; कूप में गिरेगा, टूट के रहेगा चाहे फूट के रहेगा–रहेगा तो अपने मुलुक में रहेगा।

नेमियार–(संजय से धीमे स्वर में) "अभी दिमाग बुलन्दी पर है।"

संजय–"हमला तो नहीं करेगा ?"

पगला माधो हँसता है, ठठाकर, मानो उसने इनकी बातें समझ ली हैं। वह कहता है–

"की कोरैछो गिटिर-पिटिर
की कोरैछो कॅथा
देश तुम्हारा बंगाला में
मच्छड़ होइछो मॅशा–मॅशाय खूब बले रे··· ।"

(वह गाता हुआ नाचने लगता है।)

संजय हँसता है। माधो उसके पास आकर कहता है–"घर बंगाला है न ?"

संजय कहता है–"जी हाँ। कलकत्ता ?"

"कलकत्ता ? (अचानक प्रफुल्लित होकर) कलकत्ता ? पहन के लत्ता चल कलकत्ता; ले ले छत्ता, पैर में जूत्ता, पान का पत्ता, दिल अलबत्ता, चल कलकत्ता··· !"

पगला माधो चल देता है– 'चल कलकत्ता' रटता हुआ !

संजय कहता है–बात किन्तु पते की करता है।"

नेमियार–"बहुत से लोगों का अनुमान है कि माधो गुसाँई सी. आई. डी. का आदमी है।"

गाँव !

एक किसान का घर !

किसान संजय और नेमियार से तरह-तरह के सवाल पूछता है।

किसान–"क्या नाम ?"

संजय–"संजय कुमार ?"

किसान–"कौन बेरादर··· माने··· कौन जाति ?"

संजय–"आदमी।"

किसान संदेह से उसकी ओर देखता है–"आदमी ?"

नेमियार बीच में टोकता है–"इतना जिरह क्यों करते हैं। हम लोग सुगर मिल रतनपुर के आदमी हैं। चीनी मिल के !"

किसान अचानक घबराकर–हाथ उठाकर–सलाम करता है–"सलाम साहेब ! ··· बात यह है कि आजकल किस 'भेख' में कौन रहता है, पता नहीं। शिलानाथ बाबू के घर पर उस दिन एक आदमी आया और बोला कि हम डॉक्टर हैं–बाद में एक किताब शिलानाथ बाबू के घर में 'जप्त' कर लिया और मुकदमा चला दिया कि गैरकानूनी किताब घर में रखता है। इसीलिए···।"

दूसरे किसान का चौपाल !

संजय पूछता है–"आपने कितनी खेती की है ऊख की ?"

किसान–"जी, दस एकड़ पुराना और तीन एकड़ नया–तेरह एकड़ मोट।"

संजय–"अपने से भी पेरियेगा !"

किसान–"तीन एकड़ में गुड़ बनाने के लिए देसी ऊख लगाया। दस एकड़ दस नम्बर का है–वह मिल में देने के लिए।"

संजय–"आपका नाम।"

किसान–"जी, शिलानाथ।"

संजय–(कुछ याद करके) "ओ ! आप ही हैं जिनके घर से पुलिस कोई किताब उठा ले गयी है ?"

शिलानाथ (गर्व से) "जी ! 'भारत में अंग्रेजी राज' नाम की किताब। (वह अपने घर की दीवार से लटकी हुई गाँधीजी की तस्वीर की ओर देखकर कहता है) सो, क्यों ?"

संजय–"यों ही पूछ रहा था।"

शिलानाथ–"मुकदमा चलावे या जेल ले जाय–हम नहीं डरते। गाँधीजी के 'प्रताप' से अब लोगों के दिल से डर दूर हो रहा है। नहीं तो नीलहे-साहबों के जुल्म के चलते–गोरी चमड़ी को देखते ही आदमी थर-थर काँपने लगता था।··· सब गाँधीजी की महिमा है !" (वह तस्वीर की ओर हाथ उठा, नमस्कार करता है)।

संजय–"नील-युग की बातें आपको याद हैं ?"

शिलानाथ–"क्यों नहीं ?··· आपका रतनपुर मिल जिस जमीन में बना है, उसी जमीन पर इस इलाके के मशहूर बहादुर कुलदीप दास को चाबुक से मार-मार कर बार्कर साहब ने सुला दिया मगर कुलदीप दास मरते दम तक कहता रहा–'दादन नहीं लेंगे–नील की खेती नहीं करेंगे !'··· कुलदीप वहीं ढेर हो गया।

संजय–"चलिए–नील युग खत्म हुआ··· ।"

शिलानाथ–"नीलयुग खत्म हुआ, अब ऊख-युग आया है। क्यों ? मगर··· आपके सेठजी, बार्कर से भी ज्यादा जुल्मी हैं।"

संजय–"मगर सेठ जी तो किसी को चाबुक से नहीं मारते।"

शिलानाथ–"चाबुक से नहीं, वह आदमी को चूस-चूसकर मारता है।"

गाँव का दूसरा हिस्सा··· साँझ !

एक बाबाजी के अखाड़े पर दोनों पहुँचते हैं। बाबाजी भी बड़े किसान हैं-खेती करते हैं। तीस एकड़ में ऊख लगाया है।

नेमियार मठ के दरवाजे पर हाँक लगाता है–"कोई है ?"

एक युवती सुफेद साड़ी में, गले में कंठी-माला और कपाल पर तिलक लगाये प्रकट होती है–"महंथ साहेब नहीं हैं।"

नेमियार–"महंथ के कोई कारपरदाज नहीं ?"

युवती–"सभी 'मूर्ति' कचहरी गये हैं।"

एक पुरुष-बाबाजी-नाटा, काला-कलूटा हाथ में कुल्हाड़ा लेकर आता है। आते ही कहता है–"आप लोग जनाना फाटक पर काहे हैं। चलिए, उधर 'मर्दाना' फाटक पर··· ।"

संजय चुप है। नेमियार जरा नाराज होकर कहता है–"मठ में भी जनाना फाटक होता है ? यह मठ है या रेलगाड़ी का डिब्बा ?··· इधर सुनिए बाबाजी ! महंथ साहब ने पिछले साल तीस एकड़ में ऊख की खेती की थी। इस बार कितनी··· ।"

बाबाजी कहता है–"ऊ सब हमको कुछ नहीं मालूम।"

"तो, तुमको क्या मालूम है ?"

"हम तो भंडारी हैं। 'प्रसाद' पकाना हमारा काम है।"

"ठीक है, आज रात हम लोग मठ पर ही प्रसाद पायेंगे··· हम लोग रतनपुर सुगर मिल के आदमी हैं··· ।"

"आप लोग वैष्णव हैं या 'साकठ'··· ?"

"साकठ क्या ?"

"जो माँस-मछली खाता है।"

"हाँ, हम लोग दोनों खाता है।"

"तब तो यहाँ प्रसाद नहीं पा सकियेगा।"

"अरे बाबा, बिना मांस-मछली के भी हमारा काम चल जायेगा।"

"नहीं।" कहकर बाबाजी मठ का दरवाजा बंद कर देता है।

दोनों साईकिल लेकर अंधकार में खड़े हैं। गाँव की गँवई सड़कों के खड्डों और अँधेरे के कारण साईकिल पर चढ़ नहीं सकते। वे इधर-उधर भटक रहे हैं!

अँधेरे में औरतों की एक टोली हँसती-बतियाती आ रही है।

अचानक, संजय और नेमियार पर नजर पड़ते ही सबसे अगली डर के मारे चीख पड़ती है—"अरे बप्पा रे !···

सभी डरकर एक दूसरे को पकड़ लेती हैं और चिल्लाने लगती हैं। संजय जल्दी से बैग से टार्च निकालता है। नेमियार खाँसने लगता है।

तब तक एक-दो पुरुष दौड़कर पहुँचते हैं—हाथ में लाठी भाला लेकर—"के है रे ?··· कौन है रे ? घेर-घेर··· !"

सबसे अगले व्यक्ति को नेमियार डाँट देता है—"तुम लोग इस तरह हल्ला क्यों मचा रहा है। एँ ? आदमी देखकर भी डरता है ?"

एक व्यक्ति नेमियार को पहचान लेता है—"अरे ! ई तो ओजन बाबू हैं। चीनी मिल के ओजन बाबू···। धत्··· सलाम ओजन बाबू !"

नेमियार कहता है—"गाँववाले क्या किसी परदेसी को रात में रहने की जगह नहीं देते ?··· रात हो गयी, हम कहाँ जायें।"

वह व्यक्ति उत्साहपूर्वक कहता है—"तब चलिए जमुनाबाबू के यहाँ। उनके यहाँ आज पूजा है। अभी नाच होगा—"ननदी-भउजिया' का। देखिए न, गाँव के सभी लोग वहीं जा रहे हैं।"

जमुनाबाबू का चौपाल।

दो-तीन पेट्रोमेक्स जल रहे हैं। शामियाना तना हुआ है और एक आदमी ग्रामोफोन बजा रहा है—अँधेरिया है रात सजन रहियो कि जइयो···।

दस पंद्रह व्यक्ति बैठे हुए हैं। उत्सव का आयोजन···।

नेमियार अपने आप बड़बड़ाता है—"रहिहौं ना तो अभी कहाँ जइहौं।"

झुंड की औरतें खिलखिलाकर हँस पड़ती हैं।

जमुनाबाबू नामक व्यक्ति हाथ जोड़कर स्वागत करता हुआ कहता है—"धन्य भाग्य ! धन्य भाग्य ! !··· आप लोग··· कैसे इस गरीब की कुटिया पर··· ?"

नाच का ढोलक बजता है।

हारमोनियम मास्टर गत छेड़ता है। भीड़ शामियाने में समा नहीं पा रही है।

संजय, नेमियार कई भद्र व्यक्तियों के साथ कुर्सियों पर बैठे हैं। नाच का विदूषक मुँह में कालिख-चूना पोतकर, हैट पतलून पहनकर–ताल पर नाचता हुआ आता है और ढोलक के ताल पर मुँह से बोल निकालता है–

धड़िग धड़िंगा गनपत गंगा
धिन तक धिन्ना-धिन्ना-तिन्ना
हाथ गोड़ लम्बा, जै जगदम्बा
बाँस खंभा-धिन तक धिन्ना··· ।

भीड़ में हँसी की पहली लहर खेल जाती है !

विदूषक ताल कटते ही नाच के समाजियों से पूछता है–"अरे भाई ! यह ढोलक और ललमुनियाँ बाजा यहाँ क्यों बज रहा है ?"

"अभी नाच होगा-नाच।"

"ओ ! नाच होगा ?"

विदूषक और समाजी के वार्तालाप में होनेवाले नाच का नाम–समाजियों के नाम-धाम का परिचय दिया जाता है। फिर नाचनेवाले नटुए घांघरी पहनकर-गाते हुए आते हैं–

कि आहे मैया सरोसती है
प्रथमे बन्दना तोहार···
कि आहे मैया-भूलल आखर जोड़ि के··· अमद !

संजय देखता है, एक नटुआ की वेशभूषा-ठीक रुकनी की तरह है। वैसी ही साड़ी, उसी रंग की चोली–बाजूबन्द, हँसली, हार, कड़े-छड़े–सब वैसे ही।

वह नटुआ ननद बना है, जो अपनी 'भउजी' को रो-रोकर कहती–

'करि के गवना सैयां
गइले पटनवाँ
लिखियो ना भेजे कोनो पाँति रे भउजिया !'

भीड़ रह-रहकर विदूषक की बातों पर हँसती है। नटुआ के दर्द भरे गीत पर 'आहें' भरती है।

संजय अपलक नाच देख रहा है। नेमियार ऊँघ रहा है।

एक किसान–"बड़े किसानों को क्या है ? मारे जाते हैं हम दो चार बीघेवाले छोटे किसान !"

संजय एक नोटबुक पर लिखता जा रहा है।

दूसरा किसान—"मिलवालों ने एलान किया था कि बीज के लिए कर्ज देंगे। मगर, महीना भर दौड़ने के बाद भी कोई सुनवाई नहीं हुई।"

संजय लिख रहा है।

तीसरा किसान—हम मिल के लिए नहीं—अपने से पेरकर गुड़ बनाने के लिए ऊख लगाया।··· कौन अपना माल देकर 'बाबू-बाबू' रिरियाता फिरे !"

नदी का किनारा !

पेड़ के पास आकर नेमियार कहता है—"यहाँ सुस्ताइयेगा नहीं।"

संजय कहता है—"नहीं। अब सीधे रतनपुर चलकर ही सुस्तायेंगे।"

नेमियार कहता है—"खजांची बाबू। रुकिये··· ।"

नेमियार साईकिल से उतर पड़ता है। संजय भी उतरकर पूछता है—"क्या हुआ ?"

"मैं तो बिना थोड़ी देर यहाँ बैठे आगे नहीं बढ़ सकता।"—नेमियार जेब से बीड़ी निकालकर सुलगाता है।

दोनों बैठ जाते हैं। नेमियार कहता है—"देखा ? यहाँ के गाँवों को ?"

संजय—नेमियार, मैं अपने यहाँ के गाँवों में भी कभी नहीं गया। पहली बार गाँव में एक सप्ताह काटा है, मैं कभी नहीं भूल सकूँगा।··· अच्छा, ये सचमुच इतने भोलेभाले होते हैं ?"

नेमियार—भोले भाले ? बाबू, जिस आदमी को आप सबसे भोंदू समझेंगे--वही आपको दिन में तीन बार ठग लेगा। हाँ !··· इनको शहर और कस्बे के किसी भी आदमी पर भरोसा नहीं।··· स्टेशन पर टिकट कटायेगा, तो दूसरे से पढ़वाना नहीं भूलेगा कि देखिए तो बाबूसाहब, कहाँ का टिकस दिया है और कितना पैसा लिया है।"

संजय—"इसका मतलब है कि शहरवालों ने—बाबुओं ने इन्हें काफी ठगा है।"

नेमियार—"आपका अनुमान ठीक है, बाबू।"

संजय—"नेमियार ! मुझे लगता है, मेरा घर इन्हीं गाँवों में कहीं है। पता नहीं क्यों—गाँव छोड़ने का जी नहीं कर रहा था।"

नेमियार—(मुस्करा कर) "कहीं दिल अटक गया क्या ? हें हें। वह सब अब नहीं चलेगा, कैसियर बाबू। रुकनी इसी नदी में डूब मरेगी···।"

संजय—"अरे, नहीं नहीं !"

दूर—रतनपुर मिल का भोंपा बजता है !

संजय का बँगला।

रुकनी कहती है—"मैं आज किसी को साथ लेकर तुम्हें खोजने जाने की बात सोच रही थी।"

संजय–"खोजने ? क्या मैं कहीं गया था !"

रुकनी–"तुम क्या जानो–किस तरह ये सात दिन कटे हैं मेरे··· ! लगता था, अगर पंख हो तो तुम्हारे पास उड़कर पहुँच जाऊँ–जहाँ भी तुम रहो।"

संजय–"जानती है ! ननदी-भउजिया नाच में ननदी ठीक तुम्हारी तरह थी–हू-ब-हू··· ।"

रुकनी–"धत् ! नाचनेवाला नटुआ ! (हँसती है) मैं नचनियाँ-लड़क जसी हूँ क्या ?"

बाहर नेमियार खांसता है।

रुकनी और संजय सतर्क हो जाते हैं। रुकनी दरवाजा खोल देती है।

संजय लेटा हुआ है। नेमियार हाथ में बोतल लेकर प्रकट होता है–"आज सौंफ का माल है–सौंफी। एक ही घूँट में थकावट छू मंतर··· ।"

संजय–"इसको किस चीज में पीते हैं ?"

नेमियार–"मैं ले आया हूँ। (झोली से हरा तालपत्र निकालता है और रुकनी से कहता है) रुकनी बना दे दो दोने !··· ताड़ के दोने में-सौंफ का माल !"

रुकनी ताड़ के पत्ते लेकर–दोना बनाने लगती है और नेमियार पॉकेट से तीन चार अंडे निकालता है–"और जंगली बत्तख के इन अंडों का 'आमलेट' बना दो··· ।"

आज संजय जरा भी एतराज नहीं करता है। रुकनी दोना बनाकर ले आती है। नेमियार-बोतल से शराब निकालकर ढालता है। रुकनी अंडे लेकर अंदर जा रही है। नेमियार रोककर कहता है–"जानती है ? बाबू का दिल गाँव में अटक गया था। मैं छुड़ाकर ले आया हूँ।"

रुकनी हँसती–अंदर चली जाती है।

संजय कहता है–"सच, मैंने फैसला कर लिया है। इन्हीं गाँवों में कहीं अपना घर बनाऊँगा।"

"सुनती है रुकनी ?"

दोनों हँसते-बतियाते बहुत देर तक पीते रहते हैं। अचानक नेमियार उत्तेजित-सा हो जाता है–"खजांची बाबू, तुम्हारे साथ में रहकर मैं भला आदमी होता जा रहा हूँ।··· भला आदमी बनने से मेरा काम नहीं चल सकता। तुम नहीं जानते खजांची बाबू–मेरे सीने के अंदर कैसी आग सुलग रही है।··· ईमानदारी से काम करने का नतीजा मैं भोग चुका हैं। भला आदमी बनकर मैंने चुपचाप अपनी बीवी-बच्चों को मौत की मरजी पर छोड़ दिया।··· मैं कुछ करना चाहता हूँ। कुछ ऐसा··· कि इस सेठ को छठी का दूध याद आ जाये।"

नेमियार उत्तेजित होकर खड़ा हो जाता है–"मैं चला खजांची बाबू। आप अफसर आदमी ठहरे। मैं ठहरा अदना मजदूर। आपसे मेरी दोस्ती नहीं निभ सकेगी··· "

नेमियार लड़खड़ाता हुआ चला जाता है।

संजय रुकनी से पूछता है–"आज नेमियार ऐसी उखड़ी-उखड़ी बातें क्यों कर रहा है ?"

रुकनी चुपचाप संजय को देखती रहती है। फिर कहती है–"भैया शायद ठीक ही कहते हैं। हम ठहरे गरीब मजदूर और तुम··· आप··· ।"

"तुम भी यही कहती हो ?"–संजय दुःखी होकर कहता है–"मुझ पर किसी को विश्वास नहीं।"

रुकनी भोजन परोसती है।

संजय चुपचाप बैठा रहता है। उसकी आँखें डबडबा आयी हैं।

रुकनी करीब आकर कहती है–"तुम अपने मन की बात मुझसे क्यों छिपाते हो ?"

संजय चुप रहता है।

"बोलो न–तुम इस तरह बीच-बीच में रोते क्यों हो ? किसकी याद आती है।··· तुम्हें मेरी कसम जो छिपाओ !"

संजय चुपचाप खिड़की की ओर देखता रहता है।

रुकनी उसके गले से लिपट जाती है–"संजय !"

सेठ जी की कोठी ! दिन।

सेठजी व्यस्त और नाराज नजर आ रहे हैं। क्लर्क से कह रहे हैं–"किरानी बाबू कितनी बार कहा कि मजदूरों या कर्मचारियों का कोई ज्वायंट पिटिसन (Joint petition) मत लिया करो–मगर तुम समझते नहीं··· ।"

सेठजी दर्खास्तों को मरोड़कर फेंक देते हैं।

सेठजी मुनीम को पुकारते हैं–मुनीमजी !

मुनीम चुपचाप उठकर खड़ा हो जाता है। सेठजी पूछते हैं–"कैस बाबू आया है या नहीं ?"

मुनीम के कुछ कहने से पहले ही क्लर्क कहता है–"जी, आ गये हैं।··· यह है उनकी रिपोर्ट।" (क्लर्क फाइल से कागज निकालता है !)

डाकिया आकर एक टेलिग्राम दे जाता है।

सेठजी रिपोर्ट पढ़ना छोड़कर 'तार' खोलकर पढ़ते हैं। उनके समझ में कोई बात नहीं आती। क्लर्क से कहते हैं–"पढ़ो। क्या लिखा है··· ।"

क्लर्क पढ़ता है–तार अंग्रेजी में है। भावार्थ : "जावा चीनी की खुले बाजार में आमदनी के कारण देसी चीनी का भाव गिर गया है··· ।"

अचानक मिल का भोंपा अस्वाभाविक ढंग से बजने लगता है–खतरा ! खतरा !!

शोरगुल, कोलाहल और भागदौड़ !

एक आदमी दौड़ा हुआ आता है–"सेठजी। एक्सीडेंट··· एक्सिडेंट··· चार मजदूर मर गये–दो घायल हो गये हैं। एक का हाथ कट गया है।"

सेठ जी आतंकित हैं।

मिल के अन्दर !

नेमियार एक घायल को कंधे पर ढोकर बाहर निकालता है। वह जोर-जोर से बोल रहा है–"दुनिया भर का 'कंडम' मशीन और पुर्जे इसी मिल में लगाये गये हैं !"

आह–चीख-कराह से वातावरण और भी वीभत्स हो गया है।

संजय कहता है–"डॉक्टर कहाँ है ? डाक्टर को बुलाओ !"

सेठजी आते हैं। कोलाहल करते हुए मजदूर चुप हो जाते हैं। सेठजी आते ही नेमियार पर बरसने लगते हैं–"इतना हल्ला क्यों मचा रहा है ?"

"आदमी मर गये और हल्ला नहीं करूँ ?"

संजय कहता है–"डॉक्टर !"

सेठजी संजय से कहते हैं–"इस तरह 'कैस' छोड़कर कोई कैसियर बाहर नहीं दौड़ता।"

साँझ ! नेमियार का क्वार्टर !

नेमियार कई मजदूरों के बीच खड़ा होकर कह रहा है–"क्या कहता है सेठ ? मरनेवाले या घायल लोग इस मिल के कर्मचारी नहीं ? तब कौन हैं ये लोग ? ··· हत्यारा !

नेमियार संजय के बँगले की ओर हड़बड़ाता हुआ भागता है।

संजय सुनकर कहता है–"क्या ? वे इस मिल के कर्मचारी नहीं तो कौन हैं ? कहाँ से आये··· ?"

संजय कुछ याद करके कहता है–"नेमियार !··· सेठ जी ने अभी कुछ देर पहले मजदूरों की हाजिरी और 'पे-रजिस्टर' अपनी कोठी पर मँगाया है !"

नेमियार–"बस, मैं समझ गया। हाजिरी बही और पे-रजिस्टर ही बदल दिया जायेगा !"

सेठ का चपरासी आता है–"हजूर। सेठजी ने अपनी कोठी पर अभी बुलाया है।"

नेमियार संजय की ओर अर्थ भरी निगाह से देखता है।

संजय सेठजी के तैलचित्र की ओर देखकर कहता है–"अब आपका असली रूप सामने आ रहा है, सेठ जी !"

सेठजी कहते हैं–"संजैबाबू ! हम तो डूब गये।"

संजय कहता है–"कानून के मुताबिक मजदूरों के परिवार को वाजिब हरजाना देकर··· ।"

सेठ झल्लाकर कहता है–"तुम किसके हरजाने की बात कर रहे हो बाबू ! ··· तुम यहाँ के लोगों को नहीं जानते। दारू पीकर औरत के लिए झगड़ेंगे, छुरेबाजी करेंगे–और मरे हुए लोगों को मिल के अन्दर पहुँचाकर हल्ला मचायेंगे कि मजदूर मारा गया।··· खोज लो हमारे रजिस्टर में–मँहगू मंडल नाम का कोई मजदूर है ? जनक पासवान नाम का भी कोई नहीं··· फालतू बातें।"

सेठ जी संजय की ओर कलकत्ता से आया हुआ टेलिग्राम फेंक देते हैं और दोनों हाथों से सिर थाम लेते हैं।

संजय तार पढ़कर अचरज से कहता है–"यह क्या हुआ ?"

"जुल्म हो गया !··· हम तो डूब गये।"··· सेठ सिर पकड़ कर कहता है।

मिल का भोंपा करुण-सुर में बोल रहा है।

चारों ओर उदासी छाई हुई है··· छा रही है।

"चीनी का भाव गिर गया ?"–एक मजदूर दूसरे से पूछता है।

"अब ऊख का भी भाव गिरेगा"–दूसरा।

"हमारा क्या होगा ?"–तीसरा !

मिल का भोंपा रह-रहकर बज उठता है !

क्रशिंग-मशीन की घड़घड़ाहट डरावनी प्रतीत होती है।

दूर-दूर तक ऊख के खेत–उदासी के आलम में डूबे हुए से लगते हैं।

रेलगाड़ी की इंजन की सीटी सुनाई पड़ती है।

स्टेशन पर–प्लेटफार्म पर 'जावा चीनी' की बोरियाँ उतर रही हैं। बाजारों में 'जावा-चीनी' भर गया है।

एक दुकानदार हाँक लगा रहा है–"ले जाओ ! आ गया-आ गया, जावा का माल आ गया।"

"देसी चीनी' का रंग तनिक भूरा है और 'जावा चीनी' दूध की तरह सफेद !

मिल-एरिया में यह उदासी और घनी मालूम पड़ती है।

सेठजी की कोठी।

सेठजी मुनीम को कोई हिदायत दे रहे हैं।

मुनीम जी हाथ में एक कागज लेकर निकलता है।

वह सबसे पहले दफ्तर में जाता है और मिल के डायरेक्टर सेठ रायबहादुर रतनलाल का आदेश पढ़कर सुनाता है–

मुनीम–"... इसलिए, मासिक वेतन और दैनिक मजदूरी में सैकड़े चालीस के दर से कटौती की जाती है।"

एक साथ दर्जनों टाइपराइटरों की खटपटाहट बंद हो जाती है।

फैक्टरी का भीतरी हिस्सा !

मुनीम जी पहुँचते हैं। एलान सुनाते हैं–"... मजदूरी में सैकड़े चालीस की कटौती !" क्रशिंग-मशीन का कोई 'पार्ट' अचानक बेसुरे ताल में बजने लगता है !

कर्मचारियों के चेहरे अचानक बुझ जाते हैं।

मिल का फाटक !

किसानों की भीड़ लग गयी है। गोरखा दरबान फाटक बंद करके कंधे पर बंदूक लिये खड़ा है।

मुनीमजी हाथ में एक भोंपा लेकर प्रकट होते हैं। एलान करते हैं–"... इसलिए, यह फैसला किया गया है कि ऊख का दर ग्यारह पैसे फी मन के हिसाब से खरीदा जाय। जो किसान इस दर में बेचना चाहते हैं–कल से फसल मिल में पहुँचावें...।

भोंपा में मुनीमजी की आवाज विचित्र और डरावनी सुनाई पड़ती है।

एलान सुनकर किसानों के मुँह से एक हल्की चीख निकल पड़ती है–"हाय बाप ! ग्यारह पैसे मन ?... हम मर जायेंगे।... इससे तो खेती की लागत और मजदूरी भी नहीं... हे भगवान् ! यह क्या हो गया ?"

पगला माधो गुसांई की बड़बड़ाहट सुनाई पड़ती है–'बज्रपात–पेट पर लात–अजब बात–बासी भात–ऊख रे ऊख ! भूख रे भूख !!'

साँझ हो आयी। किन्तु फाटक पर भीड़ लगी हुई है।

सेठजी हाथ जोड़कर प्रकट होते हैं–"भाई लोग ! बेकार की भीड़ और बेमतलब का झमेला क्या... (ऊपर की ओर दिखलाकर) सब उनकी मर्जी है। उन्हीं से प्रार्थना करो कि अच्छे दिन लौट आवें...।"

भीड़ को हटाकर–मुनीराम नामक किसान आगे आता है और कहता है–"मगर सरकारी-रेट तो पौने पाँच आना है ?"

रायबहादुर सूखी हँसी हँसकर कहते हैं–"सरकारी रेट ? हूँ ? सपने की बात है। भाइयों, अब वह रामराज नहीं।... जावा के माल ने बाजार में डाका डाल

दिया है। चारों ओर आग लग गयी है।··· मिल बंद कर देना पड़े–हमें इस बात का खौफ है।"

मुनीराम–"कल सुबह घर के सभी बालबच्चों को भेज दूँगा। मेहरबानी करके उन्हें–एक-एककर गोली के घाट उतार दें–इससे वही अच्छा !" सेठजी मुनीराम को मानो स्नेहपूर्वक डाँटते हैं–"क्या बेवकूफी की बात करते हो। जाओ घर–माथा ठंढा करो।··· ए, शंकर पहलवान् फाटक बंद करो !"

फाटक झनझनाकर बंद हो जाता है।

शाम का अंधकार।

एक बड़े बट-पेड़ के नीचे कई लोग खड़े हैं। बट-पेड़ का चबूतरा पक्का है। यहाँ अवकाश के क्षण में मजदूर लोग बैठते हैं। गाते-बजाते और पूजा करते हैं ?

हल्की रोशनी में कई लोगों के चेहरे स्पष्ट होते हैं।

मुनीराम, सुखलाल, छेदी और भी कई किसान।

नेमियार कहता है–"सेठ माथा ठंढा करने को कहता है ! सुना आपने खजांची बाबू ?"

संजय–"इसका बदला लेना होगा। इस अन्याय के खिलाफ लड़ना होगा।"

मुनीराम आर्तनाद के स्वर में–"दुहाई बंगाली बाबू। कोई रास्ता निकालिए।"

दो-तीन किसान एक साथ–'हर-हर महादेव' की जय ध्वनि करते हैं।

नेमियार उन्हें डाँटता है–"ए ! ए !··· कोई आवज नहीं। खबरदार। सिस।"

कुछ क्षण तक चुपचाप रहने के बाद संजय कहता–"कोई किसान फसल मत बेचे।"

सभी प्रायः एक ही साथ–"ठीक बात।··· वाजिब बात ! !"

संजय–तुम लोग किसी भी हालत में दर नहीं कमाना।··· मिल वालों को मजबूर होकर फसल खरीदना पड़ेगा। नया क्रशिंग-मशीन आया है। उन्हें माल की सख्त जरूरत है।"

सुखलाल–"यदि नहीं खरीदे ?"

संजय दृढ़ स्वर में कहता है–"उन्हें झख मारकर खरीदना पड़ेगा। लड़ाई शुरू कर दो।··· इस बट-बाबा के नीचे, बेदी को छूकर कसम खाओ–कम दर पर फसल नहीं बेचेंगे।"

सभी के चेहरे पर दृढ़ता और प्रसन्नता की झलक।

संजय और नेमियार अंधकार में चुपचाप चल रहे हैं।

अचानक संजय रुककर कहता है–"नेमियार। अब तुम जाओ। आज से–अभी से लग जाओ। ठीक से 'आर्गेनाइज' करो···।"

नेमियार—"बहुत अच्छा बाबूजी।"

नेमियार चला जाता है। संजय कुछ देर तक खड़ा रहता है। उसकी आँखों के सामने—विगत दिनों की स्मृतियों के चित्र नाचने लगते हैं—'बी. ए. की डिग्री लेने का दिन।··· ऊँची आशाओं के दिन।··· फिर, बेकारी के दिन और एक ग्रेजुएट का साधारण कैस-मुंशी का पद स्वीकार करना।··· सेठजी की बात—काम दिखलाओ। यह मिल तुम्हारा ही है। इसकी उन्नति में ही तुम्हारी उन्नति है।··· "

रतनलाल सुगर मिल्स की चिमनी अंधकार में भय की सृष्टि करती है—मिल की चिमनी धुआँ उगलती हुई—सारे इलाके के खेतों के ऊपर काले-काले धुएँ का गुब्बारा छा रहा है।

संजय धीरे-धीरे रुकनी के क्वार्टर के अन्दर कदम रखता है।

रुकनी, संजय को देखकर अचरज में पड़कर कहती है—"मैंने सतकौड़ी से कह दिया था कि आज नहीं आ सकूँगी··· ।"

"क्यों ?··· मुझे सताने में तुमको सुख मिलता है क्या ?"—संजय बैठते हुए कहता है।

"वाह रे ! एक दिन नहीं आयी तो क्या हुआ ?"

"एक दिन ? मैं आधा दिन भी तुम्हारे बिना नहीं रह सकता, रुकनी रानी।"—संजय रुकनी को अपनी ओर खींचता है।

"हूँ, बड़ा सस्ता माल मिल गया है। क्यों ?"—रुकनी मान भरी बोली बोलती है।

संजय हठात् रुकनी का हाथ छोड़ देता है—"सस्ता ? मेरे पास देने को अब क्या रह गया है, रुकनी। सब कुछ देकर तुमको पाया है और तू ही ऐसा कहती है··· ।"

रुकनी अपनी गलती मानकर संजय को मनाती है—"अच्छा, अच्छा माफ करो। अब नहीं कहूँगी।··· लेकिन, तुम्हीं ने तो नशे में उस दिन कहा था—रुकनी तुम शरबत का गिलास हो, शरबत नहीं।"

संजय कोई जवाब दे, इसके पहले ही रुकनी संजय के पास बैठ जाती है और उसके बालों में हाथ फेरने लगती है—"सुनो, मुझे कुछ थोक रुपये की जरूरत है।··· जरा मेरी ओर गौर से देखो तो।"

रुकनी लाज भरी हँसी हँसती है।

रुकनी अपने आँचल को सरकाकर खड़ी हो जाती है। पूछती है—"कुछ समझ में आयी बात।"

संजय गंभीर होकर कहता है—"ओ !··· हाँ ! समझ गया।"

सेठ रतनलाल पागलों की तरह चिल्लाकर कहता है—"मत बेचो ! कोई जरूरत नहीं। इसीलिए हमने पचास एकड़ में ऊख लगा कर रखा है। अभी एक महीना

हम अपने ही फसल से मिल चलायेंगे। मुनीमजी–किसानों से कह दो–किसी भी दर पर हम फसल नहीं खरीदेंगे। हमें जरूरत नहीं··· ।"

"हमें जरूरत नहीं ! हाहा-हाहा ! !"–अट्टहास सारे इलाके के ऊख के खेतों में प्रतिध्वनित होती है–"जरूरत नहीं। जरूरत नहीं ! !"

सेठ रतनलाल आवाज को मद्धिम करके मुनीमजी से कहता है–"अपने विश्वासी एजेन्टों को रुपये लेकर गाँव-गाँव में भेजो। लोगों से कहो कि माल बेचना हो तो जल्दी बेचो। अगर फसल का पत्ता लाल हुआ तो मुफ्त में भी नहीं लिया जायेगा। समझे ? होशियारी से।"

रतनलाल मिल का भोंपा आर्तनाद करता है।

क्रशिंग-मशीन की घड़घड़ाहट धीरे-धीरे मंद होती जा रही है। मशीन की चाल **(Speed)** क्रमशः कम होती जाती है। और अंततः मशीन एक विकट स्वर के साथ बंद हो जाती है। सेठजी मानो बुरा सपना देखकर चौंक जाते हैं।···

गाँव। ऊख के खेतों में कटाई बंद है।

किसानों के एक गिरोह को मिल का एजेन्ट समझा रहा है–फुसला रहा है–"खेत पर ही नकद पैसा ले लो। कोई झंझट नहीं।··· फसल का पत्ता लाल हुआ कि समझो सब बेकार।"

किसानों की भीड़ सिर हिलाकर अस्वीकार करती है–"कम दर पर हर्गिज फसल नहीं देंगे।"

एजेन्ट चला जाता है।

नेमियार प्रकट होता है–"खबरदार ! एजेन्टों के बहकावे में मत पड़ना। मिल की चिमनी ठंडी हो रही है।··· मशीन में जंग लग जायेगा। होशियार !"

आसमान में गिद्ध और चील उड़ रहे हैं।

एक करुण और उदास सुर हवा में तैर रहा है। किसी औरत का बच्चा मर गया है, शायद !

अकाल और महँगी फैल रही है। किसानों के पास पैसे नहीं। लोग दल बाँध कर सूदखोर महाजनों की ड्योढ़ी पर जाते हैं–गाँव के बड़े-बड़े किसान भी महाजनी करते हैं। आदर्श की बातें करनेवाला किसान शिलानाथ भी कर्ज देता है और महंथ भी। काबुलीवाले की बन आयी–कड़े दर-सूद पर रुपया देता है।

सादा कागज पर अंगूठा का निशान लगाकर लोग रुपये कर्ज ले रहे हैं।

गाँव के नौजवानों का एकदल–आसाम की ओर काम की तलाश में गाँव छोड़कर जा रहा है जिसमें वह गाड़ीवान् भी है, जो संजय को स्टेशन से बैलगाड़ी पर लाया था–'घर की आधी रोटी भली' कहने वाला नौजवान।

हर घर के भंडार खाली हैं। अनाज के बर्तन लुढ़क रहे हैं। चूल्हे ठंडे हैं–कई शाम से भूखे बच्चे माँ को परेशान करते हैं। माँ कहती है–"मुझे ही खा लो !

छुट्टी मिल जाय।"

मिट्टी के मोल बिक रहे हैं पशुधन। पाँच रुपये में दुधार भैंस।

दुधार गाय–आठ रुपये।

बर्तन-बासन, गहने-जेवर–सभी मिट्टी के मोल बिक रहे हैं।

हाहाकार मचा हुआ है।

संथालिनें गाछ के पत्ते तोड़कर उबालती हैं–अपने बच्चों को खिलाती हैं।

रायबहादुर रतनलाल अपने एजेन्टों को गालियाँ दे रहे हैं–"सभी कामचोर हैं। मुफ्तखोर हैं, सब।··· जिस तरह से भी हो, माल लाओ–माल। माल के बिना न इज्जत बचेगी और न मशीन··· जंग लग जायेगी पुर्जों में। एक कर्मचारी सेठजी को सूचना देता है–"हुजूर ! एस. डी. ओ. साहब आ रहे हैं।"

मोटर गाड़ी की आवाज सुनाई पड़ती है। सेठजी दौड़कर एस. डी. ओ. की अगवानी करने जाते हैं।

एस. डी. ओ. मिल एरिया में घूम-घूमकर देख रहा है। सेठजी कहते हैं–"हुजूर ! मैं डूब जाऊँगा !"

सेठजी के पीछे मुनीम जी सलामी क़ी 'डाली' लेकर आये हैं–"फल, मेवा, अंग्रेजी शराब की बोतल आदि।"

सेठजी हाथ जोड़े खड़े हैं। एस. डी. ओ. कहते हैं–"अच्छी बात ! हम सरकारी फार्म का माल कल से भेजेगा–"एक सौ एकड़ का माल कितना दिन चलेगा ? ··· भागलपुर और पूर्णिया से भी माल माँगने का इंतजाम हम कर देगा।"

"हुजूर–दो सप्ताह।··· हुजूर··· माय-बाप···।"

"ठीक है। सरकारी फार्म का माल आयेगा··· कोई गड़बड़ी हो तो सदर में खबर भेज देना–आर्म्ड फोर्स भेज देगा।"

एस. डी. ओ. साहब की गाड़ी धूल का बवंडर पीछे छोड़ती हुई चली जाती है।

सेठजी के एजेन्ट फिर गाँव-गाँव में घूम रहे हैं। लोगों को धमकियाँ दे रहे हैं। "सुन लो भाइयो, आखिरी मौका है।"

"सरकारी फार्म से माल आ रहा है। पूर्णियाँ और भागलपुर से स्पेशल मालगाड़ी में माल भरकर आ रहे हैं। अगर, तुम लोग अब भी नहीं चेते तो फसल खेत में ही खड़ी सूख जायेगी।"

मुनीलाल–"हम फसल में आग लगा देंगे मगर कम दर पर नहीं बेचेंगे।"

दूर–रतनपुर मिल की चिमनी से घने काले धुएँ के गुब्बारे निकल रहे हैं।

बटतला। अंधकार।

सुखलाल, मुनीलाल, छेदी वगैरह किसानों के साथ संजय बैठा हुआ है। वे किसी की प्रतीक्षा कर रहे हैं।

नेमियार आता है। उसकी सूरत भयावनी हो गयी है। उसकी आँखें लाल-लाल हैं। आते ही वह मद्धिम आवाज में कहता है–"बाबू ! इन मजदूरों को समझाना आपका काम है। वे मेरी बात नहीं मानते !"

सुखलाल के मुँह से अस्फुट स्वर में निकलता है–"बाबू ! अब क्या होगा ?"

नेमियार कहता है–"जैसे भी हो। मिल को फिर से चालू नहीं होने देना है। अगर मिल चालू हुआ तो किसानों को सँभालना मुश्किल होगा। वे ग्यारह पैसे के बदले दो आना मन पर ही माल बेचना शुरू कर देंगे।··· मैंने रग्घू फोरमैन, रुस्तम अली मेंठ और कई मजदूर-सरदारों को अभी बुलाया है। आप उन्हें समझाइए।"

रग्घू फोरमैन, रुस्तम मेंठ, भुटैली सरदार वगैरह आये।

संजय उन्हें समझा रहा है–"यह गरीबों की लड़ाई है। चाहे वह किसान हों या मजदूर···।"

रग्घू फोरमैन बात काटकर कहता है–"मजदूरों को इस लड़ाई से क्या वास्ता ? यह तो किसानों का मामला है। वे जानें और उनका काम जाने।"

संजय कहता है–"कैसी बात करते हो रग्घू ! क्या तुम लोगों की मजदूरी में कटौती नहीं हुई है।··· सेठ कहता है कि चीनी का दर गिर गया है। मगर गिरे हुए दर पर भी सेठ को सैकड़े पचास मुनाफा होगा। सेठ कभी घाटे में नहीं रहेगा।"

रग्घू–"मगर, हड़ताल करने से हमारा अभी क्या फायदा होगा ? काम पर नहीं जायेंगे तो खायेंगे क्या ? हमारे पास न बैल है न भैंस–न थाली है न लोटा। हम क्या बेचकर खायेंगे ?"

नेमियार "फोरमैन··· सेठ गरीबों के पेट पर लात मार रहा है, यह बात तो समझ में आती है। मगर, गरीब ही गरीब का गला काटने की तैयारी करे–यह अचरज की बात ही नहीं–डूब मरने की बात है।"

एक सरदार–"मगर मजदूर खायेंगे क्या ?"

नेमियार–"हम गाँव-गाँव घूमकर मुठिया वसूलेंगे–चंदा बटोरेंगे। भीख माँगेंगे।..."

संजय–"मजदूरों ने हड़ताल की कि सेठ खुद घुटने टेक देगा।"

रग्घू–"अगर सेठ मिल में ताला लगा दे, तब ?"

संजय–"कौन कहता है ताला लगायेगा ? अगर हम संगठित रहें तो सेठ को झुकना ही पड़ेगा।"

एक सरदार–"ठीक है। हम तैयार हैं लेकिन बाद में जो कुछ होगा–उसकी जिम्मेदारी आप लोगों पर है।"

रग्घू–"अच्छी बात। हम हड़ताल करेंगे।"

दूसरा सरदार–"रात के शिफ्ट में ही काम बंद करना होगा।"

नेमियार कहता है–"हम डट कर लोहा लेंगे।"

सेठजी की कोठी।

संजय से सेठजी, व्यंग्य और क्रोध भरे अंदाज में कहते हैं–"मैंने गलत समझा था कि पारस लोहे को भी सोना बना देता है। लोहा, पारस को भी लोहा बना देता है...।"

संजय कहता है–"सेठजी। आप कहें तो मैं इन किसानों को समझाऊँ...।"

सेठ–"कोई जरूरत नहीं। मैंने तुमको सिर्फ इसलिए बुलाया है कि मैंने कैसियर के रहने के लिए बँगला दिया है।... बदचलन औरतों का चकला बनाने के लिए नहीं।"

संजय कुछ कहना चाहता है किन्तु सेठजी कहते हैं–"जाओ, संजै बाबू। किसानों को समझाने की जरूरत नहीं। वे खुद समझ जायेंगे।..."

मिल का भोंपा बजता है। सेठजी घड़ी की ओर देख कर चौंकते हैं।

क्रशिंग-मशीन की घड़घड़ाहट क्रमशः मंद पड़ रही है। धीरे-धीरे मशीन बंद हो जाती है।

सेठजी चिल्लाते हैं–"मुनीमजी !... "

दिन।

मिल की चिमनी से धुआँ नहीं निकलता।

क्रशिंग-मशीन की आवाज नहीं होती।

सब कुछ बंद है। एक भी मजदूर काम पर नहीं आया है।

सेठ पागलों की तरह चिल्ला रहा है–"हाहा हाहा ! कोई परवाह नहीं ! हम मिल बंद कर देगा–मगर झुकेगा नहीं।... मुनीम जी–मजदूरों के क्वार्टरों में ताला लटका दो। नहीं चाहिए...।"

दूर–ऊख के खेत में आग की लपट दिखलाई पड़ती है।

किसी किसान ने अपने खेत में आग लगा दी है।

आग की लपट और धुएँ से सारा वातावरण एक खौफनाक रूप धारण कर लेता है !

माधो गुसाँई की तुकबन्दी सुनाई पड़ती है–'नील का साहब, मिल का सेठ–दोनों का एक ही है पेट–कमती रेट, खाली पेट, बंद है गेट... आग लगी है खेत में-आग लगी है पेट में...।'

संजय का बँगला। शाम !

संजय अपने कमरे में अकेला बैठा कुछ सोच रहा है।

लालटेन की मद्धिम रोशनी में नेमियार आकर सामने खड़ा होता है।

गंदा खाकी पैंट, फटी हुई कमीज, बिखरे अस्त-व्यस्त बाल। लोहे की मूर्ति

की तरह खड़ा है नेमियार।

संजय सिर उठाकर देखता है–प्रश्न भरी दृष्टि से।

नेमियार दरवाजा बंद कर देता है और धीरे से संजय के करीब आकर खड़ा हो जाता है–"खजांची बाबू !··· कैस घर की चाबी कहाँ है ?"

संजय–"कैस घर की चाबी ? क्यों ?"

नेमियार–(हाथ बढ़ाकर) "निकालो चाबी ?"

संजय अचरज और भय से नेमियार को देखता रहता है।

नेमियार फिसफिसाकर कहता है–"चाबी दो बाबू ! झाड़ पोंछकर अभी ले आता हूँ–जितना 'कैस' है। घर में आग लगा दूँगा। फाइल-रजिस्टर, सब जलाकर खाक कर दूँगा।··· अरे तुमको कैसे पकड़ेंगे। कौन बतायेगा कि कितना 'बैलेन्स' था।··· दो, निकालो चाबी।"

संजय गरदन उठाकर बाहर की ओर देखता है–घोर अंधकार !

उसके रोम-रोम सिहर उठे और उसके जाँघ थर-थर काँपने लगते हैं।

नेमियार की मद्धिम आवाज क्रमशः गुर्राहट जैसी प्रतीत होती है। उसकी आँखें मानो भेड़िये की आँखें हों।

वह कह रहा है–"किसानों के घर में अन्न नहीं, मजदूरों के बच्चे भूख से तड़फ रहे हैं–फिर भी वे अपनी आन पर डटे हैं। उन्हें भोजन चाहिए··· तुम्हारे किसान-मजदूर की फौज को रसद चाहिए। फिर देख लूँगा कि कौन मर्द का बेटा पूर्णिया और भागलपुर से माल ले आता है। हूँ ! समस्तीपुर और चम्पारण से मजदूर मंगायेंगे-सेठजी।··· सेठ को इस बार मालूम हो जायेगा कि किसान और मजदूर–चाहे वह कहीं के हों–एक हैं।··· फसल कोई नहीं बेचेंगे–वे अपनी लगायी हुई खेती में आग लगा देंगे–खाक कर देंगे, मगर झुकेंगे नहीं।··· वे अपनी जान देंगे और लेंगे···। दो, निकालो चाबी संजय बाबू।··· "

संजय किंकर्तव्यविमूढ़ ही नहीं–संज्ञाहीन-सा हो गया है। उसे लगता है, वह बुरे सपने देख रहा है। वह रह-रहकर अपनी आँखों को मूँदता और खोलता है।

नेमियार उसकी अवस्था देखकर–उसके करीब आ जाता है। संजय की पीठ पर हाथ फेरते हुए कहता है–"इतना सोच-फिकर किस बात का दोस्त !··· तुमने भी कसम खायी थी न ?··· देरी मत करो, निकालो चाबी।"

पागल की तरह बहुत देर तक कमरे में बेकार चक्कर लगाने के बाद संजय बाहर बरामदे पर चला जाता है–तनिक ठंडी हवा पाने के लिए। उसे लगता है उसका दम घुट रहा है। नेमियार की आँखों से चिनगारी-सी निकल रही है। वह चाबी निकाल कर–थर-थर काँपता हुआ–बढ़ा देता है।

"शाबाश !"–नेमियार झपटकर उसके हाथ से चाबी ले लेता है और प्रसन्न होकर कहता है–"अब इस सेठ के बच्चे को देख लूँगा··· (वह रुककर संजय से कहता है)··· "तुम एक बार रुकनी को देख आओ··· उसकी तबियत··· आज उसे बच्चा होने वाला है··· ! !"

नेमियार अंधकार में विलीन हो जाता है।

संजय का सपना टूटता है, मानो !

अब वह क्या करे ! एक बार झपटकर बरामदे के नीचे दौड़ जाता है। पुकारता है—नेमियार ! किन्तु, उसे लगता है, उसके गले से आवाज नहीं निकल रही है।

वह भागता हुआ अपने कमरे में आता है।

सेठजी की तस्वीर मानो ठठाकर हँस पड़ती है—"हामि जानी। बंगाली बाबू लोग का हामि खूब चीनी··· हेहेहेहे।"

वह दौड़कर अपने बंगले के अहाते से बाहर चला जाता है !

रुकनी के क्वार्टर का बाहरी हिस्सा। अंधकार।

संजय खिड़की के पास चोर की तरह आकर खड़ा होता है।

अंदर से नवजात शिशु के रोने की पतली आवाज आ रही है।··· वह खिड़की में आँख सटाकर—छेद से अंदर का दृश्य देखता है।

रुकनी फर्श पर पड़ी हुई है।

साड़ी अस्त व्यस्त—कमर में लिपटी हुई।

बाल बिखरे, धरती के धूल पर छितराये हुए।

इधर-उधर बिखरी हुई हैं टूटी हुई चूड़ियाँ ! चूड़ियों के टुकड़े !

घायल नागिन की तरह रुकनी ऐंठी हुई पड़ी है। रह-रहकर करवटें लेती और कराहती है !

शिशु के रोने की आवाज स्पष्ट हो गयी।

संजय चौंककर पीछे हट जाता है।

वह नेमियार के क्वार्टर की ओर कदम बढ़ाता है।

संजय नेमियार के दरवाजे के 'फांक' से अंदर का दृश्य देखता है। मटमैले अंधकार में—काला पैंट पहने, कमर में चौड़ी पट्टीवाला बेल्ट कसा हुआ··· नेमियार बैठा है और रोटी चबा रहा है !

सामने रखी हुई चमकती हुई खुली भुजाली और महुआ के शराब की बोतल !··· नेमियार भुजाली पर शान चढ़ाता है।

दूसरी ओर और भी कई आकृतियाँ··· !! कई हट्टे-कट्टे नौजवान लाठियों में बर्छी की फली लगा रहे हैं। ··· कोई गड़ासे में धार कर रहा है—रेती से रेत रहा है··· !!

नवजात शिशु के रोने की आवाज, रुकनी की कराह—और हथियार पर 'शान' चढ़ाने की आवाज—तीनों आवाजें मिलकर संजय के कान के पास एक खौफनाक गीत के सुर की सृष्टि करती हैं। वह भागता है !

सड़क छोड़कर—मैदान के ढलान पर दौड़ता है। गड्ढों को छलाँग मारकर पार करता हुआ भागा जा रहा है।

मिल के फाटक पर जलती हुई रोशनी—कुहरे में अजीब-सी दिखाई पड़ती है। संजय को लगता है—दोनों रोशनी दो आँखें हैं, जो उसको अंधकार में देख रही हैं—उसका पीछा कर रही हैं··· ।

भागते हुए वह वट-वृक्ष के नीचे-बेदी के पास खड़ा हो जाता है। उसकी आँखों के आगे—अपने घर के दृश्य, अपनी माँ की सूरत उभरकर आती है—माँ पुकारती है—"फिरे ऐसो खोका !"

संजय भागता है।

सेठजी का बँगला !

संजय चोर की तरह आहाते में घुसता है।

दस्तक दे रहा है, संजय—सेठजी के दरवाजे पर !

दरवाजा खुलता है और वह हाँफता हुआ कमरे के अंदर चला जाता है।

संजय फर्श पर अधलेटा पड़ा हुआ है।

सेठजी घबराये-से उसके पास बैठे हैं। मुनीमजी हाथ में पानी का गिलास लेकर खड़े हैं।

संजय हाँफता हुआ, रुक-रुककर कह रहा कि है—"··· आज ही रात दो बजे ··· मुझे उन लोगों ने बाँध दिया था।··· चाबी छीनकर ले गये !··· नेमियार··· वे मुझे मार डालना चाहते थे··· मगर···।"

सेठजी कहते हैं—"समझ गया !··· मुनीमजी, बाबू के लिए 'अंदरहवेली' से गरम दूध ले आओ।··· शंकर पहलवान् ! बंदूकधारी गोरखो सिपाही को लेकर चुपचाप 'कैसघर' के पिछवाड़े में तैयार रहो।··· नेमियार कैसबाबू को छुरा दिखाकर चाबी छीन ले गया है। आज ही रात दो बजे चोरी करने आवेगा।··· चोट्टा साले की बोटी-बोटी नुचवा लूँगा।"

मुनीम दूध ले आता है।

सेठजी अपने हाथ से संजय को दूध पिलाते हैं।

सेठजी मुनीम से कहते हैं—"मुनीमजी। बाबू जी स्टेशन जायेंगे। तुरंत सबसे तेज घोड़े पर 'जीन' कसवाओ।··· और सुनो··· मेरे 'दान-खैरात' वाली संदूकची ले आओ।··· बाबू को 'बकसीस' देना होगा। बहुत ईमानदार आदमी है···

संजय सेठजी को नमस्कार करके खड़ा हो जाता है।

रायबहादुर सेठ रतनलाल कह रहे हैं—"चुपचाप, होशियारी से निकल जाओ। उनकी निगाह नहीं पड़े नहीं तो वे तुम्हें मार डालेंगे।··· और हाँ ! अभी कुछ दिन घर जाकर आराम करो। कुछ दिनों के बाद मेरे गोरखपुर वाले मिल में आना—"सौ रुपये महीना तनख्वाह···।"

संजय घोड़े पर सवार होकर–ऐड़ लगाता है।

अंधकार में–तीर की तरह घोड़ा भागा जा रहा है।

किसानों ने अपने-अपने खेत में आग लगा दी है–ऊख के खेत जल रहे हैं–धू-धू कर।

आग की लपट से आसमान लाल हो रहा है।

संजय का घोड़ा भागा जा रहा है।

आकाश में एक तारा टूटकर गिरता है !

एक टीले के पास जाकर–संजय घोड़े को रोकता है। दियासलाई जलाकर कलाई की घड़ी में समय देखता है।

दो बजकर पाँच मिनट !

संजय सुनता है–दूर धाँय-धाँय की आवाज होती है। बंदूक की आवाज।

संजय को लगता है–उसे भ्रम हो गया है।

धाँय-धाँय ! फिर आवाज होती है।

हठात् संजय के कान के पास–करुण कराह, आह और चीखने-रोने की सम्मिलित आवाज गूँजने लगती है।

इन सारी आवाजों को चीरती हुई–एक पतली-सी आवाज नवजात-शिशु की···।

नवजात-शिशु की आवाज क्रमशः विकृत होती जा रही है।

लगता है–नवजात शिशु के कंठ को कोई दबोच रहा है। घिघियाती हुई आवाज··· !!

संजय इसे सहन नहीं कर सकता है। वह फिर घोड़े को भगाता है। तेजी से–और तेज··· !

इस आवाज से छुटकारा पाने के लिए–वह घोड़े को और भी तेज भगाता है।

सूरज की पहली किरण।

दूर दिखलाई पड़ता है–स्टेशन का डिस्टेंट सिगनल।

एक दुबली-पतली नदी की धारा !

संजय घोड़े से उतरकर–पानी के किनारे जाता है।

वह अपने चेहरे को पानी के छींटे डालकर धोता है।

फिर, चुल्लू से पानी पीता है–एक घूँट, दो घूँट··· !

रचनाकाल : 1970

●●●

रेणु रचनावली-4

[रिपोर्ताज, रपटें, टिप्पणियाँ, साक्षात्कार, अनुवाद]

रेणु रचनावली

4

संपादक
भारत यायावर

राजकमल प्रकाशन

ISBN : 978-81-7178-740-1

मूल्य : ₹ 4000
(पाँच खंडों का सम्पूर्ण सेट)

पहला संस्करण : 1995
आठवाँ संस्करण : 2026

प्रकाशक : राजकमल प्रकाशन प्रा. लि.
1-बी, नेताजी सुभाष मार्ग, दरियागंज
नई दिल्ली-110 002

शाखाएँ : अशोक राजपथ, साइंस कॉलेज के सामने, पटना-800 006
पहली मंज़िल, दरबारी बिल्डिंग, महात्मा गांधी मार्ग, प्रयागराज-211 001
1, अनमोल सोराबजी संतुक लेन, धोबी तलाव, मरीन लाइंस, मुम्बई-400 002
वेबसाइट : www.rajkamalprakashan.com
ई-मेल : info@rajkamalprakashan.com

मुद्रक : बी.के. ऑफसेट
नवीन शाहदरा, दिल्ली-110 032

RENU RACHANAWALI-4
Edited by Bharat Yayawar

▲ रेणु *(1977)* फोटो सौजन्य : सुरेश शर्मा

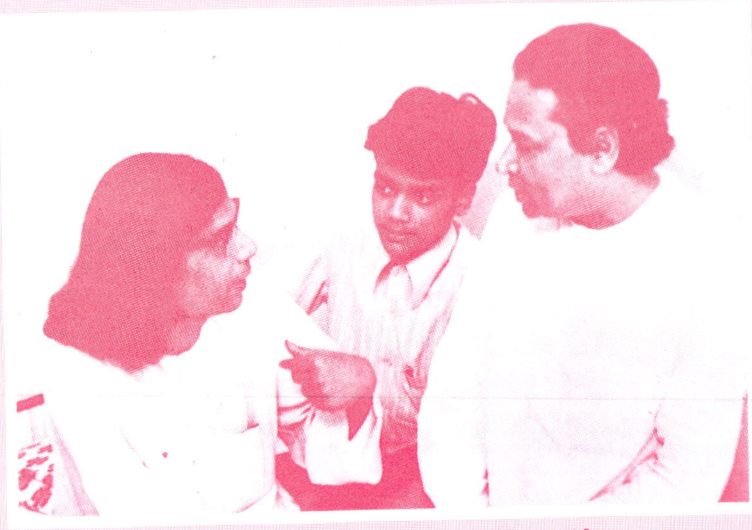

▲ *रेणु सुरेश शर्मा और रघुवीर सहाय के साथ : 1974 का बिहार आंदोलन*
फोटो : श्रवण कुमार गर्ग

▼ *बाबा नागार्जुन के साथ* फोटो : राबिन शॉ पुष्प

बल्कि हर विधा में उनका इस्तेमाल हुआ है।

रेणु का पहला रिपोर्ताज 1945 में प्रकाशित हुआ एवं अंतिम पटना-जलप्रलय पर 1975 में, यानी उनके लेखन के प्रारंभिक दौर से अंतिम दौर तक रिपोर्ताज-विधा से उनका गहरा जुड़ाव रहा। रेणु ने इस विधा का हिंदी में प्रारंभ करने के साथ ही उसे विकास के चरम पर भी पहुँचाया। रेणु के रिपोर्ताजों में 1945 से 1975 तक के बीच की कई भूली-बिसरी घटनाएँ, कथाएँ, प्रसंग और जीवन-स्थितियाँ तो प्रस्तुत हुई ही हैं, इनमें रेणु का अपना असली व्यक्तित्व, उनके विभिन्न प्रकार के 'मूड्स', उनकी आस्था और विश्वास के दर्शन भी होते हैं। इनमें रेणु का कथाकार लोक-जीवन से लेकर बंबई की फिल्मी दुनिया तक जाता है, नेपाल के मुक्ति-संग्राम में सशरीर भाग लेता है और पाकिस्तान-युद्ध तथा बांग्लादेश-मुक्ति संग्राम की बारीक से बारीक ध्वनियाँ सुनता है। बाढ़ और सूखा–ये दो त्रासदियाँ हर वर्ष देश में कहीं न कहीं घटित होती रहती हैं और रेणु के बाढ़ और अकाल के रिपोर्ताज़ आज भी मानो भूख और गरीबी से लड़ते मनुष्यों की संघर्ष-गाथा प्रस्तुत करते दिखाई पड़ते हैं।

रेणु का पहला रिपोर्ताज–'बिदापत-नाच'–कई दृष्टियों से महत्त्वपूर्ण है। इसका महत्त्व इस बात में हैं कि रेणु अपने ग्रामीण इलाके के दलित वर्ग में प्रचलित इस अनूठे नृत्य-संगीत को लेकर उपस्थित होते हैं, एवं इसका दूसरा महत्त्व इसकी शैली को लेकर है। यह रिपोर्ताज यह बताता है कि रेणु की भाषा-शैली 1945 में ही आकार ग्रहण कर चुकी थी। बाद में रेणु ने 'मैला आँचल' में भी 'बिदापत-नाच' के एक दृश्य का संयोजन किया। उनकी प्रसिद्ध कहानी 'रसप्रिया' बिदापत-नाच के एक कलाकार पंचकौड़ी मिरदंगिये को लेकर लिखी गई।

रेणु के इलाके से सटा नेपाल का प्रसिद्ध शहर–विराटनगर। यहीं उनका प्रारंभिक जीवन कोइराला-बंधुओं के सान्निध्य में गुजरा। यहीं उन्हें साहित्य और राजनीति की दीक्षा मिली। इसीलिए उन्होंने नेपाल के दो बड़े जन-आंदोलनों में जमकर हिस्सा लिया। 'सरहद के उस पार' में विराटनगर के मिल-मजदूरों की बदतर जीवन-स्थितियों का यथार्थ चित्र खींचने के साथ ही वहाँ के पूंजीपतियों एवं राणाशाही पर तीखा व्यंग्य है। इसके अलावा इस रिपोर्ताज में रेणु के प्रखर वामपंथी स्वरूप का भी दर्शन होता है। इस रिपोर्ताज का प्रकाशन 2 मार्च, 1947 को साप्ताहिक 'जनता' में हुआ और इसके प्रकाशन के ठीक दो दिनों बाद, यानी 4 मार्च से विराटनगर के मिल-मजदूरों का ऐतिहासिक आंदोलन शुरू हुआ। इस आंदोलन के संदर्भ में कुछ बातें स्पष्ट करना यहाँ जरूरी होगा, क्योंकि यही आंदोलन बाद में चलकर नेपाल में पहली बार (1951 में) प्रजातांत्रिक सरकार के लिए चले ऐतिहासिक संघर्ष की पृष्ठभूमि यानी 'नेपाली क्रांति-कथा' की भूमिका बना। विराटनगर में भारत के कई पूँजीपतियों ने कारखाने स्थापित किए। वे राणाशाही की सरकार की सहायता से मिल-मजदूरों के साथ पशुवत् व्यवहार करते। मजदूरों को यूनियन बनाने की भी छूट नहीं थी। वे अपनी जायज माँगों को लेकर हड़ताल नहीं कर सकते थे।

रेणु उनकी यथार्थ दशा को लेकर जब 'सरहद के उस पार' लिख रहे थे, उसी समय उनके बीच दबे-छुपे ढंग से कोइराला-बंधुओं के साथ यूनियन भी कायम कर रहे थे। उन्होंने तभी एक लंबा रिपोर्ताज भी लिखा था–'विराटनगर की खूनी दास्तान', जो एक पुस्तिका के रूप में प्रकाशित हुआ था। [खेद है, उसकी प्रति अब तक उपलब्ध नहीं हो पाई है। इस रिपोर्ताज की चर्चा आज भी पूर्णिया के कई लोग करते हैं।] 4 मार्च से विराटनगर के मिल-मजदूरों का आंदोलन कोइराला-बंधुओं के नेतृत्व में शुरू हुआ। पूर्णिया जिले के प्रमुख सोशलिस्ट कार्यकर्त्ता एवं रेणु भी इस आंदोलन में पूरी तरह शरीक थे। इस आंदोलन को कुचलने के लिए राणा सरकार ने गोलियाँ चलवाईं, जिसमें कई मजदूर मारे गए एवं असंख्य घायल हुए। रेणु भी इस आंदोलन में जख्मी हुए। मजदूरों का यह आंदोलन नेपाल के कई शहरों में फैल गया। नेपाल की जनता जगह-जगह सड़कों पर उतर आई और निरंकुश राणाशाही के खिलाफ प्रदर्शन करने लगी। नेपाल में यह पहला इतना बड़ा आंदोलन था। पर अन्ततः इसे दबा दिया गया। इस आंदोलन के प्रायः सभी प्रमुख व्यक्तियों को जेल में बंद कर दिया गया। रेणु एवं उनके साथियों को जोगबनी में गिफ्तार कर पूर्णिया जेल में बंद कर दिया गया। पूर्णिया के अंग्रेज डी.एस.पी. ने रेणु एवं उनके साथियों पर अमानुषिक अत्याचार किये। जेल से बाहर आने के बाद रेणु ने इस संदर्भ पर एक और रिपोर्ताज़ लिखा–'डी.एस.पी. की बड़ी-बड़ी मूँछें'। इसका प्रकाशन भी स्वतंत्र पुस्तक-रूप में हुआ था। पर यह रिपोर्ताज भी अब तक उपलब्ध नहीं हो पाया है। 1950 के अंतिम दिनों में राणाशाही के खिलाफ दूसरा सशक्त संग्राम शुरू हुआ, जिसका संपूर्ण ब्यौरा 'नेपाली क्रांति-कथा' में है। रेणु ने 'जनता' में 'हिल रहा हिमालय' नाम से धारावाहिक रूप में उसी समय एक लंबा रिपोर्ताज लिखा था, जिसका परिवर्द्धित रूप 'नेपाली क्रांति-कथा' है। यह 1971 में 'दिनमान' के अंकों में धारावाकि रूप से छपा है। इस आंदोलन में जन-संपर्क अधिकारी के रूप में रेणु पर्चे-गीत वगैरह लिखने के साथ ही 'मुक्ति-संदेश' नामक एक बुलेटिन का प्रकाशन भी करते थे। तारिणीप्रसाद कोइराला के साथ मिलकर उन्होंने इस क्रांति के समय ही स्वतंत्र प्रजातंत्र नेपाल रेडियो की स्थापना भी की थी। आज नेपाल में लंबे समय के बाद पुनः प्रजातांत्रिक सरकार कार्यरत है और इतिहास बन चुकी इस 'क्रांति-कथा' का पुनरवलोकन अब और भी जरूरी हो गया है।

रेणु ने कई किसान-आंदोलनों में भाग लिया था। 25 नवम्बर, 1949 को पटना में ऐतिहासिक किसान-सम्मेलन हुआ था। इस सम्मेलन में भाग लेने पूरे बिहार से किसान आए थे। पूर्णिया से जिन किसानों का जत्था इस सम्मेलन में भाग लेने आया था उन किसानों के मार्च का अभूतपूर्व चित्रण 'नए सवेरे की आशा' नामक रिपोर्ताज में है। इस रिपोर्ताज के केन्द्रीय पात्र 'ज्ञान' में रेणु का अपना व्यक्तित्व समाहित है। पूर्णिया से लेकर पटना तक का यह किसान-मार्च रेणु के लिए नए सवेरे की आशा थी। 'नए सवेरे' से उनका तात्पर्य 'मजदूर-किसान राज्य'

▲ अज्ञेय, डा. रामवचन राय के साथ फोटो : अबोध

▼ जयप्रकाश नारायण के साथ फोटो : राबिन शॉ पुष्प

एक बलन्द खुदी उर्फ मशहूर नकबेसर का किस्सा (गुटका)

—— फणीश्वरनाथ रेणु

तब, श्री चित्रगुप्तजी ने चिंतातुर होकर एक लम्बी सांस ली और बिहार के नक्शे की ओर देखा। अपने लेखनशाला के लेखपालों की ओर मुड़ कर बोले — नहीं, इस जीव का जीवन-लेख मैं स्वयं लिखूंगा।... मुझे ही लिखना होगा।

बिहार प्रांत के मानचित्र में — पूर्णियां जिले के उत्तरी कछार पर एक उजाड़-झाड़-झंखाड़ और जंगली इलाके की भूमि पर उंगली डाल कर बोले — यहां, इस गांव में एक ऐसे जीव को भेजा जा रहा है जो एक ही साथ सुर और असुर, सुंदर और असुंदर, पापी और विवेकी, दुरात्मा और संत, आदमी और सांप, जड़ और चेतन — सब कुछ होगा। धरती की विशेष 'मांग' [इनडेन्ट] पर इसे विशेष रूप से भेजा जा रहा है।

अतः 4 मार्च 1921 ई० शुक्रवार को उस उजड़े-से औराही-हिंगना गांव में जब आम की डालियां मधुमती-मंजरियों से झुक गईं, फगुनिया-मधुमाती हवा धूम मचाने लगी तो नकबेसर लेकर उड़ भागनेवाला कागा अचानक अमंगल की आशंका से अशुभ और डरावनी 'भाखा' में — कक-ककाँ-आँ-आँ-ग-वँ-वँ-ऽऽ — बोल उठा। कि, उसके 'लोल' (चोंच) से नकबेसर (रतनजटित) छूट कर धरती पर गिरा और त्राहि त्राहि कर उठा।... एक अंधकूप-घर के घुप्प-अंधेरे में, इलाके की मशहूर डायन-बूढ़ी की जलती हुई निगाह कुछ ढूंढ़ने लगी तथा अपनी पुतोहू के कोख से निकली हुई संतान को 'पुल्लिंग' पाकर परम प्रसन्न हुई। किंतु, नवागत-नवजात

▲ रेणु की हस्तलिपि का नमूना

संपादकीय

रेणु रचनावली के इस खंड में रिपोर्ताज, राजनीतिक, सामाजिक विषयों पर लिखी गई टिप्पणियाँ एवं रपटें तथा रेणु से साक्षात्कार और अनुवाद संकलित हैं। एक महत्त्वपूर्ण उपन्यासकार एवं कहानीकार के साथ ही उनका महत्त्व एक सशक्त रिपोर्ताज-लेखक के रूप में भी है। हिंदी में रिपोर्ताज बहुत कम लिखे गए हैं। रेणु के रिपोर्ताज इस कमी को पूरा करते हैं। 'धर्मयुग' ने 1963-64 में हिंदी के महत्त्वपूर्ण कथाकारों की कहानियाँ प्रकाशित की थीं। उन कहानियों के बीच रेणु का कथा-रिपोर्ताज 'पुरानी कहानी : नया पाठ' प्रकाशित हुआ। इस रिपोर्ताज के साथ रेणु का यह वक्तव्य गौरतलब है–"...गत महायुद्ध ने चिकित्सा-शास्त्र के चीर-फाड़ (शल्य-चिकित्सा) विभाग को पेनसिलिन दिया और साहित्य के कथा-विभाग को रिपोर्ताज !" रेणु के इस वक्तव्य से यह स्पष्ट है कि रिपोर्ताज कथा-साहित्य की ही एक उपविधा है एवं इसकी उत्पत्ति द्वितीय विश्वयुद्ध के दौरान हुई, हालाँकि पहले भी इस प्रकार का कुछ साहित्य रचा गया था। हिंदी में इस विधा की विधिवत शुरुआत करनेवाले रेणु ही है। उनका पहला रिपोर्ताज 'बिदापत-नाच' साप्ताहिक 'विश्वमित्र' में 1945 में प्रकाशित हुआ था। रांगेय राघव का बंगाल के अकाल पर लिखा हुआ रिपोर्ताज इसके बाद ही प्रकाशित हुआ। यह खेद का विषय है कि रेणु के विपुल संख्या में ['मैला आँचल' के पूर्व] जो रिपोर्ताज प्रकाशित हुए, उनमें बहुत कम ही उपलब्ध हो पाए हैं। जो रिपोर्ताज अब तक उपलब्ध नहीं हो पाए हैं, उनका विवरण यहाँ प्रस्तुत है।रेणु का पहला महत्त्वपूर्ण रिपोर्ताज 'जै गंगा' है, जो साप्ताहिक 'जनता' में 1947 ई. में प्रकाशित हुआ। इसी क्रम में, दूसरा महत्त्वपूर्ण रिपोर्ताज 'डायन कोसी' है, जो 'जनता' में 1948 में प्रकाशित हुआ। रेणु का तीसरा महत्त्वपूर्ण अनुपलब्ध रिपोर्ताज 'एक टू आस्ते-आस्ते' है, जिस पर अश्लीलता का आरोप लगाया गया था और तत्कालीन सोशलिस्ट पार्टी में लंबी बहस चली थी। चौथा महत्त्वपूर्ण अनुपलब्ध रिपोर्ताज 'रामराज' है। नेपाली क्रांति के बाद रेणु का सबसे लंबा रिपोर्ताज 'हिल रहा हिमालय' धारावाहिक रूप में 'जनता' में ही प्रकाशित हुआ, जिसका पुनर्लेखन कर रेणु ने बाद में 'नेपाली क्रांति-कथा' के रूप में प्रकाशित करवाया। डालमियानगर में मजदूरों के आंदोलन

पर 'घोड़े की टाप पर लोहे की रामधुन' नामक रिपोर्ताज़ 1950 ई. में प्रकाशित हुआ। रेणु 1950-51 में अपने रिपोर्ताजों का संग्रह प्रकाशित करना चाहते थे, साथ ही 'हिल रहा हिमालय' को अलग पुस्तक-रूप में। पर अर्थाभाव के कारण उनका प्रकाशन नहीं हो सका। 1952 के बाद वे 'मैला आँचल' के लेखन-प्रकाशन में लगे और ये रिपोर्ताज असंकलित रह गए। रेणु बाद में इन्हें खोजते-तलाशते रहे, पर वे उन्हें उपलब्ध नहीं हो सके। मुझे भी बरसों की खोज-यात्रा के बाद उनके प्रारंभिक चार रिपोर्ताज ही उपलब्ध हो पाए।

रेणु के रिपोर्ताजों की कई श्रेणियाँ हैं। कुछ रिपोर्ताज कहानी-विधा के करीब हैं, जैसे–'हड्डियों का पुल', 'नए सवेरे की आशा', 'जीत का स्वाद', 'पुरानी कहानी : नया पाठ' आदि। इसीलिए उनके 'डायन कोशी' एवं 'पुरानी कहानी : नया पाठ' को कहानी-संकलनों में शामिल किया गया। 'नेपाली क्रांति-कथा' औपन्यासिक शिल्प में लिखा गया रिपोर्ताज है। 'सरहद के उस पार' एवं 'एकलव्य के नोट्स' रिपोर्ट के करीब हैं एवं इनका समाजशास्त्रीय महत्त्व है। 'समय की शिला पर : सिलाव का खाजा' एवं 'भूमिदर्शन की भूमिका' यात्रा-कथात्मक शिल्प में लिखे गए रिपोर्ताज हैं। 'रस के बस में–चार रात', 'युद्ध की डायरी', 'श्रुत-अश्रुत पूर्व' एवं 'पटना-जलप्रलय' रोजनामचा शैली में एवं ''तीसरी कसम' के सेट पर तीन दिन' फिल्म-निर्माण की प्रक्रिया को व्यक्त करनेवाले संस्मरणात्मक रिपोर्ताज हैं। इस तरह, रेणु रिपोर्ताज-विधा को एक बहुआयामी स्वरूप और व्यक्तित्व प्रदान करते हैं। इस विधा का हिंदी में प्रारंभ करने के साथ ही वे इसका चरम विकास करते हैं।

रघुवीर सहाय ने रेणु पर एक छोटी टिप्पणी लिखी है, रिपोर्ताज-संग्रह–'ऋणजल-धनजल' की भूमिका में। उस टिप्पणी में रघुवीर सहाय ने रेणु की विशेषताओं का उल्लेख किया है, खासकर उनके रिपोर्ताजों के संबंध में–"वह जैसा सोचते थे, वैसा बोलते थे और जैसा बोलते थे, वैसा लिखते थे–और फिर जब उसको पढ़ो तो लगता था कि रेणु बोल रहे हैं।" रेणु की यह विशेषता उनके 'ऋणजल-धनजल' के रिपोर्ताजों में कुछ ज़्यादा ही है। रघुवीर सहाय ने जो अन्य विशेषताएँ रेखांकित की हैं, वे हैं : "उनके लेखन में अपूर्व वर्णन-शक्ति है और वह सिवाय उतनी ही अपूर्व पर्यवेक्षण-शक्ति के और कहाँ से आ सकती है ? वह चारों ओर जो कुछ देखते हैं, उसके ब्यौरे उनके लिए रमणीय होते हैं, पर लिखने के लिए स्मृति में रखने योग्य ब्यौरों का चुनाव करते समय वे निर्ममता से बहुत-से ब्यौरों को रद्द करते जाते होंगे, यह स्पष्ट है। यह दुर्लभ गुण उन्हें तमाम हिंदी-लेखकों से ऊँचे स्थान पर ला बिठाता है जो ब्यौरों को घटिया लोगों का रोजगार और उपदेश को अथवा दार्शनिकता को श्रेष्ठ साहित्यिक कर्म मानते हैं। रेणु का देखना एक ही साथ बाहर और भीतर दोनों ओर होता है। यही उनके ब्यौरों को अर्थ दे जाता है : अलग से अर्थ गढ़कर बनाने की जरूरत तो उन्हें होती ही नहीं, सही शब्दों से उलथा करके बताना भी उनकी शैली में आवश्यक हो जाता है।" ... रेणु के लेखक के ये दुर्लभ गुण सिर्फ़ उनके रिपोर्ताजों में ही नहीं दिखाई पड़ते,

बल्कि हर विधा में उनका इस्तेमाल हुआ है।

रेणु का पहला रिपोर्ताज 1945 में प्रकाशित हुआ एवं अंतिम पटना-जलप्रलय पर 1975 में, यानी उनके लेखन के प्रारंभिक दौर से अंतिम दौर तक रिपोर्ताज-विधा से उनका गहरा जुड़ाव रहा। रेणु ने इस विधा का हिंदी में प्रारंभ करने के साथ ही उसे विकास के चरम पर भी पहुँचाया। रेणु के रिपोर्ताजों में 1945 से 1975 तक के बीच की कई भूली-बिसरी घटनाएँ, कथाएँ, प्रसंग और जीवन-स्थितियाँ तो प्रस्तुत हुई ही हैं, इनमें रेणु का अपना असली व्यक्तित्व, उनके विभिन्न प्रकार के 'मूड्स', उनकी आस्था और विश्वास के दर्शन भी होते हैं। इनमें रेणु का कथाकार लोक-जीवन से लेकर बंबई की फिल्मी दुनिया तक जाता है, नेपाल के मुक्ति-संग्राम में सशरीर भाग लेता है और पाकिस्तान-युद्ध तथा बांग्लादेश-मुक्ति संग्राम की बारीक से बारीक ध्वनियाँ सुनता है। बाढ़ और सूखा–ये दो त्रासदियाँ हर वर्ष देश में कहीं न कहीं घटित होती रहती हैं और रेणु के बाढ़ और अकाल के रिपोर्ताज़ आज भी मानो भूख और गरीबी से लड़ते मनुष्यों की संघर्ष-गाथा प्रस्तुत करते दिखाई पड़ते हैं।

रेणु का पहला रिपोर्ताज–'बिदापत-नाच'–कई दृष्टियों से महत्त्वपूर्ण है। इसका महत्त्व इस बात में हैं कि रेणु अपने ग्रामीण इलाके के दलित वर्ग में प्रचलित इस अनूठे नृत्य-संगीत को लेकर उपस्थित होते हैं, एवं इसका दूसरा महत्त्व इसकी शैली को लेकर है। यह रिपोर्ताज यह बताता है कि रेणु की भाषा-शैली 1945 में ही आकार ग्रहण कर चुकी थी। बाद में रेणु ने 'मैला आँचल' में भी 'बिदापत-नाच' के एक दृश्य का संयोजन किया। उनकी प्रसिद्ध कहानी 'रसप्रिया' बिदापत-नाच के एक कलाकार पंचकौड़ी मिरदंगिये को लेकर लिखी गई।

रेणु के इलाके से सटा नेपाल का प्रसिद्ध शहर–विराटनगर। यहीं उनका प्रारंभिक जीवन कोइराला-बंधुओं के सान्निध्य में गुजरा। यहीं उन्हें साहित्य और राजनीति की दीक्षा मिली। इसीलिए उन्होंने नेपाल के दो बड़े जन-आंदोलनों में जमकर हिस्सा लिया। 'सरहद के उस पार' में विराटनगर के मिल-मजदूरों की बदतर जीवन-स्थितियों का यथार्थ चित्र खींचने के साथ ही वहाँ के पूंजीपतियों एवं राणाशाही पर तीखा व्यंग्य है। इसके अलावा इस रिपोर्ताज में रेणु के प्रखर वामपंथी स्वरूप का भी दर्शन होता है। इस रिपोर्ताज का प्रकाशन 2 मार्च, 1947 को साप्ताहिक 'जनता' में हुआ और इसके प्रकाशन के ठीक दो दिनों बाद, यानी 4 मार्च से विराटनगर के मिल-मजदूरों का ऐतिहासिक आंदोलन शुरू हुआ। इस आंदोलन के संदर्भ में कुछ बातें स्पष्ट करना यहाँ जरूरी होगा, क्योंकि यही आंदोलन बाद में चलकर नेपाल में पहली बार (1951 में) प्रजातांत्रिक सरकार के लिए चले ऐतिहासिक संघर्ष की पृष्ठभूमि यानी 'नेपाली क्रांति-कथा' की भूमिका बना। विराटनगर में भारत के कई पूँजीपतियों ने कारखाने स्थापित किए। वे राणाशाही की सरकार की सहायता से मिल-मजदूरों के साथ पशुवत् व्यवहार करते। मजदूरों को यूनियन बनाने की भी छूट नहीं थी। वे अपनी जायज माँगों को लेकर हड़ताल नहीं कर सकते थे।

रेणु उनकी यथार्थ दशा को लेकर जब 'सरहद के उस पार' लिख रहे थे, उसी समय उनके बीच दबे-छुपे ढंग से कोइराला-बंधुओं के साथ यूनियन भी कायम कर रहे थे। उन्होंने तभी एक लंबा रिपोर्ताज भी लिखा था–'विराटनगर की खूनी दास्तान', जो एक पुस्तिका के रूप में प्रकाशित हुआ था। [खेद है, उसकी प्रति अब तक उपलब्ध नहीं हो पाई है। इस रिपोर्ताज की चर्चा आज भी पूर्णिया के कई लोग करते हैं।] 4 मार्च से विराटनगर के मिल-मजदूरों का आंदोलन कोइराला-बंधुओं के नेतृत्व में शुरू हुआ। पूर्णिया जिले के प्रमुख सोशलिस्ट कार्यकर्त्ता एवं रेणु भी इस आंदोलन में पूरी तरह शरीक थे। इस आंदोलन को कुचलने के लिए राणा सरकार ने गोलियाँ चलवाईं, जिसमें कई मजदूर मारे गए एवं असंख्य घायल हुए। रेणु भी इस आंदोलन में जख्मी हुए। मजदूरों का यह आंदोलन नेपाल के कई शहरों में फैल गया। नेपाल की जनता जगह-जगह सड़कों पर उतर आई और निरंकुश राणाशाही के खिलाफ प्रदर्शन करने लगी। नेपाल में यह पहला इतना बड़ा आंदोलन था। पर अन्ततः इसे दबा दिया गया। इस आंदोलन के प्रायः सभी प्रमुख व्यक्तियों को जेल में बंद कर दिया गया। रेणु एवं उनके साथियों को जोगबनी में गिफ्तार कर पूर्णिया जेल में बंद कर दिया गया। पूर्णिया के अंग्रेज डी.एस.पी. ने रेणु एवं उनके साथियों पर अमानुषिक अत्याचार किये। जेल से बाहर आने के बाद रेणु ने इस संदर्भ पर एक और रिपोर्ताज़ लिखा–'डी.एस.पी. की बड़ी-बड़ी मूँछें'। इसका प्रकाशन भी स्वतंत्र पुस्तक-रूप में हुआ था। पर यह रिपोर्ताज भी अब तक उपलब्ध नहीं हो पाया है। 1950 के अंतिम दिनों में राणाशाही के खिलाफ दूसरा सशक्त संग्राम शुरू हुआ, जिसका संपूर्ण ब्यौरा 'नेपाली क्रांति-कथा' में है। रेणु ने 'जनता' में 'हिल रहा हिमालय' नाम से धारावाहिक रूप में उसी समय एक लंबा रिपोर्ताज लिखा था, जिसका परिवर्द्धित रूप 'नेपाली क्रांति-कथा' है। यह 1971 में 'दिनमान' के अंकों में धारावाकि रूप से छपा है। इस आंदोलन में जन-संपर्क अधिकारी के रूप में रेणु पर्चे-गीत वगैरह लिखने के साथ ही 'मुक्ति-संदेश' नामक एक बुलेटिन का प्रकाशन भी करते थे। तारिणीप्रसाद कोइराला के साथ मिलकर उन्होंने इस क्रांति के समय ही स्वतंत्र प्रजातंत्र नेपाल रेडियो की स्थापना भी की थी। आज नेपाल में लंबे समय के बाद पुनः प्रजातांत्रिक सरकार कार्यरत है और इतिहास बन चुकी इस 'क्रांति-कथा' का पुनरवलोकन अब और भी जरूरी हो गया है।

रेणु ने कई किसान-आंदोलनों में भाग लिया था। 25 नवम्बर, 1949 को पटना में ऐतिहासिक किसान-सम्मेलन हुआ था। इस सम्मेलन में भाग लेने पूरे बिहार से किसान आए थे। पूर्णिया से जिन किसानों का जत्था इस सम्मेलन में भाग लेने आया था उन किसानों के मार्च का अभूतपूर्व चित्रण 'नए सवेरे की आशा' नामक रिपोर्ताज में है। इस रिपोर्ताज के केन्द्रीय पात्र 'ज्ञान' में रेणु का अपना व्यक्तित्व समाहित है। पूर्णिया से लेकर पटना तक का यह किसान-मार्च रेणु के लिए नए सवेरे की आशा थी। 'नए सवेरे' से उनका तात्पर्य 'मजदूर-किसान राज्य'

कायम करने से था। वे मजदूर-किसान राज्य की स्थापना को ही असली 'सुराज' मानते थे।

'हड्डियों का पुल' 1950 में अकाल पर लिखा गया रिपोर्ताज है, जो 1966 में लिखे गए 'भूमिदर्शन की भूमिका' से कई अर्थों में भिन्न है। 1950 में पूर्णिया-सहरसा का अकाल यानी अन्न संकट और भुखमरी बाढ़ आने के बाद की पैदा हुई स्थिति है, जबकि 1966 का दक्षिण बिहार का अकाल सूखे यानी अनावृष्टि (ऋणजल) के कारण पड़ा था। 'हड्डियों का पुल' की संरचना रेणु की कहानियों के ज्यादा करीब है, इसीलिए रेणु ने अपने व्यक्तित्व को राजेन नामक पात्र का रूप दिया है, जबकि 'भूमिदर्शन की भूमिका' की संरचना कथात्मक है। इन दोनों रिपोर्ताजों में रेणु भूखे, नंगे, दलित वर्ग के लोगों के बीच हमें चुपचाप ले जाकर खड़ा कर देते हैं। भूख से तड़प-तड़पकर मरते हुए मनुष्यों का दर्शन करवाकर रेणु मानो 'असली हिंदुस्तान' से ही साक्षात्कार करवाते हैं। इन दोनों रिपोर्ताजों में वे जीवन की विसंगतियाँ दिखलाकर व्यंग्य करते हैं।

अकाल पर लिखे गए रिपोर्ताजों की तरह ही बाढ़ पर लिखे गए रिपोर्ताजों में भी जीवन की विपरीत स्थितियों एवं भंगिमाओं को उभारने में रेणु ने व्यंग्य का सहारा लिया है। यहाँ व्यंग्य जीवन की गहरी करुणा से उभरकर आ रहा है, इसीलिए वह इतना प्रभावशाली है। रेणु के बाढ़ पर लिखे दो रिपोर्ताज यहाँ संकलित हैं–'पुरानी कहानी : नया पाठ' और 'पटना-जलप्रलय'। 1950 के पूर्व रेणु के दो रिपोर्ताज बाढ़ पर प्रकाशित हुए थे–'जै गंगा' और 'डायन कोशी'। ये दोनों रिपोर्ताज अब तक अनुपलब्ध हैं। बाढ़ का आना रेणु के लिए पुरानी कहानी की तरह है, पर उसके नए पाठ को प्रस्तुत करने का उद्देश्य है–मौजूदा राजनीति और समाज के प्रतिनिधि 'जनसेवकजी' के असली चरित्र को उजागर करना, जो इस बाढ़ से पैदा हुए संकट में असली अपराधी हैं।

1975 में पटना में आई बाढ़ पर लिखा रेणु का रिपोर्ताज एक प्रकार से इमरजेंसी की मनःस्थिति को भी अभिव्यक्त करता है। क्या कारण है कि रेणु के इस रिपोर्ताज में 'पुरानी कहानी : नया पाठ' वाली तल्खी नहीं है ? पाठक आपात्काल के सेंसरशिप को याद करें, जब यह रिपोर्ताज धारावाहिक रूप में, 'दिनमान' के अंकों में प्रकाशित हो रहा था। रेणु बेहद पीड़ित मनःस्थिति में इन दिनों जी रहे थे। वे शमशेरबहादुर सिंह के एक शेर को बार-बार याद करते हैं–"जहाँ में अब तो जितने रोज अपना जीना होना है। तुम्हारी चोटें होती हैं, हमारा सीना होना है।"

'जीत का स्वाद' कानपुर में हुए भारत-आस्ट्रेलिया टेस्ट मैच की रनिंग कमेंट्री को प्रस्तुत करता एक कहानीनुमा रिपोर्ताज है। इसमें रेणु के क्रिकेट-प्रेमी होने का पता चलता है। 'श्रुत-अश्रुत पूर्व' बांग्लादेश मुक्ति संग्राम पर लिखा गया रिपोर्ताज है एवं 'युद्ध की डायरी' 1965 के भारत-पाकिस्तान युद्ध पर। इन दोनों रिपोर्ताजों में रेणु घटना-स्थल पर नहीं जाते, बल्कि युद्ध के वक्त की अपनी मनःस्थिति एवं

जीवन-स्थति के चित्र ज्यादा अंकित करते हैं। इन रिपोर्ताजों में उनका छटपटाता हुआ, व्याकुल हृदय अभिव्यक्त है। ये रिपोर्ताज आत्म-निष्ठ होते हुए भी अपनी सांकेतिकता में विस्तार लिए हैं।

'एकलव्य के नोट्स' रिपोर्ताज का प्रकाशन उपेन्द्रनाथ अश्क द्वारा संपादित साहित्य संकलन 'संकेत' (1955) में हुआ था। यह रेणु के अन्य रिपोर्ताजों से भिन्न है। इसमें एक गाँव में हो रहे नए परिवर्तनों का बेहद बारीकी से चित्रण हुआ है। रेणु ने इस रिपोर्ताज के कुछ अंशों को बाद में 'परती-परिकथा' में भी संयोजित किया। 'एकलव्य के नोट्स' को एक गाँव के समाजशास्त्रीय सर्वेक्षण एवं विश्लेषण की दृष्टि से भी पढ़ा जा सकता है।

रेणु के मन में बुद्ध, रामकृष्ण परमहंस और विवेकानंद के प्रति असीम श्रद्धा-भक्ति थी। 'भूमिदर्शन की भूमिका' में 'बौद्धगया' का जहाँ चित्रण है, वहीं बौद्धों और भूख से लड़ते लोगों को देखकर रामकृष्ण परमहंस को याद करना--इसी बात का प्रमाण है। 'समय की शिला पर : सिलाव का खाजा' राजगृह-नालंदा पर लिखा गया यात्रा-कथात्मक रिपोर्ताज है, जिसमें रेणु एक प्रकार से हमें बौद्ध युग में ही ले जाते हैं।

'रस के बस में--चार रात' में रेणु रामकृष्ण मिशन, पटना, में चार रातों तक चलने वाले कार्यक्रमों को देखते हुए रामकृष्ण एवं विवेकानंद के असली और जनवादी स्वरूप का दर्शन कराते हैं। हिंदी के साहित्यकारों में निराला के बाद रेणु ही हैं, जो रामकृष्ण-विवेकानंद के प्रति असीम श्रद्धा-भाव रखते हैं एवं रामकृष्ण मिशन में दीक्षित हैं। रेणु के मन के एक कोने में रामकृष्ण सदैव विराजमान रहते हैं। पटना के बाढ़वाले रिपोर्ताज में रेणु ने रामकृष्ण का चित्रण उन्हें डाँटते हुए, बोलते-बतियाते हुए अद्भुत रूप में किया है। रेणु का मानना है कि रामकृष्ण 'सूखा संन्यासी' नहीं थे। वे 'रस' में डूबे हुए थे। यदि, "रामकृष्ण रस के बस में नहीं रहते, सूखा संन्यासी हो जाते, तो-तो मैं समझता हूँ--आज बंगाल में न कोई गीत गाता, न नाटक खेलता, न फिल्म बनाता, न चित्र आँकता, न साहित्य-सृष्टि करता। ...मात्र, बारूद का गोदाम।"

रेणु की 'तीसरी कसम अर्थात् मारे गए गुलफाम' कहानी पर सुप्रसिद्ध गीतकार शंकर शैलेंद्र ने 'तीसरी कसम' फिल्म बनाई थी। फिल्म-निर्माण के सिलसिले में शैलेंद्र रेणु को बार-बार बंबई बुलाते। अपनी पहली बंबई यात्रा पर उन्होंने लंबा रिपोर्ताज़ लिखा, जो बंबई से प्रकाशित सिने साप्ताहिक 'ऊर्वशी' के पाँच अंकों में प्रकाशित हुआ था। उसका पहला अंक ही अब तक उपलब्ध हो पाया है। 'तीसरी कसम' के फिल्मांकन के संदर्भ में ही उनके दो अन्य रिपोर्ताज 'धर्मयुग' में प्रकाशित हुए। ये तीनों रिपोर्ताज संस्मरणात्मक हैं।

●

रेणु ने 'दिनमान' के प्रकाशन-वर्ष 1965 से लेकर 1967 तक एक रिपोर्टर की

हैसियत से बिहार का प्रतिनिधित्व किया था। 'दिनमान' में उस दौरान लिखी गई रपटों का एक संकलन 'एकांकी के दृश्य' राजकमल से 1986 में छपा है।

रेणु ने हजारीबाग के कांग्रेस सम्मेलन की समाप्ति तथा पटना के छात्रों पर 'विद्या ददाति' शीर्षक से एक टिप्पणी लिखी थी। यह अप्रकाशित रह गई थी। इसे सर्वप्रथम 'सारिका' के रेणु स्मृति अंक, अप्रैल 1979 में प्रकाशित किया गया था। मैंने इसका शीर्षक 'सम्मेलन की झलकियाँ' रखा है। शेष सभी रपटें, टिप्पणियाँ 'दिनमान' में ही प्रकाशित हैं। सबके अंत में उनके प्रकाशित अंकों की तिथि दे दी गई है।

●

रेणु रचनावली के इस खंड में रिपोर्ताजों एवं रपटों के साथ ही रेणु से समय-समय पर लिए गए साक्षात्कारों एवं बातचीत को भी संकलित किया गया है। बोलते-बतियाते रेणु को देखना एक सुखद अनुभव की तरह है। इन साक्षात्कारों में रेणु का अपना जीवन, उनकी मान्यताएँ, उनका विश्वास, उनकी विचारधारा, उनकी समय-समय की मनःस्थितियाँ उजागर हुई हैं। रेणु का पहला इण्टरव्यू 'अवंतिका' पत्रिका में उस वक्त छपा था, जब 'मैला आँचल' पर तीव्र निषेधात्मक आलोचनाएँ छप रही थीं एवं ढेर सारे विवाद चल रहे थे। इस इण्टरव्यू को इन विवादों एवं विरोधी आलोचनाओं को निरस्त करनेवाले एक लेख के साथ (सुश्री) गौरा, एम.ए., के नाम से प्रस्तुत किया गया था। 'अवंतिका' में जब यह प्रकाशन के लिए आया था, तो रेणु से अंतरंग रूप में जुड़े कुछ लेखकों ने उसकी लिखावट से पहचाना कि यह तो स्वयं रेणु का ही लिखा हुआ है। उन्होंने इसका प्रचार भी किया। तब रेणु ने 'प्रकाशन-समावार' में गौरा को गौरा मुखर्जी के रूप में प्रस्तुत करते हुए एक पत्र छपवाया–गौरा मुखर्जी के ही नाम से और यह सिद्ध किया कि रेणु गौरा मुखर्जी नहीं हैं। 'प्रकाशन-समाचार' के संपादक ओमप्रकाशजी बाद में रेणु के इस प्रकरण को रस ले-लेकर सुनाया भी करते थे। रेणु का वह लेखनुमा इण्टरव्यू महत्त्वपूर्ण है। उसमें रेणु प्रेमचंद की परंपरा में नागार्जुन को रखने की वकालत करते हुए, स्वयं को बंगला के ताराशंकर, सतीनाथ भादुड़ी आदि की परंपरा में रखने की बात करते हैं। रेणु कहते हैं–"प्रेमचंद बहुत महान् थे, उनके आसन पर मेरे जैसे अयोग्य को देखकर कुछ न्यायप्रिय लोगों को व्यर्थ तकलीफ होगी।" वे नागार्जुन के विषय में कहते हैं–"सही माने में प्रेमचंद की परंपरा को फिर से 'बलचनमा' ने ही अपनाया। नागार्जुन पर बहुत भरोसा है मुझे। ···मेरी स्थिति उस छोटे भाई-सी है, जो अपने बड़े भाई के बल पर बड़ी-बड़ी बातें करता है।" लंबे समय से बिहार में 'नागार्जुन-बनाम रेणु' नामक बहस चलानेवालों को नागार्जुन के बारे में रेणु की इस राय को अवश्य देखना चाहिए।

रेणु के साक्षात्कारों को पढ़ना–उनसे मिलने की तरह है। वह मूलतः एक किसान हैं–ठेठ भारतीय किसान ! रेणु का पूरे हिंदुस्तान के जन-जीवन को देखना–उसी

दृष्टि से है। एक राग-भरी कृषक-दृष्टि ! मध्यकालीन संत कवियों को पढ़ने पर जो उनकी छवि बनती है–रेणु से साक्षात्कार करते हुए वही छवि ! रेणु के जीवन के कई आयाम हैं, कई प्रसंग। क्या कहें, रेणु का चरित्र बहुआयामी है। इसमें एक कृषक का, एक लेखक का, एक राजनीतिज्ञ का, एक बीमार का, एक कैदी का··· और भी कई आयाम एवं प्रसंग ! रेणु से लिए गए साक्षात्कार इन सभी प्रसंगों पर हैं, यानी ये रेणु के पूरे जीवन से साक्षात् कराते हैं। 'खेती करने में कविता करने का आनंद' पानेवाले रेणु का मन, 'बीमारों की दुनिया में' जी रहे रेणु का मन, जेल में पीड़ित मनःस्थिति में रह रहे रेणु का मन, चुनाव लड़ रहे रेणु का मन, आंदोलन में भाग ले रहे रेणु का मन और इमरजेंसी के दौरान का रेणु का मन–एक ही मन हैं या अनेक ? रेणु बातचीत करते हुए और अपने बारे में लंबे संस्मरण सुनाते हुए इसमें मिलते हैं, जिनका रेणु के पाठकों के लिए बहुत महत्त्व है।

रेणु के घनिष्ठ मित्र और बंगला के प्रसिद्ध कथाकार ताराशंकर बंद्योपाध्याय तथा सतीनाथ भादुड़ी चाहते थे कि रेणु उनकी कृतियों का हिन्दी अनुवाद करें। पर रेणु ने सिर्फ विश्वेश्वरप्रसाद कोइराला की कथाकृतियों के ही अनुवाद किये। इसके पीछे एक कारण यह हो सकता है कि हमारे यहाँ नेपाली से हिन्दी में अनुवाद की उस समय कोई परंपरा नहीं थी, दूसरे रेणु का कोइराला परिवार से घनिष्ठ संबंध भी था। इस खंड में कोइराला की दो कथाकृतियों के अनुवाद भी शामिल हैं।

बोकारो स्टील सिटी
18 अक्तूबर, 1993

भारत यायावर

अनुक्रम

साक्षात्कार

अनूदित रचनाएँ (नेपाली से)

और अन्त में···

रिपोर्ताज

बिदापत-नाच

नृत्य-कला के आचार्य श्री उदयशंकरजी से प्रार्थना करूँगा कि वे इसे मेरी अनधिकार चेष्टा कदापि नहीं समझें। मेरा तो अनुमान है कि उन्होंने इस 'नाच' का नाम भी नहीं सुना होगा।

ओरियंटल और क्लासिकल नृत्य से दिलचस्पी रखनेवाले पाठक-पाठिकाओं का समय व्यर्थ ही बर्बाद न हो, इसलिए मैं पहले ही अर्ज कर देता हूँ–यह महज़ 'बिदापत-नाच' है।

इस नाच की उत्पत्ति दरभंगा जिले में हुई, ऐसा अनुमान किया जाता है। पता नहीं, अपनी जन्मभूमि में इसकी क्या अवस्था है, किंतु उत्तरी बिहार के कुछ जिलों तथा भागलपुर, पूर्णिया आदि के गाँवों में आज भी इसकी 'कद्र' है। यह निम्न स्तर के लोगों की ही चीज रह गई है। तथाकथित भद्र समाज के लोग इस नाच को देखने में अपनी हेठी समझते हैं, लेकिन मुसहर, धाँगड़, दुसाध के यहाँ–विवाह, मुंडन तथा अन्य अवसरों पर इसकी धूम मची रहती है।

जब से मैं अपने को भद्र और शिक्षित समझने लगा, तब से इस नाच से दूर रहने की चेष्टा करने लगा, किंतु थोड़े दिनों के बाद ही मुझे अपनी गलती मालूम हुई और मैं इसके पीछे 'फिदा' रहने लगा। दुख है कि मुझे असफलता ही हाथ लगी। नाच के समय ज्योंही मैं पहुँच जाता, नाचनेवाले के पाँव शिथिल पड़ जाते, मृदंग की आवाज धीमी पड़ जाती और नाच बंद होने-होने को हो जाता। दर्शकों में कानाफूसी होने लगती, मैं अपना-सा मुँह लेकर वापस हो आता। मेलों में प्रायः अपने दिल की साध पूरी कर लेता हूँ, पर थोड़ी देर के लिए ही। ज्यों ही दर्शकों की निगाहें मुझ पर केंद्रित हुईं कि सब 'गुड़-गोबर' !

हाँ, तो–'बिदापत-नाच' में साधारणतः सात-आठ कलाकार रहते हैं। दो ही वाद्य-यंत्र–मृदंग और मंजीरा। एक या दो नाचनेवाले, एक बिकटा (विदूषक) और दो-तीन सहायक गवैये। लाल सालू की घाँघरी और पीतल-काँसे के गहनों को साज के लिए पर्याप्त समझा जाता है। घुंघरू अथवा पैंजनी की कोई आवश्यकता

नहीं। चेहरे पर कालिख पोतकर, घुटने तक तंग पतलून और हाथ में एक 'थुथनीदार' छड़ी लेकर कोई भी 'बिकटा' बन जा सकता है। काने, कुब्जे अथवा अंग-भंग व्यक्तियों को तो सफल बिकटे की 'सर्टिफिकेट' मिली ही रहती है। इस नाच की सफलता एक सफल 'बिकटे' पर ही निर्भर करती है। नर्तकों में, वयस्क नर्तक को ही पार्टीवाले तरजीह देते हैं।

आइए, आज आप भी मेरे साथ थोड़ी देर के लिए भद्रता का चोगा उतार फेंकिए। वहाँ, मुसहर टोली में जो भीड़ जमा है, वहीं आज 'बिदापत-नाच' होने जा रहा है। कोल, मुसहर और धाँगड़ की सारी बस्ती उमड़ आई है। युवक-युवतियाँ, बूढ़े, बच्चे—सभी नाच शुरू होने की प्रतीक्षा कर रहे हैं।

'धृंग-धा, धृंग-धा तिन्ना'—मृदंग बजकर चुप हो गया।

'कुन कुन कुन कुन··· ' मंजीरे ने एक स्वर में साथ दिया।

'गननायकं फलदायकं पंडितम् पतितम्··· '

आप हँस पड़े। यदि नाच देखना हो, तो चुपचाप देखते-सुनते जाइए। हँसिए-बोलिए मत।··· जी हाँ, यह मंगलाचरण था। शुद्ध संस्कृत ?

'धृंगा धृंगा धृंगा धृंगा'—मृदंग बोलने लगा।

'किनकां किनकां किनकां किनकां'—मंजीरे ने साथ दिया।

नर्तक ने समाजिए के चारों ओर भाँवरी (चक्कर) देना शुरू किया। 'बिकटा' भी उसके पीछे-पीछे चक्कर लगा रहा है और मृदंग के प्रत्येक 'धृंगा' पर मुँह विकृत कर जोर-जोर से 'ओय्-ओय्-ओय्' करता है।

'धिरिनांगि-धिरिनांगि-धिरिनांगि'—मृदंग ने ताल बदला।

'किनकां-किनकां··· '

अब नर्तक एक ही स्थान पर जमकर झूमने लगा। गंदी घाँघरी फूल की तरह खिल गई और उससे गुमी हुई दुर्गंध निकलकर चारों ओर फैलने लगी। 'बिकटा' भी नर्तक का अनुकरण कर रहा है, पर बेचारे का तंग पतलून खिले तो कैसे! इसलिए वह अपने दोनों हाथों को दोनों ओर फैलाकर नाच रहा है।

'धिरिनांगि-तिनता, तिटक-तिटक-धा, तिटकल गदगिन धा !'

ताल समाप्त। ताल के साथ ही नाचना शेष हुआ और नर्तक घूँघट काढ़कर दर्शकों की मंडली में छिपकर बैठ रहा। इधर बिकटा उसे खोज रहा है, यहाँ तक कि समाजियों की आँखों की तलाशी भी करने लगता है।

'धृंगा-धृंगा'—

'धिन-तिनक तिनक, धिन-तिनक-तिनक'—मृदंग बोला।

'हे··· ' समाजियों ने सुर में सुर मिलाया—

'हे लेल परबेश परम सुकुमारि
हंस गमन वृषभान दुलारि··· '

दर्शकों के बीच से 'नर्तक' उठकर घूँघट काढ़कर धीरे-धीरे हंस की चाल में नाचते हुए प्रकट हो रहा है। 'बिकटा' हर्ष से ताल पर 'ओय् ओय् ओय्' करने लग जाता है।

'धिन तिनक् तिनक् धिन तिनक् तिनक्'
'हे ! तन मन बदन पवन सहजोर हे
दामिनी ऊपर उगलन्हि चाना··· '

नर्तक घूँघट हटा लेता है, चंद्रमुख (घुटी हुई दाढ़ी-मूँछवाली बेडौल सूरत) देखकर 'बिकटा' के साथ ही साथ दर्शक भी निहाल हो जाते हैं।

'हे अबसर ललिता नयन नहीं हेरे··· '

नर्तक की निगाह एकदम नीची है, लज्जावती लता-सी वह सिकुड़ी हुई नाच रही है अथवा नाच रहा है। 'बिकटा' उसे अपनी ओर आकृष्ट करने के लिए पूरी कोशिश कर रहा है।

'हे बिहँसि उठलि पिऊ देखि सुहागिनि
लाज बदन लेल फेरि··· '

नर्तक विहँसकर मुँह फेर लेता है। विहँसने के समय दंत-पंक्ति (सुर्ती-सेवन से जो काली पड़ गई है) चमक उठती है।··· कृपया आप शांत हो जाइए। जी, जी हाँ, विद्यापति की पदावली हो सकती है, पर यह है 'बिदापत-नाच'।··· न्यू थियेटर्स, विद्यापति, काननबाला, पहाड़ी सान्याल की बकवास बंद कीजिए। आखिर आप अलापने ही लगे–'मोरे अँगना में आए आली, मैं चाल चलूँ मतवाली'–आपको कितना समझाऊँ कि यह बिदापत-नाच है और वह नर्तक है टहलू पासवान, उसका बाप पक्का डकैत था। बाप को काले पानी की सजा हो गई, माँ किसी और के साथ चली गई और यह बचपन से ही नाचने लगा। अपने जवानी के दिनों में इसने धूम मचा दी थी–धूम। हाव-भाव बतलाने में तो अभी भी वह अपना सानी नहीं रखता। इसी हाव-भाव पर रीझकर तो 'परबतिया' अपनी बसी-बसाई गृहस्थी छोड़कर इसके साथ रातों-रात भाग आई थी। हाँ, तो टहलू पासवान यह गा सकता है कि-

'अँगना आएत जब रसिया
पलटि चलब हम इषत् हँसिया
कान्ह जतन बहु करयिन्ह'

लेकिन–'मोरे अँगना में आए आली'–यह बेचारा क्या जाने ?

'धृन्ना धृंगा, तिना-तिन्ना'–मृदंग ने अब दूसरी ताल पकड़ी।

'किन्ना-किन्ना··· ' मंजीरे ने भी बोल बदला।

'सखि हे···
सखि हे, कि पूछसि अनुभव मोहे···'
'जनम अवधि हम रूप निहारलौं,
तबहु न तिरपित भेल।'

'अरे ? चुप ! चुप !!'–बिकटा गुस्से में आकर समाजियों को 'चुप' करा रहा है। एक समाजी उधर जल्दी-जल्दी अंगौछे का कोड़ा बना रहा है।

'तड़ाक्-तड़ाक्' बिकटा महोदय की पीट ज़ो होने लगी। दर्शकों की मंडली मचल पड़ी। अपभ्रंश मैथिली में 'बिकटा' कह रहा है कि मुझे पीटकर बेकार समय बर्बाद किया जा रहा है। जमींदार के जूते खाते-खाते मेरी पीठ की चमड़ी मोटी हो गई है। उसने महज इसलिए लोगों को चुप किया था कि 'वह जन्म-भर किसका रूप निहारती रही ?'

उसे जब यह समझा दिया गया कि उसी का, तो वह खुश होकर अपने पाकेट से एक छोटा आईना निकालकर सगर्व अपनी सूरत को देखने लगता है।

गीत समाप्त हुआ, अब बिकटा महोदय की बारी है।

'हे नैक जी (नायक जी) !'
'हूँ !'
'आब हमरो सूनूँ !' (अब मेरी भी सुनिए !)

'बाप रे ! ···
बाप रे कोन दुर्गति नहीं भेल।
सात साल हम सूद चुकाओल,
तबहूँ उरिन नहीं भेलौं।
कोल्हुक बरद सन खटलौं रात-दिन
करज बाढ़त हि गेल।
थारी बेंच पटवारी के देलियेन्ह,
लोटा बेंच चौकीदारी।
बकरी बेंच सिपाही के देलियेन्ह,

*फटक नाथ गिरधारी।'**

कुछ समझा आपने ? नहीं ? रह गए आप भी पूरे 'फटकनाथ गिरिधारी।' जरा इधर देखिए, उन दर्शकों को। उन लोगों ने क्या समझा जो हँसते-हँसते लोट-पोट हो रहे हैं !

'धृंगा, धृंगा, धिधिन्ना तिन्ना··· '

'सखि हे !
इ माह भादर, भरल बादर।
शून्य मंदिर मोर।··· !'

"सुंदर ! सुंदर ! वास्तव में विद्यापति मैथिल कोकिल !··· "

आप फिर बहकने लगे, देखता हूँ आप 'बिकटा' से कुछ कम नहीं हैं।

बिकटा भी प्रत्येक गीत पर अपनी कुछ-न-कुछ सुनाता ही है, चाहे उसे लाख मना किया जाए, और आप भी ! यह लीजिए 'बिकटा' महोदय टपक ही पड़े–

'इ माह भादर, बरिसे बादर,
चुअत छप्पर मोर।'

'हहा-हहा··· !!' दर्शकों की मंडली हँसते-हँसते लोटपोट हो गई। हाँ, एक बात तो कहना ही भूल गया कि 'बिकटा' अपने को कृष्ण भी समझता है, परदेशी साजन भी समझता है, लेकिन इसके साथ ही वह यह नहीं भूल जाता कि वह कलरू मुसहर है, हलहलिया का रहनेवाला है और मनुष्य रहते हुए भी है सिर्फ कोल्हू का बैल।

इसलिए जब नर्तक उसके गले में बहियाँ डालकर घूँघट काढ़कर, मान-अभिमान का भाव जताकर कहता है कि–'माधव तजि के चललों विदेश !' तो वह भूल जाता है कि वह 'कृष्ण' है और वह गोकुल से मथुरा जा रहा है। उसके समक्ष जीवन की विषमता मूर्त होकर नाच उठती है और वह सभझाता है–

'नहीं बरसल अदरा (आद्रा नक्षत्र) नहीं अशरेस,
चारों दिश देखैछि बुढ़ियाक केश

(यानी चारों ओर कास ही कास दिखाई पड़ते हैं)

माछ काछू सब गेल पताल,

---

* बाप रे, मेरी कौन दुर्गति नहीं हुई। सात वर्षों तक मैं सूद चुकाता रहा, तब भी ऋण से मुक्त नहीं हुआ। कोल्हू के बैल की तरह रात-दिन मेहनत की, पर कर्ज बढ़ता ही गया। थाली बेचकर पटवारी को दी और लोटा बेचकर चौकीदारी में दे दिया। एक बकरी थी, जिसे बेचकर रुपए सिपाही को दे दिए और अब 'फटकनाथ गिरधारी' यानी पूरी तरह कंगाल हुआ फिर रहा हूँ।–सम्पादक

अब कि पड़त सखि महा अकाल,
दिन भर खटि के एक सेर धान
एकरा से कैसे बचत परान,
*छोड़ू-छोड़ू सजनि जाइछि विदेश… आदि।**

फिर दूसरे ही क्षण जब नर्तक गाने लगता है कि–

'गोद लय बलमा के चललि बजार
हटिया के लोग पूछे, के लागे तोहार।
सासू जी के लड़िका, ननद के जेठ भाय,
पूर्व के लिखल स्वामी छिक् हे हमार।'

और तब 'बिकटा' एक भोले-भाले शिशु की तरह तेल की जलेबी, बताशा अथवा खिलौनों के लिए मचलने लगता है।

अभी-अभी नर्तक ने गाया है–

'राति जखन भिनसरवा रे,
पहूँ (स्वामी) आयल हमार।
कर कौशल कर कँपइत रे हरवा उर जार
कर पंकज उर थपयित रे मुखचन्द्र निहार।'

बिकटा ने बीच में ही रोककर एक समाजी से इसकी भाषा-टीका करने को कहा है। समाजी भी खुलकर टीका कर रहा है। वह कैसे सोई थी (नायिका पुआल पर सोई हुई थी, अपनी झोंपड़ी में, अकेली !) कैसे वह (बिकटा) आया था…।

अब जरा इन दर्शकों के बीच में चलिए। काली-काली, गठीली-तगड़ी युवतियाँ मुस्कुरा-मुस्कुराकर हँसी को जब्त करना चाहती हैं। एक-दूसरे को केहुनी से खोंच-खोंचकर जाने क्या कानाफूसी करती हैं ! अधेड़ औरतें 'लाज-सरम' की दुहाई देकर, कृत्रिम क्रोध प्रकट कर उनकी हरकतों को रोकना चाहती हैं, किंतु दबी हुई हँसी, गुदगुदाया हुआ दिल भला कब मानता है ? इधर नर्तक अलाप उठता है–

'चलू मन, चलू मन… ससुरालि
जइबै हो रामा,

---

* इस वर्ष न तो आर्द्रा नक्षत्र में वर्षा हुई, न अशरेस में। चारों ओर बुढ़िया के सफेद बालों की तरह कास फूटे हुए हैं। मछलियाँ आदि भी मानो पाताल में चली गई हैं। इस वर्ष महाअकाल पड़ेगा। दिन-भर मेहनत-मजदूरी करने से एक सेर धान मिलता है, जिससे जीवन-यापन कैसे होगा ?–सम्पादक

कि आहो रामा, नैहरा में
अगिया लगाइब रे कि··· '

युवतियाँ चंचल हो उठती हैं, नौजवानों के नसों में बिजली दौड़ जाती है–और अधेड़ों की आँखों में 'गई हुई जवानी' लौट आती है। एक अजीब वातावरण की सृष्टि हो जाती है। नाच भी अब शेष होने को है।

'चलू मन, चलू मन···
धिन धिनक धिनक, धिन धिनक धिनक···
कि आहो रामा, नैहरा में अगिया लगायब रे कि··· !
डिम डिमिक डिमिक, डिम डिमिक डिमिक···

अरे, यह क्या ? ओहो ··· ! चेथरू गुसाँई जी हैं। गुसाँई जी कबीर जी के भक्त हैं। इसी गाँव के रहनेवाले हैं। दस-पंद्रह वर्ष पहले की बात है–जमींदार साहब ने एक झूठी गवाही देने के लिए कहा, इन्होंने अस्वीकार कर दिया और जमींदार साहब ने क्रोधित होकर इनको 'गृहहीन' कर दिया। तभी से आप 'स-स्त्रीक बैरागी' हो गए हैं। खंजड़ी, झोली और चिमटा, जटा और लंबी दाढ़ी···

यह लीजिए, गुसाँई जी तो खंजड़ी बजा-बजाकर इन्हीं लोगों के साथ नाचने लगे–

'डिम डिमिक डिमिक, डिम डिमिक डिमिक
कि आहो रामा, नैहरा में अगिया··· '

बात यह है कि चेथरू गुसाँई जी इस गीत को संपूर्ण 'निरगुन' मानते हैं। अहा ! उनकी धँसी हुई आँखों में सचमुच आँसू की बूँदें चमक रही हैं।

नाच समाप्त। अब चलिए··· कला-वला की बात रखिए।

दुखी-दीन, अभावग्रस्तों ने घड़ी-भर हँस-गाकर जी बहला लिया, अपनी जिंदगी पर भी दो-चार व्यंग्य-बाण चला दिए, जी हल्का हो गया। अर्धमृत वासनाएँ थोड़ी देर के लिए जगीं, अतृप्त जिंदगी के कुछ क्षण सुख से बीते। मिहनत की कमाई मुट्ठी-भर अन्न के साथ-साथ आज इन्हें थोड़ा-सा 'मोहक प्यार' भी मिलेगा, इसमें संदेह नहीं।··· आप खोज रहे हैं–आर्ट, टेकनीक और न जाने क्या-क्या, और मैं आपसे चलते-चलाते फिर भी अर्ज करता हूँ कि यह महज बिदापत-नाच था।

[साप्ताहिक 'विश्वमित्र' के 1 अगस्त, 1945 अंक में प्रकाशित]

सरहद के उस पार

बी. ए. रेलवे की 'कटिहार-जोगबनी' ब्रांच लाइन का अंतिम स्टेशन–जोगबनी। गाड़ी की इंजन को जहाँ से फिर कटिहार की ओर मोड़ा जाता है, उससे दस गज के फासले पर सरहद रेखा, उसके बाद ही 'नेपाल राज्य' का विराटनगर, विराटनगर–'मिलों का नगर'–कई मीलों तक फैला हुआ। विशाल मशीनों के विभिन्न पुर्जों की अलग-अलग आवाजें–धड़-धड़, फट-फट, घर्र-घर्र, सू-सू, चर्र-चू-फस··· वगैरह, सामूहिक आवाज–हः-हः, हाय-हाय !

नेपाल राज्य ! स्वतंत्र राज्य ! हिमालय की सुनहरी चोटियाँ ! आजाद मिट्टी, मुक्त हवा–कितना मोहक ! कितना सुन्दर !–आखिर आप मचल पड़े उस पार जाने को।

'ठहरिए।'–तलाशी दीजिए। जी हाँ, वह गंदा सुखाल (नेपाली पाजामा) और गंदी टोपी पहना हुआ व्यक्ति स्वतंत्र राज्य का कर्मचारी है। आपके पास से कोई आपत्तिजनक चीज नहीं निकलती ? बीड़ी भी नहीं ? तो चलिए जल्दी, वरना 'ट्रक' में जगह नहीं मिलेगी। क्या कहा ? आप इस म्युनिसिपलेटी के कूड़ा ढोनेवाले 'ट्रक' पर नहीं चढ़िएगा ? लेकिन, दूसरा चारा ही क्या है ? और इस पर भी जगह मिल जाय तो सौभाग्य ही समझिए। आखिर वही हुआ, जो मैंने कहा था, जगह नहीं मिली ! देखूँ, यदि ड्राइवर की बगल में बैठने को मिल जाय, पैसे कुछ ज्यादे देने पड़ेंगे। नहीं, वहाँ तो लेफटेंट साहब बैठे हैं। देखिए, आपका यह सफेद कुर्ता और पाजामा बहुतों की निगाह में खटक रहा है। कहीं पूछे जाने पर छाती फुलाकर यह मत कह डालिएगा कि 'मैं सोशलिस्ट हूँ और विराटनगर में मजदूर यूनियन कायम करने आया हूँ। अथवा मजदूरों की हालत का अध्ययन करने आया हूँ।' फिर तो साहब, आपकी सारी किताबें जब्त हो जाएँगी, और आपको रोककर न जाने कितने बखेड़े खड़े किए जाएँगे। बदकिस्मती से कहीं आपके बैग से 'जनता' की एक कापी निकली या आप 'बेनीपुरीजी' निकले, तब तो बड़ी मुश्किल है। मामला बहुत महँगा पड़ जाएगा। क्योंकि 'जनता' और 'बेनीपुरीजी' को यहाँ के बड़े हाकिमों से लेकर छोटे सुबा तक जानते हैं। जिस राज्य में 'घूस' को 'राजधर्म' मान लिया गया हो, वहाँ यदि इस आशय के अफवाह फैल चुके हों कि 'नेपाल सरकार ने बेनीपुरीजी को घूस में बहुत बड़ी रकम आफर की थी, किंतु उसे अस्वीकार कर, वे 'जनता' में नेपाल की चिट्ठियाँ प्रकाशित करते रहे–तो 'बेनीपुरी' वहाँ के हाकिमों के लिए वास्तव में दूसरी दुनिया के जीव होंगे ही।

अब देखते क्या हैं, चलिए पैदल। अब शुरू हुआ यह मिलों का नगर,

'चमड़िया–सिंहानियाँ–लायलकाओं' का षड्यंत्र क्षेत्र। आपके मुल्क के महान् क्रांतिकारियों और आजादी के परवानों–सोशलिस्टों ने 1942 की क्रांति में इस नेपाल राज्य में अपना अड्डा कायम किया था, किंतु उपरोक्त 'कैपिटलिस्टों' की निगाह बहुत दिनों से इस पवित्र मिट्टी की ओर लगी हुई है तथा वे धीरे-धीरे अपने षड्यंत्र में सफल भी हो रहे हैं। हाँ, षड्यंत्र ! यहाँ के मुट्ठी-भर राजघरानों और शासक वर्गों की कदमबोसी तथा पाकेट-पूजा करके करोड़ों अशिक्षित, भूखी, दरिद्र और अबोध जनता को लूटने का षड्यंत्र ! न इनकम टैक्स का बखेड़ा, न ट्रेड यूनियन कानूनों की पाबन्दी और सबसे बड़ी खुशी की बात कि मजदूर यूनियनों के भूतों का यहाँ जरा भी डर नहीं। उस संगीनधारी गुर्खे को देख रहे हैं न ! उसे सिर्फ गोली चलाना ही सिखाया गया है। आपकी 'शिवनाथ-बसावन-हरिहर एंड कंपनी' की दाल वहाँ नहीं गलने की। आपको मेरी बात लग गई, लेकिन मैं कहता हूँ कि इन मिलों में पंद्रह-बीस हजार मजदूरों की पिसाई होती है, मगर कभी आह भी नहीं करने दिया जाता है। माँगों और हड़तालों की चर्चा तो स्वप्न में भी नहीं की जाती। और मजदूरों की जिंदगी का पता तो अभी तुरंत लग जायगा। देखिए, दाहिनी ओर वह मजदूर कालोनी है या 'सूअर के खुहारों' का समूह ! उनके बच्चों और औरतों की दशा देखिए, कितनी दर्दनाक सूरत है। अस्पतालों और स्कूलों की जरूरत जब यहाँ की सरकार ही अपनी प्रजा के लिए नहीं महसूस करती है, तो इन 'राक्षसों' से क्या आशा की जाय ? हाँ, मजदूरों के स्वास्थ्य और दिलबहलाव को मद्देनजर रखकर सुरा-सुंदरी का विशेष प्रबंध यहाँ अवश्य है। औसतन दस क्वार्टरों पर एक 'भट्टी' और पाँच क्वार्टरों पर एक वेश्यालय। महुआ, धान, जौ, सौंफ, नारंगी, नासपाती और केले की शराब; और वेश्याएँ ? देशी, पहाड़िन, बंगालिन, आसामी, सिंगापुरी, बर्मीज, सस्ती-महँगी सब तरह की। फिर त्योहारों तथा महाराजा के जन्मदिवस पर जुए का आम हुक्म। जुए की छुट्टियाँ ? कितनी बड़ी सहूलियत। कितनी अच्छी जिंदगी ! बोलिए–प्रभुवर राणा के वंशजों के साथ-साथ चमड़िया-सिंहानियाँ-लायलकाओं की जय !!

जूट मिल्स एरिया खत्म। यह कॉटन मिल्स है। जरा उन बँगलों की ओर देखिए। स्वर्ग में देवताओं को भी ऐसे सुंदर बँगले शायद नसीब न हों। यह उन्हीं साँपों की (चमड़िया, सिंहानियाँ, लायलकाओं की) बाँबियाँ हैं, जिसमें वे आराम से लेटे-लेटे नेपाल सरकार द्वारा 'दूध-लावा' पाकर, जहरीले साँपों की आबादी बढ़ा रहे हैं। मैच फैक्टरी, हाइड्रो-इलैक्ट्रिक, सूगर मिल्स, पेपर मिल्स और सीमेंट मिल्स धड़ाधड़ खुल रही हैं। इसके साथ ही अबोध नेपाली जनता की गाढ़ी कमाई की रकम विदेशी बैंकों के खातों में भरी जा रही है। दिन-प्रतिदिन नेपाली प्रजा की जिंदगी बदतर होती जा रही है। इस पर तुर्रा यह कि अभी और भी कितने विषधर अपने-अपने दाँतों को तेज कर रहे हैं, नेपाल की सड़कों पर चक्कर काट रहे हैं। 'प्रभो !

मुझे सिर्फ हड्डी पीसनेवाली मिल ही खोलने की आज्ञा दी जाय। अमेरिकन मशीन, नए ढंग की पिसाई...

उफ... ! बहुत जल्द ही इन पूँजीपतियों के घर में नेपाल राज्य बंधक पड़ जायगा। बस, आप निराश हो गए ? मैं कहता हूँ, सुनिए—बहुत शीघ्र ही यहाँ जबर्दस्त क्रांति होगी और सफल क्रांति होगी। निरंकुश नेपाली शासकों के साथ-साथ इन पूँजीपतियों के गठबंधन ने कोढ़ में खाज का काम किया है। नेपाल के चैतन्य समाज की आँखें खुल चुकी हैं।

हाँ, मेरे उपरोक्त कथन के पीछे नेपाल की परिस्थितियों का गहरा अध्ययन छिपा हुआ है। मुझे नेपाल के जंगलों में ही राजनीति और साहित्य की शिक्षा मिली है। नेपाल की एक काठ की कोठरी में ही मैंने समाजवाद की प्रारंभिक पुस्तकों से लेकर, महान् ग्रंथ 'कैपिटल' तक को पढ़कर, समझने की धृष्टता की है। पहाड़ की कंदराओं में बैठकर, बँसहा कागज की बही पर 'रशियन रेवोल्यूशन' को नेपाली भाषा में अनुवाद करते हुए उस नेपाली पागल नौजवान की चमकती हुई आँखों को मैंने अपनी जिंदगी में मशाल के रूप में ग्रहण किया है और उस देवता की अमूल्य वाणी को, उसके आशीर्वचन को मैं कैसे भूल सकता हूँ, जो नेपाल के 'पिताजी' थे। हाँ, नेपाल के 'बापू'। 1942 में दो 'बापू' नजरबंद किए गए। एक को अंग्रेजी सरकार ने आगा खाँ के राजभवन में बंद कर रखा था, और दूसरे को नेपाल सरकार ने बागमती के किनारे एक धर्मशाला में। दुनिया की परिस्थिति ने एक 'बापू' को छुड़ा लिया, पर नेपाल सरकार ने दूसरे 'बापू' की 'हत्या' कर डाली। गठिया और निमोनिया से जर्जर, उस वृद्ध तपस्वी को बिना दवा और पथ्य के, नेपाल की कड़ाके की सर्दी में तड़पा-तड़पाकर ठिठुरा-ठिठुराकर मार डाला गया। नेपाल में प्रजातंत्र राज्य कायम करने का सपना देखनेवाले कर्मठ 'बापू' आज नहीं रहे, किंतु शिक्षित और चैतन्य सान्दाज्युओं (छोटे भाइयों) का युवकदल अब निष्क्रिय होकर बैठा हुआ नहीं है। उनमें शत-प्रतिशत को आप समाजवाद का हिमायती पाइएगा। हिंदुस्तान में—नेपाली कांग्रेस का जन्म और प्रसिद्ध सोशलिस्ट श्री विश्वेश्वर प्रसाद कोइराला की रहनुमाई से आप मेरे कथन की सत्यता को जाँच सकते हैं। हिंदुस्तान से गोरी फौज की विदाई के बाद बहादुर गुर्खों ने अब गलती से भी कभी एक राउंड गोली हिंदुस्तानी नागरिकों पर चला दी, तो नेपाल की एक-तिहाई आबादी आत्म-ग्लानि से सर झुका लेगी। हमारी अगली क्रांति में नेपाल एक जबर्दस्त हिस्सा लेगा, खुलकर खेलेगा, किंतु देश के नेताओं की निगाह पर तो जैसे पट्टियाँ बँधी हैं, मुँह पर ताले पड़े हैं। उन्हें दुनिया-भर के लिए दर्द है पर नेपाल की शोषित जनता के लिए उनके मुँह से एक शब्द भी नहीं निकलता।

अब नेपाल की साहित्यिक प्रगति की कहानी सुनिए। नेपाली साहित्य का नाम सुनते ही आप हँस पड़े। आप विश्वास कीजिए, महान् प्रगतिशील कलाकारों की संख्या क्रमशः बढ़ ही रही है। प्रगतिशील लेखकों का मोर्चा वहाँ बहुत पहले ही कायम हो चुका है। 'सिपाही', 'केकयी', 'परालो को आग', आदि रचनाओं को लेकर नेपाल की साहित्यिक मंडली, दुनिया की किसी भी साहित्यिक प्रतियोगिता में सम्मान प्राप्त कर सकती है। सिर्फ एक 'सुंदरी बल' झील पर अब तक करीब पाँच सौ मौलिक रचनाएँ रची जा चुकी हैं। उनमें से किसी एक को भी सेकेंड ग्रेड में रख देने की हिम्मत आप नहीं कर सकेंगे। प्रकृति-सुषमा संबंधी कविताओं के अलावा–'सानी माँ, यों ढिठों के सित खाने हो ? (अर्थात मौसीजी, यह मक्के की खिचड़ी किस चीज के साथ खाऊँ, ? घर में नमक भी नहीं है ?)–जैसी हृदय को विगलित कर देनेवाली 'रियलिस्टिक' रचनाओं की भी वहाँ कमी नहीं। काश ! प्रजा की अपनी पत्र-पत्रिकाएँ होतीं !...

यह राजपथ है। इसकी धूल से आप परीशान हैं। बरसात में तो इन सड़कों पर घुटनों तक कीचड़ होते हैं। कम-से-कम प्रत्येक पाँच साल के बाद भी, गरीब जनता के पैसों का पंचमांश ही इन सड़कों पर खर्च किये जाते तो, चाँदी की चमचमाती हुई सड़क के किनारे सोने के माइलस्टोन गड़े होते। किंतु यहाँ के ठेकेदारों और शासक-वर्ग के गड़बड़ घोटालों को आप नहीं समझ सकेंगे। धूल फाँकते चलिए ! राह का एक साथी भी मिल गया। यही है बहादुर गोर्खा ! रूस के 'कज्जाकों' का चचेरा भाई ! इनकी लाल सेना, दुनिया की किसी भी रंग की सेना के छक्के छुड़ा सकती है। इस कौम को यहाँ की सरकार ने सदियों से मूर्ख और अपढ़ बनाकर, अंग्रेजी सरकार की सेवा के लिए रिजर्व रखा है। इन सड़कों की तरह ही इनकी भी जीवन-कहानी है। लीजिए ! वह आपको देखकर मुस्कुरा पड़ा। कितनी सरल मुस्कान है; वह आपसे 'असल सिगरेट' (बढ़िया, यानी कैप्सटन-नेविकट) माँग रहा है, बदले में वह गीत सुना देगा–

'धन धन अँगरेजी सरकार
आकाश मा जहाज उड़ाये को;
*पानी मा जहाज चलाये को... '**

कुछ समझा आपने ? इन गीतों की रचना सरकारी प्रचार विभागों में होती है।

'खुखुरी भिड़ेर काछा, जानू पर्छ
जर्मन को धावे मा' ।

---

* अंग्रेजी सरकार धन्य है, जो आकाश में जहाज उड़ाती है और पानी में जहाज चलाती है। –सम्पादक

हाँ, जर्मन की लड़ाई में जाना पड़ेगा, जर्मनों पर धावा बोलना होगा। अब तक, सभी लड़ाइयों में, इस क़ौम ने बिना समझे-बूझे भाग लिया है, अब आप इन्हें अपनी लड़ाई का मकसद समझा दें।

जनता (साप्ताहिक, पटना) के 2 मार्च, 1947 में प्रकाशित

नए सवेरे की आशा

दिमाग पर एक बड़ा-सा बोझ लिए ज्ञानचंद अपने गाँव के छोटे-से स्टेशन पर उतरा, जहाँ गाड़ियाँ महज चंद मिनटों के लिए रुकती हैं, बस नाम के लिए। ज्ञानचंद की एक नई और कीमती किताब गाड़ी पर रह गई और उसके डिब्बे के पास पहुँचने के पहले ही गाड़ी खुल गई। अजीब स्टेशन है ! मानो गाड़ी को जबरन रुकना पड़ता है, इच्छा के विरुद्ध। अजीब स्टेशन है ! आखिर यह स्टेशन है किसलिए ? न टेलीग्राफ और न टेलीफोन ! इट्'स ऑफुल !···

वही पुराना स्टेशन है, जहाँ वह सैकड़ों बार उतर चुका है। स्टेशन की बनावट में कहीं भी न एक ईंट जोड़ी गई है और न तोड़ी गई है। गाड़ियों के हाल्टेज में भी कोई फर्क नहीं, लेकिन ज्ञान को यह एक अजनबी स्टेशन मालूम होता है, जिंदगी में कभी देखा ही नहीं, उतरने की बात तो दूर। 'रेचेड' स्टेशन !···

स्टेशन की दीवार पर 'चावल कम खाइए··· शकरकंद खाइए' वगैरह सरकारी एलानात के पर्चे चिपके हुए हैं। एक नए पोस्टर ने ज्ञानचंद का ध्यान आकर्षित किया और तब वह स्टेशन फिर पुराना स्टेशन हो गया, अपने गाँव का स्टेशन, जहाँ वह सैकड़ों बार जल्दी-जल्दी गाड़ी पर चढ़ा है और गाड़ी से उतरा है। जल्दी-जल्दी ! यहाँ गाड़ी महज चंद मिनटों के लिए रुकती है ! पोस्टर को देखते ही उसे अपने दिमागी बोझ की याद आई।··· 'जेनरल अस्पताल जाने का रास्ता, खतरा ! सामने पुल टूटा है, दाहिने मोड़ से'–वगैरह साइनबोर्ड और तख्तियाँ ज्ञानचंद जैसे लोगों के लिए ही तो नहीं लगाई जातीं ? ज्ञानचंद ने फिर पोस्टर को देखा–"ता. 25 नवम्बर को पटना चलो !··· किसान मार्च।" उसे अपने थाने-भर के जत्थों के साथ मार्च करना है। इसीलिए वह भेजा गया है।

"क्या आप बतला सकते हैं, पटना यहाँ से कितनी मील दूर है ?"

नए स्टेशन मास्टर ने उस अजीब सवाल करनेवाले को घूरकर देखा और एक किताब को उलट-पुलटकर बतलाया–"दुई सौ एकसठि माइल !"

261 मील ! ज्ञानचंद, गाँव की ओर जानेवाली पगडंडी पकड़ता है। 261 मील !

पगडंडी के दोनों ओर खेतों में धान की पकी हुई बालियाँ झुकी हुई हैं। हवा का निर्बल झोंका भी खेतों में ज्वार-भाटा-सा पैदा कर देता है। बालियाँ झूमती हैं। कौन धान है यह ? ज्ञानचंद धानों की किस्म को, नामों को, जातियों को नहीं जानता-पहचानता। और वह किसानों का अगुआ बनने जा रहा है ! उसे कमलनाथ पर गुस्सा हो आता है। कमलनाथ ने एक लंबा लेक्चर झाड़कर साबित कर दिया कि ज्ञानचंद-जैसे प्रगतिशील लेखकों, कथाकारों को इस ऐतिहासिक मार्च में अवश्य शरीक होना चाहिए। कमलनाथ बोलना जानता है। वह बोलता है और लोग सुर-में-सुर मिला देते हैं। खुद ज्ञानचंद ने अपने थाने की जिम्मेदारी ली और आज उसे कमलनाथ पर गुस्सा आ रहा है। उसे लगता है, कमलनाथ ने उसे गलत जगह पर 'फिट' कर दिया है। यह सही है कि वह किसान का बेटा है, गाँव में उसका जन्म हुआ है, लेकिन वह धानों की किस्म को, नामों को और जातियों को भी नहीं जानता-पहचानता। ऐसे मौकों पर उसकी जगह होनी चाहिए—हजारों-हजार जनता के बीच एक खास प्रतिष्ठित दायरे में, प्रेस गैलरी में। एकत्रित जनसमूह को गिनना उसका काम है, जनसमूह को एकत्रित करना नहीं। भाषण देना उसका काम नहीं—शार्टहैंड··· रिपोर्टिंग···। लेकिन कमलनाथ को कौन समझावे। उसके सिर में दिमाग की जगह 'डायलेक्टिकल मैटिरियलिज़्म' के पन्ने बिखरे हुए हैं।

हरे-भरे पेड़ों के झुरमुट में दादा मोसाय (चटर्जी परिवार) का नया सुफेद बँगला दूर से ही चमकता है। बनानी आई होगी ? बनानी, बनी··· ज्ञानदा, बोका ज्ञानदा। ज्ञानचंद का पैर मेड़ पर से फिसल गया और उसके दिमाग में बनानी तालियाँ पीटकर खिलखिला पड़ी। दादा मोसाय के परिवार ने ही तो ज्ञानचंद को कुछ-से-कुछ बना दिया है, वरना यह धानों की किस्म को, नामों को, जातियों को अभी दुहरा देता।···दादा मोसाय के बड़े पुत्र केशव'दा कालेपानी की सजा भुगत रहे थे, छोटी-सी बनानी बड़े गर्व से गर्दन हिलाकर, होंठों पर एक खास नजाकत लाकर कहती—"जानो ज्ञान ! बड़'दा इंगरेज मेरेछिलो··· गुली कोरे, ठाँय !" दादा मोसाय के मँझले पुत्र किरण'दा कलकत्ते में नजरबंद हुए, सबसे छोटे पुत्र नवीन का पढ़ना बंद करवा दिया दादा मोसाय ने। बनानी बोली थी—'इंग्रेजी पोड़लेई इंगरेज के मारबार इच्छे कोरे। जानो ? ताई नवीन···।' उसी दिन से ज्ञानचंद जोर-जोर से—'ए फैट कैट सैट ओन दि मैट' रटता और रह-रहकर आजमाता कि उसकी इच्छा अँगरेज को मारने की हो रही है या नहीं।

केशव'दा कालेपानी से योगी होकर लौटे, पांडेचरी आश्रम में रहे। आजकल अपनी छोटी-सी जमींदारी की देख-भाल करते हैं।

किरण'दा जब तक नजरबंद रहे, कम्युनिस्ट रहे। रिहाई के बाद जब तक पुलिस की निगाह कड़ी रही, वे झुके नहीं। शादी हुई, संध्या बौदी (भौजी) आई, फिर पुलिस को निगाह कड़ी करने की आवश्यकता नहीं हुई !

बनानी अब मिस बनानी चटर्जी बी. ए. है। पिछले साल शांतिनिकेतन से निकलकर कलकत्ते में मौसी के यहाँ रहती है। रेडियो पर गाती है। राजनैतिक चर्चा छिड़ने पर बड़े गर्व से कहती है–'श्रीभवन के जिस कमरे में इंदिरा नेहरू रहा करती थी, उसी में उसे भी रहने को मिला, और तीसरे साल जब नेहरूजी कलकत्ता आए थे तो उसने देशप्रिय पार्क की सभा में 'जन गन मन' गाया था।' बस ! इतना ही।···

कमलनाथ की निगाह में बनानी एक बेवकूफ लड़की है और ज्ञानचंद कहता है कला की पुतली। कमलनाथ की बात निराली है। कुछ बोलिए, वह अपनी इच्छानुसार आपको **Puberty, Adolscent** या **Maturity** के दायरे में फेंक देगा। कुछ पहनिए, बस उसका **Cnoism** पर लेक्चर शुरू हो जाएगा। जिससे जरा जान-पहचान हुई, उसके घर को पार्टी-दफ्तर समझ लिया।

बादर मंडल का चौपाल ग्राम-किसान पंचायत का दफ्तर है। हर सातवें रोज मोहन गुरुजी आकर 'जनता' पढ़कर सुना जाते हैं, पंचायत के सरकूलरों की सूचना देते हैं। बाँस की पट्टियों का आलमारीनुमा एक मचान है, जिसमें एक ओर 'जनता' की कापियाँ सहेजकर रखी जाती हैं, दूसरे खाने में दवात, कलम, रजिस्टर, चंदा-बही तथा दूसरे कागजात। शाम को लोग बाहर के 'घूर' (अलाव) के पास आ जुटे हैं। ज्ञानू भाई आए हैं।

"पर्चे, पोस्टर वगैरह मिल गए हैं न ?" –ज्ञान पूछता है।

"आया तो था।"–चादर में आधा मुँह छिपाए हुए मोहन गुरुजी जवाब देते हैं।

"आया तो था, मानी ? बँटवाया नहीं ?"

गुरुजी चुप हैं। मुश्किल से चुप रहनेवाला नौजवान देवीप्रसाद कहता है–"बाँटा कहाँ गया। स्कूल के लड़के उठाकर ले गए सब। कागज की महँगी है न। एक ओर सादा था, लड़के कापी बनाएँगे।"

"अजीब बात है। पर्चे, पोस्टर वगैरह भेजे गए, मगर···। खाक काम होगा। लोग समझते हैं नहीं। मुश्किल है।··· "

"अरे फाहरम (फार्म यानी पर्चा) यहाँ कौन पढ़ता है ! फाहरम को तो लोग नाच-तमाशे का फाहरम समझते हैं। आप यह पूछिए कि कितने लोग जाने के लिए तैयार हैं।"–बादर मंडल कहता है।

"कितने लोग तैयार हैं ?"

"डेढ़ सौ।"

"डेढ़ सौ ?"

अब मोहन गुरुजी चादर से मुँह निकालकर कहते हैं–"दो सौ आदमी जाने के लिए नाम लिखाए थे। कुछ तो बीमार पड़ गए और कुछ··· तीस-पैंतीस को

कमलनाथजी ने छाँट दिया। बोले, बूढ़े हैं, चल नहीं सकेंगे। अब वे लोग आपके पास अपील करनेवाले हैं। सब कंपलीट है। ओढ़ना, बिछौना, चूड़ा, सत्तू, गुड़। सिर्फ गाना नहीं मिला है।" कमलनाथजी ने कहा था, ज्ञानू भाई के मार्फत भेज देंगे।

फाइल से कागज निकालकर ज्ञानचंद देता है–"लीजिए गुरुजी, गीतों को तैयार करवाइए। कल परमानपुर में सभा है। परसों लहसनगंज, रामपुर में। तीसरे दिन सुबह 'मार्च'।"

सब मोहन गुरुजी को घेर लेते हैं। गाओ मुंजी, सुंदर कहाँ गया। ढोलक लाओ। हुड़दंग मच गया। ज्ञान उठ खड़ा हुआ।

जाते हुए ज्ञान ने सुना, मुंजीलाल शुरू करता है, बाकी लोग दुहराते हैं–'आयल दिनवाँ महान, चल-चल हो किसान··· !'

ज्ञान दादा मोसाय के घर की ओर मुड़ता है। धरती पर फीकी चाँदनी फैली हुई है। गाँव के लोग अलाव के पास बैठकर आग ताप रहे हैं। नंगे बच्चे, फाकाजदा मरियल गाय-बैल ! ग्राम-पंचायत के दफ्तर में दूसरा गीत शुरू होता है–

'मिला नहीं है अन्न पेट भर,
*नहीं देह पर साबित बस्तर,**
बेदखली अब भी जारी है··· आगे कदम बढ़ाओ !'

"केज्ञान ?"

"एइजे ज्ञान।"

"ज्ञान एसेछे ?"

गोल टेबुल के चारों ओर लोग बहस के 'मूड' में बैठे हैं। मकान नए ढंग का है, कमरे की सजावट में नयापन है। नयापन, जिससे सुरुचि टपकती है। ज्ञान एक लंबी साँस लेकर बैठ जाता है। कमरे में पहुँचने पर उसने महसूस किया कि बाहर कड़ाके की सर्दी पड़ रही है। गलाजत से भरी हुई गर्दोगुबार, बदबू से भरपूर गाँव की गलियों में उसका दम घुटा जा रहा था। यहाँ पहुँचकर वह राहत की साँस लेता है।

"के, कोबिबोर एसेछे ?" –मुस्कुराती बनानी प्रवेश करती है। संगीत और नृत्य के लय-ताल पर ही वह बोलती और चलती तो नहीं ? कड़ाके की सर्दी में ज्ञान की कनपटी के पास गर्म खून दौड़ जाता है। चाय की प्यालियों की खनखनाहट, प्यालियों से उमड़ते हुए भाप, चंद चूड़ियों की तुनुक आवाज, दीवार पर टँगी अधनंगी शकुंतला की तस्वीर, बनानी की मद्रासी साड़ी। कमलनाथ होता तो चाय की पहली

---

* बस्तर=वस्त्र

चुस्की लेकर ही कमरे की सरसता को भ्रष्ट कर देनेवाली कर्कश और भोंड़ी आवाज में चिल्ला उठता–"शूगर वांटेड !" और उसके बाद ही चीनी की कमी, शूगर सिंडिकेट की बेईमानी, सरकार की नपुंसकता, कांग्रेसियों की खुदगर्जी पर एक वक्तव्य दे देता।

ज्ञान अनुभव करता है, कमरे का वातावरण जरूरत से ज्यादा गंभीर है। उसे क्या पता कि शाम से ही यहाँ 'शांतिनिकेतन' में होनेवाले विश्व-शांति सम्मेलन की चर्चा हो रही थी। किरण-दा पूछते हैं–"विश्व-शांति सम्मेलन देखते जाबे ना ज्ञान ?"

"बनीर नृत्य हबे··· " –संध्या बौदी इयरिंग हिलाकर हँसती है।

"कि नृत्य ? शांति नृत्य बुझि ?"–ज्ञानचंद चुटकी लेता है। बनानी चिढ़कर जवाब देती है–"आग्ये हाँ, शांति नृत्य ! जे जिनिस जानो ना, ता नियै आर टानाटानी केन ?"

मतलब यह कि ज्ञानचद नृत्य के बारे में कुछ नहीं जानता, उसे इसमें दखल नहीं देना चाहिए। शांति नृत्य ! किरण'दा हँसते हैं, ज्ञान अच्छी चुटकी ले सकता है। चाय की चुस्की लेकर वे गर्दन हिलाते हैं–"शांति नृत्य !" बनानी चिढ़ने की मुद्रा बनाती है। केशव'दा पूछ बैठते हैं–"आर तोमादेर क्रांति नृत्येर कि खबर ज्ञान ?"

ज्ञान सवाल के असल मतलब को समझता है और उसके सामने फिर वही पोस्टर, जिसमें किसानों के मार्च करते हुए जत्थे की तस्वीर है, उनके नारे लिखे हुए हैं, चिपक जाता है। कमलनाथ पार्टी रैली में भाषण दे रहा है–'चाय की प्यालियों में इन्कलाब लाने के दिन लद गए !'

ज्ञान जवाब ढूँढ़ रहा है। सवाल एक ऐसे व्यक्ति ने किया है, जिसके कानों ने पहले-पहल इन्कलाब की आहट सुनी थी, आँखों ने सबसे पहले उसकी चमक देखी थी, जिनके रगों में दौड़नेवाले लहू ने पहले-पहल उसकी रंगीनी को अपने में घुलाया-मिलाया था, और जिसकी गर्दन इन्कलाब के इशारे पर सबसे पहले कुर्बान होने को झूम उठी थी। इसलिए जवाब ढूँढ़ रहा है ज्ञान।

"मैं तीसरे दिन पाँच गाँवों के जत्थों के साथ मार्च कर रहा हूँ।"

"तुमी ? तुमी ?"–केशव और किरण'दा प्रायः एक ही साथ पूछते हैं। केशव'दा के आश्चर्य में व्यंग्य है, किरण'दा की उत्सुकता में प्रशंसा और खुशी की झलक। ज्ञान मुस्कुराता है। बनानी सबों की ओर बारी-बारी से देख रही है। मुँह देखती है।··· कमलनाथ की निगाह में बनानी एक बेवकूफ लड़की है।

केशव'दा किसान-मार्च पर बहुत कुछ कह रहे हैं, कहते जा रहे हैं। ज्ञान याद करने की कोशिश करता है कि यही बातें,··· ठीक अक्षर-अक्षर, उसने कहीं सुनी या पढ़ी हैं। याद आई··· प्रांत के मशहूर जमींदार के अखबार का संपादकीय लेख। प्रांतीय कांग्रेस के मंत्री का वक्तव्य। कमलनाथ ने चिल्लाकर सुनाया था–"टीकापट्टी आश्रम के महंथ यानी सदाकत आश्रम के संत सेनानी ने फतवा दिया है यारो ! सुनो–यह किसान-मार्च एक 'मजाक' है··· सोशलिस्ट नेता शुतुरमुर्ग हैं··· किसानो

होशियार !"

इतनी देर के बाद बनानी की समझ में सारी बात आती है। कहती है–"ओ किसान-मार्च !"

"हाँ किसान-मार्च", केशव'दा हँसते हैं–"चायनार लांग मार्च, गाँधीजीर डांडी मार्च सुनेछिले तो ? एबार ज्ञान बाबूर किसान-मार्च हबे।"

"ओ बाबा ! ए तो साहित्यकारेर क्रांति नृत्य !"–बनानी डरने की मुद्रा बनाती है, फिर अपने खूबसूरत बालों की वेणी को उँगलियों में लपेटकर गंभीर हो जाती है। पिछले साल इसी तरह वेणी को उँगलियों में लपेटकर गंभीर होते हुए उसने शिकायत की थी–"ज्ञान, न जाने तुम लोगों में यह कौन-सी आदत है। कोई भी बात करो, घूम-फिरकर राजनीति पर आ जाएँगे।" और उसकी इस शिकायत पर ज्ञान ने राजनीति की बातें छोड़कर··· कॉफी की सोंधी खुशबू की, 'फिरपो' की, पेस्ट्री की, अवनींद्रनाथ के चित्रों की, दार्जिलिंग की सुबह और पुरी के समुद्र-तट की बहुत-सी बातें की थीं।

केशव'दा का जवाब देते हैं किरण'दा–"चायनार लांग मार्च वा गाँधीजीर डांडी मार्चेर मत ऐतिहासिक मार्चेर एखन दरकार। यदि ए 'किसान-मार्च' सफलीभूत हय··· "

"ता हले, कि बलते चाउ, नेहरू प्याटेल पालिए हिमालयार कंदराय चले जाबे ?"

"च्याँगकाइशेक··· "

"तुमी सोशलिस्ट पार्टीर सापोर्ट कोच्छो किन्नी दा"–घी का व्यापारी नवीन आश्चर्य से पूछता है। ज्ञान को मौसी अंदर बुलाती है। बहस के बीच में ही ज्ञान को उठना पड़ता है। केशव और किरण'दा की ऐसी बहस को कमलनाथ कहा करता है–'दो जंग लगी हुई तलवारों की खटाखट।'

लौटने के समय ज्ञान ने चाहा, बनानी से थोड़ी देर बातें करे लेकिन कॉफी की सोंधी खुशबू, फिरपो की पेस्ट्री, अवनींद्रनाथ के चित्रों, दार्जिलिंग की सुबह और पुरी के समुद्रतट के सिवा वह और कुछ सुनना चाहेगी ? कुछ समझेगी ? बनानी गा रही है··· "तोमार मदेर गंधे अंध वायु बेये चारिदिके।" बेचारी को इतना भी नहीं मालूम कि मदेर गंधे अंध वायु नहीं, तूफान आ रहा है।··· बनानी अच्छा गाती है। ज्ञान की इच्छा होती है, 'मार्चिंग गीत' सुनने की–

उर्ध्वे गगने बाजे बादल, निम्ने उतला धरणीतल।
अरुण प्रातेर तरुण दल, चल रे चल रे चल !![1]

बनानी का गला इतना मधुर है कि इस गीत की ज्वाला शांत हो जाएगी। या बनानी के पारद पंख झुलस जाएँगे। ऊपर··· आसमान में नक्कारे बज रहे हैं, नीचे··· धरती टलमला रही है··· बनानी इसमें सुर नहीं मिला सकती। कॉफी की सोंधी

---

1. काज़ी नज़रुल इस्लाम लिखित प्रसिद्ध मार्चिंग गीत।–संपादक

खुशबू मिट जाएगी, फिरपो की पेस्ट्री का मजा खराब हो जाएगा, अवनींद्रनाथ के चित्रों का रंग धुल जाएगा, दार्जिलिंग की सुबह की खूबसूरती बिगड़ जाएगी और पुरी के समुद्र-तट पर लहरें नहीं आएँगी, नहीं आएँगी।

यदि तोमार डाक सुने केउ ना आसे, तॅबे ऐकला चलो रे !
ऐकला चलो रे ![1]

जिनसे प्रेरणा मिली, आज वे व्यंग्य कर रहे हैं, जिससे प्यार मिला, उसके हल्के मन में भीगी हुई उदास हवा आज अंधा बनाना चाहती है। आसमान में नक्कारे की आवाज बुलंद हो रही है...

अकेला चलो। अकेला क्यों, तूफान आ रहा है। तुम्हारा साथी तूफान !

"ज्ञान !"

ज्ञान रुककर देखता है, किरण'दा मुस्कुरा रहे हैं। "सुनो ज्ञान !"–वे कहते हैं–"इतनी दूर की मंजिल तुम पैदल तय कर सकोगे ?... सच ? शाबाश, मेरे भाई ! तुम कलाकार हो, प्रगतिशील, क्रांतिकारी। इतनी बड़ी ऐतिहासिक घटना में तुम 'अन्य पुरुष' में कैसे रह सकते हो !"

"... किरण'दा"–ज्ञान मुँह देखता है।

"आश्चर्य की कोई बात नहीं।... " किरण'दा मुस्कुराते हैं–"मेरा प्रजातांत्रिक समाजवाद में विश्वास है, निरंकुश समाजवाद में नहीं। सोशलिस्ट पार्टी के 'पटना विधान' से मेरे ख्यालात को और भी बल मिला है। पार्टी की पॉलिसी और प्रोग्राम ने शको-सुबहा को दूर कर, मेरे दिल में नई उम्मीदों के चिराग जला दिए हैं। इन्कलाब को 'एसिड बल्ब' में बंद कर प्रयोग करनेवाला प्रोग्राम समाजवादी प्रोग्राम हरगिज नहीं। जरूरत है, करोड़ों-करोड़ शोषितों, पीड़ितों, मेहनतकशों की भूखी अँतड़ियों, सूखी हड्डियों, खाली दिमाग और निराश दिल में हरकत पैदा करने की, गति लाने की। नई उम्मीदों की रोशनी जलानेवाला यह प्रोग्राम ! किसान मार्च ! वक्त की माँग और जरूरत को सही-सही समझनेवाली जमात... सोशलिस्ट पार्टी, प्रतिक्रियावादी शक्तियाँ आँखें नहीं मिला सकेंगी। सातों समुंदर का पानी उलीचकर इसकी लपट को बुझाना असंभव होगा।... ऐसे महत्त्वपूर्ण मार्च में जो कलाकार शरीक नहीं हो सका... !"

जंग लगी हुई तलवार ! किरण'दा अपना थर्मस, 'फर्स्ट एड बक्स' तथा जरूरत की और भी कई चीजें देते हैं। एक हस्तलिखित अंग्रेजी किताब–'बिहार का सामरिक भूअंकन' (Military Geography)। किरण'दा ने लिखी है। कम्युनिस्ट पार्टी के जनरल सेक्रेटरी के फौजी हुक्म पर भी उन्होंने जिसे देना अस्वीकार कर दिया था। एक नक्शा–बिहार का रोडमैप। 'लायका' कैमरा–बनानी माँगती थी। इसकी उपयोगिता विश्व-शांति सम्मेलन में नहीं।... शांति नृत्य... शांति...

---

1. रवींद्रनाथ ठाकुर का प्रसिद्ध गीत।–सम्पादक

"शांती··· शांती··· शांती। ऐ भाई, शांती रहिए।"

"परमानपुर में किसानों की सभा हो रही है। दाढ़ीवाले बाबाजी चुन्नीदास लोगों को शांत कर रहे हैं। चुन्नीदासजी 1930 से '42 तक चौदह बार जेल की सजा भुगत आए हैं। कबीरदास के बाद गाँधीदास बननेवाले इस भोले किसान की सारी जमीन नीलाम हो गई। जमींदार न तो पानी बरसाता है, न खेत की पैदावार को बढ़ाता है। फिर कैसी मालगुजारी, कैसा खजाना ? 1934 में ही उनका यह नारा था। जमीन नीलाम हो गई, बीवी मर गई, बच्चों को 'कँगरेस' में, गाँधी बाबा की सेवा में सुपुर्द किया। एक आज तक 'काँग्रेस आश्रम' का बर्तन माँजता है, दूसरा पूरब कमाने के लिए भाग गया। जब तक सुराज न होगा, 'जटा और दाढ़ी' नहीं कटाएँगे। सो '15 अगस्त' को साधू का धरम भ्रष्ट होते-होते बच गया, प्रतिज्ञा टूटते-टूटते रह गई। दुहाई गाँधी बाबा, जमीन पर जोतनेवालों का हक नहीं, गरीबों के पेट में अन्न नहीं, देह पर बस्तर नहीं। लोगों ने झूठमूठ हल्ला मचाया कि सुराज हो गया। दुहाई गाँधी बाबा, चौदह बार फिर जाने को तैयार हैं··· ।

'डिम डिमिक डिमिक, डिम डिमिक डिमिक'

सभा की कार्यवाही शुरू होती है। चुन्नीदासजी खँजड़ी पर स्व-रचित निरगुन शुरू करते हैं–

'ब्योधा जाल पसारा रे हिरणा, ब्योधा जाल पसारा।
झूठ सुराज के फंद रचावल, लंबी-लंबी बतिया के चारा
मुँह पर गाँधीजी के नाम बिराजे, बगल में रखलबा दुधारा
रे हिरणा···

डिम डिमिक डिमिक, चट् डिमिक डिमिक··· '

उपस्थित जनता गर्दन हिला रही है, झूम रही है। पर्दाफाश हो गया, चालाकी नहीं चलेगी। यह आजादी झूठी है··· झूठी है··· वादे झूठे हैं··· काँग्रेसी सरकार ने जनता के साथ विश्वासघात किया है।

'अरे मोटिया धोती, टोपी पहिन के फिरतबा रँगल सियारा।'

हा हा हा ! हो हो हो ! सारी सभा हँसती है। ठीक, अक्षर-अक्षर ठीक। रँगे सियार। अब रंग धुल जाएगा।

'महँगी की चक्की में रोये किसनवाँ, मौज करे जमींदारा।
गाँधीजी के बेंचत चोरबाजार में, लीडर सेठ साहूकारा रे हिरणा···

डिम डिमिक डिमिक, चट् डिमिक डिमिक··· '

"शांती··· शांती··· शांती··· ।"

ज्ञान बोलने को खड़ा होता है। जनकवि चुन्नीदास के 'निरगुन' की अटपटी पंक्तियाँ महात्मा कबीर की याद दिला रही हैं। ज्ञान के अंदर का कलाकार अपनी हार स्वीकार करता है। ज्ञान कहता है–'सचमुच जाल पसारा गया है। हिंदोस्तान में फासिज़्म कायम करने की कोशिशें हो रही हैं।'

जनता एक स्वर से कहती है–'हम सब लोग समझते हैं, आप यह बताइए कि हमें क्या करना है ?'

जनता भाषण नहीं सुनना चाहती, प्रोग्राम माँगती है ! क्या करना है ! ज्ञान की आँखों के आगे का परदा मानो हट जाता है। प्रोग्राम ? क्या करना है ? '12 अगस्त 1942' । जनता पूछती है, क्या करना है। रेल उखड़ गये, तार कट गये, थाने लूटे गये, अब क्या करना है ? ज्ञान के पास प्रोग्राम नहीं है, ज्ञान के पास जवाब नहीं है। और जनता थाने में आग लगा देती है, दरोगा और दो कांस्टेबलों को आग में झोंक देती है। ज्ञान को मानो लकवा मार गया है। आग की लपट में दोनों सिपाही तड़प रहे हैं, छटपटा रहे हैं और चेथरू साह किरासन का खाली कनस्तर बजा-बजाकर नाच रहा है, होली गा रहा है–

'फेरू होइहैं राम के राज
अरे लाला फेरू होइहैं राम के राज··· ।'

आज···12 नवंबर 1949। 'राम-राज्य' में जनता फिर पूछती है, क्या करना है। आज भी यदि ज्ञान चुप रहा तो ?···

"राजधानी चलो, हजारों की तादाद में जमा होकर, अधिकार के नशे में मदहोश, जनता से दूर, जनता के दुख-दर्द से परे, जनमत से परे, गद्दी के मालिकों को झकझोरकर जगाओ और कहो–अंधे हो गए, देखते नहीं ? बहरे हो गए, सुनते नहीं ? वादा भूल गए, झूठे··· "

"इस पर भी यदि नहीं जगे··· तो ?" जनता का सवाल है।

"तो ?"

'चटाक् चटाक् चट् धा'··· खँजड़ी फड़फड़ा उठती है, जनकवि चुन्नीदास आल्हा शुरू करते हैं–

'सुमरि कराली माँ काली को, गाँधीजी के करि जयकार
पकड़ चोटिया सब चोट्टन को, तब गद्दी से देहु उतार
बेइमानों का राज खतम कर चटपट बने अपन सरकार
लटपट सटपट सेठ महाजन, छटपट करे जालिम जमींदार
झटपट भागे दुख रे दरिदवा मचे देश में जय जयकार···

··· बोलिए प्रेम से–महात्मा गाँधी की जै !

'काँग्रेसी राज मिटाएँगे
सोशलिस्ट राज बनाएँगे !'

'पटना चलो, पटना चलो, पटना चलो रे !'

औराही, परमानपुर, लहसनगंज, मिल्की, सरसी के 550 किसानों के 5 जत्थे 13 नवंबर, 3 बजे भोर को एक आम के बाग में जमा हैं। नाम लिखे जा रहे हैं, नायक चुने जा रहे हैं। ओढ़ना, बिछौना, कंबल, लोटा, डोरी की गठरी पीठ पर लटकाने के तरीके बताए जा रहे हैं। ज्ञान ने आज पहली बार लाल टोपी पहनी है। हर जत्थे में ढोलक है। 261 मील !

'ड्रम ड्रम ड्रम, ड्रम ड्रम ड्रम'

लेफ्ट राइट, लेफ्ट राइट···

"हम चले–नए जहाँ की नींव डालने।"

'ऊपर–आसमान में नक्कारे बज रहे हैं, नीचे–धरती टलमला रही है··· कारवाँ निकल पड़ा। महा अभियान शुरू हुआ··· महात्मा गाँधी की जै !!'

पूरब आसमान में लाली दौड़ गई। पेड़ों की डालियों पर सोए हुए परिंदे डैने फड़फड़ाकर उड़े, 'हल गरारी' वाली 550 लाल झंडियाँ फिजाँ में अपनी लाली बिखेरने लगीं। एक हजार एक सौ तेज कदम ! 550 बेकरार दिलों की आवाज हवा को कँपा रही है।··· कंपन··· शून्य··· ईथर··· कंपन। मार्टिनगंज के एस. पी. साहब 'वायरलेस' पर 'हिज मास्टर्स वायस' की प्रतीक्षा कर रहे हैं। हुकुम हो तो अभी··· ठाँय !

'टक्कु ट्रा ट्रा ट्रा टक्कू टक्कू··· '

चंदरपुर डाकघर के तारबाबू जाड़े की सुबह में परीशान हैं। दरोगा साहब सिर पर सवार हैं। टू द एस. पी.। टू द डी. एम.। टू द डि. आई. जी., सी. आई. डी. एंड पोलिस··· टु द···। फाइव हंड्रेड किसांस मार्चिंग थ्रू···।

"क चूचू··· च्··· चू च च !'

भर पेट जन-सेवा की कसमें खाकर प्रधानमंत्रीजी स्प्रिंगदार पलँग पर करवट ले रहे हैं। जाड़े की सुबह की मीठी नींद।··· कंपन··· शून्य··· ईथर।··· रोजी, रोटी, कपड़ा दो, नहीं तो गद्दी छोड़ दो।··· हम गद्दी नहीं छोड़ेंगे। गाँधीजी का नाम लो, सुबह-सुबह क्या रोटी-रोटी की रट लगा रखी है तुमने ? रोटी के लिए तो कुत्ते लड़ते हैं। नेहरूजी की बातें सुनो–टबों में खेती करो, गमलों में अन्न उपजाओ, शकरकंद खाओ···। बेदखली बंद करने की माँग मत करो। जमींदारों को मुआवजा नहीं दोगे ? सरदार पटेल ने कहा था, याद नहीं–यह डकैती है। जाओ, रामधुन गाओ। कपड़े की क्या जरूरत है, भस्म लगाओ। हमारी संस्कृति, भारतवर्ष की प्राचीन संस्कृति वल्कल और भस्म, राख···। हम गद्दी नहीं छोड़ेंगे।···

'आँखें अगर न खुलतीं, तुम पास मेरे होते।'

रेडियो पर गाने के लिए 'कला की पुतली' बनानी नए ग़ज़ल पर भैरवी का

'टच' देने की कोशिश कर रही है। 'तुम पास' कहते वक्त गले को फँसाकर दर्द पैदा करना चाहती है। सपना टूट जाने पर, साथ छूट जाने पर जैसा दर्द होता है। मीठे सपने !

यह दौरे इन्कलाब है··· । रानीगंज हाट। 10 मील। जत्थों को रोकिए। रुकिए ! जलपान कर लीजिए ! चूड़ा, गुड़, मूढ़ी, सत्तू। पोटलियाँ खुल रही हैं। जेल में चना के बदले चूड़ा माँगने में ज्ञान को भी लाठियाँ खानी पड़ी थीं। 'चना के बदले चूड़ा लेंगे। ठहरो बेटा लाठी देंगे !'··· मुंजीलाल महसूस करता है, चाय के बिना ज्ञान भैया की बुरी हालत होगी। ईंट जोड़कर, पीतल के लोटे में चाय तैयार करता है। रानीगंज हाट के लोग उमड़ पड़ते हैं, इन अनोखे तीर्थयात्रियों को देखने के लिए। पटना, ढाई सौ मील ! बाप रे ! तख्तियों पर क्या लिखा है··· 'जो सरकार घूसखोरी न रोके, वह सरकार निकम्मी है'··· कल ही यहाँ पर एक काँग्रेसी चीनी की चोरबाजारी करते हुए पकड़ा गया है। दफा 40 के मुकदमे में थाना काँग्रेस के मंत्री ने जमींदारों के पक्ष में गवाही दी।··· एक काँग्रेसी गाँधी स्मारक फंड का साढ़े सात हजार रुपया खा गया है।··· सरकारी दफ्तरों में, कचहरियों में घूसखोरी की हद हो रही है।···

लोगों की निराश आँखों में नई आशा की झलक दिखाई पड़ती है। पाँच उत्साही किसान के बेटों ने जत्थे में नाम लिखाया। दौड़कर सामान ले आते हैं। वे भी पटना जाएँगे। 550 में 5 और मिल गए। 550 में, अपने वर्ग में, अपनी जाति में।

'अरे बेटा रे ! राजा बेटा··· !'

वह बुढ़िया छाती पीटकर रो रही है ? पूछिए !··· वह समझती है कि ये लोग फिर लाइन उखाड़ने, तार काटने जा रहे हैं। '42 के आंदोलन में, रेल उखाड़ने के जुर्म में उसके लड़के को फाँसी हो गई, तभी से वह पगली हो गई है।··· जीवन की माँ तो नहीं हैं ?··· हाँ। ज्ञान की आँखों के आगे स्वस्थ, उत्साही, हँसमुख नवजवान जीवन गोप की तस्वीर आकर खड़ी हो जाती है।··· आशीर्वाद दो जीवन की माँ, हम जीवन की अंतिम इच्छा–किसान-मजदूर राज्य कायम करने के लिए बढ़ रहे हैं।···

बढ़े चलो, बढ़े चलो··· !!

खेतों में धान काटनेवाली औरतों का गीत थम जाता है। वे अचरज से इस लाल फौज को देखती हैं। अचरज से। भोला अचरज ! देखकर यों ही बिला वजह मुस्कुरा रही हैं। एक युवती के मोतियों-से सुफेद दाँत, बहुत अर्से तक ज्ञान की आँखों में लरजते रहे। उसने मेकलिंस टूथपेस्ट का नाम भी न सुना होगा। बगल के खेतों से धान की कई बालियाँ लाकर चलते-चलते किसनू कहता है–देखिए ज्ञानू भैया, यह है नाजिर, यह है रांगी, यह बासमती, कनक-जीर···

'आयल तीरथ महान, चल चल हो किसान' जनकवि चुन्नीदास गा रहे हैं। गंगा, काशी, हरद्वार, काबा, मक्का, मदीना से भी बढ़कर पुण्य देनेवाला, जिंदगी को बदल देनेवाला, स्वर्गलोक को धरती पर उतारनेवाला तीर्थ !!

बाँस-भर दिन बाकी है। मुरलीगंज स्कूल में रात को पड़ाव डालना है। तेज कदम। रास्ते के अगल-बगल के छोटे-छोटे गाँव, उनके गरीब बासिंदे सड़क के किनारे चुपचाप खड़े हैं, उनकी अबोध आँखों से उनके दिल की शुभकामनाएँ बरस रही हैं। कोई-कोई सिर्फ 'जय-जय' कहते हैं। ये लड़कियाँ हैं या औरतें ? गालों में गड्ढे, छातियों में सिलवटें पड़ी हुईं। ये लड़कियाँ कभी जवान नहीं होती हैं। लड़कियाँ और फिर एकदम माँ बन जाती हैं। जवानी क्या है, रस क्या है, इन्हें इन बातों की समझ नहीं। उस दवा का क्या नाम था ?··· ज्ञान भूल रहा है··· थरमस निकालते वक्त संध्या बौदी की आलमारी में उसने देखा था, अंग्रेजी में लिखा था–For breast beauty use.···

मुरलीगंज आ गया। मुरलीगंज हाईस्कूल के हेडमास्टर साहब दाँत निपोड़कर अपनी लाचारी दिखाते हैं–"सो तो ठीक है, सो तो ठीक है। मगर स्कूल के सेक्रेटरी के परमिशन के बिना··· आप तो जानते हैं··· हमारी क्या हस्ती है।" स्कूल के सेक्रेटरी एक काँग्रेसी जमींदार हैं, किसानों के जत्थे, अपने दुश्मन के जत्थे को भला कौन आराम और सहूलियत देता है। होस्टल के लड़के, स्कूल के कमरों से बेंच निकाल रहे हैं, दरी, बिछावन, वगैरह बिछा है। इजाजत ! गाँव के किसानों की त्योरियाँ चढ़ जाती हैं।··· कैसी इजाजत, किसकी इजाजत ? आप लोग स्कूल में ठहरिए, देखें सेक्रेटरी क्या करता है। इजाजत की ऐसी-तैसी। हिस्··· ।

शाम को सभा में मुरलीगंज गाँव की सारी आबादी उमड़ पड़ती है। औरत, बूढ़े, बच्चे, जवान। चुन्नीदासजी का निरगुन, आल्हा। मुंजी का गीत, थका हुआ ज्ञान ज्यादा नहीं बोल सकता है। लेकिन अँधेरे में हजारों आँखें चमक रही हैं। उन आँखों में किसान-मजदूर राज, असली सुराज की भूख स्पष्ट रूप से दिखाई पड़ती है। गाँववाले आपस में तय करते हैं। पाँच सौ हों या हजार, गाँव की इज्जत चली जायगी, ये अपने लोग हैं, अपने। गरीबों के, मिहनतकशों के। ये हमारी दुनिया बसाने के लिए जा रहे है।··· घर पीछे दो सेर चावल, आधा सेर दाल। भोज, प्रीतिभोज !!

ज्ञान को नींद नहीं आ रही है। थकावट में तो नींद आती है ! फिर ? तलवों में जलन है। नाचने से पैर में थकावट नहीं मालूम होती ? तलवे नहीं जलते··· कितने धोखे में था वह। कितनी दूर था वह, अपने वर्ग से, समाज से, जनता से। उसकी जिंदगी का रुख, जिंदगी को देखने का, समझने का, परखने का, दृष्टिकोण ही अचानक बदल गया है।··· शशांक कहता था–"नया दौर हमेशा एक तरह के जेहनी इन्कलाब के साथ आता है, नए दौर में कद्रें बदल जाती हैं, नई कद्रों के बलबूते पर नए अदीब पुरानी शाहराह से मुँह मोड़ लेते हैं।"··· यहाँ डाकघर है। शशांक को एक खत डाल देना चाहिए। वतन से दूर··· अमेरिका में बैठा हुआ

शशांक 25 ता. को रेडियो पर बैठा इंतजार करेगा। नहीं, हिंदोस्तान के पत्रों और रेडियो पर भरोसा करनेवाला वह नहीं है।··· ता.··· अक्टूबर को बेचारा, बेवकूफ घी का व्यापारी नवीन रात-भर रेडियो पर, पेकिंग स्टेशन से बोलनेवाले नेताजी की मृत या अमृतवाणी का इंतजार करता रहा।··· शशांक को अपने दोस्तों के खतों का भरोसा है।···

शशांक,

'··· तुम्हारी कहानी 'लहर आयी' इस मार्च में बार-बार याद आ रही है।··· समुंदर का पानी चीख रहा है, लहरें जा रही हैं, लहरें फिर जायेंगी, जाती ही रहेंगी जब तक कि···। विश्वास करो, हिंदोस्तान की मिट्टी पर फासिज्म की नींव नहीं पड़ने देंगे। हमारी मंजिल करीब है।··· अब समुद्र की गहराई में हमें जाना है जनता के बीच, एक खास प्रतिष्ठित दायरे में नहीं।'

14 नवंबर। लाल आसमान। लाल फिजा। तैयार ! जरा ठहरिए···। क्यों ? यह क्या ? फूलमालाएँ किसलिए ? यह आरती ? देखिए, यह गलत बात है। लाल साड़ियों में लज्जावती मिथिला कन्याओं की टोली रुक जाती है। ज्ञान कहता है, यह व्यक्ति-पूजा गलत चीज है।··· गाँववाले कहते हैं–'हम अपने यात्रियों को विदाई दे रहे हैं।' जनसमूह की आरती उतारी जाती है। लड़कों का दल शंख, घंटा घड़ियाल बजाता है। डाँग, डंग, डाँग, डंग, धू···। बीगबेन, साइरेन। 50 किसान और साथ हुए। 550 से 555। 555 से 605। दूसरे पड़ाव तक जाने के लिए 250 किसान। दूसरे पड़ाव से ये लौट आयेंगे। धनकटनी का समय है, लाचारी है।

'माँग रहा है हिंदोस्तान, रोटी-कपड़ा और मकान।'

जूठे पत्तलों पर जीनेवाला, भूखा; गुदड़ी से लाज ढँकनेवाला, नंगा; फुटपाथ पर और खुले आसमान के नीचे सोनेवाला, बेघर का हिंदोस्तान जा रहा है। तेज-तेज कदमों से बढ़ता हुआ कहाँ जा रहा है हिंदोस्तान ?··· जो भूखे हैं, जो नंगे हैं, अब गुस्सा उनको आया है। भूखे शेर से खिलवाड़ ?··· भूखा हिंदोस्तान, नंगा हिंदोस्तान।··· बढ़े चलो, बढ़े चलो। जमीन का चप्पा-चप्पा पुकार रहा है, विदाई दे रहा है··· बढ़े चलो।

ज्ञानचंद रोडमैप निकालता है। तय किए हुए रास्ते को लाल पेंसिल से लाल कर देता है।··· ताल !··· बीरपुर सिर्फ 15 मील है, 5 मील के बाद सड़क के किनारे एक पोखरा है, पोखरें के पास एक आम का बाग है, वहीं स्नान-जलपान होगा। बढ़े चलो···।··· वह दूर धूल क्यों उड़ रहा है ? जत्था ! जत्था ! जत्था !··· जत्थे मिलते हैं आपस में। अनिरुद्ध का जत्था···। मुरलीधर सिंह का जत्था बीरपुर में इंतजार करेगा।··· बढ़े चलो। अंधपुरी के शमाबरदारो !··· चिराग जलाए चलो··· रोशनी ···प्रकाश···आलोक··· महा आलोक···। बीरपुर। रात की सभा। अनिरुद्ध और चुन्नीदास

का सम्मिलित जनगीत। प्रीतिभोज।... गाँव के जमींदार साहब के सिपाही रात-भर चिल्ला-चिल्लाकर पहरा देते हैं। खबरदार ! 15 नवंबर ! लाल आसमान। लाल फिजा। तैयार। बीरपुर के किसान राह खर्च देते हैं, चावल, दही, चूड़ा, गुड़। कौड़ी-कौड़ी जोड़कर जमा की हुई रकम—50 रु. एक निस्संतान विधवा देती है। चवन्नी, एकन्नी, दुअन्नी... । किसान-संघर्ष में उसका स्वामी जमींदारों द्वारा मारा गया था, 1937 में।... पाँच जत्थे, पाँच नायक, पाँच रास्ते। ज्ञान के जत्थे में सिर्फ 235।... सही सुराज के लिए... बढ़े चलो। कोई कोना बाकी न रहे... हौसला बढ़ाते चलो... चप्पा-चप्पा लाल हो जाय।

16 नवंबर...

नक्शे पर ज्ञान की लाल पेंसिल सरकती है। लाल...

17 नवंबर...

गाँव, घर, नदी-नाले, पोखर-तालाब, खेत-खलिहान, लाल... लाल पेंसिल सरकती है।

18 नवंबर...

लाल ! लाल ! लाल !

19 नवंबर... 20 नवंबर... लाल... 21, 22, 23, 24.... लाल... लाल... हिंदोस्तान जा रहा है। तेज-तेज कदमों से, दौड़ता हुआ... अपने लक्ष्य की ओर... हिंदोस्तान... 25 नवंबर... गंगा मैया की जय !!... इंकलाब... जिंदाबाद !

गंगा के किनारे। हजारों किसान-यात्री नावों का इंतजार कर रहे हैं। सुफेद बालू पर हजारों-हजार लाल झंडे, 'हल गरारी' वाले लाल झंडे ! कपड़े की सफाई, स्नान, जलपान और रह-रहकर 'रोटी रोजी कपड़ा दो... ।' 550 से 555। 555 से 605 से डेढ़ हजार और गंगा किनारे। ज्ञान कहता है—पच्चीस हजार। सहरसा के एक उत्साही साथी कहते हैं—तीस हजार। मुरलीधर सिंह कहते हैं—चालीस हजार ! वे दोनों कहते हैं—'आप अखबारनवीस होकर इतना कम कहते हैं ?' बातों को बढ़ाकर कहना ही मानो अखबारनवीसों का काम हो !

दस बज रहे हैं। लोग अधीर हो रहे हैं। झंडा सलामी में शरीक नहीं हो सकेंगे। करीब डेढ़ सौ उत्साही किसान गंगा में कूद पड़ते हैं, तैरकर जाएँगे।... ज्ञान के जत्थे में पंद्रह किसान बीमार हैं। स्टीमर से उन्हें भेजकर ज्ञान बालू पर टहलता है और गुनगुनाता है—*'ए आबे रौदे गंगा ! वह दिन है याद तुझको, उतरा तेरे किनारे जब कारवाँ हमारा !*... यह दूसरा ज्ञान है। मकसद की याद दिलाने के लिए अब पोस्टरों की जरूरत नहीं। लाल झंडे में सजी हुई सैकड़ों किश्तियाँ गंगा की धारा में एक अजीब रंग घोल रही हैं।... लाल झंडों का यह जंगल !!

रजी अजीमाबादी, गोपीकांत, हम्मीद के साथ अपना नया झंडा-गान गाते हैं।

झंडा लाल, आशा की लाली, हल और
चक्का सूरज

नए सबेरे का संदेशा, इस झंडे की सजधज।
शोषित जनता के जीवन में लाया है उजियारा,
झंडा लाल हमारा...

जे. पी. आज लाल टोपी में हैं...। टोपियाँ, लाल झंडे... मानो शोले उठे हैं। भड़ककर... ज्ञान अपने दोस्तों को खोजता है। विशाल गाँधी मैदान भर रहा है। ...लहरें चारों ओर से आई हैं। एक बज रहा है, जुलूस रवाना होने को है। ज्ञान को अब न अपना जत्था मिलता है और न दोस्त ही। ज्ञान खो गया।... 'सोशलिस्ट पार्टी का यह एलान/मालिक हो मजदूर किसान... ।' जुलूस रवाना हुआ। इतना बड़ा जुलूस ? 'बस' का बूढ़ा कंडक्टर कहता है–"जिंदगी में इतना बड़ा जुलूस पटने में नहीं देखा।"... ज्ञान एक जत्थे में मिल जाता है। दो बज रहे हैं, उसका जत्था खड़ा है। ढाई बजे कहीं उसका जत्था हरकत में आ सका। सबसे पीछे बेचारे शिवधारी बाबू का जत्था है, उनके जत्थे को करीब तीन बजे तक खड़ा रहना पड़ेगा।... जुलूस में चलते हुए, एक काले चश्मेवाले साथी को देखकर ज्ञान को फिर शशांक की याद आती है। वतन से दूर... कितना बेचैन होगा शशांक।

यदि आज रेडियो स्वतंत्र होता और हिंदुस्तान अमेरिका की तरफ लहर फेंकता ? शून्य... ईथर... माइक... कंपन। शशांक अपने रेडियो का मीटर ठीक कर रहा है। ...कर... कर... खड़... गड़... गड़कड़क... यह ऑल इंडिया रेडियो, पटना है। अभी दिन के डेढ़ बज रहे हैं। जुलूस रवाना हो चुका है। आप इस ऐतिहासिक जुलूस के साथ-साथ चलनेवाले हमारे रिपोर्टर का आँखों देखा चलता विवरण सुनिए।...। कर... करड़... कर...। जमींदारी का मुआवजा... कोलाहल... जमीन की बेदखली... कोलाहल...आपने अभी जुलूस के नारों को सुना।...अ...सबसे अगला जत्था मुसल्लहपुर पहुँच चुका है... और सबसे पिछला जत्था अभी भी लॉन में खड़ा है। जुलूस के सबसे आगे गाड़ी है, उसके बाद पहली कतार में जयप्रकाश चल रहे हैं। उनके पीछे रियासत करीम, अबुल हयात चाँद, हरिकृष्ण, रजी चल रहे हैं। हर जिले का जत्था अपने साइनबोर्ड के साथ है। भागलपुर, मुंगेर, संथालपरगना, मुजफ्फरपुर, दरभंगा, गया, पूर्णियाँ, सहरसा, हजारीबाग, राँची, मानभूमि, सिंहभूमि–संथालों की अलग टोली है। शहर की जनता टूट पड़ी है। जुलूस का अगला सिरा निचली सड़क के लिए घूम रहा है और पिछला जत्था ?... पिछला जत्था... पिछला जत्था अब भी मुरादपुर में खड़ा है। 'इट्स वंडर... ।' लोग कह रहे हैं इतना बड़ा जुलूस पटना ने अब तक नहीं देखा।... जनरल अस्पताल की खिड़कियों और बरामदे पर बिमारों की ठठ्ठ आँखों में नई जिंदगी की उम्मीदें लिए खड़ी देख रही हैं...। कोने-कोने से पचास हजार भूखे-नंगे अन्नदाता किसान सैकड़ों मील की मंजिल पैदल तय कर आए हैं। अजीब समा है, अजीब जोश है। कर...कर...गड़क–सोशलिस्ट राज बनाएँगे...। अब जुलूस की लंबाई... तकरीबन–अ... ढाई-तीन मील लंबा हो गया। शहर के लोग भी बड़े उत्साह से जुलूस में शरीक हो रहे हैं। सोशलिस्ट

पार्टी और किसान पंचायत के लीडर बिन मुकाबले मार्च करके आए हैं। वे अपने-अपने जत्थे में हैं ?··· मुश्किल है, जनता की इस विशाल भीड़ में नेता लोग नजर नहीं आ रहे हैं।··· वो रहे हिंद किसान पंचायत के जनरल सेक्रेटरी रामानंदन मिश्रजी और···और···वे कौन हैं···हाँ, कर्पूरी ठाकुर···बिहार किसान पंचायत के जनरल सेक्रेटरी। इन लोगों ने दरभंगा से मार्च किया है। और वह सियाराम सिंह, सूरज नारायण सिंह भागलपुर के जत्थे में। वह अंबिका सिंह··· ? फालिज के मरीज विशेश्वर मिश्र गया से मार्च करके आ रहे हैं। सहरसा के नायक··· माफ कीजिए··· नहीं पहचान रहा हूँ। पूर्णियाँ के जत्थे में मुरलीधर सिंह, देवनाथ राय नजर आ रहे हैं। नए-नए जत्थों का आना जारी है। जत्थे आ ही रहे हैं।··· सबसे पीछे सोशलिस्ट पार्टी के पुराने और बुजुर्ग नेता शिवधारी सिंह हैं।··· इस जुलूस को देखकर शहर और देहात के शोषितों-पीड़ितों की भावी एकता में शकोशुबहा नहीं रह जाता। जनता में ऐसी बेदारी, ऐसा जोश 1942 के आंदोलन के बाद कभी नहीं देखा गया।···मगर प्रधानमंत्री जी सेक्रेटरियट पर फौजी पहरा बिठाकर, मिलिटरी ट्रकों को तैनात करवाकर दिल्ली जा चुके हैं।··· वह कौन-सा जत्था है ? हाँ, वह सोशलिस्ट पार्टी के अखबारनवीसों, लेखकों, अदीबों, कलाकारों का जत्था है। लंबाई और जेहन में बेजोड़ बी. पी. सिन्हा, प्रगतिशील आलोचक··· गोपीकृष्ण, अहद फातमी; कथाकार विश्वमोहन सिनहा के हाथ में झंडा है, उसके बाद कयूम कायद हैं। फिर चित्रकार दामोदर··· नरमुंड··· नरमुंड··· नरमुंड··· जनता··· जनता··· जनता।

जहाँ तक निगाहें जाती हैं बस नरमुंड···सुर्ख परचम··· लाल झंडे··· । सारा पटना लाल हो रहा है।···

"कौन ज्ञान ?"

"हरेकृष्णजी !"–ज्ञान ने देखा, जुलूस मैदान पहुँच चुका है।

गाँधी मैदान। पचास हजार से ज्यादा एकत्रित जनसमूह ने दुहराया–'हमारे नेता जयप्रकाश।'

जयप्रकाशजी खड़ा होते हैं। शोरगुल, नारे, बाजे, फुसफुसाहट–सब बंद, सन्नाटा। शांति।··· "मैं चाहता हूँ कि शुरू में दो-एक चेतावनी दे दूँ, आपने दो-एक ऐसे नारे लगाए हैं, जिनसे मुझे तकलीफ हुई है। आपने मेरे नाम का नारा लगाया है जिसे मैं पसंद नहीं करता। तहरीके-आजादी के सिलसिले में आपने नेहरू और पटेल वगैरह के नामों के नारे लगाए। लेकिन इसके बाद क्या हुआ !··· "

इसके बाद क्या हुआ ? इसके बाद क्या हुआ ? –ज्ञान तेरह दिनों से विशाल जनसमूह के साथ है, हजारों गाँवों से वह गुजरा है, लाखों के चेहरे पर उसने पढ़ा है–"जब नेहरू और पटेल अपने वादे को भूलकर पूँजीपतियों, जागीरदारों, जमींदारों के हाथ का खिलौना बन जा सकते हैं तो··· ? नाउम्मीदी, निराशा, घृणा, अविश्वास।··· कुओमिंतांग शासन के शोषण, अत्याचार, खुदगर्जी से तबाह होकर

चीन के किसानों ने अपनी नई दुनिया बसाने के लिए सफर शुरू किया–लांग मार्च–इसी का नतीजा है कि आज चीन लाल हो उठा है···

'मौजूदा सरकार की अप्रजातांत्रिक हरकतों ने मोंचि जैसे ठंडे व्यक्ति को भी यह सोचने को मजबूर किया है कि क्या शांतिमय तरीकों से इस सरकार को हटा फेंकना कभी संभव होगा···।'

'Now he is so bitter ?' कालेज का एक विद्यार्थी अपनी जमात में आश्चर्य प्रकट करता है।··· यह जयप्रकाश··· अवनींद्रनाथ का नहीं···। ज्ञान की आँखों के आगे फिर '42 के नज्जारे दौड़ते हैं··· चेथरू साह किरासन का कनस्तर बजा-बजाकर नाच रहे हैं, होली गा रहे हैं।

"आप अपनी हालत दिखाने, अपने दुख-दर्द की कहानी प्रधानमंत्री से सुनाने आए और वे··· "

भाग गए, छिप गए ? ज्ञान सोचता है, किरण'दा ठीक कह रहे थे, प्रतिक्रियावादी ताकतें आँखें न मिला सकेंगी। जनता से दूर, जनता के दुख-दर्द से प्रधानमंत्री ने रेत में सिर गड़ा लिया··· हाय, प्रांतीय काँग्रेस के मंत्रीजी ! उन्होंने 'किसान-मार्च' को एक 'मजाक' और सोशलिस्ट नेता जयप्रकाश को शुतुरमुर्ग कहा था। लेकिन तूफान देखकर शुतुरमुर्ग ने सिर गड़ा लिया। अजीब मजाक··· काँग्रेस के नेताजी को इससे बेहतर मजाक कभी सूझा न होगा। एक दर्जन से ज्यादा 'इंकलाबी पार्टियों' ने पिछले साल किसान रैली बुलाई थी।··· काँग्रेस के मंत्रीजी और उनके लोगों को 'मजाक' करना उन्हीं पार्टियों ने सिखाया है शायद !··· लेकिन यह तूफान तो महज एक चेतावनी है, जब काल बैशाखी पागल होकर तांडव शुरू करेगा तब ?··· नृत्य ··· शांति··· नृत्य··· बनानी··· उसके घुँघराले बाल··· कॉफी की सोंधी खुशबू।··· ज्ञान का सिर चकराता है। वह उठता है, भीड़ से बाहर जाने की कोशिश करता है।··· कमलनाथ··· कमलनाथ··· । कमलनाथ के पास वह धम्म से बैठ जाता है··· कमलनाथ कहता है–"अब तुम्हें 'जनान' (Jnan) नहीं कहूँगा, जवान कहूँगा, जवान–हौसलों-वाला जवान।" ज्ञान गिर पड़ता है। ज्ञान ? ज्ञान ? बेहोशी। अरे, तेज बुखार है। एंबुलेंस !···

ज्ञान आँखें खोलता है। आयोडिन, ईथर, ब्लिचिंग पाउडर के मिले-जुले गंध का अनुभव करता है।··· कहाँ है वह ? कौन है ?··· गोपीजी ?

'हाँ'–गोपीजी फाइल सहेजते सिगरेट का धुआँ फेंकते हुए, एक ही साँस में कहते हैं–"घबराइए नहीं, यह जनरल अस्पताल है, आपको कल चक्कर आ गया था न। तेज बुखार में आप क्यों चल-फिर रहे थे ?"

"देखिए !"–नर्स आकर कहती है–"अभी इनकी बेहोशी दूर हुई है और आप बात कर रहे हैं। रेस्ट लेने दीजिए। डाक्टर ने कहा है··· "

"कल से ही हम लोग परीशान हैं। लोगों को फिक्र है।"

"देखिए !"–नर्स झुँझलाती है।

गोपीजी बोल ही रहे हैं–

"लखनऊ में भी खूब रहा। वहाँ भी पंत भाग गया।" फायल से अखबारों की कटिंग निकालते हैं। ज्ञान इस तरह उठकर बैठ जाता है, मानो उसे कुछ हुआ ही नहीं।

–"यह 'नेशनल हेराल्ड' की कटिंग है। किसान-मार्च एंड जी हुजूर्स। अच्छी रिपोर्टिंग की है।"

"लखनऊ के इतिहास में बड़े-से-बड़े जुलूसों में से एक !"

"लड़ाई का पहला मोर्चा फतह कर लिया गया।" लोहिया साहब कहते हैं।

आचार्यजी* ने कहा है–"यह किसान-मार्च उस आंदोलन का प्रारंभ है जो नई जिंदगी का रास्ता प्रशस्त बनाएगा।"

ज्ञान का ज्वर से सूखा हुआ चेहरा खिल जाता है।··· किसान मार्च की अद्भुत सफलता, इसके महान सामाजिक और ऐतिहासिक महत्त्व··· हिंदोस्तान लाल हो रहा है, नए सवेरे की आशा··· ।

मासिक 'जनवाणी' (वाराणसी) के जनवरी, 1950 के अंक में प्रकाशित

हड्डियों का पुल

पुल ! हवड़ा का पुल !

सूखे कास की झाड़ियों, नरकट, झौआ-झलासों के जंगलों और झरबेर के वनों में रहनेवाले जंगली प्राणियों ने भी 'हवड़ा के पुल' का नाम सुना है··· पुल ! अरे बाप ! हवड़ा का पुल बिना खंभा का है ! हजार आदमी का 'बलदान' देने पर भी गंगा मैया राजी नहीं हुई ? गंगा मैया अपनी छाती पर भला 'कील' पड़ने दे ?··· तब सरकार बहादुर गंगा मैया के ऊपर बिना खंभा का पुल बनाया··· रेल ले गया। हवड़ा का पुल !···

··· पुल, आदमी का बलिदान, लकड़सूँघे निकलते हैं; झोली में मिठाई रखते हैं; बच्चों को फुसलाते हैं और झोली में बंद कर भाग जाते हैं।···

टहलू मुसहर की पुतोहु कुरसाहा से आई है। नई दुलहन ! कहती है कि कुरसाहा के पुल में आदमी का 'बलदान' देते हुए खुद उसके बाप ने देखा था। उसके अपने फुफेरे भाई को भी लकड़सूँघे ने पकड़ा था। 'भाग' अच्छा था, देह में घाव था,

---

* –आचार्यजी से यहाँ तात्पर्य आचार्य नरेन्द्रदेव से है। –सम्पादक

इसलिए 'बलदान' नहीं पड़ा।···

टहलू मुसहर की पुतोहू 'शहरू' है, चमकीले पीतल का कनफूल पहनती है; कनफूल हमेशा थर-थर काँपते रहता है। हँसती है तो हिलता, बोलती है तो डुलता है। कितना अच्छा !··· ठीक 'डागदरनी माई' की तरह··· ! कुरसाहा 'टीशन' के एकदम नजदीक, कुरसाहा बाजार के पास ही उसके बाप का घर है। वह भला झूठ बोलेगी ?

गाँव में 'गुलाबछड़ी' मिठाईवाला घंटी बजा-बजाकर गाता–

"गुलाबछड़ी कड़-कड़ बोले,
लड़िकन सबके मनवाँ डोले
माय-बाप से पैसा लावे···
··· कलकत्ते की काली मैया
हबड़ा जी का पुल··· "

"क्या कहता है ? पुल ?··· मिठाई··· काली मैया··· लकड़सूँघा··· लकड़सूँघा है रे ! भाग रे !" –छोटे-छोटे, मिट्टी में सने हुए, नंगे और काले मुसहर के बच्चे भागकर अपनी-अपनी खोपड़ी (झोंपड़ी से भी छोटी) में छिप जाते। हबड़ाजी का पुल ! ··· कुरसाहा का पुल !!

टहलू मुसहर की पुतोहू 'भगिया'! पंद्रह साल की लड़की कुछ ही महीने में गाँव में सबसे समझदार 'झोटा' (औरत) समझी जाने लगी है। ऐसा कि बिकन ओझा (झाड़-फूँक करनेवाला) भी उसके सामने कुछ नहीं। फुलिया के बच्चे को नजर लग गई थी, पेट फूलकर भाथी ! रात-भर बिकन ओझा 'चक्कर' (चक्र) पूजकर झाड़ते रहे, कुछ फायदा नहीं। सुबह को भगिया ने जाकर कहा–'बोतल में गरम पानी करके पेट पर दो। ठीक हो जाएगा।'··· बस, तुरत ठीक ! बच्चा हँसने लगा ! वह कहती है–'छत्तीस बाबू डागदर के यहाँ बचपन से ही उनके 'आँगन' का काम (चौका-बरतन) किया है।'···

'सचमुच ! भगिया ने जैसा कहा था वैसा ही··· !'

पुल से दो मील उत्तर एक 'चौर' में 'करमी' और 'सारूख' खोजनेवाले भूखों की जमात ने आँखों पर उँगलियों का 'शेड' डालकर देखा–

–'ठीक वैसा ही ! विशाल ! लाल ! काली माई की जीभ की तरह लाल··· ।'

सामने कोशी के गँदले पानी की सुफेदी··· पृष्ठभूमि में सुफेदी··· सुफेद चादर पर पुल स्पष्ट और भयंकर मालूम होता है।

'गड़··· गड़··· गड़म··· गड़-गड़-गड़ाम··· '

'पुल पर गाड़ी··· मालगाड़ी ! !'

सामने कोशी के गँदले पानी की सुफेदी। सुफेद चादर पर पुल स्पष्ट मालूम होता है।··· मालगाड़ी अजगर की तरह सरकती हुई पुल पार कर जाती है।

"रेलगाड़ी ! साला रेल नहीं होता तो अपने मुलुक का चावल, धान, मकई दूसरा मुलुक जाता !" –कच्चा 'सारूख' चबाते हुए नौजवान गोरखू मुसहर चेहरे पर कसैलेपन का भाव लाते हुए कहता है–"साला··· !"

बाकी लोग इसका विरोध करते हैं।

"गाड़ी को गाली देता है ? काली माई है। सरकार बहादुर के 'आगपानी' का खेल है। गाली देता है ?" –बूढ़ा तेतर इस तरह डरकर कहता है, मानो अब गाड़ी पुल पर से नीचे उतरकर, गुस्से से धुआँ उगलती हुई इधर ही आ रही है ! वह दोनों हाथों को जोड़कर पुल की ओर 'बंदगी' करता है–"जै गाड़ीजी !··· जै पुलजी ! जै सरकार बहादुर !!"

रात को गाँव में कोलाहल मचा हुआ है। लोगों को काफी 'करमी' और 'सारूख' मिला है, इसलिए नहीं। बल्कि गाँव के लोगों ने कुरसाहा का पुल देखा है। वे एक ही साथ पुल के बारे में चिल्ला-चिल्लाकर बड़े उत्साह से बयान करते हैं कि किस तरह पुल पर गाड़ी को जाते देखा, बेवकूफ गोरखू की बात पर गाड़ी को गुस्साते देखा और··· । सचमुच भगिया कम उम्र की होकर भी गाँव-भर में सबसे ज्यादे 'देखी-सुनी' और समझदार औरत है।

दूसरे ही दिन शाम को भगिया की झोंपड़ी के सामने गाँव-भर के लोग बैठते हैं। औरत, बूढ़े, बच्चे, जवान··· और कुत्ते भी।

गाँव का नायक चमरू दुसाध गले में फटा गमछा डालकर दीन भाव से खड़ा होकर कहता है, भाषण के लहजे में, प्रार्थना के शब्दों में–"बेटी ! तुम सिर्फ टहलू की पुतोहू नहीं, गाँव-भर की पुतोहू हो, बेटी हो। बात यह है कि इलाके में अब न अन्न है और न काम।··· गाय, बाछा, बैल, बकरी सब बिक गए। जिनके पास अनाज है, वे मजदूरी देकर काम नहीं कराना चाहते।··· दो-दो फसलों का नुकसान, छोटे हल-बैलवालों और जमीनवालों की हालत खुद खराब है।··· लक्ष्मीपुर बाबू के यहाँ उस टोले के कुछ लोग 'पेट-भात' पर भी काम करने को राजी हुए तो सुना कि पाव-भर सड़े हुए चावल पर भी बज्जर !··· दूसरे-दूसरे टोले के लोग काम की तलाश में, अन्न की खोज में निकल रहे हैं, गाँव खाली कर रहे हैं। हम लोग तीन पुश्त से इस इलाके में बसे हैं, कुछ 'भगैया-परैया' नहीं। गाँव के कुछ लोगों के पास एकाध बीघा 'बटैया' जमीन भी है।··· हम क्या करें ?··· गाँव छोड़ दें ? ··· 'डीह' छोड़ दें ?"

गाँव की औरतें भगिया को घेरे बैठी हैं। भगिया चुप है, क्या जवाब दे !

टहलू कुछ देर के लिए भूख की पीड़ा भूल जाता है–उसकी पुतोहू !··· इतनी

'सगियान' ?··· गाँव के नायक हाथ बाँधे खड़े हैं··· !! ··· जरूर बहू में 'भगवती' का अंश है !···

"बोल भगवती, बोल भगवती !"–टहलू पागलों की तरह नाच-नाचकर भगिया से प्रार्थना करता है। टहलू पर अक्सर 'दीना भदरी'··· (मुसहरों के देवता) सवार होते हैं। टहलू की बोली में 'दीना भदरी महाराज' कहते हैं–"हेय ! हेय ! उयेक ! ··· कू··· कू··· दीना हुकुम दै छौ, बोल भगवती ! रास्ता बता, गाँववाला के ऊबार··· !"

दो-तीन भक्त उठकर 'धूप-धूप··· पानी··· सिंदूर··· ' वगैरह चिल्लाते हैं। 'दीना भदरी'··· टहलू की देह से प्रस्थान करते हैं। टहलू की देह थर-थर काँप ही रही है।

···भगिया खखासकर गला साफ करती है। भूखी-प्यासी श्रोता-मण्डली में सन्नाटा छा जाता है–चुप !··· कानाफूसी नहीं !···भगिया कहती है–"बिपत पड़ने पर आदमी सबकुछ करता है। 'डीह' धर पर रहने से यदि खाना मिले तो फिर 'डीह' छोड़ने की क्या जरूरत ? जहाँ खाना मिले, मजदूरी मिले, जान बचे··· "

सर्व-सम्मति से तय होता है–कल पौ फटते ही गाँव के मर्द जाति के (बारह वर्ष तक के लड़के भी) लोग पूरब की ओर काम की तलाश में निकलेंगे। औरतें घर में रहेंगी। सात दिनों के लिए घर में 'करमी' और 'सारूख' है। घटेगा तो एकाध दिन 'पटुआ' साग से भी काम चल जायेगा। दस दिन में अन्न लेकर गाँव लौटना है।···

सामने जहाँ तक निगाहें पहुँचती हैं–पानी··· पानी··· शून्य··· । मटमैली धरती··· मटमैला आसमान।··· झरबेर··· बबूल और दूसरे किस्म के छोटी जाति के दरख्तों के ठूँठ ··· कहीं-कहीं नजर आते हैं। आसमान के मटमैले रंग में थोड़ी-सी लाली घोलकर सूरज उग आता है। हवा के झोंके में कीचड़ों, जंगलों, फसलों और घों-घों की सड़ाँध मिली हुई है।··· अन्न की खोज में–कोखजली धरती के लाल बढ़े जा रहे हैं।···

··· बिरौली बाजार ! सेठ कुंदनमल का भारी गोला। गोदाम है··· अन्न नहीं ···काम नहीं ?··· अन्न है, तुम्हारे पास कोई जेवर है ?··· नहीं। तुम्हारे पास जमीन है ?··· नहीं। तुम्हारे पास क्या है ?··· कुछ नहीं।··· सिर्फ देह में··· रोज क्रमशः घटती हुई··· ताकत !··· ताकत ?··· हिस्स ! ताकत !···

··· भूखों की भीड़ बढ़ रही है। धरती की छाती चीरकर, पाताल से 'अन्न' निकालनेवालों को आज अन्न नहीं मिल रहा है।··· ये सहरसा से आ रहे हैं··· पुरैनियाँ तऽ धानक बखार छिकै।··· हमरा सब भेलाही से अबै छी··· उम्हर कहत पैड़ गेलैक ··· हमरा सब 'झिटकिया' रहै छी··· अरे ! पूर्णिया जिला में भी धान नहीं, चावल नहीं ?··· हमरा सनिरऽ घर रहे जिला में छहौं··· एहै रुपौली थानारऽ जरलाही मौजा

में रहै छी।··· हैं, ··· जरलाही रऽ 'जालिम सिंह' नाच नामी छै··· उहै जरलाही··· कोढा ··· भगवान··· गंगदुआर··· !

'आ रही है··· ।' सेठ कुंदनमल की थुलथुल देह का रोम-रोम पुलकित हो रहा है–'आ रही है, लक्ष्मी आ रही है।··· चाँदी के सिक्के सोने के हो जाएँगे··· कागज के नोट··· सोने के चदरे··· सोने की सिल्ली··· सोना··· एक बोरो चावल नहीं, मोती के दानो हैं दानो !

भीड़ रास्ता पकड़ती है। निराशा की सर्द आहों और उम्मीद की गर्म साँसों पर झूलता हुआ इंसान आगे बढ़ता है। भूख इनका नेतृत्व कर रही··· भूख, मौत का नेतृत्व ?···

किसुनपुर कोठी !···पूर्णिया के सबसे बड़े काश्तकार···बिहार के सबसे बड़े काश्तकार ··· किसुनपुर के गंभीर बाबू की हवेली यही है।···सुफेद मकान···राजदरबार···अनाज के बखारों की कतार···लक्ष्मी यहीं बिराजती है···अन्न मिलेगा···क्या ?···?···अन्न नहीं ··· काम नहीं··· जिनके पास पचास से भी ज्यादे कामत हों और हरेक कामत पर औसतन बीस हजार मन से भी ज्यादे धान होता हो···वहाँ अन्न नहीं ?···जिले के विशाल भू-भाग पर जिनके पुराने 'हल' से लेकर 'ट्रैक्टर' तक चलते हों···वहाँ अन्न नहीं ?···तो आगे बढ़ना बेकार है।···

"चलो वापस ! घर में भूखे बच्चे हैं, बूढ़े बाप हैं, माँ है···बीवी···साथ मरेंगे।"

"चलो वापस !"

कुछ लोग वापस होते हैं। कुछ लोग सोच में पड़े हैं, मन को तौल रहे हैं। कुछ तय कर लेते हैं–वापस लौटकर क्या करना है ?···यहाँ भी मौत···वहाँ भी।

मरना भलो विदेश में
जहाँ न अपना कोय
काया खाए कूकरा···

वे और आगे बढ़ते हैं !

घर वापस लौटनेवालों में ज्यादातर पूर्णिया जिला के ही लोग हैं। रहिकपुर, दियारी, बभनगामा, गंगदुआर··· । घर नजदीक है···मोह ताजा है। मिट्टी का मोह ··· बीवी की मुस्कुराहट और बच्चों की तोतली बोलियाँ उन्हें वापस लौटने को मजबूर करती हैं।···कौन गाँव है ?··· गद्दीपुर का कोशीमेला··· गद्दीपुर के शोभित बाबू।··· कंगरेसी··· नहीं··· आजकल··· 'सुशलिट' में हैं···गरीब का पाटी में··· । याद है ? लाल रंग के घोड़े पर सवार होकर गाँव-गाँव में घूमकर जब शोभित बाबू फौज जमा कर रहे थे ?···चलो थाना पर चढ़ाई है, 'सुराज' जीतना है।···धाँय-धाँय गोली चली थी···मगर शोभित बाबू का पलटन जरा भी पीछे हटा ?···हटेगा कैसे ···शोभित बाबू ललकार जो रहे थे··· 'बढ़े बहादुर डर काहे का, चाहे जान रहे कि

जाय'··· आल्हा-उदल का जोश··· बस··· साफ··· राख··· दरोगा और दो सिपाही को जिंदा ही जला दिया···उसके बाद मिलेटरी ने अपने गाँव में ही क्या कम उत्पाद किया था···रघुनी की जवान बेटी को दिन-दहाड़े सड़क पर···लोधन की पुतोहू के पेट में 'किरिच' भोंक दिया था···अकलू हजरा जेल में ही मर गया।···

··· मगर शोभित बाबू सुराज जीतकर ही लौटे··· ।

"चलो ! शोभित बाबू के यहाँ।"

"सुराज जीतनेवाला अन्न का भी उपाय जरूर करेगा।"

"चलो !"

काला-कलूटा, अधेड़ आदमी–जिसकी आँखें अंदर में घुसी हुई घुड़कीली मालूम होती हैं–दूध की तरह सुफेद खादी की धोती घुटने तक पहने खड़ा है।···शोभित बाबू ! ···ध्यान से सुनते हैं। भीड़ की ओर देखते हैं और गंभीर होकर पूछते हैं–"तो आप लोगों ने क्या तय किया ?"

"कुछ नहीं। हमें अन्न चाहिए, काम चाहिए··· ।"

"हम चाहते हैं"–मधुवन का एक नौजवान महुआ आगे बढ़कर कहता है–"गाड़ी से हम लोगों के मुलुक का अन्न बाहर गया है। यह गाड़ी ही सारे फसाद की जड़ है, इसलिए··· "

"इसलिए क्या ? रुक क्यों गए ?"–मेघ की तरह गंभीर आवाज में शोभित बाबू पूछते हैं। आँखें और भी घुड़कीली हो जाती हैं, काले मुखमंडल पर भी लाली दिखाई पड़ती है–"बोलो ! इसलिए क्या करोगे ? क्या करना चाहते हो ?"

"हम चाहते हैं"··· नौजवान हकलाकर जवाब देता है–"हुक्म हो तो हम कुरसाहा के पुल को तोड़ दें···"

'गड़ गड़ गड़म···गड़म···गड़म !!'

'बज्रपात !'

"यह तुमसे किसने कहा ? बोलो ! यह किसने बताया ?"

"नखा···नखा मालाकार ने !"

"मालाकार ने ?"

"जी !"

"नखा कौन है, जानते हो ?"

"काँगरेस··· नहीं··· सुशलिट··· नहीं··· किरांती पार्टी का सिपाही···वह कहता है··· ।"

शोभित बाबू सहसा मुस्कुरा पड़ते हैं। धीरे-धीरे बुदबुदाते हैं–"इसी से तो कहता हूँ, यह तुम्हारा अपना ख्याल कैसे हो सकता है ? यह तो वे ही सोच सकते हैं। '42 में सी. आई. डी. का काम करने में, '46 में देशभक्ति बघारने और '50 में रेलवे लाइन तोड़ने में, एसिड बल्ब फेंकने में देश का कल्याण और जनता के

राज का सपना देखनेवाले···क्रांतिकारी पार्टी··· !"

"सुनो !···" शोभित बाबू भीड़ को संबोधित करते हैं–"अन्न नहीं है, बाहर चला गया। रेल के जरिए, पुल पार होकर बाहर चला गया। ठीक है···मगर उसके वापस लाने का रास्ता क्या यही है··· पुल तोड़ दो ?···"

भीड़ में पहले फुसफुसाहट, फिर भुनभुनाहट और फिर शोरगुल···कौन है यह आदमी ? बोलने का अक्ल नहीं,···हिस्स···पुल उड़ा दो···बदमाश आदमी है···मगर काँगरेसी बाबू भी तो कुछ नहीं कहते। हम लोग वहाँ भी गए थे···रामलरैन बाबू बोले कि जाओ अन्न पैदा करो, पेड़ लगाओ, झंडा फहराओ, दिवाली मनाओ, सुराज की 'चौबरखी' होगी···कंगाल भोजन होगा···।

अच्छी नस्ल की खूबसूरत, देशी घोड़ी लगाम मानती नहीं, नाचती है। शोभित बाबू लगाम को थामकर कहते हैं–"यदि तुम्हें अन्न लेना है तो मेरे साथ चलो। मैं तुम्हारे लिए अन्न और काम का प्रबंध करने में कुछ उठा नहीं रखूँगा। दूसरों की बात मैं नहीं जानता। झंडापूजन और पुल उड़ाने से जिन्हें अन्न मिलता हो, वे वापस जा सकते हैं। वह गलत रास्ता है, वह मेरा रास्ता नहीं।"

गठिया और पुरानी डिसेंट्री से पीड़ित शोभित बाबू के काबू में घोड़ी नहीं आ रही।···दस वर्ष की उम्र से घोड़े की सवारी करनेवाला आदमी···घोड़ी लगाम नहीं मानती ?···लगाम झकझोरते हैं···जानवर रास्ता पकड़ता है···ठुमुक-ठुमुककर नाचती हुई घोड़ी आगे बढ़ती है और पीछे भूखों का दल। मुर्झाए चेहरों पर हल्की-सी रोशनी ! उम्मीद की रोशनी !···

"दो सौ रुपए का चावल !"–सेठ कुंदनमल सामने पड़े हुए दोनों नोटों को घृणा की निगाह से देखते हैं और सामने बैठे हुए इस भूत की तरह काले आदमी को देखकर दिल के गुस्से को दबा लेते हैं–"शोभित बाबू ! आप पागल तो नहीं हो गए ! चावल कहाँ है ? गोदाम आपका है, देख लीजिए···एक चुटकी भी मिले तो···गौ माता की कसम···"

"सुनिए सेठजी ! आप मुझे दो सौ रुपए का चावल दीजिए। भूख से इन लोगों का बुरा हाल है ! आज इन्हें भोजन मिल जाय तो कल तक मैं गाँव में घूमकर इनके काम का प्रबंध कर लूँगा ! इतने गाँव हैं, सभी तो अपने हैं, दस-दस हरेक गाँव में रख लिए जायँ तो ये मौत के मुँह से बच जाएँगे।··· आप बहाना मत बनाइए··· लोग भूख से तबाह हैं। मैं वाजिब कीमत से कुछ ज़्यादा भी देने को तैयार हूँ···"

न जाने क्यों, सेठजी अचानक गंभीर हो जाते हैं, शांत मुद्रा बनाकर कहते हैं–"शोभित बाबू ! यों तो आप लोग लीडर आदमी ठहरे, सबकुछ जानते हैं, समझते हैं। लेकिन मैं पूछता हूँ कि इस तरह आप कितने लोगों को घर से खिलाइएगा ?

और कब तक ?...फिर आप काँग्रेस में भी नहीं हैं, जो कुछ बाहरी आमदनी भी हो। मैं भी आपको दो सौ रुपए चंदा देता हूँ। आप चार सौ रुपए का चावल कहीं और खरीद लें।'

"चावल आपके गोदाम में है।"

"गंगा कसम, नहीं है।"

"सेठजी, आप सैकड़ों की जान के साथ खिलवाड़ कर रहे हैं।"

"रामजी कसम, नहीं है।"

"है।"

"नहीं है।"

भीड़ में एक कम उम्र का लड़का बेहोश हो जाता है। लोग निराश हो रहे हैं। शोभित बाबू भी हार गए !...हा भगवान !

"गोदाम खोलिए सेठजी !"

सेठ परिस्थिति को ताड़ लेता है, अचानक उदारता दिखलाते हुए हँसता है–"अरे, शोभित बाबू ! गोदाम तो आपका ही है। कुछ बोरियाँ बचाकर रखा था कि इलाके के मजदूरों के काम आएगा।...आप मानते नहीं...नहीं...बैठिए...मुनीमजी, दो सौ रुपए का चावल चालू भाव से तौल दो।"

"और दो सौ रुपए–चंदा ?"

"यह जुलुम है शोभित बाबू ! चंदा और चावल दोनों ? नहीं-नहीं, समझ लीजिए कि मुफ्त में दे रहा हूँ..." दोनों नोटों को उठाकर तिजोरी में बंद करते हुए सेठजी गिड़गिड़ाते हैं।

बिरौली बाजार पर रात-भर 'लोरिक', 'कुमर बिजैभान' और 'सारंगा सदाबृज' के तराने गाए जाते हैं। भूखों को अन्न मिला है, वे खुश हैं, गा रहे हैं। उन्हें काम मिलेगा, अन्न मिलेगा !...नई जिंदगी की उम्मीद में वे गाते हैं–"रामाँ दियरा सना जरै छै चननिया केर हे रूप !" (चननिया का रूप दीपक की तरह जल रहा है।)

सेठजी को नींद नहीं आ रही है।...इसी तरह यदि भूखों के काम और अन्न का इंतज़ाम होता गया तो चाँदी के सिक्के सोने के नहीं हो सकते !...सोना...एक बोरा चावल...कीमती मोतियों के दाने !...राख...शोभित बाबू उसकी उम्मीद की दुनिया को जलाकर राख करना चाहते हैं ?

'मोहनपुर, कोशकापुर, चन्ननपट्टी का दौरा करके, सैकड़ों भूखों की रोजी और रोटी का प्रबंध कर शोभित बाबू वापस आ रहे थे, बरसौनी हाट पर अचानक गिरफ्तार कर लिए गए।'...एक लाल टोपीवाला नौजवान पूर्णिया डाकघर से पटना तार दे रहा है। पूर्णिया सोशलिस्ट पार्टी ऑफिस में कुछ लोग 'मजनू' की सूरत में बैठे

हैं और चिल्ला-चिल्लाकर बातें करते हैं। अकालपीड़ित इलाके के कार्यकर्त्तागण आए हैं ! शोभित बाबू की गिरफ्तारी, अकाल की सर्वनाश गति, सरकार की बेरुखी वगैरह पर वे बातें करते हैं···यह सरकार का जुल्म है, इसे फासिज्म कहते हैं, अकाल आ गया, लोग मौत के मुँह में जा रहे हैं, उन्हें मौत के मुँह से बचानेवाले जेल में ठूँसे जा रहे हैं···

···और तारीफ यह कि दो महीना पहले ही पार्टी ने और किसान पंचायत ने साफ ऐलान कर दिया था, सरकार का ध्यान आकर्षित किया था···अन्न की कमी है, अकाल आ रहा है और लोग मरेंगे।

"मगर सरकार उसे सोशलिस्टों का प्रचार समझने को बाध्य थी।"···लंबे बालोंवाला, रोगी-सा एक नौजवान सिगरेट का धुआँ छोड़ता हुआ लापरवाही से कहता है—"आप लोग हँसते हैं। यह बात इतनी सच्ची है कि इसे ढँकने के लिए सत्य, अहिंसा, गाँधीजी और रामराज की 'रामनामी' चादर की जरूरत होती है। अकाल से लोग मरेंगे, और खाद्यमंत्री का जवाब आप नोट कर लीजिए। उनका जवाब होगा—'अन्न की स्थिति उतनी खराब नहीं, जितना कि अकाल का भय फैलाया गया है। हर साल बाढ़ के समय इन अंचलों में ऐसी अवस्था उत्पन्न होती है, जिसे देखकर अकाल का संदेह होता है। सरकार के पास अभी इतना साधन मौजूद है कि एक भी आदमी भूख से नहीं मर सकता। गलत लोगों के बहकावे में जनता न पड़े।"

··· और जो काँग्रेस में नहीं—वह गलत आदमी है। जो चोरी नहीं करे—वह गद्दार है। जो घूसखोरी रोकने की बात करे—वह देशद्रोही है !

'भूख लगी है, रोटी दो !' कहनेवाला—भिखारी है !

भूख से दम तोड़नेवाला—बीमार है !

सब गलत—एक गद्दी सत्य !···

··· "ठहरो राजेन, देखता हूँ तुम आजकल बहुत कड़वा होते जा रहे हो।··· हमें सही रास्ता अख्तियार करना होगा। जेल और नजरबंदी हमें अपने रास्ते से नहीं मोड़ सकेगी !"—पार्टी सेक्रेटरी कहते हैं।

भूखे, थके-हारे, बेजान लोग घर लौट आए हैं।···खाली हाथ ?···हे भगवान !···उम्मीद की पतली डोरी भी टूट जाती है। भूख की ज्वाला और तेज हो जाती है, आँखों के आगे का अँधेरा और भी गहरा हो जाता है। बारह दिनों से 'पटुआ' और 'करमी' खाकर जिस उम्मीद पर जी रहे थे···जब अन्न नहीं तो अब जिंदा कैसे रहा जाए ?

सारे गाँव पर मौत की काली छाया घनीभूत होकर छा रही है···जिंदा लाशों का गाँव !···

भगिया अपनी झोंपड़ी में चुपचाप पड़ी हुई है। टहलू बरसौनी हाट पर गिरफ्तार हो गया, उसका 'पुरुख' हड्डियों का ढाँचा लेकर लौटा है। सारी देह को निचोड़ने

पर भी चुल्लू-भर खून मुश्किल से निकले⋯यह भी जेल क्यों नहीं चला गया ? ⋯वहाँ खाना तो मिलता⋯जेल में काम है, रोटी है⋯तब क्यों लौट आया ?⋯ किसलिए⋯ ?

भूख से उसकी अँतड़ी कुलबुलाती है। पास ही पड़े हुए अपने बेजान 'पुरुख' की ओर देखती है—किसलिए ?⋯ कुछ ही दिन पहले इसकी बाँहों की मांसपेशियाँ कैसी उभरी हुई थीं ?⋯राक्षस की तरह ताकत थी बाँहों में।⋯अब तो देह में इतना भी बल नहीं जो उठकर पेशाब भी कर सके⋯सोए-सोए पेशाब करता है⋯छिः, यह उसका पुरुख नहीं⋯'पुरुख' का पिशाच भले ही हो, यह उसका अपना आदमी नहीं⋯

भूख से वह छटपटाती है—आँखों के आगे चावल का अंबार लगा हुआ है ⋯खाने की चीजें, किस्म-किस्म की⋯पूरी, खीर, मिठाई, मांस, रोटी, भात।⋯भोज है, कुरसाहा के सूर्यवंशी बाबू के बूढ़े बाप का श्राद्ध⋯यही दो-ढाई महीने की बात है। चौदह दिनों तक भोज चलता रहा। 'हौल इंडिया' का (सही मतलब—सारे जिला-जवार; यहाँ कुछ अंशों में 'ऑल इंडिया' भी सही है, क्योंकि⋯सुना है, केंद्र के कई मंत्रीगण भी भोज में शरीक हुए थे) हाकीम-हुक्काम, पुलिस-दरोगा, अमला-फैला चौदह दिनों तक खाते रहे थे, फिर भी 'भंडार' भरा रहा।⋯ 'कुरसाहा टीशन' में रेलगाड़ी रोक-रोककर 'जातरी' लोगों को 'पूरी-मिठाई-दही' खिलाया गया ⋯मगर भंडार नहीं घटा।⋯

किसकी आवाज है ?⋯रहिकपुर के बाबू लोग हैं शायद !⋯रहिकपुर के बाबू ⋯ कम उम्र के लड़के, जिनकी मसें भी अभी नहीं भींगीं⋯चार-पाँच दिनों से मुसहर टोली में चक्कर काट रहे हैं⋯झोली में मकई के दाने लिए रहते हैं,⋯ कहते हैं—जिन्हें मकई लेना है, लो ! सेर-दो सेर नहीं—चार मुट्ठी।⋯कर्ज !⋯ लेकिन सूद पहले ही चाहिए⋯ उनकी नई जवानी बूढ़ी और ज्वान या बच्ची में कोई फर्क नहीं समझती। ⋯ गाँव की बहुत लड़कियों ने निगाह नीची कर उनके मकई का लावा लिया है, खाया है।⋯छिः,⋯ 'पाप की कमाई' समझकर मन नहीं मानता हो, सो बात नहीं। ⋯ सिर्फ मकई के लावा पर⋯ ?⋯ वह भी इतनी कम कीमत पर⋯ ?

कुरसाहा बाजार⋯ सेठजी का गोदाम⋯ गोदाम में वह रोज चावल फटकने जाती ⋯ मुनीमजी उसकी ओर टकटकी लगाकर देखते रहते⋯ गोदाम का अँधेरा बढ़ता जाता और वह चीनी, आटा, घी, चावल—अपने मन के मुताबिक गठरी बाँधकर लौटती⋯ मगर सेठ लोग सिर्फ मोटे होते हैं⋯

करवट बदलकर वह अपने पुरुख की ओर देखती है—सूरजवंशी बाबू के यहाँ भोज में⋯उमराव सिंह सिपाही ने उसका भी नाम 'लिस्ट' में चढ़ा दिया था।⋯

⋯ आह ! वे चौदह दिन और चौदह रातें⋯जगमगाती हुई रातें, हँसती हुई रातें ⋯ खीर, पूरी, मिठाई, हलवा, और मांस से भरपूर वे चौदह दिन और रातें⋯और वर्दी-पेटी, कोट-पैंट, सुफेद कपड़ों के नीचे का इन्सान ?⋯कितना बेदर्द⋯कितना वहशी ⋯ लेकिन उनके शरीर में 'इतर के तेल' की खुशबू⋯कितना मनोहर।⋯ और मकई

का लावा !··· किसकी आवाज है ? ··· आज वह 'लावा' खायगी···मोहन चौधरी का बेटा आया होगा···

उसका 'पुरुख' पेट के बल जमीन पर पड़ा हुआ है। वह बाँस का सहारा लेकर उठती है। सारे शरीर में झनझनाहट मालूम होती है। वह एक बार फिर अपने पुरुख की ओर देखती है और लड़खड़ाती हुई बाहर चल देती है।

"लो !"

"क्या है ?"

"रोटी !"

"रोटी !"

"हाँ भगिया ! सिर्फ तुम्हारे लिए !"

भगिया अपने निढाल शरीर को सूखी घास पर डाल देती है। एक रोटी में दाँत लगाकर काटती है, चबाती है, निगलती है।···

··· अपने 'पुरुख' को जगाती है, हिलाती है।···उसके हाथ में 'रोटी' थमा देती है, फिर हाथ को उसकी नाक के पास ले जाती है···संजीवनी बूटी··· । उसका पुरुख 'रोटी' को दूसरे हाथ से टटोलता है, आँखें खोलने की कोशिश करता है और चिल्ला उठता है–'भगवती जै भगवती'···फिर रोटी पर एक ही साथ टूट पड़ता है···बाजरे की सूखी रोटी का बड़ा-सा कौर गले में अँटक जाता है···आँखें बाहर निकल आती हैं···धीरे-धीरे शरीर ठंडा पड़ता जाता है और धमनियों में बहते हुए खून की धीमी रफ्तार बंद हो जाती है।

··· मटमैली अँधियाली में थोड़ी-सी लाली घोलकर सूरज उग आता है। भगिया अपने सिर का सिंदूर धो डालती है, मगर उसके मुर्झाए, काले ओठों पर 'पान' की लाली उसके जीवन की थोड़ी रंगीनी बचा लेती है।···रात को मोहन चौधरी के बेटा ने पान भी खिलाया था··· !

"भगिया कुरसाहा जाएगी !"

गाँव के अर्धमृतकों में यह खबर बिजली की तरह फैल जाती है। लोग काँखते-कराहते उसकी झोंपड़ी के पास आते हैं–माँ भगवती ! तुम जा रही हो ? हम क्या करेंगे ?···राघोपुर संथाल टोली के बिरसा माँझी ने एक सेर चावल के लिए एक लड़के को भाला से मार दिया···यह दुनिया कैसे रहेगी माँ ?··· हम कैसे बचेंगे ?···

भगिया की आँखों के आगे कुरसाहा भोज के चौदह दिन चक्कर काट रहे हैं। वह मानो बेहोशी में बड़बड़ाती है–चलो ! मेरे साथ···वहाँ खीर, पूरी, मिठाई का भंडार है, कभी घटता नहीं।···

"अब कितनी दूर ?"

कोशी के फैले हुए गँदले जलराशि पर डूबते हुए सूरज की रोशनी पड़ती है ··· लहू का समुंदर !

दिशाएँ धुँधली हो रही हैं। दरियाई पखेरू की एक जोड़ी हौले-हौले पंख पसारे आसमान में उड़ रही है, चक्कर काटती है और पंख समेटकर तीर की तरह पानी में गोता मारती है।···

··· कुरसाहा से चार माइल उत्तर, चन्ननपट्टी दियारा पर अर्धमृतकों की टुकड़ी खड़ी है···अब आगे बढ़ना असंभव है···कितनी दूर ?··· भगिया की आँखों की रोशनी गायब तो नहीं हो गई ?···वह कुछ भी देख नहीं पाती, क्यों ?

वह अपनी देह की बची-खुची ताकत को आँखों पर डालती है···आँखें बाहर निकल आती हैं···बड़ी-बड़ी आँखें··· आँखें शून्य में मानो गड़ी ही रह जाती हैं—हाँ, वही ··· वही लाल··· काली माँ की जीभ की तरह लाल··· कुरसाहा पुल··· सूरजवंशी बाबू के यहाँ भोज हो रहा है···

उसके पाँव धरती पर जम नहीं पाते। उसके पेट में भीषण पीड़ा मालूम होती है।··· चार महीने का गर्भ···मांस का पिंड बाहर आने के लिए, खीर, पूरी का मुलुक देखने के लिए अंतिम जोर लगाता है। भगिया जमीन पर गिर पड़ती है···धरती गर्म खून से पट जाती है··· ।

'गड़ गड़ गड़म···गड़ गड़ गड़म··· ।'

45 नंबर मिक्सड ट्रेन पुल से निकल जाती है। जशपति हजारिया चावल मिल का आखिरी स्टॉक···स्पेशल बुकिंग हुई है, सारे ट्रेन में मालगाड़ी के डब्बे जुड़े हुए हैं···गाड़ी मंथर गति से धुकुर-धुकुर करती हुई चली जाती है।···

'करमी' के झुरमुट में भगिया ऐंठ रही है। करमी के फूल, खूबसूरत फूल ···भगिया की आँखें फूलों को देखती हैं···पूरी···खीर···मिठाई···भात···दाल···रोटी···मकई का लावा···अशेष भंडार··· !!

भगिया के बाद चेथरू···

फिर बादर का छोटा बेटा···

फिर गौरी बूढ़ी···

'उठ जाग मुसाफिर भोर भई
अब रैन कहाँ जो सोवत है !'–

चन्ननपट्टी के बाबू लोग रात-भर जल-विहार कर लौट रहे हैं। हारमोनियम ··· तबला··· बाँसुरी··· । उनकी उनींदी आँखें दियारे पर होनेवाली हरकत से खुल जाती हैं··· गिद्ध डैना फटफटा रहा है··· सियारों··· गिद्धों और इन्सान में गुत्थमगुत्थी हो रही है।··· भोर और शाम, दिन और रात, भूख और अन्न से परे मुसाफिरों

के जीवन में कभी भोर हुआ ही नहीं··· जागने··· का सवाल ही नहीं उठता।

'पूर्णिया जिला में अन्न के बिना हाहाकार··· लोग मर रहे हैं।'–पटने के एक अंग्रेजी अखबार का हॉकर सुबह-सुबह चिल्ला उठता है।

आँख मलते हुए लोग उठते हैं। पढ़ते हैं, आँखें मलते हैं, फिर पढ़ते हैं और··· "इस 'राज' में सबकुछ संभव है।"

'पूर्णिया जिला में तीस व्यक्ति भूख से मर गए।'–एक हिंदी दैनिक ने मृत्यु-संख्या बताई।

–"बस तीस ही। कांग्रेसी सरकार की कृपा से सारे प्रांत की जनता भूख से तड़प-तड़पकर मरेगी।'

'प्रांत पर अकाल का काला पंजा···पूर्णिया और सहरसा में अन्न के बिना रोज मौतें हो रही हैं···मंत्रीगण वन-महोत्सव मना रहे हैं'–एक सोशलिस्ट साप्ताहिक ने मोटे हरफों में लिखा।

"वाह ! मंत्रियों के वन-महोत्सव से मरनेवालों का क्या ताल्लुक ? यह गलत आलोचना है। मरनेवालों का वन-महोत्सव से क्या ताल्लुक ? वन-महोत्सव मनानेवालों का मरनेवालों से क्या ताल्लुक ?"

'बिहार प्रांतीय काँग्रेस के मंत्री ने प्रेस-प्रतिनिधियों के सामने पूर्णिया के अकाल के बारे में बयान देते हुए कबूल किया है कि चौदह मौतों की उन्हें पूरी जानकारी है, वे अन्न के बिना मरे हैं।' पी. टी. आई.।

–"चौदह ? शायद मरनेवालों की आत्मा उनके सिर पर चढ़कर जी-चाहा कहवा रही है। इंतजार कीजिए, एक सप्ताह में ही उन्हें अपने बयान का प्रतिवाद प्रकाशित करवाना होगा।"

'अकाल ! अकाल !!··· लोग मर रहे हैं !'

'जे. पी. आज पूर्णिया के लिए रवाना हो गए।'

'माननीय कृष्णवल्लभ सहाय तथा माननीय अनुग्रह नारायण सिंह आज एक प्रेस कान्फरेंस में अकाल पर प्रकाश डालेंगे।'

'सहरसा कांग्रेस कमिटी के सभापति लिखते हैं–दर्जनों मौतें हो चुकीं, सैकड़ों मौत के मुँह में।···अकाल का तांडव।'

'माननीय कृष्णवल्लभ सहाय ने प्रेस कान्फरेंस में छह मृत्यु की बात स्वीकार की है।'

'केंद्रीय खाद्य मंत्री अकाल-पीड़ित क्षेत्रों का दौरा करने जा···रहे हैं···'

'गड़ गड़ गड़··· गर··· गर··· गर··· गर···'

जा रहा है। इंद्रप्रस्थ का देवता पुष्पक विमान से जा रहा है।···कुरसाहा में उतरेंगे।··· सूर्यवंशी बाबू का अपना 'लैंडिंग ग्राउंड' है।

सूर्यवंशी की नई अतिथिशाला में एक दिन पहले से ही कांग्रेसी नेताओं–देवदूतों की भीड़ लगी हुई है।···आसमान में 'पुष्पक विमान' मँडराता है···मक्खन की तरह दपादप सुफेद टोपियों का झुंड 'लैंडिंग-ग्राउंड' की ओर दौड़ता है।··· 'लैंडिंग-ग्राउंड' को घेरकर 'होम गाईस' के नौजवान, बिहार पुलिस के जवान, एस. पी. साहब के नायकत्व में 'गार्ड ऑफ आनर' देने के लिए छाती ताने कतार में खड़े हैं।···

विमान धरती पर उतरता है। देवता उतरते हैं··· गार्ड ऑफ आनर्स··· स्वागत, फूल-मालाओं का बोझ ! ··· सूर्यवंशी बाबू धन्य हैं। देवता धन्य हैं। वे दोनों गले मिल रहे हैं।

सूर्यवंशी बाबू की नई अतिथिशाला मधुमक्खी के छत्ते की तरह भुनभुना रही है। देवता सूर्यवंशी बाबू के खास 'नौरतन' में हैं। अतिथिशाला में 'देव-भोज' चल रहा है।···किस्म-किस्म के पकवान, तरह-तरह की डिशें···कलकत्ते के किसी नामी 'कैटरर' ने ठेका लिया है। प्लेट, गिलास, चम्मच की खटपटाहट के साथ घरेलू राजनीति की टीका-टिप्पणी हो रही है···"क्यों यादुवेंदु बाबू, डेलीगेट एलेक्शन का क्या हाल है ? बाँका में एक भी सीट अनकंटेस्टेड गया या नहीं ?···सुनते हैं रामपुर में 'बक्सा' छीन लिया, लाठियाँ चल गईं।··· क्यों राजकुमारजी··· प्रांतीय सभापतित्व के चुनाव की कनवैसिंग के लिए झुनझुनवालाजी आपके यहाँ गए थे ?··· "

एक दल में बहस छिड़ी हुई है कि गाँधीजी 'टमाटर स्क्वाश' खाते थे या नहीं ? यदि खाते थे तो इसके 'पोषक-तत्त्व' के बारे में उन्होंने 'हरिजन' में कोई लेख क्यों नहीं लिखा ?

एकाध छिटपुट गप्प का टुकड़ा–"हमारा 'पेट' आजकल जरा बढ़ गया है। डॉ. बनर्जी कह रहे थे 'ब्लड प्रेसर' का खतरा है।"

भीषण डकार लेते हुए कोई कहता है–"मेरे पेट की गड़बड़ी दूर नहीं हो रही है। 'डायजेस्ट' नहीं होता, 'कन्स्टीपेशन' रहता है।"

कोई कह सकता है कि उक्त पेट के रोगी के ही पेट या दिमाग की उपज है, बिहार विधायिका सभा के प्रवेश-पत्र की भाषा···सभा वेश्म में, सामान्य दर्शक दीर्घा··· ?

तैयार··· देवता तैयार··· हैं ! देवदूतों की टोली सुफेद टोपी और 'लाल फीता' वाली फायलों के साथ तैयार है।···

मोटरबोटें, बाढ़ से फैली हुई कोशी की छाती पर, अस्थायी समुद्र की अगम धारा में भड़भड़ाती हुई निकल पड़ती हैं। सारा भू-भाग पानी में डूबा हुआ है,

हरियाली का कहीं चिह्न नहीं, फसलों का एक तिनका भी कहीं नजर नहीं आता–भदई, धान-मकई, बाजरा कोशी के जल-प्लावन में नष्ट हो चुके हैं–देवता 'अकाल' को खोज रहे हैं। कहाँ है ?

··· मौजा जरलाही !

"यहाँ भी लोग मरे हैं ?"

'देवता' नाव से उतरते हैं। पीछे-पीछे विभिन्न वेशभूषा में बड़ी-सी फौज। सत्यान्वेषकों का दल !

"रे बूढ़ी ! क्या करती है ? इस गाँव में कोई मरा है ?" पाट का साग तोड़ती हुई बुढ़िया घबड़ाती है।··· कोई मरा है ?··· हाकिम, पुलिस··· बाप रे !··· "नै हजुर ! नै मरा है !"

"अगहनू मुसहर कैसे मरा ?"

बुढ़िया काँपने लगती है, ···"हजुर बेराम रहै।"

"बीमार था।···सुना न आप लोगों ने ?" भूख से बेहाल गाँव में भगदड़ मच जाती है। कोई पाट के खेत में छिपता है। उठने में असमर्थ औरतें घुटने के बल से, रेंग-रेंगकर पाट के खेत में जा छिपती हैं।···मलेटरी···पुलिस···गोर्रा···बंदूक !··· बाप रे !···

"ऐ बूढ़ा, रामफल कैसे मरा ?"

"हजुर हमरा कुछ नै मालूम।"

"रामफल का कौन घर है ?"

"हजुर हमरा कुछ नै मालूम।"

"रामफल कौन था ?"

"हजुर हमरा कुछ नै मालूम ?"

"इस गाँव का रहनेवाला था या नहीं ?"

"हजुर हमरा कुछ नै मालूम।"

"··· जरूर वह कोई भिखमंगा होगा !"

देवता नाराज हैं। चेहरा तमतमाया हुआ है। नाव पर बैठते हुए बड़बड़ाकर कहते हैं–"हुँ··· हल्ला मचा दिया··· अकाल का तांडव-नृत्य··· लोग मर रहे हैं।··· झूठे !"

देवदूतगण एक-दूसरे का मुँह देखते हैं। ऑफिसरों की टोली खैर मना रही है। जिला कलक्टर अपनी रिपोर्ट पर डटे रहने का साहस बटोर रहे हैं।···सत्य का पता लगाकर देवता लौटते हैं। नावें वापस आ रही हैं।···देवता अपना बयान लिखवा रहे हैं···बेचारा पी. ए. डर से थर-थर काँप रहा है।···सत्य के प्रकाश को बयान से ढकने की कोशिश हो रही है–'अकाल नहीं है। मौतें नहीं हुईं। खबरें झूठी हैं। अकाल की बात करनेवाले गद्दार हैं, स्वार्थी हैं। सारे जिले में सिर्फ दो मौतें हुईं–एक बीमार था, दूसरा भिखमंगा··· ।'

देवता के मोटरबोट पर एक खास किस्म के रेडियो सेट का खास इंतजाम है। भला जल-विहार में जब संगीत नहीं तो···फिर क्या मजा ?···सूरजवंशी बाबू इसे भूल सकते हैं।···

'डुबाया उसने कश्ती को
जिसे हम नाखुदा समझे।'...

लखनऊ रेडियो स्टेशन से कोई ग़ज़ल के इस पुरदर्द टुकड़े को हवा में बिखरा रही है। गायिका के गले में दर्द है...सुर में दर्द है...ग़ज़ल का टुकड़ा पुरदर्द है। ... डुबोया उसने कश्ती को...जिसे हम नाखुदा समझे !...

देवता की भृकुटि चढ़ जाती है–"क्या वाहियात उर्दू ग़ज़ल...।"

स्वीच ऑफ...।

करकट्...ट्...ट्...।"

गीत कट जाता है। मानो किसी के गले को जोर से दबोच दिया गया हो और उसकी आवाज अंदर ही घुटकर, छटपटाकर खत्म हो गई हो...। लेकिन ग़ज़ल का टुकड़ा फिजा में मँडला रहा है...डुबोया उसने कश्ती को...। चन्ननपट्टी दियारे पर बिखरी हुई हड्डियों को छूती हुई स्वर-लहरी हवा में मँडला रही है।... देवता इसे बर्दाश्त नहीं कर सकते हैं। वे अपने बयान को बार-बार दुहराते हैं...।

पटने के पत्रकारों की टोली मुँह फाड़कर देखती है, कान खोलकर सुनती है और अवाक् रह जाती है।... केंद्रीय खाद्य मंत्री महोदय धीरे-धीरे अपना वक्तव्य समाप्त करते हैं... चेहरे पर कहीं शर्म की कोई रेखा नहीं...। आश्चर्य...इतना भीषण झूठ बोलकर भी आदमी निगाहें उठाकर देख सकता है ?

... केंद्रीय संसद में, दिल्ली में, इंद्रप्रस्थ में...प्रजातंत्र के पवित्र पाए पर टिकी हुई इमारत में भी–'नरो वा कुंजरो' की पुनरावृत्ति होती है, और ताज्जुब, वह इमारत जरा भी न हिली, न डुली...।

जंतर-मंतर रोड से दीघा घाट, दीघा घाट से पूर्णिया। अ. भा. कां. क. दफ्तर से प्रांतीय दफ्तर, फिर प्रांतीय दफ्तर से जिला ऑफिस...। गश्ती चिट्ठी दौड़ती है। ...गाँव-गाँव में तिरंगा झंडा लहरा-लहराकर चिल्लाता है–'अकाल नहीं है। अकाल की बात मत करो। मौतें हुई हैं, मत बोलो।'

सत्य, अहिंसा, गाँधीजी और रामराज की छाती को कुचलती हुई, रौंदती हुई गश्ती चिट्ठी चक्कर मारती है।...अकाल की बातें मत करो। मौतें हुई हैं, मत कहो।...

देवदूतों की बोलियाँ बदल जाती हैं। पवित्र राष्ट्रीय पूँजी प्राप्त पत्रों की 'वाणी' मूक हो जाती हैं। पुछल्ले पत्रों के हेड लाइन बदल जाते हैं–'अकाल की सारी बातें निराधार।'

पटने में एक जगह पर कुछ बाकी टाइप के नौजवान पत्रकार आपस में बात करने के लिए इकट्ठे हुए हैं।

"हम सच्ची बातों पर पर्दा नहीं पड़ने देंगे।"

"हम पत्रकार हैं। ··· क्रिमनल नहीं।"

"मुंशी हों या नेहरू ! उन्हें लाखों इंसानों की जानों से खिलवाड़ करने का मजा चखना होगा।"

"समय आ रहा है··· "

"हम सच्ची बातों पर पर्दा नहीं पड़ने देंगे"–सभी इस फैसले को मानकर उठते हैं।

एक-दो पत्रों को छोड़कर बाकी सभी पत्रों में पूर्णिया और सहरसा के अकाल की, भुखमरी की खबरें छपती हैं। मौत के आँकड़े··· लिस्ट··· गाँवों के नाम··· मरनेवालों के नामों की फेहरिस्त छपते हैं··· मुंशी को चुनौतियाँ दी जाती हैं !···

गश्ती चिट्ठी चक्कर मारती है।···मगर बेकार।

मुंशी का झूठ निखर उठता है···कांग्रेस की भ्रष्टता···नेताओं के वीभत्स चेहरे साफ नजर आते हैं। किस्म-किस्म के बयानों के बवंडर में 'सत्य' छिपता नहीं !···

–'जे. पी. फिर सहरसा जा रहे हैं।'

–'सरकार पूर्णिया और सहरसा को अकालग्रस्त अंचल नहीं मानती।'

–'सारा जिला मौत के गर्त की ओर बढ़ा जा रहा है।'–कर्पूरी ठाकुर का बयान।

–'अकाल नहीं है ! मौतें नहीं हुईं, ··· अन्न काफी है'–सरकारी प्रचार विभाग का भोंपा चिल्ला रहा है।

राजेन खत लिख रहा है।

पूर्णिया के उत्तरी हिस्से में रहनेवाले एक छोटे किसान का बेटा है राजेन। कथाकार है, अपने को प्रगतिशील मानवतावादी कहता है···मगर एक अस्पष्ट साहित्यिक सिद्धांत उसके दृष्टिकोण को गुमराह कर रहा था।···पूर्णिया के अकाल ने, मरते हुए लोगों की पुकार ने उसे झकझोर दिया है। जिले पर धीरे-धीरे छा जानेवाली काली रात की बदसूरती को वह देख रहा है।···खुशी है उसे नई दृष्टि मिली है–उसे नई वाणी मिली है।···वह लिखता है–

> शशांक,
>
> 'जनता' में–नई संस्कृति स्तंभ में तुम नई-नई बातें कहते हो। नाच के बारे में, बेलट के मुतल्लिक, गीतों के संबंध में, तस्वीरों की रेखाओं और रंगों के जादू और रंगमंच के चमत्कार के संबंध में तुमने बहुत-सी

नई बातें कही हैं ! तुम्हारी बातों से मुझे कितना भरोसा हुआ, यह मैं क्या बताऊँ ?

··· अच्छा यह तो बताओ ! क्या यही के. एम. मुंशीजी, उपन्यासकार कन्हैयालाल माणिकलाल मुंशी हैं ?

यदि 'हाँ' तो लेखकों, कथाकारों यानी कलाकारों को प्रायश्चित करना ही होगा।··· गाँधी को एक पत्रकार ने मारा और एक उपन्यासकार लोगों की मौत को अपने बयान से ढँककर लाखों की जान लेने की कोशिश कर रहा है। कला के सुंदर चेहरे पर कालिख पुत रही है। ···मैं कहता हूँ–कलाकारों को यहाँ भेजो।

–तुम्हारे नृत्य के विशेषज्ञों ने मृत्यु का नंगा नाच नहीं देखा है।

–तुम्हारे कवि ने भूख से दम तोड़ते हुए इंसान के बेजान और पुरदर्द नगमे को नहीं सुना।

–तुम्हारे चित्रकार, मुर्झाए हुए चेहरे पर बुझती हुई आँखों को नहीं आँक सकते ?

–'कोरस'··· हाँ, मृत्यु-संगीत के 'कोरस' को तुमने नहीं सुना है।

–तुम्हारे 'रंगमंच' पर हड्डियाँ बिखर रही हैं–यह तुम्हें नहीं मालूम ? हाँ, मैं देख रहा हूँ। सारे जिले की धरती पर हड्डियाँ बिखर रही हैं। आसमान में गिद्धों का दल चक्कर मार रहा है, चील झपट्टे मार रहे हैं, कुत्ते, गीदड़ों, और दम तोड़ते इंसानों में छीना-झपटी हो रही है। ···हवा में लाशों की सड़ाँध फैल रही है।···इन बिखरी हुई हड्डियों को बटोरकर कोशी डैम···नहीं··· कम-से-कम कोशी पर एक विशाल पुल तैयार किया जा सकता है।··· हमारी सरकार के पुनर्निर्माण विभाग का, पूँजीवादी समाज के 'इंजीनियरिंग विभाग' का नया नमूना··· ताजमहल की तरह अद्वितीय और दर्शनीय होगा वह पुल।

देख रहा हूँ··· एक भी मध्यवर्गीय किसान के पास अब अपनी जमीन नहीं रह जायगी।···परिवार टूट रहे हैं···औरतों की देह के गहने (यहाँ तक कि बच्चों के गले की 'ताबीज' भी) 'बंधक' पड़ चुके हैं···मैंने आज अपनी कमला का कंगन बेचा है। बेचकर परिवार का चावल खरीदा है। बस, पंद्रह दिनों की खुराक। इसके बाद ? जमीन ? –मगर जमीन है कहाँ ?··· रजिस्ट्री आफिसों के पास मेले लगे रहते हैं··· कलकत्ते के रायल एक्सचेंज और बंबई के दलाल स्ट्रीट की सरगर्मी छाई हुई है। चंद महीनों के बाद ही सारे जिले में बंगाल से भी भीषण अकाल

का महा-तांडव-नृत्य शुरू हो जाएगा।··· और उस महानृत्य की पृष्ठभूमि से–मैं आशा की चमक··· क्रांति की चिनगारी को निकलते देखता हूँ। इस बार नरमेध यज्ञ के कुंड से महा बवण्डर फूटेगा···।··· तुमने देखा शशांक !··· 'हिमानी' (सरकारी मासिक पत्रिका) में 'वन-महोत्सव' पर 'सलिल' की एक कविता छपी है–'यह दरख्त है हमारे पुण्य रामराज का··· '

··· सुना है, प्रचार विभाग में नौकरी की कोशिश कर रहा है।···और मुझे हर्ष और ताज्जुब है कि तुम्हारी 'जनता' 'अकाल अंक' के बाद की तैयारी कर रही है।··· उसे विश्वास है कि इन सारी बातों के बावजूद कलाकार ने आत्महत्या नहीं की है···।

जनता/17 सितंबर, 1950 के अंक में प्रकाशित

एकलव्य के नोट्स

ग्राम–परानपुर

पोस्ट ऑफिस–एजन

थाना–फारबिसगंज

ज़िला–पूर्णिया, बिहार

काल–सितंबर, 54

ज़िले का एक बड़ा गाँव। विभिन्न जातियों के तेरह टोले हैं। मुसलमान टोली छोटी है, पचास घर रह गए हैं अब। आबादी सात-आठ हजार करीब।

पढ़े-लिखे लोग–आठ ग्रेजुएट, एक एम. ए (पागल होने के पहले ही पास किया था), पचास मैट्रिक्युलेट, एक सौ मिडिल पास···। डेढ़ दर्जन कवि, करीब दो दर्जन कथाकार, दो साहित्यालंकार और एक नाटककार। पिछले साल एक हरिजन ने बी. ए. पास किया है, सबसे पहले। लड़कियाँ भी पढ़ी-लिखी हैं। जिले की एकमात्र साप्ताहिक पत्रिका में एक कुमारी कवयित्री की रचनाएँ हमेशा छपती हैं।···यह और बात है कि लोग तरह-तरह की बातें करते हैं उनकी रचनाओं के संबंध में। ··· रघ्घु रामायनी–जिसे एक अक्षर का भी बोध नहीं, किंतु बालकांड से उत्तरकांड तक कंठ में है, उसके मन-सरोवर में तैरता हुआ हंस आज भी मोती चुगता है ···गोस्वामी तुलसीदास उसे स्वप्न में दर्शन देते हैं। (··· तीनों लड़के अलग हो गए हैं। बुढ़ापे में फिर से 'खुरपी' पकड़नी पड़ी है रघ्घु को, आध घंटे में ही हाँफने

लगता है।)

विद्यालय–एक उच्चांग्ल है (H. E. School, Estd. 1929)। वह था तो मिडिल स्कूल, उच्चांग्ल तो हाल में ही हुआ है (उन्नीस सौ चौंतीस में)। व्यंग्य करते समय कहते हैं–उच्चांग्ल। यों एच. ई. स्कूल ही कहलाता है। स्कूल के लिए पैसे जिस वृद्ध दाता ने दिए थे, उसके लड़कों ने अपने पिता के नाम पर स्कूल के नामकरण का विरोध किया था, इसलिए वृद्ध दाता की जाति के नाम पर स्कूल की नामकरण क्रिया हुई थी–ब्राह्मण एच. ई. स्कूल।···गत तीन वर्षों से कोई हेडमास्टर दो महीने से ज्यादा नहीं टिक पाते।···जाति और पंचायत, गाँव की दलबंदी के ऊपर चढ़े करेले की भुजिया स्कूल कमेटी की कड़ाही में भूँजी जाती है न···इसीलिए···! स्कूल की अवस्था शोचनीय कही जाती है।

एक कन्या विद्यालय है–मिडिल वर्नाक्यूलर।··· तीन ही अध्यापिकाएँ हैं। जब से विद्या दीदी पति की आज्ञा लेकर अध्यापिका हुई हैं, स्कूल की अवस्था अच्छी है।···बालिका विद्यालय की बालिकाएँ कोरस में 'जन-गन-मन' बहुत सुंदर गाती हैं।

पुस्तकालय–स्थापना 1930। 1944 से सरकारी सहायता मिलती है। पाँच साल पहले रेडियो भी दिया गया–राज्य सरकार की ओर से। आजकल बंद है। पुस्तकालय के सदस्यों का कथन है, 'छित्तन बाबू के बड़े भाई साहब ने ही पुस्तकालय के लिए अपने बँगले की एक कोठरी दी थी।' चार महीना पहले की बात है, छित्तन बाबू ने साफ लफ्जों में कह दिया–'यहाँ लाइब्रेरी कहाँ है ? खबरदार ! यदि सीढ़ी पर किसी ने पैर रखा तो फौजदारी हो जाएगी।··· ट्रैसपासिंग का मुकदमा कैसा होता है, किसी वकील से जाकर पूछो।'··· "छित्तन बाबू बड़ा अन्यायी है, सार्वजनिक पुस्तकालय को इस तरह हथिया लेना छोटी बात नहीं।···निंदा का प्रस्ताव पास होना चाहिए।"

छित्तन बाबू का कथन है–"पिछले दस साल से पुस्तकालयवाले सरकार से घर-भाड़ा के नाम पर चालीस रुपए माहवार वसूलते हैं। कभी एक पैसा भी दिया है मुझे ?··· चार-पाँच हजार रुपयों की बात है; खेल नहीं।··· कहाँ गए रुपए, कुछ हिसाब तो होना चाहिए··· सरकारी रेडियो, बिकू बाबू की सुहागरात में बजने के लिए गया, उसी रात से खराब होकर उनके यहाँ पड़ा है।···बैटरी का पैसा सरकार से बराबर वसूला गया है।"

बिकू बाबू और छित्तन बाबू के झगड़े में, जातिवाद के पचडे। फिर सेक्रेटरी प्रेसिडेंट कलह-कांड।···इसलिए, छित्तन बाबू का पंचवर्षीय पुत्र 'दीपशिखा' के पृष्ठों को काट-काटकर दीवार पर चिपकाता है, उसे कौन मना कर सकता है ?

नाट्यशाला–स्थापना 1929। 1930 में राजबनैली चंपानगर के दरबार कलकत्ता की 'लड्डन कंपनी' को पानी-पानी कर दिया था परानपुर नाटक-मंडली ने।···चार साल पहले तक नाटक खेले गए हैं–हिंदी के प्रसिद्ध नाटककारों की किताबों को स्टेज किया है। (डायलाग पारसी अंदाज में ही बोलते हों, मगर स्टेज जरूर करते

थे।) पिछले साल एक बार ब्राह्मण टोली के मिश्रजी की बैठक में नया एकांकी खेला गया तो भूमिहार टोली में दूसरा एकांकी स्टेज हुआ।

··· भूमिहार पुत्रों ने ब्राह्मण समाज के एकांकी करनेवाले नौजवानों पर उसी समय से व्यंग्य करना शुरू किया है। ब्राह्मण टोली के एकांकी के एक पात्र की नकल उतारकर लगीनासिंह आज भी बता देते हैं–पारसी कंपनीवालों की तरह–'दे-ए-ए-ए-वी-वी-द-नू-ई-ज-द-ली-ऊ-नी-का-क्या-आ-दे-स्-है-ए··· "

फिर आवाज़ पतली बनाकर तुरत ही 'उत्तर' जड़ देते हैं–'स-ब-ऽऽसे-स-है (लंबी आह लेकर !) सब सेस है भगवान, सब सेस है।'

दनुजदलनी देवी का पार्ट, ब्राह्मण टोली में, करने वाला मिला नहीं। तंत्रिमा टोली के धनपत को रटाया गया। धनपत ततमा टोली की 'बलवाही मंडली' (बाउलसुर में नाचने-गानेवाली मंडली) का 'नटुआ' है। दाढ़ी-मूँछ नहीं है। 'वलगोबना' है। अपढ़ है, किन्तु पार्ट रटा दिया गया था ऐसा कि···।

ब्राह्मण टोली के अभिनेतागण जरा मुस्कुराकर कहते–'कहाँ से लाए भाई··· साक्षात् फिल्म स्टार लीला देवी ?'

भूमिहार टोलीवालों ने क्रांति की थी।···मनमोहन बाबू वामपंथी हैं। उन्होंने अपनी छोटी बहन को पढ़ाया-लिखाया है। पटने में पढ़ती है, मनमोहन बाबू के मामा कांग्रेसी एम. एल. ए. हैं।···लीला फिल्मी गीत नकल करती है। एकांकी में उसने अभिनय किया था। भूमिहार टोली के किसी नौजवान ने अपने विरोधी कैंपवालों पर रोब गालिब करते हुए सुनाया था–'एकदम फिल्म स्टार उतर आई थी समझो।' ··· इसलिए 'साक्षात-फिल्म स्टार' कहकर ब्राह्मण टोलीवाले लड़के मंद-मंद मुस्कुराते हैं। इसी बात को लेकर एक दिन मारपीट हो जाती। बात यह हुई कि···

[यह, विद्यार्थी एकलव्य के नोट्स का एक अंश है। एकलव्य जो अपने को 'समाज विज्ञानी' कहते हैं। किसी विश्वविद्यालय से संबंध नहीं। पिछले साल तक पटने के एक सचित्र हिंदी साप्ताहिक के संपादन में सहायता करते थे–अपने एक परमपूज्य साप्ताहिक संपादकजी की। अचानक एक दिन गायब हो गए–जुलाई 1954 में। यार लोग बहुत-सी बातें उड़ाने लगे। पत्र के संपादक एकलव्यजी के शुभचिंतक साहित्यिकजी पर अप्रत्यक्ष रूप से इल्जाम लगाए गए, किंतु एकलव्यजी ने उपर्युक्त साप्ताहिक पत्रिका के कालमों के द्वारा अपने सभी हित-अहित, शुभ-अशुभचिंतक मित्रों को लिखा : "एकलव्य ने अस्थायी रूप से पत्रकारिता छोड़कर, पूर्णिया के एक गाँव में 'पॉलट्री' खोली है। प्रयोग को वे पाप नहीं समझते। व्यापार उतना लाभदायक नहीं जितना कि 'टेक्स्ट बुक-चाबी निर्माण !' ···किंतु, बुरा नहीं। जलवायु अच्छा है। ··· पत्रकार तथा साहित्यिक बंधुओं को सादर निमंत्रण।···हिरन, साँभर, बनैले सूअर तथा नीलगाय के शिकार का शौक रखनेवाले अपने बंदूकवाले मित्रों को साथ ला सकते हैं।"

पटने के विभिन्न होटलों, रेस्तराँ तथा कैंटीनों में बैठे हुए एकलव्यजी के मित्रों ने 'टेबलतोड़' ठहाके लगाए थे–'साला ! सचमुच पागल हो गया।'

–पत्रकारिता खेल नहीं बच्चू !

–रंग उतर रहा था···साला भारी चालाक है !

–एक आर्टिकल के बल पर 'संपादकी' करने आया था ! किंतु एकलव्य के 'संपादक' को (जिस पर एक वर्ग के पत्रकार कुछ दिनों से 'गुरुडम' का इल्जाम लगाने लगे हैं !) भरोसा था। एकलव्य को वे 'आर्ट' और 'लिटेरेचर' का अधिकारी नहीं तो उत्तराधिकारी जरूर मानते थे।···हिमाकत ! और क्या कहेंगे ?···एकलव्यजी की 'कुक्कुट पालन साधना' में भी उन्हें साहित्य और समाज की समृद्धि की संभावना दिखलाई पड़ती थी !

जून 1955 में एकलव्यजी पटना लौट आए हैं, कालाआजार तथा 'डिसेंट्री' लेकर। तब से पटने के जेनेरल हास्पिटल के एक जेनेरल वार्ड में भर्ती हैं। अपने संपादक को उन्होंने हस्तलिखित कागजात का बड़ा पोथा सुपुर्द किया है। संपादकजी उस पोथे के बारे में जब-जब अपने बंधु-बांधवों से कुछ कहना चाहते हैं, लोग बात काटकर एकलव्य के ब्लडप्रेशर की रिपोर्ट तथा उसके दिमाग की कुशल पूछते हैं।···'पाटलीपुत्र परागदल' (एक स्थानीय सांस्कृतिक संस्था) के चीफ ने भविष्यवाणी की है, 'काँके न भेजा जाए तो कहना।'

संपादकजी ने हिंदी की विभिन्न पत्र-पत्रिकाओं की सेवा में 'एकलव्य के नोट्स' के अंश प्रकाशनार्थ प्रेषित किए। अधिकांश पत्रों ने धन्यवादपूर्वक नोट्स को वापस कर दिया है।···बहुतों ने तीखी-मीठी टिप्पणियों के 'खरोंच भी लगाए हैं।]

बात यह हुई कि···। एक बात पहले की कह देना अच्छा है।···इधर कुछ दिनों से लगता है कि दुनिया तेज रफ्तार से भागी जा रही है। दिशा ज्ञान की बातें पीछे करूँगा–चाल की तेजी का अनुभव सभी कर रहे हैं।···उदाहरणार्थ–लैंड सर्वे सेट्लमेंट ! जमीन की फिर से पैमाइश हो रही है। साठ-सत्तर साल बाद। भूमि पर अधिकार ! बँटैयादार का जमीन पर सर्वाधिकार हो सकता है, यदि वह साबित कर दे कि जमीन उसी ने जोती-बोई है।··· चार आदमी (खेत के चारों ओर के गवाह जिसे 'अरिया-गवाह' अथवा चौहद्दी के गवाह कहते हैं) कह दें, बस हो गया। बिहार टेनेंसी एक्ट की दफा 40 के मुताबिक लगातार तीन साल तक जमीन आबाद करनेवालों को 'आकोपेंसी राईट' (मौरूसी हक) हासिल हो जाता था। जमींदारी

प्रथा खत्म करने के बाद राज्य सरकार ने अनुभव किया–पूर्णिया जिले में एक क्रांतिकारी कदम उठाने की आवश्यकता है।···हिंदुस्तान में, संभवतः सबसे पहले पूर्णिया जिले पर ही 'लैंड सर्वे आपरेशन' का प्रयोग किया गया है। जिले में जमींदार राजाओं की जमींदारियों का विनाश अवश्य हुआ, किंतु हिंदुस्तान के सबसे बड़े किसान यहीं निवास करते हैं।···गुरुवंशी बाबू जमींदार नहीं, किसान हैं। दस हजार बीघे जमीन है। दो हवाई जहाज रखते हैं। दूसरे हैं भोला बाबू। करीब पंद्रह-बीस हजार बीघे जमीन है, सवा दर्जन ट्रैक्टर हैं। पर यह बात सच्ची है कि वे जमींदार नहीं।···पाँच सौ बीघेवाले किसान मध्यवर्गीय किसान कहलाते हैं। गाँव-गाँव पर इन किसानों का राज ! भूमिहीनों की विशाल जमात। जगती हुई चेतना।···जमींदारी प्रथा समाप्त होने के बाद भी हर साल फसल कटने के समय एक-डेढ़ सौ लड़ाई-दंगे और चालीस-पचास 'मरडर' होते रहे तो फिर से जमीन की बंदोबस्ती की व्यवस्था की गई है। एक विशाल आँधी की प्रतीक्षा में 'क्षयिष्णु' समाज, समाज के गाँव, गाँव के लोग खड़े हैं···

शहर से (पटना से) शशांक ने लिखा है–"हिंदी साहित्य की प्रसिद्ध 'परसनेलिटी' ने कहा है–'एकलव्य एक दिन अपनी गलती पर पछताएगा।··· ' गाँव, अंचल, आंचलिक वगैरह-वगैरह के गोरखधंधे से निकालकर उसे शुद्ध साहित्य की रचना करने को कहो !"

पक्की बात है। मुझे अपनी पॉलट्री पर ध्यान देना चाहिए। बिजनेस इज बिजनेस।··· मगर यह गाँव ! 1880 साल में मि. बुकानन ने अपनी 'पूर्णिया रिपोर्ट' में इस गाँव के बारे में जो लिखा है, उसकी कुछ पंक्तियों का अनुवाद है : 'इस इलाके के लोग परानपुर को सारे अंचल का 'प्राण' कहते हैं। अक्षरशः सत्य है उनका कथन।··· गाँव से पच्छिम बहती हुई दुलारी-दाई की धारा। तीन ओर विशाल प्रांतर। जिले के नक्शे के बीचोंबीच–उत्तर से दक्खिन की ओर पड़ी हुई लाखों एकड़ बादामी रंग की धरती···परती ! दुलारी-दाई जिसकी पच्छिमी रेखा है, जहाँ से हरियाली शुरू होती है। अपने दोनों हाथों से दोनों कछार की धरती पर सुख-समृद्धि बाँटती हुई दुलारी-दाई···वंध्या धरती की समवेदना में बहती हुई अश्रुधारा जैसी। ···गाँव के दक्खिन हजारों सेमल के पेड़ों का बाग है। सेमलबनी ! ···फूलों के मौसम में 'लाल आसमान' को मैंने देखा है–अपलक नेत्रों से, अचरज-भरी निगाहों से। ··· लाल आसमान !

सेमल का बाग आज भी है। हर पाँच-सात साल के बाद नई पौध ! कहते हैं, सात साल पहले एक दियासलाई कंपनी का ठेकेदार आया और सेमल–जिसको (जिसके फल को) गिलहरी भी न खाए, जिसकी लकड़ी से कोई मुर्दा भी न जलाए, शीशम के दर बिकने लगा। लेकिन इसी को कहते हैं तकदीर का खेल ! बन के मालिक के अधपगले एम. ए. पास पुत्र ने साफ जवाब दे दिया–'एक पेड़ भी

नहीं बेचूँगा।' साठ हजार रुपये की 'आखिरी डाक' देकर कंपनी का ठेकेदार चला गया।···हाय-हाय करने से क्या होता है ? जमींदारी चली गई, सेमलबनी पर सरकार का कब्जा हो गया। सरकार जो चाहे करे।···अब हाईकोर्ट में अर्जी दी है–'सेमल के गाछ का सर्वनाश न किया जाए।'··· पागल आदमी को कौन समझाए ?

इस तथाकथित अर्द्ध-पागल नौजवान से मैं मिला हूँ। सनकियों के कुछ लक्षण उसमें अवश्य हैं। सेमल बाग को न बेचने का कारण पूछने पर चिढ़कर उसने कहा था–'आप नहीं समझिएगा साहब।··· आप समझ ही नहीं सकते मेरी बात··· '

फूलों के मौसम में सेमल की नंगी बाँहें जब लाल-लाल फूलों से भर गईं, एक सुप्रभात के आसमान की फिजा देखकर मैंने मन-ही-मन उस अर्द्ध-पागल नौजवान को श्रद्धापूर्ण नमस्कार किया। उसने अतिशिष्ट एवं सभ्य भाषा में मुझे कड़वी गालियाँ दी थीं।–वह मेरा प्राप्य था।

मेरे प्यारे गैबी···हाँ, यह मेरे मुर्गे का नाम है। रोड्स जाति का है। बड़ा अक्खड़, बड़ा लड़ाका। मेरे प्यारे गैबी पर भी सिंदूरी जादू चल गया है मानो। अस्वाभाविक ढंग से चकित होकर बार-बार इधर-उधर देखता है, अरुणचूड़ा चमकाकर नाचता है, बाँग देता है···जन्मजात 'लेफ्टिस्ट' है मेरा गैबी ! बाँग जब देने लगता है, तो लगता है, कंबख्त नारे लगा रहा है।···नारे से बेहद चिढ़ते हैं कुछ लोग।···चुप रहो प्यारे ! वर्ना कभी जिबह कर दिए जाओगे !···और ये छोटी-छोटी देशी मुर्गियाँ भी बिलायती बोल बोलती हैं जब गैबी नारा लगाता है।··· गैबी का क्या दोष ? ··· सेमल को फूलते देखकर हवा भी बावरी हो गई है।···चक्की पीसती हुई लड़कियाँ गाती हैं···

'सेमली के बगिया अगिया लागी···रही !'

गैबी ने आसमान सिर पर उठा लिया है। उसका क्या कसूर ? मेरी भी कविता करने की इच्छा हो रही है–

'लाल-लाल फूल से भरे
हजारों हाथ आस्माँ में उठाए
हम खड़े हैं
काल पर्दे के पार बेबस
ओ ! नए युग की पहली सुबह,
रात के किले में कैद नए आफताब सुनो !
हम तुम्हें आजाद करने आए हैं !

[यह धन्यवादपूर्वक अस्वीकृत अंश है 'एकलव्य के नोट्स' का। पत्र के संपादक ने एकलव्यजी के परम शुभचिंतक संपादक से मौखिक रूप में कहा–'बेवजह बहुत 'लाल-लाल' चिल्लाने की चेष्टा है।··· ' एक पिछड़े हुए जिले के खास

अंचल का 'डिड्डम' पीटा है।···'कथा साहित्य' को इस 'नोट' से कोई तालुक नहीं।···संपादकजी ने एकलव्य के नोट्स से और दो टुकड़े लेकर इसमें जोड़ दिए हैं।]

बौंडोरी ! बौंडोरी !!

सर्वे का काम शुरू हो गया है। अमीनों की विशाल फौज उतरी है।···बौंडोरी, बौंडोरी !

बौंडोरी अर्थात बाउंड्री ! सर्वे की पहली मंजिल ! अमीनों के आगमन के साथ ही गाँव में नए शब्द आए हैं–सर्वे से संबंधित ! बच्चा-बच्चा बोलता है।

सर्वे की पहली मंजिल–बाउंड्री ! फिर किश्तवार, तब मुरब्बा, खानापुरी, तनाजा, तसदीक और दफा तीन··· ।

जरीब की कड़ी, तख्ती, राइटेंगल, गुनियाँ, कंपास आदि लेकर अमीन लोग अपने टंडैलों के साथ धरती के चप्पे-चप्पे पर घूम रहे हैं। जरीब की कड़ी खनखनाती हुई सरक रही है–खन-खन-खन !!

सर्वे के अमीन साहब का कहना है–'यदि किसी 'प्लाट' पर एक कौआ आकर कह दे कि जमीन मैंने जोती-बोई है, तो उसका नाम लिखने को हम मजबूर हैं। ··· यही कानून है। यह मत समझो कि 'बौंडोरी' बाँध रहा हूँ··· '

मैंने शशांक के पत्र का जवाब दिया है–"शशांक ! यह मत समझो कि 'बौंडोरी' बाँध रहा हूँ।···चार महीने हो रहे हैं, बहुत बड़ी-बड़ी बातें होते देख रहा हूँ।··· अब इस अंचल को क्या करूँ कि 'जादू-टोना' मारे जा रहा है।···मैं बहुत करीब से देख रहा हूँ इस उथल-पुथल को।···धरती पर आकाश की परी उतरती है, हौले-हौले ! हरसिंगार की डालियों से जरा-सी चुनरी उलझी, मृदु झटके से जो फूल झरे, शरद की चाँदनी में भींगी धरती पर पड़ते-झरते हरसिंगार के 'परस' की खबर मुझे हो ही जाती है। युगों से पददलित, शोषित, भुक्खड़ भूमिहीनों की टोली–यहाँ हर टोले में, दिन-रात न सुनूँ ?··· क्या कहता है–हमारा प्रतिष्ठित मित्र ? कान बंद कर लूँ ?···

"धरती में कान लगाकर दिन-रात सुनता हूँ !"

"क्या सुनता हूँ, नहीं सुनना चाहते तुम, न सुनो। बहरा कैसे हो जाऊँ मित्र··· ! ज़िले-भर में किसानों और बेजमीनों में महाभारत छिड़ा हुआ है। दुखरन साह मेरे पड़ोस में रहते हैं, छोटी दुकान है। पचास बीघे जमीन है। भोगनेवाला कोई नहीं।···उसने सोचा था–'भूदान' में दो बीघे जमीन 'दान' देने से अड़तालीस बीघे तो बच जाएँगे। हजार बीघेवाला भी एक इंच जमीन छोड़ने को राजी नहीं ···'बोर' मत होना दोस्त ! अजीब जिला है यह !"

मगर, अमीन साहब कहते हैं, 'असल चीज है बाउंड्री ! अभी जिसका नाम दर्ज हो गया, समझो पत्थर पर रेखा पड़ गई।' इसीलिए जमीनवाले और बेजमीन–सभी

उन्हें हमेशा घेरे रहते हैं। न जाने कब कोई कौआ उड़कर आए और तनाजा दे दे जमीन में।

'तनाजा' सर्वे की एक मंजिल है !

तनाजे का फैसला कानूनगो साहब करेंगे। इनको बहुत 'पावर' है। अभी अमीन और सुपरवाइजर इनके 'अंडर' में रहते हैं।···पाँच महीने तक 'तनाजा' का फैसला होगा !··· सबों ने पाट बेचकर पैसे जमा कर रखे हैं, क्या जाने कब रुपये की जरूरत पड़ जाए !··· दिन-रात कचहरी लगी रहती है कानूनगो साहब की। कानूनगो के 'चपरासीजी' को इलाके के बड़े-से-बड़े जमीनवाले हाथ उठाकर–'जयहिंद' करते हैं–"जयहिंद चपरासीजी !··· कहिए, कानूनगो साहब को 'चावल' पसंद आया ? असली बासमती चावल है, अपने खर्च के लिए घर में था।···जी-जी-हाँ।··· घी आज आ जाएगा।"

कचहरी लगी रहती है–देशसेवकों की। कांग्रेसी, समाजवादी, कम्युनिस्ट–सभी पार्टीवालों ने अपने बाहरी 'वरकर' मँगाए हैं। गाँव के 'वरकरों' की बात उनके अपने परिवार के ही अन्य सदस्य नहीं मानते।···अपना-अपना भाग्य ! अपना-अपना हिस्सा !

बहुत से 'वरकरों' का ट्रायल होनेवाला है। सेवकों की सेवाओं की परख हो रही है।

सभी पार्टी के कार्यकर्ता सतर्क हैं, सचेष्ट हैं। बँटाइदारी करनेवालों के नाम पर्चा दिखवाने का व्यापार बड़ा टेढ़ा है !

चौहद्दी के गवाहों की गवाही बड़ी पुख्ता समझी जाती है–कानूनगो के सामने। ··· प्लाट नंबर 472 ! इसके उत्तर कौन है 471 में ? जीतू हजरा ? क्यों जी जीतू हजरा, क्या तुम्हें मालूम है कि तुम्हारी जमीन के दक्खिन किसकी जमीन है ? रेखागणित के सहारे बात आसानी से समझी-समझायी जा सकती है।···क्योंकि, प्लाट नंबर 472 का 'तनाजा' जाँच रहे हैं हाकिम। 472 पर दो-दो दावे हैं। जमीन मालिक मोती मिसर और बँटाइदार सुखानू राउत के अलावा और भी दो बँटैयादारों के दावे हैं। सबों के दावे हैं कि वे ही असल बँटैयादार हैं।···472 के उत्तर 471 में जीतू हजरा के बाप का नाम पुराने कागजात में दर्ज है–कायमी बँटाइदार की सूरत से।···एक पार्टी ने उसको गवाह बनाया है। दूसरी पार्टीवाला कागज पेश करता है–'हुजूर माय-बाप ! देखा जाय। जीतू हजरा के बाप ने अँगूठे का निशान लगाकर पच्चीस साल पहले 'सुपुर्दी' लिखकर दी है, इस जमीन पर हमारा या हमारे वारिसान का कोई हक नहीं रहेगा।'···रेखागणित के द्वारा ही यह साबित होता है कि प्रत्येक प्लाट पर पाँच-पाँच आधीदारों के झगड़े हैं।···व्यक्ति-व्यक्ति की लड़ाई है।···कानूनगो साहब मुस्कुराकर पार्टी वरकरों की ओर देखते हैं–"आप लोग तो जनता के नेता हैं। देखिए, कितना झंझट का काम है। मैं किसे सच मानूँ।"

जमीनवाले फर्जी बँटैयादार खड़ा कर रहे हैं।···जमीन बचाने के लिए वे हर तरह के कुकर्म कर सकते हैं।

'मगर फर्जी बँटैयादारों की संख्या जोड़कर देखिए···बहुमत की फर्जी··· ।' कानूनगो साहब बिच्छू की तरह डंक मारकर हँसते हैं, दुष्ट हँसी ! सभी पार्टीवालों पर उनके विरोधी दल का इल्जाम है···अपनी किसान सभा के मेंबरों को गैर-वाजिब ढंग से जमीन दिलाना चाहते हैं। गाँव में 'सपोर्ट' शब्द खूब प्रचलित हो गया है।

"क्यों रामदैल ! तुमको तो दो-दो पार्टीवाले 'सपोर्ट' करते हैं।··· पर्चा तुम्हीं को मिलेगा।"··· "अरे, नहीं भाई। बड़ा 'इंदरजाल' हो रहा है।–कानूनगो साहब की 'इसतिरी' का 'ममहर' रामलगन बाबू की ससुराल के बगलवाले गाँव में है। लगता है आखिर 'तिरियाचलित्तर' का 'खेला' करवाएँगे रामलगन बाबू।"

किंतु लुत्तो बाबू की बात निराली है। शासक पार्टी के कार्यकर्ता हैं। सर्वे के समय उनकी कीमत और बढ़ रही है। बड़े लोगों की सेवा कभी निष्फल नहीं जाती। पाँच साल तक थाना कमेटी के नेताजी का बिस्तर यों ही नहीं ढोया है ···लुत्तो बाबू ने।

"अरे, सोशलिस्ट, कौमनिस्ट को कौन पूछता है। जमीन लेनी है तो 'जय' बोलो लुत्तो बाबू की।"

सभी धीरे-धीरे जान गए हैं, सोशलिस्ट और कम्युनिस्ट पार्टीवाले जिनकी मदद करेंगे, उन्हें जमीन हरगिज नहीं मिल सकती, ब्रह्मा-विष्णु-महेश भी उठकर आएँ तब भी नहीं।···इसमें कुछ-कुछ भेद है–जिसे सिर्फ लुत्तो बाबू ही जानते हैं। लुत्तो बाबू के चरण गहो··· ।

खेत-खलिहान, घाट-बाट, बाग-बगीचे, पोखर-पहार···पर खनखनाती हुई जरीब की कड़ी घसीटी जा रही है··· खन-खन-खन-खन !

–क्या नक्शा बन रहा है !

–नया खाता, नया पर्चा···जमीन के नए मालिक !

तनाजा के बाद तसदीक ! तसदीक करने के लिए कानूनगो से ज्यादा 'पावर' वाले नए हाकिम साहब आए हैं। ए. एस. ओ. साहब। असिस्टेंट सर्वे ऑफिसर। ··· हर नया हाकिम नया एलान करता है।

"बाउंड्री–तनाजा हम कुछ नहीं जानता है। हम फिर शुरू से जाँच करेगा। ··· यही सरकुलर आया है। नया सरकुलर।"

–छै महीने में ही गाँव का बच्चा-बच्चा पक्की गवाही देना सीख गया है।

–छै महीने में ही गाँव एकदम बदल गया है। बाप-बेटे में, भाई-भाई में, अपने हक को लेकर ऐसी लड़ाई कभी नहीं हुई।··· अजीब-अजीब घटनाएँ घटती हैं। सरबन बाबू की ही बात लीजिए··· । सरबन बाबू इलाके के नामी-गरामी आदमी हैं। गाँव में अब भी काफी प्रतिष्ठा है। जवार-भर की पंचायतों में जाते हैं।··· हाल में ही काशीजी से 'शिवलिंग' मँगवाकर स्थापना करवाई। पुण्य का झंडा लहरा रहा है आसमान में, शिवाले के ऊपर।··· उनके छोटे भाई लालचन बाबू को किसी ने बताया कि सभी पर्चों पर सरबन बाबू अपने लड़कों के नाम या स्त्री का नाम चढ़वा रहे हैं। लालचन बाबू का नाम कहीं भी नहीं–एक 'प्लाट' पर भी नहीं।

जिन पर्चों पर सरबन बाबू का नाम चढ़ा है, सरबन बाबू के साथ··· 'वगैरा' भी नहीं है जो कभी लालचन बाबू दावा कर सकें···। लालचन बाबू पढ़े-लिखे नहीं हैं तो क्या हुआ ? इतनी-सी बात भी उनकी समझ में नहीं आएगी ? उनके वकील साहब ने फीस लेकर सलाह दी है–'आपको आगे बढ़ने की कोई जरूरत नहीं (आगे बढ़ने का मतलब यहाँ कोर्ट-कचहरी करने से है)··· बड़े भाई को आगे बढ़ने दीजिए।'

लालचन बाबू ने दूसरे ही दिन 'मारे लाठी के' सिर फोड़कर सरबन बाबू को, यानी अपने बड़े भाई साहब को आगे बढ़ा दिया है।

बड़े-बड़े इज्जतदारों की हवेली में बंद घूँघटों में छिपी बेवा औरतें पर्दे को चीरकर आगे बढ़ आई हैं। अपने नाबालिग वंशधरों की उँगलियाँ पकड़े खड़ी हैं– "हुजूर ! माय-बाप !··· देखा जाय, 'निसाफ' किया जाय हुजूरखाते में कहीं भी इस लड़के का नाम नहीं। इसका बाप कमाते-कमाते मर गया। कोल्हू के बैल की तरह सारी जिंदगी खटते-खटते बीती।··· भगवान आपको 'जश' देंगे। नाम लिखा जाय हुजूर !"

सुना है, सरबन बाबू ने भरी कचहरी में कह दिया है।··· ईमान-धरम खाकर उन्होंने कह दिया है–"लालचन मेरा कोई नहीं !"

कालेजों में पढ़नेवाले विद्यार्थी परीक्षा की तैयारी छोड़कर गाँव दौड़े आए हैं। ··· बाप का भी भरोसा नहीं। छोटे को प्राणों से बढ़कर प्यार करते हैं। छोटे के नाम से भी सभी उपजाऊ जमीनें लिखवा दे सकते हैं। कोई भरोसा नहीं किसी का।

··· खट-खट, खट-खट !

गाँव की 'अली-गली' अगवार-पिछवाड़ की ओर निकलनेवाली पगडंडियाँ बंद की जा रही हैं।··· डर है, नक्शा बन जाने का। खेत के बीचोंबीच 'पगडंडी' यदि 'नक्शे' में दर्ज हो गई तो हो चुकी खेती !

आँधी चल रही है। दो साल तक लगातार चलेगी यह आँधी। बाउंड्री से तसदीक तक एक साल, दफा एक सौ तीन से एक सौ नौ तक दूसरे साल।

दीवानी-कचहरियों में बेदखली, फसलजब्ती, टायटिल-सूट का बाजार गर्म है। ठलुए वकीलों को भी दस रुपए रोज की आमदनी होने लगी है।···

मेरी 'पालट्री' ?··· एक खेवे के चूजों को पंख लग गए हैं। गैबी कल घायल हो गया है। लेगहार्न जाति के नौजवान मुर्ग, जुम्मन ने घायल कर दिया है उसे पूरी तरह··· । भगवान न करे मेरे गैबी को कुछ हो जाए। गैबी रह-रहकर पाँखें फड़फड़ाता है। असह्य वेदना से उसकी आँखों की आरक्त पुतलियाँ काँपती हैं। जुम्मन की आवाज सुनकर उठने की चेष्टा करता है। खोल दूँ तो मर मिटे अभी।

बहुत बुरा स्वप्न देखकर उठा–जनवरी, 55 की पहली तारीख को। भोर का सपना, कहते हैं सत्य होता है !

हजारों सेमल के पेड़ों को काटते हुए देखा है–सपने में ! फूलों से भरी पेड़ की डालियाँ छिन्न-भिन्न होकर इधर-उधर बिखरी हुईं··· ।

जी 'उचाट' हो गया है।··· तबीयत भारी रहती है।

भगवान भला करे 'बैकवार्ड और शिड्यूल्ड कास्ट' टोले के नौजवानों का ! नाटक स्टेज करेंगे (अंग्रेजी नामकरण स्वयं 'बैकवार्ड और शिड्यूल्ड कास्ट' के नौजवानों ने किया है।··· तीन साल पहले तक 'गंगोला' जाति के 'लीडर' लोग अपने क्षत्रिय के प्रमाण में बहुत लंबे-लंबे भाषण देते थे। नाम के अंत में 'सिंह' जोड़ते थे।··· सरकार 'बैकवार्ड' और 'शिड्यूल्ड कास्ट' के लड़कों को स्कालरशिप देने लगी है, सरकारी नौकरियों में 'सीटें' रिजर्व रखती है।··· मुरलीसिंहजी सवर्ण हिंदू हैं। सुनते हैं—उनके लड़के ने अपने को 'अनुसूचित जाति' की संतान बताकर, स्कालरशिप 'झीट' लिया है। साठ रुपए प्रतिमास।)

इस 'महाभारत' के बीच इन नौजवानों के उत्साह को देखकर मन प्रसन्न हो गया। नाटक खेल रहे हैं।

दलित वर्ग को हर तरह से मर्दित करके रखा गया था अब तक। नाटक मंडली के लिए प्रत्येक वर्ष खलिहान पर चंदा काट लेते हैं—मालिक लोग। लेकिन, कभी भी द्वारपाल, सैनिक, अथवा दूत का पार्ट छोड़कर अच्छा पार्ट··· माने 'हीरो' का पार्ट नहीं दिया सवर्ण टोली के लोगों ने।···

इस बार उन लोगों ने नाटक खेलने की तैयारी की है। पिछले साल गाँव के नाटककार श्री प्रेमकुमार 'दीवाना' जी ने एक नाटक लिखा। नाटक मंडली के एक-एक सदस्य को उन्होंने सुनाया-समझाया, मगर लोगों ने पसंद नहीं किया।

दलित वर्ग के नौजवानों ने 'दीवाना' जी के नाटक को काफी पसंद किया है। नाटक का नाम है 'प्यार का बाजार'।

दीवानाजी ने नाटक की रचना खासकर गाँव की नाटक 'मंडलियों के लिए' की है। दीवानाजी की बात विचार करके देखने की है। नाटक मंडली के लिए चंदा सभी देते हैं। और, नाटक में राजा, राजा का बेटा पुरोहित, मंत्री आदि जितने भी अच्छे पार्ट होते हैं, ऊँची जातिवालों को दिए जाते हैं। बाकी बचे हुए लोगों को 'जो आज्ञा' वाला पार्ट देकर टरका दिया जाता है।··· कहेंगे—नाटक में जितना पार्ट लिखा है, उससे ज्यादा लोगों को कैसे दिया जाए। भला, शहर के नाटक लिखनेवालों को क्या मालूम कि गाँव में कितने लोग यों ही बिना पार्ट के रह जाते हैं। 'प्यार का बाजार' में तीस हीरो हैं। औरत का पार्ट कोई लेना नहीं चाहता, इसलिए एक घूँघटवाली हिरोइन की व्यवस्था की गई है—किताब में।··· गाँव में गाँव के नाटककार का नाटक नहीं स्टेज करते··· देश का कल्याण करने चले हैं।

—इसके बाद 'प्यार के बाजार' ने एक 'विराट् व्यापार' का रूप धारण कर लिया।

—दलित नाटक समाजवाले जब सवर्ण टोली से 'पर्दा-पोशाक' लेकर चले गए तो मालूम हुआ कि अब वे 'पर्दा-पोशाक' लौटाकर नहीं देंगे।··· पच्चीस साल से चंदा लिया जा रहा है, मगर कभी 'हीरो' का पार्ट नहीं मिला।··· छित्तन बाबू ने पुस्तकालय को 'हथिया' लिया। बिकू बाबू सरकारी रेडियो बजाते हैं—अपनी कोठरी

में !··· पर्दा-पोशाक पर दलित नाटक समाज का कब्जा होना जायज है।

–देखना है, कौन माँगने आता है पर्दा-पोशाक !

–एक मूँछ भी नहीं मिलेगी !

किंतु, सवर्ण टोली पर जाहिरा इसकी कोई भी प्रतिक्रिया नहीं हुई। नाटक शुरू होने के दो घंटा पहले सवर्ण टोली के लोग भी पहुँचे। सबों ने मिलकर स्टेज की तारीफ की, सजावट को सराहा।

टोले में एक अभूतपूर्व आनंद की लहरें आई हुई थीं। पहली बार इस टोले में स्टेज बना था।···

सवर्ण टोलीवालों ने अपनी गलती मान ली। मंत्रीजी बोले–"नाटक ही करना था तो मिल-जुलकर करते।"

–"दूर-दूर से लोग देखने आए हैं। क्या कहेंगे लोग ?"

–"अरे भाई जमीन की लड़ाई जमीन पर, गाँव की लड़ाई गाँव में।"

–"नाटक मंडली में फूट होने से तो दुनिया हँसेगी।"

–"परानपुर की प्रतिष्ठा का प्रश्न है प्यारे भाइयो।"

'दीवाना' जी को समझा दिया गया कि नाटक मंडली ने उनकी किताब को अस्वीकृत करके भारी भूल की है। किंतु, यह बात भी ठीक है कि 'दूसरे सीन' में संशोधन की आवश्यकता है। संशोधन करते ही नाटक चमक उठेगा। दीवानाजी ने उत्साह से हाथ फेंकते हुए कहा–"यह तो मेरे लिए बाएँ हाथ का खेल है। पाँच मिनट में कर सकता हूँ–संशोधन !"

सर्वसम्मति से यह संशोधन भी स्वीकृत हो गया कि सवर्ण और दलित दोनों टोले के लोग मिल-जुलकर नाटक खेलेंगे। सवर्ण टोलीवाले सिर्फ संशोधित 'सीन' में उतरेंगे, दलित टोले के एक भी हीरो को 'ड्रॉप' नहीं किया जाएगा।

हारमोनियम मास्टर ने जब 'मार कटारी मरि जाना'–बजाना शुरू किया तो किसी को भी होश नहीं रहा। दर्शकों ने तालियाँ बजाकर पर्दा उठाने की उत्कंठा प्रकट की।

पर्दा उठा। प्रथम दृश्य में नाटककार–दीवानाजी ने पंद्रह मिनट भाषण देकर प्रमाणित कर दिया कि सिर्फ नाटकों से ही ग्राम-सुधार संभव है। शर्त यह है कि गाँव में–गाँव के योग्य ही नाटक खेले जाएँ। गाँव में बढ़ती हुई कटुता नाटक से ही दूर हो सकती है, कुछ क्षण पूर्व की घटना द्वारा, प्रत्यक्ष प्रमाणित करने के बाद इंग्लैंड, अमेरिका, चीन, रूस आदि देशों के नाटकों पर भी प्रकाश डालने में काफी समय लग गया।

दूसरे ही सीन में (संशोधित सीन में) सवर्ण टोली के बीसों कलाकारों को एक ही साथ उतरना था।

सबसे पहले एक व्यक्ति हाथ में तलवार लेकर स्टेज पर आया।··· दीवानाजी पर्दे की आड़ में जोर-जोर से 'प्रांपटिंग' कर रहे थे। किंतु उस 'हीरो' ने अपने 'डायलाग' में पुकारा–"साथियो ! तैयार हो ?"

–अंदर से सम्मिलित आवाज आई–"हम तैयार हैं।"

–हुक्म हुआ–"एक-एक कर प्रवेश करो !"

बीसों कलाकार, किस्म-किस्म की पोशाकों और हथियार से लैस होकर आए। आठ-दस 'नायकों' के सिर पर बक्से भी लदे थे।··· दीवानाजी दौड़कर स्टेज पर आए। उन्होंने कुछ कहने की चेष्टा की।

प्रथम 'हीरो' ने हुक्म दिया–"इस व्यक्ति को कैद कर लो।" दीवानाजी को सबों ने घेर लिया। उन्होंने बहुत हाथ-पैर मारने की चेष्टा की। इस घेर-भाग और धड़-पकड़ से समवेत दर्शक मंडली बेहद खुश हुई और तालियों से इस संशोधित सीन का स्वागत किया गया।··· हारमोनियम मास्टर साहब ने लड़ाईवाली धुन छेड़ दी। 'हीरो' आखिरी डायलाग बोला–"निकल पड़ो !" बीसों 'हीरो' सारे साजो-सामान तथा पोशाक के साथ दर्शकों के बीच उतर पड़े।

दो नायकों ने 'नाटककार' जी को कंधे पर बेबस करके लटका लिया था। प्रथम हीरो ने दलित टोले के 'पंचायती पेट्रोमैक्स' को आगे बढ़ाकर गुल कर दिया। ··· भीषण कलरव और कोलाहल में किसी की समझ में कोई बात नहीं आई कि क्या हुआ।

–कहते हैं, टँगे हुए पर्दे की डोरी तक वे काटकर ले गए !

–बारह-तेरह व्यक्ति बाँस के खरोंच से घायल हुए।

–थाने में खबर दी गई है। डकैती का अभियोग लगाकर नालिश की गई है।

सब हँसते हैं।··· मैं हँसने के 'मूड' में नहीं हूँ। पंचायती पेट्रोमैक्स गुल हो जाए–यह हँसने की बात नहीं।

गैबी कल मर गया।

जुम्मन उसकी लाश के पास घंटों चुपचाप खड़ा रहा।

–पशु-पक्षी को भी शोक होता है क्या ?

बेकार की बातों में अपना दिमाग खराब करूँ, पागल हो जाऊँ शॉक से–यह मेरी व्यक्तिगत स्वाधीनता है ! हमारी 'ह्यूमन-डिगनिटी' है !

['एकलव्य के नोट्स' के उपर्युक्त तीन असंलग्न खंडों को एक साथ किसी मासिक पत्रिका में प्रकाशित किया गया। 'कथा-साहित्य को ऐसी स्थूल चीजों की आवश्यकता नहीं' संपादकीय 'नोट' के साथ !

··· किंतु, समाजविज्ञान के एक प्रोफेसर साहब इसके लेखक एकलव्य से अस्पताल में मिलने आए।··· संपादकजी से बातें करते समय प्रोफेसर साहब ने 'विलेज सर्वे' पर थोड़ा प्रकाश डाला।··· फील्ड स्टडी, साइकलोजिकल स्टडी, स्टेटिक तथा पेराडॉक्स आदि शब्दों से प्रयुक्त वक्तव्य के द्वारा 'एकलव्य

के नोट्स' की आवश्यकता बतलाई।··· 'पोथा' उन्हें सुपुर्द कर दिया गया है !]

संकेत (संपादक–उपेंद्रनाथ अश्क), 1955, में संकलित

जीत का स्वाद

24 दिसंबर 1959 !

दैनिक कैलेंडर की तारीख बदलते समय सुधामयी उस तारीख को एक बार मन ही मन दुहराती है–24 दिसंबर।

सुधाकांत को पिछले कई दिनों से बुखार है। हल्की सर्दी, हल्का ज्वर ! डाक्टर ने आराम करने की सलाह दी है।

कैलेंडर की तारीख बदलने के बाद, सुधामयी ने रेडियो खोल दिया। भजनामृत का कार्यक्रम चल रहा था–'अबकी टेक हमारी, लाज राखो गिरधारी !'

इस भजन को मानो सुगंध से भर दिया सुधामयी ने, अगरबत्ती जलाकर। थर्मामीटर में सुधाकांत का ज्वर देखकर उसका चेहरा खिल गया–नार्मल !

'आज भात खाने दोगी तो !'–सुधाकांत बच्चों की तरह पूछता है। कहता है–'आज मैं चंगा हो गया।'

सुधा हँसी। सुधाकांत को बड़ी भली लगती है यह हँसी। आज उसको सबकुछ अच्छा लगता है।

भजनामृत-कार्यक्रम में अब प्रसिद्ध भजन-गायिका गा रही थी–'निरबल के बल राम।'

जब कभी यह भजन बजता है–वह इसको अजाने ही गुनगुनाने लगती है।

सुधाकांत कहता है–निरबल के बल राम नहीं; निरबल के बल भात !

सुधा फिर वैसी ही हँसी हँसती है–सुधाकांत को भली लगनेवाली हँसी।

माँ ने कमरे में प्रवेश किया–बहू ! भैया का जी कैसा है आज ? माँ रोज सुधाकांत के ललाट को अपनी ठंडी-ठंडी उँगलियों से छूती हैं। पूजाघर से तुरत निकली माँ की उँगलियों से चंदन की भीनी-भीनी सुगंध निकलती है। पावन-पवित्र सुगंध !

माँ बोली–अभी रामू अपने संगी-साथियों के साथ होस्टल से आया है–मैच सुनने के लिए।

सुधाकांत को हँसी आई। उसका सबसे छोटा भाई रमाकांत अपने स्कूल की क्रिकेट टीम का अच्छा खिलाड़ी समझा जाता है। सुधामयी उस दिन कह रही थी–जब से रामू की तस्वीर अखबार में छपी है, माँ भी क्रिकेट में दिलचस्पी लेने लगी हैं।

यह क्रिकेट सुधाकांत की समझ में कभी नहीं आया। इसलिए कुछ हद तक वह इस खेल से चिढ़ा रहता था।–यह भी कोई खेल हुआ। पाँच दिनों तक खेल रहे हैं; हर पंद्रह-बीस मिनट के बाद विश्राम। न जाने क्यों हमारे यहाँ इस खेल को इतना बढ़ावा दिया जा रहा है।

लेकिन, जब से रमाकांत की तस्वीर छपी है–अखबार के खेलकूदवाले पृष्ठ पर, वह भी रोज एक बार सरसरी निगाह डाल लेता है।

उसके परिवार में उसका छोटा भाई रमाकांत एकमात्र स्पोर्ट्समैन निकला··· गाँव जाता है तो चरवाहों के साथ कबड्डी का भी वह अच्छा खिलाड़ी समझा जाता है–सारे गाँव में। सुधाकांत ने पिछले पाँच-सात दिनों का दैनिक समाचारपत्र नहीं देखा है··· कहाँ खेल हो रहा है ?

रेडियो से सुबह का समाचार प्रसारित किया जा रहा है।

"क्रिकेट : आज दूसरे टेस्ट मैच का पाँचवाँ और अंतिम दिन है। कल भारतीय दल ने अपनी दूसरी इनिंग्स में दो सौ इक्कानवे रन बनाए और उसके सभी खिलाड़ी आउट हो गए। इसके बाद आस्ट्रेलियन टीम मैदान में उतरी। कल खेल खत्म होने तक आस्ट्रेलिया ने उनसठ रन बनाए और उसके दो खिलाड़ी आउट हो गए हैं··· ।"

रामू अपने संगी-साथियों के साथ ऊपर आया। सुधाकांत ने उन्हें चिढ़ाते हुए कहा–क्या होगा कमेंट्री सुनकर। हर मैच में एक इनिंग्स से।···

सभी लड़के प्रायः एक साथ चीख पड़े–भैया ! वैसी बात मत कहिए।

सुधाकांत को अचरज हुआ।··· हार, पराजय, डिफीट, शिकस्त आदि शब्दों का उच्चारण न करे कोई आज इनके सामने। कोई अपशकुन न हो जाय कहीं।

सुधामयी हँसती है–तो रामू बाबू ! जीत के लिए कितना विष्णुजाप करवाया है माँ से ?

"एक हजार; क्यों माँ !"

बूढ़ी माँ लजा गई। सुधाकांत मुँह धोकर, तौलिया से मुँह पोंछते हुए पूछता है–तो क्या उम्मीद करते हैं आप ? विष्णु सहस्रनाम जाप करवाकर संसार की सर्वश्रेष्ठ टीम को हरा दीजिएगा !

रमाकांत के एक छोटे साथी ने तुतलाते हुए कहा–भैया, यह क्रिकेट है। कुछ नहीं कहा जा सकता।

रमाकांत पिछले चार दिन के खेलों का संक्षिप्त विवरण सुनाता है–19 दिसंबर

को टास जीतने के बाद हम लोग बैट करने उतरे। 'सिर्फ 152 रन बनाकर हमारे सभी खिलाड़ी आउट हो गए।'

–चलो, छुट्टी !

'अभी सुनिए तो।'–सभी चिल्ला उठे। 20 तारीख को लंच के पहले तक आस्ट्रेलिया की जीत के सभी लक्षण स्पष्ट थे। यानी 1 विकेट पर 128 रन।

लेकिन, लंच के बाद–गुजरात का आफ-स्पिन-बौलर, जासू पटेल–आस्ट्रेलिया का सहज विजयपथ रोककर खड़ा हो गया। उसकी संहारमूर्ति तथा आक्रमण के सामने आस्ट्रेलिया के बड़े-बड़े महारथियों के पाँव उखड़ गए। चाय के पहले का स्कोर सुनिए : जासू पटेल का–18 ओवर, जिसमें 10 मैडेन और सिर्फ 24 रन देकर 8 विकेट लिया हमारे हीरो ने।

सुधाकांत को विश्वास नहीं हुआ–सच !

रमाकांत कहता गया–चाय के कुछ क्षण बाद ही–219 रन बनाकर आस्ट्रेलिया की पहली इनिंग्स समाप्त हो गई।··· पटेल ने अकेला 9 विकेट दखल किया।

"तीसरे दिन क्या हुआ !" –सुधामयी पूछती है।

आस्ट्रेलिया दल दूसरी इनिंग्स में खेल रहा है। उसके हाथ में अभी 8 विकेट हैं और जीत के लिए 166 रन की जरूरत है।··· उसका सबसे खतरनाक खिलाड़ी नील हार्वे कल ही आउट हो गया।··· आज खेल का पाँचवाँ दिन है।··· 24 दिसंबर !

संसार की सर्वश्रेष्ठ टीम–आस्ट्रेलिया की टीम। एक ओर आधुनिक साज से सज्जित विश्व की श्रेष्ठ सेना को लेकर धुरंधर सेनापति खड़ा है। दूसरी ओर मुकाबले में खड़ी है दुर्बल और क्षुद्र सैन्यवाहिनी !

अपनी शक्ति और स्वरूप की उपलब्धि करके सुधाकांत का मन मुरझा जाता है। कमरे में बैठे हुए सभी के मन में एक ही प्रश्न उठता है–क्या जासू पटेल फिर पहली इनिंग्स का चमत्कार दिखला सकेगा ? क्या भारत जीत सकेगा ? ··· क्या कल्पना और सपना सच हो सकता है ?

कमरे में ही नहीं–सारे भारत के क्रिकेट-उत्साहियों के मन में यही जिज्ञासा जगी हुई है–जीत सकेगा भारत ?

माँ उठकर पूजाघर की ओर जाती है। सुधाकांत कहता है–"रेडियो बगल के कमरे में ले जाओ।" सुधा, रामू तथा उसके मित्रों के लिए जलपान लाने रसोई घर में गई।

सुधाकांत का मित्र प्रफुल्ल आया–क्या हाल है प्यारे। मारो इस बुखार को गोली।

सुधाकांत की अष्टवर्षीया पुत्री नवनीता दौड़ी आई और प्रफुल्ल को देख-देखकर मुस्कुराने लगी।

प्रफुल्ल ने प्यार से पूछा–क्यों, क्या बात है बेटी ?

नवनीता अपनी भेदभरी मुस्कुराहट को नहीं खोलती। वह अपने पापा के कान में चुपके-चुपके कुछ कहती है।

सुधाकांत ठठाकर हँसता है–ओ प्रफुल्ल ! आज तुम्हारी कठिन परीक्षा है।··· आज सुबह-सुबह आए हो तुम ! यदि भारतीय दल की जीत हुई तो तुम सदा प्रफुल्ल; नहीं तो तुम सदा मनहूस··· ।

बात समझकर प्रफुल्ल हँसता है–यह तो सचमुच कठिन परीक्षा है।··· नवनीता लजाकर नीचे भागी।

सभी की आँखें बार-बार घड़ी की सुई पर जाती हैं।

शुभ शकुन के सभी उपादान इकट्ठे किए गए हैं। मंगलघट, मछली तथा अन्य पदार्थ। नीचे दही बेचनेवाली ने हाँक दी–दही ले-ले !!

दही माने सही।··· वामे फणपति दाहिने सियार; दही ले दही ले करति गुआरि ··· ये शुभ लक्षण हैं।

सुधामयी कभी दही नहीं खरीदती। लेकिन आज वह दही खरीदेगी–'ओ दहीवाली।"

अब सिर्फ पाँच मिनट बाकी हैं। रेडियो ट्यून किया गया।

एक सीटी जैसी अनवरत ध्वनि निकलती है रेडियो से।

फिर खड़खड़ाहट–यह आकाशवाणी है··· चलिए, कानपुर चलें।

रमाकांत ने अपनी कापी पर लिखा··· श्री गणेशाय नमः।

रमाकांत के एक साथी ने धीरे-से कहा··· जासू पटेल ज़िंदाबाद।

माँ पूजाघर से फूल ले आई। रेडियो के ऊपर पूजा का पत्र-पुष्प डाल दिया गया।

गुड मार्निंग··· रिपोर्टिंग फ्राम ग्रीन पार्क ऑफ कानपोर···

एक ही साथ··· सभी के कलेजे की धड़कन तेज हो गई। प्रसिद्ध कमेंटेटर की चिरपरिचित आवाज।··· उसके मन में भी यही जिज्ञासा है··· गुजरात का यह लिट्लमैन पटेल फिर अपना कौशल दिखा सकेगा क्या ?··· यदि ऐसा हुआ तो ··· तो क्या यह संभव है !

नीचे गली में शोरगुल बढ़ रहा है। ऊपर-नीचे, अगल-बगल, अली-गली और सड़क-फुटपाथ पर··· जहाँ भी रेडियो बज रहा है··· लोग जमा हो रहे हैं। युवक-वृद्ध-किशोर के दल। सभी के चेहरे पर एक ही सवाल है–क्या होगा !

खेल शुरू हुआ। कमेंटेटर बार-बार दुहरा रहा है··· आस्ट्रेलिया के हाथ में अभी 8 शक्तिशाली विकेट हैं और जीत के लिए उन्हें सिर्फ 166 रन चाहिए।

··· आस्ट्रेलिया के दोनों बैट्समैन मेकडोनाल्ड और ओ नील मैदान में उतरे। ··· जय माँ काली।

भारतीय बौलर··· एक ओर उम्रीगर, दूसरी ओर जासू पटेल !

उम्रीगर टु मैकडोनाल्ड !··· गुड बौल !

संसार के दक्ष बल्लेबाज हैं दोनों। रमाकांत अपनी कापी पर··· मैदान का खाका

बनाकर फीलिंडग एरेंजमेन्ट को सुनकर जगह-जगह लाल बिंदियाँ लगा रहा है··· सिली मिड ऑन !··· अधिनायक रामचाँद के मन की बात को समझ रहा है रमाकांत ! कैप्टेन के मन में भी यही सवाल है··· क्या सपना साकार हो सकता है !

··· टु ओ नील !··· आउट ? यस, हि इज़ आउट। ओ नील इज़ आउट···।

प्रफुल्ल, जो अब तक साँस रोककर बैठा था, चिल्ला उठा–"कहाँ गई नवनीता ? ओ बेटी नीता··· अब मैं भागूँ। इज्जत बचो।"

नवनीता ही नहीं, सभी एक साथ अनुनय करते हैं–नहीं-नहीं। आप बैठिए ··· प्रफुल्ल काका, प्रफुल्ल भैया। ऊपर-नीचे, अगल-बगल, सड़कों और गलियों में कोलाहल, हर्षध्वनि··· कमेंटेटर की बोली हजारों-हजार दर्शकों की तालियों की गड़गड़ाहट में डूब गई। सुधामयी शंख बजा रही है।

··· कौन आ रहा है अब··· मैके। कमेंटेटर प्रसन्न है। कहता है··· मैके··· नाट मकै···

··· पटेल टु मैके। एंड बिलीव मी··· हि इज़ आउट।

··· यह क्या हो रहा है ? मैके आया और वापस जा रहा है–बैक टु दि पेवेलियन ! उम्रीगर और पटेल में होड़ लगी है, कौन ज्यादा विकेट लेता है। आनंद की लहरें आती हैं। रमाकांत का एक साथी शुरू से ही आँख मूँदकर बैठा है। पूछने पर कहता है, आँख मूँदते ही मैं कानपुर पहुँच जाता हूँ। सारा मैदान मेरे सामने है ··· मैं भी देख रहा हूँ, डेविडसन आ रहा है !··· उम्रीगर टु डेविडसन।··· लगता है, डेविडसन खेल के रुख को मोड़कर ही दम लेगा। रन बनते हैं। और फिर वातावरण शांत हो जाता है। बिजी, सर्वाधिकारी, माइकेल चार्ल्टन एक के बाद दूसरे कमेंटेटर अपनी-अपनी राय प्रकट कर रहे हैं··· सर्वत्र उत्तेजना की लहर दौड़ रही है। विश्व की अपराजेय टीम के एक-से-एक सिद्धहस्त बैट्समैन, बॉल की गति को समझने में असमर्थ हैं। रमाकांत, आस्ट्रेलियन कमेंटेटर माइकेल चार्ल्टन की आवाज को ध्यान से सुनता है। और ओपनिंग बैट्समैन मैकडोनाल्ड, अभी भी अविचल होकर खेल रहा है। माँ फिर पूजाघर से कुछ ले आई।

··· पटेल टु डेविडसन।··· हि इज बिट्न। यस, हि इज़ आउट। डेविडसन इज आउट।

गली में पानवाले की दुकान के पास अब तिल धरने की जगह नहीं।

रमाकांत का साथी आँख मूँदकर कानपुर के मैदान का तमाशा देख रहा है।

डेविडसन वापस जा रहा है। बेचारा मुस्कुराने की चेष्टा कर रहा है।

अब आ रहे हैं खुद कैप्टेन। अधिनायक विनोड।

माँ पूछती है–यह विनोद और अनिल तो अपने ही खिलाड़ी हैं न ?

सभी हँस पड़ते हैं। बूढ़ी लजा जाती है। सुधाकांत खुली खिड़की के बाहर झाँककर देखता है–लगता है, हठात् सारा शहर क्रिकेट-उत्साही हो गया है। पटेल टु विनो··· । आउट !

फिर कलरव, कोलाहल, पटाखे, शंख, घंटा-ध्वनि और घड़ियाल की मिलीजुली

गगनभेदी आवाज !

'उम्रीगर टु जेरमन ! आउट !'

आनंद की बाढ़ आ गई, अब तो ? लहरें आती हैं रह-रहकर।

सुधामयी दौड़ी आती है–अरे, बस··· अरे, गली का पानवाला पागल हो गया।

चंगेरी-भर पान और सिगरेट लुटा रहा है !

अब कौन धनुर्धर आ रहे हैं ? क्लीन··· माने साफ।

क्लीन नहीं क्लाइन ! लिंडसे क्लाइन !

पटेल टु क्लाइन··· क्लाइन इज़ आउट !!

विनोड, जेरमन और क्लाइन–एक के बाद एक सभी शून्य !

लहरें आईं··· आनंद और उल्लास की उमड़ती धारा में असंख्य लहरें··· उनमें ओपनिंग बैट्समैन आस्ट्रेलिया का··· यह मैकडोनाल्ड अभी भी अविचल है। 8 विकेट पर मात्र 84 रन !

मेकिफ आया है। लगता है, मैकडोनाल्ड ऐसे ही साथी की प्रतीक्षा में था। दोनों ने पीटकर खेलना शुरू किया है। दस मिनट में इक्कीस रन बनाए हैं। जीतने के लिए मात्र 61 रन रह गए हैं।··· दिल बैठने लगे सभी के !

पटेल टु मैकडोनाल्ड। आई थिंक हि इज़ आउट; यस, हि इज़ आउट !

तुमुल कोलाहल के बीच, मैकडोनाल्ड के आउट होने का संक्षिप्त विवरण सुना रहा है कमेंटेटर !··· पटेल के बॉल को, आगे बढ़कर मारते समय उसने बॉल की गति को नहीं समझा। उसने उलटकर, अचरज से देखा कि भारतीय विकेट कीपर तमाने, उसी बॉल से स्टम्प की गुल्ली उड़ाकर··· मंद-मंद मुस्कुरा रहा है !

रोरके बीमार है–नहीं खेलेगा ! तो, दूसरी इनिंग्स समाप्त ! खेल खत्म ! सचमुच जीत गया भारत ! अपराजेय दल आस्ट्रेलिया का··· हार गया ! पहली बार। तो, सपने भी सच होते हैं !

रमाकांत उठकर माँ, भैया और भाभी की चरण-धूलि लेता है··· बारी-बारी से। मानो, भारतीय दल का अधिनायक वही हो।··· सभी ने आशीर्वाद दिया··· टेस्ट मैच में खेलो। आनंदमुखर वातावरण में कोई किसी की बात नहीं सुनता है। ··· यह राम नाम की माया है। अधिनायक रामचंद। नहीं, यह विष्णु सहस्रनाम जाप की महिमा है। नहीं नहीं, यह जीत प्रफुल्ल के सुबह-सुबह आने के कारण हुई है।··· मंगलघट, मछली, दहीवाली, नीलकंठ··· पूजा के फूल, इसके बाद, अब जो कुछ भी हो। संसार की सर्वश्रेष्ठ टीम को हमने शिकस्त दी है। यह जीत··· जीत का यह पहला स्वाद !

"मेरे जीवन का सबसे अधिक आनंद का दिन है आज।"··· भारतीय दल के अधिनायक रामचंद ने अभी-अभी पत्र-प्रतिनिधियों को बताया है। आस्ट्रेलियन कैप्टेन विनोड ने आस्ट्रेलियन टोपी भेंट की है।

सड़क पर··· शहनाई, बैंड तथा अन्य बाजे-गाजे के साथ एक जुलूस निकला है क्रिकेट उत्साहियों का।··· विजय का यह पहला स्वाद। पहली जीत की यह खुशी। यह ऐतिहासिक खुशी।

आज का दिन, यह 24 दिसंबर··· त्यौहार का दिन जैसा लगता है। सुधाकांत अपलक दृष्टि से अपने छोटे भाई रमाकांत की सुंदर सुडौल देह को देख रहा है। किसी दिन मेरा यह छोटा भाई भी टेस्ट में खेलेगा। सुधाकांत को भूख लगी है। वह सुधामयी की ओर देखता है।

सुधामयी थर्मामीटर में शाम का बुखार देखती है–नार्मल !

24 दिसंबर स्मरणीय दिवस।

अजेय आस्ट्रेलियन दल की पराजय··· पराजय का पहला स्वाद··· क्रीड़ा-जगत के इतिहास में एक स्मरणीय घटना।

रात में, सुधाकांत के घर पर एक छोटा-मोटा प्रीतिभोज हो गया। सात दिनों के बाद सुधाकांत ने मुँह में आज अन्न दिया है।··· मुँह का स्वाद फिर लौट आया है।

रमाकांत कहता है··· भाभी, ग्रीन पार्क की इस घटना ने हमें सिर उठाने की शक्ति दी है। सारे भारत में आनंद का प्लावन।··· यह पारिवारिक उत्सव। सारा क्रिकेट संसार भारत की इस सफलता को देखकर अवाक् हो गया है !

असंभव को संभव करने का यह आनंद ! विस्मय की यह सिहरन ! यह दूसरा टेस्ट : यह पहला स्वाद !

24 दिसंबर 1959 ! !

साप्ताहिक 'योगी' के 25 जून, 1960 के अंक में प्रकाशित

समय की शिला पर : सिलाव का खाजा !

दादी अम्मा तीरथ से आई
झूठ बोलने का ठेका ले आई।

–एक आंचलिक लोकोक्ति का भावार्थ।

गत वर्ष राजगिर-नालंदा-यात्रा की योजना तीन-तीन बार बनकर बिगड़ गई

तो समझा, सनीचर बाम हैं। दाहिने होंगे, 'अयात्रा' में भी यात्रा पर निकल जाना पड़ेगा–इच्छा नहीं रहते हुए भी।

सो, शनैश्चर देव की कृपा हुई। 17 मार्च (शनिवार) 1962 ई. को दस बजे दिन में, हमारे एक निकट के आत्मीय चीखते-पुकारते हड़बड़ाते हुए आए। आत्मीय, पिछले दो महीने से राजगिर में सपरिवार स्वास्थ्य-लाभ कर रहे हैं। आवश्यक कार्य से पटना आए हैं। आज वापस जा रहे हैं–अभी-ई-ई ! यदि हम चलना चाहें तो, उनकी गाड़ी द्वार पर खड़ी है। उन्हें प्रसन्नता होगी···

मैं उनकी गाड़ी पर कोई मंतव्य न प्रकट कर बैठूँ, इसलिए उन्होंने एक स्थानीय गैरेज का 'बिल' दिखलाकर मुझे आश्वस्त किया, "दस दिन पहले ही सर्विसिंग हुई है, देखिए।"

उनकी गाड़ी पर 'असवार' होने का सौभाग्य प्राप्त नहीं हुआ था। कहानियाँ बहुत सुन चुका था, उनकी गाड़ी की–इसलिए मुस्कुराकर रह गया।

आत्मीय बोले, "गाड़ी से उतरकर धक्का नहीं मारना पड़ेगा। हैंडिल भी नहीं मारना पड़ेगा। 'सेल्फ' लगा लिया है। भोंपा खोलकर अंदर रख दिया है और 'हार्न' कितना तेज है, यह तो आपने थोड़ी देर पहले सुन ही लिया है।"

–"तेज या कर्कश ?··· और भाई मेरे–सर्विसिंग करवाने से क्या होता है ? नई दुलहिन और पुरानी गाड़ी के नखरे ! फिर, जिसकी कुंडली में दोनों एक साथ हों··· !!"

ठहाके में बात उड़ी नहीं, किंतु !

पहले तो समझा विशुद्ध औपचारिकता की बातें हैं। पर, बाद में देखा वे हमें ले चलने को तुले हुए हैं।

दूर के नहीं (पत्नी की सहोदरा, छोटी बहन के पतिदेव !), अति निकट के इस आत्मीय को सिर्फ धन्यवाद देकर टालना अच्छा नहीं लगा ! इसलिए गंभीर होकर कहा, "भाई, इस जाने का कोई मतलब है ? अभी कोई मौसम है राजगिर जाने का ? पाँच दिन के बाद ही होली है। मुझे सर्दी और हल्का बुखार है। नौमी का जी अच्छा नहीं। और 'उनकी' परीक्षा निकट है।"

सुना, नौमी बहुत पहले ही–बकलस-साँकल सहित भागकर गाड़ी में जा बैठी है। (दो वर्षीया सुनहली-घुँघराली कॉकर स्पेनियल, हमारी नौमी !) घर की दूसरी महानुभावा चावल-दाल-आलू–खिचड़ी के सामान की गठरी-पोटली बाँध रही हैं। ··· दस-ग्यारह वर्ष से पटने में हैं। पिछवाड़े की 'जगह' भी इन्होंने नहीं देखी। कोई सुनेगा तो क्या कहेगा, भला ! आलस्य की भी एक सीमा होती है। दुनिया के लोग आकर देख गये···

शिकायत और उलाहना की गठरी खोली जा रही थी।

मैंने तनिक तेज होकर कहा, "इस तरह जाने का कोई अर्थ है ? दौड़कर

गए और भागकर आए ! अभी कोई मौसम है जाने का ?··· चार दिन में क्या स्वास्थ्य-लाभ हो जाएगा ? रह तो आए हैं दो माह–देख लीजिए इनकी सुधरी हुई तंदुरुस्ती !"

किंतु, जनमत जानेवालों के साथ था। उस समय हमारे घर पर जो आया, उसी ने कहा, "तो, हो आइए न !"

और, उस लँगोटिया यार को भी उसी समय आना था। उसने आते ही 'रूलिंग' दे दी, "तुमको जाना पड़ेगा।" यार मेरा, मेरे ही क्षेत्र से साढ़े पाँच हजार 'वोट' से जीतकर आया है–पहली बार। उसकी 'रूलिंग' का मतलब है–हमारे क्षेत्र की 'जनता' की आज्ञा।

निरुपाय, डायरी खोलकर मैंने एक 'बुद्धवचन' पढ़ दिया।

"चरंचे नायिश्च्छेयूयं सेयूयं सदिमत्तनो,
एकचरियं दलूहं कयूरा नत्थि बाले सहायता।"

आत्मीय ने अर्थ पूछा। कहा, "बंगला में इसका अर्थ हुआ–'यदि तोर डाक सुने केउ ना आसे, तबे एकला चलो रे !' और हिंदी में कहें, तो कहना पड़ेगा, यदि यात्रा में अपने से अच्छा अथवा अपने सदृश सहयात्री नहीं मिले, तो दृढ़व्रत होकर अकेला ही चलना। मूर्खों की सहायता किसी काम की नहीं।"

आत्मीय मुस्कुराकर बोले, "मैं चिढ़ूँगा नहीं। मैं प्रमाणित करना चाहता हूँ कि मूर्खों की सहायता भी काम की होती है।"

जनता के प्रतिनिधि, अपने यार को मैंने इतिहास के आदिगुरु मरहूम मौलाना हफीज साहब की याद दिलाई, जो इतिहास को भी संस्कृत की भाँति 'रटंत विषय' मानते थे। जो नहीं रटता उसे एक पैर पर खड़ा रहना पड़ता। हमें मुर्गा बना-बनाकर–'ऐसा इतिहास विमुख' किया उन्होंने कि फिर कभी 'बी. सी., ए. डी., अथवा 'दि नागाज, दि पालाज' के पाले नहीं पड़ा।

लगा, युगों बाद फिर हफीज साहब के क्लास में बगैर रटे हुए जाना पड़ रहा है !

इसके पहले तीन बार बनी-बिगड़ी योजनाओं की याद आई।

पहली बार–'यायावर' (हिंदी के) के साथ। वे नहीं आए। उनकी चिट्ठी आई ··· अब तो लौटकर आएँगे, तभी ! दूसरी बार –'अंधायुग' के लेखक ने लिखा–राजगिर जाने के लिए ही आऊँगा। वे भी नहीं आए। अंतिम प्रचेष्टा–बंबई के दो तरुण फिल्म-डाइरेक्टरों के साथ जाना निश्चित हुआ। किंतु, उस समय वे जिस चित्र की कहानी पर काम करने के लिए बिहार आए थे–उससे राजगिर और नालंदा का कोई संबंध नहीं था और न वहाँ 'आउट-डोर शूटिंग' के लिए कोई 'लोकेशन' मिलने की संभावना थी। यात्रा स्थगित हो गई। इसलिए, सोचा था–एकचरियं !

कभी जाऊँगा तो अकेला जाऊँगा।

अंत में मैंने उस राह में होनेवाली दैनिक दुर्घटनाओं की ओर लोगों का ध्यान आकर्षित किया।··· तिस पर आज शनिवार है।

उधर, टिफिन-कैरियर के डिब्बों में 'लंच' भरकर कब्जा लगाया जा रहा था—ये जड़भरत हैं। ये जगद्दल हैं। कहीं जाने का नाम सुनते ही इन्हें··· !

बुद्धं शरणं गच्छामि !

मेरे आत्मीय का नाम बुद्धदेव (भट्टाचार्य !) है। इसलिए, राजगिर-नालंदा से मोह होना स्वाभाविक है। उनकी पत्नी भी इतिहास पढ़ती-पढ़ाती थी। विवाह के बाद बौद्धयुग में दिलचस्पी और बढ़ी होगी, किंतु हमारे परिवार को खंडहर और शिला-लिपि से क्या लेना-देना ? भगवान की दया से, फिलहाल कोई रोग-शोक भी नहीं कि गर्म पानी के कुंड में नहाने जाएँ।

किंतु, अपने चाहने से क्या होता है ? नहीं चाहने पर भी चार जन के कंधे पर, पाँच जन के साथ जाना पड़ता है।

आखिर बुद्धदेव के हाथ में अपने को सौंप दिया। बुद्धदेव ने कहा, "दादा, घबराइएगा नहीं, मेरा हाथ अब परिपक्व हो गया है।"

बुद्धदेव अपनी गाड़ी में बैठाकर, स्वयं 'ड्राइव' करके हमें राजगिर ले चले। ठीक साढ़े बारह बजे दिन में।

घर से बाहर पैर रखते ही संभवतः दो किलोमीटर जाते-जाते—फाहियान और ह्यूएन च्यांग की प्रेतात्माएँ दोनों कंधों पर सवार हो गईं। बुद्धदेव ने पूछा, "कुम्हरार आपके घर के इतना निकट है। यहाँ तो आप अक्सर आते ही होंगे ? ··· क्या ? आपको यह भी नहीं मालूम कि यहाँ खुदाई हो रही है ?"

"मालूम तो है। लेकिन, खुदाई देखकर क्या करूँगा ?"

सामने से आती हुई विशालकाय ट्रक की ओर उनका ध्यान आकर्षित किया। गाड़ी चलाते समय उनको बातें करने की आदत है और मेरा कहना है कि गाड़ी चलानेवाला, इतिहास-भूगोल पर बहस न करे।

इसके बाद बुद्धदेव दृढ़तापूर्वक 'धर्मचक्र' (स्टियरिंग) धरकर एकाग्र होकर रथ का संचालन करते रहे।

इस घुमावदार, सँकरी, ऊबड़-खाबड़, गड्ढों से भरी (बाइ-पास) सड़क पर कोई भला (आदमी) ड्राइवर क्यों किसी से आगे बढ़ जाने की मूर्खता करेगा ? और, कोई नई गाड़ीवाला 'ओवरटेक' करके आगे निकल ही गया तो उसके पीछे हाथ धोकर पड़ने की क्या जरूरत ?··· बुद्धदेव के कर्कश हार्न से मेरे कान के पर्दे पर गुदगुदी लगती है और छींकने के लिए मन व्याकुल हो जाता है।··· क्या लड़कपन है !

लड़कपन नहीं, बुद्धदेव अपना धर्मपालन कर रहे हैं। सड़क के गड्ढे में हिचकोला खाकर अगली गाड़ी का पेट्रोल-टैंक फट गया है।··· देखिए न, किस तरह हू-हू

कर तेल गिर रहा है और ड्राइवर को कोई होश ही नहीं।

होश में कैसे रहेगा ? गाड़ी में अकेला मर्द, ड्राइवर ही है। गाड़ी में औरतों की संख्या अधिक है। बुद्धदेव का हार्न सुनकर वह–'अफसर का ड्राइवर'–जरूर गाली दे रहा होगा।··· एक लड़की पीछे की ओर देख-देखकर हँस रही थी।

डेढ़-दो किलोमीटर तक यह दौड़ चली। अंत में बंका घाट के आसपास कहीं ड्राइवर साहब का जोश उतरा।

बुद्धदेव गाड़ी से उतरकर अपना दूसरा धर्मपालन करने गए। 'योग्य सेवा' पूछ आए।

रथ रुकने के बाद महसूस किया, हार्न-ध्वनि से मेरी श्रवणेंद्रिय ही आक्रांत नहीं, हड्डियों के जोड़ भी ढीले पड़ गए हैं।

मेरी धारणा थी कि बिहार शरीफ तक अब 'इतिहास' मौन रहेगा। पर, बैकट गाँव की सीमा में प्रवेश कर बुद्धदेव की गाड़ी की चाल धीमी हो गई। यहाँ बहुत प्राचीन शिवमंदिर है। कहते हैं, जरासंध अपने कंधे पर इस शिवलिंग को ढोकर लाया था।

बाएँ मुड़कर, गाड़ी मंदिर की ओर चली।

मंदिर के पास पहुँचने के पहले ही पंडों की भीड़ लग गई, बच्चे-जवान-बूढ़े ! सभी आकार-प्रकार के पंडे। इस असमय में एक गाड़ी-भर श्रद्धालु शिवभक्त जजमान-जजमानियों को पाकर वे अत्यधिक प्रसन्न हुए। जब वे आपस में लड़ने-झगड़ने लगे तो हमारी नौमी ने उन्हें भूँक-डाँटकर चुप किया।

गंगा के कछार पर–गाँव से बाहर बैकट का यह पुराना शिवमंदिर !

पटना सिटी के किसी रईस ने इसका जीर्णोद्धार किया था कभी। मंदिर के चँदोवे पर फिरंगी-कलम (पटना शैली ?) से राम या शिव कथा अंकित है। चित्र स्पष्ट नहीं। वात से पीड़ित वृद्ध पंडाजी ने कहा, 'जीर्णोद्धार करवाइए आप लोग इस मंदिर का। आप ही लोगों की कृपा से··· ।'

शिव-शिव ! हमारी कृपा ? सो भी, शिवजी पर ? और, शिवमंदिर का जीर्णोद्धार करके शिव को कौन अप्रसन्न करना चाहेगा ? शिव तो ऐसी ही जगहों में मस्त रहते हैं। मंदिर के प्रांगण में वन-कपोतों की बीट फैली हुई है। छोटे-छोटे पंडे (या पंडों के बच्चे) हाथ पसारकर अपना प्राप्य माँग रहे हैं।

मेरे मन में एक बार शंका हुई··· यहाँ के शिव का नाम तो नहीं सुना कभी ? अचानक एक फगुआ-गीत (होली) की पक्ति मन में गूँजी–

बैकट, बैकट, बैकट रे बम भोला,
शिव शंकर हो लाल
बैकट से होरिया खेले !

पछिया हवा के झोंके पर मंदिर की अँगनाई में एकत्र पेड़ की सूखी पत्तियाँ उड़ चलीं—सैकड़ों घुँघरू बजाती !

बख्तियारपुर होकर बहुत बार आया-गया हूँ। कभी फेरीवालों ने इस तरह नहीं घेरा। इस बार हमारे चेहरों को देखकर ही ये समझ गए—हम राजगिर के तप्त कुंड में स्नान करने, जरासंध का सोन-भंडार देखने, गृद्धकूट पहाड़ पर चढ़ने और नालंदा के भग्न विहार में भटकने जा रहे हैं—लाई है लाई, रामदाने की लाई। बख्तियारपुर की लाई, मशहूर लाई—बूढ़ों का टिफिन और बच्चों की मिठाई। लाई है···

महिला-सहयात्री को 'लंच' के लिए यही स्थान और काल, उचित-उपयुक्त लगा। इस समय यदि कहूँ कि यह भोजन मुझे दुख देगा तो सड़क पर तमाशा शुरू हो जाएगा। भीड़ लग जाएगी।

··· बख्तियारपुर ! बख्तियार खिलजी ने नालंदा-विहार को जलाकर स्वाहा किया था। उसके नाम पर यह 'पुर' आज तक बसा हुआ है। तरक्की कर रहा है !···

··· शरतचंद्र का श्रीकांत भ्रमण करता हुआ यहाँ आया था। बीमार पड़ गया था। पटना सिटी से राजलक्ष्मी दौड़ी आई थी।

बख्तियारपुर के बाद सड़क फिर सँकरी हो गई है। सड़क पर एक ओर मोटर, बस, ट्रक और बैलगाड़ियाँ आती-जाती हैं, दूसरी ओर बी. बी. एल. रेलवे की पटरी बिछी हुई है !··· मध्यम मार्ग कोई नहीं !···

पुल पर दो गाड़ियाँ एक साथ नहीं आ-जा सकती हैं। इसलिए, प्रत्येक पुल के पास पाँच से लेकर पंद्रह मिनट तक रुकना पड़ा। बख्तियारपुर से बिहार शरीफ तक छोटे-बड़े सब मिलाकर पाँच-सात पुल हैं। हर पुल पर आलू से लदी बैलगाड़ियाँ अथवा पत्थर के 'चिप्स' से लदी भीमकाय ट्रक !

यह इलाका आलू के लिए प्रसिद्ध है। भारत के बड़े-बड़े होटलों के 'खरीद-अफसर' या 'कंट्राक्टर' यहाँ 'पटनियाँ आलू' खरीदने आते हैं।

पाँच साल पहले की बात याद आई।···

कलकत्ता से पटना आ रहा था। एकमात्र सहयात्री 'साहब' ने रात-भर बख्तियारपुर, बिहार शरीफ, राजगिर के बारे में, कुछ न कुछ पूछताछ की—कैसी जगह है ? जलवायु कैसा है ? लोग कैसे हैं ? होटल-वोटल है ? मजदूर मिलते हैं या नहीं ?

रात-भर मैंने उनको पुरातत्त्व विभाग का कोई 'उत्खनक' समझा। प्रातःकाल मैंने जब 'खुदाई' के बारे में पूछा तो वे बोले, "आलू की खुदाई का यही मौसम है। हम खेत ही खरीद लेते हैं !"···

उन्होंने कलकत्ता के एक प्रसिद्ध होटल का नाम लिया, "हम उसी होटल का पोटेटो-सप्लायर है !"

बिहार शरीफ से पहले, दूर से जिस कस्बे को देखकर बिहार शरीफ का भ्रम होता है, वह असल में सोहसराय है। आलू की सबसे बड़ी मंडी !

··· क्यों न सोहसराय का नाम बदलकर 'आलू शरीफ' कर दिया जाय ?

हजारीबाग-राँची जानेवाली सड़क बाईं ओर निकल गई। इसके बाद की मंजिल मेरे लिए एकदम नई थी।

दीपनगर 'बाइ-पास' से गाड़ी गुजरी। दूर से ही 'नव-नालंदा विहार' के नए भवन की झलक मिली। महिला-सहयात्री इस झलक पर अकारण ही मुग्ध हो गई–'की सुंदर !'

हँसी आई। अभी तो न जाने कितना 'भीषण-सुंदर' देखना बाकी ही है।

नालंदा स्टेशन (बस स्टाप, रेलवे स्टेशन) पर बुद्धदेव का रथ रुका। नालंदा के खंडहरों में जाने के लिए, सड़क उत्तर की ओर निकल गई है।

यहीं कहीं 'नालो' ग्राम रहा होगा। सारिपुत्र-मौद्‌गलायन का जन्म स्थान। संभव है, जहाँ हमारी गाड़ी खड़ी है–यहीं···।

दक्खिन-राजगिर-गिरिव्रज !

रामायणकालीन-वसुमति। महाभारतकाल का-बृहद्-रथपुर, बौद्धयुग का कुशाग्रपुर–मगध के राजाओं की राजधानी राजगिर !

यहाँ, एक प्रेतात्मा और आकर गाड़ी में सवार हो गई–इत्सिंग !

··· पंद्रह साल पहले, सारिपुत्र-मौद्‌गलायन की हड्डियाँ, विदेश से आईं और भारत के नगरों में घूमती-फिरती पाटलिपुत्र पहुँचीं, तो इन हड्डियों के स्वागत में एक विशाल जुलूस निकला था। उस जुलूस को देखकर दासानुदास ने (पार्टी-पत्रिका में) एक निबंध प्रकाशित करवाया था–हड्डियों का जुलूस !

इत्सिंग की प्रेतात्मा ने बतलाया, उस निबंध में एक-दो तथ्य की बातें जोड़ देना आवश्यक है··· सिद्धि-लाभ के कुछ दिन बाद ही संबुद्ध कपिलवस्तु गए। उनके साथ शिष्य सारिपुत्र भी था। बालक राहुल को (भगवान का आदेश पाकर) सारिपुत्र ने ही भिक्षुव्रत के प्रथम पर्याय में प्रवेश करवाया था।

बालक भिक्षु को घेरकर जब महाप्रजावती गौतमी, राहुल-माता यशोधरा–सारा राज-परिवार छाती पीट-पीटकर रोने लगे, उस समय सारिपुत्र के मन में सौ-सौ तूफान चल रहे थे। हड्डियाँ तक करुणा से काँप रही थीं··· ।

सिलाव गाँव की तख्ती पढ़ते ही खाजा की याद आई, मन में प्रश्नोदय हुआ–सिलाव के खाजा का इतिहास कितना पुराना है ? क्या चीनी यात्रियों के यात्रा-वर्णन में कहीं भी इस मिठाई की कोई चर्चा नहीं ?

देश-विदेश के लोग राजगिर-नालंदा आते हैं। जाते समय सिलाव का अति प्रसिद्ध खाजा खरीदकर ले जाते हैं।··· महिला-सहयात्री अभी से खाजा खरीदने को उत्सुक दिखाई पड़ीं। लेकिन, बुद्धदेव फिर एक 'बाइ-पास' से मुड़ गए।

साढ़े बारह बजे हमारी यात्रा शुरू हुई थी। ठीक साढ़े तीन बजे बुद्धदेव का 'भूपति' (लैंड मास्टर), धूल-धूसरित अवस्था में राजगिर पहुँचा।

धूल के गेरुए बादल के नीचे सूरज क्रमशः निष्प्रभ होता जा रहा था। नातिउष्ण फागुनी हवा चल रही थी और तप्त जल के कुंडों में साँझ को नहानेवाले स्नानार्थियों के छोटे-बड़े झुंड निकल पड़े थे।

बुद्धदेव का डेरा, कुंड स्टेशन के पास ही सटा हुआ है।

काशीधाम पहुँचने के बाद यात्रियों का दल सबसे पहले गंगा के घाट पर जाता है। यहाँ आकर तुरंत ही कुंड की ओर जाते हैं, लोग।

पाँच बजे हम भी 'स्नान-यात्रा' पर निकले। साँझ के झुटपुटे में बिंबिसार के 'नया राजगिर' की गढ़ी देखी।

···कहते हैं, एक बार राजा बिंबिसार को, 'तपोद' (गर्म पानी के कुंड का तत्कालीन नाम) में नहाते समय कुछ विलंब हो गया। जब वे लौटे, तो बहिर्नगर के बत्तीसों द्वार बंद हो चुके थे। निरुपाय, उन्होंने वेणुवन मठ में भगवान बुद्ध के साथ रात्रियापन किया था।

बुद्धदेव से पूछा, "इस घटना के बाद ही बिंबिसार ने 'नया राजगृह' बसाया होगा ?"

बुद्धदेव ने हँसकर कहा, "जोर देकर कुछ भी नहीं कहा जा सकता। फाहियान लिखता है, बिंबिसार के पुत्र अजातशत्रु ने इसे बसाया और ह्यूएन च्यांग कहता है, बिंबिसार ने ही इस 'दुर्ग-नगर' का निर्माण किया।"

महिला-सहयात्री बोली, "दोनों ने मिल-जुलकर बनाया होगा।"

जो भी हो, इस कहानी से यह तो प्रमाणित ही हो जाता है कि पुराकाल से कुंड में लोग शाम को भी स्नान करते हैं।··· मैं बेकार डर रहा था।

महिला-सहयात्री की पुरानी आदत है, हर दुकान के साइन बोर्ड को सस्वर पढ़ती है–राह चलते।··· वेणुवन होटल ! उदयन होटल !! वाह की सुंदर नाम !

–तब तो, यहाँ कोई 'जीवक मेडिकल स्टोर' भी होना चाहिए ! है क्या ?

बुद्धदेव को यह नाम बहुत पसंद आया, "अभी तक तो नहीं है। जब कलियाकोर्मा की दुकानवाले 'वेणुवन' और 'उदयन' नाम रख सकते हैं तो 'सल्फा ड्रग' या सिर दर्द की गोलियाँ बेचनेवालों को यह नाम कभी-न-कभी जरूर सूझेगा। मुझे कोई मिला तो, सुझा दूँगा !"

बुद्धपत्नी बोली, "कौन जीवक ? आम-बागानवाला प्रसिद्ध राजवैद जीवक, जिसने देवदत्त द्वारा लुढ़काए पत्थर से घायल बुद्ध की जान बचाई थी अथवा राम-रावण युद्ध में मूर्च्छित राम की जिसने चिकित्सा की थी ?"··· नहीं महाशय, सुषेन नहीं। बौद्ध साहित्य जीवक का ही नाम लेता है।

मैंने पूछा, "आप किस राम की बात कर रही हैं ? जिसकी बहन सीता थी ? कौन रावण ? जिसने बुद्ध से धर्म पर वार्तालाप किया था ? कौन सीता ? जिसका जन्म मंदोदरी के गर्भ से हुआ था और जिसके पिता रावण ने ज्योतिषियों की भविष्यवाणी के भय से सोने की पिटारी में बंद करके जिसे मिथिला में गड़वा दिया था ?"

महिला-सहयात्री बोली, "छिः-छिः, कैसी बेबात की बात ?"

"छिः-छिः बेबात की बात मत कहिए। शास्त्रोक्त बातें हैं !"

हम कुंड-क्षेत्र में पहुँचे !

यह राजगिर का सबसे 'जीवंत' इलाका है, जिसको अंग्रेजी में कहते हैं—हम्मिंग विद एक्टिविटीज़ !

कुंड के पास ही एक छोटा-सा मार्केट बसाया गया है, हाल ही। 'नया राजगिर' की खुदाई हो रही है। पुरातत्त्व विभाग के कार्यकर्ताओं के कैंप में लताबाई की स्वरलहरी गूँज रही है—आ जा रे-ए-ए-ए !!

बाहर रोशनी की अच्छी व्यवस्था है। किंतु, उस दिन कुंडों के अंदर जलनेवाले बल्ब या तो खराब हो गए थे या चुरा लिए गए थे। 'स्नानागार' (सप्तधारा) में एक 'शून्य-शक्ति' का लट्टू भुकभुका रहा था।

नौमी को लेकर अथवा जूता पहनकर हम स्नानागार में झाँक भी नहीं सकते ? यहाँ पर स्वच्छंद विचरण करनेवाले, कटखने और घाववाले कुत्तों को कोई रोकता-टोकता नहीं।

स्नानागार में, ट्रस्ट, जिला अधिकारी तथा पंडा कमिटी की ओर से बहुत-सी 'वर्जना-वाणियों' की तख्तियाँ लटकी हुई हैं—यहाँ साबुन लगाना मना है। मिट्टी लाना मना है। फोटो लेना मना है।

इसके बावजूद गंदगी और गोलमाल ?

पाँचों धाराओं को ऊँची दीवार से बाँध दिया गया है। पाँचों धाराओं में संगमरमर के गोमुख लगे हुए हैं। प्रथम धारा से, जो प्रवेशद्वार के पास ही है, अधिक पानी गिरता है। इसके पास ही, ऊपर दीवार को फाड़कर एक छोटी-सी धारा निकली है। इस छोटी धारा के नीचे एक सज्जन मुँह बाकर शायद पानी पी रहे थे। पूछने पर मालूम हुआ—पायरिया की प्राकृतिक चिकित्सा कर रहे हैं।

धारा में हाथ डालकर जल का ताप मापा। जो सर्दियों में गर्म पानी से नहाते हैं, उनकी देह पहली बार ही इस ताप को सह लेगी। बहुत दिनों तक मैं भी इसी मुगालते में था कि आमाशय के रोगी यहाँ खिचड़ी का सामान लेकर आते हैं। तसले में चावल-दाल-घी डालकर धारा का जल डाल दिया और खिचड़ी तैयार ! एक बार, अपने एक दक्षिण भारतीय मित्र को मैंने लिखकर सलाह भी भेजी थी।

धारा में नहाने के बाद कुंड-स्नान !

फूल, बेलपत्र, दूर्वादल लेकर बैठे हुए माली और कुंड में नहानेवाले प्रत्येक यात्री से चिपकने की चेष्टा करनेवाले पंडे—आदमी पहचानते हैं। कौन स्वास्थ्य-कामी है और कौन पुण्यार्थी—यह पहचानना उतना कठिन नहीं।

कुंड के एक कोने में—छोटे से गर्भ-गृह में गणेश सहित कई देव-देवियों की प्रतिमाएँ विराजित हैं, जिन्हें मैं अंधकार में नहीं देख सका ! जब, नहाते हुए पंडाजी ने मुझे जरा उधर सरक चलने को कहा, तो मैं अकचकाया !

··· महिलाओं के लिए अलग कुंड है। तब, फिर यह महिला इस कुंड में क्यों

नहाने आई है ? पाँच हाथ से भी कम की परिधि में, गले-भर पानी में डूबे हुए–किलोल करनेवाले असभ्य पुरुषों के धक्के और बोली क्यों सह रही है ?

कुंड से निकलकर फिर धारा में नहाने का नियम है। कह नहीं सकता, यह नियम धार्मिक है या व्यावहारिक। तब, एक बात अपने अनुभव के बल पर कह सकता हूँ कि कुंड के बँधे हुए जल में नहाने के बाद खरस्रोता धारा के नीचे बैठकर नहा लेने से मन परम-पवित्र हो जाता है।

तत्काल फल मिला : देह-पिंजर के जोड़ की हड्डियों में अब दर्द नहीं। सिरदर्द, जो नहाने के पहले तक था, दूर हो गया। सर्दी के कारण बंद नासारंध्र–परिष्कार !!

डेरे पर पहुँचने के बाद फिर चाय पीने की इच्छा नहीं थी। किंतु कुंड में नहाने के बाद चाय पीने का नियम है, शायद।

महिला-सहयात्री पर मन प्रसन्न हो गया। मशहरी ले आई हैं। उन्हें दुःख है, झाडू लाना भूल गई।

··· पिछले साल डॉ. नर्मदेश्वर प्रसाद ने, राजगिर से लौटकर एक अद्‌भुत कहानी सुनाई थी। सिस्टर निवेदिता के एक जीवनी-लेखक ने उनकी राजगिर यात्रा पर थोड़ा-सा प्रकाश डाला है कि निवेदिता जब राजगिर आई तो एक पहाड़ी पर चुपचाप बैठकर उन्होंने कुछ देर तक 'हिस्ट्री को रिकंस्ट्रक्ट' (इतिहास से पुनर्परिचय ?) करने की चेष्टा की थी।

डॉक्टर नर्मदेश्वर कुंड की सीढ़ी पर इमली के पेड़ की छाया में बैठकर सामने विपुला और रतन-पहाड़ी को देख रहे थे और मन ही मन सोच रहे थे कि किस तरह निवेदिता ने 'हिस्ट्री को रिकंस्ट्रक्ट' किया होगा। किस युग में किधर से सड़क निकली होगी, सार्वजनिक आनंदोत्सव किन स्थानों में मनाए जाते होंगे···

इसी समय एक देहाती अधेड़ उनके पास आकर बैठ गया। कुछ देर तक चुप रहने के बाद उस व्यक्ति ने डॉक्टर प्रसाद से पूछा, "कहाँ आए हैं बाबू साहेब, राजगिर देखने ? अजी बाबू साहेब, आप लोग क्या राजगिर देखिएगा, राजगिर देखने आई थीं कभी सिस्टर निवेदिता··· "

डॉक्टर प्रसाद अवाक् ही नहीं, परेशान भी हुए ! वह व्यक्ति सीढ़ियों पर चढ़ता हुआ कुंड की ओर चला गया। बाद में उन्होंने उसको बहुत खोजा (अब भी जाते हैं तो खोजते हैं उसको !), वह नहीं मिला कभी।··· ठीक जिस समय निवेदिता की बात सोच रहा था मन में, उसी समय उस व्यक्ति का ऐसा कहना··· क्या कहा जाय ? सिर्फ, काकतालीय ?

मैं भी किसी अलौकिक अथवा अद्‌भुत घटना की प्रतीक्षा में था : यात्रा के शुरू से ही।

महिला-सहयात्री हड़बड़ाती हुई कहाँ से आ रही है ?

मेरा कलेजा धड़कने लगा। हुआ अब कुछ अलौकिक ! मैं जो कुछ भी सोच रहा हूँ, वही कुछ वह भी तो नहीं कहने आई है ?

"जानते हो, यहाँ अंडा कितना सस्ता है ? सिर्फ डेढ़ रुपए दर्जन ! और सहिजन

और इमली का तो यहाँ जंगल ही है।"

मैंने कहा, "की सुंदर !"

रात्रि भोजन के समय, आनेवाले कल के लिए प्रोग्राम बनाया गया। सबसे पहले प्रातःकाल कुंड-स्नान और सबसे अंत में कुंड-स्नान (साँझ में)...

अपनी सुविधा-असुविधा के अनुसार, प्रोग्राम में हेर-फेर की चेष्टा किसी ने नहीं की। यद्यपि, मुझे यह कहना था कि दोपहर को एक-डेढ़ घंटा सो लेने से उपकार ही होगा। और यह कि नालंदा के विहार में सूरज ढलने के कुछ पहले, गृद्धकूट पर्वत पर चाँदनी रात के प्रथम प्रहर में और सोन-भंडार की गुफाओं में दस बजे रात को मोमबत्ती (टार्च नहीं !) जलाकर जाने में जो सुख मिलेगा...

किंतु परदेश में कम खाना चाहिए, यह बात कौन किसे समझावे ? यहाँ का जल पत्थर को भी पचा सकता है, मानता हूँ। और यह भी जानता हूँ कि पत्थर को पचानेवाला जल अँतड़ी को भी सिद्ध कर दे सकता है।... कुंड में नहाते समय ही मैंने अनुभव किया था, स्नानार्थियों में--वात, लकवा, चर्म रोग से पीड़ित व्यक्तियों के अलावा--अधिकांश पेटू पांडे हैं। आवश्यकता से अधिक, पेट में ठूँस लेनेवाले भोजन-भट्टों को अंत में राजगिर-सेवन के सिवा और चारा नहीं, यहाँ पहुँचकर फिर 'ओवरलोडिंग !'

... सन् 1908 या 1911 ई. में राजगिर में दर्शनार्थियों की एक विशिष्ट टोली आई थी। उस दल के कुछ सदस्यों के नाम हैं--सिस्टर निवेदिता, रवींद्रनाथ ठाकुर, जगदीशचंद्र बसु, और यदुनाथ सरकार।

... जहाँ तक मुझे मालूम है, सिस्टर निवेदिता का एक लंबा लेख (राजगिर पर) उनकी किसी किताब में संकलित है। कवि ने किसी को एक लंबी चिट्ठी लिखी थी यहाँ से (संभवतः 'श्यामा' की रचना इस यात्रा के बाद ही हुई हो !), और यदुनाथ सरकार का 'मॉडर्न रिव्यू' (कलकत्ता) में एक निबंध प्रकाशित हुआ था। सुना है, तप्त कुंड के संबंध में जगदीशचंद्र बसु की राय--कवि के पत्र में ही है।

... किसी अच्छे ग्रंथागार में बैठकर--मॉडर्न रिव्यू, 'प्रवासी' और 'विश्व भारती' आदि पत्रिकाओं की पुरानी फाइलों पर परिश्रम करने से सभी सामग्रियाँ उपलब्ध हो सकती हैं। राजगिर-नालंदा-साहित्य में दिलचस्पी रखनेवालों का ध्यान आकर्षित करने के लिए किसी दैनिक पत्र के 'संपादक के नाम पत्र' प्रकाशित करवाना अच्छा होगा ! हिंदी में कोई गाइड बुक भी नहीं।

... प्रातःकाल कुंड में स्नान करने के बाद, कुंड-मार्केट से कुछ यात्रियोपयोगी सामान खरीदने गया तो, फिर अचरज में पड़ा। दुकानदार ने दो मिनट में ही यहाँ के जलवायु से लेकर प्राचीन इतिहास और वर्तमान अवस्था की झाँकी दिखला दी। उन्होंने टूरिस्ट सर्विस रोजगार की सेवाओं की चर्चा की (इस संस्था के सेक्रेटरी की हैसियत से) और कृपापूर्वक टूरिस्ट सर्विस का एक अंग्रेजी पर्चा भी दिया।

मैंने पूछा, "हिंदी में टूरिस्ट सर्विस का कोई पर्चा नहीं ?"

उन्होंने गंभीर होकर कहा, "और साहब, यह रोमांटिक जगह भी है। माने,

यहाँ भी ऐसे स्पाट हैं, ऐसे निभृत-निकुंज, मनोरम 'कूजी'··· मेरा दावा है कि नैनीताल और मंसूरी में भी ऐसे स्पाट्स नहीं। एक-से-एक स्कैंडल प्वाइंट्स !"

उन्होंने अंग्रेजी में मेरा नाम पूछा। मैंने, अपने पूरे नाम के प्रत्येक 'ण' और 'र' का स्पष्ट उच्चारण करके सुना दिया। नाम सुनकर उन्होंने पूछा, "आप साउथ इंडियन हैं ?"

फिर रोमांटिक स्थानों की रोमांचक लोमहर्षक और लुभावनी बातें शुरू हुईं—कोई लिखनेवाला हो तो दिन में दर्जनों 'लव स्टोरी' यहाँ लिख सकता है।··· जी, मैं तो सिर्फ जर्नलिस्ट हूँ।

दिन के प्रकाश में इस सार्वजनिक सर्व-रोग-पापहर स्नानागार का सही रूप देखने को मिला। एक ओर महिलाएँ नहा रही थीं। ऊपर मंदिर के छज्जे पर खड़े कुछ लोग उन्हें टकटकी लगाकर देख रहे थे। उन लोगों के साथ स्थानीय किसी मठ का एक (चीनी या जापानी !) रंगीन भिक्षु भी था, जो अपलक दृष्टि से देखता ही नहीं—बीच-बीच में उत्तेजित होकर कुछ बोलता और अश्लील इशारे भी करता था।

रात को अँधेरे कुंड में पुरुषों के साथ नहानेवाली महिला सुबह भी नहा रही थी, उसी तरह हँस रही थी, देह मल रही थी और जाग्रत देवता का नाम ले रही थी।···

कोख-मर्दन का स्थान मर्दकुक्षि··· नौमी गुर्राई··· यह कौन आकर बैठ गई मेरे सामने ?

असंतोष और अतृप्ति की साकार प्रतिमा !

मैं गाइड बुक में डूब गया।

सामने बैठी प्रतिमा अपने-आप बड़बड़ाने लगी, "तुम्हीं मौज में हो। सुख से हो !"

किससे कह रही है ? मुझसे या नौमी से ?

किसी से नहीं। वह अपने से ही कह रही है, और नहीं तो क्या ?··· "भगवान, मैं यदि जानती कि पेट में साँप पल रहा है ! साँप का बच्चा ! जब से जन्म लिया—बाप को जकड़े हुए है। रक्त चूस रहा है। दस वर्ष हुए—देह में हाड़ ही नहीं। मुँह में बोली कहाँ से आएगी ! साँप भी बोलता है, भला ! और उसका अभागा बाप ? जिस दिन से इस पितृहंता का जन्म हुआ है—घर-गृहस्थी, सगे-संबंधी की बात तो दूर, वह मुझे भी भूल गया है। उसे उम्मीद है कि उसका बेटा एक दिन उठकर खड़ा होगा—हा-हा—चलेगा—हा-हा—दौड़ेगा—हा-हा—फुटबाल खेलेगा—हा-हा ··· भगवान ! मुक्ति दो। इस भले आदमी को मुक्ति दिला दो। सुबह-शाम प्रार्थना करती हूँ—बेचारे को साँप की लपेट से छुड़ा लो प्रभु !··· दुश्मन ! यदि जानती कि तू बाप को जिंदा चबाने के लिए मेरे कोख में आया है तो गरम पत्थर से पेट सेंककर··· सभी मौज में हैं, सुख भोग रहे हैं। एक वही बेचारा इस अपंग

जानवर के पीछे सबकुछ··· ”

वह रोने लगी, बिलखकर !

··· तो, वह अपंग लड़का इसी महिला का है जिसे उसका बाप एक धारा से दूसरी धारा के पास–अपनी तलहथी पर रखकर ढोता फिरता है ! मैंने देखा है, इस महिला के पति को, गुमसुम-उदास किंतु जिसके मन में अटूट विश्वास है।

महिला रोती हुई चली गई।

उसी समय गाइड बुक में मैंने जो कुछ पढ़ा–उसे क्या कहें ? काकतालीय ?··· यहीं, पास ही–गृद्धकूट की तलहटी में 'मर्दकुक्षि' नामक स्थान है, जहाँ बुद्ध, अपने आत्मीय देवदत्त के द्वारा लुढ़काए पत्थर से घायल हुए थे।··· मर्दकुक्षि नाम के पीछे एक ऐतिहासिक 'किस्सा' है। कहते हैं, जब राजा बिंबिसार की रानी को यह पता चला कि उसके पेट में पितृहंता (अजातशत्रु !) पल रहा है तब इसी स्थान पर 'कोखमर्दन' करवाकर अजन्मे बालक से पिंड छुड़ाने की चेष्टा की थी।

महामाया ! यह मैंने, तुम्हारा कौन-सा रूप देखा आज ?

महिला-सहयात्री ने बक्स से मेरा कैमरा निकाल दिया।

मैंने पूछा, "और मेरी मोटीवाली डायरी ?"

"वह भी है। यह लीजिए।"

"डायरी नहीं, यह तो 'सिद्ध साहित्य' है।"

"जो है, यही है। बस।"

मेरा माथा गर्म हो गया, "सिद्ध-साहित्य क्या होगा ?" महिला-सहयात्री इमली चुनने चली गई।

··· फिर काकतालीय व्यापार ?

–'चलो रे मन, गंगा-यमुना तीर !' स्वर्गीय पलुस्कर का गीत आकाशवाणी के किसी केंद्र से प्रसारित हो रहा था–'गंगा-यमुना निर्मल पानी, शीतल होत शरीर। चलो रे मन··· '

गंगा-यमुना तीर नहीं। चलो रे मन–नाला, नालक ग्राम !

राजगिर से नालंदा की दूरी–पालिग्रंथों के अनुसार एक योजन और संस्कृत साहित्य (बौद्ध) के मुताबिक आध योजन है। पिछले साल तक यह–राजगिर से सात माइल उत्तर था। और इस वर्ष··· 7 माइल कितने किलोमीटर हुए ?

··· पता नहीं हम कहाँ जा रहे हैं–नाला ? नालक ? नालक ग्राम ? नालंद ? नालंदा ?

··· हम उदंतपुरी तो नहीं जा रहे ? उदंतपुरी विहार नालंदा के पास ही था।

··· जोर देकर, अधिकारपूर्वक, कुछ नहीं कहा जा सकता।

बुद्धदेव ने ब्रेक लिया। गाड़ी एक धक्का देकर रुकी। कुत्ते का दुबला-पतला रोगी बच्चा बाल-बाल बच गया।

विहार अथवा म्यूजियम के अंदर नौमी को ले जाने की अनुमति मिलेगी तो ?

कल बुद्धदेव ने सिलाव 'बाइ-पास' से गाड़ी निकाल ली थी। आज हम सिलाव गाँव के बीच से निकलेंगे।··· सड़क के दोनों ओर 'खाजा' की दुकानें। हर दुकान में 'सिलाव का असली खाजा' मिलता है।··· असली खाजा ! गर्द-गुबार, धूल और मक्खियों के बावजूद जिसके स्वाद में कोई फर्क नहीं पड़ता। जितना बासी हो, उतना ही ताजा समझा जाता है।

हमने ताजा खाजा लिया।

नालंदा स्टेशन पर आज का ताजा अखबार मिला।

मैं अखबार को एक सरसरी निगाह से देख रहा था।··· फिर, अलौकिक कांड ? ··· नालंदा म्यूजियम से फिर मूर्तियों की चोरी ?

'नालंदा म्यूजियम से मूल्यवान सामग्री की चोरी हो गई'

सात महीने के अंदर यह दूसरी बार चोरी ? पुलिस पता लगाने में असमर्थ ? ··· कांस्य की अलभ्य बुद्ध मूर्तियाँ !

–की सुंदर ?

पालि इंस्टिच्यूट को देखकर यह मंतव्य प्रकट किया गया या मूर्तियों की चोरी का संवाद सुनकर ?

गाड़ी आगे बढ़ी। अखबार की यह खबर तुरत ही–डेढ़ मिनट में ही–इतिहास की बात हो गई। मैं बहुत ही देर तक 'स्टेच्यू-स्मगलर' का हिंदी शब्दार्थ ढूँढ़ता रहा··· मूरत चोर ? प्रतिमा तस्कर ?

··· इन प्यारे भाइयों से और दो दिन नहीं रहा गया ? हमें देख लेने देते, तब फिर ठिकाने लगाते।

म्यूजियम के दरबानों ने नौमी को पुलिस का चोर पकड़नेवाला कुत्ता समझा। इसलिए, नौमी जब उन्हें बारी-बारी से सूँघने लगी तो वे आँखें मूँदकर पत्थर की मूर्ति की तरह खड़े रहे।··· आज सुबह को ही पुलिस का कुत्ता एक दरबान को पकड़ चुका है। अब न जाने किसकी बारी हो।···

कांस्य मूर्तियों की सूनी वेदियाँ ! सूना कक्ष !

जो मूर्तियाँ अब तक चोरी नहीं हुई हैं–उन्हें अधिकारियों ने इस कक्ष से 'अपसारित' कर दिया है। हमने जानने की चेष्टा की–कौन-कौन मूर्तियों को चोर ले गए ? कुछ पता नहीं चला। बची हुई मूर्तियों को देखते रहे और अनेक विचार मन में घुमड़ते रहे।

तंत्रयान का गढ़ (केंद्र !) नालंदा महाविहार !

जहाँ ये मूर्तियाँ पूजी जाती थीं–गढ़ी जाती थीं। गढ़ना सिखलाया जाता था। संभवतः जहाँ मूर्तियों का गोदाम भी हो। पुराने यात्रियों में से किसी ने इसको 'मूर्ति उत्पादन केंद्र' भी कहा है।

हम विहार के द्वार पर आए।

द्वारपाल हमें देखकर मुस्कुराया। लगा, अब वह अपनी प्रश्नावली शुरू करेगा!

ह्यूएन च्यांग ने नालंदा महाविहार की गतिविधि के संबंध में लिखते हुए कहा है, "अन्य मतावलंबी विद्वान, जो शास्त्रार्थ करने के लिए अंदर जाना चाहते, द्वारपाल उनसे कई कठिन प्रश्न करता था। अधिकांश प्रवेशार्थी उत्तर नहीं दे सकते और उन्हें निराश होकर लौटना पड़ता।··· "

द्वारपाल ने हमसे सिर्फ एक प्रश्न पूछा, "बाबूजी, कुत्ता काटता तो नहीं ?"

प्रवेशार्थियों की ओर से कहा गया, "अकारण ही कभी नहीं।"

यह सुनकर द्वाररक्षक ने हमारा सहर्ष स्वागत किया।

बुद्धदेव यहाँ कई बार आ चुके हैं। हम उनके पीछे-पीछे चले। द्वारपालजी ने हमें पीछे से पुकारा, "सुनिएगा ! ठहरिए, जरा मैं आ रहा हूँ।"

··· तो, द्वारपालजी ही गाइड का काम करते हैं ! वे हमारे दल के आगे-आगे चले। भला आदमी जरा-सा तुतलाता है और शुद्ध हिंदी बोलने की चेष्टा करते समय, लिंग संबंधी गलती न हो—इसका जरा अधिक ध्यान रखता है। अंग्रेजी शब्दों का जी खोलकर व्यवहार करता है और किसी भी चीज को सबसे पहले 'अथि' कहता है—यह 'अथि' जो देख रहे हैं न सो देखने में तो 'अथि' के ऐसा लगता है। मगर, असल में यह 'अथि' नहीं है।··· पढ़ते-पढ़ते जब 'इश्टूडंट' को नींद लगने लगती थी तो यहीं, इस 'पिलाटफारम' पर 'गते-गते' सो जाता था !

··· अब, इधर देखिए जरा। एक्सकेवेशन जब हुए तो पता चला कि इसके 'लेयर' में भी एक पिलाटफारम है। जब पिलाटफारम का एक्सकेवेशन हुआ तो मालूम हुआ कि इसके नीचे भी कमरे हैं !···

मैं अपने 'झंझटियल' (कंप्लिकेटेड) कैमरे में उलझा हुआ था। इससे तो अच्छा हमारा—बचपन का—पुराना बेबी बॉक्स कैमरा ही था। विश्वासपूर्वक, बेखटक, फटाफट बटन दबाता जाता। और, विउफाइंडर में देखी हुई सैकड़े पंचानबे छवि, फिल्म पर हू-ब-हू उतरती थी।

··· अचानक, महापंडित राहुलजी की याद न जाने कैसे—उस समय आ गई; खंडहर के कोने-कोने में जमी उदासी—मानो प्राण पर छा गई।

उधर, द्वारपाल कह रहा था "गुप्ता पेरियट के 'डिजैन' में एक खास बात है कि गंथाई 'धनुष के आकार की मेहराबदार' होती थी। यह देखिए, 'गुप्ता पेरियट' का 'डिजैन' !··· "

टोली से बिछुड़कर एक भग्न प्राचीर की छाया में जा बैठा। अब दल के लोग मुझे जो कहें, मैं यहाँ थोड़ी देर बैठूँगा।

द्वारपालजी का कथन है, इसके 'मेन गेट' का अब तक पता ही नहीं लगा है कि किधर था और किस 'डिजैन' का था।

भारत सरकार के पुरातत्त्व विभाग की पुस्तिका (गाइड बुक ?) खोलकर देखा, मैं मोनेस्टरी साइट (?) में—मठवासियों की कोठरियों के सामने बरामदे पर बैठा

हूँ।

··· इन्हीं कोठरियों में से किसी एक में नागार्जुन रहते होंगे। किसी में शीलभद्र, आर्यदेव, आसंग, वसुबंधु, धर्मपाल, पद्मसंभव।

··· शून्यवाद का प्रारंभिक चिंतन; मध्यमकारिका की रचना–इन्हीं कोठरियों की कृपा है।

··· और, कालांतर में मंजूश्रीमूल कल्प की प्रयोगशाला ?

··· स्वामी विवेकानंद के पत्रों का अनुवाद करते समय एक पत्र की पंक्तियों को कई बार अनुवाद करना पड़ा। इसलिए, याद हो गई हैं और इस समय मेरी आँखों के सामने स्पष्ट अंकित हो रही हैं··· "हमारे यहाँ अभी तक जो तंत्र प्रचलित हैं–मेरा विश्वास है–इनके 'आदि स्रष्टा' बौद्धगण ही हैं। इन तंत्रों में व्यभिचार को अतिमात्रा में प्रश्रय मिला था।··· जिस प्रकार संन्यासीगण शंकर को–बाउल, चैतन्य महाप्रभु को–व्यभिचारी, सुरापायी तथा नाना प्रकार के जघन्य आचरणकारी कहते हैं, उसी तरह आधुनिक (मॉडर्न) तांत्रिक बौद्धगण-बुद्धदेव को घोर पापाचारी कहते हैं, और प्रजापारमितोक्त तत्त्वगाथा के सुंदर-सुंदर वाक्य की कुत्सित व्याख्या करते हैं।···

"··· पाषंड ! पाषंड !! जो उनके धर्म को नहीं जानते उन्हें वे पाषंड कहते। 'पाषंड' बौद्धों की बहुत पुरानी गाली है। तब भी एक बात है, बेचारों ने कभी तलवार नहीं उठाई !··· तर्क से–वेद उड़ा। किंतु, तुम्हारे धर्म का प्रमाण ?–वही पुराना जवाब, विश्वास करो ! जो सभी धर्मों की टेक है।··· दुनिया में दुख है। भागो-भागो–क्यों भागूँ ? सुख क्या एकदम नहीं ? दुख है तो है !··· बुद्धदेव मेरे इष्ट हैं, मेरे ईश्वर हैं। वे ईश्वरवाद में विश्वास नहीं करते–वे स्वयं ईश्वर हैं। किंतु 'इति' करने की शक्ति किसी में नहीं। ईश्वर में भी–अपने को सीमाबद्ध करने की शक्ति नहीं।··· "

मोक्षदेव (ह्यूएन च्यांग नालंदा का विहारवाला नाम !) कहता है–यहाँ हेतुविद्या (लॉजिक), शब्दविद्या (व्याकरण) और चिकित्साविद्या के अलावा अथर्ववेद की भी पढ़ाई होती थी। अथर्ववेद ? मंत्र-तंत्र, जादू-टोना का कोष ?

मैंने प्रस्ताव किया, अब कहीं बैठकर चाय पी ली जाए। थरमस हल्का हो जाएगा। चाय के पहले, सिलाव के खाजा की चंगेरी खुली।

··· सचमुच ! प्रशंसनीय पदार्थ है। बगैर खाए जिसके स्वाद की कोई कल्पना ही नहीं की जा सकती। एक पर्त के बाद दूसरा स्तर, दूसरे के बाद तीसरा, चौथा, पाँचवाँ, छठा, सातवाँ। सात 'लेयर'। और प्रत्येक पर्त में समान रूप से रस, गंध।

··· नालंदा के भग्न महाविहार का प्रतीक यह मिष्टान्न–सिलाव का खाजा–चीन, जापान, अमरीका, रूस–कहीं ले जाइए–हमेशा ताजा !!

मुख्य चैत्य–3 के ऊँचे बुर्ज के पास–दोनों चौमुख-गुंबदों में बाँस की बल्लियाँ बँधी हुई थीं। मरम्मत कर रहे हैं ?··· संस्कार ?

द्वारपालजी बोले–"जी, मरम्मत नहीं। यहाँ भला मरम्मत ? गुंबदों में जो मूर्तियाँ

बनी हुई हैं वे मिट्टी की हैं। बीच-बीच में 'लोनी' लग जाती है। उसी को मथुरा के मसाले से साफ किया जा रहा है !"

इतिहासकारों का कथन है, इस महाविहार में कम-से-कम एक बार तो जरूर आग लगी थी।··· बख्तियार खिलजी के लूटने-जलाने की कहानी, मुस्लिम इतिहासकार मिनहास ने विस्तारपूर्वक कही है। पर एक बार हिंदुओं के द्वारा भी 'अग्नि-संयोग' की सूचना मिलती है—विद्याभूषण के 'हिस्ट्री ऑफ इंडियन लॉजिक' में।

'तुर्कों की चढ़ाई के बाद इसके मंदिरों और चैत्यों को मुदितभद्र नामक महात्मा ने फिर से बनवाया। इसके बाद मगध राज्य के मंत्री कुक्कुटसिद्ध ने नालंदा का पुनर्निर्माण किया। महाविहार में फिर से नई जान आई।··· एक बार जब महाविहार में कोई धार्मिक अनुष्ठान हो रहा था—दो ब्राह्मण तीर्थिक क्रोधी योगी यहाँ आए ! कई नटखट नवयाचकों (नॉविस मौंक्स) ने इनके ऊपर मखौल में शौचजल डाल दिया। दोनों योगी बहुत क्रुद्ध हुए। उन्होंने बारह वर्षों तक सूर्य की उपासना करने के बाद यहाँ एक यज्ञ का अनुष्ठान किया। और 'हवन कुंड' से अंगारे निकालकर बौद्धविहारों, चैत्यों में डाल आए। भीषण आग सुलगी और उसी आग में नालंदा के ग्रंथागारों में प्रमुख 'रत्नोदधि' जलकर भस्म हो गया··· '

··· सवाल उठता है, जब हवन-कुंड की आग से ही 'अग्नि-संयोग' करना था तो योगियों ने व्यर्थ बारह वर्षों तक सूर्य की कठोर उपासना क्यों की ?··· बारह वर्षों तक 'जनमत' तैयार करके आग बटोरी होगी योगियों ने ? अथवा—योगबल ?

नौमी जब से आई है, सिर्फ सूँघ रही है। बेचैन है, कोने-कोने में नाक लगाकर कुछ सूँघती है—दौड़ती है किसी सूत्र को पकड़कर। घ्राणसूत्र जहाँ टूट जाता है, वहाँ चक्कर काटने लगती है, इधर-उधर खोजती है। शून्य में सूँघती है। अपने 'सिक्सथ सेंस' से किसी अदृश्य आत्मा की उपस्थिति का अनुभव कर रही है ? एक बार गुर्राई भी !···

हमें बताया गया, हम जहाँ खड़े हैं वह 'गोर स्थल' है।

बुद्धदेव की पत्नी को भूत-प्रेत पर अगाध विश्वास है। उसको तनिक सचेत कर दूँ तो वह इन खंडहरों में अट्टहास भी सुन सकती है।··· हा-हा-हा-हा-हा-हा-हा !!

द्वारपालजी ने कहा, "साढ़े पाँच बजे बंद होने का समय है !"

द्वारपाल—गाइडजी को (अर्थपूर्ण) धन्यवाद देकर हम बाहर निकल आए।

मैं न जाने कब से शंभूनाथ भाई की यह प्रसिद्ध पंक्ति मन-ही-मन गुनगुनाता रहा था :

'समय की शिला पर मधुर चित्र कितने
किसी ने बनाए किसी ने मिटाए।'

"तो, दादा ! चाँदनी रात के प्रथम प्रहर में ही गृद्धकूट पर्वत पर चढ़िएगा ?"

"हाँ भाई।"

"और, दस बजे सोन-भंडार के गुफाओं में ?"

महिलाओं और बच्चों की ओर से आपत्ति प्रकट की गई। "और आज नहाना नहीं होगा कुंड में ?"

"सब होगा।"

हम सब राजगिर-कुंड-मार्केट के पास पहुँचे तो रोशनी जल चुकी थी।

··· द्वादशी-शुक्ल का चाँद पहाड़ी के ऊपर ?

··· की सुंदर !

कुंड-मार्केट से सचमुच मोमबत्तियाँ ले आया, यह देखकर दल के कई सदस्य यहाँ नहाने के लिए उतर गए।

हमारी गाड़ी आगे बढ़ती गई—बहिर्नगर की अदृश्य दीवार को पार कर अंतर्नगर में। दाहिनी ओर 'मनियारमठ' को छोड़कर हम 'बिंबिसार की जेल' के पास पहुँचे। इन स्थानों को, चाँद की 'आलो-छाया' में गाड़ी में बैठकर ही देखा। अंतर्नगर के दक्षिणी द्वार के पास आकर हम पूरब की ओर मुड़े।···

भाई सी. एस. पी. सिन्हा ने ठीक ही कहा था !···

'जीवक आम्रवन' में हम पहुँचे तब चाँद गृद्धकूट पर्वत से और भी ऊपर उठ गया था !··· चाँदनी रात में इस तरह आसपास बैठकर रवींद्र संगीत गानेवाली जोड़ी के पास ही गाड़ी रोककर, बुद्धदेव ने अच्छा किया या बुरा ?

देखा, यहाँ 'मर्दकुक्षि' में—गृद्धकूट की तलहटी में—कई गाड़ियाँ (सब कलकत्ते की !) पार्क की हुई हैं !

हमारी टोली बिंबिसार-पथ पर चढ़ने लगी।···

··· लगा, हजारों मजदूरों के साथ मैं भी पत्थर ढोता हुआ गृद्धकूट पर्वत पर चढ़ रहा हूँ !

··· हमारे दल के कई सदस्य गाड़ी में ही रह गए। नौमी भी ! वह जोर-जोर से भूँक रही है। वह हमारे साथ आना चाहती थी।

··· जीवक के आम्रवन में ही शुभादेवी की कथा याद आई।

··· शुभ या सुभा ? अग्रश्राविकाओं में एक विशिष्ट भिक्षुणी—जो वैद्यराज जीवक के आम्रवन में रहती थी और जिसने छुरी से अपनी आँखें निकालकर, एक लंपट को पाप-पथ से पुण्य-पथ की ओर लौटाया था।

मेरे मन में शुरू से ही पाप समाया हुआ है शायद ! नहीं तो, गृद्धकूट पर्वत पर चढ़कर—अग्रश्राविकाओं की ही याद क्यों आती रही—बहुत देर तक ?··· उत्पलवर्णा, ऋषिदासी, आम्रपाली और अर्धकाशी !

उतरते समय हम सभी चुप थे। सिर्फ, एक चिड़िया रह-रहकर कचपचा उठती थी।··· मर्दकुक्षि-क्षेत्र में, पत्थर तोड़नेवाले मजदूरों ने ढोल-झाँझ या तसला-थाली पर फगुआ गीत शुरू कर दिया था।

मोमबत्ती जलाकर सोन-भंडार की पच्छिमी गुफा में प्रवेश किया।

सोन-भंडार या स्वर्ण-भंडार ? दक्षिणी दीवार पर जैन तीर्थंकरों की छोटी-छोटी मूर्तियाँ अंकित हैं ? कनिंघम ने इन्हें पहली बार देखा था और पहले 'पिप्पला गुफा' माना; फिर 'सप्तपर्णी गुफा' कहा। कनिंघम के सहायक बेगलर ने इन गुफाओं को बुद्ध और आनंद की गुफाओं के रूप में पहचाना। किंतु पच्छिमी दीवार पर खुदी शिलालिपि (निर्वाण लाभाय तपस्वी-योगये सुभे गुहे··· इत्यादि) को पढ़ने के बाद इसमें संदेह नहीं रह गया कि उन्हें किसी जैन-तपस्वी ने निर्वाणलाभ के लिए बनवाया था।

··· फिर, जरासंध के स्वर्ण-भंडार की अलौकिक कहानियाँ अपनी जगह पर हैं।

पूर्वी गुफा की छत गिर गई है। इस गुफा से एक नेवला निकलकर हमें अचरज से देखता रहा, कुछ क्षण। नौमी जंजीर छुड़ाकर झपटी। बहुत देर तक हम नौमी को पुकारते रहे। हमारी बोली पहाड़ियों में गूँजी। 'रणभूमि' की ओर से आते हुए कमकरों की टोली का एक युवक बोला, "ले बलैया ! कोनो लड़की जंगलवा में हेरा गेल हो, लगैत है !"

··· नेवले की बात पर साँप की बात निकली। साँप की बात करते समय ख्याल हुआ—हम 'मनियारमठ' के बहुत ही निकट हैं, जहाँ साँप की पूजा होती थी। महाभारत के अनुसार राजगृह में 'मणिनाग' निवास करते थे। मनियारमठ की दीवारों पर अंकित 'नाग-नागिनों' (मनुष्याकृति !) की मूर्तियों के नीचे कहीं 'मणिनाग' भी लिखा हुआ है। मिट्टी के बहुत सारे बर्तन सौ मुँहवाले घड़ों के साथ अन्य प्राप्त वस्तुओं को देख-परखकर यह बात मान ली गई है कि यह स्थान कभी सर्प-पूजा का केंद्र अवश्य था।

"साँप तुम सभ्य तो नहीं हुए, नगर में बसना भी नहीं सीखा !"

मनियारमठ में इस समय जाने के लिए कोई तैयार नहीं हुआ। इसलिए, हम 'रणभूमि' की ओर चले। रणभूमि जिसका एक नाम 'अखाड़ा' भी है। कुछ दूर पैदल चलकर हम तार से घिरी हुई जगह में पहुँचे। तख्ती पर पढ़ा, यहाँ अट्ठाईस दिनों तक लड़ाई हुई थी।

··· अतुल बल प्राप्ति के लिए लोग यहाँ की मिट्टी अपनी देह में मलते हैं। ··· इतनी मुलायम मिट्टी, उजली मिट्टी पहले कहीं नहीं देखी थी। दल के एक किशोर ने मिट्टी चखकर कहा, "मीठी है, ठीक ग्लुकोज जैसी !"

दस बजे रात में भी कुंड-स्नान चल रहा है !

मैं फिर इमली के पेड़ के नीचे जा बैठा। पास ही कुछ लोग बैठकर, 'राजगिर-महात्म्य' कह-सुन रहे थे।

बात जब 'मखदुम कुंड' के संबंध में होने लगी, तब मेरी इच्छा हुई कि एक

'गप' अपनी ओर से भी चला दूँ। मैंने कहा, "एक बार मखदुम शाह शर्फुद्दीन नामक एक मुसलमान योगी इस कुंड में नहाने आए। हिंदू, जैन, बौद्ध सभी धर्म के योगियों ने मिलकर विरोध प्रकट किया। तब मखदुम योगी ने कहा, 'रखो अपना गर्म कुंड, अपने पास। चाहूँ तो ऐसे-ऐसे गर्म पानी के हजार कुंड चुटकी बजाकर बना दूँ।' सभी हँसे–'हजारों नहीं, पहले एक ही बनाओ मियाँ साहब!' बस, मखदुम योगी ने सामनेवाली पहाड़ी में एक जगह चिमटा मारा और गर्म पानी की धारा कलकल करती हुई फूट पड़ी··· ।'

इस कहानी को और भी रोमांचक और दिलचस्प बनाया जा सकता है, यह मुझे बाद में मालूम हुआ। सीढ़ी के पास लेटे हुए वृद्ध ने मेरी कहानी को अधूरा कहा और इस तरह पूरी की, "जब गर्म पानी की धारा निकली तो ऐसी-वैसी नहीं–एकदम खौलता हुआ पानी। पानी जिधर से बहता, पत्थर जल जाते। पेड़ झुलसने लगे। धरती सूखने लगी। हाहाकार मच गया। तब, सभी लोगों ने–हिंदू, मुसलमान, क्रिस्तान–सबने मिलकर मखदुम फकीर से 'अर्जी की··· ।"

राजगिर में, हर रात कोई-न-कोई स्वप्न अवश्य देखा।

यों, छोटे-मोटे अथवा असंलग्न सपने अनेक आए। जैसे–पत्थरों की दीवारों को कँपाती हुई किसी की कातर वाणी पहाड़ियों में प्रतिध्वनित हो रही है–बेटा, अजातशत्रु ! इस राह से बुद्ध जाएँगे··· मुझे एक बार, बस एक बार, एक झलक देखने दे !

··· राजा गृद्धकूट पर जाएँगे भगवान से मिलने। हजारों मजदूर जंगल-पहाड़ को काटकर सड़क बना रहे हैं ! राजा पहाड़ की चोटी पर पत्थर का घर बनवा रहे हैं। हम मजदूर बड़ी-बड़ी चट्टानों को ढोकर पहाड़ की चोटी पर ले जा रहे हैं। छाती पर पत्थर !··· एक राजा साँप के भय से भागा हुआ आया–वह हर तरफ साँप ही साँप देखता है। एक भिक्षु उनसे कहता है, कोई भय नहीं। सब दूर हो जाएँगे, तू मेरी शरण में आ !

संक्षेप में कहूँ, फिर भी दो सपने की बात कहे बिना यह यात्रा-कथा पूरी नहीं होगी। पहला सपना–

मैं नालंदा-विश्वविद्यालय का एक मुंडित-मस्तक नया विद्यार्थी हूँ।

आचार्यों और मठाधीशों के कठोर अनुशासन में–महाविहार में मेरा युवक तन-मन उचाट हो गया है। मैं असंतुष्ट हूँ यहाँ के वातावरण से। भिक्षुणियों और महा-मुद्राओं की गदराई हुई देह देखकर–सभी सूत्र भूल जाता हूँ। गुरु-देवताओं की तरह आनंदमय जीवन बिताने के लिए अभी वर्षों कठोर परिश्रम और प्राणांतक परीक्षाएँ पार करनी होंगी।··· दो हिंदू युवक-वेदांती आए हैं। सारे विहार में कोलाहल है–दोनों हिंदू-योगियों ने द्वारपाल के कठिन से कठिन प्रश्नों का उत्तर एक ही शब्द में दे दिया। रह-रहकर महाविहार में उनका हुंकार गूँज रहा है–शिवोऽहं !! एक मूर्ति को देखकर दोनों

ही क्रोध से पागल हो गए–किसने कल्पना की है ऐसी ? शिव और पार्वती को पदमर्दित करने की हिम्मत ?··· आचार्यों ने ललकारा–शास्त्रार्थ करो ! शुरू हुआ शास्त्रार्थ। रोज-रोज शास्त्रार्थ ! दे दोनों रोज ही बाजी मार रहे हैं। मैं खुश हूँ। विद्यार्थियों को हराने के बाद आचार्यों की बारी आई। उन्होंने आचार्यों को भी परास्त करना शुरू किया। सारे महाविहार पर दोनों योगी छा रहे हैं। विद्यार्थीगण प्रभावित हो रहे हैं। भिक्षुणियों और महा-मुद्राओं ने उन दोनों की ओर प्रशंसा भरी दृष्टि से देखा।··· तब, एक शाम को मेरी ही कोठरी के पास रहनेवाले दो दुष्ट विद्यार्थियों को आचार्यों ने बुलाया। मैं छिपकर सबकुछ सुन रहा हूँ। आचार्य कहते हैं, "तुम दोनों की 'दुष्ट-सरस्वती' भी मंद पड़ गई है, क्यों ? इन 'पाषंडों' को किसी तरह यहाँ से 'टहला' नहीं सकते ?"

दुष्ट-सरस्वती के पुजारियों ने कहा, "बस, कल प्रातःकाल ही।"

सुबह, गलियारे में कोलाहल ! दोनों योगी गलियारे में खड़े ऊपर की ओर देख रहे हैं। ऊपर, छज्जे पर खड़े दोनों चंचलमति विद्यार्थियों ने कहा, "आप शिव हैं, तो लीजिए यह तीर्थजल !··· किंतु, आश्चर्य ! जल नीचे नहीं गिरा। उनकी देह के पास पहुँचते ही अग्नि की लपट !··· आग उड़ रही है, चारों ओर ! आग के बादल !··· इसे कोई नहीं रोक सकता–इस अग्नि-घूर्णि-चक्र को।··· स्वाहा !!

इस स्वप्न के बाद, सुबह तन का ताप मापकर देखा–101° !

अब दूसरा स्वप्न–

मैं किसी संग्रहालय का क्युरेटर या डायरेक्टर अथवा··· न जाने क्या हूँ। लेकिन, हूँ कोई उच्च अधिकारी ही।

··· रात को संग्रहालय का निःशस्त्र दरबान आकर मेरा दरवाजा पीट रहा है, "हुजूर। उठिए।"

मैं हड़बड़ाकर दरवाजा खोलता हूँ, "क्या है ?"

डर के मारे उसकी बोली स्पष्ट नहीं निकल रही, मानो जीभ बँधी हुई हो। "हुजूर, मु-मु-मुर्तियाँ··· इश्टैचू सब··· !!!"

"क्या, चोर ?"

"जी नहीं, इस्टैचुआ सब भागल जात बा···।"

"क्या बकता है। जरूर चोर आए हैं। लो, मेरी बंदूक। आगे बढ़ो। चलो, देखें !"

दरबान बोला, "हुजूर, पहले तो हमहुँ यही समझे कि ससुरा चोर-चुहाड़ है। मगर, करीब जाके देखली तो देखा कि इश्टैचुआ सब अपने-आप घसकल जात है-गते-गते।'

मैं उसके हाथ से बंदूक लेकर दुश्मन की ताक में सतर्क सिपाही की तरह चारों ओर देखता हुआ आगे बढ़ा। लॉन के पास पहुँचकर एक हिलती-डुलती छाया

पर दृष्टि पड़ी। निशाना लेकर चिल्लाया, "खबरदार !"

छाया जरा हिल-डुलकर स्थिर हो गई।

··· छाया नहीं, यह तो काँसे का अमिताभ है !

अचानक मूर्ति मुस्कुराई, बोली, "तात ! बंदूक की नली मेरी छाती से हटाओ, जरा।"

मैं अचरज के मारे गूँगा हो गया।

मूर्ति की मुस्कुराहट चारों ओर बिखर गई, "तात ! अचरज मत करो।··· हम स्वयं ही जा रहे हैं।"

"कहाँ ?"

"विदेश। मैं पेरिस जा रहा हूँ। एक महिला के घर।··· और, वज्रपाणिजी··· चले आइए वज्रपाणिजी !"

पत्थर के वज्रपाणिजी झाउ की झाड़ी की आड़ से बाहर निकलकर खिसकते हुए आए।

मैंने कहा, "आप जा रहे हैं, लेकिन हमारी नौकरी ?"

वज्रपाणि बोले, "तात ! हम जानते हैं। पाँच-सात कन्याओं के विवाह की चिंता से तुम अर्धमृत-अवस्था में हो। तुम किसी सचिवालय में होते, तो लोहे या सिमेंट के इस फाइल को खोल अथवा बंद करके ही हजारों की प्राप्ति कर सकते थे। और यहाँ हमारी 'खानापूरी' और हाजिरी लेकर··· ।"

अमिताभ बोले, "तात ! दुखनिरोध आर्य-सत्य है। दुख को दूर करने का उपाय उसके कारण को दूर करना है।"

वज्रपाणि ने समझाया, "और सम्यक्-आजीव ? जिस रोजगार में लाभ नहीं उसे छोड़कर ऐसे रोजगार में लगना, जिससे धर्म नहीं बिगड़ता है। 'राजधर्म' पालन करो तात !"

अमिताभ ने अभय मुद्रा में कहा, "डरो मत। हमें जाने दो, तुम्हारा कल्याण होगा। हमें यहाँ से ढोकर ले जाने के लिए ट्रक प्रतीक्षा कर रही है। आलू की बोरियों के नीचे, पत्थर की गिट्टियों के तले सोकर हमें सैकड़ों योजन की यात्रा तय करनी पड़ेगी।··· पेरिस की वह महिला मुझे पाकर धन्य हो जाएगी। सारा जीवन मुझे ही देखेगी और दिखलाएगी !"

वज्रपाणि ने हमें सम्यक् दृष्टि से देखा। मेरे और दरबान के हाथ में क्रमशः एक-एक भारी थैली दे दी–दस-दस हजार हैं। बराबर-बराबर !! और, भविष्य में भी इसी ज्ञान के प्रकाश में कार्य करना, तात ! निर्वाण-प्राप्ति होगी।

यात्रा-कथा समाप्त करते समय; फिर, भाई सी. एस. पी. सिन्हा साहब का एक पत्र प्रकाशित हुआ है, संपादक के नाम–कुंड तथा कुंड-क्षेत्र में फैली हुई गंदगी से उन्हें दुख हो रहा है।

दूसरी खबर : अखबार में एक ही साथ दो खबरें छपी हैं। समाचार की पहली पंक्ति : बख्तियारपुर से राजगिर तक बड़ी लाइन चालू हो गई !

दूसरी पंक्ति : (पुरानी लाइन) बख्तियारपुर-बिहार लाइट-रेलवे के तीन सौ से अधिक कर्मचारी बेकार !!

'धर्मयुग' के 15 जुलाई 62, 22 जुलाई 62 एवं 29 जुलाई 62 के अंकों में प्रकाशित

एक फिल्मी यात्रा

पटना जंकशन !

दिसंबर की एक कोहरा-लिपटी सुबह। हावड़ा-दिल्ली-एक्सप्रेस में जुड़नेवाली बोगी के सामने–'सी-ऑफ' करनेवालों ने–मिट्टी के चुक्कड़ों में चाय पीते हुए शुभकामनाएँ प्रकट कीं–आपकी यात्रा शुभ हो !… यात्रा फिल्म जगत् की !!

'दूर-देखने' के लिए जमा हुए मित्रों में कई किस्म के लोग हैं। साहित्यिक, गायक, लोकगीत गायक, रेडियो-ड्रामा-स्क्रिप्ट-राइटर, म्युजिक कंपोजर, पत्रकार, रेडियो स्टेशन के कंट्रोल-रूम का एक नौजवान इंजीनियर, रिक्शाचालक यूनियन का एक राजनीतिक कार्यकर्त्ता और सी. आई. डी. विभाग के अधेड़–सेन दादा ! इत्तफाक से सभी जमा हो गए हैं–कोई सुबह की ड्यूटी पर जा रहे थे, कई लोग कलकत्ते से आनेवाले अपने अतिथियों को 'रिसीव' करने आए थे और किसी की ड्यूटी स्टेशन पर आने-जानेवाली गाड़ियों को देखने के लिए ही लगी हुई थी। मुझे बाजाप्ता 'सी-ऑफ' करने आनेवाले साहब की नींद ही नहीं खुली ! कोई नहीं आए थे !

साहित्यिक मित्र–जो नई कविता लिखते हैं इसलिए नए कवि हैं–कोहरे की मशहरियों पर फँसी सुबह की धूप जैसी हँसी हँसकर बोले–चले दिल्ली ?

मैंने कहा–अब वहाँ क्यों जाना ? लालकिले पर तिरंगा तो कब का फहर चुका।

इस बात पर मेरे लँगोटिया यार रिक्शाचालक यूनियन के कार्यकर्त्ता ने सबसे पहले जोर का ठहाका लगाया। साहित्यिक मित्र ने 'कदम-कदम बढ़ाए जा' और 'दिल्ली चलो' के 'आजाद-हिंदी' नारे से संबंधित मेरे इस जवाब को शायद नहीं समझा। और समझा भी हो तो गलत समझा !

सेन दादा मेरे पास सट आए–कार झंडी फहरा ? की झंडा फहरा बोलले ?

नए कविजी ने इस बार दूसरा माकूल सवाल किया–बंबई ? 'इलम' छोड़कर

'फिलम' में ?

जवाब दिया—हुक्का-चिलम अपना साथ लिए जा रहा हूँ, इसीलिए !

सुबह की सर्दी का मुकाबला करने के लिए, मैंने अपना पाइप सुलगाया। भारत जी··· भारतभूषणजी [फिल्म अभिनेता नहीं, हिंदी के प्रमुख नए कवि और हिंदी के एकमात्र प्रवीण (लिमेरिक राइटर) तुक्तक !] के एक 'इलम-फिलम-चिलम' वाले 'तुक्तक' के आधार पर उठाई गई बात का जवाब भारतजी के ही प्रतीक-शब्दों में सुनकर हिंदी के नए कवि जी 'मधुर्मधुर' [यह प्रयोग भी संयोगवश भारतजी के एक तुक्तक का है !] मुस्कुराते हुए चाय पीने लगे।

अंग्रेजी के पत्रकार मित्र ने विशुद्ध मैथिली में आत्मीय प्रश्न किया—बंबय प्रथमे जा रहल ही ?

—प्रथमे !··· पहली बार जा रहा हूँ।

साहित्यिक मित्र को चाय पीकर पूरी स्फूर्ति मिली, शायद। बोले—जाते हैं, जाइए, मगर कहानी आपकी 'मर्डर' होकर रहेगी।

इस 'मर्डर' शब्द ने, जाने क्यों कंट्रोल-रूम के नौजवान इंजीनियर को अत्यंत आतंकित कर दिया—लाहौल··· किसका मर्डर ?

हर आने-जानेवाली गाड़ियों को देखने के लिए जिनकी ड्यूटी लगी हुई थी, जिन्हें मैं सन् 1942 ई. से ही जानता हूँ, और सेन दादा कहता हूँ—एक अजीब प्राणी हैं। मुझे सचमुच स्नेह की दृष्टि से देखते हैं। वे मेरे पास फिर आए और कान में पूछा—तोमरा कार मर्डरेर कथा बोलछिले ?

—दादा, स्टोरी के मर्डर की बात हो रही थी !

उन्होंने पूछा—तोमार बुझि कोनो क्राइम-स्टोरी बोई होच्छे ?

—जी नहीं, सीधी-सादी प्रेम-कहानी है।

—की नाम ?

—तीसरी कसम, अर्थात् मारे गए गुलफाम।

दादा ने नाम सुनकर भयाकुल होने की मुद्रा बनाई—इसका तो नाम में ही 'मर्डर' है··· मारे गए गुलफाम··· किंतु ई गुलफामटा की ? कोनो फूल-टूलेर नाम बुझि ?

—फूल नहीं, फूल जैसी सूरतवाला। जिसका रंग गुलाब के फूल का-सा हो।

नए कवि उर्फ साहित्यिक मित्र ने समय का लाभ उठाते हुए पूछा—नाम क्या पूरा-का-पूरा रहेगा ?

—कह नहीं सकता। इन्हीं बातों पर विचार करने के लिए बुलाहट है।

पत्रकार मित्र ने पूछा—किंतु, नामक संबंध में अपनेक अपन-विचार ?

—प्रथमार्ध के प्रथमे प्रश्रय··· ।

—बुझि गेलो !

लोकगीत गायक बंधु ने कहा—मगर, एक बात पर ध्यान रखिएगा कि 'लोकगीत' बिहार का सही, 'फोक म्युजिक··· माने··· फोक सौंग' हो। आजकल इस फोक सौंग

के नाम पर खूब 'होक्स' चला हुआ है।

कवि जी ने कहा–अजी, इन्हें खुद पर ध्यान रखने को कहिए। सहीसलामत लौट आएँ। साला फोक सौंग होक्स या 'ट्वेंटिएथ-सेंचुरी फौक्स' हो !

–तुक तो खूब भिड़ाया आपने !

रेडियो स्टेशन के ड्यूटी-ऑफिसर हड़बड़ाते हुए आए और कविजी चुप हो गए।··· मुझे बजाप्ता 'सी-ऑफ' करने के लिए आए हैं ! इस ड्यूटी-ऑफिसर मित्र को सभी जानते हैं–गंभीरतम समस्याओं और प्रश्नों की खिल्ली उड़ा देने में उस्ताद ! आते ही बोले–मैं जानता था, आप समय से दो घंटे पहले ही स्टेशन पर पहुँच जाइएगा और कविजी आपके दिमाग पर, किसी रचनाप्रक्रिया से संश्लिष्ट कोई पेंचदार समस्या ठोंकने के लिए प्लेटफॉर्म पर पहले से ही उपस्थित रहेंगे।··· लेकिन, हवड़ा-बंबई बाय-वीकली को छोड़कर इस दिल्ली-एक्सप्रेस से बंबई-यात्रा करने का मतलब है कि आप एक निपट अनाड़ी यात्री हैं।

गाड़ी चलने लगी तो सभी के चेहरों पर मैंने एक ही भाव अंकित देखे–अब, लौटकर आइए तो··· !

सचमुच मैं निपट अनाड़ी यात्री हूँ। कहीं जाने का नाम सुनते ही मेरे हाथ-पाँव फूल जाते हैं। यह अड़तीस घंटे की लंबी यात्रा ! किंतु, इस बार गाड़ी खुलने पर सदा की भाँति बेवजह मन उदास नहीं हुआ !

बंबई ! बॉम्बे !!··· बॉम्बेटे !! बंबइया !!

एक नई जगह देखने का आतंक मुझ पर सवार है। इस शहर के नाम की 'भीम भयानकता' और 'विस्फोटकता' से मैं बचपन से ही आक्रांत हूँ।··· हमारे गाँव में हर बड़ी और वजनी चीज को 'बंबइया' की संज्ञा दे दी जाती है और हर छोटी चीज को विलायती कहते हैं, हम। आम हो या बैंगन अथवा केला या हरी मिर्च हो–आकार में बड़ा हुआ तो उसको तुरंत कहेंगे–अरे यह तो बंबइया है !

··· यह है बंबे, मेरी जान ! मेरे एक प्रोफेसर मित्र को यह गीत, और खास प्रथम पंक्ति इतना प्रिय है कि अपनी पालतू कुतिया के चारों बच्चों के नामों पर इसको फिट कर दिया है। एक का नाम है–जरा हट के ! दूसरा–जरा बच के ! तीसरा–यह है बंबे और चौथी संतान चूँकि 'कन्या' है इसलिए उसको 'मेरी जान' कहकर पुकारते हैं।

यदि मेरे सहयात्री सपरिवार इस दर्जे में सवार नहीं होते तो मैं इस गीत को जोर से गुनगुना लेता–जरा हट के··· !

इलाहाबाद तक की धरती जानी-पहचानी हुई है। सो, खिड़की से बाहर, दूर तक नजर दौड़ाने के बदले आधी रात से उचटी हुई नींद से समझौता किया जा सकता है। मैं बिस्तरबंद खोलकर लेट जाता हूँ।

··· चले ? चले फिल्म में ! फिल्मी दुनिया की ओर ? फिल्मलैंड, मूवीवर्ल्ड ??

··· तो क्या बंबई फिल्म-जगत है ? बंबई-यात्रा का अर्थ हुआ–फिल्म-जगत की यात्रा ?

··· नहीं। यदि फिल्म-जगत नामक कोई दुनिया है तो वहाँ की यात्रा मैंने एक माह पूर्व ही शुरू कर दी है। दिल्ली से ही। आकाशवाणी भवन के टेलिविजन सेक्शन के एक कमरे से–जहाँ बैठकर मैंने अपनी कहानी, फिल्म के लिए बेची !

··· दिल्ली !

दो माह पहले दिल्ली जाते समय भी इसी तरह लेटकर मैंने नींद को बुलाने की चेष्टा की थी। उस बार भी कुछ फिल्म और फिल्मी दुनिया की बातों की कल्पना-अल्पना करता रहा और नींद नहीं आई।··· जा रहा हूँ टेलिविजन-स्क्रिप्ट-राइटर की ट्रेनिंग के लिए और सोच रहा हूँ शंकर शैलेंद्र के पत्र के संबंध में (तत्कालीन टेलिविजन-स्टेशन डायरेक्टर शंकर शैलेंद्र के पत्र के संबंध में नहीं–फिल्म के मशहूर गीतकार शंकर शैलेंद्र की चिट्ठी··· !)

दफ्तर के पते पर आए हुए व्यक्तिगत पत्रों की वही दुर्गति होती है जो अत्यावश्यक दफ्तरी चिट्ठियों की ! तिस पर जिस दिन बड़े या छोटे साहब अथवा किसी गुरु-लघु औरत-मर्द सहकर्मियों से किसी कारणवश कुछ सुनना-सहना पड़ा हो तो उस दिन की डाक से आई हुई 'प्रेम की पाँति' भी अप्रतिभ होकर टेबल के एक ट्रे में पड़ी रहती है। किंतु, एक चिट्ठी जिसके लिफाफे के पुश्त पर अंग्रेजी में अत्याधुनिक 'लेटरिंग' वाला मोनोग्राम एंग्रेव्ड था–एस. एस.–मेरे हाथ में सबसे पहले आ गई। हालाँकि, उस समय मैं अंदर ही अंदर कुढ़ा हुआ था। टेलिविजन-स्क्रिप्ट-राइटर्स की ट्रेनिंग के लिए दिल्ली से आई, बुलाहट पर एक महीना पहले भी बड़े साहब के 'दरबार' में टीका-टिटकारी, (टिटकारी, खिसियाकर खंभा नोचनेवाले व्यंग्य को कहते हैं !) हुई थी। और, मैं कोई माकूल बहाना बनाकर गाँव चला गया था–छुट्टी में। लौटकर आया तो देखा, दूसरे 'बैच' के लिए फिर मेरे नाम पर्वाना आया हुआ है।

··· श्री पी. एल. देशपांडे का नाम मैंने सुन रखा था। ये उन दिनों ऑल इंडिया रेडियो-दिल्ली में चीफ ड्रामा प्रोड्यूसर और टेलिविजन के भी प्रमुख प्रोड्यूसर थे। नई पीढ़ी का एक प्रवीण कथाकार, कमलेश्वर वहाँ पहुँचा हुआ था स्क्रिप्ट–राइटर होकर। और, शिवेंद्र–हम लोगों के पटना शहर का तेजस्वी लड़का जो विलायत से ड्रामा और टेलिविजन के बारे में बहुत कुछ पढ़-लिखकर हाल ही में लौटा है और टेलिविजन का एसिस्टेंट प्रोड्यूसर है। फिर, वीरेंद्र मेरा पुराना मित्र–वह भी युनाइटेड किंगडम से ड्रामा और स्टेज-क्राफ्ट की कोई डिग्री ले आया है और आकाशवाणी भवन में ही उसका दफ्तर है–म्युजिक-डांस-ड्रामा··· ।

इतने सारे आकर्षणों के ऊपर युग के एक अत्याधुनिक माध्यम–टेलिविजन–से

निकटतम संबंध का। तदुपरि, दिल्ली के लड्डू का जो आजकल विभिन्न रूप धरकर कनाट में चक्कर देता रहता है !!

··· उन दिनों टेलिविजन के स्टेशन डायरेक्टर जो सज्जन थे, उनका नाम भी संयोगवश शंकर शैलेंद्र ही था !··· शंकर शैलेंद्र को लिख दिया है—यह जानकर प्रसन्नता हुई कि आपने मेरी कहानी 'तीसरी कसम अर्थात्··· ' में फिल्म की संभावनाएँ देखी हैं।··· मैं दिल्ली जा रहा हूँ, इस संबंध में पत्र-व्यवहार दिल्ली के पते पर ही करें। आदि-दि।

...दिल्ली में श्री पी. एल. देशपांडे को जितनी बार देखा, उतना ही करीब खिंचता गया। इस बेजोड़ कलाकार से—क्लास में अथवा स्टूडियो में रह-रहकर एक प्रश्न पूछने की इच्छा होती थी। जब वे पूछते थे—किसी को कुछ पूछना है तब भी वही सवाल मेरी जीभ पर आकर अटक जाता था। दफ्तर से बाहर—एक दिन उन्होंने कहा—आपसे एक सवाल पूछना है। मैंने कहा था—मुझे भी !

··· उस दिन दफ्तर पहुँचा तो आकाशवाणी भवन की पहली मंजिल पर ही खबर मिली—देशपांडेजी आपको खोज रहे हैं। दूसरी मंजिल पर सूचना दी गई—कमलेश्वर बहुत जोर से ढूँढ़ रहे हैं। तीसरी पर शिवेंद्र ने कहा—एक सज्जन आपसे मिलने के लिए आए हैं, बहुत देर से इंतजार कर रहे हैं। मैं देशपांडेजी के कमरे की ओर लपकता हुआ बढ़ा कि वीरेंद्र ने रोक लिया—एक जेंटलमैन तुम्हारे लिए बैठे हैं। और, सभी लोग तुम को उन्हीं के लिए ढूँढ़ रहे हैं।

··· एक कमरे में कई काम करते हुए व्यक्तियों के बीच, अकेलेपन से ऊबे हुए व्यक्ति से आँखें चार हुईं। उनके चेहरे से घुटन की छाया दूर हुई। मुस्कुराकर, मद्धिम आवाज में अंग्रेजी में बोले—शंकर—शैलेंद्र···।

मैंने शंकर शैलेंद्र के नाम की लटकती हुई तख्ती की ओर उँगली दिखलाकर अपनी कुढ़न जाहिर की।

—जी नहीं। मैं शंकर शैलेंद्र का पत्र लेकर आया हूँ।

—बंबई से ?

—जी !

हम लोगों ने एक-दूसरे के हाथ को पकड़ लिया—अनायास !

(अपूर्ण)

साप्ताहिक 'उर्वशी' (बंबई) के 6 सितंबर, 1963 के अंक में प्रकाशित

'तीसरी कसम' के सेट पर तीन दिन

पूरे चालीस घंटे की लंबी और ऊबभरी यात्रा का अंत डेढ़ बजे दिन में दादर स्टेशन पर हुआ। प्लेटफार्म पर पैर रखते ही सूचना मिली कि 'तीसरी कसम' की शूटिंग कमाल स्टूडियो में 'चालू' है और प्रोड्यूसर तथा डायरेक्टर साहब ने कहा है कि तनिक विश्राम करके मैं भी तीन बजे तक स्टूडियो पहुँच जाऊँ, तो अच्छा··· !

कमाल स्टूडियो के तीन नंबर फ्लोर के फाटक पर मैं ठीक तीन बजे दिन में हाजिर था और 'तीसरी कसम' के डायरेक्टर नंबर तीन, श्रीमान बाबूराम 'इशारा' ने पहली निगाह में मुझे पहचानने से साफ इंकार कर दिया। मूक अभिवादन-भरी मेरी मुस्कुराहट पर उनकी मुख-मुद्रा और गंभीर हो गई, 'शूटिंग देखना माँगता है यह आदमी !' बाद में गले से लिपटकर बोले, 'दादा, आप तो एकदम मेकअप बदलकर आए हैं··· !' (रेणु ने अब बाल लंबे रख लिए हैं, पिछली बार जब वे बंबई पधारे थे तब ऐसे नहीं थे।–सं.)

स्टूडियो के अंदर कदम रखते ही डायरेक्टर (यंग !) बासु भट्टाचार्य का उच्च ग्राम में बँधा हुआ स्वर सुनाई पड़ा, 'शैलेंद्र !··· उधर देखो–तुम्हारा गेस्ट !··· '

हाँ, बासु भट्टाचार्य ही नहीं–'इमेज मेकर्स' के प्रायः सभी लोग मुझसे नाराज, दुखी और रूठे हुए थे··· आधी तस्वीर बन चुकी है और अभी तक 'राइटर साहब' ने एक बार भी··· !

मुझे भी इस बात का कम दुख नहीं था कि मैंने अभी तक अपनी तस्वीर की शूटिंग नहीं देखी। अपनी ही क्यों, किसी की, किसी भी तस्वीर की शूटिंग मैंने अब तक नहीं देखी !

··· गीतकार शैलेंद्र जब मुस्कुराता है तो प्यार-भरे गीत का कोई 'मुखड़ा' गूँज उठता है।··· 'कौन कहता है कि हम पूरे ढाई साल के बाद मिले हैं ?'

एक ओर नौटंकी (दि ग्रेट भारत नौटंकी कंपनी) का सेट लगा हुआ है और स्टेज के पीछे करीब आध दर्जन तंबू··· तो, 'लोकेशन' देख आने का यह शुभ परिणाम है। हू-ब-हू वैसा ही स्टेज, जैसा पूर्णिया के गुलाबबाग मेले में–प्रोड्यूसर, डायरेक्टर, कैमरामैन और असिस्टेंट्स देख आए हैं।

दूसरी ओर, गाड़ीवान; पट्टी के एक किनारे एक 'टप्पर' गाड़ी खुली पड़ी है। गाड़ी के पास, गोबर, गोमूत्र के कीचड़ में घुटना टेककर, भक्ति-भाव से गाड़ी की 'बल्ली' पर एक अभिनेता अपने हृदय की श्रद्धा बिछाए जा रहा है। 'डॉयलॉग' और 'एक्शन' का रिहर्सल कर रहा है, पलटदास ?

··· तो यह उस समय की बात है जब 'जनाना जात और रातवाली बात' सोचकर हिरामन ने पलटदास को चेतावनी देकर भेजा था। 'लेकिन तुम वहाँ अपना

'भजन' मत शुरू कर देना !'

··· लेकिन टप्परगाड़ी के अंदर तो सिर्फ एक तकिया चादर में लिपटा हुआ है और यह पलटदास उस तकिए को ही भक्ति-गद्‌गद स्वर में कह रहा है : 'ए सीता मैया !··· सिया-सुकुमारी··· ?'

कैमरामैन सुब्रतबाबू भ्रू-कुंचित करके एक ओर असंतुष्ट और तटस्थ खड़े थे, 'मेला में हम जैसा फॉगी-ईवनिंग (कुहरा-भरी संध्या) देखा है वैसा इफेक्ट कहाँ··· ?'

तीनों डायरेक्टर एक साथ चिल्ला उठे, 'ए ! चालू करो धूप !··· लोहवान डालो !··· गुग्गुल !! डालो !··· '

तुरत सुब्रत मित्रा के 'मन के माफिक' कुहरा-भरी साँझ (पवित्र सुगंधमयी संध्या) घिर आई–गाड़ीवान पट्टी के उस कोने पर। ऐसे वातावरण में पीछे से एक भद्र महिला सिलेटी रंग की फूलदार साड़ी में–झुकी निहुरी (भले घर की बहू-बेटी जैसी ! प्रकट हुई !··· बासु भट्टाचार्य सेट पर ही नहीं–सेट के बाहर भी किसी बात पर तनिक अधिक जोर डालकर बोलते हैं। और खास-खास मौके पर उनकी बात 'दुधारी' मार करती है। बोले, 'देखुन राइटर साहब ! आपनार हीराबाई।'

('··· देखून हीराबाई ! आपनार राइटर साहब !')

हीराबाई टप्पर के अंदर जाकर बैठ गई। गाड़ीवान की 'आसनी' पर उसके दोनों पैर ! पैरों में चाँदी के पाजेब, उँगलियों में चाँदी के छल्ले !··· मुझे, न जाने क्यों 'किसी प्रिय कवि' की किसी कविता की एक पंक्ति, बार-बार याद आने लगी : 'ये शरद के चाँद से उजले धुले-से पाँव··· !!'

उधर, पलटदास इन चरणों की सेवा करने को आतुर ! डायरेक्टर साहब पैरों के पोज के लिए परेशान, कैमरामैन 'फ्रेम और पोजीशन' ठीक करने में व्यस्त और असिस्टेंट कांटीन्यूटी खोज रहे थे। और, मेरे पास बैठा हुआ गीतकार-प्रोड्यूसर शैलेंद्र, दूर से ही पैरों के रिद्‌म की बात सोच रहा था।··· पौन घंटे के बाद सभी एक साथ संतुष्ट हुए और तब 'संवाद' और अभिनय का रिहर्सल शुरू हुआ।

'क्या है ? बोलो··· हाँ-हाँ-कहो··· अरे, क्या ? बाजा बजाना चाहता है ?'

'जी··· चरणसेवा··· आप सिया सुकुमारी··· मैं सेवक··· !'

हीराबाई तमककर पैर छुड़ाती है, 'अरे, भाग !··· भाग जा यहाँ से।' पलटदास देखता है··· सिया सुकुमारी की आँखों में चिनगारी ? वह भागता है। हीराबाई मुस्कुराकर बुदबुदाती है, 'पागल !'

'ठीक है। रेडी फॉर टेक···।'

किंतु, सुब्रत बाबू किसी कारणवश जरा 'बिब्रत' हैं, 'ऐंगिल ठो तो ठीक है लेकिन ?··· अच्छा ठीक है ! पलटदास का 'पीछू' में माने 'पेंदी' में एक छै इंची का देना पड़ेगा !'

तीनों डायरेक्टर चिल्लाए, 'लगाओ छै इंची !'··· यह छै इंची क्या है राम ? देखा, लकड़ी का एक पीढ़ा पलटदास के नीचे डाल दिया गया।

इसी बीच असिस्टेंट डायरेक्टर बासु चटर्जी ने मेरे पास आकर धीरे-से कहा, 'चलिए, जरा कैमरा के 'व्यू फाइंडर' में आँखें सटाकर देखिए, तब पता चलेगा कि गाड़ी में कैसा 'चंपा का फूल'··· !'

बासु चटर्जी असिस्टेंट डायरेक्टर के अलावा बंबई का एक मशहूर 'कार्टूनिस्ट' है, जो हर सप्ताह अपनी बाँकी निगाह से दुनिया को देखता है और दिखलाता है। इसलिए उसकी किसी बात पर पहली बार गंभीरतापूर्वक मैं कभी ध्यान नहीं देता। मैंने कहा, 'नहीं चटर्जी मोशाय ! मैंने जिस चश्मे से हीराबाई को देखा है, देख रहा हूँ !'

तब चटर्जी मोशाय को यह कहना पड़ता है, 'मैं 'सीरियसली' कह रहा हूँ। ··· चलून ना, एक बार देखून तो !'

एक बात कह दूँ, मैं सुब्रत बाबू के कैमरे को सुब्रत बाबू की देह से भिन्न नहीं–उनका सजीव अंग मानता हूँ। मेरे दिल में इस व्यक्ति (कैमरा सहित) के लिए असीम श्रद्धा है। मुझे याद है, आज से तीन वर्ष पहले जब आउट डोर के लिए 'लोकेशन' देखने और गुलाबबाग मेले की शूटिंग के लिए 'तीसरी कसम' की यूनिट पूर्णिया गई थी··· 'पथेर पांचाली', 'जलसाघर', 'अपराजितो', 'अपूर संसार' को सेल्यूलाईड पर अंकित करनेवाले व्यक्ति (और मशीन) को निकट से देखने का सुअवसर मिला था। हम करीब एक सप्ताह एक साथ रहे थे। वे मेरे गाँव–मेरे घर में कई दिन ठहरे ही नहीं थे–मेरी हवेली के अंदर (कथांचल के लोगों के चलने-फिरने, बोलने-बतियाने के ढंग को चित्रबद्ध करने के लिए !) परिवार की महिलाओं का 'चलचित्र' लिया था।··· तीन दर्जन बैलगाड़ियों की दौड़··· आम के बाग की ढलती हुई छाया··· सिंदूरी-साँझ की पृष्ठभूमि में उड़ते हुए बगुलों की पाँतियाँ ··· इन सारे दृश्यों को 'ग्रहण' करते समय सुब्रत बाबू के चेहरे पर एक अद्‌भुत चमक खेल जाती थी।···

इसके बावजूद, मैं उनकी आज्ञा के बिना उनके कैमरे को छूने का साहस नहीं कर सकता।··· सुब्रत बाबू मुस्कुराए (बहुत बड़ी बात है !) और मैंने आँख सटाकर देखा और देखकर उसी तरह भड़का जैसे टप्परगाड़ी में झाँककर पलटदास भड़का था : 'अरे आप !' कंपनी की औरत ? कंपनी का बाघ ? आँखें–बाघ की या औरत की ?

व्यू फाइंडर से देखा कि एक जोड़ी घुड़कती हुई आँखें मुझे घूर रही हैं। सिया सुकुमारी की आँखों से चिनगारी निकल रही है ?

कई बार कट-कूट करने के बाद–अंतिम 'टेक' हुआ। डाइरेक्टर ने 'ओके' बोल दिया। मगर कैमरामैन से जब प्रोड्यूसर साहब ने पूछा तो जवाब मिला, 'कुछ कहने नहीं सकता।··· ठीक हुआ है शॉट, किंतु हम आखिरी डॉयलॉग के समय वाहिदाजी का चेहरा 'मन का माफिक' नहीं पाया !'

'रिटेक !'··· 'ओके !'

मेरे अंदर में किसी ने 'डॉयलॉग' दुहराया : 'इस्स ! इतना तेज जेहन ?···

और बोली भी हू-ब-हू फेनूगिलासी ?'

कल हीराबाई के नाच का 'पिक्चराइजेशन' होगा स्टेज पर। मैं, टेक-रिटेक एनजी-ओके-ऑल, लाइट-बेबी-पंजा-कटर-एलकटर-नेट-फ्लोरा-जूम और छै इंची जैसे शब्दों को रटता हुआ अपने निवास स्थान पर लौटा।

सामने, स्टेज पर पनघट का सेट लगाया जा रहा है। दोनों ओर विंग्स में आधे दर्जन जलते हुए पेट्रोमेक्स लटक रहे हैं। नृत्य-निर्देशक लच्छू महाराज सपत्नीक स्टेज पर खड़े डायरेक्टर बासु को अंग-प्रत्यंग नचाकर कुछ समझा रहे हैं। और, एक रुपयावाले 'क्लास' में एक बेंच पर बैठकर मैं, गीतकार शैलेंद्र के मुँह से गीत की पंक्तियाँ सुन रहा हूँ : हाय गजब कहीं तारा टूटा··· !!

आज, इस शूटिंग के तीसरे दिन, तीन तारे टूटनेवाले हैं। पहला तारा–अटरिया पर, दूसरा फुलबगिया में, तीसरा–बीच बजरिया में !

··· कलवाली हीराबाई, भले घर की बहू-बेटी जैसी, थकी सिया सुकुमारी-सी हीराबाई कहाँ चली गई ?

··· मुझे फुटबाल के एक मैच की याद आई। मोहन बागान टीम का कैप्टन चुन्नी गोस्वामी तथा उसकी टीम के अन्य खिलाड़ी मैदान में उतरने के पहले अपनी-अपनी देह के हर जोड़ को तोड़-मरोड़ और झकझोर रहे हैं। किंतु मेरी निगाह सिर्फ चुन्नी गोस्वामी पर है। वह खंजन की चाल में कुछ दूर दौड़कर हठात् दाएँ-बाएँ तिरछी चाल चलता है, फिर कमर पर हाथ रखकर लगातार कूद रहा है··· !

··· घाघरी और घुँघरू ! चंद्रहार और बाजूबंद और कंगना और नकबेसर और यह खिलखिलाहट ?··· चुन्नी गोस्वामी खंजन की चाल में कुछ दूर दौड़कर फिर तिरछी चाल चलता है !··· मैदान में उतरने के पहले देह के हर जोड़ को तोड़-मरोड़ रहा है। किंतु सबकुछ एक ताल पर हो रहा है।··· हीराबाई स्टेज पर लापरवाही से चलती है, हँसती है, बतियाती है और हँसते-हँसते लोट-पोट हो जाती है। मेकअप करती है, घुँघरू बाँधती है। और सबकुछ एक लय में बँधा हुआ है।

··· सीटी बजी। म्यूजिक शुरू हुआ और घुँघरुओं ने गीत के बोल का स्पष्ट उच्चारण कर दिया। लच्छू महाराज के मुँह से बरबस निकल पड़ा : 'जीयो ! जीयो !!'

एक-डेढ़ घंटे के घनघोर रिहर्सल के बाद पहली पंक्ति और नाच के पहले टुकड़े की 'टेकिंग' के लिए क्षणिक विश्राम दिया गया : 'लाइट्स आफ !'

तब, हम दोनों भाइयों (कथाकार और गीतकार) ने मिलकर नौटंकी का एक गीत गुनगुनाना शुरू किया :

'अरे तेरी बाँकी अदा पर मैं खुद हूँ फिदा,
तेरी चाहत का दिलबर बयाँ क्या करूँ।

यही खाहिश है कि तू मुझको देखा करे–
और दिलोजान मैं तुझको देखा करूँ।'···

किर्रर्र-र-र-किर-किर-घन-घन-घन-घड़ाम। घन-घन-घन-घड़ाम !!

··· पिछले तीन वर्षों से हम दोनों किसी बात पर जब एक साथ अति प्रसन्न होते हैं तो नौटंकी की इन्हीं पंक्तियों को इसी तरह गाते हैं और एक-दूसरे को कई मिनट दिलोजान देखते रहते हैं, फिर हँसते-हँसते लोट-पोट हो जाते हैं। हाँ, हम सैकड़ों योजन दूर बैठकर अपनी चिट्ठियों में भी इस गीत को गाते हैं !

गीत का मुखड़ा और नृत्य का पहला टुकड़ा सकुशल 'चित्रित' (पिक्चराइज़) हुआ !··· आश्चर्य ! 'लंच' शब्द के साथ ही इतनी जोर की भूख जग पड़ती है ! अथक और सार्थक परिश्रम के बाद भोजन में यों भी बहुत स्वाद मिलता है।

उस दिन लच्छू महाराज के पास जितने नुकीले टुकड़े थे (तीर, तलवार, कटार, खंजर, बल्लम, बर्छी, भाला !!) बासु भट्टाचार्य एक-एक कर माँगता गया और वयोवृद्ध कथक आचार्य ने प्रसन्नचित्त सबकुछ दिया !

मैंने भी माँग की, 'शैलेंद्र भाई ! कोण-त्रिकोण-त्रिभुज तो बहुत लिए गए। किंतु कुछ वृत्त और चक्र भी चाहिए–हिरामन के मन को चर्खी पर चढ़ाने के लिए कुछ 'स्पिनिंग'··· !'

शैलेंद्रजी को बात भा गई और वे उठकर डायरेक्टर और कैमरामैन से कह आए और तब सुब्रत बाबू ने मेरी ओर जिस मीठी निगाह से देखा, उसे मैं कभी नहीं भूल सकता। उन्होंने सोत्साह पुकारकर कहा, 'क्रेन माँगता है !'···

पुरइन के पात की तरह खिली हुई घाँघरियाँ !!

और, उसी दिन सेट पर एक डॉयलॉग सुना, जिसे मैंने नहीं लिखा। रिहर्सल के बाद डायरेक्टर ने कहा, 'टेक !'

वहीदा रहमान ने कहा, 'नो टेक विदाउट टेप !'

रिहर्सल के सिलसिले में घुँघरू बाँधने की जगह छाले पड़ जाते हैं तब 'ल्युको-प्लास्ट' नामक फीते का टुकड़ा काटकर चिपका दिया जाता है। किंतु, पैरों की गति के 'क्लोज़अप' लेने में कैमरामैन को इससे थोड़ी असुविधा होती है। इसलिए बासु बाबू ने कहा, 'नो टेप !··· नौटंकी की लड़कियाँ इतनी नाजुक नहीं होतीं।'

'नाजुक न हों, इंसान तो होती हैं,' वहीदा के इस जवाब ने मार्क्सवादी बासु भट्टाचार्य के मुँह पर ताला जड़ दिया।

चाय के समय पूर्णिया से आए मेरे मित्र अरुण भारती ने विशुद्ध मैथिली में पूछा, 'साँझुक की प्रोग्राम अछि ?' और मैंने उन्हें शाम को जिस स्थान पर मिलने को कहा, वह बंबई में नहीं, भट्टाबाजार पूर्णिया में है। अरुण अवाक् होकर मुझे कुछ क्षण देखता रहा, तो मुझे होश हुआ कि मैं गुलाबबाग मेला में नहीं–कमाल स्टूडियो में हूँ !

तीसरे दिन लंच के बाद शैलेंद्रजी कहीं चले गए तो मैं अकेला पड़ गया। गीत और नाच की अंतिम कड़ी के कई 'रिटेक' हो चुके थे। मुद्राओं के क्लोज़अप लिए जा रहे थे। स्टिल-कैमरामैन राकेश इधर-उधर घूमकर अपना फ्लैश चमका रहा था। इसी समय मेरे पासवाली खाली कुर्सी पर वहीदा रहमान की 'हेयर ड्रेसर' आकर बैठी। उसकी मुस्कुराहट से लगा, वह मुझसे कुछ पूछना चाहती है।

उसने पूछा, "एक्सक्यूज़ मी··· यह कहानी आपने लिखी है ?"

"जी हाँ !"

"और आप भी इस फिल्म में उतर रहे हैं !"

"नहीं तो ?"

"ओ !··· तो, फिर आपने ये बाल क्यों 'उपजाए' हैं ? कोई धार्मिक कारण है या··· ?"

"थोड़ा धार्मिक और थोड़ा शौक भी ! गंजा होने के पहले एक बार बालों की बाग़वानी··· ?"

"नाइस !··· कौन-सी क्रीम व्यवहार करते हैं ?"

"पिछले तीस साल से कोई तेल या क्रीम कुछ नहीं डाला।"

भद्र महिला अचरज में पड़ गई, "सिर चकराता नहीं ? केश झड़ते नहीं ? रंग तो किंतु··· !"

अंग्रेजी भाषा में दो-चार गज से ज्यादा बात करते मेरा दम फूलने लगता है। इसलिए मौका पाते ही सवालों का सूत्र मैंने अपने हाथ लिया, "आप स्टूडियो की 'हेयर ड्रेसर' हैं ?"

"नहीं, सिर्फ (एक्सक्लूसिवली) वहीदा रहमान की।"

"ओ !"

"बेतरतीब होने के बावजूद, आपके बाल सुंदर लगते हैं।··· खूब घने हैं, नरम भी होंगे।"

('काले भी हैं !' मैं कहना चाहता था।)

··· मेमसाहब के गंगा-जमुनी केश पर नजर पड़ते ही मैंने बात बदल दी, "मैं बहुत दिनों से किसी 'हेयर ड्रेसर' की सलाह लेना चाहता था।"

वह हँसकर बोली, "हेयर ड्रेसिंग के अलावा मैं वेस्टर्न-म्यूजिक कंपोज करती हूँ। मैंने अपना दो कंपोजीशन पर्ल बक को भेजा है। उन्होंने लिखा है, किसी फिल्म में उपयोग करेंगी।"

इस तरह बात केश-प्रसाधन से शुरू होकर पश्चिमी संगीत पर आई, फिर वहीदा रहमान की ओर मुड़ गई। वह बोली, "मिस्टर राय (सत्यजित) की वहीदा रहमान के बारे में क्या राय है, जानते हैं ?"

"हाँ, किसी बँगला-सिने-पत्रिका में पढ़ा था।··· आनेवाले पच्चीस साल में इस कलाकार से फिल्म बनानेवाले कितना और क्या वसूल कर सकते हैं, यह उनकी प्रतिभा और शक्ति··· !"

उधर स्टेज पर अचानक काम रुक गया। किसी ने किसी से हल्की आवाज में कहा, "लु। लुक।··· व्हाट ए नाइस पेयर।" डायरेक्टर, असिस्टेंट्स, कैमरामैन, आर्टिस्ट्स सभी खामोश हो गए, किंतु हम बातचीत में मशगूल रहे। और उधर स्टिल कैमरामैन राकेश को किसी ने इशारा किया। फ्लैश की चमक पर हमारा ध्यान भंग हुआ और फ्लोर पर बहुत देर तक हँसी और ठहाके और कहकहों का आर्केस्ट्रा बजता रहा।

शाम को लौटते समय मुझे क्या–वर्षों से मेरी छाती पर बैठकर मूँग दलनेवाला हिरामन, लालमोहर, पलटदास और लहसनवाँ–सभी देवदानव एक साथ उतरकर कहीं चले गए। सिर्फ चक्की की घरघराती हुई, घूमती हुई एक रागिनी मेरे मन में मँडरा रही थी। मैंने गीतकार की ओर देखा। उनकी मुखमुद्रा से लगा वह फिर 'तेरी बाँकी अदा पर' शुरू करेंगे। मैंने कहा, "नहीं भाई, ··· वह··· वह बंदिनी का वही गीत··· !"

गाड़ी घोड़बंदर रोड छोड़कर लिंकिन रोड की ओर मुड़ रही थी। गीतकार गुनगुना रहा था : "अबकी बरस बाबुल भैया के भेज··· "

मेरा 'भैया-मन' दूर अपने गाँव की गलियों की राह ढूँढ़ने लगा। जहाँ मेरी बहनें मिल-जुलकर गा रही थीं : "सुनु मोरी सखिया सावन-भादव केरि उमड़लि नदिया–भैया अइले बहिनी बुलावे लाहे–सुनु सखि या-या-या।"

'धर्मयुग' 26 अप्रैल, 1964 के अंक में प्रकाशित

स्मृति की एक रील

"अजी, खेला तो पर्दे के अंदर है। अभी तो लोगों को जमाने के लिए 'जमनिका' दिया जा रहा है।"

मैं पहले चौंका। फिर थोड़ा सहमकर शैलेंद्र भाई की ओर देखने लगा। उनकी बड़ी-बड़ी आँखों ने मुस्कुराकर कहा–"देखिए !"

देखने लगा, आर. के. का शानदार 'ऑडिटोरियम' ! जहाँ उस रात 2 जुलाई '66 को 'कव्वाली' का विशेष आयोजन था ! अत्याधुनिक वेशभूषा में सुसज्जित स्त्री-पुरुष, आधुनिकतम केशविन्यास के एक-से-एक नमूने ! रुपहले पर्दे पर छानेवाले नए-पुराने–किंतु, हाड़-मांस के–टेकनिकलर तथा ईस्टमैनकलर के चेहरे। हर चेहरे पर, रह-रहकर रंग-बिरंगी हँसी खेल जाती है।

"जा रे जवानी !"

कुर्सियों की प्रत्येक पंक्ति में हँसी की हिलोरें सरगम के सुर में बज उठीं। बजती गईं—'हँ-हँ-हँ-इँ—स-र-ग-म-प-ध-नी··· !'

उस 'एयरकंडिशंड माहौल' में भी मैं पसीने से पानी-पानी हो गया। मुझे लगा, 'तीसरी कसम' का संवाद बोलकर राजकपूर साहब मुझ देहाती गँवार का मखौल उड़ा रहे हैं ?

"रेणुजी ! आप पानी के साथ 'पाइएगा' या··· ?"

"जी, पानी··· ।" इससे ज्यादा मेरे मुँह से कुछ नहीं निकला। ऑडिटोरियम में आवाज गूँज उठी, "रेणुजी के लिए भी पानी··· अजी, कहाँ गए सब ? जा रे जमाना ! बड़ी 'हैफवाली' बात। क्या था और क्या से क्या हो गया !··· जयराज, इनसे मिलो। आप ही हैं 'तीसरी कसम' के लेखक··· जोहार, इनसे परिचय है ?··· डेविड साहब, इधर देखिए—यही हैं रेणुजी।··· मेरा नाम तो हीरामन है जी, हीरामन।"

जयराजजी गले से लगे और आत्मीयता से बतियाने लगे। डेविड साहब ने हाथ मिलाकर बधाई दी—"मैंने ट्रायल देखा है।"··· जयकिशनजी मुस्कुराते हुए आए। हसरत साहब ने मिलते ही कोई मिसरा दुहराया। कुछ क्षण के लिए हम इस तरह हिल-मिलकर हँसते रहे कि नए आनेवाले मेहमानों ने समझा शायद इसी लंबे गेसूवाले का प्रोग्राम होनेवाला है। यानी, मैं ही अजमेर-शरीफ से आया हुआ वह 'मीर कव्वाल' हूँ, जिनकी 'पार्टी' का अभी प्रोग्राम होगा।

कव्वाली शुरू हुई। और, जैसा कि होना चाहिए—देखने-सुननेवाले ताल पर तालियाँ बजाते हुए झूमने लगे। पहली ग़ज़ल खत्म हुई। लोग—'वाह-वा, बहुत अच्छे, क्या कहना, कोई जवाब नहीं' कहने लगे। सिर्फ एक व्यक्ति बोला—'धन्न है, धन्न है।' फिर मेरी ओर मुड़कर और आँखों में मीठी शरारत भरकर पूछा—"है कि नहीं ?"

एक-दो ग़ज़ल के बाद खान-पान के लिए क्षणिक विश्राम की घोषणा होते ही उसके मुँह से निकला, "अरे हाँ-हाँ। भूख-प्यास सभी को लगी है।··· रेणुजी, इधर आइए। देखिए, ये हैं मेरी कृष्णा। और आप हैं मेरी पूजनीय माताजी—यह सब इन्हीं 'देबी-मैया' का 'परताप' है।" दोनों हाथों को पसारकर एक खास (यानी हीरामन की) अदा के साथ कहा गया।

अब मुझसे चुप नहीं रहा गया। मैंने कहा, "देखिए कृष्णाजी ! मुझे लगता है कि मैंने आपके पतिदेव के लहजे और बोली को एकदम बिगाड़ दिया है। आपको तो बहुत बुरी लगती होगी इनकी··· ?"

"अजी नहीं। बहुत अच्छी—रैदर—बहुत मीठी लगती है। ये तो घर पर भी अब हमेशा इसी लहजे में बोलते हैं—'फेनूगिलासी', डैमफैटकैटलैट, उपलैन···' ।"

हम हँसे और हमारी मिली-जुली हँसी पर उसने एक मासूम अदा के साथ मुँह बनाकर कहा, "इस्स !" और मेहमानों की खातिरदारी के लिए एक ओर चल पड़ा।

ढाई बजे रात को जब हम लौट रहे थे, तो रह-रहकर मेरे पेट में गुदगुदी

लगती। मैंने कहा, "भाई साहब ! अपना हीरामन तो सचमुच हीरा आदमी है। सभी 'डायलाग' तीसरी कसम का ही बोल रहा था।"

शैलेंद्रजी भेद-भरी मुस्कान के साथ बोले, "यह आप देखिए।"

मैं समझ गया कि भाई ने 'आप' पर जोर क्यों दिया है। बात चार साल पीछे की है जब हीराबाई और हीरामन के लिए सही मूरतों के चुनाव किए जा रहे थे··· डेरे पर लौटकर मुझे नींद नहीं आई। चार साल पहले की बातें याद आती रहीं—रात-भर।

चेहरे की तलाश : एक फिल्मी शिकार पार्टी

उस रात की याद, जब मैं पहली बार बंबई आया था। शैलेंद्रजी ने मुझसे पूछा था, "अच्छा ! कहानी लिखते समय आपके सामने हीराबाई की कोई तस्वीर तो जरूर होगी। अब, जबकि फिल्म की बात हो रही है, तो फिल्म इंडस्ट्री में आपकी उस मूरत से कोई सूरत मिलती-जुलती नजर आती है ? यानी, आप किसको इस भूमिका के लिए···।"

मैंने हँसकर जवाब दिया था, "भाई ! हम लोग काननबाला, उमाशशि, यमुना, देविका रानी, सुलोचना और नसीम वगैरह के युग में सिनेमा देखा करते थे। अब तो सब चेहरे एक ही साँचे में ढले-से लगते हैं। किसका क्या नाम है, याद ही नहीं रहता।"

"यह तो बात को टालनेवाली बात हुई।" वे हँसे थे।

थोड़ी देर के बाद मैंने कहा था, "वह एक··· 'प्यासा' में माला सिन्हा के साथ कोई लड़की थी न··· ?"

शैलेंद्र ने बासु भट्टाचार्य की ओर देखा और बासु के मुँह से एक किलकारी के साथ निकला था—'स्साला !'··· मैं जानता था, यह कोई गाली नहीं। बंगाली विद्यार्थी जब किसी बात पर बहुत खुश होते हैं, तो उनके मुँह से यह शब्द अनायास ही निकल पड़ता है ? किंतु मैं झेंप गया था—शायद मैं किसी गलत और सर्वथा 'मिसफिट' चेहरे की बात कह गया।

शैलेंद्रजी 'ताड़' गए थे। बोले, "हमारे मन में भी उसी की सूरत है।·· आप क्या सचमुच उसका नाम नहीं जानते ?··· वह वहीदा रहमान है।"

मैंने पूछा, "इंद्राणी रहमान की कोई लगती है क्या ?"

"नहीं जी ! मगर नाचना जानती है और अच्छी तरह जानती है।"

दूसरे या तीसरे दिन वे वहीदा रहमान को कहानी सुनाने गए। लौटे तो बहुत खुश नजर आए। सूचना दी, "साहब ! हो गई आपके मन की हीराबाई। परसों हम एग्रीमेंट पर दस्तखत कराने जाएँगे।··· कहानी सुनकर उसकी आँखें छलछला आईं।"

मैंने धीरे से पूछा था, "और हीरामन ?"

शैलेंद्रजी कोई जवाब देने के बदले मुस्कुराने लगे थे। बासु भट्टाचार्य को उन

दिनों लोग 'आग निगलनेवाला' मानते थे। उसने कहा था, "शैलेंद्र ! तुम फिर से सोचो··· आमार एक्केबारे आसल हीरामन चाय।··· "

बासु के जाने के बाद मैंने पूछा था, "आप क्या राजकपूर साहब को लेने की बात सोच रहे हैं ?··· लेकिन, लेकिन··· !"

तब तक मुझे 'जागते रहो' के राजकपूर की याद आ गई थी। मैंने कहा था, "राज साहब तो कर सकते हैं, लेकिन, करेंगे क्या ? माने हीरामन की आत्मा में पैठ सकेंगे ? सुना है अपनी तस्वीर के सिवा··· !"

शैलेंद्रजी ने कहा था, "आप अगर यह मानते हैं कि वे कर सकते हैं, तो समझ लीजिए 'करेंगे'।··· आपने सुना है, देखा तो नहीं ?"

'तीसरी कसम' के पलटदास के इस संवाद के बाद मुझे धुन्नीराम के सुर में कहना पड़ा था, "झूठ क्यों बोलूँ, देखा नहीं है।"

"देख लीजिएगा।"

(कव्वाली सुनकर लौटते समय–'यह आप देखिए' कहकर इसी प्रसंग की याद 'कविराज' ने दिलाई !)

दो-तीन दिन बाद हमारे प्रोड्यूसर और डायरेक्टर साहब मुँह लटकाकर वापस आए, "राइटर साहब ! वहीदा नहीं हो सकती। नहीं हो सकेगी। उसको भूल जाइए अब।"

"मतलब ?" मैंने पूछा था, "इन दो दिनों में ही उसके मन में क्या हो गया··· ?"

"जी हाँ। मन ही तो है।"

मेरा दिल अचानक बुझ गया। बासु भट्टाचार्य ने एक हल्की चुटकी लेकर बात को हँसी में उड़ा देने की चेष्टा की थी। किंतु, मैं हँसकर भी हँस नहीं पा रहा था। बासु कहता जा रहा था, "चलो। हम एकदम नया लड़की लेगा। नया प्रोड्यूसर, नया राइटर, नया हीरो, नया हीरोइन··· ।"

शुरू हुई नए चेहरों की खोज। इस 'शिकार पार्टी' में मैं भी कई दिनों तक उनके साथ रहा। कई मशहूर होटलों के नाम लिए गए। समुद्रतट पर, यानी 'बीच' पर ढूँढ़ने की बात तय हुई।

समुद्र के तट पर, एक प्रसिद्ध होटल के लॉन पर एक रंगीन 'छत्र' के नीचे हम जा बैठे। मैं समुद्र की ओर देख रहा था। बासु ने पूछा, "की देखछेन ?"

मैंने जवाब दिया, "मेये··· !" अर्थात् लड़की।

"समुद्र में से लड़की कहाँ से आएगी।"

"समुद्र से जो लड़की आवेगी उसका मुँह चाँद के समान होगा। और उसकी बोली में अमृत घुली होगी और चाल में हाथी की मस्ती और उसका नाम होगा, 'लक्खी'··· ।"

थोड़ी देर के बाद कई विदेशी जोड़े तैरने की पोशाक में आए। देह में तेल मलकर समुद्र में नहाने लगे। एक मोटी और बेडोल लड़की नहाकर लौटी और

ठीक हमारे सामने लॉन पर चित लेट गई। फिर लॉन की सिंचाई करनेवाले पाइप से अपने चेहरे पर छिड़काव करने लगी। बासु ने पूछा, "एइ से मेये ?" अर्थात् यही वह लड़की है ?

कहा गया, सांताक्रुज हवाई अड्डे पर भी लड़कियाँ दिखलाई पड़ती हैं। अतः दूसरे दिन हमारी टोली हवाई अड्डे के रेस्तराँ में जा बैठी। डायरेक्टर साहब का हुक्म हुआ, "सभी अपनी निगाह खोलकर रहें।"

अंत में डायरेक्टर साहब की आँखों ने ही एक रूपसी को देखा। वह कार से उतरकर रेस्तराँ में आई और सीढ़ियों से ऊपर के केबिन में चली गई। हमने बासु साहब को उत्साहित किया और वे उस लड़की से बातें करने के लिए ऊपर गए। दस मिनट के बाद वे उतरे तो उनके चेहरे पर खनक तो थी, किंतु चमक गायब थी। आते ही बोले, "चलून ! आर एखाने नय"··· यहाँ ठहरना उचित नहीं।

गाड़ी में बैठने के बाद उन्होंने जो किस्सा बताया, तो हमने महसूस किया कि यदि एक कप चाय और पीने के लिए हम बैठे रहते तो–तो-तो न जाने क्या होता।··· पीठ में गुदगुदी के बदले··· !!

पिछले तीन-चार वर्षों में, हर वर्ग और हर उम्र के परिचित तथा अपरिचितों ने मुझसे जो सवाल पूछे हैं, उन्हें कभी नहीं भूल पाऊँगा। इन सवालों को सुनकर ही मुझे लगा है कि हम 'फिल्म युग' में जी रहे हैं। मैं चेहरा देखकर कह सकता हूँ कि कौन व्यक्ति मुझसे क्या प्रश्न पूछेगा। नायक, नायिका, गीत-लेखक, संगीत-निर्देशक, पार्श्व गायक-गायिका, खलनायक और हास्य अभिनेताओं के 'फैन'–समाज के हर वर्ग में हैं। उन्हें एक बार मालूम हो जाए कि आप बंबई से यानी फिल्म-जगत् से आए हैं और आप उनके 'प्रिय' से परिचित हैं–वे रोज आपके पास आवेंगे और रोज एक ही सवाल पूछेंगे। मुझसे पूछे गए प्रश्नों के कुछ नमूने प्रस्तुत हैं–

"अच्छा ! राजकपूर की, यानी हीरामन की पीठ में गुदगुदी लगने को किस तरह दिखलाया गया है ?"

"आपकी कहानी में जो संवाद हैं वे बदले तो नहीं हैं ?"

"क्या राजकपूर ने सचमुच बैलगाड़ी हाँकी है ?"

"बैलों को हाँकते समय 'टिटकारी' दी है ?"

"नौटंकी के 'ब्रहरत' और 'चौबेला' को सही-सही गवाया है न ?"

"वहीदा रहमान नौटंकी की बाई की तरह लगती है न ?"

"राजकपूर क्या खाते हैं ? यानी भात या रोटी ?"

"लता मंगेशकर कभी बोलती है या चुप ही रहती है ?"

"मुकेश भगवान को मानता है या नास्तिक है ?"

"शंकर-जयकिशन अंग्रेजी बोलना जानते हैं ?"

"आपने कहानी को तोड़ने-मोड़ने तो नहीं दिया ?"

"नूतन होनेवाली थी हीराबाई। क्यों नहीं हुई ? वहीदा ने तो इंकार किया था ?"

"राजकपूर ने शैलेंद्र से भी पैसा लिया है ?"

"वहीदा सचमुच पान नहीं खाती ?"

"आपने राजकपूर को छुआ है ?"

"गीत कैसे हैं ?··· जब गीतकार की ही फिल्म है तो जरूर अच्छे होंगे।"

"वहीदा साँवली है या काली ?"

"बाँसगाड़ी और ताँगे की भिड़ंत के बाद लोगों ने सचमुच राजकपूर को मारा ?"

"आपकी और भी कोई कहानी··· ?"

"फिल्म स्टार दिन में घर से बाहर नहीं निकलते ?"

"उनका आजकल किससे··· चल रहा है ?"

"उनके लिए ही उसने नींद की··· ?"

सजनवाँ बैरी हो गए उर्फ बैलगाड़ी का खेला

जिन्होंने मेरी कहानी पढ़ी है, वे सबकुछ पूछने के बाद एक सवाल पूछना कभी नहीं भूलते—"और कहानी का अंत ? माने दोनों को मिला तो नहीं दिया है ?" अंत में सभी बेताबी से यही पूछते हैं—"कब रिलीज हो रही है ?··· कब देखने को मिलेगी ?"

मगर, सिक्के का दूसरा रुख भी मैंने देखा है !

पिछले दो-तीन साल से तस्वीर 'रिलीज' होने की जितनी संभावित तिथियाँ बतलाईं, गलत साबित हुईं। इस बीच 'क्या से क्या हो गया'—और मेरी फिल्म अभी तक पर्दे का मुँह नहीं देख पाई, तो जाहिर है, 'सजनवाँ भी बैरी' हो गए। जो जन्म के बैरी हैं, वे तो मेरे घर के सामने बिस्तर बिछाकर पड़े रहते और घर से निकलते ही 'चालू' हो जाते ! अपने, पराए, दोस्त, दुश्मन, परिचित, अपरिचित सभी मुझे देखकर मुँह बिदकाने लगे। ऐसा कोई दिन नहीं गुजरता जिस दिन पीठ पीछे या आमने-सामने (गुदगुदी लगानेवाली नहीं !) चुभनेवाली दस बातें सुनने को नहीं मिलतीं—"एक इनकी फिल्म बन रही है सो मुद्दत से बन रही है।"

"अजी, 'मुगले-आजम' के बाद अब इनकी 'बेगमे-आजम' बन रही है !"

"भैया ! बैलगाड़ी का खेला है, जेट प्लेन का नहीं। इतनी जल्दी कैसे बन जाएगी। बैलगाड़ी तो अपनी ही चाल से चलेगी।"

"कहिए जनाब ! राजकपूर के साथ कोई फोटो खिंचवाई या नहीं ? चः चः, नहीं ? वहीदा के साथ तो जरूर···।"

"मारे गए गुलफाम !"

"यार ! तुमने फिल्म को बहुत 'सीरियसली' ले लिया है। फिल्म में तो ऐसा

होता ही है। बनते-बनते नहीं बनती है। बनकर बिगड़ जाती है। मारो गोली। बने या न बने, तुमको क्या ? कुछ पैसे मिल गए और 'फोकट' में 'पबलिसिटी' भी हो गई। पढ़ाई-लिखाई जारी रखो।"

"अरे ! आप पटने में हैं ? हमने तो समझा कि आप बंबई जा बसे।"

"इलम छोड़कर गए फिलम में, हाय ! चिलम भी हाथ नहीं आई।"

सो, जनवरी 1966 को शहर छोड़कर गाँव की ओर भागा। जानता था, ट्रेन के 'चेकर' और 'गार्ड' भी पूछेंगे अथवा कोई फिकरा कसेंगे। इसलिए, चौबीस घंटे की यात्रा कंबल ओढ़कर पूरी की। किंतु अपने स्टेशन पर उतरा, तो बूढ़े स्टेशन मास्टर साहब ने पूछ ही दिया, "छबि आर रिलीज हबे ना ?"

गाँव पहुँचकर भी चैन नहीं। हलवाहे, चरवाहे, मजदूर, दुकानदार, फेरीवाले जो मिलते, सिर खुजलाकर सवाल पूछ बैठते–"आपके सलीमा का क्या हुआ ?"

"अपने गाँव में गाड़ी-दौड़ की जो फोटो-छापी हुई थी, सो कब दिखलाई जाएगी ?"

"बाबू ! सुना कि बायस्कोपवालों ने आपको ठग लिया !"

तीन वर्षों तक इंतजार करने के बाद अब गाँव में भी कानाफूसी शुरू हो गई थी। यहाँ भी तरह-तरह की अफवाहें फैल चुकी थीं, जिनमें दो अफवाहों का बाजार गर्म था–

(1) बांबे का कोई एक्टर ऐसा 'थड किलास पाट' करने को तैयार ही नहीं हुआ। बोला–देहाती का, सो भी गाड़ीवान का पाट कभी नहीं करेंगे।

(2) सलीमा कंपनी की औरत इनको (अर्थात् मुझे) पान देने लगी, तो इन्होंने (अर्थात् मैंने) उँगली में दाँत काट लिया। बस, कंपनीवालों ने गुस्साकर खेला खत्म कर दिया।··· बात 'गजट' में छप गई है !

गाँव के लड़के–जो स्कूल-कॉलेजों में पढ़ते हैं, हजार किस्म की फिल्मी पत्रिकाएँ खरीदकर ले आते हैं। उन्होंने भी खबर फैलाई थी कि लता मंगेशकर और आशा भोंसले–कोई भी नौटंकी की बाई का गाना गाने को तैयार नहीं हुई। कि राजकपूर कहता है कि 'डायलॉग' नहीं बदलोगे और हीरामन से हीराबाई की शादी नहीं करवाओगे तो काम नहीं करेंगे। और शंकर-जयकिशन और शैलेंद्र-हसरत में जमकर लड़ाई हुई है–एक ही लड़की के लिए। सो, अब 'तीसरी कसम' की कोई उम्मीद नहीं।

पिंजड़ेवाली मुनियाँ

गाँव आकर, घर से बाहर हाट-पाट-बाट में निकलना भी मुश्किल ! मैं क्या दुनिया-भर के मुँह में ताले लगाता फिरूँगा ! एक बार सोचा, क्यों नहीं शैलेंद्रजी की चिट्ठी का ब्लॉक बनवाकर, पर्चा छपाकर बँटवा दूँ ? फिर अपनी मूर्खता पर खुद हँसता। चुपचाप अपने दरवाजे पर बैठा रहता और किसी आगंतुक को देखते ही 'अंदर-हवेली' में जाकर छिप जाता।

हमारी ओर मई का महीना–चैत-बैसाख के दिन बहुत उदासी के दिन होते हैं। बेवजह मन रोने-रोने को होता है। एक दिन अपने गाँव से उत्तर बाँध पर तीसरे पहर अकेला बैठा हुआ था। स्टेशन की ओर से एक औरत सिर पर सौदा-सुलफा लेकर आ रही थी। करीब आई तो पहचाना–गाँव की पूरब टोली के कोहाय मड़र की औरत है। यह गाँव में गीत गानेवाली औरतों की 'मेंट' है। जब रेडियो का मुलाजिम था तो एक बार 'जाट-जटिन' गीत-कथा रिकाई करके ले गया था। प्रोग्राम के दस दिन पहले ही घरवालों को लिख दिया था कि कोहाय की बीबी को प्रोग्राम सुनने के लिए जरूर बुला लिया जाए। कई महीने के बाद जब गाँव लौटा तो 'जटिन' की तरह हाथों को नचाकर, आँखों में आनंद के आँसू भरकर हँसती हुई बोली थी, "जुग-जुग जीयो बाबू ! अपना गाया गीत अपने कान से सुन लिया··· ।"

उस दिन भी उस महिला के चेहरे पर वैसे ही भाव थे। नजदीक आकर, सिर की गठरी जमीन पर रखकर बोली, "बाबू बोलो मिठाई कब खिलाते हो ? ··· अरे, अब काहे उदास हो भैया ? सतरंगा-घाँघरी और बाँह में बाजूबन और कान में झुमका और नाक में नथिया पहनकर, इस तरह टेड़ी-बाँकी आँख निकालकर–उँगलियों से यों 'बतौना' बताकर नाचती हुई तुम्हारी सलीमा की 'हिरौनी' ने अखबार में खबर दिया है कि हम रेणुबाबू का सलीमा बनाकर तैयार कर दिया। ··· आप 'परतीत' नहीं करते ? अभी 'टीसन' पर अपने नगेंदर बाबू को घेरकर 'टीसन मास्टर' से लेकर सभी लड़के और 'बाबू-बबुआइन' पढ़ रहे थे। मैं झूठ काहे बोलूँगी ? आ रहे हैं नगेंदर बाबू। अभी देखिएगा।··· लेकिन, इस बार फूलछाप साड़ी वसूल करके रहूँगी मैं। हाँ··· ।"

नगेंद्र यानी मेरा चचेरा भाई 'माधुरी' का अंक लेकर आया। उसमें वहीदाजी का एक सचित्र लेख छपा था।··· मुझे हँसी आई, कोहाय की स्त्री ने ठीक ऐसी ही मुद्रा बताई थी। और, लेख में एक स्थान पर लिखा था–"अब, जबकि 'तीसरी कसम' बनकर तैयार हो चुकी है··· ।"

एक दिन सुबह मेरे एक प्रिय आत्मीय श्री बालगोविंदजी ट्रांजिस्टर ले आए। मैंने पूछा, "तीसरी कसम के गीत आ रहे हैं ?"

"मैंने अब तक नहीं सुना है। लेकिन कहते हैं कि अब आने लगा है," कहकर वे रेडियो ट्यून करने लगे।

और अचरज की बात ! लगा, वे 'टेपरेकर्डर' बजा रहे हैं। यानी, रेडियो ट्यून किया और ढोलक की गमक, और हारमोनियम के सुर पर मन्ना डे की स्वर-लिपि गूँज उठी–"चलत मुसाफिर मोह लिया रे पिंजड़ेवाली मुनियाँ··· ।"

गीत समाप्त हो गया। किंतु, दरवाजे पर भीड़ बढ़ती गई। लोग घंटों रेडियो अगोरकर बैठे रहे। कोई गीत नहीं बजा। किंतु वे निराश नहीं हुए। कहने लगे, "जब शुरू हुआ है तो रोज बजेगा। किसी-न-किसी दिन सुनेंगे ही। 'खेला' जब बनकर तैयार हो गया है, तो कभी-न-कभी देख ही लेंगे।"

एक तेज जहनवाले चरवाहे ने–जो गीत शुरू होने के समय मौजूद था–चलते समय 'अंतरा' गुनगुनाया–'उड़ि-उड़ि बैठे हलवैया दोकनियाँ, बर्फी के सब मजा ले लिया रे पिंजड़ेवाली मुनियाँ !'

'धर्मयुग' के 11 सितंबर, 1964 अंक में प्रकाशित

पुरानी कहानी : नया पाठ

बंगाल की खाड़ी में डिप्रेशन–तूफ़ान–उठा !

हिमालय की किसी चोटी का बर्फ पिघला और तराई के घनघोर जंगलों के ऊपर काले-काले बादल मँडराने लगे। दिशाएँ साँस रोके मौन-स्तब्ध !

कारी-कोसी के कछार पर चरते हुए पशु–गाय, बैल, भैंस–नदी में पानी पीते समय कुछ सूँघकर भड़के, आतंकित हुए। एक बूढ़ी गाय पूँछ उठाकर आर्तनाद करती हुई भागी। बूढ़े चरवाहे ने नदी के जल को गौर से देखा। चुल्लू में लिया–कनकन ठंडा ! सूँघा–सचमुच, गेरुआ पानी !

गेरुआ पानी अर्थात पहाड़ का पानी–बाढ़ का पानी ?

जवान चरवाहों ने उसकी बात को हँसी में उड़ा दिया। किंतु जानवरों की देह की कँपकँपी बढ़ती गई। वे झुंड बाँधकर कगार पर खड़े नदी की ओर देखते और भड़कते। फिर धरती पर मुँह नहीं रोपा किसी बछड़े ने भी।

कारी-कोसी की शाखा-नदियाँ–पनार, बकरा, लोहंद्रा और महानदी के दोनों कछारों पर भदई धान, मकई और पटसन के खेतों पर मोटी कूँची से पुता हुआ गहरा-हरा रंग ! गाँवों की अमराइयों और आँगनों में 'मधुश्रावणी' के मोहक गीतों की गूँज ! हवा में नववधुओं की सूखती-लहराती लाल, गुलाबी, पीली चुनरियों की मादक गंध ! मड़ैया में लेटे, मकई के दुधिया बालों की रखवाली करनेवाले अधेड़ किसान के मन में रह-रहकर एक मीठा पाप जगता है–पाट के खेतों में साग खोंटनेवाली काली-काली जवान मुसहरनियों के झुंड को देखकर। वह विरहा अलापने लगता है, ऊँचे सुर में–'अरे साँवरी सुरतिया पर चमके टिकुलिया कि छतिया पर जोड़ी अनार गे–छौंड़ी छतिया पर जोड़ी अ-ना-आ-आ-आ-र !'

"मार मुँहझौंसे बुढ़वा-वानर को। बुढ़ौती में अनार का सौख देखो।"

लड़कियाँ खिलखिलाकर हँसीं। हँसते-हँसते एक-दूसरे पर गिर पड़ीं।… छौंड़ी माने तू बोली हमार गे–छौंड़ी माने तू बतिया ह-मा-आ-आ-आ-र !

…अनार नहीं, अन्हार ! अर्थात अंधकार !

पाट के खेतों सहित काली-काली जवान मुसहरनी छोकरियाँ आकाश में उड़ गईं ? दल बाँधकर मँडरा रही हैं ? हँसती हैं तो बिजली चमक उठती है।··· रखवाला सूरज दो घड़ी पहले ही डूब गया। अं-ध-का-आ-आ-आ-आ-र !

साँझ को बूँदाबाँदी शुरू हुई। मन का हुलास, गले से बरसाती गीत 'बारहमास' की लय में फूटकर निकल पड़ा—'एहि प्रीति कारन सेतु बाँधल सिया उदेस सिर-राम हे-ए-ए-ए-ए-ए !'

हे-ए-ए-ए-हो-ओ-ओ-ओ !

··· हथिया (हस्ता) नक्षत्र की आगमनी गाती हुई पुरवैया हवा, बाँस के वन में नाचने लगी। उसके साथ सैकड़ों प्रेतनियाँ, डाल-डाल में झूले डालकर झूल पड़ीं। ··· विकट किलकारियाँ !

झमाझम वर्षा में दूर से एक करुण अस्फुट गुहार आकर गाँवों को सिहरा गया—हे-ए-ए-ए-हो-ओ-ओ-ओ !

··· कोई औरत राह भूलकर अँधेरे में पुकार रही है ?

बाँस-वन की प्रेतनियाँ, करोड़ों जुगनुओं से जड़ीं चुनरियाँ उड़ाती दौड़ीं, खेतों की ओर।··· डरे हुए बच्चों को माताओं ने अपनी छातियों से चिपका लिया। दूर नदी के किनारे खेतों में खड़ी कोई उसी तरह पुकारती-गुहारती रही—हे-ए-ए-ए-हो-ओ-ओ-ओ !

··· खेत की लछमी आधी रात में रो रही है ?

··· सर्वनाश !

गुहार की पुकार क्रमशः क्षीण होती गई और एक क्रुद्ध गुर्राहट की खौफनाक आवाज उभरी—'गों-ओं-ओ-ओ !'

··· हवाई जहाज ?

गुर्राहट क्रमशः निकट आ रही है। सबसे उत्तरवाले गाँव के सैकड़ों लोग एक साथ चिल्ला उठे। भयातुर प्राणियों के कंठों से चीखें निकलीं—"बा-आ-आ-ढ़ ! अरे बाप !"

"बाढ़ ?"

"बकरा नदी का पानी पूरब-पच्छिम दोनों कछार पर 'छहछह' कर रहा है। मेरे खेत की मड़ैया के पास कमर-भर पानी है।"

"दुहाय कोसका महारानी !"

इस इलाके के लोग हर छोटी-बड़ी नदी को कोसी ही कहते हैं।··· कोसी-बराज बनने के बाद भी बाढ़ ?··· कोसका मैया से भला आदमी जीत सकेंगे ?··· लो और बाँधो कोसी को !

"अब क्या होगा ?"

कड़कड़ाकर खेतों में बिजली गिरी। गाँव के लोगों की आँखों की रोशनी मंद हो गई।··· एक तरल अंधकार में दुनिया डूब रही है।··· प्रलय—प्रलय !

निरुपाय, असहाय लोगों ने झाँझ-मृदंग बजाकर कोसी मैया का वंदना-गीत

शुरू किया।

जवानों ने टाँगी-कुदाली से बाँस की बल्लियों, लकड़ियों को काटकर मचान बाँधना शुरू किया।

मृदंग-झाँझ के ताल पर फटे कंठों के भयोत्पादक सुर··· "कि आहे-मैया-कोसका-आ-आ-हैय-मैया-तोहरो-चरनवाँ-गै मैया अड़हूल-फूलवा कि-हैय-मैया-हमहु-चढ़ायब-हैय··· !"

··· धिन-तक-धिन्ना, धिन-तक-धिन्ना !

··· छम्मक-कट-छम, छम्मक-कट-छम !

उतराही-गाँव का एकमात्र 'पढ़ुआ-पागल' हँसता हुआ इसी ताल पर जनकवि नागार्जुन की कविता की आवृत्ति कर रहा है—"ता-ता थैया, ता-ता-थैया, नाचो-नाचो कोसी मैया··· !"

और सचमुच इसी ताल पर नाचती हुई कोसी मैया आई और देखते-ही-देखते खेत-खलिहान-गाँव-घर-पेड़—सभी इसी ताल पर नाचने लगे—ता-ता-थैया ता-ता थैया ··· धिन तक-धिन्ना, छम्मक कट-छम !

—मुँह बाए, विशाल मगरमच्छ की पीठ पर सवार दस-भुजा कोसी नाचती, किलकती, अट्टहास करती आगे बढ़ रही है।

अब मृदंग-झाँझ नहीं, गीत नहीं—सिर्फ हाहाकार !

किंतु नौजवान लोग जीवट के साथ जुटे हुए हैं; मचान बाँध रहे हैं; केले के पौधों को काटकर 'बेड़ा' बना रहे हैं।··· जब तक साँस, तब तक आस !

"ओसारे पर पानी आ गया !"

"बछरू बहा जा रहा है। धरो-पकड़ो-पकड़ो !"

"किसका घर गिरा ?"

"मड़ैया में कमर-भर पानी !"

"ताड़ के पेड़ पर कौन चढ़ रहा है ?"

"घर में पानी घुस गया। अरे बाप !"

"छप्पर पर चढ़ जा !"

"माय गे-ए-ए-ए—बाबा हो-ओ-ओ-दुहा-ई-ई-सँभल के-ले ले गिरा-गिरा—छप्पर पर चढ़ जा—ए सुगनी-रे··· रमललवा-आ-आ दीदी ई-ई-हाय-हाय—माय गे—बाबा हो-हो—हे इस्सर महादेव—ले ले गया-गया—डूबा-डूबा—आँगन में छाती-भर पानी—यह छप्पर कमजोर है, यहाँ नहीं—यहाँ जगह नहीं—हे हे ले ले गिरा—भैंस का बच्चा बहा रे-ए-ए-ए—डोमन ए डोमन-साँप-साँप—जै गौरा पारबती—रस्सी कहाँ है—हँसिया दे—बाप रे बाप—ता-ता थैया, ता-ता थैया, नाचो-नाचो कोसी मैया—छम्मक-कट-छम··· !"

भोर के मटमैले प्रकाश में ताड़ की फुनगी पर बैठे हुए वृद्ध गिद्ध ने देखा—दूर, बहुत दूर तक गेरुआ पानी-पानी-पानी ! बीच-बीच में टापुओं जैसे गाँव-घर, घरों और पेड़ों पर बैठे हुए लोग। वह वहाँ एक भैंस की लाश ! डूबे हुए पाट और

मकई के पौधों की फुनगियों के उस पार··· ।

राजगिद्ध पाँखें तोलता है--उड़ान भरता है ! हहास !

जंगली बत्तकों की टोली अपने घोंसलों और अंडों को खोज रही है। टिटही असगुन और अमंगल-भरी बोल रही है।

बादल फिर घिर रहे हैं। हवा फिर तेज हुई।··· दुहाई !

इस क्षेत्र के पराजित उम्मीदवार, पुराने जन-सेवकजी का सपना सच हुआ। कोसका मैया ने उन्हें फिर जनसेवा का 'औसर' दिया है।··· जै हो, जै हो ! इस बार भगवान ने चाहा तो वे विरोधी को पछाड़कर दम लेंगे। वे कस्बा रामनगर के एक व्यापारी की गद्दी से टेलीफोन करके जिला मैजिस्ट्रेट तथा राज्य के मंत्रियों से योगसूत्र स्थापित कर रहे हैं–"हैलो ! हैलो··· !"

राजधानी के प्रसिद्ध हिंदी दैनिक-पत्र के स्थानीय निज संवाददाता को बहुत दिन के बाद ऐसा महत्त्वपूर्ण समाचार हाथ लगा है–क्या ? प्रेस-टेलीग्राम का फार्म नहीं है ?··· ट्रा-ट्रा-टक्का-टक्का ट्रा-ट्रा··· !

"हैलो हैलो। हैलो पुरनियाँ, हैलो पटना, हैलो कटिहार।"

··· ट्रा-ट्रा-टक्का-टक्का··· !

"हैलो, मैं जनसेवक शर्मा बोल रहा हूँ। जी ? जी, करीब पचास गाँव एकदम जलमग्न–डूब गए। नहीं हुजूर, नाव नहीं, गाँव। गाँव माने विलेज, जी ? कुछ सुनाई नहीं पड़ रहा जी ! नाव एक भी नहीं है। हुजूर, डी. एम. को ताकीद किया जाय जरा। जी ? इस इलाके का एक एम. एल. ए. ? जी, वह तो विरोधी पार्टी का है। जी··· जी ? हैलो-हैलो-हैलो !"

जनसेवकजी ने संवाददाता को पोस्ट ऑफिस के काउंटर पर पकड़ा और उसे चाय की दुकान पर अपना बयान लिखाने के लिए ले गए। किंतु चाय की दुकान पर सुविधा नहीं हुई, तो उसे अपने डेरे पर ले गए। लिखो–"स्मरण रहे कि ऐसा बाढ़··· बाढ़ स्त्रीलिंग है ? तब, ऐसी बाढ़ ही लिखो। हाँ, तो स्मरण रहे कि ऐसी बाढ़ इसके पहले कभी नहीं आई···।"

"किंतु दस साल पहले तो···।"

"अजी, दस साल पहले की बात कौन याद रखता है ! तो लिखो 'कि सूचना मिलते ही आधी रात को मैं बाढ़ग्रस्त इलाके··· ।' और सुनो, आज ही यह 'स्टेटमेंट' चला जाए। वक्तव्य सबसे पहले मेरा छपना चाहिए।"

संवाददाता अपनी पत्रकारोचित बुद्धि से काम लेता है–"लेकिन एम. एल. ए. साहब ने तो पहले ही बयान दे दिया है–'फर्स्ट प्रेस ऑफ इंडिया' को–सीधे टेलीफोन से।"

जनसेवक शर्मा का चेहरा उतर गया।··· इतने दिन के बाद भगवान ने जनसेवा का औसर दिया और वक्तव्य चला गया पहले विरोधी का ? दुश्मन का ? चीनी

आक्रमण के समय भी भाषण देने और फंड वसूलने में वह पीछे रह गए। और, इस बार भी ?

"सुनो। मैंने कितने बाढ़ग्रस्त गाँवों के बारे में लिखाया था ? पचास ? उसको डेढ़ सौ कर दो।··· ज्यादा गाँव बाढ़ग्रस्त होगा तो रिलीफ भी ज्यादा-ज्यादा मिलेगा, इस इलाके को। अपने क्षेत्र की भलाई के लिए मैं सबकुछ कर सकता हूँ। और झूठ क्यों ? भगवान ने चाहा तो कल तक दो सौ गाँव जलमग्न हो जा सकते हैं !"

संवाददाता को अपना वक्तव्य देने के बाद उन्होंने अपने कार्यकर्ताओं की विशेष 'आवश्यक और अरजेंट' बैठक बुलाई। वक्तव्य में उन्होंने जिस बात की चर्चा नहीं की, उसी पर विशेष प्रकाश डालते हुए सुझाया—"यह जो बरदाहा-बाँध बना है पिछले साल, इसके कारण इस कस्बा रामपुर पर भी इस बार खतरा है। पानी को निकास नहीं मिला तो कल सुबह तक ही—हो सकता है—पानी यहाँ के गाड़ीवान टोला तक ठेल दे !"

गाड़ीवान टोले के कर्मठ कार्यकर्ताओं ने एक-दूसरे की ओर देखा। आँखों-ही-आँखों में गुप्त कार्रवाई करने का प्रस्ताव पास हो गया।

दूसरे दिन सुबह को संवाददाता ने नया संवाद भेजा—"आज रात बरदाहा-बाँध टूट जाने के कारण करीब डेढ़ सौ गाँव फिर डूबे···।" टक्का-टक्का-ट्रा-ट्रा ! जनसेवकजी 'ट्रंक' से पुकारने लगे—'हैलो-हैलो-हैलो पटना, हैलो पटना··· !!"

कस्बा रामपुर के व्यापारियों और बड़े महाजनों ने समझ लिया—'सुभ-लाभ' का ऐसा अवसर बार-बार नहीं आता। चीनी आक्रमण के समय वे हाथ मलकर रह गए।··· यह अकाल का हल्ला चल ही रहा था कि भगवान ने बाढ़ भेज दिया। दरवाजे के पास तक आई हुई गंगा में कौन नहीं हाथ धोएगा भला ! उनके गोदाम खाली हो गए, रातों-रात बही-खाते दुरुस्त ! अकाल-पीड़ितों के लिए फंड में पैसे देने की सरकारी-गैर-सरकारी अपील पर, उन्होंने दिल खोलकर पैसे दिए।··· अनाज ? अनाज कहाँ ?

सरकारी कर्मचारियों ने उनके खाली गोदामों पर सरकारी ताले जड़ दिए।

"भाइयो ! भाइयो !! आज शाम को। स्थानीय टाउन हॉल यानी 'ठेठरहोल' में। कस्बा रामपुर की जनता की एक विराट सभा होगी। इस सभा में बाढ़-पीड़ित-सहायता-कमिटी का गठन होगा। भाइयो ! भाइयो··· !"

"प्यारे भाइयो ! द अनसारी टूरिंग सिनेमा के रुपहले परदे पर आज रात एक महान पारिवारिक खेल··· प्यारे भाइयो··· आज रात !"

"मेहरबान, आँख नहीं तो कुछ नहीं। जिन भाइयों की आँखों में लाली हो—आँख से पानी गिरता हो—मोतियाबिंद और रतौंधी हो—एक बार हमारी कंपनी का मशहूर और मारूफ अंजन इस्तेमाल करके देखें···।"

··· मैं का करूँ राम मुझे बुड्ढा मिल गया !

··· छप गया-छप गया। इस इलाके का ताजा समाचार। दो सौ गाँव डूब गए।

··· आ गया ! आ गया ! सस्ता बंबैया चादर !

··· आ गई। आ गई। रिलीफ की गाड़ी आ गई।

··· आ गईं। आ रही हैं। तीन दर्जन नावें।

··· सिंचाई मंत्रीजी आ रहे हैं।

··· भिक्षा दो भाई भिक्षा दो–चावल-कपड़ा पैसा दो।

··· इंकलाब जिंदाबाद !

कस्बा रामपुर के दोनों स्कूल, मिडिल और उच्च-माध्यमिक विद्यालय के लड़के जुलूस निकालकर, गीत गाकर, फटे-पुराने कपड़े बटोरते रहे। शाम होते-होते वे दो दलों में बँट गए। बात गाली-गलौज से शुरू होकर 'लाठी-लठौवल' और छुरेबाजी तक बढ़ गई।··· दिन-भर जुलूस में गला फाड़कर नारा लगाया–गाना गाया मिडिल स्कूल के लड़कों ने और लीडर में नाम लिखा जाए हायर सेकेंड्री के लड़के का ? मारो सालों को !

किंतु रिलीफ-कमिटी के सभापति श्री जनसेवक शर्माजी निर्विरोध निर्वाचित हुए। एम. एल. ए. साहब को लोगों ने मिलकर खूब फींचा। "वोट माँगने के समय तो खूब 'लाम काफ' बघार रहे थे। और अभी सरकारी रिलीफ–बोट की बात तो दूर, एक फूटी नाव तक नहीं जुटा सकते ?··· जवाब दीजिए, क्यों आई यह बाढ़ ?··· आपकी बात नहीं सुनी जाती तो दे दीजिए इस्तिफा !"

एम. एल. ए. साहब के सभी 'मिलीटेंट-वर्कर' अनुपस्थित थे। नहीं तो बात यहाँ भी रोड़ेबाजी से शुरू होकर··· !

सभी राजनैतिक पार्टियों के प्रमुख नेता अपने-अपने कार्यकर्ताओं के जत्थे के साथ कस्बा रामपुर पहुँच रहे हैं। उनके अलग-अलग कैंप गड़ रहे हैं।

सरकारी डॉक्टरों और नर्सों की टोली अभी-अभी पहुँची है। डाकबँगले के सभी कमरों में आफिसरों के डेरे हैं।··· अफसरों की 'कोर्डिनेशन मीटिंग' बैठी है।

सभी राजनैतिक पार्टी के नेताओं ने अपने प्रतिनिधि का नाम दिया है– विजिलेंस-कमिटी की सदस्यता के लिए। प्रायः सभी पार्टियों में दो गुट हैं–आफिशियल ग्रुप, डिसिडेंट···। हर कैंप में एक दबा हुआ असंतोष सुलग रहा है।

··· कल मुख्यमंत्रीजी 'आसमानी दौरा' करेंगे।

··· केंद्रीय खाद्यमंत्री भी उड़कर आ रहे हैं।

··· नदी-घाटी-योजना के मंत्रीजी ने बयान दिया है।

··· और रिलीफ भेजा जा रहा है। चावल-आटा-तेल-कपड़ा-किरासन-तेल-माचिस-साबूदाना-चीनी से भरे दस सरकारी ट्रक रवाना हो चुके हैं।

··· कल सारी रात विजिलेंस कमिटी की बैठक चलती रही।

"भाइयो ! आज शाम को। म्युनिसिपल मैदान में। आम सभा होगी। जिसमें सरकार की वर्तमान 'रिलीफ नीति' के खिलाफ घोर असंतोष प्रकट किया जायगा। रिलीफ कमिटी का मनमाना गठन करके···।"

"भाइयो ! कल साढ़े दस बजे दिन को। कामरेड चौबे। स्थानीय रिलीफ-आफिसर

के सामने। अनशन करने के लिए… !"

… जा जा जा रे बेईमान, तोरा एको न धरम। एको न धरम हाय कछू ना शरम। जा जा जा रे बेइमान तोरा… !

"भाइयो !"

दो दिन से छप्परों, पेड़ों और टीलों पर बैठे पानी से घिरे भूखे-प्यासे और असहाय लोगों ने देखा–नावें आ रही हैं।

अगली नाव पर झंडा है। कांग्रेसी झंडा !

पिछली नाव पर भी। मगर दूसरे रंग का।

… जै हो ! महात्मा गाँधी की जै !

… ए ए ! इसमें महात्मा गाँधी की जय की क्या बात है ?

… हड़बड़ाओ मत। नहीं तो डाली टूट जाएगी।

… तीसरी नाव ! अरे-रे ! वह नाव नहीं। मवेशी की लाश है और उस पर दो गिद्ध बैठे हैं।

… हवाई जहाज ! हवाई जहाज !

नावें करीब आती गईं। अगली नाव पर जनसेवकजी स्वयं सवार हैं। उनकी नाव पर 'माइक' फिट है। वे दूर से ही अपनी भूमिका बाँध रहे हैं–"भाइयो, हालाँकि पिछले चुनाव में आप लोगों ने मुझे वोट नहीं दिया। फिर भी आप लोगों के संकट की सूचना पाते ही मैंने मुख्यमंत्री, सिंचाई मंत्री, खाद्य मंत्री… !"

पिछली नाव पर विरोधी दल के कार्यकर्ता थे। उन्होंने एक स्वर से विरोध किया–"यह अन्याय है। आप सरकारी नाव और सरकारी सहायता का इस्तेमाल गलत तरीके से पार्टी के प्रचार में…।"

जनसेवक रिलीफ कमिटी के सभापति हैं। उन्हें विरोध की परवाह नहीं। वे जारी रखते हैं–"भाइयो, आप लोग हमारे कार्यकर्ताओं को अपनी संख्या नाम-ब-नाम लिखा दें। आप लोग एक ही साथ हड़बड़ाकर नाव पर मत चढ़ें। भाइयो, स्टाक अभी थोड़ा है। नाव की भी कमी है। इसलिए जितना भी है आपस में सलाह करके बाँट-बटवारा… !"

रिलीफ कमिटी के सभापति की नाव जलमग्न क्षेत्र में भाषण बोती हुई चली गई। साथवाली नाव पर बैठे लोग लगातार विरोध करते हुए साथ चले। दोनों नाव से कुछ कार्यकर्ता उतरे–बही-खाता लेकर।

"बड़ी नाव आ रही है !"

"भैया, खाली नाव ही आ रही है या और भी कुछ ? बच्चे भूख से बेहोश हैं। मेरी बेटी लबेजान है।"

दो दर्जन नावें शाम तक लोगों को बटोरती रहीं। रात को विजिलेंस कमिटी की बैठक में रिलीफ आफिसर ने स्पष्ट शब्दों में कह दिया, "नावों पर किसी पार्टी

का झंडा नहीं लगेगा !··· बगैर अँगूठा-टीप लिए या बिना दस्तखत कराए किसी को कोई चीज नहीं दी जाए।··· हमें दुख है कि हम बीड़ी नहीं सप्लाई कर सकते। ··· रिलीफ बाँटते समय किसी पार्टी का प्रचार या निंदा करना गैरवाजिब है। ऐसा करनेवालों को कमिटी का किसी प्रकार का काम नहीं सौंपा जाएगा।"

डॉक्टरों और नर्सों को अभी कोई काम नहीं। 'इनडोर' और 'आउटडोर' खेलों में मस्त हैं··· गेम बॉल !··· टू स्पेड !··· की मिस बनर्जी—की होलो ?··· नो ट्रंप !

रेलवे लाइन के ऊँचे बाँध पर—कस्बा रामपुर के हाट पर पेड़ों के नीचे स्कूलों में बाढ़-पीड़ितों के रहने की व्यवस्था की गई है। जिन गाँवों में पानी नहीं घुसा है, मगर पानी से घिरे हैं, ऐसे गाँवों में भी लोगों के रहने की व्यवस्था की गई है। उनके लिए रोज राशन लेकर नावें जाती हैं। डॉक्टरों और नर्सों के कई जत्थे गाँवों में सेंटर चलाने के लिए भेजे गए हैं।

पानी धीरे-धीरे घट रहा है !

मुसहर तथा बहरदारों का दम, कैंप के घेरे में कई दिन से फूल रहा था। इन घुटते हुए लोगों ने पानी घटने की खबर सुनते ही डेरा-डंडा तोड़ दिया। वे पानी के जानवर हैं। पानी-कीचड़ में वे महीनों रह सकते हैं··· टीप देते-देते अँगूठे की चमड़ी भी काली हो गई।··· भीख माँगकर खाना अच्छा, मगर रिलीफ का हलवा-पूड़ी नहीं छूना। छिः छिः !!··· वह 'कुर्र-अंक्खा' भोलंटियर मेरी सुगनी को फुसला रहा था, जानते हो ?··· सब चोरों का ठठ्ठ !

"भाइयो, कैंप से जाने के पहले। अपने इंचार्ज को। अवश्य सूचित करें। जिन गाँवों से पानी हट गया है वहाँ के लोग अब जा सकते हैं। उनके पुनर्वास के लिए रिलीफ कमिटी की ओर से बाँस-बाड़-सूतली तथा और जरूरी सामान··· !"

"भाइयो, आपको मालूम होना चाहिए। कि आपकी सहायता के लिए। आए हुए सामान के वितरण में। घोर धाँधली हो रही है। आप खुद अपनी आवाज बुलंद करके। मौजूदा कमिटी को··· !"

"··· भाइयो—भाइयो ! सुनिए। दोस्तो !!"

भाइयो-भाइयो पुकारते हुए दोनों घोषणा करनेवालों ने एक-दूसरे को झूठा और बेईमान कहना शुरू किया। फिर मारपीट शुरू हुई। पुलिस ने शांति स्थापित करने के लिए लाठी-चार्ज किया। कई बाढ़-पीड़ित रात-भर हिरासत में रहे।

··· राजधानी के प्रमुख अंग्रेजी पत्र ने पर्दाफाश करते हुए लिखा—"छोटी-छोटी नदियों, खासकर कोसी की पुरानी धाराओं में, छोटे-बड़े बाँध बाँधने में पी. डब्ल्यु. डी. के इंजीनियरों ने अदूरदर्शिता से काम लिया है। यही कारण है कि जिन क्षेत्रों में कभी बाढ़ नहीं आई, वे जलमग्न हैं इस बार। सरकार के अकर्मण्य कर्मचारियों··· !"

··· दूसरे दैनिक ने इस बाढ़ की जिम्मेदारी पड़ोसी राज्य के अधिकारियों के सिर थोपते हुए लिखा—"पड़ोसी राज्य ने हमारे राज्य की सीमा से सटे हुए क्षेत्र

में बराज बाँधकर सारे उत्तर-पूर्वी बिहार की तमाम छोटी नदियों का निकास अवरुद्ध कर दिया। बराज बनाने के पहले यदि हमारे राज्य-अधिकारियों से सलाह-परामर्श किया जाता तो ऐसी बाढ़ नहीं आती।"

स्थानीय, अर्थात् जिला से निकलनेवाली साप्ताहिक पत्रिका ने इस बाढ़ को 'मैनमेड' बाढ़ करार देते हुए प्रमाणित किया–"पड़ोसी राज्य नहीं, पड़ोसी राष्ट्र के कर्णधारों ने ही हमें डुबाया है।"

बरदाहा बाँध टूटने की जिम्मेदारी चूहों पर पड़ी। चूहों ने बाँध में असंख्य 'माँद' खोदकर जर्जर कर दिया था–एक ही साल में।

··· पढ़िए-पढ़िए–ताजा समाचार ! सारे राज्य में हाहाकार ! राज्य की मौजूदा सरकार के खिलाफ अविश्वास के प्रस्ताव की तैयारी ! मुख्यमंत्री के निवास पर अनशन !

पचास टिन किरासन, दस बोरा आटा और चावल के साथ रिलीफ की नाव पनार नदी की बीच धारा में डूब गई !··· लापता हो गई।

जनसेवकजी के विरोधियों ने मुकदमा दायर किया है। करें। जनसेवकजी का काम बन चुका है। सारे इलाके में उनका जयजयकार हो रहा है।··· चुनाव में हारने और चीनी आक्रमण के समय पिछड़ जाने की सारी ग्लानि दूर हो गई है। उन्होंने सूद-सहित वसूल लिया है।··· भगवान जरूर है, कहीं-न-कहीं।

··· भाइयो !

··· ओ मेरे वतन के लोगो ! जरा आँख में भर लो पानी··· !

आकाश में गिद्धों की टोली भाँवरी ले रही है। सैकड़ों काले-काले पंख–मँडराते हुए बादलों जैसे।

धरती पर मरे हुए पशुओं की लाशें–कंकाल ! हरी-भरी फसलों के सड़ते हुए पौधे !

··· दुर्गंध-दुर्गंध-गंध !

··· कीचड़-केंचुए-कीड़े–धरती की सड़ी हुई लाश !

सर्वहारा लोगों की टोली, सिर झुकाए बचे-खुचे पशुओं को हाँकते, बाल-बच्चों, मुर्गे-मुर्गियों, बकरे-बकरियों को गाड़ियों, बँहगियों और पीठ पर लादकर अपने-अपने गाँव की ओर जा रही हैं, जहाँ न उनकी मड़ैया साबित है और न खेतों में एक चुटकी फसल। किंतु उनके पैर तेजी से बढ़ रहे हैं। तीस-बत्तीस दिन के रौरववास के बाद उनके दिलों में अपने बेघर के गाँव और कीचड़ से भरे खेतों के लिए प्यार की बाढ़ आ गई है।··· कीचड़ पर उनके पैरों के छाप दूर-दूर तक अंकित हो रहे हैं।

गाँव फिर से बस रहे हैं।

सरकारी रिलीफ, कर्ज और सहायता के बोझ से दबी हुई आत्माओं में फिर

देवता आकर बसने लगे। तीस-बत्तीस दिन तक अपनी-अपनी जान के लिए वे आपस में लड़ते रहे, रिलीफ के कार्यकर्ताओं की खुशामद करते रहे। स्वार्थ-सिद्धि के लिए उन्होंने एक-दूसरे की गर्दन पर हाथ रखे, दूसरे का हिस्सा हड़पा, चोरी की, झगड़ा किया।··· सभी के दिल में शैतान का डेरा था।

आसिन का सूरज रोज धरती को जगाता है। सूखते हुए कीचड़ों पर दूब के अँखुए हरे हुए।

जंगली बत्तकों की पाँती 'पैंक-पैंक' करती हुई चक्कर मार रही है। चील, काग, गिद्ध–सभी प्यारे लगते हैं। गड्ढों में 'कोका' के फूल हैं या बगुले ?··· हरसिंगार की डाली फूलों से लद गई। हवा में आगमनी का सुर–माँ आ रही है ! डाली फूलों से लद गई। हवा में आगमनी का सुर–माँ आ रही है ! भिखारिनी–अन्नपूर्णा माँ !

मिट्टी-कीचड़ की प्रतिमा में प्राण-प्रतिष्ठा का मंत्र फूँककर मिट्टी की संतान ने पुकारा–माँ-आँ-आँ ! हमें क्षमा करो··· !

पूजा के ढोल बजने लगे, सभी ओर।

कारी-कोसी की निर्मल धारा में अष्टमी का चाँद हँसा। शरणार्थी बंगाली मल्लाहों के गीत की एक कड़ी रजनीगंधा के तुनुक-कोमल डंठलों की तरह टूट–टूटकर बिखर रही है–ओ रे भा-य-य-य ! तोमारि लागिया-बधुआ-आ-आ-काँदे हाय हाय–उगो पिरित करिया बधुआ मने पस्ताय··· !

इलाके का 'पढ़ुवा पागल' आजकल 'निराला' की एक ही पंक्ति को बार-बार दुहराता है–'मिट्टी का ढेला शकरपाला हुआ।'

'धर्मयुग', 8 नवंबर, 1964 के अंक में प्रकाशित

रस के बस में–चार रात

24 दिसंबर, '64–रामकृष्ण मिशन आश्रम, पटना, में आयोजित 'क्रिसमस ईव' से लौट रहा हूँ। मन-प्राण स्वर्गीय सुगंध में डूबा हुआ है। जीभ पर प्रसाद (केक) की गुलाबी मिठास ! किंतु, ओवरकोट इतना भारी है कि लगता है कंधे पर सलीब ढो रहा हूँ। एक कुहरा-भरी साँझ में अभी जो कुछ देखता हूँ, उस पर एक 'क्रॉस' की छाया उभर आती है : सड़क, रोशनी, रिक्शा, आदमी, क्रॉस+क्रॉस+क्रॉस+++ – आश्रम से निकलकर दाहिनी ओर मुड़ रहे थे पैर–जिधर जाते-जाते गाँधी मैदान

के पास जाकर मैं एक 'जहन्नुम' में चला जाता। मन मना कर रहा था, मगर पैर मुड़ रहे थे। हठात् कर्कश हॉर्न सुनकर वाम दिशा के फुटपाथ पर चढ़ गया। देखा, एंबुलेंस बाय-पास होकर छुतहा अस्पताल जा रहा है। कुहरे में भी, दूर तक, सफेद मोटर-वान पर अंकित रेड-क्रॉस दिखलाई पड़ता है। फिर कुहासे के झीने पर्दे पर–कंपलिमेंटरी कलर में क्रॉस+क्रॉस+क्रॉस ! बाईं ओर चलता हुआ घर आया।

मेरी सूरत देखकर ही घर के लोग समझ जाते हैं, मैं आज जहन्नुम से नहीं, जन्नत से आ रहा हूँ।

संयोग की बात, बिजली चली गई ! हमने आध दर्जन मोमबत्तियों को जलाकर उजाला किया। घर का हर प्राणी, नौमी–सुनहरी, झबरी, हमारी नौमी !–और तोतू (हरबोला पंछी !) भी, अचानक ईश्वरोन्मुख हो गया। सभी के चेहरों पर एक दिव्यभाव ! काँपती हुई रोशनी में काँपते हुए हम भोजन करने बैठे। लगता है कहीं पास ही कोई मद्धिम आवाज में गद्‌गद कंठ से पढ़ रहा है–"भोजन करते समय येसु ने रोटी ली और उसे आशीष देकर तोड़ा और अपने शिष्यों को देते हुए कहा–लो और खाओ, यह मेरा शरीर है··· तब कटोरा लेकर धन्यवाद दिया और यह कहते हुए उन्हें दिया–इसमें से सब-के-सब पी लो, क्योंकि यह मेरा लहू है, व्यवस्थान का लहू जो बहुतों के लिए बहाया जा रहा है, कि उन्हें पापों की क्षमा मिले।··· मैं ही रोटी हूँ, जीवित रोटी, जो स्वर्ग से उतरी है··· जो संसार के जीवन के लिए समर्पित है।··· '

यदि उस समय एंबुलेंस का हॉर्न मुझे बाएँ फुटपाथ पर नहीं कर देता, बहुत दूर तक रेडक्रॉस नहीं जगमगाता रहता, तो मैं दाहिनी ओर मुड़ रहा था।

जन्नत से लौटकर जिस साँझ आता हूँ–उस रात को नींद नहीं आती है। इसी के डर से मैं वहाँ हर साँझ नहीं जाता। महीनों नहीं जाता। हर साँझ को मौत खरीदने निकल जाता हूँ–जहन्नुम की ओर !

"कल, 25 दिसंबर को बड़ा दिन है, 'श्री श्री माँ' परमा प्रकृति सारदामणि का दिन है। सुबह साढ़े आठ बजे से विशेष-पूजा और हवन–रात में 'श्री श्री माँ' फिल्म-शो"–सूचना देने के लहजे में, मैं बोला–"कल 'श्री श्री माँ'। परसों–'विरेश्वर विवेकानंद' और 'मीराबाई'। 27 दिसंबर को 'परमहंस रामकृष्ण'–"

हमारे सोने के कमरे का एक कोना–'मिनिएचर मंदिर' है। एक छोटी-सी चौकी पर रंगीन चदरी बिछी हुई है। उस पर गणेश, शिव, बुद्ध, सरस्वती, ईसा और रामकृष्ण की छोटी-छोटी मूर्तियाँ हैं–दीवार के सहारे दशभुजा दुर्गा की रंगीन तस्वीर (पट !) टिकी हुई है और रामकृष्ण-सह-महाकाली की छवि ! मेरे गुरु स्वामी माधवानंद का फोटोग्राफ। दाहिनी दीवार पर ध्यानरत विवेकानंद। और इन सभी के ऊपर हैं–श्री श्री माँ !

चौकी के पास फर्श पर धूपदानी है और··· और सोलन की बोतल में गंगाजल···। बोतल का लेबल ज्यों-का-त्यों चिपका हुआ है।

बस एक बार, बंग देश की एक इंटेलेक्चुअल महिला ने पूछा था–'सबसे ऊपर

श्री माँ को रखने का कोई खास मतलब है क्या ?'

जो सही बात थी निवेदन किया–'मूर्तियों और तस्वीरों को सजाने-बैठाने-लटकाने के समय कोई खास मतलब नहीं था। जगह, आकार और जायतन के हिसाब से, सहूलियत जैसा हुआ··· मगर, अब एक मतलब निकाल लिया है। विवेकानंद अमेरिका से अपने गुरुभाई शिवानंद को लिखते हैं–जीती-जागती दुर्गा की पूजा दिखलाऊँगा। भाई, माँ की याद आते ही कभी-कभी कहता हूँ–को राम ? (अशोकवाटिका में सीता को देखकर, हनुमान भूल गए थे राम को–को रामः ?) रामकृष्ण परमहंस ईश्वर थे या आदमी–जो भी कहो–किंतु, जिसकी माँ पर भक्ति नहीं–उसको धिक्कार।'

फिर रामकृष्ण-सारदा कथोपकथन का एक टुकड़ा।

रामकृष्ण की पदसेवा करती हुई सारदा एक दिन हठात् पूछ बैठती हैं, "मैं तुम्हारी कौन लगती हूँ ?"

"तुम ? तुम मेरी आनंदमयी हो !··· जो माँ मंदिर में हैं (अर्थात्–भवतारिणी काली) वही नहबत-घर में (रामकृष्ण की माँ चंद्रमणि) हैं और वही यहाँ अभी मेरा पैर टीप रही हैं।"

भद्र महिला को स्मरण दिलाया था–'और, स्वयं रामकृष्ण ने जिनकी पूजा की थी। षोड़सी पूजा ! चरणों पर भक्ति-श्रद्धापूर्ण प्रणाम निवेदन किया था··· ।'

तब, उन्होंने मुस्कुराकर पूछा था, "और, इस बोतल में क्या है ?"

मैंने तनिक हकलाकर कहा था, "वह मैं हूँ।"··· अर्थात्, वह मेरा प्रतीक है। ··· यानी, सोलन की बोतल में गंगाजल।

बोली, "आपके अहंकार की तारीफ··· ।"

मैं बोला, "दासोऽहं। सोऽहं नहीं। रामकृष्ण की सीख !"··· वह झुंझलाकर हँसी थी। मन-ही-मन बोली थी–'भाँड' !

सचमुच, मैं 'भाँड' ही हूँ क्या ? बगुला भगत ? संभव है, होऊँ। मगर, अभी इस समय आधी रात को–जब गाँधी मैदान के पासवाले गिर्जाघर में घड़ीघंट घनघना उठा है–मैं भाँड नहीं। मैं हड़बड़ाकर, कुर्सी छोड़कर उठता हूँ और दीवार के सहारे खड़ा होकर दोनों हाथों को दोनों ओर फैला देता हूँ ! और, तब देवदूत कहता है–'डरो नहीं–सुनो, मैं तुम लोगों के लिए बड़ी खुशखबरी ले आया हूँ, जिससे सारी जनता को आनंद होगा। आज दाऊद की इसी नगरी में तुम्हारे लिए मुक्तिदाता जन्मे हुए हैं··· ।'

मैं हूँ सत्य, मैं हूँ मार्ग, मैं हूँ जीवन !–प्रभु ईसा कहते हैं।

पूजा और हवन में, समय पर नहीं पहुँच पाने के कारण, नहीं सम्मिलित हो सका।

किंतु, प्रसाद वितरण के बहुत पहले ही आश्रम पहुँच गया था। भंगी टोली के सैकड़ों प्रसादार्थियों की भीड़ में खड़ा होकर इस बार माँ का प्रसाद लूँगा। खिचड़ी प्रसाद। खेचरान्न ! रामकृष्ण तथा माँ को खिचड़ी बहुत प्रिय थी। इसलिए, इनकी पूजा में, भोग खिचड़ी का ही निवेदित होता है।

मैंने, पिछले कई वर्षों में एक बात की परीक्षा ले ली है। कई अभक्त [अर्थात् जो रामकृष्ण के भक्त नहीं, नास्तिक हैं, द्वंद्वात्मक भौतिकवादी हैं !] जनों को यह प्रसाद खिलाकर पूछा है–'ऐसी खिचड़ी पहले भी आपने कभी खायी थी ?' और, भोजन-रसिक मेरे मित्रों ने निस्संकोच जवाब दिया है–'कभी नहीं। इतनी सुस्वाद खिचड़ी !'

अथच, मूँग की दाल और चावल, आलू के अलावा इसमें न घी होता है और न कोई सुगंधित मसाला !

खिचड़ी खाकर अघाए हुए नंग-धड़ंग बच्चे में एक अजीब उत्साह है। रात में सिनेमा होगा। एक रात ही नहीं। तीन-तीन रात !

बंद, अँधेरे हॉल में बैठकर आनंद लूटने को, कोई आत्म-रति कहे तो, उसे मैं पागल नहीं कहूँगा। रामलीला, रासलीला, नौटंकी, जात्रा देखनेवाली जनता को भी देखा है और अंध-बंद-हॉल के दर्शकों की सिलहुट छवि भी। लालटेन, गैसबत्ती, पंचलाइट, डे-लाइट, किरोसिन लाइट, पैट्रोमेक्स की रोशनियों में हर मुखड़े पर अंकित, हँसी-रुदन, आनंद-अवसाद की रेखाएँ, स्पष्ट हो जाती हैं। किंतु, फिल्मयुग में अब नाटक भी अँधेरे में होता है।··· अंधकार में टटोलती हुई हँसी, ··· लड़खड़ाती हुई मुस्कुराहट, गुपचुप, फिसफिस··· !

लेकिन, खुले मैदान में जब-जब फिल्म देखी है, एक अद्भुत आनंद मिला है। पर्दे पर तस्वीरें अस्पष्ट उतरती हैं, आवाज झनझनाई हुई निकलती है, फीता बार-बार कट जाता है, इनके बावजूद–सुख मिलता है।

एक हजार दर्शकों में से सात सौ को छाँट देता हूँ–वे सिर्फ बायस्कोप देखने आए हैं। तीन सौ में, दो सौ को अभक्त की श्रेणी में डालकर–एक सौ दर्शकों को मैं रामकृष्ण का भक्त मान लेता हूँ।

रामकृष्ण मिशन के इस मैदान में, साल-भर में कई बार भारी भीड़ होती है। उस समय, आश्रम के विद्यार्थी जूतों की रखवाली से लेकर ट्राफिक कंट्रोल तक करते हैं। आश्रम के बड़े महाराज, समय-समय पर, शोरगुल करनेवालों को शांत करते हैं। किंतु, आज की भीड़ को कोई नहीं सँभाल रहा। लोग, जूते पहनकर ठाकुर-मंडप में खड़े हैं। उन्हें कोई कुछ नहीं कहता ! कुछ कहना बेकार है।··· कोलाहल··· कलरव··· आनंदोल्लास !

आज की रात–'श्री श्री माँ' में रामकृष्ण की भूमिका में श्री गुरुदास बंदोपाध्याय हैं। सुना है रामकृष्ण की भूमिका करते समय–शूटिंग के दिनों–आप रामकृष्ण-रस में विभोर रहते हैं। सबकुछ 'ऐबनॉरमल' हो जाता है ! पर्दे पर रोशनी उतरी और भीड़ धीरे-धीरे संयत हो रही है। स्वयं चारों ओर खामोशी छाती गई। खेल शुरू

होने के पहले··· ट्रेलर, डाक्यूमेंटरी दिखाई जा रही है– सिविक सेंस··· व्यक्ति है जो सार्वजनिक स्थलों पर, बसों में, ट्रेन में, ट्राम में, पब्लिक टेलिफोन पर, लिफ्ट पर, मुहल्ले के नल पर, घर में–हर जगह अपनी हरकतों से अनेकानेक हास्यास्पद स्थितियाँ पैदा कर जाता है।··· हहहह ! हहहह !

नहीं, भीड़ ने मूल बात को ग्रहण कर लिया है। एक तेरह साल का स्कूलिया लड़का अपने साथी से कह रहा है–'अभिये न देखले लकऊ पर्दा पर !'

··· श्री श्री माँ ! इसके अलावा मैं कुछ भी नहीं पढ़ सका। शायद, पढ़ना ही नहीं चाहता था–क्योंकि मैंने चेष्टा नहीं की। सिनेमा हॉल में भी मैं यही करता। एक अंधभक्त की दृष्टि से मैं यह 'लीला' देखने आया हूँ।··· मैं पलटदास हूँ ! मैं माँ सारदामणि को सीता कहता हूँ, मानता हूँ।

··· अद्‌भुत भाव-विभोर होकर सभी ने काम किया है। एक रील समाप्त होने के बाद विराम के क्षण में मुझे लगा, मैं उन्नीसवीं शताब्दी में पहुँच गया हूँ। मैं उस युग का आदमी नहीं··· मैं लट्टू महाराज हूँ जो, परम आह्लाद से माँ की रोटी बेलने को ही असल पूजा मानता है !

··· रामकृष्ण की आँखों को, विभिन्न अवस्था और 'भाव' के क्षणों में देखकर–देखते-देखते मैं चंचल हो उठा। लगा, ओवरकोट के नीचे–स्वेटर के नीचे कोई पतंगा घुस गया है। नहीं, मैं डर गया हूँ असल में।

मुझे बार-बार ऐसा लगता है कि जोर-जोर से रोने लगूँगा–चिल्लाने लगूँगा–हँसूँगा। हालाँकि, मैंने आज किसी किस्म का नशा नहीं सेवन किया है, मगर लोग कहेंगे–'साला ! यहाँ भी आया है पी के।'··· अथवा कहेंगे–'साला, गिरीश घोष की नकल कर रहा है !'

जब माँ सारदामणि, पगली वैष्णवी को प्यार से पुचकारकर शांत करने लगीं–मैं डगमगाता हुआ उठ खड़ा हुआ। फिर, उस भीड़ से कैसे बाहर निकला–स्मरण नहीं। बड़े महाराज ने पूछा–'क्यों ? चले ?' जवाब दिया–'नहीं। जरा खड़ा होकर इस पेड़ के नीचे से देखूँगा।'··· लेकिन, पाँच मिनट के बाद मैंने भागकर घर जाने में ही कुशल माना।

घर आकर लगा, इस भारी ओवरकोट के कारण ही मेरी वैसी अवस्था हो गई थी, शायद। बोझ और गर्मी के मारे 'ब्लड प्रेसर' पर असर··· नहीं, मुझे ब्लड प्रेसर की शिकायत नहीं। फिर भी, एक बार जँचवा लेने में क्या है ?··· ब्लड प्रेसर आपरेटस··· डाक्टर··· अस्पताल··· मेरे कमरे के मंदिर में कोई बोला–'अरे दुर साला ! निजे के रोगी-रोगी भाबले सत्ति-सत्ति रोगी हॅये जाबे ! किछु नेई··· !!' ओवरकोट के कारण नहीं–असल में रामकृष्ण के कारण ही मैं, 'लीला' से भाग आया।

मुझे बार-बार अस्पताल के उस महान् दिन की याद आती है; उन क्षणों की याद आती है, जब मैंने ठीक इसी तरह इस 'मूरत' को भाव-विह्वल होकर बोलते देखा था। उन क्षणों–उस दिन–के पहले तक रामकृष्ण की तस्वीर को देखकर–मेरे मन में कभी भक्ति नहीं उमड़ी, बल्कि, अश्रद्धा ही अधिक होती थी। और, मैं

उनके संबंध में कुछ नहीं जानता था। न कभी जानने की उत्सुकता हुई। यहाँ तक कि विवेकानंद उन्हीं के शिष्य हैं और विवेकानंद ने क्या-क्या कहा, क्या-क्या किया–यह सब जाने बगैर मन में विवेकानंद से बैर ठाने हुए था। मार्क्सवादी की हैसियत से हर मजहबी आदमी को अफीमखोर या गँजेड़ी आदमी मानता था !

1951-52.···

··· दो-दो बाल्टी रक्त उगलकर मैं ठंडा होता जा रहा था। उस दिन हमारे वार्ड में आध दर्जन से अधिक व्यक्ति मर चुके थे। पंखा बंद था, नल में पानी नहीं। मेरी जीभ पर··· गोंद··· मेरी साँसों को कोई गोंद से चिपकाकर··· फेफड़े का रोगी, अंतिम क्षणों तक होश में रहता है··· त्राहि-त्राहि मची हुई वार्ड में··· मुझे रह-रहकर नींद आती है··· गंध, दुर्गंध भीषण नरक–आँखें खुलते ही एक छाया चेहरे पर झुकी हुई–हट गई छाया ! समझ गया–यह उचक्का मेहतर हर वार्ड में मरनासन्न लावारिस 'रोगियों' के इर्द-गिर्द मँडराता है। मरा कि टूटा !! वह झुककर परीक्षा कर रहा था–साँस चल रही है या नहीं। मुझे जिंदा देखकर छिटककर अलग जा खड़ा हुआ। मैंने तकिये के नीचे रखी हुई घड़ी-कलम को टटोलकर देखा। हाथ शायद तकिये के नीचे ही रहा और मैं फिर सो गया। हालाँकि, जगे रहने की अंतिम दम तक मैंने चेष्टा की।··· एक पागल या नशाबाज-दाढ़ीवाला हाथ में गाँजे का चिलम लेकर धुआँ उड़ाता हुआ मेरे पास आता है। जोर से धुआँ मेरी ओर फेंककर हँसता है–ठठाकर !··· वह मुझसे पूछता है कि तुम रो क्यों रहे हो ? और आश्चर्य–बंगला में ही पूछता है–फिर हँसकर कहता है–'दुर साला ! कांदछिस केन ?'–मैं कहता हूँ–'मुझे बहुत काम करना था, लेकिन यह नींद।··· मैं सोना नहीं चाहता··· ' दाढ़ीवाला गंभीर होकर, व्यंग्य-भरी मुद्रा में कहता है–'देश का उद्धार तो कर दिया, अब क्या ?··· साला देशेर सेबक··· सेबकेर जालाय लोके बाय-बाय कोर्बे··· तोमार तो कलम सोनार'··· 'हाँ, पार्कर फिफ्टी वन है न !'–मैं लजाकर कहता हूँ। दाढ़ीवाला बोला–'इस सोने की कलम से क्या-क्या लिखा ? कभी मेरा नाम लिखा ?··· दुर साला–किच्छुई जाने ना–हो-हो-हो–दुर साला–तोर किच्छुई नेई–तुमी भालो–तुमी रोगी नउ–तुमी सुस्थ–तुमी सुस्थ–उठो···।'

आँख खोलकर देखा–वार्ड के बरामदे पर धूप है ! लगा, मैं स्वस्थ हो गया। डेढ़ साल से चढ़ा हुआ बुखार आज आधा डिग्री उतरा–पहली बार !

डाक्टर हर्ड साहब आए–'क्राइसिस की रात कट गई !'

··· और उसी दिन से मेरा बुखार घटता गया, (कुल 90 पाउंड) वजन बढ़ता गया··· क्रमशः। पाँच-छै महीने के बाद डाक्टरों ने वजन घटाने की सलाह दी। अस्पताल से 'डिस्चार्ज' होने के दिन डाक्टर साहब कह रहे थे, अपने विद्यार्थियों से–'कुछ अद्भुत ढंग से यह आराम हुआ–है न ?'

अस्पताल से निकलकर, दूसरे दिन एक किताब की दुकान पर गया। बंगला पुस्तकों में एक 'गेटअप' ने आकर्षित किया। परमपुरुष रामकृष्ण परमहंस। लेखक–अचिंत्य कुमार सेनगुप्त।··· प्रच्छदपट परिकल्पना–सत्यजित राय। (उस समय

तक फिल्म डायरेक्टर नहीं हुए थे)–और-और–अंदर फोटोग्राफ्स देखकर–मैं घबरा गया था। यह तो-तो-तो-तो उस दिन–छै-सात महीने पहिले अस्पताल में उस महान दिन को–उस रात को–यही मूरत ??

'रामकृष्ण विवेकानंद साहित्य' पढ़ना शुरू किया।··· वर्षों के भूखे-प्यासे आदमी को भोजन मिला हो, मानो बार-बार पढ़कर भी तृप्ति नहीं होती। अंत में इन ग्रंथों का 'पाठ' शुरू किया।

रामकृष्ण की छवि के सामने, विधिपूर्वक !··· अपना पहला उपन्यास लिखना शुरू किया। पांडुलिपि पर सबसे पहले 'ॐ भगवते श्री रामकृष्णाय नमः' लिखना चाहता था।··· से कि रे ! सोनार कलम दिए बई लिखबे ? आमार नाम लिखबे ? प्रथमे गणेशेर नाम लिखते हय रे बोका··· साला ! आमार की सूँड आछे जे आमि गणेश होबो ? जा स्साला, तोर जा मने इच्छे ताई लिख··· ! तब, मैंने 'श्री गणेश' नहीं लिखकर लिखा–सिर गनेश ! और तब उपन्यास का सिरगनेश (बिसमिल्लाह) किया।

आश्रम में 'श्री-श्री माँ' देखते वक्त मुझे वह अद्‌भुत हँसी सुनाई पड़ती थी। लगता था, बस अब मुझसे सवाल करेंगे–'की रे साला ! सोनार कलम दिए की लिखली ?'··· जो माटी वही सोना, जो सोना वही माटी ! फोरटीन कैरेट सोना–फोरटीन कैरेट माटी !

रामकृष्ण ने कहा था–'माँ, मुझे सूखा संन्यासी मत बनाना।–मुझे रस के बस में रखना।'

यदि, रामकृष्ण रस के बस में नहीं रहते, सूखा संन्यासी हो जाते, तो–तो–मैं समझता हूँ–आज बंगाल में न कोई गीत गाता, न नाटक खेलता, न फिल्म बनाता, न चित्र आँकता, न साहित्य-सृष्टि करता।··· मात्र, बारूद का गोदाम ! कल, 'विवेकानंद' और 'मीरा' की लीला देख सकूँगा या नहीं–राम जाने।··· लेकिन आज की रात भी नींद नहीं आएगी–यह मैं जानता हूँ।

नहीं, आज भी नहीं देख सका पूरा खेल। शिकागो-भाषण स्वामीजी ने शुरू किया और मेरी देह काँपने लगी !

घर लौटकर सिस्टर निवेदिता लिखित किताब The Master as I Saw Him पढ़ता रहा। बीच-बीच में मन में एक सवाल उठता–'सिस्टर निवेदिता भी अंधभक्त थी क्या ?'

हाँ, निवेदिता ने भी अपने गुरु की तरह, अपने गुरु को 'ठोंक-बजा' कर देख लिया था और फिर 'अंध' हो गई थी !–रामकृष्ण ने कहा था, नरेन (विवेकानंद) से–'हाँ, ठोंक-बजाकर देख लो। तुम दूसरों की कही-सुनी बातों को, अंधों की तरह क्यों ग्रहण करोगे ?··· '

'मन चलो निज निकेतने'–पहली मुलाकात के दिन, रामकृष्ण को भजन सुना

रहा है–नरेन। रामकृष्ण ने भाव-समाधि ली। देखा, यह तो वही है–मेरा गुरु–वह प्रकाश पुंज–जिसने मुझे यहाँ भेजा–तुम चलो, मैं आ रहा हूँ।

··· गीत समाप्त हुआ। रामकृष्ण की विह्वल-गद्गद वाणी··· फिर आना। बार-बार आना।–ओ आमार गुरु–ओ नारायण–ओ शिव–ओ अग्नि–नरेन आमार खापाखोला (म्यान से निकली) तरवार !

विवेकानंद, अपने पश्चिमी भक्त-पाठकों को अपने गुरु (मदीय आचार्य देव !) के संबंध में सुनाते हुए लिखते हैं–"··· इस तरह, मैं क्रमशः नास्तिक होता जा रहा था। ऐसे समय में ही··· यह आध्यात्मिक ज्योतिष्क मेरे भाग्य-गगन में उदित हुआ। उसने मुझे बुलाया–उपदेश सुनने गया। लेकिन, मैंने देखा–यह तो साधारण आदमी की तरह ही है। कोई असाधारणत्व नहीं देखा। वह अति सरल भाषा में बातें करता था–मैंने सोचा, यह आदमी एक बड़ा धर्माचार्य कैसे हो सकता है ? ··· मैं जो कुछ कह रहा हूँ–वह कोई मनगढ़ंत या कल्पित कथा नहीं–यह वास्तविक सत्य है। मैं दिन-प्रतिदिन इस व्यक्ति के निकट आने लगा। सारी बातें तो मैं अभी नहीं बताऊँगा, तब, इतना कह सकता हूँ कि–धर्म भी दिया जा सकता है–यह मैंने वास्तविक रूप से प्रत्यक्ष किया। मैंने ऐसा बार-बार होते देखा है–एक 'स्पर्श'–अथवा एक 'दृष्टि' से समग्र जीवन परिवर्तित !··· मैंने बुद्ध, ईसा, मुहम्मद और प्राचीन काल के विभिन्न महापुरुषों के बारे में पढ़ा था–उन्होंने उठकर कहा, 'स्वस्थ होओ !' और वह व्यक्ति स्वस्थ हो गया। मैंने अब जाना, यह सत्य है। मैंने जब इस 'पुरुष' को देखा-मेरा सारा संदेह बह गया। धर्मदान संभव है। मेरे गुरुदेव कहते–'दुनिया की और चीजें जैसे ली-दी जाती हैं–धर्म तदपेक्षा अधिक प्रत्यक्ष रूप से दिया-लिया जा सकता है···।'

नरेन–एक तूफान ! केशवचंद्र, ईश्वरचंद्र विद्यासागर, गिरीश घोष, बंकिम चंद्र–सभी की आँखें इस तूफान पर थीं। आश्चर्य ! उस पागल ने, दक्षिणेश्वर के अपढ़ व्यक्ति ने इस आँधी को मुट्ठी में कैद कर लिया !

–'यह आपने क्या किया ? मुझ पर कौन-सा जादू डाल दिया ? नहीं-नहीं। ऐसा मत कीजिए। मेरी माँ है, भाई है–परिवार है। मेरा सबकुछ क्यों छीन लिया आपने ? मुझे छोड़ दीजिए–दुहाई··· !' –आर्तनाद कर उठा नरेन। रामकृष्ण 'जै माँ–जै माँ' कहते–हाथों से तालियाँ बजाते हुए कहते हैं–'जा ! जा ना ! कहाँ जाएगा ? हो-हो-हो-हो !'··· विचित्र हँसी !!

··· चारों ओर लहराता समुद्र ! कन्याकुमारी की चट्टान पर खड़ी गैरिककाया–दूर से देख रही है। या सूरज को उगा रही है–मंत्र पढ़कर ?··· उठो ! जागो ! प्राप्त करो या···।

रोमाँ रोला परिचय देते हैं–'उनके शब्द महान संगीत हैं, बीथोवन शैली के टुकड़े हैं, हैंडेल के समवेत गान के छंद-प्रवाह की भाँति उद्दीपक लय हैं। शरीर में विद्युत-स्पर्श के-से आघात की सिहरण का अनुभव किए बिना मैं उनके इन वचनों का स्पर्श नहीं कर सकता जो तीस वर्ष की दूरी पर पुस्तकों के पृष्ठों में

बिखरे पड़े हैं। और, जब वे नायक के मुख से ज्वलंत शब्दों में निकले होंगे तब तो न जाने कैसे आघात एवं आवेग पैदा हुए होंगे !'

पिछले साल की बात याद आती है। एक 'भौतिकवादी'–(भारतीय) प्रकाशक मुझे देखकर ही, मन का क्षोभ उतारने लगे–"साहब हद है ! इस अंतरिक्ष यात्रा के युग में–विज्ञान, टेक्नोलॉजी वगैरह की किताबें नहीं खरीदकर–सरकार ने इस बार सारी खरीदारी–सब पैसे–'विवेकानंद ग्रंथावली' के लिए लगा दिए हैं। हद है ! अजब देश है यह !"

मैंने कोई जवाब देना उचित नहीं समझा। क्योंकि, एक समय था, जब मैं भी इसी तरह आग-पेशाब करता फिरता था। जिस दिन मेरा अभिमान चूर्ण हुआ था–देखा, मैंने अनेकानेक 'शिव' को अपवित्र कर दिया है। तब जोर-जोर से रोया था।··· आँसुओं में नहाकर पापमुक्त हुआ हूँ। अब राह चलते वक्त, हर मील के पत्थर (माइल स्टोन !) के सामने श्रद्धावनत् होकर माथा टेकता हूँ। किंतु पिछले साल से अब तक बच्चों के लिए प्रकाशित जीवनी-पुस्तिकाओं में सबसे अधिक प्रिय पुस्तिका प्रमाणित हुई–रामकृष्ण मिशन प्रकाशन द्वारा प्रकाशित–'बच्चों के विवेकानंद !' उस तेज प्रकाशक से यह बात छिपी नहीं होगी।··· विवेकानंद जन्मशती के अवसर पर घटी हुई दूसरी घटना ! आश्रम (पटना) में आयोजित एक सार्वजनिक सभा में उस दिन 'दिनकर' जी बोलनेवाले थे। पटना के प्रायः हर वर्ग के श्रोता उपस्थित थे। संख्या अधिक थी बुद्धिजीवियों की ही। दिनकरजी ने उठकर रामकृष्ण की मूर्ति को नमस्कार किया–विवेकानंद के तैलचित्र की ओर देखा, फिर बोलने लगे। और, जब बोलने लगे तो बोलते-बोलते एक बार रवींद्र, गाँधी को विवेकानंद के सामने 'कुछ भी नहीं' कह दिया।··· मैंने आज तक उनके मुँह से वैसा भाषण कभी नहीं सुना। डॉ. प्रसाद बोले–मैंने भी नहीं।··· किंतु सभा में क्षोभ की लहर भी आई। कई रवींद्र-भक्तों ने, सभा के बाद उनसे पूछा–'यह आपने क्या कह दिया ?' दिनकरजी बोले, 'मुझे याद नहीं कि मैंने क्या कहा ? लेकिन, जो कुछ भी कहा–उसकी सफाई मैं नहीं दूँगा।··· ' एक गाँधी-भक्त ने पूछा–'दिनकर जी, आपने समयोपयोगी भाषण देने के लिए वैसा कहा या आप··· ।'

'जी नहीं, मैं अपनी बात पर अटल हूँ।'–शायद, दिनकरजी ने इन्हीं शब्दों में उत्तर दिया था।

··· किंतु सुबह अखबार पढ़कर काँप गया ! रामकृष्ण की ओर मुँह करके पूछा, "रामेश्वरम् और धनुषकोटि में यह क्या कर दिया आपने, ठाकुर ?"–"दुर साला ! आमार खुशी। तुमी जवाबदीही कोरनेवाला के रे ? तोमरा आटम बोम फटाम-फोटोम कोरे सारा पृथ्वी के फाटाते पारिस, आर आमि दु-चार जाएगा खेए फेलेछी क्षुधार ताड़ाय तो चेचाछिस ?"

"क्षुधार ताड़ाय ? तबे की तुमी एके बारे 'हंग्री'··· माने··· हंग्री जेनरेशनेर ?"

"हो-हो-हो-हो, साला भाग–नहले आमि एखूनी लेंगटो हबो–काछा खुले !"

मैंने घर में कहा, "आज खिचड़ी बनाओ। ठाकुर 'खिचड़ी' खाएँगे। ही इज

वैरी हंग्री।"

जवाब मिला, "ठाकुर खाना चाहते हैं या अपनी तबीयत हुई है ?"

"एक ही बात है।"

'आज की रात शुरू से अंत तक बैठकर–देखने देना ठाकुर।'–खिचड़ी-भोग देते समय मैंने अनुनय के स्वर में कहा।

आज प्रार्थना-मंडप में जगह मिल गई, बैठने की। किंतु, 'लीला' जब शुरू हुई तो देखा, मैं औरतों के गिरोह में बैठा हूँ। उठने की चेष्टा की तो एक साथ एक दर्जन नारी-कंठों की झिड़की निकली–'बोसे पड़ून !' नहीं, मैं औरतों के झुंड में नहीं–औरतें ही मर्दों के साथ बैठ गई हैं !

सामने पर्दे पर (भैरवी) संन्यासिनी समझा रही हैं रामकृष्ण को–'वत्स ! तोमार मतन उन्मत्तता जाहार आसिया छे, से धन्य ! समग्र ब्रह्मांडई पागल–केह धनेर जन्य, केह सुखेर जन्य, केह नामेर जन्य, केह बा अन्य किछुर जन्य। सेई व्यक्ति-ई धन्य, जे ईश्वरेर जन्य पागल।'

फिर–जब सारदामणि पहली बार अपने स्वामी के पास आई। भैरवी (तंत्र-गुरु) की इच्छा के विरुद्ध रामकृष्ण ने अपनी पत्नी की पूजा की–'आमि जानियाछि, सकल रमनीई आमार जननी ! तथापि, एखन तुमि जाहा बलिबे, ताहाई प्रस्तुत आछि !'

माँ बोलीं–'आमार आपना के जोर करिया संन्यासी करिबार ईच्छा नाई, आमि आपनार निकट आपनार सेवा एवं साधन-भजन सिखिते–'

··· भेरे पास बैठी हुई महिला रोने लगी। मैं भी, शायद रोने लगूँगा ! शायद क्यों, सचमुच !

तंत्र की शिक्षा भैरवी ने दी। तब आए तोतापुरी। परम पंडित और दर्शनशास्त्रविद् संन्यासी–मायावादी तोतापुरी !··· गुरुदास का जीवन है। निश्चय ही, ठाकुर रामकृष्ण की यह महिमा है कि वह इतना··· !

किंतु, मैं जब कभी रामकृष्ण की 'लीला'–अर्थात् 'फिल्म' बनाऊँगा–रामकृष्ण के अन्य गुरुओं और साधनाओं की कहानी भी दिखलाऊँगा। तोतापुरी के बाद ही गोबिंदराय को लाकर उपस्थित करूँगा–दक्षिणेश्वर। क्षत्रिय थे। किंतु, एक भ्रातृत्व के आदर्श पर मुग्ध होकर मुसलमान हो गए हैं, गोबिंदराय। रामकृष्ण दौड़कर उनके पास जाते हैं–'एसेछो ?··· आमि मुसलमान हब !'

गोबिंदराय ने अचरज से पूछा–'क्या ?'

–'आमि मुसलमान हब ! इसलामेर पथउ तो एकटा पथ।···इस रास्ते से कितने ही साधक वांछित धाम तक पहुँचे हैं। मैं ही उस पथ को क्यों छोड़ दूँ ?··· तुमी आमा के दीक्षा दाउ।'

··· ला-इलाहाइलिल्लाह–मुहम्मद दुर्र रसूलिल्लाह !–गोबिंदराय दीक्षा देते हैं।

फिर, रामकृष्ण को दो गंजी लुंगी पहनाकर पेश करूँगा। वह मंदिर के आसपास तक नहीं फटकता। मूर्तिपूजा की निंदा करता है। देव-देवी का नाम सुनकर चिढ़ता है। नित्य पाँचों वक्त की नमाज। अज़ान-पोखरे में जाकर वजू कर रहा है।··· नमाज पढ़ते समय चेहरे पर व्याकुलता का भाव। स्पष्ट उच्चारण। अंत में, एक वृद्ध फकीर, जिसके बड़े-बड़े बाल सन के समान सुफेद हैं, सुफेद दाढ़ी–गले में काँच की माला, हाथ में लाठी। एक स्वर्गीय मुस्कुराहट मुखमंडल पर–तुमी एसेछे ? बेश··· । फिर रामकृष्ण ने देखा, एक मुसलमान 'सानकी' (थाली) में भात लेकर आया। वह वहाँ एकत्रित मुसलमानों को खिलाकर–रामकृष्ण को भी एक ग्रास दे गया।··· माँ आमाके देखालेन, एक ही है–दूसरा नहीं !

गोबिंदराय के बाद दिखलाऊँगा–शंभू मल्लिक का घर ! रामकृष्ण, दीवार पर टँगी हुई एक तस्वीर को देख रहे हैं। तस्वीर–मरियम की गोदी, बालक क्राइस्ट ! पूछते हैं रामकृष्ण–'ये कौन हैं ? बोलो न ?' शंभू मल्लिक जवाब देते हैं–'वह एक मेमसाहब और उसके बेटे की तस्वीर है।'

रामकृष्ण बालक की तरह विश्वास कर लेते हैं। लेकिन, तस्वीर से आँखें हटा नहीं सकते–फिर पूछते हैं, 'कहो न, ठीक–ठीक। कौन हैं ? वह तो कोई देव-शिशु जैसा लगता है। और, माँ वह तो कोई पवित्रता की साक्षात् प्रतिमा ही है।'

शंभू··· माँ मेरी और येसु खिष्ट !

रामकृष्ण देखते ही रहते हैं, एकटक–माँ यशोदा की गोदी में बाल-गोपाल !

कट टु : गिर्जाघर के घंटे की आवाज। गिर्जाघर के अंदर सभी प्रार्थना कर रहे हैं। बाहर, सीढ़ियों के पास रामकृष्ण डगमग कर चलते हैं–धीरे-धीरे सीढ़ियों पर चढ़ते हैं। फिर, दरवाजे के पास आकर खड़े हो जाते हैं !

रामकृष्ण देखते हैं–यह तो काली-मंदिर ही है। भीतर, वेदी पर माँ बैठी हैं। माँ जगदंबा। माँ भवतारिणी।

रामकृष्ण की आँखों से आँसू झर रहे हैं, आनंद के आँसू !

गिर्जाघर से लौटते हुए, ईसाईभक्त श्री मिश्र, देखते हैं रामकृष्ण को और चिल्लाते हैं–'यही ईश्वर हैं, यही राम और यही कृष्ण···।'

–'आरे दुत। बलछि, कि देखचो ?'

मिश्र भरे गले से कहता है–'सिर्फ आपको देख रहा हूँ। आप और यीशु एक··· !

रामकृष्ण पर–यीशु का भाव। समाधिस्थ !

कट टु : मथुरबाबू का दक्षिणेश्वर स्थित बँगला।

माइकेल मधुसूदन दत्त आए हैं। रामकृष्ण को देखना चाहते हैं। रामकृष्ण जाना नहीं चाहते–'अरे बाप ! उतना बड़ा आदमी–उसके पास खड़ा हो सकूँगा ?··· ओ, नारायण शास्त्री–तुम मेरे साथ चलो।··· आमि इंगरेजी-टिंगरेजी जानि ना···।'

कट टु : तीर्थयात्रा। वैद्यनाथ धाम में मथुरबाबू के साथ रामकृष्ण। साथ में सिपाही, बरकंदाज, अमला-फैला, खजांची वगैरह हैं–मथुरबाबू के। हठात्, रामकृष्ण की दृष्टि, नंग-धड़ंग और गरीब संथालों पर पड़ती है। वे जिद पकड़ते हैं–मथुर ! इन्हें भोजन कराओ। कपड़े दो। नहीं तो, मैं भी नहीं खाऊँगा। मैं भी नंगा हो जाऊँगा··· अरे, ये ही असल शिव हैं।··· क्या ? नहीं है संभव ? तब रखो अपना तीर्थ–आमि जाबो ना कोथाउ।

कट टु : सभी गरीब, कंगाल, अर्धनग्नों की भीड़–तृप्तिपूर्वक भोजन कर रहे हैं सभी। रामकृष्ण रो रहे हैं।

अचानक, धक्का खाकर–मन की तस्वीरें मिट गईं। सामने, पर्दे पर श्री गिरीश घोष आ चुके थे। नशे में धुत्त–दक्षिणेश्वर आए हैं। आँगन में आकर लड़खड़ाती हुई आवाज में पुकारते हैं–'केउ आछे ए-ए-इखाने ?··· नेइ केउ !' रामकृष्ण अंदर से निकलते हैं।

गिरीश घोष के अभिनय से एवं उसके संवाद को सुनकर लोग हँस रहे हैं।···

मैं, किंतु अपनी तस्वीर में यह भी दिखलाऊँगा कि रामकृष्ण–गिरीश घोष का नाटक देखने गए हैं। बॉक्स में बैठे हैं !··· नायिकाओं को स्टेज पर देखकर प्रणाम करते हैं।··· सत्ति आमि महामाया के देखछी !···

पीछे खड़े, बकबक करनेवाले नौजवानों में से एक ने पूछा–'की रे सब सत्ति ना गाँजा ?'

मेरे मन में एक जवाब आया। जोर गले से जवाब देना चाहता था। किंतु, चुप रहना ही धर्म समझा।

पर, जिन लड़कियों का सान्निध्य पाकर वे नौजवान इतना मुखर थे–उन्हीं लड़कियों में से एक ने जवाब देना, अपना धर्म समझा। आश्चर्य, उसने ठीक वही जवाब दिया–अक्षर-अक्षर–जो मैं देता–वह उलटकर बोली–'आप जिस स्थान पर खड़े हैं, वह सच है या झूठ ? यदि सच है तो सामने पर्दे पर जो कुछ देख रहे हैं, वह भी सच है।'

युवकों की टोली वहाँ से हट गई।

हाँ, मैं हिंदी में बनाऊँगा, तस्वीर। नहीं, जरा भी अस्वाभाविक नहीं लगेगी हिंदी बोली, रामकृष्ण के मुँह में। किसी भी पात्र के मुँह में।··· मेरे पास कुंजी है एक।

निरालाजी ने श्री 'म' लिखित 'श्रीरामकृष्णवचनामृत' का अनुवाद किया है। एक बार, आश्रम में रामकृष्ण जन्मोत्सव के दिन बड़े महाराज स्वामी वीतशोकानंद ने मुझसे कहा–'आप ही पाठ करें।'

यद्यपि सुननेवालों में अधिक संख्या बंग-भाषियों की ही थी, पाठ हिंदी में

होना था। जब पाठ समाप्त हुआ तो महाराज, सुनील महाराज तथा स्टुडेंट होम के विद्यार्थियों ने एक स्वर में कहा–'अचरज की बात ! जरा भी अस्वाभाविक नहीं। रामकृष्ण ने बंगला में ये बातें कही थीं–कभी नहीं मन में उठा।'

बंगला से हिंदी में अनुवाद करनेवालों से मेरा नम्र निवेदन होगा–वे एक बार इस ग्रंथ का अनुवाद, मूल से मिलाकर पढ़ जाएँ। बंगला की पुरानी से लेकर तरुणतम पीढ़ी की रचनाओं के अनुवाद-कर्म में सहायता मिलेगी–निराला ने अनुवाद नहीं किया है–पूजा की है, भाव-विभोर होकर ! तन्मय होकर।

पर्दे पर, तिरोधान की तैयारी कर रहे हैं रामकृष्ण। अंतिम क्षण : सारदामणि से कहते हैं–'वह मेरी तस्वीर ले आओ इधर।' सारदामणि, तस्वीर ले आती हैं। रामकृष्ण कहते हैं–'थोड़ा फूल भी देना।'

··· रामकृष्ण ने अपनी तस्वीर पर पुष्पार्पित किया। भक्तिपूर्वक प्रणाम किया–देखना। घर-घर में इस तस्वीर की पूजा होगी··· घरे-घरे पूजो हबे !

समाप्त

लेकिन, मैं यहीं समाप्त नहीं करूँगा।

दिखलाऊँगा–विधवा सारदामणि हाथ से 'बाला' खोल रही है।

रामकृष्ण की तस्वीर हँसकर कहती है–केन गो ? आमि कि कोथाउ गेछि। ए तो ए घर–आर ओ घर ?··· मैं कहीं गया थोड़े ही हूँ। यहीं तो, इस घर से–उस घर में ! आमि के मरेछि जे विधवार वेष धरबे ?

अणिमा (संपादक : शरद देवड़ा) के जनवरी-मार्च, 1965, प्रवेशांक में प्रकाशित

युद्ध की डायरी

रामपाठक की डायरी से

15 भाद्र (हिंदी 10 भाद्र), अंग्रेजी 1 सेप्टेंबर, मु. जमा'-यल··· बुद्धवार··· षष्ठी··· घं. 4/1/9 मध्ये नीम तथा बाद में ताल अभक्ष्य··· यात्रा, घं 4/1/9 गते सिद्धियोग !

आज सिद्धियोग नहीं भी होता, यात्रा करनी पड़ती। संयोग की बात, सिद्धियोग है। घर लौटने के समय 'खना-वचन' की प्रसिद्ध उक्ति याद आती है–'की कोरो ससूर लेखा-जोखा··· !' अर्थात्–घर लौटने के लिए 'पंजी-पोथी' देखकर यात्रा 'उचारने' की क्या जरूरत ?

गाँव से आई हुई चिट्ठियों को निकालकर पढ़ा। रेडियो की बैटरी और पेट्रोमेक्स खरीदकर लाने को कहा गया है। न बैटरी खरीदूँगा, न पेट्रोमेक्स। पिछली बार

ही बैटरी खरीद दिया है, डेढ़ महीने में ही स्वाहा ? और, पेट्रोमेक्स बार-बार चोर चुरा ले जाता है !

तय किया : इस बार न अखबार पढ़ूँगा, न रेडियो सुनूँगा। घुप्प अँधेरे में रहूँगा ! बावजूद हितचिंतकों की चेतावनी के रोज सुबह-सवेरे-रात में भैंस का दही खाऊँगा–भादों के महीने में। बैटरी, पेट्रोमेक्स नहीं–एक दुधारू भैंस इस बार खरीदना आवश्यक है। ··· काली भैंस जैसी रात। अंधकार ! घोर ! झमाझम बरखा। भींगती-भागती 'बरौनी-जोगबनी' पैसेंजर-गाड़ी। हड़बड़ाकर उठ बैठा। मैंने सपने में देखा–गाड़ी पानी को चीरती अतल-तल की ओर भागी जा रही है, पूरे वेग से ! गाड़ी नहीं, पनडुब्बी जहाज ?

16 भाद्र, अंग्रेजी 2 सेप्टेंबर···

गाड़ी कटिहार जंक्शन पर पहुँची। कुछ क्षणों के लिए सूर्योदय हुआ। फिर, बादल उमड़ने लगे। फुहिया बरखा··· ! ऐसी सुबह में, कटिहार पहुँचकर 'सोराबजी रेलवे होटल' की याद–कलेजे में ही नहीं–जीभ में 'टीस'··· । गाड़ी रुकते ही सोराबजी का बेरा अबदुल अपने साफ-सुथरे लिबास में–ततोधिक परिष्कार–पॉट, प्याले, चम्मच ··· तश्तरी में तैरते दो स्वस्थ-अंडे का वाटरपोच ! और सर्वोपरि दार्जिलिंगिया चाय की मनोहारी सुगंध।–तीन साल पहले तक भोगा हुआ सुख अब सपना हो गया।

अखबार नहीं खरीदा। ऊब··· ऊब··· उबकाई ? ब्लिचिंग पाउडर और मलमूत्र की मिली-जुली गंध !··· आँखों पर पट्टी बँधे··· हथकड़ियों में जकड़े पाकिस्तानी घुसपैठियों की तस्वीरें··· खेतों-जंगलों में छिपे हुए शत्रुओं को खोजते–'मॉपिंग' करते भारतीय जवानों की तस्वीरें··· कपड़ा धोती हुई हँसती यौवनवती की तस्वीरें··· दाँत धोकर दिखलाती हुई दंतवती··· ऊब··· ऊब !! शायद, नया 'ब्रश' थैले में नहीं रखा गया। पुराना इतना गंदा है कि किसी के सामने निकाल नहीं सकता।···

नार्थ-ईस्ट-फ्रंटियर-मेल सामने आ लगी। हर–घासी-रंग में रँगे हुए डिब्बे। डिब्बों के अंदर उसी रंग की वर्दी में बैठे 'जवान'–हर डब्बे के दरवाजे को खोलकर ··· एक जवान खड़ा है ! आश्चर्य ! वह ठीक कथाकार महीपसिंह ? कच्ची-कच्ची, छोटी-छोटी दाढ़ी-मूँछ, घासी रंग की वर्दी-पगड़ी। पगड़ी के नीचे, ठीक कपाल पर लाल फिफ्टी···। फिफ्टी पगड़ी के नीचे··· ! ओंठों पर वैसी-ही मुस्कुराहट। संभव है, उसका नाम महीपसिंह ही हो।

नहीं, मैं लड़ाई के मैदान से भागकर नहीं जा रहा। नहीं, मैं लड़ाई के डर से घर के कोने में छुपने नहीं जा रहा। लेकिन, बार-बार अपने मन को इस तरह समझाने का मतलब स्पष्ट है कि मैं डरा हुआ हूँ। मैं कायर हूँ !··· महीपसिंह जैसे नौजवानों को लड़ाई के मोर्चे पर जाना पड़े, कितनी अश्लील बात है ! इस समय, ऐसी सुबह में यह लड़का यानी महीपसिंह, पलँग पर किस अंदाज से अपनी नवविवाहिता अथवा अविवाहिता को चूमकर जगाने की चेष्टा करता··· बगैर पगड़ी, बगैर कपड़े··· ??

नहीं, मैं सिरदर्द की गोली नहीं खाऊँगा। ब्रेसरी नहीं खरीदूँगा। सरल संतति-निग्रह का उपाय नहीं जानूँगा। प्रेसर कुकर, बिस्कुट, खाँसी की दवा, साड़ी··· आज का समाचार नहीं पढ़ूँगा। न जाने कब से पढ़ रहा हूँ ! रोज-रोज एक ही खबर। लड़ाई अब छिड़ी, तब छिड़ी। छिड़ क्यों नहीं जाती ? घमासान। घनघोर··· 'फॉग सिगनल' की तड़तड़ाक आवाजें ! मिलेटरी-स्पेशल खुल गई। मेरा मन भीषण उदास हो गया।

पूर्णिया स्टेशन पर जब एक युवती-माता ने मुझे भक्तिपूर्ण प्रणाम (यानी चरण छूकर !) किया तो मुझे लगा, मैं 'बिरंची बाबा' हूँ !··· 'कापुरुष ओ महापुरुष' नहीं देख सका। अजितकेशकंबलियों को हिजड़े के अलावा 'साधु' भी समझते हैं, लोग। यों, साधू भी वही हो जाता है, कठोर-साधन करके ! पटना के प्रसिद्ध हनुमान जी का 'प्रसाद' मेरे पास था। उसके पुत्र को प्रसाद देकर, ललाट पर सिंदूर का तिलक लगा दिया—'सर्व शांति करो भव !'

बैटरी और पेट्रोमेक्स के बदले सिर्फ हनुमानजी का प्रसाद पाकर परिवार के बड़े से छोटे सदस्य तक असंतुष्ट हुए हैं। रात के सवा आठ बजे हैं। अब हिंदी में समाचार सुनाया जा रहा होगा। पता नहीं कौन सुना रहा होगा ? नारी-कंठ या पुरुष ? शुभ या अशुभ समाचार ? मैंने मन-ही-मन समाचार सुनने की चेष्टा की—शुभ कंठ ही सुना··· हमारे जवानों ने हाजी पीर दर्रा पर कब्जा करके पाकिस्तानी घुसपैठियों का रास्ता बंद कर दिया है।··· आज जनरल निमो घर लौट रहे हैं।···

सचमुच बैटरी खरीदना बहुत जरूरी है और रोशनी की भी समुचित व्यवस्था आवश्यक है। भादव मास की भयंकर रात, बादल छाए हैं, मगर बरसते नहीं। रोपे हुए धान के पौधे पीले पड़ रहे हैं। अब वर्षा नहीं हुई तो सारी 'कृषि' सूख जाएगी।··· दुहाई इंद्र महाराज !

पुरवैया हवा में लालटेन भुकभुकाकर बुझ गया। सारे गाँव के खेत, बाग, जंगल के अंधकार को मुझसे पाँच गज दूर रोक रखनेवाला नन्हा-सा प्रकाश प्रहरी जूझ मरा और मैं अंधकार का बंदी।··· वह किस फिल्म का गीत है—ये कहानी है··· हुँ··· आँ··· सैकड़ों सियार बोलने लगे।··· रात ढलने लगी, चाँद छुपने चला ! आ-आ भी जा !··· शैलेंद्र को एक खत लिखना होगा। कब 'तीसरी कसम' रिलीज करोगे प्यारे ?

3 सेप्टेंबर, शुक्रवार

बैटरी मँगा देने पर भी काम नहीं चलेगा। रेडियो के अंदर से चूहों के एक दर्जन बच्चे चूँ-चूँ कर बाहर निकले। बल्बों के इर्द-गिर्द भृंगों ने मिट्टी के घर बना लिए हैं। सूक्ष्म तार कई कटे हुए हैं। चलो, छुट्टी। अब काहे को बाँसुरी बजेगी फिर ?

लोग सुबह से ही आकाश की ओर आँखें लगाए बैठे रहते हैं। आसमान में

बादल नहीं, गिद्ध मँडराते हैं। त्राहिमाम !

कुशल-क्षेम पूछने के पहले ही लोग पूछते हैं, उधर (अर्थात्–पटना में) 'पानी-बुन्नी' हुआ है या नहीं ?

दूर–उत्तर की ओर, कहीं किसी कोने में बादल गरजा। कूप से पानी भरती हुई एक ग्रामबाला ने (ग्राम्य) गाली दी–'मुड़कटवे ! दूर-ही-दूर से गरजते हो। बरसते लाज आती है ?'

लड़ाई की खबर मामूली लोग नहीं पूछते !

आज दिन-भर बासी अखबार की एक ही खबर को बार-बार पढ़कर रह गया–हमारे जवानों ने उन्नीस चौकियों पर अधिकार कर लिया और एक स्थान पर पैंतालीस टन गोला-बारूद··· एक महीने की रसद··· !!

किंतु, दो-तीन दिन में वर्षा नहीं हुई तो बिहार का अन्न भंडार ?··· (ग्रेनरी ऑफ बिहार)··· हाहाकार मच जाएगा।

4 सेप्टेंबर

युद्ध ! जंग ! लड़ाई ! वार !··· धुआँधार। गोलीबारी–बमबारी··· ??

क्या करूँ ? पाट बेचकर अभी पाँच-सौ भी प्राप्त नहीं होंगे। सूखा तो अगहन में 'खान्न' के दिन 'परमान्न' (खीर !) नहीं, 'परान्न' भी नहीं मिलेगा। अभी नया रेडियो खरीदना हिमाकत है।

अखबार पढ़े बिना खाया-पीया हजम नहीं होता। तय किया गया कि एक आदमी रोज शहर जाकर अखबार ले आएगा। लेकिन, आज जो व्यक्ति गया, वह 'अफवाहों' के सिवा और कुछ नहीं ला सका। उसका कहना है, पाकिस्तान ने एलान किया है कि एक सप्ताह में सारे हिंदुस्तान को दखल कर लेगा।

तय हुआ, कल जो व्यक्ति जाएगा, वह अपने साथ एक हट्टा-कट्टा लठैत लेकर जाएगा और हिंदी, बंगला, उर्दू, अंग्रेजी जो अखबार मिले, लेकर ही घर लौटेगा।

आज दिन-भर रामपाठक ने मंद-मंद-सुर में सस्वर रामायण-पाठ किया। लंका-कांड !

'मैं तव दसन तोरबे लायक'

बालिकुमार अंगद, लंकापति से कहते हैं।

'आयसु मोहि दीन्ह रघुनायक।'

हम शांति-कामी हैं। अकारण अपने पड़ोसी पर आक्रमण करने की आज्ञा (आयसु) जनतंत्र के जननायक नहीं देते।

'गूलर फल समान तव लंका
बसहु मध्य तुम्ह जंत असंका।'

मंदोदरी भी समझाती है–

'निकट काल जेहि आवत सोईं
तेहि भ्रम होइ तुम्हारिहि नाईं।'

··· इस बार··· इस बार··· भगवान··· दुश्मन का मोह भंग करो !

अब लोग लड़ाई की खबर पूछने आते हैं। और, अंत में यह पूछना नहीं भूलते कि लड़ाई छिड़ने के बावजूद पटसन का भाव तेज क्यों नहीं हो रहा है? पूछनेवाला कुछ जाने या नहीं, इतना जानता है कि लड़ाई में बोरियों की जरूरत होती है। जूट (पटसन) पाकिस्तान में और हिंदुस्तान में पच्छिमी बंगाल और बिहार के पूर्णिया जिला में ही पैदा होता है।··· फिर, पटसन का दर आसमान क्यों नहीं छूता ? उन्हें अचरज होता है।

आज का बाजार-भाव : पटसन, चालीस रुपए मन। चावल, पचपन रुपए मन।

5 सेप्टेंबर··· 3.45 मिनट (सुबह)

घनघोर वर्षा शुरू हुई।··· टूट खाट, टपकत··· सोना बरस रहा है। मोती की बरखा हो रही है। कौन कहता है कि भादों की रात भयानक होती है ! ऐसी रूपसी रात्रि ?

कुछ देर तक 'तानसेन' फिल्म का गीत गुनगुनाता रहा–'बरस रे-ए-ए-ए-कारे बादरवा··· ।'

अविरल, अविराम वारिपात ! डेढ़ घंटे तक सैकड़ों रविशंकर, अली अकबर, विलायत खाँ, थिरकवा, चतुरलाल, राधिका मोहन की युगलबंदी। युगलबंदी नहीं, सहस्रबंदी !

बजते दमामे, नक्कारे और नाचती जलपरियाँ !

बैठकखाने के सामने परती पर छलमलाहट ? फिर छपछप, छटपट··· मछलियाँ ? सबकुछ बिसर गया अचानक !

धनखेतों के मेड़ों को डुबाकर भागती हुई जलधारा ! कुलकुल-कुलकुल ! सारी कृषि जीवंत। चारों ओर जिंदगी ही जिंदगी।

रेवा, सोनापोठी, माँगुर, रेहू के बच्चे, बोआल ! कोसी की मछलियाँ। सोने-चाँदी की मछलियाँ··· हीरे और 'लाल' की आँखें !

'आ-आ रे सुन पखिस्थनियाँ, हमरो-ओओ पचनियाँ, तोहरो जुलुमियाँ··· ।'

पाँच सेर मछलियाँ अकेले पकड़ने की खुशी में एक खेतिहर मजदूर 'उंछाह' में गीत जोड़कर गा रहा है। मुझे देखकर जोर से कहता है–मछली का 'सगुन'

हुआ है। समझिए कि लड़ाई में 'फत्ते'···

आ-रे-ए-ए-तोहरो कलेजवा पे दलब दलनियाँ, चिनियाँ चपाट चोर तोहर

··· 'मार-मार ! भागा ! भागा–साला साँप !'

'फत्ते' अर्थात् फतह !

रामपाठक को 'खनावचन' की एक उक्ति याद आई–'पंडित-ज्योतिषी का गुनी और मूरख-गँवार के मुँह से अनायास निकली बात–बराबर।'

तो, लड़ाई में हमारी जीत होगी ? हमने एक मोर्चा जीत लिया है। अब 'मूसिन' (चूहिया) पूछेगी 'मूस' से–'कहाँ रखूँगी धान ?'

अब, तारीख, दिन, महीना कुछ नहीं
सिर्फ युद्ध के दिन··· !

घर से उत्तर, नहर के किनारे खड़ा रहता हूँ। शाम के चार बजे उत्तर और दक्षिण से गाड़ियाँ आती-जाती हैं। रोज घड़ी देखकर मिलाता हूँ, कोई भी ट्रेन देर से नहीं आती। शांति के समय हर गाड़ी एकाध घंटे देर से आती थी !

गाड़ियाँ समय पर आ-जा रही हैं। पूरब की ओर एक हवाई जहाज रोज जाता है। पहले की तरह। मतलब, सबकुछ ठीक-ठाक चल रहा है।

पटने की चिट्ठी में लिखा है–'ब्लैक आउट है। सारे भारत में ब्लैक आउट है।'···

··· 1941 में, 1962 में, फिर 1965 में ब्लैक आउट ? 'लतिका' हवाई हमले से बचने-बचाने की शिक्षा 1962 में ले चुकी है।

मैं नहर पर ऐसी जगह आकर खड़ा होता हूँ जहाँ से तीन ओर जाने के रास्ते निकले हैं। हर यात्री से लड़ाई की खबर पूछता हूँ, चाहे वह कोई हो और कहीं से आता हो। सभी अपने-अपने ढंग से सुनी हुई बातों को सुनाते हैं। कई शंकालु व्यक्ति मेरे सवाल को सुनकर चुप रहते हैं, मेरा मुँह देखते हैं, फिर–'हम लोगों को क्या मालूम'–कहकर खैनी थूक देते हैं। मैं उनके मन की बात को सुनता हूँ–'पता नहीं, क्यों लड़ाई की खबर पूछ रहा है यह आदमी ! पता नहीं, मुँह से क्या-क्या भला-बेजा बात अनजाने निकल जाय !'

दरअसल, मैं अखबार पढ़ने के पहले लोगों के मुँह से खबर सुनना चाहता हूँ। झूठ, सच, अफवाह–जो भी सुनता हूँ, सुनने में अच्छा लगता है।–टैंक, पैटन टैंक, जेट, नैट, सेबर के अपभ्रंश रूप और उच्चारण पर हँसी नहीं आती।··· आज हमारे गाँव में यह अफवाह बहुत जोर से फैली कि दुश्मनों ने 'किशनगंज' पर बमबारी की है।··· किशनगंज यानी हमारे जिले का वह हिस्सा जो पाकिस्तान की सीमा पर है। तो पूर्वी मोर्चा भी सक्रिय हुआ ?··· पाकिस्तान-निसिचर गैर-सैनिक क्षेत्रों पर बम गिराते हैं ?

बगैर कहे ही आज रात गाँववालों ने 'ब्लैक आउट' कर दिया है। मैं भी

लालटेन की रोशनी बुझा देता हूँ। अंधकार मेरी रक्षा के लिए तैनात हो जाता है !

रात-भर आकाश की ओर देखता रहा—कहीं कोई विमान नहीं। छतरीधारी घुसपैठिए नहीं !

किशनगंज नहीं—किशनगंगा !

निसा सिरानि भयउ भिनसारा

हमारी सेना लाहौर की ओर बढ़ रही है !

'सन्मुख मरन वीर के सोभा।'

'अवघट-घाट बाट गिरिकंदर !'

आज से दालान पर बैठकर रामायण-पाठ शुरू किया। पंद्रह-बीस साल पहले तक इस दालान पर बैठकर रामायण, महाभारत, सुखसागर, प्रेमसागर का 'पाठ' होता था। गाँव-भर के लोग रात में दो-तीन घड़ी यहाँ बैठते थे। आज फिर, बीस साल बाद, रामायण सुनकर गद्‌गद हो रहे हैं सभी।

दोपहर को 'को-ऑपरेटिव' की दुकान के सामने एक नौजवान लेक्चर देने के लहजे में लोगों से कह रहा था—'अमेरिकन गेहूँ मत खाओ। उसमें जहर मिलाया हुआ है। खबरदार !'

बहुत दिनों के बाद अखाड़े में फिर ढोल बजा। लड़के कुश्ती खेलने के लिए जमा हुए हैं। दोपहर को बरगद के नीचे 'आल्हा' का आयोजन किया गया है। एक बूढ़े 'अल्हैता' को खुशामद करके बुलाया गया है। वह दाहिने हाथ की कलाई पर घुँघरू बाँधकर ढोलक पर 'थाप' देता है—

'सुमरि भवानी जगदंबा को, औ काली को शीश नवाय।

हाल सुनाऊँ महुवा गढ़ का··· ।'

आज कई मुकदमेबाज और चालाक लोगों से मिलकर अपने दुश्मन को समूल नष्ट करने का समयोपयोगी सीधा उपाय निकला। उन्होंने गाँव में घूम-घूमकर गुप्त प्रचार किया कि अमुक व्यक्ति के घर में रोज रात में पाकिस्तानी जासूस आकर सोते हैं। रात में उसके घर को घेरकर··· !

सभी तैयार थे। मैंने मना किया तो भीड़ से एक आवाज आई—'यह भी एजेंट है।··· शहर से गाँव में आकर इसीलिए बैठा है।'

अकबर मियाँ (जिसके घर में पाकिस्तानी जासूसों के रहने की बात फैलाई गई थी) को हम बचपन से ही अकबर काका कहते हैं। उसकी बेटी शरबतिया को 'दीदी' कहता हूँ।··· किंतु, आज रात अकबर काका कहकर नहीं पुकार सका।

पुकारता तो मेरा हलवाहा ही मेरे मुँह पर थप्पड़ लगाना शुरू कर देता।

हम उसके आँगन में चुपचाप घुसे। देखा, झोंपड़े के अंदर, चटाई पर कोई कराह रहा है। पास में कई लोग बैठे हैं। शरबतिया का बेटा बीमार है। पेट के दर्द से लबेजान है। कोई दवा 'काट' नहीं करती। अकबर मियाँ, उसकी बीवी और बेटी खुदा पर भरोसा कर चुपचाप हैं। अचरज की बात, लोगों को क्या हो गया! कहाँ गया इनका क्रोध ? एक आदमी आगे बढ़कर बोला–'अकबर मियाँ ! बैठकर क्या देख रहे हो ? डाक्टर को क्यों नहीं बुलाते ?'

अकबर मियाँ की बेटी बोली–'टका कहाँ से देंगे डाक्टर को ?'

गाँव का सबसे नामी कंजूस आदमी (जिसका सुबह में कोई नाम नहीं लेता) कहता है–'अरे जान से बढ़कर टका-पैसा ! जाओ, डाक्टर को बुला लाओ। रुपया मैं दे दूँगा।'

मैं रामायण लेकर बैठ जाता हूँ और लाल पेंसिल से जगह-जगह दाग देता जाता हूँ :

'रावन रथी, विरथ रघुवीरा।'

अर्थात् हमारे पास पैटन टैंक और सेबर जेट नहीं। किंतु–

'सखा धर्ममय अस रथ जाके,
जीतन कहँन कतहुँ रिपु ताके।'

–प्रधानमंत्री लालबहादुर शास्त्री कहते हैं कि हम 'विरथ' हैं किंतु अधर्मा नहीं। और जिधर धर्म, उधर जय !

'नभ चढ़ि बरप विपुल अंगारा।'

'निसिचर छलबल करई अनीती।'
'मारू मारू धरु धरु मारू
सीस तोरि गहि भुजा उपारू।'

'ढाहे महीधर सिखर कोटिन्ह
विविध विध गोला चले।
घहरात जिमि पठिपान गजत
जनु प्रलय के बादले।।
मर्कट विकट भट जुटत कटत
न लटत तन जर्जर भये।

गहि सैल तेहि गढ़ पर चलावहि
जहँ सो तहँ निसिचर हये।।'

'राम विमुख (अर्थात्–शांति विमुख) अस हाल तुम्हारा
रहा न कोउ कुल रोवनिहारा !'

शांति, शांति !

अणिमा/दीपावली विशेषांक/अक्तूबर-दिसंबर, 1965 के अंक में प्रकाशित

भूमिदर्शन की भूमिका

भूमिदर्शन की भूमिका : 1

पिछले कई वर्षों से सैंकड़ों शब्द, नाम, देश, समस्याएँ और समाचार मेरे लिए बेमानी हो रहे हैं, होते जा रहे हैं, उनमें–डेमोक्रेसी, चाइना, चुनाव, रेल-दुर्घटना, खाद्यान्न, भ्रष्टाचार, जनता, सत्यमेव जयते, कर्फ्यू, फायरिंग, बाढ़-फ्लड, दहाड़, सूखा-जरी-सुखाड़ जैसे नित्य के समाचारों में इस्तेमाल होनेवाले शब्द भी हैं, जिनके बिना आजकल किसी का काम नहीं चल सकता।

रोजाना अखबार के पन्नों में खोजकर निकालता हूँ–धनबाद के 'डबल-मर्डर' यानी दुहरी-हत्या अर्थात् दो बहनों के खून की रहस्यपूर्ण कहानी··· किस तरह उनकी प्रेतनियाँ, सड़क से आने-जानेवाले प्रतिष्ठित और भद्र जनों की कार को रोककर अपने घाव दिखलाती हैं। दुहाई देती हैं–'बचाओ··· पुलिस··· इंसाफ' और फिर लोप हो जाती हैं।

··· मोहित मजुमदार के मुकद्दमे में मेरी ज्यादा दिलचस्पी है। इसलिए, कौन राज्यमंत्री 'रूलिंग-ग्रुप' में और कौन 'डिसिडेंट'–यह जानने की कभी उत्कट अभिलाषाएँ नहीं होतीं। इसलिए, 'हथिया-नच्छत्तर' नहीं 'फरा' और भयानक सूखे की आशंकाओं और संभावनाओं-भरी खबरें प्रकाशित होने लगीं तो 'फ्लड-बाढ-दहाड़' की तरह 'ड्राउट' सूखा-सुखाड़-भुखमरी भी मेरे लिए धीरे-धीरे बेमतलब हो गए।

··· इसी कारण, कलकत्ते के एक प्रसिद्ध बंगला (अंग्रेजी) दैनिक का विशेष संवाददाता–जिसको विशेष रूप से 'ड्राउट' देखने के लिए भेजा गया था–मेरी बातें सुनकर 'हतप्रभ' हो गया (हुँ ! ड्राउट देखने आए हैं मानो छत्तर-सोनपुर का मेला

देखने आए हैं।)

दीपावली के तीन दिन पहले पाँच बजे शाम से हजारों पटाखे हमारे शहर, यानी बिहार की राजधानी, पटने की सड़कों, गलियों, फुटपाथों, हमारे फ्लैट के मुँडेरे, गलियारे में धूम-धड़ाके और धमाके-से छूट रहे थे और मुझसे सवाल पूछा जा रहा था, "मोशाय ? खाबेन की ?··· खाइएगा क्या ? उधर गाँवों में जो कुछ देखकर आ रहा हूँ···।"

मैंने बीच में ही टोककर कहा था, "आमादेर दिके माने आमार खेते कोसी-प्रोजेक्टेर कृपाय भालो धान होये छे।"

मेरा जवाब सुनकर 'विशेष संवाददाता मोशाय' अवाक् कुछ क्षण मेरी ओर ताकते रहे। फिर, अपनी गलती के लिए क्षमायाचना की मुद्रा बनाकर बोले, "आमि भेबेछिलाम जे आपनि हिंदी-राइटर श्री··· , सुना था, हिंदी में एक ही 'पेन नेम' के हजारों आदमी होते हैं··· देखछि, कथाटा सत्ती।"

उसके जाने के बाद मुझे भी अपने 'लेखक' पर अचरज मिली दया आ गई। मेरा लेखक जो इस हद तक कुंठित और पतित हो गया है कि हर अहम सवाल और समस्या पर मुँह बिदकाकर एक ही बात कहता है–"सब झूठ है। बकवास है। आल फ्रॉड ! स्टंट !"

आईने में अपनी काया की छाया से पूछता हूँ–"तुमने कभी कोसी-कवलित जनों, अकाल-पीड़ितों और शरणार्थियों के दुख-दर्द को भोगकर जीती-जागती छवियाँ आँकी थीं ? क्या हो गया तुझे जो इस तरह 'बोतल प्रसाद' हो गया तू ?"

इस सवाल के जवाब में मुझसे सवाल किया जाता है–"कौन कहता है सूखा पड़ा है ? सरकार ? सोशलिस्ट (प्रजा-संयुक्त) ? कम्युनिस्ट ? कांग्रेसी ? कौन बोलता है ? कोई मिनिस्टर ? कोई जनता का सेवक ?··· आल फ्रॉड।"

किंतु, दूसरे ही दिन लेखकजी यानी 'बोतल प्रसाद' ने देखा कि सूखे के नाम पर राजधानी के 'बार' और सब्जी बाजार में सुरा से लेकर बैंगन तक की कीमतें अचानक बढ़ गई हैं तो उसका माथा ठनका, तब वह पटना की सड़कों पर 'ड्राउट' देखने निकला।

नगीनाराम सब्जीवाले ने हँसते हुए कहा, "सूखा नहीं हुजूर, बाढ़ ! बाहर से पाँच हजार 'बाबू लोग" पटना आए हुए हैं। गर्दनीबाग, आर. ब्लाक से शुरू करके भिखना पहाड़ी तक के सभी होटलों में जाकर देखिए–एक भी कुर्सी खाली नहीं मिलेगी आपको।"

कल्लू अंडेवाले ने बात में जरा पेंच लगाकर कहा, "ज्यादा दिन नहीं सर ! बस, पचीस तारीख तक !··· उसके बाद सभी लोग अपने-अपने घर लौट जाएँगे। भाव खुद-ब-खुद गिर जाएगा। यह कमाई तो समझिए कि बाढ़ का पानी··· "

(··· बाढ़ ! दुग्धोज्ज्वल खादी की टोपियों की बाढ़, ज्वार-भाटा ! तरंग ! एक

लहर इधर से आती है, एक लहर उधर से आती है··· जय हे-ए-ए, जय हे-ए-ए-ए-भारत··· !)

'बार' का बेरा अब्दुल सूखा जवाब देता है, "साहब ! व्हिस्की कोई भी नहीं। न स्काच, न देशी, न नेपाली··· "

होटल के मैनेजर ने सुनाया, "तंदूरी क्या, कोई भी चिकन नहीं। डेढ़ सौ मुर्गियों के आर्डर तो रोज 'उधर' से यानी बाहर से मिलते हैं··· प्लीज वेट टिल ट्वेंटी फिफ्थ।'

(सूखा पड़ा है 'बार' में। अकाल है, होटलों में··· पड़ गया बंगाले में काल, भरी कंगालों से धरती–पटी कंकालों से धरती···)।

रोज दिल्ली अर्थात् केंद्र से कोई-न-कोई 'अन्नदाता' उड़कर आता है 'ड्राउट' देखने। (छत्तर का मेला हो गया यह ड्राउट !) रोज राज्य का कोई-न-कोई मालिक (बड़ा, छोटा, मँझला, सँझला, पाँचू, छठू, सत्तो··· मालिकों का अकाल है यहाँ ? एक पर एक मालिक हैं) 'भयानक' और 'भीषण' बयान दे डालता है, केंद्र के अन्नदाता कहते हैं, पहले इन चूहों का अंत करो जो अन्न-वस्त्र को ही नहीं–सारे राज्य की जनता की आत्मा को कुतर रहे हैं।

अखबारों की मोटी सुर्खियाँ रोज-रोज एक ही बात को विभिन्न शब्दों में दुहराती हैं। राजधानी में, शहरों में दीपावलियाँ सजती हैं। पटाखे फूटते हैं, फुलझड़ियाँ छूटती हैं।··· उधर, गया के गाँवों में, मुंगेर के दक्षिणी हिस्से में, पलामू और हजारीबाग की पहाड़ियों और जंगलों की धरती की छातियाँ दरकती जाती हैं, पानी पाताल की ओर खिसकता जा रहा है। आदमी भूख से ऐंठ-ऐंठकर मरने लगते हैं।

(··· सब झूठ ! जयप्रकाश नारायण नामक 'आदमी' को कोई काम तो है नहीं। अतः इसी तरह कभी भूदान, कभी भोटान, कभी नागालैंड, कभी कश्मीर पर बे-बात की बात करता है। अब सूखा की समस्याओं पर बात करता है और एक सर्वदलीय सभा बुलाकर सुख-चैन से सोए हुए लोगों के सूखे हृदय में 'करुणा' का संचार करने की कोशिश कर रहा है। मगर, उसकी अपील लोगों के सिर और टोपियों के ऊपर से गुजर जाती है··· इतना फालतू समय और पैसे किसके पास हैं ?··· चलो दिल्ली··· जय हिंद !)

'आदमी मर रहे हैं'–खबरें आने लगीं !

दिल्ली से 'दिनमान' के संपादक का तार आया है। वह सूखा क्षेत्र देखने आ रहे हैं। (मानो छत्तर का मेला देखने आ रहे हैं !) क्या मैं कुछ दिन उनके साथ चल सकूँगा ? किंतु तार पाकर मुझे तनिक भी खुशी नहीं हुई। मुझे अपनी 'अच्छी फसल' काटने के लिए गाँव जाना है··· उनके आने के पहले ही 'कट पड़ो बंदे !'

लेकिन लाख कोशिश करके भी 'बंदा' कट नहीं सका। 'दिनमान' संपादक वात्स्यायनजी ही नहीं, आ रहे हैं एक पुराने क्रांतिकारी, कवि-उपन्यासकार और

चिंतक– अज्ञेय यानी यायावर ! सूखी धरती पर भूख से तिलमिलाकर मृत्यु से साक्षात्कार करनेवालों से साक्षात्कार करने के लिए।

भारी मन लेकर हवाई-अड्डे पर जाता हूँ। हवाई जहाज से करीब डेढ़ दर्जन स्थानीय असंतुष्ट कांग्रेसी नेता उतरते हैं। सबसे बाद में अज्ञेयजी दिखलाई पड़े। राजनैतिक पहलवानों की टुकड़ी मार्च करती हुई आगे बढ़ी। मैंने वात्स्यायनजी को छूकर रोक दिया··· इन्हें जाने दीजिए ! वे मुस्कुराए !

मैं अपने चेहरे पर सूखे-से-सूखे हुए आदमी का मुखौटा लगाना चाहता था। किंतु, हड़बड़ी में जो मुखौटा लगाया, वह एक अपराधी का था। झुकी हुई निगाहें और बुझा हुआ दिल !

अज्ञेय प्रसिद्ध मितभाषी हैं। किंतु मुझे हमेशा यही लगा है कि उनका मौन ज्यादा मुखर होता है। उन्होंने मुझसे कोई सवाल किए बिना–चुप रहकर ही–पूछना शुरू कर दिया–आप सूखा क्षेत्र में हो आए हैं ? क्यों नहीं ? लेखक क्या समाज के बाहर का प्राणी है ? क्यों ? ऐसी उदासीनता क्यों ? तुम इस हद तक बीमार हो ? क्यों ? जवाब दो–क्यों ?

मैं सिर झुकाकर चुप रहता हूँ। कोई जवाब नहीं दे सकीं, मेरी आँखें।

दिनमान/9 दिसम्बर, 1966

भूमिदर्शन की भूमिका : 2

पटना, गया, मुंगेर, हज़ारीबाग, पलामू जिले के नक्शे सामने बिछे हुए हैं, पचास-साठ अथवा सौ बरस पहले आँके गए नक्शे।··· मैं यह भी नहीं जानता कि पटना से जमुई कौन-सी सड़क जाती है। गया से चतरा तक जानेवाली सड़क कैसी है। मुझे नहीं मालूम कि छतरपुर किस जिले में पड़ता है। मैं चश्मा लगाकर भी नक्शों के नन्हे अक्षरों को नहीं पढ़ सकता। अज्ञेय नक्शा देखते समय चश्मा उतार लेते हैं। वह बीच-बीच में कोई सवाल करते हैं। मैं सुनकर भी नहीं सुनने का भाव दिखलाता हूँ। जवाब देते हैं पत्रकार-मित्र जितेंद्रसिंह। सोचता हूँ, यदि आज जितेंद्र नहीं होते तो··· ?

मैंने सोचा था, अज्ञेय सबसे पहले बिहार के मुख्यमंत्री से मिलेंगे। फिर कृषिमंत्री से। तब सरकारी हवाई जहाज अथवा हेलिकॉप्टर या जीप पर सवार होकर सरकार की मर्जी से सूखा-क्षेत्र में जाएँगे। जहाँ-जहाँ जाएँगे, वहाँ के सरकारी अधिकारी पहले से ही उनकी यात्रा के उद्देश्य की पूर्ति के लिए तत्पर और प्रस्तुत रहेंगे। किंतु, उनकी डायरी में सबसे ऊपर जयप्रकाश नारायण का नाम था–जो एक दिन पहले पटना से गया चले गए थे और अज्ञेय उनसे मिलने के बाद ही संकटग्रस्त क्षेत्रों में जाएँगे। अतः तुरत गया चल पड़ना उचित समझते हैं।

सोचा था, भोजन के बाद एक घंटा विश्राम करेंगे तो अपनी भी दिवानिद्रा में कोई व्याघात नहीं होगा। दोपहर के भोजन के बाद भोजन-पान-शयनविलासी

तन-मन को तनिक सुख-नींद तो चाहिए ही। किंतु, मैं नींद-भरी आँखों और अनमना-मन लेकर ओढ़ना-बिछावन, तहमत-तौलिया वगैरह समेटकर तहियाने लगा। और, जिसकी निगाह में संसार का सर्वश्रेष्ठ आलसी हूँ यानी 'आलस्य-श्री', 'आलस्य-भारती' और 'आलसी-बिहार का प्रतीक' आदि हूँ–वह मेरी दयनीय दशा देखकर खुशी से हँस-हँसकर मरी जा रही थी, क्योंकि मेरे चेहरे पर बँगला का एक 'छड़ा' (फिकरा) स्पष्ट लिखा हुआ था–"पड़ेछि मोगलेर हाथे, 'खाना' खेते हबे साथे··· "

जितेंद्र बिना टैक्सी के निराश वापस लौटे तो भरोसा हुआ, कम-से-कम कुछ घंटों की मोहलत मिली। पर सवाल उठा कि अगर टैक्सी से नहीं चलना है तो गया जानेवाली गाड़ी में अब ज्यादा देर नहीं। सिर्फ बीस मिनट। मेरी राय ली जाती तो कल सुबह के पहले किसी गाड़ी से चलने का प्रोग्राम नहीं बनाता। किंतु 'यायावर' ने तुरंत कंधे में कैमरा लटकाया–एक हाथ में अटैची और दूसरे में बास्केट ··· मेरा अब तक बिस्तर भी नहीं बँधा है, बैग में डाली जानेवाली चीजें चारों ओर 'छत्राकार' बिखरी हुई हैं। मैं एक पाँव में पाताबा डालकर, पाजामा में पहनाई जानेवाली डोरी खोज रहा हूँ, और, मन-ही-मन मना रहा हूँ कि यदि मेरे 'अयात्रीसुलभ संस्कारों' को यात्रा के लिए अशुभ मानकर–अथवा नाराज होकर भी–मुझे मुक्ति दे दें तो मुझे दुख नहीं होगा। (उनके जाते ही लंबी तानकर चैन से सो रहूँगा !) एक बार ऐसा लगा कि वह चुप रहकर जो कुछ कह रहे हैं, उसका आशय है, "तो, आप आराम कीजिए। मैं चला।"

लेकिन, मुस्कुराकर बोले, "मैं मदद करूँ ?"

मैं चुप रहा। घर का दूसरा प्राणी मदद करने के साथ बड़बड़ा रहा था, "भाईजी तो एक बेकार का बोझ ले रहे हैं अपने साथ··· "

समझनेवाले ने मुझे 'बोझा' समझकर भी 'बेकार का' नहीं समझा।

(समझते तो अच्छा होता ! और मुझे लगा कि अब देर करूँगा तो दरवाजे के पास खड़ी विशाल काया मुझे अपने दूसरे कंधे पर लटकाकर चुपचाप चल पड़ेगी।)

कार्तिक पूर्णिमा से एक दिन पहले–'छोटी नहान' का दिन। बिहार में हर पर्व के एक दिन पहले एक छोटा पर्व मनाया जाता है, छोटी होली, छोटी दिवाली ! 'नहान' का दिन अर्थात् छत्तर के मेले का दिन और पटना-गया लाइन (पी. जी. ट्रेन !) की रेलवे यात्रा ! दुर्गा का नाम लेकर निकला था। स्टेशन पहुँचकर 'काली' का नाम जपने लगा··· गाड़ी में कहीं भी तिल धरने की जगह नहीं। दोनों फर्स्ट क्लास के डिब्बों पर पुण्यार्थियों का पूर्ण अधिकार। हमें कंपार्टमेंट के अंदर क्या, पाँवदान पर भी पैर रखने देना नहीं चाहते थे। मुझे पंद्रह-बीस दिन पहले की एक घटना याद आई। आसाम मेल पर इसी तरह मेला देखनेवालों ने पूरा कब्जा कर लिया था और सबसे तेज चलनेवाली उस गाड़ी को बरौनी से खगड़िया तक ही पहुँचने

में दस घंटे लग गए थे। चेन खींचने से लेकर घनघोर 'रोड़ेबाजी' तक हुई थी—जमकर। पचासों निरपराध यात्री घायल हुए थे और अंत में 'फौजी पैसेंजरों' को राइफल निकालकर 'लोड' करने की जरूरत महसूस हुई थी··· मुझे 'पटना-गया लाइन' की अपनी उन यात्राओं की याद आई जिनमें रोड़े से लेकर रगड़-झगड़ और गालियों का मुकाबला करना पड़ा था।··· आज भी यही सारे लक्षण उपस्थित हैं। प्लेटफार्म पर चहलकदमी करता हुआ पुलिस का सिपाही हमारी कोई मदद करने में असमर्थ है। जितेंद्र हार गए तो 'अज्ञेय' आगे बढ़ गए और अपनी दोनों भुजाओं को पसारकर भीड़ को ठेलने लगे—"आप बाहर नहीं निकलेंगे तो मैं गाड़ी को आगे नहीं बढ़ने दूँगा। चलिए··· "

भीड़ में सन्नाटा छा गया। लोग हड़बड़ाकर उतरे। किंतु भीड़ को भड़कानेवाला 'एलिमेंट' सक्रिय हुआ तो भीड़ कंपार्टमेंट के सामने लग गई। हमने दरवाजा बंद किया और दरवाजे पर हजार धक्के पड़ने लगे। खिड़कियों पर आघात होने लगे। अंदर खड़े लोगों ने दरवाजा खोलकर अपने मित्रों को अंदर बुलाना शुरू किया। मैं चुपचाप 'नाम-जाप' कर रहा था। मुझे लगा, अब 'क्लाइमेक्स' बहुत नजदीक है। अज्ञेय टमककर फिर दरवाजे के पास जाने लगे। मैंने जितेंद्र की ओर देखा और जितेंद्र दौड़कर दरवाजे पर गए··· गाड़ी खुली, लटकते हुए लोग चिल्लाने लगे—"अंदर आने दीजिए, गिर जाएँगे।" मुझे मालूम है, अंदर आने के बाद वे बहस शुरू करेंगे और गालियाँ बकेंगे। फिर, अगले स्टेशन पर उतरकर—रोड़े से हमारे सिर तोड़ेंगे !··· अंदर आनेवालों ने तुरत अपना कार्यक्रम शुरू कर दिया यानी 'युद्धं देहि' की मुद्रा बनाकर बहस करने लगे। शुरू किया एक नौजवान ने। बात का सूत्र जोर-जबर्दस्ती अपने हाथ में लिया एक अधेड़ खादीधारी आदमी ने, जो अपने को किसान कहता था और हर बात को 'एज़ ए किसान' पेश करता था। पोलिटेक्निक स्कूल का विद्यार्थी और 'बस' का 'कंडक्टर' (सबसे मूर्ख यह बस कंडक्टर) और एक बूढ़ा देहाती और एक किशोर—बहस के वक्ता थे।··· हमारे 'सेंस ऑफ़ ह्यूमर' ने वातावरण के तनाव को ढीला कर दिया और हम जीत गए। हमारी गर्दन पर सवार और बात-बात में सिर तोड़ने को तैयार 'किसानजी' कांग्रेस राज को गाली देने लगे। नेताओं को भला-बुरा कहने लगे। उनका सारा गुस्सा एक ही पदार्थ पर था—जिसे खाकर (उनके कथनानुसार) आज के नेता 'लीडरी' करते हैं—'मुर्ग-मुसल्लम' ! हर बात के बाद वह मुर्गा-मुर्गी और मुर्गी के अंडे का जिक्र करना नहीं भूलते—हम लोगों ने लाठी खाए, जेल गए, देश को आजाद किया··· अब तो एक मुर्गी का अंडा खिला दीजिए और काम··· अब तो बिना मुर्गी के···।

मैंने उनकी मुर्गी की टाँग पकड़ी यानी उनका हथियार अपने हाथ में लिया और हर बात के बाद उसका इस्तेमाल शुरू किया तो 'सिंहजी' यानी 'एज़ ए किसान' बोलनेवाले की बत्तीसी निकल आई। वह समझ गए कि हम उनमें से नहीं, जिन पर उनका गुस्सा है। व्यंग्य-विनोद का जादू चल गया। जो हमारा सिर तोड़ने

आए थे–उतरते समय मुस्कुराकर नमस्कार करके उतरे। जो नौजवान अपने स्टेशन पर उतरकर हम पर रोड़ा फेंकता–वह जहानाबाद स्टेशन पर उतरकर हमारे लिए चायवाले को बुलाने गया।

कहते हैं, यात्रा शुभ हो तो पद-पद पर संयोग भी बढ़िया जुटता जाता है। गया स्टेशन से हमें बुनियादगंज मुहल्ले में–जे. पी. के पड़ाव पर जाना था। प्लेटफार्म पर पाँव रखते ही मेरी एक पुराने साथी पर नजर पड़ी, जो रेलवे कर्मचारी है। जब कभी गया स्टेशन पर पहुँचा हूँ, उससे मुलाकात हो गई है और हर बार वह पुराना 'कामरेड' (रेलवे यूनियन का !) मेरे काम आया है। इस बार, उसकी नजर बचाकर, कतराकर एक ओर से गुजर जाना चाहता था। किंतु, उसने देख लिया। सलाम का 'चलता-फिरता जवाब' देकर आगे बढ़ जाना चाहा, मगर उसने हाथ थाम लिया–"इस तरह खब्तुलहवास··· कहाँ··· जे. पी. से मिलने ? यार, कहाँ जा रहे हो ? जे. पी. अभी स्टेशन आ रहे हैं। सच कहता हूँ, उनकी गाड़ी लगी हुई है··· एडिटर साहब को रोको; नाहक कहाँ परेशान होने जाएँगे ? बनारस जा रहे हैं जे. पी.।··· "

मैं दौड़कर स्टेशन के बाहर गया। हमारा सामान टैक्सी के मुँडेरे पर रखा जा चुका था। वे हमारी प्रतीक्षा कर रहे थे।

मैंने यह सूचना दी। सामान उतार लिया गया। जितेंद्र ने बुनियादगंज टेलिफोन करके पता लगाया, बात सच थी। वह प्लेटफार्म की ओर गए और हड़बड़ाए लौटे–"बुला रहे हैं आप लोगों को। गाड़ी खुल रही है··· "

गाड़ी और प्लेटफार्म के आखिरी छोर तक हम दौड़ गए। दूर से ही देखा–एक कंपार्टमेंट के दरवाजे के फ्रेम में जड़ा-सा एक व्यक्ति खड़ा है। मद्धिम रोशनी में भी चेहरे को एक प्रसन्न मुस्कान आलोकित कर रही है–"कब आए ?··· मैं तो अभी बनारस जा रहा हूँ, तीस तारीख को झुमरी तिलैया मैं रहूँगा··· उसके बाद ? दो-तीन-चार लगातार पटना।"

मुझे देखकर हँसकर बोले–"अच्छा··· तो आप भी हैं।"

मैं चुपचाप मुस्कुराता रहा। जवाब दिया जितेंद्र ने हाथ जोड़कर–"जी ! हिंदी के दो···।"

जयप्रकाशजी ने गया, जमुई, हजारीबाग, और पलामू के कई इलाकों और गाँवों के नाम बताकर कहा–"वहाँ जरूर जाइए··· हाँ, वह इलाका भी सबसे ज्यादा 'एफेक्टेड' है··· वहाँ तो पीने को पानी भी नहीं। वहाँ जरूर जाइए··· "

गाड़ी खुली तो मैंने पढ़ा, जे. पी. के ओठों पर हमारे लिए यह संदेश स्पष्ट अंकित था : नाभिनंदेत मरणं नभिनंदेत जीवितम्, कालमेव प्रतीक्षेत निर्देशं मृतको यथा···

एक नई (प्राइवेट) टैक्सी लेकर तीन अपटूडेट जवान सरदार किसी गाँठ और

परिवार के पूरे हिंदू या बौद्ध पुण्यार्थी की ताक में घात लगाकर बैठे थे। हमें देखकर उनके दिमाग में कोई बात नहीं आ रही थी। एक मेरे लंबे केशों की ओर देखता, दूसरा अज्ञेय की दाढ़ी को और तीसरा जितेंद्र के गोरे एवं गोल मुखमंडल को। इसीलिए, बुनियादगंज मुहल्ले तक जाने का भाड़ा उन्होंने हमसे 'फकत' बीस रुपए माँगा था। और, लौटकर जब बुनियादगंज के बदले 'सर्किट हाउस' पहुँचाने का किराया पूछा तो वे अवाक् होकर एक-दूसरे को देखने लगे।

अज्ञेय को चाय से प्रीति नहीं। किंतु, उन्होंने खानसामा को बुलाकर मेरे लिए 'बेड-टी' का आर्डर देते हुए मुझसे समय पूछा तो मुझे लगा कि मैं सचमुच इनका बेकार का बोझ हूँ, मिनमिनाकर जवाब दिया–"साढ़े छह बजे हैं !" (ईमान की बात है, घर में साढ़े सात से पहले कभी नहीं···)

··· अज्ञेय आज तक 'बोधगया' कभी नहीं गए, बोधि का दर्शन नहीं किया। फिर कहाँ पाई करुणा ?··· मैं भी बोधगया कभी नहीं गया··· बोधगया के रास्ते के गाँव संकटग्रस्त हैं। बौद्धधर्म स्वीकार करता है कि दुःख है और इतना ही पर्याप्त है कि हम दुःख से मुक्ति पा सकते हैं। सुख पाएँगे या नहीं, हम नहीं जानते ··· बौद्ध संसार से परे कोई वस्तु नहीं मानते। बुद्ध ईश्वर के विषय में पूर्णतया अज्ञेयवादी हैं, किंतु हमारे धर्म में ईश्वर का हर जगह उपदेश देते हैं–सगुण-निर्गुण दोनों का···

मैं रामकृष्ण का स्मरण करता हूँ··· देवघर में भूखे-नंगे संथालों को देखकर, काशी-यात्रा स्थगित करके बैठे हैं–"पहले इन्हें भरपेट भोजन दो··· चूल्हे में जाय तुम्हारी काशी की गंगा··· मैं तीर्थ करने नहीं जाता··· इन्हें भरपेट खाने दो, ये ही शिव हैं। ये ही नारायण··· "

दिनमान/16 दिसम्बर, 1966

भूमिदर्शन की भूमिका : 3

खानसामा 'बेड टी' लेकर जिस समय आया–असली नींद का समय वही था। ऐसी नींद कि आँखें मूँदे रहिए और फिर भी सबकुछ देखिए-सुनिए।··· अंदर से दरवाजा खोला गया। खानसामा आकर चला गया। दो-तीन मिनट के बाद चम्मच और प्यालियों के टकराने की तुनुक-टुन-टुन आवाजें हुईं। और तब समझा कि 'बेड टी' का एक अर्थ 'जागिए कृपानिधान' भी होता है।

इस बार भी गया आकर यहाँ के प्रसिद्ध तिलकुट की, देव के मगही पान, गया की ठुमरी और यहाँ के साहित्यिक मित्रों की यादें आईं। ऐसी सुहावनी सुबह में··· नींबू-चाय पीते हुए··· गया के सांस्कृतिक पक्ष पर कोई समाजशास्त्रीय 'गप-सप' शुरू करके सूरज उगाया जा सकता था। किंतु, 'यायावर' अपने कैमरे के लेंस, फिल्टर और जूम का हिसाब-किताब बैठाने में व्यस्त थे, चुपचाप··· जिसका मतलब साफ था··· 'जागिए ही नहीं। तैयार हो जाइए कृपानिधान !'

हम लोग अभी तैयार भी नहीं हो पाए थे कि बरामदे पर कई व्यक्तियों के पग एवं पादुका-ध्वनि सुनाई पड़ी। झाँककर देखा : रात के कथाकार भाई के साथ और भी कई साहित्यिक मित्र ! परिचय और चायपान के साथ-साथ बातें शुरू हुईं। लेकिन, कविता और कहानी-उपन्यास पर नहीं, सूखा और भुखमरी से संबंधित समस्याओं पर ही। उन्होंने जो देखा-सुना और अनुभव किया है··· एक-एक कर सुनाया। उन गाँवों के नाम लिखाए जहाँ की हालत बदतर है। वहाँ पहुँचने के रास्ते बतलाए। और हमारी तात्कालिक और जटिल समस्या उन्हीं के सफल उद्योग से हल हुई। दोस्तों ने न जाने कहाँ से ढूँढ़कर, एक ऐसे मस्तमौला 'टैक्सी-एजेंट' को 'ऊपर' किया जिसको देखते ही मुझे लगा, इस आदमी से पुरानी जान-पहचान है। उसके गले की आवाज सुनकर, बातें करने का ढंग देखकर एकाएक पहचाना ··· यह तो वही टैक्सीवाला है जिसके नाम का तुक, मेरे नाम से मिलाकर बंबई से आए हुए 'फिल्म यूनिट' के लोग चुटकी लेते थे। मैंने कहा–"तुम्हारी गाड़ी पर हम कोयलबर की ओर, देहात में गए थे। तुम्हारा नाम··· रामेश्वर या कोई ईश्वर··· "

"बस, बस। अब हमको भी याद हो गया। तभी से हमहूँ यही सोच रहे थे कि···। नाम मेरा कौलेश्वर है, जी।··· बस अब समझ गया।··· आप जितना दे देंगे ··· मंजूर होगा हमको। नवादा तक ही क्यों, एक ही दिन के लिए क्यों ? दो-तीन-चार-पाँच जितना दिन रखिए।··· मगर, गाड़ी जब छोड़िएगा और जहाँ से भी छोड़िएगा··· ड्राइवर के हाथ मेरे नाम 'दू-कलम' खत लिखकर जरूर भेज दीजिएगा। मेरे पास बहुत-से बाबू लोगों और 'फौरेन' के साहब लोगों के सिट्टिफिकेट हैं।" उसने कहा कि उसका ड्राइवर एकदम 'सूधा' लड़का है। (सीधा और सूधा में बहुत फर्क है।) कोई नशा नहीं, कोई ऐब नहीं। साथ रहेगा, देखिएगा ही। और अपनी ही गाड़ी समझिएगा। 'यायावर' गाड़ी को नजदीक से देख आए। रात में स्टेशन पर कई जरा-जीर्ण टैक्सियों की दुरवस्था वे देख चुके थे।··· गाड़ी की अवस्था अच्छी है।

प्रोग्राम बना, सबसे पहले बोधगया का। कवि-मित्र के कथनानुसार बोधगया के रास्ते में ही कोख-जली धरती की पहली झलक मिल जाएगी।··· साहित्यिक मित्रगण कम-से-कम मंदिर और बोधि के दर्शन के समय अज्ञेय के संग-संग रहना चाहते हैं। वे 'टूरिस्ट ब्यूरो' की गाड़ी लेकर बोधगया की ओर चल पड़े।

बोधगया जाने के पहले स्थानीय किसी अधिकारी से सरकारी लेखा-जोखा ले लेना उचित समझा गया। हम ए. डी. एम. के बँगले पर पहुँचे। युवक हाकिम ने हमें बैठाकर अपने रिलीफ अफसर के सहयोग से बीस-पच्चीस मिनट में–"हमें पूर्ण विश्वास है कि इस लड़ाई में हमारी ही जीत होगी।"

बातचीत के सिलसिले में मैंने शुरू से ही लक्ष्य किया था, ए. डी. एम. साहब किसी भी अंग्रेजी शब्द और वाक्य के पहले उसका हिंदी रूप बोलते थे··· कठिन श्रम योजना, लघु सिंचाई, अनाज-वितरण, अभियान, निर्माण··· हमें मालूम था कि

युवक और नए अफसर लोग जन-संपर्क के महत्त्व को समझते हैं। जानते हैं, किस वर्ग के लोगों से कैसी बातें करनी चाहिए ! लेकिन, बाद में जब पता चला कि वह बंगाली हैं तो अचरज हुआ ! निष्ठापूर्वक हिंदी बोल रहे हैं··· 'किस' वर्ग के लोगों से 'कैसी' बातें ही नहीं··· किस 'भाषा' में बातें करनी चाहिए, ए. डी. एम. यह भी जानते हैं।

बोधगया में मंदिर और बोधि का दर्शन हमने सामूहिक रूप से किया। मंदिर के प्रांगण में घूमते हुए मुझे रह-रहकर··· रिपुंजय, बिंबिसार, अजातशत्रु, शिशुनाग, महापद्मनंद, चंद्रगुप्त, अशोक, शून्यपुराण और कम्युनिस्ट मैनिफेस्टो की याद आई ··· राहुलजी, भदंत और नागार्जुन की याद आई।··· वर्षों पहले पढ़ी बातें, 'वज्रयान' और 'ब्रजत्व' की व्याख्या : ब्रजत्व-लाभ करना मनुष्य का जन्मसिद्ध अधिकार है। मनुष्य का अधिकार ही सबसे बड़ा है। मनुष्य ही सत्य है, और सब मिथ्या।··· महासुख ही महाप्रभु, महाशून्य, वही करुणा, वही सर्व-देवता।··· एक्क न किज्जई मंत न तंत, निअ घरनी लई केलि करंत। निअ घर घरनी जाव न मज्जई, ताव कि पंचवर्ण बिहरिज्जई··· !!

साहित्यिक मित्रों के प्रसन्न-विदा-संभाषण का संबल लेकर हम आगे बढ़े। और यहीं से हमारी असली यात्रा शुरू हुई ! 'यायावर' जो अब तक पीछेवाली 'सीट' पर थे, सामने ड्राइवर के पास अपने 'लटकन-छटकन' के साथ जा बैठे। मेरे ठीक सामने। किंतु, मैं उनकी 'पीठ' नहीं··· देख रहा था उनका सिर। जो स्वयंचालित यंत्र की तरह, काँच के 'वाइपर' की तरह··· बाएँ से दाहिने और दाहिने से बाएँ घूम रहा था। टोह लेती हुई आँखें ! ड्राइवर के बाएँ कंधे पर उनकी उँगली पड़ी··· ड्राइवर गणेश ने 'ब्रेक' लिया।··· 'यायावर' उतर पड़े। घास 'गढ़' कर यानी खोदकर लौटती हुई औरतें··· सिर पर टोकरियाँ। धान का बोझा नहीं, सूखी झुनाई घास ! साथ में वह नन्हीं बच्ची··· क्लिक ! अब एक 'कलर' चाहिए, शायद। गाड़ी से दूसरा कैमरा लेकर 'यायावर' को दौड़ना पड़ा।··· मगध की छोरियाँ कुछ गोरियाँ (कुछ कारियाँ भी !) कुछ भोरियाँ··· बाजरे की कलगी नहीं, बिछली-घास भी नहीं ··· सिर पर घास की टोकरियाँ लेकर तेजी से चली जा रही हैं। 'यायावर' ने कैमरे का बटन दबाना चाहा कि सबसे अगली (जो पहले भी बच निकली थी !) मुँह पर कपड़ा डालकर अचानक इस तरह 'फिरकी' की तरह मुड़ गई कि 'यायावर' हारकर भी हँस पड़े।

ऐसा लगता है, बोधगया जाते समय ही 'यायावर' की दृष्टि में कई 'ऑबजेक्ट' या 'सबजेक्ट' पड़ चुके थे। दो फर्लांग के बाद, जहाँ से हमारी गाड़ी फिर गया शहर की ओर मुड़ी··· ड्राइवर गणेश के कंधे को छूकर गाड़ी रोकी गई। देखा—वहाँ, एक खेत में काला-कलूटा, दुबला-पतला, भूखा-प्यासा, थका-हारा बूढ़ा धान के सूखे पौधों को हँसिया से काट रहा है, यदि हमारी 'यात्रा' कंडक्टेड किस्म की

होती तो मैं यह कदापि विश्वास नहीं करता कि यह बूढ़ा सचमुच कोई बूढ़ा है जो संकट से लड़ रहा है–उसने कई ऐसे 'पोज' दिए जो कुशल-सफल कोई चरित्र-अभिनेता भी नहीं दे सकेंगे। भगवान् सफल नाटककार ही नहीं, 'डाइरेक्टर' भी है। (देखिए 'दिनमान', 9 दिसंबर, पृ. 24-27)।

गया शहर छोड़कर हम नवादा की ओर जा रहे हैं। ग्राम गुरुचक्र और बुद्धगैरे के नाम पढ़कर हमें गाँवों और जगहों के नामों पर एक समाजशास्त्रीय 'गप्प' शुरू करने का अवसर मिला : इस रास्ते से बुद्ध गए होंगे। और, ग्राम गुरुचक्र में 'श्रीचक्र' की तरह कोई अनुष्ठान संपन्न हुआ होगा। वात्स्यायनजी भी मुस्कुराकर इस बातचीत में शरीक होना चाहते थे कि अचानक सड़क के दोनों ओर का भू-भाग–लैंडस्केप–सपाट, सू-खा-आ-आ··· !!–यह क्या ? जहाँ तक दृष्टि जाती है–एक तृण नहीं। कहीं एक तिनका भी हरा नहीं। बंजर-परती धरती नहीं··· धान के खेत हजारों एकड़। प्रकृति के प्रकोप की मारी धरती !–यह क्या देख रहा हूँ ? यह किसका शाप है ?··· किसका पाप··· ?

हँसुआ पहुँचते-पहुँचते बोतलप्रसाद यानी लेखकजी न जाने कहाँ हवा में 'बिला' गए। उनकी जगह पर रह गया–बिहार के एक गाँव का एक किसान का बेटा, जो सिर्फ यही सोच रहा है कि यदि उसके जिले में, इलाके में ऐसा सूखा पड़ा होता तो उसकी जमीन, उसके गाँव, गाय-बैल, औरत-बच्चे ऐसे ही··· इसी तरह···।

गाँवों के आसपास थोड़ी हरियाली देखकर आँखों को ही नहीं, जलते हुए दिल को भी राहत मिलती है।··· जिंदगी गाँवों को अगोरकर सिमटी-सिकुड़ी पड़ी हुई है।

अब हमारी आँखें और कुछ नहीं देखतीं··· सिर्फ सूखा और अकाल !··· आने-जानेवालों की गठरियों में क्या है–गेहूँ, मकई, बाजरा ? गाड़ियों पर क्या है, बोरे में ? अनाज या चारा ?··· अन्न के बोरे नहीं, सूखा पुआल। दुकानों के सामने क्या है–मकई ? पंजाबी मकई ?··· इधर कहाँ जा रहे हैं–सभी लोग ? वह बूढ़ी बकरी लेकर कहाँ जा रही है ? जरूर बेचने जा रही होगी।··· गाँवों के आसपास बच्चे खेलते-भागते तो हैं ? वह छोटा-सा लड़का हमारी गाड़ी को देखकर, हाथ हिलाकर 'हो-य-य' कहकर खुश तो हुआ !··· वह लड़की हमारे गाँव की सुरती की तरह लगती है। यह बूढ़ा नई लालटेन खरीदकर ले जा रहा है।··· उस गाँव में निश्चय ही किसी की शादी हुई है या गौना हुआ है, रँगे हुए कपड़े सूख रहे हैं। शादी या गौने में 'भोज' हुआ होगा ! बच्चे पढ़ने जा रहे हैं ? क्या खाकर जा रहे हैं ? स्कूल में मुफ्त दूध मिलता होगा ? हाल ही, थोड़ी-सी वर्षा हुई है–इससे कुछ फायदा तो हुआ होगा ! लेकिन, कहाँ ? देखता हूँ, कहूँ–हाँ, वहाँ··· वहाँ हरियाली की पतली-सी रेखा ! रबी का रंग··· दूर-दूर खेतों में लोग दिखाई पड़ते हैं, हल जोतते हैं, कुदाल चलाते हुए··· वहाँ रहा 'एंटिएयरक्राफ्ट'··· कच्चे कुएँ की डोल के लंबे-लंबे बाँस–सूखी धरती और आसमान की पृष्ठभूमि में ऊपर-नीचे गिरते

हुए लट्ठे–लोग लड़ रहे हैं। वहाँ भी–वहाँ कुछ खोदा जा रहा है–आहर, पैन या कूप ? कुछ भी हो··· वे लड़ रहे हैं।···

यह, एकदम करीब ही कच्चे कूप पर तीन लट्ठे चल रहे हैं। डोरियों की लंबाई से जल के तल–वाटर-लेवेल–का पता चलता है–सचमुच पानी पाताल की ओर भागा जा रहा है।··· तीन जन पानी भर रहे हैं एक 'पैन' ठीक कर रहा है। एक हल जोत रहा है। लड़ रहे हैं, सभी !··· ड्राइवर के कंधे पर अब उँगली रखने की जरूरत नहीं होती–एक 'हुँ' पर ही गाड़ी रोक देता है।

हल जोतनेवाले भाईजी से नाम पूछा तो उसने सुनकर भी कोई जवाब देने की जरूरत नहीं समझी ! (सड़क से गुजरनेवाले हर आदमी के सवालों का जवाब देने लगे तो वह खेत कब जोतेगा ?)। बैलों को एक भद्दी गाली देकर हाँकते हुए उसने हमें भी अपने हाथ के 'पैने' से हाँकने की कोशिश की। हम हाँके नहीं गए और उसके काम में बाधा डाले बिना उसकी प्रतीक्षा करने लगे। बस, दो मिनट में ही उसका हल खेत के उस किनारे से इस किनारे की मेंड़ तक 'रेह' फाड़ता हुआ करीब आ जाएगा–और करीब–'तोहार नाम की हो भाय ?'–नाम ? नाम हमर–जागो !–क्लिक !··· जागो ने अपनी दुलहिन को–जो खेत के उस मेंड़ के पास खड़ी थी–इशारे से कुछ कहा। उसकी 'दुलहिनियाँ' पेड़ की आड़ में चली गई।

रेपुरा-सिरसा गाँव के इस हलवाहे ने अपना नाम 'जागो' बतलाकर हमारे सभी सवालों का एक ही जवाब दे दिया था ! उधर, खेतों में काम करनेवालों के हाथ रुके नहीं। एक आदमी हमारे पास आया–हाथ की मिट्टी झाड़ता हुआ। हमें देखकर मुस्कुराया। फिर पूछा–'क्या देखने आए हो ? यह सूखा ?··· ऐसा कभी नहीं हुआ–लेकिन, हम लोग लड़ रहे हैं। थोड़ा-सा पानी पड़ा है। और बाकी कूप-कुआँ से–जहाँ तक हो सके आदमी जान रहते तो हिम्मत नहीं हारेगा।··· अब, भगवान् की मर्जी।··· अच्छा तो–परनाम !'

'यायावर' फोल्डर खोलकर नक्शा देखते हैं। पूछते हैं–'क्या नाम बताया था उस गाँव का ?··· आपने लिखा था, हाँ, कोसला !' हँसुआ से राजगिर रोड की ओर मुड़कर छह माइल पर है कोसला गाँव। उसके बाद मियाँबीघा··· उससे पूरब कछुआरा··· ।

'यायावर' पूछते हैं–'कछुआरा या कहुआरा ?'–हाँ, कहुआरा ! कवि-कथाकार-आलोचक-पत्रकार मित्रों ने उन गाँवों के नाम लिखवाए हैं जहाँ भूमिहीन-जनों की–खेत-मजदूरों की 'बस्तियाँ' हैं !

'यायावर' हँसुआ पहुँचकर बाईं ओर गाड़ी मोड़ने को कहते हैं–"राजगिर जानेवाली सड़क यही है··· !"

रास्ते में, भेलुवा गाँव के खेतों में कुछ कम उम्र के लड़के भी काम करते हुए दिखलाई पड़े। कूप खोदा जा रहा है।··· बृजनंदन सिंह, बिपिन बिहारी शर्मा, बिजेंदर, विजयकुमार और लटना। मुसहर का नंग-धड़ंग बालक।··· हम जब गाड़ी

की ओर लौट रहे थे, तब सुना बिजेंदर या विजयकुमार हँस-हँसकर कह रहा था–"सार ! लटनो के फोटो खिंचा गेलइ। फोटो में सार लँगटे ठाड़ रहते... ?"

"कोसला और कितनी दूर ?" हर आनेवाले राही से पूछते हैं हम।

"बस, आगे।... डेढ़-दू कोस।"... हर जवाब देनेवाला जवाब देकर खड़ा हो जाता है और बहुत देर तक हमारी गाड़ी की ओर अचरज से ताकता रहता है।

दिनमान/23 दिसम्बर, 1966

भूमिदर्शन की भूमिका : 4

पक्की सड़क से उतरकर, कुछ दूर तक 'कच्ची' पर गाड़ी जहाँ तक जा सकी–गई। हम गाड़ी से उतर पड़े। पगडंडी के दोनों ओर सूखी 'बारी-झारी' की क्यारियाँ–जंगली 'भुटके' का साग भी नहीं ! मिट्टी के छोटे-छोटे घर, उजड़े-अधउजड़े झोंपड़े... हवा में श्मशान-जैसी 'चिड़ाइन' गंध... छप्पर पर सूखती चिरकुट-कथरी... फूटे हुए मिट्टी के बर्तन-बासन–कुत्ते का डोलता और हाँफता हुआ एक कंकाल बिना-भूँके एक ओर चला जाता है। एक माता अपने बच्चे को गोदी में लेकर आ रही है, हमें देखकर ठिठक गई। उसका बच्चा अ-वाक्–उदास आँखों से हमारी ओर देखता रहता है। माँ मुँह फेर लेती है। काले-काले होंठों के बीच, सफेद दाँतों पर बिजली-सी कौंध गई–मैंने 'मूलमंत्र' जपना शुरू किया।

हम गाँव के मध्य-भाग में पहुँचे। एक मिट्टी की गिरी-पड़ी दीवार के पास एक 'खुनखुन' बूढ़ी बैठी थी। हमें देखते ही बड़बड़ाने लगी। क्रोध से उसके नथुने के आसपास की सिकुड़ी-सिमटी चमड़ी थर-थर काँपने लगी–उसकी घुड़कती आँखें और टूटी दंत-पंक्तियाँ... मैं मन-ही-मन 'कालिका सहस्रनाम' जपने लगा–घोररूपा, घोरदंष्ट्रा, घोरा, घोरतरा, शुभा... कोटराक्षी... बहुभाषिणी... प्रचंडा... चंडी... चंडवेगिनी, यक्षिणी, योगिनी, जरा, राक्षसी, डाकिनी, वेदमयी, वेदविभूषणा... निष्ठुरवादिनी... माँ... !!

एक झोंपड़े से झाँकती हैं एक जोड़ी गुस्से से भरी तेज आँखें–एक सात-आठ साल की बच्ची की। उसकी अधेड़ माँ हड़बड़ाकर उठ बैठती है, कपड़े से अपनी देह ढँकती है। गुस्से में कुछ बुदबुदाती है। दूसरे, तीसरे, फिर चौथे झोंपड़े के प्राणी भी कुनमुनाकर निकलते हैं–बच्चे, बूढ़ियाँ, अधेड़ और जवान औरतें। मर्द एक भी नहीं–एक नंग-धड़ंग, चित्ती कौड़ियों-जैसी आँखोंवाले, दुबले-पतले-पीले बीमार बालक के सिवा !

हममें से कोई भी 'मगही' बोलना नहीं जानता। लेकिन मेरा विश्वास है कि जो थोड़ी-सी भी मैथिली या बंगला अथवा भोजपुरी–यहाँ तक कि ठेठ हिंदी–बोल ले सकते हैं, वे समय पड़ने पर 'मगही' बोल-समझ सकते हैं। बोली के 'लय' को पकड़कर मैं न जाने कौन-सी 'भाषा' बोलने लगता हूँ। मगही जाननेवाले इसे शुद्ध मगही नहीं मानें, समझ सबकुछ लेंगे।

मैं बोला : "गाँव में कौनो मरद-पुरुखवन केर पता न है ! कहाँ गेल हो, ई सब ?"

"जइते कहाँ ? कमावे कोड़े ला।"–तुरत जवाब मिला।

"चुल्हवा में की पक्कत हलै ? धुँइयाँ देखैहियेक्।"

"पक्के के की है जे पकतई ! लड़कोरिया लेल गोइठवा में अगिया सुलगत हय–ओकरे धुँइयाँ··· ।"

"पक्के के कुछ नअ हउ–त ई बचवा सब की खइतउ ? की गे–तोर की नाम हौ ? बोल ना, लजावे है काहे ? ई लइका केक्कर है ?··· बीमार है ? ओ ? ··· भुक्खल है–खाए बिना एकर एइसन दसा है··· ओ··· ।"

–मेरी बातचीत सुनकर तनाव कम हुआ। मुझे लगा, चारों ओर तनी हुई कमानियाँ अचानक ढीली हो गईं। बे करीब आईं, आने लगीं। आधा दर्जन से अधिक भूखी माताओं के बीच मैंने अनुभव किया–गाँव की दादी, फूफी, काकी, मौसी चारों ओर से दौड़कर आई हैं–मेरे आने की खबर सुनकर–बाल-बच्चों को लेकर !

"पाँच जन केर मजदूरी–पाँच मुट्ठी एहे खेसारी–देखऽ !"

"खसरियो निपट्ट घुनायेल–से देखऽ !!"

"मलिकवन के कौन फिकिर ? घर में अनाज–पानी भरल है।"

"हमनिये के उपजायेल, ओसायल-बरायल और घर में सँइतल अनजवा–देखल अनजवा कहाँ चल जइतै, भैया ?"

"अपने बिजली के कुइयाँ खना रहलन हैं··· ।"

"गरीबन के देखेवाला केयो नहीं।"

"सात दिन केर लड़कोरिया के एह खेसारी के घाठा ? हे परमेसर, एसन कभ्भी न देखली।"

"माइए के ना खाएला मिलतइ तऽ बचवा जीयतय कैसे ?"

"दुधवे न होइ है··· ।"

"कीप ऑन टाकिंग··· ।"–'यायावर' अपने कैमरे के 'व्यूफाइंडर' में देखते हुए कहते हैं।

"तोहर की नाम हौ गे··· ?" –मैं पूछता हूँ उस तेज और गुस्से-भरी आँखोंवाली सात-आठ साल की लड़की से, जो अपनी बेटी-जैसी लगती है।

"बोल ने गे। बता दहिक् ने गे, जसोधिया।"

"जसोधा।"

"वाः जसोदा माई··· !" जितेंद्र कहते हैं।

सूखे मुखड़ों पर मुस्कुराहट खेल गई। मैं यशोदा का हाथ पकड़कर अपनी ओर खींचता हूँ। वह नाराज और कुछ डरी-सी (ठीक अपनी बेटी-जैसी !) मुँह से सिर्फ 'बक्-बक्' उच्चारण करके–घुड़कती हुई निगाह से देखती है। सौरघर से झाँककर देखती है–एक सूखी, पीली, युवती-माता। चिथड़े में लिपटे हुए शिशु की ओर दिखलाकर अपनी बहन से हँसकर कहती है–"ई अकलवा के भी छापी उतरवा

दे··· ।"

अकाल और सूखा में जन्मे हुए बच्चों के सही नाम 'अकालू' और 'सुखाड़ी' नहीं तो और क्या होंगे ?

पूछता हूँ–"अकलवा केर छट्ठी कहिया भेलय ?"

"कल ही त।"

"कीप ऑन टाकिंग··· ।"

"अकलवा के महतरिया केर की नाम ?"

"बच्ची देवी।"

"अकलवा के ई मौसी है न ? एक्कर की नाम ?"

"कलेसरी देवी।"

"भात खइला कतेक दिन भेलउ ?"

इस सवाल पर सभी हँस पड़ीं। एक बोली : ऐ-हे-ए···

"आसिने में भात खैलिए··· ।"

"तोहर की नाम हो रे बबुआ ?"

"पिनोदपा··· ।"–चित्ती कौड़ी-सी आँखोंवाला बीमार बालक चें-चें कर बोला।

"बिनोदवा नाम है।"

"बिनोदवा केर बाप कहाँ ?"

"कलकत्ता में बहनोय बिजली कंपनी में काज करत हइ ओकरे लग··· ।"

"कौनो सरकारी 'कार्ड-उर्ड' भैटलै है केकरों ई गाँव में ? लाल रंग केर 'काट'··· ?"

इस सवाल पर वे फिर हँसीं। इस बार शुष्क हँसी–"कहाँ मिलल है 'कटवा' और 'कटवा' भेटओ करतय त दुकनवाँ में अनाज नहिं··· ।"

"मलिकवन के करेजा में तनिको दया-धरम नहिं।"

"जेकरा खातिर बाप-दादा से लेकर हमर लइका-पोता हड्डी गला के 'राँगा कइलक'–ओकरा सबके नजर में पानी नहिं।"

मालिक-टोले का एक आदमी बहुत देर तक चुपचाप गप सुन रहा था। मौका मिलते ही बोल उठा : "आरे ! आदमी को खिलानेवाला कौन बाप का बेटा जनम लिया है। भगवान् जिसको चाहें खिलावें चाहे··· !"

उसकी बात पूरी नहीं हो पाई। बिनोदवा की माँ बोली–"अरे, भगवान्··· भगवान् मलिकवने सबके ओर··· नहित भगवानो आन्हर है कि बहिर··· हाय रे··· एसन अनियाव ? तीन-तीन दिन पर हमन के एकगो मडुओ के रोटी न मिले हुनकर हवेली में पुरनमासी के सतनरैनजी के कथा में पूड़ी-बुँदिया केर जेवार··· और रूआब ऐसन कि बोलो मत। चोरी में पकड़ा देगा। डकैती में फँसा देगा। जेहल में देगा। ··· जेहल में देगा, त उहे दे दो। जेलवा में खाए के त मिलतई ?··· हः हः, गरीब के देखेवाला को-य-न-हीं··· ।"

"ठीक बात।"–जितेन्द्र ने आँख मूँदे, सिर झुकाए कहा।

"मलिकवन के घर हैजा-फौती मइसो···।"

मैं सिहर पड़ा, इस शाप से ! जितेंद्र ने भी सिर हिलाकर 'हुँहु' किया। बूढ़ी रुक गई–"पेटवा जरैहै त मुँह से गरिया निकसय है।"

"थारियो-लोटवो बेचलइए, बकरी-बकरा सब···।"

"ई जाड़ा त केतना के···।"

"अगिया जरतय कइसे ?"

"लकड़ियो-जलावनो सब मलिकवने के···।"

"आग लागो हुनकर···।"

"बिनोदवा। इधर आ। यहाँ सामने···।"

'यायावर' के कैमरे को उसकी आँखें छेद देंगी–ऐसा लगा। रोशनी एकदम कम हो गई थी।··· फ्लैश चमका तो बिनोदवा के चेहरे पर आतंक की एक हल्की झलक देखने को मिली, जिसे देखकर सभी हँस पड़े।

"जशोदा माई ? बिनोदवा··· !" इससे आगे क्या कहूँ ? क्या कहना चाहिए ? कह दूँ–जाकर खाना भेज दूँगा ? दूध भेज दूँगा ? दवा भेज दूँगा ? क्या कह दूँ ? हम यहाँ क्यों आए ? यह क्या देखा ?

अज्ञेय अब चुपचाप खड़े हैं। जितेंद्र का मुँह एकदम लाल हो गया है। मैं 'बिदा' माँगने के लिए शब्द ढूँढ़ रहा हूँ–"तब ?··· अब हम सब चलित हैं। फेर आएब···।"

"अच्छा त–परनाम !··· परनाम !!··· पन्नाम !!!"

हम न जाने कहाँ आए थे !··· इनफेरनो ? नरक में ? या 'पाराडिसो' में यानी स्वर्ग में ? हम कौन हैं ? यह कौन 'लोक' था ? यह कौन-सा युग है ? हम कहाँ हैं ?

उलटकर देखा : सभी एकटक हमारी ओर देख रही थीं··· गाँव से 'बिदाई' के दिन गाँव के हर टोले की औरतें–गाँव के आदमी को इसी तरह खड़ी होकर देखती हैं। न हाथ हिलाती हैं और न रूमाल।··· चित्ती कौड़ी-जैसी आँखोंवाला दुबला-पतला भूखा बिनोदवा, भूखी जशोदा, सूखी बच्चीदेवी, दाने को तरसती कलेसरी और सूखी माँ की छाती को चूसता हुआ सात दिन का शिशु–अकलवा !··· इनसे मैंने क्यों कह दिया कि फिर आऊँगा ?

मैं कोसला गाँव फिर कभी नहीं आना चाहता। कभी नहीं आऊँगा, यहाँ ! क्योंकि जानता हूँ··· जब लौटकर आऊँगा तो देखूँगा··· जशोदा नहीं है। अथवा अकलवा अपनी माँ को खाकर चल बसा है। सुनूँगा–बिनोदवा को आखिरी दिन घुनी खेसारी का 'घाठा' भी नहीं मिल सका था।··· मैं खोजूँगा–यहाँ कहीं कोसला गाँव था ! यहाँ जशोदा थी !··· जशोदा मा-ई-ई !··· जशोदा बेटी-ई-ई !

गाड़ी में आकर हम सभी चुप बैठे रहे, घंटों। गाड़ी आगे बढ़ी–मियाँबीघा गाँव

की ओर। किंतु गाँव के बाहर पहुँचकर हमारी हिम्मत नहीं हुई, गाँव में प्रवेश करने की।··· हमारी गाड़ी लौट चली। रास्ते में, कोसला गाँव की ओर, खिड़की से झाँककर देखा—साँझ का अंधकार घना हो गया था। एक नन्ही-सी रोशनी भी कहीं नहीं थी।··· किंतु, लगा बिनोदवा की आँखें 'दपदपा' कर जल उठीं !

यदि कोसला गाँव की भूखी-प्यांसी औरतें हमें गालियाँ देकर, झाड़ू-बुहारन से मार-मारकर, हमारे कपड़े-लत्ते नोंच-खसोटकर गाँव से बिदा करतीं तो हम अपने बचाव के लिए न उँगली उठाते और न मुँह से 'चूँ' शब्द निकलता।··· हमारे पेट में अन्न भरा था, देह पर जरूरत से ज्यादे कपड़े थे। हमसे बढ़कर और कौन अपराधी होगा ?···

वही अच्छा होता। क्यों कह आया कि लौटकर फिर आऊँगा ?··· क्या लेकर आऊँगा ? खाली हाथ—भरे पेट, किस मुँह से आऊँगा यहाँ··· अज्ञेय मुझे कहाँ ले आए ?

"हम कहाँ आए ?··· छह बज गए ?"

"नवादा।"

"हम आज रात कहाँ ठहरेंगे ?"

"यहीं। लेकिन, सबसे पहले यहाँ के एस. डी. ओ. से मिलना आवश्यक है। अभी, तुरत··· ।"

जितेंद्र ने घड़ी देखकर कहा—"मेरी 'बस' में अभी एक घंटा-भर देरी है। चलिए··· ।"

नवादा के एस. डी. ओ. जनाब अब्दुल खैर के बँगले पर जब हम पहुँचे, रोशनी जल चुकी थी। बरामदे पर, बाहर में कई कारिंदे, क्लर्क और चपरासियों के अलावा तीन-चार 'व्यापारी-कम-नेता' किस्म के लोग भी थे। हमें 'चेंबर' में बैठाकर चपरासी अंदर से खबर ले आया कि 'साहब' नमाज़ पढ़ रहे हैं।··· इस समय 'मगरिब की नमाज़' (यानी सूर्यास्त के समय पढ़ी जानेवाली) पढ़ रहे हैं या 'नमाज़े-इस्तरका' (अकाल और सूखा के समय वर्षा के लिए पढ़ी जानेवाली) ?

हम 'अरदास' लगाकर बैठे। जिंदगी में बहुत बार बहुत-से 'हुजूरों' के दरबार में दीदारी के इंतजार में बैठा हूँ। इसलिए, ऐसे लोगों को अच्छी तरह पहचानता हूँ जो मिलनेवालों को 'अंदर हवेली' से खबर भेजते रहते हैं—मालिक पूजा कर रहे हैं या साहब नमाज़ पढ़ रहे हैं।

कोने की दीवार पर गया जिले का बड़ा नक्शा टँगा था। अज्ञेय और जितेंद्र कोने में खड़े होकर नक्शा देखने लगे। मैं बैठा सोच रहा था कि हाकिम साहब अभी आएँगे तो उनके चेहरे पर कैसे भाव होंगे। पूजा-ध्यान और रोज़ा-नमाज़ के बाद आदमी का तन-मन पिघला-सा रहता है। लेकिन हाकिम पर्दा हटाकर प्रकट हुए और मारे अचरज के अवाक् हो गए। शायद, पूछना चाहते थे—आप लोग कौन हैं जो इस तरह मेरी गैर-हाजिरी में मेरे दफ्तर का नक्शा देख रहे हैं ? लेकिन, हकलाते हुए बोले—"आप लोग कौन··· आप लोगों को पहचाना नहीं।"

जितेंद्र बोले : "आदाब अर्ज़। अभी बतलाता हूँ। आप हैं दिनमान-संपादक ··· मैं जितेंद्र··· और आप हैं···। हम 'ड्राउट-एफेक्टेड' इलाके में घूम रहे हैं।"

"ओ-ओ-ओ ! मैंने समझा कि आप लोग कोई रिलीफ देने आए हैं।··· खैर ! तो, महाशय, रिलीफ़ यानी 'सहाय' का काम देखने के लिए तो··· और हाँ, 'रिलीफ़' का क्या मतलब समझते हैं, आप ? सहायता ? जी नहीं ! गलत ! रिलीफ़ का सही माने है 'स-हा-य !'* ··· समझा ?"

जितेंद्र आँखें मूँदकर और सिर झुकाकर खैर साहब के तर्ज़े-बयाँ का मजा ले रहे थे। अज्ञेय मेरी ओर देखते हैं : आदमी जिंदादिल हैं···

हमें पद-यात्रा के लिए सहर्ष प्रस्तुत देखकर उनको फिर अचरज हुआ। कहने लगे—"सहाय का कार्य और 'कार्यक्रम' तो वही है जो आप लोगों ने पढ़ा होगा या यहाँ आने के पहले सुना होगा।··· अंचल अधिकारी अर्थात् अंचलाधिकारी··· अर्थात्··· मतलब समझते हैं न ?"—अज्ञेयजी से इस बार पूछा गया।

"हाँ साहब, समझने की बात है। आजकल, हर बात का सही और गलत मतलब होता है। अब तक मैं जानता था कि 'प्रधानमंत्री' का मतलब 'प्राइम मिनिस्टर' होता है। मगर, यहाँ आकर मालूम हुआ कि यहाँ भी एक 'प्रधानमंत्री' रहते हैं···।'

मैंने अचरज से पूछा—"दूसरे प्रधानमंत्री कौन हैं ?"

उन्होंने हँसकर मेरी ओर देखा और एक स्थानीय सार्वजनिक संस्था का नाम लिया। यह पूछने पर कि विधान-सभा में इस क्षेत्र से प्रतिनिधि कौन हैं, जवाब मिला—"साहब, यहाँ 'कांग्रेस-राज' नहीं। यह 'जनसंघी' पाकेट है।··· 'जन-प्रतिनिधि' विधानसभा में हमेशा गलत सवाल करते हैं और उनको जवाब भी हमेशा गलत मिलता है।"

हम खैर साहब को मान गए !

हमें बाहर से आनेवाले खाद्यान्न के दैनिक आँकड़े पूछने की जरूरत नहीं पड़ी। हाकिम ने बा-तकल्लुफ हम लोगों से माफी माँगकर टेलिफोन उठाया और उस छोर पर बैठे किसी 'साहब' को पिछले कई दिनों के आँकड़े देने लगे—"हाँ, लिखिए ! लिख रहे हैं न ? तारीख पचीस नवंबर··· पाँच वैगन मकई··· जनाब, यहाँ से तिलैया स्टेशन की लाइन 'जाम' है। वैगन खाली हो जल्दी तब तो··· रात में हमारे सिपाही पहरा तो करते हैं, मगर··· कल ही रात कई मुसहरों को पकड़ा है—बोरे से अनाज निकाल रहे थे··· और सब ठीक है··· उधर का क्या हाल है··· आज का 'स्टेटमेंट' तो स्टेशन से आदमी आने पर ही दिया जा सकेगा··· आदाब अर्ज !"

एस. डी. ओ. साहब से 'रेड कार्ड' के बारे में पूछा। जवाब देते समय उनके होंठों पर फिर 'वक्र मुस्कुराहट' खेल गई। बोले—"रेड कार्ड ! रिलीफ़ कोड 188 ? ··· हाँ, साहब। कार्ड बँट रहे हैं। जहाँ अब तक नहीं बँटे हैं, आशा है कि 'शीघ्रा-ति-

* यहाँ 'स-हा-य' से तात्पर्य बिहार के तत्कालीन मुख्यमंत्री कृष्णबल्लभ सहाय से है। – संपादक

शीघ्र'··· !"

हमने कोसला और मियाँबीघा का नाम लिया और सूचना दी–"वहाँ रेडकार्ड नहीं मिला है किसी को।··· वहाँ की हालत चिंताजनक है।"

इतनी देर में पहली बार खैर साहब को गंभीर होते देखा। उन्होंने न जाने क्यों, हमारी ओर बारी-बारी से देखा और फिर गर्दन हिलाते हुए कहा–"हाँ, उधर नहीं बँटा है।··· मैं हँसुआ के अंचलाधिकारी को कल ही ताकीद करता हूँ।··· हालत चिंताजनक नहीं रहेगी।··· और मेरे 'योग्य' कोई सेवा ?"

दिनमान/30 दिसम्बर, 1966

भूमिदर्शन की भूमिका : 5

हम नवादा के 'इंसपेक्शन बँगला नंबर वन' के अहाते में दाखिल हुए। पास ही बस-स्टैंड है, जहाँ आने-जानेवाली गाड़ियाँ पंद्रह मिनट तक रुकती हैं। बहुत बार इस सड़क से हज़ारीबाग गया हूँ। हर बार, इस 'इंसपेक्शन बँगलो' में एक रात गुजारने की ख्वाहिश हुई है। लेकिन, यहाँ आकर लगता है कि यहाँ बहुत बार रह चुका हूँ। यहाँ ही नहीं, किसी भी 'इंसपेक्शन' या 'डाक' अथवा 'हाल्टिंग'-बँगले में पहुँचकर लगा है, इसमें पहले भी रात बिता चुका हूँ। यहाँ खानसामा-बावर्ची के एक ही जैसे चेहरे। हर जगह की 'छोटी' और 'बड़ी हाजिरी' के एक ही स्वाद और कमरों में एक ही तरह की गंध। हर 'बँगले' में देखा है, मच्छरदानी लगानेवाले डंडे और खूँटे इसी तरह, हिलते-डुलते रहते हैं।···

ऐसे पड़ाव पर पहुँचते ही 'साहब लोग' सबसे पहले बावर्ची को बुलवाते हैं : ब्रेकफास्ट या लंच अथवा डिनर में क्या दे सकता है ? और, हर बावर्ची एक ही जवाब देता है–"जो आर्डर दीजिएगा, बन जाएगा।··· स्पेशल-डिश भी बन जाएगा।"

हमने पहुँचते ही एक 'पॉट' गर्म पानी का ऑर्डर दिया।

कॉफी पीने के बाद, कुछ देर तक बाहर अकेला खड़ा पूर्णिमा के चाँद को देखता रहा। याद आई : उत्तर बिहार के भारत-नेपाल सीमावर्ती अंचलों में आज की रात 'सामाचकेवा' पर्व मनाया जा रहा होगा। हिमालय से उतरनेवाले पंछियों का स्वागत कर रही होंगी–हर गाँव की कुमारी कन्याएँ–दल बाँधकर गीत गाती हुईं··· ! जिस साल धान की फसल मारी जाती है, एक भी मुर्गाबी या लालसर की आवाज नहीं सुनाई पड़ती–हालाँकि कभी-कभी पचासों एकड़ धान को एक ही रात में 'चुग'कर साफ कर देती हैं, इनकी टोलियाँ। फिर भी, इन चिड़ियों के आगमन को शुभ समझा जाता है।···

एक पवित्र-मधुर सुगंध ने मन में संध्या-आरती की बेला का शंख फूँक दिया, मन के कोने में। कमरे में लौटकर देखा, 'यायावर' अपने दिन-भर के काम का 'लेखा-जोखा' ले रहा है–चुपचाप।··· यात्री को मनपसंद धूपबत्ती का एक पैकेट

हमेशा साथ रखना चाहिए। हर जगह–जहाँ भी जाइए–अपने ही कमरे की गंध मिलेगी··· हर पड़ाव पर अपना घर।

बावर्ची से जिस चीज के बारे में पूछा, एक ही जवाब मिला–"फस्टक्ला-स !" आटा बढ़िया होगा न ?–फस्टक्ला-स ! फुलके यानी चपाती बनाना जानते हो न ? –फस्टक्ला-स ! बगैर मिर्च-मसाले की सब्जी ?–वेजिटेबल-स्टिउ ? फस्टक्ला-स !

बावर्ची से इस इलाके के सूखा और अकाल के बारे में कुछ पूछने का साहस नहीं हुआ। एक ही जवाब मिलेगा–फस्टक्ला-स।

रात्रि-भोजन के समय मुँह में पहला कौर डालते समय–बिनोदवा और जशोदा की याद आई। नर्म-नर्म फुलके की तारीफ नहीं कर सका। मुझे लगा, अज्ञेय की आँखों के सामने भी उन्हीं की मूर्तियाँ प्रकट हुईं। 'वेजिटेबल-स्टिउ' के बारे में कुछ कहना चाहते थे। नहीं कह सके।··· हम कुछ क्षण तक हाथ में रोटी के टुकड़े लेकर बैठे रहे।

··· मडुआ की आधी रोटी और खेसारी का घाठा खाकर बच्चे चिरकुट-कथरी के नीचे घुटने से ठुड्डी लगाकर सो गए होंगे।··· खैर साहब ने कहा है, शीघ्रातिशीघ्र उन इलाकों में रेड कार्ड बँट जाएँगे।··· विदेशों से मिल्क पाउडर, विटामिन की गोलियाँ और 'जैम-जेली' के हजारों-हजार डिब्बे आ रहे हैं।··· कोई भूख से नहीं मरेगा।

"चपाती सचमुच फस्टक्लास बनाया है।"

"और स्टिउ भी।"

"अंचल अधिकारी अर्थात् अंचलाधिकारी।"

"रिलीफ़ का अर्थ सहायता !"

"गया के ए. डी. एम., आर. एन. घोष बहुत निष्ठापूर्वक हिंदी बोलते थे।"

"खैर साहब का प्रश्न ?··· क्या रिलीफ़ देने आए हैं, आप लोग ?"

"प्रतिनिधि ऐसे हैं कि हमेशा गलत सवाल पूछते हैं और गलत जवाब मिलता है।"

"बाहर पटाखे··· कैसे छूट रहे हैं ? पूर्णिमा··· लक्ष्मीपूजा के उपलक्ष्य में ?"

"पता नहीं।"

"धान के पौधों को काटने के बाद धरती में जो हिस्सा रह जाता है, उसको यहाँ क्या कहते हैं ?"

"खुट्टी।"

"आपने पूछा था कब भात खाया, तो क्या जवाब दिया ?"

"आसिन महीने में ही।"

"मुसहर नाम क्यों ?"

"शायद 'मूषक' के बिल से अनाज निकालकर खाने के कारण। शायद, मूषक का शिकार करके खाने के कारण।"

"मरते हैं और मरेंगे तो ये··· भूमिहीन लोग ही।"

"हुँ··· । कल हम लोग किस समय चलेंगे ?"

"यह आपके ऊपर है। आप जब तैयार हो जाएँ।"

सुबह जल्दी उठने के लिए रात को जल्दी ही सो गया। नींद भी जल्दी आई। टूटी भी शीघ्र ही–रात के डेढ़ बजे ! कई भीषण धड़ाके और विस्फोट सुनकर 'धड़फड़ा' कर उठ बैठा–पटाखे नहीं, बम··· !

डेढ़ बजे रात से शुरू करके भोर साढ़े चार बजे तक यही विस्फोटक सिलसिला रहा। हर दस मिनट के बाद गोलाबारी ! आँख में लौटी हुई नींद उड़ जाती। पेड़ों पर सोए हुए परिंदे डैने फटफटाकर अंधकार में फिर इधर-उधर उड़ते।··· सो नहीं सका; अच्छा हुआ। नींद के साथ सपने भी आते थे। ऐसे सपने, जिन्हें देखकर आदमी नींद में 'गों-गों' करने लगे। पसीने से तर-बतर हो जाए।

··· चाय का सही स्वाद, सौरभ और गुण रात्रि-जागरण के बाद ही मिलता है।

सूरज उगा। नक्शा खुलते ही मुझे संस्कृत पाठ के उन 'पंडितों' की कहानी याद आती है जो हर 'चतुष्पथ' पर पहुँचकर शास्त्र खोलते और खोजते थे–कः पंथाः ? महाजनो येन गतः··· जमुई से पहले यह कौन-सी जगह है जहाँ बिहार शरीफ से एक सड़क आकर मिल जाती है ?

फिर, डायरी में लिखे जगहों के नाम नक्शे में खोजे जा रहे हैं : कौआकोल, पकरी-बरावाँ, देबनगढ़, चौरसा, खड़गौर, कादिरगंज··· । एक-एक गाँव के नाम के साथ सैकड़ों मुखड़े आँखों के सामने उभरते हैं–माटी के पुतले ! हजारों भूखी–आक्रोश से जलती हुई आँखें ! सिर्फ, एक स्थान के नाम के साथ एक ही व्यक्ति की सूरत सामने आती है। सोखोदेउरा : जयप्रकाश··· ।

हमारी गाड़ी नवादा छोड़कर कौआकोल की ओर बढ़ी जा रही है। और, मेरी स्मृतियाँ मुझे तेज गति से पीछे की ओर लेकर भागी जा रही हैं–1940, 41, 42 की ओर।

··· देवली कैंप-जेल से एक लेख लिखकर बाहर भेजा है जे. पी. ने। उसे पुस्तिका के रूप में प्रकाशित किया गया है–'क्या यह युद्ध अविभाज्य है ?'··· देवली कैंप-जेल से, प्रभावतीजी के हाथ भेजते समय एक चिट्ठी पकड़ी जाती है। अँगरेजी सरकार देश-विदेश के पत्रों में उस चिट्ठी को प्रकाशित करके जे. पी. को 'बदनाम' करने की चेष्टा करती है। लेकिन वह चिट्ठी ऐतिहासिक महत्त्व की हो जाती है। 'अगस्त क्रांति' में जे. पी. की चिट्ठी में बताए गए प्रोग्राम ही कारगर साबित हुए। ··· जे. पी. का जेल से पलायन। आजाद दस्ते का संगठन। हनुमाननगर (नेपाल) में गिरफ्तारी। फिर, आजाद दस्ते के सैनिकों द्वारा हनुमाननगर जेल पर हमला ··· बहुत-सी घटनाएँ।

··· जेल में हमारे एक 'मिलिटैंट कामरेड' ने एक 'प्रतिदल' के कार्यकर्ता को उठाकर पटक दिया था और छाती पर बैठकर पूछ रहा था–"फिर जे. पी. को

रिएक्शनरी कहेगा ?··· जान से मार डालूँगा।''··· पगली-घंटी बज गई थी।

··· जेल से रिहा होने के बाद मेरे एक मित्र ने जे. पी. की शान के खिलाफ कुछ कह दिया तो बचपन के उस लँगोटिया यार से फिर मेरी कभी बातचीत नहीं हुई–"आइ हेट टु टाक विद यू···।"

गाड़ी रुकी। 'यायावर' को भूखे-प्यासे बैल-गायों का एक झुंड मिल गया है। ··· वहाँ, उस खेत में हल जुता हुआ एक जानवर गिर पड़ा है।··· आकाश में गिद्धों की टोली डैने पसारकर 'भाँवरी' ले रही है।··· सड़क के दाहिनी ओर छोटी-मोटी पहाड़ियों और चट्टानों पर कुहरा-सा छाया हुआ है। धरती पर एक ही रंग पुता हुआ है–धूसर, उदास। शस्यहीना धरती पर–दरारें।··· 'पतरंगा' चिड़िया पास ही किसी झाड़ी में बैठकर अपने जोड़े को पुकार रही है।

एक लड़के के हाथ में अच्छी जाति का ऊख देखकर मैं समझ गया, सोखोदउरा आश्रम अब नजदीक है। आश्रम पहुँचने के पहले एक बार फिर पीछे की ओर मन भागा··· प्रथम आम चुनाव के बाद, पटना के अंजुमन-इस्लामिया-हॉल में चुनाव में हार-जीत के कारणों पर विचार करने के लिए 'पार्टी' की आम सभा बैठी है–सैद्धांतिक सवालों के अलावा व्यक्तिगत आक्षेप और आरोपों के तीर एक-दूसरे पर छोड़े जा रहे हैं।··· जे. पी. आँखों में आँसू भरकर सभा-भवन से बाहर निकल गए और तभी से निकले हुए हैं।··· ऐसे लोगों की एक बड़ी जमात है जो जे. पी. से नाराज हैं। जो मानते हैं कि जे. पी. ने उनकी 'जवानी' को मुफ्त में बर्बाद कर दिया। भारत में ही नहीं, एशिया के समाजवादी आंदोलन को जे. पी. ने नुकसान पहुँचाया है··· मैं भी उनसे नाराज लोगों में से एक हूँ। लेकिन, मेरी नाराजगी के ये कारण नहीं।

आश्रम पहुँचते ही कई 'प्रस्तर-मूर्तियों' पर आँखें पड़ीं।··· रानीपतरा सर्वोदय आश्रम और इस आश्रम में क्या अंतर है, वह इन कलाकृतियों को देखकर समझ गया।

आश्रमवासियों के साथ डेढ़-दो घंटे तक रहकर–हमें जो कुछ जानना और पूछना था–जान लिया। बिना कुछ पूछे जो कुछ जाना जा सकता था, जान लिया। आश्रम के कृषि-विशेषज्ञ ने हमें पाँच पके हुए अमरूद दिए–जे. पी. के आश्रम का फल। सूँघकर देखा, अच्छी जाति का है।

परसामा गाँव के पास खेत में करीब दो-तीन सौ मजदूर काम कर रहे थे। मिट्टी का काम। पानी का खजाना ! हमारी गाड़ी रुकी। ऐसा लगा, कोसला और मियाँबीघा के सभी भूमिहीन मुसहर रजवार ही अपने बाल-बच्चों के साथ यहाँ काम पर जुटे हुए हैं। यहाँ भी 'बोली' ने हमारी बड़ी मदद की। मुंगेर के इस अंचल में अपभ्रंश 'अंगिका' बोली जाती है। भात को यहाँ की बोली में 'भता' कहा जाता है।··· यहाँ भी वही आक्रोश, वही गुस्सा। किंतु यहाँ भी उन्होंने अपना दिल खोलकर हमारे सामने रख दिया।··· भैया, छिपावे के की बात तोहरा से ? ऐहन दिन··· जितिए में 'भता' खै लिए···।

जयप्रकाशजी के आश्रम के पाँच फलों में से दो हमने बंगाली मुसहर (उस नामहीन नारायण) के पाँच साल के पुत्र को दिया··· तुम्हारा फल, तुम्हीं को समर्पित··· !

दिनमान/6 जनवरी, 1967

भूमिदर्शन की भूमिका : 6

अज्ञेयजी ने हाथ में अमरूद लेकर बंगाली मुसहर के बच्चे को बुलाया तो पहले वह झिझका। उसको विश्वास ही नहीं हुआ। फिर 'हुलसता' हुआ दौड़ा आया। उस समय उसके सूखे-मुरझाए चेहरे पर एकाएक आनंद की आभा देखकर लगा—कोई 'अलौकिक' दृश्य देखा ! ऐसा लगा, मिट्टी की मूर्ति अचानक··· (नहीं, इतना अधिक भावुक होने की आवश्यकता नहीं ! भावुकता के 'दौरे' में ही 'नक्षत्र मालाकार' ने··· !)

कल शाम से ही रह-रहकर 'नक्षत्र मालाकार' की याद आ रही है।··· 1949 में पूर्णिया-भागलपुर के कुछ इलाकों में अकाल पड़ गया था। सभी बड़े किसानों और गल्ले के व्यापारियों ने अनाज छिपा लिया था। 'हाहाकार' मचा कि बंगाल के बाद इस बार बिहार की बारी है। किसान-मजदूरों की पार्टियाँ आवश्यक बैठक बुलाकर अकाल की समस्या पर विचार करने का प्रोग्राम तय ही कर रही थीं। उधर, नक्षत्र मालाकार ने हजारों भुक्खड़ों की टोली लेकर बड़े किसानों और व्यापारियों के 'बखार' और 'गोले' को लुटवाना शुरू कर दिया। रोज-रोज खबरें आने लगीं—आज मोहनपुर में··· आज ढोलबाजा में··· आज पीरपैंती के हाट पर··· । उसका नाम सुनते ही गरीबों के गाँव में खुशी की लहर दौड़ जाती; अमीरों की हवेलियों में सन्नाटा छा जाता और अधिकारियों का आराम हराम !··· फरार नक्षत्र पर पाँच हजार रुपए का इनाम 'बोला' गया। 'हमारी' पार्टी ने स्पष्ट कर दिया कि वह हमारे दल का सदस्य नहीं, उसे पार्टी से निकाल दिया गया है !··· मैं नक्षत्र को बहुत नजदीक से जानता था। एक गरीब माली का बेटा, जिसके पिछवाड़े में बस एक धुर जमीन थी, जिसमें फूलों की खेती होती थी। जवानी में कदम रखने से पहले ही सत्याग्रहियों के शिविर में चला गया। जेल गया। फिर 1937-38 में जयप्रकाशजी द्वारा परिचालित 'समर स्कूल ऑफ़ पॉलिटिक्स' सोनपुर में समाजवाद का मंत्र पाया। (नक्षत्र मालाकार नाम जयप्रकाशजी ने ही दिया था। नहीं तो उसका नाम नछत्तर माली ही रहता या नछतरा···) 1942 की क्रांति में जिसकी बहादुरी की कहानियाँ सुनकर बूढ़ों की हड्डियाँ भी कसमसाने लगती थीं, गोरे फौजी तक जिसके नाम को सुनकर घबराते थे··· ऐसे साथी को लुटेरा और डकैत कहने का साहस हममें नहीं था। हमने उसे 'गुमराह' कहा। उन्हीं दिनों, साप्ताहिक 'जनता' (पटना) में अकाल पर मेरा एक

लंबा रिपोर्ताज़* प्रकाशित हुआ, जिसमें नक्षत्र के 'कृत्यों' की आलोचना और निंदा की गई थी··· नक्षत्र अपने विरोधियों और दुश्मनों की 'नाक' काट लेता था। (पूर्णिया-भागलपुर में आज भी दर्जनों ऐसे नकटे-कनकटे हैं, जिन्हें नक्षत्र ने ही सजा दी थी।) रिपोर्ताज़ प्रकाशित होने के कई सप्ताह बाद मेरे पास नक्षत्र ने जो संवाद भेजा, उसका आशय था : जिस नाक-कान पर तुम सुनहले फ्रेम का चश्मा लगाकर लिखते-पढ़ते हो, उसको काटने के लिए जब रात में पहुँचा, तब तुम लिख रहे थे। उस समय तुम्हारा चेहरा मुझे फूल-जैसा लगा। तुम जो मन में आए, लिखो। मुझे गालियाँ दो। मगर, एक बार इन गाँवों में आकर देखो। सबकुछ भूल जाओगे।··· आदमी इतना बेदर्द हो सकता है ?··· सात दिन के भूखे बच्चों के मुँह पर हँसी देखकर जेल-फाँसी और नरक सब कबूल करके तुम भी वही शुरू करोगे जो मैं कर रहा हूँ।···

दस-पंद्रह वर्षों के बाद, अब लगता है कि साथी नक्षत्र ने ठीक ही कहा था–जेल, फाँसी और नरक सब कबूल··· (नहीं, इतना अधिक भावुक होने की आवश्यकता नहीं !)

जमुई पहुँचते-पहुँचते मेरे मन की वेदी पर फिर एक मूर्ति आकर विराज गई। जिसकी प्रतिमा को तोड़ चुका था, उसी जयप्रकाश की एक नई मूर्ति··· (नहीं, इतना अधिक भावुक होने की आवश्यकता नहीं !) लेकिन, मेरा विश्वास है, यदि यह 'आदमी' नहीं होता तो यह सूखी धरती आज लहू की धारा में नहाती रहती।

'यायावर' मरे हुए पशुओं के कंकालों के पास लड़ते हुए कुत्तों, उड़ते हुए गिद्धों और कागों के झुंड को देखकर उतर पड़ते हैं। मैं अपने मन में सद्यःस्थापित मूर्ति को फिर हिलाता-डुलाता हूँ। (भावुक होने के बदले 'साइंटिफिकली' सोच-विचारकर जे. पी. को 'क्रांति' की राह का रोड़ा क्यों न कहा जाए ? क्योंकि, 'शास्त्र' कहता है··· !)

जमुई से वापस लौटते समय सिकंदरा के चौराहे पर फिर नक्शा खोला गया (कः पंथाः ?)। जाते समय ही 'यायावर' ने ड्राइवर से पूछा था, "सिकंदरा से बिहारशरीफ़ जानेवाली सड़क कैसी है ?" ड्राइवर ने बिना जाने-बूझे ही कह दिया था–"बहुत रद्दी। इत्ता बड़ा-बड़ा रोड़ा है रास्ते में। कच्चा है···।" किंतु 'यायावर' की समझ में यह बात नहीं आ रही थी कि पुरानी सड़क को रद्दी क्यों बना दिया गया, जबकि नई-नई सड़कें खुलती हैं··· पुरानी सड़क की तो और अच्छी अवस्था होनी चाहिए। अतः सिकंदरा पहुँचकर हमने 'बस कंडक्टरों' से पूछा। मालूम हुआ, सड़क

* रेणुजी का वह रिपोर्ताज़ है–'हड्डियों का पुल'।–संपादक

की हालत बहुत अच्छी है। चौराहे पर पहुँचकर गाड़ी रोकी गई–हम पढ़ने लगे, यहाँ से बिहारशरीफ़ कितनी दूर है, नवादा कितने माइल··· कि पासवाली दुकान से एक आदमी दौड़कर आया। देखने में यह 'रोड सरकार' यानी 'सड़क का चौकीदार' की तरह लगता था–नाटा, चेहरे पर चेचक के दाग, खाकी 'हाफ शर्ट' पहने और हाथ में एक छोटा-सा डंडा। लपककर उसने पूछा–"ह्वाट ? ह्वाट ?"

उसके गले की आवाज सुनकर ही समझ गया–गाँजा ! फटी और बुझी हुई आवाज में उसकी अंग्रेजी समझ में नहीं आई। उससे पूछा–"भाई, बिहारशरीफ़ जानेवाली यह सड़क कैसी है ?"

"दिस रोड इज़ बेटर।" उसने जवाब दिया।

चाय की दुकानों पर बैठे हुए लोगों को हँसते-मुस्कुराते देखकर समझ गया कि यह आदमी यहाँ का 'मसखरा' है। अज्ञेयजी ने कहा–"अरे भाई, आप अंग्रेजी में क्यों बोल रहे हैं ? हम तो हिंदी में पूछ रहे हैं ?"

बात पूरी होने के पहले ही उसने जवाब दिया–"क्योंकि मेरा जन्म अंग्रेजों के समय हुआ था।··· यैस। बॉर्न इन इंग्लिश राज। माइ नेम ?··· लाला एजेंट ! यैस··· थैंक्यू··· सैल्यूट।"

हम बहुत देर तक हँसते रहे।··· सिकंदरा चौक पर, चाय की दुकानों पर बैठे हुए लोग भी बहुत देर तक हँसते रहे होंगे। यदि अज्ञेय नहीं होते तो मैं यहाँ रुक जाता। तीसी के तेल में पकते हुए उरीद के गरम-गरम पकौड़े··· काली-काली केतलियों की टोंटियों से अनवरत निकलते हुए भाप··· चुरमुरे··· गपशप··· चारों ओर के··· बसों पर चढ़ते-उतरते लोगों के चेहरे··· गाँजे का धुआँ और लाला एजेंट की मसखरी··· !

अपनी डायरी में नोट कर लिया है : यहाँ फिर कभी आना है।··· राह-चलते, एक-दो सेकंड के लिए कोई मिलता है और हमारे मन को गुदगुदाकर हँसा देता है। ऐसे लोग बहुत बार मिलते हैं। उनकी याद एक-एक कर आती है··· ।

"दिस रोड इज़ बेटर !"

'यायावर' के नक्शे में अंकित सड़क के दोनों ओर पुराने पेड़ों की पंक्तियाँ–पुरानी सड़क की यादगारी हैं। नई सड़क बनी है। बाईं ओर पेड़ों की दुहरी पंक्तियाँ और दाहिनी ओर दूर तक फैले हुए खेत !··· अगहनी-साँझ की महक पहली बार मिली।

सचमुच, यह सड़क बेहतर है। दोनों ओर के गाँवों में पुआल के ढेर लगे हैं। धान की दबनी हो रही है। गाँवों की ओर लौटते हुए पशुओं के रोम-रोम पुलकित हो रहे हैं। सड़क के आसपास आने-जानेवाले प्राणियों के चेहरे पर नमी दिखलाई पड़ती है। अगहनी धान के नये चूड़े की और गुड़ की मिली-जुली गंध जलते हुए पेट्रोल की गंध पर रह-रहकर छा जाती है। बोधगया से जमुई तक

की सूखी-दरकी धरती और सूखे-भूखे प्राणियों को देख-देखकर जलती हुई आँखों में कोई अंजन लेप गया। मानो इस 'पट्टी' में (बेल्ट को क्या कहेंगे ?) धान की अच्छी खेती हुई है।··· रबी की हरियाली गोधूलि के रंग में घुल-मिलकर तन-मन में समाने लगी।···

सामने, यानी ठीक पच्छिम में—राजगिर पहाड़ियों की चोटियों पर—तुरत डूबे हुए सूरज की किरणों के रंगीन परस ! पीछे, पूरब की ओर पूर्णिमा के एक दिन बाद उगनेवाले चाँद के उगने की खबर !··· 'अज्ञेय'जी को बचपन की बातें याद आने लगीं। पिता, माता और भाइयों की यादें !

मितभाषी 'अज्ञेय' एकाएक मुखर हो उठे। लगा, टेपरेकार्डर पर 'टेप' बजाकर 'संस्मरण' सुन रहा हूँ··· !

··· तीस-चालीस साल पहले, इसी इलाके में पुरातत्त्ववेत्ता श्री हीरानंद शास्त्री धरती की खुदाई करवा रहे हैं। मिट्टी के नीचे से निकलनेवाली सही-टूटी मूर्तियों के होंठों पर अंकित मुस्कुराहट को देख-परखकर इतिहास के पुराने पृष्ठों पर फिर से कुछ लिखते जाते हैं।··· आज यहाँ, कल वहाँ—कैंप की जिंदगी !

··· बालक 'अज्ञेय' अपने भाइयों के साथ बिहारशरीफ़ बाजार आया है नाटक देखने—पहली बार। सत्य हरिश्चंद्र नाटक। खेल देखकर रोया है। और, लौटते समय—बिहारशरीफ़ से नालंदा के बीच—सभी भाई डाकुओं के हाथ में पड़ जाते हैं। डाकुओं ने बैलगाड़ी के गाड़ीवान और नौकर को बाँध दिया और 'अज्ञेय-बंधुओं' को अपने साथ लेकर चले। भाई लोग डरे, रोए। डाकुओं ने धमकी दी, चुप हो गए। किंतु, 'अज्ञेय' को लग रहा था कि वह 'नाटक' ही देख रहा है। अंत में, सत्य की ही जीत होगी। और हुई भी। डाकुओं को न जाने कैसे सुबुद्धि आई—आपस में कुछ सलाह करने के बाद बच्चों को गाड़ी के पास पहुँचा दिया !

'स्मृति-कथा' सुनते समय रह-रहकर मेरी आँखों के सामने अखबारों में प्रकाशित होनेवाले आजकल के समाचारों की सुर्खियाँ साया हो जातीं··· बिहारशरीफ़ के पास टैक्सी रोककर मुसाफिरों को लूट लिया गया··· कल शाम को हजारीबाग की ओर से आनेवाली 'बस' को रोककर डाकुओं ने यात्रियों का सबकुछ छीन लिया··· !! किंतु, डरा नहीं। अंत में, सत्य की जीत होती है !

पीठ-पीछे चाँद उगा। 'आलो-छाया' का 'खेल' शुरू हुआ। सामने से आते ट्रकों और जीपों की रोशनियाँ, बैल-गाय-भैंस-कुत्ते-सियार की जलती हुई आँखें··· गाँवों में जलते हुए अलाव···, कस्बों की 'बिजली-बत्तियों' की माला।

शायद मुझे नींद आ गई थी और चलती हुई गाड़ी में सपना देख रहा था। पता नहीं··· पास बैठे गुमसुम सहयात्री से यह पूछने का साहस नहीं हुआ कि वह अभी अपने बचपन की कोई कहानी सुना रहे थे क्या ?

ऐसा ही भ्रम, डाल्टनगंज जाते समय हुआ !

पाली, विक्रम, अरवल के धनखेतों को देखते-देखते एकाएक ऐसा लगा कि हम भारतीय नृत्यकला-मंदिर में बैठकर कुमारी वीणादास का 'मोहिनी अट्टम्' नृत्य देख रहे हैं : सोलहों सिंगार करके मोहिनी अन्नपूर्णा सज-धजकर पायल झनकारती हुई इस खेत से उस खलिहान में जा रही है—थिरकती हुई। राबिंद्रिक, किंतु, गीत चल रहा है, आज सबारि रंगे रंग मिसाते होबे।··· आज रंग-सागरे तूफान उठे ··· काँचा-सबूज धानेर खेते···।

नहरी इलाके की सुजला-सुफला धरती शस्य के भार से दबी हुई-सी लगती है। जहाँ तक दृष्टि जाती है—धानी रंग की माया। प्रत्येक प्राणी के चेहरे पर पानी है, मन में रस है। धान काटकर लौटनेवाले मजदूरों की चाल में मस्ती है। चरवाहे गीत अलाप रहे हैं। बच्चे-बच्चियों की किलकारियाँ सुनाई पड़ती हैं। भर-पेट चारा-पानी पाकर जानवर बैठे जुगाली कर रहे हैं।··· यह सब भोर का सपना तो नहीं ? मैं बार-बार आँखें मूँदकर खोलता रहा। 'यायावर' अन्नपूर्णा की इस छवि को जी भरकर निहारने और आँकने के लिए गाड़ी से उतरकर खेतों के बीचवाली मेंड़ पर चले गए हैं।

जवान मुसहर और मुसहरनियों की टोली धान काट रही है—'निहुर' कर। मालिक-किसान कंधे पर बड़ी लाठी (जिसे 'गोजी' कहते हैं यहाँ) लेकर मेंड़ पर बैठा तहलथी पर खैनी मल रहा था और रसभरी 'बतियाँ' सुनाकर मजदूरों का मनोरंजन कर रहा था। हमें देख बोला—"अरे, फोटो लेना है तो चले जाइए मंदिर में। बहुत-से नागा लोग आए हुए हैं।" हमारी ओर से कोई जवाब न पाकर उसने ड्राइवर गणेश से कहा—"का हो डलेवर साहेब ? गाँजा-वाँजा नहीं है पल्ले में ? एक चिलम चल जाए, तब तक।"

कौन कहेगा कि बिहार में सूखा और अकाल है ?··· यह कैसी माया (कहीं धूप कहीं छाया !)··· औरंगाबाद के बाद फिर धरती की झुलसी हुई लाश पड़ी मिली ! कुरूप, कुत्सित, भूखंड···

आकाश में छाए सलेटी रंग के बादलों का रंग और भी गाढ़ा हो गया। पहाड़ियों की घुमावदार घाटियों के तीखे मोड़ शुरू हुए और आसमान झरने लगा। 'यायावर' के कैमरों को छुट्टी मिली।··· मृदंगम ! मोहिनीअट्टम ! गाड़ी के इंजिन से लगातार एक नया सुर निकल रहा है—चढ़ाई-उतराई के समय देह में गुदगुदी लगती है। ··· 'अज्ञेय' रह-रहकर डायरी में कुछ लिख लेते हैं।

घनघोर वृष्टि लेकर हम डाल्टनगंज पहुँचे, छह बजे शाम। डिप्टी कमिश्नर डॉ. कुमार सुरेश सिंह के बँगले पर सात बजे। डेढ़ घंटे तक, सारे जिले की स्थिति और समस्याओं पर प्रकाश डालते हुए डी. सी. साहब ने बार-बार कहा—बुरे दिन तो अब आनेवाले हैं !

किसी नई जगह में रात में पहुँचना मुझे हमेशा अच्छा लगता है। सुबह सूरज

की रोशनी में नई जगह का रूप धीरे-धीरे उजागर होता है और एक अमिट छाप छोड़ जाता है, मन पर। किंतु, सुबह झड़ी लगी हुई थी। सबकुछ ढँका-ढँका हुआ था।

सबकुछ इसी तरह रहता तो अच्छा होता। हम कहीं नहीं जा पाते। कुछ नहीं देखते। गया और जमुई के गाँवों में खेतों में लड़ते हुए लोगों को देखकर बल मिला था। भूखी औरतों और बच्चों की आँखों में क्रोध की चिनगारी देखकर मन में एक श्रद्धा-सी उमड़ आई थी। किंतु पलामू में जो कुछ देखा… ?

… 24 जुलाई, 1966 को सुखाड़ी महतो ने भूख-प्यास से डाल्टनगंज में दम तोड़कर भुखमरी की घोषणा कर दी। 26 जुलाई को सुखदयाली भूइयाँ। 27 को जित्तन भूइयाँ।

… मन्नू माँझी की औरत। एक औरत तीन बच्चों के साथ कूप में गिरकर मर गई। एक अज्ञात व्यक्ति… एक औरत… एक बच्चा… !!

दिन खुला। हम गाँवों की ओर निकले। बसना गाँव में भारत-सेवक समाज की ओर से 'मुफ्त लंगर' चालू किया गया है। डी. सी. उद्घाटन करेंगे। आयोजकों ने हमें भी निमंत्रित किया है। बसना पहुँचकर देखा, सैकड़ों भूखी आत्माएँ एक जगह एकत्रित होकर हाकिम के आने की प्रतीक्षा कर रही हैं।… रोटियाँ सिंक रही हैं। भाजियाँ कतरी जा रही हैं। प्रवेश-द्वार पर अशोक के पत्ते बाँधे जा रहे हैं। 'माइक' टेस्ट किया जा रहा है। भाषण देनेवालों के नाम नोट किये जा रहे हैं। कौन स्वागत करेगा, कौन धन्यवाद देंगे–सब ठीक किया जा रहा है और भूखों की भीड़ रह-रहकर सड़क की ओर देखती है–'इस गाड़ी में कौन आए ?'

गया और मुंगेर के लोग हाथ-पाँव मार रहे थे। उबरने की जी-तोड़ कोशिश कर रहे थे। यहाँ लोगों ने हिम्मत हारकर–अपने को छोड़ दिया है… अब जो हो ! क्या चारा है ! हर आदमी के चेहरे पर मौत की छाया, जिसे देखकर अब वे डरते नहीं। डर-भय, सुख-दुःख, भूख-प्यास, हँसी-रुदन कुछ भी नहीं।… ठहर जाइए। प्यारे भाइयो ! अब आपके सामने श्री… रिपोर्ट प्रस्तुत कर रहे हैं। इसके बाद प्रीतिभोज। जरा सब्र कीजिए।… बैठ जाइए।… खड़े हो जाइए। इधर भीड़ मत लगाइए। सुनिए… प्यारे भाइयो !

… ये लोग कौन हैं जो 'प्यारे भाइयों' को इस तरह 'प्यार' से संबोधित करके समझा रहे हैं ? क्या ये नहीं जानते कि 'प्यारे भाइयों और बहिनों' को भाषण सुनाना व्यर्थ है ?

अति-नाटकीय ढंग से एक महिला (जो निश्चय ही अध्यापिका होगी) हाथ में माला लेकर बेसुरी आवाज में–"नैनों के तारे हमारे पधारे–हृदय में हमारे" गाती हुई प्रकट हुई। मुझे लगा, डी. सी. साहब अब रोकेंगे। लेकिन, हम कुढ़ते रहे और वह महिला एक-एक पंक्ति पर एक-एक पग बढ़ाती गाती रही।… उसके हाथ की

माला··· उसकी नायलन की साड़ी··· उसके गीत की पंक्तियाँ—वातावरण को और भी कुरूप बनाती रहीं।

अंत में, पत्तल पड़े। हर पत्ते में एक रोटी और एक मुट्ठी सोयाबीन की घुघनी। ··· 'यायावर' तसवीरें खींचने में व्यस्त हैं। उनका कैमरा जिस पंक्ति की ओर मुड़ता है—उधर के पत्तों में रोटी तुरत डाल दी जाती है।··· जिसके पत्ते में कुछ नहीं पड़ा है, वह माँग नहीं रहा है कुछ। चुपचाप देख रहा है। बच्चे टूट पड़े हैं मगर किसी ओर न हँसी है, न खुशी।

मैंने जीवन में ऐसे लोगों की भीड़ कम देखी है, चलते-फिरते मुर्दों की टोली। मुझे लगा, मुँह में ग्रास डालकर चबाते हुए बिना कोई स्वाद पाए ही लोग निगलते जा रहे हैं।

आयोजकों में से एक 'चौधरी किस्म' का आदमी किसी कार्यकर्ता से कह रहा था : "साइनबोर्ड का कपड़ा ठीक से खींच दीजिए।··· फोटो में ठीक से नाम उतरेगा नहीं।"

हम 'बसना' से भागे—पहाड़ी गाँवों की ओर। नावा, खेंगरा, केंडा, तुकबरो गाँव। जंगलों में झरबेरियों की झाड़ियों के नीचे खड़ी निराश औरतें। 'गेंठी' खोजते हुए जवान··· ।

ओकराहा गाँव के रत्तूसिंह ने हमें प्रेम से पाँच बेर लाकर दिए। 'बसना' में जो कुछ देखा था—रत्तूसिंह की एक सरल मुस्कुराहट ने ही सबको पोंछ—मेट दिया। उससे पूछा गया कि जब यह बाजरा भी नहीं मिलेगा तो क्या करोगे ? क्या होगा ?

उसने उसी तरह सरलता से जवाब दिया—"होतै की ? खायला न मिलतै—त मरतै।" खाने को नहीं मिलेगा, तो मरेंगे। और क्या होगा ?··· और क्या होगा ?

रत्तूसिंह मर जाएगा तो क्या होगा ? इतने लोग मर गए तो क्या हुआ ? ··· क्या होगा ? कुछ नहीं होगा।

दिनमान/13 जनवरी, 1967

श्रुत-अश्रुत पूर्व

नः, अब किसी भी 'वेवलेंथ' पर, किसी भी मीटर पर 'ढाका बेतार केंद्र' नहीं बोल रहा··· जय बांग्ला ? नहीं, रेडियो पाकिस्तान, ढाका ? नः, यह आवाज किसी 'स्टाफ

आर्टिस्ट' की नहीं, दाउद अहमद की नहीं, मुस्तफ़ा जमाल अब्बासी की नहीं, अब्दुल अलीम की नहीं, लायला अंजुमन बानो की नहीं। यानी, किसी भी मधुरभाषी मुक्तिकामी कलाकार की नहीं। यह 'रस-कस-हीन' कठाई आवाज फौजी अफसर की है जो सिलसिलेवार मार्शल-लॉ का एलान कर रहा है। अंग्रेजी के बाद बंगला में। निश्चय ही यह किसी अ-बंगाली की आवाज है। पंजाबी का लेखक भाई हरनाम दास सहराई (या सरनामदास हरजाई ?) जब बंगला बोलने लगता है तो ठीक ऐसी ही–इसी तरह ! यही लहजा, ऐसे ही उच्चारण : 'मार्शल लॉ आर्डर नंबर एक सौ बाईस··· जे कोनो ओगनी-ओस्तरो-सस्तरो बा गोला-बारूद··· खुदा हाफिज़, पाकिस्तान ज़िन्दाबाद !'

ढाका बेतार केंद्र नहीं बोल रहा। किंतु, जितने दिनों तक वह बोल गया है, बोलकर, गाकर, जो आग-राग बो गया है, उन्हें मन के अश्रुत पूर्व 'मीटर' पर निरंतर सुन रहा हूँ–जय जय जय–जय बांग्ला !!

भावुक, सेंटिमेंटल और रोमांटिक जैसे शब्द इन दिनों गाली की सीमा तक बदनाम हो चुके हैं। इसलिए, मन सदा सतर्क रहता है–कहीं भावुकता के बहाव में 'भँस' तो नहीं रहा ? किंतु, इस क्षण, अभी-अभी (जबकि दाउद अहमद, अब्बासी, अलीम और लायला की आवाजें घोंट दी गई हैं, जो आवाजें पिछले कई सप्ताह से 'आकाशे बातासे अग्नि ज्वाला गीतेर माला' के बंदनवार सजा रही थीं) मेरा यह विश्वास फिर दृढ़ हो रहा है कि मशीनगन, मोर्टार और टैंक का मुकाबला निहत्थे, भावुक, रोमांटिक और सेंटिमेंटल ही कर सकते हैं। अभी-अभी, इस क्षण–'जय जय जय, जय बांग्ला–आमि तोमाय भालोबासि, ओ आमार देशेर माटी' गाते-गाते हँसते-हँसते कितने भूलुंठित हो रहे होंगे, भूने जा रहे होंगे ?··· मीडियम वेव पर ही, –इस छोर से उस छोर तक के मीटरों को टटोल रहा हूँ··· च्याऊँ-फुंग-च्याँ ··· डाकबोना··· हाँ, यह कलकत्ता है। निर्धारित कार्यक्रम के अनुसार 'भक्ति मूलक-गान' का प्रोग्राम 'नैवेद्य' चल रहा है–रामप्रसादी गीत–'माँ बोले आर डाकबोना–जानबो आमार माँ मरेछे··· जानबो तोरे निजे हाते दियेछि माँ चिताय तुले··· ' (जाओ, माँ कहकर अब नहीं पुकारूँगा, समझूँगा कि मेरी माँ मर गई। समझूँगा कि तुमको अपने हाथ से चिता पर चढ़ा दिया···)

मुझे लगा–गंगा-यमुना-पद्मा-मेघना सब एक ही साथ उमड़ आई हैं। समस्त विवेक-तर्क-चातुरी-कूटनीति-राजनीति··· कागज की नाव··· माँ बोले आर डाकबो ना गो जानबो आमार माँ मरेछे !

5.30 पर फिर कलकत्ता बोला। एक पंक्ति की हड़बड़ाई हुई घोषणा, पहले अंग्रेजी, फिर बांग्ला में–'पूर्व पाकिस्ताने सिविल वार चोलछे !' और घोषणा के बाद ही प्रसिद्ध गीत का रिकार्ड–'आमार सोनार बांग्ला, आमि तोमाय भालोबासि··· '

किंतु, मैं तो सुबह से ही–जिस क्षण मार्शल लॉ की घोषणा की जा रही थी–अपने मन के टेलिविजन-सेट के पर्दे पर (न जाने किस चैनल पर !) देख रहा था, धर्म-युद्ध

के दृश्य। एक के बाद दूसरी उभरती हुई तस्वीरें··· फेड इन : युवक-युवतियों का विशाल जुलूस, हर चेहरे पर अपूर्व आलोक, हर कंठ में एक ही गीत, हर होंठों पर भुवनमोहिनी हँसी, पृष्ठभूमि में पार्श्व संगीत : ओई जे आकाशे सूर्य उठेछे, आलोके आलोकमय–जय-जय-जय !··· ट्रट्ठाँय ! जय बांगला !! ट्रट्ठाँय-ठाँय !! जय-जय-जय...ट-ट-ट-ट-ट-ट-ट-ट, ...फेड आउट ! ...फेड इन : किसान, मजदूर, नाविक, मल्लाह, कछुए काश्तकारों की विशाल टोली–बूढ़े-बच्चे औरतें–'हानादार होशियार !' बंग-बंधु मुजीब जिंदाबाद ! ट्रट्ठाँय-ठाँय ! जय बांगला-ट-ट-ट-ट-ट-ट-ट ! ट-ट-ट-ट-ट-ट-ट-टी ! ! आग की लपटें, धुएँ का गुब्बारा और आलोके आलोकमय गीत की कड़ी···

रात दस बजकर पैंतालीस मिनट पर आकाशवाणी कलकत्ता से पंकज मल्लिक का कंठ-स्वर सुनकर उत्कर्ण हुआ। और गीत सुनकर मन का अवसाद दूर हुआ–'एबार तोर मरा गांगे बान एसेछे, जय माँ बोले–भाँसाउ तरी··· ओ रे ! दिन-दिन बाड़लो देना, करलि ना किछु बेचा-केना··· ओ भाय ! घाटे बाँधा दिन गेलो रे, मुख देखाबि कैमन कोरे ! दे, खुले दे पाल तुले दे–जा हय हबे, बाँचीमरी–तोर मरा गांगे बान एसेछे जय माँ बोले, भाँसाउ तरी··· (इस बार तुम्हारी सूखी नदी में बाढ़ आई है, 'जय माँ' बोलकर नाव को 'भँसा' दो··· दो। खोल दो नाव–उठा दो पाल–किश्ती खुदा पर छोड़ दो। जो होना है होगा। मरें या बचें···)

कट !! पर्दे पर पद्मा नदी का लैंडस्केप ! उमड़ती हुई पद्मा के वक्षस्थल पर, लहरों पर, नाचती हुई अनेक पालखुली नावें ! उनके सामूहिक गीत की कड़ी–पुरवैया हवा पर तैरती आती है–'मन माँझी रे-ए-ए-ए ! एबार बांग्ला मायेर दोहाय दे रे··· बांग्ला मायेर दोहाय··· नदी-नाला खाले-बिले; पद्मचाँपा दीघिर कूले–खेते-माठे-ग्रामे-घरे ! आगुन ज्वाला गानेर माला दे रे बिलाय दे–रे भाय, बांग्ला देशेर माँझीर हाथे सकलि तुलिया दे–बांग्ला मायेर दोहाय दे··· "

अब समझ में आ रहा है कि कल, 25 मार्च को, अब्दुल अलीम भाव-भरे गले से जीवनानंद की इन पंक्तियों की आवृत्ति क्यों कर रहा था :

"आवार आसिबे फिरे, धानसिड़िटिर
तीरे, एई बांगलाय
हयतो मनुष्य नय–हयतो बा शंखचिल
शालिखेर बेशे;
हयतो भोरेर काक हये एई कार्तिकेर
नवान्नेर देशे
कुयाशार बुके भेसे एक दिन आसिव,
ए कांठाल-छायाय

हय तो बा हाँस हब...
आबार आसिब आमि बांगलार नदी
माठ खेत भालोबेसे
जलांगीर ढेउये भेजा बांगलार ए सबुज
करुण डांगाय।"

[फिर आऊँगा लौटकर, धानसिड़ि के तीर पर–इसी बंगाल में। हो सकता है मनुष्य नहीं, चील अथवा मैना के वेश में। अथवा सुबह का कागा होकर–कार्तिक में नवान्न करनेवाले देश में (नवान्न के दिन काग को नए अन्न का 'पायस' खिलाते हैं)। कुहासे पर तैरता हुआ एक दिन कटहल पेड़ की छाया में आऊँगा–शायद बत्तक के रूप में–फिर आऊँगा मैं लौटकर–बंगाल की नदी-मैदान-खेतों को पार करके... जलांगी की लहरों से भींगी बंगाल के इस हरे-करुण ताल-तलैये में !]

लड़ाई की खबरें आने लगीं। रोज़ घमासान लड़ाई की खबरें आ रही हैं, लगातार बांग्ला के सभी करुण-सबुज ताल-तलैये और पुष्करणी में रोज 'रक्तकमल' के दल खिल रहे हैं। नारिकेल, सुपारी, खजूर, आम-जाम-कटहल, अशोक, बकुल के बन में आग लग गई है। आग लगाई जा रही है। फसल से भरे खेतों में, धान भरे खमारों में–गोदामों में, बाजारों में। सुबह 'बादे-सबा' बारूद की गंध से लदी आती है। पूरब का आकाश घाव से क्षत-विक्षत, लहू-लुहान... !!

और, मैं आश्चर्य और गर्व से पिछले कई सप्ताहों के–ढाका बेतार केंद्र द्वारा प्रसारित–गीतों, आलेखों, कविताओं, लोकगीतों की पंक्तियों को याद करने की चेष्टा कर रहा हूँ। मैंने नोट्स नहीं लिए। प्रोग्राम सुनते समय सामने की पत्र-पत्रिकाओं पर यंत्रवत् जो कुछ भी लिखता गया था–उन्हें ढूँढ़कर एकत्र कर रहा हूँ। काजी नज़रुल तथा जीवनानंद के अलावा बांग्ला देश के समकालीन युवा कवियों की रचनाओं के चयन, गायन व प्रस्तुतीकरण–ऐसे सुघड़ ढंग से और ऐसे दुर्दिन में किस तरह संभव हो सका ? पुरातन बाउल गीत, तर्जा, भठियाली, रामप्रसादी और कीर्तन की पदावलियों की अदम्य प्रेरणा-शक्ति को जीवन में पहली बार अनुभव किया है, मैंने। अतः मैं हलफ़ लेकर साक्षी दे रहा हूँ : एक फौजी तानाशाह जब सारे बांग्ला देश को आग में झोंकने का कुचक्र रच रहा था, बांग्ला देश की जनता गाँव-घर, हाट-घाट-बाट में बाउल के गीत गा रही थी–"पथेर दीक्षा दाउ गो मुरशिद–पथेर दीक्षा दाउ !" कि 'हानादारों' (हमलावरों) की बंदूकें और मशीनगन जब आग उगलने लगीं, तब भी वे गा रहे थे। उनके हाथ में उस समय भी, कोई हथियार नहीं–गोपीयंत्र (एकतारा), खोल और करताल थे। कि वे समवेत सुर में गाते-नाचते बांग्ला देश के लिए न्योछावर हो गए...

और, उस दिन को जीवन में कभी भूल नहीं पाऊँगा जिस दिन बंग-बंधु मुजीब

पहली बार, सर में कफन लपेटे कातिलों से मिलने जा रहे थे। उस दिन ढाका बेतार केंद्र से प्रसारित हर देशभक्तिमूलक गीत और लोकगीत, वैराग्यमय वातावरण की सृष्टि कर रहा था। हर गीत का वक्तव्य : मिट्टी की यह देह एक दिन मिट्टी में मिल जाएगी। देश की मिट्टी को मुक्त करने के लिए यदि देह जाती है तो इससे बढ़कर पुण्य और क्या हो सकता है !

मैंने जिसको 'रनिंग कमेंट्री' समझा, वह असल में 'वायरलेस वार्तालाप' था। यह जानते हुए भी कि 'वायरलेस' सुनना अपराध है, इस 'वार्तालाप' को पकड़े रहा। ढाका और कुमिल्ला में बातें हो रही थीं। ढाका उत्तेजित स्वर में कह रहा था–कहता जा रहा था–"ह्याँ ! ह्याँ ! ! एईमात्र··· ह्याँ··· दिस नाउ··· आमि देखलाम–सादा घपघपे टोयेटो–गाड़ी ते–कालो पाताका उड़िए–आमादेर बंगबंधु मुजीब–जनगणेर प्रति हाँसिमुखे अभिनंदन जानाते···ह्याँ ह्याँ··· एकेबारे एकला–रास्तार दुई धारे समवेत हाजार-हाजार नरनारी··· की बलब··· एमन··· "

कुमिल्ला : "हैलो ! सोनो··· जेते तो देखले। फिर आसते देखबे की ? देखे आमादेर बोलो। बुझले··· ?"

ढाका : "की बोलो ? फिरबे ना ? फिरते देबेना ?··· एँ ? की जे बोलो··· कोन साला आटकाबे··· ?"

कुमिल्ला : "उहे ! 'सिक्राफोन' व्यवहार कोरो। पुट ऑन सिक्राफोन··· "

और, इसके बाद वार्तालाप का प्रत्येक शब्द डिस्टॉर्टेड··· और स्वाभाविक रूप से अमानवीय आवाज–क्याँ-क्याँ-कों-को-केंए।

ठीक उसी समय ढाका बेतार केंद्र से शमशुल अस्करी का लोकगीत प्रसारित हो रहा था। बंधु के बिछोह की आशंका से कातर गायक के हृदय का दर्द :

तोमार मत दयाल बंधु, आर कोथाय पाबना
देखा दियाँ उहे रतन ! फिरे जेउना···
तुमि आमादेर तरीर कांडारी···
एके तो झड़ेर बातास–तारो परे ढेउ
आमार नाव डुबाइया–सकल हाराए
एई कि तुमि चाऊ··· ?
बंधु रे-ए-ए-ए–फिरे तुमि आसिबे की
एई आमादेर भावना–तोमार मत दयाल बंधु···

ढाका बेतार केंद्र के 'व्यापार विभाग' के प्रसारण का एक उदाहरण। फ़ारुक रहमान एक आधुनिक गीत गा रहा है :

किसान बोले कारे तुमि आज घृणा कोरो ?
श्रमिक बोले कारे तुमि एड़िये चलो ?···
आमरा बुकेर पांजर दिया, तोमार प्रासाद दिलाम तुलिया

आमराउ जे दाबीदार, आमराउ जे इन्सान
··· दिते हबे सम्मान··· दिते हबे···

गीत समाप्त होने के बाद, व्यापार विभाग की प्रचार-बाणी : जॅय जॅय जॅय ··· आलोके-आलोकमय ! युनाइटेड बैंक लिमिटेड–आपनार बैंक ! माने बांग्ला देशेर बैंक !··· ट्रिंकल··· हानादार, होशियार ! आर कोनो रकमेर शोषण, दंशन बा उत्तीड़न ए देशे चलबेना। नाइलोन मशारी व्यवहार करुन, मशा माछी एवं पोका-माकड़ इत्यादि घूमे व्याघात कोरबे ना··· ट्रिंकल···

आपनार प्रिय चित्र तारिका रोजिनार प्रिय साबान लक्स !··· ट्रिंकल··· मने आछे तो ? आमादेर ऐतिहासिक अहिंस सविनय आंदोलनेर आज सप्रदस दिवस। आज के नतून कोरे सपथ नेबार जन्य बिराट जनसभार आयोजन हच्छे। आपनिउ सपथ निन !!–ट्रिंकल··· बा-बा-बा-बाटा ! एक जोड़ा डैडी आर एक जोड़ा अम्मी; एक जोड़ा आमि आर एक जोड़ा तुमि–बाटा-बाटा··· ट्रिंकल··· एक बारे सुनून अब्दुल नासरेर गाउया एकखानि गीत :

आमादेर बंदी कोरे ओरा यदि भावे
पापेर घाटे पुण्य गेछे डूबे
सेटा भूल-भूल-भूल···
आमादेर संतानेरा तादेर भाँगबे भूल-भूल-भूल
आमादेर एई जीवने सुख-दुखेर कोनो हिसेब नेई
एई दिन टा दिन नय रे–आरो दिन आछे
आमादेर संतानेर--नेबे-नेबे-नेबे
आमादेर पाबना टुकु आदाय कोरे निबे···

[हमें बंदी करके वे यदि सोचते हैं कि पाप के घाट पर पुण्य डूब गया है तो यह उनकी भूल धारणा है। हमारी संतान उनके इस भ्रम को दूर कर देगी। हमारा बाकी-बकाया सब हमारी संतान पाई-पाई कर इनसे वसूल करेगी···]

28 मार्च ! ढाका से, बिना साज-साजिंदे के कोई गा रहा है ? तो क्या, फिर 'ढाका बेतार केंद्र··· ?? नहीं, यह रेडियो पाकिस्तान ढाका है। गीत के अस्फुट बोल–तोमारे हेरिया बेहेस्त बाँदा··· तोमार लागि भुलाई खोदा··· महम्मद मूशा··· तोमार एख्तियार···

इस 'लाइव-प्रोग्राम' के बाद, बगैर 'फेडर ऑफ़' किए ही कोई बोलता, है–'रेकर्ड ··· नातवाला··· नहीं-नहीं··· ' फिर 'पथेर दीक्षा दाउ गो मुरशिद' बजने लगता है। अरे ? यह तो 'मुक्ति सैनिकों' का प्रिय गीत है। अचानक गीत बजना बंद हो जाता है। फिर नया ऐलान–नतून घोजणा··· सब रकमेर ट्रांजिस्टर सैट मार्शल लॉ अधिकारीर काछे जमा दिते हबे···

मेरी आँखों के आगे एक दृश्य साकार हुआ : रेडियो स्टेशन का स्टूडियो।

बाहर फौजियों के बूटों की कर्कश आवाज··· सड़कों और गलियों से मशीनगन, ब्रेनगन चलाने की आवाजें आ रही हैं। एक मिलेटरी यान में ठूँसकर गिरफ्तार किए हुए लोगों को लाया जाता है। ढाका रेडियो को चालू रखना बहुत जरूरी है, इसलिए आर्टिस्टों को पकड़कर लाया गया है। स्टूडियो के अंदर कई कलाकारों को घसीटकर बंद कर दिया जाता है। इसके बाद कोई लेफ्टिनेंट अथवा मेजर–हाथ में रिवाल्वर लेकर एक-एक से कहता है–"चलो, गाना गाओ।"

"नेंहीं। हम गाना नेंहीं जानता।"

"गाना नहीं जानता ? मरना जानता है ?"

"जानता है।"

"तुम चलो। गाओ··· गाना पड़ेगा !!"

"नेंहीं !"

"ट्रठाँय !"

"तुम गाएगा ?"

"नहीं !··· हाँ··· हाँ··· हम गाएगा !"

"चलो ! गाओ··· शुरू करो। मगर बांगला देशवाला गाना नहीं !"

"आमार लहो नमस्कार
सब छेड़ेछि बिदाय नितेछी–कोनो कथा नेई आर
लहो नमस्कार··· "

"एय। बंद करो ! बदमाश ! बांग्ला देश का गाना गाता है ? हमको चकमा देता है ?"

गायक बिना रुके हुए आलाप लेता है :

"ओय जे आकाशे सूर्य उठे छे–आलोके–
आलोकमय–जॅय जॅय जॅय··· !"

"ट्रट्ठाँय !"

"जॅय जॅय जॅय··· आमि 'स्वाधीन-बांग्ला-बेतार केंद्र' थेके बोलछी ! बंगबंधु मुजीबुर्रहमान बलेछेन··· !"

"जॅय जॅय जॅय !!"

दिनमान/11 अप्रैल, 1971 के अंक में प्रकाशित

नेपाली क्रांति-कथा

एक

विराटनगर, ईस्टर्न कमांड का हेडक्वार्टर, पूर्वी मोर्चा···

अक्तूबर 1950 की एक सुबह, मुक्ति की संभावना का मधुर संदेशा दे गई, पशुपतिनाथ मंदिर के प्रांगण में वज्रनिनाद-स्वर में जयध्वनि हुई–"जय, पशुपतिनाथ की जय !"

जयध्वनि या मेघगर्जन ? मुक्ति की सूचना लेकर यह जयध्वनि मँडराती रही–पहाड़ों में, तराइयों में, नगरों और गाँवों में। राणाशाही के बंधन में युगों से जकड़ी हुई धरती–नेपाल की–विहँस पड़ी। देश के कोने-कोने में छाई हुई उदासी दूर हो रही है।

मुक्तिसेना के सिपाहियों के मुखमंडल पर सर्वदा एक अपूर्व आभा और ओंठों पर मनमोहक मुस्कुराहट अंकित रहती है। विजयादशमी के दिन गुरुजनों के चरण छूकर नमस्कार करते समय इस बार ये इतना प्रसन्न क्यों हैं ?··· माँ, इस बार रक्त का टीका लगा दो··· पिताजी, आशीर्वाद दीजिए–देश की मुक्ति के लिए अपने को उत्सर्ग कर सकूँ··· जय हो, विजय हो। बड़े-बूढ़ों की आँखों में प्रसन्न आँसू ढलमलाते हैं–क्या हो गया है इन नौजवानों को ?··· यो कस्तो पागलपन ?

मुक्तिसेना का एक-एक सिपाही–तैयार–प्रतीक्षा कर रहा है।

और भी कई दिन प्रतीक्षा में बीते। झिलमिलाती हुई दीपावली की रात आई। विराटनगर के अधिकांश घरों में इस बार 'दीपावली' और 'भाई दूज' का पर्व एक ही साथ मनाए जा रहे हैं। भाइयों ने जिद्द पकड़ी है–"इस बार दो दिन पहले ही 'टीका' लगा दो दीदी !"

शंखध्वनि हुई। दीपों की माला जगमगाई। 'भाई-टीका' देते समय स्नेहमयी बहनों ने अपने-अपने भाइयों की आँखों में न जाने कैसी चिनगारी देखी कि उनके मुँह से आशीर्वाद के ये दो शब्द स्वयं ही निकल पड़े–'जय नेपाल'।

नेपाली वधुओं ने अपने-अपने पतियों की 'खुकरी' को सिर से छुलाकर विदाई दी–'जय नेपाल'।

मुक्तिसेना की पहली टुकड़ी, रात के सन्नाटे में–तराई, नदी-नाले और ऊबड़-खाबड़ खेतों को लाँघती हुई–विराटनगर शहर की ओर बढ़ी। गेरिला-युद्ध का श्रीगणेश हुआ। टुकड़ी के सभी मुक्ति-सैनिकों के मन में फौजी बैंड के ताल पर, एक ही गीत गूँज रहा है–नेपाली ! नेपाली !! अगि बढ़दै बढ़दै जाऊ–क्रांति झंडा ले··· ड्रम ड्रम ड्रम।

इनके प्रत्येक पदचाप पर धरती पुलक-पुलक उठती है। शहीद शुक्रराज,

कृष्णप्रसाद कोइराला तथा अनगिनत-अनाम-अमर शहीदों की आत्माएँ शांत हुई हैं–पहली बार। नक्षत्रखचित आकाश में खलबली मची हुई, मानो...

हाल्ट !

विराटनगर शहर के बाहर एक क्षण के लिए टुकड़ी रुकी। अंतिम निर्देश : ट्रेजरी, मालखाना और जेल पर–एक भी गोली खर्च किए बगैर ही–निःशब्द कब्जा करना होगा। आवश्यकता पड़ने पर संगीन और रिवाल्वर से ही काम लेना होगा। यह हुआ पहला कार्यक्रम। दूसरा काम मोरंग जिला के गवर्नर उत्तमविक्रम राणा के निवासस्थान पर धावा बोलकर गवर्नर तथा अन्य फौजी अफसरों को गिरफ्तार करना। इस धावे में हम खुलकर अपने हर हथियार का इस्तेमाल करेंगे।

टुकड़ी को दो हिस्सों में बाँट दिया गया।

गिरिजा और विश्वबंधु के नेतृत्व में एक दल स्कूल के मैदान में जा उपस्थित हुआ। दूसरे दल के दलपति हैं तारिणी प्रसाद और गेर्रिला-युद्ध के प्रशिक्षक भोला चैटर्जी। प्रथम दल को–ट्रेजरी, जेलखाना और सरकारी अफसरों के कैंप पर छापा मारकर कब्जा करना है... द्वितीय दल, अस्त्रागार, फौजी बैरक पर चढ़ाई करेगा।

मालखाना (अस्त्रागार) का संतरी मच्छरों के मारे परेशान है। वह 'भानुभक्त-रामायण' की पंक्तियों को गुनगुनाता हुआ बरामदे पर टहल रहा है–'लो लंकापति तिम्रो यमदूत आयो... ' अचानक, टार्च की तेज रोशनी उसकी आँखों को चौंधिया देती है। सावधान होकर वह जब तक राइफल सँभाले, गेर्रिलों की चमकती हुई शाणित संगीनें उसे चारों ओर से घेर चुकी थीं–"चुप, न कराउ... चिल्लाओ मत।"

संतरी ने मुस्कुराकर हथियार सुपुर्द कर दिया। लगा, वह पहले से ही इसके लिए तैयार था।

अस्त्रागार में रक्षित राइफलों और बुलेटों के ढेर देखकर गेर्रिले किलक पड़े। इस्पात, ताँबे और निकेल के अस्त्र-शस्त्रों का अंबार ? लेकिन, उधर ट्रेजरी की बड़ी तिजोरी खुल नहीं रही है। चाबी बड़े हाकिम यानी गवर्नर के पास है।

"टूट नहीं सकती तिजोरी ?"

"जोरों की आवाज होगी।"

"गिरफ्तार संतरियों पर नजर रखो।"

"मालखाना का 'माल' सँभालो।"

ऐसी घड़ी में भी हँसानेवाली कोई ऐसी घटना घट सकती है कि आदमी हँसते-हँसते लोट-पोट हो जाए !

"अंधकार में यह कौन है... एकदम नंगा ?"

"एकदम नंगा नहीं, अंडरवियर है।"

"परम भूधराकार शरीरा... ?"

खिलखिलाहट सुनकर डाँट पड़ी–'ए ! चुप... एक शब्द नहीं।"

जोगबनी के भावुक गुरुजी फेंकन चौधरी शुरू से ही कोइराला-परिवार के

भक्त और नेपाली कांग्रेस के सक्रिय सहायक हैं। गेर्रिलों ने 'जय नेपाल' कहकर मार्च किया तो आप भी निहत्थे साथ चल पड़े। टुकड़ी के संचालक भोला चैटर्जी ने आपत्ति की–"सुफेद खादी की धोती और यह सुफेद गाँधी टोपी ? घने अंधकार में भी गोली ठीक आपके सिर में लगेगी।" किंतु गुरुजी ने मैथिली भाषा में ही कहा–"जब गोलिये खाये लेल जायत छी त फेर माथ में लागौक चाहे पैर में–एक्के बात··· "

मालखाना में समस्या खड़ी हुई–राइफल तो दो-दो या तीन-तीन भी लटकाई जा सकती हैं, कंधे से, किंतु इतने बुलेट ? कोई बोरी या झोली भी नहीं– "··· अब कसरी कै गर्न··· कैसे क्या हो ?"

"हे-हे लियौ, समस्याक समाधान !"-कहकर गुरुजी ने अपनी धोती खोल दी, "बाँधिए गठरी। इससे भी नहीं हो तो लीजिए, इस कुर्ते का झोला बना देता हूँ।"

जेल का संतरी सतर्क हो गया, शायद ? वह रह-रहकर विकट और विकृत स्वर में चिल्लाता है–'खबरदार, होय खबरदार !' इतना ही नहीं, वह अब निशाना लेकर तैयार है। दलपति ने ताड़ लिया। बस, सन्नाटे को चीरती हुई मुक्तिसंग्राम के सिपाही की 'पहली गोली' दगी–ठाँय। रिवाल्वर की गोली ने संतरी को सुला दिया।

फिर, सभी ओर चुप्पी। घुप्प अंधकार।

सभी काम 'बेखटके' हो रहे हैं। जेल का कपाट खुला। जेल के अंदर की काल-कोठरियाँ खुलीं। भगदड़, कोलाहल। और, लाख मना करने के बावजूद शुरू हुई जयध्वनि और नारे···

'कोइराला-निवास' के पूरब, मैदान में–अंधकार में ही सारी घटनाएँ घट रही हैं। उन्नत सिर 'कोइराला-निवास' मानो सबकुछ देख रहा है··· कोइराला-निवास। जहाँ साठ-पैंसठ साल पहले एक महामानव ने एक विद्रोह की पहली चिनगारी जलाई थी। जिसके प्रत्येक कमरे में–न जाने कब से नेपाल की मुक्ति के सैकड़ों सपने देखे हैं, इसके निवासियों ने। और, आज जिसका प्रत्येक सदस्य मुक्तिसंग्राम का सशस्त्र सैनिक है।

'कोइराला-निवास' के उत्तर-पूर्व में है–उत्तमविक्रम राणा का निवासस्थान। विशाल मैदान के बीच ऊँची चारदीवारी से घिरा दुमंजिला बँगला। प्रवेशद्वार पर कई पुराने, ऊँचे पेड़···

अचानक, एक पेड़ की फुनगी से, 'सर्च-लाइट' की रोशनी सामने के मैदान के अंधरहस्य को खोल गई। मुक्तिसैनिकों के दोनों दल इसी मैदान में एकत्र हैं···

"लेट जाओ सभी। रेंगते हुए आगे बढ़ो।"

सुशिक्षित गेर्रिले रेंग-रेंगकर आगे बढ़ने लगे। एक बार सर्चलाइट की रोशनी फिर नाच गई, मैदान में।

–ट-ट-ट-ट; ट-ट-ट-ट···

राणाशाही-ब्रेनगन आग उगलने लगी–अविराम।

पूरब, फौजी बैरक में खतरे का बिगुल आर्तनाद कर उठा।

विराटनगर शहर कच्ची नींद से अचकचाकर जगा। फिर, घंटों सिर्फ गोलियाँ बोलती रहीं—ट्रट ठाँय-ठाँय··· धाँय-धाँय। ट-ट-ट-ट-ट-ट··· ठाँय-ठाँय···

—विकू ! लेट जाओ भैया। लेटे रहो।

—फ्लास्क से पानी ढालकर विकू को पिला दो।

—निशाना—पेड़ पर···

—सुँ-ई-ई··· ठाँय। सुँ-ई-ई··· ठाँय-ठाँय···

राणाशाही की धाराप्रवाह गोली-वर्षा का जवाब, मुक्तिसेना की बंदूकें तुतला-तुतलाकर दे रही हैं, मानो—'हम डटे हैं।'

—किसे गोली लगी ? राइफल ले लो उससे।

—गिरिजा को कारतूस चाहिए···

सर्चलाइट की रोशनी, काली नागिन की लपलपाती हुई जीभ की तरह, रह-रहकर अंधकार को चीरकर नाच जाती है। अब, ऐसा लगता है कि एक भी मुक्ति-सैनिक बचकर नहीं लौटेगा। अब तक सामने से ही गोली की वर्षा हो रही थी। इस बार पीछे से बैरक के फौजियों ने फायरिंग शुरू कर दी है···

मुक्ति-संग्राम की इकलौती स्टेनगन धुआँधार, जवाबी फायरिंग करती हुई गर्म हो गई है। जलते हुए बारूद की उत्कट गंध सारे वायुमंडल में फैलती जा रही है।

डेढ़ इंच की गोली—थ्री-नाट-थ्री की—सनसनाती हुई गिरिजा की कनपटी के पास से गुजर गई। मौसेरा भाई विकू चिल्लाया—"गिरिजा, सिर धरती पर··· " किंतु दूसरी गोली विकू की जाँघ को चीरती हुई धरती में धँस गई। सामने की पंक्ति में लेटकर राइफल चलानेवाले बहादुर साथी बलबहादुर की निष्प्राण देह लुढ़ककर गिरिजा को ढँक लेती है। अमर शहीद कृष्णप्रसाद कोइराला का सबसे छोटा बेटा, नेपाली कांग्रेस के सभापति मातृकाप्रसाद का और मुक्तिसेना के ईस्टर्न कमांड बी. पी. कोइराला का सबसे प्यारा छोटा भाई गिरिजा देख रहा है—गोलियों से बलबहादुर की लाश छलनी हो रही है··· अब शायद उसकी बारी हो···

—ट-ट-ट-ट-ट-ट-ट; ट-ट-ट-ट-ट-ट-ट···

मुक्तिसेना के दलपति ने पीछे हटने का आदेश दिया, किंतु पीछे हटा जाए कैसे ? लगता है, चारों ओर से गोलियाँ चल रही हैं।

उत्तमविक्रम के फौजियों ने रात-भर फायरिंग जारी रखी। डेढ़-दो घंटे तक मुकाबला करने के बाद गेर्रिले पीछे हट गए।

विराटनगर से पूरब, सिंधिया नदी के किनारे सभी गेर्रिले एक-एक कर एकत्र हुए। एक साथी नहीं लौटा। वीर बलबहादुर शहीद हो गया। तीन मुक्ति-सैनिकों को गोली लगी है। एक की अवस्था चिंताजनक है। तीनों की मरहम-पट्टी की गई।

घायलों को लादकर पूर्वनिश्चित योजना के अनुसार सभी रंगेली बाजार की

ओर चल पड़े–निःशब्द।

पराजय की ग्लानि, पैर पीछे हटाने की लज्जा और मुक्तिसेना की सारी चेष्टाओं को अपमानित करती हुई राणाशाही-ब्रेनगन की आवाज–ट-ट-ट-ट-ट-ट-ट–मानो, मुँह चिढ़ा रही हो–वाह रे पटाखेबाजो !

शहीद बलबहादुर, जो 1946 के ऐतिहासिक मजदूर-आंदोलन में, सत्याग्रहियों में नाम लिखाने के बाद अचरज से पूछ बैठा था–"यह कैसी लड़ाई है, बाबा ? राणा का सिपाही हमको गोली से मारेगा और हम सिर्फ 'जिंदाबाद' बोलेगा ? नहीं भरती होना है, ऐसी लड़ाई में··· "

इस बार जब उसे मालूम हुआ कि बंदूक का जवाब बंदूक से दिया जाएगा तो वह हँसता हुआ आया–"मुक्तिफौज में मेरा नाम लिख लिया जाए।"

एक बूढ़ी माँ और पाँच वर्ष के एक पुत्र को नेपाल के किसी पहाड़ी गाँव में छोड़कर–हँसता हुआ चला आया बलबहादुर। मरते-मरते उसने कई साथियों के प्राणों की रक्षा की। कल शाम को चाय पीते समय उसने एक पहाड़ी गीत सुनाया था जिसका भावार्थ इस प्रकार है : 'युद्ध के मैदान में मरनेवाले सीधे स्वर्ग पहुँचते हैं ? मेरी राह रोककर कौन खड़े हैं ? पिता ? माँ ? स्त्री ? पुत्र ? मैं किसी को नहीं पहचानता। सभी हट जाओ मेरी राह से। मेरी आत्मा सीधे स्वर्ग पहुँचने के लिए मचल रही है।'

उसके साथी नरबहादुर के हाथ में गोली लगी है। मैदान से लड़ने में उसे देर हो गई। ब्रेनगन की गोलियों की वर्षा के बीच वह अपने बचपन के साथी बलबहादुर की मृत देह को बहुत देर तक ढूँढ़ता रहा। उसने कहा था–यदि मैं लड़ाई में काम आ जाऊँ तो मेरी खुकरी मेरी माँ के पास पहुँचा देना–एकलौते बेटे के लिए अमूल्य धन।

सभी मुक्ति-सैनिकों के अंदर एक तूफान चल रहा है। सभी चुप हैं। चुपचाप चल रहे हैं, ओस से भीगी हुई पगडंडी पर।

एक साहित्यिक और रसिक मुक्ति-सैनिक इस असह्य चुप्पी को तोड़ता है–"आज एक कहावत का जन्म हुआ : जो जीते सो गोलंदाज, जो हारे सो पटाखेबाज !"

बात वाजिब जगह पर जाकर लगी। जले पर जान-बूझकर नमक छिड़कना इसी को कहते हैं–"जनाब ! अपनी शायरी रखिए अभी !"

"मैं शायरी करता हूँ ? मैं पूछता हूँ, भागने का हुक्म क्यों दिया गया ?"

"भागने का हुक्म ? कैसा जंगली है ? 'रिट्रीट' को भागना बोलता है ? अपने बहादुर साथियों को 'पटाखेबाज' कहता है ?"

"रिट्रीट ही सही। किसने हुक्म दिया पैर पीछे हटाने का ?"

"क्यों ? मैंने।"

"तो, इसी स्टेनगन से सभी साथियों को यहीं समाप्त कर दीजिए। हम किस मुँह से लौटकर जाएँगे ?··· मेरा जी करता है, इसी रिवाल्वर से अपना काम तमाम कर लूँ।"

"सेंटिमेंटल फूल !"

हठात्, कड़कता हुआ फौजी कमान–"गेर्रिलाज ऑफ़ नेपाल लिबरेशन आर्मी–अटेन्शन !"

गेर्रिला-युद्ध का शिक्षक भोला चैटर्जी कहता है : हम पराजित नहीं हुए हैं। इतने अस्त्र-शस्त्र, गोला-बारूद, कारतूस हमें प्राप्त हुए। दो घंटे तक हमने दुश्मन के ब्रेनगनों का मुकाबला किया...

कुछ भी कहे भोला चैटर्जी। मनोबल नाम की चीज, जरा-सी बात में बनती और बिगड़ती है...

'बेस कैंप' से 'बेतार-संवाद' प्रेषित करते समय ऑपरेटर लंबी और ठंडी साँस लेता है–पहला ही संवाद उत्साहभंजक ?

संवाद भेजने के बाद ऑपरेटर लामा दुश्मन के 'बेतार-संदेश' 'इंटरसेप्ट' करने में व्यस्त हो जाता है... उत्तमविक्रम राणा नशे में झूमता हुआ संदेश दे रहा है, प्रधानमंत्री ('तीन सरकार') मोहन शमशेर जंगबहादुर राणा को। दिल खोलकर हँस रहा है उत्तमविक्रम। हज़ोर यो बोलाहे को कांग्रेसी कुत्ता हरू... इन पागल (कांग्रेसी) कुत्तों के लिए हमारे बैरक के जवान ही काफी हैं। चिंता न करें। सब ठीक-ठाक है...

विराटनगर के निवासियों ने 'दुहाई पशुपतिनाथ' रटकर रात काटी। भोर को राणाशाही ब्रेनगन चुप हुई तो फौजी जीपों की गुर्राहट, फौजियों की भारी बूटों की भड़भड़ाहट और क्रुद्ध फौजी अफसरों की कर्कश कंठ-ध्वनियाँ–सब मिलकर नगर की गली-गली को कँपाने लगीं–भटभट भट-भर्र–कड़प-कड़प, कड़प-कड़प... ए-बा-ठा-न ! बा-या-ने-ट कि-का !!... लोड ! फायर !

उत्तेजित फौजियों को आम हुक्म दे दिया है कर्नल उत्तमविक्रम राणा ने। हर घर को घेरकर तलाशी ली जा रही है। मारपीट, लूटपाट और गिरफ्तारी... औरतों और बच्चों का सम्मिलित रुदन, घायलों की चीख-पुकार से आकाश भर रहा है। सड़कों पर अमानुषिक अत्याचार के हृदयविदारक दृश्यों को देखकर सुबह का सूरज सिहर-सिहर जाता है।

नेपाली कांग्रेस के, छोटे-बड़े सभी सदस्यों के नाम 'मौत का परवाना' जारी कर दिया गया है–"देखते ही गोली मार दो !" किंतु, दोपहर तक सारे नगर को छान डालने के बाद भी नेपाली कांग्रेस का कोई सदस्य नहीं पकड़ा गया। एक बच्चा भी नहीं।

कर्नल ने कहा–"उनकी औरतों से कहो, अपने-अपने घरवालों को दो दिन के अंदर हाजिर करें। नहीं तो औरतों को ही 'धुन' दिया जाएगा अर्थात् कैद किया जाएगा... सबकुछ किया जाएगा।"

परिवार के बच्चों और बीमारों को रात में ही निरापद स्थान में भेजने के बाद, 'सानो आमाँ' (श्रीमती दिव्या कोइराला) अकेली बैठी हैं, 'कोइराला-निवास' के एक कमरे में–अपने इष्टदेव के विग्रह के सामने। किंतु, रह-रहकर 'जाप' में बाध पड़ती है। ध्यानमंदिर में 'परमगुरु' की प्रतिमा आज प्रतिष्ठित नहीं हो पा रही। बार-बार गिरिजा का मुस्कुराता हुआ मुखड़ा आँखों के आगे मूर्त्त हो जाता है। कानों के पास उसकी मीठी पुकार प्रतिध्वनित हो जाती है–आमाँ ! म आयँ··· कौन ? किसने पुकारा ? को हो ?··· कोई नहीं ? भ्रम, या मेरा बेटा रात की लड़ाई में देश की मिट्टी को 'प्यारा' हुआ ?

माँ का हृदय हाहाकार कर उठता है। वह दौड़ी हुई परमगुरु स्वर्गीय पति, कृष्णप्रसाद कोइराला की तस्वीर के पास आती है और धड़ाम से गिर पड़ती है–"बल दो प्रभु ! शक्ति दो··· हुजूर ! तुम देखते रहना–तुम्हारे सभी बच्चे-बच्चियाँ लड़ाई के मैदान में हैं।"

सानो आमाँ सुनती हैं, वे कह रहे हैं–"तुम्हें बार-बार अपने बच्चों की ही याद क्यों आती है ? नेपाल-जननी के इतने बच्चे अपनी जान देने आए हैं। उनकी याद नहीं आती ?"

"आती है हुजूर, आती है, नहीं तो, यहाँ बैठी क्यों हूँ ?"

'कोइराला-निवास' के चारों ओर घेरा डालकर बैठे हुए सिपाहियों को अचरज होता है–निवास के अंदर पाँव रखने का साहस किसी अफसर में नहीं··· कौन आए ? वहाँ बैठी गुर्रा रही होगी–सिंहनी माँ ! 1946 के मजदूर-आंदोलन के समय की झिड़कियाँ अफसरों को याद हैं–"लाज नहीं आती ? बड़े अफसर हो ? संसार के किसी सभ्य देश के नगण्य-नागरिक के सामने भी सिर ऊँचा कर सकोगे कभी ? स्त्रियों से बात करना नहीं जानते ? कैसी शिक्षा दी है तुम्हारे राणा पिताओं ने ?"

"सानो आमाँ ! सानो आमाँ खोया ?··· कहाँ हैं माताजी ?"

रोती, छाती पीटती औरतों की टोली आई–"खोय, मेरो छोरो (बेटा) खोय ? मेरा लोग्ने (पति) खोय ? सानो आमाँ !"

बताओ, माताजी ! मेरा बेटा कहाँ है ? कहाँ है मेरा स्वामी ?··· माताजी, तुम्हारे लड़कों ने मेरे भोले-भाले भाई को बहकाकर हमारा सत्यानाश कर दिया··· फौजियों के हाथ से हमें कौन बचाएगा ? कौन हमारे सतीत्व की रक्षा करेगा ?

पाँच-पाँच शेर बच्चों की माँ–नेपाल की इस महिमामयी माता का गला भर आया–"तुम मुझसे पूछने आई हो ! लेकिन, मैं किससे पूछूँ कि मेरे बच्चे कहाँ हैं ? कौन बताएगा कि मेरे बच्चे जीवित हैं या काल के गाल में चले गए ? ··· यह देश, नेपाल-माता भी यही सवाल पूछती है–कौन बचाएगा मुझे ? मैं पूछती हूँ, क्या तुम्हारे घर में कलछी, छनौटा, सड़सी, दाब, खुकरी, कुल्हाड़ी, कुदाल कुछ भी नहीं ? सेफ्टीपिन और बाल में खोंसनेवाले काँटे तो हैं··· "

औरतों की टोली में, दनुजदलिनी दुर्गा आकर खड़ी हो गई मानो। नेपाल की

ललनाएँ प्रतिज्ञा करती हैं : 'राणाशाही जुल्म और अत्याचार का डटकर मुकाबला करूँगी। सिर नहीं झुकाऊँगी।'

थकी-हारी, मक्तिसेना की पहली टुकड़ी विराटनगर से सात कोस पूरब रँगेली बाजार में विश्राम कर रही है। रँगेली की जनता के उत्साह, आतिथ्य और देशभक्ति के भाव से मुक्तिफौजियों को अपार बल मिला है।

'बेस-कैंप' से संदेशवाहक आया है... रात के संघर्ष में, एक दर्जन से भी अधिक राणाशाही फौजी मारे गए हैं... अंधाधुंध गिरफ्तारियाँ हो रही हैं। सभी मिलें बंद हैं। सारा शहर वीरान है।

और सबसे उत्साहवर्धक समाचार : हेडक्वार्टर से बेतार संवाद आया है—मित्र-देश से आनेवाला अस्त्र-शस्त्र इस मोर्चे पर—यानी ईस्टर्न कमांड में शीघ्र ही पहुँचनेवाला है। सिंगापुर, मलाया और बर्मा के प्रवासी नेपाली, गुर्खे सैकड़ों की संख्या में इस मुक्तियुद्ध में शरीक होने के लिए आ रहे हैं।

हिमालय एयरलाइंस का विशेष वायुयान मित्र-देश से चल चुका है। उसे कहाँ उतारा जाए ? हवाई जहाज कुछ ही क्षण में भारत पहुँच जाएगा। हिमालय एयरलाइंस के कर्ता-धर्ता महावीर शमशेर कलकत्ते में परेशान हैं। बार-बार वह सुवर्ण शमशेर से पूछ रहे हैं—"हवाई जहाज कहाँ उतारा जाए ?" सुवर्णजी, महावीर शमशेर को समझाते हैं—"पटना से अभी देवेंद्र बाबू का ट्रंक आएगा... लीजिए, आ गया ट्रंक... "

मित्र-देश से 'सामान' लेकर आते हुए विशेष वायुयान को 'गुप्त-बेतार-यंत्र से सूचना दी जा रही है : रोबट... रोबट... दिस इज पीटर कालिंग रोबट... हैलो रोबट... यस... डाइवर्ट, टुवाईस... डाइवर्ट वेस्ट पैटना स्ट्राइप—ओवर।

विशेष वायुयान में बैठा मुक्ति-सैनिक नक्शे पर निगाह दौड़ा रहा है। वह पूछता है : हैलो पीटर पीटर... वेस्ट ऑफ पैटना... डू यू मीन बिहटा ?... ओवर।

दो

'बेस-कैंप' से आए हुए संदेशवाहक ने और भी कई महत्वपूर्ण सूचनाएँ दीं : 'बी. पी.' गोरखपुर की ओर—नेपाल-भारत-सीमा के इलाके का भ्रमण करके पटना लौट आए हैं। सुवर्णजी कलकत्ता में बैठकर काठमांडो की गतिविधि परख रहे हैं, अस्त्र-शस्त्र का प्रबंध कर रहे हैं। गणेशमानसिंह को जिस उद्देश्य से काठमांडो भेजा गया था—उस योजना को कार्यान्वित करने के लिए, फिर किसी साहसी साथी को भेजना आवश्यक है। महाराजाधिराज से संपर्क स्थापित करने के पहले ही गणेशमानजी गिरफ्तार हो गए। कल से नेपाल कांग्रेस की आवश्यक और विशेष

बैठक हो रही है।

सबकुछ सुनकर भग्न मनोबल गेर्रिलों की रक्त-धमनियों में फिर उष्ण-लहरी आई। तुरंत, 'एक्शन कमेटी' बैठी। तुरंत फैसला लिया गया—"आज रात को ही पूर्वी-तराई के दूसरे प्रमुख नगर 'झापा' पर छापा··· "

दोपहर के भोजन के बाद, केशवप्रसाद कोइराला के नेतृत्व में मुक्तिसेना के सिपाहियों ने झापा के लिए कूच किया।

तराई के पशु-पक्षियों ने अचरज से देखा—ये बंदूकवाले किस जानवर के शिकार में निकले हैं ? सरपट दौड़ रहे हैं तराई के बीहड़ पथ पर ? एक मूर्ख बाघ से नहीं रहा गया, शायद। अचानक गुर्राकर झपटा। गेर्रिलों की गति में बाधा पड़ी, जरा। फिर, पलक मारते ही रास्ता साफ हो गया। तराई के पशु-पक्षियों को फिर अचरज हुआ : ये कैसे शिकारी हैं ? मृत शिकार को यों ही उपेक्षित, असुरक्षित छोड़कर चले गए।

विराटनगर की चढ़ाई की उड़ती हुई खबर अफवाहों के रूप में झापा तक पहुँच चुकी थी। दिन-भर उत्तेजना और आशंका-भरी बातें कह-सुनकर झापा के नागरिक रात को गहरी नींद में सोए हुए थे। स्थानीय सरकारी अधिकारियों, फौजी अफसरों को विश्वास है, यह सारी गड़बड़ी और 'गोलमाल' विराटनगर तक ही है। यहाँ कोई खतरा नहीं।

नेपाली कांग्रेस के स्थानीय कार्यकर्ता से आवश्यक सूचना प्राप्त करने के बाद टुकड़ी के नायक के. पी. कोइराला ने एक गेर्रिले को चुपचाप कोई आदेश दिया। गेर्रिला धरती पर पेट के बल लेटकर रेंगने लगा—रेंगता हुआ चला गया, ट्रेजरी तक।

तराई के घने अंधकार में—पेड़ की फुनगियों पर कैसी लाली छा रही है ? लाली बढ़ती ही जाती है··· आग ?

आग ! आग लगी है आग··· !!

तुमुल कोलाहल-कलरव के बीच झापा ट्रेजरी धू-धूकर जल रही है। अब बैरक में भी आग लग गई ? कैसे लगी आग ? आग, आग ! दौड़ो—बुझाओ—बचाओ !!

जय नेपाल !

जनता रुक गई। जनता समझ गई, यह जनक्रांति की आग है। इसको बुझाने के बदले इसमें घी डालना ही जनता का पुनीत कर्तव्य है। भाइयो ! यह राणाशाही मेधयज्ञ है—आहुति डालो इसमें। सदियों से नेपाल की छाती पर बैठकर रक्त चूसनेवाली राणा-सरकार का नाश हो।

झापा का बड़ा हाकिम (गवर्नर) क्या करे ? पहले आग बुझाए या पहले··· ? पहले आग बुझाओ ! हुक्म हुआ।

राणाशाही पलटन के जवान, राइफल रख, बाल्टी और घड़े लेकर दौड़े आग बुझाने। आग बुझानेवाले और आग लगानेवाले—एक देश के लोग। एक ही बोली

उनकी। इसलिए आग लगानेवालों की बात उनकी बुद्धि में तुरंत आ गई–नहीं! इस आग को बुझाना सचमुच पाप है। आग बुझानेवाले कई सिपाहियों ने बाल्टी रख दी–"दाजु भाई हो! देशवासियो! मत करो प्रतिरोध। इस बर्बर, जालिम सरकार की रक्षा हम क्यों करें ?–चलो, चलो !! जो घर जारे आपना, चले हमारे साथ।

राणा के इन पलटनों ने एक स्वर में कहा–जय नेपाल !!

अस्त्रागार से अस्त्र-शस्त्र और ट्रेजरी से खजाना निकालने में इन्हीं नए गेर्रिलाओं ने आगे बढ़कर सहायता की।

आकाश को छूती हुई, लपलपाती लपटें।

फायर ! बड़ा हाकिम अपनी मूर्खता पर बौखलाया–सामने की झाड़ी के उस पार !

इसके बाद शुरू हुआ दोनों ओर से गोलियों का आदान-प्रदान। दोनों ओर से एक खास तर्ज और ताल पर गोलियाँ दगने लगीं। कल रात की लड़ाई और आज की लड़ाई में कुछ अंतर है। आज मुक्तिसेना के जवान अधिकारपूर्वक अस्त्र-संचालन कर रहे हैं। कल दुश्मन के पास ब्रेनगन थी। आज गेर्रिलों के पास स्टेनगन और मौजर हैं। इसलिए आज की लड़ाई का सुर-ताल भिन्न है।

गेर्रिले रात-भर डटे रहे। तीसरे पहर दलपतियों ने अपने साथियों को 'रिट्रीट' करने का संकेत दिया और तब देखा गया कि दशरथ के एक हाथ की हड्डी चकनाचूर हो गई है, किंतु वह राइफल थामे हुए है। बनारस विश्वविद्यालय का छात्र दशरथ चौधरी अपने मित्र विश्वबंधु के लिए, विश्वबंधु के देश की मुक्ति के लिए जान दे सकता है। जान देने के लिए ही वह आया है।

दो मुक्तिसेनानी के प्राण यहाँ की धरती की गोद में भी जुड़ाए। 'बेस-कैंप' में लौटकर मुक्तिसेनानियों ने सुना–हेडक्वार्टर से बेतार संदेश आया है : कल ही वर्किंग कमेटी की आवश्यक बैठक है। मित्र-देश से आए हुए अस्त्र-शस्त्र को हर मोर्चे पर पहुँचाने की शीघ्र ही व्यवस्था हो रही है। सुवर्णजी, सूर्यप्रसाद उपाध्याय, बी. पी. और महेंद्रविक्रम शाह–विभिन्न अंचलों का दौरा समाप्त करके आज ही हेडक्वार्टर पहुँच रहे हैं। मलाया, बर्मा, सिंगापुर और कोहिमा के मोर्चों पर लड़ते हुए अनेक अनुभवी गुर्खों ने स्वेच्छापूर्वक इस संग्राम में भाग लेने की इच्छा प्रकट की है। पूर्वी मोर्चे के दलपतियों के साथ 'प्रचार अधिकारी' की भी बुलाहट है, हेडक्वार्टर में–विशेष बैठक के सामने 'विराटनगर-झापा' की छापामारी की रपट प्रस्तुत करने के लिए।

विकू तथा अन्य घायल साथियों को पटना भेज दिया गया है। दलपतियों के साथ पूर्वी मोर्चे के प्रचार-अधिकारी धड़कते हुए दिलों से हेडक्वार्टर की ओर चल पड़े–पता नहीं, 'हाई कमान' का क्या रुख हो। सभापतिजी और देवेंद्रबाबू तो अप्रसन्न नहीं हैं, किंतु सुवर्णजी और बी. पी. ?

नवंबर 1950 ! ! नेपाल के इतिहास में चिरस्मरणीय रहेगा।

पटना के दैनिक पत्रों में विराटनगर और झापा की चढ़ाई के समाचार पढ़कर, नेपाली कांग्रेस के सभापति मातृकाप्रसाद कोइराला के अभिनंदन और जनक्रांति के समर्थन में–पटना के प्रवासी नेपालियों ने एक विशाल सभा का आयोजन किया। और, जब सभा समाप्त हुई तो सैकड़ों प्रवासी नेपाली मुक्तिसेना में नाम लिखा चुके थे–छात्र, डॉक्टर, व्यापारी, बुद्धिजीवी, पत्रकार, श्रमजीवी–सभी वर्ग के नेपाली।

विराटनगर और झापा पर चढ़ाई के इस चमत्कारपूर्ण प्रभाव को देखकर स्वयं विराटनगर और झापा के दलपतियों को भी अचरज हुआ। प्रचार-अधिकारी साहित्यिक गेर्रिला ने मुस्कुराकर अपनी गलती स्वीकार की–"कामरेड चैटर्जी, आपने ठीक ही कहा था, संघर्ष असफल नहीं होता कभी।"

नहीं, कोई अप्रसन्न नहीं। एक-एक करके सभी शीर्षस्थ नेता आए। कमांडर-इन-चीफ मेजर सुवर्ण शमशेर, ईस्टर्न कमांड के चीफ बी. पी. कोइराला–सभी प्रसन्न हैं। काशी में भी प्रवासी नेपालियों ने इस संवाद को सुनकर एक बड़ी सभा की। वहाँ भी भरती हुए हैं सैकड़ों नेपाली युवक।

"पाइते साथी हरु कस्तो··· घायल साथियों का क्या हाल है ?"–सुवर्णजी ने पूछा।

"दुश्मन को एक दिन भी चैन मत लेने दो–गेर्रिला-युद्ध की यह पहली शर्त है। और, तराई से लेकर पहाड़ियों के एक-एक गाँव तक मुक्तिफौज का संदेश जितना शीघ्र हो पहुँचाने की व्यवस्था, धुआँधार प्रचार··· "

अचरज की बात ! जिस नेपाल में राणाशाही की नजर में 'हिंदी टाइपराइटर मशीन' रखना जुर्म हो और उसकी सजा आजीवन कारावास, गाँधीजी से मुलाकात करने की सजा कठोर कालकोठरी की यातना (और··· एक बार एक कृषि-विशेषज्ञ ने 'मकई की खेती' शीर्षक अपने लेख में एक ऐसी पंक्ति लिख दी कि उसे भयानक खूँखार व्यक्ति समझकर राणाशाही ने उसको तुरंत गिरफ्तार करके जेल में डाल दिया। वह पंक्ति है : "यह दुख की बात है कि नेपाल के सभ्य और श्रेष्ठवर्ग के लोग 'विदेशी कुत्ते' पालने में जितनी दिलचस्पी लेते हैं उसका शतांश भी यदि 'देसी खेती' में··· ")–उसी नेपाल में आधुनिक 'साज-सरंजाम' से लैस 'मुक्ति-युद्ध' के गेर्रिले मैदान में उतर पड़े हैं–वायरलेस, वायुयान, आटोमैटिक अस्त्र-शस्त्र।

गेर्रिले दलपतियों को लेकर नेपाली मुक्तिसेना का 'बौनेंजा' उड़ा–पूर्वी मोर्चे की ओर झापा, रँगेली, विराटनगर, धरान, धनकुट्टा, सप्तरी, महोत्तरी, राजविराज की आबादी में–आकाश से इन परचों को बरसाना होगा··· मुक्तिसेना के सर्वाधिनायक तथा नेपाली कांग्रेस् के सभापति का सन्देश··· देशवासियों के नाम, राणाशाही के निरीह सिपाहियों के नाम–"दाजू भाई हो। तपाई को कर्तव्य··· आपका कर्तव्य··· आपकी अग्नि-परीक्षा की घड़ी।"

नेपाली कांग्रेस के हेडक्वार्टर, पटना में बहुत रात तक कार्यकारिणी बैठी रही। सभी न जाने क्यों तनिक चंचल हैं।

सुवर्णजी ने सोने के पहले 'बेतार के यंत्र' के ऑपरेटर से दरयाफ्त किया—"कोई संवाद नहीं है ?"

"जी नहीं।"

"यह संवाद कलकत्ता भेज दो। और, देखो। काठमांडो को जगाए रखो। बीच-बीच में मैसेज के लिए पूछो।"

6 नवंबर की वह रात !!

उधर, 'काठमांडो पैलेस', 'नारायणहिटी-दरबार' की एक दीवार पर एक धुँधली 'सिलुएट' (छाया) उभरती है—चंचल छाया। कई छायाएँ स्त्री-पुरुषों की। उत्सुक-आकुल-आतंकित प्रतीक्षा के भाव, सभी छायाओं के कंपन से स्पष्ट हैं। सारा वातावरण थमा-थमा-सा। रुकी-रुकी-सी घड़ी। फिर, एक संकेत-भरी सिसकारी हवा में हौले-हौले सिहरन की सृष्टि कर गई। छायाएँ सतर्क मुद्रा में इधर-उधर ताकती हैं।

पशुपतिनाथ मुस्कुराए। दक्षिणकाली ठठाकर हँस पड़ी !! सोया हुआ मोहन शमशेर—कोई भयानक सपना देखकर चीख पड़ा ??

फिर, सबकुछ 'फेड-आउट !···

रात का तीसरा पहर। जमा देनेवाली सर्दी और हिमपात में भी—काठमांडो-स्थित नेपाल कांग्रेस के 'गुप्त बेतार केंद्र' के ऑपरेटर की देह में एक अजीब-सी गर्मी दौड़ गई है। वह पागलों की तरह 'पटना' को बुला रहा है, 'फ्रिक्वेंसी' अदल-बदलकर पुकारता जा रहा है—"हैलो वाल्ट डिजनी-वाल्ट डिजनी-डिजनी—इलियट कालिंग वाल्ट डिजनी—येस—ग्रेट न्यूज—'ठुलो खबर'—हाँ—महाराजाधिराज त्रिभुन—किंग त्रिभुवन—किंग—'के' फार काठमांडो, 'आइ' फार इंडिया—एन फार नेपाल—'जी' फार गैन्जेज—अपने पूरे परिवार के साथ इंडियन-एम्बेसी में चले गए हैं—सकुशल। मोहन शमशेर पागल हो गया है। क्राउन प्रिंस के तीन-वर्षीय पुत्र को आज ही रात गद्दी पर बैठाने की बात सोच रहा है—प्राइममिनिस्टर के भाई-भतीजे इंडियन एम्बेसी पर चढ़ाई करने की सलाह दे रहे हैं। काठमांडो की हर सड़क पर फौजी तैनात हो रहे हैं—बस, अभी इतना ही। जय नेपाल—ओवर।"

पटना-स्थित गुप्त बेतार केंद्र का ऑपरेटर परेशान है। सभी उसके सिर पर सवार हैं—एम. पी., बी. पी., सुवर्णजी, देवेंद्र बाबू, सुशीला कोइराला—संवाद सुनकर सभी दौड़ आए हैं। काठमांडो से और भी कई बातें पूछनी हैं—"हैलो इलियट··· वाल्ट डिजनी कालिंग इलियट···।'

कोई जवाब नहीं ?

"स्थानीय संवाद-सूत्रों से पूछो।"

"हैलो पी. टी. आई ? काठमांडो की कोई खबर··· ?"

"कौन ? देवेंद्र बाबू ? अरे, ग्रेट न्यूज़ ! गजब खबर !!··· "

तत्क्षण–ब्राह्मबेला में–वर्किंग कमेटी बैठ गई। दिल्ली के मित्रों को ट्रंक की लंबी घंटी घनघनाकर जगाया गया–"क्यों भाई, दिल्ली का क्या रुख है ?"

"किंग को लाने की व्यवस्था की जा रही है।"

"कोई विशेष संवाद ?"

"सरदार का बयान सूरज उगने के पहले ही अखबारों के मुखपृष्ठ पर साया हो जाएगा। बयान नहीं, बम है बम !!"

मुक्तिसेना के प्रचार-अधिकारी को दो घंटे के अंदर ही बी. पी. का एक 'प्रोफाइल' प्रस्तुत कर संवादसूत्र को देना है। वह सोच रहा है–कहाँ से शुरू किया जाए ?–किस शैली में प्रस्तुत किया जाए ? उसे याद आती हैं, स्वर्गीय कृष्णप्रसाद कोइराला (जो सारे नेपाल में 'पिताजी' के नाम से पुकारे जाते थे) के मुँह से सुनी हुई अनेक घटनाएँ। सानो आमाँ–दिव्या कोइराला की बातें–निर्वासित जीवन के संस्मरण।

वह, यानी प्रचार-अधिकारी–देशबंधु चितरंजन दास की अमर वाणी को चरितार्थ होते देख रहा है। बचपन की बात। अपने देश से निर्वासित 'पिताजी', अपने छोटे पुत्र (बालक बी. पी.) के साथ कलकत्ते में देशबंधु चितरंजन दास के अतिथि हैं। अपने देश नेपाल की मुक्ति का मार्ग ढूँढ़ रहे हैं–कृष्णप्रसाद कोइरालाजी। देशबंधु ने एक दिन हँसकर कहा था–"कोइरालाजी, आप चिंता न करें। आपका यह पुत्र–विश्वेश्वर–जो एक सेकेंड भी चैन से नहीं बैठ सकता, कुछ-न-कुछ करता रहता है, सैकड़ों पेचीदे प्रश्न पूछता है–और जो बगैर क्लोरोफार्म के खतरनाक ऑप्रेशन को मुस्कुराते हुए सह सकता है–वह निश्चय ही एक दिन अपने देश की बर्बर सरकार का 'तख्ता' पलटेगा। बैठा नहीं रहेगा यह।"

सचमुच, बी. पी. कभी चैन से नहीं बैठा। कालेज में पढ़ते समय दो-दो बार क्रांतिकारी कार्यकलापों से संबंध रखने के अभियोग में भारत में अंग्रेजी सरकार द्वारा नजरबंद हुआ। कालेज की पढ़ाई के बाद–बिहार सोशलिस्ट पार्टी का सक्रिय सदस्य–1942 के आंदोलन में हज़ारीबाग सेंट्रल जेल में तीन साल तक नजरबंद। जेल से मुक्त हुआ–कंठ में असाध्य रोग कैंसर लेकर। बंबई में, 'टाटा कैंसर अस्पताल' में जब तक चिकित्सा होती रही, बिछावन पर लेटे-लेटे ही नेपाली राष्ट्रीय कांग्रेस के संगठन की योजनाएँ बनाता रहा। और, जीवनी शक्ति की जय हुई। असंभव, संभव हुआ। डॉक्टरों ने स्वीकार किया–"प्रबल इच्छा-शक्ति ने रोग को रोकने में सहायता दी है। जड़ से यह दूर न भी हो, कोई बात नहीं। अब प्राण पर कोई संकट नहीं··· "

"मतलब ? मैं काम कर सकता हूँ ?"

डॉक्टरों का जवाब–"जी, थकानेवाला कोई काम नहीं।"

विश्वेश्वर मुस्कुराया था, डॉक्टरों की राय सुनकर–"थकानेवाला कोई काम नहीं ?···

'कैंसर इन्स्टीच्यूट' से निकलते ही बी. पी. ने सभी मुक्तिकामी प्रवासी नेपालियों का–नेपाली राष्ट्रीय कांग्रेस की स्थापना के लिए आह्वान किया। फलतः कलकत्ते में नेपाली राष्ट्रीय कांग्रेस का जन्म हुआ। और, इसके डेढ़ माह बाद ही नेपाली राष्ट्रीय कांग्रेस के सभापति विश्वेश्वरप्रसाद कोइराला विराटनगर जूट मिल्स, काटन मिल, मैच फैक्टरी के दस हजार मजदूरों की ऐतिहासिक हड़ताल–राणाशाही नेपाल में पहली हड़ताल–का संचालन करते हुए नेपाल की राणाशाही द्वारा गिरफ्तार हुए। जेल में फिर पुराना रोग उभरा। भीषण रूप धारण किया कंठनली के कैंसर ने। महात्मा गाँधी ने तत्कालीन प्रधानमंत्री के नाम अपील की। मुक्त हुए, तीन महीने बाद ही छद्मवेश में काठमांडो उपत्यका में–पाटन, भातगाँव, कीर्तिपुर नगरों में–छिप-छिपकर प्रचार करते रहे। फिर गिरफ्तार। कई महीने की नजरबंदी के बाद पुनः कारामुक्त। सारे देश में करबंदी आंदोलन और सत्याग्रह-संग्राम का बिगुल···

और, अब सशस्त्र संग्राम–ऑल नेपाल लिबरेशन आर्मी के ईस्टर्न कमांड के चीफ के रूप में–एक्शन कमेटी में–ऐतिहासिक प्रस्ताव पारित कर रहे हैं–"कल ही वीरगंज इलाके में हेडक्वार्टर शिफ्ट किया जाए–और शीघ्र ही वीरगंज पर चढ़ाई का आयोजन–नेपाल की जनता में, खासकर राणाशाही फौज को–महाराजाधिराज के इस नाटकीय पलायन का कारण, विस्तारपूर्वक समझाकर–विद्रोह के लिए–मुक्तिसेना में सम्मिलित होने के लिए आह्वान··· "

ऑल इंडिया रेडियो से लौहमानव सरदार पटेल की–बेलौस और कटु सत्यवाणी प्रसारित हो रही है–"भारत सरकार महाराजाधिराज त्रिभुवन वीरविक्रम शाह देवज्यू को ही नेपाल का नरेश मानती है–मोहन शमशेर द्वारा घोषित, शिशु महाराजाधिराज को कोई पागल ही मान्यता दे सकता है–और, भारतीय वायुसेना का एक वायुयान, महाराजाधिराज को सपरिवार निरापद भारत में ले आने के लिए भेजा जा रहा है। इस कार्य में किसी भी प्रकार के व्याघात को बर्दाश्त नहीं किया जाएगा।"

मोहन शमशेर–'तीन सरकार'–ने इस समाचार के समय काठमांडो बिजलीघर को बंद करवा दिया। किंतु, 'बैटरी सेट' पर सरदार का यह संदेश–नेपाल के कोने-कोने में–मुक्तिकामी नेपालियों के दिलों में प्रसन्नता की लहरों की सृष्टि करता हुआ–घोषित होता रहा।

घटनाएँ अब जल्दी-जल्दी घटने लगीं !!

सभी शीर्षस्थ अपने-अपने क्षेत्र की ओर उड़े !!

तीन

थिरबममल्ल···

मुक्तिसेना के प्रचार-अधिकारी के सामने एक नेपाली युवक की तस्वीर

है–प्रियदर्शन, उन्नत ललाट, उदार-प्रसन्न मुखमंडल।

मुक्तिसेना के प्रायः सभी छोटे-बड़े नायकों के संक्षिप्त जीवन-वृत्त उसने तैयार कर लिए हैं। फौजी युनिफार्म में सभी के फोटो पहले ही आ चुके हैं। किंतु, आज पश्चिमी मोर्चे से मुक्तिसेना के सर्वाधिनायक जनरल सुवर्ण का विशेष संवाद आया है। आदेश है : सभी संवाद-सूत्रों को थिरबममल्ल का 'मैटर' शीघ्र दे दिया जाए। आज ही–एंड डौंट एनाउन्स 'वेदर रिपोर्ट एंड फोरकास्ट', अर्थात् मुक्तिसेना के मूवमेंट और गतिविधियों के बारे में कोई संवाद मत दो।

थिरबममल्ल का 'मैटर' दो-तीन पंक्तियों से ज्यादा और क्या हो सकता है कि यह तेईस-वर्षीय युवक जनरल सुवर्ण का भगिना है और उसने देहरादून सैनिक विद्यालय में फौजी तालीम पाई है तथा अपने मामा एवं अन्य आत्मीयजनों के साथ पिछले कई वर्षों से कलकत्ते में निर्वासित जीवन व्यतीत कर रहा है··· नेपाल की मुक्ति के लिए छटपटा रहा है ! मल्ल : पैतृक उपाधि, नाम : थिरबम। उम्र : 23.··· अपने मामा की तरह धीर, गंभीर और मितभाषी।

'वेदर रिपोर्ट एंड फोरकास्ट' ? प्रचार-अधिकारी का कलेजा अचानक धड़कने लगा। खुशी से··· तो, क्या··· तो, इसका मतलब अगला एक्शन··· अगले एक्शन के लिए··· नहीं-नहीं··· मुझे यह सबकुछ नहीं सोचना चाहिए, यानी किसी संवाद से न प्रसन्न होना चाहिए और न दुखी। कानों के पास एक चेतावनी बार-बार प्रतिध्वनित हो जाती है : 'अपने दिल, दिमाग और मन के दरवाजों पर लटकते हुए तालों को भी बार-बार खींचकर देखते रहना··· किसी गोपनसंवाद का एक ही शब्द तुम्हारी असावधानी से बाहर निकलकर एक ही साथ सैकड़ों मुक्ति-सैनिकों का सफाया कर दे सकता है। सदा सतर्क, सावधान !!

नेपाल के कोने-कोने से संवाद और समाचार आ रहे हैं–सभी तैयार हैं, सारा देश तैयार है–राणाशाही से जूझने के लिए। प्रचार-अधिकारी समाचारों के आधार पर 'स्टोरी' तैयार कर रहा है··· अभी तुरंत यह तराई अंचल के ऊपर··· आकाश से हजारों पर्चे गिराकर आया है–"जनता तैयार रहे··· उसके नगर और गाँव में मुक्तिसेना शीघ्र ही पहुँच रही है··· जनता का कर्तव्य··· महाराजाधिराज को, राणाशाही के बंधन से मुक्त नेपाल की पावन धरती पर शीघ्र ससम्मान वापस ले आना··· जय नेपाल ! जय नेपालनरेश !"

"यह कोइराला क्या है ? कामरेड जैसा कोई शब्द ?"

नेपाल कांग्रेस के प्रधान-कार्यालय-कैंप में देशी-विदेशी पत्रकारों की एक छोटी-सी भीड़ जम गई है, भीड़ लगी रहती है, हमेशा। कोई नई खबर ? ताजा समाचार ? ··· अगला कदम ?

सभी बड़े नेता और नायक–महाकाल से मेची तक–नेपाल के विभिन्न अंचलों के दौरे पर हैं। अतः बी. पी. के बाल्यबंधु तथा नेपाली कांग्रेस के अन्यतम सक्रिय

सहायक देवेंद्रप्रसाद सिंह को घेरकर ये तरह-तरह के सवाल पूछ रहे हैं। देवेंद्र बाबू मुक्तिसेना-प्रचार-अधिकारी का पत्रकारों की मंडली के सभी सदस्यों से परिचय कराते हुए कहते हैं–"अगले कदम के बारे में हम कुछ नहीं बता सकेंगे। आपके और सारे सवालों के जवाब, मुझे उम्मीद है, यह सही-सही दे सकेगा।"

प्रचार-अधिकारी सबसे पहले पूर्वी मोर्चे से आए हुए टटके समाचारों की 'स्टोरी' प्रस्तुत करता रहा है–"विराटनगर के गवर्नर उत्तमविक्रम राणा ने सभी सुरक्षात्मक व्यवस्था पूरी कर ली है। उन्होंने अपने निवास को एक सुरक्षित किले में बदल दिया है। दीवार के चारों ओर गहरी खाइयाँ खोद दी गई हैं। बैरक, गोसवारा, माल, अमीनी कचहरियाँ, बाजार आदि प्रमुख स्थानों के आस-पास ट्रेंचों का जाल बिछा दिया गया है। पहाड़ के रास्ते–धनकुट्टा होकर–काठमांडो से राणा-सैनिकों की कई टुकड़ियाँ विराटनगर पहुँच चुकी हैं। सूरज डूबने के दो घंटा पहले से ही 'कर्फ्यू' लागू हो जाता है। विराटनगर से जोगबनी तक जानेवाली सड़कों पर कई 'चेकपोस्ट'··· ।"

प्रचार-अधिकारी हर सवाल को घुमा-फिराकर 'पूर्वी मोर्चे' की ओर मोड़ देता है। बात दिल्ली की हो या काठमांडो की–उसको वह किसी तरह विराटनगर तक पहुँचा देने की चेष्टा करता है। पिछले दिन से ही वह सभी का ध्यान पूरब की ओर 'डाइवर्ट' कर रहा है। आज के सभी अखबारों में इसी तरह के संवाद प्रकाशित हुए हैं। सभी की निगाहें, नेपाल के नक्शे के पूर्वी हिस्से पर केंद्रित हैं। कलकत्ता के पत्रकारों का एक दल जोगबनी पहुँच चुका है।

"दिल्ली के अखबारों में महाराजाधिराज त्रिभुवन की तस्वीरें–कनाट प्लेस में खरीदारी करते हुए–छपी हैं··· " एक पत्रकार बोला।

प्रचार-अधिकारी ने तुरंत समाचार दिया :

"महाराजाधिराज त्रिभुवन के सकुशल भारत पहुँचने का समाचार पाकर मोरंग जिले के गाँव-गाँव में दीपावली मनाई गई। विराटनगर और धरान-धनकुट्टा के मंदिरों में विशेष पूजा··· जोगबनी में छात्राओं ने 'चिरायुँ रहुन–चिरायुँ रहुन श्री पाँच प्रभुज्यु चिरायुँ रहुन··· सूर्यचंद्र झें अटल रहन प्रभु छाओस कीर्ति महान'–समवेत स्वर में गाते हुए एक विशाल जुलूस··· "

पत्रकारों के प्रश्न :

"अधिकांश गेर्रिला दलपतियों के नाम के साथ कोइराला जुड़ा हुआ··· यह कोइराला क्या है ? कामरेड जैसा कोई शब्द ?"

"कोतपर्व नेपालियों का कैसा पर्व है ?"

"सुवर्ण शमशेर किस वर्ग के राणा हैं ? 'ए' या 'बी' या 'सी' ?"

इसके अलावा कई चिढ़ानेवाले प्रश्न! प्रचार-अधिकारी तनिक भी अप्रतिभ नहीं होता। पिछले चार-पाँच वर्षों के अनुभवों से वह जान चुका है कि कौन-कौन-सी 'न्यूज एजेंसी' और 'पत्रिका' और पत्रकार नेपाली कांग्रेस के प्रति सहानुभूतिशील हैं और किन पत्रों, संवादसूत्रों और संवाददाताओं को राणा सरकार के भारतीय

एजेंटों ने 'धर्मभ्रष्ट' कर दिया है। वह एक ऐसे 'श्रमजीवी पत्रकार' को भी जानता है जो पिछले चार-पाँच साल में 'कोइराला' शब्द को भी कभी सही-सही न लिख सका, न बोल सका–'कोरेला' अथवा 'कोरियाला' या 'कोयलावाला' या 'कोलियारा' ··· एक साहब हैं जो बी. पी. के सोशलिस्ट होने के कारण नेपाल के जन-आन्दोलन और मुक्ति की सारी प्रचेष्टाओं को 'सोशल डेमोक्रेटों' और साम्राज्यवादियों का व्यक्तिगत 'मामला' मानते हैं, नेपाली कांग्रेस के हर कदम को 'अप्रगतिशील' और 'रिएक्शनरी' घोषित करते हैं और शाम को थ्री-एक्स-रम के मात्र एक पेग के बाद ही उनके सिर पर 'विश्व का एकमात्र हिंदू राष्ट्र' का भूत इस कदर सवार हो जाता है कि 'मार्क्सिस्ट' बोली छोड़कर अवधूतों की भाषा में बातें करने लगते हैं, अतः प्रचार-अधिकारी सतर्क और गंभीर होकर सवालों के जवाब दे रहा है, एक-एक कर :

"कोइराला, नेपाल के उपाध्याय ब्राह्मणों की एक उपाधि है। यों, नेपाल में अर्जुनवृक्ष को कोइराला··· अर्जुनवृक्ष नहीं देखा कभी ? पटना में ही कई पेड़ हैं··· आयुर्वेदिक निघंटु के अनुसार जिसको कुटज और जिसके बीज को 'इंद्रजौ'··· जी हाँ, एक वनौषधि जिसके सुफेद फूलों के गुच्छ में बकाइन के फूल जैसी कटु-मधु मृदु-मंद-मंद गंध होती है··· उत्तर बिहार और मोरंग की तराई में जिसको 'कोरैया फूल' कहते हैं··· महाशय, इसके उपाधि बन जाने के पीछे भी ठीक बाटलीवाला, बंदूकवाला, अथवा नेहरू या लोहिया की तरह··· मैंने स्वयं डॉक्टर लोहिया को 'पब्लिक मीटिंग' में प्रसंगवश कहते सुना है–'मेरे पूर्वजों में कोई लोहे का कारोबारी रहा होगा जिसके प्रताप से यह 'लोहिया' उपाधि चल पड़ी हो।' संभव है, किसी उपाध्याय-पंडित के दरवाजे पर या पिछवाड़े में कोइराला का पेड़ रहा हो और वह 'कोइरालावाला पंडित' के रूप में तथा उसके वंशज 'कोइराला' के रूप में प्रसिद्धि पा गए हों··· "

आफिस सेक्रेटरी ताजा 'संवाद' दे गया–"जोगबनी बेस-कैंप में गेर्रिलाओं ने धूमधाम से 'कृष्णप्रसाद कोइराला स्मृतिदिवस' का पालन फौजी ढंग से किया। सलामी दागी गई, बिगुल पर मातमी धुन बजा··· "

"अब कोतपर्व··· यह कोई पावन-पर्व नहीं, एक नारकीय और जघन्य कुकृत्य का नाम है। 'तीन सरकार' अर्थात् प्रधानमंत्री की गद्दी को हथियाने के लिए निकटतम अथवा भावी उत्तराधिकारी की छल-बल-कपट-कौशल से हत्या करके जंगबहादुर राणाओं ने प्रायः 'रक्तरंजित कोतपर्व' का पालन किया है··· जी, मैं यह नहीं कह सकता कि अंग्रेजी के 'कू' (तख्तापलट) से इसका कोई संबंध है। संभव है, हो भी। किंतु कोतपर्व की अनेक कहानियाँ मैंने सुनी हैं–सपरिवार भोज में निमंत्रित करके भोजन-पान में जहर मिलाने से लेकर सीधे खुकरी से हमला करके सारे परिवार को 'कचिंगल'··· अर्थात् कत्लेआम के अनेक उदाहरण मिलते हैं।··· भाई ने भाई को मारा, पिता ने पुत्र को मौत के घाट उतारा, पुत्र ने पिता की जान ली और माँ ने अपनी कोख के बेटे का गला घोंटकर 'कोतपर्व' मनाया··· इस बार

एक 'महाकोतपर्व' असफल हुआ है। अगर महाराजाधिराज त्रिभुवन एक मिनट भी देर कर देते तो मोहन शमशेर और उनके भाई-भतीजे मिलकर श्री-5 वीरविक्रम शाह देव के वंशवृक्ष को निश्चय ही निर्मूल··· अभी काठमांडो में धूमधाम से 'जश्न' मनाया जाता होता, शराब की नदियाँ बहती होतीं और सार्वजनिक रूप में जुआ खेलने के लिए सात दिनों की सरकारी छुट्टी की घोषणा हो चुकी होती··· मारा, मारा—'तीया' दाँव हमारा !!"

पी. टी. आई. के दफ्तर से फोन आया है—दिल्ली से तीन सौ भारतीय सैनिक वायुयान के द्वारा—इंडियन एम्बेसी की रक्षा के लिए—काठमांडो जा रहे हैं, अभी-अभी···

"अब पिताजी के बारे में··· " प्रचार-अधिकारी अपने दोनों हाथों को जोड़कर श्रद्धा और भक्तिपूर्वक अपने कपाल से छुलाता है—"भारत का बच्चा-बच्चा मोहनदास कर्मचंद गाँधी को 'बापू' कहता है न··· ठीक उसी तरह, नेपाल का प्रत्येक चैतन्य नागरिक कृष्णप्रसाद कोइराला को 'पिताजी'··· नेपाली क्रांति के जनक स्वर्गीय कृष्णप्रसाद कोइराला ने राणाशाही के विरुद्ध क्रांति की पहली चिनगारी जलाई और अपनी जान देकर उस आग को जलाए रखा। 1942 में 'भारत छोड़ो' आंदोलन के सिलसिले में इधर (भारत में) 'बापू' आगाखाँ के राजभवन में नजरबंद थे और उधर (नेपाल में) 'पिताजी' काठमांडो की एक कालकोठरी में। बंदी अवस्था में ही उनकी मृत्यु हुई··· कहने का लोभ संवरण नहीं कर पा रहा हूँ कि जिस दिन 'पिताजी' गिरफ्तार हुए थे, मैं 'कोइराला-निवास' में ही था। चरण स्पर्श कर प्रणाम करने गया तो उन्होंने हाथ की हथकड़ी दिखला हँसते हुए पूछा था—'हाउ डू यू लाइक इट··· ?' जी हाँ, 'भारत छोड़ो' आन्दोलन के सिलसिले में ही—भारत के स्वतंत्रता-संग्राम में सक्रिय सहायता करने और सहानुभूति रखने के जुर्म में—राणाशाही ने उन्हें नजरबंद करके—अंग्रेजी सरकार के हुक्म का वफादारी से पालन किया··· एक लंबी कहानी है··· "

"रुकिए मत··· कीप ऑन टेलिंग··· थामाबेन ना मशाय,"—पत्रिका का प्रतिनिधि कहता है—"अद्‌भुत एवं आश्चर्यजनक··· महत् जीवनकथा··· "

'कहानी लंबी है। मैं पिताजी के जीवन की एक झाँकीमात्र ही दे सकूँगा··· आज से चालीस-पैंतालीस साल पहले की बात है···

"नेपाल के तत्कालीन 'तीन सरकार' चंद्र शमशेर जंगबहादुर राणा इंग्लैंड गए थे। वहाँ अपने सम्मान में आयोजित एक भोज-सभा में भाषण देते हुए उन्होंने अंग्रेज राजनेताओं को एक कीमती सलाह देने की 'कृपा' की ('तीन सरकार' जो कुछ करें, उनकी प्रत्येक क्रिया—खाना-पीना-सोना—के साथ 'कृपा' शब्द जोड़कर नहीं बोलने या लिखनेवाले को तुरंत चालान कर देने का हुक्म है, हुक्मीराज नेपाल में··· हुक्मीराज अर्थात जहाँ 'तीन सरकार' के मुँह से निकला हुआ कोई भी हुक्म कानून का रूप ले लेता है)··· 'महानुभावो, आप लोगों ने हिंदुस्तान के हर शहर में कालेज और हर गाँव में स्कूल खोलने की अबाध अनुमति दे दी है और आप

यह आशा भी रखते हैं कि हिंदुस्तान के लोग 'स्वराज्य' की माँग न करें··· मेरे देश में देखिए ! स्कूल-कालेज की बात दूर–एक पाठशाला तक खोलने की इजाजत हम नहीं देते। मेरे देश में, मेरे परिवार यानी राणाओं के बच्चों की पढ़ाई के लिए स्थापित 'दरबार स्कूल' के अलावा कोई 'चटसार' तक नहीं··· सुख और चैन से शासन करना है तो प्रजा को मूर्ख बनाकर रखिए··· '

"युवक कृष्णप्रसादजी को, उनके एक उदार अंग्रेज मित्र ने पत्र लिखकर इस 'भोजभाषण' की सूचना दी है। उसने लिखा है–'तुम्हारे 'तीन प्रभु' की इस कीमती सलाह को सुनकर कई मान्य सदस्य बहुत मुश्किल से अपनी हँसी को रोक पाए थे··· '

"कोइरालाजी पत्र को पढ़कर उत्तेजित, पिंजड़े में बंद बाघ की तरह छटपटाते रहे। उनका गौर दिव्य 'अनुहार' अपमान से साँवला हो गया है। कई दिनों तक इसी अवस्था में रहने के बाद उन्होंने दो पंक्तियों का एक 'विनती-पत्र' तीन सरकार की सेवा में भेजने के लिए तैयार किया··· 'निवेदन है, मैंने नेपाल में शिक्षा-प्रचार का व्रत लिया है। अतः मुझे अभी मोरंग जिला की तराई और पहाड़ियों के गाँवों में पाठशाला खोलने की अनुमति देने की कृपा करें। शिक्षा-प्रचार के लिए मैं अपना धन-जन और जीवन समर्पित कर दूँगा।'

" 'विनती-पत्र' का कोई उत्तर नहीं आया। श्री-तीन-सरकार चंद्रशमशेर जंगबहादुर राणा ने कृपा नहीं की। कोई सरकारी चिट्ठी नहीं मिली। किंतु सरकारी रुख का पता चल गया। मोरंग के गवर्नर ने चुपचाप आकर बतलाया–'तीन सरकार की 'कोपदृष्टि' कोइराला-निवास पर पड़ गई है।' सुनकर वे मुस्कुराए और अपनी नववधू से कहा–'दिव्या, तुमने भी व्रत लिया है न ? तैयार हो जाओ।'

"दशहरा के अवसर पर, प्रत्येक वर्ष 'कोइराला-निवास' से 'तीन प्रभु' की सेवा में स्वस्ति की डाली भेजने की भी पुरानी प्रथा चली आ रही थी। उस बार कृष्णप्रसादजी ने 'डाली' में रखवाया–रेशमी वस्त्र के स्थान पर एक गरीब नेपाली का सहस्र छिद्रवाला 'सरवाल' (नेपाली पाजामा) और स्वर्ण-मुद्राओं की थैली में एक कानी कौड़ी भी नहीं। मात्र, कागज का एक पुर्जा, जिस पर लिखा था–'महाप्रभु ! आपकी प्रजा को एक जून पेट-भर भोजन भी मयस्सर नहीं। कपड़े के नाम पर, लज्जा-निवारण के लिए एक हाथ की लँगोटी तक नहीं··· विद्या-बुद्धि से हीन वे··· '

"तुरंत सरकारी हुक्म आया–'इस पागल पंडित-दंपति को पिंजड़े में बंद करके पहाड़ी रास्ते से काठमांडो भेजो। मोगलान (हिंदुस्तान) होकर नहीं। इसकी सारी संपत्ति जब्त कर लो।'

"विराटनगर के गवर्नर चुपचाप आए, रात में। अनुनय-भरे स्वर में भरे गले से गिड़गिड़ाकर उन्होंने प्रार्थना की–'आप जिद्द मत पकड़ें, कृपया। आपके गिरफ्तार होने का क्या अर्थ है, जानते हैं ? नेपाल में प्रकाश की पहली किरण को हमेशा के लिए बुझा देना··· यह तर्क करने का समय नहीं। आज रात ही, अभी ही–सीमा पार करके आप दोनों 'मोगलान' चले जाइए··· मेरी विनती है··· '

"पति-पत्नी ने तराई की पगडंडी पकड़ी। आकाश का एक तारा टूटकर गिरा और राह दिखा गया··· बीस वर्षों तक विदेश में, हिंदुस्तान और मारिशस के नगर-नगर में भटकते रहे–निर्वासित कोइराला-दंपति। तीन सरकार ने बार-बार वायसराय से निवेदन किया–कोइराला को तुरंत गिरफ्तार करके नेपाल भेज दिया जाए। वायसराय ने जब-जब कोइराला-दंपति के विरुद्ध कार्रवाई करनी चाही–सर तेजबहादुर सप्रू और मोतीलाल नेहरू जैसे प्रसिद्ध विधि-विशेषज्ञों ने उन्हें निरस्त किया··· चंद्र शमशेर के बाद भीम शमशेर प्रधानमंत्री हुए तो सबसे पहले उन्होंने कृष्णप्रसाद कोइराला को स्वदेश वापस बुला भेजा। जिस गवर्नर ने कृष्णप्रसाद को चुपचाप 'मोगलान' की सीमा में भगा दिया था–उनका नाम मृगेंद्र शमशेर था और वह भीम शमशेर के पुत्र थे। और, सुवर्ण शमशेरजी मृगेंद्र शमशेर के पुत्र हैं··· भीम शमशेर ने उन्हें शिक्षा-प्रचार की अनुमति ही नहीं, सरकारी सहयोग का वचन दिया, बाजाब्ता 'लाल' मोहर लगाकर··· कोइराला-दंपति स्वदेश वापस लौटे। सबसे पहले, विराटनगर में आदर्श विद्यालय की स्थापना··· फिर पहाड़ और तराइयों में घूम-घूमकर पाठशालाएँ खुलवाते रहे··· स्मरण रहे, नेपाली कांग्रेस के सभापति और ईस्टर्न कमांड के चीफ–बी. पी. के अलावा, मोर्चे के दो सौ छापामारों में, डेढ़ सौ उसी आदर्श विद्यालय में शिक्षा पाए हुए छात्र हैं··· 'फिदवी' भी उसी विद्यालय का एक नगण्य··· सो, ऐसे थे नेपाल के पिताजी और, भीम शमशेर के पौत्र सुवर्ण शमशेर–नेपाल की गद्दी के सीधे हकदार–न जाने कितने 'कोतपर्वों' से बाल-बाल बचकर–अब कलकत्ता में निर्वासित जीवनयापन कर रहे हैं। जघन्य 'कोतपर्व' के बदले सशस्त्र क्रांति की तैयारी में–नेपाल में जनतंत्र लाने के लिए–लगे हुए हैं। सर्वस्व होम करने का संकल्प करके बैठे हैं।' "

एक स्थानीय संवादसूत्र के अधिकारी का सवाल–"लेकिन, नेपालियों के मुक्ति-संग्राम में आप··· यानी··· आप या देवेंद्र बाबू··· अथवा कोई भी भारतीय क्यों सक्रिय भाग ले··· मतलब, आप लोग क्यों··· ?"

प्रचार-अधिकारी, इसका कोई सीधा जवाब देने के बदले सवाल करता है–"महाशय, आपने पहले यह क्यों नहीं पूछा कि कृष्णप्रसाद कोइराला ने, भारतीय स्वतंत्रता-आंदोलन में भाग लेकर, क्यों अपनी जान दे दी ?··· उनके पुत्रों ने क्यों जेल-यातना का वरण किया–भारत की आजादी की लड़ाई में ?"

'बेस-कैंप' से एक एस. ओ. एस. आया–"हैंडग्रेनेड फेंकने की ट्रेनिंग लेते समय काँछी मैयाँ बुरी तरह जख्मी हो गई हैं। तुरंत–'एलाफाई प्लेन' भेजिए··· "

चार

तीन बजे भोर को एक मीठा सपना देख रहा था–प्रचार-अधिकारी, कि वायरलेस ऑपरेटर ने झकझोरकर जगा दिया–'जय नेपाल'। वेस्टर्न फ्रंट से समाचार आ रहा

है–"वीरगंज लिबरेटेड··· कैप्चर्ड··· "

देवेंद्र बाबू, सुशीला कोइराला तथा अन्य साथियों से घिरा हुआ ऑपरेटर दनादन कागज पर लिखे जा रहा है। ट्रांसमीटर से 'बीप-बीप··· बी··· प··· बीप-बी··· ' ध्वनि निकल रही है–"जनरल सुवर्ण ने वीरगंज पर चढ़ाई के लिए तेईस वर्षीय युवक थिरबममल्ल को मुक्तिफौज का परिचालक नियुक्त किया··· थिरबममल्ल की सेना ने बारह बजे रात को वीरगंज पर हमला किया··· राणा के फौजियों ने मुकाबला किया। किंतु वे अधिक देर तक टिक नहीं सके। वीरगंज के गवर्नर ने आत्मसमर्पण कर दिया है। जनरल ने तेजबहादुर को वीरगंज का मिलेटरी-गवर्नर नियुक्त किया है।"

"बीप··· बीप··· बीप··· थिरबममल्ल भीषण रूप से घायल··· उनकी देह में दुश्मन के सात बुलेट··· रक्सौल के डंकन अस्पताल में मुक्तिसेना के इस वीर योद्धा ने 'वीरगति' पाई··· बी··· बीप··· बीप··· "

"आह !"

ऑपरेटर ने फिर संदेश 'डिकोट' करके प्रचार-अधिकारी के सामने रख दिया–"डोंट अनाउन्स मल्लाज़ डेथ न्यूज़··· थिरबममल्ल की मृत्यु के संवाद को अभी प्रकट मत करो··· "

आफिस सेक्रेटरी किंकर्त्तव्यविमूढ़ होकर खड़ा है। वह क्या करे ? दफ्तर के ऊपर 'विजय' का झंडा फहराए अथवा झंडा झुका दे ?

मुक्तियुद्ध–मुक्तिफौज, मुक्ति, मुक्ति···

सभी भाषाओं के दैनिक पत्रों के मुखपृष्ठ पर मोटी सुर्खियों में वीरगंज-विजय की खबर–वीरगंज पर मुक्तिसेना का कब्जा··· वीरगंज लिबरेटेड··· वीरगंज कैप्चर्ड ··· वीरगंज··· वीर···।

उत्तर आकाश में युद्ध के दमामों के गंभीर शब्द निरंतर गूँजने लगे। सभी की निगाहें उत्तर की ओर मुड़ गईं। खबरें आने लगीं–आ रही हैं लगातार–दिन-रात–तार से, बेतार से।

मुक्तिसेना की 'एडवांस फोर्स की टुकड़ी' के साथ मार्च करता हुआ–पी. टी. आई. के विशेष संवाददाता लैज़रस का आँखों देखा विस्तृत विवरण : "नवंबर की सर्द रात में सोए हुए वीरगंज के निवासियों की नींद मुक्तिवाहिनी की राइफलों और ब्रेनगनों की दहाड़ से टूटी। सहस्र कंठों से 'जिंदाबाद' के नारे प्रतिध्वनित हुए। स्थानीय जनता ने मुक्तकंठ से 'राणाशाही के नाश' होने की कामना प्रकट की–'राणाशाही मुर्दाबाद !!'··· बिजली की तरह चमक और कड़ककर–मुक्तिवाहिनी, राणा-फौज पर टूटी। विस्मित, हतबुद्धि राणा की फौज में पहले भगदड़ मची। फिर तुरंत ही सँभलकर प्रत्याक्रमण में वे गोलियाँ बरसाने लगे। किंतु, मुक्तिसेना के युवक कमांडर थिरबममल्ल की रणचातुरी और आजादी के दीवाने मुक्तियोद्धाओं

की अदम्य वीरता के आगे वे बहुत देर तक नहीं टिक सके। सुबह होने के पहले ही वीरगंज के 'बड़ा हाकिम' ने आत्मसमर्पण कर दिया और वीरगंज के प्रमुख सरकारी भवन पर—नेपाली कांग्रेस का चार सितारोंवाला लाल झंडा—विजयपताका—फहराने लगा··· और, रात की इस लड़ाई का संचालन करते हुए मुक्तिसेना के कमांडर थिरबममल्ल बुरी तरह घायल होकर रक्सौल के डंकन अस्पताल में··· "

मुक्तिवाहिनी के सर्वाधिकार मेजर जनरल सुवर्ण ने नेपाली कांग्रेस के लोकप्रिय कार्यकर्ता तथा मुक्तिसैनिक तेजबहादुर को वीरगंज का मिलेटरी गवर्नर मनोनीत किया है। नेपाली कांग्रेस के सभापति ने भारत सरकार से इस नए राष्ट्र को मान्यता देने की अपील की है।

और, 'संग्राम-समिति' की ओर से शहीद थिरबममल्ल की मृत्यु की घोषणा की जा रही है··· नेपाली कांग्रेस की केंद्रीय संग्रामसमिति अपनी पार्टी तथा अपने देश की जनता को गहरे दुख के साथ सूचना देती है—पच्छिमी मोर्चे के अधिनायक थिरबममल्ल ने वीरगंज-विजय के सिलसिले में कल रात वीरगति पाई··· !!

सद्यःमुक्त वीरगंज की धरती पर—लिबरेटेड एरिया में—थिरबममल्ल का अंतिम संस्कार फौजी कायदे के मुताबिक हो रहा है—बिगुल पर मातमी धुन और राइफलों से सलामी···

धन्य, धन्य मुक्तभूमि, मुक्तियुद्ध, मुक्तिसैन्य, मुक्ति, मुक्ति, मुक्ति··· !

नेपाली प्रजातंत्र—अमर हो !

वीरगंज के मिलेटरी गवर्नर, नेपाली प्रजातंत्र के प्रथम फौजी शासक तेजबहादुर के कार्यालय तथा अन्य सरकारी इमारतों के अलावा वीरगंज के घर-घर पर—महलों से लेकर झोंपड़ों के मुँडेरों पर—चार सितारोंवाले लाल झंडे—बड़े-छोटे, असंख्य—लहराने-फहराने लगे। हर्षोत्फुल्ल नागरिक जयघोष करते हैं। प्रजातंत्र के स्वागत में गाते-बजाते हैं।

उधर, काठमांडो में—जंगबहादुर के वंशजों की अनेकानेक अंग्रेजी उपाधियों और सैकड़ों सामंती सम्मान तथा वीरता के स्वर्ण-रौप्य-कांस्य पदकों की चमक अचानक गायब हो गई है। कालिमा पुत रही है—उनके दरबारों के इर्द-गिर्द। राणातंत्र का अंतिम 'नामलेवा' मोहन शमशेर दाँतों को पीसता हुआ कसमें खा रहा है—"मरगत खानैछू··· मैं इनका रक्त पीयूँगा··· इनकी बोटियों का कलेवा करूँगा··· कांग्रेसियों का कच्चा मांस··· हा-हा-हा··· मार्टार··· फील्डगन··· मशीनगन··· ब्रेनगन··· मरगत खानैछू··· !"

मेजर जनरल सुवर्ण ने अब पूर्वी मोर्चे की तैयारी का गुप्त आदेश दिया है। नेपाली कांग्रेस का मुख्य कार्यालय तथा केंद्रीय संग्राम-समिति, प्रचार-विभाग के दफ्तर नेपाल की पूर्वी तराई में स्थानांतरित हुए। युगों से 'परदेश-परभूमि' में निर्वासित प्रवासी नेपालियों के विशाल समूह अपनी जन्मभूमि की ओर लौटे। और, मुक्तिसेना के करीब साढ़े चार सौ सैनिक—पूर्वी तराई में ही कहीं—पूर्वी मोर्चे की नाकेबंदी में जुट गए।

अब गेर्रिला छापेमारी नहीं, बाजाब्ता युद्ध··· मुक्तियुद्ध, मुक्तिसैन्य, मुक्तिफौज, मुक्ति··· नेपाली··· ने-पा-ली··· आगि बढ़दा बढ़दै जाउ क्रांति-झंडा ले–क्रांति-झंडा ले–ने-पा-ली··· नेपा··· ली··· ई··· !!

मुक्तिसेना के सर्वाधिनायक सुवर्ण तथा ईस्टर्न कमांड के चीफ बी. पी. शिविरों का परिदर्शन कर आए हैं। रणक्षेत्र में उनकी उपस्थिति मुक्तिसैनिकों के दिलों में उत्साह और उमंग भर जाती है। प्रत्येक मुक्तिसंग्रामी के कानों के पास सर्वाधिनायक सुवर्ण की गंभीर वाणी सदा गूँजती है : "साथी हरू हो !··· आप इसको हमेशा याद रखें कि राणाशाही मात्र नहीं, यह नेपाल में प्रजातंत्र चाहनेवाले प्रत्येक नेपाली की लड़ाई है··· हम नेपाल की जनता के सैनिक हैं··· '

युद्ध, युद्ध, युद्ध··· मुक्तियुद्ध, युद्ध··· ने-पा-ली-नेपा··· ली··· ई··· ई !!

पच्छिमी मोर्चे पर फिर गोलाबारी।

मारात्मक अस्त्र-शस्त्रों से सुसज्जित मोहन शमशेर की सेना–राह के दोनों ओर के गाँवों को लूटती-खसोटती, आतंक फैलाती हुई–नीचे की ओर–समतल तराई की ओर बढ़ रही है। मुक्तिसेना के जवान आगे बढ़कर अमलेखगंज में उनसे जाकर टकराते हैं। प्रबल प्रतिरोधात्मक युद्ध ! घमासान लड़ाई !

राणाशाही अफसरों का मोहभंग हुआ। नाकेबंदी और अस्त्र-संचालन के ढंग देखकर वे समझ गए–ये 'नवसिखुए' सिपाही नहीं–रेगुलर··· अनुभवी लड़ाके हैं ! ··· मशीनगन नहीं, अब मोर्टार फायर !!···

राणाशाही तोप दहाड़ने लगी–धाँ··· य ! धाँ··· य !

मुक्तिसेना के सर्वाधिनायक को दिन-रात कभी चैन नहीं। उन्होंने नींद नहीं आनेवाली गोलियाँ खा ली हैं, शायद। उन्होंने फिर एक मोर्चे को जगाया–नया मोर्चा। तीसरा मोर्चा–पच्छिमी नेपाल के प्रमुख नगर नेपालगंज पर–नेपाली कांग्रेस के जनरल सेक्रेटरी महेंद्रविक्रम शाह के नेतृत्व में मुक्तिसैनिकों ने धावा बोल दिया।

ड्रम-ड्रम ड्रम··· मुक्तियुद्ध··· युद्ध !!

महाकाल से मेची तक युद्ध के नगाड़े बज रहे हैं। नेपाल की धरती पर जययात्रा करते हुए मुक्तिसैनिकों के कदम–उसी ताल पर बढ़ रहे हैं–धरती के चप्पे-चप्पे को मुक्त करते हुए।

राणाशाही फौज–अंधाधुंध गोले बरसाती हुई–अमलेखगंज तक पहुँचने में सफल हुई। किंतु, तब तक मुक्तिसेना का कमांडर-इन-चीफ सुवर्ण पच्छिमी नेपाल के दूसरे नगर भैरवाहा में एक और मोर्चा स्थापित कर चुका था। भैरवाहा में के. आई. सिंह के जवान कई दिनों से आदेश की प्रतीक्षा में 'कछमछा' रहे थे। हुक्म पाते ही वे दुश्मनों की सेना पर टूट पड़े। रणभेरी भैरवाहा के आकाश-पाताल में भी गूँजने लगी।

सारे नेपाल में भूचाल··· हिलती-डोलती 'तीन सरकार' की गद्दी पर झकोले खाता हुआ मोहन शमशेर क्रोध से चिल्लाता है–रगत खानैछू··· रक्त चाहिए। और, उसकी रक्तपिपासा मिटाने के लिए–मुक्तिफौजियों का टटका खून लाने

को–काठमांडो से रोज राणाशाही फौज की एक टुकड़ी मार्च करती हुई चल पड़ती है–फबानी, भैरवाहा और नेपालगंज की ओर··· !

मेजर जनरल सुवर्ण ने उपयुक्त अवसर देखकर–'वार काउंसिल' में विराटनगर पर चढ़ाई का प्रस्ताव रखा। सर्वाधिनायक की रणनीति के अनुसार विराटनगर का मोर्चा महत्वपूर्ण और निर्णायक होगा। दुश्मन को पच्छिम में पूरी तरह उलझाकर–पूरब में पूरी शक्ति के साथ आक्रमण।

'वार काउंसिल' में, शीर्षस्थ नायकों के अलावा मोरंग जिला नेपाली कांग्रेस के कई जिम्मेदार कार्यकर्ताओं को भी शरीक किया गया है। शिवहरि, तारिणी, विश्वबंधु, शिवजंग, और भोला चैटर्जी एकमत हैं : विराटनगर पर चढ़ाई करने का यही सही समय है। वातावरण हमारे पक्ष में है। विभिन्न मिलों के दस हजार मजदूर हमारा साथ देने को तैयार हैं–वे सभी नेपाली कांग्रेस के साधारण सदस्य हैं··· गाँव के किसानों में हमारा संगठन मजबूत है··· विराटनगर की जनता हमारी प्रतीक्षा कर रही है।

मुक्तिसेना के गुप्तचर विभाग ने उत्तमविक्रम राणा की सारी तैयारियों का पूरा लेखा-जोखा संग्राम-समिति के सामने प्रस्तुत कर दिया है–बाजाब्ता नक्शे के साथ।

ईस्टर्न कमांड के चीफ अब पूर्वी मोर्चे के नए अधिनायक की ओर देखते हैं। नया अधिनायक : बर्मा से आया हुआ, ब्रिटिश सेना का अवकाशप्राप्त अफसर जी. बी. सुब्बा उर्फ याकथुम्बा।

याकथुम्बा ने इस इलाके में एक सप्ताह रहकर एक अनुभवी फौजी की दृष्टि से सबकुछ देख-परख लिया है। यों, उसके मुखड़े पर सदा मुस्कुराहट अंकित रहती है। किंतु, संग्राम-समिति में अपनी राय जाहिर करते समय उसके चेहरे पर एक अपूर्व गंभीरता छा जाती है। सैनिक-सुलभ अनुशासित वाणी में वह अपना मत प्रकट करता है : "हमारा मौजूदा लोकबल निर्णायक आक्रमण के लिए यथेष्ट है। किंतु हमें कम-से-कम पाँच सौ राइफल चाहिए··· "

"कम-से-कम पाँच सौ राइफल और ?"–वार काउंसिल में शरीक अधिकांश साथियों के चेहरों के रंग अचानक उतर गए–"कहाँ से आएँगी इतनी राइफलें ? न राधा को नौ मन तेल होगा न राधा नाचेगी।"

सर्वाधिनायक सुवर्ण ने अधिनायक याकथुम्बा से बहुत ही सहज ढंग से कहा–"कम-से-कम पाँच सौ राइफल हम आपको देंगे।"

याकथुम्बा ने तुरंत उठकर सर्वाधिनायक को फौजी सलामी दी। सर्वाधिनायक ने अब संग्राम-समिति के विशेष आमंत्रित साथियों की ओर अर्थपूर्ण दृष्टि से देखा। वे सभी चुपचाप खेमे से बाहर चले गए–चकित, प्रसन्न।

नेपा-ली-ई-ई-नेपा-ली-ई··· !! रात आधी बीत चुकी है और पूर्वी मोर्चे के शिविरों

में मुक्तिसैनिक 'रतजगा' कर रहे हैं। बड़े-बड़े बक्सों से राइफलें निकाली जा रही हैं। मित्र-देश से आई हुई राइफलें और प्रचुर मात्रा में 03 बुलेट। सारे शिविर में—शिविर के साढ़े पाँच सौ मुक्तिसैनिकों की देह में उत्तेजना की लहर दौड़ रही है। वे तैयार हो रहे हैं। कोई आकर इनका 'साज-सिंगार' देखे। बूट-पट्टी बाँधते हुए, कमर के बेल्ट को कसते हुए—वे गुनगुना रहे हैं—एक सबसे मधुर गीत, जययात्रा का प्रसिद्ध गीत—नेपाली ! 'नेपाली··· रक्त माँगता है आज··· मुक्तियुद्ध, मुक्तियुद्ध··· !'

एक प्रोज्ज्वल तारा पूरब आकाश में चमक उठा। पाँच सौ मुक्तिफौजियों के लोहे के टोपों तथा राइफलों की संगीनों पर इस सितारे की चमक—'टलकिंछ'—अर्थात् जगमगा उठी। मुक्ति-सैनिकों को दो कालमों में बँट 'जययात्रा' का आदेश दिया, अधिनायक याकथुम्बा ने !

वे कदम से कदम मिलाते हुए विराटनगर शहर की ओर चल पड़े। विराटनगर जूट मिल के पास पहुँचकर पाँच सौ राइफलों ने अपनी भाषा में 'जयध्वनि' की—ट्रठाँय !··· जय नेपाल !!

पाँच सौ मुक्ति-सैनिकों के मुक्त कंठ की आवाज़ ध्वनित होकर गूँजी—जय नेपाल !!

मुक्ति-फौज मुक्ति-फौज, मुक्ति, मुक्ति—नेपा-ली ! नेपाली !!

मुक्तिसेना ने सबसे पहले जूट मिल, फिर काटन मिल और मैच फैक्टरी पर कब्जा किया। जोगबनी से विराटनगर शहर को जोड़नेवाली दोनों—सदर और कच्ची—सड़कों के किनारे राणाशाही फौज के चेकपोस्ट पर तैनात संतरियों ने राइफलों की आवाज तथा हजारों मानवकंठ की जयध्वनियों से ही अंदाज लगा लिया—वे आँधी के तिनके की तरह उड़ जाएँगे। मुक्तिसेना के मैच फैक्टरी के पास पहुँचने के पहले ही—वे सभी चेकपोस्ट छोड़कर गवर्नर उत्तमविक्रम के 'किला-निवास' में एकत्रित हो चुके थे।

कदम से कदम मिलाती, मुक्तिवाहिनी की दोनों टुकड़ियाँ आगे बढ़ रही हैं। मुक्तियोद्धाओं के प्रत्येक पदचाप पर नेपाल की धरती मुक्त होती जा रही है। मुक्त हो रही धरा, मुक्त हो रहा गगन—मुक्त जन मन, कदम मिला करके चल रहे—"राणाशाही मुर्दाबाद !"

'बाजार अड्डा'—विराटनगर शहर के प्रवेशद्वार के पास मुक्तिसेना ने पुनः जयघोष किया। राइफलों ने अपने संचालकों के स्वरों में इस्पाती निनाद भर दिया—जय नेपाल !··· ट्र-ट-ठाँ··· य··· ठाँय··· !!

मुक्तिवाहिनी निर्विघ्न आगे बढ़ती जा रही है : सरकारी इमारतों तथा राणाफौज द्वारा खोदी गई खाइयों पर कब्जा करती हुई—दो रास्तों से, दो दिशाओं से उत्तमविक्रम के किले की ओर—सरकारी हेडक्वार्टर की ओर।

सदर सड़क के शनिहाट की ओर बढ़नेवाली टुकड़ी—'गोलचा हाउस' के सामने 'तिराहे' पर पहुँची तो राणाशाही फौज की राइफलें प्रतिरोध के स्वर में बरस पड़ीं—ठाँय-ठाँय-ठाँय-ठठाँय।

मुक्तिफौज के दूसरे 'कालम' की गति का अवरोध उत्तमविक्रम के किले के मुँडेर पर फिट मशीनगन ने किया—खुले मैदान के दक्षिण। मजबूत चारदीवारी के अंदर, निरापद स्थानों में बैठे राणा के फौजियों ने—दक्षिण और पच्छिम की ओर मशीनगनों और ब्रेनगनों की गोलियों की झड़ी लगा दी—अविराम।

मुक्तिफौज के दोनों कालमों ने कुछ क्षणों तक तो धुआँधार जवाब दिया। बाद में, दोनों कालमों के नायकों ने राणाशाही फौज की इस उन्मत्त गोलाबारी का तत्काल मुकाबला करना उचित नहीं समझा। वे राणाफौज द्वारा खोदी गई खाइयों में आश्रय लेने के लिए बाध्य हो गए···

"रक्षा करो पशुपति, हे दंतकाली··· !"

"जय वराहदेव··· !"

"रक्षा करो··· जय नेपाल !"

विराटनगर की जनता अपने-अपने घरों में बंद त्राहि-त्राहि कर रही है। शहर के अधिकांश परिवारों ने कई दिन पहले शहर छोड़ दिया है। जो रह गए हैं, वे हर 'फाइरिंग' पर दहल रहे हैं। सबसे ज्यादा भयभीत हैं—राणाशाही की चाकरी (जी-हजूरी) करनेवाले, बिर्तवाले (बिना माल-गुजारी दिए ही सैकड़ों एकड़ जमीन के जागीरदार), चोरबाजारी से रातों-रात करोड़पति-लखपति बन जानेवाले काले व्यापारी, पेंशनभोगी, सरकारी कर्मचारी।

"रक्षा करो··· "

खिड़कियों को अच्छी तरह बंद करके भी खरदारनी निश्चिंत नहीं। 'हुजुरबाजे' अर्थात् खरदारबाजे—पेंशनभोगी वृद्ध, भरी हुई बंदूकें लेकर बंद जनाना फाटक पर बैठे हुए हैं। मुकुंदे, बड़ा बेटा ऊपर तिजोरीवाले कमरे में 'भरुआँ बंदूक' (पुरानी किस्म की, जिसमें गज से बारूद भरा जाता है) लेकर, मानबहादुर के साथ बैठा हुआ है। पुष्पा और गैबी, दोनों रजाई में दुबके, पलँग पर पड़े हैं। दोनों ही रजाई छोड़कर माँ के आँचल में छिप जाना चाहते हैं···

फड़र्रर-र्र-र्र-र्र··· !

गुड़गुड़म··· धाँय-धाँय !!

टटटटटटटट ! टटटटटटटटटटट··· !!

ठाँठाँय-ठाँठाँय—ठाँय-ठाँय··· !

पुराने बैरक के पास फाइटिंग चल रही है !··· खरदार साहब आवाज परखकर फिसफिसाकर कहते हैं—"घोर फाइटिंग चलदैछ।"

खरदारनी अपने सात महीने के शिशु तीरथ को कलेजे से चिपकाकर—पलँग और ट्रंकों के बीच की जगह में बैठी हुई है—मानो ट्रेंच में बैठी हो। उसका बायाँ हाथ पलँग पर पुष्पा और गैबी के सिरहाने है और दाहिनी हाथ गोद में सोए तीरथ के सिर पर। आश्चर्य, तीरथ निर्भय गटर-गटर कर दूध पी रहा है··· लेकिन, मुकुंदे

जो ऊपर है··· रक्षा करो। शायद उसने खिड़कियों को ठीक से बंद नहीं किया हो। फुलवारी की ओर खुलनेवाली खिड़की की चिटखनी जरा ढीली थी··· रक्षा करो··· और, 'हुजुरबाजे' फाटक पर क्यों हैं? उन्हें अंदर आ जाना चाहिए। 'भानसाघर' (रसोईघर) के टीन के छज्जे पर कभी-कभी गोलियाँ आकर गिरती हैं। पिछले कई दिनों से खरदारनी कह रही थी–जोगबनी या रँगेली के 'कामत' (खलिहान) पर सभी को लेकर··· 'हुजुरबाजे' की जिद, अब सीखें! और, यह मुकुंदे? बहू को कल शाम को मैके भेज दिया। प्रभानानी (पुतोहू) के बाप का घर कर्नल के बँगले की ओर है। आजकल के लड़के माँ-बाप की बात एक बार भी अगर मानें··· मना किया। नहीं माने। अब सीखो मजा···

"फड़र्र-र्र-र्र-र्र-र्र !"

"गुड़गुड़म–धाँय, धाँय, धाँय ! !"

"टटटटटटटटटटटट··· !"

"ठाँयठाँय, ठाँयठाँय-ठ-ठाँय··· !"

"रक्षा करो··· "

"रक्षा करो, जय नेपाल !"

खबरदार साहब ने पहचाना–औरत की आवाज?

खरदार साहब ने फाटक को तनिक खोलकर पूछा–

"को हो?··· कौन?"

"म··· शिबू की आमाँ··· जरनैलनी··· "

"जरनैलनी?··· भित्र आउनेस··· च्याड़े··· जल्दी।"

बुढ़िया भय से थर-थर काँपती हुई अंदर आ जाती है।

"और, जनरैल साहब?"

"जनरैल साब, कानूछा, नानी–सधै गो।"

"गयो? कता··· कहाँ गए सभी?"

"कुन्नी··· पता नहीं कहाँ··· "

"हजुरी, ढोका खोल,"–खरदार साहब किवाड़ से मुँह सटाकर धीरे से पुकारते हैं–"हजुरी, दरवाजा खोलो।"

पुष्पा और गैबी एक साथ रजाई फेंककर उठ खड़े होते हैं–"बाउ !"

"को भो?"–खरदारनी एक हाथ से दरवाजा खोलकर, काँपती हुई पूछती है–"क्या हुआ?"

"जरनैलनी !"

"जरनैलनी?"

"फड़र्रर्रर्र-र्र-र्र-र्र··· "

"जय नेपाल !"

"राणाशाही मुर्दाबाद !"

"कड़प-कड़प कड़प-कड़प, कड़प··· "

अचानक टिमटिमाती हुई बिजली गुल ! पुष्पा और गैबी माँ के आँचल में छिप जाते हैं। खरदार साहब फर्श पर बैठकर जमीन पकड़ लेते हैं। खरदारनी फिसफिसाकर जरनैलनी से पूछती है–"उनिहर घर मिस् पछन के ?"··· वे क्या घरों में भी घुसेंगे ?

खरदार साहब पूछते हैं–"आपका शिबू तो नेपाली कांग्रेस··· ?" खरदारनी सिसकारी-भरे शब्दों में कहती है–"सिस !··· धीरे से।"

बाहर, सड़क पर फौजियों के दौड़ने की आवाज··· ?

"जै गयंपति गयंपति··· " अर्थात्–गणपति गणपति।

मल्हूरामजी की अवस्था चिंताजनक है। राइफलों की आवाज को वे 'बम' गिरने की आवाज समझ रहे हैं और जब तोप दहाड़ती है तो उन्हें लगता है, बाजार का एक-एक कोना उड़कर आसमान में चक्कर काट रहा है। उनका मुँह खुला हुआ है–जबड़े बैठ नहीं रहे हैं। पहली ही फाइरिंग की आवाज सुनकर उनका मुँह खुला सो खुला ही रह गया। खुले हुए जबड़े के कारण वे कुछ भी स्पष्ट उच्चारण नहीं कर पाते हैं–पयय, पयय–अर्थात् प्रलय। प्रलयकाल उपस्थित है ··· लेकिन, तिजोरी छोड़कर वे कहीं नहीं जा सकते हैं। वे चल-फिर नहीं सकते हैं। तिजोरी को देखकर उनको लकवा मार जाता है–रुपए, जेवर, सोना··· वह लाचार हैं।

"गुड़गुड़म–धाँय ! धाँय !!"

"टटटटटट··· !"

अब तीन मोर्चे। पहला, गवर्नर के निवास के पूरब-दक्षिण कोने में–सिंधिया नदी की ओर, सोमप्रसाद नेपाल के घर के पास। दूसरा सदर रोड पर–'तिमुहानी' पर··· तीसरा, बाजार-अड्डे के पास।

मुक्तिसेना के अधिनायक याकथुम्बा–सी. बी. सुब्बा राणाफौज के बालू के बोरों और खोदी हुई खाइयों पर कब्जा कर बैठे हैं। ट्रेंचों में छिपे मुक्तिसेना के जवान–घनघोर गोलाबारी के बावजूद–हर मिनट पर बाहर निकलकर 'एटैक' करना चाहते हैं। कवर-फाइरिंग करते हुए आगे बढ़ना चाहते हैं। मगर, किले से अविराम गोलियों की वर्षा हो रही है··· वे फिर ट्रेंचों में छिप जाते हैं।

टटटटटट ! टटटटटट···

शंकरजंग की माँ, मौसी और छोटी बहन उषा··· सभी एक ही कमरे में बंद हैं। और, हर 'फाइरिंग' पर सोलह-वर्षीया उछल पड़ती है। ठीक शंकरजंग की तरह देह को मरोड़ती है, झटके देकर··· अगर, एक राइफल नहीं तो शाटगन भी होती तो··· शंकरजंग की माँ और मौसी और भी तेजी से माला फेरने लगती हैं ··· शंकरजंग गया, हिरण्यजंग गया इसी तरह ऐंठते-छटपटाते, ताल ठोंकते। इस लड़की की 'मति-गति' का भी क्या ठीक ! कब निकल जाय–"उषा ! त्योस्तो न गर··· ऐसा मत करो। खिड़कियों को मत खोलो।"

"आमाँ, मलाई त जानू मन परयो–दाज्युलाई मदद गर्ने··· माँ मेरा तो जाने का मन कर रहा है, भैया की सहायता करने के लिए···

"त्यस्तो कुरा न गर··· ऐसी बातें मत करो !"

"फड़र्र-र्र-र्र-र्र··· "

"जय नेपाल !"

अब उषा पगली की तरह नारे लगाने लगती है–"नेपाली कांग्रेस जिंदाबाद ! राणाशाही मुर्दाबाद ! प्रजातंत्र कायम हो !"

"टटटटटटट ! टटटटटटटटट !!"

मल्हूरामजी 'पयय-पयय' रट रहे हैं। पिछले कंट्रोल के जमाने में–भारत-नेपाल की सीमा पर–करेंसी नोट के पुल बाँधकर कपड़े-सिमेंट, किरासन तेल, चीनी की गाड़ियाँ सीमा के इस पार से उस 'पार' करनेवालों में मल्हूराम का नाम सबसे पहले लिया जाता है। हिंदुस्तान के कितने सरकारी अफसरों और कांग्रेसी कार्यकर्ताओं को दावत खिला चुके हैं, चंदे दिए हैं··· लेकिन, जबड़े बंद नहीं हो रहे हैं। क्योंकि, गोलियाँ गोदाम की छत पर ओले की तरह गिर रही हैं ! झर-झर-झर-झर गोलियाँ दावत और चंदे नहीं चाहतीं। सीधे जान माँगती हैं। पयय-पयय···

"गुड़गुड़म··· धायँ-धायँ !"

मुकुंद ने अपना काम बना लिया था··· बाप की सारी कमाई तिजोरी से निकालकर बोरियों में बाँधकर मानबहादुर के सिर पर रखा ही था कि खरदार साहब ऊपर के कमरे में आ धमके–"तिजोरी कैसे खुली ?"

"हट जाइए। गोली मार दूँगा।"

"भरुआँ बंदूक से पिता की हत्या नहीं हो सकेगी। यह लो, असल बंदूक,··· मार डालो··· मार डालो सभी को, माँ को, भाई को, बहन को··· "

"त्यस्तो करायेर कुरा न गर !"–खरदारनी, पिता-पुत्र के ऐसे दर्जनों झगड़े दिन में दस बार देख-सुन चुकी है। वह चाहती है कि अभी कोई 'गुलगपाड़ा' नहीं हो अंदर।

खरदार साहब अपनी बंदूक और कारतूस की पेटी लेकर निकल पड़ते हैं–"जिसके लिए चोरी किया, वही कहे चोर। अरे, कृष्णप्रसाद कोइराला का मित्र होकर भी मैं आज तक मुँह सीकर क्यों बैठा था ? तुम्हीं लोगों के लिए ?··· हजूरी, दरवाजा बंद कर लो। मैं आजादी की लड़ाई में शरीक होने जा रहा हूँ··· लानत है, धन-दौलत और परिवार पर··· बेटे की गोली खाकर मरने से अच्छा–युद्धभूमि में दुश्मन से लड़ते हुए मरना··· जय नेपाल।"

"ठाँय ! ठाँय !!"

"फिल्डगन्स–फायर !"

कर्नल उत्तमविक्रम के 'किला-निवास' के अंदर भय और मायूसी रह-रहकर घिर आती है। कर्नल के दोनों पुत्र–चारदीवारी के अंदर–दक्षिण और पच्छिम की ओर–सैन्यसंचालन कर रहे हैं। उन्हें विश्वास है कि धनकुट्टा के रास्ते शीघ्र ही सहायता मिल जाएगी। अतः वे उदारतापूर्वक बुलेट और गोले खर्च कर रहे हैं। किले के अंदर व्याप्त होनेवाली मायूसी को दूर करने के लिए भी आवश्यक है–अविराम अस्त्र-संचालन।

"फड़र्रर-र्र-र्र··· "

सुबह की रोशनी के साथ राणाशाही फौज की फाइरिंग की गति भी तेज होती जा रही है··· अपने-अपने घरों की खिड़कियाँ खोलकर झाँकनेवालों पर, सड़कों पर भागते हुए लोगों को लक्ष्य कर गोलियाँ दागी जा रही हैं। लोग घायल होकर गिर रहे हैं, यत्र-तत्र।

मुक्तिफौज के तीनों मोर्चों पर डटे हुए जवान, राणाशाही-गोलियों का समुचित उत्तर देते हैं, रह-रहकर··· याकथुंबा की टुकड़ी ने चाय पीने के बाद–पंद्रह मिनट तक किले की छत पर–ब्रेनगनों से गोलियाँ बरसाईं और राणाशाही के एक 'गनर' को सदा के लिए चुप करा दिया।

दोपहर को, विराटनगर की आबादी पर राणाशाही-मोर्टार के गोले गिरने लगे। एक बार उन्होंने किले से बाहर निकलकर आक्रमण करने का साहस भी किया। किंतु, मुक्ति-सैनिकों ने उन्हें फिर किले के अंदर छिपने के लिए मजबूर कर दिया।

दोपहर को ही जब विराटनगर में घमासान गोलाबारी हो रही थी–विराटनगर जूट मिल अर्थात् मुक्ति फौज के हेडक्वार्टर में, संग्राम-समिति में सर्वाधिनायक सुवर्ण ने केशप्रसाद कोइराला को विराटनगर का मिलेटरी गवर्नर मनोनीत किया। मेजर जनरल ने ठीक ही समझा है : अब थोड़ा समय लग जाएगा। युद्ध की अवधि बढ़ेगी।

"त्येसेले मेरे विचार मा, 'लीस्ट ब्लडशेड' मरेर 'विक्टरी' नै असल हो··· इसलिए मेरी राय में, न्यूनतम रक्तपात करके विजय प्राप्त करना ठीक है।"–ईस्टर्न कमांड के चीफ बी. पी. अपनी राय जाहिर करते हैं।

अग्रिम मोर्चे से याकथुंबा ने 'कोड' में संवाद भेजा है : हम डटकर जवाब दे रहे हैं। किले के बाहर एक भी फौजी को कदम नहीं रखने दिया है··· याकथुंबा, सर्वाधिनायक के अगले हुक्म की प्रतीक्षा कर रहा है।

'संग्राम-समिति' के फैसले के मुताबिक अग्रिम मोर्चे के अधिनायक को आदेश दिया गया : "पूर्ववत् घेरा डाले रहो।"

सर्वाधिनायक ने विश्वबंधु और शिवहरि को–नागरिकों से संपर्क स्थापित करके तुरंत 'नागरिक सुरक्षा समिति' गठन करने का आदेश दिया है। भोला चैटर्जी की

गैर्रिला-वाहिनी के पचास प्रतिशत जवानों को एडवांस फोर्स में लिया है याकथुंबा ने। चैटर्जी के बाकी गैर्रिला हेडक्वार्टर में दलपतियों के सशस्त्र अंगरक्षक, कार्यालय के संतरी, मुख्यद्वार के प्रहरी, मालखाना, गोदाम, पावर हाउस, प्रयोगशाला, लंगर आदि प्रमुख स्थानों पर तैनात किए गए हैं।

सुसंगठित, साधनसंपन्न और अनुशासित मुक्तिफौज का प्रधान कार्यालय। कार्यालय के ऊपर, नेपाली काँग्रेस का चार सितारोंवाला बड़ा झंडा लहरा रहा है।

मुख्यद्वार पर जनता की अपार भीड़··· मुख्य द्वार पर सीमेंट की मेहराब पर 'श्री जुद्ध प्रभु की जै जै जै' लिखा हुआ था–उसको तोड़ दिया गया है। जुद्ध शमशेर की मूर्ति की गर्दन तोड़ दी गई है। राणाशाही की हर निशानी, प्रत्येक प्रतीक और चिह्नों को मिटा दिया गया है। जनता रह-रहकर नारे लगाती है। खुशी से नाच रही, गा रही है।

मुख्यद्वार के पास ही–मुक्तिफौज का 'भरती दफ्तर' खुला हुआ है, भर्ती चल रही है। सामने दो-तीन पंक्तियों में कतार बाँध क्यू लगाकर खड़े हैं–मुक्तिफौज में भरती होनेवाले उम्मीदवार, कच्ची उम्र के सैकड़ों प्रसन्नमुख नेपाली जवान।

सभी कार्यालयों के सामने, देवनागरी लिपि में साइन बोर्ड लटकाए जा रहे हैं : जनस्वास्थ्य, यातायात, नागरिक सुरक्षा समिति, खाद्य तथा आपूर्ति विभाग के दफ्तर···

यातायात विभाग के कब्जे में तीस ट्रक, बारह जीप, चार स्टेशन-वैगन और चार कारें हैं। एम. जी. अर्थात् मिलेटरी गवर्नर ने शहर के सभी पेट्रोल डीजल पंपों और डिपो को अपने अधिकार में ले लिया है। दोनों जूट मिल, सुगर फैक्टरी, काटन मिल के तेल के भंडार और कोयले के डिपो में सामयिक सैनिक सरकार के संतरी तैनात हैं। यातायात दफ्तर में पेट्रोल और डीजल के पुर्जे (कूपन) दिए जा रहे हैं, इसलिए सबसे ज्यादा गुलजार हैं···

ड्राइवरों की मंडली सबसे ज्यादा उत्तेजित और प्रसन्न है। ड्राइवरों के दलपति गौरमणि को गर्व है : फौजियों के पहले हम ड्राइवरों ने काम किया है। हमें चालीस घंटे पहले ही राणाशाही का हुक्म मिल गया था–चौबीस घंटे के अंदर-अंदर अपनी गाड़ियाँ सरकारी गैरेज में जमा कर दो। हमने उस हुक्म की परवाह नहीं की और मुक्तिसेना की 'जययात्रा' के दो घंटे पेश्तर हमारे ड्राइवर भाई लोग अपनी गाड़ियों के सामने झंडा बाँधकर 'रेडी' थे।

जनसमुद्र लहरा रहा है–मुख्यद्वार के सामने। जनता अपने बहादुर नायकों को देखना चाहती है। नारों से आकाश गूँज रहा है। कोलाहल, कलरव, जयकार हठात् रुक जाता है। मोर्चे की ओर से दो गाड़ियाँ धूल का बवंडर उड़ाती हुई, मुख्यद्वार के पास भीड़ को चीरती हुई पहुँचीं। अगली गाड़ी स्टेशन-वैगन–'रेडक्रास' का एंबुलेंस है : तीन घायल नागरिक और दो मुक्तिसैनिक घायल होकर आए हैं। पिछली

गाड़ी जीप पर–चार युद्धबंदी, राणाशाही फौज के, भागते हुए पकड़े गए हैं।

और भी कई गाड़ियाँ : एम. जी. अपने अंगरक्षकों के साथ आए। दूसरी गाड़ी पर, नागरिक सुरक्षा समितिवाले, विश्वबंधु शिवहरि, शिवजंग, भोला चैटर्जी, तारिणी प्रसाद। सभी के चेहरे धूल-धूसरित। किंतु सभी के ओंठों पर ताजा मुस्कुराहट।

ध्वनि-विस्तारक यंत्र से घोषणा की जा रही है–भाइयो ! आज संध्या तीन बजे–जूट मिल के मैदान में विशाल सभा होगी, जिसमें नेपाली कांग्रेस के सभापति मातृका प्रसाद कोइराला का भाषण होगा।

"नेपाली प्रजातंत्र–जिंदाबाद··· !"

ऐतिहासिक सभा ! अभूतपूर्व जनसमागम। पंद्रह हजार से भी अधिक नर-नारियों का सम्मिलित जयघोष हो रहा है। असंख्य झंडे–चार सितारोंवाले–लहरा रहे हैं।

'बेतार कक्ष' में वायरलेस से सटकर बैठा 'प्रचार-अधिकारी' मोर्चों से आए हुए 'मैसेज' को सिलसिलेवार फाइल करता जा रहा है। 'वार काउंसिल' द्वारा सेंसर होने के बाद ही इन्हें प्रकाश में लाया जा सकेगा। प्रचार अधिकारी का चेहरा, पच्छिमी मोर्चे के संवाद को पढ़ते समय जर्द हो जाता है : वीरगंज की आजादी खतरे में··· राणाशाही ने अपनी बिखरी ताकत को बटोरकर वीरगंज पर अधिकार करने के लिए अंतिम आक्रमण कर दिया है। संभवतः यह संवाद, वीरगंज से प्रेषित 'मुक्तिसेना बेतार केंद्र' का अंतिम मैसेज हो।

किंतु, अभी-अभी पूर्वी मोर्चे से दो टुकड़ियाँ धरान और धनकुट्टा की ओर जा रही हैं–मुक्तिसेना की अग्रिम-विजयवाहिनी की टुकड़ियाँ··· जै नेपाल ! प्रजातंत्र–अमर हो !!

मुक्तियुद्ध-मुक्तियुद्ध-मुक्तियुद्ध-मुक्ति···

पाँच

20 नवंबर '50.···

शहीदों की धरती पर राणाशाही फौज ने पुनः सामंतवाद का झंडा गाड़ दिया और इसके बाद शुरू हुई पैशाचिक लीला··· अस्पताल के मरीजों की, उनके 'बेड' पर ही गोली मारकर हत्याएँ की गईं··· बच्चों, बूढ़ों और अपाहिजों को भी नहीं छोड़ा गया। देखते-देखते सारा वीरगंज श्मशान हो गया !··· जलते हुए घर··· आर्त्तनाद ··· क्रंदन··· और हवा में जलती हुई लाशों की चिड़ाइन गंध ! साकार रौरव नरक के दृश्य : चारों ओर !!

किंतु राणाशाही फौज की सम्मिलित शक्ति मुक्तिवाहिनी के अटूट मनोबल को तनिक भी भंग नहीं कर सकी। वीरगंज से 'रिट्रीट' करने के बाद वे अन्य मोर्चों पर दूने उत्साह और संकल्प से दुश्मन पर टूट पड़े। वीरगंज के पतन के बाद सारे देश में मुक्तिसेना की गतिविधि एक ही साथ तीव्र हो गई।

उस दिन विराटनगर के मोर्चे पर याकथुंबा के जवानों ने कर्नल उत्तमविक्रम के सिपाहियों को पल-भर चैन लेने नहीं दिया। सुबह से शाम तक अविराम आक्रमण··· !

विराटनगर मोर्चे पर धुआँधार लड़ाई चल रही है और विराटनगर से चार मील दक्षिण, मुक्ति-सेना के हेडक्वार्टर में—जूट मिल के सामनेवाले मैदान में जनसमुद्र उमड़ आया है !!··· उत्ताल शब्द-तरंग और लहरें, गगनभेदी नारे और जयध्वनियाँ !!

लगता है मोरंग जिला के सारे गाँव—गाँव के लोग उमड़ते आ रहे हैं—सभी दिशाओं से। जहाँ तक दृष्टि जाती है—अपार भीड़, नरमुंड ही नरमुंड और असंख्य झंडे लहराते हुए।

विशाल सभा ! अभूतपूर्व जनसमागम !!

चार मील उत्तर—मोर्चे पर तोपों की दहाड़ 'जिंदाबाद' की गूँज में खो गई और विशाल जनसभा के ऊँचे मंच पर—'माइक' के सामने नेपाली काँग्रेस के सभापति मातृका प्रसाद कोइराला हाथ जोड़कर प्रकट हुए··· कुछ क्षणों तक वह कुछ भी नहीं बोल सके। जय ध्वनियों की प्रतिध्वनियाँ बहुत देर तक आकाश-पाताल में मँडराती रहीं। जनता अपनी सेना के सेनापतियों को देखना चाहती है··· एक झलक ··· झाँकी, दर्शन··· !

मातृका बाबू ने शुरू किया—"दाजूभाई हो··· सबसे पहले आपको यह बता दूँ कि इस सभा में मुक्तिसेना के सर्वाधिनायक मेजर जनरल सुवर्ण अथवा ईस्टर्न कमांड के चीफ अथवा मुक्तिसेना के कोई नायक न तो उपस्थित हैं और न होंगे। भाषण देने का तो कोई सवाल ही नहीं पैदा होता। वे लड़ाई के मोर्चे पर हैं। वे युद्ध का संचालन कर रहे हैं। वे इस समय कहाँ हैं, कैसे हैं, किस अवस्था में हैं—हैं भी या नहीं—हम नहीं कह सकते··· "

"जिंदाबाद-जिंदाबाद-जिंदाबाद··· जिंदा··· !!" जनता ने इस स्थल पर भाव-विह्वल होकर हार्दिक शुभकामना प्रकट की।

आनंदातिरेक से उन्मत्त 'अबूझ जनता' तुरत 'बूझ' गई। उन्होंने एक स्वर से कहा—"ठीक है··· आप ही बोलें··· हुजूर ही बोलें !"

'भाइयो ! अब न तो यहाँ 'हजुरिया राज' है और न कोई अब यहाँ 'हुजूर' कहलाएगा। मुक्तिसेना के जवान, राणाशाही के बंधन से देश और देशवासियों को मुक्त करने के लिए, अपनी जान कुर्बान कर रहे हैं··· नेपाली काँग्रेस के सभापति की हैसियत से मैं आपको यह विश्वास दिलाता हूँ कि सिर्फ राजनैतिक मुक्ति ही नहीं, हम आर्थिक गुलामी से भी नेपाल की जनता को मुक्ति दिलाएँगे··· अर्थात् नेपाल में प्रजातंत्र··· गणतंत्र··· जनता की सरकार··· "

"जिंदाबाद-जिंदाबाद-जिंदा··· जैजैजै-जैजै··· !!"

"मुट्ठीभर राणाओं की सामंतशाही चक्की में युगों से पिसती हुई जनता गुलामी की बेड़ियों को तोड़ चुकी है। काली रात का अंत हो चुका है। प्रजातंत्र का सूरज अब उगनेवाला है। यह नेपाल की सर्वहारा जनता की लड़ाई है। यह जनयुद्ध

है। मुक्तिसेना की जीत का मतलब है जनता की विजय, प्रजातंत्र का उदय··· "

"नेपाली प्रजातंत्र अमर हो !"

"भाइयो, हम अभी लड़ाई के मैदान में हैं। दुश्मन का रू-ब-रू मुकाबला कर रहे हैं। लड़ाई का हर लमहा नाजुक होता है। मगर, हम यह दावे के साथ कह सकते हैं कि जिस तरह सूरज का उगना सत्य है, हमारी जीत भी उसी तरह निश्चित है। सारी दुनिया की निगाह आज नेपाल पर है··· "

जय नेपाल, जय नेपाल, जय-जय··· जैजैजैजै !!"

उस दिन जिन लोगों ने मातृका बाबू को पहली बार बोलते सुना था और जिन्होंने कई बार उनके भाषण सुने थे, सभी ने एक स्वर में कहा—"ऐसा भाषण कभी नहीं सुना और न इतनी बड़ी सभा हुई कभी नेपाल में !··· पच्चीस हजार सद्यःमुक्त जनता का प्रथम और अभूतपूर्व सम्मेलन !"

सचमुच सारी दुनिया की दृष्टि नेपाल के नक्शे पर है।

तिब्बत पर साम्यवादी चीन के कब्जे के बाद हिमालय की गोद में बसे हुए नेपाल में, समाजवादी बी. पी. कोइराला के नेतृत्व में जनक्रांति ने अमरीका को रहस्यपूर्ण चुप्पी साधने के लिए बाध्य कर दिया है।

लेकिन, अंग्रेज चुप नहीं रहेंगे। मोहन शमशेर ने अंग्रेजी साम्राज्य की रक्षा के लिए नेपाल में गरीब गुर्खों की भर्ती की अबाध अनुमति दे रखी है अंग्रेजों को। अतः अपने स्वार्थ के लिए वे मोहन शमशेर की यथासाध्य सहायता करना चाहेंगे।

और आज रूस के समाचारपत्रों ने नेपाली जनता के इस जनयुद्ध का मखौल उड़ाते हुए कहा है : "नेपालियों का यह तथाकथित मुक्ति-संग्राम नेपाल के बुर्जुआ वर्ग द्वारा शासन पर अधिकार करने के लिए छेड़ा गया है। यह सर्वहारा की लड़ाई नहीं··· !!"

"भाइयो ! भाइयो !··· सामयिक सरकार के जनसंपर्क-विभाग की ओर से रोजाना बुलेटिन का प्रकाशन आज से शुरू हो गया है। रोज शाम को तीन बजे, दो पन्ने का यह बुलेटिन एक आना में मुक्ति-सेना के स्वयंसेवकों से खरीदकर पढ़ें··· अफवाहों पर कान न दें। दुश्मन के गलत प्रचार पर यकीन मत करें··· "

'वार कौंसिल' में अंतर्राष्ट्रीय राजनैतिक दृष्टिकोण और कूटनीतिक दाँव-पेंच पर विचार-विमर्श हो रहा है। सभी के चेहरों पर एक ही प्रश्न अंकित है—"रूस के इस रुख का क्या असर पड़ेगा हमारे संग्राम पर ?"

नेपाल के मुट्ठी-भर कम्युनिस्ट नेता इस लड़ाई में अब तक नेपाली काँग्रेस के साथ थे। बी. पी. का विश्वास है, रूस की राय जान लेने के बाद निश्चय ही वे इस जनक्रांति के विरुद्ध हो जाएँगे।

"मगर वे तो उँगलियों पर गिने जा सकते हैं··· "

"हमने उन पर विश्वास करके, धनकुट्टा इलाके की सारी जिम्मेदारी सौंप दी ··· हमने उन्हें अस्त्र-शस्त्र भी दिया है और सबसे बड़ी बात यह कि हमारी एडवांस फोर्स को इन्हीं लोगों पर भरोसा करने के लिए कहा गया है··· "

"और अपने गुप्तचर-विभाग की रिपोर्ट है कि विराटनगर का कम्युनिस्ट नेता मनमोहन अधिकारी बीमार पड़कर बाहर नहीं गया है। पिछले सप्ताह उसे दार्जिलिंग में कई 'तिब्बती-नेपालियों' के साथ देखा गया··· "

"विराटनगर के हर मिल की मजदूर कालोनी में उनके 'घोंसले' (सेल्स) हैं··· "

"कल जोगबनी के बाजार में चंदरमा सिंह को देखा गया। कम्युनिस्ट पार्टी की बिहार शाखा के और कई लोग··· "

"हूँ ! सर्वहारा-क्रांति !!··· मुश्किल यह है कि हमारे कई समाजवादी साथी भी रूस की बात करते समय इस भ्रम में पड़े रहते हैं कि वहाँ लेनिन बैठा हुआ है। स्तालिन मोहन शमशेर और राणाशाही के पक्ष में और नेपाली जनक्रांति के विरुद्ध कुछ कह या कर सकता–उन्होंने कभी कल्पना ही नहीं की··· "

कोशी-कछार के मोर्चे में कमांडर कुलदीप झा का संवाद लेकर आया है संवाद-वाहक : धनकुट्टा सेक्टर के सभी संग्रामी, जिन्हें आर्म्स दिए गए थे और खिरियाही-पुल की निगरानी करने का आदेश दिया गया था, आर्म्स-सहित लापता हैं। पुल पर राणाफौज का दखल है··· हम कोशी के किनारे कुसहा घाट के पास मोर्चा लगाकर राणाफौज की प्रतीक्षा कर रहे हैं। धनकुट्टा के विश्वासघाती साथियों ने राणाशाही फौज की खुलकर मदद की है। उनसे सावधान··· !

"सावधान ! सावधान !··· ले जाइए एक आना में–मुक्ति-संदेश : प्रजातंत्र नेपाल की सामयिक सरकार का समाचार बुलेटिन··· सावधान, सावधान··· दोस्त के वेश में दुश्मन··· जनता सतर्क रहे··· पढ़िए, पढ़िए··· !"

नेपाली कांग्रेस के 'प्रचार-विभाग' ने अब सरकार के 'जनसंपर्क-विभाग' का रूप ग्रहण कर लिया है। अब 'पब्लिसिटी आफिसर' या 'प्रचार-अधिकारी' नहीं–पी. आर. ओ.··· पीआरो··· पियारे और अंततः 'प्रियो बाबू'।

'प्रियो बाबू' के दफ्तर में सबसे ज्यादा भीड़ है। प्रत्येक विभाग में काम करनेवालों के 'परिचयपत्र' यहीं बनाए जा रहे हैं। मिलेटरी गवर्नर केशवप्रसाद के हुक्म से एलान किया गया है : कल से बिना 'परिचयपत्र' (आइडेंटी कार्ड) के, हेडक्वार्टर की चारदीवारी के किसी भी द्वार से कभी भी प्रवेश पाने की चेष्टा करना असंभव और विपदजनक हो जाएगा। इसलिए सभी विभाग के अधिकारी अपने कार्यकर्ताओं के 'कार्ड' सबसे पहले बनवा लेना चाहते हैं। अतः जनसंपर्क विभाग में सघन जनसमागम, कलरव और कोलाहल। 'किचेन-इंचार्ज' अर्थात् 'लंगर अधिकारी' मधुसूदन सिंह तारस्वर में चिल्ला रहा है–"तो ठीक है। किचेनवालों का कार्ड मत

बनाइए–आज शाम को ही, 'टी' टाइम में ही, सभी विभाग के बाबू लोगों को पता चल जाएगा।"

सभी हँसते हैं। उन्मुक्त हँसी की लहरें एक दफ्तर से दूसरे विभाग में और फिर बाहर सड़कों पर आकर हिलोरें लेने लगती हैं।

चार मील उत्तर–मोर्चे पर फायरिंग होने लगती है। यहाँ शोर-गुल हठात् थम जाता है। सभी उत्कर्ण होकर सुनते हैं–धाँय-धाँय। यह राणाशाही मोर्टार है··· यह चालू हुआ मशीनगन··· पगला गया है कर्नलवा क्या जी ?··· यह··· यह··· अपनी सेना का जवाब है निश्चय ही··· मुक्तिवाहिनी–तीनों मोर्चों से एक साथ जवाब दे रही है··· जय हो ! जय हो !!

अधिनायक याकथुंबा की इच्छा के अनुसार मेजर जनरल ने प्रयोगशाला को 'प्राचीरभंजक बमगोले', 'हथगोले', 'धूमजाल बम' (स्मोकस्क्रीन बम) प्रस्तुत करने का आदेश दिया है। याकथुंबा ने काठमांडो से आती हुई राणाफौज के लिए तराई में 'बूबी-ट्रैप' अर्थात् 'मूरख फंदा' बिछाने का प्रस्ताव रखा था किंतु मेजर जनरल सहमत नहीं हुए··· द्वितीय विश्व-युद्ध की रण-नीति की उपज यह 'बूबी-ट्रैप'–ऊपर से निरापद तथा निर्दोष दिखनेवाली कोई वस्तु, जो छूते ही धड़ाके के साथ फट जाए··· नहीं-नहीं··· हमने पराए देश पर चढ़ाई नहीं की है। हम अपनी मातृभूमि को लुटेरों के हाथ से मुक्त करनेवाले मुक्तिसंग्रामी हैं··· नो बूबी ट्रैपिंग, हियर···

प्रयोगशालाओं को विस्फोटकों की परीक्षा करने के लिए निर्जन स्थान चाहिए। निर्जन स्थान का संधान देना जनसंपर्क विभागवालों का काम है। लेकिन, पी. आर. ओ. कहता है : 'लिबरेटेड एरिया' (मुक्त क्षेत्र) में विस्फोटन से 'पैनिक' ··· भगदड़ मच जाएगी। लोग घबराकर गाँव-घर छोड़कर भागने लगेंगे। इसके लिए या तो 'मिलेटरी गवर्नर' अथवा किसी अन्य उच्च अधिकारी की अनुमति लेना आवश्यक है।

फील्ड हास्पिटल के ऑप्रेशन थियेटर में बिजली की लाइन तुरंत कैसे लगाई जा सकती है–इसका उपाय शीघ्र बताना या करना भी जनसंपर्क··· ?

पूर्णिया जिला सोशलिस्ट पार्टी के जनरल सेक्रेटरी नरसिंहनारायण सिंह पर नजर पड़ते ही पी. आर. ओ. पुकारता है–"नरसिंह बाबू, आपके 'सोशलिस्ट रेजिमेंट' के दो सौ साथियों के परिचयपत्रों पर आपका 'काउंटर सिगनेचर' चाहिए। बहुत सारे कामरेडों की सूरत पहली बार देख रहा हूँ–यहाँ आकर। इसलिए आप तनिक सतर्क होकर··· अरे, पता नहीं आपके 'हर-बोलिया दल' में कैसे-कैसे लोग आ गए ··· हाँ, लीजिए, कामरेड भोलानाथ मंडल और सरयुग मिश्र भी आ गए हैं। इनकी मदद लीजिए और चटपट, एक घंटा··· "

नरसिंहनारायण सिंह ने मुस्कुराकर धीरे से कहा–"सुनो ! इस गाड़ी से मनमोहन अधिकारी आ रहा है। कटिहार से खबर आई है। बी. पी. को इसकी सूचना तुरंत दे दो।"

मनमोहन अधिकारी ? बी. पी. का आत्मीय है।' 1947 की हड़ताल में

बी. पी. के साथ गिरफ्तार होकर कई वर्षों तक एक साथ जेल में रहा, किंतु सदा अपनी 'कम्युनिस्टी कट्टरता' को बरकरार रखा। बी. पी. हमेशा उसकी कट्टरता की तारीफ अपने ढंग से करते हैं...

गिरिजा और शिवजंग बी. पी. का आदेश पाकर जीप लेकर जोगबनी स्टेशन पर पहुँचे, मनमोहन की अगुआनी करने... बूबी ट्रैप ?

पी. आर. ओ. ने अपनी व्यक्तिगत डायरी में उस रात को लिखा : "मनमोहन को नजरबंद कर दिया गया है। बी. पी. ने कहा, 'मनमोहन की सुरक्षा के लिए ही ऐसा किया गया है, क्योंकि, धनकुट्टा के कामरेडों की करतूत की खबर याकथुंबा के जवानों को लग गई है और याकथुंबा के जवान तो नेपाली कांग्रेस के नहीं हैं और न ही वे किसी पार्टी के लीडर या कार्यकर्ता को पहचानते हैं। वे 'दोस्त' और 'दुश्मन' को गंध से ही परख लेते हैं। इसलिए मनमोहन का बाहर रहना उचित नहीं... ' सांदाज्यु (अर्थात् छोटे भैया) ने जिस गंभीरता से यह वक्तव्य दिया और उनकी वह मुद्रा मैं कभी नहीं भूलूँगा।"

'यह ऑल इंडिया रेडियो है... समाचार सुनिए ! आज ब्रिटिश सरकार के विदेश विभाग के विशेष अधिकारी सर एलसर ड्रेनिंग... मोहन शमशेर जंगबहादुर राणा से बातचीत के लिए जब काठमांडो के गोचर हवाई अड्डे पर उतरे तो वहाँ करीब बीस हजार जनता ने उनका काले झंडे से स्वागत किया। जनता अंग्रेजी सरकार और उसके विशेष दूत सर ड्रेनिंग के मुर्दाबाद के नारे लगा रही थी। खबर है कि गोचर अड्डे पर तैनात फौजियों ने निहत्थी और अहिंस्र जनता पर अंधाधुंध लाठीचार्ज किया। फलतः अनेक लोग घायल हुए। घायलों में कालेज के छात्र और छात्राओं की संख्या अधिक है। बूढ़े और बच्चे भी फौजी दमन के शिकार... "

"मुर्दाबाद, मुर्दाबाद... मुर्दा... !"

विराटनगर मोर्चे पर एक बार फिर जमकर गोलाबारी हुई। किले से बाहर निकलकर भागते हुए राणा के दो फौजी फिर मारे गए। तीन ने आत्मसमर्पण कर दिया है... तारिणी प्रसाद कोइराला राणा के इन फौजियों से किले के अंदर के बारे में पूछताछ कर रहे हैं... तो, उत्तमविक्रम एक महीने की रसद लेकर अंदर बैठा हुआ है ?... उनके दोनों पुत्र आत्मसमर्पण के विरुद्ध हैं और उन्हें विश्वास है कि दीपावली की रातवाली चढ़ाई की तरह—मुक्तिसैनिक 'रिट्रीट' कर चले जाएँगे... काठमांडो से उन्हें शीघ्र कुमुक भेजा जा रहा है।

हेडक्वार्टर के प्रवेश-द्वार के बगल में, मिल के ब्लाकों को भी अब कारागार करार दे दिया गया है... 'जंगला-ताला-बत्ती-आला' के साथ दर्जनों संतरी की दिन-रात की ड्यूटी। धीरे-धीरे कारागार के कमरे भर रहे हैं। सरकारी अफसर, गुप्तचर, पुराने क्रिमिनल, राणाशाही के चाकरीबाज नागरिक और झूठमूठ अफवाह फैलानेवाले रोज पकड़े जा रहे हैं। आज 'सोशलिस्ट रेजिमेंट' के भी दो आदमी 'कैप्चर' कर

लिए गए हैं··· यहाँ 'कैप्चर' शब्द खूब चालू हो गया है–हर व्यक्ति, हर जगह अपनी बात में इस शब्द का धड़ल्ले से व्यवहार करता है–"भाई, मेरी जगह को किसने कैप्चर ?"

'सोशलिस्ट रेजिमेंट' नाम 'अनआफिसियल' है–पी. आर. ओ. का दिया हुआ, स्वयं पी. आर. ओ. सोशलिस्ट पार्टी का सदस्य है और धीरे-धीरे दिल्लगी में ही उसने इस नाम को चालू कर दिया है। नरसिंह नारायण ने 'परिचयपत्रों' पर दस्तखत करने के पहले जब 'चेक' किया तो एक सौ अस्सी सोशलिस्टों में दो आदमी ठग निकले, अर्थात् उन्होंने अपने को सोशलिस्ट बताकर प्रवेश पा लिया था। दोनों व्यक्तियों को सामयिक सरकार के पुलिस एवं जेल-अधिकारी शिवजंग के पिता के जिम्मे सुपुर्द किया गया और शिवजंग के पिता ने उनकी ओर घुड़ककर देखा तो दोनों ने तुरंत कबूल कर लिया कि वे पूर्णिया-सहरसा के एक मशहूर डकैत के दल के हैं। दलपति ने उन्हें हथियार-बमगोले वगैरह चुराने के लिए भेजा था। दोनों कैप्चर्ड हो गए··· चंद्रप्रसाद नेपाल का बड़ा बेटा तीरथ नेपाल भी कैप्चर्ड होकर आया है। उसने दो साल पहले–छद्मवेश में नेपाल में पार्टी का प्रचार करते हुए बी. पी. को गिरफ्तार करवाया था–ऐसी अफवाह उस समय फैली थी। लेकिन उसको चाकरीबाजी नागरिक होने के जुर्म में 'कैप्चर' किया है।

झापा कैप्चर्ड ! रँगेली कैप्चर्ड !!

भदरपुर कैप्चर्ड !!!

मालगोदाम कैप्चर्ड–अर्थात् मिल का खाली मालगोदाम, जिसमें सोशलिस्टों का 'रैनबसेरा' था–उसे रँगरूट सैनिकों का बैरक बना दिया गया है। इस बैरक का इन्चार्ज कपिलदेव को बनाया गया है। सोशलिस्ट कपिलदेव···

मुक्ति-संग्राम के पूर्वी मोर्चे पर पूर्णिया जिले के डेढ़ सौ सोशलिस्टों के अलावा बंगाल के भी आधा दर्जन समाजवादी आकर डटे हुए हैं। एक दर्जन से अधिक सोशलिस्ट हैडक्वार्टर में विभिन्न विभागों के उत्तरदायित्वपूर्ण पदों पर मुस्तैदी से काम कर रहे हैं। पच्चीस सोशलिस्ट गेर्रिलों को ही याकथुंबा ने अपने काम का समझा है। सबसे ज्यादा भरोसा कुलदीप झा पर है–याकथुंबा को, ईस्टर्न कमांड के चीफ को, तथा सर्वाधिनायक सुवर्ण-शमशेर-टुकड़ी–अग्रगामी दल–का दलपति उन्हें ही चुना गया है और सकलदीप उर्फ शैलेन्दर उर्फ रहीम उनके सहायक। कामरेड लखनलाल कपूर··· सभी 1942 के 'आजाद दस्ता' के अनुभवी और बहादुर लड़ाके–जिनके नामों को सुनकर ही 'टॉमी' और 'बलूच' सिपाही थर-थर काँपते थे।

बंगाल के समाजवादियों में भोला चटर्जी। गेर्रिला-युद्ध की ट्रेनिंग देने से शुरू करके विदेश से, मित्र-देशों से अस्त्र-शस्त्र लाने का काम उसने किया है। डॉक्टर लोहिया ने बी. पी. से इस बहादुर बंगसंतान का परिचय देते हुए कहा था : "यह स्वयं एक भीषण मारात्मक विस्फोटक पदार्थ है··· "

कलकत्ते से तारापद बाबू के नेतृत्व में कई नौजवान आए हैं, जो 'लेबोरेटरी'

(प्रयोगशाला) में काम कर रहे हैं। ठीक, ईस्टर्न कमांड।

एक और सोशलिस्ट कामरेड है जो गुरुत्वपूर्ण पद पर है, यानी, 'किचेन फ्रंट' का कमांडर मधुसूदन सिंह। वह दिन-रात इस जाड़े के मौसम में भी पसीने से लथपथ हो रहा है। सदा तारस्वर में बातें करनेवाला। आज वह तनिक उदास है। कहता है–"यार ! किचेन फ्रंट पर एक बार आकर देखो–एक ही दिन में सारी 'फुटफुटी' गायब हो जाएगी ! आज मोर्चे के जवानों ने ट्रेंच में लंच नहीं खाया। यार, पता नहीं क्या बात हुई !"

छः

एक बंगला कहावत है–ढेंकी अगर स्वर्ग भी जाएगी तो वहाँ भी उसको धान कूटना पड़ेगा। अब तक पूर्णिया जिला में सोशलिस्ट पार्टी के जितने भी सम्मेलन हुए और शिविर चलाए गए, सभी के भोजनालय-विभाग को सुचारु रूप से चलानेवाला साथी मधुसूदन, यहाँ आकर भी अर्थात् लड़ाई के मैदान में भी, सात-आठ सौ व्यक्तियों को तीन जून भोजन 'सप्लाई' करने के काम में जुटा हुआ है। तीन बजे भोर को ही अपने दल-फौज के साथ 'किचेन' में आकर कोयला सुलगाना शुरू कर देता है। बड़े-बड़े कड़ाहों और देगों को माँजने की आवाज ब्रह्मवेला में ठीक झाँझ-करताल के साथ बजनेवाले पूजा के ढोल की आवाज-जैसी सुनाई पड़ती है। सात सौ व्यक्तियों को अहले सुबह चाय–ठीक डेढ़ बजे दोपहर का भोजन, तीन बजते-बजते चाय और रात में आठ से दस बजे तक रात्रि-भोजन की दैनिक व्यवस्था हँसी-खेल नहीं। और कामरेड मधुसूदन रसोई बनानेवाले पाचकों को सिर्फ हुक्म नहीं देता–खुद हाथ में छोलनी या छनौटा अथवा बड़ी कलछी लेकर–बड़े-बड़े दहकते भट्ठों पर चढ़े कड़ाहों में 'मटनकरी' या 'वेजिटेबल स्टू' पकाता हुआ कभी वह मसाला पीसनेवाले को सतर्क करता है–"अरे भाई ! हल्दी के खराब गाँठ नहीं पहचानते तो क्यों पीसने गए हो मसाला ! चलो, पानी भरो जाकर।" कभी याद दिलाता है–"ए भाई ! हास्पिटल का खाना अब तक गया है या नहीं ?··· ए संतरी ! किचेन में बाहरी आदमी को मत आने दो··· हाँ-हाँ··· पाँच बार बाहर जाओ या सौ बार, आते-जाते संतरी को तलाशी देनी ही पड़ेगी··· ए बाबाजी··· ट्रेंच जवानों के लिए पचीस-तीस थरमस चाय चाहिए। पुर्जी लेकर गोदाम से कंडेंस्ड मिल्क ले आइए और कहिएगा कि डिब्बे की मछली कोई जवान छूता तक नहीं–लगता है खराब हो गया है··· अरे यार ! यहाँ सोशलिस्ट पार्टी के सम्मेलन के डेलीगेट नहीं जो सिर्फ हो-हल्ला और नारा लगाकर–बिना तरकारी के भात खा लेंगे। मैं सभी से फिर कह रहा हूँ–मोर्चे पर जानेवाले जवान से कोई 'बकटेटी' (बेकार बहस) मत करना। छोटकू बाबाजी से पूछो–आज बच गए छोटकू बाबाजी··· "

छोटकू बाबाजी कह रहा है–"अरौ बाबा ! आजि हमर बुँझू जे प्राण बचि

गेल। एहेन सुतारि कै चाहक गम हमरा पर फेंकलक··· ”

छोटकू बाबाजी की बोली सुनकर सभी हँसते हैं। नेपाली काँग्रेस के सभापति मातृका प्रसाद के अति प्रियपात्र। इन्हें देखते ही वह मैथिली में बोलने लगते हैं। और, छोटकू पंडित आज तक 'कप' को 'टब' और 'मग' को 'गम' ही कहता है।

मातृका बाबू हँसते हैं–"सुतारी कै की फेंकलक ?"

"जी ! वैह की जे कहैछै··· ?"

मधुसूदन कहता है–"एक जवान चीनी माँग रहा था बहुत देर से। छोटकू बाबाजी लगे कानून बघारने कि दो चम्मच से फाजिल चीनी देने का 'औडर' नहीं है। कि 'औडर' शब्द सुनते ही वह अगिया बैताल–औडर ? औडर··· किस्का औडर ? तुम्हारा ? तुम हमारा कमांडर होता है ? तुम औडर देगा··· मूजी-ई··· पूरे मग की चाय उछालकर छोटकू की ओर फेंककर चला गया··· ”

"आ गए, आ गए ! दोनों सेनापति आ गए !!"

पश्चिमी मोर्चे का दौरा करके मेजर जनरल सुवर्ण अभी-अभी आए और ईस्टर्न कमांड के साथ अगले मोर्चे पर मुक्तियोद्धाओं से मिलने के लिए जा रहे हैं। बी. पी. के साथ बाडीगार्ड जा रहे हैं तारिणी प्रसाद और भोला चटर्जी। बी. पी. ने 'पी. आर. ओ.' को भी साथ कर लिया है।··· पी. आर. ओ. के राइफल ढोने के ढंग और मुद्रा को देखकर सभी हँसते हैं। मेजर जनरल ने प्रसन्न होकर पी. आर. ओ. को अपनी टामीगन भेंट करते हुए कहा–"बट डोंट फारगेट योर पेन··· ”

दो जीपों में लदकर वे चले अगले मोर्चे की ओर–जहाँ तीन दिनों से ट्रेंचों में मुक्तिसेना के जवान डटे हुए हैं··· बाजार अड्डा के मोर्चे के पास ही याकथुंबा अगुआनी के लिए उपस्थित था। उसने पहले एतराज जाहिर किया–अगली खाई तक जाना ठीक नहीं–बहुत जोखम है। लेकिन मुक्तिसेना के सर्वाधिनायक और ईस्टर्न कमांड ट्रेंच में लड़ते हुए एक-एक मुक्तियोद्धा से मिलना चाहते हैं। अतः याकथुंबा बहुत सतर्कतापूर्वक अपने अफसरों को लेकर आगे बढ़े–अब लेट जाइए ··· पेट के बल 'क्राल··· हाँ··· अब एकदम पेट के बल पड़े रहिए–दुश्मन फायरिंग कर रहे हैं··· कई मिनट बाद जब मशीनगन चुप हुई तो वे फिर आगे बढ़े।···

ट्रेंचों की अवस्था देखकर अचरज होता है–इनमें तीन दिनों से कैसे पड़े हुए हैं ये लोग ?

मुक्तिसेना के प्रत्येक योद्धा की एक ही प्रार्थना है–बुलेट, मारक विस्फोटक बम, हथगोले और भेजिए। दुश्मन की पचीस गोलियों के बाद हमें एक गोली छोड़ने का हुक्म है··· हमें फाइनल हमले का हुक्म दिया जाए। ट्रेंच में इस तरह पड़े रहने से अच्छा है घायल होकर अस्पताल के बेड पर··· नहीं–नहीं··· भोजन में कोई गड़बड़ी नहीं–खाने को जी नहीं करता···

मेजर जनरल ने एक-एक मुक्तियोद्धा को प्यार से कहा–"साथी ! घबराओ मत। बहुत जल्दी ही प्रचुर मात्रा में बुलेट और अन्य अस्त्र-शस्त्र आ रहे हैं··· ”

'फील्ड हास्पिटल' में चार सर्जन और पंद्रह नर्स घायलों की सेवा कर रहे हैं। सानोआमाँ, नलिनी दीदी, इंदिरा, विजयलक्ष्मी–और नूना भाभी–कोइराला-निवास की माँ, बेटियों और बहुओं के साथ नगर के प्रतिष्ठित घरों की लड़कियाँ स्वयंसेविका के रूप में दिन-रात फिरकी की तरह घूमती रहती हैं।

सर्वाधिनायक की पार्टी हास्पिटल का परिदर्शन करके लौटी ही थी कि हेडक्वार्टर में भीषण धमाका··· धड़धड़-धड़ाम !!··· ठीक मेजर जनरल के दफ्तर के बगल में··· धरती काँप उठी··· धुएँ का काला गुब्बारा बढ़ता हुआ सारे मिल के आकाश को आच्छादित करता जाता है··· सभी धरती पर लेट गए··· बारूद और गंधक की जलती हुई गंध··· मुक्तिवाहिनी ने लगातार कई राउंड फायर किया··· दुश्मन··· दुश्मन··· ??

नहीं, दुश्मन नहीं ! दोस्त··· कामरेड तारापद अपने चार साथियों के साथ प्रयोगशाला में काम कर रहे थे। असावधानी से एक ग्रेनेड गिरकर फूटा और सभी तैयार बम और गोले एक साथ··· विस्फोटक धड़धड़ाकर फटने लगे··· दीवारों में दरारें··· ध्वंस··· ईंट-सिमेंट, रक्त··· रक्त, ध्वंसावशेष··· तारापद बाबू और उनके साथियों की लाशों की चित्थियाँ··· मांस के कुचले और जले हुए कई लोंदे मात्र··· और कुछ नहीं··· न किसी का सिर, न किसी का पैर··· हड्डियाँ चिंदी-चिंदी··· एक वीभत्स दृश्य।

सात

शेल-शॉक ?

भोला चैटर्जी, तारिणीप्रसाद कोइराला और 'पी. आर. ओ.' को 'शेल शॉक' लगा है, शायद ! तीनों कई घंटे तक 'एबनार्मल' की तरह बड़बड़ाते और चुप हो जाते। और चुप्पी ऐसी कि जोर से पुकारने पर भी कोई जवाब नहीं !

नेपाली कांग्रेस के सभापति मातृकाप्रसाद–सारे शिविर के 'ठुलो दाज्यु'–बड़े भैयाजी हैं। उस रात को वह इन तीनों के कमरे में ही बहुत देर तक बैठे रहे।

उसी भीषण विस्फोट के बाद–तारापद बाबू तथा उनके साथियों की आकस्मिक और समूह-मृत्यु के बाद–मुक्तिसेना के हेडक्वार्टर में कई घंटों तक ऐसा सन्नाटा छाया रहा कि जिसकी याद करके मातृका बाबू आज भी रवींद्रनाथ ठाकुर की इन पंक्तियों को दुहराने लगेंगे–"नमि हे भीषण, मौन, रिक्त ! एस मोर भाँगा आल, हस्ते तोमार लौह-दंड बाजिछे लौह बलय··· !!"

उस रात की भीषण उदासी को गौरव प्रदान करने के लिए 'ठुलो दाज्यु' (मातृका बाबू) ने रवि ठाकुर की और भी कई पंक्तियों की आवृत्ति की थी, धीरे-धीरे सस्वर गाया भी था–"ओगो मरण हे मोर मरण हाय एमनि करे कि उचो चोर चुपि-चुपि एसे··· ?"

'पी. आर. ओ.' बड़बड़ा उठा था–"चुपि-चुपि नहीं। चोरी-चोरी नहीं, इसे डकैती कहिए–धमाके के साथ आगमन··· !"

मातृका बाबू इन भावुक युवकों की मनोदशा को समझ रहे थे, अच्छी तरह। वह बड़े भैयाजी का कर्तव्य पालन करते रहे। इनके दिलों में चुपचाप व्याप्त होनेवाली शून्यता और रिक्तता को दूर करने के लिए उन्होंने एक 'बाउल गीत' भी गाकर सुनाया। और, अंत में स्वरचित एक नेपाली गीत–"साथी अब कति टाढ़ा जाने ··· साथी अब और कितना दूर जाना है ?"

और, उनके इस सवाल का जवाब दिया–बीस मील उत्तर-पश्चिम कोसी के कुसहा घाट से, अग्रगामी टुकड़ी के अधिनायक डॉक्टर कुलदीप झा ने–"मंजिल करीब ला रहे हैं हम !"

कुसहा घाट से आए हुए 'विशेष संवाद' ने हेडक्वार्टर के मनहूस वातावरण को पलक मारते दूर कर दिया। सभी इस संवाद को सुनकर जग गए हैं–सर्वाधिनायक से लेकर संतरी तक··· तो, वह सकुशल हैं ?

पिछले दो दिनों से चेष्टा करने पर भी एडवांस फोर्स की टुकड़ी का कोई संवाद हेडक्वार्टर को नहीं मिल सका था। कोई अता-पता नहीं। तारापद बाबू और उनके साथियों की मृत्यु के बाद हेडक्वार्टर के कई कोनों में एक आशंका कभी-कभी प्रबल हो जाती थी–संभवतः एडवांस फोर्स के सभी जवान किसी कुचक्र के शिकार हो गए। युद्ध-भूमि के अनुभवी सैनिकों का कहना है–कभी-कभी खराब समाचार आने लगते हैं तो लगातार कई दिनों तक बस 'बैड न्यूज' ही आते रहते हैं चारों ओर से··· !

डॉक्टर कुलदीप झा ने एक लंबी चिट्ठी लिखी है। अग्रगामी टुकड़ी वास्तव में खतरे में पड़ गई थी। धनकुट्टा के 'कम्मी-कामरेडों' ने विश्वासघात नहीं–'सेबटाज' भी किया। अगर खिरियाही पुल के पास ट्रकों को रोककर अधिनायक ने पुल की परीक्षा नहीं की होती तो 'एडवांस फोर्स' के सभी जवान एक ही साथ मौत के मुँह में समा जाते। हमारे ये नए दुश्मन पुल की पटरियों को हटाकर पास की झाड़ियों में छिपे बैठे थे। डॉ. कुलदीप ने अपने जवानों को सिग्नल दिया और वे ट्रकों से उतरकर 'पोजीशन' लें, इसके पहले ही पुल के उस पार तराई में राइफलों की आवाज गूँजती रही।

··· हमारे दो जवान–दोनों ड्राइवर–ट्रकों के साथ लापता हैं··· क्या वे वहाँ पहुँचे हैं ?··· हम सकुशल कोसी के कुसहा घाट के आस-पास व्यूह-रचना करके दुश्मन की प्रतीक्षा कर रहे हैं··· तराई में, अग्रगामी टुकड़ी के टोह लेनेवाले जवान गिरिजा और शिवजंग के नेतृत्व में सदा सतर्क होकर घूम रहे हैं। जय नेपाल !

कमांडर कुलदीप झा ने अपने पत्र में अपनी एक सलाह भी लिख भेजी है ! विराट नगर सुगर मिल के फार्म में कई 'बुलडोजर' पड़े हुए हैं। उनमें से एक को टैंक में कनवर्ट करवाया जाए, तो किले की दीवार को तोड़कर हमला करना सहज हो जाए···

लेकिन, संग्राम-समिति का विश्वास : 'टैंक' की जरूरत नहीं होगी। एक-दो दिनों में कर्नल विक्रम स्वयं घुटना टेक देगा।

और, इसी का नाम है–युद्ध-भूमि !!

सुबह की रोशनी के साथ ही सारी उदासी–भीषण मौन और रिक्तता–दूर हो रही है। चारों ओर फिर प्रसन्नता, चंचलता, कार्यव्यस्तता। सर्वाधिनायक का उस दिन का हुक्म–"पूर्ववत् घेरा डाले रहो··· !"

मिलेटरी गवर्नर का आदेश–"शहर खाली कीजिए। इवेकुएशन··· !"

शहर खाली करवाने के पहले विराटनगर मोर्चे का कमांडर याकथुंबा हेडक्वार्टर में आया है। ईस्टर्न कमांड के चीफ ने उन्हें बुलाया है। बी. पी. शहर खाली करवाने से पहले एक बार कर्नल उत्तमविक्रम से 'अपील' करना चाहते हैं···

"अपील ?"–याकथुंबा अचरज से पूछता है–"मोर्चे पर··· अपील··· ? यो कसरी हुन सक्छ··· यह कैसे हो सकता है ?"

"क्यों ? लाउडस्पीकर की आवाज किले की दीवार के उस पार तक नहीं पहुँचेगी ?··· पुग्दैन ?"

"पुग्न लाई त सिंधिया नदी पर्यंत पुग्छ··· पहुँचने को तो सिंधिया नदी तक आवाज पहुँच सकती है। लेकिन यह उत्तमविक्रम के दिल-दिमाग तक पहुँचेगी, इसमें मुझे संदेह है। और, इसकी जरूरत ही क्या है ?"

"जरूरत है।"–बी. पी. दृढ़तापूर्वक कहते हैं।

एक ओर फौजी पोशाक में एक संवेदनशील, उच्च शिक्षित, सही मानवमूल्यों में विश्वास करनेवाला मधुरभाषी बुद्धिजीवी नेपाली है और दूसरी ओर सैनिक अकादेमी का प्रशिक्षित शत-प्रतिशत फौजी नेपाली, जिसके सिर में दिमाग की जगह पर 'मिलेटरी मैनुअल' रखा हुआ है। मैनुअल में, मोर्चे से दुश्मन के नाम अपील करने की बात कहीं नहीं ! ईस्टर्न कमांड के चीफ तर्क करते हैं–"उत्तमविक्रम की हठधर्मी अथवा मूर्खता के कारण सैकड़ों नेपाली जवान मारे जाएँ–यह मैं नहीं चाहता। मुझे लगता है, उत्तमविक्रम और उसके पुत्र अपनी सुरक्षा का ख्याल करके ··· अर्थात् वे समझते हैं कि पकड़े जाने पर उन्हें तुरंत गोली से उड़ा दिया जाएगा। शायद, इसीलिए··· "

याकथुंबा तर्क नहीं करता। वह 'एटेंसन' की मुद्रा में खड़ा हो गया है। अब बी. पी. कह रहे हैं–एक-एक प्रशिक्षित नेपाली जवान की क्या कीमत है, हम जानते हैं··· आज वे गरीब राणा के साथ हैं, उनके हुक्म से गोलियाँ चलाते हैं। कल वे ही नेपाली प्रजातंत्र सरकार के सैनिक होंगे··· !"

एक जीप पर लाउडस्पीकर के सारे सामान–बैटरी, एम्पलीफायर, हार्न और माइक आदि लादे जा रहे हैं। दूसरी गाड़ी पर याकथुंबा के साथ बी. पी. की पार्टी–अर्थात् दोनों अंगरक्षक भोला चैटर्जी और तारिणी प्रसाद। आज बी. पी. ने

'पी. आर. ओ.' से साथ चलने को नहीं कहा। वह ईस्टर्न कमांड के साथ चलने की अनुमति माँगता है–"वहाँ तो आप भाषण देंगे न ? तब तो मेरे विभाग के किसी व्यक्ति को वहाँ उपस्थित रहना चाहिए। न्यूज कवर करने को।"

बी. पी. हँसते हैं। किंतु तारिणी और भोला चैटर्जी व्यंग्य करते हैं–"अरे यार पी. आर. ओ.–तुम कहाँ चलोगे ?··· हू विल कवर यू ?"

बी. पी. की अनुमति पाकर 'पी. आर. ओ.' जवाब देता है–"अकेला कहाँ हूँ ? यह रही मेरी 'रक्तपा' और वह 'सिद्धिदा'।"

'पी. आर. ओ.' ने सर्वाधिनायक-प्रदत्त अपनी 'टामीगन' को नाम दिया है 'रक्तपा' और उसके सभी मित्र तथा आत्मीय जानते हैं, 'सिद्धिदा' उसकी 'पार्कर 51' कलम का नाम है।

बाजार अड्डा मोर्चे के पास दोनों गाड़ियाँ रुकीं। 'रिजर्व' के जवानों ने 'लाउडस्पीकर' के सामान के साथ ऑपरेटर को अगले मोर्चे तक पहुँचाया। बाद में स्वयं याकथुंबा और सी. बी. सुब्बा–बी. पी. की पार्टी को 'कवर' करके मोर्चे की ओर बढ़े।

मोर्चे पर पहुँचकर पता चला–आज सुबह से राणाशाही गोला-बारी की गति तनिक मंद है। मुक्ति-सैनिकों को राणाशाही के बीस राउंड के बाद एक 'राउंड' से ज्यादा गोली चलाने की आज्ञा अब भी नहीं दी गई है। इसलिए, प्रत्येक मुक्ति-फौजी के चेहरे पर 'बोरडम' (एकरसता) से उत्पन्न रेखाएँ अंकित हैं।

अब, ईस्टर्न कमांड के चीफ की 'अपील', ध्वनिविस्तारक-यंत्र की सहायता से–गोस्वारा-कचहरी की दीवारों से टकराकर प्रतिध्वनित होने लगी–"कर्नल साहब ··· कर्नल उत्तमविक्रम राणाजी–कृपया ध्यान दें··· कर्नल उत्तमविक्रम··· अगर आप तक मेरी आवाज पहुँच रही हो तो··· थोड़ी देर के लिए फाइरिंग बंद करवा दें। मैं–मुक्तिसेना के पूर्वी कमांड का चीफ–बी. पी. कोइराला–आज आपके सामने एक 'अपील' लेकर उपस्थित हुआ हूँ··· हम राणातंत्र के दुश्मन हैं, राणाओं के नहीं। हमारी मुक्तिफौज के अधिनायक राणा ही हैं। कई प्रमुख राणा-परिवार के नौजवान, मुक्तिसेना के अधिनायक और साधारण सैनिक हैं। आपके जैसे अनुभवी शासक की जरूरत नेपाल की किसी भी सरकार को पड़ेगी··· यह निश्चित है कि विजय अंततः नेपाली जनता की ही होगी। मुझे उम्मीद है कि आप अपने देश की जनता का साथ देकर खोया हुआ अवसर··· याद रहे, हम अपने देशवासियों का रक्त व्यर्थ ही नहीं बहाना चाहते। आप जनता की इस लड़ाई में शरीक हों, आप जिस पद पर हैं–सामयिक सरकार आपको उसी पद पर बरकरार रखेगी। इस संबंध में अगर आप विस्तारपूर्वक बात करना चाहें तो मैं इसके लिए भी तैयार होकर आया हूँ। दोनों ओर से सफेद झंडे फहराए जाएँ। आप किले से अपने अंगरक्षकों के एक दस्ते के साथ बाहर निकलकर 'हुलाख' (पोस्ट आफिस) के बरामदे पर आने की कृपा करें, मैं भी आगे बढ़कर उस जगह पर पहुँचता हूँ। अगर आप चाहें तो··· !"

किले की दीवार के उस पार एक सफेद झंडा ऊपर की ओर उठ रहा है।

उठता ही जा रहा है। हाँ, सफेद झंडा ! सुबुद्धि की जय हो ! इधर भी सफेद झंडा लहरा उठा।

उधर, किले का लौह कपाट खुला—सशब्द। फिर बी. पी. मुक्तिवाहिनी के दोनों अधिनायकों और सशक्त जवानों के साथ—ट्रेंच से बाहर निकलकर—आगे बढ़े।

किंतु, वे दस कदम भी नहीं बढ़े होंगे कि सामने से किले की छत पर फिट मशीनगन अट्टहास कर उठी—टटटटटट··· टटटटट··· टट··· !!

याकथुंबा और सी. बी. सुब्बा दोनों एक ही साथ बी. पी. को 'अँकवार' में भरकर यंत्र-चालित मशीन की तरह फुर्ती से जमीन पर लेट गए और लुढ़कते हुए ट्रेंच में गिरे। कई जवान बुरी तरह घायल हुए। और, पंद्रह-बीस मिनट तक दोनों ओर से जैसी गोलाबारी हुई वैसी कई दिनों से नहीं हुई। मुक्तिसेना के जवान पागल हो गए हैं—सफेद झंडा दिखलाकर फाइरिंग ? ऐसी दगाबाजी ?··· इसका मजा चखाना होगा। ट्रटठाँय-ठाँय-ठाँय !!

उस दिन कर्नल उत्तमविक्रम तथा उनके दोनों पुत्रों को पूरा विश्वास हो गया था कि उनकी 'धोखाधड़ी-गोलाबारी' सफल हुई यानी बी. पी. कोइराला मर गए। मुक्तिसेना के 'बेतार-ऑपरेटर' ने उस दिन कर्नल विक्रम की 'आकाशवाणी' (राणा सरकार के शासन के समय नेपाल 'वायरलेस विभाग' का नाम आकाशवाणी ही था !) को जितनी बार 'इंटरसेप्ट' किया, उत्तमविक्रम यही संवाद बार-बार काठमांडो भेज रहा था—हमने बी. पी. के जीवन का अंत कर दिया··· ।

"हाँ—घायल नहीं, एकदम समाप्त··· वह निश्चित रूप से मारा गया है··· ।"

बी. पी. तथा उसकी पार्टी के सदस्यों को हेडक्वार्टर में सकुशल पहुँचाने के बाद ही, याकथुंबा के चेहरे पर उसकी सहज और स्वाभाविक मुस्कराहट लौट आई—"रणचंडी की विशेष और असीम कृपा है हम पर अन्यथा आज··· !"

"जय नेपाल कमांडर !"

याकथुंबा प्रसन्नता के मारे उछल पड़ता है—"साथी पूरनसिंह ? कब आए ?"

नेताजी सुभाषचंद्र बोस की 'आजाद हिंद फौज' का प्रसिद्ध लड़का पूरनसिंह अपने कई 'मिलटरी मैकनिक' साथियों के साथ आया है—सर्वाधिनायक सुवर्ण का संदेश पाकर। आते ही उसने सबकुछ सुनने के बाद—कैटरपिलर बुलडोजर को टैंक में परिणत करने के सुझाव का समर्थन किया है। आज रात से ही वह अपने साथियों के साथ जूट मिल के बड़े 'वर्कशाप' में लोहे की चद्दरों की 'वेल्डिंग-मौल्डिंग' का कारोबार शुरू कर देगा।

इवेकुएशन ! एवेकुएशन !!

"शहर खाली कीजिए !"

विराटनगर शहर खाली हो रहा है। खाली करवाया जा रहा है। ट्रकों पर लदे हुए सामान—बिस्तर, ट्रंक, रेडियो, सिलाई की मशीन, पेट्रोमेक्स, पंखे, ग्रामोफोन··· पालतू

कुत्ते-बिल्ली, तोता-मैना, काकातुआ··· !!

"घबराइए नहीं। पच्चीस ट्रक हैं। बारी-बारी से एक-एक परिवार को सकुशल सुरक्षित स्थान में–इवेक्वी कैंप में–पहुँचा दिया जाएगा। आपस में झगड़ें नहीं। अपने घरों और गोदामों में ताले लगा दें··· पहले गर्भवती महिलाओं को–बूढ़ों, बच्चों और बीमारों को पहले जाने दीजिए–प्लीज, प्लीज, गुलगपाड़ा एकदम नहीं–आपकी सहायता के लिए हर मुहल्ले में, हर गली में मुक्तिसेना के सशस्त्र स्वयंसेवक तैनात हैं–स्वयंसेविकाएँ भी हैं–भाग-दौड़, होहल्ला नहीं–होशियारी से–पैदल जानेवाले भाइयो ! मुक्तिसैनिकों की बात का अक्षरशः पालन करें–उनके बताए हुए रास्ते से चलें। वे जैसा कहें, करिए–हाँ, दूसरा ट्रिप··· तीसरा खेप··· ट्रक और जीप गाड़ियाँ जा रही हैं–घबराइए नहीं–स्वयंसेवकगण शांति से काम लें, कृपया।"

विराटनगर की सड़कों, गलियों और नुक्कड़ों पर 'पिकेट' करते हुए मुक्तिसेना के संतरी अवाक् हैरान हैं–ऐसा तो कभी नहीं देखा। न बर्मा में, न इम्फाल में और न कोहिमा में–कहीं भी नहीं। औरतें, जवान लड़कियाँ, मुर्गे-मुर्गियाँ, भेड़-बकरे, रुपए-पैसे सभी सुरक्षित जा रहे हैं। सर्वाधिनायक की चेतावनी उनके कान के पास प्रतिध्वनित हो जाती है–"हम लुटेरे सैनिक नहीं। हम मुक्तिसैनिक हैं–हम नेपाल की जनता के सिपाही हैं··· "

ट्रकों की निरंतर 'आवाजाही' से सड़कों पर सदा धूल के विशाल बवंडर मँडराते रहते हैं··· स्मोक-स्क्रीन··· प्राकृतिक धूमजाल !!

पूरनसिंह अपने साथियों के साथ 'वर्कशाप' की भट्टी को सुलगा चुका है। वर्कशाप में रह-रहकर प्रज्ज्वलित होनेवाली नीली रोशनी आस-पास की इमारतों की दीवारों पर चकाचौंधपूर्ण इंद्रजाल की सृष्टि कर जाती है, रह-रहकर। बड़े-बड़े हथौड़ों से जब लोहे की 'पिटाई' होने लगती है तो हेडक्वार्टर की सभी इमारतों में लगे लोहे खनकने लगते हैं।

और, ठीक उसी समय हेडक्वार्टर के नए और बड़े बेतार कक्ष में बाहर से आए हुए वायरलेस-इंजीनियर साहब, 'पावरफुल ट्रांसमीटर' बैठा रहे हैं। टेस्ट कर रहे हैं–हैलो-हैलो !!··· पूरनसिंह के वर्कशाप के हथौड़े की चोट पर ट्रांसमीटर की 'मेजिकाइज़' की रोशनी काँप-काँप जाती है।

दो दिन पहले, 'पी. आर. ओ.' और उसके लँगोटिया यार नेपाली के तरुण और यशस्वी कथाकार–तारिणी प्रसाद कोइराला–ने मिलकर संग्राम-समिति के सामने एक आवश्यक सुझाव रखा था–"हमारे साधारण वायरलेस का 'रेंज' काठमांडो, गोरखपुर, बनारस, कलकत्ता, दार्जिलिंग तक है। क्यों नहीं हम बाजाब्ता ब्राडकास्ट करवाना शुरू कर दें ?"

सर्वाधिनायक ने इस सुझाव को मानकर, हवाई जहाज भेजकर नया ट्रांसमीटर और बड़े इंजीनियर को बुलवाया है। कल सुबह आठ बजे से ही 'शार्ट वेव' के

41 मीटर बैंड पर 'प्रजातंत्र नेपाल रेडियो' का प्रसारण शुरू हो जाएगा। सभी पत्र-प्रतिनिधियों को समय और मीटर की पूरी सूचना दे दी गई है।

'पी. आर. ओ.' को बहुत मुश्किल से एक कीर्तन-मंडली का पुराना हारमोनियम मिला। लेकिन, रात के ग्यारह बजे तक 'पी. आर. ओ.' तथा तारिणी प्रसाद 'डुग्गी-तबला' की जोड़ी की खोज में जोगबनी के बाजार में भटकते रहे। सभी को अचरज होता है–फौजियों को हठात् हारमोनियम-तबला की जरूरत क्यों पड़ गई ? और, जब 'इवेक्वी कालोनी' में वे किसी सुकंठ गायक अथवा गायिका की तलाश करने पहुँचे तो दोनों की नीयत पर भी संदेह किया जाने लगा–कमांडर को सूचना देनी होगी ?··· खाकी वर्दी, मुँह में हर्क्युलिस-रम की तीव्र गंध और किसी गानेवाली की रात में खोज ?··· दोनों बहुत रात तक भटकते रहे।

दूसरे दिन सुबह, सात बजकर तीस मिनट तक भी कोई गायक नहीं मिला। तब वायरलेस-विभाग के ही दो-तीन कार्यकर्ताओं को लेकर 'जय-यात्रा' का रिहर्सल शुरू किया गया। चीफ ऑपरेटर लामा ने संकेत दिया। सबसे पहले उसने कई बार–'दिस इज़ प्रजातंत्र नेपाल रेडियो टेस्टिंग ऑन फोर्टीवन मीटर बैंड'–दुहराया। और, आठ बजते ही हारमोनियम और डुग्गी के ताल पर–"नेपाली, नेपाली अगि बढ़दा, बढ़दै जाउ क्रांति झंडा ले" गीत का प्रसारण प्रारंभ हो गया !

तारिणी हारमोनियम बजा रहा था और डुग्गी पर ताल दे रहा था 'पी. आर. ओ.' –डम-डम-डम। नेपाली-नेपाली ! !

"जय नेपाल !"–प्रजातंत्र नेपाल रेडियो पर तारिणी का प्रथम अभिवादन !!

"डम-डम-डम–नेपाली-नेपाली··· "

"यो प्रजातंत्र नेपाल रेडियो है। हामी नेपाल को मुक्त क्षेत्र बाट··· !" तारिणी नेपाली में खबरें सुनाने लगा।

"यह प्रजातंत्र नेपाल रेडियो है।"–'पी. आर. ओ.' ने हिंदी में समाचार पाठ किया–"हमारे दिल्ली-स्थित संवाददाता ने अभी-अभी खबर दी है कि मोहन शमशेर के दो दूत, जनरल केशव और विजय शमशेर जंग पिछली रात को दिल्ली पहुँच गए हैं··· झापा पर मुक्तिसैनिकों ने कब्जा कर लिया है··· धनकुट्टा के रास्ते में खिरियाही पुल के पास मुक्ति-सेना की एडवांस टुकड़ी ने जमकर मुकाबला किया··· "

"यू आर ट्युण्ड टु प्रजातंत्र नेपाल रेडियो··· !"

अंग्रेजी समाचार बुलेटिन विजयलक्ष्मी के स्वर में।

उस दिन प्रजातंत्र नेपाल रेडियो के 'फिल्म-स्टूडियो' से प्रसारण के बाद जब वे बाहर निकले–सर्वाधिनायक सुवर्ण, बी. पी. तथा एम. पी. सभी एक साथ बधाई देने के लिए प्रसन्न खड़े थे–"शाबाश !··· वाह !!"

'पी. आर. ओ.' ने मातृका प्रसाद से अनुमति माँगी–"आज दोपहर की सभा में–आपका गीत–'साथी अब कति टाढ़ा जाने' प्रसारित किया जाएगा··· तारिणी गाएगा। क्या आप रिहर्सल के समय कुछ देर के लिए स्टूडियो में पधारने की

कृपा करेंगे ?"

ठुलो दाज्यु ने हँसते हुए कहा–"जो हुक्म !··· हुन्छः"

आठ

कोसी का कुसहा घाट !

घनी तराई को दो हिस्सों में बाँटती हुई हिमालय की प्रसिद्ध नदी कोसी, अर्थात् कोसी मैया, दूर तक फैली हुई श्वेत, सैकतशय्या पर लेटी है। कार्तिक-अगहन में, इस घाट पर कोसी 'तन्वंगी' तो है किंतु, श्रांत-क्लांत-निश्चल नहीं। कलकल-वाहिनी प्रखर तरंगिनी है। पहाड़ी के नीचे उतरने के बाद–कोसी का यह दूसरा अथवा तीसरा घाट है–कुसहा; जहाँ मुक्तिसेना की अग्रगामी-टुकड़ी के कमांडर डॉक्टर कुलदीप झा पिछले कई दिनों से व्यूह-रचना करके सतर्क बैठे हैं। घाट की सभी नावें और डोंगियाँ डुबो दी गई हैं।

कुहरा-कुहासा चारों ओर व्याप्त। सूरज उगने के दो घंटा बाद भी कुहरा छँटा नहीं है। तराई की हरियाली पर गहरा सफेद आवरण ! और सुबह चलनेवाली पहाड़ी हवा के साथ शीतलहरी !! इस पार से उस पार तक दृष्टिपथ को घेरकर रखनेवाले सफेद आवरण पर कहीं कोई धब्बा नहीं।

सूरज ने तराई से और ऊपर उठकर अपनी किरणों से इस श्वेत आवरण को कई स्थानों पर चीरना शुरू कर दिया। और, तब कमांडर झा ने देखा–घाट के उस पार··· उस पार बालू पर क्या है वह ?··· गाड़ी पर नाव ?··· अर्थात् वे आ रहे हैं ?··· अरे रे ! दरिया में भी किश्तियाँ··· रहीमजी··· दूरबीन ?

"दूरबीन पार्टी नंबर दो के पास है।"

"गाड़ी पर नाव है न ? और नदी में··· ?"

"मगर गाड़ियों में बैल या भैंसा नहीं–आदमी जुते हुए हैं।"

"वहाँ, बालू पर··· तराई से पंक्तिबद्ध··· ?"

दुश्मन··· दुश्मन ! तराई की हवा कुसहा मोर्चे के हर जवान के क़ानों के पास फिसफिसाकर कह गई–दुश्मन !

कमांडर के संकेत पर वे 'पोजीशन' लेकर तैयार हो गए। कमांडर ने हुक्म दिया और गोलाबारी शुरू हो गई।

कामरेड रहीम उर्फ शैलेंदर सिंह उर्फ सकलदीप के शब्दों में कुसहा घाट की इस लड़ाई का विवरण–"फायरिंग करते-करते राइफल की नली आग हो गई समझिए। फ्लास्क का पानी खत्म। खैर, किसी तरह नली को ठंडा किया। डॉक्टर साहब तब तक स्टेनगन से नाव पर बैठे दुश्मनों को भून चुके थे। दोनों नावों को डुबा चुके थे। उधर पार्टी नंबर दो दाहिने बाजूवाली खाई से फायरिंग किए जा रही थी। दुश्मन जब तक भौंचक रहा, सिर्फ हमारी गोलियाँ ही बोलती रहीं। मगर

दुश्मन ने जब हमारा ठिकाना जान लिया, तो जवाब आने लगा। ऐसा जवाब कि समझिए झड़ी लगा दी। हम और डॉक्टर साहब जिस 'भिट्ठे' की आड़ में थे, वह ढहने लगा तो हम रेंग-रेंगकर दूसरी खाई में पहुँचे। पार्टी नंबर दो ने भी अपना ठिकाना बदला··· एक ही दूरबीन, सो भी पार्टी नंबर दो के पास। डॉक्टर साहब बोले–'पार्टी नंबर दो चुप क्यों हो गई ?' उस पार से धुआँधार गोलियाँ आ रही थीं।

"डॉक्टर साहब घुटने के बल बैठकर स्टेनगन को ठीक करने लगे। मैं बोला, 'पेट के बल लेट जाइए।' डॉक्टर साहब इतने लंबे कि घुटने के बल बैठने पर भी पीठ दिखाई पड़े। पेट के बल पर हम दोनों लेटे रहे। फायरिंग रुकी तो फिर नया 'पोजीशन' लिया। डॉक्टर साहब ने पाँच मिनट तक गोली चलाई होगी। जिस वक्त पार्टी नंबर दो फायरिंग देने लगी, हम दोनों जगह बदलने के लिए 'सखुआ' पेड़ की आड़ में खिसकते हुए जा रहे थे कि डॉक्टर साहब के मुँह से निकला–'ओह !' मुड़कर देखा तो वह पेट पकड़े हुए थे। दुश्मन की गोलियाँ सामनेवाले पेड़ के तने के 'बाकल' को उधेड़ रही थीं। दुश्मन ने हम दोनों को अच्छी तरह देख लिया था। डॉक्टर साहब पेट पकड़कर रेंगते हुए ढलान से नीचे लुढ़क गए। हमको भी ऐसा ही करने को कहा। बोले–'फायरिंग बंद मत करिए ! जारी रखिए ! मगर, जब हमने उलटकर देखा, तो डॉक्टर साहब खून से लथपथ थे। मैं उनके पास पहुँचा तो हुक्म हुआ–'अपनी पार्टी के जवानों को पार्टी नंबर दो की मदद के लिए भेज दीजिए'··· वही किया। लौटकर आया तो खुद अपनी कमीज फाड़कर, बूट की पट्टी खोलकर पेट पर बाँध रहे थे। हमको देखकर बोले–'अंतड़ी निकल गई है। सँभालकर अंदर करके पट्टी बाँध दीजिए।' पहले तो सोचा कि पार्टी नंबर दो को खबर दूँ। मगर, डॉक्टर साहब को उस हालत में छोड़कर कैसे जाएँ ? आखिर अपनी राइफल और डॉक्टर साहब की स्टेनगन को अगल-बगल लटकाकर–डॉक्टर साहब को पीठ पर लादकर–पहाड़ी 'झोरा' (सूखी नाली) की राह पकड़कर मैं चला··· "

घनी तराई का बीहड़ पथ। एडवांस फोर्स के घायल कमांडर को पीठ पर लादकर, कामरेड रहीम हेडक्वार्टर की ओर जानेवाली पगडंडी को खोज रहा है। कमांडर झा गंभीर रूप से घायल हैं। किंतु, बेहोश नहीं–"साथी रहीमजी ! आप 'अकनेधी' का लत्तर पहचानते हैं ? सन्थाल लोग और अपने गाँव के लोग भी इसके पत्ते को पीसकर कटे हुए स्थान पर लगाते हैं। खून तुरंत बंद हो जाता है और फिर घाव सूखने पर ही लेप अपने-आप उतर जाता है। 'एंटीसेप्टिक' भी होता है और घाव को आराम करने में उस्ताद है यह जड़ी। मुझे किसी जगह पर रखकर झाड़ियों में ढूँढ़िए।" कामरेड रहीम ढूँढ़कर 'अकनेधी' की लता ले आया है। डॉक्टर साहब मुस्कुराकर कहते हैं–'ठीक है। आप जंगली जड़ी-बूटी को पहचानते हैं।' रहीम, पत्तियों को राइफल के 'बट' पर रखकर पत्थर से कुचलता-पीसता है। किंतु पट्टी को हटाकर घाव को देखते ही उसका सिर चकराने लगता है। डॉक्टर

झा कहते हैं, 'कुछ ही दूर पर, इटहरी गाँव में एक डॉक्टर रहता है। उसके पास पेनिसिलिन होगी। अगर अभी एक सुई लग जाए··· "

लेकिन डॉक्टर के पास पेनिसिलिन नहीं थी। और होती भी तो··· ?

इटहरी पहुँचते-पहुँचते डॉक्टर झा की अवस्था नाजुक हो चुकी थी। उनकी बोली बंद हो चुकी थी। इटहरी पहुँचकर रहीम ने जब उनको बरामदे पर लिटाया, तो एक बार आँखों को खोलकर देखा। फिर, एक लंबी साँस के साथ, सब समाप्त !

सुबह आठ बजे का चला हुआ रहीम, शाम को पाँच बजे डॉक्टर झा की लाश को लेकर हेडक्वार्टर में हाजिर हुआ। और, दो मिनट के बाद एडवांस फोर्स की पार्टी नंबर दो का संदेशवाहक भी शुभ संवाद लेकर पहुँचा। डॉक्टर झा की लाश को मेजर जनरल के कमरे में बंद कर दिया गया। पार्टी नंबर दो के संदेशवाहक का लाया हुआ 'उत्साहवर्द्धक समाचार' तत्काल ही 'प्रजातंत्र नेपाल रेडियो' के दफ्तर में शाम के समाचार-बुलेटिन में प्रसारण के लिए भेज दिया गया। और, तुरंत एक टुकड़ी कुसहा घाट की ओर चल पड़ी—एडवांस फोर्स की मदद करने के लिए।

"यह प्रजातंत्र नेपाल रेडियो है··· एक विशेष संवाद सुनिए (फ्लैश !!!)··· आज सुबह आठ बजे कोसी नदी के कुसहा घाट पर जमकर लड़ाई हुई। काठमांडो से विराटनगर को आती हुई राणाशाही की सेना की टुकड़ियाँ जब नावों पर लदकर नदी पार कर रही थीं, मुक्तिसेना के जवानों ने उन पर अचानक गोलाबारी शुरू कर दी और दुश्मन की दो नावों को डुबा दिया। डेढ़ घंटे तक मुकाबला करने के बाद हमारे जवानों ने दुश्मन को उस पार की तराई में खदेड़ दिया है··· !!"

रात को साढ़े नौ बजे प्रजातंत्र नेपाल रेडियो की तीसरी सभा समाप्त करके 'पी. आर. ओ.' अपने कैंप में लौटा तो पहरे पर खड़ा संतरी साथी गिरधारी फूट-फूटकर रो पड़ा।

कैंप में चारों ओर हिचकियाँ-सिसकियाँ और घुटता हुआ क्रंदन !! सोशलिस्ट पार्टी के जनरल सेक्रेटरी नरसिंह नारायण सिंह की आँखें झर रही थीं और वह मानो 'बाय' में बोले जा रहे थे—"तुमने··· अब तक डॉक्टर साहब से मुलाकात नहीं की ? रहीम कह रहा था—मोर्चे पर डॉक्टर साहब तुमको बार-बार याद करते थे··· चलो, अपने प्यारे साथी कुलदीप झा से मिल लो।"

नेपाल-भारत की सीमा-रेखा के पास 'नो मैंस लैंड' के किनारे, भारत की भूमि पर एक चिता सजाई जा रही है। विराटनगर और जोगबनी के दस हजार मजदूरों के प्यारे और बहादुर साथी की अर्थी उठ रही है। पूर्णिया जिला के किसानों का अगुआ-लड़का और बिहार के विद्यार्थियों और नौजवानों के प्रिय 'भैयाजी'—लाल झंडे में लिपटे, फूलमालाओं से लदे आ रहे हैं··· सावधान ! आगे-आगे मातमी धुन बजाती हुई बिगुलवादकों की टुकड़ी··· धीरे-धीरे आ रही है··· भारत-नेपाल मैत्री,

अमर हो··· नेपाली प्रजातंत्र जिंदाबाद··· डॉक्टर कुलदीप झा ट्रठाँय ! सलाम–लाल सलाम !!··· ट्रठाँय !··· सलाम··· ट्रठाँय !!

नौ

"··· समाचार आप प्रजातंत्र नेपाल रेडियो से सुन रहे हैं। मोहन शमशेर के दोनों विशेष दूत, आज दिल्ली से काठमांडो वापस हो गए। जानकार सूत्रों का कहना है कि भारत सरकार ने मोहन शमशेर की समझौता-वार्ता की शर्तों को नामंजूर कर दिया है और साथ ही इस बात पर बल दिया है कि भारत श्री-5 महाराजाधिराज त्रिभुवन को नेपाल का महाराजाधिराज मानता है··· आज के विशेष समाचार फिर एक बार सुन लीजिए–ईलाम पर, मुक्तिसेना ने बिना एक बूँद रक्त बहाए कब्जा कर लिया है, भोजपुर-खटांग में घमासान लड़ाई चल रही है··· लीजिए, अभी-अभी खबर मिली है कि भोजपुर-खटांग के सरकारी-भवन पर मुक्तिसैनिकों ने विजय का झंडा फहरा दिया है··· "

प्रजातंत्र नेपाल रेडियो से प्रतिदिन तीन बार–सुबह, दोपहर और शाम की सभाओं में समाचार प्रसारित किए जाते हैं। समाचार के अलावा गीत, लोकगीत, रिपोर्ताज़ और एकांकी। सभी प्रसारणों का मूल वक्तव्य–'नेपाल में सदियों से छाए अंधकार को दूर कर–नया सूरज नया विहान ला रहा है।'

किंतु, विराटनगर का अडिग और अजेय दुर्ग इन सारी बातों को झुठलाता हुआ नित्य नरसंहार कर रहा है। इसलिए झापा, ईलाम और भोजपुर-अंचलों के उत्साहवर्धक समाचारों पर जनता अविश्वास-सा करने लगी है। मुक्तिसैनिकों के मनोबल भी डाँवाडोल हो रहे हैं। और, सबसे बड़ी और 'टाप' सीक्रेट बात–यदि एक-दो दिन में विराटनगर किले का पतन नहीं हुआ तो मुक्तिसेना के समक्ष एक भीषण और चरम संकटपूर्ण समस्या उपस्थित हो जाएगी। अर्थात् मुक्तिसेना का गोलाबारूद और बुलेट का भंडार करीब-करीब खाली हो चुका है। तब क्या होगा ? सिर्फ प्रेरणादायक राष्ट्रीय गीतों और रक्त को उबालनेवाले रिपोर्ताज़ से राणाशाही फौज की दुर्वार गति को रोका तो नहीं जा सकता ?

भट भट भट भट भट··· ??

पूरनसिंह तथा उसके साथियों ने कैटरपिलर बुलडोजर को सचमुच टैंक में कनवर्ट कर दिया है। वे इस लौह-दानव को चला-फिराकर 'ट्रायल' ले रहे हैं। लोहे के चद्दरों से मंडित, ब्रेनगन से सुसज्जित। पूरनसिंह ब्रेनगन की चर्खी को घुमा-फिराकर विभिन्न कोण में निशाना लेकर देखता है–"कमांडर याकथुंबा–यह रहा आपका टैंक !"

आश्चर्य ! दोपहर की सभा में प्रसारण के लिए, उत्तमविक्रम राणा के नाम, ईस्टर्न कमांड की फिर एक अपील ? अपील नहीं, अंतिम चेतावनी–"अब जनि दोष देहु मोहि लोगू··· ।"

और, इस अंतिम चेतावनी का जवाब उत्तमविक्रम की सेना ने मोर्टार के गोलों से दिया–

'मिले न कबहुँ सुभट रण गाढ़े··· ।'

तेईस दिसंबर के सुनहले दिन का तीसरा पहर। मुक्तिसेना के बैरकों में मानो नई जिंदगी दौड़ गई है। रिजर्व के जवान भी तैयार हो रहे हैं। चारों ओर सरगर्मी, उत्तेजना की लहरें !! ट्रकों में लदकर मुक्तिवाहिनी के योद्धा··· विराटनगर मोर्चे की ओर चले और ट्रकों के पीछे-पीछे तमाशबीन निहत्थी जनता। कमांडर के सामने नई समस्या–"नहीं, नहीं। पब्लिक को रोको। एकदम रोको।"

पिकेट पर तैनात मुक्तिसेना के जवान मुस्तैदी से सड़कों पर घेरा डालकर अड़ गए। अबूझ जनता को नेपाली कांग्रेस के स्वयंसेवक समझा रहे हैं। किंतु जनता अपनी सेना के साथ मार्च करना चाहती है–"भाइया ! फौजियों की जय-यात्रा में कोई बाधा न पड़े–कोई अमंगल घटना न घटे–इसलिए आपसे अनुरोध है, आप विराटनगर की ओर एक कदम भी आगे न बढ़ावें··· "

अगले मोर्चे पर कमांडर याकथुंबा और सी. बी. सुब्बा ने मिलकर 'आखिरी हमले' की सारी तैयारी कर ली है। ड्राइवरों का सरदार गौरमणि, टैंक के 'पिट' में बैठा हुआ मुस्कुरा रहा है। मुक्तिसेना के जवानों को कई कालमों में बाँट दिया गया है। सभी ईस्टर्न कमांड के चीफ बी. पी. के आने की प्रतीक्षा कर रहे हैं।

ईस्टर्न कमांड के चीफ की पार्टी आई। याकथुंबा ने आगे बढ़कर स्वागत किया–"सब, ठीक-ठाक–तैयार है। हुक्म हो।"

कमांडर ने सबसे पहले टैंकचालक गौरमणि को संकेत किया–स्टार्ट !

भटटटटट-टट-टट-भट-भट··· !

मार्च !!

भटभटभटभटभट··· !

लोहे का विशाल-कच्छप सचल हुआ।

यंत्रदानव धरती को कँपाता हुआ आगे बढ़ा। इसके पीछे-पीछे मार्च करती–कवर फाइरिंग देती हुई–मुक्तिसेना। सामने से मार करती हुई राणाशाही गोलियाँ। गोलियाँ टैंक पर सशब्द बरस रही हैं–भट-भट-भट–ट्ठाँय-ट्ठाँय-धाँय-टटटटटट-भटभटभट-ठाँय-ठाँय–नरपति गिरा। उसको ट्रेंच में ले जाओ–ठाँय-ठाँय–जय नेपाल–आह !! भटभटभटभट–धाँय-धाँय–जय माँ काली–टटटटट घायलों को ट्रेंच में ले जाओ–धाँय-धाँय–भटभटभट भट भट–ट्ठाँय-ट्ठाँय–जय नेपाल–भटभटभट–भटभट-धड़धड़धड़ाम–अर-र-र गिरी-गिरी दीवार धड़धड़ाम–टूट गई दीवार किले की–जय हो–भट

भटभटभट…

किले की दीवार के टूटने के बाद का आँखों देखा हाल प्रजातंत्र नेपाल रेडियो की तीसरी सभा में प्रसारित हो रहा है, पी. आर. ओ. के शब्दों में–"दीवार अरराकर टूट गई है और मुक्तिवाहिनी का टैंक गर्जन करता हुआ किले के अंदर प्रवेश कर गया है–अब सिर्फ मुक्तिसेना की गोलियाँ बोल रही हैं–भीषण कलरव–कोलाहल, जयध्वनि–मैं देख रहा हूँ, अंदर की दीवार यानी पूरब की दीवार को फलाँगकर राणा के सैनिक भागना चाहते हैं लेकिन वे एक-एक कर नीचे गिर रहे हैं–मुक्तिसेना के जवान क्रोध में पागल हो गए हैं–सफेद झंडा दिखलाकर फायरिंग करने का मजा वे अच्छी तरह चखा देना चाहते हैं, दुश्मन को। अब मैं भी किले के अंदर पहुँच चुका हूँ–बी. पी. दौड़कर उत्तमविक्रम के निवास की ओर जा रहे हैं–मुक्तिसेना के जवान एक लाश को घसीटकर ले आए हैं–यह शायद–शायद–हाँ, यह उत्तमविक्रम के तीसरे पुत्र सुदर्शन शमशेर की लाश है–मुक्तिसेना के जवानों को मालूम है कि सफेद झंडा फहराकर बी. पी. पर गोली चलाने का आदेश सुदर्शन शमशेर ने ही दिया था, इसलिए मुक्तिसेना के जवानों ने कसमें खाई हैं–"रगत खानछू–रक्त पीयूँगा उसका"–और, और… वे सचमुच रक्त पी रहे हैं, किलक-किलककर–एक नारकीय दृश्य–चारों ओर,–दुर्गंध-दुर्गंध–कोलाहल–आर्तनाद, जयध्वनि–गोलियों और संगीनों की मार–ट्ठाँय–खच्च-खच्च !! ठाँय-ठाँय–"नो नो नो !!"

बी. पी. अपनी दोनों भुजाओं को पसारकर उत्तमविक्रम के दरवाजे के पास–राह छेंककर खड़े हो गए हैं–"स्टाप फाइरिंग !" किंतु मुक्तियोद्धाओं को उत्तमविक्रम की गर्दन चाहिए। याकथुंबा और सी. बी. सुब्बा जवानों को सँभाल रहे हैं। नेपाली काँग्रेस के स्वयंसेवक अब विजय के नारे लगाने लगे। उत्तेजना तनिक मंद हुई है। और आत्मसमर्पण की मुद्रा में–दोनों हाथों को ऊपर की ओर उठाए–दुश्मन के जवानों को उन्होंने कतार में पंक्तिबद्ध खड़ा कर दिया है। मुक्तिसेना के जवान उनके फेंके हुए हथियार बटोर रहे हैं–राणा के मशीनगनचालक की गर्दन धड़ से अलग करके–फुटबाल की तरह पाँव से लुढ़का रहे हैं और उन्हें रह-रहकर जब उत्तमविक्रम के अमानुषिक कुकृत्यों की याद आती है तो वे कर्नल के बँगले की ओर जाना चाहते हैं… बी. पी. कर्नल उत्तमविक्रम के रोते हुए पोते-पोतियों को चुप करा रहे हैं–मुँह में उँगली डालकर रोता हुआ एक शिशु–जिसकी घिघ्घी बँध गई है रोते-रोते–उत्तमविक्रम पत्थर की मूर्ति की तरह खड़ा है–उसको घेरकर खड़ी कई महिलाएँ–दुहाई माँगतीं, बिलखतीं, रोतीं… । बी. पी. कहते हैं–"कर्नल साहब, अब आप सपरिवार मुक्तिसेना के बंदी हैं, घबराइए मत। नहीं-नहीं–अब कोई गोली नहीं चलाएगा–आपके दोनों पुत्र घायल हुए हैं–मामूली चोट है–नहीं-नहीं–आप यकीन करें–आपको फिलहाल कोई गोली नहीं मारेगा, शांत होइए–इन्हें पानी पिलाइए, बच्चों को भी… "

पानी पीते समय भी उत्तमविक्रम की आँखें बी. पी. पर टँगी रहीं–उसे विश्वास ही नहीं हो रहा था कि उसकी जान… । लेकिन जब बी. पी. स्वयं एक रोते हुए

बालक को गोद में लेकर चुप कराने लगे तब उत्तमविक्रम की पथराई हुई-सी आँखों में पानी छलछला आया और उसने प्रलाप शुरू किया–"आप देवता हैं, मनुष्य नहीं–मैं देवहत्या-ब्रह्महत्या करनेवाला–मुझे मत माफ कीजिए–बी. पी., बी. पी. आप सचमुच नेपाल की जनता के नेता··· युग-युग जीयें आप··· !"

दस

शेष हुआ–विराटनगर का यह मृत्युयज्ञ !

अपने प्राणों की आहुतियाँ डालकर जिन योद्धाओं ने इसे सफल और संपन्न किया–उनके नाम इतिहास के पृष्ठों पर कभी नहीं लिखे जाएँगे। वे सदा अनाम रह जाएँगे। किंतु, मुक्त नेपाल में जब कभी 'स्वाधीनता दिवस' या 'प्रजातंत्र दिवस' का उत्सव होगा–आकाश-पाताल में उनकी मृत्युंजय वाणी गूँजती रहेगी–"जय नेपाल ! जय नेपाली प्रजातंत्र !!"

विराटनगर-विजय के बाद मुक्तिवाहिनी की अग्रगामी टुकड़ियों ने धरान और धनकुट्टा की ओर सम्मिलित शक्ति और दूने उत्साह के साथ कूच किया। इन योद्धाओं की जय-यात्रा के अवसर पर प्र. ने. रेडियो से एक चेतावनी प्रसारित हो रही है–धरान और धनकुट्टा के राणा शासकों के नाम–"मुक्तिसेना धरान और धनकुट्टा की ओर मार्च कर चुकी है। अब भी पाँच-सात घंटे का समय है। इसी बीच आप ठंडे दिल और दिमाग से अंतिम फैसला कर लें। अगर कर्नल उत्तमविक्रम ने हमारी चेतावनियों पर गंभीरतापूर्वक ध्यान दिया होता तो कम-से-कम डेढ़-दो सौ नेपाली जवान–दोनों पक्षों के–आज नेपाल की मुक्त धरती पर जीवित हँसते-गाते होते। वे आज विराटनगर और मोरंग जिले के नर-नारियों के साथ विजय-उत्सव मनाते होते। किंतु, राणाशाही हठधर्मी के कारण आज उनकी लावारिस लाशें··· अगर अपने अंचल के सैकड़ों अबोध नेपालियों को मौत के मुँह में नहीं झोंकना चाहते तो आपसे यह अंतिम और सविनय अनुरोध है कि आप आत्मसमर्पण की भावना से आगे बढ़कर–मुक्तहृदय और रिक्तहस्त–नेपाली कांग्रेस के जयघोष के साथ मुक्तिसेना का स्वागत करें··· !"

तीन बजे भोर को चीफ ऑपरेटर लामा खुशी से नाचता-उछलता, चुटकियाँ बजाता–मुँह से सीटी 'सिसकारता' हुआ आया–"धरान-धनकुट्टा-आ-आ-आ-अगि बढ़्दा–बढ़दै हाम्रो विजय भये को–हो साथि हो–धरान-धनकुट्टा सरेंडर्ड··· साथी यो विजय साचे भन्ने भए, सरासर प्रजातंत्र नेपाल रेडियो ले छोड़े को 'शब्दबाण' बाट ने··· !!"

चीफ ऑपरेटर लामा ही नहीं, ईस्टर्न कमांड के चीफ बी. पी. ने भी हँसकर स्वीकार किया–"हाँ, धरान और धनकुट्टा विजय का श्रेय प्रजातंत्र नेपाल रेडियो को ही देना होगा··· दिनु पछे··· "

विराटनगर-पतन और धरान-धनकुट्टा के आत्मसभर्पण के साथ ही मुक्ति-संग्राम के 'अंतिम पर्व' का आयोजन शुरू हुआ। प्र. ने. रेडियो से घोषणा की जाने लगी--"विजयी मुक्तिसेना अब काठमांडो की ओर बढ़ रही है। कुसहा घाट के मोर्चे से भागनेवाले राणा-सैनिकों में अधिकांश तराई की जनता के द्वारा पकड़ लिए गए हैं··· !"

रेडियो स्टेशन के प्रतीक्षालय में अब उम्मीदवार कलाकारों की भीड़ लगी रहती है। रेडियो से अब सिर्फ 'जुझाऊ गीत' ही नहीं, चाँद-तारे, पहाड़-झरने और प्रेम के गीत भी प्रसारित किए जाते हैं। प्रथम प्रसारण के दिन चिराग लेकर ढूँढ़ने पर भी आश्रय-प्रार्थियों के कैंप में कोई कलाकार नहीं मिला था। अब ऐसा लगता है, प्रत्येक परिवार में एक या एकाधिक गुणी गायक अथवा वादक अवश्य हैं। सितार, सारंगी, हारमोनियम, बाँसुरी, क्लेरियोनेट, तबला, ढोलक और 'घटम' (घड़ा) बजानेवालों के आवेदनपत्र नित्य प्राप्त हो रहे हैं। शास्त्रीय और सुगम संगीत गानेवाले कलाकार तारिणी और पी. आर. ओ. को हमेशा घेरे रहते हैं। तारिणी कहता है–"अभी हमें दुर्गा या जयजयवंती अथवा ठुमरी-दादरा नहीं–विशुद्ध लोकगीत चाहिए, नेपाली जनजीवन के 'असल' गीत। 'भयाउरे' गानेवालों की जरूरत है हमें–फिल्मी धुन की नकल नहीं चलेगी··· !"

नेपाली, नेवारी, हिंदी और अंग्रेजी में समाचार बुलेटिन पढ़ने के लिए और भी कई सुकंठ उद्‌घोषकों की नियुक्तियाँ हुई हैं। सब मिलाकर पंद्रह-बीस स्त्री-पुरुष 'स्टाफ आर्टिस्ट' के रूप में काम कर रहे हैं और अब कई सप्ताह पहले ही प्रसारित होनेवाले प्रोग्राम का 'शिड्यूल' बना लिया जाता है। समय की पाबंदी पर पूरा ध्यान दिया जाता है। रेडियोवाले सदा गाने-बजाने और रिहर्सल में व्यस्त रहते हैं। इसीलिए हिंदी समाचार बुलेटिन पढ़ने के लिए, सोशलिस्ट कैंप के एक साहित्यिक साथी 'निर्झर' की नियुक्ति हुई तो सबसे ऊबे हुए और सदा सभी पर कुढ़ते रहनेवाले एक कामरेड ने व्यंग्य किया था–"आप लोग तकदीर के सिकंदर हैं। जिनको मरना था मर गए। अब आप लोग मौज कीजिए। जाइए, रेडियो में 'बन की चिड़िया बन-बन बोलूँ रे' दोगाना गाइए··· !!"

जब तक लड़ाई चल रही थी, किसी विभाग के किसी कोने में भी सद्‌भाव, सहयोग और भाईचारे का अभाव नहीं दीखता था। सभी मानो एक नशे में मस्त थे। किंतु, युद्ध की गति मंद होते ही मनोमालिन्य, ईर्ष्या, द्वेष और स्वार्थपरता के लक्षण प्रकट होने लगे हैं। एक नए किस्म का 'बोरडम' चतुर्दिक व्याप्त हो रहा है, धीरे-धीरे। आठ-दस हजार मजदूर अब अपने को सचमुच बेकार समझने लगे। अतः नेपाली कांग्रेस के सभापति ने तात्कालिक समस्याओं पर विचार-विमर्श करने के लिए आवश्यक बैठक बुलाई है।

उधर मोहन शमशेर समझौता के लिए फिर दिल्ली का दरवाजा खटखटा रहा

है। नेपाल के 'परराष्ट्रविभाग' के मंत्री को दिल्ली भेजा गया है !!

"समझौता ? कैसा समझौता ? किसके साथ समझौता ?"

"सैकड़ों नेपाली नौजवानों की कुर्बानियों के बाद, देश के एकतिहाई से अधिक भू-भाग को मुक्त करने के बाद समझौता शब्द का उच्चारण भी करनेवाला देशद्रोही समझा जाएगा।"

नेपाली कांग्रेस के सभापति ने सदस्यों का ध्यान अफवाहों से हटाकर उपस्थित तात्कालिक समस्याओं की ओर आकर्षित किया–"आप विश्वास करें–नेपाली कांग्रेस ऐसा कोई कदम नहीं उठाएगी जो जनमत विरोधी हो··· अभी हमारे सामने–'लिबरेटेड एरिया' में 'लॉ एंड आर्डर' कायम करने का अहम सवाल है। दस-पंद्रह हजार मजदूरों की रोटी-रोजी की व्यवस्था करना, शहर और गाँवों के अस्त-व्यस्त जीवन को फिर व्यवस्थित करना हमारा पहला कर्तव्य है··· !"

"अब हाम्रो घर तिर फरकने बेला आयो !··· अब हमारे घर लौटने का समय आ गया।" आश्रय-प्रार्थियों के मुहल्ले में रह-रहकर सम्मिलित हँसी और किलकारियाँ गूँज जाती हैं।

नागरिक-सुरक्षा-समिति के कार्यकर्त्ता फिर सक्रिय हुए। ट्रकों, जीपों और बैलगाड़ियों पर फिर सामान लादे जाने लगे। लोगों के उत्साह का अंत नहीं। अब वे अपने-अपने घरों को वापस जा रहे हैं। एक 'बस' के मुरेड़ पर–बक्स-बिस्तर-पिटारियों के बीच बैठा एक नेपाली–अपने पालतू बंदर को कंधे पर बिठाकर गा रहा है–"हम मेहमाँ हैं अब अपने घर जाएँगे–घर जाएँगे, हाँ जी घर जाएँगे··· "

मिलेटरी गवर्नर ने सभी मिलों के मालिकों के नाम नोटिस जारी किए हैं–"एक सप्ताह के अंदर कल-कारखानों को चालू कर दें। जो उद्योगपति इस आदेश का पालन नहीं करेंगे, उनके मिलों को सामयिक सरकार अपने हाथ में ले लेगी और उन्हें चलाने की व्यवस्था करेगी···।"

ग्राम-पंचायत के आरंभिक और मूल सिद्धांतों पर विचार करने के लिए मोरंग जिला नेपाली काँग्रेस की विशेष बैठक बुलाई गई है। नागरिक-सुरक्षा-समिति के दो प्रमुख अधिकारी शिवहरि और विश्वबंधु की सम्मिलित राय है–"ग्राम-पंचायत ट्रेनिंग कैंप चलाने की व्यवस्था शीघ्र की जाए और प्रशिक्षित कार्यकर्ताओं को ही ग्राम-पंचायत के संगठन के लिए गाँवों में भेजा जाए।"

ग्राम-पंचायत ट्रेनिंग कैंप में 'ट्रेनिंग' देने का दायित्व 'सोशलिस्ट रेजिमेंट' के नरसिंह मंडल पर पड़ा है। उसने बाजाब्ता ट्रेनिंग ली है–ग्राम-पंचायत संगठनकर्ता की। अपने मन का काम पाकर नरसिंह मंडल का सदाप्रसन्न मुखड़ा अब और भी चमकने लगा है। वह अपने दल-बल के साथ मोरंग जिले के दूर गाँवों की ओर–'जनसंपर्क अभियान' में जा रहा है। सोशलिस्ट कैंप के सदा कुपित-कुंठित और कुढ़े हुए एक क़ामरेड ने फिर व्यंग्य किया–"आप भी तकदीर के सिकंदर

हैं। जाइए, मौज कीजिए !"

उधर नेपाली कांग्रेस के खेमे में शिवजंग राणा का व्यक्तिगत असंतोष दिन-प्रतिदिन बढ़ता जा रहा है। तुरंत उत्तेजित होकर कुछ कर गुजरनेवाला यह राणा संतान आजकल सदा असंतुष्ट रहता है। बात-बात में व्यंग्य और आक्षेप करने की आदत बढ़ गई है··· सामयिक सरकार का जेल और पुलिस विभाग उसके पिता के जिम्मे था। किंतु उस दिन बंदी उत्तमविक्रम राणा के कमरे के पास भावुक 'बाबू साहेब' (राणा के लिए व्यवहार किया जानेवाला आदरसूचक शब्द) का हृदय उमड़ आया–"एक राणा संतान अपने ही भाई राणा को काल-कोठरी में बंद कर ताला लगावे··· विधि को यो कस्तो विडंबना ?" वे खिड़की से सिर सटाकर रोने लगे, फूट-फूटकर, और खबर पाते ही मिलेटरी गवर्नर ने उन्हें तत्काल जेल तथा पुलिस विभाग के दायित्व से मुक्त कर दिया है। बाबू साहेब का पुत्र शिवजंग नाराज है। उसकी नाराजगी के बहुत सारे कारण उसके पास जमा हो गए हैं। किंतु मुख्य कारण है बी. पी. के द्वारा उसके व्यक्तित्व और महत्त्व की अवहेलना, उसके प्रति 'हाइ कमांड' की उपेक्षा का भाव तथा शिवहरि और विश्वबंधु से अधिक लगाव–उन पर अधिक विश्वास··· !

अचानक एक आवश्यक संवाद पाकर सभी शीर्षस्थ नेताओं ने दिल्ली के लिए प्रस्थान कर दिया है। फिर एक बार समझौते की संभावनाओं और समझौते के विरोध में बातें शुरू हो गई हैं–और बहस के सिलसिले में बात बढ़कर भारतीय राजनेताओं के विरुद्ध कटु आलोचना का रूप भी ले लेती है। हर वर्ग के लोग अपनी-अपनी बुद्धि और विचार के अनुसार अपनी राय प्रकट करते हैं··· असिस्टेंट वायरलेस ऑपरेटर नेत्र बहादुर गुरुंग ताश खेलता हुआ कहता है–"यो अब 'ट्वैंटी नाइन' को खेला शुरू भए को झन्न··· इंडिया के हाथ में अभी रंग का 'रायल पेयर' मतलब किंग और क्वीन की जोड़ी है। नेपाल कांग्रेस और राणाशाही–दोनों को वह जब चाहे तब दे सकता है। विरोध किया कि 'रायल पेयर' दिखलाया–हा-हा-हा-हा !!"

युद्ध-भूमि से समझौते के टेबुल पर पहुँचकर नेपाली कांग्रेस के नेताओं ने गलत किया या सही–यह सदा विवाद का विषय बना रहेगा। किंतु नेपाल-क्रांति में विराट नगर ने अपनी शानदार और प्रमुख भूमिका का जिस बहादुरी से निर्वाह किया उसको सभी स्वीकार करेंगे। अविस्मरणीय रहेगा विराटनगर का अवदान··· !!

ग्यारह

पिछले तीस वर्षों से नेपाल की राजनीति में सैकड़ों तीखे मोड़ आए हैं और पिछले बीस वर्षों से–हर ऐसे मोड़ पर–पी. आर. ओ. अपनी पुरानी डायरी के कई पृष्ठों को खोलकर फिर से पढ़ लिया करता है और हाशिए पर कुछ लिख

दिया करता है :

"17 फरवरी, शनिवार, 1951

हो गया समझौता ! मोहन शमशेर प्रधानमंत्री होंगे और बी. पी. डिप्टी-प्राइममिनिस्टर ! बबर शमशेर (राणा पक्ष) रक्षामंत्री और सुवर्ण शमशेर (ने. का.) अर्थमंत्री···

लोग जो भी कहें–मैं इसे असमाप्त क्रांति ही कहूँगा, असफल नहीं।"

आज शिवजंग ने अचानक विद्रोह कर दिया। सशस्त्र सैनिकों के एक दस्ते को लेकर उसने कॉटन मिल एरिया पर धावा बोल दिया। 'निर्झर' ने हिंदी समाचार बुलेटिन पढ़कर समाप्त किया और मैं मिलेटरी गवर्नर के आदेश का प्रसारण कर ही रहा था कि बिजली गुल हो गई। एमरजेंसी डाइनेमो चलाने की व्यवस्था हो रही थी, कि शिवजंग ने अपने विद्रोही सिपाहियों को लेकर रेडियो स्टेशन को घेर लिया। 'निर्झर' ने तुतलाकर अंगिका बोली में कहा–"बरगाँही शिवजंगा पगलाय गेलछै !" 'निर्झर' की बात सुनकर वैसी घड़ी में भी हँसी आ गई। शिवजंग हाथ में रिवाल्वर लेकर चिल्लाता हुआ आया–हैंड्स अप ! एवरीबडी हीयर आर कैप्चर्ड–हैंड्स अप !"

रेडियो स्टेशन के बगल में ही नजरबंदों के एक कमरे में मनमोहन अधिकारी चिल्ला रहा है–"किल दीज़ इंडियंस–पहले इन 'मधेसिया मूजियों' को खत्म करो।"

हम सभी हाथ ऊपर की ओर उठाए खड़े रहे। शिवजंग ने गुर्राकर पूछा–"ह्वेर इज़ योर टामीगन ?"

मैंने जवाब दिया–"मैंने कल ही मालखाना में जमा कर दिया है।"

शिवजंग रेडियो स्टेशन की तलाशी लेने के लिए अपने सशस्त्र साथियों के साथ अंदर गया। बाहर चारों ओर भगदड़, कोलाहल और बीच-बीच में फाइरिंग की आवाज। 'निर्झर' मुझसे सटकर खड़ा है और अपने गाँव की मीठी बोली में कुनमुनाकर मुझसे कह रहा है–"हे रे भैया ! एकर मुख पर जवाब मत देवै–खिसियैलो छौ··· (भाई रे ! इसके मुँह पर जवाब मत दो, गुस्से से पागल हो रहा है। गोली मार देगा पगला !)"

शिवजंग ने बाहर निकलकर फिर रिवाल्वर तानते हुए कहा–"एवरीबडी कैप्चर्ड ! –हम समझौता नहीं मानता है। हम मोहन शमशेर के साथ मिलकर गवर्नमेंट बनानेवालों को खत्म कर देंगे··· "

"लेकिन हम मोहन शमशेर के साथ मिलकर सरकार नहीं बना रहे।"–मैंने बहुत साहस बटोरकर कहा। 'निर्झर' उस समय भी कुनमुना रहा था–"हे रे भैया, बरगाँही कर मुख पर जवाब मत दहैं। गोली मारी देतौ रे !"

"हैंड्स अप !"–याकथुंबा अपने जवानों के साथ आया। उसको देखते ही विद्रोही सिपाहियों ने हथियार रखकर आत्मसमर्पण कर दिया। याकथुंबा ने फुर्ती से शिवजंग के हाथ से रिवाल्वर छीनकर कहा–"यों बोलाहे लाइ कैप्चर गर !"

मिलेटरी गवर्नर के पास पहुँचकर शिवजंग ने अपनी गलती कबूल करके माफी

माँग ली है। सुना, अगर याकथुंबा समय पर नहीं आ जाते तो आज शिवजंग कई लोगों को मार डालता, निश्चय ही।

जान बची, लाखों पाए। लेकिन घर का बुद्धू अभी लौटकर नहीं जा रहा। आदेश आया है–शपथ ग्रहण करने के दिन प्रजातंत्र नेपाल रेडियो का कोई प्रतिनिधि काठमांडो में उपस्थित रहे। किंतु मैं नहीं जाऊँगा : मैं बी. पी. को डिप्टी-प्राइममिनिस्टर के रूप में–सो भी, मोहन शमशेर के प्रधानमंत्रित्व में–नहीं देखना चाहता। इसकी कल्पना भी हमने नहीं की थी। उधर के. आई. सिंह ने उस समझौते के खिलाफ अपनी आवाज उठाई है। पूरब, भद्रपुर में भैरव प्रसाद उपाध्याय ने भी लड़ाई बंद करने के हुक्म को अमान्य कर दिया है। बार-बार नेत्रबहादुर गुरुंग की बात कान के पास गूँज जाती है–"इंडिया के हाथ में रायल-पेयर हैं··· !!"

21 फरवरी, बुधवार।

पूर्णिया जिला सोशलिस्ट पार्टी के जनरल सेक्रेटरी नरसिंह नारायण सिंह ने सभी सोशलिस्टों को नेपाल से वापस आने का आदेश दिया है। अच्छा किया है उन्होंने। ग्राम-पंचायत के लिए मोरंग के गाँवों में गए हुए कुछ समाजवादी भाइयों ने सचमुच में मौज करना शुरू कर दिया है। नरसिंह मंडल ने उनके खिलाफ कार्रवाई की, तो उन्होंने नरसिंह मंडल को ही जान से मार डालने की धमकी दी है। मुझे विश्वास नहीं हो रहा कि वे कामरेड जनरल सेक्रेटरी के आदेश का पालन करेंगे। आठ वर्ष की उम्र से ही मैं नेपाल की धरती पर पला हूँ। नेपाली कितने 'टची' (स्पर्श-कातर) होते हैं, जानता हूँ। यह भी जानता हूँ कि नेपाल की आम जनता के दिल में भारत और भारतीय के प्रति तनिक 'खटखटापन' सदा से रहता आया है। भारतीय उन्हें हेय दृष्टि से देखते हैं। उनके आर्थिक और राजनीतिक पिछड़ेपन को असहानुभूतिपूर्ण दृष्टि से देखते हैं। विराटनगर के भारतीय उद्योगपतियों ने अपने व्यवहार से इस 'खटास' को और भी बढ़ाया है। नेपाल में पिछले कई दशक से कारोबार करनेवाले भारतीय उद्योगपतियों का भागा हुआ दल–मिलेटरी गवर्नर के आदेश पर वापस आ गया है और इस बार वे काँटे से ही काँटे को निकालने की चेष्टा कर रहे हैं। उन्होंने प्रत्येक सोशलिस्ट के विरुद्ध गुप्त रूप से प्रचार करवाना शुरू कर दिया है। वे नेपाली कांग्रेस के कार्यकर्ताओं की आवभगत करते हैं और उन्हें सदा सतर्क करते रहते हैं–भारतीय राजनैतिक कार्यकर्ताओं के संसर्ग से अपनी पार्टी को दूर रखिए, नहीं तो उधर के सारे रोग ला करके वे इधर भी फैला देंगे। बात बिगड़ने के पहले ही हमें यहाँ से चल देना चाहिए।

4 मार्च, रविवार।

दो महीना पहले शोकाकुल अवस्था में सांदाज्यु (बी. पी.) का पत्र मिला

था–"तुम्हारे पिताजी और छोटे भाई की मृत्यु एक ही पखवाड़े में हुई और इस दोहरे दुख को तुम झेल रहे हो, मालूम हुआ। तुम्हारे दुख को अनुभव कर रहा हूँ। किंतु इस तरह शोक में डूबे रहने से कैसे काम चलेगा ? फिर इससे कोई लाभ भी तो नहीं। अभी तो न जाने ऐसे कितने शोक-संवाद मिलेंगे–यहाँ आकर देखो–कितने लोग मरने के लिए आए हुए हैं। इस वर्ष का अंत होते-होते तक पता नहीं तुमको और कितने प्रियजनों की मृत्यु के समाचार सुनने और सहने को मिलें। पत्र पाते ही यहाँ आ जाओ। एक बार यहाँ आओ तो सही। फिर, न हो तो, वापस चले जाना। तुम्हारा, सांदाज्यु।"

आज विराटनगर छोड़ने के पहले सांदाज्यु के नाम एक पत्र लिखकर जाना चाहता हूँ–"सांदाज्यु ! आपसे अनुमति मिले बिना वापस जा रहा हूँ। क्षमा करेंगे।"

लेकिन, नहीं लिखूँगा। यों, लिखने को एक महत्त्वपूर्ण पत्र भारत के प्रधानमंत्री के नाम भी लिखना चाहता हूँ–"प्रधानमंत्रीजी ! पिछले कई सप्ताह से काठमांडो-स्थित भारतीय दूतावास में वायरलेस पर होनेवाली बातचीत को हम इंटरसेप्ट कर रहे हैं। एक आवाज–फटी-फटी-सी आवाज को हमने पहचान लिया है। यह निश्चय ही हमारे राजदूत महोदय की है। बिहारी होने के कारण हम बिहार के खूसट जमींदारों की बोली और मुहावरों को अच्छी तरह समझते हैं। अपने को 'किंग मेकर' और 'किंग्स केयरटेकर' माननेवाले इस महानुभाव के तेवर कुटिल और बोली कर्कश सुनाई पड़ने लगी है। भारतीय राजदूत के रूप में नेपाल की सीमा से सटे हुए इलाके के इस 'सर' की सारी बिरादरी और भाई-भतीजे नेपाली जनता के भाग्यविधाता बन बैठे हैं। यह फटी हुई आवाज बहुत शीघ्र ही नेपाल में भारत-विरोधी स्वर को तीव्र कर देगी। महाराजाधिराज को सकुशल देश से बाहर भगा ले जाने और वापस लाने के बाद हमारे राजदूत महोदय अपने को ही 'महाराजाधिराज' मान बैठे हैं। वह नेपाल की जनता और नेपाल के नेताओं का पग-पग पर अपमान करने को प्रस्तुत रहते हैं। उनको गलतफहमी हो गई है कि नेपाल बिहार का एक जिला मात्र है··· क्या आप भी यही समझते हैं ?··· महोदय, किसी नौकरशाह अथवा 'सर' या 'रायबहादुर' को नहीं–किसी विशालहृदय, उदार व्यक्तित्व को नेपाल के राजदूत के पद पर··· "

लेकिन, मैं किसी को पत्र नहीं लिखूँगा। सिर्फ नेपाल को संबोधित कर नमस्कार कर लूँ–"नेपाल मेरी सानोआमाँ··· नेपाल मेरी मौसी अम्मा, मेरा नमस्कार ग्रहण करो।"

भारत-नेपाल सीमा पर सोए हुए प्रहरी साथी कुलदीप झा को 'लाल सलाम' करके कहता हूँ–"अच्छा तो डॉक्टर साहब, हम चले। आप देखते रहना–भारत-नेपाल-मैत्री का पौधा सूख न जाए : इसे कोई जानवर ठूँठ न कर दे··· "

"और तारापद बाबू ?–बलून ना–आपनार माँ के गिए की बोले दिब ?"··· क्या कहूँगा आपकी माँ से ?"

पटना-जलप्रलय

कुत्ते की आवाज

मेरा गाँव ऐसे इलाके में है जहाँ हर साल पश्चिम, पूरब और दक्षिण की–कोशी, पनार, महानंदा और गंगा की–बाढ़ से पीड़ित प्राणियों के समूह आकर पनाह लेते हैं, सावन-भादों में ट्रेन की खिड़कियों से विशाल और सपाट परती पर गाय, बैल, भैंस, बकरों के हजारों झुंड-मुंड देखकर ही लोग बाढ़ की विभीषिका का अंदाज लगाते हैं।

परती क्षेत्र में जन्म लेने के कारण अपने गाँव के अधिकांश लोगों की तरह मैं भी तैरना नहीं जानता। किंतु दस वर्ष की उम्र से पिछले साल तक–ब्वॉय स्काउट, स्वयंसेवक, राजनीतिक कार्यकर्ता अथवा रिलीफवर्कर की हैसियत से बाढ़-पीड़ित क्षेत्रों में काम करता रहा हूँ। और लिखने की बात ? हाईस्कूल में बाढ़ पर लेख लिखकर प्रथम पुरस्कार पाने से लेकर–'धर्मयुग' में 'कथा-दशक' के अंतर्गत बाढ़ की पुरानी कहानी को नए पाठ के साथ प्रस्तुत कर चुका हूँ। *जय गंगा* (1947), *डायन कोशी* (1948), *हड्डियों का पुल* (1948) आदि छुटपुट रिपोर्ताज के अलावा मेरे कई उपन्यासों में बाढ़ की विनाश-लीलाओं के अनेक चित्र अंकित हुए हैं। किंतु, गाँव में रहते हुए बाढ़ से घिरने, बहने, भँसने और भोगने का अनुभव कभी नहीं हुआ। वह तो पटना शहर में 1967 में ही हुआ, जब अट्ठारह घंटे की अविराम वृष्टि के कारण पुनपुन का पानी राजेंद्रनगर, कंकड़ बाग तथा अन्य निचले हिस्सों में घुस आया था। अर्थात् बाढ़ को मैंने भोगा है, शहरी आदमी की हैसियत से। इसलिए इस बार जब बाढ़ का पानी प्रवेश करने लगा, पटना का पश्चिमी इलाका छाती-भर पानी में डूब गया तो हम घर में ईंधन, आलू, मोमबत्ती, दियासलाई, सिगरेट, पीने का पानी और कांपोज की गोलियाँ जमाकर बैठ गए और प्रतीक्षा करने लगे।

सुबह सुना, राजभवन और मुख्यमंत्री-निवास प्लवित हो गया है। दोपहर में सूचना मिली, गोलघर जल से घिर गया है ! (यों, सूचना बंगला में इस वाक्य से मिली थी–"जानो ! गोलघर डूबे गेछे !") और पाँच बजे जब कॉफी हाउस जाने के लिए (तथा शहर का हाल मालूम करने) निकला तो रिक्शेवाले ने हँसकर कहा–"अब कहाँ जाइएगा ? कॉफी हाउस में तो 'अबले' पानी आ गया होगा।"

"चलो, पानी कैसे घुस गया है, वही देखना है," कहकर हम रिक्शा पर बैठ गए। साथ में नई कविता के एक विशेषज्ञ-व्याख्याता-आचार्य-कवि मित्र थे, जो मेरी अनवरत-अनर्गल-अनगढ़ गद्यमय स्वगतोक्ति से कभी बोर नहीं होते (धन्य हैं !)।

मोटर, स्कूटर, ट्रैक्टर, मोटरसाइकिल, ट्रक, टमटम, साइकिल, रिक्शा पर और पैदल लोग पानी देखने जा रहे हैं, लोग पानी देखकर लौट रहे हैं। देखनेवालों की आँखों में, जुबान पर एक ही जिज्ञासा–'पानी कहाँ तक आ गया है ?' देखकर लौटते हुए लोगों की बातचीत–"फ्रेजर रोड पर आ गया ! आ गया क्या, पार कर गया। श्रीकृष्णपुरी, पाटलिपुत्र कॉलोनी, बोरिंग रोड ? इंडस्ट्रियल एरिया का कहीं पता नहीं··· अब भट्टाचार्जी रोड पर पानी आ गया होगा।··· छाती-भर पानी है। विमेंस कॉलेज के पास 'डुबाव-पानी' है।··· आ रहा है !··· आ गया !!··· घुस गया··· डूब गया··· डूब गया··· बह गया !"

हम जब कॉफी हाउस के पास पहुँचे, कॉफी हाउस बंद कर दिया गया था। सड़क के एक किनारे एक मोटी डोरी की शक्ल में गेरुआ-झाग-फेन में उलझा पानी तेजी से सरकता आ रहा था। मैंने कहा–"आचार्यजी, आगे जाने की जरूरत नहीं। वह देखिए–आ रहा है··· मृत्यु का तरल दूत !"

आतंक के मारे मेरे दोनों हाथ बरबस जुड़ गए और सभय प्रणाम-निवेदन में मेरे मुँह से कुछ अस्फुट शब्द निकले (हाँ, मैं बहुत कायर और डरपोक हूँ !)।

रिक्शावाला बहादुर है। कहता है–"चलिए न–थोड़ा और आगे !"

भीड़ का एक आदमी बोला–"ए रिक्शा, करेंट बहुत तेज है। आगे मत जाओ !"

मैंने रिक्शावाले से अनुनय-भरे स्वर में कहा–"लौटा ले भैया। आगे बढ़ने की जरूरत नहीं।"

रिक्शा मोड़कर हम 'अप्सरा' सिनेमा-हॉल (सिनेमा-शो बंद !) के बगल से गाँधी मैदान की ओर चले। पैलेस होटल और इंडियन एयरलाइंस दफ्तर के सामने पानी भर रहा था। पानी की तेज धारा पर लाल-हरे 'नियन' विज्ञापनों की परछाइयाँ सैंकड़ों रंगीन साँपों की सृष्टि कर रही थीं। गाँधी मैदान की रेलिंग के सहारे हजारों लोग खड़े देख रहे थे। दशहरा के दिन रामलीला के 'राम' के रथ की प्रतीक्षा में जितने लोग रहते हैं, उससे कम नहीं थे··· गाँधी मैदान के आनंद-उत्सव, सभा-सम्मेलन और खेल-कूद की सारी स्मृतियों पर धीरे-धीरे एक गैरिक आवरण आच्छादित हो रहा था। हरियाली पर शनैः-शनैः पानी फिरते देखने का अनुभव सर्वथा नया था।

कि इसी बीच एक अधेड़, मुस्टंड और गँवार जोर-जोर से बोल उठा–"ईह ! जब दानापुर डूब रहा था तो पटनियाँ बाबू लोग उलटकर देखने भी नहीं गए··· अब बूझो !"

मैंने अपने आचार्य-कवि मित्र से कहा–"पहचान लीजिए। यही है वह 'आम आदमी', जिसकी खोज हर साहित्यिक गोष्ठियों में होती रहती है। उसके वक्तव्य में 'दानापुर' के बदले 'उत्तर बिहार' अथवा कोई भी बाढ़ग्रस्त ग्रामीण क्षेत्र जोड़ दीजिए··· "

शाम के साढ़े सात बज चुके और आकाशवाणी के पटना-केंद्र से स्थानीय समाचार प्रसारित हो रहा था। पान की दुकानों के सामने खड़े लोग चुपचाप, उत्कर्ण

होकर सुन रहे थे···

"··· पानी हमारे स्टूडियो की सीढ़ियों तक पहुँच चुका है और किसी भी क्षण स्टूडियो में प्रवेश कर सकता है।"

समाचार दिल दहलानेवाला था। कलेजा धड़क उठा। मित्र के चेहरे पर भी आतंक की कई रेखाएँ उभरीं। किंतु हम तुरंत ही सहज हो गए; यानी चेहरे पर चेष्टा करके सहजता ले आए, क्योंकि हमारे चारों ओर कहीं कोई परेशान नजर नहीं आ रहा था। पानी देखकर लौटे हुए लोग आम दिनों की तरह हँस-बोल रहे थे; बल्कि आज तनिक अधिक ही उत्साहित थे। हाँ, दुकानों में थोड़ी हड़बड़ी थी। नीचे के सामान ऊपर किए जा रहे थे। रिक्शा, टमटम, ट्रक और टेम्पो पर सामान लादे जा रहे थे। खरीद-बिक्री बंद हो चुकी थी। पानवालों की बिक्री अचानक बढ़ गई थी। आसन्न संकट से कोई प्राणी आतंकित नहीं दिख रहा था।

··· पानेवाले के आदमकद आईने में उतने लोगों के बीच हमारी ही सूरतें 'मुहर्रमी' नजर आ रही थीं। मुझे लगा, अब हम यहाँ थोड़ी देर भी ठहरेंगे तो वहाँ खड़े लोग किसी भी क्षण ठठाकर हम पर हँस सकते थे–'जरा इन बुजदिलों का हुलिया देखो ?' क्योंकि वहाँ ऐसी ही बातें चारों ओर से उछाली जा रही थीं–"एक बार डूब ही जाए !··· धनुष्कोटि की तरह पटना लापता न हो जाए कहीं !··· सब पाप धुल जाएगा··· चलो, गोलघर के मुँडेरे पर ताश की गड्डी लेकर बैठ जाएँ··· विस्कोमान बिल्डिंग की छत पर क्यों नहीं ?··· भई, यही माकूल मौका है। इनकम टैक्सवालों को ऐन इसी मौके पर काले कारबारियों के घर पर छापा मारना चाहिए। आसामी बा-माल··· "

राजेंद्रनगर चौराहे पर 'मैगजिन कॉर्नर' की आखिरी सीढ़ियों पर पत्र-पत्रिकाएँ पूर्ववत् बिछी हुई थीं। सोचा, एक सप्ताह की खुराक एक ही साथ ले लूँ। क्या-क्या ले लूँ ?··· हेडली चेज़, या एक ही सप्ताह में फ्रेंच/जर्मन सिखा देनेवाली किताबें, अथवा 'योग' सिखानेवाली कोई सचित्र किताब ? मुझे इस तरह किताबों को उलटते-पलटते देखकर दुकान का नौजवान मालिक कृष्णा पता नहीं क्यों मुस्कुराने लगा। किताबों को छोड़ कई हिंदी-बंगला और अँगरेजी सिने पत्रिकाएँ लेकर लौटा। मित्र से विदा होते हुए कहा–"पता नहीं, कल हम कितने पानी में रहें।··· बहरहाल, जो कम पानी में रहेगा वह ज्यादा पानी में फँसे मित्र की सुधि लेगा।"

फ्लैट में पहुँचा ही था कि 'जनसंपर्क' की गाड़ी भी लाउडस्पीकर से घोषणा करती हुई राजेंद्रनगर पहुँच चुकी थी। हमारे 'गोलंबर' के पास कोई भी आवाज, चारों बड़े ब्लॉकों की इमारतों से टकराकर मँडराती हुई, चार बार प्रतिध्वनित होती है। सिनेमा अथवा लॉटरी की प्रचारगाड़ी यहाँ पहुँचते ही–'भाइयो' पुकारकर एक क्षण के लिए चुप हो जाती है। पुकार मँडराती हुई प्रतिध्वनित होती है–भाइयो··· भाइयो ··· भाइयो··· ! एक अलमस्त जवान रिक्शाचालक है जो अक्सर रात के सन्नाटे

में सवारी पहुँचाकर लौटते समय इस गोलंबर के पास अलाप उठता है–'सुन मोरे बंधू रे-ए-ए··· सुन मोरे मितवा-वा-वा-य··· '

गोलंबर के पास जनसंपर्क की गाड़ी से ऐलान किया जाने लगा–'भाइयो ! ऐसी संभावना है··· कि बाढ़ का पानी··· रात्रि के करीब बारह बजे तक··· लोहानीपुर, कंकड़बाग··· और राजेंद्रनगर में··· घुस जाए। अतः आप लोग सावधान हो जाएँ।'

(प्रतिध्वनि। सावधान हो जाएँ ! सावधान हो जाएँ !!···)

मैंने गृहस्वामिनी से पूछा–'गैस का क्या हाल है ?"

"बस, उसी का डर है। अब खत्म ही होनेवाला है। असल में सिलिंडर में 'मीटर-उटर' की तरह कोई चीज नहीं होने से कुछ पता नहीं चलता। लेकिन, अंदाज है कि एक या दो दिन··· कोयला है। स्टोव है। मगर किरासन एक ही बोतल··· "

"फिलहाल, बहुत है··· बाढ़ का भी यही हाल है। मीटर-उटर की तरह कोई चीज नहीं होने से पता नहीं चलता कि कब आ धमके।"–मैंने कहा।

सारे राजेंद्रनगर में 'सावधान-सावधान' ध्वनि कुछ देर गूँजती रही। ब्लॉक के नीचे की दुकानों से सामान हटाए जाने लगे। मेरे फ्लैट के नीचे के दुकानदार ने, पता नहीं क्यों, इतना कागज इकट्ठा कर रखा था। एक अलाव लगाकर सुलगा दिया। हमारा कमरा धुएँ से भर गया।

फुटपाथ पर खुली चाय की झुग्गी दुकानों में सिगड़ियाँ सुलगी हुई थीं और यहाँ बहुत रात तक मंडली बनाकर जोर-जोर से बातें करने का रोज का सिलसिला जारी था। बात के पहले या बाद में बगैर कोई गाली जोड़े यहाँ नहीं बोला जाता–"गाँधी मैदान (सरवा) एकदम लबालब भर गया··· (अरे तेरी मतारी का) करंट में इतना जोर का फोर्स है कि (ससुरा) रिक्शा लगा कि उलटियै जाएगा··· गाँजा फुरा गया का हो रामसिंगार ? चल जाय एक चिलम 'बालुचरी-माल'–फिर यह शहर (बेट्टचः) डूबे या उतरे।"

बिजली ऑफिस के 'वाचमैन साहेब' ने पच्छिम की ओर मुँह करके मंडली के किसी सदस्य से ठेठ मगही में पूछा–"का हो ? पनियाँ आ रहलौ है ?"

जवाब में एक कुत्ते ने रोना शुरू किया। फिर दूसरे ने सुर में सुर मिलाया। फिर तीसरे ने। करुण आर्त्तनाद की भयोत्पादक प्रतिध्वनियाँ सुनकर सारी काया सिहर उठी। किंतु एक साथ करीब एक दर्जन मानवकंठों से गालियों के साथ प्रतिवाद के शब्द निकले–"मार स्साले को ! अरे चुप··· चौप ! (प्रतिध्वनि : चौप ! चौप ! चौप !!)

कुत्ते चुप हो गए। किंतु आनेवाले संकट को वे अपने 'सिक्स्थ सेंस' से भाँप चुके थे··· अचानक बिजली चली गई। फिर तुरंत ही आ गई··· शुक्र है ! भोजन करते समय मुझे टोका गया–"की होलो ? खाच्छो ना केन ?"

"खाच्छि तो··· खा तो रहा हूँ।"–मैंने कहा–"याद है ! उस बार जब पुनपुन का पानी आया था तो सबसे अधिक इन कुत्तों की दुर्दशा हुई थी।"

हमें 'भाइयो ! भाइयो !' संबोधित करता हुआ जनसंपर्कवालों का स्वर फिर गूँजा। इस बार 'ऐसी संभावना है' के बदले 'ऐसी आशंका है' कहा जा रहा था। और ऐलान में 'खतरा' और 'होशियार' दो नए शब्द जोड़ दिए गए थे··· आशंका ! खतरा ! होशियार···

रात के साढ़े दस-ग्यारह बजे तक मोटर-गाड़ियाँ, रिक्शे, स्कूटर सायकिल तथा पैदल चलनेवालों की 'आवाजाही' कम नहीं हुई। और दिन तो अब तक सड़क सूनी पड़ जाती थी !··· पानी अब तक आया नहीं ? सात बजे शाम को फ्रेजर रोड से आगे बढ़ चुका था।

"का हो रामसिंगार, पनियाँ आ रहलौ है ?"

"न आ रहलौ है।"

सारा शहर जगा हुआ है। पच्छिम की ओर कान लगाकर सुनने की चेष्टा करता हूँ··· हाँ, पीरमुहानी या सालिमपुर-अहरा अथवा जनक किशोर-नवलकिशोर रोड की ओर से कुछ हलचल की आवाज आ रही है। लगता है, एक-डेढ़ बजे रात तक पानी राजेंद्रनगर पहुँचेगा।

सोने की कोशिश करता हूँ। लेकिन नींद आएगी भी ? नहीं, कांपोज की टिकिया अभी नहीं। कुछ लिखूँ ? किंतु क्या लिखूँ··· कविता ? शीर्षक–बाढ़ की आकुल प्रतीक्षा ? धत्त् !

नींद नहीं, स्मृतियाँ आने लगीं–एक-एक कर। चलचित्र के बेतरतीब दृश्यों की तरह !···

1947··· मनिहारी (तब पूर्णिया, अब कटिहार जिला) के इलाके में गुरुजी (स्व. सतीनाथ भादुड़ी) के साथ गंगा मैया की बाढ़ से पीड़ित क्षेत्र में हम नाव पर जा रहे हैं। चारों ओर पानी ही पानी। दूर, एक 'द्वीप' जैसा बालूचर दिखाई पड़ा। हमने कहा, वहाँ चल कर जरा चहलकदमी करके टाँगें सीधी कर लें। भादुड़ीजी कहते हैं–"किंतु, सावधान !··· ऐसी जगहों पर कदम रखने के पहले यह मत भूलना कि तुमसे पहले ही वहाँ हर तरह के प्राणी शरणार्थी के रूप में मौजूद मिलेंगे" और सचमुच–चींटी-चींटे से लेकर साँप-बिच्छू और लोमड़ी-सियार तक यहाँ पनाह ले रहे थे··· भादुड़ीजी की हिदायत थी–हर नाव पर 'पकाही घाव' (पानी में पैर की उँगलियाँ सड़ जाती हैं। तलवों में भी घाव हो जाता है) की दवा, दियासलाई की डिबिया और किरासन तेल रहना चाहिए और, सचमुच हम जहाँ जाते, खाने-पीने की चीज से पहले 'पकाही घाव' की दवा और दियासलाई की माँग होती··· 1949 ··· उस बार महानंदा की बाढ़ से घिरे बापसी थाना के एक गाँव में हम पहुँचे। हमारी नाव पर रिलीफ के डाक्टर साहब थे। गाँव के कई बीमारों को नाव पर चढ़ाकर कैंप में ले जाता था। एक बीमार नौजवान के साथ उसका कुत्ता भी 'कुँई-कुँई' करता हुआ नाव पर चढ़ आया। डाक्टर साहब कुत्ते को देखकर 'भीषण भयभीत'

हो गए और चिल्लाने लगे–"आ रे ! कुकुर नहीं, कुकुर नहीं··· कुकुर को भगाओ !" बीमार नौजवान छप-से पानी में उतर गया–"हमारा कुकुर नहीं जाएगा तो हम हुँ नहीं जाएगा।" फिर कुत्ता भी छपाक् पानी में गिरा–"हमारा आदमी नहीं जाएगा तो हम हुँ नहीं जाएगा"··· परमान नदी की बाढ़ में डूबे हुए एक 'मुसहरी' (मुसहरों की बस्ती) में हम राहत बाँटने गए। खबर मिली थी वे कई दिनों से मछली और चूहों को झुलसाकर खा रहे हैं। किसी तरह जी रहे हैं। किंतु टोले के पास जब हम पहुँचे तो ढोलक और मंजीरा की आवाज सुनाई पड़ी। जाकर देखा, एक ऊँची जगह 'मचान' बनाकर स्टेज की तरह बनाया गया है। 'बलवाही' नाच हो रहा था। लाल साड़ी पहनकर काला-कलूटा 'नटुआ' दुलहिन का हाव-भाव दिखला रहा था; यानी, वह 'धानी' है। 'घरनी' धानी घर छोड़कर मायके भागी जा रही है और उसका घरवाला (पुरुष) उसको मनाकर राह से लौटाने गया है। घरनी कहती है–"तुम्हारी बहन की जुबान बड़ी तेज है। दिन-रात खराब गाली बकती रहती है और तुम्हारी बुढ़िया माँ बात के पहले तमाचा मारती है। मैं तुम्हारे घर लौटकर नहीं जाती।" तब घरवाला उससे कहता है, यानी गा-गाकर समझाता है–'चल गे धानी घर घुरी, बहिनिक देवै टाँग तोड़ी धानी गे, बुढ़िया के करवै घर से बा-हा-र' (ओ धानी, घर लौट चलो ! बहन के पैर तोड़ दूँगा और बुढ़िया को घर से बाहर निकाल दूँगा !) इस पद के साथ ही ढोलक पर द्रुत ताल बजने लगा–'धागिड़गिड़ धागिड़गिड़-चकैके चकधुम चकैके चकधुम–चकधुम चकधुम ! कीचड़-पानी में लथपथ भूखे-प्यासे-नर-नारियों के झुंड में मुक्त खिलखिलाहट लहरें लेने लगती है। हम रिलीफ बाँटकर भी ऐसी हँसी उन्हें दे सकेंगे क्या ! (शास्त्रीजी, आप कहाँ हैं ? बलवाही नाच की बात उठते ही मुझे अपने परम मित्र भोला शास्त्री की याद हमेशा क्यों आ जाती है ? यह कभी बाद में !)··· एक बार, 1937 में, सिमरवनी-शंकरपुर में बाढ़ के समय 'नाव' को लेकर लड़ाई हो गई थी। मैं उस समय 'बालचर' (ब्वाय स्काउट) था। गाँव के लोग नाव के अभाव में केले के पौधों का 'भेला' बनाकर किसी तरह काम चला रहे थे और वहीं सवर्ण जमींदार के लड़के नाव पर हारमोनियम-तबला के साथ 'झिंझिर' (जल-विहार) करने निकले थे। गाँव के नौजवानों ने मिलकर उनकी नाव छीन ली थी। थोड़ी मारपीट भी हुई थी··· और 1967 में जब पुनपुन का पानी राजेंद्रनगर में घुस आया था, एक नाव पर कुछ सजे-धजे युवक और युवतियों की टोली–टोली किसी फिल्म में देखे हुए कश्मीर का आनंद घर-बैठे लेने के लिए निकली थी। नाव पर स्टोव जल रहा था–केतली चढ़ी हुई थी, बिस्कुट के डिब्बे खुले हुए थे, एक लड़की प्याली में चम्मच डालकर एक अनोखी अदा से नेस्कैफे के पाउडर को मथ रही थी–'एस्प्रेसो' बना रही थी, शायद। दूसरी लड़की बहुत मनोयोग से कोई सचित्र और रंगीन पत्रिका पढ़ रही थी। एक युवक दोनों पाँवों को फैलाकर बाँस की लग्गी से नाव खे रहा था। दूसरा युवक पत्रिका पढ़नेवाली लड़की के सामने, अपने घुटने पर कोहनी टेककर कोई मनमोहक 'डायलॉग' बोल रहा था। पूरे 'वॉल्युम' में बजते हुए 'ट्रांजिस्टर' पर गाना आ रहा

था–'हवा में उड़ता जाए, मोरा लाल दुपट्टा मलमल का, हो जी हो जी !' हमारे ब्लाक के पास गोलंबर में नाव पहुँची ही थी कि अचानक चारों ब्लाक की छतों पर खड़े लड़कों ने एक ही साथ किलकारियों, सीटियों, फब्तियों की वर्षा कर दी और इस गोलंबर में किसी भी आवाज की प्रतिध्वनि मँडरा-मँडराकर गूँजती है। सो सब मिलाकर स्वयं ही जो ध्वनि संयोजन हुआ, उसे बड़े-से-बड़े गुणी संगीत निर्देशक बहुत कोशिश के बावजूद नहीं कर पाते। उन फूहड़ युवकों की सारी 'एक्जबिशनिज़्म' तुरत छूमंतर हो गई और युवतियों के रँगे लाल-लाल ओंठ और गाल काले पड़ गए। नाव पर अकेला ट्रांजिस्टर था जो पूरे दम के साथ मुखर था–'नैया तोरी मँझधार, होश्यार होश्यार !

"काहो रामसिंगार, पनियाँ आ रहलौ है ?"

"ऊँहूँ, न आ रहलौ है।"

ढाई बज गए, मगर पानी अब तक आया नहीं। लगता है कहीं अटक गया, अथवा जहाँ तक आना था आकर रुक गया, अथवा तटबंध पर लड़ते हुए इंजीनियरों की जीत हो गई शायद, या कोई दैवी चमत्कार हो गया ! नहीं तो पानी कहीं भी जाएगा तो किधर से ? रास्ता तो इधर से ही है··· चारों ब्लाकों के प्रायः सभी फ्लैटों की रोशनी जल रही है, बुझ रही है। सभी जगे हुए हैं। कुत्ते रह-रहकर सामूहिक रुदन करते हैं और उन्हें रामसिंगार की मंडली डाँटकर चुप करा देती है। चौप··· चौप !

मुझे अचानक अपने उन मित्रों और स्वजनों की याद आई जो कल से ही पाटलिपुत्र कॉलोनी, श्रीकृष्णपुरी, बोरिंग रोड के अथाह जल में घिरे हैं··· जितेंद्रजी, विनीताजी, बाबू भैया, इंदिराजी, पता नहीं कैसे हैं–किस हाल में हैं वे ! शाम को एक बार पड़ोस में जाकर टेलिफोन करने के लिए चोंगा उठाया–बहुत देर तक कई नंबर डायल करता रहा। उधर सन्नाटा था एकदम। कोई शब्द नहीं–'टुंग फुंग' कुछ भी नहीं।

बिस्तर पर करवट लेते हुए फिर एक बार मन में हुआ, कुछ लिखना चाहिए। लेकिन क्या लिखना चाहिए ? कुछ भी लिखना संभव नहीं और क्या जरूरी है कि कुछ लिखा ही जाए ? नहीं। फिर स्मृतियों को जगाऊँ तो अच्छा··· पिछले साल अगस्त में नरपतगंज थाना के चकरदाहा गाँव के पास छाती-भर पानी में खड़ी एक आसन्नप्रसवा हमारी ओर गाय की तरह टुकुर-टुकुर देख रही थी···

नहीं, अब भूली-बिसरी याद नहीं। बेहतर है, आँखें मूँदकर सफेद भेड़ों के झुंड देखने की चेष्टा करूँ··· उजले-उजले, सफेद भेड़··· सफेद भेड़ों के झुंड। झुंड ··· किंतु सभी उजले भेड़ अचानक काले हो गए। बार-बार आँखें खोलता हूँ, मूँदता

हूँ। काले को उजला करना चाहता हूँ। भेड़ों के झुंड भूरे हो जाते हैं। उजले भेड़ ··· उजले भेड़··· काले भूरे··· किंतु उजले··· उजले··· गेंहूँए रंग के भेड़··· !

'ओई द्याखो–एसे गेछे जल !''–झकझोरकर मुझे जगाया गया। घड़ी देखी, ठीक साढ़े पाँच बज रहे थे। सवेरा हो चुका था··· आ रहलौ है ! आ रहलौ है पनियाँ। पानी आ गेलौ। हो रामसिंगार ! हो मोहन ! हो रामचन्नर–अरे हो···

आँखें मलता हुआ उठा। पच्छिम की ओर, थाना के सामने सड़क पर मोटी डोली की शक्ल में–मुँह में झाग-फेन लिए–पानी आ रहा है; ठीक वैसा ही जैसा शाम को कॉफी हाउस के पास देखा था। पानी के साथ-साथ चलता हुआ, किलोल करता हुआ बच्चों का एक दल··· उधर, पच्छिम-दक्षिण कोने पर–दिनकर अतिथिशाला से और आगे–भंगी बस्ती के पास बच्चे कूद क्यों रहे हैं ? नहीं, बच्चे नहीं, पानी है। वहाँ मोड़ है, थोड़ा अवरोध है–इसलिए पानी उछल रहा है··· पच्छिम-उत्तर की ओर, ब्लॉक नंबर एक के पास–पुलिस चौकी के पिछवाड़े में पानी का पहला रेला आया··· ब्लॉक नंबर चार के नीचे सेठ की दुकान के बाएँ बाजू में लहरें नाचने लगीं।

अब मैं दौड़कर छत पर चला गया। चारों ओर शोर-कोलाहल-कलरव-चीख-पुकार और पानी का कलकल रव। लहरों का नर्तन। सामने फुटपाथ को पार कर अब पानी हमारे पिछवाड़े में सशक्त बहने लगा है। गोलंबर के गोल पार्क के चारों ओर पानी नाच रहा है··· आ गया, आ गया ! पानी बहुत तेजी से बढ़ रहा है, चढ़ रहा है, करेंट कितना तेज है ? सोन का पानी है। नहीं, गंगाजी का है। आ गैलो···

सामने की दीवार की ईंटें जल्दी-जल्दी डूबती जा रही हैं। बिजली के खंभे का काला हिस्सा डूब गया। ताड़ के पेड़ का तना क्रमशः डूबता जा रहा है··· डूब रहा है।

··· अभी यदि मेरे पास मूवी कैमरा होता, अगर एक टेप-रेकॉर्डर होता ! बाढ़ तो बचपन से ही देखता आया हूँ, किंतु पानी का इस तरह आना कभी नहीं देखा। अच्छा हुआ जो रात में नहीं आया। नहीं तो भय के मारे न जाने मेरा क्या हाल होता··· देखते ही देखते गोल पार्क डूब गया। हरियाली लोप हो गई। अब हमारे चारों ओर पानी नाच रहा था··· भूरे रंग के भेड़ों के झुंड। भेड़ दौड़ रहे हैं–भूरे भेड़। वह चायवाले की झोंपड़ी गई, गई, चली गई। काश, मेरे पास एक मूवी कैमरा होता, एक टेप-रेकॉर्डर होता··· तो क्या होता ? अच्छा है, कुछ भी नहीं। कलम थी, वह भी चोरी चली गई। अच्छा है, कुछ भी नहीं–मेरे पास।

अचानक सारी देह में कँपकँपी शुरू हुई। पानी के बढ़ने की यह रफ्तार है तो

पता नहीं पानी कितना बढ़े। वहाँ कोई बैठा थोड़ी है कि रोक देगा–अब नहीं, बस अब, हो गया। 'ग्राउंड-फ्लोर' में छाती-भर पानी है। इसके बाद भी यदि पानी बढ़ता गया तो दूसरी मंजिल तक न भी आए–कंडेक्टर द्वारा निर्मित यह मकान निश्चय ही ढह जाएगा। 1969 में पुनपुन का पानी एक सप्ताह तक झेल चुके हैं ये मकान। हर साल घनघोर वर्षा के बाद कई दिनों तक घुटने-भर पानी में डूबे रहते हैं। और सरजमीन ठोस नहीं–'गार्बेज' भरकर नगर बसाया गया है··· पुनपुन की बाढ़ इसके 'पासंग' बराबर भी नहीं थी। दोनों ओर से तेज धारा गुजर रही है। पानी चक्राकार नाच रहा है, अर्थात् दोनों ओर गड्ढे गहरे हो रहे हैं··· बेबस कुत्तों का सामूहिक रुदन, बहते हुए सूअर के बच्चों की चिंचियाहट, कोलाहल-कलरव-कुहराम !··· हो रामसिंगार, रिक्शवा बहलौ हो। धर-धर-धर !

कल एक पत्र गाँव भेज दिया था। किंतु कल एक कप कॉफी नहीं पी सका। कल 'दोसा' खाने को बहुत मन कर रहा था··· कोक पीने की इच्छा हो रही है। कंठ सूख रहा है। प्रियजनों की याद आ रही है।

थर-थर काँपता हुआ छत से उतरकर फ्लैट में आया और ठाकुर रामकृष्ण देव के पास जाकर बैठ गया–'ठाकुर ! रक्षा करो। बचाओ इस शहर को··· इस जलप्रलय में··· '

"अरे दुर साला ! काँदछिस केन ?··· रोता क्यों है ! बाहर देख साले ! तुम लोग थोड़ी-सी मस्ती में जब चाहो तब राह-चलते 'कमर दुलिए-दुलिए' (कमर लचकाकर, कूल्हे मटकाकर) ट्वीस्ट नाच सकते हो। रंबा-संबा-हीरा-टीरा और उलंग नृत्य कर सकते हो और बृहत सर्वग्रासी महामत्ता रहस्यमयी प्रकृति कभी नहीं नाचेगी ?··· ए-बार नाच देख ! भयंकरी नाच रही है–ता-ता-थेई-थेई, ता-ता-थेई-थेई। तीव्रा तीव्रवेगा शिवनर्त्तकी गीतप्रिया वाद्यरता प्रेतनृत्यपरायणा नाच रही है। जा, तू भी नाच !"

अगरबत्ती जलाकर, शंख फूँकता हूँ–नाचो माँ !··· उलंगिनी नाचे रणरंगे, आमरा नृत्य करि संगे। ता-ता थेईथेई, ता-ता थेई-थेई··· मदमत्ता मातंगिनी उलंगिनी–जी भरकर नाचो !

बाहर कलरव-कोलाहल बढ़ता ही जाता है। मोटर, ट्रक, ट्रैक्टर, स्कूटर पानी की धारा को चीरती, गरजती-गुर्राती गुजरती हैं··· सुबह सात बजे ही धूप इतनी तीखी हो गई ? साँस लेने में कठिनाई हो रही है। संभवतः ऐसी घड़ी में वातावरण में ऑक्सीजन की कमी हो जाती है। उमस, पसीना, कंपन, धड़कन ? तो क्या··· तो क्या ?

अब, तुमुल तरंगिनी के तरल नृत्य और वाद्य की ध्वनियों को शब्दों में बाँधना असंभव है ! अब··· अब··· सिर्फ··· हिल्लोल-कल्लोल-कलकल-कुलकुल-छहर-छहर झहर-झहर-झरझर-अर, र-र-र ह-ए-ए धिग्रा-धिंग-धातिन-धा तिन धा-आ-आह-मैया-

गे-झाँय-झाँ रय-झघ-झव-झाँय झिझिना-झिझिना··· । कललकुलल-कुलुल-बाँ-आँ-य-बाँ-आँ-म-भौ-ऊँ-ऊँ··· चेंईं-चेंईं-छछना-छछना-हहा-हा ततथा-ततथा-कलकल-कुलकुल··· !! पानी बढ़ना रुक गया है ? रुक गया है ? बीस मिनट हो गए। पानी जस का तस, जहाँ-का-तहाँ है ? कम-से-कम अभी तो रुक गया है।

··· तू-ऊ-ऊ-ऊ ! फिर मैंने शंखध्वनि की ? नहीं। रेलवे-लाइन पर एक इंजन तार स्वर में चीख रहा है–तू-ऊ-ऊ-ऊ-ऊ !

कड़वी चाय के साथ कांपोज की दो टिकिया लेकर बिछावन पर लेट जाता हूँ।

'दिनमान', 21 सितंबर, 1975

जो बोले सो निहाल

आँखें मींचे, बहुत देर तक, 'शवासन' की मुद्रा में लेटा रहा। किंतु, प्रशांतिकर औषधि (ट्रैंक्विलाइजर) तथा 'आसन' का कोई सुफल नहीं हुआ। इसके विपरीत, आंतरिक यंत्रणा धीरे-धीरे और भी तीव्र, और गंभीर होकर प्राण के निकटतम हो गई। दीर्घ निःश्वास का क्रम बढ़ता गया। एक बार लगा कि अब सचमुच दम घुट जाएगा। छटपटा उठा। और, आँखें खुलते ही मोहाच्छादित !··· यह क्या ? कमरे की सभी दीवारों पर, फर्श पर, सामानों पर–नीचे-ऊपर सभी ओर एक रहस्यपूर्ण अलौकिक आलोक-जाल ! एक सचल रश्मि-धारा !!··· मेरे सारे शरीर पर बेलबूटेदार सुफेद झीनी चदरी-सी यह क्या है, जो सजीव है ? रोमांचित हुआ। फिर तुरत ही सबकुछ समझ गया··· यह तो विश्वप्रकृति की लीला हो रही है न ? मेरे ब्लाक के चारों ओर फैली हुई, वेगवती जलधारा पर सूर्य की प्रखर किरणें पड़ती हैं और प्रतिच्छटा प्रेक्षित होकर हमारे कमरे में इंदरजाल फैला रही है ?··· 'बहुरूपी' (बंगला नाटक-मंडली) के आलोक-संपात करनेवाले उस प्रसिद्ध कलाकार का नाम अभी याद नहीं आ रहा··· फिल्मवाले 'आउटडोर' में बड़े-बड़े आईने ले जाते हैं। उनको 'रिफ्लैक्टर' कहते हैं··· अपने कमरे के बड़े आईने में अपने को देखकर मुस्कुरा पड़ा। मुँह-आँख-कान-हाथ-पैर पर वही आभा दौड़ रही थी। लग रहा था, मेरी देह कमरे के शून्य में तैर रही है। इस सम्मोहन से मुक्त होने का मन नहीं करता···

बाहर, कोलाहल ही नहीं··· किलोल, तमाशबीनों की भीड़ उमड़ आई है। घुटने और कमर-भर पानी में लड़के नहा रहे हैं। तैर रहे हैं। जल-किलोल··· पुनपुन की बाढ़ के समय भी ऐसा ही मेला लगा था।

··· लो, वही जीपवाला फँसा। 'टॉप-गियर' पर गुर्राती हुई आवाज अचानक बंद हो गई। इसके बाद 'सेल्फ' को चालू करने की चेष्टा में कुछ देर 'खचचचच ··· खचचचच··· ' फिर निस्तब्ध। निश्चय ही 'गियर बॉक्स' में पानी भर गया होगा।

जीप के फँस जाने पर, आसपास जलविहार करनेवालों और जल-उत्सव देखनेवालों को बड़ी खुशी हुई। जीप के बेबस होते ही एक सम्मिलित हँसी की लहर चारों ओर फैल गई··· पुनपुन की बाढ़ में हमें फँसा देखकर देखनेवालों का पहला जत्था हँसते-हँसते लोटपोट हो गया था। ऊपर की ओर अर्थात् हमारी ओर देखकर ताने देता हुआ एक छोकरा जोर-जोर से बोला था–"अच्छा ! हा हा !··· घर में गैस का सलींडर, पाँच मिनट में ही खाना बनानेवाला कूकर, दिन-रात चालू रेडियोग्राम, पलँग के पास में टेलिफोन और ठंडा पानी का फ्रीज। अब बोलो–बच्चू ! कहाँ सटक गई सारी नवाबी ? एँ ? ही ही ही ही !··· बैरा ! साहब लोगों को टेबुल पर 'छोटी हाजिरी' दो और मेमसाहेब के वास्ते बाथरूम के टब में साबुन का झाग··· हाहाहाहा··· ठीक हुआ है !"

जीप से उतरकर कई लोग पीछे से गाड़ी को धकेलने लगे तो नहानेवाले लड़कों की टोली मदद करने आ गई–"अरे साहब, आगे धकेलकर कहाँ ले जाइएगा ? पीछे की ओर ठेलकर वापस कीजिए।" कुछ लड़के सामने से धकेलने लगे–"मार जवानो–हइयो !" कुछ पीछे से ठेलते रहे–"मार जवानो–हइयो !" गाड़ी एक गड्ढे से निकलकर दूसरे में फँस गई। लड़के खुश होकर नहाने लगे···

रिक्शावालों का साहस और उत्साह दुगुना हो गया है। तेज धारा के बावजूद, कमर-भर पानी में नीचे उतरकर रिक्शा को खींच रहे हैं। 'जलकेलि' करनेवाले लड़के हर रिक्शावाले को बिना माँगे मदद दे रहे हैं। रिक्शा को पीछे ठेलकर पार करवा रहे हैं–"हैइ-यो-यो है-है-है। बीच-बीच में ट्रैक्टर और ट्रक अपनी सारी ताकत लगाकर पानी को चीरते हुए निकल जाते हैं। पानी में हिलकोरे और गोलंबर के आकाश में गूँजती, मँडराती प्रतिध्वनियाँ।

मैं कभी पश्चिम की खिड़कियों से देखता हूँ और कभी पूरब के बरामदे से। पूरब, एक पँचमंजिला बिल्डिंग है। उस मकान की जब नींव डाली गई थी तो पुनपुन की बाढ़ आ गई थी। चारों ओर इकट्ठी की गई ईंटों और गिट्टियों की ढेरी पर राह के कुत्तों ने शरण ली थी। पानी हटने के बाद जब इस मकान का काम शुरू हुआ तभी समझा था कि मकान बनानेवाले ने पहले के प्लान पर फिर से विचार कर आवश्यक सुधार किया है। फलतः इस बार जब कि आसपास के मकानों के 'ग्राउंड फ्लोर' घुटने से लेकर छाती-भर पानी में हैं, इस बिल्डिंग के अहाते में चार-पाँच इंच-भर पानी है। मकान की पहली सीढ़ी भी पानी से बाहर है··· और संयोग की बात : एक सप्ताह पहले इसके सामनेवाले मैदान में नए मकान की नींव डाली गई और सोन का पानी आ गया। हमारे ब्लाक के बाएँ बाजू में–पटना इम्प्रूवमेंट ट्रस्ट के कई नए ब्लाक बनकर अभी-अभी तैयार हुए हैं–कटि स्नान कर रहे हैं।

"ए कि ? जल चले गेछे ? कले जल नेई ? बड्डो मुश्किल"–निष्प्राण 'हैंडपंप'

के हैंडिल को चलाती हुई लतिकाजी बोलीं।

"किंतु, पुनपुन की बाढ़ के समय तो कभी पानी बंद नहीं हुआ ?" मैंने गंभीरतापूर्वक कहा।

"अरे दुर तोमार··· पुनपुन की बाढ़ की बात। मैं पूछ रही हूँ कि अब क्या होगा ?··· देखूँ, टोमैटो की माँ के कल में है या वहाँ भी··· " बड़बड़ाती हुई, हाथ में छोटी बाल्टी लेकर छत के रास्ते वह चली गई।

महा-मुश्किल ! मैंने पंप के हैंडिल को चलाकर देखा—एकदम बेजान नहीं। भरोसा है थोड़ा··· राजेंद्रनगर के इलाके में ऊपर के तल्लों में पानी की किल्लत हमेशा रहती है। प्रेशर कम रहता है। बहुत दिनों तक कष्ट झेलने के बाद, तीन साल पहले हमने सड़क के किनारे 'अंडरग्राउंड मेन लाइन' में डेढ़ सौ फीट 'पाइप' जुड़वाकर हैंडपंप लगवाया। गाँव के ट्यूबवेल का पानी जब सूख जाता है—हम ऊपर से पानी डालकर उसको पुनर्जीवित करते हैं। यहाँ भी वही करना होगा। घड़े से एक 'मग' पानी लिया, पंप की थुथनी (नोज़ल) को ऊपर की ओर करके पानी डाल दिया, फिर हैंडिल चलाने लगा। तब तक लतिकाजी छोटी बाल्टी में पानी लेकर पहुँचीं और मुझ पर बरस पड़ीं। "एक मग पानी बर्बाद कर दिया न ! मुन्नी की माँ के फ्लैट से पानी ला रही हूँ।"

वह घड़े में पानी डालकर फिर बाहर गई तो मैंने हैंडपंप को फिर एक 'मग' पानी पिलाया और हैंडिल चलाने लगा। वह उल्टे-पाँव दौड़ी आईं,' "तुम समझते क्यों नहीं ? फिर एक मग पानी बर्बाद किया न ? जरा बुद्धि से भी तो काम लिया करो। जब 'मेन पाइप' में ही पानी नहीं तो··· मिछे मिछे··· बेकार पानी डालकर··· "

तब तक पंप में जान आ गई थी। पंप की उल्टी हुई थुथनी से पानी का फव्वारा निकला और मैं भीग गया। पुरुषार्थ-भरे स्वर में कहा, "बुद्धि से ही काम लेकर तो अब तक जी रहा हूँ, श्रीमतीजी ! लीजिए, घर में जितने भी बर्तन हैं—पात्र-अपात्र-कुपात्र—सबमें पानी स्टोर कर लीजिए। श्रीकृष्णपुरी की ओर न पानी है, न बिजली। इधर भी, जब तक है—है··· "

"सुना है, स्टेशन भी डूब गया है। गाड़ी बंद··· "

मैं कहता हूँ, "अरे, स्टेशन क्या डूबा होगा—रेलवे लाइन पर पानी आ गया होगा। लेकिन, यह खबर कौन ले आया ?"

टोमैटो, गाँधी और बालाजी वगैरह घर में बंद रहनेवाले लड़के थोड़े हैं ! सब निकलकर गया था। सुनछि, एयरोड्रम डूबे गेछे।

और, स्टीमर सर्विस तो दो दिन पहले से ही बंद है··· जल-थल-नभ सभी मार्ग बंद !

छत पर गया। ब्लाक के सभी—बत्तीसों फ्लैट के लोग छत पर जमा थे। गंगा नहीं, सोन का पानी है। "गंगा अचानक डेढ़ हाथ नीचे चली गई··· गंगा मैया की कृपा··· नहीं तो, अब तक पटना का नाम-निशान तक नहीं रहता। पुनपुन का क्या

हाल है भाई ?··· पानी कहाँ-कहाँ है और कहाँ-कहाँ नहीं है ?··· पश्चिमी पटना तो समझिए कि एकदम 'डुबिए' गया है, इधर स्टेशन, गाँधी मैदान, कदमकुआँ, पीरमुहानी, नाला रोड, लोहानीपुर, मंदीरी–सब जगह कमर से लेकर छाती-भर पानी है। मंदीरी की हालत सबसे बदतर है। अथाह पानी है वहाँ। नहीं, अशोक राजपथ पर एक बूँद भी पानी नहीं है··· धूप इतनी तेज है तो पानी जरूर घटेगा··· आपके कल में पानी आ रहा है न ? देखिए, पानी-बिजली कब तक चालू रहे··· अब तक कोई नाव नहीं आई। नाव नहीं, स्टीमर आएगा आपके लिए··· पानी स्टोर कर रहे हैं न ?··· खाना क्या है, बस खिचड़ी पका लो और आलू का भुर्ता। बस··· वह देखिए–पीपे की नाव बनाकर आ रहे हैं, कुछ लोग।"

सभी नीचे की ओर देखते हैं। नीचे मेला और रेला बढ़ता ही जा रहा है। पता नहीं, इन लड़कों को मोटर का ट्यूब कहाँ से इतना मिल गया है ?··· मिलेगा कहाँ से ? सड़क पर जितनी फँसी गाड़ियाँ लावारिस पड़ी हुई हैं, सभी के टायर-ट्यूब निकालकर ला रहे हैं।

तैरना, पानी उलीचना और बीच-बीच में ब्लाक के किसी फ्लैट की खिड़की की ओर देखकर फिकरे कसना–सबकुछ पूर्ववत् चल रहा है··· ऊपर, एक हवाई जहाज मँडरा गया··· अरे, ऊपर से क्या देख रहे हो, जरा नीचे उतर आओ भाई ··· शायद, हवाई फोटो ले रहा है··· अरे भाई, फोटो लेकर क्या करेगा ? सभी अखबारों के मशीनघर में पानी घरघरा रहा है··· पता नहीं, क्या हो, पानी बढ़ सकता है ··· पानी बढ़ा है··· हाँ, देखिए–पानी फिर बढ़ रहा है। एँ ? पानी फिर बढ़ने लगा। अब खैर नहीं···

फ्लैट में आकर रेडियो ट्यून किया। सुबह से ही फतुहा-ट्रांसमिशन सेंटर से प्रोग्राम प्रसारित किया जा रहा है··· आवाज किसी पेशेवर 'अनाउंसर' की नहीं। शायद, वहाँ के दरबान या इंजीनियरिंग-सेक्शन के किसी कर्मचारी की आवाज··· सीधे और सपाट ढंग से वह बीच-बीच में सूचना देता है कि छज्जू बाग के मुख्य स्टूडियो में पानी आ जाने के कारण फतुहा से प्रोग्राम हो रहा है··· अब आप एक कव्वाली का रिकार्ड सुनिए। सितार बजने लगता है तो रिकार्ड रोककर कहता है–सुनिए, कव्वाली नहीं, यह सितार का रिकार्ड है··· अब आप हमारा दिल्ली का समाचार सुनिए···

प्रारंभ की दो पंक्तियाँ डूब गईं··· "अब आप पूरे समाचार सुनिए। पटना की बाढ़ की स्थिति में कोई सुधार नहीं हुआ है। पिछले अठारह घंटे से पटना का संपर्क देश के शेष भागों से कटा हुआ है। दूरसंचार के सभी साधन भंग हो गए हैं। गाड़ियों का आना-जाना बंद है, क्योंकि पटना जंक्शन रेलवे स्टेशन की रेल की पटरियाँ पानी में डूब गई हैं। आज एयर इंडिया का विमान पटना हवाई अड्डे पर नहीं उतर सका···

"अब आप फिल्मी गीत सुनिए—हम तुम··· कमरे में बंद हों और चाबी खो जाए··· "

··· अनाउंसर पेशेवर नहीं हो। लेकिन, रिकार्ड उसने चुनकर लगाया है।

रेडियो से—पटना का देश के शेष भागों से संपर्क कट जाने की बात सुनने के बाद मेरे अंदर का 'मैं' कातर हो उठा। ऐसा लगा कि एक द्वीप पर अकेला बैठा हुआ हूँ। चारों ओर समुद्र लहरा रहा है। कहीं किसी जहाज का मस्तूल या किसी नाव का पाल नहीं दिखलाई पड़ रहा···

न जाने कब नींद आ गई। जगा तो दिन के चार बज रहे थे। हर दस मिनट पर पश्चिम की खिड़कियों पर जा खड़ा होना, फिर पूरब के बरामदे पर आकर बाहर देखना—नियम-सा बन गया है, हर बार बिजली के खंभे पर, सामने की नंगी दीवार की ईंटों पर और ताड़ के तने पर निगाह डालकर देखना कि पानी घटा है या बढ़ रहा है। सो, जागते ही खिड़कियों के सामने जाकर खड़ा हो गया। भीड़ में अपने किसी भी परिचित का चेहरा ढूँढ़ रहा हूँ। नहीं, इस भीड़ में कहीं भी कोई अपना परिचित नहीं··· भीड़-प्रिय आदमी कभी किसी का अपना नहीं होता··· वह व्यक्ति अपने परिवार के कनिष्ठतम प्राणी के साथ बाढ़ का मेला देखने आया है। परिवार के सभी सदस्य रंग-बिरंगी पोशाक पहने हुए हैं। औरतें और लड़कियाँ सजी-धजी हुई हैं। बँगला में इसी को 'हुजुग' कहते हैं। इस हुजुग को, मेला देखनेवाली भीड़ को, देखकर बाढ़ के पानी में डूब मरने को जी करता है···

छत पर आने का मन नहीं करता। यहाँ ऐसी-ऐसी बातें सुनने को मिलती हैं कि दिल डूबने लगता है और कभी खून गर्म हो जाता है··· और कम उम्र की अल्हड़-सी लड़कियों की तरह अधेड़ औरतें बचकानी बातें करने लगती हैं तब। असल में, मैं ही सठिया गया हूँ।

··· अच्छा, बतलाइए तो, सोन बढ़ रहा है या बढ़ रही शुद्ध है ?··· मुस्कुराहट··· नदी तो स्त्रीलिंग है, इसलिए सोन बढ़ रही··· खिलखिलाहट··· आप भी कैसे 'कबी' हैं जी ? जानते नहीं, सोन तो मर्द है। नदी नहीं, नद है। समझे ? तभी तो राजधानी में घुस आया है··· ही ही ही ही ! आपने दाढ़ी रख ली, इसीलिए बाढ़ आ गई। कटा लीजिए, पानी घट जाएगा !··· हा हा हा !···

एक भाई साहब हैं जो कभी भी किसी मौके पर कोई ऐसी बात नहीं करते, जिसे सुनकर मन में कोई उत्साह या आनंद अथवा राहत मिले। आज दिन-भर अपने फ्लैट में पता नहीं हथौड़े से क्या ठक-ठककर ठोंकते रहे और अभी छत पर एकत्रित प्राणिग्रों (जिनमें 'फेमनिन' की संख्या ही गरिष्ठ है) के बीच आकर 'ठकाठक' कई कठोर खबरें ठोंक गए—"पुनपुन के तटबंध में भी 'ब्रीच' हो गया है··· इधर गंगा का पानी फिर बढ़ने लगा है··· और, और सचिवालय के पास स्टीमर

आ गया है और सारे कागजात को सुरक्षित···”

खिलखिलाकर हँसनेवालियों के चेहरे एक ही साथ बुझ गए–मानो बिजली गुल हो गई–हाय राम ! तब तो समझिए कि प्रलय···

भाई साहब कल से ही जिस बात को हजार बार कह चुके हैं, उसी को फिर, अपनी खल्वाट खोपड़ी पर हाथ फेरते हुए, कहते हैं–“भगवान बुद्ध ने कहा था कि इस शहर को तीन बातों से हमेशा खतरा रहेगा···”

हजार बार सुनकर भी हर प्राणी की उत्सुकता नहीं मिटती–“कौन-कौन-सी तीन चीज··· ?”

मैं पूछना चाहता था कि सचिवालय के पास स्टीमर आ जाने की खबर भाई साहब को कहाँ से मिली। वे मौर्य-युग में पहुँचे हुए थे, अतः चुपचाप नीचे अपने कमरे में चला आया।

अब सूरज की लाली बाढ़ के गँदले जल में घुल रही है। ऐसा दृश्य अर्थात् बाढ़ के जल पर डूबते हुए सूरज की किरणों को रंगीन लकीरें खींचते बहुत बार देखा है, मैं उस अँधियारी की प्रतीक्षा में हूँ–जो आज रात इस नगर में छानेवाली है ··· पानी घटा नहीं है। भीड़ बढ़ गई है। कोलाहल में कोई कमी नहीं।

··· आज साढ़े सात बजे प्रसारित होनेवाला प्रादेशिक समाचार नहीं प्रसारित हुआ। कव्वाली, फिल्मी गीत, तबला, वायलिन और सितार के घिसे-कटे रिकार्ड बजते रहे··· प्रादेशिक समाचार नहीं प्रसारित हुआ तो क्या बिगड़ गया ? प्रसारित ही होता तो क्या बन जाता ? बाढ़ का पानी घट जाता ? कोई राहत मिल जाती ? ··· मैंने एक बार लगातार तीन महीने तक अपने गाँव में बिना अखबार पढ़कर और बिना रेडियो सुनकर अनुभव किया है। कोई फर्क नहीं पड़ता। बल्कि एक पुराना रोग (कब्जियत) दूर हो गया था··· ।

पानी की धारा पर बहुत देर तक निगाहें गड़ाकर देखते रहने से एक आनंददायक भ्रम होने लगता है। सारा मकान स्टीमर की तरह तैरता हुआ-सा लगता है··· उधर, पूरब की ओर कुछ हुआ, शायद; लड़के उधर दौड़ क्यों रहे हैं, एक साथ ? नाव आ रही है। हाँ, नाव ही है। नाव पर सात-आठ सरदारजी और कई गैर-सरदार बैठे हैं। किसी भी सिख को देखते ही मेरे मन के अंदर यह अभिवादन 'भक्तिभाव' से गूँजने लगता है–'जो बोले सो निहाल–सत सिरी अकाल !'

सरदारजी लोगों का दल जलविहार करने नहीं, रिलीफ बाँटने आया है। सामनेवाले पँचमंजिला इमारत के मुँडेर पर पनाह लेनेवालों को वे बुला रहे हैं–“नीचे आओ !”

हमारे ब्लाक के बाएँ जो मकान बनकर तैयार हुए हैं, उनमें अब तक चालीस-पचास बाढ़पीड़ित परिवार आकर डेरा डाल चुके थे–रिक्शावाले, खोमचावाले, रद्दी कागज-शीशी-बोतल खरीदनेवाले। सभी रोटियाँ लेने उतरे। सरदार स्वयंसेवकों

ने चिल्लाकर कहा–"पानी में मत उतरो। हम वहीं आ रहे हैं।"

नाव हमारे फ्लैट के नीचे से गुजरी। नीचेवाले फ्लैट से किसी ने पूछा, "क्या दे रहे हैं ?"

'रोटी, सब्जी और घुघनी। और पीने का पानी भी। रोटी बहुत अच्छी हैं, गर्म हैं··· बढ़िया आटे की हैं। क्यों, चाहिए क्या, हैं ?" स्वयंसेवक सरदारजी ने एक रोटी निकालकर दिखलाते हुए कहा। फिर पूछा–"आप लोगों की छत पर पनाहगुर्जी कोई नहीं··· "

इसके बाद नाव को घेरकर भूखे-प्यासे लोग अपने बाल-बच्चों के साथ रोटियाँ लेते रहे और शोर मचाते रहे··· रिलीफ देनेवालों की यह पहली टोली थी··· दिन-भर के भूखे-प्यासे प्राणियों को तृप्तिपूर्वक भोजन करते हुए, घूँट-घूँटकर पानी पीते हुए देखकर रोम-रोम पुलकित हो उठा। जोर से पुकार उठा, 'जो बोले सो निहाल–सत सिरी अकाल !" और–नाव पर बैठे स्वयंसेवकों ने मेरे इस हार्दिक अभिनंदन को स्वीकार करते हुए एक साथ 'सत सिरी अकाल' कहा। फिर पूछा, 'कुछ चाहिए ? रोटी-पाणी ?"

मैंने कहा, "उधर, कम्यूनिटी हाल··· दिनकर अतिथिशाला में, और उसके पच्छिम की ओर जाइए, वहाँ बहुत लोग हैं··· "

"हाँ-जी, उधर हमारी एक नाव गई हुई है।"

बिजली आ गई है। जल-थल आलोकित हो गया है। पुनपुन की बाढ़ के समय, पानी की धारा पर बिजली के लट्टुओं और मर्करी-ट्यूब का जैसा आलोक नृत्य देखा था, वैसा ही दृश्य··· किंतु, सारा पश्चिमी पटना घोर अंधकार में डूबा होगा।

··· दिल्ली से रेडियो पर कहा जा रहा है··· पटना के लोग मौत से जूझ रहे हैं।

कमरे के कोने से ठाकुर रामकृष्ण देव बोले–"की रे ? सारा दिने··· दिन-भर में तीन बार ठूँसकर खाया है ? दिन-भर सिगरेट फूँकता रहा, चाय पीता रहा। यही है तुम्हारा मौत से जूझना ?··· घर से बाहर निकलता क्यों नहीं ? आश्रम के स्वयंसेवकों के साथ दुखियों की सेवा करने क्यों नहीं जाता ? उस बार तो खूब उत्साह के साथ गया था। क्या हुआ इस बार ?"

"ठाकुर ! तुम तो जानते हो। मैंने कसम खाई है, बाढ़-पीड़ितों की सेवा करने के लिए अब नहीं जाऊँगा।"

"एई तोमार तीसरी कसम ?"

लतिकाजी भीगी साड़ी में लथपथ लिपटी हुई आईं और बाथरूम की ओर जाती हुई बोलीं, "ओदेर··· उन्हें खिला आई।"

मैंने कुछ भी नहीं समझा। वह स्नान करके, कपड़े बदलकर आईं। पूछा, 'ओदेर माने ?"

"ओई बेचारा कुकुरदेर··· बेचारे कुत्ते। एक ने चायवाले की झोंपड़ी को 'आस्ताना' (बसेरा) किया है। दूसरा–वहाँ ईंटों की ढेरी पर है और तीसरा तीन नंबर ब्लाक की एक खाली दुकान के रैक पर बैठा है। रोटी दे आई हूँ और, उस चायवाले को देखो। मुझे रोटी खिलाते देखकर दौड़ा आया और लाठी से बेचारे को कोंचने लगा। कहने लगा, मेरा छप्पर नोंचकर बर्बाद कर देगा।"

"भगा दिया ?"

"नहीं। अपने ब्लाक के लड़के सब नीचे थे। उन्होंने कहा, कुत्ते को अगर भगाया तो तुम्हारी झोंपड़ी कल बह जाएगी।"

बाहर बिजली चमकी। पूरब और दक्षिण की ओर आकाश में काले मेघ उमड़ आए हैं। उमस से देह चिपचिपा रही है। बाहर 'आवाजाही' अब तक बंद नहीं हुई है। भीड़ नहीं है। किंतु, लोग आज भी साढ़े ग्यारह बजे तक चल रहे हैं। हर आदमी के हाथ में एक लाठी–दूसरे में झोली, बोतल या डालडा का डिब्बा अथवा गठरी··· सचमुच, मौत से ही जूझ रहे हैं। पानी में भँसता हुआ डेढ़ बित्ते का कोई कीड़ा डंक मार दे और एक घंटा में ही सब समाप्त··· दीवार गिर पड़े और खेल खत्म··· फिर कहीं कोई तटबंध टूट जाए अथवा गंगाजी का कोप बढ़ जाए और चारों ओर पानी की एक उठती हुई ऊँची दीवार के साथ पटाक्षेप।

अब बिजली की प्रत्येक कौंध के तुरंत बाद ही मेघ गरज उठता है। इसका मतलब है कि बादल अब पटना के आकाश पर छा गया। बाहर निकलकर देखा और मुँह से सहसा निकल पड़ा–"तुम्हीं क्यों बाकी रहोगे आस्माँ··· जरा बाहर आकर देखो इन बादलों को··· की भीषण··· "

एक कुत्ते ने रोना शुरू किया। किंतु, कल के रुदन से आज का रोना भिन्न है। कल वे आशंका और आतंक को सूँघ रहे थे और, आज मौत को बहुत करीब देखकर रो रहे हैं··· मुझे फिर टेप-रिकार्डर की जरूरत··· असल में इस रुदन को जिसने सुना है, वही समझ सकते हैं–'ओ-य-यूँ-ऊँ-ऊँ-ऊँ-हाँ-हा-हाँ-य-ह··· ह-ओ-आ-आ··· "

आज उन्हें डाँटकर कोई चुप नहीं कर रहा। इसलिए वे सम्मिलित सुर में रह-रहकर रो रहे हैं ! उनकी करुण पुकार में कोई बाधा नहीं पड़ती।

··· कुत्तों को चुप किया, तेज हवा के पहले झोंके ने। हवा तेज हो गई। बिजली जल्दी-जल्दी कौंधने लगी–कड़ककर टूटने लगी। एक बार तो लगा, आसमान चरचराकर फट ही गया। हवा नहीं, यह तूफान है। आँधी आ गई ? सभी फ्लैटों की खुली हुई खिड़कियों और दरवाजों के पल्ले काठ के पंख की तरह फड़फड़ाने-धड़धड़ाने लगे। धड़ाधड़ खिड़कियाँ बंद होने लगीं। अब, हवा के साथ मूसलाधार वृष्टि। घनघोर वर्षा··· पास ही किसी मकान में कोई भयातुर आत्मा 'अजान' देने लगी–"अल्ला-हो अ-क-ब-र··· "

पुनपुन की बाढ़ को न्योतकर ले आनेवाली, अट्ठारह-बीस घंटे तक अविराम होने वाली वर्षा की याद आई··· उस बार मुंगेर के किसी इलाके में बादल टूटकर (बर्स्ट) गिरा था और पाँच मिनट में ही कई गाँव पानी के अतल तल में समा गए थे ··· सबकुछ संभव है।

··· उन लोगों पर अभी क्या बीत रही होगी जो छतों पर, खुले आसमान के नीचे हैं ?

··· अब जो दृश्य उपस्थित हो रहा है, होता जा रहा है, उसे देखने का साहस नहीं बटोर पा रहा हूँ। विश्व-प्रकृति का यह उन्मत्त नृत्य, अब इस शहर को डुबाकर ही बंद होगा··· ऊँ नमस्ते सते सर्वलोकाश्रयाय··· त्वमेकं शरण्यं त्वमेकं वरेण्यं··· भयानां भयं भीषणं भीषणानां··· परेषां परंरक्षण-रक्षणानां··· तदेकैस्मरामस्तदेकंजपा··· भवांभोधिपोतं शरण्यं ब्रजाणः··· !!

संसार-सागर से उबारनेवाले एकमात्र 'पोत' को सुमिरता हुआ, रक्षकों के भी रक्षक की शरण गहता बाहर की ओर देख रहा हूँ। पानी बढ़ता जा रहा है। लेकिन, अब डर नहीं लग रहा। अब काहे का डर ?··· दिन में सूअर के बच्चे जिस तरह डूबते-बहते हुए मर रहे थे, उसी तरह मरने को तैयार हूँ। किंतु, चिंचियाऊँगा नहीं उनकी तरह। मृत्यु की वंदना गाता हुआ मरूँगा··· तैंतीस-छत्तीस साल पहले का एक गीत (रवि ठाकुर के प्रसिद्ध गीत का हिंदी-अनुवाद और सुंदर अनुवाद !)–'कंगन' फिल्म का पुराना गीत गुनगुनाने लगता हूँ। फिर, बाहर की घनघोर वर्षा के ताल पर, जोर से–गला खोलकर गाना शुरू कर देता हूँ–"मरण रे-ए-ए-ए तुँहु मम श्याम सभा-आ-आ-न··· घोर घटा का मोर-मुकुट धर धर बिजली की मुरली अधर पर ··· गा दे अमृत··· गा-आ-आ-आ-न··· मरण र-ए-ए-ए··· "

दस मिनट बरसकर बादल छँट गए। हर फ्लैट की खिड़कियाँ फिर खुल गईं। आसमान साफ हो गया··· पटना एक बार फिर बच गया। बाहर झाँककर देखा–कई लोग जाल फेंककर मछलियाँ पकड़ रहे हैं।

'दिनमान', 28 सितंबर, 1975

पंछी की लाश

वर्षा के बाद वातावरण का ताप कम हुआ। किंतु, बिछावन पर लेटते ही बाढ़ की स्मृतियाँ–'नास्टेल्जिया' की तरह फिर लौटकर आने लगीं और मन पसीजने लगा··· ऐसा क्यों होता है ? इसके मूल में क्या है ?··· बहुत देर तक आत्मविश्लेषण करता रहा।

बचपन से 'बाढ़' शब्द सुनते ही विगलित होने और बाढ़-पीड़ित क्षेत्रों में जाकर काम करने की अदम्य प्रवृत्ति के पीछे–'सावन-भादों' नामक एक करुण ग्राम्य गीत

है, जिसे मेरी बड़ी बहिन अपनी सहेलियों के साथ सावन-भादों के महीने में गाया करती थी। आषाढ़ चढ़ते ही—ससुराल में नई बसनेवाली बेटी को नैहर बुला लिया जाता है। मेरा अनुमान है कि सारे उत्तर बिहार में नव-विवाहिता बेटियों को 'सावन-भादों' के समय नैहर से बुलावा आ जाता है··· और जिसको कोई लिवाने नहीं जाता, वह बेचारी दिन-भर वर्षा के पानी-कीचड़ में भीगती हुई गृहकार्य संपन्न करने के बाद रात-भर नैहर की याद में आँसुओं की वर्षा में भीगती रहती है। 'सावन-भादों' गीत में ऐसी ही, ससुराल में नई बसनेवाली कन्या की करुण कहानी है :

"कासी फूटल कसामल रे दैबा
बाबा मोरा सुधियो न लेल,
बाबा भेल निरमोहिया रे दैबा
भैया के भेजियो न देल,
भैया भेल कचहरिया रे दैबाजी
भउजी बिसरि कइसे गेल ?"

(अब तो चारों ओर कास भी फूल गए, यानी वर्षा का मौसम बीतने को है। पिछली बार तो बाबा खुद आए थे। इस बार बाबा ने सुधि नहीं ली। बाबा अब निर्मोही हो गए हैं। भैया को 'जमीन-जगह' के मामले में हमेशा कचहरी में रहना पड़ता है। लेकिन, मेरी प्यारी भाभी मुझे कैसे भूल गई ?)

भाभी भूली नहीं थी, उसने अपने पति को ताने देकर बुलाने के लिए भेजा। भाई अपनी बहिन को लिवाने गया··· इसके बाद गीत की धुन बदल जाती है। कल तक रोनेवाली बहुरिया प्रसन्न होकर ननदों और सहेलियों से कहती है :

"हाँ रे सुन सखिया ! सावन-भादव केर उमड़ल नदिया
भैया अइले बहिनी बोलावे ले—सुन सखिया··· "

ओ ननद-सखी ! सावन-भादों की नदी उमड़ी हुई है। फिर भी मेरे भैया मुझे बुलाने आए हैं। तुम जरा सासजी से पैरवी कर दो कि मुझे जल्दी विदा कर दें··· सास कहती है—मैं नहीं जानती, अपने ससुर से कहो। ससुर ताने देकर कहता है कि नदीवाले इलाके में बेटी की शादी के बाद दहेज में नाव क्यों नहीं दिया। अंत में, पतिदेव कुछ शर्तों के साथ विदा करने को राजी होते हैं। ससुराल की दुखिया-दुलहिन हँसी-खुशी से भाई के साथ मायके की ओर विदा होती है। लेकिन, नदी के घाट पर आकर देखा—कहीं कोई नाव नहीं। अब क्या करें। भाई ने हिम्मत से काम लिया। कास-कुश काटकर, मूँज की डोरी बनाकर और केले के पौधों के तने का एक 'बेड़ा' बनाया और उस पर सवार होकर भाई-बहिन उमड़ी हुई कोशी की धारा को पार करने लगे। किंतु, बीच नदी में पहुँचते ही लहरें तेज

हो गईं। बेड़ा डगमग करने लगा। और, आखिर :

"कटि गेल कासी-कुशी छितरी गेल थम्हवा
खुलि गेल मूँज केर डोरिया—रे सुन सखिया !
··· बीचहि नदिया में अइले हिलोरवा
छुटि गेलै भैया केर बहियाँ—रे सुन सखिया !
··· डूबी गेलै भैया केर बेड़वा—रे सुन सखिया !!"

(नदी की उत्ताल तरंगों और घूर्णिचक्र में फँसकर बेड़ा टूट गया। भाई का हाथ छूट गया। और, भाई का बेड़ा डूब गया। भाई ने तैरकर बहिन को बचाने की चेष्टा की, किंतु, तेज धारा में असफल रहा। डूबती हुई बहिन ने अपना अंतिम संदेश दिया—माँ के नाम, बाप के नाम··· फिर किसी बेटी को सावन-भादों के समय नैहर बुलाने में कभी कोई देरी नहीं करें। और, देरी हो जाए तो जामुन का पेड़ कटवाकर नाव बनवाएँ, और तभी लड़की को लिवाने भेजें !

··· तकिए का गिलाफ भीग गया। गीत की पंक्तियाँ मन में गूँजती रहीं और आँखें बरसती रहीं। ऐसा हमेशा हुआ है।

और, इस गीत के साथ पिछले कई वर्षों से एक और करुण गीत-कथा की कहानी जुड़ गई है। इसलिए, इस गीत का दर्द दूना हो गया है··· 'तीसरी कसम' की शूटिंग के दिनों शैलेंद्रजी मुझसे 'महुआ घटवारिन' की 'ऑरिजिनल' गीत-कथा सुनना चाहते थे ताकि उसके आधार पर गीत लिख सकें। एक दिन हम 'पबई-लेक' के किनारे एक पेड़ के नीचे जाकर बैठे। 'महुआ घटवारिन' का गीत मुझे पूरा याद नहीं था। इसलिए मैंने एक छोटी-सी भूमिका के साथ 'सावन-भादों' का गीत अपनी भोंड़ी और मोटी आवाज में, भरे गले से सुना दिया। गीत शुरू होते ही शैलेंद्र की बड़ी-बड़ी आँखें छलछला आईं और गीत समाप्त होते-होते फूट-फूटकर रोने लगे। गीत गाते समय ही मेरे मन के बाँध में दरारें पड़ चुकी थीं। शैलेंद्र के आँसुओं ने उसे एकदम तोड़ दिया। हम दोनों गले लगकर रोने लगे। 'ननुआँ' (शैलेंद्र का ड्राइवर) टिफिन कैरियर में घर से हमारा दोपहर का भोजन लेकर लौट चुका था। हम दोनों को इस अवस्था में देखकर वह चुपचाप एक पेड़ के पास ठिठककर बहुत देर तक खड़ा रहा··· इस घटना के कई दिन बाद, शैलेंद्र के 'रिमझिम' में पहुँचा। वे तपाक से बोले—चलिए, उस कमरे में चलें। आपको एक चीज सुनाऊँ।

हम उनके शीतताप-नियंत्रित कमरे में गए। उन्होंने मशीन पर 'टेप' लगाया। बोले—आज ही 'टेक' हुआ है। मैंने पूछा—'तीसरी कसम ?' बोले—नहीं भाई ! 'तीसरी कसम' का टेक होता तो आपको नहीं ले जाता ?··· यह 'बंदिनी' का है··· पहले, सुनिए तो··· !

रेकार्ड शुरू हुआ—"अब के बरस भेज भैया को बाबुल, सावन में लीजो बुलाय

रे··· अमुआँ तले फिर से झूले पड़ेंगे··· कसके रे जियरा छलके नयनवाँ··· बैरन जवानी ने छीने खिलौने··· बाबुलजी मैं तेरे नाजों की पाली··· बीते रे जुग कोई चिठियो ना पाती, ना कोई नैहर से आए रे-ए-ए।"

कमरे में 'पबई-लेक' के किनारेवाले दृश्य से भी मर्मांतक दृश्य उपस्थित हो गया। हम दोनों हिचकियाँ ले-लेकर रो रहे थे—आँसू से तर-बतर··· शैली ने (तब बांटू, यानी हेमंत !) किसी काम से अथवा गीत सुनने के लिए कमरे का दरवाजा खोला और हमारी अवस्था देखकर पहले कई क्षणों तक अवाक् रहा। फिर कमरे से चुपचाप बाहर चला गया··· कमरे में बार-बार वही रेकार्ड बजता रहा और न जाने कब तक बजता रहता यदि शकुनजी आकर मशीन बंद नहीं कर देतीं।

भीगे हुए तकिए पर तौलिया रखकर लेट गया। जी-भर रो लेने के बाद जी हल्का हो गया था। दृश्य पर प्रशांति छा गई थी··· मीठी नींद आ गई।

भोर को एक सुंदर अपूर्व सपना देख रहा था। और सपने में भी आनंदातिरेक से रो रहा था··· लतिकाजी ने झकझोरकर जगाया—"ऐ ? ऐ ? की हयेछे ?··· क्या हुआ ?"

जगकर मन खीझ उठा··· इतना सुंदर सपना बीच में ही टूट गया··· मुझे क्यों जगाया··· मैं नींद में रोऊँ या हँसूँ—इससे किसी का क्या बिगड़ जाता है ?··· आह !

लतिकाजी बोलीं—"ऐसे में कभी-कभी आदमी का दम घुट जाता है।"

"घुट जाता तो घुट जाता··· "

··· दरवाजे की कुंडी खटखटाई। जाकर दरवाजा खोला तो सामने हँसते हुए शैलेंद्र खड़े थे। उनके साथ में थे, उनके एक प्रिय स्वजन, पटना के प्रियदर्शन डाक्टर भोला। मैं अचरज में गूँगा हो गया। उनसे कुछ पूछना चाहता था। लेकिन मुँह से बोली ही नहीं निकल रही थी। शैलेंद्र बोल रहे थे—"आना ही पड़ा··· बेबी और गोपा के लिए योग्य 'पात्रों' को देखने के लिए। अकेला बांटू और काका बेचारे क्या करें ?··· अपनी प्यारी बेटियों के लिए मुझे आना पड़ा—ऐसे दुर्दिन में भी भला कोई आता है ?··· बाबुलजी मैं तेरे नाजों की पाली, फ़िर क्यों हुई पराई—यह सुनकर कौन ऐसा बाप है जो··· बांटू को कबीर, दादू और रैदास पढ़ने को कहता था। पता नहीं, उसने पढ़ा या नहीं··· इधर उसने एक बड़ा ही प्यारा गीत लिखा है। एल. पी. में आ गया है। सुनिए न··· "

क्या सुनूँ ? सपने का संसार ही समाप्त हो गया। अब जगकर, अवसन्न अवस्था में सुन रहा हूँ—फतुहा से बजता हुआ—'गीत-कव्वाली-गजल-ठुमरी-सितार' का रेकार्ड !

जग गया। परंतु सपने से इस तरह अभिभूत रहा कि बहुत देर तक 'जलप्रलय' को भूल गया। चाय पीता हुआ बहुत देर तक सपने में अचानक आ गए शैलेंद्र के अभियोग और उलाहने-भरे शब्दों पर विचार करता रहा··· सचमुच, हम सभी कितने स्वार्थी सिद्ध हुए ?

पच्छिम की खिड़की से झाँककर देखा—करेंट की गति थोड़ी मंद पड़ गई। कलवाला 'रिद्म' नहीं है··· वह··· वहाँ सफेद-सी कोई चीज 'भँसती' हुई चली आ रही है ··· खरगोश या विलायती चूहा या कोई चिड़िया ?··· मुर्गी है—सफेद मुर्गी ! पानी की धारा के साथ हिलकोरे खाती हुई पूरब की ओर सड़क की मुख्य खरस्रोता धारा में पहुँची और वहाँ से तेज रफ्तार में बहने लगी··· कल पानी के साथ हवाई चप्पल, बच्चों के खिलौने, कंघी, सायकिल का बास्केट, प्लास्टिक के रंगीन कटोरे वगैरह भँसते दिखलाई पड़ते थे। आज सुबह उठकर पंछी की लाश पर दृष्टि पड़ी तो मन इस अपशकुन से आशंकित हो गया। रात के तीसरे पहर में एक बार उठकर देखा था, मछली पकड़नेवालों के अलावा तीन-चार व्यक्ति पैर से टटोल-टटोलकर कुछ खोज रहे थे। जो कुछ मिलता था उसे हाथ में एक बार लेकर देखते। अपने झोले में रख लेते या फिर पानी में फेंक देते··· सूअर के कई बच्चों की लाशों को लाठी की 'बँहगी' में लटकाकर भंगियों का दल आ रहा था। दल के एक युवक ने मुर्गी की लाश का पीछा किया। पानी से उठाकर डैने को खींचकर जाँचने लगा और फिर चिल्लाकर बोला—"नहीं ! सड़ल न है, काठ के जैसन कड़ा हो गया है।"··· "ले ले आ, ले ले आ !!" बहँगी में लटकती हुई सूअर के बच्चों की लाशों के साथ सफेद मुर्गी भी लटकी। अब उसका मरना सार्थक हो गया। सूअर के बच्चे और मुर्गी की मृत देह अब 'लाश' नहीं—उपभोक्ता-वस्तु बन गई··· जन्म अकारथ नहीं गया।

··· दिल्ली से प्रसारित समाचार में जब यह कहा गया कि आकाशवाणी पटना के संवाददाता श्री एच. पी. शर्मा ने बाढ़ का पानी झेलकर—'बाइपासरोड' से किसी तरह दूर जहानाबाद पहुँचकर, दिल्ली केंद्र से संपर्क स्थापित करके पटना की बाढ़ का ताजा समाचार दिया है तो··· तो··· मुझे लगा कि पटना के अलावा सारे बिहार के (और भारत के अन्य भागों के) रेडियो सुननेवालों की हार्दिक शुभकामनाएँ शर्माजी ने अर्जित कर लीं··· अट्ठारह-बीस घंटे से देश के अन्य भागों से छिन्नसूत्र पटना नगर का और नगर के निवासियों के मौत से जूझने का समाचार देने के लिए सहज हार्दिक शुभकामनाएँ देने के सिवा और क्या दे सकते हैं, हम ?··· जुग-जुग जियो शर्माजी··· तुम्हारा कल्याण हो··· बहादुर पत्रकार !··· तुम्हारे बाल-बच्चे सुखी रहें, भगवान उनको लंबी उम्र दें !!

··· देश के अन्य भागों के चिंतित लोगों की यह अशुभ आशंका दूर हो गई होगी कि पटना, महेंजोदड़ों की तरह, नदी के गर्भ में समा नहीं गया है··· पटना, धनुष्कोटि की तरह गर्क नहीं हो गया, बचा हुआ है और वहाँ के लाखों लोग जीवन और मृत्यु के बीच झूल रहे हैं··· मौत से जूझ रहे हैं।

आज नहानेवालों के दल में मोटर ट्यूब के अलावा कई लोग 'स्विमिंग-सूट' (तैराकी की पोशाक) में भी दिखलाई पड़ रहे हैं··· अब मेरा मन कर रहा है कि

छत पर जाकर 'माइक' से ऐलान करूँ–'भाइयो ! भाइयो ! आप लोग कल से ही बाढ़ के गँदले पानी में नहा रहे हैं, यह आपके स्वास्थ्य के लिए खतरनाक है। फ्लू, सर्दी, बुखार, टायफायड आदि के अलावा पानी में भँसते हुए जहरीले साँप··· '

अपने इस मूर्खतापूर्ण विचार पर आप ही हँसा··· माइक का मोह न गयो तेरो मन से मूरख !

तमाशबीन जनता की छोटी-बड़ी टोलियों का आगमन शुरू हुआ··· एक नीमजवान 'नवसिखुआ' कैमरावाला लड़का कमर-भर पानी में खड़ा होकर–पूरब मुँह से–यानी सूरज की ओर मुँह करके–तस्वीरें ले रहा है। नहानेवाले लड़के उसके सामने जाकर मुँह चिढ़ा रहे हैं। एक लड़का गले तक पानी में डूबकर अद्भुत आवाज में डूबती हुई लड़की का अभिनय करते हुए पुकार रहा है–"ब-चा-ओ !··· बचाओ ! मैं डूबी जा रही हूँ··· " भीड़ का एक कड़ियल-जैसा आदमी कैमरावाले से तैश में कुछ कह रहा है। ब्लाक नंबर एक के छत पर खड़े लोग भी चिल्ला-चिल्लाकर कुछ कह रहे हैं। हमारे ब्लाक के मुँडेरे से भी आवाजें कसी जाने लगीं··· यहाँ लोग कल से घिरे हुए हैं, न कहीं नाव है, न रिलीफ और ये फोटो लेनेवाले सिर्फ तस्वीर ले रहे हैं ?··· इसी को कहते हैं कि किसी का घर जले और कोई मौज से तापे ··· मत खींचने दो किसी फोटोवाले को कोई भी फोटो··· इनको पैसा कमाने का यही मौका मिला है ?

कैमरावाला जवान (नवसिखुआ भले ही हो) बुद्धिमान है। उसने तुरंत कैमरे का रुख तमाशबीनों की ओर कर दिया। तैश में आया हुआ कड़ियल-जैसा आदमी तुरंत ठंडा हो गया और गले में लिपटा हुआ अँगोछा ठीक कर मुँह पर हाथ फेरकर फोटो खिंचाने के पोज में खड़ा हो गया। नहानेवाले लड़कों ने वहाँ पहुँचकर पानी उलीचना-छींटना शुरू किया। भीड़ का दूसरा आदमी अब तैश में आकर नहानेवाले ऊधमी लड़कों को डाँटकर भगाने लगा। छाती-भर पानी में भागते हुए लड़कों में से एक, अपने ड्रम के 'बेड़े' पर चढ़ गया और अपने पैंट के अग्रभाग के एक विशेष स्थान की ओर संकेत करके बोला–'इसका फोटो लो'··· कुछ लोग हँसे। कुछ ने मुँह फेर लिया और कई लोग एक साथ–"अरे-रे-रे-रे हरमजदवा··· " कहकर चुप हो गए··· छाती-भर पानी में जाने का साहस उनमें नहीं था··· मुझे पाँच-सात महीने पहले देखी हुई युगोस्लावी फिल्म (वी आर बिविच्ड, इरिन) के एक दृश्य की याद आ गई। झरने में अर्द्धनग्न नहाती इरिन को चारों ओर से छिपकर देखनेवाले आवारे लड़कों को जब इरिन के ससुर ने खदेड़ते हुए कहा था कि अब अगर इधर कभी देखा तो जान से मार डालूँगा··· विल 'किल यू' तो भागते हुए छोकरों में से एक ने कुछ दूर जाकर, उलटकर ऐसी ही मुद्रा बनाई थी–'किल दिस !'

फोटो लेनेवाला लड़का 'डिमोरलाइज्ड' होकर कैमरा समेटकर चला गया··· मेरा कोई मित्र होता या मैं खुद होता तो इस 'पोज' को कभी 'मिस' नहीं करता।

··· लेकिन कैमरावालों के प्रति लोगों का अचानक यह आक्रोश क्यों ? यह

तो अच्छी बात नहीं। अपने कई प्रेस-फोटोग्राफर मित्रों तथा अन्य गैर-पेशेवर फोटोग्राफर दोस्तों की याद आई··· जनार्दन ठाकुर, सत्यनारायण दूसरे, सूर्यनारायण चौधरी, वासुदेव शाह, सत्यदेव नारायण सिन्हा (आर. एस. चोपड़ा तो बंबई जा बसे) तथा गुरु उप्पल के अलावा बहुत संभव है बाहर के जाने-माने छायाकार आए हों। पता नहीं, उनके साथ क्या-क्या व्यवहार करें ये ?"

मैं अब अपनी छत पर 'चचागिरी' करने के लिए पहुँचा। मेरे ब्लाक के लड़के मेरे नाम के साथ 'चचा' जोड़कर मुझे संबोधित करते हैं। छत पर जो भी 'भतीजे' मौजूद मिले उन्हें मैंने समझाया कि किसी फोटो लेनेवाले को 'हूट' न किया जाए। वे तुरंत समझ गए–"अच्छा चचाजी ! हम लोग नीचे जाकर इन लड़कों को समझा देते हैं··· "

नहानेवालों की टोली के उत्साह में बाधा डाली–एक गाय की लाश ने। लाश फूलकर भँसती और दुर्गंध फैलाती हुई आ रही थी। मेरे कमरे की खिड़कियों से बदबू का पहला झोंका आया··· ब्लीचिंग पाउडर और फिनायल की महक के साथ सड़ती हुई लाश की दुर्गंध··· लगता है, किसी मुहल्ले में यह अटक गई थी। और, वहाँ इस पर प्रचुर मात्रा में ब्लीचिंग पाउडर और फिनायल डाला गया था··· असह्य दुर्गंध ! कहीं हमारे ब्लाक के नीचे किसी दुकान में न अटक जाए। फिर तो साँस लेना भी मुश्किल हो जाएगा। जीना दूभर हो जाएगा !··· नहीं, अब तक धीरे-धीरे बहती हुई आती लाश, सड़क की मुख्य धारा के पास जाते ही–एक बार नाचकर–तेज धारा के साथ हो गई और फिर उसकी गति काफी तेज हो गई।

"एई जा !··· गैस फुरूलो··· गैस समाप्त ! मैंने कहा था न ?" रसोईघर से बाहर निकलती हुई लतिकाजी बोलीं ! फिर चुपचाप कोयलेवाला चूल्हा सुलगाने की तैयारी करने लगीं।

मैं पूरब बरामदे पर खड़ा रहा··· वह आ रहे हैं, डॉक्टर शिवनारायण, हाथ में बड़ी-सी लाठी लेकर टेकते हुए, अस्पताल जा रहे हैं··· कल रात में क्या यही सितार बजा रहे थे ? पूछूँ ?··· नहीं, अभी तो यह डाक्टर हैं। सितारवादक नहीं।

··· कमर से धोती लपेटे, गंजी पहने–लाठी टेकते और मुस्कुराते एक परिचित मुखड़े पर दृष्टि पड़ी–ओ ! परेसजी हैं। 'रूपरंग' नाट्य संस्था के निदेशक-लेखक अभिनेता··· परेसजी मेरे ही ब्लाक की ओर आ रहे हैं ? मेरे फ्लैट के नीचे आकर बोले–"अरे ! यहाँ तो बहुत तेज करेंट है। लगता है, उठाकर फेंक देगा।" उन्होंने पूछा, "सिगरेट है न ?··· और किसी चीज की जरूरत ?··· जी नहीं, हम लोगों का क्वार्टर ऊँची जगह पर है। पानी नहीं है··· मित्रों की खोज-खबर लेने निकला हूँ।"

मैंने कहा–"इधर कहीं किरासन तेल मिलेगा ? हम लोगों की 'गैस' अभी-अभी खत्म हुई है··· स्टोव के लिए किरासन चाहिए। यदि उधर··· "

"अच्छी बात ! देखते हैं ?"–परेसजी नीचे से ही चले गए।

लतिका मुझे झिड़की देती हुई बोलीं–"तुम भी कैसे हो ? बेचारा हाल-समाचार पूछने आया था और तुमने किरासन तेल की फरमाइश कर दी··· लज्या नेई तोमार एकटू ?"

"लाज की क्या बात है इसमें ? मित्र हैं। बाढ़ से पीड़ित नहीं हैं ! हाल-समाचार पूछने आए थे··· इनसे सहायता माँगने में क्या लाज ?" दिल्ली से प्रसारित समाचार में कहा जा रहा है कि सेना के जवान लोगों को सुरक्षित स्थानों में पहुँचा रहे हैं ! हेलिकाप्टरों से खाद्य सामग्रियाँ गिराई जा रही हैं !··· केंद्रीय खाद्य-मंत्री ने हवाई सर्वेक्षण के बाद वक्तव्य दिया है···

दिल्ली के समाचार के बाद, पटना के फतुहा 'कैंप-केंद्र' से एक आवश्यक सूचना प्रसारित की जा रही है, आज किसी पेशेवर अनाउंसर की आवाज है–भीषण बाढ़ के कारण, पटना नगर में पानी की आपूर्ति में बाधा पड़ गई है, अतः पेयजल का भीषण अभाव हो गया है··· नागरिकों से अनुरोध है कि वे किसी भी प्रकार के पानी को पंद्रह मिनट तक उबालने के बाद काम में ला सकते हैं···

किसी भी तरह के पानी का मतलब हुआ कि बाढ़ के पानी को भी पंद्रह मिनट तक उबालकर (छानकर नहीं) पी सकते हैं ?··· मैंने अपने कमरे के कोने में बैठे हुए देवता से कहा–"अब इस शहर के सभी नागरिक 'परमहंस' हो जाएँगे ··· तुमने कहा है न–जिस दिन नाली के गंदे पानी और गंगाजल में कोई भेद नहीं मानोगे··· लेकिन, मैं परमहंस नहीं होना चाहता। दया करके मेरे 'टैप' को 'ठप्प' मत करना।"

'घायल' आ रहा है। नरेंद्र घायल। मैंने इसका नाम दिया है–स्वामी मुश्किल आसानानंद। पुनपुन की बाढ़ के समय भी सबसे पहले 'घायल' ही पहुँचा था। बीमारी के समय, अस्पताल में लगातार तीन महीने तक सेवा करता रहा। मैं तो, उसके जिला-जवार, गाँव-घर का भैया ही हूँ–किंतु पटना के किसी भी दुखी और बीमार साहित्यसेवी की सेवा और सहायता के लिए वह सदा तत्पर रहता है–चाहे वह पंडित शिवचंद्र शर्मा हों या कोई अज्ञात कुलशील नया लेखक··· आते ही उसने पूछा–"भाभी ! लगता है आपका गैस खत्म हो गया है। नाला रोड में पानी भरा हुआ है और गैस कंपनी भी डूबा हुआ है··· "

मैंने कहा–"अगर किरासन तेल की कोई व्यवस्था कर सको··· "

"व्यवस्था क्या, ले ही आता हूँ।" वह उठ खड़ा हुआ। लतिकाजी ने रोकते हुए कहा–"अरे, कहाँ जाते हो ? अभी तो चूल्हा सुलगा लिया है। चाय पी लो।"

मैंने कहा–"उस दिन फ्रेजर रोड पहुँच नहीं सका। डबलरोटी नहीं ला सका। डी. लाल की दुकान डूब चुकी थी। कार कंपनी भी··· "

"आ जाएगी रोटी भी। अशोक राजपथ पर मिल जाएगी।"

"अब तुम लगे न फरमाइशी..."

"और आपकी सिगरेट का क्या पोजिशन है ?"

"सिगरेट तो है। लेकिन, हथुआ मार्केट खुला हुआ हो तो विश्वनाथ की दुकान से मगही पान..."

लतिकाजी अब सचमुच क्रुद्ध हो गईं–"और, चार बोतल कोका-कोला ? नहीं घायल। कुछ भी नहीं लाना है... ऐसे दुर्दिन में आदमी को अपनी जरूरत कम करनी चाहिए और इनकी फेहरिस्त लंबी होती जा रही है।"

जनाब सत्यनारायण दूसरे साहब कंधे से झोला-झब्बा लटकाए आए–घुटने तक पैंट समेटे। मैंने पहला सवाल किया–"स्टूडियो कितने पानी में है ?"

"कमर-भर।"

"फोटो लेते समय लोग गालियाँ तो नहीं देते, यानी 'हूट-ऊट' तो नहीं करते ?"

"यह आपको कैसे मालूम हुआ ? कुछ अजीब हालत है, इस बार... पत्रकार और फोटोग्राफर को लोग नाव पर चढ़ाना भी नहीं चाहते... मैंने तो पच्छिम पटना करीब-करीब कवर कर लिया है।"

"कहीं, शारदेय पर नजर पड़ी ?"

"दो दिन पहले 'संगी होटल' में थे–ऐसा मालूम हुआ है... वह बंबई चला गया होगा।"

"बोटानिकल गार्डेन के पशु-पक्षियों का क्या हाल है ?"

"पोल्ट्रीफार्म तो एकदम साफ है... बोटानिकल गार्डेन के भी कई जानवर बह गए हैं। कुछ डूब भी गए होंगे।"

दूसरे और घायल चाय पीकर चले गए। मैं फिर कुदरत का जलवा देखने के लिए खिड़की के पास हो गया... अब वह किस मृत प्राणी की लाश आ रही है ? बहकर आनेवाली कोई भी छोटी-बड़ी चीज हमारे ब्लाक के पिछवाड़े में आकर मंद गति से इधर-उधर थोड़ा चक्कर काटती है। हमारे ब्लाक की अर्धवृत्ताकार इमारत के पास आकर, हर फ्लैट के नीचे से गुजरती हुई, सड़क की ओर जाकर तेज धारा के साथ हो जाती है। शायद, बछड़ा है। नहीं। यह अलसेसियन कुत्ता है। दोनों कान शान से खड़े हैं ! रौब में कहीं कोई कमी नहीं। कान से पूँछ तक इसकी मुद्रा और तेवर देखकर ही समझ लेता हूँ–इसने बहादुरी से मौत को वरण किया है। मौत की छाया पर झपट्टे मारकर लड़ता हुआ मरा है।

... बाढ़पीड़ित ग्रामीण क्षेत्रों में मृत पशुओं की–गाय, बैल, घोड़े, बकरी आदि की–लाशें बहुत बार देख चुका हूँ... अलसेसियन कुत्ते की लाश, शहर की बाढ़ का प्रतीक, पहली बार देख रहा हूँ।

बाहर शोर हुआ–कुम्हरार में भी पानी घुस गया। कुम्हरार और कंकड़बाग में आज पानी घुसा है।

... अब प्राचीन पाटलिपुत्र (अशोक के पाटलिपुत्र) को धरती के नीचे से खोदकर उद्धार करेंगे या आधुनिक पटना को भूगर्भ में जाने से बचाएँगे ?

अब इधर-उधर–बाहर, भीतर कुछ भी देखने का मन नहीं करता। क्या करूँ। कुछ पढ़ने की चेष्टा की जाए… विश्वकवि की शरण गहूँ।

निबंधमाला–द्वितीय खंड। पृष्ठ उलटाया और पढ़ना शुरू किया तो अचरज के मारे बहुत देर तक चुपचाप कमरे के कोने में बैठे ठाकुर को देखता रहा… यह कैसा संयोग ? पृष्ठ उलटाया और यहाँ भी बाढ़ का प्रसंग ?… यह क्या संपूर्ण 'काकतालीय'–संयोग है ?"… और रवींद्रनाथ ठाकुर की भी पंछी की लाश पर ही दृष्टि पड़ी थी ?

पढ़ना शुरू करता हूँ–"शिलाइदह, 9 अगस्त, 1894 … नदी एकेबारे कानाय भरे गेछे। ओ पारटा प्राय देखा जाय ना… आज देखते पेलूम, छोटो एकटि मृत पाखी स्रोते भेसे आसछे… आर मृत्युर इतिहास बेस बोझा जाच्छे… किसी, एक गाँव के बाहर बाग में, आम की डाली पर उसका 'बासा' (घोंसला) रहा होगा। साँझ को 'बासा' में लौटकर संगी-साथियों के नरम-नरम गर्म डैनों के साथ अपना पंख मिलाकर श्रांत देह सो रहा होगा… हठात् पद्मा ने जरा करवट ली और पेड़ के नीचे की मिट्टी अरराकर धँस गई। नीड़च्युत् पंछी ने हठात् एक मुहूर्त के लिए जगकर 'चें' किया, इसके बाद फिर उसको जगना नहीं पड़ा। मैं जब मफस्वल में रहता हूँ–रहस्यमयी प्रकृति के पास, अपने साथ अन्य जीव का प्रभेद अकिंचित्‌कर उपलब्ध करता हूँ। शहर में 'मनुष्य-समाज' अत्यंत प्रधान हो जाता है। वहाँ वे निष्ठुर रूप से अपने सुख-दुख के सामने अन्य किसी प्राणी के सुख-दुख की गिनती ही नहीं करते… एक पंछी के सुकोमल पंखों से आवृत स्पंदमान क्षुद्र वक्ष के अंदर जीवन का आनंद कितना प्रबल है, इसे मैं अचेतन भाव से… भूले थाकते पारिने… "

कलाकारों की रिलीफ पार्टी

आज सुबह से ही 'अपने लोग'–स्वजन-सनेही, मित्र और प्रीतिभाजनजन–हमारी सुधि लेने आ रहे हैं। कोई खाली हाथ नहीं आता। एक हाथ में लट्ठ और दूसरे में हमारे लिए कोई-न-कोई आवश्यक सामान… सभी एक अभूतपूर्व 'मेकअप' में–लुंगी या धोती लपेटे, गंजी पहने। डॉक्टर रामवचन राय आए, तो उनके हाथ में जो लाठी थी वह उनसे भी वजनी रही होगी। मैंने हँसकर कहा था–"आचार्यजी, लाठी में गुण बहुत हैं, सदा राखिए संग। नदि-नाला… "

परेसजी आए, हाथ में बोतल लेकर–"बहुत मुश्किल से एक बोतल 'ऊपर' किया है। आज-भर तो काम चल जाएगा न… ?"

बोतल पर 'ब्लैकनाइट' का लेबुल… हालाँकि काफी मटमैला और बदरंग था। लतिकाजी आतंकित स्वर में बोलीं–"यह… क्यों… फिर… फिर… ?"

"जी किरासन तेल !"

एक क्षण पहले ही जिनको मेरा कोई महामद्यप और 'माताल' मित्र समझकर दरवाजे पर से ही विदा करने को सोच रही थीं, लज्जित और पुलकित होकर उन्हें धन्यवाद देने लगीं–"अंदर आइए न··· भीगकर आए हैं। चाय पी लीजिए।"

मैंने लतिकाजी से एकांत में अनुनय किया–"तुम दया करके इनसे यह मत पूछा करो कि दाम कितना लगा। आर्टिस्ट लोग हैं, छोटी-सी बात से ही ठेस लग जाती है इन्हें।"

अभी कुछ देर पहले डाक्टर रामवचन राय एक बड़े झोले में हरी और टटकी सब्जियाँ भरकर ले आए–झिंगुनी, रामतोरई, करेला, परवल, फ्रेंचबीन, हरी मिर्च और चार दूधिया-नाजुक मकई के बाल···

लतिकाजी ने औपचारिकतापूर्ण बातों के साथ ही पूछ लिया–"तीन-चार किलो तो जरूर होगा–सब मिलाकर। इतना ढेर क्यों ले आए ?··· कितना दाम··· ?"

मैंने बात को बीच में काटते हुए रामवचनजी से कहा–"असल दिक्कत किरासन तेल की है।"

"तोमार बस एकई कथा–किरासन तेल। नहीं, रामवचनजी, आप किरासन तेल मत लाइएगा। मैं भी अभी निकलूँगी, ले आऊँगी··· देखिए न, आज सुबह से जो भी आते हैं सबसे बस किरासन तेल की दिक्कत··· मैं तो डरी कि कहीं अपने नए 'जमाय' और 'कुटुंब' को भी किरासन तेल की दिक्कत सुनाकर फरमाइश न कर बैठें।"

परेसजी बैठे ही थे कि डॉक्टर रामवचन राय 'डालडा' के एक नए डिब्बे में किरासन तेल लेकर लौटे। इसके तुरंत बाद ही श्रीमान घायल एक किरासन तेल वेंडर को ही गाड़ी के साथ लेकर प्रकट हुए–"लीजिए, कितना तेल लीजिएगा।" घायल के हाथ में 'फैरेजनी' की दो डबलरोटियाँ थीं–"अशोक राजपथ पर एक दुकान में मिल गईं··· "

मित्रों के जाने के बाद लतिकाजी की बेकार की बहस को मैंने समाप्त करने की चेष्टा की–"देखिए, मैं यानी पटना का एक लेखक, अर्थात् कलाकार, बाढ़ से घिरा हुआ हूँ··· एरा आमार जातेर लोक,··· ये हमारी बिरादरी के लोग हैं–लेखक, कवि, पत्रकार, कथाकार, आर्टिस्ट, अभिनेता–मेरी सुधि लेने आते हैं और मेरे लिए 'रिलीफ़' ले आते हैं। मुझे जिस चीज की जरूरत होती है उनसे बेझिझक कह देता हूँ··· अपने को धन्य मानकर, उनके लाए हुए 'सौगात' को प्रसाद से भी अधिक पवित्र समझकर, निर्विकार चित्त से उपभोग करता हूँ। इसमें लाज-शर्म की बात अथवा 'जग-हँसाई' कहाँ है ? हाँ, बेटी के ससुराल से आए हुए फल तथा अन्न को आप निश्चय ही अलग रख दीजिए।"

सरदारों की रिलीफ टोली आज दोपहर में भी रोटी-पानी बाँट गई है। आसपास के मकानों में बसेरा लिए हुए लोग गर्म-गर्म रोटियाँ खाते हुए बतिया रहे हैं–"पूरी

से भी ज्यादा स्वाद है इस रोटी में··· कितना प्रेम से 'बाँट-बखर' करते हैं; न किसी को कम न किसी को ज्यादा··· बोल रहे थे कि साँझ को भी 'लंगर' आएगा, घबराना मत··· ई 'लंगर' का है हो ?"··· "हँ-हँ-हँ–लंगर नहीं समझा–यही जो खा रहे हो।"

अभी टेलिफोन लाइन ठीक रहती तो कहीं से जाकर सीधे अपने पुराने मित्र सरदार चंद्रमौलेश्वर सिंह को इन संवादों के साथ बधाई दे देता··· चंद्रमौलेश्वर नाम सिख नामावलि में असाधारण, 'अनकॉमन' और अजनबी भले ही हो–सरदार चंद्रमौलेश्वर श्री पटणासाहब गुरुद्वारा प्रबंधक कमेटी के जनरल सेक्रेटरी हैं। पंजाबी सिक्ख नहीं, पूर्णिया के सिक्ख हैं। इसलिए इतना मनोहर नाम है। हाँ, हमारे जिला में पंद्रह-बीस टोलों के ऐसे-ऐसे बड़े गाँव भी हैं जहाँ अचानक पहुँचकर किसी को भ्रम हो सकता है कि हरियाणा अथवा पंजाब के किसी इलाके में आ गया है··· ढोर चराते हुए सिक्ख, खेत गोड़ते हुए सिक्ख, बैलगाड़ी पर सरदार, घोड़े पर–इधर-उधर हर तरफ छोटी-बड़ी, रंग-बिरंगी (और बदरंगी भी) पगड़ियोंवाले–छोटे-बड़े सरदार··· गुरु तेगबहादुर ने असम जाते समय यहाँ गंगा पार डेरा डाला था और यहाँ के लोगों के बीच 'सतसंग' करके धर्मप्रचार किया था। पाँच धर्मप्रचारकों को वह छोड़कर गए थे। अब तो इस इलाके में दो गुरुद्वारे हैं–उचला में, लक्ष्मीपुर में। बोली, पूर्णिया के गाँव की ही बोलते हैं··· हमारे मित्र सरदार श्री चंद्रमौलेश्वर इसी इलाके के एक बड़े गाँव 'उचला' के निवासी हैं तथा तेगबहादुर द्वारा रखे गए पाँच धर्मप्रचारकों में से एक के वंशज हैं। इसलिए गुरुद्वारा पटना साहब की ओर से बँटनेवाली 'रिलीफ' का थोड़ा श्रेय स्वयं लेता हुआ मैं कहता हूँ–"यह भी समझो कि··· हमारे पूर्णिया के 'परताप' से ही··· "

शाम को एक नया दल आया। एक मुहल्ले के कई प्रवासी बंगाली-बिहारी गायक, वादक, लेखक, गीतकार, कवियों ने मिलकर मुहल्ले के घर-घर से 'मुठिया' जमा किया। एक नाव किराए पर ले आए। अपने हाथों से रोटियाँ बेलकर, सेंककर, सब्जी पकाकर बड़े-बड़े 'देग' में ले आए हैं। दूध के चूरे और दवाइयाँ भी हैं ··· नाव पर खड़े एक युवक की सूरत अतिपरिचित-सी लग रही थी। वह भी मुझे उसी दृष्टि से देख रहा था और मेरी ही तरह भटक रहा था। मैंने पुकारा–"आलोक ? आलोकधन्वा ?" वह हँसा। नाव से नीचे उतरकर हमारे फ्लैट के नीचे आया। उसने दाढ़ी मुड़ा ली है और मेरी दाढ़ी बढ़ गई है, इसलिए···

मैंने फिर लतिका को छेड़ा–"बाहर आकर देखिए, हमारे तरुण कलाकारों की रिलीफ पार्टी।"

तरुण कलाकारों की नाव रोटी, सब्जी, दूध, दवा बाँटती हुई चली गई। मैं बहुत देर तक चुप न जाने क्या सब सोचता रहा कि मन फिर कातर होने लगा। किंतु अपनी कसम की याद करके तुरंत 'चंगा' हो गया।

लतिका देवी अपने सगे, संबंधियों और छात्राओं का हाल-समाचार जानने के

लिए निकल पड़ी हैं। मुझसे इस बार इस औपचारिकता का निर्वाह भी नहीं हो सकेगा—मुझे इसका खेद है।

इन दिनों छत पर पहुँचने का अर्थ है 'गाँधी मैदान' पहुँच जाना; मतलब छत पर पहुँचते ही अपार जनता के बीच पहुँच जाना-सा हो जाता है। पहुँचते ही चारों ओर से प्रत्येक फ्लैट के निवासियों द्वारा संचित, संग्रहीत तथा संपादित समाचार मिलने लग जाते हैं··· इंडस्ट्रियल एस्टेट में दरवाजा नहीं खुल सकने के कारण एक पूरा परिवार ही··· किदवईपुरी में एक स्कूटर पर स्वामी-स्त्री और बच्चे की लाशें—स्वामी स्कूटर का हैंडिल एकदम 'टाइट' होकर पकड़े हुए था··· एक लकड़ी के बक्से में दो बच्चे मिले। एक मर चुका था। बक्से के अंदर एक चिट्ठी थी—हम लोग पानी से घिरे हैं। अगर आप लोगों में से किसी को यह बक्सा मिले··· अरे साहब, तटबंध को तो 'फलाना' ने उड़ा दिया है··· वीमेंस कालेज में क्या हुआ सो मालूम है ?

अब मैं ऐसी बातों से नहीं चिढ़ता। मुझे इन लोगों से अब सहानुभूति होने लगी है। बेचारे चारों ओर से पानी से घिरे हुए लोग, छत पर आकर कुछ सुन-सुनाकर अपनी 'बोरियत' को दूर कर लेते हैं··· संभव है ऐसी विपदा की घड़ी में आदमी थोड़ा बेमतलब और बेसिर-पैर की 'नानसेंस' बोलकर कुछ राहत हासिल करता हो।

किंतु, आज पहुँचते ही एक मतलब की बात की—बोरिंग रोड की ओर से किसी फ्लैट में आकर टिके हुए एक पटनियाँ-बंगाली नौजवान ने। बोला—"हम लोग अगस्त से लेकर अक्तूबर तक किसी भी स्थानीय समाचारपत्र के दो-तीन कालम को कभी नहीं पढ़ते थे—उत्तर बिहार की बाढ़ के समाचारों के कारण। हर वर्ष नियमपूर्वक आनेवाली हर बाढ़ को पिछले साल की बाढ़ से बढ़कर बताया जाता। किसी तटबंध का टूट जाना और फसल के साथ जान-माल की बर्बादी के समाचारों के कोई प्रभाव हम पर नहीं पड़ते थे। इसीलिए इस बार ऐसा लगता है कि··· हे मोर अभागा देश, जादेर कोरेछो अपमान हते हबे तादेर सम्मान··· "

उस युवक को इस तरह आवेश में आकर आवेगपूर्ण आवृत्ति करते सुनकर उसकी फूफी या मौसी ने पुकारकर कहा था—"खोकन, की सब जा-ता देश-टेश निए जादेर-तादेर संगे तुई 'आबोल-ताबोल' बले बेड़ाच्छिस ?··· नीचे चल !"

मन में हुआ कि टोकूँ—"की दीदी ?··· आपनि रवि ठाकुरेर कविता के आबोल-ताबोल बलछेन ?" किंतु फिर समझा कि वह 'भद्रमहिला' शायद ठीक ही कह रही है।

इम्प्रूवमेंट ट्रस्ट के नए मकान की छत पर बाढ़पीड़ितों के कई परिवार एकत्रित होकर वार्तालाप कर रहे हैं। ऐसी ही खबरें वहाँ भी प्रसारित-प्रचारित हो रही हैं··· कमला-बलान नदियों के इलाके में रहनेवाले एक व्यक्ति ने कहा—"जे दुखे छोड़लहु घोराघाट, से दुख लागले रहल साथ··· जिस दुख के कारण घोराघाट छोड़ा वह दुख साथ लगा ही रहा। कमला-बलान ने गाँव उजाड़ दिया, तो भागकर पटना

आए। पटना आए तो–ले बलैया ! पटना में भी वही हाल !"

उसके साथी ने कहा–"पटना में भी वही हाल कैसे ? वहाँ, अपने गाँव में, बाढ़ के समय रहने को तिमंजिला मकान मिलता था ! एँ ! बोलो ! ऐसन नरम-नरम, गरम-गरम रोटी और रसादार तरकारी वहाँ मिलता था ? एँ ? बोलो ?"

"अयँ हो, रेडियो में तो बोलिस है कि होली-कफ्टर से बनल-बनावल, पकल-पकावल खाना गिरावल जाता है। मुदा इधर कहाँ गिराइस है एको दिन ? अयँ हो··· ?"

"सुनते हैं जी ? सरदारजी लोग के 'लंगर' में अभी जो पियाज की चटनी दिया था, ऐसा स्वाद था कि क्या बतावें। कि सच्चो कहते हैं–टोकरियो-भर रोटी हम उत्ती-सी चटनी से खा जाते !"

'धेत्त मर्दे ! टोकरी-भर रोटी खाने का मिजाल है तुम्हारा ?"

शाम को साढ़े सात बजे पटना उर्फ फतुहा कैंप-केंद्र ट्यून किया–"अब आप रामरेणु गुप्त से समाचार सुनिए··· !"

तो आज न्यूज़ एडिटर श्री एस. एन. मिश्रा सदल-बल फतुहा कैंप-केंद्र पहुँच गए हैं ?··· रात में दो विशेष प्रसारण की विशेष सूचनाएँ प्रसारित की गई हैं।

लतिकाजी रात के साढ़े आठ बजे लौट आईं, तो उधर से जितनी खबरें लेकर लौटी थीं, उनमें से प्रायः सभी समाचार कुछ हेर-फेर के साथ मैं अपनी छत पर ही सुन चुका था।

··· पानी में 'क्लोरिन' की मात्रा इतनी बढ़ा दी गई है कि चाय, कॉफी, रोटी, दाल सबमें बस एक ही स्वाद। कहते हैं क्लोरिन का दाँत के 'एनामेल' पर बुरा असर होता है !

··· कल रात को काले भयावने बादलों को देखकर मुँह से सहसा निकला था और मैंने सिगरेट की डब्बी पर लिख दिया था–"तुम्हीं क्यों बाकी रहोगे आस्माँ !"··· आज उसके नीचे दूसरी पंक्ति लिखकर प्रसन्न हुआ–"तुम ही क्यों बाकी रहोगे आस्माँ ! कहर बरसाकर शहर पर देख लो !"··· कहर 'बरसा' कर या 'बरपा' कर ? नहीं, बरसाकर ही ठीक है !··· किंतु मुझे संदेह है कि ये पंक्तियाँ मेरी नहीं किसी और शायर की हैं··· दुष्यंत को लिखकर पूछूँ ? बहुत देर तक दुष्यंत की एक ग़ज़ल की कई पंक्तियों को मन-ही-मन दुहराया। फिर शमशेर के शेर की इन दो पंक्तियों को तरन्नुम के साथ गुनगुनाता रहा–"जहाँ में अब तो जितने रोज़ अपना जीना होता है। तुम्हारी चोटें होती हैं, हमारा सीना होता है। जहाँ में अब तो जितने रोज़··· "

शायद क्लोरिन में अन्य गुण-अवगुण के अलावा शीघ्र सुलाने की भी थोड़ी शक्ति होती है। बिछावन पर लेटा और संभवतः दस मिनट के बाद ही गहरी नींद आ गई।

सुबह साढ़े छह बजे छत पर दौड़-धूप और आपाधापी से नींद खुली··· आकाश में एक साथ कई विमानों की सम्मिलित भनभनाहट··· हाँ ! हाँ ! लगता है इसी में हैं। इसी में··· ? इंडिन एयरफोर्स का प्लेन है न ? तब इसी में हैं !···

उठकर खिड़की पर गया। आज अभी भीड़ कम है। बाहर, भीतर सभी लोग आसमान की ओर आँखें उठाकर देख रहे हैं। 'एहि में हौ··· एहि में हौ ? एहि में··· बीचवाला में··· हमको तो आवाज से ही पता लग गया कि यही प्लेन है।'

आकाशवाणी से प्रसारित प्रत्येक बुलेटिन में कल से ही कहा जा रहा है कि सेना के विमान और हेलिकॉप्टरों के द्वारा बाढ़ में फँसे हुए लोगों को सुरक्षित स्थानों में भेजा जा रहा है और पके-पकाए भोजन के पैकेट गिराए जा रहे हैं ! अतः हवाई जहाज की आवाज सुनते ही सभी की आँखें आकाश की ओर टँग जाती हैं··· कहाँ गिराया कुछ ?

दरवाजे की कुंडी खड़की··· सुबह साढ़े सात बजे ही पानी में हेलकर सुधि लेने कौन 'उदार बंधु' आ गए ? बिछावन छोड़ना ही पड़ा··· पास-पड़ोस के ब्लॉक के दो-तीन सज्जन। उनका अधेड़ अगुआ आगे बढ़कर बोला—"आपको थोड़ा कष्ट दिया। माफ किया जाए। देखिए, तीन दिन हो गए। अब तक हम लोगों के चारों ब्लाक में एक भी नाव नहीं मिली। सुना है कि 'कलेक्टेरियट' में 'ज्वायंटली' जाकर कहने से नाव मिलती है। तो सोचा कि आपको ही अगुआ बनाकर ले चलें। आपके रहते फिर··· "

"मुझे ? अरे··· मेरे लिए तो··· मुश्किल है··· मैं तो इतना लाचार हो गया हूँ ··· कि," मैं हकलाने लगा।

"क्यों-क्यों ? बीमार-उमार हैं क्या ?"

"मेरा चेहरा देखकर आप कुछ नहीं समझ सके ?"

"हाँ, हाँ। इधर थोड़ा कमजोर लग रहे हैं। तो क्या तकलीफ है ?"

साथ में आए हुए नौजवान को मालूम था कि मैं पैप्टिक अलसर का मरीज हूँ। उसने कहा, "पैप्टिक अलसर है तो ऑपरेशन क्यों नहीं करवा लेते ?"

"ऑपरेशन नहीं। इसको इंडियन मेडिकल इंस्टिट्यूट, दिल्ली में डॉक्टर आत्मप्रकाश के द्वारा 'फ्रीज' करवाना है।"

"यह फ्रीज क्या होता है ?"

"होता है··· "

"माफ किया जाए। आपको कष्ट दिया।"

"साला, मिथ्येवादी, बेइमान, जोच्चोर··· झूठा। भाग यहाँ से।" कमरे के कोने से मुझ पर दनादन गालियाँ दागी गईं। ऐसी गालियाँ सुनकर मन प्रसन्न हो जाता

है··· तो ठाकुर प्रसन्न है !

"तुम तो जानते हो ठाकुर, मैंने एक शब्द भी झूठ नहीं कहा। मैंने यह भी नहीं कहा कि पैप्टिक अलसर के कारण उनके साथ जाने में असमर्थ हूँ··· अब तुम ही बताओ न, नाव लेकर मैं क्या करता, अथवा वे ही क्या करेंगे ? उधर सारा पच्छिमी पटना अगम पानी में है–आप छाती-भर पानी में ही हैं। कहीं डुबाव पानी तो है नहीं। कहीं से एक नाव मिल भी गई तो रोज आपस में ही सिर-फुटौवल··· "

सुबह आठ बजे का समाचार सुनकर ही समझा कि लोग आज सुबह साढ़े छः बजे आकाश की ओर हवाई जहाज को क्यों देख रहे थे। केंद्रीय खाद्यमंत्री के बाद स्वयं प्रधानमंत्री हवाई सर्वेक्षण करने के लिए (आई थीं) आए थे।

आज पानी घटा है। अविराम बहती हुई धारा की गति और भी मंद हुई है। बाढ़ के जल में अब एक विचित्र-सी महक आ गई है··· आज एक भी नहानेवाला नहीं, कहीं भी। पानी में नहाते हुए ऊधमी लड़कों ने कई दिनों से जी को काफी कुढ़ाया था। आज वे नहीं हैं, तो लगता है कहीं जिंदगी है ही नहीं··· जलप्रलय में भी वे जलकेलि करते रहे। रोग के कीड़ों की पर्वाह किए बिना राजेंद्रनगर गोलंबर के गोल पार्क के चारों ओर 'तेज गति से चक्कर मारनेवाली' इस अभूतपूर्व 'नई नदी' में नहानेवाले लड़के सब आज कहाँ चले गए ?

एक नाव से मेडिकल स्वयंसेवकों की टोली एलान कर रही है–"भाइयो ! बाढ़ के कारण पटना नगर में तरह-तरह के संक्रामक रोगों के फैलने की आशंका है। आपके दरवाजे पर हमारे स्वयंसेवक टीका लगाने पहुँच रहे हैं। कृपया, फौरन टायफाइड तथा हैजे का टीका ले लें।"

एलान सुनकर मन में तुरंत सवाल उठा–'इतनी दवाइयाँ अभी मौजूद होंगी ? अथवा··· बाहर से आनेवाली दवाओं के समाचार के आधार पर··· ?'

रेडियो से बिहार के बाढ़पीड़ितों के लिए 'दान' मिलने के समाचार निरंतर आ रहे हैं··· रोटियाँ, दूध के चूरे, पके-पकाए भोजन, विटामिन की गोलियाँ, दवाइयाँ, रुपए–अनाज··· "

रात में छत पर सुना–कल हम लोगों के इलाके पर–राजेंद्रनगर-लोहानीपुर में हेलिकॉप्टर से खाने के लिए सामान गिराए जाएँगे।··· कल दिल्ली से और भी कई बड़े मंत्री आ रहे हैं··· सेना ने पटना शहर को बचाने का काम अपने हाथ में ले लिया है। आर्मी के जवानों ने बचाव-कार्य शुरू कर दिया है··· राजेंद्रनगर में कल खाद्यसामग्री गिराए जाने की बात एकदम पक्की है। देख लीजिएगा।

और सचमुच दूसरे दिन सुबह सात बजे से ही राजेंद्रनगर में 'एयर-ड्रापिंग' का काम शुरू हो गया।

··· आकाश में एक दैत्याकार आँखफोड़वा-टिड्डा जैसा भूरे रंग का फौजी हेलिकॉप्टर, साइरन की तरह अविराम पतली सीटी-सी बजाता हुआ, घोर गर्जन करता हुआ, छतों पर धूल का धूर्णिचक्र उड़ाता, 'लो-फ्लाइंग' करके धीरे-धीरे नीचे

की ओर आता है। 'थुथने' को तनिक आगे की ओर झुकाकर, पूँछ ऊपर किया··· । गरगराहट और भी तेज हो गई और लो··· लो··· वह गिरा··· बड़ा बक्सा है··· कार्डबोर्ड का बक्सा··· हा-हा···

'सीं-ई-ई-ई-ई··· गरगरगरगरगरगर··· गुड़र गुड़र गुड़र··· सीं-ई-ई-ई-ई-गरगरगरगरगर–एक और आ गया उधर से··· उस छत पर एक बक्सा फिर गिरा। एक नहीं, दो ?'··· सिं-ई-ई-ई–गरगरगरगर··· इस छत पर भी गिरेगा, अपने छत पर भी गिरेगा··· सिंई-ई-ई पाइलट सिख नौजवान है, हँस रहा है··· ए, देखो। होशियार ! बच्चों को पकड़ो। उड़ जाएँगे··· वह चटाई उड़ी··· साड़ी-ब्लाउज-तौलिया सब उड़ा ··· सींई-ई गरगरगरगरगर··· गिरा, गिरा···

निश्चय ही उनके पास मूवी कैमरा होगा। उनके पास–अर्थात् हेलिकॉप्टर पर जो लोग बैठे हैं।··· कैसे लगते होंगे ऊपर से हर छतों के दृश्य··· सभी मकान के मुँडेर पर औरत-मर्द-बच्चे, इधर से उधर दौड़ रहे हैं, ऊपर की ओर हाथ पसारे। एक-दूसरे को धकेलते, गिरते-पड़ते लोगों के झुंड, हर मकान के छत पर··· ?

··· सीं-ई-ई-ई-ई-ई-गरगरगरगर-गुड़र-गुड़र-गुड़र–अपनी छत पर कोई लाल फ्लैग नहीं ? लाल फ्लैट् दिखलाओ··· यहाँ भी गिराओ··· ओ मिस्टर पाइलट–ऑन दिस रूफ··· पाइलट साहेब, इधर भी··· इधर भी··· अरे यहाँ कुछ बिछा दो–सिगनल दो, यहाँ गिरावेगा··· यहाँ-यहाँ··· ए, पाइलट साहेब, सरदारजी–ई··· गिराइए··· गिराइए ··· ए, लाल 'फ्लैगिंग' करो··· सीं-ई-ई-ई-ई-ई-गरगरगरगर–गुड़रगुड़रगुड़र··· यहाँ··· इस छत पर क्यों नहीं गिरता ?··· सीं-ई-ई-ई-ई-ई। गरगरगरगरगर···

दिनमान / 12 अक्तूबर, 1975

मानुष बने रहो

पानी की धारा एकदम मंद हो गई। पानी का रंग धारा की गति के साथ ही धीरे-धीरे बदल रहा है। बहाव बंद होते ही पानी का रंग कुछ ही घंटों में हरा हो जाएगा। पानी पर हरे रंग की पपड़ी जम जाएगी और हवा में सूखी मछली की गंध जैसी 'बिसाइन' महक।

आज कई स्थानीय दैनिक पत्रों ने एक पन्ने का 'अंक' निकाला है। पत्रकार मित्र सूर्यनारायण चौधरी कई हिंदी-अंग्रेजी अखबार लेकर आए। डेढ़ पृष्ठों में टेंडर, वांटेड, विश्वविद्यालयों तथा अन्य सरकारी-अर्धसरकारी संस्थानों की विशेष विज्ञप्तियाँ। बाकी में पटना की बाढ़ के सचित्र समाचारों के बीच-बीच में यत्र-तत्र 'बॉक्स न्यूज' : दिल्ली से इतने हजार किलोग्राम मॉडर्न रोटी आ रही है। दिल्लीवालों के दैनिक राशन में रोटी की कटौती : विदेश से 'केक' और 'चीज' भी : आगरे के पेठे : कलकत्ते से भी रोटियाँ : प्राण-रक्षक दवाइयाँ और कपड़े।

अखबार पढ़ने के बाद बात समझ में आई कि क्यों कुछ देर पहले छत पर भाईसाहब इतने उत्तेजित, असंतुष्ट और क्रुद्ध थे। निश्चय ही उन्होंने आज का अखबार पहले ही पढ़ लिया था। हमारी छत पर हेलिकॉप्टर से पाँच पैकेट जो गिरे थे उनमें से तीन, भाईसाहब तथा उनके परिवार और सगे-संबंधियों के हाथ लगे थे और तीनों में बस चिउरा, भुने चने, पॉप कार्न तथा दालमोठ ! बाकी दो पैकेट में भी यही चीजें थीं। भाईसाहब के मुँह से, घुले हुए पान की जाफरानी पीक की गुड़गुड़ाहट के साथ लानत-भरी आवाज निकली–"क्या तमाशा है !" फिर, पीक थूककर चालू हो गए–"इज़ इफ वी आर लेबरर··· तमाशा है··· दिल्ली का ब्रेड कहाँ है ? बतलाइए। बटर, केक, 'चीज़' कुछ भी नहीं, सिर्फ चूड़ा-चना-फरही ?··· बोरिंग रोड, कृष्णपुरी या पाटलिपुत्र कालोनी की बात छोड़िए–यहीं, अभी, राजेंद्रनगर में ही कंट्राक्टर, फलाने प्रसाद सिंह के एरिया में जो पैकेट गिराए गए हैं सबमें 'ए-वन' चीजें–मतलब, ब्रेड-बटर-चीज सबकुछ–और हम लोगों की छत पर सिर्फ ये 'रॉटन' चबेने ? बोलिए, इसका क्या जवाब है ? एँ ?··· खुद, सरकारी रेडियो बोलता है कि 'राजेंद्रनगर इज़ ए पाश एरिया–'आलीशान इलाका है राजेंद्रनगर और वहाँ गिराई जाती हैं··· दिस इज शीयर पार्सियालिटी··· नहीं तो और क्या··· अरे साहब, खा गया–खा गया, सब खा गया··· "

"जो कुछ मिला है आप भी चबा लीजिए। वरना··· "

"वरना, क्या··· ?"

"वरना, नरम हो जाने पर कुरमुराहट नहीं··· "

"हुँह ! चबा लीजिए ?··· आई एम नाइदर ए विलेजर नार ए लेबरर, ऑर ए बेगर··· " मेरे मुँह पर अपनी मुँहतोड़ अंग्रेजी में 'रिटर्न शॉट' मारकर भाईसाहब का क्रोध तत्काल कुछ कम हो गया। अपनी एक 'केलिकुंजिका'* से उन्होंने कहा–"पैकेट ले जाओ और उधर 'झोंपड़-पट्टी' से जो लोग आए हुए हैं उन लोगों को 'डिस्ट्रिब्यूट' कर दो··· खा गया, सब खा गया··· !!"

बाकी दो पैकेट पानेवालों ने अपनी छत पर उपस्थित लोगों के बीच 'भाग बँटवारा' कर लिया था। चूड़ा और दालमोठ चबाता हुआ प्रोफेसर साहब का नौकर कहता है–"चूड़ा बहुत 'फाइन' है और दालमोठ एकदम पियोर पोस्टमैन में छाना है··· "

भाईसाहब नीचे गए तो मेरे पास एक दूसरे सज्जन सरककर आ गए। नम्र और दबी हुई आवाज में (फुसफुसाहट में) उनकी शिकायत थी : 'उधर प्लास्टिक के बड़े-बड़े 'कैन'··· हाँ, इतने बड़े कि उसमें करीब चार घड़े पानी तो जरूर··· एकदम

---

* दस साल पहले दिल्ली में, अपनी पत्नी की छोटी बहन का परिचय देते हुए डॉ. सुरेश अवस्थी ने किसी संस्कृत कोष का हवाला देकर अर्थ सहित यह शब्द बताया था। उन्होंने 'सिरियसली' कहा था या दिल्लगी में, नहीं कह सकता, किंतु तब से मैं इस शब्द को भद्रतापूर्वक व्यवहार में लाता हूँ। –रेणु

मिल्की व्हाइटकैन के मुँह पर टाइट किया हुआ जेट ब्लैक कैप··· लवली··· मैंने कल खुद अपनी आँखों से देखा है। हेलिकॉप्टर से गाँधी मैदान में पानी पर 'थपाथप' गिराया गया, वहाँ से आर्मी का आदमी बटोरकर नाव पर लेकर वेस्ट पटना की ओर चले गए··· मानता हूँ कि हम लोगों के एरिया में पीने के पानी की कमी नहीं है लेकिन, कैन ?"

"उस छत पर अभी ही एक लाल फ्लास्क–छोटा–गिराया है।"

"उधर, लोहानीपुर की एक छत पर कपड़े का बंडल भी गिरा है··· शायद, गलती से गिर पड़ा है।"

"एयर ड्रापिंग दो तरीके से करते देखा। एक, मुँह की ओर से–पाइलट के बगल में बैठकर, दूसरा–दुम की ओर से। मुँह की ओर से गिरानेवाला, पैकेट गिराते समय दुम ऊपर की ओर उठाकर, मुँह नीचे की ओर झुका लेता है··· और दुम की ओर से गिरानेवाला सिर ऊपर की ओर उठा लेता है··· कभी-कभी इतना करीब आ जाता है कि उस छत पर लगा कि एक आदमी को हाथों-हाथ पैकेट दे दिया ··· धन्न है।"

अभी रेडियो से एक आवश्यक सूचना प्रसारित करके लोगों को सावधान किया गया है : 'कृपया अपनी छतों पर ऐसे सामान नहीं रखें जो उड़ सकते हों। हेलिकॉप्टर जब आपकी छत के ऊपर पहुँचे तो उस समय कपड़े, चटाई, किताबें वगैरह हटा लें, और छोटे बच्चों को भी··· '

छोटे बच्चे ही क्यों, हेलिकॉप्टर के बवंडर में पड़कर क्षीणकाय अल्पप्राण बड़े-बूढ़े भी उड़ जा सकते हैं··· और औरतों को चाहिए कि हेलिकॉप्टर के नीचे जाने के पहले दक्षिणी ढंग से साड़ी पहन लें। नहीं तो, जैसा कि अभी देखा–सारी बिच नारी है कि नारी बिच सारी है कि सारी है कि नारी है कि··· खाली बस नारी है।

कुंडी खड़की··· मेडिकल कालेज के बस तीन-चार विद्यार्थी हाथ में स्टील के छोटे-छोटे बक्स लेकर खड़े हैं–'हैजे की सूई'। मेडिको वालेंटियर की टोली को 'गाइड' कर रहा है, हमारे ब्लाक का किशोर टोमेटो। बेचारा थोड़ा तुतलाता है और उत्तेजना अथवा उत्साह में तुतलाहट बहुत बढ़ जाती है। हमारे ब्लाक के रविजी तो मेडिकल स्क्वाड के साथ ही हैं। "भाई, वह हैजे और टाइफाइड दोनों एक ही साथवाली दवा नहीं है ? क्या नाम है उसका ? टी. ए··· ? सिर्फ हैजे की सूई ? तब तो दो बार ?··· लगा दो दाहिने हाथ के बाँह पर ही। अब मेरे दाएँ और बाएँ हाथ में कोई फर्क नहीं··· इतनी बार सूई ली है, फिर भी सूई देखकर तनिक घबरा ही जाता हूँ। और हैजे की सूई का दर्द बाढ़ में इतना बढ़ जाता है कि··· बस, धन्यवाद··· !!"

मेडिको-वालेंटियर ने बुखार की गोलियाँ, आँख में डालनेवाली दवा और बोरिक

पाउडर की पुड़िया दी··· जियो। सुखी रहो !!

पास के ही एक फ्लैट के सभी निवासी, जो अब तक बाहर खड़े हँस-बोल रहे थे, अचानक अंदर चले गए। फ्लैट एकदम निःशब्द ! टोमेटो ने कुंडी खड़काई। अभिभावक ने दरवाजे पर प्रकट होकर ऐसी मुखमुद्रा बनाई मानो पूजा का चंदा माँगनेवाले लड़कों से निबटना है–"क्या है ? हैजे की सूई ? हम लोग तो ताजा-ताजा गरम-गरम खाते हैं। बासी चीजें नहीं खाते। सूई लेने की क्या जरूरत ?"

टोमेटो हकलाता है। किंतु, कभी-कभी मौके पर वाजिब जवाब देते समय उसकी बोली जरा भी नहीं अटकती। उसने कहा–"एक आप ही लोग ताजा और गरम खाते हैं, बाकी सभी लोग बासी, ठंडा और सड़ा-गला खाना खाते हैं, क्यों ?"

दरवाजा सशब्द बंद हो गया। सीढ़ियों से उतरते समय एक लड़का बोला–"असल बात कुछ और है। हम लोगों के साथ लेडी स्टूडेंट नहीं है न। और इस फ्लैट में सब मिलाकर ज्यादा··· "

"लेडी स्टूडेंट नहीं। कल से बी. एस. एफ. के जवान रहेंगे साथ। तब देखना कि बिना चीं-चपड़ किए किस तरह··· " शायद, रविजी बोल रहे थे।

अपने ब्लाक के, एक 'हीरा लड़का'–रंजन की याद आती है। स्वस्थ, सुंदर, सभ्य और उत्साही। राजीव रंजन। अभी रहता तो निश्चय ही अपने साथियों का अगुआ होता। ढाई महीना पहले मोटर-दुर्घटना में उसकी मृत्यु हो गई···

"आ रहा है। हेलिकॉप्टर फिर आ रहा है।"

हमारी पूसी बिल्ली सुबह से ही आतंकित है। हेलिकॉप्टर जब तक हमारे ब्लाक के ऊपर मँडराता रहा, वह अपने नवजात बच्चों को मुँह में लेकर, इस कमरे से उस कमरे में सुरक्षित स्थान में पहुँचाती रही। उसके बाद से हवाई जहाज की भनभनाहट सुनते ही वह दौड़कर अपने बच्चों के पास चली जाती है। मैं उसको डराने के लिए बीच-बीच में कहता हूँ–"आ रहा है हेलिकॉप्टर।" और वह दौड़कर अपने चार दिन के बच्चों के पास पहुँच जाती है।

··· आ रहा है। सचमुच, फिर आ रहा है। अब, शायद दोपहर का भोजन–लंच–देने आ रहा है। बिहटा से नहीं, पटना कालेज के मैदान में हेलिपेड बनाया गया है। वहीं से हेलिकॉप्टर में सारे पैकेट 'लोड' किए जाते हैं, यहाँ का मेला अब वहाँ चला गया है। हेलिकॉप्टर को उड़ते और धरती पर उतरते देखने के लिए हमेशा जनसमुद्र उमड़ा रहता है। वहाँ गेट पर कड़ा पहरा है, इसके बावजूद··· 'आ गया। चलो छत पर। एक भी बाहरी आदमी को अपने ब्लाक की छत पर मत रहने देना··· कोई लाल कपड़ा ले लिया है न ? आ गया। ए ! इस बार चिल्लाओ मत। ऐसी जोर की गरगराहट में चिल्लाने से क्या फायदा ? हाथ के इशारे से बताओ–हम भूखे हैं, प्यासे हैं।'

पॉश एरिया–आलीशान इलाके की सभी आलीशान इमारतों की छतों पर

नर-नारियों की भीड़। धोती-लुंगी-पैंट-अंडरवियर-जाँघिया-साड़ी-बेलबाटम-फ्रॉक-सलवार-मेक्सी-मिनी में झुंड-मुंड ! ! एक साथ दौड़ते, कभी इधर कभी उधर। सभी के दोनों हाथ ऊपर आसमान की ओर उठे हुए अथवा हेलिकॉप्टर को अपनी छत की ओर बुलाते हुए, इशारा बताते–लाल झंडियाँ हिलाते हुए।

"··· सीं-ई-ई-ई-गरगरगरगर-गुड़रगुड़र··· आ गया, अपने छत पर भी आ गया। अरे रे ! फिर कपड़े-कागज-पत्तर-सूखे पत्ते उड़े··· गिरा ! गिरा ! इस बार तो पैकेट की वर्षा हो रही है। बगल हो जाओ। गिरा, गिरा। क्या है ? लोफ, लोफ··· डबलरोटी गिर रही है इस बार··· दौड़ के। लपक लो। हट जाओ। मेरा है मैंने लूटा। इधर कहाँ ?··· वाह ! बहादुर लड़की है··· बहादुर नहीं, लुटारू ललना। फिर आएगा। तैयार रहो···

सुबह से ही, जब पहली बार पैकेट गिराए जा रहे थे, तभी से 'एयरड्रापिंग' के इस अभूतपूर्व दृश्य के 'बैक ग्राउंड' में एक फिल्मी रिकार्ड बजाने का मन कर रहा है। किस फिल्म का वह गाना है, नहीं जानता। किंतु 'मुखड़ा' से लेकर ताल और बोल सब एकदम फिट। अगर मेरे पास रिकार्ड प्लेयर होता और वह रिकार्ड होता तो हर बार एयरड्रापिंग के समय छत पर निश्चय ही बजाना शुरू कर देता।

चूँकि, मेरे पास कुछ भी नहीं। इसलिए पैकेट गिराते समय मेरे मन में वह गाना मय म्यूजिक और मुखड़े के–कुछ नए 'बोल' लेकर बजता रहता है। सीं-ई-ई-ई-ई–गरगरगरगर–गुड़रगुड़रगुड़र–आ गया जी आ गया। गिरा गिरा गिरा ··· लूट-लूट लूट ले··· ए पायलट साहेब··· पैं-पैं-पैं- पपम पपम में-ए-ए-खाना मिलेगा, पीना मिलेगा, भैया की शादी है सबकुछ मिलेगा, खाओ मेरे यार, पीओ मेरे यार ! लूटो मेरे यार, मीटो मेरे यार··· पैं पैं पैं पपम पपम पैं-ए-ए-पायलट साहेब, इधर भी गिराइए। जरा रहम खाइए, यों ना दौड़ाइए। पानी भी पिलाइए। फ्लास्क भी गिराइए। इधर-इधर-इधर गिरा, उधर-उधर-उधर गिरा। क्या-क्या गिरा, क्या-क्या लूटा। एँ··· ये··· चूड़ा-चना-दालमोंठ ? छोड़ो नहीं यार, फाँको मेरे यार ! जो भी गिरे लूट ले, जो भी मिले ठूँस ले। महँगा है फोकट का माल··· पैं पैं··· पैं पपम पपम पैं-एँ···

"अरे ? तुम यहाँ बैठे हो। ऊपर छत पर जाकर देखो··· "

"पाँवरुटिर वृष्टि होच्छे"–लतिका हड़बड़ाती हुई आईं।

"सिर्फ पाव रोटी या उसके साथ और भी कुछ ?"

"पोलिथिन पेपर के बड़े-बड़े पैकेट गिराए जा रहे हैं। पता नहीं उनमें और क्या-क्या है।"

दिल्ली की–कलकत्ते की रोटी, आस्ट्रेलियन मक्खन, यू. के. का केक, चीज और आगरे के पेठे ? मेरी रसना अचानक रसवंती ही नहीं–बाढ़ आ गई मुँह में। बिना चप्पल के ही छत पर दौड़ा। किंतु पहुँचते ही हेलिकॉप्टर के बवंडर ने मेरे सिर पर, बाल-आँख-कान, मुँह में टोकरी-भर धूल झोंक दिया। पनिआयी हुई जीभ अचानक सूखकर काठ जैसी हो गई। छत के एक कोने में दीवार के सहारे खड़ा

होकर धूल झाड़ रहा था, आँखें मल रहा था कि एक उछलती-कूदती किशोरी-सी दीखनेवाली कन्या ने मेरे हाथ में एक थैला थमाते हुए कहा–"यहाँ इस तरह खड़ा रहिएगा तो कुछ भी नहीं मिलेगा। लीजिए।"

'माल' से भरा थैला लेकर नीचे उतर आया। लतिकाजी के आगे यह आस्मानी तोहफा डालकर सीधे नहाने के घर में घुसा··· मेरी देह के प्रत्येक लोमकूप में धूल के कण समा गए थे और सारे शरीर में खुजली और जलन हो रही थी। ऊपर की छत पर कुहराम और हाय-तोबा जारी था–"लेकिन, मॉडर्न का ब्रेड कहाँ है ? यह तो लोकल अन्नपूर्णा है··· दिल्लीवाली रोटी नहीं गिराई ? बटर-केक-चीज़ कुछ भी नहीं ? पेठा भी नहीं ?··· तमाशा है ! ब्रेकफास्ट के समय इधर चना-चबेना और अभी लंच में भुआई हुई फफूँद लगी लोकल लोफ··· असल माल सब उधर ही··· खा गया ! सब खा गया !"

दरवाजे पर आकर एक 'भद्र स्त्री' भाषण देने लगी–"यह तो गरीबों को बाँटने के लिए गिराया जा रहा है। हम लोगों ने सुबहवाला सब सामान बाँट दिया है और अभी भी जितना मिला है, सब गरीबों को दे देंगे।"

लतिका कह रही थीं–"हम लोग भी बाँट देंगे। रिक्शेवाले हैं, दाई हैं।"

किंतु, वह भद्र स्त्री कहती जा रही थी–'दाई और रिक्शेवाले गरीब थोड़ो हैं। हम लोग उधर जाकर··· "

मैं बाथरूम में नहाता हुआ ठंडे दिमाग से सबकुछ समझ रहा था··· बात यह हुई होगी कि इनकी छोटी बहन ने कहा होगा कि एक थैला 'तीस नंबर' को दे दिया। इस पर परिवार के सभी उसकी मूर्खता पर नाराज हुए होंगे और उनको विश्वास हो गया होगा कि तीस नंबर को जो थैला दिया गया है, उसी में सब 'असल माल'–मॉड्र्न ब्रेड, बटर, केक, चीज़ और पेठे···

"आपसे यह किसने कह दिया कि हम गरीब नहीं हैं ?" मैं बाथरूम से बाहर निकलकर बोला।

हमने दरवाजा बंद ही किया था कि दस्तक पड़ी। खोलकर देखा, इम्प्रूवमेंट ट्रस्ट के नए मकान के बाढ़पीड़ितों का एक छोटा-सा जत्था–चार-पाँच छोटे-छोटे लड़के-लड़कियाँ और दो-तीन मर्द, एक औरत–"बाबू ! मालूम हुआ है कि हजूर एक झोला भरकर रोटी लूटे हैं··· बच्चा सब भूखल है।"

यह पूछने की जरूरत नहीं समझी कि कहाँ और किससे मालूम हुआ है। थैला उनके सिपुर्द कर दिया। जत्थे के अगुआ ने रोटियों को गिनकर कहा–"बस ? ई तो छवे गो है। मालूम हुआ कि··· "

उस दिन साँझ तक हर दस-पंद्रह मिनट के बाद दरवाजे की कुंडी खटखटाती रही–"बाबू ! सुना कि आपको एक बोरा रोटी और विलायती गुलगुला और दूध का पौडर हाथ 'लगल' है··· अरे हजुर बाबू साहब ! आप लोगों को भगवानजी बहुत दिया है··· 'कोनों' चीज का 'कम्मी' है ? थोड़ा 'गरीबों' का खियाल करिए ··· एक तो गिरानेवाला एक 'चश्मखोर' कि जहाँ पर गिराना चाहिए वहाँ नहीं गिराया

तिस पर आप लोग 'बाबू भैया' होकर ऐसा 'गरीब मार' करिएगा तो··· गरीबन के हक··· भला उतना बड़ा थैला में 6वें गो रोटी होगा··· खाली रोटिए होगा भला··· ?"

"भद्र स्त्री ने अच्छी सजा दी !"

दो दिन तक सुबह से शाम तक तीन-चार बार दो-दो हेलिकॉप्टर हमारे गोलंबर के ऊपर 'लो फ्लाइंग' करके रिलीफ बरसाते रहे। उनकी गरगराहट-मनमनाहट की प्रतिध्वनियाँ, छत पर (सिर पर) 'भूत-नृत्य' करते हुए लोगों का कुहराम··· उनकी धमाचौकड़ी सहते-सहते अनायास ही तन पत्थर का तथा मन 'संत' का हो गया है।

एक ओर, गुरु-गौरव गर्जन के साथ ऊपर से करुणा और दया बरसाई जा रही है, दूसरी ओर स्वयंसेवी संस्थाएँ चुपचाप ट्रकों, नावों और ठेलों पर खिचड़ी, चावल, रोटी, दूध, नमक, पानी, मोमबत्ती, दियासलाई, कपड़े और दवाइयाँ–स्लम तथा गरीब मुहल्लों में बाँट रही हैं।

रोज-रोज कोई-न-कोई नई राहत की घोषणा होती रहती है। प्रत्येक 'कार्ड होल्डर' को पाँच किलो गेहूँ मुफ्त : रिक्शाचालकों को भी। पाँच किलो अनाज मुफ्त में मिलेगा। सरकारी कर्मचारियों को पंद्रह दिनों का वेतन अग्रिम मिलेगा। सिर्फ पंद्रह ही दिनों का नहीं··· पुनर्विचार के बाद फैसला लिया गया है। एक महीने का वेतन बतौर अग्रिम मिलेगा, जिसका भुगतान बाद में धीरे-धीरे किया जा सकेगा। सेना के सभी अंग राहत में लगे हुए हैं। जलसेना (नेवी) को भी सतर्क और तैयार रहने का आदेश दिया गया है। बी. एस. एफ. के जवान डॉक्टरों को लेकर संक्रामक रोगों से बचने के लिए लोगों को टीके··· ! और एम्फिबियन (मेढ़क गाड़ी) आ रही है जो जल और थल में समान रूप से दौड़ेगी···

पानी का बहाव बंद होने के बाद सड़ाँध के साथ 'ब्लिचिंग-पाउडर' की उत्कट गंध से हवा बोझिल रहती है। किंतु, मेरी पंचेंद्रियों में से अधिकांश शिथिल हो गई हैं। इसलिए, किसी तरह का कष्ट नहीं हो रहा।

ऐसी ही मनःस्थिति में–पता नहीं क्यों–सेल्फ से 'परती : परिकथा' निकालकर ले आता हूँ। थोड़ी देर, पृष्ठों को उलट-पलटकर पढ़ने की चेष्टा करता हूँ। पढ़ता हूँ–"कोनार नदी के किनारे–डैम साइट पर, एक विशाल 'क्रेन' की छाया में बैठते हुए कहा था जीत ने–न जाने कोसी का काम कब शुरू हो··· यह मेरा इलाका है। कोसी-कवलित अंचल। जहाँ हर साल लाखों प्राणियों की बलि लेती है कोसी

महारानी…

"जितेंद्र ने इरावती से कहा था–'आपका दुख मैं समझता हूँ। अनुभव करता हूँ, आपके यहाँ की नदियों में खून की बाढ़ आई थी। एक अंधवेग, एक पागलपन, एक जनून। रक्त की धाराएँ बहीं… सिर्फ बाढ़ ही नहीं, दावानल भी। भयंकर लपटें उठानेवाला। सबकुछ जल गया। धन-संपत्ति, कला-कौशल। मैं उसकी भीषणता की कल्पना कर सकता हूँ और आप भी कल्पना कीजिए उस भूभाग की। डायन कोसी के सुफेद बलुवाही आँचल पर बिखरे लाखों नए नर-कंकालों की कल्पना से आप डर तो नहीं जाएँगी ?… '

"इरावती का सपना : उसका प्यार फिर पनप रहा है। इंसान सिर्फ कत्ल और बलात्कार ही नहीं करता। इंसान गढ़ भी सकता है। गढ़ रहा है। बना रहा है। रचना कर रहा है–समाज के लिए, अवाम के लिए। वीरान को बसाने के लिए, बंध्या धरती को शस्य-श्यामला बनाने के लिए ?…

"समाज को मानवीय और मनुष्य को सामाजिक बनाना ही मुक्ति का एकमात्र पंथ है… हमारी मिट्टी में सांस्कृतिक सोना फल सकता है… प्राण नहीं, अनुभूति नहीं। अब मनुष्य को यंत्र चला रहा है… टेक्नालोजी के युग में हम लोग जीवन-उपभोग का मूल तकनीक ही खो बैठे हैं… "

'परती : परिकथा' की इन पंक्तियों को रेखांकित करके रख देता हूँ। फिर 'जुलूस' निकाल लाता हूँ। अंतिम पृष्ठ की अंतिम पंक्तियों को पढ़ता हूँ : 'मैं एक विशाल परिवार की बेटी हूँ… इन आत्मीय स्वजनों के बीच पारस्परिक सहानुभूति और सहयोगिता फिर से पनपाऊँगी… मैं अपनी सत्ता को इस समाज में विलीन कर रही हूँ–लोक संस्कृतिमूलक समाज के गठन के लिए… !!'

'कलर बक्स' उठाकर लाता हूँ। कूची से 'परती : परिकथा' तथा 'जुलूस' की चिह्नित पंक्तियों पर गहरा काला रंग पोतकर भी संतोष नहीं होता। मन में जमी हुई अशांति पिघलती नहीं। तब दियासलाई की एक सलाई जलाकर इन पृष्ठों को छुलाता हूँ। अचानक, कोने में बैठे देवता चिल्ला उठते हैं–"ए-ए-ए-ए की होच्छे ? यह क्या हो रहा है ? तेरा दिमाग खराब हो गया है क्या ?"

फूट-फूटकर रोता हुआ कहता हूँ–"ठाकुर ! तुम तो जानते हो–जितनी अगाध आस्था, अटूट विश्वास और दृढ़ निष्ठा के साथ मैंने ये पंक्तियाँ लिखी थीं। इन चरित्रों के निर्माण के लिए मैंने अपने हृदय का कितना रक्त… !"

"साला ! गाँजाखोर, अहंकारी ! बोल, तुमने लिखी थीं ये पंक्तियाँ… ?… मैं-मैं-मैं करके तभी से बकरे की तरह मेंमिया रहा है और औरतों की तरह रो रहा है ? तुमने लिखी थीं… ?"

होश में आया–"नहीं ठाकुर ! मैं कौन होता हूँ लिखनेवाला–चरित्र गढ़नेवाला ? तुमने जो भी, जैसा भी लिखवाया–लिखता गया।"

"तो, फिर अपने मन से इन पंक्तियों पर कालिख क्यों पोत दिया ? आग क्यों लगा रहा था ? और कालिख पोतने से, आग लगाने से क्या 'अक्षर' मिट

जाएँगे ?··· मैंने मानुष की क्या परिभाषा दी है ? याद है ?"

"जिसको अपने मान का होश हो–वह 'मानुष'··· "

"तब ? हमेशा अपने मान का होश रखो। मानुष बने रहो। रोने से कुछ नहीं होगा। यों मार्डर्न की रोटी और विलायती गुलगुला तुम नहीं लूट सके, इसका दुख मुझे भी है।"–ठाकुर हँसे–"अब जरा बाहर निकलकर खोजो। कहीं मिल ही जाए।"

मन का अवसाद दूर हो गया। किताबों को सिर से छुलाकर सेल्फ में रख दिया।

उस दिन सुबह। 'हिंदुस्तान स्टैंडर्ड' के प्रतिनिधि जनार्दन ठाकुर आए। जनार्दनजी अंग्रेजी के पत्रकार हैं। लेकिन, मुझसे हमेशा मैथिली में बोलते हैं। आते ही बोले–"हमर किछु प्रश्न अछि–बाढ़क संबंध में··· "

"बाढ़क संबंध में ?··· मुझसे इस बाढ़ का क्या संबंध ?"

"संबंध है।"

"जनार्दनजी ! दया करके बाढ़ के बारे में कोई चर्चा नहीं। बाढ़ की बातें भी अब गँधाने लगी हैं।"

उन्होंने मेरी बात को अनसुनी करके पूछा–"पटना का क्या भविष्य है अर्थात भविष्य क्या होगा !··· हाँ, मैं जानता हूँ कि आप कोई भविष्यज्ञाता ज्योतिषी नहीं, रचनाकार हैं।" जनार्दनजी का मुखमंडल गंभीर था।

मैं कुछ देर चुप रहा। फिर कहने लगा–"बिहार की राजधानी को पटना से हटाकर फिर राजगिर ले चलिए। यदि यह संभव नहीं तो फिर ऐसा कीजिए कि सारे नगर के हर घर की छत पर नाव, लाइफ बेल्ट यानी किसी स्टीमर पर संकट की घड़ी में प्राणरक्षा के लिए जो-जो उपकरण रहते हैं–रखना अनिवार्य कर दीजिए ··· प्लास्टिक के सामान बनानेवाली कंपनियों से छोटी-छोटी डोंगियाँ बनाने को कहिए ··· हर मकान के ग्राउंड फ्लोर के रेंट में सैकड़े पचहत्तर की कमी और ऊपर के तल्लों में थोड़ी-सी वृद्धि··· जीवन बीमा निगम वालों से परामर्श करके–हर मकान-मालिक से हर महीने के भाड़े में जीवन बीमा का अनिवार्य अंश··· और पटना ही क्यों, बाढ़ से किसी भी प्रदेश का पिंड कभी नहीं छूटने का··· ।"

मैंने देखा, जनार्दनजी अपनी छोटी-सी डायरी में नोट कर रहे हैं–"अरे ! आप तो सचमुच··· ?"

"सचमुच नहीं तो और क्या ?" वे डायरी अपने पाकेट में रखकर उठ खड़े हुए।

मैंने अपना प्रण पूरा किया। बाढ़ के पानी में पैर नहीं दिया। छत के रास्ते दूसरे फ्लैट की सीढ़ियों से उतरकर–ईंटों पर पैर रखता हुआ–सड़क पर आया और

रिक्शे पर अकेला बैठकर उधर ही चला, जिधर से बाढ़ के जल को आते देखा था··· रास्ते में देखा–दीवारों पर लाल दाग लगाकर अंग्रेजी में काले रंग से 'एच. एफ. एल. 75; लिखा जा रहा है। रास्ते चलते एक युवक ने दूसरे से कहा–"एफ. एल. तो सुना था। यह एच. एफ. एल. क्या है भाई ?"

कॉफी हाउस खुला देखकर प्रसन्न हुआ। लेकिन, अंदर कदम रखते ही 'फफूँद' की गंध लगी तो लौटना चाहता था। देखा, सारे कॉफी हाउस में बस एकमात्र सतीश आनंद–कला संगम नाट्य संस्था के प्राण–चुपचाप बैठे हैं। उनका चेहरा देखकर डरा–बाढ़ में निश्चय ही इनका बहुत नुकसान हुआ होगा, शायद··· मुझे देखकर उनका चेहरा तनिक खिला। बोले–"आज ही, अभी ही थोड़ी देर पहले खुला है। मैं ही पहला ग्राहक हूँ और आप दूसरे··· "

"दूसरे तो सत्यनारायण ही हो सकते हैं··· और क्या हाल है ? इतने उदास क्यों हैं ?"

"उदास ? जी, उदास नहीं, चिंतित।"

"अरे राम ! कॉफी है या क्लोरोकॉफी ?··· कैसी चिता ? सार्वजनिक या व्यक्तिगत ?"

"साहब, एक नया नाटक खेलने को सोचा था। वह तो अब निकट भविष्य क्या, दूर भविष्य में भी··· अजब है, स्टेज के लिए कोई लड़की या स्त्री मिल ही नहीं रही··· "

"आपने क्या उम्मीद की थी ? इस बाढ़ में कहीं से भँसती हुई आ जाएगी ?" मैंने पूछा।

सतीश अप्रतिभ हुए। फिर कुछ याद करके बोले–"इधर आपकी मुलाकात 'यौनाचार्य' से नहीं हुई है ? इस बाढ़ ने उनकी सारी दमित वासनाएँ··· लीजिए, नाम लिया और आप प्रकट हो गए।" सतीश ने बाहर की ओर देखकर कहा।

हमारे कॉफी हाउस के एक एडवोकेट मित्र हैं। पिछले साल हिंदी में यौन-मनोविज्ञान की कहानियों का एक संग्रह प्रकाशित करवाया है। पुस्तक प्रकाशन के बाद मित्रों ने उन्हें 'यौनाचार्य' की उपाधि प्रदान की तो उन्होंने सहर्ष स्वीकार कर लिया। अपना परिचय देते समय वह यह कहना नहीं चूकते कि वे चार-चार बार रेस्टीकेट हो चुके हैं और यह कि वे छात्रों के 'चिर नेता' हैं और ताउम्र रहेंगे।

यौनाचार्यजी ने सगर्व स्वीकार किया–"भाई ! इस बाढ़ से पटना नगर और इसके नागरिकों की जो भी तबाही हुई हो–मैं तो फायदे में क्या··· जो आज तक कभी नसीब नहीं–वह इस बाढ़ के प्रताप से या महिमा से कहिए, तीन-तीन यंग लड़कियाँ और कई स्त्रियाँ मेरे घर में शरणार्थी होकर आईं··· सुबह में कोई चाय दे रही है तो कोई हलुआ तो कोई आमलेट तलकर ला रही है। कोई दोपहर को अपनी प्रेमकहानी कहती तो कोई रात में दो बजे तक गाना सुनाती। और मेरा बाथरूम ? चलकर जरा सूँघ लीजिए–नहीं विश्वास हो तो–लेवेंडर की सुरभि से सदा सुरभित रहता है··· अब आपको क्या बताएँ ?"

उस दिन ही नहीं, एक सप्ताह तक अपनी किस्मत खुलने का किस्सा लोगों को कॉफी पिला-पिलाकर सुनाते रहे। यहाँ तक कि दिल्ली के एक वरिष्ठ पत्रकार बाढ़ के सिलसिले में पटना आए थे। उनको भी अपना भाग्य फिरने का किस्सा सुनाने पहुँचे। होटल में मौका नहीं मिला तो हवाई अड्डे तक पहुँचकर, वक्तव्य देने के लहजे में उनसे कहा–"साहब, आदमी क्या ? इस बाढ़ में तो मछलियाँ भी 'सेक्सी' हो गई थीं··· "

मुझे उसी दिन लगा था कि यौनाचार्य अब 'काम' से गए। और इन पंक्तियों के लिखते समय उनके मित्रों से तथा स्वयं उनके मुँह से सुना कि उनकी अवस्था संगीन है। सिर चकराता है और सिर के अंदर 'वैकुअम' जैसा लगता है। आँखों के आगे सरसों के फूल नजर आते हैं। डॉक्टरों ने कोई सिरियस रोग बताया है, जिसका संबंध–नाक तथा आँख के जरिए–दिमाग से है··· भगवान उनको चंगा करें।

यों, पटना शहर भी बीमार ही है। इसके एक बाँह में हैजे की सूई का और दूसरी में टाइफायड के टीके का घाव हो गया है। पेट से 'टेप' करके जलोदर का पानी निकाला जा रहा है। आँखें जो कंजक्टिवाइटिस (जोय बांग्ला) से लाल हुई थीं–तरह-तरह की नकली दवाओं के प्रयोग के कारण क्षीण ज्योति हो गई हैं। कान तो एकदम चौपट ही समझिए–हियरिंग एड से भी कोई फायदा नहीं। बस, 'आइरन लंग्स' अर्थात रिलीफ की साँस के भरोसे अस्पताल के बेड पर पड़ा हुआ किसी तरह 'हुक-हुक' कर जी रहा है।

"ऊँ सर्वविघ्नानुत्सारय हुँ फट् स्वाहा··· "

26 अक्तूबर, 1975

रपटें, टिप्पणियाँ

सह-अस्तित्व

बजट अधिवेशन के प्रारम्भ के साथ बिहार विधानसभा में कांग्रेसी और कांग्रेस-विरोधी विधायकों ने प्रदेश की राजनीति और कार्यनीति के विभिन्न पहलुओं को जिस दिलचस्प तरीके से छुआ, उससे काफी सरगर्मी रही। सदन में आवाज गूँजी, "राजनीति प्रदेश में सबसे ज्यादा फायदे का उद्योग बन गयी है।" एक विधायक महोदय, जिन्हें महाशय कहना ठीक होगा, इसके पहले मिस्टर होने का भ्रम पाले हुए थे। वे देखते-ही-देखते मोशाय हो गये। कुछ जनसंघी सदस्यों ने मुख्यमन्त्री द्वारा भेजे गये निमन्त्रण को ठुकराकर अपने 'त्याग' का परिचय दिया। हिन्दी के प्रश्न पर लक्ष्मीनारायण 'सुधांशु' की रोषपूर्ण दृढ़ता; सरकार पर लदता हुआ भारी जन-ऋण, अक्षमता और सरकारी कुव्यवस्था आदि-अनादि समस्याओं पर बहस और सवाल-जवाब।

धन—बिहार की राजनीति क्षेत्रीय राजनीति है। उसकी हलचल का प्रभाव केन्द्र पर भले न हो पर उत्तेजनापूर्ण होने के कारण प्रादेशिक ढंग से वह बहुत महत्त्वपूर्ण है। मुख्यमन्त्री कृष्णबल्लभ सहाय उसे हर तरह से सन्तुलित बनाये रखने की कोशिश करते रहे हैं। लेकिन इस सत्र की शुरुआत क्योंकि बजट के साथ हुई और बजट भी बहुत घाटे का रहा, इसलिए उन्हें कई तरह के प्रश्नों का सामना करना पड़ा!

ऋण—वित्तमन्त्री अम्बिकाशरण सिंह ने बताया कि तीसरे आयोजन के अन्त तक जनता द्वारा लिये हुए कर्ज की रकम 4 अरब हो जायेगी। विरोधियों ने आपत्ति की कि रकम फिजूल के कामों में खर्च की गयी है और ऐसे दुरुपयोग से शीघ्र ही प्रदेश का आर्थिक ढाँचा लड़खड़ा जायेगा। वित्तमन्त्री ने स्पष्टीकरण दिया कि ऋण की राशि का 80 प्रतिशत केन्द्रीय सरकार के सहयोग से खर्च हुआ है। फिजूलखर्ची, कुव्यवस्था आदि के और भी आरोप लगाये गये। एक विधायक ने कहा कि सरकार को चाहिए कि वह कृषि उत्पादन को सुरक्षा की दूसरी पंक्ति जैसा महत्त्व दे। राजनीतिक उद्योग की जगह पर कृषि उद्योग पर बल दे। उत्तर में मन्त्री ने बताया कि वर्तमान योजना के अन्त तक 83 करोड़ रुपये कृषि पर खर्च होंगे। कृषि उत्पादन बढ़ा है। कुछ वर्ष पहले जो उत्पादन 49 लाख टन था अब वह 75 लाख टन हो गया है।

आरोप-प्रत्यारोप–अभी बहस ठीक से समाप्त भी नहीं हुई थी कि एक सदस्य ने पुराने आरोपों का प्रश्न उठा दिया। मुख्यमन्त्री कृष्णबल्लभ सहाय के खिलाफ भी पंजाब, उड़ीसा और मैसूर के मुख्यमन्त्रियों की तरह भ्रष्टाचार और पद के दुरुपयोग के आरोप रहे हैं। केन्द्रीय उपसमिति ने उनकी जाँच करके उन्हें निराधार ठहराया था। इसके बावजूद एक कांग्रेसी विधायक ने कहा कि केन्द्रीय उपसमिति ने भले ही मुख्यमन्त्री को दोषमुक्त सिद्ध कर दिया हो, उससे उनकी जिम्मेदारी खत्म नहीं होती। उन्हें चाहिए कि वह सदन को भी बतायें कि उनके खिलाफ कौन-से आरोप रहे हैं और उनका उन्होंने क्या जवाब दिया है।

महाशय से मोशाय–अन्य प्रश्नों के साथ जब बहस हिन्दी की ओर मुड़ी तो उसने सदन के अन्दर और बाहर कई रूप अख्तियार किये। सुधांशु बिहार विधानसभा के भी अध्यक्ष हैं और अखिल भारतीय राजभाषा सम्मेलन के भी। स्वतन्त्र विधायक झरेश्वर घोष ने सदन में कहा कि वह अपना भाषण बंगला में देंगे तो उन्हें अनुमति मिल गयी। सदस्यों के तीखे विरोध के बावजूद बिहार विधानसभा के इतिहास में पहली बार हिन्दी क्षेत्र में बसे हुए एक अहिन्दी-भाषी विधायक ने बंगला में भाषण किया।

हिंदी सम्बन्धी प्रतिक्रिया का दूसरा रूप जनसंघी सदस्यों की ओर से सामने आया। श्रीमती इन्दिरा गाँधी के सम्मान में मुख्यमन्त्री ने चायपान का आयोजन किया। निमन्त्रण-पत्र जनसंघी विधायकों को भी भेजे गये लेकिन उन्होंने उसे इसलिए लौटा दिया कि वह हिन्दी-अंग्रेजी में अगल-बगल छपा था। हिन्दी प्रदेश में हिन्दी और अंग्रेजी के, और प्रदेश तथा संस्था की भीतरी और बाहरी राजनीति में सन्तोष और असन्तोष के सह-अस्तित्व का इससे अच्छा नमूना और क्या मिल सकता है ?

28 फरवरी, 1965

बीमारपुरी : डाक्टरनगर

'बिहार हेल्थ सर्विसेज़ एसोसियेशन' के प्रधान डाक्टर मधुसूदन दास के सभापतित्व में पटना में, चौबीस सौ डाक्टरों ने मिलकर फैसला किया कि यदि 31 मार्च, 1965 तक उनकी माँगें पूरी नहीं की गयीं तो, 1 मई, 65 को वे सामूहिक रूप से त्यागपत्र देकर सरकारी नौकरियों से मुक्ति ले लेंगे। चिकित्सकों का नारा था–'वेतन-दर में समीकरण करो, नहीं तो अपनी नौकरी रखो !'

बिहार की 'बीमार जनता' का दिल इस भयोत्पादक घोषणा को सुनकर जरा भी नहीं धड़का। असल में इसकी प्रतीक्षा बहुत दिनों से की जा रही थी। जब से बिहार सरकार ने, सरकारी डाक्टरों के 'निजी-उपचारगृह' (प्राइवेट क्लीनिक) और 'निजी व्यापार' (प्राइवेट प्रैक्टिस) को बन्द करने की आवाज़ उठाने का साहस किया, तभी से इस 'जवाबी आवाज' के लिए लोग तैयार बैठे थे–बीमार, स्वस्थ सभी। डाक्टरों के इस फैसले के बाद भी सब आश्वस्त हैं कि अनहोनी नहीं घटेगी क्योंकि बात अब माँग और 'धमकी' तक बढ़कर राजनीतिक स्तर पर पहुँच गयी है। इसलिए इसकी प्रतिक्रिया इतनी ही हुई कि अस्पताल में लेटे किसी रोगी को तीस साल पहले गाये हुए एक गीत की कड़ी बार-बार याद आयी, "मसीहा बन के बीमारों को किस पर छोड़ जाते हो ?"

पिछले कई वर्षों से सरकारी अस्पतालों के डाक्टर और 'बीमार जनता' के आपसी सम्बन्ध को स्पष्ट करने के अवसर बार-बार आये और आ रहे हैं किन्तु ऐसा लगता है कि इस बार भी यह अस्पष्ट रह जायेगा। पटना के मेडिकल कालेज अस्पताल में हुई कई 'विवादग्रस्त' मृत्युओं को केन्द्र बनाकर 'लापरवाही और निर्दयता' के कई आरोप लगाये गये। जाँच की माँग मंजूर हुई और हर बार सरकारी डाक्टरों द्वारा 'निजी व्यापार' और 'निजी उपचार-गृह' चलाने के विरुद्ध जनमत दृढ़ होता गया।

पंगु एक्स-रे–बिहार के जन-स्वास्थ्य या 'पीड़ित मानवता' की सेवा के सवालों पर विचार करते समय कई आवश्यक और नयी सूचनाओं पर ध्यान जाना स्वाभाविक है। बिहार सरकार ने विधानसभा में यह स्वीकार किया कि राज्य के विभिन्न अस्पतालों में 13 एक्स-रे यन्त्र कई वर्षों से बेकार पड़े हुए हैं। इस स्वीकारोक्ति को सुनकर बिहार विधानसभा के अध्यक्ष लक्ष्मीनारायण 'सुधांशु' के मुँह से बरबस निकल पड़ा, "ऐसा लगता है, सिर्फ एक्स-रे मशीन ही नहीं, सरकारी कल-पुर्जे भी मूलभूत रूप से बिगड़े हुए हैं !"

विधानसभा में ही एक मन्त्री ने यह कबूल किया कि राज्य के 161 ब्लाकों में कोई डाक्टर नहीं। अर्थात् इन ब्लाकों के लोग बिना डॉक्टर के भी स्वस्थ हैं और जी रहे हैं।

अंसारी साहब के अनुसार–3 मार्च को, राज्य के स्वास्थ्यमन्त्री अब्दुल क़य्यूम अंसारी ने विधानसभा में बतलाया कि डाक्टरों के वेतन-दर के सवाल पर सरकार गंभीरतापूर्वक सोच रही है। कुछ सप्ताह में ही इस सम्बन्ध में फैसला हो जायेगा।

बिहार विधानसभा के सदस्य, पटना के प्रसिद्ध नेत्र-विशेषज्ञ तथा पटना मेडिकल कॉलेज के भूतपूर्व प्रिंसिपल डाक्टर दुखनराम ने अपना दृष्टिकोण उपस्थित किया–"डाक्टरों के 'निजी व्यापार' को बन्द करने के पहले डाक्टरों के वेतन-दर में बढ़ोतरी करनी चाहिए।

स्वास्थ्यमन्त्री इसके पहले ही मेडिकल विभाग की 'बजट-माँग' पर बोलते समय सूचित कर चुके थे कि राज्य में सरकारी डाक्टरों के 50 प्रतिशत से अधिक पदों

के लिए प्रैक्टिस का निषेध कर दिया गया है।

वेतन-दर के सवाल पर सरकार कुछ ही सप्ताह में अपना फैसला दे देगी, ऐसी आशा है। चौबीस सौ चिकित्सक उस फैसले को स्वीकार करके चुप हो जायेंगे, इसकी सम्भावना कम है।

डाक्टरों ने त्यागपत्र 1 मई को ही क्यों देना तय किया ? यह कौतूहल इसलिए बढ़ जाता है कि एसोसिएशन के सभापति, मधुरभाषी डॉक्टर मधुसूदन दास, बिहार के प्रसिद्ध चिकित्सक के अलावा कम बोलनेवाले कम्युनिस्ट समझे जाते हैं।

अशोक-राजपथ–बिहार राज्य के जन-स्वास्थ्य की समस्याओं के जवाब पटना के अशोक-राजपथ पर कुछ दूर चलने में ही मिल जाते हैं। अशोक-राजपथ पर मुरादपुर से पूरब–एक ओर यक्ष्मा-केन्द्र का विशाल भवन है। अन्दर की ओर गंगा के किनारे राजेन्द्र-सर्जिकल-ब्लाक है फिर, रेडियम इंस्टिट्यूट, जो वास्तव में कैंसर-इंस्टिट्यूट है, जनाना अस्पताल, आँखों का अस्पताल। अस्पतालों का सिलसिला दूर तक चलकर खुदाबख्श पुस्तकालय के बाद विश्वविद्यालय के दरभंगा भवन के सामने मैथुनज रोग अस्पताल तक पहुँचकर समाप्त होता है। सड़क की दाहिनी ओर जितनी सड़कें गयी हैं, जितनी गलियाँ निकली हैं, उनमें दोनों ओर डाक्टर-ही-डाक्टर रहते हैं। सभी धर्मशालाओं और अधिकांश होटलों के कमरों में रोगी भरे पड़े हैं। सारे बिहार के रोगी अपने इलाके के प्रतिनिधि के आसरे, पटना के बड़े-से-बड़े डांक्टर से इलाज करवाने आते हैं, इसलिए एम. एल. ए. आवास में रोगी भरे रहते हैं।

लेकिन, राजेन्द्रनगर को डाक्टरों का नगर कहना ही ठीक होगा। डाक्टरों की विशाल अट्टालिकाएँ और मधुमक्खी के छत्ते की तरह उनके 'प्राइवेट क्लिनिक' देखकर कोई भी समझ सकता है कि आखिर डॉक्टर होकर कोई ब्लाक और देहात में मरने क्यों जायेगा जबकि पटना की किसी गली में बैठकर सिर्फ मलमूत्र की परीक्षा करके ही तीन वर्ष में तिमंजिला मकान बनवाया जा सकता है ?

14 मार्च, 1965

फिर डाक्टर ? फिर बीमार ?

बिहार विधानसभा के बजट-अधिवेशन में–माँग और कटौती, आरोप-प्रत्यारोप, तत्काल गद्दी छुड़वाने के तकाजे या आरोप गलत हों तो तुरन्त त्यागपत्र देने के 'ऑफर' के बीच जनता के प्रतिनिधियों का ध्यान एक धमाके के साथ धनबाद

ने अपनी ओर खींचा। 8 मार्च को धनबाद स्कूल ऑफ माइंस के एक छात्र की मृत्यु सरकारी अस्पताल में हो गयी। इसे अस्पताल के डाक्टर तथा अन्य कर्मचारियों की लापरवाही का नतीजा मानकर कई सौ छात्रों ने अस्पताल को घेर लिया और उन डाक्टर और कर्मचारियों को खोजने लगे जिन्हें वे इस मौत के लिए जिम्मेवार समझते थे। डाक्टर के घर पर रात-भर घेरा डालकर और कुछ तोड़-फोड़ की कार्रवाई करने के बाद विद्यार्थियों ने जुलूस और नारों के साथ मामले की तुरत जाँच और दोषियों को उचित दण्ड देने की माँग की। पुलिस की गाड़ियों को घेरने और डाक्टर की गाड़ी को जला डालने की सूचनाएँ भी मिली हैं। स्थिति क्षुब्ध है, किन्तु काबू से बाहर नहीं। जन-स्वास्थ्य-विभाग के निदेशक उड़कर धनबाद जा रहे हैं।

इसे संयोग की बात ही कहेंगे कि बिहार में अभी स्वास्थ्य-सप्ताह मनाया जा रहा है और कई दिन पहले ही सरकारी डाक्टरों के वेतन-दर, सरकारी अस्पताल और अस्पताल के डाक्टरों को लेकर प्रचुर तर्क-वितर्क हो चुके हैं!

तुरत जाँच–बिहार मन्त्रिमण्डल ने 12 मार्च को एक विशेष बैठक में, तुरत जाँच के लिए एक व्यक्ति का आयोग नियुक्त किया है। आयुक्त हैं–डा. जॉर्ज जैकब, पटना विश्वविद्यालय के (उस दिन तक के) सफल उपकुलपति, जिनके गले में उसी शाम डाली गयी विदाई की मालाओं के फूल अभी मुर्झाये भी नहीं थे और जिनकी झोली लोगों के स्नेह और विश्वास से भरी थी। क्षुब्ध वातावरण में स्थिति को तुरत शान्त करने के लिए, बिहार मन्त्रिमण्डल ने ऐसी तत्परता अब तक बहुत कम बार दिखायी है।

उधर धनबाद में इण्डियन मेडिकल एसोसिएशन की स्थानीय शाखा की एक 'तत्कालीन' बैठक में बिहार राज्य मेडिकल एसोसिएशन के सभापति डा. ए. के. सेन ने डाक्टरों की ओर से यह माँग की कि सारे मामले की जाँच एक अदालती जाँच कमेटी द्वारा की जाये। बैठक में डाक्टरों ने कहा कि धनबाद के अधिकारियों ने उनकी जान-माल की सुरक्षा में बेहद ढिलाई दिखलायी।

पुनः पुराने आरोप–मुख्यमन्त्री की 'आरोप-मुक्ति' से राजनीतिक (खासकर विक्षुब्ध-गुट के) मिजाज में कुछ मन्दी आयी थी कि बजट अधिवेशन की बहसों के दौरान फ़िज़ा फिर गर्म हो गयी। सहाय-मन्त्रिमण्डल के जन-कार्य विभाग के मन्त्री ने अपनी विभागीय-माँग की पुस्तिका का वितरण किया। यह कहना गलत होगा कि उन्होंने विक्षुब्धों को और भी विक्षुब्ध करने के लिए ऐसा किया पर लोग चिढ़ गये। भोला शास्त्री पासवान को पुस्तिका छपाकर वितरण करने पर एतराज नहीं था पर पुस्तिका का नाम पढ़कर उन्हें भ्रम हो गया था कि यह 'अर्थमन्त्री' रामलखन सिंह यादव का बजट-भाषण है! इस पर मन्त्री महोदय ने सूचित किया कि उन्होंने अपनी प्रति में 'सुधार' कर दिया है।

भारी तो लगा–'झा' मन्त्रिमण्डल के राजकाल में तत्कालीन मन्त्री दारोगा राय की भी कोई-कोई हरकत तत्कालीन असन्तुष्टों को बुरी तरह चिढ़ा देती थी और

बात सबसे ज्यादा लगती थी रामलखनसिंह यादव को। इसलिए अब सहाय के इस मुख्य सहायक को 'फींचने' का मौका पाकर विक्षुब्ध दारोगा राय भी नहीं चूकते, भले ही उन्हें विरोधी दलों द्वारा चलायी गयी पुरानी छड़ी का सहारा लेना पड़े। नहीं तो एक संयुक्त समाजवादी द्वारा हफ्तों पहले बिहार विधान-परिषद में लगाये गये इस आरोप को वह क्यों दुहराते कि "दुर्गा-पूजा संगीत-समारोह के लिए बम्बई के 'फिल्म स्टार' और 'तबलचियों' से बातचीत करने के लिए मन्त्री महोदय के टेलीफोन काम में लाये गये और पैसा 'पब्लिक' का गया।" या कि, "मन्त्री महोदय अपने दर्जनों मित्रों को सरकारी पैसे से कश्मीर की सैर करा लाये ... कि यादव-महासम्मेलन में सरकारी जीपों का इस्तेमाल हुआ...।"

आक्रान्त मन्त्री ने अपने स्वभाव के अनुसार ताककर जवाबी हमला किया। सदन में देर तक शोर-गुल होता रहा; मन्त्री महोदय ने अपनी तीरन्दाजी पर कुछ देर तक मग्न रहने के बाद अपनी बात वापस ले ली कि "सदस्यों के पास साज-सामान, फर्नीचर वगैरह के करीब साठ हजार रुपये सरकारी बकाया के खाते में पड़े हुए हैं।" बात को वापस लेने के बावजूद आत्मतोष का भाव रामलखनसिंह यादव के चेहरे पर लिखा रह गया।

सम्मिलित विरोधी अभियान—सुना जाता है कि असन्तुष्ट कांग्रेसियों के हस्ताक्षरों से युक्त एक ताजा आरोप-पत्र दिया गया है। ये कांग्रेसी विरोधी दलों के संयुक्त सम्मेलन में भाग नहीं ले सकते; पर उस सम्मेलन में जब वर्तमान मन्त्रिमण्डल को अपदस्थ करने के लिए भाषण हो रहे थे तब निस्सन्देह वक्ताओं की आँखों के सामने अनेक अनुपस्थित व्यक्तियों के चेहरे भी थे जिनसे 'नैतिक' (पर गुप्त !) सहायता की भी आशा की जा सकती है और 'प्रामाणिक तथ्यों' की भी।

प्रेस कानफरेंस में जब संयुक्त समाजवादी भोलाप्रसाद सिंह ने मुख्यमन्त्री की 'आरोप-मुक्ति' पर क्षोभ प्रकट करते हुए प्रधानमन्त्री लालबहादुर शास्त्री को भी 'पक्षपात' के दल-दल में घसीट दिया, तो ऐसा लगा कि वे विक्षुब्ध कांग्रेसियों के मन की ही बात कह रहे हैं। बहरहाल, वह एक ऐसा नया आरोप-पत्र लेकर दिल्ली जा रहे हैं जिसे "ओडिसा और पंजाब के भूतपूर्व मुख्यमन्त्रियों पर लगाये गये आरोपों से मिलाकर पढ़ा जाय"—यही उनका आग्रह होगा। किन्तु सहाय-मन्त्रिमण्डल को निकट भविष्य में किसी खतरे की आशंका नहीं है। असन्तुष्ट कर्मचारियों की धमकियाँ, शिक्षकों की चुनौतियाँ, डाक्टरों के आन्दोलन, छात्रों के उपद्रव की तरह विरोधी दलों के सम्मिलित आघात को झेल लेने की क्षमता उसमें है, यह मुख्यमन्त्री की आत्मविश्वासपूर्ण और भाव-रहित-मुद्रा से स्पष्ट झलकता है।

21 मार्च, 1965

हरी तराइयों में पीले चेहरे

बिहार राज्य के उत्तरी-सीमा स्थित जिलों के उत्तरी कगार पर, 'दसगज़ा' विसैनिक क्षेत्र (नो-मैंस लैंड) के उस पार नेपाल की हरी-भरी तराइयों में चीनियों के मुखड़े अब अधिक दिखलाई पड़ें; वे खेतों, नदियों, मैदानों और पुलों की तस्वीरें लें अथवा सिमरा और विराट नगर के हवाई अड्डों पर सैकड़ों की संख्या में जमा हों तो उन्हें देखकर अचरज नहीं होता क्योंकि नेपाल और चीन को जोड़नेवाली 75 मील लम्बी कोदरी सड़क पिछले महीने खुल गयी है और तब से हजारों की संख्या में वे नेपाल आ रहे हैं।

किन्तु बिहार के सीमास्थित जिलों के लोग नेपाल के खुले बाजार से–चीरा बाजार से–चोरी-छिपे चीनी ट्रांजिस्टर, टेपरिकॉर्डर, कलम, घड़ी और कैमरे वगैरह का व्यापार शुरू कर दें, अथवा नेपाल के रास्ते भारतीय पेट्रोल, कपड़े, सिमेण्ट, किरासन तेल और खाद्यान्न उन देशों में चोरी से भेजें जो भारत के 'भाई-भाई' भले ही रह चुके हों, अब मित्र नहीं हैं--तो इससे बढ़कर और दुर्भाग्य की बात क्या होगी ?

हर देश के सरहदी इलाकों की तरह सीमा के दोनों ओर बसी जनता का एक विशेष चरित्र होता है। गत महायुद्ध के बाद अन्न और वस्त्र संकट के समय इन इलाकों में अवैध व्यापार की हजारों लीलाएँ हो चुकी हैं। 'दसगज़ा' के उस पार गाड़ियाँ 'पास' कराने के लिए करेंसी नोटों के पुल बाँध दिये जाते हैं। इसीलिए, रक्सौल, दरभंगा, जयनगर, जोगबनी, फारबिसगंज के इलाके में, चीनी दियासलाई की एक-आध फेंकी हुई डब्बियों को देखकर ही सतर्क हो जाना चाहिए।

सांस्कृतिक उपनिवेशवाद–सुना जाता है, चीन से करीब पचास स्त्री-पुरुष कलाकारों की एक टोली शीघ्र ही आ रही है, जो नेपाल तराई के प्रमुख नगरों में 'सांस्कृतिक प्रदर्शन' करेगी। यहाँ पर यह बात याद रखनी चाहिए कि नेपाल के सभी कम्युनिस्ट पीकिंगपन्थी हैं और उन्होंने चीन के कलाकारों को नेपाली, हिन्दी के अलावा मैथिली सिखा-पढ़ाकर पण्डित बना दिया है।

नेपाल भारत का भी मित्र है। किन्तु, बिहार विधानसभा में राज्य के खाद्यमन्त्री ने दुख प्रकट करते हुए सूचना दी कि नेपाल से बिहार को युग-युगांतर से धान मिलता आ रहा था। लेकिन, कुछ महीने पहले से नेपाल सरकार ने धान-चावल के भारत आने पर रोक लगा दी है। फलतः सीमा पर चलनेवाली कई चावल मिलें बन्द हो गयी हैं। सुना जाता है कि नेपाल, धान-चावल भारत को देने के बजाय चीन को देगा।

पूर्णिया जिले के किसनगंज इलाके में पाकिस्तान की सीमा के उस पार सैनिकों का जमघट और नेपाल की तराइयों में कलाकारों का मेला–दोनों का एक ही अर्थ है।

गत चीनी आक्रमण के समय बिहार की कई सांस्कृतिक संस्थाओं और बड़े कलाकारों ने मोर्चे पर जाने की उत्सुकता दिखलायी थी। उन्हें 'दसगज़ा' के आसपास बसे इन गाँवों में–जहाँ पचास प्रतिशत ऐसे लोग बसते हैं जो राष्ट्रीयता का अर्थ नहीं समझते अथवा 'देश' से बढ़कर रुपये को प्यार करते हैं–जाना चाहिए।

28 मार्च, 1965

एकांकी के दृश्य !

बहिरंग–23 मार्च। समय : दोपहर। **स्थान :** बिहार विधानसभा का प्रवेश द्वार; मैदान। आसमान में तैरते हुए असमय के बादल। आँधी की तरह चलती हुई पछवा हवा और, उस हवा के विरुद्ध छाती तानकर आगे बढ़ती हुई–देवीप्रसाद राय चौधरी कृत महान् एवं जीवन्त कलाकृति, '42 अभियान के शहीद विद्यार्थियों की टोली ! चारों ओर भीड़। कृतियों की फौलादी मांस-पेशियाँ एकत्रित समूह की शिराओं में तनाव पैदा करती हैं और लहू में गर्मी। सामूहिक रूप से 'आकस्मिक' ही (कैजुअल-लीव) मनानेवाले अराजपत्रित कर्मचारियों की भीड़ अचानक नारे लगाने लगती है। मूँगफली बेचते हुए कर्मचारियों के बच्चे, उनकी बच्चियाँ जिनके कुर्तों में 'बिल्ले' टँके हैं और जिन पर लिखा हुआ है–"मुख्यमन्त्री ने कहा है कि कर्मचारियों के बच्चे मूँगफली बेचें।" इसलिए लोग अतिरिक्त उत्साह से मूँगफली खरीदकर, चवन्नी, अठन्नी या इससे ज्यादा दाम खुशी-खुशी दे रहे हैं। एक जनसंघी सदस्य पाँच रुपये में एक पैकेट खरीदकर गर्व से सिर तानकर इधर-उधर ताकता हुआ आगे बढ़ जाता है। फोटोग्राफर अभी उधर की तस्वीरें ले रहा है ? मुख्यमन्त्री की गाड़ी दूर से ही पहचान ली जाती है। भीड़ में अचानक सरगर्मी बढ़ जाती है। नारे जोर-जोर से लगने लगते हैं। बीच में से एक-आध अभद्र गाली तैर गयी। कर्मचारियों के बच्चे मुख्यमन्त्री की गाड़ी में मूँगफली के कई पैकेट फेंकते हैं। अर्ध-निमीलित नेत्रों से इस तमाशे को देखते हुए कृष्णबल्लभ सहाय की गाड़ी आगे बढ़ जाती है। नारे बन्द। उत्साह समाप्त।

अन्तरंग–स्थान : बिहार विधानसभा के अध्यक्ष लक्ष्मीनारायण 'सुधांशु' का चैम्बर। अध्यक्ष महोदय आराम के क्षण में आवश्यक कागजात देख रहे हैं कि– 'हाथापाई !'–कोई दौड़कर उन्हें सूचना देता है; वह तुरन्त उठकर खड़े हो जाते हैं। इतने तेज कदमों से उन्हें इस गलियारे में आज तक कभी चलते नहीं देखा गया। दौड़कर वह सदन में पहुँचते हैं जहाँ दर्जनों क्रुद्ध-कण्ठों की सम्मिलित चीत्कार

में उपाध्यक्ष सत्येन्द्रनारायण अग्रवाल की सारी चेष्टायें और बातें डूब-डूब जाती हैं। सामने उपस्थित था अभूतपूर्व दृश्य : शहीद विद्यार्थियों के अगुआ के अन्दाज में 'मन्त्रीवर्ग' की ओर कमर कसकर झपटते हुए कम्युनिस्ट रामावतारसिंह और आस्तीन समेटकर हाथ चमकाते हुए सदन से निकलते रामलखनसिंह यादव। यहाँ उनका संवाद सुनायी पड़ता है–"सदन से बाहर इसका फैसला हो जाय।··· हो जाय ! ··· आ जाओ··· देखना है एक-एक को।"

किन्तु अध्यक्ष के पहुँचते ही हठात् सबकुछ सहज और शान्त हो जाता है। मानो स्कूल-भर के उद्दण्ड छात्रों के बीच हैडमास्टर साहब आ गये !

हाँ, बात बिगड़ी फिर रामलखनसिंह यादव को केन्द्र करके। कांग्रेसी सदस्य मोहनलाल गुप्त ने यह आरोप लगाया कि जनकार्य मन्त्री ने अपने 'स्टाफ' में सिर्फ अपनी ही 'जाति' के लोगों को बहाल किया है। मन्त्री महोदय ने बीच में रोकने-टोकने की चेष्टा की लेकिन प्रजा समाजवादी कामदेवप्रसाद सिंह ने उन्हें बोलने नहीं दिया। संयुक्त समाजवादी कपिलदेव सिंह ने अपनी 'जाति' पर गर्व करते हुए टोका : 'आपको, हम लोगों के 'स्टैण्डर्ड' और ऊँचाई तक पहुँचने में मुद्दत लग जायेगी।' इस जातिवादी फिकरे के जवाब में कोई महीन और पैना व्यंग्य करके विरोधियों को काटनेवाले व्यक्ति रामलखनसिंह यादव नहीं। ऊँचाई-नीचाई को प्रमाणित करने के लिए वह महाभारत, यादव सेना अथवा श्रीकृष्ण की दुहाई भी नहीं देंगे। उनकी मान्यता है कि वह एक ऐसे 'पिछड़े वर्ग' के सदस्य हैं, जिसने समाज में कभी किसी जाति की श्रेष्ठता नहीं कबूल की और न किसी 'वर्ण' के सामने सिर झुकाया। अतः उसकी 'जाति' को लेकर जब सदन में बात उठ खड़ी हो तो जाहिर है, उसके पास सदन में देने योग्य कोई जवाब नहीं मिलेगा। बाहर, मैदान में श्रेष्ठता प्रमाणित करने का अवसर वह बार-बार उदारतापूर्वक देते रहेंगे–इसी तरह !

राज्य की प्रतिष्ठा–"यदि अनुशासनहीनता को इस तरह बढ़ावा दिया जाता रहा तो इसका बुरा असर सरकार पर ही नहीं, सारे राज्य पर पड़ेगा।" मुख्यमन्त्री कृष्णबल्लभ सहाय ने 25 मार्च को विधानसभा में बोलते हुए कहा–"सिर्फ मुझे ही नहीं, प्रदर्शनकारी कर्मचारियों ने मेरी पत्नी, लड़की और बहन को 'पब्लिकली' गालियाँ दीं।"

मुख्यमन्त्री ने इस बात को सरासर गलत बतलाया कि उन्होंने कर्मचारियों के बच्चों को मूँगफली बेचकर गुजर करने को कहा है। उन्होंने कर्मचारियों की कठिनाइयों को महसूस करते हुए यह स्पष्ट कर दिया कि राज्य की मौजूदा आर्थिक स्थिति में 4.60 करोड़ सालाना का अतिरिक्त आर्थिक बोझ नहीं सँभाला जा सकता।

चीनी चीन्हे–विधानसभा में भूतपूर्व मुख्यमन्त्री विनोदानन्द झा के भाषण के दिन (जिसमें उन्होंने कुछ इलाकों में कम्युनिस्ट गोरिल्ला आन्दोलन की भविष्यवाणी की थी) यानी 25 मार्च को पटना की पुलिस ने हवाई अड्डे पर आठ चीनियों को जासूसी के सन्देह में गिरफ्तार किया। उसी दिन सूचना मिली कि राज्य सरकार ने भारत-नेपाल सीमा स्थित निगरानी चौकियों को चीनी सामानों को बिहार में

चोरी-छिपे लाने के विरुद्ध तत्पर रहने के लिए सतर्क कर दिया है। साथ ही चंपारण, पूर्णिया, दरभंगा आदि जिलों के जिलाधीशों को इस सम्बन्ध में कड़ाई करने का आदेश भेजा है। सरकार ने जिलों के अधिकारियों को स्पष्ट कह दिया है कि यदि सरकारी कर्मचारी इस तस्कर-व्यापार में लिप्त पाये जायें तो उनके साथ कठोरतम कार्रवाई की जाय। इस आदेश से यह पता चलता है कि सरकार को वस्तु-स्थिति का सही-सही ज्ञान है।

चेतावनी के बावजूद सवाल बना रह जाता है कि क्या इन सीमावर्ती इलाकों की जिम्मेदारी राज्य सरकार और जिलाधीशों के कन्धों पर छोड़ देना उचित होगा ? बिहटा में पकड़े गये आठ चीनी जासूस सड़क के रास्ते कहीं भी 'दसगज़ा' पार कर सकते थे। और सुदूर उत्तर के नेपाली और चीनी चेहरों में तमीज़ करने की क्षमता क्या हमारी खुफिया विभाग के हर कर्मचारी में है ?

4 अप्रैल, 1965

बग़ावत मेरी मंज़िल... !

सहरसा के मध्यावधि चुनाव के बाद–चुनावफल घोषित होने के तुरत बाद–बिहार विधानसभा में एक दिन एक सदस्य ने जब इस चुनाव के सिलसिले में खुद मुख्यमन्त्री के द्वारा चुनाव क्षेत्र में की गयी धाँधलियों और धीनागर्दियों का सिलसिलेवार ज़िक्र करते हुए 'जनतन्त्र खतरे में' का नारा बुलन्द किया, तो अधिकांश सदस्य और दर्शक बहुत देर तक इस मुगालते में रहे कि बोलनेवाला किसी विरोधी दल का सदस्य है। जिस बुलन्द आवाज़, भेदक अंगभंगी और कड़वे सुर में वक्ता-सदस्य आरोप-पर-आरोप लगा रहे थे, वह चुनाव में हारी हुई संयुक्त समाजवादी पार्टी के सदस्य के ही उपयुक्त था। किन्तु चौंकानेवाली और सही बात यह है कि विन्ध्येश्वरीप्रसाद मण्डल कांग्रेसी सदस्य हैं।

इसके पहले, चुनाव-प्रचार के समय भी एक बार इस नाम के साथ पत्रों में कई विवादपूर्ण वक्तव्य प्रकाशित हुए थे। चुनाव के बाद लोगों ने विक्षुब्ध कांग्रेसियों के प्रमुख नेताओं के अलावा एक अतिविक्षुब्ध और उग्र व्यक्ति से परिचय प्राप्त कर लिया और मुँगेर में हारने के बाद सहरसा की जीत से दुगुने खुश कांग्रेसी सदस्यों के चेहरों की रौनक अचानक गायब। विक्षुब्धों को एक–'दो-टूक खरी-खरी, सीधी और मोटी बात मुँह पर कहनेवाला'–उग्र जमाँमर्द मिला, जिसकी कमी उन्हें अर्से से खटक रही थी।

जवाब दो, क्या जवाब दूँ !—कांग्रेस विधायक दल के सेक्रेटरी ने सदस्य महोदय से जवाब तलब किया कि इस गैरजिम्मेदार और अनुशासन भंग करनेवाले भाषण के लिए उन्हें पार्टी से क्यों नहीं निष्कासित कर दिया जाय ? जैसा कि ऐसे मामलों में, बात बढ़ने पर होता है, इस उग्र-विक्षुब्ध सदस्य ने अपने जवाब में जवाबतलब किया कि कोई उसे बताये कि उसके भाषण के किस अंश को 'अनुशासनहीन' कहकर उस पर 'शो काज़' की कार्रवाई की गयी है। बिहार प्रदेश कांग्रेस के प्रधान तथा अन्य प्रमुख अधिकारियों को, जाहिर है, अपने सदस्य की यह हरकत बहुत बुरी लगी। ऊपरवालों तक यानी हाईकमान के कान तक बात पहुँचाकर ही ये निश्चिन्त नहीं हो गये और अचानक प्रसिद्धि पाकर विन्ध्येश्वरीप्रसाद मण्डल भी इधर-उधर वैधानिक बातें बतियाने लगे, चुनौतियाँ देकर ऐसी बैठकों में शरीक होने लगे जिनमें भाग लेने की उन्हें मुमानिअत थी।

लखनौआ बाँके के लहजे—यह सब देख-सुनकर ऐसा लगने लगा था कि अनुशासनहीनता और निष्कासन के इस सवाल पर शीघ्र ही उठा-पटक के बाद जोर-आजमाई हो जायेगी। 30 मार्च की बैठक में यदि विन्ध्येश्वरीप्रसाद मण्डल सम्मिलित हो जाते तो निश्चय ही कुछ होकर रहता, ऐसा अनुभवी और जानकारों का अनुमान है। किन्तु बैठक के एक-दो दिन पहले से ही वातावरण के तनाव को ढीला करने में निरन्तर लगे हुए कई सदस्यों की चेष्टाएँ सफल हुईं। फलतः जिस बैठक में आँधी-तूफान और ओले बरसने की आशंका थी, उसमें विक्षुब्ध गुट के एक प्रमुख सदस्य ने हौले-हौले प्रस्ताव रखा कि इस मामले को कार्यसमिति के पास पुनर्विचार के लिए भेज दिया जाय। दूसरे विक्षुब्ध सदस्य द्वारा समर्थित इस प्रस्ताव पर दल के नेता कृष्णबल्लभ सहाय ने सदस्यों की राय माँगी और सभी ने एक स्वर से इसकी ताईद कर दी।

किन्तु लखनौआ बाँकों के लहजे में इस मामले को टालकर, कांग्रेस विधायक पार्टी तथा प्रदेश कांग्रेस के सामने उपस्थित 'अनुशासनहीनता की समस्या' का समाधान नहीं हो सकता, जबकि भूतपूर्व उपमन्त्री अब्दुल गफूर, मन्त्रिमण्डल के फिर से संगठन की माँग पर अभी भी अडिग हैं। उनके समर्थकों में प्रमुख समर्थक भी इस सवाल पर अटल हैं। कम-से-कम वर्तमान मन्त्रिमण्डल के 'एक मन्त्री' को हटाये बगैर ये चैन नहीं लेंगे—यह भी सुना गया है। और सुना तो यह भी जाने लगा है कि प्रमुख विक्षुब्धों के मन में अब यह चिन्ता और शंका समा गयी है कि इस उग्र-विक्षुब्ध ने कहीं जरूरत से ज्यादा प्रसिद्धि तो नहीं प्राप्त कर ली है ? क्योंकि दल की 'सफाई' का सवाल भी कभी-कभी बड़ा सवाल बन जाता है।

जो भी हो, कामराज के सामने कांग्रेस पार्टी और कांग्रेस-राज के हित की बात करने की तैयारी में—दोनों गुटों के प्रमुख नेताओं की, यह तन-मन की 'धुलाई' की सराहना सभी परिष्कृत रुचिवाले यानी सफाईपसन्द व्यक्ति करेंगे।

11 अप्रैल, 1965

'चिनियाँ देश के समनवाँ'

बिहार मन्त्रिमण्डल ने 31 मार्च की बैठक में बिहार-नेपाल सीमा पर एक ऐसी व्यवस्था को स्वीकृति दी है जिसका अनुकरण पश्चिमी बंगाल, उत्तर प्रदेश और पंजाब राज्य भी करें, तो शुभ हो।(हालाँकि बिहार सरकार ने तनिक देर से इधर ध्यान दिया है।) इस व्यवस्था के अन्तर्गत 300 मील लम्बे सीमान्त पर अतिरिक्त फौजी पुलिस की टुकड़ी तैनात की जायेगी; पूर्णियाँ, दरभंगा और चम्पारण जिलों में पाँच नयी पुलिस चौकियाँ स्थापित होंगी। सीमा की सभी निगरानी चौकियों में शीघ्र सूचनाएँ भेजने के लिए बेतार-यन्त्र लगाये जायेंगे और, 'उस पार' से आकर लूट मचानेवाले सशस्त्र लुटेरों से मुकाबला करने के लिए सीमावर्ती गाँवों के हर रक्षा-दल के पाँच सदस्यों को सशस्त्र करने का निश्चय किया गया है।

किन्तु तस्कर-व्यापार को रोकने के लिए और तिब्बती-चीनी-पाकिस्तानी लोगों के अनधिकार-प्रवेश को बन्द करने के लिए बिहार सरकार का यह महत्त्वपूर्ण फैसला महज कागजी मसविदा साबित हो सकता है, यदि सम्बन्धित इलाकों में 'जनता-जनार्दन' का सहयोग नहीं मिला।

यह कहना गलत होगा कि चम्पारण, पूर्णियाँ, दरभंगा आदि जिलों के इन अंचलों में कभी 'नमक कानून' तोड़कर दल-के-दल लोग जेल नहीं गये, या कि यहाँ कभी विदेशी वस्त्रों की होली नहीं जली अथवा गाँव-गाँव में 'सुराजी स्वयंसेवकों' ने अलख जगाकर देशभक्ति के गीत नहीं गाये; या कि व्यक्तिगत सत्याग्रह में 'न एक पाई, न एक भाई' और '42 में 'भारत छोड़ो' नारे नहीं लगे। पर इन सारी बातों के बावजूद इन क्षेत्रों के अधिकांश लोग 'बिकाऊ' हो गये हैं। कारण जो भी हों, किन्तु यह कहा जा सकता है कि सीमावर्ती क्षेत्र में कम-से-कम तीन हजार ऐसे व्यक्ति क्रियाशील हैं जिन्हें देश को बेचने में भी कोई एतराज नहीं होगा।

चीनी माल—इस भूखण्ड के प्रायः सभी स्कूल-कॉलेजों के अधिकांश 'गुरु-चेलों', सभी सरकारी महकमों के छोटे-बड़े हाकिमों, कलमजीवियों और कलम के शौकीनों के पास आपको 'चीनी कलम' अवश्य मिल जायेगी। चीनी कपड़े की कमीज पहने बिहार सरकार को कोसनेवाले कर्मचारी से आपकी मुठभेड़ ट्रेन या बस में कभी भी हो सकती है और आपको क्या पता कि आपके पास बैठा हुआ नवविवाहित युवक किसी 'प्रोजेक्ट' के किसी बड़े अफसर का दामाद है जिसे 'दहेज' में उसके 'ससुर साहब' ने दस-पन्द्रह हजार रुपये की जो 'चीजें' दी हैं, सभी 'चीनी माल' है, जिसकी नेपाल में खरीद हुई !

यह बात भी सही नहीं कि इधर की धरती में कोई राजनीतिक दल नहीं पनपा।

सच्ची बात यह है कि इन्हीं इलाकों की 'आर्थिक-सिंचाई' के कारण बहुत-से दलों का अस्तित्व बचा हुआ है। प्रायः सभी राजनीतिक दलों की अनेक पताकाएँ हवा में यहाँ भी उड़ती रहती हैं। पर, एक युग से रवैया देखकर यह साहस के साथ कहा जा सकता है कि 'दसगज़ा' के पास इन झण्डों के साये में एकत्रित होनेवाले लोगों में प्रति सैकड़ा पंचानवे 'असत् प्रवृति' से प्रेरित आये-गये और आ-जा रहे हैं। यही कारण है कि किसी राजनीतिक दल की ओर से अब तक कहीं कोई ऐसी आम या खास सभा का आयोजन नहीं हुआ जिसमें "चीनी सामान छूना पाप है, गद्दारी है, देशद्रोह है, गोहत्या तुल्य है, हराम है"—यह नारा सबल-कण्ठ और विगलित-हृदय कोई वक्ता देता और भावावेश में कोई विद्यार्थी या नागरिक अथवा कोई भी अपनी जेब से 'चीनी कलम' निकालकर तोड़ते हुए प्रायश्चित्त के आँसू बहाता, अथवा कोई चीनी कपड़े की कमीज फाड़कर "भारत माता की जै" कहते हुए आग लगा देता। वरना, हर 'जलती समस्या' पर लोकगीत रच-छपाकर, गा-गाकर बेचनेवाले लोक-कवियों को अब तक प्रेरणा मिल चुकी होती और गली-गली, खेत-खलिहान, मैदानों में बच्चे-बच्चे गाते फिरते—"भइया छुइहो मति चिनियाँ देश के समनवाँ, बड़ा दुसमनवाँ बा··· !"

उस पार—रक्सौल में उस दिन दो चीनी जासूस पकड़े गये जिनके पास 16,700 रुपये के करेंसी नोट और सोने की 111 छड़ों, 31 स्वर्णमुद्राओं के अलावा नक्शे और कुछ 'गुप्त कागजात' बरामद हुए। हम सतर्क हैं, सन्देह नहीं पर बिहार-नेपाल सीमा स्थित एक प्रसिद्ध रेलवे स्टेशन के पास—'दसगज़ा' के किनारे दिन-रात चलनेवाले व्यापारों में एक 'विशेष व्यापार' को देखकर 'दिनमान' विशेष रूप से आशंकित हुआ। दिन ढलने के पहले से ही 'इस पार' से कुछ ऐसे लोग 'उस पार' के बाज़ार में झुण्ड बाँध कर जाते हैं, जो खाने-पीने के शौकीन और मशहूर 'इश्कबाज' समझे जाते हैं। उधर के बाज़ार में—दो बड़ी-बड़ी जूट मिलों, कपड़ा मिल, दियासलाई-कारखाने में हजारों भारतीय मजदूर हैं और सीमा से ही सटी दर्जनों ऐसी 'बहुधन्धी' दुकानें हैं जहाँ सन्तरा-सौंफ-छुआरे से लेकर चावल की, शराब और बरमा से लेकर तिब्बत तक की सुन्दरियाँ स्वर्णमण्डित-दन्तपंक्तियाँ चमकाती हुईं हँस-हँसकर लोगों का—खासकर भारतीय शौकीनों का—स्वागत करती हैं। रेडियो से गीत प्रसारित होता है—"रात भर रहियो, सबेरे चले जइयो, ओ राजा जी।"

सुना है, रात-भर 'उस पार' रहकर सबेरे 'इस पार' चले आनेवाले 'राजाजी' के लिए अफीम के फूल की कलियों के भौंरों के लिए शीघ्र ही एक ऐसा चीनी होटल खुलनेवाला है जिसमें उन्हें 'चाउ-चाउ राइस नूड्ल' तो चखाये ही जायेंगे, साथ में चीनी तितलियों के नाच की व्यवस्था भी रहेगी। जैसाकि 'दिनमान' को मालूम हुआ है—बिहार के लोकगीतों के विभिन्न सुरों के आधार पर चीनी गीत तथा अनुवाद में सुर-सहित मैथिली-भोजपुरी भाषाओं के गीत-कार्यक्रम भी सम्मिलित हैं।

पैंतालीस साल पहले इसी क्षेत्र के वनप्रान्त में एक लोक-कवि देश की दुर्दशा

पर फूट-फूटकर रोया था–"गंगा रे जमुनवाँ की धार नयनवाँ से नीर बही।" प्रदेशों की दशा पर भारतमाता आज फिर रो रही है–जार-बेज़ार।

18 अप्रैल, 1965

भीमा भयानका भीतिहरा : कोसी !

24 अप्रैल को भारत के प्रधानमन्त्री लालबहादुर शास्त्री नेपाल सरकार के अतिथि के रूप में, बिहार-नेपाल (भारत-नेपाल) सीमा पर (नेपाल की धरती पर) निर्मित विशाल 'कोसी बाँध' की पश्चिमी नहर के खनन-समारोह के अवसर पर नेपाल के महाराजाधिराज श्री महेन्द्र वीर विक्रमशाह देवज्यू के साथ भीमनगर-वीरपुर पधार रहे हैं। चीनी विदेशमन्त्री के प्रस्थान के बाद, काठमाण्डू की घाटियाँ, नेपाल के मित्र-देश की मैत्री और भाईचारे की भावना को जगानेवाले नारों से गूँज उठेंगी। शाही तथा दूतावास के भोजों में पद-पद पर औपचारिकता का निर्वाह दोनों देशों की ओर से किया जायेगा, भारत-नेपाल की अटूट दोस्ती पर प्रकाश डालते हुए इसे और भी सुदृढ़ बनाने की बातें की जायेंगी। गरज़ यह कि चीनी विदेशमन्त्री चेन यी के स्वागत-सत्कार में काठमाण्डूवासियों और शाही अधिकारियों ने जितना उत्साह प्रदर्शित किया है, भारत के प्रधानमन्त्री के आगमन पर उससे कहीं अधिक चहल-पहल और खुशी दिखाई पड़ेगी। किन्तु, लालबहादुर शास्त्री के कार्यक्रम में 'पशुपतिनाथ-दर्शन' की विशेष व्यवस्था अवश्य होगी और भीमनगर-वीरपुर आने के पहले सम्भवतः बाबा पशुपतिनाथ का फूल, चन्दन, प्रसाद पा चुके होंगे। भारत-नेपाल की मैत्री और भाईचारे की रेशम-डोरी युगयुगान्तर से पशुपतिनाथ, गुह्यकाली, महाकाली, वराह-क्षेत्र, दन्तकाली आदि देव-देवियों के हाथों रही है और आज भी है--तमाम राजनैतिक उलट-फेर के बावजूद। इसलिए जब वेदमन्त्र के पवित्र उच्चारण और शंखध्वनि के बीच नेपाल नरेश कोसी बाँध की पश्चिमी नहर के खनन का श्रीगणेश करेंगे तब भारत तथा नेपाल के सम्बन्ध सुदृढ़ होने के साथ पवित्र भी हो जायेंगे।

अनुष्ठान का सम्वाद–किन्तु इस शुभ अवसर के सात दिन पूर्व तक–सीमा के दोनों ओर दस मील की दूरियों तक–बिहार तथा नेपाल तराई के गाँवों में इस अनुष्ठान की कोई खबर नहीं। हाँ, वीरपुर सरकिट हाउस के बावर्ची-बैरे को लगता है कि जरूर कोई बड़े नेता आ रहे हैं क्योंकि सरकिट हाउस के बड़े भोजघर की दीवारों की लिपाई-पुताई हो रही है और कमरा ठण्डा करनेवाले इंजीनियर

साहब उनकी नाप-जोख कर गये हैं। सभा के मैदान में जहाँ नेहरूजी का भाषण हुआ था, नये खूँटे गाड़े जा रहे हैं।

यों वीरपुर कालोनी में बसनेवाले बड़े-छोटे और मँझले कर्मचारियों के चेहरों पर छायी हुई सामूहिक झुँझलाहट को देखकर भी इस समाचार पर विश्वास किया जा सकता है कि जरूर कोई बड़े नेता आनेवाले हैं।··· हफ्तों का आराम हराम हुआ !

अथवा, सहरसा-पूर्णियाँ की राजनीति में समान रूप से हाथ रखने और मारनेवाले किसी कांग्रेसजन से प्रधानमन्त्री के आगमन की बात दर्याफ्त करने पर यह जवाब भी मिल सकता है–'साहब, प्रधानमन्त्री आ रहे हैं या नहीं, यह जानें 'फलाने बाबू'–कोसी-प्रोजेक्ट की कृपा से जो 'तर' गये हैं।··· अपने प्रबल प्रभाव से दूधनाहा-बीरपुर रोड को छः मील बढ़वाकर अपने गाँव तक पहुँचाकर तब सीधे उत्तर की ओर मुड़वानेवाले देश को 'मूँड़' कर छोड़ेंगे। इसमें सचाई भले ही न हो, मगर इस तरह के विक्षोभ की गूँज-अनुगूँज जगह-जगह सुनाई देती है।

डायन कोसी–छिन्नमस्ता डायन कोसी को साध लिया गया है, हालाँकि उसकी छटपटाहट बतलाती है कि साधकों के सामने वह कभी भी नयी समस्या उपस्थित कर दे सकती है। हर साल लाखों एकड़ धरती को डुबाकर तबाह करनेवाली, उर्वर भूमि को बालू से पाटकर बंजर बना देनेवाली, हर साल राह काटनेवाली, लाखों प्राणियों को लीलनेवाली वेगवती कोसी की विनाश-लीला की कहानियाँ अब पौराणिक कहानियाँ हो जायेंगी और कोसी को 'नाथने-साधने' के बाद ऐसी ही नयी कहानियाँ लिखी-कही जा रही हैं।

नयी कहानियाँ–पिछले साल मुख्य पूर्वी नहर में अनुष्ठान के बाद पहली बार ऐन बरसात में पानी दिया गया तब पता चला कि मुख्य नहर के बहुत-से पुल-पुलियों, फाटक आदि के निर्माण में ठेकेदारों ने अपनी चतुराई का प्रचुर परिचय दिया है। मुख्य नहर के अलावा उप-नहर, शाखा-नहर पर निर्मित पुलों की दुर्दशा देखकर अबोध जनता में यह भय फैलना स्वाभाविक है कि कहीं भीमनगर का कारबार भी ऐसा ही कच्चा तो नहीं ?··· वह स्वप्न-भंग कैसा होगा !

इस क्षेत्र का बच्चा-बच्चा जानता है कि नहरवाले ठेकेदारों से सस्ती दर पर ईंट-सीमेंट, लोहे के छड़ खुलेआम खरीदे जा सकते हैं। न खरीदनेवाला इस कर्म को अवैध मानता है और न ही बेचनेवाला और ये ठेकेदार कौन होते हैं ? कांग्रेस के कर्मठ कार्यकर्ताओं या उनके भाई-भतीजों को छोड़कर और कोई नहीं ! अवैध व्यापार के बाद भी इनमें से अधिकांश ठेकेदारों के नाम सर्टिफिकेट जारी होते हैं, रुपये हजम करने के आरोप में ये पकड़े जाते हैं पर अन्ततः इनके ऊपरवाले नेता किसी प्रकार दोषमुक्त करवाकर इन्हें फिर से काम दिलवा देते हैं। नीचे से ऊपर तक–मण्डल कमेटी से प्रान्तीय कमेटी तक–गुटपरस्ती में लिप्त। जनता के सेवकों को इतनी फुर्सत कहाँ कि ऐसी घड़ी में ऐसे महत्त्व के अवसरों का सदुपयोग करने की बात पर वे ध्यान दें ! तब, प्रधानमन्त्री और महाराज के हवाई जहाज

से उतरते समय या खनन के श्रीगणेश के क्षण अथवा जहाज पर पुनः सवार होते समय उनके साथ तस्वीरें उतरवाने का कोई-न-कोई अवसर उन्हें अवश्य मिल जायेगा। अगले चुनाव के पहले टिकट माँगने के समय अपनी कर्मठता और जनप्रियता को प्रमाणित करने के लिए इतना ही काफी है !

ऐसी हालत में कोंई अबोध व्यक्ति या दल, भय और भ्रमपूर्ण यह सवाल लोगों से पूछता फिरे कि कोसी बाँध भीमनगर (नेपाल) में बनाकर भारत सरकार ने क्या अदूरदर्शिता का परिचय नहीं दिया है ? तो उसकी शंका के निवारण के लिए पंचशील, तटस्थता, भाईचारे, सांस्कृतिक एकता आदि शब्दों से खचित कोई वक्तव्य पर्याप्त नहीं होगा। कोसी को वे 'डायन' मानते ही रहेंगे। डायन, जो अपने ही बच्चों को खा जाती है। भारत-नेपाल मैत्री को बनाने और बिगाड़ने की जिम्मेदारी, बिहार-नेपाल की 300 मील व्यापी सीमा पर बसनेवाली भारतीय-नेपाली जनता के सिर भी है, यह बात कौन, किसे, कैसे समझाये ?

25 अप्रैल, 1965

आत्मनिरीक्षण के क्षण !

"आज मेरे लिए एक आत्मनिरीक्षण का दिन है और इसलिए मैं पसन्द करूँगा कि जितनी देर तक हो, मैं चिन्तन करूँ।"–पटना के भारतीय नृत्य-कला मन्दिर में अपने 66वें जन्मदिवस पर आयोजित एक सभा में बिहार के भूतपूर्व मुख्यमन्त्री विनोदानन्द झा ने भावगद्गद भाषण करते हुए कहा–"मैं आज पिछले वर्ष के अपने कार्यकलापों की समीक्षा कर रहा हूँ ताकि यदि मुझसे कोई गलती हुई हो तो उसको प्रभु की कृपा से सुधार सकूँ। साथ-ही-साथ अगले वर्ष के लिए क्या कर सकता हूँ, इसकी आज कल्पना कर रहा हूँ।"

भूतपूर्व प्रतिरक्षा मन्त्री वी. के. कृष्ण मेनन की उपस्थिति से धन्य तथा स्थानीय राजनीतिक बुद्धिजीवियों की करतलध्वनियों और स्वस्तिवाचनों से सम्पन्न इस विशिष्ट सभा के अलावा उस दिन बिहार प्रदेश के अन्य प्रमुख नगरों में भी विनोदानन्द झा की जयन्ती धूमधाम से मनायी गयी।

पग घुँघरू बाँधि–यह बात बहुत कम लोगों को ज्ञात है कि विनोदानन्द झा राजनैतिक व्यक्ति के अलावा एक सफल और सुकण्ठ गायक भी हैं। हजारीबाग और भागलपुर सेंट्रल जेलों में राजनैतिक बन्दियों की सांस्कृतिक बैठकियों में जिन लोगों ने उन्हें तन्मय, भावविभोर होकर तथा भाव बतलाकर–"पग घुँघरू बाँधि

मीरा नाची रे" गाते सुना है, वे यह कभी नहीं स्वीकार कर सकते कि विनोदानन्द झा बेसुरा राग अलापनेवाले व्यक्ति हैं। उनकी अपूर्व स्मरणशक्ति को स्मरण कर आश्चर्यित होते हुए वे बतलायेंगे कि किस तरह सभी अखबारों को अकेले पढ़कर, बाद में 'व्यासगादी' पर बैठकर समस्त लघु-गुरु संवादों की समीक्षा किस निपुणता से अपने ऐसे सहबन्दियों को वे पिलाया करते थे, जिन्हें यह समझा दिया गया था कि 'गाँधीवादियों' को कुछ पढ़ने की जरूरत नहीं। इसलिए ऐसा व्यक्ति किसी पुण्य अवसर पर जब अपने पिछले कार्यकलापों की समीक्षा करने बैठे तो उसकी नीयत पर सन्देह करना भद्रता नहीं।

उगलें या निगलें—विनोदानन्द झा जैसे देशभक्त को चिन्तन और आत्मनिरीक्षण के क्षण अकेला छोड़ देना इसलिए भी आवश्यक है कि इनको इसी समय भूत के साथ भविष्य की चिन्ता भी करनी है। जैसाकि सुना गया है, गृहमन्त्री गुलजारीलाल नन्दा ने इस जयन्ती के पुनीत अवसर पर इन्हें जो तोहफा दिया है उसको स्वीकार या अस्वीकार करने की दुविधा में विवश वे झूल रहे हैं और यह दुविधा या समस्या अकेले उनकी नहीं, सारे विक्षुब्ध गुट की हो गयी है।

अपने राजकाल में विनोदानन्द झा ने, झारखण्ड-प्रदेश की माँग करनेवाले झारखण्ड-वनवासियों को, सन्थाल परगना से लेकर छोटानागपुर तक व्याप्त झारखण्ड पार्टी (चुनाव-चिह्न मुर्गा) को जिस चतुराई से घुलामिलाकर कांग्रेस पार्टी में विलय करवा दिया, वह स्मरणीय और स्तुत्य है।

मुर्ग़दिल मत रो—किन्तु, नये मुख्यमन्त्री कृष्णबल्लभ सहाय ने जब सुशील बागे (झारखण्डी कांग्रेसी) को नेता मानकर मन्त्रिमण्डल में लिया और अब तक के मानेजाने झारखण्ड नेता जयपाल सिंह को नज़रअन्दाज़ कर दिया तो हलाल हुए मुर्ग़े फिर से बाँग देकर डैने फड़फड़ाने लगे। सुशील बागे के दौरे, दर्जनों सभाओं में भाषणों और पत्रों में वक्तव्यों के बावजूद, मुर्ग़दिल 'जयपाल-दम्पति' के आँसू पोंछनेवाले विक्षुब्ध कांग्रेसियों ने छिपे-खुले इसको 'राजनैतिक चार सौ बीस' कहना शुरू किया।

झारखण्ड कांग्रेस, सन्तुष्ट-असन्तुष्ट कांग्रेसियों के इस खण्डयुद्ध के दरम्यान—राजाजी के स्वतन्त्र पार्टी से दामन छुड़ाकर बिहार की जनता पार्टी के राजा-जन्मदाता कामख्यानारायण सिंह का अपने 47 अनुगामी विधायकों के साथ कांग्रेस-शिविर में पनाह माँगने की घटना, अपनी सारी नाटकीयता के अलावा महत्त्वपूर्ण है। मुख्यमन्त्री सहाय के पुश्तैनी दुश्मन कामख्यानारायण सिंह तथा उनके 47 साथियों को 'शरण' देकर सहाय-मन्त्रिमण्डल के सिर पर नंगी तलवार लटकाने के कु-प्रयास पर प्रदेश-कांग्रेस के पदाधिकारियों ने ऐतराज जाहिर किया। कहना नहीं होगा कि विक्षुब्ध कांग्रेसियों की ओर से बिना रोक-टोक 'शुद्धि-संस्कार' करके गले लगा लेने की वकालत जारी रही और एक अरसे से झारखण्ड के राजा और 'जनता' (पार्टी) के राजा के सवाल साथ-साथ खटाई में हैं।

पूर्वाभास—विनोदानन्द झा की जयन्ती के अवसर पर ही यह सुना गया कि

जयपाल सिंह को केन्द्र में मन्त्रित्व प्रदान कर सन्तुष्ट किया जा सकता है और राजा को बाद देकर उनके चालीस साथियों को कांग्रेस में शामिल करने की सिफारिश 'बाज़ाब्ता' कर दी गयी है।

राजनीतिक और जानकार क्षेत्रों की फैली हुई इन अफवाहों में एक भी सच हुई (विनोदानन्द को राज्यपाल, जयपाल को मन्त्रित्व और कामख्यानारायण सिंह को साफ जवाब) तो प्रदेश की राजनीति को एक नयी दिशा मिलेगी। यदि सभी बातें सही हों तो इसके दूरव्यापी प्रभाव का पूर्वाभास—कम-से-कम विनोदानन्द झा को आत्मचिन्तन के समय—अवश्य मिल सकता है। हालाँकि, कई प्रमुख विक्षुब्धों का यह विश्वास पक्का है कि 'विनोदा बाबू' अपने प्रदेश की जनता की सेवा करना पसन्द करेंगे और अगले चुनाव तक यानी अगली जयन्ती के पहले ही फ़िज़ा बदल चुकी होगी।

2 मई, 1965

झारखण्ड के प्रेत

25 अप्रैल को मोनिका सोरिन और ध्रुवनारायण को मुख्यमन्त्री के राँची-स्थित निवास-स्थान के सामने से हटाकर सदर अस्पताल में दाखिल किया गया तब राँची नगर के निवासियों को मालूम हुआ कि 'अलग झारखण्ड प्रदेश' की माँग करनेवाली मृत झारखण्ड-पार्टी की लाश में फिर से जान डालने के लिए (एक नारी और एक नर) अपने-अपने प्राणों की आहुतियाँ तिल-तिलकर दे रहे हैं। रमणीय पहाड़ी-परिवेश में बसे राँची नगर की आब-हवा फेफड़े और दिमाग के विकारों के लिए अति स्वास्थ्यवर्धक समझी जाती है। अतः मुख्यमन्त्री कृष्णबल्लभ सहाय ने—जो 22 अप्रैल को अपने 'काँके' रोड स्थित निवास-स्थान में ठण्डे दिमाग से सम्भवतः किसी समस्या पर सोचने के लिए पटना से आ गये थे—इन मरणपन्थियों से मिलने से इनकार कर दिया तो उन पर सीधे अमानुषिकता का आरोप नहीं लगाया जा सकता। इतने दिनों के अनुभव से, यह बात सभी जान चुके हैं कि इस देश में 'राज' किसी भी दल का हो, प्रधानमन्त्री और मुख्यमन्त्रियों के निवास-स्थान के सामने अपनी माँग की तख्ती लटकाकर, बिस्तर बिछाकर आमरण-अनशन करनेवालों की कमी कभी नहीं होगी।

व्यक्तिगत व्यापार—मोनिका सोरिन (भूतपूर्व झारखण्ड विधायक जुना सोरिन की पत्नी) और ध्रुवनारायण कांग्रेस में विलीन झारखण्ड-पार्टी के विक्षुब्ध गुट के

सदस्य हैं, जिन्होंने जयपाल सिंह के मन्त्रिमण्डल में नहीं लिये जाने के बाद से विलयन और कांग्रेस का विरोध करना शुरू किया है। प्रदेश के विक्षुब्ध कांग्रेसियों के नैतिक समर्थन के बल पर पार्टी को फिर से संगठित कर लेने की उम्मीद में अथवा मोल-तोल करके एकाध कुर्सी का सौदा पटाने की गरज से–झारखण्ड-राज्य के नये नारे लगानेवाले इधर अधिक सक्रिय दीखते हैं। इसलिए स्थान और अवसर का खयाल किये बग़ैर वे जहाँ-तहाँ अपना राग छेड़ देते हैं। लेकिन भूतपूर्व मुख्यमन्त्री की जयन्ती के अवसर पर आयोजित राँची के नागरिकों की सभा में ऐसा नहीं लगा कि जहांनारा जयपाल सिंह ने अवसर का दुरुपयोग किया है। आप बोलीं–"झारखण्ड-कांग्रेस विलयन का श्रेय पण्डित विनोदानन्द झा को है लेकिन उसकी सारी शर्त पूरी नहीं हुई; इसलिए किसी भी समय यह विलयन समाप्त हो सकता है जिसका दायित्व वर्तमान प्रशासन और कांग्रेस पर होगा।" समाजवादियों के अलग-अलग होने के बाद इन्हें यह विश्वास हो गया है कि टूटी हुई पार्टी को जोड़कर भी जिया जा सकता है–इज़्ज़त के साथ।

कुकड़ूँकूँ–जहानारा जयपाल के इस भाषण के कुप्रभाव को नष्ट करने के लिए यानी इसके जवाब में कई दिन बाद सुशील बागे ने (मन्त्रिमण्डलीय झारखण्डी) राँची के एक ग्रामीण क्षेत्र में भाषण देते समय एक मशहूर फिल्मी-गीत की पहली कड़ी की भोंडी-'पैरोडी' प्रस्तुत करके भोले आदिवासियों को गुदगुदाकर हँसाने का अवसर हाथ से नहीं जाने दिया। आपने कहा–"झारखण्ड-पार्टी अन्तिम और पूर्ण रूप से कांग्रेस में घुल-मिल गयी है, हालाँकि कुछ लोग अपने स्वार्थ की सिद्धि के लिए गाये जा रहे हैं–"बोल मुर्गा बोल, झारखण्ड होगा या नहीं।" और हजारों उन्मुक्त-हृदयों की खिलखिलाहट के बीच किसी रसिक युवक ने जोरों से नारा लगाया–'कु-क्-ड़ूँ-कूँ-ऊँ-ऊँ !'

अनशन की लाचारी–लोग कुछ भी कहें ऐसी परिस्थिति में एकाध आमरण-अनशन-अनुष्ठान की घोषणा के सिवा और कोई ऐसा उपाय नहीं जिससे देश के ध्यान को आकर्षित किया जाय। मगर मोनिका और ध्रुवनारायण की स्थिति नाजुक हो जाने के बाद भी (अस्पताल में स्थानान्तरित होने के बाद भी) स्थानीय तथा प्रदेश के पत्रों में इस समाचार की कोई प्रतिक्रिया नहीं दिखलाई पड़ी, तब इसको वे प्रदेश के बहुसंख्यक गैर-आदिवासियों द्वारा अल्पसंख्यक आदिवासियों की जलती समस्याओं को नज़रअन्दाज़ करने का एक नमूना कहेंगे, इसमें क्या सन्देह !

मादल और बाँसुरी–यों इस 'अनशन' का सन्देश लेकर प्रदेश के गैर-आदिवासी जिलों के आदिवासी क्षेत्र (आदिवासियों के लिए सम्पूर्ण सुरक्षित क्षेत्र) में 'मुर्गाछाप कार्यकर्ता' पहले ही पहुँच चुके हैं। भागलपुर, सहरसा, पूर्णियाँ और किशनगंज की हर सन्थाल टोली, धाँगर टोली और उराँव-बस्तियों में रात को नृत्य-गीत बन्द करवाकर वे 'पंचायत' में मसीही अन्दाज में आदिवासियों के अन्दर की आग को भड़काने की चेष्टा कर रहे हैं–"दिल्ली में आजादी के जश्न में तुम्हें और तुम्हारी

अधनंगी औरतों को नचाकर देखने-दिखानेवाले तुम्हें हमेशा नचाते ही रहेंगे। मादल और बाँसुरी छोड़कर हाथ में फिर से तीर-धनुष लेने का समय आ गया है। इन 'दिक्कुओं' (ग़ैर-आदिवासी) के चंगुल से··· ।" यह बात दूसरी है कि पिछले पचास वर्षों से विभिन्न उत्तेजनापूर्ण हिंसक आंदोलनों में आँखें मूँदकर भाग लेने, मरने-कटने और आजीवन कारावास भोगनेवाले इन अनुभवी आदिवासियों पर अब ऐसी बातों का कोई प्रभाव नहीं पड़ता। लेकिन इससे यह स्पष्ट हो जाता है कि अन्ततोगत्वा अगले चुनाव तक एक कामचलाऊ पार्टी अवश्य खड़ी हो जायेगी जो कितनी भी कमजोर क्यों न हो, कांग्रेस पार्टी के लिए सिरदर्द सिद्ध होगी। यह भूलने से काम नहीं चलेगा कि कभी झारखण्ड पार्टी ही प्रदेश की सबसे शक्तिशाली विरोधी पार्टी थी।

"झारखण्ड होगा या नहीं ?"–हम नहीं जानते। तब झारखण्ड पार्टी यदि फिर से पनपी तो इसका सारा श्रेय कांग्रेस पार्टी को मिलेगा, खासकर विक्षुब्ध कांग्रेसियों को।

यह स्मरणीय है कि 'अलग झारखण्ड-प्रदेश' का एकमात्र नारा लगाकर पहली बार प्रदेश की विधानसभा में आने के बाद किसी झारखण्डी ने कभी भी 'झारखण्ड-प्रदेश' की चर्चा नहीं की। विक्षुब्ध कांग्रेसियों का कथन है कि अब भी वे चर्चा नहीं करेंगे··· बशर्ते··· !

9 मई, 1965

एक सुन्दर सम्मेलन

बिहार का बाग–हजारीबाग ! छोटा नागपुर के घने वन और पहाड़ियों के बीच सुगम, सुन्दर सजा-सँवरा एक कस्बा–जहाँ बिहार, बंगाल और ओडिसा तक के अस्वस्थ व्यक्ति सिर्फ सप्ताह भर रहकर ही स्वास्थ्य लाभ करके लौटते हैं। अप्रैल से जुलाई तक वहाँ तरह-तरह की गाड़ियों से भाँति-भाँति के लोग उतरते हैं; केनेरी पहाड़ी पर बनी ऊँची गुमटी पर चढ़कर विशाल और नयनाभिराम नेशनल पार्क में फलाँगते शशक और चौकड़ी भरते हिरनों को देखकर किलकते हैं। और झील के किनारे पिकनिक के जूठन और खाली डिब्बे छोड़ जाते हैं। इसलिए, अब इस कस्बे के निवासी हर परदेशी को 'चेंजर-बाबू' या 'पिकनिक-बाबू' मानकर यथोचित व्यवहार करना सीख गये हैं।

ऐसे सुन्दर स्थान और सुन्दर मौसम में सम्मिलित होने का ऐसा सुन्दरतम प्रस्ताव करके बिहार प्रादेशिक कांग्रेस के पदाधिकारियों ने निश्चय ही अपनी रस-मर्मज्ञता का परिचय दिया है। गुलमोहर, पलास, अमलतास, कचनार और

योजनगन्धा की ऊँची-ऊँची फुली-फुलायी फुनगियों पर शुक-पिक कूजन कई दिनों के लिए बन्द रहेगा; सिर्फ ध्वनिविस्तारक-यन्त्रों का राज छाया रहेगा।

लाख टके का काम–18-19 मई को हजारीबाग में बिहार प्रादेशिक कांग्रेस राजनीतिक सम्मेलन का नवाँ अधिवेशन दस वर्षों के बाद होगा। राज्य भर के जिला कांग्रेस कमेटियों के पदाधिकारी, प्रतिनिधि यहाँ आकर दो दिन का मेला लगायेंगे। प्राकृतिक वैभव से सम्पन्न इस क्षेत्र की राजनीतिक विशेषताएँ भी हैं। इसी नगर के पास 'रामगढ़ कांग्रेस' का अधिवेशन हुआ था। यहाँ जनता पार्टी के राजा रामगढ़ की विशाल गढ़ी है, झारखण्ड पार्टी का भी गढ़ यहीं है, मुख्यमन्त्री कृष्णबल्लभ सहाय का घर यहाँ है–और कांग्रेस की हालत यहीं बदतर है। अब तक के चुनावों में कांग्रेस को हजारीबाग क्षेत्र ने सब्जबाग ही दिखलाया है। अतएव हजारीबाग सम्मेलन का महत्त्व इस दृष्टि से भी आँका जायेगा। जैसी घड़ी में यह सम्मेलन हो रहा है, लोग उम्मीद करेंगे कि कांग्रेस राजनीतिक सम्मेलन में कुछ ऐसी बातें की जायेंगी जिससे लोगों में देश-प्रेम की भावना जागे।लेकिन वह सब नहीं होगा। सन्तुष्ट-असन्तुष्ट गुट का कोई बड़ा दंगल भी नहीं होगा। काम-में-काम–'लाख टके का काम'–एक ही बड़ा काम यह होगा कि इन्दिरा गाँधी इस सम्मेलन का उद्घाटन करेंगी और बिहार प्रदेश कांग्रेस के अध्यक्ष बिहार प्रदेश कांग्रेस कमेटी की ओर से एक लाख रुपये की थैली–नेहरू स्मारक कोष के लिए–उन्हें समर्पित करेंगे। और जब इन्दिरा गाँधी आ रही हैं तो महिला सम्मेलन कैसे नहीं होगा ? वह तो होगा ही, लगे हाथ युवकों की 'रैली' भी होगी। क्योंकि इन्दिरा गाँधी सूचना-प्रसारणमन्त्री हैं, सांस्कृतिक कार्यक्रम में आदिवासी नृत्य-गीतों की विशेष व्यवस्था अवश्य होगी, हालाँकि प्रबन्धकों ने कार्यक्रम में इसकी चर्चा नहीं की है।

एक सफल प्रयोग–बिहार प्रदेश के कांग्रेसियों की चतुराई की तारीफ करनी चाहिए। वे जानते थे कि पण्डित नेहरू के बाद ही देश से अचानक 'वीरपूजा' की भावना मिट नहीं जायेगी। नेहरू सदैव 'समाचार' रहे–उनकी एकमात्र और लायक सुपुत्री के लिए कम-से-कम बिहार में वही 'खुट्टा-तोड़-भीड़' उमड़ेगी। इसकी परीक्षा इसी वर्ष के प्रारम्भ में कर देखी गयी–दो-दो बार। एक बार मन्त्रीमण्डलीय गुट के बुलावे पर, दूसरी बार विक्षुब्ध-गुट के निमन्त्रण-रक्षार्थ ! दोनों बार दोनों गुटों के अगुआओं ने उनके समय का भरपूर सदुपयोग किया। सुबह पाँच बजे से रात डेढ़ बजे तक सभा, गोष्ठी, सेमिनार और सांस्कृतिक कार्यक्रमों में अथक, वह डटी रहीं–एक क्षण आराम किये बगैर।

पहली बार, एक ही दिन में समस्त उत्तर बिहार के प्रमुख स्थानों की सभाओं में दर्शन और भाषण देकर जब वह छः बजे पटना पहुँचीं, तो यहाँ 'गाँधी मैदान भर' जनता तीन बजे दिन से ही आकाश की ओर आँखें लगाये प्रतीक्षा कर रही थी। असंख्य नरमुण्डों के ऊपर, मंच पर अचानक नीली साड़ी में प्रकट हुई–चारों ओर घूम-घूमकर नमस्कार करती हुई इस महिला को दूर से ही देखकर–एक

देहाती-बूढ़ी फूट-फूटकर रो रही थी और कह रही थी—"एकर बप्पा रहतिएहल त एइसन 'रने-वने' काहे"—अर्थात् अहा ! आज बेचारी का बाप जीवित रहता तो यह इस तरह 'अरण्य-वन' में क्यों भटकती फिरती। उसी दिन दोपहर को फार्बिसगंज की सभा में—भारत तथा नेपाल की तराई के गाँवों के लोग रात से ही सभा-स्थल पर जमा होने लगे थे। गाँव खाली; खेती-मजदूरी, काम-धन्धा बिलकुल बन्द—बस, एक झलक देखने के लिए—बड़े बाप की बड़ी बेटी को !

उत्तर बिहार के बाद, इस बार दक्षिण बिहार पर भी यह प्रयोग सफल सिद्ध होगा, इसमें सन्देह नहीं लेकिन जैसा कि पहले ही कहा गया है—यहाँ के लोग हर 'परदेशी' को 'चेंजर' समझते हैं और उन पर कोई जादू नहीं चलता।

बेबसी की घड़ी—पण्डित नेहरू के जीवन में 'नेहरू की भीड़' से लाभ उठानेवाले कांग्रेसियों को उनके सामने मंच पर बकवास या बेवकूफी करने का मौका कम मिलता था। लेकिन, इन्दिरा गाँधी के सामने मूक भी वाचाल हो जाता है और आदमी 'माइक' पर कुछ बोलने जाता है तो गाना गाने लगता है। और मन-ही-मन विरक्त होकर भी इन्दिराजी को वह सहना पड़ता है जिसकी भनक पड़ते ही पण्डितजी तमककर कह बैठते थे, "आप··· आप आदमी हैं या भठियारे ?"

आशा है, इस सुहावने-सलोने मौसम और सुरम्य-अंचल के इस सम्मेलन की छाप से बिहार के कांग्रेसजनों के मन की असुन्दरता थोड़ी अवश्य कम होगी; संसर्ग का प्रभाव यदि कुछ पड़ता हो तो··· !

16 मई, 1965

सम्मेलन की झलकियाँ

छोटानागपुर की सड़कों के बारे में बोलते समय हर बिहारी, कवि बिहारीलाल बन जाता है, और 'अमिय हलाहल रस भरे' बैन बोलने लगता है—वह भाड़े की गाड़ी का चालक ही क्यों न हो !

ट्रक की पिछली पट्टी पर 'फिर मिलेंगे' लिखनेवाला कोई दिलदार जरूर रहा होगा। मगर मोटर-चालकों के स्वर्ग—छोटानागपुर पहाड़ी की घाटियाँ—में ज़रा-सी चूक पर स्वर्गधाम सवार-सहित गाड़ी के दरवाजे पर ज़ोर का धक्का मार सकती है। मगर हजारीबाग आते-जाते समय हर दिल वाले ड्राइवर का दिल 'घाटियों में घुमाव' के पहले ही एक बार अवश्य डोल जाता है—"सावधान ! सामने तीखे मोड़ हैं—बहुत-से तीखे मोड़।"

हजारीबाग कांग्रेस-राजनीतिक सम्मेलन की समाप्ति के बाद बिहार के प्रत्येक राजनीतिक दल के लोग यह अनुभव करने लगे हैं कि सामने घुमावदार रास्ता है और उनके दिल में एक 'हौल दिल' समा गया है। सभी सतर्कतापूर्वक गर्दन तानकर अपनी-अपनी गाड़ी चला रहे हैं। 'उतराई' पर यों ही रगों में तनाव आ जाता है। देह में गुदगुदी लगने लगती है। अनुभवी लोगों का कहना है कि रामगढ़ कांग्रेस के बाद भी ऐसा ही हुआ था–घुमावदार रास्तों से निकलकर अलग-अलग रास्ते !

बिहार प्रदेश कांग्रेस के प्रमुख पदाधिकारी हजारीबाग से 'डेरा-डंडा' तोड़ने के पहले स्थानीय निवासियों से 'कहा-सुना, भूल-चूक, लेनी-देनी' माफ करवाकर, चेहरे पर प्रसन्नता के मुखौटे लगाकर पटना लौट रहे हैं। भारतीय दल द्वारा एवरेस्ट-विजय संवाद को वे 'छोटानागपुर-विजय' का शुभ-संकेत कह रहे हैं। किंतु असंतुष्ट और 'मिलिटेंट' कांग्रेसियों ने इस 'चला-चली' की बेला में भी चिल्लाकर कह दिया–"सावधान ! बिहार कांग्रेस की गाड़ी जहन्नुम की ओर चली !'

इस सम्मेलन के द्वारा 'जयपाल-रामगढ़' को मुँहतोड़ जवाब देनेवाले मंत्रिमंडलीय-गुट के लोगों ने अपनी सामर्थ्य के अनुसार 'जयपाल-रामगढ़' को मुँह-तोड़ उत्तर दिया है–इस सम्मेलन के द्वारा। 'जयपाल-रामगढ़' मिलकर कहर ढायें, यह मिथ्या-भय उनके दिल में नहीं। संयुक्त समाजवादियों का विश्वास इस सम्मेलन के बाद और भी दृढ़ हो गया है कि अब झारखण्ड-वनवासियों के दिल आसानी से जीते जा सकते हैं। कोने-कोने से कांग्रेसी-राज को दूर करने को कटिबद्ध लोगों ने बिहार के नक्शे पर छोटानागपुर को लाल पेंसिल से घेर दिया है। नील-उत्ताल तरंगों की तरह फैली इन पहाड़ियों में सभी शक्ति लगा देने की कसम वे खा चुके हैं।

'झारखण्ड और जनता पार्टी का पुनर्जन्म हो गया है'–यह अफवाह नहीं !

सफल मनोरथ !–प्रबन्धकों ने जैसा चाहा था, भीड़ उससे बढ़कर उमड़ी। तीन-साढ़े तीन लाख लोगों ने इंदिरा गाँधी का दर्शन किया, भाषण सुना। तीन-साढ़े तीन लाख लोगों ने पड़ोसी राज्य की महिला मुख्यमंत्री को देखा। फिर अपने राज्य के मुख्यमंत्री को भारत के प्रधानमंत्री और कांग्रेस के अध्यक्ष में पूर्ण विश्वास प्रकट करते हुए 'बढ़ती हुई कीमतों और खाद्य-संकट से लड़ने' का पुरुष-संकल्प लेते देखा। हजारीबाग की पथरीली धरती अपने सफल-मनोरथ-सपूत कृष्णबल्लभ सहाय पर कई दिनों तक इतरायी। तमाशा खत्म होने के बाद हजारीबाग के निवासियों ने एक 'महा-वन-भोज' के सिवा और कुछ नहीं समझा।

बालिग लोग–हजारीबाग सम्मेलन में उत्तर प्रदेश और आसाम के मंत्रियों की उपस्थिति ने बंगाल के राजनेताओं की सम्पूर्ण अनुपस्थिति को अधिक उजागर कर दिया। पिछले कई वर्षों से कांग्रेस के 'भीतरी झगड़ों' की पंचायतों में बंगाल के सदैव नील-उपनेत्रधारी-समदर्शी, खेलकूद प्रिय-नेता पंच मुकर्रर होकर बिहार आते रहे हैं और हर बार बिहार के कुछ प्रमुख कांग्रेसियों को उनकी कुछ मुद्राओं

से ठेस लगी कि उन्हें अतुल्य घोषादि अब तक नाबालिग राजनीतिज्ञ समझते हैं। कांग्रेस हाईकमान को अब निश्चय ही विश्वास हो गया होगा कि बिहार के हर छोटे-बड़े मामलों में 'पंच' नियुक्त करते समय तनिक सोच-विचार लें कि उस व्यक्ति को बिहार से सच्ची सहानुभूति है या नहीं।

पंडितजी की एक झलक–उमड़ती हुई भीड़ को देखकर इस बार इंदिरा गाँधी के चेहरे पर भी वही पैतृक दमक खेल गयी, क्षणभर के लिए! जन-समुद्र में उठती लहरों पर अन्यथा शासन और रौब गालिब करने वाले प्रदेश के एक प्रमुख कांग्रेसी को उन्होंने ऐसे ही क्षण ठेलकर एक करते हुए कहा–'आप उन्हें क्यों रोक रहे हैं ? पहले आप चुप होइये, लोग खुद शान्त हो जायेंगे। आप बेवजह··· '

ऐसी सभाओं में पंडित नेहरू पहले स्वयंसेवकों को अपनी-अपनी जगह पर बैठ जाने के हुक्म देते थे।

अप्रकाशित। प्रथम बार 'सारिका', 1 अप्रैल, 1979 में प्रकाशित

दल के भीतर और बाहर

10 वर्षों के बाद बिहार प्रादेशिक कांग्रेस का नवाँ अधिवेशन हजारीबाग में बड़ी धूमधाम से सम्पन्न हो गया। जैसाकि 'दिनमान' ने पहले ही संकेत किया था, दक्षिणी बिहार के इस खूबसूरत नगर में केन्द्रीय सूचना-प्रसारण मन्त्री इन्दिरा गाँधी के आगमन ने एक नया जोश फूँका। देश-प्रेम और दायित्व की याद दिलानेवाले भाषण तो हुए ही, महिलाओं और युवकों की रैली भी हुई। हजारीबाग अपनी खूबसूरती के बावजूद कांग्रेसी आकर्षण से काफी दूर तक अलग रहा है। उसने मुख्यमन्त्री कृष्णबल्लभ सहाय को जन्म दिया लेकिन गहरा नाता झारखण्ड पार्टी से जोड़ रखा। प्रादेशिक अधिवेशन के लिए हजारीबाग का चुनाव करने का एक उद्देश्य यह भी था कि इस क्षेत्र में कांग्रेस की जो शक्ति क्षीण हो गयी है, वह फिर से वापस लायी जा सके।

देश का सवाल–उद्घाटन भाषण में श्रीमती इन्दिरा गाँधी ने कहा, "आज का युद्ध मैदानों तक सीमित न रहकर देश के कोने-कोने में फैल गया है। कल-कारखानों में, खेतों-मैदानों में, हर जगह हमें इस युद्ध का मुकाबला करना है।" अध्यक्षपद से बोलते हुए कृष्णबल्लभ सहाय ने कहा, "यह सच है कि अन्न का संकट है। लेकिन यह भी सच है कि किसानों की आमदनी बढ़ी है। मुनाफा अधिक लेने

के लिए उन्होंने गल्ला रोक रखा है। समाज के कुछ तत्त्व अभाव की स्थिति पैदा कर रहे हैं।" उन्होंने किसानों और मिल मालिकों से खाद्य-संकट को दूर करने की अपील करते हुए कहा, "यह देश का सवाल है, समाज का सवाल है। इसमें सभी लोगों को मदद करनी चाहिए।"

अभाव का प्रभाव–लेकिन कर्तव्य और नैतिकता के नाम पर सहयोग माँगनेवाले सहज-बुद्धि सहाय को भाषण देते वक्त शायद यह खयाल नहीं रहा कि उनके कुछ सहयोगी हजारीबाग से बाहर दूसरी तरह की योजनाएँ बनाने की कोशिश में व्यस्त हैं। अधिवेशन के दो ही दिन बाद पटना में बिहार के प्रमुख कांग्रेसी नेता और प्रदेश कांग्रेस के भूतपूर्व अध्यक्ष महामाया प्रसाद सिन्हा ने कहा, "अधिकारी और चोरबाजारी अपने कुकृत्यों से जनता को त्रस्त कर चुके हैं। कांग्रेसी सरकार को नशे की बनावटी नींद से जगाने और भ्रष्टाचारियों से लोहा लेने के लिए मैंने अपने पुराने कांग्रेसियों के साथ एक सशक्त जन आन्दोलन करने का निश्चय किया है।" बनावटी विपत्ति की आग ने भूखी जनता को क्रान्ति के लिए विवश कर दिया है। सरकार मूल्य-वृद्धि रोकने में असफल है, भ्रष्ट अफसरों और मुनाफ़ाखोरों द्वारा लूट का बाजार गर्म है और वह कुछ नहीं कर पा रही है।

खण्ड-खण्ड झारखण्ड–भूतपूर्व मुख्यमन्त्री विनोदानन्द झा के जमाने में जो झारखण्ड दल कांग्रेस में शामिल हो गया था उसमें भी अन्दरूनी फूट के संकेत मिलने लगे हैं। झा के वक्त में कांग्रेस में शामिल होने का पुरस्कार दल के एक नेता जयपाल सिंह को मिला था और वह मन्त्री बना दिये गये थे। इधर जब कृष्णबल्लभ सहाय ताक़त में आये तो जयपाल सिंह पद से मुक्त कर दिये गये और आदिवासियों का प्रतिनिधित्व करनेवाले एक दूसरे नेता एस. के. बागे को उनकी जगह पर नियुक्त कर दिया गया। इस घटना ने झारखण्ड दल को ही गुटों में विभक्त कर दिया। झारखण्ड दल के 20 विधायकों में से 12 ने पिछले दिनों राँची में निश्चय किया कि यदि जयपाल सिंह कांग्रेस से अपना सम्बन्ध तोड़ लें तो वे उनका पूरा समर्थन करेंगे। बागे को सहाय का कट्टर समर्थक भी माना जाता है। झारखण्ड दल के असन्तुष्ट गुट की शिकायत है कि कांग्रेस ने वादे करके भी आदिवासियों के सामाजिक-आर्थिक विकास के लिए कोई उल्लेखनीय काम नहीं किया। सरकार और संगठन में भी उन्हें उचित प्रतिनिधित्व नहीं दिया गया। मुख्यमन्त्री के साथ-ही-साथ बागे भी असन्तुष्ट गुट की शिकायतों को गलत घोषित करते हैं। इस प्रकार झारखण्ड दल में आपस में ही एक दरार पैदा हो गयी है–दल के भीतर ही एक नया दल। कांग्रेस से उनका अलग होना उन्हें और भी कमज़ोर बनायेगा और तब सम्भव है कि उसमें से कुछ लोग स्वतन्त्र दल में चले जायें।

30 मई, 1965

प्रलयंकारी विस्फोट

आँसू धीरे-धीरे सूख रहे हैं। बिहार के मुख्यमन्त्री सहाय, प्रधानमन्त्री शास्त्री और विभिन्न संस्थाओं ने दुःखी परिवारों की सहायता में तत्परता दिखायी है। धोरी कोयला खान के पिछले 60 वर्षों के इतिहास में ऐसी दुर्घटना पहले कभी नहीं हुई थी। यह भयानक विस्फोट भारत का सबसे बड़ा और विश्व का तीसरा बड़ा विस्फोट है, जिसमें ढाई सौ से ऊपर मज़दूर मौत के शिकार हुए। खान के इर्द-गिर्द का मीलों का आकाश, कई दिनों तक धुएँ और गैस में लिपटा रहा। सहायता करनेवालों के चेहरों पर पीड़ा, मज़दूरों के परिचितों और आश्रितों का चीत्कार, तरह-तरह की शंकाएँ, तरह-तरह की बातें।

विस्फोट का कारण—धोरी खान में पिछले छः हफ्तों से जो हड़ताल चल रही थी, वह विस्फोट से सिर्फ 5 दिन पहले केन्द्रीय सरकार के हस्तक्षेप से समाप्त हुई थी। ऊपरी तौर पर मज़दूर असन्तुष्ट नहीं थे लेकिन—क्योंकि इन क्षेत्रों में मज़दूरों के नेतृत्व का भी एक अंश वामपन्थी कम्युनिस्टों के हाथों में है, शंका इस बात की भी हो सकती है कि इस विस्फोट के पीछे उनका हाथ रहा होगा। भारत की आन्तरिक व्यवस्था को नष्ट करने की दृष्टि से इस तरह के काम पहले भी हुए हैं। राँची कारखाने की दुर्घटना और असम में रेलवे-लाइन की फिश प्लेट हटाने की शृंखला में यह भी एक कड़ी हो सकती है। अखिल भारत ट्रेड यूनियन कांग्रेस के महासचिव डाँगे ने जो वक्तव्य दिया है, उसके अनुसार विस्फोट का कारण खान में सुरक्षा-व्यवस्था की कमी है। बोकारो रामगढ़ कोल कम्पनी के निदेशक का कहना है कि इस दुर्घटना के पीछे कोई-न-कोई षड्यन्त्र जरूर है। उनके अनुसार इस खान में इसके पहले कोई दुर्घटना नहीं घटी, वरन् उसे हर वर्ष भारत सरकार का प्रमाणपत्र मिलता रहा है। विस्फोट खान के भीतर गैस में आग लग जाने के कारण हो सकता है लेकिन इसकी आशंका यों समाप्त हो जाती है कि प्रबन्ध-निदेशक के अनुसार इस क्षेत्र की खानें गैसवाली नहीं हैं। ऐसी स्थिति में, जबकि विस्फोट का कारण सुरक्षा-व्यवस्था की खामी न हो, यही सम्भावना बच रहती है कि इस दुर्घटना के पीछे किसी का हाथ रहा हो।

जाँच—भारत सरकार ने परिस्थितियों की जाँच का आदेश दे दिया है। राष्ट्रीय खनिक मजदूर संघ ने माँग की है कि दुर्घटना की न्यायिक जाँच हो। ऐसी दुर्घटना के लिए जिसके पीछे तरह-तरह की आशंकाएँ हों, यह जरूरी है कि जाँच न्यायिक-स्तर पर ही करायी जाये। इससे तथ्यों का सही-सही पता चल सकेगा और तब इस दिशा में उचित कार्रवाई की जा सकेगी।

6 जून, 1965

भूखभूखभूखभूः

उपज अच्छी होने के बावजूद इस बार अप्रैल-मई में ही सारे बिहार से 'अन्नपूर्णा' अन्तर्ध्यान हो गयीं। कहीं एक चुटकी न चावल है न गेहूँ। लू की लपट में सारे प्रदेश की हरियाली झुलस रही है। भूख की ज्वाला में लाखों लोग जल रहे हैं। जिन जिलों को धान-चावल का भण्डार कहा जाता था—वहाँ के गाँवों में कई सप्ताह से चूल्हे नहीं सुलग रहे हैं। कच्चे आम, कटहल, जंगली कन्द और करमी का साग भी अब मयस्सर नहीं। भूखों की बिलबिलाती टोलियाँ कस्बों और शहरों की ओर बढ़ रही हैं।

बिहार के खाद्यमन्त्री मुँगेरी लाल को इस पर काफी चिन्ता और अचरज हुआ है इसमें सन्देह नहीं। वे लोगों को इस अन्न-संकट के कारण बतलाते फिरते हैं। भूखी जनता से हमदर्दी दिखलाकर बातें करते हैं लेकिन बातों से पेट भरने की कला में प्रवीण लोगों को इस बार ज्ञात हो जायेगा कि भूखे लोगों को सत्संग और भजन नहीं—सचमुच अन्न चाहिए। और, भूख से दम तोड़ते हुए लोगों को यह पता है कि हाल ही में हजारीबाग में 'खा-पीकर अघाये' हुए लोगों ने 'विशाल अन्नध्वंस यज्ञ' सम्पन्न किया है।

नकली संकट, असली भूख—बिहार से नेपाल तथा अन्य सीमावर्ती राज्यों को चोरी-छिपे चावल भेजा जाना; केन्द्रीय सरकार द्वारा अपर्याप्त आपूर्ति; बड़े किसानों द्वारा गल्ला रोका जाना—कारण एक हो या सभी हों, यह 'संकट' बिहार को विप्लव के द्वार पर ले आया है। यह 'विपत्ति' बनावटी हो या असली, भूख नकली नहीं। सम्भव है इन पंक्तियों के छपते-छपते 'भुखमरी' की खबरें स्थानीय पत्रों में छपनी शुरू हो जायें। किन्तु, सरकारी विज्ञप्तियों में उन खबरों को निराधार बताकर, 'खण्डन' प्रकाशित करवाकर, खा-पीकर सोनेवाले इस बार सुख की नींद नहीं सो पायेंगे।

वादा-पूर्त्ति—पिछले साल बिहार विधानसभा में एक दिन कई विधायकों ने खाद्यमन्त्री को सूचित किया कि वे जिस सरकारी गल्ले की दुकान से चावल-गेहूँ खरीदते हैं उसमें कई दिनों से एक दाना नहीं। खाद्यमन्त्री ने तुरन्त उठकर प्रतिज्ञा की—"कल सुबह दस बजे के पहले आपको उस दुकान में गल्ला नहीं मिले तो निश्चय ही पद को त्याग दूँगा। और, दूसरे दिन तड़के लोगों ने देखा कि खुद खाद्यमन्त्री महोदय अपनी नयी गाड़ी पर गल्ले की दो पुरानी बोरियाँ लादकर उस दुकान पर पहुँचा रहे हैं। जनता के प्रतिनिधियों ने जय-जयकार करने के बदले उस समय दुत्कारा नहीं होता तो इस 'महाकाल' के प्रथम प्रहर में वैसा ही कोई 'नाटक' दिखलाने से वे बाज नहीं आते। क्योंकि उनको इस 'मूल मन्त्र' पर बहुत विश्वास है—'नाचे-कूदे तोड़े तान, वाको दुनिया राखे मान।' शायद, उन्हें इस बार

'मान' बचने के लक्षण नहीं दिखलायी पड़ते।

हजारीबाग सम्मेलन में मुख्यमन्त्री ने अन्न-संकट से जूझने की प्रतिज्ञा की, न कि भुखमरों से सशस्त्र-मुकाबला करने की। बिहार की भूखी जनता को अब भी भरोसा है कि कृष्णबल्लभ सहाय भूखों को अन्न ही देंगे—लाठी-गोली नहीं।

6 जून, 1965

बन्ध और निर्बन्ध

रेल की पटरियाँ उखाड़कर, पेट्रोल और डीजल की टंकियों में आग लगाकर, टेलीफोन के तार काटकर, डाकघरों पर हमला बोलकर और सरकारी इमारतों से राष्ट्रीय ध्वज को उतारकर जिन लोगों ने विरोध-प्रदर्शन की योजना को नियन्त्रण से बाहर चले जानेवाले हिंसात्मक आन्दोलन का रूप दे दिया, उनके उद्देश्यों की उससे पूर्ति तो नहीं ही हुई, समाजवादियों की 'सस्ती लाने' की मुराद भी पूरी नहीं हुई। आन्दोलन का स्पष्ट कारण कच्छ-सीमा समझौते का विरोध, अनाज की कमी, और चोर-बाजारी तथा छात्रों की बढ़ी हुई फीस भले ही रहा हो और छात्रों तथा नेताओं ने भी मात्र विरोध के इरादे से ऐसा किया हो लेकिन जनभावना को उस ओर से हटाकर अपनी मुट्ठी में कर लेने तथा परिस्थिति को अराजकता की सीमा तक पहुँचा देने का बृहत्तर श्रेय वामपन्थियों और पाकपरस्तों को था। आन्दोलन शान्त हो गया है। मुख्यमन्त्री कृष्णबल्लभ सहाय और 50 संसद-सदस्यों ने एक बार फिर प्रधानमन्त्री शास्त्री से भेंट की है और उनसे आग्रह किया है कि केन्द्र के सुरक्षित भण्डार से बिहार के लिए अनाज की व्यवस्था की जाये।

वास्तविकता और सरकार—जाहिर है कि छात्र-वर्ग या आन्दोलनकारी नेता—किसी का भी यह उद्देश्य नहीं था कि वह प्रदेश में ऐसी अशान्ति भड़का दें जिसमें जनता या सरकार असाधारण स्थितियों की शिकार हो जाये और प्रदेश में बदअमली फैल जाये। उनका उद्देश्य मात्र विरोध था—हाँ, उस विरोध को प्रभावशाली जरूर बनाना चाहते थे। डॉ. लोहिया ने अपने भाषण में छात्रों से भी आग्रह किया था कि वे शान्तिपूर्ण ढंग से ही प्रदर्शन करें। प्रदेश सरकार की कमजोरियों से इन्कार नहीं किया जा सकता। वह जनता का उचित हित-चिन्तन कर पाने में बुरी तरह असफल रही है। बाढ़ से लेकर भूख तक—तरह-तरह से परेशान जनता उस सरकार को सहती रही है लेकिन शान्तिपूर्ण आन्दोलन को क्रान्तिकारी-विद्रोही दृश्य में बदलने के लिए जो तरीके अपनाये गये उनसे विरोध-प्रदर्शन की जगह पर किसी भयानक

सुनियोजित षड्यन्त्र की ही पुष्टि होती है। जाँच से भी ऐसे ही तथ्य सामने आये हैं कि इसके पीछे पाकपरस्तों और वामपन्थियों का ही हाथ रहा है। सरकार की जिम्मेदारी जन-कष्ट-निवारण की तो है ही, बिगड़ी हुई परिस्थितियों को ठीक करने की भी है। पूरे-के-पूरे प्रदेश में एक किनारे से दूसरे किनारे तक आन्दोलन का एक ही तरह का रूप लेना राष्ट्र-द्रोही षड्यन्त्रों की ही पुष्टि करता है। घटना के बाद ही कई पक्षों से पुलिस-गोली चालन की न्यायिक जाँच की माँग की गयी। मुख्यमन्त्री ने पुलिस कार्रवाई को उचित ठहराया था। लेकिन उस तरह की जाँच से अधिक आवश्यक है, ऐसे तत्त्वों की जाँच जो पीकिंग या पाकिस्तान के प्रभाव में राष्ट्र के भाग्य से खुलेआम जुआ खेल रहे हैं।

गुप्त हाथ–घटना के सम्बन्ध में सर्वोदय नेता जयप्रकाश ने कहा, "मुझे शंका है। कुछ गुप्त हाथ घटनाओं के सूत्रधार थे। कुछ गुण्डे भी शामिल हो गये थे।" प्रजा समाजवादी नेता बसावन सिंह ने कहा, "भिन्न-भिन्न जिलों में तोड़-फोड़ की एक ही तरह की घटनाओं से स्पष्ट हो जाता है कि इनका सूत्र एक ही प्रकार के संगठन के हाथ में था। इनसे पता चलता है कि वाम तथा दक्षिणपन्थी कम्युनिस्ट देश में छापामारी और गृह युद्ध कराने की तैयारी कर रहे हैं।" पटना के स्थानीय पत्र 'इण्डियन नेशन', 'प्रदीप' और 'आर्यावर्त' ने भी घटनाओं का विश्लेषण करते हुए यही निष्कर्ष निकाला है कि खाद्यान्नों की महँगाई और फीस की वृद्धि का विरोध करनेवाले लोग इतने उत्तेजित नहीं हो सकते कि सरकार का तख्ता सीधे-सीधे उलटना चाहें और कानून अपने हाथ में ले लें। 'सर्च-लाइट' ने भी यह स्वीकार किया है कि स्थिति--छात्रों, नेताओं से अलग विध्वंसकों के अधिकार में आ गयी थी।

पाक-परस्ती–जिन लोगों ने 'अंजुमन इस्लामिया हॉल' की सभा में उपद्रव किया, उन्हीं में से कुछ लोग इन ध्वंसात्मक कार्यों का भी नेतृत्व करते हुए पाये गये थे। इस तरह की भी सूचना मिली थी कि कांग्रेसी-मुस्लिम-सम्मेलन को ध्वस्त करने के लिए जो गैर-बिहारी तत्त्व बाहर से पटना आये थे, उन्होंने भी इन घटनाओं में खुलकर हिस्सा लिया। यों तो उर्दू की आड़ में पूरे देश में एक सरकार-विरोधी साम्प्रदायिक आन्दोलन अपनी जड़ें जमाने में सक्रिय है लेकिन बिहार में इसका खास जमाव है। डॉ. सैयद महमूद की अध्यक्षता में पहले भी एक सम्मेलन हुआ था जिसमें सरकारी नीति के प्रति असन्तोष व्यक्त करते हुए कुछ प्रस्ताव पास किये गये थे और कुछ धमकियाँ दी गयी थीं। इधर जब कांग्रेस-मुस्लिम-सम्मेलन का समारम्भ हुआ, तो उसे भी असफल बनाने की चेष्टा की गयी। अंजुमन इस्लामिया हॉल के दरवाजों से उपद्रवी भीतर घुस गये। कुछ प्रतिनिधियों को पीटा गया और राष्ट्रवादी मुसलमानों को बुरा-भला कहा गया। मुख्यमन्त्री की कार पर ईंटें बरसायी गयीं और अब्दुल कय्यूम अंसारी की जान लेने की कोशिश की गयी।

पाकिस्तानी घोंसले–कांग्रेसी तथा गैर-कांग्रेसी मुसलमानों के सम्मेलन में प्रदेश के स्वास्थ्यमन्त्री अब्दुल कय्यूम अंसारी ने कहा, "उन सभी पाकिस्तानी घोंसलों

को नष्ट करना होगा जिनका विस्तार बिहार-मन्त्रिमण्डल तक है।" एक पाक-समर्थक ने लिखित प्रश्न किया, "तुम पाकिस्तान की शिकायत करते हो, इसीलिए खुदा ने मोटर दुर्घटना कराकर तुम्हारा हाथ तुड़वा दिया।" अंसारी ने उत्तर देते हुए कहा, "यह खुदा की नाराजी का ही सबूत है कि पाकिस्तान का निर्माण करानेवाले जिन्ना के मुँह में सांघातिक कैंसर हो गया था।" उन्होंने जोर देकर यह बात दुहरायी कि प्रदेश में साम्प्रदायिक तत्त्व तेजी से सक्रिय हो रहे हैं और मुसलमानों को राष्ट्र के प्रति वफादार नहीं होने दे रहे हैं। इन्हें तत्काल खत्म करने का प्रयत्न करना चाहिए।

अन्य प्रदेशों की तरह बिहार में भी किसी जमाने के कट्टर लीगी खद्दरधारी कांग्रेसियों के रूप में विद्यमान् हैं। वे राष्ट्र का हित न सोचकर राष्ट्रवादी मुसलमानों को भी बहकाने और बरगलाने की कोशिश चोरी-छिपे करते हैं। पटनाबन्ध आन्दोलन के परिणामों को समाजवादी नेताओं और छात्रों की माँग से अलग, इन राष्ट्रद्रोही तत्त्वों के ही सन्दर्भ में देखने की अधिक आवश्यकता है।

27 अगस्त, 1965

ग्रामदान का तूफ़ान

'युद्धस्व विगतज्वर'–विनोबा ने यह पुराना नारा नये सन्दर्भ में, शिवनगरी वाराणसी के उस अंचल से दिया है, जहाँ सर्व-सेवा-संघ के प्रतिश्रुत 'शान्ति-सैनिक' अब तक 'ओ, वरुणा की शान्त कछार' शीर्षक 'प्रसाद'-गीत गुनगुनाने में अपनी साधना की सार्थकता समझते रहे हैं।

आह्वान–पिछले सप्ताह वाराणसी में आयोजित सर्वोदय कार्यकर्ताओं के विशेष सम्मेलन में वर्तमान पाकिस्तानी हमले का जिक्र करते हुए विनोबा ने राष्ट्र का स्पष्ट आह्वान किया कि वह बिना किसी द्वेष-भाव के पाकिस्तान की आक्रामक कार्रवाई का डटकर मुकाबला करे। उन्होंने यह भी स्पष्ट घोषित किया कि शान्ति की कामना और उसके लिए उनके सत्प्रयास का यह कभी मतलब नहीं होता कि वे पाकिस्तानी प्रेजिडेण्ट की 'उत्तेजनात्मक आक्रामक हरकतों' को नजर-अन्दाज कर दें।

11 सितम्बर, 1965 से लगातार छः महीने तक बिहार में चलनेवाले ग्रामदान के 'तूफ़ान' के लिए उचित राष्ट्रीय भूमिका प्रस्तुत की है, विनोबा ने अपने इस वाराणसी वक्तव्य से। बिहार में विनोबा के आतिथेय और प्रमुख 'शान्ति-सैनिक' जयप्रकाश नारायण ने भी वर्तमान पाकिस्तानी हमले की तुरन्त भर्त्सना कर, भूदान

और ग्रामदान आन्दोलनों के प्रति राष्ट्र-मानस में एक नयी श्रद्धा जगायी है।

अगर बापू के 'ग्राम-स्वराज्य' की भूमिका 'ग्रामदान' प्रस्तुत करता है, तो विनोबा के 'जय जगत्' की अवतारणा के लिए 'जय-राष्ट्र' और 'जय लोकतन्त्र' की सार्थकता समझना जरूरी है। समस्त राष्ट्रों, खासकर पड़ोसी राष्ट्रों के साथ मैत्री और शान्ति के सम्बन्ध बनाये रखने की सारी कोशिश करते हुए हमें गाँवों के 'बहुजन' को राष्ट्र की सुरक्षा और लोकशाही की हिफाजत के लिए भी सन्नद्ध बनाना है।

सर्वोदय-विचारक श्री धीरेन्द्र मजूमदार ने इन्दौर में 'महाराष्ट्र साहित्य सभा' की विशेष गोष्ठी में (30 जून) बाहरी हमलों की चुनौती के सन्दर्भ में दो टूक बात रखी थी–

"चाहे देश अहिंसा को माने या न माने, देश की सुरक्षा के व्यावहारिक कार्यक्रम के तौर पर शान्ति सेना, विकेन्द्रित कार्य-रचना (खादी-ग्रामोद्योग) तथा ग्रामदान के त्रिविध कार्यक्रम को अपनाना ही होगा। इसी में आज की संकटपूर्ण समस्याओं का हल निहित है।"

नयी दिशा–सर्वोदय-हल में हमारी पूरी आस्था हो या न हो लेकिन राष्ट्रीय सुरक्षा और गाँवों में बसनेवाली बहुसंख्यक जनता के सर्वतोमुखी विकास के लिए, विनोबा के नेतृत्व में चलनेवाला 'ग्रामदान का तूफ़ान' हमें सोचने की नयी दिशा देता है।

स्वराज और शक्ति–लगभग छः महीने पहिले अपने पवनार आश्रम के 'ब्रह्मविद्या मन्दिर' में दिये गये एक प्रवचन में आचार्य विनोबा ने साफ-साफ कह दिया था–

"आपको ग्रामदान इसलिए करना है कि वह ग्राम-स्वराज की बुनियाद है और उसके बिना हिन्दुस्तान नहीं टिकेगा। उसके बिना भारत में जन-शक्ति भी नहीं आयेगी।"

सुरक्षा के किले गाँव-गाँव में बनाने के लिए और अजेय लोकतन्त्र की जड़ें गाँव-गाँव में मजबूती से जमाने के लिए श्री जयप्रकाश नारायण ने पिछले चन्द महीनों में बिहार के कोने-कोने में जाकर यह समझाने का प्रयास किया है कि "बापू के नमक-सत्याग्रह आदि छोटे दीखनेवाले कार्यक्रमों में जो महान् शक्ति अव्यक्त रूप से रहती थी, वही शक्ति विनोबाजी के आन्दोलन में निहित है। यह जनशक्ति जगाने का, लोकतन्त्र को मजबूत बनाने का और ग़रीबी, बेकारी, भ्रष्टाचार को मिटाने का कार्यक्रम है।"

'त्रिविध कार्यक्रम' (ग्रामदान, शान्ति-सेना और खादी-ग्रामोद्योग) की तुलना बम्बई के पास की 'हाथी-गुफा' (एलिफाण्टा) से करते हुए कल के समाजवादी और आज के सर्वोदयी नेता जयप्रकाश ने अपनी हाल में प्रकाशित एक पुस्तक 'ग्रामदान और उसकी समस्याएँ' में 'त्रिमूर्ति' के सृजनात्मक महत्त्व पर जोर देते हुए लिखा है–

"दुनिया में यह शिल्पकृति शायद सबसे श्रेष्ठ मानी जायेगी। उसमें जो शक्ति है, जो कला है, वह अद्वितीय है। इस त्रिविध कार्यक्रम के अन्दर यह विचार और भावना भरी हुई है।"

पता नहीं सर्वोदय-कार्यक्रम की 'त्रिमूर्ति' बम्बई के गुफा-द्वीप 'त्रिमूर्ति' की तरह मुख्यतया विदेशी सैलानियों के लिए आकर्षण-बिन्दुमात्र होकर रह जायेगी या नयी समाज-संरचना का प्रेरणा-स्रोत बनेगी।

एकनिष्ठ 'बाबा-भक्ति' और 'मूर्ति-पूजा' की परम्पराओं के बावजूद इधर सर्वोदय-विचारक और कार्यकर्त्ता नये समाज के निर्माण के लिए आवश्यक 'व्यूह-रचना' पर सामूहिक विचार-विमर्श करने लगे हैं।

जयप्रकाशजी के सीधे-सादे शब्दों में–

"अगर ग्राम-दान हो जाता है, तो फलाने महतो का, फलाने शर्मा का नाम कटकर गाँव का एक नाम रह जाता है। सबका नाम कट गया, ग्राम का एक खाता बन गया। सारी जमीन गाँव-सभा के नाम से हो गयी। देखिए, रवेन्यू विभाग का काम कितना आसान हो जाता है।"

सुलभ ग्रामदान–पहले का 'ग्रामदान' वस्तुतः सम्पूर्ण सम्पत्तिदान था। पर आज प्रचलित 'सुलभ ग्रामदान' में चार बातें मुख्य हैं–

1. गाँव में गाँव-सभा बनती है।
2. जितने भूमिवान् हैं, वे अपना स्वामित्व, भूमि-स्वामित्व, जमीन की मालिकी गाँव-सभा को अर्पित करते हैं।
3. जितने भूमिवान् हैं, वे सब अपनी जमीन का बीसवाँ हिस्सा, अपने गाँव के भूमिहीनों के लिए गाँव-सभा को अर्पित करते हैं।
4. खेतों में जो अनाज पैदा होता है और जो लोग मज़दूरी से कमाते हैं, व्यापार से कमाते हैं, नौकरी वगैरह से कमाते हैं, वे तथा जो अनाज पैदा करते हैं, वे मन में एक सेर, जैसा भी गाँव-सभा निर्णय करे, गाँव के कोष में इकट्ठा करें फसल के बाद। जिनकी कमाई नकदी में होती है, वे तीन दिन की कमाई में से एक दिन की; गरीब हैं तो साठ दिन की कमाई में से एक दिन की कमाई दें लेकिन नियमित रूप से दें। यह सारा गाँव के कोष में जमा होता जाय। इस तरह हर गाँव का अपना एक भण्डार बन जाय।

ग्रामदान की इस सुलभ व्यवस्था से जमीन के बीसवें हिस्से का ही पूर्ण त्याग करना पड़ता है। बाकी जमीन गाँव-सभा के स्वामित्व के बावजूद वर्तमान भूमिवान की ही जोत में रहेगी। उपज का चालीसवाँ हिस्सा वह गाँव-कोष में उसी प्रकार देगा, जैसे जमीन का बीसवाँ अंश वह भूमिहीनों के लिए देता है।

इस व्यवस्था को संवैधानिक रूप देने के लिए, बिहार ग्रामदान विधेयक का एक प्रारूप प्रादेशिक विधानसभा के पिछले अधिवेशन के समय प्रसारित किया गया था। प्रस्तावित विधेयक में यह भी व्यवस्था है कि 'समुदाय का सम्मिलित एवं व्यक्तिगत हित तथा ग्राम-सभा के सदस्यों के कल्याण की दृष्टि से ग्राम-सभा लोक-कार्य का प्रबन्ध करेगी।' लोक-कार्यों में ग्रामीण तथा लघु उद्योग की योजना भी सम्मिलित होगी, जिसके लिए स्थानीय साधनों और मानव-शक्ति के अधिकतम

उपयोग के साथ ग्राम-सभा सरकार या अन्य संस्थान से अनुदान, दान या कर्ज प्राप्त कर सकती है। हाँ, ग्रामदानी गाँव की किसी भी जमीन की खरीद-बिक्री गाँव-सभा के आदेश से ही, उसी गाँव के अन्दर हो सकेगी।

यह सारी नयी व्यवस्था निहित स्वार्थों के एकाधिपत्य पर आघात करेगी। सबसे ज्यादा तिलमिलाये हैं गाँव के 'महाजन', जो कर्ज देते-देते, सूद में जमीन भी हड़प लिया करते थे।

होरी का विषाद–प्रेमचन्द का 'होरी' बिहार के अनेक गाँवों में आज भी कर्ज से लदा है। ग्रामदान हो जाने पर महाजनों को मनमाना सूद वसूलने में दिक्कत होगी। इसलिए वे इस आन्दोलन को विफल करने के लिए कई तरह के हथकण्डे अपना रहे हैं। इनमें से एक हथकण्डा यह भी है कि 'ग्राम-कोष' की कल्पना को निरर्थक बताया जाय और ग्रामोद्योग को पनपने न दिया जाये।

मुंगेर जिले में बराई गाँव जब ग्रामदान में मिला, तब स्वयं जयप्रकाश जी उसका गुणगान करते नहीं अघाते थे। उस गाँव के लोगों ने 'प्रमादग्रस्त' बी. डी. ओ. (प्रखण्ड विकास पदाधिकारी) को जबरदस्ती गाँव के तालाब में मछली मरवाने के लिए 'दण्डित' किया। गाँव-सभा ने उस अधिकारी से माफी मँगवायी और पैसा भी वसूल किया। उस गाँव में गाँव-कोष का निर्माण हुआ। पर कुछ महाजनों और संकीर्ण व्यापारिक वर्गों के षड्यन्त्र से 'धानकुटाई' के सहकारी ग्रामीण उद्योग में उस गाँव को लगभग बीस हजार रुपये का घाटा हुआ।

'दिनमान' के विशेष प्रतिनिधि से बात करते हुए बिहार सर्वोदय मण्डल के एक तरुण कार्यकर्त्ता ने स्वाभाविक 'विषाद' के साथ यह कहा कि "लगता है, बराई क्षेत्र में धान कूटनेवाली ढेकियाँ बन्द हो जायेंगी।' प्रतिस्पर्द्धा भी गाँवों के इस पुराने उद्योग में बाधक है। समाज के बजाय शासन ही इस सम्बन्ध में उचित सन्तुलन कायम कर सकता है।

ग्रामदान हो जाने पर अफसरों को घूस मिलने में स्वभावतः दिक्कत होती है। इस नाराजी को वे कई तरीकों से व्यक्त करते हैं। संथाल परगना जिले में एक ग्रामदानी गाँव है–'तुरुक डीहा'। इस गाँव में 'अभाव के विरुद्ध अभियान' (वार ऑन वांट) नामक 'क्वेकर' आन्दोलन के अन्तर्गत आर्थिक सहायता दी गयी। उस रुपये से ग्राम-सभा ने पूरे गाँव में सिंचाई की नयी सुविधा के लिए एक बाँध की योजना बनायी पर दो-तीन साल बीत जाने पर भी बाँध-निर्माण के लिए आवश्यक आर्थिक मदद प्रखण्ड विकास पदाधिकारी से नहीं मिल पायी। वरिष्ठ सर्वोदयी नेता श्री रामकृष्ण पाटिल (मध्यप्रदेश के भूतपूर्व मंत्री) ने वहाँ जाकर उस अधिकारी को समझाया, पर कोई असर नहीं हुआ।

जब तक दया, करुणा और प्रेम की दुहाई देने के साथ, सर्वोदयी कार्यकर्त्ता अन्याय और उत्पीड़न के खिलाफ शान्तिपूर्ण सामूहिक प्रतिरोध की भावना नहीं जगायेंगे, तब तक सच्चा 'ग्राम-स्वराज्य' दूर का तारा बना रहेगा।

लक्ष्य–विनोबा ने छः महीने के अन्दर बिहार के लगभग सत्तर हजार गाँवों

में से दस हजार गाँव ग्रामदान में हासिल करने का मंसूबा बाँध रखा है। गाँव-गाँव पैदल न जाकर, इस बार वे मोटर गाड़ी की तेज रफ्तार से सारे बिहार में ग्रामदान का तूफ़ान उठाना चाहते हैं।

विनोबा का बड़ा लक्ष्यांक पूरा होगा या नहीं—यह कहना कठिन है। सितम्बर, 1963 तक सारे भारत में कुल 5794 ग्रामदान हो चुके थे। तीन महीने पहले प्राप्त विवरण के मुताबिक सारे देश में ग्रामदानी गाँवों की संख्या कुल 7319 तक पहुँच पायी थी।

प्रगति में तेजी इधर जरूर आयी है—खासतौर से बिहार में। इस बार 'एक बाबा' और 'एक नेता' के सहारे टिके रहने के बजाय सर्वोदयी कार्यकर्त्ता बिहार के ज्यादा-से-ज्यादा गाँवों में घूम-घूमकर काफी पहले से 'ग्रामदान के तूफ़ान' का वातावरण तैयार कर रहे हैं।

जीवन-दर्शन—लेकिन इन कार्यकर्त्ताओं को आज से चौदह साल पहले तेलंगाना में प्रतिपादित विनोबा के साम्ययोग दर्शन को भी अपने मानस में सदा जागृत रखना चाहिए। 22 अप्रैल, 1951 को साम्यवादी हिंसा के गढ़ में प्रतिपादित उस विनोबा-दर्शन की तीन आधारशिलाएँ थीं—

1. समाज में किसी भी सत्ता का शासन हो। सद्विचार का अनुशासन हो।
2. व्यक्ति की सब शक्तियाँ समाज को अर्पित हों। समाज की ओर से व्यक्ति को विकास के अवसर प्राप्त हों।
3. ईमानदारी से शक्ति के अनुरूप की गयी सब तरह की सेवाओं का नैतिक, सामाजिक और आर्थिक मूल्य समान माना जाये।"

आज यह आदर्श जीवन-दर्शन कार्यरूप में परिणत हो सके या नहीं, पर साम्यवाद या अधिनायकवाद की निरंकुश अतिवादिता का प्रत्युत्तर ऐसे ही जीवन-दर्शन में निहित है। अपने देश में लोकशाही की रक्षा और सृजनात्मक लोकशक्ति के विकास के लिए भी इस जीवन-दर्शन की आवश्यकता है।

17 सितम्बर, 1965

एक पाकशाला में एक पाक-नापाक बूचड़

शिविर के आखिरी दिन 'बड़ा खाना' यानी 'महाभोज' का आयोजन किया गया है। एन. सी. सी. (राष्ट्रीय सैन्य शिक्षा), नैवेल विंग (नौसेना-अंग) के 600 सैन्य विद्यार्थियों के चेहरों पर (हिन्दू, मुस्लिम, सिख, ईसाई) एक ही मात्रा में हँसी-खुशी

खेल रही है। हर तरफ 'उजले-नीले' रंग का राज–उत्साह का उमड़ता समुद्र और रह-रहकर हँसी की लहरें आती हैं। हवा में, 'लंगर' से उठती हुई जाफरानी गन्ध दूर तक छा गयी है। शिविर का हर कोना सरगर्म है। चारों ओर कार्य-व्यस्तता!

ऐसे माहौल में एक अधपगला-जैसा नौजवान लंगर, अर्थात् शिविर की पाकशाला में अपने किसी जान-पहचान के आदमी को खोजता हुआ दाखिल होता है। हर बावर्ची से 'सलाम-दुआ' करके हेल-मेल बढ़ाने की कोशिश करता है और उनके काम में बगैर कहे ही हाथ बँटाने लग जाता है। काम में मगन लोग अपने-अपने काम में मगन रहे किन्तु कुछ ही क्षण के बाद एक कोने में बैठे किसी तेज व्यक्ति को दाल में कुछ काला नजर आया। उसने उस अधपगले खिदमतगार से कुछ सवाल किये तो अजनबी ने अपने किसी नामी खालू के नाम पर खेल जाने की कोशिश की। उसकी तलाशी ली गयी। एक पाकेट से भुने हुए मुर्ग़ का एक टुकड़ा निकला। लोगों ने सोचा–चटोर मुर्गीखोर-चोर है। मगर उसके पैंट के पाकेट से एक छोटी-सी शीशी निकली–जिसके अन्दर के पारदर्शी रवे के बारे में उसने कहा कि 'पिपरमेंट' है जिसे वह खालू के लिए खरीदकर ले जा रहा है।

तब तक पहचाननेवालों ने पहचान लिया था कि वह कुछ भी कहे मगर उसका सही नाम खिजर हयात कादरी है। उसे तुरंत हिरासत में ले लिया गया है। कहते हैं, उसके पकड़े जाने के बाद शिविर के बाहर दो-तीन व्यक्तियों को भागते हुए देखा गया।

शीशी तथा पके हुए भोज्य पदार्थों के नमूनों को रासायनिक परीक्षा के लिए भेज दिया गया। सारे शिविर में पहले एक सिहरन, फिर सन्नाटा छा गया। पके हुए मीठे चावल, बिरियानी, गोश्त, मुर्ग़, मछलियों, सब्जियों, पूरी और मिठाई के अम्बार–सभी को ज़मींदोज कर दिया गया। परीक्षा करके देखा गया तो शीशी में जहर-कातिल तो था ही, भोजन भी विषाक्त हो चुका था। अर्थात् कुछ ही मिनट में कोकनद जैसे खिले 600 सुशिक्षित नौनिहाल छटपटा कर मुरझा जाते, झर जाते–विष की ज्वाला में झुलस कर।

घटना पटना की है और गत 16 अक्तूबर की।

पश्चिमी पाकिस्तानी नहीं, पटनियाँ–ऐसा लगता है कि भारत सरकार के गृह मन्त्रालय को उक्त व्यक्ति (खिजर) के बारे में गलत खबर है। नहीं तो जिस नौजवान का बाप बिहार सरकार का मुलाजिम है, जो पटना में पैदा हुआ, पला और कभी पाकिस्तान नहीं गया, उसे पश्चिमी पाकिस्तान से आया हुआ बगैर पासपोर्ट का पाकिस्तानी कैसे कहा जाता?

पटना के पुलिस सुपरिण्टेण्डेण्ट से लेकर सब्जीबाग और गर्दनीबाग के चाय, फल और सब्जीवाले तक जानते हैं–खिजर को। वह लगातार सात बार मैट्रिक की परीक्षा में बैठा है और फेल हुआ है। कहते हैं, वह पास करने के लिए नहीं, ता-उम्र मैट्रिक का 'स्टूडेण्ट' बने रहने के लिए इम्तहान दिया करता था। स्टूडेण्ट बने रहकर गुण्डागिरी करने में पकड़े और पीटे जाने का खतरा नहीं।

यों, खिजर 1964 में भारत रक्षा कानून के अन्तर्गत गिरफ्तार हुआ था और 8 अगस्त को अंजुमन-इस्लामिया हॉल में आयोजित नेशनलिस्ट मुस्लिम कन्वेंशन के कार्यकर्त्ताओं और प्रतिनिधियों पर रोड़े-पत्थर बरसाने वालों में उसे सबसे आगे देखा गया था। दूसरे दिन सचिवालय पर चढ़ाई करनेवालों का भी वह खास बरदार था।

मामला विचाराधीन है इसीलिए खिजर के बारे में इतना ही कह सकते हैं कि खिजर का अर्थ होता है–एक प्रसिद्ध पैगम्बर, जो वनों और जल के स्वामी और भूले-भटकों के मार्गदर्शक माने जाते हैं।

एक पुरदर्द दास्तान–अगस्त के प्रथम सप्ताह में नेशनलिस्ट मुस्लिम कन्वेन्शन की तैयारी के दौरान अब्दुल क्य़्यूम अंसारी ने महसूस किया कि प्रदेश के 90 प्रतिशत शिक्षित और कुलीन मुसलमानों के दिल और दिमागों पर फिरकापरस्ती का जहर छाया हुआ है। देश पर मँडराते हुए पाकिस्तानी संकट को मद्देनजर रखकर इस बात को ऊँची आवाज में बता देना उन्होंने अपना फर्ज समझा। अपने को शिक्षित और कुलीन माननेवाले, अंसारी साहब की इस साफगोई से इस कदर नाराज हुए कि नेशनलिस्ट मुसलमानों का घर से बाहर कदम रखना मुश्किल हो गया। 'मुर्दाबाद' के नारे बुलन्द होने लगे। बड़े-बड़े मंत्रियों के घर पहुँचकर खतरे की जंजीरें खींची गयीं, प्रदेश कांग्रेस के प्रधान से कहा गया कि वे इस 'कन्वेन्शन' को बन्द करवा दें। अंसारी साहब तथा उनके साथियों को रोज तरह-तरह की धमकियाँ दी जाने लगीं।

अपनी दास्तान सुनाते हुए एक नेशनलिस्ट मुसलमान ने एक लम्बी साँस लेकर कहा था–"हमारे लिए ये धमकियाँ कुछ भी नहीं। मुद्दत से–मतलब कायदे आजम जिन्ना के जमाने से ही ऐसी धमकियाँ और गालियाँ हम सुनते आ रहे हैं। उस समय हमें कांग्रेस और हिन्दुओं के टुकड़े पर पलने वाले 'काफिर', 'कुत्ते' कहा जाता था और अब 'जनतन्त्र' की भाषा में हमें 'देशद्रोही' कहते हैं।··· यह किस्सा देश के बँटवारे के दिन से शुरू होता है जबकि रातों-रात सभी 'लीगी' 'गांधी टोपी' लगाकर कांग्रेसी हो गये। गुटपरस्ती के माहौल में सब हवा हो गया। हमारी उपेक्षा और उनकी इज्जत-अफजाई होती गयी। हमें प्रोफेसर अब्दुल बारी की कुर्बानी देनी पड़ी···।"

फिर वही नजारे, फिर वही जनून–8 अगस्त की अंजुमन-इस्लामिया हॉल के सामने फिर वही नजारे–वही नारे और वही चेहरे देखने-सुनने को मिले, जो आजादी के पहले लोगों को गुण्डों द्वारा प्रस्तुत किये जाते थे। रोड़े और पत्थर बरसाने के अलावा–कहा जाता है–कई लोगों को कत्ल करने की फेहरिस्त पहले ही बना ली गयी थी और अचरज की बात, इस फेहरिस्त में सबसे ऊपर मरहूम (शहीद) 'अब्दुलबारी' के सुपुत्र का नाम था–जिस पर इतनी मार पड़ी है कि महीनों उठकर पानी नहीं पी सकेगा।

शिक्षित और कुलीन··· ?–उस दिन पुलिस के सिपाही टुकुर-टुकुर मुँह देखते

रहे, क्योंकि सीनियर पुलिस-सुपरिण्टेण्डेण्ट ने लाठी चलाने का हुक्म नहीं दिया। उन्होंने हुक्म इसलिए नहीं दिया कि रोड़े-पत्थर फेंकनेवालों में माननीय मन्त्री से लेकर एक उपकुलपति के बेटे कमाल दिखला रहे थे और खुद उनका लाड़ला भी मार-पीट कर रहा था। फिर, लाठी चार्ज और गिरफ्तारी का सवाल ही नहीं उठता।

पुलिस के इस निकम्मेपन से प्रेरित और प्रोत्साहित होकर दूसरे दिन इन्हीं तत्त्वों ने सचिवालय के सामने तब तक हिंसात्मक कार्रवाई जारी रखी जब तक कि गोली नहीं चल गयी। और, इस गोलीकाण्ड के बाद–कन्वेंशन में की गयी गुण्डागर्दी की बात दब गयी। कई 'बड़े' लोगों के बेटे गिरफ्तार हुए, जमानत पर छूटे। पुलिस सुपरिण्टेण्डेण्ट का तबादला हो गया।

लेकिन कुछ बदला नहीं है। मगर वह विषैला-तत्त्व दबा नहीं है। खिजर की तरह अपने साजो-सामान के साथ मौके की ताक में कहीं-न-कहीं दुबके हैं। इस लड़ाई के बाद कुछ लोगों का मोहभंग अवश्य हुआ होगा। लेकिन 90 के बदले 50 प्रतिशत ही ऐसे लोग क्या कम खतरनाक हैं ?

5 नवम्बर, 1965

अथ अन्नपूर्णा व्रतम् !

बारह महीने में सैकड़ों 'व्रत', पर्व और त्यौहार-पालन करनेवाले भारतवासियों के प्यारे प्रधानमन्त्री ने युद्धकालीन आन्तरिक समस्याओं से जूझने के लिए कई समयोपयोगी नारे दिये हैं और देशवासियों से एक विशेष 'व्रत' पालन करने का आग्रह किया है कि लोग सप्ताह में एक 'शाम' निराहार रहें। इस व्रत के पालन से 'अन्नपूर्णा' प्रसन्न होंगी और हम 'परान्नभोजी' नहीं रहेंगे।

प्रधानमन्त्री ने पहली नवम्बर से सपरिवार, मन्त्रिमण्डल सहित इस 'व्रत' का शुभारम्भ कर दिया है।

बिहार सरकार के मन्त्रिमण्डल ने अपनी 2 नवम्बर की बैठक में तय किया कि सरकार अपने प्रचार के सभी माध्यमों और साधनों के द्वारा प्रधानमन्त्री की इस 'पुनीत-पुकार' को राज्य के जन-जन तक तो पहुँचायेगी ही, सभी मन्त्रीगण सप्ताह में एक 'बेला' निराहार रहकर, उदाहरण प्रस्तुत करेंगे।

सोमवार अथवा मंगल या··· ?–किन्तु बिहार प्रदेश कांग्रेस के प्रधान तथा उनके कार्यालय के सभी लोगों ने हर मंगलवार को यह 'व्रत' रखने का फैसला किया

है और बिहार प्रादेशिक युवक कांग्रेस के मन्त्री ने 6 नवम्बर यानी शनिवार को शुरू तथा 'पालन' करने की सूचना दी है।

पटना में मंगलवार 'अतुलित बलधामं-दनुज-वनकृशानुं' महावीर हनुमानजी का दिन माना जाता है। सम्भव है, बिहार प्रदेश कांग्रेस के प्रधान ने इसलिए ही मंगल को इतना मंगलमय दिन माना है और युवक कांग्रेस के अधिकारियों ने शनि की वक्रदृष्टि से बचने के लिए शनिवार को उचित दिन समझा हो, शायद !

किन्तु, उचित और उपयुक्त तो यही होगा कि सारा देश (प्रधानमन्त्री से लेकर जनता जनार्दन और दरिद्रनारायण तक) एक ही दिन यानी सोमवार को रात का भोजन त्यागें। उस दिन देश का जन-जन और कण-कण हर क्षण यह अनुभव करके पुलकित और प्रोत्साहित होगा कि आज··· अभी··· रात को हमारा सारा देश निराहार ही सोया है।··· अन्नपूर्णा के विषादपूर्ण-मुखमण्डल पर हल्की-सी मुस्कराहट दौड़ जायेगी !

सब्जी और सब्जबाग–अक्तूबर महीने की 21वीं या 22वीं तारीख से पटना में 'रसोईघर-बाग' (किचन गार्डन) योजना शुरू हुई। बिहार प्रदेश कांग्रेस के जनरल सेक्रेटरी ने इस योजना को सफल बनाने के लिए राज्य के मन्त्रियों, बड़े अफसरों तथा सभी पुष्पवाटिका युक्त बँगलेवाले नागरिकों से हार्दिक अपील की–"फूल नहीं, सब्जी पैदा कीजिए।"

किन्तु 31 अक्तूबर–लक्ष्यपूर्ति की अन्तिम तिथि को इस योजना का जीवन एक सप्ताह के लिए और बढ़ा दिया गया क्योंकि उत्साही सब्जी उगानेवालों की–हल, बैल, ट्रैक्टर–की माँगों की पूर्ति सरकार नहीं कर सकी। यह सही है कि चौदह राजपत्रित (गजटेड) और सैंतालीस सहायक कर्मचारियों की टोली को पाँच जीपगाड़ियों सहित इस अभियान में लगाया गया। किन्तु यह भी सही है कि इनके पास शेखूपुरा-ब्लॉक से मँगनी में मिले बारह जोड़ी बैलों के सिवा और कुछ नहीं था, जिससे कि गाड़ी आगे बढ़ सके। और यह कहावत किसे नहीं मालूम कि मँगनी के बैलों के दाँत नहीं देखे जाते !

समय बढ़ा देने से इस सरकारी सब्जी-आन्दोलन को कितनी सफलता मिलेगी यह अनिश्चित है। किन्तु इस सिलसिले में बिहार की आम जनता को यह जानने का अवसर मिला कि राज्य में 'स्टेट हॉर्ट्रिकल्चर डेवलपमेण्ट ऑफिसर' और 'वेजिटेबल डेवलपमेण्ट ऑफिसर' भी हैं। समय पड़ने पर सब्जी पैदा करनेवालों को तत्काल समुचित सरकारी-सहायता पहुँचाना इनका कर्त्तव्य है। (बशर्ते कि··· नौ मन तेल मौजूद हो इनके पास !)

धान-उगाही–यह कहना कि 1962 से अब तक 'पैडी-लेवी' यानी धान-उगाही की योजना–बड़े किसानों, गल्ला दबाकर रखनेवालों और मुनाफाखोरों के चलते ही अब तक सफल नहीं हो सकी है–एकतरफा बात है। यह सोच लेना कि वर्तमान राष्ट्रीय-संकट के कारण तथा तनिक संशोधित रूप से इस वर्ष अभूतपूर्व सफलता मिलेगी ही–भरमानेवाली बात है। स्थानीय पत्रों में, रोज इस सम्बन्ध में बड़े-से

लेकर छोटे दिग्भ्रमित और गुमराह किसानों की चिट्ठियाँ छप रही हैं। अनाज खेतों में है किन्तु अभी से उसे छिपाने के तरीके सोचे जा रहे हैं। फिलहाल मुख्यमन्त्री सहाय को इतना ही स्मरण दिला देना काफी है कि कुछ ही दिन पहले जब वे दल-बल सहित 'अनाज बाहर निकालो' अभियान पर निकले थे तो उस समय जिस उत्साह और उदारता का परिचय जनता ने दिया—वह 'नकली' कदापि नहीं ! आवश्यकता है, आन्तरिकता की। जिसके बिना ही सभी सरकारी-अभियान असफल होते हैं।

12 नवम्बर, 1965

भनहि विनोबा, सुनहु सुजान

सन्त विनोबा इन दिनों बिहार प्रदेश के उत्तरांचल में अलख जगा रहे हैं। गाँव-गाँव—खेत-मैदान-खलिहान—में उनकी पवित्र-वाणी रोज गूँजती है। इस तूफानी सफर में विनोबा, नित्य ही ग्रामीणों और गाँवों की छोटी-बड़ी समस्याओं का साक्षात्कार करते हैं और समाधान सुझाते हैं। भारत-नेपाल सीमा पर बसे हुए गाँवों की प्रार्थना-सभाओं में कही गयी 'सच्ची बातों' की महक, सीमा के उस पार बसे लोगों को भी मुग्ध करती है और इन पंक्तियों के लिखते समय तक यह बात फैल चुकी है कि आचार्य विनोबा भावे नेपाल नरेश के निमन्त्रण पर शीघ्र ही नेपाल जायेंगे।

पिछले पखवारे में विनोबा के कई अनमोल बोल सुनायी पड़े हैं। शादी-विवाह में होनेवाली (अनिवार्य) फिजूलखर्ची से बचने के लिए 'हनुमान जयन्ती' के दिन बगैर किसी आडम्बर और आचार के, वर-वधू के 'गठबन्धन' मात्र का विधान देते हुए उन्होंने दृढ़ स्वर से कहा—"मुझे विश्वास है कि मुसलमान भी इस 'दिन' को विवाह का शुभ दिन सहर्ष मान लेंगे।"

अन्न और खेती-बाड़ी की समस्या पर बोलते समय एक सभा में उन्होंने अन्न के 'षड्रिपुओं' का परिचय दिया—"और ये तीन श्रेणियों में बँटे हैं। मूँगफली और गन्ना 'सात्विक', पटसन (जूट) और कपास 'राजसिक' और तम्बाकू-चाय 'तामसिक'··· !"

एक गाँव की सभा में तमककर बोले—"महान् अपराध है यह। चावल की (मशीन में) छँटाई अर्थात् चावल पर 'पॉलिस' करना जुर्म है।"

तटस्थ पार्टी ?—किन्तु, 15 नवम्बर को मुजफ्फरपुर टाउन-हाल के मैदान में आयोजित एक विशाल सभा में उन्होंने राजनैतिक दलों के 'दुष्कर्मों' पर प्रकाश

डालते हुए जो कुछ कहा उसे हँसकर टाल देने से काम नहीं चलेगा।

स्वतन्त्र भारत के 'परतन्त्र गाँवों' की दुर्दशा की सारी जिम्मेदारी, सारा दोष राजनैतिक दलों के सिर मढ़ते समय वे तनिक भी विचलित नहीं हुए। उन्होंने कहा, "राजनैतिक दलों ने गाँवों को सुधारने के बदले शान्त ग्रामीण वातावरण को कलुषित किया है। हर आदमी को दलबन्दी के दलदल में फँसाकर, 'जातिवाद' की संकीर्ण भावनाओं को भड़काकर चुनाव जीते जाते हैं। हर दल का नेता अपने-मुँह अपनी तारीफ करता है और दूसरे दलों के नेताओं पर कीचड़ उछालता है। और, झूठे वायदे करता है··· ।"

राजनीतिक पार्टियों की कुरीतियों के कुप्रभाव को नष्ट करने के लिए सन्त ने एक ही रास्ता सुझाया–"शासक-दल और विरोधी-दल के अलावा एक 'तटस्थ-दल' की आवश्यकता है।"

दो दिन के बाद चम्पारन जिला के मेहसी गाँव की सभा में आचार्य ने 'ग्राम-पंचायतों' का पर्दाफाश किया–"इन पंचायतों ने गाँवों को तोड़ा है, बेरहमी से। हाँ, ईर्ष्या-डाह-वैर-विरोध आदि का राष्ट्रीयकरण और शोषण का विकेन्द्रीकरण करने में ये अवश्य सफल हुई हैं।"

बरु भल बास नरक कर ताता–'तटस्थ-दल' की बात पर सैंकड़ो बातें उठ सकती हैं। एक सवाल पहले ही उठाया जा सकता है कि आज कोई व्यक्ति 'तटस्थ' रह सकता है क्या ? क्योंकि, अन्ततः तटस्थ 'रह सकने' के लिए बड़ी-बड़ी कीमतें चुकानी पड़ती हैं और यह बहुत साहस का काम है।

सन्त विनोबाजी अपने को तीन सरकारों की मातहती में पलनेवाला प्राणी कहते हैं–भगवान्, जनता-जनार्दन और दिल्ली की सरकारें। किन्तु, गृहस्थ-जनों के सिर पर सैकड़ों सरकारों की नंगी तलवारें लटक रही हैं आज। गाँवों पर आज राजनीतिक दलों के बाँके 'लठैतों' का राज है। सैकड़ों दरबारों में दिन-रात झुक-झुककर सलाम करते गाँव के लोगों की रीढ़ की हड्डियाँ झुक गयी हैं। ऐसे में सिर तानकर अन्याय के विरोध में आवाज उठानेवाले को अपनी गर्दन हथेली पर लेकर निकलना पड़ता है।··· तटस्थ-व्यक्ति से राजनीति के पेशेवरों को बहुत घबराहट होती है।

इसलिए 'गाँव वापस चलो' के नारे में विश्वास करनेवाले, आँसू से भीगी हुई धरती पर प्यार की खेती करने का सपना देखनेवाले किसी ग्रामीण को शहर में बसने के लिए 'दो गज ज़मीं' ढूँढ़ते देखकर हमें आज अचरज नहीं होता। हम जानते हैं कि उसकी कहानी कुछ ऐसी ही होगी–"फलाने बाबू ने चुनाव के समय आकर वोट माँगा, मैंने नहीं दिया। तटस्थ रहा और फलाने बाबू हार गये। हारने के बाद खिसियाकर खम्भा नोचने लगे··· "

और, इनका खम्भा नोचना ?··· साल-भर मेहनत करके लगायी गयी खेती एक ही रात में पार ! मवेशी की चोरी, फसल की चोरी, फलों की चोरी और सीनाजोरी। चूँकि कोतवालों के कोतवाल के स्वामी 'फलाने बाबू' हैं–इसलिए खून कर देने पर भी कहीं चर्चा नहीं होती।

ग्राम-कथा–उत्तरी बिहार के किसी जिले के किसी गाँव के किसी कथाकार को नये गाँव की नयी कहानी लिखते समय, कलम में रोशनाई भरने के पहले रिवाल्वर में गोलियाँ भरकर सामने रखते देखकर, 'भूदान-आन्दोलन' पर खोज करनेवाले समाज-विज्ञान के एक विदेशी-विद्यार्थी ने कौतूहल से पूछा था, "ऐसा क्यों ?"

"क्योंकि मैं तटस्थ हूँ। इसलिए तीन बार मेरी जान लेने की कोशिशें की गयीं।" मेरे एक 'भाई' की हत्या कर दी गयी है। एक सहायक के घर में भीषण डकैती हो गयी है, हाल ही में। लेकिन मैं आत्म-समर्पण नहीं करूँगा…।' जवाब देते समय 'लेखक' ने मुस्कुराने की चेष्टा की लेकिन उस विद्यार्थी का चेहरा आतंक से पीला पड़ गया–'फिर भी आपको गाँव से प्यार है… ?"

3 दिसम्बर, 1965

धान-उगाही : किसान तबाही

30 नवम्बर को पटना में आयोजित सर्वदलीय-खाद्य-सलाहकार समिति की उद्घाटन-बैठक में जब मुख्यमन्त्री सहाय ने 'धान-उगाही-आदेश' में पुनः संशोधन करने की घोषणा की तो बिहार प्रदेश के राजनीतिक-आकाश में असमय में उमड़नेवाले अशान्ति के बादल अनायास ही छँटने लगे। मुख्यमन्त्री की इस अप्रत्याशित नमनीयता का दूरव्यापी प्रभाव पड़ेगा, इसमें तनिक भी सन्देह नहीं।

क्योंकि, मूल आदेश की त्रुटियों और उससे उत्पन्न होनेवाली कठिनाइयों पर बातें करने के लिए आये हुए पूर्णिया के किसानों के एक प्रतिनिधिमण्डल को हाल ही में जब दो-टूक सुनाकर कृष्णबल्लभ सहाय ने इस आदेश से एक इंच भी इधर-उधर न होने का रुख अख्तियार किया तो राज्य के अन्य राजनैतिक दलों को दुःख के साथ सुख भी हुआ। कारण–पूर्णिया जिले को बिहार का 'गल्ला-गोदाम' और 'अतिरिक्त धान उपजाऊ क्षेत्र' (सर्प्लस एरिया) कहा जाता है। ऐसे इलाके के महत्त्वपूर्ण अंचल के किसानों के मन में सुलगती असन्तोष और विक्षोभ की आग में मुख्यमन्त्री का यह सहानुभूति-शून्य बरताव घी का काम करेगा। और, खुद भड़की इस आग में हाथ सेंकने का ऐसा सुअवसर ऐसी घड़ी में, विरोधी दलों के हाथ बार-बार नहीं आता। फिर जिनके नाबालिग लड़के 'बस' के भाड़े में तनिक बढ़ोत्तरी के खिलाफ अथवा स्कूल की फीस में कटौती की माँग और विशाल प्रदर्शन करके ('तोड़-फोड़' तो गुण्डे कर देते हैं) गोली खा सकते हैं, वे (यानी बगैर किसी क़िस्म की सरकारी सहायता के, सिर्फ भगवान् के भरोसे कर्ज काढ़कर, भूखों रहकर

खेती करनेवाले लोग) असन्तुष्ट होकर हर गाँव के खेतों और खलिहानों में 'सरकारी जोर-जुल्म' और पुलिस की गोली के सामने, 'गरेबाँ-चाक' कर बाल-बच्चों सहित खड़े हो जायें; गाँधी जी को 'गुहार' कर सत्याग्रह शुरू कर दें, तो हर राजनीतिक दल के नेता से लेकर साधारण कार्यकर्त्ता तक यही चाहेगा कि सत्याग्रही-किसानों के कन्धे पर उसी की पार्टी का झण्डा हो !

अतएव, धान-उगाही के खिलाफ इस आसन्न अगहनी-आन्दोलन की आशंका मुख्यमन्त्री सहाय की समझदारी से निर्मूल न भी हुई हो, तनाव में कमी अवश्य हुई है। वरना, 'मूल-आदेश' में दर्जनों त्रुटियाँ गिनाने वाले छोटे और बड़े किसानों में और सरकारी आदेश का हर हालत में (जोर-जुल्म से भी) पालन करने को कटिबद्ध अफसरों में अब तक कहीं-न-कहीं एक-आध झड़प हो चुकी होती।

बजा फरमाया—इस सर्वदलीय बैठक में, संयुक्त समाजवादी पार्टी के अध्यक्ष रामानन्द तिवारी ने महत्त्वपूर्ण सुझाव दिया—

"खण्ड विकास अधिकारियों (बी. डी. ओ.) को धानकटाई खत्म होने तक लगान (असेसमेंट) और उगाही की कार्रवाई मुल्तवी रखने का हुक्म तुरंत भेज दिया जाये !"

मुख्यमन्त्री ने इस सुझाव को स्वीकार करके यह साबित कर दिया है कि वह जनता की कठिनाइयों को अच्छी तरह समझते हैं। उन्होंने इस आदेश से उत्पन्न ग़लतफ़हमियों को दूर करने के लिए इसी बैठक में ऐलान किया कि 'धान-उगाही' में संशोधन करके 'गल्ला-उगाही' कर दिया गया है। अब केवल धान ही नहीं, सरकार गेहूँ, मकई और चना भी उगाहेगी।

उन्होंने यह भी विश्वास दिया कि इस बात का पूरा खयाल रखा जायेगा कि सरकारी अधिकारी किसानों पर जोर-जुल्म न कर पायें।

सहानुभूतिपूर्वक दुबारा संशोधित इस आदेश की सफलता में फिर भी सन्देह की पूरी गुंजाइश है। क्योंकि जब तक राज्य के सभी राजनैतिक दल इसके महत्व को एकमत से स्वीकार कर धान-उगाही-अभियान में सक्रिय सहयोग नहीं देंगे, सरकारी गाड़ी एक इंच भी आगे नहीं बढ़ सकेगी। अथवा बढ़ेगी तो अन्धाधुन्ध, रौंदती हुई और किसी खड्ड में गिरकर खत्म हो जायेगी।

जब देश के कोने-कोने में 'जय जवान, जय किसान' का नया नारा गूँज रहा हो, वैसे समय में बिहार पुलिस के जवानों को किसानों के खेतों और खलिहानों पर बन्दूक लेकर धान उगाहने के लिए जाना पड़े—इससे बढ़कर लज्जाजनक स्थिति और क्या होगी ? बहरहाल, मुख्यमन्त्री सहाय की समस्याओं को सही-सही समझने की सुबुद्धि पर सभी को इतना-सा भरोसा जरूर है कि वे ऐसी स्थिति उपस्थित नहीं होने देंगे।

10 दिसम्बर, 1965

तब लगि घास सुखाइए···!

'घास' नहीं—धान ! क्योंकि, 'पैडी लेवी ऑर्डर' जारी करने के बाद बिहार सरकार को हठात् (अनुभव से !) यह ज्ञान प्राप्त हुआ कि शुरू अगहन में तैयार होनेवाला धान कच्चा यानी गीला होता है इसलिए वजनदार होता है। क्योंकि धान की 'दबनी' में धान के साथ 'खाँखी, खर-पतवार' भी झरते हैं; धान 'खलिहान' में तैयार होता है और खलिहान जमीन पर होता है इसलिए धान के साथ 'खाँखी, खर-पतवार, ढेले-कंकड़' वगैरह मिले हुए हों, तो किसानों को सीधा दोष नहीं दिया जा सकता। क्योंकि, 'मूल आदेश' में अन्य अनेक दोषों और कमियों के साथ धान की 'किस्म' का कुछ खुलासा नहीं किया गया था; और, भीगे अथवा मिट्टी-कंकड़-खर-पतवार मिश्रित धान को 'अस्वीकार' करने का कोई 'अधिकार' सरकार के हाथ में नहीं। अतः मुख्यमन्त्री सहाय ने 6 दिसम्बर को विधानसभा में इस बात को स्पष्ट कर दिया कि धान का मतलब होता है, मिट्टी-कंकड़ वर्जित, साफ़-सुथरा और सुखाया हुआ धान।

मगर, उनके बयान से ग़लतफ़हमी और भी बढ़ गयी। स्थानीय पत्रों के अधिकांश संवाददाताओं ने (न जाने कैसे) समझा कि 'पैडी लेवी' खटाई में पड़ी। पत्रों में मोटी सुर्खियों में समाचार प्रकाशित हुए—"पैडी लेवी ऑर्डर फ़िलहाल मुल्तवी।" कहना नहीं होगा कि दूसरे ही दिन सारे प्रदेश में यह ग़लतफ़हमी गहरी होकर छा गयी। मुख्यमन्त्री सहाय को अचरज के साथ दुःख हुआ कि उनके कहने का यह ग़लत मतलब कैसे निकाल लिया गया ? लिहाजा, उन्हें विधानसभा में फिर एक बयान देना पड़ा और सरकार को 'प्रेस नोट' जारी करके मुख्यमन्त्री के कथन का सही तात्पर्य समझाना पड़ा।

किन्तु प्रदेश-भर की अदालतों के अहाते में 'उज्रदारों' की उमड़ती हुई भीड़ पर इन सारी बातों का कोई असर नहीं पड़ा है। वकीलों, मुहर्रिरों, पेशकारों और हाकिमों को दम लेने की फुर्सत नहीं। 'स्टाम्प-विक्रेताओं' के पास टिकट नहीं ? सरकारी 'महाफिज-खाने' में भी नहीं ? ट्रेज़री में भी नहीं ? सादा कागज पर ही सही—पैडी लेवी नोटिस के खिलाफ़ समय रहते उज्रदारी नहीं की गयी तो 'सर्वनाश' हो जायेगा। खलिहानों में धान दबनी के बगैर सड़ रहे हैं, आलू-दलहन-तिलहन और रबी की खेती चौपट हो रही है—होने दो। पहले मुक़द्दमा—फिर खेती ! हर गाँव का हर प्राणी हठात् मुक़द्दमेबाज़ हो गया है।··· एक आतंक फैलता ही जा रहा है··· सर्वत्र !

इस 'आतंक' को शीघ्र दूर करने के लिए सरकार क्या कर रही है, हमें नहीं मालूम। मगर सरकार को (अनुभव से !) यह ज्ञान भी शीघ्र ही प्राप्त हो जायेगा कि आतंकित और सशंक लोगों से किसी योजना में हार्दिक सहयोग की उम्मीद

करना हिमाक़त है।

एक झूठी कहानी–मुख्यमन्त्री सहाय ने विधानसभा में (फिर विधान-परिषद में) एक 'ध्यानाकर्षण-प्रस्ताव' का जवाब बार-बार देकर पिछले महीने फली-फूली एक ग़लतफ़हमी (अफ़वाह अथवा प्रचार) को दूर कर दिया। उन्होंने कहा, "बिहार सरकार के किसी मन्त्री ने किसी 'डच' लड़की के साथ हवाई जहाज़ पर कलकत्ता से जमशेदपुर जाते समय कोई दुर्व्यवहार नहीं किया और न इस सम्बन्ध में प्रधानमन्त्री अथवा कांग्रेस अध्यक्ष का कोई पत्र ही उन्हें मिला है। कुछ दिन पहले गवर्नर साहब ने जब इस 'अभियोग' की ओर उनका ध्यान आकर्षित किया था, जमशेदपुर के डिप्टी कमिश्नर तथा 'टिस्को' के रेज़िडेण्ट-डायरेक्टर से पूछताछ करने पर पता चला कि बात निराधार है। उस फैली या फैलायी गयी कहानी को यहाँ दुहराने से कोई लाभ नहीं। स्थानीय पत्र-पत्रिकाओं में जब यह कहानी प्रकाशित हुई और किसी ओर से कोई 'खण्डन' नहीं किया गया तो लोगों ने इसे सच मान लिया था। जब इस 'अभियोग' के कारण किसी मन्त्री को 'त्यागपत्र' नहीं देना पड़ा और मुख्यमन्त्री ने सफाई दे दी तो 'औरत' की आड़ में शिकार करनेवालों को निश्चय ही निराशा हुई होगी।

'काम' और 'काम रोको'–"कोई अभियोग झूठ हो या सच, विचाराधीन हो अथवा विवादग्रस्त–पुलिस जब तक अभियोग-पत्र नहीं दे देती, विधानसभा को उस पर विचार और बहस करने का पूरा अधिकार है"–बिहार विधानसभा के अध्यक्ष लक्ष्मीनारायण 'सुधांशु' ने इन शब्दों के साथ संयुक्त समाजवादी सदस्य कर्पूरी ठाकुर तथा कांग्रेसी सदस्य विन्ध्येश्वरी प्रसाद मण्डल आदि द्वारा मिल-जुलकर पारित 'काम रोको प्रस्ताव' को स्वीकार कर लिया, और कहा कि 13 दिसम्बर को सदन इस प्रस्ताव पर दो घण्टे तक विचार करेगा।

कहा जाता है कि जिला सहरसा के सौर बाजार थाना में पामा गाँव की एक महिला पर रात के वक्त थाना के सहायक दारोगा ने बलात्कार करने की चेष्टा की। गाँव के लोगों ने दारोगा साहब को रँगे हाथों पकड़ा और सम्भवतः 'मरम्मत' भी की। दूसरे दिन सशस्त्र पुलिस के सिपाहियों को लेकर एक मजिस्ट्रेट साहब आये और सारे गाँव को घेरकर कई घण्टों तक बुरी तरह लूट-पीट मचायी गयी। औरतों के साथ दुर्व्यवहार भी किया गया।

सरकार की ओर से दूसरे दिन सामान्य शासन विभाग के राज्यमन्त्री नवलकिशोर सिंह ने जवाब दिया कि इस घटना को लेकर एक 'पुलिस-केस' तथा पुलिस के खिलाफ एक 'काउण्टर-केस' दायर हो चुके हैं। पुलिसवालों का मुक़दमा है कि थाने का एक सहायक दारोगा, डकैती केस के एक आसामी को गिरफ़्तार करने के लिए पामा गाँव में गया तो कई गाँववालों ने उसको पकड़कर घर में बन्द कर दिया। एस. पी. साहब को जब इसकी सूचना मिली तो उन्होंने कुछ सशस्त्र सिपाहियों के साथ एक मजिस्ट्रेट को घटनास्थल पर भेजा। जब तक ये लोग पहुँचे, दारोगा को छोड़ दिया गया था।

मन्त्री महोदय का यह जवाब अध्यक्ष 'सुधांशु' को लचर और असन्तोषजनक लगा, और उन्होंने 'काम रोको प्रस्ताव' को स्वीकार करके न्यायप्रियता के साथ 'साहस' का परिचय दिया है। क्योंकि यह बात सभी जानते हैं कि ऐसे अभियोगों (झूठ हों या सच) पर सरकार की ओर से जवाब देने के लिए जब कोई मन्त्री आगे आता है, तो वह किसी बड़े सरकारी अफसर द्वारा रचित 'बयान' को ही पढ़कर सुना देता है, जिसमें 'बचाव पक्ष' की बातों को बढ़ा-चढ़ाकर कहने के बाद अन्त में यह कहकर मामला खत्म किया जाता है—क्योंकि मामला कोर्ट में विचाराधीन है··· विवादग्रस्त है, अतः इस पर सदन में बहस की कोई गुंजाइश नहीं।

17 दिसम्बर, 1965

'धर्मक्षेत्रे कुरुक्षेत्रे' : (प्रजा) समाजवाद

भीषण गर्मियों के दिन थे और छोटा नागपुर की कठोर चट्टानों को काटकर बहनेवाला दामोदर नद सूखा-सा पड़ा था, जब सन् 1964 की मई के उत्तरार्द्ध में रामगढ़ के जंगलों में प्रजा समाजवादी दल का सातवाँ राष्ट्रीय सम्मेलन आयोजित किया गया था।

उस समय समाजवादी दल से मिलने के लिए प्रतिनिधियों में इतना उत्साह था और इतनी उतावली थी कि 17 मई से 20 मई तक आयोजित सम्मेलन एक दिन पहले समाप्त हो गया और 18 मई (1964) को जब समाजवादी दल के साथ विलयन के प्रस्ताव पर मत लिया गया तब प्रस्ताव के विरोध में केवल दो मत आये, जिनमें एक मत था हरिविष्णु कामत का।

सम्मेलन की समाप्ति की साँझ को 'नरेन्द्रदेव नगर' से सबसे आखिर में सांस्कृतिक कार्यक्रमों में भाग लेनेवाले कलाकारों को विदाई देते हुए स्वागताध्यक्ष बसावन सिंह, एम. एल. सी. ने बगल में खड़े साक्षी पत्रकार से भावविह्वल वाणी में कहा, 'धर्मक्षेत्रे कुरुक्षेत्रे···।' रामगढ़ के 'धर्मक्षेत्र' में 'युयुत्सु' नहीं, 'स्नेहातुर' और 'मिलनोत्सुक' समाजवादी एकत्र हुए थे। इसलिए बाद में गीता के उस श्लोक-खण्ड का करुण व्यंग्य और उभरकर सामने आया।

रामगढ़-सम्मेलन के मंच पर प्रजा समाजवादी दल के अध्यक्ष एस. एम. जोशी की बगल में समाजवादी दल के भूतपूर्व अध्यक्ष राजनारायण बैठे थे और प्रजा समाजवादी दल के महासचिव प्रेम भसीन की बगल में समाजवादी दल के महासचिव गोलप बारबोरा समासीन थे।

समाजवादी दल से प्रजा समाजवादी दल के बिना शर्त विलयन का प्रस्ताव पेश करते हुए नाना साहेब गोरे ने घोषित किया—

"समाजवादी एकता एक ऐतिहासिक आवश्यकता है और इस बार जो एकता हम हासिल करने जा रहे हैं, उसे दुनिया की कोई ताकत तोड़ नहीं सकेगी। दोनों पार्टियों की शादी पक्की हो चुकी है और अब उसे सम्पन्न कराने के लिए सिर्फ एक पुरोहित की जरूरत है।"

रामगढ़-सम्मेलन के एक सप्ताह के अन्दर समाजवादी दल का विशेष अधिवेशन गया में हुआ जिसमें दोनों समाजवादी दलों के 'बिना शर्त' विलयन की पुष्टि कर दी गयी। जहाँ पितरों को तर्पण किया जाता है, वहाँ दो पार्टियों की शादी हुई।

नया घर और गृह-युद्ध—सात जून, 1964 को दिल्ली के 18, विंडसर प्लेस में प्रजा समाजवादी दल का प्रधान कार्यालय नये 'संयुक्त समाजवादी दल' का घर बन गया। कई जन-संघर्ष भी नये दल के झण्डे के नीचे समाजवादियों ने मिल-जुलकर शुरू किये। फिर भी आठ महीनों से ज्यादा यह संयुक्त परिवार नहीं चल पाया और वाराणसी में 31 जनवरी, 1965 को नये दल के 'स्थापना-सम्मेलन' या 'संयुक्त' समाजवादियों की राय के मुताबिक दल के प्रथम राष्ट्रीय सम्मेलन में ही समाजवादियों का सम्मिलित परिवार पुनः टुकड़े-टुकड़े हो गया।

जिसे समाजवादी राजनारायण ने 'राम-भरत' का मिलन समझा था, वह पुनः 'महाभारत' के गृह-युद्ध में बदल गया।

जिसे प्रजा समाजवादी कामत ने 'जल्दी की शादी' कहा था, वह दो दलों का विलयन बिल्कुल वैसा ही साबित हुआ और शादी टूटकर रही।

विलयन का प्रस्ताव रखनेवाले नाना साहेब गोरे आज पुनरुज्जीवित प्रजा समाजवादी दल के अध्यक्ष हैं और प्रजा समाजवादी दल के रामगढ़-अधिवेशन के अध्यक्ष आज विभक्त 'संयुक्त समाजवादी दल' के अध्यक्ष हैं।

समान रक्त-गोत्र के लोगों के साथ नियति ऐसा ही क्रूर उपहास करती है और ऐसे लोग रामायण का 'मिलन-पर्व' मना भी नहीं पाते कि उनके बीच महाभारत की साँझ उतर आती है।

'समाजवादी एकता' का संकल्प परीक्षित की तरह अभिशप्त है कि परिपक्व और सशक्त होने के पहले ही उसे जन-सद्भावनाओं के फूलों के बीच से 'तक्षक' डँस जाता है।

मंच टूट गया—सन् 1953 की 29 दिसम्बर को तीसरे पहर इलाहाबाद के कायस्थ पाठशाला इण्टरमीडिएट कॉलेज के मैदान में जब प्रजा समाजवादी दल का प्रथम राष्ट्रीय सम्मेलन आचार्य कृपलानी की अध्यक्षता में शुरू हुआ, उसके कुछ देर बाद ही सभा-मंच एकाएक टूट गया। एक स्थानीय हिन्दी पत्र ने लिखा—"सौभाग्यवश मंच पर आसीन व्यक्ति, जिनमें आचार्य कृपलानी, श्रीमती सुचेता कृपलानी, आचार्य नरेन्द्रदेव, डॉ. राममनोहर लोहिया तथा जयप्रकाश नारायण भी थे, बाल-बाल बच गये। प्रतीत होता है कि मंच को सँभालनेवाली बल्ली भारी वजन के कारण

टूट गयी।"

कांग्रेस मंच पर इससे 'भारी वजन' रहता आया है, किन्तु वह टूट-टूटकर भी बचा रहता है। फिर बार-बार 'समाजवाद' का मंच ही क्यों टूट जाता है?

30 दिसम्बर, 1953 के जिस अंक में प्रयाग के पुराने हिन्दी दैनिक 'भारत' ने प्रजा समाजवादी दल के खुले अधिवेशन के समय ही सभा-मंच टूट जाने की खबर छापी थी, उसी में एक व्यंग्य-चित्र भी प्रकाशित किया था जिसमें अशोक मेहता, आचार्य कृपलानी, जयप्रकाश नारायण, आचार्य नरेन्द्रदेव और डॉ. राममनोहर लोहिया एक साथ 'प्रयागराज के प्रजा समाजवादी यात्री' के रूप में अंकित किये गये थे।

आज इन पाँचों 'यात्रियों' में से कोई भी प्रजा समाजवादी दल के खेमे में नहीं है। अशोक मेहता आयोजना आयोग के उपाध्यक्ष हैं और कांग्रेस के साथ हैं। आचार्य कृपलानी संसद के निर्दली सदस्य हैं। जयप्रकाश नारायण 'अच्छाई की खोज में' सक्रिय राजनीति से हटकर 'निरपेक्ष' सर्वोदय राजनीति तक पहुँच गये हैं। डॉ. राममनोहर लोहिया दस वर्षों तक एक अलग समाजवादी दल का नेतृत्व करने के बाद आज प्रजा समाजवादी दल से पृथक् 'संयुक्त समाजवादी दल' के सदस्य हैं। यह भी कहा जा सकता है कि प्रजा समाजवादी दल उनके 'संयुक्त' समाजवादी दल से पृथक् है।

आचार्य नरेन्द्रदेव, जिन्हें अपने संघर्षमय और तपःपूत जीवन के आखिरी दिनों में प्रजा समाजवादी दल के अध्यक्ष के नाते दल के विघटन का दर्दनाक दृश्य निकट से देखना पड़ा, आज परलोक में हैं।

. गंगाशरण सिंह भी, जिन्होंने 1959 के नवम्बर में बम्बई में आयोजित समाजवादी आन्दोलन के रजत-जयन्ती समारोह की अध्यक्षता की थी, आज राज्यसभा के 'निर्दल' सदस्य हैं।

प्रजा समाजवादी दल के सातवें राष्ट्रीय सम्मेलन के अध्यक्ष एस. एम. जोशी आज संयुक्त समाजवादी दल के अध्यक्ष हैं।

'अमीरे कारवाँ'–नेताओं के एक-एक कर पृथक् होने (या कभी-कभी पृथक् किये जाने) पर भी प्रजा समाजवादी दल के कुछ बुद्धिजीवी सदस्य गाते रहते हैं–

"फिर मैं लौट आया तेरे पास ऐ अमीरे कारवाँ,
छोड़ आया था जहाँ तू, वह मेरी मंजिल न थी।"

यह 'अमीरे कारवाँ' कौन है, जिसके पास लौट-लौटकर बची-खुची (प्रजा) समाजवादी पार्टी के बुद्धिजीवी राहत की साँस लिया करते हैं?

यह 'अमीरे कारवाँ' और कोई नहीं, इकत्तीस-बत्तीस साल पुराने समाजवादी आन्दोलन के साधारण कार्यकर्त्ता हैं, जो मार्क्सवादी वर्गसंघर्ष और गाँधीवादी जनसंघर्ष–दोनों में दीक्षित हो चुके हैं, किन्तु जिन्हें एक साथ सशक्त और सन्तुलित नेतृत्व की तलाश हमेशा परेशान किये रही है।

सैद्धान्तिक बहस जिस उत्साह से लगातार समाजवादियों के बीच चलती रही

है और जो नैतिक साहस स्वीकृत समाजवादी मूल्यों के लिए लड़ने में देश के समाजवादी कार्यकर्त्ता दिखाते रहे हैं, उसकी मुक्त सराहना सर्वोदयी नेता जयप्रकाश नारायण ने सक्रिय राजनीति से संन्यास लेने के पाँच वर्ष बाद नवम्बर 1959 में की। अवसर था—बम्बई में प्रजा समाजवादी दल के पाँचवें राष्ट्रीय सम्मेलन का और देश में समाजवादी आन्दोलन की रजत जयन्ती का।

उस अवसर पर जयप्रकाश नारायण ने एक ऐसे दिन की कल्पना की जब कांग्रेस के अन्दर के समाजवादी, कांग्रेस के बाहर के समाजवादियों से मिलकर एक ऐसे 'सशक्त लोकतान्त्रिक विकल्प' का निर्माण करेंगे जो देश में सच्चे समाजवाद की स्थापना करे। उस समाजवाद का राष्ट्रीयता से विरोध नहीं होगा और उसकी निष्ठा का आधार मास्को या पीकिंग नहीं होगा। उस समाजवाद में नागरिक स्वतन्त्रता, सहकारिता और सत्ता के विकेन्द्रीकरण पर पर्याप्त बल दिया जायेगा। डॉ. लोहिया का जीवन-दर्शन इस विचारपरिधि से मेल खाता था। इसलिए उनसे भी जयप्रकाश ने एक 'सशक्त लोकतान्त्रिक विकल्प' के रूप में समाजवादी आन्दोलन को मजबूत करने की अपील की।

नियति का व्यंग्य ऐसा है कि आज न तो बचा-खुचा प्रजा समाजवादी दल और न संयुक्त समाजवादी दल देश के सामने कांग्रेस का सशक्त लोकतान्त्रिक विकल्प उपस्थित कर पाया है।

समाजवादी आन्दोलन के सच्चे 'अमीरे कारवाँ', पुराने तपे-तपाये समाजवादी कार्यकर्त्ता को पुनः इस दिशा में सक्रिय चिन्तन करना है, चाहे दोनों दलों के नेतृत्व ने 'कटु अनुभवों के कारण निराश होकर' इस उद्देश्य को ही तिलांजलि दे दी हो। अगर इस बड़े उद्देश्य को दोनों समाजवादी दलों ने कर्म में न सही तो कम-से-कम विचार के स्तर पर भी ध्यान में नहीं रखा, तो अगले कई आम चुनावों तक कांग्रेस के बाहर के लोकतान्त्रिक समाजवादी देश के सामने सत्ताधारी दल का सही विकल्प नहीं रख पायेंगे।

प्रखर राष्ट्रीयता—अभी-अभी बम्बई में जो प्रजा समाजवादी दल का आठवाँ राष्ट्रीय सम्मेलन समाप्त हुआ है, उसमें नाना साहेब गोरे के अध्यक्षीय भाषण से इतना अवश्य प्रमाणित होता है कि प्रखर राष्ट्रीयता का ठेका कांग्रेस या जनसंघ ने ही नहीं ले रखा है। प्रजा समाजवादी मंच से नाना साहेब गोरे ने घोषित किया कि 'प्रसारवादी चीन की साम्यवादी अधिनायकशाही और स्वतन्त्र भारत की लोकशाही के बीच लम्बा संघर्ष चलेगा और इस संघर्ष में विजय प्राप्त करने के लिए भारत को सैद्धान्तिक और नैतिक दृष्टियों से पूरी तरह सशक्त बनना पड़ेगा।'

चीन के 'मायाजाल' में फँसे हुए पाकिस्तान की सैनिक तानाशाही को भी प्रजा समाजवादी नेता ने चुनौती दी कि वह कश्मीर या भारतीय राष्ट्र के किसी अन्य हिस्से पर से अपनी गृद्ध-दृष्टि हटाये, नहीं तो आक्रामक प्रसारवाद में उसका 'गुरु' चीनी महासर्प उसे भी एक दिन निगल जायेगा।

शास्त्री-सरकार से गोरे ने जोरदार आग्रह किया कि वह ताशकन्द या किसी

और जगह शान्ति-वार्ता में भाग लेते हुए रावलपिंडी या पीकिंग के आक्रामकों की तुष्टि के लिए 'राष्ट्र की मर्यादा या अखण्डता का सौदा न करे।'

प्रजा सोशलिस्ट नेतृत्व की राय में कश्मीर पूरी तरह भारतीय गणराज्य का अंग है और कश्मीर के बारे में किसी समझौते की बात उठनी ही नहीं चाहिए।

खाद्य-नीति को 'दोषपूर्ण' और 'अवसरवादी' ढंग से चलाने की कांग्रेसी प्रक्रिया की निन्दा करते हुए गोरे ने कुछ 'संयुक्त समाजवादी लहजे' में सरकार को चेतावनी दी है–'आपात्काल के नाम पर हम यह बर्दाश्त नहीं करेंगे कि सरकार भुखमरी और गरीबी से पीड़ित जनता की आवाज को ही दबा दे।' जनता की स्पष्ट माँग है कि देश जल्दी-से-जल्दी कम-से-कम अन्न के मामले में तो आत्मनिर्भर बने।

अर्थ-नीति सम्बन्धी एक प्रस्ताव द्वारा पूरे प्रजा समाजवादी सम्मेलन ने इस बात पर चिन्ता प्रकट की कि 'शास्त्री-सरकार नेहरू-सरकार की निष्क्रिय अर्थ-नीति को जारी रखते हुए कुछ ऐसे कदम भी उठा रही है, जो मुल्क को समाजवादी दिशा से बिल्कुल दूसरी ओर ले जा सकते हैं।'

प्रस्तावक और स्वागताध्यक्ष नाथ पै ने तो कह दिया कि 'कांग्रेस समाजवाद की बात करते हुए पूँजीवाद के साथ सहवास करती है।'

नाथ पै ने गोरे की प्रखर राष्ट्रीयता में समाजवाद का पुट दिया।

गृह-युद्ध जारी–छह साल पहले बम्बई के 'यूसुफ मेहर अली' नगर में समाजवादी आन्दोलन की रजत जयन्ती मनायी गयी। उसी शहर के 'शहीद अब्दुल हमीद' नगर में अभी-अभी प्रजा समाजवादी दल का आठवाँ राष्ट्रीय सम्मेलन सम्पन्न हुआ है।

पर पहले की तरह आज भी समाजवादियों का 'गृह-युद्ध' जारी है।

और दुश्मनों का खयाल छोड़कर 'धर्मक्षेत्रे-कुरुक्षेत्रे' (प्रजा) समाजवादी और संयुक्त समाजवादी एक-दूसरे के खिलाफ व्यूह-रचना में ज्यादा संलग्न हैं।

प्रजा समाजवादी सम्मेलन में 'विशेष अतिथि' के रूप में 'आचार्य कृपलानी' भी सम्मिलित हुए, किन्तु 'अन्य' प्रतिपक्षी दलों के साथ मिलकर 'अकर्मण्य और अयोग्य' कांग्रेस को सत्ता से अपदस्थ करने की 'आचार्य-युक्ति' का असर अभी भविष्य के गर्भ में है।

'दिनमान' के विशेष प्रतिनिधि से बात करते हुए 'संयुक्त' समाजवादी डॉ. लोहिया ने इतनी सफाई अवश्य दी है कि 'जब वह अन्य प्रतिपक्षी दलों से (अगले आम चुनाव में) सीटों के बँटवारे की बात करते हैं, तो समाजवादी नीति या कार्यक्रम कुण्ठित होने का कोई सवाल ही नहीं उठता।'

औरों के साथ चाहे वांछित रिश्ते कायम हो सकें या नहीं, पर समाजवादियों का अपना 'गृह-युद्ध' तो समाप्त होना चाहिए। नहीं तो इस देश में प्रजातन्त्र का भविष्य हमेशा खतरे में रहेगा।

31 दिसम्बर, 1965

नये साल के पुराने किस्से

1965 के आखिरी महीने के अन्तिम सप्ताह में एक शाम को पटना के पत्रकारों को सादर 'चाय' पर बुलाकर पटना के एक नौजवान ने बतलाया कि उसने 'कांग्रेस हिन्दू फ्रण्ट' के संगठन का निश्चय किया है। बिहार के राजनीतिक मुहल्ले के मशहूर 'मिलिटैण्ट' विद्यार्थी और युवक कांग्रेस के प्रसिद्ध 'योद्धा' रामचन्द्र चौहान ने सवाल करनेवालों को इस सवाल से चुप कर दिया, "क्यों नहीं ? कांग्रेस के अन्दर जब 'कांग्रेस मुस्लिम फ्रण्ट' के संगठन को जायज समझा जाता है तो 'कांग्रेस हिन्दू फ्रण्ट' को क्यों नहीं ?"

पहले तो ऐसा लगा कि विनोदप्रिय, रसिक और दोस्तनेवाज चौहान ने दिसम्बर में ही अपने मित्रों को 'अप्रैल-फूल' बनाने का कोई आयोजन किया है अथवा माहौल को पुरमजाक बनाने के लिए हल्की बातें कर रहा है। मगर अपनी 'चंद्रशेखर आजाद-कट' मूँछों पर ताव देते हुए उसने गम्भीर स्वर में बहुत ही शीघ्र 'फ्रण्ट' के 'कन्वेन्शन' और उसमें शरीक होने वाले (सम्भावित !) व्यक्तियों के नाम गिनाये, तो लोग धीरे-धीरे गम्भीर होने लगे। क्योंकि, तब तक यह बात समझ में आ चुकी थी कि 'कांग्रेस मुस्लिम फ्रण्ट' से सभी—प्रदेश और केन्द्र के कांग्रेसजन सहमत और सन्तुष्ट नहीं हैं। और, चौहान साहब सीधे नहीं तो परोक्ष रूप से कांग्रेसी मन्त्री जाफर इमाम वगैरह के नुक्तेनिगाह की वकालत कर रहे हैं और अब्दुल क्य्यूम अंसारी आदि का विरोध।

बहरहाल, चौहान की मौलिक सूझ-बूझ की दाद दिये बगैर कोई नहीं लौटा।

'कांग्रेस मुस्लिम फ्रण्ट' के खिलाफ जगजीवनराम का एक कड़ा बयान तीन दिन के बाद प्रकाशित हुआ और तब, चौहान की 'चाय-पार्टी' की च्रर्चा एक बार फिर नये सिरे से शुरू हो गयी। अब्दुल क्य्यूम अंसारी को जगजीवनराम के इस बयान से दुःख हुआ है। लेकिन, जाफर इमाम साहब और उनके साथियों को खुशी हुई है। क्योंकि अंसारी साहब ने अपने सहयोगियों को पूरा भरोसा दे रखा है कि प्रदेश कांग्रेस के प्रधान और मुख्यमन्त्री ही नहीं, कांग्रेस अध्यक्ष तथा कार्यकारिणी के सभी सदस्य उनके साथ हैं।

अंसारी साहब का आरोप है कि कांग्रेस के 'लीगी-मुस्लिम' सदस्यों की नीयत साफ नहीं। जाफर साहब को 'नेशनलिस्ट-मुस्लिम' शब्द से ही चिढ़ है और ऐसे 'नाजुक सवाल' को बुद्धिमानी से सुलझाने के बदले राजनीतिक दंगल की तैयारियाँ हो रही हैं। अगले चुनाव के लिए 'टिकट' बँटने तक 'बैकवर्ड-फारवर्ड-नेशनलिस्ट, और दलित' कांग्रेसियों में जो 'उठा-पटक' होगी, यह उसी का पूर्वाभास है।

7 जनवरी, 1966

भूखी पीढ़ी का दण्डित कार्य

अभी 'भूखी पीढ़ी' के पटना स्थित केन्द्रीय कार्यालय से सूचना मिली है कि बंगला साहित्य की 'भूखी पीढ़ी' के जन्मदाता और नेता, कवि मलय रायचौधुरी को कलकत्ते के बैंकसाल कोर्ट ने अश्लील कविता लिखने और प्रकाशित करने के अपराध में दो सौ रुपये जुर्माने की सजा 28 दिसम्बर को सुना दी है।

इस तरह, पिछले दो वर्षों से चलनेवाले एक मशहूर मुकदमे का अन्त हुआ!

दो साल पहले की घटना है। पटना के एक बैंक की सीढ़ियों से एक सुदर्शन युवक को रस्से में बाँधकर बंगाल और बिहार पुलिस के अधिकारी एक साथ उतरे। सड़क पर भीड़ लग गयी। किसी ने कहा : डाकू है, बैंक में डकैती करने गया था। किसी ने बतलाया : जाली चैक भुना रहा था। और किसी को मालूम हुआ कि जेबकतरा है।

इधर पुलिस के अधिकारियों के सामने विकट समस्या थी। क्योंकि इस किस्म के अपराधी को उन्होंने पहली बार गिरफ्तार किया था इसलिए उन्हें यह बात समझ में नहीं आ रही थी कि इस असामी के साथ कैसा व्यवहार करे। अन्त में, कीमती और सुरुचिसम्पन्न वेशभूषा से सज्जित इस युवक को वे पैदल ही हवालात में ले चले और उनके पीछे-पीछे एक छोटा-मोटा जुलूस चल पड़ा।

हवालात में, पहले से ही जो लोग ठुँसे हुए थे उन्होंने अपने इस नये और 'फैशनेबल-जोड़ीदार' से मिलते ही पूछा, "कहो यार ? किधर··· कितना हाथ मारा ?··· किसी बड़े अफसर की लड़की से छेड़खानी··· पिस्तौल-उस्तौल ?"

चोर-डकैत और जेबकतरों को अचरज हुआ कि कवित्त जोड़ने के जुर्म में भी आदमी पकड़ा जाता है ?

कलकत्ता की पुलिस जब इस युवक को लेकर हावड़ा स्टेशन पर पहुँची तब पटना के लोगों को (पुलिस को भी) पता चला कि बैंक में गिरफ्तार होनेवाला युवक मलय रायचौधुरी था, जो (बैंक का किरानी तो था ही) अपने को 'कवि' कहता है; जो पटना में पैदा हुआ, पला और पटना में ही बैठकर बंगला साहित्य की तरुणतम पीढ़ी को 'नयी दिशा' देता है; जो 'भूखी पीढ़ी' का जन्मदाता है।

जिस कविता के लिए मलय दण्डित हुआ है, उसका शीर्षक है—'प्रचण्ड वैद्युतिक छुतार !' कलकत्ते की पुलिस ने इस कविता को 'भीषण अश्लील' साबित कर दिया है। हालाँकि, नयी और पुरानी पीढ़ी के अनेक बंगला लेखकों और कवियों ने साक्षी देते हुए कहा कि विवादग्रस्त कविता तनिक भी अश्लील नहीं बल्कि कला का एक नमूना है।

कलकत्ता की पुलिस ने दो सालों तक मुक़द्दमा चलाकर मलय को 'प्रसिद्ध' कर ही दिया था। कोर्ट ने 'दण्डित' करके उसमें और वृद्धि कर दी। उसकी कविताएँ

विदेशों में अनूदित होकर प्रकाशित होती रहीं। और, कलकत्ता के मशहूर बैंकसाल कोर्ट से सजा पाकर जब वह बाहर निकला तो उसके हाथ में विदेश-भ्रमण के कई निमन्त्रणपत्र थे। कहा जाता है, सैन-फ्रांसिस्को के तरुण कवियों ने मलय को अपने बीच बुलाने की सारी व्यवस्था कर ली है।

मलय के साथ 'भूखी पीढ़ी' के अन्य कई कवि गिरफ्तार हुए थे। किन्तु उन्हें पहले ही बरी कर दिया गया था।

24 वर्ष के इस दुस्साहसी कवि ने अब तक पाँच काव्यग्रन्थों की रचना की है और हाल ही में 'जेबा' नामक पत्रिका का सम्पादन किया है।

14 जनवरी, 1966

जनवरी की डायरी

सन् 1967 का पहला दिन। पटना के गाँधी मैदान की एक सभा में जयप्रकाश नारायण सूखा और अकाल से पीड़ित इलाकों के बारे में बोल रहे थे। यह सभा पटना के नागरिकों को महात्मा गाँधी की प्रार्थना सभा की याद दिला रही थी। साम्प्रदायिक दंगे की आग में जलते-झुलसते बिहारवासियों के दिलों पर 'बापू' इसी तरह चन्दन लेपते थे; इसी तरह मैदान के एक कोने में जनता के आमने-सामने बैठकर 'बातचीत' करते थे।

जयप्रकाशजी की इस सभा में 'जिन्दाबाद-मुर्दाबाद' या 'तोड़ दो–फोड़ दो–छोड़ दो' का कोई नारा नहीं लगाया जा रहा था और न कहीं किसी का 'जय-जयकार'। लगा, एक 'अभिभावक' परिवार के सदस्यों को बैठाकर दुर्दिन से उबरने की बात पर सोच-विचार कर रहा है। ओस गिरने लगी तो प्रभावतीजी ने 'टोपी' बढ़ा दी। और, टोपी सिर पर डालते हुए जे. पी. बोले–"जब मैं अमेरिका में था, तब 'रैंच' में काम करते समय कभी मैंने 'हैट-वैट' नहीं पहना। पहनना जरूरी होता है··· 'हिमकण' से बचने के लिए। मैं काम के बाद बालों को झाड़ लेता था। बाल घने थे।··· अब तो 'गंजा' हो गया हूँ। ओस से बचने के लिए टोपी पहननी पड़ती है। नहीं तो, सर्दी-जुकाम··· ।" जे. पी. को टोपी पहनने की सफाई देते देख-सुनकर बहुत लोगों को इसी गाँधी मैदान में आयोजित उन सभाओं की यादें आयीं जिनमें कभी 'लाल टोपी' पहनकर उन्होंने टोपी को 'लाल' करने का कारण बतलाया था।

सूखा और अकाल की भयावहता पर प्रकाश डालते हुए एक बार फिर उन्हें सफाई देने की जरूरत पड़ी। कह रहे थे–"उधर हजारों-हजार गाँवों में लोग दाना-पानी

के बिना मर रहे हैं और अपने को जनता के सेवक कहनेवाले 'चुनाव' के दंगल में फँसे हैं। मैं कहता हूँ, भाई चुनाव है तो क्या है ? छोड़ दो न मतदाताओं के ऊपर। आपने अपने क्षेत्र में अच्छा काम किया है तो मतदाता खुद आपको अपना मत देंगे और यदि पाँच साल में आपने कुछ नहीं किया है तो एक महीना-पन्द्रह दिन 'लाउड स्पीकर' बजाकर, पर्चा-पोस्टर बँटवाकर क्या होगा ?··· मैं सूखा और अकालग्रस्त क्षेत्रों में घूमता रहता हूँ। मैं आपसे बतलाऊँ, मुझे कहीं भी किसी दल का कोई कार्यकर्त्ता या नेता नहीं मिला।··· इस रिलीफ कमेटी की ही बात को लीजिए। यह सर्वदलीय संगठन है मगर लोग मीटिंग में भी नहीं आते। मैं अब उन्हें पत्र लिखवा रहा हूँ कि भाई, पीछे मत कहना कि मैं नहीं था और यह नहीं हुआ और यह नहीं होना चाहिए था। सभी चुनाव में फँसे हैं। किसी के पास समय नहीं।··· यों बिहार में ऐसा कोई आदमी नहीं बचा जिस पर 'जातीयता' का या 'स्वजाति' का पक्ष लेने का आरोप नहीं लगा। जब, राजेन्द्र बाबू तक को लोगों ने नहीं छोड़ा, उन पर भी उँगली उठी, तो फिर और कौन... लेकिन जो सच है, वह तो कहना ही पड़ेगा कि 'गुट' और 'चुनाव' के दंगल के बावजूद मुझे यहाँ का चीफ मिनिस्टर ही एक ऐसा आदमी मिला, जिससे मेरी मुलाकात सूखा-क्षेत्र में हर जगह हुई।··· टिकटबाजी, गुटबाजी या जो भी कहें–वह करते होंगे। राजनीतिक पार्टी में हैं, इसलिए यह सब करते ही होंगे। मगर इन बातों के अलावा यही एक आदमी है जो पीड़ित इलाकों में घूमता रहता है···।"

इस बातचीत के दौरान जयप्रकाशजी एक बार नाराज भी हुए। कांग्रेस की 'कृषि-नीति' की आलोचना करते समय उन्होंने भुवनेश्वर-कांग्रेस का हवाला दिया–"जिस भुवनेश्वर कांग्रेस में जवाहरलालजी बीमार पड़े तो फिर··· उठे नहीं उस बीमारी में से।" कि सामने की पंक्ति में बैठे हुए कई नौजवान हँस पड़े। जे. पी. का चेहरा क्रोध से लाल हो गया। तेज आवाज में उन्होंने डाँटना शुरू किया–"यह हँसने की बात है ? जवाहरलालजी मर गये, यह हँसने की बात है ? ··· यही हमारी संस्कृति है ?··· पता नहीं, क्या हो गया है इस देश को··· पता नहीं क्या··· क्या कहूँ··· क्या कहा जाये··· ! हाँ, ठीक है ! आप··· ठीक ही हैं। जो हो रहा है, ठीक ही हो रहा है।··· आप ही ठीक हैं।··· यही होना चाहिए··· यही ठीक है··· इस देश का··· जहाँ गाँधीजी को ही गोली··· !"

जे. पी. ने फिर अपनी बातचीत की डोरी पकड़ी और तुरत एक मीठी 'चुटकी' लेकर खुद मुस्कुराना शुरू किया–"विद्यार्थियों पर भरोसा था। मगर स्कूल-कॉलेज बन्द हैं। यह खुशी की बात है कि मुजफ्फरपुर गोलीकाण्ड की 'ज्युडिशियल इन्क्वायरी' की माँग सरकार ने मान ली है। 3 तारीख को स्कूल-कॉलेज खुल रहे हैं। अब देखें, विद्यार्थी क्या करते हैं ! वे चाहें तो बहुत कुछ कर सकते हैं। बहुत तरह के काम हैं···।"

सभा-विसर्जन से पहले जयप्रकाश नारायण ने लोगों की 'नंगा-झोरी' भी कर ली–"अभी तो कुछ देते जाइए !··· आठ आना, चार आना··· एक रुपया ! घर

से चलते वक्त कुछ तो पॉकेट में··· कुछ भी तो बचा होगा 'पल्ले' में··· देते जाइए न !"

'तुरत दान' करके कल्याण प्राप्त करनेवालों में से अनेक ऐसे भी थे जो जे. पी. को आमने-सामने पाकर कुछ कहे बिना नहीं रह सके। जयप्रकाश उनकी बातों का जवाब हँस-हँसकर दे रहे थे। अचानक रूखी आवाज में कहते हैं–"आपको जो कुछ देना है, दे दीजिए और मिनिस्टरों या 'किसी' को गाली देनी है तो उधर जाकर दीजिए··· ।"

सारी सभा हँस पड़ती है !··· उस समय यह कौन जानता था कि ठीक चार दिन बाद–ठीक इसी समय, यहाँ हँसी-खुशी के बदले आग लगी होगी और गोलियों से घायल लोगों की चीख-पुकार और त्राहि-त्राहि मचती रहेगी। कौन जानता था··· !

जयप्रकाशजी की तरह बिहार सरकार को भी भरोसा हो गया था कि मुजफ्फरपुर गोलीकाण्ड की 'अदालती जाँच' की माँग मान लेने के बाद छात्रों का असन्तोष दूर हो गया है। स्कूल-कॉलेज खुलते ही वे परीक्षा की तैयारी में मशगूल हो जायेंगे।

बहरहाल, 3 जनवरी को बिहार के सभी विश्वविद्यालयों के स्कूल-कॉलेज खुले। 3 जनवरी को पटना के छात्रों ने शोक-सभा के बाद 'शोक-चिह्न' (काला बिल्ला) लगाकर मौन और शान्त जुलूस निकाला। तब पटना के नागरिकों को भरोसा हो गया कि अब कुछ ठीक-ठाक चलेगा लेकिन तभी राँची में विद्यार्थियों पर पुलिस ने गोली चला दी और 4 जनवरी को फिर शोक-सभा के बाद विद्यार्थियों का जुलूस निकला। यह जुलूस कल की तरह 'शान्त' नहीं था। जुलूस मुख्यमन्त्री के निवास-स्थान पर पहुँचा। जिलाधीश ने विद्यार्थियों को 'समझा-बुझा' कर जुलूस को वापस किया। खबर मिली, छात्रों के कई प्रमुख प्रतिनिधियों ने रात में मुख्यमन्त्री से मुलाकात की। और सुबह अखबारों में जो खबर छपी, उसका आशय यही था कि मुख्यमन्त्री कुछ भी नहीं सुनना चाहते। वह छात्रों की कोई भी माँग मानने को तैयार नहीं। अतः विद्यार्थियों के सामने 'विरोध-प्रदर्शन' के सिवा और कोई चारा नहीं।

5 तारीख को पटना की हर गली में एक ही नारा सूरज उगने से पहले से गूँज रहा था–"जो हमसे टकरायेगा, चूर-चूर हो जायेगा।"

किन्तु 5 तारीख के 'जुलूस' और 'विरोध-प्रदर्शन' करनेवालों में विद्यार्थियों की संख्या बहुत कम थी। जो भी हो, अभूतपूर्व विरोध-प्रदर्शन हुआ। खादी-भवन-'दहन' के बाद भी जब प्रदर्शनकारियों का क्रोध और उत्साह कम नहीं हुआ तो 'दमन काण्ड' शुरू हुआ। कितने मरे और कितने घायल हुए, इसको लेकर हर 'गोलीकाण्ड' के बाद मतभेद रह जाता है। इस बार भी सरकारी 'संख्या' को झूठा समझा जा रहा है और अनुमान किया जाता है कि मरनेवालों की संख्या दस से बहुत अधिक थी।

इस तरह, 'कांग्रेस-टिकट-बँटाई' के समय से और 'समस्तीपुर-मुजफ्फरपुर विद्यार्थी-आन्दोलन' के समय से ही डेढ़-दो महीने तक बिहार के वायुमण्डल में जो गर्मी जमी हुई थी, वह बिहार की राजधानी यानी बिहार के मुख्यमन्त्री कृष्णबल्लभ सहाय के 'चुनाव क्षेत्र' पर आग और शोले बनकर बरसी। कई दिनों तक पटना-निवासी आकाश में रेलवे इंजन या स्टीमर का धुआँ देखकर अथवा साइकिल-रिक्शा की ट्यूब फटने की आवाज सुनकर भी घबराते रहे। कांग्रेसी और गैर-कांग्रेसी खादी पहननेवाले घर से निकलने के पहले दस बार सोचते। गाँधी टोपी पहननेवाले 'सिर सलामत' रखने के लिए या तो खाली सिर निकलते अथवा "चाहे सर हो कलम, पर न छोड़ेंगे हम" जैसे पुराने राष्ट्रीय गीत की पंक्तियों को याद करके बाहर कदम रखते। क्योंकि गोलीकाण्ड के बाद मुख्यमन्त्री ने जो बयान दिया, वह जले पर नमक का काम कर रहा था। रोज सभाएँ होती थीं। बिहार के कोने-कोने से प्रस्ताव पास करके गोलीकाण्ड की जाँच की माँगें की जा रही थीं और मुख्यमन्त्री गोली चलानेवाले पुलिस के सिपाहियों और अफसरों की तारीफ करने और 'धन्यवाद' देने के बाद, बस एक ही बात को बार-बार दुहराते–"कैसी ज्युडिशियल इंक्वायरी ? कोई जाँच नहीं होगी।" मुख्यमन्त्री की कठोर और कर्कश वाणियों को सुनकर हर समय यही डर लगा रहता था कि फिर गोली न चल जाये कहीं।

अब आगे जो भी हो, अभी यानी जनवरी के अन्तिम सप्ताह में सब-कुछ शान्त हो चुका है, चुनाव के नारे और गालियाँ और पथराव और 'खादी जलाओ' की खबरें निकट और दूर से आती हैं। मगर, अब चुनाव स्थगित होने का डर नहीं।

और, बिहार में ऐसा लगता है कि एक ही 'चुनाव-क्षेत्र' में चुनाव लड़ा जा रहा है। कृष्णबल्लभ सहाय को हराने के लिए सभी प्रतिपक्षी दलों ने मोर्चाबन्दी कर रखी है और उनका विश्वास है कि पटना में मुख्यमन्त्री की जमानत जब्त होगी और हजारीबाग में भी उनकी 'करारी' हार होगी। मुख्यमन्त्री का विश्वास है कि पटना में ही नहीं, हजारीबाग में भी उनकी 'शानदार' जीत होगी।

कौन हारेगा और कौन जीतेगा, यह कहना कठिन है। मुख्यमन्त्री और शिक्षामन्त्री को दो-दो चुनाव क्षेत्रों से लड़ने की आजादी किसने दी और मुख्यमन्त्री अपने चुनाव अभियान में हथियारबन्द पुलिस लेकर क्यों चलते हैं–इसका जवाब अभी देनेवाला कोई नहीं है। किन्तु, एक बात साफ है कि कृष्णबल्लभ सहाय इस चुनाव के दौरान 'कांग्रेस' के प्रतीक हो गये हैं।

10 फरवरी, 1967

चुनाव-लीला : बिहारी तर्ज़

पर्दा उठने के पहले–पृष्ठभूमि में हजारों-हजार एकड़ सूखी धरती पर भूख से छटपटाते हुए लोगों का हाहाकार। पटना में डेढ़ महीने तक (शासक दल के) 'जनता के सेवकों' की चीख-पुकार। फिर, दिल्ली की दौड़ और दिल्ली से लौटी हुई विक्षुब्ध और अशान्त लहरें राज्य के हर जिले के कगारों पर पछाड़ें खाकर सिर धुन रही हैं। 'जन कांग्रेस' के बाद बिहार में 'जनक्रान्ति दल' का जन्म हुआ–हाथ में एक जलता हुआ मशाल लेकर !

टिकट की लड़ाई में जीते हुए कांग्रेसियों का सदाकत आश्रम में 'सह-मिलन' और सह-भोज सफलतापूर्वक सम्पन्न हुआ और समाचार प्रकाशित हुआ–"हर उम्मीदवार को एक जीप और ढाई हजार रुपये मिलेंगे।"

समस्तीपुर-मुजफ्फरपुर गोलीकाण्ड की न्यायिक-जाँच की माँग सरकार ने मान ली। किन्तु राँची में उसी दिन पुलिस को विद्यार्थियों पर आँसू गैस छोड़नी पड़ी।

'जनक्रान्ति दल' के संस्थापकों ने घोषणा की–'दल' को बिहार के भूतपूर्व मुख्यमन्त्री पण्डित विनोदानन्द झा का हार्दिक समर्थन और आशीर्वाद प्राप्त है। विनोदा बाबू ने तुरन्त 'खण्डन' प्रकाशित करवाकर कहा, उन्होंने न समर्थन किया है और न आशीर्वाद दिया है किन्तु कांग्रेस से रूठने और टूटनेवाले इन लोगों की (राजा रामगढ़ आदि की) शिकायतें जायज़ हैं।

जनक्रान्ति दल के दलपतियों ने विनोदा बाबू को खुला निमन्त्रण दिया–'कृपया आइये और हमारा पथ-प्रदर्शन कीजिए !'

चारों ओर सूखा और अकाल का हाहाकार ! राजनीतिक दलों का जय-जयकार ! जनमत प्राप्त करने के लिए 'जननायकों' के धुआँधार प्रचार की तैयारी। हवा में उड़ते अनेक पताकाओं के साथ एक नया झण्डा–एक नयी 'पार्टी' का। और, उसका 'प्रतीक'–हाथ में जलता और लपलपाता हुआ मशाल !

पर्दा उठता है–पटना, 5 जनवरी, 1967। दोपहर। गोलघर के मुड़ेरे के दाहिने, आसमान में घोर काले धुएँ का विशाल और भयावना गुब्बारा !··· कहाँ लगी यह आग ? तो जिस जुलूस को दो घण्टे पहले सब्जीबाग के पास देखकर आया, उसके नारे झूठे नहीं थे। जुलूस के 'लोगों' को और उनके 'मूड' और उनके नारे को देख-सुनकर जो अनुमान किया था, सही साबित हुआ ? कल रात को रिक्शावाले ने ठीक ही कहा था–"कल देखिएगा, कुछ होकर रहेगा।"

राजेन्द्रनगर की सारी आबादी, मकान की छतों पर चढ़कर देख रही है। पटना के हर मुहल्ले के हर मकान की मुण्डेर पर लोग लदे हैं। सभी की निगाहें धुएँ के उस भयावने गुब्बारे पर हैं, जो पल-पल में सैकड़ों भीषण आकृतियाँ बनाता हुआ सारे पटना के आकाश पर छा गया है। लड़के-बच्चेवाले गृहस्थ अपने वंशधरों

को खोज रहे हैं।··· नहीं, एक-दो-तीन-चार-पाँच किसी भी 'ब्लाक' के किसी फ्लैट का कोई लड़का यानी कोई विद्यार्थी अनुपस्थित नहीं। सभी घर में हैं। क्रिकेट खेल रहे हैं।

एक आदमी आँखों-देखी 'खबर' ले आया। सभी उसको घेरकर सुन रहे हैं–"किस तरह मुख्यमन्त्री के घर पर जमकर पथराव किया गया, कैसे 'खादी-भवन' और 'बस डिपो' में आग लगायी गयी–लगता था, सभी 'एक्सपर्ट हैण्ड हैं', पुराने बोरे और चीथड़ों के गोले बनाकर, पेट्रोल में डुबाकर–आग के गोले फेंकते थे।··· आग लगाने के बाद ही पानी के नल को काट दिया ? ह्यूम पाइपों को जमा कर सड़क को 'जाम' कर दिया। जमकर 'लाठी चार्ज' और आँसू-गैस··· ।

एक उत्साही लड़का सीढ़ियों से धड़धड़ाता हुआ उतरता है। उसकी माँ उसको दौड़कर पकड़ती है–"कहाँ जा रहा है··· ? तमाशा देखने··· ? अरे बेटा, वहाँ अभी गोली चलेगी, गोली। वाह ! आग लगी है और गोली नहीं चलेगी ?"

"कौन चलायेगा गोली ?"–एक फ्लैट के सज्जन ने हँसते हुए कहा–'नानी मर जायेगी साहब ! एक समस्तीपुर में गोली चलाने के बाद मुजफ्फरपुर में गोली चलानी पड़ी। अब ठीक चुनाव के मौके पर गोली चलेगी ?··· –यहाँ··· ! पटना में ? हरगिज नहीं··· । 'बेट' लगा लीजिए।"

अब तक गोली नहीं चली है ? सभी के कान 'सतर्क' हैं।··· कोई आवाज हुई न ? अरे, नहीं साहब ! कौन चलाता है गोली ? सारे बिहार में कांग्रेस को हराना है, क्या ?

··· 1930-31 में विलायती कपड़े की गाँठों में और 'यूनियन जैक' में आग लगाकर लोग 'देशभक्ति' का परिचय देते थे। 1967 में खादी, तिरंगा-झण्डा और गाँधी-टोपी में आग लगाकर।··· उधर से जो भी आता है, कहता है–खादी भवन में खुद भवनवालों ने आग लगायी है। 'ऑडिट' में लाखों रुपये का 'गबन' पकड़ा गया था।··· हर आदमी यही बोल रहा है। आग के साथ ही आग की तरह 'गबन' की बात फैल चुकी है।

आसमान में एक 'एलफाई हवाई जहाज' तेजी से दो-तीन चक्कर लगाकर धुएँ की परिक्रमा करके हवाई अड्डे की ओर चला गया।··· बंगला के भूखी-पीढ़ी के लेखकों का कहना ठीक ही है, शायद–'राजनीतिक व्यक्तियों की जगह गदहे की पूँछ और छिनाल··· !'

···ट्ट्ठाँय ! ट्ट्ठाँय ! !

–फाइरिंग ?

··· ट्टठाँय ! ठाँय-ठाँय··· ठ-ठ-ठाँय !··· शुरू हो गयी फाइरिंग। चल रही है। ··· ठाँयठाँय-ठाँय-ठ-ठ-ठाँय··· अरे रे, यह तो भुट्टे की तरह भून रहा है।··· ठाँय ! ठाँय !··· रंग लग गया अब।

चुनाव-लीला शुरू हो गयी। अब देखना है कि बिहार के मुख्यमन्त्री, कांग्रेस के घर में लगी इस आग को किस तरह बुझाते हैं।

और यह भी देख लेना है कि कायस्थ-कांग्रेसी, राजपूत-कांग्रेसी, भूमिहार-कांग्रेसी, मैथिल ब्राह्मण-कांग्रेसी, बैकवर्ड-कांग्रेसी और 'मेजोरिटी-माइनोरिटी-ग्रुप' के क्षुब्ध एवं प्रसन्न कांग्रेसियों के झगड़े और क्या-क्या रंग लाते हैं।

किन्तु, करोड़ रुपये से भी अधिक की यह क्षति, ऐसे दुर्दिन में, जब कि जे. पी. चार आने, आठ आने पैसे चन्दा उगाह रहे हैं।...

कहनेवाले ने कह दिया-"भाई साहब ! यदि पहली जनवरी को गाँधी मैदान की सभा में जयप्रकाश नारायण ने बिहार के मुख्यमन्त्री की प्रशंसा नहीं की होती, तो सम्भव है, यह आग नहीं लगती और लगती भी तो सिर्फ 'बस डिपो' में। ठीक चुनाव के मौके पर, किसी 'व्यक्ति' के चुनाव क्षेत्र में बैठकर... भूमिका के साथ... उसकी तारीफ करने को 'चुनाव-प्रचार' नहीं तो और क्या कहेंगे ?... 'खादी भवन' में आग लगाकर एक ही साथ दोनों (कृष्णबल्लभ सहाय और जयप्रकाश नारायण) को सजा दी गयी है।"

और देखो देखनवालो-10 मरे। अनेक घायल हुए। कर्फ्यू लागू हुआ। पटना जिला के नासिरगंज पोस्ट आफिस को लूट लिया गया। बिहार शरीफ में गोली चली। मुर्दों को नंगा ही जलाया गया। अफवाह गर्म हुई। खादी भवन की आग में कई लाशों को झोंक दिया गया। लाशों को गंगा में फेंक दिया गया। विरोधी दल के नेताओं ने 'प्रेसिडेण्ट रूल' की माँग फिर दुहरायी।

किन्तु, मुख्यमन्त्री ने स्पष्ट कह दिया है-न्यायिक जाँच नहीं होगी और अमन-चैन बनाये रखने के लिए वे सबकुछ करेंगे, चाहे जो हो जाये।

गोलीकाण्ड के बाद से ही इस व्यक्ति ने अर्थात् बिहार के मुख्यमन्त्री ने अपने बयानों और व्यवहारों से कांग्रेस के विरोधियों और असन्तुष्ट कांग्रेसियों को और भी चिढ़ाना शुरू किया। और, गोलीकाण्ड के बाद 'चैलेंज' देकर चुनाव लड़नेवाले बाँके लड़ाके महामाया प्रसाद ने ताल ठोंककर इन्हें ललकार दिया। यों संसोपा के उम्मीदवार पहले से ही मैदान में थे। और अराजपत्रित कर्मचारियों के लिए संघर्ष करके प्रसिद्धि पानेवाले रेवतीरंजन को मुख्यमंत्री के मुकाबले में खड़ा करके संसोपा ने ठीक ही किया था। लेकिन 'युनाइटेड-लेफ्टिस्ट फ्रण्ट' ने महामाया बाबू का समर्थन किया तो रेवतीरंजनजी को 'किन्तु-परन्तु' करने के बाद मैदान छोड़ना पड़ा। रेवतीरंजन हटे तो विद्यार्थियों के एक नेता ने ऐलान किया-"विद्यार्थियों का नाम लेकर और विद्यार्थियों को बदनाम करके एवं मरवाकर चुनाव लड़नेवाले राजनीतिक दलों के नेताओं को मालूम होना चाहिए कि विद्यार्थी अपना प्रतिनिधि आप ही चुनेंगे। मैं विद्यार्थियों का नेता जगदेव सिंह 'प्रलय'...।"

'प्रलय' की बात कोई सुने या नहीं, महामाया बाबू को सुनने के लिए भीड़ उमड़ पड़ती है और जादूगर वक्ता महामाया बाबू अपने श्रोताओं को कभी निराश नहीं करते। व्यंग्य, चुटकुलों और कहावतों का कुशलपूर्वक व्यवहार करना जानते हैं। जनता उनकी बात सुनकर हँसती है। जनता उनको रोते देखकर रोती है और बीच-बीच में 'महामाया बाबू जिन्दाबाद' के नारे लगाती है। बच्चा-बच्चा उनका

नाम लेता है और मुख्यमन्त्री को भद्दी-भद्दी गालियाँ देता है। महामाया बाबू जहाँ भी जाते हैं, हाथ जोड़कर मुस्कुराते हुए जाते हैं। कृष्णबल्लभ सहाय के साथ दर्जनों सशस्त्र पुलिस के सिपाही रहते हैं और उनकी आवाज 'मीठी' तो एकदम नहीं।

कृष्णबल्लभ सहाय ने अपनी एक सभा में कहा–"आपका यह 'घोड़ा' पाँच साल के बाद फिर अस्तबल में लौट आया है।" महामाया बाबू ने अपनी सभा में जवाब दिया–"घोड़ा बेलगाम का है।"

"माँ की गोदी सूनी है, के. बी. सहाय खूनी है।" नारे लगाते रहते हैं। किन्तु, इन कारणों से ही राजनीति के 'दर्शक-उपभोक्ताओं' के दिल-दिमाग पर कृष्णबल्लभ सहाय की जो 'छाप' अंकित हो गयी है उसको मनोविज्ञान की भाषा में 'पितृ-प्रतिमा' (फादर-इमेज) कहते हैं। यह सवाल दूसरा है कि 'डेमोक्रेसी' में यदि जनता एक ऐसे लीडर को चाहे, जो उसकी रक्षा कर सके, तो यह अच्छी बात है या बुरी बात।

अखबारों में खबर छपी है कि मुख्यमन्त्री ने धनबाद के एस. पी. को आम जनता के बीच ऊँच-नीच सुनाना शुरू कर दिया। गरजते हुए बोले–"देसाई साहब और मेरी सुरक्षा का विशेष प्रबन्ध क्यों नहीं किया गया ? मैं आप लोगों के कुकर्मों को ढँकने के लिए–'ज्युडिशियल जाँच' नहीं करवाता और आप लोग हमारी जान की परवाह नहीं करते ?"

इस तरह की बहुत-सारी भोंडी बातें सुनने के बाद दिनमान के प्रतिनिधि ने मुख्यमन्त्री से मुलाकात करके पूछा–"आप इस तरह पुलिस के अफसरों को डाँटते क्यों हैं ?"

मुख्यमन्त्री ने कहा–"मैंने किसी को कहीं डाँटा-डपटा नहीं है और अमन-चैन नहीं कायम रहेगा तो चुनाव कैसे हो सकेगा ?"

यह पूछने पर कि आप चौदह जगहों से क्यों खड़े हो रहे हैं, उन्होंने 'डमी कण्डिडेट' का मतलब समझाने की कोशिश की। और तीसरे ही दिन मालूम हुआ कि चौदह जगहों से तो नहीं, दो स्थानों से मुख्यमन्त्री चुनाव लड़ेंगे। हजारीबाग के कांग्रेसी उम्मीदवार को बैठा दिया गया। उधर छोटे साहब यानी सत्येन्द्रनारायण सिंह भी 'दो नाव' पर सवार हैं–जलालपुर और नबीनगर से उम्मीदवार हैं। किन्तु इनसे कोई पूछे कि आप घबराकर ऐसा कर रहे हैं, तो दोनों एक ही जवाब देंगे "बिलकुल नहीं !"

कांग्रेसियों की गाड़ियों पर पथराव, सभाभंग और झण्डा जलाने की घटनाओं को मद्देनजर रखकर बिहार कांग्रेस चुनावसमिति के प्रचारसचिव शंकरदयाल सिंह से 'दिनमान' ने पूछा–"आप इसका मुकाबला किस तरह करेंगे ?"

"करेंगे क्या ? कर रहे हैं !"–युवक और नये लेखक-कवि शंकरदयाल ने तनिक ऊँची आवाज में जवाब दिया–"42 की क्रान्ति में अंग्रेजों की खुफियागिरी करनेवालों और देशभक्तों को फाँसी पर झुलानेवालों को हम अच्छी तरह जानते

हैं। यह हमारी 'डेमोक्रेसी' की महिमा और कांग्रेस का बड़प्पन है कि चीन और पीकिंग-पन्थियों को भी पूरी आजादी है...।"

लेकिन, कांग्रेस की चुनाव-सभाओं पर पथराव, विरोधी दल के लोग ही नहीं-कांग्रेसजन भी करवा रहे हैं। पत्थर चाहे सत्यनारायण सिन्हा और विनोदानन्द झा की गाड़ियों पर फेंके जायें अथवा जगजीवनराम की, सभी में-पत्थर मारनेवालों में कांग्रेस-कर्मियों का हाथ अवश्य होगा। कांग्रेसियों को हराने के लिए कांग्रेसियों ने ही तन-मन-धन अर्पण कर दिया है। सारे प्रान्त में यही हाल है। दरभंगा में सत्यनारायण सिन्हा का मुकाबला कर रहे हैं पुराने प्रभावशाली नेता जानकीनन्दन सिन्हा। कामाख्या नारायण सिंह ने जलालपुर और नबीनगर में भी सत्येन्द्रनारायण सिंह से मोर्चाबन्दी कर रखी है। इस चुनाव में, बिहार के लोगों को यह कहने का मौका मिला कि बिहार में 'जातीयता' की बात अब कम हो रही है। कायस्थ का मुकाबला कायस्थ, राजपूत का सामना राजपूत कर रहा है। लेकिन, किसी कांग्रेसी उम्मीदवार को अपने पर भरोसा नहीं !

आत्मविश्वास है मधुलिमये को। उसने अपने क्षेत्र में जैसा किया है, वह अनुकरणीय है। इस बार मधुलिमये के विरुद्ध कांग्रेसी उम्मीदवार चन्द्रशेखर सिंह के अलावा प्रसोपा के डॉक्टर हुदा भी हैं, जो उतने लोकप्रिय नहीं। किन्तु जिन्हें देखने के लिए भीड़ उमड़ पड़ती है। फिर भी, मधुलिमये को कोई डर नहीं। अपने क्षेत्र के मतदाताओं के दिलों में उसने जगह बना ली है। अपने पाँचों विरोधियों से ज्यादा मत उन्हें प्राप्त होंगे। मधुलिमये को इसका भरोसा है।

महेश प्रसाद सिन्हा को अपने क्षेत्र में बुरे मौसम का सामना करना पड़ा है अतः ऐसा लगता है कि वह अपने विरोधी कम्युनिस्ट-नेता 'योगी भाई' को मात दे देंगे।

महिला उम्मीदवारों में तारकेश्वरी सिन्हा ने, जो पिछले चुनावों में वाक्पटुता, व्यक्तित्व, और शेरो-शायरी के बल पर 'वोट' बटोरती थीं-इस बार भी 'शेर' सुनाकर सुननेवालों को अपनी बात समझाने की कोशिश की-"वो गुस्से से देखें, मगर देखते तो हैं। मैं खार हूँ पर हूँ तो किसी की निगाह में।" लेकिन इस बार उन्होंने 'ग़ज़ल' सुनाने के बदले अखबारों में धड़ाधड़ लेख लिखकर प्रकाशित करवाना शुरू कर दिया है।

पत्रम् : पत्रकारम् : पुष्पम्-पत्र और पत्रकारों से कोई खुश नहीं। न विरोधी दल के लोग और न कांग्रेसजन। एक 'पत्र' को विरोधी दल की सभा में-'मुख्यमन्त्री का पत्र' कहा गया और उसी 'पत्र' के 'पत्रकार' को मुख्यमन्त्री के एक लेफ्टिनेण्ट ने धमकियाँ दीं। मुख्यमन्त्री को शिकायत है कि पत्रकार उनके 'मुँह' में अपनी 'बात' पहना देते हैं। अ-राजनीतिक लोगों का कहना है कि चुनाव के समय पत्रकारों की पाँचों उँगलियाँ घी में रहती हैं।

अफवाह फैली कि मुख्यमन्त्री विद्यार्थियों को रुपये देकर खरीद रहे हैं। मुख्यमन्त्री ने अपनी सभा में कहा-"हाँ, मैंने सूखा-क्षेत्र के विद्यार्थियों के लिए पाँच लाख

रुपये दिये हैं, जयप्रकाशजी को। मेरे पास और भी रुपये हैं। जिन्हें जरूरत हो–एक लिस्ट बनाइए। मेरे पास आइए, बात कीजिए और रुपये ले जाइए।"–अब इस बात को पत्रकार बेचारा 'अपनी भाषा' में किस तरह लिखे कि अफवाह दूर हो ? जब हमारे देश में भी चुनाव के उम्मीदवारों के लिए 'प्रचार-कार्य' करनेवाली 'पेशेवर-संस्था' और 'व्यापारिक प्रतिष्ठान' की स्थापना हो जायेगी तब समाचार-पत्रों और पत्रकारों से किसी भी दल या व्यक्ति को कोई शिकायत नहीं होगी।

जन जनमत जनखा–बिहार में 53 लोकसभा की सीटों के लिए 305 उम्मीदवार मैदान में हैं। कांग्रेस के बाद जनसंघ ही एक ऐसा दल है जिसने लोकसभा और विधानसभा में सबसे अधिक उम्मीदवार खड़े किये हैं।

विधानसभा की 318 जगहों के लिए 2013 उम्मीदवार हैं, जिनमें एक हैं हिजड़ा–चनका। 'चनकाजी' उसी क्षेत्र से चुनाव लड़ रहे (या रहीं या क्या ?) हैं जिस क्षेत्र से पण्डित विनोदानन्द झा दो बार चुनकर आये थे। इस बार विनोदा बाबू दरभंगा चले गये और कहा गया कि चनका हिजड़ा को आशीर्वाद देकर गये। चनका ने ही यह प्रचार शुरू किया। बात अखबारों में आयी तो पण्डित विनोदानन्द झा को फिर एक 'खण्डन' प्रकाशित करवाना पड़ा–'उन्होंने किसी को आशीर्वाद नहीं दिया है··· न 'जनक्रान्ति' को, और न जनखा को ?'

17 फरवरी, 1967

बिहार : साझे की सरकार

कृष्णबल्लभ सहाय की किस्मत के साथ बिहार के बीस वर्षीय 'कांग्रेसी राज' का सूरज डूब गया। दो दशक पहले, सर्वप्रथम कांग्रेसी मुख्यमन्त्री (स्वर्गीय) श्रीकृष्ण सिंह ने जिस कांग्रेसी सरकार की नींव डाली–उसकी कब्र पर कृष्णबल्लभ सहाय को अन्तिम और पराजित मुख्यमन्त्री की हैसियत से मिट्टी डालनी पड़ी। इस तरह चौथे आम-चुनाव के बाद–1967 से बिहार कांग्रेस का 'कृष्ण-पक्ष' शुरू हुआ।

यह ठीक है कि बिहार की जनता ने किसी एक दल को अपना पूरा समर्थन नहीं दिया है। किन्तु ज़नता कांग्रेस और कांग्रेसी हुकूमत को कतई नहीं चाहती–चुनाव के नतीजों से यह बात साफ हो गयी। अतः राज्य के पाँच प्रमुख कांग्रेस-विरोधी दलों ने मिल-जुलकर 33 सूत्रीय कार्यक्रम तैयार किया और इसको रूपायित करने के लिए साझे की सरकार बनाने का प्रस्ताव किया।

इसलिए संयुक्त समाजवादी दल और कम्युनिस्ट पार्टी के नेताओं ने राजा

रामगढ़ की नयी पार्टी–जनक्रांति दल–के अध्यक्ष महामाया प्रसाद सिन्हा का 'नेतृत्व' कबूल कर लिया और जनसंघ को भी 'पंगत' में जगह दे दी, तो बहुत दिनों से फैला हुआ एक बेकार का 'भरम' दूर हो गया।

और जनसंघ के नेताओं ने सिर्फ 32 सूत्रों से ही अपनी सहमति प्रकट करते हुए तथा एक सूत्र का (उर्दू को राज्य-भाषा की मर्यादा देने का) विरोध करते हुए नयी सरकार के मन्त्रिमण्डल में सम्मिलित होना स्वीकार कर लिया, इससे लोगों को सुखद अचरज हुआ। जब राज्यपाल ने संयुक्त दल के दलपति महामाया प्रसाद सिन्हा को मन्त्रिमण्डल गठन करने का निमन्त्रण दिया, तब जाकर बिहार की जनता को विश्वास हुआ कि अब सचमुच कांग्रेस और कांग्रेसी सरकार से पिण्ड छूट गया है।

उधर कांग्रेस के खेमे में चलते-चलते इसी बीच एक 'खण्डयुद्ध' फिर हो गया। विरोधी दल के नेता के चुनाव को लेकर जीत कर भी हारे हुए कांग्रेसियों ने ऐसा समाँ बाँधा मानो मुख्यमन्त्री का चुनाव होनेवाला हो। एक गुट ने विनोदा बाबू को मैदान में लाकर खड़ा किया। दूसरे पक्ष ने महेशप्रसाद को सामने किया। दो दिन तक दिन-रात प्रचार और गुप्त सभाओं का सिलसिला रहा और अन्त में 'मतदान' के बाद एक 'मत' से महेशबाबू पार्टी के 'लीडर' निर्वाचित हुए। और, इस अद्‌भुत 'वोट-युद्ध' की विशेषता यह थी कि स्वयं कृष्णबल्लभ सहाय इसका संचालन कर रहे थे। उनकी जिद्द पूरी हुई, विनोदानन्द झा 'लीडर' नहीं बन सके।

अब यह बहस करना बेकार है कि अगर संयुक्त समाजवादी दल की बिहार शाखा ने एक महत्त्वपूर्ण क्षेत्र (पश्चिमी पटना) के उम्मीदवार को 'बैठाया' नहीं होता तो इस बार अकेले संयुक्त समाजवादी पार्टी ही सरकार बना सकती थी अथवा कर्पूरी ठाकुर को 'नेता' के बदले 'उपनेता' पद के लिए तैयार करके संसपा ने दूसरी गलती की है। 'समय' का जो तकाजा था उसे पूरा करने के लिए सभी कांग्रेस-विरोधी दलों ने थोड़ा-बहुत समझौता करके 'चुनौती' को स्वीकार किया है। यही सबसे बड़ी बात है और सबसे अच्छी बात है।

यों, ऊपर से देखने पर यह 'मेल' जरा बेमेल, भानुमती का कुनबा और अस्थायी लग सकता है। लेकिन यह तय है कि बीस वर्षों से लगातार तबाह और बर्बाद राज्य की पीड़ित जनता के दुख-दर्द को दूर करने के लिए कांग्रेस का विरोध करते रहना यानी कांग्रेस को सरकार से बाहर रोके रहना हर दल का अब भी पहला कर्त्तव्य होगा और एक बार मिल-जुलकर काम करने का मीठा फल पाने के बाद कौन ऐसा दल है, जो मिल-जुलकर काम करना नहीं चाहेगा ? इस सन्दर्भ में नये मुख्यमन्त्री महामाया प्रसाद की यह उक्ति कि बिहार में 'गिरि-गोवर्धन-लीला' की पुनरावृत्ति हुई है, बहुत हद तक सही है। हमें विश्वास है कि मुख्यमन्त्री इस वास्तविकता से निश्चय ही अवगत हैं कि 'गिरि-धारण' के साथ-साथ अनेक 'गिरि-शृंखलाओं का लंघन' करना अभी बाकी है। अतः सरकार के साझेदार दलों की आपसी एकता को हमेशा मजबूत बनाये रखने के लिए उन्हें हर दल के नेताओं के सक्रिय और हार्दिक सहयोग की अपेक्षा होगी और वह उन्हें मिलेगा, इसमें

सन्देह नहीं।

एक बूँद सहसा छलकी–5 मार्च को संयुक्त विरोधी मोर्चे के नेता महामायाप्रसाद सिन्हा अपने तेरह अन्य सहयोगियों के साथ जब शपथ-ग्रहण करके राज-भवन से बाहर निकले तब बाहर उनके स्वागत के लिए अपार जन-समुद्र उमड़ आया था। उस अवसर पर–जिसको महामहिम राज्यपाल ने 'अभूतपूर्व अवसर' कहा–जन-गण के हार्दिक उल्लास को देखकर मुख्यमन्त्री का हृदय उमड़ आया और उनकी आँखों से प्रेम के आँसू छलक पड़े।

असली सुराज–संयुक्त समाजवादी दल के रामानन्द तिवारी को हर्षोन्मत्त भीड़ ने कन्धों पर उठा लिया और जय-जयकार करते हुए जुलूस बनाकर कुछ लोग चल पड़े। विभिन्न पार्टियों के रंग-बिरंगे झण्डोंवाली जीप-गाड़ियाँ, ट्रकों पर लदे नारे लगाते हुए लोग, नयी गैर-कांग्रेसी सरकार की जयकार करने के बाद अपनी-अपनी पार्टियों का 'जिन्दाबाद' कहना नहीं भूलते। अपने समर्थकों और साथियों की भीड़ में घिरे संयुक्त समाजवादी दल की बिहार शाखा के चेयरमैन और नयी सरकार के वरिष्ठ मन्त्री रामानन्द तिवारी ने इन शब्दों में अपने मन में उठनेवाली भावना को व्यक्त कर दिया–"जनता समझती है कि असली सुराज इस बार हुआ है।'

शपथ-ग्रहण के पहले कई दिनों तक 'भावी मन्त्रियों' के कोई-न-कोई बयान प्रकाशित होते रहे हैं। किसी ने कहा–"हम बँगले में नहीं रहेंगे। ठाठ-बाट और शान-शौकत से परहेज करेंगे।" दूसरे मन्त्री महोदय ने दूसरी बात कही–"हम साइकिल से या पैदल ही दफ्तर जायेंगे।" तीसरे दल के मन्त्री ने ऐलान किया–"हम कम वेतन लेंगे।" और अन्ततः एक माननीय मन्त्री ने अपनी पूरी तनख्वाह सूखा-पीड़ित इलाके के लोगों की सहायता के लिए छोड़ने की घोषणा करके 'त्याग' का एक नया प्रतिमान स्थापित कर दिया है। इसलिए यदि जनता समझती है कि असली सुराज इस बार आया है, तो वह गलत नहीं समझती।

नया रिवाज–शपथ ग्रहण करने के सिर्फ आठ घण्टे बाद मन्त्रिमण्डल की पहली बैठक शुरू हुई। बैठक शुरू होने के पहले ही रामानन्द तिवारी ने मन्त्री की हैसियत से एक पुरानी 'व्यवस्था' को एक शब्द में समाप्त कर दिया। हुआ यह कि मन्त्रियों के पहुँचते ही सेक्रेटेरियट कैण्टीन के बैरों का एक झुण्ड आया और वे टेबल पर प्लेट-पॉट और प्यालियाँ जल्दी-जल्दी सजाने लगे। इस पर तिवारीजी ने अवाक् होकर पूछा–"यह सब क्या है ?" जवाब दिया गया–"हुजूर ! केबिनेट की मीटिंग चाय-पानी के बाद शुरू होती है। यही रिवाज है।' मन्त्री महोदय ने कहा–"बस ! अब तक जो हुआ सो हुआ। आगे से इसकी जरूरत नहीं।"

उधर, सचिवालय की भीड़ में एक आदमी लोगों से उस कमरे का अता-पता पूछ रहा था जहाँ केबिनेट की मीटिंग होती है। लोगों ने मखौल में कहा–"यह देखिए, इनको बता दीजिए कि केबिनेट की मीटिंग किस कमरे में हो रही है। यह भी देखने जायेंगे।" उस व्यक्ति ने कहा–"देखने नहीं, उसमें शरीक होने जायेंगे।" किसी पहचाननेवाले ने पहचाना–"अरे ! यह तो मन्त्रीजी हैं ! आइए हुजूर !"

जो वादा किया था—उस दिन गाँधी मैदान की विशाल सभा में रामानन्द तिवारी ने कहा—"याद कीजिए ! हमने चुनाव के समय क्या कहा था ? कहा था कि हम 'पावर' में आयेंगे, तो सबसे पहले पटना गोलीकाण्ड की अदालती जाँच करवायेंगे। और, जब हम पावर में आये तो हमने क्या किया ? किया यह कि तुरन्त आदेश दिया··· कि गोलीकाण्ड की जाँच हो। हमने हर जिला के कलक्टर को 'वायरलेस' से आदेश दिया कि तुरन्त मालगुजारी वसूली बन्द हो जानी चाहिए।··· हम पढ़ा-लिखा हुआ आदमी नहीं, बेबात का बात करना नहीं जानते। हम सिपाही हैं। हम लड़ना जानते हैं और गढ़ना भी। मगर, हम झूठा वादा करना नहीं जानते। जो वादा करते हैं—जान पर खेल कर पूरा करते हैं। तो, भाइयो···।"

इन पंक्तियों के लिखते समय तक यह खबर पक्की हो चुकी है कि रामानन्द तिवारी को 'सामुदायिक विकास' के साथ अब पुलिस विभाग भी सौंप दिया गया है। अब इनका 'चरित' लिखनेवालों को दिलचस्प सामग्री के साथ बढ़िया शीर्षक भी मिल गया—"पुलिस कांस्टेबल से पुलिस-मन्त्री !"

"ग्यारह बजने में दस मिनट बाकी हैं, राज्यपाल महोदय की 'सवारी' अभी तक नहीं आयी है। बिहार विधानसभा भवन पर राष्ट्रीय झण्डा पछिया हवा में बड़ी शान से लहरा रहा है। अध्यक्ष महोदय—यानी नये अध्यक्ष धनिकलाल मण्डल आ गये हैं।··· वह रही मुख्यमन्त्री महामाया बाबू की गाड़ी। विद्यार्थियों की टोलियाँ उन्हें घेर लेती हैं। मुख्यमन्त्री हाथ जोड़कर किसी बात के लिए माफी माँग रहे हैं।··· अब वह भीड़ से बाहर हैं।··· सामने गोलाकार लॉन पर सफेद वर्दी और लाल टोपियों में बिहार मिलिटरी पुलिस के बैण्ड-वादकों का दल खड़ा है। उनकी निगाहें सामने सड़क की ओर हैं। जहाँ तक निगाहें जाती हैं—लोगों की भीड़ ! वह, वहाँ 'प्रवेश-द्वार' पर कुछ हुआ। मैं देख रहा हूँ कि पुलिस के कई वरिष्ठ अधिकारी हाथ जोड़कर भीड़ के लोगों से कोई 'विनती' कर रहे हैं। जनता कुछ नहीं सुनती है। रेलमपेल शुरू हुआ। हाँ, कुछ लोग अन्दर चले गये। शोरगुल बढ़ता जा रहा है। एक जटाधारी बाबा चादर ओढ़कर सदन के अन्दर जा रहे हैं। शायद विधायक हैं। हाँ, विधानसभा के सदस्य ही हैं। नाम है, विवेकानन्द स्वामी। संयुक्त समाजवादी पार्टी के टिकट पर चुनाव जीतकर आये हैं। मगर, अपने क्षेत्र में पार्टी के चुनाव मेनिफैस्टो का कहीं कोई जिक्र नहीं किया बाबाजी ने। कोई प्रचार नहीं। सिर्फ "हरे राम, हरे राम, राम राम हरे हरे" महामन्त्र का अष्टयाम कीर्तन, गाँव-गाँव में करवाकर अपने विरोधी से ज्यादा मत प्राप्त किये।··· दूसरे गेरुआधारी, किन्तु, मॉडर्न संन्यासी हैं—कांग्रेस के विवेकानन्द गिरी और तीसरे गेरुआधारी जनक्रांति दल के हैं। पगड़ी और गले की माला से 'दशनामी' संन्यासी मालूम पड़ते हैं। ··· चन्द्रशेखर सिंह—कम्युनिस्ट। चन्द्रशेखर अपनी गाड़ी में आये। यह एक सुखद संयोग की बात है कि कामरेड चन्द्रशेखर के पिता रामचरित्र सिंह जब मन्त्री (कांग्रेसी) थे, तब उनके जिम्मे भी सिंचाई और बिजली विभाग था। लेकिन उन्होंने (रामचरित्र सिंह ने) अपने कार्यकाल में कभी किसी 'प्रोजेक्ट' के चीफ इंजीनियर के 'साइड'

पर रहने के बदले पटना के ठाठदार बँगले में रहने पर कोई एतराज नहीं किया। मगर चन्द्रशेखर को अचरज हुआ कि ये पटना में क्यों रहते हैं ? उन्होंने आदेश दिया है—मुख्य अभियन्ता अपने 'कार्यस्थल' पर जाकर रहें।··· मेरे दाहिने खड़े लोगों का ख्याल है कि कर्पूरी ठाकुर से बढ़कर ईमानदार, त्यागी और सूझबूझवाला आदमी इस मन्त्रिमण्डल में और दूसरा नहीं। इनका कहना है कि कपिलदेव तुरन्त झुँझला जाता है किसी बात पर। लेकिन कर्पूरी ठाकुर हँस-हँसकर भी कलेजा काट लेनेवाली बात कह सकते हैं।··· यह आये भोला सिंह—एल. एस. जी. यानी 'स्वायत्त शासन' के मन्त्री। पटने की उन सड़कों के नाम बदलेंगे, जो अब भी अंग्रेजी के नाम ढो रही हैं। हार्डिंग पार्क से हार्डिंग की मूर्ति को उठाकर जादूघर में रखवायेंगे और उस स्थान पर किसी राष्ट्रीय नेता की मूर्ति बैठायेंगे।··· सिर पर केसरिया रंग की टोपी, पीली धोती, रेशमी कुर्ता पहने और रेशमी चादर ओढ़े हुए व्यक्ति को देखकर विद्यार्थियों ने तुरन्त ब्याह करके आया हुआ 'दुल्हा' समझा था—वह हैं सहकारिता मन्त्री रामदेव महतो—जनसंघ के प्रतिनिधि।··· यह रहे दूसरे कम्युनिस्ट कामरेड—इन्द्रदीप सिंह—राजस्व मन्त्री। टाटा तथा अन्य निजी औद्योगिक प्रतिष्ठान के मालिकों को (जो कारबार तो करते हैं बिहार में और राजस्व देते हैं किसी अन्य राज्य को !) चेतावनी दी है··· राजा साहब आये। राजा रामगढ़ ! आगे-पीछे लोगों की भीड़। सभी झुक-झुककर कोर्निश बजाते हैं।··· कोलाहल, कलरव, जयकार !··· राज्यपाल की सवारी पहुँच गयी। सारे शोरगुल को चुपकर बैण्ड और बिगुल का सुर वातावरण पर छा गयी।··· राज्यपाल सदन के अन्दर गये। सुना है, कल सदस्यों के शपथ-ग्रहण के समय 'दर्शक दीर्घा' में बैठे दर्शकों ने कुछ 'अनपार्लियामेण्टरी हरकतें' कीं। पता नहीं, आज क्या हो। दर्शकों का 'मूड' आज भी अच्छा नहीं लग रहा है··· ।"

शाम को सुना—राज्यपाल जब भाषण दे रहे थे, 'दर्शक-दीर्घा' में लगातार शोरगुल हो रहा था। राज्यपाल ने दर्शकों से शान्तिपूर्वक रहने अथवा सदन छोड़कर बाहर जाने का अनुनय किया। जनता ने राज्यपाल के निवेदन पर ध्यान नहीं दिया तो उन्हें परेशानी हुई और नाराज होकर बोले—"यह सिनेमा-हॉल नहीं।"

लोगों का विश्वास है कि मुख्यमन्त्री महामायाप्रसाद अपने व्यवहार और कर्त्तव्य से इन अशान्ति मचानेवाले तत्त्वों के दिलों को शीघ्र ही जीत लेंगे। उनकी जनप्रियता और किस दिन काम आयेगी ?

लेकिन, इन सारी बातों के बावजूद हर जगह, हर समय, कोई-न-कोई शक्की पूछ बैठता है—"चल सकेगी यह सरकार ?··· कितने दिन चलेगी यह सरकार ? ··· चलेगी भी ?'

इन शंकाओं के मूल में 'पर-श्री कातरता' के अलावा वही हीन-भावना काम कर रही है, जो अंग्रेजी राज में समझती थी कि अंग्रेजों के जाने के बाद भारतीय शासन को सँभाल नहीं सकेंगे। एक और सवाल है, जो बार-बार पूछा जाता है—"क्या इस सरकार को चलने दिया जायेगा ?" सवाल का सही मतलब है कि क्या विरोधी

दल यानी कांग्रेस के लोग इसे चलने देंगे ? और इस सवाल के जवाब में एक सवाल पूछा जा सकता है कि विरोधी पक्ष इस सरकार को क्यों नहीं चलने देगा ? अर्थात् इस सरकार को नहीं चलने देकर उनका क्या भला होगा ? राष्ट्रपति शासन और मध्यावधि-निर्वाचन ? किन्तु ऐसी अवस्था में होगा यही कि इस बार जितने कांग्रेसी निर्वाचित होकर आये हैं, इससे भी कम संख्या में वे चुने जायेंगे। इसके अलावा गुटबन्दी और आपसी झगड़े के कारण कांग्रेस के टुकड़े-टुकड़े हो चुके हैं। सारे देश में कांग्रेस-विरोधी वातावरण का विस्तार हो चुका है। ऐसे में नयी सरकार के कामों में बाधा डालकर अपदस्थ करने की चेष्टा करके अपनी मौत को ही बुलायेंगे। वे ऐसी हिमाकत क्यों करेंगे ?

नयी सरकार ने शपथ-ग्रहण करने के बाद कई महत्त्वपूर्ण घोषणाएँ की हैं। पटना-मुजफ्फरपुर और समस्तीपुर गोलीकाण्डों की अदालती-जाँच, स्कूल-कॉलेज के विद्यार्थियों के तीन महीने की फीस की माफी, मालगुजारी वसूली का स्थगन, जन सुरक्षा कानून की समाप्ति और अकाल से लड़ने का दृढ़ संकल्प आदि।

इन घोषणाओं को बिहार की नयी सरकार कार्य रूप में नहीं परिणत कर सकेगी, ऐसा सोचने का कोई भी कारण नहीं। क्योंकि जहाँ तक योग्यता, कार्यक्षमता और ईमानदारी का सवाल है, इस मिली-जुली, विभिन्न दलों की सरकार के वामपन्थी पक्ष के सभी सदस्यों में वे सभी गुण मौजूद हैं। जो सफल शासकों के लिए आवश्यक हैं। बिहार की जनता उन्हें पिछले तीस-पैंतीस वर्षों से जानती-पहचानती है कि वे किस धातु के बने हुए हैं।

और महामाया प्रसाद सिन्हा के रूप में बिहार को एक ऐसा मुख्यमन्त्री मिला है, जो 'महाभावुक' है जो दूसरों के दुःख-दर्द को देखकर फूट-फूटकर रोने लगता है। उसके 'राज' में राज्य के आधे से अधिक हिस्से के लोग दाना-पानी के बिना मरते रहें, इसे वह कैसे बर्दाश्त कर सकेगा ?

बिहार की जनता धीरज और उम्मीद बाँधकर नयी सरकार की ओर देख रही है।

23 अप्रैल, 1967

सरकार की नीयत : राज्य की नियति

दिल्ली में आयोजित मुख्यमन्त्रियों के सम्मेलन में जाने से पहले बिहार विधानसभा में खाद्य-संकट पर बोलते हुए नयी सरकार के खाद्यमन्त्री, संयुक्त समाजवादी

कपिलदेव सिंह ने केन्द्र तथा राज्यों की सरकारों को एक 'चेतावनी' दे दी– 'यदि इस संकट की घड़ी में केन्द्र तथा अन्य राज्य हमारी मदद नहीं करेंगे तो हमें भी बाध्य होकर अपने राज्य का कोयला, अबरख आदि खनिज पदार्थ अपने राज्य की सीमा से बाहर जाने बन्द करने पड़ेंगे।'

श्री सिंह के इस वक्तव्य की हँसी उड़ायी गयी, कटु आलोचनाएँ हुईं और इसे 'बचकाना स्टण्ट' भी कहा गया। लेकिन मुख्यमन्त्री सम्मेलन से खाली हाथ और भारी दिल लौटने के बाद केन्द्र की मर्जी के खिलाफ इन लोगों ने बिहार के अधिकतर हिस्से में अकाल घोषित कर दिया, तो फैली हुई गलतफहमी दूर हो रही है। नयी सरकार के नये मन्त्रियों की 'कथनी' को अब 'महत्त्व' दिया जाने लगा है। राज्य के हर जिले के कोने-कोने से माँग की जा रही है–"हमें भी अकाल-पीड़ित घोषित करो।" इसलिए, संयुक्त समाजवादी मन्त्री की 'चेतावनी' के बाद जब कम्युनिस्ट मन्त्रिद्वय–चन्द्रशेखर और इन्द्रदीप सिंह ने केन्द्र सरकार का 'बाकी-बकाया' रोक रखने की 'धमकी' दी, तब इसकी तीव्र और अपेक्षित प्रतिक्रिया हुई।

नयी सरकार की कथनी और करनी को देख-सुनकर यह सन्देह भी दूर हो रहा है कि संयुक्त मोर्चे की यह गैर-कांग्रेसी सरकार, सरकार चलाने के लिए अथवा जनता की सेवा के लिए नहीं बल्कि राष्ट्रपति-शासन को टालकर मध्यावधि-चुनाव तक सरकारी छत्रछाया में अपनी-अपनी पार्टी को 'सुसंगठित' करने के लिए गठित हुई है। लेकिन इन बातों से विरोधी दल के लोगों का यह विश्वास दृढ़ होता जा रहा है कि एक के बाद एक बड़ी-बड़ी घोषणा करने के बाद, कड़ी धमकियाँ देने के बाद एक दिन केन्द्र की कांग्रेसी सरकार पर सारा दोष डालकर सम्मिलित घोषणा करके समारोह के साथ गद्दी छोड़-छाड़कर ये जनता के बीच चले जायेंगे और कांग्रेस-विरोधी आग को उनचास-पवन से 'लहकाना' शुरू करेंगे। कांग्रेसियों के इस विश्वास का प्रभाव सरकारी हलके पर भी पड़ा है। वे भी इस मुगालते में हैं कि दो-तीन महीने से ज्यादा यह सरकार नहीं टिक सकेगी।

'ना' कक्ष–राज्य विधानसभा में राज्यपाल के भाषण पर वादविवाद के सिलसिले में यह अच्छी तरह से देख और समझ लिया गया कि विरोधी दल की हैसियत से कांग्रेस पार्टी कैसी भूमिका अदा करेगी, उसके कौन-कौन वाग्वीर समय पड़ने पर सरकार पर निर्मम प्रहार कर सकने में समर्थ हो सकेंगे और विरोध की 'भाषा' क्या होगी और एक ही 'मत' से बने नेता के पीछे नाना जाति, पन्थ, फिरके और गुट के अनेक लोग 'एकमत' होकर कब तक चल सकेंगे ?

यह याद रखना होगा कि कांग्रेस के अधिकतर विधायक देशव्यापी कांग्रेस विरोधी तूफ़ान को झेलकर, घनघोर पथराव के बावजूद आये हैं। जो आये हैं उनमें ऐसे अनेक लोग हैं, जो 'सरकार' चला चुके हैं, जिन्हें हर 'सदर' और 'चोर दरवाजे' का पता है। कुछ बुनियादी विरोधी किस्म के लोग हैं। कुछ ऐसे भी व्यक्तित्व हैं जिन पर तब के विरोधियों ने कभी उँगली नहीं उठायी और सिर्फ बहस के

लिए बहस करनेवाले, विकटतम प्रश्न पूछनेवाले, चिकोटी काटकर चिढ़ानेवाले, बात-बात पर 'व्यवस्था' की बात लेकर खड़े होनेवाले और अध्यक्ष के बार-बार कहने पर भी 'आसन' नहीं 'ग्रहण' करनेवाले अखाड़ेबाज लोग भी हैं। अतः सरकारी पक्ष के कनिष्ठतम सदस्यों को सदन में और सदन से बाहर भी सदा सतर्क और प्रस्तुत रहना पड़ेगा। यह भी कि विरोधियों की हर बात के जवाब में यह कहने से काम नहीं चलेगा कि आपने अपने समय में क्या किया ?

'हाँ' पक्ष—सदन की कार्रवाई को देखकर यह भी लगा कि बीस वर्षों से लगातार विरोधी-पक्ष में रहने के कारण सरकार-पक्ष के सदस्यों ने विरोध की भाषा और लहजे को इस तरह आत्मसात् कर लिया है कि वे जब भी कुछ बोलने को उठते हैं तब यह भूल जाते हैं कि इस सरकार में उसकी पार्टी का भी हिस्सा है। यही कारण है कि नयी विधानसभा में इस बार 'वॉक आउट' का श्रीगणेश—विरोधी दल के नहीं—सरकारी पक्ष के तीन सदस्यों ने किया।

सरकार के साझेदार दलों की आपसी एकता के बारे में इधर कई अशुभ अफवाहें फैलीं, तो संयुक्त मोर्चे के नेता महामायाप्रसाद सिन्हा ने उनको सरकार के विरोधियों की दिमागी-खुराफात कहकर 'खण्डित' किया। किन्तु यह सभी जानते हैं कि राजनीतिक क्षेत्र की ऐसी अफवाहें एक दिन सही समाचार बनकर प्रकाशित हो जाती हैं इसलिए इस तरह के 'खण्डन' प्रकाशित करवाने के साथ ही मुख्यमन्त्री को चाहिए कि वह अपने 'पक्ष' का 'मण्डन' भी किया करें।

उस दिन सदन में जब एक कांग्रेसी विधायक ने जन-कार्य तथा खनिज और खान विभाग के मन्त्री राजा बहादुर कामाख्यानारायण सिंह और उनके अनुज वन-विभाग और आबकारी के मन्त्री बसन्तनारायण सिंह को मन्त्रिमण्डल में सम्मिलित करने की खरी आलोचना की, तब मुख्यमन्त्री ने तुरत उठकर मुँहतोड़ जवाब देना अपना कर्त्तव्य समझा। बोले—"राजा साहब का राज चला गया मगर उन्होंने बिहार की जनता के दिलों को जीतकर उन पर अपना 'राज' कायम कर लिया है।" मुख्यमन्त्री के इस हर्षोत्पादक उत्तर पर सरकारी पक्ष के सिर्फ जनक्रान्ति दल के सदस्यों ने ही हँस-हँसकर तालियाँ बजायीं। एक भी संयुक्त समाजवादी, प्रजा समाजवादी और कम्युनिस्ट सदस्य के चेहरे पर मुस्कुराहट की हल्की रेखा भी अंकित नहीं हुई और वे गम्भीर मुख-मुद्रा बनाकर बैठे रहे।

वामपन्थियों की इस गम्भीरता का अर्थ तब स्पष्ट हुआ जब कम्युनिस्ट पार्टी के सेक्रेटरी जगन्नाथ सरकार ने मुख्यमन्त्री महामाया बाबू के नाम अपनी एक चिट्ठी की प्रतिलिपि प्रकाशित और प्रचारित की। इस पत्र से यह जाहिर हुआ कि राजा रामगढ़ के विरुद्ध अभियोग हैं कि उनके पास बिहार सरकार के करीब 5 करोड़ रुपये खान और वनविभाग के हिसाब में बाकी पड़े हैं और इन्हीं के खिलाफ 246 सरकारी मुक़द्दमे लगे हुए हैं। उनकी पत्नी के पास भी राज्य बिजली बोर्ड के हजारों रुपये बाकी हैं। इन अभियोगों का खण्डन न सरकार बहादुर ने किया है और न ही राजा बहादुर ने। यदि सरकार अपने ही मन्त्रियों पर लगाये

गये अभियोगों का पता नहीं लगा सकती या उन्हें दूर नहीं कर सकती तो वह भ्रष्टाचार के खिलाफ किस बूते पर लड़ सकेगी ?

कबाब में काँटा–मन्त्रियों की सम्पत्ति के ब्योरे को लेकर भी असन्तोष फैला है–संयुक्त मोर्चे के खेमे में। जहाँ एक ओर कर्पूरी ठाकुर को अपनी माँ-बहन और बीवी के चन्द चाँदी के जेवरों का ब्योरा देना पड़ा, रामानन्द तिवारी ने घर के बर्तन, बासन और आम-नीम-महुआ के दो चार पेड़ों तक का हिसाब दिया–वहीं राजा बहादुर की ओर से कानूनी भाषा में कहा गया कि उन्होंने अपनी सम्पत्ति का ब्योरा आयकर विभाग को (ऑलरेडी) दे दिया है। मतलब यह कि जिनको उनकी सम्पत्ति का ब्योरा जानना हो, वे आयकर विभाग में जाकर देख सकते हैं। जिस व्यक्ति ने जनता की सेवा के लिए अपनी पूरी तनख्वाह छोड़ दी है–लोग उसकी भी आलोचना करते हैं। तिस पर मित्र-पक्ष के सदस्य। जनक्रान्ति दल के लोगों को इससे दुख हुआ है और उनका कहना है कि जनक्रान्ति दल की जनप्रियता को देखकर कई दलों के नेताओं के दिल जलने लगे हैं। जनक्रान्ति दल के प्रवक्ता अपनी जन-प्रियता के प्रमाण में उन तीन सदस्यों को प्रस्तुत करते हैं, जो कांग्रेस छोड़कर जनक्रान्ति दल में शरीक हो गये हैं। उन्हें उम्मीद है कि अगले सत्र में करीब बाईस कांग्रेसी सदस्य कांग्रेस से टूटकर उनके दल में आ मिलेंगे। राजा बहादुर के विरुद्ध वातावरण तैयार करने के सिलसिले में यहाँ तक कहा जा रहा है कि यदि विनोदा बाबू को राज्यपाल और सत्येन्द्र नारायण को राजदूत बना दिया गया तो राजा साहब सदल-बल कांग्रेस में जा मिलेंगे और स्वयं उपमुख्यमन्त्री बनकर कांग्रेसी सरकार के पुनर्गठन में ठोस योगदान देंगे।

पता नहीं, क्या हो। लेकिन, यह तय है कि विधानसभा के अगले अधिवेशन तक संयुक्त-समाजवादी दल के भी अनेक विधायक राजा रामगढ़ से घोर असन्तुष्ट हो जायेंगे। अब यह भी खुलकर कहा जाने लगा है कि संयुक्त मोर्चे की एकता तथा नयी सरकार को बाहरी दुश्मन का उतना खतरा नहीं जितना अन्दर के 'मित्र' का।

विरोधी दल के लोग चुपचाप नहीं हैं, इस विषय पर। उनके साथ ही एक और 'ताकत' अप्रत्यक्ष रूप से सक्रिय है–जिसका नाम है नौकरशाही ! इस अदृश्य शक्ति का विश्वास है कि एक बार अच्छी तरह उसके 'भ्रष्ट पाश' में बँध जाने पर कोई भी सरकार कभी कुछ नहीं कर सकती–उनकी मर्जी के खिलाफ। राज्यव्यापी अशान्ति के लिए सरकारी अधिकारी अब नयी सरकार की नीतियों और रुख को दोष देने लगे हैं। बिहार विधानसभा भवन के 'प्रवेश द्वार' पर अशान्ति और उत्तेजना भरे वातावरण में उस दिन एक वरिष्ठ अधिकारी सरकारी पक्ष के एक विधायक से कह रहे थे–"स्टूडेण्ट लोगों का कोई दोष नहीं। सब आप लोगों का कसूर है। आप लोग एक ओर 'यूनियन' भी 'बनवायेगा' और 'चाहिएगा' कि 'गड़बड़ी' भी नहीं हो। कल इनको सिर पर चढ़ाया है, आज पिण्ड छुड़ाना चाहते हैं ?"

7 मई, 1967

विद्या ददाति··· ?

उस दिन पटना लॉ कॉलेज के पास छात्रों के दो दलों में घमासान 'युद्ध' हुआ, जिसमें साइंस कॉलेज के छात्र श्री रामधारी ठाकुर खेत रहे। इस घटना पर साधारण जनता को अचरज नहीं हुआ। क्योंकि लोग जानने-बूझने लगे हैं कि गद्दी के लिए 'लड़ाई' चल रही है अविराम–राजनीतिक दलों की। और विद्यार्थी उन 'दलों' के सैनिक हैं।

किंतु इधर की घटनाओं और खासकर पटना की इस घटना से इस बात की पुष्टि हुई है कि विद्यार्थी राजनीतिक दलों से पहले अपनी-अपनी 'जाति' के सैनिक हैं। पिछले छः महीने से राँची, बिहार और पटना विश्वविद्यालय के दरवाज़े खुलते और फड़फड़ाकर बंद होते रहे हैं। हर मौसम में छुट्टियों के पहले ही लंबी छुट्टियाँ दे देनी पड़ती हैं। इस बार भी वही हुआ। नयी सरकार ने छात्रों की माँगों पर सहानुभूतिपूर्वक विचार करने का आश्वासन दिया। तीन महीने की फीस की माफी हुई। जिन विद्यार्थियों पर मुक़द्दमे चल रहे थे और जेलों में बंद थे, उन्हें छोड़ दिया गया। इसके बावजूद विद्यार्थियों में असंतोष की यह आग सुलगती और भभकती रही। इसका एक अर्थ यह भी हो सकता है कि यह आग छुट्टियाँ देकर नहीं बुझायी जा सकती। पटना विश्वविद्यालय छात्रावास समिति की बैठक में भी उपकुलपति डॉ. के. के. दत्त ने छात्रावासों के अधीक्षकों एवं वार्डन को सलाह दी कि वे छात्रावास के छात्रों को शीघ्र घर चले जाने की सलाह दें। और सदा सतर्क रहें कि किसी प्रकार की अप्रिय घटना नहीं हो।

पटना का हर उत्साही नौजवान समय पड़ने पर 'विद्यार्थी' हो जाता है और पटना के हर विद्यार्थी को यह कहने का हक है कि उसने वर्तमान मुख्यमंत्री को 'विजयी' बनाने के लिए क्या-क्या न किया !

महामाया बाबू के ऐसे ही 'स्वयं सैनिकों' ने एक ऐसी 'निगरानी समिति' की स्थापना की है, जो महामाया बाबू तथा उनके मंत्रिमंडल के सदस्यों को भ्रष्ट व्यक्तियों के संसर्ग से दूर रखेगी। मुख्यमंत्री विद्यार्थियों के असंतोष को दूर करने में समर्थ नहीं हो सके–कोई बात नहीं। स्नेह, प्यार, आदर, श्रद्धा, विश्वास उन्होंने खो नहीं दिये हैं। इसको जाँचने का यही उपयुक्त अवसर है, जो बाद में चाहने पर भी हाथ न आये और इन गर्मी की छुट्टियों में जिस राजनीतिक दल की ओर से 'समर स्कूल ऑव पॉलिटिक्स' जैसे शिविर के संचालक··· और जब विद्यार्थियों के बिना राजनीतिक दलों का काम चलना नामुमकिन है तो ऐसी आकस्मिक छुट्टियों में 'समर स्कूल ऑव पॉलिटिक्स' (ग्रीष्मकालीन राजनीति का स्कूल) जैसे शिक्षा-शिविर संचालन करने की बात कोई राजनीतिक दल या व्यक्ति क्यों नहीं सोचता ? या सही बात यही है कि अब छात्रों पर किसी दल का कोई प्रभाव नहीं रहा ?

उस दिन ऐसे ही एक सवाल पर संयुक्त मोर्चे के एक प्रवक्ता ने एक पत्रकार से सवाल कर दिया, "और आपके संपादक, इनके (अर्थात विद्यार्थियों के) विरुद्ध कोई 'संपादकीय', कोई 'अग्रलेख' या विशेष लेख क्यों नहीं लिखते ? इनको बढ़ावा क्यों देते हैं ?"

पत्रकार ने धीरे-से कहा, "जरा धीरे-धीरे बोलिए। किसी ने सुन लिया तो हमारे अखबार के साथ आपकी सरकार मुर्दाबाद… "

अप्रकाशित। 'सारिका', रेणु स्मृति अंक, 1 अप्रैल, 1979 में प्रकाशित

हार्डिंग की प्रतिमा

1912 में लॉर्ड हार्डिंग अपनी पत्नी के साथ बिहार पधारे थे। उसी पुण्य अवसर की स्मृति में उस समय के लेफ्टिनेण्ट गवर्नर सर चार्ल्स बेली और महाराजा रामेश्वर सिंह (दरभंगा नरेश) के उद्योग से 1915 में पटना में लॉर्ड हार्डिंग की प्रतिमा की स्थापना की गयी थी। इस प्रतिमा के शिल्पी लन्दन निवासी हैम्पटन को इसके पारिश्रमिक में 4,000 पौण्ड मिले थे। 12 फुट ऊँची वेदी पर इसकी स्थापना हुई। उसके आसपास की भूमि को घेरकर 70,100 रुपये की लागत से एक उद्यान लगाया गया–जिसका नाम हार्डिंग पार्क मशहूर हुआ।

12 अप्रैल, 1967 को बिहार की गैर-कांग्रेसी सरकार के संयुक्त समाजवादी मन्त्री भोलासिंह (स्वायत्त शासन विभाग) ने इस ऐतिहासिक मूर्ति को (जो हमारी गुलामी के दिनों की यादगार भी थी।) हटाकर जादूघर में डलवा दिया। और, यह शुभ कर्म उसी व्यक्ति के हाथ से सम्पन्न कराया गया जो संयुक्त समाजवादी पार्टी के 'अंग्रेजी हटाओ' आन्दोलन के समय इस मूर्ति का अंग-भंग करने की चेष्टा के अपराध में दण्डित किया गया था। 5 टन वजन की कांसे की विशाल मूर्ति जब ट्रक पर लदकर जादूघरकी ओर चली, उपस्थित जनता ने 'विदाई' में तरह-तरह के नारे लगाये, जिसमें एक नया नारा भी था–"स्वेतलाना को वापस बुलाओ।"

सड़क से गुजरती सवारियों पर बैठे लोग अचरज से सबकुछ देख-सुन रहे थे। एक देहाती ने रिक्शेवाले से पूछा–"भैया यह किसकी मूरत थी ?" रिक्शाचालक ने तुरत जवाब दिया–"अरे, यह भी नहीं मालूम ? बहुत पुराना कांग्रेसी लीडर था और था कृष्णबल्लभ सहाय का 'आदमी'… "

7 मई, '67 के 'चरचे और चरखे' स्तम्भ में प्रकाशित

'इधर-उधर' विवाद

बिहार में कांग्रेस विरोधी पक्ष में है। विरोध के लिए कोई मुद्दा उठाते ही सरकारी पक्ष, जो कल तक विरोधी पक्ष था, चट से पूछ बैठता है–आपने अपने समय में क्या किया ?

उस दिन ऐसे ही प्रसंग में कांग्रेस के एक पुराने विधायक, भूतपूर्व मन्त्री दारोगा राय ने सरकारी पक्ष के वक्ता को जवाब दिया–"जनाब ! हमने जो किया, उसी का नतीजा है कि हम–'इधर' बैठे हैं और आप 'उधर'। हम लोग बीस साल के बाद 'इधर' आये हैं लेकिन आप लोग तो बीस ही दिन में 'इधर' आने की तैयारी कर रहे हैं... "

इस कुटिल-व्यंग्य लिपटी सरल स्वीकारोक्ति को सुनकर इधर-उधर दोनों तरफ मिली-जुली हँसी खेल गयी। सदन में एक मुस्कुराहट उस समय भी सामूहिक रूप से छायी हुई थी जब सहस्र-छिद्रवाले दल का एक वक्ता केदार पाण्डेय अनोखी अदा के साथ सरकार के सतरंगे स्वरूप का 'बखान' कर रहा था। अचरज की बात है कि सरकारी-पक्ष के किसी सदस्य को मशहूर देहाती कहावत की याद नहीं आयी–"चलनी कहे सुई से कि तेरी पेंदी में छेद !"

7 मई, '67 के 'चरचे और चरखे' स्तम्भ में प्रकाशित

जनूनी तूफ़ान : बाख़बर और बेख़बर जन

[1]

जनवरी में 'जनक्रान्ति' की जो लहर इस प्रदेश में उठी, वह 'खादी भवन' और कांग्रेसी शासन को नेस्तनाबूद करने के बाद लौट नहीं गयी।

लहरें रोज आती रहीं। पिछले छह महीने में ऐसी-ऐसी घटनायें इतनी तेजी से घटी हैं कि अब लोग उनको 'ख़बर' या 'समाचार' नहीं कहकर 'आम बात' समझने लगे हैं।

वह लहर कभी विधानसभा की दर्शक-दीर्घा में पहुँचकर सदस्यों पर तालियों और गालियों की 'वृष्टि' करती, कभी रेलगाड़ियों पर हमला करती, राह चलती लड़कियों को छेड़ती, परीक्षा-भवन तथा परीक्षकों पर घातक आक्रमण करती,

रोड़े-पत्थर बरसाती और राज्य के कोने-कोने से अमन-चैन को मिटाती—पन्द्रह अगस्त की पुण्य-तिथि को पटना के गाँधी मैदान में आकर फिर उमड़ी, और राज्य के प्रथम गैर-कांग्रेसी, मिली-जुली पार्टियों की सरकार के प्रथम मुख्यमन्त्री महामाया प्रसाद के उस सुनहले भरम को दूर कर गयी कि वह 'इन लहरों के राजहंस' हैं। महामाया बाबू अपने हृदय में संचित समस्त स्नेह को गले में उतारकर हाथ जोड़कर विनय करते ही रहे—"आप मेरे जिगर के टुकड़े हैं, आप मेरे भविष्य··· !" मगर उनके जिगर के टुकड़ों ने गाँधी मैदान के सारे प्रबन्ध को टुकड़े-टुकड़े करने के बाद मैदान में जो-जो करतब दिखाये उन्हें नहीं लिखने से भी काम चल सकता है। मुख्यमन्त्री पुलिस और फौज की सलामी नहीं ले सके और न (हर साल का आकर्षण) 'पैरेड' हो सकी। बीवी-बाल-बच्चों को लेकर, किसी तरह जान बचाकर भागते हुए एक अधेड़ गृहस्थ ने बाकरगंज मोड़ पर 'अपना बाजार' के विशाल और नये भवन की ओर देखकर जो आशंका प्रकट की उसे भी नहीं लिखा जाये तो काम चल सकता है। किन्तु 15 अगस्त को मैदान में जो 'असगुन' हुआ उसे मुख्यमन्त्री 'अन्य वर्षों से अधिक उत्साह' का परिणाम मानें और खुश होकर पत्रों में वक्तव्य दें तो यह लिखने-पढ़ने और जानने की बात हो जाती है।

किन्तु, उपमुख्यमन्त्री कर्पूरी ठाकुर और पुलिसमन्त्री रामानन्द तिवारी का—देर से ही सही—वास्तविकता से साक्षात्कार हो चुका था। अतः उन्हें बहुत कड़वे मुँह से 'प्रिवेंटिव डिटेंशन' की आवश्यकता को स्वीकार करना पड़ा। उन्होंने कड़ी कार्रवाई करने की धमकियाँ दीं, तो प्रदेश की शान्तिप्रिय जनता को भरोसा हुआ। गाड़ियों के साथ सशस्त्र पुलिस का जत्था तैनात करने के बाद पुलिसमन्त्री ने चेतावनी दी—"अब ज्यादा बर्दाश्त नहीं किया जायेगा··· !" इन सब बातों से राजनीतिक क्षेत्र में एक उम्मीद और बँध चली थी कि छह महीने तक राज करने के बाद उपमुख्यमन्त्री कर्पूरी ठाकुर 33 सूत्री कार्यक्रम के उर्दूवाले कार्यक्रम को उसी चतुराई से चलाने का कौशल सीख चुके होंगे जिस तरह कांग्रेसी-शासकों ने चलाया था। मगर ऐसा नहीं हुआ।

और हुआ यह कि 28 जुलाई को विधानसभा भवन के सामने और एक लहर फिर आयी और थपेड़ों से विधानसभा भवन की हर ईंट को कँपा गयी। उस उमड़ती हुई भीड़ में उर्दू-विरोधी 'जनता' में मौजूदा सरकार के दुश्मन नम्बर एक पार्टी के लोग ही नहीं—दोस्त एवं साझीदार पार्टी के लोग भी थे। यह कोई अचरज की बात नहीं, लोगों को इस बात का अचरज अवश्य हुआ कि अकाल, अन्न-संकट, भ्रष्टाचार और अराजकता से लड़ते वक्त एक जन-हितकारी तथा प्रगतिशील सरकार को किन-किन समस्याओं को लेकर किन-किन ताकतों से सामना करना पड़ सकता है—इन सबकी जानकारी के बावजूद यह कर्मठ समाजवादी मन्त्री इस 'फील-चक्कर' में कैसे पड़ गया। या यहाँ के शिक्षामन्त्री यानी उपमुख्यमन्त्री कर्पूरी ठाकुर के साथ भी वही कुछ हुआ, जो 'बाँगला' के खाद्यमन्त्री घोष के साथ··· ? यानी साझेदारों में से किसी एक ने इन्हें बदनाम करने को बीहड़ वन में फँसा दिया ? या यहाँ

का हर मन्त्री अपना ही 'इमेज' बनाने के चक्कर में है ? भाषा को लेकर देश में एक-से-एक अलौकिक काण्ड हुए हैं, उनमें से एक की भी याद, एक भी मन्त्री को क्यों नहीं आयी ? कहा जाता है कि उस दिन कर्पूरी ठाकुर सिद्धान्त की दुहाई देते हुए, उर्दू को बिहार राज्य की 'दूसरी भाषा' बनाने की बात पर अटल रहे और इसे चुनौती मानकर उर्दू-विरोधी 'जनता' तिलमिलाती हुई लौट गयी।

सरकार की साझेदार पार्टियों ने–एक को छोड़कर–इस विरोध-प्रदर्शन को 'कांग्रेसी कुचक्र' करार दिया और निश्चिन्त हो गये कि कांग्रेस के नाम से ही ईंट-पत्थर बरसानेवाली जनता इस सवाल को लेकर फिर कभी गुमराह होकर भीड़ लगाने नहीं आयेगी।··· काश ! ऐसा ही होता।

मगर, भीड़ फिर उमड़ी !

बिहार हिन्दी साहित्य सम्मेलन की ओर से 12 जुलाई को पटना पहुँचकर विशाल रैली और विशाल विरोध-सभा करने का 'बुलावा' दिया गया। राज्य के हर नगर और गाँव की दीवारों पर, हर ट्रेन के डिब्बों पर, टैक्सी, रिक्शा और टमटम पर एक पोस्टर चिपका देखा गया–"पटना चलो, पटना ! 12 अगस्त को पटना··· अगर आप चाहते हैं··· ।"

श्रावण शुक्ला सप्तमी–12 अगस्त–तुलसी जयन्ती के दिन गाँधी मैदान में फिर भारी भीड़ लगी।

शुरू हुआ राजव्यापी 'शान्तिपूर्ण आन्दोलन' ! शुरू हुई 'विरोध-पक्ष' के प्रथम दिन की कार्यवाही !

"··· मंच पर साहित्य सम्मेलन के वरिष्ठ अधिकारियों के अलावा बैठे हैं·· डॉ. लक्ष्मीनारायण 'सुधांशु' (कांग्रेस), ठाकुर प्रसाद (जनसंघ) और··· और··· नागार्जुन।

"··· साहित्य-सम्मेलन के मन्त्री उपस्थित जनसमूह को वक्ताओं के नाम, परिचय सहित सुना रहे हैं। सुधांशुजी का परिचय देते समय कहा गया–"हमारे पेशवा··· ।"

"भाषणों में सुधांशुजी का भाषण सन्तजनोचित तथा तुलसी-जयन्ती के ही उपयुक्त था। कहीं कोई उत्तेजक या विस्फोटक शब्दावली नहीं !··· और, क़हनेवाले इनको 'फेनेटिक हिन्दीवाला' कहते हैं !···

"··· प्रस्ताव प्रस्तुत किया नागार्जुनजी ने। प्रस्ताव पढ़ते समय उनकी वाणी बौद्ध-भिक्षु जैसी ही थी। मगर जब प्रस्ताव पर बोलने लगे तो 'नागा बाबा' हो गये। उन्होंने कहा–'कुछ लोगों ने मुझसे कहा कि नागार्जुनजी, आप भी उर्दू का विरोध करते हैं, क्या आप भी 'जनसंघी' हो गये ? मैंने कहा कि अगर उर्दू का विरोध करना 'जनसंघी' होना है तो मैं एक सौ जनसंघी होने को तैयार हूँ··· ।"

बाद में नागार्जुन के क्रोध का कारण भी मालूम हो गया। एक स्थानीय मशहूर दैनिक उर्दू पत्र और उसके सम्पादक का नाम लेकर उन्होंने कहा–"एक साहब हैं, जो आजकल मुख्यमन्त्री की नाक के बाल बने हुए हैं। उनके अख़बार को कभी पढ़ा है ?··· मैंने उसके पाँच अंक के सम्पादकीय को पढ़वाकर सुना है।···

साहब, लिखा है–अब आपसे क्या बताऊँ कि क्या लिखा है–लिखा है कि हिन्दीवालों को पकड़कर इतने जूते लगाये जायें कि उनकी खोपड़ी गंजी हो जाये··· ।"

नागार्जुनजी ने इतना कहकर अपनी खोपड़ी पर हाथ फेर लिया।··· किन्तु, जनता क्रोधित होने के बदले हँस पड़ी।

जब सभा समाप्त हुई तो किसी के चेहरे पर अशान्ति के चिह्न नहीं थे। शान्तिपूर्वक एकाध नारे लगाकर लोग वापस चले गये–अपने-अपने जिलों में, नगरों में विरोध-पक्ष का आयोजन और 'शान्तिपूर्ण आन्दोलन' करने।

10 सितम्बर, 1967

[2]

12 अगस्त की 'विरोध-सभा' में बोलनेवालों में बस एक ही 'वक्ता' ऐसा था जिसकी हर बात पर गाँधी मैदान तालियों की गड़गड़ाहट से गूँज उठता था। 'जनसंघ' के नेता ठाकुरप्रसादजी ने कहा–"नागार्जुनजी ने अभी 'जनसंघी' होने की बात कही। मगर मैं तो जनसंघ का प्रतिष्ठाता और जन्मदाता हूँ। 'जनसंघ' कोई ऐसी-वैसी पार्टी नहीं है ! हर शहर और गाँव की गली-गली में मोर्चा लेने की ताकत है ··· अगर, सरकार ने उर्दू-विधेयक को वापस नहीं लिया तो आप यह जान लीजिये–मैं इस सरकार के टुकड़े-टुकड़े कर दूँगा··· " (इस पर बहुत देर तक तालियाँ बजती रहीं)···

ठाकुरप्रसादजी ने जनता को मनोरंजक बातें सुनाने के क्रम में एक पुराना 'लटका' भी सुनाया–"साहब, उर्दू भी कोई भाषा है ! और उसकी लिपि ? जरा-सा नुक्ते का हेर-फेर हुआ कि खुदा से जुदा··· (जनता खिलखिलाकर हँस पड़ी और तालियाँ बजाकर बहुत देर तक हँसती रही।)

किन्तु शान्ति-प्रिय लोगों को चिन्ता हुई–जिस प्रदेश में कानून और व्यवस्था का यह हाल है कि नव-विवाहिता दुल्हन के बगल में बैठकर छेड़खानी करने पर एतराज करनेवाले दूल्हे पर ही नहीं–सारे बरातियों पर हमला बोला जाता है, असम-मेल से सफर करते हुए फौजियों की भी पत्थरों से 'दुर्गत' की जाती है–वहाँ कोई आन्दोलन शान्तिपूर्ण ढंग से चल सकता है क्या ?

और जिस 'अखबार' के पाँच अंकों के सम्पादकीय को ही पढ़कर प्रसिद्ध प्रगतिवादी कवि नागार्जुन बौखलाकर एक सौ जनसंघी होना चाहता है उसके एडिटर साहब इस दरम्यान कलम थामकर बैठे रहेंगे क्या ? और जैसा कि सुना जाता है, हज़रत 'नाक के बाल' हैं··· तब तो खुदा ही खैर करे !

ठीक रक्षाबन्धन के दिन बिहार स्टेट अंजुमन तरक़्क़ी-ए-उर्दू के सदर और उर्दू पत्र संस्था के एडिटर जनाब गुलाम सरवर साहब की 'प्रेस-कॉन्फ्रेंस' का रुक्का मिला। कुछ लोगों को लगा कि गुलाम सरवर साहब अपनी 'प्रेस-कॉन्फ्रेंस' में उन इलज़ामात का खण्डन करेंगे। मगर उन्होंने यह नहीं कहा कि उनके अखबार में

ऐसी बातें नहीं छपी हैं ! बल्कि उन्होंने खुली चुनौती दी··· ।

पिछले आम चुनाव के समय 'संयुक्त मोर्चे' की सभाओं में यानी महामाया बाबू की चुनाव-सभाओं में गुलाम सरवर को सुनने के लिए लोग इस गली की सभा के बाद उस नुक्कड़ की सभा में दौड़े जाते थे। पटना की आम जनता को इस तेज-तर्रार नौजवान का तआर्रुफ़ आम चुनाव में मिला। मगर जाननेवाले बहुत पहले से जानते हैं कि वह नेशनलिस्ट मुस्लिम-विरोधी अर्थात् सम्प्रदायवादी दृष्टिकोण का पोषक और प्रचारक है। उन दिनों गुलाम साहब पर कई मुक़दमे दायर थे कि उनके अखबार में साम्प्रदायिकता को उभाड़नेवाली बातें छपी हैं।

आम चुनाव के समय जब पटना में 'कांग्रेस हराओ–देश बचाओ' अभियान शुरू हुआ–गुलाम सरवर अपने 'संगम' सहित इसमें कूद पड़े और यह ठीक है कि अगर महामाया बाबू के चुनाव-अभियान में गुलाम सरवर नहीं होते, तो पटना के 'मुस्लिम इलाकों' के मत इतनी बड़ी संख्या में उन्हें नहीं मिलते। इसलिए मुख्यमन्त्री बनने के बाद महामाया बाबू उसको कैसे भूल जाते ? चुनाव में इस सखुनसाज नौजवान ने अपनी तकरीरों से महामाया बाबू को फ़तह दिलायी और इसके एवज़ में महामाया बाबू उसकी फ़तह की कामना करें या उसके कहे मुताबिक चलें तो यह ईमानदारी की बात है। अतः गुलाम सरवर पर साम्प्रदायिकता की आग भड़कानेवाली सामग्री लिखने-छापने और प्रचारित करने के सभी मुक़द्दमे सरकार ने वापस ले लिये। कहा जाता है कि यदि ये मुक़द्दमे न चलते होते तो गुलामसाहब वज़ीर भी बन सकते थे। मगर यह भी कोई छोटी बात नहीं कि उसके कहने पर वज़ीर बनाये जायें !

बहरहाल, गुलाम सरवर ने अपनी प्रेस-कॉन्फ्रेंस में कहा–"मैं उर्दू की मुख़ालिफ़त करनेवालों को खुली चुनौती देता हूँ कि अगर वे हमारा या, हमारी अंजुमन का पाकिस्तान से कोई भी रिश्ता साबित कर दें···।"

··· और इसी इलज़ाम को झूठा साबित करने के लिए–अंजुमन-तरक़्क़ी-ए-उर्दू की ओर से एक मुशायरे का आयोजन किया गया, जिसमें ख्वाजा अहमद अब्बास और कृश्नचन्दर और सज्जाद ज़हीर बुलाये गये।

··· किन्तु इसका असर उलटा पड़ा। उर्दू-समर्थन और उर्दू-विरोध के माहौल में उर्दू के इन शीर्षस्थ अदीबों के पटना-आगमन को तहरीकी कदम समझा गया और मुख्यमन्त्री की 'सरवर-प्रीति' को अब 'उर्दू-प्रीति' समझा जा रहा है।

··· इसी बीच जस्टिस ख़लील अहमद मन्त्री बनाये गये तो इसको भी इसी दृष्टि से देखा गया। इस बहाली को लेकर संयुक्त समाजवादी पार्टी और कम्युनिस्ट पार्टी (दक्षिण) के मन्त्रियों ने कुछ ऐसे बयान दिये जिनका यह अर्थ निकलता था कि मुख्यमन्त्री ने ख़लील अहमद को मन्त्रिमण्डल में मनमाने ढंग से लिया है।

··· राँची में एक पर्चा वितरित हुआ है, जिसके नारे हैं–"उर्दू ले के रहेंगे ! माओ को सलाम !"

··· और अपने वक्तव्य में जनाब सरवर कह रहे हैं–"उर्दू के आन्दोलन को

पाकिस्तानी चाल कहनेवाले सड़े दिमागवाले हैं।··· हम सीधी और साफ बात कहना जानते हैं कि हमें नागरी लिपि में नहीं–फारसी लिपि में उर्दू चाहिए··· !"

22 अगस्त को इस 'प्रेस-कॉन्फ्रेंस' का समाचार वक्तव्य सहित तरह-तरह के शीर्षकों से प्रकाशित हुआ–"नागरी लिपि में उर्दू हमें मंजूर नहीं··· हम अपना हक लेकर रहेंगे··· गुलाम सरवर चैन नहीं लेंगे··· !!"

और 22 अगस्त को ही राँची में उत्पात शुरू हुआ। उर्दू-विरोधियों और उर्दू-समर्थकों में पहले मुठभेड़, रोड़ेबाजी, फिर छुरेबाजी और आगजनी, लूट··· दंगा ··· दंगा··· !!

23 अगस्त। सूरज की रोशनी के साथ बात फैल रही है। 'दिनमान' का विशेष प्रतिनिधि पटना के मुस्लिम मुहल्लों–सब्जी बाग से लेकर बाकरगंज की गलियों में अहले-सुबह घूम-घूमकर देख रहा है–हर चेहरे पर आतंक ! हर कूचे में सन्नाटे का आलम ! दुकानें खुली हैं, अधखुली हैं, मगर खाली हैं। नानबाई, कसाई अत्तार और चाय की दुकानों पर लोग उर्दू नहीं, हिन्दी पत्र 'आर्यावर्त्त" अथवा 'प्रदीप' पढ़ रहे हैं–चुपचाप ! कोई रायजनी नहीं करता है–कोई बातें नहीं करता है ! ··· तो, क्या राँची की आग की लपट यहाँ तक··· ?··· उर्दू-विधेयक वापस लो। ··· पाकिस्तान के दलालो, होशियार··· !

··· खुदा खैर करे ! यहाँ भी शुरू हुआ ?

आधा दर्जन नौजवान नारे लगा रहे हैं और प्रचार कर रहे हैं–'भाइयो ! आज शाम को राँची-हत्याकाण्ड पर रोष प्रकट करने के लिए··· खून का बदला खून··· !'

खैर हुआ कि नारे लगानेवाले गिरफ्तार कर लिये गये और दफा 144 लागू कर दी गयी।

24 अगस्त। राँची में पन्द्रह मरे।··· हर अखबार पढ़नेवाला इस संख्या को पाँच या दस से गुणा कर लेता है।··· पुलिसमन्त्री रामानन्द तिवारी ने आदेश दिया है–'जरूरत पड़ने पर देखते ही गोली दागो !' फौज बुला ली गयी है। अखबारों के मुताबिक स्थिति काबू में है। मगर राँची से आनेवाले चुपचाप कहते हैं– 'पुलिस और फौजी जवान भी नहीं सँभाल पा रहे हैं।··· मुख्यमन्त्री को फख्र है कि इन सारी घटनाओं के बावजूद पुलिस ने गोली नहीं चलायी है।'

25 अगस्त। मुख्यमन्त्री महामायाप्रसाद तथा उनके सहयोगियों ने कांग्रेस के एक गुट-विशेष को इस दंगे के लिए जिम्मेदार ठहराया है।··· पुलिसमन्त्री रामानन्द तिवारी अपनी जान जोखिम में डालकर दंगाइयों का मुकाबला कर रहे हैं। बाकी मन्त्री सिर्फ बयान प्रकाशित करवाने में व्यस्त हैं।

26 अगस्त। राँची के औद्योगिक क्षेत्र हटिया में कत्लेआम ! 12 लाशें बरामद ! मृत्यु-संख्या–38··· ? मगर, स्थिति काबू में है।··· दिन-रात कर्फ्यू लागू रहने के बावजूद मार-काट कैसे जारी है ? सुना, रात में ही मुहल्ले-का-मुहल्ला साफ कर दिया जाता है। गलियों में पुलिस गश्त लगाती रहती है और घरों में आदमी-आदमी

को, आदमी के बच्चों को, औरतों को··· !!

बिहार हिन्दी साहित्य सम्मेलन के पुराने और नये 'नेताओं' का एक वक्तव्य प्रसारित किया गया है–एक प्रेस-कांफ्रेंस में–"बिहार हिन्दी साहित्य सम्मेलन का एक प्रतिनिधिमण्डल उर्दू-विरोधी आन्दोलन के सिलसिले में हुए अशोभनीय कार्यों के निरीक्षणार्थ 24-25 अगस्त को राँची गया। प्रतिनिधिमण्डल के नेता पण्डित छविनाथ पाण्डेय का वक्तव्य··· ।"

'दिनमान' के प्रतिनिधि ने साहित्य सम्मेलन के इस प्रतिनिधिमण्डल के कई सदस्यों को 'अशोभनीय कार्यों' के निरीक्षणार्थ राँची जाते समय देखा था, उनसे बातें भी की थीं। ऐसा लगता था, ये वहाँ गिरफ्तार होने जा रहे हैं और यदि सम्भव हुआ तो शहीद भी हो जा सकते हैं और वहाँ से सही-सलामत वापस आकर उन्होंने जो 'प्रेस-कांफ्रेंस' की उसमें लिखित वक्तव्य के अलावा जो व्यक्तिगत और मौखिक वक्तव्य व्यक्त किये गये उनसे यह बात स्पष्ट थी कि पुलिसमन्त्री रामानन्द तिवारी ने इन्हें राँची में गिरफ्तार न करके इन्हें 'नेता' होने से बचा लिया है !···

उधर दंगे की आग 'धुधुआ' रही है और राजनीतिक पार्टियों के नेताओं की 'वक्तव्यबाजी' जारी है। जनसंघ के नेता ठाकुर प्रसाद की राय में इस दंगे के पीछे पाकिस्तानी एजेण्टों और पीकिंग-पन्थियों के हाथ हैं ?

कम्युनिस्ट पार्टी (दक्षिण) के जगन्नाथ सरकार ने जनसंघ को सरासर दोषी ठहराया है।

दिल्ली में उपमुख्यमन्त्री ने अपनी 'प्रेस-कॉन्फ्रेंस' में बार-बार बिहार हिन्दी साहित्य सम्मेलन के अधिकारियों और बिहार कांग्रेस के प्रचारमन्त्री की चर्चा की है !

बिहार कांग्रेस के नेताओं ने एक स्वर से इस दंगे के लिए सरकार को दोषी ठहराया है।

मगर, पुलिसमन्त्री रामानन्द तिवारी एकदम मौन है। वह राँची में 'श्मशान-साधना' कर रहा है।··· भूतों-प्रेतों और पिशाचों से लड़ रहा है।···

"अगर, इस दंगे के कोलाहल में बिन्देश्वरी प्रसाद मण्डल उर्फ बी. पी. मण्डल ने 'दल-बदल', 'राज-पलट' और 'गद्दी-दखल' करने का नाटक नहीं शुरू कर दिया होता तो सारे राज्य में इस दंगे की चिनगारी फैलती–विभिन्न राजनीतिक पार्टियों के नेताओं के तरह-तरह के आरोप-प्रत्यारोप भरे बयानों के कारण।"–ऐसी भी राय जाहिर की जा रही है। 'समूह' के मनोविज्ञान का अध्ययन करनेवालों का कहना है–"मण्डल मुख्यमन्त्री बने या नहीं बने–उसने अनजाने ही अनेक अबोध लोगों की जानें बचा ली हैं।"

इस 'हास्यास्पद वक्तव्य' की आंशिक सत्यता तब प्रकट हुई जब डॉ. लोहिया और राजनारायण पहले राँची जाने के बदले पहले पटना आये। दफा 144 के बावजूद उन्हें विशाल जन-सभा बुलाने की विशेष अनुमति दी गयी, तो ऐसा लगा डॉ. साहब शुरू से अन्त तक साम्प्रदायिकता की आग को बुझानेवाली बात ही

कहेंगे। किंतु उनके आगमन का पहला मकसद था दल-परिवर्तन करनेवालों के अगुआ बी. पी. मण्डल की लगाई आग को बुझाना।

डॉ. साहब ने मण्डल से शुरू करके मण्डल पर ही अपना भाषण समाप्त किया।

राजनारायणजी ने पटना से वापस होकर लखनऊ में जो वक्तव्य दिया उसमें 'जनसंघ' को तनिक लपेट दिया तो उनकी ही पार्टी के एक मन्त्री भोलासिंह ने पटना में नाराजगी जाहिर करते हुए इसका विरोध किया और बयान दिया–"मुझे दुःख है··· !"

राजनारायणजी के इस वक्तव्य पर जनसंघ के कार्यकर्त्ताओं में रोष और क्षोभ है। उनका कहना है–"राजनारायणजी ने पटना की सभा मे यह बात क्यों नहीं बतायी··· ?"

आधा दर्जन से अधिक स्थानीय 'प्रगतिवादी साहित्यिकों' की ओर से एक सम्मिलित वक्तव्य तैयार किया गया। उस पर हस्ताक्षर लेने के लिए जो लोग घूम रहे थे उनमें नागार्जुनजी भी थे। उस वक्तव्य में कांग्रेस और साहित्य-सम्मेलन और सेठों, भ्रष्टाचारियों, मुनाफाखोरों को पानी पी-पीकर कोसा गया था। जनसंघ का कहीं नाम नहीं था और जब बातें छेड़ने की कोशिश की गयीं तब पता चला कि 'तख्ता पलटने' का असली खतरा जनसंघ से है, बी. पी. मण्डल से नहीं। इसलिए जनसंघ को कोई 'साझेदारी पार्टी' नाराज नहीं करना चाहती। 'दिनमान' के प्रतिनिधि को तुलसी जयन्ती के दिन आयोजित सभा और उसमें हुए ठाकुर प्रसाद के भाषण की याद फिर आयी–"अगर इस सरकार ने हम पर उर्दू लादने की कुचेष्टा की, यदि उर्दू-विधेयक को वापस नहीं लिया तो आप जान लें–मैं इस सरकार के टुकड़े-टुकड़े कर दूँगा··· !"

उर्दू को बिहार की 'दूसरी भाषा' बनाने की बात पर नागार्जुन अन्त तक विरोध करते रहेंगे–ऐसा उन्होंने जोर देकर कहा है।

लेकिन कोई जोर देकर यह नहीं कहता है कि अब ऐसा रक्तपात–भाषा के नाम पर–कभी नहीं होगा; क्योंकि हम सभी सबकुछ जानकर भी अनजान बने रहने का बहाना करते हैं, अथवा कुछ नहीं जानते हुए भी सबकुछ जानने का दम भरते हैं।

भारत के प्रधानमन्त्री तथा रक्षामन्त्री ने बारी-बारी से बिहार के पुलिसमन्त्री रामानन्द तिवारी की प्रशंसा की है। किन्तु, इन्हीं कारणों से रामानन्द तिवारी के कतिपय सहयोगी मन्त्री उनसे मन-ही-मन नाराज हैं–यह भी सुनने में आया है। ··· कानून और व्यवस्था की गड़बड़ी को लेकर जिस 'व्यक्ति' का 'इमेज' बिगाड़ने की वे सोच रहे थे–उसने अपना इतना सुन्दर 'इमेज' बना लिया कि इन्दिरा गाँधी ने उसको अपने पास बैठाया और प्रशंसा-भरी निगाहों से देखा···।

··· राजनीति तेरो गति लखि ना परे !!

24 सितम्बर, 1967

साक्षात्कार

कलाकार की कसौटी

मैला आँचल : स्वस्थ दृष्टियाँ और उचित दृष्टिकोण

" 'मैला आँचल' गतवर्ष के ही सर्वश्रेष्ठ उपन्यासों में नहीं है, वह हिंदी के दस सर्वश्रेष्ठ उपन्यासों में सहज ही परिगणनीय है··· मैंने इसे 'गोदान' के बाद हिंदी का दूसरा महान् उपन्यास माना है··· इसके लेखक को भी चित्रणीय जीवन का आत्मीयतापूर्वक ज्ञान है, परकाय प्रवेशवाली उपन्यासकारोचित सामर्थ्य है, और सर्वोपरि है चित्रांकन के समय ऐकांतिक तटस्थता एवं निर्लिप्तता बनाए रखनेवाली कलाकारोचित प्रतिभा··· "

–नलिनविलोचन शर्मा : आलोचना–15

"उपन्यास में कोई त्रुटि न हो, ऐसी बात नहीं··· पहली त्रुटि तो उपन्यास का एक बैठक में न पढ़ा जा सकना ही है··· अंत रेणु ने सुखद कर दिया पर यदि प्रशांत न आते और तब भी माँ का स्नेह बना रहता और पिता के क्रोध के बावजूद वह अपनी बेटी को दूसरे से स्नेह करने और शादी करने में मदद देती, तो–आधुनिक नारी की एक प्रमुख समस्या का हल कर देते··· "

–उपेंद्रनाथ अश्क : आलोचना–15

"सन् 1954 के सबसे महत्त्वपूर्ण हिंदी-प्रकाशनों में है··· मेरी राय में यदि लेखक अपने इस उपन्यास को सामयिक राजनीति से पूरी तरह अनासक्त रख सकता, तो रचना और भी श्रेष्ठ बन पाती··· इसकी समाप्ति इतनी कमजोर है कि 'मैला आँचल' कुछ बहुत अच्छे चित्रों का अलबम-सा बनकर रह गया है··· 'रेणु' कथानक की शानदार इमारत तैयार नहीं कर पाये··· 'मैला आँचल' जैसे आंचलिक उपन्यास में कथानक की उतनी भव्य इमारत बना पाना न तो उतना आसान था और न 'रेणु' का वह ध्येय ही था··· सब मिलाकर हम कहना चाहेंगे कि 'मैला आँचल' 1954 की सर्वश्रेष्ठ हिंदी-रचना है··· हम यह भी आशा करते हैं कि शीघ्र ही सभी भारतीय भाषाओं में इसका अनुवाद उपलब्ध हो सकेगा··· "

–चंद्रगुप्त विद्यालंकार : आजकल : सितंबर, 1955

"··· लेखक ने बड़े संयम से इस जीवन का चित्र अंकित किया है··· दृष्टि

मूलतः मानवतावादी है··· कथा का अंत आशावादिता से हुआ है। जो अस्वाभाविक-सा हुआ है··· समस्या का यह हल आदर्शवादी है, जैसा प्रेमचंद के प्रारंभिक उपन्यासों में मिलता है··· ”

—प्रकाशचंद्र गुप्त : नई धारा : अगस्त, 1955

“··· फणीश्वरनाथ 'रेणु' को प्रेमचन्द की ऊँचाई छूने में प्रयत्नशील लोगों की पंक्ति में रखा जाय या उनसे अलग एक समानांतर ऊँचाई स्थापित कर देनेवाले कलाकार के रूप में··· उपन्यास के अंत की ओर भी लेखक उतना ही तटस्थ और सचेत रहता, तो एक बड़े दोष से बच सकता था··· ”

—श्यामलता : ज्ञानोदय : सितंबर, 1955

'Phanishwarnath Renu can claim that he has seen more of life-than others..No one after Premchand has woven so rich a tapestry of Indian village-life as Renu...

—टाइम्स ऑफ इंडिया में समीक्षा : 'अदीब'

1

ऊपर 'मैला आँचल' पर प्रकाशित दर्जनों आलोचनाओं में से कुछ के उद्धरण प्रस्तुत किये गये हैं। रेडियो पर भी काफी चर्चा हुई है, पर वह सब प्रसारित मैटर है और पाठक के लिए प्रकाशित वस्तु का ही महत्त्व है; भले मैंने या कुछ और लोगों ने सबको सुना हो ! उद्धरण चुनने में यह ध्यान रखा गया है कि अधिक-से-अधिक अनुकूल या प्रतिकूल तथ्यों एवं सभी तरह की दृष्टियों और कोणों का समावेश हो जाय। ऐसा करना आगे की चर्चा के लिए बड़ा महत्त्व रखता है।

इसी तरह की आलोचनाओं की आशा मैंने तब की थी, जब पिछले दिसंबर में मैंने पुस्तक पढ़ी। यों, पढ़ने को बहुत कुछ पढ़ती हूँ (धंधा ही यही है), मगर हिंदी के अधिकांश उपन्यासों को पूरा पढ़ नहीं पाती। 'नदी के द्वीप' पढ़कर लगा था, अब हिंदी के उपन्यास पढ़ना उचित नहीं··· 'मैला आँचल' भी जब एक प्रिय मित्र द्वारा वर्षगाँठ के उपहार में मिला तब प्रशंसा के प्रति मैं शंकित ही थी और कुछ उपेक्षा-भाव से मैंने उसे पढ़ना प्रारंभ कर दिया, किंतु रात को दो बजे मैंने पाया कि पुस्तक समाप्त हो चली है !

कई बार पढ़कर राय बनायी, उसके गुण निरखे, छिद्र ढूँढ़े और अपनी शंकाएँ सँभालकर हिंदी-जगत् की प्रतिक्रिया की प्रतीक्षा करने लगी। अवश्य ही प्रतिक्रिया के संबंध में मेरे स्पष्ट एवं निश्चित अनुमान थे और वे 90-95 प्रतिशत सही आये ! थोड़े ही समय में इस उपन्यास ने केवल अपने आंतरिक मूल्य के आधार पर हिंदी-जगत् का ध्यान आकृष्ट कर लिया। उस पर बहुत-सी बातें कही गयीं और बहुत-से प्रश्न उठाये गये। दिग्गज आलोचकों की कई स्थापनाओं से मेरे अपने मत मिलते थे। अतः सोचा, यदि लेखक ने कोई स्पष्टीकरण दिया, तो मेरा भी समाधान हो जायेगा। किंतु हिंदी की परिपाटी के विरुद्ध लेखक ने अब तक “मैंने मैला आँचल

क्यों लिखा" या "मैं अगले उपन्यास में क्या करूँगा" जैसे लेख लिखकर सफाइयाँ नहीं दीं। इससे मेरी उलझनें बढ़ गयीं, क्योंकि उपन्यास के कई पक्षों की विद्वान् आलोचकों ने चर्चा भी नहीं की थी और उन्हीं पर मुझे बड़ी शंकाएँ थीं। सौभाग्य से 'मैला आँचल : एक दृष्टिकोण' जैसा लेख लिखने की नौबत नहीं आयी और लेखक से इंटरव्यू संभव हुआ।

2

चेहरा गंभीर बना, घड़ी की ओर नजर डाल, बेग से बाजाप्ता प्रश्नावली निकालते हुए पूछा—"आप इंटरव्यू के लिए तैयार हैं न ?"

उन्होंने पहले हँसकर उड़ाने की कोशिश की—"ओ बाबा! यह तो विराट् व्यापार है ?" किंतु पीछे उन्होंने लगभग सब प्रश्नों के उत्तर बिना किसी मुद्रागत अस्वाभाविकता के दिये, बड़ी देर तक गप-शप की और बड़े विषयान्तरों में गये। आध की जगह ढाई घंटे बीत गये।

यहाँ सब उत्तरों या कथनों का उल्लेख अनावश्यक और असंभव होगा। दूसरे, अभी ही सबको प्रकाशित कराने की लेखक की अनुमति भी नहीं है। उन्हीं बातों का जिक्र करती हूँ, जो आज के विषय से सीधा संबंध रखती हैं, या उनके उपन्यास के संबंध में कुछ स्पष्टीकरण करती हैं।

मैंने बात प्रारंभ की—"आपके उपन्यास की तो काफी प्रशंसा हुई है⋯ "

"हाँ, तीखी आलोचनाएँ भी कई हुई हैं; आपने चंद्रगुप्तजी विद्यालंकार की समीक्षा नहीं पढ़ी ?"

"पढ़ी है, मगर सही अर्थ में तीखी आलोचना तब होती, जब कोई डालरखोर आलोचक झल्ला कर कहता कि विश्व उपन्यास की तुलना में यह काफी सतही और अपरिपक्व प्रयास है; पात्रों को आत्मान्वेषण के पर्याप्त अवसर नहीं दिए। अथवा कोई प्रगतिशील आलोचक कहता कि यह कथानक-विहीन, थ्योरी-रहित उपन्यास⋯ "

"सो सब ठीक है, कुछ लोग इसी की रोटी खाते हैं। निंदा सुनना बुरा नहीं लगता है। आलोचना में जितनी बातें ग्राह्य होती हैं, उन्हें स्वीकारता हूँ और अगले कामों में उनका ध्यान रखता हूँ। जो कुछ लोग अधिक बड़ाई करते हैं, आशीर्वाद समझ सुनना पड़ता है। देखिए न, भगवतशरण उपाध्याय जी ने पत्र लिखा है—

"मैला आँचल अभी एक ही बैठक में समाप्त किया है; प्रेमचंद की परंपरा में दशकों बाद यह पहला उपन्यास लिखा गया है; गोदान के जोड़ का है; सर्वथा प्रगतिशील ! ⋯ गाँवों के घिनौने वातावरण को मिथ्या कर उनके काल्पनिक चित्र उपस्थित करनेवालों पर करारी चपत है, साथ ही सर चार्ल्स मेटकॉफ के ग्रामवाद पर भी।⋯ "

अन्य भारतीय भाषाओं के विषय में बतलाया गया कि गुजराती क्षेत्र में काफी चर्चा हुई है; उपन्यास का अनुवाद-कार्य भी चल रहा है। मराठी में भी अनुवाद के लिए बातचीत हुई थी। प्रश्नावली पर कुछ उत्तर इस प्रकार दिये गये—

"आंचलिकता पद की संतोषजनक व्याख्या आपके पास··· "

"हाँ, मेरे मन में उसकी बड़ी स्पष्ट परिभाषा है। मैं इस विषय पर विस्तृत लेख लिखनेवाला हूँ।"

"आप ने अपनी भूमिका में सफाई क्यों रखी··· 'पिछड़े गाँवों का प्रतीक'··· फिर शूल हैं, तो फूल भी आदि··· क्या यह आत्मविश्वास की कमी का द्योतक नहीं ?'

"जिसमें लोग दिमाग सही रखकर राय-बात करें। वैसे तो पूर्णिया में ऐसे गाँव भी हैं, जो बहुत समृद्ध हैं और एक दर्जन से अधिक ग्रेजुएट बेकार हैं; किसान ऐसे कई हैं जिनके पास दो-दो हवाई जहाज और 6-6 ट्रैक्टर··· और दूसरा कनफेशन (फूल हैं, शूल भी···) इसलिए करना पड़ा कि बहुधा लोग एकांगी चित्रण को ही कला मानते हैं। युटोपिया के लिए एकांगी चित्रण बहुत अच्छा है, उपन्यास के लिए बिल्कुल गलत।"

जब 'रेणु' विस्तार से बतलाने लगे तो मैंने प्रश्नावली से बाहर का एक प्रश्न कर दिया–"नैतिकता-अनैतिकता के संबंध में आपका क्या मत है ?"

उत्तर–"मेरी राय से सब लोग सहमत न होंगे। नैतिकता का अर्थ मेरे लिए बहुत व्यापक है; उस व्यापकता में यौन-नैतिकता का बड़ा गौण स्थान है। नैतिक मूल्यों की चर्चा में मैं मानवीयता को सबसे अधिक महत्त्व देता हूँ; किसी सामाजिक, राजनीतिक या धार्मिक मतवाद पर अनावश्यक ध्यान नहीं देता। सारांश यह है कि नैतिकता के लिए अंध आग्रह मुझ में नहीं है। कला पर नैतिकता थोपना मैं अच्छी बात नहीं समझता। **आस्कर वाइल्ड** की तरह कला को नैतिकता-अनैतिकता के परे मानता हूँ; अर्थात्, तटस्थ, यथार्थानुकारी एवं मर्यादित। स्पष्टतः यह मर्यादा कोई प्रिजुडिस्ट धर्मध्वजी या कुत्सित समाजशास्त्री नहीं नियत कर सकता !"

"परंपरा पर जो बातें होती रही हैं··· "

"हाँ, परंपरा की यह बात ! बहुत लोग लिख देते हैं, अमुक-अमुक की परंपरा में···; सद्भाव से लिखा जाने पर भी यह अनुचित है। एक बड़ा-सा नाम लेकर हम लेखक की उपलब्धि को झुठला देते हैं; फिर भी, यदि परंपरा से इतना ज्यादा आग्रह हो तो हमें हिंदी से बाहर की संभावनाओं का भी विचार करना चाहिए। ··· बंगला के **श्री ताराशंकर वंद्योपाध्याय** मेरे अतिप्रिय लेखक हैं। फिर 'जागरी' के लेखक **श्री सतीनाथ भादुड़ी** का भी गहरा प्रभाव ढूँढ़ा जा सकता है। प्रभाव का कारण है–भादुड़ी जी मेरे साहित्यिक गुरु हैं। उपन्यास-कला की दीक्षा मैंने उन्हीं के श्री-चरणों में पायी। अतः कहना ही हो तो इन्हीं लोगों की परंपरा का बतलाना अधिक संगत होगा। मुझे भी इसमें बहुत खुशी होगी। **प्रेमचंद** बहुत महान् थे, उनके रिक्त आसन पर मेरे जैसे अयोग्य को देखकर कुछ न्यायप्रिय लोगों को व्यर्थ तकलीफ होगी।"

श्री रेणु ने 'बलचनमा' के बारे में कहा–

"सही माने में प्रेमचंद की परंपरा को फिर से 'बलचनमा' ने ही अपनाया। **नागार्जुनजी** पर बहुत भरोसा है मुझे।··· मेरी स्थिति उस छोटे भाई-सी है, जो अपने

बड़े भाई के बल पर बड़ी-बड़ी बातें करता है।"

कमरे से निकलते हुए पूछा–

"अभी तक केवल प्रशंसा या संयत आलोचनाएँ आयीं, मगर कुछ कोनों से यदि जोरदार असहिष्णुता प्रकट की गयी तो··· ?"

(हँसकर) "कर-कुठार आगे यह सीसा।··· "

3

इधर 'विरोध–विरोध के लिए' सिद्धांत पर दो बौखलायी 'आलोचनाएँ' देखने में आयी हैं। एक तो नवंबर, '55 की **अवंतिका** में श्री **लक्ष्मीनारायण भारतीय** का लेख 'मैला आँचल : एक दृष्टिकोण'; दूसरी श्री **यज्ञदत्त शर्मा** की नव प्रकाशित पुस्तक 'परिवार' में और तीसरी आलोचना श्री **नरोत्तम नागर** द्वारा लिखित भूमिका*–'सुनीता' से 'मैला आँचल' और 'परिवार' तक में।

भारतीय जी का लेख काफी गैर-जिम्मेवार, असंबद्ध और अस्पष्ट है। उस पर अधिक ध्यान देना उचित नहीं। कई दृष्टियों से ऐसी चीजों का छपना बहुत कल्याणप्रद है (किंतु प्रतिक्रियावादियों के खेमे से)। आलोचकप्रवर श्री नरोत्तम नागर की 'भूमिका' पूर्णतया भ्रष्ट, हद से ज्यादा अनुत्तरदायी और घोर आक्रामक है; इसकी उपेक्षा उचित नहीं; गलत बात का समय रहते, पूर्ण उच्छेद वांछनीय है। फिर दोनों विरोध लगभग समान समय में ही प्रकट हुए, दोनों के आरोप भी मिलते-जुलते हैं, इसलिए भारतीयजी के लेख को छोड़ा नहीं जा सकता। दोनों की पूरी खोज-खबर लेनी आवश्यक है। इसमें मुश्किल यह है कि 'मैला आँचल' के लेखक की नीति है–'··· उन्हें नहीं उत्तर दो।' यों तो मेरी प्रकृति भी बहुत सहनशीला है, मगर मैं 'महामारात्मक प्रयोग' के लिए भूँकनेवालों को बर्दाश्त नहीं कर पाती···

बेहतर हो, उनकी नीयत में विश्वास रख, उन्हें पूरी सहूलियत दे उनके वक्तव्यों को जाँचें और अंतिम फल पर निर्णय छोड़ें।

पहले तो 'आंचलिक' शब्द के प्रयोग से ही नागर जी का पारा शायद चढ़ जाता है–"यों सभी उपन्यास आंचलिक होते हैं या फिर कुछ नहीं होते।" निवेदन है कि आंचलिक शब्द की स्पष्ट व्याख्या और परिभाषा दी जा सकती है। और यह भी कि हिंदी-उपन्यास के प्रकारों का पूरा विभाजन नहीं हुआ; मोटे भेदों से काम चलाया जाता रहा। अब वस्तु और शिल्प के आधार पर नये प्रयोग यदि किये जायें, तो कम-से-कम 25-30 भेद निकलेंगे। नागर जी ने एक नये भेद 'पारिवारिक' के अंतर्गत 'परिवार' को 'शायद पहला' गिनाया है। एक अन्य जगह आंचलिक भी। 'शायद' लगाना नागर जी की ईमानदारी है; **राजेंद्र यादव** का एक श्रेष्ठ पारिवारिक उपन्यास 'प्रेत बोलते हैं' बहुत पहले प्रकाशित हो चुका है।

---

* अज्ञेय ने लिखा है–'एक पुस्तक की सफाई दूसरी पुस्तक में देना, दोनों के साथ थोड़ा अन्याय करना है।' अब विज्ञ पाठक यह निर्णय करें कि एक पुस्तक की भूमिका में दूसरे की अन्यायपूर्ण थर्डक्लासी आलोचना देना, मौलिक कर्म होते हुए भी कितना निकृष्ट हो जाता है।–लेखिका

भारतीय जी की 'बुद्धि स्वीकार नहीं करती कि यह प्रेमचंद की परंपरा का रक्षण है··· यह तो अश्क-स्कूल की परंपरा ही है।' शायद उन्होंने बातें कहने के 'अतिरिक्त उत्साह' में यह बात कह डाली। उनसे अनुरोध है, वे परंपरा के संबंध में रेणु जी का स्पष्टीकरण देख जायँ।

भारतीय जी उसी अतिरिक्त उत्साह में कह डालते हैं–'किसी गैर-भारतीय भाषा में इस (मै. आँ.) का अनुवाद कर आप कहें कि हिंदी की, सन् '54 की, यह सर्वश्रेष्ठ कलाकृति है तो क्या यही मापदंड आप स्वीकार करेंगे ?' नम्र निवेदन है कि विश्व-उपन्यास के भांडार में हमारी देन नगण्य है और उसमें भारतीय जी जैसे लेखक और नागर जी जैसे आलोचक के कारण वृद्धि हो पाने में पूरा संदेह है। और, जब कुछ लोग गोदान के बारे में कहते हैं–"विश्व-उपन्यास की तुलना में वह काफी सतही है··· तो पहली कृति 'मैला आँचल' की··· !!

हिंदी में ऐसे निरामिष (?) आलोचक भी हैं जो समय पड़ने पर अश्लीलता के 'अ' से ही सिहर पड़ते हैं और समय-असमय नैतिकता का प्रश्न उठाया करते हैं। श्री नरोत्तम नागर जी ने भी **डॉ. रामविलास शर्मा** का नाम लेकर (देखिए, नाम माहात्म्य !) बड़ी असंयत और आपत्तिजनक भाषा में **जैनेंद्र, यशपाल** और **अज्ञेय** के साथ (रेणुजी, बधाइयाँ) 'मैला आँचल' की एकाध बातों के लिए रेणुजी पर बड़े फूहड़ ढंग से मनमाने आरोप लगाये हैं और बदनाम करने की पूरी कोशिशें की हैं।

अश्लीलता और अनैतिकता का प्रश्न 'सुनीता' से उठाया गया है और प्रश्न मुख्यतः स्त्रियों से संबंध रखता है; इसलिए मुख्य प्रतिक्रिया यदि अपेक्षित थी तो वह महिलाओं की ओर से ही आनी चाहिए थी। मगर मुझे याद नहीं आता, कभी किसी पाठिका या आलोचिका ने विरोध में आवाज उठाई हो–और यह मानने का कारण नहीं कि हिंदी विदुषियों से शून्य रही है। मैंने भी 'सुनीता', 'दादा कामरेड' और 'नदी के द्वीप' पढ़े हैं ('नदी के द्वीप' को मैं एक श्रेष्ठ 'काम' उपन्यास मानती हूँ।) मगर मुझे कभी असुविधा या उलझन नहीं हुई। और भी, जो गंभीर पुरुष समीक्षक हैं, उनमें किसी ने कोई बड़ी आपत्ति नहीं उठाई··· फिर काजी जी दुबले क्यों ?···

मैं सेक्स में चटपटी भाषा का नहीं, बल्कि वैज्ञानिकता का महत्त्व मानती हूँ। अतः, (बिना निरर्थक संकोच के) मैं निवेदन करूँगी कि साहित्य में अश्लीलता का प्रश्न निरर्थक है। 'वह सब' सनातन का व्यापार है और निकट भविष्य में वह पूरी तरह बदलेगा, ऐसी आशा भी नहीं। फिर प्रक्रिया भी दो ही अंतों के बीच कहीं स्थित होगी–चाहे वह 'नदी के द्वीप' की संयत काम-क्रीड़ा हो या बर्बर नोंच-खसोट··· इसे नकारने का प्रयत्न सारे मानव-मनोविज्ञान एवं पाँच हजार वर्षों की मानवीय उपलब्धियों को झुठलाना होगा।

मगर प्रक्रिया और प्रसंगों के ट्रीटमेंट में 'ग्राम्यता' चिंत्य है। अर्थात् फूहड़ चित्रण जितना कम हो, अच्छा है। इस दृष्टि से मैंने 'मैला आँचल' को सर्वथा निर्दोष पाया है। अन्य समीक्षकों में भी किसी को इस संबंध में कोई आपत्ति नहीं

है। (लेख का प्रारंभिक अंश)

इस सिलसिले में बावन दास की चर्चा भारतीयजी ने की है और नागरजी ने भी। भारतीय जी के शब्दों में, "यथार्थ चित्रण के और भी रास्ते हो सकते थे।" मगर मेरी राय में उक्त प्रसंग के अंकन में लेखक ने असाधारण संयम और कौशल से काम लिया है और कुछ यौन प्रतीकों, आभाओं, दृश्य संकेतों-द्वारा ही दृश्य को समाप्त कर तुरंत एक महान् सबलाइमेशन प्रस्तुत किया है। मैं नहीं समझती कि कोई दूसरा शार्टकट था।

अक्सर विश्व उपन्यास की बात की जाती है। अतएव, उनमें ऐसे प्रसंगों का कैसा ट्रीटमेंट होता है, इसे स्पष्ट करने के लिए सोचा था—अंग्रेजी के सर्वश्रेष्ठ उपन्यासों से उद्धरण पेश करूँ, पर संभव है, एक महिला का यह काम लोगों को न रुचे। अतः इस लोभ को यहीं छोड़ती हूँ।

'फँसा-फँसी' के अतिरेक से नागर जी खिन्न हैं, भारतीय जी भी। भारतीय जी सोचते हैं कि, वैषयिक संबंधों के अतिरेक के कारण, पूछने की इच्छा होती है कि "हर टोला नियमित, व्यवस्थित और, खुले रूप से, अनैतिकता का अड्डा ही है क्या ?" और, नागर जी का निर्णय है कि "गर्ज यह कि सब किसी-न-किसी से फँसे हैं।" स्मरण रहे कि इस बात पर अन्य किसी आलोचक ने इस तरह की कोई आपत्ति नहीं की (लेख के पूर्वांश में कहीं कुछ ऐसा मिला ?)।

भारतीय जी से निवेदन है कि कुशल उपन्यासकार के कैमरे की आँखें बहुत सेंसिटिव होती हैं और वे यदि सामाजिक संबंधों के सतही चित्र भी प्रस्तुत करती हैं, तो ऐसे लोग चौंकते हैं जिन्होंने जीवन को कम देखा-समझा है। यदि सभी संबंधों का माइक्रो-फोटोग्राफी द्वारा विश्लेषण किया जाय तो बड़े विचित्र फल आयेंगे, जिनसे कुछ लोगों को भयंकर शॉक लग सकते हैं।...

नागर जी यों बात नहीं करते; एक आदर्श भी पेश करते हैं। श्री यज्ञदत्त शर्मा को 'परिवार' के लिए गुड कंडक्ट का सर्टिफिकेट देते हुए कहते हैं कि "परिवार उपन्यास लाल सलूका मार्का इस क्रांति से, प्रणय की इस आदमखोरी भूख और फँसा-फँसी से मुक्त है। सच तो यह है कि प्रस्तुत उपन्यास का लेखक इस मामले में बिलकुल कोरा है।" नागर जी की भूमिका पढ़कर उक्त प्रशंसित उपन्यास पढ़ने की तबीयत नहीं हुई, मगर यदि उनकी बात सही है तो 'परिवार' के लेखक पर बड़ी दया आती है। उन्हें अब उपन्यास लिखना छोड़कर विनोबा जी के संग भ्रमण करना चाहिए। वस्तुतः, जो जीवन और उसके संबंधों को उनकी समग्र संश्लिष्टता और जटिलता में नहीं समझता, जो अपने वर्ण्य-विषय को उचित रीति से रखने में अक्षम है एवं जिसकी कृति में मौलिकता का योग नहीं है, वह क्या खाकर उपन्यास लिखेगा ? इन्हीं अभावों के कारण हिंदी के अधिकांश उपन्यास असफल होते हैं। मैं ऐसे कई उपन्यासकारों को जानती हूँ जिनके दर्जनों उपन्यास प्रकाशित हो चुके हैं और, और कई दर्जन यंत्रस्थ या अप्रकाशित हैं, फिर भी, जिनकी कोई पूछ नहीं।

ऊपर के उद्धरण में 'लाल सलूका' मार्का क्रांति की बात करते हैं, उसका भी मजेदार किस्सा है। नागर जी ने 'मैला आँचल' के कुछ उद्धरण पेश किये हैं··· और उनसे, तोड़-मरोड़ कर, मनमाने अर्थ निकाले हैं।

"लाल ओढ़ना ओढ़कर गाड़ी पर चढ़ने जाओ तो गाड़ी रुक जायगी और ओढ़ना जपत हो जायगा–हसल गाँव हाट के पास एक लाल चादरवाले को देखकर उसका कलेजा धुकधुका उठता है। भले आदमी ने लाल चादर की पगड़ी क्यों बाँध ली,··· क्या है लाल सलूका ? खबरदार झंडा और लाल सलूका में क्या फरक है।··· "

इस उद्धरण को पेश कर शायद नागर जी लेखक श्री रेणु को प्रगतिविरोधी सिद्ध करना चाहते हैं या कुछ अश्लील अर्थ ढूँढ़ते हैं या सिर्फ 'लाल' शब्द के कई प्रयोग दिखलाकर निष्कर्ष निकालते हैं, "जरूर कोई बात है।" किंतु हमारे पाठक भ्रम में न पड़ें (नागर जी तो सब समझते ही हैं)। 'लाल' शब्द का प्रयोग पूरी स्वाभाविकता में हुआ है–लेखक की किसी दुरभिसंधि के कारण नहीं। पहले वाक्य के संबंध में कुछ अधिक कहने की जरूरत नहीं–सब लोग यह जानते हैं कि रेल के लिए कपड़े के लाल टुकड़े–झंडी–का क्या अर्थ है। दूसरे वाक्य के बारे में यह कहना पर्याप्त होगा कि बिहार में पुलिस की पगड़ी गहरे लाल रंग की होती है और कलेजा धुकधुका उठता है–एक फरार असामी का··· अंतिम वाक्य के बारे में भी ज्यादा नहीं कहना–सब लोग जानते हैं कि सोस्लिस्ट पार्टी का झंडा लाल रंग का है और 'तलाशी' में पुलिस लाल सलूके या सोस्लिस्ट झंडे में फर्क स्वीकार नहीं करती।

विज्ञ पाठकों को स्पष्ट हो गया होगा कि नागरजी की प्रतिक्रियावादिनी प्रतिभा किस तरह किसी तथ्य, वक्तव्य या उद्धरण को तोड़-मरोड़कर, सारी बातों को गड्ड-मड्ड कर भयंकर गलतफहमियाँ पैदा करती है। अपनी इस प्रतिभा का उपयोग 'परिवार' की भूमिका लिखने में उन्होंने एक-दो जगह नहीं, बल्कि सर्वत्र किया है। 'मैला आँचल' से वे इतने नाराज हैं कि उसमें उन्हें सर्वत्र दोष-ही-दोष मिलते हैं···

अतः डॉक्टर प्रशांत की शत-प्रतिशत सही बात–"यहाँ इंसान है कहाँ ? अभी पहला काम है, जानवर को इंसान बनाना"–के लिए डॉक्टर और उपन्यास के लेखक की फजीहत करते हैं; उपन्यास के एक पात्र जोतखीजी की सभी बातों को गंभीर मान लेते हैं (धन्य हैं !) ! और भी, ऐटमबम की चर्चा के लिए लेखक को निराशावादी करार देते हैं··· फिर उपन्यास के ग्रामगीतों, नृत्यों, वाद्य-यंत्रों के पृष्ठ, संगीत एवं स्थानिक बोली के प्रयोग, या यों कहें कि उपन्यास की नयी टेकनीक, जिसकी सभी समीक्षकों ने एक स्वर से प्रशंसा की है, उन्हें प्रसन्न नहीं कर सकीं और वे शिकायत करते चलते हैं···

और, तब पाठक अपना संदेह नहीं रोक सकता–उनकी नीयत में गहरा संदेह ! वस्तुतः नीयत में फितूर तो भूमिका के शीर्षक से ही स्पष्ट हो जाता था··· 'सुनीता

से मैला आँचल और परिवार तक... '

पाठक 'सुनीता' और 'मैला आँचल' के विस्मयकारी संबंध पर अविलंब चौंकता है और कुछ मनोरंजन के भाव से सोचता है कि क्या 'परिवार' हिंदी-उपन्यास का 'नवीनतम माइल-स्टोन' है कि नागरजी इतने परेशान हैं !...

वस्तुतः यह कहने को बाध्य होना पड़ता है कि सारी भूमिका में नागरजी और उनके बौखलाये साथियों का दुराग्रह ही बोलता है। मजे की बात कि नागर जी आगे स्वयं स्वीकार लेते हैं !...

लेखक को दुराग्रह की पाटियों में पीसने के बाद उसके समर्थक आलोचक की बारी आना जरूरी है। अतः, नागर जी लिखते हैं–

"लेकिन हिंदी के आलोचक प्रवर... इस उपन्यास को हल्दी की गाँठ बनाकर पसरहट्टा सजाने पर तुले हैं... 'मैला आँचल' को फहराते हुए ऐलान कर रहे हैं–प्रेमचंद के बाद अगर किसी उपन्यास का स्थान है तो इसका।" (यह सब सम्मतियाँ तो आप लेख के पूर्वांश में पढ़ चुके हैं, भूल चले हों तो फिर देख लीजिए।)

"यह है उन लेखकों को मारने के लिए, जो प्रेमचंद के बाद देश और समाज का चित्रण करने में लगे हैं। नागार्जुन का 'बलचनमा' इनकी नजर से गायब हो गया, ओमप्रकाश शर्मा का 'साँझ का सूरज' इन्हें नहीं दिखाई दिया, 'रुद्र' की 'बहती गंगा', सत्यार्थी का 'रथ के पहिये', अमृतराय का 'बीज', हर्षनाथ का 'करमू और जगनी', हितबल्लभ गौतम का 'प्रदीप'–गर्ज यह कि एक ही झपाके में सब खत्म हो गये।"

इन बातों पर बहुत कुछ कहा जा सकता है, मगर नागरजी के दुराग्रह के कारण निरर्थक होगा। फिर भी यह तो पूछा ही जा सकता है कि आपने (मतलब श्री नागरजी ने) इस लिस्ट में उन श्री यज्ञदत्त शर्मा का नाम क्यों नहीं लिया, जिनके कारण आपने स्वयं यह महामारात्मक प्रयोग किया, जिनके बहुत से उपन्यास छप चुके हैं, किंतु जो अपने दुर्भाग्य और राष्ट्रभाषा के सौभाग्य से सिग्निफिकेंट कथाकार नहीं हो पाये, यों जिनके चित्र 'प्रकाशन समाचार' के मुख पृष्ठ पर बाकायदा 'प्रेमचंदीय परंपरा' के सार्टिफिकेट के साथ छपते हैं और जिन्हें 'मैला आँचल' छपने से तकलीफ हुई है !... और नागर जी मरहम-पट्टी तो उन्हीं की कर रहे थे ?

अब मुझे और कुछ नहीं कहना है। मैंने बहुत सहूलियत और उदारता से श्री नागर जी की बातों पर विचार किया और अब अंतिम फल विज्ञ पाठकों के सम्मुख रख देती हूँ, अपना निर्णय वे ही दें।

'मैला आँचल' नवीन शिल्प के चमत्कार का सबल प्रमाण है। लेखक हिंदी-कथा-साहित्य में बहुत बड़ी पूँजी लेकर आया है। उसे बहुत बातें कहनी हैं। उसकी दूसरी पुस्तक विश्व-उपन्यास की दृष्टि से भी कुछ मूल्य रखेगी–मेरा विश्वास दृढ़ है।

लेख की समाप्ति करते, श्री नागर जी से अनुरोध है कि वे भ्रष्ट आलोचना में दिलचस्पी कमकर अपने सुयश और लेखनी को कलुषित होने से बचाएँ। अंतिम

बात मुझे 'मैला आँचल' के यशस्वी लेखक से कहनी है। करीब सवा साल तक वे मौन रहे–अधिक समय तक का मौन कई दृष्टियों से घातक है। अब वे अपनी चुप्पी तोड़ें और पूरे आत्मविश्वास के साथ, सामने आएँ; प्रश्नों के उत्तर दें।

(सुश्री) गौरा, एम. ए., अवंतिका, जनवरी, 1956

रेणु के साथ बातचीत

रेणु जी, आपने मैला आँचल उपन्यास के लिए 'आंचलिक उपन्यास' शब्द का व्यवहार किया है। इस आंचलिक उपन्यास का तात्पर्य क्या है ?
–'आंचलिक-उपन्यास' से मेरा आशय ऐसे उपन्यास से है, जिसकी समस्याओं को सामाजिक दृष्टिकोण से रेखांकित किया जा सकता है। हालांकि उसमें शिल्प-भावना के साथ परिवर्तित युग-परिस्थिति के फलस्वरूप जीवन बोध में जो परिवर्तन आता है, उसका भी चित्रांकन किया जा सकता है। इस बारे में सिर्फ इतना ही कह सकता हूँ कि उपन्यास जगत् में इस धारा का प्रयोग मैंने ही पहली बार किया है।

आंचलिक चरित्र में भाषा ठीक कैसी होनी चाहिए ?
–यह ध्यान रखा जाना चाहिए कि आंचलिक शब्दों के प्रयोग से भाषा की सजीवता बढ़े। ऐसा कर पाने पर वह चरित्र पाठक के सामने पूरी तरह जीवंत हो उठेगा। यह सब लेखक और उसके लेखन पर पूरी तरह निर्भर करता है। देखना होगा कि लेखक आंचलिक शब्दों के न्यूनतम प्रयोग न करते हुए भी ग्राम्य-जीवन का यथार्थ चित्रण कर सकता है या नहीं। यदि वह सफल होता है तो आंचलिक शब्दों के अभाव में भी उसके उपन्यास को आंचलिक-उपन्यास ही कहा जायेगा।

मैला आँचल के अनेक शब्द, जैसे–सोसलिंग या सुस्रलिंग या इसी तरह के अन्य शब्दों के अनुवाद अहिन्दी भाषा या विदेशी भाषाओं में कैसे किया जायेगा ? फिर, अनुवाद में इनकी प्रकृति या स्वरूप को क्या पाया जा सकता है ?
–निश्चय ! इस तरह के शब्दों को अनुवाद में भी जस का तस रखा जा सकता है और मेरा यह दृढ़ विश्वास है कि इस तरह के अनुवाद से भी पाठक रसास्वादन कर सकेंगे। जैसे कि **शोलोकोव का 'एण्ड क्वाइट फलोज द डॉन' या न्युट हम सून** का उपन्यास जो अंग्रेजी में अनूदित होकर आया है। **मुल्कराज आनन्द ने 'कुली'** उपन्यास अंग्रेजी में ही लिखा है और उन्होंने इस तरह के अनेक शब्दों का प्रयोग

किया है। इससे कहीं रस भंग होता है, यह मैं स्वीकार नहीं करता।

'मैला आँचल' में विश्वनाथ प्रसाद के चरित्र में जो आदर्शभाव दिखाया गया है, वह क्या आरोपित है या कि परिस्थिति के दबाव के कारण उन्हें आदर्शवादी बनना पड़ता है ?
–यह आदर्शभाव परिस्थिति के प्रभाव से सर्वत्र स्वाभाविक हो उठा है। सबसे पहले, विश्वनाथ प्रसाद मुनीम किस्म के आदमी हैं। जब उन्होंने समझा कि इस जमीन को ज्यादा दिनों तक अपने अधिकार में नहीं रखा जा सकेगा, क्योंकि जमींदारी प्रथा खत्म हो गयी और जमीन की बन्दोबस्ती दूसरे ढंग से होने वाली थी, तो उन्होंने सब को पाँच-पाँच बीघा जमीन दान में दे दिया। ऐसा करने पर ग्रामवासियों की नजर में वे काफी ऊपर उठ गये। सबसे बड़ी बात कि उनकी बेटी कमला के लिए लड़का मिल जाता है जिसकी तलाश, वे पिछले कई वर्षों से कर रहे थे। कोई तैयार नहीं हो रहा था। इसके अलावा कमला की शादी के लिए उन्हें कम-से-कम बीस हजार रुपये खर्च करने पड़ते। यदि डाक्टर शादी करने से अस्वीकार करता, तो कमला के शादी से पूर्व गर्भवती हो जाने के कारण उनकी इज्जत मिट्टी में मिल जाती। फलस्वरूप डाक्टर जैसे ही दामाद बनना स्वीकार लेता है, यह मान लेना पड़ेगा कि पापहारिणी गंगा स्वयं आकर उसके पापों को धो जाती है और वे भी पूरी तरह निश्चिन्त हो जाते हैं।

आनन्द के इस सघन क्षण में यदि थोड़ी-सी उनकी उदारता प्रकट हो जाती है, तो वह यथार्थ कारणों से ही होती है, जो मानव स्वभाव के अनुकूल है। फिर हम यह भी देखते हैं कि भू-दान यज्ञ में लोग हजारों बीघा जमीन दान करते हैं। यह उदारता या हृदय परिवर्तन परिस्थिति के प्रभाव से ही होता है। यह कहीं से भी आरोपित नहीं है।

अच्छा रेणु जी, आपकी दृष्टि में आज का नागरिक जीवन क्या आंचलिक उपन्यास की पृष्ठभूमि हो सकता है ?
–जरूर हो सकता है। यदि उस उपन्यास में नगर-जीवन के आचार-व्यवहार, उसकी भाषा, उसके विभिन्न संस्कार आदि का समावेश हो। हालांकि लेखन का मान भी उसके साथ विचारणीय है।

पिछली पीढ़ी के किन-किन रचनाकारों का लेखन आपको प्रभावित करता है ?
–इस मामले में मैं अपने गुरु स्वर्गीय श्री **रामदेनी तिवारी 'द्विजदेनी'** का ऋणी हूँ। वस्तुतः उनकी रचना 'भइया जी की घोड़ी' ने ही मुझे प्रेरणा दी है। मेरे लेखन की प्रेरणा··· एक और सज्जन थे–डब्लू. जी. आर्चर। पूर्णिया के जिला कलेक्टर होकर भी इन्होंने संथाली जीवन पर लिखा था। इनके अलावे जिनका ज्यादा प्रभाव मुझ पर पड़ा वे हैं–**शोलोकोव, तारा शंकर, सतीनाथ भादुड़ी और प्रेमचंद।**

साहित्य में 'श्लीलता-अश्लीलता' के बारे में आपकी राय क्या है ?
–यह हालांकि काफी पुराना प्रश्न है। कुछ भी हो, साहित्य क्षेत्र में श्लीलता-अश्लीलता

के लिए कोई सीमा रेखा खींचने के पक्ष में मैं नहीं हूँ।

रेणुजी, 'परती-परिकथा' में लुत्तो बार-बार अनुचित व्यवहार करता है, फिर भी जितेन्द्र को किसी तरह उत्तेजित होते नहीं देखा जाता है, जो अस्वाभाविक-सा लगता है। ऐसा कैसे हुआ ?

–यह बात पूरी तरह जितेन्द्र पर निर्भर करती है। जितेन्द्र की मानसिकता को लक्ष्य किया जाय तो स्पष्ट हो जाता है कि वह आधुनिक जीवन, साहित्य, शिल्प के साथ गहरे परिचित है। उच्च शिक्षा ने उसे परिमार्जित और सुसंयत होना सिखाया है। वह अच्छी तरह जानता है कि लुत्तो का पिता किस तरह उसके पिता के हाथों अपमानित और निपीड़ित हुआ है। बैल की तरह उस पर अकथ्य अत्याचार हुआ, जिस कारण गों-गों की आवाज करता हुआ वह तड़प-तड़प कर मरा। जितेन्द्र यह भी जानता है कि यदि लुत्तो को अवसर मिले तो उसे वह कभी नहीं छोड़ेगा। जमींदारी प्रथा खत्म होने पर सर्वे-सेट्लमेन्ट की स्थिति को भी वह ठीक-ठाक समझता है, इसलिए विवादग्रस्त जमीन की रक्षा के लिए अदालत की शरण में जाते उसे नहीं देखा जाता है। हाँ, मेम-माँ से प्राप्त दुलारी दाय के कुंड की रक्षा अवश्य करता है, क्योंकि कुंड दरअसल ताजमणि की सम्पत्ति है।

ललितांशुमयी, विपक्ष, रेणु अंक में प्रकाशित

मिलिए फणीश्वरनाथ रेणु और उनके परिदृश्य से

"धान की इतनी अच्छी फसल, जितनी अच्छी इस साल है, हो तो खेती करने में कविता करने का आनन्द है। खेती और कविता में जरा भी फर्क न लगे। एक बार ताइचून रोपते समय वर्षा में भींगते हुए मैंने एक कविता रची। मन हुआ कि राजकमल चौधरी को भेज दूँ। लेकिन बाद में भूल-भाल गया।... मेरे विचार से तो अभी एक बीघा खेत में खेती कर लेना पाँच लेख और पाँच कहानियाँ लिखने से ज्यादा फ़ायदेमन्द है।... "

रेणु के गाँव जाकर उनके परिदृश्य से और रेणु से मिला रहे हैं युवा कथाकार कवि सुवास कुमार

हरीतिमा। जैसे एक ही जगह दुनिया की सारी हरियाली बिछा दी गयी हो। रेलवे लाइन के दोनों ओर फैला हुआ सीमान्तक शस्य-क्षेत्र। कुछ-कुछ पीताभ हरियाली

ओढ़े हुई धान की रूप-गर्विता बालियाँ पुरवा के हर स्पर्श पर इठला रही हैं। छाती-भर खड़ी फसल में पगडण्डियाँ खो गई नजर आती हैं। कहीं-कहीं बाँसों के कुछेक बीट और इक्का-दुक्का बड़े वृक्षों को छोड़कर दृष्टि-पथ में धन-खेतों की हरियाली का ही व्यापक प्रसार है।

यह दृश्य पूर्णिया जिले के सिमराहा स्टेशन के करीब का है, जहाँ का 'धत्ता' (उजाड़ भूमि) कुख्यात था। यही है 'परती : परिकथा' की वास्तविक भूमि। 'परती : परिकथा' के लेखक का गाँव 'औराही हिंगना--जहाँ मैं जा रहा हूँ--करीब तीन मील पर है। यह तीनों मील पैदल चलना होता है–किसी सवारी की व्यबस्था नहीं। कोई सड़क भी तो नहीं। एक कच्ची-टूटी सड़क है भी, तो घूमकर जाती है। चाहें तो इसे सड़क कह लें या बैलगाड़ी की लीक।··· सो खेतों की मेंड़ पर से गुजरना होता है। खेतों की मेंड़ से गुजरना–यानी हरियाली के बीचो-बीच गुजरना मुझे अच्छा लग रहा है। रेलगाड़ी में कोयले के कणों के पड़ने के कारण कछमछाती आँखों को यह दृश्य बड़ा ही शीतल कर गया है।

कौन कह सकता है कि इसी बिहार में भीषण सूखा पड़ा है ? कौन कह सकता है कि हम बंगाल के शस्य-प्रदेश में यात्रा नहीं कर रहे ? यदि पूर्णिया जिले का कोई निवासी पाँच-सात वर्षों के बाद अब अचानक यहाँ पहुँच जाये तो उसे कदाचित् ही प्रतीति हो कि वह इसी जगह को छोड़कर कभी गया था। जिन किसानों ने यह फसल उगाई है और जो प्रसन्न-मन इसे काटेंगे, उनके पूर्वजों की एकमात्र फसल थी--पाट, सो भी बरसात के दिनों में, अलग मिट्टी वाली जमीन में। अब तो यहाँ गेहूँ, चना, जौ, मटर, सरसों–हर फसल उगेगी; क्योंकि अब यहाँ की माटी माटी नहीं, सोना है। पहले यह माटी बालू थी।

'परती : परिकथा' कल ही पढ़कर समाप्त की है–दूसरी बार। पहली बार चार साल पहले पढ़ी थी। इस हरियाली को देखकर मेरी कल्पना की आँखें इन खेतों के अतीत को देखना चाहती हैं।··· काँटों-भरे झाड़-झंखाड़ और दिगन्तव्यापी रेत। कुछ जंगली जानवरों की दूहें और बालू के टीले। निर्लज्ज, निर्वसन बन्ध्या नारी की तरह लेटी हुई जमीन–बंजर जमीन बादलों की सारी प्यास सोखकर भी अतृप्त रह जाती। जिसका हिया कभी न जुड़ाये, जिसकी गोद कभी हरी न हो, ऐसी बंजर जमीन। परती धरती।

और अब तो मेरी आँखों के आगे सद्यःप्रसूता धरित्री है। कहाँ बाँझ–बलुआही जमीन और कहाँ स्वर्ग शस्य प्रदेश ! मैं ही क्यों, जो यहाँ के निसर्ग के पूर्वरूप से परिचित हैं, ऐसा कोई भी व्यक्ति इस परिवर्तन को सहज ही महसूस कर सकता है। लेकिन यह परिवर्तन क्या यों ही सहज सम्भव हुआ होगा जिस रूप में हम आज इसे ग्रहण कर रहे हैं ? निश्चय ही इस उपलब्धि के पीछे एक मनुष्य-गाथा–बल्कि मनुष्यों की वह साहस गाथा है, जिसने इस निर्वसना प्रकृति को हरी चूनर पहनने को मजबूर किया।

··· बलुआही मिट्टी–कोई गन्ध नहीं। गन्धहीन माटी। यहाँ चढ़े चिलचिलाती

हुई धूप और लू से लदी हुई हवाएँ चलें या झर-झर-झहर-झहर बादल झरें—कोई अन्तर नहीं पड़ता था। परती—सैकड़ों वर्षों से पड़ी हुई धरती पर केवल कुश-काँटे और कहीं-कहीं बन-लहसुन पैदा होते थे। यही था कोसी-कवलित अंचल। हर साल लाखों प्राणों की बलि लेती थीं कोसी महारानी !

हिमालय की गोद से अरुण, तिमुर और सुतकोसी—ये तीन धाराएँ निकलकर वराह क्षेत्र के पास मिल जाती हैं। त्रिवेणी। त्रिवेणी के बाद सप्त कोसी, फिर कोसी—डायन कोसी। जिसकी साँसों में उनचास पवन इठलाये, आँखों में हमेशा खून पीने की हविस, जो करवट ले तो भूचाल आ जाये, जिधर चले उधर प्रलय-हड़कम्प मचा दे। कोई एक रास्ता नहीं, जब जिधर जी चाहे चल दी। रातोंरात गाँव के गाँव जल-मग्न ! ऐसी सर्वग्रासिनी कोसी को बाँधने की बात, तो मैक्कैनो ही थी न ? मैक्कैनो—बच्चों द्वारा बनाया जाने वाला पुल, डैम, मकान। घर के अन्दर, मन के अन्दर मनचाहे ख्वाब देखना। मगर कोसी को बाँधना आसान काम नहीं। फिर भी "मन केर ममोला मनहि में रहलऽ सेमरिक फलवा सूखि के फुटाइल—सेमरिक रूई उड़त'—सेमल की रूई की तरह उड़ती हुई मन की आशाओं का कोई क्या करे ?

—इस विशाल परती पर क्या कहीं इस प्रकार की मिट्टी नहीं, जिसमें जंगल लगाना सम्भव हो ?

—आपको मालूम है मिस्टर, 'एट लीस्ट हण्ड्रेड टाइम्स' इस परती के साँइन्स का 'केमिकल एनालिसिस' किया जा चुका है। तीन-तीन 'केमिकल सेक्शन' की रिपोर्ट है...

—फिर भी जंगल लगाने की योजना पर...

—जी, बालू में पेड़ रोप दें ? आप तो जानते ही होंगे कि अफ्रीका का जंगल सहारा मरुभूमि में नहीं है। आपके पास फाजिल पैसा है, आप जो चाहें कर सकते हैं। मगर मैं तो कहूँगा, बेहतर होगा कि आप इन पैसों का 'नेशनल सेविंग्स सर्टिफिकेट' खरीद...

मैं 'परती : परिकथा' के उस दृश्य की कल्पना करता हूँ, जब जित्तन बाबू ने परती में पहले-पहल ट्रैक्टर चलाया था। पुरानी परती की वीरान धरती पर संशय-भरी नजरों ने पहली बार ट्रैक्टर चलते हुए देखा। लोगों के मन में बरसाती हरियाली की तरह क्षणिक आशा भी नहीं उपजी, प्रत्युत मृग-तृष्णा के प्रति एक सन्देह उपजा...

—पागल कहीं का, परती में ट्रैक्टर चला रहा है—क्या सनक है !

—गुदड़ी उधेड़कर सी रहा है...

—भाई, अब बासमती धान उपजेगा। कितना खाओगे ?

—हो—हो—हा—हा !

—धान नहीं, केला ! केला भी नहीं उपजेगा। ट्रैक्टर से जोते या...

—परती तोड़कर गौ माता के कलेजे पर छुरी चला रहा है, जित्तन !

–उधर सिमराहा, फारबिसगंज, बथनाहा, वीरपुर, भीमनगर में हाकिमों का मेला लग गया। चीफ इंजीनियर, सुपरिन्टेंडिंग इंजीनियर, सब डिवीजनल ऑफिसर्स ऑव कोसी प्रोजेक्ट, सेक्शनल ऑफिसर ! फिर सेक्रेटरी, पी. ए., रीडर, स्टेनो, वर्क सरकार, अमीन, चपरासी–सब कोसी योजना वाले साहब लोग हैं। चतरा गद्दी में पुल बाँधने आये हैं।···

··· वाह रे, चतरा गद्दी में पुल बाँधने आये हैं, तो पचास कोस दूर बैठकर भला वे पुल कैसे बाँधेंगे ? और पुल बाँधने के पहले तो आदमी की बलि की जरूरत होती है, सो ?

–देखो, बच्चे घर से बाहर न निकलें।

–केवल परती पर ही नहीं, कोसी-किनारे के ताड़-वृक्षों पर भी ब्रह्म-पिशाच का राज्य है। उससे कैसे पार पायेंगे ये लोग ?

–इन्हें कोसी मैया की ओर दुर्मति खींच रही है। हजारों बलिदानों से सन्तुष्ट होंगी, कोसी मैया !

–हुँ, बाँध बाँधेंगे···

–काहे नहीं ? आदमी ने ही तो राक्षस की तरह विकराल मशीन बनायी है। याद है, दन्ता राकस ने किस तरह से धरती को खोदा था। 'सुन्नरि नैका' की गीत-कथा में···

कोसी-योजना 'सुन्नरि नैका' के समानान्तर एक और कथा है। वीरपुर, बथनाहा, फारबिसगंज, सिमराहा, पूर्णिया, विराटनगर, दूबी–जगह-जगह कॉलोनी बनी। जहाँ दिन में भी पहले टिटही बोलती थी वहाँ अब रात में भी रोशनी का बाजार लगा रहता है। कोसी-योजना के अधिकारियों को एक मिनट की भी फुरसत नहीं। 'मस्टर रॉल' के मजदूरों के सिर पर दूरबीन और नाप-जोख के दूसरे सामानों को रखे, धूल-कीचड़-बालू-सने फुलपैण्ट और बुश्शर्ट पहने, मुड़े-तुड़े रूमाल से दनादन पसीना पोंछते हुए और लाल-लाल आँखों में किचकिचाते बालू का दर्द झेलते मगर बेतहासा दौड़ते हुए सेक्शनल ऑफिसर। साथ में अमीन और वर्क सरकार। मिनट-मिनट पर गुर्राती जीप गाड़ी से दौरा करते हुए सबडिवीजनल ऑफिसर और सुपरिण्टेंडिंग इंजीनियर।

इन्सान गढ़ता भी है, रचना भी करता है समाज के लिए, अवाम के लिए। वीराने को बसाने के लिए, बन्ध्या धरती को शस्यश्यामला बनाने के लिए ही तो जी-तोड़परिश्रम करता है आदमी···

–यादव जी, 'कॉण्ट्रैक्टर' के मुनाफे में ही तो 'हमारा', 'पर्सेण्टेज' बँधा है···

–सर, उधर 'ओवरसीयर' साहब भी 25% कहते हैं। हम बेमौत मारे जायेंगे, सर !···

–'कॉण्ट्रैक्टर' मारता है; मरता नहीं है, यादव जी···

–तीन हिस्सा नहीं, सात हिस्सा बालू। 'ओवरसीयर' साहब 'खुद्दे' कहिन हैं···

–सिंध जी ने भी खूब भाषण दिया। लगता था रो रहे हैं···

–काहे नहीं, इसी एस. ई. साहब ने तो उन्हें बनाया। जब उतना मानते थे तो उनके 'फेयरवेल' पर दो बूँद आँसू भी नहीं चुआयेंगे ?

–पार्टी में कुल कितना खर्च पड़ा होगा, अन्दाज ?···

–कोई हिसाब है ? एक पार्टी हो जाने पर प्रबन्धक लोगों के घर पर महीने भर पार्टी खायी जाती है।

–सुनते हैं, साहू जी के यहाँ दो हाँडी रसगुल्ला गया था···

–और तीन टोकरी सेब भी।

–नये एस. डी. ओ. पांडेजी भी खूब बतक्कड़ हैं। कहते थे···

–अजी, दरबारी आदमी हैं।

–पहले डी. वी. सी. में थे। घूस के लिए बदनाम···

उजाड़, बंजर और बेकार अंचल में युगान्तकारी परिवर्तन हुआ है। कोसी की मुख्यधारा और अन्य शाखा नदियों पर बाँध बाँधे गये हैं। बड़े-बड़े और ऊँचे बाँध। नदियों की धाराओं को इच्छानुकूल मोड़ा गया। बथनाहा स्टेशन से वीरपुर तक रेल की छोटी पटरी बिछाई गयी। मालगाड़ियों का निरन्तर सिलसिला।··· सीमेंट, कोयले, पिट्रोल और लोहे की भारी-भरकम मशीनें लगातार ढो कर वीरपुर तक ले जायी गईं। सम्पूर्ण इलाके में बिजली के तार लग गये। धरती पर नदी जैसे नहरों और नहरों के भी कई-कई शाखा-उपशाखाओं के जाल बिछाये गये। सड़कें और पुल बनाये गये।···

··· परम आदरणीय अध्यक्ष महोदय, मंत्रीजी, अतिथियों एवं साथियों··· "अवर अभियन्ता संघ के छठवें अधिवेशन पर आपकी उपस्थिति से हम गौरवान्वित हैं। कोसी योजना का मुख्य निर्माण-केन्द्र वीरपुर, जहाँ आप सभी उपस्थित हैं, निर्माण के प्रारम्भिक दिनों में घने जंगलों, विशाल मरुप्रदेश एवं कासपटेरों से परिपूर्ण प्रायः जनशून्य था। पिशाचिनी कौशिकी की संहार-लीला से आक्रान्त, अविद्या, दारिद्र्य एवं व्याधियों से ग्रसित उपेक्षित मनुष्य··· मोरंगिया वायु से प्रभावित मलेरिया की गोद में खेलता मानव जीर्ण-कंकाल जैसा था। संचार-व्यवस्था के अभाव में यह क्षेत्र टापू बना हुआ था। ऐसी भयानक स्थिति में रहते हुए लोगों ने जिस प्रकार इस अंचल की कायापलट की, वह आज मात्र कल्पना की वस्तु बन गई। पक्की सड़कें, अनवरत दौड़ती गाड़ियाँ, विद्युत-दीपों से आलोकित नगर आज अलकापुरी···

कोसी अब चिड़ियाघर में बन्द अजगर हो गयी है। उसे अपनी सीमाओं में बहते देखकर एक आश्चर्य-मिश्रित सुखद भय होता है। कोसी अब वरदात्री है। बहुत-कुछ देती है; अनाज, पाट, बिजली और मछलियाँ। किसानों के दिन फिरे हैं : खेतों में 'ट्रैक्टर' चल रहे हैं। एक स्वप्न पूरा हुआ है।

अब धरती को बाँझ कौन कहेगा ? वह तो सदा सुहागिन है। इन्द्र-धनुषी साड़ी पहने यह धरती हँसती है, खिलखिलाती है, गाती है, झूमती है। धान के

खेतों में अब धानी रंग उतर आया है। बालियाँ झुक आई हैं।··· कातिक-बीते अखता धान की कटनी शुरू हो जाती है।

नेपाल की तराई से लेकर गंगाजी के किनारे तक लाखों एकड़ में फैला हुआ बन्ध्या धरती का आँचल अब सूना और उदास नहीं रहा। दूधों-नहायी और पूतों-फली धरती है अब। मुझे अजित कुमार की कविता की पंक्तियाँ याद आई हैं–

जिसका भी जी चाहे कहले
–ऐसे कभी नहीं थे पहले
खेत सुनहले
अंगराग बन गई कि जो थी अब तक धूल
नाच रहे जैसे पहने रंगीन दुकूल
नीले फूल !
(झाँकियाँ : अकेले कण्ठ की पुकार)

हमारी आँखों के आगे वस्तुतः इतना बड़ा परिवर्तन उपस्थित हो गया है कि सहसा अपनी आँखों पर विश्वास नहीं होता। इस सुखद परिवर्तन का एहसास कितना पुलक-भरा है। मैं सोचता हूँ कि इस परिवर्तन को अलग-अलग तबके के लोग अवश्य ही अलग-अलग ढंग से लेते होंगे। इस संदर्भ में एक किसान का दृष्टिकोण एक राजनीतिज्ञ या साहित्यकार के दृष्टिकोण से अवश्य ही विलग और विलक्षण होगा। इस परिवर्तन का असर भी अवश्य ही विभिन्न वस्तुओं पर विभिन्न रूपों में पड़ा होगा। यह परिवर्तन तो इतना स्पष्ट और प्रत्यक्ष लक्षित होता है कि लोक-चेतना के सांस्कृतिक आयामों पर भी इसके प्रभाव का अध्ययन किया जा सकता है। इस सम्बन्ध में क्यों न किसी किसान से 'इण्टरव्यू' किया जाय ?

स्वयं 'परती : परिकथा' के लेखक को यह सब बदल जाना कैसा लगता होगा ? चिलचिलाती धूप में चमकते हुए रेतकण जिन आँखों में हरियाणी की मृगतृष्णाएँ रचते होंगे, उन आँखों को यह लहलहाती हुई फसल और लहरों में चमचमाती हुई मछलियाँ, कैसा महसूस होती होंगी ? इस ऊसर और वीराने में जहाँ दिन में भी गीदड़ और खिखिर बोला करते थे, अब मैना और हल्दी-चिरैया की चहचहाहट उन्हें कैसी लगती होगी ? जिस लेखक ने कभी आशा की थी : "लाखों एकड़ बन्ध्या धरती, कोशी-कवलित, मरी हुई शस्य-श्यामला हो उठेगी। कफन-जैसे बालू-भरे मैदान में धानी रंग की जिन्दगी के बेल लग जायेंगे। मकई के खेतों में घास गढ़ती हुई औरतें बेवजह हँस पड़ेंगी। मोती-जैसे दाँतों की चमक।" (मैला आँचल) उसे रबी और खरीफ की फसलों में से आती हुई अबोध खिलखिलाहटें कौन-सी अनुभूति देती होंगी ? मैंने मन-ही-मन 'रेणु' जी से ही बाकायदा इण्टरव्यू लेने की बात सोची।

श्री फणीश्वरनाथ 'रेणु' सम्भवतः प्रेमचन्द के बाद दूसरे हिन्दी के कथाकार हैं, जिन्हें गाँव और खेतों से आन्तरिक लगाव है। (दोनों का चाहे-अनचाहे फिल्म क्षेत्र में भी प्रवेश हुआ–अद्भुत साम्य है !–किन्तु जहाँ प्रेमचन्द फिल्मों और अपने

अन्तिम उपन्यास 'गोदान' में निराशावादी हो गये; इसके विपरीत 'रेणु' की मनोवृत्ति को साहित्य की ही भाँति फिल्म में भी सफलता मिली।)

मैं 'रेणु' जी से इतनी बार मिला हूँ कि कितनी बार मिला हूँ–यह याद नहीं। शायद अन्यों की अपेक्षा उन्हें नजदीक से देखा भी है। उनके घर की मिट्‌टी की दीवार पर पेन्सिल या खरोंचों से बनाये गये उनके चित्र देखने या उनके वैयक्तिक नोटबुक से कविताएँ (जी हाँ, 'रेणु' जी कविताएँ भी करते हैं) सुनने का अवसर, मैं समझता हूँ, ज्यादा लोगों को नहीं मिला है। मैंने उनके खेत में उनके साथ बैठकर ईख, उनके बगीचे के 'कच्चा-मीठा' आम और उनके हाथ की बनी खिचड़ी खायी है। वैसे हमारी बातचीत की परिधि में श्री रामकृष्ण परमहंस के आध्यात्मिक जागरण से लेकर भूखी पीढ़ी वालों की कविता तक आती है, मगर गाँव-घर की बात करने से 'रेणु' जी खूब खुश होते हैं। एक बार उन्होंने मुझसे कहा था–"शहर से जब मैं गाँव आ जाता हूँ, तो भूल जाता हूँ कि मैं लेखक भी हूँ। देश और दुनिया की खबरों से कोई सरोकार नहीं रखता, क्योंकि यहाँ न तो रेडियो सुनता हूँ, न अखबार ही पढ़ता हूँ। गाँव ही मेरा संसार हो जाता है। इस स्थिति में आप आते हैं, तो मुझे एहसास होता है कि मैं लेखक भी हूँ।"

शहर में और शहर की बातों को लेकर 'रेणु' जी भले ही भीड़-भीरु हों, किन्तु गाँव में वे 'समाजी' इस अर्थ में हो जाते हैं कि गाँव के बारे में बोलते नहीं अघाते। इसीलिए तो उनसे मैंने बेहिचक़ 'इण्टरव्यू' की चर्चा छेड़ दी।

औराही हिंगना–'रेणु' जी का घर। वे बरामदे में कुरसी डाले बैठे थे। मैं भी बैठा। मैंने जब धान की फसल की चर्चा की तो वे खुश होकर बोले–"चलिए, आपको धान के खेत दिखायें।"

मैं तो तैयार था ही। 'रेणु' जी लुंगी-कुरते में थे। स्वेटर पहना और हाथ में घूमने की छड़ी लेकर चल पड़े। खेतों की मेड़ों पर लम्बी चोटी की भाँति पड़ी हुई पगडंडियों पर हम चले। धान के पौधों का शरीर से संस्पर्श रोमांचक था, सामाजिक था, जो नगर-जीवन में दुर्लभ ही है। मैं अपने बदन से उनकी लम्बाई नापता हुआ चला–कमर-भर··· छाती-भर धान। मैंने नोटबुक खोल ली और खेतों में घूम-घूमकर और फिर खेत की मेड़ पर बैठकर प्रश्न पूछने लगा।···

सु. कु.–'सारिका' में आपके पते के बारे में घोर अनिश्चितता पाकर मैं तो सोच बैठा था कि आप शायद यहाँ न हों–

फणीश्वरनाथ रेणु–यह कैसे हो सकता है कि बुआई या कटाई के समय मैं गाँव न आऊँ ? बचपन में 'सिरपंचमी' सरस्वती-पूजन–के दिन स्कूल में पूजा-स्थल से भी मैं और मेरे समवयस्क लड़के जल्दी ही घर और घर से खेत भाग आते थे, क्योंकि वर्षा आरम्भ के कारण उस दिन खेत में पहली बार हल्की मिट्टी से शुभस्पर्श कराया जाता था। मुझे वह दिन अब भी भूला नहीं है और इसलिए तो अब भी इस अवसर पर बच्चों की भाँति कहीं से भी भागकर गाँव पहुँच जाता हूँ।

सु. कु.–शहर से गाँव आने पर आपको कैसा महसूस होता है ?

रेणु–हाल ही में कलकत्ते गया था। वह पटने की अपेक्षा ज्यादा 'शहर' है। शहर में अस्तित्व का संकट या यन्त्रणा-बोध तीव्र हो जाता है। इसलिए शहर से गाँव आना कुछ वैसा ही है, जैसा 'स्लॉटर हाउस' के करीब से निकलकर खुली हवा में साँस लेना।

सु. कु.–इस बार तो धान की फसल काफी अच्छी मालूम होती है। आपका क्या विचार है ?

रेणु–··· सो तो आप देख ही रहे हैं। धान की इतनी अच्छी फसल, जितनी अच्छी इस साल है, होतो खेती करने में कविता करने का आनन्द है। खेती और कविता में जरा भी फर्क न लगे। एक बार ताइचून रोपते समय वर्षा में भीगते हुए मैंने एक कविता रची। मन हुआ कि राजकमल चौधरी (अब स्वर्गीय) को भेज दूँ। लेकिन बाद में भूल-भाल गया।··· मेरा तो कभी-कभी मन करता है और यदि मुझसे बन पड़े तो लिखना-विखना छोड़कर केवल खेती ही करूँ।··· जे. पी. (जयप्रकाश नारायण) फारबिसगंज आये थे। सभा में मैं भी आमंत्रित था। जे. पी. ने पूछा–"आप यहाँ कब से हैं ?" मैंने कहा, "करीब पन्द्रह दिनों से।" फिर उन्होंने पूछा–"क्या हो रहा है ? कुछ लेखन कार्य ?" मैंने उत्तर दिया–"अभी तो ताईचून लगा रहे हैं।··· मेरे विचार से तो अभी एक बीघा खेत में खेती कर लेना पाँच लेख और पाँच कहानियाँ लिखने से ज्यादा फायदेमन्द है।" जे. पी. उत्तर सुनकर प्रसन्न नजर आये।

खूब हुआ है धान। मैं तो इन खेतों में बराबर टहला करता हूँ। सुबह कुहरे में उठते हुए खेतों का स्लेटी वर्ण, दोपहर–धानी रंग और शाम को ढलते हुए सूरज की किरनों से निखरी हुई इन खेतों की स्वर्णाभा दर्शनीय होती है। अलग-अलग समय में खेतों में अलग-अलग रंग-वर्ण ही नहीं, अलग-अलग गन्ध भी सहज ग्राह्य हैं।··· इस फसल की लहलहाहट में तो अब पात्र भी लहलहा रहे हैं। लिखने को मन कुलबुला रहा है। यहाँ से पटना लौटकर कुछ-न-कुछ लिखूँगा। फिलहाल 'कनकजीर' धान की पाँच-पाँच बालियाँ दोस्तों को भिजवा रहा हूँ। हमारा मेक्सिकन गेहूँ 'लर्मा रोहो' देखने आप अवश्य आइए।

सु. कु.–यह क्षेत्र कोसी की विभीषिका से आक्रान्त था। विज्ञान ने कोसी नदी को वरदान बना दिया। पूर्णिया जिले में नहरों का जाल बिछ गया है। परिवर्तन की इस स्थूल प्रक्रिया ने लोक-जीवन की सूक्ष्म मान्यताओं और विश्वासों को किस हद तक झकझोरा है ?

रेणु–नहरों के बनने से पहले यहाँ पाट और कुछ मात्रा में कहीं-कहीं धान पैदा होता था। पाट का पैसा नकद मिल जाता था और इसलिए भी धान को लोग धान नहीं समझते थे। खरीद-फरोख्त में दो पूले पाट या चार सेर धान–यही हिसाब था। सच पूछिए तो लोग पहले खेती नहीं करते थे, नवाबी करते थे। आपने कदाचित् यह कहावत सुनी होगी–

आबरन देवे पाट पेटभरन देवे धान।
परानपुर के बेफिकरा सोबे चादर तान।

कोसी-प्रोजेक्ट की कृपा से ऊसर जमीन में भी अब धान, गेहूँ, सरसों, चना, मटर, जौ आदि पैदा होंगे। पिछली नवाबी खतम। जमीन वाले मेहनत करेंगे। करना ही होगा। 'आलसीपन' का कारण यही था कि मेहनत का फल पाने की आशा पहले नहीं रहती थी। एक कारण और था, और वह यह कि मलेरिया और कालाजार के भीषण प्रकोप के चलते घर के घर, गाँव के गाँव सुनसान बने रहते। कभी-कभी परिवार के सारे सदस्य इस बीमारी की चपेट में आ जाते और कोई पानी देने के लिए भी बचा नहीं रहता था। सन् 45 से 50 तक यह रोग जोरों से फैला था। यूँ कहिए कि 'सुराज' का अगर तुरत का कुछ फल था तो मलेरिया उन्मूलन। इस इलाके के दो प्रमुख अभिशाप थे--कोसी और कालाजार। कोसी के चलते सिमरबनी आदि की फसल चौपट और कालाजार के चलते आदमी चौपट। दोनों का सालाना नृत्य चलता ही रहता।

अब न तो बीमारी की विभीषिका रही, न कोसी की। गाँव-गाँव में बिजली और पन-बिजली आ रही है। कृषकों को कृषि की सारी सुविधाएँ प्राप्त हो रही हैं। अब खेती के करने में उत्साह भी होना चाहिए। फिर अब तो साम्प्रतिक अकाल और इण्टरनेशनल हंगर--अन्तर्राष्ट्रीय भूख ने अन्न का महत्त्व प्रतिपादित कर दिया है। खेती का नहीं किया जाना अब क्राइम जैसा लगता है।

लोग कोसी-योजना को पहले सन्देह की दृष्टि से देखते थे। उन्हें प्रकृति की उच्छृंखलता के संयमन में मानव-विजय--जैसी सफलता आप देख रहे हैं--की आशा नहीं थी। अब उन्होंने प्रगति की ओर जमाने की तेज रफ्तार देखी है और अब मानव शक्ति में उनकी आस्था बलवती होती जा रही है। कोसी-योजना के यान्त्रिक और वैज्ञानिक परिवेश के सम्पर्क में आने के कारण जन की मान्यताओं और विश्वासों में तर्कों का प्रवेश हो रहा है।

सु. कु.--मैं समझता हूँ कि निम्न-वर्ग की जनता सामान्यतः राजनीति से असम्पृक्त रहती है तथा सरकार के प्रति अपने मन में एक 'सिनिक' दृष्टिकोण पाले रहती है। किन्तु कोसी-योजना के द्वारा इन लोगों को बाँटी गयी समृद्धि के पश्चात् राजनीति के साथ इनका सम्बन्ध किस प्रकार का हुआ है ?

रेणु : गाँव का बदमाश हर पार्टी में रहता है। सभी पार्टी वाले उसे अपनी तरफ मिलाकर रखना चाहते हैं। अभी जनता को राजनीति से फायदा नहीं है। मान लीजिए, गाँव में 'क' और 'ख' के दो दल हैं। चुनाव में 'क' की जीत हुई। वह अपने दल के पचास आदमियों··· या यदि जीतने पर उसके दल के सदस्यों की संख्या बढ़कर सौ हो गयी हो तो उन सौ 'हैव नॉट्स' को वह 'हैव्स' करेगा। उधर 'ख' अपने दल के पचास सदस्यों या हारने पर उसके दल की संख्या घटकर पचीस ही क्यों न रह गयी हो--को लेकर अगले चुनाव में जीतने की टिप्पस भिड़ायेगा। दोनों ही हालतों में प्रतिनिधि को अपने चुनाव-क्षेत्र का सहयोग नहीं मिलता,

और वह स्वयं भी तो इसमें बाधा-स्वरूप है। प्रतिनिधित्व हमेशा एकांगी होता है।···

सु. कु.–सरकार के प्रति लोगों की धारणा कैसी है ?

रेणु–सरकार के प्रति लोगों की धारणा का बहुत-कुछ अन्दाज तो लोक में प्रचलित इस वाक्य से लगा सकते हैं कि 'अंग्रेज' गये तो 'कंग्रेज' आये !

सु. कु.–मगर राज्य में तो कांग्रेसी सरकार नहीं रही, फिर···

रेणु–कांग्रेसी सरकार ने यदि बुद्धि का अकाल पैदा किया था, तो संयुक्त-सरकार ने मतिभ्रम पैदा किया है।

सु. कु.–कोसी-योजना के अन्तर्गत निर्मित तथा प्रयुक्त बड़ी-बड़ी कॉलोनी भारी भरकम मशीनें, बड़े बाँध, बिजली के खम्भे, साइफन, कल्वर्ट, नहर, नहर से छहर–इन्हें आम जनता किस दृष्टि से देखती है ? इनके प्रभाव से समुत्पन्न भावनाओं को लोक-जीवन में कैसी अभिव्यक्ति मिली है ?

रेणु–अभिव्यक्ति क्या मिलेगी–वैसे ग्रामीण शब्दावली में इनमें से कतिपय शब्द मिल-पच गये हैं, अपने विकृत रूप में ही सही। इसके अलावा अभी सृजन-प्रतिक्रिया तो खत्म ही हुई है। फल के उपभोग की स्थिति जब पुरानी हो जायेगी तब प्रभावों की अभिव्यक्ति सम्भव होगी। देखिए··· !

सु. कु.–शहर में न केवल आदमी-आदमी के बीच का सम्बन्ध टूट रहा है, अपितु वहाँ व्यक्तित्त्व भी टूट रहा है। सुनते हैं कि वहाँ तमाम मान्यताएँ और मूल्य विघटनशील हैं। क्या मूल्यों के अवमूल्यन की बात गाँव के परिप्रेक्ष्य में चलाई जा सकती है ?

रेणु–क्या शहर, क्या देहात–हर जगह चीजें, सारी चीजें अवमूल्यित हुई हैं। देखिए, आपने जब चर्चा छेड़ ही दी तो मैं 'परती : परिकथा' की ओर आप का ध्यान ले जाना चाहूँगा। उसमें व्यक्ति के टूटते हुए सामाजिक सम्बन्धों पर विचार किया गया था। सर्वे के समय में परिवार टूटा। जैसे लड्डू से बुँदिया झरता है न, उसी तरह झर-झर झरते हुए लोग–समाज से और परिवार से। मैंने लिखा था–"कोई घर साबूत नहीं, क्या गरीब, क्या अमीर। अब परिवार का एक प्राणी दूसरे को सन्देह-भरी निगाहों से देख रहा है। एक-एक आदमी अपने को एक किला बना रहा है। सभी कछुए हुए जा रहे हैं।"

'परती : परिकथा' में ही उदाहरण-स्वरूप एक कहानी आती है··· एक प्रतिष्ठित परिवार के दो भाइयों की। बड़े भाई सरबन बाबू ने सर्वे के समय सभी प्लॉट अपने लड़कों और स्त्री के नाम पर लिखवा लिया तो दूसरे ही दिन छोटे भाई लालचन बाबू ने लाठी से सिर फोड़कर सरबन बाबू यानी अपने बड़े भाई को आगे··· कचहरी बढ़ा दिया। सरबन बाबू भी कुछ कम नहीं थे। उन्होंने भी भरी कचहरी में हलफ लेकर कह दिया··· "लालचन मेरा कोई नहीं। इसके बाप का ठिकाना नहीं। मेरे बाबू जी के मरने के तीन बरस बाद··· ।" तो इस भयानकता से टूटा है परिवार। भाई-भाई में बनती नहीं, ठनती जरूर है; क्योंकि कहावत

बन गई है··· 'भाय-भैयारी भैसी की सींध। जखने जनमल तखने भिन्न।' मान लीजिए किसी परिवार में चार भाई हैं। परिवार में इमली का एक ही पेड़ है। आपस में लड़-झगड़ कर चारों भाई एक-एक इमली भी नहीं तोड़ पाते हैं, किन्तु दूसरे आदमी इस फूट से फायदा उठाकर वह इमली तोड़ ले जाते हैं।

मतलब यह कि हर सम्बन्ध में दरार है। कहीं वह स्पष्ट परिलक्षित होता है तो कहीं उसे मिट्‌टी से लेप दिया गया है लेकिन दरार तो है। अपना परिचय देते वक्त गाँव में प्रायः ऐसे प्रश्नों का सामना करना पड़ता है··· कितने भाई हैं? साथ हैं या अलग-अलग ?

··· अब गाँव का आदमी उतना मूर्ख या भोंदू या ये दोनों शब्द अच्छे न लगें तो कह लीजिए भोला नहीं रहा जितना पहले का था, या जितना शहर में अब भी समझा जाता है। 'वोटिंग' को ही ले लीजिए। अब ग्रामीण भेड़िया-धँसान होना पसन्द नहीं करते। लोगों में 'इंडिवीजुअलिटी' की 'फीलिंग' पनपने लगी है। उसे समूह में किसी रास्ते पर हाँकना आसान नहीं रह गया। वह अब बगल के रास्ते से भी चलने की बात सोचने लगा है।

चौपाल, अलाव-गोष्ठी आदि से सम्बन्धित गँवई लोगों की कहानियाँ तो आदिम गाँवों की प्रतीत होती हैं। अब तो अगर कोई ग्रामीण मेले में 'लाउडस्पीकर' से किसी दन्त मंजन का भी प्रचार सुनेगा तो मन में ही रखेगा। रात को घर आकर एकान्त में अपनी पत्नी से कहेगा··· "सुनती हो, एक बड़ी 'प्रायबिट' बात है। बाजार में एक बढ़िया दन्त मंजन बिक रहा है। कहो तो कल खरीद लें। और हाँ, सुनो किसी को पता नहीं चलने पाए, नहीं तो वह भी खरीद लेगा।"

मनुष्य हर जगह संशय-ग्रस्त है।···

सु. कु.–यह तो तय है कि वातावरण और जलवायु का प्रभाव शारीरिक और मानसिक दोनों होता है और इस कारण भी शहर के लोगों और ग्रामीण में अन्तर होता है; लेकिन मैं जानना चाहूँगा कि शहर और गाँवों में किन-किन चीजों की स्थिति या अनुपस्थिति के कारण दुराव है ? प्रायः शहर वाले शहर से असन्तुष्ट देखे जाते हैं, किन्तु क्या गाँव वाले भी गाँव से सन्तुष्ट हैं ?

रेणु–अब तो कितने ही गाँवों में कतिपय नगरोचित सुविधाएँ प्राप्त हैं–मसलन, सड़कें, बिजली, सुलभ-शिक्षा, पुस्तकालय, स्पोर्ट्स आदि। यदि ऐसे गाँवों को गाँव मानें तो गाँवों की कोटियाँ निर्धारित करनी होंगी। यदि इन्हें शहर मानें तो निश्चय ही भारत में गाँवों की संख्या कुछ कम हो गयी है।

शहर ने गाँवों को आकर्षित किया है। जैसे शहर के लोग बम्बई भाग जाते हैं उसी तरह गाँव के लोग शहर की ओर। यहाँ का मजदूर-वर्ग शहर के बारे में सोचता है कि वहाँ साला 'रिक्शा डिलैवरी' भी करेंगे तो 300 रु. महीना !"

शहर में क्या नहीं है ? पैसा का तमाशा है–"खोलो पैसा देखो तमाशा।" गाँव में पैसा खोलकर भी तमाशा देखा जा सकता है ? इसीलिए तो मुर्गी गाँव में बोलती है, मगर अण्डा शहर में बिकता है।

शहर में एक बात और है। वहाँ जो अच्छे कपड़े पहनता है, उससे कम अच्छे कपड़े वाला उसे 'बाबू' कहता है। गाँव में कितना ही अच्छा कपड़ा कोई क्यों न पहन ले, 'फलनामा' ही ('फलां' का बिगड़ा हुआ रूप) कहलाएगा।

शहर में जात-पाँत से मुक्ति है क्योंकि वहाँ धन की ऊँचाई जाति के बुर्ज से भी ऊँची होती है। अब गाँव में भी छुआछूत की समस्या पहले-जैसी नहीं है और पैसा ही जाति है। फिर भी छुआछूत कमोबेश विद्यमान है ही।

गाँव में युग के प्रतिकूल कुछ परम्पराएँ बुरी तरह ढोयी जा रही हैं। प्राचीन प्रथाओं के अवशेष भी बचे हैं। जमींदारी-प्रथा तो खतम हो गयी लेकिन जमींदार तो खतम नहीं हुए। रघुवंश नारायण सिंह के 'स्टैण्डर्ड ऑव लिविंग' में रत्ती-भर भी कमी हुई है ? क्या उन्होंने तसर पहनना छोड़ दिया ?

कुछ व्यक्ति होते हैं जो स्थिति से समझौता करके आनन्द से रहते हैं। अधिकांश गाँव वाले गाँव में ही खुशी देखते हैं। किन्तु नयी पीढ़ी शहर की ओर ज्यादा आकर्षित है। गाँवों में शिक्षा का प्रचार-प्रसार होने पर भी छात्र शहर की ओर भागते हैं क्योंकि उन्हें ज्ञात होता है कि फारबिसगंज और पूर्णिया के कॉलेजों के प्राध्यापकों का 'पे' और 'रिजल्ट' कम है, मगर पटना के प्रोफेसर का 'फर्स्ट क्लास' है ! दूर का ढोल सुहावना होता है या दूसरे शब्दों में कह लीजिए–घर की मुर्गी दाल बराबर। मुझे तो गाँव में शहर याद आता है और शहर में गाँव। गाँव में आकर मैं शहर की कहानियाँ लिख लेता हूँ।

सु. कु.–क्या गाँव वालों के जीवन-दर्शन को आलस्य से उद्‌भूत जीवन-दर्शन कहना उचित होगा ?

रेणु–हाँ, गाँव वालों का कोई ऐक्टिव जीवन-दर्शन नहीं होता, क्योंकि जीवन-दर्शन वस्तुतः परम्परा, परिस्थिति और परिवेश-सापेक्ष होता है, संघर्ष-सापेक्ष कम। हो सकता है, यही आगे चलकर 'एक्टिव' मालूम पड़ने लगे जिसे आप कभी 'आलस्य से उद्‌भूत' कह रहे हैं।

सु. कु.–अच्छी फसल का प्रभाव ग्रामीणों के रहन-सहन के स्तर पर कैसा पड़ता है ? प्रभाव पड़ता भी है ?

रेणु–क्यों नहीं ? अगहन महीने में जरा गाँव में घूम जाइए तो देखिएगा कि जो व्यक्ति पहले से बीड़ी पीता होता है, उन दिनों सिगरेट पीता है। पान खाता है, अच्छे कपड़े पहनता है, सिर में चुल्लू-भर तेल डालता है, बातें ज्यादा और काम कम करता है।

सु. कु.–सरकार के जन-सम्पर्क-विभाग के बारे में आपका क्या खयाल है ? जन-सम्पर्क के लिए जो माध्यम अपनाये गये हैं, क्या आप उनसे सन्तुष्ट हैं ?

रेणु–जन-सम्पर्क-विभाग का क्या काम है, मैं नहीं जानता। एक गाड़ी पटना में देखता हूँ, जिस पर 'जन-सम्पर्क-विभाग' लिखा होता है। जब कोई बड़ा आदमी मर जाता है, तो उस गाड़ी में से राम-धुन बजाया जाता है। कर्फ्यु या 144 धारा, जो प्रायः लगते ही रहते हैं, के लागू होने पर उस गाड़ी से घोषणा की जाती है।

सु.कु. :शहर की समस्याओं को गाँव के सन्दर्भ में उठाना क्या नितान्त अनुचित होगा ?

रेणु : सच पूछिए तो शहर को गाँव से 'कम्पेयर' करने का सवाल ही नहीं उठना चाहिए। दोनों के सर्वथा विलग परिप्रेक्ष्य होते हैं। गनीमत है कि गाँव में शहर का हर 'ट्रबुल' नहीं आया। गाँव में शहर वाला 'टेन्शन' भी नहीं है।

सु. कु. : गाँवों का शहरीकरण या शहरों का ग्रामीकरण–इन दो विकल्पों में से आप किसे पसन्द करेंगे और क्यों ? गाँवों की भौतिक प्रगति का लक्ष्य क्या 'शहर होना' ही नहीं है ? यदि नहीं तो फिर गाँवों की नियति ?

रेणु : सवाल शहर और गाँव का नहीं, आदमी का है। 'मैला-आँचल' में मैंने कहा था कि आदमी बनाना है, आदमी अभी बना कहाँ है ? आजादी के बीस साल हो गये लेकिन आदमी अभी तक आदमी नहीं बना। बिगड़ा ही है–और भी ज्यादा।

'परती : परिकथा' में भी मैंने इसी तरह की कुछ बातें कही थीं कि अब मनुष्य को यन्त्र चला रहा है। 'टेक्नॉलॉजी' के युग में हम लोग जीवन-उपभोग का मूल तकनीक ही खो बैठे हैं। हजारों-हजार जनता के बीच भी हरेक आदमी विच्छिन्न है, अकेला है। हँसी-खुशी, उत्तेजना-अवसाद, आनन्द-उल्लास–सभी यान्त्रिक हैं। धरती की पपड़ी टूट गयी है, मन की पपड़ी ज्यों-की-त्यों पड़ी हुई है। वीरान होती जा रही है। लगता है मन को छूने वाला मन्त्र ही हम भूल गये हैं।

सारे देश में निराशा का वातावरण है लेकिन इस वातावरण में रहते हुए भी मैं निराश नहीं हूँ। गाँव में अब भी सुकून है। सुकून शहर में नहीं है। गाँव में मैं एक प्रकार का आश्वासन पाता हूँ इसीलिए तो गाँव चला आता हूँ बराबर।

... तब राजेन्द्र नगर में प्लॉटों की बिक्री हो रही थी। कुछ बन्धु वहाँ घर बनाने के लिए मुझे उकसा रहे थे। मेरे पास उन दिनों कुछ हजार रुपये भी थे, सो जी ललच रहा था मेरा भी। मित्रों ने कागज-पत्तर ठीक कर रखा था। उन्हीं दिनों वी. पी. (नेपाल के भूतपूर्व प्रधान-मन्त्री विशेश्वरप्रसाद कोइराला) ने मुझसे कहा–"राजेन्द्र नगर में ही क्यों घर बनाना चाहते हो ? शिमला-मसूरी-सिलीगुड़ी आदि में क्यों नहीं ?... जब गाँव छोड़ देना ही है, तो फिर पटना में ही घर बसाने में क्या तुक है ? तुम कोई बैरिस्टर-वगैर भी तो नहीं कि तुम्हें पटने में 'ऑफिस अटैन्ड' करना होगा !"

वी. पी. की बात मुझे जँच गयी और मैंने वह विचार त्याग दिया। पूर्णिया जिले–अपनी 'नेटिव' जगह से मुझे खासा मोह है। यह अभी की बात नहीं है, जब जमीन बंजर ही थी तभी से पूर्णिया का उच्चारण-मात्र मुझे रोमांचित करता रहा है।

... तो आपका प्रश्न। शहर का ग्रामीकरण होने से तो रहा। गाँव का शहरीकरण भी–जिस बुरे (!) 'सेंस' में आप प्रयोग कर रहे हैं, अलम् नहीं। हाँ, सरकार गाँवों को मॉडर्न घर तथा आवागमन की सुविधाएँ दे। इसके अलावे स्वास्थ्य, शिक्षा, को-ऑपरेटिव बैंक आदि की सुविधाएँ गाँवों को मिलनी अनिवार्य हैं।

सु. कु.–आज की प्रतिपल ह्रासोन्मुखी स्थिति में हम किस प्रकार के लेखकीय दायित्व की अपेक्षा करें ?

रेणु–मान लीजिए सामाजिक नैतिकता का ह्रास हुआ तो इसका मतलब क्या यह है कि अब 'सदा सत्य बोलो'–जैसी चीज लिखी जाये ? आदर्श यथार्थ से और यथार्थ आदर्श से निरपेक्ष कैसे हो सकता है ?

हम फिर लहलहाती हुई फसल के बीच थे। यह लहलहाती हुई फसल प्रतीक है आशावादिता का। '··· उठ जित्तू चाउर पूरे'–'परती : परिकथा' की पण्डुकी का 'चाउर' पूर गया है··· अब वह जित्तू को कहानियाँ सुना सकती है। 'मैला आँचल' का डॉक्टर जेल से छूटकर कमली को वरने आ गया है। 'दीर्घतपा' की 'हॉस्टल-सुपरिण्टेण्डेंट और 'जुलूस' की पवित्रा··· सबका समापन एक स्वर्गीय आलोक में होता है। जीवन के हर क्षेत्र··· साहित्य, कला, संस्कृति, फिल्म, कृषि··· में 'रेणु' जी पूर्णतः आदर्शवादी हैं, आशावादी हैं, बने रहना चाहते हैं। यह आशावादिता जीवन के सम्पूर्णतः स्वीकार, जीवन के प्रति गहरी निष्ठा से ही सम्भव है।

परती के दिन फिरे हैं।···

ज्ञानोदय, अक्तूबर, 1968

बीमारों के देश में···

··· 'लास्ट मोमेंट' जैसी मेरी आदत है। उपन्यास लिखूँगा, मगर नामकरण नहीं किया जायेगा। मैटर प्रेस में चला जायेगा, तब कुछ नाम सोचूँगा। कहानियों के साथ भी यही स्थिति है। कमलेश्वर तो काफी छूट देता है मगर मार्कण्डेय घबरा गया। 'माया' का विशेषांक निकाल रहा था। एक कहानी जल्दी-जल्दी भेज दी थी। फिर सोचा, यह बात साफ नहीं हुई है। एक पोस्टकार्ड गिराया; 'फेयर' करते समय ये पंक्तियाँ छूट गयी हैं, जोड़ लो। दूसरे दिन फिर लगा कि इतना और जुड़ना चाहिए। फिर कार्ड गिराया। तब मार्कण्डेय का पत्र मिला–बस-बस, अब कहानी प्रेस में दे रहा हूँ, अब नहीं... !

इन बातों के अलावा अपनी बीमारी के लम्बे अनुभव प्रसिद्ध कथाकार रॉबिन शॉ पुष्प को बता रहे हैं रेणु जी !

गाँव में था लेकिन माँ ने कहा, लतिका अकेली होगी। दशहरा करती है। तुम्हारे बिना उसे अच्छा नहीं लगेगा। मैं पटना आ गया। तीन दिन बाद तार मिला। माँ का देहान्त हो गया··· फिर गाँव चला गया। सारी जिम्मेदारियों को निभाने के बाद पटना लौटने का विचार आया। लेकिन धान पक चुका था। खुद मैंने खेती करवाई थी, सो रुक गया। सोचा, धान कटाकर ही लौटना ठीक रहेगा। 6 दिसम्बर की बात है। 7 बजे शाम पेट में दर्द उठा। वैसे मैं काफी तन्दुरुस्त था। केवल कुछ अपच जैसा लगा। दूध-चाय के लिए लोगों ने पूछा। मैंने मना कर दिया, अपने कमरे में अकेला था। रात दस बजे से साँस लेने में तकलीफ होने लगी। पेट एकदम कड़ा हो गया। ठुड्डी तक टेहुने पर नहीं रख सकता था। जाड़े की रात। किसी को कष्ट देकर भी क्या होता। डॉक्टर गाँव से आठ मील दूर फारबिसगंज में। सोचा, किसी तरह रात खेप लूँ लेकिन पसीना शुरू हो गया। तभी एक नौकर आया। मैंने इशारे से आग जलाने को कहा। जानता था, अगर देह में गरमी नहीं जाएगी और पसीना बहता रहेगा, तो 'राम-नाम-सत्' में देर नहीं है। पसीना इतना बहा कि पोंछते-पोंछते पूरी एक धोती भीग गयी। किसी तरह लड़ते-लड़ते सुबह हो गयी। चार बजे सुबह ही धान की दबनी होने लगती है। बैल हाँकने एक नौकर आया। उसे इशारे से कहा कि चचेरे भाई को बुला दो। भाई को तार की भाषा में इतना ही कहा–"हमारी हालत ठीक नहीं है। महानन्द झा डॉक्टर से कहो कि 'पेप्टिक अल्सर' का कोई कंप्लिकेशन है। हालत अच्छी नहीं।"

मेरा गाँव औराही-हिंगना है। फारबिसगंज वहाँ से आठ मील दूर। घोड़ा कसकर वे लोग चल दिये। तभी मुझे खयाल आया, डॉक्टर को आने में तो काफी समय लग जायेगा। उनके पास मोटर है, जीप नहीं। बिना जीप के आना तो सम्भव नहीं। लेकिन लोगों ने अक्ल से काम लिया। वे ब्लॉक के डॉक्टर के पास चले गये। वहाँ से जीप लेकर आगे बढ़े। 8 बजे तक ब्लॉक के डॉक्टर महानन्द झा को लेकर आ गये। मुझे सुई दी गयी। फिर जीप के पीछे खूब पुआल बिछाकर, मुझे फारबिसगंज ले आए। 20 पाइंट सलाइन चढ़ाया गया, लेकिन एक मुसीबत शुरू हो गई। मिनट-मिनट पर हिचकी आने लगी। किसी प्रकार वहाँ के डॉक्टरों ने इस लायक बना दिया कि पटना आ सकूँ। कई तार इधर-उधर दिये गये। समाचार पाकर लतिका भी आ गयी थी। फर्स्ट क्लास कूपे में डालकर लोगों ने 14 दिसम्बर को पटना की यात्रा शुरू की। परन्तु बरौनी में गाड़ी ही छूट गयी। मोकामा तक टैक्सी से आना पड़ा। 15 दिसम्बर को जब पटना पहुँचा, तो लोग अस्पताल लाना चाहते थे और लतिका घर। जीत लतिका की ही हुई। घर आया। तिमंजिले पर जाना पड़ा। दूसरे दिन ही डॉक्टर अभय पहुँचे। अपने ही इलाके के हैं। मुझसे दो साल सीनियर। वे उठाकर अस्पताल ले आये। अब यहीं से डबल अटैक प्रारम्भ हुआ। इलाहाबाद से फोन। भोला शास्त्री का फोन··· ट्रिन··· ट्रिन··· और डॉक्टर अभय कहते–"अभी कुछ नहीं कहा जा सकता। एक पाँव

कब्र में डालकर तो आया है। हम खींच रहे हैं। देखिए...।"

21 को खतरा कुछ कम हुआ। अब तक 30 पिंट पानी और 1000 सी. सी. खून चढ़ाया जा चुका था। डॉक्टर अभय ने एस्पिरिन और सोने की दवाओं के लिए मना किया था। लेकिन जो भी हाउस-सर्जन आता, वही दर्द की दवा लिखता। नाक में ट्यूब थी। मैंने साफ करने को कहा। किसी ने कुछ ध्यान नहीं दिया। मैंने निकाल दिया, तो वे शोर मचाने लगे कि पेशेंट जिद्दी है। जब डॉ. अभय ने मुझे कहा कि ऐसा करना ठीक नहीं, तब मैंने कहा कि आपने जिन दवाओं पर प्रतिबन्ध लगाया है, क्या उन्हें ही देना ठीक है। और मैंने हाउस-सर्जनों का लिखा दिखा दिया। किसी में सोने की दवा, किसी में नोवल्जिन। पता नहीं, फिर क्या हुआ, कि वे हाउस-सर्जन मुझे दोबारा नहीं दीखे।

21 को ही गवर्नर का आदेश आ गया कि मुझे सारी सुविधाएँ दी जाएँ। लेकिन जैसे यह 'क्राइसिस पीरियड' था। रोज कोई-न-कोई मरता और रोनेवालियों की आवाज। मुझे ऐसा लगता कि कल जो आवाज थी, आज भी वही आवाज है। एकदम वही आवाज। लतिका से कहा, उसने भी कहा–बिल्कुल कल जैसी आवाज ! मैं सोचता, कहीं मेरा भ्रम तो नहीं। फिर सोचता, शायद रोनेवालियों की एक टोली हो। यह अस्पताल भी तो एक देश है। जिसका कोई नहीं, वहाँ ये रोने आ जाया करती हैं, क्योंकि यहाँ भी 'बिजनेस' होता है। बाहर जो चाय वाला बैठता है, वह चाय के साथ-साथ चूल्हे का भी व्यापार करता है। रोटी सेंकिए तो इतने पैसे। चावल बनाइए तो इतने पैसे। फलवाला यह कभी नहीं सोचता कि रोगियों के लिए फल ले जाना है। वह खराब-से-खराब माल लाता है। किताबें भी बिकती हैं। हेल्थ एण्ड हाइजिन, नंगी तसवीरों की पुस्तकें भी खपती हैं। सचमुच यह बीमारों का देश है। यहाँ क्या नहीं है–प्यार, झूठ, फरेब, व्यापार... सब कुछ तो है !

किसी डिब्बे की तरह यार्ड में पड़ा था। लेकिन इस बीमारी ने फिर पिछली बीमारियों से जोड़ दिया है। 1942 में जब जेल में था, बीमार पड़ा था। फिर 1952 में टी. बी.। एकदम अन्तिम घड़ी थी। आसमान पर बादल, न पानी बरसता था, न बदली छँटती थी। उमस। नल बन्द हो गया। पानी के लिए लोग चिल्ला रहे थे तभी बिजली चली गयी। घुप्प अँधेरा। फिर कुछ जलाया-वलाया गया। किसी तरह मैंने सुराही की तरफ हाथ बढ़ाया। वह गिर गया। पानी छितर गया। एक रोगी घिसटकर आया। और चाटते-चाटते समाप्त हो गया। मुझे लगा, मर तो रहा हूँ, लेकिन इतना कुछ, जो मेरे भीतर है, उसका क्या होगा ? क्या सब यूँ ही निरर्थक चला जाएगा ? तभी एक दाढ़ी वाला पागल जैसा आदमी सामने आ जाता है। ठहाका लगाता है। बंगला बोलता है। पूछता है–"तुमने सोने की कलम (पार्कर-51) से मेरा नाम कितनी बार लिखा या नहीं... फिर वह गाँजे का धुआँ मेरे मुँह पर फेंककर कहता है–"दुर साला, तोमार किच्छुइ हॉयनि ! तुमी भालो... "और गायब हो जाता है। दूसरे दिन से ही मैं प्रगति करने लगता हूँ।

मुझसे जो बेहतर लोग थे, वे आश्चर्य करते हैं कि क्या यह चमत्कार हो गया है। मैं उन्हें बहुत पीछे छोड़ देता हूँ। अच्छा होकर जब अस्पताल से निकलता हूँ, तो सबसे पहले एक किताब की दूकान पर जाता हूँ। दूकानदार बंगला की एक किताब सामने फेंक देता है। बहुत सुन्दर आवरण। रामनामी चादर की तरह। खोलता हूँ, वही बूढ़ा··· हाँ-हाँ, वही बूढ़ा··· एकदम वही··· मगर ये तो परमहंस हैं और फिर आस्था··· विश्वास··· दीक्षित होना और लिखना, 'मैला आँचल' जिसने मुझे ऊँचाई दी··· लेकिन इस बार लगा, अभी वह बूढ़ा आयेगा और कहेगा, "साला अनेक हयेछे लेखा पड़ा। एखन तोमार माथाए किच्छुई नाई। एबार चौल।" एकदम कमजोर हो गया था। हाथ इधर रखता था तो उधर चला जाता था। सबका चेहरा ऐब्सट्रैक्ट लगता था। जो देखने आते, उन्हें देखकर सोचता, इसका चेहरा इतना विकृत क्यों है, यह कौन है··· धीरे-धीरे मुझे लगने लगा, यह माया-मोह क्यों ! एक दिन तो सबको मरना है। मुझे भी। फिर क्यों न एकदम तटस्थ होकर मृत्यु को स्वीकार लिया जाए। वेदांत, शंकर जो भी मैंने पढ़ा था, सब सामने था। बस, अब मैं एकदम तटस्थ हो गया था, लगता था टिकट जेब में, गाड़ी आने की देर है। आते ही सवार हो जाना है। सो मैं गाड़ी की प्रतीक्षा करने लगा। लेकिन जीवन में ऐसा कहाँ हुआ है। मैंने कभी प्रतीक्षा नहीं की। स्टेशन जब भी पहुँचा हूँ कि गाड़ी खुलती रहती है, झट चढ़ गया हूँ। हरदम हड़बड़ी में रहा हूँ।

शीला–"लिखने में भी यही बात होती है ?"

रेणु–'लास्ट मोमेंट' जैसी मेरी आदत है। उपन्यास लिखूँगा। मगर नामकरण नहीं किया जायेगा। मैटर प्रेस में चला जायेगा, तब कुछ नाम सोचूँगा। कहानियों के साथ भी यही स्थिति है। कभी-कभी तो लिफाफा खोलकर नाम बदलता हूँ। 'आदिम रात्रि की महक' के कई नाम सोचे। 'आदिम गंध'। 'महक की महक' फिर सोचा, चलो सीधा-सा नाम रख दो, 'करमा की कहानी'। लेकिन नहाते समय फिर खयाल आया, 'आदिम रात्रि की महक' और फिर लिफाफा खोलकर यही नाम दे दिया। 'नयी कहानियाँ' में आयी थी यह कहानी। कमलेश्वर तो काफी छूट देता है। मगर मार्कण्डेय घबरा गया। 'माया' का विशेषांक निकाल रहा था। एक कहानी जल्दी-जल्दी में भेज दी थी। फिर सोचा, यह बात साफ नहीं हुई है। एक पोस्टकार्ड गिराया, "फेयर करते समय ये पंक्तियाँ छूट गयी हैं, जोड़ लो।" दूसरे दिन फिर लगा कि इतना और जुड़ना चाहिए। फिर कार्ड गिराया। तब मार्कण्डेय का पत्र मिला–बस-बस, अब कहानी प्रेस में दे रहा हूँ अब नहीं।

मैं उस समय एक बात सोचता था, कि यदि मैं मरने वाला हूँ तब तो सब कुछ बदल जाना चाहिए था। लेकिन लतिका तो अब भी पहले की तरह ही डाँटती है। शायद कहीं कुछ नहीं बदला है तब तो··· फिर लगातार यह सब क्यों ! जीवनी शक्ति ही नहीं है··· कि एक सज्जन जिनसे मैंने कुछ भी नहीं कहा, कहते हैं–"जीवनी शक्ति तो भरपूर है। आपको कुछ नहीं होगा। जल्दी अच्छे होकर प्राकृतिक चिकित्सा करवाइए।"

कुछ दिनों से काफी दुखी था। जब रोग का दोषारोपण रोगी पर किया जाता है, तब कितना दुख होता है। बड़े-बूढ़े कहते, अपनी चाल से यह हालत बना ली है। तभी बगल की बेड पर एक रोगी आया। एकदम यही बीमारी। वह न पान खाता, न सिगरेट-दारू पीता। सुपारी तक नहीं। उसे क्यों यह बीमारी हुई ? ... मुझे काफी बल मिला। फिर मैंने तो ऐसा कभी नहीं पिया, कि कहीं लुढ़क गया हूँ। जहाँ तक हुआ है, दूसरों को घर भी पहुँचाया है। पीना कैसे शुरू हुआ ? अरे ! जैसे हर काम शौक से होता है। चार यार-दोस्त के साथ पीने लगा। मगर बाद में, राजेंद्रनगर में बंद होकर पीने लगा, तब तो बाबा मामला गम्भीर !

सबसे पहले राजकमल[1] का नक्शा मेरे सामने आया। फिर वही साहित्यिक ग्रुप। अखबार में भूल से भरे वक्तव्य। सरकार ध्यान दे। चन्दा। और तब मैंने नरेन्द्र से कहा कि मेरी बीमारी के बारे में किसी को पता नहीं चलना चाहिए। आखिर साहित्यकार के बीमार पड़ने पर इतना हंगामा क्यों होता है ? मुक्तिबोध से राजकमल तक इतना शोर क्यों ? और कोई बीमार पड़ता है, तब यह बात क्यों नहीं होती ? यह सब बेकार है।

गीता–"साहित्यकार जो लिखता है, उससे लोगों का सम्बन्ध जुड़ जाता है। अपनी रचना के माध्यम से वह सम्बन्धी बन जाता है और अपने लोगों का हाल अपने लोग पूछते ही हैं। उनके दुःख से खुद को दुःख होता है। जो रात-दिन ब्लैक या बेईमानी करते हैं, उस व्यापारी के बीमार पड़ने पर क्या सहानुभूति हो सकती है ? मन को लगेगा, अच्छा हुआ, साला बड़ा चोर था।"

रेणु– हाँ, ऐसा तो है। दरभंगा से एक छोटा-सा पत्र मिला था। लिखनेवाले ने लिखा था– 'आप से कभी भेंट नहीं हुई। कुछ नहीं माँगा। लेकिन बस इतना माँगता हूँ कि आप जल्द अच्छे हो जाएँ।' दूसरा पत्र था– 'जैसा कि हम जानते हैं, एक लम्बी बीमारी ने आपसे 'मैला आँचल' लिखवाया। ये कहना अच्छा तो नहीं, पर कभी-कभी श्राप भी वरदान बन जाता है। आगे बीमारी भी आपसे वैसी ही कोई चीज लिखवाएगी।'

जनरल वार्ड से कॉटेज में आ गया हूँ लेकिन लिखने के लिए छटपटा रहा हूँ मगर यहाँ लिखना होगा नहीं। बिना घर जाए संभव नहीं। घर में पेट के नीचे तकिया दबाकर लिखता हूँ, वह भी रात में। लगता है, रात मेरे लिए बनी है। बस, लिखता हूँ। जिस दिन लिखना होता है, खीर या कोई हल्की चीज खाता हूँ। करीब-करीब लिखना समाप्त कर खुद ही कॉफी बनाकर पीता हूँ और जमकर आठ बजे तक सोता हूँ। लोग कहते हैं–अरे, अभी तक सो रहे हो ? लेकिन यह सोना अच्छा लगता है, क्योंकि रात-भर काम किया है। शराब पीकर लिख नहीं सकता। जिस दिन पी लेता हूँ जल्द सो जाता हूँ। फिर तड़के नींद टूट जाती है। लोग खुश होते हैं, कि आज रेणु बाहर सुबह-सुबह घूम रहा है। अरे ! घूमेगा

1. राजकमल चौधरी : प्रसिद्ध कवि-कथाकार।

नहीं तो क्या करेगा ? मेरे खयाल से लिखना तो खुद एक नशा है। जब लिखने का नशा चढ़ जाये तो शराब क्यों सूझेगी ?

"आप आराम से बैठिए न।"

रेणु–"ये कुफ्री तरीका है। जरा दो जानू होकर बैठ जाऊँ।" दोनों पैरों को पीछे समेटकर बैठ जाते हैं।

"कुछ समझा नहीं ?"

रेणु–"मुसलमानों के साथ खूब रहा हूँ। एक-एक चीज जानता हूँ। कितनी बार नमाज पढ़ी जाती है। कितनी तरह की नमाज होती है।"

दिन में एक चिट्ठी भी नहीं लिख सकता हूँ। रेडियो पर जब काम मिला, तो सामने टेबुल। समझ नहीं आता कि इस पर किस प्रकार लिखा जायेगा। बिस्तर पर पेट के नीचे तकिया दबाकर लिखने की आदत है। खैर, बाद में रेणुजी ब्राडकास्ट के दस मिनट पहले किसी स्टूडियो में बन्द होकर स्क्रिप्ट लिखने लगे। लेकिन खाक लिखा ! फिर कहानी देखते समय··· यहाँ एस्प्रो। कलम रुक जाती। नाम कहीं न जाना चाहिए। एक बार भी नाम चला गया तो विज्ञापन हो जाएगा। फिर यह अश्लील है, वह अश्लील है, और बाद में तो ऐसा हो गया कि कोई भी अपनी चीज घर में लिखने बैठता तो लगता यह नाम··· यह बात··· बड़ी दिक्कत होने लगी। अन्त में तंग आकर नौकरी ही छोड़ दी।

अनुभव के लिए हर कथाकार अथवा लेखक को एक बार अस्पताल में भर्ती होना चाहिए। पहले जनरल वार्ड में आना चाहिए फिर चिंतन के लिए कॉटेज में।

पिछली बार देखा था, एक 10-12 साल का लड़का बीमार था। उसकी माँ को छह महीने तक रात में सोते हुए नहीं देखा। वह यमराज से लड़ रही थी। और मैं 'हेड-टेल' किया करता था लेकिन वह जीत गयी। एक दूसरी माँ भी सामने आयी दरभंगा से, इलाज करवाने के बाद वह बेटे को लेकर आयी। रात में वह रोगी चिल्लाता। तब वह नाराज हो गयी। "तीन महीना तो दरभंगा में तंग किया। अब यहाँ भी चैन नहीं देगा। न खुद सोता है, न सोने देता है। ऊपर से मच्छर। एक तुम ही बेटे नहीं हो कि तुम्हारे लिए ही मरती-खपती रहूँ··· " और वह बेटा, एकटक माँ को देखता रहा। फिर धीरे-धीरे उसने आँखें बन्द कर लीं। हमेशा के लिए··· इस मौत ने मुझे हिला दिया।

फिर एक पत्नी सामने आयी। खाना लाती। लेकिन मैं देखता, उसके साथ में एक नौजवान आता है। दोनों दस मिनट तक बाहर बातें करते हैं, फिर वह खाना खिलाती है। मगर बीच-बीच में उधर देखकर मुस्कराती है। 20 नम्बर यह सारी बातें नहीं देख पाता है। एक दिन उसका खाना नहीं आता है। मुझे परेशानी होती है। 20 नम्बर का खाना नहीं आया। हर किसी को चिंता होती है। 3 बजे वह पाव रोटी निकालकर खाता है। पूछने पर कुछ नहीं कहता। लेकिन रात में वह रोने लगा। और जब बड़ा आदमी रोता है, तब किसी खास कारण से रोता

है। उसकी हिचकी बँध गयी। दूसरे दिन उसने कमीज पहनी। नर्स के लाख रोकने पर भी जाने लगा। थोड़ी दूर जाते ही गिर गया। फिर समाचार मिला, वह मर गया। उसकी औरत, उसी नौजवान के साथ भाग गई थी।

मैं देखता हूँ। ब्लड की बोतल में अनार के दाने। बड़ा आश्चर्य होता है। लतिका से कहता हूँ, वह भी देखती है–हाँ, एकदम अनार के दाने। तभी दोनों हाउस-सर्जन देखते हैं। एक पूछता है–यह क्या है, यार ? दूसरा कहता है–काँच की गोलियाँ। फिर पहला पूछता है–मगर इसमें क्यों ? अब दोनों आश्चर्य से देखते हैं। समझ नहीं पाते कि गोलियाँ क्यों हैं ? मुझे अच्छा लगता है। मेरे आश्चर्य और एम. बी. बी. एस. हाउस-सर्जन के आश्चर्य में अन्तर है।

ऑपरेशन-डे। जानता हूँ आज ब्लड भी चढ़ना है, लेकिन कोई अच्छे डॉक्टर तो हैं नहीं। सब ऑपरेशन में व्यस्त होंगे। मैं अपने हमबीमारों से कहता हूँ–"होशियार हो जाओ। आज खैर नहीं।" और सचमुच एक अजनबी हाउस-सर्जन आता है। साथ में वही दुबली-सी लड़की, जो बराबर मुझे ब्लड चढ़ाया करती थी। तीन लोगों को ब्लड दिया जाना था। मैं बहाना बनाता हूँ, 19 नम्बर को पहले दीजिए। मैं खाना खाता हूँ। वह 17 नम्बर के हाथ में वेन खोजता है। एक हाथ छलनी कर देता है। मैं धीरे-से कहता हूँ–अब दूसरे हाथ में खोजिए। और कमाल, वह 17 नम्बर के दूसरे हाथ में वेन खोजने लगता है। वहाँ भी नहीं मिलने पर मेरे पास आता है। मैं ना करता हूँ तो बिगड़ जाता है। खैर, मैं बायाँ हाथ बढ़ाता हूँ–"इधर बाएँ हाथ में ट्राई कीजिए। यदि यह हाथ खराब भी हो गया, तो कोई बात नहीं। दाहिना सलामत रहेगा, तो लिखकर कमा खाऊँगा।" वह घूरकर देखता है। मैं हमेशा अपनी चीजें रखता हूँ। मैंने अपनी सुई दी। उसने एक बार प्रिक किया। दो बार। मैंने कहा–बी. ऑफ.। इस लड़की को देने दो। वह नाराज हो गया–"यह नर्स ब्लड नहीं देगी। यह डॉक्टर का काम है।" मैंने नर्स को इशारा किया। जाने उसे क्या सूझी कि वह पास आ गयी। उसने रबड़ भी नहीं लगाया। बस लतिका को हाथ से पकड़ने को कहा और एक प्रिक में वेन मिल गयी। एम. बी. बी. एस. सर्जन मुँह ताकते रह गए।

हर वार्ड में एक पागल होता है, जो सबको हँसाता है। डॉक्टर का अजीज बन जाता है। ऐसा ही पागल जनरल वार्ड में है। उसका नाम है भुवनेश्वर। कहता है–"भू का अर्थ है पृथ्वी। नश्वर का, नाश करने वाला। मैं एक दिन इस पृथ्वी को नाश कर दूँगा।" सप्ताह में दो दिन ऑपरेशन-डे। एक दिन चिल्लाएगा, "आज तुम लोग कोई तैयार मत हो। आज तो मेरा ऑपरेशन होगा। मुझमें ही आठ घण्टे लग जाएँगे।" दूसरे दिन मुँह लटका लेगा–"अब कुछ करना ही होगा। ये डॉक्टर लोग ऐसे ही टल्ली मारेंगे। अब तो गर्वनर से मिलना होगा। मगर वे भी डॉक्टर लोगों को ही डाँटेंगे। फिर कहीं गुस्से में डॉक्टर ने ऑपरेशन कर दिया तो"··· और एक बार जाती हुई नर्स को आवाज देगा–"सुनो जिगरी दोस्त···"

सुबह गैस्ट्रिक से काफी तकलीफ थी। तभी पद्मश्री मिलने की खबर मिली।

मुझे कोई इससे लाभ नहीं हुआ। हाँ, दवा खाने से फायदा जरूर हुआ। वैसे भी, मेरी समझ में यह बात नहीं आती कि उपाधि देने का आधार क्या है ? अनुभव ? आयु ? आखिर क्या ? कहाँ सोहनलाल द्विवेदी और कहाँ मैं ! उन्हें या तो पद्मभूषण मिलना था या फिर मुझे। पंकज मलिक कितने पुराने आदमी हैं। लकवा मार जाने के बाद भी साधना करते हैं। रेडियो पर संगीत-शिक्षा देते हैं। लेकिन उन्हें और मुझे एक साथ उपाधि मिलती है। ईश्वर इस प्रकार की उपाधि और व्याधि से बचाये। लेकिन एक बात जरूर हुई है कि अब मैं भी वी. आई. पी. बन गया हूँ। सोचता हूँ, गाँव में यह खबर फैली होगी। अलाव के पास आग तापते हुए किसी ने कहा होगा कि "रेणु को पद्मश्री··· (सिरी)··· मिल गई। किसी बुद्धिहीन ने सुना होगा··· सिरी··· सि··· उसने बात फैलायी होगी, "रेणुजी तोपहले ही बीमार थे, अब सरकार ने उनका नाम 'सी' क्लास में लिख लिया है, अभागा !"

जो भी हो, मार्च में विज्ञान भवन जाऊँगा, देखूँगा कैसा होता है फंक्शन।

मन लिखने के लिए छटपटा रहा है। डेरे पर चला गया था। यहाँ के लोगों को जो बख्शीश-इनाम देना था, दे दिया था। सर-सामान के साथ दो बजे डेरे पहुँचा। सोचा, अब लिखेंगे जमकर। उपन्यास शुरू कर रखा है। 'मैला आँचल' और 'परती : परिकथा' से आगे की कड़ी। दो-तीन अध्याय और शेष हैं और आ धमके डॉ. अभय। बिगड़ने लगे–"क्यों आ गये तुम ?" मैंने डिस्चार्ज वाला कागज दिखाया। वे देखते रहे–"अच्छा इसे भी देखूँगा। तुम अभी चलो। भर फरवरी वहीं रहना होगा। अभी और ब्लड चढ़ेगा।" फिर 11 बजे रात में वापस कॉटेज में आ गया हूँ।

22 जनवरी को, जनरल वार्ड की खिड़की से राजेन्द्र अवस्थी ने कहा था–"रेणु इज़ गॉन। बालों के बिना रेणु कहाँ !"

बचपन में मनौती मानी गयी थी। बालों को बढ़ाया गया था। और एक दिन गाँव के नाई ने बेरहमी से छील दिया··· खरोंच। फिर नाई के नाम से ही भय लगने लगा। मैं तेल नहीं के बराबर लगाता हूँ। यदि लगाता हूँ, तो तेल-साबुन साथ कि चिपचिपापन नहीं रहे। तेल भी जवाकुसुम। फिर केश-साधना शुरू करूँगा। सिर ढका रहता है। अच्छा लगता है। लोग पौधों की देखभाल करते हैं, बालों की देख-भाल हॉबी है।

'तीसरी कसम' (फिल्म) के कारण नर्सें मेरा विशेष खयाल रखती हैं। लेकिन उ. प्र. की एक नर्स मेरी बड़ी सेवा करती है। उसने मुझे काफी पढ़ा है। एक दिन मैं पूछता हूँ–"मेरी इतनी सेवा कर तुम्हें क्या मिलेगा ?" वह मुस्कराती है–"सेवा का तो हमने व्रत ही लिया है। जब कोई रोगी अच्छा हो जाता है, तब किसी माँ को बेटा मिलता है, किसी पत्नी को पति, किसी बच्चे को पिता, लेकिन हमें क्या मिलता है। आपके मामले में हमारा कुछ स्वार्थ है। आप अच्छे होकर जाएँगे, तब हमें कोई-न-कोई अच्छी किताब पढ़ने को मिलेगी। आप अच्छे होकर लिखेंगे न ?"

सोचता हूँ, इस अस्पताल से जितनी जल्दी छुट्टी मिले, बेहतर है, जाकर पुस्तक लिखनी है न···

नोट :

पुष्पजी, अभी मेरे नाम के आगे पद्मश्री मत जोड़ियेगा। बाल कट जाने से श्रीहीन हो गया हूँ। सिंह अपने लच्छों के कारण जँचता है। चेहरा जरा भर जाये, फिर यह भारी-भरकम उपाधि ठीक लगेगी। तब कहिएगा–'पद्मश्री फणीश्वरनाथ रेणु।'

धर्मयुग, सं. डॉ. धर्मवीर भारती, 19 अप्रैल, 1970

टूटता विश्वास

"पूर्णियां जिले में इतनी परती जमीन थी कि वह बिहार का बखार कहा जाता था। परती जमीन आबाद होने लगी, मेरे बाप-दादा क्या पुरखे तक नहीं जानते थे कि इस जमीन में कुछ होने वाला है। अपूर्व उत्पादन होना शुरू हुआ। इस हरी क्रान्ति के या जो भी नाम दे दिया जाए, उसके होते हुए लोग वकालत, प्रोफेसरी छोड़कर खेती करने लगे और जो गरीब खेती करने वाले थे, वे टुकुर-टुकुर देखने लगे। किसी भी पार्टी में वह दमखम नहीं है कि जमीन के सवाल को लेकर लड़ाई लड़े, न ही किसानों और भूमिहीनों को किसी के कार्यक्रम पर भरोसा है।"

पूर्णियां जिले के सन्दर्भ में भूमि-समस्या के बारे में विस्तार से दिनमान-सम्पादक व प्रसिद्ध कवि रघुवीर सहाय को बता रहे हैं रेणु जी !

धूसर, वीरान, अन्तहीन, प्रान्तर।

पतिता भूमि, परती जमीन, बंध्या धरती···

धरती नहीं, धरती की लाश, जिस पर कफन की तरह फैली हुई हैं–बालूचरों की पंक्तियाँ। उत्तर नेपाल से शुरू होकर, दक्षिण गंगा तट तक, पूर्णिया जिले के नक्शे को दो असम भागों में विभक्त करता हुआ–फैला-फैला यह विशाल भूभाग। लाखों एकड़ भूमि, जिस पर सिर्फ बरसात में क्षणिक आशा की तरह दूब हरी

हो जाती है।

संभवतः तीन-चार सौ वर्ष पहले इस अंचल में कोसी मैया की यह महाविनाश लीला हुई होगी। लाखों एकड़ जमीन को अचानक लकवा मार गया होगा। एक विशाल भू-भाग, हठात् कुछ से कुछ हो गया होगा। सफेद बालू से कूप, तालाब, नदी-नाले पट गये। मिटती हुई हरियाली पर हल्का बादामी रंग धीरे-धीरे छा गया।

कच्छपपृष्ठसदृश भूमि ! कछुआ-पीठा जमीन ? तन्त्रसाधकों से पूछिए, ऐसी धरती के बारे में वे कहेंगे–असल स्थान वही है जहाँ बैठकर सब कुछ साधा जा सकता है। कथा है···

कथा होगी अवश्य इस परती की भी। व्यथाभरी कथा बंध्या धरती की ! इस प्रांतर की छोटी-मोटी, दुबली-पतली नदियाँ आज भी चार महीने तक भरे गले से, कलकल सुर में गाकर सुना जाती हैं, जिसे हम नहीं समझ पाते। (परती:परिकथा, पृ. 1)

जित्तन के कपाल पर एक रोड़ा आकर लगा। उसका सफेद कुर्त्ता खून से तरबतर हो गया। ओंठों पर जमते हुए लहू को पोंछकर उसने हाथ उठाया–आप मेरी बात सुन लीजिए, पहले। इसके बाद ढेले-रोड़े और लाठियों से जवाब देना चाहें, दें··· आपने जिस अफसर को कुछ देर पहले मारा है, वह मरते समय भी आपकी भलाई की बात सोचकर मरेगा··· भिम्मल मामा के साथ इरावती भी आ गयी, दौड़ती, हाँफती ! ··· आज के पत्रों में विस्तृत समाचार प्रकाशित हुआ है। जितेन्द्र के चेहरे पर मुस्कुराहट दौड़ जाती है। समाचार-पत्र खोलकर वह जोर-जोर से पढ़कर सुनाता है–परानपुर की परती पर इसी साल जूट और धान की खेती ··· इसमें जूट, धान, दलहन, तिलहन, मकई, ज्वार आदि की उपज होगी, जबकि दुलारीदाय में सिर्फ जूट और धान की ही खेती होती थी··· दुलारीदाय में कुछ उपजाऊ जमीन ढाई हजार एकड़, जब कि परती पर सात-आठ हजार एकड़ जमीन अगले वर्षों में तैयार हो जाएगी··· दुलारीदाय के पाँचों कुण्ड में बारहों महीने पानी भरा रहेगा। गीतवास के पास एक छोटा बाँध तैयार होगा। परती की सिंचाई। गंगा के किनारे तक दुलारीदाय के कछार पर फैली ऊसर धरती खेती के लायक हो जाएगी··· दुलारीदाय के किसानों को परती पर जमीन दी जायेगी। इसके साथ बेजमीन लोगों को भी··· फसल की कीमत के साथ नकद क्षतिपूर्ति। तीन साल तक सरकारी सहायता मिलेगी, नयी खेती करने वालों को। दुलारीदाय नहर और गीतवास बाँध निर्माण में गाँव के लोगों को काम··· (परती:परिकथा, पृ. 507)

फणीश्वर नाथ रेणु की कल्पना की परती भूमि आज फिर अन्याय से रौंदी जा रही है। 'परती : परिकथा' में उन्होंने दिखाया था कि जब ऊसर-उजाड़ में बसे बेसहारा पिछड़े जनों के बीच एकाएक समृद्धि की आशा अवतरित होती है, तो उनमें कितनी आशंकाएँ फूट पड़ती हैं–समृद्धि आएगी तो अमीरों के लिए अमीरी और उनके लिए और अधिक गरीबी लाएगी। इस प्रसिद्ध दस्तावेज की रचना के 13 वर्ष बाद आज उपन्यासकार अनुभव करता है कि उसका भरोसा गलत

निकला—"मुझे विश्वास था कि जब कोसी योजना सफल होगी तो जिन्हें अभी जमीन नहीं मिली है उन्हें आगे चलकर मिल जाएगी लेकिन वैसा नहीं हुआ"··· आज भी 100 पीछे 75 लोग ऐसे हैं जिनके पास कोई भूमि नहीं है'··· इसके लिए कुछ होगा, ऐसी मुझे सचमुच आशा थी; पर किसी ने कुछ किया नहीं। आज जो लोग कुछ कर रहे हैं, वे नक्सलपंथी नाम से जाने जाते हैं, लेकिन जमीन की लड़ाई वे लड़ रहे हैं।

दिनमान से एक भेंट में रेणु ने एक लम्बी कहानी बतायी—पूर्णिया में वायदा और विश्वास टूटने की, कानून पर से भरोसा हटने की और आखिरकार आतंक का सहारा लिये जाने की कहानी। उनसे बातचीत करके यह धारणा पुष्ट हुई कि हमारे राजनीतिक दलों ने भूमिहीनों को लगातार लम्बे समय से धोखा दिया और अब जब दलित वर्ग हताश होकर अपने हाथों अपना अधिकार छीनने उठ खड़ा हुआ तो उसका नेतृत्व चीनी राजनीति के हाथ में जाना स्वाभाविक ही है। रेणु ने कहा, "अभी नछत्तर है, जो नक्सलवादियों का जवाब है, हमारे यहाँ लोगों को भरोसा है कि नछत्तर नक्सलवादियों को रोके हुए है। गरीब उसे अपना नेता समझते हैं। एकाध बार तो जयप्रकाश बाबू ने भी कहा था कि अगर भूमिहीनों को भूमि नहीं दी गयी तो दूसरा कौन-सा उपाय है ? लोग अपनी मर्जी से नहीं देंगे तो छीनकर नछत्तर कौन-सा गलत काम कर रहा है ?

किन्तु क्या हमारे राजनीतिक दल भारत की धरती से ऐसा नेतृत्व विकसित होने देंगे जो विदेशी शक्तियों से जुड़ा न हो ? यहाँ भी दक्षिणपंथी कम्युनिस्ट नछत्तर को वामपंथी कम्युनिस्टों के खिलाफ अपनी लड़ाई में एक हथियार के रूप में इस्तेमाल कर रहे जान पड़ते हैं। "जेल से आने के बाद वह सीधे मेरे पास आया था," रेणु ने बताया, उसने लोगों से मेरे बारे में पूछा और मिलने आ गया। लेकिन जब वह आया तो कम्युनिस्ट (दक्षिण) पार्टी के आदमी उसके साथ थे। चुनाव के समय उसने बहुत सक्रिय होकर काम किया था और जिन लोगों के जरा भी जीतने की उम्मीद न थी उन्हें जिताया था। इसलिए उसको साथ रखने को वे लोग उत्सुक हैं और सन्देह करते हैं कि कहीं वह उनके हाथ से निकल न जाये ··· उसे अपने मन से कुछ करने नहीं दिया जाता, हजारों बीघे का एक इलाका था, जो बरसात में पानी से डूब जाया करता था। उसमें खेती करने का कोई उपाय नहीं था। अभी हाल में नछत्तर ने कहा—अगर नाली यहाँ से निकाली जाये तो पानी निकल जायेगा, खेती हो सकेगी। जिनकी जमीन ऊँचाई पर थी उन्होंने कहा, नछत्तर की बात नहीं मानेंगे—कांग्रेस के, सोशलिस्ट पार्टी के लोग भी हैं, उन्हीं की मानेंगे। फिर नछत्तर ने अल्टीमेटम दिया और दो हजार फावड़ों के साथ पहुँचा। पुलिस आयी। गिरफ्तार किया। हल्ला मचा कि गैर-कानूनी बात हो रही है। जब इसकी चर्चा कम्युनिस्ट (दक्षिण) वालों से हुई और उनसे कहा गया कि नछत्तर को इस इलाके की पूरी जानकारी है—धरती का ऊँचा-नीचा भी पता है तो वे बोले, 'परन्तु इसके पीछे दिमाग तो कोई और ही है (वे खुद)।' लगता है

कि लोग उसे श्रेय नहीं देना चाहते। कहते हैं नछत्तर के साथ इतने लोग हैं तो इसीलिए कि वह कम्युनिस्ट पार्टी का मेंबर है।"

पूर्णिया अंचल की कहानी भूमिहीनों की कहानी है। **दिनमान** से भेंट में रेणु ने इसकी आवृत्ति की। इसका आरम्भ उन्होंने किया यह बताकर कि पूर्णिया में ऐसे किसान भी हैं, जो दो-दो हवाई जहाज रखते हैं। ये नम्बर दो के किसान हैं। नम्बर एक के जो किसान हैं, वे जरा कंजूस हैं। वे हवाई जहाज वगैरह नहीं खरीदते; जमीन उनके पास बहुत ज्यादा है। वे जमींदार नहीं हैं… किसान हैं, लेकिन वे किसी भी जमींदार से बढ़कर हैं। यों ऐसे भी जमींदार वहाँ हैं जिनके पास 50 बीघा जमीन है और पाँच बीघे वाले जमींदार भी हैं… जो रैयत नहीं हैं। एक तरफ तो भूमिहीनों की बहुसंख्या है। दूसरी तरफ बड़े-बड़े किसान हैं। भूमि के न्यायपूर्ण वितरण के लिए पहले दूसरी पार्टियों पर भरोसा था—वामपंथी भी दक्षिणपंथी भी। पर लेफ्टिस्ट पार्टियाँ हों या राइटिस्ट, सभी के लिए बड़े किसान 'कर्ण' कहलाते थे। उन्होंने हर एक को पैसा दिया; यहाँ तक कि आजादी से पहले पाकिस्तान चाहने वाली मुस्लिम लीग को भी दिया था। सब पार्टियों का बँधा हुआ रहता था। जयप्रकाश बाबू जब दौरे पर आये (तब वह सोशलिस्ट पार्टी में थे) तो सारे जिले में आने-जाने के लिए बड़े किसान ने स्पेशल ट्रेंन (तब अवध तिरहुत रेलवे थी) की व्यवस्था करवा दी। इसके अलावा हवाई जहाज से भी सफर कराया।

यह बात सन् 1947-48 की है। तभी मेरे मन में बात उठती थी कि जो लोग किसानों को भूमि-सुधार का वायदा करते हैं, वे बड़े किसान की जमीन कैसे छीनेंगे। लेकिन जो राजनीति में थे उनका कहना था कि हमें जहाँ से पैसा मिलेगा लेंगे और जो काम करना होगा वह तो करेंगे ही। वे लोहिया की तरह नहीं थे कि फलाँ के यहाँ नहीं जाएँगे, उसकी चीज नहीं लेंगे। ऐसे विवेक का असर किसानों पर पड़ता है। इसके अभाव में गरीब भूमिहीन सोचने लगे, बड़े लोगों के लड़के लीडर हो रहे हैं; वे कैसे अपनी जमीनों को जाने देंगे ? तब लोगों को लगा, कॉंग्रेस वालों को भी, कि कुछ करना होगा—इन सारी बातों के बावजूद, जो भी पार्टी हो, किसानों और भूमिहीनों का किसी पर विश्वास नहीं था। वे आते सभी की सभाओं में थे लेकिन जब हम लोगों को सफेदपोश देखते थे तो उनके मन में विश्वास नहीं रह पाता था।

सर्वे और सर्वोदय : परती जमीन कोसी की घाटी में बहुत थी, जिसका कोई मूल्य न था। यह वह जमीन थी जो चरागाह के काम में भी नहीं आ सकती थी। फिर सभी पार्टियों ने कहा कि जमीन का सर्वे होना चाहिए। 1950 के आसपास की यह बात है। इसके साथ-ही-साथ सर्वोदय का भी कारबार चला, तो जमीन वालों ने सोचा कि सर्वोदय में ज्यादा जमीन दे दें—जो सर्वोदय में थे वही पहले कॉंग्रेस में थे—उन लोगों ने सोचा कि सर्वे जब होगा तो यही लोग हैं, जो फैसला करने आयेंगे। तब ये हम पर दया-दृष्टि रखेंगे। लेकिन सर्वे के समय जब परिवार के लोगों ने परिवार के लोगों को ही हक नहीं देना चाहा तो फिर किसान-मजदूरों

को क्या देते। सोशलिस्ट भी किसानों का साथ नहीं दे रहे थे। कम्युनिस्ट पार्टी वाले इतने थे नहीं। लेकिन जो थे, वे भी सब मध्यवर्गीय परिवार के ही थे।

गरीब पार्टी, अमीर पार्टी –खुद-ब-खुद गाँव-गाँव में गरीब पार्टी और अमीर पार्टी बन गयी। गरीब या भूमिहीन किसी भूमिहीन के खिलाफ गवाही नहीं देगा, ऐसा तय हुआ। फिर सामाजिक रिश्ते भी इसी आधार पर टूटे। गरीबों ने कहा कि रामागण साथ-साथ बैठकर सुनना और मालिक के यहाँ नौटंकी मेला देखने जाना है, तो जमीन हाथ नहीं आयेगी। संगठन नहीं रखोगे, लाठी मजबूत नहीं रखोगे तो जमीन नहीं मिलेगी। इसका फल यह हुआ कि कोई दस सैकड़ा लोगों को जमीन मिली। पर इसके बाद दीवानी मुक़द्दमों का दरवाजा तो खुला ही हुआ था। अन्ततः मुक़द्दमों के बल पर दस में से पाँच सैकड़ा लोगों की जमीन तो छिन ही गयी। जितनी उम्मीद थी उतना सुधार हुआ नहीं। जहाँ तक मेरी बात है मैं कहूँगा कि बड़े किसानों को कुछ नहीं हुआ। पहले एक जहाज था, अब दूसरा भी खरीद लिया है। सर्वे से जो फायदा होने वाला था, वह नहीं हुआ। सर्वोदय से और भी कम हुआ। एक और बात हुई इस बीच। अभी लोग अदालत में थे। कुछ ने दावा छोड़ दिया; काहे से कि अगर मालिक कहते कि हजार रुपया ले लो और जमीन मेरे नाम कर दो तो लालच तो होता ही था। इस तरह सरंडर कर दिया। इस बीच कोसी योजना सफल हुई। उसके सफल होने के बाद लोगों को पानी मिलने लगा, खाद मिला; नये किस्म के बीज लोगों ने लिए। जिन दिनों तीन साल पहले पलामू में अकाल पड़ा हुआ था, हमारे इलाके में घनघोर फसल हुई। पूर्णिया जिले में इतनी परती जमीन थी कि वह बिहार का बखार कहा जाता था। परती जमीन आबाद होने लगी। मेरे बाप-दादा क्या पुरखे तक नहीं जानते थे कि इस जमीन में कुछ होने वाला है। वहाँ अपूर्व उत्पादन होना शुरू हुआ। अब ऐसे जमीन वाले जिनके पास सौ बीघा जमीन थी और अब पचास बीघा रह गयी थी उसी में से दो सौ बीघा जमीन जितनी पैदावार करने लगे। इस हरी क्रान्ति के या जो भी नाम दे दिया जाये, उसके होते हुए लोग वकालत, प्रोफेसरी छोड़कर खेती करने लगे और जो गरीब खेती करने वाले थे, वे टुकुर-टुकुर देखने लगे। किसी भी पार्टी में वह दमखम नहीं है कि जमीन के सवाल को लेकर लड़ाई लड़े, न ही किसानों और भूमिहीनों को किसी के कार्यक्रम पर भरोसा है।

धन-धान्य–पूर्णिया अजब क्षेत्र है। वहाँ तमाखू, मिर्च, जूट आदि धनद फसलें भी होती हैं, धान भी होता है। ऐसे में लोग कम में सन्तुष्ट रहते हैं और इसीलिए उसे बिहार का बखार कहा जाता है।

आबरन देवे पटुवा, पेट भरन देवे धान,
पूर्णिया के बसइया, रहै चदरवा तान।

(पूर्णिया में इसी से तो मेले मशहूर हैं। मध्यवर्गीय बाबू लोग मेलों में शौक की चीजें दूर-दूर से मँगाते थे। देखिए 'तीसरी कसम'।)

कोई भी समझ सकता है कि जो उपजाने वाले हैं वे मुँह ताकते रह जाएँगे,

यह नहीं हो सकता। पर (कानून के समर्थक लोगों में से) किसी ने कभी इन लोगों को नेतृत्व नहीं दिया। अब स्थिति यह हो गयी है कि इनको ऐसा कोई आदमी चाहिए, जो कानून की परवाह न करता हो। ऐसा कोई आदमी उठता है, तो उसका नाम नक्सलपंथी हो जाता है। नेपाल की सीमा पर कुछ सचमुच नक्सलपंथी विचार के लोग हैं जरूर—वहाँ बहसें भी होती होंगी; शायद शिक्षा भी होती हो। उस विचारधारा का कुछ असर है पर मुझे कहीं भी उनका कोई नेता देखने को नहीं मिला। अक्सर संथाल लोगों को ही आगे देखा जाता है (संथालों पर अंग्रेज कलेक्टर भी रहम खाते थे और उनका पक्ष लेते थे, पर उन्हें हक दिलाने में वह असफल रहे। यह लड़ने वाली जाति है।)।

प्रश्न—इस आतंकवादी गतिविधि के प्रतिरोध में क्या हो रहा है ?

रेणु—अभी तो कुछ खून-खराबा हुआ नहीं। तीर वगैरह चले हैं। हल्ला बहुत हुआ है। हल्ला जमीन वाले मचा रहे हैं। जैसा कि पाकिस्तान से आने वालों ने किया था कि साहब हमारा तो सब कुछ लुट गया, यहाँ लोग कहते हैं कि क्या खेती करें, नक्सलपंथी लोग लूट ले जाएँगे, ऐसा विचार बन गया है। पर इतना आतंक है नहीं। विप्लवकारी स्थानीय लोग हैं। उनका कोई भी नेतृत्व करने वाला नहीं है। गाँवों में कोई नक्सलपंथी नहीं पहुँचा। जिस किसी को काँग्रेस ने या सोशलिस्ट पार्टी ने निकाल दिया था अब उसे मौका मिला है कि मारो··· जमीन वाले खुद लड़ना नहीं चाहते, इसलिए हल्ला मचाते हैं कि सरकार ही हमारी ओर से लड़े। इसीलिए इतना हल्ला मच रहा है और कुछ लोगों को पकड़वाने की कोशिश चलती है। इस हल्ले से असली नक्सलपंथियों को खुशी होती है कि स्थानीय विद्रोह के चलते नाम हमारा हो रहा है और राजनीतिक शक्ति भी बढ़ रही है। कुछ नक्सलपंथी क्षेत्र सीमा पर बने हैं। वहाँ के लोगों में से एकाध से मेरी बातचीत भी हुई। वे सारे लोग गुंडे नहीं हैं।

प्रश्न—काँग्रेस पार्टी क्या कर रही है ?

रेणु—दोनों ही काँग्रेस पार्टियाँ अपने-अपने अस्तित्व की रक्षा में लगी हुई हैं। जो बड़े-बड़े लोग इस इलाके में हैं उनसे उन्हें सहायता मिलती है। अगर ये भूमिहीनों की मदद करने लगेंगे तो इनका अस्तित्व खत्म हो जायेगा।

नछत्तर माली—1947 में पूर्णिया जिले में अकाल की स्थिति आयी थी। लोगों ने सोचा कि अनाज की कमी हो गयी है। लेकिन स्थिति यह थी कि बड़े-बड़े किसानों और व्यापारियों ने बखारों में अनाज दबा दिया था। नछत्तर 1936 से ही सोशलिस्ट पार्टी का कार्यकर्त्ता था। उसने पार्टी के लोगों से कहा कि आप लोग आइए और लोगों को अनाज दिलवाइए। हम लोग प्रस्ताव पास करते थे, लेकिन कुछ करते नहीं थे। लेकिन वह आदमी बैठा रहने वाला नहीं था। उसने बखार खुलवाकर अनाज बँटवाना शुरू कर दिया। मालिक जब पूछते तो वह कहता था कि "चचा साहब, चारों तरफ अकाल है, लोग आपके यहाँ आये थे और आपने गाली-गलौज से बातचीत की। ये मर जाएँगे तो आपका अनाज किसके काम आएगा ?

मालिकों और सिपाहियों को कहता था, चुपचाप बैठे रहो। सामने और लोगों से कहता था कि बखार में से निकालो और खाओ।" पहले तो वह कभी-कभी कागज-पत्र भी रखता था कि किसको कितना अनाज मिलेगा। उसके बाद वह अज्ञातवासी हो गया। उसको इन लोगों ने खदेड़ना शुरू कर दिया। कुछ दिनों तक उससे लोग बहुत डरते रहे, क्योंकि उसका सिद्धान्त था कि जो सी. आई. डी. का काम करता हो उसे तुरन्त उसकी सजा मिलनी चाहिए। अभी भी 2-3 दर्जन लोग बिना नाक-कान वाले हैं। उनका सबको नाक-कान काटकर इसी ने सजा दी। सन् '47 के बाद भी जब नछत्तर लोगों को अनाज दिलवाने लगा तो पार्टी के लोग भी उससे डरने लगे। अन्ततः उसे पार्टी से निकाल दिया गया।

नक्षत्र मालाकार–नछत्तर जब 1936 में सोशलिस्ट पार्टी में भर्ती होने आया तो जयप्रकाश बाबू ने नाम लिखते हुए कहा–नछत्तर माली क्या, नक्षत्र मालाकार कहो न। इसके पहले 1930 में वह जेल गया था। जेल में उसने काँग्रेस के नेताओं से पूछा कि जब सुराज हो जायेगा तो क्या आप लोग अपनी जमीनें लोगों में बाँट देंगे ? तो उन नेताओं ने कहा कि नहीं। भला ऐसा कैसे हो सकता है। सभी अंगुलियाँ बराबर थोड़े ही होती हैं। उसने कहा कि, तो फिर सुराज काहे का। 1942 में उसने सबसे ज्यादा काम किया, लेकिन नाम लूटा दूसरे लोगों ने। वह ढूँढ़-ढूँढ़कर बम बनाने वालों को, राइफलें बनाने वालों को जुटाता था। जब हम लोगों ने उसे त्यक्त कर दिया तभी वह पकड़ा गया।

चलित्तर कर्मकार–रेणु ने कहा, 'मैला आँचल' का चलित्तर कर्मकार यही नक्षत्र मालाकार है। नहीं कहा जा सकता कि रेणु की अगली कृति में पूर्णिया का कौन-सा रूप निखरेगा, परन्तु वह नयी रचना की तैयारी में हैं, यह निश्चित रूप से कहा जा सकता है। 'लिखने में देरी का कारण यही है कि हालात बड़ी तेजी से बदल रहे हैं। चीनी हमले के समय, फिर पाकिस्तान से लड़ाई के दिनों में जो देखा उससे लगा कि राष्ट्रीयता हमारे नस-नस में है। झण्डा लेकर चाओ-माओ मुर्दाबाद का नारा लगे। भरोसा हुआ कि राष्ट्रीयता है। फिर देखा कि चीनी माल से बाजार भर गये। जो कोई उस पार जाता, चीनी सिल्क, चीनी ट्रांजिस्टर, फाउंटेन पेन लेकर चला आता। इस काम से कोई बचा नहीं। जो यह काम रोकना चाहता, उसे रुपया देकर चुप करा दिया जाता था। जो लोग यह काम कर रहे हैं, नेपाल में जिन्होंने माल भर लिया है, वे वहीं से पूरे आँकड़े रखते हैं कि इसका भारत पर क्या प्रभाव पड़ता है, क्योंकि जब भारत में लोगों ने चीनी माल तोड़ना-जलाना शुरू किया तो व्यापारियों ने जानते हैं क्या किया ? उस पर 'मेड इन चाइना' लिखना बन्द कर दिया और जब यह लिखना बन्द कर दिया तो खरीदने वालों की और बेचने वालों की आत्मा शुद्ध हो गयी।

दिनमान, 3 मई, 1970

देश की वास्तविक ताकत मजदूर और किसान

एक बार पटना के पिंटू होटल में एक 'रायपंथी' कलाकार से बातें करते हुए किसी पार्टी-सदस्य द्वारा देख लिया गया था। दूसरे ही दिन पार्टी के एक वरिष्ठ 'साथी नेता' ने मुझे एकान्त में बुलाकर एम. एन. राय के विरुद्ध सप्रमाण भाषण पिलाया। दूसरी बार मुझे भागलपुर में बुखारी नामक कम्युनिस्ट छात्र नेता के साथ घुल-मिलकर बातें करते देख लिया गया··· बुखारी 'फ़ारुखी ग्रुप' वाले स्टुडेन्ट फेडरेशन का कार्यकर्त्ता। सन् 1941-'42 की बात होगी। हम लोग एक-दूसरे को गालियाँ देते हुए मिलते, एक-दूसरे की पार्टियों के नेताओं को गालियाँ देते। मगर, जब मिलते थे, घण्टों साथ रहते। यह बात बेनीपुरी जी को मालूम हुई। उन्होंने मुझे समझाया कि कम्युनिस्टों से मुझे क्यों नहीं बात करनी चाहिए। तो, हर पार्टी का एक 'तबेला' होता—चारों तरफ दीवार से घेरकर अपने 'कमअक्ल' कामरेडों को इसलिए रखना पड़ता कि कहीं वे 'इधर' से 'उधर' आकर्षित न हो जायें··· और मैं अपने को 'टेस्ट ट्यूब' में डालकर खोज रहा था···

कथाकार मधुकर सिंह को ये सब बातें बता रहे हैं रेणुजी !

बातें शुरू हुईं—बीच-बीच में लतिकाजी, नौमी का पारिवारिक स्नेह हमारी बातचीत के प्रति सजगता को सहज और आत्मीय बना देता था।

—आपने अपने जीवन की शुरुआत राजनीति से की थी। उसकी सक्रियता अचानक रोककर आपने मात्र साहित्य तक ही अपने को क्यों समेट लिया ?

—जीवन की शुरुआत राजनीति से की थी मैंने, अथवा किसी 'नीति' से, कह नहीं सकता, मगर राजनीति हमारे लिए 'दाल-भात' की तरह है। अगर, आपका मतलब 'राजनीतिक पार्टी' से है तो यह सही है कि अब मैं किसी पार्टी का सदस्य नहीं रहा। कारण ?··· क्या बताएँ आपको ? समझिए कि मिसफिट होने के कारण ही ऐसा हुआ होगा··· देखिए, चरखा को मैंने केवल यह नहीं समझा कि यह गाँधीजी का है, वरन् यह समझा कि घर के कुदाल, खुर्पी, हँसिया, हल वगैरह की तरह चरखा भी हमारे जीने का सामान है। परिवार में राजनीतिक चेतना पहले से थी। पिताजी कांग्रेस के मेम्बर थे और पढ़ने के लिए बहुत तरह की पत्रिकाएँ मँगाते थे—हिन्दी और बंगला, बचपन में, मेरी आँखों के सामने, 'चाँद' के फाँसी अंक और 'हिन्दू-पंच' के बलिदान अंक और सुन्दरलाल की पुस्तक 'भारत में अंग्रेजी राज' के लिए मेरे घर की दो बार तलाशी ली गयी थी··· आर. एल. बर्म्मन, कलकत्ता

द्वारा प्रकाशित 'बोलशेविक रूस' या ऐसी ही कई पुस्तकों में लेनिन की तस्वीर देखकर, उनकी पार्टी की तथा उनकी कहानियाँ पढ़कर रोमांचित होता था··· शायद, इसीलिए मुझ पर तलाशी की भय जैसी प्रतिक्रिया नहीं हुई, क्योंकि अन्दर-ही-अन्दर बाबूजी को भी इस पर गर्व था। मेरा तब एक संस्कार बना। अब भी किसान-मजदूरों की मानसिकता से जुड़ा हूँ–मैं उनके हर आन्दोलन और ऐक्शन में अपने को इनवाल्व्ड पाता हूँ··· उन दिनों जब मैं पार्टी का सदस्य था, कुछ भी लिखने वाला साहित्यिक कहलाता था–अखबारों में 'संवाद' प्रकाशित करना, आम सभा के लिए पर्चे लिखना भी रचनात्मक साहित्य-सृजन था। प्रथम आम चुनाव के पहले से ही मैं अपने को 'पार्टी' के लिए अनुपयुक्त समझने लग गया था। यह विश्वास जरूर बन गया था कि लिखने के क्षेत्र में ही मैं कुछ कर सकता हूँ। उन्हीं दिनों, कहीं मुझे एक 'चिरकुट' में कुछ 'सुभाषित' जैसी पंक्तियाँ पढ़ने को मिल गयीं। आप विश्वास कीजिए–मैं पढ़कर आतंकित-सा हो गया। किसी कीमती अंग्रेजी पत्रिका के किसी पृष्ठ का टुकड़ा था (कागज और छपाई देखकर जैसा समझा) और उस पर लिखा था–(मेरी वह डायरी ही खो गयी)–उस पर जो कुछ भी लिखा था, उसका आशय यही था–ऐसा व्यक्ति जिसका राजनीति और साहित्य में समान रूप से प्रवेश हो और दोनों ही क्षेत्र में काम करने की क्षमता बराबर हो अगर कभी उसे दो में से एक को चुनना हो तो साहित्य का चुनाव करने वाला व्यक्ति बुद्धिमान है। उन दिनों मैं बंगला कहावत के अनुसार "का के धरी, का के छाड़ी–बुझिते ना पारी" वाली स्थिति से गुजर रहा था। उस टुकड़े से मेरे रचनाकार को बहुत बड़ी शक्ति मिली। इस 'संयोगवाणी' को अपने 'जीवन देवता' की वाणी समझकर मैं राजनीतिक दल की सक्रिय सदस्यता से अलग ही हो गया। मगर, लेखन में अभी भी राजनीतिज्ञ हूँ···

–सन् 1938 के सोनपुर में होने वाले 'समर स्कूल ऑफ पालिटिक्स' का आप पर क्या असर हुआ ? उससे आपका सम्बन्ध ?

–उन दिनों मैं बनारस में पढ़ता था। पटना से प्रकाशित होने वाली बिहार सोशलिस्ट पार्टी की (रामवृक्ष बेनीपुरी द्वारा संपादित) साप्ताहिक पत्रिका 'जनता' में कार्रवाइयाँ विस्तारपूर्वक छपती रहती थीं। जयप्रकाशजी उस स्कूल के प्रिंसिपल थे। एक-डेढ़ महीने का वह शिक्षण-शिविर अपने ढंग का अकेला था। कमलादेवी चट्टोपाध्याय, मीनू मसानी, अच्युत पटवर्धन, नरेन्द्रदेव, मेहरअली, अशोक मेहता वगैरा जैसे लोगों ने क्लास लिए थे··· और इसका भी मेरे जैसे लोगों पर अनुकूल प्रभाव ही पड़ा था। यानी, समाजवाद और बिहार सोशलिस्ट पार्टी के प्रति अधिक आस्थावान् हो गया था··· मैं उसमें चाहकर भी सम्मिलित नहीं हो सका था। किन्तु बेनीपुरी के संपादन और लेखन की कृपा से दूर रहकर भी इसमें सम्मिलित होने जैसा लाभ हुआ था।

–नक्षत्र मालाकार और आप साथ रहे हैं। उनसे अपने लगाव का कारण बताएँगे ?"

—बराबर तो नहीं, कुछ वर्षों तक हम 'साथी' रहे हैं—1941-42 से 1947 तक, नक्षत्र मालाकार के बारे में जानना हो तो बस उसके बारे में ही पूछिए। मैंने एकाध बार उसके बारे में लिखा है। जब-जब राजनीतिक लोगों ने 'राजनीतिक' मानने से इन्कार किया और उसको विशुद्ध क्रिमिनल करार देने की साजिश की—हम कई लोगों ने इसका विरोध किया—1947 से ही। हम कई लोग—जिनमें बंगला के प्रसिद्ध लेखक सतीनाथ भादुड़ी भी थे—पहले पार्टी में उसके निष्कासन के विरुद्ध आवाजें उठाते रहे और जब वह पार्टी से निकाल दिया गया और परम स्वतन्त्र होकर जब वह अपने जी की करने लगा, उसकी लूट, डकैती, हत्या, बलात्कार आदि की कहानियाँ सुन हमने लिखकर उसके कुकृत्यों की निन्दा की। किन्तु तब भी उसको 'राजनीतिक' मानता रहा··· जिस तरह आप, आज उसके बारे में जानना चाहते हैं, तत्कालीन जिला पुलिस के अधिकारी और गुप्तचर विभाग वाले भी अक्सर हमसे मिलकर नक्षत्र के बारे में ऐसे ही सवाल करते थे। उन्हें जो जवाब देता था, आज भी दे रहा हूँ—"नक्षत्र जनता का आदमी है"। वह गिरफ्तार हुआ। आजीवन कारावास की सजा झेल रहा था। अभी इतना ही कि नक्षत्र मालाकार का मतलब है—जन-जीवन की एक जबरदस्त छटपटाहट !

—जयप्रकाश नारायण की प्रेरणा से प्रगतिशील लेखक संघ के जवाब में 'नव सांस्कृतिक संघ' का निर्माण हुआ था जिसमें दिनकरजी आदि जैसे बड़े लोग भी थे। आपका भी उससे कोई सम्बन्ध रहा है ?

—'प्रगतिशील लेखक संघ' या 'नव सांस्कृतिक संघ' अथवा ऐसे ही किसी संघ की बात ? तब तक अपने अनुभवों के आधार पर मैं यह समझ चुका था कि राजनीतिक पार्टियों के ऐसे तथाकथित सांस्कृतिक मोर्चे क्या हैं और विशुद्ध राजनीति करने वाले लोगों की निगाहों में लेखक, गीतकार, चित्रकार, अभिनेता आदि क्या हैं। भोले कलाकार बेचारे राजनीतिक दांव-पेंच क्या समझें !··· पार्टी में हम लोगों की हैसियत हमेशा 'दूसरे दर्जे के नागरिकों' जैसी रही। बल्कि, इस मामले में विद्यार्थी मोर्चे पर काम करने वालों की ज्यादा वकत थी, और आज भी है—हर पार्टी में। अतः पार्टी का सदस्य होते हुए भी मैंने 'सांस्कृतिक संघ' की घोषणाओं पर कभी यकीन नहीं किया··· इस सम्बन्ध में कई घटनाओं की याद आती है··· एक बार पटना के पिंटू होटल में एक कोने में बैठकर चाय पीते हुए एक 'रायपंथी' कलाकार से बातें करते हुए, किसी पार्टी-सदस्य द्वारा देख लिया गया था। दूसरे ही दिन पार्टी के एक वरिष्ठ 'साथी नेता' ने मुझे एकांत में बुलाकर एम. एन. राय के विरुद्ध सप्रमाण भाषण पिलाया। दूसरी बार मुझे भागलपुर में बुखारी नामक कम्युनिस्ट छात्र नेता के साथ घुल-मिलकर बातें करते देख लिया गया··· बुखारी 'फारुखी ग्रुप' वाले स्टूडेंट फैडरेशन का नेता था और मैं 'शाह ग्रुप' वाले स्टूडेंट फैडरेशन का कार्यकर्त्ता। सन् 1940-41 की बात होगी। हम लोग एक-दूसरे को गालियाँ देते हुए मिलते, एक-दूसरे की पार्टियों के नेताओं को गालियाँ देते। मगर, जब मिलते थे, घंटों साथ रहते। यह बात बेनीपुरीजी को मालूम हुई। उन्होंने मुझे समझाया

कि कम्युनिस्टों से मुझे क्यों नहीं बातें करनी चाहिए, तो हर पार्टी का अपना एक 'तबेला' होता—चारों तरफ दीवारों से घेरकर अपने 'कमअक्ल' कामरेडों को इसलिए रखना पड़ता कि कहीं वे 'इधर' से 'उधर' आकर्षित न हो जाएँ··· और मैं अपने को 'टेस्ट ट्यूब' में डालकर खोज रहा था···[1]

–'मैला आँचल' पढ़ने के बाद लगता है कि स्वातंत्र्योत्तर भारत के सम्बन्ध में आप कुछ कहना चाहते हैं। आपके भीतर ऐसा कुछ क्या है ? कहीं 'मैला आँचल' का सन्दर्भ कांग्रेस-सोशलिस्ट पार्टी के आन्दोलन से प्रभावित तो नहीं है ?

–जब कोई किसी पार्टी का सदस्य हो तो उसके अनुभव और विचार भी उस पार्टी के होंगे। किसान-मजदूरों में काम करने से मुझे कम फायदे नहीं—बल्कि सच पूछिए तो राजनीति ने मुझे बहुत दिया। अपने जिले के गाँव-गाँव घूमा, लोगों से मिला, उनके सुख-दुख से परिचित हुआ, चन्दे वसूले। अपनी सक्रियता के कारण साथियों के साथ गाँवों में रात के वक्त भी डेरा डालना पड़ता··· रात में दूर से कभी ढोलक-झाँझ पर नाच-गान की स्वर-लहरी मंडराती आती और मैं अपने साथियों को सोते छोड़ वहाँ चल देता। कभी 'विदेशिया', कहीं जालिम सिंह सिपहिया और किसी गाँव में 'ननदीभउजिया' के नाच-गान, मैं नाच देखने में ज्यादा नाच देखने वालों को देखकर अचरज से मुग्ध हो जाता। तब समझा कि हमारे लच्छेदार भाषणों से ज्यादा प्रभाव उस सांस्कृतिक चेतना का होता है, जो उन्हें मुसीबतों में भी गाते रहने के लिए मजबूर किये रहती है। जहाँ तक बोली और भाषा का प्रश्न है, इन्हीं गाँव में घूमकर भाषा की शक्ति को समझने का मौका मिला। मैं यह मानता हूँ कि वे लोग ही—गाँवों के किसान-मजदूर ही—मुझसे लिखवाते थे, ठीक उसी प्रकार जैसे भूख लगने पर आदमी 'ऐक्शन' और तनाव दोनों महसूस करता है।

–'मैला आँचल', 'परती : परिकथा' जैसे उपन्यासों और 'रसप्रिया' जैसी कहानियों की 'कथा-भूमि' में अंग्रेज जमींदारों और देशी जमींदारों-सामंतों का कैसा शोषण था, जिसकी आपके लेखन में गहरी प्रतिक्रिया हुई ?

–बिहार में, खासकर पूर्णिया जिला तो देशी-विदेशी जमींदारों का गढ़ ही था। अंग्रेज जमींदारों के नाम पर कई गाँव और कस्बे बसे हुए हैं। फोर्ब्स साहब के नाम पर फोर्ब्सगंज (फारबिसगंज), एक साहब की मेम के नाम पर मेरीगंज। कई राजे, दर्जनों 'कुमार' और बहुत-से नवाबों के गढ़ और हवेलियाँ आज भी मौजूद हैं। जिले में ऐसे भी बड़े-बड़े किसान हैं जिनके पास दो-दो हवाई जहाज हैं और दूसरी ओर वहीं पचहत्तर प्रतिशत भूमिहीन, अभी भी बड़े, छोटे और मंझोले किसानों के शोषण के लिए मौजूद हैं और सामाजिक असमानता और दुर्व्यवहार बरकरार है। इसकी प्रतिक्रिया किसी भी 'दर्दी लेखक' पर गहरी ही पड़ सकती है।

–'सवर्णों के घर नहीं, छोटी जाति के लोगों के यहाँ मोहना जैसे 'लड़की-मुँहा'

---

1. इस प्रसंग की 1945 में लिखी कहानी 'पार्टी का भूत' पाठकगण अवश्य पढ़ें।

लड़के हमेशा पैदा नहीं होते। वे अवतार लेते हैं समय-समय पर।··· पंचकौड़ी मिरदंगिया और मोहना के सन्दर्भ की प्रतिक्रिया इतिहास-विरोधी ताकतों पर तेजी से प्रहार करती है। इधर आपके लेखन में वह सहसा अवरुद्ध क्यों है ?

–कुछ लोगों को लगना स्वाभाविक है कि मैं अपनी समस्या से अलग हो रहा हूँ। दरअसल, उस समस्या और इतिहास पर निर्भर करता है कि हमारी चेतना को वह कहाँ तक पकड़ पाती है। इससे दिन भर या कुछ दिनों तक अलग होने का मतलब समस्या से 'एस्केप' नहीं होता। ब्लू फिल्म, सेक्सी उपन्यास और सामाजिक असमानता से उत्पन्न यौनाचार–ये सारी सामन्ती विकृतियाँ हैं। गरीब के भीतर भी विकृतियाँ हैं। मगर आप महसूस नहीं करते कि दोनों वर्ग की विकृतियाँ कहाँ से पैदा होती हैं। असल सवाल है उन्हें पहचानने का।

–मेरी दृष्टि में प्रेमचन्द के बाद ग्रामीण-समस्या के भीतर आपने सबसे पहले और सही ढंग से प्रवेश किया है। भूमि-समस्या आपको भी देश की सबसे बड़ी समस्या लगती होगी। देश का आर्थिक विकास मौलिक रूप से भूमि-समस्या के वास्तविक समाधान पर ही निर्भर करता है। तब क्या यह सच नहीं है कि जिस देश के कमाने वाले करोड़ों लोग खरीददार ही न हों, वहाँ न तो औद्योगीकरण हो सकता है, न बचत, न. पूँजी का निर्माण ? आपका कोई कमेंट ?

–मधुकरजी, आपने प्रश्न के साथ उत्तर भी दे दिया है। बहरहाल, मैं आपके विचार से 'एकमत' या 'सहमत' जो कह लें, हूँ। मगर सामाजिक असमानता को पहले तोड़ना होगा। आर्थिक असमानता को यही तो बलवान् बनाती है··· और, प्रेमचन्द के बाद ग्रामीण-समस्या के भीतर सबसे पहले प्रवेश अथवा उसके बाद में प्रवेश किसने किया, इस पर विवाद करके क्या फायदा ?

–केवल भूमि-समस्या को लेकर कुछ लिखने की फिर इधर आपके दिमाग में योजना है या नहीं ? अपनी लम्बी बीमारी से मुक्ति के बाद क्या किसी बड़े उपन्यास की शुरुआत आप कर चुके हैं ?

–पूर्णिया जिले में बँटाईदारी सवाल को लेकर 'परती : परिकथा' की रचना हुई। इसके पहले 'मैला आँचल' में भूमि-समस्या की भूमिका प्रस्तुत की गयी थी। आजकल मैं पिछले दो-तीन साल से एक बड़ा उपन्यास लिख रहा हूँ। अभी समय लग सकता है, क्योंकि देश बहुत तेजी से बदल रहा है··· दल-बदल, भूमि-हड़प, कुर्सी-हड़प के बाद देखिए और क्या-क्या होता है।

–यह प्रसिद्ध है कि तांत्रिक उपासना-पद्धति से आप सम्बद्ध हैं। इसका आपकी रचना और दृष्टि से कहीं सम्बन्ध है या यह आपकी निजी बात है ?

–देखिए, तांत्रिक उपासना-पद्धति से सम्बद्ध व्यक्ति यह कभी नहीं कहता कि वह, 'तन्त्र साधना' कर रहा है, क्योंकि, गोपनीयता इसकी सबसे बड़ी चीज है। कोई स्वयं अपने को तान्त्रिक कहे तो समझना चाहिए कि आपको वह मूर्ख बना रहा है। मुझे ऐसा लगता है कि अधिकांश लोग खुलकर शराब पीने और यौनाचार के लिए ही अपने को 'तन्त्र साधक' कहने लगते हैं। कुछ लोग इसे जादू-टोना

और चमत्कार मात्र मानते हैं··· संभवतः इसकी गोपनीयता ही इसका सबसे बड़ा आकर्षण है। किन्तु, मुझे इसके एक कारण ने खींचा—तन्त्र 'विभेद' और 'असमानता' बिल्कुल नहीं मानता। 'वाममार्गी' इस माने में सचमुच 'वामपंथी' हैं। बौद्धों ने ईश्वर और वेद को तो नकार दिया, मगर जनता का विश्वास प्राप्त करने के लिए तन्त्र का मार्ग पकड़ा। भगवान् और शास्त्र में वही रूप खप सकता है, जो शुद्ध है। तन्त्र में कोई भेद नहीं। ऐसी समानता कहीं नहीं, शायद··· मैंने कोई साधना अथवा उपासना नहीं की है। साधु-संग किया है, बस। और, इसे निजी मामला ही समझिए।

—लेखकों के संयुक्त मोर्चे अथवा सार्त्र की तरह किसी फोरम के निर्माण की कल्पना आपके भी दिमाग में आती है या नहीं ?

—बड़े-बड़े राष्ट्रीय या अन्तरराष्ट्रीय सवालों पर लेखकों का संयुक्त हो जाना स्वाभाविक और सार्थक है। साम्प्रदायिकता, वियतनाम, कम्बोडिया, चेकोस्लोवाकिया जैसे मानवीय सवालों से वह अलग कैसे रह सकता है ? सामान्य लोगों की तरह उसे भी ऐसे सवाल बराबर पागल किये रहते हैं और वह भी विरोध और लड़ाई के लिए तैयार रहता है। अन्तर्राष्ट्रीय स्तर के प्रश्नों के लिए लेखकों के ऐसे सामयिक मोर्चे बड़े कारगर होते हैं। सार्त्र ने फोरम के द्वारा ऐसे बहुत कार्य किये भी हैं।

—दिल्ली के एक कोने से 'भाषा का संकट' इन दिनों बहुत बोलता है। भारत की और कई जगहों में भी इसका डंक फैल रहा है। आपको भी इसका डंक कभी महसूस हुआ ?

—डंक ?··· मैंने कोई डंक-वंक नहीं महसूस किया। और न कभी संकट का एहसास हुआ··· पिछली बार दिल्ली गया तो 'भाषा संकट' वाली एक बड़ी-सी गोष्ठी में शरीक अवश्य हुआ था। उस गोष्ठी में मैंने सिर्फ एक किस्सा सुनाया था। किस्सा यों है : एक बार बंगाल में वैष्णव सम्प्रदाय के एक महंत साहब को डाकुओं ने राह में पकड़कर मार-पीट की। महंत साहब के साथ में उनका एक शिष्य था। वह महंत साहब पर हमला होते देखकर जोर से मठ की ओर भागा, अपने गुरु भाइयों को सूचना देने के लिए। वह बहुत तेजी से भागा हुआ मठ के पास पहुँचा तो अचानक 'भाषा का संकट' उसके सामने खड़ा हो गया। उसे मानो काठ मार गया। वह क्या कहकर—यानी किन शब्दों में—यह संवाद अपने गुरु भाइयों को सुनायेगा ? वैष्णव लोग रोजमर्रा की भाषा में भी 'काटना', 'रक्त बहाना', 'मारना', आदि शब्दों का व्यवहार नहीं करते। तरकारी-सब्जी को वैष्णव लोग 'काटते' नहीं। अगर कोई कह दे कि तरकारी काट दी गयी है महाराज, तो वैष्णव के लिए अभक्ष्य पदार्थ हो जाता है। वे इसके लिए 'अमनिया' करना व्यवहार करते हैं। सो, भाषा के संकट में पड़े हुए शिष्य ने इन शब्दों में जाकर अपने गुरु भाइयों को सूचना दी—"भाय रे ! गुरुजी के डाकातारा मिले 'अमनिया' कोरे फेले दियेछे। गुरुजी 'रंगे-रसे' एक्के बार एकाकार··· " जब तक लोग वहाँ पहुँचते, उसके पहले ही गुरुजी काया छोड़ चुके थे। अगर भाषा के संकट में पड़कर शिष्य ने देरी नहीं की होती तो सम्भव था कि गुरुजी को 'फर्स्ट एड' वगैरह मिल पाता··· 'भाषा के संकट' का

सवाल उठते ही मुझे हमेशा यही कथा याद आती है।

–कामतानाथ, ज्ञानप्रकाश, सतीश जमाली, इसराइल, सुदीप, जितेन्द्र भाटिया, विभुकुमार, प्रकाश बाथम, विश्वेश्वर की रचनाएँ आपने पढ़ी होंगी। क्या ऐसा कुछ नहीं लगता कि 'नयी वास्तविकता' के लिए सामाजिक दृष्टिकोण से कुछ बदल रहा हो ?

–इन नये लेखकों में काफी दम है। अपने सामाजिक दृष्टिकोण में बदलाव के कारण ही ये काफी लोगों को अपनी ओर खींच रहे हैं और लगता है, बहुत दिनों के बाद एक नयी शुरुआत हुई है। मुझे तो एक ही विश्वास है, इनकी धीरज-शक्ति और दृष्टि ही इन्हें जिन्दा ले चल रही है। वे इस बात को अच्छी तरह जानते हैं। ये ज्यादा बातूनी नहीं हैं और छद्म गुस्सा और बनावटी शक्ल से बिल्कुल अलग हैं।

–क्या आप भी ऐसा महसूस करते हैं कि अपने देश के भीतर 'कुछ बहुत बड़ा' होने वाला है जो कई तरह के अन्तर्विरोधों से उबरकर देश को सही संघर्ष के रास्ते पर लाकर खड़ा कर दे ?

–यह केवल भारतीय समस्या ही नहीं है। बदलाव से अपने को अलग कैसे किया जा सकता है ? मेरा तो अपना मत है कि निकट भविष्य के चार-पाँच वर्षों के भीतर अपने देश में कोई नयी राजनीतिक पार्टी जन्म लेने वाली है, जो वास्तव में 'राजनीतिक पार्टी' हो। नक्सलवाद तो प्रतीक है, एक गुस्सा है। इनके पास कोई नया समाधान नहीं है। जमीन के लिए सही लड़ाई अभी बाकी है। जमीन का फैसला बहुत जल्द होने वाला है। जब सही जनता सामने खड़ी हो जायेगी तो बंदूक की सारी बातें हवा हो जाएँगी और जनता जमीन को स्वयं लड़कर ले लेगी।

सारिका, मार्च, 1971

दुख-सुख में साझेदारी के लिए

··· मैं 1952 तक सक्रिय राजनीति में था,··· अपने क्षेत्र में कई किसान आन्दोलन, काश्त-संघर्ष तथा मिल-मजदूरों की हड़ताल में नारे लगाने और पार्टी-पत्रिकाओं में उन संघर्षों के अनुभवों पर रिपोर्ताज़ वगैरह लिखा करता था।... तो, मैं चुनाव लड़ रहा हूँ–अपने क्षेत्र के साधारण जन के सुख-दुःख में सक्रिय रूप से हाथ बटाने के

लिए। अपने लोगों की समस्याओं को मुक्त कण्ठ से प्रस्तुत करने के लिए।··· अपने क्षेत्र के विषाक्त किये गये सामाजिक-सांस्कृतिक जीवन को फिर से निरामय विशुद्ध करने के लिए।···

1972 के विधानसभा के प्रत्याशी के रूप में खड़े होने के बाद जुगनू शारदेय को कई स्पष्टीकरणों के साथ पिछले जीवन के संस्मरण सुना रहे हैं रेणुजी।

फणीश्वरनाथ रेणु का नाम साहित्य के अध्येताओं के लिए नया नहीं है। वह चुनाव लड़ रहे हैं। 1970 में सर्वोदय नेता जयप्रकाश नारायण ने उन्हें एक पत्र लिखा था– "गाँव की कठोर वास्तविकताओं को निकट से देखने का यहाँ अवसर मिला है। 23 वर्षों के स्वराज्य के बावजूद भारत माता का आँचल सचमुच कितना 'मैला' है··· मैं चाहता हूँ आप जैसे साहित्यकार इन वास्तविकताओं को आकर देखें और उनकी तस्वीर साहित्य में उतारें। 'मैला आँचल' लिखकर रेणु ने साहित्य-लेखन या उपन्यास-लेखन की जो परम्परा शुरू की थी, वह समाप्त हो गयी-सी लगती है। आज की पृष्ठभूमि में उसे पुनर्जीवित कर आगे बढ़ाने की जरूरत है। यह तो जाहिर है कि इस देश में भावी क्रान्ति का क्षेत्र गाँव ही होगा और नव-निर्माण का आरम्भ भी वहीं से होगा। अतः क्रान्तिकारी नवसाहित्य का सृजन गाँव में बैठकर ही किया जा सकता है।" मैंने रेणु जी से जब पूछा कि आप चुनाव क्यों लड़ रहे हैं तो उन्होंने पहले जयप्रकाश नारायण के इस पंत्र को उद्धृत किया और तब अपनी बात आगे बढ़ाते हुए बोले–

"मैं 1952 तक सक्रिय राजनीति में था, यह तो आपको मालूम ही है। अपने क्षेत्र में कई किसान आंदोलन, काश्त संघर्ष, तथा मिल-मजदूरों की हड़ताल में नारे लगाने और भाषण देने के अलावा पार्टी-पत्रिकाओं में उन संघर्षों के अनुभवों पर रिपोर्ताज़ वगैरह लिखा करता था। बाद में मैंने पार्टी (सोशलिस्ट पार्टी) छोड़ दी। सक्रिय राजनीति से अलग होकर भी राजनीति से संन्यास नहीं ले सका। मेरे उपन्यास–'मैला आँचल', 'परती : परिकथा', 'दीर्घतपा', 'जुलूस', 'कितने चौराहे' उसके प्रमाण हैं। रोजी-रोटी के लिए पिछले 15 सालों से शहर में रहने के बावजूद गाँव से मेरा सम्बन्ध विच्छिन्न नहीं हुआ है। अपने इलाके के हर सुख-दुःख को पहले की तरह भोगता हूँ। अपने क्षेत्र की राजनीति का सीधा असर मुझ पर अब तक पड़ता रहा है। गाँव-समाज में संग्रामी-सुराजी किसान का बेटा पहले हूँ–लेखक बाद में। पार्टी और राजनीति से अलग हुए मुद्दत हुई लेकिन अपने क्षेत्र की साधारण जनता की नजर में मैं अब भी वही हूँ–जो पहले था। मेरे जन्म से पूर्व ही तिलक स्वराज्य फंड वसूलने के दिन से ही इलाके में मेरा परिवार राष्ट्रीय परिवारों में से एक समझा जाता रहा है। यही कारण था कि मेरी राजनीतिक निष्क्रियता के बावजूद मेरे आँचल के लोग मुझे अराजनीतिक व्यक्ति नहीं समझते।

"इतनी-सी आवश्यक भूमिका के बाद, अब आपके प्रश्न का सीधा जवाब दे रहा हूँ। 1970 में श्री जयप्रकाशनारायण ने मुसहरी से मुझे एक पत्र लिखा था, जिसे मैं आपको सुना चुका हूँ। इस पत्र को मैंने पटना में आयोजित युवा लेखक सम्मेलन में भी पढ़कर सुनाया था। जयप्रकाश जी के इस पत्र ने मुझे एक बार फिर झकझोरकर जगा दिया। 'मैला आँचल' के डॉक्टर प्रशान्त ने कहा था, 'कम-से-कम एक ही गाँव के कुछ प्राणियों के मुरझाए ओंठों पर मुस्कराहट ला सकूँ, उनके हृदय में आशा और विश्वास को प्रतिष्ठित कर सकूँ।' जयप्रकाशजी ने भी एक गाँव को लिया है और करीब-करीब ऐसा ही व्रत उन्होंने लिया है। जयप्रकाश जी ने मुसहरी में रहकर जो कुछ प्रत्यक्ष देखा-सुना और अनुभव किया उन्हें मैं हमेशा अपने गाँव में देखता-सुनता और भोगता आया हूँ। फिर क्या कारण है कि 'मैला आँचल' की परम्परा समाप्त हो रही है। मैं सोच में पड़ा रहा और ऐसा लगा कि बिना 'इन्वाल्व' हुए अब काम नहीं चल सकता। दिमाग में यह सब चल ही रहा था कि अचानक एक दिन अखबार में पढ़ा कि मेरे गाँव के हिन्दू-मुस्लिम आपस में लड़ रहे हैं और सारे इलाके में तनाव का वातावरण है। गाँव में सशस्त्र पुलिस के दल तैनात हैं। अब तक कभी ऐसी घटना नहीं घटी थी, बल्कि तीन-चार साल पहले तक होली में मेरे गाँव के फरजंद मियाँ सदलबल झाँझ बजाकर फाग गाते थे और कई साल पहले भी गाँव के बूढ़े पुराने लोगों के अनुरोध पर मुहर्रम में कमर में घुँघरू बाँधकर बाँस की भूडनी बजा-बजाकर मैंने राष्ट्रीय मर्सिया गाया है—'देसवा के खातिर मजहरुलहक भइलन फकीरवा हो हाय··· कि दीन भइलन राजेन्द्र प्रसाद हो हाय··· हो हाय !' बाद में मालूम हुआ कि लोग आपस में लड़ाये गये हैं। सैकड़ों की तादाद में फौजदारी कचहरियों में दफा 107 की कार्रवाई के सिलसिले में वे महीनों चक्कर में रहे। अन्त में एक पंचायत बुलाकर आपस में मेल करवाया गया जिसमें मैं भी उपस्थित था। बातचीत के सिलसिले में जब पुराने दिनों की बातों की याद दिलाने लगा तो सभी की आँखें छलछला गयीं और इसके कई महीनों के बाद ग्रामपंचायत के चुनाव में एक मुस्लिम युवक को लोगों ने मुखिया बनाया।

"पिछले ही साल सितम्बर-अक्टूबर महीने में अखबारों में एक खबर पढ़ने को मिली कि मेरे ही गाँव के दो मुसहर भूख से मर गये। समाचार में यह भी था कि सरकारी डॉक्टर ने पोस्टमार्टम रिपोर्ट में इसे भूख से हुई मौत करार दिया है तथा सरकार की ओर से इन्हें हैजा से हुई मृत्यु घोषित किया गया है। फारबिसगंज में सुना, विधायक मित्र ने मुझे ही सम्बोधित कर कहा, अजी रेणु ! तुम्हारे ही गाँव के दो मुसहर भूख से मरे हैं। यह भी सुनने में आया कि क्षेत्र के विधायक सरकारी घोषणा के विरुद्ध कुछ करने वाले हैं, वे विधान-सभा में अपने दल के मुख्य सचेतक थे। सरकार भी उन्हीं के दल की थी। मैंने आशा की थी कि विधायक महोदय और कुछ न कर सकें, त्यागपत्र तो दे ही सकते हैं, किन्तु उन्होंने ऐसा कुछ भी नहीं किया। वे अचानक चुप हो गये, शायद अपनी लड़खड़ाती सरकार

को बचाने की कोशिश में व्यस्त हो गये।

"पिछले ही साल की बात है कि मेरे गाँव का एक नौजवान अचानक मेरे डेरे पर आया और 'सर्चलाइट' के मुखपृष्ठ की कतरनों को मेरे सामने बिखेर कर खड़ा हो गया। यह प्रतिभावान नौजवान पाठशाला से लेकर विश्वविद्यालय तक सर्वप्रथम आता रहा है। गोल्ड मेडल भी प्राप्त किया है। गत दो वर्षों से बार-बार इंटरव्यू होता है, कई बार चुना गया पर नौकरी मिल जाती है किसी दूसरे या तीसरे को।'सर्चलाइट' के सम्पादक ने कई बार मुखपृष्ठ पर उसके बारे में मोटी-मोटी सुर्खियों में लिखा, पर सब बेकार। मैंने अपने इलाके के विधायक और एम. पी. के नाम पत्र देना चाहा तो उसने तिलमिलाकर कहा, आप किन लोगों के पास जाने को कह रहे हैं। मैं कहाँ नहीं गया हूँ··· और आखिरी तिनका कहिए या अन्तिम चोट, जिले के संथाल हत्याकांड ने दी। आपने उसके बारे में लिखा भी और आपने 'मैला आँचल' में संथाल हत्याकांड की कहानी पढ़ी ही होगी। इसके बाद मुझसे तटस्थ रहकर तमाशा देखा नहीं गया। फैसला कर लिया···

"तो, मैं चुनाव लड़ रहा हूँ—अपने क्षेत्र के साधारण जन के सुख-दुःख में सक्रिय रूप से हाथ बँटाने के लिए। अपने लोगों की समस्याओं को मुक्तकंठ से प्रस्तुत करने के लिए। सिर्फ वकालत करने के लिए नहीं, अपने क्षेत्र के विषाक्त किये गए सामाजिक-सांस्कृतिक जीवन को फिर से निरामय विशुद्ध करने के लिए। और अपने क्षेत्र की नयी पीढ़ी, नयी पौध, नई फसल की निगरानी करने के लिए। मैं चाहता हूँ कि मेरा क्षेत्र कम-से-कम पाँच साल 'डि-पोलिटिसाइज' की प्रक्रिया से गुजरे। आपको यह बता दूँ कि कभी फारबिसगंज से ही सारे जिले की राजनीति का सूत्र संचालित होता था। जिला कांग्रेस का मुख्यालय भी वहीं था।"

"आपके चुनाव क्षेत्र की समस्याएँ क्या हैं; और यदि आप जीते तो उनका समाधान कैसे करेंगे ?"

"मेरे क्षेत्र के लोगों की सबसे बड़ी समस्या है उनकी भूमिहीनता; फिर यातायात की असुविधा। पाट उपजाने वाले खेतिहर की किस्मत पाट के बाजों के हाथ में है। उत्तर की ओर भारत-नेपाल सीमा है, जो नित्य नयी सामाजिक विकृतियों को जन्म देती है··· समाधान ? समाधान तो सरकार करेगी। मैं इन समस्याओं को लेकर सरकार को कभी चैन नहीं लेने दूँगा। सभा के अन्दर और बाहर वाली और लेखनी के सहारे जब कुछ नहीं हो सकेगा तो व्यक्तिगत सत्याग्रह और आन्दोलन।"

"मगर आप तो अकेले रहेंगे ?"

"अकेले चने से अकेले आदमी की तुलना गलत है। अकेला चना भाड़ न फोड़ सके मगर जमीन में जड़ जमाकर मुट्ठी भर चना तो पैदा कर ही सकता है, अकेला और निर्दलीय होने के कारण मेरी आवाज मन्द नहीं हो जायेगी। इसका मुझे विश्वास है। मैं 'तबे एकला चलो रे' विश्वास के साथ गाया करता हूँ।"

"बुद्धिजीवी और राजनीतिक दलों के बीच आपकी समझ से कैसे सम्बन्ध

होने चाहिए ?"

"देखिए ! अब सभी राजनीतिक दल बुद्धिजीवियों का नाम लेने लगे हैं। सभी पार्टियाँ राजकाज में शरीक कराना चाहती हैं। पार्टियाँ बुद्धिजीवियों को सबसे पहले दलमुक्त करना चाहती हैं। उनकी बदनीयती का यही सबसे बड़ा सबूत है। वे चाहते हैं कि लोग पहले अपनी बुद्धि पार्टी के पास गिरवी रख दें। यह कैसे हो सकता है ? दलमुक्त होने के बाद भी खैरियत रही है। किसी दल का बुद्धिजीवी होना ही पर्याप्त नहीं है। उस दल में आप किस व्यक्ति और किस गुट के बुद्धिजीवी होंगे ? बुद्धिजीवी कभी किसी व्यक्ति या पार्टी की गुलामी कबूल नहीं कर सकता—चाहे वह पार्टी कितनी भी बड़ी क्यों न हो और वह व्यक्ति 'अतिमानव' ही क्यों न हो।"

"साहित्य और राजनीतिक क्या एक दूसरे के पूरक हैं ?"

"आपके इस सवाल का जवाब अभी विस्तार से नहीं दे सकूँगा। मेरा ध्यान अभी अपने चुनाव-क्षेत्र के गाँवों और गलियारों में है। साहित्य और राजनीति के आपसी सम्बन्ध के सवाल मुझसे बराबर पूछे जा रहे हैं। मैंने हमेशा इसके जवाब में घुमा-फिराकर कहा—मेरा साहित्य पढ़िये।"

"आपकी पुरानी पार्टी, सोशलिस्ट पार्टी के बारे में आपकी क्या राय है जिसने पहले तो आपको अपना समर्थन भी दिया और अब उनका उम्मीदवार भी आपके क्षेत्र में है ?"

"अव्वल तो आज की सोपा वह सोपा नहीं है जिसका एक सदस्य मैं था, हाँ लोग वही जरूर हैं। सोपा ने जब मेरे विरुद्ध कोई उम्मीदवार खड़ा नहीं करने की बात फैलायी तो मुझे विश्वास होने लगा था कि राजनीतिक दोस्ती महज दिमाग की नहीं हृदय की भी होती है। लेकिन, अखबारों की बयानबाजी और व्यक्तिगत पत्र के बावजूद सोपा का उम्मीदवार, मेरा प्यारा कामरेड (?) जब खड़ा हो गया तो मेरा क्षणिक भ्रम दूर हो गया। हाँ, उम्मीदवार के पहले मेरा प्यारा दोस्त यह पुर्जा मेरे घर पर छोड़ गया था—प्रिय रेणु, मैं पाँच बजे संध्या में आया था, ताला बन्द देखकर जा रहा हूँ। पाँच फरवरी को अररिया कोर्ट में मिलूँगा—2 बजे दिन में फारबिसगज क्षेत्र से केवल तुम्हीं को पार्टी समर्थन देगी। ऐसा निश्चय कर लिया है—तुम्हारा भाई—लषण : 3-2-72। मगर अपने प्यारे कामरेड की उम्मीदवारी से मुझे कोई अचरज नहीं हुआ—मैं ऐसी ही आशा करता था।"

"एक अन्तिम जिज्ञासा, 'मैला आँचल' और 'परती परिकथा' के फारबिसगंज और चुनाव-क्षेत्र फारबिसगंज में क्या समानता—अन्तर है ?"

"आपके इस दिलचस्प सवाल का जवाब भी दिलचस्प देने जा रहा हूँ इसलिए निवेदन कर दूँ कि मेरे कथन पर अविश्वास मत कीजिएगा। 5 फरवरी को नामांकनपत्र दाखिल करने के बाद मैंने अपने क्षेत्र के मतदाताओं के नाम अपील की कि 8 फरवरी से 11 फ़रवरी तक मैं अपने क्षेत्र के प्रमुख स्थानों में उपस्थित होकर आपसे आमने-सामने बातचीत करना चाहता हूँ। आपके मन में कोई शंका और सवाल

हों तो उठाएँ। अगर आप यह समझते हैं कि मैं आपका प्रतिनिधित्व करने के काबिल नहीं हूँ, तो आप मुझे रोकें-टोकें। भरी सभा में हो-हल्ला कर मुझे हूट करें। चारों रैलियों में हर वर्ग के लोग जमा हुए और घंटों मेरी बात चुपचाप सुनते रहे। फारबिसगंज स्टेशन के चौराहे पर हमारे गुरु स्वर्गीय रामदेनी तिवारी 'द्विजदेनी' के प्रस्तर-प्रतिमा के नीचे रिक्शा पर बैठकर चौराहे पर मैं एक घंटा बोला कि एक वृद्ध, 75 साल के श्री रामलाल मंडल जी आ गये—मैला आँचल का एक जीवित पात्र जो साबरमती आश्रम में गाँधीजी को रामचरित मानस गा-गाकर सुनाते थे, माइक लेकर बहुत देर तक मेरे जन्म से लेकर अब तक की बात बोलते रहे। दूसरे दिन जोगबनी में, सरहद के किनारे शहीद साथी कुलदीप झा की समाधि के पास जब बोल चुका तो 'नेपाली क्रान्तिकथा' ('दिनमान' में धारावाहिक प्रकाशित) और 'परती : परिकथा' के एक पात्र फेकन चौधरी जी समर्थन में बहुत बोले और शुभकामना प्रकट की, तीसरा दिन सिमराहा हाट में संयोगवश हम उसी जगमोहन भगत की दुकान पर दही-चूड़ा खा रहे थे, जहाँ 'मैला आँचल' के बावनदास ने दही-चूड़ा खाते समय दो जलेबियाँ भी चख ली थीं। हम जब दही-चूड़ा खा रहे थे, उसी समय किसी ने याद दिलाया, आपके बावनदास ने भी यहीं पर दही-चूड़ा ·· इसे क्या कहेंगे—सिर्फ संयोग। समानता और अन्तर की क्या बात करूँ।

दिनमान, 27 फरवरी, 1972

बात बोलेगी, मैं नहीं···

अपने चुनाव-भाषण में मैं रामचरितमानस की चौपाइयों, दोहों का उद्धरण दूँगा, उन्हीं का सहारा लूँगा... कबीर को उद्धरित करूँगा, अमीर खुसरो की भाषा में बोलूँगा, ग़ालिब और मीर को गाँव की बोली में प्रस्तुत करूँगा और लोगों को उन्हें समझाऊँगा। यों अभी कई जन-सभाओं में मैंने दिनकर, शमशेर, अज्ञेय, पन्त और रघुवीर सहाय को उद्धृत किया है···

रेणु से चुनाव-चर्चा कर रहे हैं भूपेन्द्र अवोध !

नाव हिन्दी के अन्तर्राष्ट्रीय ख्यातिप्राप्त उपन्यासकार और 'तीसरी कसम' के लेखक फणीश्वरनाथ रेणु का चुनाव-चिह्न है, जो इस बार अपने ग्रामीण क्षेत्र फारबिसगंज

(पूर्णिया) से बिहार विधान-सभा के निर्दलीय प्रत्याशी हैं।

पिछले 31 जनवरी को एक साधारण से प्रेस-सम्मेलन में रेणु ने निर्दलीय प्रत्याशी के रूप में चुनाव लड़ने सम्बन्धी अपने निर्णय की घोषणा की थी, और अगले दिन बिहार के दैनिक समाचार पत्रों में जब यह खबर आयी तब यहाँ के बुद्धिजीवी और राजनीतिक वर्ग में एक हलचल-सी उठ खड़ी हुई। चेहरे पर प्रश्न टाँके रेणु के परिचित एक-दूसरे से पूछते फिर रहे थे–रेणु के माथे यह क्या खप्त सवार हो गयी ? समाचार सही है या गलत ? चुनाव लड़ने की ही इच्छा है तो निर्दलीय क्यों ? कोई भी दल रेणु को पाकर गौरवान्वित होगा, उसकी प्रतिष्ठा बढ़ेगी। रेणु को बहुत करीब से जानने वाले लोग नामांकन-पत्र भरने के आखिरी दिन का इन्तजार कर रहे थे–क्या पता भरते भी हैं, या टाल जाते हैं। घोषणा तो एक मूड-विशेष की बात थी, कर दी गयी। मनःस्थिति बदल भी सकती है–उनका कौन ठिकाना ? और घोषणा के दो-चार दिनों के अन्दर ही कई दलों की ओर से रेणु के पास एक-के-बाद एक 'आफर' पहुँचे–चुनाव लड़ने का निश्चय सचमुच हो तो वह उनके दल से चुनाव लड़ें। रेणु टाल गये–वह सब नहीं करना और इसी बीच वह पटना से गायब !

और नामांकन पत्र दाखिल करने से लेकर उम्मीदवारी वापस लेने की आखिरी तारीख फारबिसगंज में गुजारकर जब वह पटना आये तब स्वाभाविक था, लोग उनसे पूछते–क्या हुआ ?

–बस, सब ठीक-ठाक। क्षेत्र के बूढ़े, जवान, विद्यार्थी, प्राध्यापक, मजदूर, किसान सबों में उत्साह है। प्रचार-कार्य चल रहा है। मैं अपना चुनाव-भाषण 18 फरवरी से शुरू करूँगा।

निर्दलीय प्रत्याशी क्यों ? पार्टी-विशेष क्या बुरी थी ?–अगला सवाल !

–पार्टी-विशेष बुरी नहीं लेकिन पार्टी के भीतर पार्टी, वह तो बुरी है ? बुद्धिजीवी आदमी को पार्टीबाजी में नहीं पड़ना चाहिए। लोग कहेंगे फलाँ रामलखन सिंह यादव गुट का उपन्यासकार है, फलाँ दारोगाराय गुट का। फलाँ कर्पूरी ठाकुर गुट का बुद्धिजीवी, फलाँ रामानन्द तिवारी गुट का। आप ही से कोई पूछ दे, क्या जवाब दीजिएगा ? वैसे ही कांग्रेसी, जनसंघी या सोपा मार्का बुद्धिजीवी होना बुरा है, उसमें भी दल के भीतर अलग-अलग व्यक्तियों का प्रभाव-मार्का होना पड़े, मेरी नैतिकता इसे नहीं स्वीकार करती।

रेणु अपनी जिद के आदमी हैं। नैतिकता, वह चाहे साहित्य में हो, जीवन में या राजनीति में–बहुत बड़ी शर्त होती है। सफलता-असफलता अपनी जगह है। सफलता पाने के लिए आदमी को नैतिकता गिरवी रख देनी पड़े, व्यक्ति-जीवन का यह भयंकरतम अपराध है। लेकिन आज नैतिकता का निर्वाह करने वाला आदमी राजनीति में अपना निर्वाह कैसे कर सकता है ?–यह एक अहम सवाल है। रेणु ऐसे किसी प्रश्न से अनभिज्ञ हों, ऐसा नहीं कहा जा सकता। रेणु की प्रतिष्ठा और ख्याति को देखते हुए और यह पता होने के बावजूद कि साहित्य में आने

के पहले वह समाजवादी पार्टी और नेपाल कांग्रेस के सक्रिय कार्यकर्ता थे, मैंने उनसे जानना चाहा कि इस बार चुनाव लड़ने की बात उनके मन में कैसे और क्यों आयी ? आयी भी तो वह अपने क्षेत्र फारबिसगंज से ही क्यों खड़े हुए ? हिन्दुस्तान का कोई क्षेत्र ऐसा नहीं है, जहाँ रेणु को श्रद्धा और प्यार देने वाले लोग न हों, वह कहीं से भी खड़े हो सकते थे और बदले में उन्होंने जो कुछ बताया, वह चुनाव में खड़े किसी पेशेवर नेता की अपने क्षेत्र की जनता के प्रति सामयिक और दिखावे की सहानुभूति से सर्वथा अलग की चीज थी। वैसे भी रेणु के मन में अपना गाँव-इलाका, वहाँ के लोग, वहाँ के सुख-दुःख, वहाँ की समस्याएँ जिस रूप में और जिस अंश तक जीवित हैं, वह अपने आप में एक इतिहास है। यह निर्णय करना बिल्कुल ही कठिन और लगभग असम्भव है कि रेणु के गाँव-इलाके की समस्याओं ने, वहाँ के सुख-दुःख ने, शिक्षित-अशिक्षित किसान-मजदूरों ने प्रत्यक्ष-अप्रत्यक्ष रूप से लिखने की प्रेरणा जगाकर रेणु को इतना बड़ा लेखक बनाया, या रेणु ने लिखकर अपने गाँव-इलाकों से, वहाँ की समस्याओं से पूरी दुनिया को परिचित कराया कि बिहार का पूर्णिया जिला और फारबिसगंज खुद रेणु का पर्यायवाची बन गया। पूर्णिया या फारबिसगंज का नाम सुनते ही रेणु आँखों के सामने आ जाते हैं, 'मैला आँचल' और 'परती : परिकथा' के पृष्ठ हवा में फड़फड़ाने लगते हैं–रेणु का पूर्णिया, रेणु का फारबिसगंज ! ऐसा लगता है, रेणु नहीं होते तो पूर्णिया 'बिहार का कालापानी' बना रहता, रेणु न हों तो पूर्णिया फिर से 'बिहार का कालापानी' बन जाए–रेणु और रेणु के लेखन से प्यार करने वाले करोड़ों-करोड़ लोगों का ऐसा ही कुछ खयाल है।

मेरे प्रश्न के बदले आँख पर झूल आई लटों को कान पर समेटते हुए उन्होंने बताया--आप जानते हैं कि मैं 'होल-टाइम' साहित्य करने के पहले राजनीति करता था, यानी पार्टी में था–किसान-मजदूरों के बीच। किसानों की कई एक बड़ी लड़ाइयाँ लड़ीं, मजदूर-आन्दोलनों में सक्रिय भाग लेता रहा। इधर यों देखने में तो ऐसा लगता था कि सक्रिय राजनीति से मैंने संन्यास ले लिया है, सक्रिय राजनीति से अलग हो गया हूँ, मगर बात ऐसी नहीं थी। राजनीतिक पार्टी का सदस्य न होकर भी आदमी राजनीति कर सकता है, यह बात लोगों के दिमाग में अटेगी भी नहीं। मेरी रचनाएँ, खासकर 'मैला आँचल', 'परती : परिकथा', 'दीर्घतपा', 'जुलूस', 'कितने चौराहे' सभी राजनीतिक समस्याओं, विचारों के ही प्रतिफल हैं। अब रही बात फिर से सक्रिय राजनीति में आने की, तो तात्कालिक कारणों में से कई कारण हैं। पिछले साल मेरे इलाके, मेरे क्षेत्र या यों कहिए कि गाँव (औराही-हिंगना) में एक के बाद एक कई ऐसी घटनाएँ घटीं, जिन्होंने मुझे हिला दिया। और वे हैं :–

1. मैं जिस क्षेत्र का हूँ उसमें एक तिहाई अल्पसंख्यक जन हैं। मुझे याद नहीं कि वहाँ कभी हिन्दू-मुस्लिम झगड़े हुए हों। दो साल पहले तक हिन्दू-मुसलमान मिलकर होली में फाग गाते थे और अबीर-गुलाल उड़ाते थे। मुहर्रम में कमर में

घुंघरू बाँधकर हाथ में बाँस की झरनी लेकर झूम-झूमकर मैं और मेरे गाँव के लोग मर्शिया गाते थे। लेकिन इधर की राजनीतिक चेतना (?) ने इस सौहार्द्रपूर्ण माहौल को ऐसा कलुषित कर दिया कि पिछले साल वे आपस में लड़ पड़े। लड़ पड़े नहीं, बल्कि यों कहिए कि उन राजनीतिक तत्त्वों द्वारा लड़ा दिये गये जो ग्राम-पंचायत से लेकर विधान-सभा और लोकसभा के चुनावों में अल्प-संख्यक और बहु-संख्यक वर्ग को कच्चे माल की तरह इस्तेमाल करते हैं। बहुत-से लोग जख्मी हुए फिर गिरफ्तारियाँ हुईं, मुकदमे चले और गाँव के सैकड़ों लोग महीनों कचहरी में परेशान किये गये। मेरे इलाके में कहीं कुछ भी हो, लेकिन ऐसा कभी नहीं हुआ था। इस घटना के बाद जब मैं गाँव पहुँचा तब मुझे ऐसा लगा कि इसके लिए थोड़ा दोषी मैं भी हूँ।

2. पिछले वर्ष ही सितम्बर-अक्तूबर महीने में अखबार में तीन पंक्तियों की खबर पढ़कर मैं फिर चौंका। मेरे ही गाँव में भूख से दो बेजमीन मुशहर की मौत हो गयी है, यह उस खबर में थी। मेरे क्षेत्र के विधायक जोर-जोर से कह रहे थे कि मौत भूख से हुई और सरकार की ओर से इसे इन्कार किया जा रहा था और इस मौत का कारण हैजे की बीमारी बताया जा रहा था। हालाँकि सरकारी डॉक्टरों ने अपनी पोस्टमार्टम रिपोर्ट में उस मौत का कारण भूख को ही बतलाया था। उस वक्त मुझे ऐसा लगा कि हमारे क्षेत्र के विधायक महोदय तथा अन्य राजनीतिक पार्टियाँ मिल-जुलकर रोष प्रकट करेंगी, आन्दोलन करेंगी, मगर ऐसा कुछ भी नहीं हुआ। मैंने यह भी सोचा था कि हमारे विधायक महोदय इसी बात पर और कुछ नहीं कर सकें मगर अपनी लंगड़ी सरकार से इस्तीफा तो दे ही देंगे। मगर वह चुप हो गये और फिर कभी उस घटना को लेकर कोई चर्चा नहीं हुई। यों वह सरकार दो या तीन महीने बाद गिर भी गयी।

3. पिछले ही साल मेरे गाँव का एक नौजवान, जो पाठशाला से लेकर विश्वविद्यालय की परीक्षा तक में कभी द्वितीय नहीं हुआ, मैट्रिक, बी. ए., एम. ए. में जिसने विश्वविद्यालय में सर्वप्रथम स्थान प्राप्त किया, जिसकी लम्बाई, चौड़ाई, मुटाई में कहीं कोई ऐब नहीं, जो स्वस्थ और तन्दुरुस्त है–मेरे पास आया। मेरे सामने दैनिक सर्चलाइट (पटना) की कतरनों को बिछाते हुए अपना दुखड़ा रोना शुरू किया कि किस तरह हर बार उसे विश्वविद्यालय की नौकरी के लिए इन्टरव्यू में बुलाकर जलील किया जाता रहा है। कई बार तो चुने हुए प्रत्याशियों में उसका नाम पहला होता था, लेकिन नौकरी दूसरे या तीसरे प्रत्याशी को मिल जाती थी। वह मेरी सहायता चाहता था। मैंने उसे अपने क्षेत्र के विधायक और संसद-सदस्य के पास जाने की सलाह दी तो पहले उसने हताश होकर मेरी ओर देखा, फिर गुस्से में आकर कहने लगा–आप मुझे किन लोगों के पास जाने को कहते हैं ? यह खेल तो उन्हीं लोगों के हैं। आप लोग राजनीति से अलग और विमुख होकर इस तरह निर्विकार हो गये उसी के ये सब नतीजे हैं। और चौथी बात–रेणु थोड़ी देर के लिए रुके थे। चेहरे पर झूल आई लटों को कान पर उन्होंने फिर से सहेजा

था, चेहरे पर दुख की परछाइयाँ स्पष्ट उभर आयी थीं—चौथी बात कि पिछले दिनों मेरे जिले में जो सबसे दिल दहलाने वाली घटना हुई, यानी चौदह आदिवासी संथाल मारे और जला दिये गये, इसने तो मुझे अपनी ही निगाह में गिरा दिया। आप 'मैला आँचल' में देखिएगा, बेजमीन संथालों के संघर्ष की कथा 1954 में मैंने लिखी थी। संथालों की समस्याओं को लेकर मैंने जिन खबरों की कल्पना की थी, ऐसा लगा कि वह अठारह वर्षों बाद इस नाटकीयता से फिर से दुहराई जा सकती हैं। और तभी से इन चार सवालों को लेकर मेरे अन्दर विचार-मन्थन चलता रहा, फिर अन्ततः यह फैसला कि मैं भी इस बार का चुनाव लड़ूँगा।

"लेकिन अपने क्षेत्र की समस्याओं और वहाँ के लोगों के दुःख-दर्द से द्रवित होकर चुनाव लड़ने का फैसला ले लेना ही तो सब कुछ नहीं है। आप वहाँ के लिए कुछ कर सकें, इसके लिए चुनाव में आपकी जीत की जरूरत है और चुनाव जीतने की आज जो प्रक्रिया—लाठी, पैसे और जाति की ताकत—सबसे ज्यादा कारगर साबित हो रही है, उसमें आप कहाँ ठहरते हैं ? आपके पास लाठी और पैसे हैं नहीं, न ही आप जातिवादी हैं, फिर वह कौन-सा नैतिक विश्वास है, जो आपको भरोसा दे रहा है ?" मेरा अगला सवाल।

"सक्रिय राजनीति में जिन दिनों था और जन-जीवन से मैंने जो भी कच्चा माल जमा किया उसे 'फिनिश्ड' बनाकर साहित्य को देता रहा। इन घटनाओं ने मुझे यह भी एहसास दिया कि कच्चे माल की अब कमी हो गयी है, जन-जीवन के दुख-दर्द से मैं अपरिचित-सा होता जा रहा हूँ। गाँवों में जो यह नयी पीढ़ी आयी है, यानी 20-21 साल के नौजवानों की, वे तथा मैं—दोनों आपस में एक-दूसरे के लिए अजनबी हैं। मैंने यह फैसला साहित्य के लिए भी किया है। अर्थात् फिर इन्वाल्व्ड हुए बगैर काम चलने का नहीं।

"जहाँ तक बात नैतिक विश्वासों की है, अपना नामांकन-पत्र भरने के बाद मैंने यह फैसला किया कि अपने इलाके के कई प्रमुख स्थानों में लोगों को बुलाकर उनसे आमने-सामने बातचीत करूँ, उनकी राय जानूँ। अगर वे मुझे अपने प्रतिनिधि के योग्य न समझें तो फिर अपना नामांकन-पत्र वापस कर लूँगा। मैंने अपने पर्चे में लोगों को नियंत्रित किया कि वे इन गोष्ठियों में आएँ और अगर मैं उनका अगुवा बनने के काबिल नहीं, तो मुझे रोकें, और टोकें और उचित समझें तो हो-हल्ला कर, शोरगुल मचाकर मुझे मेरे फैसले से विमुख करें और इस सिलसिले में तीन-चार गोष्ठियों में मुझे जो कुछ देखने-समझने को मिला उसने मुझे और दृढ़ कर दिया। एक सभा में एक ग्रामीण अधेड़ ने तो साफ शब्दों में मुझसे कहा—अगर इस बार उम्मीदवार नहीं होते तो आप सबसे बड़े मुजरिम होते। नौजवान, विद्यार्थी, अध्यापक तथा मेरे प्रेमी पाठक कार्यकर्त्ता के रूप में काम कर रहे हैं। मेरी चार गोष्ठियों में मेरे बाद जो लोग सामने बोलने के लिए आये, अचरज की बात कि वे सभी मेरे उपन्यासों के जीवन्त पात्र थे, जो अपने सही नाम के साथ मेरे उपन्यासों में आये हैं और जीवित हैं (राम लाल मण्डन—मैला आँचल, फेकन चौधरी—नेपाली

क्रान्ति कथा, जगमोहन भगत की दुकान और उसके परिवार के लोग–मैला आँचल)

"मुझे उम्मीद है कि इस चुनाव-अभियान के दौरान कहीं-न-कहीं मरे हुए बावनदास से भी मेरी मुलाकात हो जाएगी, अर्थात् वह विचारधारा जो बावनदास पालता था, अभी भी सूख नहीं गयी है।

"रही बात लाठी, पैसे और जाति की ताकत की, तो अगर ऐसा ही है और यह नियम हो चला है कि इन्हीं तीन चीजों के बल पर चुनाव जीते जाते हैं, तो बगैर लाठी, बगैर पैसे और बगैर जाति के बल पर चुनाव लड़कर क्यों नहीं देखा जाये ? यानी, समाज और तन्त्र में प्रवेश करती हुई इन विकृतियों से लड़कर ही क्यों न देखा जाये ?"

"चुनाव जीतने के लिए तमाम दल अपनी नीतियों के अनुरूप अपने चुनाव घोषणा-पत्र और नारे तैयार करते हैं। निर्दलीय प्रत्याशी के रूप में आपने भी तो कुछ सोचा होगा ?"

"हाँ, मेरे क्षेत्र में जो साम्प्रदायिक जहर संक्रामक रूप से फैला है उसे दूर करने की हर कोशिश करना, बेजमीन लोगों की समस्याओं को सबल कण्ठ से प्रस्तुत करना तथा उसे अमल में लाने के लिए व्यक्तिगत सत्याग्रह से लेकर सामूहिक आन्दोलन तक करना तथा अपने अंचल की नयी पीढ़ी, नयी पौध, नयी फसल की निगरानी करना मेरा पहला कर्त्तव्य होगा। मेरा नारा है–

कह दो गाँव-गाँव में, अब के इस चुनाव में।
वोट देंगे नाव में, नाव में, नाव में।।
कह दो बस्ती-बस्ती में मोहर देंगे किस्ती में।
मोहर दीजै नाव पर, चावल दीजै पाव भर।।

"मैंने अपने मतदाताओं से अपील की है कि वे मुझे पाव भर चावल और एक वोट दें।"

"अपने चुनाव-भाषण में जनता के सामने किन नेताओं के उद्धरण और उदाहरण पेश करेंगे ?"

"अपने चुनाव-भाषण में मैं रामचरित-मानस की चौपाइयों, दोहों का उद्धरण दूँगा, उन्हीं का सहारा लूँगा (अचरज की बात है कि चुनाव लड़ने के लिए सैकड़ों पंक्तियाँ रामचरित-मानस में पड़ी हुई हैं), कबीर को उद्धरित करूँगा, अमीर-खुसरो की भाषा में बोलूँगा, ग़ालिब और मीर को गाँव की बोली में प्रस्तुत करूँगा और लोगों को उन्हें समझाऊँगा। यों अभी कई जन-सभाओं में मैंने दिनकर, शमशेर, अज्ञेय, पन्त और रघुवीर सहाय तक को उद्धृत किया है–

'दूध, दूध ओ वत्स ! तुम्हारा दूध खोजने हम जाते हैं'–**दिनकर**
यह दीप अकेला स्नेह भरा–**अज्ञेय**
बात बोलेगी, मैं नहीं–**शमशेर**
भारतमाता ग्रामवासिनी–**पन्त**
न टूटे सत्ता का तिलिस्म, न टूटे–**रघुवीर सहाय**। और भी देखिए, कौन-कौन

आते हैं।" कहकर रेणु चुप हुए। पटना शहर के युवा-बुद्धिजीवी वर्ग के कुछ लोग उनसे मिलने आ गये हैं। मैं अपनी नोट-बुक सम्हालता हुआ उठता हूँ—अगले सप्ताह ही कटिहार वाली गाड़ी पकड़ूँगा, रेणु को उनके गाँव-इलाके में देखने की बहुत पुरानी इच्छा है।

साप्ताहिक हिन्दुस्तान, 5 मार्च, 1972

रेणु का आत्म-साक्ष्य

"सारे हिन्दी लेखकों को···गाँवों में भेजना चाहिए, एकदम! गाँवों में किसानों के साथ काम करें—और किसी को 'उससे ज्यादा कुछ' करना हो तो खान में जरा भेजें!··· ये हिन्दी के लेखक, जो सब अपने को 'जनता' समझ बैठे हैं! जो सोचते हैं कि वे सब-कुछ जान गये हैं, लिखने को जान गये हैं, राष्ट्रभाषा उनकी हो गयी है··· और असल में इनकी गरीबी का, बौद्धिक गरीबी का हिसाब नहीं है। ये और कुछ जानते ही नहीं—धान का पेड़ होता है या पौधा—यही ये नहीं जानते। मगर ये समस्याएँ उठायेंगे किसानों की! समस्या उठायेंगे मजदूरों की! जिनसे इनका दूर का भी रिश्ता नहीं। लेकिन यह सब चलता है··· "

जर्मनी के हिन्दी विद्वान् डॉ. लोठार लुट्से को अपना आत्मसाक्ष्य प्रस्तुत कर रहे हैं रेणु जी!

[प्रस्तुत इन्टरव्यू 'नया प्रतीक' (सं.-स. ही. वात्स्यायन) के जून, 1977 के अंक में प्रकाशित हुआ, इस सम्पादकीय टिप्पणी के साथ—

"रचना-प्रक्रिया के एक अन्वेषण के सिलसिले में डॉ. लोठार लुट्से ने, जो हाइडेलवर्ग विश्वविद्यालय के 'दक्षिण एशिया शोध संस्थान' में भारतीय भाषाओं के प्राध्यापक हैं, भारत में अनेक लेखकों से उनकी एक-एक रचना को निमित्त बनाकर प्रश्नोत्तर तैयार किये थे। इसी सिलसिले में स्व. फणीश्वरनाथ रेणु से उनकी जो भेंट हुई थी, उसमें रेणु की कहानी 'आत्म-साक्षी'[1] को आधार बनाया गया

---

1. 'आत्म-साक्षी' रेणुजी के दूसरे कहानी संग्रह 'आदिम रात्रि की महक' में संकलित एक प्रसिद्ध कहानी है।

था। इस रोचक और आलोकप्रद वार्तालाप का टेप से प्रत्यंकन यहाँ प्रस्तुत किया जा रहा है। डॉ. लुट्से के मूल प्रश्न अंग्रेजी में थे। उनका यहाँ हिन्दी अनुवाद कर दिया है; रेणु जी के उत्तर ज्यों-के-त्यों हैं–केवल कहीं-कहीं सहज उक्ति को लिखित वाक्य की अन्विति देने के लिए थोड़ा परिवर्तन अनिवार्य पाया गया।"

डॉ. लोठार लुट्से का इस इन्टरव्यू के पूर्व वक्तव्य : "मैं 6 दिसम्बर को पटना पहुँचा। रेणु जी 'एयरपोर्ट' पर उपस्थित थे, बीमार होने पर भी। हमारा साक्षात्कार अगले दिन ही हो सका। 7 दिसम्बर, 1972 की हमारी पहली और आखिरी मुलाकात हमेशा याद रहेगी–सर्दियों का एक सुनहरा दिन, राजेन्द्र नगर में रेणु जी का घर, मेजबान की प्रसन्नता, उनकी उदारता (खास भारतीय किस्म की)। भेंटवार्ता उनकी "आत्म-साक्षी' नामक कहानी से शुरू हुई। ठीक है, यह 'तीसरी कसम' जितनी लोकप्रिय नहीं है, उसकी काव्यात्मकता, उसकी संगीतात्मकता शायद कम हो--फिर भी, 'आत्म-साक्षी' भी मुझे बहुत पसन्द है, और जर्मन अनुवाद मैंने इसी कहानी का प्रकाशित करवाया। शायद यह बात अच्छी लगी हो कि लेखक फिर एक बार एक मामूली आदमी के पक्ष में है, जिसे ईमानदारी और भोलापन की वजह से सजा मिलती है। मेरे विचार में यही रेणु जी का सबसे महत्त्वपूर्ण विषय था। साथ ही, उन्हें भारतीय जनसाधारण पर पूरा विश्वास था।"]

लोठार लुट्से–रेणु जी, आपकी कहानी का शीर्षक है 'आत्म-साक्षी'। पहला प्रश्न आपसे मैं यह पूछना चाहता हूँ कि इस 'आत्म' का विषय कौन है ? –यह गनपत कौन है ? क्या आप ही का एक अंग है, अथवा आपका परिचित कोई वास्तविक व्यक्ति, या व्यक्तियों पर आधारित एक निर्मिति ? या वह सम्पूर्ण कल्पित चरित्र है ?

रेणु–(मैं हिन्दी में कह रहा हूँ।) 'आत्म-साक्षी' इसलिए कि वह जो पात्र है न, मेरा हीरो गनपत है जो–मैं नाम भी भूल गया हूँ–वह साधारण, यहाँ के जो कार्यकर्ता होते हैं न, वही है और मैंने ऐसे लोग देखे हैं। आपने **'मैला आँचल'** में भी देखा होगा, वह एक बावनदास है, तो बावनदास कुछ सही नहीं था। उसमें सही है वह, जो एक चुन्नीदास है। चुन्नीदास को मैंने देखा। और हर पार्टी में ऐसे लगन से काम करने वाले होते हैं–ऐसे जो सचमुच में आप जो कुछ भी कह दें, वह उनके लिए एक वाक्य होता है। उनकी किताब में लिखा हुआ, और उसको वे ईमानदारी से करते हैं और फिर उनको कह दीजिए कि 'तीन बजे फलानी जगह मीटिंग होगी' तो वे अढ़ाई बजे जरूर पहुँच जायेंगे। बस इतने ईमानदार ! और पार्टी का एक पैसा भी चन्दे में लेकर खाने वाले नहीं। जैसे बावनदास ने लिया था, तो मालूम हुआ कि अरे यह तो जलेबी खा रहा है, शौक कर रहा है, तो उसने कै भी कर दिया था।–तो जो कुछ गनपत में है, यदि बावनदास जीवित रहते और वह भी कोई पाटी-वार्टी ज्वाइन कर लेते, तो वही हालत उनकी भी होती, जो ईमानदार लोगों की होती है हर जगह।

लुट्से–रेणुजी, मैंने आपको बताया कि आपकी (इस) कहानी का मैंने जर्मन

अनुवाद किया है, जो चार और कहानियों के साथ एक संग्रह में छपेगा। संग्रह का नाम मैंने रखा है **'आजादी की मुश्किलें'**। आपकी कहानी का एक अंश मैंने अपने सवाल का आधार इसलिए बनाया कि मुझे लगता है, आपका चरितनायक गनपत मानो एकाएक आजादी की मुश्किलें—बल्कि कह लीजिए **आजादी की मुसीबतें** पहचान लेता है—बिजली की कौंध की तरह। क्या आप मेरी बात से सहमत होंगे ?

रेणु—हाँ, मैं आपसे सहमत हूँ।

लुट्सै—इस अंश के आरम्भ में आपने निर्गुण कवि की एक पंक्ति का उल्लेख किया है—शायद कबीर की पंक्ति होगी—और अन्त में एक गीत की पंक्ति है, जिसका सम्बन्ध गाँधी जी के आन्दोलन से रहा होगा। पूरी बात कबीर और गाँधी जी के बीच में आ जाती है—क्या इसे केवल संयोग माना जाये ?

रेणु—नहीं, यह संयोग की बात नहीं है। अगर कबीर के बाद साधारण जनता को किसी ने उद्‌बुद्ध किया, किसी ने एक बार झकझोरा था, तो गाँधी जी ने झकझोरा था। एक कारण यह भी हो सकता है; और यह लिखने के समय क्योंकि इस चरित्र गनपत पर जबकि निर्गुण का प्रभाव है, तो यह अपने आप जाकर के गाँधी में, झगड़ में से होकर 'कचहरिया' में हो सकता है। बल्कि गाँधी जी के भी जो गीत बनते थे—गाँधी के नाम पर—उनमें सीख चाहे गाँधी जी की होती थी, पर उस पर जो गीत उस समय बनते थे, उनकी तर्ज वही होती थी, शब्दावली भी वही, जो कबीर से लायी जाती थी। कबीर से, तुलसी से नहीं। हालाँकि गाँधी जी ने तुलसी को ही लिया, राम की वजह से, तुलसीकृत **रामचरितमानस** को ही लिया। पर गाँधी जी की व्याख्या कबीर के ही शब्दों में हो सकती है—भारतवर्ष में, मेरे ध्यान में।

लुट्सै—मैंने आपके समकालीन कमलेश्वर के एक निबन्ध में भी ऐसी ही बात पढ़ी थी—शायद आपने भी देखी हो—'नयी कहानी की भूमिका' में। कमलेश्वर का भी यही तर्क है कि हमें आज कबीर की जरूरत है, तुलसी की उतनी नहीं। अच्छा अब मैं एक और साधारण प्रश्न पूछूँ। साधारणतया आपकी कहानी क्या कथानक मूलक होती है ? या कि चरित्र-प्रधान होती है ? या कि विचार-प्रधान ? यानी साधारणतया आप कहानी गढ़ते समय केन्द्र में क्या रखते हैं—कथानक या चरित्र या कोई विचार ?

रेणु—साधारण तो समस्याएँ जो होती हैं और उनमें खुद अपने को खोजना होता है—वे समस्याएँ जो हमको किसी-न-किसी ढंग से प्रभावित करती हैं। तो यों कहानी में मेरा ही तो बहुत-सा रूप हो जाता है। और, इसलिए कभी-कभी तो ऐसा होता है कि बात किसी पात्र पर चली आती है, और कभी-कभी घटनाओं पर चली आती है। कभी यह भी पूरा नहीं होता है, और दोनों के बीच झगड़ा ही चलता रहता है। जैसे **तीसरी कसम** की बात को लें— **तीसरी कसम** के बारे में जब मैं सोचता हूँ कि यह कैसे—क्योंकि **तीसरी कसम** लिख करके भी, कहानी लिखकर के भी, मैं पूरा सन्तुष्ट नहीं हुआ। और फिर दूसरी बातें तो खैर जाने

दीजिए, लेकिन जब उस कहानी को लिखकर के भी मेरे मन में यह बात बनी रही कि नहीं, हीरा को और भी कुछ कहना चाहिए, तो हीरा का रूप और भी सामने आना चाहिए था, हीरामन को और भी कुछ होना चाहिए था। ··· या फिर उस तरह की स्टोरी ही नहीं होनी चाहिए थी, जैसी है, कुछ और बननी चाहिए थी। तो इसका मतलब यही कि मैं जो कहना चाहता था, कह नहीं पाया हूँ। इसका मतलब यह होता है कि मैंने सचमुच में कोई ऐसी नायिका देखी हो, जिसकी बुलन्दी, जिसकी ऊँचाई तक मैं नहीं पहुँच पाया हूँ। बल्कि लोगों को अचरज लगेगा कि इसे इतना महान् बना दिया है, इस डर से भी मैंने उसको कुछ कम कर दिया था। तो कभी-कभी ऐसा भी होता है।···

लुट्सॆ–रेणुजी, क्या आपको याद है कि 'आत्म-साक्षी' आपने किस प्रेरणा से लिखी ?

रेणु–हाँ–हाँ। वह देखिए न–राजनीति में, राजनेता को लोग यहाँ बड़ी इज्जत से देखते थे, देवताओं की तरह से समझते थे। कभी एक जमाना था–ब्रिटिश अमल में–जब खद्दरधारी को देखकर–जब खद्दरधारी जिस गाँव में जाता था, वहाँ लोग उसकी क्या सेवा करते थे कि 'आ-हा-हा, बेचारा तो जेल चला जाएगा, तो फिर क्या खाने पायेगा !'–तो घर में जो अच्छी से अच्छी चीज हो, वही उसको खिलाते थे। एक समय में वह था। फिर इन लोगों का इमेज धीरे-धीरे, धीरे-धीरे–जब खद्दरधारी राजकाज में आया तब फिर बदल गया। बात यह है कि जनता को–या कोई भी हो उसको–ज्यादा दिन तक तो अनजान नहीं रखा जा सकता। यह दोहरा चरित्र, तेहरा चरित्र, यह सब बारीकी जनता नहीं समझती; जनता एक बात समझती है–ठीक है तो ठीक; काला है तो काला है; सादा है तो फिर बीच में उसको कैसे रंग मिलाया जा सकता है ? तो जनता यह सब नहीं समझती थी और उसको यह भरोसा था कि चाहे वह कांग्रेसी हों, चाहे कम्युनिस्ट हों, चाहे सोशलिस्ट हों, जो भी हों, राज-कर्मी सब हमसे बहुत ऊँचे हैं, हमारी सेवा करने वाले हैं, हमारा दुःख-दर्द सचमुच देखने वाले हैं। इसलिए हम चोर हो सकते हैं, हम बदमाश हो सकते हैं, लेकिन इन लोगों को नहीं होना चाहिए; हम झूठे हो सकते हैं, लेकिन ये तो ऊपर के आदमी हैं, साधु-सन्त जैसे होते हैं, जो शिक्षा देते थे, दूसरों की सेवा करते थे–ये तो वैसे होंगे··· तो यही उम्मीद थी जनता को। लेकिन जब उन लोगों ने देखा कि बात किताब की किताब में है, इनका भाषण जो है सो भाषण ही है; लेकिन जो ये करते हैं सो कुछ और ढंग से–जब देखा कि बाहर तो कुछ है और अन्दर-अन्दर यह है, तो मोह टूट गया। इन लोगों का आपस का स्वार्थ का सन्दर्भ जब बढ़ा, सभी पार्टियों में, तो इनके जो नीति-नियम थे, जो ये लोग पालन करते थे–चोरों के भी होते हैं कुछ नियम, और खास करके जो अँधेरे में कारोबार करते हैं उनके बहुत अच्छे नियम होते हैं। तो इनके आपस के कुछ नियम थे बने हुए, जैसे लेने-देने का : ठीक है, भूमिहार, ब्राह्मण यदि दस ज्यादा आ गया है तो हम सभापति होंगे। तो राजपूत हैं सो उनके उप-सभापति होंगे।

तो यह आपस का लेन-देन, हर जगह यही, हर पार्टी में यही होता था। स्वार्थ की बात हर जगह। कौन पावर में आता है, कौन लोगों का संचालन करता है, किसके हाथ में कब क्या होता है। यह जब हुआ, और जब-जब यह जिस-जिस पार्टी में हुआ, तब-तब जनता को मोहभंग समझिए कि जरूरी था–दल-बदल से इस पार्टी में से उस पार्टी में, पार्टियों का टूटना, पार्टियों का तिनतिन होना–यह सब। जब पहली ही दरार पड़ी थी–कांग्रेस में नहीं, जब यह पार्टियों में पड़ी थी–सोशलिस्ट और कम्युनिस्टों में, अन्तर्राष्ट्रीय स्तर पर, वहीं जब हमारे यहाँ हमने देखा–जब वहाँ सब हुआ था, तब खयाल हुआ ही था कि यहाँ भी होगा ही यह सब। लेकिन जब यहाँ वही सब हुआ, तो कम्युनिस्ट पार्टी की तो बात ही जाने दीजिए, वह तो इन्टरनेशनल पार्टी थी–अपने देश के सोशलिस्ट थे–इनकी तो उस पार्टी में मैं भी कभी था !–तो यहाँ भी ऊपर से ऐलान भी हुए जगह-जगह, पार्टी टुकड़ों में बँटी हुई थी। फिर जात और फिर प्रभाव–यह सब काम कर रहा था–यही सब देखकर तो हम लोग निकल आए थे। लेकिन ये तो खुलकर खेल रहे हैं। लोहिया साहब ने खेला; अच्छा, फिर लोहिया ने जब खेला तो फिर धीरे-धीरे देखते हैं कि हर पार्टी में होने लगा। यहाँ तक कि लोकल पार्टियाँ जो थीं–यहाँ एक जमींदार ने पार्टी बना ली थी–आपको है पता ? बिहार में एक बहुत बड़े जमींदार ने जिसका कि थोड़ा-सा **परती : परिकथा** में जिक्र है–कामाख्यानारायण सिंह का नाम मैंने कामरूपनारायण सिंह कर दिया–कामरूप कामाख्या एक जगह का नाम है, असम में है–देवी है जिसकी लोग पूजा करते हैं, कामरूप-कामख्या भी कहते हैं। तो असल नाम था उनका कामख्यानारायण। तो मैंने उसे कामरूप नारायण कर दिया उपन्यास में। देखिए, एक तो बहुत बड़े जमींदार राजा थे; जो असल में उनके यहाँ के एक मिनिस्टर थे–तात्कालिक मिनिस्टर, कृष्णबल्लभ सहाय, जो चीफ मिनिस्टर भी रहे–तो कहा जाता है कि उनके बाप उनके यहाँ नौकर थे–राजा के यहाँ नौकर थे। बेटा फिर लीडर हो गया। लीडर हो गया तो "तुम्हारा बाप मेरे यहाँ नौकर था तो मेरा भी तो कुछ करो।" लेकिन उन्होंने सोचा कि यदि मैं इसका कुछ करूँगा तो मैं जनता में बदनाम हो जाऊँगा। इसी वजह से उनमें आपस में लड़ाई है।

तो जब लड़ाई हुई तो उसने यह तय कर लिया कि मैं मुकाबला करूँगा कांग्रेस का, और वह सिर्फ उस एक आदमी के लिए। हालाँकि वह, रामगढ़ कांग्रेस जब हुई थी, सन् उनतालीस में, तब वह राजा था। उसको उम्मीद थी कि कांग्रेस में उसके लिए जगह बन जाएगी–आखिर उसके नौकर का लड़का वहाँ था। वह सब जब नहीं हुआ तो फिर उसने कहा कि "मैं तुझे एक सबक सिखलाऊँगा, तू याद रखेगा।" तब तक जमींदारी खत्म होने की बात आयी; और यह कृष्णबल्लभ सहाय उस समय रेवेन्यू मिनिस्टर थे, तो राजा ने सोचा कि यह तो जमींदारी प्रथा खत्म होने के पहले ही, जंगल विभाग को, जो उसका अपना था उसको बिल्कुल फ्री कर दिया। वह जानता था कि इसमें मेरा तो कुछ लेना-देना है नहीं, जो होगा

सरकार भुगतेगी, उसी का नुकसान होगा सबसे ज्यादा। यों उसने तरह-तरह के तरीके चलाये। लेकिन जिस दिन जमींदारी प्रथा खत्म हुई, उस दिन उसने अपने सारे नौकर-चाकर—और बहुत थे नौकर, जनरल मैनेजर और सर्कल मैनेजर से लेकर के फिर बराहीन, सिपाही तक, सब, तो उसने सबको बुलाया। वे सब सलाम करने आये तो उसने कहा कि—"नहीं, तुम्हें छुट्टी नहीं दी जा रही, तुम लोग सब अपनी जगह पर रहो; तुम्हारे पैसे भी जितने मिलते थे, उससे पाँच-पाँच रुपये ज्यादा ही मिलेंगे; सिर्फ यह है कि तुम सब खद्दर पहनना शुरू कर दो और टोपी लगाना शुरू कर दो।"

और उसने, राजा ने, एक जनता पार्टी चला दी और जनता पार्टी ऐसी चलायी कि स्वतन्त्र पार्टी को झख मारकर के उससे समझौता करना पड़ा—चुनाव के लिए मिन्नत करनी पड़ी ! और अन्त में तो कांग्रेस पार्टी वाले, सोशलिस्ट पार्टी वाले, कम्युनिस्ट पार्टी वाले सब उस राजा से गले मिले। मैं तमाशा देखने गया था असेम्बली में—किस तरह से इस राजा को मिनिस्ट्री में लेकर दाहिनी तरफ कांग्रेस के चन्द्रशेखर और बायीं तरफ कामरेड, सोशलिस्ट पार्टी के ठाकुर, सब किस तरह बैठते हैं, यही देखने के लिए। मैं कई दिन गया देखने ये विकृतियाँ ? वे लोग सब समझते हैं कि यह सब असेम्बली हाल में और उनके यहीं तक रहता है; जनता में नहीं जाता है। ये लोग ऐसा समझते हैं और उनको अचरज होता है कि ये लोग क्यों गाँव के गाँव लूट रहे हैं, कैसे फसल काटकर ले जाते हैं। बयान देते हैं कि यह सब क्यों हो रहा है। ये लोग यह नहीं समझते हैं कि यह सब उन्हीं की वजह से हो रहा है ! ये नहीं जानते और न ही कबूल करेंगे ये।

लुट्सै—रेणुजी, एक अच्छे हिन्दी लेखक के पास—और मैं सोचता हूँ कि आप श्रेष्ठ लेखकों में एक हैं, अगर सर्वश्रेष्ठ नहीं, तो उसके अधिकार में एक सुन्दर भाषा है। अब मैं आपसे भाषा-प्रयोग के बारे में सवाल पूछना चाहता हूँ। आपकी भाषा की खड़ी बोली की भित्ति तो है ही, डायलाग में आप स्थानीय बोलियाँ ले आये हैं, जिनका आधार **मैथिली** ही होगा—फिर जहाँ-तहाँ **अंग्रेजी** आ जाती है। ऐसी अंग्रेजी के लिए आपने कहीं—शायद **परती : परिकथा** में 'अप्रभ्रंश' शब्द इस्तेमाल किया है। इस पंचमेल भाषा के बारे में आपके कलापरक विचार क्या हैं, बताएँगे ?

रेणु—देखिए, यों जब साधारण जनता की बात कहनी हो, जब वे लोग बोलते हैं, तब तो जाहिर है कि अपनी गाँव की बोली में बोलते हैं, **मैथिली** में बोलते हैं, **मगही** में बोलते हैं। मुझको लिखना पड़ रहा है उसको हिन्दी में। तो अगर मैं उसको शुद्ध, व्याकरण-सम्मत और पंडिताऊ भाषा में लिखता हूँ, तो यह तो खुद कान में कैसा लगेगा कि यह एक गाँव का आदमी किस तरह से बोलता है—इतना शुद्ध बोलता है ! और बिलकुल वैसा या अशुद्ध लिखने से यह उपन्यास चल नहीं सकता है। तो बीच का कहीं एक रास्ता तैयार करना होगा। तो, जो वे लोग बोलते हैं कचहरी-वचहरी में— **कचराही-बोली** कहते हैं उसे—कचहरी की खिचड़ी भाषा में बोली जाने से 'कचराही बोली'—मैंने इस्तेमाल किया है कई जगह

इसी कचराही-बोली का। वे लोग जो कचराही बोली भी बोलते हैं, तो उसमें खास बात एक यह होती है कि जेंडर का–पुल्लिंग-स्त्रीलिंग का खयाल उसमें नहीं होता है। हिन्दी भाषा में स्त्रीलिंग-पुल्लिंग तो बहुत हैं। वे अपने ढंग से बोलते हैं। पर फिर उसी ढंग से रखें तो भी इन लोगों के गले नहीं उतरेगा–सब कहेंगे कि यह तो बस रद्दी करके छोड़ दिया है, इनकी भाषा सीखने से तो हमारी भाषा खराब हो जायेगी, तो मैंने व्याकरण की दृष्टि से उसको सही रखा या सही कर दिया। यों गाँव का आदमी ही बोलता है जो ग्रामर नहीं जानता, लेकिन मैंने ग्रामर सही रखा है। फिर उसकी जो भाव की गति है, लय है बोलने की, उसको मैंने नहीं तोड़ा। है वह खड़ी बोली ही, लेकिन थोड़ा-सा ये शब्दों का हेर-फेर कर देने से आपको सुनने में लगेगा कि उसकी लय पकड़ में आ जाती है। है वह खड़ी बोली, लेकिन लय उसकी अपनी है। और फिर जो शब्द अंग्रेजी का उसके पास चला गया है–जैसे **निस्पेट्टर** : वह तो निस्पेट्टर ही बोलता है। आप उसको कहेंगे कि 'तुम अंग्रेजी बोल रहे हो', तो वह तो ऐसा नहीं समझेगा। वह तो निस्पेट्टर अपनी भाषा में बोलता है। तो उसको हम कैसे छोड़ देंगे ? वह तो उसकी अपनी चीज है। ऐसे ही वे लोग कई संस्कृत शब्द बोलते हैं गाँव में–जैसे '**तापतवात** नहीं खाएँगे'। तो लोग कहेंगे कि गाँव की बोली बोलता है, लेकिन है तो इतना ही कि शुद्ध संस्कृत के 'तप्त' को वह 'तापत' बोलता है। तो यह भी है कि बहुत सारे संस्कृत शब्द अब भी अपभ्रंश होकर इन लोगों की बोली में इस्तेमाल होते हैं।

अच्छा, अग्रेजी के बारे में तो कहा ही, उर्दू शब्दों का भी कुछ ऐसा ही हुआ है। उन्हें भी मैंने, जिस ढंग से बोले जाते हैं, वैसे रखा है–इतना खयाल करते हुए कि भाषा कहीं चौपट न हो जाये। इसीलिए ग्रामर मैंने सही रखा। बाकी वाक्य बनाने में थोड़ा-सा मैंने लय के लिए हेर-फेर कर दिया। और तारीफ की बात बता दूँ : **तीसरी कसम** देखकर बम्बई में एक आदमी ने मुझसे पूछा कि 'यह हिन्दी की तस्वीर है ? शुरू से आखिर तक हिन्दी है ?' लेकिन उसमें भाषा की लय जो है, बोलने का ढंग जो है, शब्दों की बनावट जो है, वाक्य की गठन जो है–वह सब मैंने जैसा है वैसा इसलिए किया है।

थोड़ी-सी भाषा की विभिन्नता तो हिन्दी में ही है। आप जिधर चले जाइए हमारे तरफ के इलाके में, तो हम लोग दूसरी किस्म की हिन्दी बोलते हैं। बम्बई में देखिए लोगों को, तो और एक किस्म की हिन्दी है। और दिल्ली वाले दूसरी किस्म की, लखनऊ वाले दूसरी किस्म की बोलते हैं। तो जब इतनी-इतनी विभिन्नता है ही, तो आम जनता जहाँ रहती है, वैसे ही ढंग से बोलती है : मैथिली हो तो वैसी या मगही प्रदेश के हों तो वैसी हिन्दी बोलते हैं। मैंने ऐसा बीच का रास्ता अख्तियार करके लिखा–कथा की ईमानदारी तक पहुँचने के लिए भी, उसको सच्चा बनाने के लिए भी। कई जगह तो डायलाग में ही चरित्र उभरकर आपके सामने चला आयेगा।

लुट्से–रेणुजी, 'नयी कहानी' के सन्दर्भ में लोगों ने 'शहरी' और 'आंचलिक' वर्ग में भेद किया है। मुझे यह भेद बहुत रुचता तो नहीं पर आपसे मिलने से पहले मैंने आपके कई 'शहरी' सहयोगियों से बातचीत की थी–वे 'आंचलिक' वर्ग की खासी आलोचना करते हैं–शायद उनसे ईर्ष्या भी करते हैं। वे लोग कहेंगे–"ये आंचलिक लोग तो रोमानी प्रकृति का पोषण करते हैं, यह तो एक तरह की 'कुटीर-उद्योग' मनोवृत्ति है और हम लोग शहर का कटु यथार्थ प्रस्तुत कर रहे हैं !" ऐसी आलोचना का आप क्या जवाब देंगे ?

रेणु–यह दुष्कर्म–यह पाप भी मैंने ही किया–जब **मैला आँचल** मैंने लिखा और जब उसका भीतर का टाइटल छपने को जा रहा था–तब मैंने लिखा **मैला आँचल** और फिर मैंने उसके नीचे लिख दिया **'एक आंचलिक उपन्यास'**। मैंने यह सही सोचकर किया कि मैंने जो शब्दों का इस्तेमाल किया, जैसी भाषा लिखी, क्या पता उसको लोग कबूल करेंगे या नहीं करेंगे–इसीलिए मैंने उसे 'आंचलिक उपन्यास' कह दिया। अगर उस समय वहाँ डॉ. लुट्से जैसे मेरे मित्र कोई होते और कहते कि "यह क्यों ? उपन्यास तो उपन्यास होता है, आंचलिक क्या होता है ?" तब शायद मैं हटा लेता लेकिन मैंने तो वह कर दिया और उसके बाद से लोगों में एक खाँचा बना दिया 'आंचलिक' का। और थोड़ी-सी घबराहट और हुई उनको–हुई थी, लेकिन फिर एक बहाना भी मिल गया कि चलो, यह तो 'आंचलिक उपन्यासकार' है। तो चलो, आंचलिक उपन्यासकार। जैसे कि आंचलिक उपन्यासकार को आदमी से तो कुछ लेना-देना नहीं है, समस्याओं से कुछ लेना-देना नहीं है। बस अंचल एक चीज है, और आँचल, आंचलिक उपन्यास है। और आंचलिक लेखन की नकल जिन लोगों ने शुरू की, ज्यादा मारा उन्हीं लोगों ने। ये लोग करते थे यह कि कुछ शब्दावली नोट कर लेते थे और उसको फिर एक कहानी में घोंटते थे। तो अगर कहने को कुछ हो नहीं और जबरदस्ती यदि उसके बीच में हम पिरोयें कुछ मोती और कुछ दाने, तो देखने में कैसा लगेगा ? और यह रुखड़ापन–अब देखिए कि, हमारे यहाँ एक रेशम चला हुआ है, उसको **रॉ सिल्क** कहते हैं, उसकी बनावट बड़ी रूखी और मोटी होती है, लेकिन आज वह **माडर्न फैशन** है। तो उसको फैशन के रूप में देखने में वह अच्छा भी लगता है, थोड़ा-सा अच्छा होता भी है, साथ-साथ उसका मोटापन, अनगढ़पन तो होता है, वही उसकी खूबसूरती होती है। तो इसको ये लोग नहीं समझ पाये। जो अनगढ़पन, जो **टेक्सचर**, जो अपनी बुनावट उसकी है–तो कोई यह समझने लगे कि यह आदमी भी ढीला-ढाला है या बुनना नहीं जानता है ? आप समझे न ?–ऐसा भी हुआ। तो··· और दूसरी बात यह हुई–आंचलिक चाहे सफल हों और चाहे असफल, चाहे नकल करने वाले हों, जो भी हों, कम-से-कम आम जनता की एक बात तो सामने लाते हैं। और इन शहरियों के सामने तो कनाट सर्कस है, चौरंगी है, कुछ होटल हैं। फिर एक आदमी ही क्या कम है–अकेले भी उसकी भी कुछ चिंताएँ होती हैं–अकेला **इंडीविजुअल** जो कहते हैं। तो फिर नये-नये ढंग की अ-कहानी··· अब प्लाट नहीं है तो कोई

बात नहीं है, कहने को तो कुछ होना चाहिए ! तो ये लोग समझने लगे कि ये तो सीधे आदमी के पास ले जाते हैं। और फिर उनको मुझसे जरा खतरा भी लगा। मैं जानता हूँ। मुझसे इसलिए भी खतरा लोगों को लगने लगा कि ये लोग 'प्रेमचन्द के बाद' की बात करने लगे। प्रेमचन्द तो एक बहुत बड़ी हस्ती थी। उसके बाद ही उसको अगर जोड़ देते हैं, फिर दूसरी हस्ती यही हो जाता है–बीच में तो कोई आते ही नहीं हैं ! हालाँकि मैंने जरूर इस बात का विरोध किया–कि "बाबा, प्रेमचन्द के नाम के साथ मेरा नाम मत जोड़ो ! यह मेरा अपकार ही होगा।" और कालान्तर में अपकार हुआ ही। लेकिन इस सबसे होता क्या है ? मैं ज्यादा लिखता नहीं। लोगों ने बहुत कहा कि "यही समय है। जब गरम कड़ाही में घी खूब कड़का हुआ रहे तो उसमें तुम बढ़िया चीज, पूरी-वूरी भी निकाल सकते हो, मालपुआ भी निकाल सकते हो, दो ठो मिर्च भी तो निकाल सकते हो।"··· लेकिन अन्दर से जब तक लिखने के लिए मजबूर नहीं हो जाये आदमी, तब तक मैं समझता हूँ कि वह बात नहीं···

लुट्से–अब मेरा आखिरी सवाल, रेणुजी ! मैंने जब पत्र लिखकर पूछा था कि कब मिलने आऊँ, तो आपने अपने जवाब में लिखा था कि आपको 'कटाई' के लिए गाँव जाना है। फिर आपने आज भी बताया है कि आप राजनीति में सक्रिय रहे। तो मेरा सवाल यह है कि इस सबमें **लेखक** का स्थान कहाँ है ? यानी आप कहते हैं कि आपको कटाई के लिए वहाँ होना है, तो कटाई में लेखक का क्या काम है ? फिर आप राजनीति में रहे, तो यह तो आप जानते ही रहे होंगे कि अगर आपका चुनाव आन्दोलन सफल हो गया होता तो आप आज राजनीतिक होते, जो लेखक के कैरियर का अन्त ही होता। यह मैं नहीं कह रहा हूँ कि वह बुरा ही होता; वह तो इस पर निर्भर है कि आप कैसे राजनीतिक बने होते ! आपने हमारे एक जर्मन उपन्यासकार के बारे में तो सुना ही होगा–**गुंठर ग्रास** के बारे में–उन्होंने राजनीति में पड़कर लिखना छोड़-सा दिया है। इस बारे में कुछ कहेंगे ?

रेणु–कटाई की बात इसलिए भी कि ये हम लोगों का मौसम जो होता है, यह धान कटाई का, तो इसमें जरा अन्नपूर्णा देवी को घर लाना होता है। इसलिए उस समय घर के बड़े लोगों को मौजूद रहना चाहिए। असल में होता है यह कि खाने-पीने का समय भी यही होता है यहाँ। गरम देश है न–यहाँ जाड़े में जो खाता है, वह पचाता-बचाता है, वही खाना अंग भी लगता है और हर चीज में स्वाद भी मिलता है ठंड की वजह से। दूध भी जल्दी फटता नहीं है। मांस, पनीर, जो कुछ भी आदमी खायेगा, वह सब अंग लगता है, और बाकी समय में यहाँ गर्मी के समय में तो क्या खायेगा और क्या पचायेगा ! और इस समय धान कटता है, नवान्न होता है–नया चावल, नया चिउड़ा–सबकी पूजा की जाती है, परिवार के लोग खाते-वाते हैं। और फिर जिनका लेना हुआ, देना हुआ, लोग हलवाहे हैं, चरवाहे हैं, सबका हिसाब होता है। मैं ही घर का बड़ा हूँ, तो मैं ही जाता

हूँ, तो कुछ उन लोगों का लेना-देना रहा, साफ करके फिर दूसरे साल जो रहेंगे, उनकी बातचीत करनी होती है कि फिर साल-भर वे हमारे यहाँ काम करेंगे, क्या लेना होगा, क्या देना होगा। और अगर मेरे जमीन-वमीन नहीं भी होती तो भी इस समय हम गाँव में रहना चाहते, क्योंकि यही एक समय है, जबकि सब कोई खुश रहता है, सबके चेहरे पर हँसी रहती है। धान काटने को मिलता है, पेट-भर खाने को मिलता है, जा के मछली मारते हैं, मछली-भात खाते हैं और फिर दूसरे दिन धान काटने जाते हैं। फिर जब फसल एक जगह जमा हो जाती है—आपने **मैला आँचल** में पढ़ा होगा—तब जो नाच होते हैं, तमाशे होते हैं, रात-भर जागते हैं, फिर जो दँवरी होती है, पैकिंग होती है, तो आनन्द होता है। वही एक मौसम होता है जिसमें हम सबको जरा फुर्सत है। बाकी तो बराबर रिरियाना रहता है—यहाँ कर्ज माँगना, वहाँ यह करना, वहाँ वह करना, तो वो देख लेते हैं।

यदि मैं सफल हो गया होता चुनाव में, तो शायद मुझे पागल ही करार दिया जाता ! क्योंकि तब हर दिन कुछ-न-कुछ इनके यहाँ करना होता। क्योंकि **सीरियसली** काम करना है तो मुझे अपने इलाके की बात करनी पड़ती, तब वे लोग कहते हैं कि "अच्छा, इसका जवाब अगले सप्ताह दिया जायेगा", तब मैं कहता कि "तब मैं जाता हूँ यहाँ सत्याग्रह करने के लिए। तब तक आप जवाब भेजिए।" अब देखिए न, वहाँ सड़क टूटी हुई है पिछली बरसात से और अभी तक नहीं बनी है, तो फिर ऐसे में यहाँ आके क्या करूँगा ? मैं वहाँ जाकर वहाँ के लोगों को लेकर के वह सड़क बन्द कर दूँगा। उसे कोई नहीं पार कर सकेगा। पर यह तो फिर कानून तोड़ना हुआ न। फिर कानून तोड़ने के बाद जो होता है वही होता। तो मैं सफल हो जाता तो कम-से-कम अपने इलाके के लोगों के लिए तो जरूर कुछ करता। कुछ समय तो उसके लिए निकालता ही। और उसमें मुझे भी फायदा होता। उससे मेरे लेखन को भी फायदा होता। और देखिए, हिन्दी के लेखकों को—दूसरी किसी भाषा के बारे में मैं नहीं जानता—मेरा सुझाव यही है कि इन लोगों को—किसी दल को नहीं, सारे हिन्दी के लेखकों को इसके लिए कुछ अलग कानूनी व्यवस्था करके—पकड़-पकड़ करके सबको कांस्ट्रेशन कैम्प में तो नहीं, सबको गाँवों में भेजना चाहिए, एकदम ! गाँवों में किसानों के साथ काम करें और किसी को उससे ज्यादा कुछ करना हो तो उसको खान में जरा भेजें—अन्दर नीचे खान में जायें सब ! ये हिन्दी के लेखक, जो सब अपने को जनता समझ बैठे हैं। जो सोचते हैं कि वे सब-कुछ जान गये हैं, लिखने को जान गये हैं, राष्ट्र-भाषा उनकी हो गयी है। सबसे पहली बात तो यही है कि ये अपने को राष्ट्र-भाषा के लेखक कहते हैं, समझते हैं कि ये और सब लेखकों से ऊपर हैं। और असल में इनकी गरीबी का, बौद्धिक गरीबी का हिसाब नहीं है। ये और कुछ जानते ही नहीं। धान का पेड़ होता है या पौधा होता है, यही ये नहीं जानते। मगर ये समस्याएँ उठायेंगे किसानों की ! समस्या उठायेंगे मजदूरों की, जिनसे इनका दूर का भी रिश्ता नहीं। लेकिन यह सब चलता है।...

'साहित्यिक कथाएँ फिल्मी चौखटे में'

एक अर्थ में 'तीसरी कसम' एक युद्धभूमि थी बम्बइया फिल्मों के खिलाफ और यह मानना पड़ेगा कि यह एक जीता हुआ युद्ध है।··· देखिए, निर्मल वर्मा ने अपनी टिप्पणी में कहा है न, कि निर्देशक को कथा में मन लायक तत्त्व नहीं मिलता, तो वह खुद कथा गढ़ता है। बहुत सम्भव है, इशारा को न गुलशन नन्दा में कोई तत्त्व मिलता और न फणीश्वरनाथ रेणु में !··· मुझे लगता है कमलेश्वर ने आवश्यकता से अधिक कटु बात कह दी है।···

साहित्यिक कथाओं के फिल्माने के सन्दर्भ में और 'तीसरी कसम' के बारे में बहुत कुछ बता रहे हैं युवा पत्रकार जुगनू शारदेय को रेणुजी !

धर्मयुग द्वारा आयोजित संवाद–'साहित्यिक कथाएँ फिल्मी चौखटे में' पढ़ने के बाद तुरन्त मन में खयाल आया कि इस संवाद के ऊपर श्री फणीश्वरनाथ रेणु की प्रतिक्रिया जानना दिलचस्प होगा। संवाद से, सतीश वर्मा की टिप्पणी और आवरण परिचय से उभरकर एक बात सामने आयी कि नयी, नंगी, कला, समांतर (या जो भी नाम दे दें) फिल्मों का सूत्रपात 'तीसरी कसम' से हुआ। पाठकों के लिए यह सूचना भी सुखद हो सकती है कि अच्छी फिल्मों के चर्चित नामों के साथ कहीं-न-कहीं रेणुजी या 'तीसरी कसम' का नाम भी जुड़ा है।

सो नवम्बर की सर्दी और पानी में जब राजेन्द्र नगर पहुँचा, तो उन्हें थोड़ा-सा आश्चर्य हुआ। चाय की चुस्की के साथ मैंने सीधा सवाल किया, "धर्मयुग द्वारा आयोजित कथाकारों–निर्देशकों के संवाद-टिप्पणी के ऊपर आपकी क्या प्रतिक्रिया है ?"

रेणु–"मुझे तो ऐसा लगता है कि सभी मित्रों के अनुभव अपने-अपने हैं। सभी का अनुभव, अपना अनुभव है। किसी की नीयत पर भी मुझे सन्देह नहीं लगता, बड़ी साफगोई से मित्रों ने बात की है। लेकिन मुझको लगा कि कुछ लोग छूट गये हैं। कुछ और लोग होते तो अच्छा होता, जैसे इशारा। जहाँ तक अनुभव की बात है, इशारा भारतीय फिल्मों के चलते-फिरते अनुभवपुंज हैं।"

"··· लेकिन यह संवाद तो कथाकारों–निर्देशकों के बीच का है और इशारा अपनी फिल्मों के कथाकार भी स्वयं हैं।"

रेणु–"देखिए निर्मल वर्मा ने अपनी टिप्पणी में कहा है न कि निर्देशक को कथा में मन लायक तत्त्व नहीं मिलता, तो वह खुद कथा गढ़ता है। बहुत संभव है, इशारा को न गुलशन नंदा में कोई तत्त्व मिलता हो और न फणीश्वरनाथ रेणु में। एक साहित्यिक चीज लेकर मनमानी करने से ज्यादा बढ़िया है कि निर्देशक

स्वयं ही कहानी का भी सृजन कर ले। बासु (भट्टाचार्य) ने भी किया है। एक बात और भी कह ही दूँ··· ऐसा भी हो रहा है कि अभी साहित्यिक कथाओं पर फिल्म बनाने का क्रेज चल पड़ा है, तो कुछ लोग उन कथाओं की मूल संवेदना में न जाकर सिर्फ नाम भर ले लेते हैं। एक नाम कथा का, एक नाम कथाकार का ही फिल्म में होता है। परिणाम होता है कि नाम कथा या कथाकार का होता है और बाकी सारा निर्माता-निर्देशक का।

"यों शैलेन्द्र अगर जीवित रहते, तो उनके अनुभव भी इस बहस में बहुत काम के होते। शैलेन्द्र ने एक साहित्यिक कृति पर बिग स्टार वाली फिल्म बना कर भी कृति को मरने नहीं दिया, बल्कि फिल्म तकनीक और भाषा के माध्यम से कहानी की रक्षा करते हुए उन बातों को और भी उभारा, जो प्रस्तुति की दृष्टि से अनिवार्य थे। जैसे सारी फिल्म बन चुकी थी, कई एक ट्रायल शो हो चुके थे और फिल्म के व्यावसायिक पक्षधरों ने सर्व-सम्मति से चाहा कि नायक-नायिका को मिला दिया जाये और उन लोगों में राजकपूर साहब भी थे जो फिल्म के नायक ही नहीं, शैलेन्द्र के अच्छे मित्रों में थे। निर्माता की हैसियत से शैलेन्द्र के अंग के गिरह-गिरह बँधे हुए थे। एक ओर थी कथा की आत्मा, दूसरी ओर बॉक्स ऑफिस की खिड़की-तोड़ भीड़। मुझे विशेष रूप से बुलवाया गया और शैलेन्द्र ने कहा, रेणुजी, मैं अभी तक डटा हूँ, अब यह आपके ऊपर है कि हीरामन और हीराबाई को मिला दें··· मैंने पूछा था, आप क्या चाहते हैं ? तब उन्होंने कहा था, मैं तो चाहता हूँ कि न मिलें।—और यही राय बासु की भी थी।

"एक अर्थ में 'तीसरी कसम' एक युद्धभूमि थी बंबइया फिल्मों के खिलाफ और यह मानना पड़ेगा कि वह एक जीता हुआ युद्ध है।

"मैं चाहता हूँ कि धर्मयुग ने जो बहस चलायी है, इस प्रकार की बहस चले—खूब चले। इस प्रकार की बहस हिन्दी और प्रकारांतर में भारतीय फिल्मों के परिष्कार के लिए अनिवार्य है।

"लेखक और निर्देशक का सम्बन्ध सिर्फ अनुबन्ध तक ही नहीं, बल्कि 'दि एण्ड' तक होना चाहिए। मेरे साथ तो··· जैसा कि आपको बता चुका हूँ कि मेरी मर्जी के खिलाफ एक पत्ता भी नहीं हिलने दिया गया। लेकिन है यह कठिन, बहुत ही कठिन। हम लोग भी झगड़े थे। इसी घर में स्क्रिप्ट भी फाड़े जाने की बात हुई थी, पर सारा कुछ सँभल गया। यह एक-दूसरे को समझने की समस्या है। अगर कथाकार यह मानकर चले कि यह आदमी (निर्माता-निर्देशक) हमेशा मेरी कथा को मारकर पैसा कमाने के चक्कर में है, तो बात नहीं बन सकती। और यह अपने आप में एक सवाल बन जाता है कि आपसी समझ कैसे पैदा हो ? समझ का मूल आधार निर्माता, निर्देशक और लेखक के बीच सोच और संवेदना की बुनियादी पृष्ठभूमि में एकरूपता के साथ-साथ बौद्धिक स्तर पर एक ठहराव का होना भी जरूरी है। इसका उल्लेख कुमार शाहनी ने अपनी टिप्पणी में किया भी है।

"मुझे तो लगता है कि कमलेश्वर ने आवश्यकता से अधिक कटु बात कह दी है। वैसे शिवेन्द्र और कमलेश्वर पुराने मित्र हैं। कमलेश्वर की टिप्पणी से मुझे लगा कि उन्हें दुःख सुमी के स्वप्न-सोच और उसका पोस्टर पर इस्तेमाल करने का है। मैं समझता हूँ कि कमलेश्वर को यहाँ पर निर्माता-निर्देशक की सीमाओं, संभावनाओं और विवशता के सन्दर्भ में थोड़ा उदार होना चाहिए।"

धर्मयुग, 21 जनवरी, 1973

नयी जिम्मेदारियाँ

पटना में अगर श्री फणीश्वरनाथ 'रेणु' को मिलना हो तो तरीका बहुत आसान है : नये कॉफी हाउस चले जाइए, सुबह साढ़े दस बजे से साढ़े बारह तक वह वहाँ होते हैं और शाम को साढ़े पाँच के बाद। वहीं उनकी गोष्ठियाँ होती हैं और वहीं राजनीतिक, सामाजिक, सांस्कृतिक और साहित्यिक गपशप। 'रेणु' जी का खास एक नुक्कड़ है जहाँ रेणु के सिवाय और किसी को बैठने का अधिकार नहीं। अगर वहाँ कोई अनजान आदमी बैठ जाये तो यही समझना चाहिए कि वह कॉफी हॉउस में नया आया है या 'रेणु' जी पटना के बाहर हैं या 'रेणु' जी के परिचितों में से है जो उनके आने पर उठ जायेगा।

4 मार्च को उनका जन्म दिन था। रस्मी तौर पर उन्हें बधाई दी। एक अन्य पत्रकार रेणु श्रद्धालुओं के लिए चाकलेट ले आया। सभी ने चाकलेट खाया लेकिन 'रेणु' जी उस चाकलेट को कभी एक हाथ में और कभी दूसरे हाथ में लेते। "आप चाकलेट क्यों नहीं खाते ?" बिना हिचकिचाहट के उत्तर मिला—"इससे मुझे एलर्जी है। पता नहीं यह नाम मुझे क्यों नहीं अच्छा लगता। मैंने इसे कभी नहीं खाया।"

"चलिए साहित्य अकादेमी का सदस्य और फिल्म पुरस्कार समिति का सदस्य हो जाने के उपलक्ष्य में खा लीजिए ?" उनका दृढ़ लहजा था—"प्रलोभन के ये तरीके अब पुराने पड़ चुके हैं।"

मैं पास ही बैठा था, पूछा—"आजकल क्या कर रहे हैं?"

उत्तर मिला, "पार्किनसंस लॉ पढ़ रहा हूँ।"

बात समझ में आ गयी। बैठकों में जाने से पहले पार्किनसंस लॉ लोग अमूमन पढ़ते हैं। अमल अपनी जरूरतों के मुताबिक करते हैं। पूछ बैठा, "कितना अमल किया है ?"

उत्तर मिला, "पहली बैठकों में नहीं गया हूँ।"

"इस का क्या असर हुआ ?"

"एक और समिति का सदस्य बना दिया गया हूँ।" "अब क्या इरादा है ?"

रेणु जी मुस्कराये, बोले "अब जरूर एक बैठक में जाऊँगा जिसमें न जाने के कारण सदस्यता जा सकती है।"

"क्या आप भी छपे-छपाये और टाइप किये हुए दस्तावेजों पर आँख मूँदकर हस्ताक्षर कर दिया करेंगे ?"

"ऐसा मैं तो नहीं सोच सकता। अभी मैंने उनसे पुरानी रपटें, पुराने दस्तावेज, उनके कार्यक्रम आदि संबंधी कागज माँगे हैं। इससे ही दोनों समितियों को यह पता चल जाना चाहिए कि मुझे कार्यकलापों में कुछ दिलचस्पी है। मैं दस्तखतिया नहीं हूँ।"

"आप के दिमाग में क्या योजनाएँ हैं?"

"अभी केवल आधे-अधूरे चित्र बन-मिट रहे हैं। वह कौन-सी शक्ल अख्तियार करते हैं, यह तो बाद में पता चलेगा। मसलन एक भाषा के लेखक को दूसरी भाषा के लेखकों और उनकी लेखनी जानने की अभी तक हमें कोई सुविधा नहीं है। उस सुविधा को प्राप्त करना है। हमने सुना है कि तमिलनाडु में हिंदी विरोध है। हिंदी की पुस्तकें जलायी जाती हैं। लेकिन इतना कह देने से तो काम नहीं चलता और न ही हम उन राजनीतिक आग्रहों और नारों को मान लेंगे। अगर ऐसा है तो हमें वहाँ जाने की सुविधा मिलनी चाहिए। उन लोगों का दिलोदिमाग जानने के अवसर मिलने चाहिए, जो इस तरह साहित्य जलाने का काम करते हैं। तभी हम यह मान सकते हैं कि उन्हें हिंदी के प्रति वैर-भाव है। किसी के कह देने से बात नहीं मानी जा सकती।"

"साहित्य अकादेमी की पुरस्कार नीति के बारे में आप के क्या विचार होंगे ?"

"देखिए, बात बिलकुल सीधी है। अब वह दिन लद गये हैं जब उम्र देखकर पुरस्कार दिया जाता था। लिखने-पढ़ने और नये विचारों की उम्र 25-30 साल तक होती है। इस उम्र में ही कुछ क्रांतिकारी विचार आते हैं। विचारों में कुछ आग होती है। उम्र ढलने के साथ वह आग बुझ जाती है। किसी भी कृति का मूल्यांकन पहले की उन पुस्तकों पर किया जाना चाहिए। यदि आग रहते हमने उसका सम्मान नहीं किया तो चुक जाने के बाद तो निर्जीव शरीर को सुंदर कपड़े पहना देने के बराबर है। चाहिए यह भी कि जो तथाकथित क्रांतिकारी, नक्सलवादी या और उग्रवादी साहित्य है उस पर भी पूर्ण विचार हो, बातचीत हो और तभी पुरस्कार देने की घोषणा की जाये। निस्संदेह इस काम में मेहनत होती है। लेकिन मेहनत से कतराना और बढ़ती उम्र को पुरस्कार दे देने के पक्ष में मैं हरगिज नहीं हूँ। पुरस्कार देने के तरीकों को नयी तरतीब देनी होगी। हिंदी जजों की पुस्तक छाँटने

की कसौटी क्या है, उस का मूल्यांकन करना होगा। मैं तो यह भी चाहूँगा कि राष्ट्रीय पुस्तक न्यास और साहित्य अकादेमी में तालमेल हो। साहित्य अकादेमी अपना कार्य परखने तक ही सीमित रखे, छापने का काम पुस्तक न्यास करें। वित्तीय व्यवस्था में सुधार की बहुत जरूरत है। प्रतिनिधिमंडलों के चयन में भी नया और व्यावहारिक दृष्टिकोण अपनाया जाना चाहिए। नये लोगों की आवाज को तरजीह दी जानी चाहिए। जहाँ तक मैं समझता हूँ, साहित्य अकादेमी की नीतियों और कार्यक्रमों में यदि मैं रचनात्मक योगदान न दे सका तो मेरा वहाँ जाना या वहाँ बैठना बेमानी होगा।"

"लेकिन लोगों को आप से आशा भी तो है ?"

"इसीलिए तो मैं कहता हूँ कि इस सब काम के लिए अध्ययन की जरूरत है और मैं इस बारे में गंभीरता से सोच रहा हूँ।"

"और फिल्म पुरस्कार समिति ?"

"हाँ, इस बारे में भी कुछ नयी लीकों की जरूरत होगी। प्रयोगात्मक फिल्मों को प्रोत्साहन देना होगा। लेकिन इसका मतलब यह भी नहीं कि फिल्म फाइनेंस कार्पोरेशन जो फिल्में बनाता है, वे सब अच्छी ही होती हैं। पुरस्कार देने के समय, मूल्यांकन करते समय हमें सभी तरह के गुणों-अवगुणों को ध्यान में रखना होगा।'

"अगली फिल्म आप की किस पुस्तक पर बन रही है?"

"**मैला आँचल** पर नवेंदु घोष काम कर रहे हैं। वह आये थे। उन से कई चीजें तय हुई हैं। उसके संवाद भी मुझे लिखने होंगे। पुस्तक का फिल्मीकरण करने का सारा जिम्मा भी मेरा ही होगा। फिल्म के लिहाज से कहानी में कुछ कटाई करनी होगी, कुछ तराशना भी होगा और शायद नाम भी बदलना पड़े क्योंकि यह नाम पहले ही बंबई निर्माताओं ने चुरा लिया है।'

"क्या 'तीसरी कसम' की तरह इसमें भी खूब समय लगेगा ?"

"नहीं, क्योंकि तब निर्माता भी नया था, निर्देशक भी और मैं भी। वक्त ने हमें काफी कुछ सिखा दिया है। फिल्म के बारे में लगभग सभी योजनाएँ पूरी हो चुकी हैं। जैसे, पात्रों में धर्मेंद्र, जया भादुड़ी, उत्पल दत्त के नाम निश्चित हो चुके हैं। संगीत राहुलदेव बर्मन का तय ही है। अब केवल आउटडोर शूटिंग की बात करनी है, जो नवेंदु और मैं मिलकर तय करेंगे।

–त्रिलोक दीप, दिनमान, 1 अप्रैल, 1973

क्यों ? और क्यों नहीं ?

बचपन से ही पत्र-पत्रिकाएँ पढ़ता था। तुकबन्दियाँ और कहानियाँ बचपन से ही जोड़ने-गढ़ने लगा था। प्रेरणा निश्चय ही अच्छी रचनाओं से मिली होगी।··· कुछ सोचकर लेखन-कार्य प्रारम्भ किया होता तो आज आपके इस प्रश्न का उत्तर देते समय इस तरह सोच में नहीं पड़ता। सचमुच, मैंने बिना कुछ सोचे-समझे लिखना शुरू किया। अच्छा किया या बुरा, कह नहीं सकता। अब भोग रहा हूँ—फल !

किसिम-किसिम के पाठकों के पत्र और सभी को एक साथ उत्तर दे रहे हैं रेणुजी !

पवन, तिनसुकिया (असम) : आपका जन्म कब और कहाँ हुआ ? आपने जो कुछ लिखा, वह 'स्वांतःसुखाय' लिखा या 'सर्वजनहिताय' ?

जन्म : शुक्रवार, 4 मार्च, 1921 ई., बिहार के पूर्णिया जिलांतर्गत 'औराही-हिंगना' गाँव में।

'स्वांतःसुखाय' लिखा और 'सर्वजनहिताय' प्रकाशित करवाया।

अनूप कुमार केशरी, वाराणसी : आपने साहित्य-क्षेत्र में पदार्पण कैसे किया ? आपकी सफलता का रहस्य क्या है ?

अपनी रचना लेकर—सीधे दरवाजे से। मेरी सफलता का रहस्य मेरी रचना ही बता सकती है। आपने मेरी कोई रचना पढ़ी है ?

ब्रजकिशोर हिसारिया 'राज', सीतामढ़ी (बिहार) : आपने आज तक कितने उपन्यास लिखे हैं ? उनमें आप सर्वश्रेष्ठ किसे मानते हैं ?

1. मैला आँचल, 2. परती-परिकथा, 3. दीर्घतपा, 4. जुलूस, 5. कितने चौराहे।

किसी को नहीं।

आपने सर्वप्रथम लेखन-कार्य कब प्रारम्भ किया ? पहली कृति का नाम ?

स्कूल-कॉलेज-मैगजीन में 1936 से। साप्ताहिक 'विश्वमित्र' (कलकत्ता) में 'बटबाबा' नामक पहली कहानी (1945) प्रकाशित हुई।

विनोद जैन, श्रीगंगानगर : आपको सर्वप्रथम लिखने की प्रेरणा कैसे मिली ? क्या इसके पीछे किसी का सक्रिय सहयोग भी रहा है ? यदि हाँ, तो किसका ?

बचपन से ही पत्र-पत्रिकाएँ पढ़ता था। तुकबन्दियाँ और कहानियाँ बचपन से ही जोड़ने-गढ़ने लगा था। प्रेरणा निश्चय ही अच्छी रचनाओं

से मिली होगी। नहीं भाई, सक्रिय सहयोग किसी का नहीं रहा।

राजेन्द्र कुमार राज, झाझा (बिहार) : आपने क्या सोचकर लेखन-कार्य प्रारम्भ किया ?

कुछ सोचकर लेखन-कार्य प्रारम्भ किया होता तो आज आपके द्वारा इस प्रश्न का उत्तर देते समय इस तरह सोच में नहीं पड़ता। सचमुच, मैंने बिना कुछ सोचे-समझे लिखना शुरू किया। अच्छा किया या बुरा, कह नहीं सकता। अब भोग रहा हूँ—फल!

विलास, मंडी : आपका साहित्यिक जीवन पारिवारिक जीवन पर हावी है या पारिवारिक जीवन साहित्यिक जीवन पर ?

पारिवारिक जीवन—मेरे साहित्यिक जीवन पर हावी हो या न हो—मेरे रचनाकार को 'कच्चा माल' अवश्य देता है।

नरेन्द्र कुमार शुक्ल, कानपुर : आप साहित्य-सृजन समाज-सेवा के उद्देश्य से करते हैं या आन्तरिक प्रेरणा है ?

निःसन्देह आन्तरिक प्रेरणा से।

अपूर्व कुमार चतुर्वेदी, फिरोजाबाद : आपने लेखन-कार्य को ही क्यों उपयुक्त समझा ?

अपनी आजादी के लिए।

वली मोहम्मद कुरैशी, फलोदी (जोधपुर) : आपके साहित्य-सृजन के पीछे क्या कोई सामाजिक उद्देश्य भी रहा है ?

सामाजिक उद्देश्य ? मेरी रचनाएँ पढ़कर आपको मेरी नीयत पर कुछ सन्देह हो गया है क्या भाई ?

श्यामसुन्दर प्रसाद, फारबिसगंज (बिहार) : विधानसभा के गत चुनाव में आप फारबिसगंज-क्षेत्र से निर्दलीय उम्मीदवार के रूप में खड़े हुए थे। चुनाव में हारने के बाद आपकी क्या प्रतिक्रिया हुई ? क्या आप आगामी चुनाव में पुनः खड़े होंगे ?

हुआ था। प्रतिक्रिया के लिए 'कागज की नाव' रिपोर्ताज की प्रतीक्षा कीजिए कृपया। और, राजनीति में आगामी इरादा नहीं बताया जाता, श्यामसुन्दर जी।

तारकेश्वर प्रसाद 'तारक', वैशाली : मैं एक साहित्यिक व्यक्ति हूँ। साहित्यकार को राजनीति में भाग लेना चाहिए या नहीं ? मैं तो साहित्य और राजनीति के दो पाटों के बीच पिस रहा हूँ। आपने किस उद्देश्य से चुनाव लड़ा था ? अगर आप विजयी होते तो साहित्य से किस हद तक सम्बन्ध रखते ? क्या पाठकों को फिर से 'मैला आँचल'-जैसा उपन्यास और 'तीसरी कसम'-जैसी कहानी पढ़ने को मिलती या नहीं ? या आप राजनीतिक दाव-पेंच में पड़ जाते ?

मैं भी हूँ, अतः सबसे पहले मेरा नमस्कार स्वीकार कीजिए। दो पाटों के बीच तो सारी दुनिया फँसी है, भाई साहब ! अगर आप सचमुच साहित्यिक व्यक्ति हैं तो आपका साहित्य ही आपको द्विधा-मुक्त कर सकता है।

अगर मैं विजयी होता तो साहित्य से किस हद तक सम्बन्ध रख पाता, मेरे पाठकों को फिर से 'मैला आँचल'-जैसा उपन्यास और 'तीसरी कसम'-जैसी कहानी मिल सकती या नहीं अथवा मैं राजनीतिक दाँव-पेंच में पड़ जाता—इन्हीं प्रश्नों के उत्तर जानने के उद्देश्य से चुनाव लड़ा था। हार गया, अतः प्रश्नों के जवाब नहीं जान सका। आपको बताऊँ तो क्या ?

जयन्तीलाल प्रसाद राठौर, मनोहरपुर : आपके चुनाव-संस्मरण (कागज की नाव) के 'लिखतंग' का काम समाप्त हुआ ? अगर हाँ, तो प्रकाशन-संस्था का नाम बताएँ।

जी हाँ। 'कागज की नाव' का 'लिखतंग' समाप्त हो गया है। 'छपतंग' बाकी है।

अनूप कुमार, छोटा टेंगरा : आधुनिक लेखक अपने नाम के साथ एक 'उपनाम' का 'लेबल' लगाते हैं। उपनाम लगाने की प्रेरणा आपको क्यों और कैसे मिली ?

आधुनिक लेखक उपनाम का 'लेबल' नहीं लगाते। वे अपने नाम को ही आधुनिक बना डालते हैं। मेरा उपनाम सौभाग्य या दुर्भाग्यवश मेरा 'घराऊ' नाम भी है। जन्मते ही घर में ऋण हुआ, इसलिए दादी प्यार से 'रिनुवा' कहने लगीं। रिनुवा से 'रूनु' और अन्ततः 'रेणु'। जब तुकबन्दी करने लगा तो छन्द के अन्त में अनायास ही—'कवि रेणु कहे कब रैन कटे, तमतोम घटे··· ' जुड़ गया और उपनाम की प्रेरणा लेखकों को शायद सहस्र-नामधारी विष्णु महाराज से ही मिली होगी।

करनजीतसिंह सरन, जुन्नारदेव : आपकी अपनी दृष्टि में वर्तमान साहित्य किस हद तक रचनात्मक है और किस हद तक कोरी बकवास ?

वर्तमान साहित्य हो या भूत-भविष्य साहित्य, बकवास को साहित्य की संज्ञा न दी गई है और न दी जाएगी।

दीनेन्दु भारती, मुजफ्फरपुर : अपने नाम के साथ 'रेणु' कब से लिखना प्रारम्भ किया और किससे प्रेरणा पाकर ? फिर आपने अपने बेटे का नाम 'वेणु' क्यों रखा ?

'रेणु' नाम की कहानी अभी-अभी छोटा टेंगरा के अनूप कुमार जी को सुना चुका हूँ। बेटे का नाम 'वेणु' भी घराऊ है, जो उसकी दादी ने अपने पुत्र के नाम की तुक पर रख दिया। उसका (अच्छा) नाम पद्मपराग है। इस नाम का कारण हमारे परिवार के ज्योतिषी-पंडित ही बता सकते हैं। मैं आपको यह बता सकता हूँ कि उसकी माँ का नाम 'पद्मा' है।

बिहार सरकार ने साहित्यकारों को जो 'पेंशन' दी है, क्या वह अनुचित नहीं है ? 'पेंशन' तो प्रायः रिटायर होने के बाद दी जाती है ? आप तो अभी सृजनरत

हैं, फिर इसे क्यों स्वीकारा ?

हाँ, भाईजान। साहित्यकार कभी 'रिटायर' नहीं होता। रवीन्द्रनाथ ठाकुर महाप्रस्थान के कुछ क्षण पूर्व तक, बेहोशी में भी कविता कर गये हैं।

बिहार सरकार ने साहित्यकारों को 'पेंशन' नहीं प्रदान की है। मैं इतना कुंठित नहीं हो गया हूँ कि सरकारी पैसा मुझे सृजन-विमुख कर दे। मैंने इसको ठीक उसी तरह स्वीकार किया है, जिस तरह सरकार द्वारा लगाये गये 'प्यूनिटिव टैक्स' (सामूहिक जुर्माने) की सजा को सिर झुकाकर स्वीकार किया था। किसी अनाचारी सरकार के विरोध में अथवा सरकार के किसी जन-विरोधी कदम के खिलाफ जोर से आवाज बुलन्द करने के लिए अस्त्र के रूप में भी इसका इस्तेमाल (इसे फेंककर) किया जा सकता है, अर्थात् धमाका जरा जोर से होगा।

साहु मधुप, अशोक नगर (म. प्र.) : आंचलिक उपन्यास फैशन के रूप में लिखे गये, जिन्हें पाठक-मन ने जितनी उत्सुकता से स्वीकारा उतनी ही बोरियत से अस्वीकार कर दिया। इस विचार से आप कहाँ तक सहमत हैं ? आंचलिक उपन्यास किस प्रेरणा से लिखे गये और किस कारणों से पाठक-मन को ज्यादा समय तक न छू सके ?

फैशन के रूप में नहीं लिखे गये। जीवन के शाश्वत प्रवाह से पूर्ण किसी भी शैली की रचना कभी अस्वीकृत या अपदस्थ नहीं हो सकती। मैं इससे सहमत नहीं हूँ कि आंचलिक रचनाएँ पाठक-मन को ज्यादा समय तक न छू सकीं। दूसरों की बात नहीं कह सकता। 'मैला आँचल' उपन्यास से लेकर कुछ दिन पहले प्रकाशित कहानी 'रेखाएँ–वृत्तचक्र' तक पाठक-मन की मेरी पहचान गलत साबित नहीं हुई है। मैंने आंचलिक रचनाएँ इस विचार से प्रेरित होकर कीं कि सिर्फ कला के जरिए लोग दूर देशान्तर के लोगों से मित्रता तथा आदर के भाव से मिल सकते हैं।

एक प्रकार के हिन्दी उपन्यास पुस्तकालय की आलमारियों को समर्पित हो जाते हैं तो दूसरी प्रकार के उपन्यास इतने हाथों से गुजरते हैं कि हाथों-ही-हाथों में कायामुक्त हो जाते हैं, फिर ज्ञानपीठ या नोबल पुरस्कार पाने की क्षमता नहीं रख पाते। उपन्यास की तरह कहानी-संग्रहों की माँग क्यों नहीं है ?

यदि आपका प्रश्न 'पॉपुलर' और 'क्लासिक' रचनाओं के सन्दर्भ में है तो कारण सही-सही कोई समाज-वैज्ञानिक ही बता सकता है। उसी तरह कहानी-संग्रह की माँग में गिरावट का कारण कोई प्रबुद्ध प्रकाशक ही बताएँगे। कथाकार के मुँह से आप अक्सर यही सुनेंगे कि प्रतिष्ठित पत्र-पत्रिकाओं के सम्पादक टेलीग्राम भेजकर उससे

कहानी माँग रहे हैं, कि उसकी कहानी पर नाटक या फिल्म बनाने की बात चल रही है, कि उसकी अमुक कहानी पाँच विदेशी और दस देशी भाषाओं में अनूदित हुई है और भारत के कई विश्वविद्यालयों के पाठ्यक्रम में भी···

आप बोर हो गए न ?

मीना भारती, मुजफ्फरपुर : स्वातंत्र्योत्तर हिन्दी साहित्य के सुप्रसिद्ध आंचलिक कथाकार एवं उपन्यासकार के नाते आप अपनी रचनाओं के माध्यम से देश, समाज और परिवेश को क्या सन्देश देना चाहते हैं ? क्या आज की कहानी पाठकों से कतराकर अपना अस्तित्व पूर्ण सुरक्षित रख सकती है ?

मीनाजी ! एक संवेदनशील, मानवधर्मी रचनाकार के नाते मैं अपनी रचनाओं के माध्यम से जो सन्देश देता रहा हूँ, वह 'कम्यूनिकेट' नहीं हो पा रहा है क्या ?

(सुनो कैरा सुनो ! क्या तुम तक मेरी आवाज··· ?) मेरी कौन-सी कहानी पाठकों से कतराती हुई नजर आती है आपको ?

रश्मि, रेखा, नन्दा, मुजफ्फरपुर : बंगला के 'सतीनाथ भादुड़ी' लिखित 'ढोढाई चरित-मानस' और आपके उपन्यास 'मैला आँचल' में कौन किससे प्रभावित है ?

रश्मिजी, रेखाजी तथा नन्दाजी ! ! ! आप लोगों ने बहुत चतुराई से मुझे चोर नहीं कहा है। यों, डेढ़ दशक पहले मुजफ्फरपुर की ही एक साहित्यिक अदालत के पंचों ने मुझ पर यह इल्जाम लगाया था। तब भादुड़ीजी (स्व. सतीनाथ भादुड़ी) जीवित थे। उन्होंने राजकमल प्रकाशन के तत्कालीन डायरेक्टर ओमप्रकाशजी को पत्र लिखकर इस मिथ्यावाद का खण्डन किया था। उनका पत्र प्रकाशन समाचार में प्रकाशित भी हुआ था। हिन्दी के कई विद्वानों ने 'ढोढाई चरित मानस' को इसी आरोप के सन्दर्भ में विशेष रूप से पढ़कर उस मिथ्या प्रचार को निरस्त किया था।

आप लोगों को यह जानकर प्रसन्नता होगी कि बहुत शीघ्र 'ढोढाई चरित-मानस' का हिन्दी अनुवाद प्रकाशित होने वाला है। हिन्दी के समस्त साधारण पाठकों को स्वयं पढ़कर आँख और कान की दूरी मिटा लेने तो दीजिए।

कादम्बिनी (सं.–राजेन्द्र अवस्थी), सितम्बर, 1973 में प्रकाशित

'मुझे इस बार छात्रों का स्वरूप बदला हुआ लगा'

कमलेश्वरजी का तार आया है : जनसंघर्ष में सक्रियता के लिए बधाई! हम सब आपके साथ हैं।

रघुवीर सहाय ने भी पत्र लिखकर मेरा उत्साह बढ़ाया है। पटना में नागार्जुनजी के साथ मिलकर काम करने में मुझे कितना उत्साह मिल रहा है, इस विषय में कुछ कहना ही बेकार है। देश के सभी भागों से पाठकों के उत्साहवर्द्धक पत्र आ रहे हैं !

छात्र-आन्दोलन के बारे में विस्तार से अपने पत्रकार मित्र सूर्यनारायण चौधरी के प्रश्नों के उत्तर दे रहे हैं रेणुजी !

बिहार के छात्र-आन्दोलन के दूसरे चरण में दो महत्त्वपूर्ण बातें हुई हैं—सर्वोदय नेता जयप्रकाश नारायण द्वारा इस आन्दोलन का नेतृत्वग्रहण और आम जनता के सक्रिय रूप से आन्दोलन में शामिल हो जाने के कारण इसका जन-आन्दोलन में रूपान्तरण, 8 अप्रैल वाले ऐतिहासिक मौन जुलूस के साथ प्रारम्भ होने वाले इस दौर में ही इसमें सम्मिलित हुए प्रसिद्ध साहित्यकार फणीश्वरनाथ 'रेणु'। छात्रों की माँगों के समर्थन में बारह घण्टे के प्रतीकात्मक अनशन पर बैठे रेणु, नागार्जुन, कथाकार मधुकर सिंह, कवि रवीन्द्र राजहंस और पत्रकार जुगनू शारदेय। कला महाविद्यालय के छात्रों ने शासकीय जुल्म पर अनेक चित्र बनाये। नुक्कड़ों पर आयोजित होने लगे कवि सम्मेलन और चित्र प्रदर्शनी। काफिला बढ़ता गया। राबिन शॉ 'पुष्प', बाबूलाल मधुकर, परेश सिन्हा, सत्यनारायण, रामवचन राय, वासुदेव शाह, सतीश आनन्द, वसन्त कुमार आदि पटना के साहित्यकार—कलाकार आम जनता से मिलने और जुड़ने के लिए सड़कों पर आ गये।

लगातार बारह दिनों तक पटना के विभिन्न नुक्कड़ों पर यह आयोजन करने के बाद रेणु और नागार्जुन कलाचित्रों के बंडल के साथ बिहार के दूसरे शहरों में जनजागृति के लिए घूम रहे हैं।

मैं रेणुजी से उनके इस जन-आन्दोलनसम्बन्धी विचारों को जानने के लिए उनके राजेन्द्र नगर स्थित निवास-स्थान पर पहुँचता हूँ। हम लोगों की बातचीत शुरू हो जाती है।

"आप बहुत दिनों तक सोशलिस्ट पार्टी के साथ रहे। सन् '42 की क्रान्ति और नेपाल की क्रान्ति में भी आपने सक्रिय रूप से भाग लिया था। फिर राजनीति से अलग होकर साहित्य की दुनिया में चले गए। इस बार जब 18 मार्च को छात्रों का यह आन्दोलन अत्यन्त उग्र रूप में आरम्भ हुआ, तो इस पर आपकी पहली

प्रतिक्रिया क्या हुई ?" मैंने रेणुजी से पूछा।

"मैंने राजनीति नहीं छोड़ी। दलगत राजनीति और सक्रिय राजनीति से अवश्य अलग हो गया ! अपने राजनीतिक दिनों के अनुभव को ही मैंने अपने उपन्यासों और कहानियों में सहेजा, समेटा। फिर जब मेरा अनुभव संसाररिक्त पड़ने लगा, तो मन में बेचैनी बढ़ने लगी। इधर देश, सरकार और समाज की हालत बिगड़ती ही चली जा रही थी। जनतन्त्र क्या रह गया है ? वर्तमान चुनाव-पद्धति से कौन जीत पाता है ? क्या इस चुनाव का विकल्प अब बुलेट मात्र ही रह गया है ? अनेक प्रश्न मन को मथते रहते थे। पर मैं किसी निष्कर्ष पर नहीं पहुँच पा रहा था। अन्ततः मैं एक बार फिर राजनीति की ओर मुड़ा और '72 के मध्यावधि चुनाव में बिहार विधानसभा के लिए एक निर्दलीय प्रत्याशी बनकर चुनाव के मैदान में उतरा। जीता तो नहीं, पर काफी अनुभव लेकर लौटा।" रेणु कुछ रुके और फिर मेरे प्रश्न की ओर बढ़ते हुए कहने लगे, "सिंगापुर के छात्रों ने जब अपने उग्र आन्दोलन के जरिए सरकार को झुका दिया, तो फिर एक बार मेरा ध्यान छात्र-शक्ति की ओर गया। गुजरात में युवा-शक्ति को सफलता मिली। जयप्रकाश का उन्हें नैतिक समर्थन प्राप्त हुआ था। पर बिहार के छात्र जातीयता, क्षेत्रीयता आदि के खेमों में बँटे हुए थे। विश्वास ही नहीं हो पा रहा था कि यहाँ भी कुछ हो सकता है।

"19 मार्च तक इस आन्दोलन की लहर सुदूर पूर्णिया जिला के फारबिसगंज तक पहुँच चुकी थी। मैं स्टेशन पर ही था, छात्रों की एक टोली आयी। मैं उसी जगह पर खड़ा होकर यह सब देख रहा था जहाँ आज से कोई 32 वर्ष पहले सन् '42 में क्रान्ति में भाग लेने आया था। पर एक बड़ा फर्क आ गया था। अधिकांश छात्र परिचित थे। उनके पार्टी-बिल्लों की भी जानकारी मुझे थी। पर इस बार उनका स्वरूप बदला हुआ था और उनके नारों में एक अजीब पकड़ थी। मुझे लगने लगा! कि '42 की क्रान्ति से भी बड़ी एक क्रान्ति का सूत्रपात हो चुका है।"

"पटना आकर आपने क्या अनुभव किया ?" मैंने बातचीत को और आगे बढ़ाने के उद्देश्य से पूछा।

"रेडियो से काट-छाँटकर जिस प्रकार की खबरें आ रही थीं, उसके आधार पर ही मेरे लिए यह अनुमान कर पाना बहुत मुश्किल नहीं था कि उस समय पटना के लोगों पर क्या बीत रही होगी। यहाँ आने पर मैंने सारे शहर को 'इन-डोर' में पाया। कर्फ्यू लगा हुआ था। लोग अन्दर-ही-अन्दर उबल रहे थे। इसी बीच प्रधानमन्त्री इन्दिरा गाँधी ने जयप्रकाश जी को छेड़ा, उन पर आरोप लगाया। जिस निर्भीकता और स्पष्टता से जयप्रकाश ने उसका उत्तर दिया, उससे मेरी इस धारणा की पुष्टि हो गयी कि इस बार वे इस आन्दोलन को अन्तिम परिणति तक ले जाने के लिए कृतसंकल्प हैं। दलविहीन जनतन्त्र की बात अभी भी मेरी समझ में नहीं आयी है पर अधिकांश जनता पार्टियों की घेरेबन्दी से अलग है और इनको

लेकर एक शक्तिशाली आन्दोलन चलाया जा सकता है, मुझे यह विश्वास हो गया। इससे देश बनेगा या नहीं, समाज सुधरेगा या नहीं, यह मैं निश्चित रूप से नहीं जानता। पर मैं अपनी कुंठाओं और निराशाओं से मुक्त होता चला जाऊँगा, अपने मन के मैल को मल-मलकर धो-पोंछ लूँगा और एक आदमी बना रह सकूँगा–ऐसा मेरा विश्वास है ?"

मैंने जयप्रकाश जी के नेतृत्व वाले मौन जुलूस की बात चलायी।

रेणु पूरे विश्वास के साथ कहने लगे, "बहुत से लोग, जिनमें जे. पी. के प्रशंसक भी थे, कहते थे कि मुँह पर पट्टी और हाथ पीछे की ओर मोड़कर निकालने वाले मौन जुलूस से क्या हो पाएगा ? पर जब यह मौन जुलूस निकला और शहर के सारे लोग उनके समर्थन में सड़कों के किनारे आकर मौन खड़े हो गये, तो ऐसा लगा कि गली-गली, मुहल्ले-मुहल्ले से भय को झाड़-पोंछकर भगा दिया गया। मुकाबले की हजारों बन्दूकें भी इस वातावरण को नहीं तोड़ सकती थीं। जुलूसों, अनशनों, और प्रदर्शनों का ताँता लग गया। छोटे-छोटे बच्चों, छात्राओं और गृहिणी महिलाओं का जब जुलूस निकलता था, तो उनके आगे-पीछे, दाएँ-बाएँ होते थे मशीनगन ताने सीमा सुरक्षा बल के जवान। पर कहीं कोई भय नहीं। सारे वातावरण में एक निर्भीकता आ गयी।

"स्वतन्त्र भारत में अहिंसा का इतना बड़ा प्रयोग कभी हुआ ही नहीं था। लोहिया ने सिविल नाफरमानी को अपना अस्त्र अवश्य बनाया, पर वह एक पार्टी की चीज बनकर रह गयी। आम जनता ने कभी इसका प्रयोग नहीं किया।"

मैं इस आन्दोलन पर साम्यवादी दल द्वारा लगाये गये आक्षेप के विषय में उनसे पूछता हूँ। उनका स्पष्ट उत्तर होता है, "हाँ, सी. पी. आई. वाले इसे फासिस्टों का आन्दोलन कहते हैं और जनतन्त्र की रक्षा के लिए कांग्रेस सरकार का साथ देना परम कर्तव्य मानते हैं। पर यह कोई नयी बात नहीं है। 42 की क्रान्ति में भी इन साम्यवादियों ने हमारे क्रांतिकारी नेताओं को फासिस्टों का दलाल कहकर पुकारा था और ब्रिटिश सरकार का साथ दिया था। अभी इस समय वाद-विवाद में उलझने के लिए हम लोगों के पास समय नहीं है। क्रान्ति का हर दाँव महत्त्वपूर्ण होता है। सफलता ही हमारे तर्क की सबसे बड़ी कसौटी होगी।"

"क्या आप इस आन्दोलन को युवा वर्ग के नैतिक जागरण का भी आन्दोलन कहना पसन्द करेंगे ?" मैंने युवकों के बदलते व्यवहार को ध्यान रखकर उनसे यह प्रश्न पूछा।

"निश्चय ही। देखते नहीं कि ये छात्र कितने बदल गये हैं। न सिर्फ विध्वंस के बल्कि इनमें निर्माण-कार्य करने की भी अपार क्षमता है। आजकल कई जगह छात्र संघर्ष समिति की ओर से चाय और सब्जी की दुकानें खोली गयी हैं। कई जगह स्वास्थ्य-शिविरों का संचालन हो रहा है। और सबसे उल्लेखनीय है, छात्राओं के प्रति उनका बदला-बदला व्यवहार। निर्भय, निश्शंक होकर लड़कियाँ उनके साथ अनशन पर बैठ रही हैं, जुलूसों में जा रही हैं। गया में जब धरना पर बैठी महिलाओं

को घसीटा गया, तो किस प्रकार उनके रक्षार्थ आकर छात्रों ने पुलिस की गोली का सामना किया, यह घटना नैतिक जागरण का प्रतीक है।"

"आपकी सक्रियता पर आपके अन्य साहित्यिक बन्धुओं की क्या प्रतिक्रिया हुई है ?" मेरा अन्तिम प्रश्न था।

"कमलेश्वर जी का तार आया है। जनसंघर्ष में सक्रियता के लिए बधाई। हम सब आपके साथ हैं। रघुवीर साहय ने भी पत्र लिखकर मेरा उत्साह बढ़ाया है। पटना में नागार्जुन जी के साथ मिलकर काम करने में मुझे कितना उत्साह मिल रहा है, इस विषय में कुछ कहना ही बेकार है। देश के सभी भागों से पाठकों के उत्साहवर्द्धक पत्र आ रहे हैं।" रेणुजी ने बातचीत समाप्त करते हुए कहा।

धर्मयुग, 26 मई, 1974

स्थितियों के सामने सर झुकाना पसन्द नहीं

पिछले दो दशकों से मैं लिख-लिखकर लोगों को चकमा देता रहा हूँ--लोगों ने कहा कि स्पष्ट नहीं हो पाता, तुम कहना क्या चाहते हो ? दो उपन्यास लिखे, तीसरा दो सौ पृष्ठों के बाद नहीं लिख पाया। अब लोकनायक जयप्रकाश ने पथ-प्रदर्शित किया है, डायरेक्ट इनवॉल्वमेंट द्वारा मृत्युपर्यन्त अब आदमी की लड़ाई लड़ता रहूँगा, कलाकार की हैसियत से आदमी की खोज करना ही मेरी प्रतिबद्धता है।

74 के आन्दोलन के विशेष सन्दर्भ में यादवेन्द्र पांडेय के प्रश्नों के लिखित उत्तर दे रहे हैं रेणुजी !

भागलपुर विश्वविद्यालय स्नातकोत्तर छात्र परिषद के निवर्तमान अधिकारियों को विदाई देने के अवसर पर 10 फरवरी, 1975 को विश्वविद्यालय प्रांगण में प्रख्यात साहित्यकार श्री फणीश्वरनाथ रेणु आमंत्रित अतिथि थे। अपने अभिभाषण के पश्चात् राजनेता न होते हुए भी राजनेताओं सी व्यस्तता की मजबूरी में जब श्री रेणु ने प्रश्नों की सूची माँगी, तो वही सूची दे देनी पड़ी, जिसमें कुछ बारीक संशोधनों की अभी और आवश्यकता थी।

प्रश्न–साहित्य में अपनी प्रतिबद्धता के बारे में स्पष्ट करें।

उत्तर–पिछले दो दशकों से मैं लिख-लिखकर लोगों को चकमा देता रहा हूँ–लोगों ने कहा कि स्पष्ट नहीं हो पाता, तुम कहना क्या चाहते हो ? दो उपन्यास (मैला आँचल' और 'परती : परिकथा') लिखे। तीसरा दो सौ पृष्ठों के बाद नहीं लिख पाया। अब लोकनायक जयप्रकाश ने पथ-प्रदर्शित किया है, डाइरेक्ट इनवाल्वमेंट द्वारा। मृत्युपर्यन्त अब आदमी की लड़ाई लड़ता रहूँगा। कलाकार की हैसियत से आदमी की खोज करना ही मेरी प्रतिबद्धता है।

प्रश्न–यह आन्दोलन तो भ्रष्टाचार के खिलाफ है। आपके अनुसार इस भ्रष्टाचार की जड़ें कहाँ हैं ?

उत्तर–एक उदाहरण काफी होगा। कपूर की अर्क तो फायदे की चीज है। लेकिन इतने से ही बात नहीं बनती–कपूर की अर्क डाबर या अमुक कम्पनी की होनी चाहिए। यहाँ से ठप्पेबाजी की जोड़-तोड़ शुरू हो जाती है और भ्रष्टाचार की नींव पड़ जाती है। एक और उदाहरण–एक युवती जुलूस में है, उसके उठे हाथ में एक झण्डा है। यहाँ तक तो ठीक है। क्या अपने आप में यह एक स्पष्ट प्रगतिशील रचना नहीं है ? लेकिन नहीं, उस झण्डे में रंग भरा जाता है–उस पर अपने सिंबल्स चस्पाँ किये जाते हैं। इसी को रोकना होगा।

प्रश्न–क्या एक सृजनशील साहित्यकार को स्थितियों से न जूझ पाने की अशक्तता के परिणामस्वरूप वर्तमान से मुँह मोड़ लेना चाहिए ? आपने कहा कि आपको आजादी के बाद बाहर नहीं होना चाहिए था, जेलें ही आपके लिए बनी हैं। सत्ता की तानाशाही के विरुद्ध बोलने-लिखने से तो स्वयमेव आपको कैद मिलेगी।

उत्तर–मेर कहने का आशय यही था कि अन्याय की जिस प्रक्रिया का आरम्भ आजादी के बाद हुआ, उसका सक्रिय विरोध मुझे आरम्भ में ही करना चाहिए था। गत वर्ष जब मैंने सक्रिय विरोध किया तो मुझे गैरकानूनी ढंग से 74 दिन जेल में रहना पड़ा।

प्रश्न–एक साहित्यकार को संघर्ष करना पड़ता है। पर निराशा हाथ लगते ही क्या उसे स्थितियों के सामने माथा टेक देना चाहिए ?

उत्तर–साहित्य का सृजन भी मानसिक संघर्ष की प्रक्रिया से होता है। मैं उपदेशक नहीं हूँ, परन्तु स्थितियों के सामने सिर झुकाना मुझे पसंद नहीं है।

प्रश्न–भाषा का विवाद खड़ा कर सत्ताधारियों को कौन-सा लाभ प्राप्त हो सकता है ? क्या साहित्य के माध्यम से भाषा-विवाद खत्म नहीं किया जा सकता ?

उत्तर–भाषा की पूजा बन्द करो, भाषा का इस्तेमाल करो।

प्रश्न–बुलेट या बैलेट ? आजकल चुनावों में पैसे का जो महत्त्व है उसे देखते हुए ऐसा लगता है कि इसमें गरीबों का कोई स्थान नहीं रह गया है। क्या आप इसके लिए कोई समाधान सुझा सकते हैं ?

उत्तर–बेशक बैलेट। पर 'बूथ कैप्चरिंग' वाला नहीं, सच्चा, निष्पक्ष और लोकमत का प्रतिनिधित्व करने वाला मतदान। बिहार का वर्तमान लोकनायक जयप्रकाश नारायण के नेतृत्व वाला आंदोलन ही समाधान है।

प्रश्न–1972 के चुनाव में हार जाने के बाद आपको क्या अनुभव हुआ ? इसके कारणों पर प्रकाश डालेंगे ?

उत्तर–पराजित हो जाने के बाद मुझे जो अनुभव हुआ, वह इतना ही कि सच और झूठ का अन्तर मैं जान गया और मैं यह मानता हूँ कि आज की चुनाव पद्धति में आम आदमी का चुनाव लड़ना मुश्किल ही नहीं, असंभव है।

प्रश्न–रिश्वतखोरी की चर्चा करते हुए आपने सम्पूर्ण व्यवस्था को भ्रष्ट करार दिया है। तो आखिर इसकी वजह क्या है ? दोषपूर्ण शिक्षा-प्रणाली तो नहीं ?

उत्तर–निश्चित रूप से पूरी व्यवस्था दोषपूर्ण है और उसमें शिक्षा-प्रणाली भी शामिल है।

प्रश्न–कुछ लोग इस क्रान्ति को प्रतिक्रान्ति कहते हैं। आप इस आन्दोलन को क्या कहेंगे ?

उत्तर–क्रान्ति सिर्फ क्रान्ति होती है··· और यह आन्दोलन जन आन्दोलन है।

प्रश्न–शुरू में ही यह सड़ी-गली चीज–पद्मश्री आपने ग्रहण क्यों की, क्योंकि यह बात सर्वविदित है कि सरकार ये उपाधियाँ लेखनी को गिरफ्तार करने के लिए देती है ?

उत्तर–जब तक पद्मश्री का तमगा मेरे पास था, तब तक क्या मेरी लेखनी गिरफ्तार हुई थी ? जब हमने उन तमगों पर खून के छींटे देखे, उन्हें तत्काल वापस कर दिया और अब फैसला किया है कि कभी भी किसी सरकार से (चाहे वह जयप्रकाश नारायण की ही क्यों न हो) अलंकरण और वृत्ति ग्रहण नहीं करूँगा।

प्रश्न–आपने उन खूनी हाथों से वृत्ति के रूप में जो पैसे लिए, वे तो अब पच ही गए। भला अब उन्हें कैसे वापस करेंगे ?

उत्तर–पैसा जनता का था। जिस दिन मुझे अहसास हुआ कि खूनी हाथ दे रहे हैं, तुरन्त लेना बन्द कर दिया। रही बात पचने की, तो जनता के पैसे अब तक लेता रहा हूँ, उनका सदुपयोग मैंने उन खूनी हाथों को बदलने के काम में ही किया है।

मुक्ता, मई प्रथम, 1975

ऍखॅन सकलेर दृष्टि···!

भाई रघुवीर [सहाय] जी, आराम से हूँ, खुश हूँ ! नरकवास के 62 दिन कट गए। ये बासठ दिन 'धन्य-धन्य' करके गुजारे हैं।

सिर्फ मानसिक तनाव ज्यादा रहता है। कम्पोज की अनेक गोलियाँ लेनी पड़ती हैं। नींद के लिए नहीं, तनाव के लिए। किन्तु प्रायः कम्पोज से भी कुछ नहीं होता, क्योंकि तनाव बढ़ाने की कई वजहें यहाँ मौजूद हैं। यदि कोई लगातार आपके कान के करीब हुकूमत चलाए : 'यह करो ! ये मत करो, इस तरह रहो–इस तरह नहीं' तब आपकी क्या हालत होगी, सोचिए !

पूर्णिया जेल में बिताये अपने विकट अनुभवों एवं 'मैला आँचल' के पात्रों से जेल में मिलने की लम्बी दास्तान बंगला भाषा में बंगला के प्रसिद्ध कवि समीर राय चौधरी को सुना रहे हैं रेणुजी !

लगता है साँस रुक रही है, अन्दर-ही-अन्दर छटपटाकर रह जाना पड़ता है–कैसे हालात हैं ! ऐसा भारतवर्ष हमने चाहा था क्या ? पच्चीस वर्षों में हम कहाँ आकर खड़े हैं ?

मेरे दोनों मुख्य उपन्यासों के बाद इस त्रयी के तीसरे अंश के बारे में बार-बार सोचा है। लेकिन पता नहीं क्यों आगे बढ़ना नहीं हो पाता। ऐसा लगता है कहीं पतवार खो गयी है। मैला आँचल और भी मैला हो गया है। 'मैला आँचल' नाम मैंने पन्तजी की कविता से लिया था–

भारतमाता ग्रामवासिनी
खेतों में फैला है श्यामल
धूल भरा मैला-सा आँचल
नैनों में गंगा-यमुना जल मिट्टी की प्रतिमा
उदासिनी

'मैला आँचल' का वह चलित्तर कर्मकार, वास्तविक जीवन में पूर्णिया का मजदूर नेता नक्षत्र मालाकार, कालीचरण, जो कि वास्तव में तारिणी मंडल है या 'मैला आँचल' का वह घटनाक्रम जहाँ आधी रात को पार्टी आफिस के दरवाजे को खटखटाता है जेल से भागा कालीचरण। भागते वक्त झाड़-झंखाड़ में छुपते वक्त सोचा कि पैरों में शायद काँटा चुभा है, बाद में पता लगा कि पुलिस की गोली से पाँव में छेद हो गया है--उसी अवस्था में उसे पार्टी आफिस से कृष्णकान्त जी ने भगा दिया–खून की बूँदें छोड़ता हुआ कालीचरण अंधकार में खो गया। उपन्यास में फिर कालीचरण का जिक्र नहीं आया है। कृष्णकान्त जी अभी प्रसिद्ध एम. पी. हैं। उनका वास्तविक परिचय तो आप जानते ही हैं। अमुक मिनिस्टर के 'गुट' का आदमी है। (दल या 'ग्रुप' के लिए हिन्दी में 'गुट' शब्द धड़ल्ले से लिखा–कहा–जाता है। 'गुट' शब्द में घुप्प अँधेरा और कचोटने का भाव है।) 'मैला आँचल' के शिवनाथ चौधरी की याद है। वास्तव में जो वैद्यनाथ चौधरी हैं, ये एक बार

काग्रेस के सभापति हुए थे। इनके लिए ही भादुड़ीजी (सतीनाथ भादुड़ी) कांग्रेस से जुड़े थे। ये प्राइमरी पास भी नहीं थे। भादुड़ी महोदय ने भागलपुर सेंट्रल जेल में इन्हें अंग्रेजी पढ़ायी थी। गाँधीवादी वैद्यनाथ चौधरी एक साथ ही चरखा कातते और अंग्रेजी सीखते। पढ़ाते वक्त भादुड़ीजी गाँव की भाषा में बोलते–B-U-T 'बट' भेलई P-U-T पट न भेलई। उस समय राजनीतिक भाषा में सभी उर्दू का प्रचुर व्यवहार करते और लिखते समय बात-बात में तखल्लुस का प्रयोग करते। वैद्यनाथ चौधरी व्यतिक्रम थे। भादुड़ी जी की नजरों में ये बातें आई थीं। भादुड़ीजी की पढ़ाई से सिर्फ 15 दिनों के बाद वैद्यनाथ चौधरी ने 'इण्डियन नेशन' के सम्पादकीय अनुवाद का जिम्मा लिया था और सिर्फ 36 दिनों में अंग्रेजी में दक्षता प्राप्त कर ली–विश्वास करेंगे आप ! इन्हीं वैद्यनाथ चौधरी ने रानी पत्रा आश्रय में कांफ्रेंस की जगह का नाम रखा था–'भादुड़ी नगर'–सतीनाथ भादुड़ी के नाम पर।

लेकिन इनको लेकर–किनको लेकर क्या लिखूँ ! इस जीवन की जरूरतें मुश्किल होती जा रही हैं–हर जगह गन्दगी, हर जगह गड़बड़ी ! लिखकर क्या होगा, क्या हुआ–राजनीतिक लोग तो मनमर्जी चलते हैं। बचपन और मूर्खता, ये सब उलट-पलट करके रख दिया–देश का क्या हाल हुआ है ? फारबिसगंज से चुनाव भी लड़ा मैंने। पता था कि जीतूँगा नहीं, फिर भी जाँचने की इच्छा थी। गरीब और आम आदमी इस देश में चुनाव लड़ सकता है क्या ? सन्देह को दूर करना चाहा था। लेकिन राजनीतिज्ञों ने इस बीच 'बूथ ग्रेविंग' का आविष्कार किया–यानी जबरन बूथ पर कब्जा कर अपनी इच्छानुसार बॉक्स में बैलेट पेपर डाल देना। छोटे कर्मचारी नौकरी बचाने के लिए चुप रहते हैं और ऊपर के लोगों में कुछ तो इनसे हाथ मिलाते हैं और उपेक्षापूर्वक निर्विकार रहते हैं–"होने दो जो होता है, साला !"

इस अवस्था में जब दिलोदिमाग काम नहीं कर रहे थे–कहीं मुक्ति का रास्ता नजर नहीं आ रहा था–तब शुरू हुआ जयप्रकाश जी का आन्दोलन। इसमें सभी दलों के लड़के हैं। सी. पी. आई. एम. और एम. एल., लाल टोपी–खादी टोपी–सभी। लेकिन सभी झण्डे समेट वर्दी खोलकर आन्दोलन से जुड़े हैं। पार्टी और दलबाजी ने इस देश का सबसे ज्यादा नुकसान किया है। एक लेखक के लिए किसी पार्टी की उठापटक से जुड़ना किसी भी तरह सम्भव नहीं है। अन्ततः आदमी ही लेखक का विषय हो सकता है–झण्डे और वर्दियाँ नहीं।

जयप्रकाश जी के साथ मेरे पुराने सम्पर्क तो आप जानते ही हैं। जयप्रकाश जी ने कोई दल नहीं, स्वीकार किया था–सर्वोदय। इस आन्दोलन के कुछ महीनों पहले, उत्तर बिहार के मुजफ्फरनगर जिले के मुशहरी ब्लॉक से जयप्रकाश ने मुझे एक पत्र लिखा था। नक्सली लड़कों के बारे में। सरकार इनको लेकर चिन्तित थी। जयप्रकाश जी को छुपाकर वहाँ ले जाया गया था। चम्बल की आश्चर्यजनक घटना तो आप जानते ही हैं। कैसा जादू हुआ था ! इन खूँखार डकैतों ने जयप्रकाश जी के उपदेशों और बातों में जीवन ही बदल लिया। वर्षों से शासक जिसे असम्भव मानता आ रहा था, जयप्रकाश जी ने उसे सम्भव कर दिखाया। मुशहरी में भी

ऐसा ही हुआ था।

जयप्रकाश जी गाँधीवाद के अन्तिम कुछ लोगों में से एक हैं। वर्तमान आन्दोलन भी उसी गाँधीवाद का अन्तिम Experiment है। इससे समझ में आयेगा कि देश अब भी गाँधीवाद के योग्य है या नहीं।

> ठीक उसी समय लतिका दी बारांदे से चिल्लाकर बोलीं–"तुम्हारे नहाने का पानी भरने का समय नहीं निकाल पायी। मैं जा रही हूँ, तुम पानी भर लेना, बारह बजे तक पानी रहेगा।" लतिका दी चली गयीं। दरवाजे की आवाज आयी। लतिका दी बंगला में एम. ए. हैं–हजारीबाग की हैं। मैंने लतिका दी को सबसे पहले, स्कूल पढ़ते वक्त देखा था। बड़े जीजाजी के घर के सामने, पटना के सब्जीबाग बिड़ला मन्दिर के पास सिफ्टन वेलफेलर सेंटर (अस्पताल) में रेणुजी की सेवा में ! वहाँ नौकरी करती थीं लतिका दी। गोरी-चिट्टी सुन्दर-सी देहयष्टि। अद्भुत आँखें और चेहरा तथा भंगिमाएँ। अस्पताल की वह सेवापरायण सादी पोशाक। ऐसी सेवापरायण महिलाओं को देखकर बीमार होने की तीव्र इच्छा होती है–ठीक वैसे ही। पटना के राजेन्द्र नगर में तीन तल्ले पर एक फ्लैट में ये दोनों रहते हैं। कुछ दिनों पहले एक कुत्ता भी था, मर गया। रेणु जी के फ्लैट में कुल दो बेडरूम हैं, अलग बाथरूम और रसोई और एक बारांदा। बरामदे के एक कोने में बाहर का दरवाजा। उस दरवाजे से निकलते ही सीढ़ियाँ। फ्लैट में बाथरूम के सामने नीचे से ऊपर पानी खींचने के लिए चाँपाकल। बरामदे के अन्त में जो बैडरूम है, वह बैठकखाना और रेणुजी के लिखने-पढ़ने के कमरे के रूप में इस्तेमाल होता है। दीवाल पर विधानचन्द्र राय और नेहरूजी की तस्वीरें हैं, राष्ट्रपति वी. वी. गिरि के हस्ताक्षरयुक्त पद्मश्री का प्रमाण-पत्र टाँगा हुआ है। दूसरे दो पुरस्कारों के कागज भी मढ़कर टाँगे हुए हैं। इसके अलावा एक तख्ते पर चादर बिछाकर तकिया और मसनद रखे हैं। दूसरी तरफ किताबों के ढेर ! सबसे ऊपर सुबल गंगोपाध्याय द्वारा सम्पादित सतीनाथ भादुड़ी स्मरण ग्रन्थ ! रेणुजी ने किताबों की तरफ दिखाकर कहा–"मेरा बंगला लेखन देखा है ? लतिका को नहीं दिखाया है–गलतियाँ निकलेंगी।" बरामदे में दोनों तरफ स्तूपीकृत किताबों के ढेर हैं। जरूर ही लतिका दी का काम है। बरामदे की दीवार पर इन्दिरा गाँधी के साथ रेणुजी की दो तस्वीरें हैं और एक तस्वीर है वी. वी. गिरि के साथ। जयप्रकाशजी की तस्वीर पूरे घर में नहीं देख पाया।

जेल मैं इसके पहले भी गया हूँ। इसे लेकर चार-बार। पहली बार 1930 में–वानर सेना में था तब। तब मैं नौ वर्ष का था। हर बार पूर्णिया जेल में ही गया। क्योंकि मैंने जब भी, जो कुछ भी किया है, अपने इलाके फारबिसगंज में जाकर ही। उन किशोरों के दल को घोड़ागाड़ी पर चढ़ाकर जेल के फाटक तक

ले जाया गया। तब हमारा नारा था 'बन्दे मातरम्' और 'भारतमाता की जय' ! आपने ध्यान दिया होगा, स्वाधीनता के बाद राजनीतिज्ञों ने जिस कारण से भी हो, इस नारे को लुप्त कर दिया और अब जयप्रकाश जी के इस आन्दोलन में ये दो नारे वापिस आ गये हैं। इसके अलावा–"हमला चाहे जो भी होगा, हाथ हमारा नहीं उठेगा।" आप जानते हैं इन्दिरा ब्रेगेड के फूलेना राय के किन लोगों ने गोली चलायी। उस दिन जयप्रकाश जी के सात लाख लड़के पटना में थे। लेकिन जयप्रकाश जी की एक बात पर किसी ने भी प्रतिशोध की बात तक नहीं की। इसे आप क्या कहेंगे ? हाँ, मैं जो कह रहा था–ज्योंही हमने जेल के दरवाजे पर पहुँचकर नारा दिया–'बन्दे मातरम्'–दोनों तरफ लगे वटवृक्षों पर से असंख्य चमगादड़ों ने किचमिच की आवाजों के साथ आकाश ढँक दिया। हम लोग इसके लिए तैयार नहीं थे। इस अजीब-सी घटना से हम सारे लड़के पलभर के लिए आतंकित हो गये। अचानक ब्लेंक फायर हुआ। सारे चमगादड़ वापस टहनियों पर आ झूलने लगे। तब इन चमगादड़ों को चुप कराने के लिए जेल में यही आदेश था। हर बार जेल जाने पर इसकी पुनरावृत्ति हुई है। इस बार देखा कि एक वृक्ष काट दिया था। सिर्फ एक तरफ का गाछ था। फिर अगस्त आन्दोलन 42 में जेल गया था–इन्हीं जयप्रकाश की पुकार पे–उसके बाद 1947 में–विराटनगर (नेपाल) मजदूर आन्दोलन। नेपाल पुलिस ने सीमा के इस पार भगाया। आन्दोलन के साथ मातृकाप्रसाद कोइराला भी थे जो बाद में नेपाल के प्रधानमन्त्री भी हुए थे। और चौथी बार–इस बार नौ अगस्त को फारबिसगंज में गिरफ्तार होकर पूर्णिया जेल में लाया गया। कुल मिलाकर साढ़े तीन वर्ष जेल में काटे हैं। पहली बार चौदह दिन, दूसरी बार लगभग एक वर्ष, तीसरी बार दो वर्षों से ज्यादा और चौथी बार–इस बार बासठ दिन ! हाँ, उस बार वानर सेना में, याने वानर सेना के आन्दोलन में इन्दिरा जी भी थीं। जानते हैं वानर सेना सहित गिरफ्तार होकर क्या नाम ठिकाना बताया था–नाम जवाहरलाल, बाप का नाम मोतीलाल–पता–आनन्द भवन। कोई-कोई यह भी कहता–नाम बन्दर, बाप का नाम चुकन्दर–घर जेल के अन्दर। तब ऐसा ही आदेश था। मेरे पिता भी पुराने निष्ठावान् कांग्रेसी थे।

> रेणुजी थोड़े छटपटाये। मैंने कहा–हाँ बारह बज गये हैं शायद। पानी भर लेंगे क्या ? अन्यथा नहाना कैसे होगा ? रेणुजी ने उठकर चाँपाकल चलानी शुरू की। ग्यारह बार चलाकर दो मिनट रुककर फिर कुछ देर चलाने के बाद बाल्टी भरकर रख दी और कपड़े से हाथ पोंछते हुए कमरे में दाखिल हुए। बगल की टेबल से गाँजा की पुड़िया उठाकर पूछा–"लेंगे" ? मैंने हाँ कहाँ–सिगरेट की आधी तम्बाकू झाड़कर गाँजा भरते-भरते बातें शुरू कीं।

नौ अगस्त की घटना तो आपने 'दिनमान' और 'देश' पत्रिका में पढ़ी होगी। इस तारीख की घटना बताऊँ। पूर्णिया जेल में मुझे पहले जनरल वार्ड के सोशलिस्ट हिस्से में रखा गया। बाहर जैसे देखते हैं–सोशलिस्ट, कम्युनिस्ट, एम. आर, एम.

एल॰ वगैरह–जेल में भी इसी तरह सोशलिस्ट भट्टा, कम्युनिस्ट भट्टा, नक्सल भट्टा, जनरल भट्टा अर्थात् प्रत्येक दल का अलग मेस, अलग खाना, रहना। प्रशासन की इच्छा से ही ऐसा हुआ है। प्रत्येक भट्टे का लीडर रहता है, जैसे पार्टी का। राशन में पूरी गड़बड़ होती है। तीन सौ पचास ग्राम में सिर्फ अढ़ाई सौ लीडर के हाथ में आता था। बाकी बचे सौ ग्राम राशन में जेल के अधिकारीगण और बाकी के स्टाफ तथा लीडर की भागीदारी होती है। लीडर इससे मिले पैसों से पोस्ट आफिस में खाता खोलता है। पार्टी के लिए ही वे रुपये खर्च होते हैं। जनरल वार्ड में साधारण अपराधी रहते हैं, जिनका किसी पार्टी से सम्पर्क नहीं रहता है। खूनी, चोर, बलात्कारी और 'रेगुलर' जो जेल में कैदी जीवन गुजारते हैं–ये सब जनरल भट्टे में रहते हैं। जनरल भट्टे में भक्तिमान् लीडर और दलाल रहते हैं। उनके हाथों में ही भट्टे का राशन जाता है। साधारण अधिकारी के लिए सिर्फ पचास ग्राम राशन। इसी खाने पर उन्हें गुजारा करना पड़ता है। बाकी बचे राशन में दलाल, कैदी और जेल कर्मचारी याने जेलर बाबू में भागीदारी हो जाती है। इस ऊपरी आमदनी के बल पर दलाल कैदी भयानक नरक खेल में दिन बिताते हैं। जेल में जो 'जूविनल वार्ड' रहता है, वह साफ अर्थों में इनकी 'होमोसैक्सुअलिटी' का पूरक रहता है। ये लड़के सजधज कर चमकते रहते हैं। उन्हीं में एक बीड़ी कम्पनी का नचनिया लड़का भी है। उसके लिए रस्साकसी चलती है। ये सब दसटकिया माल हैं। नचनिया लड़के के विरुद्ध में कई केजी चावल चुराने का अभियोग है लेकिन जेल की पुलिस और कैदियों की मौजमस्ती के कारण दो वर्षों से यह मामला बन्द ही पड़ा है और शायद कभी खुलेगा भी नहीं। महिला वार्ड तो पूरी तरह ही रण्डीखाना है। इन सबका कोई उपाय भी नहीं है। जेल में सबको जेल का नियम मानना ही होता है। वैसे ही मानते हुए वे जिन्दा हैं। वहाँ हर आदमी की कहानी में रुदन का आलाप है। मैंने लगातार जेल में यह सब देखा-सुना है। वहाँ के कई नियम-कानून को चोट पहुँचायी है। दो दिन बाद ही कलक्टर साहब से गुप्त निर्देश आया था। उन्होंने मुझे डिवीजन दिया और सेल में लाकर रखा। वहाँ कुल चार सेल थीं। एक में तो मैं था और दूसरे में नेपाल के हवाई अपहरण याने 'हाई जैकिंग' के मामले के चक्र प्रह्लाद बस्तोला और लक्ष्मीप्रसाद शर्मा–छत्तीस साल से मामला चल रहा था–नेपाली कांग्रेस से सम्बद्ध। बस्तोला गजब का लड़का था–बनारस में पढ़ा-लिखा, हर विषय पर अधिकार था उसका। बंगला में शक्ति, सुनील की कविताएँ भी पढ़ी थीं। आपने तो बंगला में लता शर्मा और··· किसके साथ मिलकर कुछ अनुवाद किये हैं न, यह सब पढ़ा था उसने। अभी जेल में ज्योतिष शास्त्र पढ़ रहा है, बहुत-सी किताबें मँगायी हैं और चौथी सेल में हैं अवधबिहारी–राइस मिल के मालिक का बेहद आत्मीय और कर्मचारी। हमारे इलाके की ग्यारह वर्ष पहले की घटना थी। वायरहाउस कारपोरेशन और स्टेट बैंक के साथ मिलकर नौ लाख रुपयों का घोटाला। वायरहाउस के बाबू और राइसमिल के मालिक को छुटकारा मिल गया है। फँसे तो सिर्फ अवधबिहारी। यहाँ जेल

जाना मतलब फँस जाना। जिसके पास पैसे और पैरवी की ताकत है, वे कितने दिन फँसेंगे ? अवधबिहारी सात वर्षों से 'फास्ट' कर रहा है। बड़ा ही आश्चर्यजनक मामला है। जेल में अनशन करने पर फोर्स फिडिंग की व्यवस्था है। फोर्स फिडिंग का एक निश्चित राशन भी है। यह रहस्य अवधबिहारी की समझ में आ गया था। इसलिए वह सात वर्षों से फोर्स फिडिंग पर निर्भर है। नाक से तरल खाना सहन करने लायक गर्म पेट में जाता है। पहले-पहल तो अवधबिहारी को काफी तकलीफ हुई लेकिन धीरे-धीरे आदत पड़ गयी। नाक में तेल-वेल डालकर वैसी ही आदत डाल ली। अब कोई तकलीफ नहीं होती। स्वास्थ भी अच्छा है। अन्यथा जिनकी जमानत कराने वाला कोई नहीं है उनकी तरह पचास ग्राम राशन खाकर अब तक वह भी टें बोल गया होता। स्वाधीनता के बाद मौत के आँकड़े (जेल में) को लेकर किसी ने रिसर्च किया है कि नहीं, मालूम नहीं, किया होता तो एक भयानक सत्य सामने आता। लेकिन आकर ही क्या होता, वही राजनीति का नंगा झूठ-सच का खेल। पूर्णिया जेल के डेढ़ हजार कैदियों में हर वर्ष डेढ़ सौ मारे जाते हैं। मेरा एक परिचित डाक्टर महेश नारायण पूर्णिया जेल का डाक्टर है। पटना का लड़का है–स्मार्ट और अच्छा लड़का है, उसकी एक किताब है, बड़ों से मिलने के विचित्र अनुभव। मैंने ही इसके प्रकाशन की व्यवस्था की थी, लेकिन जैसा कि प्रायः होता है, अच्छे लोग ही आजकल समाज में अनफिट हैं, जीवन में भी। इसीलिए पचास ग्राम घुन लगे गेहूँ, तरकारी याने पोची हुई परवल और हल्दी के पानी को पीते हुए आदमी मर रहा है। सुबह 'सेल' के सामने से ही लाश जाती थी। ड्यूटी पर का वार्डर एक बार चिल्लाकर पूछता, "कोन गेलई रे !" जवाब में एक नाम सुनाई पड़ता। लगभग रोज ऐसे ही। इसीलिए अवधबिहारी का अनशन और फोर्स फिडिंग जेल की इस विचित्र अवस्था में बचे रहने का गजब का उपाय है। फोर्स फीडिंग का मैनू प्रायः ऐसा होता है–सभी तरल–

अढ़ाई सौ ग्राम साबूदाना
अढ़ाई सौ ग्राम वार्ली
मछली का सूप तीन बोतल
मांस का सूप तीन बोतल
दूध तीन बोतल
दाल का पानी तीन बोतल

पहले-पहले जबर्दस्ती होते-होते बाद में यह एक स्वाभाविक मामला हो गया। एक कैदी बैठा रहता पहरे पर। अवधबिहारी आधे दिन तक नाक में नली झुकाकर उस तरल खाद्य को पी आत्मसात करता। इसीलिए सात वर्ष ! शायद यह फोर्स फिडिंग का 'एवार्ड' होगा।

सेल के इलाके में एक अमरूद गाछ की छाया में अड्डा जमाते। मैं, बरतोला, शर्मा··· और वार्डों से भी कोई-कोई आता। हम भी जाते। हमारा प्रतिवादी भी।

यह एक रटी-रटायी घटना थी। जेल सुपरिंटेंडेंट एक मुसलमान सज्जन थे। भले आदमी थे, जैसे शरीफ लोग होते हैं। बीच-बीच में शेरोशायरी करते–

कभी उनको देखता हूँ
कभी अपने घर को देखता हूँ

उनकी लड़कियों ने 'मैला आँचल', 'परती : परिकथा' पढ़ी थी। वे भी अब्बा को तरह-तरह की बातें कहतीं। बीच-बीच में वे आकर पूछते, कोई दिक्कत तो नहीं। जेलर महा बज्जात था–जिसे कहा जाये पक्का हरामी। बात-बात में कानून दिखाता–साले को ऐसे झमेले में फँसाया–पहली बार 15 अगस्त को सेल में ले गया। बारह तारीख को गेट से जुगनू के जरिये 'दिनमान' की वह चिट्ठी जे. पी. को भेजी। जुगनू होशियार लड़का है। सुनील के साथ अच्छी दोस्ती है। 'तरुण संघर्ष' जे. पी. के अखबार में छपने के बाद जेल में भी सब जान गये। मैं बी-क्लासी यानि जेल के सारे कायदे-कानून जानता हूँ। जेलर ने पूछा–यह चिट्ठी कब भेजी ? यह सेंसर होकर नहीं निकली, अच्छा नहीं किया।

मैंने साफ-साफ कहा–"मैं कैदी हूँ। दुनियाँ के तमाम कैदियों का यह कर्तव्य होता है, जैसे भी हो, नियम तोड़ो यानि अवैध तरीके से सब कुछ का आदान-प्रदान। सभ्य तरीकों से किस तरह नियम तोड़ने चाहिए, मुझे मालूम है।"

उसी रात सेल में दे दिया। रात में लॉकअप करने से पहले ड्यूटी का सिपाही एक अधकटा गन्दा अलकतरा पुता कनस्तर कोने में रख गया अर्थात् कमोड़। यही यूरिनल-लैट्रिन, जो कहें। आधी रात को कितने बजे, ठीक याद नहीं, पेशाब करने एक दफे उठा था, पेशाब करते ही 'क्रर क्रर-र-र-र' टीन की आवाज हुई। लपककर ड्यूटी का सिपाही टार्च जला तेजी से दौड़ा आया। करीब आ सब देख सुनकर धुस्स करके चला गया। जाते वक्त सींकचों पर बटन लगा 'टंग्-टंग्-टंग्' की आवाज कर गया। उसने समझा था, आरी से सींकचे काटे जा रहे हैं। दूसरे दिन सुबह सुपरिंटेंडेण्ट आये, पूछा–"कोई दिक्कत ?" मैंने कहा, नहीं ठीक है। लेकिन मेन गेट पर जेलर को कायदे से कमोड के लिए ड्रेडेण्ट भेजा। पूरे दिन कुछ नहीं हुआ। शाम को फिर जैसे ही कनस्तर रखने लगा मैंने मना कर दिया। हाँ, कहना भूल गया–पिछली रात को पेशाब करने तथा सिपाही के जाने के थोड़ी देर बाद देखता हूँ साँप की तरह क्या सब पूरे फर्श पर इधर-उधर घूम रहे हैं। कनस्तर में छेद था। सारे का सारा फर्श पर लुढ़क गया, इसलिए दूसरे दिन वह फूटी टिन नहीं रखने दी। कायदे से रात को पेशाब लगने पर सीकंचों की फाँक से पेशाब करना शुरू किया। कुछ ही देर में देखता हूँ–ड्यूटी का सिपाही टार्च जला 'धत्' कर उठा। लुंगी सम्भालने का भी वक्त नहीं मिला। वह बेचारा कुछ दूर चबूतरे पर सोया था। अचानक नींद में पानी से भीग, चमक के उठा–रोशनी की, तो यह हालत ! दूसरे दिन भी सुबह जेल गेट पर ड्रेडेण्ट भेजा। कुछ भी नहीं हुआ। उसके दूसरे दिन मैंने सुपरिटेन्डेण्ट से कहा–"अच्छा परसों रात को जो ड्यूटी में

थे, उस सिपाही से मुझे माफी माँगना है। जेलर तो खूब खुश ! सोचा, कोई न कोई गलती पकड़ में आयेगी। शुरू में तो ना-ना करते हुए मैंने घटना बतायी। सिपाही जो सो रहा था, उसे जरा दूसरी तरह 'बैठा था' करके कहा, जिससे कि वह किसी झमेले में नहीं फँसे। जेलर का चेहरा उतर गया। सुपरिटेन्डेंट बोले–आप आज ही कमोड या बेड पैन दे दीजिए। जेलर ने लिख दिया, किन्तु दिन भर कुछ नहीं किया। दूसरे दिन फिर सुपरिटेन्डेंट से कहा। भले आदमी ने कहा–आज आप खरीदकर मँगवा लीजिए। जेलर ने सूचना दी–कहीं नहीं मिल रहा है। सुपरिटेन्डेंट ने कहा–मेरे बच्चे लोग देख आये हैं, फलाना दुकान में मिलता है। जेलर का चेहरा फक् हो गया। उसके बाद वाले दिन ठीक मिल गया। मैं आम सेफ्टी पाखाने, मैदान, झाड़-झंखाड़, नदी के किनारे कहीं, जहाँ जा सकता हूँ, किन्तु पाखाने पर पाखाना–वह मुझसे नहीं सहा जाता। पर जेल में आम व्यवस्था यही है। एक सीधी नाली होकर पाखाना बहा जा रहा है। उसी में कैदी एक के बाद एक पाखाना कर रहे हैं। भयानक, गिजगिजी गन्दी हालत ! पर वैसा सोफीस्टीकेटेड पाखाना भी मुझसे नहीं सहा जाता। लगता है, मैंने उसे गन्दा कर दिया है। जैसे, अपने प्रकाशक के जटिल, गैजेटमय बाथरूम में घुसने पर अजीब हालत में फँसा। एक-एक गैजेट दबाने पर क्या सब अजीबो-गरीब घटित होता !

इसी बीच रेणुजी ने गाँजा भरी एक सिगरेट खुद सुलगायी, दूसरी मेरी ओर बढ़ा दी। 'पैप्टिक अल्सर' हो गयी है इसलिए वह सब छोड़ दिया है, बिल्कुल बरदाश्त नहीं होता। इसी से ही जितना काम बने। अबकी फिर के काफी ताकत महसूस कर रहा हूँ।

1948 के छब्बीस बरस बाद जेल गया। (मेरी बहुत-सी रचनाओं में जेल एक महत्त्वपूर्ण आयाम लिए हैं)। काफी कुछ बाबा-सा बन गया था। शुरू में जेल में सिपाही कहते, बाबा जी भले आदमी हैं, इन्दिरा जी के आदमी हैं (पद्मश्री के चलते) किस मामले में जेल हुई, खासकर जब तक उन्हें नहीं पता चला, मैं 'बी क्लासी' ही (उनकी नजरों में) रहा।

गहरे मनस्ताप में गाँजे का दम भर धुआँ खींचकर रेणुजी अन्दर अटका रखते हैं। थोड़ी देर बाद छोड़ते हैं। सारे कमरे में रहस्य की पवित्र गन्ध बिखर जाती है। जेल में रहते हुए भी रेणुजी रोज सुगन्धलोक सुगन्धी धूप काम में लाते। गाँजा भी नियमित बाहर से आता। बाहर से सामान आने के विभिन्न तरीके हैं। जेल के भीतर बीड़ी ही जेल की करेंसी है, मिडियम आफ एक्सचेंज ! उसमें भी लैला बीड़ी का विनिमय मूल्य कुछ ज्यादा है। हार्ड करेंसी ! लगभग विनिमय दर इस प्रकार है–

6 बीड़ी–एक पकोड़ा
12 बीड़ी–एक चाय
10 बीड़ी–बिना दूध की चाय

जीवनयापन

10 बीड़ी–एक रोटी
औरत–दस रुपया
कमसिन लड़का–दस रुपया मौज
नायर–बारह रुपये
देशी–आठ रुपये मस्ती

हर तरह की चीज–बाजार भाव से कुछ ज्यादा

एक दिन एक कैदी दाल लेकर जा रहा था। पकड़ा उसे। दस सेर बढ़िया दाल जेलर के घर जा रही थी। मेरे जिरह करते ही पनिया छोड़कर भागा। मेरे पास जान जेलर भी माँगने नहीं आया। दाल मेस में गयी। सेल के कैदियों में किसी में भी किसी तरह का नशा या लड़की-लौंडे की तलब नहीं देखी। मुझे डिवीजन मिली थी यानी रोज के सत्तर रुपये। अपनी मरजी का खाना-वाना मँगा सेल के हम चारों जने खाते। जेलर से कहा–खुन्ती चाहिए। 'नहीं मिलेगी', उससे भागने को सुरंग कोड़ी जा सकती है। काठ का टुकड़ा ही था खुन्ती। चाँकी दिया, बेलन नहीं दी। उससे हिंसात्मक कार्यवाही की जा सकती है। बेलन ही की बेलन ! लेकिन एक दिन गच्चा देकर ये सब चीजें की वसूली। 'दिनमान'–सम्पादक रघुवीर जी को एक चिट्‌ठी लिखी एक दिन। सेंसर के लिए जेल गेट पर भेजी। इसके सिवा तमाम चिट्ठियाँ दीं। इसके उसके द्वारा सीधी भेजता क्योंकि रोज मेरी चिट्ठियों का ही बंडल आता। जवाब में कई लोग लिखा करते–आपकी चिट्ठी मिली। इसलिए रघुवीर जी के नाम से एक चिट्‌ठी का मजमून बनाया–

भाई रघुवीर जी, आराम से हूँ, खुश हूँ ! नरकवास के 62 दिन कट गये। ये बासठ दिन 'धन्य-धन्य' करके गुजारे हैं। सिर्फ मानसिक तनाव ज्यादा रहता है। कम्पोज की अनेक गोलियाँ रोज लेनी पड़ती हैं। नींद के लिए नहीं, तनाव के लिए। किन्तु प्रायः कम्पोज से भी कुछ नहीं होता, क्योंकि तनाव को बढ़ाने की अनेक वजहें यहाँ मौजूद हैं। यदि कोई लगातार आपके कान के करीब हुकूमत चलाए–"यह करो–ये मत करो, इस तरह रहो–इस तरह नहीं" तब आपकी क्या हालत होगी, सोचिए। और जो लोग यह सब कह रहे हैं उनके शरीर में जो प्रोटीन और चमक है, वह सब निरीह कैदियों के प्रोटीन और जीवन के ऐवज में जुगाड़ दिया गया है। औरत अथवा आर. जुवेनाइल वार्ड में यौन कारबार के लाभांश से इनके परिवार और बाल-बच्चों का पोषण होता है। इनसे बात करने में भी घृणा होती है। यह पत्र छपने या प्रचार के लिए नहीं भेज रहा हूँ। वह सब तो जब बाहर आऊँगा, तब फिर मेरी लेखनी आक्रमण शुरू करेगी।

–'रेणु'

यह चिट्ठी मिलते ही जेलर को तो बड़ा मुश्किल ! किसे काटे और किसे रखे। मैं बार-बार कहता, मेरी चिट्‌ठी सेंसर करके भेज दीजिए। जेलर का तो चेहरा सूख गया। मैंने कहा–जो काटना-पीटना हो काट दीजिए। उसमें भी उसे डर !

यदि काटे सहित छाप दिया जाए। हमारी शासन-व्यवस्था यह नहीं जानती है, ऐसी बात नहीं, जान-बूझकर वह लोग यह सब चलने देते हैं जिससे कि इस तरह के लोग इस प्रकार का सड़ा-गला जीवन गुजारेंगे, तो बहुतों को भाग-बँटवारे में सुविधा मिल जायेगी। इसके सिवा ज़ो लोग शासन चला रहे हैं, वह यह मानते हैं कि उनके जेल जाने के दिन बीत गये हैं। अतः जेल को साफ-सुथरा रखने से क्या फायदा ? सोचकर देखिए, कहाँ आकर हम रुके हैं। इन छब्बीस-सत्ताईस सालों में, काफी हुशियारी से हिन्दुस्तान के जीवन से इन्होंने अच्छाइयों को सुप्त कर हर क्षेत्र को स्वार्थ और निष्ठुरता से भर दिया है।

> रेणुजी गाँजे की दूसरी सिगरेट सुलगाने के लिए रुकते हैं। खिड़की के बाहर अविराम पुलिस की गाड़ियाँ घूम रही हैं। ठहरा-ठहरा-सा माहौल ! भारतवर्ष के लोगों को डरपोक और कायर बनाने की आखिर कोशिश में अब भी पुलिस का एक सशस्त्र जत्था गुमटी की ओर से मार्च करता हुआ आर्य कुमार रोड की ओर चला गया है। रेणुजी यह सब कुछ भी नहीं देख रहे। आत्ममग्न और अपनी आस्था में प्रतिष्ठित एक अद्‌भुत आदमी ने इसी वक्त रेणु जी की आँखों में आँखें डालकर पूछा—"मैं जयप्रकाशजी के इन सब अहिंसा, सर्वोदय या आन्दोलन किसी पर भी पूरा यकीन नहीं करता। मुझे इन सब पर काफी अजीब-सा सन्देह होता है।"

अहिंसा का तेज आपने देखा नहीं। इसके सिवाय आप जिस पर विश्वास करते हैं, उसमें भी आपने किया क्या है ? कुछ करने की मनाही कहाँ है ? चम्बल और मुशहरी ब्लॉक की घटनाओं के बारे में आप क्या सोचते हैं ? इसके अलावा एक लेखक की हैसियत से जीवन में डुबकी लगा, लेखन के चाह पर इस समय को ठीक-ठीक व्यक्त करना मेरा काम है। मई महीने से हम लोगों ने हर चौरास्ते पर कविता-पाठ और नुक्कड़ नाटक किये। लक्की स्वीट होम मिठाई दुकान के सामने के विशाल विज्ञापन के सम्मुख हमने अनशन किया। देखा, हर आदमी इस व्यवस्था से छुटकारे के लिए छटपटा रहा है। हम सभी इन हालातों में बदलाव चाहते हैं। उस बदलाव की ओर सब अपनी-अपनी तरह से बढ़ना चाहते हैं। जे. पी. ने भी यही किया है। इसमें आपको समझने की दिक्कत कहाँ हो रही है ?

नेहरू परिवार के लिए हमेशा हम लोगों के हृदय में एक श्रद्धा का भाव रहा है। जेल में इन्दिरा जी के शासन के नाम पर इन्दिरा जी के प्रति तरह-तरह की टिप्पणी करते। मुझसे यह सब नहीं होता। मैंने एक सपना देखा था। हम सबने, आपने भी जरूर पढ़ी होगी। नेहरू की 'लेटर्स टू हिज डॉटर'। हम लोगों ने सोचा था, ये पत्र हम सबको लिखे गये हैं। इसी के लिए हम सब मन-ही-मन तैयार हो चुके थे। किन्तु इसकी क्या परिणति हुई, यह भी हम सब देख रहे हैं। मुझे तो लगता है, एकान्त में गाल पर हाथ रख इन्दिरा जी भी जरूर यही सब बातें सोचती होंगी। सच बोलने में हर प्रधानमन्त्री के लिए कई कठिनाइयाँ हैं। किन्तु,

डर तो यह है कि हम क्या अपने देश को चाहना, देश के लोगों को प्यार करना, क्या बिलकुल ही भूल गये हैं ?

गिरफ्तारी के पहले नौ अगस्त को बाढ़-सहायता की माँग लेकर जब फारबिसगंज ब्लॉक गया, तो देखा बी. डी. ओ. साहब 'लॉ एण्ड आर्डर' को लेकर परेशान हैं। ब्लॉक आफिस में बहुत-बहुत पुलिस है। हमारी बाढ़-सहायता की बात सुनकर, जो कहा, उसका मतलब यही था कि सारा इलाका अगर बाढ़ में बह भी जाये तो करने के नाम पर ब्लॉक में एक फाइल खुली हुई है और खाद्य के लिए मैक्सीमम टेलीग्राम सदर भेजे गये हैं। 'मैक्सीमम' शब्द वे बात-बात में बहुत जोर देकर कह रहे थे। 'लॉ एण्ड ऑर्डर' की व्यवस्था जब कि इतनी मजबूत है, तो ठीक इसी तरह की पक्की व्यवस्था बाढ़-सहायता या खाद्य उत्पादन की क्यों नहीं हो सकती। इन बी. डी. ओ. लोगों की नौकरी की पहली पोस्टिंग से ही इन्हें इस तरह की गलत शिक्षा दी जाती है कि ये लोग 'लॉ आर्डर' का इस्तेमाल कर उसत्र अपने ऊपर वालों तथा शासक वर्ग से ज्यादा साबाशी हासिल करते हैं। हालाँकि उस दिन हम लोग गये थे—ब्लॉक के साहबों को गाँव ले जाकर बाढ़ की स्थिति दिखाने के लिए। ब्लॉक में जाकर देखा कृषि सुपरवाइजर, घोड़ा डाक्टर, कोऑपरेटिव और सोशल वेलफेयर—सभी को सरकार ने स्पेशल पावर देकर रातों-रात मजिस्ट्रेट बना दिया है। बाढ़ में डूबी पृथ्वी के किसी भी अन्य इलाके में शासक नाव पर यह सब सम्भव है ?

इस तरह के गोल-माल हम दिन-रात देखते हैं। आदत हो गयी है। इसी के बीच अवधबिहारी की तरह...

> रेणुजी का यह फारबिसगंज इलाका, रेणुजी की ही भाषा में उनकी 'कथा-भूमि' है; वहीं उनकी जमीन और जड़ें हैं, उसी धरती पर उनके उपन्यास और कहानी के पात्र गुजर बसर करते हैं। वहीं से उठकर आती हैं—उनके ग्रन्थों की शब्दावली। फारबिसगंज में गिरफ्तार होने के बाद रेणुजी ने अपने एक स्थानीय मित्र से कहा था—'मैला आँचल', 'परती : परिकथा' का वर्तमान संस्करण जुटाकर भेजने के लिए। समयाभाव और हेरफेर में छपायी की अनेक भूलें रह गयीं और मित्र ने किताबें पूर्णिया जेल में भेज दी थीं। संशोधित कर दिया रेणुजी ने। अपनी आँखों से देख आये हैं, एक समय पार्टी का आदमी कालीचरण उन्नीस पुलिस और पुलिस के आदमियों का खून कर पूर्णिया जेल में है। वही 'मैला आँचल' का कालीचरण ! चलित्तर कर्मकार को पार्टी के लोगों ने ही जेल में ठूँस रखा है क्योंकि बड़े किसानों के खलिहान लूटकर मजदूरों के बीच बाँटकर पार्टी आदर्शों को वह क्षुब्ध न करे, जैसे ! पचहत्तर वर्ष के शिवनाथ चौधरी भी रेणुजी के दोनों उपन्यासों में हैं, उन्हें अभी कलक्टर साहेब का दरवाजा तोड़ने के आरोप में गिरफ्तार कर पूर्णिया जेल में रखा गया है। आँखों में जिनके मोतियाबिन्द हो गया है। हाथ-पाँव काँपते

हैं, ठीक से देख-सुन नहीं पाते। रेणुजी से भी बड़ा राइटर वे देख आये हैं पूर्णिया जेल में। जेल के कैदियों में से जेल के रोजमर्रा के काम काज के लिए जिन्हें छाँट लिया जाता है, उनमें से जेल के आफिस में लिखने का काम जो लोग करते हैं, उन्हें कहा जाता है 'राइटर' और इनके बाद अन्यान्य कैदियों की देखभाल के लिए गेट पहरा इत्यादि। पूर्णिया जेल के 'राइटर' कल्याण मिश्र थे। वहाँ के राइटर बाबू ! जेलर साहेब की नजरों में मिश्रा का रेणुजी से भी बड़ा राइटर, पक्का और दूरदर्शी राइटर ! रेणुजी की जुबान से ही उनकी कहानी सुनी जाये।

लड़का बीच-बीच में सेल के इलाके में आकर अमरूद गाछ की छाया के नीचे बैठता। मेरी ओर बीच-बीच में एकटक देखता रहता। नाम-पता पूछने पर जवाब दिया–कल्याण मिश्र ! उम्र 21 साल, घर पूर्णिया, महानगर। खून के मामले में आसामी। मुझे लड़का पसन्द नहीं था। कत्ल सुनकर लड़के की ओर देखते ही जी घिनघिनाता। अपने बिछौने पर नहीं बैठने देता। अचानक उसका मामला खुल गया। रोज तारीखें पड़ने लगीं।

एक दिन अदालत से लौट सूखे मुँह से कहा–आपको अपने बारे में सब कुछ बताना चाहता हूँ। मुझे अच्छा नहीं लग रहा था सुनना, कत्ल की कहानी। सचमुच हत्या की बातें मुझसे नहीं सही जातीं। कल्याण पढ़ने-लिखने में खासा तेज लड़का था। उसके पिता गरीब होम्योपैथी डॉक्टर थे। किसी तरह परिवार चलता। पुलिस दिखलाकर माँ उसे बचपन में डराया करती। उसी से पुलिस के बारे में अजीब-सी उत्सुकता रहती !

पुलिस को देखते ही सलाम बजाता। बिहार में तो जानते ही हैं, ज्यादातर पुलिस वाले किस तरह के होमोसैक्सुअल होते हैं। धीरे-धीरे कल्याण की पुलिस लाइन के नाइट ड्यूटी के सिपाही रामवतार के साथ दोस्ती हो गयी। इतनी बड़ी उम्र के बड़े आदमी, बराबरी के साथ यह सब कर रहे हैं। यह सब उसे बराबरी की दोस्ती-सी लगती। कुछ भी खराबी महसूस नहीं होती, इसी तरह लाइन के सूबेदार साहेब से पहचान हुई। रामवतार बातों-बातों में कहता–सूबेदार साहेब ने यह किया, वह किया। कल्याण के मन में ऊँचे पुलिस वालों की अजीब तस्वीर बन गयी थी। सूबेदार के साथ जमीदार साहेब के साथ की दोस्ती कल्याण को खूब अच्छी लग रही थी। जो भी हो, उन्होंने ही शराब की लत लगा दी। इस 'होमोसैक्सुअल' सेल का एक और साथी था–बस स्टेण्ड का किशोर कुली मनटुआ।···

सूबेदार साहेब से इजाजत ले रामवतार ने गाँव से अपनी पत्नी लाकर भाड़े का घर लेकर रहना शुरू किया। कल्याण को गाँव की यह भाभी जी बड़ी अच्छी लगती। अक्सर भाभी जी के पास जाया-आया करता। रामवतार की नाइट ड्यूटी थी। यह शुरू से ही सूबेदार साहेब की दी हुई सुविधा थी क्योंकि इसके चार पैसे ऊपर के होते। बहू लाने के बाद रामवतार नाइट ड्यूटी छोड़ने की सोच रहा

था, पर कुछ ठीक नहीं कर पाया। क्योंकि बहू आने से बढ़ा हुआ खर्च कैसे निकलेगा। इसलिए लगाए जा रहा था। रात में कभी-कभी सूबेदार साहेब रामवतार की गैर हाजिरी में उसके घर पर आते। रामवतार ने ही पहले दिन साहेब को ले जाकर बहू दिखा दी थी। धीरे-धीरे सूबेदार साहब का लोभ बढ़ गया। हाथ बढ़ाया। शुरू में रामवतार को उसकी बहू ने कुछ नहीं कहा, क्योंकि गाँव में दो-चार दिन ज्यादा रह जाने पर रामवतार कहा करता, कुछ भी नहीं होगा; सूबेदार साहेब सब ठीक कर देंगे और यही होता, सब ठीक हो जाता। बात-बात में रामवतार कहता–सूबेदार साहेब ! सूबेदार साहेब। बहू सोच रही थी, साहेब को नाराज करना ठीक नहीं। आखिरकार एक दिन सूबेदार ने छलाँग लगा दी रामवतार की बहू पर। उस दिन और नहीं; घर लौटने पर रामवतार को बहू ने सारी घटना बता दी। रामवतार तो सुनते ही गर्म हो गया, खौलने लगा। साले को देख लूँगा ! ··· दूसरे दिन कल्याण को सारा कुछ सुनाया। कल्याण ने दोस्त मनटुआ को बताया। तीनों ने गुफ्तगू की। तड़ से कुछ नहीं किया जा सकेगा। प्लान करके करना होगा। 'होमोसेक्युअल' चलाते रहते हैं कल्याण मनटुआ और सूबेदार। इसी के दरमियान कल्याण सूबेदार को बताता–एक आफिसर की गजब की लड़की है–सूबेदार के लिए इंतजाम कर देगा। सुनकर ही सूबेदार लपलपाने लगा। मोहल्ले की लड़की की प्रायः छत पर और खिड़की पर खड़े रहने की आदत थी। इस तरह की आदत अनेक लड़कियों की होती है। वही सूबेदार को दिखला देता है। लेकिन किस तरह हाथ आयेगी इसका कुछ इंतजाम करो कल्याण, सूबेदार धीरज खो रहा था।

कल्याण सूबेदार को उकसाता रहा और धीरे-धीरे विश्वास जमा लिया। तय हुआ, लड़की रिफ्यूजी कैम्प से आगे पाट-खेतों की ओर दूसरी लड़कियों के साथ पिकनिक के लिए जायेगी। लौटते वक्त गोया रास्ता भूल, ग्रुप से अलग हो पाट के खेत में इंतजार करेगी। शाम के बाद कल्याण सूबेदार को ले जायेगा। निर्धारित दिन सूबेदार दोपहर से ही उत्तेजित ! शराब और मुर्गी खिलायी कल्याण और मनटुआ को। खुशी से सूबेदार फूला नहीं समा रहा ! आग-सी लग रही है ! लेकिन अन्तिम क्षणों में कल्याण ने लड़की के घर के चारों ओर घूमकर आकर बताया–आज मुमकिन नहीं क्योंकि उसके बाप ने टूर पर जाने की बात की है। जाना नहीं हुआ, किसी कारण से कैन्सल हो गया। कल्याण के हावभाव देख सूबेदार ने यकीन कर लिया, लेकिन उत्तेजित इतना था कि मनटुआ को ही ले जाकर बस स्टैण्ड के करीब एक मकान में रगड़ा-रगड़ी शुरू कर दी। फिर एक दिन तय किया गया। यही निर्णायक दिन है क्योंकि जाँच सफल हुई है। सूबेदार को कल्याण के प्रोग्राम में पर्याप्त रुचि है, क्योंकि परख हो चुकी है। इसी के बीच सूबेदार रामवतार पर बहन को गाँव से ले आने के लिए दबाव डाल रहा था। अन्तिम दिन भी सूबेदार दोपहर के आगे से ही उत्तेजित। कल्याण और मनटुआ को एक और मुर्गी खिलायी। लड़की को देने के लिए पचास रुपये पेशगी दे दिये सूबेदार ने। तीनों ही खूब पी पाकर तीसरे पहर से ही डगमग ! शाम के बाद रिक्शा कर

रिफ्यूजी कैम्प की ओर बढ़े तीनों—कल्याण, मनटुआ और सूबेदार ! रिफ्यूजी कैम्प से जरा आगे बढ़ खेतों के इधर ही रिक्शा छोड़ दिया। सूबेदार को रास्ते पर ही खड़ा कर कल्याण ने कहा—रुकिए, देख आता हूँ, लड़की ठीक-ठाक है तो ! पाट खेत में घुस गया कल्याण !

रामवतार नशा किये प्रतिहिंसा की मूर्ति बना, भुजाली लिये, घात लगाये ठीक जगह पर इंतजार कर रहा था। आँखें बड़ी-बड़ी पर कल्याण को इशारे से कहा—जा ले आ साले को। कल्याण ने लौटकर खिले चेहरे से सूबेदार को बताया। सब ठीक है चलिए जल्दी से। कल्याण के पीछे बढ़ चला सूबेदार।

खेत में मुड़ते ही घात लगाकर बैठे रामवतार ने पूरे जोर से पीठ में भुजाली मारकर खींच दी। अचानक आक्रमण से अचंभित सूबेदार कुछ भी समझ नहीं पाया। पीड़ा से नाचता रहा ! और··· और वार करता रहा रामवतार और साथ-ही-साथ बड़बड़ाता रहा—साला, मेरी बहू को खराब करने चला था हरामजादा ! रामवतार-कल्याण-मनटुआ ने अधमरे सूबेदार का हाथ-पाँव पकड़ हठात् यौनांग काट दिया। सूबेदार फिरकी की तरह नाचने लगा। यौनेन्द्रिय से रक्त की धारा बह निकली। कई बार उछल सूबेदार की देह माटी पर गिरकर तड़पने लगी। रामवतार ने अब कल्याण और मनटुआ की ओर भुजाली बढ़ाकर कहा—लो तुम लोग भी चलाओ। मैं क्या साला अकेले फाँसी के फंदे पर झूलूँगा। कल्याण और मनटुआ ने एक के बाद एक भुजाली चलाकर सूबेदार के शरीर के दो टुकड़े कर दिये। एक ओर पड़ा रहा सूबेदार का खून में लिथड़ा शरीर। पाटखेत पारकर नदी की ओर बढ़ गये तीनों। भुजाली रामवतार ने कहीं पर छिपा दी। तीनों नहाये। नशा इतनी देर में उतर गया तीनों का। धीरे-धीरे डर ने घेर लिया। रामवतार छुट्टी लेकर पहले से ही गाँव गया हुआ था ! गाँव से ही छुपकर आकर यह बदला लिया इसीलिए गाँव ही लौट गया। कल्याण घर से नहीं निकलता ! दिन-रात घर में ही रहता है। कुछ भी जैसे अच्छा नहीं लगता। मनटुआ उसी तरह बस स्टैण्ड लौट गया। कुछ दिन बाद सूबेदार की खोज हुई। कहाँ आखिर बार देखा गया—सूबेदार जी को ? बस स्टैण्ड में ! इसी सुराग से कल्याण पकड़ा गया ! कल्याण पर जरा-सा जुल्म करते ही उसने सारी घटना बता दी। एस. पी. के साथ पाट खेत में आ लाश दिखा आता है। इस बीच लाश सड़ गयी। एक-एक कर रामवतार भी पकड़ा गया। इसी के चलते पिछले छः सालों से वे जेल में हैं। अब जाकर मामला शुरू हुआ है। वकील की सलाह के अनुसार उन्होंने अपराध स्वीकार नहीं किया, किन्तु कल्याण के मन में चैन नहीं। उसके बाद शराब छुई नहीं। शराब की गन्ध-सी उसी दिन की घटना स्मृति में ताजी हो डर बनकर फैल जाती है। ठण्डी लहर-सी दौड़ने लगती है।

रेणु से कल्याण शान्ति की दवा चाहता है।

हत्यारा, हत्या की कहानी ! ! रेणु को कल्याण अच्छा नहीं लगता। कहा—तुम भगवान पर विश्वास करो ! कल्याण ने उदास होकर एतराज किया—"यह सब

मुझसे नहीं होगा और कोई रास्ता बताइए।" रेणु जी ने कहा–"यह जो धूपबत्ती और तुम्हारी जो अपनी तस्वीर है तुम्हारे पास, माँ की दी हुई।" हाफ पैंट पहने पन्द्रह साल की उम्र की एक फोटो कल्याण ने दिखायी। "एक कापी माँ के पास भी है। माँ कहती है तुम मेरे लिए इतने ही बड़े हो।" रेणुजी कल्याण को समझाते हैं–"सुनो ! तुम्हें क्या करना होगा। मुझे जो-जो सुनाया। तुम्हें अपनी तस्वीर सामने रख हर रोज की कहानी तुम शांत मन से अपने को सुनाओगे। धूप जलाकर रखना !" मेरी ओर देख रेणुजी ने कहा–"यह महेश योगी का रास्ता ही पकड़ा दिया !" कल्याण क्रमशः शांत हो गया। उत्तेजना काफी कम हो गयी। अचानक एक दिन अदालत से लौटकर कल्याण ने फूट-फूटकर रोते हुए बताया–"बगल की अदालत में खून के आसामी को बीस साल की सजा हो गयी है।" रेणु जी ने समझाया–"तुम्हें सजा नहीं होगी, और यदि हो भी तो क्या हुआ ? रोज की तरह अपने को शांत करना। तुम्हारी अभी उम्र ही क्या है ? देखते-देखते वक्त गुजर जायेगा। उसके बाद भी देखोगे, काफी जिन्दगी बची रह गयी है। इसके अलावा तुम तो जेल के राइटर हो। तुम्हें तो यहाँ कोई दिक्कत नहीं। आज से तुम एक घण्टे के बजाय दो घण्टे बैठकर अपनी कहानी सुनाओगे।" कल्याण ने वही किया। आहिस्ते-आहिस्ते बिल्कुल शांत हो गया। उस दिन शनिवार था–फैसले का दिन ! कल्याण बिल्कुल शांत ! रेणुजी के पास आकर खड़ा हुआ। कल्याण की माँ गेट पर पूड़ी-सब्जी दे गयी है। बहुत रोयी-चिल्लायी। रेणु ने कहा–"आज तुम खाओ ! इसकी तुम्हें जरूरत है।" गेरुआ तहमद और गेरुआ पोशाक वाले रेणुजी की बात काटी नहीं जा सकती। लम्बे-लम्बे फैले केश ! उज्ज्वल आँखें ! –भीतर तक भेदने वाली !

माँ का खाना और रेणुजी के पूड़े खा कल्याण अदालत गया। दो बजे के करीब जेल पर जोर का हल्ला-गुल्ला ! उन तीनों को ही मामले में रिहाई मिली। कल्याण की आँखों में पानी ! आकर रेणुजी के पैर छुए।

कल्याण जेल से छूटकर माँ के पास चला गया। चार-एक दिन के बाद गेट पर कल्याण आया है ! साथ में हैं मोहल्ले की कई बंगाली बहुएँ। किसी-किसी के गोद में बच्चे। रेणुजी की ओर सब कौतूहल से देख रहे हैं। बाबाजी मेरे बच्चे को जरा छू दीजिए, वह जैसे ठीक हो जाये। कल्याण ने इन दिनों में न जाने क्या सब कहानियाँ कही हैं ? किसी तरह समझा-बुझाकर रेणुजी जेल में लौट आते हैं। "यह एक झमेला हुआ न !" सब लौट जाते हैं।

रेणुजी लौटकर सोचते रहते हैं। अपनी ताकत का अहसास करा देने के बाद भी ये कितने असहाय रहते हैं। उसे भी पकड़कर नहीं रख पाते। कल्याण इस प्रकार के व्यवहार के साथ ही उजागर हो उठता है। रेणुजी के आत्मानुसंधान और आत्मविश्वास का चेहरा ! कल्याण छूट जायेगा। दावे के साथ यह कहना रेणुजी के लिए संभव नहीं था। लेकिन जिसने खून किया है या जिससे खून हो गया है, वह अच्छाइयों की ओर फिर से बढ़ सकता है–यह बोध कल्याण में बन

जायेगा, इतना अनुमान जरूर रेणुजी ने लगा लिया था।

जयप्रकाशजी के आन्दोलन में शामिल होने में भी रहा है यही एक विश्वास ! इसी तरह का एक समान बोध ! इस देश का आदमी बिल्कुल खंदक के किनारे पर आकर खड़ा है। इसी तरह यदि उन्हें कुछ वापिस लाया जा सके। सभी पार्टियों के लोग हैं इस आन्दोलन में। हालाँकि पार्टी को सामने नहीं रखने दिया गया—फिर भी अन्दर-ही-अन्दर पार्टी की सुविधा या स्ट्रेटेजी के चलते, कौशल के चलते वे आन्दोलन में आये हैं। किन्तु मानव एक ऐसा अजीब प्राणी है कि जिसे अगर धीरे-धीरे आगे बढ़ाकर ले जाया जा सके तो उनकी चतुराई चुकती जाती है। आदमी के मौलिक गुणों की हदों में ही उसकी अवशिष्ट लड़ाई शुरू हो जाती है। रेणु जी अपनी कथाभूमि के लोगों और पाठकों को ठेलकर ले जाना चाहते हैं—ठीक उसी ओर !

कृतिबास, बंगला मासिक, सं.—सुनील गंगोपाध्याय, दिसम्बर, 1974

रेणु व समीर राय चौधरी के पूरे संवाद बंगला में होने के कारण, बंगला जानने वाले हिन्दी पाठक मूल बंगला में इसका ज्यादा आनन्द उठा सकते हैं।

हिन्दी अनुवाद : प्रमोद बेड़िया/श्याम अविनाश

सबार ऊपरे मानुष सत्य

यह समान्तर-फमान्तर क्या होता है··· साहित्य समाज के समान्तर या समानान्तर नहीं चलता। साहित्यकार किसी स्थिति का दर्शक मात्र नहीं हो सकता। वह स्थितियों को जीता है, उन्हें भोगता है, प्रतिक्रिया करता है।··· मैं अपने आपको खोजता हूँ इसलिए लिखता हूँ। भोगे हुए साहित्य जैसे 'लिटरेरी जारगन' में मेरा विश्वास नहीं। पर लिखता मैं भी वही हूँ, जो देखता हूँ, सोचता हूँ, अनुभव करता हूँ।··· क्या लेखक स्वयं आम आदमी नहीं है !

बम्बई में प्रसिद्ध पत्रकार विश्वनाथ के साथ बातें करते हुए रेणुजी।

"प्रतिबद्धता··· "

रेणुजी ने मेरी बात पूरी नहीं होने दी। "किस प्रतिबद्धता की बात कर रहे

हैं आप ?" उन्होंने जरा तैश में कहा, "मैं प्रतिबद्धता का केवल एक ही अर्थ समझता हूँ—आदमी के प्रति प्रतिबद्धता, बाकी सब बकवास है।" मैं उनकी ओर देखने लगा।

वे उसी तैश में बोलते रहे, "प्रतिबद्ध लोग कहते हैं, बढ़े हुए पाँव, उठे हुए हाथ ही काफी नहीं हैं। वे दिखाना चाहते हैं कि उठे हुए हाथ में झण्डा किस रंग का है ?··· यह कैसी प्रतिबद्धता है ?"

आमदनी के प्रति स्वयं को प्रतिबद्ध बताने वाले हिन्दी के प्रसिद्ध कथाकार श्री फणीश्वरनाथ 'रेणु' ने यह बात अपने बम्बई प्रवास के दौरान कही थी। मालाड के एक गेस्ट हाउस के कमरे में उस समय मेरे अलावा दो-तीन और साथी भी थे और सबने देखा—रेणु का संवेदनशील साहित्यकार उस दिन उनके चेहरे पर स्पष्ट झलक आया था। साथ ही साहित्य को व्यवसाय बनाकर उसे भुनाने वालों के प्रति उनकी पीड़ा भी बातचीत के दौरान छलक-छलक पड़ती थी।

रेणुजी बिहार आन्दोलन से सीधे जुड़े हुए हैं। उन्होंने लाठियाँ भी खायी हैं। जेल भी गये हैं। स्वाभाविक था बातचीत में साहित्यकारों के दायित्व और समाज के सम्बन्धों का जिक्र आता। प्रतिबद्धता की बात भी इसी संदर्भ में उठी थी। उन्होंने कहा कि मनुष्य को वे सबसे बड़ा सत्य मानते हैं। अपनी बात को उन्होंने चण्डीदास के शब्दों में यूँ कहा था—

सुन रे मानुष भाई,
सबार ऊपर मानुष सत्य
ताहार ऊपर किछु नाई।

'मैला आँचल' और 'परती : परिकथा' का लेखक यदि इस भाषा में बात कर रहा था, तो यह स्वाभाविक ही था। उनके ये दोनों उपन्यास स्वतन्त्र भारत के आम आदमी की आशाओं-आकांक्षाओं की कहानी हैं, उनकी निराशा और हताशा की अभिव्यक्ति हैं।

"लेकिन आम आदमी की बात तो आज के लेखक भी कर रहे हैं। आज तो आम आदमी की बात करने का आन्दोलन-सा चलाया जा रहा है," मैंने कहा था।

"किस आम आदमी की बात ? और आम आदमी की बात करने के लिए आन्दोलन की क्या जरूरत है," रेणु जी ने पूछा।

इसी सन्दर्भ में उन्होंने कहा कि आज आम आदमी की दुहाई देना एक फैशन हो गया है। लेखक आम आदमी को ढूँढ़ रहा है। उन्होंने इस बात पर आश्चर्य प्रकट किया कि लेखक आम आदमी को खोजने की कोशिश कर रहे हैं ! क्या लेखक स्वयं आम आदमी नहीं हैं ? उन्होंने प्रश्न किया था और फिर स्वयं यही उन्होंने कहा था, यदि वह आम आदमी है तो स्वयं उसकी बात आम आदमी की बात होनी चाहिए। फिर उन्होंने कहा था, "यदि किसी लेखक के लेखन में ऐसा नहीं लगता, तो इसका सीधा-सा अर्थ है, लेखक में ईमानदारी नहीं है,

बनावट है।"

श्री रेणु साहित्यिक आन्दोलनों को अनावश्यक मानते हैं। उन्हें दिखावा कहते हैं।

स्वयं कथाकार होने के नाते उन्होंने समान्तर कहानी की भी चर्चा की। "यह समान्तर-फमान्तर क्या होता है," उन्होंने कहा था। उनके अनुसार–"साहित्य समाज के समान्तर या समानान्तर नहीं चलता। साहित्यकार किसी स्थिति का दर्शक मात्र नहीं हो सकता। वह स्थितियों को जीता है, उन्हें भोगता है, प्रतिक्रिया करता है।"

रेणु ने साहित्यिक आन्दोलनों को 'अस्तित्व की लड़ाई' की संज्ञा दी। उन्होंने कहा कि लेखक जब अपने अस्तित्व के प्रति चिंतित हो जाता है, अपने लेखन के प्रति सशंकित हो जाता है, तो साहित्यिक आन्दोलन की बात सोचने लगता है।

रेणुजी बम्बई में एक लेखक सम्मेलन में भाग ले चुके थे। साहित्यिक आन्दोलनों के बारे में उनकी इस बात के सन्दर्भ में मैं पूछ ही बैठा कि इस तरह के सम्मेलनों में वे क्यों भाग लेते हैं। उन्होंने बड़े हल्के ढंग से कह दिया, "अरे भाई, इनकी तो एक ही उपलब्धि होती है, आपस में मुलाकात।" और यह कहकर वे हँस पड़े थे।

"आप क्यों लिखते हैं ?" मैंने सीधा सवाल किया।

"मैं अपने आपको खोजता हूँ इसलिए लिखता हूँ।" वे फिर गम्भीर हो गये थे। "भोगे हुए साहित्य, जैसे 'लिटरेरी जारगन' में मेरा विश्वास नहीं। पर लिखता मैं भी वही हूँ, जो देखता हूँ, सोचता हूँ, अनुभव करता हूँ।"

"यह तो सब लेखक कहते हैं रेणुजी। आप अपने बारे में कुछ खास बात हो तो बताइए।"

"खास बात तो मैं नहीं जानता, पर हाँ इतना जरूर मानता हूँ कि जब तक मैं लिखने के लिए मजबूर नहीं हो जाता, मैं नहीं लिखता–पागल होने के बाद ही लिखता हूँ। रही क्यों लिखने की बात, तो अपना दुख-दर्द बँटाने के लिए लिखता हूँ।"

'परती : परिकथा' लिखने के बाद श्री रेणु का लगभग मौन हो जाना, कोई और उपन्यास न लिखना, उनकी इस बात की पुष्टि करता है। उन्होंने बताया भी, "मैला आँचल में मैंने अपना दुःख-दर्द लिखा था, नये स्वतन्त्र देश की हालत दिखायी थी। पर तब तक मुझे स्वतन्त्र भारत के भविष्य में भरोसा था। मेरा स्वर आशा का स्वर था। पर अपने दूसरे उपन्यास में एक तटस्थ लेखक की हैसियत से मैंने दिखाया कि आदमी का हृदय भी बंजर होता जा रहा है, स्वयं मेरा हृदय भी बंजर हो गया था…।"

रेणु को इस बात का दुःख है कि इन दो उपन्यासों में कही गयी उनकी बात को तीसरे दर्जे के नागरिक की बात समझी गयी। उन्होंने कहा भी, "लेखक की भूमिका पुरोधा की भूमिका होती है। पर हमारे राजनेता उसे तीसरे दर्जे का नागरिक

समझते हैं। जबकि तथ्य यह है कि समाज की सारी विकृतियाँ स्वयं इन राजनेताओं की देन हैं।"

"तो क्या राजनेताओं की उपेक्षा के कारण लेखक चुप होकर बैठ जाये ?"

"नहीं, चुप क्यों बैठे। यह चुप बैठ ही नहीं सकता···।"

"तो वर्तमान परिस्थितियों में लेखक को क्या करना चाहिए ? क्या कहना चाहिए ?"

इस प्रश्न के उत्तर में रेणुजी ने अपना उदाहरण देकर बात समझायी। उन्होंने बताया कि देश की वर्तमान स्थिति ने उनके सपने और विश्वास तोड़ दिये थे। वे निराश हो चुके थे। प्रजातान्त्रिक पद्धति से भी उनका विश्वास उठने लगा था। कुछ समय के लिए तो उन्होंने सोचा था कि शायद नक्सलपंथ ही ठीक है। पर यह भ्रम शीघ्र ही टूट गया। फिर गुजरात में जो कुछ हुआ उससे कुछ आशा बँधी। बिहार ने इस आशा को और मजबूत किया।

रेणुजी ने स्पष्ट कहा कि आज लेखक को सिर्फ कलम ही नहीं चलानी है बल्कि परिवर्तन की इस प्रक्रिया में सक्रिय भाग भी लेना है।

उन्होंने कहा, "मेरा लेखक मर चुका था। बिहार आन्दोलन ने उसे पुनः जीवित कर दिया है। अब मुझे लगने लगा है कि जिस समाज में मैं रह रहा हूँ, वह सुधर सकता है।"

मुझे लगा, यहाँ युवा लेखकों की बात की जा सकती है। "युवा लेखकों के बारे में आपकी क्या राय है," मैंने पूछा था।

"युवा लेखकों पर मुझे भरोसा है", यह बात मेरा प्रश्न सुनते ही उनके मुँह से निकली थी। उन्होंने कहा, "नवलेखन में कल्लोल तो है, पर आग भी कम नहीं।" उनका विश्वास था कि इस आग की गर्मी उनको भी लगेगी, जो हार-थककर बैठ गये हैं।

लेकिन रेणुजी ने इस बात की ओर संकेत किया कि बन्द कमरे में बैठकर लिखने का जमाना लद चुका है। लेखक को परिवर्तन की प्रक्रिया का गवाह नहीं, भागीदार बनना है। इस सन्दर्भ में उन्होंने बिहार आन्दोलन में जुटे युवा लेखकों का भी जिक्र किया। उन्होंने कहा कि ये लेखक अब जो लिखेंगे, उसमें अनुभव की सचाई तो होगी ही, एक नयी दृष्टि भी होगी।

देश के इस वरिष्ठ लेखक की यह मान्यता है कि लेखक का काम सृजन करना है, वक्तव्य देना नहीं। यदि लेखक को वक्तव्य देकर अपने सृजन की आवश्यकता महसूस होती है तो उसे डूब मरना चाहिए।

यहाँ उन्होंने आलोचकों की भी बात की। उन्होंने बताया कि स्वयं उनका आलोचकों में कोई विश्वास नहीं। क्योंकि अधिकांश आलोचक पूर्वाग्रह से ग्रस्त होते हैं। इस सन्दर्भ में उन्होंने एक घटना भी सुनायी थी। उनके एक कथा-संग्रह 'ठुमरी' का विज्ञापन छपा था। विज्ञापन में 'कथा-संग्रह' शब्द शायद नहीं था। कथा-संग्रह भी अभी प्रकाशित नहीं हुआ था पर एक 'विद्वान' आलोचक ने समालोचना

लिखकर छपवा दी, रेणु का यह उपन्यास भी रेणु के पिछले दो उपन्यासों की लीक पर है। यह घटना सुनाते हुए रेणु जी ने आलोचक के साथ जुड़े विद्वान शब्द पर विशेष जोर दिया था।

"रेणु जी, आपने कहा कि बिहार के आन्दोलन ने आपके लेखक को पुनः जीवित कर दिया है : क्या आप कुछ नया लिख रहे हैं।" मेरा अन्तिम प्रश्न था।

"हाँ," उनका उत्तर था। "एक उपन्यास लिख रहा हूँ। पर उसके बारे में कुछ बताऊँगा नहीं।"

"क्यों ?"

"अरे भाई, किसी आलोचक ने पढ़ लिया तो पहले ही समालोचना लिख देगा।"

और रेणु जी यह कहकर हँस दिये थे। इस बार की हँसी में हम, वे, सबने उनका साथ दिया।

छेड़ो न मेरी जुल्फें, सब लोग क्या कहेंगे !

सन् बयालीस के आन्दोलन में मुझे सेल के भीतर रखा गया। जेलखाने के कंबलों में चीलरें भरी थीं। बदन में चीलर और बालों में जूओं का साम्राज्य छा गया। इतनी जूएँ कि कल्पनातीत ! पहली बार अनुभव हुआ था कि जूँ कैसी होती है और कान पर कैसे रेंगती है। तब जितनी जूएँ पकड़ी थीं, सभी कान पर ही पकड़ी थीं।

जेल से छूटने पर जूओं से छुटकारे का सीधा जवाब–मुंडन करवा लिया ! [बाद में जूएँ भले सिसकती रही हों–तेरी जुल्फों से जुदाई तो नहीं माँगी थी, कैद माँगी थी, रिहाई तो नहीं माँगी थी !]

अपने बालों से जुड़ी कितनी ही कथा-परिकथाएँ सुना रहे हैं श्रीमती गीता पुष्प शॉ को रेणुजी।

रेणुजी की घनी, काली, घुँघराली नाजों से पली केशराशि से कई को रश्क है, और कई को इश्क। मैंने सोचा, चलकर उनका इंटरव्यू लिया जाये, सुन्दरतम केश सज्जा का रहस्य पूछा जाये, ताकि महिला जगत को कुछ लाभ हो सके (लम्बे बालों वाला पुरुषवर्ग तो लाभ उठाएगा ही)।

एक इतवार की सुबह उनके घर जा धमकी—अपने पतिदेव राबिन शॉ पुष्प के साथ। रेणुजी घरेलू किस्म का जूड़ा बाँधकर बैठे हुए थे। वैसे, कभी-कभी रिबन भी बाँधते हैं, या रबर बैंड लगाते हैं। बाल धोने की तैयारी कर ही रहे थे। बोले, बड़ा ठण्डा मौसम है। सामान जमा करके छत पर धूप में जाकर बाल धोऊँगा।" हम कोठे पर आ गये। उन्होंने सामान जमाया, "हाँ, तो कैसा इंटरव्यू लेंगी ?"

मैंने जरा संकोच से कहा, "जी जरा··· जरा··· इन्हीं बालों के सम्बन्ध में कुछ पूछना है।"··· तभी पड़ोस का लाउडस्पीकर चीख उठा—"छेड़ो न मेरी जुल्फें सब लोग क्या कहेंगे··· " मेरा सवाल गले में ही अटककर रह गया। रेणु जी भी चुप ! जब गीत खत्म हो गया, तो किसी तरह बोले, "गीता जी, आज तक जाने कितने ही इंटरव्यू दे चुका हूँ··· लेकिन जुल्फों के सम्बन्ध में ये मेरा पहला इंटरव्यू होगा ··· कहीं लोग कुछ कहेंगे तो नहीं ? 'खैर, पूछिए···।" और वे बाल धोने लगे।

मैंने सवाल शुरू किए और वे जवाब देते चले गए।

"आप कितने दिनों में बाल धोते हैं ?"

"सप्ताह में एक बार, इतवार को, क्योंकि तब नल में पानी देर तक आता है। बाल सुखाने की भी फुरसत रहती है।"

"रेणुजी, वैसे तो सभी मर्द जिस साबुन से नहाते हैं, उसी से सिर धो लेते हैं। आप किस साबुन का इस्तेमाल करते हैं।"

"मैं साबुन से सिर नहीं धोता। वैसे मेरे चेहरे की सुन्दरता का राज है—मार्गो सोप।"

"अच्छा ! फिर आप बाल किससे धोते हैं ?"

"जब पटना में रहता हूँ, तो शैंपू से, कभी-कभी सैलून में जाकर भी शैंपू करवा लेता हूँ। देहात में रहता हूँ, तो बेसन से बाल धोता हूँ।"

"तेल कौन-सा लगाते हैं ?"

"अरे बाप रे ! तेल का नाम मत लीजिए। तेल से तो मुझे एलर्जी है। खाना खाते समय अगर हाथ में भी तेल लग जाता है, तो कई बार साबुन से हाथ धोता हूँ।"

"अच्छा, ये इतने सारे ब्रश और कंघियाँ किसलिए हैं ?"

"बालों में तेल नहीं डालता न, इसलिए वे जल्दी उलझ जाते हैं। जब बाल बनाता हूँ, तो सबसे पहले ब्रश से झाड़ता हूँ, फिर बड़ी कंघी से, फिर मोटी कंघी से और अन्त में फिनिशिंग टच—इस छोटी कंघी से।"

"तो यह बात है। अब मैं समझी कि इतनी देर क्यों लगती है।"

दिनकर जी जब थे, तो नीचे से ही चिल्लाते—"अरे, जल्दी नीचे उतरो, कितनी देर लगाते हो सिंगार-पटार में रेणु।"

उड़ें जब-जब जुल्फें तेरी उर्फ इमलियों का झूलना

"मेरे बचपन में कई देवी-देवताओं के नाम पर मनौतियाँ मानी गयी थीं। मनौती

पूरी होने पर मुंडन होता है। कई वर्षों से बाल बढ़ते-बढ़ते सिर में जटाओं की भरमार हो गयी थी। किसी तरह जटाजूट को बाँधकर रखा जाता।

"उस समय पाँच-छह वर्ष का था। लोग कहते– 'ए रिनुआ, हवा चलती है, तो पेड़ में लगी इमलियाँ कैसे झूलती हैं ? जरा दिखाओ तो, लेमनचूस देंगे।' और लेमनचूस के लालच में मैं सिर नचाकर, जटाएँ हिलाकर दिखाता–"ऐसे !"

घूँघरवाला मेरा, नाजों का पाला मेरा उर्फ पहला मुंडन

"पहली बार दस वर्ष की आयु में मेले में ले जाकर मुंडन करवाया गया। हमारे साथ घर का नाई भी गया। तभी पहली बार नाई के साक्षात दर्शन हुए। बूढ़ा नाई। मुँह से दुर्गन्ध। उसका उस्तरा इतना भोथरा था कि उससे शायद खुरपी का काम भी नहीं लिया जा सकता था। चार बाल काटता था, तो पच्चीस बाल नोचता था। वह पहला मुंडन इतना भयानक लगा, कि तब से नाई के नाम से ही भाग खड़ा होता। बाल बढ़ जाने पर टीचरों से खूब डाँट पड़ती, तब कहीं वर्ष में एक बार मुश्किल से बाल कटाता।"

तेरी जुल्फों से जुदाई तो नहीं माँगी थी उर्फ दूसरा मुंडन

"सन् बयालीस के आन्दोलन में मुझे सेल के भीतर रखा गया। जेलखाने के कम्बलों में चीलरें भरी थीं। बदन में चीलर और बालों में जुओं का साम्राज्य छा गया। इतनी जुएँ कि कल्पनातीत। पहली बार अनुभव हुआ था कि जूँ कैसी होती हैं और कान पर रेंगती हैं। तब जितनी जुएँ पकड़ी थीं, सभी कान पर ही पकड़ी थीं।

"जेल से छूटने पर जुओं से छुटकारे का सीधा जवाब–मुंडन करवा लिया।" (बाद में जुएँ भले सिसकती रही हों–तेरी जुल्फों से जुदाई तो नहीं माँगी थी, कैद माँगी थी रिहाई तो नहीं माँगी थी।)

सौतन के लम्बे-लम्बे बाल उर्फ 'एक्सक्यूज मी मैडम'

"एक बार मैं दिल्ली से पटना आ रहा था। ठण्ड की रात थी। नीचे की बर्थ पर रजाई ढाँप-ढूँप कर सो रहा था। सामने की बर्थ पर कोई श्रीमती जी सोई थीं। उनके श्रीमान ऊपर की बर्थ पर। श्रीमान को शायद डायबिटीज का रोग था। रात को मिनट-मिनट पर बत्ती जलाकर कहते–"एक्सक्यूज मी मैडम।" नीचे उतरते और बाथरूम जाते। उनकी देखादेखी ऊपर की बर्थ वाले दूसरे सज्जन भी बार-बार बाथरूम जाने लगे। हर बार बत्ती जलती। फिर "एक्सक्यूज मी मैडम", कहा जाता। उनकी श्रीमती जी मन-ही-मन कुढ़ रही थीं, "बड़ी एक्सक्यूज माँगी जा रही है इन लम्बे बालों वाली मैडम से हूँ !" और वे मुँह फेरकर सो गयीं। सुबह हुई, तो ऊपर वाले सज्जन फिर बोले–"एक्सक्यूज मी मैडम, रात आपको

बहुत परेशान किया।" मैंने जवाब नहीं दिया। मुस्कराता रहा।

"कानपुर स्टेशन पर सभी चाय लेने लगे। मैं भी रजाई फेंककर चाय लेने लपका। अब तो डिब्बे के सब लोग भौंचक। वे सज्जन झेंप गये। "अरे ! रात भर हम आपको मैडम समझते रहे।" श्रीमान की श्रीमती जी ने लम्बे बालों वाली सौतन की जगह लम्बे बालों वाले मर्द को देखा तो चैन की साँस ली।"

सजनवा बैरी हो गए हमार उर्फ बालों की खिंचाई

चलते-चलते मैंने रेणुजी से पूछ ही लिया, "यूँ तो आपने बड़े प्यार से अपनी जुल्फों को पाला है। बड़ा प्यार किया है। पर क्या कभी आपको तकलीफ भी हुई है–लम्बे बालों से ?"

रेणुजी एक आह भरकर बोले, "जी हाँ ! सन् बयालीस में जब सेल में बन्द था, तो पुलिस वाले बड़ी बेरहमी से इन्हीं जुल्फों को पकड़कर खींचते थे और दीवार पर सिर दे मारते थे। बहुत दर्द सहा था, तब इन्हीं जुल्फों के कारण और लम्बे बाल रखने का दुःख हुआ था तभी पहली बार।"

अनूदित रचनाएँ

(नेपाली से)

विश्वेश्वरप्रसाद कोइराला की दो कथाकृतियाँ

होड़

(कहानी)

पति और पत्नी अपने सोने के कमरे में थे। हाल ही शादी हुई थी। स्वभावतः प्रेम में डूबे हुए थे। पति जैसे प्रेम से पत्नी को निगल जाना चाहते थे। और, यद्यपि पत्नी उनके इस पुरुषार्थ से प्रतिद्वंद्विता करने में अशक्त थी, तो भी वह चाहती थी कि उन्हें सदा अपने नयनों में बसाये रखूँ। तात्पर्य यह कि दोनों में अगाध प्रेम था।

विजया को चिढ़ाकर, गुदगुदाकर, सजा पाने के डर से, विजय बिछौने से कूदकर कमरे के कोने में शरण लेने के लिए दौड़े। लेकिन पत्नी द्वारा प्रहारित तकिये का गोला उनके सिर पर आ ही पड़ा। इस तरह का नाजुक प्रहार पत्नी के सिवा और कौन कर सकता है?–रूई की तरह हल्का! इस तरह लड़ते-झगड़ते, कभी-कभी, गंभीर विषय पर, दोनों में तीव्र बहस भी छिड़ जाती। मुँह फुलाकर, कटुता में, दोनों, मुँह फेरकर सोने में भी देर न करते। न जाने किस प्रसंग से यह बात निकली; लेकिन दोनों में बड़े जोरों की बहस शुरू हो गई। विजय ने हँसकर, जोश को अचानक ठंडा कर, कहा–"सब स्त्रियाँ उसी की तरह होती हैं–शक्तिहीन, हृदय की अस्थायी उमंग में बह चलनेवाली–क्या तुम्हें इसके लिए प्रमाण चाहिए ?"

विजया जोश में थी, कहने लगी–"एक-दो को देखकर सारी जाति पर आक्षेप नहीं कर सकते। चरित्र के मामले में स्त्रियाँ कदापि कमजोर नहीं होतीं। एक-दो पथ-भ्रष्टा अपवाद में तो मिल ही सकती हैं।"

विजय ने शांतिपूर्वक कहा–"मैंने तुम्हारे ऊपर क्या आक्षेप किया है जो इस तरह नाराज हो गयीं ? सच पूछो तो मैं स्त्रियों की इस कमजोरी की वजह से उनकी अवहेलना नहीं करता। मैं तो उनकी कमजोरी को स्त्रीजनोचित गुण समझता हूँ। आखिर समाज में उनका स्थान किसलिए है ? उनकी जिम्मेदारी है क्या ? पुरुषों की सुख-प्राप्ति में सहायक होना। उनका कर्तव्य है कमजोर होना, चरित्रहीन होना ! उपयुक्त शब्द न मिलने के कारण 'चरित्रहीन' कह रहा हूँ, नहीं तो वास्तव में 'चरित्रहीन' शब्द जायज नहीं है। समझीं ?"

विजय के इन वाक्यों ने आग में घी का काम किया। विजया के क्रोध की

सीमा न रही। चिल्ला उठी–"प्रमाण देना होगा, प्रमाण। जो मुँह में आया सो बक देने से न होगा। प्रमाण दो।"

विजय ने अपनी हथेली पर मुक्का मारते हुए कहा–"यही तो मैं तभी से कह रहा हूँ। मैं प्रमाण पेश करने को तैयार हूँ।"

बहस यहाँ आकर समाप्त हुई। यह तय रहा कि पति को प्रमाण देना है; तभी पति की बात को पत्नी स्वीकार कर सकेगी। नहीं तो, प्रमाण न देने पर, स्त्रियों के संबंध में आपत्तिजनक बातें कहने के अपराध में, पति को पत्नी के पैरों पड़कर माफी माँगनी होगी। तो, दोनों इस संधि पर राजी हुए।

पत्नी ने कहा–अच्छा, लो, कृष्णा को देखो।

पति–अच्छा, हाँ, रहा।

पति का शांत और विश्वासपूर्ण उत्तर सुनकर पत्नी को किंचित घबराहट हुई–कृष्णा न मालूम किस तरह की है, उसके पैर फिसल गये तो ? उसने कहा–कृष्णा को नहीं, प्रमिला को।

पति ने उसी निश्चल भाव से कहा–अच्छा, वही सही।

विजया का अब प्रमिला पर भी विश्वास न रहा। उसने फिर कहा–न, न, प्रमिला कुछ हल्के स्वभाव की है, उस पर मेरा भरोसा नहीं। हरिमाया को लो। तब समझूँ !

उस पर भी विजया को विश्वास न हुआ। बोली–नहीं, बाबा, नहीं। बाजी बहुत बड़ी लगाई है, मुझे समझ-बूझकर चलना है। हरिमाया न जाने कैसी निकले !

"अब देख रहा हूँ कि धीरे-धीरे तुम मेरे ही विचार की ओर आ रही हो। तुम्हारी इतनी सहेलियाँ हैं, किसी पर भी तुम्हारा भरोसा नहीं ! तब, तुम्हीं बताओ, मैंने जो कहा–'स्त्रियाँ चरित्र के विषय में कमजोर होती हैं'–क्या गुनाह किया ?... "

विजया अपनी सहेलियों को याद कर रही थी। मन ही मन एक के बाद दूसरे का अध्ययन करती और उन्हें छाँटती जाती। इसी बीच उसे याद आयी हरिकृष्ण की विधवा पत्नी की। अपने मन के मुताबिक स्त्री को पाते ही, जोश में कुछ कहने के लिए खुलते हुए पति के मुँह को हथेली से बंद करती हुई, विजया ने उमंग से कहा–"चुप रहो। लो, हरिकृष्ण की विधवा पत्नी को भ्रष्ट सिद्ध कर सको तो समझूँ।"

इस पर पति ने कुछ आनाकानी नहीं की। उस विधवा को चरित्रहीन साबित कर सकने पर पति की जीत होगी और उसके विचार को मानने के लिए पत्नी बाध्य होगी। लेकिन, यदि इस होड़ में पति की हार हुई तो उसे अपना विचार ही नहीं बदलना पड़ेगा, बल्कि उसे पत्नी के पैर छूकर क्षमायाचना भी करनी पड़ेगी !

पत्नी ने एक शर्त और लगाई–लेकिन, इन्हीं पंद्रह दिनों के अंदर ही मुझे प्रमाण चाहिए। समझे ?

अधीर होकर पति ने कहा–अच्छा, अच्छा; पंद्रह दिनों में ही। लेकिन, मुझ

पर नाराज न होना, मुझे धोखाबाज न समझ लेना। मैं कुछ स्वच्छंद आचरण रखूँगा–तुम्हारी पखवारे की अवधि-भर। मुझ पर शंका मत करना। समझीं ?

विजया ने खुलकर कहा–मंजूर।

दूसरे रोज, सुबह जगने पर ऐसा मालूम हुआ कि दोनों के बीच एक हल्का-सा मानसिक पर्दा पड़ गया है। पत्नी बिना कुछ बोले बिस्तर से उतरकर शरीर के कपड़े ठीक करने लगी। पति भी जगकर दीवार पर टँगे आईने के सामने खड़े हो गये। पत्नी ने पहले शांति-भंग किया–मानसिक पर्दा गिरा दिया; कहा–"शायद अपने को खूबसूरत समझ रहे हो, इसलिए जगते ही शीशे के सामने खड़े हो गये !"

विजय ने आँखें मटकाकर पूछा–क्या मैं खूबसूरत नहीं हूँ ? क्या मैं तुम्हें पसंद नहीं ?

पत्नी दौड़कर उससे चिपक गयी–मेरे लिए तुम सबसे सुंदर हो !

फिर दोनों मिलकर खूब हँसे।

रात को सोने के वक्त पत्नी ने कहा–एक दिन बीत गया। अब चौदह दिन ही रह गये। याद है न ?

पति मुस्कुराया–याद है !

फिर दूसरे रोज, सुबह उठने पर, दोनों का बर्ताव भिन्न था। पत्नी जगकर सीधे नहाने चली गयी। पति कुछ देर तक बिस्तर पर बैठे रहे; फिर मुँह-हाथ धोकर, कपड़े बदलकर, बाहर निकल गये। लौटने पर पत्नी ने कुछ तीखी जुबान में पूछा–किधर आज इतने तड़के··· ?

पति ने कपड़े उतारते हुए कहा–हरिकृष्ण के यहाँ गया था।

पत्नी का चेहरा अचानक उतर गया। लेकिन बलपूर्वक अपनी आकृति को सँभालकर बोली–ओहो ! इसीलिए तो आज इस तरह बन-ठनकर निकले थे–और इतने तड़के !

"क्या करूँ ? चौदह में भी एक दिन निकल गया ! बाजी जो लगा रखी है !"

पत्नी कुछ बोली नहीं; धीरे से उठकर रसोईघर की ओर चली गयी। रात में भी बिस्तर पर दोनों के बीच कोई बातचीत नहीं हुई। गुमसुम दोनों सो गये।

उन्हीं दिनों, एक दिन, विजया हरिकृष्ण की विधवा पत्नी के यहाँ गयी। विधवा ने स्वागत करते हुए कहा–धन्य मेरे भाग ! आज कैसे तुम रास्ता भूल गयीं ? मुझे एकदम भूल ही गयीं न ? दैव और संगिनी दोनों एक साथ मुझसे विमुख हो गये !

उसका सुंदर चेहरा देखकर विजया के हृदय में ईर्ष्या का हल्का-सा संचार हुआ। उसके मन ने तर्क भी किया–'इतनी सुंदर तो यह कभी न थी। विधवा होते ही इसकी सारी श्री लुप्त हो गयी थी। आज का यह प्रफुल्ल चेहरा कहाँ से आया ?'

विजया एकटक उसे देखती रही। विधवा उसका हाथ पकड़ उसे भीतर खींच ले गयी–क्यों तुम इस अनोखे ढंग से मेरी ओर ताक रही हो ? मुझमें अब रह

ही क्या गया ? और अगर कुछ हो भी तो, मेरे अपने तो गुजर गये !

विजया ने फिर मन में तर्क किया–इतनी चंचल तो यह पहले नहीं थी; बड़ी भोली-भाली थी।

वह लौटकर अपने घर चली आयी। खाते समय पति से व्यंग्यभरी वाणी में पूछा–वह विधवा तो खूब अच्छी है न ? चेहरा जैसे सुंदरता से दमक रहा हो !

विजय ने खाते हुए ही उत्तर दिया–हाँ, अच्छी जरूर है।

विजया मर्माहत हो रही। बाद फिर दोनों में कोई बातचीत नहीं।

रात को, सोते समय, विजया अनायास बिगड़ गयी–इसके क्या मानी ! सारा तकिया अपने ही लिए रखोगे, या मुझे भी इस पर सिर रखने दोगे ? इसका अर्थ कहीं यह तो नहीं है कि मैं दूसरा बिस्तर करूँ ?

पति ने आश्चर्य से पूछा–'बिगड़ क्यों गयीं ? बिस्तर में जगह काफी है। फिर क्यों एक कोने में सिमट गयी हो ? नजदीक चली आओ।'

अनखाकर बोली–'मुझे सटकर सोना अच्छा नहीं लगता !'

विजय ने उसी की ओर तकिया खिसकाते हुए कहा–ऐसी बात है तो तुम्हीं तकिया रख लो, मुझे इसकी जरूरत नहीं है।

विजय की ओर तकिया ठेलकर, अपने बायें हाथ पर सिर रखकर, सोने का स्वाँग करती हुई बोली–तकिया मुझे नहीं चाहिए।

अंत में तकिया दोनों के बीच ठंडा होकर बिस्तर पर पड़ा रहा !

विजय प्रतिदिन विधवा के यहाँ जाता। विजया भी बीच-बीच में वहाँ जाया-आया करती। एक दिन विधवा ने कहा–"तुम मेरे घर आती हो, मुझे बहुत संतोष होता है। मैं कितनी अकेली हूँ, मेरे लिए संसार कितना सूना है, तुम इसकी कल्पना भी नहीं कर सकतीं। तुम्हारे आने पर मैं कुछ देर के लिए सुखी हो जाती हूँ।"

विजया ने सहानुभूति के स्वर में कहा–"बहन, मुझे फुर्सत ही नहीं मिलती। फुर्सत मिलते ही मैं दौड़ी चली आती हूँ। विजय बाबू ही मुझे नहीं छोड़ते।"

इतना कहकर उसने धीरे से आँखें झुका लीं।

प्रेमसेन ?–विधवा ने पूछा।

विजया ने सिर हिलाकर 'हाँ' कहा।

विजया के कंधे पर हाथ रखकर विधवा कहने लगी–'पुरुषों का क्या ठिकाना ? पत्नी से भी प्रेम करते हैं, दूसरी औरतों पर भी नजर गड़ाये रहते हैं। पुरुष-जाति का यही तरीका है। लेकिन, तुम्हारे पति तो बड़े सुशील और सहृदय सज्जन हैं–उस तरह के नहीं होंगे।

विजया की झुकी हुई ठुड्डी को ऊपर उठाकर विधवा ने फिर कहा–तुम कितनी भाग्यवती हो !

विजया ने तुरंत परिस्थिति का खयाल कर कहा–बहन, तुमने उन्हें नहीं पहचाना है। ऊपर से देखने पर दूध के धुले मालूम पड़ते हैं। थोड़ा-सा चमड़ा कुरेदकर देखने पर सब पुरुष एक-से ही हैं–पशु, विषयी, व्यसनी !

विधवा ने विजया के मुँह को हथेली से बंद करते हुए कहा–छी-छी, विजया, क्या कह रही हो ? पति के प्रति क्या इस तरह के शब्द मुँह से निकालना उचित है ? तुम्हारे पति एक रत्न हैं–रत्न !

विजया क्रोध से तिलमिला उठी; मन ही मन दाँत पीसकर कहने लगी–'रत्न भला क्यों न हों जब आप उनकी पत्नी बनने जा रही हैं ! पतिता, भ्रष्टा !'

उस दिन से उसने विधवा के यहाँ जाना बंद कर दिया। अपने घर में चुप बैठी रहती। पति और पत्नी में बातें नहीं होतीं। घर में वह अकारण कोप किया करती। नौकरों की तो जान आफत में थी।

चौदहवें दिन उसकी दशा दयनीय हो गयी। वह दिन-भर छटपटाती रही, जैसे सारी देह में आग लग गयी हो। एक कमरे से दूसरे कमरे में जाती–कभी रसोईघर में, कभी बैठके में, कभी सोने के कमरे में, कभी भंडार-घर में। लेकिन, चैन कहीं नहीं। आखिर दौड़ी-दौड़ी फिर उसी विधवा के यहाँ गयी। पर आज उसे ऐसा भान हुआ कि विधवा ने उसका आना पसंद नहीं किया। बातें भी नहीं के बराबर हुईं।

विजया हतोत्साह होकर घर लौट आयी। उसे अचानक भयानक सूनेपन का अनुभव हुआ। वह भयभीत हो उठी। शरीर में कँपकँपी पैदा हो गयी, जैसे जाड़े से काँप रही हो। वह खड़ी न रह सकी। जाकर बिस्तर पर लेट गयी। फिर फूट-फूटकर रोने लगी। रोते-रोते उसे कुछ शांति मिली। वह शिथिल होकर सो गयी।

असमय सोयी हुई देखकर विजय ने उसे हिलाकर जगाया–कुवेला में क्यों सो रही हो, विजया ?

विजया आँखें मींजती हुई उठ बैठी। उसे ऐसा मालूम हुआ कि वह अत्यंत शिथिल तो हो गयी है, लेकिन चित्त में महान् शांति है। क्रोध तो उसके हृदय में अब लेशमात्र भी न था। उसमें अब न जोश था न उमंग, जैसे वह बिल्कुल भावना-शून्य हो गयी हो।

रात को पति ने उसे धीरे से गुदगुदाकर कहा–विजया, आज चौदहवाँ दिन रहा।

विजया ने धीमे स्वर में उत्तर दिया–मालूम है।

इतना कह बिस्तर पर दूसरी ओर फिरकर सोयी-सी हो गयी। लेकिन, उसके शरीर के कुछ हिलने से विजय को मालूम हुआ कि वह अपनी रुलाई को बलपूर्वक रोक रही है। उसे अपनी ओर फेरने का प्रयत्न करते हुए विजय ने कहा–क्यों, विजया, रोती क्यों हो ? क्या हुआ ?

विजय का इतना पूछना था कि विजया के संयम का बाँध मानो अरराकर टूट गया। वह तकिये में अपने मुँह को गाड़कर बिलख-बिलख रोने लगी।

विजय महान् आश्चर्य में था। उसने फिर बड़े प्यार से पूछा–क्यों, क्या बात है, मेरी विजया ! तुम आजकल मुझसे अकारण बिगड़ जाती हो। तुम्हारा बर्ताव भी कुछ निराले ढंग का हो गया है। मैं तो एकदम हैरान हूँ।

विजया ने रोते-रोते कहा–तुम मुझसे प्रेम नहीं करते। मैं तुम्हारी कुछ नहीं हूँ।

पति ने मृदुता से पत्नी की पीठ सहलाते हुए कहा–"विजया, क्यों ऐसा अमंगल वाक्य मुँह पर लाती हो ? तुम तो मेरे लिए सबकुछ हो–जीवन का प्रकाश, मेरी आशा··· !"

रोने की वजह से विजया की घिग्घी बँध गयी थी। वह हिचकी ले-लेकर कहने लगी–ऐसी बात है तो क्यों इस तरह तुम उस विधवा के पीछे पड़े हुए हो ? क्यों उससे इतना प्रेम करने लग गये ?

विजय ने हँसकर उत्तर दिया–कैसी नटखट है तू ? खुद होड़ लगाती है, खुद पंद्रह दिन की मोहलत देती है, बाद फिर खुद बिगड़ भी जाती है ! मैंने तो पहले ही कह दिया था, मुझ पर शंका मत करना।

विजया, सिसकियों को लंबी साँस में समेटती हुई, बोली–जरूरत नहीं है उस विधवा से अपना संबंध बढ़ाने की !

विजय उसके भोले चेहरे को घूरता हुआ बोला–"लेकिन, हमारी बाजी ! मैं उसे जीतने ही वाला हूँ !"

विजया अपनी खीझ-भरी हँसी को होंठों में चाँपती हुई बोली–"अच्छा, अच्छा, बाजी तुम्हारी ही रही। मैं हार गयी। मुझे अब प्रमाण नहीं चाहिए।"

विजय ने उसकी ठुड्डी को चुटकिया कर कहा–"ऐसी बात है तो अब तुम मानती हो न कि स्त्रियाँ···"

"मानती हूँ, बाबा, मानती हूँ।"–विजया ने अधीर होकर कहा, और··· !

'हिमालय' (संपादक-शिवपूजन सहाय) में 1946 में प्रकाशित

तीन अध्याय

(उपन्यास)

लेखक के बारे में...

श्री विश्वेश्वर प्रसाद कोइराला 1959 में नैपाल की प्रथम निर्वाचित सरकार के प्रधानमंत्री बने थे। बाद में नैपाली काँग्रेस के अवैध घोषित होने पर आप बन्दी बनाये गये और वर्षों 'सुन्दरी जल' के प्रसिद्ध जल-प्रपात के समीपस्थ बन्दीगृह में बन्द रहे।

आपका जन्म, 1914 में वाराणसी में हुआ और शिक्षा काशी हिन्दू विश्वविद्यालय में। भारत के स्वतन्त्रता-संग्राम में भाग लेते हुए 1941 तथा फिर 1942-45 में अंग्रेजी कारागारों में कैद रहे। नैपाली काँग्रेस की श्री कोइराला ने 1946 में स्थापना की थी।

राजनीतिक क्षेत्र में सक्रिय भाग लेने के अतिरिक्त श्री विश्वेश्वर प्रसाद कोइराला ने लेखक के रूप में नैपाल में विशिष्ट ख्याति पाई है।

–रेणु

एक

पैंतालीसवें वर्ष में पाँव रखने के बाद, शायद नारी को यह अनुभव होने लगता है कि वह किसी ऐसे स्थान पर पहुँच चुकी है, जहाँ से आगे की यात्रा करने की आवश्यकता नहीं। मानो, जीवन का भार उतारने के बाद विश्राम की शांति मिली हो। शरीर में पहले जैसी चंचलता नहीं रहती। वार्धक्य की स्थूलता, शरीर में चांचल्य को संभव नहीं होने देती। केश भी, एक-दो, एक-दो करके, कनपटी की ओर श्वेत होते जाते हैं और उन्हें चिमटे से उखाड़ने का 'जाँगर' भी अब नहीं रह जाता। बहुत यत्न से पाले-पोसे गये चेहरे पर महीन रेखाओं की झुर्रियाँ अंकित होने लगती हैं। मन-हृदय भी वैसी ही स्थिति में पहुँच जाता है—निरुद्विग्नता की स्थिति में ! नारी-हृदय का प्रेम, और उस प्रेम के दिये हुए वरदान अथवा अभिशाप के रूप में प्राप्त अलौकिक सुख तथा वैसा ही नारकीय अनुताप और ईर्ष्या की ज्वाला, आशा-निराशा—सभी केवल अनुभव की एक स्मृति छोड़कर विलुप्त हो जाते हैं। यदि अन्य यात्राओं की तरह जीवन की यात्रा भी 'उभयपंथी' होती तो प्रौढ़ा यात्री उस राह पर प्रत्यागमन करते समय, छोड़कर आई हुई जिन्दगी के अनेकानेक अनुभव, हृदय को कँपा देनेवाले सुख और दुख के बहुत सारे अनुभवों से पुनः साक्षात्कार कर सकती। किन्तु, जीवन की राह पर निरंतर आगे बढ़ते जाना मात्र ही संभव है। लौटने का फिर कोई उपाय नहीं। पैंतालीसवें वर्ष में पैर रखने के बाद इन्द्रमाया को लगा कि अब यात्रा यहीं समाप्त हुई। जीवन की संध्या होने में अब भी कुछ घड़ी बाकी हैं किन्तु 'यात्रा' तो यहीं समाप्त···। इस लम्बे सफर की ओर नजर डालकर अब कोई तीखा-सा अनुभव नहीं होता। केवल कोमल, किन्तु किंचित-उदास स्मृतियाँ उसके हृदय को करुणामय बनाती हैं। जीवन का संचित अर्जन !! यदि नारी भाग्यवती हुई तो ओस में भीगी धरती की तरह उसका हृदय भी करुणार्द्र हो जाता है।

अपने जीवन को वह असाधारण नहीं कह सकती। अन्य नारियों की तरह उसकी भी जिन्दगी साधारण ही थी। और, यदि उसके जीवन में लिये गये तीन निर्णयों के हिसाब नहीं किये जाएँ तो नारीत्व के महासागर में मिली हुई एक बूँद मात्र थी, वह। तथापि, उस एक बूँद ने—बूँद के रूप में ही जो निर्णय लिये थे—उन्हीं

नन्हे निर्णयों ने, नारीत्व के महासागर से उस 'बूँद' को सर्वथा पृथक् कर रखा है। इन्द्रमाया को लगा, महासागर बूँदों का समष्टिमात्र है। प्रत्येक बिन्दु, बिन्दु की हैसियत से, अपने अस्तित्व के सम्बन्ध में निर्णय लेता है और वह निर्णय उस बिन्दु को एक विशिष्ट पद-मर्यादा से विभूषित करता है। आजकल इन्द्रमाया, अकारण तीसरे पहर के एकान्त में, घर के काम-काज से निवृत्त होकर, बिछावन पर लेटी, ऐसी ही बातों को मन में खेलाती रहती है। उसे लगता है, ऐसे दार्शनिक ढंग के विचार निश्चय ही ढलती हुई उम्र के प्रमाण हैं। आजकल, जीवन में लिये गये तीनों निर्णयों की ओर, उसका ध्यान बार-बार खिंच जाता है।

पड़ोस के सहपाठी युवक से प्रेम–उसके निर्णय का परिणाम नहीं था। सच पूछा जाय तो पीताम्बर के लिए, उसके हृदय में, प्रेम का प्रवेश कब हुआ, बहुत यत्न करने पर भी वह निश्चयपूर्वक नहीं कह सकती। पीताम्बर जब उसके घर आता तो उसे अच्छा लगता था। और, माँ के याद दिलाने पर जब वह पीताम्बर के लिए चाय बनाने लगती तो उसको सचमुच बड़ा आनन्द मिलता था। पीताम्बर उसको अन्य युवकों से बहुत अधिक सुन्दर भी लगता था। और, एक दिन वह बोली थी–'पीताम्बर ! तुम्हारे साथ सिनेमा जाने में मुझे बड़ा आनन्द मिलता है। दूसरे के साथ उतना नहीं...।' इस वचन से पीताम्बर को हुई खुशी का अन्दाज लगाकर, इन्द्रमाया भी खुश हुई थी। यह सब बातें, क्रमिक विकास की लम्बी अवधि की हैं–जब दोनों का सम्बन्ध बहुत ही स्वाभाविक रूप से दृढ़तर होता गया था। सहज प्रेम के, मंदगति विकास के कारण इन्द्रमाया ने कभी स्वप्न में भी कल्पना नहीं की थी कि पीताम्बर के बारे में उसको अपने जीवन में एक महान् और प्रथम 'निर्णय' भी लेना पड़ेगा–जिस निर्णय से समुद्र के एक बूँद जल में हठात् एक विशिष्ट व्यक्तित्व आरोपित हो जाता है। घर में जब उसकी शादी की बातें होने लगीं तो उसे झुंझलाहट हुई। उसने माँ से कहा–'पीताम्बर तो है ही।'

अर्थात्, पीताम्बर के साथ मेरा विवाह कर देने से ही तो हुआ। माँ ने मतलब समझकर कहा–'इन्द्रमाया ! यह कैसे हो सकता है ? वह पर्वतिया-ब्राह्मण है और हम ठहरे नेवार वैश्य !'

इन्द्रमाया बोली–'लेकिन, मैं और किसी के संग सुखी नहीं हो सकूँगी।'

मुँह से इस वाक्य के निकलते ही इन्द्रमाया को हठात् अनुभव हुआ कि वह पीताम्बर के प्रेम में इतना डूब चुकी है कि अब उबरना संभव नहीं।

माँ-बाप के द्वारा खड़ी की गई जाति की बाधा उसको अत्यंत अप्रासंगिक लगी। उसको लगा कि माँ-बाप का संसार–जिसमें वह अब तक साँस ले रही थी–उसके लिए पराया देश है। पीताम्बर के प्रेम में आमस्तक डूबी हुई इन्द्रमाया के लिए समाज के नियम और विधान की बाधा उस तृण के समान थी–जिसे उसके माँ-बाप उसको उबारने के लिए नदी के तट पर से अगाध जल में फेंक रहे थे।

और, इन्द्रमाया को निर्णय करना पड़ा था। प्रेम ने, उसके एकान्त हृदय से, अपरिहार्य नियम की शक्ति-सम्पन्नता के साथ, प्रश्न किया था–'हाँ या नहीं ?'

उस दिन प्रेम के उस अपरिहार्य प्रश्न के सामने इन्द्रमाया नितान्त अकेली हो गई थी–असहाय, अनाथ और आश्रयहीना !! माँ-बाप और समाज उस एकाकी अवस्था में उसके काम नहीं आए, क्योंकि प्रेम का प्रश्न उन्हीं के सम्बन्ध में था। स्वयं सर्वाधिक प्रिय पीताम्बर भी उसके काम न आया क्योंकि वह भी प्रेम के प्रश्न से सम्बन्धित व्यक्ति था। जल-बिन्दु को महासागर का पानी कोई सहायता प्रदान नहीं कर सका। अकेली होकर, जीवन की विराटता के मध्य स्थापित एक–हृदय, मन और अपरिपक्व बुद्धि की–युवती को, केवल अपने में बची हुई पूरी क्षमता के आधार पर प्रेम के अलंघ्य प्रश्न का उत्तर देना पड़ा।

आज की भुक्तभोगी इन्द्रमाया को सोलह-वर्षीया इन्द्रमाया की याद आई। परिपक्वता के करुणामय कुहरे से वह, युवती की उस दिन की उद्विग्नता को, दूर से दिखनेवाले किसी दृश्य की तरह–देखने लगी। इन्द्रमाया सुन्दर और चंचल बालिका थी, किन्तु उसमें चिंतनशीलता का अभाव नहीं था।··· उसके सामने प्रश्न था–एक ओर माँ-बाप और वह समाज, जिसकी एक सदस्या होकर वह इतनी बड़ी हुई और जिस समाज की भूमि में उसके सारे सम्बन्धों की जड़ें फैली हुई थीं। और, दूसरी ओर एक अकेला व्यक्ति पीताम्बर–समाज के बाहर का प्राणी। पीताम्बर असम्पन्न व्यक्ति था किन्तु उसकी असम्पन्नता की बाधा की ओर इन्द्रमाया का ध्यान एकदम नहीं गया था। उसके चुनने और न चुनने के प्रश्न पर, उसके पक्ष में केवल वही एक अकिंचन व्यक्ति मात्र था। दूसरी ओर, दलबल-सहित वृहत् समाज। प्रश्न था–अकेले कृष्ण को चुना जाए अथवा अक्षौहिणी सेना को ?

प्रेम का दूसरा रूप भी होता है, इसका अनुभव भी इन्द्रमाया को धीरे-धीरे होने लगा–बहुत द्रुत गति से। घर में उसकी शादी की बातचीत छिड़ने पर जिस दिन उसने, बालिका की सरलता के साथ, अपनी माँ को सीधे कह दिया था–'मैं पीताम्बर को छोड़ और किसी के साथ सुखी नहीं रह सकती'–उसी दिन बालिका की उम्र को लाँघकर यौवन की सीढ़ी पर उसके चरण पड़ गये थे। वह अविस्मरणीय घड़ी थी–उस दिन। उसी दिन उसने प्रेम का एक रूप देखा था : पीताम्बर के साथ उठने-बैठने से, उसके साथ हेल-मेल से बढ़नेवाले सरस आनन्द और सुख की अनेक घड़ियाँ और घटनाएँ ! अनजाने ही, संचित होने वाली सुखमय घड़ियों के कोष से इन्द्रमाया का हृदय कितना ऐश्वर्यवान हो चुका है, इसका अनुभव भी उसे उसी दिन हुआ ! प्रेम का मृदु सौरभमय रूप ! इस रूप के अतिरिक्त प्रेम का दूसरा रूप भी है; धीरे-धीरे इसका भी ज्ञान उसी दिन से होने लगा।

माँ के साथ हुए उस हलके किस्म के उत्तर-प्रत्युत्तर के बाद इन्द्रमाया तुरन्त उठकर अपने कमरे में गई और अपने को बिछावन पर निढाल डाल दिया। क्लांत शरीर और अकेला हृदय !

सखी-सहेलियाँ सदा की भाँति उसको खोजती उसके कमरे में पहुँचीं और

बोलीं–'क्यों इन्द्रमाया ! दिन में बिछावन पर इस तरह पड़ी सो रही है, क्यों ? चलो, 'मैटिनी-शो'–'झुमका'–बहुत अच्छी फिल्म है।'

इन्द्रमाया अलसाये स्वर में, बिछावन पर लेटी हुई ही, बोली–'मैं नहीं जाऊँगी।'

अकेले में बैठकर सोचने में उसका मन रम गया था। इस तरह एकांत में अकेली बैठने की आदत उसकी कभी न थी। आज सखी-सहेलियों का, आनन्द मनाने का, निमंत्रण पाकर भी बिछावन से उठने का उसका जी नहीं हुआ। सहेलियों के अधिक आग्रह करने पर वह एक बार झुँझलाई भी। सखियों ने पूछा–'क्यों, क्या हुआ ? जी अच्छा नहीं है क्या, इन्द्रमाया ?'

यथार्थ में वह अस्वस्थ थी। जी शिथिल था और थोड़ा चिड़चिड़ा भी। सिर भारी लग रहा था।··· व्यथा ! प्रेम की व्यथा का यही रूप है–आत्मा अकेली और शरीर पीड़ामय ! और, सबसे बढ़कर यह कि प्रेम के चिंतन में पड़े रहने के कारण वह बहुत स्वार्थपरता के साथ, घर पर आई हुई सहेलियों का यथोचित स्वागत भी नहीं कर सकी और उनके साख्याग्रह के प्रति रूखे आचरण का प्रदर्शन किया। वह तो ऐसी नहीं थी कभी ? वह तो बड़ी सामाजिक थी। इसीलिए, किसी भी समाज का वह केन्द्र हो जाती थी, अपने मिलनसार स्वभाव और सामाजिक गुण के कारण ही। आज प्रेम ने उसके इस आवरण को भी उसके चरित्र से उतारकर अलग कर दिया। प्रेम की स्वार्थपरता की अग्नि में दीप्त नारी ने, यौवन के व्यथामय-अनुभव का पहला स्वाद पाया। प्रेम स्वार्थपरता है, एक अकेलापन है, व्यथा है ! किन्तु, साथ ही दुर्दमनीयता भी है, इसका ज्ञान इन्द्रमाया को उस दिन हुआ जब सहेलियों को निरादरपूर्वक लौटाकर वह अपने उत्तप्त शरीर को बिछावन पर उलटाती-पलटाती रही।

फिर, प्रेम की कोई औषधि भी तो नहीं। दिन-प्रति-दिन, लगातार एक ही तरह की पीड़ा; मर्म के न जाने किस स्थल में निरंतर लगती हुई चोट, मुक्त न होनेवाली सदा की तन्मयता ! इन्द्रमाया अकेली होती गई। कॉलेज जाना बन्द हुआ–माँ-बाप की इच्छा के अनुसार तथा स्वयं अपनी अनिच्छा के कारण ! सिनेमा, पिकनिक तथा बाहर के सभी आनन्द और आकर्षणों से उसने मन को मोड़ लिया था। माँ-बाप ने, अपने प्राप्त अधिकार का प्रयोग करके प्राप्तयौवना कन्या के हठ को सामाजिक नियम तथा मर्यादा के वश में रखने के उद्देश्य से, उसका बाहर की ओर खुलनेवाला दरवाजा बन्द कर दिया। यह व्यवस्था अनावश्यक थी। क्योंकि, इन्द्रमाया स्वयं–कछुए की तरह सिर तथा अन्य अंगों को अपने अन्दर समेटकर–अपने में लीन बैठी रहती, बाहर का जगत, निष्प्रयोजनीय हो रहा था उसके लिए। घर में माता-पिता ने, उसके नियंत्रण के लिए व्यवस्था की जो प्राचीर उसके चारों ओर खड़ी कर दी थी, उससे भी बढ़कर सुदृढ़ और ऊँची दीवारें इन्द्रमाया ने स्वयं अपने लिए तैयार कर ली थीं–अपने को नज़रबन्द रखने के लिए। माँ का स्नेहवत्सल हृदय, इन्द्रमाया की जिद देखकर कभी-कभी बेचैन हो जाता। उनका उद्देश्य इन्द्रमाया को सुधारना था–दण्ड देना नहीं।

माँ ने अत्यन्त ममता के स्वर में कहा–'बेटी, क्यों ऐसा कर रही हो ? किसी बात में तुम्हें कोई दिलचस्पी ही नहीं रही। अकेली कमरे में बैठी रहती है ? भोजन भी अच्छी तरह नहीं करती !'

इन्द्रमाया ने उत्तर में अपनी बड़ी-बड़ी आँखों को–जो अब भावशून्य हो चुकी थीं–माँ की ओर फेरा। फिर अपना सिर माँ की ओर, सहलाने के लिए, कर दिया।

माँ ने फिर कहा–'एक दूसरी भी बात है जो तुमको समझनी चाहिए। हम हैं राजा के आदमी; और समाज में हमारी इज्जत, प्रतिष्ठा, 'दरबार' के साथ हमारे पुराने सम्बन्धों के कारण ही है। पीताम्बर पार्टी का आदमी है जिसको 'दरबार' फूटी नज़र से भी नहीं देख सकता। तुम्हारे सुख के लिए ही–उसके प्रति 'दरबार' की ऐसी कुभावना है यह जानकर–तुम्हारे सुख के लिए ही मुझे कहना पड़ता है–कितने दिनों तक··· कब तक वह इस तरह लुक-छिपकर बचा रहेगा ?'

इन्द्रमाया ने कोमल स्वर में कहा–'इसीलिए तो··· मेरा स्थान, पीताम्बर के बगल में ही होना आवश्यक नहीं है क्या ?'

कोई छक्का-पंजा नहीं जाननेवाली माता ने, जो पुत्री के प्रति ममता के कारण सरल हुई थी, इन्द्रमाया के तात्पर्यभरे वाक्यों को नहीं समझा। केवल इतना समझ सकी कि लड़की के सिर पर भूत अब भी सवार है। दैव के प्रति एक लम्बा उच्छ्वास चढ़ाकर–घुटने पर हाथ रखकर उन्होंने अपने शरीर को उठाया और विफल-कामना की ज्योतिहीन दृष्टि पुत्री पर डालकर–कमरे से बाहर चली गईं।

इन्द्रमाया, माँ के जाने के बाद खुले दरवाजे की ओर बहुत देर तक देखती रही। उसे लगा, हर कोई बात, बस एक ही केन्द्र की ओर राह दिखा रही है। सभी बातें, केवल एक ही बिन्दु की ओर लक्षित हो रही हैं। अब तक की सारी घटनाओं का, उसके जीवन के समस्त उन्नयन का एक ही लक्ष्य है, एक ही परिणति ! उसकी बिना सोची हुई बात जिन वाक्यों में अप्रत्याशित ढंग से प्रकट होती थी, वह भी उसकी नियति के संकेत-चिह्न थे। अभी तुरत ही, माँ के प्रश्न के उत्तर में अप्रत्याशित वाक्य निकला कि संकट की घड़ी में उसका सही स्थान पीताम्बर के बाहुमूल में ही हो सकता है। उस दिन पहली बार विवाह की चर्चा चलने पर भी अप्रत्याशित वाक्य निकला था उसके मुँह से–'पीताम्बर तो है ही !' अंतःकरण के गोपन में रक्षित, घुटता हुआ प्रेम, उस दिन हठात् दिन के स्पष्ट आलोक में प्रकट हुआ था। बोतल का 'काग' उस वाक्य ने ही खोल दिया था और उसी दिन दुर्दमनीय दैत्य विश्व में प्रकट हुआ था। उसी दिन से इन्द्रमाया अहोरात्रि उसी की दानवी शक्ति की मुट्ठी में पड़ी आकुल-व्याकुल हो रही है। और, आज भी वैसा ही एक छोटा-सा वाक्य उसके मुँह से अनायास निकल पड़ा कि यदि पीताम्बर वास्तव में संकट में है तो इन्द्रमाया के लिए अब कोई ऐसा घेरा नहीं जो दुर्लंघनीय हो !

ग्रीष्म की संध्या ! सूर्यास्त हो चुका था, किन्तु एक अनूठा-सा धूमिल प्रकाश आकाश में व्याप्त था। टुँडिखेल[1] के किनारे के पेड़ दिन-भर की आँधी में अपने अनेक पत्ते धरती पर झाड़कर, इस समय संध्या का विश्राम पा रहे थे। सूखे पत्तों को हवा ने बुहारकर सड़क के किनारे की नालियों में पंक्तिबद्ध जमा कर दिया था। हवा में नमी भर रही थी। संध्या की द्वाभा ने प्रकृति को एक विचित्र अवास्तविकता का आवरण प्रदान कर दिया है जिसके कारण घर, पेड़-पत्ते, पगडंडी और सड़क पर चलनेवाले तथा टुँडिखेल में हवाखोरी के लिए आये हुए नर-नारियों के समुदाय के रूप स्वाभाविक नहीं थे। सभी बातें अनूठी थीं। कम-से-कम इन्द्रमाया को ऐसा ही लगा। हो सकता है, बहुत दिनों के बाद घर से बाहर निकलने के कारण, उसे ऐसा लग रहा हो। अथवा संभव है, शरीर की कमजोरी के कारण–मस्तिष्क के इतने दिनों के एकांत-चिंतन के कारण उसे ये सारे दृश्य तरल तथा अवास्तविक लग रहे हों–स्वप्न में देखे हुए चित्र की तरह। मस्तिष्क और वातावरण की उष्णता के कारण सारा जगत पिघला हुआ-सा प्रतीत हो रहा था। और, शहर की सांध्य-ध्वनियाँ, एकाकार होकर अस्पष्ट गुब्बारे की तरह उसके कान के पास फटफट फूट रही थीं। वह समझ नहीं पाती थी कि संध्या की विभिन्न आवाजें कोई नारी-कण्ठ या बाल-कण्ठ, अथवा किसी मोटरगाड़ी से निकली हुई ध्वनि हैं। विक्षिप्तता का कोई कारण नहीं, इसका उसे विश्वास था। उसने इधर कई दिनों के तीव्र चिंतन के बाद बहुत दृढ़तापूर्वक यह संकल्प लिया था। और अपने दृढ़-संकल्प के अनुसार ही उसके क़दम आगे बढ़ रहे थे। शहर की गली से निकलकर, टुँडिखेल होती हुई वह डिल्लीबाजार की ओर जा रही थी। अपने मन में, संकल्प की स्पष्टता के बावजूद सड़क का वातावरण उसके लिए अस्पष्ट था।

इन्द्रमाया को विश्वास था कि वह मतिभ्रम नहीं हुई है। केवल, उसकी 'मति'–बाह्यजगत से स्पष्टतर थी। वास्तविकता के ऊपर मानो महीन पर्दा पड़ा हुआ हो। किन्तु, स्वप्नजगत की चमकीली प्रकाश-किरण–उसके अंतस्तल की, उसके विचार-कल्पनालोक की प्रत्येक वस्तु को स्पष्ट करके–चमका रही थी। जिस अवस्था में अभी वह जल्दी-जल्दी पाँव बढ़ाती हुई चल रही थी, उसमें वह संसार–जिसे आज तक उसने पहचाना था–अजनबी बनता जा रहा था। माँ-बाप, सखी-सहेली, इष्टमित्र, नाते-रिश्ते–यहाँ तक कि इस समय दृष्टिपथ में पड़नेवाला वस्तु जगत–सभी अस्पष्टतर होकर धूमिल प्रदेश में बिला रहे थे। मन की एकाग्रता, संकल्प की दृढ़ता और तीव्र प्रेम का रचा हुआ उसका कल्पना-जगत–जिसमें पीताम्बर अधिष्ठापित था और जिसके मानो चारों ओर अब इन्द्रमाया का कार्यव्यस्त दैनिक जीवन बीत रहा था–उसके लिए स्थूल और वास्तविक हुआ। मन, पीताम्बर के साथ दैनिक जीवन का कार्यक्रम बना रहा था कि आँखों ने सड़क की दूसरी ओर सहेलियों के एक छोटे झुंड को, मोड़ पर मुड़ते देखा। इन्द्रमाया के मस्तिष्क के

1. टुँडिखेल=काठमांडू का विशाल परेड ग्राउण्ड।

किसी कोने में ऐसा ज्ञान हुआ-सा लगा कि ये सखियाँ मैटिनी-शो देखकर लौट रही होंगी और अब कुछ देर गप्प करने के लिए पद्मा के घर में जाकर घुसेंगी। उसी क्षण इन्द्रमाया को लगा कि ये अवास्तविक जगत की बातें हैं जिनसे अब उसका कोई सरोकार नहीं है।

इस स्वप्न और यथार्थ की पारस्परिक आँखमिचौनी की स्थिति में, उतनी लम्बी राह तय कर दिनशेष के अंतिम प्रकाश में उसने काली-थान की उस छोटी दीवार के बीच वाले फाटक के बन्द दरवाजों को हलके हाथों से ठेलकर खोल दिया। पीताम्बर अंदर फुलवारी में खड़ा था। इन्द्रमाया के रंग-ढंग और वेशभूषा को देखकर वह कुछ क्षण स्तब्ध रहा। इन्द्रमाया की दृष्टि ज्यों ही उस पर पड़ी कि स्वप्न और यथार्थ का द्वन्द्व उसके मस्तिष्क से एकदम दूर हो गया। मानो, दोनों का–स्वप्न और यथार्थ का–ज्योतिकेन्द्र पीताम्बर में 'फोकस' होकर एकाकार हो गया। पीताम्बर ने झटपट आगे बढ़कर, एक हाथ से दरवाजा बन्द करते हुए दूसरे से इन्द्रमाया को सहारा दिया। इन्द्रमाया के थके शरीर को एक बड़ा आसरा मिला। उसने अपने क्लांत सिर को पीताम्बर की छाती पर टिका दिया।

क्या इन्द्रमाया उस दिन को कभी भूल सकती है ? आज जीवन की संध्यावेला में भी, उस दिन की, यौवन के सर्वप्रथम स्पर्श के अनुभव से पुलकित होती हुई, इन्द्रमाया की झिलमिली याद आ रही है। लगता है, कोई दूसरी प्रौढ़ा स्त्री, उस दिन की किसी अनुभवहीना को देख रही हो।··· पीताम्बर का चकित होकर देखना तथा प्रश्न करना–'क्यों इन्द्रा ! कैसे आई ? क्या हुआ ? क्यों आई··· ?'

और स्वयं कुछ न बोलकर, एक के बाद दूसरे प्रश्न की झड़ी लगा रहे पीताम्बर के झुके सिर के दो जिज्ञासु पुरुष-चक्षुओं को, उसकी छाती से सिर टिकाकर, गर्दन जरा मोड़कर, सिर्फ देखते रहना··· देखते रहना–जब तक कि संध्या का प्रकाश एकाएक लुप्त होकर सारे चराचर को अंधकार में एकाकार न कर दे··· !

और, पीताम्बर का कहना–'अँधेरा हो गया। चलो अन्दर, और सारी बातें खुलासा करके बताओ।'···

और, अपने को, पीताम्बर के सहारे, घर के अन्दर ले जाना तथा घर की सीढ़ी पर पैर रखते ही रुककर कहना–'पीता ! कहने की कोई बात मेरे पास नहीं। कैफियत क्या दूँ ?'

–ऐसा ही अनूठा स्वयंवर उसका हुआ था ! ऐसा स्वयंवर जिसके कारण अपने जीवन के अन्य सभी सम्बन्धों को तोड़कर उसे फेंकना पड़ा था।

रात हुई ! सुहाग रात उसने काटी। दूसरे दिन से शनैः-शनैः वह गृहिणी के रूप में अवतीर्ण होती गई !···

इन्द्रमाया सोचने लगी–समय कितना जल्दी-जल्दी बीतता जाता है ! फिर प्रेम में पड़ी हुई नारी का क्या पूछना ? आनन्दपूर्वक पीताम्बर के साथ इन्द्रमाया के दिन

बीतने लगे। मायके के लोग उसे एकदम भूल गये तो क्या हुआ ? पिता कहते–'मेरे लिए इन्द्रमाया मर चुकी है। उसकी बातें मत करो! मुझे मत कहो कि वह काली-थान में है या कहाँ है और किसके साथ है।' माँ आँसू बहाती थी मगर घर के किसी कोने में छिपकर, पिता के डर से। कभी 'धाईमाँ' के हाथ, छिपा कर खाने-पहनने की चीजों की गठरी और रुपये-पैसे भी भेज दिया करती। सखी-सहेलियाँ भी छूटीं। पहले-पहल तो इन्द्रमाया की याद करके, उससे मिलने जाने की बात भी करतीं, किन्तु घर के अभिभावकों ने निषेध कर दिया था–'उस वेश्या के घर कोई मत जाओ।' बाद में वे स्वयं धीरे-धीरे इन्द्रमाया को भूलती गईं। लेकिन, इन सारी बातों से इन्द्रमाया की कोई क्षति नहीं हुई। गृह-त्याग के निर्णय और पीताम्बर को स्वयं वरण करने में इन सारी बातों की परिणति है–वह जानती थी। उसे यह भी मालूम था कि अकिंचन पीताम्बर के घर में, मायके की वैभव-सम्पत्ति का सुख नहीं मिलेगा।

इन्द्रमाया के लिए पीताम्बर के साथ की दुनिया ही उसकी अपनी दुनिया थी। यह दुनिया–अपने में ही भरी-पूरी व्यस्त, रंगमय और आनन्द से परिपूर्ण! पीताम्बर के राजनैतिक साथियों का दल, बीच-बीच में उसके घर पर एकत्रित होता। खूब बहसें होतीं। इन्द्रमाया उन्हीं लोगों के बराबर पढ़ी-लिखी थी और राजनीति को उन्हीं लोगों की तरह समझती थी। किन्तु, वह अपने को उन लोगों के बीच प्रायः अल्पमत में पाती थी, क्योंकि वे आतंकवादी-विचार के लोग थे और इन्द्रमाया का विश्वास था कि आतंकवाद और हत्या, राजनीति के हितकर साधन नहीं। फिर भी, जो भी हो–हाहा-हीही, बहस की गरमागरमी, साथियों के जमा होने पर उनका आदर-सत्कार, चाय-पानी की व्यवस्था और दैनिक गृहस्थी की सारी ज़िम्मेदारियों में इन्द्रमाया सदा व्यस्त रहती। साथियों का वह बहुत खयाल रखती–'रमेश ! बहुत हुआ। आज यहीं तक–बस ! अब आराम करो !'

रमेश, इन्द्रमाया के हाथ से चाय की प्याली लेकर कहता–'भाभी ! हम लोगों के पास भाभी की प्रेमपूर्ण-आज्ञा का पालन करने का समय ही कहाँ ?'

स्नेह और कौतुक भरे स्वर में इन्द्रमाया कहती–'आज भर के लिए तुम्हारी क्रांति का जिम्मा मैं लेती हूँ। तुम लोग निश्चिन्त होकर एक रात यहाँ बिताओ। इससे यदि कुछ बिगड़े तो, मैं जवाब दूँगी।'

इन्द्रमाया के आग्रह को टालने का सामर्थ्य किसी में नहीं था। रमेश तथा अन्य साथी बीच-बीच में वहीं रात गुज़ारते थे।

कोई प्रेम से सम्बोधन करके कहता–'दीदी ! आपको व्यावहारिक राजनीति की बातों का पता है क्या ? तानाशाह सिर्फ भय को पहचानते हैं।'

इन्द्रमाया हँसकर पूछती–'क्या जनता भय को नहीं पहचानती ? तानाशाह–हम लोगों से ज्यादा, पता नहीं कितना ज़्यादा–भय उत्पन्न करने की शक्ति नहीं रखते क्या ?'

सभी हँसते और कोलाहल के स्वर में कहते–'देखो, देखो ! डरपोक··· कातर···

नारी के रंग-ढंग··· !'

उस जगत में मात्र वही एक नारी थी। इसीलिए, पुरुषों के समानान्तर अपने को अध्ययन करने का पूरा अवसर उसने पाया था। एक तो साधारणतः नारी के सिर पर आ जानेवाली ज़िम्मेदारी उसे अकेली ही निभानी पड़ती थी। उसका–नारी-उत्तरदायित्व का–पहला कर्तव्य था पति के प्रति। इस उत्तरदायित्व को प्रेम ने और भी बड़ा दावेदार बना दिया था। पीताम्बर की सारी–छोटी-बड़ी–आवश्यकताओं पर वह दृष्टि रखती थी और आवश्यकता के अनुभव होने के पूर्व ही पूरी कर देती थी। उसके खाने-पहनने की व्यवस्था तथा अन्य सभी प्रकार की सुविधाओं का सतर्कतापूर्वक खयाल रखती। पीताम्बर के इष्टमित्र, खासकर उसके राजनैतिक सहयोगियों के प्रति उसका उत्तरदायित्व था। इतना ही नहीं, पीताम्बर के राजनैतिक जीवन में सहयोगी बनने की ज़िम्मेदारी भी उस पर आ पड़ी थी। इन सारी ज़िम्मेदारियों को पूरा करने की प्रक्रिया में, नारीत्व के पार्थक्य का सूक्ष्म अनुभव उसे हो गया था।

एक दिन की बात है। साथियों को विदा करके–भोजनोपरान्त बिछावन पर लेटे हुए–पीताम्बर और इन्द्रमाया आपस में बातें कर रहे थे··· !

पीताम्बर ने कहा–'उस दिन तुम कितने साहस के साथ आई थीं ! है न ? अब, इतने दिनों के बाद, जब हमारा जीवन साधारण-गति से प्रवाहित हो रहा है–तो, लगता है कि उस साँझ को तुम्हारा मेरे घर आना एक साधारण-सी बात थी। लेकिन···'

इन्द्रमाया ने उत्तर दिया था–'नारी में एक प्रकार का हठ होता है। वह हठ पुरुष में हो तो हिम्मत कहलाता है। और, फिर मेरा सबसे बड़ा सहायक तो मेरे पास 'प्रेम' था न !– उसने मेरे निर्णय की यात्रा को एकदम सुगम कर दिया।'

पीताम्बर ने तनिक व्यग्र स्वर में कहा–'मैंने भी बहुत दिनों तक सोचा, लेकिन निर्णय नहीं ले सका था। तुम्हारे माता-पिता, समाज और स्वयं तुम्हारा भी ख़याल मुझे आता था।'

पीताम्बर की सलज्ज कंठध्वनि को लक्ष्य करके आश्वासन के स्वर में इन्द्रमाया बोली थी–'पीता ! पुरुषों को बहुत-सी बातों का ध्यान रखना पड़ता है। देखो न, तुमको मेरा तक ख़याल करके निर्णय लेने में हिचकिचाना पड़ा, यद्यपि, मेरे सम्बन्ध में वैसी हिचकिचाहट की कोई आवश्यकता नहीं थी। क्योंकि, किसी भी क्षण तुम मुझसे पूछते तो मेरी स्वीकृति अथवा अस्वीकृति तुम्हें तत्क्षण मिल जाती।'

कुछ आर्द्र होकर पीताम्बर के शरीर से सटकर, उसकी छाती पर हाथ फेरती हुई इन्द्रमाया कहती गई–'हम नारियाँ ! हममें इकहरी प्रवृत्ति होती है, इकहरा हठ ! इसलिए, मुझे 'हाँ' या 'ना' का निर्णय लेने में अधिक समय नहीं लगा। हठ ने बलपूर्वक खींचकर 'हाँ' की राह पर लाकर खड़ा कर दिया। फिर, प्रेम ने मेरी यात्रा को कितना सुगम, सरल कर दिया ! वह मेरा कोई बड़ा साहस नहीं था–पीता। नारी-सुलभ हठ और नारी-सुलभ प्रेम था वह···।'

उस रात ऐसी ही बातें हुईं। ऐसी बातें उनके बीच बराबर होती रहती थीं। ऐसे अवसर पर इन्द्रमाया पीताम्बर के संकोच को समझती थी और करुणार्द्र होकर पुरुष-हृदय के अभिमान को सांत्वना देती थी। उसकी बातें सीधे उसके मन से निकलतीं—बनाई हुई बातें नहीं होती थीं। वह एकांत में बैठकर प्रेम की भावना को खोलकर देखना चाहती थी। और, उसको लगता था कि पुरुष की अपेक्षा नारी को प्रेम की अधिक आवश्यकता होती है। उसने अपने हृदय की अलंघनीय-अभियाचना को समझा था। प्रेम का यह सम्बन्ध स्थापित करने के लिए—पुरुष होकर पीताम्बर के पहल करने के बदले, स्वयं नारी होकर उसने क़दम बढ़ाया था—इसके लिए भी उसको लज्जा की भावना का अनुभव नहीं होता था। प्रेम में पहला क़दम नारी को ही आगे बढ़ाना होता है। और, जीवन-पर्यन्त इस प्रथम-चाल-से स्थापित किये गये सम्बन्ध में—नारी को ही अगुआ होकर रहना पड़ता है। यह प्रकृति है; ऐसा ही है नारी-स्वभाव !

पीताम्बर के अपने समाज में वह पूर्ण रूप से स्वीकृत हो चुकी थी। आखिर, पीताम्बर का समाज—राजनैतिक साथियों के समाज से विस्तृत ही कहाँ था ? उसके माँ-बाप, भाई-बहन कोई नहीं थे। पहाड़ में चाचा-भतीजे वगैरह होंगे। किन्तु, शहर आने के बाद इन नाते-रिश्तों की रक्षा, आपसी आदान-प्रदान अथवा पत्र-व्यवहार से, न तो पीताम्बर ने और न उसके पहाड़ के सम्बन्धियों ने ही की थी। अतः ऐसी अवस्था में पीताम्बर को 'टूअर'[1] ही कहा जा सकता था। किन्तु, शहर में उसके कुछ इष्ट-मित्र थे—स्कूल-कॉलेज के सहपाठीगण; और उसका समाज, सही अर्थों में राजनैतिक कार्यकर्ताओं का जमात ही था। इस समाज में इन्द्रमाया अपना स्वाभाविक स्थान पा चुकी थी, इसी में घुलमिलकर वह मग्न थी। पीताम्बर के सहकर्मियों ने भी उसे विभिन्न नाते और सम्बन्धों के सूत्र में बाँध लिया था। कोई दीदी कहता, कोई 'भाउजू'[2] और, अगर कोई वयस्क हुआ तो, वैनी[3] और 'छोरी'[4] भी कहता। पीताम्बर की तो वह पत्नी ही थी। इसीलिए, नेवार वैश्य-समाज के एक परिवार की मिट्टी से उखाड़ी गई इन्द्रमाया—इस नये समाज की भूमि में तुरन्त ही जड़ जमाकर, इस समाज के अपने वातावरण के अनुसार पनपती और बढ़ती गई। और, अन्त में उसे लगने लगा था कि यहाँ की माटी और हवा-पानी ही उसके लिए अधिक स्वाभाविक हैं।

साथियों को भी इन्द्रमाया के हृदय ने, उनकी उम्र, आचरण और स्वयं अपने ही हृदय के आग्रह से विभिन्न सामाजिक संबंधों की संज्ञा देकर, अपने निकट कर लिया था। वह किसी को भाई कहती और जिसे भाई कहकर पुकारती, वह उसके हृदय द्वारा ग्रहण की गई भावना का रूप होता। किसी को भैया, किसी को देवर, किसी को काका और किसी को बाबा कहकर—अपने हृदय द्वारा ग्रहण किये गए भावनात्मक नाते के अनुसार—संबोधित करती। केवल रमेश के बारे में

---

1. अनाथ; 2. भाभी; 3. बहन; 4. बेटी।

उसकी भावना अस्पष्ट थी। उसको किसी सामाजिक सम्बन्ध के स्पष्ट दायरे में वह नहीं रख पाती। वह, उसे औरों से बढ़कर प्यार करती और क्योंकि वह पति का भी सर्वप्रिय साथी था, इसलिए अस्पष्ट रूप से उसको 'देवर' के रूप में पाना चाहती थी। एक-दो बार देवर कहकर उसको पुकारा भी था, उसने। किंतु, न जाने क्यों, यह संबंध उसके हृदय की भावना की पूरी व्याख्या नहीं कर पाता था। रमेश भी इन्द्रमाया के प्रति विशेष अनुराग रखता था–यह, उसके अप्रस्तुत आचरण से सिर्फ इन्द्रमाया ही समझती थी। इससे इन्द्रमाया घबराती। उसे लगता–सामाजिक संबंध के अनेक कोष्ठ में न बैठने की भावना शायद वांछनीय नहीं है। इससे अधिक दोषबोध इन्द्रमाया को नहीं था। रमेश आता तो उसे अच्छा लगता और इन्द्रमाया जब भी आग्रह करती, वह उसे अमान्य नहीं कर सकता और वहीं रात गुज़ारता। इसमें किसी प्रकार की अस्वाभाविकता नहीं थी, क्योंकि वह पीताम्बर का भी, सबसे बढ़कर, प्रिय साथी था।

इन्द्रमाया ने करवट बदली और एक हल्का निःश्वास उसके मुँह से निकल पड़ा। प्रेम के लम्बे अनुभव में–जिसमें, कम-से-कम अपनी ओर से चरम आत्मोत्सर्ग भी निहित है–उसे लगा, स्त्री-पुरुष का संबंध, प्रेम की प्रगाढ़ता में कितना भी पगा क्यों न हो, अपने-अपने विभिन्न स्वभाव और आवश्यकता के कारण निरंतर तनाव की स्थिति में रहता है–कसी हुई, तुनुक स्थिति में...।

एक दिन, ईर्ष्या की कडुवाहट को छलकाते हुए, पीताम्बर ने रसोईघर में आकर कहा था–'साथियों के जमात में तुमको बहुत आनन्द आता है। है न ?'

पीताम्बर के स्वर की किंचित् अस्वाभाविकता की आँच, इन्द्रमाया के हृदय को लगी थी। किंतु, सरलता के साथ उसने उत्तर दिया–'मेरा समाज ही यही है। इस समाज में मैं रम चुकी हूँ।'

पीताम्बर ने अपनी विषाक्त भावना को और भी स्पष्टतर करते हुए कहा–'क्यों न रमे ? इतने पुरुषों के समाज में मात्र तुम ही तो एक नारी हो। इसलिए, तुम्हारा मूल्य–तुमको लगता है–अधिक है। क्यों ?'

साथियों के लिए चाय बनाती हुई इन्द्रमाया तनिक थम गई और पीताम्बर की विकृत मुखमुद्रा को देखने लगी। फिर, एक क्षण के बाद बोली–'छिः छिः, क्या कहते हो, पीता ? क्या वे मेरे 'दाजू-भाई'[1] नहीं ?'

सलज्ज चेहरा लेकर पीताम्बर रसोईघर से बाहर निकला। इन्द्रमाया, चाय बनाकर एक बड़ी-सी किश्ती में चाय के सामान सजाकर, साथियों की बैठक में पहुँचा आई। उसके बाद अपने कमरे में आकर, पुरुष-नारी के प्रेम के संबंध में सोचने लगी।

पीताम्बर का आज का यह व्यवहार उसे तनिक भी अच्छा नहीं लगा। पहले भी, एक-दो बार साथियों के साथ उसके 'हेलमेल' को लक्ष्य कर पीताम्बर ने दिल्लगी

---

1. दाजू=भाई। भाई=छोटा भाई, भैया।

की थी–'इन्द्रा के पाँव आजकल धरती पर नहीं हैं। 'दीदी', 'बहन', 'भाभी' आदि पुरुषकंठ के सम्बोधनों ने उसके पंख लगा दिये हैं।'

इन्द्रमाया ने भी हँसकर जवाब दिया था–'उनमें एक और भी पुरुषकंठ मिला हुआ है, जो कहता है–'इन्द्रा, मेरी प्यारी !' और, इसी सम्बोधन ने, सबसे दूर, ऊँचे आकाश में पहुँचने के योग्य पंख उसे प्रदान किये हैं।'

एक-आधा बार उसने भी परिहास में पीताम्बर की चुटकी ली थी–'और तुम ? शहर की अनेक लड़कियों की आँखों में बसने लगे हो न ?'

पीताम्बर ने हँसकर बात टाल दी थी। वास्तव में, इन्द्रमाया ने उसके सम्बन्ध में इस तरह की बहुत सारी बातें सुनी थीं। रमेश जब उसे अकेली पाता तो, कहता–'भाउजू ! पीताम्बर भैया पर ज़रा नज़र रखना। इधर-उधर छुट्टा घूम रहे हैं !'

पीताम्बर की महिला-मित्रों के बारे में रमेश, अक्सर मौका देखकर, बातें करता। इन्द्रमाया को इन बातों का पता था। कौन नारी अपने पुरुष के ऐसे आचरण से अनजान रहती है ? किंतु, ईर्ष्या की भावना उसके हृदय में कभी भी नहीं जगी। केवल लगता था–उसके प्रेम के आत्म-समर्पण में अब भी कोई कमी रह गई है। निरंतर देते रहने की प्रक्रिया में, आत्मसमर्पण करते हुए उसके हृदय में, ईर्ष्या को जगह नहीं मिल पाई थी।···

किंतु, आज पीताम्बर की इस तरह चुभनेवाली नुकीली बातों से इन्द्रमाया बहुत व्यग्र हुई और बैठक में चाय पहुँचाकर अपने कमरे में लौट आई। वह सोचने लगी–निश्चय ही पीताम्बर ईर्ष्या से उत्पीड़ित है। क्या पुरुष-हृदय ईर्ष्या के कड़वे-तीते चाट में ही प्रेम का स्वाद पाता है ? ईर्ष्या का कोई कारण न होने पर भी, क्या वे काल्पनिक संदेह को उभार-उभारकर पीड़ित होते हुए प्रेम का स्वाद लेते हैं ? हाय ! पुरुष-हृदय 'वंचितता' से कितना आक्रान्त हो सकता है ? और, आक्रान्त इसलिए कि नारी की तरह आत्म-समर्पण द्वारा वह परिपूर्णता अर्जन नहीं कर सकता।

उस दिन पुरुष-प्रेम और नारी-प्रेम के भिन्न स्वरूप पर इन्द्रमाया ने गौर किया।··· पुरुष-स्वभाव और नारी-स्वभाव की भिन्नता, प्रेम के रूप में भी भिन्नता ले आती है। पुरुष स्वभाव से ही शासक होता है। उसकी स्थिति ही 'आरोहण' की है; इसलिए वह अपने को निरन्तर 'आरूढ़' देखना चाहता है। मात्र ऐसी ही स्थिति में उसका सम्मान, उसकी प्रतिष्ठा और उसका पुरुषत्व सुरक्षित रह सकता है–ऐसी उसकी धारणा बन जाती है। मान-अपमान की ईर्ष्यालु दृष्टि सदैव सतर्क रहती है उसकी–कहीं किसी की स्पर्धा के कारण उसकी 'पदहानि' तो नहीं हो गई ? अविश्वास, संदिग्धता और ईर्ष्या के सलाकों में वह हमेशा अपने को बिद्ध पाता है। हमारा–अर्थात् नारी जाति का–आचरण ठीक उल्टा होता है। हम तो समर्पण करना मात्र जानती हैं; समर्पण करना–अर्थात् नीचे पड़ी रहना···। हमारी स्वाभाविक स्थिति प्रकृतितः आरोहक की याचना करती है। इसलिए, हमारे प्रेम में दंभ ही कहाँ है ? उसमें अधिकार की चाहना ही कहाँ है, जिसकी सशंकित

दृष्टि अपनी अधिकार-सीमा की रक्षा के लिए सतत जागरूक रहती है–रात-दिन पहरे पर बैठे हुए प्रहरी की तरह ! इसमें ईर्ष्या असंगत है। पुरुष में यदि ईर्ष्या नहीं हुई तो उसका स्वाभाविक आकर्षण ही लोप हो जाता है। इस तरह की चिंता करती हुई इन्द्रमाया को लगा कि पीताम्बर की ईर्ष्या उसके प्रेम का प्रमाण है–जो प्रेम मुझ पर पुरुष के शासनाधिकार का दावा बार-बार करता है।

इन्द्रमाया को कुछ क्षण आंतरिक संतोष मिला कि पीताम्बर की ईर्ष्या का फण इसलिए फुफकार उठा है कि उसके प्रेम का अधिकार अक्षुण्ण रहे और अकुण्ठित भी। उसने अपने प्रेम की सिद्धि भी इस बात में पाई कि उसका प्रेम उत्सर्गमय होने के कारण ईर्ष्या-शून्य है। यदि पीताम्बर के बहुनारी-प्रयोजन से उसके हृदय में प्रतिहिंसा नहीं जगती तो, यही तो है नारी का अपना स्वभाव, स्वधर्म !!

फिर भी, सिर्फ एक महीन बात, इन्द्रमाया की–पति-पत्नी की–पूर्णांग सुन्दरता में छोटी-सी 'खोंट' रच रही थी। वह सूक्ष्म बात थी–उसके हृदय में मधुर स्वर में बजनेवाली, रमेश की यह आग्रहवाणी–'तो मैं कहाँ हूँ ? सम्बन्ध के किस स्तर पर ?' रमेश को किसी निश्चित सम्बन्ध-सूत्र में नहीं गूँथ पाने के कारण, उसको अपने हृदय में स्वेच्छा से आने-जाने की छूट देने के कारण, यदि पति में ईर्ष्या का भाव जाग्रत हुआ हो तो, ये सारी बातें उसके आत्म-समर्पण में भी बाधा उपस्थित कर सकती हैं। कहते हैं 'खोंट' लगी बलि को देवी ग्रहण नहीं करती। तो, क्या किंचित् ही सही–भावना की अनदेखी सुदूर सीमा पर कहीं से छोटे-से प्रथमाक्रमण के बावजूद–किंचित् 'खोंट' लगा हुआ समर्पण पूर्ण हो सकता है ? क्या उसकी सिद्धि में कभी पूर्णता आ सकती है ?

इन्द्रमाया ने उस दिन एकदम तटस्थ होकर निर्णय किया था कि उसका हृदय कुछ हद तक कलुषित हुआ है; कुछ हद तक उसका प्रेम अपूर्ण ही रह गया है; एक सीमा तक–पीताम्बर के हृदय में ईर्ष्या का अग्नि-बीज इन्द्रमाया का ही बोया हुआ है। प्रणय-व्रत, यदि मनसा, वाचा, कर्मणा एक ही साथ पालन करना होता हो तो इन्द्रमाया को अपनी सफाई में इतना ही कहना है–'हे भगवान, वाचा और कर्मणा मैं व्रत में एकनिष्ठ हूँ। केवल मनसा का एक छोटा कोना धूमिल हुआ है, जिसके लिए मैं स्वयं अपने को दण्डित होती पा रही हूँ। दण्ड-स्वीकार के बाद दोषमुक्त होती हुई, मनसा के किंचित् अपराध के लिए निरंतर दण्ड सहकर, मैं अकलुषित हो रही हूँ।'

इन्द्रमाया को एक दूसरी बात भी लगी थी··· शायद पीताम्बर का बहुस्त्री सम्बन्ध–पुरुषाधिकार की सीमा की बात होते हुए भी–मेरी इस छोटी-सी गलती को, मन के भीतर जमी काई के पतले परत को, अपनी सहृदयता से क्षमा का आवरण ओढ़ा दे !

इस प्रकार विचारों का ताना-बाना रचती हुई वह बहुत देर तक कमरे में बैठी रही। साथी लोग चाय पीकर, बहस समाप्त कर चलने की तैयारी में लगे–'क्यों दीदी, आज दिखलाई नहीं पड़ीं ?'.. 'चाय लाते समय आज इस तरह बुझी-बुझी-सी

क्यों लग रही थी, भाउजू ?'··· और रमेश के विशिष्ट स्वर में–'क्यों, भाउजू ?' प्रश्नवाची वाक्य उसके कमरे से भी सुनाई पड़ा। उसने सदा की भाँति, दरवाजे के पास तक जाकर, सभी साथियों को मुस्कुराकर विदा किया।

इस प्रकार इन्द्रमाया का जीवन बीत रहा था !

और, एक रात ऐसी एक घटना घटी··· !

उन दिनों दल के राजनैतिक काम बहुत बढ़ गये थे। सभी कार्यकर्ता व्यस्त थे। घर में पहले की तरह भीड़-भाड़ नहीं होती, बहस तो एकदम ही बन्द थी। कभी-कभार इक्का-दुक्का साथी आते; पीताम्बर भी ज़्यादातर बाहर रहता। अथवा घर आने पर भी बहुत जल्दबाजी में होता और उसका मिजाज़ यों ही गर्म रहता। उसके ऐसे मिजाज़ को देखकर इन्द्रमाया समझती कि यह काम के 'चाप' का परिणाम है। पीताम्बर के व्यवहार में भी वह हर घड़ी शुष्कता का परिचय पाती। उसको अधिकतर अकेली ही घर में रहना पड़ता और आलस्य से इधर-उधर समय काटना पड़ता। कि, एक दिन एकांत के बोझिल वातावरण में, घुटती हुई अवस्था में उसे अचानक ख़याल हुआ कि अब तक वह संतानवती नहीं हो सकी है। पति के प्रेम से फुर्सत नहीं पाई हुई नारी को आज एकांत में–फुर्सत की घड़ी में–एक बहुत बड़ी 'वंचितता' का अनुभव हुआ। उसने हठात् एक बड़े अभाव की शून्यता का विकराल मुख अपने अंतर्हृदय में बाया हुआ देखा। इतने आनन्द और चहल-पहलभरी ज़िन्दगी के बीच, इतने दिनों से वह एक महान् प्राप्ति से हीन ही रही है, अचानक उसे ऐसा लगा। चहल-पहल के रुकते ही, 'वंचितता' का शून्य-मात्र बाकी बचा हुआ था आज !

क्यों ऐसा हुआ है ? नारीत्व की किस त्रुटि के कारण अब तक वह माता नहीं बन पाई है ? पेट पर हाथ रखकर उच्छ्वसित स्वर में उसने अपने को कहा–'किस बात की त्रुटि रह गई है यहाँ ?'··· हाँ, इधर बहुत दिनों से, पीताम्बर के साथ का प्रणय-विलास खण्डित-ही-खण्डित हो रहा था। पता नहीं क्यों, पीताम्बर शारीरिक सम्बन्ध से क्रमशः विरत होता जा रहा था। आज उसको लगा··· कि, क्या जननी नहीं हो सकने के कारण ही तो पीताम्बर उसको दण्डित नहीं कर रहा ? प्रेम के सम्बन्ध की ऐसी विडम्बना ? यदि यह बात सत्य हो तो, अपने लक्ष्य की प्राप्ति में उदासीन रहकर, प्राप्य वस्तु के शीघ्र उपलब्ध होने की आशा क्यों कर रहेगी ? सहयोग का हाथ खींचकर, प्राप्य कैसे उपलब्ध हो सकता है, पीताम्बर ?

इन्द्रमाया को आज इन सब बातों की याद आती रही, जब पुरुषों का दल अपने काम से बाहर व्यस्त था और घर के भीतर एक नारी काम के बिना छटपटा रही थी। आज यह सूना घर मानो बालक की तोतली बोली की माँग कर रहा है। मानो घर की निस्तब्धता में बालक के डगमग कर चलते हुए जीवन की कामना व्याप्त थी। इन्द्रमाया को लगा–हाय ! आज तक अपने गर्भ के बालक को गुदगुदाकर

'खेला' नहीं पाई !

इस तरह इन्द्रमाया पश्चात्तापमय-वंचितता के आघात से शिथिल होती जा रही थी कि अचानक दरवाजा खुला और पीताम्बर ने प्रवेश किया। साँझ का झुटपुटा अंधकार घना हो चुका था। इन्द्रमाया ने बत्ती नहीं जलाई थी। धूमिल प्रकाश में पीताम्बर के थके हुए चेहरे को देखकर, वर्तमान के अभाव की शून्यता से उच्छ्वसित होती इन्द्रमाया, प्रेमिका की वाणी में बोली–'प्रियतम !'

पीताम्बर ने शुष्क उत्तर दिया–'यह कैसी कुसमय की रागिनी है ?'

पीताम्बर के उत्तर ने सहसा इन्द्रमाया को झकझोर दिया। अभी तुरत की संवेदना की भावना हठात् लोप हुई। वह बोली–'पीता ! शरीर सह न सके इतना परिश्रम क्यों करते हो ? ज़रा अपने को देखो, सूखकर क्या हो गये हो ?'

पीताम्बर ने, उतने ही शुष्क स्वर में जवाब दिया–'घर में पहले 'साँझ-बाती' तो पड़े, तभी कोई अपने को देख सकता है कि वह कितना दुबला हो गया है।'

इन्द्रमाया तुरत उठकर बत्ती जलाने गई। जाते-जाते उसने मन-ही-मन संकल्प किया–आज किसी भी हालत में पीताम्बर के मिजाज़ को बिगड़ने नहीं देगी वह। निःसन्देह, पीताम्बर को विश्राम की आवश्यकता है–घर आने के बाद नन्हे स्नेह-स्पर्श की भी ! वह स्वयं भी बहुत दिनों से प्रेम के मधुर स्पर्श से वंचित होकर पड़ी थी। आज दिन-भर अनुभव की गई शून्यता और वंचितता के कारण वह प्रेम के स्पर्श के लिए आतुर हो उठी थी।

कमरे के टेबिल पर बत्ती रखकर उसने पीताम्बर से कहा–'अभी तुरत पानी गरम कर देती हूँ। मुँह-हाथ धो आओ। रसोई भी शीघ्र तैयार कर देती हूँ। आज कहीं बाहर जाने की जरूरत नहीं, और ! रात घर में ही बितानी होगी···।'

पीताम्बर कोट उतारने लगा। इन्द्रमाया रसोई-पानी की तैयारी में लगी।···

बीते हुए लम्बे समय के बीच, उस रात की याद करके आज इन्द्रमाया को लगता है–उसी रात ने उसके जीवन के एक परिच्छेद को समाप्त किया था। उस रात के बाद वाली सुबह से उसके जीवन का नया अध्याय आरम्भ हुआ। जीवन के प्रथम खण्ड पर पटाक्षेप करनेवाली वह रात, क्या सुख और सन्तोष के कारण स्मरणीय है, आज ? सुख और सन्तोष ? नहीं, उनके स्थान पर पति-पत्नी के बीच तनाव और कसक मात्र !···

पत्नी, पति को भोजन कराने के बाद, स्वयं खाकर, घर के और कामों को निबटाकर–पति को साग्रह सोने के कमरे में ले गई। पति ने कहा–'आज मैं बुरी तरह थका हुआ हूँ।'

इन्द्रमाया ने देखा, सचमुच पीताम्बर क्लांत है। किंतु सत्य का दर्शन, शरीर और मन के आग्रह को टाल सकता है, क्या ? चित्त समझ सकता है, सांत्वना भी मिल सकती है। किंतु, शरीर और मन तो–एक क्षण के लिए ही सही–क्षुधामय ही रह जाते हैं।··· इन्द्रमाया, पीताम्बर के क्लांत शरीर को हौले-हौले हाथों से 'टीपने' लगी और बात का सिलसिला शुरू करने के उद्देश्य से बोली–'आज दिन-भर बड़ा

सूना-सूना-सा लगा मुझे।'

पीताम्बर ने केवल एक छोटा-सा 'हूँ' कहा। इन्द्रमाया बोली–'तुम पुरुषों को बाहर के अनेक काम रहते हैं। व्यस्त रहते हो। इसलिए, घर का सूनापन कितना विरक्तिपूर्ण लगता है, तुम नहीं समझ सकते।'

पीताम्बर चुप होकर सुनता रहा।

इन्द्रमाया आगे बोली–'घर में बाल-बच्चे होते तो फिर सूनेपन का कोई सवाल ही नहीं था।'

पीताम्बर ने अनावश्यक उत्तेजना में कहा–'तुम्हीं हो न, आँखों को अच्छी तरह खोलकर, इस जीवन को ग्रहण करने के लिए, मेरे घर आनेवाली ?'

इन्द्रमाया बोली–'हाँ, और इसके लिए मुझे रत्ती-भर भी पश्चात्ताप नहीं। फिर भी, तुम इस तरह प्रेम की ज़िम्मेदारी मुझ पर सौंपकर पश्चात्ताप का स्वर निकालते हो। क्या तुमको पछतावा हो रहा है ?'

इन्द्रमाया को बुरी तरह ठेस लगी थी। बलपूर्वक वह आँसू रोक रही थी।

पीताम्बर ने थोड़ा नरम होकर कहा, "मैंने वैसा कब कहा है ?··· लेकिन, घर में बाल-बच्चे नहीं हुए तो इसके लिए मुझे क्या सुना रही हो ?··· हो सकता है, तुममें ही कोई ऐब हो··· वंध्या···।'

इन्द्रमाया मृदु स्वर में बोली–'सन्तान, पति-पत्नी के सम्मिलित सहयोग की सुन्दर रचना है। यहाँ वह सहयोग है कहाँ ?'

पीताम्बर ने करवट लेते हुए कहा–'आज मैं बुरी तरह से थका हुआ हूँ।'

इन्द्रमाया उसके शरीर को हल्के हाथों से 'टीपती' रही। शरीर को आराम मिलते ही पीताम्बर को नींद आ गई। इन्द्रमाया बहुत देर तक उसके शरीर को 'टीपती' रही। रात-भर उसे नींद नहीं आई; छत की कड़ियों को टकटकी लगाकर देखती हुई वह जगी रही। आँखें कभी-कभी आँसुओं से डबडबा आतीं।··· पीताम्बर शायद बहुत दिनों से अच्छी तरह सो नहीं पाया था; खूब मस्त होकर सोया रहा। इन्द्रमाया को लगा, बगैर सोये हुए भी रात गुज़र जाती है। और, कब उजाला हो कि वह घर के काम में जुट जाय ! इस प्रकार निराशा में वह प्रभात की प्रतीक्षा कर रही थी कि नीचे बगीचे में कोलाहल सुनाई पड़ा। जब तक यह समझ में आये कि क्या हो रहा है, मिलिटरी के सिपाही घर में भर चुके थे। फर्श पर अनेक बूटों की सम्मिलित आवाज के साथ–उसके कमरे के दरवाजे पर जोर का धक्का लगा।···

इस तरह रात बीतते-न-बीतते पीताम्बर बन्दी हुआ। रात-भर की कटुता, निराशा और क्षोभ सबकुछ सुबह की हलचल और आन्दोलन में एकदम बिला गये, मानो।··· अब सारी बातों को छोड़कर, बन्दी हुए पीताम्बर की सुविधाओं की व्यवस्था करना उसका प्रथम कर्तव्य हुआ।

इन्द्रमाया के जीवन का दूसरा परिच्छेद, दूसरा मोड़, इसी उद्योग से प्रारम्भ होता है !!

दो

जिस दूसरे निर्णय के बारे में इन्द्रमाया को आजकल बार-बार स्मरण हुआ करता है, वह था–रमेश के सम्बन्ध में उसके द्वारा लिया हुआ निर्णय। प्रौढ़ा के वार्धक्योन्मुख शरीर और मन की शिथिलता के कारण, आजकल जब वह अपने बीते हुए जीवन पर दृष्टिपात करती है तो उसे कभी-कभी लगता है कि जिस बात को वह तनाव की अवस्था के अहंकार में मेरा अपना स्वयं का निर्णय है कहती थी, शायद वह स्वेच्छा से लिया गया निर्णय नहीं था। शायद पग-पग पर लिये गये निर्णयों की शृंखला का काल-माप है जीवन। जीवन-पथ पर बढ़ता हुआ हर क़दम एक निर्णय के साथ उठता है। किंतु, आज का अलस मन, स्वत्व की वैसी महिमा को स्वीकार करने का 'जाँगर' नहीं बटोर सकता शायद। इसलिए भी, तृतीय प्रहर की इस उदास लगती-सी शून्य घड़ी में, बिछावन पर लेटी-लेटी इन्द्रमाया सोचती है–उसके द्वारा लिया गया 'निर्णय'–मानो नियति के द्वारा बनाये गये पथ पर–आगे बढ़ने की तरह है। नहीं तो, उस समय मात्र रमेश क्यों उसके सामने पड़ा और क्यों उस दुर्दिन में वही मात्र उसके काम में आनेवाला व्यक्ति बनता गया ? इतना ही नहीं, पीताम्बर के साथ प्रेममय सहवास के समय भी रमेश को अत्यधिक स्नेह से दिया जानेवाला स्थान–उसके मन ने अपने हृदय में, दे ही रखा था। यदि पीताम्बर बन्दी नहीं होता और यदि इन्द्रमाया का जीवन भी इसी तरह विशृंखल न हुआ होता तो–हो सकता है–उसके मन के उस छोटे कोने से रमेश कभी भी बाहर नहीं आता। क्या नारी अपने हृदय में वैसे अनेकानेक अग्निबीजों को, बाह्य जगत के वायुस्पर्श से जीवन-भर 'जुगा' कर चिता में अपने साथ ही, अग्नि में समर्पण नहीं करती ? उसे यह नहीं लगता कि पीताम्बर को बन्दी होना ही पड़ता और हृदय के उस अग्निबीज को–इसके बाद के अस्त-व्यस्त जीवन में–वायु के गहरे स्पर्श का अवसर मिलता ही। इसीलिए इन्द्रमाया को आजकल लगने लगा है कि कहने को तो मनुष्य ही निर्णय लेता है, किंतु नियति द्वारा निर्देशित मार्ग पर चलने का 'निर्णय'। उसका निर्णय भवितव्य के सेवक के रूप में प्रकट होता है। इन्द्रमाया ने, जिस निर्णय के आधार पर 'रमेश को स्वीकार किया'–कहा था–वह तो स्वीकार कर लेने के बाद की अभिव्यक्ति मात्र था। जैसे, प्रेम में पड़ जाने के बाद यह कहना कि अब मैं प्रेम करूँगा। पीताम्बर के रहते हुए ही वह इस राह पर चल चुकी थी और बार-बार उसको, इसके लिए संकोचबोध भी हुआ करता था।

लेकिन, साथ ही भवितव्य अथवा नियति के कन्धे पर उत्तरदायित्व का जुआ डालकर भी तो निश्चिन्त होने का अनुभव इन्द्रमाया को नहीं होता। वह इस तथ्य को स्वीकार करना नहीं चाहती, कि उसका 'निर्णय' निर्णय ही नहीं। कि वह जीवन के अनेकानेक मार्गों के बीच, अपनी इच्छा से वरण किये हुए पथ से भिन्न और

किसी राह पर चल ही नहीं सकती थी। कि जीवन में भोगते आए सुख-दुख, उसकी अपनी ही रचना नहीं। कि इन्द्रमाया दूसरी इन्द्रमाया नहीं हो सकती थी, इत्यादि। माँ-बाप के आग्रह को नहीं टालती तो क्या उसका जीवन दूसरा ही मोड़ नहीं ले लेता ? क्या वह भी अपनी बहनों की तरह एक मध्यवित्त परिवार की नारी के रूप में रूपान्तरित नहीं होती–जिसके जीवन को, समाज के नियम और विधियों के द्वारा कुछ अंश में पूर्वनिश्चित कर दिया गया होता और जिसकी सन्तान-सन्तति से घर भरा-पूरा होता तथा सभी इष्ट-मित्र, नाते-रिश्तेदार जिसको 'भाग्यमानी' नारी कहते ? समाज के संरक्षण में बढ़ते और पलते हुए जीवन को क्या इन्द्रमाया ने स्वेच्छा से ही नहीं छोड़ा ? इन्द्रमाया को विश्वास था–हाँ, उसने स्वेच्छा से ही उस जीवन को छोड़ा है और उस 'निर्णय' के लिए आज उसे पछतावा भी नहीं है।

पर, निर्णय के भी भिन्न-भिन्न स्वभाव-गुण होते हैं और निर्णयों की कठोरता का कारण है–मनुष्य द्वारा निषेधाज्ञा का उल्लंघन करने की प्रवृत्ति ! समस्त कठोर निर्णय–निषेधाज्ञा के उल्लंघन रहे हैं। इन्द्रमाया का पहला निर्णय, समाज के निषेध की अवज्ञा–'मैं समाज को नहीं मानती, पीताम्बर को वरण करूँगी।' किंतु, ऐसे क़दम जितने भी कठिन हों, फिर भी दूसरे किस्म के निर्णयों की तुलना में ऐसे निर्णय सहज संभव होते हैं। क्योंकि ऐसी निषेधाज्ञा देनेवाले तत्त्व, अपने से बाहर के तत्त्व हैं, जिनके विरोध में अपने को खड़ा करना अच्छा लगता है। विजय अथवा पराजय के परिणाम की कल्पना से द्वन्द्व की कठिनाई नहीं उपस्थित होती। प्रतिद्वन्द्वी कैसा तत्त्व है, किसके मुकाबले में खड़ा होना पड़ा है, ये ही प्रश्न, द्वन्द्व की कठिनता अथवा सुगमता निर्धारित करते हैं। समाज-तत्त्व जो भी हो, अपने से बाहर का तत्त्व है। उसके विरोध में खड़ा होते हुए पराभूत की आशंका निश्चय ही होती है; किंतु समाज, बाहरी तत्त्व होने के कारण, अन्यदेशीय है–जिसका अवांछनीय हस्तक्षेप, अपने जीवन में ऐसा शत्रुभावापन्न-सा लगता है–जैसा किसी विदेशी शत्रु के अपने देश पर हमला करने पर। आक्रमणकारी शत्रु के विरोध में, आदमी क्या परिणाम का लेखा-जोखा करके ही खड़ा होता है ? इन्द्रमाया को लगा–बाहर के दुश्मनों से जूझना आसान है। आक्रमणकारी कुचक्री शत्रु के साथ युद्ध का निर्णय लेना कठिन होते हुए भी–दुष्कर नहीं।...

परन्तु, जीवन में ऐसा भी निर्णय लेना पड़ता है, जिसमें 'स्व' के ही किसी-न-किसी अंश से युद्ध की घोषणा करनी पड़ती है। 'रमेश के साथ घनिष्ठता स्थापित नहीं करनी है'–हृदय की ऐसी निषेधाज्ञा, परम्परागत मान्यताओं के द्वारा हृदय में जमाकर बैठाये गये सामाजिक विश्वास और आस्था का ही एक रूप है। इसलिए यह भी विदेशी तत्त्व है–ऐसा मान लेने पर भी, हृदय में जड़ जमा लेने के बाद वह सामाजिक आस्था, किसी-न-किसी अंश में अद्‌भुत शक्ति सम्पन्न होकर, प्रतिद्वन्द्विता के लिए खड़ी होती है। आंशिक रूप में होते हुए भी, इस तरह का निर्णय, अपने विरुद्ध उठाये गए क़दम जैसा है। कुछ हद तक, अपने ही साथ लड़ने को उद्यत होना

है–ऐसा निर्णय ! सामाजिक नियम के विरुद्ध खड़ा होने से, न जाने कितना अधिक दुष्कर है अपनी आस्था के विरुद्ध खड़ा होना। हृदय की ऐसी आस्थाएँ समाज की तरह पृथक तथा अन्यदेशीय नहीं होतीं जिसके प्रति प्रतिकूल निर्णय लेते हुए भावाभिभूत होना पड़े–एक प्रकार की तटस्थता के साथ, निर्णय लिया जा सकता है–मन को चौकस रखकर–अपने को खण्डित न करके··· । कहाँ ? सुगमता उसे कहाँ मिली, जब उसने रमेश को स्वीकार किया ? यदि वरण में प्रथम क़दम का उत्तरदायित्व है तो, शायद स्वीकार में वैसा उत्तरदायित्व नहीं है, क्या ?··· वरण और स्वीकृति–दोनों अवस्था में परिणति-सादृश्य होते हुए भी–सहवास, सहभोग, सहयोग यदि दोष हों तो–स्वीकृति में प्रथम क़दम की ज़िम्मेदारी निहित न होने के कारण, यह दोष समर्थन में क़दम बढ़ाने का दोष मात्र है। पीताम्बर के पास पहुँचने के लिए इन्द्रमाया ने प्रथन क़दम बढ़ाया था। वह पीताम्बर को मिली थी–जाकर। इसलिए यदि दोष हो भी उसका तो प्रथम अंश की ही वह भागी है। पीताम्बर तो उसके द्वितीय अंश का अभिसंगी मात्र है। संभव है, इसीलिए उस सम्बन्ध से प्राप्त आनन्द, सुख, महिमा, गरिमा के भी प्रथम अंश में वही अधिकारिणी हुई। और, पीताम्बर सम्बन्ध की उत्कृष्टता के दूसरे अंश मात्र का भागी हो सका।··· रमेश के संग के सम्बन्ध में, इन्द्रमाया को लगता है, उसकी अपनी स्थिति उल्टी थी। इसमें उसने प्रथम क़दम नहीं बढ़ाया–सिर्फ अपने को, रमेश के द्वारा, 'पा' लेने दिया। क्या प्रतीक्षा में बैठी रहकर अपने को पा लेने देना 'दुरुत्साहन' नहीं है क्या ? हाँ, इन्द्रमाया अपने को, उतने अंश में दोषी मानती है।···

इधर, इन्द्रमाया को एक और बात का भी बड़ा गम्भीर अनुभव हो रहा था। पीताम्बर और अपने सम्बन्ध में, वह कभी भी दोष के संदर्भ में अपने को नहीं देखती थी। हाँ, मन में बातों को सुलझाते समय, प्रथम चाल की ज़िम्मेदारी का प्रश्न उठते ही, तर्कगत वाक्य उसके मन में मुखर हो उठता–'दोष हुआ··· ।' पीताम्बर के साथ निजी सम्बन्ध में दोष या पाप की अनुभूति तो उसे कभी भी नहीं हुई। किन्तु, रमेश के सम्बन्ध में रह-रहकर दोष का भाव जाग्रत होता था–पापबोध ! और, तब इन्द्रमाया को लगता कि पाप, 'स्व' के विरुद्ध करनेवाली कार्रवाई में उठनेवाली भावना है, जो कार्रवाई करने के लिए जीवन मनुष्य को बार-बार बाध्य करता है। ऐसी भावना उत्पीड़क होती है, आहत शरीर को पहुँचनेवाली पीड़ा जैसी !···

इसीलिए तो, पति और पुत्री में से एक को चुनते समय इन्द्रमाया अपने को दो टुकड़ों में बँटी हुई-सी अनुभव कर रही थी। वह निर्णय कितना दुस्सह था और उसकी पीड़ा कितनी दुर्दमनीय ! पुत्री को चुनकर उसने अपने जीवन का तीसरा निर्णय लिया था।··· हे परमपिता परमेश्वर ! क्यों तुमने मेरी ऐसी भीषण अग्नि-परीक्षा ली ? क्यों पति और पुत्री, दोनों को अपने साथ न रखने योग्य बनाकर मुझे जन्म दिया ? क्यों मुझे ऐसा भीषण निर्णय लेने को बाध्य होना पड़ा ? क्या

मैं उस निर्णय के कारण एकदम खण्डित नहीं हो गई ? उस निर्णय के बाद मैं एक अर्धनारी के अतिरिक्त और क्या रह गई ? मात्र माता ? नारीत्व के दो तत्त्वों में मुझे 'पत्नी-तत्त्व', 'प्रिय तत्त्व' का परिहार करना पड़ा और मात्र मातृ-तत्त्व को अपने में रहने देना पड़ा !...

यह तीसरा निर्णय, पीताम्बर को चुनते समय समाज के विरुद्ध यानी बाहरी तत्त्व के विरुद्ध लिया गया निर्णय जैसा नहीं था। नहीं तो यह रमेश के सम्बन्ध में लिये गये निर्णय की तरह ही था, जो अपने हृदय की आस्था के विरुद्ध उसने लिया था। यह तो अपने ही सत्त्व के एक आधारभूत तत्त्व के विरुद्ध लिया गया निर्णय था, अपने को अर्ध-खण्डित करके !... यह कैसा प्रतिद्वन्द्वी है ? कैसा रणक्षेत्र है यह ? कौन हत-आहत हुआ इस संघर्ष में ? उत्तर केवल यही है—स्वयं, स्वयं, स्वयं !! पति को परित्याग करके, क्या उसका हृदय अभी तक भी शान्त हो सका है ? क्या खण्डित नारी ने वेदना के किसी क्षण में भी मुक्ति पाई ? जहाँ भी, जिस क्षण भी—अपने अर्धांग को नित-निरंतर प्रोज्वलित अग्नि में अहर्निश पिघलते हुए अनुभव नहीं करती, क्या ? पुनः स्थापन न होनेवाली अपनी यह 'खण्डितता' ही शायद उसमें पापबोध को जगा रही है ? उसने जितना भी भीषण आघात अपने ऊपर किया, उतने ही बड़े पापबोध से वह उत्पीड़ित भी हुई।... हार्दिक वेदना शायद पाप है ? शायद, 'स्व' के खण्डन से इस वेदना की सृष्टि होती है, क्या ? किन्तु, क्या कोई ऐसा भी मनुष्य होगा जो, दूसरे के प्रहार से अपने को और अपने प्रहार से दूसरे को जीवन-भर बचाये रख सका हो ? प्रत्येक व्यक्ति पर थोड़ी-बहुत चोट पड़ती ही है और अनुभव के लिए मनुष्य जितनी ही गहराई में पैठता है, उतना ही सांघातिक आक्रमण उसको सहना पड़ता है।... जीवन भोग का चिह्न है—क्षत-विक्षत होना। पाप भी शायद यही है ! यही तो विडम्बना है मानव जीवन की ! आहत और खण्डित हुए बगैर जीवन का 'भोग' पाया नहीं जा सकता और जीवन का अनुभव है—बाद का पापबोध !...

आजकल, जब जीवन की—शायद उसके लिए भोग की—परिसमाप्ति की बेला आने को है, और तृतीय प्रहर की 'कार्य-निवृत्तता' का अवसर उसने पाया है, उसने अपने जीवन के अनुभव तथा प्राप्ति अथवा वंचितता पर अकेली बैठकर सोचने का समय भी पाया है। पहाड़ की चोटी पर बैठकर यात्री जिस तरह पीछे की ओर मुड़कर देखता है—वैसा ही लग रहा है उसे। वह जिस लम्बी राह पर चलकर आई है, वह दूर, बहुत दूर तक, दिखलाई नहीं पड़ती। दूर क्षितिज पर पहुँचकर बिला जानेवाली पथ-रेखा, जो अभी भी उसके पृष्ठप्रदेश में लम्बी खिंची पड़ी हुई है, यही तो है—अभी-अभी आँखों के सामने झिलमिलाता-सा दिखाई पड़नेवाला—उसका जीवन ! किन्तु, उस राह पर चलते समय यह रेखा कहाँ दिखलाई पड़ी थी ? जीवन के 'भोग' के क्षणों में जीवन बिसर जाता है, चाहे सुख का भोग हो अथवा दुख का। भोगे हुए क्षण-मात्र, जीवन के रूप में प्रकट होते रहते हैं। नहीं तो, आज इस तरह सुख-दुख की विवेचना करते समय उन क्षणों को जिस तरह 'पुंखानुपुंख'

देख रही हूँ, यह कैसे संभव होता ? उन दिनों भी तो इनकी याद आ सकती थी–किंतु, कभी कहाँ आई ? 'पीताम्बर के प्रेम में, उसके साथ सहजीवन में जीवन को भोग रही हूँ'–ऐसा भान भी कभी हुआ ? वैसे ही, उसके गिरफ्तार होने के बाद भोगे गये दुख में–जिसकी कोई सीमा ही नहीं थी–उसे कभी ऐसा ख़याल हुआ था कि जीवन के दूसरे पक्ष का भोग उसके द्वारा हो रहा है ? सुख-दुख की व्यस्तता में जीवन का भोग होता रहता है। जीने का एहसास हुए बगैर ही जीवन बीत जाता है।··· यदि जीवन के भोग सुख और दुख हैं और जीवन के अनुभव इन्हीं दो तत्त्वों से प्राप्त होते हैं, यदि सुख-दुख के अनुभव जीवन के माप हैं तो,–इन्द्रमाया को आजकल लगता है–स्वयं सुख-दुख का माप स्मृति या विस्मृति करती है। सुख की प्रगाढ़ता को विस्मृति के आवरण की आवश्यकता होती है। प्रगाढ़ता जितनी ही घनीभूत होती जाती है, विस्मृति उतनी ही आक्रान्त करती जाती है। चरम सुख विस्मृति की परम 'लुप्तता' में विलीन हो जाता है। दुख का भी ऐसा ही आचरण है। दुख की पराकाष्ठा में मनुष्य विस्मृति का प्राणदायक प्रलेपन पाता है। दुख हो या सुख, दोनों की उत्कृष्टता सम्पूर्ण विस्मृति में एकाकार हो जाती है। इसीलिए, इन्द्रमाया को लगता है कि इतने दिनों तक वह जिन्दगी को बगैर जाने ही, जीवन का भोग करती आ रही है। इन दिनों, आलस्य की बेला में इन बातों को याद करके वह स्वयं को कहती है–'पता नहीं, कितना सुख या दुख ढोया, मैंने !'··· किन्तु, भोग करते क्षणों में इन सब बातों को याद करने की फुरसत ही कहाँ थी ? न तो कभी यह एहसास ही हुआ–'अहा ! पीताम्बर के साथ जीवन बिताने के दिन कितने सुन्दर थे !'–और, न पीताम्बर की गिरफ्तारी के बाद, सिर पर हाथ धरकर यह सोचने का अवसर मिला–'पता नहीं, मुझे कितना दुख झेलना पड़ेगा'···

··· पीताम्बर की गिरफ्तारी के बाद मेरी व्यस्तता की सीमा नहीं रही। उस दिन सारी सुबह मिलिटरीवाले घर की तलाशी लेते रहे। पीताम्बर को सिर्फ कपड़े बदलने तक की मुहलत मिली। पता नहीं, उनको लेकर कहाँ चले गये, उसी समय। जब तक वे रहे, आश्वासन और सहारा के लिए मैं उनसे सटी-सटी-सी रही। कहने के लिए तो अपने पास कुछ था नहीं, बार-बार केवल उनके मुँह की ओर देखती थी और कभी उसके 'सुरवाल' और कभी कोट को सहेजती रही। जब उन्होंने पैर में जूते डाले–अन्तिम घड़ी में उन्हें विदा देती, सिर टेक कर–साड़ी के आँचल से उनके जूतों को पोंछ दिया मैंने। उन्होंने जाते-जाते कहा–'कोई··· 'बेर-बखत' आ पड़े तो··· रमेश से कहना !'

पूरे घर की तलाशी लेकर मिलिटरी के लोग जब गये तो दोपहर हो चुकी थी। घर के सारे सामान चारों ओर फेंके हुए··· बक्से सभी खुले हुए··· कपड़े-लत्ते जमीन पर छत्राकार बिखरे··· उलटी-सीधी फेंकी हुई··· बर्तन-बासन इधर-उधर लुढ़के

हुए !!··· पता नहीं, कहाँ से इतनी धूल और कचरा आकर जमा हो गये थे—मिलिटरी के सिपाहियों के बूटों के आघात से फर्श क्षत-विक्षत··· सारी व्यवस्था अस्त-व्यस्त ! मिलिटरीवालों के जाने के बाद हठात् शान्त हुआ तो, मुझे लगा कि एक भयंकर आँधी विध्वंसकारी उत्पात मचाकर अभी तुरंत चली गई है। घर में भयावनी स्तब्धता थी। तलाशी के समय, ओसारे के बाहर सड़क पर पड़ोस के नर-नारी और बच्चे खड़े तमाशा देख रहे थे। किंतु, मिलिटरीवालों के जाते ही—मुझे घर में अकेली देखकर, शायद करुणा या समवेदना दान करना पड़े, इस डर से तमाशबीन अपने-अपने बाल-बच्चों को घसीटते, अपने-अपने घर की ओर चले गये। विचित्र स्तब्धता थी वहाँ और मेरा अकेलापन कितना डरावना ? बगैर कुछ सोचे-समझे कि क्या करना है या नहीं करना है, मैं कमरे को झाड़-बुहारकर सहेजने में जुट गई।···

फिर लगा कि पीताम्बर को कहाँ ले गये होंगे, इसका पता लगाना ही मेरा पहला काम है। लेकिन, कहाँ जाकर पता लगाऊँ ? पास-पड़ोस में कोई ऐसे इष्ट-मित्र नहीं थे जो मेरी सहायता करें। नैहर से नाता तो कब का टूट चुका था। कॉलेज की सखी-सहेलियों से भी आजकल मेरा किसी प्रकार का सम्बन्ध और सम्पर्क नहीं रहा था। रमेश अथवा पीताम्बर के अन्य साथियों के घर का कोई अता-पता ही न था मुझे। क्या करूँ ? कहीं समाज ने आज मेरे साथ पुराना बैर-भाव तो नहीं साधा है ? क्या करूँ ? क्या किया जाय ? बार-बार एक स्वर से मेरा मन कहता रहा—क्या किया जाय अब ? क्या करूँ··· ?

इधर-उधर कुछ देखे बगैर मैं दौड़ती—घर के सामने, सड़क के किनारे वाली दुकान की बुढ़िया के पास पहुँची जो उबले हुए आलू, सकरकंद, चूड़ा और भेंटमास[1] बेचती थी।

मैं बोली—'बूढ़ी माँ, आज मैं बड़े संकट में पड़ी हूँ।'

मक्खियों को उड़ाती हुई बूढ़ी बोली—'मुझे मालूम है बेटी ! नैहर क्यों नहीं चली जातीं ?'

इसकी क्या विवृति दूँ उसे ? बोली—'वही तो··· बूढ़ी माँ··· इसीलिए तो तुम्हारे पास आई हूँ। ज़रा, रक्तकाली-मुहल्ले में जाकर मेरे नैहर में··· माँ-बाप को यह समाचार पहुँचा दो। यहाँ घर में कोई नहीं।··· और, हाँ ! वहाँ कोई नहीं मिले तो, मेरी एक पुरानी सहेली उधर ही पुत्तली सड़क में रहती है—पद्मा ! उसके घर जाकर यह खबर दे देना।'

मैंने उसको दोनों जगहों के ठिकाने बता दिये। वह जब जाने की तैयारी करने लगी तो मैंने फिर कहा—'हमारे घर में आनेवाले लड़कों के बारे में कुछ पता लगा सको तो लगाती आना ! समझी बूढ़ी माँ ?'

उसके जाने के बाद बहुत देर तक मैं उस 'नि-आसरे' घर में बैठी रही। शाम तक वह थकी-माँदी, पैर घसीटती हुई आई। बोली—'तुम्हारे नैहरवालों ने तो मुझे

---

1. सोयाबीन।

दुरदुरा कर भगा ही दिया। और, उसके साथ फिर कभी न आने की चेतावनी भी दे दी।··· और पद्मा अपने ससुराल में ही है, नैहर··· पुत्तली सड़क··· नहीं आई है।··· शहर में मालूम हुआ कि सभी लड़के पकड़े गये। किसी को नहीं छोड़ा है।'

ज़मीन पर पड़ी हुई अपनी लाठी को उठाती हुई बूढ़ी बोली–'अब तुम क्या करोगी, बेटी !'

बूढ़ी माता के स्नेह-भरे इस प्रश्न ने मुझे पिघला दिया। मानो, दिन-भर उबलते हुए दुख की भाप, अब कोई बाधा नहीं मानकर, निकलने को हुई। मैंने बलपूर्वक आँसू रोककर कहा–'बूढ़ी माँ ! अब जो सिर पर आये उसे झेलना ही पड़ेगा।'

उसके जाने के बाद मैं बहुत देर तक रोती रही। कुछ क्षण के बाद, साँझ का झुटपुटा घना हो गया। मैं थककर पड़ गई। दिन-भर कुछ न खाने के कारण शरीर शिथिल था। रात-भर, कभी आँखें झपकतीं और कभी अचक कर खुल जातीं। कभी भय का संचार होता तो कभी असहाय और अकेलेपन का अनुभव।··· इसी तरह, वह चिरस्मरणीय दिन बीता !

दूसरा दिन भी कोई सहायता लेकर नहीं आया। तीसरा, चौथा, पाँचवाँ और इस प्रकार पूरा सप्ताह ही बीता–नितान्त असहाय अवस्था में।··· इतने दिनों के बाद भी, पीताम्बर को कैद करके कहाँ रखा गया है इसका अता-पता मैं नहीं पा सकी। उनको कपड़े-लत्ते की या किस चीज की जरूरत है, वे किस अवस्था में हैं–कुछ भी पता नहीं पा सकी। मैजिस्ट्रेट के पास गई। वहाँ कुछ पता नहीं चला तो कमिश्नर के घर, कुछ पता पाने की उम्मीद में गई। वहाँ भी कुछ पता नहीं चला। सिर्फ, इतना-भर मालूम हुआ कि वे मिलिटरी के जिम्मे हैं। मैजिस्ट्रेट और कमिश्नर के दफ्तर के कुछ कर्मचारी तो स्पष्ट रूप से व्यंग्यभरी बातें कर रहे थे। किन्तु, कुछ लोग थे जो मेरी ओर–शायद लाज से हो–देखे बगैर, सिर झुकाकर लिखते रहे। सैनिक हेडक्वार्टर में तो प्रवेश ही सम्भव नहीं हो सका। फाटक के बहुत दूर ही, ड्यूटी पर तैनात संतरी ने–'ऑडर छैन।'[1]–दुत्कार कर मुझे लौटा दिया। मैंने घर से कई प्रार्थनापत्र भेजे–एक 'सर्वोच्च' से दूसरे 'सर्वोच्च' तक।··· चारों ओर से, मौनता की दीवारों से मैं घिरती गई··· !

शरीर दिन-प्रति दिन क्लांत होता गया। रसोई बनाने की सामर्थ्य मुझमें नहीं थी, इसलिए भंडार में जो कुछ भी पाती–एक मुट्ठी यों ही चबाकर पानी पीकर पेट भर लेती थी। सात दिनों में वह भी समाप्त ! घर में एक पैसा भी नहीं। पहले घर का काम कैसे चलता था, किस तरह चलता था, यह पीताम्बर ही जानें। घर की आवश्यकता के सारे सामान वही ला देते थे। और, कभी-कभार साथी लोग भी कुछ-न-कुछ लेकर आते थे। धन-मद्धे-धन–मेरे पास, बस कान के दो झुमके ! उन्हें खोलकर बूढ़ी माता की दुकान पर गई। बोली–'बूढ़ी माँ, इसे रखकर कुछ दिनों तक मुझे चूड़ा और आलू देती···।'

---

1. आर्डर नहीं।

बूढ़ी ने बीच में ही काटकर कहा–"बिटिया ! यह क्या ले आई है ?··· छिः ! कहती हूँ, पहन लो जल्दी कान में। कैसी बूची लग रही है ! चूड़ा लेती जा, दाम बाद में देना जब दे सको।'

मैंने कहा–'बाद में भी तो देने के लिए इन्हें ही खोलकर लाना पड़ेगा, बूढ़ी माँ–मेरी तो सारी सम्पत्ति ही ज़ब्त है।'

एक बड़े-से दोने में चूड़ा और आलू की तरकारी डालकर मुझे थमाती हुई वह धीमे स्वर में बोली–'जब तक सकूँगी, तुमको देती रहूँगी और तुम भी जब तक चाहो, लेती रहो।··· भला, वे लड़के हम गरीबों के लिए ही तो 'कैदी' हुए हैं।'

बहुत दिनों तक संयम से रोके गये भाव का वेग हृदय में उमड़ने लगा, बूढ़ी की समवेदना के शब्दों को सुनकर। चूड़े का दोना लेकर हड़बड़ी में मैं घर लौटी और धम्म से जमीन पर बैठकर भावावेग से भीगे गले से मैं चूड़ा का एक-एक ग्रास निगलने लगी। बूढ़ी की सहृदयता से मुझे फिर–अकेला होने का बोध हुआ। लगा, मेरा अब कोई नहीं रहा !···

उसी समय कमरे के दरवाजे आहिस्ता-आहिस्ता उघर गये और अकस्मात् रमेश ने कमरे में प्रवेश किया। मैं एकदम अचरज में पड़ गई। और, अचानक भाग्य फिरने का अनुभव करने के पहले ही खाते-खाते मैं चिल्लाई–'यह कौन ? रमेश ? कौन ? रमेश ? कहाँ से किधर से उदित हुआ यह देवता ?'

देवता ?–उस अप्रत्याशित-प्राप्ति के प्रति मेरा उद्गार था यह–अकस्मात् मुँह से निकला हुआ ! किसी चिन्तन की प्रक्रिया के परिणाम नहीं थे वे वाक्य !··· अनायास मुँह से निकले वे शब्द ! किन्तु, बाद में रमेश इसी एक शब्द को पकड़कर–मेरी जीभ को काबू में करने की कोशिश करता रहा–मानो, अपने इस शब्द से ही मैं बाजी हार गई। मानो, मेरी जबानबंदी हो गई ?··· कुछ दिनों तक वह 'इन्द्रमाया भाउजू' कहता रहा। किंतु, बाद में तो 'भाउजू' भी उसके सम्बोधन से लुप्त होता गया।··· हृदय में छिपे हुए भाव ऐसे ही अकस्मात्, अचिंत्य शब्दों से प्रकट होते हैं !!

मैं भी अन्त तक तर्क देती रही–'रमेश ! हिन्दू नारी देवता के दो भिन्न रूप देखती है। एक है–बाह्य अवस्थित शक्ति का एक ऐसा रूप जो दुर्दिन में उसकी सहायतार्थ करुणावान होकर आता है। ऐसा देवता तटस्थ रहता है। वह करुणामय होकर भी निजी वस्तु नहीं होता। दूसरा है–पति के रूप में देवता–आत्मीयता से ओतप्रोत और सर्वथा निजी वस्तु··· मेरे उस दिन के सम्बोधन को तुम केवल दूसरे अर्थ में ही क्यों लेते हो ?'

वह कहता–'इन्द्रमाया, यह तुम्हारा तर्क है सिर्फ। केवल तर्क, हृदय की बात नहीं।'

मैं साग्रह कहती–'बात को समझाने के लिए विस्तारपूर्वक कुछ कहा जाय तो उसे केवल तर्क का आडम्बर मत कहो रमेश !'

और, जितना ही मैं रमेश के साथ बातें करती उतना ही दृढ़ होकर तर्क पर तर्क थोपती जाती। किन्तु, अपने अन्दर आस्था की भित्ति के हिलने की सूचना मैं पा रही थी। मुझे लगता था, मैं फाटक के दरवाजे को ही बलपूर्वक बन्द करके निश्चिन्त होना चाह रही हूँ। लेकिन, रमेश मुझे निश्चिन्त कहाँ होने दे रहा था ?··· वह बार-बार मेरी आस्था की दीवार की एक-एक ईंट को खिसकाता जाता था।

यों, उस दिन रमेश मेरे लिए सचमुच देवता होकर ही उदित हुआ था। असहायता और अकेलेपन के महासागर में डूबता हुआ प्राणी किसी भी सहारे को पकड़ना चाहता है–चाहे वह सहारा अंत में सर्वग्राही ग्राह ही क्यों न प्रमाणित हो। उसी तरह उस घड़ी में लपककर रमेश को अगोरने के लिए आगे बढ़ना–उतावली में की गई एक अन्ध-क्रिया मात्र थी।··· और, कुछ देर के बाद–चेतना का संचार होने के बाद–तनिक आश्वस्त होकर मैं सवाल करने लगी थी–'कहाँ ? पीताम्बर कहाँ ? कहाँ हैं वे ? कैसे हैं ? बताओ, बताओ रमेश ! बताओ न !··· और तुम ? कहाँ रहे इतने दिन ? मेरे यहाँ क्यों नहीं आये ?··· कितने दुबले हो गये हो ? बोलो न, क्यों कुछ बोल नहीं रहे ?'

उस समय–अव्यवस्थित होते हुए भी मेरा वह घर रमेश की उपस्थिति से प्राणवान हो गया था और आवासमयता से उज्ज्वल ! एक दिन–एक क्षण पहले तक वह–सभी के द्वारा छोड़ा गया भुतहा-घर की तरह भयावना लगता था। रमेश वहाँ आवासता का आलोक लेकर आया। मैंने भी, बहुत दिनों से न जलाई गई बत्ती को जलाया। कमरा आलोकित हुआ··· सामान वगैरह कमरे-भर में छत्राकार बिखरे फैले हैं तो क्या हुआ ?

रात-भर रमेश की बातें सुनती रही। उसने बताया, पीताम्बर को 'दरबार' के गारद में बन्द करके रखा गया है–नेल-हथकड़ी डाल दी गई है। किन्तु, किसी प्रकार की शारीरिक यातना नहीं दी गई है। अब शायद देंगे भी नहीं। कुछ दिनों में नेल-हथकड़ी भी काट दी जायेगी और पुलिस के मातहत–निजामती जेल में भेज दिया जायगा। रमेश ने और भी बातें बतलाईं; दल के प्रायः सभी लोग उसी दिन गिरफ्तार हुए और सभी को–पीताम्बर की तरह–सैनिक-हिरासत में रखा गया है। रमेश भी उसी दिन गिरफ्तार हुआ था। गिरफ्तारी के बाद कुछ लोगों को सिर्फ बयान लेकर, छोड़ दिया गया··· 'मुझे तो बयान लेने के बाद ही छोड़ दिया गया।'–और छूटते ही मैं यहाँ चला आया। रमेश ने कहा।

मैंने व्यग्र होकर पूछा–'पता नहीं, पीताम्बर को अब वे क्या करें ?'

रमेश बोला–'घबराइये मत भाउजू ! देश-सेवा करने के लिए निकले हुए लोगों के सिर ऐसी विपत्ति तो आती ही है। पीताम्बर भाई जेल से जल्दी तो छूट नहीं पायेंगे। लेकिन, अब उनका बन्दी-जीवन, पकड़े जाने के समय जैसा, कठिन नहीं होगा। फिर, उनके साथ बहुत सारे साथी भी हैं।'

मैंने फिर पूछा–'और कहो न रमेश ! पीताम्बर क्या करता था ? क्या कहता

था··· ?'

रमेश ने कहा–'कहने-सुनने की कोई बात ही कहाँ थी वहाँ ? हाँ, उनको कुछ कपड़े वगैरह भेज देना ठीक होगा। छूटने के समय मैं उनसे मिलने गया था। विदा होते समय मैंने सांत्वना देते हुए उनसे कह दिया है–'यहाँ से बाहर निकलते ही इन्द्रमाया भाउजू का सारा जिम्मा ले लूँगा–चिन्ता न कीजियेगा।'

इस तरह वह रात बीती।

सुबह उठकर मैंने कहा–'पीताम्बर के पहनने के कपड़ों का एक छोटा-सा बंडल बना देती हूँ। पहुँचा देना। और क्या-क्या चाहिये उन्हें ? खाने-पीने की कोई चीज ले जा सकते हैं या नहीं ?'

थोड़ी देर के बाद, कपड़ों को तहियाते हुए मैंने अनुरोध-भरे स्वर में कहा–'रमेश, मैं भी जाऊँगी तुम्हारे साथ कपड़े पहुँचाने।'

अचरज से उसने जवाब दिया–'आप कहाँ जायेंगी भाउजू, सिपाहियों की भीड़ में ?··· बल्कि, आप कपड़े वगैरह बदलकर तनिक सुघड़ होइये।··· थोड़ा सुन्दर हो लेने में क्या हर्ज है ?'

मैं बोली–'तुम आये तो मुझमें इतनी-सी शक्ति भी आई। दुश्चिन्ता दूर हुई।'

रमेश ने कहा–'लीजिये, मैं कपड़े पहुँचाने चला। तब तक आप नहा-धोकर परिष्कार होकर रहिये। यह क्या वैरागिनी का भेस बना रखा है ?'

'वैरागिन तो हुई ही हूँ, रमेश ! पीताम्बर ही नहीं तो फिर मेरा क्या रहा ?'

इतना कहते ही मुझे लगा, रमेश को आघात पहुँचानेवाले वाक्य निकल गये हैं मेरे मुँह से। उसको हलका करने के लिए, और कुछ कहना ही चाहती थी कि रमेश बोला–'आपके पीताम्बर जी अभी जीवित ही हैं। और, आप यह मत भूलें कि आपके और भी अनेक चाहनेवाले हो सकते हैं–पीताम्बर की तरह नहीं होते हुए भी···।'

मैंने बात को मोड़ते हुए कहा–'तुमने अपनी ओर भी देखा है तनिक ? कितने दुबले हो गये हो–फूँक में उड़ जाने जैसे···। तुम्हें भी नहा-धोकर साफ-सुथरा होना है न ?'

वह कपड़े पहुँचाने गया। मैंने उसके लिए, एक बड़ी पतीली में पानी गर्म होने के लिए चढ़ा दिया और पीताम्बर का एक जोड़ा पाजामा-कुर्त्ता उसके लिए निकाल दिया। नहाने के घर में साबुन और धुला हुआ तौलिया रख दिया। फिर, बूढ़ी-माता की दुकान पर पहुँची। बोली–'बूढ़ी माँ, आज मुझे थोड़ा चावल देना पड़ेगा और थोड़ी-सी दाल··· और, तरकारी हो तो वह भी। रमेश कल छूटकर आया है। घर में खाने-पकाने को कुछ नहीं।'

बूढ़ी-माता का, छुहारे की तरह सिकुड़ा हुआ चेहरा प्रसन्नता से खिल गया। वह बोली–'मैंने कहा था न बेटी ? दुख मत करो–खसम छूट कर आयेगा तेरा। ··· चलो, बड़ी खुशी हुई।'

मैंने हँसकर/कहा–'रमेश मेरा खसम नहीं, देवर है।'

सामान लेकर मैं फुर्ती से घर लौट आई और रसोई की तैयारी में लगी। बहुत दिनों के बाद मैं भात पका रही थी। पीताम्बर का समाचार पाकर जी हलका हुआ है। मन में बार-बार आश्वासन की ध्वनि उठती–'वे जीवित ही हैं, जीवित ही···।' उस समय इतनी-सी खबर ने ही मुझे खुशियों से भर दिया था। चित्त प्रसन्न था।

कुछ देर में रमेश भी रसोईघर में आ धमका। एक रोयेंदार तौलिया की गठरी फर्श पर रखते हुए बोला–'आपके लिए ले आया भाउजू !'

मैंने गठरी खोलकर देखा–साबुन, तेल, पाउडर, स्नो, क्रीम, सेन्ट, लिपस्टिक आदि–औरतों के शृंगार-प्रसाधन के सामान। मैं गद्‌गद होकर बोली–'यह क्या किया तुमने, रमेश ? इत्ती सारी चीजें मेरे लिए क्यों ले आये ?'

रमेश बोला–'नीचे, कुली के सिर पर एक 'बोरी' भी है–चावल, दाल, घी, तेल, तरकारी, माल-मसाला वगैरह ले आया हूँ। उन्हें रखवा दीजिये जाकर।'

मैंने फिर कहा–'यह सब क्या कर रहे हो, रमेश ?'

उसने कहा–'पहले सामान वगैरह रखवाइये !··· आदमी बगैर खाये जी नहीं सकता–इसीलिए लाना पड़ा।'

चूल्हे पर चढ़ी हुई तरकारी 'खरी' हुई जा रही थी। कलछी चलाती हुई, चूल्हे की ओर मुँह करके ही, मैं बोली–'जाओ नहा लो। गर्म पानी, साबुन, कपड़ा, तौलिया, सब नहाने के घर में है। सामान मैं रखवाती हूँ। तुम जरा जल्दी नहा लो।'

उसने मज़ाक करते हुए कहा–'ओ बाबा ! गर्म पानी, साबुन, धुले हुए कपड़े, सब गुसलखाने में मेरे लिए तैयार हैं ?··· यह आपने क्या किया है, भाउजू ?'

कुछ क्षण पहले उसने जैसा कहा था, मैंने भी उसी लहजे में जवाब दिया–'बगैर नहाये-धोये, गंदे कपड़े पहने कोई भला आदमी नहीं रह सकता–इसीलिए !'

और गर्दन मोड़कर मैंने उसको देखा। उसने भी उसी क्षण मेरी ओर देखा। हमारी आँखें चार हुईं। और, वह अपने फुर्तीले आचरण के अनुसार मुँह से सीटी पर किसी गीत का धुन बजाता हुआ नहाने के घर की ओर भागा।

थोड़ी ही देर में, नहा-धोकर, धुले कपड़े पहनकर–स्निग्ध होकर वह आया। रसोई के बर्तन को चूल्हे पर से उतारकर, साड़ी के आँचल से मुँह पोंछती हुई मैं बोली–"अब मैं नहा आती हूँ–जल्दी ही।'

कई दिनों के बाद नहाकर शरीर हलका हुआ, मन चंगा ! धुली हुई साड़ी और 'चोली' पहनकर, बालों को कंघी से सँवारकर कपाल पर टीका लगाया, फिर रसोईघर में पहुँची। रमेश उतावला हो रहा था। उसने कहा–'आपने तो इतनी देर लगा दी कि मुझे लगा, आज शायद उपवास ही करना पड़े।'

और, फिर मेरी ओर देखकर–मानो पहचानते हुए, बोला–'वाह कितना सुन्दर ?··· हाँ ! इसी तरह बन-सँवरकर रहा कीजिये, भाउजू ! आपको देखकर यों ही मन खुश रहता है। लेकिन, इसके साथ पेट की भूख भी उसी मात्रा में बढ़ती है।'

रमेश की ये बातें रसभरी थीं। मेरा मन भी प्रसन्न हुआ। मैं मुस्कुराई। लेकिन, बगैर कुछ बोले चौके में बैठकर भात परोसने लगी। मन में एक बार यह बात आई कि रमेश कितना रसिक है; पीताम्बर से एकदम भिन्न। इतने दिनों के सहवास में, पीताम्बर ने एक दिन भी, एक बार भी–'भूख लगी है' कहकर हल्ला नहीं मचाया। उतावली या हड़बड़ी कभी नहीं दिखलाई। कभी, एक बार भी–मेरे शृंगार की ओर ध्यान देकर उसने नहीं कहा–'इन्द्रमाया ! तुम कितनी सुन्दरी हो !'··· वह जब भूखा होता, मुझे इसका पता चल जाता था। किन्तु, स्पष्ट होकर उसने मुझे कभी कुछ नहीं कहा और न कभी आग्रह किया। रमेश ने जिस दिन मेरे रूप की साधारण प्रशंसा करते हुए 'कितना सुन्दर' कहा था, उसी दिन से इधर मैंने बहुत याद करने की चेष्टा की--कि पीताम्बर ने लम्बे सहवास में कभी ऐसी रसभरी बातें की थीं ? किन्तु, नहीं। ऐसी बातें करने की याद मुझे नहीं आई। 'वे देखेंगे'–यह सोचकर मैं अपने को कितने जतन से सिंगारती थी, किन्तु वे मेरे सामने मानो आँखें मूँदकर आते थे। अपने को संतोष देने के लिए मैं मन-ही-मन कहती–'पुरुष-चरित्र ऐसा ही है।'···

उस दिन मैंने एक भिन्न पुरुष-चरित्र देखा--रमेश का ! साथ ही बैठकर हमने भोजन किया। मैं, कुछ न बोलकर, मन में किसी बात की याद करती–खा रही थी। रमेश ने लक्ष्य करके कहा–'क्यों ? क्या सोच रही हैं भाउजू ?'

मैं बोली–'पीताम्बर ने क्या खाया होगा ?'

पीताम्बर की याद करके मेरा जी उदास हो गया। कल तक पीताम्बर की याद करके दुख से पीड़ित होती थी, मानो कोई व्यथा हो मन में। व्यथातुर थी किंतु, उदास नहीं। संवाद पाकर भी–उसके बारे में एक प्रकार से निश्चिन्त होने के बावजूद, उसकी आवश्यकता की चीजें भेजकर संतोष पाने के बाद भी–कल की तरह व्यथा नहीं बल्कि उसके स्थान पर उदासी घनीभूत हो गई। इसलिए तो मैंने बहुत ही उदास स्वर में रमेश से पूछा था–'पीताम्बर ने क्या खाया होगा रमेश ?'

रमेश ने वातावरण को थोड़ा हलका करने के लिए कहा–'हम भी तो यहाँ कोई छत्तीस व्यंजन का 'ज्योनार' नहीं कर रहे ?'

उसका लक्ष्य, बूढ़ी-माता की दुकान के मोटे चावल, छुनी हुई उर्द की काली दाल और सरसों के साग की ओर था।

मैं अप्रतिभ हुई। किन्तु, उदासी दूर हो गई। बोली–'कल से तरकारी और अचार वगैरह बनाकर पीताम्बर को भेजा करूँगी। क्यों ?'

रमेश बोला–'ठीक है।'

उस दिन से मेरी ज़िन्दगी ने फिर राह पकड़ी।···

पीताम्बर की गिरफ्तारी के बाद छिन्न-भिन्न हुए जीवन को पुनः धीरे-धीरे राह मिली। सारी सुबह घर के काम में व्यस्त रहती। कमरों में झाड़ू लगाना, घर के सामान को झाड़-पोंछकर सुघड़ता से रखना, रमेश के लिए नहाने के घर में

गर्म पानी की व्यवस्था करना, पीताम्बर के पास ले जाने के लिए दो-तीन प्रकार की सब्जी-तरकारी बनाना अथवा कोई पकवान तैयार करना और फिर रसोईघर का सारा काम···। अक्सर, रमेश जब पीताम्बर को खाने की चीजें पहुँचाकर वापस आता–मैं रसोईघर से ही पूछती–'कैसा है पीताम्बर का जी ? कुछ बोल रहे थे ? कल की तरकारी कैसी बनी थी–कुछ कह रहे थे ?"

दोपहर के भोजन के बाद, यदि धोने के लिए कपड़े रह गये होते तो, नल के पास जाकर कपड़े धोती–पीताम्बर के, रमेश के और स्वयं अपने कपड़े। प्रायः प्रत्येक दिन कुछ-न-कुछ धोने को रहता ही था। दिन के तीसरे पहर में–रमेश के आग्रह को न टाल सकने के कारण–उसके साथ हवाखोरी के लिए भी निकला करती। और, कभी-कभी सिनेमा भी देखने जाते हम। शाम के गृह-कार्य में फिर कुछ घड़ी व्यस्त होती और रात के भोजन के बाद–बर्तन-बासन समेटकर, हाथ पोंछती रमेश के कमरे में जाती। वहीं बैठकर हम कुछ देर बातें करते या यदि कोई अच्छी किताब हुई तो, हम साथ-साथ पढ़ते।···

यही घर है, जो पीताम्बर के रहते दूसरे ही किस्म से चला करता था। साथियों के जमघट और आपसी बहस के तीखे स्वरों से मुखरित। सभी की देख-रेख करती हुई सदा व्यस्त रहती मैं। मेरा अपना कोई क्षण नहीं था। साथी लोग बहुत रात बीत जाने पर ही जाते और कितने तो अक्सर रात भी वहीं बिताते थे। कभी यदि थोड़ी फुर्सत भी रही तो, पीताम्बर–चंचल स्वभाव का न होने के कारण–कभी–'चलो, थोड़ी देर बाहर घूम आयें'–नहीं कहता। किन्तु, उस जीवन की हड़बड़ी, भागदौड़ और व्यस्तता में अथवा पीताम्बर के साथ के शान्त प्रणय-सम्बन्ध में मुझे आन्तरिक, तृप्तिदायक सुख का अनुभव होता था। लगता था, अपने उत्सर्ग से पाये सुख में मैं नारी-जीवन की सार्थकता का प्रमाण पा रही हूँ।··· आज वही घर दूसरे ही किस्म से चल रहा है। कोलाहल के बदले आज यहाँ दो व्यक्तियों के सहवास से निर्मित गहन निस्तब्धता व्याप्त है। होने को तो मुझे अभी भी फुर्सत नहीं, किसी-न-किसी काम में व्यस्त ही रहती हूँ। किन्तु, इधर की व्यवस्तता तनिक बारीक किस्म की है–एक-दो व्यक्तियों के छोटे-मोटे कार्यों को ध्यानपूर्वक सम्पादन करने की व्यस्तता। रमेश ऐसा शान्त प्रकृति का नहीं था कि मुझे नीरव व्यस्तता में छोड़कर स्वयं भी किसी एकान्त-चिन्तन में दिन बिताता। कोई-न-कोई योजना, अथवा प्लान, उसके मन में आता ही रहता। कभी कहता–'चलो, सिनेमा चलें'; कभी कहता–'एक दिन पिकनिक में चलो न भाउजू !' कभी-कभी तो सिर्फ थोड़ी दूर सड़क पर या टुँडिखेल मैदान में कुछ देर घूम आने का ही आग्रह कर बैठता। रसोई घर में भी आकर–क्या पका है, नहीं पका है–देख जाता। और, जब कभी बाहर से आता वह, मेरे लिए कुछ-न-कुछ लेकर लौटता–उसकी यह बात मुझे सबसे ज्यादा पसन्द थी। कुछ न हुआ तो, एक गुच्छा फूलों का ही सही–याद करके, ले आता।

मैं कहती–'रमेश, ऐसा क्यों करते हो ?'

वह जवाब देता–'प्यार कर रहा हूँ भाउजू। प्यार··· !'

हमारे समय को रमेश इसी प्रकार सुहावना बनाया करता।

लेकिन, बीच-बीच में वह ऐसी बातें भी किया करता कि मैं बहुत व्यग्र हो उठती। एक दिन उसने कहा–'इन्द्रमाया भाउजू !'

'भाउजू' के साथ मेरा नाम जोड़कर उसने पुकारा तो मेरा कलेजा धड़का।

उसने कहा–'इन्द्रमाया भाउजू ! यह कैसा पर्दा है ?'

उसके कथन में जो 'संकेत' था उसे समझकर भी, अपनी व्यग्रता प्रकट न होने पाये इस खयाल से, मैंने सहज स्वर में कहने की चेष्टा की–'किस पर्दे की बात करते हो, रमेश ?'

रमेश ने, कहने को तो 'पहेली' में ही कहा, किन्तु, अपने आशय को भी स्पष्ट कर दिया–'यदि आप समझती हैं कि आप 'पर्दा' का मतलब नहीं समझतीं तो, आप अपने साथ ही 'पर्दादारी' कर रही हैं !'

मैं हड़बड़ाकर बोली–'मेरे साथ पहेलियों में बातें मत किया करो। 'विरक्त' लगता है, मुझे।'

रमेश कुछ देर चुपचाप बैठ रहा। किन्तु, उसकी आकृति पर छानेवाली कठोरता को देखकर मुझे लगा कि किसी बात को बहुत बलपूर्वक अन्दर दबाकर रखने में उसकी नसें तन गई हैं और चेहरा धीरे-धीरे लाल होता जा रहा है। मैं अप्रस्तुत-सी हुई। वातावरण एकदम भारी हो गया। 'क्या करूँ, क्या नहीं करूँ' की स्थिति से उबरने के लिए, किसी काम की अकस्मात् याद आने की मुद्रा बनाकर–मैंने उठते हुए कहा–'अरे ! उस पहर के लिए तरकारी अमनियाँ करना भूल ही गई।'

रमेश ने इससे पहले तक, अपने प्रेम की अभिव्यक्ति इतना स्पष्ट होकर प्रकट नहीं की थी। उस दिन भी एकदम स्पष्टता से उसने कुछ नहीं कहा; अपने भाव को पर्दे में ही छिपाकर रखा। किंतु, वह आवरण इतना झीना था कि अन्दर की सारी गोपनीयता झिलमिलाती हुई प्रकट हो रही थी।···

और, उसी दिन बोलते ही बोलते–'आप' से 'तुम' और 'भाउजू' से 'इन्द्रमाया' की घनिष्ठता में मुझे बाँधने की चेष्टा की, उसने।···

आज, इतने वर्षों के बाद–याद करते समय इन्द्रमाया को लगता है कि उस दिन उसके आतंकित होने का कारण–केवल सत्य के अनावृत रूप का दर्शन था। दैनिक व्यस्तता और नये जीवन के आनन्द तथा निश्चिन्तता के नीचे जो सत्य छिपकर बैठा था, उसके बारे में इन्द्रमाया को पता था। और, उसने सोचा था कि वह सत्य, आनन्द और कार्यरतता के भीतर ही छिपा रहेगा। एक-दो बार रमेश ने पर्दा हटाकर उस सत्य को प्रकट करने की चेष्टा की तो, इन्द्रमाया ने बात के सिलसिले का रुख मोड़ दिया था।··· किन्तु, उस दिन तो रमेश मानो किसी प्रकार का छल-प्रपंच मानने को तैयार नहीं था। ऐसा लगता है कि उसने यह कहने को

ठान लिया था–'इन्द्रमाया ! धोखा, छल और वंचना के साथ कितना दिन जीना चाहती हो ? मैं आज इन छलनाओं की चेष्टाओं को नहीं मानूँगा और आज यह कहकर रहूँगा कि मैं तुमको प्यार करता हूँ।'

रमेश के मुँह से निकलने के पहले ही, इन्द्रमाया के हृदय ने रमेश की बात की ध्वनि सुन ली थी। इसीलिए, आतंक के मारे वह भाग आई थी, तरकारी का बहाना बनाकर।

उस घड़ी के अनुभव ने–इन्द्रमाया और रमेश के सम्बन्ध की सहजता में, एकाएक, संकोचपूर्ण–अप्रस्तुतता घोल दी···।

दूसरे दिन की बात !···

मैंने बड़ी तन्मयता से बहुत समय लगाकर, पीताम्बर के लिए खाने की चीजें तैयार कीं। उनके पास ले जाने के लिए नये कपड़े वगैरह निकालकर हमेशा की तरह, किन्तु तनिक अप्रस्तुत होती, रमेश के कमरे में जाकर बोली–'पीताम्बर के पास ले जाने की चीजें तैयार हैं।'

रमेश ने भारी गले से, झिड़कते हुए कहा–'नहीं ले जाता मैं किसी का मालमत्ता रोज ढोकर।'

साधारण अवस्था में मैं भागकर चली आती। किन्तु, रमेश के ऐसे आचरण को देखकर मैं रुक गई। मैं बोली–'यह कैसा अत्याचार है ? पीताम्बर क्या अब भूखा-नंगा ही रहेगा ?'

उसने कहा–'जब देखो तब पीताम्बर, पीताम्बर, पीताम्बर–मानो दुनिया में और कोई है ही नहीं···।'

और, फिर एक बार तमककर बोला–'तुम्हारे··· इस तरह··· विधवा की तरह व्यवहार करने को मैं सहन नहीं कर सकता। मैं तुमको प्यार करता हूँ। समझीं ?'

मैंने भी थोड़ी दृढ़ता से जवाब दिया–'क्या, यह सोचकर कि मैं अकेली हूँ, तुम बलात्कार के लिए उद्यत हुए हो ?'

उसने भी गर्म होकर ही कहा–'तुम ? तुम अकेली ?··· तुमको यह पता है कि तुम पर कोई बलात्कार नहीं कर सकता–सिवा उस व्यक्ति के, जो तुमको अपना सम्पूर्ण हृदय देकर प्यार करता हो।··· बल्कि, बलात्कार तो तुम कर रही हो स्वयं अपने पर और मुझ पर। तुमको पता है कि मैं तुम्हारे घर 'भतुआ'[1] जैसा हूँ और तुम जब चाहे मुझे एक शब्द से ही भगा सकती हो !'

ऐसी 'कहा-सुनी' के बाद, पीताम्बर के पास ले जानेवाली चीजों की गठरी लेकर रमेश बाहर निकला। मेरे मन में बड़ी हलचल मची थी। बहुत देर तक मैं उद्विग्न होकर ही बैठी रही। लगा, रमेश का अंधहठ न जाने कहाँ ले जाये।···

---

1. भतुआ=भात पर पलनेवाला। सिर्फ भोजन पाकर खटनेवाला।

कुछ देर बाद उठकर मैं घर के काम-काज में लगी। भात पकाते हुए बार-बार पीताम्बर की याद आई। मुझे लगा, जेल में पड़े हुए पीताम्बर की यहाँ से मुझे कितनी सेवा करनी चाहिए, नहीं कर पा रही हूँ। यों तो, मैं कर ही क्या सकती थी ! फिर भी, खाने-पीने की चीजें जितने परिमाण और प्रकार से भेजना चाहिए, कहाँ भेज पाती हूँ ? कपड़ा-लत्ता, दवा-दारू, पढ़ने-लिखने की सामग्री–किसी की भी अच्छी व्यवस्था नहीं कर सकी। जेल में कितनी चीजों की जरूरत होती होगी ? और, मेरे सिवा उनको याद करनेवाला ही कौन है बाहर ? कल उनके भोजन में कुछ परिवर्तन करके भेजने की बात मेरे मन में आई। इधर लगातार एक ही तरह की तरकारी जाती रही है। सोचा, मीठी चीजें भी बनाकर भेजना होगा। एक जोड़ा जूता खरीद लाऊँगी और एक-दो जोड़ी जुर्राब भी। और आज ही कोकटी का एक जोड़ा 'सुरवाल'[1] और 'म्यालपोत'[2] सीने को दे दूँगी। इस प्रकार अपने को धिक्कारकर थोड़ी सांत्वना मिली। रमेश के लौट आने तक मैं पूर्ण आश्वस्त हो चुकी थी।

उसने सूखे हुए मुँह से रसोईघर में झाँककर देखा। मैं बोली–'रमेश, जाओ। जल्दी करो, गर्म पानी रख दिया है। नहा लो। रसोई तैयार हो गई।'

वह नहाकर आया तो सदा की भाँति मैं नहाने गई। जी हल्का हो चुका था और नहाकर तो एकदम फुर्तीली हो गई।

सुबह में बनाई गई योजना के अनुसार, बाजार जाकर मैं कपड़ा-लत्ता, जूता-मोजा वगैरह ले आई। रमेश मेरे साथ गया था। सामान खरीदने में मैं उसकी सलाह लेती रही। घर लौटते समय हम बहुत प्रसन्न थे। रमेश बोला–'पीताम्बर भाई के लिए तो इतने सारे सामान खरीदे गये; बेचारे 'मैं' के लिए कुछ भी नहीं !'

मैं आनन्द से हँसती हुई बोली–'वे तो–देखो, कितनी दूर हैं और तुम तो मेरे संग ही हो।'

रमेश खुशी से उज्ज्वल हो गया। रास्ते में एक जगह रुककर, उसने फूलों का एक गुच्छा मुझे खरीद दिया।

मैं बोली–'कितना सुन्दर ? है न ?'

वह बोला–'सुन्दर तो है, मगर...'

मैं बात काटती हुई बोली–'अगर-मगर मत करो।... तुमने, पता नहीं मुझे कहाँ ले जाने की सोची है... और अपने को भी।'

उसने कहा–'तुम अपने हठ से 'कुबाट' में चलना चाहती हो; उससे मैं तुमको अलग करना चाहता हूँ। अपने ऊपर अन्याय करनेवाली राह को 'कुबाट' ही कहेंगे न ?'

ऐसी बातों में मेरी रुचि घटी नहीं थी। बल्कि ज़्यादा आनन्दित होती थी।

वह बोला–'देखो, इन्द्रमाया ! तुम अपने अस्वाभाविक आचरण से, हमारे सम्बन्ध

---

1. नेपाली पाजामा; 2. नेपाली कुर्त्ता।

को कटु बना रही हो; वातावरण को सहज नहीं होने देती।'

हम 'सिंह दरबार' की ओर जानेवाली राह को काटकर आगे बढ़ गये थे। बाँसों के झुरमुट की छाया की शीतलता का परस पाकर मैं पुलकित हो रही थी। रमेश कह रहा था–'तुम कहोगी, मेरे प्रेम के अधिकारपूर्ण दावे के कारण वातावरण क्षुब्ध हुआ है। मेरी–प्रेम की–याचना के कारण सम्बन्ध सहज नहीं हो पा रहा है। ऐसा नहीं है। दावा करना तो प्रेम का धर्म ही है। प्रेम ही नहीं हुआ हो तो दावा करना मूर्खता है। प्रेम होने के बाद दावा करना, प्रेम का स्वाभाविक आचरण है। तुमको क्या मैं नहीं समझता ? तुम भी मुझे प्यार करती हो। उसके आग्रह और दावे को अपने हठ से अस्वीकार करके सम्बन्ध में तिक्तता घोल रही हो तुम। तिक्तता, नहीं–सहजता का अभाव, कहूँगा। अब तो हुआ न ?–और, इसीलिए हमारे घर का वातावरण बीच-बीच में क्षुब्ध हो जाया करता है।'

एक क्षण के बाद, शायद रमेश को लगा कि वह अकेले बहुत देर से बोले जा रहा है और मैं बगैर कुछ बोले चल रही हूँ तो, वह रुककर बोला–'कुछ बोल क्यों नहीं रही, इन्द्रमाया ?'

मैं बोली–'रमेश, मुझे बड़ा आनन्द आ रहा है।··· हाँ, कई कारण हैं। आज बाजार में खरीदे हुए सामान के कारण ! तुम्हारे दिए हुए फूल के गुच्छे के कारण। तुम्हारी बातों के कारण और बाँसों के झुरमुट की छाया की शीतलता के परस के कारण भी। आनन्द ही आनन्द !!'

इन्द्रमाया ने अपने जीवन में सबसे बड़ा अनुभव प्रेम का ही पाया था। किन्तु आज, उस अनुभव के आधार पर भी यह नहीं बता सकती कि प्रेम का मूल तत्त्व क्या है ? आत्मा या शरीर ? यदि वह आत्मा है–यदि वह तत्त्व मन है–तो, इन्द्रमाया ने बहुत पहले से ही रमेश से प्रेम किया है। और, इधर हा़ल में तो, अपने मन में वह इस सत्य को प्रतिपल अनुभव भी करती रही है। उसे अपने मन के एकान्त में स्वीकार करने में संकोच नहीं कि रमेश को वह भी उसी प्रकार प्रेम करती है, जिस तरह रमेश उसे।··· उसने केवल अपने शरीर का मांस-प्राचीर खड़ा कर रखा था, रमेश और अपने बीच में। समय-समय पर उन दोनों में होनेवाली झड़प और कहा-सुनी–इसी मांस-प्राचीर द्वारा–समागम की सुगमता में बाधा देने के कारण ही–हुआ करती थी। जब आस्था की आत्मा ही मर चुकी हो तो मात्र शरीर के द्वारा आस्था की लाश को इस तरह टिकाये रखना, क्या आत्मवंचना नहीं ? केवल एक आडम्बर नहीं ?

कभी-कभी इन्द्रमाया के मन में ऐसे तर्क भी आते थे कि प्रेम का असली तत्त्व शरीर ही है। कि, शरीर-दान ही प्रेम है। और, तभी उसे वेश्याओं का ख़याल हो आता, जिनके बारे में यह जानी हुई बात थी कि वे प्रत्येक ग्राहक में रत्ती-भर भी भेद-भाव न करके–किसी का पक्षपात किये बगैर–अपना शरीर दान करती

हैं। उन वेश्याओं और उनके ग्राहकों के सम्बन्ध को प्रेम-सम्बन्ध कदापि नहीं कह सकते। वे, शरीर देकर भी, प्रेम नहीं दे सकतीं और न ही ले सकती हैं।

वह सोच रही है··· बेचारा पीताम्बर ! मैं केवल इस कारण से–'पीताम्बर के प्रति वफादार हूँ'–कहती हूँ कि मैंने शरीर-दान करने मात्र से अपने को बचाकर रखा है। हो सकता है कि पीताम्बर जिस दिन आये–मैं दूसरे के द्वारा पूर्ण रूप से विजित होकर भी, अपने द्वारा दूसरे को सर्वस्व-समर्पण कर देने के बाद भी--केवल अपनी खोखली देह से उसका स्वागत करूँ; एकदम शून्य शरीर से। किंतु, क्या उसके प्रति प्रेम को इस तरह भुलावा दिया जा सकता है ? और, फिर यह मांस-प्राचीर कितने दिनों तक टिका रह सकेगा–यदि बाहर से रमेश का प्रहार और अन्दर से अपने मन का प्रहार दिन-रात उस पर होता रहा ? शरीर की मर्यादा अत्यन्त सीमित होती है। मृत्यु उसको चारों ओर से घेरकर ही नहीं रखती, रोग-व्याधि से बार-बार आक्रान्त करती है। भूख-प्यास और अपनी इच्छा से जर्जर शरीर ! फिर, उसमें इतनी शक्ति कहाँ से आए कि वह बाहर के प्रेमी के प्रणय-अधिकार और भीतर के हृदय के प्रेम के दावे को संग-संग सहकर–जीवन को संयम के साथ बढ़ा ले जा सके ?

इसी तरह दिन बीत रहे थे–उन दिनों। सुबह अकेले में पीताम्बर की याद करके उदास होती, दिन में रमेश के साथ दिल को बहलाती और रात में प्रेम के सम्बन्ध में नाना प्रकार के तर्क-वितर्क करती। और, वह धीरे-धीरे अनुभ्व कर रही थी कि प्रतिक्षण, काया का दुर्ग, जगह-जगह पर ढहकर, गिरता जा रहा है।···

एक रात रमेश के व्यग्र-आग्रह को बहुत बलपूर्वक टालकर वह अपने कमरे में आकर लेटी हुई थी। उसकी साँस तेजी से चल रही थी और कलेजा धड़क रहा था। आँख में तिल भर भी नींद नहीं। उसे एहसास हुआ कि रमेश को बलपूर्वक दूर करके–तनिक संतोष का सुख भी उसे नहीं मिला। पाई केवल पीड़ा और ताप। उसी समय उसने सोचा–यह बल-प्रयोग तमाम सत्य के प्रति केवल हठ करना मात्र है। और उसे लगा कि इस हठ ने, पीताम्बर के प्रेम को भी–आडम्बर की सारहीनता से खोखला बना दिया है। इसी तरह के 'विचार' को उसने अपने द्वितीय निर्णय की संज्ञा दी··· जब उसने अन्त में कहा था–'अब मैं हठ नहीं करूँगी !'

इस प्रकार उसने अपने शरीर की बाधा को हटा दिया था। इस प्रकार, निर्बाध सम्बन्ध में इन्द्रमाया और रमेश बँध गये, उस रात !!

दूसरे दिन वह, और दिनों से पहले ही उठ गई। उसे लगा, शरीर एक नये किस्म का, निराला आनन्द भोग रहा है। जी हल्का हो गया था। मानो, कोई भारी बोझ सिर से उतारकर वह रात-भर कहीं विश्राम कर रही थी। वह बिछावन पर उठ बैठी। उसने देखा, मस्तनिद्रा में रमेश का सिर तकिये पर पड़ा हुआ था और हलकी साँस पर उसका शरीर हौले-हौले हिल रहा था। उसके शरीर से सरकी दुलाई को

अच्छी तरह ओढ़ाकर वह कमरे से बाहर निकली। उसकी नींद आज बहुत जल्दी टूटी थी, किन्तु, शरीर पूरा विश्राम पा चुका था। प्रसन्न होकर उसने पूरब की ओर खुलनेवाली खिड़की को खोल दिया--उषा की हलकी-फीकी लाली आकाश में पोती जा रही थी। नीचे, बगीचे पर उसकी दृष्टि पड़ी। बाग के घास-पात और लता-पौधे ओस में नहाये हुए थे। बाग के बगल में, चहारदीवारी के फाटक को देखकर इन्द्रमाया को हठात् स्मरण हुआ··· पता नहीं, कितने दिन हुए, एक साँझ में इसी फाटक को खोलकर वह इस घर में पैठी थी। कौन था उस घड़ी बाग में खड़ा, चकित दृष्टि से इन्द्रमाया की ओर देखता हुआ ? पीताम्बर !! पीताम्बर की याद आते ही इन्द्रमाया उदास हो गई।··· अभी क्या कर रहा होगा पीताम्बर, जेल में ? आज की रात उसने किस तरह बिताई होगी ?··· यह उसी का घर है और मैं उसी की पत्नी !

इन्द्रमाया आगे बढ़ी और बैठक में टँगी पीताम्बर की तस्वीर को बहुत देर तक एकटक देखती रही। सूखी हुई माला उसमें आज भी लटक रही है। एक-एक करके वह सभी कमरों में गई। सभी स्थानों पर पीताम्बर का कोई-न-कोई चिह्न था–कपड़े-लत्ते, किताबें और इसी तरह के निजी-सामान, वगैरह।

शरीर और मन से आनन्द का सुस्वाद पाने का अनुभव करके भी–एक हलकी विषाद-भरी साँस उसके कंठ से निकली–'पीताम्बर मेरे ! मैं तुमको प्यार करती ही रही हूँ–करती ही रही हूँ।'

इसके बाद कन्धे पर साड़ी रखकर वह 'बागमती' में नहाने निकली। उसे उस दिन पशुपतिनाथ के दर्शन की भी कामना हुई।

उस दिन से पशुपति-दर्शन मेरा दैनिक कार्य हो गया। सुबह खूब तड़के ही उठकर–रमेश के जगने से पहले ही–बागमती में नहाकर, पशुपति-दर्शन करके मैं घर लौटती। बाद में जब रमेश को पता चला तो मुझे चिढ़ाने लगा–'पीताम्बर के प्रेम को--पशुपति-महाराज अपने प्रति भक्ति समझकर–पा रहे हैं। दोनों बेचारे ही ठगे जा रहे हैं।'

मीठा व्यंग्य था यह। मैं नाराज नहीं होती थी। कहती–'रमेश, तुम भी चलो न कभी दर्शन करने।'

रमेश जवाब देता–'बाबा, तुम्हारे और उन लोगों के बीच के मामले में मुझे मत घसीटो।'

बात भी सही थी। प्रतिदिन प्रातःकाल की मेरी पशुपति-यात्रा, मेरे और उन लोगों के बीच की ही बात थी–एकदम निजी। सुबह उठती, प्रसन्नता के साथ। लगता, जीवन सार्थक हो रहा है। शरीर पुलकित होता। किन्तु, कमरे से बाहर निकलते ही, तत्काल ही, आदतन पीताम्बर की याद जग जाती। विषाद का हलका बादल, आनन्दमग्न हृदय के आकाश पर छा जाता। उदास हो जाती, रोज़ की

तरह। बागमती-स्नान और पशुपति-दर्शन से मन को संतोष होता था। मेरा सबसे पहला काम होता, अँगनाई में बैठकर पीताम्बर के लिए भोजन तैयार करना। अत्यन्त तन्मयता से मैं काम करती–एकदम भक्तिपूर्ण तन्मयता के साथ। पशुपति-दर्शन से प्राप्त मन की तन्मयता और भक्ति-भाव उस समय तक लहलहाते ही रहते थे। मैं पीताम्बर के लिए नित्य नया-नया भोजन बनाती। अपने लिए नहीं भी हो, लेकिन पीताम्बर के लिए कोई-न-कोई मिठाई जरूर बनाती। खाने-पीने की चीजों के अलावा और भी कोई-न-कोई सामान उसे हमेशा की तरह भेजती रही। जब तक रमेश उन चीजों को पीताम्बर के पास पहुँचाकर लौट नहीं आता, मैं पीताम्बर के ख़यालों में डूबी रहती। लौटते ही रमेश नहाने जाता। और, तब तक रसोई तैयार हो जाती।...

इसके बाद का मेरा समय–रमेश के साथ का समय होता। दिन और रात-भर प्रसन्नता–आनन्द और सुख।...

सुख ? हर सुबह, बीते हुए दिन के सुख को उदासी से चुकता करती। और, जितना ही ज़्यादा सुख मैं पाती थी–उतना ही ज़्यादा विषाद की बढ़ी हुई कीमत देनी पड़ती। ऐसा प्रत्येक दिन मेरे लिए नया दिन होता, मानो जीवन को उस दिन फिर से प्रारम्भ करने जा रही होऊँ...।

सुख ? रमेश के साथ निर्बाध आनन्दपूर्ण सहवास में मुझे सुख नहीं मिला, यह कैसे कहूँ ? रमेश ने मुझे उच्च सिंहासन पर, राज करने के लिए बिठा दिया था। और, स्वयं एक अकिंचन याचक प्रेमी ! मेरे प्रेम की उदारता से वह जो भी, जितना-सा पाता था, उसके बदले में अपने को कृतज्ञ प्रेम से मुझे भर देता था। वह प्रतिपल मानो मुझे पुनः-पुनः जीतता जाता थां। मेरी छोटी-बड़ी इच्छाओं को, मेरी छोटी-मोटी आवश्यकताओं को पूरा करने का अवसर पाकर वह अपने जीवन को सार्थक समझता था। इसी तरह का सम्बन्ध था मेरा भी–पीताम्बर के प्रति; उसको प्रेम के सर्वोच्च सिंहासन पर स्थापित करके, मैं वहाँ अकिंचन याचिका थी। वहाँ था मेरे प्रेम का समर्पणमय अनुभव। किंतु, यहाँ निरंतर मुझ पर समर्पित होने का, न्योछावर होते रहने का अनुभव था। मानो, कोई देवी भक्त द्वारा चढ़ाया गया भोग पा रही हो ! जो प्रेमिका वहाँ भक्तिन थी, यहाँ वही देवी बनी हुई है ! ... देवी का आसन संतोषमय-आनन्द नहीं देता–यह कैसे कहूँ ?

किन्तु, उस संतोष और सुख के बदले में दूसरे दिन सुबह ही मुझे क्यों पाई-पाई कर कीमत चुकानी पड़ती थी ? क्यों उस समय का सुख, सुबह में विषाद का रूप ले लेता था ? और, क्यों पशुपतिनाथ के दर्शन के समय लगता था कि मेरा पाप-मोचन हो रहा है ? इस कारण से तो नहीं कि अपनी आस्था की अवज्ञा होने पर जिस खंडितता का अनुभव मैंने अपने अन्तर में किया, जो चोट अपने अवचेतन में मैंने की, उसी के पाप-ताप से अपने सुख का मोल तो नहीं चुकता करना पड़ रहा ? मानव-जीवन के सुख में भी–फूल में छिपे हुए कीट की तरह–पापबोध छिपकर बैठा रहता है, क्या ? रमेश के संग सुखानुभूति न होने पर क्या मैं पापानुभूति

का दंशन नहीं पाती ?···

और, पापबोध क्यों ? क्या शरीर-दान हुआ, इसीलिए ? किंतु, क्या शरीर दान करने के पहले, और सबकुछ मैंने रमेश को नहीं दे दिया था ? केवल शरीर नहीं दिया, इसी से अपने को खरी समझूँ ?

ऐसी बातें सोचते-सोचते इन्द्रमाया को लगता था कि प्रेम में कायादान अनिवार्यतः निहित है। ईश्वर के प्रति भक्ति, जब मधुर-भावना ग्रहण करती है तो भक्त का शरीर भी ईश्वर को अर्पित हो जाता है। यदि ईश्वर के द्वारा वह–शरीर-ग्रहण नहीं होता है तो, या तो–ईश्वर और मानव के बीच समागम की असम्भवता के कारण अथवा स्वयं ईश्वर की अनिच्छा के कारण। वह सहभोग संभव नहीं हो सका। भक्त की अनिच्छा से नहीं। कृष्ण को प्यार करनेवाली नारी-उपासिकाएँ प्रेम में विभोर होकर, अपने शरीर में संभोग के लक्षण देखती हैं। शरीर के अस्तित्व के बिना प्रेम नहीं होता ! तो, फिर क्यों दिन-प्रतिदिन पशुपति के प्रांगण में शुचिता का संधान ? क्यों पापमोचन की वैसी कामना ? क्यों नित्य विषाद से भरी सुबह ? क्यों पीताम्बर के प्रेम को नित्य हृदय में 'माँज' कर चमकीला बनाये रखने का इतना प्रयोजन ? क्यों··· क्यों ??

इस तरह नाना प्रकार के प्रश्न उसके मन में सुबह होने के साथ ही जगते। इन प्रश्नों के उत्तर नहीं पाकर भी, इन्द्रमाया को आनन्दपूर्ण जीवनयापन करने में कोई कठिनाई नहीं हुई। इन दिनों इन्द्रमाया को लगता है, जीवन के प्रश्नों के उत्तर ही नहीं हैं। सुख और विषाद, इन दोनों का आपस में इतना वैषम्य नहीं कि एक को हृदय में बैठाने के लिए, दूसरे को निर्मूल करना पड़े !

एक दिन की बात आज इन्द्रमाया को ऐसी स्पष्टता से याद आती है मानो वह दिन उसके जीवन में उसी तरह उद्‌भासित होकर चमक रहा है !··· रोज की तरह वह सुबह में उठी–विशेष सुख का अनुभव करती हुई। उठते समय, शरीर अलसाया रहा–सुख की थकावट से ! प्रतिदिन की भाँति कमरे से बाहर निकलकर उसने पूरब की खिड़की खोल दी। सुबह की शीतल मंद हवा से देह पुलकित हुई उसकी। आलस्य को तोड़ने के लिए–शरीर को ऐंठकर तोड़ा-मरोड़ा। मुँह में खट्टा पानी भर आया। मुँह का पानी खिड़की से बाहर थूककर वह कमरे में गई और कपड़े लेकर पशुपति की ओर चल पड़ी। रास्ते में भी वह उसी तरह आनन्दमग्न थी। पीताम्बर की याद करके उदास भी होती और रह-रहकर उसका शरीर आनन्द से कंपित भी होता।··· हवा में आश्विन की शीतलता घुल गई है, उसने सोचा। उसे एहसास हुआ, मनभावन ऋतु आ गई; पर्व-त्यौहारों का अब लम्बा ताँता लगेगा। वातावरण पहले से ही पावन हो रहा है। उस दिन नहाकर जल से बाहर निकलते समय उसने बड़ी निर्मलता का अनुभव किया। और, पशुपति की पूजा में भी अन्य दिनों से अधिक तन्मय हुई। उसे अकारण ही लगा कि पीताम्बर भी अब जल्दी ही रिहा होगा। उसकी शिवाराधना सफल होगी; जीवन उत्सवमय होने को है। आनन्द, भक्ति और आर्द्रता सम्मिश्रित निःश्वास पशुपति में अर्पित करके वह घर

लौटी–'हे पशुपतिनाथ ! पीताम्बर को जल्दी मेरे पास ला दो !'

घर लौटकर उसने बड़े आयोजन के साथ पीताम्बर के लिए भोजन तैयार किया। भंडार-घर से बड़ी किश्ती निकालकर उसी में खाने की चीजों को सजाया। ··· उसके जेल के साथी लोग भी देखें कि पीताम्बर के घर में एक श्रद्धावती नारी उसकी प्रतीक्षा में बैठी हुई है।

यह सब देखकर रमेश बोला–'अरे ! आज इतना वृहत् आयोजन क्यों इन्द्रमाया ? लगता है, जेल के अन्दर किसी उत्सव का सामान भेजा जा रहा है ?'

वह बोली–'यों ही, आज जी में आया। तिस पर भी मन को संतोष नहीं हो रहा। लगता है, मैं अपनी पूरी सेवा उनको नहीं दे पा रही हूँ।'

रमेश ने कहा–'सुनने में तो तुम्हारी बात उदासी से भरी हुई प्रतीत होती है। किंतु, चेहरा तुम्हारा आज कितना उज्ज्वल है ? तुम तो आज अपनी ही सुन्दरता को मात कर रही हो इन्द्रमाया !'

इन्द्रमाया ने जवाब दिया–'उदास तो हूँ। लेकिन, क्या आनन्दित भी नहीं ? सुख पूरा पा रही हूँ। किंतु, क्या वेदना भी नहीं है मन में ? देखो रमेश, तुमने मुझे–पुरुष द्वारा दिया जानेवाला–प्रेम दिया। मैंने भी, नारी को मिलनेवाला, सुख पाया। तथापि, क्या मेरी अंतरात्मा यह भूल सकती है कि मैं, ऐसे सुख में भी, एक बिछुड़ी हुई नारी हूँ–मेरे अपने··· मेरे पीताम्बर से। तुम पाहुन की तरह हो इस घर में, स्वामी नहीं हो। यह, हमारा प्रेम–जितना भी सुखदायी हो; फिर भी–सहयात्री का साथ जैसा अस्थायी सम्बन्ध है। आनन्द है इसमें, चरम सुख भी है इसमें; किंतु यह किसी निश्चित स्थान पर पहुँचा हुआ नहीं है। यह आवास नहीं, यह निश्चिन्तता नहीं।'

रमेश, बस एक ही बात को पकड़े रहा–'तुम विषाद की बातें कितनी भी क्यों न करो–फिर भी आज सुन्दरता से दमक रही हो। और··· मैं तुमको चरम सुख पहुँचा सका हूँ, इसका आश्वासन मैं तुम्हारे चमकते हुए मुखमण्डल से ही पा रहा हूँ।'

इन्द्रमाया बोली–'मैं बराबर कहती ही रही हूँ–प्रतिपल हृदय से अनुभव भी कर रही हूँ–सच कहती हूँ रमेश, मैंने तुमसे बहुत बड़ा सुख पाया है। और, मेरी आज की स्थिति में–मेरे स्वामी जब जेल में हैं–इतना बड़ा सुख मुझे सह्य नहीं होता यदि मुझे यह विश्वास नहीं होता कि यह अस्थायी है। आखिर, मैं दिन-रात इस प्रतीक्षा में बैठी हूँ कि पीताम्बर कब रिहा हों, कब अपने इस घर में आवें··· ।'

रमेश का चेहरा बुझता हुआ देखकर इन्द्रमाया ने प्यार-भरे स्वर में कहा–'है या नहीं, रमेश ? आखिर, किसी-न-किसी दिन पीताम्बर रिहा होंगे और इस घर के–और मेरे भी–स्वामी बनकर रहेंगे। तुम्हारा भी अपना घर है। इधर तुमने उसकी खोज-खबर नहीं ली है तो क्या, कभी-न-कभी तुम्हें वहाँ जाना ही पड़ेगा।··· है या नहीं रमेश ?'

रमेश बोला–'हाँ, इन्द्रमाया ! और, सचमुच–एक बात कहना तो भूल ही गया था। इधर पीताम्बर के रिहा होने की अफवाह खूब गर्म है। शायद, जल्दी ही सभी लोग छूट जायेंगे। हाँ, इन्द्रमाया–सच ही कहा है तुमने कि आखिर मेरा घर भी–एक-न-एक दिन–मेरे ऊपर दावा अवश्य करेगा। पीताम्बर भी, जेल से मुक्त होने के साथ ही–अपने अधिकार का दावा करने आ धमकेगा···।'

इन्द्रमाया ने, उसकी बात को काटते हुए, उत्तर दिया–'अधिकार का दावा उनको नहीं करना पड़ेगा, रमेश ! उनकी अपनी चीज–स्वभावतः उनकी तो है ही, वह जेल में भी रहें तब भी। तुम तो जानते ही हो कि यदि प्रेम को वर्गों में विभाजित किया जा सके, तो अपने और पीताम्बर के सम्बन्ध को मैं प्रथम वर्ग में रखूँगी। इसीलिए तो मैंने तुमसे पहले ही कहा कि तुमसे पा रहे ऐसे सुख, ऐसे आनन्द, ऐसी नारी की सार्थकता–हाँ, रमेश नारीत्व की सार्थकता भी–मुझे जो सह्य हो रहे हैं, विरह-वेदना के कारण और इस विश्वास के कारण कि मेरे वर्तमान के सुख अंततः अस्थायी हैं।'

रमेश का चेहरा और भी जर्द हो गया। इन्द्रमाया हँसकर बोली–'क्या हुआ रमेश ? क्या सोचने लगे ?'

उसने गंभीर मुद्रा–किन्तु व्यंग्य वाक्य में कहा–'तुम्हारे सुख को यदि वेदना ने सह्य बनाया है तो सुनो–मेरा सुख भी मुझे सह्य हो रहा है, पुनः-पुनः पा रहे सुख के कारण।'

इन्द्रमाया हँसकर बोली–'तब, मेरा भी वही हाल समझो। सुख शेष नहीं होकर सह्य होता गया है।'

इस बात को कहते समय न तो इन्द्रमाया ने सच कहा था और न रमेश ही इस पर विश्वास करके आश्वस्त हुआ था। केवल, वातावरण को हलका कर दिया था इन्द्रमाया ने।

रमेश बोला–'हाँ, इन्द्रमाया ! तुमने आज जितनी बातें कहीं, अक्षरशः सत्य हैं। हमारा सुख, यात्रा की मग्नता है। लाओ, पीताम्बर के लिए इतने बड़े आयोजन के साथ तैयार किया गया तुम्हारा उपहार–पीताम्बर को पहुँचा आऊँ !'

मन की शंका को दूर करने के लिए इन्द्रमाया दोपहर को लेडी डाक्टर से जाँच कराने गई। जाँच करके लेडी डाक्टर ने पुष्टि की–'हाँ दो महीने से तुम गर्भ धारण कर रही हो !'

तीन

तृतीय प्रहर का अलस समय ! अपनी उम्र भी दिन की तरह ढल रही है। स्मृति के प्रवाह में, इन्द्रमाया ने अपने को खोखली बनाकर छोड़ दिया है। मानो, हलकी डोंगी, जो जल के अन्तःप्रवाह से स्वयं बही जा रही है। स्मृतियाँ, किसी-न-किसी विषाद की पतली छाया भी लेकर आती हैं शायद; सुख-स्मृति में भी किसी-न-किसी विषाद की छाया रहती है। दुख की स्मृति वेदना-रहित तो होती है, किन्तु उस पर भी विषाद की छाया पड़ी ही होती है–उदासी से भरे हुए कुछ क्षण !

कमरे में अकेली ही लेटी इन्द्रमाया अपने जीवन में भोगे हुए सुख-दुख का खुद जायज़ा ले रही है। कमरे के दरवाजे और खिड़कियों को बंद करके, आत्मीय अंधकार में वैसे क्षणों को बिताना उसे अच्छा लगता था। पच्छिम की ओर खुलनेवाली खिड़की की ऊपर वाली झिलमिली से–एक पतली किरण प्रवेश करके, पूरब वाली दीवार के दक्षिण कोने में प्रकाश का छोटा-सा चक्र बना रही थी। उसी ने कमरे के अंधकार को तनिक पिघला दिया था। इसीलिए कमरे का वातावरण घनिष्ठतर हो गया था। उस वातावरण में–स्मृति के स्पर्श में, इन्द्रमाया को लगा आलिंगन की आत्मीयता थी। कमरे के बाहर की दुनिया से आती हुई ध्वनियाँ, तृतीय प्रहर में, यों भी कोमल सुनाई पड़ती हैं।··· सड़क पर गिल्ली-डंडा खेलते हुए बालकों का किलोल, खुट्ट-खुट्ट कर चलते हुए आदमी की पगध्वनि, दुकान में मोल-तोल करते हुए ग्राहकों के यदाकदा सुनाई पड़नेवाले कंठ-स्वर–सभी आवाजें एकाकार होकर कमरे में प्रवेश करती हुई–तृतीय प्रहर को और भी आलस्यमय बना रही थीं।···

बाहरी जगत् की ऐसी आलस्यभरी ध्वनियों के साथ–नीचे दरवाजा खुलने की आवाज, इन्द्रमाया ने सुनी। और, साथ ही नारी-कंठ से निश्चिन्त-प्रसन्नता के साथ निकली हुई–चहकती हास्यमयी बोली भी उसके कान में पड़ी। कोई घर के अन्दर प्रवेश करती हुई कह रही थी–'साथियो, माफ करना–आज मुझे एकदम फुर्सत नहीं–एकदम ही नहीं··· !'

अपनी बेटी की बोली को पहचानकर इन्द्रमाया को ख़याल हुआ, अचानक–आज वह अपने युवक-मित्र को मेरे पास ले आनेवाली है। भोजन के बाद ही मुझसे कह गई थी–'आज शाम उसको ले आऊँगी, आमाँ[1] !'

उसके साथियों का आग्रह, सुनाई पड़ा–'रमा ! आज तो नहीं मत कहो। गौरी ने सभी को सिनेमा देखने के लिए निमन्त्रित किया है।'

रमा हँसकर बोली थी–'नहीं साथियो ! आज मुझे अपने युवक मित्र का आमाँ

---

1. माँ।

से परिचय करवाना है।'

सभी साथियों के खिलखिलाकर, एक ही साथ हँसने का स्वर सुनाई पड़ा। ··· रमा की भी प्रसन्न हँसी पहचानी जा रही थी।

इन्द्रमाया के मन में, इन किशोरियों के प्रति, ममता का भाव उदय हुआ। अपनी बेटी की आनन्दमय हँसी सुनकर तो वह विभोर हो गई।··· उसने भी ऐसी ही घड़ी, ऐसे ही क्षण पाये थे, अपने जीवन में ! ऐसी ही निश्चिन्त-प्रसन्नता से उसके समस्त पल रँगे हुए थे। इन्द्रमाया गद्गद हुई। आज रमा, अपने भावी पति को, अपनी प्यारी आमाँ से मिलाने के लिए, ला रही है !···

रमा कितने दिनों की हुई ? मन-ही-मन हिसाब जोड़ा इन्द्रमाया ने–उन्नीसवाँ पार करके, बीसवें में चल रही है।

ठीक बीस वर्ष पहले जब पति जेल में थे, इन्द्रमाया की कोख में समाई थी, रमा। इसके पिता, इसकी आमाँ के पति नहीं–इसी एक क्षुद्र कारण से केवल आमाँ के इकहरे ममत्व के आश्रय में, दुनिया के द्वारा अवांछित होकर, यह इतनी बड़ी हुई। इन्द्रमाया ने कितने कष्ट भोगकर, क्या-क्या न सहकर–इसे पाल-पोसकर बड़ा किया था।

··· मेरे गर्भवती होने के साथ ही रमेश के आचरण में परिवर्तन आते, मैंने लक्ष्य किया था। साथी लोग भी एक-एक कर जेल से रिहा होकर आ रहे थे। किन्तु, जो भी आते, मुझे रमेश के साथ देखकर चौंक जाते थे। शायद, उनको लगा होगा कि उनके साथी के प्रति–जो जेल में बंदी होकर पड़ा हुआ था–मैं वफ़ादार नहीं रह गई। मेरा असली आचरण, वह भी वैसी स्थिति में, उनकी नजर में अक्षम्य लगा होगा। मैं आग्रह करके उन लोगों को बुलाती थी; किन्तु, वे लोग मेरे विषाक्त संसर्ग से मानो दूर ही रहना चाहते। दिन-दिन बढ़ते हुए गर्भ की स्थूलता से मैं चल-फिर नहीं सकती थी। कमरे में ही बैठी रहती। बैठी-बैठी बिनाई-कढ़ाई आदि का काम करती रहती। फिर भी मेरा मन उदास रहा करता और पीताम्बर की याद आती रहती थी। बाद में तो, धीरे-धीरे पशुपति के दर्शन को जाने के योग्य भी नहीं रही। मेरे चिन्तन की एकाग्रता–पीताम्बर के प्रति–बढ़ती ही गई।··· जेल से साथियों के छूटकर आने के बाद से रमेश मेरे पास आना-जाना क्रमशः कम करता गया। एकाध बार जिज्ञासा की दृष्टि से देखने पर उसने सफाई दी–'देखो न इन्द्रा ! कोई-न-कोई काम आ ही पड़ता है–बाहर जाने का।··· मुझे··· अपने घर को भी तो··· एकदम भूल नहीं जाना चाहिए, न ?'

मैंने भी स्वीकार किया–'हाँ।'

और तब रमेश कहता–'साथी लोग भी··· देखती नहीं··· किस तरह आँखें फाड़-फाड़कर हमारी ओर देखते हैं। मुझे वे लोग नहीं पसंद करते और, मैं भी उन्हें··· ।'

ज्यों-ज्यों मेरा जी भारी होता जाता; मुझे लगता कि मेरे स्वच्छन्द आनन्द

के दिन भी अब बीते।··· एक ज़िम्मेदारी मेरे ऊपर पड़ी··· एक भार !

किन्तु, इसके साथ ही, गर्भधारण करने के बाद से एक अनूठा, एक नूतन, विस्मयपूर्ण आनन्द मुझे होने लगा। जिस समय डॉक्टरनी ने बताया कि मैं गर्भवती हो चुकी हूँ, आनन्द और विषाद से एक ही साथ आक्रांत होकर मैं चीख पड़ी थी–'क्या सचमुच··· क्या यह संभव है ?'

डॉक्टरनी बोली थी–'क्यों नहीं संभव है ? तुम्हारा स्वास्थ्य इतना अच्छा है, शरीर में भी कोई खोट नहीं।'

सड़क पर आकर, अपनी नई दुनिया की पहली साँस लेकर, चुनौती-भरे स्वर में–किन्तु, धीमे से, अपने को सम्बोधित करके मैंने कहा था–'समझी ? अब तू माता··· ।'

उसी क्षण मुझे ऊँची दीवारों के अन्दर अकेले समय बिता रहे पीताम्बर की याद आई। लगा, यह गर्भ उसका ही तो है।

दूसरे के बीज से उपजी, हरी-भरी हुई धरती–फिर भी कितनी मनोहारिणी !

निश्चिन्तता की गाढ़ी नींद में, एक ही करवट में रात काट दी मैंने। दूसरे दिन प्रातःकाल पशुपति को, माता होने का सौभाग्य पाने की खुशी में, पूजा दे आई। मैंने कहा–'हे पशुपतिनाथ ! मेरे पेट की इस सन्तान की रक्षा करो ! रक्षा करो मेरे बंदी पति की।'

जैसे-जैसे समय बीतता जाता था, जी भारी होता ही जाता था और शरीर शिथिल। आनन्द में भी सुख के अभाव का अनुभव होता। एक ऐसी किस्म का आनन्द जिसमें चंचलता नहीं थी, शायद पीताम्बर की स्मृति के विषाद के कारण ! जैसे-जैसे दिन करीब आने लगे, मैं उतना ही ज़्यादा, कमरे में बैठकर पीताम्बर की याद करने लगी–'हे ईश्वर ! पीताम्बर शीघ्र आए।'

मैं और मेरे पेट की संतान तो–एक ही देह थी। लेकिन, पीताम्बर के बारे में एकाग्र होकर सोचते-सोचते वह भी न जाने कैसे मेरे अन्दर–हमारे साथ–घुल-मिल गया था। लगता था, एक ही घर में तीन जन की गृहस्थी बस गई है, एक ही देह के एक ही मन में··· ।

बाद में, धीरे-धीरे रमेश ने एकदम ही आना छोड़ दिया। दुकानदारिन बूढ़ी की एक नातिन को मेरी सहायता के लिए, बाहर ही बाहर से, नियुक्त करके और मेरी जरूरत के लिए रुपए-पैसे की व्यवस्था करके, उसके मार्फत ही भेजकर–वह मेरे जीवन से धीरे-धीरे विलीन होता गया। मेरे जानते, यह कोई अन्याय नहीं किया था उसने, क्योंकि वह घर उसका तो था नहीं कि वह सदा मेरा होकर रहता। और दूसरी बात यह कि मैं स्वयं माता बनने की आशा में पीताम्बर के प्रति और अधिक अनुरागिनी होती जा रही थी। मुझे ऐसा लगने लगा था कि इस घर के निमित्त रमेश अब अनावश्यक हो गया है। मुझे यह भी लगता था कि वह, मेरी सन्तान के प्रति, मेरे पति के प्रति, एक तरह से, बाधा-स्वरूप हो गया है। इसलिए मैं स्वयं उसकी ओर से उदासीन होती गई थी। मुझे इसका एहसास होने लगा

था कि रमेश के लिए मैं जितना-सा समय देती हूँ, उसका सदुव्यवहार अपने माता होने में कर सकती हूँ। पीताम्बर के प्रति मेरा प्यार उमड़कर मानो मेरे सारे समय को व्याप्त करता गया। प्रिया का स्थान माता लेने जा रही थी। इसलिए शायद मेरी–'भर्ता-पति' की आवश्यकता और भी बढ़ गई थी। पीताम्बर को प्रेम तो पहले भी करती थी, एकनिष्ठ होकर। किन्तु, अब जिस प्रेम का अनुभव मुझे हो रहा था–उसमें पति की सत्ता के साथ संतान के पिता के भी निहित होने के कारण–अनूठा शक्ति-सम्पन्न था वह प्रेम ! भारी जी लेकर अकेले कमरे में बैठी मैं कहती–'जल्दी आओ न पीताम्बर !'

इन्द्रमाया को जीवन में मात्र एक बार माता होने का अवसर मिला, और वह भी वैसी असाधारण स्थिति में ! इसलिए यह निर्णय नहीं कर सकी कि सभी नारियों में माता होने का ज्ञान, पति के प्रति प्रेम को उसी तरह विकसित करना है क्या ? कहते हैं कि संतान पति के–कुछ अंश में ही सही–प्रेम का एकाधिकार छीन लेती है। और, गर्भ धारण करते ही नारी को पति की इकलौती आवश्यकता नहीं रह जाती। किन्तु, इन्द्रमाया के साथ तो ऐसा नहीं हुआ ! बल्कि, वह पीताम्बर के लिए विरह में और ज़्यादा पीड़ित होती गई। मानो, नये किस्म से–नये सिरे से पीताम्बर के प्रेम में वह फँसती गई। उसको भान होने लगा, पीताम्बर के प्रति उसका प्रेम, एक नई और असम्भव ऊँचाई छूने चला है। व्यग्र होकर, अकेले बैठी वह कहती–'पीताम्बर, जल्दी आओ न। विनती करती हूँ, शीघ्र आओ। देखो, अब दो आत्माएँ यहाँ तुम्हारी प्रतीक्षा कर रही हैं।'

और, एक दिन पीताम्बर आये भी !

किन्तु, कैसी अव्यवस्था की घड़ी में, रिहा होकर घर पहुँचे कि मैं उनके स्वागत के निमित्त दरवाजे पर खड़ी भी नहीं होने पाई।··· सुबह से ही वेदना से छटपटा रही थी। दुकानदारिन बूढ़ी की नातिन इसकी सूचना चुपचाप रमेश को दे आई होगी–ऐसा मेरा अनुमान है। क्योंकि, होश अथवा बेहोशी की अवस्था में मुझे अस्पताल पहुँचाने की व्यवस्था, उसी के द्वारा हुई होगी।··· अस्पताल में पहुँचने की याद है। वहाँ के उजाले की हलकी-सी याद भी चेतना के किसी कोने में है। इसके बाद वेदना की एक भीषण लहर ने पता नहीं अस्तित्व के किस अतल तल से उमड़कर–मुझे चेतन-शून्यता के अँधकार में धकेल दिया था। एक के बाद दूसरी, दूसरी के बाद तीसरी लहरें··· लहरें··· लहरें। लहरों के थपेड़े मुझे बेदम करने लगे। लगता था, साँस नहीं ले सकने के कारण मैं अथाह वेदना में डूबकर, घुटकर मर रही हूँ।··· क्रमशः उग्रतर होती हुई लहरें मुझे आत्मसात् कर रही हैं। चेतना का बुझता-टिमटिमाता प्रकाश–अर्धनिमेष के लिए, शायद देखा था··· अस्पताल के

आलेकित कमरे की छाप चेतना में झिलमिलाती-सी··· और फिर वेदना की लहरों में डुबकियाँ··· ।

मूर्छा के एक लम्बे अन्तराल के बाद जब मैं होश में आई, शरीर एकदम हलका हो चुका था। सिर्फ देह के निचले हिस्से में हलकी-सी मीठी पीड़ा, किन्तु, मन एकदम चंगा। मानो, मैं आकाश में तैर रही हूँ। अस्पताल के नरम बिछावन पर सुख की अत्यन्त मीठी गुदगुदी से नींद में डूबी रहती मैं। लगता था, बहुत दिनों के बाद सोने को मिला है। मन या शरीर में कहीं कोई वेदना नहीं। सुख के असीम अनुभव के अतिरिक्त और सबकुछ दूर से देखा हुआ-सा मात्र लगता था–अनुभव की सीमा से बहुत दूर से। केवल, पीताम्बर की स्मृति, उस सुख की निद्रा में, थपकियाँ देती-सी लगती थी। सुख के तन्द्रिल-प्रवाह में, हलकी देह को तिरते छोड़, और कुछ देर नींद का सुख पाने के लिए आँखें मुँदना ही चाहती थीं कि एक छोटी-सी पोटली जैसी चीज मेरे पास–बगल में, रखकर नर्स बोली–'देखिये ! कितनी सुन्दर बेटी !'

मेरी चेतना हठात् लौटी। देखा, लाल रंग का गोलमटोल एक मांसपिण्ड !

आनन्द से ओत-प्रोत होकर मैं फिर सुख की तन्द्रा में डूबने लगी थी कि दुकानदारिन बूढ़ी की नातिन का स्वर कानों में पड़ा–'पीताम्बर पण्डित जी घर आ गये।'

जीवन में इतना बड़ा संतोष मुझे फिर कभी नहीं हुआ।··· पलंग के पास, सफेद कपड़े में लिपटी, जीवित मांस की छोटी पुतली–मेरी अपनी संतान के साथ सोई मैं··· माता इन्द्रमाया ! पति भी बहुत दिनों तक कारावास काटकर आज ही घर लौटा है। इससे बढ़कर संतोष और क्या हो सकता है, जीवन में ? मानव-जीवन को दिया हुआ ईश्वर का वरदान यही तो है !··· अपरिमित सुख और संतोष से निर्द्वन्द्व होकर सोचती-सोचती, मैं सो गई !

उठकर देखती हूँ, एक छोटी किश्ती में खाने की चीजें लेकर नर्स खड़ी है। सुबह के सूरज की सुनहली किरणों से मेरा कमरा आलोक-रंजित और उद्भासित था। मेरे पास ही–पालने में–हलकी हलचल भी हो रही थी–नन्ही-सी हरकत !!

नर्स ने हँसकर कहा–'सुप्रभात !'

मैं बोली–'नर्स, जीवन बहुत सुन्दर है, बहुत सुखदायी है न ?'

वह बोली–'अब भोजन कीजिये। शरीर को ताक़त चाहिए !'

मैं बोली–'मैं अब घर जाना चाहती हूँ।'

नर्स ने कहा–'परसों तक आप जा सकेंगी। डॉक्टर से पूछना होगा। आपको नहीं मालूम कि कितने बड़े कष्ट से उबरी हैं आप इस बार।'

और फिर मुस्कुराकर बोली–'बिटिया ने तो आने के दिन खूब दुख दिया। ··· लेकिन, है कितनी सुन्दर ? है न ?'

बीते हुए कल की वेदना की घड़ियों को मैं भूल चुकी थी। उसी के सुख और आनन्द के आकाश में, कल पाई हुई वेदना मानो ऐसी काली घटा थी जो आज

आकाश से बिला चुकी है। अभी तो, मानो मेरी चेतना को आनन्द ने पोंछकर चमचम-चमकीला और उज्ज्वल बना दिया है। मेरे अंतर-हृदय में मानो कभी नहीं अस्त होनेवाले सूर्य का उदय हुआ–जिसने मेरे सारे जीवन को प्रकाशमय कर दिया है। मुझे बस एक ही बात की चाह थी–जल्दी घर लौटूँ। मेरे जीवन की, अब तक अकेली प्रवाहित होनेवाली धारा, जितना शीघ्र हो सके, मूल-स्रोत में जाकर मिल जाये–पीताम्बर के जीवन के मूल-स्रोत में। अपने साथ और भी एक छोटी-सी जीवनधारा को गोद में लेकर।...

उस दिन मध्याह्न में पीताम्बर भी अस्पताल आया था। शरीर से कुछ चंगा हुई मैं, बिछावन पर बैठकर, बच्ची के गीले कपड़े हलके हाथों बदल रही थी। बिटिया सोने के सिवा और कुछ नहीं जान पाई थी ! यद्यपि उसके, उस समय के चेहरे को सुन्दर नहीं कह सकते तथापि नर्स ने कहा–'कितनी सुन्दर है नन्ही !'...

सुन्दर और असुन्दर की विवेचना से अधिक, उस समय बिटिया को बार-बार देखकर मुझे, एक ही भावना होती : पूर्ण परितृप्ति की, संतोष की और अपनी सार्थकता की। उसी समय बाहर, बरामदे पर, पीताम्बर की बोली सुनाई पड़ी। हठात् लगा, पूर्ण सार्थकता की घड़ी तो अब आनेवाली है; जब पीताम्बर इस कमरे में आकर–प्रेम के विकास की पूर्णता को, एक अनछुए अंग को अंग से लगायेगा। अपने नवजात शिशु को देखते ही नारी के मन में सबसे पहले यह विचार उठता है कि पति को कैसा लगेगा, यह शिशु ! ऐसा सोचकर नारी अपने को शिशु के साथ घनिष्ठतर होने का अनुभव करती है। दुनिया के बारे में उसे और कोई चिंता नहीं रहती; केवल यही सोचती रहती है कि पति को कैसा लगेगा, कैसे विचार उठेंगे उसके मन में, क्या सोचेगा वह शिशु को देखकर ? सुन्दर या असुन्दर, उसे न जाने कैसा लगे यह शिशु ! इसलिए संतान के जन्म के बाद जब माता का ध्यान संतान से बाहर की दुनिया की ओर जाता है तो सबसे पहले अपने पति की याद करके संकोच में पड़ जाती है; वैसा ही संकोच–जैसा, सुहाग-रात में पति के साथ हुआ था।... किसी सम्बन्ध का प्रारम्भ भी–मानचित्र के बिना किसी महासमुद्र के यात्रारम्भ जैसा ही है, ऐसा मुझे लगता है। माता होने के बाद नारी को–पति-पत्नी के प्रेम-सम्बन्ध को मानो पुनः एक नूतन स्तर पर, नये सिरे से शुरू करना पड़ता है। सबसे पहले तो उसको अपनी सबसे प्रिय प्राप्ति–अपनी सबसे बड़ी रचना–का परिचय करवाना होता है–उस पति के साथ जो स्वयं ही, नारी के लिए परम प्रिय प्राप्ति होकर, आज तक आ रहा था।... संकोच से झुकी हुई आँखों की पलकों को बिना उठाये ही वह सोचती रहती है कि पति किस तरह कमरे में खड़ा होकर सम्बन्ध की इस नई सृष्टि को परखेगा–एक निमेष के लिए ही सही–वह पृथक् होकर–तटस्थता से–माता और शिशु को आलोचक की दृष्टि से देखेगा।... इसीलिए माता में हठात् संतान के प्रति घनिष्ठ ममता और भी घनी हो जाती है। इसीलिए, माता संतान के सम्बन्ध में पक्षपाती होती है !

इन्द्रमाया ने फिर एक बार बच्ची को देखा। वह नींद में थी। इन्द्रमाया ने टॉवेल से, हलके हाथों, उसका चेहरा पोंछ दिया, यद्यपि इस क्रिया से बच्ची के चेहरे में कोई फर्क नहीं आया। चेहरा पोंछते समय, बच्ची के मुखमण्डल पर किंचित् तनाव की रेखाएँ उभरीं और वह फिर निद्रामग्न अवस्था में बिला गई। किन्तु, इन्द्रमाया मग्न थी, मस्त थी और पीताम्बर के लिए बैठी, प्रतीक्षा कर रही थी… ।

पीताम्बर दरवाजे के पास आकर खड़ा हुआ–चेहरा एकदम भावनाशून्य! डॉक्टर और नर्स भी उसके साथ थे। पीताम्बर आगे नहीं बढ़ा–दरवाजे का सहारा लेकर, चौखट से सटकर खड़ा रहा। प्रेममय संकोच से झुके शिर को इन्द्रमाया ने धीरे-धीरे उठाया। पीताम्बर की भावशून्य आँखों से इन्द्रमाया की आनन्दमग्न आँखें चार होने को आईं।… क्या इतने दिनों के संचित आनन्द की ज्योति, इस तरह अकस्मात् ही विलुप्त हो भी सकती है–केवल ग्लानि की एक असह्य अनुभूति छोड़कर ? पीताम्बर के भावहीन सूने चेहरे पर, खोजने पर भी जब वहाँ सुख की, पुनर्मिलन के उत्सुक आनन्द की कोई हलकी-सी रेखा तक नहीं मिली तो इन्द्रमाया के हृदय का समस्त आनन्द विलीन होने लगा।… पीताम्बर का चेहरा रूखा, जेल में पाये गये कष्ट के कारण भी हो सकता है। किन्तु, उनकी आँखों में प्रकाश की एक महीन किरण भी नहीं दिखलाई पड़ी। आँख की वह वितृष्णा, निश्चय ही कारावास की दी हुई शून्यता नहीं !

नर्स बोली–'बेटी को नहीं देखा है न ? देखिये, कैसी सुन्दर गुड़िया… ।'

चौकठ के सहारे टिका हुआ पीताम्बर ज्यों-का-त्यों खड़ा रहा; न हिला न डुला। इन्द्रमाया की आँखें झुककर–इस दुनिया के झमेले और प्रपंच से बेखबर, बिछावन पर नींद में मग्न सोई हुई बच्ची पर गईं और वहीं टिकी रहीं। पीताम्बर वगैरह के जाने के बाद उसने, शून्य दरवाजे की ओर आँखें उठाकर देखा। बाहर बरामदे में नर्स कह रही थी–'बाप को पहले दिन लाज लगती है और माँ को भी… ।'

पीताम्बर, अस्पताल के बाकी-बकाया, लेन-देन का हिसाब पूछ रहा था। इन्द्रमाया ने सुना, डॉक्टर कह रहा था–'अस्पताल का कोई हिसाब बाकी नहीं, मिस्टर ! पहले ही चुका दिया गया है। आप अपनी पत्नी को परसों तक ले जा सकते हैं।'

ग्लानि और लज्जा से जड़वत् होकर कमरे में बैठी रही थी, इन्द्रमाया। यदि वह माता का गौरव लेकर बहुत दिन के बाद घर लौटे हुए पति के लिए–अत्यन्त उत्सुकता से प्रतीक्षा में नहीं बैठी रहती; यदि वह संतान और पति के बीच होनेवाले प्रथम परिचय की घड़ी के लिए, तरह-तरह की संकोचपूर्ण, रस-भरी बातें–मन में गुन कर नहीं रखती और यदि उसके मन में सुमधुर–'लाजुक' संकोच नहीं होता तो शायद उसको इतनी ग्लानि नहीं होती। रंगीन आशा के पंख लगाकर उसने जितनी ही ऊँची उड़ान ली थी, जितना ही ऊपर पहुँची थी–पीताम्बर के एक क्षण

के व्यवहार से वह उतना ही नीचे की ओर गिरने लगी।... तिरस्कार का यह हृदय-भेदी अनुभव, उस माँ से कोई पूछे–जिसका पति–मातृरचना के आयोजन और निष्पत्ति के प्रति एकदम तटस्थ होकर, दूर से एक बार आग्रहहीन, रिक्त दृष्टिपात करता है, मानो उसका कोई वास्ता नहीं। अथवा उस नववधू से पूछे, जो धक-धक करते हुए दिल को लेकर, विवाह की प्रथम रात्रि की सुहागशय्या पर संकोच और उत्सुकता के साथ, अनुपस्थित पति की प्रतीक्षा में रात-भर जागकर काटती है और दूसरे दिन निराशा के प्रभात में, शय्या से नीचे उतर पड़ती है...।

अचरज की बात! ऐसे भीषण क्षोभ और ग्लानि में भी पुत्री के प्रति इन्द्रमाया की ममता घटने के बदले प्रतिपल धीरे-धीरे बढ़ती गई।... किन्तु, वह दिन-भर ग्लानि और कुण्ठा के कड़वे आँसुओं के घूँट पीती रही।

इसी घटना को लेकर–बाद में भी बहुत बार पीताम्बर और इन्द्रमाया में बातें चलतीं–किंचित् क्षोभमय वातावरण की रचना करती हुईं।

इन्द्रमाया कहती–'पीता! उस दिन तुमको आने की ही क्या पड़ी थी, ऐसी अनिच्छा थी तो ?'

पीताम्बर अत्यन्त रूखे स्वर में कहता–'मेरा भी अपना कर्तव्य है, जिसका मुझे ख़याल करना पड़ता है। तुम्हारी तरह–औरतों की तरह–अनुत्तरदायी हम पुरुष कहाँ हो सकते हैं!'

इन्द्रमाया आहत होकर कहती–'कर्तव्य ? वही तो मैं कहना चाहती हूँ कि मात्र कर्तव्य की प्रेरणा से तुमको मेरे लिए तनिक भी कष्ट करने की आवश्यकता नहीं–यदि किसी अन्य प्रकार का आग्रह मन में न हो तो! मेरे प्रति कर्तव्य करने की कोई आवश्यकता नहीं, तुमको।'

इन्द्रमाया ने बहुत संयम के साथ ये बातें कही थीं–हृदय में उमड़ते वाष्प को गले से नीचे ही बलपूर्वक रोक कर।

पीताम्बर ने वैसी ही शुष्कता-भरी वाणी में कहा–'कर्तव्य मैं अपने लिए करता हूँ। तुमको रिझाने के लिए नहीं, अपने संतोष के लिए। अस्पताल का हिसाब-किताब चुकाना मेरा धर्म था।'

इस वाक्य के कटाक्ष से इन्द्रमाया उतनी आहत नहीं हुई। वह कुछ तीक्ष्णता से बोली–'लेकिन, पीताम्बर! स्वयं तुमने उस समय देखा था कि वहाँ कर्तव्य की कोई आवश्यकता नहीं थी। क्योंकि, वह तो और ही किसी व्यक्ति द्वारा पहले ही सम्पन्न हो चुका था। है न ? किन्तु, यदि कर्तव्य-पालन के आडम्बर से तुमको आत्मसंतोष होता हो तो मुझे कुछ नहीं कहना। फिर भी, पीताम्बर! मुझे तो लगता है कि जीवन में कर्तव्य के प्रति जागरूकता–किसी आंतरिक, आत्मीय भावना से प्राणवान होती है। नहीं तो, क्या कर्तव्य-पालन आडम्बर का–अथवा कहूँ–आत्मवंचना का दूसरा नाम नहीं हो जाता ?'

इन्द्रमाया को, अपना दिया हुआ यह उत्तर कुछ तीखा हो गया-सा लगा।

उन दिनों वह सदा उदास रहती। उसे लगता था कि बच्ची अगर नहीं होती तो जीवन में उसका कोई भविष्य बाकी नहीं रह जाता, जिधर वह उत्सुकता से उन्मुख हो सकती। इसलिए, विरक्ति के कारण और दूसरे, बिटिया की मर्यादा के लिए वह कभी-कभी असंयत होकर तीखे जवाब देती।

इसलिए, उन दोनों के बीच जब कभी कहा-सुनी होती, इन्द्रमाया कहा करती–'देखो, पीताम्बर ! जिसे तुम कर्तव्य कहते हो, उसकी मैं अवहेलना नहीं करना चाहती। किन्तु, उसकी सीमा हमारे लोक और समाज से बाहर नहीं खिंची हुई है। इसलिए उसको लोकाचार भी कह सकते हैं। जीवन में उससे बढ़कर महत्त्व की आवश्यक बातें हैं जिनके प्रति जागरूक होना पड़ता है, मनुष्य को। तुमने अस्पताल पहुँचकर मेरे प्रति लोकाचार किया–जीवन की एक आवश्यक बात के प्रति–मेरे प्रति बिल्कुल उदासीन रहकर। कर्तव्य से ऊपर नहीं उठ सके तुम।'

पीताम्बर ने मुँह को तनिक विकृत करके कहा–'और, तुमने ?··· मेरी बंदी अवस्था में मेरे प्रति तुमने जैसे वफ़ादारी की···।'

इन्द्रमाया ने बीच में ही टोका–'मैंने लोकाचार नहीं किया। लोक की नजर में कर्तव्य-पालन नहीं किया मैंने, तुम्हारे प्रति। किन्तु, जीवन के आधारभूत तत्त्व को पोषण देकर मैंने अपनी आंतरिक वफ़ादारी–आत्मिक कर्तव्य–अक्षुण्ण रखी। इसलिए, लड़की को गर्भ में धारण करते ही, पश्चात्ताप की भावना से अपने को फिर नहीं छूने देकर–तुम्हारे लिए बहुत उत्कण्ठा के साथ बैठी रही। प्रतीक्षा करती रही तुम्हारी। और, ऐसा करने में मुझे कभी भी अपवित्रता, लज्जा अथवा कुंठा की भावना ने ग्रस्त नहीं किया। जबकि मैं गर्भ में दिन-रात एक संतान को पोस रही थी।'···

इन्द्रमाया को लगता है कि उसने ये सारे उत्तर केवल तर्क में जीतने के लिए नहीं दिये हैं। उसे उस समय लगा था कि माता होने की अवस्था में पहुँचकर वह नारीत्व की पूर्णता प्राप्त कर चुकी है और उस पूर्णता से गौरवान्वित हुई पत्नी का प्रेम अधिक पवित्र, अत्यंत तृप्तिकर और बड़ा संतोषदायी हो जाता है, पति के लिए। उस समय उसे लगा था कि प्रेम अब पूर्णांग हो गया है। यह सब बातें क्यों नहीं समझता-सोचता पीताम्बर ? क्यों समाज द्वारा ज़बर्दस्ती थोपे गये वैवाहिक नियम की मर्यादा से गंभीरतर प्रवेश उसका नहीं हो सका ? प्रेम के सम्बन्ध की मौलिकता की ओर उसका ध्यान क्यों नहीं जा सका ? क्यों वह केवल वैवाहिक अधिकार का दावा करके–गूदे को छोड़, छिलके के संग्रह में लगा हुआ है ? इन्द्रमाया और पीताम्बर का सम्बन्ध ही, समाज की मर्यादा से अधिक तात्त्विक आधार पर खड़ा है, इस बात को आज पीताम्बर क्यों भूलने लगा है ?

पीताम्बर ने एक दिन पूछा था, अत्यंत वितृष्णा के साथ–'क्या तुमको इसका कोई संकोच नहीं होता कि एक गद्दार, मुखबिर के साथ तुमने सहवास किया ? भ्रष्ट होने के लिए भी एक दूसरे भ्रष्ट को ही तुमने क्यों चुना ?'

पीताम्बर ने सोचा होगा कि ऐसा वाक्य विष में बुझा बाण का काम करेगा, इन्द्रमाया के हृदय पर। हो सकता है, हर घड़ी इन्द्रमाया को कोंचकर, वेदना-पीड़ित करके बदला लेना ही पीताम्बर का उद्देश्य रहा हो। किन्तु, इन्द्रमाया पर इसका कोई असर नहीं होता। अपने आचरण के प्रति मानो वह परम निश्चिन्त थी।

उसने उत्तर दिया था–'देखो, पीताम्बर ! यदि मेरा उद्देश्य सिर्फ तुम्हारा मुँह बंद करना होता तो मैं तुम्हारे प्रश्न का उत्तर इस प्रकार देती : 'पीताम्बर बाबू, क्या स्वयं आपने अपना राजनैतिक विश्वास उसको देकर, अन्य साथियों से बढ़कर उच्च स्थान पर उसको नहीं बैठाया था ? यदि आप राजनैतिक गलती कर सकते हैं तो मैंने भी चुनने में गलती की, कह सकती हूँ। इसलिए, मेरी गलती के लिए, कम-से-कम आपको उलाहना देना, तनिक शोभा नहीं देता।'–किंतु, पीता ! मैं ऐसा उत्तर नहीं दूँगी। क्योंकि, इसमें सिर्फ तर्क है, सत्य नहीं।'

इन्द्रमाया को लगा कि उसके मुँह से कड़े शब्द निकल पड़े हैं। इसलिए, वह तुरन्त ही नरम स्वर में बोली–'पीता, मान लो कदाचित् रमेश मुखबिर और गद्दार नहीं भी होता तो स्थिति में सुधार होता, क्या ? इस बालिका का पिता मुखबिर नहीं भी होता तो मेरे लिए कोई फ़र्क नहीं पड़ता। मैं उसके साथ जाते समय यह तर्क-वितर्क करके नहीं गई थी कि कैसे पुरुष के साथ 'जा' रही हूँ। तुम भी चाहे साधु प्रमाणित होओ अथवा डाकू, मेरे लिए तुम वही पीताम्बर रहोगे, जिसके लिए मैं अपने को सम्पूर्ण समर्पित हुई पाती हूँ। मेरे लिए, रमेश केवल एक ऐसा व्यक्ति रह गया है जिसने मेरा कुछ दिन जी बहला दिया और उसी आनन्दपूर्ण सहवास में मैंने कन्या अर्जन की। यदि अभी मेरे प्रेम से तुमको तृप्ति नहीं अथवा यदि मेरे प्रेम से तुमको अभी संतोष नहीं तो क्या रमेश के साधु होने से वह पूरा हो सकता था ? तुम क्यों अपने को धोखा देने की कोशिश कर रहे हो पीता ?'

पीताम्बर इन्द्रमाया का विचार नहीं समझ पा सका था। इन्द्रमाया को लगता था कि ईर्ष्या से अन्धा होकर पीताम्बर केवल अंधकार में भटक रहा है। इसलिए, जब पीताम्बर ने यह कहना शुरू किया था कि–मेरी गिरफ्तारी के बाद तुम पर बड़ी विपत्ति पड़ी। तुमको रुपये-पैसे की जरूरत पड़ी होगी–तो, इन्द्रमाया विरक्त होकर बेटी के कमरे में चली गई थी। रोती हुई बेटी उसको देखते ही मुस्कुरा पड़ी। इन्द्रमाया की विरक्ति दूर हो गई। बच्ची को गोद में लेकर, गद्गद होती, उसको चूमने लगी। उस क्षण उसको लगा–जीवन के अन्य सत्यों से सर्वोपरि सत्य था वह सुख–जो बेटी को अंक से लगाकर वह पा रही थी।

किंतु, उन दिनों वह बीच-बीच में सोचती थी–क्यों यह सब हुआ ? उसका प्रेम क्यों सर्वजयी नहीं हो सका ? क्यों वह पीताम्बर के हृदय के अन्धकार को नहीं हटा सकी अपने अंतःप्रकाश के द्वारा ? क्यों वह अपनी गहराई तक पीताम्बर को खींचकर नहीं ला सका ? अपने ऐसे समर्पण के उपरान्त भी इन्द्रमाया को क्या मिला ? पीताम्बर छिछले जल में ही है; समाज के आधारभूत स्थल पर ही

उसके पाँव स्थापित हैं। जीवन के सीमाहीन-सागर में पैठने का उनमें साहस नहीं।

उन दिनों ऐसे ही उदास चिंतन थे इन्द्रमाया के। उसे लगता था जीवन की सारी रंगीनी, सारा आनन्द अब चुकने को आये शायद। वे तो, माँ होते ही चुक गये ! अब तो केवल रह गया है गाढ़े सुख का एक चिरन्तन अनुभव–बेटी के हँसने पर, रोने पर उसको अंकमाल करती, छाती से चिपकाती, स्तनपान देती, लोरी गुनगुनाती–उसको यों ही अपलक निहारती, उसके बारे में सोचती···।

पुत्री द्वारा आलोकित उसके जीवन का पक्ष तो परम सुखकर था किंतु, दूसरा पक्ष कितना उदास ? पीताम्बर के साथ ही थी वह। लेकिन इन्द्रमाया के प्रति उसका कैसा आग्रहहीन व्यवहार ? मानो, दोनों पक्ष की ओर से उसको ही जिम्मेदारी ढोनी पड़ रही हो ! उसने स्वयं अपने हृदय में डूबकर देखा कि कहीं हृदय की हरियाली ही तो सूख नहीं गई है ? किंतु, जितनी गहराई में डूबकर वह देखती, वह विश्वास के साथ केवल एक ही निष्कर्ष पर पहुँचती–प्रेम की कोई सीमा ही नहीं होती। जिसको वह पहले प्रेम की संपूर्णता समझकर पीताम्बर को प्रेम करती थी--वह तो संपूर्णता ही नहीं थी।··· रमेश के संग सहवास और पुत्री-प्राप्ति के मात्र अनुभव से मानो उसके हृदय के धारण करने की क्षमता और भी सीमाहीन होती गई है। इसलिए, पीताम्बर की ओर से शुष्क व्यवहार और अनादर के बावजदू–इन्द्रमाया एकनिष्ठ होकर पति और पुत्री की सेवा में संलग्न थी।

उसने यह प्रयत्न किया कि पीताम्बर के–उसके प्रति प्रारम्भिक वैराग्य को पुत्री-स्नेह के आकर्षण के द्वारा मिटाया जाय। वह बेटी को पीताम्बर के कमरे में ले जाती और कभी साहस के साथ पति के बिछावन पर उसको रख देती। पीताम्बर बगैर कुछ बोले, खिसकर दूर बैठ जाता। कभी-कभी कहता–'मुझे बच्चे-कच्चे पसन्द नहीं।'

इन्द्रमाया यह समझती थी कि पीताम्बर का यह वाक्य केवल सभ्यता की रक्षा के लिए था। उसके कहने का अर्थ था–हटाओ इसको यहाँ से !

पीताम्बर के कमरे में पहुँचते ही रमा प्रायः रोने लगती। हाँ, यों ही रमा कहकर पुकारते-पुकारते लड़की का नाम रमा ही रह गया था। रमा की रुलाई सुनकर पीताम्बर ने दोनों कानों में उँगलियाँ डाले चिढ़कर कहा–'अब घर में क्या एक क्षण भी शांति नहीं मिलेगी ?'

कभी इन्द्रमाया घुटनों के बल चलनेवाली रमा को सिंगार-सँवारकर–पीताम्बर के बाहर जाने के समय–जान-बूझकर उसके रास्ते में, बरामदे पर छोड़ देती और स्वयं कमरे में बैठकर देखती। रमा घुटनों के बल खिसकती हुई पीताम्बर के कमरे के दरवाजे पर पहुँच जाती तो पीताम्बर उसको लाँघकर बाहर निकलता। इन्द्रमाया आहत होती और दौड़कर बच्ची को गोद में उठाकर चूमने लगती। पीताम्बर उलटकर देखता भी नहीं।··· कभी-कभी तो पीताम्बर को देखते ही रमा रोना शुरू कर देती।

एक दिन रमा को इसी तरह लतियाकर जाते हुए पीताम्बर को देखकर, रोती हुई रमा को गोद में लेकर इन्द्रमाया बहुत दुःख-भरे स्वर में बोली–'पीताम्बर, इस

बेचारी को क्यों दण्ड देते हो ? दोष मेरा है और दण्ड की भागी भी मैं हूँ।'

पीताम्बर कोई जवाब दिये बिना ही काठ की सीढ़ियों पर खट-खट करता हुआ नीचे उतर जाता।

इन्द्रमाया को बेटी के प्रति यह व्यवहार बहुत हृदयहीन लगा। बच्ची को बहुत देर तक छाती से लगाकर बैठी रही। कुछ–कुछ देर के बाद खुश होकर, नन्ही गुड़िया-सी रमा, कमरे में घुटनों के बल इधर-उधर खिसकती खेलने लगी।

पीताम्बर जब घर लौटकर आया, इन्द्रमाया बड़ी दृढ़ता से उसके सामने आकर बोली–'पीता ! दण्ड देना ही हो तो मुझे दो। अपराध अगर हुआ है तो अपराध मेरा है।'

एक बात का नया अनुभव इन्द्रमाया को इधर होने लगा था–प्रेम के समर्पण में मर्यादा का अवसान नहीं, बल्कि उसका उदय बहुत विस्तारपूर्वक होता है, प्रेम में। मर्यादा को छोड़कर प्रेम नहीं किया जा सकता। इधर प्रायः उसको पुत्री की मर्यादा का भी ख़याल बराबर होता था। उसको लगता था, मातृत्व की सारी शक्ति के साथ उसकी इस मर्यादा को अक्षुण्ण रखना पड़ेगा। इसलिए, आजकल पुत्री के प्रति अनादर की शंका भी होने पर वह चुप लगाकर नहीं बैठती थी।

और भी एक बात थी यहाँ !

जीवन की, पहले-पहले उपस्थित होनेवाली समस्याएँ वैसी मौलिक नहीं थीं कि जिनके प्रति–जीवन की गहराई की अन्तिम सतह पर पहुँचकर प्राप्त, सत्य के शिलाखण्ड पर खड़ा होकर–उसे विचार करना पड़ता। अभी की समस्याएँ तो उसके अस्तित्व से सम्बन्धित थीं। अपने अस्तित्व को लोप करवाकर ही इन्द्रमाया, अभी की समस्याओं से विमुख होकर बैठ सकती थी। पीताम्बर की बात मान लेने पर इन्द्रमाया फिर इन्द्रमाया नहीं रह जाती। यदि वह अपने जीवन के सत्य को पीताम्बर के आचरण और विचार के सम्मुख बेधड़क नहीं रखती तो क्या वह–प्रेमिका, पत्नी और माता के पद से अपने को स्खलित करके–केवल एक परान्नभोजी दासी में परिणत नहीं हो जाती ? वैसी स्थिति में जीवन का अर्थ ही लोप हो जाता। उसका समाज-त्याग, पीताम्बर से प्रेम, उसके द्वारा पीताम्बर का वरण, रमेश से प्राप्त उसका वह तृप्तिदायक आनन्द, अपने गर्भ का गौरव और माता की मर्यादा–सभी तत्त्वहीन आकाश में बिला जाते। इन्द्रमाया को लगा कि इन सारी प्राप्तियों के संरक्षण के लिए भी उसे चुप लगाकर बैठना नहीं चाहिए। इन्हीं कारणों से उसने दृढ़तापूर्वक पीताम्बर से कहा था–'दण्ड देना हो तो मुझे दो। इस नन्हीं बच्ची को नहीं…।'

सुनकर भी नहीं सुनने का भान करके पीताम्बर कमरे के अन्दर चला गया। इन्द्रमाया भी, पीछा करती कमरे के अन्दर पहुँची। पीताम्बर पलंग पर बैठकर 'सुरवाल' खोलने लगा।

इन्द्रमाया को इस तरह पीछे लगी आई देखकर वह बोला–'इन्द्रमाया एक काम करो। तुम अपनी लड़की को रमेश के जिम्मे लगा दो। फिर सब ठीक हो

जायेगा।'

इन्द्रमाया इस प्रस्ताव को नहीं समझ सकी। वह बोली–'क्या कहा तुमने ?'

पीताम्बर बोला–'तुम यदि लड़की को छोड़ दो तो हमारा सम्बन्ध फिर से सहज हो जाये।'

अर्थ समझकर इन्द्रमाया को अचरज हुआ। वह बोली–'यह कैसे ? हमारे सम्बन्ध को रमा ने कैसे गड़बड़ा दिया है ? यदि मेरे असती-आचरण ने यह समस्या तुम्हारे लिए उपस्थित की हो तो, लड़की के निर्वासन से उसका समाधान किस प्रकार होगा, पीताम्बर ? इसका कोई प्रतिकार नहीं–न सामाजिक स्तर पर और न तुम्हारे अल्प-प्रेम की गहराई में ही। प्रतिकार केवल प्रेम के अन्तराल में डूबी मेरी सर्वांगीणता–अच्छी-बुरी जो भी मैं हूँ–को निर्द्वन्द्व होकर अंगीकार करने में ही है। लेकिन, वह तो शायद तुमसे सम्भव नहीं··· ।'

पीताम्बर ने कहा–'ऐसी बात है तो तुम ही रमेश के घर क्यों नहीं चली जातीं ?'

इन्द्रमाया बोली–'इसका कारण तो स्पष्ट है। क्योंकि रमेश मेरा पति नहीं, जिसे मैंने एक दिन महान् निर्णय करके अपनी आत्मा के एकान्त में वरण करके पति के आसन पर बैठाया था। मैं इस सत्य को किसी तरह मिटा नहीं सकती।'

पीताम्बर ने फिर कहा–'और रमेश के साथ के यौन-सम्बन्ध को ?'

इन्द्रमाया को हठात् अत्यन्त विरक्ति हुई। उसे लगा कि एक प्रस्तर-प्राचीर के सम्मुख वह अपने सत्य के मर्मस्थल को उघार रही है। वह विरक्त होकर बोली–'यौन-यौन-यौन ! क्या तुम यौनचिंता से एक क्षण के लिए भी मुक्त नहीं हो सकते, पीताम्बर ? यौन-सम्बन्ध कितना भी आवश्यक क्यों न हो, उसमें वह अधिकार-शक्ति तो कदापि नहीं कि यौन प्राप्त पुरुष को केवल इसी कारण पति की प्रतिष्ठा प्रदान की जा सके ? तुमने अपने ही जीवन के अनुभवों से यह नहीं देखा कि यौन सम्बन्ध ने तुम्हें उन सबका पति नहीं बना दिया, जिनके साथ तुम्हारा शारीरिक सम्बन्ध था। और, वेश्या के सभी ग्राहक उसके पति नहीं होते।'

पीताम्बर को शायद लगा कि उसे एक तर्क-बिन्दु मिल गया है। उसने कहा–'तो क्या तुम स्वीकार करती हो कि तुम्हारा और रमेश का शारीरिक सम्बन्ध रसशून्य था ?'

इन्द्रमाया बोली–'रसशून्य नहीं था, क्योंकि वह सम्बन्ध प्रेमशून्य नहीं था। यदि ऐसा होता तो मेरा सहवास वेश्याचरण होता। कम-से-कम, तुम्हारी पत्नी वेश्या तो नहीं हो सकती थी।'

इन्द्रमाया को लगा कि इन शब्दों को स्तब्ध होकर पीताम्बर सुन रहा था। किन्तु, बिना कोई अर्थ समझे ही। इन्द्रमाया कहती गई–'बस, एक ही बात नहीं समझने के कारण हमारे सम्बन्ध में कठिनता–प्रायः एकदम असम्भवता–उपस्थित होती गई है। वह यह कि मेरा सतीत्व तुम्हारी आवश्यकता की चीज नहीं। वह तो ऐसी चीज है, जिसका सम्बन्ध सीधे मेरी आस्था से है। सती या असती जो भी होऊँ–मैं ही होऊँगी। इसलिए, मैं सती हुई या असती–यह तो मेरे निर्णय देने

की बात है। तुम्हारा वास्ता तो मेरे प्रेम मात्र से है न ?'

ऐसी हर बहस के बाद उनके सम्बन्ध की स्वाभाविकता क्रमशः लोप होती जाती थी और वातावरण और भी विषाक्त !

बाद में तो बातचीत, बहस, तर्क-वितर्क, सब बन्द ! बहस और आपसी तर्क-वितर्क में कितनी भी नोक-झोंक हो, वह कितना भी तीक्ष्ण क्यों न हो—उनके बीच लोप होते हुए सम्बन्ध के सेतु को किसी-न-किसी अंश में अब तक टिकाये रखने का काम कर रहा था। किन्तु, बाद में बातचीत भी बन्द हो जाने के कारण उनके बीच आदान-प्रदान का कोई माध्यम ही नहीं रहा। मानो, दोनों अपने-अपने कक्ष में असंपृक्त होकर घूम रहे थे।

इन्द्रमाया अधिक समय अपने कमरे में ही बैठी रहती। पीताम्बर भी अपने काम से प्रायः बाहर ही रहता और जब घर आता भी, तो सीधे अपने कमरे में चला जाता और वहीं बैठा रहता।

रमा बड़ी होती गई थी किन्तु अपनी माँ को छोड़कर एक क्षण भी नहीं रह सकती थी। पीताम्बर के सामने पड़ते ही वह चीत्कार कर रोने लगती थी। उसका स्वास्थ्य भी अच्छा नहीं था। इस प्रकार इन्द्रमाया और रमा, मात्र आपस में केन्द्रित होकर, एक दूसरे के आश्रय में आश्वासित होकर, उस घर से मानो अलग-थलग होकर रहने लगीं। माँ के सान्निध्य में आश्वस्त होकर पुत्री या तो सोई रहती अथवा खुश होकर खेलती रहती।··· इन्द्रमाया दिन-भर कमरे का दरवाजा बन्द करके लड़की के साथ रहने लगी।

उन दिनों अकेली बैठकर सोचती-सोचती इन्द्रमाया को लगने लगा था कि शायद अब वह फिर एक ऐसे निर्णय पर पहुँचनेवाली है, जिस निर्णय को लेने में उसे अपने नारीत्व को स्वयं खण्डित करना पड़ेगा। पीताम्बर ने एक तरह से इन्द्रमाया का परित्याग कर दिया था। यद्यपि इसे पीताम्बर ने शब्दों में प्रकट नहीं किया था। किन्तु व्यवहार से उसने यह स्पष्ट कर दिया था कि इन्द्रमाया, उसमें और रमा में, एक को ही चुन सकती है। एक दिन उसने इन्द्रमाया से कह दिया था कि यदि रमा को रमेश के घर नहीं भेज सकतीं तो किसी अनाथालय मैं रख देने से भी चल सकता है। इस पर इन्द्रमाया बोली थी—'वैसी हालत में मैं ही यहाँ क्यों पड़ी रहूँगी ? क्या भोजन और वस्त्र पाने के लिए ?'

एक दूसरी बात का एहसास भी इन्द्रमाया को होने लगा था कि पीताम्बर और वह, भिन्न-भिन्न लोक के ऐसे प्राणी हो गये हैं जिनके बीच न विचार का, न भावना का और न ही भाषा का आदान-प्रदान सम्भव है। इन्द्रमाया की ओर प्रेम का असीम पारावार उमड़ते रहने पर भी क्या हुआ जब पीताम्बर को स्पर्श तक भी नहीं कर सका था वह ? वह अपने जीवन के तात्त्विक सत्य को पीताम्बर के सामने उंडेल देती और पीताम्बर लौकिक मर्यादा में उलझे थोथे वाक्यों को दुहराता या अपने अहंकार और स्पर्धा की बातें किया करता। एक ही घर में रहकर भी पीताम्बर और इन्द्रमाया संग-संग कहाँ थे ?··· इन्द्रमाया को लगा कि

दो व्यक्ति आपस में सबसे ज़्यादा दूर तब रहते हैं, जब एक व्यक्ति जीवन के सुख-दुख के मौलिक स्तर के अनुभव करने की स्थिति में पहुँचता है और दूसरा वहाँ तक नहीं पहुँच पाने के कारण अपने अहंकार की सीमा में ही अड़ा खड़ा रह जाता है।

और, इतने दिनों के बाद इन्द्रमाया, अपने द्वारा लिये गये निर्णयों के बारे में सोचने लगी है। उसे लगता है, उसके निर्णयों का महत्त्व इसी में है कि उन निर्णयों को लेते हुए, उसने अपने को–अनावश्यक बातों में नहीं उलझाकर–जीवन के अस्तित्व पर ही आधारित किया था। जीवन में प्राप्ति दो ही प्रकार की होती है–या तो एकदम प्रचुर अथवा एकदम शून्य ! और, अन्त में दोनों किस्म की प्राप्ति हाथ लगती है। इसके साथ ही इन्द्रमाया को यह भी लगा कि एक वस्तु को पाने के लिए, दूसरी को छोड़ना पड़ता है। जीवन का हिसाब-किताब, लेना-देना–बराबर ! पीताम्बर का प्रेम-सुख पाने के लिए उसे समाज को त्यागना पड़ा था। रमेश से आनन्द प्राप्त करने के लिए आस्था का सन्तोष छोड़ना पड़ा और माता के सन्तोष की खोज में पति के सुख से वंचित होना पड़ा। इसी तरह, जीवन को वरण करते हुए मृत्यु को भी स्वीकार करना पड़ता है।···

उन दिनों रमा के साथ अकेली कमरे में बैठी इन्द्रमाया के मन में इसी तरह के विचार उठा करते। रमा का दुर्बल शरीर, बीच-बीच में थककर–माँ की गोद खोजता हुआ आता। इन्द्रमाया को लगता–इसने माँ के आधार के सिवा और किसी का आधार नहीं पाया !

बीच-बीच में रमेश बूढ़ी दुकानदारिन की नातिन की मार्फत खबर भेजा करता कि उसने साथियों के साथ, पार्टी के साथ गद्दारी नहीं की है; कि वह मुखबिर नहीं हुआ; कि उसके बाप ने–जो 'दरबार' में सरदार है–कोशिश-पैरवी करके उसे छुड़ाया था; कि साथियों ने–उसे इन्द्रमाया के साथ रहते हुए देखकर–ईर्ष्या और आक्रोश से उसको मुखबिर कहकर झूठा प्रचार किया है आदि आदि··· । इन्द्रमाया अचरज से सोचती–'भला, रमेश को अपनी सफाई देने की जरूरत ही क्या है ? ये सारी बातें निरर्थक हैं।'

एक म्लान मुस्कान उसके विषाद, गंभीर मुख पर खिंच आई। उसने सोचा–'अब भी रमेश को, उसके प्रति मेरी धारणा का–सही अंदाज नहीं।' किन्तु, रमेश के बारे में उसकी खराब धारणा ही कब थी ? उसके गुण-दुर्गुण की विवेचना ही उसने कब की ? राजनैतिक स्तर पर खड़ी होकर उसने कब ठंडी निगाह से उसका निरीक्षण किया था ? उसने रमेश को प्यार किया था और उससे उसने संतान भी प्राप्त की। उसके सहवास के इन दोनों मौलिक तत्त्वों के अतिरिक्त और सब बातें क्या अप्रासंगिक नहीं ? इसी बात को नहीं समझकर पीताम्बर, इन्द्रमाया और रमेश के सम्बन्ध का केवल सामाजिक आधार ढूँढ़ते हुए, अन्दर-ही-अन्दर कटता रहता है–'वह यौन-सम्बन्ध रसमय था या नहीं ?'–मानो यौन-सम्बन्ध रसमय नहीं होता तो उसके लिए यह संतोष की बात होती। रमेश भी अपनी सफाई का संदेशा

भेजकर यह प्रमाणित कर रहा था कि सम्बन्ध के मात्र छिछले स्तर की ओर ही उसका ध्यान है··· । 'रमेश, तुम्हारी सफाई अनावश्यक, निरर्थक और अप्रासंगिक है।'–मन-ही-मन बुदबुदाती इन्द्रमाया एक उदास हँसी हँस पड़ी थी। रमेश ने एक बार यह भी स्वीकार करके खबर भेजी थी कि जिन दिनों वह इन्द्रमाया के साथ था–उसकी शादी हो चुकी थी। किन्तु, लज्जा के कारण इस बात को इन्द्रमाया से छुपा रखा था और इसके लिए वह अब इन्द्रमाया से क्षमा-प्रार्थी है। लेकिन, इन्द्रमाया को इन सारी बातों में कोई दिलचस्पी नहीं थी। निष्प्रयोजन था रमेश का स्पष्टीकरण। शादीशुदा होकर भी उसने इन्द्रमाया के साथ सहवास किया, इसके लिए उसे लज्जित होने की भी जरूरत नहीं थी। यदि जीवन की वैसी मौलिक आवश्यकता के अजेय आग्रह द्वारा इन्द्रमाया और रमेश का सम्बन्ध पवित्र नहीं हो सका तो किसी प्रकार का स्पष्टीकरण भी उसमें सुधार नहीं ला सकता। वह भी तो विवाहिता नारी ही थी न ! और इस स्थिति के पूर्ण ज्ञान के साथ पुरुष-नारी के मौलिक सम्बन्ध में, वह रमेश के साथ बँध गई थी। पीताम्बर भी तो यही कहता था–'यह सम्बन्ध अपवित्र है।' रमेश ने भी मानो उसी तर्क को स्वीकार कर, लज्जा-बोध का अनुभव किया है। और, अब स्पष्टीकरण के द्वारा उसमें कुछ-न-कुछ तर्क-संगति लाने का प्रयत्न कर रहा है, वह। रमेश भी, अपने और इन्द्रमाया के बीच के वैसे आत्मीय सम्बन्ध को पीताम्बर की नजरों से ही देख रहा था। पीताम्बर तटस्थ होकर न्यायकर्ता के आसन से निर्णय दे रहा था–'तू अपवित्र, तू पतिता, तू पापिनी !' रमेश, इन्द्रमाया के सम्बन्ध का अंशभोगी होने के कारण, न्यायकर्ता का आसन तो नहीं ले सकता था, किन्तु सम्बन्ध की गहराई में नहीं पहुँच पाने के कारण–स्पष्टीकरण की आवश्यकता उसे पड़ गई थी। पीताम्बर और रमेश–दोनों के सदृश दृष्टिकोण !··· 'रमेश, तुमको सफाई का संदेश नहीं भेजना था।'

फिर, उसने एक बार खबर भेज दी, लड़की का बन्दोबस्त करने को तैयार है, वह। इन्द्रमाया को यह प्रस्ताव भी निरर्थक लगा। इस प्रस्ताव से लाभ उठाने की उसे आवश्यकता ही नहीं थी। क्योंकि, पुत्री को त्याग कर पीताम्बर के साथ रहने के प्रस्ताव की मर्यादाहीनता को लक्ष्य करके ही उसने पीताम्बर से भी पहले कह दिया था–'पुत्री को छोड़कर तुम्हारे साथ रहना पड़ा तो मैं परान्नभोजी दासी के रूप में ही रह सकती हूँ।'···

समस्या लड़की की व्यवस्था की नहीं थी। समस्या थी उसके नारी-अस्तित्व की दो मौलिक आवश्यकताओं की पूर्ति की–नारी के प्रिया तत्त्व और मातृ तत्त्व के एक ही साथ संरक्षण की। इन्द्रमाया के अस्तित्व की मौलिक माँग थी–'पुत्री को नहीं त्यागकर पीताम्बर को पाती रहूँ और साथ ही पीताम्बर को नहीं त्यागकर पुत्री को सदैव पाती रहूँ !'···

इन्द्रमाया ने स्पष्ट देखा कि अब उसके लिए कोई भी सहायता संभव नहीं। कोई भी संशोधन, कोई भी सुधार अब स्थिति को मदद नहीं पहुँचा सकता। केवल

एक ही मार्ग उसके लिए खुला है, गृहत्याग !...

किन्तु, क्या गृहत्याग इन्द्रमाया के लिए कोई अच्छी बात थी ? कुछ वर्ष पहले पितृगृह का त्याग उसने किया था, अपने भविष्य को अपनी मुट्ठी में लेकर, माँ-बाप को उसने छोड़ा था। उस गृहत्याग के परिणाम से रचित यह दूसरा गृहत्याग क्या वैसा ही सहज और सुगम था ? प्रथम गृहत्याग के बाद कोई एक किनारा तो मिला था, उसे ! मदद के लिए आगे की ओर बढ़ा हुआ एक बलिष्ठ हाथ उसका सहारा था। यह दूसरा गृहत्याग तो अपने को पुत्री-सहित शून्य में अर्पित करना था।...

एक दिन इसी तरह के विचारों का ताना-बाना बुनती हुई, उसने रमा को साफ-सुथरा करके नया फ्राक पहना दिया। रमा, फ्राक के ऊपर, पेट पर हाथ फेरती हुई बोली–'अहाहा ! आमाँ कैछा छुँदल... ।'

इन्द्रमाया ने कपड़े-बिस्तर की एक छोटी-सी गठरी बनाई। सामान ही क्या था, बस, पहनने का एक जोड़ा कपड़ा और बच्ची के पुराने फ्राक और जाँघिये...।

बेटी को गोद में उठाया, गठरी सँभाली और पीताम्बर के खाली कमरे में आकर एक क्षण खड़ी हुई। बिछावन अस्त-व्यस्त-सा था। फर्श पर गठरी रखकर, एक हाथ से बिछावन की सिमटी-सिकुड़ी चादर को अच्छी तरह बिछा दिया। और, अपनी लिखी हुई चिट्ठी तकिये पर रख, गठरी सँभालती बाहर निकली। सड़क पर पहुँचकर बाहर के फाटक को बन्द करने के पहले वह ठिठककर खड़ी हुई, एक बार पूरे घर और बगिया को देखा उसने। फिर, धीरे-धीरे फाटक को बन्द कर दिया। रमा पूछ रही थी–'काँ जाने आमाँ ?'

आज से अट्ठारह वर्ष पहले शहर की एक साँझ में, बेटी और एक छोटी गठरी लेकर वह निकली थी।...

इसके बाद इन्द्रमाया के जीवन में कोई बड़ी बात नहीं हुई। अपनी और बेटी की जीविका चलाने के लिए कहाँ-कहाँ नहीं जाना पड़ा; कौन-सा काम नहीं करना पड़ा। किन्तु, ये बातें ऐसी बातें नहीं थीं कि इन्द्रमाया को असाधारण लगें। सिंह-दरबार में टाइपिस्ट हुई; नारायणगढ़ की अमेरिकी योजना में काम पाकर वह वहाँ भी पहुँची। बाद में, लड़की की शिक्षा की सुविधा का विचार करके फिर शहर लौट आई और एक बालिका विद्यालय में शिक्षिका का काम करने लगी। ये अट्ठारह वर्ष भी उसके लिए बगैर फुर्सत के दिन थे। दिन-रात, मामूली वेतन के लिए जुती रहती थी। किन्तु, क्या किसी दिन भी वह पीताम्बर को बिसार सकी थी ? क्या कभी भी पीताम्बर के प्रति उसका प्रेम घट सका ?

उसने घर छोड़ते समय चिट्ठी में लिखा था–'प्रियतम, सम्बोधन के लिए क्षमा

चाहती हूँ। किन्तु यह मेरे हृदय की भावना से सहज और स्वाभाविक रूप से उच्चारित किया गया सम्बोधन है। मैं तुमसे विदा लेती हूँ। इस कारण से मैं यह चिट्ठी लिख रही हूँ कि विदा के दिन तुमको किसी किस्म की व्यथा नहीं देना चाहती। रमा के साथ तुम्हारा परिचय नहीं हो पाया, इसलिए विदा की बेला में वह सिर्फ खुश ही हुई। किन्तु, तुम्हारी पत्नी ने, तुमको छोड़ते समय समझा है, मात्र उसी ने समझा है, कि जीवन को एकदम आधा काटकर, अपना आधा मात्र बाकी रखकर वह जा रही है। मैं जहाँ भी रहूँगी, तुमको प्यार करती रहूँगी और इस प्यार से गौरवान्वित होकर रहूँगी। हमारी फिक्र मत करना। मैं इतनी शिक्षिता तो हूँ ही कि दो प्राणियों की दैनिक व्यवस्था कर सकूँ··· ।'

पैंतालीस वर्ष की प्रौढ़ा इन्द्रमाया आज तृतीय पहर में अपने एकांत कमरे में यही सब सोचती लेटी हुई थी। उसे याद आई, आजकल पीताम्बर एक दल का नेता होकर सम्मानित पद पर आसीन है। उसके गृहत्याग के कुछ महीने बाद ही, एक राजनैतिक अनुगामिनी के साथ उसने शादी की। पत्नी भी सुघड़ सुन्दर मिली है, गृहकार्य में निपुण और पति को रिझानेवाली।··· रमेश भी सम्पन्न और सुखी है। बाप से झगड़कर, अपना हिस्सा लेकर अलग हो गया और आजकल संसद का सदस्य है। लड़के-लड़कियाँ भी मन के मुताबिक··· ।

इन्द्रमाया धीमे और मधुर स्वर में अपने आप बोली–जीवन यही है।

नीचे, सीढ़ियों पर रमा की हँसी, इन्द्रमाया ने सुनी। उसने अपने को संयत किया।··· पता नहीं कब दीवार पर पड़ती, अस्त होते हुए सूर्य की किरणें, लोप हो चुकी थीं। कमरे में अन्धकार छा चुका था। साँझ घनी हो गई थी। इन्द्रमाया बिछावन से उठी। आँखों में जमी, आँसुओं की बूँदों को उसने पोंछा। टटोलकर खिड़की खोली और बत्ती का स्विच दबाया। कमरा आलोकित हुआ।

उसी समय रमा और एक युवक ने कमरे में प्रवेश किया। रमा बहुत प्रसन्न थी। वह बोली–'आये हम, आमाँ ! आप ही हैं··· ।' फिर सहज लज्जा से वाक्य को पूरा किये बिना उसने आँखें झुका लीं।

इन्द्रमाया ने देखा। उसे लगा··· ठीक इसी उम्र की थी वह, जब माँ-बाप को छोड़कर पीताम्बर के घर गई थी, बीस-बांईस वर्ष पहले। उसने युवक को भी देखा–सुन्दर, स्वस्थ ! पीताम्बर भी उन दिनों इसी उम्र का था। ऐसा ही सुन्दर स्वस्थ !

युवक ने मुस्कुराकर कहा–'आमाँ, हम आशीर्वाद लेने आये हैं।'

इन्द्रमाया को लगा, इसका खुला स्वभाव है··· खुशदिल है, रमेश की ही तरह !

वह बोली–'भाग्यवानी भए !'

1970 में अनूदित एवं 1971 में राधाकृष्ण प्रकाशन, दिल्ली से प्रकाशित

आपातकाल में रेणु : कुछ मनःस्थितियाँ

मैंने सैकड़ों-सैकड़ों पृष्ठों के ग्रन्थ लिखे—क्या इसी दिन के लिए ? अब मुझसे अधिक बर्दाश्त नहीं होता है। मेरी जीने की इच्छा खत्म हो गई है। मुझे ये लोग जेल क्यों नहीं ले जाते ? कल शाम को मैं फारबिसगंज के स्टेशन चौराहे पर खड़ा होकर भाषण दूँगा। जानता हूँ—बोलने नहीं दिया जाएगा। बोलने के पहले ही गिरफ्तार कर लिया जाऊँगा। पर यह करूँगा ! अब मुझसे सहा नहीं जाता। मैं अपने हाथों अपना गला नहीं घोंट सकता !

इमरजेंसी के दौरान बेहद पीड़ित मनोदशा में फारबिसगंज के युवा मित्रों—जयशंकर, बैजनाथ, विजय को अपनी पीड़ा और बेचैनी को व्यक्त करते रेणुजी !

और इसे प्रस्तुत कर रहे हैं—विजय अग्रवाल

मेरा यह घर (औराही-हिंगना) घर नहीं एक 'शाकआबजर्बर' है। अच्छी-से-अच्छी खबर और बुरी-से-बुरी सूचनाएँ मुझे यहीं मिली हैं। जब 'मैला आँचल' का प्रकाशन हो रहा था, तो दिल्ली के एक बहुत बड़े होटल में एक पार्टी का आयोजन किया गया था। उसकी सूचना मुझे इसी घर में मिली। 'तीसरी कसम' की फिल्म-निर्माण की स्वीकृति-सूचना यहीं मिली और इसे राष्ट्रपति एवार्ड मिला, यह सूचना भी यहीं मिली। साथ ही दुःख भरी सूचनाएँ, शैलेन्द्र, मोहन राकेश, दुष्यन्त कुमार, भारतभूषण अग्रवाल आदि के निधन की सूचनाएँ भी इसी घर में मिलीं और अब देखो—रात में 'वायस आफ अमेरिका' से यहीं पर पता चला कि भारत में इमरजेंसी लागू हो गयी है। यह आपतकालीन स्थिति नहीं है; इन्दिरा 'आफत काली' बन गयी। अब यह नरसंहार करेगी। इसका ताण्डव-नृत्य शुरू होगा। जनता इसे स्वीकार-अस्वीकार के लहजे में देख रही है।

हिन्दुस्तान के इतिहास में एक काला समय शुरू हो गया। इसका इतिहास कुछ नहीं होगा। इतिहास लिखने वाले लोग इतिहास की इस अवधि को काली

स्याही से पोत देंगे।

X X X

मेरे घर में चोरी हो गयी। इन चोरी गयी चीजों में तीन सौ पचास पृष्ठों की एक पाण्डुलिपि के अलावा मेरी एक कीमती कलम भी चोरी हो गयी। इस कलम ने मुझे विश्वख्याति प्रदान की थी। मैंने अब तक जो भी लिखा–उसी कलम से। मेरी कलम तो चोरी चली गयी, पर मैं इन कलम वालों से पूछता हूँ कि वे क्या कर रहे हैं ?

X X X

मुझे यहाँ से मुक्त करो। यहाँ मेरा दम घुटा जा रहा है। यहाँ तो लेखनी और वाणी पर भी प्रतिबन्ध है ! मुझे नेपाल जाना चाहिए। मैं वहीं अपनी आवाज बुलन्द करूँगा, अन्यथा भारत की जेलों में घुट-घुटकर मर जाऊँगा।

X X X

मैंने सैकड़ों-सैकड़ों पृष्ठों के ग्रन्थ लिखे। क्या इसी दिन के लिए ? अब मुझसे अधिक बर्दाश्त नहीं होता है। मेरी जीने की इच्छा खतम हो गयी है। मुझे ये लोग जेल क्यों नहीं ले जाते ? कल शाम को मैं फारबिसगंज के स्टेशन चौराहे पर खड़ा होकर भाषण दूँगा। जानता हूँ–बोलने नहीं दिया जाएगा। बोलने के पहले ही गिरफ्तार कर लिया जाऊँगा। पर यह करूँगा ! अब मुझसे सहा नहीं जाता। मैं अपने हाथों अपना गला नहीं घोंट सकता।

X X X

'साप्ताहिक हिन्दुस्तान' का 'बिहार विशेषांक' और 'धर्मयुग' का 'हास्य विशेषांक' निकलने वाला है। मुझे भी कहा गया है–इन पर कुछ लिखने को, क्या लिखूँ ? सारा देश जेल बन गया है। एक-एक साँस कैद है। अपनी इच्छा से जी भी नहीं सकते तो बिहार पर क्या लिखूँ ?–डाक्टर जगन्नाथ मिश्र की सरकार बीस सूत्री कार्यक्रम सफलतापूर्वक चला रही है ! नसबन्दी तेजी से हो रही है या–संजय गाँधी ने बिहार में दौरे कर बिहार की बहुत प्रगति कर दी ? क्या लिखूँ–'बिहार विशेषांक' पर ?

और 'हास्य विशेषांक' पर ! मेरे जे. पी. जेल में। गोलियों और बूटों से यहाँ की जिन्दगियाँ रौंदी जा रही हैं। बहते आँसू सूख नहीं पा रहे हैं। आहों और यातनाओं के इस दौर में मैं हास्य लिखूँ ? अच्छा हुआ जो यह दिन देखने के पहले ही मेरी कलम चोरी चली गयी।

X X X

आज (16 नवम्बर '76) जब मैं गाँव से फारबिसगंज स्टेशन आया, तो स्टेशन

के बाहर रामदेनी तिवारी जी की मूर्ति के सामने खड़ा हो गया। गुरुदेव ! यह क्या हो रहा है ? तभी अचानक अस्वस्थता के कारण मुझे खून की उल्टी हो गयी। वहीं गुरुदेव के सामने खून उगल डाला। देखने वालों ने समझा कि पान की पीक फेंक रहा हूँ। पर, गुरुदेव देख रहे हैं–उनका रेणु आज खून उगल रहा है।

X X X

इन्दिराजी क्यों नहीं अपनी गद्दी बचाकर पूरे देश को एटम बम से उड़ा देती हैं ? उनको एकछत्र राज ही तो करना है। न कोई बचेगा, न विरोध होगा। कम से कम मेरे जैसे लोग तो विरोध करेंगे ही। या नहीं तो ऐसा करें, मेरे जैसे लोगों को चुन-चुनकर फाँसी पर लटका दें।

X X X

यह भी कोई प्रजातन्त्र है ? कलमबन्द, जुबान बन्द ! पर आँखें खुलीं। इस अवस्था में आदमी पागल नहीं होगा तो क्या होगा ? मानसिक उद्वेग को कैसे शान्त करेगा ? मेरे जैसा आदमी या तो पागल हो जायेगा, या आत्महत्या कर लेगा।

X X X

दुनिया में जितने भी दुःख हैं, बर्दाश्त किये जा सकते हैं–केवल मानसिक दुःख को छोड़कर ! विशेषकर भावुक लोगों के लिए–जो केवल लिख-पढ़ और बोलकर ही अपनी भावनाएँ व्यक्त कर सकते हैं। सोचो–यदि उस पर अंकुश लग जाये तो उसकी क्या स्थिति होगी?

प्रजातन्त्र का अर्थ है–देश में जो कुछ भला-बुरा हो रहा है उसे जनता के सामने प्रकट कराना। लेकिन यह कैसा प्रजातन्त्र है। देश में कहाँ क्या हो रहा है, किसी को पता नहीं। कहाँ कितनी बड़ी दुर्घटना हो गयी, कहाँ क्या हो गया, कुछ पता नहीं। कितने लोग भूख-गरीबी-अत्याचार-दमन से मर गये, कोई सूचना नहीं। मित्र-बन्धु, साथी, घर-परिवार के लोग कहाँ हैं–जेल में बचे भी हैं कि नहीं–कुछ पता नहीं। यह क्या हो गया है ? सरकार अपने कर्तव्य से हट गयी है। अब विनाश की ओर जा रहा है–अपना यह देश !

X X X

मेरा यह दिमाग एक टेप है। अभी देश में जितनी भी घटनाएँ घट रही हैं और जो मुझे मालूम हैं, सारी बातें मेरे दिमाग में टेप हो रही हैं। इमरजेंसी समाप्त होने दो, मैं अपने दिमाग के टेप को वापस घुमाऊँगा और सारी बातें किताबों और फिल्मों के माध्यम से दुनिया के सामने रखूँगा।

अवकाश, जून (द्वितीय) 1979

●●●

और अन्त में...